Klein/Müller · Praxishandbuch der GmbH

Online-Version inklusive!

Stellen Sie dieses Buch jetzt in Ihre „digitale Bibliothek" in der NWB Datenbank und nutzen Sie Ihre Vorteile:

▶ Ob am Arbeitsplatz, zu Hause oder unterwegs: Die Online-Version dieses Buches können Sie jederzeit und überall da nutzen, wo Sie Zugang zu einem mit dem Internet verbundenen PC haben.

▶ Die praktischen Recherchefunktionen der NWB Datenbank erleichtern Ihnen die gezielte Suche nach bestimmten Inhalten und Fragestellungen.

▶ Die Anlage Ihrer persönlichen „digitalen Bibliothek" und deren Nutzung in der NWB Datenbank online ist kostenlos. Sie müssen dazu nicht Abonnent der Datenbank sein.

Ihr Freischaltcode:

BIPSNJFIZCUQURPEPVWOXV

Klein/M., Praxishandbuch der GmbH

So einfach geht's:

(1.) Rufen Sie im Internet die Seite **www.nwb.de/go/online-buch** auf.

(2.) Geben Sie Ihren Freischaltcode in Großbuchstaben ein und folgen Sie dem Anmeldedialog.

(3.) Fertig!

Alternativ können Sie auch den Freischaltcode direkt in der **NWB Mobile** App eingeben und so Ihr Produkt freischalten! Die NWB Mobile App gibt es für iOS, Android und Windows Phone!

Die NWB Datenbank – alle digitalen Inhalte aus unserem Verlagsprogramm in einem System.

Gesellschaftsrechtliche Unternehmenspraxis

Praxishandbuch der GmbH

Gesellschafts- und Steuerrecht

Von

Dr. Hartmut Klein
StB, RA

und

Thomas Müller
Vors. Richter am FG Köln

4., überarbeitete und aktualisierte Auflage

▶ nwb

VORWORT

gegenstände dürfen bilanziert werden, Rückstellungen sind abzuzinsen und im Finanzergebnis zu buchen und Preis- und Kostensteigerungen sind einzuberechnen. Für das gezeichnete Kapital wird der Nettoausweis vorgeschrieben. Die HGB-Bilanz bleibt Grundlage der Ausschüttungsbemessung und der steuerlichen Gewinnermittlung, allerdings entfällt die umgekehrte Maßgeblichkeit. Auch das Registerrecht hat Modernisierungen mit dem Unternehmensregister und der Übermittlung von Unternehmensdaten in elektronischer Form erfahren; zugleich wurde die Erfüllung der Publizitätspflichten verbessert. Durch BilRUG sind die Größenklassen erneut deutlich angehoben worden.

Der sich der „Limited" widmende Teil wurde herausgenommen, da diese Rechtsform an Bedeutung verloren hat. Die Unternehmer haben erkannt, dass die Limited mit viel Aufwand bei wenig Ertrag verbunden ist.

Auch im Steuerrechtsteil hat sich wegen der Weiterentwicklung der Rechtsprechung, durch die Einarbeitung der zwischenzeitlichen Gesetzgebung sowie der Richtlinien und Erlasse der Finanzverwaltung hierzu (z. B. der Umwandlungssteuererlass), umfangreicher Aktualisierungsbedarf ergeben. All dies wirkt sich auf die Besteuerung der GmbH oder die Besteuerung ihrer Gesellschafter aus. Soweit es erforderlich erschien, sind Alt- und Neuregelungen gleichermaßen dargestellt. In der Neuauflage werden bereits der Beschluss des BVerfG v. 29. 3. 2017 zur Verfassungswidrigkeit des § 8c KStG und die Neuregelung in § 8d KStG umfassend berücksichtigt.

Nach dem Ausscheiden von Herrn Vorsitzenden Richter am Finanzgericht a. D. Jürgen P. Birle haben Herr Vors. Richter am Finanzgericht Thomas Müller und Herr Rechtsanwalt und Steuerberater Dr. Hartmut Klein die alleinige Bearbeitung des Handbuchs übernommen. Die Autoren und der Verlag danken den Herren Birle und Diehl für die bisherige Mitarbeit an dem Handbuch.

Die Verfasser hoffen, dass das Praxishandbuch der GmbH seiner Aufgabe weiterhin gerecht wird, Gründern, Gesellschaftern und Geschäftsführern einer GmbH oder einer UG (haftungsbeschränkt) sowie ihren Beratern für die Praxis konkrete Hilfe an die Hand zu geben und sie in der täglichen Arbeit zu unterstützen.

Bergisch-Gladbach und Düren im September 2017   Dr. Hartmut Klein und Thomas Müller

INHALTSÜBERSICHT

	Rn.	Seite
Vorwort		V
Inhaltsverzeichnis		IX
Literaturverzeichnis		XLIX
Abkürzungsverzeichnis		LIX

		Rn.	Seite
1. Teil:	**GESELLSCHAFTSRECHT DER GMBH**		1
1. Abschnitt:	Einführung	1	1
A.	Wesen der Gesellschaften	1	1
B.	Die verschiedenen Gesellschaftsformen	31	1
C.	Wesensmerkmale der GmbH, Zweckmäßigkeit der Gesellschaftsform	151	6
D.	Die Einführung der Unternehmergesellschaft (haftungsbeschränkt) und ihre Folge	181	9
E.	Überblick über die Regelungen des MoMiG	211	11
2. Abschnitt:	Errichtung der GmbH	421	16
A.	Errichtung der GmbH	421	16
B.	Haftungsfragen im Zusammenhang mit der Gründung	921	77
C.	Umwandlungen	1011	93
3. Abschnitt:	Stammeinlage, Geschäftsanteil und Stammkapital	1151	111
A.	Begriffsbestimmung	1151	111
B.	Die Leistung der Einlage auf das Stammkapital (Stammeinlage)	1171	113
C.	Das Stammkapital und seine Erhaltung	1481	161
D.	Gesellschafterdarlehen und gleichgestellte Forderungen	1701	186
E.	Kapitalerhöhung, Kapitalherabsetzung	1951	211
F.	Nachschusspflicht	2101	235
4. Abschnitt:	Mitgliedschaft und Geschäftsanteil	2261	239
A.	Die Gesellschafterstellung	2261	239
B.	GmbH-Geschäftsanteil im Rechtsverkehr (Gesellschafterwechsel)	2391	259
C.	Einziehung des Geschäftsanteils	2801	330
D.	Ausschließung und Austritt eines Gesellschafters	2901	339
5. Abschnitt:	Die Organe der GmbH	3011	353
A.	Die Gesellschafterversammlung	3021	354
B.	Der Geschäftsführer	3361	406
C.	Haftungsfragen	3691	456
D.	Der Aufsichtsrat (Beirat) der GmbH	3911	500
6. Abschnitt:	Der Jahresabschluss, Gewinn und Verlust	4001	509
A.	Buchführung und Inventar	4001	509
B.	Der Jahresabschluss	4081	515
C.	Gewinn und Verlust	4421	551

	Rn.	Seite
7. Abschnitt: Die Beendigung der GmbH	4501	554
A. Allgemeines	4501	554
B. Rechtsfolgen der Auflösung	4581	560
2. Teil: STEUERRECHT DER GMBH	**4731**	**571**
1. Abschnitt: Einführung	4731	571
A. Wahl der Gesellschaftsform	4731	571
B. Grundlegende Systemunterschiede in der Besteuerung der einzelnen Gesellschaftsformen	4751	571
C. Grundzüge der Besteuerung des Einkommens bei der GmbH und ihren Gesellschaftern	4841	578
2. Abschnitt: Steuerliche Folgen bei der Gründung einer GmbH	4961	582
A. Verkehrssteuerliche Folgen bei der Gründung	4961	582
B. Ertragsteuern	5001	584
C. Aufnahme der Geschäftstätigkeit vor Entstehung der GmbH	5231	605
3. Abschnitt: Die laufende Besteuerung der GmbH	5291	609
A. Körperschaftsteuer	5291	609
B. Die Organschaft	6811	815
C. Gewerbesteuer	7131	852
D. Umsatzsteuer	7381	861
4. Abschnitt: Kapitalerhöhung – Kapitalherabsetzung	7511	868
A. Allgemeines	7511	868
B. Kapitalerhöhung gegen Einlagen	7531	868
C. Kapitalerhöhung aus Gesellschaftsmitteln	7551	869
D. Kapitalherabsetzung	7571	870
5. Abschnitt: Die Besteuerung auf der Ebene der Gesellschafter (Halbeinkünfteverfahren, Teileinkünfteverfahren, Abgeltungsteuer)	7621	874
A. Grundlegende Prinzipien unter der Ägide des Halbeinkünfteverfahrens	7621	874
B. Dividenden (Beteiligungserträge)	7641	875
C. Veräußerung oder Entnahme von GmbH-Anteilen	7661	877
D. Beteiligungen im Betriebsvermögen	7771	887
6. Abschnitt: Die Besteuerung der GmbH in der Liquidation	7801	890
A. Körperschaftsteuer	7801	890
B. Gewerbesteuerpflicht	7981	916
C. Besteuerung auf der Ebene der Gesellschafter	8001	916
D. Verlegung der Geschäftsleitung ins Ausland	8061	921
ANHANG	**8941**	**927**
Vertragsmuster	8941	927
Stichwortverzeichnis		977

INHALTSVERZEICHNIS

	Rn.	Seite
Vorwort		V
Inhaltsübersicht		VII
Inhaltsverzeichnis		IX
Literaturverzeichnis		XLIX
Abkürzungsverzeichnis		LIX

	Rn.	Seite
1. Teil: GESELLSCHAFTSRECHT DER GMBH		1
1. Abschnitt: Einführung	1	1
A. Wesen der Gesellschaften	1	1
B. Die verschiedenen Gesellschaftsformen	31	1
I. Personen- und Kapitalgesellschaften	31	1
II. Personengesellschaften	61	2
III. Personenhandelsgesellschaften	62	2
IV. Kapitalgesellschaften	91	3
V. Die GmbH & Co. KG	121	5
C. Wesensmerkmale der GmbH, Zweckmäßigkeit der Gesellschaftsform	151	6
D. Die Einführung der Unternehmergesellschaft (haftungsbeschränkt) und ihre Folge	181	9
E. Überblick über die Regelungen des MoMiG	211	11
I. Vereinfachung und Beschleunigung von Unternehmensgründungen	213	11
II. Mindestkapital, Geschäftsanteile und genehmigtes Kapital	241	11
III. Kapitalaufbringung	271	12
IV. Deregulierung der Kapitalerhaltung, Gesellschafterdarlehen und Abschaffung des Eigenkapitalersatzrechts zugunsten eines insolvenzrechtlichen Nachrangs von Gesellschafterfremdfinanzierungen	301	13
V. Gutgläubiger Erwerb von Geschäftsanteilen und Gesellschafterliste	331	14
VI. Missbrauchsverhinderung und Gläubigerschutz	361	15
VII. Mobilität	391	15
2. Abschnitt: Errichtung der GmbH	421	16
A. Errichtung der GmbH	421	16
I. Gründungsphasen der GmbH und der UG (haftungsbeschränkt)	421	16
II. Gesellschaftszweck – Unternehmensgegenstand	451	17
III. Der Gesellschaftsvertrag (Satzung)	481	18
1. Vertragsparteien, GmbH-Gesellschafter	482	18

			Rn.	Seite
	a)	Natürliche und juristische Personen	483	18
	b)	Gesamthänderische Personengemeinschaften	486	19
	c)	Beteiligung Minderjähriger	487	19
	d)	Ehegatten als GmbH-Gesellschafter	490	20
	e)	Treuhänder als GmbH-Gesellschafter	493	21
	f)	Testamentsvollstrecker als GmbH-Gesellschafter	497	22
2.	Form des Gesellschaftsvertrages		521	22
3.	Inhalt des Gesellschaftsvertrages und Musterprotokoll		531	23
	a)	Notwendiger Inhalt	532	24
	b)	Fakultativer Inhalt	535	25
		aa) Fakultativer formgebundener Inhalt	536	25
		bb) Weiterer fakultativer Inhalt	546	27
		cc) Nebenabreden	551	28
	c)	Auslegung	552	28
4.	Angabe des Unternehmensgegenstandes/Vorratsgesellschaft		571	28
5.	Die Firma der GmbH		591	32
	a)	Sachfirma	594	33
	b)	Personenfirma	597	34
	c)	Fantasiefirma	600	35
	d)	Gemischte Firma	601	36
	e)	Firmenrechtliche Grundsätze	602	36
		aa) Firmenklarheit und Firmenwahrheit	603	36
		bb) Firmenausschließlichkeit	608	37
		cc) Firmenbeständigkeit	609	37
		dd) Änderung der Firma	612	38
	f)	Rechtsformzusatz „GmbH", Bezeichnung „UG (haftungsbeschränkt)"	615	38
	g)	Haftungsfragen	617	39
	h)	Angaben auf Geschäftsbriefen	620	40
6.	Satzungssitz der GmbH, Verwaltungssitz und inländische Geschäftsanschrift		641	41
7.	Zweigniederlassung		644	43
8.	Dauer der GmbH		674	45
9.	Das Stammkapital, die Stammeinlage und die Geschäftsanteile		676	45
10.	Nebenleistungsgesellschaft		684	47
11.	Festsetzung von Sacheinlagen		685	47
12.	Sonstiger Inhalt der Satzung		686	47
IV. Der Gründungsvorgang			711	48
1.	Notarielle Beurkundung von Gesellschaftsvertrag oder Musterprotokoll		711	48
2.	Die Geschäftsführerbestellung		715	49

				Rn.	Seite
		3.	Einzahlung der baren Geldeinlagen auf die Geschäftsanteile (Bargründung)	719	50
		4.	Festsetzung und Leistung von (offenen) Sacheinlagen (Sachgründung)	723	51
		5.	Verdeckte Sacheinlage und Hin- und Herzahlen und Einlageleistung zur endgültigen freien Verfügbarkeit der Geschäftsführer	726	52
		6.	Sachgründungsbericht	729	53
		7.	Gesellschafterliste	730	54
		8.	Anmeldung zum Handelsregister	732	54
		9.	Prüfung und Entscheidung des Registergerichts	742	58
		10.	Wirkung der Eintragung	750	61
		11.	Bekanntmachung der Eintragung	754	61
		12.	Wirkung der Bekanntmachung	756	62
		13.	Einsichtnahme in das Handelsregister	760	62
		14.	Unternehmensregister	762	63
		15.	Transparenzregister	765	64
	V.	Die Errichtung der Einpersonen-GmbH	803	65
		1.	Die Errichtung der Einpersonen-GmbH	803	65
			a) Gesellschafter der Einmann-GmbH	803	65
			b) Der Gesellschaftsvertrag	804	66
		2.	Stammkapital und Geschäftsanteil	808	66
		3.	Der Gründungsvorgang	809	67
			a) Besonderheiten	809	67
			b) Der Geschäftsführer	814	67
		4.	Nachträgliche Entstehung einer Einmann-GmbH	816	68
		5.	Entstehung einer Einmann-GmbH durch Umwandlung	831	68
	VI.	Die fehlerhafte Gesellschaft	851	69
	VII.	Die Vorgründungsgesellschaft	871	71
	VIII.	Die Vorgesellschaft	891	72
		1.	Wesen und Rechtsnatur	891	72
		2.	Geschäftsführung und Vertretungsmacht/Handelndenhaftung	894	73
		3.	Rechtsnatur der Vorgesellschaft	897	75
		4.	Regelungs- und Haftungskonzept der Vorgesellschaft	899	76
		5.	Übertragung des Anteils an einer Vorgesellschaft	900	76
B.	Haftungsfragen im Zusammenhang mit der Gründung	921	77
	I.	Haftung aus dem Gründungsvorgang (Gründungshaftung)	921	77
		1.	Falsche Gründungsangaben	922	77
			a) Haftende Personen	923	77
			b) Haftungsbegründender Tatbestand	924	78
			c) Ersatzhaftungsanspruch	926	78
		2.	Schaden durch Einlagen oder Gründungsaufwand	928	79

			Rn.	Seite
	3.	Schadensersatz bei Überlassung der Geschäftsführung an eine Person, die nicht Geschäftsführer sein kann	929	79
	4.	Haftung für die Erbringung von Einlagen auf das Stammkapital (Stammeinlagen)	930	79
		a) Haftung für Bareinlagen	930	79
		b) Haftung für Sacheinlagen	931	80
	5.	Haftung aus unerlaubter Handlung	932	80
II.	Haftung aus Geschäften während des Gründungsvorgangs		951	81
	1.	Haftung für Verbindlichkeiten der Vorgründungsgesellschaft	952	81
	2.	Haftung nach Eintragung der GmbH	954	82
	3.	Haftung aus der Vorgesellschaft (Vor-GmbH)	956	83
		a) Grundsätze	956	83
		b) Vorbelastung	957	83
		c) Vom Vorbelastungsverbot zur Differenzhaftung	959	84
		d) Unterbilanzhaftung (die GmbH wird eingetragen)	961	85
		aa) Begriff	961	85
		bb) Voraussetzungen	965	86
		cc) Haftungsumfang	966	86
		dd) Haftungsverpflichtete	970	87
		ee) Entstehung des Anspruchs	971	88
		ff) Anspruchsberechtigter (Innenhaftung)	973	88
		e) Verlustdeckungshaftung (die GmbH wird nicht eingetragen)	975	89
		aa) Unechte Vorgesellschaft	977	89
		bb) Aufgabe der Eintragungsabsicht	978	90
		cc) Fortsetzung der werbenden Tätigkeit	979	90
		dd) Sofortige Einstellung der Geschäftstätigkeit	981	91
		ee) Anspruchsberechtigter aus der Verlustdeckungshaftung (Innenhaftung)	983	91
		f) Vorratsgründung und Verwendung eines Mantels	987	92
C. Umwandlungen			1011	93
I.	Allgemeines		1011	93
	1.	Verschmelzung	1013	93
	2.	Spaltung	1014	94
	3.	Formwechsel	1015	94
	4.	Steuerliche Aspekte	1016	94
II.	Umwandlung eines Einzelunternehmens auf eine GmbH		1041	96
	1.	Umwandlung durch Ausgliederung	1042	97
		a) Durchführung	1044	97
		b) Steuerliche Wirkung	1045	99
	2.	Umwandlung durch Einbringung	1046	100
	3.	Umwandlung „durch Einzelveräußerung"	1049	101
III.	Umwandlung einer Personenhandelsgesellschaft in eine GmbH		1081	101

				Rn.	Seite
		1.	Formwechsel OHG oder KG in GmbH	1083	102
		2.	Verschmelzung einer Personenhandelsgesellschaft auf eine GmbH	1096	105
			a) Verschmelzung durch Aufnahme	1097	105
			b) Steuerliche Betrachtungsweise	1107	107
		3.	Verschmelzung von zwei Personenhandelsgesellschaften auf eine GmbH durch Neugründung	1111	108
		4.	Spaltung von OHG oder KG auf eine GmbH	1112	108
		5.	Umwandlung auf eine Unternehmergesellschaft (haftungsbeschränkt)	1116	109
3. Abschnitt:	Stammeinlage, Geschäftsanteil und Stammkapital			1151	111
A.	Begriffsbestimmung			1151	111
I.	Stammkapital			1151	111
II.	Einlage auf das Stammkapital (= Stammeinlage)			1154	112
III.	Geschäftsanteil			1156	112
B.	Die Leistung der Einlage auf das Stammkapital (Stammeinlage)			1171	113
I.	Einzahlung der in Geld zu leistenden Einlage (Bargründung)			1171	113
		1.	Fälligkeit	1171	113
		2.	Gleichmäßige Behandlung	1178	115
		3.	Formulierungsbeispiele	1179	115
		4.	Sicherung der freien Verfügungsmöglichkeit	1191	115
			a) Keine Befreiung von der Einlagepflicht	1191	115
			b) Zahlungsform	1192	116
			c) Absprachen über die Verwendung	1193	116
			d) Hin- und Herzahlen des Einlagebetrags	1194	117
			e) Cash-Pooling	1196	118
			f) Neuregelung durch das MoMiG zur wirtschaftlichen Einlagenrückzahlung	1198	120
			g) „Heilung der Altfälle" von Vereinbarungen einer Einlagenrückgewähr durch das MoMiG	1207	126
			h) Leistung der Geldeinlage an einen Dritten	1209	127
			i) Aufrechnung	1213	128
			j) Tilgungsbestimmung	1219	130
			k) Abtretung, Verpfändung und Pfändung	1221	131
			l) Besonderheiten bei der Einmann-GmbH	1226	132
			m) Besonderheiten bei der Unternehmergesellschaft (haftungsbeschränkt)	1228	133
		5.	Zahlungsverzug	1230	134
			a) Verzugszinsen	1231	134
			b) Zahlungsklage	1233	134
			c) Ausschluss des Gesellschafters (Kaduzierungsverfahren)	1235	135
II.	Leistung der Sacheinlagen (Sachgründung)			1261	135
		1.	Allgemeines	1261	135
		2.	Der Begriff „Sacheinlage"	1263	136

			Rn.	Seite
	3.	Gegenstand der Sacheinlage	1264	136
	4.	Festsetzung durch den Gesellschaftsvertrag	1267	137
	5.	Bewertung der Sacheinlage	1291	139
	6.	Leistung der Sacheinlage	1311	141
		a) Zeitpunkt	1311	141
		b) Bewirken der Leistung	1314	142
		c) Leistungsstörungen	1316	142
	7.	Sachgründungsbericht	1331	143
	8.	Prüfung durch das Registergericht	1341	144
III.	Gemischte Einlagen		1351	144
IV.	Verdeckte Sacheinlage		1361	145
	1.	Gesetzliche Definition der verdeckten Sacheinlage durch das MoMiG und Erscheinungsformen	1363	146
	2.	Tatbestandliche Voraussetzungen der verdeckten Sacheinlage	1371	147
	3.	Rechtsfolge einer verdeckten Sacheinlage	1381	148
	4.	Erfüllungswirkung durch Wertanrechnung	1391	149
	5.	Beweislast für die Werthaltigkeit der Sacheinlage	1401	150
	6.	Ausfallhaftung der Mitgesellschafter	1411	151
	7.	„Heilung der Altfälle" von verdeckten Sacheinlagen durch das MoMiG	1412	152
	8.	Exkurs: Rechtsfolgen und Heilung einer verdeckten Sacheinlage nach früher geltender Rechtslage	1421	153
V.	Kaduzierung		1451	156
	1.	Begriff	1451	156
	2.	Voraussetzungen	1452	157
		a) Fälligkeit der ausstehenden Einlage	1452	157
		b) Erste Aufforderung	1453	157
		c) Zweite Aufforderung und Androhung des Ausschlusses	1454	157
		d) Verlustigerklärung	1455	158
		e) Zuständigkeit	1456	158
	3.	Rechtsfolgen	1461	158
		a) Wirkung der Verlustigerklärung	1461	158
		b) Haftung der Rechtsvorgänger	1462	159
		c) Verwertung des kaduzierten Geschäftsanteils	1463	159
		d) Ausfallhaftung der Mitgesellschafter (§ 24 GmbHG)	1464	160
C.	Das Stammkapital und seine Erhaltung		1481	161
I.	Allgemeines		1481	161
II.	Neue Bilanzierung nach dem BilMoG		1501	162
III.	Erhaltung des Stammkapitals – Verbot der Rückgewähr		1521	163
	1.	Kapitalerhaltungsgebot und bilanzielle Betrachtungsweise	1521	163
	2.	Grundsatz: Verbot der Einlagenrückgewähr	1522	164
	3.	Ausnahmen durch das MoMiG	1523	164
	4.	Flankierende Schutzvorschriften	1524	164

					Rn.	Seite
		5.	Abschaffung des Eigenkapitalersatzrechts durch das MoMiG		1526	165
	IV.	Auszahlungsverbot und Ausnahmen davon			1551	166
		1.	Voraussetzungen des Auszahlungsverbots		1551	166
			a)	Auszahlungen	1551	166
			b)	Vom Auszahlungsverbot ausgenommene Leistungen	1559	168
				aa) Leistungen bei Bestehen eines Beherrschungs- oder Gewinnabführungsvertrags	1560	168
				bb) Durch einen vollwertigen Gegenleistungsanspruch gedeckte Leistung	1561	169
				cc) Durch einen vollwertigen Rückzahlungsanspruch gedeckte Leistung	1562	169
				dd) Rückgewähr von Gesellschafterdarlehen und Leistungen auf Forderungen aus Rechtshandlungen, die einem Gesellschafterdarlehen wirtschaftlich entsprechen	1564	170
			c)	Minderung des das Stammkapital deckenden Vermögens	1565	172
			d)	Unterbilanz	1566	172
			e)	Rechtsfolge bei Unterbilanz	1570	173
			f)	Überschuldung	1571	174
			g)	Rechtsfolge bei Überschuldung	1576	176
		2.	Zahlungsempfänger und Erstattungspflichtiger		1601	177
			a)	Gesellschafter	1601	177
			b)	Dritte als Zahlungsempfänger	1602	177
			c)	Dritte als Erstattungsverpflichtete	1604	177
		3.	Erstattungsanspruch		1611	178
			a)	Inhalt des Erstattungsanspruchs	1612	178
			b)	Fälligkeit	1616	179
			c)	Einschränkung der Erstattungspflicht bei Gutgläubigkeit	1620	180
			d)	Mithaftung der übrigen Gesellschafter	1625	180
			e)	Keine Schadensersatzansprüche gegen die Mitgesellschafter	1627	181
			f)	Verjährung	1628	181
			g)	Rückzahlung gutgläubig bezogener Gewinne	1631	182
		4.	Eingeschränkter Erwerb eigener Anteile		1651	182
			a)	Noch nicht vollständig geleistete Einlagen	1651	182
			b)	Einlagen sind vollständig geleistet	1652	182
			c)	Erweiterte Zulässigkeit in Umwandlungsfällen	1659	184
			d)	Weiterveräußerung eigener Anteile	1660	184
			e)	Sonderfälle	1662	185
		5.	Obligatorische Gesellschafterversammlung		1681	185
D.	Gesellschafterdarlehen und gleichgestellte Forderungen				1701	186

			Rn.	Seite
I.		Deregulierung des Eigenkapitalersatzrechts durch das MoMiG	1701	186
	1.	Entwicklung und Grundzüge des Eigenkapitalersatzrechts	1702	187
		a) Finanzierungsfreiheit, funktionales Eigenkapital und Finanzierungsfolgenverantwortung	1702	187
		b) Nebeneinander von gesetzlichen Regeln und Rechtsprechungsregeln vor MoMiG	1703	188
	2.	Schematische Darstellung der Novellen- und Rechtsprechungsregeln	1704	189
II.		Gesellschafterdarlehen und ihre Behandlung durch das MoMiG	1721	190
	1.	Abschaffung des Eigenkapitalersatzrechts	1721	190
	2.	Entlastung der Überschuldungsbilanz von Gesellschafterdarlehen	1722	190
	3.	Insolvenzrechtlicher Nachrang von Gesellschafterdarlehen	1725	192
	4.	Gesellschafter und gleichgestellte Dritte als Kreditgeber	1727	193
	5.	Abtretung der Forderung, Verlust der Gesellschafterstellung	1741	194
	6.	Gegenstand der nachrangbehafteten Gesellschafterhilfen	1751	195
		a) Darlehen	1752	196
		b) Gesellschafterdarlehen wirtschaftlich gleichgestellte Forderungen	1753	196
		c) Nutzungsrecht bei Gebrauchsüberlassung	1758	197
	7.	Ausnahmen vom Grundsatz des Nachrangs	1781	199
		a) Kleinbeteiligtenprivileg	1781	199
		b) Sanierungsprivileg	1782	199
III.		Vom Gesellschafter gesicherte Darlehen	1791	200
IV.		Anfechtung	1811	201
	1.	Befriedigung der Darlehensforderung	1814	202
	2.	Befriedigung einer gleichgestellten Forderung	1818	203
	3.	Sicherungsgewährung für ein Gesellschafterdarlehen oder eine gleichgestellte Forderung	1820	204
	4.	Vom Gesellschafter besicherte Darlehen Dritter	1821	204
V.		Anfechtung von Darlehensrückzahlungen außerhalb der Insolvenz	1851	206
VI.		Übergangsvorschriften	1881	207
VII.		Tatbestände der Novellenregelung nach altem Recht im Überblick	1901	207
	1.	Gesellschafterdarlehen	1903	208
	2.	Darlehen durch Dritte	1906	208
	3.	Verwandte Sachverhalte	1908	208
	4.	Privilegierung bei Sanierung und für Minderbeteiligte	1910	209
	5.	Rückerstattung von Darlehensrückzahlungen	1912	209
E.		Kapitalerhöhung, Kapitalherabsetzung	1951	211
I.		Kapitalerhöhung	1951	211
	1.	Arten der Kapitalerhöhung	1952	211

				Rn.	Seite
	2.		Kapitalerhöhung durch Satzungsänderung	1956	212
	3.		Zulassungsbeschluss (Bezugsrecht)	1958	213
	4.		Übernahmeerklärung	1960	213
	5.		Effektive Kapitalerhöhung: Leistung der neu übernommenen Einlagen	1964	214
		a)	Bareinlagen	1964	214
		b)	Sacheinlagen	1970	217
		c)	Verdeckte Sacheinlagen	1973	217
		d)	Ausgabekurs (Aufgeld)	1974	218
	6.		Anmeldung und Eintragung	1975	220
	7.		Änderung der Gesellschafterliste	1978	220
	8.		Haftung	1979	221
	9.		Kapitalerhöhung aus Gesellschaftsmitteln	1980	221
		a)	Bedeutung für die UG (haftungsbeschränkt)	1982	221
		b)	Satzungsändernder Beschluss	1983	222
		c)	Voraussetzungen	1984	222
		d)	Inhalt des Erhöhungsbeschlusses	1987	223
		e)	Anmeldung zum Handelsregister	1991	223
	10.		Schütt-aus-Hol-zurück-Verfahren	1992	224
		a)	Begriff	1992	224
		b)	Einsatz zur Kapitalerhöhung	1994	224
	11.		Genehmigtes Kapital	1998	225
		a)	Begriffsbestimmung	1999	225
		b)	Ausnutzung des genehmigten Kapitals	2000	226
			aa) Ermächtigung der Geschäftsführer	2000	226
			bb) Bezeichnung des Nennbetrags der Kapitalerhöhung	2001	226
			cc) Kapitalerhöhung durch Ausgabe neuer Geschäftsanteile gegen Einlage	2002	226
			dd) Zeitliche Befristung	2003	227
		c)	Durchführung der Kapitalerhöhung	2005	228
		d)	Formulierungsbeispiel einer Satzungsbestimmung für „Genehmigtes Kapital"	2008	228
		e)	Nutzung durch die UG (haftungsbeschränkt)	2009	228
II.			Kapitalherabsetzung	2041	229
	1.		Allgemeines	2041	229
	2.		Arten der Kapitalherabsetzung	2043	229
	3.		Satzungsänderung	2044	229
	4.		Gläubigerschutz	2049	230
	5.		Vereinfachte Kapitalherabsetzung	2054	231
		a)	Zweck und Voraussetzungen	2054	231
		b)	Gesellschafterbeschluss	2057	232
		c)	Rechtsfolgen im Gläubigerinteresse	2059	232
		d)	Verwendungsbeschränkungen	2062	232

	Rn.	Seite
e) Rückbeziehung	2066	233
6. Vereinfachte Kapitalherabsetzung und gleichzeitige Kapitalerhöhung	2068	234
F. Nachschusspflicht	2101	235
I. Begründung durch die Satzung	2101	235
II. Einforderung von Nachschüssen	2131	235
III. Verwendung von Nachschüssen	2161	236
IV. Unbeschränkte Nachschusspflicht	2191	236
1. Abandon (Preisgaberecht)	2192	237
2. Fingiertes Abandon	2194	237
V. Beschränkte Nachschusspflicht	2221	237
4. Abschnitt: Mitgliedschaft und Geschäftsanteil	2261	239
A. Die Gesellschafterstellung	2261	239
I. Der Gesellschafter	2261	239
1. Erwerb und Verlust der Gesellschafterstellung	2262	239
2. Der Geschäftsanteil, Begriff und Bedeutung	2263	239
a) Inbegriff der Mitgliedschaftsrechte	2264	239
b) Nennbetrag, Stückelung und laufende Nummer	2267	240
II. Rechte und Pflichten	2281	241
1. Kapitalbeteiligung (Vermögensrechte und -pflichten)	2281	241
2. Verwaltungsrechte und -pflichten	2284	242
a) Wahrnehmung der Mitverwaltungsrechte in der Gesellschafterversammlung	2284	242
aa) Allgemeines Informationsrecht der Gesellschafter	2286	243
bb) Sonderprüfung als Kontrollinstrument	2287	243
b) Stimmrecht	2290	244
c) Besondere Rechte der Gesellschafter, individuelles Informationsrecht	2291	244
aa) Inhalt und Rechte	2293	245
bb) Kein Ausschluss durch die Satzung	2297	246
cc) Gegenstand des Informationsrechts	2298	246
dd) Schranken	2299	247
ee) Einsicht in Bücher und Schriften	2301	247
ff) Vertraulichkeit	2304	248
d) Grenzen gemäß § 51a Abs. 2 GmbHG (Informationsverweigerungsrecht)	2305	248
e) Zwingendes Recht	2308	250
f) Erzwingbarkeit	2309	250
3. Pflichten der Gesellschafter	2331	251
a) Treuepflicht	2333	251
aa) Inhalt der Treuepflicht	2334	252
bb) Verletzung der Treuepflicht und ihre Folgen	2338	253
b) Schadensersatzpflicht bei Verletzung der Pflichten des Gesellschafters	2339/1	254

				Rn.	Seite
		c)	Wettbewerbsverbot	2340	254
			aa) Satzungsregelung	2341	254
			bb) Ausgeschiedener Gesellschafter	2342	255
		d)	Geheimhaltungspflicht	2345	255
		e)	Gesellschaftsvertragliche Sonderpflichten (Nebenleistungspflichten)	2346	256
			aa) Arten der Sonderpflichten	2347	256
			bb) Verknüpfung mit dem Geschäftsanteil	2348	256
			cc) Satzungsbestandteil	2350	257
			dd) Nicht statutarische Sonderpflichten	2352	257
		f)	Insolvenzantragsrecht und Insolvenzantragspflicht der Gesellschafter bei Führungslosigkeit, Insolvenzverschleppungshaftung	2353	257
B.	GmbH-Geschäftsanteil im Rechtsverkehr (Gesellschafterwechsel)			2391	259
	I.	Übertragung des Geschäftsanteils		2392	259
		1.	Veräußerlichkeit	2392	260
		2.	Formzwang	2396	261
		3.	Heilung des formunwirksamen Verpflichtungsgeschäfts	2407	264
		4.	Nichtigkeit der Anteilsübertragung	2408	264
		5.	Rechtswirkungen der Abtretung	2411	265
		6.	Wirkung der Übertragung gegenüber der Gesellschaft (Eintragung in die Gesellschafterliste)	2412	265
			a) Legitimation durch Eintragung in die geänderte Gesellschafterliste	2413	266
			b) Begriff der Veränderung	2414	266
			c) Änderung der Gesellschafterliste durch die Geschäftsführer	2415	267
			d) Änderung der Gesellschafterliste durch den mitwirkenden Notar	2417	268
			e) Wirkung gegenüber der GmbH und Rückwirkungsfiktion	2422	271
			f) Nachhaftung des früheren Gesellschafters	2425	272
	II.	Beschränkung der Veräußerlichkeit (Vinkulierung)		2451	273
		1.	Grundsätzliches	2451	273
		2.	Genehmigung	2453	274
		3.	Typische Genehmigungsvorbehalte	2456	274
			a) Genehmigung durch die Gesellschaft	2456	274
			b) Genehmigung der Gesellschafterversammlung	2461	276
			c) Genehmigung der Gesellschafter	2463	276
			d) Sonstige Genehmigung	2465	276
			e) Formulierungsbeispiele	2467	277
			f) Form und Wirksamwerden der Genehmigung	2470	278
			g) Klage auf Erteilung der Genehmigung	2471	278
		4.	Sonstige Regelungen	2473	279

			Rn.	Seite
		a) Abtretung nur an bestimmte Personen	2474	279
		b) Anbietungspflicht und Übernahmerecht	2477	279
		c) Vorkaufsrecht	2483	281
		d) Erwerbsrecht und Genehmigung	2485	281
		e) Verbot der Abtretung	2487	282
	5.	Wirksamkeit und Rechtsfolgen der Abtretung	2488	282
III.	Gutgläubiger Erwerb von Geschäftsanteilen		2521	282
	1.	Erwerb vom Nichtberechtigten auf der Grundlage der Gesellschafterliste	2522	283
	2.	Guter Glaube und Stückelung von Geschäftsanteilen	2527/2	286
	3.	Ausschluss des gutgläubigen Erwerbs	2528	287
		a) Zu unterscheidende Fallgestaltungen	2529	287
		b) Nicht zurechenbare Unrichtigkeit der Gesellschafterliste	2530	288
		c) Dreijährige Unrichtigkeit	2531	289
	4.	Kenntnis oder grob fahrlässige Unkenntnis von der mangelnden Berechtigung	2532	290
	5.	Zerstörung des guten Glaubens durch Widerspruch	2533	291
	6.	Übergangsregelungen zum neuen Recht	2536	292
IV.	Leistungsstörung und gesetzliche Gewährleistung beim Kauf von GmbH-Anteilen		2537	293
	1.	Nachträgliche Unmöglichkeit	2537	293
	2.	Gewährleistung	2538	293
		a) Rechtsmängel	2538	293
		b) Sachmängelhaftung wie beim Unternehmenskauf	2542	294
		aa) Nacherfüllungsanspruch	2549	296
		bb) Rücktritt oder Minderung	2550	296
		cc) Schadensersatz oder Aufwendungsersatz	2551	296
		c) Mangelbegriff	2552	297
		aa) Mangel an einzelnen Gegenständen	2556	297
		bb) Umsatz und Ertrag	2557	297
V.	Sonstige Verfügungen über einen Geschäftsanteil		2581	298
	1.	Allgemeines	2581	298
	2.	Nießbrauch an einem Geschäftsanteil	2584	299
		a) Bestellung	2584	299
		b) Arten	2586	299
		c) Inhalt	2590	300
		d) Ausübung des Stimmrechts	2597	302
		e) Sonstige Rechte aus dem Nießbrauch	2598	302
	3.	Verpfändung eines Geschäftsanteils	2601	303
	4.	Sicherungsübertragung eines Geschäftsanteils	2610	305
	5.	Pfändung eines Geschäftsanteils (Zwangsvollstreckung)	2618	306
	6.	Teilung eines Geschäftsanteils (Stückelung)	2661	309
		a) Freie Teilbarkeit	2662	309
		b) Zuständigkeit der Gesellschafterversammlung	2664	310

				Rn.	Seite
			c) Änderung der Gesellschafterliste	2665	310
		7.	Unterbeteiligung am GmbH-Geschäftsanteil	2681	311
			a) Typische Unterbeteiligung	2684	312
			b) Atypische Unterbeteiligung	2689	313
	VI.	Erbfolge und Schenkung		2711	314
		1.	Grundsatz der Vererblichkeit des GmbH-Geschäftsanteils	2711	315
		2.	Bedeutung letztwilliger Verfügungen	2715	316
		3.	Miterben	2717	316
		4.	Nachfolgeregelungen im Gesellschaftsvertrag	2725	318
			a) Einziehung des Geschäftsanteils	2727	318
			b) Abtretungspflicht der Erben	2732	320
			c) Aufschiebend bedingter Erwerb zur Nachfolgeregelung	2738	321
			d) Beispiele für Nachfolgeklauseln	2739	321
			e) Beschränkung der Rechte des Gesellschafternachfolgers	2740	323
			f) Zusammenfassende Übersicht	2742	323
		5.	Sonstige letztwillige Verfügungen	2761	324
			a) Vermächtnis	2761	324
			b) Teilungsanordnung	2767	325
			c) Vorerbschaft und Nacherbschaft	2769	326
			d) Testamentsvollstreckung	2770	326
		6.	Schenkung	2781	327
		7.	Erbschaft- und Schenkungsteuer	2786	328
C.	Einziehung des Geschäftsanteils			2801	330
	I.	Rechtliche Bedeutung		2801	331
	II.	Voraussetzungen der Einziehung		2811	331
	III.	Gesellschaftsvertragliche Regelung		2831	333
		1.	Einziehung mit Zustimmung des Gesellschafters	2832	333
		2.	Zwangseinziehung	2834	334
		3.	Abfindung	2838	335
		4.	Verfahren	2840	336
	IV.	Wirkung der Einziehung		2871	337
		1.	Untergang des Geschäftsanteils	2871	337
		2.	Wechselwirkung von Abfindung und Einziehung	2872	337
		3.	Auswirkung auf das Stammkapital	2874	338
D.	Ausschließung und Austritt eines Gesellschafters			2901	339
	I.	Ausschließung		2901	339
		1.	Allgemeines und rechtliche Grundlagen	2901	339
		2.	Ausschließung	2902	340
			a) Wichtiger Grund	2903	341
			b) Fallbeispiele für wichtige Gründe	2905	341
			c) Ultima Ratio	2907	342
			d) Wahrung des Kapitalerhaltungsgebots	2908	342
		3.	Ausschlussklage und Ausschlussurteil	2931	343
			a) Klagerecht der GmbH	2931	343

				Rn.	Seite
			b) Entscheidungsbefugnis der Gesellschafterversammlung	2932	343
			c) Stimmrechtsausschluss des betroffenen Gesellschafters	2933	344
			d) Ausschließungsurteil	2934	344
		4.	Regelung durch die Satzung	2941	345
			a) Ausschlussklausel	2942	345
			b) Regelung des Verfahrens	2945	346
			aa) Ausschließungsbeschluss der Gesellschafterversammlung	2945	346
			bb) Anordnungen für die Durchführung	2946	346
			cc) Umsetzung	2947	346
			dd) Rechtsfolgen	2948	347
	II.	Austritt eines Gesellschafters (Kündigung)		2961	347
		1.	Keine gesetzliche Regelung	2961	347
		2.	Vertragliche Regelung	2965	348
		3.	Kündigung	2967	348
	III.	Abfindung		2991	349
	IV.	Beispiel für eine Ausschlussbestimmung im Gesellschaftsvertrag		3001	350
5. Abschnitt:	Die Organe der GmbH			3011	353
A.	Die Gesellschafterversammlung			3021	354
	I.	Bedeutung und Aufgaben		3021	354
		1.	Organ der Gesellschaft	3021	354
		2.	Zuständigkeit und Kompetenz	3022	354
			a) Allzuständigkeit	3023	354
			b) Bestellungs-, Überwachungs- und Weisungskompetenz gegenüber Geschäftsführern	3025	355
		3.	Regelung durch die Satzung	3028	356
		4.	Willensbildung durch Beschlussfassung	3029	356
	II.	Zuständigkeitskatalog		3051	357
		1.	Zwingende Zuständigkeit	3051	357
		2.	Zuständigkeit mangels gesellschaftsvertraglicher Regelung	3052	357
			a) Zuständigkeitskatalog	3054	357
			b) Anmerkungen zu einzelnen Zuständigkeiten	3056	358
			aa) Entlastung des Geschäftsführers	3056	358
			bb) Bestellung eines Prokuristen	3061	359
			cc) Geltendmachung von Ersatzansprüchen gegen Geschäftsführer und Gesellschafter	3062	360
			dd) Bestellung eines besonderen Prozessvertreters	3066	361
			ee) Festlegung von Zielgrößen für die Frauenförderung	3067	361
		3.	Zuständigkeit nach Gesellschaftsvertrag	3081	362
	III.	Einberufung der Gesellschafterversammlung		3091	362
		1.	Zuständigkeit	3091	363
		2.	Sachliche Voraussetzungen; Einberufungspflicht	3096	364
		3.	Förmlichkeiten	3098	365

				Rn.	Seite
		a)	Form und Frist	3098	365
		b)	Inhalt der Einladung (Tagesordnung)	3104	368
		c)	Adressaten der Einladung	3106	368
		d)	Abdingbarkeit der Einladungsvorschriften durch die Satzung	3108	369
		e)	Verstöße gegen Ladungsvorschriften	3109	369
	4.	Minderheitenrechte (Selbsthilferecht)		3121	370
IV.	Durchführung der Versammlung			3151	371
	1.	Teilnahmerecht		3151	371
		a)	Inhaber des Teilnahmerechts	3154	372
		b)	Gesetzlicher und rechtsgeschäftlicher Vertreter	3158	373
		c)	Geschäftsführer	3159	374
		d)	Dritte	3160	374
	2.	Leitung der Versammlung		3161	375
	3.	Beschlussfähigkeit		3181	376
	4.	Sitzungsprotokoll, Feststellung des Beschlussergebnisses		3183	376
	5.	Beispiel		3193	378
V.	Gesellschafterbeschlüsse			3211	379
	1.	Stimmrecht		3212	380
		a)	Gesellschafterrecht	3212	380
			aa) Stimmkraft	3217	381
			bb) Mehrfachstimmrecht	3219	381
		b)	Gesellschafterpflicht	3220	381
		c)	Stimmbindung	3221	382
		d)	Ausschluss des Stimmrechts (Stimmverbot)	3227	383
			aa) Entlastung eines Gesellschafters	3229	384
			bb) Befreiung von einer Verbindlichkeit	3231	385
			cc) Vornahme eines Rechtsgeschäftes	3232	385
			dd) Einleitung oder Erledigung eines Rechtsstreits	3233	385
			ee) Keine Verallgemeinerung	3234	385
			ff) Sonstige Einzelfälle	3237	386
	2.	Stimmabgabe		3251	387
		a)	Willenserklärung und Wirksamkeit	3251	387
		b)	Vollmacht zur Stimmabgabe	3253	388
	3.	Mehrheitsbildung		3261	389
		a)	Gesetzliche Regelung	3261	389
		b)	Abweichende Satzungsregelung	3263	389
	4.	Satzungsänderungen		3265	390
		a)	Begriff und Gegenstand der Änderung	3265	390
		b)	Durchführung der Änderung	3271	391
		c)	Notarielle Beurkundung	3276	392
		d)	Eintragung in das Handelsregister	3277	393
	5.	Beschlussfassung ohne Gesellschafterversammlung		3291	393
		a)	Schriftliches Verfahren	3291	393

				Rn.	Seite
		b)	Beschlussfassung der Einpersonen-GmbH	3296	394
	6.	Protokollierung und Beschlussfeststellung		3297	395
	7.	Fehlerhafte Gesellschafterbeschlüsse		3311	396
		a)	Allgemeines	3311	396
		b)	Unwirksame Beschlüsse	3313	397
		c)	Nichtigkeit	3315	397
			aa) Verletzung der Vorschriften über die Einberufung der Gesellschafterversammlung	3316	397
			bb) Beurkundungsmangel	3318	398
			cc) Verletzung öffentlicher Interessen und Gläubigerinteressen	3319	399
			dd) Sittenverstoß	3320	399
			ee) Rechtsfolgen der Nichtigkeit	3321	399
		d)	Anfechtbarkeit	3323	400
		e)	Gerichtliche Rechtsbehelfe gegen mangelhafte Gesellschafterbeschlüsse	3329	401
			aa) Klagearten	3329	402
			bb) Verfahrensbeteiligte	3334	403
			cc) Klagefrist	3339	404
			dd) Rechtswirkungen	3342	405
			ee) Einstweiliger Rechtsschutz gegen fehlerhafte Gesellschafterbeschlüsse	3344	405
B.	Der Geschäftsführer			3361	406
	I.	Der Geschäftsführer als Organ der GmbH		3361	406
		1.	Organschaftliche Vertretungsmacht	3361	406
		2.	Abgrenzung von der rechtsgeschäftlichen Vertretungsmacht	3362	407
		3.	Geschäftsführungsbefugnis und Vertretungsmacht (Abgrenzung)	3363	407
		4.	Organverhältnis und Anstellungsverhältnis (Abgrenzung)	3365	408
	II.	Die Bestellung des Geschäftsführers		3381	408
		1.	Organisationsakt der Bestellung	3381	408
		2.	Zuständigkeit	3383	409
		3.	Bestellungsrecht durch Mehrheitsbeschluss	3385	410
		4.	Sonderrecht auf Geschäftsführung oder auf Bestellung des Geschäftsführers	3389	410
		5.	Vorschlagsrecht	3394	411
	III.	Voraussetzungen für die Bestellung zum Geschäftsführer		3421	412
		1.	Persönliche Voraussetzungen	3421	412
		2.	Ausschlussgründe (Inhabilitätsregeln)	3422	412
			a) Gesetzliche Ausschlussgründe	3422	412
			b) Belehrung und Versicherung zur Inhabilität	3426	414
			c) Gesellschafterhaftung für die Bestellung ungeeigneter Geschäftsführer	3427	414

			Rn.	Seite
	3.	Statutarische Eignungsvoraussetzungen	3428	415
	4.	Amtsunfähigkeit	3429	415
	5.	Bestellung eines Notgeschäftsführers	3430	416
IV.	Aufgaben, Rechte und Pflichten der Geschäftsführer als Organ der GmbH		3451	416
	1.	Geschäftsführungsbefugnis	3451	416
		a) Leitungsaufgabe	3451	416
		b) Mehrere Geschäftsführer und Gesamtgeschäftsführungsbefugnis	3452	417
		c) Ressortverteilung und ihre Folgen	3455	417
		d) Inhalt der Leitungsaufgabe	3459	419
		e) Beschränkung der Geschäftsführungsbefugnis	3460	420
		f) Zielgrößen und Fristen zur gleichberechtigten Teilhabe von Frauen und Männern	3464	421
	2.	Vertretungsmacht	3471	421
		a) Inhalt, Umfang und Grenzen der Vertretungsmacht	3471	421
		b) Vertretungsmacht bei gesellschaftsinternen Rechtshandlungen	3473	421
		c) Vertretungsregelung bei einer Mehrheit von Geschäftsführern	3474	422
		aa) Prinzip der Gesamtvertretung	3474	422
		bb) Gesamtvertretung und Ausfall eines Geschäftsführers	3476	423
		d) Insichgeschäfte (Selbstkontrahieren) der Geschäftsführer	3478	423
		aa) Befreiung vom Selbstkontrahierungsverbot	3479	424
		bb) Einmann-GmbH und Selbstkontrahierungsverbot	3480	424
	3.	Haftung der GmbH für Handeln des Geschäftsführers	3491	424
V.	Anstellung der Geschäftsführer		3511	426
	1.	Abgrenzung von Organstellung und Anstellungsverhältnis	3511	426
	2.	Abschluss des Anstellungsvertrages	3513	427
		a) Zuständigkeit der Gesellschafterversammlung	3513	427
		b) Umsetzung des Anstellungsbeschlusses	3516	428
	3.	Form des Anstellungsvertrages	3517	428
	4.	Fehlerhafte Anstellung	3519	429
	5.	Arbeitsrechtliche Vorschriften und Sozialversicherung	3521	429
		a) Grundsatz: Keine Geltung arbeitsrechtlicher Vorschriften	3522	429
		b) Sozialversicherungsrechtliche Fragen	3524	430
		c) Rentenversicherungspflicht	3528	432
VI.	Inhalt des Anstellungsvertrages		3551	434
	1.	Pflichten und Wettbewerbsverbot	3552	434
	2.	Vertragliche Festlegungen für die Geschäftsführungsbefugnis	3554	436

			Rn.	Seite
VII.	Vergütungsregelung		3571	437
	1. Vergütung		3572	437
		a) Bestimmungsfaktoren für die Gesamtausstattung	3572	437
		b) Festgehalt	3576	438
		c) Tantieme	3578	439
		aa) Umsatztantieme	3579	439
		bb) Gewinntantieme	3580	439
		cc) Beteiligungsmodelle	3582	440
		dd) Altersversorgung (Pensionszusage)	3584	441
		ee) Nebenleistungen	3588	442
VIII.	Beendigung der Geschäftsführerstellung		3611	443
	1. Beendigung des Organverhältnisses		3612	443
		a) Überblick über die Beendigungsgründe	3612	443
		b) Abberufung	3614	444
		aa) Abberufung durch Gesellschafterbeschluss	3616	444
		bb) Bekanntgabe des Beschlusses	3618	445
		c) Rechtsfolgen der Abberufung	3619	445
		d) Abberufung nur bei Vorliegen eines wichtigen Grundes (Beschränkung der freien Abberufbarkeit)	3621	446
		aa) Wichtiger Grund	3624	446
		bb) Wirksamwerden der Abberufung aus wichtigem Grund	3626	447
		e) Niederlegung des Geschäftsführeramtes	3630	448
		aa) Ende der Organstellung	3630	448
		bb) Auswirkung auf das Anstellungsverhältnis	3633	449
		cc) Führungslosigkeit der GmbH, passive Vertretungsbefugnis der Gesellschafter	3635	450
	2. Beendigung des Anstellungsverhältnisses		3651	450
		a) Möglichkeiten der Beendigung	3651	451
		b) Beendigung durch Aufhebungsvertrag oder Kündigung	3654	452
		aa) Ordentliche Kündigung	3655	452
		bb) Fristlose Kündigung	3659	453
		(1) Voraussetzungen	3659	453
		(2) Wichtiger Grund	3661	455
		cc) Hinauskündigungsklauseln	3663	456
		dd) Aufhebungsvertrag	3664	456
C.	Haftungsfragen		3691	456
	I. Haftung des Geschäftsführers gegenüber der Gesellschaft und den Gesellschaftern (Innenhaftung)		3693	458
	1. Haftung nach § 43 GmbHG		3693	458
		a) Anspruchsvoraussetzungen	3693	458
		b) Sorgfaltsmaßstab	3696	459
		c) Einzelne Haftungstatbestände	3698	460

				Rn.	Seite
		d)	Neue Haftungsrisiken aus der Kapitalaufbringung und Kapitalerhaltung für den Geschäftsführer nach dem MoMiG	3700	461
		e)	Verantwortlichkeit bei Arbeitsteilung	3705	464
		f)	Handeln auf Weisung der Gesellschafter	3706	465
		g)	Verzicht und Entlastung	3708	466
			aa) Entlastung	3708	466
			bb) Generalbereinigung	3709	466
		h)	Haftungsmaßstab	3710	467
		i)	Darlegungs- und Beweislast	3711	467
		j)	Verjährung von Ersatzansprüchen	3712	467
	2.	Haftung nach § 64 Satz 1 und 2 GmbHG (für Zahlungen nach Eintritt der Insolvenzreife)		3731	468
		a)	Zahlungen nach Eintritt der Insolvenzreife	3731	469
		b)	Begriff der Zahlung	3732	470
		c)	Verschulden	3734	471
		d)	Erstattungsanspruch	3736	473
	3.	Die Haftung für Zahlungen an Gesellschafter zur Verhütung der Insolvenz (§ 64 Satz 3 GmbHG)		3751	474
		a)	Zahlungen an den Gesellschafter	3752	474
		b)	Ursächlichkeit der Zahlung für die Zahlungsunfähigkeit der Gesellschaft	3753	475
		c)	Exkulpationsmöglichkeit des Geschäftsführers	3754	477
		d)	Verjährung und Anspruchskonkurrenzen	3755/1	478
	4.	Haftung aus § 9a und § 57 Abs. 4 GmbHG		3756	478
	5.	Deliktische Ansprüche		3757	479
	6.	Zusammentreffen mehrerer Anspruchsgrundlagen		3758	479
	7.	Ansprüche der Gesellschafter		3761	480
II.	Haftung des Geschäftsführers gegenüber außenstehenden Dritten (Außenhaftung)			3781	480
	1.	Handelndenhaftung, vertragliche und vorvertragliche Haftung		3781	480
	2.	Haftung bei Insolvenzverschleppung (§ 15a Abs. 1 InsO und § 823 Abs. 2 BGB)		3791	481
		a)	Haftungstatbestand	3791	481
		b)	Umfang der Ersatzpflicht (Alt- und Neugläubiger)	3792	482
	3.	Weitere Ansprüche aus unerlaubter Handlung		3811	485
	4.	Haftung des Geschäftsführers wegen Nichtabführung von Sozialversicherungsbeiträgen		3814	486
	5.	Haftung bei Verletzung steuerlicher Pflichten		3821	487
		a)	Grundlagen der Haftung	3821	487
		b)	Verantwortlichkeit	3823	487
		c)	Haftungsumfang	3825	488
			aa) Grundsatz der anteiligen Tilgung	3826	488

				Rn.	Seite
			bb) Abzugsteuern (Lohnsteuer)	3827	489
			d) Verschulden	3828	490
		6.	D&O-Versicherung	3841	490
	III.	Exkurs: Haftung des faktischen Geschäftsführers		3851	491
		1.	Voraussetzungen der Stellung als faktischer Geschäftsführer	3852	492
		2.	Verantwortlichkeit und Haftung des faktischen Geschäftsführers	3853	492
	IV.	Haftung der Gesellschafter gegenüber Gesellschaftsgläubigern und der Gesellschaft		3871	493
		1.	Durchgriffshaftung	3871	493
		2.	Haftungstatbestand des „existenzvernichtenden Eingriffs"	3872	494
		3.	Neues Konzept der Existenzvernichtungshaftung als Innenhaftung gegenüber der Gesellschaft	3877	496
		4.	Haftungstatbestand wegen Vermögensvermischung	3880	498
		5.	Haftungstatbestand der vorsätzlichen sittenwidrigen Schädigung	3881	499
		6.	Haftungstatbestand der Unterkapitalisierung einer GmbH?	3882	499
		7.	Insolvenzverschleppungshaftung bei Führungslosigkeit der GmbH	3883	500
D.	Der Aufsichtsrat (Beirat) der GmbH			3911	500
	I.	Allgemeines		3911	501
		1.	Gesetzliche Regelung	3911	501
		2.	Satzung	3912	501
		3.	Obligatorischer Aufsichtsrat	3913	502
	II.	Einsetzung eines Beirates		3931	502
		1.	Zweckmäßigkeit	3931	502
		2.	Zusammensetzung	3935	503
		3.	Regelung durch die Satzung	3938	504
	III.	Aufgaben des Beirates		3951	504
		1.	Überwachung der Geschäftsführung	3955	505
		2.	Prüfung des Jahresabschlusses samt Lageberichts	3957	506
		3.	Zustimmungsvorbehalte	3958	506
		4.	Übertragung von Kompetenzen der Gesellschafterversammlung	3960	506
		5.	Einsichtsrecht des Aufsichtsrats	3961	507
	IV.	Handelsregister, Geschäftsbriefe		3971	507
	V.	Haftung des Aufsichtsrats (Beirats)		3973	508
6. Abschnitt:	Der Jahresabschluss, Gewinn und Verlust			4001	509
A.	Buchführung und Inventar			4001	509
	I.	Buchführungspflicht		4001	509
	II.	Vorschriften zur Buchführung		4021	510
		1.	Grundsätze ordnungsmäßiger Buchführung	4021	510
		2.	Weitere Buchführungsgrundsätze	4022	510

				Rn.	Seite
		3.	Aufbewahrungspflichten und -fristen	4027	512
		4.	Verstöße gegen die Buchführungspflicht	4033	513
		5.	Vorlagepflicht	4034	513
	III.	Inventar		4051	513
	IV.	Eröffnungsbilanz		4060	515
B.	Der Jahresabschluss			4081	515
	I.	Allgemeine Regeln		4081	515
		1.	Vorbemerkung (Aufgabe der umgekehrten Maßgeblichkeit durch das BilMoG)	4081	515
		2.	Aufbau des Gesetzes und Änderungen durch das BilMoG	4084	517
	II.	Sonderregelung für Kapitalgesellschaften		4101	519
		1.	Gegenstand und Größenklassen	4101	519
		2.	Gruppenbildung	4107	520
			a) Die Kleinst-GmbH (Kleinstkapitalgesellschaft)	4107	520
			b) Die kleine GmbH	4107/1	520
			c) Die große GmbH	4111	521
			d) Die mittelgroße GmbH	4114	522
	III.	Aufstellung des Jahresabschlusses		4141	522
		1.	Zuständigkeit	4141	522
		2.	Fristen zur Aufstellung	4161	524
	IV.	Inhalt des Jahresabschlusses		4181	525
		1.	Allgemeines	4181	525
		2.	Bilanz und Gewinn- und Verlustrechnung	4182	525
		3.	Besondere Bilanzierungsvorschriften für die GmbH	4188	527
		4.	Ergebnisverwendung im Jahresabschluss	4195	528
		5.	Der Anhang	4211	529
			a) Allgemeines	4211	529
			b) Bedeutung der Größenklasse	4216	532
		6.	Der Lagebericht	4217	532
		7.	Konzernabschluss	4225	534
	V.	Prüfung des Jahresabschlusses		4251	534
		1.	Prüfungspflicht	4251	534
		2.	Umfang und Gegenstand der Prüfung	4255	535
		3.	Der Abschlussprüfer	4257	535
			a) Persönliche Voraussetzungen	4257	535
			b) Bestellung	4259	535
		4.	Durchführung der Prüfung	4264	536
		5.	Prüfungsergebnis (Prüfungsbericht)	4266	537
		6.	Bestätigungsvermerk	4270	538
	VI.	Feststellung des Jahresabschlusses		4301	539
		1.	Vorbereitung	4301	539
		2.	Vorschlag zur Ergebnisverwendung	4305	540
		3.	Die Feststellung des Jahresabschlusses	4306	541
			a) Gesellschafterbeschluss	4309	541

	Rn.	Seite
b) Anderweitige Feststellung	4312	542
c) Feststellung des Jahresabschlusses der großen und mittelgroßen GmbH	4314	542
VII. Offenlegung und Veröffentlichung des Jahresabschlusses	4341	543
1. Systemänderung durch das EHUG	4341	543
2. Regelung nach dem EHUG	4344	543
3. Prüfungspflicht und Sanktionen nach dem EHUG	4346	544
4. Steuerliche Folgen der Zahlung aufgrund von Sanktionsverfügungen bei Verletzung von Offenlegungspflichten	4350	545
VIII. Nichtigkeit und Heilung des Jahresabschlusses	4381	546
1. Nichtigkeit (Begriff und Rechtsfolgen)	4381	546
2. Einzelne Nichtigkeitsgründe	4383	547
a) Generalklausel (§ 256 Abs. 1 Nr. 1 AktG)	4383	547
b) Verstöße gegen die Prüfungspflicht	4386	548
c) Verletzung der Bestimmungen über Rücklagen (§ 256 Abs. 1 Nr. 4 AktG)	4387	548
d) Weitere Nichtigkeitsgründe	4388	549
3. Heilungsmöglichkeiten	4389	549
a) Begriff der Heilung, Abgrenzung zur Neuaufstellung	4389	549
b) Heilungsfähige Nichtigkeitsgründe	4390	549
c) Heilungsfristen	4392	550
d) Publizitätspflichten und Insolvenz	4394	550
4. Haftung des Geschäftsführers wegen Nichtigkeit des Jahresabschlusses	4395	550
C. Gewinn und Verlust	4421	551
I. Allgemeines	4421	551
1. Gesellschaft und Gesellschafter	4421	551
2. Jahresabschluss und Jahresergebnis	4423	551
3. Ermittlung des Jahresergebnisses	4425	551
4. Verwendung des Jahresergebnisses	4426	551
5. Vorschlag des Geschäftsführers zur Verwendung des Jahresergebnisses	4427	551
6. Entscheidung der Gesellschafter	4429	552
II. Offenlegung des Vorschlages bzw. Beschlusses über die Gewinnverwendung zum elektronischen Bundesanzeiger	4451	552
III. Verwendung des Jahresfehlbetrages	4461	553
IV. Der Gewinnauszahlungsanspruch	4481	553
7. Abschnitt: Die Beendigung der GmbH	4501	554
A. Allgemeines	4501	554
I. Die Auflösung der GmbH	4505	554
II. Auflösungsgründe	4521	555
III. Einzelne Auflösungsgründe	4541	555
1. Befristung	4541	555

				Rn.	Seite
		2.	Auflösungsbeschluss der Gesellschafter	4542	555
		3.	Auflösungsurteil	4547	557
		4.	Insolvenzverfahren	4550	557
		5.	Registergerichtliche Verfügung	4552	558
		6.	Gesellschaftsvertragliche (satzungsmäßige) Auflösungsgründe	4553	558
		7.	Verlegung des Sitzes ins Ausland	4556	559
		8.	Auflösung der Komplementär-GmbH der GmbH & Co. KG	4557	559
	B.	Rechtsfolgen der Auflösung		4581	560
	I.	Übergang in das Liquidationsstadium		4581	560
	II.	Fortsetzung der aufgelösten GmbH		4601	560
	III.	Durchführung der Liquidation		4621	562
		1.	Bestellung der Liquidatoren	4622	562
		2.	Aufgaben und Befugnisse der Liquidatoren	4625	563
		3.	Anmeldung der Auflösung, Bekanntgabe und Aufforderung an die Gläubiger	4628	564
		4.	Beendigung der laufenden Geschäfte, Abschluss neuer Geschäfte	4629	564
		5.	Erfüllung der Verpflichtungen der GmbH	4630	565
		6.	Einziehen der Forderungen der GmbH	4634	566
		7.	Versilbern des Vermögens der Gesellschaft	4635	566
		8.	Abschluss der Liquidation	4638	567
		9.	Verteilung des Liquidationsüberschusses	4642	568
	IV.	Beendigung der GmbH		4661	569
	V.	Beendigung der GmbH durch Löschung wegen Vermögenslosigkeit		4681	569
	VI.	Zusammenfassender Überblick über die Pflichten der Liquidatoren		4701	570

2. Teil:	STEUERRECHT DER GMBH			4731	571

1. Abschnitt:	Einführung			4731	571
	A.	Wahl der Gesellschaftsform		4731	571
	B.	Grundlegende Systemunterschiede in der Besteuerung der einzelnen Gesellschaftsformen		4751	571
	I.	Die Personengesellschaften		4751	571
		1.	Mitunternehmerschaft gemäß § 15 Abs. 1 Satz 1 Nr. 2 EStG	4751	572
		2.	Schuldrechtliche Verträge zwischen Gesellschaft und Gesellschafter	4755	573
	II.	Die stille Gesellschaft		4771	573
		1.	Die typische stille Gesellschaft	4771	573
		2.	Die atypische stille Gesellschaft	4772	574
	III.	Die Kapitalgesellschaften		4791	574

				Rn.	Seite
		1.	Selbständige Steuerpflicht/Trennungsprinzip	4791	574
		2.	Leistungsveranlassung im Gesellschaftsverhältnis oder Schuldverhältnis	4792	574
		3.	Gesellschaftsrechtliche Verbindungen zwischen GmbH und anderen Gesellschaften	4795	576
		4.	Zusammenfassung	4797	576
	IV.	Die Europäische Gesellschaft		4821	577
		1.	Allgemeine Hinweise	4821	577
		2.	Einführung der Europäischen Gesellschaft in das KStG	4824	578
C.	Grundzüge der Besteuerung des Einkommens bei der GmbH und ihren Gesellschaftern			4841	578
	I.	Wechsel im System		4841	578
	II.	Teileinkünfteverfahren/Freistellungssystem		4901	579
		1.	Grundprinzip des Systems	4901	579
		2.	Steuersystematische Ausgestaltung	4902	579
	III.	Steuerlicher Belastungsvergleich seit 2008		4941	581
2. Abschnitt:	Steuerliche Folgen bei der Gründung einer GmbH			4961	582
A.	Verkehrssteuerliche Folgen bei der Gründung			4961	582
	I.	Grunderwerbsteuer		4961	582
		1.	Grunderwerbsteuerliche Tatbestände	4961	582
		2.	Bemessungsgrundlage	4964	582
	II.	Umsatzsteuer		4981	583
B.	Ertragsteuern			5001	584
	I.	Vorbemerkung		5001	584
		1.	Verhältnis Körperschaftsteuer zur Einkommensteuer im Rahmen der GmbH-Besteuerung	5001	584
		2.	Die Sphären einer Körperschaft	5002	585
		3.	Der gesellschaftsrechtliche Vermögenskreislauf	5003	586
		4.	Der steuerbare Personenkreis	5004	587
	II.	Bargründung		5021	588
		1.	Übernahme der Stammeinlage	5021	588
		2.	Erwerb oder Aufbau eines Unternehmens	5024	589
	III.	Sachgründung		5041	589
		1.	Sacheinlagen (Einbringung einzelner Wirtschaftsgüter)	5041	589
			a) Offene Einlagen	5041	589
			b) Verdeckte Einlagen	5042	590
			c) Verschleierte Sacheinlagen	5045	591
		2.	Gründung durch Einbringung eines Betriebs, Teilbetriebs oder Mitunternehmeranteils (§ 20 UmwStG)	5047	591
			a) Allgemeines	5047	591
			b) Einbringung eines Betriebes, Teilbetriebes oder Mitunternehmeranteils (Sacheinlage, § 20 UmwStG)	5071	593
			aa) Allgemeine Voraussetzungen des § 20 Abs. 1 UmwStG	5071	593

				Rn.	Seite
			bb) Die Ebene der übernehmenden Kapitalgesellschaft (§ 20 Abs. 2 UmwStG)	5074	594
			cc) Die Ebene des Einbringenden (§ 20 Abs. 3, 4, 7, 8 UmwStG)	5080	595
			dd) Bestimmung des Einbringungszeitpunktes (§ 20 Abs. 5, 6 UmwStG)	5085	596
		c)	Einbringung von Anteilen an Kapitalgesellschaften in Kapitalgesellschaften (Anteilstausch, § 21 UmwStG)	5101	596
			aa) Allgemeine Voraussetzungen des § 21 Abs. 1 UmwStG	5101	596
			bb) Die Ebene der erwerbenden Kapitalgesellschaft (§ 21 Abs. 1 UmwStG)	5103	596
			cc) Die Ebene des Einbringenden (§ 21 Abs. 2 UmwStG)	5105	597
			dd) Zeitpunkt des Anteilstausches	5109	597
	IV.	Regelung der Besteuerung des Anteilseigners, § 22 UmwStG		5131	598
		1. Allgemeines		5131	598
		2. Nachträgliche Besteuerung bei Einbringungsfällen nach §§ 20, 22 Abs. 1 UmwStG		5133	598
		3. Nachträgliche Besteuerung bei Weiterveräußerung von Anteilen an Kapitalgesellschaften (§ 22 Abs. 2 UmwStG)		5141	599
		4. Nachweispflichten (§ 22 Abs. 3 UmwStG)		5161	601
	V.	Auswirkungen bei der übernehmenden/erwerbenden Gesellschaft (§ 23 UmwStG)		5181	602
		1. Auswirkungen im Zeitpunkt der Einbringung (§ 23 Abs. 1 UmwStG)		5181	602
		2. Auswirkungen bei Nachversteuerung (§ 23 Abs. 2 UmwStG)		5182	602
		3. Darstellung von Einbringungsgewinn I und II anhand eines Beispielsfalles		5186	603
	VI.	Gründungskosten		5211	604
C.	Aufnahme der Geschäftstätigkeit vor Entstehung der GmbH			5231	605
	I.	Keine rückwirkende Gründung		5231	605
	II.	Die GmbH in der Gründung		5251	605
		1. Steuersubjekte in der Gründungsphase		5251	605
		2. Steuerpflicht der Vorgründungsgesellschaft		5256	607
		3. Errichtung einer Einpersonen-GmbH		5259	608
		4. Zusammenfassung		5262	608
3. Abschnitt:	Die laufende Besteuerung der GmbH			5291	609
A.	Körperschaftsteuer			5291	609
	I.	Zu versteuerndes Einkommen		5292	609
		1. Begriff		5292	609
		2. Ermittlungsschema		5295	609
		3. Gewerblicher Gewinn		5297	610
		a) Gewinn aus Gewerbebetrieb		5297	610

					Rn.	Seite
		b)	Gewinnermittlung		5301	611
		c)	Bilanzberichtigung und Bilanzänderung		5307	614
			aa)	Bilanzberichtigung	5307	614
			bb)	Bilanzänderung	5308	614
		d)	Veranlassung durch den Betrieb oder durch das Gesellschaftsverhältnis		5309	614
			aa)	Abgrenzung	5309	614
			bb)	Struktur der erforderlichen Korrekturen bei der Ermittlung der steuerlichen Bemessungsgrundlage	5312	615
			cc)	Zusammenfassung	5315	617
	4.	Steuerfreie Erträge			5331	617
		a)	Katalog bedeutsamer Steuerbefreiungen		5332	617
		b)	Gewinne ausländischer Betriebsstätten		5333	618
		c)	Beteiligungserträge		5334	618
			aa)	Befreiungen	5334	620
			bb)	Abzugsverbote	5336	621
		d)	Veräußerungsgewinne		5343	622
			aa)	Steuerfreistellung	5343	622
			bb)	Umfang der Freistellung; Abzugsverbot	5345	623
			cc)	Veräußerungsverluste; Gewinnminderung	5348	624
			dd)	Weitere Realisationsvorgänge; vGA	5350	625
		e)	Sonderbehandlung einbringungsgeborener Anteile nach dem bisher maßgeblichen Recht		5351	625
		f)	Ausdehnung der Anwendung von § 8b Abs. 1 bis 5 KStG bei Halten der Beteiligung über eine Personengesellschaft		5361	626
			aa)	Gesamtgewinn der Mitunternehmerschaft	5361	626
			bb)	Gewerbesteuerliche Auswirkung	5364	627
			cc)	Organschaft und § 8b KStG	5365	627
	5.	Spenden			5381	627
	6.	Nicht abziehbare Betriebsausgaben			5383	629
	7.	Ausgleichszahlungen einer Organgesellschaft			5389	631
	8.	Personensteuern			5391	631
	9.	Aufsichtsratsvergütungen			5393	632
	10.	Sanierungsgewinne			5394	632
II.	Verdeckte Einlagen				5421	634
	1.	Allgemeines			5421	634
	2.	Begriff der offenen und verdeckten Einlage			5441	635
		a)	Abgrenzung		5441	636
		b)	Definitionen		5442	636
			aa)	Offene Einlagen	5443	637
			bb)	Verdeckte Einlagen	5445	637
		c)	Einlagefähige Wirtschaftsgüter		5452	640
			aa)	Aktivmehrungen	5454	640

			Rn.	Seite
		bb) Passivminderungen	5455	641
	3.	Fallgruppen verdeckter Einlagen	5471	641
		a) Veräußerungsvorgänge	5471	641
		b) Forderungsverzicht	5473	642
		aa) Bewertung beim Forderungsverzicht	5474	642
		bb) Ebene des Gesellschafters	5477	643
		c) Verzicht auf Gewinnanteil	5479	643
		d) Verzicht auf eine Pensionsanwartschaft	5480	643
		e) Bewertung beim Pensionsverzicht	5482	644
		f) Mittelbare verdeckte Einlagen	5483	645
		g) Verdeckte Einlagen in der Beteiligungskette	5485	646
	4.	Kapitalgesellschaft als Erbe	5501	646
	5.	Verdeckte Einlagen und Gesellschafterfremdfinanzierung	5502	646
	6.	Steuerliche Behandlung der verdeckten Einlage bei der GmbH	5503	647
		a) Bewertung der verdeckten Einlage	5503	647
		b) Steuerliche Auswirkung	5508	648
	7.	Steuerliche Behandlung der verdeckten Einlage beim Gesellschafter	5521	649
		a) Bewertung der verdeckten Einlage	5521	649
		aa) Beteiligung im Betriebsvermögen	5522	649
		bb) Einlage aus dem Privatvermögen	5523	649
		b) Bewertung beim Forderungsverzicht	5525	650
		c) Auswirkungen auf die Anschaffungskosten der Beteiligung	5526	650
		aa) Anteile im Privatvermögen	5527	650
		bb) Anteile im Betriebsvermögen	5528	650
		d) Drittaufwand	5530	651
		e) Verdeckte Einlage und Zufluss beim Gesellschafter	5534	652
		f) Abzugsbeschränkungen bei unentgeltlichen oder teilentgeltlichen Nutzungsüberlassungen	5536	653
		g) Erfolgsbeiträge	5541	654
	8.	Verdeckte Einlage über die Grenze (verdeckte Einlage und § 1 AStG)	5580	657
	9.	Rückzahlung von verdeckten Einlagen	5585	658
III.	Verdeckte Gewinnausschüttung (vGA)		5611	658
	1.	Allgemeines	5611	658
	2.	Gewinnkorrekturvorschrift	5612	659
	3.	Begriff der verdeckten Gewinnausschüttung (vGA)	5616	660
		a) Begriffsmerkmale	5617	660
		aa) Veranlassung im Gesellschaftsverhältnis	5618	660
		bb) Minderung des Unterschiedsbetrags gemäß § 4 Abs. 1 Satz 1 i.V. m. § 8 Abs. 1 KStG	5619	661
		cc) Eignung zum Beteiligungsertrag	5620	661

				Rn.	Seite
		b)	Leistende und Empfänger der vGA	5621	662
			aa) Gesellschafterstellung	5622	663
			bb) Beherrschender Gesellschafter	5624	663
			cc) Nahe stehende Personen	5627	664
	4.	Tatbestandsmerkmale der vGA (§ 8 Abs. 3 Satz 2 KStG) im Einzelnen		5651	665
		a)	Vermögensminderung oder verhinderte Vermögensmehrung	5651	665
			aa) Vermögensminderung	5652	666
			bb) Verhinderte Vermögensmehrung	5659	667
			cc) Vorteilsausgleich	5661	668
			dd) Beispiele	5663	669
		b)	Auswirkung auf das Einkommen (Unterschiedsbetrag nach § 4 Abs. 1 Satz 1 EStG)	5664	669
		c)	Kein Zusammenhang mit einer offenen Ausschüttung	5665	669
		d)	Handlung durch ein Organ der Gesellschaft	5666	669
	5.	Veranlassung durch das Gesellschaftsverhältnis		5681	671
		a)	Sorgfaltsmaßstab des ordentlichen und gewissenhaften Geschäftsleiters	5681	671
		b)	Kriterien für den Fremdvergleich	5683	672
		c)	Angemessenheit	5684	672
			aa) Innerer Betriebsvergleich	5687	673
			bb) Äußerer Betriebsvergleich	5688	673
		d)	Doppelter Fremdvergleich	5689	673
		e)	Untauglichkeit des Fremdvergleichs	5690	674
	6.	Sonderregeln für beherrschende Gesellschafter und ihnen nahe stehende Personen		5691	674
		a)	Zivilrechtliche Wirksamkeit	5692	675
		b)	Klare und eindeutige Vereinbarungen	5696	677
		c)	Von vornherein abgeschlossene Vereinbarung	5700	678
		d)	Tatsächliche Durchführung	5704	679
		e)	Rechtsfolgen nicht beachteter Sonderregeln	5709	680
	7.	Beurteilungszeitpunkt		5710	680
	8.	Rechtsfolgen der vGA bei der GmbH		5731	681
		a)	Höhe und Bewertung der vGA	5731	681
			aa) Höhe der vGA	5731	681
			bb) Bewertung der vGA	5732	681
		b)	Durchführung der Korrektur	5737	682
			aa) Grundsatz: Zweistufige Gewinnkorrektur	5737	682
			bb) Korrektur bei Passivposten	5739	683
			cc) Korrektur bei Aktivposten	5740	685
	9.	Steuerliche Belastung der vGA bei der GmbH		5751	686
	10.	Rechtsfolgen der vGA beim Gesellschafter		5753	686
		a)	Gesellschafter ist eine natürliche Person	5754	686

				Rn.	Seite
		b)	Gesellschafter ist eine Kapitalgesellschaft	5756	687
		c)	Änderung des ESt-Bescheids des Gesellschafters bei nachträglicher Feststellung einer vGA auf der Ebene der GmbH	5757	687
		d)	Erweiterung der „materiellen" Korrespondenz durch das AmtshilfeRLUmsG	5770	690
	11.	Rückgängigmachung, Rückzahlung der vGA		5791	690
IV.	Wichtige Problemfelder bei vGA			5811	691
	1.	Dienstverhältnisse mit der GmbH		5812	692
	2.	Darlehensverträge mit Gesellschaftern		5816	693
		a)	Unangemessene Verzinsung bei Darlehen an den Gesellschafter	5818	694
		b)	Unangemessene Verzinsung bei Gesellschafterdarlehen	5822	694
		c)	Darlehensgewährung als vGA	5823	695
		d)	Späterer Darlehensverzicht oder Ausfall des Darlehens	5826	696
		e)	Gesellschafterdarlehen	5829	696
		f)	Bürgschaftsübernahme	5831	697
	3.	Abschluss von Kaufverträgen zwischen der GmbH und ihren Gesellschaftern		5851	697
	4.	Miet- und Pachtverhältnisse zwischen der GmbH und ihren Gesellschaftern		5856	699
		a)	GmbH ist Vermieter	5857	699
		b)	Gesellschafter ist Vermieter	5859	699
		c)	Umbauten und Einbauten	5861	700
		d)	Erbbaurecht	5862	700
		e)	Betriebsaufspaltung	5863	700
		f)	Geschäfts- oder Firmenwert	5864	701
	5.	Wettbewerbsverbot und Geschäftschancen		5881	702
		a)	Wettbewerbsverbot und vGA	5881	702
		b)	Geschäftschancenlehre	5882	702
			aa) Geschäftschancenlehre und vGA	5884	702
			bb) Beispielsfälle für Geschäftschancen	5889	704
	6.	Gesellschaftsverhältnisse zwischen GmbH und Gesellschafter		5911	705
		a)	GmbH & Co. KG	5911	705
		b)	Angemessenheit der Gewinnverteilung	5912	706
		c)	Korrektur der vGA	5913	706
		d)	Änderung der Gewinnverteilung und ähnliche Fälle	5915	707
		e)	Typische und atypische stille Beteiligungen	5918	708
	7.	Risikogeschäfte		5931	708
V.	Gesellschafter als Geschäftsführer			5951	710
	1.	Wahlrecht		5951	710
	2.	Angemessenes Gehalt		5953	711
		a)	Prüfungsschema	5953	711

			Rn.	Seite
	b)	Betriebliche Veranlassung dem Grunde nach	5958	712
	c)	Angemessenheit der Gesamtausstattung	5963	713
	d)	Beurteilungskriterien	5966	714
		aa) Größe des Unternehmens	5967	714
		bb) Nebentätigkeiten	5968	714
		cc) Mehrere Geschäftsführer	5969	715
		dd) Ertragssituation	5970	715
		ee) Fremdvergleich	5975	717
		ff) Verlustgesellschaft	5981	718
3.	Überstundenvergütungen, Zuschläge für Sonn-, Feiertags- und Nachtarbeit		6001	719
4.	Private Pkw-Nutzung		6011	720
5.	Urlaubs- und Weihnachtsgeld		6013	721
6.	Zeitwertkonten		6016	722
7.	Tantiemen		6031	722
	a)	Allgemeines	6031	723
	b)	Beherrschender Gesellschafter-Geschäftsführer und Tantieme	6034	724
	c)	Zulässige und unzulässige Tantiemearten	6036	725
	d)	Angemessenheit der Gewinntantieme	6037	725
		aa) Maximal 50 v. H. des Jahresüberschusses	6038	725
		bb) 75:25-Aufteilungsregel	6041	726
		cc) Indizien für eine Unangemessenheit	6043	728
		dd) Definition der Bemessungsgrundlage („Gewinn")	6046	728
		ee) Sonderregeln in Beherrschungsfällen	6051	729
	e)	Besondere Tantiemearten	6053	730
		aa) Rohgewinntantieme	6053	730
		bb) Umsatztantieme	6054	730
		cc) Nur-Tantieme	6062	732
	f)	Verzicht auf die Tantiemeforderung	6066	733
8.	Pensionszusagen		6091	734
	a)	Grundsätzliche steuerliche Anerkennung	6091	734
		aa) Motive und steuerliche Effekte	6091	734
		bb) Steuerliche Prüfung	6094	735
		cc) Vorliegen einer vGA	6096	735
		dd) Kriterien des Fremdvergleichs	6097	736
	b)	Rechtsverbindlichkeit der Pensionszusage	6099	736
	c)	Qualifikation des Geschäftsführers (Probezeit, Wartezeit)	6101	737
		aa) Probezeit	6101	737
		bb) Dauer der Probezeit	6103	738
	d)	Erdienbarkeit (Pensionsalter)	6106	738
	e)	Finanzierbarkeit der Pensionszusage	6112	740
	f)	Angemessenheit	6124	743

				Rn.	Seite
		aa)	Bestandteil einer angemessenen Gesamtvergütung	6124	743
		bb)	Fiktive Jahresnettoprämie	6125	743
		cc)	Keine Überversorgung	6127	743
	g)		Barlohnumwandlung	6131	745
	h)		Nur-Pension	6133	746
	i)		Abfindungen	6136	746
9.	Reisekosten und Repräsentationsaufwand			6161	747
	a)		Reisekosten	6161	747
	b)		Repräsentationsaufwendungen	6165	748
VI.	Behandlung der Gesellschafterfremdfinanzierung – Zinsschranke			6300	749
1.	Allgemeines zur neuen Zinsschranke; Anwendungsregelung			6300	749
2.	Grundtatbestand § 4h Abs. 1 EStG			6304	751
	a)		Gewinnermittlungsvorschrift	6305	751
	b)		Betrieb	6306	751
	c)		Erfasstes Fremdkapital und erfasste Kapitalforderungen	6307	752
	d)		Zinsaufwendungen und Zinserträge	6309	752
	e)		Maßgeblicher Gewinn	6311	753
	f)		Die Schritte zur Auslösung der Zinsschranke	6312	753
	g)		EBITDA	6313	754
	h)		Vereinfachte Zusammenstellung der Auslösungsschritte der Zinsschranke	6315	755
	i)		Beispiele zur Zinsschranke	6316	755
	j)		EBITDA-Vortrag	6317	757
	k)		Zinsvortrag gemäß § 4 Abs. 1 Satz 2 EStG	6319	758
	l)		Beispiele zum Zinsvortrag	6320	759
	m)		Allgemeine Verlustgefahr des EBITDA- und des Zinsvortrags gemäß § 4h Abs. 5 EStG	6322	761
	n)		Verlustgefahr des Zinsvortrags bei Körperschaften	6323	762
3.	Die gesetzlichen Ausnahmen von der Zinsschranke gemäß § 4h Abs. 2 EStG			6325	763
	a)		Freigrenze	6326	763
	b)		„Stand alone"-Klausel	6332	765
	c)		Gesellschafterfremdfinanzierung bei Körperschaften als zusätzliche Rückausnahme	6333	765
	d)		Konzern – „Escape" Klausel gemäß § 4h Abs. 2 EStG	6339	770
	e)		Konzern – „Escape" Klauselergänzung gemäß § 8a Abs. 3 KStG für Körperschaften	6340	772
4.	Verhältnis Zinsvortrag zur Mindestbesteuerung			6341	774
5.	Prüfschema der Zinsschranke			6342	777
VII.	Verlustabzug bei der GmbH			6431	778
1.	Allgemeines, steuerrechtliche Grundlagen			6431	778
2.	Durchführung des Verlustabzugs			6433	778

			Rn.	Seite
		a) Verlustrücktrag	6433	778
		aa) Grenzen	6433	778
		bb) Wahlrecht	6435	779
		b) Verlustvortrag	6436	779
		c) Feststellung des verbleibenden Verlustabzugs	6439	780
		aa) Feststellungsbescheid (Grundlagenbescheid)	6439	780
		bb) Verfahrensrechtliche Bedeutung	6442	781
		cc) Schema zur Ermittlung des verbleibenden Verlustabzugs	6443	782
		d) Verlustabzug und Teileinkünfteverfahren	6444	782
		e) Gewerbesteuer	6445	782
	3.	Beschränkung des Verlustabzugs	6571	783
		a) Allgemeines und Anwendungsregelung	6571	783
		b) Regelungsinhalt	6573	783
		c) Ausnahmeregelung in § 8c Abs. 1 Sätze 6 ff. KStG	6582	786
	4.	Zur Verfassungsmäßigkeit des § 8c KStG	6583	786
	5.	Vermeidung des § 8c KStG	6587	787
	6.	Gesellschaftsvertraglicher Regelungsbedarf	6588	787
	7.	Fortführungsgebundener Verlustvortrag nach § 8d KStG	6591	789
VIII.	Die Tarifbelastung		6611	791
	1.	Steuersatz	6611	791
	2.	Solidaritätszuschlag	6613	792
IX.	Gewinnverwendung (Besteuerung von Ausschüttungen)		6631	792
	1.	Das steuerliche Einlagekonto (§ 27 KStG)	6631	792
		a) Funktion des steuerlichen Einlagekontos	6631	792
		b) Zu- und Abgänge beim steuerlichen Einlagekonto	6632	792
		c) Verwendung des steuerlichen Einlagekontos für Leistungen der GmbH	6636	794
		aa) Verwendungsreihenfolge	6637	794
		bb) Verwendungsbeschränkung	6639	795
		d) Ausstellung einer Steuerbescheinigung	6642	795
		e) Fortschreibung und gesonderte Feststellung des Einlagekontos	6649	796
		f) Auswirkungen der Einlagenrückzahlung auf der Ebene des Gesellschafters	6654	797
	2.	Kapitalertragsteuer	6671	798
	3.	Einlagekonto bei unbeschränkt steuerpflichtigen Körperschaften anderer EU-Mitgliedstaaten	6674	799
X.	Übergangsregelungen: Aus der Gliederungsrechnung in das Teileinkünfteverfahren, Auswirkungen auf die festzusetzende KSt		6701	800
	1.	Allgemeines	6701	800
		a) KSt-Guthaben und KSt-Minderung (§ 37 KStG)	6702	800
		b) Fortgeführtes EK 02 und KSt-Erhöhung (§ 38 KStG)	6703	800

				Rn.	Seite
		2.	Ermittlung der Endbestände (§ 36 KStG „Schnittpunktbestand")	6704	800
		3.	KSt-Guthaben und dessen Verwendung	6705	801
			a) Rechtslage bis 2007	6705	801
			aa) Begünstigte Ausschüttungen	6709	802
			bb) Zeitpunkt der KSt-Minderung	6711	803
			b) Rechtslage ab 2008 durch die Neufassung der Vorschrift zur Verwendung des KSt-Guthabens (§ 37 KStG)	6712	804
		4.	Nachversteuerung gemäß § 37 Abs. 3 KStG (altes Recht)	6751	807
		5.	Fortschreibung und gesonderte Feststellung des KSt-Guthabens	6755	809
		6.	Die KSt-Erhöhung (§ 38 KStG)	6756	809
			a) Gesonderte Feststellung des positiven Teilbetrags EK 02 und jährliche Fortschreibung	6756	809
			b) Verwendung des EK 02 für Leistungen	6757	809
			c) Verwendungsberechnung	6759	809
			d) Geplante steuerliche Folgen der Verwendung des EK 02 (KSt-Erhöhung) vor Geltung des JStG 2008	6762	811
		7.	Eleminierung der KSt-Erhöhung durch das JStG 2008	6781	812
	XI.		Steuerabzug bei Körperschaftsteuerpflichtigen	6785	814
B.	Die Organschaft			6811	815
	I.	Allgemeines		6811	815
	II.	Voraussetzungen der körperschaftsteuerlichen Organschaft		6841	817
		1.	Gewerbliches Unternehmen als Organträger	6841	817
		2.	Sonderfälle	6845	818
			a) Mehrmütterorganschaft	6845	818
			b) Besitzunternehmen im Rahmen einer Betriebsaufspaltung	6846	818
			c) Ruhender Gewerbebetrieb bei Betriebsverpachtung	6847	818
		3.	Organgesellschaft	6848	819
			a) Finanzielle Eingliederung der Organgesellschaft	6849	819
			b) Dauer und Zeitpunkt der finanziellen Eingliederung	6855	821
		4.	Der Gewinnabführungsvertrag	6871	822
			a) Inhaltliche Voraussetzungen für steuerliche Anerkennung	6871	822
			b) Mindestlaufzeit von fünf Jahren	6876	824
			c) Tatsächliche Durchführung des Gewinnabführungsvertrags	6878	825
			d) Hauptbeispiele für einen nicht durchgeführten Gewinnabführungsvertrag	6879	825
		5.	Ausgleichszahlungen an außenstehende Gesellschafter	6901	827
		6.	Fehlgeschlagene („verunglückte") Gewinnabführung	6902	827

				Rn.	Seite
	III.		Folgen der körperschaftsteuerlichen Organschaft bei der Organgesellschaft	6921	828
		1.	Überblick	6921	828
		2.	Ermittlung des Einkommens der Organgesellschaft	6922	828
		3.	Behandlung der Verluste der Organgesellschaft	6926	830
		4.	Behandlung steuerfreier Einnahmen der Organgesellschaft	6941	830
			a) Ausnahmen	6942	831
			b) Internationales Schachtelprivileg	6946	833
			c) Nachversteuerung nach § 37 Abs. 3 KStG	6948	833
		5.	Behandlung der Ausgleichszahlungen an außenstehende Gesellschafter	6949	834
	IV.		Folgen der körperschaftsteuerlichen Organschaft beim Organträger	6981	835
		1.	Grundlagen	6981	835
		2.	Folgen bei einer Kapitalgesellschaft als Organträger	6984	836
		3.	Folgen bei einem Einzelunternehmen oder einer Personengesellschaft als Organträger	6986	837
		4.	Technik und Zeitpunkt der Zurechnung des Einkommens	6988	837
		5.	Sonstige Steuerfolgen beim Organträger	6991	838
		6.	Bildung eines organschaftlichen Ausgleichspostens in der Steuerbilanz des Organträgers	7011	839
			a) Rechtsnatur des Ausgleichspostens	7011	839
			aa) Minderabführungen der Organgesellschaft	7013	839
			bb) Mehrabführungen der Organgesellschaft	7015	840
			b) Bewertungsabweichungen zwischen Handels- und Steuerbilanz der Organgesellschaft	7016	840
			c) Bildung von Gewinnrücklagen aufgrund vernünftiger kaufmännischer Beurteilung	7017	840
			d) Nicht abzugsfähige Betriebsausgaben der Organgesellschaft	7021	842
			e) Steuerfreie Vermögensmehrungen der Organgesellschaft	7023	842
	V.		Gewerbesteuerliche Organschaft	7051	843
		1.	Voraussetzungen und Vorteile	7051	843
		2.	Ermittlung des Gewerbeertrags	7053	843
		3.	Steuerfolgen bei gewerbesteuerlicher Organschaft	7058	844
	VI.		Umsatzsteuerliche Organschaft	7091	849
		1.	Voraussetzungen der umsatzsteuerlichen Organschaft	7091	849
			a) Organträger und Organgesellschaft	7091	849
			b) Eingliederung der Organgesellschaft in das Unternehmen des Organträgers	7092	850
		2.	Rechtsfolgen der umsatzsteuerlichen Organschaft	7096	851
C.			Gewerbesteuer	7131	852
	I.		Gewerbesteuerpflicht der GmbH kraft Rechtsform	7131	852

				Rn.	Seite
	II.	Beginn und Ende der Gewerbesteuerpflicht		7161	853
	III.	Besteuerungsgrundlage		7191	853
	IV.	Gewinn aus Gewerbebetrieb als Ausgangsgröße für die Ermittlung des Gewerbeertrages		7211	854
	V.	Hinzurechnungen		7241	854
		1.	Allgemeines	7242	854
		2.	Finanzierungsentgelte (§ 8 Nr. 1 Buchst. a bis f GewStG)	7245	855
		3.	Konkurrenz zu außerbilanziellen Hinzurechnungen	7246	856
		4.	Ausländische Betriebsstätten	7247	856
		5.	Verfassungsrechtliche Aspekte	7248	856
		6.	Unionsrechtliche Aspekte	7249	857
		7.	Dividenden aus Streubesitz (§ 8 Nr. 5 GewStG)	7251	857
		8.	Anteile am Verlust einer Mitunternehmerschaft (§ 8 Nr. 8 GewStG)	7252	858
		9.	Spenden	7253	858
	VI.	Kürzungen		7281	858
		1.	Grundbesitz	7282	858
		2.	Gewinnanteile aus einer Beteiligung an einer Personengesellschaft	7283	858
		3.	Gewinne aus Anteilen an inländischen Kapitalgesellschaften (Schachtelprivileg)	7284	859
		4.	Gewerbeertrag aus ausländischen Betriebsstätten	7285	859
		5.	Gewinnanteile an ausländischen Kapitalgesellschaften (Internationales Schachtelprivileg)	7286	859
		6.	Spenden	7288	859
	VII.	Gewerbeverlust		7311	859
	VIII.	Der Gewerbesteuertarif		7331	860
	IX.	Ertragsteuerliche Auswirkungen der Gewerbesteuer		7351	860
D.	Umsatzsteuer			7381	861
	I.	Die GmbH als Unternehmerin		7381	861
	II.	Organschaft		7401	861
	III.	Umsätze zwischen GmbH und Gesellschaftern		7421	862
		1.	Allgemeines	7421	862
		2.	Umsätze zwischen GmbH und Gesellschaftern	7422	862
		3.	Unentgeltliche Wertabgaben (fiktive entgeltliche Umsätze)	7426	863
			a) Entnahme von Gegenständen	7427	863
			b) Unentgeltliche Zuwendungen an das Personal	7428	863
			c) Jede andere unentgeltliche Zuwendung	7429	863
			d) Private Verwendung von Unternehmensgegenständen	7430	864
			e) Erbringen sonstiger Leistungen	7431	864
	IV.	Leistungsbeziehungen zwischen Gesellschafter und GmbH		7451	864
		1.	Gründung der GmbH	7452	865
		2.	Gesellschaftsrechtliches Beitragsverhältnis oder schuldrechtliches Austauschverhältnis	7453	865

			Rn.	Seite
	3. Kleinunternehmer		7457	866
V.	Der Vorsteuerabzug		7481	866
	1. GmbH als Leistungsempfänger		7481	866
	2. Gesellschafter als Leistungsempfänger		7482	867
4. Abschnitt: Kapitalerhöhung – Kapitalherabsetzung			7511	868
A. Allgemeines			7511	868
B. Kapitalerhöhung gegen Einlagen			7531	868
C. Kapitalerhöhung aus Gesellschaftsmitteln			7551	869
D. Kapitalherabsetzung			7571	870
	I. Die ordentliche Kapitalherabsetzung		7573	870
	II. Ordentliche Kapitalherabsetzung unter Verwendung von Stammkapital aus umgewandelten Rücklagen		7575	870
	III. Vereinfachte Kapitalherabsetzung		7581	871
	IV. Kapitalherabsetzung durch Einziehung von Anteilen		7585	872
5. Abschnitt: Die Besteuerung auf der Ebene der Gesellschafter (Halbeinkünfteverfahren, Teileinkünfteverfahren, Abgeltungsteuer)			7621	874
A. Grundlegende Prinzipien unter der Ägide des Halbeinkünfteverfahrens			7621	874
B. Dividenden (Beteiligungserträge)			7641	875
	I. Beteiligung im Privatvermögen		7642	875
		1. Abgeltungsteuer	7642	875
	II. Beteiligung im Betriebsvermögen		7643	876
C. Veräußerung oder Entnahme von GmbH-Anteilen			7661	877
	I. Beteiligung im Privatvermögen		7662	878
		1. Beteiligung i. S. v. § 17 EStG	7663	878
		a) Erfasste Vorgänge	7665	878
		b) Zeitpunkt der Entstehung	7666	879
		c) Insolvenzfreie Liquidation	7668	879
		d) Eröffnung des Insolvenzverfahrens	7670	879
		e) Vermögenslosigkeit	7671	880
		2. Ermittlung des Veräußerungsgewinns	7673	880
		a) Veräußerungspreis	7674	880
		b) Veräußerungskosten	7675	880
		c) Anschaffungskosten der Anteile	7676	880
		d) Weitere Fälle nachträglicher Anschaffungskosten	7678	881
		e) Keine zusätzlichen Anschaffungskosten	7687	883
		f) Drittaufwand	7689	883
		3. Freibetragsregelung	7699	885
	II. Veräußerung von im Privatvermögen gehaltenen GmbH-Anteilen bei einer Beteiligung von weniger als 1 %		7731	886
	III. Veräußerung einbringungsgeborener Anteile nach § 21 UmwStG a. F.		7734	886
D. Beteiligungen im Betriebsvermögen			7771	887

				Rn.	Seite
	I.	Veräußerung von Geschäftsanteilen		7772	887
	II.	Entnahme von Geschäftsanteilen und gleichgestellte Vorgänge		7775	888
	III.	Betriebsveräußerungen i. S. v. § 16 Abs. 2 EStG		7778	888
6. Abschnitt:	Die Besteuerung der GmbH in der Liquidation			7801	890
	A.	Körperschaftsteuer		7801	890
		I.	Körperschaftsteuerpflicht und Liquidationsbesteuerung	7801	890
		II.	Ausschluss von § 11 KStG	7806	892
			1. Stille Abwicklung	7807	892
			2. Scheinliquidation	7808	892
			3. Abgebrochene Liquidation	7809	893
		III.	Liquidationsbesteuerungszeitraum	7821	894
			1. Beginn	7822	894
			2. Der Drei-Jahres-Zeitraum	7823	895
		IV.	Einkommensermittlung im Liquidationszeitraum	7841	898
			1. Ermittlung des Liquidationsgewinns gemäß § 11 Abs. 2 KStG	7841	898
			a) Systematischer Ansatz von § 11 im Rahmen von Einkünften und Einkommen	7841	898
			b) Aufgabe des § 11 Abs. 2 KStG	7842	898
			c) Die Bedeutung der Rechnungslegung der Liquidatoren	7843	899
			2. Ermittlung des Abwicklungsendvermögens gemäß § 11 Abs. 3 KStG	7847	902
			a) Begriff	7847	902
			b) Abzug der steuerfreien Vermögenszugänge	7848	903
			3. Ermittlung des Abwicklungsanfangsvermögens gemäß § 11 Abs. 4 KStG	7849	904
			a) Abwicklungsanfangsvermögen im Regelfall	7849	904
			b) Abwicklungsanfangsvermögen bei Fehlen einer Veranlagung für das Vorjahr (§ 11 Abs. 4 Satz 2 KStG)	7850	905
			c) Behandlung von Liquidationsverlusten	7851	905
			4. Abzug des für Vorjahre ausgeschütteten Gewinns (§ 11 Abs. 4 Satz 3 KStG)	7853	907
			5. Ermittlung des Abwicklungsanfangsvermögens bei neugegründeten Körperschaften gemäß § 11 Abs. 5 KStG	7854	907
			6. Anwendung der allgemeinen Gewinnermittlungsvorschriften gemäß § 11 Abs. 6 KStG	7855	908
			a) Allgemeines	7855	908
			b) Offene und verdeckte Gewinnausschüttungen	7856	909
			c) Sachliche Steuerbefreiungen	7857	909
			d) Nichtabziehbare Aufwendungen	7858	909
			e) Verlustabzug und Verlustrücktrag	7859	909
			f) Organschaft	7860	909
			g) Anwendung des § 6b EStG auf den Abwicklungsgewinn	7861	910

				Rn.	Seite
		7.	Zusammenfassendes Beispiel zur Einkommensermittlung im Liquidationszeitraum	7862	910
			a) Entwicklung des Bankkontos	7863	910
			b) Vermögensaufstellung zum 31.8.03 vor Steuern auf Liquidationsgewinn	7864	911
			c) Körperschaftsteuerbemessungsgrundlage für Liquidation	7864a	911
			d) Vermögensaufstellung zum 31.8.03 nach Steuern auf Liquidationsgewinn	7865	911
			e) Gewinnermittlung gemäß § 11 KStG	7866	912
			f) Ermittlung der festzusetzenden KSt	7867	912
	V.	Gesonderte Feststellungen		7881	913
	VI.	Auskehrung von Vermögen an die Gesellschafter im Rahmen einer Liquidation auf der Ebene der Gesellschaft		7901	913
		1. Die Auskehrungstechnik		7901	913
		2. Letztmalige Verwendung des steuerlichen Einlagekontos		7906	915
B.	Gewerbesteuerpflicht			7981	916
C.	Besteuerung auf der Ebene der Gesellschafter			8001	916
	I.	Kapitalerträge oder Kapitalrückzahlung		8001	916
	II.	Anteilseigner ist eine natürliche Person		8021	916
		1. Natürliche Person mit Beteiligung im Privatvermögen < 1%		8021	916
		2. Natürliche Person mit Beteiligung im Privatvermögen von 1% und mehr		8022	917
		3. Natürliche Person mit 100%iger Beteiligung im Betriebsvermögen		8026	919
	III.	Kapitalgesellschaft als Anteilseigner		8028	920
D.	Verlegung der Geschäftsleitung ins Ausland			8061	921
	I.	Bisherige Rechtslage (für vor dem 1.1.2006 endende Wirtschaftsjahre)		8061	921
	II.	Neue Entstrickungsregelung des § 12 KStG (für nach dem 31.12.2005 endende Wirtschaftsjahre)		8081	921
		1. Entstrickung ohne Sitzverlegung		8083	922
		2. Entstrickung bei Sitzverlegung		8090	924
			a) Sitzverlegung innerhalb der EU bzw. des EWR	8090	924
			b) Sitzverlegung in einen Drittstaat	8094	925
			c) Verschmelzung einer beschränkt steuerpflichtigen ausländischen Körperschaft nach ausländischem Umwandlungsrecht	8095	925
		3. Zuzug nach Deutschland – Verstrickung		8096	926
		4. Ausgleichsposten nach § 4g EStG		8097	926

ANHANG		8941	927
Vertragsmuster		8941	927
I.	Ausführlicher Gesellschaftsvertrag einer GmbH	8941	927
II.	Einfacher Gesellschaftsvertrag einer GmbH (Bargründung)	8942	944
III.	Errichtung einer Einmann-GmbH	8943	947
IV.	Anstellungsvertrag für GmbH-Fremd-Geschäftsführer	8944	949
V.	Anstellungsvertrag für GmbH-Gesellschafter-Geschäftsführer	8945	959
VI.	Vereinbarung einer Ergebnisbeteiligung (Tantieme) für leitende Mitarbeiter	8946	970
VII.	Musterprotokoll für die Gründung einer Einpersonengesellschaft	8947	972
VIII.	Musterprotokoll für die Gründung einer Mehrpersonengesellschaft mit bis zu drei Gründern	8948	973
IX.	Gesellschafterliste	8949	975
X.	Online-Zusatzinhalte zum Praxishandbuch der GmbH	8950	976
Stichwortverzeichnis			977

LITERATURVERZEICHNIS

Hinweis:
Weiterführende Spezialliteratur zu den einzelnen Problemkreisen findet sich am Anfang der einzelnen Abschnitte.

Handbücher, Lehrbücher, Kommentare, Monographien

B

Baumbach, A./Hopt, K./Merkt, H., Handelsgesetzbuch, 37. Aufl., München 2016 (Baumbach/Hopt/Bearbeiter, HGB, § ... Rz. ...)

Baumbach, A./Hueck, A., GmbH-Gesetz, 21. Aufl., München 2017 (Baumbach/Hueck/Bearbeiter, GmbHG, § ... Rz. ...)

Beck'sches Handbuch der GmbH, Hrsg.: Müller, W. und Winkeljohann, N., 5. Aufl., München 2014 (Beck-GmbH-HB/Autor, § ... Rz. ...)

Bunnemann J., Zirngibl, N., Die Gesellschaft mit beschränkter Haftung in der Praxis, 2. Aufl., München 2011

D

Daumke, M./Kessler, J., Perbey, U., Der GmbH-Geschäftsführer, 5. Aufl., Herne 2016

Drescher, I., Die Haftung des GmbH-Geschäftsführers, 7. Aufl., Köln 2013

Dötsch, E./Pung, A./Mohlensrock, G., Die Körperschaftsteuer, Kommentar Loseblatt, Stuttgart

F

Frotscher, G./Drüen, E., KStG/UmwStG, Loseblatt, Freiburg (Bearbeiter in Frotscher/Drüen, KStG/UmwStG, § ..., Rz. ...)

G

Goette, W., Die GmbH – Darstellung anhand der Rechtsprechung des BGH, 2. Aufl., München 2002

Götz, H./Hülsmann, Ch., Der Nießbrauch im Zivil- und Steuerrecht, 9. Aufl., Herne 2012

Goette, W., Einführung in das neue GmbH-Recht, München 2008

Gosch, D., Körperschaftsteuergesetz – Kommentar, München 2005, 3. Aufl.

H

Haack, H./Campos Nave, J., Die neue GmbH, Herne 2008

Hauber, B./Pasch, H., Die Unternehmenssteuerreform, 2. Aufl., Bonn/Berlin 2000

Hermanns, M., Die GbR in der Gesellschafterliste der GmbH, DB 2016, 2464.

Hoffmann, E., Einführung in die Körperschaftsteuer, 2. Aufl., Herne/Berlin 2003

Hofmann, R./Hofmann, G., Grunderwerbsteuergesetz Kommentar, 11. Aufl., Herne 2016

Hottmann J., Zimmermann, R., Vogl, E., Jäger, B., Meermann, A., Schaeberle, J., Kiebele, S., Die GmbH im Steuerrecht, 3. Aufl., Achim 2011

Hüffer, U./Koch J., Aktiengesetz, Kommentar, 12. Aufl., München 2016

J

Jäger, B./Lang, F., Körperschaftsteuer, 16. Aufl., Achim 2003

Janssen, Verdeckte Gewinnausschüttungen, 12. Aufl., Herne 2017

K

Kessler, H./Leinen, M./Strickmann, M., Bilanzrechtsmodernisierungsgesetz, 1. Aufl., Freiburg 2008

Klamroth, S./Reiserer, K., Der GmbH-Geschäftsführer-Vertrag, 14. Aufl., Frankfurt 2005

Klein, H./Müller, Th./Lieber, B., Änderung der Unternehmensform, 11. Aufl., Herne 2017

Klein, F. Abgabenordnung, 13. Aufl., München 2016

Klunzinger, E., Grundzüge des Gesellschaftsrechts, 14. Aufl., München 2006

Koenig, U. (Hrsg.), Abgabenordnung, 3. Aufl., München 2014 (Koenig/Bearbeiter, AO, §..., Rz....)

L

Lutter/Hommelhoff, GmbH-Gesetz Kommentar, 19. Aufl., Köln 2016 (Bearbeiter in Lutter/Hommelhoff, GmbHG, §..., Rz....)

M

Mössner/Seeger, Körperschaftsteuergesetz Kommentar, Herne 2017

Münchener Kommentar zum Aktiengesetz (Hrsg. Kropff, B., Semler, J.), 3. Aufl., München (MünchKommAktG/Bearbeiter, §... Rz....)

Münchener Kommentar zum Handelsgesetzbuch (Hrsg. Schmidt, K.), München (MünchKommHGB/Bearbeiter, §... Rz....)

Münchener Vertragshandbuch, Band 1. Gesellschaftsrecht (Hrsg. Heidenhain, M., Meister, B.), 7. Aufl., München 2011

P

Padberg, T./Werner, T., Das neue HGB, Berlin 2008

Palandt, BGB, 76. Aufl., München 2017

Pradl, J., Pensionszusagen an GmbH-Geschäftsführer, 3. Aufl., Herne 2013

R

Ripfel, F./Rastätter, F., Die Satzung der GmbH, 12. Aufl., Frankfurt 2001

Roth, G. H., Altmeppen H., GmbHG-Kommentar, 8. Aufl., München 2015

S

Schmidt, L. (Hrsg.), Einkommensteuergesetz, 36. Aufl., München 2017

Schmitt, J./Hörtnagl, R./Stratz, R., Umwandlungsgesetz. Umwandlungssteuergesetz, 6. Aufl., München 2016

Scholz, Kommentar zum GmbH-Gesetz, Bnd 1 §§ 1-34, 11. Aufl., Köln 2012, Bnd. 35-62 10. Aufl., Köln 2007 (Scholz/Bearbeiter, GmbHG, § ... Rz. ...)

T

Tillmann, B., Mohr, R., GmbH-Geschäftsführer, 10. Aufl., Köln 2013

Tillmann, B., Schiffers, J., Wälzholz, E., Rupp, Die GmbH im Gesellschaftsrecht und Steuerecht, 6. Aufl., Köln 2015

Tipke, K./Lang, J., Steuerrecht, 22. Aufl., Köln 2015

V

Volb, H., Die stille Gesellschaft, Herne 2013

W

Wilhelm, J., Kapitalgesellschaftsrecht, Berlin 1998

Aufsätze, Beiträge, Anmerkungen

A

Altmeppen, H., „Upstream-loans", Cash Pooling und Kapitalerhaltung nach neuem Recht, ZIP 2009, 49

ders., Irrungen und Wirrungen um den täuschenden Rechtsformzusatz und seine Haftungsfolgen, NJW 2012, 2833

Arends, V./Möller, C., Aktuelle Rechtsprechung zur Geschäftsführerhaftung in Krise und Insolvenz der GmbH, GmbHR 2008, 169

B

Bachmann, G., Die Offenlegung der wirtschaftlichen Neugründung und die Folgen ihrer Versäumung, NZG 2012, 579

Battke, J., Der Ausschluss von Gesellschaftern aus der GmbH, GmbHR 2008, 850

Bednarz, L., Die Gesellschafterliste als Rechtsscheinträger für einen gutgläubigen Erwerb von GmbH-Geschäftsanteilen. Kritische Betrachtung von §§ 16 Abs. 3, 40 GmbHG i. d. F. des MoMiG, BB 2008, 1854

Bergwitz, C., Die GmbH im Prozess gegen ihren Geschäftsführer, GmbHR 2008, 225

Berninghaus, H., Der Geschäftsführer-Haftungsbescheid nach § 69 AO im finanzgerichtlichen Verfahren – Ermittlungspflichten des Finanzamtes und Mitwirkungspflichten des Geschäftsführers bei der Haftungsinanspruchnahme für rückständige Umsatz- und Körperschaftsteuer der GmbH, DStR 2012, 1001

Bormann, M., Gesetz zur Modernisierung des GmbH-Rechts und zur Bekämpfung von Missbräuchen (MoMiG), jurisPR-HaGesR 4/2008, Anm. 4

Born, Die neuere Rechtsprechung des BGH zur GmbH, WM 2013 Sonderbeilöage 1, S. 1 – 46.

Brete, R./Thomson, M., Nichtigkeit und Heilung von Jahresabschlüssen der GmbH, GmbHR 2008, 176

Briese, A., Verständnis und grundlegende Rechtsfragen der verdeckten Gewinnausschüttung – Analyse der Steuerfolgen und Versuch einer Neu-Definition, GmbHR 2005, 597

C

Campos Nave, J., Die deutsche GmbH im Wettbewerb mit der UK-Ltd., NWB F. 18, 4059

D

Dötsch, E./Pung, A., SEStEG: Die Änderungen des KStG, DB 2006, 2648

Dückinghaus, S., Optimale Nutzung des Körperschaftsteuerguthabens. Ende des Körperschaftsteuermoratoriums, NWB F. 4, 5031

E

Eidenmüller, H., Die GmbH im Wettbewerb der Rechtsformen, ZGR 2007, 168

F

Fey, G. Deubert M. Lewe, S., Erleichterungen nach dem Micro BilG – Einzelfragen zur Anwendung der neuen Vorschriften, BB 2013, 107

Fichtelmann, H., Die Rechtsstellung des Geschäftsführers der GmbH in der Insolvenz der Gesellschaft, GmbHR 2008, 76

Fleischer, H., Zur GmbH-rechtlichen Verantwortlichkeit des faktischen Geschäftsführers der GmbH, GmbHR 2011, 337

Freitag, R./Riemenschneider, M., Die Unternehmergesellschaft – „GmbH-light" als Konkurrenz für die Limited?, ZIP 2007, 1485

Fricke, D., Der Nießbrauch an einem GmbH-Geschäftsanteil – Zivil- und Steuerrecht, GmbHR 2008, 739

Frings, M., Die Abberufung des Geschäftsführers in der GmbH, Eine systematische Darstellung der Grundlagen und praktischen Durchsetzungsmöglichkeiten, NWB F. 18, 4307

Fritsche, S., Der GmbHR-Kommentar: Zum BFH-Urteil v. 15. 12. 2004 I R 6/04, Verdeckte Gewinnausschüttung; Beteiligung einer GmbH an einer anderen Kapitalgesellschaft und Nichtteilnahme an Kapitalerhöhung, GmbHR 2005, 635

G

Gehrlein, M., Die Behandlung von Gesellschafterdarlehen durch das MoMiG, BB 2008, 846

ders., Die Existenzvernichtungshaftung im Wandel der Rechtsprechung, WM 2008, 761

Goette, W., Wo steht der BGH nach „Centros" und „Inspire Art"?, DStR 2005, 197

ders., GmbH: Anmerkung zu: Nichtabführung von Sozialversicherungsbeiträgen durch den Geschäftsführer der GmbH, BGH, Beschluss v. 9. 8. 2005, 5 StR 67/05, DStR 2005, 1867, 1869 ders., Zur jüngeren Rechtsprechung des II. Zivilsenats zum Gesellschaftsrecht, DStR 2006, 139

ders., Zu den Folgen der Anerkennung ausländischer Gesellschaften mit tatsächlichem Sitz im Inland für die Haftung ihrer Gesellschafter und Organe, ZIP 2006, 541

ders., Gesellschaftsrechtliche Grundfragen im Spiegel der Rechtsprechung, ZGR 2008, 436

Gosch, D., Einbeziehung von Verlustvorträgen einer Kapitalgesellschaft in die Bemessungsgrundlage einer Tantieme, BFH-PR 2004, 270

ders., Dienstzeitunabhängige Invaliditätszusage von 75 % des Bruttogehalts als vGA, BFH-PR 2004, 271

ders., Voraussetzungen für das Vorliegen einer sog. Übermaßrente – Versorgungsanwartschaft aufgrund Barlohnumwandlung als vGA, BFH-PR 2005, 103

ders., Aufwendungen für eine Auslandsreise des Gesellschafter-Geschäftsführers als verdeckte Gewinnausschüttung, BFH-PR 2005, 325

Götz, H., Unentgeltlicher Verzicht auf eine Pensionszusage Rechtsqualität des Anwartschaftsrechts entscheidend, NWB F. 3, 13815

Grashoff, D., Offenlegung von Jahres- und Konzernabschlüssen nach dem in Kraft getretenen EHUG: Sanktionen und steuerliche Folgen, DB 2006, 2641

H

Haas, U., Mindestkapital und Gläubigerschutz in der GmbH, DStR 2006, 993

ders., Die Passivierung von Gesellschafterdarlehen in der Überschuldungsbilanz nach MoMiG und FMStG, DStR 2009, 326

ders., Die Verjährung von Insolvenzverschleppungsansprüchen, NZG 2011, 691

Haase, K., Abberufung des Geschäftsführers und Beschränkung der Geschäftsführerbefugnis als vertragswidriges Verhalten der GmbH?, GmbHR 2012, 614

Happ, W./Holler, L., „Limited" statt GmbH? Risiken und Kosten werden gern verschwiegen, DStR 2004, 730

Heeg V., Manthey, N.V., Existenzvernichtender Eingriff – Fallgruppen und Praxisprobleme, GmbHR 2008, 798

Heinze, H., Die (Eigenkapital ersetzende) Nutzungsüberlassung in der GmbH-Insolvenz nach dem MoMiG, ZIP 2008, 110

Herzig, N., Modernisierung EO des Bilanzrechts und Besteuerung, DB 2008, 1

ders., Steuerliche Konsequenzen des Regierungsentwurfs zum BilMOG, DB 2008, 1339

Hiort, M. J., Kapitalerhöhung in der GmbH durch (Teil-)Einlage obligatorischer Nutzungsrechte, BB 2004, 2760

Hollatz, A., Neue Tendenzen bei verdeckter Gewinnausschüttung/Modifizierung der Beweislast, NWB F. 4, 4625

J

Jacobsen, H., Der Anspruch des Gesellschafters auf Änderung seines Einkommensteuerbescheides bei nachträglich festgestellter verdeckter Gewinnausschüttung, BB 2006, 183

Janssen, B., Die verdeckte Gewinnausschüttung, NWB F. 4, 4825

ders., ABC der verdeckten Gewinnausschüttungen, NWB F. 4, 4853

K

Kallmeyer, H., Kapitalaufbringung und Kapitalerhaltung nach dem MoMiG: Änderungen für die GmbH-Beratungspraxis, DB 2007, 2755

Keil, C./Prost, J., Finanzierbarkeit von Pensionszusagen gegenüber Gesellschafter-Geschäftsführern – Anmerkungen zum BMF-Schreiben vom 6. 9. 2005, DB 2006, 355

Kessler, W./Eicke, R., Die Limited – Fluch oder Segen für die Steuerberatung?, DStR 2005, 2101

Klein, H., Die verdeckte Einlage im Ertragsteuerrecht, NWB F. 3, 13059

Kleindieck, D., Auf dem Weg zur Reform des GmbH-Rechts. Die Initiative zur Neuregelung des Mindestkapitals der GmbH (MindetskapG), DStR 2005, 1366

Klose-Mokroß, L., Die Eintragung der Zweigniederlassung einer englischen „private limited company" in das deutsche Handelsregister (Teil I), DStR 2005, 971; Teil II, DStR 2005, 1013

Körber, T./Kliebisch, R., Das neue GmbH-Recht, JuS 2008, 1041

Korts, S./Korts, P., Die steuerliche Behandlung der in Deutschland tätigen englischen Limited, BB 2005, 1474

L

Lang, B., Aktuelle Entwicklungen beim Mantelkauf. Anteilseignerwechsel und Betriebsvermögenszuführung im Fokus, NWB F. 4, 4931

dies., Verlust der wirtschaftlichen Identität. Bindungswirkung des Verlustfeststellungsbescheids, NWB F. 4, 4949

dies., Erwerb wertloser Darlehensforderungen vom Altgesellschafter, NWB F. 4, 5025

Langohr-Plato, U., Die Regelung der Unverfallbarkeit in Pensionszusagen gegenüber Gesellschafter-Geschäftsführern von Kapitalgesellschaften, INF 2003, 256

Lawlor, D., Reform der englischen Limited und ihre praktischen Auswirkungen, ZIP 2007, 2202

Leible, S./Lehmann, M., Auswirkung der Löschung einer Private Limited Company auf ihr in Deutschland belegenes Vermögen, GmbHR 2007, 1095

Leinekugel, R., Voraussetzungen und Grenzen einer GmbH-rechtlichen Sonderprüfung gemäß § 46 Nr. 6 GmbHG bei Konflikten unter Gesellschaftern, GmbHR 2008, 632

Liebscher, T./Scharff, B., Das Gesetz über elektronische Handelsregister und Genossenschaftsregister sowie das Unternehmensregister, NJW 2006, 3745

M

Menke, J., Gestaltung nachvertraglicher Wettbewerbsverbote mit GmbH-Geschäftsführern, NJW 2009, 636

Meyer, C., Bilanzrechtsmodernisierungsgesetz (BilMoG) – die wesentlichen Änderungen nach dem Referentenentwurf, DStR 2007, 2237

Meyer, Susanne, Die Verantwortlichkeit des Geschäftsführers für Gläubigerinteressen – Veränderungen durch das MoMiG, BB 2008, 1742

Miras, A., Handelndenhaftung für fehlerhafte Firmierung im Rechtsverkehr, NZG 2012, 1095

Müller, S., Die Rentenversicherungspflicht von GmbH-Geschäftsführern im Spiegel der Rechtsprechung – Auswirkungen des BSG-Urteils vom 24. 11. 2005 –, DB 2006, 614

N

Niemeier, W., Die „Mini-GmbH" (UG) trotz Marktwende bei der Limited, ZIP 2007, 1794

Niedermayer, Marco., Die Rechtsprechung des BFH zur Einlagenrückgewähr von Drittstaatsgesellschaften – Auswirkungen für die Beratungspraxis, DStR 2017, 1009.

O

Oppenhoff, C., Die GmbH-Reform durch das MoMiG – ein Überblick, BB 2008, 1630

Ott, H., Körperschaftsteuer-Guthaben und Ausschüttungspolitik, DStR 2006, 113

P

Paefgen, W., Handelndenhaftung bei europäischen Auslandsgesellschaften, GmbHR 2005, 957

ders., Existenzvernichtungshaftung nach Gesellschaftsdeliktsrecht, DB 2007, 1907

Paus, B., Finanzierbarkeit einer Pensionszusage als Hürde für die steuerliche Anerkennung, INF 2006, 70

Peetz, C., Steuerhaftung des GmbH-Geschäftsführers und Mitwirkungspflichten, GmbHR 2009, 186

Peters, O., Ressortverteilung zwischen GmbH-Geschäftsführern und ihre Folgen, GmbHR 2008, 682

Pfeifer, Die persönliche Haftung der Gesellschafter einer GmbH, JuS 2008, 490

Podewils, F., Unterbilanzhaftung bei unterlassener Offenlegung einer wirtschaftlichen Neugründung, GmbHR 2012, 1175

Priester, H., Kapitalaufbringung nach Gutdünken? Ein Zwischenruf zum MoMiG, ZIP 2008, 55

Prühs, H., Gehalts-Probleme. Vergütungen von GmbH-Gesellschafter-Geschäftsführern, GmbH-StPr 2004, 1

R

Rath, P., Gehalts-Maßstäbe GmbH-Geschäftsführervergütungen, GmbH-StPr 2004, 4

ders., Gehalts-Gradmesser GmbH-Geschäftsführervergütungen, GmbH-StPr 2005, 1

Rohde A./Schmidt C., Cash-Pooling auf dem Prüfstand, NWB F. 18, 4777

S

Schäfer, C., Reform des GmbHG durch das MoMiG – viel Lärm um nichts?, DStR 2006, 2085

Schlotter, J./Reiser, T., Ein Jahr EHUG – die ersten Praxiserfahrungen, BB 2008, 118

Schmidt, Ch., Digitalisierung der Registerführung und Neuregelung der Unternehmenspublizität: Was bringt das EHUG?, DStR 2006, 2272

Schmidt, Karsten, Entbehrlicher Rangrücktritt im Recht der Gesellschafterdarlehen? – Kritik an § 19 Abs. 2 E-InsO im MoMiG-Entwurf, BB 2008, 461

ders., Nutzungsüberlassung nach der GmbH-Reform – Der neue § 135 Abs. 3 InsO: Rätsel oder des Rätsels Lösung? –, DB 2008, 1727

ders., GmbH-Reform auf Kosten der Geschäftsführer? Zum (Un-)Gleichgewicht zwischen Gesellschafterrisiko und Geschäftsführerrisiko im Entwurf eines MoMiG und in der BGH-Rechtsprechung, GmbHR 2008, 449

ders., Die Verwendung von GmbH-Mänteln und ihre Haftungsfolgen – ein Thema von gestern?, ZIP 2010, 857

Schneider, B., Informationsrechte von GmbH-Gesellschaftern – Inhalt und Grenzen, GmbHR 2008, 638

Schumann, A., Die englische Limited mit Verwaltungssitz in Deutschland: Kapitalaufbringung, Kapitalerhaltung und Haftung bei Insolvenz, DB 2004, 743

Schwab, M., Die Neuauflage der Existenzvernichtungshaftung: Kein Ende der Debatte?, ZIP 2008, 341

Schwedhelm, R., Vermeidung verdeckter Gewinnausschüttungen bei der Gestaltung von GmbH-Geschäftsführer-Verträgen, GmbHR 2006, 281

Seibert, U./Decker, D., Das Gesetz über elektronische Handelsregister und Genossenschaftsregister sowie das Unternehmensregister (EHUG) – Der „Big Bang" im Recht der Unternehmenspublizität, DB 2006, 2446

Semmler, E., Gewinnausschüttungen beim Übergang vom Anrechnungs- zum Halbeinkünfteverfahren, NWB F. 4, 4659

ders., Änderungen bei der Körperschaftsteuer. Konsequenzen aus der Umsetzung der Mutter-Tochter-Richtlinie und der Zinsen- und Lizenzgebührenrichtlinie, NWB F. 4, 4941

Silber, A., Gesellschafter-Fremdfinanzierung. Neues BMF-Schreiben zum Rückgriffsfall des § 8a KStG, NWB F. 4, 5019

Sosnitza, O., Manager- und Mitarbeitermodelle im Recht der GmbH – Zur aktuellen Rechtsprechung im Zusammenhang mit Hinauskündigungsklauseln, DStR 2006, 99

Spindler, G., Abschied vom Papier?, Das Gesetz über elektronische Handelsregister und Genossenschaftsregister sowie das Unternehmensregister, WM 2006, 109

Strauch, R., Einführung in das Umwandlungs(steuer)recht, StStud, Beilage 1/2008

Strohn, L., Faktische Organe – Rechte. Pflichten, Haftung, DB 2011, 158

T

Tänzer, A., Die angemessene Höhe der Geschäftsführervergütung: Marktübliche Bezüge und Nebenleistungen, BB 2004, 2757

Tettinger, P., Gesellschaftsrechtliche Einberufungsfristen, Kündigungsfristen und der Anwendungsbereich des § 139 BGB. Verschiedene Blickwinkel auf vergleichbare Probleme?, GmbHR 2008, 346

Theile, C., Die Auswirkungen des Referentenentwurfs zum Bilanzrechtsmodernisierungsgesetz auf die Rechnungslegung der GmbH – Übersicht der wesentlichen Änderungen für den Jahres- und Konzernabschluss, GmbHR 2007, 1296

Tranacher, Philipp, Auswirkungen der Löschung der Gläubiger – GmbH wegen Vermögenslosigkeit und der Löschung der Löschung auf eine noch bestehende Darlehensforderung und auf den bilanziellen Ansatz beim Schuldner, DStR 2017, 1078.

U

Ulmer, P., Der „Federstrich des Gesetzgebers" und die Anforderungen an die Rechtsdogmatik, ZIP 2008, 45

ders., Entschärfte Gesellschafterhaftung bei wirtschaftlicher Neugründung einer zuvor unternehmenslosen Alt-GmbH, ZIP 2012, 1265

V

Vossius, O., Gutgläubiger Erwerb von GmbH-Anteilen nach MoMiG, DB 2007, 2299

W

Wacker, R., Skizze zu § 8a Abs. 5 KStG n. F. oder: bin ich etwas schief ins Leben gebaut?, DStR 2004, 1066

Wälzholz, E./Graf Wolffskeel von Reichenberg, L., Die Entlastung des GmbH-Geschäftsführers, NWB 2017, 943.

Wassermeyer, F., Neues zur Definition der verdeckten Gewinnausschüttung – Anmerkung zu dem BFH-Urteil vom 7. 8. 2002 und zugleich Stellungnahme zu Frotscher, FR 2002, 859 –, DB 2002, 2668

Werner, R., Vergütungsanspruch des abberufenen, aber nicht gekündigten GmbH-Geschäftsführers, NWB 2017, 433.

Wernicke, T., Die Niederlassung der ausländischen Gesellschaft als Hauptniederlassung: Zwangsweise Durchsetzung ihrer Eintragung als „Zweigniederlassung" widerspricht der Rechtsfähigkeit, BB 2006, 843

Wilhelmi, R., Das Mindestkapital als Mindestschutz – eine Apologie im Hinblick auf die Diskussion um eine Reform der GmbH angesichts der englischen Limited, GmbHR 2006, 13

Z

Zimmermann, T., Vorläufigkeitsvermerk zur Vermeidung einer Überbesteuerung bei nachträglicher Aufdeckung eine vGA, EFG 2005, 502

ABKÜRZUNGSVERZEICHNIS

A

a. A.	anderer Ansicht
a. a. O.	am angegebenen Ort
ABl.	Amtsblatt
Abs.	Absatz
Abschn.	Abschnitt
abzgl.	abzüglich
AcP	Archiv für die civilistische Praxis
a. F.	alte Fassung
AfA	Absetzung für Abnutzung
AG	Aktiengesellschaft
AG	Die Aktiengesellschaft (Zs.)
AktG	Aktiengesetz
Alt.	Alternative
Anm.	Anmerkung
AnwBl	Anwaltsblatt (Zs.)
AO	Abgabenordnung
AStG	Außensteuergesetz
Aufl.	Auflage

B

BAG	Bundesarbeitsgericht
BB	Betriebsberater (Zs.)
BetrAVG	Gesetz zur Verbesserung der betrieblichen Altersversorgung
BewG	Bewertungsgesetz
BFH	Bundesfinanzhof
BFH/NV	Sammlung amtlich nicht veröffentlichter Entscheidungen des BFH
BGB	Bürgerliches Gesetzbuch
BGBl	Bundesgesetzblatt
BGH	Bundesgerichtshof
BGHZ	Entscheidungen des BGH in Zivilsachen
BilMoG	Bilanzrechtsmodernisierungsgesetz
BMF	Bundesminister(ium) der Finanzen
BSG	Bundessozialgericht
BStBl	Bundessteuerblatt
BuW	Betrieb und Wirtschaft (Zs.)
bzw.	beziehungsweise

C

CA	Companies Act
c. i. c.	culpa in contrahendo

D

DB	Der Betrieb (Zs.)
DBA	Doppelbesteuerungsabkommen
ders.	derselbe
dgl.	dergleichen
d. h.	das heißt
dies.	dieselbe
DNotZ	Deutsche Notar-Zeitschrift (Zs.)
DStR	Deutsches Steuerrecht (Zs.)
DStZ	Deutsche Steuer-Zeitung (Zs.)

E

EFG	Entscheidungen der Finanzgerichte
EG	Einführungsgesetz
EHUG	Gesetz über elektronische Handelsregister und Genossenschaftsregister sowie das Unternehmensregister
EK	Eigenkapital
ErbBstg	Erbfolgesteuerberatung (Zs.)
ErbStG	Erbschaftsteuergesetz
ESt	Einkommensteuer
EStB	Der Ertrag-Steuer-Berater (Zs.)
EStG	Einkommensteuergesetz
EStH	Einkommensteuer-Hinweise
EStR	Einkommensteuer-Richtlinien
EuGH	Europäischer Gerichtshof
EWiR	Entscheidungen zum Wirtschaftsrecht (Zs.)

F

f., ff.	folgend, fortfolgend
F.	Fach
FG	Finanzgericht
FGG	Gesetz über die Angelegenheiten der freiwilligen Gerichtsbarkeit
FinVerw	Finanzverwaltung
FMStG	Finanzmarktstabilisierungsgesetz
Fn.	Fußnote
FR	Finanz-Rundschau (Zs.)
FRL	Fusionsrichtlinie
FüPoG	Gesetz für die gleichberechtigte Teilhabe von Frauen und Männern an Führungspositionen in der Privatwirtschaft und im öffentlichen Dienst

G

GbR	Gesellschaft bürgerlichen Rechts
gem.	gemäß
GewStG	Gewerbesteuergesetz
GewStR	Gewerbesteuer-Richtlinien

GG	Grundgesetz
ggf.	gegebenenfalls
GmbH	Gesellschaft mit beschränkter Haftung
GmbHG	GmbH-Gesetz
GmbHR	GmbH-Rundschau (Zs.)
GmbH-StB	GmbH-Steuer-Berater (Zs.)
GmbH-StPr	GmbH-Steuerpraxis (Zs.)
GStB	Gestaltende Steuerberatung (Zs.)
GuV	Gewinn- und Verlustrechnung

H

H	Hinweis
HGB	Handelsgesetzbuch
h. M.	herrschende Meinung
HR	Handelsregister
HS	Halbsatz

I

i. d. F.	in der Fassung
i. d. R.	in der Regel
i. E.	im Einzelnen
i. H. v.	in Höhe von
i. L.	in Liquidation
INF	Die Information über Steuern und Wirtschaft (Zs.)
InsO	Insolvenzordnung
i. S. d.	im Sinne des/der
i. S. v.	im Sinne von
i. V. m.	in Verbindung mit
IWW	Institut für Wirtschaftspublizistik

J

JStG	Jahressteuergesetz
JuS	Juristische Schulung (Zs.)

K

KapErtSt	Kapitalertragsteuer
KG	Kommanditgesellschaft
KGaA	Kommanditgesellschaft auf Aktien
KÖSDI	Kölner Steuerdialog (Zs.)
KontraG	Gesetz zur Kontrolle und Transparenz im Unternehmensbereich
KSt	Körperschaftsteuer
KStG	Körperschaftsteuergesetz
KStR	Körperschaftsteuer-Richtlinien

L

Ltd.	Limited
LSW	Lexikon des Steuer- und Wirtschaftsrechts

M

MDR	Monatsschrift für Deutsches Recht (Zs.)
MicroBilG	Kleinstkapitalgesellschaften-Bilanzrechtsänderungsgesetz
MoMiG	Gesetz zur Modernisierung des GmbH-Rechts und zur Bekämpfung von Missbräuchen
m.w.N.	mit weiteren Nachweisen

N

n.F.	neue Fassung
NJW	Neue Juristische Wochenschrift (Zs.)
NotBZ	Zeitschrift für die notarielle Beratungs- und Beurkundungspraxis (Zs.)
Nr.	Nummer
n.v.	nicht veröffentlicht
NWB	Neue Wirtschafts-Briefe (Zs.)
NWB DokID	NWB Dokumenten-Identifikationsnummer (www.steuerxpert.de)
NZG	Neue Zeitschrift für Gesellschaftsrecht
NZI	Neue Zeitschrift für das Recht der Insolvenz und Sanierung (Zs.)

O

OHG	Offene Handelsgesellschaft
OLG	Oberlandesgericht

P

PartGG	Partnerschaftsgesellschaftsgesetz

R

R	Richtlinie
RAP	Rechnungsabgrenzungsposten
RFH	Reichsfinanzhof
Rz.	Randziffer

S

s.	section (des CA)
SCE-VO	Verordnung über das Statut der Europäischen Genossenschaft
SE	Europäische Gesellschaft
SEL	Europäische Genossenschaft
SEStEG	Gesetz über steuerliche Begleitmaßnahmen zur Einführung der Europäischen Gesellschaft und zur Änderung weiterer steuerrechtlicher Vorschriften
sog.	so genannt, -e
Stbg	Die Steuerberatung (Zs.)
StBp	Die steuerliche Betriebsprüfung (Zs.)
StBW	Steuerberater Woche (Zs.)

StGB	Strafgesetzbuch
st. Rspr.	ständige Rechtsprechung
StStud	Steuer und Studium (Zs.)
StuB	Steuern und Bilanzen (Zs.)
StuW	Steuer und Wirtschaft (Zs.)

T

Tz.	Textziffer

U

u. a.	unter anderem
u. Ä.	und Ähnliches
UG	Unternehmergesellschaft (haftungsbeschränkt)
UmwStG	Umwandlungssteuergesetz
UntStRefG 2008	Unternehmensteuerreformgesetz 2008
UStG	Umsatzsteuergesetz
UStR	Umsatzsteuer-Richtlinien
usw.	und so weiter
u. U.	unter Umständen

V

v.	vom
vEK	verwendbares Eigenkapital
vg.	vorgenannte(r)
vGA	verdeckte Gewinnausschüttung
vgl.	vergleiche
v. H.	vom Hundert
VuV	Vermietung und Verpachtung
VZ	Veranlagungszeitraum

W

WJ	Wirtschaftsjahr
WM	Wohnungswirtschaft und Mietrecht (Zs.)
WPO	Gesetz über die Berufsordnung der Wirtschaftsprüfer
WuB	Entscheidungssammlung zum Wirtschafts- und Baurecht

Z

z. B.	zum Beispiel
ZGR	Zeitschrift für Unternehmens- und Gesellschaftsrecht (Zs.)
ZHR	Zeitschrift für das gesamte Handelsrecht und Wirtschaftsrecht (Zs.)
ZInsO	Zeitschrift für das gesamte Insolvenzrecht (Zs.)
ZIP	Zeitschrift für Wirtschaftsrecht (Zs.)
ZNotP	Zeitschrift für die NotarPraxis (Zs.)
Zs.	Zeitschrift
z. T.	zum Teil

VERZEICHNIS Abkürzungen

zz.   zurzeit
zzgl.   zuzüglich

1. Teil: Gesellschaftsrecht der GmbH
1. Abschnitt: Einführung
A. Wesen der Gesellschaften

Arbeiten mehrere Personen zusammen, können sie mehr bewirken als der Einzelne; effektiver wird die Zusammenarbeit, wenn sie auf einem organisierten Zusammenschluss beruht und zugleich mit der Arbeitsteilung verbunden wird. Diese Erkenntnis verwirklicht sich auch im Wirtschaftsleben: Ein Unternehmen kann als Einzelunternehmen oder als Gesellschaft betrieben werden, für die die Rechtsordnung unterschiedliche Rechtsformen anbietet. Die Gesellschaft im weitesten Sinne hat zwei Wesensmerkmale: Der **rechtsgeschäftliche Zusammenschluss mehrerer Personen** (Ausnahmen bilden die AG und die GmbH, die beide auch als Einmanngesellschaften gegründet werden können) und die Verfolgung eines gemeinsamen Zwecks (unterschiedlichster Art – bei der BGB-Gesellschaft ist es grundsätzlich jeder beliebige Zweck, bei den Handelsgesellschaften ist es der Betrieb eines Handelsgewerbes und bei der GmbH jeder gesetzlich zulässige Zweck).

(Einstweilen frei)

B. Die verschiedenen Gesellschaftsformen
I. Personen- und Kapitalgesellschaften

Die vorhandenen Gesellschaftsformen lassen sich in Personengesellschaften und Kapitalgesellschaften einteilen.

Personengesellschaften bilden eine Arbeits- Gefahrenhaftungsgemeinschaft. Darauf basiert das Grundsatzprinzip der „Selbstorganschaft".[1] Bei diesen Gesellschaften steht die persönliche Verbundenheit der Gesellschafter im Vordergrund, die auch die persönliche Beteiligung der Gesellschafter an der Organisation erforderlich macht. Der Mitgliederkreis ist geschlossen. Von besonderer Bedeutung ist, dass bei allen Personengesellschaften mindestens ein Gesellschafter vorhanden ist, der für die Schulden der Gesellschaft auch mit seinem Privatvermögen unbeschränkt haftet. Sie sind keine juristischen Personen, haben allerdings in Teilrechtsgebieten Rechts- und Parteifähigkeit.

Bei **Kapitalgesellschaften** hingegen liegt das Schwergewicht auf der Vereinigung von Kapitalbeiträgen. Diese Gesellschaften haben eine eigene Rechtspersönlichkeit: Sie sind rechtsfähig. Als juristische Personen unterscheiden sie sich in ihrer Organisation nachhaltig von einer Personengesellschaft. Bei Kapitalgesellschaften haftet den Gläubigern der Gesellschaft unmittelbar immer nur das Vermögen der Gesellschaft selbst, nicht aber das Privatvermögen der einzelnen Gesellschafter. Sie sind entsprechend dem Vereinsrecht organschaftlich strukturiert. Geschäftsführungsaufgaben, Vorstandstätigkeiten oder Aufsichtsratstätigkeiten können ohne Abbedingung der gesetzlichen Vorgaben von fremden Personen, die nicht dem Gesellschafterkreis angehören müssen,

---
[1] S. Gummert in Mutter/Angsten, HdB Personengesellschaftsrecht, § 706 Rn. 47.

wahrgenommen werden. Der Mitgliederkreis ist von Gesetzes wegen offen und die Beteiligungen sind, wenn nicht abbedungen, frei veräußerlich.

34–60 (*Einstweilen frei*)

II. Personengesellschaften

61 Die **Gesellschaft bürgerlichen Rechts** („GbR" oder „BGB-Gesellschaft") ist der Prototyp der Personengesellschaft. Sie wird gekennzeichnet durch die „gemeinsame Zweckverfolgung durch mehrere", bei der offenen Handelsgesellschaft **(OHG)** und der Kommanditgesellschaft **(KG)** wird die Zweckverfolgung gleichsam verdichtet: Die Gesellschafter betreiben unter gemeinsamer Firma ein Handelsgewerbe. Die Frage, ob die BGB-Gesellschaft rechtsfähig ist und somit als solche selbst Träger von Rechten und Pflichten sein kann oder ob dies nur die Gesellschafter sind, war lange Zeit umstritten. Nunmehr ist auch in der Rechtsprechung[1] anerkannt, dass die BGB-Außen-Gesellschaft Rechtsfähigkeit besitzt, soweit sie durch Teilnahme am Rechtsverkehr eigene Rechte und Pflichten begründet, und in diesem Rahmen zugleich im Zivilprozess aktiv und passiv parteifähig ist. Eine juristische Person wie die GmbH ist sie aber nicht. Für die Anerkennung der Rechtsfähigkeit führte der BGH u. a. an, dass in § 11 Abs. 2 Nr. 1 InsO die Insolvenzfähigkeit der BGB-Gesellschaft anerkannt ist und § 14 Abs. 2 BGB davon ausgeht, dass auch Personengesellschaften Rechtsfähigkeit besitzen können.

III. Personenhandelsgesellschaften

62 Personengesellschaften, die auf den Betrieb eines Handelsgewerbes unter gemeinsamer Firma gerichtet sind, werden als Personenhandelsgesellschaften (OHG, KG) bezeichnet.

63 Die **OHG (§§ 105 ff. HGB)** tritt nach außen hin unter ihrer Firma als selbständige Einheit auf und kann mit großer Effektivität und Flexibilität am Rechts- und Geschäftsleben teilnehmen. Grund hierfür ist ihre weit gehende rechtliche Verselbständigung, die ihr die Fähigkeit verleiht, Träger von Rechten und Pflichten zu sein (§ 124 HGB). Die OHG kann unter ihrer Firma Rechte erwerben und Verbindlichkeiten eingehen, insbesondere Eigentum und andere dingliche Rechte an Grundstücken erwerben, sie ist grundbuchfähig, sie kann vor Gericht klagen oder verklagt werden, über das Vermögen der OHG kann selbständig das Insolvenzverfahren eröffnet werden, in das Vermögen der OHG kann gem. § 124 Abs. 2 HGB die Zwangsvollstreckung mit einem gegen die Gesellschaft gerichteten vollstreckbaren Titel stattfinden, bei deliktischem Verhalten vertretungsberechtigter Gesellschafter wird die Regelung der Organhaftung (§ 31 BGB) entsprechend angewandt.

64 Die OHG ist die typische Rechtsform für kleinere und mittlere Unternehmen. Sie ist im Bereich des Handels und der Fertigungswirtschaft verbreitet. Sie kombiniert in effizienter Weise Arbeitseinsatz, Kapitaleinsatz und Kreditwürdigkeit, die wegen der unbeschränkten Haftung sämtlicher Gesellschafter optimal ist.

---

[1] BGH v. 29.1.2001 II ZR 331/00, BGHZ 146, 341.

Die **Kommanditgesellschaft** (§§ 161 ff. HGB) unterscheidet sich von der OHG durch die unterschiedlichen Haftungsverhältnisse der Gesellschafter. Ein Teil der Gesellschafter – die Kommanditisten – haftet lediglich mit einer bestimmten (erbrachten) Vermögenseinlage, ein anderer Teil der Gesellschafter – der persönlich haftende Gesellschafter oder Komplementär – haftet unbeschränkt. Die unbeschränkte Haftung muss nur bei einem Gesellschafter gegeben sein. Die Kommanditistenstellung ermöglicht die Beteiligung an einer Personengesellschaft ohne das Risiko einer unbeschränkten Haftung für die Gesellschaftsverbindlichkeiten, Kommanditisten sind i. d. R. lediglich Geldgeber, die ohne persönlichen Arbeitseinsatz die Gesellschaftseinlagen zur Verfügung stellen. 65

Motiv für die Gründung von Kommanditgesellschaften, die im Wirtschaftsleben eine überragende Rolle spielen, ist die Kalkulierbarkeit des Beteiligungsrisikos als Kommanditist. Dies gilt zwar auch für den Gesellschafter einer GmbH, jedoch gibt es noch weitere Vorteile, wie z. B. weniger strenge Anforderungen an die Rechnungslegung und die Kapitalaufbringung sowie Kapitalerhaltung. 66

Eine Sonderform ist die **GmbH & Co. KG**. Bei ihr ist die Komplementärin nicht eine natürliche Person, sondern eine GmbH. Sie führt im Ergebnis zu einer Haftungsbeschränkung auf die Einlagen der Kommanditisten und das Vermögen der GmbH, für deren Verbindlichkeiten aus der Gesellschaftsbeteiligung an der KG die hinter ihr stehenden Gesellschafter nicht haften. Sie gehört zu dem Kreis der „hybriden Gesellschaftsstrukturen". 67

Die **stille Gesellschaft** ist keine Handelsgesellschaft und führt keine Firma. Sie ist eine reine Innengesellschaft, bei deren Gründung kein gemeinschaftliches Gesellschaftsvermögen entsteht, vielmehr geht die Einlage des stillen Gesellschafters über in das Vermögen des tätigen Gesellschafters (= Inhaber eines Handelsgeschäftes). Eine stille Gesellschaft liegt vor (§ 230 Abs. 1 HGB), wenn sich jemand an dem Handelsgewerbe, das ein anderer betreibt, mit einer in dessen Vermögen übergehenden Einlage beteiligt. 68

(*Einstweilen frei*) 69–90

IV. Kapitalgesellschaften

Die Rechtsordnung bietet drei Gesellschaftstypen an:

Die **Aktiengesellschaft** (AG) ist eine Gesellschaft mit eigener Rechtspersönlichkeit und einem in Aktien zerlegten Grundkapital, für deren Verbindlichkeiten den Gläubigern nur das Gesellschaftsvermögen haftet. Die AG ist ihrer Struktur nach vornehmlich eine Organisationsform für Unternehmen. Sie hat vor allem Kapitalansammlungsfunktion. Ihre Gründung ermöglicht die Aufbringung des erforderlichen Kapitals durch eine Vielzahl anonymer Geldgeber, wobei der Aktionär mit seiner Beteiligung am Unternehmen entweder eine periodische Gewinnbeteiligung bzw. durch Kurssteigerung einen Spekulationsgewinn erzielen will oder durch seinen Aktienbesitz Einfluss auf die Gesellschaft (Beherrschung) gewinnen oder unternehmerische Tätigkeit entfalten will. 91

Die **Kommanditgesellschaft auf Aktien** (KGaA) ist eine Gesellschaft mit eigener Rechtspersönlichkeit, bei der mindestens ein Gesellschafter den Gesellschaftsgläubigern unbeschränkt haftet und die übrigen Gesellschafter an dem in Aktien zerlegten Grund- 92 kapital beteiligt sind, ohne persönlich für die Verbindlichkeiten der Gesellschaft zu haften. Sie spielt eine untergeordnete Rolle, es gibt nur wenige Unternehmen in dieser Rechtsform. Sie ist die älteste hybride Gesellschaftsstruktur in Deutschland.

93   **Die GmbH** ist eine Handelsgesellschaft mit eigener Rechtspersönlichkeit, die zu jedem gesetzlich zulässigen Zweck errichtet werden kann und für deren Verbindlichkeiten den Gläubigern nur das Gesellschaftsvermögen haftet. Als Kapitalgesellschaft weist die GmbH eine gewisse Ähnlichkeit zur AG auf und wurde häufig auch als die „Kapitalgesellschaft des kleinen Mannes" bezeichnet. Dies geht aber fehl; passender wäre die Bezeichnung „kleine Aktiengesellschaft". In Deutschland gibt es etwa 1 Mio. Unternehmen, die in der Rechtsform der GmbH betrieben werden; sie ist nach wie vor die bei weitem beliebteste Rechtsform, welche wegen ihrer großen Flexibilität die Regelungen bereithält, um von Konzernunternehmen über das mittelständische Unternehmen bis hin zum kleinen, eigentümergeführten Unternehmen deren rechtliche Struktur zu gestalten.

Die GmbH ist wie die AG eine selbständige juristische Person, die nach außen durch den Geschäftsführer als ihr Organ handelt. Für ihre Schulden haftet nur das Gesellschaftsvermögen. Im Gegensatz zur AG ist für die Errichtung einer GmbH ein wesentlich geringerer Kapitalbedarf erforderlich und es kann zwischen den GmbH-Gesellschaftern eine enge persönliche Verbindung bestehen. Dies macht den Unterschied zu Aktiengesellschaften aus. Die GmbH ist stärker personalistisch strukturiert. Da das GmbHG weniger zwingend als das Aktienrecht ist, ermöglicht es der Gesellschaftsvertrag, sich stärker zur Personengesellschaft hin zu orientieren. Dies spiegelt der Satz: „Die GmbH ist nach außen hin Aktiengesellschaft, nach innen OHG" wider.[1]

94   Das GmbHG lässt auch eine „**Einmann-GmbH**" zu. Sie ist nicht selten im Geschäftsleben anzutreffen und läuft im Ergebnis auf eine Einzelfirma mit beschränkter Haftung hinaus. Bei ihr liegt eine formale Trennung in juristische Person einerseits und Gesellschafter andererseits vor, die aber vor allem bei Missbrauchsfällen mit der sog. Durchgriffshaftung überwunden und zur persönlichen Haftung des hinter der GmbH stehenden Gesellschafters führen kann. Dies gilt vor allem bei der Vermischung des Gesellschaftsvermögens mit dem Privatvermögen des Gesellschafters, wenn die Sphären zwischen dem Gesellschafter und „seiner" GmbH bewusst nicht auseinander gehalten werden.

95   **Die Unternehmergesellschaft – UG – (haftungsbeschränkt)** ist eine neue **Rechtsformvariante der GmbH**, die der Gesetzgeber mit dem MoMiG dem GmbH-Gründer mit wenig Kapital nach § 5a GmbHG als Ausgleich dafür anbietet, dass das Mindeststammkapital einer GmbH weiterhin und unverändert 25 000 € beträgt. Mit dieser „GmbH-light"[2] soll der deutschen Wirtschaft auch eine der Limited stark angenäherte Rechtsform ermöglicht werden. Die Unternehmergesellschaft (haftungsbeschränkt) **unterliegt grundsätzlich allen Regelungen des GmbHG**. Sie ist eine **GmbH**, die allerdings in

---

1 So Klunzinger, Grundzüge des Gesellschaftsrechts, § 11, S. 221.
2 Freitag/Riemenschneider, ZIP 2007, 1485; Wälzholz, GmbHR 2008, 841, 843.

ihrer Firma die Bezeichnung „GmbH" nicht führen darf.[1] Ihr Rechtsformzusatz muss „Unternehmergesellschaft (haftungsbeschränkt)" oder „UG (haftungsbeschränkt)" lauten.

Die Unternehmergesellschaft (haftungsbeschränkt) benötigt auch ein Stammkapital, aber **kein Mindeststammkapital**. Jeder Gründungsgesellschafter muss mindestens einen Geschäftsanteil von 1 € gegen Geldeinlage übernehmen. Das Stammkapital muss in voller Höhe vor der Anmeldung zum Handelsregister eingezahlt sein, Sacheinlagen sind bei der Gründung ausgeschlossen.

Zum Aufbau eines Haftungsfonds muss die UG (haftungsbeschränkt) in der Handelsbilanz eine gesetzliche Rücklage bilden, in die ein Viertel des um einen Verlustvortrag geminderten Jahresüberschusses eingestellt werden muss. Wird keine Rücklage gebildet, ist der Jahresabschluss nichtig. Die Rücklage darf nur zur Kapitalerhöhung aus Gesellschaftsmitteln oder zum Ausgleich eines Verlustvortrages aus dem Vorjahr oder des Jahresfehlbetrages verwendet werden. Nach der Vorstellung des Gesetzgebers soll die UG ein Übergangsstadium auf dem Weg zur „normalen" GmbH sein. In eine solche kann sie rechtsformwahrend durch Kapitalerhöhung auf das Mindeststammkapital umgewandelt werden, wobei sie dann aber die Bezeichnung „Unternehmergesellschaft (haftungsbeschränkt)" in ihrer Firma beibehalten darf.

Das Sacheinlageverbot nach § 5a Abs. 2 Satz 2 GmbHG gilt für eine den Betrag des Mindeststammkapitals von 25 000 € erreichende oder übersteigende Erhöhung des Stammkapitals einer UG (haftungsbeschränkt) aber nicht.[2] Dass der Übergang einer UG (haftungsbeschränkt) zu einer GmbH auch durch Sacheinlagen erfolgen kann, wird begrüßt. Die als deutsches Gegenkonzept zur englischen Limited entwickelte UG gewinnt weitere rechtssichere Flexibilität und wird als Gesellschaftsform für junge Unternehmen noch attraktiver.[3]

96

(*Einstweilen frei*) 97–120

V. Die GmbH & Co. KG

Bei dieser Gesellschaftsform werden Elemente der GmbH und solche der Kommanditgesellschaft kombiniert. Dafür gibt es im Wirtschaftsleben im Wesentlichen zwei Motive: Die Haftungsbeschränkung und die Steuerentlastung. Die GmbH & Co. KG ist eine Personengesellschaft des Handelsrechts, deren meist einziger Komplementär in der Praxis eine GmbH ist. Die Abschwächung des Haftungsrisikos wird dadurch erreicht, dass sich die GmbH als einzige Komplementärin an der KG beteiligt und die natürlichen Personen als Kommanditisten beitreten und beschränkt haften.

121

Die **Komplementär-GmbH** haftet zwar formell unbeschränkt, der Gläubigerzugriff kann jedoch faktisch nur beschränkt realisiert werden. Die GmbH haftet nämlich nur mit ih-

---

1 Bei geschäftlichem Handeln mit dem unrichtigen Rechtsformzusatz „GmbH" kann dies zu einer unmittelbaren Außenhaftung (§ 179 BGB) des Handelnden führen, BGH v. 12.6.2012 II ZR 256/11, DStR 2012, 1814.
2 BGH v. 19.4.2011 II ZB 25/10, BGHZ 189, 254.
3 Marhewka u. a., BB-Kommentar, BB 2011, 1550.

rem Gesellschaftsvermögen, während die GmbH-Gesellschafter selbst nicht haften bzw. nur mittelbar mit ihrer in das Vermögen der GmbH geleisteten Einlage.

Die Vorzüge der GmbH & Co. KG gehen jedoch über die bloße Haftungsbeschränkung hinaus und liegen darin, dass sich die Vorzüge der KG und der GmbH kombinieren lassen. Das Management der KG lässt sich auf den GmbH-Geschäftsführer übertragen, so dass ein Dritter oder ein Kommanditist die Leitung übernehmen kann. Die Rechtsform der Kommanditgesellschaft ermöglicht die einfache Kapitalbeschaffung durch Eintritt und Austritt von Gesellschaftern, während die GmbH als juristische Person den Fortbestand des Unternehmens garantiert.

122–150 (*Einstweilen frei*)

C. Wesensmerkmale der GmbH, Zweckmäßigkeit der Gesellschaftsform

151 Die GmbH ist eine **juristische Person**, sie hat eigene Rechtspersönlichkeit und eigenes Gesellschaftsvermögen. Die GmbH ist selbst Träger von Rechten und Pflichten, als vollwertiges Rechtssubjekt nimmt sie selbständig am Rechtsverkehr teil und haftet mit ihrem eigenen Vermögen. **Der zentrale Zweck einer GmbH besteht in der Haftungsbeschränkung ihrer Gesellschafter.** Den Gläubigern haftet nur das Gesellschaftsvermögen, nicht der Gesellschafter. Die Gesellschafter sind nur verpflichtet, das im Gesellschaftsvertrag vereinbarte Stammkapital einzuzahlen und der GmbH auf diese Weise ein Haftungsvermögen zur Verfügung zu stellen. Nach außen handelt die GmbH durch den Geschäftsführer als ihr Organ; der Geschäftsführer muss nicht zugleich Gesellschafter sein. Die GmbH kann jeden rechtlich erlaubten Zweck verfolgen, ist aber kraft Rechtsform Handelsgesellschaft. Als juristische Person unterliegt die GmbH eigenen steuerlichen Vorschriften.

152 Soll ein Unternehmen in der Rechtsform der GmbH betrieben werden, müssen die Gründer und Gesellschafter ein stärkeres Bewusstsein für die Rechtsform entwickeln als bei Gründung einer Personengesellschaft. Dass die GmbH als Rechtsperson streng von der Rechtsperson des Gesellschafters und das Vermögen der Gesellschaft vom persönlichen Vermögen der Gesellschafter zu unterscheiden sind **(Trennungsprinzip)**, wird in der Praxis nicht immer hinreichend beachtet. Dies führt nicht selten zu **rechtlichen Problemen** (wie z. B. Durchgriffshaftung) und sehr viel häufiger zu steuerlichen Schwierigkeiten (z. B. verdeckten Gewinnausschüttungen, Haftung für Steuerschulden). Das Steuerrecht akzeptiert Gestaltungen auf der Grundlage des GmbH-Rechts, verlangt aber umgekehrt auch, dass die Rechtsverhältnisse nach dessen Regeln und nach den zwischen GmbH und Gesellschafter getroffenen Vereinbarungen tatsächlich und ernsthaft durchgeführt werden.

153 Auf dieser Grundlage bietet sich die GmbH, die zu jedem gesetzlich zulässigen Zweck gegründet werden kann, auch Handwerkern und Kleingewerbetreibenden, zum Teil auch freiberuflich Tätigen – jetzt sogar Ärzten – als Rechtsform für ihr Unternehmen an. Von Vorteil ist dabei, dass es bei der GmbH i. d. R. eine klare und überschaubare Gestaltung des Vertrages in der Satzung gibt, wobei die Funktionsbereiche zwischen den einzelnen Organen – dem Geschäftsführer und den Gesellschaftern in ihrer Verbunden-

heit (**Gesellschafterversammlung**) – klar abgegrenzt sind. Die Unternehmenspolitik liegt dabei letztlich in den Händen der Gesellschafter, Arbeitsleistung und Kapitaleinsatz lassen sich bei der GmbH in jeder gewünschten Weise kombinieren.

Gegenüber Personengesellschaften liegt der Vorteil darin, dass eine Geschäftsführung ohne Gesellschafterstellung und ohne persönliche Haftung möglich ist. Ein Fremdgeschäftsführer kann jederzeit durch die Gesellschafter kontrolliert und abberufen werden, ein Seniorpartner kann sich aus der Geschäftsführung zurückziehen, ohne sein Haftungsrisiko zu vergrößern, ein fremder Geschäftsführer kann die Leitungsaufgabe ausüben, ohne die unbeschränkte Haftung übernehmen zu müssen.

Die GmbH trägt mit ihrer Rechtsform auch dem legitimen Interesse eines Unternehmers Rechnung, für sein unternehmerisches Handeln auch nur mit dem dafür eingesetzten Vermögen und nicht auch persönlich mit dem Privatvermögen haften zu müssen. Grundlage dafür ist aber auch, dass das Unternehmen angemessen mit Kapital ausgestattet wird und die strengen Regeln über die Kapitalaufbringung und die Kapitalerhaltung befolgt werden.[1] 154

Die **Haftungsbegrenzung auf das eingesetzte Kapital** kann umso dringlicher sein, wenn man die ständig zunehmenden Quellen einer Haftung in Betracht zieht: Umweltschutz, Produkthaftung, Sozialpläne usw. Allerdings sollte man vor Errichtung einer GmbH auch bedenken, dass wegen der Haftungsbeschränkung der Gesellschafter auf das eingebrachte Stammkapital die Kreditwürdigkeit der GmbH bei Banken und Lieferanten vielfach niedriger eingeschätzt wird als bei einem Unternehmen, dessen Inhaber persönlich haften. Das gilt insbesondere dann, wenn das Stammkapital niedrig ist und die Gesellschafter zur Eigenkapitalausstattung nicht durch zusätzliche Einlagen beitragen. Deshalb werden Bankkredite i. d. R. nur zu erlangen sein, wenn die Gesellschafter zusätzliche Sicherheiten (z. B. durch eine Bürgschaft oder durch die Bestellung von Grundpfandrechten) erbringen. 155

Ein Vorteil verbleibt insoweit gleichwohl, als die Haftung für Schulden des Unternehmens nicht automatisch eintritt, sondern erst durch den Abschluss entsprechender Verträge, bei denen genau festgelegt werden kann, welche privaten Vermögensgegenstände als Sicherheiten in die Haftung einbezogen werden sollen. Verpflichten sich die Gesellschafter allerdings global gegenüber der Bank, für die Verbindlichkeiten der GmbH einzustehen, ist die Haftungsbeschränkung nicht unbedingt ein Argument für die Gründung einer GmbH.

Die Haftungsbeschränkung muss für den Preis der Veröffentlichung der Jahresabschlüsse erkauft werden, die nach § 325 Abs. 1 HGB[2] beim Betreiber des elektronischen Bundesanzeigers[3] in elektronischer Form einzureichen und unverzüglich nach der 156

---

1 Goette, ZGR 2008, 436.
2 In der Fassung des zum 1.1.2007 in Kraft getretenen Gesetzes über elektronische Handelsregister und Genossenschaftsregister sowie das Unternehmensregister (EHUG v. 10.11.2006, BGBl I 2006, 2553).
3 Im Gegensatz zur bisherigen Regelung, welche die Einreichung des Jahresabschlusses zum Handelsregister (HR) und die anschließende unverzügliche Veröffentlichung, bei welchem HR unter welcher Nummer die Unterlagen eingereicht wurden, vorsah bzw. bei der großen GmbH die Bekanntmachung des Jahresabschlusses und der weiteren Unterlagen im papierenen Bundesanzeiger und anschließend deren Einreichung beim HR.

Einreichung dort bekannt zu machen sind und vom Betreiber des elektronischen Bundesanzeigers gem. § 8b Abs. 3 Nr. 1 HGB an das Unternehmensregister weitergeleitet werden, damit diese dort eingestellt und mit anderen wesentlichen Unternehmensdaten von jedem eingesehen werden können. Die Publizitätspflicht, die über § 264a HGB auch für die dort aufgeführten haftungsbeschränkten Mischformen wie die GmbH & Co. KG gilt, wird als besonderer Nachteil der GmbH empfunden, zumal das EHUG die Offenlegungspflicht durch eine neuartige Prüfungspflicht des Betreibers des elektronischen Bundesanzeigers und eine spürbare Verschärfung des Sanktionssystems (Einleitung eines Ordnungsgeldverfahrens von Amts wegen durch das neue Bundesamt für Justiz nach Meldung, dass die einzureichenden Unterlagen nicht oder nicht vollständig eingereicht wurden) flankiert.

157 Zwar ist bei der GmbH der Eintritt eines neuen Gesellschafters – anders als bei der Personengesellschaft – an bestimmte Förmlichkeiten geknüpft, weil es dazu entweder einer Kapitalerhöhung oder einer Anteilsabtretung bedarf, die notariell zu beurkunden ist. Auf der anderen Seite lässt sich aber der Wechsel von Gesellschaftern durch Anteilsabtretung vollziehen, die den Bestand der GmbH unberührt lässt. Selbst die Veräußerung sämtlicher GmbH-Anteile hat keinen Einfluss auf die **fortbestehende Rechtspersönlichkeit der GmbH**, also nicht auf Bilanzierung, Buchführung und Gewinnermittlung, z. B. durch Belastungen mit den Geschäftsvorfällen der Übertragung.

Auch die Nachfolge von Todes wegen in die Gesellschafterstellung vollzieht sich nach erbrechtlichen Vorschriften; durch den Tod eines Gesellschafters wird die GmbH nicht aufgelöst, der Geschäftsanteil kann von einer Erbengemeinschaft erworben werden, es kann Testamentsvollstreckung hinsichtlich des Geschäftsanteils angeordnet werden, so dass der Testamentsvollstrecker die Rechte des Erben nach dem Gesellschafter in der GmbH wahrnehmen kann. Auch wenn keine Familienangehörigen vorhanden sind, die zur Fortführung des Unternehmens geeignet sind, kann der Fortbestand des Unternehmens gesichert werden, indem ein Fremdgeschäftsführer angestellt oder mit dieser Aufgabe ein schon vorhandener, fähiger und verantwortungsbewusster Angestellter (z. B. ein bisheriger Prokurist) betraut wird.

158 Steuerliche Gesichtspunkte werden bei der Auswahl der Gesellschaftsform auch eine Rolle spielen. Es ist jedoch davor zu warnen, sich lediglich aus steuerlichen Gründen für eine bestimmte Gesellschaftsform zu entscheiden. Letztlich wird nur eine **steuerrechtliche Gesamtbetrachtung** mit einem für das Unternehmen bestimmten Steuerbelastungsvergleich darüber Aufschluss geben, welche Rechtsform unter steuerlichen Gesichtspunkten die günstigere ist. Dafür können einer Reihe von Bestimmungsmerkmalen maßgebend sein, wie das zu erwartende Jahresergebnis der Gesellschaft, die Verwendung des Gewinnes zur Ausschüttung oder Thesaurierung, die Vereinbarung von Leistungsvergütungen an Gesellschafter, die Eigenkapitalausstattung und schließlich die persönlichen Verhältnisse der Gesellschafter.

159–180 (*Einstweilen frei*)

D. Die Einführung der Unternehmergesellschaft (haftungsbeschränkt) und ihre Folge

Literatur: *Campos Nave*, Die deutsche GmbH im Wettbewerb mit der UK-Ltd, NWB F. 18, 4059; NWB DokID: FAAAB-19510; *Wachter*, Wettbewerb des GmbH-Rechts in Europa. Vergleich der Rechtslage in ausgewählten Ländern, GmbHR 2004, 717; *Kessler/Eicke*, Die Limited – Fluch oder Segen für die Steuerberatung?, DStR 2005, 2101; *Kleindiek*, Auf dem Weg zur Reform des GmbH-Rechts, DStR 2005, 1366; *Triebel/Otte*, Die englische Limited Liability Partnership in Deutschland: Eine attraktive Rechtsform für deutsche Beratungsgesellschaften?, BB 2005, 1233; *Freitag/Riemenschneider*, Die Unternehmergesellschaft – „GmbH-light" als Konkurrenz für die Limited?, ZIP 2007, 1485; *Lawlor*, Reform der englischen Limited und ihre praktischen Auswirkungen, ZIP 2007, 2202; *Niemeier*, Eine „UG (haftungsbeschränkt)" trotz Massensterbens der Limited?, GmbHR Beilage 2007, 246; *ders.*, Die „Mini-GmbH" (UG) trotz Marktwende bei der Limited?, ZIP 2007, 1794; *Westhoff*, Die Verbreitung der englischen Limited mit Verwaltungssitz in Deutschland, GmbHR 2007, 474; *Haack, H.*, GmbH-Gründung nach dem MoMiG, NWB F. 18, 4757; NWB DokID: BAAAC-91510.

Als Gestaltungsalternative zur GmbH wurde häufig empfohlen, die **Limited** „als optimale Gesellschaftsform" zu wählen. Besondere Zielgruppe dieser Empfehlung waren und sind Dienstleistungsunternehmen, Handwerker und Bauunternehmen. Bei Gründungskosten von 259 € zzgl. weiterer Kosten für ein Servicepaket und ein Mindestkapital von lediglich einem Pfund im Vergleich zu 25 000 € Mindeststammkapital zzgl. Notarkosten bei einer deutschen GmbH schien die Wahl klar zu sein. Außerdem ist die Gründung einer solchen Gesellschaft nach englischem Recht schneller und unkomplizierter als die einer GmbH, die Erbringung der Einlagen ist flexibel gestaltbar, es ist kein Bewertungsgutachten bei Sacheinlagen erforderlich und Dienstleistungen sind einlagefähig.

181

Es durften aber auch nicht die Risiken gering geachtet werden, die in einer strengen Durchgriffshaftung und Vermögensbindung bestehen, weil bezüglich der Kapitalerhaltung eine strenge Ausschüttungssperre gilt und Dividenden nur aus realisierten Gewinnen ausgeschüttet werden dürfen. Außerdem galt es, die Risiken in der Rechtsunsicherheit aufgrund des von deutschen Rechtstrukturen verschiedenen **Common Law** und des neuen Companies Act 2006 sowie die Organhaftung des Geschäftsführers, die deutlich weitergeht als im deutschen Recht und somit ein zusätzliches Risiko darstellt, einzukalkulieren. Bei internen Streitigkeiten kann nur im Vereinigten Königreich geklagt werden, und die Gläubiger haben in der Krise der Gesellschaft mehr Rechte als nach deutschem Recht.[1]

Steuerrechtlich unterliegt die Limited, sofern sie sich auf reine Inlandstätigkeit beschränkt, der KSt, so dass sich insoweit keine Vorteile gegenüber der GmbH ergeben. Schon diese Überlegungen zeigen, dass auch schon vor dem MoMiG sorgfältig erwogen werden musste, ob man sich in das Risiko begab, welches mit einer Gesellschaft verbunden ist, die nach einem dem deutschen Recht fremden Regelwerk konzipiert ist. Insbesondere die haftungsrechtlichen Risiken, die strenge Vermögensbindung, das nicht unproblematische Image und die damit zusammenhängenden möglichen Nachteile beim Rating **(Kreditfinanzierung)** waren zu bedenken.

---

1 Vgl. zu den Einzelheiten Kessler/Eicke, DStR 2005, 2101.

182   Mit dem MoMiG und der Einführung der **Unternehmergesellschaft (haftungsbeschränkt)** reagiert der Gesetzgeber auf den Wettbewerb der Limited mit der deutschen GmbH, nachdem er sich entschieden hat, von einer zunächst geplanten Absenkung des Mindeststammkapitals auf 10 000 € Abstand zu nehmen. Ob hierzu noch ein Bedürfnis besteht, wird aber angezweifelt, weil jüngst ermittelte Fakten und neueste Daten eine gravierende Änderung der Wettbewerbsdaten zeigten.[1] Danach ist der Trend zur Limited bereits seit Frühjahr 2006 rückläufig und die Zahl der in Deutschland eingetragenen Limiteds ist seit 2009 kontinuierlich gesunken.[2] Die Zahl der Abmeldungen übersteigt die Zahl der Anmeldungen in Deutschland und die „Säuglings- und Kindersterblichkeit" der unfundierten Limiteds in Deutschland ist enorm hoch. Die Abmeldungen betragen 50 v.H. und mehr der ein Jahr zuvor getätigten Anmeldungen und über 90 v.H. der vor zwei Jahren angemeldeten Ldts. Die Insolvenzverfahren gegen Limiteds haben sich vervielfacht.

Abgesehen von der häufig beabsichtigten geringen Kapitalausstattung sind es die mit der Gründung einer Limited verbundenen Risiken, die sich in der Unternehmenswirklichkeit realisiert haben: Das sind die erheblichen laufenden Kosten für die Erstellung der Jahresabschlüsse in England und in Deutschland, die Kosten für die Rechtsberatung und die Bestellung örtlicher Repräsentanten. Dazu kommt, dass von der Werbung für die Limited nicht selten finanzschwache und nicht immer seriöse Gründer angezogen werden, die dann auch nicht die Pflichten „doppelter Jahresabschlüsse" erfüllen wollen oder können, was in England zur Löschung der Gesellschaft und hier zur Löschung der Zweigniederlassungen in großer Zahl geführt hat.

183   Ob auch die UG (haftungsbeschränkt) wegen ihrer schmalen Eigenkapitalausstattung und damit als unfundierte Gründung, wie die Entwicklung bei der Limited zeige, kein Erfolgsmodell für eine erfolgreiche Unternehmensgründung werden könne und zu befürchten sei, dass nur die Gläubiger benachteiligt und die Insolvenzen ansteigen würden, muss abgewartet werden. Immerhin hat der Gesetzgeber mit der teilweisen Thesaurierung der Gewinne, der Deregulierung des Eigenkapitalersatzrechts und der Herausnahme der Gesellschafterdarlehen aus der „Überschuldungsbilanz" sowie der kostengünstigen Gründung durch Anwendung des vereinfachten Verfahrens einiges an Instrumentarien geschaffen, die es sinnvoll zu nutzen gilt und es seriösen, aber mit einem kleinen Geldbeutel und guten Geschäftsideen ausgestatteten Gründern ermöglichen sollten, sich am Markt zu behaupten. Solche Gründer müssen künftig nicht mehr nach ausländischen Gesellschaftsformen suchen und sich mit Beratungskosten belasten, die sich aus dem unbekannten ausländischen Recht ergeben. Nachhaltige Gründungen sind auch über den Einstieg in eine UG möglich.

184–210   (*Einstweilen frei*)

---

[1] Niemeier, GmbHR Beilage 2007, 246.
[2] Miras, NZG 2012, 486.

E. Überblick über die Regelungen des MoMiG

Literatur: Fuhrmann C., Auswirkungen des MoMiG auf die steuerliche Beratungspraxis, NWB F. 4, 5391, NWB DokID: UAAAC-91508; *Haack/Campos Nave*, Die neue GmbH, Herne 2008; *Haack, H.*, GmbH-Gründung nach dem MoMiG, NWB F. 18, 4757, NWB DokID: BAAAC-91510; *Oppenhoff*, Die GmbH-Reform durch das MoMiG – ein Überblick, BB 2008, 1630 ff.; *Wälzholz*, Das MoMiG kommt: Ein Überblick über die neuen Regelungen. Mehr Mobilität, Flexiblität und Gestaltungsfreiheit bei gleichzeitigem Gläubigerschutz, GmbHR 2008, 841 ff.; *Hucke/Holfter*, Die Unternehmergesellschaft (haftungsbeschränkt) – eine echte Alternative für Unternehmensgründer, JuS 2010, 861; *Patt*, Beteiligung der UG (haftungsbeschränkt) an Umstrukturierungsvorgängen, GmbH-StB 2011, 20; *Ries*, MoMiG und die Folgen: Praktische Probleme bei der GmbH Eine erste Bilanz: Erfahrungen mit der GmbH-Reform nach zwei Jahren, AnwBl 2011, 13; *Werner*, Unternehmensgesellschaft und Sacheinlageverbot, StBW 2011, 667; *Müller, Hans-Friedrich*, Die gesetzliche Rücklage bei der Unternehmergesellschaft, ZGR 2012, 81 ff.

Am 1.11.2008 ist das „Gesetz zur Modernisierung des GmbH-Rechts und zur Bekämpfung von Missbräuchen (MoMiG)" in Kraft getreten. Diese GmbH-Reform hat zu einer wesentlichen Flexibilisierung und Liberalisierung des GmbH-Rechts geführt und damit das angestrebte Ziel erreicht, die Attraktivität der GmbH zu stärken und die Limited zurückzudrängen ohne den Gläubigerschutz zu vernachlässigen. Die Zahl der Limiteds ist seit 2009 kontinuierlich zurückgegangen. 211

Wichtige Eckdaten des Gesetzes sind: 212

I. Vereinfachung und Beschleunigung von Unternehmensgründungen

Für **einfache Standardgründungen** von GmbHs (Bargründungen mit maximal drei Gesellschaftern und einem Geschäftsführer) kann das dem Gesetz beigefügte **Musterprotokoll** verwendet werden, das den Gesellschaftsvertrag, die Geschäftsführerbestellung und die Gesellschafterliste in einem Dokument vereinigt, § 2 Abs. 1a GmbHG Die **notarielle Beurkundung** ist weiter **erforderlich**. 213

Zur Beschleunigung der Registereintragung ist bei einem genehmigungspflichtigen Unternehmensgegenstand die **verwaltungsrechtliche Genehmigung keine Eintragungsvoraussetzung** mehr. Die **Kontrollkompetenzen des Registergerichts** hinsichtlich der Erbringung der Bareinlagen und der Werthaltigkeit von Sacheinlagen werden **beschränkt**. Zahlungsnachweise können nur noch bei **erheblichen Zweifeln** an der ordnungsgemäßen Kapitalaufbringung verlangt werden, bei Sacheinlagen ist die Prüfung darauf beschränkt, ob eine **nicht unwesentliche Überbewertung** vorliegt. Bei **Einmann-Gründungen** bleibt die Mindesteinzahlung der Hälfte des Stammkapitals, die **Sicherheitsleistung** für den Rest **entfällt** aber. 214

(Einstweilen frei) 215–240

II. Mindestkapital, Geschäftsanteile und genehmigtes Kapital

Beim **Mindestkapital** bleibt die Ziffer von 25 000 € für die klassische GmbH. Für kapitalschwache Existenzgründer besteht die Möglichkeit, die Unterform der **„Unternehmergesellschaft (haftungsbeschränkt)"** zu wählen (§ 5a GmbHG). Sie kann mit einem Stammkapital unter 25 000 € (also Mindeststammkapital) als Mehrpersonen- oder als Einpersonengesellschaft gegründet werden. Das **Stammkapital muss sofort voll einge-** 241 zahlt werden, **Sacheinlagen** sind **bei der Gründung ausgeschlossen,** sind danach aber **zur Aufstockung des Stammkapitals** auf einen das Mindestkapital **erreichenden oder übersteigenden Betrag** erlaubt.[1] Die Neugründung einer UG (haftungsbeschränkt) durch Abspaltung verstößt gegen das Sacheinlageverbot und ist aus diesem Grund nicht möglich.[2]

Bei der UG besteht zur Bildung eines Haftungsfonds eine Thesaurierungspflicht durch Bildung einer **gesetzlichen Rücklage,** der jährlich ein Viertel des um einen Verlustvortrag aus dem Vorjahr geminderten Jahresüberschusses zugeführt werden muss. Die Rücklage darf nur für eine Kapitalerhöhung aus Gesellschaftsmitteln oder für den Ausgleich eines Jahresfehlbetrages oder eines Verlustvortages aus dem Vorjahr verwendet werden. Mit der Erhöhung des Stammkapitals auf mindestens 25 000 € durch Satzungsänderung wird die UG (haftungsbeschränkt) zur normalen GmbH umgewandelt und darf dann auch die Rechtsformbezeichnung „GmbH" in ihrer Firma führen.

242 Die Gesellschafter erhalten eine deutlich größere Flexibilität bei der **Stückelung von Geschäftsanteilen.** Geschäftsanteile müssen künftig nur noch auf **volle Euro,** also mindestens auf 1 € lauten, jeder **Gesellschafter kann mehrere Geschäftsanteile gleichzeitig übernehmen.** Die **Teilung** und Zusammenlegung von Geschäftsanteilen werden **erleichtert.** § 17 GmbHG a. F. ist gestrichen worden. Die Beteiligungsverhältnisse können also bei Gründung und Anteilsübertragungen (auch aus Anlass der Erbauseinandersetzung oder Verpfändung) individueller an die konkreten Bedürfnisse angepasst werden.

243 Neu ist die Einführung eines **„Genehmigten Kapitals"** (§ 55a GmbHG) nach dem aktienrechtlichen Vorbild. Die Geschäftsführung kann durch die Gründungssatzung oder durch Satzungsänderung ermächtigt werden, das Stammkapital innerhalb von fünf Jahren danach um bis zu 50 v. H. des bei der Ermächtigung vorhandenen Stammkapitals zu erhöhen. Es bedarf dazu keiner Satzungsänderung mehr, sondern nur der Eintragung in das Handelsregister.

244–270 (*Einstweilen frei*)

III. Kapitalaufbringung

271 Deutliche Erleichterungen bringen die Kapitalaufbringungsvorschriften in § 19 Abs. 4 und 5 GmbHG. Sie regeln die Rechtsfolgen von **verdeckten Sacheinlagen** und des **Hin- und Herzahlens** von Geldeinlagen, deren drastische Folgen nach bisherigem Recht zu nicht unerheblichen Unsicherheiten und Problemen z. B. in **Cash-Pool-Systemen** führten. Der Grundsatz der realen Kapitalaufbringung wird zwar aufrechterhalten, es wird aber die Rückkehr zur bilanziellen Betrachtungsweise vollzogen.

272 Bei der **verdeckten Sacheinlage** besteht die Einzahlungsverpflichtung zwar fort, die zu ihrer Durchführung geschlossenen schuldrechtlichen und dinglichen Verträge sind aber nicht unwirksam. Nach der Handelsregistereintragung wird der Wert der Sacheinlage auf die weiter bestehende Geldeinlageverpflichtung **angerechnet.** Sie ist insoweit erfüllt. Für die Wertdifferenz besteht eine **Differenzhaftung** des Gesellschafters, die er in

---

[1] BGH v. 19. 4. 2011 II ZB 25/10, BGHZ 189, 254.
[2] BGH v. 11. 4. 2011 II ZB 9/10, DStR 2011, 1137.

Geld erfüllen muss. Im Grunde bleibt das Verbot der verdeckten Sacheinlage bestehen, die Sanktionen werden aber deutlich abgemildert, insbesondere ist nicht mehr wie bisher eine komplizierte Heilung durch Offenlegung, Rückabwicklung und Neuvornahme als offene Sacheinlage erforderlich.

Beim sog. **Hin- und Herzahlen** (Geldeinlage und unmittelbarer Rückfluss an den Inferenten z. B. als Darlehen), das sich nicht zugleich als verdeckte Sacheinlage darstellt (die Geldeinlage wird zum Erwerb eines Vermögensgegenstandes vom Inferenten verwendet), nimmt das Gesetz eine **Erfüllungswirkung** an, wenn die Absprache vor Erbringung der Einlage getroffen wurde und die GmbH einen **vollwertigen und jederzeit fälligen bzw. von der GmbH fällig stellbaren Rückgewähranspruch** erlangt und die Leistung der GmbH bei der Anmeldung zum Handelsregister offengelegt wird. Mit der Vollwertigkeit und Liquidität des Rückgewähranspruchs soll dem Grundsatz der realen Kapitalaufbringung genügt werden, nach dem die Einlagen zur freien Verfügung der Geschäftsführer stehen müssen. 273

(Einstweilen frei) 274–300

IV. Deregulierung der Kapitalerhaltung, Gesellschafterdarlehen und Abschaffung des Eigenkapitalersatzrechts zugunsten eines insolvenzrechtlichen Nachrangs von Gesellschafterfremdfinanzierungen

Zahlungen an den Gesellschafter aus dem für die Erhaltung des Stammkapitals notwendigen Vermögen der GmbH (also in der Unterbilanzsituation und nicht aus freien Rücklagen oder Gewinnvorträgen) bleiben auch künftig grundsätzlich als **Einlagenrückgewähr verboten** und begründen eine **Erstattungspflicht** des Gesellschafters. **Ausgenommen** werden aber jetzt Zahlungen, wenn ein **Beherrschungs- oder Gewinnabführungsvertrag** besteht oder die GmbH einen **vollwertigen Gegenleistungs- oder Rückgewähranspruch erlangt (bilanzielle Betrachtungsweise)**. Diese Grundsätze gelten auch bei Darlehensgewährungen im Rahmen eines Cash-Pool-Systems. 301

Gesellschafterdarlehen und einem Darlehen bei wirtschaftlicher Betrachtungsweise gleichstehende Gesellschafterhilfen (z. B. Stundungen) werden nunmehr **unabhängig von ihrer Zweckbestimmung** und dem Zeitpunkt ihrer Gewährung (z. B. krisenbestimmte Darlehen oder in der Krise gewährte oder stehen gelassene Darlehen) als „normale" Darlehen behandelt. Die Rechtsprechungsregeln (und die Novellenregeln) zu den **eigenkapitalersetzenden Darlehen werden abgeschafft**. Es gibt kein Eigenkapitalersatzrecht mehr. Auf sog. Altfälle ist es aber weiter anzuwenden. 302

Gesellschafterdarlehen werden aber mit einem **insolvenzrechtlichen Nachrang** belegt (§ 39 Abs. 1 Nr. 5 InsO). Die Rückzahlung innerhalb eines Jahres vor dem Insolvenzantrag kann angefochten werden, ebenso die Besicherung eines Gesellschafterdarlehens innerhalb von zehn Jahren vor dem Insolvenzantrag (§ 135 Abs. 1 InsO). Im **Überschuldungsstatus** sind Gesellschafterdarlehen und ihnen wirtschaftlich gleichstehende Forderungen zu **passivieren**, wenn nicht ausdrücklich ein (qualifizierter) **Rangrücktritt** vereinbart worden ist (§ 19 Abs. 2 Satz 2 InsO). Die eigenkapitalersetzende Nutzungsüberlassung wird eigenständig geregelt. Sie führt zu einer einjährigen Suspendierung 303 des Aussonderungsrechts des Gesellschafters, dem hierfür ein finanzieller Ausgleich zusteht (§ 135 Abs. 3 InsO).

304–330 *(Einstweilen frei)*

V. Gutgläubiger Erwerb von Geschäftsanteilen und Gesellschafterliste

331 Der **gutgläubige Erwerb von Geschäftsanteilen** vom Nichtberechtigten wird ermöglicht (§ 16 Abs. 3 GmbHG). Voraussetzung ist, dass der nichtberechtigte Veräußerer als Gesellschafter (Inhaber) in der **Gesellschafterliste** (§ 40 GmbHG) eingetragen ist und dass die Gesellschafterliste im Erwerbszeitpunkt (Abtretung) seit mindestens **drei Jahren unrichtig** ist. Möglich ist ein gutgläubiger Erwerb auch dann, wenn die **Unrichtigkeit dem wahren Berechtigten zuzurechnen** ist. Der gute Glaube wird durch einen der Gesellschafterliste zugeordneten **Widerspruch** und durch **Kenntnis oder grob fahrlässige Unkenntnis von der mangelnden Berechtigung** zerstört. Im Übrigen gilt im Verhältnis zur Gesellschaft nur der als **Inhaber des Geschäftsanteils**, der in der im **Handelsregister aufgenommenen Liste eingetragen** ist (§ 16 Abs. 1 GmbHG).

Geschäftsführer und an ihrer Stelle der mitwirkende Notar haben die Gesellschafterliste zu aktualisieren, wenn Veränderungen in den Personen oder im Umfang ihrer Beteiligung wirksam geworden sind (§ 40 GmbHG). Diese Aufwertung der Gesellschafterliste schwächt die Rechtsprechung des BGH beim Anteilskauf in den Fällen ab, in denen der Verkäufer in seiner Verfügungsbeschränkung z. B. im Rahmen einer bestehenden Testamentsvollstreckung eingeschränkt ist.[1] Ein – auch gutgläubiger – Käufer kann und darf sich folglich nicht allein auf die Gesellschafterliste verlassen, da ein gutgläubiger Erwerb eines GmbH-Anteils von einem in seiner Verfügungsfreiheit beschränkten Verkäufer nicht möglich ist, weil Verfügungsbeschränkungen nicht in die Liste der Gesellschafter eingetragen werden können. Sie ist nicht Bestandteil der Gesellschafterliste (§ 40 GmbHG).

Die GmbH-Gesellschafterliste bringt von Gesetzes wegen keine Rechtssicherheit, so dass die vorgesehenen gesetzlichen Mindestangaben um bestehende Verfügungsbeschränkungen ergänzt werden müssten.[2] Im Rahmen der vor der eigentlichen Transaktion durchzuführenden Due Diligence müssen Käufer auf weitere vertragliche Zusicherungen achten. Käufern ist in der Praxis dringend anzuraten, im Rahmen des Anteilskaufs auf die Vorlage des Erbscheins zu bestehen, um etwaige Verfügungsbeschränkungen erkennen zu können. Es ist darüber hinaus empfehlenswert, in dem Anteilskaufvertrag eine Garantie des Anteilsinhabers aufzunehmen, dass dieser auch tatsächlicher Inhaber des Anteils ist und frei von Verfügungsbeschränkungen darüber verfügen kann.[3]

332–360 *(Einstweilen frei)*

---

[1] BGH v. 24. 2. 2015 II ZB 17/14, NWB DokID: FAAAD-87934, DStR 2015, 1121.

[2] Kritisch zum BGH Beschl. a. a. O.: Bisle, Nichteintragungsfähigkeit des Testamentsvollstreckervermerks in die GmbH-Gesellschafterliste, NWB Nr. 47/2015, S. 3479.

[3] Zu einem Formulierungsvorschlag vgl. v. Hoyenberg, Münchner Vertragshandbuch, Band 2 Wirtschaftsrecht I, 7. Aufl. 2015, I.6., § 6.

VI. Missbrauchsverhinderung und Gläubigerschutz

Bei **Führungslosigkeit der GmbH**, also wenn sie keinen Geschäftsführer (mehr) hat, werden die Gesellschafter in die Verantwortung genommen. Sie müssen bei Kenntnis von der Insolvenzreife und der Führungslosigkeit den Insolvenzantrag stellen (§ 15a Abs. 3 InsO). 361

Ergänzend zur bisherigen Bestimmung, wonach die Geschäftsführer der Gesellschaft Ersatz für Zahlungen nach der Insolvenzreife leisten müssen, gilt die **Erstattungspflicht jetzt auch für Zahlungen an die Gesellschafter**, die zur **Zahlungsunfähigkeit führen mussten** – Insolvenzverhütung – (§ 64 Satz 3 GmbHG). Die Insolvenzverschleppungshaftung wird rechtsformübergreifend in § 15a InsO i.V.m. § 823 Abs. 2 BGB verortet. 362

Neu eingeführt wird eine **Haftung der Gesellschafter** gegenüber der Gesellschaft für Schäden, die ihr entstehen, wenn die Gesellschafter als **Geschäftsführer** vorsätzlich oder grob fahrlässig eine dafür **nicht geeignete Person** einsetzen, und diese ihre Obliegenheiten verletzt (§ 6 Abs. 5 GmbHG). Die **Ausschlussgründe** für Geschäftsführer (§ 6 Abs. 2 GmbHG) werden wesentlich um weitere **Straftaten des Wirtschaftsstrafrechts erweitert und auch auf Verurteilungen im Ausland wegen vergleichbarer Straftaten ausgedehnt**. 363

Die **Zustellung von Schriftstücken und die Abgabe von Willenserklärungen** gegenüber der GmbH wird erleichtert. Unter anderem muss bei der Anmeldung eine inländische Geschäftsanschrift angegeben werden (§ 8 Abs. 4 GmbHG), die im Handelsregister einzutragen ist. Bei Führungslosigkeit haben die **Gesellschafter eine Ersatzzuständigkeit** für den Empfang von Zustellungen und Willenserklärungen (§ 35 GmbHG). 364

(Einstweilen frei) 365–390

VII. Mobilität

Durch die Streichung des bisherigen § 4a Abs. 2 GmbHG a. F können **Satzungs- und Verwaltungssitz der GmbH** künftig **auseinanderfallen**, die GmbH kann also ihren **Verwaltungssitz frei wählen und auch ins Ausland verlegen**, ohne die Auflösung zu riskieren. Damit werden die Nachteile gegenüber vergleichbaren Gesellschaften mit ausländischer Rechtsform (z. B. Limited) beseitigt. 391

(Einstweilen frei) 392–420

2. Abschnitt: Errichtung der GmbH

A. Errichtung der GmbH

I. Gründungsphasen der GmbH und der UG (haftungsbeschränkt)

421 Die GmbH ist eine Handelsgesellschaft mit eigener Rechtspersönlichkeit (**juristische Person**). Sie kann von einer oder mehreren Personen zu jedem gesetzlich zulässigen Zweck errichtet werden. Für ihre Verbindlichkeiten haftet den Gläubigern nur das Gesellschaftsvermögen (§ 1 GmbHG). Erst mit der Eintragung in das Handelsregister entsteht die GmbH „als solche" (§ 11 Abs. 1 GmbHG) und hat damit „selbständig ihre Rechte und Pflichten" (§ 13 Abs. 1 GmbHG), kann also selbst Rechte erwerben und Verbindlichkeiten eingehen sowie vor Gericht klagen und verklagt werden.

422 Damit die GmbH als juristische Person existent werden kann, sind eine Reihe von Aktivitäten erforderlich, die in §§ 1 ff. GmbHG beschrieben sind. Diesen ganzen Vorgang bezeichnet man als **Gründung**, wobei innerhalb dieses Vorgangs mehrere Abschnitte unterschieden werden. Vor Abschluss des notariellen Gesellschaftsvertrages spricht man von der **Vorgründungsgesellschaft**, sobald sich mehrere Personen – die Gründer – mit dem Ziel zusammenschließen, gemeinsam eine GmbH zu errichten (Vorgründungsphase). Dabei handelt es sich um eine Gesellschaft bürgerlichen Rechts oder eine OHG, deren Zweck es ist, die GmbH zu gründen. Aus den Geschäften, die für die Vorgründungsgesellschaft abgeschlossen wurden, haften die Gesellschafter persönlich und unbeschränkt.

Mit Abschluss des Gesellschaftsvertrages, d. h. dessen notarieller Beurkundung (§ 2 GmbHG), ist die GmbH errichtet und die Gründer haben die **Vorgesellschaft oder Vor-GmbH** entstehen lassen (Gründungsphase). Für dieses Rechtsgebilde eigener Art gilt schon der Gesellschaftsvertrag, es unterliegt bereits in entsprechender Anwendung den Regeln des GmbH-Rechts, ausgenommen die Vorschriften, die die Rechtsfähigkeit (Eintragung) voraussetzen. In dieser Phase greift die Handelndenhaftung nach § 11 Abs. 2 GmbHG. Erst ab der Eintragung der Gesellschaft ins Handelsregister ist die GmbH entstanden.

423 Als wesentliche Schritte im Ablauf der Gründung folgen auf den Abschluss des Gesellschaftsvertrages in notarieller Form die **Bestellung von Geschäftsführern** (schon vor der Eintragung), die **Einzahlung eines Mindestbetrages** auf die übernommenen Geschäftsanteile und die **Anmeldung zum Handelsregister**. Weitere Schritte sind die Prüfung der formellen Eintragungsvoraussetzungen und deren Erfüllung durch das Registergericht sowie die Prüfung, ob der Gesellschaftsvertrag wirksam zustande gekommen ist, und schließlich als Abschluss des Gründungsvorganges die **Eintragung der GmbH in das (elektronische) Handelsregister**.

424 Wird die Gesellschaft als sog. **Unternehmergesellschaft (haftungsbeschränkt)** gem. § 5a GmbHG[1] gegründet, gilt für die drei Gründungsphasen im Prinzip nichts anderes. Denn die **UG (haftungsbeschränkt)** ist keine neue Rechtsform, sondern eine **GmbH**, die mit

---

[1] In der Fassung des MoMiG.

einem **Stammkapital gegründet werden kann, das den Betrag des „normalen" Mindeststammkapitals von 25 000 €** der „klassischen" GmbH **unterschreitet**. Die UG (haftungsbeschränkt) soll als „Einstiegsvariante" für Existenzgründer dienen, die am Anfang der unternehmerischen Betätigung nur wenig Stammkapital haben oder benötigen. Allerdings müssen dann die bedungenen Stammeinlagen vor der Anmeldung voll eingezahlt sein, und Sacheinlagen sind ausgeschlossen (§ 5a Abs. 2 GmbHG). Somit kann die GmbH als UG (haftungsbeschränkt) ohne bare Einzahlung des Mindestkapitals nach § 7 Abs. 2 GmbHG und mit einem Stammkapital von 1 € gegründet werden, das allerdings auch eingezahlt werden muss.

Auch in dem **vereinfachten Gründungsverfahren** nach § 2 Abs. 1a GmbHG für die GmbH mit maximal drei Gesellschaftern und einem Geschäftsführer werden die beschriebenen Abschnitte durchlaufen. Das für die vereinfachte Gründung zu verwendende **gesetzliche Musterprotokoll**[1], das den Gesellschaftsvertrag umfasst, muss **notariell beurkundet** werden. Das ursprünglich geplante „Gründungsset" mit Mustersatzung, das die notarielle Beurkundung ersparen und mit einer Beglaubigung der Unterschriften der Gründungsgesellschafter auskommen sollte, ist nicht umgesetzt worden.

425

(Einstweilen frei)

426–450

II. Gesellschaftszweck – Unternehmensgegenstand

Literatur: *Haack, H.*, Ärztliche Kooperationen. Berufs- und vertragsarztrechtliche Gestaltungsmöglichkeiten, NWB F. 18, 4293; NWB DokID: QAAAB-75065.

Gesellschaften mit beschränkter Haftung können nach § 1 GmbHG zu jedem gesetzlich zulässigen Zweck errichtet werden **(Grundsatz der Zweckvielfalt)**. Eine GmbH braucht nach ihrer Zwecksetzung nicht auf eine gewerbliche Betätigung ausgerichtet sein, auch wenn dies der Regelfall sein dürfte. Auch karitative, wissenschaftliche, künstlerische, sportliche, kulturelle und andere gemeinnützige Zwecke können Gegenstand des Unternehmens der GmbH sein.

451

Die Rechtsform der GmbH ist jedoch für einige Betätigungen wie z. B. Versicherungsunternehmen und bestimmte Bankgeschäfte kraft Gesetzes ausgeschlossen. Bei freien Berufen (insbesondere Ärzten und Rechtsanwälten) wurde lange Zeit die Auffassung vertreten, der Zusammenschluss zu einer GmbH widerspreche Standesrecht und die im Wesentlichen auf eine gewerbliche Betätigung ausgerichtete Rechtsform vertrage sich nicht mit dem herkömmlichen Charakter eines freien Berufs. Inzwischen hat der Gesetzgeber beispielhaft für Rechtsanwälte, Steuerberater und Wirtschaftsprüfer klargestellt, dass dem nicht so ist (vgl. § 59c BRAO; § 49 Abs. 1 StBerG; § 27 Abs. 1 WPO).

452

Auch für die Heilberufe dürfte nach der Entscheidung BGHZ 124, 224,[2] zu der Zulässigkeit einer Zahnbehandlungs-GmbH, die frühere Auffassung nicht mehr generell gelten können. Für **ärztliche Kooperationen** sieht nunmehr die MBOÄ (Musterberufsordnung Ärzte) die Betätigung in der Rechtsform einer juristischen Person vor, was freilich die Heilberufsgesetze der Länder und die Berufsordnungen der Ärztekammern ganz unter-

---

1 Vgl. Anhang Rz. 8947 und 8948.
2 Vom 25. 11. 1993 I R 281/91.

schiedlich (von 1:1 bis gar nicht) umgesetzt haben und zu Abrechnungsproblemen führen kann. Auf jeden Fall sieht § 95 Abs. 1 Satz 3 SGB V für das Medizinische Versorgungszentrum (MVZ), das auch Ärzte als neuen Typus eines Leistungserbringers betreiben können, die Rechtsform einer GmbH vor.[1]

453 Der Gesellschaftszweck i. S. v. § 1 GmbHG überschneidet sich mit dem „**Gegenstand des Unternehmens**", den § 3 Abs. 1 Nr. 2 GmbHG meint. Der Gesellschaftszweck betrifft das interne Verhältnis der Gesellschafter, während der Unternehmensgegenstand im Wesentlichen nach außen gerichtet ist und deshalb auch in das Handelsregister eingetragen werden muss. Er bezeichnet die konkrete Art und Weise, wie das vom Gesellschaftszweck vorgegebene Ziel realisiert werden soll, und gibt den Bereich der geschäftlichen Betätigung vor.

Mit der Festlegung in der Satzung soll die Beschreibung des Gegenstandes des Unternehmens im Innenverhältnis die Gesellschafter davor schützen, dass die Geschäftsführer den zulässigen Handlungsbereich überschreiten. Nach außen soll sie den **Schwerpunkt der Betätigung** so erkennbar machen, dass die gestellte Aufgabe individualisiert (z. B. Handel, Produktion, Vertrieb, Dienstleistung, Service, Verwaltung u. Ä.) und in einen Geschäftszweig oder eine Branche eingeordnet werden kann.

454 Der **Unternehmensgegenstand** gehört zum notwendigen Inhalt des Gesellschaftsvertrages. Seine Änderung ist nur durch Satzungsänderung möglich. Deshalb sollte man den Gegenstand des Unternehmens möglichst weit fassen, damit die Gesellschaft auf ihren Geschäftsfeldern beweglich bleibt und nicht bei jeder Änderung auf eine formelle Satzungsänderung angewiesen ist.

455–480 (*Einstweilen frei*)

III. Der Gesellschaftsvertrag (Satzung)

481 Der Gesellschaftsvertrag ist die Grundlage für die Rechtsverhältnisse innerhalb der Gesellschaft und regelt die rechtlichen Beziehungen zwischen der Gesellschaft und den Gesellschaftern. Er wird auch als **Satzung** oder **Statut** bezeichnet. Für diesen Vertrag zur Gründung einer GmbH schreibt das Gesetz eine bestimmte Form und einen Mindestinhalt vor, im Übrigen herrscht Vertragsfreiheit.

1. Vertragsparteien, GmbH-Gesellschafter

482 Eine GmbH kann durch einen oder mehrere Gesellschafter gegründet werden. Seit der GmbH-Reform von 1980 gestattet das Gesetz auch die sog. Einmann-Gründung. Gesellschafter einer GmbH kann jede natürliche oder juristische Person sein. Rechtsfähigkeit ist erforderlich, nicht notwendigerweise auch Geschäftsfähigkeit.

a) Natürliche und juristische Personen

483 Im Allgemeinen gibt es keine Einschränkungen hinsichtlich Alter, Stand, Wohnsitz und Staatsangehörigkeit, erforderlich ist nur die Rechtsfähigkeit, so dass jede natürliche

---

[1] Vgl. Haack, NWB F. 18, 4293.

Person Gründer und Gesellschafter einer GmbH sein kann. Bei Minderjährigen und Ehegatten sind freilich die Vorschriften der §§ 1365, 1643 Abs. 1 und § 1822 Nr. 3, 3. Alt. BGB zu beachten (vgl. Rz. 487 f.).

Auch Ausländer sind grundsätzlich taugliche Gesellschafter einer GmbH. Lediglich dann, wenn ihnen keine inländische Erwerbstätigkeit gestattet ist, können Probleme entstehen, wenn die Gründung der GmbH vornehmlich den Zweck hat, die verbotene Erwerbstätigkeit in eigener Person zu ermöglichen. 484

Juristische Personen – also auch eine GmbH – können uneingeschränkt Gesellschafter einer GmbH sein, und unabhängig davon, ob es sich um in- oder ausländische oder solche des privaten oder öffentlichen Rechts handelt. Auch eine Vor-GmbH oder Vor-AG kann – trotz der noch fehlenden Rechtsfähigkeit – Gesellschafter einer GmbH sein. 485

b) Gesamthänderische Personengemeinschaften

Wer mit „Personen" in § 1 GmbHG gemeint ist, definiert das Gesetz selbst nicht. Für die Personenhandelsgesellschaften wie die OHG und die KG, die unter ihrer Firma Rechte erwerben und Pflichten eingehen können, ist dies ebenso wie für die Vor-GmbH und die Vor-AG anerkannt. Sie können Gesellschafter einer GmbH sein. Die Fähigkeit, Gesellschafter einer GmbH zu sein, wird aber auch anderen Gesamthandsgemeinschaften des bürgerlichen Rechts wie der BGB-Gesellschaft, der Erbengemeinschaft, der ehelichen Gütergemeinschaft und der einer OHG angenäherten Partnerschaftsgesellschaft für Angehörige freier Berufe zuerkannt. Für die BGB-Gesellschaft hat der BGH[1] im Fall von Arbeitsgemeinschaften im Baugewerbe (= Gesellschaften des bürgerlichen Rechts) ausdrücklich entschieden, dass Gesellschafter einer BGB-Gesellschaft bei der Errichtung einer GmbH gemeinsam eine Stammeinlage mit der Folge übernehmen können, dass der erworbene Geschäftsanteil Gesamthandsvermögen wird. Das OLG Hamm[2] verlangt, dass neben der GbR als Gesellschafterin auch deren Gesellschafter gemäß § 40 GmbHG in die Gesellschafterliste aufzunehmen sind. 486

c) Beteiligung Minderjähriger

Literatur: *Rust*, Die Beteiligung von Minderjährigen im Gesellschaftsrecht, Vertretung, familien-/vormundschaftsgerichtliche Genehmigung und Haftung des Minderjährigen I und II, DStR 2005, 1942 und 1929.

Auch Minderjährige können Gesellschafter einer GmbH sein. Sie bedürfen als nicht voll Geschäftsfähige der **Mitwirkung der gesetzlichen Vertreter** (§§ 104 ff. BGB), die ihrerseits der Zustimmung des Familiengerichts zum Abschluss des Gesellschaftsvertrages bedürfen (§ 1643 Abs. 1, § 1822 Nr. 3 BGB). Während der Minderjährigkeit werden die Gesellschafterrechte durch den gesetzlichen Vertreter ausgeübt. 487

Eine GmbH kann **auch zwischen Eltern und Kindern (und Dritten)** errichtet werden, wenn die Kinder noch minderjährig sind. Wegen der eigenen Beteiligung am Gründungsgeschäft können die Eltern die Kinder nicht vertreten (§ 181 BGB bzw. § 1629 488

---

[1] Vom 3. 11. 1980 II ZB 1/79, BGHZ 78, 311.
[2] Vom 25. 5. 2016 – 27 W 27/16, DB 2016, 2107 mit Anmerkung Hermanns, DB 2016, 2464.

Abs. 2, § 1795 BGB). Es muss für den Minderjährigen nach § 1909 BGB ein Pfleger bestellt werden. Diese Ergänzungspflegschaft muss nicht für die ganze Dauer der Zugehörigkeit des Minderjährigen zur GmbH fortbestehen.[1] Die gesetzlichen Vertreter des minderjährigen Kindes können vielmehr grundsätzlich dessen gesellschaftlichen Rechte und Pflichten ausüben,[2] weil dabei ein Interessenskonflikt i. S. v. § 181 BGB i. d. R. nicht entsteht.

Eine **vormundschaftsgerichtliche Genehmigung** ist für die Gründung regelmäßig erforderlich, für eine spätere Veräußerung oder Erwerb eines Geschäftsanteils ist sie nur in Ausnahmefällen und für die „normalen" Vorfälle regelmäßig nicht nötig. Die Haftung des Minderjährigen aus den von seinen Eltern für ihn eingegangenen Verbindlichkeiten beschränkt sich auf den Bestand des bei Eintritt der Volljährigkeit vorhandenen Vermögens (§ 1629a BGB).

489 Beteiligt sich ein Minderjähriger an der Gründung einer GmbH, so ist aus Gründen des vorrangigen **Minderjährigenschutzes** seine Beteiligung schwebend unwirksam, auch wenn die GmbH in das Handelsregister eingetragen wird. Die (nachträgliche) Genehmigung durch den gesetzlichen Vertreter bedarf abweichend von der allgemeinen Regel des § 182 Abs. 2 BGB nach § 2 Abs. 2 GmbHG der notariellen Form.

d) Ehegatten als GmbH-Gesellschafter

490 Grundsätzlich unterliegen Ehegatten keiner Beschränkung, wenn sie sich an einer GmbH beteiligen wollen. Jeder kann selbständig Gründer oder Gesellschafter sein, Ehegatten können auch zusammen eine **Zwei-Personen-GmbH** errichten. Schranken im gesetzlichen Güterstand kann es bei den Einlageverpflichtungen geben, wenn die Einlage erkennbar das nahezu ganze Vermögen eines Ehegatten umfasst. Dann muss der andere Ehegatte nach § 1365 BGB einwilligen.

491 Leben die Ehegatten in Gütergemeinschaft, kann eine Einlageverpflichtung aus dem Vorbehaltsgut (§ 1418 BGB) von dem betreffenden Ehegatten selbständig eingegangen werden. Ist die Einlage aus dem Gesamtgut zu erbringen, sind die §§ 1423 ff. BGB **(Zustimmungsvorbehalte)** und §§ 1437 f. BGB **(Haftung)** zu beachten.

492 **Ehegatten in Gütergemeinschaft** können Geschäftsanteile an einer GmbH im Gesamtgut halten und sich auch gemeinsam an der Gründung beteiligen und dabei allein oder neben weiteren Gründungsgesellschaftern Geschäftsanteile übernehmen, die dann in das Gesamtgut fallen. Möglich ist es aber auch, gesamthänderisch an der Gründung teilzunehmen und gemeinschaftlich Geschäftsanteile zu übernehmen. Dies ist sowohl bei einer Mehrpersonengründung als auch bei Errichtung einer Einpersonen-GmbH möglich. Beide Ehegatten haften für die Einlagepflicht unbeschränkt persönlich mit dem Vorbehalts- und dem Gesamtgut.[3]

---

[1] Hueck/Fastrich in Baumbach/Hueck, GmbHG, § 1 Rz. 25.
[2] BGH v. 22. 9. 1969 II ZR 144/68, BGHZ 52, 316.
[3] Hueck/Fastrich in Baumbach/Hueck, GmbHG, § 1 Rz. 37.

e) Treuhänder als GmbH-Gesellschafter

Der Gesellschafter einer GmbH kann einen Geschäftsanteil treuhänderisch für einen anderen halten und auch bei der Gründung zwar in eigenem Namen, aber für Rechnung eines anderen handeln. Es besteht also die Möglichkeit, sich als Treuhänder oder als **„Strohmann"**, der nach h. M. als Treuhänder anzusehen ist,[1] für einen anderen zu beteiligen. Nachdem das GmbHG die Einmann-Gründung ausdrücklich erlaubt hat, hat aber die „Strohmann-Gründung" an Bedeutung verloren. Denn es ist nicht mehr nötig, dass zunächst zwei Gesellschafter die GmbH errichten, der eine aber nur mitwirkt, um nach Eintragung der GmbH vereinbarungsgemäß seinen Geschäftsanteil an den anderen abzutreten, um so in dessen Hand eine Anteilsvereinigung herbeizuführen.

493

Vielfältige andere Gründe können jedoch weiterhin Anlass dafür sein, dass jemand im eigenen Namen für Rechnung des anderen **(Treugeber oder „Hintermann")** als Gesellschafter der GmbH auftritt. Grundlage dafür ist ein durch den Treuhandvertrag begründetes Treuhandverhältnis. Dessen Wesensmerkmal ist es, dass der Treuhänder den Geschäftsanteil erwirbt oder hält und damit Gesellschafter der GmbH wird, aber im Verhältnis zum Treugeber verpflichtet ist, von seiner Rechtsstellung nur entsprechend der Treuhandabrede Gebrauch zu machen. Sie bestimmt, in welcher Weise der Treuhänder die Gesellschaftsrechte auszuüben hat, wobei der Treuhänder vorbehaltlich anderer Abreden verpflichtet ist, den Weisungen des Treugebers nachzukommen, freilich in den Grenzen der gesellschaftlichen Treupflichten.

494

Da der Treuhänder im Außenverhältnis Gesellschafter der GmbH wird, ist er gegenüber der GmbH verpflichtet, die Stammeinlage zu erbringen, allerdings haftet der Treugeber daneben für die Leistung der Stammeinlage[2] und für die Erhaltung des Stammkapitals. Gemäß § 9a Abs. 4 GmbHG kann der Treugeber auch im Rahmen der Gründungshaftung in Anspruch genommen werden.

Hinsichtlich der **Formerfordernisse des Treuhandvertrages**, die insbesondere auch für die steuerliche Anerkennung einzuhalten sind, ist nach den einzelnen Stadien zu unterscheiden, in denen sich die GmbH befindet: Befindet sich die GmbH im sog. **Vorgründungsstadium**, wird also der Treuhandvertrag hinsichtlich eines (künftig entstehenden) Geschäftsanteils vor Beurkundung des Gesellschaftsvertrages und damit vor Errichtung der GmbH geschlossen, findet auf diese Vereinbarung § 15 Abs. 4 GmbHG keine Anwendung.[3] Obwohl danach die Treuhandvereinbarung vor Errichtung der GmbH keinem Formzwang unterliegt, ist Schriftform schon aus Beweisgründen dringend zu empfehlen, zumal der Treugeber Inhaber des künftigen Geschäftsanteils nur durch dessen Abtretung werden kann, worauf er nach § 667 BGB Anspruch hat.

495

Die in der Gründungsphase, also nach notariellem Abschluss des Gesellschaftsvertrages und vor Eintragung der GmbH getroffene **Treuhandabrede** hinsichtlich des künftig entstehenden Geschäftsanteils **ist beurkundungsbedürftig.**[4]

496

---

1 BGH v. 14.12.1959 II ZR 187/57, BGHZ 31, 264; v. 13.4.1992 II ZR 225/91, BGHZ 118, 107.
2 BGH v. 26.11.1979 II ZR 104/77, BGHZ 75, 335; v. 22.10.1990 II ZR 238/89, GmbHR 1991, 99.
3 BGH v. 19.4.1999 II ZR 365/97, BGHZ 141, 208.
4 BGH v. 22.9.2016 III ZR 427/15, NWB DokID: AAAAF-84071.

Nach Eintragung der GmbH bedarf die Verpflichtung, einen Geschäftsanteil künftig (treuhänderisch) für einen anderen zu halten, der notariellen Beurkundung.

f) Testamentsvollstrecker als GmbH-Gesellschafter

497 Hat der Erblasser die Testamentsvollstreckung angeordnet und befindet sich im Nachlass ein Geschäftsanteil an einer GmbH, so unterliegt auch dieser der **Testamentsvollstreckung**.[1] Die Erben dürfen dann die Rechte aus dem Geschäftsanteil nicht ausüben, sondern die Verwaltungsrechte (z. B. die Ausübung des Stimmrechts) liegt beim Testamentsvollstrecker (§ 2211 BGB). Die Erben erlangen als Inhaber des Geschäftsanteils jedoch die Gesellschafterstellung, ohne dass durch die Testamentsvollstreckung eine Beschränkung der Erbenhaftung einträte. Ein Testamentsvollstreckervermerk ist jedoch in der Gesellschafterliste nicht eintragungsfähig.[2]

498 Hatte der Erblasser mit Abschluss des Gesellschaftsvertrages bereits einen Geschäftsanteil übernommen, ist aber die GmbH vor seinem Tod noch nicht eingetragen gewesen, so ist auch hinsichtlich des künftig entstehenden Geschäftsanteils Testamentsvollstreckung möglich. Insoweit kann er auch bei der Gründung weiter mitwirken.

499 Bei der **Neugründung einer GmbH** kann der Testamentsvollstrecker in dieser Eigenschaft als Verwalter des Nachlasses für die Erben nicht mitwirken. Die Befugnisse des Testamentsvollstreckers beschränken sich auf zum Nachlass gehörende Gegenstände, er kann aber über die Grenzen der beschränkten Erbenhaftung hinaus keine persönlichen Rechte und Verpflichtungen der Erben begründen oder beschränken. Aus diesem Grund kann er die Erben nicht persönlich zur Übernahme von Geschäftsanteilen mit den damit verbundenen Haftungsfolgen verpflichten. Ebenso wie bei Neugründungen sind dem Testamentsvollstrecker andere, die persönliche Rechte- und Pflichtenstellung der Erben berührende Maßnahmen verwehrt wie bei Kapitalerhöhungen und Veränderungen von Sonderrechten.

500–520 (*Einstweilen frei*)

2. Form des Gesellschaftsvertrages

521 Der Abschluss des Gesellschaftsvertrages bedarf **der notariellen Form** (§ 2 Abs. 1 GmbHG), also der notariellen Beurkundung. Auch wenn die GmbH im **vereinfachten Verfahren** nach § 2 Abs. 1a GmbHG unter Verwendung des gesetzlichen Musterprotokolls gegründet wird, muss dieses **Musterprotokoll**[3] notariell beurkundet werden. Auf das Musterprotokoll finden nämlich die für den Gesellschaftsvertrag geltenden Vorschriften entsprechende Anwendung (§ 2 Abs. 1a Satz 5 GmbHG). Der Gesellschaftsvertrag ist von sämtlichen Gesellschaftern zu unterzeichnen. Dabei können für die Gesellschafter auch Bevollmächtigte auftreten, die allerdings eine notariell beurkundete oder beglaubigte Vollmacht haben müssen (§ 2 Abs. 2 GmbHG). Die Vorschrift stellt

---

1 BayObLG v. 18. 3.1991 BReg 3 Z 69/90, GmbHR 1991, 572.
2 OLG München v. 15.11.2011 31 Wx 274/11, GmbHR 2012, 39; Omlor, DStR 2012, 306; Schmaltz jurisPR-HaGesR 1/2012, Anm. 5; nunmehr endgültig bestätigt durch BGH v. 24.2.2015 II ZB 17/14, NWB DokID: FAAAE-87934, DStR 2015, 1121.
3 Abgedruckt im Anhang Rz. 8947 und 8948.

eine Ausnahme von der Regel des § 167 Abs. 2 BGB dar, wonach die Vollmachterklärung nicht der Form bedarf, die für das Rechtsgeschäft selbst vorgeschrieben ist.

Dem Formzwang unterliegen grundsätzlich nur die sog. **materiellen (echten) Satzungsbestandteile**, die zwingend in den Gesellschaftsvertrag aufzunehmen sind, weil sie nicht nur die Gründungsgesellschafter, sondern auch alle künftigen Mitglieder der GmbH binden sollen, also gewissermaßen mit dem Geschäftsanteil „verbunden" sind. Formfrei können grundsätzlich solche Abreden vereinbart werden, die man als sog. **formelle (unechte) Satzungsbestandteile** bezeichnet, weil sie sich zwar tatsächlich in der Satzung finden, aber ohne weiteres auch außerhalb des Gesellschaftsvertrages durch einfache schuldrechtliche Vereinbarung oder Gesellschafterbeschlüsse hätten geregelt werden können. Angesichts der Bedeutung des Formzwangs für die Wirksamkeit des Gesellschaftsvertrages und der häufig nicht ganz einfach zu beantwortenden Frage, ob eine Regelung zwingend in die Satzung aufgenommen werden muss, empfiehlt es sich, im Zweifel „zugunsten der Satzung" zu entscheiden, auch wenn dadurch der Vertrag etwas umfangreicher ausfällt. 522

Von größerer Bedeutung ist die Feststellung, ob es sich um echte oder unechte Satzungsbestandteile handelt, wenn später solche Regelungen geändert oder ergänzt werden sollen. Danach ist nämlich zu entscheiden, welche Form zu wahren ist und welche Mehrheiten dafür erforderlich sind. Einer Satzungsänderung (mit notarieller Beurkundung und qualifizierter Mehrheit) bedarf es nicht, wenn lediglich die derzeitigen Vertragsparteien gebunden und nicht die künftigen gesellschaftsrechtlichen Beziehungen mitbestimmt oder künftige Gesellschafter betroffen werden sollen. Innergesellschaftliche Regelungen, die auch in Form einfacher Gesellschafterbeschlüsse getroffen werden können, wie es § 47 GmbHG vorsieht, oder sonstige schuldrechtliche Nebenabreden, die lediglich die derzeitigen Vertragsparteien binden, sind formfrei zwischen den Gesellschaftern untereinander oder mit der Gesellschaft möglich. 523

Zu beachten gilt aber, dass **Änderungen und Ergänzungen des Gesellschaftsvertrages,** die **vor der Eintragung der GmbH** in das Handelsregister erfolgen, **beurkundungspflichtig** sind.[1] Dazu zählt auch ein Gesellschafterwechsel in der Gründungsphase, an dem daher sämtliche Gesellschafter mitwirken müssen. Davon zu unterscheiden ist die Abtretung des künftigen Geschäftsanteils, die zwar auch gem. § 15 Abs. 3 GmbHG notariell zu beurkunden ist, aber gleichwohl nur eine Verfügung über den Geschäftsanteil selbst darstellt, die – vorbehaltlich einer Beschränkung der Abtretbarkeit nach § 15 Abs. 5 GmbHG – nicht der Zustimmung sämtlicher Gesellschafter bedarf, sondern zwischen dem Abtretenden und dem Erwerber vereinbart werden kann. 524

(*Einstweilen frei*) 525–530

3. Inhalt des Gesellschaftsvertrages und Musterprotokoll

Der Gesellschaftsvertrag der GmbH hat eine **Doppelnatur**. Er ist zum einen ein schuldrechtlicher Vertrag, mit dem die Gründer sich über die Errichtung der Gesellschaft durch übereinstimmende Willenserklärung einigen. Zum anderen gewinnt der Gesell- 531

---

1 BGH v. 16.2.1959 II ZR 170/57, BGHZ 29, 300.

schaftsvertrag mit der Eintragung der Gesellschaft als Organisationsstatut der GmbH seine eigentliche Bedeutung und regelt die Beziehungen zwischen der Gesellschaft und ihren Gesellschaftern. Er bindet dann nicht nur die Gründer der Gesellschaft, sondern auch spätere Mitglieder der Gesellschaft.

a) Notwendiger Inhalt

532 Aufgrund der zwingenden Vorschrift des § 3 Abs. 1 GmbHG muss der Gesellschaftsvertrag folgenden (obligatorischen) Mindestinhalt haben:

- ▶ die Firma und den Sitz der Gesellschaft (Nr. 1),
- ▶ den Gegenstand des Unternehmens (Nr. 2),
- ▶ den Betrag des Stammkapitals (Nr. 3),
- ▶ die Zahl und die Nennbeträge der Geschäftsanteile, die jeder Gesellschafter gegen Einlage auf das Stammkapital (Stammeinlage) übernimmt (Nr. 4), was die Angabe des Namens der Gründungsgesellschafter mit einschließt.

Fehlt eines der Erfordernisse, ist der Gesellschaftsvertrag ungültig und die Eintragung durch das Registergericht abzulehnen, wobei durch Zwischenverfügung des Registergerichts Gelegenheit zur Abhilfe gegeben werden kann. Fehlen Bestimmungen über die Höhe des Stammkapitals oder den Gegenstand des Unternehmens, kann sogar noch nach Eintragung der Gesellschaft durch jeden Gesellschafter oder den Geschäftsführer Nichtigkeitsklage nach § 75 GmbHG erhoben werden.

533 Auch die gesetzlichen **Musterprotokolle** für die Gründung einer GmbH (bzw. einer haftungsbeschränkten UG) im **vereinfachten Verfahren**, welche das GmbHG i. d. F. des MoMiG für einfache Standardgründungen zur Verfügung stellt, haben diesen Mindestinhalt. Allerdings können diese beurkundungspflichtigen Musterprotokolle für einen Gesellschaftsvertrag nur für **Bargründungen mit höchstens drei Gesellschaftern und einem Geschäftsführer** verwendet werden. Außerdem dürfen in einem solchen Gesellschaftsvertrag keine vom GmbHG abweichenden Bestimmungen getroffen werden. Wird von dem Musterprotokoll abgewichen, ist der mit dem abgeänderten Inhalt notariell beurkundete Gesellschaftsvertrag als solcher – wie der einer „normal" errichteten GmbH – wirksam.

534 Der Gesellschaftsvertrag zur Errichtung einer **UG (haftungsbeschränkt)** bzw. das dazu verwendete Musterprotokoll muss ebenfalls den Mindestinhalt nach § 3 Abs. 1 GmbHG haben. **Ohne Stammkapital** kann auch sie **nicht gegründet** werden. Dass eine solche GmbH ohne Einhaltung eines Mindeststammkapitals errichtet werden kann, bedeutet nicht, dass die Gründer ohne Angabe des Betrages des Stammkapitals sowie der Zahl und der Nennbeträge der übernommenen Geschäftsanteile auskämen. Dies ergibt sich schon daraus, dass § 5a Abs. 2 GmbHG zwingend ein Stammkapital der Gesellschaft voraussetzt, das vor der Anmeldung in voller Höhe eingezahlt sein muss, der Nennbetrag eines jeden Geschäftsanteils auf volle Euro lauten und die Summe der Nennbeträge aller Geschäftsanteile mit dem Stammkapital übereinstimmen muss (§ 5 Abs. 2 und 3 GmbHG).

Schließlich sind die Vorschriften über den Gesellschaftsvertrag entsprechend auf das Musterprotokoll anzuwenden, was besagt, dass das Musterprotokoll den Gesellschaftsvertrag enthält. Die Fassung des Musterprotokolls unter Nr. 3 bestätigt die Notwendigkeit eines Stammkapitals. Eine UG (haftungsbeschränkt) erfordert also ein Stammkapital für jeden Geschäftsanteil von mindestens 1 €.

> **BEISPIEL:** Eine haftungsbeschränkte UG, die als Einpersonengesellschaft gegründet wird, kann mit einem Stammkapital von 1 € errichtet werden. Bei drei Gesellschaftern muss das Stammkapital mindestens 3 € betragen. Dies stellt freilich nur eine theoretische Möglichkeit dar, weil eine solche Gesellschaft sofort überschuldet und von der Eintragung an insolvenzreif wäre, wenn sie die Gesellschafter nicht zusätzlich über Einzahlungen in die Kapitalrücklage oder durch Gesellschafterdarlehen finanzieren, die mit einem Rangrücktritt versehen und deshalb nicht passivierungspflichtig sind (§ 39 Abs. 1 Nr. 5 InsO).

b) Fakultativer Inhalt

In den Gesellschaftsvertrag sind über den obligatorischen Mindestinhalt hinaus ferner alle Bestimmungen aufzunehmen, die nicht nur zwischen den gegenwärtigen Gesellschaftern gelten sollen, sondern auch spätere Mitglieder der GmbH binden sollen. Für bestimmte solcher materiellen Satzungsregelungen, die zwar in der Dispositionsfreiheit der Gründer stehen, aber nach deren Willen an den Geschäftsanteil in der Weise gebunden sein sollen, dass sie auch künftige Gesellschafter treffen, schreibt das GmbHG vor, dass sie zu ihrer Gültigkeit in den formgebundenen Gesellschaftsvertrag aufgenommen worden sind. Dann spricht man von dem fakultativen formgebundenen Inhalt (zu Einzelheiten vgl. Rn. 688). 535

aa) Fakultativer formgebundener Inhalt

Folgende gesellschaftsvertragliche Vereinbarungen, die – um rechtsgültig zu sein – in der Satzung enthalten sein müssen, sind am wichtigsten: 536

Zeitliche Beschränkung des Unternehmens

Sofern die Dauer der Gesellschaft auf eine bestimmte Zeit beschränkt sein soll, muss gem. § 3 Abs. 2 GmbHG eine entsprechende Bestimmung in den Gesellschaftsvertrag aufgenommen werden. Überflüssig ist also eine Satzungsbestimmung, dass die Gesellschaft auf unbestimmte Zeit abgeschlossen werde. 537

Nebenleistungspflichten

Gemäß § 3 Abs. 2 GmbHG muss eine etwa vorgesehene Verpflichtung der Gesellschafter, außer ihrer Einlage weitere Leistungen an die Gesellschaft zu bewirken, in dem Gesellschaftsvertrag enthalten sein.[1] Müssen die Gesellschafter proportional zu ihrer Beteiligung der Gesellschaft Darlehen zur Verfügung stellen und ist dies eine Pflicht, die jeden – auch den künftigen – Gesellschafter trifft, ist sie in die Satzung aufzunehmen.[2] Nebenleistungspflichten müssen in der Satzung so konkret festgelegt sein, dass die verpflichteten Gesellschafter das Ausmaß der auf sie zukommenden Verpflichtungen 538

---

1 BGH v. 8. 2. 1993 II ZR 24/92, NJW 1993, 1788.
2 BGH v. 28. 6. 1999 II ZR 272/98, BGHZ 142, 116, 123.

ohne weiteres überschauen können.[1] Die Verpflichtung der Gesellschafter in der Satzung einer GmbH zur Übernahme von Verlusten ist als Nebenleistungspflicht unwirksam, wenn sie weder zeitlich begrenzt ist noch eine Obergrenze enthält.[2]

Sacheinlagevereinbarungen

539 Zwingend ist durch § 5 Abs. 4 GmbHG für den Fall einer Sachgründung vorgeschrieben, dass der Gegenstand der Sacheinlage in der Satzung bezeichnet und auch der Nennbetrag des Geschäftsanteils angegeben wird, auf den sich die Sacheinlage bezieht.

Erschwerte Anteilsabtretung (Vinkulierung)

540 Gemäß § 15 Abs. 5 GmbHG müssen Bestimmungen, welche die Abtretung von Geschäftsanteilen an weitere Voraussetzungen knüpfen, als sie das Gesetz vorsieht, und damit erschweren, im Gesellschaftsvertrag enthalten sein, andernfalls sind sie unwirksam.

Nachschusspflicht

541 Eine Nachschusspflicht der Gesellschafter muss gem. § 26 Abs. 1 GmbHG im Gesellschaftsvertrag zugelassen sein.

Ergebnisverwendung

542 Auch die Vorschrift des § 29 Abs. 3 GmbHG ist hier zu erwähnen: Danach hat die Verteilung des Reingewinnes nach dem Verhältnis der Geschäftsanteile zu erfolgen, jedoch kann der Gesellschaftsvertrag eine andere Art der Verteilung festlegen (Satz 2).

Einziehung von Geschäftsanteilen

543 Weitere Beispiele finden sich in § 34 Abs. 1 (Einziehung von Geschäftsanteilen), § 52 (Bestellung eines Aufsichtsrats), § 60 Abs. 2 GmbHG (weitere Auflösungsgründe).

Sonderrechte

544 Sollen einzelnen Gesellschaftern bestimmte Sonderrechte eingeräumt werden, wie z. B. das Recht, selbst zum Geschäftsführer bestellt zu werden oder einen Geschäftsführer nach eigenem Gutdünken verlangen zu können, oder sollen Gesellschafter vom Wettbewerbsverbot befreit werden, müssen solche Sonderrechte in die Satzung aufgenommen werden.

Sondervorteile und Gründungsaufwand

545 Analog der Vorschrift des § 26 Abs. 2 AktG ist im Interesse des Gläubigerschutzes in der Satzung offen zu legen, ob und mit welchem Betrag die Gesellschaft mit Gründungskosten zugunsten der Gründungsgesellschafter belastet ist. Sagt die Satzung der GmbH über den Gründungsaufwand nichts aus, trifft er allein die Gründer, so dass die GmbH in Höhe gleichwohl getragenen Gründungsaufwands einen Erstattungsanspruch gegen die Gesellschafter hat.[3] Beträge, die noch nicht beziffert werden können, sind dabei zu schätzen.

---

1 BGH v. 17.10.1988 II ZR 372/87, GmbHR 1989, 151.
2 BGH v. 22.10.2007 II ZR 101/06, DB 2008, 288.
3 BGH v. 20.2.1989 II ZB 10/88, BGHZ 107, 1, 5.

Es ist aber Vorsicht geboten, nur einen Höchstbetrag auszuweisen. Soll bei der Gründung einer GmbH in deren Satzung der Gründungsaufwand auf die Gesellschaft übertragen werden, so reicht nach der rechtskräftigen Entscheidung des OLG Celle dafür die Formulierung: „Die Kosten der Gründung der Gesellschaft bis zu einem Betrag von 3 000 € trägt die Gesellschaft" nicht aus. Vielmehr ist es aus Rechtsgründen nicht zu beanstanden, wenn das Registergericht die namentliche Nennung derjenigen Gründungskosten verlangt, die die Gesellschaft tragen soll.[1] In der Praxis wird hinsichtlich der Höhe vielfach eine Grenze von 10 % des Stammkapitals angewendet, weil eine bezifferte gesetzliche Obergrenze sich nicht findet. Unter Nennung dieser Grenze hatte das OLG Celle entschieden, dass Kosten unangemessen sind, wenn laut Satzung eine GmbH mit einem Stammkapital von 25 000 € Gründungskosten bis zu 15 000 € tragen soll.[2]

bb) Weiterer fakultativer Inhalt

Über den notwendigen und den nur bei Beurkundung gültigen fakultativen Satzungsinhalt hinaus werden oft – vor allem bei einer personalistisch organisierten GmbH – von den Gesellschaftern weitere Regelungen für erforderlich gehalten, obwohl die betreffenden Angelegenheiten ebenso durch Beschluss wirksam regelbar wären. Es ist zulässig, solche zusätzlichen Bestimmungen in die Satzung aufzunehmen. Es kann sich dabei um schuldrechtliche Verpflichtungen, aber auch um gesellschaftsrechtliche Regelungen (Organisationsbestimmungen) handeln. 546

Die Änderung solcher Bestimmungen ist nicht notwendigerweise eine Satzungsänderung, die nur nach Maßgabe des § 53 GmbHG erfolgen kann. Wenn die Partner, was notfalls durch Auslegung zu ermitteln ist, eine bindende Gesellschaftsregel aufstellen wollten, die Regelung also zu den Grundlagen der Gesellschaft zu rechnen ist, dann ist § 53 GmbHG anzuwenden. Es handelt sich dann um sog. materielle Satzungsbestandteile. 547

Andere Regelungen, die nur „gelegentlich des Vertragsschlusses" in die Satzung aufgenommen wurden, können dagegen durch einfachen Gesellschafterbeschluss aufgehoben oder geändert werden. Probleme entstehen häufig, wenn durch die Satzung ein bestimmter Gesellschafter zum Geschäftsführer bestellt wird. Wäre dies ein materieller Satzungsbestandteil, dann könnte die Abberufung nur durch einen beurkundeten, satzungsändernden Beschluss erfolgen. In der Regel wird dies nicht beabsichtigt sein; andernfalls sollte einer solchen Geschäftsführerbestellung hinzugefügt werden, dass sie mit satzungsgemäßer Bindung erfolge. 548

Generell ist bei Abfassung des Gesellschaftsvertrages zu beachten, dass sich die Gesellschafter durch Aufnahme von an sich nicht satzungsgebundenen Regeln leicht selbst ein Korsett anlegen, das sie wegen § 53 GmbHG u. U. nur schwer wieder loswerden. 549

Häufig finden sich in Gesellschaftsverträgen zum nicht formbedürftigen fakultativen Inhalt zählende Bestimmungen zum Geschäftsjahr und Jahresabschluss, zur Geschäfts- 550

---

1 OLG Celle v. 11. 2. 2016 9 W 10/16, rkr., NWB DokID: FAAAF-69654, DStR 2016, 1126.
2 OLG Celle v. 22. 10. 2014 9 W 124/14, NWB DokID: HAAAE-81432, NZG 2014, 1383.

führung und Vertretung, zu Rechten und Pflichten der Gesellschafter, zur Gesellschafterversammlung und Beschlussfassung, zu Beschränkungen bei der Verfügung über und Vererbung von Geschäftsanteilen, über die Bewertung der Geschäftsanteile und Abfindungen, über die Einsetzung eines Beirats oder Aufsichtsrats, zum Leistungsverkehr mit dem Gesellschafter sowie Steuer- oder Satzungsklauseln (z. B. die Erstattung verdeckter Gewinnausschüttungen) oder Regeln der internen Organisation (z. B. Bekanntmachungen, Schiedsgericht).

cc) Nebenabreden

551 Neben den Satzungsbestimmungen können zwischen der Gesellschaft und einzelnen Gesellschaftern oder zwischen den Gesellschaftern Nebenabreden getroffen werden. Hierdurch werden nicht gesellschaftliche, sondern rein schuldrechtliche (obligatorische) Rechtsbeziehungen begründet, die losgelöst von der Satzung zu sehen sind. Hierbei kann es sich z. B. um Dienst-, Pacht- oder Lizenzverträge usw. handeln. Zu den in Betracht kommenden Nebenabreden zählen auch Verträge, die die Gesellschafter untereinander schließen und das Gesellschaftsverhältnis betreffen, z. B. Übernahme- oder Ankaufsrechte von Geschäftsanteilen, Stimmrechtsvereinbarungen und Poolverträge, Wettbewerbsverbote, vom Gesellschaftsvertrag abweichende Gewinnverteilungen mit schuldrechtlicher Wirkung, Verpflichtung zur Leistung von Zuschüssen und Beiträgen zur Deckung der Kosten der Gesellschaft. Letztere bedarf freilich der Aufnahme in die Satzung, wenn sie an den Geschäftsanteil gebunden ist und auch einen künftigen Inhaber des Geschäftsanteils trifft.

c) Auslegung

552 Bei der Anwendung von Satzungsbestimmungen kommt es im Rahmen einer erforderlichen **Auslegung** grundsätzlich darauf an, ob es sich um eine Bestimmung mit körperschaftsrechtlichem oder individualrechtlichen (also nur einen bestimmten, gegenwärtigen Gesellschafter betreffenden) Charakter handelt. Maßgebend für die Einordnung ist, ob sich die einschlägige Satzungsregelung auch an künftige Gesellschafter richtet oder nur für die gegenwärtigen Gesellschafter Geltung haben soll. Gilt die Regelung auch für künftige Mitglieder der Gesellschaft und ist sie gewissermaßen an den Geschäftsanteil gebunden, ist eine objektive Auslegung geboten, zumal wenn die Regelung auch von Bedeutung für die Gesellschaftsgläubiger sein kann.[1]

553–570 (*Einstweilen frei*)

4. Angabe des Unternehmensgegenstandes/Vorratsgesellschaft

Literatur: *Goette*, Haftungsfragen bei der Verwendung von Vorratsgesellschaften und „leeren" GmbH-Mänteln, DStR 2004, 461; *Schmidt, K.*, Vorratsgründung, Mantelkauf und Mantelverwendung, NJW 2004, 1345; *Heyer/Reichert-Clauß*, Sichere Verwendung von Vorratsgesellschaften – die Anforderungen der Rechtsprechung, NZG 2005, 193; *Bachmann*, Die Offenlegung der wirtschaftlichen Neugründung und die Folgen ihrer Versäumung, NZG 2012, 579; *Giedinghagen/Rulf*, Anmerkung zum Urteil des BGH vom 6. 4. 2012 (II ZR 56/10; GmbHR 2012, 630) – Zur Frage nach der

---

1 Vgl. BGH v. 28. 6. 1999 II ZR 272/98, BGHZ 142, 116, 123.

Haftung bei unterlassener Offenlegung der wirtschaftlichen Neugründung einer GmbH, GmbHR 2012, 637; *Ulmer, Peter*, Entschärfte Gesellschafterhaftung bei wirtschaftlicher Neugründung einer zuvor unternehmenslosen Alt-GmbH, ZIP 2012, 1265.

Die Satzung muss zwingend (§ 3 Abs. 1 Nr. 2 GmbHG) den **Gegenstand des Unternehmens** angeben. Tut der Gesellschaftsvertrag dies nicht oder sind die gemachten Angaben unrichtig, hat dies vorbehaltlich eines Heilungsbeschlusses (§ 76 GmbHG) die Nichtigkeit der Gründung zur Folge (§ 75 GmbHG). Freilich dürfen die Anforderungen an die Angabe des Unternehmensgegenstandes nicht überspannt werden. 571

Aus dem Sinn der Regelung heraus, einerseits nach außen die mit der Gesellschaft in Kontakt tretende interessierte Öffentlichkeit zu informieren und andererseits die Gesellschafter durch interne Begrenzung des Handlungsspielraumes der Geschäftsführer zu schützen und auch die Grenzen der gesellschafterlichen Treupflichten zu umreißen, kann nur die Angabe des Schwerpunktes der geschäftlichen Tätigkeit oder verlangt werden, „in groben Zügen"[1] so über den Tätigkeitsbereich des neuen Unternehmens zu unterrichten, dass eine Zuordnung zu einem bestimmten Geschäftszweig als einem abgegrenzten Sachbereich des Wirtschaftslebens möglich ist; wollen die Gesellschafter eine Sachfirma wählen, darf hierzu kein Widerspruch entstehen. Eine weiter reichende Individualisierung „bis in die letzten Einzelheiten der Geschäftsplanung" kann nicht verlangt werden, zumal dies die Gesellschaft und ihre Geschäftsführer in der Unternehmenspolitik und Flexibilität unvertretbar einengte.

Im Zusammenhang mit der zutreffenden Angabe des Gegenstandes des Unternehmens, also des Geschäftszweiges, in dessen Bereich die GmbH sich ernsthaft zu betätigen beabsichtigt, stellte sich die Frage, ob sog. **Vorratsgesellschaften** gegründet werden können. Begrifflich ist eine **Vorratsgesellschaft** eine seit ihrer Gründung bis zur (i. d. R.) stattfindenden Anteilsveräußerung **inaktive** Gesellschaft. Solchen auf Vorrat gegründeten Gesellschaften ist eigen, dass ihr Unternehmensgegenstand ist, sie – die Gesellschaft – für eine spätere Aufnahme eines (noch unbestimmten) Geschäftsbetriebes bereitzustellen, und dass sich der Gegenstand des Unternehmens bis dahin in der Verwaltung des eigenen Vermögens erschöpft. 572

Für das Aktienrecht ist die Zulässigkeit von Vorratsgründungen anerkannt, wenn sie offen erfolgen;[2] dies gilt gleichermaßen für das Recht der GmbH.[3] Die Bestimmung der Gesellschaft, als sog. **Mantel** für die spätere Aufnahme eines Geschäftsbetriebes zu dienen, muss bei der Bezeichnung des Unternehmensgegenstandes in der Satzung deutlich klargestellt werden. Dazu reicht es aus, wenn „Verwaltung des eigenen Vermögens" angegeben wird. Eine deutliche Absage hat der BGH der sog. verdeckten Vorratsgründung erteilt. Sie liegt vor, wenn der eigentliche Unternehmensgegenstand (Bereitstellung einer inaktiven Gesellschaft zur späteren Aufnahme eines Geschäftsbetriebs) nicht und ein unzutreffender (fiktiver) Unternehmensgegenstand angegeben wird oder auch dann, wenn der angegebene Unternehmensgegenstand nicht in absehbarer Zeit verwirklicht werden soll.

---

1 BGH v. 16. 3. 1992 II ZB 17/91, BGHZ 117, 323.
2 BGH v. 16. 3. 1992 II ZB 17/91, BGHZ 117, 323.
3 Vgl. Goette, Die GmbH, § 1 Rz. 20.

572/1 Die Verwendung eines Mantels kommt nur in Betracht, wenn die Gesellschaft eine „leere Hülse" ist, d. h. kein aktives Unternehmen betreibt, an das die Fortführung eines Geschäftsbetriebs wirtschaftlich anknüpfen kann, auch wenn dazu die Umgestaltung, Einschränkung oder Erweiterung des Tätigkeitsgebiets notwendig ist. Dies ist gegeben, wenn die GmbH nach Gründung und Eintragung konkrete Aktivitäten entfaltet, mit denen sie die Aufnahme der nach außen gerichteten Geschäftstätigkeit plant und vorbereitet, die sich im Rahmen des satzungsmäßigen Unternehmensgegenstandes bewegt.[1]

573 Der **Zweck von Vorratsgründungen** wird i. d. R. darin gesehen, dass der Erwerb einer solchen Gesellschaft für die Aufnahme einer geschäftlichen Tätigkeit vorteilhafter sein kann als die Neugründung. Zum einen ist der Zeitvorteil zu nennen, weil mit der „Vorratsgesellschaft" das operative Geschäft sofort aufgenommen werden kann, während die neu gegründete GmbH erst mit ihrer Eintragung in das Handelsregister existent wird und zwischen notarieller Errichtung mit Anmeldung und der Eintragung oft Wochen und Monate vergehen können; zum anderen kann ein Haftungsvorteil gegenüber der Neugründung darin gesehen werden, dass bei ihr die Gründer für die Geschäfte der „Vor-GmbH" zwischen Gründung und Registereintragung persönlich haften. Allerdings sollen nach der Rechtsprechung[2] die eine persönliche Haftung der Gesellschafter auslösenden Gründungsvorschriften entsprechend angewendet werden, insbesondere die Unterbilanzhaftung und die Handelndenhaftung (§ 11 Abs. 2 GmbHG), wenn die offen auf Vorrat gegründete GmbH später zu einem geschäftlichen Zweck aktiviert wird, weil dies wirtschaftlich einer Neugründung gleichkomme.

574 Der BGH hat in zwei Entscheidungen[3] klargestellt, dass sowohl bei Verwendung des Mantels einer Vorrats-GmbH als auch eines zwischenzeitlich leer gewordenen GmbH-Mantels eine **wirtschaftliche Neugründung** vorliegt, auf die die Gründungsvorschriften entsprechend anzuwenden sind, welche der Gewährleistung der Kapitalausstattung dienen einschließlich der registergerichtlichen Kontrolle. Der Geschäftsführer hat entsprechend § 8 Abs. 2 GmbHG bei wirtschaftlicher Neugründung unter Verwendung des Mantels einer Vorrats-GmbH durch Ausstattung mit einem Unternehmen und erstmalige Aufnahme ihres Geschäftsbetriebs zu versichern, dass die in § 7 Abs. 2 und 3 GmbHG bezeichneten Leistungen bewirkt sind und dass der Gegenstand der Leistung sich weiterhin in seiner freien Verfügung befindet.

Bei Wiederverwendung eines „leeren" Mantels ist diese Tatsache gegenüber dem Registergericht offen zu legen und mit der am satzungsgemäßen Stammkapital und nicht nur am gesetzlichen Mindestkapital nach § 5 Abs. 1 GmbHG (25 000 €) ausgerichteten Versicherung gem. § 8 Abs. 2 GmbHG zu verbinden. Die reale Kapitalaufbringung ist sowohl bei der Mantelverwendung als auch bei der Aktivierung einer Vorratsgesellschaft durch entsprechende Anwendung des Haftungsmodells der **Unterbilanzhaftung** bezogen auf den Stichtag der Offenlegung der wirtschaftlichen Neugründung gegenüber dem Registergericht sicherzustellen.

---

1 BGH v. 18. 1. 2010 II ZR 61/09, ZIP 2010, 621.
2 BGH v. 16. 3. 1992 II ZB 17/91, BGHZ 117, 323, 331, m. w. N.
3 Vom 9. 12. 2002 II ZB 12/02, BGHZ 153, 158, und v. 7. 7. 2003 II ZB 4/02, BGHZ 155, 318.

Wird indessen die wirtschaftliche Neugründung gegenüber dem Registergericht **nicht offengelegt**, haften die Gesellschafter im Umfang einer Unterbilanz, die in dem Zeitpunkt besteht, zu dem die wirtschaftliche Neugründung entweder durch die Aufnahme der (wirtschaftlichen) Geschäftstätigkeit erstmals nach außen tritt oder die Satzungsänderungen angemeldet werden. Die Gesellschafter, die in Anspruch genommen werden, haben darzulegen und zu beweisen, dass zu dem maßgebenden Zeitpunkt keine Differenz zwischen der Stammkapitalziffer und dem Wert des Vermögens der GmbH bestand.[1] Gelingt dies nicht, haben die Gesellschafter eine Wertdifferenz auszugleichen, weshalb eine Haftung dann nicht besteht, wenn das Stammkapital laut Satzung im Zeitpunkt der wirtschaftlichen Neugründung noch ungeschmälert vorhanden war.[2]

574/1

Bei dem Wertausgleich handelt es sich um eine rückständige Leistung auf den Geschäftsanteil. Für diese rückständige Einlageleistung haftet auch der Erwerber eines Geschäftsanteils[3] (§ 16 Abs. 2 GmbHG) unabhängig davon, ob er Kenntnis von der wirtschaftlichen Neugründung hatte oder nicht.[4] Aus der Entscheidung des BGH folgt, dass auch bei einer Offenlegung für die Gesellschafter die geschilderte Beweislastumkehr gilt; lediglich der Anknüpfungspunkt für den Umfang der Haftung ist ein anderer, nämlich der Zeitpunkt der Offenlegung.[5]

Neben der **Unterbilanzhaftung** greift auch die **Handelndenhaftung** analog § 11 Abs. 2 GmbHG ein, wenn vor der Offenlegung die Geschäfte aufgenommen wurden, ohne dass alle Gesellschafter dem zugestimmt haben.[6] Maßgebender Stichtag, zu dem im Interesse des Gläubigerschutzes die Unversehrtheit des Stammkapitals gewährleistet sein muss, ist die Offenlegung (bzw. Anmeldung) gegenüber dem Registergericht. Auf den Zeitpunkt der erforderlichen Eintragung kommt es nicht an. Danach können die Gesellschafter tatsächlich das neue Unternehmen als werbende GmbH in Vollzug setzen und mit der bestimmungsgemäßen Verwendung des Stammkapitals zu dessen Betrieb beginnen. Der früher schon entstandene Rechtsträger bedarf keiner zusätzlichen „konstitutiven" Eintragung mehr.

575

Neben der Handelndenhaftung der Gesellschafter kann auch der Geschäftsführer gemäß § 9a GmbHG analog haften, wenn er wahrheitswidrig bei der Anmeldung versicherte, die Einlage stünde ihm endgültig zur freien Verfügung.[7]

575/1

Ein Nachteil, der beim derivativen Erwerb von Beteiligungen in steuerlicher Hinsicht bis 1999 gegenüber gründungsgeborenen Anteilen im Rahmen des § 17 EStG bei der Berücksichtigung von Verlusten aus der Veräußerung oder Aufgabe wesentlicher Beteilungen bestand, ist entfallen. Wie der Veräußerungsverlust bei gründungsgeborenen Anteilen einer wesentlichen Beteiligung privilegiert ist, können auch Verluste geltend

576

---

1 BGH v. 6.3.2012 II ZR 56/10, BGHZ 192, 341; Merten, jurisPR-HaGes 7/2012, Anm. 2.
2 KG Berlin v. 7.12.2009 23 U 24/09, NZG 2010, 387.
3 Vgl. Veil/Wildhirth, BB 2012, 1871; vgl. zu dem Thema auch Bachmann, NZG 2012, 579; Giedinghagen/Rulf, GmbHR 2012, 637.
4 OLG München v. 11.3.2010 23 U 2814/09, BB 2010, 1240.
5 OLG Düsseldorf v. 23.8.2012 16 U 55/11, GmbHR 2012, 1135; Thiergart, jurisPR-HaGesR 9/2012 Anm. 3.
6 Vgl. im Übrigen auch Goette, DStR 2004, 461; Bärwaldt/Balda, GmbHR 2004, 50ff. und 350ff.; BGH v. 12.7.2011 II ZR 71/11, BB 2011, 2443.
7 Vgl. BGH v. 6.3.2012 II ZR 56/10, BGHZ 192, 341.

gemacht werden, die aus der Veräußerung von Anteilen entstehen, deren Erwerb zur Begründung einer wesentlichen Beteiligung geführt hat (§ 17 Abs. 2 Satz 4 Buchst. b Satz 2, 1. Alt. EStG). Seit dem ab 2001 geltenden Halbeinkünfteverfahren werden die Verluste aus der Veräußerung oder Aufgabe einer wesentlichen Beteiligung beim GmbH-Gesellschafter unabhängig von einer Behaltensdauer von fünf Jahren nur noch zur Hälfte berücksichtigt; das ab 2009 geltende Teileinkünfteverfahren lässt im Umfang der Steuerpflicht von 60 % den Verlustabzug zu (vgl. zum Teileinkünfteverfahren auch Rz. 7621).

577–590 (*Einstweilen frei*)

5. Die Firma der GmbH

Literatur: *Lutter/Welp*, Das neue Firmenrecht der Kapitalgesellschaften, ZIP 1999, 1073; *Möller*, Das neue Firmenrecht in der Rechtsprechung. Eine kritische Bestandsaufnahme, DNotZ 2000, 830; *Schulte/Warnke*, Vier Jahre nach der HGB-Reform – Das neue Firmenrecht der GmbH im Handelsregisterverfahren, GmbHR 2002, 626; *Heidinger*, Der Name des Nichtgesellschafters in der Personenfirma, DB 2005, 815.

591 Die Firma der Gesellschaft muss, auch wenn sie nach § 22 HGB oder nach anderen gesetzlichen Vorschriften fortgeführt wird, gem. § 4 Abs. 1 Satz 1 GmbHG die Bezeichnung „Gesellschaft mit beschränkter Haftung" oder eine allgemein verständliche Abkürzung dieser Bezeichnung enthalten. Verfolgt die Gesellschaft ausschließlich und unmittelbar steuerbegünstigte Zwecke nach den §§ 51 bis 68 AO, kann die Abkürzung gem. § 4 Abs. 1 Satz 2 „gGmbH" lauten.

Die **Firma ist der Name der GmbH**, unter dem sie als Kaufmann ihre Geschäfte betreibt und ihre Unterschrift abgibt (§ 17 HGB). Nachdem durch das Handelsrechtsreformgesetz ab 1999 die früheren Einschränkungen des alten § 4 Abs. 1 GmbHG entfallen sind, kann der Name der GmbH nicht mehr nur als **Personenfirma** oder **Sachfirma** oder als Kombination aus beiden (**Mischfirma**) gebildet werden, sondern es sind auch reine **Fantasiebezeichnungen** – auch in Kombination mit Personen- oder Sachfirma – zulässig.

Über die Verweisung in § 13 Abs. 3 GmbHG sind bei der Bildung der Firma jedoch die allgemeinen für Handelsgesellschaften geltenden Vorschriften der §§ 17 bis 37a HGB uneingeschränkt zu beachten. Dies sind insbesondere die Grundsätze der Firmenwahrheit und Firmenklarheit einschließlich des Irreführungsverbots (§ 18 HGB), der Firmenbeständigkeit (§§ 22 ff. HGB) und der Firmenausschließlichkeit (§ 30 HGB), wobei für die GmbH – anders als beim Einzelunternehmer – auch das Gebot der Firmeneinheit gilt, wenn die GmbH mehrere Handelszweige betreibt und auch in der Firma genannt werden dürfen (z. B. Im- und Export, Groß- und Einzelhandel, Vertrieb und Service usw.).

592 Die Firma der GmbH hat Namensfunktion. Sie muss daher geeignet sein, die Gesellschaft zu kennzeichnen, und muss **Unterscheidungskraft** besitzen. Da die Firma eingetragen werden muss, muss sie auch schriftlich in lateinischen Buchstaben oder allgemein anerkannten Schriftzeichen wie z. B. dem kaufmännischen &-Zeichen darstellbar sein.

Die vorgeschriebene Unterscheidungskraft verlangt, dass die gewählte Bezeichnung abstrakt geeignet ist, die Gesellschaft von anderen Unternehmen zu unterscheiden. Grundsätzlich ist daher die Verwendung bloßer Gattungs- oder Branchenbezeichnungen bzw. einer allgemeinen Bezeichnung des Geschäftsbereichs nicht zulässig, zumal die Verwendung solcher Allgemeinbegriffe ähnliche Firmenbildungen für Unternehmen des gleichen Geschäftszweigs häufig sperrte und so dem anzuerkennenden **Freihaltebedürfnis** entgegenstünde.[1] Sachfirmen und Sachbezeichnungen als Firmenbestandteile haben daher allein keine Unterscheidungskraft.

593

Je stärker das Bedürfnis zur Freihaltung eines bestimmten Begriffs ist, desto weniger wird ihm im Rechtsverkehr Unterscheidungskraft beigemessen.[2] Bei Gattungs- und Branchenbezeichnungen (Sachfirmen bzw. Sachbezeichnungen) kann die Unterscheidungskraft durch einen individualisierenden Zusatz erreicht werden, durch den die Firma von anderen Firmen unterscheidbar gemacht wird. Dazu können neben Ortsangaben[3] auch reine Fantasiebezeichnungen dienen, da ein Sinngehalt der Firma nicht entnommen werden muss, oder auch Aneinanderreihungen von Buchstaben verwendet werden, denen Namensfunktion zukommt, solange die Firma artikulierbar bleibt[4] und daher im Rechts- und Wirtschaftsverkehr zur Identifikation der dahinterstehenden Gesellschaft ohne Schwierigkeiten akzeptiert werden kann.[5] Nicht ausreichend ist aber ein Zusatz, der nicht geeignet ist, die Unterscheidungskraft herbeizuführen (z. B. „Profi-Handwerker" GmbH, weil „profi" nur ein Kurzwort für „professional" ist, also eine Person bezeichnet, die eine Tätigkeit von Berufs wegen ausübt, was aber für jeden Handwerker, der seine Leistungen gegen Entgelt anbietet, ohne Ausnahme kennzeichnend ist).

a) Sachfirma

Bisher musste die Bildung einer **Sachfirma** als einer Gattungsbezeichnung zwingend „von dem Gegenstand des Unternehmens entlehnt sein", wie er sich aus der Satzung ergibt und auch tatsächlich durchgeführt werden soll. Nach der Liberalisierung des Firmenrechts ist dies bei der für die Sachfirma zu findenden Kurzbeschreibung des wesentlichen und typischen Geschäftszweigs zwar nicht mehr gesetzlich vorgeschrieben, jedoch bietet der in der Satzung niedergelegte Gegenstand des Unternehmens auch weiterhin den wichtigsten Ansatz für die zulässige Firmierung, die ja die Gesellschaft kennzeichnen und von anderen Firmen unterscheiden soll (§ 18 Abs. 1 HGB) und nicht

594

---

1 BayObLG v. 1.7.2003 3Z BR 122/03, GmbHR 2003, 1003; OLG Frankfurt v. 10.1.2005 20 W 106/04, DB 2005, 1732.
2 Martinek in: jurisPK-BGB, 3. Aufl. 2006, § 12 BGB, Rz. 26.
3 Zu weitgehend wohl KG Berlin v. 11.9.2007 1 W 81/07, GmbHR 2008, 146, wonach die Firma „Autodienst-Berlin Ltd." genügend Unterscheidungskraft besitze, weil dafür auf die gesamte Firma und nicht auf einen ihrer Bestandteile abzustellen sei.
4 OLG Hamm v. 11.12.2007 15 W 85/07, DB 2008, 981 zur Bezeichnung „I 2 GmbH"; vgl. aber auch OLG Frankfurt v. 28.2.2002 20 W 531/01, NJW 2002, 2400, wonach eine aus der sechsmaligen Aneinanderreihung des Großbuchstabens A gebildete Firma nicht zur Individualisierung eines Unternehmens geeignet und wegen des verfolgten Zwecks der Erstnennung in sämtlichen Verzeichnissen rechtsmissbräuchlich ist.
5 Vgl. BGH v. 8.12.2008 II ZB 46/07, GmbHR 2009, 249, NWB DokID: IAAAD-03163, wo die Firma „HM & A-GmbH" als zulässig angesehen wird, weil die Buchstaben-Zeichenfolge M & A einen Hinweis auf den Unternehmensgegenstand (Mergers & Acquisitions) enthalte.

irreführend sein darf (§ 18 Abs. 2 HGB), wobei auch fremdsprachliche Bezeichnungen zulässig sind, da sie in bestimmten Branchen gleichsam unverzichtbar sind (z. B. die Verwendung englischer Begriffe in der IT-Branche).

Hieraus folgt auch, dass es für die Bildung einer Sachfirma i. d. R. nicht ausreicht, allein die Branche oder Gattung der geschäftlichen Betätigung anzugeben, sondern es muss ein individualisierbarer Zusatz hinzugefügt werden, um sich von anderen Firmen zu unterscheiden.[1] Der Zusatz kann in Buchstabenkombinationen, Fantasienamen oder anderen frei erfundenen (werbewirksamen) Angaben oder Orts- oder Gebietsbezeichnungen bestehen. Dabei ist wieder zu beachten, dass dadurch nicht andere firmenrechtliche Grundsätze verletzt werden, wie dies z. B. bei mehr oder minder sinnlosen oder unaussprechbaren Reihungen bzw. Kombinationen von Buchstaben oder Zahlzeichen sowie bei Ortsangaben der Fall sein kann, wenn die Tätigkeit des Unternehmens in keinem realen Bezug zu dem angegebenen Gebiet steht.

595 **Unzulässig** sind Sachfirmen wie „Fertigmörtel GmbH", „Industrie- und Handwerksbedarf GmbH", „Großhandelsgesellschaft mbH", „EDV-Consulting und Service GmbH".

596 **Zulässig** werden diese Sachfirmen, wenn die Branchen- und Gattungsbezeichnungen individualisierende Zusätze erhalten wie „FMX Fertigmörtel GmbH" (Zusatz einer Buchstabenkombination), „Industrie- und Handwerksbedarf Neustadt a. d. W. GmbH" (Zusatz einer Ortsbezeichnung), „ProFarma Großhandelsgesellschaft mbH" (Zusatz einer Fantasiebezeichnung) oder „EDV-Consulting und Service Meier GmbH" (Bildung einer gemischten Firma).

b) Personenfirma

597 Aufnahme eines Familiennamens in die Firma bedarf der Zustimmung des namengebenden Namensträgers (§ 12 BGB). Diese liegt bei Gesellschaftern als Namensgebern in der Unterzeichnung des Gesellschaftsvertrags, der die Firma regelt, bzw. später in Zustimmung zu einer entsprechenden Satzungsänderung; andernfalls muss sie gesondert eingeholt werden. Bei Bildung einer **Personenfirma** hat diese Namen der Gesellschafter (Gründer) oder den Namen wenigstens eines Gesellschafters (Gründers) mit einem auf das Gesellschaftsverhältnis hinweisenden Zusatz zu enthalten. Unter Namen sind der Familienname mit oder ohne Vorname, Künstlernamen oder Pseudonyme bei natürlichen Personen zu verstehen, bei juristischen Personen i. d. R. die volle Bezeichnung ohne Rechtsformzusatz. Bleibt bei der Bildung einer Personenfirma der Name eines oder mehrerer Gesellschafter ungenannt, ist ein gebräuchlicher Hinweis anzufügen (z. B. „& Co." „und Cie.", „+ Söhne", „Gebr." usw.).

Zu beachten ist aber, dass die bisher häufig verwendeten Zusätze „und Partner" oder „+ Partner" bzw. „& Partner" den Partnerschaftsgesellschaften nach PartGG vorbehalten sind und daher nicht mehr verwendet werden dürfen.[2] Ob diese Rechtsprechung

---

[1] Vgl. OLG Oldenburg v. 1. 12. 1989 5 W 146/89, DB 1990, 519.
[2] BGH v. 21. 4. 1997 II ZB 14/96, BGHZ 135, 257; dies gilt auch bei Verwendung der englischen Version „& Partners", OLG Frankfurt v. 11. 11. 2004 20 W 321/04, DB 2005, 99.

mit der Gefahr einer Verwechslung mit den PartGes gerechtfertigt werden kann, ist fraglich,[1] zumal Abgrenzungsprobleme bei der Verwendung weiblicher Formen bestehen und die PartGes im Gegensatz zur GmbH kaum Bedeutung im Geschäftsverkehr haben. Werden alle Gesellschafter genannt, dürfen aber solche Zusätze nicht mehr gemacht werden, da sie – irreführend – auf das Vorhandensein weiterer Gesellschafter hindeuten. Ebenso dürfen die Namen anderer Personen, die nicht Gesellschafter sind, nicht in die Firma aufgenommen werden.

Scheidet ein Gesellschafter, dessen Name Teil der Personenfirma ist, später aus der GmbH aus, wird der Fortbestand der Firmenbezeichnung dadurch nicht berührt. Die GmbH darf seinen Namen auch ohne seine Zustimmung weiter verwenden; im Gegensatz zu dem Gesellschafter einer Personenhandelsgesellschaft genießt der Gesellschafter einer GmbH nicht den Schutz des § 24 Abs. 2 HGB. **598**

Der Gesellschafter, der einer GmbH seinen Namen für die Firma zu Verfügung stellt, unterliegt nämlich keinem gesetzlichen Zwang, dies zu tun, sondern handelt in freier Entscheidung. Dies verwehrt es ihm, der GmbH die Befugnis zu entziehen, seinen Namen weiter in ihrer Firma zu gebrauchen, zumal der Name Bestandteil ihrer Firma und damit ihres eigenen Namens geworden ist, unter dem sie im Handels- und Rechtsverkehr überhaupt auftritt und damit einen Teil ihrer Rechtspersönlichkeit bildet.[2] Der betreffende Gesellschafter muss daher vorher dafür sorgen, dass sein Name nur für die Dauer seiner Zugehörigkeit zur GmbH verwendet werden darf, indem eine entsprechende Bestimmung in die Satzung aufgenommen wird. Dann hat er nach seinem Ausscheiden einen durchsetzbaren Anspruch gegen die GmbH, dass sie ihre Firma ändert.

BEISPIEL: ▶ Der Gesellschafter Dr. X hat ein Produkt entwickelt, das mit seinem Namen verbunden ist, und sich an einer Vertriebsgesellschaft unter der Firma „Dr. X-GmbH" beteiligt. Nach seinem Ausscheiden aus der GmbH kann er auch dann nicht verlangen, dass diese ihre Firma ändert und die Verwendung seines Namens in der Firma unterlässt, wenn Dr. X zwischenzeitlich ein Konkurrenzunternehmen in der Rechtsform einer KG gegründet hat.

Hat der Gesellschafter die Verwendung seines Namens in der Firma nicht entsprechend eingeschränkt, kann die GmbH oder z. B. der Insolvenzverwalter die Firma mit dem Unternehmen veräußern, ohne dass der Gesellschafter dies verhindern könnte oder einen Vergütungsanspruch geltend machen könnte.[3] **599**

c) Fantasiefirma

Abweichend vom bisherigen Recht kann die Firma aus **Fantasiebezeichnungen** gebildet werden, sofern sie nur hinreichend unterscheidungskräftig sind und die Namens- und Kennzeichnungsfunktion erfüllen können. Deshalb sind Firmierungen, die rein aus Zahlen bestehen (z. B. 12345678-GmbH), oder aus sonstigen nicht buchstabenhaften Bildzeichen gebildet werden, also z. B. das Zeichen „@" enthalten,[4] oder im Wesentlichen **600**

---
1 Vgl. auch BayObLG v. 19.2.2003 3Z BR 17/03, GmbHR 2003, 475, zum Bestandsschutz solcher Firmenbestandteile.
2 Vgl. BGH v. 20.4.1972 II ZR 17/70, BGHZ 58, 322.
3 BGH v. 27.9.1982 II ZR 51/82, BGHZ 85, 221.
4 Vgl. BayObLG v. 4.4.2001 3Z BR 84/01, NJW 2001, 2337.

aus sinnlosen oder nicht aussprechbaren Buchstabenreihen bestehen,[1] mangels Namensfunktion nicht zulässig.[2]

BEISPIELE: Unzulässig sind Firmierungen wie „123-GmbH" oder „online@Meier GmbH". Zulässig wäre aber wohl die Bildung einer Firma „Im 123 Schnelltransport GmbH" oder „online-add-Meier GmbH". Zulässig sind traditionell die Zeichen „&" bzw. „+" als Ersatz für „und".

d) Gemischte Firma

601 Möglich ist auch die Bildung der Firma aus einer Kombination von Sach-, Personen- oder Fantasiefirma, sofern die firmenrechtlichen Grundsätze gewahrt bleiben (z. B. „Delta-Maschinenfabrik Neustadt, Müller & Co. GmbH", „Name des Geschäftsführers und Solar USA International GmbH").[3]

e) Firmenrechtliche Grundsätze

602 Wie bereits erwähnt, gelten für die GmbH über § 13 Abs. 3 GmbHG auch die allgemeinen handelsrechtlichen und firmenrechtlichen Grundsätze.

aa) Firmenklarheit und Firmenwahrheit

603 Aus diesen in § 18 HGB niedergelegten Grundsätzen folgt, dass die Firma der GmbH zu ihrer Kennzeichnung und zu ihrer Unterscheidung von anderen Unternehmen geeignet sein muss (**Firmenklarheit**).

604 Darüber hinaus darf die Firma keine Angaben enthalten, die über geschäftliche Verhältnisse irreführen, die für die angesprochenen Verkehrskreise ersichtlich wesentlich sind (**Firmenwahrheit**, § 18 Abs. 2 HGB).

605 Insbesondere bei Sachfirmen ist darauf zu achten, dass Täuschungen des Rechtsverkehrs vermieden werden (**Irreführungsverbot**). Deshalb sind Bestandteile der Firma unzulässig, die bei Dritten eine Täuschung über die Art und den Umfang des Geschäftes herbeiführen. Es darf bei der Wahl der Firma nicht der Anschein besonderer Größe oder Leistungsfähigkeit erweckt werden, wenn diese in Wahrheit nicht vorhanden sind. Dies gilt z. B. für Zusätze wie „Fabrik", „Industrie", „Werk" oder „Werke". Firmenzusätze, die weniger auf die Größe und Bedeutung und mehr auf die besondere Leistungsfähigkeit hinweisen, wie z. B. „Fachgeschäft", „Spezialgeschäft" oder „Meisterbetrieb" müssen ebenfalls wahr sein. Unzulässig sind auch Zusätze wie „Investment"; sie sind den Gesellschaften vorbehalten, die dem KAGG unterliegen.

606 Auch geographische Hinweise unterliegen grundsätzlich dem Irreführungsverbot. Allerdings kann wohl – entgegen früherer Registerpraxis – nicht mehr verlangt werden, dass bei der Verwendung der Worte z. B. „deutsch", „europäisch" oder „international" das Unternehmen in dem genannten Bereich auch eine führende Stellung innehat. Da nach dem Firmenrecht nur Zusätze verboten sind, die ersichtlich zur Täuschung geeignet sind, lassen neuere Entscheidungen solche Zusätze auch zu, wenn das Unterneh-

---

[1] Vgl. z. B. OLG Celle v. 19. 11. 1998 9 W 150/98, GmbHR 1999, 412.
[2] Vgl. auch Beck-GmbH-HB/Schwaiger, § 2 Rz. 57.
[3] OLG Stuttgart v. 8. 3. 2012 8 W 82/12, GmbHR 2012, 571; Friedel, jurisPR-HaGesR 10/2012, Anm. 4.

men in Europa oder sonst **grenzüberschreitend** tätig ist. Marktführer oder sonst von besonderer Bedeutung muss es dabei nicht mehr sein.[1]

Unzulässig sind aber weiterhin Bestandteile in der Firma einer GmbH, die auf die Buchstaben „AG" enden und dadurch den Eindruck erwecken, es handele sich um eine Aktiengesellschaft (vgl. den Fall der INDROHAG Industrie Rohstoffe Handelsgesellschaft mbH).[2] Auch der schon erwähnte Vorbehalt des Zusatzes „und Partner" für die Partnerschaftsgesellschaften gehört in diese Kategorie.   607

bb) Firmenausschließlichkeit

Es gilt der Grundsatz, dass jede Firma individualisierbar sein und sich von allen am selben Ort oder in derselben Gemeinde bereits bestehenden und eingetragenen Firmen deutlich unterscheiden muss, so dass jede Verwechslungsgefahr ausgeschlossen ist. Der bloße Rechtsformzusatz „GmbH" ist nicht unterscheidungskräftig, vielmehr muss sich die Unterscheidungskraft aus dem Firmenkern ergeben. Ist z. B. im Handelsregister eine Firma „Amann KG" eingetragen, ist am gleichen Ort eine Firma „Amann GmbH" nicht zulässig; der Firmenkern der gewählten Personenfirma muss einen unterscheidungskräftigen Sachzusatz oder anderen Zusatz aus einer Buchstabenkombination erhalten (z. B. „Hausmeisterdienst Amann GmbH" oder „HDM-Amann GmbH").   608

cc) Firmenbeständigkeit

Die handelsrechtlichen Regeln über die Firmenbeständigkeit der §§ 22 ff. HGB gelten auch für die GmbH, auch wenn sie scheinbar in Konflikt mit dem Prinzip der Firmenwahrheit stehen. Wird ein existierendes Handelsgeschäft in die Rechtsform einer GmbH überführt oder von einer GmbH erworben, kann der bisherige Firmenkern unverändert – eventuell unter Zusatz eines Nachfolgevermerks – beibehalten werden, freilich muss die „alte" Firma den Rechtsformzusatz „GmbH" erhalten.   609

Haben die Gesellschafter bei der Gründung eine Personenfirma gebildet (z. B. „Saubermann und Putzer GmbH") und scheiden später einer oder sogar beide Gesellschafter aus, kann die Firma beibehalten werden, obwohl die Firma jetzt keinen Namen eines Gesellschafters mehr enthält; anders als bei der Personenhandelsgesellschaft (§ 24 HGB) ist für die Fortführung der Firma die Zustimmung ausgeschiedener Gesellschafter nicht erforderlich (vgl. Rz. 598), selbst wenn diese exklusiv unter ihrem „werbewirksamen" Namen einen Reinigungsservice betreiben wollten.   610

Anders können die Dinge bei einer Sachfirma liegen, wenn später der Gegenstand des Unternehmens ausgewechselt wird. Wenn also die „Expert-Hausmeisterdienst-GmbH" diesen Geschäftszweig aufgibt und sich stattdessen reinem Personalüberlassungsgewerbe widmet, dann macht diese nachhaltige Änderung der tatsächlichen Verhältnisse des Unternehmens die bisherige Firma unzulässig.   611

---

1 Vgl. auch OLG Hamm v. 26. 7. 1999 15 W 51/99, DB 1999, 2002.
2 BGH v. 25. 10. 1956 II ZB 18/56, BGHZ 22, 88.

dd) Änderung der Firma

612 Die Firma der GmbH kann nach der Eintragung abgeändert werden. Dies hat durch Änderung des Gesellschaftsvertrages zu erfolgen. Als Satzungsänderung bedarf die Firmenänderung der notariellen Beurkundung (§ 53 Abs. 2 GmbHG). Bei einer Firmenänderung wird die GmbH keine andere, es erfolgt lediglich eine Namensänderung. Die firmenrechtlichen Grundsätze sind zu beachten. Enthält der neue Firmenkern einen anderen Gegenstand des Unternehmens, so muss auch in diesem Punkt die Satzung (durch Änderung) angepasst werden. Der neue Gegenstand des Unternehmens muss im Zeitpunkt der Änderung tatsächlich zutreffend sein, es sind Zusätze zu streichen, die dann nicht mehr der Wahrheit entsprechen. Soll ein Personenname neu in die Firma aufgenommen werden, muss die Person dieses Namens im Zeitpunkt der Änderung und Eintragung Gesellschafter der GmbH sein.

613 Eine als UG (haftungsbeschränkt) gegründete Gesellschaft darf diese Bezeichnung in ihrer Firma erst durch den Rechtsformzusatz „GmbH" ersetzen, wenn sie ihr Stammkapital auf das Mindeststammkapital oder darüber erhöht hat. Eine Verpflichtung hierzu besteht nicht (§ 5a Abs. 5 GmbHG).

614 In aller Regel empfiehlt sich, die (gefundene oder erfundene) Firma vor der Neugründung oder Firmenänderung mit der örtlichen Industrie- und Handelskammer (IHK) abzustimmen und deren Stellungnahme einzuholen, ob die Firmenbildung für zulässig gehalten wird. Die IHK wird prüfen, ob es eine gleiche, ähnliche oder verwechselbare Firma bereits gibt und ob die firmenrechtlichen Grundsätze beachtet worden sind. Eine solche vorab gestellte Anfrage beschleunigt das Eintragungsverfahren, weil das Registergericht einer Unbedenklichkeitserklärung der IHK i. d. R. folgen wird. Es lassen sich so nicht nötige Rückfragen und auch Änderungen der Firma vermeiden, die mit weiteren Kosten verbunden sind (notarielle Beurkundung).

f) Rechtsformzusatz „GmbH", Bezeichnung „UG (haftungsbeschränkt)"

615 Zwingend vorgeschrieben ist in § 4 GmbHG weiterhin der Rechtsformzusatz „Gesellschaft mit beschränkter Haftung", der der als Firma gewählten Bezeichnung beigefügt werden muss. Es genügen statt der ausgeschriebenen Form auch die allgemein verständliche Abkürzung „GmbH" oder Mischformen wie „Gesellschaft mbH" oder „... gesellschaft mbH", wobei die Worte nicht im unmittelbaren Zusammenhang stehen müssen; zulässig ist auch eine Firma „Gesellschaft für ... *Angabe des Firmenkerns* ... mbH". Zulässig dürften auch Bezeichnungen der Gesellschaft in fremder Sprache sein (z. B. „XYZ-Company mbH"), wenn der mit dem Rechtsformzusatz verfolgte Zweck erreicht wird, Geschäftspartnern der GmbH die Tatsache der beschränkten Haftung bzw. der Ausstattung des Rechtsträgers mit einer nur beschränkten Haftungsmasse bei Verhandlungen und Abschluss von Verträgen zu offenbaren.

616 Die UG (haftungsbeschränkt), also eine GmbH, die nach § 5a GmbHG ohne Einhaltung des Mindeststammkapitals gegründet wird, muss abweichend von § 4 GmbHG in ihrer Firma die **Bezeichnung „Unternehmergesellschaft (haftungsbeschränkt)" oder „UG (haftungsbeschränkt)"** führen. Dabei handelt es sich **nicht** um einen **Rechtsformzusatz**, weil die UG (haftungsbeschränkt) keine eigene Rechtsform darstellt, sondern

eine Unterform der GmbH ist. Die **Abkürzung des Zusatzes „(haftungsbeschränkt)" ist nicht zulässig** wie die Verwendung des Zusatzes „GmbH".¹

Erst wenn eine in dieser Unterform gegründete Gesellschaft ihr **Stammkapital so erhöht, dass es den Betrag des Mindeststammkapitals von 25 000 €** erreicht oder übersteigt, kann sie ihre Firma **ändern und die Bezeichnung „UG (haftungsbeschränkt)" durch den Rechtsformzusatz „GmbH"** ersetzen (§ 5a Abs. 5 GmbHG). Sie darf allerdings nach einer solchen **Kapitalerhöhung** auch ihre **Firma mit der Bezeichnung als „UG (haftungsbeschränkt)" beibehalten**. Als „GmbH" darf sich die Gesellschaft aber auch dann noch nicht bezeichnen, wenn die nach § 5a Abs. 2 GmbHG zu bildende gesetzliche Rücklage einen Betrag erreicht hat, der dem Mindeststammkapital entspricht. Erst wenn die Rücklage nach § 57c GmbHG durch förmliche Satzungsänderung in Stammkapital mit der Mindesthöhe umgewandelt wurde, ist eine Änderung in eine Firma mit dem Rechtsformzusatz „GmbH" möglich, wozu es einer weiteren Änderung der Satzung bedarf.

Die wirksame Heraufsetzung des Stammkapitals auf mindestens 25 000 € bewirkt also eine **„Umwandlung"** der Unternehmergesellschaft in eine GmbH. Sie ist **formwahrend und nicht formwechselnd**, da die UG (haftungsbeschränkt) keine eigenständige Rechtsform, sondern nur eine Unterform der GmbH ist. Die §§ 190 ff. UmwG sind nicht anzuwenden.

g) Haftungsfragen

Tritt die GmbH unter Fortlassen des von § 4 GmbHG vorgeschriebenen Rechtsformzusatzes auf, löst dies eine Haftung kraft Rechtsscheins analog § 179 BGB aus, die den für die Gesellschaft Handelnden trifft.² Dies kann der Geschäftsführer, aber auch jeder andere sein, der durch **sein Zeichnen** der Firma das berechtigte Vertrauen des Geschäftsgegners auf Haftung mindestens einer natürlichen Person hervorgerufen hat. Allerdings genügen mündliche Erklärungen im Namen der GmbH nicht, um eine Haftung auszulösen. Vielmehr ist die **„Zeichnung"** des Vertreters unter Fortlassen des Formzusatzes oder die ausdrückliche mündliche Verneinung des Handelns für eine GmbH erforderlich.³

617

Die **Rechtsscheinhaftung** wegen Fortlassung des nach § 4 GmbHG vorgeschriebenen Formzusatzes **trifft ausschließlich den für die Gesellschaft auftretenden Vertreter**. Eine (Mit-)Haftung des nicht unmittelbar handelnden, im Hintergrund bleibenden Gesellschaftsorgans (z. B. Geschäftsführer) wegen einer bloßen Mitverursachung des vom „Zeichnenden" gesetzten Rechtsscheins durch Verletzung sonstiger Handlungs-, Überwachungs- oder Informationspflichten kommt nicht in Betracht. Nur in extremen Ausnahmefällen, z. B. bei planmäßigem Vorschieben eines indolosen Bevollmächtigten durch den Geschäftsführer zur Vermeidung einer Eigenhaftung, mag dessen Haftung allein nach Deliktsrecht möglich sein.⁴

---

1 BGH v. 12. 6. 2012 II ZR 256/11, DStR 2012, 1814.
2 BGH v. 24. 6. 1991 II ZR 293/90, NJW 1991, 2627; Festhaltung BGH v. 5. 2. 2007 II ZR 84/05, NJW 2007, 1529.
3 BGH v. 8. 7. 1996 II ZR 258/95, NJW 1996, 2645.
4 Offen gelassen durch BGH v. 5. 2. 2007 II ZR 84/05, NJW 2007, 1529.

618 Der für die GmbH in dieser Weise handelnde Vertreter verpflichtet auch die Gesellschaft nach den Regeln des **„unternehmensbezogenen Vertreterhandelns"**.[1] Diese besagen, dass die Falschbezeichnung oder das Fehlen des Rechtsformzusatzes unerheblich ist insofern, als derjenige verpflichtet wird, den das Handeln der geschäftsführenden Person treffen soll, also die GmbH. Denn es handelt sich dabei um den im Geschäftsleben häufig vorkommenden und nicht ungewöhnlichen Fall, in dem der Rechtsträger eines Unternehmens, für das gehandelt werden soll, falsch bezeichnet wird. Dies hat zur Folge, dass der wahre Rechtsträger aus dem betriebsbezogenen Rechtsgeschäft berechtigt und verpflichtet wird, falls der Handelnde bevollmächtigt war, oder der Handelnde selbst nach § 179 BGB haftet, wenn er keine Vollmacht hat oder der Rechtsträger nicht existiert.[2] Da GmbH und der Handelnde nebeneinander haften, hat der Geschäftspartner, der gutgläubig auf den durch das Fortlassen des Formzusatzes erzeugten Rechtsschein vertraute, die **Wahl**, ob er die GmbH oder den Vertreter in Anspruch nehmen will, die sich dann im Innenverhältnis darüber auseinander setzen müssen, wer im Gesamtschuldnerausgleich nach dem Grad der jeweiligen Verantwortlichkeit letztlich den Schaden zu tragen hat.

619 Die **Haftungsgrundsätze bei Fortlassen des nach § 4 GmbHG vorgeschriebenen Formzusatzes**, also die Rechtsscheinhaftung des unmittelbar handelnden, „zeichnenden" Vertreters analog § 179 BGB einerseits und die Haftung der Gesellschaft nach den Grundsätzen des unternehmensbezogenen Vertreterhandelns andererseits gelten auch **für die UG (haftungsbeschränkt)**.[3] Zum einen beruht die Rechtsscheinhaftung des zeichnenden Vertreters auf dem Rechtsgedanken des § 179 BGB und stellt eine schuldunabhängige Garantiehaftung dar, die allein darauf basiert, dass die unmittelbar auftretende Person durch die gegenüber dem Vertragspartner abgegebene sachlich unzutreffende Erklärung den Vertrauenstatbestand geschaffen hat, ihm hafte zumindest eine natürliche Person mit ihrem Privatvermögen. Zum anderen ist die UG (haftungsbeschränkt) eine Unterform der GmbH, so dass auch sie – wie eine „klassische" GmbH – aus Rechtsgeschäften, die sich auf ihr Unternehmen beziehen, berechtigt und verpflichtet wird.

h) Angaben auf Geschäftsbriefen

620 Das GmbHG schreibt in § 35a GmbHG vor, dass **alle Geschäftsbriefe gleich in welcher Form** – also auch in elektronischer Form wie E-Mails – folgende Angaben enthalten müssen: **Rechtsform und Sitz** der Gesellschaft, **Registergericht und Nummer**, unter der die Gesellschaft in das Handelsregister eingetragen ist, und **alle Geschäftsführer** und, sofern die GmbH einen Aufsichtsrat gebildet und dieser einen Vorsitzenden hat, der Vorsitzende **mit allen Familiennamen** und mindestens einem ausgeschriebenen Vornamen.

621 Für die Rechtsform kann die **Abkürzung „GmbH"** verwendet werden.

---

1 Ständige Rechtsprechung BGH v. 5.2.2007 II ZR 84/05, NJW 2007, 1529 m.w.N.; BGH v. 31.7.2012 X ZR 154/11, DB 2012, 2214; Reinelt, jurisPR-BGHZivilR 20/2012, Anm. 1.
2 BGH v. 7.5.1984 II ZR 276/83, BGHZ 91, 148, 152 und st. Rspr., z.B. BGH v. 4.4.2000 XI ZR 152/99, NJW 2000, 2984.
3 BGH v. 12.6.2012 II ZR 256/11, DStR 2012, 1814.

Hinsichtlich der Unternehmergesellschaft bzw. **UG (haftungsbeschränkt)** als neuer Unterform der GmbH schweigt sich § 35a GmbHG aus. Zwar ist die UG (haftungsbeschränkt) keine eigenständige Rechtsform, sondern nur die Bezeichnung für eine ohne das Mindeststammkapital gegründete GmbH. Vom Zweck der Vorschrift her, mit der Offenlegung der Rechtsform im Rechtsverkehr darauf hinzuweisen, dass die Haftung gegenüber dem Geschäftspartner auf das eigene Vermögen der Gesellschaft beschränkt ist, ist zu verlangen, dass die UG (haftungsbeschränkt) solches mit Angabe der gesetzlichen Bezeichnung deutlich macht, zumal erst daraus erkennbar wird, dass sie u.U. noch nicht einmal über eine dem Mindeststammkapital entsprechende Haftungsmasse verfügt. Die Unternehmergesellschaft (haftungsbeschränkt) bzw. UG (haftungsbeschränkt) muss also diese Bezeichnung auf den Geschäftsbriefen angeben. Der Zusatz „haftungsbeschränkt" darf nicht abgekürzt werden, auch die Rechtsformbezeichnung „GmbH" darf sie nicht angeben.

622

Angaben über das Gesellschaftskapital sind nicht erforderlich; werden sie freiwillig gemacht, muss der Geschäftsbrief neben dem Stammkapital auch die ausstehenden Einlagen angeben. Werden im Rahmen einer bestehenden Geschäftsverbindung für Mitteilungen Vordrucke verwendet, in die lediglich die im Einzelfall erforderlichen Angaben eingefügt werden, brauchen die genannten Angaben nicht gemacht zu werden. Dies gilt aber nicht für Bestellscheine, die stets als Geschäftsbriefe anzusehen sind (§ 35a Abs. 3 GmbHG).

623

Unter „Geschäftsbrief" ist jede **von der GmbH ausgehende schriftliche Mitteilung gleich in welcher Form** (also auch elektronisch) zu verstehen, die ihre **geschäftliche Betätigung nach außen** betrifft. Geschäftsbriefe sind danach neben Bestellscheinen auch Rundschreiben, gleichförmige Verkaufsangebote, Preislisten und formularmäßige Mitteilungen wie Auftragsbestätigungen, Lieferscheine, Quittungen und Rechnungen.

624

Bei Ausgangsrechnungen muss die GmbH nach § 14 Abs. 4 Nr. 2 UStG auch die vom Finanzamt erteilte Steuernummer oder die ihr vom Bundeszentralamt für Steuern erteilte Umsatzsteuer-Identifikationsnummer angeben.

625

Insbesondere das Weglassen des Rechtsformzusatzes „GmbH" bzw. „UG (haftungsbeschränkt)" auf Geschäftsbriefen kann die persönliche Haftung des unmittelbar Handelnden (= zeichnenden Vertreters) nach Rechtsscheingrundsätzen analog § 179 BGB auslösen, die neben die Verpflichtungen der Gesellschaft nach den Grundsätzen des unternehmensbezogenen Vertreterhandelns tritt (vgl. auch Rz. 617 f.).

626

(Einstweilen frei) 627–640

6. Satzungssitz der GmbH, Verwaltungssitz und inländische Geschäftsanschrift

Bei der Gründung einer GmbH muss notwendigerweise (§ 3 Abs. 1 Nr. 1 GmbHG) in der Satzung der **Sitz der Gesellschaft** bestimmt werden. Dazu muss eine bestimmte Gemeinde in Deutschland angegeben werden. Der durch das MoMiG neugefasste § 4a GmbHG verlangt, dass für den (Satzungs-)Sitz ein **Ort im Inland** gewählt wird. Im Übrigen ist die bisherige Vorschrift des **§ 4a Abs. 2 GmbHG**, wonach als Sitz der Gesellschaft i.d.R. nur ein Ort bestimmt werden durfte, an dem sich ein Betrieb der GmbH oder die Geschäftsleitung befindet oder an dem die Verwaltung geführt wird, **aufgehoben** wor-

641

den. Damit hat der Gesetzgeber auf den als Wettbewerbsnachteil empfundenen Umstand reagiert, dass zwar EU-Auslandsgesellschaften ihren Verwaltungssitz in Deutschland wählen konnten, deutsche GmbHs aber umgekehrt diese Möglichkeit nicht hatten.

Nunmehr wird es deutschen Gesellschaften ermöglicht, einen **Verwaltungssitz** zu wählen, der nicht notwendig mit dem Satzungssitz übereinstimmen muss und auch im Ausland liegen kann. Dies erhöht den Spielraum deutscher Gesellschaften, ihre Geschäftstätigkeit auch außerhalb Deutschlands zu entfalten und z. B. ausländische Tochtergesellschaften in der Rechtsform der vertrauten GmbH zu führen. Die neue Regelung eröffnet für die deutsche GmbH aber auch die Möglichkeit des sog. Insolvenztourismus, weil für die Eröffnung des Insolvenzverfahrens nach Art. 3 EuInsO das Insolvenzrecht des Mitgliedsstaates anzuwenden ist, bei dem der Mittelpunkt des hauptsächlichen Interesses besteht. Da dieser gestaltbar ist, können Gesellschafter und Geschäftsführer einer deutschen GmbH den unerwünschten Folgen eines Insolvenzverfahrens in Deutschland dadurch entgehen, dass sie den Verwaltungssitz der GmbH rechtzeitig in einen anderen Mitgliedsstaat verlegen und dort die Eröffnung des Insolvenzverfahrens beantragen.[1]

642 Die Wahl eines Verwaltungssitzes im Ausland kann aber nicht dazu missbraucht werden, um inländischen Gerichten, Behörden oder Geschäftspartnern Zustellungen oder die Abgabe von Willenserklärungen an die GmbH zu unmöglich machen. Bei der Anmeldung zum Handelsregister ist nämlich nach § 8 Abs. 4 und § 10 Abs. 1 Satz 1 GmbHG zwingend neben dem Sitz der Gesellschaft auch eine **inländische Geschäftsanschrift** anzugeben und einzutragen, unter der nach § 35 Abs. 2 GmbHG an die Vertreter der GmbH **Willenserklärungen abgegeben oder Schriftstücke zugestellt** werden können. Ist dies nicht möglich, eröffnet nun der neue § 15a HGB die **öffentliche Zustellung** nach der ZPO mit Hilfe des Amtsgerichts, in dessen Bezirk sich die eingetragene inländische Geschäftsanschrift der Gesellschaft befindet.

Die Pflicht zur **Anmeldung** einer **inländischen Geschäftsanschrift** nach § 8 GmbHG trifft nach § 3 EGGmbHG **auch Gesellschaften, die zum Zeitpunkt des Inkrafttretens des MoMiG bereits im Handelsregister eingetragen waren**. Die **Anmeldepflicht** war **spätestens bis zum 31. 10. 2009** zu erfüllen; erfolgte keine Anmeldung, trägt das Registergericht von Amts wegen die nach § 24 Abs. 2 HRVO bekannte inländische Anschrift als Geschäftsanschrift ein. Außerdem gilt die früher mitgeteilte inländische Anschrift oder eine in sonstiger Weise dem Gericht bekannt gewordene Anschrift ab dem 31. 10. 2009 als inländische Geschäftsanschrift, wenn sie im elektronischen Informations- und Kommunikationssystem nach § 9 HGB (also dem elektronischen Handels- oder Unternehmensregister) abrufbar ist.

643 Der Sitz der Gesellschaft ist zwingender Anknüpfungspunkt für die Zuständigkeit des Registergerichts (Handelsregister) und maßgebend für den allgemeinen Gerichtsstand und als Erfüllungsort für die Rechte und Pflichten der GmbH gegenüber ihren Mitgliedern. Der Sitz der Gesellschaft ist auch im Rahmen der Besteuerung für die Zuständig-

---

1 Vgl. Knof/Mock, GmbHR 2007, 852; Wälzholz, DStR 2007, 1914.

keit des Finanzamts und die Steuerpflicht maßgebend. Eine GmbH ist unbeschränkt steuerpflichtig, wenn sie ihren Sitz oder den Ort ihrer Geschäftsleitung (das ist der Ort, wo sich die Oberleitung, also die zur Vertretung befugten Personen befinden und die Entscheidungen im Tagesgeschäft getroffen werden) im Inland hat.

7. Zweigniederlassung

Errichtet die inländische GmbH eine Zweigniederlassung, gilt nunmehr allgemein § 13 HGB; die besondere Vorschrift des § 13b HGB a. F. für die GmbH mit Sitz im Inland ist aufgehoben und damit das Recht der Zweigniederlassungen stark vereinfacht worden. Es gibt **kein Gericht der Zweigniederlassung** mehr. Nach § 13 Abs. 1 HGB sind **die Errichtung einer Zweigniederlassung** ebenso wie die Änderungen bei einer Zweigniederlassung beim **Gericht der Hauptniederlassung zur Eintragung** anzumelden. Dadurch werden doppelte Eintragungen und dadurch bedingte Abstimmungsschwierigkeiten zwischen den Registergerichten vermieden. Für die Anmeldungen gelten die Formvorschriften des § 12 HGB (elektronisch in öffentlich beglaubigter Form und elektronische Einreichung der Dokumente, vgl. hierzu auch die Ausführungen zu der Anmeldung zum Handelsregister unter Rz. 732 ff.). Die Neuregelung erschwert nicht den Zugang zu den Informationen bezüglich der Zweigniederlassung, weil über das Internet (und das Unternehmensregister) in das Register der Hauptniederlassung Einsicht genommen werden kann. Die Anlegung eines zusätzlichen Registerblatts am Ort der Zweigniederlassung entfällt.

644

Auch die **Prüfungspflichten** des Registergerichts sind **vereinfacht** worden. Die Eintragung der Zweigniederlassung darf nach § 13 Abs. 2 HGB nur dann nicht erfolgen, wenn die Zweigniederlassung **offensichtlich nicht errichtet** wurde. Eine **firmenrechtliche Prüfung nach § 30 HGB** vor Eintragung der Zweigniederlassung ist nicht mehr erforderlich. Vielmehr erfolgt auf dem Registerblatt der Hauptniederlassung oder des Sitzes die Eintragung der Zweigniederlassung unter Angabe des Ortes und der inländischen Geschäftsanschrift der Zweigniederlassung und des entsprechenden Zusatzes, falls der Firma der Zweigniederlassung ein solcher beigefügt worden ist. Die neuen Vorschriften gelten entsprechend für die Aufhebung einer Zweigniederlassung (§ 13 Abs. 3 HGB).

645

(*Einstweilen frei*)

646–670

Exkurs: Die ausländische GmbH

Literatur: *Großrichter*, Ausländische Kapitalgesellschaften im deutschen Rechtsraum: Das deutsche internationale Gesellschaftsrecht und seine Perspektiven nach der Entscheidung „Überseering", DStR 2003, 159; *Lutter*, „Überseering" und die Folgen, BB 2003, 7; *Klose/Mokroß*, Die Eintragung der Zweigniederlassung einer englischen „private limited company" in das deutsche Handelsregister, DStR 2005, 971, 1013.

Wird eine GmbH oder vergleichbare Gesellschaft in einem anderen Staat gegründet, aber von Deutschland aus tatsächlich geleitet und verwaltet, stellt sich die Frage, welche Rechtsordnung für die persönlichen Rechtsverhältnisse der Gesellschaft maßgebend sind, also insbesondere ob sie rechts- und parteifähig ist. Anknüpfungspunkt hierfür kann entweder der in der Satzung festgelegte Gründungssitz oder aber der Ort sein, an dem sich der tatsächliche, effektive Verwaltungssitz befindet. Dementsprechend unterliegen nach der Gründungstheorie die Rechtsverhältnisse der Gesellschaft

671

dem Recht des Staates, nach dessen Recht die Gesellschaft wirksam gegründet worden ist.

Nach der (auch) in Deutschland in Rechtsprechung und Lehre herrschenden Sitztheorie ist das Recht des Ortes maßgebend, an dem sich der tatsächliche, effektive Verwaltungssitz der Gesellschaft befindet.[1] Mit Hilfe der Sitztheorie ist in Deutschland Gesellschaften, die ausgehend von der Gründungstheorie im Ausland unter weniger strengen Voraussetzungen als des deutschen GmbH-Rechts insbesondere zur Mindestkapitalausstattung errichtet wurden, ihre geschäftliche Tätigkeit aber in Deutschland ausüben sollten, die Anerkennung als rechtsfähige juristische Personen versagt worden.

672 Nach der sog. **„Centros-Entscheidung"** des EuGH aus dem Jahr 1999 zu einer englischen „Briefkasten-Gesellschaft" – für die Errichtung einer „Limited" nach englischem Recht reicht ein Stammkapital von einem britischen Pfund aus – darf aber die Sitztheorie nicht angewendet werden, wenn sie dazu führt, einer nach dem Recht eines Mitgliedstaates der EU rechtlich existenten Gesellschaft, die in einem anderen Staat der EU eine Niederlassung oder ihren effektiven Verwaltungssitz hat, die Rechtsfähigkeit oder die aktive oder passive Parteifähigkeit abzusprechen; lediglich die Schutzvorkehrungen gegen eine Gläubigerschädigung dürfen angewendet werden.

In der **„Überseering-Entscheidung"** vom 5.11.2002 geht der EuGH noch weiter, indem einer im EU-Ausland eingetragenen Gesellschaft, die ihren Sitz der tatsächlichen Verwaltung in Deutschland hat, nicht die Anerkennung als Rechtsperson versagt werden darf, wenn die Gesellschaft nach ihrem heimatlichen Recht die Rechts- und Parteifähigkeit besitzt.[2] Der BGH hat nunmehr die Rechtsprechung des EuGH in einer Entscheidung zu einer niederländischen BV nicht unberücksichtigt gelassen. Er hat sie abweichend von früheren Entscheidungen als aktiv und passiv parteifähig behandelt[3] und in weiteren Entscheidungen die Gründungstheorie für Gesellschaften des EU- oder EWR-Raumes angewandt.[4] Er hat jedoch unter zusammenfassender Darstellung der Rechtsprechung an der Sitztheorie festgehalten, sofern die Gesellschaft nach dem Recht eines Staates errichtet worden ist, der nicht zum EU-Gebiet (oder einem gleichgestellten Raum) gehört und deshalb einer schweizerischen AG mit Verwaltungssitz in Deutschland die Anerkennung als rechtsfähige juristische Person versagt. Er hat ihr nur den Status einer OHG bzw. GbR zuerkannt.[5]

673 Der deutsche Gesetzgeber hat auf eine mögliche Konkurrenz durch das Auftreten ausländischer Gesellschaften, die insbesondere nicht mit einem vergleichbaren Mindeststammkapital ausgestattet sein müssen und ihren Verwaltungssitz, also die Geschäftsführung, ins Ausland (z.B. nach Deutschland) verlegen können, mit dem MoMiG reagiert. Die Änderung des § 4a GmbHG ermöglicht es deutschen Gesellschaften, ihren Verwaltungssitz im Ausland zu wählen, was die Attraktivität der GmbH gegenüber ver-

---

[1] BayObLG v. 26.8.1998 3Z BR 78/98, DB 1998, 2318, m.w.N.
[2] EuGH v. 5.11.2002 Rs. C-208/00, NZG 2002, 1164.
[3] BGH v. 13.3.2003 VII ZR 370/98, BGHZ 154, 185.
[4] BGH v. 19.9.2005 II ZR 372/03, BGHZ 164, 148; v. 14.3.2005 II ZR 5/03, DStR 2005, 889, zur engl. Private Ltd.
[5] BGH v. 27.10.2008 II ZR 158/06, BGHZ 178, 192.

gleichbaren ausländischen Rechtsformen wie z. B. der britischen Limited steigert.[1] Auf die lange Zeit vorgesehene Herabsetzung des Mindeststammkapitals der GmbH auf 10 000 € wurde verzichtet, um die bewährte Seriositätsschwelle der „klassischen" GmbH von 25 000 € Stammkapital zu erhalten und das Ansehen der bereits gegründeten GmbH nicht zu unterlaufen.

Zur Kompensation dient die UG (haftungsbeschränkt), die ohne ein bestimmtes Mindeststammkapital gegründet werden kann. Damit wird Kleinunternehmern und Existenzgründern, deren Unternehmen nur ein geringes Startkapital benötigen, eine flexible Variante der GmbH angeboten, ohne auf ausländische Rechtsformen wie z. B. die Limited ausweichen zu müssen, um eine Haftungsbeschränkung für ihre unternehmerische Tätigkeit zu erlangen. Mit weiteren flankierenden Maßnahmen, wie dem Musterprotokoll, der Kostenprivilegierung bei seiner Verwendung, der Beschleunigung der Eintragung u. a. mehr, werden die Nachteile gegenüber ausländischen Gesellschaftsformen beseitigt. Die GmbH gewinnt durch das MoMiG erheblich an Attraktivität.

8. Dauer der GmbH

Soll das Unternehmen auf eine gewisse Zeit beschränkt sein, so muss auch dies gem. 674 § 3 Abs. 2 GmbHG in dem notariell beurkundeten Gesellschaftsvertrag festgelegt werden. Dazu rechnet nicht der Fall, dass ein Gesellschafter ein Kündigungsrecht hat, denn darin liegt keine Beschränkung der Gesellschaft auf eine gewisse Zeit. Verlängerung oder Verkürzung einer festgelegten Zeitdauer kann nur durch Satzungsänderung gem. §§ 53 ff. GmbHG erfolgen.

Überflüssig ist eine Vertragsbestimmung, dass die Gesellschaft auf unbestimmte Dauer 675 abgeschlossen werde. Eine GmbH ist stets von unbestimmter Dauer, es sei denn, die Satzung bestimmt etwas anderes.

9. Das Stammkapital, die Stammeinlage und die Geschäftsanteile

Literatur: *Eidenmüller/Engert*, Rechtsökonomie des Mindestkapitals im GmbH-Recht, GmbHR 2005, 433; *Haack, H.*, GmbH-Gründung nach dem MoMiG, NWB F. 18, 4757; NWB DokID: BAAAC-91510; *Haack/Campos Nave*, Die neue GmbH, Herne 2008; *Leyendecker*, Rechtsökonomische Überlegungen zur Einführung der Unternehmergesellschaft (haftungsbeschränkt), GmbHR 2008, 302.

Gemäß § 3 Abs. 1 Nr. 3 GmbHG muss der Gesellschaftsvertrag zwingend das **Stamm-** 676 **kapital der GmbH** angeben sowie die Zahl und die Nennbeträge der Geschäftsanteile, die jeder Gesellschafter gegen Einlage auf das Stammkapital übernimmt (= **Stammeinlage**). Das Stammkapital ist die Summe der Nennbeträge aller Geschäftsanteile, welche die Gründungsgesellschafter an der GmbH übernehmen. Ihre Summe muss daher dem Nennbetrag des Stammkapitals entsprechen (§ 5 Abs. 3 GmbHG).

Die GmbH ist eine Kapitalgesellschaft; sie baut sich auf dem „Stammkapital" auf, dem 677 bei der Aktiengesellschaft das „Grundkapital" entspricht. Das Stammkapital ist nur im Augenblick der Gründung, danach aber nicht mit dem wirklichen „Kapital", dem Ver-

---

1 Vgl. Tillmann/Schiffers/Wälzholz, Die GmbH im Gesellschafts- und Steuerrecht, 5. Aufl., Köln 2009, Rz. 44 ff.

mögen der GmbH identisch, das sich stetig ändern und ein Vielfaches des Stammkapitals ausmachen kann. Das Stammkapital bildet im Übrigen eine Rechnungsgröße, die auf der Passivseite der Bilanz als „Gezeichnetes Kapital" auszuweisen ist (§ 42 Abs. 1 GmbHG; §§ 264 ff. HGB), womit deutlich gemacht wird, dass es nicht auch zwangsläufig eingezahlt ist. Mit der Angabe des Stammkapitals soll zudem ausgedrückt werden, dass den Gesellschaftsgläubigern wenigstens eine bestimmte Mindesthaftsumme zur Verfügung steht, und auf diese Weise ein Schutz der Gesellschaftsgläubiger bewirkt werden. Dem dienen auch die Vorschriften, die das Stammkapital gegenüber zweckwidrigen Verfügungen schützen. Das Stammkapital kann sich nur durch Kapitalerhöhung oder Kapitalherabsetzung ändern.

678 Das **Stammkapital** ist von den Gesellschaftern durch **Leistung von Einlagen auf jeden übernommenen Geschäftsanteil aufzubringen**, wobei sich die Höhe der zu leistenden Einlage nach der bei der Errichtung der Gesellschaft in dem Gesellschaftsvertrag festgesetzten Höhe richtet (§ 14 GmbHG). Die Einlagen auf die Geschäftsanteile können in **bar oder durch Sachleistungen** erfolgen, deren Gegenstand jedoch im Gesellschaftsvertrag nebst dem Nennbetrag des Geschäftsanteils festgesetzt werden muss, auf den sich die Sacheinlage bezieht (§ 5 Abs. 4 Satz 1 GmbHG).

679 Das Stammkapital muss auch nach Inkrafttreten des MoMiG **mindestens 25 000 €** betragen. Die noch im Regierungsentwurf vorgesehene Absenkung des Mindeststammkapitals auf 10 000 € ist unterblieben.

680 Der **Nennbetrag eines jeden Geschäftsanteils**, von denen ein Gesellschafter bei der Gründung **mehrere übernehmen** kann, muss **mindestens 1 €** betragen, weil der **Nennbetrag auf volle Euro lauten** muss (§ 5 Abs. 2 GmbHG).

681 Die Nennbeträge der einzelnen Geschäftsanteile können unterschiedlich hoch sein. Der Nennbetrag jedes Geschäftsanteils muss auf volle Euro, also auf einen Geldbetrag lauten, auch wenn die Einlage auf ihn nicht in Geld zu leisten ist. **Jeder Gesellschafter kann schon bei der Errichtung der GmbH mehrere Geschäftsanteile übernehmen.**

682 Erlaubt ist eine **freie Stückelung der Geschäftsanteile**. Die Gründungsgesellschafter können individuell über die jeweilige Höhe und Anzahl ihrer Geschäftsanteile bestimmen und die zu leistende Einlage besser nach ihren Bedürfnissen und finanziellen Möglichkeiten ausrichten. Auch vorhandene Geschäftsanteile können leichter gestückelt werden. Wegen der Aufhebung des bisherigen § 17 GmbHG können Geschäftsanteile leichter aufgeteilt, zusammengelegt und einzeln oder zu mehreren an Dritte übertragen werden. Die Teilungsmöglichkeit erleichtert die Verpfändung von Teilen eines Geschäftsanteils oder Übertragungen, die im Rahmen von Erbauseinandersetzungen oder vorweggenommener Erbfolge anstehen.

683 Die Regeln über das Stammkapital, insbesondere dessen Aufbringung und Erhaltung, sind ein besonders wesentlicher Teil des GmbH-Rechts; gerade insoweit unterscheidet sich die GmbH nachhaltig von Personengesellschaften. Die Einzelheiten betr. Stammkapital und Einlageleistung auf den Geschäftsanteil (Stammeinlage) sind deshalb einer besonderen Darstellung (s. Rn. 1151) vorbehalten.

10. Nebenleistungsgesellschaft

Treffen die Gesellschafter Vereinbarungen, wonach den Gesellschaftern außer der Leistung von Kapitaleinlagen noch andere Verpflichtungen gegenüber der Gesellschaft auferlegt werden, sind gem. § 3 Abs. 2 GmbHG in die Satzung die Bestimmungen darüber aufzunehmen; hierfür verwendet man den Ausdruck „Nebenleistungsgesellschaft"; solche Absprachen sind in der Praxis relativ selten. Sie müssen in der Satzung so konkret getroffen werden, dass die Gesellschafter das Ausmaß der sie treffenden Verpflichtungen ohne Weiteres überschauen können.[1] Die Verpflichtung der Gesellschafter in der Satzung einer GmbH zur Übernahme von Verlusten ist als Nebenleistungspflicht unwirksam, wenn sie weder zeitlich begrenzt ist noch eine Obergrenze enthält.[2]

684

11. Festsetzung von Sacheinlagen

Wenn die Stammeinlage auch nur eines Gesellschafters – sei es auch nur teilweise – in Form einer Sacheinlage erbracht werden soll, dann muss die Satzung gem. § 5 Abs. 4 GmbHG den Gegenstand der Sacheinlage bezeichnen und auch den Nennbetrag des Geschäftsanteils angeben, auf den sich die Sacheinlage bezieht (Einzelheiten Rz. 1261 ff.).

685

12. Sonstiger Inhalt der Satzung

Bei den unter Rz. 571 ff., 591 ff., 603, 676 f. dargestellten Regelungen handelt es sich um notwendigen Satzungsinhalt (Rz. 532). Diese Punkte müssen in der Satzung geregelt werden, andernfalls kann die GmbH nicht eingetragen werden. Falls man sich darauf beschränkt, dann erhält man einen einfachen Gesellschaftsvertrag. Für unkomplizierte Standardgründungen (Bargründung ohne Sacheinlagen mit höchstens drei Gesellschaftern mit jeweils einem Geschäftsanteil bzw. einer Einpersonengesellschaft) stellt das GmbHG als Anlage nunmehr zwei beurkundungspflichtige **Musterprotokolle** zur Verfügung. Sie haben den Mindestinhalt einer Satzung und fassen drei Dokumente – Gesellschaftsvertrag, Geschäftsführerbestellung und Gesellschafterliste – zusammen. Vom GmbHG abweichende Bestimmungen dürfen bei der Verwendung des Musterprotokolls nicht getroffen werden.

686

Wenn aber ein Gesellschaftsverhältnis gut funktionieren soll, dann werden sich die Gesellschafter in vielen Fällen nicht auf diesen notwendigen Inhalt beschränken können, sondern in der Satzung zahlreiche weitere Fragen regeln müssen (sog. fakultativer Satzungsinhalt, Rz. 535).

687

Hierzu gehören insbesondere z. B. folgende Bestimmungen:

688

▶ zur Leistung der Einlage auf die Geschäftsanteile,
▶ zur Verfügung über Geschäftsanteile und deren Teilung,
▶ zur Vererbung von Geschäftsanteilen,
▶ zur Einziehung von Geschäftsanteilen,

---

1 BGH v. 17.10.1989 II ZR 372/87, GmbHR 1989, 151.
2 BGH v. 22.10.2007 II ZR 101/06, DB 2008, 288.

- zur Kündigung der Gesellschaft,
- zur Bestellung und Abberufung von Geschäftsführern,
- zur Bestellung eines Beirates,
- zum Zustandekommen von Gesellschafterbeschlüssen,
- zur Einberufung und Durchführung von Gesellschafterversammlungen,
- zur Feststellung des Jahresabschlusses, Gewinnverteilung und -verwendung,
- zu Auflösungsgründen,
- zur Durchführung der Liquidation.

Was zu diesen Fragen rechtens ist und welche vertraglichen Regelungen möglich und zweckmäßig sind, ist in den jeweiligen Abschnitten dargestellt.

689–710 (*Einstweilen frei*)

IV. Der Gründungsvorgang

Literatur: *Goette*, Auslandsbeurkundungen im Kapitalgesellschaftsrecht, DStR 1996, 709; *Mohr*, Praxisrelevante Probleme und Gestaltungshinweise bei der GmbH-Gründung, GmbHR 2003, 347; *Gehrlein*, Rechtsprechungsübersicht zum GmbH-Recht in den Jahren 2002–2004: GmbH-Gründung, Ausscheiden eines Gesellschafters und Gesellschafterhaftung, BB 2004, 2361; *ders.*, Rechtsprechungsübersicht zum GmbH-Recht in den Jahren 2002–2004: Eigenkapitalersatz, Veräußerung des Geschäftsanteils, Gesellschafterbeschluss sowie Rechtsstellung und Haftung des GmbH-Geschäftsführers, BB 2004, 2585; *Lohr*, Änderungen bei der Vor-GmbH, Satzungsänderung und Gründerwechsel vor Ersteintragung der GmbH, GmbH-StB 2005, 117; *Haack, H.*, GmbH-Gründung nach dem MoMiG, NWB F. 18, 4757; NWB DokID: BAAAC-91510.

1. Notarielle Beurkundung von Gesellschaftsvertrag oder Musterprotokoll

711 Der Gesellschaftsvertrag bedarf nach § 2 Abs. 1 GmbHG der **notariellen Beurkundung**. Sie erfordert, dass die Gründer vor dem Notar ihren rechtsgeschäftlichen Willen erklären, eine GmbH errichten zu wollen, und der Notar hierüber eine Niederschrift aufnimmt. Dieses Gründungsprotokoll enthält die Beitrittserklärungen, die Bestellung des ersten Geschäftsführers und verweist im Übrigen auf die Satzung, die als Anlage beigefügt ist. Mit diesem Verweis erhält der Gesellschaftsvertrag seinen notwendigen Inhalt, indem er die Stammkapitalziffer, die einzelnen auf sie übernommenen Geschäftsanteile und die einlagepflichtigen Gründungsgesellschafter nennt. Die Aufnahme der Stammeinlagen in den Gesellschaftsvertrag und deren namentliche Zuordnung stellt die Übernahmeerklärung dar und begründet die für seine Beteiligung unerlässliche Einzahlungspflicht eines jeden Gründungsgesellschafters.[1]

Das Gründungsprotokoll ist von jedem Gesellschafter zu unterzeichnen, wobei eine gemeinsame Verhandlung mit gleichzeitiger Anwesenheit der Gründer und eine einheitliche Urkunde oder die Aufnahme der Vertragserklärungen vor demselben Notar nicht erforderlich ist, sofern nur letztlich ein zu einer Einheit zusammengefügtes Vertragswerk entsteht, das durch sämtliche Unterschriften gedeckt ist. Nach dem Prinzip der Einheitsgründung kommt der Gesellschaftsvertrag erst mit der letzten Unterschrift

---

[1] Beck-GmbH-HB/Schwaiger, § 2 Rn. 83.

formgültig zustande. Eine Stufengründung, bei der zunächst nur einige Gesellschafter unterschreiben und die weiteren Gesellschafter dem Vertrag später beitreten, ist nicht zulässig.

Die **Beurkundungspflicht gilt ohne Ausnahme** und auch, wenn die Gesellschaft **im vereinfachten Verfahren unter Verwendung des Musterprotokolls nach § 2 Abs. 1a GmbHG oder als UG (haftungsbeschränkt) errichtet wird.** Die Mustersatzung (verbunden mit einem „Gründungsset"), wie sie der Regierungsentwurf zum MoMiG für Standardgründungen vorgesehen hatte und bei deren Verwendung eine schriftliche Abfassung und notarielle Beglaubigung der Unterschriften der Gesellschafter ausreichen sollte, ist nicht Gesetz geworden. Die mit Belehrungspflichten des Notars einhergehende notarielle Beurkundung soll auch künftig wirtschaftlich und rechtlich unerfahrene Personen davor schützen, eine Gesellschaft mit für sie nicht übersehbaren Risiken und Kostenfolgen zu gründen. 712

Da die Vertretung zulässig ist und eine zeitlich gestreckte Beurkundung umständlich ist, bietet es sich an, mit Gründungsvollmachten zu arbeiten oder sich eines vollmachtlosen Stellvertreters mit anschließender Genehmigung seiner Erklärungen zu bedienen, wobei freilich die besondere Formvorschrift des § 2 Abs. 2 GmbHG zu beachten ist. 713

Auch die Vertretung durch einen anderen Gesellschafter ist möglich, wobei die Erteilung der Vollmacht für einen Mitgesellschafter oder die Erteilung der Vollmacht, für mehrere Mitgründer zu handeln, konkludent die Befreiung vom Verbot des Selbstkontrahierens (§ 181 BGB) enthält.[1] 714

2. Die Geschäftsführerbestellung

Die GmbH muss gem. § 6 GmbHG mindestens einen Geschäftsführer haben. Deshalb ist mit dem Gründungsakt auch ein **Geschäftsführer zu bestellen**, damit die GmbH in Gestalt der zunächst entstandenen Vorgesellschaft (Vor-GmbH) handlungsfähig ist, insbesondere um ihre Eintragung in das Handelsregister herbeizuführen. 715

Die Bestellung zum Gründungsgeschäftsführer, der selbstverständlich mit dem späteren Geschäftsführer identisch sein kann, macht ihn zum Organ der Gesellschaft. 716

Der Geschäftsführer, dem bereits im Gründungsstadium die ausschließliche und unmittelbare Vertretung der Gesellschaft obliegt, hat die Aufgabe, die Eintragung der GmbH zu bewirken. Dazu muss er die satzungsgemäß eingeforderten Einlageleistungen auf jeden Geschäftsanteil entgegennehmen, die Gesellschaft und die Geschäftsführer zum Handelsregister anmelden und die hierzu notwendigen Versicherungen abgeben. Außerdem hat er die laufende Geschäftsführung der Vorgesellschaft auszuüben, damit diese sich – mit Einwilligung der Gesellschafter – wirtschaftlich betätigen kann. 717

Die Bestellung erfolgt entweder dadurch, dass der Geschäftsführer in der Satzung benannt wird, was jedoch i.d.R. keine echte Satzungsbestimmung ist, oder durch Beschluss der Gesellschafterversammlung, der zweckmäßigerweise in das Gründungsprotokoll aufgenommen wird. 718

---

1 Beck-GmbH-HB/Schwaiger, § 2 Rn. 74.

3. Einzahlung der baren Geldeinlagen auf die Geschäftsanteile (Bargründung)

Literatur: *Geißler*, Ordnungsgemäße Aufbringung der Bareinlagen bei der GmbH-Gründung, GmbHR 2004, 1181.

719 Vor Anmeldung der Gesellschaft zur Eintragung in das Handelsregister müssen bestimmte Mindesteinlagen erbracht werden. Da der Geschäftsführer die Gesellschaft erst zur Eintragung anmelden darf, wenn die Mindestbeträge eingezahlt sind und sich zur freien Verfügung des Geschäftsführers befinden (§§ 7 Abs. 2, 8 Abs. 2 GmbHG), besteht die erste Tätigkeit des Geschäftsführers darin, die Beträge bei den Gesellschaftern einzufordern. Abgesehen von der UG (haftungsbeschränkt), bei der das Stammkapital in voller Höhe eingezahlt werden muss und Sacheinlagen ausgeschlossen sind (§ 5a Abs. 2 GmbHG), müssen Geldeinlagen nicht voll erbracht werden. Es reicht aus, wenn auf jeden Geschäftsanteil **ein Viertel seines Nennbetrages** eingezahlt worden ist (§ 7 Abs. 2 GmbHG) und zudem auf das (gesamte) Stammkapital mindestens so viel eingezahlt worden ist, dass der Betrag der in Geld eingezahlten Einlagen zzgl. des gesamten Nennbetrages der Geschäftsanteile, für die Sacheinlagen zu erbringen sind, die Hälfte des Mindeststammkapitals (also **12 500 €**) erreicht.

720 Danach gilt Folgendes: Beträgt das Stammkapital der Gesellschaft weniger als 50 000 €, muss bei der Gründung mehr als ein Viertel des Stammkapitals erbracht werden. Hat die Gesellschaft nur das gesetzlich vorgeschriebene Mindeststammkapital von 25 000 €, ist die Hälfte aufzubringen, nur bei Gesellschaften, die ein Stammkapital von 50 000 € und mehr haben, genügt ein Viertel, weil damit die vorgeschriebene Mindesthöhe von 12 500 € erreicht oder überschritten wird. Hat die Gesellschaft als UG (haftungsbeschränkt) ein Stammkapital unter der Mindeststammkapitalsumme von 25 000 €, muss das Stammkapital stets voll eingezahlt werden und hierauf verrechenbare Sacheinlagen sind ausgeschlossen.

> **BEISPIEL:** A, B und C errichten eine GmbH mit einem Stammkapital von 25 000 €. Die Nennbeträge der von A und B übernommenen Geschäftsanteile betragen je 500 €, der Geschäftsanteil des C lautet auf 24 000 €. Mit einem Viertel müssten also A und B je 125 €, C müsste 6 000 € einzahlen. Dies reicht aber nicht aus, denn insgesamt müssen 12 500 € eingezahlt sein. Die Gesellschafter müssen sich deshalb einigen, wie sie diesen Betrag aufbringen; im Zweifel geschieht dies im Verhältnis ihrer Anteile, es werden also 250 € + 250 € + 12 000 € eingezahlt. Zulässig wäre es aber auch, dass A und B je 125 € einzahlen, C dagegen 12 250 €.
>
> Haben A (Geschäftsanteil 100 000 €) und B (Geschäftsanteil 25 000 €) die GmbH errichtet, dann muss A 25 000 € und B 6 250 € einzahlen.
>
> Errichten X und Y eine UG (haftungsbeschränkt) mit dem Stammkapital von 2 000 €, worauf X einen Geschäftsanteil zum Nennbetrag von 100 € und Y als „Geldgeber" einen Geschäftsanteil mit dem Nennbetrag von 1 900 € übernimmt, müssen beide den vollen Betrag in Höhe des jeweiligen Nennbetrages bar einzahlen.

721 Vermerkt sei noch, dass der Wert von Sacheinlagen die Bareinzahlungspflicht hinsichtlich des Viertels der daneben bestehenden Bareinlagen nicht schmälert; auf den Mindestbetrag von 12 500 € wird der Wert von Sacheinlagen jedoch angerechnet.

722 Bareinlagen sind in Geld zu erbringen; zugelassen sind also Barzahlungen in inländischer Währung, bestätigte Bundesbankschecks und die (endgültige und vorbehaltlose) Gutschrift auf einem inländischen Bankkonto (bei Überweisung, Scheck- oder Wechseleinreichung). Es ist daher zweckmäßig, dass der Geschäftsführer schon vor der Anmel-

dung zum Handelsregister für die GmbH ein Bankkonto einrichtet, auf das die Einzahlungen der Gesellschafter erfolgen. Der Geschäftsführer muss bei der Anmeldung gegenüber dem Registergericht versichern, dass die einzuzahlenden Mindestbeträge zu seiner freien Verfügung stehen. Die Versicherung muss sich auch darauf erstrecken, inwieweit das Stammkapital der GmbH bereits durch Schulden vorbelastet ist.[1]

4. Festsetzung und Leistung von (offenen) Sacheinlagen (Sachgründung)

723 Die Stammeinlage kann gem. § 5 GmbHG entweder durch Geld (Bareinlage) oder durch eine (offene) **Sacheinlage** bewirkt werden, sie kann auch teils bar, teils durch Sacheinlage erfolgen. Unter den Begriff der Sacheinlage fallen alle nicht durch Geldzahlung zu bewirkenden Einlagen. Die früher unterschiedenen Fälle von „Sacheinlagen" (im engeren Sinne) durch das unmittelbare Einbringen von Sachwerten und von „Sachübernahmen" durch Übernahme von Sachwerten durch die GmbH vom Gesellschafter und Tilgung der Einlageforderung durch die Anrechnung der Vergütung behandelt das Gesetz einheitlich als Sacheinlagen. Auch bei den Sachübernahmen handelt es sich wirtschaftlich um Einlagen, die nicht in Geld zu erbringen sind.

Zur Sacheinlage im Einzelnen Rz. 1261 ff.

724 Gemäß § 5 Abs. 4 GmbHG müssen der Gegenstand der Sacheinlage und der korrespondierende Nennbetrag des Geschäftsanteils im Gesellschaftsvertrag festgesetzt sein. Die Sacheinlagen müssen vor der Anmeldung zum Handelsregister in vollem Umfang an die Gesellschaft geleistet werden, so dass sie endgültig zur freien Verfügung des Geschäftsführers stehen (§ 7 Abs. 3 GmbHG). Dies scheint gewisse Schwierigkeiten zu schaffen, denn gem. § 11 GmbHG besteht die GmbH „als solche" vor der Handelsregistereintragung noch gar nicht. Aber eben nur „als solche", es besteht dagegen die sog. „Vorgesellschaft" (Rz. 891 ff.). Diese Vorgesellschaft erwirbt die Sacheinlage sogar dann, wenn es sich um ein Grundstück handelt. Die höchstrichterliche Rechtsprechung lässt es zu, dass die GmbH schon im Gründungsstadium in das Grundbuch als Eigentümerin eingetragen wird, wobei nur durch den Zusatz „i.G." („in Gründung") kenntlich zu machen ist, dass sie noch nicht im Handelsregister eingetragen ist.

725 Der Wert der Sacheinlagen wird auf den vor Anmeldung zu erbringenden Mindestbetrag auf den Gesamtnennbetrag aller Geschäftsanteile von 12 500 € voll angerechnet.

> **BEISPIELE:** Haben A, B und C eine GmbH mit einem Stammkapital von 100 000 € errichtet, und übernimmt A einen Geschäftsanteil von 50 000 € gegen bare Einlage, B einen Geschäftsanteil gegen Geldeinlage von 25 000 € und C einen Geschäftsanteil im Nennbetrag von 25 000 € gegen Sacheinlage, dann muss der Geschäftsführer vor der Anmeldung von A 12 500 € und von B 6 250 € erhalten, C aber muss seine Sacheinlage im Wert von 25 000 € voll erbringen.
>
> Beträgt das Stammkapital 25 000 € bei einer Geldeinlage für A, B und C von je 5 000 € und einer Sacheinlage D von 10 000 €, dann hat D die Sacheinlage von 10 000 € zu leisten, A, B und C haben je 1 250 € einzuzahlen. Der Mindestbetrag von 12 500 € ist erreicht.

---

1 BGH v. 9.3.1981 II ZR 54/80, BGHZ 80, 129; vgl. auch Rn. 956 ff.

5. Verdeckte Sacheinlage und Hin- und Herzahlen und Einlageleistung zur endgültigen freien Verfügbarkeit der Geschäftsführer

Literatur: *Kallmeyer,* Kapitalaufbringung und Kapitalerhaltung nach dem MoMiG: Änderungen für die GmbH-Beratungspraxis, DB 2007, 2755; *Bormann/Urlichs,* Der Entwurf des MoMiG zur Regelung des Hin- und Herzahlens – ein Fremdkörper im GmbH-Gesetz, GmbHR 2008, 119; *Priester,* Kapitalaufbringung nach Gutdünken?, ZIP 2008, 55; *Rohde, A./Schmidt, C.,* Cash-Pooling auf dem Prüfstand, NWB F. 18, 4777; NWB DokID: VAAAC-91512; *Ulmer,* Der „Federstrich des Gesetzgebers" und die Anforderungen der Rechtsdogmatik, ZIP 2008, 45; *Blasche,* Verdeckte Sacheinlage und Hin- und Herzahlen, GmbHR 2010, 288; *Henkel,* Kapitalaufbringung bei der GmbH nach dem MoMiG – Verdeckte Sacheinlage, NZI 2010, 6.

726 Mit dem MoMiG sollen die Kapitalaufbringungsvorschriften des GmbHG vereinfacht werden. Die verdeckte (verschleierte) Sacheinlage und das sog. (verbotene) Hin- und Herzahlen der Einlage bereiteten im Zusammenhang mit dem Erfordernis der Einlageleistung „endgültig zur freien Verfügung der Geschäftsführer" in der Praxis häufig Schwierigkeiten. Die **verdeckte Sacheinlage** ist dadurch charakterisiert, dass bei wirtschaftlicher Betrachtung anstelle einer geschuldeten Bareinlage in Wahrheit ein anderer, sacheinlagefähiger Gegenstand eingebracht wird, wie z. B. bei Verrechnung der Einlageschuld mit einer als Sacheinlage einzubringenden Forderung des Gesellschafters gegenüber der Gesellschaft oder aber der Gesellschaft ein Grundstück übertragen wird, das mit den eingebrachten Barmitteln bezahlt wird.

Wie hier verneinte bisher die Rechtsprechung eine Leistung zur freien Verfügung der Geschäftsführer auch, wenn die GmbH dem Gesellschafter die von ihm als Einlage eingezahlten Geldmittel z. B. als Darlehen zurückgewährte und einen Rückzahlungsanspruch erhielt (sog. **Hin- und Herzahlen**, Cash Pool). Die rechtlichen Konsequenzen waren erheblich: Die **Einlageschuld war nicht erfüllt**, die „Umgehungsgeschäfte" waren sowohl hinsichtlich der schuldrechtlichen Verpflichtung als auch der dinglichen Erfüllung nichtig und der Gesellschafter musste – wenn die Heilung der verdeckten Sacheinlage nicht gelang – selbst in Fällen der Vollwertigkeit nochmals zahlen **(Doppelzahlung).** Der Geschäftsführer sah sich auch Schadensersatz- und Strafsanktionen nach § 9a Abs. 1 und § 82 Abs. 1 Nr. 1 GmbHG gegenüber, wenn er gleichwohl die (falsche) Versicherung nach § 8 Abs. 2 Satz 1 GmbHG bei der Anmeldung abgegeben hat.

727 Nunmehr enthält das GmbHG Regeln zur verdeckten Sacheinlage und zum Hin- und Herzahlen, die eine (gewisse) Rechtssicherheit hinsichtlich der Einlageschuld bringen (§ 19 Abs. 4 und Abs. 5 GmbHG), den Geschäftsführer aber nicht vollständig aus dem Dilemma befreien, wenn er sich dem Druck der Gründungsgesellschafter ausgesetzt sieht, bei der verdeckten Sacheinlage mitzuwirken, auf die sich diese verständigt haben, aber dennoch die Versicherung abgeben soll, die Bareinlage stehe endgültig zu seiner freien Verfügung.

Beim **Hin- und Herzahlen**, das die tatbestandlichen **Voraussetzungen** des § 19 Abs. 5 GmbHG erfüllt, weil es **vor der Einlage vereinbart** wurde und weil die **Leistung an den Gesellschafter** durch einen **vollwertigen und liquiden** (d. h. jederzeit fälligen oder fälligstellbaren) **Rückgewähranspruch gedeckt** ist, tritt **Erfüllungswirkung** ein. Der Gesellschafter wird von seiner Einlageverpflichtung frei. Der Geschäftsführer darf also die Versicherung der freien Verfügbarkeit abgeben, es muss jedoch das **Hin- und Herzahlen** bei der Anmeldung der Gesellschaft nach § 8 GmbHG offen gelegt werden,[1] damit der Registerrichter prüfen kann, ob die Voraussetzungen einer Erfüllungswirkung gegeben sind (§ 19 Abs. 5 letzter Satz GmbHG). Die Liquidität und die Vollwertigkeit des Rückgewähranspruchs muss vom Registergericht geprüft werden können, so dass auch Belege hierzu eingereicht werden müssen. Es müssen die schuldrechtliche Vereinbarung und auch ein Beleg über Vollwertigkeit des Rückzahlungsanspruchs, z. B. in Form eines Ratings des Gesellschafters eingereicht werden.[2]

Bei der verdeckten Einlage hat der Gesetzgeber von der Erfüllungslösung Abstand genommen und eine **Anrechnungslösung** vorgesehen (§ 19 Abs. 4 GmbHG). Eine **verdeckte Sacheinlage befreit** den Gesellschafter **nicht von seiner baren Einlageverpflichtung**. **Die Verträge** über die Sacheinlage und **die Rechtshandlungen** zu ihrer Ausführung sind aber – abweichend von der bisherigen Rechtslage, die zu einer Doppelzahlung führte – **nicht unwirksam**, sondern es wird der **Wert** des eingelegten Vermögensgegenstandes auf die **fortbestehende Einlagepflicht nur** und **erst nach der Eintragung in das Handelsregister angerechnet**, auch wenn der Sachwert schon vorher eingebracht worden ist.

728

Der Geschäftsführer **darf** also bei der Anmeldung nach § 8 GmbHG hier **nicht versichern**, die **geschuldete Geldleistung** des Gesellschafters sei zumindest durch Anrechnung erloschen und damit **erfüllt**. Abgesehen davon, dass das Registergericht bei Offenlegung der verdeckten Sacheinlage die Eintragung nach § 9c GmbHG auch dann ablehnen kann, wenn der Wert der Sacheinlage den Wert der geschuldeten Geldeinlage erreicht, wird der Geschäftsführer zur Vermeidung seiner eigenen Haftung auf die Einhaltung der Sacheinlagevorschriften (§ 5 Abs. 4 GmbHG) dringen müssen, wenn er von der geplanten verdeckten Einlage weiß. Beugt er sich dennoch der Weisung der Gesellschafter und legt er die in Wahrheit vorliegende verdeckte Sacheinlage nicht offen, setzt er sich weiterhin dem **Haftungsrisiko** nach § 43 Abs. 3 Satz 3 GmbHG aus, wenn der Sachwert die Geldeinlageschuld nicht deckt, und sieht sich weiter **straf- und haftungsrechtlichen Risiken aus § 82 Abs. 1 Nr. 1 und § 9a GmbHG** gegenüber, wenn der Vollwertigkeitsnachweis für die Sacheinlage misslingt. Die verdeckte Sacheinlage ist wegen dieser Sanktionen nur eingeschränkt als „Gestaltungsmittel" einsetzbar, um die Formalitäten einer Sachgründungsprozedur mit Werthaltigkeitsnachweis und Sachgründungsbericht zu umgehen.

Geklärt hat der BGH folgende Konstellation: Hat der Gesellschafter gegen die Gesellschaft einen Bereicherungsanspruch, so ist bei der Einlageverpflichtung einer nachfolgenden Kapitalerhöhung der Wert des Bereicherungsanspruchs, auf den der Gesellschafter verzichtet, zum Zeitpunkt der Kapitalerhöhung gem. § 19 Abs. 4 GmbHG der Einlageverpflichtung gegenzurechnen.[3]

6. Sachgründungsbericht

Bei einer Sachgründung müssen die Gesellschafter gem. § 5 Abs. 4 GmbHG außer dem Gesellschaftsvertrag auch einen Sachgründungsbericht erstellen; darin sind die we-

729

---

1 BGH v. 20. 7. 2009 II ZR 273/07, BB 2009, 2110.
2 So und mit diesem Vorschlag OLG München v. 17. 2. 2011 31 Wx 246/10, BB 2011, 690.
3 BGH v. 19. 1. 2016 II ZR 61/15, NWB DokID: AAAAF-69903, BB 2016, 769.

sentlichen Umstände für die Angemessenheit der Leistungen für Sacheinlagen darzulegen. Zu den Einzelheiten vgl. Rz. 1331.

7. Gesellschafterliste

730 Schließlich hat der Geschäftsführer eine Gesellschafterliste zu erstellen und zu unterzeichnen, aus der Name, Vorname, Geburtsdatum und Wohnort eines jeden Gesellschafters sowie die Nennbeträge und die **laufenden Nummern** der von ihm übernommenen Geschäftsanteile ersichtlich sind. Nach § 8 Abs. 1 GmbHG sind in der Gesellschafterliste künftig die Geschäftsanteile durchgehend zu nummerieren. Die Nummerierung soll die eindeutige Bezeichnung des jeweiligen Geschäftsanteils bei der Übertragung eines Geschäftsanteils erleichtern. Denn bei einer nicht hinreichenden Bezeichnung des jeweiligen zu veräußernden Geschäftsanteils wäre dessen Abtretung unwirksam. Außerdem dient die Gesellschafterliste als Anknüpfungspunkt für einen gutgläubigen Erwerb nach § 16 Abs. 3 GmbHG.

731 In der Folgezeit haben die Geschäftsführer gem. § 40 GmbHG unverzüglich nach Wirksamwerden jeder Veränderung in den Personen der Gesellschafter oder des Umfangs ihrer Beteiligung eine entsprechende, von ihnen unterschriebene Gesellschafterliste beim Handelsregister einzureichen, wobei diese Pflicht von der Einreichungspflicht des beurkundenden Notars überlagert wird.

8. Anmeldung zum Handelsregister

Literatur: *Liebscher/Scharff*, Das Gesetz über elektronische Handelsregister und Genossenschaftsregister sowie das Unternehmensregister, NJW 2006, 3745; *Noack*, Das EHUG ist beschlossen – elektronische Handels- und Unternehmensregister ab 2007, NZG 2006, 801; *Schmidt*, Digitalisierung der Registerführung und Neuregelung der Unternehmenspublizität: Was bringt das EHUG?, DStR 2006, 2272; *Seibert/Decker*, Das Gesetz über elektronische Handelsregister und Genossenschaftsregister sowie das Unternehmensregister (EHUG) – Der „Big Bang" im Recht der Unternehmenspublizität, DB 2006, 2446; *Spindler*, Abschied vom Papier? Das Gesetz über elektronische Handelsregister und Genossenschaftsregister sowie das Unternehmensregister, WM 2006, 109; *Wachter*, Anmerkung zum Urteil des BGH vom 07. 06. 2011 (II ZR 24/10, GmbHR 2011, 864) – Zur Abgabe der Versicherung über Vorstrafen des Geschäftsführers bei Handelsregisteranmeldung, GmbHR 2011, 865.

732 Sind all diese Vorarbeiten erledigt, steht der Anmeldung der GmbH zur Eintragung im Handelsregister (§ 7 Abs. 1 GmbHG) nichts mehr im Wege. Das **Handelsregister ist ab 1. 1. 2007** zwingend **elektronisch zu führen** (§ 8 Abs. 1 HGB i. d. F. des EHUG), wobei die Zuständigkeit zur Registerführung weiterhin den Amtsgerichten zugewiesen bleibt, aber die Länder die Zuständigkeit auf bestimmte Amtsgerichte konzentrieren und sogar über die Landesgrenzen hinaus ausdehnen können (§ 376 Abs. 2 Satz 1 und 3 FamFG). Neu ist dabei auch der ausdrückliche Schutz, den § 8 Abs. 2 HGB der Bezeichnung „Handelsregister" gegenüber anderen Datensammlungen zukommen lässt, die keine staatliche Gewähr für die Richtigkeit enthalten und auch nicht den guten Glauben nach § 15 HGB hinsichtlich Inhalt und Vollständigkeit schützen.

733 Die elektronische Registerführung wirkt sich auch auf die **Formvorschriften zu Anmeldungen und zur Einreichung von Dokumenten** zum Register aus, die nach der früheren Rechtslage in Papierform erfolgte. Um aufwändige Transformationsprozesse zu vermei-

den, schreibt nunmehr § 12 Abs. 1 HGB vor, dass **Anmeldungen** zur Eintragung in das Handelsregister **elektronisch in öffentlich beglaubigter Form** einzureichen sind, was auch für eine Vollmacht zur Anmeldung gilt. Entsprechend ordnet nun § 12 Abs. 2 HGB an, dass auch **Dokumente in elektronischer Form** einzureichen sind. Dies gilt ebenso für die Unterlagen, die nach § 8 Abs. 1 bis Abs. 4 GmbHG der Anmeldung einer GmbH zur Eintragung in das Handelsregister beizufügen sind. Nach § 8 Abs. 5 GmbHG[1] gilt nämlich für die beizufügenden Unterlagen § 12 Abs. 2 HGB entsprechend. Die elektronische Kommunikation wird zum gesetzlichen Regelfall. Da die Registergerichte die elektronisch übermittelten Daten regelmäßig ohne vorherige Bearbeitung in das Handelsregister einstellen, kann die Gründung einer GmbH, wenn sie gut vorbereitet ist, in wenigen Stunden oder Tagen erledigt sein.

Folgende **Formerfordernisse** sind bei der **elektronischen Einreichung** einzuhalten: 734

Die Anmeldung der GmbH zur Eintragung muss wie bisher in **öffentlich beglaubigter** 735
Form eingereicht werden (§ 12 Abs. 1 HGB). Hierfür wird das Dokument von dem Notar mit einem **einfachen elektronischen Zeugnis gem. § 39a BeurkG** versehen und an das elektronische Postfach des Registergerichts übermittelt. Bei der Einreichung von Dokumenten, also auch der nach § 8 Abs. 1 bis Abs. 4 GmbHG beizufügenden Unterlagen, ist nach § 12 Abs. 2 HGB zu unterscheiden: Bei Unterlagen (Dokumenten), die in notariell beurkundeter Form oder in öffentlich beglaubigter Abschrift einzureichen sind (z. B. der Gesellschaftsvertrag der GmbH), ist ein einfaches elektronisches Zeugnis (§ 39a BeurkG) erforderlich. Verlangt das Gesetz die Einreichung einer Urschrift, einer einfachen Abschrift oder eines unterschriebenen Dokuments (z. B. die Liste der Gesellschafter), genügt die Übermittlung einer **elektronischen Aufzeichnung** ohne Verwendung einer qualifizierten elektronischen Signatur.

Das EHUG ermöglicht es der GmbH künftig nach § 11 HGB auch, zum Handelsregister 736
einzureichende Dokumente zusätzlich zur deutschen Fassung in jeder Amtsprache eines Mitgliedsstaates der EU zu übermitteln, wobei das Registergericht die Übersetzung weder auf ihre Richtigkeit überprüft noch sie bekannt macht. Die Übersetzung genießt nach § 11 Abs. 2 HGB einen eingeschränkten Gutglaubensschutz. Weicht die deutsche Fassung von der eingereichten Übersetzung ab, kann sich ein Dritter auf die Übersetzung berufen, es sei denn, der Eingetragene weist nach, dass dem Dritten die deutsche Originalfassung bekannt war. Die eingereichte (abweichende) Übersetzung kann aber einem Dritten nicht entgegengehalten werden.

Die Anmeldung muss durch alle Geschäftsführer erfolgen; auch, wenn Einzelvertre- 737
tungsmacht besteht, zumal von jedem Geschäftsführer bestimmte Versicherungen abzugeben sind.

Der Anmeldung sind eine Reihe von **Unterlagen beizufügen**. Nach § 8 Abs. 1 bis 4 738
GmbHG ist erforderlich:

---

[1] Bisher ordnete dort das GmbHG an, dass die Geschäftsführer ihre Unterschrift zur Aufbewahrung beim Registergericht zeichnen mussten. Diese Vorschrift ist entfallen, ebenso wie die entsprechende Vorschrift in § 39 Abs. 4 GmbHG oder die ähnliche Vorschrift in § 29 HGB zur Zeichnung der Firma.

- Die Vorlage des notariell beurkundeten **Gesellschaftsvertrages bzw. des Musterprotokolls,** d. h. eine einheitliche und vollständige Ausfertigung der bei den Notarakten verbleibenden Urschrift über die Gründung,

- die Vorlage der **Vollmachtsurkunden** bzw. beglaubigter Abschriften davon, falls bei Unterzeichnung des Gesellschaftsvertrages Gesellschafter durch Bevollmächtigte vertreten waren (§ 2 Abs. 2 GmbHG),

- die **Legitimation der Geschäftsführer,** sofern sich diese nicht aus dem Gesellschaftsvertrag bzw. dem Musterprotokoll selbst ergibt, weil dort die Bestellung erfolgte. Wurden die Geschäftsführer durch gesonderten Gesellschafterbeschluss bestellt (§ 6 Abs. 3 Satz 2, § 46 Nr. 5 GmbHG), muss ein entsprechender schriftlicher Beschluss dem Registergericht vorgelegt werden,

- beizufügen ist eine vom Anmeldenden unterschriebene **Gesellschafterliste** mit den Personalien der Gesellschafter (Name, Vornamen, Geburtsdatum und Wohnort) sowie die Nennbeträge und die laufenden Nummern der von ihnen jeweils übernommenen Geschäftsanteile.

- Im Falle einer **Sachgründung** sind vorzulegen:
    - Die (schriftlichen) **Verträge,** die den Festsetzungen nach § 5 Abs. 4 GmbHG zugrunde liegen oder zu ihrer Ausführung geschlossen sind,
    - der **Sachgründungsbericht** sowie
    - **Bewertungsunterlagen** dafür, dass der Wert der Sacheinlage den Nennbetrag der dafür übernommenen Geschäftsanteile erreicht (z. B. elektronische Ablichtungen von Rechnungen, Preislisten, Sachverständigengutachten, Einbringungsbilanz bei Einbringung eines Unternehmens).

- Eine **Genehmigungsurkunde** ist **nicht mehr** beizufügen, auch wenn der Gegenstand des Unternehmens der GmbH oder die Aufnahme bestimmter Tätigkeiten (z. B. Bankgeschäfte, Makler, Baubetreuung, Personenbeförderung u. Ä.) der staatlichen oder der gewerberechtlichen Genehmigung bedürfen, so etwa auch der Eintragungen in die Handwerksrolle. Die bisherige Vorschrift in § 8 Abs. 1 Nr. 6 GmbHG wurde aufgehoben und dadurch das Eintragungsverfahren vollständig vom verwaltungsrechtlichen Verfahren abgekoppelt. Die frühere Rechtslage[1] erschwerte und verzögerte Unternehmensgründungen in der Rechtsform der GmbH erheblich. Jetzt wird die Rechtslage an die bei einem Einzelkaufmann oder einer Personengesellschaft angeglichen.

- Zur **Sicherung der Mindesteinzahlung** haben die Geschäftsführer zu versichern, dass Sacheinlagen bewirkt sind und sie zur freien Verfügung der Geschäftsführer stehen und auf Bareinlagen mindestens ein Viertel und insgesamt auf das Stammkapital mindestens 12 500 € eingezahlt sind und sich in der freien Verfügung der Geschäftsführer befinden. Ist das Stammkapital der Gesellschaft bei einer Bargründung bereits durch Schulden vorbelastet, ist die Versicherung durch Angabe von

---

1 Vgl. hierzu BGH v. 9. 11. 1987 II ZB 49/87, BGHZ 102, 209; OLG Celle v. 10. 12. 2002 9 W 168/01, GmbHR 2003, 532.

Gläubiger, Schuldgrund und Betrag entsprechend zu ergänzen.[1] Ist vor der Geldeinlage mit dem Gesellschafter eine Leistung vereinbart worden, die ein sog. Hin- und Herzahlen begründet, muss eine solche Leistung oder die Vereinbarung einer solchen Leistung angeben werden. Weiß der Geschäftsführer, dass eine verdeckte Sacheinlage geplant ist und somit eine vorsätzliche verschleierte Sacheinlage vorliegt, darf der Geschäftsführer in der Anmeldung nicht versichern, die Bareinlage sei erfüllt. Die spätere Anrechnung gibt kein Recht zur Lüge.

▶ Schließlich haben die Geschäftsführer gemäß § 8 Abs. 3 GmbHG zu **versichern**, dass keine Umstände vorliegen, die ihrer Bestellung nach § 6 Abs. 2 Satz 2 und 3 GmbHG entgegenstehen (Bestrafung, Berufsverbot). Es genügt seine Versicherung, er sei noch nie, weder im Inland noch im Ausland, wegen einer Straftat verurteilt worden. Es ist nicht erforderlich, die in § 6 Abs. 2 Satz 2 Nr. 3 GmbHG genannten Straftatbestände oder die vergleichbaren ausländischen Bestimmungen im Einzelnen aufzuführen.[2] Die Versicherung muss im Hinblick auf die fünfjährige Frist auf den Eintritt der Rechtskraft des Strafurteils abstellen. Eine Versicherung, die nur auf den Zeitpunkt der Verurteilung abstellt, vermittelt dem Registergericht nicht die erforderlichen Angaben, ob ein Ausschlussgrund vorliegt.[3]

▶ Die Geschäftsführer haben auch zu versichern, dass sie über ihre unbeschränkte Auskunftspflicht gegenüber dem Gericht belehrt worden sind.

▶ In der Anmeldung müssen Art und Umfang der **Vertretungsbefugnis** der Geschäftsführer angegeben werden, also ob z. B. Einzel- oder Gesamtvertretungsbefugnis besteht.

▶ Schließlich muss auch noch eine **inländische Geschäftsanschrift** der Gesellschaft angegeben werden. Diese dient u. a. dazu sicherzustellen, dass unter der Geschäftsanschrift nach § 35 Abs. 2 GmbHG an die Vertreter der GmbH **Willenserklärungen abgegeben oder Schriftstücke zugestellt** werden können. Sie muss nicht mit dem Verwaltungssitz übereinstimmen, der im Ausland liegen kann oder u. U. erst noch eingerichtet werden soll.

▶ Wird eine **Einpersonen-GmbH** gegründet und die bedungene Geldeinlage nicht voll einbezahlt, muss für den übrigen Teil der Einlage **keine Sicherheit mehr bestellt werden**. Die früher nach § 8 Abs. 2 Satz 2 GmbHG abzugebende entsprechende Versicherung entfällt daher. Diese Vorschrift ist gestrichen worden.

Die früher in § 8 Abs. 5 GmbHG a. F. enthaltene Anordnung, dass die Geschäftsführer ihre Unterschrift zur Aufbewahrung beim Gericht zu zeichnen haben, ist mit dem EHUG ab 1. 1. 2007 entfallen.

Wird die GmbH in der Unterform der **UG bzw. Unternehmergesellschaft (haftungsbeschränkt)** errichtet, gelten im Grunde die gleichen Anforderungen für eine Anmeldung zum Handelsregister, wobei sich allerdings die Versicherung der Geschäftsführer hinsichtlich der freien Verfügbarkeit der Einlagenzahlung darauf beziehen muss, dass

739

---

[1] BGH v. 9. 3. 1981 II ZR 54/80, BGHZ 80, 129; vgl. Rz. 957 f.
[2] BGH v. 17. 5. 2010 II ZB 5/10, DStR 2010, 1582.
[3] BGH v. 7. 6. 2011 II ZB 24/10, DB 2011, 1333.

die **Einlagen vollständig einbezahlt** sind, weil nach § 5a Abs. 2 GmbHG die Anmeldung erst erfolgen darf, wenn das Stammkapital in voller Höhe eingezahlt ist. Ein Sachgründungsbericht entfällt, weil bei der UG (haftungsbeschränkt) zur Gründung Sacheinlagen auf die Geschäftsanteile ausgeschlossen sind.

740 Wenden die Gründer der Gesellschaft das **vereinfachte Verfahren** unter Verwendung des Musterprotokolls an (§ 2 Abs. 1a GmbHG), was sowohl für eine **Einpersonen-Gesellschaft** als auch für eine Mehrpersonengesellschaft mit höchstens drei Gesellschaftern entweder in der „klassischen" **Rechtsform der GmbH** oder in der Unterform der **UG (haftungsbeschränkt)** möglich ist, vereinfacht dies die Anmeldung erheblich. Denn das **Musterprotokoll vereinigt** in einem Dokument den **Gesellschaftsvertrag, die Bestellung des** (einzigen) **Geschäftsführers und die Gesellschafterliste**. Es sollte aber beachtet werden, dass das Musterprotokoll auch für die „normale" GmbH **Sacheinlagen ausschließt** und die **Geldeinlage sofort** entweder **in voller Höhe** oder **zu 50 v. H.** zu erbringen ist. Beträge dazwischen oder zwischen 50 v. H. und der Mindesteinzahlung von 25 v. H. des Nennbetrages nach § 7 Abs. 2 GmbHG können nicht vereinbart und angemeldet werden.

741 Werden zum Zweck der Errichtung der GmbH falsche Angaben gemacht, so machen sich Gesellschafter und Geschäftsführer gem. § 9a GmbHG der Gesellschaft gegenüber nicht nur schadensersatzpflichtig, sondern sie haben an die Gesellschaft auch fehlende Einlagen zu leisten und nicht unter den Gründungsaufwand aufgenommene Vergütungen zu ersetzen. Außerdem sind falsche Gründungsangaben gem. § 82 GmbHG mit Strafe bedroht. Wegen der Einzelheiten zur Haftung aus falschen Gründungsangaben wird auf Rz. 923 verwiesen.

9. Prüfung und Entscheidung des Registergerichts

742 Das Registergericht muss gem. § 9c GmbHG vor Eintragung prüfen, ob der Gründungsvorgang allen gesetzlichen Erfordernissen – nach Form und Inhalt – genügt, um sicherzustellen, dass die GmbH ordnungsgemäß errichtet und angemeldet worden ist, und bei (nicht behebbaren) Mängeln die Eintragung ablehnen. Dabei steht dem Registergericht in dem nach dem FamFG durchzuführenden Verfahren nicht nur ein **formelles Prüfungsrecht** dergestalt zu, dass der Gründungsvorgang auf seine formale Ordnungsmäßigkeit (Anmeldung beim zuständigen Gericht, notwendiger und zulässiger Inhalt sowie ordnungsgemäße Beurkundung des Gesellschaftsvertrages, Vorliegen der Gründervollmachten und der der Anmeldung beizufügenden Unterlagen) untersucht wird.

Vielmehr hat der Registerrichter auch ein **materielles Prüfungsrecht**, das sich zwar nicht auf Gesichtspunkte wie Zweckmäßigkeit, Rentabilität und sonstige wirtschaftliche und finanzielle Grundlagen des von der GmbH geplanten Unternehmens, aber auf die Einhaltung der gesetzlichen Gründungsvoraussetzungen bezieht, etwa ob die Geschäftsanteile ordnungsgemäß übernommen, die Mindesteinzahlungen geleistet sowie die Sacheinlagen tatsächlich erbracht wurden und ob die festgesetzten Einlage- und Anrechnungswerte dem wirklichen Wert entsprechen. Hier hat sich die Prüfung aber darauf zu beschränken, ob die Sacheinlagen **nicht unwesentlich überbewertet** worden sind (vgl. § 9c Abs. 1 Satz 2 GmbHG).

Nur wenn das Gericht **erhebliche Zweifel an der Richtigkeit der Versicherung** nach § 8 Abs. 2 Satz 1 GmbHG (Bewirken der bedungenen Geld- oder Sacheinlagen zur endgültigen freien Verfügung der Geschäftsführer) hat, **kann es Nachweise, d. h. u. a. auch Einzahlungsbelege verlangen**. Wenn die Gründungsprüfung ohne Beanstandungen bleibt, ist die GmbH i. S. v. § 9c Abs. 1 GmbHG „ordnungsgemäß errichtet und angemeldet" und darf eingetragen werden.

Wegen des im FamFG-Verfahren herrschenden Amtsermittlungsgrundsatzes (§ 26 FamFG) muss sich das Registergericht zwar nicht auf die ihm von den Anmeldenden vorgelegten Unterlagen beschränken, sondern kann eigene Nachforschungen anstellen und z. B. Sachverständigengutachten einholen oder die Beteiligten zur Vorlage weiterer Beweismittel, etwa zur Vorlage von Bankauszügen oder Bankbestätigungen[1] auffordern.

743

Der gerichtliche **Ermessensspielraum** ist aber durch das MoMiG **eingeschränkt** worden, um die Eintragungszeiten zu verkürzen und damit die Eintragung zu beschleunigen. Bei der Gründungsprüfung kann das Gericht nur dann die Vorlage von Einzahlungsbelegen oder sonstige Nachweise verlangen, wenn es erhebliche Zweifel hat, ob das Kapital ordnungsgemäß aufgebracht wurde. Bei Sacheinlagen ist die Werthaltigkeitskontrolle darauf beschränkt, ob eine nicht unwesentliche Überbewertung vorliegt. Nur wenn es dafür entsprechende Hinweise gibt, kann im Rahmen der Gründungsprüfung eine externe Begutachtung veranlasst werden.

Wird bekannt, dass zwischen Anmeldung und Eintragung schon ein erheblicher Teil des auf das Stammkapital eingezahlten Geldes verbraucht worden ist, kann die Eintragung abgelehnt werden, obwohl die Gesellschafter auf die Differenz haften.[2] Schließlich hat das Registergericht auch die Firma der GmbH unter den Gesichtspunkten ihrer Zulässigkeit nach GmbHG und HGB und – mit Hilfe der IHK – unter den ortsgebundenen Aspekten zu prüfen, ob in dem Gebiet, in dem sich die neue GmbH betätigen will, kein anderer Kaufmann mit gleicher, ähnlicher oder zu verwechselnder Firma existiert und ob die Prinzipien der Firmenwahrheit und -klarheit beachtet worden sind.

Streit war insbesondere über die Prüfung und Zurückweisung der eingereichten Gesellschafterliste bei Veränderungen entstanden. Insofern kann auf die Rz. 2417 verwiesen werden. Im Zusammenhang mit der bei Gründung eingereichten Gesellschafterliste mag der Hinweis genügen, dass die Registergerichte befugt sind, die eingereichten Listen zu prüfen und ggf. zurückzuweisen, auch wenn sie nur „Verwahrstelle" der Gesellschafterliste sind.[3] Dem Notar steht ein eigenes Beschwerderecht nach § 59 Abs. 1 FamFG zu.[4]

743/1

Nicht jeder beliebige Mangel des Gesellschaftsvertrages kann aber zur Ablehnung der Eintragung führen. § 9c Abs. 2 GmbHG stellt nunmehr klar: Falls einzelne Bestimmungen des Gesellschaftsvertrages mangelhaft oder nichtig sind oder fehlen, kann die Eintragung nur abgelehnt werden, wenn damit

744

---

1 BGH v. 16. 12. 1996 II ZR 200/95, NJW 1997, 945.
2 BayObLG v. 7. 10. 1998 3Z BR 177/98, GmbHR 1998, 1225.
3 BGH v. 20. 9. 2011 II ZB 17/10, BB 2011, 2832.
4 BGH v. 1. 3. 2011 II ZB 6/10, ZIP 2011, 765.

- gegen zwingende gesetzliche Vorschriften über den Mindestinhalt der Satzung oder über einzutragende bzw. bekannt zu machende Tatsachen verstoßen wird (Nr. 1) oder
- Gläubigerschutzbestimmungen (etwa der Kapitalaufbringung) oder Vorschriften im Interesse der Öffentlichkeit verletzt werden (Nr. 2) oder
- wenn daraus die Nichtigkeit der Satzung folgt (Nr. 3).

745 Stellt das Registergericht behebbare Mängel fest oder hält es zur Aufklärung weitere Unterlagen oder Beweismittel für erforderlich, wird es i. d. R. durch eine Zwischenverfügung – unter Fristsetzung – Gelegenheit zur Abhilfe geben.

746 Werden die Mängel der Anmeldung nicht behoben oder sind sie unbehebbar, wird die Eintragung abgelehnt. Wegen der Überbewertung einer Sacheinlage kann die Eintragung nur abgelehnt werden, wenn sie nicht unwesentlich ist (§ 9c Abs. 1 Satz 2 GmbHG). Gegen einen ablehnenden Beschluss, aber auch gegen die Zwischenverfügung hat die Vorgesellschaft den Rechtbehelf der Beschwerde nach §§ 58 ff. FamFG. Die Rechtsbeschwerde gegen eine ablehnende Entscheidung ist möglich (§§ 70 ff. FamFG). Beschwerdeberechtigt ist die Vorgesellschaft vertreten durch die Geschäftsführer in der vertretungberechtigten Anzahl. Trägt das Registergericht trotz eines Mangels ein, wird der Mangel in der Regel behoben und die GmbH existent.

747 Ergeben sich keine Beanstandungen, erfolgt die Eintragung der GmbH. Es werden gem. § 10 GmbHG eingetragen:
- die Firma,
- der Sitz der Gesellschaft und eine inländische Geschäftsanschrift,
- der Gegenstand des Unternehmens,
- die Höhe des Stammkapitals,
- der Tag des Abschlusses des Gesellschaftsvertrages,
- die Person der Geschäftsführer und deren Vertretungsbefugnis, u. U. die Befreiung von § 181 BGB (Rz. 814, 3478 ff.),
- die Zeitdauer, sofern die GmbH nur für eine bestimmte Zeit errichtet ist,
- die Person, die für Willenserklärungen und Zustellungen an die Gesellschaft empfangsberechtigt ist, mit einer inländischen Anschrift, sofern eine solche Person zur Eintragung in das Handelsregister angemeldet wurde. Die Empfangsberechtigung gilt Dritten gegenüber bis zur Löschung und deren Bekanntgabe als fortbestehend, es sei denn, die fehlende Empfangsberechtigung war dem Dritten bekannt.

748 Im Hinblick darauf, dass die elektronische Registerführung und die vollelektronische Kommunikation zu einer spürbaren Verkürzung der Eintragungszeiten führen sollte, hat das EHUG die bisher in § 25 HRV vorgesehene Höchstfrist von einem Monat für Entscheidungen über die Anmeldung gestrichen und bestimmt, dass über Anmeldungen **„unverzüglich"**, d. h. ohne schuldhaftes Zögern (§ 121 BGB) zu entscheiden ist. Bei fehlerfreien Anmeldungen und elektronisch vorbereiteter Einreichung durch Notare wird der Entscheidungszeitraum nur noch kurz und die Eintragung der GmbH binnen weniger Tage möglich sein.

Gemäß § 8a Abs. 1 HGB wird die **Eintragung der GmbH in das Handelsregister wirksam, sobald sie in den für die Eintragung bestimmten Datenspeicher aufgenommen ist und auf Dauer inhaltlich unverändert in lesbarer Form wiedergegeben** werden kann. 749

10. Wirkung der Eintragung

Mit der Eintragung ins Handelsregister ist die GmbH als juristische Person entstanden (§ 11 GmbHG). Vor der Eintragung besteht die Gesellschaft als solche nicht. Die Eintragung ist rechtsbegründend (konstitutiv). 750

Ist die Eintragung selbst mangelhaft, weil sie nicht den Erfordernissen des § 10 GmbHG genügt, entsteht die GmbH als juristische Person nicht, wenn die Identität der Gesellschaft aus dem Handelsregister nicht ersichtlich ist, es also z. B. an der Eintragung der Firma oder des Gegenstandes fehlt; erst mit der Berichtigung der Eintragung entsteht die GmbH als juristische Person. 751

Ist die Eintragung erfolgt, obwohl der Gesellschaftsvertrag mangelhaft war (Rz. 851), kann dies zu einer Vernichtung der GmbH durch eine Nichtigkeitsklage gem. § 75 GmbHG führen; es kommen auch Maßnahmen des Registergerichts gem. §§ 395 ff. FamFG bis hin zur Amtslöschung der GmbH in Betracht. 752

(Einstweilen frei) 753

11. Bekanntmachung der Eintragung

Nach § 10 HGB und § 10 GmbHG ist die Eintragung der GmbH bekannt zu machen. Obwohl künftig die Eintragungen des Handelsregisters über das Internet frei abrufbar sein werden, hat das EHUG an dem **Erfordernis der Bekanntmachung der Eintragung festgehalten.** Das ist schon deshalb notwendig, weil die Publizitätswirkung des Handelsregisters gem. § 15 HGB an die Bekanntmachung anknüpft. Neu ist nach § 10 HGB, dass die Bekanntmachung künftig über das von der Landesjustizverwaltung bestimmte elektronische Informations- und Kommunikationssystem[1] in der zeitlichen Reihenfolge ihrer Eintragung nach Tagen geordnet erfolgt. Für den **Eintritt der Wirkungen der Bekanntmachung ist ausschließlich die elektronische Bekanntmachung** nach § 10 Satz 1 HGB maßgebend. 754

Die Eintragungen sind nach § 10 Satz 2 HGB ihrem ganzen Inhalt nach zu veröffentlichen, soweit ein Gesetz nicht etwas anderes vorschreibt. Bekannt gemacht wird also die Eintragung mit ihrem gesamten Inhalt, wie er sich zumindest aus § 10 Abs. 1 und Abs. 2 GmbHG ergibt. Veröffentlicht zu werden braucht aber im Falle der Sachgründung **nicht** mehr der **Gegenstand der Sacheinlage und der Betrag der Stammeinlage, auf die sich die Sacheinlage bezieht,** weil § 10 Abs. 3 GmbHG a. F. durch das EHUG aufgehoben worden ist. Auch eine besondere Bestimmung des Gesellschaftsvertrages über die Form öffentlicher Bekanntmachungen der GmbH muss nicht mehr bekannt gemacht werden. 755

---

[1] Durch den Verweis auf § 9 Abs. 1 Satz 4 HGB wird es ermöglicht, dass die Länder für die elektronische Bekanntmachung von Handelsregistereintragungen auch eine einheitliche, länderübergreifende Plattform bestimmen können, ähnlich der schon existierenden Webpage www.handelsregister.de.

12. Wirkung der Bekanntmachung

756　Die Vorschrift des § 15 HGB behandelt die sog. „Bekanntmachungswirkung" von Eintragungen ins Handelsregister und verleiht damit dem Handelsregister einen gewissen öffentlichen Glauben, indem das Vertrauen auf Inhalt und Vollständigkeit des Handelsregisters geschützt wird. Danach gilt Folgendes:

757　Ist eine in das Handelsregister einzutragende Tatsache nicht eingetragen und bekannt gemacht, so kann sie von demjenigen, in dessen Angelegenheiten sie einzutragen war, einem Dritten nicht entgegengehalten werden, es sei denn, dass sie diesem Dritten bekannt war.

758　Ist z. B. der im Handelsregister eingetragene Geschäftsführer A. abberufen und der neue Geschäftsführer N. bestellt worden, und wurde beides im Handelsregister nicht eingetragen und folglich auch nicht bekannt gemacht, so dass nach dem Handelsregister A. nach wie vor als Geschäftsführer eingetragen ist, und schließt nun B. mit der GmbH, vertreten durch A., einen Vertrag ab, dann kann die GmbH gegenüber B. nicht geltend machen, A. sei nicht mehr Geschäftsführer und deshalb zur Vertretung der GmbH nicht mehr berechtigt gewesen; diesen Einwand hat die GmbH nur, wenn B. die Abberufung positiv kannte, was die GmbH zu beweisen hat; bloßes Kennenmüssen genügt nicht.

759　Ist eine eintragungspflichtige Tatsache im Handelsregister eingetragen und bekannt gemacht, so muss ein Dritter diese Tatsache gegen sich gelten lassen, es sei denn, dass er sie weder kannte noch kennen musste. Gleiches Beispiel wie oben, aber im Handelsregister eingetragen und ordnungsgemäß bekannt gemacht ist die Abberufung des Geschäftsführers A. Dennoch schließt B. mit ihm als Geschäftsführer der GmbH einen Vertrag. Dieses Geschäft muss die GmbH nur dann gegen sich gelten lassen, wenn B. beweist, dass er keine Kenntnis hatte. Da die Eintragungen im elektronischen Bundesanzeiger bekannt gemacht werden, kann sich ein Kaufmann regelmäßig nicht darauf berufen, er habe eine Eintragung nicht gekannt, denn wer sich mit Kaufleuten abgibt, ist regelmäßig dazu verpflichtet, eigene Aktivitäten zu entfalten, um sich die nötigen Informationen zu beschaffen, etwa durch Einsichtnahme in das elektronische Handelsregister, die ihm § 9 HGB eröffnet. Unabhängig davon, ob die Bekanntmachung elektronisch oder noch gedruckt erfolgt, trifft den interessierten Informationssuchenden eine „Holschuld".[1]

13. Einsichtnahme in das Handelsregister

760　Die Einsichtnahme in das Handelsregister ist in § 9 HGB geregelt. **Jeder kann zu Informationszwecken die Eintragungen im Handelsregister und die zum Handelsregister eingereichten Dokumente einsehen.** Eines besonderen rechtlichen Interesses bedarf es nicht. Die Einsichtnahme kann gem. § 9 Abs. 1 Satz 1 HGB über das Internet erfolgen, wobei die Länder das System bzw. die Internetadresse bestimmen. Dieser Datenabruf ist kostenpflichtig: Jeder Abruf zu einem bestimmten Rechtsträger kostet 4,50 €, für

---

1 Vgl. Liebscher/Scharff, NJW 2006, 3745, 3747.

jedes weitere Dokument sind weitere 4,50 € zu bezahlen. Alle Abrufe werden protokolliert.

Alte Dokumente werden nicht generell zum 1.1.2007 auf die elektronische Form konvertiert. Der Einsichtnehmende kann aber anstelle der Zusendung einer Abschrift die elektronische Übermittlung oder die Übertragung in ein elektronisches Dokument mit anschließender Einstellung in den elektronischen Registerordner verlangen, soweit das Schriftstück weniger als zehn Jahre vor der Antragstellung zum Handelsregister eingereicht wurde (§ 9 Abs. 2 HGB, Art. 61 Abs. 3 EGHGB). Übermittelte Daten werden auf Antrag durch das Gericht bezüglich ihrer Übereinstimmung mit den Originaldaten beglaubigt (§ 9 Abs. 3 HGB). Es kann auch ein beglaubigter Ausdruck oder eine beglaubigte Abschrift von Schriftstücken verlangt werden (§ 9 Abs. 4 HGB). 761

14. Unternehmensregister

Ein weiterer Schwerpunkt des EHUG ist die Einführung des elektronischen „Unternehmensregisters" nach § 8b HGB zum 1.1.2007. Über die Internetseite www.unternehmensregister.de werden alle wesentlichen Unternehmensdaten auch einer GmbH an einer Stelle im Internet zum Abruf bereitgestellt. Das Unternehmensregister hat zwar keine originäre Bekanntmachungsfunktion, es zielt aber darauf ab, die in verschiedenen Datenbanken verstreuten Unternehmensinformationen an einer zentralen Stelle zusammenzuführen. Einen Katalog der Daten enthält § 8b Abs. 2 HGB. Geführt wird es grundsätzlich vom Bundesjustizministerium; mit dieser Aufgabe betraut wurde der Betreiber des elektronischen Bundesanzeigers (§ 9a Abs. 1 HGB i.V. m. VO v. 15.12.2006, BGBl I 2006, 3202). 762

Die Internetseite des Unternehmensregisters hat zum einen **Portalfunktion** für den Zugang zu sämtlichen bei den Registergerichten geführten Originaldaten der Handels-, Genossenschafts- und Partnerschaftsregister, der Bekanntmachungen hierzu sowie der Bekanntmachungen der Insolvenzgerichte (§ 8b Abs. 1 Nr. 1 bis 3 und 11 HGB). Hierzu übermitteln die Landesjustizverwaltungen nach § 8b Abs. 3 Satz 2 HGB die sog. Indexdaten (z. B. Firma eines Unternehmens, Rechtsform) für die Einrichtung der Suchfunktion, über die beim Unternehmensregister dann auf die Daten z. B. beim Handelsregister zugegriffen werden kann. Zum anderen werden im Unternehmensregister selbst die **unternehmensbezogenen Bekanntmachungen im elektronischen Bundesanzeiger** gespeichert und zum Abruf bereit gehalten, insbesondere die Unterlagen der **Rechnungslegung i. S. v. § 325 HGB** und **gesellschaftsrechtliche Bekanntmachungen**. Diese Daten liefert der Betreiber des elektronischen Bundesanzeigers unmittelbar dem Unternehmensregister (§ 8b Abs. 3 Satz 1 Nr. 1 HGB). Kapitalmarktrechtliche Daten (§ 8b Abs. 2 Nr. 9 und 10 HGB) müssen die veröffentlichungspflichtigen Unternehmen selbst zuliefern. 763

Die Einsichtnahme in die Daten, die über das Unternehmensregister zugänglich sind, ist wie beim Handelsregister jedermann zu Informationszwecken erlaubt (§ 9 Abs. 7 HGB) und grundsätzlich kostenfrei,[1] es sei denn, es werden über die Portalfunktion des 764

---

1 Für die Finanzierung des Unternehmensregisters sind pauschale Jahresgebühren von darin aufgenommenen Unternehmen zu entrichten, vgl. Nr. 1120 Anlage zum JvKostG.

Unternehmensregisters z. B. Daten aus dem Handelsregister abgerufen. Für den Abruf solcher Daten sind die Gebühren wie bei einem direkten Abruf zu entrichten; insofern bedarf es auch einer Registrierung des Benutzers. Werden die Unterlagen zur Rechnungslegung (§ 8b Abs. 2 Nr. 4 HGB) eingesehen, kann vom Unternehmensregister auch die Übermittlung eines Ausdrucks und die Beglaubigung der übermittelten Daten verlangt werden (§ 8b Abs. 4 Satz 1, § 9 Abs. 3 und 4 HGB).

15. Transparenzregister

Literatur: *Bochmann, C.*, Zweifelsfragen des neuen Transparenzregisters, DB 2017, 1310; *Rosner, C.*, Das neue Transparenzregister, NWB 2017, 2594.

765 Mit dem Gesetz zur Umsetzung der Vierten EU-Geldwäscherichtlinie, zur Ausführung der EU-Geldtransferverordnung und zur Neuorganisation der Zentralstelle für Finanztransaktionsuntersuchungen vom 23. 6. 2017[1] wird die Vierte EU-Geldwäscherichtlinie in nationales Recht umgesetzt. In Art. 1 wird das Geldwäschegesetz neu gefasst. Wesentlicher Punkt der Neufassung ist die Einführung eines sog. **Transparenzregisters** (§§ 18 ff. GwG n. F.). Aus diesem Register sollen sich die Identität und der Wohnort der „wirtschaftlich Berechtigten" – d. h. der hinter den gesellschaftsrechtlichen Strukturen natürlichen Personen – ergeben. Das Register betrifft nicht nur Marktteilnehmer, die in besonderem Maß Geldwäscherisiken ausgesetzt sind, sondern mit Ausnahme der BGB-Gesellschaft rechtsform- und größenunabhängig alle Gesellschaftsformen.

766 Die registermäßig zu erfassenden Angaben sind gem. § 19 Abs. 1 GwG n. F. Vor- und Nachname, Geburtsdatum, Wohnort und Art und Umfang des wirtschaftlichen Interesses des „wirtschaftlich Berechtigten".[2] Dieser wird in § 3 GwG n. F. u. a. für GmbHs wie folgt definiert: Jede natürliche Person, die unmittelbar oder mittelbar mehr als 25 % der Kapitalanteile hält, mehr als 25 % der Stimmrechte kontrolliert oder auf vergleichbare Weise Kontrolle ausübt. Mittelbare Kontrolle liegt nach § 3 Abs. 2 Satz 2 GwG n. F. insbesondere vor, wenn Anteile in dem vorgenannten Umfang von einer oder mehreren Vereinigungen i. S. von § 20 Abs. 1 GwG n. F. gehalten werden, die von einer natürlichen Person beherrscht werden. Für das Bestehen eines beherrschenden Einflusses gilt § 290 Abs. 2 bis 4 HGB entsprechend.

767 Die Informationssammlungs- und Mitteilungspflichten treffen die GmbH. Diese hat die Angaben zu ihren wirtschaftlich Berechtigten einzuholen, aufzubewahren, auf aktuellem Stand zu halten und der registerführenden Stelle unverzüglich zur Eintragung in das Transparenzregister mitzuteilen. Das BMF wird ermächtigt, durch RechtsVO die technischen Einzelheiten zur elektronischen Führung des Registers zu erlassen. Die notwendigen Angaben sind durch die GmbH bis zum 1. 10. 2017 zu machen. Das Register soll am 27. 12. 2017 online gehen.

768 Soweit sich die oben genannten Angaben bereits aus dem Handelsregister ergeben, braucht die GmbH nichts zu unternehmen. Das wird der Regelfall sein, da im Regelfall der Gesellschafter der wirtschaftlich Berechtigte ist. Anders kann es sein bei **Unterbe-**

---

1 BGBl I 2017, 1822, Geldwäscherichtlinie-Umsetzungsgesetz.
2 Vgl. im Einzelnen Rosner, NWB 2017, 2594.

teiligungen, **Treuhandverhältnissen** und **Nießbrauch** an Geschäftsanteilen.[1] In diesen Fällen besteht u. E. eine Mitteilungspflicht, so dass verdeckte Treuhandschaften zulässigerweise nicht mehr möglich sein werden.

Verstöße gegen die Informationssammlungs- und Mitteilungspflichten werden gemäß § 56 Abs. 1 Nr. 53 und 54 GwG n. F. mit **Bußgeldern** von bis zu 100 000 € bei „einfachen" Verstößen und bis zu 1 Mio. € oder dem Zweifachen des aus dem Verstoß gezogenen wirtschaftlichen Vorteils bei schwerwiegenden, wiederholten oder systematischen Verstößen geahndet. 769

Da das Transparenzregister kein öffentliches Register ist, ist die Einsichtnahme gemäß § 23 GwG n. F. lediglich bestimmten Behörden, den im Rahmen von §§ 10 ff. GwG n. F. sog. „Verpflichteten" sowie Personen, die ein berechtigtes Interesse darlegen, gestattet. Es bleibt abzuwarten, wie das BMF den Begriff des „berechtigten Interesses" in der RechtsVO konkretisiert. 770

(*Einstweilen frei*) 771–802

V. Die Errichtung der Einpersonen-GmbH

1. Die Errichtung der Einpersonen-GmbH

a) Gesellschafter der Einmann-GmbH

§ 1 GmbHG bestimmt, dass eine GmbH „durch eine oder mehrere" Personen errichtet werden kann. Es kann sich dabei um eine natürliche oder eine juristische Person handeln. Alleinige Gesellschafterin kann auch eine Personengesellschaft sein, da ein oder mehrere Geschäftsanteile bei der Gründung einer Mehrpersonen-GmbH auch von Personenmehrheiten in gesamthänderischer Gebundenheit übernommen werden können. Für die Gründung einer Einmann-GmbH gelten grundsätzlich die gleichen Vorschriften, die für die Gründung einer GmbH durch mehrere Gesellschafter anzuwenden sind. 803

Der im Rahmen der GmbH-Novelle 1980 geschaffene § 1 GmbHG modifiziert aus praktischen Erwägungen den Grundsatz, dass nach der herkömmlichen Definition der Gesellschaft als einem Zusammenschluss mehrerer Gesellschafter zur Verfolgung eines gemeinsamen Zweckes, eine Personengesellschaft begriffsnotwendig nur existieren kann, wenn mindestens zwei Gesellschafter vorhanden sind. Der Zwang der früheren erlaubten Strohmanngeschäfte mit nachträglicher Anteilsübertragung auf eine Person sollte nach Auffassung des Gesetzgebers nicht mehr bestehen.

Die „Strohmanngründung", bei der ein Gründungshelfer zwar im eigenen Namen, aber auf Rechnung seines Auftraggebers einen oder mehrere Geschäftsanteile übernimmt, ist weiterhin zulässig. Dies ergibt sich aus § 9a Abs. 4 Satz 1 GmbHG, wonach der „Hintermann" ebenso haftet wie der Gesellschafter, für dessen Rechnung er Geschäftsanteile übernommen hat.

---

1 Zu Einzelheiten s. Bochmann, DB 2017, 1310.

b) Der Gesellschaftsvertrag

804 Einen Vertrag über die Gründung einer GmbH (Gesellschaftsvertrag) kann eine einzelne Person naturgemäß nicht abschließen, weil der Abschluss eines Vertrages voraussetzt, dass mindestens zwei Personen vorhanden sind. Gleichwohl verwendet der Gesetzgeber in § 2 GmbHG weiterhin den Begriff des „Gesellschaftsvertrages", wenn dort auch nicht mehr – wie früher – vom Abschluss eines solchen Vertrages die Rede ist, sondern es nur noch heißt, dass der Gesellschaftsvertrag der notariellen Form bedarf.

Rechtlich erfolgt die Errichtung der „Einmann-GmbH" nicht durch den Abschluss eines Vertrages, sondern durch die Errichtungserklärung des alleinigen Gründers. Dabei handelt es sich um ein einseitiges, nicht empfangsbedürftiges Rechtsgeschäft,[1] das in notarieller Form vorzunehmen ist. Gleichwohl kann schon des Einklangs mit den gesetzlichen Bestimmungen wegen die Satzung der Einmann-GmbH als Gesellschaftsvertrag bezeichnet werden. Der Gründungsgesellschafter kann sich auch bei der Gründung einer Einpersonen-GmbH vertreten lassen. Die Vollmacht bedarf abweichend von § 167 Abs. 2 BGB nicht nur der notariellen Beurkundung bzw. Beglaubigung; sie muss auch inhaltlich eine solche Gesellschaftsgründung zumindest (mit)umfassen.[2] Eine fehlende Bevollmächtigung führt zur nicht heilbaren Nichtigkeit der Gründung.

805 Für den obligatorischen und fakultativen Inhalt der Satzung gelten die gleichen Bestimmungen wie für die Errichtung einer **mehrgliedrigen GmbH** (Rz. 532 ff.).

806 Eine Einpersonen-GmbH kann auch im **vereinfachten Verfahren** nach § 2 Abs. 1a GmbHG errichtet werden. Hierzu stellt das Gesetz das Musterprotokoll „a" für die Gründung einer Einpersonengesellschaft zur Verfügung, welches zu verwenden ist. Es sieht nur die Bildung eines einzigen Geschäftsanteils (Nr. 1) vor, worauf die Einlage sofort entweder in voller Höhe oder zur Hälfte (50 v. H.) eingezahlt werden muss. Damit wird gewährleistet, dass bei einer Gründung mit dem Mindeststammkapital auch die Hälfte des Gesamtnennbetrags des Geschäftsanteils (= Stammkapital) nach § 7 Abs. 2 Satz 2 GmbHG erbracht sein muss. Sacheinlagen sind dann nicht möglich.

807 Die Einpersonengesellschaft kann auch in der Unterform mit der Bezeichnung der **Unternehmergesellschaft** bzw. **UG (haftungsbeschränkt)** ohne ein bestimmtes Mindeststammkapital und mit oder ohne Verwendung des Musterprotokolls gegründet werden. In allen Varianten sind Sacheinlagen auf das Stammkapital nicht möglich, und das Stammkapital muss in voller vor der Anmeldung eingezahlt sein.

2. Stammkapital und Geschäftsanteil

808 Auch bei einer Einmann-GmbH muss – abgesehen von der Unterform der UG (haftungsbeschränkt) – das Stammkapital mindestens 25 000 € betragen. Da der Gründer nach neuem Recht mehrere, dann mit fortlaufenden Nummern zu versehende Geschäftsanteile mit unterschiedlich hohen Nennbeträgen übernehmen kann, ist jedoch darauf zu achten, dass die Summe der Nennbeträge mit dem Stammkapital übereinstimmt. Die Stückelung ist auch bei der UG (haftungsbeschränkt) möglich, nicht jedoch

---

[1] Hueck/Fastrich in Baumbach/Hueck, GmbHG, § 2 Rz. 7.
[2] Zu Einzelheiten s. OLG Frankfurt v. 1. 12. 2016 – 20 W 198/15, NWB DokID: KAAAG-41388.

wenn die Gesellschaft im vereinfachten Verfahren unter Verwendung des Musterprotokolls errichtet werden soll.

3. Der Gründungsvorgang

a) Besonderheiten

Für den Gründungsvorgang gelten die gleichen Regeln wie bei der Errichtung einer mehrgliedrigen GmbH. Zusätzliche Erfordernisse unter dem Gesichtspunkt des Gläubigerschutzes sind nicht mehr einzuhalten. Es ist keine Sicherheit für noch nicht erbrachte Geldeinlagen stellen. 809

Der Einmann-Gründer muss gem. § 7 Abs. 2 Satz 1 und Satz 2 GmbHG – wie bei anderen Gründungen auch – vor der Anmeldung der Gesellschaft beim Handelsregister nur ein Viertel auf den Nennbetrag jeden Geschäftsanteils, **mindestens aber die Hälfte des Mindeststammkapitals** – also 12 500 € – einzahlen. Die Einzahlung der Geldeinlage muss so erfolgen, dass auch für Außenstehende erkennbar wird, dass das Geld zum Sondervermögen der in Gründung befindlichen GmbH (Vorgesellschaft) gehört.[1] Dazu muss bedarf es regelmäßig einer Bareinzahlung, Banküberweisung oder Einlösung eines Schecks auf einem Bankkonto, das auf die Gründungsgesellschaft (oder wenigstens den Geschäftsführer in seiner Eigenschaft als künftiges Organ der GmbH) lautet. Der Geschäftsführer hat bei der Anmeldung zum Handelsregister eine entsprechende Versicherung nach § 8 Abs. 2 GmbHG abzugeben. **Zahlungsnachweise kann** das Registergericht verlangen, wenn **erhebliche Zweifel an der Richtigkeit der Versicherung bestehen.** 810

Für den Rest, der nicht sofort aufgebracht werden muss und bei einer Bargründung drei Viertel des Gesamtnennbetrages des Geschäftsanteils bzw. der Geschäftsanteile ausmachen kann, muss der Gründer **keine Sicherung bestellen**. Die frühere Bestimmung nach § 7 Abs. 2 Satz 3 GmbHG a. F. ist aufgehoben worden. 811

Wird die **Einpersonen-Gesellschaft als UG (haftungsbeschränkt)** mit einem Stammkapital unter dem Mindeststammkapital von 25 000 € errichtet, ist zu beachten, dass dann dieses **Stammkapital** vor der Anmeldung **in voller Höhe eingezahlt** werden muss und **Sacheinlagen ausgeschlossen** sind. 812

Will der Gründer das **vereinfachte Verfahren** nutzen und hierzu das gesetzliche **Musterprotokoll** für die Gründung verwenden, kann nur **ein Geschäftsanteil** gebildet werden. Außerdem sieht das Musterprotokoll **keine Sacheinlagen** vor und bietet nur die **zwei Alternativen**, die **Geldeinlagen** entweder **in voller Höhe oder zu 50 v. H. sofort** zu erbringen. Bei Verwendung des Musterprotokolls zu der Errichtung einer UG (haftungsbeschränkt) entfällt die Möglichkeit, das Stammkapital nur zur Hälfte einzuzahlen. 813

b) Der Geschäftsführer

Der einzige GmbH-Gesellschafter kann zugleich auch zum Geschäftsführer der Einmann-GmbH bestellt werden. Zu beachten ist jedoch die Bestimmung des § 35 Abs. 4 GmbHG, wonach der Einmann-Gesellschafter, der zugleich Geschäftsführer ist, hin- 814

---

1 BayObLG v. 20. 1. 1994 4 St RR 1/94, GmbHR 1994, 329.

sichtlich seiner Geschäfte mit der Gesellschaft dem Verbot des Selbstkontrahierens (§ 181 BGB) unterliegt. Dem Geschäftsführer ist es nicht erlaubt, Rechtsgeschäfte zwischen der GmbH und sich einzugehen, es sei denn, durch die Satzung (Gesellschaftsvertrag) bzw. durch spätere Änderung der Satzung – und nur durch diese[1] – wird ihm Befreiung vom Verbot des Selbstkontrahierens erteilt. Das gesetzliche Musterprotokoll für die Errichtung einer Einpersonengesellschaft enthält die Bestellung eines Geschäftsführers und dessen Befreiung von den Beschränkungen des § 181 BGB. Die allgemeine Befreiung im Gesellschaftsvertrag ist im Handelsregister einzutragen.[2]

815 Möglich ist es auch, dem alleinigen Gesellschafter-Geschäftsführer im Einzelfall durch einen Gesellschafterbeschluss ein In-Sich-Geschäft zu gestatten. Dann muss die Satzung eine entsprechende Bestimmung enthalten. Es muss dann aber auch jeweils ein Gesellschafterbeschluss gefasst werden, über den unverzüglich eine Niederschrift aufzunehmen und zu unterschreiben ist (§ 48 Abs. 3 GmbHG).

4. Nachträgliche Entstehung einer Einmann-GmbH

816 Eine Einmann-GmbH kann auch dadurch entstehen, dass ein Gesellschafter später alle Geschäftsanteile erwirbt. Die für diesen Fall bisher in § 19 Abs. 4 GmbHG a. F. vorgesehene besondere Sicherung der Kapitalaufbringung ist mit der Neufassung von § 19 Abs. 4 GmbHG entfallen. Es müssen weder innerhalb von drei Monaten seit der Anteilsvereinigung alle Geldeinlagen voll eingezahlt noch der Gesellschaft für die Zahlung der noch ausstehenden Beträge eine Sicherung bestellt oder ein Teil der Geschäftsanteile an einen Dritten übertragen werden.

817 Bei einer Anteilsvereinigung in der Hand eines Gesellschafters haben die Geschäftsführer – wie bei jedem anderen Gesellschafterwechsel auch – zu dem Handelsregister unverzüglich eine von ihnen unterschriebene Gesellschafterliste einzureichen (§ 40 Abs. 1 GmbHG), welche Name, Vorname, Geburtsdatum und Wohnort der Gesellschafter, bei denen Änderungen in der Person oder im Umfang ihrer Beteiligung wirksam geworden sind, sowie die Nennbeträge und die laufenden Nummern der von einem jeden übernommenen Geschäftsanteile enthält. Der **Geschäftsführer**, der die ihm obliegende Pflicht verletzt, **haftet** den **Personen, deren Beteiligung sich geändert hat**, und den **Gläubigern der Gesellschaft** für den daraus entstehenden Schaden (§ 40 Abs. 3 GmbHG).

818–830 *(Einstweilen frei)*

5. Entstehung einer Einmann-GmbH durch Umwandlung

831 Eine Einmann-GmbH kann neben der Einpersonen-Gründung und der Vereinigung aller Geschäftsanteile in einer Hand auch durch Umwandlung eines einzelkaufmännischen Unternehmens, dessen Firma im Handelsregister eingetragen ist, in eine GmbH entstehen. Dies erfolgt gem. §§ 152 ff. UmwG durch **„Ausgliederung"**, die einen Unterfall der Spaltung i. S. d. § 123 Abs. 3 Nr. 2, § 124 UmwG darstellt. Damit ist es möglich, das ge-

---

[1] BGH v. 6. 10. 1960 II ZR 215/58, BGHZ 33, 189.
[2] BGH v. 28. 2. 1983 II ZB 8/82, BGHZ 87, 59.

samte, dem Einzelunternehmen dienende Vermögen, aber auch Teile davon auch zum Zwecke der Neugründung einer GmbH auf diese im Wege der Universalsukzession übergehen zu lassen.

Im Gegensatz zur Einbringung des Unternehmens durch eine normale Sachgründung, die eine Einzelübertragung aller zum Anlage- und Umlaufvermögen gehörender Gegenstände erfordert, geht bei der Umwandlung mit deren Eintragung das Vermögen im Wege der Gesamtrechtsnachfolge vom übertragenden auf den übernehmenden Rechtsträger – die GmbH – über, § 20 Abs. 1 i.V. m. § 125 UmwG. Dies gilt auch für die Verbindlichkeiten, während bei der Einbringung die Verbindlichkeiten des Einzelunternehmens nur mit Zustimmung der Gläubiger übergehen (§§ 414, 415 Abs. 1 BGB). Allerdings dürfen die Verbindlichkeiten des Einzelunternehmers das Vermögen nicht übersteigen (§ 152 Satz 2 UmwG).

Auch im Fall der Umwandlung ist ein Sachgründungsbericht nach § 5 Abs. 4 GmbHG zu erstatten, der zusätzlich § 58 Abs. 1 UmwG entsprechen, also auch den Geschäftsverlauf und die Lage des übergehenden einzelkaufmännischen Unternehmens bzw. des ausgegliederten Teils darlegen muss (§ 159 UmwG). Eine Prüfung durch einen sachverständigen Prüfer ist jedoch nicht erforderlich, § 125 Satz 2 UmwG. Dies ist vor allem für die **„kleine" GmbH** und die **Kleinstkapitalgesellschaft (§ 267a HGB i. d. F. des MicroBilG**[1]**)**, die nach §§ 316 Abs. 1, 267 Abs. 1 HGB und § 267a Abs. 2 HGB nicht prüfungspflichtig sind, von praktischer Bedeutung. Die Überbewertung stellt aber ein Eintragungshindernis dar (§ 9c Abs. 1 Satz 2 GmbHG), das es im Zweifel durch ein vom Registergericht einzuholendes Sachverständigengutachten auszuräumen gilt.

832

Die Umwandlung des Unternehmens eines Einzelkaufmanns in eine Einmann-GmbH – also zum Zwecke von deren **Neugründung** – erfolgt durch eine Umwandlungserklärung (Ausgliederungserklärung) in notarieller Form. In ihr ist auch die Errichtungserklärung für die Einpersonen-GmbH abzugeben und der Gesellschaftsvertrag (die Satzung) für die GmbH festzustellen. Ein Sachgründungsbericht ist obligatorisch, da die Übertragung des ausgegliederten Geschäftsvermögens als Ganzes zum Zwecke der Neugründung eine Sachgründung darstellt.

833

Die **Umwandlung zur Neugründung einer Unternehmergesellschaft (haftungsbeschränkt) ist nicht möglich.** Bei dieser Unterform der GmbH sind nämlich Sacheinlagen ausgeschlossen (§ 5a Abs. 2 GmbHG). Auch das **vereinfachte Verfahren** zur Errichtung einer GmbH nach § 2 Abs. 1a GmbHG kann **nicht praktiziert** werden, weil das gesetzliche Musterprotokoll nur in Geld zu erbringende Einlagen und keine Sacheinlagen auf den Geschäftsanteil vorsieht.

834

(*Einstweilen frei*)

835–850

VI. Die fehlerhafte Gesellschaft

Der Gesellschaftsvertrag der GmbH kann – wie bei anderen Verträgen auch – in Form und Inhalt mangelhaft sein. Allerdings lassen sich die Grundsätze, die zur fehlerhaften, aber in Vollzug gesetzten Personengesellschaft entwickelt worden sind, nur ausnahms-

851

---

[1] Vgl. hierzu Fey/Deubert/Lewe, BB 2013, 107.

weise anwenden. Mit der Eintragung der GmbH in das Handelsregister, also mit ihrer Entstehung als solche, werden die meisten Mängel geheilt. Die gilt nur für die in § 75 GmbHG genannten Nichtigkeitsgründe (Fehlen von Bestimmungen über die Höhe des Stammkapitals oder den Gegenstand des Unternehmens oder Nichtigkeit der Bestimmung über den Gegenstand des Unternehmens) nicht. Hinsichtlich einzelner Klauseln der Satzung, die nichtig sind, nimmt die Rechtsprechung[1] an, dass sie analog § 242 Abs. 2 AktG geheilt werden, wenn drei Jahre seit der Eintragung in das Handelsregister verstrichen sind.

852 Ist die GmbH zwar durch Abschluss des Gesellschaftsvertrages errichtet, aber noch nicht eingetragen, gilt für die entstandene Vorgesellschaft (**Vor-GmbH**) nicht § 75 GmbHG. Bei Anfechtung oder Nichtigkeit des Gesellschaftsvertrages sind für die in Vollzug gesetzte Vorgesellschaft die Grundsätze über die Abwicklung fehlerhafter (faktischer) Gesellschaftsverhältnisse anzuwenden. Die Geltendmachung des Mangels führt unmittelbar zur Auflösung der Gesellschaft, weil der Zweck der Vorgesellschaft, für das Entstehen der GmbH auf der Grundlage der (unwirksamen) Satzung zu sorgen, entfallen ist. Eine für die entstandene GmbH vorbehaltene Auflösungsklage nach § 61 GmbHG ist nicht erforderlich.

853 Auf die **Liquidation** sind die für die entstandene GmbH geltenden Vorschriften der §§ 60 ff. GmbHG entsprechend anzuwenden, sofern sie nicht zwingend die Eintragung der GmbH voraussetzen. Wenn man nach allgemein geteilter Ansicht die Vorgesellschaft als Vorstufe zu der mit Eintragung entstehenden juristischen Person und als ein eigenständiges, von ihren Gründern und Gesellschaftern verschiedenes körperschaftlich strukturiertes Rechtsgebilde mit eigenen Rechten und Pflichten[2] versteht, für das weitgehend das Recht der GmbH anzuwenden ist, ist es nahe liegend, auch die Vorschriften über die Liquidation einer GmbH anzuwenden, wenn sie nicht die vorherige Eintragung der Gesellschaft voraussetzen.[3] Solange die Liquidation der Vor-GmbH dauert, besteht sie als rechtsfähige und nach § 50 ZPO parteifähige Abwicklungsgesellschaft fort. Allerdings hat der BGH – was die Liquidatoren angeht – auch entschieden, dass hier die Regeln des § 730 BGB anzuwenden seien und nicht § 66 GmbHG.[4]

854 Setzen die Gesellschafter nach Aufgabe der Eintragungsabsicht die Gesellschaft fort anstatt sie abzuwickeln, unterliegt sie dem Recht der BGB-Gesellschaft, soweit der Gewerbebetrieb keinen in kaufmännischer Weise eingerichteten Geschäftsbetrieb erfordert, sonst ist sie als OHG zu behandeln. Auch die BGB-Gesellschaft, die am Rechtsverkehr teilnimmt, ist rechts- und parteifähig.

855–870 (*Einstweilen frei*)

---

1 BGH v. 19. 6. 2000 II ZR 73/99, BGHZ 144, 365.
2 Vgl. BGH v. 16. 3. 1992 II ZB 17/91, BGHZ 117, 323.
3 BGH v. 28. 11. 1997 V ZR 178/96, NJW 1998, 1079; BGH v. 31. 3. 2008 II ZR 308/06, DStR 2008, 1249.
4 BGH v. 24. 10. 1968 II ZR 216/66, BGHZ 51, 30.

VII. Die Vorgründungsgesellschaft

Literatur: *Priester,* Das Gesellschaftsverhältnis im Vorgründungsstadium, GmbHR 1995, 481; *Schmidt, K.,* Haftung aus Rechtsgeschäften vor Errichtung einer GmbH, GmbHR 1998, 613; *Pfeifer,* Die persönliche Haftung der Gesellschafter einer GmbH, JuS 2008, 490.

Die Gründung einer GmbH durchläuft drei Phasen. Vor Abschluss des notariellen Gesellschaftsvertrages entsteht die **Vorgründungsgesellschaft**, sobald mehrere Personen – die Gründer – einen Vertrag mit der Vereinbarung schließen, gemeinsam eine GmbH zu errichten (Vorgründungsphase). Sie wird auch als **Vorgründungs-GmbH** bezeichnet, weil sich die „werdende" GmbH im Stadium zeitlich **vor** der notariellen Beurkundung befindet. Dabei handelt es sich um eine Gesellschaft bürgerlichen Rechts, wenn es deren alleiniger Zweck ist, die GmbH zu gründen, oder eine OHG, wenn daneben noch weitere geschäftliche Aktivitäten entfaltet werden sollen und ein Handelsgeschäft (§ 1 HGB) betrieben wird. Auch wenn diese Personenvereinigung der Gründer die spätere Tätigkeit der GmbH vorbereitet, hat sie mit dieser im Rechtssinne nichts zu tun und ist ein eigenständiges Gebilde.[1]

871

Für den Übergang der Rechte und Pflichten und auch der Schulden der Vorgründunggesellschaft, für die im Übrigen alle Gesellschafter nach §§ 705 ff. BGB bzw. § 128 HGB unbeschränkt mit ihrem persönlichen Vermögen als Gesamtschuldner haften, hat dies Konsequenzen: Während die Vorgesellschaft mit Eintragung der GmbH in das Handelsregister mit allen Rechten und Verbindlichkeiten ohne Weiteres in der dann rechtlich existent werdenden GmbH aufgeht, müssen – wegen der fehlenden Identität von Vorgründungsgesellschaft und Vorgesellschaft (Vor-GmbH) bzw. GmbH – die Gegenstände ihres Vermögens mittels selbständigem Übertragungsakt auf die Vorgesellschaft übertragen oder in die GmbH eingebracht werden.

872

Allerdings kann eine solche Übertragung auch konkludent erfolgen, sofern nicht besondere Formen hierzu beachtet werden müssen (z. B. bei Grundstücken die Auflassung). Eine stillschweigende Übertragung kann aus der bilanziellen Behandlung bei der später gegründeten Gesellschaft hergeleitet werden. Wenn sich dort Wirtschaftsgüter der Vorgründungsgesellschafter wiederfinden, spricht dies für die **Annahme einer vorangegangenen Übertragung**.[2] Bleiben also bis zu einer Übertragung grundsätzlich die Aktiva und Passiva bei der Vorgründungsgesellschaft, bis sie wirksam auf die errichtete oder entstandene GmbH übertragen werden,[3] gewinnt dieser Umstand besondere Bedeutung bei der Haftung für die Verbindlichkeiten. Auch wenn die Vorgesellschaft oder die GmbH die Schulden der Vorgründungsgesellschaft übernimmt, werden die Vorgründungsgesellschafter nicht von ihrer persönlichen Haftung befreit, bis die Gläubiger dem zustimmen.[4]

Die Vorgesellschaft bzw. die später entstehende GmbH wird auch nicht berechtigt oder verpflichtet aus Geschäften, die – fälschlicherweise – für die „GmbH" oder die „GmbH

873

---

1 BGH v. 7.5.1984 II ZR 276/83, BGHZ 91, 148, 151.
2 Vgl. BGH v. 7.10.1991 II ZR 252/90, NJW 1992, 362.
3 Vgl. BGH v. 25.10.2000 VIII ZR 306/99, GmbHR 2001, 293.
4 § 415 Abs. 1 Satz 1 BGB; BGH v. 10.3.1997 II ZR 158/95, DStR 1997, 790; v. 9.3.1998 II ZR 366/96, NJW 1998, 1645.

in Gründung" abgeschlossen werden. Es gelten dann die Grundsätze des unternehmensbezogenen Vertreterhandelns. Sie besagen, dass eine Falschbezeichnung oder das Fehlen eines Rechtsformzusatzes unbeachtlich ist und derjenige Rechtsträger verpflichtet wird, für den betriebsbezogen und mit Vertretungsmacht gehandelt wird, also die Vorgründungsgesellschaft.[1]

> **BEISPIEL:** A, B und C beschließen, eine GmbH mit der Firma „Heinzelmännchen-GmbH" zu gründen, und beauftragen gemeinsam A mit den notwendigen Vorbereitungsarbeiten. A kauft namens der „Heinzelmännchen-GmbH i.Gr." eine Büroeinrichtung, die geliefert wird, als der Gesellschaftsvertrag bereits notariell beurkundet ist. Aus dem Kaufvertrag werden weder die jetzt schon entstandene Vorgesellschaft (die GmbH in Gründung) noch die GmbH selbst nach ihrer Eintragung in das HR berechtigt und verpflichtet. Zur Zahlung des Kaufpreises sind die Gesellschafter A, B und C in Gesellschaft bürgerlichen Rechts verpflichtet. Eigentümerin wird die Vorgründungsgesellschaft, die ihr Eigentum nach §§ 929 ff. BGB auf die Vorgesellschaft bzw. GmbH übertragen muss. Der Lieferant kann sich an A, B und C persönlich für die Zahlung des Kaufpreises halten, selbst wenn die GmbH bzw. die Vorgesellschaft bei Übereignung der Büroeinrichtungsgegenstände durch ihren Geschäftsführer erklärt hatte, sie übernehme mit befreiender Wirkung die Kaufpreisschuld. Dies ist im Verhältnis zum Lieferanten solange unerheblich, als dieser der Schuldübernahme nicht zugestimmt hat.

874–890   (*Einstweilen frei*)

VIII. Die Vorgesellschaft

Literatur: *Gehrlein*, Die Haftung in verschiedenen Gründungsphasen einer GmbH, DB 1996, 561; *Schmidt, K.*, Zur Haftungsverfassung der Vor-GmbH, ZIP 1997, 671; *Flume*, Die Rechtsprechung zur Haftung der Gesellschafter der Vor-GmbH und die Problematik der Rechtsfortbildung, DB 1998, 45; *Cebulla*, Haftungsmodelle bei einer GmbH-Gründung, NZG 2001, 972; *Lenz*, Haftung der Gesellschafter und Handelnden bei Vorgründungsgesellschaft und Vor-GmbH, INF 2002, 147.

1. Wesen und Rechtsnatur

891   Die **Vorgesellschaft**, auch als **Vor-GmbH** bezeichnet oder in der Praxis häufig firmierend mit „X-GmbH i.Gr." (GmbH in Gründung), entsteht mit der notariellen Beurkundung des Gesellschaftsvertrages (Satzung) und endet mit der Eintragung der GmbH, also mit deren Entstehen „als solcher" nach § 11 Abs. 1 GmbHG. Mit Ausnahme der Aussage, dass die GmbH als solche vor der Eintragung noch nicht besteht, äußert sich der Gesetzgeber zu dem Rechtszustand der Gesellschaft zwischen ihrer (notariellen) Gründung und ihrem Entstehen als rechtsfähige juristische Person durch die Eintragung in das HR nur noch in § 11 Abs. 2 GmbHG, obwohl in dieser Phase die Stammeinlagen (= Einlagen auf das Stammkapital) als Geld- oder Sacheinlagen erbracht, entgegengenommen und verwaltet werden müssen, ohne dass es die Gesellschaft, die mit den Leistungen bedacht werden soll, schon gibt.

Es muss auch schon ein gewisser Aufwand betrieben und es müssen eine Reihe von Aktivitäten entfaltet werden, um die Eintragung der GmbH und damit ihr Entstehen zu bewirken, und es kann sich letzlich auch als notwendig bzw. wirtschaftlich sinnvoll erweisen, bereits vor der Eintragung mit den eigentlichen geschäftlichen und unternehmerischen Betätigungen zu beginnen, zu deren Zweck die Gesellschaft gegründet wor-

---

[1] St. Rspr., vgl z. B. BGH v. 4. 4. 2000 XI ZR 152/99, NJW 2000, 2984.

den ist. Auch die Gründer der Gesellschaft haben häufig nur das Bestreben, mit ihrem Unternehmen auf dem Markt zu starten, und verwenden wenig Gedanken darauf, Regelungen für die Zwischenphase zu treffen.

Es entspricht einhelliger Ansicht, dass die in diesem Gründungsabschnitt bestehende Vorgesellschaft als ein Rechtsgebilde eigener Art anzusehen ist, auf das die Vorschriften des GmbH-Rechts und die vertraglichen Gründungsbestimmungen (der werdenden Gesellschaft) anzuwenden sind, soweit dies nicht zwingend die Eintragung der GmbH voraussetzt.[1] Die Vor-GmbH ist aktiv und passiv parteifähig, kann das als Sacheinlage eingebrachte Unternehmen führen, also als Träger von Rechten und Pflichten nach außen im Rechtsverkehr auftreten,[2] ist i. S. v. § 11 Abs. 1 InsO insolvenzfähig und kann mit dem Zusatz „i. G." oder „in Gründung" als solche in das Handelsregister und in das Grundbuch eingetragen werden.[3] Aus Rechtsgeschäften, die im Namen der und für die Vor-GmbH abgeschlossen werden, wird grundsätzlich allein die Vorgesellschaft selbst verpflichtet und ausschließlich ihr eigenes Vermögen belastet.

892

Für das Innenverhältnis unter den Gesellschaftern bedeutet dies zunächst, dass Gesellschafterbeschlüsse zur Willensbildung möglich sind, die mehrheitlich gefasst werden können, soweit es sich um Angelegenheiten handelt, die sich im Rahmen des Zwecks der Vor-GmbH halten, ihre Eintragung herbeizuführen, und die hierzu erforderlichen Rechts- und Verwaltungshandlungen betreffen. Vertragsänderungen wie z. B. auch ein Wechsel in der Mitgliedschaft müssen indessen einstimmig beschlossen werden, ebenso, wenn die Vorgesellschaft schon die eigentlichen Geschäfte der künftigen GmbH aufnehmen und der Geschäftsführer hierzu ermächtigt werden soll.[4]

893

2. Geschäftsführung und Vertretungsmacht/Handelndenhaftung

Die Vorgesellschaft muss als selbst nicht handlungsfähiges Gebilde eine Geschäftsführung haben, um alle die Aufgaben zu bewältigen, dem Zweck der Vorgesellschaft entsprechend die GmbH beim Handelsregister anzumelden und eintragen zu lassen. Deshalb ist bereits für dieses Stadium der Gründung ein Geschäftsführer zu bestellen, dessen wesentlicher Aufgabenbereich auch grundsätzlich den Umfang seiner Geschäftsführungsbefugnis und Vertretungsmacht umschreibt.

894

Der Geschäftsführer hat die Voraussetzungen der Eintragung herbeizuführen. Dazu gehören im Wesentlichen, die in bar zu erbringenden Mindesteinlagen und bei Sachgründungen die Sacheinlagen zu seiner endgültigen freien Verfügung einzufordern, einen notwendigen Sachgründungsbericht – eventuell auf der Grundlage eines von ihm in Auftrag zu gebenden Gutachtens eines Sachverständigen – zu erstellen und sonstige Eintragungsunterlagen zu beschaffen. Er muss bei Überbewertung der bedungenen Sacheinlagen den Gesellschafter zum Ausgleich der Differenz in Geld auffordern, wenn er sich nicht Schadensersatzforderungen der Gesellschaft wegen falscher Angaben bei

---

1 BGH v. 24. 10. 1968 II ZR 216/66, BGHZ 51, 30; v. 9. 3. 1981 II ZR 54/80, BGHZ 80, 129; v. 16. 3. 1992 II ZB 17/91, BGHZ 117, 323, 326.
2 BGH v. 31. 3. 2008 II ZR 308/06, ZIP 2008, 2441.
3 BGH v. 9. 10. 2003 IX ZB 34/03, ZIP 2003, 2123.
4 BGH v. 9. 3. 1981 II ZR 54/80, BGHZ 80, 129, 139; v. 4. 11. 2002 II ZR 204/00, BGHZ 152, 290.

der Anmeldung nach § 9a Abs. 1 GmbHG oder wegen sonstiger Obliegenheitsverletzung nach § 43 Abs. 2 GmbHG aussetzen will.

Schließlich umfasst der Aufgabenbereich und damit auch die Geschäftsführungsbefugnis und Vertretungsmacht eine ordnungsgemäße Verwaltung, Erhaltung und Sicherung des Vermögens der Gesellschaft, also z. B. ein Bankkonto für die Gesellschaft einzurichten, die rentierliche Anlage eingezahlten Geldes oder sonstige kaufmännisch sinnvolle Nutzung von eingebrachten Gegenständen (kurzfristige Vermietung von Anlagegegenständen, aber auch deren Wartung und Erhaltung) zu veranlassen.

895 Soll der Geschäftsführer über den Kreis solcher Geschäfte hinaus, die zum Erreichen des eigentlichen Zwecks der Vorgesellschaft erforderlich sind, für die Gesellschaft tätig werden, also umfangreichere geschäftliche und unternehmerische Aktivitäten entfalten (wie z. B. bereits das Geschäft der GmbH zu eröffnen oder ein eingebrachtes Unternehmen fortzuführen), ist hierfür wegen der Erweiterung des Zwecks der Vorgesellschaft eine einstimmige Entschließung der Gesellschafter erforderlich.[1] An ein solches Einverständnis dürfen aber für dessen rechtliche Wirksamkeit keine besonderen Anforderungen gestellt werden. Es bedarf dafür weder eines förmlichen Beschlusses der Gesellschafterversammlung noch gar einer Satzungsänderung, es reicht sogar eine stillschweigende Ermächtigung aus.

896 Für die **Handelndenhaftung** des Geschäftsführers, der insbesondere zu den „Handelnden" i. S. d. § 11 Abs. 2 GmbHG zählt, ist es von Bedeutung, ob er im übereinstimmenden Einverständnis der Gründungsgesellschafter Rechtsgeschäfte abgeschlossen hat, die über den eingeschränkten, eigentlichen Wirkungskreis der Vorgesellschaft hinausgehen, oder nicht. Zwar haftet der Geschäftsführer, der rechtsgeschäftlich im Namen der Gesellschaft gehandelt hat, persönlich nach § 11 Abs. 2 GmbHG dem Gläubiger (Geschäftspartner), und zwar unabhängig davon, ob er Vertretungsmacht hatte oder nicht. Seine Haftung nach § 11 Abs. 2 GmbHG aus einer Verbindlichkeit, die er im Rahmen seiner Vertretungsmacht namens der Gesellschaft begründet hatte, erlischt jedoch mit Eintragung der GmbH,[2] weil die in der Person der Vorgesellschaft begründete Verbindlichkeit dann automatisch auf die GmbH übergeht und die Gesellschafter mit der dann einsetzenden Differenzhaftung (Vorbelastungs- oder Unterbilanzhaftung) gegenüber der GmbH dafür einstehen müssen, wenn das Stammkapital durch Verbindlichkeiten vorbelastet sein sollte.

Hat er aber außerhalb seiner Vertretungsmacht gehandelt, dann haftet der Geschäftsführer für die Verbindlichkeit nach § 11 Abs. 2 GmbHG und nach § 179 BGB alleine. Da eine wirksame Vertretung der Gesellschaft nicht vorliegt, treffen die Rechte und Pflichten aus solchen Geschäften den Geschäftsführer persönlich und nicht die Vorgesellschaft, so dass Verbindlichkeiten hieraus auch nicht auf die eingetragene GmbH übergehen und eine Differenzhaftung der Gründungsgesellschafter auslösen können.

---

1 BGH v. 9. 3. 1981 II ZR 54/80, BGHZ 80, 129, 139.
2 BGH v. 16. 3. 1981 II ZR 59/80, BGHZ 80, 182, 183.

3. Rechtsnatur der Vorgesellschaft

Anschließend an die grundlegende Entscheidung v. 9.3.1981, lässt sich der Rechtszustand der Gesellschaft zwischen ihrer Errichtung und ihrem Entstehen zusammenfassend mit folgendem Zitat aus der Rechtsprechung des BGH beschreiben:

897

Die Vorgesellschaft ist *„als notwendige Vorstufe zu der mit der Eintragung entstehenden juristischen Person als werdende Kapitalgesellschaft bereits ein eigenständiges, von ihren Gründern und Gesellschaftern verschiedenes körperschaftlich strukturiertes Rechtsgebilde mit eigenen Rechten und Pflichten. Die Vorgesellschaft als solche und nicht jeder einzelne Gesellschafter oder eine von ihr verschiedene Gesamtheit ihrer Gesellschafter ist Träger der eingebrachten Vermögenswerte. Die Vorgesellschaft verfügt bereits über eine eigene Firma oder doch jedenfalls über einen eigenen Namen, ist konto- und grundbuchfähig, nach der im Schrifttum herrschenden Auffassung auch wechsel- und scheckfähig, und auch im Übrigen imstande, durch ihre Geschäftsführung (oder ihren Vorstand) als satzungsmäßiges Vertretungsorgan nach außen geschlossen aufzutreten und eigene Rechte und Verbindlichkeiten zu begründen, deren Träger nicht die Gesellschafter, sondern die Gesellschaft selber ist, die infolgedessen auch schon die Fähigkeit besitzt, als solche die Funktion des persönlich haftenden Gesellschafters in einer Kommanditgesellschaft zu übernehmen. Ihr Wesen als die im Entstehen begriffene Kapitalgesellschaft zeigt sich auch darin, dass die ihr übertragenen Vermögenswerte und die in ihrer Vertretung begründeten Rechte und Pflichten mit der Eintragung automatisch auf die damit entstandene juristische Person übergehen. Sie ist mithin die durch Eintragung zur Rechtsfähigkeit gelangende Kapitalgesellschaft. Als solche besitzt sie grundsätzlich auch die Fähigkeit, im Registerverfahren Beteiligte zu sein."*[1]

Entscheidend ist die Aussage, dass die Vorgesellschaft die notwendige Vorstufe der juristischen Person ist und die auf die Vorgesellschaft übertragenen Vermögenswerte automatisch übergehen. Damit dürfte aber kein Rechtsträgerwechsel gemeint sein, eher ist der Übergang zur juristischen Person mit dem Phänomen eines Formwechsels vergleichbar. Wegen dieser **Kontinuität** zwischen Vorgesellschaft und GmbH lässt sich die Vorgesellschaft als „Nasciturus" der späteren GmbH bezeichnen. Sie ist daher ein körperschaftlich strukturiertes Rechtsgebilde mit eigenen Rechten und Pflichten.

898

Das bedeutet aber nicht, dass mit dem Entstehen der GmbH jegliche Haftung der Gründungsgesellschafter oder der für die Vorgesellschaft handelnden Personen erledigt sei oder dass – wie in mancher überkommenen Vorstellung von Laien zu finden – der Nennbetrag der übernommenen Geschäftsanteile (= Einlage auf das Stammkapital = Stammeinlage) zugleich auch der höchstmögliche Haftungsbetrag eines Gründungsgesellschafters sei. Die Begrenzung der Haftung auf die Einlage nähme das für eine GmbH charakteristische Haftungsprivileg des § 13 Abs. 2 GmbHG vorweg, der zwingend eine existierende GmbH und damit deren erfolgte Eintragung voraussetzt.[2]

---

1 BGH v. 16.3.1992 II ZB 17/91, BGHZ 117, 323, 326 f.
2 BGH v. 27.1.1997 II ZR 123/94, BGHZ 134, 333 ff.; Pfeifer, JuS 2008, 490.

4. Regelungs- und Haftungskonzept der Vorgesellschaft

899 Nach der Rechtsprechung ergibt sich folgendes Regelungs- und Haftungskonzept:

- ► Rechte und Pflichten aus Geschäften, die während der Vorgesellschaft durch Geschäftsführer mit Ermächtigung aller Gründungsgesellschafter im Namen der Gesellschaft abgeschlossen werden, gehen wie das übrige Vermögen der Vorgesellschaft mit der Eintragung der GmbH in vollem Umfang auf diese über; es gilt **kein** sog. **Vorbelastungsverbot**.

- ► Für die Differenz, die sich aus Vorbelastungen zwischen dem Stammkapital und dem Wert des Vermögens der Gesellschaft im Zeitpunkt der Eintragung ergibt, haften die Gründungsgesellschafter anteilig bis zur Auffüllung des Stammkapitals gegenüber der Gesellschaft (allgemein Differenzhaftung = **Vorbelastungs- oder Unterbilanzhaftung**).

- ► Die Haftung der Handelnden aus für die Vorgesellschaft im Rahmen der Vertretungsmacht eingegangenen Verbindlichkeiten (**Handelndenhaftung** nach § 11 Abs. 2 GmbHG) **erlischt mit der Eintragung der GmbH**.

- ► Vor der Eintragung oder bei deren Scheitern (wegen Ablehnung oder Aufgabe der Eintragungsabsicht) besteht eine **unbeschränkte**, also nicht durch die Stammkapitalziffer beschränkte **Verlustdeckungshaftung** der Gründungsgesellschafter gegenüber der Vor-GmbH.[1]

- ► Die Differenz- und die Verlustdeckungshaftung begründen regelmäßig nur eine **Innenhaftung** gegenüber der Gesellschaft. Dies gilt für die nach Eintragung der GmbH eingreifende Unterbilanzhaftung auch dann, wenn die GmbH vermögenslos ist oder nur einen Gesellschafter hat.[2]

5. Übertragung des Anteils an einer Vorgesellschaft

900 Nach der Rechtsprechung erfolgt der Gesellschafterwechsel bei einer Vor-GmbH durch Änderung des Gesellschaftsvertrages und nicht durch Abtretung des Geschäftsanteils, wobei dies auch nach der Reform durch das MoMiG gelten soll.[3] Dies wird damit begründet, dass ein Geschäftsanteil erst mit der Eintragung der GmbH in das HR entstehe, und vorher nicht existiere.

Diese Meinung ist inzwischen umstritten; die Gegenansicht vertritt die Meinung, dass § 15 Abs. 3 GmbHG analog anzuwenden sei und damit der Vorgesellschaftsanteil abgetreten werden könne. Sie argumentiert, dass nach dem MoMiG der Gesellschaftsanteil nicht erst mit der Eintragung in das HR entstehe, sondern nach dem Wortlaut des § 3 Abs. 1 Nr. 4 GmbHG bereits mit dem Abschluss des Gesellschaftsvertrages. Denn der Gesellschafter übernehme danach im Moment seiner notariellen Beurkundung einen Geschäftsanteil gegen Einlage auf das Stammkapital.[4]

---

1 BGH v. 27.1.1997 II ZR 123/94, BGHZ 134, 333 ff.
2 BGH v. 24.10.2005 II ZR 129/04, DStR 2005, 2197.
3 BGH v. 13.12.2004 II ZR 409/02, DStR 2005, 388; zum GmbHG nach MoMiG OLG Jena v. 5.12.2012 2 U 557/12, GmbHR 2013, 145.
4 Vgl. Kunkel, jurisPR-HaGesR 5/2013, Anm. 5, mit zahlreichen Nachweisen zur Literatur.

Vor Klärung der Rechtslage durch den BGH sollte die Übertragung von Anteilen an der Vor-GmbH durch Abtretung des künftigen Geschäftsanteils oder durch Änderung des Gesellschaftsvertrages erfolgen.

(Einstweilen frei) 901–920

B. Haftungsfragen im Zusammenhang mit der Gründung

I. Haftung aus dem Gründungsvorgang (Gründungshaftung)

Die vorstehend angesprochenen Fragen der Haftung für Verbindlichkeiten der GmbH aus Geschäften im Gründungsstadium sind zu unterscheiden von der Haftung, die auch im Zusammenhang mit einer erfolgreichen Gründung der GmbH, die zur Eintragung der GmbH im Handelsregister führte, für die Beteiligten persönlich entstehen kann. 921

1. Falsche Gründungsangaben

Grundlage der Haftung für unrichtige Gründungsangaben sind die §§ 9a und 9b GmbHG, die Haftung nach diesen Vorschriften kommt auch bei einer wirtschaftlichen Neugründung (Mantelverwendung) in Betracht.[1] 922

a) Haftende Personen

Neben den anmeldenden **Geschäftsführern** haften auch die **Gesellschafter** und auch diejenigen **Personen**, für deren **Rechnung** die Gesellschafter **Geschäftsanteile übernommen** haben, also z. B. Treugeber (s. o. Rz. 493). Es haften alle Geschäftsführer und alle Gesellschafter (oder deren Hintermänner) als **Gesamtschuldner**, ohne dass ein Verschulden nachgewiesen werden muss. Vielmehr wird ein Verschulden vermutet (§ 9a Abs. 3 GmbHG). Einzelne Gesellschafter und Geschäftsführer können sich jedoch entlasten und werden von der Haftung frei, wenn sie beweisen, dass sie die eine Ersatzhaftung begründenden Tatsachen weder kannten (kein Vorsatz), noch bei Anwendung der Sorgfalt eines ordentlichen Geschäftsmannes kennen mussten (keine grobe Fahrlässigkeit). 923

„Hintermann" ist jeder, für dessen Rechnung ein Gesellschafter (z. B. als Treuhänder, Rz. 493) einen Geschäftsanteil übernommen hat. Der „Hintermann" haftet gesamtschuldnerisch neben Gesellschaftern und Geschäftsführern. Er kann sich nur entlasten durch den Beweis, dass weder er selbst noch der für ihn handelnde Gesellschafter Kenntnis hatte oder haben musste (§ 9a Abs. 4 Satz 2 GmbHG); dadurch soll eine Umgehung der Gründungshaftung durch das Einschalten mittelloser Strohmänner vermieden werden. Außerdem muss derjenige, der sich die Vorteile einer beschränkten Haftung durch (mittelbare) Gründung zunutze macht, wie ein Gesellschafter behandelt werden.

---

1 BGH v. 12.7.2011 II ZR 71/11, ZIP 2011, 1761.

b) Haftungsbegründender Tatbestand

924 Der haftungsbegründende Tatbestand liegt ganz allgemein in **falschen Angaben** (= unrichtig, unvollständig oder ganz fehlend), die zum Zweck der Errichtung der Gesellschaft gemacht werden. Mit den Worten „zum Zwecke" der Errichtung wird nicht ein subjektives Tatbestandsmerkmal in der Weise geschaffen, dass mit der falschen Angabe eine Absicht verfolgt wurde; vielmehr soll damit lediglich die Voraussetzung normiert werden, dass die **falschen Angaben** eben **im Zusammenhang mit dem Gründungsvorgang** erfolgt sind und der **Gründung dienen** sollten. Der hauptsächliche Anwendungsfall sind unrichtige und unvollständige Anmeldungen beim Registergericht, erfasst werden aber alle falschen Angaben während des gesamten Gründungsvorganges, auch wenn sie nicht gegenüber dem Registergericht erfolgen, z. B. unrichtige Angaben an den Gutachter bei der Bewertung von Sacheinlagen.

925 Welche Angaben erfasst werden, sagt das Gesetz nicht ausdrücklich. Auf jeden Fall gehören hierher die dem Registergericht bei der Anmeldung zu machenden Angaben, insbesondere natürlich diejenigen, welche die Geschäftsanteile und die hierauf zu erbringenden Einlagen betreffen. § 46 Abs. 1 Satz 1 AktG ist zwar nicht entsprechend anwendbar, aber doch zur Auslegung des Begriffs „Angaben" heranzuziehen. Stets kommt es darauf an, dass zwischen Gründung und Angabe ein unmittelbarer Zusammenhang besteht. Eine Angabe ist dann „falsch", wenn sie objektiv unrichtig ist; gleichbedeutend ist es, wenn wesentliche Umstände verschwiegen oder nötige Angaben überhaupt fehlen. Die falschen Angaben müssen nicht unbedingt von einem Gesellschafter, Geschäftsführer oder Treugeber gemacht werden. Es können z. B. auch falsche Angaben eines Steuerberaters ausreichen, der mit Wissen eines Verantwortlichen in den Gründungsvorgang eingeschaltet ist.

c) Ersatzhaftungsanspruch

926 Die **Ersatzhaftung** aus § 9a GmbHG besteht **gegenüber der GmbH als Anspruchsberechtigter**, nicht gegenüber den Mitgesellschaftern oder gegenüber einem Dritten; ein Gläubiger der GmbH kann aber natürlich einen solchen Anspruch pfänden und sich zur Einziehung überweisen lassen. Die Ersatzpflichtigen haben der GmbH fehlende Einzahlungen zu leisten, Vergütungen zu ersetzen, die nicht unter den von der Gesellschaft zu tragenden Gründungsaufwand aufgenommen waren, und für sonst entstandenen Schaden Ersatz zu leisten, z. B. den Aufwand für die Rechtsverfolgung zu erstatten.

927 Die Ersatzansprüche aus § 9a GmbHG verjähren in fünf Jahren, beginnend mit der Eintragung der Gesellschaft oder mit der Vornahme der Handlung, sofern diese später erfolgte. Zum Schutz der Gläubiger **schließt** § 9b GmbHG jeden **Verzicht** auf diese **Ersatzansprüche** ebenso **aus** wie einen Vergleich, soweit die Ersatzleistung zur Befriedigung der Gläubiger der Gesellschaft erforderlich ist; nicht betroffen ist dadurch aber der Abschluss eines Vergleichs zur Abwendung des Insolvenzverfahrens oder wenn die Ersatzpflicht in einem Insolvenzplan geregelt wird.

2. Schaden durch Einlagen oder Gründungsaufwand

Zu ersetzen ist gem. § 9a Abs. 2 GmbHG auch eine Schädigung, die die Gesellschaft durch Gründungsaufwand und Einlagen erleidet. Insoweit haften aber nur die Gesellschafter und die Hintermänner (§ 9a Abs. 2 GmbHG), wenn sie vorsätzlich oder grob fahrlässig gehandelt haben. Der Entlastungsbeweis ist möglich.

928

3. Schadensersatz bei Überlassung der Geschäftsführung an eine Person, die nicht Geschäftsführer sein kann

Bereits im Zusammenhang mit der Gründung kann es zu der **neu** durch das MoMiG **eingeführten Haftung von Gesellschaftern** nach § 6 Abs. 5 GmbHG kommen, wenn vorsätzlich oder grob fahrlässig die **Führung der Geschäfte einer Person überlassen** wird, die nach den teils neugefassten und teils (um Verurteilungen wegen Insolvenzverschleppung, falscher Angaben und unrichtiger Darstellung sowie Verurteilungen aufgrund allgemeiner Straftatbestände mit Unternehmensbezug wie §§ 263 bis 264a und §§ 265b bis 266a StGB und vergleichbarer Straftaten im Ausland) erweiterten Tatbeständen des § 6 Abs. 2 GmbHG **nicht Geschäftsführer sein kann**. Die Gesellschafter haften der Gesellschaft (Innenhaftung) solidarisch für den **Schaden**, der dadurch entsteht, dass die als Geschäftsführer ausgeschlossene Person **ihre gegenüber der GmbH bestehenden Obliegenheiten verletzt**.

929

> **BEISPIEL:** Die Gründungsgesellschafter A und B bestellen zum Gründungsgeschäftsführer den X, der vor drei Jahren wegen Untreue (§ 266 StGB) zu einer Freiheitsstrafe von einem Jahr und drei Monaten verurteilt worden war. Konkreten Hinweisen auf diese Verurteilung gehen sie aber nicht weiter nach und überlassen dem X schon zwischen Beurkundung der Satzung und Eintragung (Phase der Vor-GmbH) die Führung der Geschäfte mit dem Auftrag, das Unternehmen der GmbH „ins Laufen zu bringen". X beauftragt in einer den Sorgfaltsmaßstab des § 43 Abs. 1 GmbHG verletzenden Weise einen Unternehmensberater mit der Erstellung eines betriebswirtschaftlichen Konzepts in einem Umfang, der weit über die Bedürfnisse der GmbH hinausgeht. Ein angemessener Umfang der Beratung hätte 5 000 € weniger gekostet. Die Gesellschaft muss das hohe Honorar zahlen, eine Unterbilanz bei ihrer Eintragung entsteht dadurch aber nicht. Ein Jahr später gerät die GmbH in Insolvenz. Bei X „ist nichts zu holen". Der Insolvenzverwalter kann von A und B die Zahlung des Betrages von 5 000 € als Schadensersatz nach § 6 Abs. 5 GmbHG verlangen, weil sie grob fahrlässig dem X die Führung der Geschäfte überlassen haben, obwohl er wegen der Verurteilung nicht hätte Geschäftsführer sein können.

4. Haftung für die Erbringung von Einlagen auf das Stammkapital (Stammeinlagen)

a) Haftung für Bareinlagen

Literatur: *Köhl*, Die Ausfallhaftung von Hintermännern bzw. Treugebern für nicht geleistete Stammeinlagezahlungen, GmbHR 1998, 119; *Seidl*, Die Haftung des fremdnützigen Treuhänders als Gründungsgesellschafter einer GmbH und Möglichkeiten der Risikobegrenzung, DStR 1998, 1220; *Gätsch*, Ausfallhaftung von Mitgesellschaftern für rückständige Einlagen und verbotswidrige Ausschüttungen – Summenmäßige Beschränkung?, BB 1999, 701; *Bayer*, Unwirksame Leistungen auf die Stammeinlage und nachträgliche Erfüllung, GmbHR 2004, 445; *Görner/Kling*, Die Ausfallhaftung des GmbH-Gesellschafters I. und II., GmbHR 2004, 714 ff. und 778 ff.; *Große-Wilde*, Die ordnungsgemäße Erbringung der Bareinlage, GmbH-StB 2004, 146; *Goette*, Aus der neueren Rechtsprechung des BGH zum GmbH-Recht, ZIP 2005, 1481; *Henkel*, Die Rechtsprechung zum Nachweis der Einzahlung der Stammeinlage in der Insolvenz der GmbH, NZI 2005, 649.

930 Wenn bei der Errichtung der GmbH die **für die übernommenen Geschäftsanteile auf das Stammkapital zu leistenden Einlagen** (= Stammeinlagen) nicht voll eingezahlt wurden und im späteren Verlauf eine Stammeinlage weder von dem Zahlungspflichtigen eingezogen noch durch Verkauf des Geschäftsanteils gedeckt werden kann, haben die übrigen Gesellschafter den Fehlbetrag nach Verhältnis ihrer Geschäftsanteile aufzubringen (§ 24 GmbHG). Diese **Ausfallhaftung** greift zwar erst ein, wenn auch die fortbestehende Haftung des ausgeschlossenen (säumigen) Gesellschafters ergebnislos geltend gemacht worden ist, was aber nicht bedeutet, dass alle Rechtswege ausgeschöpft sein müssten oder die Zwangsvollstreckung erfolglos geblieben wäre.

Für Beträge, welche nicht zu erlangen sind, haften die übrigen Gesellschafter im Verhältnis der Geschäftsanteile gemeinschaftlich. Wurde der Geschäftsanteil, auf den die Stammeinlage nicht voll eingezahlt wurde, inzwischen abgetreten, können auch Rechtsvorgänger haften. Die schwerwiegende Bedeutung des § 24 GmbHG wird bei Gesellschaftsgründungen häufig verkannt, weil die Gesellschafter meinen, es bräuchte ja nur ein Teil des Stammkapitals aufgebracht zu werden. Es dient nachhaltig der Absicherung vor künftigen zusätzlichen Verlusten, wenn die Gesellschafter dafür Sorge tragen, dass die Stammeinlagen möglichst schon bei der Gründung, auf jeden Fall alsbald danach, voll eingezahlt werden. Gemäß § 22 GmbHG haften auch Rechtsnachfolger für nicht eingezahlte Beträge.

b) Haftung für Sacheinlagen

931 Wenn sich später ergibt, dass der Wert einer Sacheinlage am Stichtag der Anmeldung nicht dem Betrag des dafür übernommenen Geschäftsanteils entspricht, hat der Gesellschafter gem. § 9 Abs. 1 GmbHG den Fehlbetrag in Geld zu leisten. Dieser Anspruch verjährt in zehn Jahren seit der Eintragung der GmbH in das HR. Auch insoweit kann über § 24 GmbHG eine Ausfallhaftung der übrigen Gesellschafter eintreten, sie können sich also nicht damit beruhigen, dass die Sacheinlage bei der Anmeldung voll erbracht sein muss. Darüber hinaus bleiben sonstige Ansprüche unberührt (§ 9 Abs. 1 Satz 2 GmbHG).

5. Haftung aus unerlaubter Handlung

932 Falsche Gründungsangaben können gem. § 82 Nr. 1 GmbHG als Gründungsschwindel bestraft werden. Diese Bestimmung ist ein Schutzgesetz. Neben der Ersatzhaftung und der Ausfallhaftung, aus der die GmbH anspruchsberechtigt ist, können daher aus § 823 Abs. 2 BGB i.V. m. § 82 GmbHG auch Dritte – GmbH-Gläubiger – direkt gegen Gesellschafter und/oder Geschäftsführer vorgehen, denn auch der Gläubiger ist Schutzsubjekt. In diesem Fall hat er aber die volle Beweislast, insbesondere auch für ein Verschulden der Ersatzpflichtigen, die nicht einen Entlastungsbeweis führen müssen. Als weitere Anspruchsgrundlage kommt auch § 826 BGB in Betracht, wenn wissentlich falsche Angaben mit Schädigungsabsicht der Gläubiger nachweisbar sind.

933–950 *(Einstweilen frei)*

II. Haftung aus Geschäften während des Gründungsvorgangs

Literatur: *Gehrlein*, Die Haftung in verschiedenen Gründungsphasen einer GmbH, DB 1996, 561; *Schmidt, K.*, Zur Haftungsverfassung der Vor-GmbH, ZIP 1997, 671; *Flume*, Die Rechtsprechung zur Haftung der Gesellschafter der Vor-GmbH und die Problematik der Rechtsfortbildung, DB 1998, 45; *Cebulla*, Haftungsmodelle bei einer GmbH-Gründung, NZG 2001, 972; *Müther*, Vor-GmbH – Die häufigsten Praxisprobleme, MDR 2001, 366; *Lenz*, Haftung der Gesellschafter und Handelnden bei Vorgründungsgesellschaft und Vor-GmbH, INF 2002, 147; *Heidinger*, Die Haftung und Vertretung in der Gründungsphase der GmbH im Vergleich zur (kleinen) Aktiengesellschaft, GmbHR 2003, 189; *Mohr*, Praxisrelevante Probleme und Gestaltungshinweise bei der GmbH-Gründung, GmbHR 2003, 347; *Peetz*, Die Vor-GmbH und der gewissenhafte Gründer, GmbHR 2003, 933; *Goette*, Aus der neueren Rechtsprechung des BGH zum GmbH-Recht, ZIP 2005, 1481; *Pfeifer*, Die persönliche Haftung der Gesellschafter einer GmbH, JuS 2008, 490.

Die GmbH entsteht gem. § 11 Abs. 2 GmbHG rechtlich erst mit ihrer Eintragung in das Handelsregister. Dann erst gelten für sie die allgemeinen Vorschriften des GmbHG. Für die Haftung ist dann § 13 Abs. 2 GmbHG die wesentliche Bestimmung. Das darin normierte Haftungsprivileg besagt, dass die Gläubiger der Gesellschaft wegen der Verbindlichkeiten aus dem Unternehmen nur auf das Gesellschaftsvermögen zugreifen können. Das private Vermögen der Gesellschafter, die sich zu einer unternehmerischen Betätigung in dieser Rechtsform gerade unter Beschränkung der Haftung auf das in die GmbH eingebrachte und von ihr unter dessen Einsatz anschließend erwirtschaftete Vermögen zusammengefunden haben, soll aus Rechtsgeschäften der GmbH nicht belastet werden. 951

Dieses in § 13 Abs. 2 GmbHG begründete **Haftungsprivileg** für die Gesellschafter gilt nur nach dem rechtlichen Entstehen der GmbH, also ihrer Eintragung in das Handelsregister. Die Vorschrift befreit die Gesellschafter nicht von der Haftung für „alte" Schulden aus Verbindlichkeiten, die in dem Stadium der Vorgesellschaft zwischen Gründung durch den notariellen Gesellschaftsvertrag und der Eintragung oder noch davor in der Phase einer Vorgründungsgesellschaft eingegangen wurden, obwohl zur Gründung der GmbH Rechtsgeschäfte erforderlich sind, die auch im Namen der Gesellschaft vorgenommen werden und wirtschaftlich betrachtet Verbindlichkeiten der GmbH darstellen. Schon die vor der Anmeldung zu erfüllende gesetzliche Einlageverpflichtung verhindert, dass gar nichts geschieht.

1. Haftung für Verbindlichkeiten der Vorgründungsgesellschaft

Die Vorgründungsgesellschaft (vgl. im Einzelnen Rz. 871) ist mit der später entstehenden GmbH nicht, auch nicht zum Teil identisch, sondern ein eigenständiges Gebilde. Hinsichtlich der Haftung für Verbindlichkeiten gelten Haftungsregeln aus dem Recht der BGB-Gesellschaft oder der OHG, sofern ein Handelsgewerbe i.S.v. § 1 HGB betrieben wird, also bereits geschäftliche (unternehmerische) oder kaufmännische Aktivitäten am Markt entwickelt werden.[1] Soweit die Vorgründungsgesellschaft als GbR nach außen durch Teilnahme am Rechtsverkehr auftritt, begründet sie in diesem Rahmen eigene Rechte und Pflichten. Sie ist damit – ohne juristische Person zu sein – rechtsfähig 952

---

[1] BGH v. 7.10.1991 II ZR 252/90, NJW 1992, 362.

(§ 14 Abs. 2 BGB) und ist damit zugleich auch im Zivilprozess aktiv und passiv parteifähig, kann also klagen und verklagt werden.[1]

Neben der Gesellschaft haften nach der neueren Rechtsprechung des BGH die Mitglieder der Vorgründungsgesellschaft – wie bei der OHG die Gesellschafter nach §§ 128 f. HGB – (nur) akzessorisch. Für die kraft Gesetzes eintretende persönliche Haftung des Gesellschafters für die im Namen der Gesellschaft begründeten Verpflichtungen[2] ist der Bestand der jeweiligen Gesellschaftsschuld maßgebend und eine unmittelbare Anwendung der §§ 420 ff. BGB nicht möglich, weil **kein echtes Gesamtschuldverhältnis** besteht.

953 Aus der vorstehend zitierten Entscheidung ergibt sich im Übrigen auch, dass die Vorgründungsgesellschafter ihre persönliche Haftung gegenüber den Gesellschaftsgläubigern nicht dadurch vermeiden können, dass sie untereinander vereinbaren, die Haftung der Gesellschaft nach außen solle auf das Vermögen der Gesellschaft beschränkt sein, und dies im Rechtsverkehr dadurch deutlich machen wollen, dass die Gesellschaft nach außen als „GbR mbH" auftrete. Eine solche Haftungsbeschränkung ist nur möglich, wenn mit dem Vertragspartner eine entsprechende einzelvertragliche Absprache getroffen wird.

Es ist auch (nochmals) darauf hinzuweisen, dass die Vorgründungsgesellschaft sich der Verbindlichkeiten aus ihren Geschäften und die Vorgründungsgesellschafter sich ihrer Haftung (nach §§ 705 ff. BGB bzw. § 128 HGB) für alle von der Vorgründungsgesellschaft eingegangenen Verbindlichkeiten nicht allein dadurch entledigen können, dass nach Gründung die Vorgesellschaft oder nach Eintragung die GmbH die Verbindlichkeiten übernimmt. Dazu müssen die Gläubiger mitwirken und damit einverstanden sein.

2. Haftung nach Eintragung der GmbH

954 Für die Haftung ist dann § 13 Abs. 2 GmbHG die wesentliche Bestimmung. Sie besagt, dass den Gläubigern der Gesellschaft wegen der Verbindlichkeiten aus dem Unternehmen nur das Gesellschaftsvermögen haftet. Den Gesellschaftern selbst obliegt es lediglich, das im Gesellschaftsvertrag vereinbarte Stammkapital einzuzahlen und der GmbH so ein Haftungsvermögen zur Verfügung zu stellen. Aus dem Haftungsprivileg kann aber keine Enthaftung der Gründungsgesellschafter für Altschulden hergeleitet werden, wenn zwischen der Errichtung und der Eintragung bereits die Geschäfte des Unternehmens mit Einverständnis der Gesellschafter aufgenommen worden sind.

Zu diesem Komplex hat die Rechtsprechung ein Haftungskonzept entwickelt, das sich kurz so zusammenfassen lässt: Hat die Vorgesellschaft die Geschäftstätigkeit mit Einverständnis der Gesellschafter schon aufgenommen, wobei dem **kein sog. Vorbelastungsverbot** entgegensteht, sind die Gesellschafter persönlich für die Verbindlichkeiten der Vorgesellschaft haftbar – entsprechend dem Verhältnis ihrer Beteiligung und nicht beschränkt auf die Höhe ihrer jeweiligen Stammeinlage.

---

[1] Vgl. BGH v. 29. 1. 2001 II ZR 331/00, BGHZ 146, 341.
[2] BGH v. 27. 9. 1999 II ZR 371/98, BGHZ 142, 315; BGHZ 146, 341.

Wird die GmbH eingetragen, kommt es hieraus zu der sog. **Unterbilanzhaftung** (oder Vorbelastungshaftung) **gegenüber der GmbH (Innenhaftung)**, wenn das Stammkapital im Zeitpunkt der Eintragung ganz oder teilweise verbraucht ist. Die Gesellschafter müssen dann anteilig für die Differenz zwischen dem Stammkapital und dem Wert des Gesellschaftsvermögens im Zeitpunkt der Eintragung aufkommen. Die **Unterbilanzhaftung umfasst** also sämtliche **Verluste** sowie den **Nennbetrag des Stammkapitals**, weil ihr Kapital dem satzungsmäßigen Nennbetrag entsprechen und damit unversehrt sein muss.

Wird die GmbH nicht eingetragen, scheitert also die Gründung, und wird die **Geschäftstätigkeit sofort aufgegeben** und die Vorgesellschaft liquidiert, tritt eine sog. **Verlustdeckungshaftung** ein. Die Gesellschafter müssen die vom Gesellschaftsvermögen nicht abgedeckten Fehlbeträge (Verluste) der Gesellschaft (Innenhaftung) anteilig erstatten. Der **Haftungsumfang** umfasst also **nicht die Stammkapitalsumme**. Wird aber die **Eintragungsabsicht aufgegeben** und dennoch der **Geschäftsbetrieb weitergeführt**, wird die bisherige Vorgesellschaft von **Anfang an als Gesellschaft des bürgerlichen Rechts oder als OHG** angesehen mit der Folge, dass die **Gesellschafter** wie dort den Gläubigern neben der Gesellschaft **persönlich** für die **Verbindlichkeiten der Gesellschaft** mit ihrem **ganzen Vermögen haften** (Außenhaftung). Die näheren Einzelheiten werden nachfolgend bei der Vorgesellschaft dargestellt.

955

3. Haftung aus der Vorgesellschaft (Vor-GmbH)

a) Grundsätze

Nimmt jemand allein oder gemeinschaftlich mit anderen am wirtschaftlichen Leben teil, entspricht es allgemeinen Grundsätzen des bürgerlichen Rechts und auch des Handelsrechts, dass er auch persönlich für die daraus entstehenden Verbindlichkeiten geradestehen muss. Der Gesetzgeber ermöglicht es aber auch, sich unter Ausschluss der persönlichen Haftung wirtschaftlich zu betätigen, und stellt dafür u. a. die Rechtsform der GmbH zur Verfügung. Der Preis für die daraus folgende Haftungsbeschränkung auf das Gesellschaftsvermögen ist, dass mindestens ein Haftungsvermögen in Gestalt des Stammkapitals nicht nur ordnungsgemäß aufgebracht und erhalten wird, sondern auch, dass es im Zeitpunkt der Entstehung der GmbH – abgesehen von dem gesetzlichen und satzungsgemäßen Gründungsaufwand – noch vorhanden und nicht verbraucht oder mit weiteren Schulden belastet ist, also noch unversehrt den Gläubigern zur Verfügung steht.[1] Dieses **Unversehrtheitsprinzip** ist ein Kernstück des GmbH-Rechts.

956

b) Vorbelastung

Entfalten die Gründungsgesellschafter oder der Gründungsgeschäftsführer keine anderen Aktivitäten als diejenigen, die notwendig und unabweisbar sind, um die Eintragung der GmbH und damit ihr Entstehen herbeizuführen, gibt es regelmäßig keine Probleme. Das Stammkapital wird nur durch Aufwendungen belastet, die der Gesetzesvollzug

957

---

1 BGH v. 9. 3. 1981 II ZR 54/80, BGHZ 80, 129, 136 f.

selbst bedingt oder die sich als von der GmbH zu tragender Gründungsaufwand aus der Satzung ergeben. Das übrige Stammkapital wird thesauriert und ist insofern unversehrt und nicht mit anderen Verbindlichkeiten vorbelastet, wenn die GmbH mit der Eintragung als juristische Person existent wird.

Mit diesem Idealbild vor Augen hat die Rechtsprechung, um dem Unversehrtheitsgrundsatz Geltung zu verschaffen, es lange Zeit nicht zugelassen, dass vor der Eintragung Verbindlichkeiten zu Lasten des Stammkapitals eingegangen werden (sog. **Vorbelastungsverbot**). Deshalb sollten nur die Verbindlichkeiten, die notwendig waren, um die GmbH entstehen zu lassen, und die in die Satzung aufgenommenen Verbindlichkeiten kraft Gesetzes von der Vorgesellschaft auf die eingetragene GmbH übergehen, während alle anderen, insbesondere die aus einer vorzeitigen Aufnahme der Geschäftstätigkeit entstandenen Schulden nur kraft einer rechtsgeschäftlichen Übernahme auf die GmbH übergehen sollten.[1]

958 In der Praxis führte die Beachtung des Vorbelastungsverbot jedoch zu großen Schwierigkeiten; man denke nur an die Gründung einer GmbH unter Einbringung eines (werbenden) Unternehmens, das nicht einfach für die Zeit zwischen Abschluss des Gesellschaftsvertrages und der Eintragung stillgelegt werden kann. Außerdem bestand neben der Handelndenhaftung der Geschäftsführung aus unternehmerischen Aktivitäten, die namens der Vorgesellschaft und im Einverständnis der Gründer aufgenommen wurden, nur eine beschränkte persönliche Haftung der Gründer für die daraus entstandenen Verbindlichkeiten: Der Gründungsgesellschafter, der nur mit der Aufnahme der Geschäfte einverstanden war, aber daran sonst nicht verantwortlich mitwirkte, haftete den Gläubigern für die im Namen der Vorgesellschaft eingegangenen Verbindlichkeiten nur im Betrag der noch nicht geleisteten Einlage. Man nahm an, dem Vertragspartner, der sich auf Geschäfte mit einer GmbH in Gründung einlasse, sei der Wille deutlich, dass die Gründer hieraus nicht über die versprochene Einlage hinaus haften wollten.

c) Vom Vorbelastungsverbot zur Differenzhaftung

959 Deshalb hat sich der BGH[2] von dem gegenständlichen Vorbelastungsverbot gelöst und entschieden, um die Unversehrtheit des Stammkapitals im Zeitpunkt der Eintragung zu gewährleisten, sei es kein angemessenes und geeignetes Mittel, andere zu Lasten der Vorgesellschaft begründete Schulden als die für die Entstehung der GmbH „notwendigen" Verbindlichkeiten von einem Übergang auf die fertige GmbH auszuschließen. Vielmehr geht das gesamte in der Vorgesellschaft angesammelte Vermögen mit allen Aktiven und Passiven „nahtlos" im Wege der Gesamtrechtsnachfolge auf die GmbH über.

Die Gewährleistung des Unversehrtheitsgrundsatzes vollzieht sich dann aber dadurch, dass die Gesellschafter selbst unmittelbar gegenüber der GmbH dafür haftbar zu ma-

---

1 So noch BGH v. 15.12.1975 II ZR 95/73, BGHZ 65, 378.
2 In der Leitentscheidung v. 9.3.1981 II ZR 54/80, BGHZ 80, 129.

chen sind, dass sie deren Tätigkeit (mit ihrem Einverständnis) veranlasst haben. Sie vollzieht sich in einer „Differenzhaftung" wie sie modellhaft in § 9 Abs. 1 GmbHG für die Sacheinlage angelegt ist und dem **Grundsatz der „wertmäßigen Unversehrtheit" des Stammkapitals** im Zeitpunkt der Eintragung Geltung verschafft. Aus ihm folgt, dass „die Gesellschafter auch bei einer Bargründung der GmbH gegenüber anteilig für die Differenz zwischen Stammkapital (abzgl. solcher Gründungskosten, die der Sache nach zu Lasten der GmbH gehen, wie insbesondere Eintragungs- und Bekanntmachungskosten) und dem Wert des Gesellschaftsvermögens im Zeitpunkt der Eintragung haften".[1]

Die mit Aufgabe des Vorbelastungsverbots begründete **Differenzhaftung** (einheitliche Gründerhaftung) gliedert sich in eine **Unterbilanzhaftung**, die eingreift, wenn die **GmbH** durch Eintragung in das Handelsregister **tatsächlich entsteht.** Wird der Gründungsvorgang abgebrochen oder **scheitert die Eintragung,** spricht man von einer **Verlustdeckungshaftung.**

960

d) Unterbilanzhaftung (die GmbH wird eingetragen)

aa) Begriff

Die **Unterbilanzhaftung** besagt, dass im Zeitpunkt der Eintragung das Stammkapital der GmbH abzgl. des Gründungsaufwands noch vorhanden sein muss. Soweit die von den Gesellschaftern voll einbezahlten Einlagen durch die Geschäftstätigkeit der Vorgesellschaft aufgebraucht sind, müssen die Gesellschafter sie – quotal – entweder durch nochmalige Zahlung oder Aktivierung eines entsprechenden Anspruchs auffüllen. Hat die Vorgesellschaft darüber hinaus Verluste erlitten, sind auch diese von den Gesellschaftern auszugleichen, bis das Vermögen der GmbH im Zeitpunkt der Eintragung wieder auf die Ziffer des Stammkapitals gebracht ist.

961

Der jeweilige Gesellschafter kann sich also nicht darauf berufen, dass er bei der Errichtung der GmbH nur versprochen habe, eine bestimmte Einlagesumme zu leisten, und daher nur verpflichtet sein könne, den verbrauchten Teil seiner erbrachten Einlage nochmals aufzubringen. Vielmehr haftet er anteilig mit seinem ganzen Vermögen und der Höhe nach nicht durch die versprochene Einlagesumme begrenzt, bis die GmbH wieder (bezogen auf den Eintragungszeitpunkt) über ein Vermögen verfügt, das der Stammkapitalziffer entspricht.

Eine Unterbilanz entsteht, wenn das Stammkapital nicht mehr vom Reinvermögen gedeckt ist, also die Summe der Aktiva in der Bilanz (§ 42 GmbHG) nach Abzug der Verbindlichkeiten (Verbindlichkeiten und Rückstellungen, aber ohne Rücklagen und Stammkapital) den Nennbetrag des Stammkapitals unterschreitet.[2] In Höhe des Differenzbetrages ist das Gesellschaftsvermögen dann bereits verloren.

962

---

[1] BGH v. 9.3.1981 II ZR 54/80, BGHZ 80, 129, 141.
[2] BGH v. 16.1.2006 II ZR 65/04, BGHZ 165, 391.

Vereinfacht ergibt sich folgendes Berechnungsschema:

Aktiva (einschließlich werthaltige Forderungen gegen Gesellschafter und Geschäftsführer z. B. auf ausstehende Einlagen oder aus §§ 9 Abs. 1, 9a GmbHG)

./. Verbindlichkeiten (einschließlich Rückstellungen für ungewisse Verbindlichkeiten jedoch **ohne Rücklagen)**

= **Unterbilanz** (falls Betrag negativ).

963 Damit wird deutlich, dass die Unterbilanzhaftung zu einer **erheblichen Mehrverpflichtung** der Gründer führen kann, wenn die Vor-GmbH bereits die aktive Geschäftstätigkeit aufgenommen hat.

> **BEISPIELE:** Wurde vor Anmeldung auf jeden Geschäftsanteil im Nennbetrag von 10 000 € ein Viertel einbezahlt, ist aber dieser Vermögenswert durch die Geschäftstätigkeit der Vorgesellschaft aufgebraucht, muss jeder Gesellschafter nach der Eintragung erneut seine Einlage zu 100 v. H. einbezahlen. Seine Beteiligung würde ihn dann schon 12 500 € kosten (2 500 € Bareinlage + 7 500 € ausstehende Einlage + Unterdeckung des Stammkapitals 2 500 €).
>
> Wurde vor Anmeldung auf jeden Geschäftsanteil im Nennbetrag von 10 000 € ein Viertel einbezahlt, ist aber das gesamte Vermögen (einschließlich der Forderungen auf noch ausstehende Einlagen) durch Anlaufverluste der Vorgesellschaft aufgebraucht, muss jeder Gesellschafter nochmals seine Einlage zu 100 v. H. erbringen und die noch ausstehende Einlage von 7 500 € bezahlen. Seine Beteiligung kostet ihn dann schon 20 000 €.
>
> Hat die Vorgesellschaft noch höhere Verluste gemacht, so dass ihre Verbindlichkeiten auch nicht mehr durch die ausstehenden Einlagen gedeckt sind und z. B. bezogen auf den einen Gesellschafter 10 000 € betragen, muss der Gesellschafter nicht nur seine ausstehende Einlage, sondern auch die Unterbilanz von 12 500 € ausgleichen, damit die GmbH wieder über ein Aktivvermögen von 10 000 € verfügt, das das anteilige Stammkapital deckt. Der Gesellschafter hat jetzt bereits mehr als das Doppelte seiner Einlage, nämlich 22 500 € bezahlt.

964 Die Beispiele zeigen, dass Fallgestaltungen vorkommen können, in denen sich die Verpflichtungen der Gründungsgesellschafter auf ein Vielfaches der Nennbeträge der gegen Einlage auf das Stammkapital (Stammeinlage) übernommenen Geschäftsanteile erhöhen können. Der Preis für die „Befreiung" vom Vorbelastungsverbot und für die Möglichkeit, dass die Vorgesellschaft sich fast uneingeschränkt wirtschaftlich betätigen kann, ist das aus der Differenzhaftung entstehende **Einlagenrisiko**, das kaum zu kalkulieren ist und sich wegen der möglichen Ausfallhaftung für nicht leistungsfähige Gesellschafter gem. § 24 GmbHG noch verschärfen kann.

bb) Voraussetzungen

965 Voraussetzung der Unterbilanzhaftung ist, dass die Gründer mit Aufnahme der Geschäfte vor der Eintragung einverstanden waren. Besondere Anforderungen sind aber an dieses Einverständnis nicht zu stellen. Seine Erteilung ist auch stillschweigend möglich.

cc) Haftungsumfang

966 Dem Umfang nach muss die Haftung dem **Unversehrtheitsgrundsatz** des Stammkapitals im Zeitpunkt der Eintragung genügen. Folglich sind die Gründer verpflichtet, über ihre bereits erbrachten Einlagen hinaus der Gesellschaft anteilig und nicht auf die

Höhe der übernommenen Stammeinlage begrenzt so viel zur Verfügung zu stellen, dass die GmbH wieder über ein Vermögen verfügt, dass wertmäßig der Ziffer des Stammkapitals entspricht. Auch freiwillige Vorauszahlungen, die zunächst zu einer ordnungsgemäßen Erfüllung der Einlageschuld geführt haben, mindern die Haftung nicht.[1]

Die Höhe des auszugleichenden Betrages, d. h. die Differenz zwischen dem Stammkapital und dem Wert des Gesellschaftsvermögens im Zeitpunkt der Eintragung, ist durch eine sog. **Vorbelastungsbilanz** bezogen auf den Stichtag der Eintragung zu ermitteln, die der Geschäftsführer aufzustellen hat. Dafür gelten die Grundsätze einer Vermögensbilanz; in sie sind sämtliche am Stichtag bestehenden Ansprüche, auch die gegen Gesellschafter und Geschäftsführer begründeten Ansprüche z. B. aus der Differenzhaftung für überbewertete Sacheinlagen oder auf Schadensersatz nach §§ 9a oder 43 GmbHG einzustellen, so dass sich der Betrag vermindert, für den die Gesellschafter aus dem Gesichtspunkt der Unterbilanzhaftung einzustehen haben.

967

In die Vorbelastungsbilanz sind die Wirtschaftsgüter (des Aktivvermögens) regelmäßig mit den wirklichen Werten einzustellen, und zwar bei einer positiven Fortbestehensprognose mit sog. Fortführungswerten;[2] ist die Überlebensprognose aber negativ, dann sind die Wirtschaftsgüter mit Einzelveräußerungswerten zu bilanzieren.[3]

Besteht eine positive Überlebensprognose, ist also das Fortbestehen des Unternehmens nach den Umständen überwiegend wahrscheinlich, kann jedenfalls dann, wenn in der Vor-GmbH bereits ein Unternehmen entstanden war, dessen Wert höher ist als die Summe der einzelnen ihm dienenden Wirtschaftsgüter, ein Geschäftswert aktiviert werden.[4]

968

Die Höhe des der GmbH von den Gesellschaftern anteilig zu erstattenden Betrages ermittelt sich danach wie folgt:

969

Wert des Vermögens der GmbH bei Eintragung
./. Stammkapital der GmbH
= Haftungsbetrag

dd) Haftungsverpflichtete

Der aufgrund der Vorbelastungsbilanz ermittelte und der GmbH zur Auffüllung des verloren gegangenen Stammkapitals zu erstattende Betrag ist von den Gesellschaftern nicht als Gesamtschuldnern aufzubringen, sondern nur „pro rata" von jedem Gesellschafter **anteilig** nach seiner Beteiligung. Es handelt sich dabei um eine einlageähnliche

970

---

1 BGH v. 24. 10. 1988 II ZR 176/88, BGHZ 105, 300.
2 BGH v. 6. 12. 1993 II ZR 102/93, BGHZ 124, 282; v. 16. 1. 2006 II ZR 65/04, BGHZ 165, 391.
3 BGH v. 29. 9. 1997 II ZR 245/96, NJW 1998, 233.
4 BGH v. 9. 11. 1998 II ZR 190/97, BGHZ 140, 35; beim „Start-up"-Unternehmen wird eine als Unternehmen zu qualifizierende strukturierte Organisationseinheit nur ausnahmsweise und nur dann angenommen, wenn das innovative Geschäftskonzept bereits am Markt Bestätigung gefunden hat, BGH v. 16. 1. 2006 II ZR 65/04, DStR 2006, 711, mit Anm. Goette.

Haftung mit der Folge, dass sie auch den Erwerber eines Geschäftsanteils gem. § 16 Abs. 2 GmbHG trifft und dass dann, wenn die anteilige Forderung gegen einen Gesellschafter nicht realisiert werden kann, die Vorschriften nach §§ 21 ff. GmbHG entsprechend eingreifen und die anderen Gesellschafter auch im Wege der **Ausfallhaftung** (§ 24 GmbHG) in Anspruch genommen werden können.

ee) Entstehung des Anspruchs

971 Der **Erstattungsanspruch aus der Unterbilanzhaftung** entsteht ohne weiteres mit der Eintragung der GmbH und ist auch sofort fällig, eines besonderen Gesellschafterbeschlusses zur Einforderung nach § 46 Nr. 2 GmbHG bedarf es nicht. Vielmehr obliegt es dem Geschäftsführer bei Vermeidung eines Schadensersatzanspruchs nach § 43 Abs. 2 GmbHG, die Erstattung einzufordern. Freilich muss er nicht stets einen Anspruch auf Zahlung geltend machen. Ist der jeweils betroffene Gesellschafter zahlungsfähig und ist die Forderung gegen ihn werthaltig, kann es auch ausreichen, die Forderung in die Bilanz einzustellen. Sie stellt dann einen der GmbH zustehenden Vermögenswert dar, der auch nicht untergeht, wenn die GmbH später (durch geschäftliche Erfolge) die einmal erlittenen Verluste ausgleicht und wieder über das Stammkapital deckendes Vermögen verfügt.

972 Wichtig ist, dass wegen des einlageähnlichen Charakters des Erstattungsanspruchs aus der Unterbilanzhaftung der Gesellschafter wie etwa auch nach § 19 Abs. 2 Satz 2 GmbHG (normale Einlageforderung) oder bei Ansprüchen nach § 31 GmbHG[1] grundsätzlich **nicht** mit eigenen Forderungen gegen die GmbH **aufrechnen** kann – **Aufrechnungsverbot**.[2] Nur ausnahmsweise kommt nach der Neufassung des § 19 Abs. 2 Satz 2 GmbHG durch das MoMiG eine Aufrechnung mit einer Forderung aus der Überlassung von Vermögensgegenständen in Betracht, deren Anrechnung auf die Einlageverpflichtung nach § 5 Abs. 4 Satz 1 GmbHG – also im Gesellschaftsvertrag bei der Festsetzung einer Sacheinlage – vereinbart worden ist. Lediglich umgekehrt ist eine Verrechnung durch die GmbH unter der Voraussetzung möglich, dass der Anspruch des Gesellschafters vollwertig, fällig und durchsetzbar ist, sprich die GmbH zu 100 v. H. leistungsfähig ist und sich nicht in der Krise befindet.

ff) Anspruchsberechtigter (Innenhaftung)

973 **Inhaber des Anspruchs** auf die Auffüllung des Gesellschaftsvermögens ist die **GmbH (Innenhaftung)**. Mit der Eintragung der GmbH sind alle aktiven Vermögenswerte und die Verbindlichkeiten der Vor-GmbH unmittelbar auf die GmbH übergegangen. Mit der Realisierung des Erstattungsanspruchs aus der Unterbilanzhaftung wird die GmbH instand gesetzt, die auf sie übergegangenen, aus der Geschäftstätigkeit der Vor-GmbH herrührenden Verpflichtungen zu erfüllen. Gegen die Gesellschafter selbst haben die Gläubiger der im Gründungsstadium entstandenen Verbindlichkeiten keinen Anspruch.

---

1 Erstattung verbotener Rückzahlungen, BGH v. 27.11.2000 II ZR 83/00, BGHZ 146, 105.
2 BGH v. 16.1.2006 II ZR 65/04, DStR 2006, 711.

Gegen die Gesellschafter selbst können sie allenfalls vorgehen, wenn sie gem. §§ 829, 835 ZPO den anteiligen Erstattungsanspruch der GmbH pfänden und sich zur Einziehung überweisen lassen.

Für die **Verjährung des Erstattungsanspruchs aus der Unterbilanzhaftung** gilt § 9 Abs. 2 GmbHG analog. Die Frist beträgt also **zehn Jahre** und beginnt mit der Eintragung in das Handelsregister.

974

e) Verlustdeckungshaftung (die GmbH wird nicht eingetragen)

Eine einheitliche Gründerhaftung,[1] die die Gesellschafter der Vor-GmbH für das Risiko haften lässt, wenn mit ihrem Einverständnis schon vor Entstehung der GmbH (mit Eintragung ins Handelsregister) die unternehmerische Tätigkeit entfaltet wird und Verluste produziert werden, verlangt eine der Vorbelastungshaftung entsprechende Regelung auch beim Scheitern der Gründung. Auch dann sollen die Gründungsgesellschafter der Gesellschaft die Mittel zur Verfügung stellen müssen, dass alle in der Gründungsphase entstandenen Verbindlichkeiten erfüllt werden können. Dies soll mit der **Verlustdeckungshaftung** erreicht werden.

975

Da das Scheitern der Gründung unterschiedliche Ursachen haben kann, muss hier differenziert werden danach, ob von Anfang an die Eintragungsabsicht gefehlt hat oder ob sie später aufgegeben worden ist und ob dann die schon begonnene Geschäftstätigkeit sofort eingestellt wird oder nicht.

976

aa) Unechte Vorgesellschaft

Wird zwar ein Gesellschaftsvertrag notariell abgeschlossen, **fehlt** aber von **vornherein die Absicht, die GmbH eintragen** zu lassen, und wird dennoch nach außen eine unternehmerische Tätigkeit „unter der Firma" einer Vor-GmbH aufgenommen, handelt es sich gleichwohl bei diesem Gebilde in Wahrheit nicht um eine Vorgesellschaft, also eine werdende juristische Person, auf die weitgehend schon die Regeln des GmbH-Rechts anzuwenden wären, sondern um eine sog. **unechte Vorgesellschaft**. Denn sie und ihre Mitglieder erwecken nur den Schein, es solle eine Gesellschaft mit beschränktem Haftungsvermögen entstehen.

977

Auf diese Personengemeinschaft sind die Vorschriften anzuwenden, die für die tatsächlich vorliegende Gesellschaftsform gelten. Danach gilt entweder das Recht der BGB-Gesellschaft oder der OHG.[2] Folglich haften für die Gesellschaftsschulden die Mitglieder der unechten Vorgesellschaft auch persönlich und mit ihrem ganzen Vermögen den Gläubigern und können sich nicht darauf berufen, mit ihrem Auftreten unter einer Firma, die auf eine Haftungsbeschränkung der Gesellschafter hinweise, sei ihre Haftung gegenüber den Gläubigern wirksam auf den Betrag der „übernommenen" Stammeinlage begrenzt worden.

---

1 BGH v. 27. 1. 1997 II ZR 123/94, BGHZ 134, 333.
2 Vgl. BGH v. 29. 11. 1956 II ZR 282/55, BGHZ 22, 240; BFH v. 7. 4. 1998 VII R 82/97, BStBl II 1998, 531.

bb) Aufgabe der Eintragungsabsicht

978 Wird nach Abschluss des Gesellschaftsvertrages die ursprünglich **bestehende Eintragungsabsicht aufgegeben,** weil z. B.

- ▶ die Gesellschafter einen entsprechenden Beschluss fassen (z. B. weil die Einlagen nicht aufgebracht werden können) oder
- ▶ ein Gesellschafter die Vorgesellschaft aus wichtigem Grund kündigt oder
- ▶ sich die Eintragung wegen endgültiger Ablehnung durch das Registergericht nicht verwirklichen lässt und sie deshalb undurchführbar ist,

muss danach unterschieden werden, welche Konsequenzen aus dem Wegfall der Eintragungsabsicht gezogen werden.

cc) Fortsetzung der werbenden Tätigkeit

979 Wird die Geschäftstätigkeit **nicht sofort eingestellt** und ein (evtl. noch nicht erledigter) Eintragungsantrag nicht zurückgenommen, sondern die **werbende Unternehmenstätigkeit fortgesetzt**, wird die bis dahin bestehende Vorgesellschaft (Vor-GmbH) in eine OHG oder BGB-Gesellschaft „umgewandelt" und es entfallen rückwirkend alle Besonderheiten, die sich aus der Anwendung der GmbH-Regeln auf die Vorgesellschaft ergaben, weil diese ein notwendig zu durchlaufendes Vorstadium darstellt und die Gläubiger erwarten können, sich an die bald entstehende GmbH mit ihrem – notfalls aus der Unterbilanzhaftung aufzufüllenden – Haftungsfond halten zu können.[1]

Im Ergebnis wird die Rechtslage so beurteilt, als habe nie eine Eintragungsabsicht bestanden und es läge von Anfang an eine unechte Vorgesellschaft vor, mit den entsprechenden haftungsrechtlichen Folgen für die Gründer.[2] Sie haften den Gläubigern der Vorgesellschaft unmittelbar, unbeschränkt und gesamtschuldnerisch, wenn die Geschäftstätigkeit nicht sofort eingestellt wird, sobald sich das Scheitern der Gründung herausstellt. Die Außenhaftung trifft aber nur die Gesellschafter, die die werbende Tätigkeit fortsetzen oder davon wissen, aber nicht die Liquidation betreiben bzw. den Gesellschaftsvertrag kündigen.

980 Zwischenzeitlich gab es Zweifel, ob der BGH an dieser bereits überkommenen Rechtsprechung festhalten wolle.[3] Nach dem BGH-Urteil v. 27. 1. 1997[4] und anderer oberster Bundesgerichte[5] ist aber das für Personengesellschaften geltende Haftungssystem anzuwenden, wenn nach Scheitern der Gründung die Geschäftstätigkeit werbend fortgesetzt wird: Führen die Gründer die Geschäfte nach dem Scheitern der Vor-GmbH fort, haben sie für sämtliche und auch für die bis zum Scheitern entstandenen Verbindlichkeiten der Vorgesellschaft nach personengesellschaftsrechtlichen Grundsätzen, also

---

1 Vgl. auch BGH v. 4. 11. 2002 II R 204/00, BGHZ 152, 290.
2 Vgl. BGH v. 18. 1. 2000 XI ZR 71/99, BGHZ 143, 327.
3 Vgl. BGH v. 4. 3. 1996 II ZR 123/94, NJW 1996, 1210.
4 II ZR 123/94, BGHZ 134, 333, 341.
5 BFH v. 7. 4. 1998 VII R 82/97, BStBl II 1998, 531; BAG v. 27. 5. 1997 9 AZR 483/96, NJW 1998, 628; BSG v. 8. 12. 1999 B 12 KR 10/95 R, DStR 2000, 741.

unbeschränkt und gesamtschuldnerisch in gleicher Weise einzustehen, als hätte von Anfang an die Eintragungsabsicht gefehlt (unechte Vorgesellschaft).

dd) Sofortige Einstellung der Geschäftstätigkeit

Wird die Geschäftstätigkeit sofort beendet und wird die – wegen Zweckverfehlung – aufgelöste Vorgesellschaft liquidiert, gelten dafür die für die Liquidation der GmbH maßgebenden Vorschriften der §§ 65 ff. GmbHG entsprechend. Können die Verbindlichkeiten der Vor-GmbH nicht aus dem Gesellschaftsvermögen gedeckt werden, kommt es zur sog. **Verlustdeckungshaftung** der Gesellschafter für die Verbindlichkeiten gegenüber der Gesellschaft (**Innenhaftung**). Die Gründungsgesellschafter (Gesellschafter der Vor-GmbH) sind verpflichtet, der Gesellschaft beteiligungsproportional so viel an Geld zur Verfügung zu stellen, dass sie sämtliche Verbindlichkeiten, die in der Gründungsphase entstanden sind, gegenüber den Gläubigern der Vor-GmbH erfüllen kann. 981

Im Unterschied zur Unterbilanzhaftung, die nach Eintragung der GmbH eine Auffüllung des Gesellschaftsvermögens bis zu einem der Stammkapitalziffer entsprechenden Wert verlangt, müssen die Gesellschafter aber **nur den für die Tilgung der Schulden erforderlichen Betrag zahlen,** also die entstandenen Verluste abdecken.[1] Ansonsten ist die Haftung aber unbeschränkt, und nicht etwa als Außenhaftung gegenüber den Gläubigern auf die Höhe der jeweiligen, noch nicht geleisteten Einlage begrenzt, wie dies nach der früheren Rechtsprechung der Fall war.[2] Sie fingierte zu Lasten der Gläubiger, die Gründungsgesellschafter hätten mit dem Auftreten in Form einer Vor-GmbH ihren Willen zur Haftungsbeschränkung erklärt und der Vertragspartner habe sich darauf eingelassen.

Mit der prinzipiell unbeschränkten Verlustdeckungshaftung der Gesellschafter ist auch dem früher zu beobachtenden Verhalten von Gesellschaftern der Boden entzogen, den oder die Geschäftsführer auf der Handelndenhaftung nach § 11 Abs. 2 GmbHG sitzen zu lassen und sich selbst der Verantwortung für eine schon in der Gründungsphase gescheiterten werbenden Gesellschaft weitgehend zu entziehen. Geriet die Gesellschaft schon vor der Eintragung in die Krise und gaben die Gesellschafter die Eintragungsabsicht auf und stellten die gewerbliche Betätigung ein, konnte sich der Geschäftsführer nicht mehr von der Handelndenhaftung, die ansonsten bei der Eintragung der GmbH erloschen wäre, befreien, während die Gesellschafter die Gläubiger auf die Einlageleistung verweisen konnten. Sie waren allenfalls dem Geschäftsführer aus dessen Regressanspruch aus dem Auftragsrecht (§§ 675, 670, 421 BGB) verpflichtet. 982

ee) Anspruchsberechtigter aus der Verlustdeckungshaftung (Innenhaftung)

Anspruchsberechtigt aus der Verlustdeckungshaftung ist die **Gesellschaft**; es besteht also eine **Innenhaftung**. Auch wenn damit Schwierigkeiten für die Gläubiger verbunden sind und sie sich zunächst an die Gesellschaft halten müssen, bedeutet dies nicht, dass sie mit ihren Forderungen ausfallen, wenn die Gesellschaft ihre Verpflichtungen nicht 983

---

[1] Verlustdeckungshaftung; BGH v. 27.1.1997 II ZR 123/94, BGHZ 134, 333; v. 4.11.2002 II ZR 204/00, BGHZ 152, 290.
[2] BGH v. 15.12.1975 II ZR 95/73, BGHZ 65, 378 ff.

erfüllen kann oder will. Sie können den Verlustdeckungsanspruch der Vor-GmbH pfänden und sich zur Einziehung überweisen lassen.

Hier können sich aber Informationsdefizite zu internen Verhältnissen der Gesellschaft als hinderlich erweisen. Dann kann es helfen, wenn sich die Gläubiger zunächst an den Geschäftsführer aus der Handelndenhaftung gem. § 11 Abs. 2 GmbHG halten, der im eigenen Interesse die Gläubiger auf den Verlustdeckungsanspruch verweisen und die nötigen Informationen zu dessen Geltendmachung liefern wird oder sogar seinen eigenen Freistellungsanspruch abtreten wird.[1] Nehmen die Gläubiger aber den Geschäftsführer nach § 11 Abs. 2 GmbHG in Anspruch, weil er eher zahlungsfähig erscheint, dann kann er seinen Regressanspruch gegen die Vorgesellschaft über die Verlustdeckungshaftung bei den Gesellschaftern realisieren.[2]

984 In der Praxis kommen die Fälle der Verlustdeckungshaftung eher selten vor. Häufiger werden die Fälle sein, in denen nach Aufgabe der Eintragungsabsicht die werbende Tätigkeit eben nicht augenblicklich eingestellt wird, so dass die Grundsätze der Haftung aus der unechten Vorgesellschaft greifen und die Gesellschafter den Gläubigern der Vor-GmbH unmittelbar, unbeschränkt und als Gesamtschuldner haften.

985 Ein **unmittelbarer Zugriff auf die Gesellschafter** wird aber auch dann zugelassen, wenn

- die Vor-GmbH vermögenslos ist oder
- keinen Geschäftsführer mehr hat oder
- ein Insolvenzantrag (mangels Masse) keine Aussicht auf Erfolg hat oder
- wenn weitere Gläubiger nicht vorhanden sind, also eine Benachteiligung anderer Gläubiger nicht zu befürchten ist, oder
- wenn es sich um eine Einpersonengründung handelt.

986 Dann sieht man die Abwicklung der Haftung über die Gesellschaft als einen unnötigen und mit unverhältnismäßig großen Schwierigkeiten verbundenen Weg an.[3]

f) Vorratsgründung und Verwendung eines Mantels

987 Eine Mantel-GmbH wird in der Regel vorgehalten, um ein oft lang dauerndes Eintragungsverfahren vermeiden und einer persönlichen Haftung zu entgehen, wenn die GmbH ihren Geschäftsbetrieb schon vor der Eintragung aufnehmen soll. Die Verwendung eines Mantels steht jedoch einer Neugründung gleich. Die Vorschriften, die die Kapitalausstattung gewährleisten sollen, sind entsprechend anzuwenden: Die Neugründung ist dem Registergericht gegenüber offenzulegen und es ist gem. § 8 Abs. 2 GmbHG zu versichern, dass das Kapital zur freien Verfügung der Geschäftsführer steht. Die für die Haftung bei der Gründung geltenden Vorschriften sind entsprechend anzuwenden. Vgl. hierzu Rz. 573, 576.

988–1010 (*Einstweilen frei*)

---

[1] Vgl. zu diesem Weg BGH v. 19. 3. 2001 II ZR 249/99, NJW 2001, 2092.
[2] Vgl. BGH v. 9. 3. 1981 II ZR 84/80, BGHZ 80, 129.
[3] Vgl. auch BGH v. 27. 1. 1997 II ZR 123/94, BGHZ 134, 333, 341; BAG v. 15. 12. 1999 10 AZR 165/98, GmbHR 2000, 1041; BSG v. 8. 12. 1999 B 12 KR 10/95 R, DStR 2000, 741 = GmbHR 2000, 425.

C. Umwandlungen

Literatur: *Klein/Müller/Lieber,* Änderung der Unternehmensform, 11. Auflage, Herne 2017.

Verwaltungsanweisung: Schreiben betr. Anwendung des Umwandlungssteuergesetzes i. d. F. des Gesetzes über steuerliche Begleitmaßnahmen zur Einführung der Europäischen Gesellschaft und zur Änderung weiterer steuerrechtlicher Vorschriften (SEStEG) = UmwSt-Erlass, BMF v. 11. 11. 2011 (BStBl I 2011, 1314).

I. Allgemeines

Für Unternehmen anderer Rechtsformen (Einzelunternehmen, Personenhandelsgesellschaft) eröffnet das UmwG mehrere Wege, um durch **Umwandlung in die Rechtsform der GmbH** zu gelangen. Der Begriff der Umwandlung umfasst nach § 1 Abs. 1 UmwG die folgenden Arten: Umwandlungen mit Vermögensübertragung wie Verschmelzung, Spaltung (Aufspaltung, Abspaltung, Ausgliederung), Vermögensübertragung und die Umwandlung ohne Vermögensübertragung durch Formwechsel. 1011

Die steuerrechtlichen Regelungen im Umwandlungssteuergesetz (UmwStG)[1] knüpfen an diese Arten an, jedoch geht das UmwStG beim Formwechsel einer Personenhandelsgesellschaft in eine GmbH von einem Vermögensübergang aus und regelt nicht nur die Fälle des Vermögensübergangs durch Gesamtrechtsnachfolge oder Sonderrechtsnachfolge, die Gegenstand des UmwG sind, sondern darüber hinaus auch durch Einzelrechtsnachfolge oder Anwachsung, die als Sacheinlage oder Anteilstausch die Einbringung von Betrieben, Teilbetrieben oder Mitunternehmeranteilen in einer GmbH darstellen (§§ 20 ff. UmwStG). Die Ausgliederung wird als Einbringung behandelt.[2]

Die GmbH kann als übertragender Rechtsträger an allen nach dem UmwG möglichen Arten der Umwandlung beteiligt sein und als neuer oder übernehmender Rechtsträger an der Verschmelzung, Spaltung oder dem Formwechsel teilnehmen. Informative Überblicke über die Wege von verschiedenen Rechtsträgern in die GmbH sowie die dafür einschlägigen Rechtsvorschriften finden sich im UmwSt-Erlass, Rz. 01.01 bis 01.48. 1012

1. Verschmelzung

Unter Umwandlung durch **Verschmelzung** versteht man die Vermögensübertragung durch Gesamtrechtsnachfolge, die in folgender Weise zulässig ist: Verschmelzung im Weg der Aufnahme eines oder mehrerer übertragender Rechtsträger durch einen anderen bestehenden Rechtsträger (z. B. eine bestehende GmbH) oder Verschmelzung im Wege der Neugründung eines Rechtsträgers (z. B. GmbH) durch mindestens zwei übertragende Rechtsträger. Danach ist nach §§ 3 und 39 ff. UmwG die Verschmelzung einer Personenhandelsgesellschaft (OHG, KG) und einer Partnerschaftsgesellschaft, nicht aber einer Gesellschaft bürgerlichen Rechts, sowie einer GmbH auf eine GmbH mög- 1013

---

1 In der Fassung des SEStEG, geltend für alle Umwandlungsvorgänge, bei denen die Anmeldung zur Eintragung in das für die Wirksamkeit maßgebende Register nach dem 12. 12. 2006 erfolgte.
2 Vgl. Beck-GmbH-HB/Orth, § 14 Rz. 12.

lich, und umgekehrt einer GmbH auf die genannten Gesellschaften und zusätzlich auf eine natürliche Person als Alleingesellschafter.[1]

2. Spaltung

1014 Die Umwandlung durch **Spaltung** ist als Vermögensübertragung durch Sonderrechtsnachfolge zu verstehen und ist in folgenden drei Arten gem. §§ 123 und 138 ff. UmwG möglich:

- **Aufspaltung** durch gleichzeitige Übertragung von Vermögensteilen auf andere bestehende Rechtsträger zur Aufnahme oder neu gegründete Rechtsträger zur Neugründung gegen Gewährung von Anteilen dieser Rechtsträger an die Anteilsinhaber des übertragenden Rechtsträgers, der sich auflöst;
- **Abspaltung** durch Übertragung von Vermögensteilen zur Aufnahme oder zur Neugründung gegen Gewährung von Anteilen der übernehmenden Rechtsträger an die Anteilsinhaber des übertragenden Rechtsträgers, der fortbesteht;
- **Ausgliederung** durch Übertragung von Vermögensteilen zur Aufnahme oder zur Neugründung gegen Gewährung von Anteilen des übernehmenden Rechtsträgers an den übertragenden Rechtsträger.

Danach ist die Umwandlung durch Spaltung z. B. möglich von einem Einzelkaufmann auf eine GmbH (durch Ausgliederung), von Personenhandelsgesellschaften und der Partnerschaftsgesellschaft sowie der GmbH auf eine GmbH und umgekehrt auf die genannten Gesellschaften.[2]

3. Formwechsel

1015 Die Umwandlung durch **Formwechsel** bedeutet handelsrechtlich keinen Vermögensübergang, sondern nur einen identitätswahrenden Rechtsformwechsel des Rechtsträgers. Nach §§ 191 und 214 ff. UmwG können z. B. die OHG, KG und die Partnerschaftsgesellschaft formwechselnd auf eine GmbH umgewandelt werden, und umgekehrt die GmbH in eine GbR, OHG, KG oder Partnerschaftsgesellschaft. Beim Formwechsel einer GmbH in eine GbR hat der BGH[3] entschieden, dass weder die GbR noch ihre Gesellschafter im Handelsregister eingetragen werden müssen. Die „Umwandlung" der Unternehmergesellschaft (haftungsbeschränkt) in eine normale GmbH fällt nicht unter §§ 190 ff. UmwG, da sie nicht formwechselnd ist. Die UG ist eine GmbH; ihre Umwandlung setzt lediglich die Erhöhung des Stammkapitals auf einen Betrag voraus, der dem Mindeststammkapital entspricht.[4]

4. Steuerliche Aspekte

1016 **Ertragsteuerlich** ist der Weg in die GmbH durch Umwandlung auch nach dem UmwStG (= i. d. F. des SEStEG) noch **steuerneutral** möglich. Obwohl es als Grundfall vorsieht, dass

---

1 Vgl. mit vielen Beispielen Klein/Müller/Lieber, Änderungen der Unternehmensform, Rn. 146 ff.
2 Weitere Details Klein/Müller/Lieber, a. a. O., Rn. 321 ff.
3 Vom 18. 10. 2016 – II ZR 314/15, NWB DokID: WAAAF-90616.
4 Im Übrigen Klein/Müller/Lieber, a. a. O., Rn. 381 ff.

die übernehmende Kapitalgesellschaft das eingebrachte Betriebsvermögen (Betrieb, Teilbetrieb, Mitunternehmeranteil, Mitunternehmerteilanteil, mehrheitsvermittelnde Anteile an einer Kapitalgesellschaft) mit dem **gemeinen Wert anzusetzen** hat, kann bei Inlandssachverhalten unter den kumulativen Voraussetzungen (Besteuerung des Betriebsvermögens bei der übernehmenden GmbH mit KSt, Passivposten übersteigen nicht die Aktivposten, kein Ausschluss des deutschen Besteuerungsrechts für Gewinne aus der Veräußerung des eingebrachten Betriebsvermögens) die Gewinnrealisierung aufgeschoben werden.

Auf Antrag kann sowohl bei der Einbringung (§ 20 UmwStG) als auch beim qualifizierten Anteilstausch (§ 21 UmwStG) und beim Formwechsel einer Personenhandelsgesellschaft auf eine GmbH (§ 25 UmwStG) einheitlich das übernommene Betriebsvermögen mit einem **Zwischenwert** oder mit dem **Buchwert** (Definition: § 1 Abs. 5 Nr. 4 UmwStG) angesetzt werden, soweit neben den Gesellschaftsanteilen keine sonstigen Gegenleistungen (in Form anderer Wirtschaftsgüter) gewährt werden, die bestimmte, in § 20 Abs. 2 Satz 2 Nr. 4 UmwStG[1] geregelte Grenzen überschreiten. Dabei ist das **Maßgeblichkeitsprinzip** auf das Bewertungswahlrecht **nicht mehr anzuwenden,** so dass eine handelsrechtliche Wertaufstockung steuerneutral möglich ist.

Wie bisher besteht eine **Wertverknüpfung** zwischen der übernehmenden GmbH und dem Einbringenden. Der **Wert,** mit dem die übernehmende **GmbH** das eingebrachte Betriebsvermögen bzw. die eingebrachten Anteile ansetzt, gilt für den **Einbringenden als Veräußerungspreis und als Anschaffungskosten der erhaltenen Anteile,** die freilich um den gemeinen Wert zusätzlich gewährter Wirtschaftsgüter zu kürzen sind.

Eine völlige Umstellung durch das SEStEG erfährt die Besteuerung des Anteilseigners nach einem begünstigten Einbringungsvorgang und einem begünstigten qualifizierten Anteilstausch. Anstelle der „Verdopplung" der stillen Reserven durch die Steuerverstrickung der entstehenden einbringungsgeborenen Anteile und der Ausnahmevorschriften bei der Veräußerung solcher Anteile nach altem Recht (auf „Altanteile" bleibt es weiterhin anwendbar) tritt **die rückwirkende Besteuerung des Anteilseigners,** wenn die erhaltenen Anteile innerhalb eines Zeitraumes **von sieben Jahren** nach der Einbringung veräußert werden. Dabei wird zwischen einer **begünstigten Sacheinlage (Einbringungsgewinn I)** und einem **Anteilstausch (Einbringungsgewinn II)** auf den Einbringungszeitpunkt differenziert, der sich für **jedes danach abgelaufene Zeitjahr um 1/7 dieses Betrages mindert.** 1017

Der Einbringungsgewinn I (Sacheinbringung) ist als Einkünfte gem. **§ 16 EStG** zu erfassen und unterliegt **nicht dem** Halbeinkünfteverfahren bzw. **Teileinkünfteverfahren.** Auch § 8b Abs. 2 KStG ist nicht anzuwenden, wenn Einbringender eine Kapitalgesellschaft ist. Der Einbringungsgewinn II, welcher bei Veräußerung der übertragenen Gesellschaftsanteile durch die übernehmende GmbH innerhalb des Sieben-Jahres-Zeitraumes zu erfassen ist, unterliegt als ein **Gewinn aus der fingierten Veräußerung der Anteile** dem Halbeinkünfteverfahren bzw. **Teileinkünfteverfahren,** wenn der Einbringende eine natürliche Person ist.

---

[1] Eingefügt durch StÄndG 2015 v. 2.11.2015 mit rückwirkender Geltung für Einbringungen nach dem 31.12.2014.

Die rückwirkende Versteuerung führt zugleich zu einer **Aufstockung der Anschaffungskosten für die erhaltenen Anteile** an der übernehmenden GmbH **um den versteuerten maßgeblichen Einbringungsgewinn**, die sich bei der Veräußerung der Anteile an der erwerbenden GmbH durch den Einbringenden etwa nach § 17 EStG im Rahmen des Halb- bzw. Teilabzugsverfahrens nach § 3c Abs. 2 EStG steuermindernd auswirken. Bei der **übernehmenden GmbH** sind die **Anschaffungskosten der eingebrachten Wirtschaftsgüter gewinnneutral** anteilig und wirtschaftsgutbezogen um den maßgeblichen Einbringungsgewinn **aufzustocken und erhöhen damit die AfA-Bemessungsgrundlage** oder sind sofort als Betriebsausgaben abzugsfähig, wenn das Wirtschaftsgut inzwischen zum gemeinen Wert veräußert wurde.

Beim Anteilstausch erhöht der **versteuerte Einbringungsgewinn II** die **Anschaffungskosten auf die übernommenen Anteile**, so dass der nach § 8b Abs. 2 und Abs. 5 KStG zu erfassende Erlös aus der Veräußerung der erhaltenen Anteile, der im Wirtschaftsjahr der tatsächlichen Veräußerung zu versteuern ist, sich um den maßgeblichen Einbringungsgewinn II mindert. Zu den Einzelheiten wird auf die Ausführungen zum SEStEG hingewiesen.

1018 Umwandlungen unterliegen auch der **Grunderwerbsteuer** mit Ausnahme des Formwechsels, wenn infolge des Vermögensüberganges inländische Grundstücke auf den neuen Rechtsträger (die GmbH) überwechseln oder aber damit ein grunderwerbsteuerbarer Wechsel im Gesellschafterbestand einer grundbesitzenden Personengesellschaft (§ 1 Abs. 2a GrEStG) einhergeht oder sich eine Anteilsvereinigung i. S. v. § 1 Abs. 3 GrEStG vollzieht. Bemessungsgrundlage bei Umwandlungen und anderen Erwerbsvorgängen auf gesellschaftsvertraglicher Grundlage ist dabei der Grundbesitzwert nach § 138 Abs. 2 und 3 BewG (§ 8 Abs. 2 GrEStG). Die Bemessung der GrESt nach den gem. §§ 138 ff. BewG ermittelten Grundbesitzwerten ist verfassungswidrig.[1] Der Gesetzgeber hat deshalb rückwirkend ab 1. 1. 2009 die auch für die Erbschaft- und Schenkungsteuer maßgeblichen Werte auch für das GrEStG als verbindlich erklärt.

1019 Bei der **Erbschaftsteuer** in Anspruch genommene Steuervergünstigungen (§§ 13a, 19a ErbStG) bleiben bei der Einbringung eines Betriebs, Teilbetriebs oder von Mitunternehmeranteilen in eine GmbH innerhalb der fünfjährigen Behaltefrist erhalten, nur die nachfolgende Veräußerung der bei der Umwandlung erworbenen Anteile an der GmbH innerhalb des Fünf-Jahreszeitraumes führt rückwirkend zum Wegfall der Steuervergünstigung.

1020 Wurde eine Steuervergünstigung nach dem ErbStG in Anspruch genommen, führt ein Verstoß gegen die Behaltensfrist von fünf bzw. sieben Jahren (z. B. bei Veräußerung der Anteile) zu einem zeitanteiligen rückwirkenden Wegfall der Verschonung.

1021–1040 (Einstweilen frei)

II. Umwandlung eines Einzelunternehmens auf eine GmbH

1041 Die Umwandlung eines Einzelunternehmens in eine GmbH kann im Wege der Ausgliederung als Unterfall der Spaltung, durch Einbringung oder durch Einzelveräußerung

---

1 BVerfG v. 23. 6. 2015 1 BvL 13/11 und 1 BvL 14/11, BStBl II 2015, 871.

vollzogen werden. Den Vorschriften des UmwG unterliegt dabei nur die Ausgliederung (§§ 123 Abs. 3, 152 UmwG).

1. Umwandlung durch Ausgliederung

Der **Einzelkaufmann** kann sein Unternehmen, dessen Firma im Handelsregister eingetragen ist, im Ganzen oder einen Teil davon durch **Ausgliederung** auf eine GmbH umwandeln, was sowohl zur **Aufnahme** als auch zur **Neugründung** zulässig ist (§ 152 UmwG). Steuerlich wird die Ausgliederung als eine Einbringung i. S. v. §§ 22 und 23 UmwStG behandelt werden, sofern ein Betrieb oder ein Teilbetrieb ausgegliedert wird (§ 20 Abs. 6 Satz 2 UmwStG).

1042

Die Ausgliederung zur Neugründung unterscheidet sich von der Ausgliederung auf eine bestehende GmbH im Wesentlichen darin, dass ein Ausgliederungsvertrag zwischen dem Einzelkaufmann und der GmbH (anstelle einer Ausgliederungserklärung) abgeschlossen werden muss, wobei das Selbstkontrahierungsverbot des § 181 BGB zu beachten ist, und dass für die GmbH ein Ausgliederungsbericht (§ 127 UmwG) erstellt werden muss, auf den freilich gem. § 8 Abs. 3 UmwG verzichtet werden kann bzw. der für den Einzelkaufmann nicht erforderlich ist (§ 153 UmwG). Außerdem tritt an die Stelle der Sachgründung einer GmbH der Beschluss über die Kapitalerhöhung, die zur Schaffung der neuen Geschäftsanteile (Umtauschanteile) an der übernehmenden GmbH notwendig ist.

1043

a) Durchführung

Die Ausgliederung eines Einzelunternehmens zur Neugründung einer GmbH vollzieht sich unter folgenden Voraussetzungen und in folgenden Schritten:

1044

- ▶ **Erstellung des Ausgliederungsplans** durch den Einzelkaufmann, der insbesondere
  - Firma und Sitz der an der Ausgliederung beteiligten Rechtsträger (Einzelkaufmann und GmbH),
  - die **Ausgliederungserklärung** über die Übertragung des vom Einzelkaufmann betriebenen Unternehmens oder von Teilen desselben auf die GmbH gegen Gewährung von Anteilen an der neuen GmbH einschließlich **der genauen Bezeichnung der Gegenstände** des Aktiv- und Passivvermögens, die auf die GmbH übertragen werden, sowie
  - der übergehenden Betriebe oder Betriebsteile und auch
  - den **Gesellschaftsvertrag der neuen GmbH**, also die Errichtung der GmbH mit dem Einzelkaufmann als alleinigem Gesellschafter,
  - **die Bestellung der Geschäftsführer,**
  - die Übernahme von Gründungs- bzw. Ausgliederungsaufwand durch die GmbH und
  - die Festsetzung der **Bindung des übergehenden Vermögens** (Stammkapital mindestens 25 000 €, Kapitalrücklage, Gesellschafterdarlehen)
- ▶ enthalten muss. **Ausgliederungsplan und GmbH-Satzung** müssen **notariell beurkundet** werden.

- ▶ Nach Zuleitung des Ausgliederungsplans an den evtl. bestehenden Betriebsrat sind verschiedene Schritte der **Rechnungslegung** durchzuführen, wie
    - die Festlegung des Zeitpunkts, von dem an die Handlungen des übertragenden Rechtsträgers als für Rechnung der übernehmenden Gesellschaft vorgenommen gelten (Ausgliederungsstichtag),
    - Erstellung des letzten Jahresabschlusses des Einzelkaufmanns,
    - Schlussbilanz des Einzelkaufmanns,
    - die Ausgliederungsbilanz und
    - das Vermögensverzeichnis des Einzelkaufmanns (§ 159 Abs. 3 UmwG), das allerdings für eine GmbH im Rahmen einer Gründungsprüfung nicht vorgeschrieben ist.
- ▶ Erforderlich wird auch eine steuerliche Schlussbilanz des Einzelkaufmanns sowie die handelsrechtliche Eröffnungsbilanz der GmbH sein, wobei keine Bindung an die handelsrechtliche Schlussbilanz des Einzelunternehmens oder die Ausgliederungsbilanz besteht.
- ▶ Wertaufstockungen in der handelsrechtlichen Eröffnungsbilanz, die handelsrechtlich geboten oder zulässig bzw. zur Herbeiführung eines angemessenen Beteiligungsverhältnisses mehrerer Gesellschafter erforderlich oder zum Ausweis einer höheren Eigenkapitalquote (wegen Basel II) angezeigt sein können, müssen steuerlich nicht (mehr) nachvollzogen werden.

Das steuerliche **Bewertungswahlrecht** für das übergehende Vermögen, das bei Erfüllung der Vorgaben des § 20 Abs. 2 Satz 2 UmwStG besteht, ist nunmehr **losgelöst** von dem in § 5 Abs. 1 Satz 2 EStG kodifizierten handelsrechtlichen **Maßgeblichkeitsprinzip**. Es ergeben sich jedoch Wechselwirkungen zu der steuerlichen Eröffnungsbilanz der GmbH, weil insoweit – wie bisher nach § 20 Abs. 4 UmwStG a. F. – eine **Wertverknüpfung** besteht (§ 20 Abs. 3 Satz 1 UmwStG.). Der Wert, mit dem die GmbH das eingebrachte Betriebsvermögen ansetzt (Grundsatz: gemeiner Wert; auf Antrag der Buchwert oder ein Zwischenwert, § 20 Abs. 2 Satz 2 und 4 UmwStG), gilt für den Einbringenden als **Veräußerungspreis** und als **Anschaffungskosten für die GmbH-Anteile** (§ 20 Abs. 3 Satz 1 UmwStG).

Erhält der Einbringende neben den Gesellschaftsanteilen noch andere Wirtschaftsgüter als Gegenleistung (z. B. Geldbeträge, Einräumung von Gesellschafterforderungen oder stiller Beteiligungen, Übernahme von Pensionsverpflichtungen; die partielle Einstellung des Werts des eingebrachten Betriebsvermögens in die Kapitalrücklage nach § 272 Abs. 2 Nr. 4 HGB ist keine Gegenleistung), ist deren gemeiner Wert bei der Bemessung der Anschaffungskosten (Satz 1) abzusetzen (§ 20 Abs. 3 Satz 3 UmwStG). Übersteigt der gemeine Wert der zusätzlichen Gegenleistungen den Buchwert des eingebrachten Betriebsvermögens, muss die GmbH dieses mindestens mit dem gemeinen Wert der anderen Wirtschaftsgüter ansetzen. Es ist aber nur eine Wertaufstockung um den Betrag notwendig, um den der gemeine Wert der von der GmbH erbrachten anderen Wirtschaftsgüter (= weitere Gegenleistung) den Buchwert des eingebrachten Betriebsvermögens übersteigt. Bei ausreichendem Buchkapital kann durchaus die Gewährung einer zusätzlichen Gesellschafterforderung in Betracht kommen, ohne dass die steuerneutrale Einbringung gefährdet wäre.

> **BEISPIEL:** ▶ X will sein Einzelunternehmen durch Ausgliederung zur Neugründung in eine GmbH umwandeln. Der Buchwert seines Betriebsvermögens (Kapital) beträgt 100 000 €, der gemeine Wert beträgt 200 000 €. Das Stammkapital der neu gegründeten GmbH beträgt 50 000 € und wird durch die Sacheinlage in Gestalt des Einzelunternehmens erbracht. Neben den Geschäftsanteilen räumt die GmbH eine Darlehensforderung von 50 000 € ein.
> Die GmbH kann das eingebrachte Betriebsvermögen mit 100 000 € steuerlich ansetzen. Eine Wertaufstockung ist nicht notwendig. Erst wenn die GmbH dem X zusätzlich eine Gesellschafterforderung von z. B. 230 000 € einräumt, müsste sie die Wirtschaftsgüter mit diesem aufgestockten Wert ansetzen. Eine Bindung an höhere handelsrechtliche Wertansätze bestünde aber nicht.

▶ Zur Vorbereitung der **Anmeldung zum Handelsregister** sind noch der Ausgliederungsbericht (§ 127 UmwG), der allerdings für den Einzelkaufmann nicht erforderlich ist und auch nicht geprüft werden muss (§ 125 UmwG), und der Sachgründungsbericht (§ 5 Abs. 4 Satz 2 GmbHG, § 159 Abs. 1 i.V.m. § 58 UmwG) des Einzelkaufmanns zu fertigen, der über die wesentlichen Umstände für die Angemessenheit (Werthaltigkeit) der Leistungen auf Sacheinlagen, das Jahresergebnis des Einzelunternehmens der beiden letzten Geschäftsjahre, den Geschäftsverlauf und die Lage des Unternehmens Auskunft gibt.

Es besteht keine Pflicht zur Sachgründungsprüfung durch einen externen Prüfer, jedoch kann das Registergericht im Einzelfall verlangen, dass eine geprüfte Bilanz, ein Vermögensverzeichnis und ein geprüfter Sachgründungsbericht vorgelegt werden, oder die Prüfung selbst anordnen, sofern es die Prüfung nach § 9c GmbHG, § 160 Abs. 2 UmwG nicht selbst vornehmen kann.

▶ Sodann ist die Ausgliederung **zur Eintragung in das Handelsregister** (§ 160 UmwG) durch den Einzelkaufmann und den Geschäftsführer **anzumelden**. Nach Prüfung insbesondere der Ordnungsmäßigkeit der Errichtung der GmbH sowie der Werthaltigkeit der Sacheinlagen erfolgt die Eintragung und Bekanntmachung der Ausgliederung.

Die Handelsregistereintragung hat konstitutive Wirkung hinsichtlich der Entstehung der GmbH (§ 11 Abs. 1 GmbHG), des Übergangs des Unternehmens oder des Unternehmensteils auf die GmbH, das Erlöschen der Firma des Einzelkaufmanns, wenn die Ausgliederung das gesamte Unternehmen umfasst, und der bisherige Einzelkaufmann wird gemäß des Ausgliederungsplans Gesellschafter der übernehmenden GmbH. Der Einzelkaufmann haftet weiter für übergegangene Verbindlichkeiten (§ 156 UmwG), jedoch zeitlich begrenzt für eine fünfjährige Nachhaftung (§ 157 UmwG).

b) Steuerliche Wirkung

Steuerlich stellt die Ausgliederung eine Einbringung i. S. v. § 20 Abs. 1 UmwStG dar, die durch eine Sacheinlage verwirklicht wird (§ 20 Abs. 6 Satz 2 UmwStG). Das vom Einzelkaufmann betriebene Unternehmen ist der „Betrieb", das übertragene Vermögen ist das „eingebrachte Betriebsvermögen" und die Anteile an der neu errichteten GmbH werden zu „einbringungsgeborenen" Anteilen, die § 22 Abs. 1 UmwStG nun „erhaltene Anteile" nennt. Der Gewinn aus deren Veräußerung innerhalb von sieben Jahren nach

1045

dem Einbringungszeitpunkt ist rückwirkend im Wirtschaftsjahr der Einbringung als sog. „Einbringungsgewinn I" zu versteuern, sofern der Ansatz des Buchwerts oder eines Zwischenwerts gewählt worden ist.

Auch bei der Sacheinlage durch Ausgliederung darf der **steuerliche Übertragungsstichtag (Einbringungszeitpunkt)** auf den Tag **zurückbezogen** werden, für den die Schlussbilanz des übertragenen Unternehmens (§ 17 Abs. 2 UmwG) aufgestellt ist, wobei dieser Stichtag **höchstens acht Monate** vor der Anmeldung der Ausgliederung zum Handelsregister liegen darf (§ 20 Abs. 6 Satz 2 UmwStG). Dies bedeutet aber nicht, dass die rückwirkende Umwandlung auf einen Stichtag, der vor dem Inkrafttreten des UmwStG n. F. (durch das SEStEG am 12. 12. 2006) liegt, zur Anwendung des alten UmwStG führen würde. Denn das neugefasste UmwStG ist erstmals auf Umwandlungen und Einbringungen anzuwenden, bei denen die Anmeldung zum Handelsregister nach dem Tag der Verkündung erfolgte (§ 27 Abs. 1 UmwStG).

2. Umwandlung durch Einbringung

1046   Als Alternative zur Umwandlung eines Einzelunternehmens durch Ausgliederung, die z. B. bei einem überschuldeten Einzelkaufmann oder von der GbR auf die GmbH nicht möglich ist, kommt die Übertragung des Vermögens des Personenunternehmens im Wege der Einzelrechtsnachfolge auf eine neu gegründete GmbH (= Sachgründung, § 5 Abs. 4, § 7 Abs. 2 und 3 GmbHG) oder auf eine schon bestehende GmbH durch Kapitalerhöhung gegen Sacheinlage und Gewährung von neuen Anteilen (§ 56 GmbHG) in Betracht.

1047   Die **Einbringung durch Sachgründung** vollzieht sich im Wesentlichen wie folgt: Der Einzelkaufmann gründet eine GmbH unter Einbringung seines Einzelunternehmens als Sacheinlage, wozu der „Abschluss" des Gesellschaftsvertrages (Errichtungserklärung) der GmbH, die Bestellung des Geschäftsführers, die Erstellung eines Sachgründungsberichtes und die Leistung der Sacheinlage in Gestalt des Einzelunternehmens sowie die Anmeldung zum Handelsregister gehört. Die Einbringung durch Kapitalerhöhung geht im Wesentlichen wie folgt vor sich: Der Einzelkaufmann errichtet zuerst die GmbH mit baren Mitteln und erhöht sodann das Stammkapital unter Einlage des Einzelunternehmens; dazu bedarf es der Errichtung der GmbH, des Beschlusses über die Kapitalerhöhung mit Sacheinlage in Gestalt des Einzelunternehmens, der Erstellung eines Sachkapitalerhöhungsberichts, der Leistung der Sacheinlage sowie der Anmeldung zum Handelsregister.

1048   Auch die Umwandlung im **Einbringungsmodell** (§ 1 Abs. 3 Nr. 4 UmwStG) kann **steuerlich ergebnisneutral** nach UmwStG durchgeführt werden, wenn es sich bei dem übergehenden Vermögen um sämtliche wesentlichen Betriebsgrundlagen eines Betriebs oder Teilbetriebs (= Einzelunternehmen) handelt und die Einbringung gegen Gewährung von neuen Geschäftsanteilen erfolgt. Bei Zurückbehaltung wesentlicher Betriebsgrundlagen sind demnach alle stillen Reserven aufzudecken. Bei **negativem Buchkapital** des ausgegliederten Betriebs oder Teilbetriebs, d. h., wenn die Passivposten ohne Berücksichtigung des Eigenkapitals die Aktivposten übersteigen, ist allerdings der **Buchwertansatz nicht möglich** (§ 20 Abs. 2 Satz 2 Nr. 2 UmwStG), es muss zumindest auf einen Zwischenwert aufgestockt werden, so dass sich ein Nettoansatz des eingebrachten Betriebsvermögens von 0 € ergibt.

Ist die Buchwertverknüpfung nach § 20 Abs. 2 Satz 1 UmwStG zulässig, kann neben den neuen Anteilen auch ein Gesellschafterdarlehen in den Grenzen des § 20 Abs. 2 Satz 2 Nr. 4 UmwStG (der gemeine Wert von sonstigen Gegenleistungen darf nicht mehr betragen als a) 25 % des Buchwerts des eingebrachten Betriebsvermögens oder b) 500 000 €, höchstens jedoch den Buchwert des eingebrachten Betriebsvermögens) ausgewiesen werden, wodurch ein späterer Abfluss liquider Mittel an den Gesellschafter ohne Ausschüttung und damit die Thesaurierung der Gewinne möglich ist.

BEISPIEL: ▶ Das Einzelunternehmen weist vor der Ausgliederung bei Aktiva von 300 000 € ein Kapital von 150 000 € aus. Das Kapital kann nach der Ausgliederung in die GmbH z. B. mit 25 000 € auf das Stammkapital, mit weiteren 25 000 € auf die Kapitalrücklage und mit 100 000 € auf ein Gesellschafterdarlehen verteilt werden.

3. Umwandlung „durch Einzelveräußerung"

Dieses Modell, bei dem der Einzelkaufmann zunächst eine GmbH mit Barmitteln gründet und dann die einzelnen Wirtschaftsgüter seines Einzelunternehmens an die GmbH verkauft, stellt keine Umwandlung i. S. d. UmwG dar und wird auch dann nicht durch das UmwStG begünstigt, wenn ein sog. Buchwertverkauf vorliegt, bei dem der Einzelunternehmer sein Unternehmen an die GmbH „zum Buchwert" verkauft.

1049

Diese **Gestaltung** birgt einige **Risiken** in sich, so dass Vorsicht geboten ist. Gesellschaftsrechtlich liegt nämlich eine **verschleierte Sachgründung** vor, wenn die GmbH zunächst mit Barmitteln des Einzelunternehmers gegründet wird und die baren Mittel anschließend zum Ankauf der Wirtschaftsgüter des Einzelunternehmens verwendet werden oder die Kaufpreisforderung mit der Einlageverpflichtung verrechnet wird. Abgesehen davon, dass bei einem solchen Hin- und Herzahlen die neue Vorschrift über die verdeckte Sacheinlage nach § 19 Abs. 4 GmbHG i. d. F. des MoMiG anzuwenden sind und nur eine Wertanrechnung nach Eintragung der Gesellschaft auf die fortbestehende Bareinlageverpflichtung erfolgt und der Gesellschafter hinsichtlich der Wertdifferenz haftet, liegt **steuerlich** in Höhe der Differenz zwischen Kaufpreis und Teilwert der Wirtschaftsgüter einschließlich eines Firmenwerts eine **verdeckte Einlage v**or, die zur Aufdeckung und **Besteuerung der stillen Reserven** einschließlich des Firmenwerts führt. Auch die unentgeltliche Übertragung des Einzelunternehmens auf die GmbH stellt eine verdeckte Einlage mit der Folge der **Gewinnrealisierung** dar.

1050

(Einstweilen frei) 1051–1080

III. Umwandlung einer Personenhandelsgesellschaft in eine GmbH

Die Umwandlung einer **Personenhandelsgesellschaft in eine GmbH** ist nach dem UmwG sowohl durch Verschmelzung als auch durch Formwechsel möglich. Sollen nur Vermögensteile als Gesamtheit auf die GmbH als neuer Rechtsträger übertragen werden, kommt eine Spaltung in Betracht. Sowohl die Verschmelzung als auch die Spaltung (Ausgliederung) sind zur Aufnahme (in eine bestehende GmbH) oder zur Neugründung einer GmbH zulässig.

1081

Das **UmwStG** behandelt alle Umwandlungsvorgänge, die eine Personenhandelsgesellschaft als übertragenden Rechtsträger betreffen, als **Einbringungsvorgänge.** Die Ver-

1082

schmelzungsvorschriften der §§ 3 ff. UmwStG gelten nur für Körperschaften als übertragende Rechtsträger. Unter den Begriff der Einbringung fallen daher die Übertragung von Betrieben, Teilbetrieben und Mitunternehmeranteilen von Personenhandelsgesellschaften als übertragende Rechtsträger, und zwar bei allen Verschmelzungs- und Spaltungsvorgängen (§ 1 Abs. 3 Nr. 1 UmwStG), also z. B. wenn eine OHG oder KG ihren Betrieb auf eine bereits bestehende GmbH überträgt (= Verschmelzung) oder die Personenhandelsgesellschaft einen Teilbetrieb auf die GmbH überleitet (= Spaltung).

Für die Wertansätze bei der übernehmenden GmbH gilt auch hier die Regelung des § 20 Abs. 2 UmwStG, die statt des Ansatzes des eingebrachten Betriebsvermögens mit dem gemeinen Wert auf Antrag und unter den weiteren Vorgaben für das Bewertungswahlrecht auch die Buchwertfortführung oder einen Zwischenwert ohne Bindung an die handelsrechtlichen Wertansätze wählen kann. Der Übernahmewert gilt bei dem Einbringenden als Veräußerungspreis.

Ob ein entstehender Veräußerungsgewinn (§ 16 EStG) durch die Sacheinlage hier nach § 16 Abs. 4 EStG begünstigt sein kann, auch wenn das eingebrachte Betriebsvermögen mit dem gemeinen Wert angesetzt wird, ist zweifelhaft. Die Steuervergünstigung setzt nämlich voraus, dass der Einbringende eine natürliche Person ist, was aber in der Person einer OHG oder KG nicht erfüllt ist. Sieht man jedoch anknüpfend an den steuerlichen Begriff der Mitunternehmerschaft in der Umwandlung steuerlich die Einbringung eines Mitunternehmeranteils oder eines Teils eines Mitunternehmeranteil, wie dies durch den UmwSt-Erlass geschieht (Rz. 20.10 und 20.11), kommt eine Steuervergünstigung in Betracht.

1. Formwechsel OHG oder KG in GmbH

1083 **Formwechselnder Rechtsträger** können nur Personenhandelsgesellschaften und Partnerschaftsgesellschaften sein. Steuerlich wird der Formwechsel einer Personenhandelsgesellschaft in eine GmbH als Einbringung i. S. d. §§ 20 bis 23 UmwStG behandelt (§ 25 UmwStG).

1084 Die formwechselnde Umwandlung vollzieht sich im Wesentlichen unter folgenden Voraussetzungen und in folgenden **Schritten**:

1085 ▶ **Entwurf des Umwandlungsbeschlusses**, der insbesondere zum Inhalt (§§ 194, 218 UmwG) haben muss
- den Gesellschaftsvertrag der GmbH (Rechtsform, Firma, Betrag des Stammkapitals, Betrag der von jedem Gesellschafter übernommenen Geschäftsanteile, Sonderrechte der Gesellschafter),
- Abfindungsangebot an widersprechende Gesellschafter, sofern nicht Einstimmigkeit erforderlich ist oder eine 100 v. H.-Beteiligung besteht,
- Folgen des Formwechsels für die Arbeitnehmer sowie
- **Leistung von Sacheinlagen durch einzelne Gesellschafter.**

▶ Letzteres kann besondere steuerliche Bedeutung haben, weil Gegenstände, die nicht zum Gesellschaftsvermögen, sondern zum Vermögen des Gesellschafters gehören, steuerlich aber in einer Sonderbilanz des Gesellschafters zu erfassen waren und wesentliche Betriebsgrundlage darstellen, mit übertragen werden müssen, um die Umwandlung steuerneutral durchführen zu können. Solche Gegenstände des Sonderbetriebsvermögens müssen daher als Sacheinlagen in den Umwandlungsbeschluss aufgenommen und im Wege der Einzelrechtsnachfolge auf die GmbH übertragen werden.[1]

▶ Nach Zuleitung des Entwurfs des Umwandlungsbeschlusses an einen vorhandenen Betriebsrat der Personenhandelsgesellschaft (spätestens einen Monat vor der Gesellschafterversammlung, die den Formwechsel beschließen soll) ist eine **Rechnungslegung** durch verschiedene Bilanzen und eine Vermögensaufstellung zu erstellen – um den Aufwand zu begrenzen, sollte in der Praxis ein einheitlicher Bilanzstichtag gewählt werden. Dazu gehört

— der Jahresabschluss der Personenhandelsgesellschaft zum Schluss des letzten Geschäftsjahres, das vor Wirksamwerden des Formwechsels endet – eine Bilanz auf den Umwandlungsstichtag ist handelsrechtlich mangels Vermögensübergang nicht erforderlich;

— weiter gehört dazu eine Vermögensaufstellung, in der die Gegenstände und Verbindlichkeiten des formwechselnden Rechtsträgers mit dem wirklichen Wert anzusetzen sind, der ihnen am Tag der Erstellung des Umwandlungsberichts beizulegen ist, sowie schließlich

— eine Bilanz zum Nachweis des Wertes der Sacheinlage, die – wie die Vermögensaufstellung – Bestandteil des Umwandlungsberichtes ist und – trotz des eigentlichen Stichtags (= Anmeldung der GmbH zur Eintragung in das Handelsregister) – aus dem letzten Jahresabschluss abgeleitet werden darf.

1086

▶ Erforderlich ist **steuerlich** eine Schlussbilanz der Mitunternehmerschaft (aus Steuerbilanz der Gesellschaft, Ergänzungsbilanzen und Sonderbilanzen einzelner Mitunternehmer) zur Gewinnabgrenzung und zur Ermittlung der Buchwerte und eine Übertragungsbilanz (§ 25 Satz 2 und § 9 Satz 2 und 3 UmwStG).

1087

Die übertragende Personenhandelsgesellschaft hat diese Bilanz auf den steuerlichen Übertragungsstichtag aufzustellen (§ 25 Satz 1 i.V. m. § 20 Abs. 5 und 6 UmwStG), weil steuerlich der Formwechsel in die GmbH abweichend vom Handelsrecht als Wechsel des Rechtsträgers (§ 1 Abs. 3 Nr. 3 UmwStG) und Einbringung behandelt wird. Der steuerliche Übertragungsstichtag kann bis auf acht Monate vor der Anmeldung des Formwechsels zur Eintragung in das Handelsregister zurückbezogen werden und kann damit auch mit dem Tag des letzten handelsrechtlichen Jahresabschlusses der Personengesellschaft identisch sein.

1088

Das Einkommen und das Vermögen des Einbringenden wie der GmbH sind auf Antrag so zu ermitteln, als ob das eingebrachte Betriebsvermögen mit Ablauf des steuerlichen Übertragungsstichtags (Einbringungszeitpunkt) auf die Übernehmerin (die GmbH) übergegangen wäre. Folglich ist der Gesamtgewinn der Mitunternehmerschaft auch auf einen zurückbezogenen Stichtag zu ermitteln, ab dem die Ergebnisse der übernehmenden GmbH zuzurechnen sind. Dies erfährt aber hinsichtlich des Einkommens (also

---

1 Vgl. auch Beck-GmbH-HB/Orth, § 14 Rz. 91.

auch für den steuerlichen Gewinn aus Gewerbebetrieb) und des Gewerbeertrages eine Einschränkung bei Entnahmen und Einlagen, die nach dem steuerlichen Übertragungsstichtag erfolgen: Sie sind noch dem Unterschiedsbetrag i.S.v. § 4 Abs. 1 Satz 1 EStG, der auf den Übertragungsstichtag ermittelt wurde, hinzu- bzw. von ihm abzurechnen. Die nach § 20 Abs. 3 UmwStG auf den steuerlichen Übertragungsstichtag ermittelten Anschaffungskosten auf die erhaltenen Anteile an der GmbH sind um den Buchwert der (zwischenzeitlichen) Entnahmen zu vermindern und um den Wert der Einlagen (ermittelt nach § 6 Abs. 1 Nr. 5 EStG) zu erhöhen.

1089 **Handelsrechtlich** bedarf es keiner Eröffnungsbilanz der GmbH, weil dort der Formwechsel keine Vermögensübertragung bedeutet, jedoch kann sich eine Aufnahmebilanz empfehlen, falls der Formwechsel mit weiteren Sacheinlagen verbunden wird. Im Jahresabschluss der GmbH zum nächsten Bilanzstichtag sind die Buchwerte aus dem Jahresabschluss der Personengesellschaft nach dem Grundsatz der Bilanzkontinuität fortzuführen, ein Bewertungswahlrecht nach § 24 UmwG gibt es beim Formwechsel nicht. Steuerlich muss die GmbH jedoch eine Eröffnungsbilanz aufstellen (§ 25 Satz 2 und § 9 Satz 2 und 3 UmwStG), in der nunmehr der gemeine Wert der übergehenden Wirtschaftsgüter oder unter den Vorgaben des § 20 Abs. 1 und Abs. 2 UmwStG auch auf Antrag einheitlich Zwischenwerte oder die Buchwerte angesetzt werden können.

1090 ▶ Sodann ist ein Umwandlungsbericht (§ 192 UmwG) zu erstellen, der nicht erforderlich ist, wenn alle Gesellschafter der Personenhandelsgesellschaft zur Geschäftsführung berechtigt sind (OHG) oder alle Gesellschafter durch notariell beurkundete Erklärung auf eine Erstattung verzichten. Dem Umwandlungsbericht sind der Entwurf des Umwandlungsbeschlusses sowie die Vermögensaufstellung beizufügen, er soll der Information der Gesellschafter dienen.

1091 ▶ Schließlich ist der **Umwandlungsbeschluss** durch die einzuberufende Gesellschafterversammlung zu fassen (§§ 193, 216 bis 218 UmwG), welcher der Zustimmung aller Gesellschafter oder der Zustimmung einer Mehrheit von mindestens 3/4 der Stimmen der Gesellschafter bedarf, sofern der Gesellschaftsvertrag eine Mehrheitsentscheidung vorsieht. Der Umwandlungsbeschluss und die Zustimmungserklärungen der nicht erschienenen Gesellschafter müssen notariell beurkundet werden.

1092 ▶ Hinsichtlich der neu entstehenden GmbH sind die **Gründungsvorschriften** des GmbHG und des UmwG (§§ 197, 219, 220) anzuwenden (Gründer sind die Gesellschafter, die für den Formwechsel gestimmt haben): Bestellung der Geschäftsführer durch die Gründer, Sachgründungsbericht der Gründer (mit Darlegung der Kapitalaufbringung, der wesentlichen Umstände für die Werthaltigkeit weiterer Sacheinlagen, der Jahresergebnisse der Personenhandelsgesellschaft in den beiden letzten Geschäftsjahren und deren Lage).

1093 ▶ Im letzten Schritt ist der Formwechsel zur **Eintragung** in das Handelsregister durch die Geschäftsführer der GmbH anzumelden (§§ 198, 222 UmwG), worauf nach registergerichtlicher Prüfung die Eintragung erfolgt und bekannt gemacht wird.

1094 Die Eintragung der neuen Rechtsform „GmbH" hat **konstitutive Wirkungen** dergestalt, dass die Personenhandelsgesellschaft in der Rechtsform der GmbH weiterbesteht (Identität des Rechtsträgers), die Gesellschafter der Personenhandelsgesellschaft als Gesellschafter an der GmbH beteiligt sind (Kontinuität der Mitgliedschaft) und die

Rechte Dritter an den Anteilen an den Geschäftsanteilen weiter bestehen. Es bestehen bestimmte Minderheitenrechte der Gesellschafter, z. B. Anspruch auf Verbesserung des Beteiligungsverhältnisses durch bare Zuzahlung, Annahme der Barabfindung gegen Übertragung der umgewandelten Anteile auf die GmbH oder Antrag auf gerichtliche Bestimmung einer angemessenen Barabfindung bzw. anderweitige Veräußerung der Anteile innerhalb von zwei Monaten nach Bekanntmachung der Eintragung.

Die geschäftsführenden Gesellschafter der Personenhandelsgesellschaft sind ihren Mitgesellschaftern sowie ihren Gläubigern zum Schadensersatz verpflichtet, wenn sie bei der Vorbereitung und Durchführung des Formwechsels pflichtwidrig gehandelt haben (§§ 205, 206 UmwG). Altgläubigern wird zu ihrem Schutz das Recht eingeräumt, innerhalb von sechs Monaten nach Bekanntmachung des Formwechsels Sicherheitsleistung zu verlangen. Die persönliche Haftung der bisherigen Gesellschafter der Personengesellschaft nach § 128 HGB dauert weitere fünf Jahre als **Nachhaftung** fort, beginnend mit der Bekanntmachung des Formwechsels.

Steuerlich stellt sich die formwechselnde Umwandlung – abweichend vom Handelsrecht – als Einbringung dar, für die nach § 25 Satz 1 UmwStG die §§ 20 bis 23, § 9 Satz 2 und 3 UmwStG entsprechend gelten. 1095

2. Verschmelzung einer Personenhandelsgesellschaft auf eine GmbH

Unter **Verschmelzung** versteht man die Übertragung des Gesamtvermögens eines Rechtsträgers auf einen anderen, schon bestehenden oder neu gegründeten Rechtsträger im Wege der Gesamtrechtsnachfolge und Auflösung ohne Abwicklung, wobei den Anteilsinhabern des übertragenden und erlöschenden Rechtsträgers durch Anteilstausch eine Beteiligung an dem übernehmenden oder neuen Rechtsträger gewährt wird. Für die **Verschmelzung durch Aufnahme** bedeutet dies, dass eine Personenhandelsgesellschaft ihr gesamtes Vermögen auf eine **bestehende GmbH** überträgt, wobei die übertragende Personenhandelsgesellschaft mit Eintragung der Verschmelzung in das Handelsregister erlischt. Die übernehmende GmbH übernimmt im Wege der Gesamtrechtsnachfolge das gesamte Vermögen der Personenhandelsgesellschaft, erhöht entsprechend ihr Kapital und bietet den Gesellschaftern der verschmolzenen Personenhandelsgesellschaft die Anteile an. Eine Verschmelzung zur Neugründung kommt nur in Betracht, wenn die Personenhandelsgesellschaft **und mindestens ein weiterer Rechtsträger** derselben oder unterschiedlicher Rechtsform auf die GmbH zur Neugründung verschmolzen werden sollen. 1096

a) Verschmelzung durch Aufnahme

Für die Verschmelzung durch **Aufnahme** gelten neben den allgemeinen Vorschriften der §§ 2 bis 35 UmwG für die zu verschmelzende Personengesellschaft die §§ 39 bis 45e UmwG und die §§ 46 bis 59 UmwG für die übernehmende GmbH. 1097

Für die Verschmelzung gelten folgende Voraussetzungen und Schritte:

▶ **Der Verschmelzungsvertrag** ist von den Vertretungsorganen der an der Verschmelzung beteiligten Rechtsträger (OHG, KG und GmbH) abzuschließen (§ 4 UmwG) und **notariell zu beurkunden**. Der Vertrag bedarf zur Wirksamkeit der Zustimmung der 1098

Organe der beteiligten Rechtsträger, er muss im Entwurf spätestens einen Monat vor dem Tag der Beschlussfassung der Gesellschafterversammlung und einem vorhandenen Betriebsrat zugeleitet sein.

Enthalten muss der Verschmelzungsvertrag mindestens den Namen oder die Firma und den Sitz der an der Verschmelzung beteiligten Rechtsträger, die Vereinbarung über die Übertragung des Vermögens der übertragenden Personenhandelsgesellschaft als Ganzes gegen Gewährung von Anteilen an der übernehmenden GmbH, das Umtauschverhältnis der Anteile, Einzelheiten über die Übertragung der Anteile, den Zeitpunkt der Gewinnbezugsrechte, Verschmelzungsstichtag, Gewährung von Sonderrechten, besondere Vorteile an Mitglieder eines Vertretungsorgans sowie die Folgen der Verschmelzung für die Arbeitnehmer.

1099 ▶ Es sind bestimmte Schritte der **Rechnungslegung** durchzuführen, wobei für den letzten Jahresabschluss der übertragenden Gesellschaft die Rechnungslegungsvorschriften für Personenhandelsgesellschaften nach §§ 242 ff. HGB gelten, nicht jedoch die §§ 264 ff. HGB. Die steuerliche Schlussbilanz und Übertragungsbilanz der Personenhandelsgesellschaft ist die Gesamtbilanz der Mitunternehmerschaft (bestehend aus Steuerbilanz der Gesellschaft und den Ergänzungsbilanzen sowie Sonderbilanzen einzelner Mitunternehmer).

1100 ▶ Es ist ein **Verschmelzungsbericht** zu erstellen, der aber für die übertragende Personenhandelsgesellschaft nicht erforderlich ist, sofern alle ihre Gesellschafter zur Geschäftsführung berechtigt sind oder wenn alle Anteilsinhaber in notarieller Form darauf verzichten. Eine Verschmelzungsprüfung kann von einem Gesellschafter der Personenhandelsgesellschaft nur verlangt werden, wenn deren Gesellschafterversammlung die Verschmelzung mit Mehrheit beschließen kann.

1101 ▶ Bestandteil der Verschmelzung ist auch die **Gewährung von Geschäftsanteilen der übernehmenden GmbH** (§ 46 UmwG). Die Gewährung der Geschäftsanteile durch die übernehmende Gesellschaft kann durch Verwendung bereits vorhandener Geschäftsanteile ohne Kapitalerhöhung und durch die Schaffung neuer Geschäftsanteile durch eine Kapitalerhöhung erfolgen. Soweit zur Durchführung der Verschmelzung eine Kapitalerhöhung erfolgt, handelt es sich um eine Kapitalerhöhung mit Sacheinlagen (§ 56 GmbHG), für die aber nach § 55 UmwG Erleichterungen gelten: Es bedarf keiner Übernahmeerklärung, die Vorschriften über die Leistung von Einlagen und Sicherheiten sind nicht anzuwenden. Die Kapitalerhöhung wird i. d. R. in der Gesellschafterversammlung beschlossen, in der die übernehmende GmbH über ihre Zustimmung zur Verschmelzungsvertrag beschließt.

1102 ▶ Schließlich müssen in den Gesellschafterversammlungen **Verschmelzungsbeschlüsse** gefasst werden. Sie sind Voraussetzung für die Wirksamkeit des Verschmelzungsvertrages (Zustimmung der Gesellschafter jeder an der Verschmelzung beteiligten Gesellschaft). Der Zustimmungsbeschluss bedarf mindestens einer Mehrheit von 3/4 der abgegebenen Stimmen (§ 50 Abs. 1 UmwG).

Werden Sonderrechte einzelner Gesellschafter berührt, bedarf es deren Zustimmung (§ 50 Abs. 2 UmwG). Der jeweilige Gesellschaftsvertrag kann jedoch eine größere Mehrheit und weitere Erfordernisse bestimmen.

Zusammen mit der Einberufung der Gesellschafterversammlung sind den Gesellschaftern der Personenhandelsgesellschaft, die von der Geschäftsführung ausgeschlossen sind, der Verschmelzungsvertrag oder sein Entwurf sowie der Verschmelzungsbericht zu übersenden. Für die Beschlussfassung gilt dort grundsätzlich das Erfordernis der Einstimmigkeit wie bei allen grundlegenden Beschlüssen im Recht der Personenhandelsgesellschaften. Erforderlich ist die Zustimmung aller anwesenden und nicht erschienenen Gesellschafter (§ 43 Abs. 1 UmwG). Sofern der Gesellschaftsvertrag Mehrheitsentscheidungen vorsieht, ist jedoch mindestens die Mehrheit von 3/4 der Stimmen der Gesellschafter erforderlich.

Die Einberufung der Gesellschafterversammlungen erfolgt in der Praxis nacheinander, so dass die übertragende Personengesellschaft vor der übernehmenden GmbH beschließt und Letztere bei ihrer Beschlussfassung Kenntnis von der Zustimmung der übertragenden Personenhandelsgesellschaft hat und über die Verschmelzung und eine etwa erforderliche Kapitalerhöhung entscheiden kann. Hierzu ist auch eine 3/4-Mehrheit erforderlich. 1103

▶ Im letzten Schritt sind ggf. die Kapitalerhöhung und die Verschmelzung in das Handelsregister einzutragen. War eine Kapitalerhöhung erforderlich, darf die Verschmelzung erst eingetragen werden, wenn die Kapitalerhöhung eingetragen ist (§ 53 UmwG). 1104

Die Eintragung ins Handelsregister der übernehmenden GmbH ist konstitutiv. Sie bewirkt den Übergang des Vermögens der übertragenden Gesellschaft einschließlich der Verbindlichkeiten auf die übernehmende GmbH und das Erlöschen der übertragenden Gesellschaft. Die Gesellschafter der übertragenden Gesellschaft werden Gesellschafter der übernehmenden GmbH und die Rechte Dritter an den Anteilen der übertragenden Gesellschaft bestehen an den an ihre Stelle tretenden Geschäftsanteilen an der übernehmenden GmbH weiter. 1105

Für die persönlich haftenden Gesellschafter der übertragenden Personenhandelsgesellschaft gilt auch hier eine fünfjährige **Nachhaftung**, unabhängig davon, ob sie Gesellschafter-Geschäftsführer der übernehmenden GmbH werden. Die fünfjährige Frist beginnt mit der Bekanntmachung der Eintragung der Verschmelzung in das Handelsregister der übernehmenden GmbH. 1106

b) Steuerliche Betrachtungsweise

Umstritten ist, wer Einbringender ist, wenn eine Personengesellschaft ihren Betrieb einbringt. Nach Auffassung der Finanzverwaltung zum alten Umwandlungssteuerrecht waren in jedem Fall die Mitunternehmer die Einbringenden (und nicht die Personengesellschaft). Die herrschende Lehre zum neuen Umwandlungssteuerrecht differenziert danach, ob die Mitunternehmerschaft nach der Einbringung bestehen bleibt: Erlischt die Mitunternehmerschaft, gelten die Mitunternehmer als Einbringende; bleibt die Mitunternehmerschaft bestehen, gilt die Mitunternehmerschaft als Einbringende. Die Verwaltung stellt in Rn. 20.03 des UmwStErl 2011[1] darauf ab, wem die Anteile am übernehmenden Rechtsträger zustehen: Stehen die Anteile den bisherigen Mitunterneh- 1107

---

[1] BMF v. 11.11.2011, BStBl I 2011, 1314.

mern zu, sind die Mitunternehmer Einbringende; werden die Anteile Gesamthandsvermögen der Personengesellschaft, ist die Personengesellschaft Einbringende.[1]

1108 Wegen der **steuerlichen Wechselwirkungen** des Wertansatzes zu der persönlichen Einkommensbesteuerung des (einbringenden) Gesellschafters (Mitunternehmers) werden sich die Gesellschafter im Vorfeld der Verschmelzung Gedanken über die diesbezüglichen steuerlichen Konsequenzen machen und möglicherweise in den Verschmelzungsvertrag Bestimmungen aufnehmen müssen, die eine Ausübung von Wahlrechten durch die GmbH regeln. Es ist nämlich je nach den späteren Stimmenverhältnissen bei der aufnehmenden GmbH für den einzelnen Gesellschafter (und früheren Mitunternehmer der verschmolzenen Personengesellschaft) nicht sichergestellt, dass er sich bei der ersten Bilanzfeststellung der GmbH mit einer ihm genehmen Ausübung eines Bewertungswahlrechts durchsetzen kann, wenn auch die gesellschaftliche Treuepflicht ein entgegenkommendes Abstimmungsverhalten der anderen Gesellschafter gebieten kann.

1109–1110 (*Einstweilen frei*)

3. Verschmelzung von zwei Personenhandelsgesellschaften auf eine GmbH durch Neugründung

1111 Sollen zwei (oder mehrere) Personenhandelsgesellschaften auf eine GmbH verschmolzen werden, so ist dies auch durch Neugründung zulässig (§ 3 Abs. 1 UmwG). Für die neu gegründete GmbH gelten die §§ 56 bis 59 UmwG, welche grundsätzlich auf die Vorschriften zur Verschmelzung durch Aufnahme verweisen. Für die übertragenden Personenhandelsgesellschaften finden die Vorschriften der §§ 39 bis 45 UmwG Anwendung, weil insoweit nicht nach Verschmelzung durch Aufnahme und Verschmelzung durch Neugründung differenziert wird. Die steuerlichen Rechtsfolgen entsprechen denen der Verschmelzung durch Aufnahme.

4. Spaltung von OHG oder KG auf eine GmbH

1112 Die Übertragung von Vermögensteilen einer Personenhandelsgesellschaft als Gesamtheit auf eine GmbH durch Spaltung ist sowohl zur Aufnahme als auch zur Neugründung möglich. Für die übertragenden Personenhandelsgesellschaften gelten die Verschmelzungsvorschriften der §§ 39 bis 45 UmwG (§ 125 UmwG). Für die übernehmende bzw. die neu gegründete GmbH gelten die besonderen Vorschriften in §§ 138 bis 140 und § 125 i. V. m. §§ 46 bis 50 UmwG. Insofern soll auf die Ausführungen zur Ausgliederung (= besonderer Fall der Spaltung) eines Einzelunternehmens auf eine GmbH hingewiesen werden.

1113 Das UmwG enthält keine Vorschriften darüber, wie das Spaltungsvermögen bei einer Spaltung aufzuteilen ist. **Zivilrechtlich** ist es daher nicht notwendig, dass jedes Teilvermögen eine organische, wirtschaftliche Einheit darstellt (z. B. einen Teilbetrieb). Sind jedoch Einzelwirtschaftsgüter Gegenstand einer Spaltung, kann dies nicht steuerneutral, also ohne Aufdeckung stiller Reserven erfolgen.

---

1 Zu Einzelheiten s. Klein/Müller in Klein/Müller/Lieber, Rn. 1799 m.w.N.

Steuerrechtlich liegen bei der Abspaltung und Ausgliederung Einbringungen von Bruchteilen von Mitunternehmeranteilen vor, die ebenfalls § 20 Abs. 1 UmwStG unterliegen. Daran hat sich auch durch die Änderung des § 16 Abs. 1 Satz 2 und 3 EStG nichts geändert, wonach nunmehr die Veräußerung oder Aufgabe des Teils eines Mitunternehmeranteils tatbestandlich kein Fall des § 16 EStG mehr ist.[1] Andernfalls wäre der Ausschluss des § 16 Abs. 4 EStG bei der Einbringung von Teilen eines Mitunternehmeranteils in § 20 Abs. 4 Satz 1 UmwStG nicht notwendig gewesen. Vertritt man die Auffassung, dass Einbringende nicht die Mitunternehmer seien, sondern die Personengesellschaft selbst, muss freilich konsequenterweise das eingebrachte Vermögen einen Teilbetrieb ausmachen. Um eine Buchwertfortführung zu gewährleisten, muss auch das Sonderbetriebsvermögen, welches eine wesentliche Betriebsgrundlage darstellt, anteilig in die GmbH eingebracht werden.

1114

Voraussetzungen für die Durchführung der Spaltung sind ein Spaltungs- und Übernahmevertrag oder ein Spaltungsplan, die Zuleitung an den Betriebsrat, die Rechnungslegung sowie ein Spaltungsbericht, sofern nicht alle Gesellschafter der Personenhandelsgesellschaft zur Geschäftsführung berechtigt sind. Es muss die Gewährung von Geschäftsanteilen der übernehmenden Gesellschaft oder der neu gegründeten GmbH sowie eine Herabsetzung der Kapitalanteile bei der übertragenden Personenhandelsgesellschaft in Fällen der Abspaltung festgelegt werden, schließlich müssen die Spaltungsbeschlüsse der Gesellschafterversammlungen sowie die Beschlussfassung über die Kapitalerhöhung der übernehmenden GmbH oder die Zustimmung zum Gesellschaftsvertrag der neuen Gesellschaft und Herabsetzung der Kapitalanteile der übertragenden Gesellschaft erfolgen. Am Ende steht die Eintragung der Kapitalerhöhung und der Spaltung samt der Neuerrichtung der GmbH in das Handelsregister.

1115

Die handelsrechtlichen Wirkungen sind denen der Verschmelzung vergleichbar, auch hier kommt es zu einer fünfjährigen Nachhaftung der persönlich haftenden Gesellschafter der übertragenden Personenhandelsgesellschaft.

5. Umwandlung auf eine Unternehmergesellschaft (haftungsbeschränkt)

Der Weg in die UG (haftungsbeschränkt) durch Umwandlung eines Einzelunternehmens oder einer Personenhandelsgesellschaft lässt sich **nicht praktizieren**. Bei der UG als dem aufnehmenden Rechtsträger sind nach § 5a Abs. 2 GmbHG **Sacheinlagen ausgeschlossen**. Zu solchen Sacheinlagen gegen Gewährung von Geschäftsanteilen kommt es aber bei allen übertragenden Umwandlungen und wirtschaftlich betrachtet auch beim Formwechsel einer Personenhandelsgesellschaft, wie § 220 UmwG zeigt, der verlangt, dass der Nennbetrag des Stammkapitals einer GmbH durch das Nettovermögen des formwechselnden Rechtsträgers gedeckt sein muss. Außerdem sind gem. § 197 UmwG die Gründungsvorschriften für die neue Rechtsform anzuwenden, die Sacheinlagen auf die von den Gesellschaftern zu erlangenden Geschäftsanteile (§ 194 Abs. 1 Nr. 4 UmwG) nicht zulässt.

1116

---

1 Vgl. Schmitt in Schmitt/Hörtnagel/Stratz, UmwG/UmwStG, § 20 UmwStG Rz. 127, m.w.N.

1117 Der Weg von einer normalen GmbH in die UG (haftungsbeschränkt) lässt sich auch nicht durch Kapitalherabsetzung unter das Mindeststammkapital beschreiten. § 58 Abs. 2 Satz 1 GmbHG, wonach die Vorschrift über das Mindeststammkapital zu beachten ist, ist durch das MoMiG nicht verändert worden.

1118 Das Gesetz lässt nach seiner Konzeption für die UG (haftungsbeschränkt) nur die Bargründung und nur die Einbahnstraße aus der Unternehmergesellschaft heraus zu. Die UG kann in eine normale GmbH formwahrend umgewandelt werden, indem ihr Stammkapital auf die Mindesthöhe von 25 000 € durch förmliche Kapitalerhöhung angehoben wird (§ 5a Abs. 5 GmbHG), oder sie wird nach den Vorschriften des UmwG auf einen anderen Rechtsträger übertragen. Insofern ist die Unternehmergesellschaft umwandlungsfähig.

1119–1150 (*Einstweilen frei*)

3. Abschnitt: Stammeinlage, Geschäftsanteil und Stammkapital

A. Begriffsbestimmung

I. Stammkapital

Die GmbH ist eine Kapitalgesellschaft; ihre **Kapitalgrundlage** ist das **Stammkapital**, so wie dies bei der AG deren „Grundkapital" ist. Mit dem wirklichen Betriebskapital (Gesellschaftsvermögen) hat das Stammkapital nichts zu tun, wenn auch i.d.R. bei der Gründung das Vermögen der GmbH und das Stammkapital betragsmäßig übereinstimmen. Danach bleibt das Stammkapital – von Kapitalerhöhungen oder Kapitalherabsetzungen abgesehen – gleich, während das Gesellschaftsvermögen von der Ertragssituation abhängig ist und sich ständig verändert.

1151

Das Stammkapital selbst ist gem. § 42 GmbHG als „gezeichnetes Kapital" unter die Passiva aufzunehmen. Diese Bestimmung dient auch dem Zweck, das Stammkapital, das den Gläubigern notfalls zur Verfügung stehen soll, zu erhalten. Die Stammkapitalziffer nämlich ist in verschiedenen Vorschriften des GmbHG – insbesondere in §§ 19 und 30 bis 32 GmbHG – Anknüpfungspunkt für die Regeln, die als Kernstück des GmbH-Rechts der ordnungsgemäßen Aufbringung und Erhaltung des Stammkapitals dienen und die Haftungsbeschränkung nach § 13 Abs. 2 GmbHG überhaupt rechtfertigen. Diese Regelungen bedingen einander. Das Stammkapital verlautbart nach § 10 GmbHG den Haftungsfonds der GmbH und weist ihn in der Bilanz aus. Die Gläubiger der Gesellschaft sollen – geschützt durch die Regeln für die Kapitalaufbringung und -erhaltung – darauf vertrauen dürfen, dass dieser Betrag mindestens zur Verfügung steht. Die GmbH selbst gewinnt einen gewissen Schutz davor, dass ihr Vermögen nicht schon beim Entstehen durch Anlaufverluste ausgehöhlt ist, weil die Gründer es bis zur Höhe der Stammkapitalziffer nach den Grundsätzen der Unterbilanzhaftung auffüllen müssen (vgl. oben Rz. 961 ff.).

Das Stammkapital kann in Geld oder in Sachwerten erbracht werden. Es muss nach wie vor gem. § 5 Abs. 1 GmbHG mindestens 25 000 € betragen, was aber meist nicht ausreicht, um für eine sachgerechte Kapitalausstattung zu sorgen.

1152

Die Höhe des **Mindeststammkapitals** der „klassischen" GmbH beträgt auch nach der Modernisierung des GmbH-Rechts durch das MoMiG **25 000 €**. Die zunächst vorgesehene Absenkung auf 10 000 €, um Unternehmen mit geringem Kapitalbedarf die Gründung einer GmbH zu erleichtern und die Wettbewerbsfähigkeit der GmbH gegenüber vergleichbaren ausländischen Rechtsformen zu steigern, wurde fallen gelassen. Stattdessen wurde die **Unternehmergesellschaft (haftungsbeschränkt) bzw. UG (haftungsbeschränkt)** durch § 5a GmbHG eingeführt. Bei ihr kann der Betrag des **Mindeststammkapitals unterschritten** werden. Ihr Stammkapital kann (theoretisch) 1 € betragen, wenn es sich um eine Einpersonen-GmbH handelt.

1153

Einen gewissen Ausgleich für den geringen Haftungsfonds der UG (haftungsbeschränkt) wird dadurch geschaffen, dass das gezeichnete **Stammkapital im Wege der Bareinlage voll aufzubringen ist und Sacheinlagen ausgeschlossen** sind (§ 5a Abs. 2

GmbHG). Die Gründer müssen also über genügend Barmittel für die Soforteinzahlung verfügen. Außerdem darf die UG (haftungsbeschränkt) ihre Gewinne nicht voll ausschütten. Sie muss ein Viertel des Jahresüberschusses in eine gesetzliche Rücklage einstellen (§ 5a Abs. 3 GmbHG). Die **Rücklage** darf nur für eine **Kapitalerhöhung** aus Gesellschaftsmitteln (§ 57c GmbHG) oder zur **Verlustdeckung**, d. h. zum Ausgleich eines nicht durch einen Gewinnvortrag aus dem Vorjahr gedeckten Jahresfehlbetrags oder zum Ausgleich eines Verlustvortrages verwendet werden, der nicht durch einen Jahresüberschuss gedeckt ist. Die **Thesaurierungspflicht** gilt solange, bis die Gesellschaft ihr **Stammkapital** auf die Höhe des Mindeststammkapitals von 25 000 € erhöht hat (§ 5a Abs. 5 GmbHG). Es reicht nicht aus, dass die Gewinnrücklage selbst diesen Betrag erreicht hat.

II. Einlage auf das Stammkapital (= Stammeinlage)

1154 Das **Stammkapital** setzt sich aus den **Einlagen auf das Stammkapital** zusammen, die jeder Gesellschafter auf die jeweiligen Nennbeträge der von ihm übernommenen Geschäftsanteile erbringen muss. Die Summe der Nennbeträge aller Geschäftsanteile muss (zumindest bei der Gründung) mit dem Betrag des Stammkapitals übereinstimmen (§ 5 Abs. 3 Satz 2 GmbHG).

1155 Mit dem MoMiG soll künftig auf den Begriff „Stammeinlage" verzichtet und stattdessen mit den Begriffen „Nennbetrag" und „Geschäftsanteil" gearbeitet werden. Eine materielle Änderung ist damit nicht verbunden, zumal die neue Fassung von § 3 Abs. 1 Nr. 4 GmbHG eine Art Legaldefinition der Stammeinlage enthält: Danach ist die **Stammeinlage** die **Einlage auf das Stammkapital**, die jeder Gesellschafter auf den Nennbetrag der von ihm **übernommenen Geschäftsanteile zu leisten hat**. Die **Pflicht zur Leistung einer Einlage** auf jeden Geschäftsanteil in Höhe des Nennbetrags des jeweiligen Geschäftsanteils schreibt nunmehr § 14 GmbHG ausdrücklich vor. Diese Einlage kann in Geld oder in Sachwerten erbracht werden. Der bisher geltende Mindestbetrag einer Stammeinlage von 100 € ist ebenso wie seine Teilbarkeit durch 50 € gestrichen worden. Da **ein Gesellschafter mehrere Geschäftsanteile** übernehmen kann, ein Geschäftsanteil lediglich auf volle Euro lauten muss und die Nennbeträge der einzelnen Geschäftsanteile verschieden hoch sein können (§ 5 Abs. 2 bis 4 GmbHG), ist eine **freie Stückelung der Geschäftsanteile** und der für sie zu leistenden „**Stammeinlage**" von 1 € an möglich. Es muss nur die Summe der Nennbeträge aller Geschäftsanteile mit dem Stammkapital übereinstimmen. Da die Geschäftsanteile in der Gesellschafterliste mit fortlaufenden Nummern zu versehen sind (§ 8 Abs. 1 Nr. 3 GmbHG), wird die Umlauffähigkeit von GmbH-Beteiligungen flexibel und einfach.

III. Geschäftsanteil

1156 Bis zum Inkrafttreten des MoMiG bestimmte § 14 GmbHG a. F., dass jedem Gesellschafter in Höhe seiner Stammeinlage ein „Geschäftsanteil" an der GmbH zustehe. Beide Begriffe wurden häufig sinngleich für die Beteiligung an der Gesellschaft verwendet. Abgrenzen ließen sie sich, indem man die Stammeinlage als die Einlage und die Beteiligung des einzelnen Gesellschafters ansah, den Geschäftsanteil aber als die Mitgliedschaft oder als den Inbegriff der Mitgliedschaftsrechte eines Gesellschafters begriff, der alle aus der Gesellschafterstellung sich ergebenden Rechte und Pflichten umfasst, und der Geschäftsanteil Gegenstand des Rechtsverkehrs (z. B. durch Veräußerung, Schenkung oder Vererbung) sein kann, nicht aber die Stammeinlage. Der Betrag der von einem Gesellschafter übernommenen Stammeinlage kennzeichnete seinen Geschäftsanteil.

Das GmbHG in der Fassung des MoMiG löst sich von der Verwendung des Begriffs der Stammeinlage und stellt den Begriff des **Geschäftsanteils und seinen Nennbetrag in den Vordergrund**. Die Stammeinlage wird (nur noch) als „Einlage auf das Stammkapital" definiert, die der Gesellschafter gleichsam als „Gegenleistung" für den von ihm übernommenen Geschäftsanteil i. H. v. dessen Nennbetrag zu erbringen hat (vgl. § 3 Abs. 1 Nr. 4 i. V. m. § 14 GmbHG). 1157

Mithin erlangt der Geschäftsanteil (zutreffend) den Begriffsinhalt, der ihm zukommt: Er drückt die Beteiligung des Gesellschafters aus und umschreibt seine Mitgliedschaft als den Inbegriff der Mitgliedschaftsrechte eines Gesellschafters, der alle aus der Gesellschafterstellung sich ergebenden Rechte und Pflichten einschließlich der finanziellen Beteiligung umfasst, die sich in seinem Nennbetrag widerspiegelt. Der Geschäftsanteil ist Gegenstand des Rechtsverkehrs, nicht die Stammeinlage. Sie ist nur die Einlage, gegen deren Leistung der Gesellschafter sein Gesellschaftsrecht erhält, der Nennbetrag des Geschäftsanteils bestimmt die Höhe der zu leistenden Einlage.

(*Einstweilen frei*) 1158–1170

B. Die Leistung der Einlage auf das Stammkapital (Stammeinlage)

Literatur: *Mohr*, Haftungsfalle Kapitalaufbringung – Gestaltungshinweise zur richtigen Kapitalaufbringung, GmbH-StB 2002, 52; *Bayer*, Unwirksame Leistungen auf die Stammeinlage und nachträgliche Erfüllung, GmbHR 2004, 445; *Geißler*, Ordnungsgemäße Aufbringung der Bareinlagen bei der GmbH-Gründung, GmbHR 2004, 1181; *Görner/Kling*, Die Ausfallhaftung des GmbH-Gesellschafters I. und II., GmbHR 2004, 714 ff. und 778 ff.; *Goette*, Kapitalaufbringung und Kapitalschutz in der GmbH, 2004; *Große-Wilde*, Die ordnungsgemäße Erbringung der Bareinlage, GmbH-StB 2004, 146; *Müller/von Bünau*, Keine Erfüllung einer Stammeinlage bei bloßem Hin- und Herzahlen oder bei Zahlung aus Mitteln der Gesellschaft, GmbHR 2004, 897; *Servatius*, Die besondere Zweckbindung des Stammkapitals bei Drittgeschäften mit Gesellschaftern, DStR 2004, 1176; *Goette*, Aus der neueren Rechtsprechung des BGH zum GmbH-Recht, ZIP 2005, 1481; *ders.*, Cash pooling im Rahmen der Kapitalaufbringung, DStR 2005, 206; *Henkel*, Die Rechtsprechung zum Nachweis der Einzahlung der Stammeinlage in der Insolvenz der GmbH, NZI 2005, 649; *Goette*, Zur jüngeren Rechtsprechung des II. Zivilsenats zum Gesellschaftsrecht, DStR 2006, 139; *Bormann*, Kapitalaufbringung nach dem Regierungsentwurf MoMiG, GmbHR 2007, 897; *Rönnau/Krezer*, Darlehensverrechnungen im Cash-Pool nach Inkrafttreten des MoMiG auch ein Untreue-Risiko?, ZIP 2010, 2269; *Komo*, Kapitalaufbringung im Cash-Pool – aktuelle Entwicklungen in Rechtsprechung und Literatur, BB 2011, 2307.

I. Einzahlung der in Geld zu leistenden Einlage (Bargründung)

1. Fälligkeit

Gemäß § 7 Abs. 2 GmbHG darf die Anmeldung zum Handelsregister erst erfolgen, wenn auf jeden Geschäftsanteil mindestens ein Viertel eingezahlt ist und die Einzahlungen auf das Stammkapital (einschließlich der Sacheinlagen) insgesamt mindestens 1171

12 500 € betragen. In der Regel wird für den vor der Anmeldung einzuzahlenden Mindestbetrag in der Satzung die sofortige Fälligkeit bestimmt. Bei der Unternehmergesellschaft (UG) muss das Stammkapital vor der Anmeldung voll in bar eingezahlt sein (§ 5a Abs. 2 GmbHG). Das Musterprotokoll sieht entweder eine volle oder eine Einzahlung zu 50 v. H. vor, die sofort zu leisten ist.

1172 Hinsichtlich der Resteinlage unterliegt die Einforderung von Einzahlungen auf die Stammeinlagen gem. § 46 Nr. 2 GmbHG der Bestimmung der Gesellschafter. Dies kann im Voraus schon dadurch geschehen, dass der Gesellschaftsvertrag die volle Einzahlung der Stammeinlagen vorschreibt; der Gesellschaftsvertrag kann auch bestimmte Fälligkeitstermine nach dem Kalender festlegen, worin keine nach § 19 GmbHG verbotene Stundung der Einlage liegt.

1173 Der Gesellschaftsvertrag kann auch bestimmen, dass die restliche Einlage jeweils nach der Anforderung durch die Gesellschaft oder innerhalb einer bestimmten Frist danach einzuzahlen ist; dann bedarf es keines weiteren Gesellschafterbeschlusses, die Entscheidung liegt nun vielmehr in Händen „der Gesellschaft", d. h. des Geschäftsführers. Fordert dieser die Zahlung, dann ist damit die Fälligkeit eingetreten und den Gesellschaftern ist es verwehrt, durch Gesellschafterbeschluss einen anderen Zeitpunkt festzulegen.

1174 Enthält der Gesellschaftsvertrag keine weitere Bestimmung über die Einzahlung der restlichen Einlage, so bedarf es nach § 46 Nr. 2 GmbHG eines Gesellschafterbeschlusses, wie es das Musterprotokoll vorsieht. Die Fälligkeit tritt dann mit Zugang der Einforderung durch den Geschäftsführer ein. Die Einforderung der Resteinlage kann aber durch die Satzung auch dem Geschäftsführer übertragen sein.

1175 Bei Insolvenz der Gesellschaft bedarf es keines Einforderungsbeschlusses; die Einforderung der baren Resteinlagen obliegt dem Insolvenzverwalter.

1176 Zahlungen auf einen Geschäftsanteil, die im Gründungsstadium freiwillig über die gesetzliche oder satzungsgemäße Grenze erfolgen, lassen insoweit die Einlageschuld erlöschen;[1] der früher vertretenen Auffassung, freiwilligen Mehrzahlungen komme nur Tilgungswirkung zu, wenn sie unverbraucht bei Eintragung noch zur Verfügung stünden, kann im Hinblick auf die Unterbilanzhaftung nicht mehr gefolgt werden.

1177 Haben die Gesellschafter ihre Einlagen eingezahlt, ist das aus ihnen gebildete Stammkapital aber schon vor der Eintragung ganz oder teilweise verbraucht, so haften die Gesellschafter der GmbH gegenüber anteilig für die Differenz zwischen dem Betrag des Stammkapitals und dem bei Eintragung tatsächlich vorhandenen Gesellschaftsvermögen (Rz. 959 ff.); sind die Verluste höher als das Stammkapital, dann wird auf volle Auffüllung gehaftet, bis das Gesellschaftsvermögen wertmäßig wieder der Stammkapitalziffer entspricht.

---

1 BGH v. 24. 10. 1988 II ZR 176/88, BGHZ 105, 300.

2. Gleichmäßige Behandlung

Die Einzahlungen sind gem. § 19 Abs. 1 GmbHG nach dem Verhältnis der Geschäftsanteile zu leisten. Diese Vorschrift ist nicht zwingend, der Gesellschaftsvertrag kann die Einzahlungspflicht für die einzelnen Gesellschafter verschieden festlegen. Der Grundsatz der gleichmäßigen Heranziehung muss bei der Einforderung der restlichen Einlage beachtet werden; soll davon durch Gesellschafterbeschluss abgewichen werden, muss der benachteiligte Gesellschafter zustimmen, andernfalls kann er den Beschluss anfechten.

1178

3. Formulierungsbeispiele

Der Gesellschaftsvertrag kann also für die Einzahlungen von Bareinlagen alternativ etwa Folgendes bestimmen:

1179

„Die in Geld auf jeden Geschäftsanteil zu erbringenden Einlagen sind mit je einem Viertel sofort bei Vertragsabschluss fällig, im Übrigen sobald die Gesellschafterversammlung ihre Einforderung beschließt."

(Anmerkung: Die vorstehenden Ausführungen zeigen, dass eine solche Bestimmung eigentlich überflüssig ist, denn dies ist die Rechtslage, wenn der Gesellschaftsvertrag schweigt.)

„Die Einlageleistungen auf die vorstehend übernommenen Geschäftsanteile sind an die Gesellschaft bereits voll erbracht."

(Anmerkung: Vorsicht! Wenn dies nicht zutrifft, liegt eine falsche Angabe i. S. v. §§ 9a, 82 GmbHG vor; vgl. Rz. 925.)

„Die in Geld zu leistenden Einlagen auf die übernommenen Geschäftsanteile sind zu je einem Viertel bereits erbracht. Die restliche Zahlung hat binnen eines Monats nach schriftlicher Anforderung durch die Gesellschaft zu erfolgen; die Gesellschaft ist dabei auch berechtigt, nur Teilbeträge einzufordern."

„Die auf die Geschäftsanteile restlich geschuldeten Einlagebeträge sind mit je einem Drittel am 1. 7., 1. 9. und 31. 12. ... an die Gesellschaft zu entrichten."

(Einstweilen frei)

1180–1190

4. Sicherung der freien Verfügungsmöglichkeit

a) Keine Befreiung von der Einlagepflicht

Das Stammkapital ist die wirtschaftliche Grundlage der GmbH. Das GmbHG enthält deshalb zahlreiche Bestimmungen, durch welche die Einzahlung der auf die Geschäftsanteile zu leistenden Einlage gewährleistet werden und das einmal eingezahlte Stammkapital erhalten bleiben soll. Hierher zählt insbesondere die Vorschrift des § 19 Abs. 2 Satz 1 GmbHG, wonach die Gesellschafter von der in § 14 Satz 1 GmbHG normierten Einlagepflicht nicht befreit werden können. Unter die Befreiung von der Einlagepflicht fallen auch Erlass, Stundung und andere die Kapitalgrundlage verringernde Rechtsgeschäfte oder die Zahlung mit Mitteln, die die Gesellschaft zur Verfügung stellt.

1191

Nach ständiger Rechtsprechung[1] ist in einem Rechtsstreit um die Erfüllung einer Einlageschuld (§ 19 Abs. 1 GmbHG, § 362 BGB) grundsätzlich der betreffende Gesellschafter darlegungs- und beweispflichtig dafür, dass die Einlage erbracht ist. Das gilt auch bei einem längeren Zeitabstand seit der behaupteten Zahlung und späterem Erwerb des Geschäftsanteils durch den nunmehrigen Gesellschafter.

b) Zahlungsform

1192   Zwar enthält das GmbHG keine Bestimmung, in welcher Form die Bareinlagen zu erbringen sind. Sie sind aber in Geld zu erbringen, was natürlich die Übergabe eines Geldbetrages an den Geschäftsführer einschließt, aber auch die Einzahlung auf ein Konto der Gesellschaft – der **kontofähigen Vor-GmbH** – analog § 54 Abs. 3 AktG ermöglicht. Bei der Zahlung auf ein Bankkonto kann jedoch dann, wenn es debitorisch (im Soll) geführt wird, ein Problem im Hinblick auf die nach § 8 Abs. 2 GmbHG abzugebende Versicherung entstehen, dass die Mindesteinlagen bewirkt sind und endgültig zur freien Verfügung der Geschäftsführer stehen. Dann kommt es darauf an, ob der Geschäftsführer in Höhe der eingegangenen Summe über (neue) Mittel verfügen konnte.[2] Ist aber das Konto gepfändet oder lässt die Bank nach Verrechnung des Einzahlungs- oder Überweisungsbetrages keine neuen Verfügungen mehr zu oder ist der auf dem Konto aufgelaufene Kreditbetrag gekündigt, fehlt es an der freien Verfügungsmöglichkeit. Der Gesellschaft wird kein „neues Geld" zugeführt, sondern es wird nur ein schon bestehender Schuldsaldo getilgt.[3]

> **BEISPIEL:** Die Bank hat der werdenden GmbH einen laufenden Geschäftskredit von 50 000 € eingeräumt, das Konto weist einen Sollsaldo von 30 000 € aus. Gesellschafter A zahlt unter der Bezeichnung „Mindeststammeinlage" 10 000 € ein. Die Einlagepflicht ist erfüllt, weil die Gesellschaft neue Liquidität in Höhe dieses Betrages gewonnen hat.
>
> Sachverhalt wie vor, aber die Bank hatte zuvor die Kreditlinie gekündigt und auf 20 000 € festgelegt und die Gesellschaft aufgefordert, den Sollsaldo darauf zurückzuführen. Mit Eingang der Zahlung des A ist dies zwar geschehen, die Mindestbareinlage steht aber nicht zur freien Verfügung i. S. d. § 8 Abs. 2 GmbHG, weil die Gesellschaft keine Möglichkeit erhält, über Mittel in entsprechender Höhe zu verfügen. Im Zweifel muss A nochmals zahlen.

c) Absprachen über die Verwendung

1193   Aus Sicht der Sicherung der realen Kapitalaufbringung ist es nicht unbedingt schädlich, wenn der einzahlungspflichtige Gesellschafter und die Gesellschaft schuldrechtlich Absprachen über die Verwendung der eingezahlten Mittel treffen. Solche **Verwendungsabsprachen** sind unschädlich, wenn sie zur Erreichung bestimmter geschäftlicher Zwecke dienen (z. B. dem Erwerb eines Grundstücks von einem unbeteiligten Dritten) und nicht dazu bestimmt sind, die eingezahlten Mittel unter Umgehung der Kapitalaufbringungsvorschriften wieder an den Einlegenden zurückfließen zu lassen.[4] Dies führt näm-

---

[1] Z. B. BGH v. 22. 6. 1992 II ZR 30/91, NJW 1992, 2698; v. 13. 9. 2004 II ZR 137/02, ZIP 2005, 28.
[2] BGH v. 24. 9. 1990 II ZR 203/89, NJW 1991, 226.
[3] Vgl. BGH v. 3. 12. 1990 II ZR 215/89, NJW 1991, 1294.
[4] BGH v. 12. 2. 2007 II ZR 272/05, BGHZ 171, 113.

lich dazu, dass die Leistung letztlich nicht zur freien Verfügung der Geschäftsführung steht, und ist dann der Fall, wenn der eingezahlte Betrag umgehend wieder an den Gesellschafter zurückfließt[1] oder einen Dritten (z. B. ein vom Inferenten beherrschtes Unternehmen) weitergeleitet wird und damit der Einlegende in gleicher Weise begünstigt wird, wie durch eine unmittelbare Leistung an ihn selbst.[2]

Unter solche die Einlageverpflichtung nicht tilgende Leistungen fallen nicht nur Scheinzahlungen, sondern auch Beträge, die der Einleger der Gesellschaft absprachegemäß nur vorübergehend zur Verfügung stellt mit der Maßgabe, ihm das Geld umgehend wieder zur Befriedigung seiner gegen die Gesellschaft gerichteten Forderung zurückzuzahlen,[3] oder wenn die Gesellschaft bei wirtschaftlicher Betrachtung vom Einleger einen Sachwert aufgrund eines Austauschgeschäfts mit ihm erhalten und mit den Bareinlagemitteln bezahlen soll, was zu deren Rückfluss an ihn führt.[4] Der Umgehungstatbestand des Hin- und Herzahlens wird aber grundsätzlich nicht erfüllt, wenn die GmbH die geleistete Bareinlage dazu verwendet, um dem Gesellschafter danach erbrachte Dienstleistungen zu vergüten, es sei denn, die Mittel sind dafür „reserviert" worden.[5] Wird dennoch die Versicherung nach § 8 Abs. 2 Satz 1 GmbHG abgegeben, ist diese unrichtig; auch eine Bestätigung der Bank, die in die Abwicklung eines solchen Vorganges eingeschaltet ist, ist falsch und kann sie schadensersatzpflichtig machen.

d) Hin- und Herzahlen des Einlagebetrags

Nach **bisheriger Rechtslage** tilgt ein „Hin- und Herzahlen" des Einlagebetrages (z. B. als „Darlehensgewährung" und auch beim sog. Cash-Pooling) in geringem zeitlichen Abstand die Einlageschuld nicht, weil dann nicht davon ausgegangen werden kann, dass die Leistung zur endgültigen freien Verfügung der Geschäftsführung gestanden hat.[6] Die prinzipiell unverzichtbare Einlageforderung könne nicht durch eine schwächere Darlehensforderung ersetzt werden. Zur Rückzahlung, die als „Darlehensgewährung" an den Gesellschafter deklariert wird, hat der BGH[7] klargestellt, dass das Hin- und Herzahlen unter dem Gesichtspunkt der Kapitalaufbringung als einheitlicher Vorgang zu sehen ist, bei dem der GmbH nichts zugeführt wird und auch der Gesellschafter keine später zurückzugewährende Leistung aus dem Vermögen der Gesellschaft erhält. Der Vorgang wird so behandelt, als habe der Gesellschafter nie irgendeinen Betrag zur endgültig freien Verfügung der Geschäftsführer der GmbH geleistet. Es besteht nur eine einzige Schuld des Gesellschafters, nämlich die Einlageverpflichtung, die durch die spä-

1194

---

1 BGH v. 17. 9. 2001 II ZR 275/99, NJW 2001, 3781.
2 BGH v. 10. 12. 2007 II ZR 180/06, BGHZ 174, 370, bei einer GmbH & Co. KG zur Kapitalaufbringung bei der Komplementär-GmbH und Weiterleitung der Einlagemittel als „Darlehen" an die KG.
3 Vgl. BGH v. 18. 2. 1991 II ZR 104/90, BGHZ 113, 335.
4 BGH v. 16. 1. 2006 II ZR 75/04, ZIP 2006, 665.
5 BGH v. 16. 2. 2009 II ZR 120/07, BB 2009, 729, NWB DokID: NAAAD-18363.
6 Vgl. BGH v. 2. 12. 2002 II ZR 101/02, BGHZ 153, 107; st. Rspr., vgl. z. B. auch BGH v. 9. 1. 2006 II ZR 72/05, BGHZ 165, 352; BGH v. 10. 12. 2007 II ZR 180/06, BGHZ 174, 370; BGH v. 15. 10. 2007 II ZR 263/06, DB 2008, 1219; Hueck/Fastrich in Baumbach/Hueck, GmbHG, § 19 Rz. 10 und 38.
7 BGH v. 21. 11. 2005 II ZR 140/04, DStR 2006, 104 = BGHZ 165, 113.

tere Einzahlung auf die vermeintliche Darlehensschuld getilgt wird,[1] weil diese sich objektiv der Einlageverbindlichkeit zuordnen lässt(§ 14 Satz 1 GmbHG).[2]

> **BEISPIEL:** Der Gesellschafter A hat eine Einlageverpflichtung von 100 000 € zu erbringen. Er zahlt den Betrag bar ein und erhält sogleich – abredegemäß – denselben Betrag als Darlehen von der GmbH ausbezahlt. Entsprechend der Tilgungsvereinbarung zahlt er den Betrag zwei Jahre später mit der Tilgungsbestimmung „Rückzahlung Darlehen" wieder an die GmbH. Der Insolvenzverwalter der inzwischen zahlungsunfähig gewordenen GmbH verlangt die nochmalige Zahlung des Betrags von 100 000 € auf die noch nicht beglichene Einlageschuld.
>
> A muss nicht noch einmal zahlen. Die Darlehensabrede ist als Umgehungsgeschäft nichtig gewesen; es bestand als einzige Schuld nur die Einlageverpflichtung, die durch die spätere Einzahlung getilgt wurde, auch wenn sie fehlerhaft als Darlehensrückzahlung bezeichnet wurde. Es braucht auch nicht erwogen zu werden, ob der A auf seine offene Einlageschuld und zugleich auf einen Anspruch der GmbH aus ungerechtfertigter Bereicherung (Auszahlung der Darlehensvaluta ohne Rechtsgrund wegen des nichtigen Darlehensvertrages) gezahlt haben könnte. Die Gefahr einer Verdoppelung oder gar einer Vervielfachung der Zahlungspflichten, wie sie bei einer isolierten Betrachtung der einzelnen Zahlungsvorgänge bestehen könnte, besteht daher nicht mehr.[3]

1195 Auch der spiegelbildliche Fall einer verdeckten Finanzierung der Einlage durch ein **Her- und Hinzahlen** tilgt die Einlageschuld nicht.[4] Einlagezahlungen aus Mitteln der GmbH, die sie dem Einleger unmittelbar zuvor „darlehensweise" zur Verfügung gestellt hat, sind mit dem Grundsatz der realen Kapitalaufbringung, der den realen Zufluss von Vermögen an die Gesellschaft sichern soll, unvereinbar, weil sie wirtschaftlich einer verbotenen Befreiung von der Einlageschuld nach § 19 Abs. 2 Satz 1 GmbHG gleichkommen.

> **BEISPIEL:** Der Gesellschafter X hat auf den von ihm übernommenen Geschäftsanteil eine Geldeinlage von 10 000 € zu erbringen. Die Vor-GmbH hat aus Einzahlungen anderer Gesellschafter in die freie Rücklage, die im Gesellschaftsvertrag mit ihnen vereinbart worden waren, genügend Geld in der Kasse. Sie gewährt noch vor der Anmeldung zum Handelsregister dem nicht besonders zahlungskräftigen X ein Darlehen i. H.v. 10 000 €, mit dem er seine Einlageschuld begleicht. Wirtschaftlich ist dies als ein einheitlicher, sich selbst neutralisierender Vorgang anzusehen, bei dem unter dem Gesichtspunkt der Kapitalaufbringung der Einleger nichts leistet und die GmbH nichts erhält. Die für die „Herzahlung" getroffene Darlehensabrede ist als Teil des Umgehungsgeschäfts unwirksam. Erst mit der „Darlehensrückzahlung" durch X tilgt er seine bis dahin noch offene Einlageschuld.

e) Cash-Pooling

1196 Auch wenn die GmbH ins **Cash-Pool-System** einbezogen ist, hat sie der BGH bei der Gründung (und bei der Kapitalerhöhung) den Kapitalaufbringungsvorschriften nach bisheriger Rechtslage und den dazu entwickelten Grundsätzen unterworfen.[5] Das bei der Konzernfinanzierung gebräuchliche Cash-Pooling ist ein Instrument zum Liquiditätsausgleich zwischen Unternehmensteilen im Konzern. Dazu werden Mittel von den

---

1 Vgl. auch Goette, DStR 2006, 139, 145; BGH v. 12. 6. 2006 II ZR 334/04, DB 2006, 1889.
2 BGH v. 15. 10. 2007 II ZR 263/06, DB 2008, 1219.
3 Vgl. aber zum Aufrechnungsverbot gegenüber einer Forderung aus § 31 GmbHG BGH v. 27. 1. 2000 II ZR 83/00, DStR 2001, 408.
4 BGH v. 12. 6. 2006 II ZR 334/04, DB 2006, 1889.
5 BGH v. 16. 1. 2006 II ZR 76/04, BGHZ 166, 8.

Tochtergesellschaften zu einem gemeinsamen Cash-Management geleitet, im Gegenzug erhalten die Tochtergesellschaften Rückzahlungsansprüche gegen die Muttergesellschaft. Dazu werden die gesamten Geldmittel auf einem für die Konzernmutter geführten Konto (Ziel-, Zentral- oder Hauptkonto) aufgrund einer Absprache zusammengefasst, wonach die Salden der laufenden Bankkonten der Tochtergesellschaften bankarbeitstäglich auf das Zielkonto übertragen und die Quellkonten auf Null gestellt werden (automatisches Zero-Balancing).

Rechtlich handelt es sich bei dem Ausgleich von positiven und negativen Salden zwischen Mutter- und Tochtergesellschaft über das Zentralkonto um eine **Darlehensgewährung bzw. Darlehensaufnahme**[1] auf der Grundlage einer Kontokorrent- oder Verrechnungsabrede. Mit der Übertragung des positiven Saldos, der auf dem Bankkonto der Gesellschaft aufgrund der Einlagezahlung des Gesellschafters (Konzernmutter) entstanden ist, auf das für die Muttergesellschaft (Inferent) geführte Zentralkonto entsteht bei der Gründung bereits die Gefahr eines Verstoßes gegen die Kapitalaufbringungsvorschriften: Denn die Einlage fließt wieder an den Inferenten zurück; die GmbH erhält hierfür lediglich einen Rückzahlungsanspruch oder die im Cash-Pool-System schuldrechtlich eingeräumte mittelbare Möglichkeit der Belastung des Zentralkontos, das in der alleinigen dinglichen Verfügungsberechtigung der Muttergesellschaft als Inhaberin steht. Dies steht aber nicht der uneingeschränkten endgültig freien Verfügungsmacht über eine Einlage gleich, die sich auf einem eigenen Geschäftskonto der GmbH außerhalb des Cash-Pools befindet.[2] Es liegt also ein **(unzulässiges) Hin- und Herzahlen** vor.

GmbH-rechtlich etwas anders, aber nicht minder ohne Tilgungswirkung auf die Einlageschuld, ist dieses Hin- und Herzahlen zu beurteilen, wenn die Weiterleitung des Einlagebetrages auf das Zentralkonto absprachegemäß lediglich zu einer **anteiligen Rückführung der schon bestehenden Darlehensverbindlichkeiten der GmbH aus der Cash-Pool-Verbindung** führt. Dann sollte und hat die GmbH aufgrund des verrechnungsähnlichen Hin- und Herzahlens im wirtschaftlichen Ergebnis objektiv nicht den im Gesellschaftsvertrag verlautbarten Barbetrag, sondern – die Wirksamkeit des Vorgangs unterstellt – nur die **Befreiung von einer Darlehensverbindlichkeit** gegenüber der Muttergesellschaft (Inferent) erhalten. Es liegt dann eine **verdeckte Sacheinlage** vor.[3] Sie liegt vor, wenn die gesetzlichen Regeln für Sacheinlagen dadurch unterlaufen werden, dass zwar eine Bareinlage vereinbart wird, die Gesellschaft aber bei wirtschaftlicher Betrachtung von dem Einleger aufgrund einer im Zusammenhang mit der Übernahme der Einlage getroffenen Absprache einen Sachwert (hier die Befreiung von dem Rückzahlungsanspruch) erhalten soll.

1197

Der BGH hat in zwei Entscheidungen seine Rechtsprechung bestätigt und zusammengefasst:[4] Dienstleistungen sind keine sacheinlagefähigen Leistungen (§ 27 Abs. 2 AktG

1197/1

---

1 Rohde/Schmidt, NWB F. 18, 4747.
2 So BGH v. 16.1.2006 II ZR 76/04, Rz. 22, BGHZ 166, 8.
3 So BGH v. 16.1.2006 II ZR 76/04, Rz. 12, BGHZ 166, 8.
4 BGH v. 16.2.2009 II R 120/07, BGHZ 180, 38 (Quivive) und v. 20.7.2009 II R 273/07, BGHZ 182, 103 (Cash Pool II).

analog). Auch die Grundsätze der verdeckten Sacheinlage finden auf Dienstleistungen, die der Gesellschafter einer GmbH nach der Leistung seiner baren Geldeinlage entgeltlich zu erbringen hat keine Anwendung; es liegt auch kein Hin- und Herzahlen vor, sofern der Inferent seine Einlegemittel nicht für die Vergütung seiner Dienstleistungen „reserviert", weil sie dann nicht zur endgültigen freien Verfügung der Geschäftsführer erbracht wurden.

Stehengelassene Vergütungsansprüche aus Dienstleistungen können aber – sofern noch altes, vor dem MoMiG geltendes Recht anzuwenden ist – eigenkapitalersetzend sein. Beim Cash-Pool liegt bei Einzahlung der Geldeinlage auf ein Konto der Gesellschaft (Quellkonto), das zu in einem dem (einlegenden) Gesellschafter zuzurechnenden Cash-Pool-System gehört, eine verdeckte Sacheinlage vor, wenn der Saldo auf dem Zentralkonto im Zeitpunkt der Weiterleitung zu Lasten der GmbH negativ ist. Denn dann erlangt die GmbH in Höhe des Negativsaldos eine Befreiung von der Verbindlichkeit gegenüber dem Inferenten, also einen Sachwert.

Ist hingegen der Saldo auf dem Zentralkonto ausgeglichen oder zugunsten der GmbH positiv, liegt ein bloßes Hin- und Herzahlen des Einlagebetrages vor, welches grundsätzlich die Einlageschuld nicht tilgt. Ist der an das Zentralkonto zurückgeflossene Betrag höher als dort bestehender Negativsaldo, ist aufzuteilen: In Höhe des Ausgleichsbetrages liegt eine verdeckte Sacheinlage vor, im überschießenden Betrag ein Hin- und Herzahlen.

f) Neuregelung durch das MoMiG zur wirtschaftlichen Einlagenrückzahlung

1198 Mit dem MoMiG ist der Gesetzgeber dieser Unterscheidung und ihren Kriterien gefolgt, hat aber die Rechtsfolgen neu geregelt, nicht zuletzt um die aus der Rechtsprechung zum Hin- und Herzahlen und insbesondere zum Cash-Pooling entstandene Rechtsunsicherheit über die Zulässigkeit dieses Instruments der Konzernfinanzierung zu beseitigen. Das MoMiG hat deshalb allgemeine, über das Cash-Pooling hinausreichende Regelungen im Bereich der Kapitalaufbringung und der Kapitalerhaltung (§ 30 GmbHG) geschaffen, die eine verlässliche Gestaltungsgrundlage bieten und von einer gegenständlichen zu einer **bilanziellen Betrachtung** des Gesellschaftsvermögens zurückkehrt.

Danach soll im Grundsatz eine Leistung der Gesellschaft an den Gesellschafter dann nicht als verbotene Auszahlung von Gesellschaftsvermögen gewertet werden und entsprechend kein unzulässiger Rückfluss von Einlagen vorliegen, wenn ein **reiner Aktivtausch** vorliegt, also der Gegenleistungs- oder Rückerstattungsanspruch der GmbH gegen den Gesellschafter die Auszahlung deckt und vollwertig und im Bereich der Kapitalaufbringung (Einlageleistung) zudem auch liquide ist, also jederzeit fällig ist oder durch fristlose Kündigung fällig gestellt werden kann.

1199 Zwar bestimmt § 14 GmbHG nunmehr ausdrücklich eine Einlagepflicht („auf jeden Geschäftsanteil ist eine Einlage zu leisten") und hält auch an dem Grundsatz in § 19 Abs. 2 Satz 1 GmbHG fest, dass die Gesellschafter von der Verpflichtung zur Leistung der Einlage nicht befreit werden können. Mit dem neuen § 19 Abs. 5 GmbHG wird es jedoch unter den dort bestimmten Voraussetzungen ermöglicht, **vor der Einzahlung** auf den Geschäftsanteil mit dem Gesellschafter **Leistungen** an ihn **zu vereinbaren**, die **wirt-**

schaftlich einer Rückzahlung der Einlage entsprechen, sofern dies nicht als verdeckte Sacheinlage zu beurteilen ist.

Die **Tilgungswirkung** der („zurückgezahlten") Einlage (= **Befreiung von der Einlageverpflichtung**) **tritt** jedoch **nur ein**, wenn **die Leistung** der Gesellschaft durch einen **vollwertigen Rückgewähranspruch gedeckt ist**, der **jederzeit fällig** ist oder durch **fristlose Kündigung durch die GmbH fällig gestellt** werden kann, also **liquide** ist. Das Hin- und Herzahlen ist in der Anmeldung zum Handelsregister offen zu legen, damit das Registergericht prüfen kann, ob die Voraussetzungen einer Erfüllungswirkung trotzdem gegeben sind, also z. B. die Vollwertigkeit und Liquidität des Rückgewähranspruchs vorliegt und die Vereinbarung nicht als verdeckte Sacheinlage zu werten ist, der keine Erfüllungswirkung zukommt.

Die Tilgungswirkung hinsichtlich der Geldeinlageschuld des Gesellschafters beim Hin- und Herzahlen setzt danach die Erfüllung folgender Tatbestandsmerkmale voraus: 1200

1. Es muss eine **zeitlich vor der Leistung der Geldeinlage getroffene Absprache über die Rückgewähr** zwischen dem Gesellschafter und der Gesellschaft, d. h. der Vor-GmbH vorliegen, weil die Vereinbarung auch in der Anmeldung der GmbH zur Eintragung nach § 8 GmbHG anzugeben ist.

   Bei der Vereinbarung wird die Gesellschaft durch den Geschäftsführer vertreten. Als gängige Gestaltungen kommen im Grunde nur Darlehensvereinbarungen, Treuhandabreden oder (im Konzern) die Einspeisung der Einlage in ein (echtes) Cash-Pool-System in Betracht, das von dem Gesellschafter bzw. einem von ihm beherrschten Dritten als Inhaber des Zentralkontos unterhalten wird. Die Vereinbarung muss nämlich rechtlich die Begründung eines (vollwertigen und liquiden) Rückgewähranspruchs zur Deckung der Rückzahlung der Einlage ermöglichen (Darlehen § 488 BGB, Treuhand § 667 BGB).

   Die Tilgungswirkung nach § 19 Abs. 5 GmbHG kann daher **nicht eintreten,** wenn die einer der Rückzahlung der Einlage wirtschaftlich entsprechende Leistung zwar in engem zeitlichen und sachlichen Zusammenhang mit der Einlagezahlung vereinbart wurde, dies aber dennoch **nach Leistung der Einlage und nach Anmeldung zum Handelsregister** erfolgt ist. Dann gilt u. E. weiter die von der Rechtsprechung entwickelte Aussage (vgl. Rz. 1194), dass unter dem Gesichtspunkt der Kapitalaufbringung überhaupt keine Zahlungen hin- und hergegangen sind und die Einlageschuld noch nicht erfüllt worden ist und erst erfüllt wird, wenn der „als Darlehen" ausgereichte Betrag an die Gesellschaft erstattet worden ist.

   Insofern können sich die Beteiligten auch nicht auf die Kapitalerhaltungsregel des § 30 Abs. 1 Satz 2 GmbHG zurückziehen, weil die Fälle der nachträglichen Vereinbarung unter diese Vorschrift fielen und daher nicht an § 19 Abs. 5 GmbHG zu messen seien.[1] Zum einen setzt § 30 GmbHG voraus, dass der GmbH ihr Stammkapital schon einmal real zugeführt worden ist, und zum anderen könnten die Beteiligten damit die gegenüber der Kapitalerhaltung strengere Regel der Kapitalaufbringung umgehen, die nicht

---

1 Bormann, GmbHR 2007, 897, 902; zustimmend Wälzholz, GmbHR 2008, 841, 846, mit deutlichem Warnhinweis auf die Ungesichertheit dieser Auslegung.

nur die Vollwertigkeit des Rückgewähranspruchs, sondern auch dessen Liquidität durch jederzeit mögliche Fälligstellung seitens der Gesellschaft verlangt. Die Praxis sollte sich auf die ungesicherte Auslegung jedenfalls bis zu einer höchstrichterlichen Klärung nicht verlassen.[1]

1201 **2.** Die Vereinbarung darf **nicht als verdeckte Sacheinlage** i. S. v. § 19 Abs. 4 GmbHG zu werten sein.

Eine verdeckte Sacheinlage, wie sie auch § 19 Abs. 4 GmbHG definiert, liegt vor, wenn zwar eine Geldeinlage (Bareinlage) des Gesellschafters vereinbart wird, die Gesellschaft aber bei wirtschaftlicher Betrachtung vom Einleger aufgrund einer im Zusammenhang mit der Übernahme der Geldeinlage getroffenen Absprache einen Sachwert (also eine Sacheinlage) erhalten soll. Wegen dieses Vorbehalts scheitert die Anwendung des § 19 Abs. 5 GmbHG nicht bereits daran, dass bei einer Vereinbarung nach dieser Vorschrift die Geldeinlageforderung wirtschaftlich betrachtet durch eine schuldrechtlich begründete Forderung auf Rückgewähr der Leistung (z. B. Darlehensrückzahlung) ersetzt wird, die Gesellschaft also einen Sachwert erhalten soll. Denn ein solcher Anspruch der Gesellschaft kann nicht Gegenstand einer Sacheinlage sein.[2]

Eindeutig der verdeckten Einlage zuordnen lassen sich die Fälle des Hin- und Herzahlens, in denen die Vereinbarung bei wirtschaftlicher Betrachtung darauf abzielt, dass die Gesellschaft absprachegemäß mit den zufließenden Geldmitteln einen Sachwert von dem Einleger aufgrund eines mit ihm oder mit einem von ihm beherrschten Unternehmen zu schließenden Austauschgeschäft erhalten soll, was zu einem Rückfluss der Bareinlagemittel an ihn bzw. das von ihm beherrschte Unternehmen führt.[3]

BEISPIELE:
1. Die Gesellschaft verwendet die als Einlage bezahlten Gelder dafür, um damit von dem einlegenden Gesellschafter ein Wirtschaftsgut des Anlagevermögens zu kaufen und den Kaufpreis an den Gesellschafter zu bezahlen.
2. Der Gesellschafter R zahlt auf seinen Geschäftsanteil die geschuldete 1 Mio. € und die Gesellschaft erwirbt mit dem Geld aufgrund einer vor der Einlagezahlung getroffenen Absprache einen Teilbetrieb von der Z-GmbH, deren beherrschender Gesellschafter R ist. Die Einlage fließt mittelbar wieder an R zurück, der in wirtschaftlicher Betrachtung den Teilbetrieb als Sacheinlage verdeckt in die GmbH einbringt.

1202 Speziell beim **Cash-Pool**, wo der Gesetzgeber Regelungsbedarf gesehen hat, weil die Rechtsprechung dort ein erfüllungsschädliches Hin- und Herzahlen bei der Kapitalaufbringung gesehen habe, und dieses Finanzierungsinstrument deshalb mit einer verlässlichen gesetzlichen Grundlage versehen werden sollte, ist die **Abgrenzung nicht so einfach**. Ob Erfüllungswirkung eintritt oder wegen Vorliegens einer verdeckten Sacheinlage die Geldeinlagepflicht fortbesteht und nur der Sachwert des eingelegten Vermögensgegenstandes angerechnet wird, kann gerade bei Einbezie-

---

1 So zu Recht Wälzholz, GmbHR 2008, 841, 846.
2 BGH v. 21. 11. 2005 II ZR 140/04, BGHZ 165, 113; BGH v. 9. 1. 2006 II ZR 72/05, BGHZ 165, 352.
3 BGH v. 12. 2. 2007 II ZR 272/05, BGHZ 171, 113; zur Abgrenzung s. auch BGH v. 19. 1. 2016 II ZR 61/15, NWB DokID: AAAAF-69903.

hung der neu errichteten GmbH in ein Cash-Pool-System unterschiedlich zu beantworten sein.[1]

Cash-Pool heißt nicht per se, dass das Hin- und Herzahlen der Geldeinlage hier stets einer Erfüllungswirkung nicht entgegenstehe. **Nur** wenn die Einspeisung des Einlagebetrags vom Geschäftskonto der GmbH auf das Zentralkonto **in gleicher Höhe** zu einem **positiven Saldo** führt, der **jederzeit abrufbar** ist, liegt **keine verdeckte Sacheinlage** vor. Sieht die Vereinbarung, die trotz ihres Umgehungscharakters nunmehr kraft der Regelung in § 19 Abs. 4 Satz 2 GmbHG nicht unwirksam ist, aber vor, dass mit dem auf das Zentralkonto geleiteten Betrag ein bereits **vorhandener Debetsaldo** der Gesellschaft aus der Cash-Pool-Verbindung **zurückgeführt** wird, erlangt die Gesellschaft nur eine (anteilige) **Befreiung von ihren Darlehensverbindlichkeiten** aus der Cash-Pool-Verbindung mit der Muttergesellschaft. Der GmbH ist dann ein **Sachwert** in Gestalt der **Befreiung von** einer **Verbindlichkeit** gegenüber der Gesellschafterin zugeflossen; es liegt somit eine **verdeckte Sacheinlage** vor.[2]

Diese Grundsätze hat der BGH in seiner Entscheidung „Cash-Pool II"[3] bestätigt und die Anforderungen an das Kündigungsrecht präzisiert. Danach reicht ein ordentliches Kündigungsrecht oder ein Recht zur fristlosen Kündigung nur aus wichtigem Grund nicht aus. Außerdem ist bei einem Debetsaldo zu Lasten der GmbH und einer diesen Betrag übersteigenden Einzahlung und Rückführung auf das Cash-Pool-Konto aufzuteilen: In Höhe des negativen Saldos liegt eine verdeckte Sacheinlage und in Höhe des übersteigenden Betrages ein Hin- und Herzahlen vor.

BEISPIEL: Es wird die konzernangehörige X-GmbH gegründet, neben anderen Minderheitsgesellschaftern übernimmt die Konzernmutter A einen Geschäftsanteil gegen eine in Geld zu erbringende Einlage von 100 000 €. Unmittelbar nach Abschluss des Gesellschaftsvertrags wird auch die im Konzern übliche Cash-Pool-Vereinbarung mit der Maßgabe getroffen, dass die X-GmbH jederzeit von dem Zentralkonto einen Betrag in Höhe der Einlage zu ihrer freien Verfügung auf ein eigenes Geschäftskonto außerhalb des Cash-Pool-Systems abziehen kann. Hier liegt keine verdeckte Sacheinlage vor.

Abwandlung des Beispiels:

Die X-GmbH nimmt noch im Stadium der Vor-GmbH (also vor ihrer Eintragung) die Geschäftstätigkeit auf. Die hierzu benötigten Geldmittel stehen ihr durch Auszahlungen in Form darlehensweiser Inanspruchnahme des Zentralkontos zur Verfügung. Als die Muttergesellschaft (Gesellschafterin) ihre Einlage auf das Geschäftskonto der Vor-GmbH einzahlt, beträgt der Debetsaldo bereits 110 000 €. Er wird am gleichen Tag durch das automatische Zero-Balancing im Cash-Management-System (also vereinbarungsgemäß) durch Verrechnung des aus der Einlagezahlung stammenden Betrags auf 10 000 € zurückgeführt.

Die X-GmbH hat anstelle der Bareinlage nur eine Befreiung von ihrer Verbindlichkeit und damit einen Sachwert erlangt. Es liegt eine verdeckte Sacheinlage vor, die Erfüllungswirkung kann durch das Hin- und Herzahlen des Einlagebetrags nicht nach § 19 Abs. 5 GmbHG. eintreten, auch wenn der GmbH weiterhin die Finanzierung ihres Geschäftsbetriebs über das Zentralkonto möglich ist.

---

1 Zu Einzelheiten s. Bayer in Lutter/Hommelhoff, § 19, Rn. 129 ff.
2 So ausdrücklich BGH v. 16.1.2006 II ZR 76/04, BGHZ 166, 8, zur in ein Cash-Pool-System einbezogenen GmbH.
3 BGH v. 20.7.2009 II ZR 273/07, BGHZ 182, 103.

Weitere Abwandlung des vorigen Beispiels:

Der negative Saldo zu Lasten der GmbH auf dem Zentralkonto beträgt (nur) 40 000 €. In Höhe von 40 000 € liegt dann eine verdeckte Sacheinlage (= Befreiung von einer Verbindlichkeit) vor; in Höhe von 60 000 € liegt ein Hin- und Herzahlen vor, das die Inferentin nur von ihrer Einlagepflicht befreit, wenn an deren Stelle ein vollwertiger, liquider und durch fristlose Kündigung jederzeit fällig stellbaren Rückgewähranspruch tritt und der Geschäftsführer diese Umstände bei der Anmeldung offen gelegt hat.

1203   3. Die Leistung der Gesellschaft muss durch einen **vollwertigen und liquiden**, d. h. jederzeit fälligen oder durch fristlose Kündigung seitens der Gesellschaft fällig stellbaren **Rückgewähranspruch gedeckt** sein. Grundlage der Beurteilung ist die **bilanzielle Betrachtungsweise**: Sie geht von einem bloßen Aktivtausch aus, wenn die Einlageforderung durch eine Darlehensforderung ersetzt wird, obwohl diese schwächer und nicht durch § 19 Abs. 2 sowie § 24 GmbH besichert ist, weil der Rückgewähranspruch vollwertig sein muss. Für die Vollwertigkeit gilt also die bilanzielle Betrachtungsweise.

Vollwertigkeit ist stets dann gegeben, wenn vor dem Hintergrund eines Drittvergleichs die Vollwertigkeit zu bejahen ist, also die Bonität des Gesellschafters, eine banktübliche Verzinsung und Besicherung vorliegen. Ob allerdings eine marktübliche Verzinsung postuliert werden kann, ist angesichts der von § 19 Abs. 5 GmbHG verlangten sofortigen Fälligkeit des Rückgewähranspruchs zweifelhaft und kann wohl nicht gefordert werden.[1] Fehlt eine Besicherung, müsste dies aber eigentlich in einen höheren Zins umgerechnet werden. Unverzinsliche Darlehen müssten wegen der bilanziellen Betrachtungsweise abgezinst werden, so dass der Rückgewähranspruch niedriger anzusetzen ist. Dann dürfte eine Vollwertigkeit i. S. v. § 19 Abs. 5 GmbHG zu verneinen sein. Denn für die Erfüllungswirkung gilt gleichsam das „Alles-oder-Nichts-Prinzip", was eine Vollwertigkeit des Rückgewährsanspruchs zu 100 % verlangt,[2] während bei verdeckten Sacheinlagen eine Anrechnung auf die Einlageschuld erfolgt, **soweit** der eingelegte Sachgegenstand werthaltig ist.

Ob sich also in der Praxis überhaupt „übliche" Darlehensverträge z. B. mit festen Laufzeiten und üblicher Verzinsung gestalten lassen, muss bezweifelt werden, wenn das zusätzliche Merkmal der jederzeitigen Fälligkeit des Rückgewähranspruchs erfüllt sein soll, das dazu dienen soll, die Vollwertigkeit des Anspruchs unabhängig von einer Prognose zu machen, ob die Forderung auch noch im Zeitpunkt der Rückforderbarkeit vollwertig sei. Nimmt man beide Tatbestandsmerkmale der Vollwertigkeit und der jederzeitigen Liquidität ernst, und dies sollte zumindest der Geschäftsführer tun, wenn er sich nicht einer Haftung wegen falscher Angaben bei der Anmeldung aussetzen will, dann kommen eigentlich nur Gestaltungen in Frage, bei denen die Gesellschaft (sprich der Geschäftsführer) den jederzeitigen Zugriff auf die an den Inferenten zurückgeflossenen Barmittel hat, und damit der Rückgewähranspruch so gut wie Bargeld oder Kontoguthaben ist.[3]

---

[1] Vgl. Bunnemann/Zirgibl/Thun, § 6 Rn. 56.
[2] Vgl. Bunnemann/Zirgibl/Thun, § 6 Rn. 61.
[3] Vgl. auch Ulmer, ZIP 2008, 45, 54.

Im Grunde reduziert sich der Anwendungsbereich auf Fälle eines funktionsfähigen Cash-Pools, in dem der Geschäftsführer jederzeit Zugriff auf die Cash-Management-Einlagen der GmbH hat, welche aus der „Einlage" stammen. Es wurde ein **Sonderrecht** für bestimmte Gruppen von meist großen Gesellschaftern bei der Erfüllung der Kapitalaufbringungsregeln geschaffen.[1] Aber auch innerhalb eines Cash-Pools reicht für die Annahme einer sofortigen Fälligkeit allein die Möglichkeit nicht aus, über den abgeflossenen Betrag zu verfügen. Denn bei einem fortbestehenden Cash-Pool-Verhältnis müsste der an die GmbH zurückgeflossene Betrag unmittelbar wieder an das Zentralkonto bei dem Inferenten zurückgegeben werden. Man muss also verlangen, dass der Cash-Pool-Vertrag selbst jederzeit kündbar ist und dann den Zahlungsanspruch fällig werden lässt.[2]

Außerhalb des relativ kleinen Kreises von GmbHs, die in einen Konzern mit wohlfinanziertem Cash-Management-System hineingegründet werden, werden die Fälle des Hin- und Herzahlens mit Darlehenskonstruktionen eher bei Gründungen praktiziert, wo Gesellschafter schlicht das Geld nicht haben, um ihre Einlage leisten zu können, oder sich jedenfalls von ihm nicht trennen wollen. Wer in einer solchen finanziellen Lage ist, erscheint aber nicht als der Schuldner einer vollwertigen Forderung, die zu erfüllen er jederzeit in der Lage ist. Ein Fremdgeschäftsführer, der immerhin weisungsgebunden ist, wird sich künftig gut überlegen müssen, ob er sich dem Druck solcher Gesellschafter auf ein Wiederauszahlen widersetzt oder nachgibt und trotz seiner Zweifel bei der Anmeldung versichert, die Einlage stehe endgültig zu seiner freien Verfügung, weil Erfüllungswirkung im Hinblick auf Bonität des Gesellschafters und die Vollwertigkeit und Liquidität des Rückgewähranspruchs eingetreten sei.

In jedem Fall muss der Geschäftsführer die Werthaltigkeit der Darlehensforderung und damit auch die Bonität und Solvenz des Gesellschafters beurteilen. Unterlaufen ihm dabei vorwerfbar Fehler, haftet er[3] und riskiert bei einer Auszahlung ohne hinreichende Solvenzprüfung den nach § 82 GmbHG strafbewehrten Vorwurf einer falschen Angabe beim Registergericht. Seine Schadenshaftung begrenzt sich nicht auf einen Wertersatz gem. § 43 GmbHG, sondern er haftet nach § 9a Abs. 1 GmbHG gesamtschuldnerisch neben dem – zwar weiter einlagepflichtigen, aber schwerlich zahlungsfähigen – Gesellschafter für die nicht erbrachte Einlage. Die bilanzielle Betrachtungsweise beim Hin- und Herzahlen entlastet den Gesellschafter und verschiebt das Risiko zu Lasten des Geschäftsführers,[4] dessen Sache es eigentlich nicht ist, die GmbH mit dem Stammkapital und der für das Unternehmen nötigen Liquidität auszustatten.

4. Zusätzlich verlangt § 19 Abs. 5 letzter Satz GmbHG die **Offenlegung der wirtschaftlichen Rückzahlung der Einlage bzw. der Vereinbarung darüber bei der Anmeldung.** Die Offenlegung soll dem Registergericht die Prüfung ermöglichen, ob trotz des

---

1 So Goette, Einführung in das neue GmbH-Recht, S. 12 Rn. 26.
2 Vgl. Bunnemann/Zirngibl/Thun, § 6 Rn. 53, unter Hinweis aus BGHZ 182, 103.
3 Vgl. Priester, ZIP 2008, 55, 56.
4 Vgl. Schmidt, Karsten, GmbHR 2008, 449, 453.

Hin- und Herzahlens die Voraussetzungen einer Erfüllungswirkung vorliegen. Da hierzu wieder Bonität des Gesellschafters, Vollwertigkeit des Rückzahlungsanspruchs und dessen Liquidität verlangt ist, wird der Geschäftsführer nicht umhin kommen, neben der Rückgewähr bzw. der Vereinbarung auch Angaben zu machen, die dem Registergericht eine Prüfung der Werthaltigkeit und Liquidität des Rückgewähranspruchs ermöglichen. Geschieht dies nicht, provoziert er geradezu „erhebliche Zweifel" (§ 8 Abs. 2 Satz 2 GmbHG) des Registergerichts an der Richtigkeit seiner Versicherung und die Anforderung von Nachweisen.

1206 Der Offenlegung der wirtschaftlich einer Rückzahlung der Einlage entsprechenden Leistung und der Vereinbarung darüber gegenüber dem Registergericht wird man als materielle Voraussetzung der Befreiung des Gesellschafters von seiner Einlagepflicht ansehen müssen. Angesichts der Bedeutung, welche die Rechtsprechung der realen Kapitalaufbringung beigemessen hat, wird man die nach Ordnungsvorschrift klingende Bestimmung zu den Tatbestandsvoraussetzungen zählen und bei fehlender Offenlegung, die Befreiung von der Einlagepflicht verneinen müssen.[1] Denn dem Registerrichter soll durch die Offenlegung nicht zuletzt im Gläubigerinteresse die Prüfung ermöglicht werden, ob die Voraussetzungen der Erfüllungswirkung gegeben sind oder nicht.

g) „Heilung der Altfälle" von Vereinbarungen einer Einlagenrückgewähr durch das MoMiG

1207 Gemäß § 3 Abs. 4 des GmbHG-Einführungsgesetzes (EGGmbHG) gilt § 19 Abs. 5 GmbHG. auch für die Einlageleistungen, die vor dem Inkrafttreten des MoMiG bewirkt worden sind und nach der bis dahin geltenden Rechtslage wegen der Vereinbarung einer Einlagenrückgewähr keine Erfüllung der Einlageverpflichtung bewirkt haben. Dies betrifft im Grunde die Fälle des Hin- und Herzahlens der Geldeinlage aufgrund von Darlehens- und Treuhandkonstruktionen sowie des Cash-Pools, die nicht zugleich als verdeckte Sacheinlage zu beurteilen sind (vgl. Rz. 1200 bis 1202).

Die Rückwirkung tritt nicht ein, soweit über die aus der Unwirksamkeit folgenden Ansprüche zwischen der Gesellschaft und dem Gesellschafter bereits vor dem Inkrafttreten des MoMiG ein rechtskräftiges Urteil oder eine wirksame Vereinbarung zwischen der Gesellschaft und dem Gesellschafter getroffen worden ist. Dann ist die Rechtslage nach früherem Recht zu beurteilen. Dies bedeutet zunächst, dass durch rechtskräftiges Urteil oder rechtskräftigen Vergleich beim Inkrafttreten des MoMiG abgeschlossene Fälle eines Hin- und Herzahlens, das nicht als verdeckte Sacheinlage zu beurteilen ist, nicht wieder aufgerollt werden können, insbesondere bleibt es bei der Unwirksamkeit der zur Ausführung der Einlagenrückgewähr abgeschlossenen Rechtsgeschäfte.

1208 Hinsichtlich aller noch „offenen" Fällen der Einlagenrückgewähr (Hin- und Herzahlen) tritt jedoch kraft Gesetzes Heilung in dem Sinne ein, dass die der Einlagenrückgewähr **vorab** (also vor der Geldeinlage) unterlegten Verträge nicht unwirksam sind, weil mit

---

[1] In diesem Sinne ist wohl auch das Urteil des BGH v. 20. 7. 2009 II ZR 273/07, BGHZ 182, 103, zu verstehen; zweifelnd Bunnemann/Zirngibl/Tun, § 6 Rn. 57, unter Hinweis auf die Stellung innerhalb des § 19 GmbHG und die sonst kaum praktikable Rückwirkung.der Vorschrift.

ihnen die Vorschriften über die effektive Kapitalaufbringung umgangen wurden. Außerdem tritt von Anfang an Befreiung von der Geldeinlageverpflichtung ein, wenn Leistung der Gesellschaft durch einen vollwertigen und jederzeit fälligen bzw. durch Kündigung fällig stellbaren Rückgewähranspruch gedeckt ist.

Im Ergebnis heißt dies: Ist schon vor Inkrafttreten des MoMiG eine Darlehenskonstruktion oder eine vergleichbare Konstruktion vor Leistung der baren Einlage auf die übernommene Stammeinlage vereinbart worden, wonach das zunächst eingelegte Geld wieder darlehensweise an den Inferenten zurückfließen soll, und ist das Geld auch an den Einleger zurückgeflossen oder an einen anderen Zahlungsempfänger weitergeleitet und dadurch der Inferent bei wirtschaftlicher Betrachtung mittelbar in gleicher Weise begünstigt worden, wie durch eine unmittelbare Leistung an ihn selbst (z. B. bei Leistung an ein vom Einleger beherrschtes Unternehmen etwa bei einer GmbH & Co. KG als Darlehen an die KG[1]), dann ist die Einlageverpflichtung durch die erste Einzahlung erfüllt worden, wenn die Leistung der GmbH durch einen vollwertigen und jederzeit fälligen oder fällig stellbaren Rückgewähranspruch gedeckt ist.[2] Der Einleger braucht nicht nochmals auf seine Einlagepflicht zu zahlen; eine Haftung des Rechtsnachfolgers oder eine Ausfallhaftung der übrigen Gesellschafter entfällt, weil die Einlageschuld erloschen ist. Der Gesellschafter hat nur noch auf seine schuldrechtlichen Verpflichtungen aus der (wirksamen) Darlehensvereinbarung oder Treuhandabrede zu zahlen.

Liegen in den **Altfällen** aber die tatbestandlichen Voraussetzungen einer Tilgungswirkung nach § 19 Abs. 5 GmbHG nicht vor, weil z. B. die Vereinbarung über die Einlagenrückgewähr **nicht vor Erbringen** der Einlageleistung vereinbart wurde oder die Rückforderungsansprüche **nicht die vorgeschriebenen Fälligkeitskriterien erfüllen**, bleibt es bei einer Beurteilung, die der alten Rechtslage entspricht: Die Geldeinlage ist wegen verbotenen Hin- und Herzahlens nicht erbracht, die Darlehensvereinbarung ist unwirksam und der Gesellschafter muss nochmals zahlen, es sei denn, die an ihn ausgereichten Beträge sind als „Tilgung auf die vermeintliche Darlehensschuld" an die GmbH zurückgeflossen und der Gesellschafter hat dadurch die Einlageschuld getilgt.

Zur verdeckten Sacheinlage und Anrechnungslösung sowie deren Rückwirkung auf „Altfälle" nach dem MoMiG vgl. unter Rz. 1412 ff.

h) Leistung der Geldeinlage an einen Dritten

Besondere Beachtung verdient eine Absprache, wonach der zur Bareinlage verpflichtete Gesellschafter den Betrag unmittelbar an einen Gläubiger der Gesellschaft zahlt und dies Erfüllungswirkung (§ 362 Abs. 2 BGB) haben soll. Bei **Leistung der Bareinlage an Dritte** ist nach der Rechtsprechung zu unterscheiden zwischen den Mindesteinlagen und den Resteinlagen. 1209

Bei der **Mindesteinlage** verdrängen die Vorschriften der §§ 7 Abs. 2 und 8 Abs. 2 GmbHG den § 362 Abs. 2 BGB, so dass diese Einlage anknüpfend an § 54 Abs. 3 AktG nicht wirksam erbracht ist, wenn der Gesellschafter eine Schuld begleicht, die die Ge- 1210

---

1 BGH v. 10.12.2007 II ZR 180/06, BGHZ 174, 370.
2 So auch des BGH v. 20.7.2009 II ZR 273/07, BGHZ 182, 103.

sellschaft gegenüber einem dritten Gläubiger hat.[1] Anders steht es aber der Annahme einer wirksamen Erfüllung der Mindesteinlagepflicht nicht entgegen, wenn der Gesellschafter seine Bareinlage leistet und die Geschäftsführung dann das Geld dazu verwendet, einem außenstehenden Dritten seine Forderung gegen die Gesellschaft zu bezahlen.[2]

1211 Geht es um die Erbringung der **Resteinlage**, gelten die Vorschriften der §§ 7 Abs. 2 und 8 Abs. 2 GmbHG nicht, so dass der Gesellschafter und die Gesellschaft – vertreten durch die Geschäftsführung – nach § 362 Abs. 2 BGB verfahren können. Neben der Zustimmung des Geschäftsführers ist aber dann Voraussetzung für eine Verrechnung mit Erfüllungswirkung, dass die unmittelbare Zahlung an den Gläubiger der Gesellschaft auf eine vollwertige, liquide und fällige Forderung erfolgt.[3]

> **BEISPIEL:** A hat auf den übernommenen Geschäftsanteil eine Mindesteinlage von 10 000 € zu zahlen. Er vereinbart mit dem Geschäftsführer, dass er den Betrag unmittelbar an X überweist, der eine fällige Kaufpreisforderung in gleicher Höhe gegen die Gesellschaft hat. Die Zahlung hat keine Tilgungswirkung hinsichtlich seiner Einlageverpflichtung.
>
> Gleicher Fall, aber die Zahlungsverpflichtung des A resultiert aus der Einforderung seiner Resteinlage. Die Tilgungswirkung tritt ein.
>
> **Abwandlung:**
>
> A begleicht seine Einlageschuld durch Zahlung an die Gesellschaft, die mit dem Geld absprachegemäß ihre Kaufpreisschuld an X tilgt. Dann ist A von seiner Schuld befreit. Dies gilt jedoch nicht, wenn A selbst Inhaber der Kaufpreisforderung ist; dann liegt ein verbotenes „Hin- und Herzahlen" vor. Gleiches gilt, wenn es sich bei X um eine von A beherrschte andere Gesellschaft handelt oder wenn A seine eigene Forderung zuvor an X zur Erfüllung abgetreten hatte.

1212 In bestimmten Fallgestaltungen kann die Rechtslage aber nach dem gelockerten Aufrechnungsverbot nach neuem Recht (§ 19 Abs. 2 Satz 2 GmbHG) anders zu beurteilen sein (vgl. nachstehend Rz. 1213 ff.).

i) Aufrechnung

1213 Eine Verbindlichkeit kann gem. §§ 387 ff. BGB auch im Wege der Aufrechnung mit einer Forderung erfüllt werden. Gemäß § 19 Abs. 2 Satz 2 GmbHG a. F. war es bisher jedoch einem GmbH-Gesellschafter strikt verwehrt, gegen die Forderung der GmbH auf Leistung der Einlage mit eigenen Ansprüchen aufzurechnen, die ihm gegen die GmbH – sei es auch u. U. aus dem Gesellschaftsverhältnis oder infolge Abtretung – zustehen. Jede einseitige Aufrechnung war dem GmbH-Gesellschafter verwehrt **(Aufrechnungsverbot).**

1214 Das strikte **Aufrechnungsverbot** ist nun für den Fall der sog. **Sachübernahme gelockert.** Wie bisher in § 19 Abs. 5 GmbHG a. F. geregelt, ist jetzt nach § 19 Abs. 2 Satz 2 GmbHG die Aufrechnung ausnahmsweise zulässig mit einer Forderung aus der Überlassung von Vermögensgegenständen, deren Anrechnung auf die Einlageverpflichtung gem. § 5 Abs. 4 Satz 1 GmbHG, also im Gesellschaftsvertrag wie bei einer Sacheinlage, vereinbart wurde. Eine solche Sachübernahme unterscheidet sich von der Sacheinlage nur da-

---

1 BGH v. 25. 11. 1985 II ZR 48/85, DB 1986, 318; v. 13. 7. 1992 II ZR 263/91, BGHZ 119, 177 ff.
2 BGH v. 29. 1. 2001 II ZR 183/00, DStR 2001, 631.
3 H. M., vgl. Hueck/Fastrich in Baumbach/Hueck, GmbHG, § 19 Rz. 13, m. w. N.

durch, dass nicht anstelle einer in Geld zu erbringenden Einlage ein Vermögensgegenstand zu leisten ist, sondern dass die Pflicht zur baren Einlage durch Aufrechnung mit einer Gegenforderung aus der Überlassung eines Sachwerts an die GmbH erfüllt werden darf.

Auch die Sachübernahme mit Verrechnungsabsprache ist eine Sacheinlage wie jede Einlage eines Gesellschafters, die nicht in Geld besteht. Wirtschaftlich betrachtet ist bei dieser Art der Erfüllung der Einlagepflicht (§ 14 GmbHG) der Grundsatz der effektiven Kapitalaufbringung nicht weniger gefährdet als bei einer überbewerteten Sacheinlage, wenn z. B. der Kaufpreis (Verrechnungspreis) zu hoch angesetzt wird. Deshalb sind zu dessen Anrechnung auf die Einlageverpflichtung – wie der Verweis auf die notwendige Vereinbarung im Gesellschaftsvertrag nach § 5 Abs. 4 Satz 1 GmbHG zeigt – die **Regeln wie bei einer Sacheinlage** anzuwenden. Damit wird die Publizität und Nachprüfbarkeit durch das Registergericht hinsichtlich der ordnungsgemäßen Kapitalaufbringung gewährleistet, wobei sich freilich die Prüfung nach neuem Recht darauf beschränken kann, ob der Verrechnungspreis nicht unwesentlich zu hoch angesetzt (überbewertet) worden ist (§ 9c Abs. 1 Satz 2 GmbHG).

Durch das eingeschränkte Aufrechnungsverbot eröffnen sich gewisse Gestaltungsmöglichkeiten mit gemischten Sacheinlagen bei der Übernahme mehrerer Geschäftsanteile. 1215

> **BEISPIEL (GEMISCHTE EINLAGE):** Der Gesellschafter A übernimmt zwei Geschäftsanteile. Auf den Geschäftsanteil 1 im Nennwert von 50 000 € ist eine Geldeinlage in voller Höhe sofort zu zahlen. Auf den Geschäftsanteil 2 im Nennbetrag von 100 000 € hat der Gesellschafter A ein bestimmtes Grundstück als Sacheinlage einzubringen. Das Grundstück hat (zutreffend) einen Wert von 150 000 € (gemischte Sacheinlage). Im Gesellschaftsvertrag wird vereinbart, dass nach Auflassung des Grundstücks der Mehrwert von 50 000 € zwar an den A zu vergüten, aber nicht auszuzahlen ist, sondern auf die Geldeinlageverpflichtung aus der Übernahme des Geschäftsanteils 1 verrechnet wird.
>
> Bislang war die Übernahme mehrerer Geschäftsanteile durch einen Gesellschafter nicht möglich und wird erst durch das MoMiG eröffnet. Eine Aufrechnung gegen den Anspruch der GmbH auf die Geldeinlage für den Geschäftsanteil 1 ist möglich, weil die Anrechnung des Vergütungsanspruchs (= Sacheinlage) und der Nennbetrag des betreffenden Geschäftsanteils im Gesellschaftsvertrag vereinbart wurden. Die Anmeldung der GmbH mit der Versicherung, dass die Geld- und Sacheinlagen in voller Höhe erbracht sind, ist möglich.

Zulässig war und ist es weiterhin, dass eine **einseitige Aufrechnung durch die GmbH** erklärt wird, die GmbH also mit ihrer Einlageforderung gegen eine Forderung des Gesellschafters aufrechnet; dieses einseitige Aufrechnungsrecht hat die GmbH jedoch nur dann, wenn die Forderung, gegen die aufgerechnet werden soll, fällig, liquide und vollwertig ist.[1] Nur in einem solchen Fall werden die Interessen der Gläubiger der GmbH nicht beeinträchtigt. 1216

Der Begriff der Vollwertigkeit ist vornehmlich an diesem Interesse der Gläubiger zu messen. Vollwertigkeit wäre beispielsweise zu verneinen, wenn im Zeitpunkt der Aufrechnungserklärung die GmbH selbst zahlungsunfähig oder überschuldet ist, der Gesellschafter also eine Befriedigung seiner eigenen, gegen die **GmbH** bestehenden Forderung nicht erwarten kann. Andererseits darf das Erfordernis der Vollwertigkeit nicht zu

---

1 BGH v. 26. 3. 1984 II ZR 14/84, BGHZ 90, 370; v. 4. 3. 1996 II ZB 8/95, BGHZ 132, 141.

einer Schädigung der Gesellschaft führen. Gestattet ist der Gesellschaft deshalb die Aufrechnung dann, wenn die gegen den Gesellschafter bestehende Einlageforderung gefährdet erscheint oder gar uneinbringlich ist. Dürfte sie in einem solchen Fall nicht aufrechnen, könnte der Gesellschafter (oder dessen Gläubiger) die Forderung gegen die GmbH realisieren, die ihrerseits aber hinsichtlich der Einlageforderung leer ausgehen würde.

1217 Im Grundsatz lässt sich festhalten, dass eine Aufrechnung der Gesellschaft oder eine einverständliche Verrechnung von Forderungen auf die Einlage, was insbesondere öfters bei Resteinlagen vorkommt, gewissen Beschränkungen unterliegt, um die effektive Kapitalaufbringung zu gewährleisten und Umgehungen der Sacheinlagevorschriften zu verhindern.[1] Zulässig ist eine Aufrechnung bei entsprechender Vorabsprache im Gesellschaftsvertrag, wenn z. B. der Gesellschafter einen Gegenstand zuführt, die Geschäftsführung die dafür geschuldete Gegenleistung zur Aufrechnung gegen die vom Gesellschafter geschuldete Bareinlageschuld verwendet. Liegt keine Vorabsprache vor, kann eine einvernehmliche Verrechnung der Einlageschuld mit einer nachträglich entstandenen Gesellschafterforderung zulässig sein.[2]

1218 Ein **Zurückbehaltungsrecht** hinsichtlich der restlich zu erbringenden Geldeinlage kann nicht ausgeübt werden. Dies liefe wirtschaftlich auf eine verbotene Aufrechnung oder eine sonst nach § 19 GmbHG verbotene Befreiung von der Einlagepflicht hinaus.

j) Tilgungsbestimmung

1219 Der Schutz der realen Kapitalaufbringung findet seinen Niederschlag auch bei der Beurteilung, ob Befreiung von der Einlageschuld eingetreten ist, wenn **Tilgungsbestimmungen gefehlt** haben oder nachträglich gemacht werden. Nachlässigkeiten in dieser Hinsicht können für den Einleger im Fall der Insolvenz die fatale Folge haben, dass er nochmals an den Insolvenzverwalter zahlen muss, ohne mit eigenen Forderungen aufrechnen zu können, sondern mit diesen auf die Quote verwiesen ist.

Hat der Gesellschafter bei Zahlung keine oder keine eindeutige Tilgungsbestimmung getroffen, so kann die Zahlung nachträglich nur als Erfüllung seiner Bareinlageverpflichtung gewertet werden, wenn die entsprechende Zweckbestimmung getroffen wird und der betreffende Einlagebetrag zu diesem Zeitpunkt der Gesellschaft noch unverbraucht zur Verfügung steht.[3] Gänzlich unmöglich ist es, bei noch nicht erfüllter Bareinlageschuld die bei einer Zahlung an die Gesellschaft getroffene andere Leistungsbestimmung später zu ändern, so dass im Ernstfall die ausstehende Einlage gezahlt werden muss.[4] Ein Darlehen kann auch später nicht in die Einlageleistung umgewidmet werden.[5]

> **BEISPIEL:** Der Gesellschafter, der seine Bareinlageschuld von 10 000 € noch nicht erfüllt hat, überweist der Gesellschaft einen gleichen Betrag unter der Bezeichnung „Darlehen" oder „zur

---

1 BGH v. 4. 3. 1996 II ZR 89/95, BGHZ 132, 133.
2 Vgl. BGH v. 16. 9. 2002 II ZR 1/00, BGHZ 152, 37.
3 BFH v. 2. 12. 1968 II ZR 144/67, BGHZ 51, 157; v. 18. 9. 2000 II ZR 365/98, BGHZ 145, 150.
4 BGH v. 3. 7. 1995 II ZR 104/94, DStR 1995, 1158.
5 KG Berlin v. 21. 11. 1994 2 U 8262/93, DStR 1995, 1763; BGH v. 16. 10. 1995 II ZR 292/94, DStR 1995, 1763.

Gutschrift auf Verrechnungskonto". Er kann später nicht mit Tilgungswirkung bestimmen, dass der Betrag auf seine Einlageschuld erbracht worden sein soll. Notfalls muss er im Insolvenzfall die nicht erbrachte Einlage an den Insolvenzverwalter zahlen.

Fehlen Leistungsbestimmungen, ist dies nur dann nicht schädlich, wenn objektiv feststellbar ist, welche Schuld getilgt werden sollte. Das sind die Fälle, in denen bei Zahlung nur eine Verbindlichkeit bestand oder die Zahlung ausreichte, um alle zu der Zeit bestehenden Schulden zu tilgen. Erfüllungswirkung kann aber auch eintreten, wenn – bei mehreren offenen und durch die Zahlung nicht abgedeckten Verbindlichkeiten – für den Empfänger ersichtlich ist, dass gerade eine bestimmte Forderung getilgt werden und keine Teilzahlung auf mehrere Schulden erfolgen sollte, etwa weil der gezahlte Betrag präzise der noch ausstehenden Bareinlage entspricht[1] oder die Gesellschaft gerade diesen Betrag zuvor eingefordert hatte. Unklarheiten gehen aber zu Lasten des Gesellschafters.

1220

Liegt ein unzulässiges Hin- und Herzahlen der Einlage vor, weil die Voraussetzungen des neuen § 19 Abs. 5 GmbHG nicht eingehalten wurden und deshalb die „Darlehensvereinbarung" oder „Treuhandabrede" unwirksam ist, oder liegt der gleich zu behandelnde Fall des unzulässigen „Her- und Hinzahlens" vor,[2] erfüllt der Inferent seine offene Einlageschuld mit der Zahlung auf die vermeintliche „Darlehensschuld",[3] sofern sich die Zahlung eindeutig der fortbestehenden Einzahlungsschuld objektiv zuordnen lässt.[4] „Auszahlungen" aufgrund der Kontokorrent- oder Verrechnungsabrede an die GmbH durch Inanspruchnahme des Zentralkontos im Rahmen eines Cash-Pool-Systems, welches im konkreten Fall nicht § 19 Abs. 5 GmbHG genügt, lassen regelmäßig eine derartige Zuordnung zur noch ausstehenden Einlageforderung nicht zu.[5]

Leistet der Gesellschafter mit einer entsprechenden Tilgungsbestimmung auf seine Einlageschuld einen Betrag, den ihm die GmbH verbotswidrig (§ 30 Abs. 1 Satz 1 GmbHG) zur Verfügung gestellt hat, leistet er auf seine Erstattungspflicht und nicht auf die Einlageschuld. Die Tilgungsbestimmung ist – weil auf Umgehung der Kapitalerhaltungsvorschriften gerichtet – unwirksam.[6]

k) Abtretung, Verpfändung und Pfändung

Ob und in welchem Umfang der Anspruch auf die Stammeinlage abgetreten, verpfändet oder gepfändet werden kann, ist streitig. Als Hinderungsgrund wird die Erhaltung des Stammkapitals gesehen. Die Erhaltung der Kapitalgrundlage wird aber nicht berührt, wenn das Vermögen der Gesellschaft durch die Abtretung, Verpfändung oder die Pfändung nicht geschmälert wird, was der Fall ist, wenn ihr eine vollwertige Gegenleistung zufließt.

1221

---

1 BGH v. 17. 9. 2001 II ZR 275/99, DStR 2001, 1948.
2 BGH v. 12. 6. 2006 II ZR 334/04, DB 2006, 1889.
3 BGH v. 21. 11. 2005 II ZR 140/04, BGHZ 165, 113.
4 BGH v. 15. 10. 2007 II ZR 263/06, DB 2008, 1430.
5 BGH v. 16. 1. 2006 II ZR 76/04, BGHZ 166, 8.
6 So BGH v. 26. 1. 2009 II ZR 217/07, DStR 2009, 756, NWB DokID: DAAAD-17899, unter Aufgabe von BGH v. 27. 11. 2000 II ZR 83/00, BGHZ 146, 105, wonach die Tilgungsbestimmung „Einlageschuld" einer Umdeutung in die Rückzahlung entgegenstand.

1222 Ein weiteres Problem ergibt sich aus § 401 BGB, wonach auch Nebenrechte auf den Zessionar übergehen. Ähnliche Probleme bestehen hinsichtlich einer Verpfändung oder einer Pfändung durch einen Gläubiger der GmbH.

1223 Nach der Rechtsprechung[1] ist die Abtretung usw. dann statthaft, wenn die Gegenleistung für die Abtretung bzw. die Forderung des Gläubigers, wegen der vollstreckt (gepfändet) wird, vollwertig ist. Vollwertigkeit ist nicht mehr gefordert, wenn der Zweck, die Beschaffung und Erhaltung des Stammkapitals im Gläubigerinteresse zu sichern, entfallen ist, weil z. B. die Eröffnung des Insolvenzverfahrens mangels Masse abgelehnt oder die GmbH wegen Vermögenslosigkeit aufgelöst ist. Ferner ist dies der Fall, wenn die Gesellschaft ihren Geschäftsbetrieb eingestellt hat und der Zessionar (Pfandgläubiger) der einzige Gläubiger der GmbH und die Einlageforderung der einzige Vermögensgegenstand der GmbH ist.

1224 Gegenüber dem Zessionar bzw. dem vollstreckenden GmbH-Gläubiger, der in Bezug auf die Einlageforderung einen Pfändungs- und Überweisungsbeschluss erwirkt hat, kann der Gesellschafter im Hinblick auf § 19 Abs. 2 Satz 2 GmbHG nicht mit Forderungen aufrechnen, die ihm gegen die GmbH zustehen, es sei denn, die Aufrechenbarkeit wäre im Gesellschaftsvertrag nach § 5 Abs. 4 Satz 1 GmbHG vereinbart worden. Die Aufrechnung mit Forderungen, die ihm gegen den Zessionar bzw. Pfändungsgläubiger zustehen, kann er dagegen erklären. Bei einer Zwangsvollstreckung (§ 851 ZPO) soll zwar auch das Prinzip der Vollwertigkeit gelten, aber die GmbH könnte es wohl nur im Wege einer Vollstreckungsgegenklage (§ 767 ZPO) realisieren.

1225 Ein Kaduzierungsverfahren als höchstpersönliches Recht der GmbH wird durch Abtretung oder Pfändung der Forderung auf Zahlung der restlichen Einlage nicht berührt. Der Zessionar oder Pfändungsgläubiger erwirbt also nicht die Rechte aus § 21 GmbHG, die trotz Abtretung oder Pfändung des Zahlungsanspruchs der GmbH verbleiben.

l) Besonderheiten bei der Einmann-GmbH

1226 Wird die GmbH durch eine Person errichtet, gelten – was die **Kapitalaufbringung** angeht – **keine Besonderheiten mehr.** Der frühere § 7 Abs. 2 Satz 3 GmbHG a. F. ist aufgehoben worden. Der einzige Gesellschafter kann mehrere Geschäftsanteile übernehmen und muss vor der Anmeldung mindestens ein Viertel des Nennbetrags auf jeden Geschäftsanteil in Geld erbringen, soweit nicht Sacheinlagen vereinbart sind, und es müssen mindestens – einschließlich des Gesamtnennbetrages der Geschäftsanteile, für die Sacheinlagen zu leisten sind – 12 500 € eingezahlt sein. Für die **restlichen Geldeinlagen** ist **keine Sicherheit** mehr zu leisten. Die frühere Bestimmung zur nachträglichen Entstehung einer Einmann-GmbH, dass der nunmehrige Alleingesellschafter binnen drei Monaten die restlichen Geldeinlagen voll einzahlen oder eine Sicherung bestellen müsse, ist entfallen.

1227 Rechtlich gesehen sind auch bei der Errichtung einer Einpersonen-GmbH Gestaltungen i. S. v. § 19 Abs. 5 GmbHG möglich. In der Praxis werden sie kaum anzuraten sein. Da die Rückgewähr und die Vereinbarung darüber bei der Anmeldung der Gesellschaft zum

---

1 Z. B. BGH v. 18. 11. 1969 II ZR 83/68, BGHZ 53, 71; v. 29. 9. 1977 II ZR 157/76, BGHZ 69, 274.

Handelsregister offen gelegt werden muss, wird diese Publizität die Kreditwürdigkeit der Einpersonen-GmbH negativ beeinflussen und Geschäftspartner möglicherweise abhalten, Leistungen an die GmbH zu erbringen, weil sie um deren Bezahlung fürchten müssen. Es begründet wenig Vertrauen in die Seriosität der Gesellschaft und in die Person des hinter ihr stehenden Gesellschafters, wenn dieser nicht einmal bereit ist, der GmbH liquide Mittel in Höhe der Mindesteinlage zu belassen, sondern diese Mittel sofort wieder abzieht und seine GmbH darauf verweist, ihr Unternehmen möglichst fremd und durch Lieferantenkredite zu finanzieren. Bei einer solch eingeschränkten Finanzierungsverantwortung des beherrschenden Gesellschafters ist die Insolvenz des Unternehmens der GmbH vorprogrammiert.

m) Besonderheiten bei der Unternehmergesellschaft (haftungsbeschränkt)

Die UG (haftungsbeschränkt) als neue Unterform der GmbH kann mit einem Stammkapital gegründet werden, das den sonst geltenden Betrag des Mindeststammkapitals unterschreitet (§ 5a Abs. 1 GmbHG). Sie kommt aber nicht gänzlich ohne Stammkapital und Geschäftsanteile aus, die jeder Gesellschafter gegen Einlage hierauf übernimmt. Diese Einlagen müssen **ausschließlich Geldeinlagen** sein, weil Sacheinlagen bei dieser GmbH-Variante ausgeschlossen sind (§ 5a Abs. 2 Satz 2 GmbHG). Die Geldeinlagen selbst müssen **vor der Anmeldung** stets und **sämtlich in voller Höhe eingezahlt** sein, weil die Anmeldung der UG (haftungsbeschränkt) zur Eintragung in das Handelsregister erst erfolgen darf, wenn das Stammkapital in voller Höhe eingezahlt ist (§ 5a Abs. 2 Satz 1 GmbHG).

1228

Auch bei der UG (haftungsbeschränkt) kann grundsätzlich das im Rahmen der tatbestandlichen Voraussetzungen des § 19 Abs. 5 GmbHG zulässige Hin- und Herzahlen der Geldeinlage genutzt werden.[1] Der oder die Gesellschafter können sich aufgrund einer vor der Einlage getroffenen Vereinbarung die eingezahlten Gelder als Darlehen wieder zurückzahlen lassen, sofern der Darlehensrückgewähranspruch der UG vollwertig ist und jederzeit fällig gestellt werden kann.

1229

Sind der oder die Gesellschafter in Höhe des Rückgewähranspruchs der Gesellschaft – jedenfalls bei Anmeldung – solvent, weil man z. B. über ein ausreichend hohes Bankkonto oder einen genügend hohen Dispositionskredit verfügt, kann die UG (haftungsbeschränkt) errichtet und betrieben werden, ohne dass der oder die Gesellschafter ihrer Gesellschaft eigenes Geld zuführen müssen und sie sich fremd finanzieren muss. Da das Hin- und Herzahlen bei der Anmeldung offen gelegt werden muss und damit interessierten Personen bekannt wird, wird eine solche Gesellschaft noch weniger Anklang bei Geschäftspartnern und Banken finden, als es bei UG (haftungsbeschränkt) mit einem geringen Stammkapital (Haftungsfonds) hinsichtlich ihrer Kreditwürdigkeit der Fall sein dürfte. Denn die Prüfung der Vollwertigkeit des (jederzeit fälligen) Rückgewähranspruchs erfolgt bezogen auf den Zeitpunkt der Anmeldung, was aber noch lange nicht heißt, dass der Gesellschafter auch nach der Eintragung noch zahlungsfähig ist, wenn die Gesellschaft das abgezogene Geld braucht. Dann droht sehr schnell Zahlungsunfähigkeit und Insolvenz der Gesellschaft.

---

1 Bunnemann/Zirngibl/Thun, § 6 Rn. 62.

5. Zahlungsverzug

1230 Die Vorschriften der §§ 20 bis 24 GmbHG befassen sich mit der Behandlung von Einlageschuldnern, die säumig sind und weder zu dem Zeitpunkt, der in der Satzung bestimmt ist, noch zu dem Zeitpunkt, der durch den Einforderungsbeschluss der Gesellschafter (§ 46 Nr. 2 GmbHG) bestimmt wurde, ihre Einlage geleistet haben. Mit Ausnahme der Verzinsung nach § 20 GmbHG sind die Regeln zwingend (§ 25 GmbHG). Da die Sacheinlagen vor der Anmeldung vollständig erbracht sein müssen, beziehen sich die Sanktionen auf die Bareinlagepflichten, aber auch auf den in Geld bestehenden Anteil einer Mischeinlage, den Differenzbetrag bei einer überbewerteten Sacheinlage sowie eine verbleibende Geldeinlagepflicht nach Anrechnung des Wertes einer verdeckten Sacheinlage gem. § 19 Abs. 4 GmbHG und die einlageähnliche Verpflichtung aus der Unterbilanzhaftung.

a) Verzugszinsen

1231 Gemäß § 20 GmbHG ist ein säumiger Gesellschafter zur Entrichtung von Verzugszinsen verpflichtet, wenn er den auf die Stammeinlage eingeforderten Betrag „nicht zur rechten Zeit einzahlt". Trotz der Bezeichnung „Verzugszinsen" ist die Zinspflicht nicht von einem Verzug nach § 286 BGB abhängig. Erforderlich ist jedoch in jedem Falle eine „Einforderung"; es sind also z. B. Zinsen gem. § 20 GmbHG dann nicht zu entrichten, wenn ein Gesellschafter die Einlage nach Eintritt eines in der Satzung festgelegten Zahlungstermins nicht leistet, eine Einforderung aber nicht erfolgt ist, es sei denn, dass die Satzung für diesen Fall eine Verzinsung vorsieht.

1232 Der Zinssatz beträgt 4 v. H. (§ 246 BGB), der wesentlich höhere Zinssatz nach § 288 Abs. 1 BGB ist nicht anzuwenden.[1] Der Gesellschaftsvertrag kann aber einen höheren Fälligkeitszinssatz bestimmen; über § 20 GmbHG hinaus kann der Gesellschaftsvertrag auch weitere Säumnisfolgen, so z. B. die Verpflichtung zur Zahlung einer Vertragsstrafe, festlegen.

b) Zahlungsklage

1233 Wenn ein Gesellschafter seiner Verpflichtung zur Einzahlung der eingeforderten restlichen Geldeinlage nicht nachkommt, kann die Gesellschaft diesen Anspruch im Wege der **Klage** gegen den Gesellschafter geltend machen. Die Erhebung einer solchen Klage ist nicht von einem Gesellschafterbeschluss abhängig, denn es handelt sich hier nicht um die Geltendmachung von Ersatzansprüchen i. S. d. § 46 Nr. 8 GmbHG. Da der Gesellschaftsvertrag gem. § 45 GmbHG die Zuständigkeit der Gesellschafterversammlung erweitern kann, ist es jedoch zulässig, durch den Gesellschaftsvertrag zu bestimmen, dass eine solche Klage auf Zahlung der restlichen Geldeinlage nur aufgrund eines Gesellschafterbeschlusses erhoben werden darf. Ist der Geschäftsführer mangels eines solchen Beschlusses an der Klageerhebung gehindert, bleibt ihm gegen den säumigen Gesellschafter nur das Kaduzierungsverfahren, das der Gesellschaftsvertrag nicht einschränken kann.

---

1 Hueck/Fastrich in Baumbach/Hueck, GmbHG, § 20 Rn. 6.; BGH v. 20. 7. 2009 II ZR 273/07, BGHZ 182, 103.

Wenn keine Zuständigkeit der Gesellschafterversammlung durch die Satzung begründet wurde, dann kann auch ein Gesellschafter die Zahlungsklage im eigenen Namen erheben, er kann aber nur auf Zahlung an die GmbH klagen. 1234

c) Ausschluss des Gesellschafters (Kaduzierungsverfahren)

Ist die Zahlungsaufforderung erfolglos geblieben, können säumige Gesellschafter ausgeschlossen werden (Kaduzierung); sie verlieren dann ihren Geschäftsanteil zusammen mit den schon erbrachten Einlageleistungen, bleiben aber dennoch der Gesellschaft auf die ausstehende Einlage mit dem Risiko einer Ausfallhaftung verpflichtet. Wegen der Einzelheiten wird auf die folgenden Ausführungen unter V. (Rz. 1451 ff.) verwiesen. 1235

(*Einstweilen frei*) 1236–1260

II. Leistung der Sacheinlagen (Sachgründung)

Literatur: *Pataki*, Die Bewertung von Unternehmensbeteiligungen als Sacheinlage – ein Beitrag zur Praktikabilität des Rechts, GmbHR 2003, 404; *Bayer*, Unwirksame Leistungen auf die Stammeinlage und nachträgliche Erfüllung, GmbHR 2004, 445; *Mohr*, Sacheinlagen in GmbH und GmbH & Co. KG – Hinweise zur Vermeidung von Haftungs- und Steuerrisiken, GmbH-StB 2004, 281; *Pentz*, Die Anrechnung bei der verdeckten (gemischten) Sacheinlage, GmbHR 2010, 673; *Ulmer*, Sacheinlageverbote im MoMiG – umgehungsfrei?, GmbHR 2010, 1298; *Kleindiek*, Verdeckte (gemischte) Sacheinlagen nach MoMiG: Rückwirkende Neuregelung und Wertanrechnung, ZGR 2011, 334; *Müller, Hans-Friedrich*, Rechtsfolgen verdeckter Sacheinlagen, NZG 2011, 761.

1. Allgemeines

Das GmbHG sieht zwar die Bargründung als die Regel an, lässt es aber zu, dass das Kapital durch Sacheinlagen aufgebracht wird. Darf ein Gesellschafter seine Einlage, gegen deren Leistung er den Geschäftsanteil übernommen hat, durch andere Wirtschaftsgüter als Geld erbringen, spricht man insoweit von einer **Sachgründung**. Zu einer Sacheinlage zählen also alle nicht in Geld zu erbringenden Einlagen. Die Sacheinlagen sind von den Gesellschaftern zu bewerten, um sie auf die Nennbeträge der Geschäftsanteile, die auf Euro lauten, anzurechnen. Für die effektive Kapitalaufbringung wie auch für die Gläubiger der Gesellschaft und die Mitgesellschafter entstehen hierdurch Risiken, dass der Wert der Sacheinlage hinter dem Nennwert des dafür übernommenen Geschäftsanteils zurückbleibt.[1] 1261

Der Gesetzgeber „misstraut" daher der Sachgründung und versucht den Gefahren mit einer Reihe von Regeln vorzubeugen, durch die eine Sicherung gegen Missbrauch oder gar betrügerische Machenschaften geschaffen werden soll. Zu nennen sind die Offenlegung der Sacheinlage samt Wertnachweisunterlagen (§ 5 Abs. 4, § 8 Abs. 1 Nr. 4 und 5 GmbHG), der Sachgründungsbericht (§ 5 Abs. 4 Satz 2 GmbHG), die vollständige Leistung der Sacheinlage vor der Anmeldung (§ 7 Abs. 3 GmbHG), die Differenzhaftung bei Überbewertung (§ 9 GmbHG) und die Eintragungsablehnung bei nicht unwesentlicher Überbewertung (§ 9c GmbHG). 1262

---

1 Vgl. Hueck/Fastrich in Baumbach/Hueck, GmbHG, § 5 Rn. 15.

2. Der Begriff „Sacheinlage"

1263 Sacheinlagen sind Einlagen, welche nicht in Geld zu leisten sind. Eine sog. Sachübernahme liegt vor, wenn ein Gesellschafter zwar auf den Geschäftsanteil eine Einlage in Geld übernimmt, aber zusätzlich festgelegt wird, dass diese Einlageschuld verrechnet werden soll mit einer Forderung, die der Gesellschafter gegen die GmbH als Vergütung für einen von der GmbH übernommenen Vermögensgegenstand hat.

Die **Sachübernahme** unterscheidet sich von der Sacheinlage nur dadurch, dass nicht anstelle einer in Geld zu erbringenden Einlage ein Vermögensgegenstand einzubringen ist, sondern dass die Pflicht zur baren Einlage durch Aufrechnung mit einer Gegenforderung erfüllt werden darf, was § 19 Abs. 2 Satz 2 GmbHG als Ausnahme vom Aufrechnungsverbot zulässt, wenn die Anrechnung auf die Einlageverpflichtung im Gesellschaftsvertrag nach § 5 Abs. 4 Satz 1 GmbHG – also wie bei einer Sacheinlage – vereinbart ist. Wirtschaftlich betrachtet ist nämlich bei einer solchen Art der Erfüllung der Einlagepflicht der Grundsatz der effektiven Kapitalaufbringung nicht weniger gefährdet als bei einer Sacheinlage, wenn z. B. der Kaufpreis (Verrechnungspreis) für den überlassenen Gegenstand zu hoch bewertet wird. Deshalb sind auch bei einer Sachübernahme die Regeln wie bei der Sacheinlage anzuwenden, damit die Umgehung der Vorschriften über die Sachgründung erschwert wird. Auch die Sachübernahme mit Verrechnungsabsprache ist daher eine Sacheinlage, wie jede Einlage eines Gründergesellschafters, die nicht in Geld besteht.

3. Gegenstand der Sacheinlage

1264 Gegenstand der Sacheinlage können alle Sachen und Rechte sein, die übertragbar sind und einen Vermögenswert darstellen; es werden aber die mehr formalen Kriterien der Übertragbarkeit und Bilanzfähigkeit als nicht ausreichend angesehen, um zulässige von unzulässigen Sacheinlagen abzugrenzen.[1] Zu berücksichtigen ist auch, ob die Sacheinlage die der Geldeinlage entsprechende Funktion übernehmen kann, als Kapitalgrundlage für die Aufnahme des Geschäftsbetriebs und die Befriedigung der Gläubiger zu dienen, also letztlich, ob der Gegenstand der Gesellschaft zur freien Verfügung gestellt werden kann, wie Geld zur Bildung einer Kapitalgrundlage führen kann und ob er im Rahmen des Gesellschaftsvermögens den Gläubigern der Gesellschaft zur Befriedigung zur Verfügung steht.

Als einigermaßen zuverlässiges Kriterium für eine Sacheinlage kann aber nach wie vor die Bilanzfähigkeit des Gegenstandes gelten;[2] jedenfalls ersparen sich die Gesellschafter möglichen Ärger, wenn sie bei Errichtung der Gesellschaft Sacheinlagen auf die Stammeinlagen nur zulassen, wenn der Gegenstand der Sacheinlage bilanzfähig ist. **Sacheinlagefähig** sind auch nach GmbH-Recht nur **Vermögensgegenstände**, deren **wirtschaftlicher Wert feststellbar** ist.[3]

---

1 Hueck/Fastrich in Baumbach/Hueck, GmbHG, § 5 Rn. 23.
2 Vgl. BGH v. 16. 2. 1959 II ZR 170/57, BGHZ 29, 304.
3 BGH v. 14. 6. 2004 II ZR 121/02, DStR 2004, 1662; § 27 Abs. 2 AktG analog.

Gegenstände einer Sacheinlage können danach sein: 1265

- **Sachen** (bewegliche – z. B. Waren, Material, Maschinen, Werkzeuge – und unbewegliche – Grundstücke, Gebäude);
- **Gebrauchsüberlassung** durch **obligatorische Nutzungsrechte** an solchen Sachen des Einlegenden durch dessen dauerhafte (z. B. langfristige bzw. unkündbare) Verpflichtung.[1] Obligatorische Nutzungsrechte gewinnen Sacheinlagefähigkeit, wenn sie einen feststellbaren wirtschaftlichen Wert haben, also ihre **Nutzungsdauer** in Form einer **festen Laufzeit** oder als **konkret bestimmte Mindestdauer** feststeht.[2] Ist das Nutzungsrecht dinglich gesichert (z. B. durch beschränkt persönliche Dienstbarkeit), bestehen regelmäßig keine Bedenken gegen die Einlagefähigkeit.
- **Beschränkt dingliche Rechte** (Erbbaurecht und Grundpfandrechte); sie sind einlagefähig, nicht übertragbare dingliche Rechte wie ein Nießbrauchsrecht können durch Überlassung zur Ausübung eingebracht werden.[3]
- **Rechte** (z. B. immaterielle Wirtschaftsgüter, Urheberrechte, Lizenzrechte, Konzessionen und Mitgliedschaftsrechte wie Aktien und GmbH-Geschäftsanteile und übertragbare Beteiligungen an Personenhandelsgesellschaften).
- **Forderungen** (aus Darlehen oder anderen Rechtsgründen gegen **Dritte**, die Gesellschaft selbst oder die Befreiung der Gesellschaft von Forderungen des Gesellschafters oder Dritter).
- **Sach- und Rechtsgesamtheiten** (Handelsgeschäfte, Teilbetriebe von Unternehmen, selbständige Betriebsteile einschließlich Kundenstamm, Know-how, Goodwill, Logo, Warenzeichen und andere gewerbliche Schutzrechte sowie die Firma).[4]

Keine Sacheinlage ist die Verpflichtung eines Gesellschafters, für die GmbH **Dienstleistungen**[5] oder personengebundene Werkleistungen zu erbringen (analog § 27 Abs. 2 AktG), sie kann aber als Nebenleistung i. S. v. § 3 Abs. 2 GmbHG festgelegt werden.

Nicht sacheinlagefähig sind Forderungen des Gesellschafters aus Darlehenskonstruktionen, wie sie in Fällen des sog. Hin- und Herzahlens zu finden sind, oder andere obligatorische Ansprüche gegen den Einlagenschuldner, weil lediglich die gesellschaftsrechtliche Verpflichtung gegen eine schuldrechtliche Verpflichtung des Inferenten ausgetauscht wurde. Weder ein Anspruch des Einlegenden auf Darlehensgewährung durch die Gesellschaft noch ein Anspruch auf Darlehensrückzahlung sind sacheinlagefähig.[6]

1266

4. Festsetzung durch den Gesellschaftsvertrag

§ 5 Abs. 4 Satz 1 GmbHG bestimmt, dass die Sacheinlage und der Nennbetrag des dafür übernommenen Geschäftsanteils im Gesellschaftsvertrag festgesetzt sein müssen. Voraussetzung einer wirksamen Sacheinlagefestsetzung ist, dass der Gegenstand der ein-

1267

---

1 Hueck/Fastrich in Baumbach/Hueck, GmbHG, § 5 Rz. 25.
2 BGH v. 14. 6. 2004 II ZR 121/02, DStR 2004, 1662; v. 15. 5. 2000 II ZR 359/98, BGHZ 144, 290.
3 Hueck/Fastrich in Baumbach/Hueck, GmbHG, § 5 Rz. 25.
4 Vgl. BGH v. 18. 9. 2000 II ZR 365/98, BGHZ 145, 150.
5 H. M. vgl. BGH v. 16. 2. 2009 II ZR 120/07, BB 2009, 729, NWB DokID: NAAAD-18363, m. w. N.
6 BGH v. 21. 11. 2005 II ZR 140/04, BGHZ 165, 113; Bayer, GmbHR 2004, 445, 451.

zubringenden Sacheinlage im Gesellschaftsvertrag so genau bestimmt ist, dass über seine Identität kein Zweifel besteht.[1] Dabei ist aber zwischen der Verpflichtung zur Sacheinlage und dem Vollzugsakt zu ihrer Erfüllung zu unterscheiden. Es muss nur die **Verpflichtung zur Leistung der Sacheinlage** in der notariellen Übernahmeerklärung **beurkundet** sein. Die einzelnen Verfügungsgeschäfte, wie z. B. Eigentumsübertragung durch die Einigung und Übergabe nach §§ 929 ff. BGB bei beweglichen Sachen, können auch außerhalb des Gesellschaftsvertrages vorgenommen werden, sollten aber bei ohnehin beurkundungspflichtigen Geschäften wie der Einlage von Grundstücken in den Gesellschaftsvertrag einbezogen werden.

1268 Nur im Rahmen der gesellschaftsvertraglichen (also auch notariell beurkundeten) Festsetzungen wird ein Gesellschafter durch eine Sacheinlage von seiner Verpflichtung zur Leistung der Einlage frei. Denn die Erfüllung des durch die Einlagepflicht gem. § 14 i.V.m. § 5 Abs. 4 Satz 1 GmbHG begründeten Schuldverhältnisses setzt nach § 362 Abs. 1 BGB voraus, dass die geschuldete Leistung an die GmbH bewirkt wird. Wird § 5 Abs. 4 Satz 1 GmbHG nicht beachtet, was auch dadurch geschehen kann, dass die einzubringenden Gegenstände nicht eindeutig bestimmt werden,[2] ist die Einlagepflicht in bar zu erfüllen. Eine dennoch erbrachte Sacheinlage tilgt dann nicht die **Einlageschuld** und der Gesellschafter muss zahlen. Die Sacheinlage kann nur nach Bereicherungsgrundsätzen zurückverlangt werden, was den Gesellschafter bei Insolvenz auf die (meist geringe) Quote verweist. Einer Aufrechnung oder einem Verrechnungsvertrag steht die Vorschrift des § 19 Abs. 2 GmbHG entgegen, weil die Sacheinlage in dieser Gestalt nicht im Gesellschaftsvertrag festgesetzt ist.

1269 Alle Absprachen betreffend eine Sacheinlage sind der Gesellschaft gegenüber nur dann wirksam, wenn sie im Gesellschaftsvertrag stehen.[3] Auch dies dient dem **Schutz der Mitgesellschafter und Gesellschaftsgläubiger**. Wenn also der Gesellschaftsvertrag nichts über eine Sacheinlage bestimmt, dann ist die Einlage auf den übernommenen Geschäftsanteil in Geld zu erbringen.

1270 Eine nachträgliche Umwandlung dieser Geldeinlage in eine Sacheinlage ist auch aus dem Grunde unzulässig, weil damit zum Nachteil der Gläubiger die Haftung nach §§ 22, 24 GmbHG nicht mehr zum Zuge käme. Theoretisch ist nur denkbar, die Geldeinlagepflicht durch Kapitalherabsetzung zu beseitigen und zugleich eine Kapitalerhöhung mit der Sacheinlage vorzunehmen.

1271 Die Rechtsprechung lässt es dagegen zu, dass eine im Gesellschaftsvertrag vorgesehene Sacheinlage nachträglich in eine Geldeinlage umgewandelt wird, was allerdings eine Satzungsänderung erfordert, welche die Zustimmung aller Gesellschafter finden muss, weil für die übrigen Gesellschafter nun die Haftung aus § 24 GmbHG entsteht.

1272 Zulässig ist es, wenn eine Stammeinlage teils in Geld, teils durch Sachleistung erbracht werden soll (Rz. 1351).

---

1 Vgl. BGH v. 24. 7. 2000 II ZR 202/98, DStR 2000, 2002.
2 Vgl. BGH v. 24. 7. 2000 II ZR 202/98, DStR 2000, 2002.
3 BGH v. 2. 5. 1966 II ZR 219/63, BGHZ 45, 343.

Ein **Beispiel** für die gesellschaftsvertragliche Festsetzung kann das Verständnis erleichtern:

§ ...

(1) Das Stammkapital beträgt 300 000,– Euro. Es werden drei Geschäftsanteile mit dem Nennbetrag von jeweils 100 000,– Euro mit den laufenden Nummern 1, 2 und 3 gebildet.

(2) Jeder der drei Gesellschafter übernimmt einen Geschäftsanteil im Nennbetrag von je 100 000,– Euro.

(3) Der Gesellschafter A. übernimmt den Geschäftsanteil Nr. 1 und erbringt seine Einlage i. H. v. 100 000,– Euro durch folgende Sacheinlage:

Er verpflichtet sich, der Gesellschaft zu übereignen:

a) den Lkw Marke —, Typ —, Baujahr —, Fahrgestell-Nr. —, Pol. Zul. Nr. —, im Wert von 30 000,– Euro

b) die Offsetdruckmaschine — (folgend genaue Bezeichnungen) — im Wert von 70 000,– Euro

Oder

(1)

(2)

(3) Der Gesellschafter A. übernimmt den Geschäftsanteil Nr. 1 und erbringt seine Einlage i. H. v. 100 000,– Euro wie folgt:

a) Er leistet eine Geldeinlage i. H. v. 30 000,– Euro.

b) Die Einlage von restlich 70 000,– Euro erbringt er durch folgende Sacheinlage: Durch gesonderten Einlagevertrag übergibt und übereignet er der Gesellschaft die Offsetdruckmaschine... (folgt genaue Bezeichnung)....

Oder

(1)

(2)

(3) Der Gesellschafter A. übernimmt den Geschäftsanteil Nr. 1 und erbringt seine Einlage von 100 000,– Euro durch folgende Sacheinlage:

Durch gesonderten Vertrag vom ..., hat er der Gesellschaft die Offsetdruckmaschine ... (folgt genaue Bezeichnung) ... übergeben und übereignet, deren Wert 150 000,– Euro beträgt. Durch diese Sacheinlage ist die Einlage von 100 000,– Euro erbracht. Den 100 000,– Euro übersteigenden Betrag hat der Gesellschafter A. durch den vorgenannten Vertrag der Gesellschaft als Darlehen gewährt.

(Einstweilen frei) 1273–1290

5. Bewertung der Sacheinlage

Gemäß § 5 Abs. 4 Satz 1 GmbHG muss auch der Nennbetrag des Geschäftsanteils, auf den sich die Sacheinlage bezieht, im Gesellschaftsvertrag festgesetzt werden. Die Be- 1291 wertung der Sacheinlage selbst obliegt den Gesellschaftern, was aber nicht bedeutet, dass für diese Bewertung der Sacheinlage Vertragsfreiheit bestehe. Denn damit würden die Regeln über die effektive Kapitalaufbringung ausgehöhlt werden. Eine **Überbewertung ist unzulässig**, führt aber nur zur Ablehnung der Eintragung, wenn sie nicht unwesentlich ist (§ 9c Abs. 1 Satz 2 GmbHG n. F.). Der zutreffend ermittelte Wert der Sacheinlage stellt eine Höchstgrenze dar, die Gesellschafter können aber vereinbaren, dass ein niedrigerer Wert anzusetzen ist.

1292 Maßgebend ist der **objektive Zeitwert**,[1] wobei die Zweckbestimmung und die Verwendungsmöglichkeiten durch die GmbH zu berücksichtigen sind,[2] subjektive Einschätzungen des Einlagepflichtigen oder ein höherer Wert, den der Gegenstand u.U. in Händen des Einlagepflichtigen hat, sind keine Kriterien der Wertfindung.

1293 Bei Gegenständen des **Anlagevermögens** ist der Wiederbeschaffungspreis, bei **Umlaufvermögen** der Einzelveräußerungspreis anzusetzen. Den richtigen Bewertungsmaßstab dürfte daher der steuerliche Teilwert (§ 11 BewG) bilden, da es auf den Wert ankommt, den der Gegenstand für die GmbH im Rahmen ihres Unternehmens hat. Wenn auch die Bewertungsvorschriften der §§ 252 ff., 279 ff. HGB nur für den Jahresabschluss gelten, so sollte man sie doch auch bei der Bewertung einer Sacheinlage mit in Betracht ziehen. Der Zeitwert obligatorischer Nutzungsrechte errechnet sich aus dem für die Dauer des Rechts kapitalisierten Nutzungswert.[3]

1294 Bei der Einbringung eines werbenden Unternehmens, dessen Aktiva und Passiva ständigen Veränderungen unterliegen, stellen sich besondere Probleme bei der Bewertung. Erforderlich ist hier die Aufstellung einer Einbringungsbilanz auf einen bestimmten Stichtag, wobei ein Firmenwert bei der Bewertung berücksichtigt werden kann. Anstelle der Einbringungsbilanz kann die letzte Jahresbilanz treten, wenn die Einbringung innerhalb der letzten acht Monate nach dem Bilanzstichtag erfolgt (vgl. auch § 20 Abs. 8 UmwStG) und seitdem das Unternehmen für Rechnung der Vor-GmbH geführt gilt.

1295 Bei einer Überbewertung der Sacheinlage tritt nicht Nichtigkeit ein, sondern es greift nach § 9 Abs. 1 GmbHG die **Differenzhaftung** ein,[4] wenn die Vollwertigkeit im Zeitpunkt der Anmeldung zum Handelsregister nicht vorliegt. Dann ist der Fehlbetrag vom Gesellschafter in Geld als Einlage zu leisten. Treten Wertminderungen zwischen der Anmeldung und Eintragung ein, so sind diese über die Unterbilanzhaftung auszugleichen.

1296 Die Gesellschafter müssen in einem dem Registergericht mit der Anmeldung vorzulegenden Sachgründungsbericht (s. Rz. 1331) die bewertungserheblichen Umstände darlegen; außerdem muss der Geschäftsführer bei der Anmeldung dem Registergericht Unterlagen (z. B. Schätzurkunde) vorlegen, aus denen sich ergeben muss, dass der Wert der Sacheinlage den Nennbetrag des dafür übernommenen Geschäftsanteils erreicht. Dieser **Nachweis** wird sich häufig nur durch einen Bericht eines vereidigten Sachverständigen (z. B. Wirtschaftsprüfer oder Steuerberater) führen lassen. Vorzulegen sind

---

1 OLG Düsseldorf v. 28. 3. 1991 6 U 234/90, GmbHR 1992, 112.
2 Beck-GmbH-HB/Schwaiger, § 2 Rz. 108.
3 BGH v. 14. 6. 2004 II ZR 121/02, DStR 2004, 1662.
4 BGH v. 14. 6. 2004 II ZR 121/02, DStR 2004, 1662.

auch die Verträge, die den Festsetzungen der Sacheinlage zugrunde liegen oder zu ihrer Ausführung geschlossen werden, damit geprüft werden kann, ob die Sacheinlage in vollem Umfang vor der Anmeldung erbracht und zur freien Verfügung der Geschäftsführung steht. Bei Übergang eines Unternehmens sind auch die Jahresergebnisse der beiden letzten Jahre anzugeben.

Unabhängig von der Differenzhaftung oder der Unterbilanzhaftung sind Gesellschafter und Geschäftsführer der Gesellschaft gegenüber zum Schadensersatz verpflichtet, wenn falsche Angaben bei der Sachgründung gemacht wurden (§ 9a Abs. 1 GmbHG). Die Schadensersatzpflicht trifft neben dem Gesellschafter auch Personen, für deren Rechnung der Gesellschafter Geschäftsanteile übernommen hat (§ 9 Abs. 4 GmbHG). 1297

Eine unrichtige Bewertung kann für Gesellschafter und Geschäftsführer auch den Straftatbestand des § 82 GmbHG erfüllen und damit auch die Schadensersatzpflicht gem. § 823 Abs. 2 BGB auslösen. 1298

(*Einstweilen frei*) 1299–1310

6. Leistung der Sacheinlage

a) Zeitpunkt

Die Sacheinlage muss **vor der Anmeldung** zum Handelsregister vollständig und endgültig zur freien Verfügung der Geschäftsführer erbracht sein (§ 7 Abs. 1 GmbHG). Da die GmbH aber erst mit der Eintragung entsteht, erfolgt die Leistung an die Vorgesellschaft (s. Rz. 891 ff.), mit Eintragung der GmbH geht die Sacheinlage automatisch in das Gesellschaftsvermögen der GmbH über. 1311

Der Geschäftsführer muss bei der Anmeldung zum Handelsregister versichern, dass die Sacheinlage sich **endgültig** in seiner freien Verfügung befindet (§ 8 Abs. 2 GmbHG). Dazu muss die Sacheinlage tatsächlich wie rechtlich dem Vermögen der GmbH zugeordnet sein. Das erforderliche Erfüllungsgeschäft **(dinglicher Übertragungsakt)** samt Verschaffung der zur Ausübung des Rechts erforderlichen Unterlagen (z. B. Aushändigung des Kfz-Briefs) muss vollzogen sein. Bei Grundstücken wird als ausreichend, aber auch als notwendig verlangt, dass eine bindende Einigung bzw. Auflassung, eine Eintragungsbewilligung und ein rangwahrender Antrag vorliegen.[1] 1312

Es genügt aber, wenn die Vorgesellschaft (Rz. 891) „endgültig" erworben hat, weil deren Vermögen nach Eintragung der GmbH automatisch im Wege der Gesamtrechtsnachfolge auf diese übergeht. In Bezug auf Grundstücke hat der BGH[2] dahin entschieden, dass die noch nicht im Handelsregister eingetragene „**GmbH i. Gr.**" im Grundbuch als Eigentümer eingetragen werden kann; nach Registereintragung der GmbH bedarf es dann nur einer Grundbuchberichtigung. 1313

---

[1] Hueck/Fastrich in Baumbach/Hueck, GmbHG, § 7 Rz. 14.
[2] Vom 2. 5. 1966 II ZR 219/63, BGHZ 45, 338.

b) Bewirken der Leistung

1314 Durch den Gesellschaftsvertrag wird nur die schuldrechtliche[1] Pflicht zur Leistung der Sacheinlage begründet. Die Einlagepflicht ist durch das MoMiG ausdrücklich gesetzlich bestimmt worden (§ 14 GmbHG). Die Höhe der Einlage richtet sich nach dem bei der Errichtung der GmbH im Gesellschaftsvertrag festgesetzten Nennbetrag des jeweiligen Geschäftsanteils.

1315 Die Erfüllung dieser Verpflichtung (§ 362 BGB) erfolgt durch einen Einlagevertrag zwischen Gesellschafter und Gesellschaft (z. B. Übereignung eines Grundstücks, Erteilung einer Lizenz u. Ä.) nach den für den jeweiligen Einlagegegenstand geltenden Regeln. Bei beweglichen Sachen: Einigung und Übergabe (§§ 929 ff. BGB), wobei auch gutgläubiger Erwerb möglich ist,[2] bei Grundstücken: Auflassung und Eintragung (§§ 925, 873 BGB), bei Forderungen: Abtretung (§ 398 BGB). Der Einlagevertrag kann auch schon in dem Gesellschaftsvertrag enthalten sein.

Es könnte also in dem **Beispiel** Rz. 1272 unter (3) heißen:

(3) ... folgende Sacheinlage:

a) Der Gesellschafter A. übereignet der dies annehmenden Gesellschaft hiermit folgende Gegenstände: (folgt genaue Bezeichnung).

b) Die Gesellschaft und der Gesellschafter A. sind über den Eigentumsübergang einig.

c) Die Übergabe an die Gesellschaft ist bereits erfolgt.

c) Leistungsstörungen

Literatur: *Schaefer/Grützediek*, Die Haftung des Gesellschafters für mangelhafte Sacheinlagen, DB 2006, 1040.

1316 Ist die Erbringung der Sacheinlage **von Anfang an unmöglich**, so ist die Sacheinlagevereinbarung als Teil des Gesellschaftsvertrages[3] zwar nicht nichtig (§ 311a Abs. 1 BGB), an ihre Stelle tritt jedoch ohne weiteres die Pflicht zur Bareinlage, weil diese von der Sacheinlageverpflichtung nur soweit und solange überlagert wird, wie die Sacheinlage tatsächlich und werthaltig geleistet wird.[4] Der Gesellschafter hat also seine Einlage, gegen die er seinen Geschäftsanteil übernommen hat, in Geld zu leisten; Gleiches gilt, wenn die Erbringung der Sacheinlage **nachträglich unmöglich** und der Gesellschafter deshalb nach § 275 BGB frei wird. In all diesen Fällen wird die Sacheinlage zur Bareinlage. Daneben bestehen aber auch Ansprüche auf Ersatz eines darüber hinausgehenden Schadens (§ 283 BGB bei zu vertretender Unmöglichkeit, § 286 Abs. 2 BGB bei Verzug), ein Rücktritt erfasst aber nur die Sacheinlagevereinbarung, nicht aber die Übernahme des Geschäftsanteils und die subsidiäre Bareinlageverpflichtung.[5]

---

1 Nach BGH v. 2. 5. 1966 II ZR 219/63, BGHZ 45, 338, die „körperschaftliche Pflicht".
2 BGH v. 21. 10. 2002 II ZR 118/02, DStR 2003, 170.
3 BGH v. 2. 5. 1966 II ZR 219/63, BGHZ 45, 345.
4 BGH v. 17. 2. 1997 II ZR 259/96, GmbHR 1997, 545.
5 Vgl. Hueck/Fastrich in Baumbach/Hueck, GmbHG, § 5 Rz. 38.

Ergeben sich gegen den einbringenden Gesellschafter Gewährleistungsansprüche wegen Sachmängeln, dann ist die Mängelhaftung auch vor dem Hintergrund der Differenzhaftung aus § 9 GmbHG zu sehen. 1317

Der GmbH sind dann zwar die weitergehenden Rechte (§ 437 BGB) wie beim Sachkauf zuzugestehen, jedoch wegen des mitgliedschaftlichen Charakters der Sacheinlagepflicht nur mit Einschränkungen: In Betracht kommen zwar Nacherfüllung (§ 439 BGB Nachbesserung oder Lieferung einer mangelfreien Sache) und Schadensersatz (§ 440 BGB), wenn die Nachbesserung fehlgeschlagen oder unzumutbar ist. Auch dann aber wird die Sacheinlage zur Bareinlage, der Gesellschafter muss den für die Sacheinlage festgesetzten Geldwert an die Gesellschaft zahlen, er bekommt seine Sache auch nur gegen Zahlung der ganzen Bareinlage zurück. 1318

Schwierigkeiten entstehen dann, wenn für die GmbH gerade die Einbringung der festgesetzten Sacheinlage existenziell notwendig ist. Dann hilft die Geldzahlung anstelle der Sacheinlage nichts. Wenn auch etwaige Gewährleistungsansprüche (vgl. hierzu allgemein unter Rz. 2538) gegen den Gesellschafter nicht ausreichen, bleibt nur die Auflösung der GmbH gem. § 61 GmbHG. 1319

(Einstweilen frei) 1320–1330

7. Sachgründungsbericht

Gemäß § 5 Abs. 4 Satz 2 GmbHG müssen die Gesellschafter in einem besonderen **Sachgründungsbericht** „die für die Angemessenheit der Leistungen für Sacheinlagen wesentlichen Umstände", d.h. die wertbestimmenden Eigenschaften darlegen. Da der Sachgründungsbericht kein Bestandteil des Gesellschaftsvertrages ist, bedarf er nicht der notariellen Beurkundung. Der Gesetzgeber hat darauf verzichtet, zum Inhalt des Sachgründungsberichts detaillierte Vorschriften zu machen, wie sie z.B. das Aktienrecht kennt. 1331

Der Sachgründungsbericht hat die bewertungserheblichen Umstände darzulegen, aber nicht zu belegen. Dies hat aber außerhalb des Sachgründungsberichtes zu geschehen, denn der Geschäftsführer hat der Anmeldung zum Handelsregister neben dem Sachgründungsbericht Unterlagen darüber vorzulegen, dass der Wert der Sacheinlagen den Nennbetrag der dafür übernommenen Geschäftsanteile erreicht. Dies schließt aber nicht aus, dass solche Unterlagen (z.B. Sachverständigengutachten u.Ä.) schon in den Sachgründungsbericht aufgenommen werden. 1332

Nur für den Fall, dass ein Unternehmen Gegenstand der Sacheinlage ist, enthält § 5 Abs. 4 Satz 2 GmbHG eine zwingende Vorschrift über den Inhalt des Sachgründungsberichtes. Dann müssen die Jahresergebnisse der beiden letzten Geschäftsjahre „angegeben" werden. Zu den Unterlagen i.S.d. § 8 Abs. 1 Nr. 5 GmbHG gehören daher zwar nicht die vollständigen Jahresabschlüsse samt Prüfungsberichten dieser Jahre, ihre Vorlage ist aber zweckmäßig. 1333

Die Pflicht aus § 5 Abs. 4 Satz 2 GmbHG trifft alle Gesellschafter, auch wenn sie selbst Bareinlagen leisten. Machen die Gesellschafter im Sachgründungsbericht falsche Anga- 1334 ben, so kann Bestrafung nach § 82 GmbHG erfolgen und es können Ersatzansprüche aus § 9a GmbHG oder § 823 BGB entstehen.

Beispiel zur Formulierung eines Sachgründungsberichts:

"Wir, die alleinigen, unterzeichnenden Gesellschafter der X-Y-GmbH erstatten folgenden Sachgründungsbericht:

Der Gesellschafter A erbringt seine Einlage auf den von ihm übernommenen Geschäftsanteil mit der Nummer 1 im Nennbetrag von 100 000 Euro durch Übereignung des in seinem Eigentum stehenden bebauten Grundstücks in ... (genaue Bezeichnung der Lage und der Grundbucheintragung). Das Grundstück ist unbelastet und hat eine Größe von .... qm. Die Gesellschaft wird das Grundstück und die darauf errichtete Lagerhalle mit Büroteil für ihren Gewerbebetrieb nutzen. Dem Sachgründungsbericht beigefügt sind ein beglaubigter Grundbuchauszug und ein Schätzgutachten des vereidigten Sachverständigen NN. Danach hat das Grundstück samt aufstehendem Gebäude einen Verkehrswert von 130 000 Euro."

1335–1340   (*Einstweilen frei*)

8. Prüfung durch das Registergericht

1341   Die Prüfungspflicht des Registergerichts ist in § 9c GmbHG gesetzlich verankert. Das Registergericht hat **in formeller und materieller Hinsicht** zu prüfen, ob die GmbH ordnungsgemäß errichtet und angemeldet ist. Bei **erheblichen Zweifeln** an der Richtigkeit der vom Geschäftsführer abzugebenden Versicherung kann es Nachweise verlangen (§ 8 Abs. 2 Satz 2 GmbHG). Bei Mängeln kann es die Eintragung ablehnen, bei Sacheinlagen nur, wenn diese nicht unwesentlich überbewertet sind. Zur Ablehnung führt daneben nicht jeder beliebige Mangel, sondern nur ein Verstoß i. S.v. § 9c Abs. 2 GmbHG, insbesondere gegen die zum Schutz der Gläubiger bestimmten Regeln über die Kapitalaufbringung. Dabei kann das Registergericht weitere Ermittlungen anstellen, wenn es erhebliche Zweifel insbesondere z. B. hinsichtlich der für Sacheinlagen wesentlichen Umstände hat und diese Anhalt dafür geben, dass die Sacheinlage nicht unwesentlich überbewertet ist.

1342–1350   (*Einstweilen frei*)

III. Gemischte Einlagen

1351   Es ist zulässig, dass ein Gesellschafter seine Einlage für den übernommenen Geschäftsanteil teilweise in Geld, teils als Sacheinlage zu leisten hat (sog. **Mischeinlage**). Derartige Vereinbarungen bedürfen aber gem. § 5 Abs. 4 Satz 1 GmbHG der Festsetzung im Gesellschaftsvertrag. Für den jeweiligen Betrag müssen die entsprechenden Vorschriften erfüllt sein. Die Sacheinlage muss bei der Anmeldung vollständig und der in Geld zu leistende Betrag zu mindestens einem Viertel eingezahlt sein.[1]

---

1 OLG Celle v. 5. 1. 2016 9 W 150/15, NWB DokID: WAAAF-77624, besprochen von Hauschild/Maier-Reimer in DB 2016, 1683.

Von einer **gemischten Sacheinlage** spricht man, wenn der Wert der erbrachten Sacheinlage den Betrag der übernommenen Stammeinlage übersteigt und der Mehrwert nicht als sonstige Gesellschaftereinlage in die freie Rücklage eingestellt, sondern dem Gesellschafter auf andere Weise gutgeschrieben wird. Dies kann beispielsweise durch Begründung eines Anspruchs aus einem Gesellschafterdarlehen geschehen oder dadurch, dass die GmbH Schulden des Einbringenden übernimmt. Fälle dieser Art finden sich häufig, wenn Unternehmen oder Teilbetriebe eingebracht werden. 1352

Schließlich ist auch der Fall denkbar, dass ein Gesellschafter eine Sacheinlage leistet, durch die er seine Einlageverpflichtung erfüllt, zugleich aber von der Gesellschaft für den darüber hinausgehenden Wert eine Zahlung erhält. Solche Vereinbarungen müssen gem. § 5 Abs. 4 Satz 1 GmbHG im Gesellschaftsvertrag enthalten sein. 1353

(Einstweilen frei) 1354–1360

IV. Verdeckte Sacheinlage

Literatur: *Wilhelm*, Grundlagen zur verdeckten Sacheinlage, StuB 2000, 1228; *Lieb*, Probleme bei der Heilung der verschleierten Sacheinlage (unter besonderer Berücksichtigung des Bereicherungsrechts), ZIP 2002, 2013; *Langenbucher*, Zum Tatbestand der verdeckten Sacheinlage bei der GmbH, NZG 2003, 211; *dies.*, Zur Rechtsfolge der verdeckten Sacheinlage bei der GmbH, DStR 2003, 1838; *Pentz*, Neues zur verdeckten Sacheinlage, ZIP 2003, 2093; *Schöpflin*, Die Lehre von der verdeckten Sacheinlage – eine gelungene Rechtsfortbildung?, GmbHR 2003, 57; *Altrichter-Herzberg*, Steuerliche Aspekte der verdeckten Sacheinlage bei der GmbH, GmbHR 2004, 1188; *Langner*, Verdeckte Sacheinlagen bei der GmbH – Die unendliche Geschichte des richtigen Einbringungsgegenstandes, GmbHR 2004, 298; *Reiff/Ettinger*, Gesellschaftsrechtliche Treupflichten im Zusammenhang mit der Heilung von verdeckten Sacheinlagen bei der GmbH, DStR 2004, 1258; *Henkel*, Die verdeckte Sacheinlage im GmbH-Recht unter Beteiligung von dem Gesellschafter nahe stehenden Personen, GmbHR 2005, 1589; *Heidenhain*, Katastrophale Rechtsfolgen verdeckter Sacheinlagen, GmbHR 2006, 455; *Weitnauer*, Die verdeckte Sacheinlage – Ein Schreckgespenst verliert an Schrecken, NZG 2006, 298; *Kallmeyer*, Kapitalaufbringung und Kapitalerhaltung nach dem MoMiG: Änderungen für die GmbH-Beratungspraxis, DB 2007, 2755.

Eine **verdeckte oder verschleierte Sacheinlage** liegt vor, wenn bei objektiver Betrachtung anstelle der vereinbarten Bareinlage der Gesellschaft ein anderer Gegenstand (Sache oder Recht) geleistet wird. Als eine verdeckte Sacheinlage wird es angesehen, wenn die gesetzlichen Regeln über Sacheinlagen dadurch unterlaufen werden, dass zwar eine Bareinlage vereinbart wird, die GmbH aber bei wirtschaftlicher Betrachtung von dem Einleger aufgrund einer im Zusammenhang mit der Übernahme der Einlage getroffenen Absprache oder eines Gegengeschäftes einen Sachwert erhalten soll.[1] 1361

> **VEREINFACHTES BEISPIEL:** Der Gesellschafter zahlt die versprochene Einlage von 10 000 € bar ein und die Gesellschaft kauft für dieses Geld von dem Gesellschafter ein Fahrzeug. Ließe man dies zu, könnten die Regeln des Kapitalaufbringungsrechts leicht umgangen werden, indem eine eigentlich gewollte Sachgründung in eine Bareinlage und ein vor- oder nachgeschaltetes Umsatzgeschäft aufgespalten und damit verdeckt würde.

Die Reaktion der Rechtsprechung in einer Vielzahl von Entscheidungen hierauf war unter Geltung des GmbH-Rechts vor dem MoMiG rigoros mit zum Teil drakonischen Folgen für den Einleger: Die zur Ausführung der verdeckten Sacheinlage abgeschlossenen 1362

---

1 BGH v. 16.1.2006 II ZR 76/04, BGHZ 166, 8; v. 9.7.2007 II ZR 62/06, BGHZ 173, 145.

Verkehrsgeschäfte (schuldrechtliches Verpflichtungsgeschäft und dingliches Erfüllungsgeschäft) sind unwirksam, der Inferent hat seine Geldleistungspflicht nicht erfüllt und muss nochmals zahlen (Doppelzahlungspflicht), selbst wenn die von ihm erbrachte Sachleistung vollwertig ist oder deren Wert den Nennbetrag seiner Einlageverpflichtung um ein Vielfaches übersteigt.[1] Eine Heilung war nur durch „Neuvornahme" der gescheiterten Sacheinlage unter deren Offenlegung und Beachtung sämtlicher, für Sacheinlagen geltenden Vorschriften des GmbH-Rechts möglich.

Auf diese wegen ihrer „katastrophalen" Folgen teilweise als „Überreaktion" empfundene Rechtsprechung[2] hat der Gesetzgeber mit dem durch das **MoMiG** neu gefassten **§ 19 Abs. 4 GmbHG** reagiert und dabei einen Mittelweg eingeschlagen: Er **definiert** nun die **verdeckte Sacheinlage** und lässt die **Geldeinlageverpflichtung** des Gesellschafters **fortbestehen**. Die **Verkehrsgeschäfte** zur Ausführung der verdeckten Sacheinlage bleiben aber **wirksam** und bieten damit die Grundlage für die **Anrechnung (nach Eintragung der GmbH) des Wertes des eingebrachten Vermögensgegenstandes** (im Zeitpunkt der Anmeldung oder einer späteren Überlassung) auf die **fortbestehende Geldeinlagepflicht**. Es trifft den Einleger also eine **Differenzhaftung in Geld**, wobei der **Gesellschafter** für die **Werthaltigkeit des Vermögensgegenstandes die Beweislast** hat.

1. Gesetzliche Definition der verdeckten Sacheinlage durch das MoMiG und Erscheinungsformen

1363 Durch das MoMiG hat die verdeckte Einlage in § 19 Abs. 4 GmbHG eine Legaldefinition erhalten. Die materielle Rechtslage hat sich dadurch nicht verändert. Eine verdeckte Einlage liegt vor, wenn eine Geldeinlage eines Gesellschafters bei wirtschaftlicher Betrachtung und aufgrund einer im Zusammenhang mit der Übernahme der Geldeinlage getroffenen Abrede vollständig oder teilweise als Sacheinlage zu werten ist.

1364 Erscheinungsformen, bei denen ein anderer Gegenstand als die Bareinlage erbracht wird, sind zunächst Gestaltungen, die sich (äußerlich) als sog. **Hin- und Herzahlen darstellen** und auch unter das Verbot des Hin- und Herzahlens fallen, gleichwohl aber **vorrangig als verdeckte Sacheinlage** zu werten sind, wovon nun auch § 19 Abs. 5 GmbHG n. F. ausgeht. **Beispiele** hierfür sind Gestaltungen, in denen **zunächst eine Geldeinzahlung** erfolgt, die Mittel aber **aufgrund einer Verwendungsabrede** dafür eingesetzt werden, um „von dem Einleger" **einen Sachwert** aufgrund eines mit ihm oder mit einem von ihm beherrschten Unternehmen zu schließenden **Austauschgeschäftes** erhalten, was schließlich wieder zu einem Rückfluss der Einlagemittel an den Inferenten bzw. das von ihm beherrschte Unternehmen führt.[3] Darunter fallen Vorgänge wie der **Erwerb einzelner Anlagegüter**, aber auch **gewöhnliche Umsatzgeschäfte** und der **Erwerb von Unternehmen** und **Unternehmensteilen** und **Beteiligungen** sowie die **Errichtung**

---

[1] Vgl. z. B. aus jüngster Zeit BGH v. 12. 2. 2007 II ZR 272/05, BGHZ 171, 113; v. 9. 7. 2007 II ZR 62/06, BGHZ 173, 145; v. 11. 2. 2008 II ZR 171/06, GmbHR 2008, 203.

[2] Vgl. Priester, ZIP 2008, 55.

[3] So BGH v. 12. 2. 2007 II ZR 272/05, BGHZ 171, 113; für das „Cash-Pool-System"; BGH v. 16. 1. 2006 II ZR 76/04, DStR 2006, 764.

von Gebäuden oder ganzen Betriebsanlagen, wobei die Einlagemittel zur **Begleichung des Werklohns** eingesetzt werden.[1]

Fälle der verdeckten Sacheinlage sind auch die **absprachegemäße Verrechnung** der Bareinlageschuld mit bestehenden oder erst nach Begründung der Bareinlageschuld entstehenden **Forderungen**, wodurch die Gesellschaft die **Befreiung von einer Verbindlichkeit** erlangt,[2] oder die **spätere Umwidmung von Gegenständen**, die der Gesellschaft überlassen worden waren. Nicht als verdeckte Sacheinlage beurteilt hat der BGH die Konstruktion, dass die GmbH mit der Bareinlage des Inferenten eine Darlehensschuld ablöste, für die der Inferent sich verbürgt hatte, und der künftige Regressanspruch des Bürgen eine Sacheinlage darstelle. Der BGH meint, der Regressanspruch des Bürgen sei nur aufschiebend bedingt und somit nicht einlagefähig, so dass auch die Rückzahlung nicht die Umgehung der Sacheinlagevorschriften darstellen könne.[3] Etwas anderes kann aber gelten, wenn das Darlehen zwar formal von einem Dritten gewährt werde, wirtschaftlich aber der Inferent der Darlehensgeber ist.

Bei der Begründung von Forderungen der GmbH aus Darlehen oder Treuhandabreden, die durch die Wiederauszahlung der Einlagemittel an den Einleger begründet wurden, hat der BGH eine verdeckte Sacheinlage verneint, weil solche Forderungen auch bei Wirksamkeit der Darlehens- oder Treuhandabrede nicht einlagefähig sind.[4] **Dienstleistungen** können **nicht Gegenstand einer Sacheinlage** und damit auch nicht Gegenstand einer verdeckten Sacheinlage sein. Deshalb finden die Grundsätze der verdeckten Sacheinlage auf Dienstleistungen keine Anwendung, welche ein Gesellschafter an die GmbH nach Leistung seiner Bareinlage erbringen soll. Denn sonst könnte ein Gesellschafter, der sich an einer Bargründung beteiligt, anschließend nicht entgeltlich für die GmbH als Geschäftsführer tätig sein.[5]

(*Einstweilen frei*)   1365–1370

2. Tatbestandliche Voraussetzungen der verdeckten Sacheinlage

Bei der Prüfung, ob eine verdeckte Einlage nach § 19 Abs. 4 GmbHG vorliegt, kann weitgehend auf die bisher in der Rechtsprechung entwickelten Grundsätze zurückgegriffen werden. Zunächst wird ein **Zusammenhang** der Abreden über die verdeckte Sacheinlage mit der Übernahme der Geldeinlage verlangt. Darunter ist ein **enger zeitlicher und/oder sachlicher Zusammenhang** zwischen der Bareinlage und dem von ihr abweichenden Einlagegeschäft zu verstehen. Der zeitliche Zusammenhang wird im Allgemeinen bejaht, wenn zwischen beiden Vorgängen **weniger als sechs Monate** verstrichen sind.[6]   1371

---

1 Zur Einbeziehung „gewöhnlicher Umsatzgeschäfte" vgl. BGH v. 11.2.2008 II ZR 171/06, DStR 2008, 831, NWB DokID: TAAAC-75194; BGH v. 9.7.2007 II ZR 62/06, BGHZ 173, 145.
2 So BGH v. 16.1.2006 II ZR 76/04, BGHZ 166, 8, wenn im „Cash-Pool-System" durch Weiterleitung der Einlagemittel auf Zentralkonto ein dort bestehender Debetsaldo der GmbH ausgeglichen wird.
3 BGH v. 12.4.2011 II ZR 17/10, BB 2011, 1804.
4 Zur Bareinzahlung und zum Rückfluss als Darlehen an den Gesellschafter unter Begründung des Rückzahlungsanspruchs auf das Darlehen BGH v. 2.12.2002 II ZR 101/02, BGHZ 153, 107; v. 21.11.2005 II ZR 140/04, BGHZ 165, 113; zur Bareinzahlung und anschließenden Auszahlung an Gesellschafter als Treuhänder mit Begründung des Herausgabeanspruchs BGH v. 9.1.2006 II ZR 72/05, BGHZ 165, 352.
5 Ausführlich zu diesem Thema BGH v. 16.2.2009 II ZR 120/07, BGHZ 180, 38 – Quivive.
6 BGH v. 4.3.1996 II ZR 89/95, BGHZ 132, 133.

Ein sachlicher Zusammenhang ist i. d. R. dann gegeben, wenn Gegenstände im Spiel sind, die dem Einlageschuldner bei Begründung der Bareinlageschuld schon gehörten, sowie Verrechnungspreis und Einlageschuld einander in etwa entsprechen. Es wird auch die Sacheinlage **vor** Eintragung der Gesellschaft erfasst.

1372 Hinzukommen muss als **zweite** Voraussetzung, dass eine nach neuer Rechtslage nicht mehr als Umgehungsgeschäft unwirksame, sondern wirksame (§ 19 Abs. 4 Satz 2 GmbHG.) **Abrede** des Einlageschuldners mit den Mitgesellschaftern anlässlich der Gründung (oder Kapitalerhöhung) oder den Geschäftsführern besteht, die im Hinblick auf die Erfüllung der Einlagepflicht den wirtschaftlichen Erfolg (wirtschaftliche Betrachtung) einer Sacheinlage umfasst.[1] Das Vorliegen einer solchen **Absprache wird vermutet**, wenn ein enger zeitlicher und sachlicher Zusammenhang zwischen beiden Vorgängen besteht.[2] Besteht jedoch nachweislich eine solche Vorabsprache, zeitigt dies auch dann die Rechtsfolgen einer verdeckten Sacheinlage (vgl. nachstehend), wenn der zeitliche Zusammenhang von sechs Monaten überschritten ist. Es ist nicht erforderlich, dass die Gesellschafter in Umgehungsabsicht hinsichtlich der gesetzlichen Bestimmungen über eine Sacheinlage gehandelt haben oder davon Kenntnis hatten, dass objektiv diese Vorschriften verletzt werden.

1373 Die **dritte** Voraussetzung, dass **wirtschaftlich betrachtet** statt der Geldeinlage ein Sachwert eingebracht wird, liegt vor, wenn zwar formell eine Bareinlage geleistet wird, der Einlagebetrag materiell jedoch nur der Vergütung einer Sachleistung dient und im Ergebnis wirtschaftlich der Gesellschaft letztlich nicht eine Barleistung zufließt, sondern ihr endgültig nur der Sachwert verbleibt. Darunter fällt namentlich die Leistung auf eine Forderung aus der Veräußerung sacheinlagefähiger Gegenstände durch das sog. Hin- und Herzahlen und die Verrechnung der Einlage mit sonstigen Forderungen des Gesellschafters, so dass die GmbH im wirtschaftlichen Ergebnis nur die Befreiung von einer Verbindlichkeit, aber kein Geld erlangt.

1374–1380 (*Einstweilen frei*)

3. Rechtsfolge einer verdeckten Sacheinlage

1381 Rechtsfolge der verdeckten Einlage ist – wie bisher auch schon –, dass der Gesellschafter **durch sie nicht von seiner Einlageverpflichtung befreit** wird: Er bleibt weiter zur **Leistung in Geld verpflichtet**, und zwar **in voller Höhe** entsprechend dem im Gesellschaftsvertrag festgesetzten **Nennbetrag des betreffenden Geschäftsanteils**, den er gegen die Geldeinlage übernommen hat. Nach der neuen Regelung kann der Gesellschafter aber der Doppelzahlung entgehen, weil das Gesetz jetzt eine wertmäßige Anrechnung des bei der Gesellschaft verbleibenden Sachwerts ermöglicht. Hierzu bestimmt § 19 Abs. 4 Satz 2 GmbHG zunächst, dass die **Verträge über die Sacheinlage und die zu ihrer Ausführung vorgenommenen Rechtshandlungen nicht unwirksam sind.** Die Abrede, welche die formale Geldeinlage in wirtschaftlicher Betrachtung als Sacheinlage qualifiziert, und die zur Umsetzung abgeschlossenen schuldrechtlichen sowie ding-

---

1 BGH v. 4. 3. 1996 II ZR 89/95, BGHZ 132, 133.
2 Vgl. auch BGH v. 13. 5. 1996 II ZR 275/94, BGHZ 132, 390.

lichen Rechtsgeschäfte sind – jedenfalls aus Gründen der Umgehung von Kapitalaufbringungsvorschriften – nicht unwirksam. Dies macht den Weg frei für die vom Gesetzgeber gefundene **Anrechnungslösung**: Auf die **fortbestehende**, weil zunächst noch nicht erfüllte **Geldeinlagepflicht** wird der **Wert** des (wirksam) eingebrachten **Vermögensgegenstandes angerechnet**.

Stichtag der Wertfeststellung ist der Zeitpunkt der **Anmeldung** der Gesellschaft zur Eintragung in das Handelsregister oder der Zeitpunkt seiner **Überlassung** an die Gesellschaft, falls diese **später** erfolgt. Die **Anrechnung** erfolgt aber **nicht vor der Eintragung** der Gesellschaft in das Handelsregister. Dies hat wiederum die Konsequenz, dass die verdeckte Sacheinlage nicht in das Belieben der Gesellschafter und des Geschäftsführers gestellt ist. Der Geschäftsführer darf **nicht** bei der Anmeldung **versichern**, dass die Geldeinlage endgültig zu seiner freien Verfügung gelangt ist. Tut er es dennoch, macht er falsche Gründungsangaben, setzt sich und die Gesellschafter Ersatzhaftungsansprüchen nach § 9a GmbHG aus; auch eine Bestrafung nach § 82 GmbHG sowie Schadensersatzansprüche wegen unerlaubter Handlung nach § 823 Abs. 2 BGB kommen in Betracht. Da der Geschäftsführer bei der Anmeldung nicht versichern kann und darf, die Geldeinlagepflicht sei zumindest durch Anrechnung erloschen, weil die Anrechnung eben erst nach der Eintragung erfolgt, kann das Registergericht die Eintragung auch für den Fall nach § 9c GmbHG ablehnen, dass der Wert der Sacheinlage den Wert der geschuldeten Geldeinlage erreicht (oder übersteigt). 1382

Ob bei Offenlegung der verdeckten Sacheinlage bei der Anmeldung die Ablehnung nach § 9c Abs. 1 GmbHG zwingend ist, weil die Gesellschaft im Hinblick auf die satzungsmäßige Festsetzung einer Geldeinlage nicht ordnungsgemäß „angemeldet" ist, oder ob jedenfalls bei einer nicht unterwertigen Sacheinlage wegen fehlender Gefährdung der Gläubigerinteressen im Hinblick auf die mit der Eintragung automatisch eintretende Tilgungswirkung die Eintragung erfolgen darf, ist offen. Hier gilt es, die registergerichtliche Praxis in der Zukunft abzuwarten.

(Einstweilen frei) 1383–1390

4. Erfüllungswirkung durch Wertanrechnung

Mit der Eintragung der GmbH in das Handelsregister wird per Gesetz der **Wert der verdeckt eingebrachten Sacheinlage auf die Geldeinlagepflicht angerechnet** (§ 19 Abs. 4 Satz 3 GmbHG). Die **Anrechnung erfolgt automatisch**, ohne dass es einer Willenserklärung des oder der Gesellschafter oder der GmbH, handelnd durch ihre Geschäftsführung, oder eines Gesellschafterbeschlusses bedürfte. Die Anrechnungswirkung tritt auch dann erst nach der Eintragung der GmbH ein, wenn die Sacheinlage bereits vor der Eintragung in die dann noch bestehende Vor-GmbH eingebracht worden ist. 1391

Wird die Sacheinlage erst später nach erfolgter Eintragung eingebracht, erfolgt die Anrechnung nicht rückwirkend auf den Zeitpunkt der Eintragung, sondern kann frühestens mit dem Bewirken der Sacheinlage zur freien Verfügung der Gesellschaft eintreten. Dafür spricht der Wortlaut des Gesetzes, wonach die Anrechnung zwar „nicht vor Eintragung der Gesellschaft" erfolgt, aber doch auch zum Ausdruck bringt, dass sie später erfolgen kann. Dies ist auch sinnvoll und wird dem Gebot der effektiven Kapitalaufbringung gerecht. Zum einen fallen dann Bewertungsstichtag und Eintritt der Anrechnungswirkung, nämlich die Erfüllungswirkung im Wert der Sacheinlage zusammen. Zum anderen setzt die Erfüllungswirkung der Sacheinlage schon aus dem vergleichbaren Rechtsgedanken des § 364 BGB (Leistung an Erfüllungs statt) voraus, dass die Sacheinlage bewirkt ist. Erst dann, wenn die GmbH mit dem dinglichen Vollzugsgeschäft den Vermögensgegenstand „anstatt der Geldleistung" als Erfüllung der Geldeinlagepflicht angenommen hat, erlischt diese Gesellschafterverbindlichkeit (Einlagepflicht). Eine Rückwirkung kommt dem Erlöschen nicht zu.

1392 Die **Erfüllungswirkung durch Anrechnung des Wertes der Sacheinlage** setzt voraus, dass die Sacheinlage bewirkt ist. Dazu müssen die Verträge über die Sacheinlagen und die Rechtshandlungen zu ihrer Ausführung selbstverständlich auch nach zivilrechtlichen Vorschriften wirksam sein und es müssen die dinglichen Rechtsgeschäfte im Hinblick auf die schuldrechtlichen Verpflichtungsgeschäfte Erfüllungswirkung haben. Insbesondere müssen die Formvorschriften beachtet werden, z. B. die notarielle Beurkundung bei Grundstückseinbringungen. Genehmigungsbedürftige Rechtsgeschäfte, die bis zur Erteilung der Genehmigung schwebend unwirksam sind, bewirken eine „Überlassung" des Vermögensgegenstandes erst dann, wenn die Genehmigung erteilt ist. Frühestens ab diesem Zeitpunkt kann die Anrechnungswirkung eintreten, bis dahin besteht die Geldeinlagepflicht des Gesellschafters fort.

1393 Ist der Sachwert der Gesellschaft zu ihrer freien Verfügung überlassen, tritt im maßgeblichen Zeitpunkt, aber nicht vor Eintragung der GmbH automatisch die Anrechnungswirkung ein und die **Geldeinlagepflicht erlischt in dem Umfang, in dem der Wert des Vermögensgegenstandes zum Zeitpunkt der Anmeldung oder im Zeitpunkt einer späteren Überlassung den Nennbetrag des Geschäftsanteils deckt,** zu dessen Übernahme die Geldeinlage ausbedungen worden war. Unterschreitet der Wert des Vermögensgegenstandes den für die Höhe der Geldeinlagepflicht nach § 14 GmbHG maßgebenden Nennbetrag des Geschäftsanteils, besteht in Höhe der Differenz die Einlageverpflichtung fort.

1394–1400 (*Einstweilen frei*)

5. Beweislast für die Werthaltigkeit der Sacheinlage

1401 Die **Beweislast für die Werthaltigkeit** des Vermögensgegenstandes **trägt der Gesellschafter,** § 19 Abs. 4 Satz 5 GmbHG. Für die Bewertung des Vermögensgegenstandes gelten die gleichen **Bewertungsmaßstäbe** wie bei der Bewertung einer **regulären Sacheinlage**; insoweit wird auf Rz. 1291 ff. verwiesen. **Stichtag der Wertfeststellung** ist der Zeitpunkt der **Anmeldung** der Gesellschaft zur Eintragung in das Handelsregister oder der Zeitpunkt der **Überlassung des Vermögensgegenstandes** an die Gesellschaft, falls diese **später** erfolgt.

Wird der Gesellschafter auf Leistung seiner Geldeinlage durch die Gesellschaft bzw. durch den Insolvenzverwalter in Anspruch genommen, was in der Praxis am häufigsten vorkommen dürfte, muss der Gesellschafter bzw. der nach § 16 Abs. 3 GmbHG für die rückständige Einlageverpflichtung haftende Rechtsnachfolger **beweisen, dass und in welcher Höhe der Vermögensgegenstand im maßgebenden Zeitpunkt werthaltig war.**

Da der Anspruch der Gesellschaft auf die Leistung der Einlage nach § 19 Abs. 6 GmbHG erst zehn Jahre nach deren Entstehung (= regelmäßig mit Abschluss des Gesellschaftsvertrages) verjährt, muss er u. U. noch nach Jahren diesen Beweis bezogen auf einen weit zurückliegenden Zeitpunkt antreten. **Misslingt** ihm der **Beweis** vollständig oder kann er die Werthaltigkeit nur in Höhe eines unter dem Nennbetrag des Geschäftsanteils liegenden Betrages nachweisen, **versagt** insoweit **die Anrechnung,** und der Gesellschafter muss in **voller Höhe oder in Höhe der Wertdifferenz** seine insoweit noch bestehende Geldschuld bezahlen.

Der zur Zahlung verpflichtete Gesellschafter kann dann bei einem zur Ausführung der verdeckten Sacheinlage abgeschlossenen Austauschgeschäft (z. B. der typische Fall des Erwerbs eines Anlagegegenstandes mit dem zunächst eingezahlten Geld und dessen Rückfluss als Kaufpreis an den Inferenten) nicht aus dem Eigentum die Rückgabe des Sachwertes verlangen. Denn nach der neuen Regelung in § 19 Abs. 4 Satz 2 GmbHG sind sowohl das Verpflichtungsgeschäft (Kaufvertrag) als auch die dinglichen Verfügungsgeschäfte (Kaufpreiszahlung und Übereignung des Vermögensgegenstandes) **unabhängig von der Werthaltigkeit wirksam,** so dass der Gesellschafter nicht – wie nach bisheriger Rechtslage, welche die Nichtigkeit sowohl des Verpflichtungsgeschäfts als auch des dinglichen Geschäftes konstatierte – Eigentümer geblieben ist. Aus demselben Grund kommt auch ein bereicherungsrechtlicher Rückgabeanspruch nach § 812 Abs. 1 Satz 1 BGB (Leistung ohne rechtlichen Grund) nicht in Betracht. 1402

Zu denken wäre allenfalls an einen Anspruch nach § 812 Abs. 1 Satz 2 BGB wegen Zweckverfehlung, weil die verdeckte Sacheinlage letztlich nicht zur Anrechnung auf die Geldeinlagepflicht und damit zu deren Erlöschen geführt hat. Die Durchsetzung eines solchen Anspruchs bringt dem Gesellschafter aber letztlich nicht viel, weil er den Vermögensgegenstand nur Zug um Zug gegen Rückzahlung des Kaufpreises zurückbekommt, er also neben der Einlageschuld auch noch den gleich hohen Kaufpreis zahlen muss, seine Forderung auf Rückgewähr seiner anfänglichen „Einlagezahlung" wegen Insolvenz der GmbH wertlos ist oder ihr u. U. § 815 BGB entgegensteht. Jedenfalls geht er ein hohes Prozess- und Kostenrisiko ein, um die möglicherweise inzwischen wertgeminderte oder wertlos gewordene Sacheinlage zurückzubekommen.

Wird der Weg der verdeckten Sacheinlage beschritten, tut der Gesellschafter gut daran, dass die Sacheinlage den Nennwert der Geldeinlageverpflichtung deckt und er Vorsorge dafür trifft, dass er die Werthaltigkeit auch nach Jahren noch beweisen kann. 1403

(Einstweilen frei) 1404–1410

6. Ausfallhaftung der Mitgesellschafter

Für die **Mitgesellschafter** ist die verdeckte Sacheinlage auch unter Geltung des neuen Rechts nicht ganz ungefährlich, wenn sie sich darauf einlassen, dass ein Gesellschafter seine Geldeinlage durch eine verdeckte Sacheinlage ersetzen darf. Da es um die ordnungsgemäße Erfüllung der Einlageschuld geht, stehen die anderen Gesellschafter in der **Ausfallhaftung** nach § 24 GmbHG, wenn die Anrechnung nicht greift und vom betreffenden Gesellschafter die Geldeinlage nicht erlangt werden kann. Wird der Geschäftsanteil des Gesellschafters, der anstelle seiner Bareinlage verdeckt eine Sachein- 1411 lage geleistet hat, kaduziert und können die Gesellschaft oder der Insolvenzverwalter im weiteren Verlauf die fehlende Einlage nicht realisieren, müssen die übrigen Gesellschafter den Fehlbetrag im Verhältnis ihrer Geschäftsanteile aufbringen. Die Ausfallhaftung kann sogar schon ausgeschiedene Gesellschafter treffen, da sie aufschiebend bedingt durch ein erfolgloses Vorgehen nach den §§ 21 bis 23 GmbHG bereits mit Fälligkeit der Einlageschuld entsteht.

> **BEISPIEL:** [1] A übernimmt treuhänderisch eine Stammeinlage von 10 000 €, der Mitgesellschafter B eine solche von 990 000 €, die in Höhe der Hälfte laut Satzung sofort fällig sind. B leistet seine 50 v. H. der Einlage nicht in bar, sondern durch eine verdeckte Sacheinlage. Nach etwa drei Monaten überträgt A seinen Geschäftsanteil aufgrund der Treuhandabrede auf B, der wenig später wie auch die GmbH Insolvenz anmeldet. Der Insolvenzverwalter kann A erfolgreich nicht nur auf Zahlung seiner rückständigen Einlage, sondern aus § 24 GmbHG auf Zahlung der von B nicht ordnungsgemäß aufgebrachten Einlage in Anspruch nehmen, weil sie bereits fällig war, als A noch Gesellschafter war.

7. „Heilung der Altfälle" von verdeckten Sacheinlagen durch das MoMiG

1412 Gemäß § 3 Abs. 4 des GmbHG-Einführungsgesetzes (EGGmbHG) gilt § 19 Abs. 4 GmbHG auch für verdeckte Einlagen, die vor dem Inkrafttreten des MoMiG bewirkt worden sind und nach der bis dahin geltenden Rechtslage nicht zur Erfüllung der Einlageverpflichtung führten. Die Rückwirkung tritt nicht ein, soweit über die aus der Unwirksamkeit folgenden Ansprüche zwischen der Gesellschaft und dem Gesellschafter bereits vor dem Inkrafttreten des MoMiG ein rechtskräftiges Urteil oder eine wirksame Vereinbarung zwischen der Gesellschaft und dem Gesellschafter getroffen worden ist. Dann ist die Rechtslage nach früherem Recht zu beurteilen. Dies bedeutet zunächst, dass durch rechtskräftiges Urteil oder rechtskräftigen Vergleich beim Inkrafttreten des MoMiG abgeschlossene Fälle einer verdeckten Sacheinlage nicht wieder aufgerollt werden können, insbesondere bleibt es bei der Unwirksamkeit der zur Ausführung der verdeckten Sacheinlage abgeschlossenen schuldrechtlichen und dinglichen Rechtsgeschäfte.[2]

1413 Hinsichtlich aller noch „**offenen**" Fälle der verdeckten Sacheinlage tritt jedoch kraft Gesetzes Heilung in dem Sinne ein, dass **die Verträge über die Sacheinlage und die zu ihrer Ausführung vorgenommenen Rechtshandlungen** (insbesondere die dinglichen Rechtsgeschäfte) **nicht mehr** deshalb **unwirksam** sind, weil mit ihnen die Vorschriften über die effektive Kapitalaufbringung umgangen worden sind. Die sachenrechtliche Lage wird mit Rückwirkung geändert.[3] Andere zur Unwirksamkeit einzelner Ausführungsgeschäfte führende Mängel werden nicht geheilt. Auf der Grundlage dieser nach § 19 Abs. 4 Satz 2 GmbHG nicht mehr unwirksamen Ausführungsverträge für die verdeckte Sacheinlage erfolgt ebenso kraft Gesetzes und automatisch zu den in § 19 Abs. 4 Satz 3 GmbHG n. F. bestimmten Zeitpunkten die Anrechnung des Wertes des verdeckt eingelegten Gegenstandes auf die fortbestehende Geldeinlagepflicht in dem Umfang, in dem der Wert den Nennbetrag des gegen Geldeinlage übernommenen Geschäfts-

---

1 Nach BGH v. 13. 5. 1996 II ZR 275/94, BGHZ 132, 390.
2 BGH v. 7. 7. 2003 II ZR 235/01, BGHZ 155, 329.
3 Goette, Einführung in das neue GmbH-Recht, S. 36 Rz. 86.

anteils abdeckt. Insoweit tritt Erfüllungswirkung ein. In Höhe des Differenzbetrages bleibt der Gesellschafter zur Zahlung verpflichtet („Differenzhaftung"). Die Beweislast für die Werthaltigkeit hat der Gesellschafter.

> **BEISPIEL:** Bei Gründung einer GmbH im Jahr 2006, also vor Inkrafttreten des MoMiG, hat der Gesellschafter X eine in bar zu erbringende Stammeinlage von 600 000 € übernommen. Statt der Geldleistung hat er der GmbH noch vor ihrer Eintragung ein Grundstück übereignet, das bei Anmeldung der GmbH zur Eintragung in das Handelsregister unstreitig einen Wert von 600 000 € hatte. Das hat der Geschäftsführer akzeptiert und die Sacheinlage absprachegemäß auf die Geldeinlagepflicht verrechnet. Es liegt eine verdeckte Sacheinlage vor, die wegen der Wertgleichheit zwischen Geldeinlageverpflichtung und dem Wert des zugeführten Vermögensgegenstandes (Grundstück) mit Inkrafttreten des MoMiG infolge der automatischen Anrechnung Erfüllungswirkung hinsichtlich der Geldeinlagepflicht hat.

> **1. ABWANDLUNG:** Das Grundstück hatte zum maßgeblichen Zeitpunkt (Anmeldung der GmbH zur Eintragung) nur einen Verkehrswert von 500 000 €, ist inzwischen aber 800 000 € wert. Es liegt eine verdeckte Sacheinlage vor, die allerdings um 100 000 € überbewertet war. Sie hat mit dem Inkrafttreten des MoMiG rückwirkend auf die Eintragung der GmbH Befreiungswirkung hinsichtlich der Geldeinlagepflicht des X, soweit Wertgleichheit zwischen ihr und dem Wert der verdeckten Sacheinlage (Grundstück) im Zeitpunkt der Anmeldung besteht. Die Geldeinlage gilt also i. H. v. 500 000 € als erbracht. In Höhe des Differenzbetrages von 100 000 € besteht die Geldeinlagepflicht fort (Differenzhaftung), so dass X noch 100 000 € einzuzahlen hat. Der X kann dagegen nicht einwenden, dass das Grundstück inzwischen 300 000 € mehr wert geworden und die damalige Überbewertung bei weitem abgedeckt sei.
>
> Maßgeblich für die Anrechnung ist nämlich nicht der aktuelle Wert, sondern hier der Wert des Grundstücks im Zeitpunkt der Anmeldung zum Handelsregister bzw. der Wert bei Übergang von Besitz und Nutzungen aufgrund des Einbringungsvertrages (= „Überlassung"), wenn dieser später erfolgt wäre. Die Wertsteigerung danach steht nämlich der GmbH kraft ihres Eigentumsrechts zu, weil die zunächst wegen der verdeckten Sacheinlage nach früherer Rechtslage unwirksame Auflassung mit Inkrafttreten des MoMiG rückwirkend nicht mehr unwirksam ist.

> **2. ABWANDLUNG:** Inzwischen hat das Grundstück, das damals – wie im Grundbeispiel – einen Verkehrswert von 600 000 € hatte, einen Wert von 1 Mio. €, so dass dem Gesellschafter X daran gelegen wäre, das Grundstück zurückzuerhalten und an die GmbH seine Einlage in Geld einzubezahlen. Nach altem Recht wäre dies möglich gewesen, weil die Auflassung des Grundstücks an die GmbH nichtig war, somit X Eigentümer des Grundstücks geblieben war und einen Grundbuchberichtigungsanspruch und einen Herausgabeanspruch nach § 985 BGB hatte.
>
> Mit Inkrafttreten des MoMiG ist die Auflassung nicht mehr unwirksam, die GmbH ist Eigentümerin des Grundstücks und die Geldeinlageverpflichtung ist infolge der automatischen Anrechnung des Grundstückswertes im Zeitpunkt der Anmeldung von 600 000 € „rückwirkend" auf den Zeitpunkt der Eintragung der GmbH kraft Erfüllungswirkung erloschen. Der Gesellschafter X braucht zwar nicht mehr zu zahlen. Die zwischenzeitliche Wertsteigerung des Grundstücks steht jedoch der GmbH kraft ihres Eigentums an dem Grundstück zu, die sie z. B. durch einen Verkauf realisieren kann.

(Einstweilen frei)   1414–1420

8. Exkurs: Rechtsfolgen und Heilung einer verdeckten Sacheinlage nach früher geltender Rechtslage

Die Übergangsvorschriften nach § 3 Abs. 4 EGGmbHG schließen nicht aus, dass bei der Beurteilung von „Altfällen" noch auf die bis zum Inkrafttreten des MoMiG geltende Rechtslage zurückzugreifen ist. Zur Orientierung sollen die nachfolgenden Ausführungen nebst dem Hinweis auf Rz. 1361 dienen.   1421

1422 Die **Rechtsfolge** davon, dass die besonderen Vorschriften über die Aufbringung des Kapitals durch eine Sacheinlage nicht beachtet wurden, ergab sich nach bisheriger Rechtslage aus der analogen Anwendung der Umgehungsschutzvorschrift des § 19 Abs. 5 GmbHG a. F.: Abgesehen davon, dass das Registergericht die Eintragung ablehnen konnte (§ 9c Abs. 1 Satz 1 GmbHG), verblieb es auch nach einer erfolgten Eintragung bei der Regel, dass die Stammeinlagen in bar zu erbringen sind, so dass weder der anstelle der Barzahlung geleistete Gegenstand (die verdeckte Sacheinlage) noch die Aufrechnung mit einem Gegenanspruch die Einlageschuld des Gesellschafters tilgte.

Der Gesellschafter musste noch einmal zahlen, sein Anspruch auf Rückgabe des geleisteten Vermögensgegenstandes (der verdeckten Sacheinlage) ergab sich dann zwar u.U. aus Bereicherungsrecht (§ 812 Abs. 1 Satz 1 BGB), war aber in den meisten Fällen – insbesondere in Krisensituationen oder Insolvenz der GmbH – nichts mehr wert. Beachtung verdiente auch, dass bei objektivem Vorliegen der auf eine verdeckte Sacheinlage hindeutenden Umstände den Gesellschafter die Beweislast dafür traf, dass entgegen dem Anschein tatsächlich doch ein normales Umsatzgeschäft vorlag (Umkehr der Beweislast). Scheiterte er damit, traf ihn die (fatale) Rechtsfolge, nochmals zahlen zu müssen.

1423 Dem konnte der Gesellschafter – wie beim verbotenen, nicht zur endgültigen freien Verfügung und damit nicht zur Tilgung der Bareinlageschuld führenden Hin- und Herzahlen – auch bei der verdeckten Sacheinlage dadurch entgehen, dass er die Bareinlageschuld noch vor Eintritt der Krise tilgte und den Sacheinlagegegenstand kraft des bei ihm verbliebenen Eigentumsrechts oder nach Bereicherungsgrundsätzen herausverlangte, denn eine „Heilung" konnte dadurch vollzogen werden, dass der Gesellschafter die geschuldete Bareinlage durch **nochmalige Zahlung zur freien Verfügung der Geschäftsführung** bewirkte. Diese Zahlung musste sich aber eindeutig der noch offenen Einlageschuld zuordnen lassen, was eine ausdrückliche oder auch konkludente bzw. durch Auslegung zu ermittelnde Tilgungsbestimmung erforderte.[1] Die nachträgliche Tilgung der Einlageschuld konnte auch durch eine „Aufrechnung" mit einer später begründeten (werthaltigen) Forderung erfolgen, sofern das Aufrechnungsverbot nicht entgegenstand. Beim **„Cash-Pool"** hat der BGH die nachträgliche Tilgung der Einlageschuld allerdings auch unter dem Gesichtspunkt verneint, dass die dem Verrechnungskreis angehörende GmbH zur Beschaffung von Liquidität auf das zentrale Konto des beherrschenden Gesellschafters „darlehensweise" zugreifen konnte.

1424 Wegen der zum Teil schwerwiegenden Rechtsfolgen, die eine – möglicherweise sogar in gutem Glauben vorgenommene – verdeckte Sacheinlage für die Gesellschafter haben konnte, wurde eine **nachträgliche Heilung** aber auch in anderer Form zugelassen. Die Reparatur der fehlgeschlagenen Aufbringung des Kapitals vollzog sich dann in einer nachträglichen **Umwidmung, mit der die verdeckte Sacheinlage offen gelegt** und die nach dem GmbH-Recht für eine Sacheinlage geltenden Anforderungen (wie Festsetzung der Sacheinlage in der Satzung, Offenlegung, Kontrolle der Wertdeckung und Anmeldung zum Handelsregister und Eintragung) nachgeholt werden mussten.[2]

---

[1] BGH v. 21.11.2005 II ZR 140/04, BGHZ 165, 113.
[2] Vgl. BGH v. 4.3.1996 II ZB 8/95, BGHZ 132, 141; v. 7.7.2003 II ZR 235/01, BGHZ 155, 329.

Es reichte aber nicht aus, dass die Gesellschaft die verdeckte Sacheinlage in der beschriebenen Weise aufdeckte und nachwies, dass der eingebrachte Gegenstand **damals** mindestens einen Wert besaß, der die bare Einlageschuld abdeckte. Vielmehr stellte die Rechtsprechung auf den Zeitpunkt der Heilung ab: Der Gesellschaft musste also **im Zeitpunkt der Heilung** ein der ursprünglichen Einlageforderung entsprechender Wert zugeführt werden, z. B. durch Verzicht auf den Bereicherungsanspruch, der dem Gesellschafter im Hinblick auf die gescheiterte Einlage möglicherweise zustand.[1] War dieser Anspruch nicht mehr voll werthaltig oder hatte die eingelegte Sache (z. B. eine Maschine infolge zwischenzeitlicher Abschreibungen – Werteverzehr) nicht mehr ihren ursprünglichen Wert, musste die Wertdifferenz in bar ausgeglichen werden. In der Insolvenz der GmbH, die einen Bereicherungsanspruch wertlos werden ließ, oder bei abnutzbaren Anlagegütern schlug deshalb der von der Rechtsprechung aufgezeigte und zugelassene Heilungsversuch wirtschaftlich weitgehend fehl, weil die Wertdifferenz in bar vom Gesellschafter ausgeglichen werden musste, während er auf einer wertlosen Insolvenzforderung sitzen blieb.

1425

Vorsicht war insbesondere geboten, wenn zur Heilung der verdeckten Sacheinlage ein (vermeintlicher) **bereicherungsrechtlicher Rückabwicklungsanspruch** aus dem (unwirksamen) Verpflichtungsgeschäft **eingebracht** werden sollte. Denn der BGH teilte nicht die Meinung, dass bei verdeckten Sacheinlagen im GmbH-Recht lediglich das Verpflichtungsgeschäft unwirksam sei, und die Wirksamkeit des Verfügungsgeschäfts, mit dem der schuldrechtliche Teil des Veräußerungsgeschäfts dinglich vollzogen wird, davon unberührt bleibe.

1426

Vielmehr bestanden die **Rechtsfolgen einer verdeckten Sacheinlage** auch im GmbH-Recht analog § 27 Abs. 3 Satz 1 AktG in der **Nichtigkeit sowohl des schuldrechtlichen Verpflichtungsgeschäfts als auch des dinglichen Erfüllungsgeschäfts**.[2] Zur Heilung der verdeckten Sacheinlage war daher nicht der Anspruch auf Rückgewähr der fehlgeschlagenen Einlage, sondern der – offen zu legende und auf seine Werthaltigkeit zu prüfende – Sachwert oder ein an seine Stelle getretener Anspruch einzubringen. Denn zur Heilung musste der Zustand hergestellt werden, der bei ordnungsgemäßem Verhalten bestanden hätte, so dass bei dem Verkehrsgeschäft angesetzt werden musste, welches das Gesetz verletzte. Zur Heilung musste daher offen gelegt werden, dass Gegenstand der Einbringungspflicht nicht die bisher verlautbarte Bareinlage, sondern ein Sachwert oder ein an seine Stelle getretener Anspruch sein solle, und damit die Nachholung der Prüfung auf dessen Werthaltigkeit ermöglicht wurde.

1427

> **BEISPIEL:**[3] Gesellschafter A gründete zusammen mit B und C die X-GmbH. A hatte nach dem Gesellschaftsvertrag eine bare Stammeinlage von 1 Mio. € zu erbringen, auf die er zunächst 300 000 € bar an die GmbH entrichtete. Gemäß einer mit den anderen Gesellschaftern getroffenen Absprache verkaufte und übereignete er mit notarieller Urkunde drei Monate später an die GmbH ein Grundstück zum Kaufpreis von 1 Mio. €; nach Erhalt des Kaufpreises, den die

---

1 Vgl. BGH v. 18. 9. 2000 II ZR 365/98, BGHZ 145, 150, zur Kapitalerhöhung mit Sacheinlagen.
2 BGH v. 7. 7. 2003 II ZR 235/01, BGHZ 155, 329.
3 Vereinfacht nach BGH v. 7. 7. 2003 II ZR 235/01, BGHZ 155, 329.

GmbH teilweise mit einem Bankkredit finanziert hatte, beglich A bar seine restliche Einlageschuld von 700 000 €.

A hatte seine „Bareinlagepflicht" nicht erfüllt; es lag ein unzulässiges Hin- und Herzahlen vor, das auch als eine verdeckte Sacheinlage in Gestalt des Grundstücks zu werten war. Sowohl das Verpflichtungsgeschäft (der Grundstückskaufvertrag) als auch das Erfüllungsgeschäft (die Auflassung) waren nichtig. A hatte – neben evtl. sekundären Nutzungsersatzansprüchen – einen Grundbuchberichtigungsanspruch nach § 894 BGB und einen Besitzherausgabeanspruch nach § 985 BGB gegen die GmbH, aber keinen bereicherungsrechtlichen Rückabwicklungsanspruch, den er zur Heilung der verdeckten Sacheinlage hätte „einbringen" können.

Die anderen genannten Ansprüche waren aber nicht abtretbar und deshalb nicht als „neue" Sacheinlage einbringungsfähig. Zur Heilung bedurfte es also eines Heilungsbeschlusses, der zugleich den Rechtsgrund für die beabsichtigte Grundstücksübertragung anstelle des nichtigen Kaufvertrages bildete, und einer erneuten Auflassung des Grundstücks nach § 925 BGB durch den A und X-GmbH. B und C mussten aufgrund ihrer gesellschafterlichen Treuepflicht an der gesellschaftsinternen Satzungsregelung mitwirken und ihre Zustimmung zur Umwandlung der Bareinlagepflicht in eine Sacheinlagepflicht erteilen.

1428 **Schritte zur Heilung der verdeckten Sacheinlage waren nach alter Rechtslage** danach:
- satzungsändernder Beschluss der Gesellschafter mit der hierfür erforderlichen Mehrheit, der die nachträgliche Änderung von Bar- in eine Sacheinlage offen legte,
- im Beschluss mussten die Gesellschafter, die Höhe der von ihnen übernommenen Einlagen sowie der Einlagegegenstand (Forderung) konkret (genau) bezeichnet sein, der anstelle der Barleistung eingebracht wurde,
- es war ein Bericht über die Änderung der Einlagedeckung von allen Geschäftsführern und den betroffenen Gesellschaftern zu erstatten und zu unterzeichnen,
- die Vollwertigkeit der einzubringenden Gegenstände (Forderungen) war durch eine aktuelle und durch einen Wirtschaftsprüfer testierte Bilanz zum Anmeldungsstichtag nachzuweisen,
- der Gesellschafterbeschluss, der Änderungsbericht, die testierte Bilanz und die Ausführungsverträge waren beim Handelsregister mit der Anmeldung einzureichen,
- dabei hatten die Geschäftsführer zu versichern, dass die Sacheinlage (Forderung) vollwertig ist und der Gesellschaft zur freien Verfügung steht, also der Gesellschaft der Sachwert oder die an seine Stelle getretene Forderung von den betroffenen Gesellschaftern übertragen worden ist (Nachholung des dinglichen Erfüllungsgeschäft nach Maßgabe des Heilungsbeschlusses).

1429–1450 (*Einstweilen frei*)

V. Kaduzierung

Literatur: *Hörstel*, Der Ausschluss eines GmbH-Gesellschafters durch Kaduzierung, NJW 1994, 965; *Gehrlein*, Rechtsprechungsübersicht zum GmbH-Recht in den Jahren 2001–2004: GmbH-Gründung, Ausscheiden eines Gesellschafters und Gesellschafterhaftung, BB 2004, 2361.

1. Begriff

1451 Die **Kaduzierung** (§ 21 GmbHG) ist ein besonderes, förmlich ausgestaltetes Verfahren zum Ausschluss eines (säumigen) Gesellschafters, der seiner Einlagepflicht (§ 14 GmbHG) aus der Übernahme eines Geschäftsanteils (Leistung der Geldeinlage) nicht nachkommt. Es führt dazu, dass der Gesellschafter seinen Geschäftsanteil und auch bereits erbrachte Teilzahlungen verliert und ein etwaiger Rechtsvorgänger des säumigen Gesellschafters und die Mitgesellschafter als Haftende für die rückständige Einlage in Anspruch genommen werden können (**Ausfallhaftung**). Es dient der Sicherung der Kapitalaufbringung. Kaduzierung und Ausfallhaftung kommen nicht nur Betracht, wenn ein Gesellschafter seine Geldeinlage (oder z. B. die Leistung der Wertdifferenz bei einer Sacheinlage bzw. verdeckten Sacheinlage nach § 19 Abs. 4 GmbHG) verzögert, sondern auch wenn einlageähnliche Ansprüche auf Ausgleich einer Unterbilanz oder auf Verlustdeckung nicht bei Fälligkeit geleistet werden.[1]

2. Voraussetzungen

a) Fälligkeit der ausstehenden Einlage

Damit das Kaduzierungsverfahren überhaupt eingeleitet werden kann, muss die **Einlage fällig und nicht geleistet** sein. Dies ergibt sich aus § 21 Abs. 1 GmbHG, wonach dem Gesellschafter eine „erneute" Aufforderung zugehen muss, die rückständige Einlage zu leisten. Es muss also die ausstehende Einlage zunächst – regelmäßig durch einen Beschluss der Gesellschafterversammlung nach § 46 Nr. 2 GmbHG – eingefordert werden und dann der Gesellschafter durch die Geschäftsführung zur Leistung aufgefordert werden. Möglich ist aber auch, dass die Satzung die Einforderung selbst dem Geschäftsführer überträgt oder dass die Satzung den Zeitpunkt der Fälligkeit bereits bestimmt. Dann kann nach Ablauf der Frist sofort die „erneute Aufforderung" ergehen.

1452

b) Erste Aufforderung

Ist die Einlage fällig gestellt worden, beginnt das Verfahren mit einer erstmaligen Aufforderung durch den Geschäftsführer, die fällige Einlage zu leisten. Sie ist entbehrlich, wenn die Fälligkeit durch die Satzung kalendermäßig festgelegt ist oder die Satzung eine unverzügliche Einzahlung (z. B. der Resteinlage nach Eintragung der GmbH) vorsieht.

1453

c) Zweite Aufforderung und Androhung des Ausschlusses

Bleibt danach der Gesellschafter säumig, hat eine „erneute" Aufforderung zu erfolgen, wobei der fällige Einzahlungsbetrag genau zu beziffern und der Gesellschafter aufzufordern ist, die Einlage innerhalb einer angemessenen Nachfrist von mindestens einem Monat zu erbringen. Die Aufforderung ist mit der (deutlichen) Androhung zu verbinden, dass er mit dem Geschäftsanteil, auf den sich seine rückständige Leistung bezieht, ausgeschlossen wird, sollte er nicht rechtzeitig zahlen. Die (zweite) Aufforderung hat durch eingeschriebenen Brief zu erfolgen, damit der (erforderliche) Zugang der Erklärung nachgewiesen werden kann und damit dem säumigen Gesellschafter deutlich vor Augen geführt wird, wie ernst die Situation ist. Diese formale Anforderung wird durch ein Einwurf-Einschreiben der Deutschen Post AG gewahrt.[2]

1454

---

1 Vgl. BGH v. 9. 3. 1981 II ZR 54/80, BGHZ 80, 129, 141.
2 BGH vom 27. 9. 2016 – II ZR 299/15, NWB DokID: BAAAF-87231.

Die Aufforderung hat an den Gesellschafter zu ergehen, der als solcher in der im Handelsregister aufgenommenen Gesellschafterliste (§ 40 GmbHG) eingetragen ist (vgl. § 16 Abs. 1 GmbHG), und wirkt auch gegenüber dem Erwerber für die Einlageverpflichtungen, die in dem Zeitpunkt rückständig sind, ab dem er als Gesellschafter in die Gesellschafterliste eingetragen ist (§ 16 Abs. 2 GmbHG), da er ab dann im Verhältnis zur Gesellschaft als Inhaber des Geschäftsanteils gilt. Werden die Mindestanforderungen nicht eingehalten, ist die „erneute Aufforderung" ohne rechtliche Wirkung.

d) Verlustigerklärung

1455 Ist der Gesellschafter innerhalb der Nachfrist der Aufforderung zur Zahlung nicht nachgekommen (fruchtloser Ablauf der Frist), kann er seines Geschäftsanteils und seiner darauf schon erbrachten Teilzahlungen zugunsten der Gesellschaft für verlustig erklärt werden. Diese Erklärung muss wiederum durch eingeschriebenen Brief ausgesprochen werden. Hierzu besteht aber kein gesetzlicher Zwang aus § 25 GmbHG, aus dem die Geschäftsführer verpflichtet wären, das einmal eingeleitete Kaduzierungsverfahren auch durch den Ausschluss des säumigen Gesellschafters zu beenden.[1]

e) Zuständigkeit

1456 Zuständig für die Aufforderungen und für die Verlustigerklärung sind die Geschäftsführer der Gesellschaft. Befindet sich die Gesellschaft in der Insolvenz, ist ihr Insolvenzverwalter zuständig. Die Durchführung des Kaduzierungsverfahrens liegt zwar im pflichtgemäßen Ermessen der Geschäftsführer, sie haben aber die Weisungen der Gesellschafterversammlung zu beachten. Unterlässt die Geschäftsführung pflichtwidrig die Kaduzierung, kann sie sich gegenüber der Gesellschaft schadensersatzpflichtig machen. Sind mehrere Gesellschafter säumig, ist aber nicht geboten, alle gleichmäßig mit dem Verfahren zu überziehen, es können sich vielmehr die Maßnahmen gegen einzelne Gesellschafter richten.

1457–1460 (*Einstweilen frei*)

3. Rechtsfolgen

a) Wirkung der Verlustigerklärung

1461 Wird die Verlustigerklärung mit Zugang wirksam, verliert der säumige Gesellschafter hinsichtlich des Geschäftsanteils, auf welchen die Zahlung hätte erfolgen sollen, alle Mitgliedschaftsrechte, den betreffenden Geschäftsanteil und seine schon hierauf geleisteten Teilzahlungen und auch seinen auf den betreffenden Geschäftsanteil entfallenden Gewinnanspruch für das laufende Geschäftsjahr, nicht jedoch einen bereits entstandenen Gewinnanspruch, da die Kaduzierung nicht zurückwirkt. Der Geschäftsanteil und darauf geleistete Teilzahlungen fallen der Gesellschaft zu, die nach überwiegender Meinung treuhänderisch Inhaber des Geschäftsanteils wird.

---

1 Vgl. auch BGH v. 5. 7. 1993 II ZR 227/92, DStR 1993, 1528.

Da ein Gesellschafter nach neuem Recht mehrere Geschäftsanteile übernehmen kann (§ 5 Abs. 2 Satz 2 GmbHG) und auf jeden eine Einlage zu leisten ist, kann die Kaduzierung auch nur den jeweiligen Geschäftsanteil betreffen, auf den der Gesellschafter mit der Einlage in Rückstand ist. Der Gesellschafter kann daher mit anderen Geschäftsanteilen, auf die er seine Einlagepflicht erfüllt hat, Gesellschafter bleiben. Mit der Kaduzierung wird der Gesellschafter aber nicht von seinen Pflichten hinsichtlich der nicht erbrachten Einlage frei. Gemäß § 21 Abs. 3 GmbHG haftet er auch weiterhin, wenn es die Gesellschaft erfolglos unternommen hat, an den ausgebliebenen Einlagebetrag durch Inanspruchnahme eines eventuellen Rechtsvorgängers nach § 22 GmbHG oder durch Verwertung des Geschäftsanteils nach § 23 GmbHG zu kommen.

b) Haftung der Rechtsvorgänger

1462 Ist der mit einem Geschäftsanteil Ausgeschlossene nicht Gründungsgesellschafter, sondern hat er den betreffenden Geschäftsanteil erworben, muss die Gesellschaft zunächst versuchen, beim Rechtsvorgänger den noch nicht bezahlten Betrag zu erlangen. Soweit dies nicht gelingt, hat die Gesellschaft den unmittelbar nächsten Vormann usw. in Anspruch zu nehmen (**Reihenhaftung** vom letzten und von jedem früheren Rechtsvorgänger, der im Verhältnis zur Gesellschaft als Inhaber des Geschäftsanteils gilt, auf die nicht zu erlangenden Beträge). Diese Ausfallhaftung bezieht sich nur auf nicht bezahlte Einlagen auf den Geschäftsanteil, nicht aber auf sonstige Leistungen. Bezahlt der Rechtsvorgänger den rückständigen Betrag, erwirbt er den Geschäftsanteil wieder (§ 22 Abs. 4 GmbHG). Ein Rechtsvorgänger kann nicht zeitlich unbeschränkt in Anspruch genommen werden. Seine Haftung beschränkt sich auf die Beträge, deren Leistung auf die Einlageverpflichtung innerhalb von fünf Jahren eingefordert wurden. Die Frist beginnt für jeden Rechtnachfolger gesondert mit dem Tag, ab welchem er im Verhältnis zur Gesellschaft als Inhaber des Geschäftsanteils gilt (§ 22 Abs. 3 GmbHG n.F), also ab dem Tag, an dem er in die Gesellschafterliste (§ 40 GmbHG) als Gesellschafter eingetragen worden ist (vgl. § 16 Abs. 1 GmbHG).

c) Verwertung des kaduzierten Geschäftsanteils

1463 Versagt die Inanspruchnahme eines Rechtsvorgängers, kann also der rückständige Betrag auf diesem Weg nicht erlangt werden, darf die Gesellschaft den Geschäftsanteil verwerten, um sich den fehlenden Betrag zu verschaffen. Der Geschäftsanteil ist grundsätzlich durch öffentliche Versteigerung zu verwerten, ein freihändiger Verkauf ist nur mit Zustimmung des mit dem betreffenden Geschäftsanteil ausgeschlossenen Gesellschafters möglich. Der Verwertungserlös steht der Gesellschaft im Ganzen zu, auch wenn sich ein Überschuss (Mehrerlös) gegenüber dem rückständigen Betrag ergibt. Der Erwerber wird Gesellschafter mit allen Mitgliedschaftsrechten und -pflichten, haftet aber bei einem Mindererlös nicht für dann verbleibende Einlagerückstände. Für sie haftet dann (subsidiär) weiter der ausgeschlossene Gesellschafter nach § 21 Abs. 3 GmbHG.

d) Ausfallhaftung der Mitgesellschafter (§ 24 GmbHG)

Literatur: *Schulenburg*, Zu den Konsequenzen des Ausscheidens eines GmbH-Gesellschafters für die Ausfallhaftung der übrigen Gesellschafter nach GmbHG § 24, NZG 2000, 892; *Görner/Kling*, Die Ausfallhaftung des GmbH-Gesellschafters, GmbHR 2004, 714.

1464 Soweit weder bei einem etwaigen Rechtsvorgänger der fehlende Einlagebetrag eingezogen (§ 22 GmbHG) noch der Geschäftsanteil erfolgreich verwertet (§ 23 GmbHG) werden kann und auch die dann eintretende Haftung des ausgeschlossenen Gesellschafters (§ 22 Abs. 3 GmbHG) nichts bringt, greift die (anteilige) **Ausfallhaftung der übrigen Gesellschafter** nach § 24 GmbHG ein. Die Durchführung der in §§ 21 bis 23 GmbHG aufgezeigten Schritte ist grundsätzlich Voraussetzung für die Ausfallhaftung nach § 24 GmbHG, was freilich nicht bedeutet, dass alle Rechtswege ausgeschöpft worden sein müssen, damit Geschäftsführer oder Insolvenzverwalter darlegen können, dass der rückständige Betrag mit den vorrangig zu ergreifenden Maßnahmen nicht erlangt werden konnte. Jedenfalls muss ein Anfechtungsprozess wegen anfechtbar weggegebenen Vermögens nicht geführt werden.[1]

1465 Die Mitgesellschafter haben den Fehlbetrag nach dem Verhältnis ihrer Geschäftsanteile aufzubringen. Kann ein solcher Teilbetrag von einem einzelnen Gesellschafter nicht erlangt werden, so ist er wieder anteilig auf die restlichen Gesellschafter zu verteilen und von ihnen zu leisten. Dies bedeutet im Ergebnis, dass letztlich jeder Gesellschafter riskiert, für die gesamten, von seinen Mitgesellschaftern nicht geleisteten und nicht zu erlangenden Einlagen in Anspruch genommen zu werden.[2] Dieses Risiko trifft sogar einen Gesellschafter, der schon vor Einleitung der Kaduzierung, aber nach Fälligkeit der Einlageschuld aus der Gesellschaft ausgeschieden ist. Die Ausfallhaftung nach § 24 GmbHG entsteht nämlich bereits mit Fälligkeit der Einlageforderung und ist nur aufschiebend bedingt durch den Eintritt der Voraussetzungen nach §§ 21 bis 23 GmbHG.

1466 Bei einer Strohmanngründung muss auch der Hintermann für den Ausfall der Einlage gem. § 24 GmbHG einstehen.[3]

> **BEISPIEL:** A, B und C gründen eine GmbH. A übernimmt wie B einen Geschäftsanteil mit dem Nennbetrag 10 000 € und C einen mit dem Nennbetrag von 400 000 €. Die Einlagen werden zu einem Viertel vor Eintragung erbracht, die restlichen Bareinlagen sind sechs Monate nach Eintragung zu erbringen, was A und B auch tun, nicht aber C. Nicht zuletzt deshalb, weil das Kapital des C ausbleibt, gerät die GmbH zunehmend in Schwierigkeiten, so dass A seinen Geschäftsanteil zum symbolischen Preis von 100 € an B veräußert, weil er glaubt, mit seinem Ausscheiden wenigstens nicht noch mehr Geld zu verlieren, als ihn schon seine (jetzt) wertlose Beteiligung gekostet hat. Wenig später fällt die GmbH in Insolvenz. Bei B und C ist für den Insolvenzverwalter nichts mehr zu holen, weil beide inzwischen die eidesstattliche Versicherung abgegeben haben. Der Insolvenzverwalter kann A, der über ein kleines Vermögen verfügt, erfolgreich auf Zahlung der rückständigen Einlage des C von 300 000 € in Anspruch nehmen. Noch misslicher könnte die Sache für A werden, wenn gegen C auch ein Anspruch aus Unterbilanzhaftung (einlageähnliche Schuld) bestanden hätte, denn dann hätte er das ganze verbrauchte Stammkapital und den Verlust auszugleichen.

1467–1480 (*Einstweilen frei*)

---

[1] Ähnlich BGH v. 5.7.1993 II ZR 227/92, DStR 1993, 1528; OLG Hamm v. 16.9.1992 8 U 203/91, GmbHR 1993, 360.
[2] Vgl. BGH v. 13.5.1996 II ZR 275/94, BGHZ 132, 390.
[3] BGH v. 13.4.1992 II ZR 225/91, GmbHR 1992, 525.

C. Das Stammkapital und seine Erhaltung

I. Allgemeines

Das **Stammkapital** ist die Summe der Nennbeträge aller Geschäftsanteile; sein Betrag ist gem. § 3 Abs. 1 Nr. 3 GmbHG notwendiger Bestandteil des Gesellschaftsvertrages. Das Stammkapital wird durch die Einlagen der Gesellschafter aufgebracht, zu deren Leistung sie sich bei der Übernahme ihrer Geschäftsanteile verpflichtet haben (§ 3 Abs. 1 Nr. 4 GmbHG). Das Stammkapital ist das **Garantiekapital** der Gesellschaft und bildet den **Mindesthaftungsfonds**. Es beträgt mindestens 25 000 € und muss bei Eintragung in das Handelsregister mindestens im Betrag von 12 500 € einschließlich der voll zu erbringenden Sacheinlagen eingebracht sein.

1481

Nur die GmbH, die nach neuem Recht in der Unterform mit der Bezeichnung **Unternehmergesellschaft (haftungsbeschränkt)** oder UG (haftungsbeschränkt) in ihrer Firma gem. § 5a GmbHG errichtet wird, kann mit einem **Stammkapital** gegründet werden, welches das **Mindeststammkapital von 25 000 €** unterschreitet. Allerdings muss bei der UG **vor der Anmeldung** das **Stammkapital**, das auch hier mit der Summe der Nennbeträge aller Geschäftsanteile übereinstimmen muss, in **voller Höhe in Geld einbezahlt** sein, da **Sacheinlagen ausgeschlossen** sind (§ 5a Abs. 2 GmbHG).

1482

Nach § 42 Abs. 1 GmbHG und § 266 Abs. 3 HGB muss das Stammkapital auf der Passivseite der Bilanz unter dem Eigenkapital als „gezeichnetes Kapital" ausgewiesen und nach § 272 Abs. 1 Satz 2 HGB mit dem Nennbetrag angesetzt werden. § 272 Abs. 1 Satz 1 HGB definiert das „gezeichnete Kapital" zwar als „das Kapital, auf das die Haftung der Gesellschafter für die Verbindlichkeiten der Kapitalgesellschaft gegenüber den Gläubigern beschränkt ist". Damit wird aber nicht die Aussage in § 13 Abs. 2 GmbHG relativiert, wonach den Gläubigern der Gesellschaft nur deren Vermögen haftet und die Gesellschafter überhaupt keine Haftung gegenüber den Gläubigern der Gesellschaft trifft. § 272 Abs. 1 Satz 1 HGB begründet keine selbständige, auf die Stammkapitalziffer beschränkte Haftung der GmbH-Gesellschafter gegenüber den Gläubigern der GmbH. Mit der Erfüllung ihrer Pflichten (gegenüber der GmbH) zur Aufbringung und Erhaltung des Kapitals bezahlen die Gesellschafter den Preis, den ihnen der Gesetzgeber dafür abverlangt, dass sie sich am Wirtschaftsleben beteiligen können, ohne persönlich für die dadurch entstehenden Verbindlichkeiten haften zu müssen.

1483

Auch die **Unternehmergesellschaft** (haftungsbeschränkt) ist eine GmbH und muss daher ihr **Stammkapital als „gezeichnetes Kapital" in der Bilanz ausweisen**. Zusätzlich ist sie nach § 5a Abs. 3 GmbHG verpflichtet, eine **gesetzliche Rücklage** (§ 266 Abs. 3 A. III. 1. HGB) zu bilden und ihr in jedem Jahr ein Viertel des um einen Verlustvortrag aus dem Vorjahr geminderten Jahresüberschusses zuzuführen. Die Rücklage ist in der Bilanz als Gewinnrücklage entsprechend § 272 Abs. 3 HGB unter dem Eigenkapital auszuweisen. Mit der Bildung der Rücklage soll gleichsam ein dem **Mindeststammkapital entsprechender Haftungsfonds angespart** werden. Die Rücklage unterliegt daher **Verwendungsbeschränkungen**.[1] Möglich ist neben dem Ausgleich eines nicht durch den Gewinnvortrag aus dem Vorjahr gedeckten Jahresfehlbetrages und dem Ausgleich eines nicht vom

1484

---

1 Vgl. hierzu Müller, Hans-Friedrich, Die gesetzliche Rücklage bei der Unternehmergesellschaft, ZGR 2012, 81.

Jahresüberschuss gedeckten Verlustvortrags aus dem Vorjahr nur die **Verwendung für eine Kapitalerhöhung aus Gesellschaftsmitteln** nach § 57c GmbHG. Die UG (haftungsbeschränkt) darf die Zufuhr zu der Rücklage nicht schon einstellen, wenn die Rücklage den Betrag von 25 000 € (Mindeststammkapital) erreicht hat, sondern erst, wenn sie ihr Stammkapital etwa durch Verwendung der Rücklage gem. § 57c GmbHG förmlich durch satzungsändernden Beschluss auf mindestens 25 000 € erhöht hat, § 5a Abs. 5 GmbHG.

1485–1500   (*Einstweilen frei*)

II. Neue Bilanzierung nach dem BilMoG

1501   Nach § 42 Abs. 1 GmbHG und § 266 Abs. 3 HGB muss das Stammkapital auf der Passivseite der Bilanz unter dem Eigenkapital als „gezeichnetes Kapital" ausgewiesen und nach § 272 Abs. 1 Satz 2 HGB mit dem Nennbetrag angesetzt werden, und zwar ungekürzt. Dies gilt auch dann, wenn die Geldeinlagen noch nicht vollständig eingezahlt sind. Die nicht eingeforderten ausstehenden Einlagen sind von dem Posten „Gezeichnetes Kapital" offen abzusetzen und der verbleibende Betrag ist als Posten „Eingefordertes Kapital" in der Hauptspalte der Passivseite auszuweisen. Der eingeforderte, aber noch nicht eingezahlte Betrag ist unter den Forderungen gesondert auszuweisen und entsprechend zu bezeichnen (§ 272 Abs. 1 Satz 3 HGB). Damit wurde das früher in § 272 HGB a. F. enthaltene Wahlrecht zum aktivischen Ausweis abgeschafft und der Netto-Ausweis der ausstehenden Einlagen vorgeschrieben.[1]

BEISPIEL: Das Stammkapital der X-GmbH beträgt 100, eingezahlt sind darauf 60 und eingefordert, aber noch nicht eingezahlt sind 15. Nach der gesetzlichen Regelung durch das BilMoG ist dies bilanziell wie folgt darzustellen:

Darstellung nach § 272 HGB

Aktiva		Passiva	
B. Umlaufvermögen			
...			
II. Forderungen und sonstige Vermögensgegenstände		A. Eigenkapital	100
		I. Gezeichnetes Kapital	100
...	15	abzgl. nicht eingeforderte	25
4. Eingefordertes, noch nicht eingezahltes Kapital		ausstehende Einlagen	
	60	Eingefordertes Kapital	75
IV. ... Guthaben bei Kreditinstituten			
...			

Der Ausweis des Stammkapitals mit dem Nennbetrag als gezeichnetes Kapital auf der Passivseite der Bilanz soll gewährleisten, dass ein entsprechender Betrag des Aktivvermögens erhalten bleibt bzw. ein Verlust des Stammkapitals sofort erkennbar wird. Zugleich wird aber auch der Netto-Ausweis der ausstehenden Einlagen vorgeschrieben.

1502–1520   (*Einstweilen frei*)

---

[1] Padberg/Werner, Das neue HGB, S. 35.

III. Erhaltung des Stammkapitals – Verbot der Rückgewähr

1. Kapitalerhaltungsgebot und bilanzielle Betrachtungsweise

Den Gläubigern der GmbH haftet nach § 13 Abs. 2 GmbHG nur das Gesellschaftsvermögen, nicht aber das Vermögen der Gesellschafter. Zur Schaffung einer Mindesthaftungsgrundlage im Wert der Stammkapitalziffer dienen die Vorschriften über die **ordnungsgemäße und effektive Kapitalaufbringung**. Dafür, dass die Gesellschafter das aufgebrachte Stammkapital anschließend der GmbH auch als Mindestvermögen belassen, soll das **Kapitalerhaltungsgebot** mit den Bestimmungen der §§ 30 und 31 GmbHG sorgen, wobei allerdings das MoMiG mit seiner „Rückkehr" zur **bilanziellen Betrachtungsweise** zu einer Entschärfung des Kapitalerhaltungsgebots des Inhalts sorgt, den ihm der BGH zuletzt beigemessen hatte.

1521

In der sog. Novemberentscheidung[1] hatte der BGH entschieden, dass Kreditgewährungen an den Gesellschafter, die nicht aus Rücklagen oder Gewinnvorträgen, sondern zu Lasten des gebundenen Vermögens der GmbH erfolgen, auch dann grundsätzlich als verbotene Auszahlung von Gesellschaftsvermögen zu bewerten sind, wenn der Rückzahlungsanspruch gegen den Gesellschafter vollwertig sein sollte. Eine rein bilanzrechtliche Betrachtungsweise, bei der die Gewährung eines Darlehens mit vollwertigem Rückzahlungsanspruch nur einen Aktivtausch darstelle und bilanzrechtlich neutral sei, greife mit Rücksicht auf den Grundsatz der Kapitalerhaltung in § 30 Abs. 1 GmbHG zu kurz. Dessen Vermögensschutz erschöpfe sich nicht in der Garantie einer bilanzmäßigen Rechnungsziffer, sondern gebiete die Erhaltung einer die Stammkapitalziffer deckenden Haftungsmasse und entziehe das Vermögen der Gesellschaft bis zur Höhe der Stammkapitalziffer dem Zugriff der Gesellschafter. Damit solle der GmbH möglichst ein ihren Bestand schützendes Betriebsvermögen und ihren Gläubigern eine Befriedigungsreserve gesichert werden.

Den hieraus resultierenden „Sorgen der Praxis" hat das MoMiG Rechnung getragen: Nach § 30 Abs. 1 Satz 2 GmbHG stellt ein Liquiditätsabfluss in das Vermögen des Gesellschafters keine Auszahlung i. S. d. grundsätzlich unverändert weiterbestehenden Ausschüttungssperre nach Satz 1 dar, wenn es sich um einen **bloßen Aktivtausch** handelt, weil die Leistung der GmbH durch einen vollwertigen Gegenleistungs- oder Rückgewähranspruch gedeckt ist.

Die neuen Regelungen haben aber **keine Rückwirkung** auf Altfälle, weil für die §§ 30, 31 GmbHG keine rückwirkende Übergangslösung – im Gegensatz zu § 19 Abs. 4 und 5 GmbHG – vorgesehen ist. Dies kann sich als misslich erweisen, weil der Erstattungsanspruch **sofort** in dem Zeitpunkt **entsteht** und **fällig** wird, in dem die (verbotene) Leistung bewirkt wird und der **einmal entstandene Rückzahlungsanspruch** nach § 31 Abs. 1 GmbHG **nicht entfällt**, wenn das Gesellschaftsvermögen zwischenzeitlich in anderer Weise bis zur Höhe der Stammkapitalziffer **nachhaltig wiederhergestellt** ist, und der Anspruch aus § 31 Abs. 1 GmbHG erst in zehn Jahren verjährt (§ 31 Abs. 5 Satz 1 GmbHG), wobei die Frist mit Ablauf des Tages beginnt, an dem die Gesellschaft die verbotswidrige Zahlung oder Leistung erbracht hat (Eintritt des Leistungserfolges).

---

[1] BGH v. 24. 11. 2003 II ZR 171/01, BGHZ 157, 72.

2. Grundsatz: Verbot der Einlagenrückgewähr

1522 Die Vorschrift des § 30 Satz 1 GmbHG **verbietet** es im **Grundsatz** also nach wie vor, das zur **wertmäßigen Erhaltung des Stammkapitals erforderliche Vermögen an die Gesellschafter auszuzahlen**. **Verboten** sind aber **nur Leistungen an die Gesellschafter** oder ihnen zurechenbare Leistungen an Dritte, die ihren **Grund im Gesellschaftsverhältnis** haben. Geschäfte mit Dritten fallen ebenso wenig unter die Schutzvorschrift, wie die Gläubiger über die Kapitalerhaltungsvorschriften davor geschützt werden, dass die GmbH die das Stammkapital ausmachenden Einlagen in ihre wirtschaftliche Betätigung mit einbezieht und so das Stammkapital durch Verluste geschmälert oder aufgezehrt wird.[1] Das Kapitalerhaltungsgebot verpflichtet die Gesellschafter nicht dazu, durch Verluste verlorengegangenes Stammkapital wieder aufzufüllen, wie sie grundsätzlich auch nicht den Gläubigern verpflichtet sind, die Gesellschaft mit Eigenkapital in angemessener Höhe auszustatten. Dem Schutz der zwingenden und nicht abdingbaren Kapitalerhaltungsregel des § 30 Satz 1 GmbHG unterliegt auch nur das Stammkapital, nicht aber das übrige Eigenkapital.

3. Ausnahmen durch das MoMiG

1523 **Ausgenommen vom Verbot** der Einlagenrückgewähr sind nach Inkrafttreten des MoMiG Leistungen, die bei **Bestehen eines Beherrschungs- oder Gewinnabführungsvertrages** im Konzern erfolgen, und Leistungen, die durch einen **vollwertigen Gegenleistungsanspruch** (z. B. in Austauschverträgen) oder einen **vollwertigen Rückzahlungsanspruch** (z. B. aufgrund eines Darlehensvertrages) gedeckt sind – Aktivtausch in bilanzieller Betrachtung. Das Auszahlungsverbot ist auch nicht anzuwenden, wenn die Gesellschaft ein **Gesellschafterdarlehen zurückgewährt oder Leistungen auf Forderungen aus Rechtshandlungen erbringt, die einem Gesellschafterdarlehen wirtschaftlich entsprechen** (§ 30 Abs. 1 Satz 3 GmbHG). Denn mit dieser Bestimmung, der zufolge Gesellschafterdarlehen nicht mehr wie haftendes Eigenkapital zu behandeln sind, hat der Gesetzgeber die Rechtsprechungsregeln zu den eigenkapitalersetzenden Darlehen beseitigt. In Verbindung mit der Aufhebung der §§ 32a und 32b GmbHG a. F. und der Änderung von § 39 Abs. 1 Nr. 5 und § 135 InsO sowie §§ 6f AnfG haben Gesellschafterdarlehen nunmehr generell einen insolvenzrechtlichen Nachrang bekommen, den der Gesetzgeber wohl als ausreichend für den Gläubigerschutz ansieht (Abschaffung des Eigenkapitalersatzrechts).

4. Flankierende Schutzvorschriften

1524 Wird das **Verbot der Rückgewähr** verletzt, entsteht eine **Erstattungspflicht** nach § 31 Abs. 1 GmbHG. Sie wird unterstützt durch eine **Ausfallhaftung** der **Mitgesellschafter** nach § 31 Abs. 3 GmbHG sowie die in § 31 Abs. 6 GmbHG und in § 43 Abs. 3 GmbHG angeordnete **Schadensersatzpflicht** des **Geschäftsführers**, der schuldhaft dem Rückgewährverbot zuwider die Zahlung zuließ. Eine Schadensersatzpflicht der Mitgesellschafter hingegen besteht entgegen der früheren Rechtsprechung nicht.[2]

---

[1] Vgl. auch BGH v. 13. 7. 1992 II ZR 263/91, BGHZ 119, 177.

[2] Vgl. BGH v. 21. 6. 1999 II ZR 47/98, BGHZ 142, 92.

Setzen sich Geschäftsführer und Gesellschafter bewusst über die Kapitalerhaltungsvorschriften hinweg oder kommt es ihnen auf eine Umgehung an, ist das Geschäft aber nicht nach § 134 BGB nichtig, so dass der Gesellschaft neben dem Anspruch aus § 31 GmbHG kein Bereicherungsanspruch nach §§ 812 ff. BGB zusteht. Dies hat der BGH im Urteil vom 23. 6. 1997[1] klargestellt. Die Feststellung, dass eine unter Verstoß gegen § 30 Abs. 1 GmbHG vorgenommene Leistung an den Gesellschafter nicht als Verletzung eines Schutzgesetzes nach § 134 BGB nichtig ist, hat der BGH zu dem vergleichbaren Verbot der Einlagenrückgewähr in § 57 AktG sowohl für das Verpflichtungs- als auch das Erfüllungsgeschäft bestätigt.[2]

Mit einer Reihe weiterer Vorschriften versucht der Gesetzgeber dem Kapitalerhaltungsgebot Geltung zu verschaffen. In diesem Zusammenhang sind zu erwähnen die Vorschriften zum Schutz des Stammkapitals in § 33 Abs. 2 beim Erwerb eigener Anteile und in § 34 Abs. 3 GmbHG bei der Einziehung.

1525

5. Abschaffung des Eigenkapitalersatzrechts durch das MoMiG

Literatur: *Altmeppen*, Wie lange noch gilt das alte Kapitalersatzrecht? Untragbare Verwirrung um das Übergangsrecht, ZIP 2011, 641; *Blöse*, Anmerkung zum Urteil des BGH vom 11. 10. 2011 (II ZR 18/10, GmbHR 2011, 1316) – Zur Frage der Kreditunwürdigkeit im Sinne der Regeln über den Eigenkapitalersatz, GmbHR 2011, 1318; *Gehrlein*, Das Eigenkapitalersatzrecht im Wandel seiner gesetzlichen Kodifikationen, BB 2011, 3.

Zum Schutz des Eigenkapitals waren bis zum Inkrafttreten des MoMiG nicht zuletzt auch die Regeln über die Behandlung **eigenkapitalersetzender Darlehen** und anderer gleichgestellter Leistungen, wie sie von der Rechtsprechung entwickelt und auch in den §§ 32a und 32b GmbHG umgesetzt wurden, heranzuziehen. Mit der **Abschaffung des Eigenkapitalersatzrechts** durch § 30 Abs. 1 Satz 3 GmbHG und der Aufhebung der §§ 32a und 32b GmbHG a. F. ist dem die Grundlage entzogen worden.

1526

Das Regelungsgeflecht aus Rechtsprechungsregeln (anwendbar innerhalb und außerhalb der Insolvenz) und Novellenregeln (anwendbar nur innerhalb der Insolvenz) sollte verhindern, dass zu Lasten des zur Erhaltung des Stammkapitals erforderlichen Vermögens an Gesellschafter Leistungen zurückgewährt werden, die diese zuvor der Gesellschaft zwar formal als Dritte (z. B. als Darlehensgeber oder Vermieter oder Sicherungsgeber), wirtschaftlich aber als gesellschafterliche Hilfe und als **funktionales Eigenkapital** zugeführt hatten, um von vornherein fehlendes oder ungenügendes oder verloren gegangenes Eigenkapital zu ersetzen und die Gesellschaft trotz der **Krise** (drohende Zahlungsunfähigkeit oder Überschuldung) am Leben zu erhalten, statt sie zu liquidieren. Aus dieser **Finanzierungsfolgenverantwortung** heraus durften diese Gesellschafter das funktionale Eigenkapital nicht zu Lasten des das Stammkapital deckenden Vermögens abziehen, indem sie z. B. die Rückzahlung des Darlehens oder die Zahlung

---

[1] II ZR 220/95, BGHZ 136, 125; vgl. auch OLG Düsseldorf v. 31. 5. 2012 I-16 U 53/11, NZG 2012, 150; Schmidt Karsten, JuS 2013, 740.
[2] BGH v. 12. 3. 2013 II ZR 179/12, NJW 2013, 1742; vgl. auch Schmidt Karsten, JuS 2013, 738.

der vereinbarten Gegenleistung entgegennahmen, sondern sie mussten solange warten, bis dies ohne Verletzung der Kapitalerhaltungsvorschriften möglich war.[1]

1527–1550 (*Einstweilen frei*)

IV. Auszahlungsverbot und Ausnahmen davon

Literatur: *Kort*, Das Verhältnis von Auszahlungsverbot (§ 30 Abs. 1 GmbHG) und Erstattungspflicht (§ 31 GmbHG), ZGR 2001, 615; *Blöse*, Der Umfang der Ausfallhaftung bei Verstoß gegen das Auszahlungsverbot, GmbHR 2002, 1107; *Schmitt*, Das Auszahlungsverbot des § 30 Abs. 1 GmbHG und der Sonderposten mit Rücklagenanteil, GmbHR 2002, 349; *Henze*, Gesichtspunkte des Kapitalerhaltungsgebots und seiner Ergänzung im Kapitalgesellschaftsrecht in der Rechtsprechung des BGH, NZG 2003, 649; *Morsch*, Probleme der Kapitalaufbringung und Kapitalerhaltung im Cash-Pool, NZG 2003, 97; *Saenger/Koch*, Kreditgewährung an Gesellschafter aus gebundenem Vermögen als verbotene Auszahlung auch bei vollwertigem Rückzahlungsanspruch, NZG 2004, 271; *Servatius*, Die besondere Zweckbindung des Stammkapitals bei Drittgeschäften mit Gesellschaftern, DStR 2004, 1176; *Bayer/Lieder*, Darlehen der GmbH an Gesellschafter und Sicherheiten aus dem GmbH-Vermögen für Gesellschafterverbindlichkeiten, ZGR 2005, 133; *Engert*, Kreditgewährung an GmbH-Gesellschafter und bilanzorientierter Kapitalschutz, BB 2005, 1951; *Keller/Rödl*, Neuere BGH-Rechtsprechung zur Kapitalerhaltung in der GmbH und ihre Auswirkung auf die Jahresabschlussprüfung, BB Beilage 2005, Nr. 3, 16; *Hölzle*, Gesellschafterfremdfinanzierung und Kapitalerhaltung im Regierungsentwurf des MoMiG, GmbHR 2007, 729; *Winter*, Upstream-Finanzierung nach dem MoMiG-Regierungsentwurf, DStR 2007, 1484; *Gehrlein*, Die Behandlung von Gesellschafterdarlehen durch das MoMiG, BB 2008, 846; *Rotte, M.*, Folgewirkungen des MoMiG auf die GmbH in der Krise, NWB F. 18, 4769, NWB DokID: LAAAC-91511; *Schmidt, Karsten*, GmbH-Reform auf Kosten der Geschäftsführer? Zum (Un-)Gleichgewicht zwischen Gesellschafterrisiko und Geschäftsführerrisiko im Entwurf eines MoMiG und in der BGH-Rechtsprechung, GmbHR 2008, 449; *ders.*, Entbehrlicher Rangrücktritt im Recht der Gesellschafterdarlehen? – Kritik an § 19 Abs. 2 E-InsO im MoMiG-Entwurf, BB 2008, 461.

1. Voraussetzungen des Auszahlungsverbots

a) Auszahlungen

1551 Vorbehaltlich der neuen Ausnahmen von der Ausschüttungssperre nach § 30 Abs. 1 Sätze 2 und 3 GmbHG darf nach dem Wortlaut des § 30 Abs. 1 Satz 1 GmbHG das zur Erhaltung des Stammkapitals erforderliche Vermögen der Gesellschaft an die Gesellschafter nicht ausgezahlt werden. Verboten sind aber nicht nur Zahlungsvorgänge, sondern **alle aus dem Gesellschaftsvermögen erbrachten Leistungen**,[2] wie Zahlungen z. B. auch aus offenen und verdeckten Gewinnausschüttungen,[3] Vorschüsse, Sachleistungen, Dienstleistungen, Nutzungsüberlassungen, Schuldübernahmen, nicht durch einen vollwertigen Rückgewähranspruch gedeckte Darlehen,[4] Verzicht auf Rechte, Aufrechnungen, Gewährungen von Sicherheiten (z. B. Bürgschaftsübernahme) und auch „Kleinigkeiten" wie die unentgeltliche Überlassung von Kraftfahrzeugen oder Personal.

1552 Unter das Auszahlungsverbot fallen aber nicht sämtliche Leistungen, die die Gesellschaft an den Gesellschafter erbringt, sondern im Grunde nur jene, welche durch die

---

1 Vgl. auch BGH v. 16. 6. 1997 II ZR 154/96, NJW 1997, 3026.
2 Vgl. Beck-GmbH-HB/Jung/Otto, § 8 Rz. 6.
3 Vgl. BGH v. 23. 4. 2012 II ZR 252/10, GmbHR 2012, 740.
4 BGH v. 24. 11. 2003 II ZR 171/01, BGHZ 157, 72.

mitgliedschaftliche Stellung des Gesellschafters bedingt sind,[1] also **im Gesellschaftsverhältnis begründet** sind oder **mit Rücksicht auf die Gesellschafterstellung erfolgen**.

1553 Zulässig waren und sind unter dem Blickwinkel des § 30 Abs. 1 Satz 1 GmbHG daher grundsätzlich Zahlungen, wenn der Gesellschafter für die Leistung in einem Austauschgeschäft eine gleich- und vollwertige Gegenleistung erbringt oder zu erbringen hat, wie jetzt § 30 Abs. 1 Satz 2 GmbHG i. S. d. bilanziellen Betrachtungsweise klarstellt, oder er die Leistung nicht als Gesellschafter, sondern wie ein fremder Dritter im Rahmen eines sog. Drittgeschäftes empfängt.[2]

1554 **Austauschgeschäfte** wie z. B. Kaufvertrag, Mietvertrag und Arbeitsvertrag **sind zulässig, wenn** Leistung und Gegenleistung einander ausgeglichen (äquivalent) gegenüberstehen und die Gegenleistung vollwertig ist. Zulässig ist insbesondere die „bilanzneutrale Leistung" – Aktivtausch: Die Gesellschaft erhält für ihre Zahlung einen nach Verkehrswert gleichwertigen (aktivierungsfähigen) Vermögensgegenstand – und auch die Zahlung einer Vergütung an den Gesellschafter-Geschäftsführer ist zulässig, wenn das Gehalt und die sonstigen typischen Gehaltsbestandteile (z. B. Tantieme) dem Gehalt eines Fremdgeschäftsführers entsprechen, weil dann eine Vermögensminderung nicht eintritt.

Nach dem BGH[3] verstößt die Auszahlung des Gehalts an den Gesellschafter-Geschäftsführer, dem ein angemessener vertraglicher Vergütungsanspruch eingeräumt worden ist, auch dann nicht gegen § 30 Abs. 1 Satz 1 GmbHG, wenn dafür das Stammkapital angegriffen werden muss und es zum Teil aus einer gewinnunabhängigen Tantieme besteht. Wenn allerdings die Gesellschaft für die Leistung des Gesellschafters zu viel bezahlt oder der Gesellschafter ein zu niedriges Entgelt erbringt, liegt kein neutrales Geschäft mehr vor, sondern eine gegen § 30 Abs. 1 GmbHG verstoßende Auszahlung. Bei solchen Geschäften wird auch im Zusammenhang mit § 30 Abs. 1 GmbHG der aus dem Steuerrecht stammende Begriff der verdeckten Gewinnausschüttung gebraucht. Für die Frage, ob eine verbotene Auszahlung vorliegt, kommt es aber nicht darauf an, ob die Ausschüttung offen oder verdeckt vorgenommen wurden.

1555 Ob ein **Austauschgeschäft oder eine (verdeckte) Ausschüttung** vorliegt, richtet sich danach, ob ein gewissenhaft nach kaufmännischen Grundsätzen handelnder Geschäftsführer das Geschäft unter sonst gleichen Umständen zu den gleichen Bedingungen auch mit einem Nichtgesellschafter abgeschlossen hätte, ob die Leistung also durch betriebliche Gründe gerechtfertigt war.[4] Ob das Auszahlungsverbot tangiert ist, bestimmt sich – unabhängig davon, ob die Ausschüttung offen oder verdeckt erfolgt – allein danach, ob sie das das Stammkapital deckende Vermögen angreift oder eine bestehende Unterbilanz bzw. Überschuldung vertieft.

1556 Auch **verdeckte Zahlungen** sind solange für das Kapitalerhaltungsgebot unbedenklich, als sie aus dem ungebundenen Vermögen erfolgen.[5] Im Verhältnis der Gesellschafter

---

1 Vgl. Scholz/Verse, GmbHG, § 30 Anm. 30.
2 Vgl. Beck-GmbH-HB/Jung/Otto, § 8 Rz. 20.
3 BGH v. 15. 6. 1992 II ZR 88/91, DStR 1992, 1443.
4 BGH v. 13. 11. 1995 II ZR 113/94, DStR 1996, 271.
5 Vgl. BGH v. 23. 6. 1997 II ZR 220/95, BGHZ 136, 125.

untereinander kann durch eine solche verdeckte Zuwendung an einen Gesellschafter allerdings das Gleichbehandlungsgebot verletzt sein. Ob auch der Verzicht auf einen möglichen Gewinn, der eine Unterbilanz vermindern würde, gegen das Auszahlungsverbot verstößt, ist zweifelhaft.

1557 **Maßgeblicher Zeitpunkt** für die Beurteilung ist nicht das Verpflichtungsgeschäft, sondern die dingliche Erfüllung und grundsätzlich der Zeitpunkt, zu dem bei dem Gesellschafter der Leistungserfolg eintritt. Hat sich die Vermögenslage der Gesellschaft nach Abschluss des Verpflichtungsgeschäftes so verbessert, dass die Erfüllung ohne Angreifen des Stammkapitals möglich ist, dann steht der Leistung § 30 Abs. 1 GmbHG nicht entgegen, auch wenn ein Missverhältnis zwischen Leistung und Gegenleistung zuungunsten der Gesellschaft besteht. Umgekehrt kann das Kapitalerhaltungsgebot es verbieten, einen bei ausreichendem Vermögen gefassten Gewinnverteilungsbeschluss zu vollziehen, wenn zur Auszahlung das zur Deckung des Stammkapitals erforderliche Vermögen angegriffen werden müsste.

1558 Die Erfüllung sonstiger **Drittgeschäfte** kann zulässig sein, wenn sich Gesellschaft und Gesellschafter wie fremde Dritte gegenüberstehen, also kein sog. Gesellschaftergeschäft vorliegt. Dies kann z. B. der Fall sein, wenn der Anspruch des Gesellschafters auf einem gesetzlichen Verpflichtungsgrund wie bei einer Schadensersatzpflicht aus unerlaubter Handlung (§ 823 Abs. 1, §§ 31, 831 BGB) beruht.

b) Vom Auszahlungsverbot ausgenommene Leistungen

1559 Die Vorschrift des § 30 Abs. 1 Satz 1 GmbHG macht deutlich, dass das Auszahlungsverbot nur und erst eingreift, wenn eine **Unterbilanz vorliegt oder durch die Leistung der Gesellschaft entsteht oder vertieft wird** bzw. wenn bereits eine **Überschuldung vorliegt** (vgl. dazu näher nachfolgend unter cc). Auch wenn sich die GmbH in einer solchen Situation befindet, bleibt die Leistung in folgenden Fällen zulässig:

aa) Leistungen bei Bestehen eines Beherrschungs- oder Gewinnabführungsvertrags

1560 Ist die GmbH durch einen **Beherrschungs- oder Gewinnabführungsvertrag** (§ 291 AktG) zwischen Gesellschafter und Gesellschaft in einen Konzern eingegliedert, sieht der Gesetzgeber im Hinblick auf die finanzielle Eingliederung und Verlustübernahmepflicht seitens der beherrschenden Obergesellschaft keine Gefährdung der Gläubigerinteressen, wenn durch die Leistung der Gesellschaft in das Stammkapital als Mindesthaftungsfonds eingegriffen wird. Solche Leistungen bleiben[1] also zulässig und sind nicht – wie es der Regierungsentwurf zum MoMiG ursprünglich vorgesehen hatte – auf Leistungen zwischen den Vertragsteilen des Beherrschungs- oder Gewinnabführungsvertrages beschränkt. Weil es nur auf das „Bestehen" eines solchen Unternehmensvertrages ankommt, sind auch Leistungen einbezogen, die an Dritte auf Veranlassung des herrschenden Unternehmens erfolgen, z. B. an andere Konzernunternehmen oder an

---

1 Zur Verdrängung der Kapitalerhaltungsregeln nach §§ 30, 31 GmbHG im GmbH-Vertragskonzern durch die pauschale Ausgleichspflicht am Ende des Geschäftsjahres vgl. bereits BGH v. 10.7.2006 II ZR 238/04, BGHZ 168, 285.

andere Unternehmen erfolgen, die mit dem herrschenden Unternehmen oder anderen Konzernunternehmen in Geschäftsverbindung stehen.

BEISPIEL: ▶ Zwischen der OG-AG als beherrschender Gesellschafterin und der UG-GmbH besteht ein Beherrschungs- und Gewinnabführungsvertrag. Die OG-AG weist die Geschäftsführung der UG-GmbH an, als Vorschuss auf die Gewinnabführung des laufenden Geschäftsjahres einer anderen konzernangehörigen Gesellschaft eine „Liquiditätsspritze" von 500 000 € zu gewähren, deren Auszahlung bei der GmbH eine Unterbilanzsituation hervorruft. Die mittelbar zugunsten der Gesellschafterin wirkende Auszahlung ist zulässig, und zwar unabhängig davon, ob gegen die dritte Konzerngesellschaft ein Rückgewähranspruch entsteht und ob ein solcher vollwertig wäre.

Abwandlung:
Im Konzern besteht ein Cash-Pool-System mit bankarbeitstäglichem Zero-Balancing, wobei eine weitere, von der OG-AG beherrschte Gesellschaft das Zentralkonto unterhält. Auch wenn der Debetsaldo der GmbH aus der Inanspruchnahme des Zentralkontos bereits eine Unterbilanzsituation herbeigeführt hat, sind weitere Abführungen an das Zentralkonto im Hinblick auf § 30 Abs. 1 GmbHG unbedenklich.

bb) Durch einen vollwertigen Gegenleistungsanspruch gedeckte Leistung

Auch in der Unterbilanzsituation darf die GmbH mit dem Gesellschafter Geschäfte eingehen, die bei ihr zu einem Liquiditätsabfluss führen, wenn dieser nur durch einen **vollwertigen Gegenleistungsanspruch gedeckt** ist, also nach der maßgeblichen bilanziellen Betrachtungsweise ein Aktivtausch vorliegt. Vollwertig ist der Gegenleistungsanspruch, wenn Leistung und Gegenleistung einander ausgeglichen (äquivalent) gegenüberstehen und der Gesellschafter solvent und kreditwürdig ist. Es reicht nicht aus, wenn z. B. Verkehrswert eines von der GmbH gelieferten Gegenstandes und der Nennbetrag der Kaufpreisforderung einander entsprechen, der Gesellschafter aber nur eingeschränkt zahlungsfähig ist und hinsichtlich der bilanzierten Forderung sofort „Abschreibungsbedarf" besteht.

1561

cc) Durch einen vollwertigen Rückzahlungsanspruch gedeckte Leistung

Diese Ausnahme betrifft vornehmlich die **Darlehensgewährungen an Gesellschafter** oder ihnen nahe stehende Personen oder Kapitalauszahlungen zu treuen Händen des Gesellschafters und Abführungen der GmbH innerhalb eines **Cash-Pool-Systems**. In diesen Fällen erlangt die GmbH rechtlich einen Rückgewähranspruch. Trotz dieses Rückgewähranspruchs liegt ein Verstoß gegen das Auszahlungsverbot aber nur dann nicht vor, wenn in bilanzieller Betrachtungsweise der Anspruch der GmbH vollwertig ist. **Vollwertigkeit** liegt bei Hingabe eines Darlehens vor, wenn es angemessen verzinst wird und der Gesellschafter auf Dauer solvent und kreditwürdig ist.[1] Ob für die Vollwertigkeit auch eine bankübliche Besicherung hinzutreten muss, wird nicht einheitlich beantwortet.[2] Wenn die Bonität des Gesellschafters gegeben ist, kann der Rückzahlungsanspruch auch ohne Besicherung vollwertig sein, wenn diese durch einen höheren Zins — wie es auch banküblich ist — ausgeglichen wird. Zu beachten gilt es aber, dass es sich

1562

---
1 Vgl. BGH v. 24. 11. 2003 II ZR 171/01, BGHZ 157, 72.
2 Vgl. z. B. Hölzle, GmbHR 2007, 729; Winter, DStR 2007, 1484.

um einen **vertraglichen Rückgewähranspruch** handeln muss; der **gesellschaftsrechtliche Erstattungsanspruch aus § 31 Abs. 1 GmbHG reicht nicht aus**, mag er auch wegen der Solvenz des Gesellschafters noch so „vollwertig" sein.

1563 Anders als bei der Kapitalaufbringung, wo nach § 19 Abs. 5 GmbHG ein Hin- und Herzahlen der Geldeinlage aufgrund einer Darlehensabrede den Gesellschafter gem. § 19 Abs. 5 GmbHG nur dann von seiner Einlageverpflichtung befreit, wenn die Auszahlung durch einen (in bilanzieller Betrachtungsweise) vollwertigen **und** jederzeit **fälligen** oder von der GmbH durch fristlose Kündigung fällig stellbaren, also liquiden Rückzahlungsanspruch gedeckt ist, reicht bei Auszahlung des einmal aufgebrachten Kapitals i. S. v. § 30 GmbHG die Deckung durch einen vollwertigen Rückgewähranspruch aus.

> **BEISPIELE:**
>
> 1. Die GmbH gewährt zwei Jahre nach ihrer Gründung, bei der das Stammkapital in voller Höhe einbezahlt worden war, dem Gesellschafter X ein grundschuldlich gesichertes Darlehen zur Finanzierung eines privaten Hauskaufs mit einer Laufzeit von zehn Jahren. Die Annuität (Verzinsung und Tilgung) ist banküblich, gegen die Bonität des Gesellschafters bestehen keine Bedenken. Durch die Auszahlung der Valuta als solche sinkt das Vermögen der GmbH unter die Stammkapitalziffer. Die Darlehensgewährung ist zulässig, weil die GmbH einen vollwertigen Rückzahlungsanspruch aktivieren kann, der den Liquiditätsabfluss von ihrem Bankkonto neutralisiert. Dass die GmbH das Darlehen nicht kündigen kann, solange X seinen Annuitätsverpflichtungen nachkommt und nicht in Vermögensverfall gerät, spielt keine Rolle.
>
> 2. Die GmbH gewährt dem solventen X im Hinblick auf seine Gesellschafterstellung ein unverzinsliches Darlehen von 50 000 € mit fester Laufzeit von fünf Jahren, für dessen Rückzahlung der begüterte und damit außer Zweifel solvente Herr Y eine selbstschuldnerische Bürgschaft übernimmt. Der Geldabfluss führt zu einer Unterbilanz. Da die GmbH den Darlehensrückzahlungsanspruch auf die Laufzeit abzinsen muss, ist dieser bei bilanzieller Betrachtungsweise nicht vollwertig. Es liegt eine verbotene Auszahlung vor, und X muss der GmbH den Betrag sofort erstatten, der notwendig ist, um das durch den Liquiditätsabfluss verminderte Vermögen so zu erhöhen, dass die Stammkapitalziffer wieder erreicht ist. Die Deckung dieser Differenz durch den vollwertigen Rückzahlungsanspruch aus § 31 Abs. 1 GmbHG reicht nicht aus.
>
> 3. Die GmbH ist in ein funktionsfähiges und liquides Cash-Pool-System einbezogen. Durch das bankarbeitstägliche Zero-Balancing werden ihre Geldkonten stets auf Null gestellt, was rechnerisch eine Unterbilanzsituation verursacht. Da sie aber wegen der Verrechnungs- und Kontokorrentabrede zumindest in Höhe ihres Rückzahlungsanspruchs Ansprüche aus der Darlehensgewährung gegen die Gesellschafterin hat, bei der das Zentralkonto geführt wird, besteht eine vollwertige Deckung. Das Cash-Pool-System ist – wie es auch ein Anliegen der Gesetzesänderung durch das MoMiG war – im Hinblick auf § 30 GmbHG unbedenklich.

dd) Rückgewähr von Gesellschafterdarlehen und Leistungen auf Forderungen aus Rechtshandlungen, die einem Gesellschafterdarlehen wirtschaftlich entsprechen

1564 Die Vorschrift des § 30 Abs. 1 Satz 3 GmbHG lässt die **Rückgewähr von Gesellschafterdarlehen** und die **Leistungen auf Forderungen** aus Rechtshandlungen, die **wirtschaftlich einem Gesellschafterdarlehen gleichstehen** (z. B. **Stundungen von Forderungen** aus normalen Austauschgeschäften wie dem Kauf oder Werkvertrag oder aus Nutzungs- und Gebrauchsüberlassungen wie Miete und Pacht), auch dann zu, wenn dafür das zur Erhaltung des Stammkapitals erforderliche Vermögen angegriffen (ausbezahlt) werden muss. Gleichgültig ist es dabei, ob die Darlehensgewährung oder wirtschaftlich gleichzuachtende Gesellschafterhilfe (wie Stundung oder Gebrauchsüberlassung) nach den Rechtsprechungsregeln als eigenkapitalersetzend zu bewerten war oder nicht. Nach allgemeiner Ansicht bringt § 30 Abs. 1 Satz 3 GmbHG unmissverständlich zum Ausdruck: Es gibt **keine eigenkapitalersetzenden Darlehen und ihnen gleichgestellte Finanzierungshilfen** mehr.[1]

Gesellschafterdarlehen und ihnen wirtschaftlich gleichzuachtende Gesellschafterhilfen können nach dem Willen des Gesetzgebers[2] mit Inkrafttreten des MoMiG nicht mehr aus dem Gesichtspunkt des Eigenkapitalersatzes als haftendes Kapital (Stammkapital) behandelt bzw. in Gesellschaftskapital umqualifiziert werden. Folglich kann die Rückzahlung von Gesellschafterdarlehen oder die Leistung auf Forderungen aus wirtschaftlich einer Darlehensgewährung gleichstehenden Rechtshandlungen nicht mehr als verbotene Kapitalrückzahlung behandelt werden. **Gesellschafterdarlehen** und Forderungen aus Rechtshandlungen, die einem Darlehen wirtschaftlich entsprechen, werden **unabhängig von ihrer Zweckbestimmung mit einem insolvenzrechtlichen Nachrang belegt** (§ 39 Abs. 1 Nr. 5 InsO), ein Regelungsbedürfnis für Gesellschafterdarlehen innerhalb des GmbH-Rechts ist mit der Abschaffung des Eigenkapitalersatzrechts entfallen.

BEISPIELE:

1. Der Gesellschafter R hat vor einigen Jahren der X-GmbH ein Darlehen über 50 000 € gewährt. Die GmbH zahlt Anfang 2009 das Darlehen vereinbarungsgemäß zurück, obwohl sie dazu das ihr Stammkapital deckende Vermögen angreifen muss. Es liegt kein Verstoß gegen das Auszahlungsverbot vor.
2. Der Gesellschafter R hatte das Darlehen der GmbH gewährt, weil sie sich in einer Krise befand und bei Kreditinstituten kein Geld mehr bekommen konnte. Obwohl es sich um ein „eigenkapitalersetzendes Darlehen" handelt, weil R der GmbH Gesellschafterfremdmittel zuführte, obwohl er die GmbH wegen der Krisensituation entweder hätte liquidieren oder ihr Eigenkapital zuführen müssen, kann das Darlehen nicht als Eigenkapital umqualifiziert und mit einem Auszahlungsverbot belegt werden. § 30 Abs. 1 Satz 1 GmbHG ist nicht anwendbar. Möglicherweise unterliegt die Darlehensrückzahlung aber der Insolvenzanfechtung oder Anfechtung nach dem AnfG.
3. Der Gesellschafter R hat der GmbH ein Grundstück verpachtet, aber die Pachtzahlungen in der GmbH „stehen gelassen", um ihre Liquidität zu erhöhen. Aus ähnlichen Überlegungen hat er es unterlassen, die Auszahlung von Gewinnansprüchen einzufordern. Es liegen einer Darlehensgewährung wirtschaftlich gleichstehende Rechtshandlungen vor. R darf ohne Rücksicht darauf, ob die „Darlehensgewährung" krisenbestimmt war oder nicht, nunmehr die Auszahlung verlangen und die GmbH sie leisten, auch wenn damit eine Unterdeckung des Stammkapitals eintritt.
4. Der Gesellschafter R hat vor Inkrafttreten des MoMiG der GmbH in einer Krisensituation einen dringend für die Fortführung des Geschäftsbetriebs benötigten Anlagegegenstand pachtweise überlassen, weil sich ein fremder Vermieter wegen der Zahlungsprobleme nicht finden ließ. Es lag nach altem Recht eine eigenkapitalersetzende Nutzungsüberlassung vor, die R wegen der fortdauernden Krisensituation nach § 30 Abs. 1 GmbHG a. F.

---

1 Vgl. z. B. Gehrlein, BB 2008, 846, 849, m. w. N.
2 Die „Nichtanwendungsnorm" verbietet es, die Rechtsprechungsregeln weiter anzuwenden, vgl. Goette, Einführung in das neue GmbH-Recht, S. 25 Rz. 57. Dies gilt nach BGH v. 26. 1. 2009 II ZR 260/07, DB 2009, 670, aber nicht für „Altfälle", in denen der Entstehungstatbestand des Schuldverhältnisses (= Erstattungspflicht nach §§ 30, 31 Abs. 1 GmbHG a. F.) vor Inkrafttreten des MoMiG (= 1. 11. 2008) vollständig verwirklicht war bzw. das Insolvenzverfahren eröffnet worden ist.

daran hinderte, die Mietzahlung zu verlangen. Mit Abschaffung des Eigenkapitalersatzrechts darf die GmbH die aufgelaufenen Mietforderungen begleichen, ohne gegen § 30 Abs. 1 Satz 1 GmbHG zu verstoßen.

c) Minderung des das Stammkapital deckenden Vermögens

1565 Das Auszahlungsverbot bezweckt einen **wertmäßigen und nicht einen gegenständlichen Schutz** des Stammkapitals und greift deshalb ein, wenn durch das vorhandene Gesellschaftsvermögen (einschließlich noch nicht erbrachter, aber zu aktivierender werthaltiger Einlageansprüche) die Ziffer des Stammkapitals nicht mehr gedeckt ist.

Dies ist der Fall, wenn eine **Unterbilanz vorliegt oder durch die Zahlung entsteht oder vertieft wird.** Die Unterbilanzsituation liegt vor, wenn das Netto-Gesellschaftsvermögen zwischen der Stammkapitalziffer und Null liegt, also die Aktiva einer Bilanz nach § 42 GmbHG nach Abzug der Schuldposten den Nennbetrag des Stammkapitals (gezeichnetes Kapital) unterschreiten. Das Auszahlungsverbot greift aber auch und erst recht ein, wenn das Gesellschaftsvermögen negativ ist und folglich eine **Überschuldung** vorliegt oder durch die Leistung an den Gesellschafter eintritt oder vertieft wird.

d) Unterbilanz

1566 Geht es um die Feststellung einer **Unterbilanz**, ist das Gesellschaftsvermögen, das mit der Stammkapitalziffer zu vergleichen ist, durch eine auf den Zeitpunkt der Auszahlung erstellte Zwischenbilanz nach Maßgabe des § 42 GmbHG zu fortgeführten Buchwerten zu ermitteln. Für die **Aktiva** gelten die Grundsätze einer ordnungsgemäßen Bilanzierung und die aus dem letzten Jahresabschluss fortgeführten Werte, wobei von früher ausgeübten Bilanzierungswahlrechten (Bewertungs- und Abschreibungswahlrechten) nicht abgewichen werden darf, um dadurch gebildete stille Reserven aufzulösen. Solche nicht realisierten Gewinne könnten sich nämlich zu Lasten der Gläubiger auswirken. Auch Verkehrswerte oder Liquidationswerte dürfen wegen der ihrer Ermittlung innewohnenden Unsicherheiten nicht angesetzt werden.[1] Darlehensrückzahlungsansprüche gegen Gesellschafter müssen mit ihren wahren Werten angesetzt werden, d. h., ist die Rückzahlung zweifelhaft, ist eine Abwertung vorzunehmen. Führt bei einer zutreffenden Bilanzierung des Rückzahlungsanspruchs dann eine Gewinnausschüttung an den Gesellschafter-Darlehensnehmer zu einer Unterbilanzsituation oder vertieft sie, entsteht der Anspruch aus § 31 Abs. 1, § 30 Abs. 1 GmbHG, der auch nicht mehr erlischt, wenn das Darlehen später zurückgezahlt wird.[2]

1567 Eingeforderte, aber noch nicht eingezahlte **Einlagen** sind, sofern sie werthaltig und einbringlich sind, beim Aktivvermögen anzusetzen, falls nicht sind sie vorher abzuschreiben oder abzuzinsen. **Eigene Anteile** dürfen nicht als Aktiva angesetzt werden, sondern müssen nach § 272 Abs. 1a HGB offen von den Passivposten „gezeichnetes Kapital" abgesetzt werden (vgl. Rz. 4190). Nicht berücksichtigt werden dürfen stille Reserven und ein originärer (selbstgeschaffener, nicht derivativer) Firmen- oder Geschäftswert. Insoweit besteht ein Unterschied zu der Feststellung einer Unterbilanz im Zusammenhang

---

1 Vgl. BGH v. 11.12.1989 II ZR 79/89, BGHZ 109, 334, 337; v. 22.10.1990 II ZR 238/89, DStR 1991, 227.
2 BGH v. 23.4.2012 II ZR 252/10, GmbHR 2012, 740.

mit dem Unversehrtheitsgrundsatz bei der Kapitalaufbringung und der Unterbilanzhaftung, wo der Ansatz eines Geschäfts- und Firmenwertes und das Unternehmen der Vorgesellschaft nach der Ertragswertmethode bewertet wird.

Auch alle anderen immateriellen Wirtschaftgüter, die nicht entgeltlich angeschafft worden sind, durften bisher im Hinblick auf § 248 Abs. 2 HGB a. F. nicht angesetzt werden.[1] Durch das BilMoG wird § 248 Abs. 2 HGB geändert und damit das generelle Aktivierungsverbot für selbst erstellte immaterielle Vermögensgegenstände aufgehoben. In Verbindung mit § 246 HGB werden damit selbstgeschaffene immaterielle Vermögensgegenstände, wenn sie einzeln verwertbar sind, sei es durch Veräußerung oder anderweitig z. B. durch Verarbeitung oder Nutzungsüberlassung, bilanzierungsfähig.

1568

Nicht in die Bilanz aufgenommen werden dürfen aber selbstgeschaffene Marken, Drucktitel, Verlagsrechte, Kundenlisten und vergleichbare Vermögensgegenstände des Anlagevermögens. Da mit der Aktivierung immaterieller Vermögensgegenstände nach § 268 Abs. 8 HGB i. d. F. des BilMoG eine Ausschüttungssperre und Angabepflicht im Anhang verbunden ist (§ 285 Satz 1 Nr. 22 HGB), ist dem Zweck genügt, der nach der Rechtsprechung das Aktivierungsverbot in dem interessierenden Zusammenhang begründete. Das Aktivierungsverbot nach § 248 Abs. 2 HGB a. F. hatte die Aufgabe, im Interesse der Gläubiger eine Ausschüttungssperre zu gewährleisten.

Auf der **Passivseite**, die dem Aktivvermögen gegenüberzustellen ist, sind die Verbindlichkeiten nach Bilanzierungsregeln anzusetzen einschließlich der Rückstellungen. Sie mögen zwar rechtlich noch keine Verbindlichkeiten gegenüber Dritten darstellen, bringen aber die periodengerechte Belastung des Gesellschaftsvermögens zum Ausdruck. Auch Darlehen der Gesellschafter sind in die Verbindlichkeiten einzurechnen,[2] weil sie den entsprechenden Teil des Gesellschaftsvermögens binden.[3]

1569

e) Rechtsfolge bei Unterbilanz

Bedeutet Unterbilanz, dass der Nennbetrag des Stammkapitals durch das vorhandene Gesellschaftsvermögen nicht mehr gedeckt ist, aber noch keine Überschuldung besteht, so ist eine **Auszahlung** an den Gesellschafter **verboten**, wenn durch sie **eine Unterbilanz entsteht oder vertieft** wird. Soweit diese Voraussetzungen anhand des beschriebenen Vergleichs festzustellen sind, darf eine Auszahlung nicht erfolgen oder eine gleichwohl erfolgte Zahlung ist vom Empfänger zu erstatten. Das heißt aber für den Fall, dass zwar noch die Stammkapitalziffer übersteigendes Vermögen vorhanden ist, dies aber nicht ausreicht, um die Leistung an den Gesellschafter zu erbringen, ohne das zur Deckung des Stammkapitals nötige Vermögen anzugreifen, geplante oder bewirkte Auszahlungen an den Gesellschafter nur zum Teil nach § 30 Abs. 1 Satz 1 GmbHG verboten sind. Es ist dann nur der Teilbetrag, mit dem das zur Deckung der Stammkapitalziffer erforderliche Vermögen verbraucht wird, zurückzubehalten oder vom Empfänger zu erstatten.

1570

---

1 BGH v. 7. 11. 1988 II ZR 46/88, BGHZ 106, 7, 12; BGHZ 109, 334, 337.
2 BGH v. 6. 12. 1993 II ZR 102/93, BGHZ 124, 282.
3 Vgl. BGH v. 8. 1. 2001 II ZR 88/99, BGHZ 146, 264.

BEISPIELE: Die X-GmbH hat ein Stammkapital von 100 000 €. Sie besitzt ein Aktivvermögen zu Buchwerten von 200 000 €, darunter liquide Mittel von 30 000 €, und hat Verbindlichkeiten gegenüber Dritten von 110 000 €. Sie möchte ihrem Gesellschafter A mit einer Vorabausschüttung von 20 000 € „unter die Arme greifen", damit er seine private Steuernachzahlung begleichen kann.

Es liegt eine Unterbilanzsituation vor, weil das Netto-Gesellschaftsvermögen von (Aktiva 200 000 € ./. Verbindlichkeiten 110 000 € =) 90 000 € nicht mehr ausreicht, um die Stammkapitalziffer zu decken. Die Auszahlung an den Gesellschafter würde die bestehende Unterbilanz (um 20 000 €) vertiefen. Das Auszahlungsverbot des § 30 Abs. 1 GmbHG greift ein und die GmbH muss von der Hilfe an den Gesellschafter A Abstand nehmen, eine gleichwohl erfolgte Zahlung ist von dem Gesellschafter gem. § 31 Abs. 1 GmbHG zu erstatten.

1. ABWANDLUNG: Wie voriges Beispiel, aber die Verbindlichkeiten betragen nur 90 000 €. Es besteht noch keine Unterbilanz, weil die GmbH noch über ein Vermögen verfügt, das die Stammkapitalziffer abdeckt und sie um 10 000 € übersteigt. Die geplante Auszahlung an den Gesellschafter ließe jedoch eine Unterdeckung von 10 000 € entstehen. In dieser Höhe entsteht bei Leistung an den Gesellschafter eine Unterbilanz, so dass sie nach § 30 Abs. 1 Satz 1 GmbHG verboten ist. Der vom ungebundenen Vermögen gedeckte Betrag darf ausgezahlt werden. Zahlt die GmbH dennoch 20 000 € an den Gesellschafter aus, sind vom Gesellschafter gem. § 31 Abs. 1 GmbHG 10 000 € zu erstatten.

2. ABWANDLUNG: Es besteht wie im Grundbeispiel eine Unterbilanzsituation, aber die GmbH kauft von dem Gesellschafter zum Marktpreis von 20 000 € eine Maschine. Nach Lieferung will sie den Kaufpreis begleichen.

Hier liegt ein Austauschgeschäft mit einander gleichwertigen Gegenleistungen vor. Bei solchen „bilanzneutralen" Leistungen (Aktivtausch) wird der Gesellschaft ein gleichwertiger Gegenstand zugeführt, so dass die Unterbilanz durch die Zahlung (Aktivabgang der Zahlungsmittel) nicht vergrößert wird. Das Auszahlungsverbot greift schon nach § 30 Abs. 1 Satz 2 GmbHG nicht ein, weil die GmbH bei bilanzieller Betrachtungsweise einen vollwertigen Gegenleistungsanspruch erlangt hat.

3. ABWANDLUNG: Es besteht die Unterbilanzsituation, aber der Gesellschafter hat aufgrund eines früheren Gewinnverwendungsbeschlusses einen Anspruch auf Dividende von 20 000 €. Der Dividendenbezug stellt ein Gesellschaftergeschäft dar, weil die Leistung in der Gesellschafterstellung begründet ist. Hier greift das Auszahlungsverbot ein, weil kein Austauschgeschäft und auch kein Drittgeschäft vorliegt, bei dem der Gesellschafter die Leistung wie ein fremder Dritter empfängt (z. B. Schadensersatzanspruch aus unerlaubter Handlung).

f) Überschuldung

1571 Eine Auszahlung an den Gesellschafter ist erst recht nicht zulässig, wenn sie zur **Überschuldung führt** oder sie **vertieft**. Dann sind die Regeln des Kapitalerhaltungsrechts nicht nur entsprechend, sondern unmittelbar anzuwenden, was insbesondere bei der Ausfallhaftung anderer Gesellschafter nach § 31 Abs. 3 GmbHG von Bedeutung ist.[1]

1572 Ob eine **Überschuldung** besteht, ist anders als bei der Unterbilanz nicht nach § 42 GmbHG, sondern nach insolvenzrechtlichen Regeln durch eine **Überschuldungsbilanz festzustellen.** Hierzu sind auf der **Aktivseite** alle Vermögenswerte aufzunehmen, die bei der gedachten Eröffnung der Insolvenz als Masse verwertbar wären. Hinsichtlich der Höhe besteht keine Bindung an die Werte der Handelsbilanz, die Wirtschaftsgüter

---

[1] Vgl. BGH v. 5. 2. 1990 II ZR 114/89, NJW 1990, 1730.

sind mit den aktuellen **Verkehrswerten oder Liquidationswerten** anzusetzen, die oft in den sog. **Zerschlagungswerten** bestehen, wenn das Unternehmen nicht als Ganzes veräußert werden kann und dann Fortführungswerte angesetzt werden können.

In der Überschuldungsbilanz dürfen auch **selbst geschaffene immaterielle Wirtschaftsgüter**[1] und ein **Firmenwert** eingestellt werden, wenn mit ihrer Verwertung durch den Insolvenzverwalter gerechnet werden kann; auch schwebende Geschäfte können zu berücksichtigen sein. **Stille Reserven** sind aufzudecken, da es ja um einen möglichen Veräußerungserlös geht.

1573

Auf der Passivseite sind die Verbindlichkeiten mit ihrem Nennwert gegenüberzustellen, aber nur solche Verbindlichkeiten, die auch im Fall einer (gedachten) Insolvenz vom Gläubiger verfolgt werden könnten. Deshalb sind **nicht anzusetzen** das **Stammkapital** und Forderungen, auf die für den Fall der Insolvenz verzichtet worden ist, sowie – nach bisheriger Rechtslage – auch sog. **eigenkapitalersetzende Darlehen**[2] mit einem qualifizierten Rangrücktritt (Absprache, dass das Gesellschafterdarlehen erst nach Befriedigung aller anderen Gläubiger zurückgezahlt werden soll) oder Sanierungsdarlehen.[3] Nach Inkrafttreten der mit dem MoMiG eingefügten Neuregelungen des § 19 Abs. 2 Satz 2 und § 39 Abs. 1 Nr. 5 InsO gilt – vorbehaltlich des Sanierungs- und Kleinbeteiligtenprivilegs – der insolvenzrechtliche Nachrang aller Gesellschafterdarlehen.

1574

Der Gesetzgeber entlastet damit aber die Überschuldungsbilanz nicht mehr – wie ursprünglich geplant – grundsätzlich um Gesellschafterdarlehen, so dass sie nicht mehr als Passiva eingestellt werden müssten.[4] Dafür muss der Gesellschafter eine Rangrücktrittserklärung des Inhalts abgegeben, erst nach der Befriedigung der Gesellschaftsgläubiger der Rangklasse in § 39 Abs. 1 Nr. 5 InsO berücksichtigt zu werden. Auch Forderungen aus Rechtshandlungen, die einem Gesellschafterdarlehen wirtschaftlich gleichstehen – also insbesondere gestundete Forderungen aus Austauschverträgen (z. B. Kauf, Miete, Pacht) und aus Darlehen und gleichgestellten Forderungen eines gesellschaftergleichen Dritten – sind nur dann nicht zu passivieren, wenn für sie gem. § 19 Abs. 2 Satz 3 InsO zwischen Gläubiger und Schuldner der insolvenzrechtliche Nachrang hinter die Rangklasse Nr. 5 vereinbart worden ist. Eine Gleichstellung mit statutarischem Eigenkapital ist nicht mehr erforderlich. Der Rangrücktritt kann so formuliert werden, dass der Gesellschafter gem. § 39 Abs. 2 InsO hinter die übrigen Gesellschafterkreditgeber zurücktritt, die keine Rangrücktrittserklärung abgegeben haben und daher nach § 39 Abs. 1 InsO befriedigt werden.[5]

Zur Feststellung der Überschuldung ist nach § 19 Abs. 2 InsO nicht (mehr) von einem zweistufigen Überschuldungsbegriff auszugehen.[6] Eine positive Fortführungsprognose

1575

---

1 Vgl. BGH v. 30. 9. 1996 II ZR 51/95, DStR 1996, 1862, zu eigenen Softwareentwicklungen.
2 BGH v. 8. 1. 2001 II ZR 88/99, BGHZ 146, 264.
3 BGH v. 28. 6. 1999 II ZR 272/98, BGHZ 142, 116.
4 So aber nach dem ursprünglichen Regierungsentwurf, vgl. Gehrlein, BB 2008, 846, 847.
5 Formulierungsvorschlag von Wälzholz, GmbHR 2008, 841, 847.
6 Dazu noch BGH v. 13. 7. 1992 II ZR 269/91, BGHZ 119, 201; v. 31. 1. 2000 II ZR 309/98, DStR 2000, 527.

kann für sich allein eine Insolvenzreife nicht ausschließen.[1] Sie ist lediglich für die Bewertung des Vermögens nach Liquidations- oder Fortführungswerten von Bedeutung,[2] wobei die Überschuldungsprüfung nach Liquidationswerten der Regelfall und die nach Fortführungswerten der Ausnahmefall ist, der eine positive Fortbestehensprognose voraussetzt. Ihre Grundlagen hat die Geschäftsleitung darzulegen und notfalls zu beweisen, wobei sowohl der Fortführungswille der GmbH bzw. ihrer Organe als auch die objektive, grundsätzlich aus einem aussagekräftigen Unternehmenskonzept (sog. Ertrags- und Finanzplan) herzuleitende Überlebensfähigkeit des Unternehmens vorliegen müssen.[3] Das heißt letztlich auch, dass die Gesellschafter bereit sein müssen, ihre Darlehen in der Krise nicht aus der Gesellschaft abzuziehen.

g) Rechtsfolge bei Überschuldung

1576 Anders als bei der Unterbilanz, wo der Erstattungsanspruch aus § 31 Abs. 1 GmbHG nicht höher als die Ziffer des Stammkapitals sein kann, muss der Gesellschafter **die in der Überschuldungssituation empfangene Leistung in voller Höhe zurückzahlen,**[4] es sei denn, die Auszahlungssperre greift wie z. B. bei der Rückgewähr von Gesellschafterdarlehen nicht ein. Allerdings ist die Haftung auf den Betrag des verlorenen Stammkapitals und der darüber hinausgehenden Überschuldung begrenzt. Der Anspruch kann nicht höher sein als die Auszahlung selbst, auch wenn nach Rückzahlung immer noch eine Überschuldung oder Unterbilanz bleibt. **Die Erstattungspflicht geht immer nur auf die verbotene Auszahlung,** es besteht **keine Quasi-Nachschusspflicht** zum Ausgleich einer Überschuldung aus § 31 Abs. 1 GmbHG.

1577 Eine missliche Folge kann die direkte Anwendung des § 30 Abs. 1 Satz 1 GmbHG in Überschuldungsfällen auch für die **anderen Gesellschafter** haben, weil sie wegen eines Ausfalls der Erstattungsforderung nach Abs. 3 der Vorschrift **anteilig im Verhältnis der Geschäftsanteile haften**. Das Haftungsrisiko der Mitgesellschafter nach § 31 Abs. 3 GmbHG ist auf den Betrag der Stammkapitalziffer beschränkt.[5] Eine Beschränkung auf die Höhe der Stammeinlage des oder der Gesellschafter, die verbotswidrig die Auszahlung erhalten haben, kommt aber ebenso nicht in Betracht,[6] wie der Abzug der eigenen Einlage des solidarisch haftenden Gesellschafters.[7] Wegen des Risikos einer Ausfallhaftung sollten Mitgesellschafter schon im eigenen Interesse besondere Vorsicht walten lassen, wenn es um Auszahlungen an einen Gesellschafter geht, die mit Rücksicht auf dessen Gesellschafterstellung erfolgen sollen.

1578–1600 (*Einstweilen frei*)

---

1 Der „neue" Überschuldungstatbestand wurde aber durch das FMStG bis 31.12.2013 ausgesetzt. Vorübergehend galt, dass eine bilanzielle Unterdeckung nicht zur Überschuldung führt, wenn die Fortführung des Unternehmens überwiegend wahrscheinlich ist (= positive Fortführungsprognose).
2 BGH v. 5.2.2007 II ZR 234/05, BGHZ 171, 46.
3 BGH v. 9.10.2006 II ZR 303/05, DStR 2006, 2186.
4 BGH v. 8.7.1985 II ZR 269/84, BGHZ 95, 188, 193.
5 BGH v. 25.2.2002 II ZR 196/00, BGHZ 150, 61.
6 Hueck/Fastrich in Baumbach/Hueck, GmbHG, § 31 Rz. 24; offen gelassen in BGHZ 150, 61, 66.
7 BGH v. 22.9.2003 II ZR 229/02, NZG 2003, 1116.

2. Zahlungsempfänger und Erstattungspflichtiger

a) Gesellschafter

Liegt nach § 30 Abs. 1 Satz 1 GmbHG eine verbotene Zahlung an den Gesellschafter vor, ist der **Gesellschafter** als **Leistungsempfänger zur Erstattung verpflichtet**. Dies gilt auch dann, wenn er die verbotene Leistung empfangen hat, nachdem er bereits aus der Gesellschaft ausgeschieden ist, die der Auszahlung zugrunde liegende Verpflichtung aber bereits begründet wurde, als er noch Gesellschafter war. Maßgebend ist also, ob der Gesellschafter im Zeitpunkt der Begründung Gesellschafter war, nicht aber, ob die Gesellschaftereigenschaft bei der Erfüllung (Auszahlung) noch bestanden hat.[1] Der ausgeschiedene Gesellschafter ist zur Erstattung ebenfalls verpflichtet, wenn ihm die Leistung für den Fall seines Ausscheidens zugesagt wurde, ein neu eintretender Gesellschafter schuldet die Rückzahlung, wenn ihm die (verbotene) Leistung für den Fall seines Eintretens versprochen wurde.

1601

b) Dritte als Zahlungsempfänger

Wird an eine außenstehende dritte Person gezahlt, ist der Gesellschafter dennoch Empfänger der Leistung und zur Erstattung verpflichtet, wenn **die Auszahlung auf Weisung und für Rechnung des Gesellschafters erfolgt**. Dies sind insbesondere die Fälle, in denen die Gesellschaft Verbindlichkeiten des Gesellschafters gegenüber Dritten erfüllt – z. B. die Entrichtung seiner privaten Steuerschuld an die Finanzkasse[2] – oder die Gesellschaft auf eine im Interesse ihres Gesellschafters eingegangene Bürgschaft zahlt.

1602

Leistungen an dritte Personen führen aber auch dann zur Erstattungspflicht des Gesellschafters, wenn sie ihm wegen seiner **nahen Beziehung zu dem Dritten** wie eine an ihn erbrachte Zuwendung zugerechnet werden müssen. Hierunter fallen die Leistungen an **nahe Angehörige wie den Ehegatten, die minderjährigen Kinder und Eltern, verbundene Unternehmen und im Rahmen von Treuhandverhältnissen** (Hintermann eines Strohmann-Gesellschafters oder **Treugeber** eines Treuhandgesellschafters). Die Leistungen sind dann dem Gesellschafter – wie an ihn erbracht – zuzurechnen mit der Folge, dass er rückzahlungspflichtig ist.

1603

c) Dritte als Erstattungsverpflichtete

Waren **nahe Angehörige, Treugeber oder ein Hintermann** in Treuhand- bzw. Strohmannverhältnissen **oder verbundene Unternehmen Empfänger** der verbotenen Auszahlung, müssen sie sich nach der Rechtsprechung wie **ein Gesellschafter behandeln lassen und sind selbst zur Rückzahlung verpflichtet**. Sie sind dann mit dem Gesellschafter als Gesamtschuldner erstattungspflichtig.

1604

Dritte können aber auch dann zur Rückzahlung verpflichtet sein, wenn ihnen der Anspruch des Gesellschafters abgetreten oder der Anspruch gepfändet wurde und an sie als Zessionar oder Pfändungsgläubiger gezahlt worden ist.[3]

1605

---

[1] St. Rspr., vgl. BGH v. 13. 7. 1981 II ZR 256/79, BGHZ 81, 252, 258.
[2] BGH v. 29. 3. 1973 II ZR 25/70, BGHZ 60, 324, 330.
[3] BGH v. 28. 9. 1981 II ZR 223/80, BGHZ 81, 365.

1606 Ein Nichtgesellschafter ist jedoch dann nicht zur Rückzahlung verpflichtet, wenn die Gesellschaft nur auf eine Verbindlichkeit des Gesellschafters gegenüber dem Dritten gezahlt hat. Die Tilgung der Schuld ist dann dem Gesellschafter zuzurechnen, und er ist nach § 31 Abs. 1 GmbHG zur Rückzahlung an die Gesellschaft verpflichtet.

1607–1610 (*Einstweilen frei*)

3. Erstattungsanspruch

Literatur: *Blöse*, Der Umfang der Ausfallhaftung bei Verstoß gegen das Auszahlungsverbot, GmbHR 2002, 1107; *Geißler*, Verdeckte Gewinnausschüttungen und Rückforderungsansprüche der GmbH, GmbHR 2003, 394; *Jungmann*, Zur bilanziellen Behandlung und summenmäßigen Begrenzung von Ansprüchen aus § 31 GmbHG, DStR 2004, 688; *Goette*, Cash-Pool und Kapitalerhaltung, DStR 2006, 767.

1611 Wird gegen das der Kapitalerhaltung dienende Verbot verstoßen, sind die betreffenden Leistungen der Gesellschaft zu erstatten (§ 31 Abs. 1 GmbHG). **Gläubiger** des Erstattungsanspruchs ist also die **Gesellschaft**. Die Erstattungspflicht, die durch eine Mithaftung der Gesellschafter unterstützt wird, ist nicht abdingbar. Dass die Voraussetzungen für die Entstehung des Anspruchs vorgelegen haben (insbesondere Unterbilanz bzw. Überschuldung bzw. deren Entstehen oder Vertiefung), hat die Gesellschaft (bzw. i. d. R. der Insolvenzverwalter) darzulegen und zu beweisen. Dafür, dass einer der neuen Ausnahmetatbestände vorliegt, wie etwa die Deckung der Gesellschaftsleistung durch einen vollwertigen Gegenleistungs- oder Rückgewähranspruch, wird man wohl den Gesellschafter beweispflichtig machen müssen.

a) Inhalt des Erstattungsanspruchs

1612 Da der Erstattungsanspruch die Erhaltung des der Ziffer des Stammkapitals entsprechenden Vermögens bezweckt, muss das Vermögen wieder entsprechend aufgefüllt werden.

1613 Bei **Unterbilanz** ist die **Höhe** des Erstattungsanspruchs dem gemäß **auf die Stammkapitalziffer begrenzt**. Sobald das Gesellschaftsvermögen wertmäßig auf diese Ziffer wieder aufgefüllt ist, darf der Gesellschafter einen überschießenden Betrag aus der empfangenen Leistung behalten.

1614 Bei **Überschuldung** muss der Gesellschafter nicht nur **den der Ziffer des Stammkapitals entsprechenden Betrag erstatten**, sondern **den Betrag, der erforderlich ist, um die Überschuldung zurückzuführen**. **Obergrenze** ist aber der Betrag der empfangenen Zahlung.

1615 Grundsätzlich ist das zu erstatten, was der Gesellschafter empfangen hat. Dies bedeutet, dass **Zahlungen zu erstatten** und **Sachleistungen** regelmäßig **in Natur** zurückzugewähren sind, bei unzulässigen Aufrechnungen oder verbotswidrigem Verzicht auf Forderungen sind die entsprechenden Verbindlichkeiten wieder zu begründen.[1] Da das Kapitalerhaltungsgebot nicht dem gegenständlichen Schutz des Stammkapitals dient, sondern die Erhaltung eines ihm entsprechenden Vermögenswertes bezweckt, wird man es zulassen können, dass der Gesellschafter eine ihm zugewandte Sache behalten

---

[1] Vgl. BGH v. 8. 7. 1985 II ZR 269/84, BGHZ 95, 188, 193; v. 2. 10. 2000 II ZR 64/99, DStR 2000, 2140.

darf, falls er der Gesellschaft einen entsprechenden Wertausgleich durch Zahlung eines Geldbetrages leistet, der freilich dann auch die zwischenzeitlichen Nutzungen umfassen muss. Gibt er den Sachgegenstand zurück, trägt er auch das Risiko der Wertminderung; eingetretene Wertverluste sind in Geld auszugleichen. Der Gesellschafter kann gegen den Erstattungsanspruch auch nicht einwenden, dass er nicht mehr bereichert sei und dass die Gesellschaft nicht hätte leisten dürfen (§§ 814, 818 Abs. 3 BGB). Der Erstattungsanspruch gem. § 31 Abs. 1 GmbHG ist kein Bereicherungsanspruch, sondern ein im Gesellschaftsverhältnis begründeter Anspruch.

b) Fälligkeit

Der Erstattungsanspruch wird **sofort** in dem Zeitpunkt **fällig**, in dem die (verbotene) Leistung bewirkt wird, und zwar ohne dass es eines Gesellschafterbeschlusses wie nach § 46 Nr. 2 GmbHG zur Einforderung von Einlagen bedarf. Der Anspruch dient Gläubigerschutzinteressen und steht daher auch nicht zur Verfügung der Gesellschafter.[1] Der Geschäftsführer hat den Anspruch geltend zu machen und kann sich nicht hinter eine entgegenstehende Weisung der Gesellschafter zurückziehen, wenn er sich nicht nach § 43 Abs. 3 GmbHG selbst schadensersatzpflichtig machen will.[2]

1616

Nach überwiegender Ansicht darf der Anspruch auf Erstattung auch **nicht gestundet** werden, und der Gesellschafter kann auch gegen den Erstattungsanspruch nicht mit einer eigenen Forderung gegen die Gesellschaft aufrechnen (**Aufrechnungsverbot**). Der BGH hat im Urteil vom 27.11.2000[3] ausgeführt, dass die Vorschriften der §§ 30 ff. GmbHG a.F. der Erhaltung des zur Gläubigerbefriedigung erforderlichen, durch die Stammkapitalziffer gebundenen Vermögens dienen sollen und es deshalb geboten sei, die letztlich auch diesem Zweck dienende Vorschrift des § 19 Abs. 2 Satz 2 GmbHG (Verbot der Aufrechnung gegen Einlageforderungen) entsprechend auf den Anspruch aus § 31 Abs. 1 GmbHG anzuwenden. Dies hat besonders Bedeutung in der Insolvenz der Gesellschaft, weil dann der Insolvenzverwalter die Erstattungsforderung ungeschmälert geltend machen kann, während der Gesellschafter mit seiner eigenen Forderung meist ausfällt.

1617

Der **einmal entstandene Rückzahlungsanspruch** nach § 31 Abs. 1 GmbHG **entfällt nicht**, wenn das Gesellschaftsvermögen zwischenzeitlich in anderer Weise bis zur Höhe der Stammkapitalziffer **nachhaltig wieder hergestellt** ist.[4] Die frühere, gegenteilige Rechtsprechung, die den Anspruch bei anderweitiger, nachhaltiger Beseitigung der Unterbilanz oder Überschuldung entfallen ließ,[5] ist damit nicht mehr anwendbar. Die Gesellschaft hat aber die Möglichkeit, bei zwischenzeitlich nachhaltiger Beseitigung der Unterbilanz oder Überschuldung über die Verwendung des Erstattungsanspruchs durch Gesellschafterbeschluss zu entscheiden, also auch die Erstattung zu erlassen, wenn damit § 30 Abs. 1 Satz 1 GmbHG nicht erneut verletzt wird.

1618

---

1 BGH v. 8.12.1986 II ZR 55/86, BB 1987, 293.
2 BGH v. 15.11.1999 II ZR 122/98, DStR 2000, 168.
3 II ZR 83/00, BGHZ 146, 105.
4 BGH v. 29.5.2000 II ZR 118/98, BGHZ 144, 336; BGH v. 23.4.2012 II ZR 252/10, GmbHR 2012, 740.
5 BGH v. 11.5.1987 II ZR 226/86, NJW 1988, 139.

1619 Der Anspruch aus § 31 Abs. 1 GmbHG verjährt in zehn Jahren, § 31 Abs. 5 Satz 1 GmbHG, die Frist beginnt mit Ablauf des Tages, an dem die Gesellschaft die verbotswidrige Zahlung oder Leistung erbracht hat (Eintritt des Leistungserfolges).

c) Einschränkung der Erstattungspflicht bei Gutgläubigkeit

1620 Eine verbotswidrige Zahlung liegt schon dann vor, wenn sie objektiv bei Unterbilanz oder Überschuldung erfolgt ist, ohne dass die Gesellschaft oder der begünstigte Gesellschafter davon Kenntnis haben mussten oder gar ein Verschulden vorliegen müsste, und löst dann den Erstattungsanspruch aus.

1621 **Bei Gutgläubigkeit** ist aber die Erstattungspflicht auf **den Betrag beschränkt**, der zur **Befriedigung der Gläubiger erforderlich ist** (§ 31 Abs. 2 GmbHG).

1622 Es kommt auf die Gutgläubigkeit des Gesellschafters hinsichtlich einer Unterbilanz- oder Überschuldungssituation an. Gutgläubig ist der Gesellschafter, wenn er nicht weiß, dass nach der Vermögenssituation der Gesellschaft eine Leistung an ihn verboten ist, und seine Unkenntnis nicht auf grober Fahrlässigkeit beruht. Dabei ist zu berücksichtigen, ob er sein Auskunfts- und Informationsrecht nach § 51a GmbHG hinreichend wahrgenommen hat. Einen Mehrheitsgesellschafter treffen umfangreichere Sorgfaltspflichten als einen Gesellschafter, der nur über eine Minderheitsbeteiligung verfügt.

1623 Ist ein Dritter Zahlungsempfänger und ist die Leistung dem Gesellschafter zuzurechnen, kommt es auf die Gutgläubigkeit des Gesellschafters an. Ist der Dritte selbst zur Erstattung verpflichtet – wie bei Leistungen an nahe Angehörige, verbundene Unternehmen oder an den Treugeber (Hintermann) –, wird die Bösgläubigkeit der dritten Person oder des Gesellschafters dem anderen zugerechnet.[1]

1624 Kann sich der Gesellschafter auf seine Gutgläubigkeit berufen, was er darlegen und notfalls beweisen muss, kann die Gesellschaft die **Rückzahlung nur** insoweit verlangen, als sie **für die Befriedigung der Gläubiger erforderlich** ist. Erforderlich ist die Erstattung schon bei ernsten Zahlungsschwierigkeiten und stets, wenn die Gesellschaft überschuldet oder zahlungsunfähig ist, so dass dem Gesellschafter bei Einforderung – wie meist in diesen Fällen durch den Insolvenzverwalter – sein guter Glaube nicht viel nützt, zumal die Erstattungspflicht auch dann gilt, wenn die zu befriedigenden Verbindlichkeiten erst nach der Auszahlung, aber noch innerhalb der Verjährungsfrist entstanden sind.

d) Mithaftung der übrigen Gesellschafter

Literatur: *Goette*, Ausfallhaftung der Mitgesellschafter einer GmbH für verbotene Auszahlung, DStR 2003, 2131.

1625 Da es um die effektive Erhaltung des Kapitals geht, das im Interesse der Gläubiger nicht durch verbotswidrige Auszahlungen an Gesellschafter geschmälert werden soll, bezieht der Gesetzgeber die Mitgesellschafter in die Erstattungspflicht mit ein (**§ 31 Abs. 3 GmbHG**). Mitgesellschafter ist jeder, der im Zeitpunkt der verbotswidrigen Zahlung Mitglied der Gesellschaft war.

---

1 Vgl. Beck-GmbH-HB/Jung/Otto, § 8 Rz. 66, m.w.N.

Allerdings tritt die **Haftung der Mitgesellschafter** nur **hilfsweise** (subsidiär) ein. Sie hängt einmal davon ab, dass der Empfänger der Leistung seiner Erstattungspflicht nicht nachkommt, und setzt zum zweiten voraus, dass der ausfallende Betrag zur Befriedigung der Gesellschaftsgläubiger gebraucht wird. Die Haftung der Mitgesellschafter, die sich insgesamt nach dem Umfang der sog. Primärschuld richtet (das ist die Schuld des zur Erstattung nach § 31 Abs. 1 GmbHG verpflichteten Empfängers), ist nicht solidarisch, sondern bestimmt sich nach dem Verhältnis der Geschäftsanteile (§ 31 Abs. 3 Satz 1 GmbHG), wobei den einzelnen zur anteiligen Haftung verpflichteten Mitgesellschafter aber zusätzlich noch eine Ausfallhaftung nach § 31 Abs. 3 Satz 2 GmbHG treffen kann, wenn wiederum ein mithaftender Gesellschafter nicht zur Zahlung seines Anteils in der Lage ist.

1626

Da es für die Mithaftung auf Gut- oder Bösgläubigkeit nicht ankommt, trifft die Gesellschafter, die nicht einmal an der verbotswidrigen Leistung teilgenommen haben müssen oder von ihr möglicherweise auch gar keine Kenntnis hatten, ein hohes Haftungsrisiko insbesondere, wenn die Gesellschaft in Vermögensverfall gerät. Wegen dieses unkalkulierbaren Risikos wird man wohl die Haftung auf einen Betrag in Höhe des Stammkapitals beschränken müssen.[1] Die Ansprüche aus § 31 Abs. 3 GmbHG **verjähren** in **fünf Jahren**, und zwar auch dann, wenn der in Anspruch genommene Gesellschafter bewusst an der unzulässigen Leistung zugunsten des primären Schuldners mitgewirkt hat.[2]

e) Keine Schadensersatzansprüche gegen die Mitgesellschafter

Nach früherer Rechtsprechung trat neben den Schadensersatzanspruch gegen den Geschäftsführer nach § 43 Abs. 3 GmbHG auch ein solcher Anspruch gegen die Mitgesellschafter, weil sie ihre Pflicht verletzt hatten, das Stammkapital schmälernde Auszahlungen an einen Gesellschafter zu verhindern. Die Mitgesellschafter mussten deshalb für den gesamten Fehlbetrag als Gesamtschuldner einstehen.[3] Inzwischen ist der BGH zur gesetzlichen Ausfallhaftung nach § 31 Abs. 3 GmbHG zurückgekehrt[4] und hat eine verschuldensabhängige Haftung der Mitgesellschafter – von Fällen der Existenzgefährdung abgesehen – verneint.

1627

f) Verjährung

Sämtliche Ansprüche der Gesellschaft aus § 31 Abs. 1 GmbHG gegen den Empfänger der verbotswidrigen Leistung verjähren nunmehr in zehn Jahren. Die Unterscheidung zwischen gutgläubigen Verpflichteten und böslicher Handlungsweise ist entfallen (§ 31 Abs. 5 Satz 1 GmbHG).

1628

Die Haftungsansprüche gegen Mitgesellschafter (Abs. 3) verjähren nach fünf Jahren (§ 31 Abs. 5 Satz 1 GmbHG). Die Verjährung beginnt mit Ablauf des Tages, an welchem die Gesellschaft die zu erstattende Leistung erbracht hat.

1629

---

1 Vgl. Beck-GmbH-HB/Jung/Otto, § 8 Rz. 74; Goette, § 3 Rz. 29; vom BGH offen gelassen, vgl. BGH v. 5. 2. 1990 II ZR 144/89, NJW 1990, 1730.
2 Hueck/Fastrich in Baumbach/Hueck, GmbHG, § 31 Rz. 28.
3 BGH v. 10. 12. 1984 II ZR 308/83, BGHZ 93, 146 ff.; v. 27. 3. 1995 II ZR 30/94, DStR 1995, 1117.
4 BGH v. 21. 6. 1999 II ZR 47/98, BGHZ 142, 92.

1630   Die „bösliche" Handlungsweise hat – abgesehen von Altfällen – nur noch Bedeutung für die Haftungsbegrenzung nach § 31 Abs. 2 GmbHG. Eine bösliche Handlungsweise liegt vor, wenn der Gesellschafter die Leistung in Kenntnis der Unzulässigkeit angenommen oder gebilligt hat.[1]

g) Rückzahlung gutgläubig bezogener Gewinne

1631   Hat der Gesellschafter aufgrund eines Gewinnverwendungsbeschlusses nach § 29 GmbHG in offener Ausschüttung eine Dividende von der GmbH erhalten, so kann die Gesellschaft den Betrag grundsätzlich nach Bereicherungsregeln zurückfordern, wenn die Zahlung von Anfang an (wegen Nichtigkeit des Gewinnverwendungsbeschlusses) oder aufgrund eines späteren rückwirkenden Ereignisses (Anfechtung) ohne rechtlichen Grund erfolgt ist. Einer solchen Rückforderung kann der Gesellschafter unter Berufung auf § 32 GmbHG entgegentreten, wenn der Gesellschafter hinsichtlich des Mangels des Gewinnverteilungsbeschlusses gutgläubig war. Diesen Einwand kann der Gesellschafter mit Erfolg aber nur erheben, wenn bei der Auszahlung nicht das Vermögen geschmälert wurde, das für die **Deckung der Stammkapitalziffer** erforderlich war. Dann nämlich liegt ein Verstoß gegen § 30 Abs. 1 Satz 1 GmbHG vor, der nach § 31 GmbHG einen eigenständigen Erstattungsanspruch auslöst, der aber seinem Umfang nach gem. § 31 Abs. 2 GmbHG eingeschränkt sein kann.

1632–1650   (*Einstweilen frei*)

4. Eingeschränkter Erwerb eigener Anteile

a) Noch nicht vollständig geleistete Einlagen

1651   Auch die Vorschrift des § 33 GmbHG dient der **Erhaltung des Stammkapitals**. Die GmbH kann eigene Geschäftsanteile, auf welche die Einlagen noch nicht vollständig geleistet sind, nicht erwerben oder als Pfand nehmen. Durch die Formulierung „kann nicht" wird deutlich, dass ein Verstoß zur Nichtigkeit sowohl des schuldrechtlichen wie auch des dinglichen Erwerbsgeschäftes führt. Die zwingende Vorschrift soll zur Garantie des Stammkapitals verhindern, dass die GmbH durch den Erwerb eigener Geschäftsanteile, auf die die Einlagen noch nicht vollständig erbracht sind, die Einlagenforderungen verliert.

b) Einlagen sind vollständig geleistet

1652   Für den **Erwerb eigener Geschäftsanteile**, auf welche die Einlagen vollständig geleistet sind, gilt eine andere Regelung. Ihr Erwerb ist eingeschränkt möglich. Solche Geschäftsanteile „darf" die Gesellschaft gem. § 33 Abs. 2 Satz 1 GmbHG nur dann erwerben, sofern sie im Zeitpunkt des Erwerbs eine Rücklage in Höhe der Aufwendungen für den Erwerb bilden könnte, ohne das Stammkapital oder eine nach dem Gesellschaftsvertrag zu bildende Rücklage zu mindern, die nicht zur Zahlung an die Gesellschafter verwandt werden darf. Mit anderen Worten, es müsste möglich sein, eine **„fiktive" Rücklage in Höhe der Erwerbsaufwendungen** mit **frei verfügbaren Rücklagen zu verrechnen**. Die Aufwen-

---

1   BGH v. 11. 5. 1987 II ZR 226/86, DB 1987, 1782; v. 19. 2. 1990 II ZR 268/88, BGHZ 110, 352.

dungen für den Erwerb müssen also aus dem Gesichtspunkt der Kapitalerhaltung aus den freien Rücklagen erbracht werden können, weil in jedem Rückkauf eigener Anteile wirtschaftlich die Auskehrung von Einlagen und freien Rücklagen zu sehen ist.

Die tatsächliche Bildung einer Rücklage, wie sie nach bisherigem Recht in gleicher Weise möglich sein musste (§ 272 Abs. 4 HGB a. F.), ist nicht mehr notwendig. Vielmehr muss nun gem. § 272 Abs. 1a HGB der Nennbetrag der eigenen Anteile in der Vorspalte offen von dem Posten „Gezeichnetes Kapital" abgesetzt werden. Der Unterschiedsbetrag zwischen dem Nennbetrag der Geschäftsanteile und den Anschaffungskosten der eigenen Anteile ist mit den „frei verfügbaren Rücklagen" (= Gewinnrücklagen nach § 266 Abs. 3 A. III. 4. HGB und Rücklagen nach § 272 Abs. 2 Nr. 4 HGB) zu verrechnen. Aufgrund der vorgeschriebenen Verrechnung mit „freien Rücklagen" ist die Ausschüttung gebundenen Vermögens nicht möglich.[1]

Die Anschaffungsnebenkosten (z. B. Gebühren für die notarielle Beurkundung der Abtretung) sind als Aufwand des Geschäftsjahres zu berücksichtigen. Eine **Aktivierung eigener Anteile und ihr Ausweis unter den Wertpapieren des Umlaufvermögens** sowie die Passivierung einer Rücklage für eigene Anteile innerhalb der Gewinnrücklagen (Passivseite A. III.) **entfällt**, da § 265 Abs. 3 Satz 2 HGB a. F. aufgehoben und § 272 Abs. 4 HGB nur noch Rücklagen für Anteile an einem herrschenden oder mit Mehrheit beteiligten Unternehmen betrifft. Der Erwerb eigener Anteile darf künftig[2] nur auf der Passivseite ausgewiesen werden,[3] und zwar in der Weise, dass der Nennbetrag der Geschäftsanteile in der Vorspalte offen von dem Posten „Gezeichnetes Kapital" abzusetzen ist. Ausreichend freies Vermögen muss im Zeitpunkt des Erwerbs, also bei Übertragung der Geschäftsanteile vorhanden sein, der Auszahlungszeitpunkt, den der BGH bisher für ausschlaggebend ansah,[4] ist nicht maßgeblich.

Die Vorschrift des § 33 GmbHG könnte leicht umgangen werden, wenn nicht auch die Annahme von Geschäftsanteilen als Pfand eingeschränkt wäre. Während die **Inpfandnahme von eigenen Geschäftsanteilen,** auf die die Einlagen noch nicht vollständig eingezahlt sind, nach § 33 Abs. 1 GmbHG schlicht verboten ist, bestimmt § 33 Abs. 2 Satz 2 GmbHG im Interesse der GmbH und ihrer Gläubiger, dass eigene Geschäftsanteile als Pfand nur angenommen werden dürfen, wenn die gesicherte Forderung in voller Höhe oder in Höhe des Teilbetrages, der durch einen niedrigeren Wert des Geschäftsanteils gesichert ist, zur Deckung des Stammkapitals nicht gebraucht wird.

1653

Einen eigenen Geschäftsanteil kann die GmbH immer nur von einem ihrer Gesellschafter erwerben. Kann der Erwerbspreis nicht aus dem die Stammkapitalziffer übersteigenden Vermögen beglichen werden, dann bedeutet die Kaufpreiszahlung zugleich, dass an den veräußernden Gesellschafter eine durch § 30 Abs. 1 Satz 1 GmbHG **verbotene Zahlung** geleistet wird.

1654

---

1 Budde in Kessler/Leinen/Strickmann, BilMoG, Die neue Handelsbilanz, S. 248.
2 Nach Art. 66 Abs. 3 EGHGB i. d. F. des BilMoG für Jahresabschlüsse der nach dem 31. 12. 2009 beginnenden Geschäftsjahre mit dem Wahlrecht, die neue Vorschrift auch schon für Abschlüsse der nach dem 31. 12. 2008 beginnenden Geschäftsjahre anzuwenden.
3 Meyer, DStR 2007, 2227, 2229.
4 BGH v. 29. 6. 1998 II ZR 353/97, NJW 1998, 3121.

1655 Ein gegen § 33 Abs. 2 GmbHG verstoßender Erwerb ist nicht unwirksam, jedoch ist das schuldrechtliche Geschäft nichtig (§ 33 Abs. 2 Satz 3 GmbHG). Das dingliche Geschäft bleibt bestehen.

1656 Die unterschiedliche Regelung der Rechtsfolgen eines gegen § 33 GmbHG verstoßenden Erwerbs eines eigenen Geschäftsanteils ist sinnvoll und berücksichtigt die Interessen des an die Gesellschaft veräußernden Gesellschafters ebenso wie die des später von der Gesellschaft den eigenen Anteil erwerbenden Dritten. Der Gesellschafter, der an die GmbH seinen nicht voll eingezahlten Geschäftsanteil veräußert oder verpfändet, ist nicht schutzwürdig, während die GmbH ihre Einlageforderung verlöre. Auch einem Dritten, der von der Gesellschaft einen eigenen Geschäftsanteil erwirbt, kann zugemutet werden, sich zu informieren, ob die Einlagen vollständig eingezahlt waren, als die GmbH ihren eigenen Geschäftsanteil erwarb. Es ist deshalb angebracht, ihn das volle Risiko einer aus § 33 Abs. 1 GmbHG folgenden Nichtigkeit des dinglichen wie des schuldrechtlichen Geschäftes tragen zu lassen. Gleiches gilt für den Dritten, der später von der GmbH deren eigenen Anteil erwirbt.

1657 Die Nichtigkeit des schuldrechtlichen Geschäftes erzeugt aber schuldrechtliche Ansprüche, die auf Wiederherstellung des alten Zustandes zielen.

1658 Ob ein Verstoß gegen § 33 Abs. 2 GmbHG vorliegt, kann der Gesellschafter jedoch i. d. R. ebenso wenig überprüfen wie der später erwerbende Dritte; deshalb bleibt hier das dingliche Geschäft wirksam, die GmbH oder später der Dritte erwerben den Geschäftsanteil.

c) Erweiterte Zulässigkeit in Umwandlungsfällen

1659 Im Rahmen bestimmter **Umwandlungsfälle** (Verschmelzung, Spaltung und Formwechsel) erweitert § 33 Abs. 3 GmbHG die Zulässigkeit des Erwerbs eigener Anteile zum Zweck der notwendigen Abfindung von Minderheitsgesellschaftern. Erforderlich ist auch hier, dass die GmbH im Zeitpunkt des Erwerbs eine fiktive Rücklage nach Abs. 2 unter Wahrung des Kapitalschutzes durch Umschichtung frei verfügbarer Rücklagen bilden könnte. Dabei ist auch ein **Erwerb nicht voll eingezahlter Geschäftsanteile zulässig**, wodurch auch der Anspruch auf die ausstehende Resteinlage (endgültig) untergeht und nicht wieder bei Weiterveräußerung auflebt.[1] Die Frist für den Anteilserwerb zur Abfindung beträgt sechs Monate. Abgefunden werden können nur Gesellschafter, die gegen den Umwandlungsbeschluss Widerspruch zur Niederschrift bei der GmbH erklärt haben. Die bilanzielle Behandlung von Anteilen, die zum Zwecke der Abfindung bei Umwandlungsfällen erworben wurden, richtet sich auch nach § 272 Abs. 1a HGB.

d) Weiterveräußerung eigener Anteile

1660 Veräußert die GmbH zuvor erworbene eigene Anteile weiter, entfällt nach § 272 Abs. 1b Satz 1 HGB der **Ausweis** des Nennbetrags **in der Vorspalte des gezeichneten Kapitals** nach Abs. 1a Satz 1 wieder. Ein Differenzbetrag, um den der Nennbetrag der eigenen Anteile den Veräußerungserlös übersteigt, ist bis zur Höhe des mit den freien Rücklagen (beim Erwerb) berechneten Betrages wieder in die betreffenden Rücklagen ein-

---

1 Hueck/Fastrich in Baumbach/Hueck, GmbHG, § 33 Rz. 16.

zustellen. Ein darüber hinausgehender Differenzbetrag aus dem Verkaufserlös ist in die Kapitalrücklage nach § 272 Abs. 2 Nr. 1 HGB (wie z. B. auch ein Aufgeld) einzustellen. Veräußerungsnebenkosten stellen Aufwand des Geschäftsjahres dar.

Im Endeffekt sind Erwerb und Wiederveräußerung eigener Geschäftsanteile bis auf die Transaktionskosten vollständig ergebnisneutral. 1661

e) Sonderfälle

Die GmbH kann nicht (auf Dauer) **alle ihre eigenen** Geschäftsanteile erwerben, also selbst zu ihrem einzigen Gesellschafter und zur „**Keinmann-Gesellschaft**" werden. Es muss neben ihr mindestens ein Gesellschafter verbleiben. Grund dafür ist, dass alle Gesellschafterrechte aus eigenen Geschäftsanteilen ruhen, aus eigenen Anteilen kein Stimmrecht ausgeübt werden kann und es nicht mehr zu Gesellschafterbeschlüssen kommen könnte. Außerdem nehmen eigene Anteile, die sich im Eigentum der GmbH befinden, nicht an Gewinnausschüttungen teil (kein Dividendenanspruch), sondern die Dividenden sind an die anderen Gesellschafter zu verteilen, die dann aber fehlten, und eigene Anteile bei der Verteilung eines Liquidationserlöses werden nicht berücksichtigt (kein Vermögensrecht), so dass eine Liquidation praktisch unmöglich wäre. Allenfalls für eine kurze Übergangszeit kann die Vereinigung aller Anteile bei der GmbH zulässig sein, die dann aber aufgelöst wird, sofern kein Fortsetzungsbeschluss nach Veräußerung eines Geschäftsanteils gefasst wird. 1662

Erwirbt bei einer GmbH & Co. KG die Kommanditgesellschaft Geschäftsanteile an der Komplementär-GmbH, wird die GmbH gesamthänderisch mitberechtigt am eigenen Geschäftsanteil. Insbesondere bei der sog. **Einheitsgesellschaft** (die KG hält sämtliche Geschäftsanteile an der GmbH) gerät für den Fall, dass die Stammeinlage nicht voll einbezahlt ist, die Kapitalaufbringung in Gefahr. Deshalb ist die Anwendung von § 33 Abs. 1 GmbHG sachgerecht; aber auch bei voll eingezahlter Stammeinlage kann § 33 Abs. 2 GmbHG tangiert sein, wenn durch die Entgeltzahlungen der KG das Stammkapital der GmbH mittelbar beeinträchtigt wird. 1663

(Einstweilen frei) 1664–1680

5. Obligatorische Gesellschafterversammlung

In dem Zusammenhang „Erhaltung des Stammkapitals" ist auch die Vorschrift des § 49 Abs. 3 GmbHG zu erwähnen, wonach die Geschäftsführer verpflichtet sind, unverzüglich eine Gesellschafterversammlung einzuberufen, wenn sich aus der Jahresbilanz (gemeint ist der „Jahresabschluss") oder aus einer im Laufe des Geschäftsjahres aufgestellten Bilanz ergibt, dass die Hälfte des Stammkapitals verloren ist. Eine Verletzung dieser Verpflichtung kann den Geschäftsführer nach § 43 GmbHG schadensersatzpflichtig machen. Welche Beschlüsse in dieser Gesellschafterversammlung dann gefasst werden, entscheiden natürlich die Gesellschafter. Für die **Unternehmergesellschaft (haftungsbeschränkt)**, die ein Stammkapital unter dem Mindeststammkapital von 25 000 € hat und deren Stammkapital im Extremfall nur 1 € betragen kann, gilt eine Besonderheit: Bei ihr muss abweichend von § 49 Abs. 3 GmbHG die Gesellschafterversammlung **bei drohender Zahlungsunfähigkeit unverzüglich einberufen** werden, § 5a Abs. 4 GmbHG. 1681

(Einstweilen frei) 1682–1700

D. Gesellschafterdarlehen und gleichgestellte Forderungen

Literatur: *Sieger/Aleth*, Finanzplankredite – Stand der Rechtsprechung und offene Fragen, GmbHR 2000, 462; *Priester*, Passivierung eigenkapitalersetzender Leistungen in der Überschuldungsbilanz der Gesellschaft, EWiR 2001, 329; *Haack*, Eigenkapitalersetzende Gesellschafterdarlehen, NWB F. 18, 3837, NWB DokID: RAAAA-74800; *Blöse*, Darlegungs- und Beweislast bei Ansprüchen aus Eigenkapitalersatzrecht, ZIP 2003, 1687; *Fröhlich*, GmbH-Gesellschafterdarlehen, GmbH-StB 2003, 106; *Blöse*, Anforderungen an die Darlegung einer angeblichen Insolvenzreife wegen Überschuldung, GmbHR 2005, 618; *Bork*, Neues zur eigenkapitalersetzenden Nutzungsüberlassung, NZG 2005, 495; *Cahn*, Gesellschafterfremdfinanzierung und Eigenkapitalersatzrecht, AG 2005, 217; *Goette*, Eigenkapitalersetzende Gesellschafterleistung in der Insolvenz, DStR 2005, 613; *ders.*, Aus der neueren Rechtsprechung des BGH zum GmbH-Recht, ZIP 2005, 1481; *Schmitt, K.*, Vom Eigenkapital in der Krise zur Krise des Eigenkapitalersatzrechts?, GmbHR 2005, 797; *Uhländer*, Eigenkapitalersetzende Darlehen im Steuerrecht und Gesellschaftsrecht – ein systematischer Überblick, BB 2005, 70; *Goette*, Zur Frage der Haftung auf Rückgewähr von Leistungen auf eine eigenkapitalersetzende Gesellschafterhilfe nach den Novellenregeln, DStR 2006, 479; *Haas*, Das neue Kapitalersatzrecht nach dem RegE-MoMiG, ZInsO 2007, 617; *Habersack*, Gesellschafterdarlehen nach dem MoMiG – Anwendungsbereich, Tatbestand und Rechtsfolgen der Neuregelung, ZIP 2007, 2145; *Gehrlein*, Die Behandlung von Gesellschafterdarlehen durch das MoMiG, BB 2008, 846; *Heinze*, Die (Eigenkapital ersetzende) Nutzungsüberlassung in der GmbH-Insolvenz, ZIP 2008, 110; *Meyer, Susanne*, Die Verantwortlichkeit des Geschäftsführers für Gläubigerinteressen – Veränderungen durch das MoMiG, BB 2008, 1742; *Schmidt, Karsten*, Nutzungsüberlasung nach der GmbH-Reform – Der neue § 135 Abs. 3 InsO: Rätsel oder des Rätsels Lösung, DB 2008, 1727; *Wälzholz*, Das MoMiG kommt: Ein Überblick über die neuen Regelungen – Mehr Mobilität, Flexibilität und Gestaltungsfreiheit bei gleichzeitigem Gläubigerschutz, GmbHR 2008, 841; *Gruschinske*, Beendigung „kaptalersetzender" Nutzungsverhältnisse vor Insolvenzeröffnung, GmbHR 2010, 179; *Kahlert/Gehrke*, Der Rangrücktritt nach MoMiG im GmbH-Recht: Insolvenz- und steuerrechtliche Aspekte, DStR 2010, 227; *Schmidt, Karsten*, Gesellschafterdarlehen im GmbH- und Insolvenzrecht nach der MoMiG-Reform – eine alternative Sicht, ZIP 2010, 15; *Hölzle*, Bindung von Gesellschafterhilfen in der Krise der GmbH durch Richterrecht? – Zur Vermeidung von Schutzlücken im MoMiG, ZIP 2011, 650; *Koutsós*, Nutzungsüberlassungen zwischen Gesellschaftern und Gesellschaft in der Gesellschaftsinsolvenz, ZInsO 2011, 1626; *Ott*, Ausfall von Gesellschafterdarlehen bei der GmbH nach dem MoMiG, StuB 2011, 243; *Kahlert*, Passivierung eines Rangrücktritts in der Steuerbilanz, NWB 2012, 2141; *Smid*, Anfechtung der Verwertung einer für ein GmbH-Gesellschafterdarlehen bestellten Sicherung, jurisPR-InsR 16, 2013 Anm. 2.

I. Deregulierung des Eigenkapitalersatzrechts durch das MoMiG

1701 Einen Schwerpunkt des MoMiG bildet die Abschaffung des Eigenkapitalersatzrechts und die allein insolvenzrechtliche Behandlung von Gesellschafterdarlehen. Diese und ihnen gleichgestellte Forderungen aus Rechtshandlungen, die einem Gesellschafterdarlehen entsprechen, sind generell in der Insolvenz nachrangig zu befriedigen. Zur Deregulierung des komplexen und komplizierten Eigenkapitalersatzrechts der GmbH wird es durch § 30 Abs. 1 Satz 3 GmbHG verboten, die analog den §§ 30, 31 GmbHG a. F. entwickelten Rechtsprechungsregeln weiter anzuwenden und die (bisher für das Insolvenzverfahren geltenden) Gesetzesregeln (§§ 32a, 32b GmbHG a. F.) über die kapitalersetzenden Gesellschafterdarlehen werden aufgehoben. Eine Unterscheidung zwischen „eigenkapitalersetzenden" und „normalen" Gesellschafterdarlehen gibt es mit dem Inkrafttreten des MoMiG nicht mehr. Die das Eigenkapitalersatzrecht prägenden Begriffe der „Krise" der Gesellschaft und des „kapitalsetzenden Darlehens" sind aus den Gesetzesvorschriften gestrichen worden.

1. Entwicklung und Grundzüge des Eigenkapitalersatzrechts

a) Finanzierungsfreiheit, funktionales Eigenkapital und Finanzierungsfolgenverantwortung

Das Unternehmen der GmbH können die Gesellschafter durch Eigenkapital oder durch Fremdkapital finanzieren (**Finanzierungsfreiheit**). Hat die Gesellschaft nach ordnungsgemäßer und vollständiger Aufbringung des Stammkapitals weiteren nicht nur vorübergehenden Kapitalbedarf, kann das Kapital durch Gesellschaftereinlagen erhöht werden. Die GmbH kann auch Fremdkapital aufnehmen, wobei einzelne Gesellschafter als Darlehensgeber auftreten und ihrer Gesellschaft Kapital in Form von Darlehen zuführen können.

1702

Schon lange vor der Einfügung der §§ 32a und 32b GmbHG (Novellenregeln) durch die GmbH-Novelle im Jahr 1980 hatte die Rechtsprechung die **Eigenkapitalersatzregeln** entwickelt, die eingreifen, wenn Gesellschafter in einer Krisensituation der Gesellschaft kein neues, benötigtes Kapital durch Einlagen zuführen, sondern deren Überleben durch Gewährung von Gesellschafterdarlehen oder anderer gleich zu achtender Hilfen sichern. Für solches **funktionales Eigenkapital** gelten entsprechend die (oben dargestellten) Regeln der § 30 Abs. 1 Satz 1 und § 31 GmbHG. Es gilt das Auszahlungsverbot und es greifen für den Kapitalersatz die übrigen Rechtsfolgen ein, wie die Erstattungspflicht für verbotswidrige Leistungen an den Gesellschafter und die Mithaftung der übrigen Gesellschafter. Mit den Eigenkapitalersatzregeln wird zwar nicht in die Finanzierungsfreiheit eingegriffen (**kein Zuführungsgebot**).

Die Eigenkapitalersatzregeln nehmen aber den Gesellschafter, der sich in der Krisensituation nicht nach dem Maßstab eines ordentlichen Kaufmanns verhält und die Gesellschaft entweder liquidiert oder mit den zu ihrer Fortführung nötigen eigenen Mitteln durch Einlagen ausstattet, sondern ihr Überleben mit Leistungen wie eines fremden Dritten sichert, im Gläubigerinteresse in eine **Finanzierungsfolgenverantwortung**. Sie besagt Folgendes: Sobald und solange das **Darlehen** verloren gegangenes Eigenkapital ersetzt, also funktionales Eigenkapital ist, darf der Gesellschafter keine Tilgung und keine Zinsen verlangen und er kann das Darlehen nicht kündigen und nicht dessen Rückzahlung verlangen; es liegt eine gesetzlich angeordnete Stundung vor.[1] Gleichwohl und damit i. S. d. Kapitalerhaltung verbotene, an sie erbrachte Leistungen müssen die Gesellschafter der GmbH nach § 31 GmbHG erstatten. Der Gesellschafter kann sich dieser Regel des Kapitalersatzrechts nicht durch rechtlich andere, aber **wirtschaftlich gleichwertige Gestaltungen** entziehen.

Das Regelwerk macht keinen Unterschied, ob der Gesellschafter das Darlehen selbst gewährt oder ob er die Sicherheit dinglich (z. B. durch Grundpfandrechte, Verpfändung oder Sicherungsübereignung) bzw. persönlich (z. B. durch Bürgschaft) stellt, damit ein Dritter (z. B. die Bank) sich doch zur Kreditgewährung bereitfindet, oder ob er eine bereits bestehende eigene Forderung stundet oder der Gesellschaft Gegenstände zur Nutzung überlässt. Hatte der Gesellschafter eine eigenkapitalersetzende Bürgschaft gestellt, muss er die GmbH bei Fälligkeit von der Rückzahlungsverpflichtung freistellen; wurde der Gesellschafter wegen der Verwertung einer anderweitigen Sicherheit von seiner Bürg-

---

[1] BGH v. 7.12.1998 II ZR 382/96, BGHZ 140, 147, 154.

schaftsverpflichtung freigestellt, steht dies einer Auszahlung gleich und der Gesellschafter muss den Betrag, in dessen Höhe er von seiner Bürgschaftsschuld befreit wird, an die GmbH zurückzahlen.[1] Denn auch bei Bestellung einer Sicherheit werden der GmbH die zur Fortführung nötigen Eigenmittel nicht durch Einlagen zugeführt, sondern die Hilfen in anderer Weise vom Gesellschafter gewährt und ihr in der Krise belassen werden.

Der Gesellschafter muss wegen seiner eigenen Ansprüche hinter die übrigen Gesellschaftsgläubiger solange zurücktreten, bis deren Forderungen erfüllt sind und die GmbH wieder nachhaltig über ein Vermögen verfügt, das die Ziffer des Stammkapitals deckt. Vorher gilt für alle Leistungen einschließlich der Entgelte (Zinsen, Miete usw.) das Rückzahlungsverbot und bei Leistungen, die gegen das Verbot verstoßen haben, die Erstattungspflicht. Der Rückzahlungsanspruch, mit dem der Gesellschafter meist erst in der Insolvenz konfrontiert wird und der aus §§ 30, 31 GmbHG a. F. hergeleitet wird, verjährt erst nach Ablauf von zehn Jahren (§ 31 Abs. 5 Satz 1 GmbHG). Bei Uneinbringlichkeit greift sowohl eine Ausfallhaftung der Mitgesellschafter (§ 31 Abs. 3 GmbHG) als auch eine Schadensersatzhaftung der Geschäftsführer (§ 43 Abs. 3 GmbHG) ein.

Dies gilt **für alle** sog. **„Altfälle"**, wenn sich der gesamte Entstehungstatbestand des Anspruchs aufgrund der nach Eigenkapitalersatzrecht verbotenen „Rückzahlung" noch vor Inkrafttreten des MoMiG am 1. 11. 2008 vollzogen hat. Denn der BGH misst dem „Nichtanwendungsgesetz" des § 30 Abs. 1 Satz 3 GmbHG keine Rückwirkung bei.[2]

b) Nebeneinander von gesetzlichen Regeln und Rechtsprechungsregeln vor MoMiG

1703 Die GmbH-Novelle hat versucht, die von der Rechtsprechung entsprechend §§ 30, 31 GmbHG entwickelten Regeln in den §§ 32a und 32b GmbHG zu kodifizieren und in den damit korrespondierenden Vorschriften der InsO umzusetzen. Dies ist im Grunde gescheitert.

Die **gesetzlichen Regelungen** zielen nämlich auf einen **Gläubigerschutz im Insolvenzfall ab** und setzen voraus, dass sich die **GmbH in Insolvenz** befindet. Hieraus ergeben sich Einschränkungen, welche die gesetzliche Regelung hinter Kapitalersatzregeln zurückbleiben lassen, weil die **Rechtsprechungsgrundsätze auf den Schutz des gesellschaftsrechtlichen Kapitalerhaltungsgebots auch außerhalb der Insolvenz** angelegt sind. Sie setzen voraus, dass in dem Zeitpunkt, in dem der Gesellschafter sein Darlehen (einschließlich der Nebenleistungen) zurückbekommt oder zurückverlangt, eine **Unterbilanz- oder Überschuldungssituation** i. S. d. § 30 GmbHG vorliegt mit der Folge, dass eine Auszahlung nur solange und in dem Umfang verboten ist, als das eigenkapitalersetzende Darlehen verlorenes Stammkapital und eine darüber hinausgehende Überschuldung abdeckt, während die gesetzliche Regelung bei Rückzahlungen innerhalb des letzten Jahres vor Antrag auf Eröffnung des Insolvenzverfahrens unwiderleglich eine eigenkapitalersetzende Funktion des ganzen Betrages vermutet.

---

[1] BGH v. 20. 7. 2009 II ZR 36/08, DB 2009, 1975.
[2] BGH v. 26. 1. 2009 II ZR 260/07, BGHZ 179, 249, bestätigt durch BGH v. 11. 10. 2011 II ZR 18/10, DB 2011, 2658; nach diesen Entscheidungen findet das Eigenkapitalersatzrecht nach Novellenregeln (§§ 32a, 32b GmbHG a. F.) und Rechtsprechungsregeln (§§ 30, 31 GmbHG a. F.) nach Art. 103d EGInsO und den Grundsätzen des intertemporalen Rechts auf „Altfälle", in denen das Insolvenzverfahren vor dem Inkrafttreten des MoMiG eröffnet worden ist, als zur Zeit der Verwirklichung des Entstehungstatbestandes des Schuldverhältnisses geltendes „altes" Gesetzesrecht weiterhin Anwendung.

Deshalb hat der BGH im Urteil vom 26. 3. 1984[1] entschieden, dass neben den sog. „Novellen-Regeln" auch die „Rechtsprechungsregeln" fortgelten[2] und somit ein **zweistufiges System** entstanden ist, das sich teilweise überlagert und teilweise ergänzt. **In zeitlicher Hinsicht** ist folgendermaßen zu differenzieren: Außerhalb der (eröffneten) Insolvenz gelten ausschließlich die Regeln des Kapitalersatzrechts mit den Ansprüchen aus §§ 30, 31 GmbHG sowie § 6 AnfG i.V.m. § 32a GmbHG, nach dem ein in der Einzelzwangsvollstreckung nicht zum Zuge gekommener Gläubiger die Rückgewähr eigenkapitalersetzender Leistungen anfechten kann. Im Insolvenzverfahren sind die Novellenregeln und die Rechtsprechungsregeln nebeneinander anwendbar und der Gesellschafter kann in beiderlei Hinsicht Forderungen des Insolvenzverwalters ausgesetzt sein, wobei die analoge Anwendung der §§ 30 und 31 GmbHG zeitlich wesentlich weiter in die Vergangenheit reicht (**zehn Jahre**) als die gesetzlichen Ansprüche (**ein Jahr**).

2. Schematische Darstellung der Novellen- und Rechtsprechungsregeln

Das Geflecht von Regelungen bis zum Inkrafttreten des MoMiG lässt sich schematisch so darstellen: 1704

Eigenkapitalersetzendes Darlehen	Novellenregelung	Rechtsprechungsregeln
	Nur im Insolvenzverfahren	Außerhalb und innerhalb des Insolvenzverfahrens
	Rückzahlung kann nur als nachrangiger Insolvenzgläubiger verlangt werden	Auszahlungsverbot gem. § 30 Abs. 1 GmbHG
Bei Rückgewähr	Erstattungsanspruch des Insolvenzverwalters über Anfechtung nach §§ 143, 135 Nr. 2 InsO und § 32a Abs. 1 GmbHG	Erstattungsanspruch der GmbH nach § 31 GmbHG bzw. Gläubigeranfechtung nach §§ 2, 6 Nr. 2 AnfG
	Unwiderlegliche Vermutung der eigenkapitalersetzenden Funktion	Nachweis des Fortbestehens der eigenkapitalersetzenden Funktion
	Anfechtbar nur Leistungshandlungen innerhalb eines Jahres vor Insolvenzantrag oder danach § 135 Nr. 2 InsO	Leistungshandlungen innerhalb von zehn Jahren vor Geltendmachung, da Verjährungsfrist von zehn Jahren ab Bewirken der Leistung § 31 Abs. 5 GmbHG
Umfang der Erstattung	In voller Höhe	Bis die Stammkapitalziffer wieder gedeckt ist
Verjährungsfrist	Drei Jahre ab Schluss des Jahres der Eröffnung des Insolvenzverfahrens § 146 Abs. 1 InsO, §§ 195, 199 BGB	Zehn Jahre ab Entstehung des Rückzahlungsanspruchs § 31 Abs. 5 GmbHG

(*Einstweilen frei*)   1705–1720

---

1 II ZR 14/84, BGHZ 90, 370 ff.
2 Vgl. auch BGH v. 8. 11. 2004 II ZR 300/02, DStR 2005, 117; v. 19. 9. 2003 II ZR 229/03, DStR 2005, 1999.

II. Gesellschafterdarlehen und ihre Behandlung durch das MoMiG

1. Abschaffung des Eigenkapitalersatzrechts

1721 Das zur Erhaltung des Stammkapitals erforderliche Vermögen der GmbH darf gem. § 30 Abs. 1 Satz 1 GmbHG an die Gesellschafter nicht ausgezahlt werden. Dieser Grundsatz bleibt auch nach dem MoMiG aufrechterhalten, wird aber spürbar abgeschwächt. Satz 1 ist künftig nicht (mehr) auf die Rückgewähr von Gesellschafterdarlehen und Leistungen auf Forderungen aus entsprechenden Rechtshandlungen anzuwenden. Durch die neue Bestimmung in § 30 Abs. 1 Satz 3 GmbHG, wonach Darlehen der Gesellschafter nicht wie haftendes Eigenkapital zu behandeln sind, sollen nach dem Willen des Gesetzgebers die Rechtsprechungsregeln zu den eigenkapitalersetzenden Darlehen beseitigt werden. Nach allgemeiner Ansicht bringt § 30 Abs. 1 Satz 3 GmbHG unmissverständlich zum Ausdruck: Es gibt künftig keine eigenkapitalersetzenden Darlehen und ihnen gleichgestellte Finanzierungshilfen mehr.[1]

Die Abkehr vom Eigenkapitalersatzrecht drückt sich zudem in der Streichung der §§ 32a und 32b GmbHG a. F. und des darin enthaltenen Begriffs der „Krise der Gesellschaft" sowie in der Änderung des § 135 InsO aus, wo der Begriff des „kapitalersetzenden Darlehens" entfallen ist. Damit entbindet der Gesetzgeber die Gesellschafter von der bisher das GmbH-Recht prägenden Verantwortung für die Folgen der Finanzierung der GmbH mit Gesellschafterdarlehen in der Krise. Folglich kann die Rückzahlung von Gesellschafterdarlehen oder die Leistung auf Forderungen aus wirtschaftlich einer Darlehensgewährung gleichstehenden Rechtshandlungen nicht mehr als verbotene Kapitalrückzahlung behandelt werden. Ein Erstattungsverbot (für den Geschäftsführer) gilt ausnahmsweise, wenn die Gesellschaft insolvent ist bzw. die Zahlung zur Zahlungsunfähigkeit führen muss (§ 64 Satz 1 und 2 GmbHG), nicht aber bereits im Stadium der Unterbilanz oder wenn durch die Zahlung die Überschuldung herbeigeführt wird.[2]

Alle Gesellschafterdarlehen und Forderungen aus Rechtshandlungen, die einem solchen Darlehen wirtschaftlich entsprechen, werden **unabhängig von ihrer Zweckbestimmung** mit einem **insolvenzrechtlichen Nachrang** belegt (§ 39 Abs. 1 Nr. 5 InsO). Tilgungen darauf können nur für ein Jahr vor der Antragstellung durch Anfechtung zur Masse gezogen werden. Frühere Tilgungen sind (insolvenzrechtlich) unschädlich. Ein Regelungsbedürfnis für Gesellschafterdarlehen innerhalb des GmbH-Rechts ist mit der Abschaffung des Eigenkapitalersatzrechts entfallen.

2. Entlastung der Überschuldungsbilanz von Gesellschafterdarlehen

1722 Bei der GmbH und auch bei der neuen Unternehmergesellschaft (haftungsbeschränkt) ist neben der Zahlungsunfähigkeit die **Überschuldung ein Insolvenzgrund** (§ 19 Abs. 1 InsO). Da eine Überschuldung vorliegt, wenn das Vermögen der GmbH die bestehenden Verbindlichkeiten nicht mehr deckt und keine positive Fortführungsprognose besteht (§ 19 Abs. 2 Satz 1 InsO), kann es ausschlaggebend sein, ob Kreditgewährungen von Gesellschaftern in der Überschuldungbilanz angesetzt werden müssen oder nicht.

---

[1] Vgl. z. B. Gehrlein, BB 2008, 846, 849, m. w. N.
[2] Kritisch hierzu Karsten Schmidt, BB 2008, 461, 463.

Insbesondere die UG (haftungsbeschränkt), die mit dem erklärten Ziel des Gesetzgebers im MoMiG eingeführt wurde, um z. B. auch kapitalschwachen Existenzgründern die Errichtung einer GmbH mit geringem Startkapital zu ermöglichen, wird bei einem geringen Stammkapital zumindest in der Anfangsphase nur mit Gesellschafterdarlehen lebensfähig sein. Es fallen noch keine Gewinne an, aber Personal, Miete und Sachkosten müssen bezahlt werden und außenstehende Kreditgeber werden sich kaum finden lassen. Müssten Gesellschafterkredite im Hinblick auf eine Überschuldung wie normale Verbindlichkeiten verbucht werden, träte fast zwingend eine Überschuldung ein, bevor das junge Unternehmen überhaupt eine Chance hätte, sich am Markt zu bewähren. Das Modell der Existenzgründergesellschaft mit geringem Startkapital, wie es dem MoMiG vorschwebt, endete unweigerlich in der Insolvenz und wäre von vornherein zum Scheitern verurteilt.

Das **Problemfeld der unterkapitalisierten GmbH**, die **ohne Gesellschafterdarlehen nicht lebensfähig** ist, bei Zuführung des Darlehens aber überschuldet ist, ist keineswegs nur bei der neuen UG (haftungsbeschränkt) anzutreffen. Mit dem MoMiG hat der Gesetzgeber rein rechtlich das Dilemma beseitigt: Durch **§ 19 Abs. 2 Satz 2 und § 39 Abs. 1 Nr. 5 InsO entlastet** der Gesetzgeber **die Überschuldungsbilanz um Gesellschafterdarlehen, die grundsätzlich weiter als Passiva eingestellt** werden müssen.[1] Die **Passivierungspflicht entfällt** nämlich, wenn der Gesellschafter ausdrücklich **eine Rangrücktrittserklärung** nach § 19 Abs. 2 Satz 2 InsO des Inhalts abgibt, erst nach Befriedigung sämtlicher Gesellschaftsgläubiger berücksichtigt zu werden.

1723

Eine zusätzliche Qualifizierung wie unter Geltung des Eigenkapitalersatzrechts mit der Bereitschaft des Gesellschafters, die Darlehensforderung bis zur Abwendung der Krise, also auch vor Insolvenzeröffnung, nicht abzuziehen und allenfalls zugleich, aber nicht vor den Einlagerückgewähransprüchen seiner Mitgesellschafter berücksichtigt zu werden,[2] kann nicht verlangt werden. Das gibt zum einen der Wortlaut von § 19 Abs. 2 Satz 2 InsO nicht her und stünde zum anderen in Widerspruch mit dem Umstand, dass nunmehr sämtliche Darlehen erfasst werden und nicht nur solche mit eigenkapitalersetzendem Charakter, für die der BGH vom Gläubiger-Gesellschafter die rechtliche Gleichstellung mit statutarischem Eigenkapital für die Dauer der Krise verlangt hat.

Die **Forderungen aus Rechtshandlungen, die einem Gesellschafterdarlehen wirtschaftlich gleichstehen** – also insbesondere gestundete Forderungen aus Austauschverträgen (z. B. Kauf, Miete, Pacht, Gehalt des Geschäftsführer-Gesellschafters) sowie aus Darlehen und gleichgestellten Forderungen eines gesellschaftergleichen Dritten – sind ebenfalls nur dann **nicht zu passivieren**, wenn für sie gem. § 19 Abs. 2 Satz 2 InsO **zwischen Gläubiger und Schuldner der insolvenzrechtliche Nachrang vereinbart** worden ist.

Für die **Praxis** bedeutet dies eine **Vereinfachung**. Da sämtliche, mit dem nötigen Rangrücktritt versehene Gesellschafterdarlehen unabhängig von ihrem Zweck oder von ei-

1724

---

[1] Anders noch nach dem Regierungsentwurf, vgl. Gehrlein, BB 2008, 846, 847. Die Satzbezeichnung folgt der vorübergehend (bis 31. 12. 2013) geltenden Fassung des § 19 Abs. 2 InsO. Gilt ab 1. 1. 2014 der „neue" Überschuldungsbegriff – die positive Fortführungsprognose spielt nur für die Bewertung eine Rolle –, wird Satz 2 zu Satz 3.
[2] Zur früheren Rechtslage BGH v. 8. 1. 2001 II ZR 88/99, BGHZ 146, 264.

nem „kapitalersetzenden" Charakter beim Überschuldungsstatus nicht zu verbuchen sind, eröffnet § 19 Abs. 2 Satz 2 InsO bei der nur mit dem Mindeststammkapital ausgestatteten GmbH und bei der fast stammkapitallosen UG die Möglichkeit, gegen eine Überschuldung durch die Gewährung von Gesellschafterkrediten und Gesellschafterhilfen in allen denkbaren Varianten, die einem Gesellschafterdarlehen wirtschaftlich gleichzuachten sind, vorzusorgen. Die Regelung zur Entlastung der Überschuldungsbilanz bannt die Gefahr, dass es zu masselosen Insolvenzen kommt, nicht ganz, zumal mit Abschaffung der Eigenkapitalersatzregeln ein Zugriff des Insolvenzverwalters auf zeitlich länger als ein Jahr zurückliegende Tilgungen und Leistungen nicht mehr möglich ist. Die hinreichende Rangrücktrittserklärung kann etwa so formuliert werden:

„Der Gesellschafter-Darlehensgläubiger tritt mit seiner Forderung auf Rückzahlung des Darlehens gem. § 39 Abs. 2 InsO hinter die übrigen Kreditgeber und hinter andere Gesellschafter, die für ihr Darlehen keine Rangrücktrittserklärung abgegeben haben und deshalb in der Rangklasse nach § 39 Abs. 1 Nr. 5 InsO befriedigt werden, zurück."[1]

3. Insolvenzrechtlicher Nachrang von Gesellschafterdarlehen

1725 **Darlehen von Gesellschaftern** und Forderungen aus Rechtshandlungen, die einem Gesellschafterdarlehen wirtschaftlich gleichstehen, sind nach § 39 Abs. 1 Nr. 5 InsO grundsätzlich **nachrangig zu befriedigen**. Diese rein insolvenzrechtliche Regelung lässt künftig nicht mehr zu, Darlehen unter dem Blickwinkel des GmbH-Rechts zur Sicherung der Kapitalerhaltung wie Stammkapital zu behandeln. Die Rückzahlung solcher Darlehen kann also von der Geschäftsführung **vor der Insolvenzeröffnung nicht mehr** nach § 30 Abs. 1 Satz 1 GmbHG **verweigert werden**, selbst wenn die Gesellschaft durch die Rückzahlung sofort überschuldet sein wird.

Die Interessen anderer Gläubiger der Gesellschaft an der Erhaltung des Stammkapitals als Mindesthaftungsfonds werden damit zugunsten der Gesellschafter zurückgestuft. Eine gewisse Kompensation tritt allerdings durch den neuen § 64 Satz 3 GmbHG jedoch für solche Fälle ein, in denen die Rückführung des Gesellschafterkredits die Zahlungsunfähigkeit der GmbH auslösen würde. Da in einem solchen Fall der Geschäftsführer wegen der Verursachung der Insolvenz haften müsste, darf und muss er die Tilgungszahlung an den Gesellschafter verweigern. Dies zeigt aber auch, dass die Verantwortung für die Erhaltung der Zahlungsfähigkeit von den Gesellschaftern auf den Geschäftsführer verlagert wird, obwohl die Finanzierung der Gesellschaft grundsätzlich Sache der Gesellschafter ist. Auf die Haftung des Gesellschafters nach § 135 InsO darf ein nach § 64 GmbHG in Anspruch genommener Geschäftsführer nicht verweisen.

1726 Der insolvenzrechtliche Nachrang gilt im Übrigen nicht nur für die GmbH und ihre Unterform der UG, sondern nach § 39 Abs. 4 Satz 1 InsO für sämtliche Gesellschaften, die weder eine natürliche Person noch eine Gesellschaft, bei der ein persönlich haftender Gesellschafter eine natürliche Person ist, als Gesellschafter haben. Er gilt zudem wegen der insolvenzrechtlichen und nicht gesellschaftsrechtlichen Anknüpfung auch für im In-

---

[1] Vgl. auch Wälzholz, GmbHR 2008, 841, 847.

land ansässige, ausländische Kapitalgesellschaften wie die Limited, die damit keinen Vorteil gegenüber der inländischen GmbH genießt.

4. Gesellschafter und gleichgestellte Dritte als Kreditgeber

Wen § 39 Abs. 1 Nr. 5 InsO zum nachrangigen Insolvenzgläubiger macht und welche Kreditgeber vom Nachrang erfasst werden, lässt sich für das **Gesellschafterdarlehen** einfach an der Person des **Gesellschafters** festmachen, der Gläubiger des Rückzahlungsanspruchs ist. Vom Nachrang betroffen sind aber auch die Forderungen aus Rechtshandlungen, die einem Gesellschafterdarlehen wirtschaftlich entsprechen. Aufgrund dieser Vorschrift sollen nach dem Willen des Gesetzgebers[1] vom neuen Recht die personellen und sachlichen Erweiterungen des bisherigen § 32a GmbHG a. F. übernommen werden. Gemeint sind damit aber nicht die Darlehensforderungen außenstehender Dritter gegen die Gesellschaft, für die ein Gesellschafter eine Sicherheit erbracht hat. Für sie gilt die in § 32a Abs. 2 GmbHG a. F. nachgebildete neue Vorschrift des § 44a InsO. Es geht vielmehr um die bisher von § 32a Abs. 3 GmbHG a. F. erfassten verwandten Sachverhalte von Rechtshandlungen **eines Gesellschafters oder eines Dritten**, die einem Gesellschafterdarlehen wirtschaftlich entsprechen.

1727

Welche Dritte dem Gesellschafter als Kreditgeber gleichstehen, beantwortet sich nicht nach dem in § 138 InsO umschriebenen Kreis der nahe stehenden Personen, sondern nach der bisherigen Rechtsprechung zu § 32a Abs. 3 Satz 1 GmbHG a. F.[2] Nahe stehende Personen können nicht mit dem Gesellschafter gleichgestellt werden. Im Rahmen des § 30 Abs. 1 Nr. 5 InsO kann § 138 InsO nicht entsprechend angewandt werden.[3] Der **Dritte** muss in einer wirtschaftlichen Betrachtung dem **Gesellschafter gleichstehen** oder es müssen durch dessen Einschaltung Umgehungstatbestände verwirklicht werden. Für einen Nießbraucher, der aufgrund seiner Einflussrechte einem Gesellschafter gleich auf die GmbH einwirken kann oder wenn der Gesellschafter den Geschäftsanteil nur treuhänderisch für den Nießbraucher innehat, gelten die Kapitalersatzregeln.[4]

1728

In die erste **Fallgruppe** gehören Dritte, die mit ihnen vom Gesellschafter überlassenen Mitteln der GmbH einen Kredit gewähren. Einzubeziehen sind auch mit dem Gesellschafter **verbundene Unternehmen**.[5] Eine solche gesellschaftergleiche Stellung des verbundenen Unternehmens, welches das Darlehen gewährt, kann sich aus einer **personenidentischen Beteiligung** hier wie dort und den daraus folgenden gleichgerichteten Interessen ergeben,[6] ist aber stets anzunehmen, wenn der Gesellschafter an dem Unternehmen, das die Hilfe leistet, maßgeblich beteiligt ist. Die **maßgebliche Beteiligung** setzt nicht voraus, dass der Gesellschafter alle oder nahezu alle Anteile (100 v. H.) besitzt, sondern entscheidend ist, ob er einen beherrschenden Einfluss ausüben und deshalb z. B. dem Geschäftsführer der kreditgebenden Gesellschaft eine Weisung hierzu erteilen kann. Dies ist grundsätzlich anzunehmen, wenn der Gesellschafter

1729

---

1 BR-Drucks. 354/07, S. 130.
2 So Gehrlein, BB 2008, 846, 850.
3 BGH v. 17. 2. 2011 IX ZR 131/10, BGHZ 188, 362.
4 BGH v. 5. 4. 2011 II ZR 173/10, ZIP 2011, 1411.
5 BGH v. 16. 12. 1991 II ZR 294/90, GmbHR 1992, 165.
6 Vgl. BGH v. 27. 11. 2000 II ZR 179/99, DStR 2001, 225; v. 11. 7. 2005 II ZR 285/03, DStR 2005, 1705.

an der anderen Gesellschaft zu mehr als 50 v. H. beteiligt ist, es sei denn, die Satzung stellt andere Mehrheitserfordernisse für eine bindende Beschlussfassung auf.

1730 In **Treuhand-**[1] **oder Strohmannverhältnissen** wird der Treugeber oder Hintermann dem Gesellschafter gleichgestellt, weil die Beteiligung an der Gesellschaft auf seine Rechnung geht. Das gilt auch für **Nießbraucher** an einem Geschäftsanteil und den **stillen Gesellschafter**.

1731 Der **Pfandgläubiger** an einem Geschäftsanteil kann dem Gesellschafter nicht ohne weiteres gleichgestellt werden. Dies ist nur möglich, wenn sich der Pfandgläubiger zusätzliche Rechte einräumen lässt, kraft deren er die Geschicke der GmbH ähnlich einem Gesellschafter mitbestimmen kann.[2]

1732 Ob auch die **nahen Familienangehörigen** des Gesellschafters zu dem Kreis gehören, lässt sich nicht allgemein beantworten, vielmehr ist Vorsicht geboten, zumal § 138 InsO nicht entsprechend anzuwenden ist.[3] Allein die Tatsache, dass das Darlehen von dem Ehegatten des Gesellschafters stammt, reicht nicht aus. Hinzukommen muss, dass die der GmbH zur Verfügung gestellten Mittel von dem Gesellschafter selbst stammen oder dieser den Geschäftsanteil treuhänderisch für den Kreditgeber hält.[4] Hat der Gesellschafter gegenüber der Bank eine Mithaftung für das Darlehen des Ehegatten übernommen und sich verpflichtet, seine Ehefrau von den Verpflichtungen aus dem Darlehen freizustellen, dann ist der Gesellschafter-Ehegatte unmittelbar verpflichtet[5] und das Darlehen mit dem insolvenzrechtlichen Nachrang behaftet.

> **BEISPIEL:** Die Ehefrau des Gesellschafters bestellt der Bank für das gemeinsam mit dem Ehemann aufgenommene Darlehen eine Grundschuld und die Ehefrau gibt den aufgenommenen Kredit ihrerseits als Darlehensgeber an die GmbH, während der Gesellschafter-Ehegatte verspricht, seine Ehefrau von den Ansprüchen aus dem Darlehen gegenüber der Bank freizustellen. Hier erscheint der Gesellschafter-Ehegatte wirtschaftlich betrachtet selbst als Darlehensgeber.

1733–1740 (*Einstweilen frei*)

5. Abtretung der Forderung, Verlust der Gesellschafterstellung

1741 Nach der Rechtsprechung des BGH zum Eigenkapitalersatzrecht und zu § 32a GmbHG a. F. ist der Eigenkapitalersatzcharakter nach den Verhältnissen (Bestehen der Krisensituation) im Zeitpunkt des Entstehens der Forderung zu beurteilen.[6] Deshalb kann eine Durchsetzungssperre, die einer Forderung aufgrund der eigenkapitalersetzenden Funktion der Leistung des Gesellschafters entgegensteht, nach § 404 BGB auch dem Zessionar entgegengehalten werden, weil die Durchsetzungssperre nicht an die Person des Abtretenden gebunden ist.[7] Eine Umgehung ist auch nicht durch die Konstruktion zu-

---

1 Vgl. Rz. 1603.
2 BGH v. 13. 7. 1992 II ZR 251/91, BGHZ 119, 191.
3 BGH v. 17. 2. 2011 IX ZR 131/10, BGHZ 188, 362.
4 BGH v. 8. 2. 1999 II ZR 261/97, DStR 1999, 810; v. 18. 2. 1991 II ZR 259/89, DStR 1991, 554.
5 Vgl. BGH v. 26. 6. 2000 II ZR 21/99, NJW 2000, 3278.
6 BGH v. 5. 12. 2007 XII ZR 183/05, DStR 2008, 177.
7 BGH v. 2. 2. 2006 IX ZR 67/02, BGHZ 166, 125; für den Darlehensrückzahlungsanspruch BGH v. 21. 3. 1988 II ZR 238/87, BGHZ 104, 33.

lässig, dass die Schuld der GmbH von einem Dritten übernommen wird und zugleich eine Forderung des Dritten gegen die GmbH durch Anerkenntnis neu begründet wird.[1]

Übertragen auf das neue GmbH-Recht, mit dem die Durchsetzungssperre für Gesellschafterdarlehen nach Eigenkapitalersatzrecht durch deren insolvenzrechtlichen Nachrang ersetzt wurde, bedeutet dies: An der **Bewertung als Gesellschafterdarlehen** oder wirtschaftlich gleichgestellte Forderung **ändert deren Abtretung an einen Nichtgesellschafter** grundsätzlich **nichts**. Dem Zessionar kann also der insolvenzrechtliche Nachrang entgegengehalten werden. Zu erwägen ist allerdings, ob zugunsten des Zessionars eine analoge Anwendung von § 135 Abs. 1 Nr. 2 InsO in Betracht kommt, wenn er die Darlehensforderung länger als ein Jahr vor dem Eröffnungsantrag erworben hat.[2]

In gleicher Weise bleibt der Gesellschafter dem Nachrang verhaftet, wenn er seinen Geschäftsanteil an einen Dritten abtritt, die Stellung als Darlehensgläubiger aber behält. Erfolgte die Abtretung des Geschäftsanteils innerhalb eines Jahres vor dem Eröffnungsantrag, bleibt es beim Nachrang nach § 39 Abs. 1 Nr. 5 InsO, bei einer früheren Veräußerung wird er wie ein normaler Darlehensgläubiger behandelt.[3] Ist der insolvenzrechtliche Nachrang gegeben, unterliegen auch Tilgungsleistungen der Anfechtung – vergleichbar der Durchsetzungssperre unter Geltung des Eigenkapitalersatzrechts.[4] Der Zessionar eines Gesellschafterdarlehens muss nach Anfechtung Tilgungsleistungen an die Masse zurückzahlen.

Für die Praxis ist dem Gesellschafter-Darlehensgeber wohl zu raten, bei einer Veräußerung des Geschäftsanteils die Darlehensforderung mit zu veräußern. Umgekehrt sollte der Erwerber der bloßen Darlehensforderung sich des Risikos bewusst sein, dass er im Insolvenzfall der GmbH voll mit seinem Rückzahlungsanspruch ausfallen kann. 1742

Beteiligt sich ein Kreditgeber nachträglich an der GmbH durch Übernahme eines Geschäftsanteils, unterfällt das Darlehen – vorbehaltlich des Kleinbeteiligten- oder Sanierungsprivilegs – dem Nachrang nach § 39 Abs. 1 Nr. 5 InsO Auch Tilgungen des Kredits innerhalb der Jahresfrist des § 135 Abs. 1 Nr. 2 InsO sind anfechtbar, wenn der Darlehensgeber danach einen Geschäftsanteil übernommen hat. 1743

(*Einstweilen frei*) 1744–1750

6. Gegenstand der nachrangbehafteten Gesellschafterhilfen

Nicht jede Art von Gesellschafterforderungen ist mit einem insolvenzrechtlichen Nachrang behaftet, so dass sie erst nach allen anderen Verbindlichkeiten der GmbH zu befriedigen wären. Erfasst werden nur Darlehen und wirtschaftlich gleichstehende Forderungen; deshalb sind auch nur Tilgungen auf Gesellschafterdarlehen und gleichgestellte Forderungen anfechtbar. 1751

---

1 BGH v. 11. 1. 2011 II ZR 157/09, DB 2011, 405.
2 So Gehrlein, BB 2008, 846, 850; Habersack, ZIP 2007, 2145, 2149.
3 Für ein Fortbestehen des Nachrangs aber Haas, ZInsO 2007, 617, 619.
4 BGH v. 5. 12. 2007 XII ZR 183/05, DStR 2008, 177.

a) Darlehen

1752 § 39 Abs. 1 Nr. 5 InsO erfasst **sämtliche Gesellschafterdarlehen** jeglicher Art; es ist gleichgültig, ob sich die GmbH im Zeitpunkt der Gewährung oder bei einem späteren Stehenlassen in der Krise befand, d. h., ob das Darlehen eigenkapitalersetzend ist oder nicht. **Nicht von Bedeutung ist**, mit welcher **Zweckbestimmung** das Darlehen gewährt wurde, ob es also „krisenbestimmt" war oder als sog. Finanzplankredit oder zur Finanzierung einer einzelnen Investition ausgereicht wurde oder ob mit dem Darlehen überhaupt keine Zweckbestimmung verknüpft war. Der Nachrang erfasst unabhängig von einer Stundung auch noch offene Zinsansprüche.

b) Gesellschafterdarlehen wirtschaftlich gleichgestellte Forderungen

1753 Nicht jede Gesellschafterforderung, sondern nur Forderungen aus Rechtshandlungen, die einem Gesellschafterdarlehen wirtschaftlich entsprechen, werden vom Nachrang erfasst. Ohne Rücksicht auf den Entstehungsgrund der Forderung entsprechen einem Darlehen **alle aus normalen Verkehrsgeschäften** – wie Kauf, Werkvertrag, Dienstleistung bis Miete und Pacht – **entstandenen Forderungen, die** der GmbH **gestundet wurden**. Jede Stundung enthält wirtschaftlich gesehen eine Darlehensgewährung. Einer ausdrücklichen Stundungsabrede bedarf es aber nicht, es genügt, wenn der Gesellschafter von seinem Recht auf Einziehung der Forderung faktisch keinen Gebrauch macht.[1]

Da mit dem Tatbestand der wirtschaftlich gleichgestellten Forderungen der personelle und sachliche Rahmen des früheren § 32a Abs. 3 GmbHG in das Insolvenzrecht übernommen werden soll, kann zu § 39 Abs. 1 Nr. 5 InsO weiter auf die Rechtsprechung zu § 32a GmbHG a. F. zurückgegriffen werden. Als Beispielsfälle sind zu nennen, wenn mit oder ohne ausdrückliche Stundungsabrede fällige Ansprüche aus Verkehrsgeschäften mit der GmbH nicht eingefordert werden oder es unterlassen wird, die Auszahlung noch nicht **entnommener Gewinne**, des **fälligen Gehalts** des Gesellschafter-Geschäftsführers oder von **Spesen, Tantiemen und Provisionen** einzufordern. Das Unterlassen der Geltendmachung kommt einem Stehenlassen gleich[2] und kann wie das Nicht-Einfordern fälliger Zahlungen von **Miete, Pacht und Nebenkosten**[3] als Kreditgewährung durch Stundung zu bewerten sein. Auch **systematisch eingeräumte oder geduldete Überschreitungen des Zahlungszieles** können in Höhe des überfälligen Forderungsbestandes des Gesellschafters wie die Gewährung eines Darlehens wirken.[4]

1754 Andere darlehensgleiche Kapitalüberlassungen können vorliegen, wenn der Gesellschafter eine bereits der Gesellschaft gegenüber gestundete Forderung erwirbt, oder bei einem – als Kreditgeschäft zu wertenden – **unechten Factoring**, bei **Wechseldiskont** oder bei einem **Pensionsgeschäft**, in dem die Gesellschaft dem Gesellschafter als „Pensionsnehmer" Wertpapiere mit der Absprache verkauft, dass er sie zu einem bestimmten Zeitpunkt und zu einem im Voraus bestimmten Preis zurückverkauft. Denn dann

---

1 BGH v. 28. 11. 1994 II ZR 77/93, NJW 1995, 457.
2 So BGH v. 28. 11. 1994 II ZR 77/93, NJW 1995, 457.
3 Vgl. BGH v. 26. 6. 2000 II ZR 370/98, DStR 2000, 1401; v. 18. 12. 2000 II ZR 191/99, DStR 2001, 139.
4 BGH v. 28. 11. 1994 II ZR 77/93, NJW 1995, 457.

hat der Gesellschafter der GmbH wirtschaftlich einen durch das Pensionsgut gesicherten Kredit gewährt. Auch die Einlage als **stiller Gesellschafter**, die der Gesellschafter der GmbH zusätzlich erbringt, kann wirtschaftlich darlehensgleich sein.

Schließlich sind als Beispielsfälle für andere Finanzierungsleistungen zu nennen die **Sicherungsübereignung** und die Lieferung von Gegenständen an die Gesellschaft unter **Eigentumsvorbehalt** mit einem **ungewöhnlich langen Zahlungsziel**. Dann kann der Gesellschafter seine Forderung in der Insolvenz nur als nachrangiger Gläubiger geltend machen und darf seine Sache nicht aussondern. Der Insolvenzverwalter kann die Sache durch Anfechtung zur Masse ziehen. 1755

Schließlich sind **Leasing-Verträge** in diesem Zusammenhang zu nennen; insbesondere beim „Sale-and-lease-back" und bei einem Finanzierungsleasing können als Darlehen zu behandelnde Finanzierungsleistungen vorliegen. Auch der Erwerb von Forderungen Dritter gegen die Gesellschaft verbunden mit einer Stundung durch den Gesellschafter oder der Erwerb bereits gestundeter Forderungen können Rechtshandlungen sein, die einem Gesellschafterdarlehen wirtschaftlich entsprechen. 1756

Zu den Forderungen, die bei wirtschaftlicher Betrachtung einem Darlehen des Gesellschafters entsprechen, zählen auch Gestaltungen, wie sie vorstehend unter Rz. 1753 bis 1756 beschrieben sind, bei denen aber anstelle des Gesellschafters ein **Dritter agiert**, dessen Rechtshandlung mittelbar dem Gesellschafter nutzt (z. B. verbundenes Unternehmen), der auf Weisung und für Rechnung des Gesellschafters oder mit dessen Mitteln handelt oder wie z. B. der Nießbraucher oder Pfandgläubiger am Geschäftsanteil eigene wirtschaftliche Interessen verfolgt (vgl. oben unter Rz. 1728 bis 1732). 1757

c) Nutzungsrecht bei Gebrauchsüberlassung

Unter Geltung des Eigenkapitalersatzrechts konnte bei einer der Kreditunwürdigkeit vergleichbaren Überlassungsunwürdigkeit[1] auch die **Überlassung von Grundstücken, Gebäuden und von beweglichen Wirtschaftsgütern** eine Gesellschafterleistung sein, die in **Eigenkapitalersatz umqualifiziert** wurde.[2] Regelmäßig lag solchen Gebrauchsüberlassungen ein schuldrechtliches Rechtsgeschäft wie **Miete, Pacht, Leihe oder ein Leasingverhältnis** zugrunde.[3] Auch eine Gebrauchsüberlassung im Rahmen einer **Betriebsaufspaltung** kam in Betracht.[4] 1758

Bei **Gebrauchsüberlassungen** führte eine Qualifizierung als Eigenkapitalersatz dazu, dass der Gesellschafter solange **keine Miete oder Pacht** fordern konnte, als diese nicht aus dem ungebundenen Vermögen, also ohne das die Stammkapitalziffer deckende Vermögen anzugreifen, erbracht werden konnte. Der Gesellschafter-Vermieter konnte aber auch das Mietverhältnis **nicht fristlos beenden**,[5] der Gesellschafter musste sogar die eingegangenen Pflichten zur Versorgung des Grundstücks mit Wasser, Wärme oder 1759

---

1 BGH v. 16.10.1989 II ZR 307/88, BGHZ 109, 55, 64; v. 31.10.2005 II ZR 240/02, DStR 2005, 611; vgl. auch BGH v. 28.5.2013 II ZR 83/12, DB 2013, 1964.
2 Vgl. BGH v. 16.10.1989 II ZR 307/88, BGHZ 109, 55; v. 18.12.2000 II ZR 191/99, DStR 2001, 1136.
3 Vgl. BGH v. 11.7.1994 II ZR 146/92, BGHZ 127, 1.
4 BGH v. 14.12.1992 II ZR 298/91, BGHZ 121, 31, 38.
5 Vgl. BGH v. 7.12.1998 II ZR 382/96, BGHZ 140, 147.

Strom auch noch während des Insolvenzverfahrens auf eigene Kosten erfüllen, ohne nach der Abrechnungsperiode die Erstattung verlangen zu können.[1]

1760 Die Umqualifizierung in Eigenkapitalersatz bedeutete aber **nicht**, dass an dem zur Nutzung überlassenen Gegenstand **eine dingliche Rechtsänderung** eingetreten wäre oder der Insolvenzverwalter dessen Übereignung hätte verlangen oder seinen Substanzwert zur Masse hätte ziehen können.[2] Es musste ihm aber der Gegenstand zur Nutzung überlassen werden, ohne dass der Gesellschafter ein Entgelt fordern konnte. Das Nutzungsrecht galt jedoch nur für die vereinbarte Zeit. Der Insolvenzverwalter konnte jedoch nicht die Nutzung unterlassen und stattdessen von dem Gesellschafter die Bezahlung eines dem Nutzungsentgelt entsprechenden Betrages verlangen.[3]

1761 Unter Geltung der neuen, durch das MoMiG eingeführten insolvenzrechtlichen Vorschriften ist offensichtlich, dass Miet- und Pachtforderungen, die im Zeitpunkt der Insolvenzeröffnung noch nicht beglichen und damit gestundet sind, gleich einem Darlehen dem Nachrang nach § 39 Abs. 1 Nr. 5 InsO unterliegen.

Die davon zu trennende Frage, ob die Gesellschaft (= Insolvenzverwalter) entsprechend den Eigenkapitalersatzregeln von dem Gesellschafter die unentgeltliche Nutzung des überlassenen Gegenstandes bis zum Ablauf des Vertrages oder für einen angemessenen Zeitraum verlangen könne, beantwortet der neue § 135 Abs. 3 InsO. Wenn der **Gegenstand** für die **Fortführung des Unternehmens der GmbH von erheblicher Bedeutung ist**, kann der **Aussonderungsanspruch** während der Dauer des Insolvenzverfahrens, höchstens aber für ein Jahr ab Verfahrenseröffnung **nicht geltend** gemacht werden. Für den Gebrauch ist dem Gesellschafter aber ein **Ausgleich zu zahlen**: Dafür ist die durchschnittlich im **letzten Jahr vor der Eröffnung geleistete Vergütung** zu zahlen, bei kürzerer Überlassung die Durchschnittsvergütung während dieses Zeitraums. Bei der Nutzungsüberlassung betrifft die Kreditgewährung also nur das Entgelt, ein Anspruch auf unentgeltliche Nutzungsüberlassung oder auf Vergütung für den Entzug des Nutzungsrechts besteht also nicht mehr.

> **BEISPIEL:** Der Gesellschafter R hat der GmbH ein Betriebsgebäude zur Nutzung überlassen. Die vereinbarte und angemessene monatliche Pacht beträgt 1 000 €. Wegen der Zahlungsschwierigkeiten der GmbH hat A seine Ansprüche seit 14 Monaten nicht eingefordert, als die GmbH den Antrag auf Eröffnung des Insolvenzverfahrens stellt. Die rückständige Pacht unterfällt dem Nachrang gem. § 39 Abs. 1 Nr. 5 InsO.
>
> Wenn der Insolvenzverwalter gute Chancen sieht, das Unternehmen der GmbH fortzuführen und dafür das Betriebsgebäude erforderlich ist, kann A seinen Aussonderungsanspruch nicht geltend machen und muss der GmbH für die Dauer der Insolvenz, längstens aber ein Jahr, das Gebäude weiter zur Nutzung überlassen. R gebührt dafür aber eine Vergütung; bei deren Berechnung ist aber nur der Durchschnitt der im letzten Jahr **geleisteten** Vergütung anzusetzen. Da die GmbH keine Vergütung geleistet hat, beträgt die Vergütung wohl null €. Zum gleichen Ergebnis kommt man bei einer vorangegangenen **unentgeltlichen** Nutzungsüberlassung.

---

[1] BGH v. 26. 6. 2000 II ZR 370/98, DStR 2000, 1401.
[2] BGH v. 11. 7. 1994 II ZR 146/92, BGHZ 127, 1.
[3] Goette, DStR 1999, 553, 555.

> **ABWANDLUNG:** Hat R monatlich seine Pacht vereinnahmt, ist die Vergütung geleistet worden. R kann vom Insolvenzverwalter im Ergebnis die Weiterzahlung der Pacht i. H. v. monatlich 1 000 € verlangen, solange der Insolvenzverwalter der Aussonderung nicht zustimmt.

> **ABWANDLUNG:** Der Insolvenzverwalter kann den Betrieb nur fortführen, wenn er den Betrieb in ein kleineres Gebäude verlagert, das nur 300 € Miete kostet. Das von R überlassene Gebäude könnte für ein Jahr für 2 000 € monatlich verpachtet werden. Der Pachtüberschuss ist von erheblicher Bedeutung für die Liquidität und Fortführung des Unternehmens. Auch hier darf R von seinem Aussonderungsrecht zunächst keinen Gebrauch machen. Auch hier ist der Gegenstand – wenn auch nur mittelbar – von erheblicher Bedeutung für die Betriebsfortführung. Das Gesetz verlangt keine unmittelbare Nutzung im fortgeführten Betrieb.

Für die Bemessung der Entschädigung ist **nicht die vereinbarte Vergütung** maßgebend, sondern die von der GmbH tatsächlich im letzten Jahr vor der Eröffnung des Insolvenzverfahrens **geleistete Vergütung**. Auch wenn die GmbH bis zur Stellung des Insolvenzantrags die Vergütung tatsächlich ausgezahlt hat, kann der vorläufige Insolvenzverwalter jegliche Zahlung einstellen, so dass auf diese Weise bei einem sich länger hinziehenden Eröffnungsverfahren der Vergütungsanspruch gegen die Masse entwertet werden kann.[1]

(Einstweilen frei)

7. Ausnahmen vom Grundsatz des Nachrangs

a) Kleinbeteiligtenprivileg

Das Kleinbeteiligtenprivileg (§ 39 Abs. 5 InsO) ist dem früheren § 32a Abs. 3 Satz 2 GmbHG a. F. nachgebildet. Es befreit Darlehensgeber vom Nachrang, die mit bis zu 10 v. H. am Haftkapital (= Stammkapital) der Gesellschaft beteiligt sind und nicht zu den geschäftsführenden Gesellschaftern gehören. Es ist nur die Kapitalbeteiligung maßgebend, auf die Stimmkraft oder die Gewinnbeteiligung kommt es nicht an. Nicht eindeutig lässt sich dem Gesetzeswortlaut entnehmen, ob die Voraussetzungen des Privilegs nur im Zeitpunkt der Darlehenshingabe oder während der gesamten Dauer des Darlehensverhältnisses gegeben sein müssen. Für die letzte Variante spricht das Gläubigerinteresse und der Ausnahmecharakter der Vorschrift.

Demnach kann ein Gesellschafter das Kleinbeteiligtenprivileg nicht dadurch gewinnen, dass er seine Geschäftsführerstellung aufgibt oder seine Beteiligung auf unter 10 v. H. abschmilzt. Der insolvenzrechtliche Nachrang haftet insofern an dem Darlehen von Anfang an. Umgekehrt verliert der Gesellschafter aber auch das Privileg, wenn er nachträglich seine Beteiligung erhöht oder die Geschäftsführung übernimmt. Insofern trifft der Gesellschafter, indem er das Darlehen nicht abzieht, obwohl sich sein unternehmerischer Einfluss erhöht, eine neue Entscheidung über die Kreditvergabe.

b) Sanierungsprivileg

Das Sanierungsprivileg (§ 39 Abs. 4 Satz 2 InsO) kommt Gesellschaftern der GmbH zugute, die bei Überschuldung oder bei drohender bzw. bereits eingetretener Zahlungs-

---
1 Wälzholz, GmbHR 2008, 841, 848.

unfähigkeit Geschäftsanteile zum Zweck der Sanierung der GmbH übernehmen. Dann trifft sie nicht der insolvenzrechtliche Nachrang für bereits bestehende oder neu gewährte Darlehen bzw. Forderungen aus Rechtshandlungen, die einem Darlehen wirtschaftlich entsprechen. Die Ausnahme vom Nachrang stellt nur auf den Anteilserwerb und nicht auf die Vergabe des Kredits in der Krise ab, so dass auch Altkredite begünstigt sind, wenn der Gesellschafter zur Sanierung einen Geschäftsanteil erwirbt. Vornehmlich zielt die Regelung aber auf neue Kredite ab, die ein Neugesellschafter der GmbH gewährt. Auch ein Altgesellschafter-Gläubiger, der seine Beteiligung in der Sanierungssituation aufstockt, ist mit seinen alten und/oder neuen Darlehen begünstigt. Den Schutz vor dem insolvenzrechtlichen Nachrang genießen privilegierte Alt- oder Neudarlehen jedoch nur bis zum Zeitpunkt „der nachhaltigen Sanierung", sprich bis die beim Anteilserwerb bestehende finanzielle Schieflage der GmbH überwunden ist.

1783 Der Gesellschafter, der seine Beteiligung zum Zwecke der Sanierung erworben oder aufgestockt hat, wird also sorgfältig darauf achten müssen, wann die nachhaltige Sanierung eingetreten ist. Um dem dann wieder einsetzenden Nachrang zu entgehen, wird er entweder seine Beteiligung aufgeben oder sein Kreditengagement zurückfahren und die Gesellschaft auf eine Fremdfinanzierung durch Dritte verweisen müssen. Dadurch können die erfolgreichen Sanierungsmaßnahmen aber wieder in Frage gestellt werden.

1784–1790 (*Einstweilen frei*)

III. Vom Gesellschafter gesicherte Darlehen

1791 Darlehensforderungen und gleichgestellten Forderungen außenstehender Gläubiger, für deren **Rückzahlung der Gesellschafter eine Sicherheit bestellt hat oder für die er sich verbürgt** hat, werden nach § 44a InsO mit einem **Nachrang** belegt. Nach dieser Vorschrift, die § 32a GmbHG a. F. nachgebildet ist, werden gesellschafterbesicherte Forderungen nur nach Maßgabe des § 39 Abs. 1 Nr. 5 InsO und nur in dem Umfang befriedigt, in dem er bei Inanspruchnahme des Gesellschafters ausgefallen ist. Der (dritte) Darlehensgläubiger erleidet also in zweierlei Hinsicht einen Nachteil: Er nimmt an der Verteilung der Masse nur in dem Umfang teil, in dem er bei der Verwertung der Sicherheit oder Inanspruchnahme des Bürgen seine Forderung nicht realisieren konnte, und mit der verbliebenen Restforderung hat er den gleichen Rang wie ein Gesellschafter-Darlehensgläubiger.

Grund hierfür ist, dass es wirtschaftlich keinen beachtenswerten Unterschied macht, ob der Gesellschafter der Gesellschaft durch ein eigenes Darlehen hilft oder es ihr durch **Stellung einer hinreichenden Sicherheit** ermöglicht, bei der Bank das benötigte Darlehen aufzunehmen. Die Bestellung einer Sicherheit durch den Gesellschafter für ein Fremddarlehen entspricht wirtschaftlich einer unmittelbaren Darlehensgewährung durch ihn an die Gesellschaft.

1792 Der **Drittgläubiger** darf jedoch seine Forderung in der Insolvenz der GmbH **in voller Höhe** und nicht nur mit dem zu erwartenden Ausfall anmelden, weil er nach dem Grundsatz der Doppelberücksichtigung aus § 43 InsO nicht zuvor aus der Sicherheit gegen den Gesellschafter vorgegangen sein muss und das Ausfallprinzip nach § 52 InsO nicht eingreift, weil die GmbH nicht aus der Sicherheitsbestellung verpflichtet ist.

Wenn für den Gesellschafter das Sanierungs- oder Kleinbeteiligtenprivileg gilt, greift § 44a InsO nicht ein, weil ein Darlehen des Gesellschafters nicht nachrangig wäre und der Nachrang nach § 44a InsO nach „Maßgabe des § 39 Abs. 1 Nr. 5 InsO" eintritt, der eben für Darlehensgewährungen von Kleinbeteiligten und Sanierungsbeteiligten nicht gilt. 1793

§ 44a InsO erfasst neben den ausdrücklich erwähnten normalen **Bürgschaften**, die häufig von Banken routinemäßig verlangt werden, **alle** anderen **denkbaren Sicherheiten**, wenn sie wirtschaftlich einen Kredit unterlegen können. In Betracht kommen Schuldversprechen, Kautionen, die Sicherungsübereignung, dingliche Sicherheiten wie die Bestellung von Grundpfandrechten an Grundstücken des Gesellschafters, Sicherungsabtretungen und Verpfändung von Forderungen und Bankguthaben. Auch die so phantasievolle Vereinbarung, dem darlehensgewährenden Kreditinstitut von der Gesellschaft sicherungsübereignete Wirtschaftsgüter im Sicherungsfall „zum Einstandspreis" abzukaufen, kann in Höhe der Wertdifferenz eine wirtschaftlich gleich zu behandelnde Sicherheit sein.[1] 1794

Auch die früher unter § 32a Abs. 3 GmbHG a. F. gefallene **mittelbare Besicherung** dürfte den Tatbestand des § 44a InsO erfüllen, wenn der Gesellschafter der GmbH einen Gegenstand seines Vermögens überlässt, damit sie ihn zur Sicherung eines Drittkredits einsetzen kann. Beispiel hierfür ist, dass der Gesellschafter der GmbH eine Grundschuld an seinem eigenen Grundstück bestellt und die GmbH das Grundpfandrecht dann ihrem Kreditgeber mit entsprechender Sicherungsabrede abtritt. Der Gesellschafter kann der GmbH aber auch die Befugnis einräumen, im Eigentum des Gesellschafters verbleibende Gegenstände (für ihre Rechnung) sicherungsweise zu verwerten. 1795

(Einstweilen frei) 1796–1810

IV. Anfechtung

Nach Eröffnung des Insolvenzverfahrens ordnet § 39 Abs. 1 Nr. InsO an, dass Gesellschafterdarlehen und gleichgestellte Forderungen nur nachrangig zu befriedigen sind. Dieser Nachrang wird für einen gewissen, **vor der Eröffnung der Insolvenz** liegenden Zeitraum durchgesetzt, indem Rückzahlungen der GmbH auf Forderungen solcher Art in dieser Zeit gem. §§ 129, 135 InsO der **Anfechtung unterliegen** (Insolvenzanfechtung). Die Vorschrift übernimmt für die Insolvenz die Funktion des § 31 GmbHG, der bisher die rechtliche Grundlage für einen Erstattungsanspruch bildete, wenn ein Darlehen in der Krise an den Gesellschafter zurückbezahlt wurde. Da es nach § 30 Abs. 1 Satz 3 GmbHG keine eigenkapitalersetzenden Darlehen mehr gibt, entfällt auch ein solcher Anspruch wegen verbotener Rückzahlung. 1811

Die Vorschrift regelt **zwei** Anfechtungsmöglichkeiten: § 135 Abs. 1 Nr. 1 InsO unterwirft eine Rechtshandlung der Anfechtung, die innerhalb der **letzten zehn Jahre vor dem Eröffnungsantrag** (oder danach) für ein Darlehen oder für eine gleichgestellte Forderung 1812

---

[1] Vgl. Goette, Anm. zu BGH v. 5. 7. 1999 II ZR 260/98, DStR 1999, 1409.

des Gesellschafters **Sicherung gewährt** hat. Nach § 135 Abs. 1 Nr. 2 InsO ist eine Rechtshandlung anfechtbar, durch die dem Gesellschafter **im letzten Jahr** vor dem Eröffnungsantrag (oder danach) **Befriedigung gewährt** worden ist. Die Tatbestände gelten unabhängig voneinander, so dass die Anfechtung der Sicherungsgewährung auch dann noch greifen kann, wenn eine Anfechtung der Befriedigung wegen Zeitablaufs nicht mehr möglich ist.[1] Die Anfechtbarkeit wird auf jedes Gesellschafterdarlehen und jede gleichgestellte Forderung unabhängig von einer „Krisenbestimmung" ausgedehnt, weil das Merkmal des Eigenkapitalersatzes weggefallen ist. Ausgenommen von der Anfechtung bleiben aber Sicherung und Befriedigung von Darlehen Kleinbeteiligter und Sanierungsdarlehen.

1813 Der Anfechtungsanspruch, der nach § 143 InsO auf Rückerstattung an die Insolvenzmasse geht, entsteht mit der Eröffnung des Verfahrens und verjährt nach § 146 InsO gem. §§ 195, 199 BGB in drei Jahren.

1. Befriedigung der Darlehensforderung

1814 Die **Anfechtbarkeit der Befriedigung von Darlehen** im letzten Jahr vor dem Eröffnungsantrag kann in der **Praxis besondere Bedeutung** haben, da es nicht (mehr) darauf ankommt, ob das zurückgewährte Darlehen eigenkapitalersetzenden Charakter hatte oder nicht. Im Falle des **Unternehmensverkaufs** muss der Gesellschafter die Tilgungsleistung an die Masse zurückgeben, wenn der Erwerber das bis dahin gesunde und erfolgreiche Unternehmen in die Insolvenz führt. Dem kann der Gesellschafter aber dadurch begegnen, dass er seine Darlehensforderung mit dem Geschäftsanteil zusammen an den Erwerber verkauft und sich über den Kaufpreis wirtschaftlich Befriedigung für seinen Rückzahlungsanspruch verschafft.

Schwerwiegender und risikoreicher als dieser eher singuläre Fall ist aber, dass der Gesellschafter bisher sein Darlehen noch innerhalb der Überlegungsfrist von maximal zwei bis drei Wochen[2] nach Erkennbarwerden der Krise abziehen und so ein Umschlagen in ein eigenkapitalersetzendes Darlehen vermeiden konnte. Nach neuem Recht kann er den Nachrang nur verhindern, wenn er das Darlehen früher als ein Jahr vor einem Insolvenzantrag, also zu einer Zeit abzieht, in der häufig noch keine Anzeichen für eine Krise bestehen und auch noch keine Unterbilanz vorliegt. Aus diesem Grund ist es eine Überlegung wert, der GmbH Finanzmittel nicht durch einen Gesellschafterkredit, sondern als Eigenkapital durch Einzahlung in die freie Rücklage zuzuführen. Diese Mittel könnten dann auch noch innerhalb des Jahres vor dem Insolvenzantrag abgezogen werden, solange sie bilanziell nicht zur Deckung der Stammkapitalziffer benötigt werden.[3] Die Ausschüttung aus der Rücklage ist keine Zahlung, die der Rückgewähr eines Gesellschafterdarlehens entspricht.

1815 Für die Praxis bedeutet dies, dass **der Gesellschafter-Darlehensgeber weiter vorausschauend beobachten** muss, wie sich die Gesellschaft entwickelt, wenn er mit seinem Darlehen nicht das volle Unternehmerrisiko tragen will. Eine ordnungsgemäße Unter-

---

1 BGH v. 18. 7. 2013 IX ZR 219/11, ZIP 2013, 1579.
2 BGH v. 9. 12. 1996 II ZR 17/97, GmbHR 1998, 936, m. N.
3 Vgl. auch Kallmeyer, DB 2007, 2755.

nehmensplanung, ein leistungsfähiges, zeitnahes Controlling und entsprechende Weisungen an die Geschäftsführung zu erhöhen und rechtzeitigen Berichtspflichten sind mehr denn je gefragt; sogar die Einrichtung eines Beirats, der laufend und intensiv die Entwicklung des Unternehmens beobachtet, kann sich empfehlen.[1] Es sollte auch überlegt werden, ob die Gesellschafter-Fremdfinanzierung nicht in eine Fremdfinanzierung durch Nicht-Gesellschafter überführt werden kann.

Für die **Gläubiger** einer GmbH kann sich umgekehrt auch die sorgfältige Beobachtung der Lage des Unternehmens der GmbH lohnen. Denn die Jahresfrist ist auch relativ knapp bemessen, weil es manchen Verantwortlichen für die GmbH nicht selten gelingt, das Siechtum der insolvenzreifen Gesellschaft über ein Jahr hinauszuzögern, nachdem man aufgrund des Insiderwissens seine Gesellschafterkredite abgezogen hat. 1816

Unterliegt die Rückgewähr eines Darlehens der Anfechtung, ist nach erfolgter Anfechtung die empfangene **Leistung** vom Gesellschafter an die **Insolvenzmasse zu erstatten.** Mit der dann noch **offenen Darlehensforderung** unterliegt der Gesellschafter dem **Nachrang** nach § 39 Abs. 1 Nr. 5 InsO. 1817

2. Befriedigung einer gleichgestellten Forderung

Was der Gesetzgeber unter einer „**gleichgestellten Forderung**" verstehen will, bedarf einer Auslegung. In § 135 Abs. 1 InsO wiederholt er nicht die in § 39 Abs. 1 Nr. 5 InsO gebrauchte Formulierung „aus Rechtshandlungen, die einem solchen (= Gesellschafter-) Darlehen wirtschaftlich entsprechen", sondern spricht von einer Rückgewähr eines Darlehens i. S. d. § 39 Abs. 1 Nr. 5 InsO. Daraus ergibt sich zunächst, dass **gestundete Forderungen** erfasst werden und dass auch Zahlungen auf Forderungen anfechtbar sind, die der Gesellschafter ohne ausdrückliche Stundungsabrede stehen gelassen und nicht innerhalb der verkehrsüblichen Zeit eingefordert hat (vgl. oben Rz. 1753). 1818

Problematisch sind jedoch die **Forderungen aus Austauschgeschäften, die nicht bar abgewickelt** werden und für die gegen eine Anfechtung folglich nicht der Einwand des Bargeschäftes (§ 142 InsO) vorgebracht werden kann. Denn jede Lieferung oder Leistung des Gesellschafters, die gegen Rechnung erfolgt und nicht unmittelbar durch Zahlung ausgeglichen wird, enthält ein Zahlungsziel und somit eine Kreditierung durch den Gesellschafter. Besonders deutlich wird dies bei der Vermietung. Es wären dann ausnahmslos alle Mietzahlungen im letzten Jahr anfechtbar und konsequenterweise auch die bezahlten Forderungen aus normalen Austauschgeschäften. Verknüpft man aber die Anfechtbarkeit mit dem Stehenlassen der Forderung bzw. einer der Zahlung vorangegangenen Stundung, können nur solche Zahlungen angefochten werden, bei denen sich die GmbH in Zahlungsrückstand befand.

Die Meinung, die alle von der Gesellschaft im Rahmen von Austauschverträgen an den Gesellschafter geleisteten Zahlungen unabhängig von einer vorangegangenen faktischen Stundung für anfechtbar hält, lässt sich aber nur schwerlich mit dem Willen des Gesetzgebers vereinbaren, der nicht jede, sondern nur bestimmte darlehensgleiche Forderungen der Anfechtung unterwerfen will. Außerdem gerät die auf § 142 InsO ab-

---

[1] Vgl. Rn. 3951.

hebende Meinung in Widerspruch mit der bilanziellen Betrachtungsweise, die gerade Leistungen der GmbH an den Gesellschafter, die durch eine vollwertige Gegenleistung gedeckt sind, von einem Auszahlungsverbot ausnimmt. **Anfechtbar** sind also nur **Zahlungen**, die auf eine zuvor **faktisch gestundete Forderung** des Gesellschafters während des letzten Jahres vor dem Insolvenzantrag geleistet wurden.

1819 Neben der Insolvenzanfechtung nach § 135 Abs. 1 Nr. 2 InsO kommt auch eine Vorsatzanfechtung nach § 133 Abs. 2 InsO in Betracht, die auf zwei Jahre zurückreicht. Ist der Gesellschafter-Darlehensgläubiger zu mehr als 25 v. H. an der GmbH beteiligt, ist er eine nahe stehende Person (§ 138 Abs. 2 Nr. 1 InsO); die Darlehenstilgung ist als Erfüllungsgeschäft ein entgeltlicher Vertrag, weil das Entgelt in der Befreiung von einer Verbindlichkeit besteht, so dass z. B. Tilgungen auf eine nicht vollwertige Darlehensforderung als Gläubigerbenachteiligung zu werten sein könnten.

3. Sicherungsgewährung für ein Gesellschafterdarlehen oder eine gleichgestellte Forderung

1820 Durch § 135 Abs. 1 Nr. 1 InsO werden Rechtshandlungen der Anfechtung unterworfen, die für einen Darlehensrückgewähranspruch des Gesellschafters oder für eine gleichgestellte Forderung des Gesellschafters **Sicherheit** gewährt haben. Diese Anfechtungsmöglichkeit reicht **zehn Jahre** vom Antrag auf Eröffnung des Insolvenzverfahrens zurück und erfasst auch Sicherheiten, die nach dem Antrag gewährt worden sind. Rechtsfolge daraus ist nach § 143 Abs. 1 InsO, dass die Sicherheit (= der weggegebene Gegenstand) an die Insolvenzmasse erstattet werden muss. Bestellte Grundpfandrechte muss der Gesellschafter also an die GmbH zurückübertragen, an zur Sicherung übereigneten Sachen muss der GmbH wieder Eigentum verschafft werden.

4. Vom Gesellschafter besicherte Darlehen Dritter

1821 Anstelle des früheren § 32b GmbHG a. F. unterwirft jetzt § 135 Abs. 2 InsO Rechtshandlungen der Anfechtung, durch die ein **außenstehender Dritter** mit seiner Forderung aus einem Darlehen und einer darlehensgleichen Forderung gegen die GmbH befriedigt wurde, sofern der Gesellschafter für die Forderung eine Sicherheit bestellt hatte. Zahlungen an einen durch einen Gesellschafter gesicherten Gläubiger innerhalb **eines Jahres** vor dem Eröffnungsantrag sind also **anfechtbar**. Die Anfechtung richtet sich allerdings nicht an den Gläubiger der Forderung, dem die Befriedigung gewährt wurde.

Da die Anfechtbarkeit einer solchen Rechtshandlung ihre Rechtfertigung in dem Umstand findet, dass der Gesellschafter für die Verbindlichkeit der GmbH als Sicherungsgeber hat einstehen wollen, richtet sich die Anfechtung gem. § 143 Abs. 3 InsO gegen den Gesellschafter als Sicherungsgeber. Denn er – der Gesellschafter – ist ja durch die Leistung der GmbH von seinen Verpflichtungen aus dem Sicherungsvertrag befreit worden.[1] Der Gesellschafter muss grundsätzlich die an den außenstehenden Dritten erbrachte Leistung der GmbH erstatten.

---

[1] Zum Eigenkapitalersatzrecht und zur Erstattungspflicht des durch Verwertung einer anderweitigen Sicherheit frei gewordenen Gesellschafter-Bürgen in Höhe der erlangten Befreiung vgl. BGH v. 20. 7. 2009 II ZR 36/08, DB 2009, 1975.

Die Höhe des Anspruchs ist aber nach § 143 Abs. 3 Satz 2 InsO auf die Höhe der Bürgschaft und bei einer dinglichen Sicherheit in Höhe des Wertes des Sicherungsgutes im Zeitpunkt der Rückgewähr des Darlehens oder der Leistung auf die gleichgestellte Forderung beschränkt. Führt die GmbH durch eine Zahlung des Gesellschafters auf ein im Soll geführtes Konto den Kontokorrentkredit nur teilweise zurück und kann der Gesellschafter weiterhin z. B. als Bürge in Anspruch genommen werden, darf die Summe aus dem Anfechtungsanspruch nach § 135 Abs. 2 InsO und der fortbestehenden Sicherheit des Gesellschafters den Höchstbetrag der eingegangenen Sicherheitsverpflichtung des Gesellschafters nicht übersteigen.[1] Bei einer Realsicherheit kann sich der Gesellschafter von der Erstattungspflicht befreien, wenn er die als Sicherheit dienenden Gegenstände der Insolvenzmasse zur Verfügung stellt.

BEISPIEL: Die Kreditbank K hatte der GmbH ein Darlehen über 50 000 € gewährt und der Gesellschafter R hatte sich für die Rückzahlung i. H. v. 40 000 € selbstschuldnerisch verbürgt. Ein halbes Jahr vor dem Antrag auf Eröffnung des Insolvenzverfahrens hat die GmbH bei Fälligkeit das Darlehen zurückbezahlt, R wurde von der Bank aus seiner Haftung als Bürge entlassen. Die Rückzahlung des Darlehens ist nach § 135 Abs. 2 InsO gegenüber R anfechtbar. Nach der Anfechtung durch den Insolvenzverwalter muss R den Tilgungsbetrag an die GmbH erstatten, allerdings nur i. H. v. 40 000 €, weil R nur in dieser Höhe als Bürge haftete.

ABWANDLUNG: R hatte für die Kreditbank eine Grundschuld zur Sicherung des gesamten Darlehensbetrages bestellt. Das Grundstück ist bei Tilgung des Darlehens mindestens das Doppelte wert, also 100 000 €. Mit der Rückübertragung des Grundpfandrechts ist eine Eigentümergrundschuld entstanden. R muss an die Insolvenzmasse 50 000 € bezahlen (Erstattung der dem Dritten gewährten Leistung = Tilgungsbetrag). Er muss nicht die Grundschuld an den Insolvenzverwalter abtreten. R könnte der GmbH auch das Grundstück übereignen, was er aber angesichts des Werts nicht tun wird. Der Insolvenzverwalter kann die Auflassung aber nicht verlangen.

ABWANDLUNG: R hatte damals der K ein bei ihr unterhaltenes Wertpapierdepot mit Kurswert von 70 000 € verpfändet. Im Zeitpunkt der Rückzahlung des Darlehens hat das Depot nur noch einen Kurswert von 40 000 €, Tendenz sinkend. R kann der Insolvenzmasse das Wertpapierdepot überlassen und wird dadurch von seiner Verpflichtung zur Erstattung der Tilgungsleistung von 50 000 € frei (§ 143 Abs. 3 Satz 3 InsO). Er muss den Fehlbetrag von 10 000 € oder mehr nicht ausgleichen.

BEISPIEL: Der Gesellschafter X, der im letzten Jahr vor der Eröffnung des Insolvenzverfahrens über die Y-GmbH Rückzahlungen von 40 000 € auf ein Darlehen erhalten hat, zahlt diesen Betrag an die GmbH zurück; erfolgt die Rückzahlung aber auf ein im Soll geführtes Bankkonto, kann die Rückführung des Saldos nach § 135 Abs. 2 InsO anfechtbar sein. Hat sich der Gesellschafter gegenüber der Bank bis zum Höchstbetrag von 140 000 € verbürgt und kann er von der Bank (= Dritter) weiterhin aus der von ihm bestellten Sicherheit in Anspruch genommen werden, darf die Summe aus dem Anfechtungsanspruch gem. § 135 Abs. 2 InsO und der fortbestehenden Verpflichtung aus Sicherheit den Höchstbetrag aus der eingegangenen Sicherheitsverpflichtung nicht übersteigen: der Gesellschafter kann also „nur" auf 140 000 € und nicht auf 180 000 € in Anspruch genommen werden.

(Einstweilen frei) 1822–1850

---

[1] BGH v. 4. 7. 2013 IX ZR 229/12, ZIP 2013, 1629.

V. Anfechtung von Darlehensrückzahlungen außerhalb der Insolvenz

1851 **Außerhalb des Insolvenzverfahrens** – vornehmlich in Fällen der Masselosigkeit – kann der Gläubiger zur Befriedigung seiner Forderung von den Möglichkeiten der Anfechtung nach §§ 6 und 6a AnfG Gebrauch machen, wobei die anfechtbaren Rechtshandlungen denen innerhalb der Insolvenz entsprechen. Dadurch können dem Gesellschafter zurückgezahlte Darlehen dem Vollstreckungszugriff unterworfen werden. Das frühere Merkmal der Kapitalersatzfunktion ist auch hier entfallen. Infolge der Verweisung in § 6 Abs. 1 Satz 1 AnfG auf § 39 Abs. 1 Nr. 5 InsO ist nunmehr eine Leistung auf jedes Gesellschafterdarlehen oder eine gleichgestellte Forderung (= gestundete oder stehen gelassene Forderung) anfechtbar.

1852 Mit dem MoMiG werden die Anfechtungsmöglichkeiten zusätzlich durch eine **Verlängerung der Anfechtungsfristen verschärft**. Die Fristen, insbesondere die Jahresfrist bei der Befriedigung einer Gesellschafterforderung (§ 6 Abs. 1 Satz 1 Nr. 2 AnfG), werden nicht mehr ab der gerichtlichen Geltendmachung der Anfechtung nach rückwärts berechnet. Die Fristen knüpfen an den Zeitpunkt an, in dem der Gläubiger den vollstreckbaren Schuldtitel gegen die GmbH erlangt hat. Erfahrungsgemäß braucht nämlich der Gläubiger beträchtliche Zeit, um einen Vollstreckungstitel zu erwirken.

Wurde der Antrag auf Eröffnung des Insolvenzverfahrens mangels Masse abgewiesen (§ 26 Abs. 1 InsO), bevor der Gläubiger den Vollstreckungstitel erlangt hat, beginnt die Anfechtungsfrist (von einem bzw. zehn Jahren) mit dem Antrag auf Insolvenzeröffnung (§ 6 Abs. 1 Satz 2 AnfG). Wird der Antrag erst nach Erwirken des vollstreckbaren Schuldtitels abgelehnt, bleibt es beim Stichtag „Erlangung des Titels" durch den Gläubiger. Das Recht zur Anfechtung ist aber auch zeitlich beschränkt, § 6 Abs. 2 AnfG Es läuft eine Ausschlussfrist von drei Jahren ab dem Schluss des Jahres, in dem der Gläubiger den vollstreckbaren Titel erlangt hat. Wurde die anfechtbare Rechtshandlung erst nach Erwerb des Vollstreckungstitels vorgenommen, läuft die dreijährige Ausschlussfrist ab dem Ende des Jahres, in dem die Handlung stattfand.

1853 Die Vorschrift des § 6a AnfG übernimmt die Regelung in § 135 Abs. 2 InsO zu der Rückzahlung von gesellschaftergesicherten Darlehen an außenstehende Dritte und Leistungen auf solchen Darlehen wirtschaftlich entsprechenden Forderungen, wenn der Gesellschafter hierfür eine Sicherheit bestellt hatte oder als Bürge haftete. Auch hier ist eine Anfechtung der Leistungen möglich, die innerhalb des letzten Jahres vor Erlangung des vollstreckbaren Titels erfolgten. Bei erfolgreicher Anfechtung muss der Gesellschafter, der die Sicherheit bestellt hatte oder als Bürge haftete, nach § 11 Abs. 3 AnfG die Zwangsvollstreckung in sein Vermögen dulden, und zwar bis zu der Höhe des Betrages, mit dem er als Bürge haftete oder der dem Wert der Sicherheit im Zeitpunkt der Rückgewähr des Darlehens bzw. Tilgungsleistung auf die gleichgestellte Forderung entspricht. Der Gesellschafter kann aber auch den als Sicherung verwendeten Gegenstand dem Gläubiger zur Verfügung stellen.

1854 Das Privileg für Kleinbeteiligte und Sanierungsgläubiger nach § 39 Abs. 4 und 5 InsO gilt auch bei den Gesellschaftersicherheiten.

1855 Hatte der Gläubiger bei Eröffnung des Insolvenzverfahrens noch keinen vollstreckbaren Titel erworben, werden die Anfechtungsfristen ab der Eröffnung berechnet, wenn der

Gläubiger binnen eines Jahres seit der Beendigung des Insolvenzverfahrens den Titel erwirbt, § 18 Abs. 2 Satz 2 AnfG. Auch die Ausschlussfristen wie bei der Anfechtung nach § 6 Abs. 2 AnfG gelten im Rahmen des § 6a AnfG.

(Einstweilen frei) 1856–1880

VI. Übergangsvorschriften

Übergangsvorschriften enthalten Art. 103d EGInsO und § 20 Abs. 3 AnfG Danach sind bei vor Inkrafttreten des MoMiG eröffneten Insolvenzverfahren die bis dahin geltenden **gesetzlichen** Vorschriften anzuwenden. Dies schließt es **mit ein**, die **Rechtsprechungsregeln** zum **Eigenkapitalersatzrecht anzuwenden**, also Forderungen des Insolvenzverwalters hierauf zu stützen.[1] Bei nach dem Inkrafttreten eröffneten Verfahren sind auf vor diesem Datum vorgenommene Rechtshandlungen die alten Vorschriften über deren Anfechtung anzuwenden, soweit sie nach bisherigem Recht der Anfechtung entzogen oder in geringerem Umfang unterworfen sind. Dies bedeutet insbesondere, dass nicht die Rückzahlung auf jedes Darlehen anfechtbar ist, sondern nur, wenn das Darlehen oder die gleichgestellte Gesellschafterhilfe in der Krise der Gesellschaft (§ 32a GmbHG a. F.) gewährt wurde und Eigenkapitalersatz (vgl. § 135 InsO a. F. und § 6 AnfG a. F.) darstellte. 1881

> **BEISPIEL:** Ein nicht eigenkapitalersetzendes Darlehen ist vor dem Inkrafttreten des MoMiG zurückgezahlt worden. Noch vor Ablauf eines Jahres wird der Antrag auf Eröffnung des Insolvenzverfahrens gestellt, das nach dem Inkrafttreten des MoMiG eröffnet wird. Nach dem alten § 135 Nr. 2 InsO wäre die Rückzahlung des Darlehens nicht anfechtbar gewesen, weil es nicht eigenkapitalersetzend war. Diese Privilegierung bleibt dem Gesellschafter erhalten, auch wenn das Verfahren nun nach neu geltenden Vorschriften durchzuführen ist. Der Insolvenzverwalter kann die Rückzahlung nicht anfechten und die Erstattung zur Masse verlangen.

Auch die Verlängerung der Anfechtungsfrist ist nicht anzuwenden, wenn nur auf diese Weise noch Rechtshandlungen vor dem Inkrafttreten erfasst werden können. Für die Anfechtung außerhalb der Insolvenz gilt eine inhaltlich entsprechende Überleitungsvorschrift. Zur Orientierung für „Altfälle" soll nachfolgender Überblick dienen: 1882

(Einstweilen frei) 1883–1900

VII. Tatbestände der Novellenregelung nach altem Recht im Überblick

Ausgehend von der Vorstellung, dass kapitalersetzende Darlehen wie haftendes Eigenkapital zu behandeln seien, wenn der Gesellschafter das Darlehen gewährt hatte, um die Insolvenz der Gesellschaft abzuwenden oder wenn die Gesellschaft sich bei Darlehensgewährung in der Krise befand, also mangels Kreditwürdigkeit ohne das Gesell- 1901

---

1 So nun ausdrücklich BGH v. 26.1.2009 II ZR 260/07, DB 2009, 670, wenn eine eigenkapitalersetzende Gesellschafterhilfe vor Inkrafttreten des MoMiG zurückgewährt worden ist. Die Nichtanwendungsregel in § 30 Abs. 1 Satz 3 GmbHG n. F. entfaltet keine Rückwirkung auf solche Altfälle; gl. A. Goette, Einführung in das neue GmbH-Recht, S. 34 Rz. 84. Altmeppen setzt sich in dem Aufsatz „Wie lange noch gilt das alte Kapitalersatzrecht?, ZIP 2011, 641, kritisch mit der Übergangsregelung auseinander und stellt heraus, dass kapitalersatzrechtliche Ansprüche noch bis 31.10.2018 relevant bleiben könnten; vgl. auch BGH v. 28.2.2012 II ZR 115/11, ZIP 2012, 865 und Festhaltung BGH v. 28.5.2013 II ZR 83/12, DB 2013, 1964, Wegen einer ausführlichen Darstellung des Eigenkapitalersatzrechts wird auf die 1. Auflage dieses Buches unter Rz. 621 ff. verwiesen.

schafterdarlehen hätte liquidiert werden müssen, hat das GmbH-Recht die hieraus für den Fall der Insolvenz folgenden Fragen eingehend in den §§ 32a und 32b GmbHG a. F. geregelt und durch die Regelungen der Insolvenzordnung (ab 1.1.1999) ergänzt.

1902 Die Vorschrift des § 32a GmbHG a. F. gliedert sich in **zwei Grundtatbestände** und ergänzt sie durch eine **Generalklausel für wirtschaftlich gleichwertige Fälle**.

Es geht um folgende Fälle:

1. Gesellschafterdarlehen

1903 Absatz 1 der Vorschrift des § 32a GmbHG a. F. regelt den **Grundfall**, dass ein Gesellschafter seiner GmbH in einem Zeitpunkt, in dem ihr die Gesellschafter „als ordentliche Kaufleute Eigenkapital zugeführt hätten" (vom Gesetz selbst als „Krise der Gesellschaft" bezeichnet), stattdessen ein Darlehen gewährt hat.

1904 Ist dies zu bejahen, kann der betreffende Gesellschafter den Anspruch auf Rückzahlung des Darlehens im Insolvenzverfahren über das Vermögen der GmbH nur als nachrangiger Gläubiger geltend machen (§ 39 Abs. 1 Nr. 5 und Abs. 2 InsO a. F.).

1905 Welche Rechtsfolgen es hat, wenn der Gesellschafter den drohenden Ausfall mit seiner Forderung in der Insolvenz dadurch zu vermeiden versucht, dass er sich – seinen Informationsvorsprung gegenüber den anderen Gläubigern zu Nutze machend – das Darlehen noch vor Insolvenzeröffnung zurückzahlen lässt, erschließt sich erst aus den Vorschriften der InsO.

2. Darlehen durch Dritte

1906 § 32a Abs. 2 GmbHG a. F. betrifft den Fall, dass nicht der Gesellschafter, sondern ein Dritter der GmbH in der nämlichen Krisensituation ein Darlehen gewährt und der Gesellschafter für die Rückzahlung des Darlehens eine Sicherung bestellt oder sich verbürgt hat.

1907 Ist dieser Tatbestand erfüllt, kann der Dritte (= Darlehensgeber) in der Insolvenz der GmbH nur für den Betrag eine quotenmäßige Befriedigung verlangen, mit dem er bei der Verwertung der Sicherheit oder der Inanspruchnahme des Bürgen, sprich des Gesellschafters, ausgefallen ist.

3. Verwandte Sachverhalte

1908 In § 32a Abs. 3 GmbHG a. F. ordnet das Gesetz eine sinngemäße Anwendung dieser Vorschriften auf andere Rechtshandlungen eines Gesellschafters und eines Dritten an, die der Darlehensgewährung und Sicherung in der Krisensituation wirtschaftlich entsprechen:

▶ **Leasinggeschäfte** und andere **Überlassung** von Gegenständen zum **Gebrauch** und zur Nutzung;[1]

---

1 BGH v. 28.5.2013 II ZR 83/12, DB 2013, 1964.

▶ **Stundung von Forderungen,** die der Gesellschafter gegen die Gesellschaft hat;
▶ **Erwerb von Forderungen Dritter** gegen die Gesellschaft verbunden mit einer Stundung durch den Gesellschafter;
▶ **Darlehensgewährungen, Stundungen, Sicherungen, Gebrauchsüberlassungen** durch ein Unternehmen, das mit einem Gesellschafter oder mit der GmbH verbunden ist, werden wie entsprechende eigene Hilfen eines Gesellschafters behandelt.

Gleiches gilt für Darlehen, Forderungen und Sicherungen von Ehegatten oder Kindern des Gesellschafters, ausgenommen solche, die nicht aus Mitteln oder für Rechnung des Gesellschafters erworben oder bestellt worden sind, und für die Beteiligung eines Gesellschafters als stiller Gesellschafter an der GmbH. 1909

4. Privilegierung bei Sanierung und für Minderbeteiligte

Für Darlehensgeber, die in der Krise der Gesellschaft zum Zwecke der Sanierung (= Überwindung der Krise) Geschäftsanteile erwerben, sind nach § 32a Abs. 3 Satz 2 GmbHG a. F. die Regeln über den Kapitalersatz nicht auf deren bestehende und neu gewährte Kredite anzuwenden. Das **Sanierungsprivileg** macht es möglich, dass sich ein Kreditgeber an der Gesellschaft beteiligt, ohne dass zugleich seine Darlehen in Eigenkapital umqualifiziert werden und er neben dem Sanierungsrisiko auch noch das Insolvenzrisiko tragen muss. 1910

Die Regeln über den Eigenkapitalersatz sind nicht anzuwenden für Darlehen und wirtschaftlich gleichgestellte Leistungen eines Gesellschafters, der nicht Geschäftsführer und am Stammkapital **nur zu 10 v. H. oder weniger** beteiligt ist (§ 32a Abs. 3 Satz 3 GmbHG a. F.). 1911

5. Rückerstattung von Darlehensrückzahlungen

Wenn die GmbH das Darlehen innerhalb des letzten Jahres vor dem Antrag auf Eröffnung des Insolvenzverfahrens oder nach diesem Antrag zurückbezahlt hat, sind zwei Fallgestaltungen zu unterscheiden. 1912

War **Darlehnsgeber der Gesellschafter** (§ 32a Abs. 1 GmbHG a. F.) oder eine ihm gleichgestellte Person (§ 32a Abs. 3 GmbHG a. F.), kann der Insolvenzverwalter die Rückzahlung des Darlehens nach §§ 129, 135 Nr. 2 InsO a. F. anfechten mit der Folge, dass der gesamte Betrag nach § 143 Abs. 1 InsO an die Insolvenzmasse zurückzuzahlen ist. Der Anspruch verjährt drei Jahre nach Schluss des Jahres der Eröffnung des Insolvenzverfahrens (§ 146 InsO). 1913

Liegt der Fall des § 32a Abs. 2 und Abs. 3 GmbHG a. F. vor und ist das **Darlehen an den Dritten zurückgezahlt** worden, muss der Gesellschafter oder der gesellschaftergleiche Dritte, der die Sicherung bestellt oder die Bürgschaft übernommen hatte, gem. § 32b GmbHG a. F. den zurückgezahlten Betrag der GmbH erstatten. Der Rückerstattungsanspruch nach § 32b GmbHG a. F. unterliegt der gleichen Verjährung wie der Anfechtungsanspruch nach der InsO (§ 32b Satz 1 letzter Halbsatz GmbHG a. F.). Die Rückerstattungspflicht ist der Höhe nach begrenzt auf den Betrag, für den sich der Gesell- 1914 schafter verbürgt hatte oder der dem Wert der Sicherheit entspricht. Der Gesellschafter kann sich von der Rückerstattung befreien, wenn er die Sicherheit selbst der Gesellschaft zur Verwertung überlässt.

1915 **In der Insolvenz**, die für die Anwendung der sog. Novellenregeln vorausgesetzt wird – unbeschadet der Möglichkeit in einer Einzelzwangsvollstreckung über eine Anfechtung nach § 6 AnfG a. F. in den Anwendungsbereich dieser Vorschriften gelangen zu können –, führten die §§ 32a und 32b GmbHG a. F. im Grundsatz zu **vergleichbaren Rechtsfolgen** wie die Rechtsprechungsregeln, nämlich zu einer Auszahlungssperre und zu einer Erstattungspflicht. Allerdings ist für eine Erstattungspflicht unerlässlich, dass rechtzeitig, also innerhalb von drei Jahren seit Schluss des Jahres der Eröffnung des Insolvenzverfahrens, angefochten wird (§ 146 InsO).

Von der Anfechtung werden aber auch nur Leistungen erfasst, die im letzten Jahr vor Antragstellung erfolgt sind (§ 135 Nr. 2 InsO a. F.). Für diese spricht dann aber die **unwiderlegliche Vermutung**, dass mit ihnen gegen das Verbot verstoßen wurde, gebundenes (Eigen-)Kapital an Gesellschafter auszuzahlen. Ist im letzten Jahr vor Anbringung des Insolvenzantrages von der GmbH eine Leistung auf ein Gesellschafterdarlehen erbracht worden, das zuvor eigenkapitalersetzenden Charakter hatte, ist dem Gesellschafter der Nachweis abgeschnitten, dass im Zahlungszeitpunkt das Stammkapital nachhaltig wiederhergestellt gewesen sei. Das Vorliegen der Durchsetzungssperre wird unwiderlegbar vermutet.[1]

Auf eine zwischenzeitliche Besserung der Verhältnisse (Wegfall der Unterbilanz- oder Überschuldungssituation) kann sich der Gesellschafter anders als bei Anwendung der Rechtsprechungsregeln also nicht berufen. Außerdem erfassen die Novellenregelungen die **verbotenen Auszahlungen in voller Höhe**, während eine entsprechende Anwendung der §§ 30 und 31 GmbHG a. F. die Gesellschaftsleistungen nur bis zu der Höhe erfasste, die zur Deckung des Stammkapitals benötigt wurde, wobei freilich der Gesellschafter einer Erstattungspflicht ausgesetzt sein kann, die nicht nur ein Jahr, sondern zehn Jahre zurückreicht. Die **Versäumung** einer **rechtzeitigen Anfechtung verbietet nicht** den **Rückgriff** auf die **Rechtsprechungsregeln**.

1916 Wegen seiner Ansprüche, die sich aus dem in die Zuführung funktionalen Eigenkapitals umqualifizierten Rechtsverhältnis ergeben, muss der Gesellschafter als nachrangiger Gläubiger nach § 39 Abs. 1 Nr. 5 InsO a. F. am Insolvenzverfahren teilnehmen. Regelmäßig wird er daher bei einer Insolvenz leer ausgehen, wie es auch bei dem Gesellschafter der Fall ist, der analog § 30 GmbHG a. F. darauf verwiesen ist, dass von der Masse noch etwas übrig bleibt, was auf die Einlagen zurückgezahlt werden könnte.

1917–1950 (*Einstweilen frei*)

---

1 BGH v. 30. 1. 2006 II ZR 357/03, DStR 2006, 478, in Bestätigung von BGH v. 26. 3. 1984 II ZR 14/84, BGHZ 90, 370, zu Umgehungskonstruktionen, die im Ergebnis zur Erfüllung der Darlehensforderung führen, vgl. BGH v. 26. 6. 2006 II ZR 133/05, DB 2006, 2680.

E. Kapitalerhöhung, Kapitalherabsetzung

Literatur: *Goette*, Sacheinlage bei Kapitalerhöhung, DStR 2000, 1965; *Reich*, Kapitalerhöhung im „Schütt-aus-Hol-zurück"-Verfahren, NotBZ 2000, 112; *Heidinger*, Neues zur Kapitalaufbringung bei der Kapitalerhöhung, GmbHR 2002, 1045; *Schick*, Befreiende Leistung der Bareinlage auf Debet-Konto der GmbH; Leistung der Bareinlage zur freien Verfügung der Geschäftsführung, BGHReport 2002, 502; *Werner*, Voreinzahlungen auf Stammeinlagen bei GmbH-Gründung und Kapitalerhöhung, GmbHR 2002, 530; *Wolf*, Rechts- und Bilanzierungsfragen zur Kapitalerhöhung, StuB 2003, 1053; *Heidinger*, Keine schuldtilgende Wirkung der Voreinzahlung auf debitorisches Konto der GmbH, GmbHR 2004, 738; *Priester*, Voreinzahlung auf eine künftige Kapitalerhöhung, EwiR 2004, 851; *Bunnermann*, Anwendung der Grundsätze der „verdeckten Sacheinlage" bei einer Sachkapitalerhöhung, NZG 2005, 955; *Gerber/Pilz*, Barkapitalerhöhung um einen Rahmenbetrag bei der GmbH, GmbHR 2005, 1324; *Leuering/Simon*, Die Bis-zu-Kapitalerhöhung im GmbH-Recht, NJW-Spezial, 2005, 363; *Wachter*, Gescheiterte Kapitalerhöhungen bei Gesellschaften mit beschränkter Haftung, DB 2016, 275; *Werner*, Die gescheiterte Erhöhung des Kapitals der GmbH und ihre Rechtsfolgen, NWB 2016, 792.

I. Kapitalerhöhung

Die Ausstattung der GmbH mit ihrem Gründungs-Stammkapital reicht regelmäßig nicht aus, um das Unternehmen der GmbH solide zu finanzieren. Da sich die GmbH nicht wie eine AG zur Eigenfinanzierung des öffentlichen Kapitalmarkts bedienen kann und auch einer Fremdfinanzierung durch Banken usw. Grenzen gesetzt sein können, muss sie sich der Gesellschafter als Finanzierungsquelle bedienen. Ein Mittel zur zusätzlichen Finanzierung mit Eigenkapital ist neben der Leistung von Nachschüssen, sonstigen Zuzahlungen und verdeckten Einlagen **die Erhöhung des Stammkapitals**, bei der der Nominalbetrag des Stammkapitals heraufgesetzt wird. Bei der Kapitalerhöhung ist jedoch zu unterscheiden, ob sie **durch Zuführung neuer Mittel, also gegen Einlagen** (effektiv), oder nur **aus Gesellschaftsmitteln** (nominell) erfolgt. 1951

1. Arten der Kapitalerhöhung

Bei einer Kapitalerhöhung (gegen Einlagen) durch Zuführung neuer Mittel (= **effektive Kapitalerhöhung**) erhält die GmbH durch die bisherigen Gesellschafter oder/und neu beitretende Gesellschafter zusätzliche neue Eigenmittel oder es werden zumindest vorhandene Fremdmittel in zusätzliches Stammkapital (= Eigenkapital) umgewandelt. Die effektive Kapitalerhöhung ist in den §§ 55 bis 57b GmbHG geregelt. 1952

Demgegenüber bekommt die GmbH bei einer Kapitalerhöhung aus Gesellschaftsmitteln (= **nominelle Kapitalerhöhung**) kein zusätzliches Kapital, und die Gesellschafter haben keine Einlagen zu leisten, neue Gesellschafter können nicht beitreten. Es wird lediglich schon vorhandenes Eigenkapital (Rücklagen) den Bindungen des Stammkapitals (§§ 30, 31 GmbHG) unterworfen, welche allerdings durch das MoMiG und die Abschaffung des Eigenkapitalersatzrechts gelockert worden sind. 1953

Gründe für eine Kapitalerhöhung sind neben der Zuführung weiterer Barmittel häufig der Ausgleich von Verlusten und die Stärkung der Kreditwürdigkeit. Bei einer Sanierung durch sog. Kapitalschnitt wird die Kapitalerhöhung mit einer vereinfachten Kapitalherabsetzung ohne Rückzahlung von Stammkapital verbunden. 1954

1955 Das im Gesellschaftsvertrag ausgewiesene und im Handelsregister eingetragene Stammkapital ist eine feste Ziffer, die durch die wirtschaftliche Entwicklung des Unternehmens nicht berührt wird. Eine Veränderung dieser Ziffer konnte bisher nur durch eine Änderung des Gesellschaftsvertrages erfolgen. Mit dem MoMiG ist zusätzlich die Möglichkeit der Kapitalerhöhung in Form des **genehmigten Kapitals** in Anlehnung an die aktienrechtliche Regelung geschaffen worden (§ 55a GmbHG). Durch den Gesellschaftsvertrag (oder eine Satzungsänderung) können die Geschäftsführer ermächtigt werden, das Stammkapital bis um die Hälfte innerhalb von höchstens fünf Jahren nach der Eintragung durch Ausgabe neuer Geschäftsanteile gegen Einlage, also effektiv, zu erhöhen. Zu den Einzelheiten vgl. unter Rz. 1998 ff.

2. Kapitalerhöhung durch Satzungsänderung

1956 Die **Kapitalerhöhung** stellt – abgesehen von der Nutzung des genehmigten Kapitals – eine **Satzungsänderung** dar, die der Form des § 53 Abs. 2 GmbHG (notarielle Beurkundung) und einer Mehrheit von drei Vierteln der abgegebenen Stimmen bedarf, wenn der Gesellschaftsvertrag nicht eine größere Mehrheit oder andere Erschwernisse beinhaltet. Der Beschluss hat eindeutig und bestimmt zu sein und muss den Betrag der Erhöhung ersichtlich machen. Die neu entstehenden Geschäftsanteile müssen nach Inkrafttreten des MoMiG gem. § 55 Abs. 4 und § 5 Abs. 2 GmbHG nicht mehr auf mindestens 100 €, sondern nur noch **auf volle Euro lauten.** Ein Gesellschafter kann mehrere neue Geschäftsanteile übernehmen, wobei die Höhe der Nennbeträge verschieden bestimmt werden kann. Die Summe der Nennbeträge der neuen Geschäftsanteile muss mit dem erhöhten Kapital übereinstimmen. Der Beschluss ist nicht (stillschweigend) auflösend bedingt durch die Eröffnung eines etwaigen Insolvenzverfahrens über das Vermögen der Gesellschaft.[1]

Wirksam wird die Kapitalerhöhung gem. § 54 Abs. 3 GmbHG erst mit der Eintragung ins Handelsregister. Bis zur Eintragung können die Gesellschafter deshalb den Beschluss über die Kapitalerhöhung aufheben. Die Aufhebung des Beschlusses ist auch dann noch möglich, wenn bereits der Übernahmevertrag (s. dazu Rz. 1960 ff.) abgeschlossen und die Einlagen geleistet sind. Sofern bisherige Nichtgesellschafter zugelassen werden, steht diesen kein Recht zur Anfechtung des Aufhebungsbeschlusses zu, da sie noch nicht Gesellschafter sind; ebenso scheiden Schadensersatzansprüche wegen der Aufhebung aus.[2] Der Aufhebungsbeschluss muss als actus contrarius mit derselben Mehrheit wie der Erhöhungsbeschluss gefasst werden.[3]

1957 Der **Erhöhungsbeschluss** muss den **Betrag des erhöhten Stammkapitals** angeben; ist bei der Beschlussfassung ausnahmsweise noch offen, welche Einlagen übernommen werden, so kann auch eine Kapitalerhöhung bis zu einem bestimmten Höchstbetrag (mit oder ohne Angabe eines Mindestbetrages) beschlossen werden. Dies empfiehlt sich insbesondere bei Kapitalerhöhungen gegen Sacheinlagen, da so der Betrag erst

---

1 HM, s. Wachter, DB 2016, 275, 277 mit Nachweisen in Fn. 6.
2 BGH v. 3.11.2015 II ZR 13/14, NWB DokID: WAAAF-08715, DB 2015, 2808.
3 So zu Recht Wachter, DB 2016, 275, 277; a. A. die h. M. (Aufhebung formlos und mit einfacher Mehrheit), s. z. B. Bayer in Lutter/Hommelhoff, § 53, Rn. 45 m. w. N.

nach Übernahmeerklärung und Bewertung festgelegt werden muss und ein Scheitern der Kapitalerhöhung mangels Deckung vermieden werden kann.

3. Zulassungsbeschluss (Bezugsrecht)

Mit dem Beschluss der Gesellschafter, eine Kapitalerhöhung durchzuführen, entsteht ein **Bezugsrecht der Gesellschafter** hinsichtlich der **neuen Geschäftsanteile**. Mit dem Zulassungsbeschluss, der mit einfacher Mehrheit formfrei gefasst und mit dem Erhöhungsbeschluss verbunden werden kann, legt die Gesellschafterversammlung fest, wem (Gesellschaftern oder anderen Beitrittswilligen) und in welcher Höhe die Übernahme neuer Geschäftsanteile angeboten werden soll. Grundsätzlich haben – sofern die Satzung nichts anderes bestimmt – die alten Gesellschafter auch ohne Beschlussfassung ein gesetzliches Bezugsrecht entsprechend ihrer bisherigen Beteiligungsquoten analog § 186 AktG bzw. aus der gesellschaftlichen Treupflicht und dem Gleichbehandlungsgrundsatz. Das entstehende Bezugsrecht begründet einen Anspruch auf Erwerb eines Anteils am erhöhten Stammkapital, nicht aber eine Verpflichtung zur Übernahme, selbst wenn der betreffende Gesellschafter der Kapitalerhöhung zugestimmt hat. Das **Bezugsrecht** kann **veräußert** werden (§ 15 Abs. 3 GmbHG), jedoch sind satzungsgemäße Zustimmungserfordernisse zu beachten.

1958

Sollen einzelne **Gesellschafter** vom Bezugsrecht **ausgeschlossen** werden, wozu es wegen des Eingriffs in die Mitgliedschaftsrechte eines Beschlusses mit satzungsändernder Mehrheit bedarf, bedarf es hierfür überwiegender Belange der Gesellschaft, z. B. dass ein bestimmtes und benötigtes Wirtschaftsgut (Patent und dgl.) nur per Sacheinlage von einem beitrittswilligen neuen Gesellschafter erlangt werden kann oder man diesen neuen Gesellschafter zur Fortführung der Geschäfte braucht, weil die nötigen Erfahrungen oder Finanzmittel von den alten Gesellschaftern nicht beigesteuert werden können. Auch ist ein am tatsächlichen Wert der Geschäftsanteile ausgerichtetes, angemessenes **Aufgeld** festzulegen, damit alte Gesellschafter über den Bezugsrechtsausschluss hinaus nicht einen weiteren Vermögensschaden wegen des anteiligen Überganges vorhandener stiller Reserven erleiden.[1] Ein unrechtmäßiger Ausschluss kann gerichtlich angefochten werden (§ 243 Abs. 1 AktG entspr.).

1959

4. Übernahmeerklärung

Der Erhöhungsbeschluss selbst bewirkt allein noch nicht die Erhöhung des Stammkapitals. Vielmehr muss dafür anschließend die Erhöhung durchgeführt werden. Hierzu ist zunächst die **Übernahme der Geschäftsanteile gegen Einlage** (§ 14 GmbHG) auf das erhöhte Kapital notwendig; die Höhe der zu leistenden Einlage bestimmt sich bei der Kapitalerhöhung nach dem in der Übernahmeerklärung festgesetzten Nennbetrag des Geschäftsanteils (§ 14 Satz 3 GmbHG).

1960

Die Übernahme der neuen Geschäftsanteile erfolgt durch einen **Vertrag** zwischen dem Übernehmenden und der Gesellschaft; dieser Vertrag ist rechtlich zugleich ein Gesellschaftsvertrag, weil er den erstmaligen Erwerb der Mitgliedschaft oder deren Aufsto-

1961

---

1 Vgl. auch Beck-GmbH-HB/Schwaiger, § 7 Rn. 30; OLG Stuttgart v. 1.12.1999 20 U 38/99, BB 2000, 1155.

ckung zum Ziel hat. Deshalb wird die Gesellschaft bei diesem Übernahmevertrag nicht durch den Geschäftsführer, sondern durch die Gesellschafter vertreten,[1] was nicht ausschließt, dass die Gesellschafter einem Geschäftsführer Vollmacht zur (formfrei möglichen) Annahme der Übernahmeerklärung erteilen. Die **Übernahmeerklärung selbst** bedarf – wie auch eine hierzu erteilte Vollmacht – zumindest der **notariellen Beglaubigung** (§ 55 Abs. 1 GmbHG). Die Annahme durch die Gesellschaft kann formlos erfolgen.

Während bislang der Übernahmevertrag als rein korporationsrechtlicher Vertrag gesehen wurde, hat der BGH nunmehr entschieden, dass der Vertrag auch schuldrechtliche Elemente aufweist.[2] Damit hat der BGH den Weg geöffnet, dass bei einem gescheiterten Übernahmevertrag Schadensersatzansprüche des Übernehmers nach allgemeinem Schuldrecht (z. B. wegen Wegfalls der Geschäftsgrundlage) geltend gemacht werden können.[3]

1962 Die **Übernahmeerklärung** muss neben der Person des Übernehmers gem. § 55 Abs. 2 GmbHG den Nennbetrag des neu übernommenen Geschäftsanteils angeben und die Art der zu erbringenden Einlage (Geld-, Sach- oder Mischeinlage) sowie eventuell zusätzlich zu erbringende Nebenleistungen (wie z. B. ein Aufgeld) nennen.

1963 Das GmbHG geht in § 55 Abs. 3 davon aus, dass die Kapitalerhöhung zur Bildung neuer Geschäftsanteile führt; es können aber auch die vorhandenen Anteile aufgestockt werden, vgl. § 57h GmbHG bei der Kapitalerhöhung aus Gesellschaftsmitteln. Der Nennbetrag neu entstehender Anteile bzw. der Nennbetrag der aufgestockten Geschäftsanteile muss auf volle Euro gestellt werden, also nur noch durch volle Euro teilbar sein, und ein Übernehmer kann mehrere Geschäftsanteile übernehmen. Wird ein Geschäftsanteil auf das erhöhte Stammkapital durch einen bereits vorhandenen Gesellschafter übernommen, so erwirbt dieser einen weiteren Geschäftsanteil. Ferner gilt auch die Vorschrift des § 7 Abs. 2 GmbHG, wonach vor der Anmeldung zum Handelsregister mindestens ein Viertel des Nennbetrags jedes (neuen) Geschäftsanteils bzw. des Aufstockungsbetrages eingezahlt sein muss, selbst wenn auf die vorhandene Stammeinlage zu mehr als einem Viertel oder voll einbezahlt war.[4]

5. Effektive Kapitalerhöhung: Leistung der neu übernommenen Einlagen

a) Bareinlagen

1964 Nach § 56a GmbHG sind für die Leistung der Geldeinlagen auf das neue Stammkapital die Vorschriften wie bei der Gründung entsprechend anzuwenden, ausgenommen die Mindesteinzahlungspflicht (nach § 7 Abs. 2 Satz 2 GmbHG). Wird die Kapitalerhöhung durch Aufstockung eines bestehenden Geschäftsanteils durchgeführt, muss ein Viertel des Erhöhungsbetrages eingezahlt werden, selbst wenn zum Zeitpunkt des Erhöhungsbeschlusses durch Einzahlungen auf den bestehenden Geschäftsanteil das durch Auf-

---

1 BGH v. 30.11.1967 II ZR 68/65, BGHZ 49, 119; Werner, NWB 2016, 792, 795; a. A. Wachter, DB 2016, 275, 279 (Vertretung durch Geschäftsführer).
2 BGH v. 3.11.2015 II ZR 13/14, DB 2015, 2808, Rz. 13.
3 Werner, NWB 2016, 792, 799.
4 Vgl. BayOLG v. 17.1.1986 BReg 3 Z 170/85, DB 1986, 738.

stockung erhöhte Kapital zu einem Viertel gedeckt wäre.[1] Die Mindestbeträge der Bareinlagen müssen bei Anmeldung der Kapitalerhöhung zur Eintragung ins Handelsregister zur freien Verfügung stehen.

Die Gesellschaft darf mit den eingezahlten Mitteln bereits vor Eintragung wirtschaften; der **Vorbehalt der wertgleichen Deckung** durch damit angeschaffte aktivierungsfähige Wirtschaftsgüter im Gesellschaftsvermögen im Zeitpunkt des Eintragungsantrags, wie ihn der BGH[2] früher noch aufgestellt hatte, **gilt** – anders als für die Kapitalaufbringung bei Gründung – bei der **Kapitalerhöhung nicht**.[3] Die Versicherung nach § 57 Abs. 2 GmbHG, dass sich die Bareinlage endgültig in der freien Verfügung der Geschäftsführung befindet, bezieht sich auf die Erfüllung der Einlageschuld (zwischen Kapitalerhöhungsbeschluss und Anmeldung zur Eintragung) und besagt nicht, dass die Einlage noch unverändert im Gesellschaftsvermögen vorhanden ist. Danach ist die Einlage zur **endgültigen freien Verfügung** erbracht, wenn sie **nach** dem Kapitalerhöhungsbeschluss in den **uneingeschränkten Verfügungsbereich der Geschäftsführung** gelangt ist.

Nach früherem Recht musste gewährleistet sein, dass die Einlage nicht an den Einleger zurückfließt. Nach neuem Recht gilt für die auf das erhöhte Stammkapital zu leistende Einlage der § 19 Abs. 5 GmbHG, der auch bei einem **Hin- und Herzahlen der Einlage** den Einleger von seiner Einlageverpflichtung **befreien** kann. Voraussetzung ist, dass **vor der Einlage** eine Leistung an den Gesellschafter **vereinbart** ist, die wirtschaftlich zwar einer Rückzahlung der Einlage entspricht und nicht als verdeckte Sacheinlage nach § 19 Abs. 4 GmbHG zu beurteilen ist, aber die Leistung der Gesellschaft durch einen vollwertigen und jederzeit fälligen oder durch die GmbH fällig stellbaren Rückgewähranspruch gedeckt ist. Damit sind insbesondere Konstruktionen gemeint, in denen die eingezahlte Geldleistung sofort wieder als Darlehen an den Übernehmer zurückfließt, oder die Fälle des Cash-Poolings, sofern es nicht als verdeckte Sacheinlage zu werten ist. Insoweit wird auf die Ausführungen unter Rz. 1198 ff. zur Kapitalaufbringung verwiesen.

1965

Auch bei der Kapitalerhöhung ist eine solche **Leistung** (Rückfluss der Einlage) oder die **Vereinbarung einer solchen Leistung** bei der **Anmeldung** der **Erhöhung anzugeben**. Nur dann kann bei Anmeldung der Kapitalerhöhung versichert werden, dass der Einlagebetrag für die Zwecke der Gesellschaft zur endgültigen freien Verfügung der Geschäftsführung eingezahlt worden ist.

Bei Einzahlung auf ein im **Soll geführtes Bankkonto** hat die Einzahlung Erfüllungswirkung, wenn die Verfügung über die Mittel wegen der eingeräumten Kreditlinie nicht beschränkt ist, der GmbH also weiterhin Liquidität in Höhe des gezahlten Einlagebetrages zur Verfügung steht[4] oder wenn die Bank der GmbH mit Rücksicht auf die Kapitalerhöhung auf einem anderen Konto einen Kredit zur Verfügung stellt, der den Einlagebetrag erreicht oder übersteigt.[5] Bei Überziehung sollte aber auf ein neues, bei einer anderen Bank eingerichtetes Konto eingezahlt werden.

1966

---

1 BGH v. 11.6.2013 II ZB 25/12, DStR 2013, 1744.
2 Vom 13.7.1992 II ZR 263/91, BGHZ 119, 177.
3 BGH v. 18.3.2002 II ZR 363/00, BGHZ 150, 197; v. 26.9.2005 II ZR 380/03, DStR 2005, 1950.
4 BGH v. 10.6.1996 II ZR 98/95, NJW-RR 1996, 1249.
5 BGH v. 18.3.2002 II ZR 363/00, BGHZ 150, 197.

1967 Bei **Voreinzahlungen** auf eine **erst geplante** Kapitalerhöhung ist Vorsicht geboten, da sie der BGH grundsätzlich als unzulässig ansieht,[1] wenn das Geld nicht noch zwischen Antrag auf Eintragung der Kapitalerhöhung und deren Durchführung zur freien Verfügung der Geschäftsführung steht.[2] Es kann dann nämlich eine verschleierte Sacheinlage anzunehmen sein, die nur unter den Voraussetzungen des § 19 Abs. 4 GmbHG mit ihrem Wert im Zeitpunkt der Überlassung auf die fortbestehende Einlageschuld angerechnet wird. Der Kapitalerhöhungsbeschluss stellt die maßgebliche Zäsur dar. Schuldtilgende Wirkung haben Voreinzahlungen nur, wenn der eingezahlte Betrag in diesem Zeitpunkt sich noch als solcher im Vermögen der GmbH befindet. Wurde auf ein Debet-Konto der GmbH eingezahlt, steht es dem nicht gleich, wenn die Bank nach Verrechnung der Gutschrift eine Verfügung über den Einlagebetrag zulässt.[3] Eine Tilgungswirkung von Voreinzahlungen auf eine künftige Kapitalerhöhung erkennt der BGH jetzt ausnahmsweise an, wenn schnell und unmittelbar nach der Einzahlung der Erhöhungsbeschluss gefasst wird und ein akuter Sanierungsfall vorliegt, andere Maßnahmen nicht möglich waren und die Sanierungsbemühungen gescheitert wären, falls die normale Reihenfolge eingehalten worden wäre.[4]

1968 Ähnliches gilt, wenn Sachen und Rechte voreingebracht werden und sie ihrer Substanz nach bei Eintragung nicht mehr vorhanden sind.[5] Sie können als Erbringung der Sacheinlage nur anerkannt werden, wenn sie sich zumindest im Zeitpunkt des Kapitalerhöhungsbeschlusses noch gegenständlich im Vermögen der GmbH befunden haben. Ist das nicht der Fall, kann als Sacheinlage allenfalls die dem Gesellschafter zustehende Ersatz- oder Erstattungsforderung eingebracht werden.[6]

1969 Der drohenden Gefahr, bei einer Voreinzahlung (vor wirksamer Beschlussfassung über die Kapitalerhöhung) auf den übernommenen neuen Geschäftsanteil nochmals zahlen zu müssen, kann nur begegnet werden, wenn ein enger zeitlicher Zusammenhang zwischen der Einzahlung und der Kapitalerhöhung besteht und sich die GmbH in der Krise befindet bzw. sanierungsbedürftig ist. Die Zahlung muss mit der klaren und ausdrücklichen Zweckbestimmung erfolgen, dass sie als Voreinzahlung zur Krisenbewältigung notwendig ist. Außerdem ist dies bei der Anmeldung offen zu legen und die Mittel müssen zur Zeit der Beschlussfassung noch unverbraucht zur freien Verfügung stehen.[7]

---

1 BGH v. 15.3.2004 II ZR 210/01, BGHZ 158, 283.
2 BGH v. 10.6.1996 II ZR 98/95, NJW-RR 1996, 1249.
3 BGH v. 15.3.2004 II ZR 210/01, BGHZ 158, 283.
4 BGH v. 26.6.2006 II ZR 43/05, BGHZ 168, 201.
5 BGH v. 18.9.2000 II ZR 365/98, BGHZ 145, 150.
6 BGH v. 18.9.2000 II ZR 365/98, BGHZ 145, 150, unter Bezugnahme auf BGH v. 2.12.1968 II ZR 144/67, BGHZ 51, 157.
7 Vgl. auch BGH v. 26.6.2006 II ZR 43/05, DStR 2006, 2266, zum Abweichen von der üblichen Reihenfolge der Durchführung einer Kapitalerhöhung, wenn sonst die Rettung der sanierungsfähigen GmbH scheitern würde.

b) Sacheinlagen

Auch bei einer Kapitalerhöhung können die neuen Geschäftsanteile gegen Leistung einer **Sacheinlage** (z. B. Grundstück, Sachanlagen, Wertpapiere, Forderungen, Patente, Know-how, Beteiligungen usw.) übernommen werden (§ 56f GmbHG). Es gelten dann alle Bestimmungen entsprechend, wie sie oben in Bezug auf die Sachgründung dargestellt sind.

1970

Der **Gegenstand der Sacheinlage** und der **Nennbetrag des Geschäftsanteils**, auf den sich die Sacheinlage bezieht, müssen in dem Kapitalerhöhungsbeschluss festgesetzt werden (§ 56 GmbHG). Diese Festsetzung muss dann auch in die Übernahmeerklärung (§ 55 GmbHG) des die Sacheinlage leistenden Übernehmers aufgenommen werden; erreicht der Wert der Sacheinlage nicht den Nennbetrag des dafür übernommenen Geschäftsanteils, ist der fehlende Betrag in bar zu leisten (Nachzahlungspflicht gem. § 9 GmbHG). Sollen **Gesellschafterdarlehen** als **Sacheinlagen für eine Kapitalerhöhung** verwendet werden, ist eine besonders umsichtige Prüfung der Werthaltigkeit des Rückzahlungsanspruchs geboten. Das Vermögen der GmbH muss im Zeitpunkt der Anmeldung ausreichen, um alle fälligen Forderungen ihrer Gläubiger zu befriedigen. Andernfalls ist das Gesellschafterdarlehen nicht voll werthaltig. Bei einem nicht vollwertigen Darlehen riskieren der Gesellschafter, die Mitgesellschafter und der Geschäftsführer auch Haftungsansprüche. Gemäß § 56a GmbHG i.V.m. § 7 Abs. 3 GmbHG muss die Sacheinlage vor Anmeldung der Kapitalerhöhung zum Handelsregister nämlich voll erbracht sein.

1971

Auch im Rahmen der Kapitalerhöhung mit Sacheinlagen ist das bisher geltende strikte Aufrechnungsverbot durch die Verweisung auf § 19 Abs. 2 Satz 2 GmbHG gelockert worden. Nunmehr ist eine Aufrechnung mit einer Forderung aus der Überlassung von Vermögensgegenständen zulässig, wenn deren Anrechnung auf die Einlageverpflichtung nach § 5 Abs. 4 Satz 1 GmbHG vereinbart worden ist. Es müssen also die Sacheinlagevorschriften insofern beachtet werden, als im Kapitalerhöhungsbeschluss und in der Übernahmeerklärung der Nennbetrag des betreffenden Geschäftsanteils und die Forderung (samt Rechtsgrund) festgesetzt werden, die mit der Einlageverpflichtung verrechnet werden soll.

1972

> **BEISPIEL:** ▶ Im Rahmen einer Kapitalerhöhung übernimmt der Gesellschafter R einen Geschäftsanteil mit dem Nennbetrag von 5 000 €. X hatte der GmbH zuvor ein Fahrzeug für einen angemessenen Preis von 6 000 € verkauft, der noch nicht bezahlt ist. Es ist zulässig, im Kapitalerhöhungsbeschluss festzusetzen und in den Übernahmevertrag aufzunehmen, dass X den Geschäftsanteil gegen Einlage von 5 000 € übernimmt und hierauf der Kaufpreisanspruch des X verrechnet wird. Die Einlageverpflichtung des X ist damit erfüllt. Wird die Vereinbarung nicht offen gelegt, liegt eine verdeckte Sacheinlage zum Zwecke der Kapitalerhöhung vor. Es kommt dann nur eine Anrechnung auf die fortbestehende Einlagepflicht gem. § 19 Abs. 4 GmbHG in Betracht.
>
> Entsprechendes gilt, wenn Bareinzahlungen mit anschließender Tilgung eines Gesellschafterdarlehens vereinbart werden.

c) Verdeckte Sacheinlagen

§ 56 Abs. 2 GmbHG ordnet bei Kapitalerhöhungen auch die entsprechende Anwendung von § 19 Abs. 4 GmbHG an, der die Kapitalaufbringung durch eine Sacheinlage anstelle der versprochenen Geldeinlage regelt. Wegen des Inhalts des in dieser Vorschrift ge-

1973

setzlich definierten Begriffs der verdeckten Sacheinlage wird im Einzelnen auf die Rz. 1361 ff. verwiesen. Ist die bei der Kapitalerhöhung und bei der Übernahme des neuen Geschäftsanteils bedungene Geldeinlage wegen der im Zusammenhang mit der Übernahme getroffenen Absprachen als Sacheinlage zu beurteilen, befreit dies den übernahmewilligen Gesellschafter nicht von seiner Einlageverpflichtung. Jedoch sind die Verträge über die Sacheinlage und die Rechtshandlungen zu ihrer Ausführung im Gegensatz zum bisherigen Recht, das sowohl Verpflichtungs- als auch Erfüllungsgeschäft wegen Umgehung der Kapitalaufbringungsvorschriften als nichtig beurteilte, nicht unwirksam. Eine Rückabwicklung ist also weder notwendig, noch kann sie verlangt werden. Die Geldeinlagepflicht besteht aber fort, nur wird der Wert des Vermögensgegenstandes im Zeitpunkt seiner Überlassung[1] an die Gesellschaft angerechnet, wobei die Beweislast für die Werthaltigkeit den Gesellschafter trifft.

BEISPIEL: Der Gesellschafter X übernimmt im Rahmen einer Kapitalerhöhung einen weiteren Geschäftsanteil gegen Geldeinlage im Nennwert von 5 000 €. Er vereinbart mit der Geschäftsführung, dass er GmbH Aktien mit einem Kurswert von derzeit 5 000 € überträgt und damit seine Einlageschuld erfüllt sei. Als das Depot schließlich auf die GmbH übertragen wird, ist der Wert der Aktien auf 3 000 € gesunken. Die Übertragung des Depots führt im Wege der Anrechnung gem. § 19 Abs. 4 GmbHG nur zu einer Tilgung der Einlageschuld i. H. v. 3 000 €. X muss weitere 2 000 € an die GmbH zahlen.

ABWANDLUNG: Bei Übertragung des Aktienpakets hat dieses einen Börsenwert von 7 000 €. Die Anrechnung führt zur Tilgung der Geldeinlageschuld in voller Höhe. Da die zur Ausführung der verdeckten Sacheinlage abgeschlossenen Verträge wirksam sind, kann X nicht von der Übertragung der Aktien Abstand nehmen und stattdessen seine Einlage mit Zahlung eines Geldbetrages von 5 000 € erbringen.

d) Ausgabekurs (Aufgeld)

1974 Gibt der Kapitalerhöhungsbeschluss nicht an, zu welchem **Ausgabekurs** die neuen Geschäftsanteile hergegeben werden, ist ihr **Nennwert** maßgebend. Der Ausgabekurs kann auch über dem Nennwert liegen, ein **Aufgeld** ist dann in die **Rücklage** einzustellen. Ein Agio (Aufgeld) ist zweckmäßig, wenn nicht sogar geboten, wenn Nichtgesellschafter neue Anteile übernehmen oder/und erhebliche stille Reserven vorhanden sind. Wird ein zu niedriger Ausgabepreis angesetzt, kann dies nämlich faktisch auch Alt-Gesellschafter zur Teilnahme an der Kapitalerhöhung zwingen, die ihr Bezugsrecht nicht ausüben wollen oder können. Denn dann gehen vorhandene stille Reserven über. Dies mag folgendes **Beispiel** verdeutlichen:

BEISPIEL: Das Stammkapital der GmbH, an der X zu 2/3 und Y zu 1/3 beteiligt sind, beträgt 300. Stille Reserven sind i. H. v. 150 vorhanden. Die GmbH beschließt eine Kapitalerhöhung um 300, Y übernimmt neue Geschäftsanteile von 200 und der neue Gesellschafter Z wird zur Übernahme neuer Geschäftsanteile von 100 zugelassen. X verlangt ein Aufgeld von 150.

---

[1] Zu welchem Zeitpunkt die Anrechnung stattfindet, muss noch durch die Rechtsprechung geklärt werden; § 19 Abs. 4 GmbHG, der als Gründungsvorschrift auf die Eintragung der GmbH abstellt, passt für die Kapitalerhöhung nicht. Vgl. auch Goette, Einführung in das neue GmbH-Recht, S. 15 Rz. 34.

3. Abschnitt: Stammeinlage, Geschäftsanteil und Stammkapital

Gesellschafter	X	Y	Z	Summe
Geschäftsanteil	200	100	0	300
stille Reserven	100	50	0	150
gemeiner Wert	300	150	0	450
Kapitalerhöhung				
nominal	0	200	100	300
Geschäftsanteil nach Kapitalerhöhung	200	300	100	600
stille Reserven vor Kapitalerhöhung	100	50	0	150
stille Reserven nach Kapitalerhöhung	50	75	25	150
Veränderung	./. 50	+ 25	+ 25	0
gemeiner Wert nach Kapitalerhöhung	250	375	125	750
Aufgeld	0	100	50	150
Kapitalrücklage anteilig	50	75	25	150
gemeiner Wert nach Aufgeldzahlung	300	450	150	900

Nach der Leistung des Aufgeldes, das steuerlich auf dem Einlagekonto (§ 27 KStG) zu erfassen ist, beträgt der gemeine Wert der Beteiligung des Gesellschafters X, der an der Kapitalerhöhung nicht teilgenommen hat, wieder 300. Er wird daher auf die Teilnahme an der Kapitalerhöhung (= sein Bezugsrecht) verzichten, wenn der Übergang der vorhandenen stillen Reserven durch das Aufgeld ausgeglichen wird. Die reine Nichtteilnahme an der Kapitalerhöhung stellt bei GmbH selbst keine vGA dar, weil auf ihrer Ebene ein wirtschaftlicher Nachteil (Vermögensminderung) nicht eintritt, sondern beim Gesellschafter; hat dieser (im Beispiel X) die Rechtsform einer GmbH und ist einer der anderen Gesellschafter (im Beispiel Y und/oder Z) an ihr beteiligt, kann allerdings eine vGA vorliegen.

Kommt eine Schenkung (freigebige Zuwendung) des Bezugsrechts (= Anwartschaft auf eine Beteiligung i. S. v. § 17 Abs. 1 Satz 3 EStG) in Betracht, so entsteht zwar im Zeitpunkt des Übergangs der stillen Reserven mangels Entgelts kein steuerpflichtiger Veräußerungsgewinn nach § 17 EStG. Handelte es sich bei den Anteilen, von denen gleichsam stille Reserven abgespalten und auf einen Dritten übertragen wurden, aber um sog. einbringungsgeborene (steuerverstrickte) Anteile (§§ 20, 23 UmwStG aus der Einbringung eines Betriebs, Teilbetriebs oder Mitunternehmeranteils ohne Aufdeckung der stillen Reserven – Buchwertfortführung), dann bleiben die Anteile, auf die nunmehr die stillen Reserven (teilweise) übergegangen sind, ebenfalls steuerverstrickt. Das heißt auch für Beteiligungen, die nicht unter § 17 EStG fallen, dass der volle Gewinn aus der späteren Veräußerung solcher, durch die Kapitalerhöhung erhaltener Anteile der Besteuerung unterliegt und nicht nur in Höhe der unentgeltlich übergegangenen stillen Reserven.

Vergüten die Teilnehmer an der Kapitalerhöhung anstelle des Aufgeldes dem verzichtenden Gesellschafter die stillen Reserven (im Beispiel Y und Z je 25 an X), so liegt unter der Voraussetzung einer nach § 17 EStG relevanten Beteiligung bei dem Gesellschafter ein steuerpflichtiger Veräußerungsgewinn vor, weil das Bezugsrecht auf die neu durch die Kapitalerhöhung entstehenden Anteile ein „Anwartschaftsrecht" auf die Beteiligung nach § 17 Abs. 1 Satz 3 EStG darstellt. Veräußerungsgewinn ist der Veräußerungspreis abzgl. der Anschaffungskosten des Bezugsrechts, wobei unter Geltung des Teileinkünfteverfahrens jeweils nur 60 v. H. dieser Größen anzusetzen ist (§§ 3 Nr. 40c, 3c Abs. 1 EStG).

Zur Ermittlung der Anschaffungskosten (AK) des Bezugsrechts werden die Anschaffungskosten der alten Anteile in dem Verhältnis auf die Anteile und das Bezugsrecht verteilt, in dem der Wert der alten Anteile vor Kapitalerhöhung zum Wert des Bezugsrechts steht:

$$\text{AK des Bezugsrechts} = \frac{\text{Wert Bezugsrecht x AK alte Anteile}}{\text{Wert alte Anteile}}$$

Im Beispiel betragen also die AK des Bezugsrechts: (50 x 200): 300 = 33,34.

6. Anmeldung und Eintragung

1975   Wenn alle Geschäftsanteile übernommen sind und allen weiter oben genannten Voraussetzungen genügt ist, hat der Geschäftsführer die Kapitalerhöhung zur Eintragung ins Handelsregister anzumelden (§ 57 GmbHG). Dies hat gem. § 10 HGB elektronisch in öffentlich beglaubigter Form zu geschehen.

1976   Dabei hat er die Versicherung abzugeben, dass die Bareinlagen mindestens mit einem Viertel eingezahlt und die Sacheinlagen vollständig bewirkt sind und endgültig zu seiner freien Verfügung stehen. Liegt eine verdeckte Sacheinlage vor, darf der Geschäftsführer **nicht versichern**, dass der Einlagebetrag **eingezahlt** sei, sondern nur angeben, die Einlageschuld sei auf dem Wege einer anzurechnenden und zur freien Verfügung stehenden Ersatzleistung erbracht worden.

1977   Der Anmeldung hat er die gem. §§ 54 ff. GmbHG notwendigen Dokumente wie den Erhöhungsbeschluss, die beglaubigten Übernahmeerklärungen, eine Liste der neuen Gesellschafter mit der Angabe der Nennbeträge der von jedem übernommenen Geschäftsanteile und die Versicherung gem. § 7 Abs. 2 GmbHG beizufügen. Auch die Dokumente sind elektronisch einzureichen, wobei § 10 Abs. 2 Satz 2 HGB gilt.

7. Änderung der Gesellschafterliste

1978   Neben der Anmeldung sind die Pflichten aus § 40 GmbHG hinsichtlich der **Gesellschafterliste** zu erfüllen. Da jede Kapitalerhöhung zumindest eine Veränderung im Umfang der Beteiligung der Gesellschafter und häufig auch eine Veränderung im Personenbestand mit sich bringt und regelmäßig an diesen Veränderungen ein Notar mitgewirkt hat (vgl. §§ 53, 54, 55 Abs. 1 GmbHG), hat der Notar gem. § 40 Abs. 2 GmbHG anstelle der eigentlich nach § 40 Abs. 1 GmbHG verpflichteten Geschäftsführer die geänderte Gesellschafterliste i.S.v. § 40 Abs. 1 GmbHG mit den persönlichen Daten der Gesellschafter sowie der Nennbeträge und der laufenden Nummern der von jedem Gesellschafter übernommenen Geschäftsanteile zum Handelsregister einzureichen und eine Abschrift der Gesellschafterliste an die Gesellschaft zu übermitteln. Bei Erstellung dieser Liste sind auch bei Gesellschaften, die vor Inkrafttreten des MoMiG eingetragen worden sind, die Geschäftsanteile – wie nunmehr vorgeschrieben – mit einer laufenden Nummer zu versehen. Geschäftsführer, welche die ihnen hinsichtlich der Gesellschafterliste obliegenden Pflichten verletzen, haften denjenigen, deren Beteiligung sich geändert hat, und den Gläubigern der Gesellschaft für den daraus entstehenden Schaden.

8. Haftung

Die Geschäftsführer haften ähnlich wie bei der Gründung, wenn falsche Angaben gemacht werden, § 56 Abs. 4 GmbHG. Sie unterliegen auch der Strafdrohung nach § 82 GmbHG und hinsichtlich der Prüfung und Entscheidung durch das Registergericht gilt § 9c GmbHG wie bei der Gründung der GmbH.

1979

9. Kapitalerhöhung aus Gesellschaftsmitteln

Anders als bei der Kapitalerhöhung gegen Geld- oder Sacheinlagen werden bei der (**nominellen**) **Kapitalerhöhung aus Gesellschaftsmitteln** der GmbH keine neuen Mittel zugeführt, sondern es wird als Rücklagen ausgewiesenes (vorhandenes) Eigenkapital in Nennkapital umgewandelt und auf die Gesellschafter (ohne Gegenleistung) proportional zu den Beteiligungen als Geschäftsanteile verteilt (§ 57j GmbHG). Die verhältnismäßige Zuordnung ist zwingend und gilt auch für eigene sowie für nur zum Teil eingezahlte Anteile (§ 57l GmbHG).

1980

Die Regelungen für die Kapitalerhöhung aus Gesellschaftsmitteln finden sich in den §§ 57c bis o GmbHG. Fragen, wie sie bei der effektiven Kapitalerhöhung zur Übernahme der neuen Geschäftsanteile, zur Zulassung zur Übernahme, bei der Aufbringung des erhöhten Kapitals und hinsichtlich der Form der Einlage (Geld- oder Sacheinlage) auftauchen, stellen sich hier nicht. Auf der anderen Seite ist das Verfahren hier sehr eng geregelt, so dass die nominelle Kapitalerhöhung auch im Hinblick auf die Möglichkeiten des „Schütt-aus-Hol-zurück-Verfahrens" (vgl. unten Rz. 1992 f.) an Bedeutung eingebüßt hatte.

1981

a) Bedeutung für die UG (haftungsbeschränkt)

Mit Inkrafttreten des MoMiG hat die Kapitalerhöhung aus Gesellschaftsmitteln in der Praxis einen **Anwendungsbereich bei der Unternehmergesellschaft – UG – (haftungsbeschränkt) hinzugewonnen**. Bei dieser Variante der GmbH ist ein Stammkapital möglich, das unter dem regulären Mindeststammkapital von 25 000 € liegt. Diese Gesellschaften müssen aber zur „Ansparung" eines Haftungsfonds nach § 5a Abs. 3 GmbHG eine gesetzliche Rücklage bilden, in die ein Viertel des um einen Verlustvortrag aus dem Vorjahr geminderten Jahresüberschusses einzustellen ist. Diese **Rücklage** unterliegt Verwendungsbeschränkungen und darf z. B. nur für Zwecke des § 57c GmbHG, also für eine **Kapitalerhöhung aus Gesellschaftsmitteln verwendet** werden.

1982

Eine Kapitalerhöhung kann für die UG (haftungsbeschränkt) wichtig sein, weil sie die Bezeichnung „Unternehmergesellschaft (haftungsbeschränkt)" in ihrer Firma nur ablegen oder sich der Pflicht zur Rücklagenbildung nach § 5a Abs. 3 GmbHG erst entledigen kann, wenn sie ihr Stammkapital (förmlich) so erhöht hat, dass es das Mindeststammkapital von 25 000 € erreicht oder übersteigt. Die Kapitalerhöhung nach § 57c GmbHG und die Verwendung der Rücklage kann auch in mehreren Stufen erfolgen, wobei der UG (haftungsbeschränkt) selbstverständlich auch die Kapitalerhöhung gegen Einlage und Ausgabe neuer Geschäftsanteile (effektive Kapitalerhöhung) offen steht. Das Sacheinlageverbot nach § 5a Abs. 2 Satz 2 GmbHG, gilt für eine Erhöhung des Stammkapitals einer Unternehmergesellschaft (haftungsbeschränkt) nicht, wenn sie das Mindestkapital von 25 000 € (§ 5 Abs. 1 GmbHG) erreicht oder übersteigt.[1]

Genügt nach einer Barkapitalerhöhung die Summe des ursprünglichen, der Volleinzahlungspflicht unterlegenden Stammkapitals einer UG und des auf den neuen Anteil eingezahlten Anteils dem Halbaufbringungsgrundsatz, erstarkt die UG zur Vollgesellschaft. In diesem Fall muss sich die Versicherung des Geschäftsführers aus Anlass der Kapitalerhöhung nur auf den neuen Geschäftsanteil beziehen: Er muss nicht versichern, dass das ursprüngliche Stammkapital noch erhalten sei.[2] Fn.: OLG Celle v. 17.7.2017 – 9 W 70/17.

b) Satzungsändernder Beschluss

1983   Zur **Kapitalerhöhung aus Gesellschaftsmitteln** ist ein **Gesellschafterbeschluss** erforderlich (§ 57c Abs. 2 GmbHG); er ist ein satzungsändernder Beschluss, muss daher notariell beurkundet und mit einer entsprechenden Mehrheit von drei Vierteln der Stimmen gefasst werden (§ 53 GmbHG). Er ist zur Eintragung in das Handelsregister anzumelden (§ 54 GmbHG).

c) Voraussetzungen

1984   Der Beschluss zur Erhöhung des Kapitals aus Gesellschaftsmitteln ist an mehrere Voraussetzungen geknüpft. Der Beschluss kann erst gefasst werden, wenn der **letzte Jahresabschluss** für das vor dem Kapitalerhöhungsbeschluss abgelaufene Geschäftsjahr **festgestellt** und über die **Ergebnisverwendung beschlossen** ist (§ 57c Abs. 2 GmbHG). Dies dient dem Gläubigerschutz. Dem Kapitalerhöhungsbeschluss ist eine Bilanz zugrunde zu legen (§ 57c Abs. 3 GmbHG), wobei es sich um die ohnehin aufzustellende Jahresbilanz (§ 57e Abs. 1 GmbHG) oder um eine eigens auf einen bestimmten Stichtag aufgestellte Zwischenbilanz (§ 57f GmbHG) handeln kann. Die zugrunde liegende Bilanz **(Erhöhungsbilanz)** muss auf einen höchstens acht Monate vor der Anmeldung der Kapitalerhöhung liegenden Stichtag aufgestellt sein **(Acht-Monats-Frist**, § 57f Abs. 1 Satz 2 GmbHG).

Die Rücklagen, die in nominelles Kapital umgewandelt werden sollen, müssen in der zugrunde liegenden Bilanz als (nicht zweckgebundene) offene Rücklagen, also als **Kapitalrücklagen** oder **Gewinnrücklagen,** oder im letzten Beschluss über die Verwendung des Jahresergebnisses als **Zuführung zu diesen Rücklagen** ausgewiesen sein. Vorher ist eine Saldierung mit Verlusten und Verlustvorträgen vorzunehmen, andere Eigenkapital darstellende Bilanzposten wie Bilanzgewinn, Gewinnvortrag, Nachschusskapital usw. sind mit dieser Bezeichnung nicht umwandlungsfähig und müssen vorher den offenen Rücklagen zugeführt werden. Auch stille Reserven können vor Aufdeckung nicht in Stammkapital umgewandelt werden.

1985   Für die **zweckgebundene, gesetzliche Rücklage nach § 5a Abs. 3 GmbHG** gilt insoweit eine Ausnahme, als sie ausdrücklich für eine Kapitalerhöhung nach § 57c GmbHG ver-

---

[1] BGH v. 19.4.2011 II ZB 25/10, BGHZ 189, 254.
[2] OLG Celle v. 17.7.2017 – 9 W 70/17.

wendet werden darf. Da aber für eine Kapitalerhöhung aus Gesellschaftsmitteln gem. § 57c Abs. 4 GmbHG auch § 57d Abs. 2 GmbHG gilt, wird die UG (haftungsbeschränkt) die gesetzliche Rücklage erst dann umwandeln dürfen, wenn ihre Bilanz keinen Verlust und keinen Verlustvortrag aufweist. Zum Ausgleich eines Verlustes des laufenden Jahres, der nicht durch einen Gewinnvortrag aus dem Vorjahr ausgeglichen ist, bzw. eines Verlustvortrags aus dem Vorjahr, der nicht durch einen Jahresüberschuss ausgeglichen ist, kann sie aber zunächst die Rücklage verwenden (§ 5a Abs. 3 Satz 2 Nr. 2 und 3 GmbHG) und die restliche Rücklage zur Kapitalerhöhung nutzen.

Die der Kapitalerhöhung zugrunde gelegte Bilanz muss mit einem **uneingeschränkten Bestätigungsvermerk** des ordnungsgemäß gewählten Abschlussprüfers versehen sein. 1986

d) Inhalt des Erhöhungsbeschlusses

Der Kapitalerhöhungsbeschluss selbst muss auf einen **bestimmten Betrag** lauten, muss angeben, dass die Erhöhung durch **Umwandlung von Rücklagen** erfolgt, und welche Bilanz ihr zugrunde liegt. Sind mehrere Rücklagen vorhanden und sollen nicht sämtliche Rücklagen umgewandelt werden, muss auch angegeben werden, welche Rücklage mit welchem Betrag verwendet werden soll. 1987

Schließlich muss nach § 57h Abs. 1 und 2 Satz 1 GmbHG auch bestimmt werden, ob im Zuge der Kapitalerhöhung neue Geschäftsanteile gebildet oder der Nennbetrag der vorhandenen Geschäftsanteile erhöht oder beide Möglichkeiten miteinander kombiniert werden sollen, wobei für einzelne Gesellschafter auch unterschiedliche Gestaltungen denkbar sind.[1] 1988

Für die neuen Geschäftsanteile oder die Aufstockungsbeträge ist **kein Mindestwert** von 50 € mehr **und keine Teilbarkeit** durch **zehn** mehr vorgeschrieben, sondern nur, dass sie auf einen Betrag gestellt werden, der auf **volle Euro** lautet. Geschäftsanteile, deren Nennbetrag erhöht wird, müssen außerdem nicht mehr auf einen durch fünf teilbaren Betrag gestellt werden, sondern nur noch auf volle Euro lauten (§ 57l Abs. 2 Satz 4 GmbHG). 1989

Ein Bezugsrecht im eigentlichen Sinne gibt es bei der Kapitalerhöhung aus Gesellschaftsmitteln nicht; vielmehr stehen die neuen Anteile den Gesellschaftern im Verhältnis ihrer bisherigen Geschäftsanteile zu. Ein davon abweichender Beschluss der Gesellschafterversammlung ist nichtig (§ 57j GmbHG). Eigene Anteile nehmen an der Erhöhung des Stammkapitals teil. Auch teileingezahlte Anteile nehmen an der Kapitalerhöhung teil, bei ihnen gibt es aber nur eine Aufstockung, nicht eine Neuausgabe von Geschäftsanteilen (§ 57l GmbHG). 1990

e) Anmeldung zum Handelsregister

Zusammen mit den Dokumenten, die bei einer Satzungsänderung vorzulegen sind, sind bei einer Kapitalerhöhung aus Gesellschaftsmitteln bei der Anmeldung ergänzend einzureichen (§ 57i GmbHG) die zugrunde liegende Bilanz mit dem uneingeschränkten 1991

---

1 Zöllner in Baumbach/Hueck, GmbHG, § 57h Rz. 5 f.

Prüfungsvermerk sowie die Erklärung der Anmeldenden, dass nach ihrer Kenntnis seit dem Stichtag der zugrunde gelegten Bilanz bis zum Tag der Anmeldung keine Vermögensminderung eingetreten ist, die der Kapitalerhöhung entgegenstünde, wenn sie am Tag der Anmeldung beschlossen worden wäre. Nach § 54 Abs. 3 GmbHG wird die Kapitalerhöhung mit Eintragung ins (elektronische) Handelsregister wirksam. Dies ist nach § 8a Abs. 1 HGB der Fall, wenn die Eintragung in den dafür bestimmten Datenspeicher aufgenommen und auf Dauer inhaltlich unverändert in lesbarer Form wiedergegeben werden kann.

10. Schütt-aus-Hol-zurück-Verfahren

a) Begriff

1992 Unter diesem Begriff versteht man ein Verfahren, in dem der Gewinn einer GmbH im Zusammenhang mit seiner ganzen oder teilweisen Ausschüttung der Gesellschaft wieder zur Verfügung gestellt wird. Die Rückholung des ausgeschütteten Gewinns kann in vielfältiger Form z. B. durch Gewährung eines Gesellschafterdarlehens, Einstellung in eine Rücklage, durch Einlage als stiller Gesellschafter oder in Form einer Betriebsaufspaltung – die Gesellschafter tätigen mit den ausgeschütteten Gewinnen die Investition und stellen das Wirtschaftsgut der GmbH pachtweise zur Verfügung – erfolgen.

1993 Dieses Verfahren wurde bisher vornehmlich aus steuerlichen Gründen durchgeführt, wenn die ausgeschütteten Gewinne beim Gesellschafter einer geringeren Steuerbelastung unterlagen als bei der GmbH thesaurierte Gewinne. Durch den Wegfall des Anrechnungsverfahrens und die Einführung eines einheitlichen KSt-Satzes für thesaurierte und ausgeschüttete Gewinne von 15 v. H. dürfte das genannte Verfahren, möglichst hohe Teile des verwendungsfähigen Jahresergebnisses an die Gesellschafter auszuschütten und die für die Eigenfinanzierung (eigentlich) gebrauchten Beträge unmittelbar an die GmbH zurückzuführen, an Anziehungskraft verloren haben.

b) Einsatz zur Kapitalerhöhung

1994 Das „Schütt-aus-Hol-zurück-Verfahren" kann auch für **eine Kapitalerhöhung** praktiziert werden. Für eine Kapitalerhöhung aus Gesellschaftsmitteln können „zurückgeführte" Gewinne nur verwendet werden, wenn die entsprechenden Beträge aufgrund festgestellter Bilanz vorher in die Kapitalrücklage (= Eigenkapital der GmbH) eingestellt wurden, also insoweit kein Gewinnauszahlungsanspruch der Gesellschafter entstanden ist.

1995 Ist ein Gewinnanspruch entstanden, kann er für die Kapitalerhöhung durch Forderungseinbringung als Sacheinlage verwendet werden.[1] Zunächst hatte der BGH auch nur dieses Verfahren zur Kapitalerhöhung unter Beachtung der Vorschriften einer Kapitalerhöhung durch Sacheinlage zugelassen.[2] Denn auch die Einlage eines Anspruchs auf Auszahlung der Dividende stellt die Durchführung einer Sacheinlage dar, weil ein anderer Gegenstand als Geld eingelegt wird. Diese Methode ist nach wie vor zulässig, setzt

---

[1] Hueck/Fastrich in Baumbach/Hueck, GmbHG, § 29 Rz. 67.
[2] BGH v. 18. 2. 1991 II ZR 104/90, BGHZ 113, 335.

aber regelmäßig den Nachweis gegenüber dem Registergericht voraus, dass der Dividendenanspruch werthaltig ist, und zwar in einer objektiven Betrachtungsweise.

Nunmehr ermöglicht es die Rechtsprechung auch, auf die Regeln der Kapitalerhöhung aus Gesellschaftsmitteln (§ 57c GmbHG) zurückzugreifen, wenn die Durchführung im „Schütt-aus-Hol-zurück-Verfahren" im Kapitalerhöhungsbeschluss und in der Registeranmeldung offen gelegt wird.[1] Es kann dann nämlich die Kapitalaufbringung durch sinngemäße Anwendung der Grundsätze über die Kapitalerhöhung aus Gesellschaftsmitteln sichergestellt werden.[2] Zur Werthaltigkeitskontrolle ist neben diesen Angaben dem Registergericht eine testierte, höchstens acht Monate alte Bilanz und eine Versicherung des anmeldenden Geschäftsführers nach § 57i Abs. 1 Satz 2 und § 57 Abs. 2 Satz 1 GmbHG vorzulegen. 1996

Wird nicht offen gelegt, dass für die Kapitalerhöhung ein stehen gelassener Gewinnanspruch verwendet wird, sondern die Einzahlung durch Verrechnung, Umbuchung oder Hin- und Herzahlen bewirkt wird, sind die Regeln über die verdeckte Sacheinlage nach § 19 Abs. 4 GmbHG anzuwenden; (vgl. hierzu Rn. 1973). 1997

11. Genehmigtes Kapital

Der neue § 55a GmbHG schafft auch für die GmbH die bei Aktiengesellschaften bereits vorgesehene Möglichkeit (§§ 202 ff. AktG) der **Kapitalerhöhung in Form genehmigten Kapitals**. Die **Geschäftsführung** kann bei Bedarf schnell und flexibel eine **Kapitalerhöhung** durchführen, ohne dass es eine weitere notariell beurkundete Änderung des Gesellschaftsvertrages (Satzungsänderung) erforderte. Es ist insoweit nur die Anmeldung zum Handelsregister notwendig, die gem. § 57 Abs. 1 GmbHG voraussetzt, dass das erhöhte Kapital durch die Übernahme von Geschäftsanteilen gedeckt ist. Dazu bedarf es wiederum einer zumindest notariell beglaubigten Erklärung des Übernehmers (§ 53 Abs. 1 GmbHG). 1998

a) Begriffsbestimmung

Das genehmigte Kapital definiert das Gesetz als die **im Gesellschaftsvertrag** (oder durch eine **Satzungsänderung** – § 55a Abs. 2 GmbHG) ausgesprochene **Ermächtigung der Geschäftsführer, das Stammkapital** bis zu einem bestimmten Nennbetrag durch Ausgabe neuer Geschäftsanteile gegen Einlagen **zu erhöhen**. Die Ermächtigung darf für **höchstens fünf Jahre nach der Eintragung der GmbH** (Ermächtigung in der Gründungssatzung) bzw. für **höchstens fünf Jahre nach Eintragung der Satzungsänderung** (nachträgliche Ermächtigung durch Änderung des Gesellschaftsvertrages) erteilt werden. Außerdem kann der **Nennbetrag des genehmigten Kapitals maximal auf die Hälfte des Stammkapitals im Zeitpunkt der Ermächtigung** lauten. Neue Geschäftsanteile auf das genehmigte Kapital können auch **gegen Sacheinlagen** ausgegeben werden, wenn die **Ermächtigung dies vorsieht**. 1999

---

[1] BGH v. 26.5.1997 II ZR 69/96, BGHZ 135, 381.
[2] Hueck/Fastrich in Baumbach/Hueck, GmbHG, § 29 Rn. 67.

b) Ausnutzung des genehmigten Kapitals

Die Ausnutzung des „genehmigten Kapitals" setzt also voraus:

aa) Ermächtigung der Geschäftsführer

2000 **Ermächtigung der Geschäftsführer im Gesellschaftsvertrag oder durch spätere Satzungsänderung:** Im Gesellschaftsvertrag bzw. in dem satzungsändernden Beschluss (unter Beachtung der Formvorschriften des § 53 GmbHG sowie besonderer Erfordernisse hierzu nach dem Gesellschaftsvertrag) muss die Ermächtigung ausgesprochen werden. Die Ermächtigung muss also notariell beurkundet und im Handelsregister eingetragen sein. Die Ermächtigung kann vorsehen, dass ein Aufsichtsrat oder Beirat dem Beschluss der Geschäftsführer, das Kapital zu erhöhen, zustimmen soll oder muss.

bb) Bezeichnung des Nennbetrags der Kapitalerhöhung

2001 Die Ermächtigung muss **genau den Nennbetrag bezeichnen**, bis zu dem das Stammkapital erhöht werden darf. Dazu ist der Betrag konkret zu beziffern, die Angabe eines Erhöhungsbetrages in Prozent (z. B. 10 v. H. des aktuellen Stammkapitals) ist nicht ausreichend.[1] Fehlt ein bestimmter Nennbetrag, ist die Ermächtigung nichtig. Der Erhöhungsbetrag darf die Hälfte des zur Zeit der Ermächtigung (d. h. deren Wirksamwerden mit Eintragung der Gründungssatzung oder der Satzungsänderung ins Handelsregister) vorhandenen Stammkapitals nicht überschreiten. Mit dem Stammkapital, das zz. der Ermächtigung „vorhanden" ist, meint das Gesetz die Stammkapitalziffer bzw. das gezeichnete Kapital und nicht etwa den darauf schon real durch Einlagen erbrachten Betrag. Denn bei Abschluss des Gesellschaftsvertrages ist i. d. R. noch nichts auf das Stammkapital eingezahlt. Beträgt die Stammkapitalziffer der GmbH z. B. 50 000 €, kann der Nennbetrag, bis zu dem das Kapital durch die Geschäftsführer erhöht werden kann, maximal 25 000 € betragen. Die Kapitalerhöhung kann in mehreren Tranchen erfolgen, bis das erhöhte Kapital den bestimmten Nennbetrag erreicht.

cc) Kapitalerhöhung durch Ausgabe neuer Geschäftsanteile gegen Einlage

2002 Die Ermächtigung muss angeben, dass das Stammkapital durch Ausgabe **neuer Geschäftsanteile gegen Einlage** erhöht werden darf. Sollen die Einlagen nicht nur in Geld erbracht werden dürfen, muss die Ermächtigung ausdrücklich bestimmen, dass Geschäftsanteile auch gegen Sacheinlagen ausgegeben werden dürfen. Eine nominelle Kapitalerhöhung aus Gesellschaftsmitteln ist also nach § 55a GmbHG nicht möglich. Auch eine Aufstockung bereits vorhandener Geschäftsanteile ist ausgeschlossen, weil damit keine „neuen" Geschäftsanteile entstünden. Die Anzahl der Geschäftsanteile (Stückelung), ihre Nennbeträge oder Bestimmungen darüber, wer zur Übernahme in welchem Umfang zugelassen werden soll, muss die Ermächtigung nicht enthalten. Es ist aber zulässig, dass die Ermächtigung mit Einschränkungen erteilt und hinsichtlich des Verwendungszwecks zeitlich, volumenmäßig und inhaltlich begrenzt wird[2] (z. B.

---

1 Hüffer, AktG, § 202 Rz. 12; Bayer in MünchK AktG, § 202 Rz. 65; abw. Lutter in Kölner Komm. AktG, § 202 Rz. 11, der eine prozentuale Angabe ausreichen lässt.
2 Zum AktG Bayer in MünchKomm. AktG, § 202 Rz. 76.

Verwendung der Kapitalerhöhung zu einer Unternehmensübernahme, Bestimmungen über die Person der Geschäftsanteilsübernehmer, Festlegung bestimmter Tranchen und der Stückelung usw.). Schweigt die Ermächtigung hierzu, entscheiden die Geschäftsführer in eigener Kompetenz nach pflichtgemäßem Ermessen, wenn sie die Kapitalerhöhung durchführen.

dd) Zeitliche Befristung

Die Ermächtigung muss **zeitlich befristet** sein, wobei der Zeitraum, innerhalb dessen eine Kapitalerhöhung durch genehmigtes Kapital durchgeführt werden darf, **höchstens fünf Jahre** beträgt, bei Neugründung gerechnet ab der Eintragung der Gesellschaft, bei später erteilter Ermächtigung durch Satzungsänderung gerechnet ab der Eintragung der Satzungsänderung. Letzteres entspricht § 54 Abs. 3 GmbHG, wonach die Änderung der Satzung rechtliche Wirkung erst nach ihrer Eintragung erlangt. Die Ermächtigung **kann** auch **zeitlich kürzer befristet** sein oder einen Anfangs- und Endtermin bestimmen, solange sich der Zeitraum innerhalb der Fünfjahresfrist bewegt. Die Ermächtigung muss ausdrücklich die Dauer der Ermächtigung angeben, und zwar durch ein konkretes Datum (z. B. „bis zum 31.12.2014") oder durch die Bezeichnung der Berechnungsgrundlage (z. B. „von der Eintragung der Gesellschaft an für drei Jahre"). Enthält die Ermächtigung keine oder eine zu lange Frist, ist sie unwirksam.

2003

> **BEISPIEL:** Die Satzung bzw. der nachträgliche Ermächtigungsbeschluss kann die Ermächtigung erteilen, innerhalb von fünf Jahren seit der Eintragung das Kapital zu erhöhen. Es kann aber bestimmt werden, dass die Ermächtigung ein Jahr nach der Eintragung einsetzt und für die darauf folgenden (maximal) vier Jahre oder innerhalb des dritten und vierten Jahres nach der Eintragung gelten soll.

> Nach dem Gesetzeswortlaut dürfte es nicht zulässig sein, die Ermächtigung über den jeweiligen Fünfjahreszeitraum hinaus um weitere fünf Jahre oder weniger zu „verlängern", indem man bei Ablauf des Fünfjahreszeitraums die Gründungssatzung ändert und für weitere fünf Jahre die Ermächtigung erteilt. Damit könnten die Höchstfristen umgangen werden. Soweit das genehmigte Kapital noch nicht ausgenutzt wurde, ist es aber zulässig, eine in der Gründungssatzung bestimmte kürzere Ermächtigungsfrist durch Satzungsänderung so zu verlängern, dass die Höchstfrist von fünf Jahren ab der erstmaligen Eintragung nicht überschritten wird.

> **BEISPIEL:** Im Gesellschaftsvertrag wurde die Ermächtigung für die nächsten drei Jahre nach der Eintragung der GmbH ausgesprochen. Eine spätere Satzungsänderung kann die Ermächtigung für weitere zwei, an den Ablauf der ersten Frist anschließende Jahre erteilen. Eine weitere Verlängerung dürfte nicht möglich sein, weil sonst die Höchstfrist nach § 55a Abs. 1 GmbHG von fünf Jahren nach Eintragung der GmbH umgangen würde.

Die Ermächtigung **endet mit Ablauf der bestimmten Frist**; wird die Frist mit der Eintragung gekoppelt, zählt der Tag der Eintragung nicht mit (§ 187 Abs. 1 BGB). Die Frist ist nur gewahrt, wenn bis zum Fristablauf die Kapitalerhöhung durchgeführt, also ins Handelsregister eingetragen ist. Ist die Frist abgelaufen, kann von der Ermächtigung kein Gebrauch gemacht werden. Eine gleichwohl eingetragene Kapitalerhöhung führt nicht zur Heilung und lässt keine neuen Geschäftsanteile und Mitgliedschaftsrechte entstehen.

2004

c) Durchführung der Kapitalerhöhung

2005 Durchgeführt wird die Kapitalerhöhung durch genehmigtes Kapital wie eine förmliche Kapitalerhöhung, allerdings bedarf es **keines satzungsändernden Beschlusses** der Gesellschafterversammlung mehr. An seine Stelle tritt eine Entschließung des alleinigen Geschäftsführers bzw. bei mehreren Geschäftsführern der **gemeinsam zu fassende Beschluss**, das Kapital zu erhöhen. Bei mehreren Geschäftsführern gilt das Prinzip der Gesamtvertretung, die eine Willensbildung durch einstimmige Beschlussfassung erfordert, sofern die Satzung oder Geschäftsordnung nichts anderes vorsieht. Der Beschluss bedarf **keiner besonderen Form**, ist aber als gesellschaftsinterner Willensakt zu dokumentieren und ggf. dem Registergericht gegenüber nachzuweisen. Die Entscheidung, das Kapital zu erhöhen, ist eine Maßname der Geschäftsführung, der **Beschluss ist weder eintragungsbedürftig noch eintragungsfähig**. Angemeldet und im Handelsregister eingetragen werden muss die Durchführung der Kapitalerhöhung als solche, die mit der Eintragung gem. § 8a HGB wirksam wird. Die Anmeldung hat der Form des § 12 HGB zu genügen, muss also öffentlich beglaubigt sein.

2006 Der Kapitalerhöhungsbeschluss muss im Übrigen den Nennbetrag des erhöhten Stammkapitals, die Anzahl und die Nennbeträge und die laufenden Nummern der neuen Geschäftsanteile sowie die Angabe darüber enthalten, wer zur Übernahme gegen Geld- oder Sacheinlage zugelassen werden soll, und ob und in welcher Höhe ein Aufgeld zu zahlen ist. Das Bezugsrecht der Gesellschafter ist zu beachten, kann aber – unter gleichen Voraussetzungen wie bei der ordentlichen Kapitalerhöhung – ausgeschlossen werden. Schließlich bedarf es der notariell beurkundeten oder notariell beglaubigten Übernahmeerklärung des Übernehmenden.

2007 Nach Anmeldung der Kapitalerhöhung in der nach § 57 GmbHG vorgeschriebenen Weise wird die Kapitalerhöhung mit der Eintragung in das Handelsregister wirksam. Eine Bekanntmachung muss nicht erfolgen, weil § 57b GmbHG a. F. gestrichen worden ist.

d) Formulierungsbeispiel einer Satzungsbestimmung für „Genehmigtes Kapital"

2008 Die Bestimmung im Gesellschaftsvertrag zum genehmigten Kapital kann etwa so lauten:

„Genehmigtes Kapital: Die Geschäftsführer werden ermächtigt, innerhalb der nächsten ... (Anzahl der Jahre oder andere Zeitbestimmung wie bis zum ... festes Datum, maximal fünf Jahre)... Jahre nach Eintragung der Gesellschaft (ab dem ... festes Datum) bis zum ... (festes Datum) das Stammkapital der Gesellschaft bis zu einem Nennbetrag von ... (genau bezifferter Betrag in vollen €, maximal 50 v. H. der Stammkapitalziffer) durch Ausgabe neuer Geschäftsanteile gegen Geldeinlage und/oder Sacheinlage zu erhöhen."

e) Nutzung durch die UG (haftungsbeschränkt)

2009 Die Möglichkeit des genehmigten Kapitals gem. § 55a GmbHG kann auch die Unternehmergesellschaft – UG – (haftungsbeschränkt) nutzen, um weitere Kosten für eine Satzungsänderung (notarielle Beurkundung) zu sparen. Bei ihr kann die Ermächtigung auf Sacheinlagen ausgedehnt werden, weil § 5a Abs. 5 GmbHG für diese Unterform der

GmbH Sacheinlagen zulässt, wenn mit ihr das Mindeststammkapital von 25 000 € erreicht oder überschritten wird.[1]

(Einstweilen frei)   2010–2040

II. Kapitalherabsetzung

Literatur: *Halm*, Formelle und materielle Erfordernisse der ordentlichen Kapitalherabsetzung im Recht der GmbH, DStR 1997, 1332; *Geißler*, Funktion und Durchführung der vereinfachten Kapitalherabsetzung, GmbHR 2005, 1102.

1. Allgemeines

Die Kapitalherabsetzung (§§ 58 ff. GmbHG) bedeutet die Verminderung des in der Satzung festgelegten Stammkapitals.   2041

Während die Kapitalerhöhung, soweit sie nicht nur nominell aus Gesellschaftsmitteln erfolgt, den Zweck hat, das Gesellschaftsvermögen durch Zuführung neuer Mittel zu erhöhen, stellt sich die Kapitalherabsetzung häufig nur als ein bloßer Buchungsvorgang dar und mindert nur die Stammkapitalziffer, hat aber nicht immer eine Minderung des Gesellschaftsvermögens zur Folge, es sei denn, die Herabsetzung erfolgt zu dem Zweck der Rückzahlung von Einlagen auf die Geschäftsanteile oder dem Erlass noch nicht erbrachter Einlagen. Man unterscheidet wie bei der Kapitalerhöhung zwischen effektiver und nomineller Kapitalherabsetzung, also mit oder ohne Rückzahlung.   2042

2. Arten der Kapitalherabsetzung

Das GmbHG kennt die **ordentliche** (§ 58 GmbHG) und die **vereinfachte** (§§ 58a bis 58f GmbHG) **Kapitalherabsetzung,** welche jedoch ausschließlich dem Ausgleich von Wertminderungen und der Abdeckung von Verlusten dient, während zum Zwecke beispielsweise der Rückzahlung von Einlagen, deren Erlass oder der Finanzierung von Abfindungen ausscheidender Gesellschafter oder des Erwerbs eigener Geschäftsanteile, auf die die Einlage noch nicht vollständig geleistet ist, nur eine ordentliche Kapitalherabsetzung in Betracht kommt. Vielfach dient die Kapitalherabsetzung dazu, eine **Unterbilanz zu beseitigen.**   2043

3. Satzungsänderung

Die Kapitalherabsetzung bedeutet eine Änderung des Gesellschaftsvertrages, weshalb der Kapitalherabsetzungsbeschluss die Vorschriften des § 53 GmbHG (notarielle Beurkundung) beachten und mit satzungsändernder Mehrheit von drei Vierteln in der Gesellschafterversammlung gefasst werden muss.   2044

Der Herabsetzungsbeschluss muss genau angeben, auf welchen Betrag das Stammkapital herabgesetzt wird; die Mindestgrenze von 25 000 € darf bei der ordentlichen Kapitalherabsetzung nicht unterschritten werden (§ 58 Abs. 2 Satz 1 GmbHG). Eine Unternehmergesellschaft – UG – (haftungsbeschränkt) mit einem geringeren Stammkapi-   2045

---

[1] BGH v. 19. 4. 2011 II ZB 25/10, BGHZ 189, 254.

tal lässt sich durch eine Kapitalherabsetzung nicht bilden. Eine Unterschreitung ist nur bei der vereinfachten Kapitalherabsetzung erlaubt, wenn in einem Zug damit eine Kapitalerhöhung stattfindet (§ 58a Abs. 4 GmbHG; vgl. Rz. 2068 ff.). Die Angabe des Zwecks, zu dem die Kapitalherabsetzung erfolgt, wird nach h. M. verlangt, ist aber streitig.[1] Sie empfiehlt sich, um Streit aus dem Weg zu gehen.

2046 Bei der Kapitalherabsetzung ist eine **Herabsetzung der Nennbeträge der Geschäftsanteile erforderlich**, weil die Summe der Nennbeträge der verbleibenden Geschäftsanteile mit dem (verminderten) Stammkapital übereinstimmen muss (§ 58 Abs. 2 Satz 2 GmbHG), wenn Einlagen zurückgezahlt oder noch geschuldete Einlagen erlassen werden.

2047 Dies gilt wohl auch bei einer Herabsetzung zum Verlustausgleich, weil die Summe der Nennbeträge der Geschäftsanteile dem Stammkapital entsprechen muss. Eine Klarstellung im Beschluss ist zu empfehlen, zumal die Minderung der Nennbeträge für die vereinfachte Kapitalherabsetzung gesetzlich vorgeschrieben ist (§ 58a Abs. 3 Satz 1 GmbHG).

2048 Der Mindestbetrag eines Geschäftsanteils von 100 € und die Teilbarkeit eines höheren Nennbetrags durch 50 ist durch das MoMiG abgeschafft worden. Die Geschäftsanteile müssen nur noch auf einen Betrag gestellt werden, der auf volle Euro lautet (§ 58 Abs. 2 Satz 2 GmbHG).

4. Gläubigerschutz

2049 Zum Schutz der Gläubiger sind bei der ordentlichen Kapitalherabsetzung die besonderen Bestimmungen des § 58 GmbHG zu beachten. Danach muss von den Geschäftsführern der Herabsetzungsbeschluss **dreimal** zu verschiedenen Zeitpunkten im elektronischen Bundesanzeiger (= Gesellschaftsblatt § 12 GmbHG) **bekannt gemacht** werden; dies ist zu verbinden mit der **Aufforderung an die Gläubiger** der Gesellschaft, sich bei dieser zu melden; bekannte Gläubiger müssen außerdem durch besondere Mitteilung zur Anmeldung aufgefordert werden.

2050 Gläubiger, die sich bei der Gesellschaft melden und erklären, dass sie der Herabsetzung nicht zustimmen, müssen wegen ihrer Ansprüche befriedigt oder sichergestellt werden. Auf dieses Recht müssen sie bei der Aufforderung hingewiesen werden. Den Gläubigern, die der Herabsetzung zustimmen, haftet nur das Gesellschaftsvermögen, wie es sich nach der Herabsetzung darstellt, jedoch erfährt die Forderung inhaltlich keine Änderung. Sie wird auch nicht vorzeitig fällig. Gläubiger, die ihre (fälligen) Forderungen (bis zur Registeranmeldung) angemeldet haben, sind zu befriedigen, bevor irgendwelche Beträge aufgrund der Kapitalherabsetzung an Gesellschafter ausgezahlt werden.

2051 Erst nach Ablauf eines Jahres **(Sperrjahr)** seit der dritten Veröffentlichung der Aufforderung kann der Herabsetzungsbeschluss zur Eintragung ins Handelsregister angemeldet werden. Dabei müssen die Geschäftsführer die Bekanntmachungen einreichen und versichern, dass widersprechende Gläubiger befriedigt oder sichergestellt sind.

---

[1] Vgl. Zöllner in Baumbach/Hueck, GmbHG, § 58 Rz. 20, zum Meinungsstand.

Verletzen die Geschäftsführer ihre Pflicht zu prüfen, ob Gläubiger zu befriedigen oder zu sichern sind, haften sie den Gläubigern aus § 823 Abs. 2 BGB und § 58 GmbHG, da dessen Bestimmungen Schutzgesetze zugunsten der Gläubiger sind.

Wie jede Satzungsänderung wird auch die Kapitalherabsetzung gem. § 54 Abs. 3 GmbHG erst mit der Eintragung ins Handelsregister wirksam. Hierfür ist nach § 8a Abs. 1 HGB die Aufnahme in den für die Handelsregistereintragungen bestimmten Datenspeicher und die auf Dauer inhaltlich unveränderte Wiedergabemöglichkeit in lesbarer Form maßgebend. Erst mit der Eintragung gilt das Stammkapital als herabgesetzt.

5. Vereinfachte Kapitalherabsetzung

a) Zweck und Voraussetzungen

Im Rahmen der Insolvenzrechtsreform hat der Gesetzgeber die Möglichkeit einer **vereinfachten Kapitalherabsetzung** eröffnet (§§ 58a bis 58f GmbHG); sie ist aber nur zum **Ausgleich von Wertminderungen** oder zur **Deckung von sonstigen Verlusten** erlaubt (§ 58a GmbHG). Die Vereinfachung besteht im Wesentlichen darin, dass bis zur Durchführung der Kapitalherabsetzung **kein Sperrjahr** eingehalten werden muss und die **Gläubiger nicht sicherzustellen** sind. Denn die vereinfachte Kapitalherabsetzung führt nicht zu einer Auszahlung von Kapital an die Gesellschafter, sondern dient dazu, das schon durch Verluste geminderte Gesellschaftsvermögen und das Stammkapital einander anzugleichen. Vielfach bildet sie die Grundlage für eine gleichzeitige Kapitalerhöhung, um das Unternehmen zu sanieren. Die Bildung einer Kapitalrücklage allein kann nicht Zweck der vereinfachten Kapitalherabsetzung sein, zulässig ist sie jedoch im Zusammenhang mit einem Verlustausgleich, ist dann aber auf 10 v. H. des herabgesetzten Nennkapitals begrenzt (§ 58b Abs. 2 GmbHG).

Zum Schutz der Gläubiger und der Gesellschafter der GmbH ist die Durchführung der vereinfachten Kapitalherabsetzung an die Auflage gebunden, dass, bevor durch sie das Stammkapital angegriffen wird, vorweg Kapital- und Gewinnrücklagen, die 10 v. H. des nach der Herabsetzung verbleibenden Stammkapitals übersteigen, aufgelöst werden und ein Gewinnvortrag nicht vorhanden ist (§ 58a Abs. 2 GmbHG). Nach entsprechendem Vollzug durch Umbuchung ist ein Beschluss über die vereinfachte Kapitalherabsetzung möglich, wobei die aufgelösten Beträge nur zum Ausgleich der Wertminderungen und sonstigen Verluste verwendet werden dürfen (§ 58b Abs. 1 GmbHG).

Daraus ergibt sich folgender **Prüfungsablauf**:

▶ Ist ein Gewinnvortrag vorhanden? Wenn ja, ist die vereinfachte Kapitalherabsetzung nicht zulässig: Der Gewinnvortrag ist zunächst aufzulösen.

▶ Besteht eine Kapital- oder eine Gewinnrücklage, die 10 v. H. des herabgesetzten Stammkapitals übersteigt? Wenn ja, ist eine vereinfachte Kapitalherabsetzung unzulässig: Die (übersteigenden) Rücklagen sind zunächst zum Verlustausgleich zu verwenden.

▶ Verbleiben danach nicht gedeckte Verluste? Wenn ja, ist die vereinfachte Kapitalherabsetzung zum Ausgleich von Verlusten zulässig. Mit den aus der Auflösung der

Rücklagen und der Herabsetzung des Stammkapitals gewonnenen Beträgen darf neben dem Verlustausgleich auch eine Kapitalrücklage bis auf 10 v. H. des herabgesetzten Stammkapitals aufgefüllt werden.

b) Gesellschafterbeschluss

2057 Im Beschluss über die vereinfachte Kapitalherabsetzung sind die Nennbeträge der Geschäftsanteile dem herabgesetzten Stammkapital anzupassen; dieses muss grundsätzlich mindesten 25 000 € betragen. Die Geschäftsanteile müssen auf einen Nennbetrag gestellt werden, der durch volle Euro teilbar ist (§ 58a Abs. 3 Satz 2 GmbHG). Das Stammkapital kann auch unter den Mindestbetrag nach § 5 Abs. 1 GmbHG (25 000 €) herabgesetzt werden, wenn dieser durch eine gleichzeitig durchgeführte Kapitalerhöhung wieder erreicht wird.

2058 Der Beschluss über die (vereinfachte) Kapitalherabsetzung ist von allen Gesellschaftern zur Eintragung in das Handelsregister anzumelden; wenn gleichzeitig eine Kapitalerhöhung vorgenommen wurde, sollen beide Vorgänge gemeinsam eingetragen werden.

c) Rechtsfolgen im Gläubigerinteresse

2059 Die vereinfachte Kapitalherabsetzung zieht im Gläubigerinteresse eine Reihe von Beschränkungen nach sich.

2060 Zunächst dürfen die aus der Kapitalherabsetzung und aus der Auflösung der Kapital- und Gewinnrücklage in diesem Zusammenhang gewonnenen Beträge nicht an die Gesellschafter ausgeschüttet werden, sondern sind zur Verlustdeckung zu verwenden.

2061 Neben dem Verlustausgleich darf ein Betrag von höchstens 10 v. H. des herabgesetzten Stammkapitals in eine Kapitalrücklage eingestellt werden. Da eine vereinfachte Kapitalherabsetzung zum Ausgleich von Verlusten dient, die sich im Zeitpunkt der Beschlussfassung darstellen, und drohende Verluste durch Rückstellungen zu berücksichtigen sind, kann sich aus dem folgenden Jahresabschluss ergeben, dass der erwartete Verlust (zum Stichtag) nicht in voller Höhe eingetreten ist. Auch der Unterschiedsbetrag ist nach § 58c GmbHG in eine Kapitalrücklage einzustellen. Unvorhergesehen nach der Beschlussfassung entstandene Gewinne müssen nicht in die Rücklage eingestellt werden und können unter Beachtung der Beschränkungen des § 58e GmbHG auch ausgeschüttet werden.

d) Verwendungsbeschränkungen

2062 **Verwendungsbeschränkungen** des § 58b Abs. 3 GmbHG gelten hinsichtlich der Beträge, die zur Auffüllung bis zur Höchstgrenze von 10 v. H. des herabgesetzten Nennkapitals oder wegen tatsächlich geringerer Verluste in die Kapitalrücklage eingestellt wurden, für die **nächsten**, nach dem Herabsetzungsbeschluss beginnenden **fünf Geschäftsjahre**. Die Kapitalrücklage darf nicht an die Gesellschafter ausgeschüttet werden, sondern darf lediglich zum **Ausgleich** von **Jahresfehlbeträgen**, die nicht durch Gewinnvorträge oder Gewinnrücklagen auszugleichen sind, oder von **Verlustvorträgen**, die nicht durch einen Jahresüberschuss oder eine Gewinnrücklage auszugleichen sind, verwendet werden. Die Verwendung zu einer **Kapitalerhöhung aus Gesellschaftsmitteln** ist erlaubt.

Auch die Ausschüttung künftiger Gewinne ist beschränkt (§ 58d GmbHG). 2063

Zunächst ist eine **Gewinnausschüttung unzulässig**, wenn die Kapital- und Gewinnrücklagen zusammen nicht mindestens 10 v. H. des herabgesetzten Nennkapitals oder aber mindestens 2 500 € erreichen, falls das Stammkapital wegen der zugleich vorgenommenen Kapitalerhöhung unter das Mindeststammkapital nach § 5 Abs. 1 GmbHG herabgesetzt worden ist. Die gleichzeitige oder auch eine spätere Erhöhung des Stammkapitals gehen nicht in die Bezugsgröße ein. Vor einer Ausschüttung ist also die Rücklage entsprechend aufzufüllen.

Eine weitere Beschränkung ergibt sich für die auf die Beschlussfassung folgenden zwei Geschäftsjahre aus § 58d Abs. 2 GmbHG. Von dem auf sie entfallenden Gewinn darf – sofern die 10 v. H.-Grenze bei der Kapital- oder Gewinnrücklage erreicht ist – nur ein Betrag von 4 v. H. des Stammkapitals ausgeschüttet werden, wobei sich die Stammkapitalziffer auf den Zeitpunkt des Gewinnverwendungsbeschlusses bezieht.[1] 2064

Die 4 v. H.-Grenze gilt nicht, wenn die Gläubiger entsprechend § 58d Abs. 2 Satz 2 GmbHG befriedigt oder sichergestellt sind. 2065

> **BEISPIEL:** Die X-GmbH hat im Wirtschaftsjahr 01 ihr Stammkapital nach § 58a GmbHG zum Verlustausgleich auf 10 000 € herabgesetzt und wieder auf 50 000 € erhöht. Kapital- oder Gewinnrücklagen sind im Jahr 02 zum Ausgleich eines Jahresfehlbetrages verwendet worden. Im Jahr 03 macht die GmbH einen Gewinn von 6 000 €, der an die Gesellschafter ausgeschüttet werden soll. Es sind die Ausschüttungsbeschränkungen des § 58d GmbHG zu beachten. Von dem Gewinn sind zunächst gem. § 58d Abs. 1 GmbHG ein Betrag von 10 v. H. des Mindeststammkapitals von 25 000 €, also 2 500 € in die Kapital- und Gewinnrücklagen einzustellen; das erhöhte Stammkapital scheidet als Bezugsgröße aus. Der verbleibende Betrag von (6 000 € ./. 2 500 € =) 3 500 € kann nicht voll ausgeschüttet werden, da der Gewinn aus dem zweiten auf die Herabsetzung folgenden Geschäftsjahr stammt und deshalb die Ausschüttungsbeschränkung des § 58d Abs. 2 Satz 1 GmbHG greift. Ausgeschüttet werden dürfen maximal 4 v. H. des Stammkapitals im Zeitpunkt des Gewinnverwendungsbeschlusses, also 2 000 €.

e) Rückbeziehung

Die Vorschrift des § 58e GmbHG bietet die Möglichkeit einer **Rückbeziehung** der Kapitalherabsetzung auf den Jahresabschluss, der dem Beschluss über die Herabsetzung vorangeht. Es können in diesem Jahresabschluss bereits das Stammkapital und die Kapital- und Gewinnrücklagen ausgewiesen werden, wie sie nach der Herabsetzung bestehen sollen. Hierzu sollen der Beschluss über die Feststellung des Jahresabschlusses und die Kapitalherabsetzung gemeinsam durch die Gesellschafterversammlung gefasst werden. Die Vorschrift dient dazu, dass die Verluste, die durch die Kapitalherabsetzung gedeckt werden sollen, vorher nicht in der Bilanz dargestellt werden müssen. Die Herabsetzung wird bei Anwendung dieser Bilanzierungsvorschrift aber nicht rückwirkend wirksam. 2066

Soll gleichzeitig das Stammkapital erhöht werden, kann auch die Erhöhung in dem Jahresabschluss als vollzogen gelten, unter der Voraussetzung, dass keine Sacheinlagen festgesetzt werden (§ 58f GmbHG). 2067

---

[1] So auch Beck-GmbH-HB/Jung/Otto, § 8 Rn. 167.

6. Vereinfachte Kapitalherabsetzung und gleichzeitige Kapitalerhöhung

2068 Es ist rechtlich zulässig, **Kapitalherabsetzung und -erhöhung** miteinander zu **verbinden**. Ein solcher Vorgang kann der nachhaltigen Sanierung der GmbH dienen. Dies geschieht in der Weise, dass das ursprüngliche Stammkapital entsprechend dem gegenwärtigen Gesellschaftsvermögen herabgesetzt und die Nennbeträge der Geschäftsanteile dem angepasst werden und anschließend das Stammkapital auf seinen ursprünglichen (oder anderen/höheren) Betrag erhöht wird, und vielfach neue Gesellschafter (Geldgeber) die neuen Geschäftsanteile gegen Einlage übernehmen. Der Beschluss muss einheitlich gefasst und beurkundet werden. Eine Eintragung der Kapitalerhöhung ist aber erst dann möglich, wenn das Sperrjahr für die Kapitalherabsetzung abgelaufen ist.

2069 Wird eine **vereinfachte** Kapitalherabsetzung mit einer Kapitalerhöhung kombiniert, wie es § 58f GmbHG regelt, können die Bekanntmachungen zum Gläubigerschutz und das Sperrjahr vermieden werden. Durch die Rückbeziehung beider Vorgänge auf den vorangehenden Jahresabschluss kann außerdem vermieden werden, dass die frühere Sanierungsbedürftigkeit in der Bilanz darzustellen ist.

2070 Bei gleichzeitiger Kapitalherabsetzung und einer Erhöhung des Nennkapitals darf der Nominalbetrag des Stammkapitals zunächst auch unter den Wert des Mindeststammkapitals von 25 000 € herabgesetzt werden (§ 58a Abs. 4 GmbHG). Durch die gleichzeitige Kapitalerhöhung muss aber das Mindestkapital gem. § 5 Abs. 1 GmbHG wieder erreicht werden, nicht aber unbedingt wieder die frühere Stammkapitalziffer. Die Kapitalherabsetzung darf aber immer nur mit einer **effektiven Kapitalerhöhung** verbunden werden, mit der der GmbH durch Bareinlage neues Kapital zugeführt wird. Eine Kapitalerhöhung aus Gesellschaftsmitteln scheidet bei der Kombination aus. Im Grunde wird durch den Zwang, dass beide Beschlüsse gleichzeitig in der gleichen Gesellschafterversammlung gefasst werden müssen, sichergestellt, dass das Stammkapital niemals weniger als 25 000 € beträgt.

2071 Beschlüsse über die gleichzeitige Herabsetzung und Erhöhung des Stammkapitals sind nichtig, wenn sie nicht innerhalb von drei Monaten nach der Beschlussfassung (nicht der Anmeldung) in das Handelsregister eingetragen werden, es sei denn eine Hemmung durch Anfechtungs- oder Nichtigkeitsklage ist eingetreten.

2072 Wird die Kapitalherabsetzung auf das Ende des vorangehenden Geschäftsjahres zurückbezogen, kann das auch mit der Kapitalerhöhung erfolgen. Da die Kapitalerhöhung effektiv zu sein hat, müssen zur Rückbeziehung die neuen Stammeinlagen bereits übernommen sein, es darf sich nicht um Sacheinlagen handeln und auf jeden neuen Geschäftsanteil müssen die Einlagen von jedem Gesellschafter zu mindestens einem Viertel einbezahlt sein (§§ 58f, 56a und 7 Abs. 2 Satz 1 GmbHG). Die Gesellschaft muss bei einer Rückbeziehung der Kapitalherabsetzung nicht auch die Kapitalerhöhung zurückbeziehen; dies wird sich aber i. d. R. anbieten, weil damit die Sanierungsbedürftigkeit der GmbH nicht in der Bilanz ausgewiesen werden muss.

2073 Bei einer **Kombination und Rückbeziehung** beider Vorgänge muss dem beurkundenden Notar die Übernahme der Geschäftsanteile und die Mindesteinzahlung nachgewiesen werden. Sämtliche Beschlüsse, nämlich der Beschluss über die Feststellung des Jahresergebnisses zum Ende des Geschäftsjahres, das der Kapitalherabsetzung vorangeht, über die Kapitalherabsetzung und die Kapitalerhöhung müssen von der Gesellschafterversammlung gefasst werden und sind nichtig, wenn sie nicht innerhalb von drei Monaten seit der Beschlussfassung in das Handelsregister eingetragen werden, falls keine Hemmung der Frist eintritt.

Wegen der Verknüpfung der Kapitalveränderungen und des Jahresabschlusses darf bei einer Rückbeziehung der Jahresabschluss erst nach Eintragung der Kapitalherabsetzung und -erhöhung veröffentlicht werden (§ 58f Abs. 3 GmbHG). 2074

Bei einer Verbindung von vereinfachter Kapitalherabsetzung und Kapitalerhöhung sind die für beide Maßnahmen geltenden Vorschriften zu beachten, insbesondere gelten für die Kapitalherabsetzung die Beschränkungen bei der Verwendung der durch sie gewonnenen Beträge und die Ausschüttungsbeschränkungen. 2075

(*Einstweilen frei*) 2076–2100

F. Nachschusspflicht

I. Begründung durch die Satzung

Kraft Gesetzes ist kein Gesellschafter zu Nachschüssen – d. h. zu Geldeinlagen über die Nennbeträge der Geschäftsanteile hinaus – verpflichtet. Nur der Gesellschaftsvertrag kann eine solche Verpflichtung schaffen. Dies ist in § 26 GmbHG zwingend vorgeschrieben. Es ist auch möglich, die **Nachschusspflicht** in den Gesellschaftsvertrag erst durch eine spätere Satzungsänderung einzufügen oder zu ändern; in diesem Falle kann die Satzungsänderung aber nicht mit Dreiviertelmehrheit beschlossen werden, vielmehr müssen gem. § 53 Abs. 3 GmbHG auch alle (betroffenen) Gesellschafter zustimmen. 2101

Die **Nachschusspflicht kann** auf einen bestimmten Betrag **beschränkt sein** (§ 26 Abs. 3 und § 28 GmbHG) oder in unbeschränkter Höhe bestehen (§ 27 GmbHG). Grundsätzlich trifft die Nachschusspflicht die Gesellschafter im Verhältnis ihrer Geschäftsanteile (§ 26 Abs. 2 GmbHG), sie kann im Gesellschaftsvertrag aber unterschiedlich ausgestaltet sein und braucht nicht alle Gesellschafter zu treffen. Die gesellschaftsvertragliche Nachschusspflicht ist ein Bestandteil der Mitgliedschaft und geht deshalb mit dem Geschäftsanteil auf einen Rechtsnachfolger (durch Abtretung oder Erbgang) über. Mit einer Nachschusspflicht wird die Haftungsmasse erweitert, so dass sie die Beschaffung von Fremdkapital erleichtern kann. 2102

(*Einstweilen frei*) 2103–2130

II. Einforderung von Nachschüssen

Nachschüsse können nur eingefordert werden, wenn 2131

▶ der Gesellschaftsvertrag eine Nachschusspflicht begründet und

▶ ein entsprechender Beschluss der Gesellschafterversammlung gefasst wird.

Bestimmt der Gesellschaftsvertrag gem. § 26 Abs. 1 GmbHG, dass die Einforderung von Nachschüssen beschlossen werden kann, erfolgt Einforderung durch einen Gesellschafterbeschluss, der – sofern der Gesellschaftsvertrag keine qualifizierte Mehrheit vorsieht – mit einfacher Mehrheit zustande kommt. Erst mit dem Einforderungsbeschluss 2132 entsteht der Anspruch der GmbH. Grundsätzlich setzt die Einforderung von Nachschüssen auch voraus, dass die Stammeinlagen vollständig eingefordert sind. Die Anforderung der Nachschüsse obliegt dann der Geschäftsführung.

2133 Die Einzahlung der Nachschüsse soll nach der nicht zwingenden Vorschrift des § 26 Abs. 2 GmbHG nach dem Verhältnis der Geschäftsanteile erfolgen, jedoch können die Gesellschafter eine andere Regelung treffen. Die Einzahlung auf die Nachschussforderung ist grundsätzlich in Geld zu leisten, jedoch können auch Sachleistungen (Sacheinlagen) an Erfüllungs statt erbracht oder mit Forderungen gegen die Gesellschaft aufgerechnet werden, da § 19 Abs. 2 und 3 GmbHG hier nicht gilt. Die GmbH kann die Nachschussforderung stunden, mit Ansprüchen des Gesellschafters verrechnen oder aber auch erlassen, sofern dies nicht zu Lasten des die Stammkapitalziffer deckenden Vermögens geht (§ 30 Abs. 1 GmbHG). Bei der Einforderung hat die GmbH die Gesellschafter gleich zu behandeln, die Gesellschaft selbst muss auf eigene Anteile keine Nachschüsse leisten.

2134 Beschlossene und „eingeforderte Nachschüsse" hat die GmbH unter dieser Bezeichnung zu aktivieren, sofern mit der Zahlung gerechnet werden kann, und auf der Passivseite unter den Kapitalrücklagen gesondert (z. B. als Nachschusskapital) auszuweisen. Der Gesellschafter erwirbt durch einen geleisteten Nachschuss keine neuen Gesellschafterrechte.

2135–2160 (Einstweilen frei)

III. Verwendung von Nachschüssen

2161 Das Nachschusskapital darf nach § 30 Abs. 2 Satz 1 GmbHG nur zur Verlusttilgung, der Rückzahlung oder zur Erhöhung des Stammkapitals aus Gesellschaftsmitteln (§§ 57c ff. GmbHG) eingesetzt werden. Die **Rückzahlung** erfordert einen Gesellschafterbeschluss, der Beschluss ist im elektronischen Bundesanzeiger (Gesellschaftsblatt) oder einem anderen in § 12 HGB genannten Medium zu veröffentlichen und es muss eine Sperrfrist von drei Monaten abgewartet werden. Die Rückzahlung ist jedoch unzulässig, wenn noch Einzahlungen auf das Stammkapital ausstehen (§ 30 Abs. 2 Satz 3 GmbHG); dies gilt nach h. M. nicht nur im Fall des § 28 Abs. 2 GmbHG.[1] Gleiches gilt, soweit die Nachschüsse zur Deckung eines Verlustes am Stammkapital gebraucht werden. Bei Verstoß gegen die gesetzlichen Voraussetzungen für eine Rückzahlung tritt die Erstattungspflicht nach § 31 GmbHG ein. Zurückgezahlte Nachschüsse gelten nach § 30 Abs. 2 Satz 4 GmbHG als nicht eingezogen; sie werden auf einen satzungsgemäßen Höchstbetrag nicht angerechnet.

2162–2190 (Einstweilen frei)

IV. Unbeschränkte Nachschusspflicht

2191 Gemäß § 26 Abs. 3 GmbHG kann die Nachschusspflicht im Gesellschaftsvertrag von vornherein auf einen bestimmten Betrag beschränkt werden. Ist eine solche Beschrän-

---

1 Vgl. Beck-GmbH-HB/Schwaiger, § 7 Rz. 94, m.w. N.

kung jedoch nicht vorgesehen, dann kann kein Gesellschafter sein Beteiligungsrisiko übersehen, denn bei unbeschränkter Nachschusspflicht erfolgt die Einforderung von Nachschüssen gleichfalls nur aufgrund eines – mangels anderweitiger Satzungsbestimmung – mit einfacher Mehrheit zustande kommenden Gesellschafterbeschlusses.

1. Abandon (Preisgaberecht)

Deshalb gewährt die Vorschrift des § 27 Abs. 1 Satz 1 GmbHG, die nicht ausgeschlossen oder erschwert werden kann, im Falle unbeschränkter Nachschusspflicht jedem Gesellschafter, der seine Stammeinlage vollständig geleistet hat, das Recht, sich davon zu befreien. Man nennt dies auch Abandonrecht (**Preisgaberecht**). Dieses Recht kann der Gesellschafter nur ausüben, wenn er seine Einlage auf den Geschäftsanteil vollständig eingezahlt hat. Innerhalb eines Monats nach Aufforderung zur Einzahlung des auf ihn entfallenden Nachschusses kann er sich von dieser Verpflichtung dadurch befreien, dass er der Gesellschaft seinen Geschäftsanteil zur Befriedigung zur Verfügung stellt.

2192

Die Gesellschaft muss nun innerhalb eines Monats nach dieser Erklärung versuchen, den Geschäftsanteil im Wege der öffentlichen Versteigerung verkaufen zu lassen; mit Zustimmung des Gesellschafters kann auch eine andere Art des Verkaufes gewählt werden. Führt der Verkaufsversuch nicht zur Befriedigung der Gesellschaft wegen der Nachschussforderung, so fällt der Geschäftsanteil der Gesellschaft zu, die ihn nun für eigene Rechnung veräußern kann. Ist der Verkaufsversuch erfolgreich und verbleibt nach Deckung der Verkaufskosten und des rückständigen Nachschusses ein Überschuss, so erhält diesen Mehrerlös der Gesellschafter. Bleibt der Erlös unter den Verkaufskosten und dem rückständigen Nachschuss, hat die GmbH den Ausfall zu tragen; die Nachschussforderung, die den Gesellschafter zur Preisgabe veranlasst hat, erlischt. Bleibt der Verkaufsversuch erfolglos, erwirbt die GmbH den Geschäftsanteil kraft Gesetzes.

Mit der Veräußerung endet die Mitgliedschaft des Gesellschafters; bis dahin stehen ihm alle Rechte aus dem Geschäftsanteil zu, also auch die Gewinnansprüche.

2193

2. Fingiertes Abandon

Diesem „freiwilligen Abandon" durch den Gesellschafter steht der „fingierte Abandon" gem. § 27 Abs. 1 Satz 2 GmbHG gegenüber. Wenn der (säumige) Gesellschafter nämlich innerhalb der Monatsfrist weder sein Abandonrecht ausgeübt noch den Nachschuss eingezahlt hat, dann kann die Gesellschaft dem Gesellschafter durch eingeschriebenen Brief erklären, dass sie den Geschäftsanteil „als zur Verfügung gestellt betrachtet". Die weitere Abwicklung erfolgt dann wie dargestellt.

2194

(Einstweilen frei) 2195–2220

V. Beschränkte Nachschusspflicht

Ein Preisgaberecht besteht nicht, wenn die Nachschusspflicht auf einen bestimmten Betrag beschränkt ist. Für diesen Fall eröffnet § 28 GmbHG vielmehr zum Nachteil des (säumigen) Gesellschafters die Möglichkeit für ein **Kaduzierungsverfahren** in entsprechender Anwendung der §§ 21 bis 23 GmbHG, wenn die Einzahlung von Nachschüssen

2221

verzögert wird. Will die Gesellschaft ihren Anspruch auf den Nachschuss nicht mit Klage und Zwangsvollstreckung verfolgen, kann sie den Gesellschafter ausschließen. Damit verliert der Gesellschafter seinen Geschäftsanteil, bleibt der GmbH aber aufgrund der Ausfallhaftung gem. § 21 Abs. 3 GmbHG für den rückständigen Nachschussbetrag und eventuell noch rückständige Stammeinlagen verhaftet.

2222 Die Bestimmung des § 28 GmbHG über ein Kaduzierungsverfahren wegen verzögerter Nachschusszahlung ist nicht zwingend, der Gesellschaftsvertrag kann also die Anwendung des § 28 GmbHG überhaupt ausschließen oder durch eine andere Regelung ersetzen.

2223 Wenn der Gesellschaftsvertrag nichts anderes bestimmt, ist das Kaduzierungsverfahren nach § 28 GmbHG auch zulässig im Falle des § 27 Abs. 4 GmbHG.

2224 Schließlich erlaubt § 28 Abs. 2 GmbHG die Einforderung von Nachschüssen i.V.m. einem Kaduzierungsverfahren nach § 28 Abs. 1 GmbHG auch schon vor vollständiger Einforderung der Stammeinlagen, sofern der Gesellschaftsvertrag dies bestimmt.

2225 Die vorstehenden Ausführungen zeigen, dass die Nachschusspflicht im GmbH-Recht kompliziert und für die Gesellschafter auch nicht ungefährlich ist. Von entsprechenden Regelungen wird daher nur selten Gebrauch gemacht und Zurückhaltung ist zweifellos zu empfehlen, zumal es sicherlich andere und einfachere Möglichkeiten gibt, um Finanzierungslücken (z. B. durch die Gewährung von Gesellschafterdarlehen) zu schließen. Wer sich an einer GmbH beteiligt, sollte sich nicht auf die Risiken einer Nachschusspflicht einlassen.

2226–2260 (*Einstweilen frei*)

4. Abschnitt: Mitgliedschaft und Geschäftsanteil

A. Die Gesellschafterstellung

I. Der Gesellschafter

Jede natürliche juristische Person und auch Personengesellschaften können Gesellschafter einer GmbH sein; Einzelheiten hierzu sind in Rz. 482 ff. dargestellt. 2261

1. Erwerb und Verlust der Gesellschafterstellung

Die Gesellschafterstellung wird originär durch die Mitwirkung bei Errichtung der GmbH, also durch den Abschluss des Gesellschaftsvertrages und die dabei erfolgte Übernahme eines oder mehrerer Geschäftsanteile gegen Einlage, erworben. Außerdem kann sie durch späteren „Beitritt" zur GmbH dadurch erlangt werden, dass von Altgesellschaftern ein oder mehrere Geschäftsanteile erworben werden. Auch bei einer Kapitalerhöhung kann der Gesellschafter durch Übernahme neuer Geschäftsanteile auf das erhöhte Stammkapital weitere Geschäftsanteile erwerben. Bei einem späteren Hinzuerwerb bleiben die einzelnen Geschäftsanteile selbständig. Zum Verlust der Gesellschafterstellung kommt es durch Veräußerung oder Einziehung des Geschäftsanteils. 2262

2. Der Geschäftsanteil, Begriff und Bedeutung

Die obigen Ausführungen zeigen bereits, dass die Gesellschafterstellung in der GmbH **untrennbar** mit der **Innehabung eines Geschäftsanteils verbunden** ist. Obwohl der Geschäftsanteil ein zentraler Begriff des GmbH-Rechtes ist, enthält das GmbHG keine Begriffsbestimmung. In der Begründung der Entwürfe zum GmbHG war der Geschäftsanteil bezeichnet als „die durch Übernahme der Stammeinlage geschaffene Rechtsposition des Gesellschafters". In diesem Sinne ist das Wort „Geschäftsanteil" auch in zahlreichen Bestimmungen des GmbHG verwendet. 2263

a) Inbegriff der Mitgliedschaftsrechte

Das Reichsgericht hat den Begriff einmal dahin definiert, dass der Geschäftsanteil die durch Übernahme der Stammeinlage begründete Beteiligung am Gesellschaftsvermögen und die hierdurch begründete Rechtsstellung des Gesellschafters ist.[1] Der Geschäftsanteil ist also der **Inbegriff der Mitgliedschaftsrechte** eines Gesellschafters **einschließlich seiner Beteiligung am Gesellschaftsvermögen.** Der Geschäftsanteil stellt nicht nur die Teilhabe am gegenwärtigen und künftigen Gesellschaftsvermögen dar, sondern auch die Beteiligung an der Verwaltung der Gesellschaft und er umfasst auch alle Rechte und Pflichten, die nach dem GmbHG oder nach dem Gesellschaftsvertrag dem Gesellschafter in dieser seiner Eigenschaft zustehen, also gesellschaftsrechtlicher Art sind. 2264

Dementsprechend lassen sich die Mitgliedschaftsrechte in **Vermögensrechte** (insbesondere Beteiligung am Gewinn und Liquidationserlös) und **Verwaltungsrechte** (insbeson- 2265

---

[1] RGZ 82, 169.

dere Recht auf Teilnahme an der Gesellschafterversammlung, Stimmrecht, Auskunfts- und Einsichtsrecht, Anfechtungsrecht gegen Gesellschafterbeschlüsse, Minderheitsrechte wie auf Einberufung einer Gesellschafterversammlung) und das neue Insolvenzantragsrecht sowie die Insolvenzantragspflicht bei Führungslosigkeit der GmbH gliedern.

Dieser Unterscheidung kommt insofern praktische Bedeutung zu, als die Verwaltungsrechte nicht von dem zugehörigen Geschäftsanteil „abgespalten" und gesondert übertragen werden können (z. B. keine Stimmrechtsübertragung), während die Vermögensrechte zwar nicht selbst, aber die sich aus ihnen ergebenden Ansprüche (z. B. Zahlungsansprüche aus dem Gewinnausschüttungsbeschluss) gesondert abgetreten werden können. Schließlich lassen sich als Ausfluss der Mitgliedschaft (Geschäftsanteils) jedem Gesellschafter unabhängig vom Umfang seiner Beteiligung zustehende **Individualrechte** (z. B. das Auskunftsrecht nach § 51a GmbHG), einem oder gemeinsam mehreren Gesellschaftern zustehende **Minderheitsrechte** (z. B. auf Einberufung einer Gesellschafterversammlung nach § 50 GmbHG) oder den Gesellschaftern in ihrer Gesamtheit zustehende und durch Beschlussfassung auszuübende **Kollektivrechte** (z. B. Weisungerecht gegenüber der Geschäftsführung) unterscheiden.

Auch findet sich die Unterscheidung in allgemeine Mitgliedschaftsrechte, die allen Gesellschaftern in gleichem Maße zustehen, und in **Sonderrechte**, die nur durch die Satzung einzelnen Gesellschaftern eingeräumt werden können (z. B. eine Vorzugsdividende oder erhöhtes Stimmrecht) oder mit sog. **Vorzugsgeschäftsanteilen** verbunden werden. Sonderrechte einzelner Gesellschafter können nur durch den Gesellschaftsvertrag oder später durch einen satzungsändernden Beschluss begründet werden, wobei hier wegen des Grundsatzes der gleichmäßigen Behandlung aller Gesellschafter die nicht begünstigten Gesellschafter zustimmen müssen.

2266 Gemäß § 14 GmbHG a. F. bestimmte sich der Geschäftsanteil jedes Gesellschafters nach dem Betrag der von ihm übernommenen Stammeinlage. Mit dem MoMiG verfolgt der Gesetzgeber das Ziel, auf den Begriff der Stammeinlage zu verzichten und an seine Stelle den Geschäftsanteil als zentralen Begriff zu verwenden, um die Beteiligung des Gesellschafters an der GmbH zu umschreiben. Die Stammeinlage wird nur noch verwendet, um die Einlage auf das Stammkapital zu beschreiben, die jeder Gesellschafter für den oder die übernommenen Geschäftsanteile (§ 3 Abs. 1 Nr. 4 GmbHG) als Gegenleistung zu erbringen hat (§ 14 GmbHG). Die Höhe der zu leistenden Einlage bestimmt sich entweder bei der Gründung nach dem im Gesellschaftsvertrag oder bei der Kapitalerhöhung nach dem in der Übernahmeerklärung festgesetzten Nennbetrag des Geschäftsanteils.

b) Nennbetrag, Stückelung und laufende Nummer

2267 **Der Geschäftsanteil** wird mithin **gegen Übernahme der Einlage auf das Stammkapital** (= **Stammeinlage**) erworben. Jeder Gesellschafter kann schon bei der Gründung **mehrere Geschäftsanteile übernehmen** (§ 5 Abs. 2 Satz 2 GmbHG), sofern die GmbH **nicht im vereinfachten Verfahren** unter Verwendung des Musterprotokolls nach § 2 Abs. 1a GmbHG errichtet wird. Dort sind nur maximal drei Gesellschafter zulässig, die jeweils einen Geschäftsanteil übernehmen. Übernimmt ein Gesellschafter mehrere Geschäftsanteile, können diese auch verschieden hohe Nennbeträge haben. Da der Nennbetrag eines Geschäftsanteils nur noch auf volle Euro lauten muss und eine Mindesthöhe nicht vorgeschrieben ist, muss jeder Geschäftsanteil nur noch auf einen Betrag von mindestens einem Euro lauten (§ 5 Abs. 2 Satz 1 GmbHG).

Durch die **freie Stückelung** können die Gesellschafter künftig individuell die Höhe ihrer Einlage auf das Stammkapital (= Stammeinlage) bestimmen und sie dadurch besser nach ihren Bedürfnissen und finanziellen Möglichkeiten ausrichten. Der **Geschäftsanteil** wird durch **seine laufende Nummer** und **seinen Nennbetrag gekennzeichnet,** dessen Höhe zugleich für die vom Gesellschafter auf den betreffenden Geschäftsanteil zu leistende Einlage maßgebend ist (§ 14 Satz 2 GmbHG). Die Kennzeichnung des Geschäftsanteils durch seinen Nennbetrag ist **unabhängig davon, in welcher Höhe die zu leistende Einlage eingezahlt oder erbracht ist**. Die Summe der Nennbeträge sämtlicher Geschäftsanteile muss mit dem Stammkapital übereinstimmen.

Der Nominalbetrag des Geschäftsanteils enthält jedoch keine Aussage über den wirklichen Wert des Geschäftsanteils, der veränderlich ist und durch die Vermögensverhältnisse der GmbH bestimmt wird. Die Bewertung des Geschäftsanteiles ist bedeutsam, wenn der Anteil verkauft oder eingezogen wird. Der Gesellschaftsvertrag kann Bestimmungen über die Bewertung des Geschäftsanteils im Verhältnis unter den Gesellschaftern oder im Verhältnis zwischen Gesellschaft und Gesellschafter enthalten. 2268

(*Einstweilen frei*) 2269–2280

II. Rechte und Pflichten

1. Kapitalbeteiligung (Vermögensrechte und -pflichten)

Die GmbH ist eine juristische Person, sie hat unabhängig von ihren Gesellschaftern selbständige Rechte und Pflichten, die sie durch ihren Geschäftsführer, der nicht Gesellschafter sein muss, ausübt. Ein wesentliches Bindeglied zwischen der GmbH und ihren Gesellschaftern besteht in der Vermögensbeteiligung, die der Gesellschafter durch Leistung der Stammeinlage in Gestalt des Geschäftsanteils erwirbt. 2281

Die **vermögensrechtliche Pflicht**, der juristischen Person (GmbH) das lebensnotwendige Kapital zur Verfügung zu stellen und es in der Folge auch nicht durch Rückgewähr der Einlagen zu verkürzen, wird durch eine Reihe von Pflichten flankiert, die letztlich nicht nur im Gläubigerinteresse, sondern auch im Interesse der Gesellschaft die **ordnungsgemäße Aufbringung** und **Erhaltung des Eigenkapitals** der GmbH gewährleisten sollen. Hierzu zählen vor allem neben der Leistung der bedungenen Einlage auch die Pflichten zur Aufbringung von Fehlbeträgen anderer Gesellschafter, die Pflicht zur Erstattung verbotener Rückzahlungen von Einlagen einschließlich eventueller Ausfallhaftung und die Pflicht zur (satzungsmäßigen) Leistung von Nachschüssen.

Aus dem Eigenkapitalersatzrecht und der Finanzierungsfolgenverantwortung erwachsen dem Gesellschafter keine Pflichten mehr, weil diese Institute mit dem MoMiG abgeschafft worden sind. Dafür ist er bei sämtlichen Darlehen und Forderungen aus gleichgestellten Rechtshandlungen mit einem insolvenzrechtlichen Nachrang belegt, und die Rückführung solcher Darlehen innerhalb des letzten Jahres vor dem Insolvenzantrag kann angefochten werden. Vergleichbares gilt für eine Anfechtung außerhalb der Insolvenz zum Zwecke der Einzelvollstreckung.

2282 Den relativ überschaubaren gesetzlichen vermögensrechtlichen Pflichten stehen der **Anspruch auf den Jahresüberschuss** im Verhältnis der Geschäftsanteile (das Gewinnbezugsrecht oder der Dividendenanspruch) und der **Anspruch auf Auszahlung des Liquidationserlöses** gegenüber.

2283 Der Anspruch auf den Jahresüberschuss – vorbehaltlich einer anderen Regelung im Gesellschaftsvertrag – ist **kein** (durchsetzbarer) Anspruch auf **Vollausschüttung** des Jahresüberschusses. Vielmehr bestimmt § 29 Abs. 1 GmbHG nicht zuletzt im Interesse einer angemessenen Innenfinanzierung für den Dividendenanspruch, dass die Gesellschafter Anspruch auf den Jahresüberschuss zzgl. eines Gewinnvortrages und abzgl. eines Verlustvortrages nur so weit haben, als der sich ergebende Betrag nicht durch das Gesetz oder den Gesellschaftsvertrag oder durch Beschluss nach § 29 Abs. 2 GmbHG von der Verteilung unter die Gesellschafter ausgeschlossen ist.

Durch einen Verwendungsbeschluss der Gesellschafter nach §§ 29 Abs. 2, 46 Nr. 1 GmbHG kann mit einfacher Mehrheit beschlossen werden, Beträge in unbegrenzter Höhe in die Gewinnrücklage einzustellen oder als Gewinn vorzutragen. Damit entscheidet die Gesellschafterversammlung im Verwendungsbeschluss darüber, ob und in welcher Höhe der Gewinn ausgeschüttet wird, und kann damit den Dividendenanspruch des Gesellschafters begrenzen. Gegen einen Verwendungsbeschluss, der ihn benachteiligt, kann sich der Minderheitsgesellschafter mit der Anfechtungsklage wehren. Als Anfechtungsgrund kommt vornehmlich eine Verletzung der gesellschaftlichen Treuepflicht durch den bzw. die Mehrheitsgesellschafter in Betracht. Ein „Entnahmerecht" wie bei Personengesellschaften gibt es nicht.

2. Verwaltungsrechte und -pflichten

a) Wahrnehmung der Mitverwaltungsrechte in der Gesellschafterversammlung

2284 Nach dem GmbHG ist der Gesellschafter in dieser Eigenschaft für seine GmbH weder geschäftsführungs- noch vertretungsberechtigt. Die Gesellschafter wirken in den Angelegenheiten der Gesellschaft nach Maßgabe des Gesellschaftsvertrages mit (§ 45 GmbHG). Der Umfang dieser Mitverwaltungsrechte bestimmt sich also nach dem Gesellschaftsvertrag, ansonsten nach den gesetzlichen Vorschriften der §§ 46 bis 51b GmbHG.

2285 Namentlich gehören zu den **Verwaltungsrechten** des GmbH-Gesellschafters das Recht auf **Teilnahme an den Gesellschafterversammlungen** sowie ganz wesentlich und mit dem Geschäftsanteil untrennbar verbunden das **Stimmrecht** des Gesellschafters. Das Stimmrecht kann weder auf Mitgesellschafter noch auf Nichtgesellschafter übertragen werden (Verbot der Abspaltung des Stimmrechts). Die Teilnahme an der Gesellschafterversammlung und das Stimmrecht sind die Gesellschafterrechte (Instrumente), mit denen der Gesellschafter innerhalb der Gesamtheit der Gesellschafter auf die Rechtsverhältnisse der Gesellschaft, insbesondere im Hinblick auf die Geschäftsführung, und auf die Rechtsverhältnisse der Gesellschafter untereinander Einfluss nehmen kann.

Der Gesellschafter kann sich in der Gesellschafterversammlung vertreten lassen, sofern die Satzung dies nicht ausdrücklich ausschließt. Lässt er sich vertreten, kann er nicht verlangen, gleichzeitig auch selber an der Gesellschafterversammlung teilnehmen zu dürfen. Eine Begleitung des Gesellschafters durch Dritte zur Beratung ist nur möglich, wenn diese Möglichkeit im Gesellschaftsvertrag verankert ist oder der Begleiter durch Gesellschafterbeschluss zugelassen wurde; zu Letzterem können die Gesellschafter kraft ihrer Treuepflicht ausnahmsweise verpflichtet sein.[1]

2285a

aa) Allgemeines Informationsrecht der Gesellschafter

Aus der Allzuständigkeit der Gesellschafterversammlung als oberstem Organ der GmbH und ihrer Pflicht, die Geschäftsführung zu überwachen (§ 46 Nr. 6 GmbHG), folgt ein **allgemeines Informationsrecht der Gesellschafter**.[2] Die Gesellschafterversammlung kann ihre Aufgaben nur wahrnehmen, wenn sie über die Tätigkeit der Geschäftsführung und die Angelegenheiten der GmbH ausreichend informiert ist. Deshalb muss die Geschäftsführung nicht nur auf Anfrage Auskünfte erteilen, sondern von sich aus die Gesellschafterversammlung in einem Maße informieren, dass sie sich ein hinreichendes Bild vom Gang der Geschäfte machen kann und die sie benötigt, um einen konkreten Beschlussvorschlag oder eine Grundsatzentscheidung beurteilen zu können.[3]

2286

bb) Sonderprüfung als Kontrollinstrument

Die Gesellschafterversammlung kann auf der Grundlage des § 46 Nr. 6 GmbHG auch eine **Sonderprüfung** beschließen, wobei die davon betroffenen Gesellschafter einem Stimmverbot unterliegen und das Recht, dieses Kontrollinstrument durch die Gesamtheit der Gesellschafter zu nutzen, nicht in der Satzung ausgeschlossen werden kann.[4] Auch wenn sich die Sonderprüfung formal nur gegen die Geschäftsführung richtet, können mit ihr über den Umweg der Überwachung der Geschäftsführer im Ergebnis **auch die Rechtsbeziehungen zwischen der GmbH und Mitgesellschaftern untersucht** werden. Sie ist damit geeignet, **finanzielle Benachteiligungen einzelner Gesellschafter** oder **verdeckte Vermögensverlagerungen (verdeckte Gewinnausschüttungen) auf andere Gesellschafter** aufzudecken, die als Zulieferer oder Dienstleister zur GmbH in Geschäftsverbindung stehen, oder Unregelmäßigkeiten ans Licht zu bringen, die beim Verkauf von Grundstücken, Beteiligungen und anderen Vermögensgegenständen an Mitgesellschafter vorgekommen sein mögen.

2287

Durch eine entsprechende Formulierung des Sonderprüfungsauftrags (z. B. Ermittlung und Berechnung von Schadensersatz- und sonstigen Ansprüchen, die der GmbH gegen den Geschäftsführer XY wegen des Verkaufs des Grundstücks in … an den Gesellschafter Z zustehen) richtet sich die Prüfung der Sache nach gegen den Gesellschafter. Mit dem Einsatz eines (neutralen) Sonderprüfers, zu dem nur Personen bestellt werden

---

[1] Vgl. OLG Dresden v. 25.8.2016 – 8 U 347/16, NWB DokID: UAAAF-88334, mit Anm. Hauschild/Seulen, DB 2016, 2535.
[2] Schneider, GmbHR 2008, 638.
[3] Zöllner in Baumbach/Hueck, GmbHG, § 51a Rz. 56 und 59.
[4] Leinekugel, GmbHR 2008, 632 m.w.N.

können, die eine ausreichende Kenntnis über den Gegenstand der Prüfung besitzen (§ 143 Abs. 1 AktG analog) – also regelmäßig nur Wirtschaftsprüfer und Rechtsanwälte –, können so auch Schadensersatzforderungen mit den nötigen Informationen und Beweismitteln unterlegt werden.

2288 Da das **nicht abdingbare Stimmverbot** für (möglicherweise beherrschende) Gesellschafter-Geschäftsführer und für die Gesellschafter besteht, gegen die Schadensersatzansprüche oder Ansprüche auf Rückgewähr verdeckter Gewinnausschüttungen in Betracht kommen, wird es auch Minderheitsgesellschaftern ermöglicht, eine Sonderprüfung zu veranlassen.

2289 Die Sonderprüfung ist deshalb zwar ein probates, aber auch ein vergleichsweise **scharfes Instrument der Informationsbeschaffung**, das regelmäßig hohe Belastungen auch finanzieller Natur für die GmbH mit sich bringt, weil die GmbH die Kosten zu tragen hat. Die Gesellschafterversammlung kann daher **nicht grundlos** und ohne Einschränkungen eine Sonderprüfung beschließen. Sie muss **verhältnismäßig** sein, andernfalls ist der Beschluss wegen Verstoß gegen die Treupflicht anfechtbar, und der betroffene Geschäftsführer kann sein Amt aus wichtigem Grund niederlegen, seinen Anstellungsvertrag fristlos kündigen und von der GmbH Schadensersatz fordern.[1] Sonderprüfungsbeschlüsse, mit denen die Initiatoren nur „lästig fallen" wollen, um eigene Ziele durchzusetzen, sind ebenfalls anfechtbar. Deshalb ist in der **Praxis** zu empfehlen, in der Satzung Vorkehrungen gegen missbräuchliche und unverhältnismäßige Sonderprüfungen zu treffen, aber das Recht hierauf in seinem Kern zu gewährleisten und insbesondere die einfache Mehrheit für den Beschluss, das Stimmverbot für (mittelbar) betroffene Gesellschafter und die Auswahl eines unparteiischen, neutralen und kompetenten Sonderprüfers festzuschreiben.

b) Stimmrecht

2290 Einzelheiten zum wichtigsten Mitgliedschaftsrecht, dem Stimmrecht des GmbH-Gesellschafters, und zu den damit zusammenhängenden Nebenrechten werden im Zusammenhang mit der Gesellschafterversammlung dargestellt und hier nicht isoliert abgehandelt.

c) Besondere Rechte der Gesellschafter, individuelles Informationsrecht

Literatur: *Emde*, Schiedsfähigkeit des Informationsanspruchs nach § 51a und § 51b GmbHG, GmbHR 2000, 678; *Himmelmann*, Zum Einsichtsrecht nach GmbHG § 51a Abs. 1, EWiR 2000, 63; *Schaub*, Grenzen des Informationsrechts des GmbH-Gesellschafters, DStR 2000, 212; *Robrecht*, Der Informationsanspruch des GmbH-Gesellschafters nach Eröffnung des Insolvenzverfahrens, GmbHR 2002, 692; *Römermann*, Reichweite des Einsichtsrechts nach § 51a GmbHG und Besonderheiten beim Ablauf einer Gesellschafterversammlung, GmbHR 2005, 627; *Leinekugel*, Voraussetzungen und Grenzen einer GmbH-rechtlichen Sonderprüfung gemäß § 46 Nr. 6 GmbHG bei Konflikten unter Gesellschaftern, GmbHR 2008, 632; *Schneider*, Informationsrechte von GmbH-Gesellschaftern – Inhalt und Grenzen, GmbHR 2008, 638; *Campos Nave*, BGH: Informations- und Einsichtsrechte gem. § 51a GmbHG sind nicht pfändbar, BB 2013, 1490.

---

1 Zöllner in Baumbach/Hueck, GmbHG § 46 Rz. 50.

Die sachgerechte Ausübung des Stimmrechts setzt voraus, dass der Gesellschafter über die Angelegenheiten der Gesellschaft hinreichend informiert ist. Dem dient das **individuelle Informationsrecht**. Das Gesetz gewährt dem Gesellschafter in den §§ 51a und 51b GmbHG das Recht, vom Geschäftsführer Auskunft über die Angelegenheiten der Gesellschaft zu verlangen und ihm Einsicht in die Bücher und Schriften zu gestatten. **Auskunfts- und Einsichtsrecht sind Bestandteile eines einheitlichen Informationsrechts.** Die Auskunft und die Einsicht als Informationsmittel können aufgrund eines Beschlusses der Gesellschafterversammlung verweigert werden, wenn die Befürchtung besteht, dass der Gesellschafter sie zu gesellschaftsfremden Zwecken verwenden und dadurch der Gesellschaft oder einem verbundenen Unternehmen einen nicht unerheblichen Nachteil zufügen wird (§ 51a Abs. 2 GmbHG).

2291

Durch das gesetzliche Individualrecht des Gesellschafters auf Information werden selbstverständlich die (kollektiv von den Gesellschaftern auszuübenden) Rechte der Gesellschafterversammlung nicht beschnitten, die jederzeit in jedem ihr notwendig erscheinenden Umfang Auskünfte fordern, Einsicht nehmen und auch Prüfungen anordnen kann. Dies ergibt sich schon daraus, dass die Geschäftsführer an die Weisungen der Gesellschafterversammlung als dem „obersten Organ" gebunden sind.

2292

aa) Inhalt und Rechte

Gemäß § 51a Abs. 1 GmbHG ist der Geschäftsführer verpflichtet, einem Gesellschafter auf Verlangen Auskunft über die Angelegenheiten der Gesellschaft zu geben. Die Ansprüche aus § 51a GmbHG sind nicht pfändbar. Sie können also weder zusammen mit Geschäftsanteilspfändungen (als Nebenrechte) noch gesondert im Wege der Zwangsvollstreckung gepfändet werden.[1]

2293

Das **Auskunftsrecht** steht jedem Gesellschafter zu, unabhängig von der Höhe seiner Beteiligung; es kann in und außerhalb der Gesellschafterversammlung geltend gemacht werden. Grundsätzlich kann sich der Gesellschafter dabei auch durch einen Dritten vertreten lassen. Die Hinzuziehung eines Dritten ist zumindest dann zulässig, wenn es sich um den Angehörigen eines zur beruflichen Verschwiegenheit verpflichteten Berufsstandes handelt. Zur Vermeidung von Streitigkeiten empfiehlt sich deshalb eine entsprechende Regelung durch die Satzung. Auf jeden Fall sollte eine Regelung für die Ausübung des Einsichtsrechts erfolgen; dem Gesellschafter sollte aber gestattet sein, dabei einen Sachkundigen hinzuzuziehen, der zur Berufsverschwiegenheit verpflichtet ist.

2294

Inhaber des Informationsanspruchs ist jeder Gesellschafter, der bei der Gesellschaft ordnungsgemäß angemeldet und – insbesondere nach Veränderungen im Personenstand der Gesellschaft – in der Gesellschafterliste gem. §§ 40 und 16 Abs. 1 GmbHG eingetragen ist. Einem ausgeschiedenen Gesellschafter stehen die Rechte aus § 51a GmbHG nicht zu.[2] Er kann aber unabhängig davon ein Informationsrecht haben, wenn es z. B. um etwaige Ansprüche aus der Zeit der Zugehörigkeit zur Gesellschaft geht.[3]

2295

---

1 BGH v. 29. 4. 2013 VII ZB 14/12, BB 2013, 1490.
2 BayObLG v. 15. 10. 1999 3Z BR 239/99, GmbHR 1999, 1296 f.
3 BGH v. 11. 7. 1988 II ZR 346/87, NJW 1989, 225.

2296　Auch **Gesellschafter ohne Stimmrecht** oder solche, die in der betreffenden Angelegenheit von der Ausübung des Stimmrechts ausgeschlossen sind, haben ein **Informationsrecht**.

bb) Kein Ausschluss durch die Satzung

2297　Von den Vorschriften des § 51a Abs. 1 und Abs. 2 GmbHG darf durch den Gesellschaftsvertrag nicht abgewichen werden (§ 51a Abs. 3 GmbHG). Dies bedeutet, dass eine **Schwächung des Informationsrechts unzulässig** ist, schließt es aber – was für die Praxis wichtig ist – nicht aus, dass im Gesellschaftsvertrag Regelungen getroffen werden über das Verfahren bei der Ausübung des Informationsrechts, solange dadurch dessen materieller Inhalt nicht eingeschränkt wird. Es ist danach möglich, die Schriftlichkeit der Anfrage des Gesellschafters vorzuschreiben und die Entscheidung über einen Streit hinsichtlich des Informationsrechts einem Schiedsgericht zu übertragen.

Nicht zulässig ist es aber, Anfragen eines Gesellschafters z. B. auf eine Stunde im Monat oder auf eine bestimmte Anzahl im Jahr zu limitieren, ihm die Zuziehung eines zur beruflichen Verschwiegenheit verpflichteten Sachverständigen zu untersagen oder die Erteilung der Auskunft von einem vorherigen positiven Gesellschafterbeschluss abhängig zu machen. Damit der laufende Geschäftsbetrieb nicht über Gebühr durch das Informationsbedürfnis einzelner Gesellschafter beeinträchtigt wird, kann es sich empfehlen, die Gesellschafter durch laufende Berichterstattung der Geschäftsführung in bestimmten Zeitabständen (monatlich oder vierteljährlich) über die wesentlichen Vorgänge und Tatsachen, die für die Gesellschafter von Interesse sind, zu unterrichten und dies in der Satzung bzw. durch Gesellschafterbeschluss inhaltlich zu umreißen und festzulegen.

cc) Gegenstand des Informationsrechts

2298　Gegenstand der Informationsrechte aus § 51a GmbHG sind „**Angelegenheiten der Gesellschaft**". Umfassender (und allgemeiner) konnte dies nicht bestimmt werden. Der einzelne GmbH-Gesellschafter hat damit wesentlich mehr Rechte, als sie gem. § 166 Abs. 1 HGB einem Kommanditisten zustehen, der nur die abschriftliche Mitteilung des Jahresabschlusses verlangen und dessen Richtigkeit durch Einsichtnahme in die Bücher und Papiere der Gesellschaft prüfen kann. Vielmehr gilt der **Grundsatz**, dass es **zwischen der GmbH und ihren Gesellschaftern keine Geheimnisse** gibt.[1] Folglich fallen unter das einheitliche Informationsrecht Umstände, die das Gesellschaftsvermögen und die Unternehmensführung (z. B. Unternehmensplanungen, Produktentwicklungen, Rechtsbeziehungen zu den Geschäftsführern, Gesellschaftern und dritten Geschäftspartnern sowie deren wirtschaftliche Verhältnisse) betreffen, oder Umstände, die für die Gewinnermittlung und für die Ergebnisverwendung Bedeutung haben. Rein private Umstände eines Mitgesellschafters fallen nicht unter den Informationsanspruch, wohl aber dessen Innenbeziehungen zur Gesellschaft (wie z. B. Darlehen an die und von der

---

[1] Vgl. Lutter/Hommelhoff, GmbHG, § 51a Rz. 7.

GmbH).[1] Gegenüber dem grundsätzlich unbeschränkten Informationsrecht kann ein Zurückbehaltungsrecht nicht geltend gemacht werden.[2]

dd) Schranken

Das **Informationsrecht** des Gesellschafters ist aber **nicht schrankenlos**, sondern gem. § 51a Abs. 2 GmbHG müssen dem Auskunftsanspruch gewisse „immanente Schranken" funktionsgerechter Ausübung[3] zugeordnet werden. Seine Grenze findet das Informationsrecht bei nicht zweckentsprechender Ausübung.[4] Die Neugier des Gesellschafters reicht allein nicht aus, sondern die Ausübung seines Rechtes hängt davon ab, ob er ein schutzwürdiges Informationsbedürfnis hat. Das Informationsrecht ist zwar ein grundlegendes und eigennütziges Recht des Gesellschafters,[5] als Ausfluss seines Mitgliedschaftsrechtes darf es der Gesellschafter aber nur im Zusammenhang mit seinen Interessen ausschöpfen, die sich aus seiner Zugehörigkeit zur Gesellschaft ergeben. Ein Gesellschafter darf sich also gem. § 51a Abs. 1 GmbHG keine Informationen über einen Geschäftspartner der GmbH verschaffen, der für ihn nur als Mitbewerber auf dem Markt interessant ist. Aus der gesellschaftlichen Treupflicht (vgl. Rz. 2331 ff.) folgt auch, dass die Informationsrechte rücksichtsvoll und verhältnismäßig gebraucht werden sollen und jedenfalls nicht rechtsmissbräuchlich geltend gemacht werden dürfen.

2299

> **BEISPIEL:** Der Gesellschafter ist der GmbH durch eine Vielzahl von Anfragen „lästig" und lässt sich sein „künftiges Wohlverhalten" durch ein Entgegenkommen der Gesellschaft oder der Mitgesellschafter in einem anderen Gebiet gewissermaßen „abkaufen".

Auch hinsichtlich der Häufigkeit und des Umfanges sind der Rechtsausübung aus der gesellschaftlichen Treupflicht (s. Rz. 2335) im Einzelfall Grenzen gesetzt; dies gilt auch in Bezug auf die arbeitsmäßige Belastung, die mit den für die Auskunft u.U. notwendigen Nachforschungen usw. verbunden sein könnte.

2300

ee) Einsicht in Bücher und Schriften

Das **Einsichtsrecht** erstreckt sich auf die **„Bücher und Schriften"** der Gesellschaft; damit sind alle **„Unterlagen"** gemeint, aus denen sich die wirtschaftlichen und geschäftlichen Verhältnisse der Gesellschaft ergeben, z.B. auch Buchungsbelege, Verträge usw.; auch für das Einsichtsrecht muss ein schutzwürdiges Bedürfnis bestehen; wo eine Auskunft genügt, ist Einsicht nicht erforderlich.

2301

Den Gegenstand seines Auskunftsersuchens und seiner Einsichtnahme muss der Gesellschafter vorher auch hinreichend bezeichnen. Zu allgemein gehaltene Ersuchen wie „Auskunft über die Lage der Gesellschaft" sind ebenso wenig hilfreich wie eine darauf zu allgemein gehaltene Antwort der Gesellschaft, auch wenn beides zulässig sein mag. Eine genügende Konkretisierung von beiden Seiten beugt unnötigem Aufwand und Streit vor. Schließlich empfiehlt es sich, im Gesellschaftsvertrag oder in einem Gesell-

2302

---

1 OLG Thüringen v. 14.9.2004 6 W 417/04, GmbHR 2004, 2540.
2 OLG Frankfurt v. 7.8.2007 20 W 104/07, GmbHR 2008, 592.
3 Zöllner in Baumbach/Hueck, GmbHG, § 51a Rz. 27.
4 BGH v. 6.3.1997 II ZB 4/96, BGHZ 135, 48; BGH v. 11.11.2002 II ZR 125/02, BGHZ 152, 339.
5 Vgl. Lutter/Hommelhoff, GmbHG, § 51a Rz. 1.

schafterbeschluss festzulegen, dass Auskünfte über Gesellschafteranfragen auch gegenüber den anderen Gesellschaftern offen gelegt werden, schon, um mehrfachen Anfragen zu einem Thema und Ungleichbehandlungen bei Informationen zu vermeiden und um das gegenseitige Vertrauensverhältnis zwischen Geschäftsführung und Gesellschaftern zu stärken.

2303 Der Informationsanspruch richtet sich an die Gesellschaft und ist von den Geschäftsführern als deren Vertretungsorgan zu erfüllen. Die Geschäftsführer können die Erteilung der Auskunft einem nachgeordneten Bediensteten übertragen, der Gesellschafter hat aber kein Recht, Mitarbeiter zu befragen und sich von ihnen die Bücher vorlegen zu lassen. Auf welche Art und Weise dem Informationsverlangen eines Gesellschafters nachgekommen wird, entscheidet die Geschäftsführung nach pflichtgemäßem Ermessen. Das Informationsrecht ist ein einheitliches Recht, das nicht in Auskunft- und Einsichtrecht aufgespalten werden kann. Ein Auskunftsverlangen kann durch Einsichtgewährung und ein Ersuchen auf Einsicht kann durch eine Auskunft beantwortet werden, wenn dadurch das Informationsinteresse hinreichend befriedigt wird, zumal zwischen Auskunft und Einsichtnahme kein Rangverhältnis besteht. Hat der Gesellschafter jedoch Grund zu berechtigten Zweifeln an der Richtigkeit und Vollständigkeit der ihm von der Geschäftsführung erteilten Auskunft, kann er zusätzlich Einsicht in die betreffenden Unterlagen verlangen, um die Auskunft der Geschäftsführer, die notwendigerweise von ihrer Bewertung geprägt ist, in ihren faktischen Grundlagen zu verifizieren.[1]

ff) Vertraulichkeit

2304 Gegenstück des umfassenden Informationsrechts ist, dass der Gesellschafter verpflichtet ist, die ihm erteilte Auskunft oder die durch Einsicht in die Bücher und Unterlagen gewonnenen Erkenntnisse **vertraulich zu behandeln (Verschwiegenheitspflicht)**. Die Weitergabe der Informationen kann nur in Ausnahmefällen zulässig sein, z. B. zum Zweck der Veräußerung eines Geschäftsanteils. Die Pflicht zur vertraulichen Behandlung ist dann aber dem Empfänger der Information vertraglich aufzuerlegen. Verstößt der Gesellschafter schuldhaft gegen das Gebot der Vertraulichkeit, kann dies Schadensersatzansprüche der GmbH gegen ihn auslösen. Besteht besondere Veranlassung, empfiehlt es sich, dass die Geschäftsführung bei der Auskunft auf die mitgliedschaftliche Pflicht zur Verschwiegenheit und die mögliche Schadenshaftung hinweist, oder dass die Satzung generell eine Geheimhaltungsklausel enthält.[2]

d) Grenzen gemäß § 51a Abs. 2 GmbHG (Informationsverweigerungsrecht)

2305 Der Geschäftsführer darf die Auskunft oder Einsichtnahme gem. § 51a Abs. 2 GmbHG dann verweigern, „wenn zu besorgen ist, dass der Gesellschafter sie zu gesellschaftsfremden Zwecken verwenden und dadurch der Gesellschaft oder einem verbundenen Unternehmen einen nicht unerheblichen Nachteil zufügen wird" **(Informationsverweigerungsrecht)**. Eine gesellschaftsfremde Verwendung liegt vor, wenn mit der Information ein Zweck außerhalb des ordnungsgemäßen mitgliedschaftlichen Verhaltens ver-

---

1 Schneider, GmbHR 2008, 638, 639, m. w. N.
2 Beck-GmbH-HB/Schmiegelt, § 3 Rz. 71.

folgt wird. Nicht erforderlich ist, dass die Information bewusst zum Nachteil der Gesellschaft verwendet wird. Die zweckwidrige Verwendung muss der Gesellschaft oder einem verbundenen Unternehmen einen nicht unerheblichen Nachteil zufügen, bloße wirtschaftliche Nachteile reichen nicht aus.

Nachteile sind insbesondere Vermögensschäden, es können aber auch immaterielle Nachteile ausreichen, z. B. ein Imageverlust oder ein Zerwürfnis zwischen den Gesellschaftern. Die Besorgnis der gesellschaftsfremden Verwendung verlangt das Vorliegen einer durch objektive Anhaltspunkte gestützten Gefahr einer solchen Verwendung, Gewissheit ist ebenso wenig erforderlich wie ein bloßer Verdacht ausreicht. In der Regel wird die Besorgnis der gesellschaftsfremden Verwendung angenommen, wenn der Gesellschafter in unmittelbarer Nähe der Gesellschaft ein echtes Konkurrenzunternehmen betreibt;[1] sie kann aber auch vorliegen, wenn der Gesellschafter an einem Konkurrenzunternehmen nicht nur kapitalmäßig beteiligt ist, sondern dort als Gesellschafter-Geschäftsführer oder Fremdgeschäftsführer tätig ist und die beiderseitigen Interessensphären miteinander in Konflikt geraten. Auch in der Konkurrenzsituation dürfen nicht jegliche Informationen verweigert werden.[2]

Echte Betriebsgeheimnisse und Informationen, die dem Konkurrenzunternehmen einen Wettbewerbsvorteil verschaffen (Details aus der Entwicklung, der Planung und dem Marketing), müssen nicht herausgegeben werden, wohl aber solche, die wie z. B. der Jahresabschluss auch einem externen Informationsinteresse dienen (Publizität).

Bei seiner Entscheidung ist der Geschäftsführer jedoch nicht frei. Er hat zunächst eigenständig zu prüfen, ob ein Grund vorliegt, der ihn zur Verweigerung der Information berechtigt. Ist dies der Fall, darf er die Information nicht weitergeben, weil dies eine pflichtwidrige Handlung darstellt. Er muss das Informationsbegehren vielmehr der Gesellschafterversammlung zur Entscheidung vorlegen, weil die Verweigerung gem. § 51a Abs. 2 Satz 2 GmbHG eines Gesellschafterbeschlusses bedarf, bei dem der betroffene Gesellschafter kein Stimmrecht hat, aber an der Gesellschafterversammlung teilnehmen darf. Die Gründe, aus denen die Information verweigert werden darf, sind in § 51a Abs. 2 GmbHG nicht abschließend geregelt.

2306

Als andere Gründe kommen in Betracht die Strafbarkeit der Informationserteilung oder ein gesetzliches Verbot,[3] die Unmöglichkeit der Beschaffung der Information und Geheimhaltungsabsprachen. Es ist streitig, ob der Geschäftsführer auch dann einen Gesellschafterbeschluss herbeizuführen hat, wenn er die Auskunft aus anderen Gründen verweigern will, insbesondere wenn er in dem Verlangen einen Verstoß gegen die gesellschaftliche Treuepflicht oder einen Rechtsmissbrauch sieht. Auch wenn ein Gesellschafterbeschluss nicht erforderlich sein sollte, kann es schon, um Spannungen zwischen dem Gesellschafter und der Geschäftsführung zu vermeiden, angeraten sein, einen Beschluss der Gesellschafterversammlung herbeizuführen.

---

1 OLG Frankfurt v. 10. 8. 1995 20 W 364/92, GmbHR 1995, 904.
2 OLG München v. 11. 12. 2007 31 Wx 48/07, GmbHR 2008, 104.
3 BGH v. 6. 3. 1997 II ZB 4/96, BGHZ 135, 48.

2307 Liegen die Voraussetzungen des § 51a Abs. 2 GmbHG vor, dann muss die Verweigerung durch Gesellschafterbeschluss mit einfacher Mehrheit sanktioniert werden und unter dem Gesichtspunkt gesellschaftlicher Treupflicht wird man grundsätzlich eine notfalls durch Klage erzwingbare Zustimmungspflicht der Gesellschafter bejahen müssen, soweit die erforderliche Mehrheit nicht erreicht wird.

e) Zwingendes Recht

2308 Gemäß § 51a Abs. 3 GmbHG kann von den Vorschriften des Abs. 1 und 2 im Gesellschaftsvertrag nicht abgewichen werden. Dies bedeutet aber nur, dass die dem Gesellschafter dort eingeräumten Rechte nicht geschmälert werden dürfen, wohl aber könnten sie durch den Gesellschaftsvertrag erweitert werden, was allerdings angesichts der unverhältnismäßig weitgehend eingeräumten Rechte kaum in Frage kommen dürfte.

f) Erzwingbarkeit

2309 Die Vorschrift des § 51b GmbHG ermöglicht eine **gerichtliche Entscheidung** über das Auskunfts- und Einsichtsrecht und bestimmt die entsprechende Anwendung des § 132 Abs. 1, 3 bis 5 AktG. Danach hat das Landgericht darüber zu entscheiden, ob die Auskunft zu erteilen bzw. die Einsicht zu gestatten ist. Antragsberechtigt ist der durch die Verweigerung betroffene Gesellschafter; eine Beschwerde gegen die Entscheidung des Landgerichts ist nur statthaft, wenn das Rechtsmittel vom Landgericht für zulässig erklärt wurde. Hierfür ist § 70 Abs. 2 FamFG maßgebend (grundsätzliche Bedeutung des Rechtssache oder Fortbildung des Rechts bzw. Sicherung der einheitlichen Rechtsprechung). Auf dieses Informationserzwingungsverfahren ist der Gesellschafter aber nicht gegenüber sog. informationsbeschränkenden Vorratsbeschlüssen angewiesen, die ihm über ein konkretes Auskunftsbegehren hinaus die Information durch Einsicht in die Bücher und Auskunft für eine bestimmte Zeit zu bestimmten Themen verweigern. Gegen einen solchen Beschluss ist die Anfechtungsklage gegeben.[1] Im Gesellschaftsvertrag kann aber auch bestimmt werden, dass anstelle des Informationserzwingungsverfahrens nach § 51b GmbHG ein Schiedsgericht zu entscheiden hat.[2]

2310 Wenn über die streitige Auskunftsverweigerung hinaus ein besonderes Interesse an der Beseitigung eines im Rahmen des § 51a Abs. 2 GmbHG gefassten Gesellschafterbeschlusses besteht, kann daneben auch eine Anfechtungsklage gegen den Beschluss zulässig sein.[3] Wird die begehrte Information zu Unrecht verweigert, können sich hieraus Schadensersatzansprüche gegen die Gesellschaft oder die anderen Gesellschafter ergeben.

2311–2330 (*Einstweilen frei*)

---

1 BGH v. 27. 4. 2009 II ZR 167/07, ZIP 2009, 1158.
2 OLG Hamm v. 7. 3. 2000 15 W 355/99, NZG 2000, 1182.
3 BGH v. 7. 12. 1987 II ZR 86/87, GmbHR 1988, 213.

3. Pflichten der Gesellschafter

Neben den Gesellschafterpflichten, die sich aus den Regeln der Kapitalaufbringung und Kapitalerhaltung ergeben, sind insbesondere die **gesellschaftsrechtliche Treuepflicht und das Wettbewerbsverbot** sowie die satzungsmäßigen **Nebenleistungspflichten** zu nennen. Die Vertragsfreiheit gestattet es, den Pflichtenkreis von GmbH-Gesellschaftern wesentlich weiter zu fassen, als es die gesetzlichen Regelungen vorsehen. Insbesondere kann der Gesellschaftsvertrag weitgehend Regelungen übernehmen, wie sie für Personengesellschaften üblich bzw. gesetzlich normiert sind; in einem solchen Falle spricht man von der personalistisch organisierten GmbH **(personalistische Gestaltung)**.

2331

Solche zusätzlichen Pflichten finden sich bei der GmbH, die nur wenige Mitglieder hat und personenbezogen ist, verhältnismäßig häufig in Gestalt der Geschäftsführertätigkeit, besonderen Treuepflichten und Konkurrenzverboten. Gesellschaftsrechtlich sind Gestaltungen zulässig, bei denen die Pflicht zur Leistung der Stammeinlage im Grunde nebensächlich ist und nur dem Erwerb der Mitgliedschaft dient, innerhalb der dann die eigentlichen Rechte und Pflichten ausgeübt werden. Die rechtliche Selbständigkeit ist nur äußere Hülle einer Gesellschaft, die wirtschaftlich betrachtet wie eine Personengesellschaft agiert, „nach außen Aktiengesellschaft, nach innen OHG" ist.[1]

Der Vertragsfreiheit sind insoweit kaum Grenzen gezogen. Je enger die Bindung der Gesellschafter untereinander ist, je mehr die wirtschaftlichen Interessen der GmbH sich mit denen ihrer Gesellschafter decken oder je stärker sich Abhängigkeiten ergeben, desto mehr werden durch den Gesellschaftsvertrag für die Gesellschafter Rechte, aber auch Pflichten begründet werden müssen, wie sie für den „normalen" GmbH-Gesellschafter, dessen Position im Wesentlichen nur durch die Bestimmungen des GmbHG umschrieben ist, nie in Betracht kämen.

2332

a) Treuepflicht

Literatur: *Heinemann*, Wettbewerbsbeschränkungen und Treuepflicht des GmbH-Gesellschafters, BuW 1998, 944 u. 949; *Henze*, Treupflichten der Gesellschafter im Kapitalgesellschaftsrecht, ZHR 162, 186 (1998); *Reiff/Etinger*, Gesellschaftsrechtliche Treupflichten im Zusammenhang mit der Heilung von verdeckten Sacheinlagen bei der GmbH, DStR 2004, 1258; *Schulze*, Die Kapitalerhöhung der Komplementär-GmbH und die gesellschafterliche Treuepflicht bei Abhängigkeit der Haftungsvergütung vom Stammkapital, GmbHR 2006, 323; *Bosse*, Grenzen der Treupflicht des GmbH-Gesellschafters, NWB 2016, 2520.

Besondere Bedeutung kann die sog. **„gesellschaftliche Treuepflicht"** erlangen. Das Rechtsinstitut ist gesetzlich nicht verankert, ist aber durch Rechtslehre und Rechtsprechung zu einem tragenden Pfeiler des gesamten Gesellschaftsrechts entwickelt worden. Die gesellschaftliche Treuepflicht lässt sich im Grunde nur von ihrem Inhalt her definieren. Sie findet ihren Ausdruck in **Verboten und Geboten:** Der Gesellschafter darf die Interessen der Gesellschaft nicht beeinträchtigen oder gar verletzen. Er muss darüber hinaus die Interessen der Gesellschaft u.U. sogar fördern, ohne dabei aber eigene, wesentliche Interessen hintanstellen zu müssen. Sie gebietet also dem Gesellschafter,

2333

---

[1] Vgl. Klunzinger, Grundzüge des Gesellschaftsrechts, S. 221.

sich **gegenüber der GmbH loyal** zu verhalten, den Gesellschaftszweck aktiv zu fördern und Schaden von der Gesellschaft abzuwenden.

Die gesellschaftliche Treuepflicht besteht aber auch **zwischen den Gesellschaftern** und verlangt auch hier loyales Verhalten und Rücksichtnahme auf deren mitgliedschaftliche Interessen, nicht aber auf deren sonstige persönlichen Interessen. Die Treuepflicht hat umso weniger Gewicht, desto mehr man es mit einer kapitalistisch orientierten GmbH zu tun hat, bei der die Bindung zwischen den Gesellschaftern und zur Gesellschaft locker ist. Andererseits wird der aus der Treuepflicht folgende Pflichtenkreis umso größer sein, je stärker die GmbH personalistisch ausgestaltet ist.

aa) Inhalt der Treuepflicht

2334 Welche spezifischen Pflichten sich im Einzelnen aus der Treuepflicht ergeben, lässt sich nur im Einzelfall konkretisieren, indem entsprechend der Ausgestaltung des jeweiligen Gesellschaftsverhältnisses die Interessen des Gesellschafters, die Interessen der Gesellschaft und die der anderen Mitgesellschafter gegeneinander abgewogen werden und die Grundsätze der Erforderlichkeit und der Verhältnismäßigkeit beachtet werden.[1] Grundlegend zur Ausgestaltung der Treuepflicht ist das BGH-Urteil vom 5.6.1975.[2]

2335 Bedeutung erlangt die gesellschaftsrechtliche Treuepflicht im Verhältnis der Mehrheit zur Minderheit mit dem **Gebot der Rücksichtnahme**, wenn z.B. durch die Umsetzung eines neuen Unternehmenskonzepts die Minderheitsrechte tangiert und nicht ausreichend berücksichtigt werden, während es der Minderheit verwehrt sein kann, sich auf eine bloße Blockade zurückzuziehen, ohne sich an der Lösung konstruktiv zu beteiligen.[3] Ein Gesellschafter, der über eine qualifizierte Mehrheit verfügt, kann treuwidrig handeln, wenn er die Auflösung der Gesellschaft beschließt, um über die Liquidation das Unternehmen zu erwerben und selbst fortzuführen.[4] Eine Auflösungsklage kann dann als treuwidrig abzuweisen sein, wenn die Interessen der Mitgesellschafter an der Fortführung der GmbH vorgehen[5] oder wenn ihm ein Angebot zur Übernahme seines Geschäftsanteils zum Verkehrswert gemacht worden ist.[6]

2336 Die Treuepflicht kann es einem Gesellschafter sogar gebieten, einem **Beschlussvorschlag** in der Gesellschafterversammlung oder einer Satzungsänderung **zuzustimmen**, wenn dies aufgrund veränderter Verhältnisse dringend geboten und zur wirtschaftlich vernünftigen Fortführung des Unternehmens im Rahmen des Gesellschaftszwecks notwendig ist.[7] Deshalb hatte ein Gesellschafter einer Kapitalerhöhung zuzustimmen, die wegen der GmbH-Novelle zur Bestandsicherung erforderlich und ihm zumutbar war, weil er ohne Nachteile die zu übernehmende Stammeinlage aus den Gewinnen der GmbH finanzieren konnte. In dieser Entscheidung[8] hat der BGH eine solche Verpflich-

---

1 Vgl. Beck-GmbH-HB/Schmiegelt/Gerber, § 3 Rz. 23.
2 II ZR 23/74, BGHZ 65, 15 ff.
3 Vgl. OLG Stuttgart v. 12.5.1999, 20 U 62/98, NZG 2000, 159, 162 ff.
4 BGH v. 1.2.1988 II ZR 75/87, BGHZ 103, 184.
5 BGH v. 23.2.1981 II ZR 229/79, BGHZ 80, 346.
6 BGH v. 15.4.1985 II ZR 274/83, NJW 1985, 1901.
7 BGH v. 25.9.1986 II ZR 262/85, BGHZ 98, 276.
8 BGHZ 98, 276.

tung für den Regelfall bejaht, wenn durch die Satzungsänderung keine Nachteile für den zustimmungsunwilligen Gesellschafter eintreten, und den Grundsatz bestätigt, dass aufgrund der gesellschaftlichen Treuepflicht ein Gesellschafter verpflichtet sein kann, einer Änderung des Gesellschaftsvertrages zuzustimmen.

Die Rechtsprechung betont mittlerweile jedoch verstärkt den Grundsatz, dass der Gesellschafter in seinem Stimmverhalten grundsätzlich frei ist. Er muss für sein Abstimmungsverhalten keine Begründung oder einen sachlichen Grund angeben. Selbst wenn eine Maßnahme im Interesse der Gesellschaft liegt, die Zwecke der Gesellschaft fördert und eine Zustimmung für den Gesellschafter zumutbar ist, besteht keine Pflicht zur Zustimmung. Eine Zustimmungspflicht kommt nur (noch) infrage, wenn gerade diese Maßnahme zwingend geboten und der Gesellschafter seine Zustimmung grundlos verweigert. Hierzu ist erforderlich, dass die Maßnahme

1. zur Erhaltung wesentlicher Werte, die die Gesellschaft hat, oder
2. zur Erhaltung wesentlicher von den Gesellschaftern geschaffener Werte oder
3. zur Vermeidung erheblicher Verluste für die Gesellschaft oder die Gesellschafter

objektiv unabweisbar erforderlich und den Gesellschaftern unter Berücksichtigung von deren schutzwürdigen Belangen zumutbar ist.[1]

Ein **Mehrheitsgesellschafter** verstößt gegen die Treuepflicht, wenn er gegen die Interessen der Minderheit die Geschäftsführung dazu bestimmt, Leistungen ohne gleichwertige Gegenleistungen zu erbringen (verdeckte Gewinnausschüttungen) oder Dividendenansprüche bzw. die Rückzahlung von Gesellschafterdarlehen durchsetzt, obwohl die GmbH dadurch in Liquiditätsschwierigkeiten gerät. 2337

bb) Verletzung der Treuepflicht und ihre Folgen

Verletzt ein Gesellschafterbeschluss die Treuepflicht, so ist er durch den Gesellschafter anfechtbar.[2] Treuwidrige Handlungen anderer Art (außerhalb der Gesellschafterversammlung) sind unwirksam und unbeachtlich.[3] Gebietet die Treuepflicht ein bestimmtes Handeln, z. B. Zustimmung in einem Gesellschafterbeschluss, kann auf Vornahme der Handlung durch den Gesellschafter geklagt werden, umgekehrt kann gegen treuwidrige Handlungen mit einer Unterlassungsklage vorgegangen werden. Fortwährende oder auch einmalige schwerwiegende Verletzungen der Treuepflicht können die Einziehung des Geschäftsanteils oder die Ausschließung eines Gesellschafters begründen, wenngleich dies als äußerstes Mittel schwere Verstöße voraussetzt, die die Vertrauensgrundlage zerstören. Schuldhaftes treuwidriges Verhalten kann Schadensersatzansprüche der GmbH oder der Mitgesellschafter nach sich ziehen. 2338

Als Ausfluss der gesellschaftsrechtlichen Treuepflicht kann auch der Grundsatz der **Gleichbehandlung** gesehen werden. Er enthält ein Diskriminierungs- und Willkürverbot 2339

---

1 BGH v. 12.6.2016 II ZR 275/14, NWB DokID: QAAAF-75309, DB 2016, 1427; OLG München v. 23.6.2016 23 U 4531/15, NWb DokID: FAAAF-80663, DB 2016, 1685.
2 BGH v. 23.9.1991 II ZR 189/90, GmbHR 1991, 568.
3 Hueck/Fastrich in Baumbach/Hueck, GmbHG, § 13 Rz. 30.

und bindet die Organe der Gesellschaft, die Gesellschafterversammlung bei Mehrheitsentscheidungen und die Gesellschafter untereinander bei der Wahrnehmung ihrer mitgliedschaftlichen Rechte und Pflichten.

b) Schadensersatzpflicht bei Verletzung der Pflichten des Gesellschafters

2339/1 Schädigt ein Gesellschafter durch Verletzung seiner Pflichten die GmbH, so resultiert hieraus nach allgemeinen Regeln ein Schadensersatzanspruch der GmbH. Erleidet indes ein anderer Gesellschafter aufgrund der Handlung und Schädigung der Gesellschaft einen Schaden, der sich in der Minderung des Werts seiner Beteiligung ausdrückt (mittelbarer Schaden oder Reflexschaden), so kann er nicht Schadensersatz an sich persönlich verlangen, sondern nur dessen Leistung an die GmbH. Dies gebieten im Regelfall der Grundsatz der Kapitalerhaltung, die Zweckwidmung des Gesellschaftsvermögens und das Gebot der Gleichbehandlung aller Gesellschafter.[1] An diesem Grundsatz hält der BGH auch für den Fall fest, wenn die GmbH durch die Eröffnung des Insolvenzverfahrens aufgelöst wird (§ 60 Abs. 1 Nr. 4 GmbHG) und nach Erfüllung der Verbindlichkeiten noch vorhandenes Gesellschaftsvermögen an die Gesellschafter zu verteilen ist.[2] Wegen eines mittelbaren Schadens kann also nur Ersatz an die geschädigte GmbH verlangt werden, und zwar auch dann, wenn der Schaden aus der Verletzung der gesellschafterlichen Treupflicht herrührt.

c) Wettbewerbsverbot

Literatur: *Armbrüster*, Wettbewerbsverbote im Kapitalgesellschaftsrecht, ZIP 1997, 1269; *Goette*, Zur Wirksamkeit eines nachvertraglichen Wettbewerbsverbot in einer Satzung, DStR 1997, 2038.

2340 GmbH-Gesellschafter unterliegen kraft Gesetzes grundsätzlich keinem Wettbewerbsverbot.[3] Ein **Wettbewerbsverbot** kann sich jedoch aus der gesellschaftlichen **Treuepflicht** ergeben, wenn ein Gesellschafter im Innenverhältnis ausschlaggebend die Geschicke der GmbH bestimmt,[4] vornehmlich kann sich dies für einen die GmbH beherrschenden Mehrheitsgesellschafter ergeben.[5] Für den Alleingesellschafter kommt hingegen ein Wettbewerbsverbot aufgrund der gesellschaftlichen Treuepflicht regelmäßig nicht zum Tragen; die Gesellschaft als solche wird durch die Treuepflicht nicht geschützt, sondern die Gemeinschaft mehrerer Gesellschafter. Entzieht der Alleingesellschafter durch seine Konkurrenztätigkeit der Gesellschaft aber Mittel, die zur Deckung des Stammkapitals benötigt werden, gilt etwas anderes.[6]

aa) Satzungsregelung

2341 Ein Wettbewerbsverbot kann dem GmbH-Gesellschafter aber durch die Satzung auferlegt werden. Es kann unter den Voraussetzungen des § 138 BGB nichtig sein, wenn es

---

1 BGH v. 11.7.1988 II ZR 243/87, BGHZ 121; v. 21.3.2013 III ZR 260/11, ZIP 2013, 781.
2 BGH v. 14.5.2013 II ZR 176/10, ZIP 2013, 1376.
3 BGH v. 9.3.1987 II ZR 215/86, GmbHR 1987, 302.
4 BGH v. 5.12.1983 II ZR 242/82, BGHZ 80, 162.
5 BGH v. 5.12.1983 II ZR 242/82, BGHZ 89, 162 u. BGH v. 3.5.1988 KZR 17/87, GmbHR 1988, 334.
6 BGH v. 10.5.1993 II ZR 74/92, BGHZ 122, 333; v. 21.6.1999 II ZR 47/98, BGHZ 142, 92.

nicht zum Schutze der GmbH erforderlich erscheint, also wirklich schützenswerte Interessen der GmbH nicht auf dem Spiel stehen.

bb) Ausgeschiedener Gesellschafter

Ein Wettbewerbsverbot, das auch einen ausgeschiedenen Gesellschafter noch treffen soll, kann nur durch die Satzung oder einen Vertrag zwischen GmbH und Gesellschafter festgelegt werden. Träte dadurch aber eine unverhältnismäßige Beschränkung in der Berufsausübung ein, läge ein Verstoß gegen das Grundrecht der Art. 2, 12 GG vor; außerdem ist bei Prüfung im Rahmen des § 138 BGB im Interesse des Betroffenen ein besonders strenger Maßstab anzulegen. Dies hat der BGH[1] bestätigt und ausgeführt, dass dies auch für einen Gesellschafter gelte, der wirksam seinen Austritt erklärt habe, der jedoch noch der Umsetzung bedurfte. Bis zur Umsetzung bleibe der Gesellschafter der GmbH nur rein vermögensrechtlich verbunden und dürfe seine Mitgliedschaftsrechte nur insofern ausüben, als seine wirtschaftlichen Interessen an der Abfindung betroffen seien. Damit sei es im Hinblick auf die Berufsfreiheit nicht zu vereinbaren, ihn bis zur Umsetzung mit einem Wettbewerbsverbot zu belegen, weil dies nur dem missbilligten Zweck diene, einen nicht erwünschten Wettbewerber auszuschalten. Ist der Gesellschafter zugleich auch Geschäftsführer der GmbH, so trifft ihn jedoch das zu Lasten eines Geschäftsführers bestehende Wettbewerbsverbot, das sich auch ohne besondere Vereinbarung schon aus dieser Rechtsstellung ergibt.[2]

2342

Die Vereinbarung eines nachvertraglichen Wettbewerbsverbots ist beim Gesellschafter-Geschäftsführer weniger kritisch als beim Nur-Gesellschafter, es ist nicht von einer Karenzentschädigung abhängig.[3]

2343

Im Zusammenhang mit der Freistellung von einem Wettbewerbsverbot können sich unter dem Gesichtspunkt der verdeckten Gewinnausschüttung steuerliche Probleme ergeben.

2344

d) Geheimhaltungspflicht

Aus dem (umfassenden) Informationsrecht des Gesellschafters (vgl. Rz. 2291 ff.) folgt als Gegenstück die Pflicht des Gesellschafters, solche Informationen nicht an Dritte unbefugt weiterzugeben. Die Pflicht zur Verschwiegenheit ergibt sich vornehmlich auch aus der gesellschaftlichen Treuepflicht, die es gebietet, die GmbH zu fördern und Schaden von ihr fernzuhalten. Nur ausnahmsweise ist es erlaubt, Interna der Gesellschaft Dritten zu offenbaren, wenn dies zur Wahrnehmung gesellschaftereigener Rechte (z. B. anwaltliche Beratung oder Veräußerung des Geschäftsanteils) unabweisbar und die Vertraulichkeit gesichert ist. Die schuldhafte Verletzung der Geheimhaltungspflicht macht den Gesellschafter gegenüber der Gesellschaft oder einem geschädigten Mitgesellschafter schadensersatzpflichtig.

2345

---

1 BGH v. 30. 11. 2009 II ZR 208/08, ZIP 2010, 324.
2 BGH v. 16. 2. 1981 II ZR 168/79, BGHZ 80, 69.
3 BGH v. 26. 3. 1984 II ZR 229/83, BGHZ 91, 1.

e) Gesellschaftsvertragliche Sonderpflichten (Nebenleistungspflichten)

2346 Das GmbHG ermöglicht es in § 3 Abs. 2, durch den Gesellschaftsvertrag (oder später durch Änderung der Satzung mit Zustimmung des Betroffenen) einzelnen, mehreren oder allen Gesellschaftern besondere Verpflichtungen aufzuerlegen. Der Umfang solcher Sonderpflichten kann so weit gehen, dass neben ihnen die (rechtliche) Hauptpflicht zur Leistung der Stammeinlage wirtschaftlich nebensächlich und die Nebenleistungen wirtschaftlich zu Hauptpflichten werden (**Nebenleistungsgesellschaft**). Damit kann die Satzung der GmbH fast für jeden Zweck angepasst werden.

aa) Arten der Sonderpflichten

2347 In Betracht kommen:

- ▶ **Zahlungspflichten** (künftige Beiträge, Umlagen, Zuschüsse, Verlustausgleich und Darlehen, insbesondere Finanzplandarlehen und gesplittete Einlagen);

- ▶ **Sachleistungspflichten** (entgeltliche oder unentgeltliche Überlassung von Wirtschaftsgütern jeder Art, die neben einer Sacheinlage zu erbringen sind);

- ▶ **sonstige Leistungspflichten** (z. B. Abnahme- und Lieferverpflichtungen, Übernahme der Geschäftsführertätigkeit) und

- ▶ **Unterlassungspflichten** (Konkurrenzklauseln unter Beachtung ihrer eingeschränkten Zulässigkeit nach § 1 GWB).

Wesentlich ist stets, dass solche Sonderpflichten im Gesellschaftsvertrag hinreichend bestimmt sind. Die Konkretisierung kann dann durch schuldrechtliche Verträge erfolgen oder einem Gesellschaftsorgan nach billigem Ermessen gem. § 315 BGB überlassen werden.

bb) Verknüpfung mit dem Geschäftsanteil

2348 Zu beachten ist auch, dass es sich bei **Gesellschafterpflichten i. S. v. § 3 Abs. 2 GmbHG** um **mitgliedschaftliche Pflichten** handelt, die **mit dem Geschäftsanteil selbst verbunden** sind und (regelmäßig und ausgenommen bei höchstpersönlichen Pflichten) **nicht mit der Person eines bestimmten Gesellschafters**. Sie wirken gegenüber allen künftigen Inhabern des Geschäftsanteils.[1]

2349 Durch die Verknüpfung von Geschäftsanteil und bestimmten Sonderpflichten wird die Übertragbarkeit des Geschäftsanteils zwar rechtlich nicht eingeschränkt, jedoch wird es der Gesellschaft und den Mitgesellschaftern regelmäßig nicht gleichgültig sein, wer als neuer Gesellschafter in die Pflichten des Altgesellschafters einrückt. Deshalb ist dringend zu empfehlen, die Übertragbarkeit solcher Geschäftsanteile an Zustimmungsvorbehalte zu knüpfen oder Vorkaufs- bzw. Übernahmerechte (z. B. beim Übergang von Todes wegen) in die Satzung aufzunehmen.

---

[1] Hueck/Fastrich in Baumbach/Hueck, GmbHG, § 3 Rz. 34 und 49.

cc) Satzungsbestandteil

Sonderpflichten eines Gesellschafters müssen im **Gesellschaftsvertrag statuiert** werden; sollen sie später begründet werden, bedarf es hierzu einer Satzungsänderung mit Zustimmung des belasteten Gesellschafters. Gleichermaßen bedarf es zur Befreiung eines Gesellschafters von Nebenleistungspflichten aus § 3 Abs. 2 GmbHG einer Satzungsänderung, die Geschäftsführung kann den Gesellschafter nicht von seinen Pflichten freistellen. Zumal wenn es sich bei den Sonderpflichten um wesentliche Grundlagen des Unternehmens handelt, empfiehlt es sich, die Befreiung von solchen Pflichten an qualifizierte Mehrheitsbeschlüsse oder die Einstimmigkeit zu binden. Die Nicht-Einforderung gesellschaftsvertraglicher Pflichten kann steuerlich als vGA zu werten sein.

2350

Grundsätzlich kann sich auch der Gesellschafter nicht einseitig von solchen Pflichten lösen, indem er unter Beibehaltung seiner Gesellschafterstellung die Nebenleistungspflicht aus wichtigem Grund kündigt. Ist ihm auf Dauer die Erfüllung unzumutbar, wird ihm wohl nur der Weg über eine Austrittserklärung aus wichtigem Grund oder eine Auflösungsklage bleiben. Da zu diesem Thema vieles streitig ist, empfiehlt es sich auch hier, im Gesellschaftsvertrag klare Bestimmungen zu treffen.

2351

dd) Nicht statutarische Sonderpflichten

Im Gesellschaftsvertrag finden sich häufig auch sog. unechte Satzungsbestimmungen, mit denen **nur schuldrechtlich wirkende Pflichten** eines oder mehrerer Gesellschafter begründet werden sollen, der GmbH bestimmte Leistungen zu erbringen. Diese schuldrechtlich wirkenden Vereinbarungen können auch nach schuldrechtlichen Regeln beendet werden (z. B. Kündigung eines Pachtvertrages). Wegen der erheblichen rechtlichen Unterschiede von gesellschaftsvertraglichen Sonderpflichten i. S. d. § 3 Abs. 2 GmbHG (Bestandteil des Geschäftsanteils) und lediglich schuldrechtlichen Gesellschafterverbindlichkeiten sollte im Gesellschaftsvertrag klargestellt werden, welche Pflichten gemeint sind. Am besten sollten schuldrechtlich wirkende Pflichten nicht als unechte Satzungsbestandteile, sondern nur außerhalb des Gesellschaftsvertrages vereinbart werden.

2352

f) Insolvenzantragsrecht und Insolvenzantragspflicht der Gesellschafter bei Führungslosigkeit, Insolvenzverschleppungshaftung

Bis zum Inkrafttreten des MoMiG lag es in der alleinigen Verantwortung des Geschäftsführers, unverzüglich nach Eintritt der Überschuldung oder Zahlungsunfähigkeit (Insolvenzreife) einen Insolvenzantrag zu stellen (§ 64 Abs. 1 GmbHG a. F.), damit insolvente Gesellschaften möglichst schnell vom Markt genommen werden und für bereits vorhandene Gläubiger die Masse nicht weiter aufgebraucht wird und nicht weitere Gläubiger hinzukommen. Das MoMiG weicht hiervon insoweit ab, als für eine **führungslos gewordene GmbH auch die Gesellschafter für die rechtzeitige Insolvenzantragstellung verantwortlich** gemacht werden.[1] Inhaltlich bleibt die Insolvenzantragspflicht unverändert, sie wird jedoch aufgrund der rechtsformübergreifenden Vereinheitlichung in

2353

---

1 Susanne Meyer, BB 2008, 1742, 1746.

das Insolvenzrecht verschoben und dort in § 15a InsO geregelt und korrespondiert mit dem ebenfalls auf die Gesellschafter erweiterten Insolvenzantragsrecht (§ 15 Abs. 1 InsO).

Mit der Erweiterung des Personenkreises, den die Insolvenzantragspflicht trifft, auf die Gesellschafter der GmbH droht ihnen nun auch eine **Insolvenzverschleppungshaftung und eine Bestrafung wegen Insolvenzverschleppung**. Die Insolvenzverschleppungshaftung hat künftig ihre Grundlage auch für Gesellschafter in § 15a Abs. 3 InsO und § 823 Abs. 2 BGB. Die Vorschrift begründet gleichsam eine Ersatzzuständigkeit der Gesellschafter einer GmbH, im Fall einer Führungslosigkeit der Gesellschaft bei Zahlungsunfähigkeit oder Überschuldung einen Insolvenzantrag zu stellen.[1]

2354 **Führungslos** ist eine GmbH nach der Legaldefinition des § 35 Abs. 1 Satz 2 GmbHG, wenn sie keinen Geschäftsführer hat. Ob Führungslosigkeit auch schon anzunehmen ist, wenn der Geschäftsführer nicht handlungswillig oder unerreichbar ist, lässt sich nicht allgemein beantworten. Kommt in einer solchen Verhaltensweise jedoch eine konkludente Amtsniederlegung zum Ausdruck, ist die Führungslosigkeit gegeben. Dann ist jeder Gesellschafter gefordert, will er sich nicht der Gefahr einer Haftung wegen Insolvenzverschleppung aussetzen. Mit der Regelung soll insbesondere der bei sog. Firmenbestattungen zu beobachtenden Umgehung der Insolvenzantragspflicht entgegengewirkt werden und es sollen die Gesellschafter dazu angehalten werden, sich von der Verpflichtung und den damit verbundenen Haftungsfolgen zu befreien, indem sie **ständig für die Einsetzung einer aktionsfähigen Geschäftsführung sorgen**.[2] Sobald nämlich ein neuer Geschäftsführer bestellt ist, erlischt die Antragspflicht des Gesellschafters und geht auf den Geschäftsführer als dem eigentlich zuständigen Organ über.

2355 Mit der Ausdehnung der Insolvenzantragspflicht auf die Gesellschafter korrespondiert eine Erweiterung des Kreises der zur Stellung eines Insolvenzantrages berechtigten Personen in § 15 Abs. 1 Satz 2 InsO. Das **Insolvenzantragsrecht** wird im Falle der Führungslosigkeit der GmbH auch den Gesellschaftern eröffnet. Damit nicht unbegründete und haltlose Anträge durch Gesellschafter gestellt werden, muss (zum Schutz der GmbH) der ersatzzuständige Gesellschafter die **Führungslosigkeit glaubhaft** machen, also substantiiert und fundiert bei der Antragstellung darlegen, dass die GmbH **keinen** Geschäftsführer hat (z. B. durch Vorlage einer schriftlichen Amtsniederlegung durch den einzigen Geschäftsführer).

2356 Der Gesellschafter kann aber auch von der **Antragspflicht freigestellt** sein. Der Gesetzgeber verkennt nicht, dass der Gesellschafter sehr häufig mit den (finanziellen) Verhältnissen der GmbH nicht in gleichem Maße vertraut sein kann wie der Geschäftsführer. Wegen des geringeren Einblicks entbindet § 15a Abs. 3 2. Halbsatz InsO die Gesellschafter von der Antragspflicht, die **von dem Insolvenzgrund (Überschuldung oder Zahlungsunfähigkeit) oder von der Führungslosigkeit keine Kenntnis** haben. Die Antragspflicht besteht also nur, wenn der jeweilige Gesellschafter kumulativ von der Führungslosig-

---

[1] Gehrlein, BB 2008, 846, 848.
[2] Gehrlein, BB 2008, 846, 848.

keit und dem Insolvenzgrund **positive Kenntnis** hat, ein Kennenmüssen reicht nicht aus.

Die **Beweislast** dafür, dass er von dem Insolvenzgrund und der Führungslosigkeit keine Kenntnis erlangt hatte, trifft allerdings den **Gesellschafter,** wie es die Formulierung im Gesetzeswortlaut „es sei denn" zum Ausdruck bringt. Der Gesellschafter kann also seine Haftung nicht dadurch vermeiden, dass er sich bewusst einer Kenntnisnahme verschließt. Erkennt er das Vorliegen eines Insolvenzgrundes, muss er klären, warum dennoch der Geschäftsführer keinen Insolvenzantrag gestellt hat, und wird so herausfinden, dass es keinen Geschäftsführer mehr gibt; weiß er aber, dass die GmbH führungslos ist, hat er allen Anlass dazu, sich näher über die Vermögensverhältnisse zu informieren, wozu ihm ja auch sein individuelles Informationsrecht zur Verfügung steht.

Die Pflicht zur Wahrnehmung seiner Informationsrechte im Hinblick auf § 15a Abs. 3 InsO mag allerdings abgestuft zu sehen und bei kleinbeteiligten Gesellschaftern geringer sein als bei einem Mehrheitsgesellschafter. Insbesondere bei GmbHs, die einen relativ großen Gesellschafterkreis haben, wird es sich für die Unternehmenspraxis anbieten, einen regelmäßig tagenden Gesellschafterbeirat einzurichten und ihn speziell mit Überwachungsaufgaben zu betrauen, damit die Gesellschafter im Ernstfall innerhalb der Dreiwochenfrist reagieren und der Insolvenzantragspflicht genügen können.

(*Einstweilen frei*)   2357–2390

B. GmbH-Geschäftsanteil im Rechtsverkehr (Gesellschafterwechsel)

Die Mitgliedschaft in einer GmbH wird originär durch Übernahme eines oder mehrerer Geschäftsanteile (bei Gründung oder Kapitalerhöhung) oder derivativ durch den Erwerb eines oder mehrerer Geschäftsanteile (Übertragung unter Lebenden, Erbfall) erlangt. Sie geht verloren, wenn der Geschäftsanteil veräußert wird (sowie durch das Kaduzierungsverfahren, die Ausübung des Abandonrechts, Kündigung, Einziehung des Geschäftsanteils oder Ausschluss des Gesellschafters). Ein Geschäftsanteil kann auch gutgläubig vom Nichtberechtigten erworben werden (§ 16 Abs. 3 GmbHG), was zu einem entsprechenden Verlust des Geschäftsanteils beim wahren Inhaber führt. 2391

I. Übertragung des Geschäftsanteils

Literatur: *Pohlmann*, GmbH-Anteilskauf – Formzwang für Nebenabreden und Vertragsübernahme, Heilung bei Veräußerungskette, GmbHR 2002, 41; *Hadding*, Zum gesetzlich notwendigen Umfang der notariellen Beurkundung der „Vereinbarung", einen GmbH-Geschäftsanteil zu übertragen, NZG 2003, 2133; *Kleinert/Blöse/von Xylander*, – Erfüllung der Formerfordernisse nach § 15 Abs. 3 und 4 GmbHG durch antizipierte Satzungsklauseln – ein Gestaltungsvorschlag, GmbHR 2003, 1230; *Walz/Fembacher*, Zweck und Umfang der Beurkundung nach § 15 GmbHG, NZG 2003, 1134; *Barth*, Keine Erfüllung des § 15 Abs. 3 und 4 GmbHG durch antizipierte Satzungsklausel, GmbHR 2004, 382; *Brück*, Rechtsprobleme der Auslandsbeurkundung im Gesellschaftsrecht, DB 2004, 2409; *Kleinert/Blöse/von Xylander*, Sehr wohl – Erfüllung der Formerfordernisse nach § 15 Abs. 3 und 4 GmbHG durch antizipierte Satzungsklauseln, GmbHR 2004, 630; *Fohler/Greitemann*, Die Verdeckte Treuhand an GmbH-Anteilen, GmbHR 2005, 2488; *Fuldner*, Treuhandschaft – Treuhänderisch gehaltener GmbH-Anteil: Zur praktischen Bedeutung und zu rechtlichen und steuerlichen Grundlagen – Vertragsmuster mit ausführlichen Hinweisen, GmbH-Stpr 2005, 77; *Greitemann*, Die Formbedürftigkeit der Erwerbstreuhand an GmbH-Anteilen, GmbHR 2005, 577.

1. Veräußerlichkeit

2392 Hinsichtlich der Übertragung eines Geschäftsanteils und der dazu erforderlichen Rechtshandlungen und einzuhaltenden Formvorschriften hat sich durch das MoMiG nichts geändert. Jedoch hat die Vorschrift über die **Gesellschafterliste** (§ 40 GmbHG) inhaltliche Änderungen erfahren und an substantieller Bedeutung gewonnen. Im Fall der Veränderung gilt im Verhältnis zur Gesellschaft nur der als Inhaber des Geschäftsanteils, wer in der im Handelsregister aufgenommenen Gesellschafterliste eingetragen ist. Außerdem knüpft an die Gesellschafterliste der gutgläubige Erwerb des Geschäftsanteils an.

2393 Der **Geschäftsanteil** an einer GmbH ist gem. § 15 Abs. 1 GmbHG **veräußerlich** und **vererblich.** Dadurch unterscheidet sich die Mitgliedschaft in einer GmbH von der Beteiligung an einer Personengesellschaft, die grundsätzlich nicht übertragbar ist. Der Gesetzgeber trägt damit einem regelmäßig bestehenden Bedürfnis der Gesellschafter Rechnung, über ihre Geschäftsanteile verfügen zu können. Auch wenn nach neuem Recht eine freie Stückelung der Geschäftsanteile und eine fast beliebige Festlegung ihrer Nennbeträge möglich ist und vorhandene Geschäftsanteile beliebig geteilt werden können, soll diese flexible Gestaltung dennoch **nicht zu einem Handel** mit Geschäftsanteilen führen, weil die Mitgliedschaft in einer GmbH auf Dauer angelegt ist und die GmbH nicht selten über eine ausgeprägte personalistische Struktur verfügt, die in der Satzung über § 45 Abs. 1 GmbHG von den Gesellschaftern nahezu beliebig weit ausgestaltet werden kann.

Damit sich die Gesellschafter auch davor schützen können, dass ihnen nicht jede beliebige Person als neuer Mitgesellschafter aufgezwungen werden kann, ist § 15 Abs. 1 GmbHG nicht zwingend. Vielmehr eröffnet neben den für die Übertragung zu beachtenden Formvorschriften, die vornehmlich den Handel mit GmbH-Geschäftsanteilen erschweren sollen, die Vorschrift des § 15 Abs. 5 GmbHG die Möglichkeit, die Übertragung von Geschäftsanteilen von bestimmten Voraussetzungen abhängig zu machen oder sogar die Veräußerbarkeit – nicht auch die Vererblichkeit – ganz auszuschließen. In der Praxis sehen hierfür Satzungen meist besondere Genehmigungsvorbehalte vor und/oder die Gesellschafter machen – je nach dem Grad der personalistischen Struktur – mit Satzungsregeln einen Gesellschafterwechsel von bestimmten Eigenschaften (z. B. Ausbildung) des Erwerbers bzw. der Übernahme besonderer Pflichten abhängig (sog. **Vinkulierung**) oder die Satzung sieht Vorkaufs- oder Vorerwerbsrechte der Gesellschafter vor.

2394 Die Übertragbarkeit der Geschäftsanteile gibt dem Gesellschafter die Möglichkeit, sich ganz oder teilweise von seiner Beteiligung an der GmbH zu trennen. Deshalb enthält das GmbHG auch keine Bestimmungen über die Kündigung des Gesellschaftsverhältnisses. Enthält die Satzung Regeln, die eine Übertragbarkeit des Geschäftsanteils nachhaltig erschweren oder gänzlich ausschließen, wird dem Gesellschafter allerdings das Recht zugebilligt, durch einseitige Kündigung seinen **Austritt** aus der Gesellschaft zu erklären, wenn ein wichtiger Grund vorliegt und ihm eine weitere Zugehörigkeit zu der Gesellschaft nicht zugemutet werden kann. Erschwert die Satzung die Übertragbarkeit nachhaltig, empfiehlt es sich als Korrektiv im Gesellschaftsvertrag auch ein Kündigungsrecht zu vereinbaren, was die Vertragsfreiheit gestattet. Sind Geschäftsanteile dagegen frei übertragbar, ist die zusätzliche Vereinbarung eines Kündigungsrechts wenig sinnvoll.

Keine Anteilsübertragung liegt vor, wenn im Zuge einer Kapitalerhöhung neue Geschäftsanteile entstehen und die GmbH mit dem Übernehmer den Übernahmevertrag i. S. d. § 55 Abs. 1 GmbHG abgeschlossen hat, mit dem sich der neue Gesellschafter zur Einzahlung der Einlage auf den übernommenen Geschäftsanteil verpflichtet (§ 55 Abs. 2 und § 14 Satz 1 und 3 GmbHG). Dieser Vertrag ist kein Austauschvertrag, mit dem die GmbH den neuen Geschäftsanteil gleichsam „liefert", sondern der Vertrag hat körperschaftlichen Charakter, der die Mitgliedschaft (Geschäftsanteil) auf der Grundlage des Kapitalerhöhungsbeschlusses kraft Gesetzes mit der Eintragung in das Handelsregister entstehen lässt.[1]

2395

2. Formzwang

Sowohl die **Abtretung des Geschäftsanteils** (§ 15 Abs. 3 GmbHG) als auch die **Verpflichtung** hierzu (§ 15 Abs. 4 GmbHG) bedarf der **notariellen Beurkundung** gem. § 128 BGB. Zweck dieser Formvorschrift ist es weniger – wie bei Grundstücksgeschäften nach § 311b BGB – die übereilte Veräußerung zu verhindern, sondern es soll eine ungebundene Umsetzung von Geschäftsanteilen von Hand zu Hand unmöglich gemacht und der im Hinblick auf § 16 GmbHG wichtige Nachweis für die Inhaberschaft des Geschäftsanteils gewährleistet werden, zumal es für die Beteiligung keinen „Anteilsschein" wie etwa bei der Aktie gibt.[2]

2396

Der Notar, der an der Veränderung in der Person eines Gesellschafters oder des Umfangs seiner Beteiligung mitgewirkt hat, muss nämlich anstelle der Geschäftsführer die geänderte Gesellschafterliste mit allen nach § 40 Abs. 1 Satz 1 GmbHG vorgeschriebenen Angaben zur Person des Übernehmers und zu der Nummer und dem Nennbetrag des betreffenden Geschäftsanteils unterschreiben, zum Handelsregister einreichen und der Gesellschaft eine Abschrift der geänderten Gesellschafterliste übermitteln. Im Verhältnis zur GmbH gilt nämlich nur derjenige als Inhaber eines Geschäftsanteils, wer als Inhaber in der im Handelsregister aufgenommenen Gesellschafterliste eingetragen ist. Aufgenommen in das HR ist die Gesellschafterliste gem. § 8a HGB, wenn sie in den für Handelsregistereintragungen bestimmten Datenspeicher aufgenommen (d. h. in den entsprechenden Registerordner nach § 9 HRV eingestellt) ist und auf Dauer inhaltlich unverändert in lesbarer Form wiedergegeben werden kann.

Ein nicht formgerecht abgeschlossener Verpflichtungsvertrag wird nach § 15 Abs. 4 Satz 2 GmbHG durch die nachfolgende oder gleichzeitig in derselben Urkunde in notarieller Form vorgenommene Abtretung des Geschäftsanteils geheilt.[3]

2397

Zu beurkunden sind **alle Teile** des schuldrechtlichen Verpflichtungsgeschäftes. Der Beurkundungszwang nach § 15 Abs. 4 Satz 1 GmbHG erstreckt sich also nicht nur auf die wesentlichen Vertragsbestandteile, wie insbesondere den Kaufpreis, sondern auch auf

2398

---

1 BGH v. 11. 1. 1999 II ZR 170/98, BGHZ 140, 258, 260.
2 Vgl. BGH v. 19. 4. 1999 II ZR 365/97, BGHZ 141, 208.
3 BGH v. 21. 9. 1994 VIII ZR 257/93, BGHZ 127, 129.

Nebenabreden und Bestimmungen, die Einzelheiten der Vertragserfüllung oder die Teilnahme des ausscheidenden Gesellschafters an noch nicht ausgeschütteten Gewinnen betreffen, oder die Vereinbarung einer Bedingung oder spätere Vertragsänderungen, wie z. B. die Vereinbarung, dass ein aufschiebend bedingter Vertrag zur Abtretung eines Geschäftsanteils nunmehr unabhängig vom Eintritt der Bedingung wirksam werden solle.[1] Ist die Verpflichtung zur Übertragung eines Geschäftsanteils nur ein Bestandteil einer aus weiteren Teilen zusammengesetzten vertraglichen Regelung, erfasst die Beurkundungspflicht sämtliche Abreden.[2]

> **BEISPIEL:** Der Gesellschafter-Geschäftsführer einer GmbH wird abberufen und scheidet einvernehmlich unter Verzicht auf spätere Ausschüttungen des anteiligen Jahresergebnisses aus der GmbH aus, wobei sein Geschäftsanteil gegen Zahlung einer Abfindung und Vergütung des zeitanteiligen Gewinnanspruchs von den verbleibenden Mitgesellschaftern übernommen wird, die sich auch verpflichten, für die Tilgung eines vom Ausscheidenden gewährten Gesellschafterdarlehens einzustehen: Hier bedürfen alle eingegangenen Verpflichtungen der notariellen Form, nicht nur die Abtretungsverpflichtung.

2399 Der Schutzzweck der Formvorschrift ist aber zu berücksichtigen. Deshalb führen Rechenfehler, die in einer dem Vertrag als Anlage beigefügten Bilanz enthalten sind, nicht zwangsläufig zur Unwirksamkeit des Verpflichtungsgeschäfts.[3]

2400 Bezieht sich die Abtretung auf **künftig** (mit der Eintragung der GmbH in das Handelsregister) **entstehende Geschäftsanteile**, bedarf auch sie der notariellen Form und wird mit der Eintragung wirksam.[4] Folglich sind die **Formvorschriften** bereits in der **Phase der Vor-GmbH zu beachten**.[5] Ist allerdings der Gesellschaftsvertrag noch nicht abgeschlossen und befindet sich die GmbH noch im Stadium der Vorgründungsgesellschaft, und wird bereits zu dieser Zeit die Abtretung vereinbart, unterliegt diese Abrede mangels eines schon im Entstehen begriffenen Geschäftsanteils nicht dem Formzwang des § 15 Abs. 4 GmbHG.[6]

2401 Die Beachtung des Beurkundungszwangs hat besondere Bedeutung bei der Begründung von Treuhandverhältnissen. In der Entscheidung vom 19. 4. 1999[7] hat der BGH klargestellt, dass sowohl die Verpflichtung des Gesellschafters, einen bestehenden Geschäftsanteil künftig für einen Treugeber zu halten, als auch eine solche Treuhandvereinbarung, die der Gesellschafter nach der Gründung, aber noch vor der Eintragung der GmbH hinsichtlich des künftig entstehenden Geschäftsanteils schließt, der notariellen Beurkundung bedürfen.

2402 In der Entscheidung hat der BGH auch die früher schon vertretene Auffassung[8] bestätigt, dass die notarielle Form auch eingehalten werden muss, wenn ein formgerecht begründeter Anspruch auf Übertragung eines Geschäftsanteils an einen Dritten abge-

---

1 BGH v. 21. 9. 1994 VIII ZR 257/93, BGHZ 127, 129; v. 25. 3. 1998 VIII ZR 185/96, BGHZ 138, 195.
2 BGH v. 12. 1. 1998 II ZR 378/96, DStR 1999, 539.
3 BGH v. 8. 5. 2000 II ZR 144/98, DStR 2000, 1272.
4 BGH v. 19. 4. 1999 II ZR 365/97, BGHZ 141, 208.
5 BGH v. 26. 9. 1994 II ZR 166/93, DStR 1995, 223.
6 Vgl. BGH v. 19. 4. 1999 II ZR 365/97, BGHZ 141, 208.
7 BGH v. 19. 4. 1999 II ZR 365/97, BGHZ 141, 208.
8 BGH v. 5. 11. 1979 II ZR 83/79, BGHZ 75, 352.

treten wird, damit es nicht zu einem freien Handel mit Geschäftsanteilen kommt. Deshalb unterliegt auch der Wechsel des Treugebers der Formvorschrift. Formfrei kann aber der Austausch des Treuhänders erfolgen, weil dort der Inhaber des Übertragungsanspruchs aus dem Treuhandverhältnis derselbe bleibt und somit kein Handel mit dem Geschäftsanteil stattfindet.[1]

Eine Besonderheit gilt, wenn sich die Verpflichtung zur Abtretung bereits im notariell beurkundeten Gesellschaftsvertrag findet und der Abtretungsempfänger ein Mitgesellschafter ist. Im Zusammenhang mit Kündigungsregeln und Regeln über die Ausschließung von Gesellschaftern wird nicht selten bestimmt, dass für diesen Fall der Geschäftsanteil an einen Mitgesellschafter zu übertragen ist. Dann enthält der Gesellschaftsvertrag bereits beide Rechtsgeschäfte in der vorgeschriebenen Form, ohne dass es noch einer besonders zu beurkundenden Annahmeerklärung bedürfte. Der BGH billigt im Urteil vom 30. 6. 2003[2] eine **„Anwachsungsregelung"** (vgl. § 738 BGB), wonach der Geschäftsanteil eines austretenden oder kündigenden bzw. ausgeschlossenen Gesellschafters den übrigen Gesellschaftern unter gleichzeitiger Teilung „dinglich anfällt". Er sieht hierin eine bereits mit der Satzung vereinbarte und daher der Formvorschrift des § 15 Abs. 3 und 4 GmbHG genügende, durch den Austritt des Gesellschafters aufschiebend bedingte Teilung und Abtretung des Geschäftsanteils. 2403

Gehört der vorgesehene Übernehmer aber nicht zum Kreis der Gesellschafter, enthält der Gesellschaftsvertrag zwar die Verpflichtungserklärung, nicht aber die Annahme; sie muss dann noch gesondert nach § 15 Abs. 4 GmbHG beurkundet werden. Die Abtretung selbst (Verfügungsgeschäft) muss stets noch in der nach § 15 Abs. 3 GmbHG vorgeschriebenen Form erfolgen. 2404

Handelt im Rahmen der Übertragung des Geschäftsanteils ein **Vertreter** mit rechtsgeschäftlich erteilter Vollmacht, ist diese Vollmacht grundsätzlich nach § 167 Abs. 2 BGB formlos gültig, die Vorschrift des § 2 Abs. 2 GmbHG ist nicht entsprechend anzuwenden.[3] Dies gilt nach überwiegender Meinung auch für eine unwiderrufliche Vollmacht und eine Befreiung vom Verbot des Selbstkontrahierens (§ 181 BGB). Der Erwerber des Geschäftsanteils kann den Veräußerer und umgekehrt auch der Veräußerer den Erwerber unter Befreiung von § 181 BGB namentlich bevollmächtigen, den Verkauf und die Abtretung des Geschäftsanteils zugleich auch in seinem Namen vorzunehmen.[4] Nur ausnahmsweise bedarf die Vollmacht der notariellen Form, wenn schon mit der Erteilung der Vollmacht ein Zwang zur Eingehung der Verpflichtung einträte und damit die Formvorschrift ausgehöhlt würde.[5] Nicht zulässig ist eine Blankovollmacht, die den Erwerber offen lässt, weil dies einen formlosen Handel mit Geschäftsanteilen ermöglicht. 2405

---

1 BGH v. 5. 11. 1979 II ZR 83/79, BGHZ 75, 352.
2 II ZR 326/01, DStR 2003, 1717.
3 Beck-GmbH-HB/Schacht, § 12 Rz. 75.
4 BGH v. 24. 3. 1954 II ZR 23/53, BGHZ 13, 49.
5 BGH v. 24. 3. 1954 II ZR 23/53, BGHZ 13, 49.

2406 Auch die Genehmigung für die Erklärungen eines bei der notariellen Beurkundung der Abtretungsverpflichtung aufgetretenen vollmachtlosen Stellvertreters nach § 182 Abs. 2 BGB ist formfrei möglich.[1]

3. Heilung des formunwirksamen Verpflichtungsgeschäfts

2407 Wird die Form nicht beachtet, führt dies grundsätzlich zur Nichtigkeit des obligatorischen Geschäfts. § 15 Abs. 4 Satz 2 GmbHG enthält jedoch eine Heilungsvorschrift. Durch die wirksame Abtretung wird ein nicht beurkundeter Veräußerungsvertrag geheilt. Die Heilungswirkung erfasst den gesamten Vertrag, also auch gewollte, aber nicht in die Beurkundung aufgenommene mündliche Nebenabreden, verschleierte Kaufpreiszahlungen,[2] neben dem Kaufpreis übernommene weitere Verpflichtungen[3] oder auch die anderen Regelungen, wenn die Anteilsübertragung nur einen Teil einer Gesamtregelung darstellt.[4] Die Heilung tritt aber nicht rückwirkend ein und nur dann, wenn im Zeitpunkt der Abtretung noch eine Willensübereinstimmung der Beteiligten über das mangelhaft Beurkundete besteht.[5]

4. Nichtigkeit der Anteilsübertragung

2408 Gemäß § 15 Abs. 3 GmbHG bedarf der dingliche Abtretungsvertrag der notariellen Form. Dieses Gebot ist zwingend und kann nicht ausgeschlossen werden. Eine Heilung ist im Gegensatz zum schuldrechtlichen Übertragungsvertrag, der in der Praxis nicht selten wegen der Heilungswirkung durch die nachfolgende Abtretung formlos abgeschlossen wird, es aber schon aus Beweisgründen nicht sollte, nicht möglich. Die Abtretung muss in notarieller Form auch erfolgen, wenn die Abtretungsverpflichtung nicht auf Vertrag, sondern (wie z. B. in Treuhandverhältnissen) auf Gesetz (§ 667 BGB) beruht oder mit ihr z. B. ein Vermächtnis vollzogen werden soll.

2409 Wird die Form des § 15 Abs. 3 GmbHG bei der Abtretung nicht beachtet, ist diese von Anfang an unheilbar nichtig und muss formgerecht wiederholt werden.

2410 Bei Nichtigkeit der Anteilsübertragung und Anfechtbarkeit, die (zivilrechtlich) rückwirkend zur Nichtigkeit führt, sind die Regeln über die fehlerhafte Gesellschaft nicht anwendbar. Vielmehr war nach bisherigem Recht im Verhältnis zwischen Gesellschaft und Gesellschafter gem. § 16 Abs. 1 und Abs. 3 GmbHG a. F. zu verfahren, so dass nach der Anmeldung des Erwerbers als neuer Inhaber des Geschäftsanteils die Fehlerhaftigkeit des Anteilserwerbs und eine daran anknüpfende Rückwirkungsfolge der Anfechtung auf die Rechtsbeziehung zwischen Gesellschaft und Gesellschafter ohne Einfluss blieb.[6] Nach neuem Recht gilt das Entsprechende, sobald und solange der „neue" Inhaber des Geschäftsanteils als solcher in der im Handelsregister aufgenommenen Gesellschafterliste eingetragen ist. Nur er gilt im Verhältnis zur Gesellschaft als Inhaber des

---

1 BGH v. 25. 9. 1996 VIII ZR 172/95, DStR 1996, 1982.
2 BGH v. 23. 2. 1983 IVa ZR 187/81, DB 1983, 1141.
3 BGH v. 27. 6. 2001 VIII ZR 329/99, DStR 2001, 2035.
4 BGH v. 12. 1. 1998 II ZR 378/96, DStR 1998, 539.
5 BGH v. 21. 9. 1994 VIII ZR 257/93, BGHZ 127, 129.
6 BGH v. 22. 1. 1990 II ZR 25/89, NJW 1990, 1915; v. 27. 3. 1995 II ZR 3/94, DStR 1995, 1200.

Geschäftsanteils (§ 16 Abs. 1 Satz 1 GmbHG). Im Verhältnis zwischen Veräußerer und Erwerber sind allerdings die allgemeinen Regeln anzuwenden.

5. Rechtswirkungen der Abtretung

Nach § 15 Abs. 2 GmbHG behält ein übertragener Geschäftsanteil seine Selbständigkeit, auch wenn die Übertragung an einen Gesellschafter erfolgt; er verfügt dann über mehrere Geschäftsanteile. Mit der Abtretung geht die Mitgliedschaft mit allen Rechten und Pflichten über. Die Gesellschafterstellung des Veräußerers endet und die Mitgliedschaft des Neugesellschafters beginnt. Der Erwerber wird auch Inhaber des Gewinnanspruchs für das laufende Geschäftsjahr und wird Gläubiger aller Gewinnausschüttungen, die noch nicht beschlossen waren. Wird keine besondere Abrede getroffen, muss der Erwerber die bis zum Übergang des Geschäftsanteils erwirtschafteten Gewinne, über deren Verwendung noch nicht beschlossen war, herausgegeben.[1]

2411

Ist die Übertragung eines Geschäftsanteils an der GmbH fehlerhaft, so können die Grundsätze der Lehre von der fehlerhaften Gesellschaft nicht angewendet werden.[2] Auch die Umdeutung einer formunwirksamen Abtretung eines Geschäftsanteils in eine Abtretung des Gewinnbezugsrechts scheidet aus, da der Erwerber in der Regel auch das mit der Stellung als Gesellschafter verbundene Stimmrecht erwerben will.[3]

2411/1

6. Wirkung der Übertragung gegenüber der Gesellschaft (Eintragung in die Gesellschafterliste)

Literatur: *Zeilinger*, Das Verhältnis der Parteien zur GmbH und ihren Gesellschaftern bei der fehlerhaften rechtsgeschäftlichen Übertragung eines GmbH-Geschäftsanteils, NZG 2002, 871; *Fembacher/Walz*, Mehr Haftung als Haftungsbeschränkung? Eine Gesamtschau zu den Risiken der GmbH-Anteilsabtretung, BB 2004, 680; *Langner/Gotham*, Unterliegt die Anmeldeerklärung gemäß § 16 GmbHG den Vorschriften des § 174 BGB?, GmbHR 2004, 891; *Reinhard*, Gesellschafterstellung gegenüber der GmbH nach einer Übertragung von GmbH-Anteilen, GmbHR 2004, 1586; *Blöken*, Haftung des Erwerbers von Geschäftsanteilen, GmbHR 2005, 1166; *Pentz*, Anmeldung und Anfechtung des Geschäftsanteilserwerbs, DStR 2006, 855; *Vossius*, Gutgläubiger Erwerb von GmbH-Anteilen nach MoMiG, DB 2007, 2299; *Bednarz*, Die Gesellschafterliste als Rechtsscheinträger für einen gutgläubigen Erwerb von GmbH-Geschäftsanteilen, BB 2008, 1854.

Nach altem Recht entfaltete bis zur sog. **Anmeldung** gem. § 16 Abs. 1 GmbHG a. F. die Abtretung des Geschäftsanteils gegenüber der GmbH keine Rechtswirkung. Die Anmeldung erfolgte gegenüber der Gesellschaft und musste nach § 35 Abs. 2 Satz 3 GmbHG a. F. mindestens einem Geschäftsführer zugehen. Damit die Gesellschaft und ihre Gläubiger Gewissheit hatten, wer zum Kreis der Gesellschafter gehört, Mitgliedschaftsrechte wahrnehmen konnte und die damit verbundenen Verpflichtungen zu erfüllen hatte, **galt nur die Person**, deren Anteilserwerb unter Nachweis des Übergangs des Geschäftsanteils bei der Gesellschaft, **als Gesellschafter angemeldet** worden war. Als Nachweis des Übergangs der Gesellschafterstellung war es ausreichend, dass die

2412

---

[1] BGH v. 30. 1. 1995 II ZR 45/94, DB 1995, 619.
[2] BGH v. 20. 10. 2010 XI ZR 465/07, ZIP 2010, 1590.
[3] BGH v. 17. 7. 2012 II ZR 217/10, ZIP 2013, 118.

GmbH von dem Rechtsübergang in überzeugender Weise unterrichtet wurde.[1] Aus Sicht der GmbH war es dabei gleichgültig, ob die Abtretung wirksam war[2] oder ob die Geschäftsführung aus anderer Quelle von der Abtretung Kenntnis erlangte, wobei sie sogar auf einen förmlichen Nachweis verzichten konnte, wenn sie von der Richtigkeit der Anmeldung überzeugt war. Wegen der Legitimationswirkung der Anmeldung konnten Veräußerer und Erwerber des Geschäftsanteils auch den Zeitpunkt bestimmen, ab dem der Erwerber im Verhältnis zur Gesellschaft als Gesellschafter gelten sollte.[3]

a) Legitimation durch Eintragung in die geänderte Gesellschafterliste

2413 Ab der GmbH-Reform durch das MoMiG knüpft die Rechtswirkung einer Veränderung in den Personen der Gesellschafter oder des Umfangs ihrer Beteiligung im Verhältnis zur GmbH **nicht mehr an eine Anmeldung**, sondern an **die Eintragung als Inhaber des Geschäftsanteils** (Legitimation) in der im Handelsregister aufgenommenen **Gesellschafterliste** (§ 40 GmbHG) an, § 16 Abs. 1 Satz 1 GmbHG. Die Eintragung einer (wirksamen) Veränderung in die Gesellschafterliste und deren Einreichung beim Handelsregister obliegt grundsätzlich den Geschäftsführern (§ 40 Abs. 1 Satz 1 GmbHG). **Die Änderung der Liste durch die Geschäftsführer erfolgt auf Mitteilung und Nachweis** (§ 40 Abs. 1 Satz 2 GmbHG). Um ihre (dem Inhaber der Namensaktie gem. § 67 AktG vergleichbare) Legitimation gegenüber der Gesellschaft zu erlangen, obliegt es also den betreffenden Gesellschaftern, den Geschäftsführern die Veränderung mitzuteilen und nachzuweisen.

Das Gesetz will damit einen Anreiz für die Gesellschafter schaffen, für die Aktualisierung und Richtigkeit der Gesellschafterliste zu sorgen. Wie bei der früheren Anmeldung des Übergangs des Geschäftsanteils erfolgen Mitteilung und Nachweis zweckmäßigerweise unter Vorlage einer Urkundenausfertigung, können aber auch in sonstiger überzeugender Unterrichtung geschehen,[4] was aber z. B. nicht der Fall ist, wenn der Geschäftsführer weiß, dass eine erforderliche Zustimmung der Gesellschafterversammlung fehlt oder dass die Wirksamkeit der Übertragung von zusätzlichen Umständen abhängig ist oder nur zu einem bestimmten Zeitpunkt erfolgen kann, der noch nicht eingetreten ist.

b) Begriff der Veränderung

2414 Unter **Veränderungen** sind solche **ohne Rechtsnachfolge** (wie Zusammenlegung oder Teilung von Geschäftsanteilen, der Formwechsel eines Gesellschafters, Kapitalmaßnahmen durch Erwerb neuer oder im Nennwert erhöhter Anteile oder mit Herabsetzung des Nennwerts von Anteilen sowie die Aufstockung von bestehenden Anteilen aufgrund der Einziehung eines anderen Anteils) zu verstehen. **Veränderungen mit Rechtsnachfolge** sind Rechtsübergänge durch **Einzelrechtsnachfolge** (wie Abtretung, Verstei-

---

[1] BGH v. 17.7.2012 II ZR 216/10, ZIP 2013, 117.
[2] BGH v. 9.7.1990 II ZR 194/89, BGHZ 112, 103; v. 13.10.2008 II ZR 76/07, DStR 2008, 2428, NWB DokID: KAAAC-96254.
[3] BGH v. 21.10.1968 II ZR 181/66, NJW 1969, 133.
[4] Vgl. BGH v. 24.6.1996 II ZR 56/95, GmbHR 1997, 165.

gerung und Kaduzierung des Geschäftsanteils) und Rechtsübergänge durch **Gesamtrechtsnachfolge** (wie Erbfolge, Verschmelzung, Spaltung, Anwachsung und Begründung der Gütergemeinschaft). **Belastungen von Geschäftsanteilen** (wie durch Bestellung eines Nießbrauchs oder Pfandrechts oder durch Pfändung) **sind keine Veränderungen**, weil sie weder die Person des Gesellschafters noch den Umfang der Beteiligung betreffen. Sie sind nicht in der Gesellschafterliste auszuweisen.

c) Änderung der Gesellschafterliste durch die Geschäftsführer

Die **geänderte Gesellschafterliste** haben die **Geschäftsführer** unverzüglich nach Wirksamwerden jeder Veränderung in den Personen der Gesellschafter oder des Umfangs ihrer Beteiligung zu unterschreiben und zum Handelsregister einzureichen. Aus der Liste müssen ersichtlich sein: 2415

a) Name, Vorname, Geburtsdatum und Wohnort der Gesellschafter,

b) die Nennbeträge und die laufenden Nummern der von jedem Gesellschafter übernommenen Geschäftsanteile,

c) bei Handelsgesellschaften ist die Firma und statt des Geburtsdatums das zuständige Handelsregister und die HR-Nummer anzugeben.

d) Hält eine GbR den Geschäftsanteil, sind auch deren Gesellschafter mit ihren Personalien zu verzeichnen.

Als Anhalt für eine ordnungsgemäße Gesellschafterliste kann das Muster dienen, das im ursprünglichen Regierungsentwurf für das MoMiG der „Mustersatzung" beigefügt war. Zur Klarstellung sollte die Liste mit einem Vermerk schließen, dass die Liste Veränderungen enthält, die sich aus ... (Bezeichnung des Rechtsvorgangs) ergeben haben, und im Übrigen mit dem Inhalt der zuletzt im HR aufgenommenen Liste übereinstimmt. Das Muster einer Gesellschafterliste ist im Anhang IX. Rz. 8949 eingestellt.

Die **Geschäftsführer** sollten sorgfältig darauf achten, bei jeder Veränderung in der Person eines Gesellschafters oder des Umfangs seiner Beteiligung unverzüglich nach deren Wirksamwerden die geänderte Gesellschafterliste zu erstellen, zu unterschreiben und beim Handelsregister einzureichen. Verletzen sie ihre Pflichten aus § 40 Abs. 1 GmbHG, **haften sie** nicht nur – wie bisher schon – den **Gläubigern der Gesellschaft**, sondern auch **denjenigen Gesellschaftern, deren Beteiligung sich geändert hat**, für den daraus entstehenden Schaden als Gesamtschuldner (§ 40 Abs. 3 GmbHG).   2416

Diese Schadenshaftung kann insbesondere eintreten, wenn ein Gesellschafter einen **Rechtsverlust durch den gutgläubigen Erwerb** eines Geschäftsanteils oder eines Rechtes an dem Geschäftsanteil durch einen Dritten gem. § 16 Abs. 3 GmbHG erleidet. Der gutgläubige Erwerb vom Nichtberechtigten knüpft nämlich an den Rechtsschein der Gesellschafterliste an. Ist sie im Zeitpunkt des Erwerbs länger als drei Jahre unrichtig, kann ein gutgläubiger Dritter von dem unrichtig als Inhaber eingetragenen Gesellschafter den Geschäftsanteil erwerben. Den Schaden kann dann der in Wahrheit berechtigte Gesellschafter bei den pflichtwidrig handelnden Geschäftsführern einfordern.

Deshalb ist den Geschäftsführern dringend anzuraten, formlose Mitteilungen und Nachweise sorgsam zu prüfen und sich, wenn möglich, auf qualifizierte Nachweise wie öffentliche Urkunden (z. B. den Erbschein) oder öffentlich beglaubigte Urkunden und Registerauszüge zu verlassen und deren Vorlage zu verlangen und die von der Änderung betroffenen Personen von sich aus zu unterrichten, damit diese die Möglichkeit haben, einen Widerspruch beim Handelsregister zuordnen zu lassen. Jeder Gesellschafter sollte jeweils vor Ablauf von drei Jahren die aktuelle Gesellschafterliste beim Handelsregister einsehen, um sich vor einem gutgläubigen Erwerb ihres eigenen Anteils infolge der unrichtigen Eintragung eines Nichtberechtigten zu schützen (s. Rz. 2528 ff.). Dem Handelsregister obliegt keine inhaltliche Überprüfung der Gesellschafterliste, es darf allenfalls prüfen, ob die Gesellschafterliste den formalen Anforderungen des § 40 GmbHG entspricht.[1]

d) Änderung der Gesellschafterliste durch den mitwirkenden Notar

2417 Hat jedoch ein **Notar** an solchen Veränderungen mitgewirkt, werden zum einen die **Gesellschafter** von ihrer **Obliegenheit** des **Nachweises** und der **Mitteilung** und zum anderen die **Geschäftsführer** von ihrer **Pflicht** enthoben, eine von ihnen unterschriebene **Liste der Gesellschafter zum Handelsregister einzureichen**.[2] An ihre Stelle tritt die „**notarbescheinigte Liste**" gem. § 40 Abs. 2 GmbHG Der an einer Veränderung mitwirkende Notar hat anstelle der Geschäftsführer die Liste zu unterschreiben, sie zum Handelsregister einzureichen und eine Abschrift der geänderten Liste an die Gesellschaft zu übermitteln, wodurch ihre Geschäftsführer Kenntnis von der Veränderung erlangen.

Zweck dieser Vorschrift ist es auch, im Hinblick auf die Bedeutung, die der Gesellschafterliste für einen gutgläubigen Erwerb des Geschäftsanteils und von Rechten daran zukommt, wenigstens einzelne „rechtssichere Streben" in die Kette von Rechtsübergängen bei Geschäftsanteilen einzuziehen.[3] Nach dem OLG Düsseldorf[4] kann auch ein in Basel residierender schweizer Notar bei einer von ihm wirksam beurkundeten Abtretung von Geschäftsanteilen einer deutschen GmbH eine diese Änderung betreffende Gesellschafterliste beim HR einreichen. Soweit dabei die Frage des elektronischen Verkehrs mit dem HR und die Verwendung einer Signatur auftritt, kann dies jedenfalls dann unbeachtlich sein, wenn sich der schweizer Notar eines inländischen Notars als Boten bedient.

2418 **Die Pflichten des Notars** in Bezug auf die (geänderte) Gesellschafterliste setzen seine **Mitwirkung an Veränderungen** i. S. v. § 40 Abs. 1 Satz 1 GmbHG voraus. Zum Begriff der „Veränderungen" wird auf Rz. 2414 verwiesen. Unmittelbar wirkt der Notar an einer Veränderung mit, wenn er die Abtretung des Geschäftsanteils (§ 15 GmbHG) beurkundet oder an Beschlüssen der Gesellschafterversammlung mitwirkt, die er selbst entworfen hat und die zu einer Veränderung führen (z. B. über die Einziehung eines Geschäftsanteils). Wird die Übertragung eines Geschäftsanteils in Angebot und Annahme aufgespalten und jeweils gesondert beurkundet, trifft den Notar die Pflicht aus § 40 Abs. 2

---

1 KG Berlin v. 5. 7. 2016 22 W 114/15, s. auch NWB. DokID: CAAAF-78753, und BGH v. 24. 2. 2015 II ZB 17/14, NWB DokID. FAAAE-87934.
2 Zur Kompetenzabgrenzung vgl. *Lübbe*, GmbHR 2012, 7.
3 So Vossius, DB 2007, 2299, 2303.
4 OLG Düsseldorf v. 2. 3. 2011 3 Wx 236/10, GmbHR 2011, 417.

GmbHG, der die Annahme beurkundet hat, weil erst mit ihr die Veränderung wirksam wird.

Bloße Beglaubigungen der Unterschrift unter einen von ihm nicht erstellten Entwurf (z. B. Gesellschafterbeschluss oder z. B. Handelsregisteranmeldung bzw. die Einreichung einer Gesellschafterliste durch die Geschäftsführer nach § 40 Abs. 1 GmbHG) sind keine Mitwirkung, so dass die Geschäftsführer nicht von ihrer Pflicht zur Einreichung einer geänderten Liste befreit werden. Der Notar kann aber auch mittelbar bei der Veränderung mitwirken, wenn er einen Verschmelzungsvertrag beurkundet und dieser Vorgang zu einem Anteilsübergang führt, oder wenn er Erbscheinanträge beurkundet oder eine Anwachsung anmeldet. Im Wesentlichen wird es darauf ankommen, ob der Notar von Anteilsübergängen Kenntnis hatte, die durch solche Rechtshandlungen vermittelt werden.

Den Notar trifft nur eine **eingeschränkte Prüfungspflicht**. Er kann sich zunächst auf den Inhalt der zuletzt im Handelsregister aufgenommenen und elektronisch abrufbaren Gesellschafterliste verlassen und muss diese nur aufgrund der Veränderung, an der er mitgewirkt hat, **fortschreiben**. Allerdings sollten sich Notare vorrangig auf qualifizierte Nachweise (öffentliche Urkunden, Registereintragungen, beglaubigte Schriftstücke vgl. § 12 Abs. 1 Satz 3 HGB) verlassen und im Zweifel eine Stellungnahme der bisher in der Gesellschafterliste eingetragenen Person einholen, wenn nicht der eingetragene Gesellschafter und der Erwerber des Geschäftsanteils übereinstimmend die Übertragung des Anteils erklären. Ähnlich dem formellen Konsensprinzip kann sich der Notar auf eine solche gemeinsame Erklärung grundsätzlich verlassen.[1]

2419

Da der Notar die Liste erst **nach Wirksamwerden der Veränderungen** einzureichen hat, hat er im Wesentlichen zu prüfen, ob eine aufschiebende Bedingung eingetreten oder eine gesellschaftsrechtliche bzw. satzungsmäßig erforderliche Genehmigung erteilt oder der Kaufpreis bzw. eine Abfindung bezahlt ist. Es bietet sich deshalb an, dass sich die Parteien auch in ihrem eigenen Interesse im Anteilsübertragungsvertrag verpflichten, den Notar von dem Eintritt der Bedingung zu unterrichten und hierüber qualifizierte Nachweise vorzulegen. Die Übermittlungspflicht trifft den Notar **anstelle** der Geschäftsführer, so dass neben der notarbescheinigten Liste keine von den Geschäftsführern erstellte Liste mehr erforderlich ist. Die Tätigkeit des Notars im Rahmen des § 40 Abs. 2 GmbHG gehört zu seinen Amtspflichten, für die er nach § 19 BNotO einzustehen hat. Um Haftungsfälle zu vermeiden, kann es angeraten sein, dem voreingetragenen Gesellschafter wie auch der neu als Inhaber des Geschäftsanteils eingetragenen Person eine Ablichtung der notarbescheinigten Liste zeitgleich mit deren Übermittlung an das Handelsregister zu übersenden.

2420

Die inhaltliche Veränderung der Gesellschafterliste wirft auch Fragen zur Registerklarheit auf. Das Gesetz macht keine Vorgaben, wie eine Veränderung in das Register einzutragen ist. Deshalb darf der Notar eine nachvollziehbare Art der Darstellung in der Gesellschafterliste wählen und abgetretene Geschäftsanteile umnummerieren, wenn jeder Geschäftsanteil durch die Angabe seiner bisherigen Nummer zweifelsfrei zu iden-

2420/1

---

[1] Bednarz, BB 2008, 1854, 1861.

tifizieren ist.[1] Nicht für zulässig hält es dagegen der BGH, die Liste um weitere Zusätze zu ergänzen und z. B. erst anzukündigen, dass die Gesellschafterliste sich ändern werde, weil Geschäftsanteile unter einer aufschiebenden Bedingung abgetreten worden seien.[2] Ein Bedürfnis hierzu bestehe auch nicht, um einen gutgläubigen Zweiterwerb des aufschiebend bedingt abgetretenen Geschäftsanteils nach § 161 Abs. 3 BGB und § 16 Abs. 3 GmbHG auszuschließen, weil dies nicht möglich sei. Die Gesellschafterliste macht nämlich keine Aussage über die Belastung des Geschäftsanteils mit einem Anwartschaftsrecht und schafft keinen Vertrauenstatbestand für die Freiheit des Anteils von Belastungen oder für die nicht eingeschränkte Verfügungsbefugnis des Gesellschafters. Die Gutglaubensvorschrift des § 16 Abs. 3 GmbHG sei nicht mit § 892 BGB gleichzuachten.

2421 Der Notar muss erst **nach Wirksamkeit** der verändernden Maßnahme, an der er mitgewirkt hat, die aktualisierte Gesellschafterliste einreichen. Der Eintritt einer **nachträglichen Unwirksamkeit**, z. B. durch **Eintritt einer auflösenden Bedingung**, ist dagegen **unerheblich** und vom Notar selbst dann **nicht zu überwachen**, wenn er selbst im Anteilskauf- bzw. -abtretungsvertrag die vereinbarte auflösende Bedingung oder eine Rückübertragungsklausel beurkundet hat.[3] Treten Tatsachen ein, die zur Auflösung oder Rückübertragung führen, obliegt es **allein** den **Geschäftsführern** aufgrund ihrer allgemeinen Sorgfaltspflicht, die Richtigkeit der Gesellschafterliste zu überprüfen und eine aktualisierte Gesellschafterliste zu erstellen und einzureichen.[4] Auch in ihrem eigenen Interesse sollten sich die Beteiligten im Anteilskaufvertrag ausdrücklich dazu verpflichten, die Geschäftsführer vom Eintritt einer auflösenden Bedingung zu unterrichten und hierzu qualifizierte Nachweise vorzulegen. Dies gewährleistet zumindest, dass die Geschäftsführung von der Veränderung Kenntnis erlangt und deren Eintreten auf einer zuverlässigen Grundlage prüfen kann.

2421/1 Bei einer **aufschiebenden Bedingung** (z. B. bis zur erfolgten Zahlung des vereinbarten Kaufpreises) tritt die Pflicht des Notars zur Einreichung der geänderten Gesellschafterliste erst ein, wenn die Bedingung eingetreten und somit die Übertragung des Geschäftsanteils wirksam geworden ist. Es obliegt den Vertragsparteien, den Notar von dem Eintritt der Bedingung (z. B. der Zahlung des Kaufpreises) zu unterrichten. Der Notar selbst ist nicht verpflichtet, nachzuforschen oder zu überwachen, ob die Bedingung eingetreten ist. Deshalb sollte zumindest eine Vertragspartei (von der Interessenlage her am besten der Käufer des Geschäftsanteils) verpflichtet werden, den Notar unter Beifügung eines geeigneten Nachweises vom ein Eintritt der Bedingung zu unterrichten.

2421/2 Der Notar muss die Liste mit der **Bescheinigung** nach § 40 Abs. 2 Satz 2 GmbHG versehen. Er muss bescheinigen, dass die geänderten Eintragungen den Veränderungen entsprechen, an denen er mitgewirkt hat, und dass die übrigen Eintragungen mit dem Inhalt der zuletzt im HR aufgenommenen Liste übereinstimmen. Der Notar muss also

---

1 BGH v. 20. 9. 2011 II ZB 17/10, BB 2011, 2832; v. 1. 3. 2011 II ZB 6/10, ZIP 2011, 765.
2 BGH v. 20. 9. 2011 II ZB 17/10, BB 2011, 2832.
3 Bednarz, BB 2008, 1854, 1860.
4 Bunnemann/Zirngibl/Desch, § 7 Rn. 6.

eine vollständige, geänderte Liste einreichen. Der Abschlussvermerk anstelle der Geschäftsführer kann also etwa so lauten: *„Die vorstehende Liste enthält die Veränderungen, die sich aufgrund meiner Urkunde vom ..., UR.Nr. ... ergeben und stimmt ansonsten mit den Eintragungen der zuletzt im Handelsregister aufgenommenen Liste überein."*[1]

e) Wirkung gegenüber der GmbH und Rückwirkungsfiktion

Die Gesellschafterstellung des Erwerbers wird erst begründet, wenn er in die Gesellschafterliste eingetragen und diese Liste in das HR aufgenommen ist (§ 16 Abs. 1 GmbHG). Dann wird im Verhältnis zur GmbH unwiderlegbar vermutet, dass er Gesellschafter geworden ist, selbst wenn sich später herausstellen sollte, dass der Anteilserwerb fehlgeschlagen ist. Dies gilt für alle Erwerbsvorgänge, also nicht nur für den rechtsgeschäftlichen Erwerb eines Geschäftsanteils, sondern auch dann, wenn der Geschäftsanteil durch Erbgang oder Umwandlung übergeht.[2]

2422

Da zwischen dem Wirksamwerden einer Anteilsabtretung und der Fertigung der Gesellschafterliste (samt Nummern der einzelnen Geschäftsanteile), deren Einreichung sowie deren Aufnahme in das HR einige Zeit vergeht und in der Zwischenzeit häufig auch das Bedürfnis besteht, dass der neue Gesellschafter (Erwerber) an einer Gesellschafterversammlung mit Stimmrecht teilnimmt (z. B. zur Abberufung des alten und Berufung eines neuen Geschäftsführers), könnte dies zu Problemen führen. Dem begegnet die in § 16 Abs. 1 Satz 2 GmbHG angeordnete **Rückwirkungsfiktion**. Die zunächst **schwebend unwirksamen Rechtshandlungen** des Erwerbers in Bezug auf das Gesellschaftsverhältnis, aber auch die Rechtshandlungen eines unter seiner Mitwirkung berufenen neuen Geschäftsführers werden wirksam, wenn die ergänzte Gesellschafterliste **unverzüglich** eingereicht und unverzüglich im HR eingetragen wird. Es tritt dann Rückwirkung auf den Zeitpunkt des dinglichen Erwerbs des Geschäftsanteils ein.

Unverzüglich bedeutet, dass Einreichung und Aufnahme der Gesellschafterliste ohne schuldhaftes Zögern erfolgen muss (§ 121 Abs. 1 Satz 1 BGB), wobei es auf die jeweiligen Umstände des Einzelfalls ankommt. Die gewöhnlich hierfür als Obergrenze angenommene Frist von zwei Wochen kann im Rahmen des § 16 Abs. 1 Satz 2 GmbHG nicht gelten, weil die HR unterschiedlich schnell arbeiten und die Fertigung der Liste bei großen Gesellschafterkreisen längere Zeit beanspruchen kann. Deshalb werden unterschiedlich lange Fristen vorgeschlagen, die von einer Untergrenze von einem Monat bis zu einer Obergrenze von vier bis sechs Monaten reichen.[3] In der Regel wird man die Frist auf ein bis zwei Monate ansetzen können. Eine verspätete Aufnahme der Liste in das HR macht die Rechtshandlung endgültig unwirksam.

2423

Bei aufschiebend bedingter Übertragung des Geschäftsanteils bezieht sich die Legitimationswirkung von § 16 Abs. 1 Satz 2 GmbHG nur auf solche Rechtshandlungen, die zwischen dem Eintritt der Bedingung (= dinglicher Erwerb des Geschäftsanteils) und der Aufnahme der geänderten Gesellschafterliste in das HR vorgenommen wurden. Die Gesellschafterliste darf erst nach wirksamer Vollendung des Anteilserwerbs aktualisiert

---

1 Formulierungsvorschlag nach Vossius, DB 2007, 2299, 2304.
2 Tillmann/Schiffers/Wälzholz, Rn. 896.
3 Vgl. hierzu Tillmann/Schiffers/Wälzholz, Rn. 897.

2424 Die Legitimationswirkung und Rückwirkungsfunktion des § 16 Abs. 1 GmbHG ist ohne Übergangsregelung eingeführt worden. Hat der Gesellschafterwechsel vor dem Inkrafttreten des MoMiG stattgefunden und ist keine aktualisierte Gesellschafterliste zum HR eingereicht worden, dann bestimmt sich die Rechtslage nur nach materiellem Recht. Ist danach der Anteilserwerber wirksam Gesellschafter geworden, so sind die unter seiner Mitwirkung vorgenommenen Rechtshandlungen (z. B. Abstimmung zu einem Gesellschafterbeschluss) wirksam. Die neue Vorschrift erfasst nur Veränderungen in den Personen der Gesellschafter und in dem Umfang ihrer Beteiligungen, die nach dem 1.11.2008 erfolgten.

werden, wozu nur der Notar bzw. der Geschäftsführer ohne vorherigen Antrag des Erwerbers berufen sind.

f) Nachhaftung des früheren Gesellschafters

2425 Obwohl mit der Eintragung in die in das HR aufgenommenen Gesellschafterliste alle Mitgliedschaftsrechte und -pflichten auf den neu Angemeldeten übergehen, wird der **Veräußerer** nicht von allen Pflichten gegenüber der GmbH frei. Denn nach § 16 Abs. 2 GmbHG haftet er **mit dem Erwerber** als **Gesamtschuldner**[1] für alle zu dem Zeitpunkt, ab dem der Erwerber im Verhältnis zur Gesellschaft als Inhaber des Geschäftsanteils gilt, noch **rückständigen Einlageverpflichtungen**. Die Haftung des Veräußerers umfasst alle Verpflichtungen, die sich aus dem Gesetz oder dem Gesellschaftsvertrag (Satzung) ergeben, wie noch offene Einlageverpflichtungen, Ansprüche aus der Differenz-, Unterbilanz- oder Ausfallhaftung sowie Nachschuss- und Nebenleistungspflichten. Voraussetzung ist aber, dass es sich um **fällige** und zum Zeitpunkt der Anmeldung noch nicht erfüllte **Ansprüche** handelt.[2] Deshalb kann eine Haftung des Veräußerers ausscheiden, wenn eine Resteinlageschuld aus Übernahme des Geschäftsanteils oder einer Kapitalerhöhung noch nicht fällig gestellt war, weil hierfür satzungsgemäß eine besondere Anforderung durch Beschluss der Gesellschafterversammlung vorgesehen war.

Die Haftung des Erwerbers greift nicht für solche Ansprüche ein, die nicht mit dem Geschäftsanteil verbunden sind, also auf einer besonderen Vereinbarung mit dem Übertragenden beruhen, wie z. B. Darlehenszusage, Bürgschaftsübernahme usw. Der Erwerber haftet aber gesamtschuldnerisch auf die (nochmalige) Leistung der Einlage bei einer verschleierten Sacheinlage, soweit sie nach § 19 Abs. 4 GmbHG noch fortbesteht und nicht durch Wertanrechnung der Sacheinlage erloschen ist.

2426 Durch § 16 Abs. 2 GmbHG ist aber nur das Verhältnis des Veräußerers und des Erwerbers zur GmbH angesprochen. Wer im Verhältnis von Abtretendem und Erwerber zur Zahlung verpflichtet ist oder wem Leistungen der GmbH zustehen, richtet sich nach dem zwischen ihnen bestehenden Rechtsverhältnis und sollte in den Einzelheiten – auch für die Zeit zwischen Abtretung und Eintragung in die ins HR aufgenommene Gesellschafterliste – vertraglich geregelt werden.

2427–2450 (*Einstweilen frei*)

---

1 BGH v. 14.3.1977 II ZR 156/75, BGHZ 68, 191; v. 4.3.1996 II ZR 89/95, BGHZ 132, 133, 137.
2 BGH v. 13.5.1996 II ZR 275/94, BGH 132, 390.

II. Beschränkung der Veräußerlichkeit (Vinkulierung)

Literatur: *Rottnauer*, Beschränkung der Verfügung über einen GmbH-Anteil durch ein Erwerbsvorrecht der Mitgesellschafter, NZG 1998, 857; *Sterzenbach*, Die Übertragung von GmbH-Anteilen unter Lebenden und von Todes wegen, NWB F. 18, 3737; NWB DokID: VAAAA-74787; *Liebscher*, Umgehungsresistenz von Vinkulierungsklauseln, ZIP 2003, 825.

1. Grundsätzliches

Die Vorschrift des § 15 Abs. 1 GmbHG ist nicht zwingend. Vielmehr verlangt gerade die in der ganz überwiegenden Zahl vorhandene personalistische Struktur der GmbH danach, dass durch Satzungsbestimmungen Vorkehrungen getroffen werden können, dass den Gesellschaftern nicht neue, möglicherweise unerwünschte Partner oder jedenfalls nicht solche, die sie nicht selbst auswählen konnten, aufgedrängt werden oder aber die Zahl der Gesellschafter gegen ihren Willen erweitert wird. Diese Gefahr hat sich jetzt noch erhöht, weil die Geschäftsanteile frei gestückelt werden können, ein Gesellschafter auch mehrere Geschäftsanteile übernehmen und der Nennbetrag eines Geschäftsanteils auch nur einen Euro betragen kann. Insbesondere diesem Interesse der Gesellschafter[1] dient § 15 Abs. 5 GmbHG, der für die Übertragung eines Geschäftsanteils erschwerende Einschränkungen in der Satzung zulässt.

2451

Diese sog. **Vinkulierung** hat einen weiten Spielraum: Sie kann die Abtretbarkeit an bestimmte Eigenschaften des Erwerbers binden wie Beruf, fachkundige Ausbildung, Familienzugehörigkeit oder Gesellschaftereigenschaft. Die Zulässigkeit der Abtretung kann davon abhängig gemacht werden, dass bestimmte Pflichten übernommen werden oder sich der Erwerbswillige an bestimmten anderen Gesellschaften beteiligt (z. B. bei der GmbH & Co. KG neben der Übernahme des Geschäftsanteils an der Komplementär-GmbH auch die Übernahme einer entsprechenden Kommanditbeteiligung). Die Abtretbarkeit kann auch von der Genehmigung einzelner oder aller Mitgesellschafter, der Mehrheit der Gesellschafter oder der Gesellschaft selbst, eines Aufsichtsrats oder Beirats oder von außenstehenden Dritten abhängig gemacht werden. Es kann bestimmt werden, dass der veräußerungswillige Gesellschafter seinen Geschäftsanteil zunächst seinen Mitgesellschaftern zur Übernahme anzubieten habe oder dass die Abtretung gänzlich ausgeschlossen sei.

Die Vinkulierung muss entweder von Anfang an in der **Satzung festgelegt** sein oder kann nachträglich in die Satzung durch deren Änderung eingeführt werden. Da damit nachträglich die freie Veräußerbarkeit des Geschäftsanteils erschwert wird, bedarf dies **der Zustimmung aller Gesellschafter**, die satzungsändernde Mehrheit allein reicht nicht aus. Für eine Aufhebung oder Abschwächung von Vinkulierungsbestimmungen reicht im Regelfall die 3/4-Mehrheit (zur Satzungsänderung) aus, sofern damit nicht ein gesellschaftliches Sonderrecht eines Gesellschafters berührt wird, unter dessen Vorbehalt z. B. die Abtretung steht. Dann ist seine Zustimmung erforderlich.

2452

---

1 Vgl. hierzu auch BGH v. 31. 1. 2000 II ZR 209/98, DStR 2000, 437.

2. Genehmigung

2453 Die praktisch **häufigste Abtretungsbeschränkung** ist – wie es auch § 15 Abs. 5 GmbHG anspricht – der Vorbehalt der Genehmigung durch die GmbH. Sie betrifft nicht das schuldrechtliche Geschäft, sondern nur das dingliche Geschäft, also die Abtretung selbst. Bis zur Erteilung der Genehmigung ist die vorgenommene Abtretung schwebend unwirksam.

2454 Mit der Genehmigung ist in § 15 Abs. 5 GmbHG die Zustimmung i. S. d. §§ 182 ff. BGB gemeint;[1] es werden also Einwilligung und Genehmigung erfasst. Die Genehmigung ist eine formfreie, empfangsbedürftige Willenserklärung, die dem Veräußerer oder dem Erwerber gegenüber erklärt werden kann, wobei die Erklärung selbst vom Geschäftsführer abzugeben ist. Ist dieser zugleich Veräußerer, empfiehlt es sich wegen § 181 BGB, die Genehmigung gegenüber dem Erwerber zu erklären. Wird eine der Abtretung vorausgehende Einwilligung erklärt, ist sie bis zur Abtretung widerruflich (§ 183 BGB), wird die Einwilligung verweigert, kann später dennoch abgetreten werden und hierzu die Genehmigung erteilt werden. Wird zunächst abgetreten und dann um die erforderliche Genehmigung (= nachträgliche Zustimmung) ersucht, ist die Abtretung zunächst schwebend unwirksam. Mit dem Zugang der Genehmigung beim Veräußerer oder Erwerber wird sie unwiderruflich und die Abtretung wirksam. Wird die Genehmigung verweigert, ist dies unwiderruflich und die Abtretung endgültig unwirksam. Soll danach die Genehmigung doch noch erteilt werden, muss auch die Abtretung neu vorgenommen werden.

2455 Bei der **Einpersonengesellschaft** hat der **Genehmigungsvorbehalt** für die Abtretung eines, mehrerer oder sämtlicher Geschäftsanteile **keine Bedeutung**. Der Alleingesellschafter kann frei darüber entscheiden, ob und an wen er (evtl. nach vorangegangener Teilung) einen oder mehrere Geschäftsanteile übertragen will, zumal er des Schutzes durch eine Vinkulierung vor dem Eindringen nicht genehmer Personen in die GmbH nicht bedarf.[2] Ähnliches gilt bei einer aus zwei Gesellschaftern bestehenden GmbH, wenn der eine Gesellschafter einen Geschäftsanteil an den anderen Gesellschafter übertragen will.

3. Typische Genehmigungsvorbehalte

a) Genehmigung durch die Gesellschaft

2456 § 15 Abs. 5 GmbHG nennt als Beispiel für eine zusätzliche Voraussetzung rechtswirksamer Abtretung die **Genehmigung der Gesellschaft**.

2457 Enthält der Gesellschaftsvertrag eine solche Bestimmung, dann ist die Genehmigung **durch den Geschäftsführer zu erteilen**, denn nur durch diesen kann die Gesellschaft nach außen handeln. Regelmäßig handelt es sich dabei nur um eine bloße **Ausführungshandlung des Geschäftsführers**. Denn grundsätzlich wird die **Genehmigung** durch die **Gesellschafterversammlung** mit einem **zustimmenden Beschluss** erteilt, es sei

---

1 BGH v. 28. 4. 1954 II ZR 8/53, BGHZ 13, 179, 184.
2 BGH v. 15. 4. 1991 II ZR 209/90, DStR 1991, 952.

denn, der Gesellschaftsvertrag weist dem Geschäftsführer die alleinige Entscheidungsbefugnis zu.[1] Gerade bei einer personalistisch organisierten GmbH wird man einen solchen Beschluss fordern müssen, denn der Gesellschafterwechsel hat für die übrigen Gesellschafter größte Bedeutung. Welche Mehrheiten erforderlich sind, ergibt sich aus der Satzung; der veräußerungswillige Gesellschafter ist bei einer solchen Gesellschafterversammlung nicht nur teilnahme-, sondern auch stimmberechtigt.[2] Jedoch wird sein Einverständnis unterstellt. Ein Beschluss durch die Gesellschafterversammlung, zu der der veräußernde Gesellschafter nicht eingeladen worden ist, ist daher ausnahmsweise nicht nichtig.

Wird die Zustimmung ohne einen im Innenverhältnis nötigen Beschluss oder entgegen einem Beschluss der Gesellschafterversammlung durch den Geschäftsführer erteilt, so ist zweifelhaft, ob diese im **Außenverhältnis** wirksam ist.[3] Wird die Genehmigung dem erwerbenden Dritten gegenüber erteilt, sprechen der Schutzzweck des § 37 Abs. 2 GmbHG und Gesichtspunkte der Rechtssicherheit für eine Wirksamkeit. Stellt man jedoch auf die Struktur der jeweiligen GmbH ab, so kann bei einer personalistisch verfassten GmbH der Schutzzweck des Genehmigungsvorbehalts, nämlich das Eindringen unerwünschter Gesellschafter zu verhindern, dafür sprechen, die Entscheidung der Gesellschafterversammlung für rechtsbegründend zu halten. In der Regel werden die Grundsätze über den Missbrauch der Vertretungsmacht anzuwenden sein. Der Erwerber muss sich einen solchen Missbrauch entgegenhalten lassen, wenn er weiß oder es sich ihm aufdrängen muss, dass der Geschäftsführer die Grenzen seiner Vertretungsmacht überschreitet.[4]

2458

Diese Hinweise zeigen, dass die Interessen der Gesellschafter in vielen Fällen nicht hinreichend geschützt werden können, wenn die Abtretung eines Geschäftsanteils lediglich von der Genehmigung durch die Gesellschaft abhängig gemacht wird. Ist der Geschäftsführer nicht zugleich Gesellschafter, so wird er sich bei der Erteilung oder Versagung der Genehmigung ausschließlich von dem Interesse der Gesellschaft leiten lassen und die persönlichen Interessen der Gesellschafter können zu kurz kommen. Ist der Geschäftsführer zugleich auch Gesellschafter, besteht die Gefahr, dass die Entscheidung über die Genehmigung der Abtretung wesentlich durch die persönlichen Interessen des Gesellschafter-Geschäftsführers bestimmt wird. Natürlich ist der Geschäftsführer weisungsgebunden; die Gesellschafter können also, wenn der Gesellschaftsvertrag die Abtretung von der Genehmigung der Gesellschaft abhängig macht, durch einen Gesellschafterbeschluss den Geschäftsführer anweisen, die Genehmigung zu versagen oder zu erteilen. Nach außen entscheidet aber lediglich die von dem Geschäftsführer abgegebene Erklärung, die auch dann gültig ist, wenn sie zu einem Gesellschafterbeschluss im Widerspruch steht; natürlich können sich damit Schadensersatzansprüche gegen den Geschäftsführer ergeben.

2459

---

1 BGH v. 14. 3. 1988 II ZR 211/87, BB 1988, 994.
2 BGH v. 29. 5. 1967 II ZR 105/56, BGHZ 48, 163, 166; v. 9. 7. 1990 II ZR 9/90, GmbHR 1990, 452.
3 Bejahend BGH v. 9. 6. 1954 II ZR 70/53, BGHZ 14, 25, 31, zur Zustimmung bei der Veräußerung eines Teilgeschäftsanteils; Lutter/Hommelhoff, GmbHG, § 15 Rz. 66; Hueck/Fastrich in Baumbach/Hueck, GmbHG, § 15 Rz. 42; zweifelnd Zöllner/Noack in Baumbach/Hueck, GmbHG, § 35 Rz. 92.
4 BGH v. 14. 3. 1988 II ZR 211/87, BB 1988, 994, 996.

2460 Es ist bei Abschluss des Gesellschaftsvertrages sehr gründlich zu prüfen, ob es zweckmäßig ist, die Genehmigung der Abtretung nur von der Zustimmung der Gesellschaft abhängig zu machen, oder es nicht besser ist, die Genehmigung einem Beschluss der Gesellschafterversammlung (eventuell mit einer qualifizierten Mehrheit) oder der Zustimmung sämtlicher Gesellschafter vorzubehalten.

b) Genehmigung der Gesellschafterversammlung

2461 Bestimmt der Gesellschaftsvertrag, dass zur Abtretung die Genehmigung der Gesellschafterversammlung erforderlich sein soll, ist für einen entsprechenden Beschluss die einfache Mehrheit ausreichend,[1] wenn der Gesellschaftsvertrag nichts anderes bestimmt. Der veräußerungswillige Gesellschafter ist stimmberechtigt.

2462 Eine solche vertragliche Regelung ist wenig zweckmäßig, denn einerseits unterwerfen sich die Gesellschafter dem Zwang, eine Gesellschafterversammlung abhalten zu müssen, andererseits wird die Entscheidung durch die Mehrheit – und dies ist mitunter ein einziger Gesellschafter – bestimmt, was gerade bei persönlicher Bindung der Gesellschafter unbefriedigend sein kann.

c) Genehmigung der Gesellschafter

2463 Eine solche Regelung ist zulässig. Es bleibt dabei zu regeln, ob nun alle Gesellschafter zustimmen müssen oder ob ein Mehrheitsbeschluss genügt. Im Zweifel müssen alle Gesellschafter zustimmen.

2464 Vorteilhafter kann es sein, die Genehmigung der „übrigen" Gesellschafter festzulegen, denn damit ist zunächst einmal abgesichert, dass der veräußerungswillige Gesellschafter selbst nicht stimmberechtigt ist. Es gibt dann aber wieder Auslegungsprobleme, ob alle übrigen Gesellschafter oder nur deren Mehrheit zu genehmigen haben. Der Gesellschaftsvertrag sollte auch dies unzweideutig festlegen. Für einen Mehrheitsgesellschafter oder einen beherrschenden Gesellschafter birgt eine solche Klausel aber Gefahren. Wenn er nicht mitstimmen darf, kann er in der Disposition über seinen Geschäftsanteil bzw. Teile davon sehr eingeschränkt sein. Er begibt sich in Abhängigkeit vom Wohlverhalten der Minderheitsgesellschafter, die sich möglicherweise ihre Zustimmung nur „abkaufen" lassen wollen.

d) Sonstige Genehmigung

2465 Die Vertragsfreiheit erlaubt es, dass der Gesellschaftsvertrag die Genehmigung der Abtretung eines Geschäftsanteiles auch in andere Hände legt. So kann es beispielsweise in Betracht kommen, dass ein Gesellschafter in der GmbH eine solche Bedeutung hat, dass die Abtretung eines Geschäftsanteils nur von seiner **persönlichen Genehmigung** abhängen soll; eine solche Vereinbarung ist zulässig.

2466 Es ist ferner denkbar, dass ein **außenstehender Dritter** ein besonderes Interesse an der Zusammensetzung der Gesellschaft hat; auch dem kann Rechnung getragen werden,

---

[1] BGH v. 29.5.1967 II ZR 105/66, BGHZ 48, 167.

indem die Genehmigung für die Abtretung eines Geschäftsanteiles eben diesem Dritten übertragen wird; dies ist allerdings streitig. Teilweise wird die Ansicht vertreten, darin liege die unzulässige Einräumung eines Gesellschafterrechtes an einen Gesellschaftsfremden. Hat die Gesellschaft einen Aufsichtsrat (Beirat), liegt es nahe, für die Genehmigung dessen Zuständigkeit zu begründen und damit zugleich einem Meinungsstreit unter den Gesellschaftern vorzubeugen. Andererseits ist nicht zu verkennen, dass bei einem Aufsichtsrat, der sich nicht aus Gesellschaftern rekrutiert, spezifische Gesellschafterinteressen, die gerade bei der Frage der Abtretung eines Geschäftsanteiles schutzwürdig sein können, zu kurz kommen können. Nützlich kann es sein, die Genehmigung der Mehrheit der übrigen Gesellschafter und außerdem die Genehmigung des Aufsichtsrates zusätzlich zu normieren.

e) Formulierungsbeispiele

Aus der Vielzahl der bestehenden Möglichkeiten seien einige Formulierungsbeispiele gebildet, die je nach Interessenlage in Betracht kommen können:

Art. ...

(1) Jeder Gesellschafter ist berechtigt, einen oder mehrere seiner Geschäftsanteile ganz oder teilweise an Mitgesellschafter oder seinen Ehegatten oder Abkömmlinge zu übertragen.

(2) Sonstige Verfügungen über einen Geschäftsanteil durch Rechtsgeschäft unter Lebenden sind unzulässig.

Oder

Art. ...

(1) Jede Veräußerung eines Geschäftsanteils durch Rechtsgeschäft unter Lebenden bedarf der Genehmigung der Gesellschaft.

(2) Die Genehmigung darf nur erteilt werden aufgrund eines einstimmigen Beschlusses der übrigen Gesellschafter.

(Anmerkung: Der Geschäftsführer müsste bei dieser Formulierung keinen Gesellschafterbeschluss einholen, wenn der die Genehmigung durch die Gesellschaft verweigern will.)

Oder

Art. ...

(1) Ein Geschäftsanteil kann nur mit Genehmigung des Aufsichtsrates (Beirates) veräußert werden, der darüber mit Mehrheit nach freiem Ermessen entscheidet.

(2)

Oder

Art. ...

(1) Ein Geschäftsanteil kann nur mit Genehmigung der übrigen Gesellschafter veräußert werden.

(2) Über die Genehmigung entscheiden die übrigen Gesellschafter durch Gesellschafterbeschluss, der sowohl der Zustimmung der einfachen Mehrheit der übrigen Gesellschafter als auch des Gesellschafters N. N. bedarf.

2468 Zur Klarstellung bedient man sich oft der Formulierung, dass auch die Veräußerung von Teilen eines Geschäftsanteils genehmigungsbedürftig sei.

2469 Bei Einschränkung der Übertragbarkeit sollten die Gesellschafter überlegen, ob es dem gemeinsamen Interesse entsprechen könnte, wenn dem veräußerungswilligen Gesellschafter für den Fall der Versagung der Genehmigung ein Weg eröffnet werden sollte, sich auf andere Weise von seinem oder seinen Geschäftsanteilen zu trennen. Beispielsweise könnte in der Satzung bestimmt werden:

Wird die Genehmigung verweigert, so ist die Gesellschaft auf Verlangen des veräußerungswilligen Gesellschafters verpflichtet, den/die Geschäftsanteil(e) binnen drei Monaten nach Maßgabe des Art. .. einzuziehen.

Oder

Wird die Genehmigung nicht erteilt, so kann der veräußerungswillige Gesellschafter innerhalb von drei Monaten das Gesellschaftsverhältnis gem. Art. .. kündigen.

Oder

Wird die Genehmigung versagt und bietet die Gesellschaft dem veräußerungswilligen Gesellschafter nicht innerhalb von sechs Monaten den Ankauf der/des Geschäftsanteile(s) zu angemessenen Bedingungen an, so kann der Gesellschafter den/die Geschäftsanteil(e) innerhalb weiterer drei Monate veräußern, ohne dass hierzu eine Genehmigung erforderlich ist.

f) Form und Wirksamwerden der Genehmigung

2470 Die Genehmigung bedarf keiner Form, sie kann auch stillschweigend erfolgen, z.B. durch die Einladung des Erwerbers zu einer Gesellschafterversammlung u.Ä. Der Gesellschaftsvertrag kann für die Genehmigung jedoch eine Form vorschreiben; wird diese Form nicht beachtet, dann ist die Genehmigung und damit auch die Abtretung nichtig. Zur Vermeidung von Streitigkeiten empfiehlt es sich zweifellos, von einem solchen gewillkürten Formzwang Gebrauch zu machen und im Gesellschaftsvertrag zu bestimmen, dass die Genehmigung der Schriftform bedarf.

g) Klage auf Erteilung der Genehmigung

2471 Die Entscheidung über Erteilung oder Verweigerung der Genehmigung steht grundsätzlich im freien Ermessen desjenigen, der nach dem Gesellschaftsvertrag darüber zu entscheiden hat. Es kann deshalb grundsätzlich nicht auf Erteilung der Genehmigung geklagt werden. Auch hier gilt aber natürlich der Grundsatz, dass rechtsmissbräuchliches Verhalten nicht geduldet werden muss; man wird deshalb ausnahmsweise eine Klage auf Erteilung der Genehmigung zulassen, wenn die Verweigerung einen Rechtsmissbrauch darstellen würde. An den Nachweis eines Rechtsmissbrauches sind aber strenge Anforderungen zu stellen.

Im Rahmen der Vertragsfreiheit ist es zulässig, dass der Gesellschaftsvertrag selbst Bestimmungen darüber enthält, ob etwa die Genehmigung nur unter bestimmten Voraussetzungen erteilt oder nur unter bestimmten Voraussetzungen versagt werden darf; dann kann sich aus derartigen Bestimmungen eine Klagebefugnis für den veräußernden Gesellschafter (im Zweifel nicht für den Erwerber) ergeben. 2472

4. Sonstige Regelungen

Die Genehmigung der Abtretung ist sicher der häufigste Fall, durch den im Gesellschaftsvertrag die Veräußerlichkeit eines Geschäftsanteils beschränkt wird. Es gibt darüber hinaus noch eine ganze Reihe anderer Möglichkeiten, für die hier einige Beispiele genannt sein mögen. 2473

a) Abtretung nur an bestimmte Personen

Es ist zulässig, im Gesellschaftsvertrag festzulegen, dass ein Geschäftsanteil nur an bestimmte Personen abgetreten werden darf; auf eine Genehmigung kann in solchen Fällen i. d. R. verzichtet werden. Relativ häufig ist der Fall, dass die Abtretung eines Geschäftsanteiles nur an Mitgesellschafter zugelassen wird. Soll verhindert werden, dass durch eine Abtretung an einen Mitgesellschafter das Beteiligungsverhältnis unter den übrigen Gesellschaftern verändert wird, dann muss im Gesellschaftsvertrag bestimmt werden, dass die Abtretung nur an die übrigen Gesellschafter im Verhältnis der Nennbeträge ihrer Geschäftsanteile zulässig sein soll; dies kann zugleich die Notwendigkeit der Teilung eines oder mehrerer der abzutretenden Geschäftsanteile bedeuten. 2474

Zulässig ist es auch, beispielsweise zu bestimmen, dass Geschäftsanteile nur an Abkömmlinge oder Ehegatten abgetreten werden dürfen. 2475

Sieht der Gesellschaftsvertrag die Veräußerlichkeit eines Geschäftsanteiles an bestimmte Personen oder Personengruppen vor, dann bietet sich häufig eine Regelung dahin gehend an, dass man die Abtretung eines Geschäftsanteils an solche Personen genehmigungsfrei stellt, die Abtretung an andere Personen aber von einer Genehmigung abhängig macht. 2476

b) Anbietungspflicht und Übernahmerecht

Die Abtretbarkeit eines Geschäftsanteiles kann durch den Gesellschaftsvertrag auch in der Weise eingeschränkt werden, dass ein Gesellschafter, der einen Geschäftsanteil abtreten will, verpflichtet wird, diesen Geschäftsanteil zunächst seinen **Mitgesellschaftern zum Erwerb anzubieten**. Wer diesen Weg gehen will, wird alsbald feststellen, dass auch ohne Hang zum Perfektionismus eine komplizierte und langatmige Regelung entsteht, sofern die Anbietungspflicht reibungslos funktionieren soll. Beispielsweise muss bestimmt werden, ob allen Gesellschaftern anzubieten ist und was geschieht, wenn nur einzelne Gesellschafter annehmen wollen oder wenn kein Gesellschafter annimmt, und wie sich der Preis berechnet usw. Zweifellos können die Gesellschafter mit einer solchen Regelung ihren Interessen dienen, dass nicht ein Fremder in die Gesellschaft hineinkommt; vernünftigerweise müssen die Gesellschafter dann aber auch dem Interesse des abtretungswilligen Gesellschafters Rechnung tragen und ihm eine andere 2477

Möglichkeit eröffnen, aus der Gesellschaft ausscheiden zu können, wenn sie den Anteil nicht erwerben wollen.

2478 Ein wesentliches Problem liegt in der **Bestimmung des Übernahmepreises.** Wenn man es der späteren Vereinbarung der Beteiligten überlässt, diesen Preis zu finden, dann kann man i. d. R. auf eine solche Anbietungspflicht von vornherein verzichten, weil es jeder Teil in der Hand hat, eine Einigung über den Preis zu verhindern. Es erscheint deshalb unerlässlich, dass der Gesellschaftsvertrag diese Preisbestimmung im Voraus vornimmt. Dabei kann man sich der Regelungen erinnern, die bei Personengesellschaften üblich sind, wenn es um die Berechnung des Auseinandersetzungsguthabens eines Gesellschafters geht, der durch Kündigung ausscheidet. Auch bei der GmbH besteht kein grundsätzliches Bedenken dagegen, einen solchen Übernahmepreis z. B. an Buchwerten zu orientieren, die Berücksichtigung stiller Reserven und eines Firmenwertes auszuschließen, oder steuerrechtliche Gesichtspunkte gelten zu lassen. Wesentlich ist nur, dass der Gesellschaftsvertrag eine klare Regelung enthält und der Ausscheidungswillige im Voraus ebenso wie die übrigen Gesellschafter klar ermessen kann, welches die wirtschaftlichen Konsequenzen einer Anbietung sein werden.

2479 Regelungsbedürftig ist vor allem aber auch die weitere Frage, ob etwa eine **Übernahmepflicht** besteht, vor der man sich wohl meist scheuen wird. Nicht weniger wichtig ist die klare Regelung der Frage, was mit dem Geschäftsanteil des ausscheidungswilligen Gesellschafters geschieht, wenn eine Übernahme nicht erfolgt. Die angemessene Regelung hängt zweifelsfrei auch davon ab, ob der Gesellschaftsvertrag irgendeine Kündigungsmöglichkeit vorsieht, die es dem GmbH-Gesellschafter erlaubt, durch einseitige Erklärung seine Trennung von der Gesellschaft herbeizuführen. Ist dies nicht der Fall und wird die Übernahme abgelehnt, so wird man dem abtretungswilligen Gesellschafter wohl das Recht einräumen müssen, nun frei über den Geschäftsanteil zu verfügen. Will man auch dann noch eine Genehmigung vorsehen, ist dies nur sinnvoll, wenn zugleich festgelegt wird, dass nach Ablehnung der Übernahme die Genehmigung nur aus wichtigem Grund versagt werden darf.

2480 Die Schwierigkeiten, die sich daraus ergeben können, dass etwa nur einzelne Gesellschafter übernahmewillig sind, sollte man gleichfalls im Voraus beseitigen. Es ist meistens angemessen, das Übernahmerecht nur allen – notfalls einzelnen – Gesellschaftern im Verhältnis der Nennbeträge ihrer Geschäftsanteile zu gewähren und zusätzlich zu bestimmen, dass dann, wenn kein Gesellschafter übernimmt, doch die Gesellschaft selbst berechtigt sein soll, den Geschäftsanteil für sich als eigenen Anteil zu übernehmen. Im Hinblick auf § 33 GmbHG sollte der Gesellschaftsvertrag dann den abtretungswilligen Gesellschafter zugleich verpflichten, dass er zuvor seine Stammeinlage voll einzahlt. Entschließt sich die Gesellschaft zum Erwerb des Anteils, ist zunächst einmal der Eintritt eines Fremden verhindert und Gesellschaft und Gesellschafter haben die Möglichkeit, einen passenden Dritten für den Erwerb des Geschäftsanteils zu finden.

2481 Zweckmäßig ist es natürlich auch, für Anbietung und Übernahme im Gesellschaftsvertrag bestimmte Fristen vorzusehen.

Sofern der Gesellschaftsvertrag dem GmbH-Gesellschafter eine Kündigungsmöglichkeit eröffnet, dürfte sich jede Regelung über Anbietungspflicht und Übernahmerecht erübrigen (s. Rz. 2477). 2482

c) Vorkaufsrecht

Als eine Beschränkung der Abtretbarkeit eines Geschäftsanteiles kann – wirtschaftlich gesehen – auch die Einräumung eines **Vorkaufsrechtes** angesehen werden. Ein Vorkaufsrecht kann ein geeignetes Mittel dafür sein, den Eintritt Fremder zu verhindern und dem ausscheidungswilligen Gesellschafter doch die Möglichkeit zu geben, über seinen Anteil zu verfügen. 2483

Das Vorkaufsrecht kann der Gesellschaft selbst, einzelnen Gesellschaftern oder nur allen Gesellschaftern gemeinsam oder auch einem Dritten eingeräumt werden. Die Ausübung des Vorkaufsrechtes setzt gem. § 463 BGB voraus, dass der Gesellschafter über einen Geschäftsanteil einen rechtswirksamen Veräußerungsvertrag (Kaufvertrag) abgeschlossen hat. Durch die Erklärung des Vorkaufsberechtigten, dass er sein Vorkaufsrecht ausübe, kommt der Kaufvertrag zwischen dem veräußerungswilligen Gesellschafter und dem Vorkaufsberechtigten mit dem Inhalt zustande, wie er mit dem Dritten vereinbart wurde (§ 464 Abs. 2 BGB). Der Vorkaufsberechtigte muss also insbesondere den Kaufpreis zahlen, den der abtretende Gesellschafter mit dem Dritten vereinbart hatte. Es liegt auf der Hand, dass dadurch die Chance, durch das Vorkaufsrecht den Eintritt eines Fremden zu verhindern, für die Vorkaufsberechtigten empfindlich geschmälert werden kann. Die Vereinbarung eines Vorkaufsrechtes ist i. d. R. wenig effektiv und erfordert meist genauso umfangreiche und umständliche Vertragsbestimmungen wie ein Übernahmerecht. 2484

d) Erwerbsrecht und Genehmigung

Eine befriedigende Regelung lässt sich manchmal dadurch finden, dass man ein Vorkaufs- oder Übernahmerecht mit einer Genehmigungspflicht verbindet. 2485

Der Gesellschaftsvertrag kann beispielsweise bestimmen, dass der mit allen Einzelheiten niedergelegte Abtretungsvertrag von dem abtretenden Gesellschafter der Gesellschaft zur Genehmigung vorzulegen ist mit der Maßgabe, dass die Gesellschaft innerhalb einer bestimmten Frist die Genehmigung dieses Vertrages verweigern darf, sofern sie gleichzeitig das Übernahmerecht zu den Bedingungen ausübt, die der Gesellschaftsvertrag – insbesondere hinsichtlich der Vergütung – im Einzelnen festlegt. Wird die Genehmigung nicht verweigert, dann gilt der Abtretungsvertrag nach Fristablauf als genehmigt und ist rechtswirksam. Man kann die gleichen Rechte auch zugunsten von Gesellschaftern oder Dritten festlegen. Solche Regelungen haben gegenüber dem Vorkaufsrecht den Vorzug, dass eine Bindung an die mit dem Dritten vereinbarten Verkaufsbedingungen nicht eintritt, sondern diese Bedingungen nach der gesellschaftsvertraglichen Regelung bestimmt werden. 2486

e) Verbot der Abtretung

2487 Der Gesellschaftsvertrag kann die Veräußerlichkeit (**Abtretbarkeit**) eines Geschäftsanteils **ganz ausschließen**.[1] Damit wird der Gesellschafter nicht unzulässig an die GmbH gebunden, weil ihm ein Austrittsrecht (vgl. Rz. 2961 ff.) oder Kündigungsrecht aus wichtigem Grund verbleibt.

5. Wirksamkeit und Rechtsfolgen der Abtretung

2488 Ist der Abtretungsvertrag (das dingliche Rechtsgeschäft) formgerecht abgeschlossen und ist allen Beschränkungen nach dem Gesellschaftsvertrag Rechnung getragen, dann wird die Abtretung zwischen den Vertragsparteien – dem abtretenden und dem erwerbenden Gesellschafter – mit Abschluss des notariellen Vertrages rechtswirksam.

2489 Gegenüber der Gesellschaft gilt gem. § 16 Abs. 1 GmbHG jedoch nur derjenige als Inhaber des Geschäftsanteils, wer als solcher in der im Handelsregister aufgenommenen Gesellschafterliste eingetragen ist. Die **Anmeldung des Erwerbs** unter Nachweis des Überganges bei der Gesellschaft reicht nicht mehr aus, ist aber – sofern nicht ein Notar an der Veränderung mitgewirkt hat – notwendig, weil die Änderung der Gesellschafterliste durch die Geschäftsführer auf Mitteilung und Nachweis erfolgt. Diese Bestimmung ist zwingend, der Gesellschaftsvertrag kann also die Notwendigkeit der Eintragung in die Gesellschafterliste nicht beseitigen. Solange der neue Inhaber und der Umfang seiner Beteiligung nicht gem. § 16 Abs. 1 oder Abs. 2 GmbHG in der im HR aufgenommenen Liste eingetragen ist, ist der Abtretungsvertrag zwar nicht unwirksam, es können aber der Gesellschaft gegenüber daraus keine Rechte abgeleitet werden. Eine vom Erwerber in Bezug auf das Gesellschaftsverhältnis vorgenommene Rechtshandlung gilt aber als von Anfang an wirksam, wenn die Liste unverzüglich nach Vornahme der Rechtshandlung in das Handelsregister aufgenommen wird.

2490–2520 (*Einstweilen frei*)

III. Gutgläubiger Erwerb von Geschäftsanteilen

Literatur: *Vossius*, Gutgläubiger Erwerb von GmbH-Anteilen nach MoMiG, DB 2007, 2299; *Bednarz*, Die Gesellschafterliste als Rechtsscheinträger für einen gutgläubigen Erwerb von GmbH-Geschäftsanteilen, BB 2008, 1854; *Harbarth*, Gutgläubiger Erwerb von GmbH-Geschäftsanteilen nach dem MoMiG-RegE, ZIP 2008, 57; *Stenzel*, Prüfung der Anteilskette nach dem MoMiG, BB 2012, 337.

2521 Das MoMiG regelt in § 16 Abs. 3 GmbHG erstmals den **gutgläubigen Erwerb von GmbH-Geschäftsanteilen**. Einem Interessenten, der einen GmbH-Anteil rechtsgeschäftlich durch Kauf- und Abtretungsvertrag oder durch Einbringungsvertrag erwerben und sich darüber informieren wollte, ob der Anbieter auch der wahre Inhaber des Geschäftsanteils war, stand zwar unter Geltung des früheren Rechts mit der Gesellschafterliste ein im Handelsregister einsehbares Dokument zur Verfügung, dem die aktuellen Beteiligungsverhältnisse sollten entnommen werden können. Die Praxis hat aber gezeigt, dass deren Angaben wenig verlässlich waren, weil sie häufig nicht aktualisiert

---

[1] H.M., vgl. Hueck/Fastrich in Baumbach/Hueck, GmbHG, § 15 Rz. 38, m.w.N.; RGZ 80, 179; BayOLG v. 24.11.1988 BReg 3Z 11/88, DB 1989, 214.

wurden. Wer einigermaßen sichergehen wollte, musste bei der Gründungsurkunde ansetzen und sorgfältig untersuchen, ob derjenige, der sich als Gesellschafter ausgab, seine Rechtsposition auf eine ununterbrochene Abtretungskette zurückführen konnte.

Aber auch bei einer lückenlosen Kette von Erwerbstiteln war nicht auszuschließen, dass zwischenzeitlich unerkannte Zwischenverfügungen eines Berechtigten oder andere Veränderungen wie z. B. eine Teilung erfolgt und möglicherweise unwirksam waren. Beispiele hierfür sind fortwirkende Verstöße gegen Teilbarkeitsvorschriften nach altem Recht, unwirksame Nennwertaufstockungen, wegen fehlender Genehmigung unwirksame Abtretungen, Erwerb vom Nichtberechtigten (Scheinerbe als Gesellschafter) und die unwirksame Einziehung eines Geschäftsanteils. Die Praxis bei Anteilsabtretungen behalf sich regelmäßig durch Abschluss einer vertraglichen Zusicherung des Veräußerers, dass er Eigentümer des Anteils sei und dieser nicht mit Rechten Dritter belastet sei (Garantievertrag § 311 BGB).[1] Stellte sich später heraus, dass der Verkäufer nicht Inhaber des Geschäftsanteils war, war dieser für den Erwerber verloren; er konnte sich nur aus der **Garantiehaftung** an den Verkäufer halten, die so viel wert war, wie der Garant solvent war. Der Erwerber trug also das Insolvenzrisiko.

Weil es nach altem Recht keinen gutgläubigen Erwerb von GmbH-Geschäftsanteilen gab, führte dies zu nicht unerheblich höheren Nebenkosten des Geschäfts für die insbesondere bei älteren Gesellschaften aufwändige Prüfung der Abtretungskette, zu einer Erschwerung der Kreditaufnahme und zu erheblichen Schwierigkeiten bei der Rückabwicklung, wenn sich herausstellte, dass ein vielleicht länger zurückliegender Abtretungsvorgang mangelhaft war. Hierfür will das MoMiG mit der neuen Vorschrift des § 16 Abs. 3 GmbHG teilweise Abhilfe schaffen.

1. Erwerb vom Nichtberechtigten auf der Grundlage der Gesellschafterliste

Anknüpfungspunkt des gutgläubigen Erwerbs eines Geschäftsanteils ist die **Gesellschafterliste**, welche die Geschäftsführer nach § 40 Abs. 1 GmbHG bei Veränderungen in der Person der Gesellschafter oder des Umfangs ihrer Beteiligung beim Handelsregister einreichen müssen, oder die notarbescheinigte Liste nach § 40 Abs. 2 GmbHG. Auf der Grundlage der Gesellschafterliste ist nun ein gutgläubiger Erwerb vom Nichtberechtigten möglich, wobei § 16 Abs. 3 GmbHG auf das Vorbild des § 892 BGB zurückgreift. Es muss also zunächst ein **Geschäftsanteil tatsächlich existieren**. Insoweit besteht kein Gutglaubensschutz. Ein **tatsächlich nicht existierender Geschäftsanteil kann nicht gutgläubig erworben werden**; der gute Glaube an die Existenz des Verfügungsgegenstandes wird nicht geschützt. Gleiches gilt für die **Lastenfreiheit** des Geschäftsanteils, der gute Glaube hieran wird nicht geschützt.[2] Dieser Fall ist nicht zu verwechseln mit dem gutgläubigen Erwerb eines Rechtes am Geschäftsanteil, den die Vorschrift ermöglicht. Die Wirkung des guten Glaubens bezieht sich also auf die Verfügungsbefugnis des Gesellschafters, der als solcher in der Gesellschafterliste eingetragen ist, die im HR aufgenommen ist.

2522

---

1 Harbarth, ZIP 2008, 57, m.w.N.
2 BGH v. 20. 9. 2011 II ZB 17/10, BB 2011, 2832.

2523 Es muss ein Erwerb durch **Rechtsgeschäft** vorliegen. Darunter wird man wohl im Hinblick auf § 892 BGB ein **Verkehrsgeschäft** zu verstehen haben. **Schenkungen**, die zwar Rechtsgeschäfte, aber keine Verkehrsgeschäfte sind, scheiden als Grundlage für einen gutgläubigen Erwerb aus wie auch beim Übergang eines Geschäftsanteils kraft Gesetzes. Auch Gesellschafterbeschlüsse sind keine Rechtsgeschäfte, so dass ein gutgläubiger Erwerb eines Geschäftsanteils aufgrund eines Gesellschafterbeschlusses nicht möglich ist. An einem Verkehrsgeschäft fehlt es auch, wenn auf Verkäufer- und auf Käuferseite dieselbe Person steht.[1]

2524 Der **Veräußerer muss als Inhaber** des GmbH-Geschäftsanteils in der **Gesellschafterliste eingetragen** sein. Taugliche Grundlage für einen Gutglaubensschutz ist nur eine Liste, die den Anforderungen des § 40 GmbHG entspricht. Die Gesellschafterliste muss also die erforderlichen Angaben zur Person der Gesellschafter enthalten (Name, Vorname, Wohnort und Geburtsdatum und bei Gesellschaften das zuständige HR und die HR-Nummer) und die Unterzeichner müssen im Zeitpunkt der Einreichung Geschäftsführer der GmbH in vertretungsbefugter Zahl sein. Die Gesellschafterliste muss in das Handelsregister aufgenommen, d. h. in den entsprechenden Registerordner nach § 9 HRV eingestellt sein.

2525 Das Anknüpfen eines gutgläubigen Erwerbs an die Eintragung des Veräußerers als Inhaber des Geschäftsanteils in der Gesellschafterliste bedarf auch aus einem anderen Blickwinkel besonderer Beachtung. Der Erwerber eines Geschäftsanteils unter einer **aufschiebenden Bedingung** (z. B. der Kaufpreiszahlung oder Eintragung einer Kapitalerhöhung) ist nach § 16 Abs. 3 GmbHG **nicht mehr vor zwischenzeitlichen Verfügungen über den Geschäftsanteil geschützt**, da ein Zweiterwerber des Anteils oder eines Rechtes daran auf die zuletzt eingereichte und ins HR aufgenommene Liste vertrauen darf und die den Erwerber ausweisende Liste noch nicht eingereicht ist, weil die seine Person betreffende Veränderung noch nicht wirksam geworden ist. § 40 GmbHG schreibt vor, dass die geänderte Liste „unverzüglich **nach** Wirksamwerden jeder Veränderung" einzureichen ist.

> **BEISPIEL:** Gesellschafter A tritt seinen GmbH-Geschäftsanteil an K unter der aufschiebenden Bedingung der vollständigen Bezahlung des Kaufpreises ab. Vor Eintritt der Bedingung und Einreichung der (geänderten) Liste tritt A seinen Geschäftsanteil an den gutgläubigen C ab. C erwirbt den Geschäftsanteil gutgläubig im Vertrauen auf die ins HR aufgenommene Gesellschafterliste, die A noch als Inhaber des Geschäftsanteils ausweist. B kann sich an A nur mit Ansprüchen wegen der Leistungsstörung halten.
>
> **ABWANDLUNG:** Nach Abtretung, aber vor Eintritt der aufschiebenden Bedingung verpfändet A den GmbH-Geschäftsanteil an die gutgläubige X-Bank. Die Bank kann das rechtsgeschäftlich begründete Pfandrecht (= Recht an einem Geschäftsanteil) gutgläubig erwerben. Bei Eintritt der Bedingung wird K Inhaber des mit dem Pfandrecht belasteten Anteils, weil § 16 Abs. 3 GmbHG nicht die Freiheit des Geschäftsanteils von Rechten Dritter überwindet. Belastungen des Geschäftsanteils sind keine Veränderungen in der Person oder im Umfang der Beteiligung

---

1 Bunnemann/Zirngibl/Desch, § 7 Rn. 18 f.

des Gesellschafters und werden deshalb auch nicht in der Gesellschafterliste dokumentiert. Die Liste ist kein „kleines Grundbuch".

ABWANDLUNG: Wie vorheriges Beispiel, nur lässt die X-Bank den Geschäftsanteil im Wege der Einzelzwangsvollstreckung pfänden. Hier kann sich K im Wege der Drittwiderspruchsklage nach § 771 ZPO gegen die Pfändung wehren. Die Bank hat das Pfändungspfandrecht nicht durch Rechtsgeschäft erworben, so dass § 16 Abs. 3 Satz 1 GmbHG nicht anwendbar ist, obwohl A als Inhaber des Geschäftsanteils eingetragen war und die Bank nichts von der aufschiebend bedingten Abtretung an K wusste.

Schutz vor schädlichen Zwischenverfügungen soll sich der Erwerber verschaffen können, indem er sich vom Veräußerer zugleich mit der Abtretung die Zuordnung eines **Widerspruchs gegen die Richtigkeit** der Gesellschafterliste nach § 16 Abs. 3 Satz 4 GmbHG **bewilligen** lässt und den **Widerspruch zum Handelsregister einreicht**, um damit den guten Glauben möglicher Zwischenerwerber nach § 16 Abs. 3 Satz 3 GmbHG zu zerstören.[1] Er braucht hierzu eine Gefährdung seines Rechts aus der aufschiebend bedingten Abtretung nicht glaubhaft zu machen (§ 16 Abs. 3 Satz 5 GmbHG). Ob dieser Vorschlag gangbar ist, weil es unsicher sei, ob der Übernehmer eines Geschäftsanteils unter einer aufschiebenden Bedingung bereits ein Anwartschaftsrecht auf den Erwerb des Vollrechts erhält und deshalb eine Zwischenverfügung bei Eintritt der Bedingung ihm gegenüber unwirksam ist (§ 161 BGB), muss bezweifelt werden. Der BGH hat nämlich gerade dies bestätigt und deshalb einen Vermerk zur Liste über die aufschiebend bedingte Abtretung abgelehnt.[2]

2526

An Stelle der Bewilligung eines Widerspruchs kann man – jedenfalls wenn die Satzung eine Vinkulierung enthält – daran denken, einen Geschäftsanteil im Nennwert von 1 € unbedingt und sofort zu erwerben und den eigentlichen Erwerb mit einer aufschiebenden Bedingung. Dann kann der Neugesellschafter einer Zwischenverfügung durch den „Altgesellschafter" entgegenwirken.[3] Ein Vermerk in der Gesellschafterliste, dass der durch seine Nummer bestimmte Geschäftsanteil aufschiebend bedingt abgetreten sei, ist kein taugliches Mittel für die Sicherung. Das Registergericht muss eine Gesellschafterliste mit einem solchen Vermerk nicht aufnehmen, weil sie keine Veränderung in den Personen der Gesellschafter enthält.[4]

Auf der Grundlage der Gesellschafterliste ist nur ein gutgläubiger Erwerb vom Nichtberechtigten möglich. **Mängel in der Verfügungsbefugnis** werden durch die Vorschrift des § 16 Abs. 3 GmbHG **nicht überwunden**. Bedarf die Abtretung zu ihrer Wirksamkeit der Zustimmung der Gesellschafterversammlung, kann deren Fehlen nicht unter Berufung auf § 16 Abs. 3 Satz 1 GmbHG ausgeräumt werden. Es besteht kein Gutglaubensschutz hinsichtlich einer fehlenden Vinkulierung, die sich häufig bei einer personalistisch geprägten GmbH findet und ein Hindernis für die freie Übertragung des Geschäftsanteils auf einen Dritten darstellt. Die freie Verfügungsbefugnis über den Ge-

2527

---

1 Vossius, DB 2007, 2299, 2301; allerdings hält das OLG München, Beschluss v. 11. 3. 2011 31 Wx 162/10, BB 2011, 1414, diesen Weg für nicht gangbar, weil ein gutgläubiger Zweiterwerb des Geschäftsanteils nicht möglich und außerdem die Liste korrekt sei
2 BGH v. 20. 9. 2011 II ZB 17/10, BB 2011, 2832; ablehnend Omlor, Verkehrsschutzfragen zum Anwartschaftsrecht am GmbH-Geschäftsanteil, DNotZ 2012, 179.
3 Zu dieser Verfahrensweise vgl. Bunnemann/Zirngibl/Desch, § 7 Rn. 89.
4 OLG München v. 8. 9. 2009 31 Wx 082/09, BB 2009, 2167; BGH v. 20. 9. 2011 II ZB 17/10, BB 2011, 2832.

schäftsanteil bezieht sich aber nur auf die in der Gesellschafterliste verzeichneten Merkmale, zu denen aber eine Vinkulierung, die in den unterschiedlichsten Formen gebräuchlich ist, nicht zählt. Der gute Glaube überwindet nicht die fehlende Zustimmung bei vinkulierten Geschäftsanteilen.[1]

2527/1 Ähnliches gilt, wenn über das Vermögen des eingetragenen Inhabers das Insolvenzverfahren eröffnet ist und der Insolvenzschuldner den Geschäftsanteil an einen gutgläubigen Dritten abtritt. Allein wegen der Insolvenzeröffnung ist die Gesellschafterliste nicht unrichtig, weil der Insolvenzschuldner Inhaber des Geschäftsanteils bleibt. Seine Verfügung ist gem. § 81 Abs. 1 Satz 1 InsO unwirksam. Eine Ausnahme hiervon – wie zum Grundstückserwerb nach § 892 BGB – macht die Vorschrift nicht auch für § 16 Abs. 3 GmbHG. Der Gesellschafterliste haftet auch kein „öffentlicher Glaube" wie beim Grundbuch an, die Eintragung eines Insolvenzvermerks ist auch nicht vorgesehen.

2. Guter Glaube und Stückelung von Geschäftsanteilen

2527/2 Die Gesellschafter können durch einfachen Beschluss Geschäftsanteile zusammenlegen oder teilen (§ 46 Nr. 4 GmbHG). Die Pflicht, zum HR eine geänderte Gesellschafterliste einzureichen, trifft dann die Geschäftsführer, wobei nicht selten Fehler in der Weise auftreten können, dass ein Gesellschafter als Inhaber von mehr Geschäftsanteilen verzeichnet wird als ihm tatsächlich zustehen oder von weniger Anteilen als tatsächlich existieren. Dies kann im Rahmen von Veräußerungen zu Problemen führen, die sich zufriedenstellend nur über eine Vertragsauslegung lösen lassen, wenn sich der Nennwert in der Stammkapitalziffer abbilden lässt, und der Grundsatz beachtet wird, dass nicht existente Geschäftsanteile nicht gutgläubig erworben werden können.[2]

> **BEISPIEL:** A und B sind Gesellschafter der X-GmbH mit einem Stammkapital von 50 000 €. A hält drei Geschäftsanteile mit dem Nominalwert von je 10 000 € und den Nummern 1 bis 3, B deren zwei mit dem Nennwert von je 10 000 € und den Nummern 4 bis 5. Sie beschließen, die Geschäftsanteile des B zu einem Anteil von 20 000 € zusammenzulegen, der Geschäftsführer reicht aber keine geänderte Gesellschafterliste zum HR ein. Nach fünf Jahren veräußert B seine „gesamte" Beteiligung an den gutgläubigen Z; im notariell beurkundeten Kauf- und Abtretungsvertrag werden vom Notar, der zuvor das HR eingesehen hat, als Gegenstand der Übertragung die Geschäftsanteile mit den Nummern 4 und 5 im Nennwert von je 10 000 € eingesetzt.
>
> **LÖSUNG:** Denkbar wäre die Lösung, dass ein gutgläubiger Erwerb der zwei Geschäftsanteile, wie im HR ausgewiesen sind, ausscheidet, da sie tatsächlich nicht existieren. Die ließe jedoch unberücksichtigt, dass sich der Nominalbetrag der Geschäftsanteile in dem tatsächlich bestehenden Geschäftsanteil von 20 000 € abbilden lässt, ohne die Stammkapitalziffer zu überschreiten. Dann könnte man von einem gutgläubigen Erwerb ausgehen, ließe aber unberücksichtigt, dass es sich nicht um einem Erwerb vom Nichtberechtigten handelt, sondern um einen solchen vom Nicht-so-Berechtigten, weil B ja tatsächlich wertmäßig mit 2 mal 10 000 €, also 20 000 € an der Gesellschaft beteiligt ist. Dann könnte man über diesen Weg wieder zu einer Anwendung des § 16 Abs. 3 GmbHG kommen.
>
> Am ehesten zutreffend dürfte aber der Weg über eine Vertragsauslegung unter Beachtung des Grundsatzes, dass die Falschbezeichnung nicht schadet, sein. Die Vertragsauslegung (§ 133

---

[1] Bunnemann/Zirngibl/Desch, § 7 Rn. 21, m.w.N.

[2] Ähnlich Bunnemann/Zirngibl/Desch, § 7 Rn. 22, mit Beispielen und weiteren Nachweisen.

BGB) ergibt, dass B seine „gesamte" Beteiligung an der GmbH übertragen und Z diese erwerben wollte, man aber nur falsch bezeichnet hat, woraus diese besteht. Z hat also den Geschäftsanteil mit dem Nennbetrag von 20 000 € erworben.

ABWANDLUNG: Es hat keine Zusammenlegung der Geschäftsanteile des B stattgefunden, aber aus nicht mehr nachvollziehbaren Gründen ist in der Gesellschafterliste B als Inhaber des Geschäftsanteils Nr. 5 mit dem Nominalbetrag von 11 000 € verzeichnet. Hier erwirbt Z beide Geschäftsanteile im Nominalbetrag von je 10 000 €; ein gutgläubiger Erwerb des in der Liste vermerkten Anteils von 11 000 € scheidet aus, weil sonst das Stammkapital der GmbH überschritten würde.

ABWANDLUNG: Nach der Zusammenlegung wie im Grundbeispiel reicht der Geschäftsführer eine „aktualisierte" Gesellschafterliste beim HR ein, leider bleibt aber unbemerkt, dass A nur noch die Geschäftsanteile 1 bis 2 i. H.v. je 10 000 € zugeordnet werden, während B als Inhaber der Geschäftsanteils Nr. 3 und eines neugebildeten Geschäftsanteils über 20 000 € erscheint. Der Notar – beauftragt die Übertragung der „gesamten" Beteiligung des B an der GmbH vorzubereiten – sieht das HR ein und bereitet den Vertragsentwurf entsprechend vor, den B und Z unterzeichnen. Hier erwirbt der gutgläubige Z rechtsgeschäftlich die Beteiligung des B über 20 000 € vom Berechtigten und den Geschäftsanteil Nr. 3 wirksam vom Nichtberechtigten gem. § 16 Abs. 3 GmbHG.

ABWANDLUNG: Jahre nach der Zusammenlegung der Geschäftsanteile des B wie im Grundbeispiel, die so aber nicht beim HR angemeldet worden ist, veräußert B den Geschäftsanteil Nr. 5 im Wert von 10 000 € an Z. Der eintrittswillige Z kann den Geschäftsanteil Nr. 5 nicht gutgläubig erwerben, weil der tatsächlich nicht (mehr) existiert. Es gibt nur den Geschäftsanteil des B über 20 000 €.

3. Ausschluss des gutgläubigen Erwerbs

Der gutgläubige Erwerb vom als Inhaber eingetragenen Nichtberechtigten setzt weiter gem. § 16 Abs. 3 Satz 2 GmbHG voraus, dass die Gesellschafterliste zum Zeitpunkt des Erwerbs, also **zur Zeit der dinglichen Wirksamkeit des Rechtsgeschäfts** mit dem gutgläubigen Dritten, hinsichtlich des Geschäftsanteils

2528

a) **dem wirklichen (wahren) berechtigten Inhaber des Geschäftsanteils zurechenbar unrichtig ist** und

b) die Gesellschafterliste **mehr als drei Jahre unrichtig** ist.

Die „negative" Formulierung in § 16 Abs. 3 Satz 2 GmbHG hat der Gesetzgeber gewählt, weil es sich dabei um eine rechtsvernichtende Einwendung des wahren Berechtigten gegenüber dem Gutglaubenserwerb handelt, für die der wahre Berechtigte die Darlegungs- und Beweislast trägt.

a) Zu unterscheidende Fallgestaltungen

Damit lassen sich folgende **Fallgestaltungen** unterscheiden:

2529

1. Ist die Unrichtigkeit der Gesellschafterliste dem wahren Inhaber des Geschäftsanteils nicht zuzurechnen und ist die im Handelsregister aufgenommene Liste hinsichtlich des betroffenen Geschäftsanteils weniger als drei Jahre unrichtig, ist ein gutgläubiger Erwerb ausgeschlossen. Der wahre Berechtigte soll zu seinem Schutz drei Jahre Zeit haben, die Liste richtig zu stellen.

2. Stets und unabhängig von der Dreijahresfrist ist ein gutgläubiger Erwerb möglich, wenn dem wahren Inhaber des GmbH-Geschäftsanteils die Unrichtigkeit der Gesellschafterliste im Bezug auf seinen Geschäftsanteil zuzurechnen ist. Dies ist insbesondere der Fall, wenn der wahre Inhaber nach dem Erwerb seines Anteils innerhalb von drei Jahren nicht dafür gesorgt hat, dass die Gesellschafterliste geändert wird und seine Rechtsstellung richtig wiedergibt.

BEISPIEL: ▶ Aufgrund gesetzlicher Erbfolge wird S ein Erbschein nach dem Erblasser E erteilt; nach Vorlage des Erbscheins bei den Geschäftsführern der Y-GmbH reichen diese eine geänderte Gesellschafterliste beim HR ein, die S als Inhaber des von E nachgelassenen Geschäftsanteils an der Y-GmbH nennt. Als der Enkel P des Erblassers danach ein wirksames Testament findet, mit dem er zum Erben eingesetzt wurde, unterlässt er es, die Geschäftsführer zu unterrichten, damit die Gesellschafterliste korrigiert wird, bzw. versäumt er, einen Widerspruch eintragen zu lassen, obwohl er davon Kenntnis hatte, dass S „als Erbe" in die Gesellschafterliste aufgenommen wurde. Wenn der Scheinerbe S den Anteil an einen gutgläubigen Dritten veräußert, ist ein gutgläubiger Erwerb ohne Wartefrist möglich.

3. Ist die im Handelsregister aufgenommene Gesellschafterliste hinsichtlich des Geschäftsanteils schon seit mindestens drei Jahren unrichtig, ist ein gutgläubiger Erwerb möglich. Voraussetzung ist dann, dass derjenige oder diejenigen, die im Lauf der vorangegangenen drei Jahre als Inhaber des Geschäftsanteils eingetragen waren, durchgehend nicht die wahren Berechtigten waren. Der Veräußerer muss also nicht selbst drei Jahre lang unrichtigerweise als Inhaber des Geschäftsanteils in der Gesellschafterliste eingetragen gewesen sein (Rechtsnachfolge beim Nichtberechtigten).

BEISPIEL: ▶ A wird versehentlich – ohne dass dies dem wahren Berechtigten X zurechenbar wäre – in einer zum Handelsregister eingereichten und dort aufgenommenen Gesellschafterliste als Inhaber des Geschäftsanteils mit der laufenden Nr. 3 und dem Nennbetrag von 10 000 € genannt. Nach zwei Jahren verstirbt A und wird von dem ahnungslosen E beerbt, welcher nach Vorlage des Erbscheins in eine neue geänderte und ihn als Inhaber ausweisende Liste aufgenommen wird, die zum Handelsregister eingereicht wird. Nach weiteren zwei Jahren verkauft E den Geschäftsanteil Nr. 3 an den gutgläubigen K und tritt den Geschäftsanteil an ihn ab.

Obwohl die Liste hinsichtlich des E erst zwei Jahre unrichtig ist, wird man die in seiner Person bereits verstrichene „Ersitzungsfrist" von zwei Jahren aus dem allgemeinen Rechtsgedanken des § 900 BGB heraus dem gutgläubigen Erwerber K zugutekommen lassen müssen. Die Liste ist wie eine „Listenkette" zu verstehen, die auf den ersten Nichtberechtigten A zurückführt.[1] Die Gesellschafterliste war danach mehr als drei Jahre unrichtig, als K von E rechtsgeschäftlich den Geschäftsanteil erworben hat. Er hat den Geschäftsanteil Nr. 3 gutgläubig erworben. Wäre A nach zwei Jahren nicht verstorben, sondern hätte er an den gutgläubigen E den Geschäftsanteil veräußert und der ihn dann an K nach weiteren zwei Jahren abgetreten, wäre die Gesellschafterliste mehr als drei Jahre unrichtig gewesen. Auch dann konnte K gutgläubig erwerben.

b) Nicht zurechenbare Unrichtigkeit der Gesellschafterliste

2530 An einer **zurechenbar unrichtigen Gesellschafterliste fehlt** es, wenn der wahre Inhaber des Geschäftsanteils an der Aufnahme des Nichtberechtigten als Inhaber des Geschäftsanteils, also an der „Veränderung" **nicht mitgewirkt** hat. Einer Mitwirkung steht es gleich, wenn der wahre Berechtigte es unterlässt, sich nach dem Erwerb des Ge-

---

[1] Vossius, DB 2007, 2299, 2303.

schäftsanteils darum zu kümmern, dass die Gesellschafterliste geändert und in ihr seine Rechtsstellung richtig wiedergegeben wurde. Zumindest muss von ihm verlangt werden, dass der Eintragung des Nichtberechtigten ein Widerspruch zugeordnet wird. Gleiches gilt auch, wenn er konkreten Anhaltspunkten nicht nachgeht, die auf eine unzutreffende Änderung der Liste zu seinen Ungunsten hindeuten.

Vor unliebsamen Überraschungen und Rechtsverlust können sich Gesellschafter schützen, wenn sie von Zeit zu Zeit, mindestens aber jeweils vor Ablauf von drei Jahren, Einsicht in die aktuelle Gesellschafterliste nehmen[1] und sie auf ihre Richtigkeit hin kontrollieren. Für die **Praxis** kann es zu empfehlen sein, die Geschäftsführer gesondert zu verpflichten, dass jedem Gesellschafter sofort eine Abschrift der beim Handelsregister eingereichten geänderten Liste bzw. der notariellen Mitteilung nach § 40 Abs. 2 GmbHG übermittelt wird. Es sollte jedenfalls bedacht werden, dass der Gesellschafter, dem durch den gutgläubigen Erwerb eines Dritten ein Rechtsverlust droht, seinen Einwand, ihm sei die Unrichtigkeit der Liste nicht zuzurechnen, substantiiert darlegen und notfalls beweisen muss.

Im Allgemeinen ist die Zurechenbarkeit dann zu bejahen, wenn der Berechtigte die Unrichtigkeit veranlasst oder sonst zu verantworten hat, wobei eine Mitveranlassung oder Mitverantwortung ausreicht.[2] Zu bejahen ist dies insbesondere dann, wenn bei einem Erwerb eines Geschäftsanteils dem Notar der Eintritt einer aufschiebenden Bedingung nicht mitgeteilt wird, so dass es der Notar unterlässt, eine aktualisierte Gesellschafterliste zum HR einzureichen. Auf ein Verschulden kommt es zwar nicht an; Verzögerungen beim Registergericht, Notar oder Geschäftsführer sind dem Gesellschafter jedoch in der Regel nicht zuzurechnen.

c) Dreijährige Unrichtigkeit

Wann die **Dreijahresfrist beginnt**, lässt sich dem Gesetz nicht für alle Fallgestaltungen eindeutig entnehmen. Ist die Gesellschafterliste schon bei ihrer Einreichung unrichtig, beginnt die Frist **mit der Aufnahme der Liste in das Handelsregister**, also mit dem **Einstellen der Liste im elektronischen Dokumentenabruf** (§ 12 HGB). Wesentlich relevanter in der Praxis sind aber die Fälle, in denen die Liste anfänglich richtig ist und sie später unrichtig wird. Dann beginnt die Frist in dem Zeitpunkt, in dem die Liste unrichtig wurde.[3] Der Ablauf der dreijährigen Frist nach der Aufnahme der letzten Gesellschafterliste allein eröffnet den gutgläubigen Erwerb nicht. Das ist z. B. dann der Fall, wenn eine nicht eingetragene Veränderung innerhalb der letzten drei Jahre vor dem Anteilserwerb die Liste unrichtig werden ließ, mag der letzte (zutreffende) Eintrag in die Gesellschafterliste auch schon länger zurückliegen.

BEISPIEL: Der schon seit der Gründung der GmbH im Jahr 2009 in der Gesellschafterliste eingetragene Gründungsgesellschafter A veräußert den Geschäftsanteil Nr. 5 im Jahr 2010 aufschiebend bedingt an X. Als der Kaufpreis Anfang 2011 bezahlt wird und die aufschiebende Bedingung eintritt, wird dies dem Notar nicht mitgeteilt, so dass eine aktualisierte Liste von ihm

---

1 Bednarz, BB 2008, 1854, 1858.
2 Bunnemann/Zirngibl/Desch, § 7 Rn. 54, m. w. N.
3 Allgemeine Meinung, vgl. z. B. Bunnemann/Zirngibl/Desch, § 7 Rn. 46, m. w. N.

nicht eingereicht wird und X als wahrer (materiell) Berechtigter nicht in der Liste genannt wird. Ende des Jahres 2014 veräußert A (als Nichtberechtigter) den Geschäftsanteil Nr. 5 nochmals an den gutgläubigen Z. Er – Z – erwirbt den Geschäftsanteil Nr. 5 gem. § 16 Abs. 3 GmbHG. Die Gesellschafterliste ist seit Anfang des Jahres 2011, also seit mehr als drei Jahren unrichtig. Dass sie bei der Gründung richtig war, ist nicht beachtlich.

ABWANDLUNG: Hätte Z den Übertragungsvertrag mit X schon im Jahr 2013 abgeschlossen, hätte er trotz seiner Gutgläubigkeit den Geschäftsanteil Nr. 5 nicht erworben, weil die Liste noch keine drei Jahre unrichtig gewesen wäre.

2531/1 Nicht erheblich ist, wenn die Gesellschafterliste innerhalb der Dreijahresfrist mehrfach unrichtig geworden ist. Wesentlich ist vielmehr, ob seit dem Zeitpunkt, in dem der wahre Berechtigte aus der Gesellschafterliste gestrichen wurde, mehr als drei Jahre verstrichen sind.

BEISPIEL: Der Gründungsgesellschafter G hat im Jahr 2009 zwei Geschäftsanteile von je 10 000 € übernommen, die in die Liste mit den Nrn. 5 und 6 aufgenommen wurden. In der Gründungssatzung ist eine Vinkulierung mit Genehmigungsvorbehalt der Gesellschafterversammlung vereinbart. G veräußert im Jahr 2010 den Anteil Nr. 6 an E, welcher denselben Geschäftsanteil 2012 an den F weiterverkauft. Beide Male wird eine geänderte Gesellschafterliste im HR aufgenommen. Nicht beachtet wurde aber die Vinkulierung, so dass G materiell Inhaber des Geschäftsanteils Nr. 6 geblieben ist. F, der inzwischen zugestimmt hat, dass die Vinkulierung aufgehoben wird, tritt 2014 den Geschäftsanteil Nr. 6 entgeltlich an Z ab. Z ist gutgläubig und erwirbt den Geschäftsanteil Nr. 6 gem. § 16 Abs. 3 GmbHG, weil G als wahrer Berechtigter schon mehr als drei Jahre nicht mehr als Inhaber des Geschäftsanteils Nr. 6 eingetragen und die Gesellschafterliste länger als drei Jahre unrichtig gewesen ist.

Wesentlich ist also, dass die seit dem Unrichtigwerden der Gesellschafterliste als Gesellschafter eingetragenen Personen durchgehend Nichtberechtigte waren. Unbeachtlich ist auch, dass mehrere geänderte Listen eingereicht wurden, weil diese nur Fortschreibungen der Gesellschafterliste darstellen.[1]

2531/2 Fraglich ist, wie bei einer Anfechtung zu verfahren ist. Bei einer Anfechtung nach § 123 BGB (arglistige Täuschung) wird auch die Abtretung (= dingliche Erfüllung) rückwirkend vernichtet. Hier beginnt die Dreijahresfrist rückwirkend mit der Aufnahme der Liste in das HR und nicht erst mit Zugang der Anfechtungserklärung. Im Interesse des gutgläubigen Erwerbers und im Hinblick auf § 142 Abs. 1 BGB ist auf eine Rückwirkung abzustellen, zumal es der Anfechtungsberechtigte in der Hand hat, den Gutglaubenschutz durch Zuordnung eines Widerspruchs zu zerstören.

4. Kenntnis oder grob fahrlässige Unkenntnis von der mangelnden Berechtigung

2532 Nach § 16 Abs. 3 Satz 3 GmbHG ist ein gutgläubiger Erwerb des GmbH-Geschäftsanteils **nicht möglich**, wenn dem Erwerber **die mangelnde Berechtigung bekannt oder infolge grober Fahrlässigkeit unbekannt ist**. Eine fast wortgleiche Formulierung findet sich in § 932 Abs. 2 BGB zum gutgläubigen Erwerb beweglicher Sachen. Dort hat der BGH eine grob fahrlässige Unkenntnis dann angenommen, wenn die im Verkehr erforderliche Sorgfalt in ungewöhnlich hohem Maße verletzt wurde, wenn ganz nahe liegende Überlegungen nicht angestellt oder beiseite geschoben wurden und dasjenige

---

[1] Vgl. auch OLG München v. 8.9.2009 31 Wx 82/09, NZG 2009, 1192.

unbeachtet geblieben ist, was im gegebenen Fall sich jedem aufgedrängt hätte.[1] Nachprüfungs- und Erkundigungspflichten werden nur bei Vorliegen einer konkreten Verdachtssituation bejaht.

Es muss abgewartet werden, ob die Rechtsprechung zu § 16 Abs. 3 GmbHG ähnliche Maßstäbe an die „verkehrsübliche" Sorgfaltspflicht stellt oder ob im Hinblick auf den erheblichen Due-Diligence-Aufwand,[2] den Erwerber jedenfalls bei größeren Anteilserwerben betreiben, höhere Sorgfaltsmaßstäbe setzt. Dafür könnte sprechen, dass die Gesellschafterliste kein öffentliches Register vergleichbar dem Grundbuch darstellt, sondern im Handelsregister nur die von den Geschäftsführern bzw. dem Notar erstellte Liste ohne inhaltliche Prüfung seitens des Registergerichts abrufbar eingestellt wird.

Dem Erwerber von Geschäftsanteilen muss man aber empfehlen, nicht nur die Erleichterungen im Auge zu behalten, welche die Möglichkeit des gutgläubigen Erwerbs mit sich bringt. So kann er sich auf einen Dreijahreszeitraum beschränken, wenn es um die Verfügungsbefugnis des Veräußerers oder um die Wirksamkeit von Abtretungen des Geschäftsanteils oder um Umwandlungen geht. Wenn es aber um Details geht, die nicht vom Schutz des guten Glaubens erfasst werden, wird ein sorgfältig handelnder Erwerber nicht ohne eine Due-Diligence-Prüfung, die auch über drei Jahre hinausreicht, auskommen. In diesem Rahmen geht es um die Fragen, ob der zum Erwerb stehende Geschäftsanteil überhaupt und in der in der Gesellschafterliste ausgewiesenen Form besteht, ob die Einlagepflichten aus dem Geschäftsanteil erfüllt sind, ob der Geschäftsanteil lastenfrei ist (Pfandrecht, Nießbrauch), da zwar eine Belastung gutgläubig erworben werden kann (= Recht an einem Geschäftsanteil) nicht aber die Lastenfreiheit, oder ob der Geschäftsanteil frei übertragen werden kann oder Verfügungsbeschränkungen durch eine Vinkulierung unterliegt. Schließlich sollte auch geprüft werden, ob dem Geschäftsanteil ein Widerspruch zugeordnet ist.[3]

5. Zerstörung des guten Glaubens durch Widerspruch

Der gutgläubige Erwerb eines Geschäftsanteils ist ferner ausgeschlossen, wenn der **Liste ein Widerspruch zugeordnet** ist (§ 16 Abs. 3 Satz 3 GmbHG). Zugeordnet bedeutet, dass der elektronisch eingereichte Widerspruch mit dem Dokument der Gesellschafterliste im entsprechenden Registerordner nach § 9 HRV verbunden ist. Die Zuordnung eines Widerspruchs erfolgt aufgrund einer einstweiligen Verfügung oder aufgrund einer Bewilligung desjenigen, gegen dessen Berechtigung sich der Widerspruch richtet, wobei eine Gefährdung des Rechts des Widersprechenden nicht glaubhaft gemacht werden muss (Sätze 4 und 5 der Vorschrift). Die Regelung orientiert sich an § 899 BGB für das Grundstücksrecht. Der Widerspruch hindert nicht die Anteilsveräußerung, sondern schließt nur den gutgläubigen Erwerb aus. Auch die Legitimation des eingetragenen Inhabers gegenüber der Gesellschaft nach § 16 Abs. 1 GmbHG wird durch einen Widerspruch nicht beseitigt. Der (möglicherweise nicht berechtigte) Inhaber kann sämtliche

2533

---

[1] BGH v. 15.1.1999 II ZR 98/98, ZIP 2000, 146.
[2] Bunnemann/Zirngibl/Desch, § 7 Rn. 65 und 71 ff.
[3] Vgl. dazu ausführlich Bunnemann/Zirngibl/Desch, § 7 Rn. 71 ff.

Mitgliedschaftsrechte gegenüber der GmbH und den Mitgesellschaftern ausüben und bleibt auch zur Einlageleistung verpflichtet.

2534 **Widersprechen darf** jedenfalls **der Anteilsinhaber bzw. derjenige, der sich für den wahren Inhaber hält oder es aufgrund aufschiebend bedingter Abtretung bei Eintritt der Bedingung werden wird.** Ob auch Mitgesellschafter oder die Geschäftsführer zum Widerspruch berechtigt sind, lässt das Gesetz offen. Mitgesellschafter, für die die Zusammensetzung des Kreises der Gesellschafter durchaus von Belang sein kann, können sich gegen das Eindringen nicht genehmer Personen wirksam durch Vinkulierungsbestimmungen in der Satzung schützen. Verstöße hiergegen kann der Gutglaubensschutz nicht überwinden, weil der gute Glaube an die Verfügungsbefugnis nicht geschützt wird. Enthält der Gesellschaftsvertrag keine Vinkulierungsvorbehalte für die Gesellschafter, ist ihnen ein rechtlich geschütztes Interesse, auf die Zusammensetzung des Personenbestandes der Gesellschaft Einfluss zu nehmen, nicht zuzubilligen, zumal die Erstellung und Änderung der Gesellschafterliste in den Verantwortungsbereich der Geschäftsführer fällt. Den **Mitgesellschaftern** steht daher im Zweifel **kein Widerspruchsrecht** zu.

2535 Ob die **Geschäftsführer zum Widerspruch** berechtigt sind, mag im Hinblick darauf, dass sie jederzeit eine geänderte Liste einreichen und damit den guten Glauben an die Berechtigung eines vorher dort verzeichneten Inhabers faktisch zerstören können, bezweifelt werden. Es kann aber durchaus Fälle geben, in denen die Beteiligungsverhältnisse objektiv zweifelhaft sind. In solchen Fällen sollte den Geschäftsführern nicht zuletzt im Hinblick auf ihre Haftung nach § 40 Abs. 3 GmbHG bei die Gesellschafterliste betreffenden Obliegenheitsverletzungen ein Widerspruchsrecht eingeräumt werden. Sie sollten den gutgläubigen Erwerb von einer eingetragenen Person nicht allein dadurch verhindern können, dass sie eine andere Person in die Liste eintragen, deren Berechtigung ebenfalls zweifelhaft ist.[1]

6. Übergangsregelungen zum neuen Recht

2536 Bei **Gesellschaften, die vor dem Inkrafttreten des MoMiG gegründet worden sind**, finden gem. § 3 Abs. 3 EGGmbHG die Neuregelungen über den gutgläubigen Erwerb eines Geschäftsanteils wie folgt Anwendung: Ist die Gesellschafterliste bereits bei dem Inkrafttreten des MoMiG unrichtig **und** ist dies dem Berechtigten auch zuzurechnen, werden hinsichtlich des betreffenden Geschäftsanteils Rechtsgeschäfte (Anteilsübergänge) erfasst, die sechs Monate nach dem Inkrafttreten des MoMiG erfolgen. Ist die bei Inkrafttreten des MoMiG schon vorhandene Unrichtigkeit dem Berechtigten nicht zuzurechnen, gelten die Regelungen erstmals für Rechtsgeschäfte, die 36 Kalendermonate nach dem Inkrafttreten vorgenommen worden sind. Die Gesellschafter einer GmbH und die Geschäftsführer hatten also genügend Zeit und Gelegenheit, die beim Handelsregister aufgenommene Gesellschafterliste auf etwaige Unrichtigkeiten hin zu überprüfen und auf eine Richtigstellung hinzuwirken. Sie hätten die Gelegenheit auch nutzen sollen, wenn ein Rechtsverlust vermieden werden sollte.

---

[1] Vgl. Harbarth, ZIP 2008, 57, 61.

IV. Leistungsstörung und gesetzliche Gewährleistung beim Kauf von GmbH-Anteilen

Literatur: *Grunewald*, Sach- und Rechtsmängelhaftung beim Kauf von Unternehmensanteilen, NZG 2003, 372; *Fischer*, Die Haftung des Unternehmensverkäufers nach dem neuem Schuldrecht, DStR 2004, 276.

1. Nachträgliche Unmöglichkeit

Bei einer Vinkulierung bleibt der Veräußerungsvertrag (Abtretung) bis zur Erteilung der Genehmigung schwebend unwirksam und der Kaufvertrag (Verpflichtungsgeschäft) über den Kauf des Geschäftsanteils (Rechtskauf) ist noch nicht erfüllt. Wird die Genehmigung nicht erteilt, ist die Übertragung und damit die Erfüllung des Anteilskaufvertrages unmöglich geworden. Bei nachträglicher Unmöglichkeit bleibt zwar der Vertrag wirksam, jedoch besteht ein Leistungsanspruch des Käufers nicht mehr (§ 275 BGB). Dann geht grundsätzlich auch der Anspruch auf den Kaufpreis (Gegenleistung) nach § 326 Abs. 1 Satz 1 BGB verloren. Der Anteilskäufer kann vom Vertrag zurücktreten (§ 326 Abs. 5 BGB). Er kann nach §§ 280 Abs. 1 und Abs. 3, 283 BGB Schadensersatz statt der Leistung verlangen, wobei das Schadensersatzrecht und das Rücktrittsrecht nebeneinander bestehen (§ 325 BGB), und er kann wahlweise auch Aufwendungsersatz aus den §§ 280, 283 und 284 BGB verlangen.

2537

2. Gewährleistung

a) Rechtsmängel

Der Kauf von Geschäftsanteilen an einer GmbH ist ein Rechtskauf. Auf ihn finden gem. § 453 Abs. 1 BGB die Vorschriften über den Kauf von Sachen entsprechende Anwendung. Damit ist eine entsprechende Anwendung der Regeln über die Gewährleistung bei Sachmängeln gemeint, soweit Rechtsmängel vorliegen, nicht aber eine Sachmängelhaftung für Fehler, die einzelne Vermögensgegenstände oder das ganze Unternehmen der GmbH aufweisen.

2538

Danach haftet der Verkäufer eines GmbH-Geschäftsanteils nach § 453 Abs. 1, §§ 434, 437 BGB dafür, dass die GmbH selbst und der Geschäftsanteil in der entsprechenden Größe besteht, dem Verkäufer als Eigentümer gehört und nicht dinglich z. B. mit einem Pfand- oder Nießbrauchsrecht belastet ist, sich die GmbH nicht in Insolvenz oder Liquidation befindet und dass der Geschäftsanteil die vertraglich vorausgesetzten Mitgliedschaftsrechte (Gewinnbeteiligung, Stimmrecht) vermittelt und übernommene Einlagen nicht rückständig sind.

2539

> **BEISPIEL:** Der verkaufte Geschäftsanteil hat einen Nennbetrag von 10 000 €, die Zahlungsverpflichtung hierauf (§ 19 Abs. 1 GmbHG) ist aber entgegen der Versicherung des Verkäufers nicht vollständig erfüllt. Gemäß § 439 BGB ist der Verkäufer in erster Linie dazu verpflichtet, die noch fehlende Einlage nachzuzahlen.

Weist das von der GmbH betriebene Unternehmen (als Sach- und Rechtsgesamtheit) Mängel auf oder begründen Mängel einzelner Gegenstände oder deren Fehlen die Annahme, dass das Unternehmen selbst mangelhaft ist, haftet der Verkäufer des Geschäftsanteils dafür grundsätzlich **nicht nach dem Gewährleistungsrecht.** Denn der Mangel eines zum Vermögen der GmbH gehörenden Unternehmens stellt keinen Man-

2540

gel des Geschäftsanteils selbst dar.[1] Dies wird damit begründet, dass der Käufer eines Geschäftsanteils an einer GmbH zwar die Mitgliedschaftsrechte erwirbt, nicht aber ein unmittelbares Recht an dem von der GmbH betriebenen Unternehmen insgesamt. Dies beruht auf dem Wesen der GmbH als juristischer Person, die personen- und vermögensrechtlich gegenüber dem sie tragenden Gesellschafter verselbständigt ist. Anders kann es aber sein, wenn der Verkäufer eine Garantie für bestimmte Eigenschaften eines Gegenstandes des Betriebsvermögens der GmbH übernimmt.

2541 Eine **Haftung** des Verkäufers eines Geschäftsanteils kann sich aber aus § 280 Abs. 1 Satz 1 BGB wegen der **Verletzung vorvertraglicher Aufklärungspflichten** ergeben. Die Haftung auf Schadensersatz beim Rechtskauf ist zwar verschuldensabhängig, jedoch wird das Verschulden vermutet (§ 280 Abs. 1 Satz 2 BGB). Nach der Rechtsprechung[2] trifft den Verkäufer gegenüber dem Kaufinteressenten eine gesteigerte Aufklärungs- und Sorgfaltspflichtpflicht mit Rücksicht auf die wirtschaftliche Tragweite eines solchen Geschäfts und die regelmäßig erschwerte Bewertung des Geschäftsanteils durch den Kaufinteressenten, der nicht die Informationsquellen hat, wie sie dem Gesellschafter aufgrund seines Informationsrechts zur Verfügung stehen. Eine aktive Aufklärungspflicht besteht jedenfalls hinsichtlich solcher Eigenschaften und Mängel des Unternehmens, wenn für den veräußernden Gesellschafter erkennbar ist oder es sich ihm aufdrängen muss, dass bestimmte Umstände für den Kaufentschluss wichtig sind.

b) Sachmängelhaftung wie beim Unternehmenskauf

Literatur: *Müller, G.*, Zur Haftung des Verkäufers von GmbH-Anteilen für falsche Auskünfte über den Wert des Unternehmens, ZIP 2000, 817; *Fleischer/Körber*, Due diligence und Gewährleistung beim Unternehmenskauf, BB 2001, 841; *Gronstedt/Jörgens*, Die Gewährleistungshaftung bei Unternehmensverkäufen nach dem neuem Schuldrecht, ZIP 2002, 52; *Huber*, Die Praxis des Unternehmenskaufs im Kaufrecht, AcP 202, 179 (2002); *Jacques*, Haftung des Verkäufers für arglistiges Verschweigen bei Unternehmenskauf – Zugleich eine Stellungnahme zu § 444 BGB, BB 2002, 417; *Triebel/Hölzle*, Schuldrechtsreform und Unternehmenskaufverträge, BB 2002, 521; *Weitnauer*, Der Unternehmenskauf nach neuem Kaufrecht, NJW 2002, 2511; *Wolf/Kaiser*, Die Mängelhaftung beim Unternehmenskauf nach neuem Schuldrecht, DB 2002, 411; *Grunewald*, Rechts- und Sachmängelhaftung beim Kauf von Unternehmensanteilen, NZG 2003, 372.

2542 Beim Kauf **sämtlicher oder nahezu sämtlicher Geschäftsanteile** an einer GmbH sind jedoch die Vorschriften über die Sachmängelhaftung analog anzuwenden, weil dies **wirtschaftlich dem Kauf des Unternehmens der GmbH** in seiner Sach- und Rechtsgesamtheit gleichsteht.[3]

2543 Für den Unternehmenskauf gibt es **zwei verschiedene Gestaltungsformen**. Ein Unternehmen kann als Sach- und Rechtsgesamtheit verkauft (sog. **asset-deal**) oder es können alle Anteile an einer Gesellschaft veräußert werden, die Träger des Unternehmens ist (sog. **share-deal**). Wird das Unternehmen als Sach- und Rechtsgesamtheit verkauft, verpflichtet sich der Verkäufer zur Übertragung aller zum Unternehmen gehörenden Wirt-

---

1 BGH v. 12.11.1975 VIII ZR 142/74, BGHZ 65, 246, 250.
2 BGH v. 4.4.2001 VIII ZR 32/00, NJW 2001, 2163.
3 BGHZ 65, 246; BGH v. 4.4.2001 VIII ZR 32/00, NJW 2001, 2163; v. 28.11.2001 VIII ZR 37/01, ZIP 2002, 440.

schaftsgüter¹ wie Sachen, Rechte und sonstige Gegenstände, also z. B. Grundstücke, bewegliche Anlagegüter, Betriebs- und Geschäftsausstattung, Umlaufvermögen, der Firma, Marken, Lizenzen, Kundenstamm, Geschäftsgeheimnisse, Know-how usw. Es liegt dann der Kauf eines „sonstigen Gegenstandes" i. S. d. § 453 Abs. 1 BGB vor, auf den die Vorschriften über den Sachkauf entsprechend anzuwenden sind.

Tätigt man den Unternehmenskauf dadurch, dass **sämtliche oder nahezu sämtliche Geschäftsanteile an einer GmbH gekauft werden**, sind Gegenstand des Kaufes und der Verschaffungspflicht zwar die Geschäftsanteile selbst und es liegt ein Rechtskauf vor, so dass sich die Gewährleistung des Verkäufers im Grunde nur auf Mängel bezieht, die den Geschäftsanteilen selbst anhaften. Wegen der wirtschaftlichen Gleichwertigkeit wird der Verkäufer dennoch für Sach- und Rechtsmängel des zum Vermögen der GmbH gehörenden Unternehmens in gleicher Weise in Haftung genommen, wie wenn die Gegenstände des Gesellschaftsvermögens und damit das Unternehmen (als Sach- und Rechtsgesamtheit) Gegenstand des Kaufes wären. Die Vorschriften über die **Sachmängelgewährleistung** werden **analog** angewendet.[2] Ist der Kauf von GmbH-Geschäftsanteilen wie ein Unternehmenskauf zu behandeln und haftet der Verkäufer auf Gewährleistung für Mängel, die dem Unternehmen selbst anhaften, geht die Gefahr gem. § 446 Satz 1 BGB mit der Übergabe an den Käufer der Anteile über.[3]

Nicht einheitlich ist die Beurteilung, ob auch beim **Kauf einer Mehrheitsbeteiligung** ein Unternehmenskauf vorliegt und der Verkäufer für Mängel des Unternehmens einzustehen hat. Die Rechtsprechung und ein Teil der in der Literatur vertretenen Ansichten verneint dies und nimmt eine Sachmängelgewährleistung nur an, wenn der Käufer sämtliche oder nahezu sämtliche Geschäftsanteile an der GmbH erwirbt.[4] Zum Teil wird verlangt, dass mindestens 80 % der Geschäftsanteile übergehen.[5] Teils wird vertreten, dass über die Verweisung in § 453 Abs. 1 BGB die Sachmängelgewährleistung nunmehr für alle Fälle des Geschäftsanteilskaufes gelte.[6] 2544

Beim Unternehmenskauf ist es – unabhängig von der Gestaltungsform – üblich geworden, dass der **Käufer eine umfassende Untersuchung** der wirtschaftlichen und rechtlichen Verhältnisse des zu kaufenden Unternehmens durchführt. Diese Prüfung nach amerikanischem Vorbild wird als **„due diligence"** bezeichnet und hat die Funktion, die Risiken zu ermitteln, die mit dem Kauf verbunden sind, Feststellungen über den Wert des Unternehmens zu treffen, zur Beweissicherung den Zustand des Unternehmens zu dokumentieren und Gewährleistungsrechte des künftigen Käufers zu sichern, indem Vereinbarungen über die Beschaffenheit und Garantien getroffen werden.[7] Die due diligence umfasst also alle für den Käufer wesentlichen Faktoren der wirtschaftlichen und rechtlichen Situation des Unternehmens wie z. B. der Steuern, Umweltaspekte, be- 2545

---

1 Vgl. BGH v. 28. 11. 2001 VIII ZR 37/01, ZIP 2001, 440.
2 BGH v. 4. 4. 2001 VIII ZR 32/00, NJW 2001, 2163, 2164.
3 BGH v. 25. 3. 1988 VIII ZR 185/96, BGHZ 138, 195, 204.
4 BGH v. 4. 4. 2001 VIII ZR 32/00, NJW 2001, 2163; Müller, ZIP 2000, 817, 822; Grunewald, NZG 2003, 372, 373.
5 Palandt/Weidenhoff § 453 Rz. 23.
6 Gronstedt/Jörgens, ZIP 2002, 52, 53; Wolf/Kaiser, DB 2002, 411, 416.
7 Fleischer/Körber, BB 2001, 841.

hördliche Genehmigungen und Auflagen, das Spektrum der Patente, Lizenzen und Markenrechte, aber auch drohende oder anhängige Rechtsstreite und Struktur und Fortbildungsstand der Belegschaft. Eine Prüfung im Sinne der due diligence wird auch im Rahmen § 16 Abs. 3 GmbHG erwartet, zumal der gute Glaube beim Erwerb von Geschäftsanteilen nur in beschränktem Umfang wirkt (vgl. Rz. 2532).

2546 Für den Verkäufer kann eine vom Käufer durchgeführte due diligence zum Wegfall der Gewährleistungspflicht nach § 442 Abs. 1 Satz 1 BGB führen, wenn der Käufer (wegen der durchgeführten Untersuchung) den Mangel kennt.

2547 Auf der anderen Seite gehen die Ergebnisse der Prüfung meist auch in die vertragliche Regelung der Gewährleistung ein, wie sie beim Unternehmenskauf regelmäßig erfolgen wird. Innerhalb einer solchen Regelung übernimmt der Verkäufer mit einer selbständigen Garantie die Haftung für bestimmte Umstände und Eigenschaften, während im Gegenzug die Gewährleistungshaftung beschränkt wird, indem Schadensersatzansprüche des Käufers der Höhe nach begrenzt oder kürzere Verjährungsfristen vereinbart werden. Solche Haftungsbeschränkungen verstoßen nicht gegen § 444 BGB.

2548 Wird die Gewährleistung bei Unternehmenskauf nicht vertraglich geregelt, greift über § 453 Abs. 1 BGB mit der Verweisung auf die Regeln des Sachkaufs die gesetzliche Gewährleistung ein. Sie gewährt dem Käufer gem. § 437 BGB folgende abgestufte Rechte, wenn das Kaufobjekt (das Unternehmen) mit einem Mangel (Sach- oder Rechtsmangel) behaftet ist.

aa) Nacherfüllungsanspruch

2549 Mit einem Nacherfüllungsanspruch nach § 437 Nr. 1, § 439 BGB, kann der Käufer die Beseitigung des Mangels oder die Lieferung einer mangelfreien Sache verlangen. Der Nacherfüllungsanspruch hat den Vorrang vor den Sekundäransprüchen (wie Rücktritt, Minderung oder Schadensersatz bzw. Aufwendungsersatz). Dies ergibt sich zwar nicht aus einer ausdrücklichen gesetzlichen Regelung, aber daraus, dass die Sekundäransprüche des Käufers wegen eines Mangels erst nach Ablauf einer dem Verkäufer zu setzenden Frist für die Nacherfüllung geltend gemacht werden können.

bb) Rücktritt oder Minderung

2550 Ist die Frist, die dem Verkäufer zur Nacherfüllung gesetzt worden ist, erfolglos abgelaufen, kann der Käufer entweder nach § 437 Nr. 2, §§ 440, 323, 326 Abs. 5 BGB vom Vertrag zurücktreten oder den Kaufpreis mindern (§ 437 Nr. 2, § 441 BGB).

cc) Schadensersatz oder Aufwendungsersatz

2551 Schließlich kann der Käufer gem. § 437 Nr. 3, §§ 440, 280, 281, 283, 311a BGB Schadensersatz oder gem. § 284 BGB Ersatz seiner vergeblichen Aufwendungen verlangen, wenn der Verkäufer den Mangel zu vertreten hat, wobei aber nach § 280 Abs. 1 Satz 2 BGB ein Verschulden des Verkäufers vermutet wird.

c) Mangelbegriff

Das Unternehmen stellt eine Sach- und Rechtsgesamtheit dar. Im Rahmen der Gewährleistung ist zu unterscheiden, ob ein Mangel an einem einzelnen Gegenstand oder am Unternehmen selbst vorliegt.

Ist ein einzelner Gegenstand mangelhaft, kann der Käufer für diesen konkreten Gegenstand die Nacherfüllung verlangen oder nach erfolglosem Ablauf der Nacherfüllungsfrist den Rücktritt erklären, den Kaufpreis mindern oder einen Schadensersatzanspruch geltend machen.

Ist hingegen das Unternehmen insgesamt mangelhaft, betreffen die Gewährleistungsrechte den Unternehmenskaufvertrag, auch wenn er in der rechtlichen Gestalt eines Kaufs sämtlicher oder nahezu sämtlicher Geschäftsanteile einer GmbH abgeschlossen worden ist.

In diesem Zusammenhang sind häufig zwei Fragen in ihren rechtlichen Konsequenzen zu klären, nämlich, ob der Mangel an einzelnen Gegenständen oder ihr Fehlen das Unternehmen als solches mangelhaft werden lassen, und ob ein Mangel des Unternehmens vorliegt, wenn der Verkäufer Angaben zu Umsatz und Ertrag gemacht hat, die tatsächlich nicht erzielbar sind.

aa) Mangel an einzelnen Gegenständen

Unter Geltung des Gewährleistungsrechts vor der Schuldrechtsreform vertrat die Rechtsprechung zunächst die Auffassung, der Mangel an einem einzelnen Gegenstand stelle nur dann auch einen Mangel des Unternehmens als solchem dar, wenn dadurch die wirtschaftliche Grundlage des Unternehmens erschüttert werde,[1] und stellte später nach § 459 Abs. 1 Satz 2 BGB a. F. darauf ab, dass eine nur unerhebliche Minderung des Werts oder der Tauglichkeit keinen Fehler begründe.[2] Nach neuem Recht ist die Erheblichkeit des Fehlers keine Voraussetzung für den Mangel, so dass im Grunde jeder Mangel eines einzelnen Wirtschaftsgutes auch einen Mangel des Unternehmens selbst begründet. Jedoch spielt die Erheblichkeit in Bezug auf das gesamte Unternehmen insoweit eine wichtige Rolle, als der Käufer nicht gem. §§ 434, 437 Nr. 3, § 281 BGB Schadensersatz statt der ganzen Leistung verlangen kann, wenn der Mangel an dem Einzelgegenstand bezogen auf das Unternehmen insgesamt unerheblich ist (§ 281 Abs. 1 Satz 3 BGB). Entsprechendes gilt für den Rücktritt vom Kaufvertrag über ein Unternehmen nach §§ 434, 437 Nr. 2, § 323, weil ein Rücktritt bei unerheblichen Mängeln gem. § 323 Abs. 5 Satz 2 BGB ausgeschlossen ist.

bb) Umsatz und Ertrag

Nach altem Kaufrecht galten nach h. M. Umsatz und Ertrag eines Unternehmens grundsätzlich nicht als Beschaffenheitsmerkmale oder Eigenschaften, weil Umsatz und Gewinn (Ertrag) im Regelfall überwiegend auf der persönlichen Leistung des Unternehmers beruhten und nicht dem Unternehmen selbst zuzuordnen seien. Den Umsatz und

---

1 BGH v. 27. 2. 1970 I ZR 103/88, WM 1970, 819, 821.
2 BGH v. 14. 7. 1976 I ZR 154/76, NJW 1979, 33.

den Ertrag sah die Rechtsprechung nur dann als zusicherungsfähige Eigenschaft an, wenn sich die Angaben auf einen längeren und mehrjährigen Zeitraum erstreckten und aus diesem Grund verlässlich Anhaltspunkte für die Einschätzung der Ertragskraft und des Werts des Unternehmens boten.[1] Diese an den Rechtsfolgen orientierte Rechtsprechung hatte zur Folge, dass der Verkäufer bei falschen Angaben über Umsatz und Ertrag grundsätzlich nach den Regeln über das Verschulden bei Vertragsschluss haften musste und der Anspruch des Käufers regelmäßig erst nach 30 Jahren verjährte (§ 195 BGB a. F.). Nur wenn die Umsatz- und Ertragsangaben sich auf einen mehrjährigen Zeitraum erstreckten, ergab sich eine Haftung aus § 463 Satz 1 BGB a. F., für die aber die kurze Verjährungsfrist nach § 477 BGB a. F. galt.

2558 Der Regierungsentwurf zur Schuldrechtsreform geht davon aus, dass im (neuen) Kaufvertragsrecht keine Veranlassung mehr bestehe, den Eigenschaftsbegriff hinsichtlich Umsatz und Ertrag einschränkend auszulegen, weil der Käufer nunmehr ein Nachbesserungsrecht habe, Schadensersatzansprüche auch bei (zu vermutender) Fahrlässigkeit des Verkäufers geltend machen könne und zudem seine Gewährleistungsansprüche nicht mehr in der kurzen Frist von sechs Monaten verjährten, sondern jetzt die zweijährige Frist gelte.[2] Hieraus wird zum Teil gefolgert, nunmehr seien Umsatz und Ertrag Beschaffenheitsmerkmale i. S. v. § 434 BGB.[3] Auf der anderen Seite dringt die Meinung vor, es solle nicht allein nach den Rechtsfolgen entschieden werden, wenn es um die Frage gehe, ob Umsatz oder Ertrag Beschaffenheitsmerkmale eines Unternehmens seien. Die Reform des Schuldrechts hat nämlich nichts daran geändert, dass Faktoren, die nicht dem Unternehmen anhaften, sondern sich im Einsatz und dem Geschick des Unternehmers selbst manifestieren oder von außen einwirken wie konjunkturelle Entwicklungen und Wechselkurse, Umsatz und Ertrag beeinflussen. Deshalb seien die Größen grundsätzlich nicht Beschaffenheitsmerkmale, sondern nur dann, wenn sich die Angaben auf einen längeren Zeitraum beziehen.[4]

2559–2580 (*Einstweilen frei*)

V. Sonstige Verfügungen über einen Geschäftsanteil

Literatur: *Flore/Lewinski*, Beteilungsformen am GmbH-Geschäftsanteil, GmbH-StB 2003, 102.

1. Allgemeines

2581 Unter „Abtretung" i. S. d. § 15 GmbHG ist jede Veräußerung durch Rechtsgeschäft unter Lebenden zu verstehen. Hierher rechnet deshalb auch die nur treuhänderische Übertragung eines Geschäftsanteils an einen Treuhänder, der Gesellschafter mit allen Rechten und Pflichten wird. Entsprechendes gilt auch für die Sicherungsübereignung.

---

1 Vgl. BGH v. 30. 3. 1990 V ZR 13/99, NJW 1990, 1658; v. 8. 2. 1995 VIII ZR 8/94, NJW 1995, 1547; v. 3. 2. 1999 VIII ZR 14/98, NJW 1999, 1404.
2 § 438 Abs. 1 Nr. 3 BGB.
3 Gronstedt/Jörgens, ZIP 2002, 52, 55; Wolf/Kaiser, DB 2002, 411, 414; Triebel/Hölzle, BB 2002, 521, 525.
4 Weitnauer, NJW 2002, 2511; Huber, AcP 202 (2002) 179, 225; Jacques, BB 2002, 417, 418.

Andere Möglichkeiten, über einen Geschäftsanteil zu verfügen, ohne dass dieser veräußert wird, sind beispielsweise die Verpfändung und die Bestellung eines Nießbrauches. 2582

Da die Satzung den wesentlich weiter reichenden Vorgang der Veräußerung abweichend vom Gesetz regeln kann, gilt dies auch für sonstige Verfügungen. Nachfolgend seien einige dieser sonstigen Verfügungsmöglichkeiten dargestellt. 2583

2. Nießbrauch an einem Geschäftsanteil

Literatur: *Reichert/Schlitt*, Nießbrauch an GmbH-Geschäftsanteilen – Gesetzliche Grundlagen und Vertragsgestaltung, Unternehmen Steuern, 1997, 217; *Wachter*, Vorbehaltsnießbrauch an GmbH-Geschäftsanteilen, GmbH-StB 1999, 172; *Meyer*, Der Nießbrauch an GmbH-Geschäftsabteilen und an Aktien, 2002; *Kussmann*, (Zuwendungs-)Nießbrauch an GmbH-Geschäftsanteil, ErbStB 2003, 250; *Siebert*, H.a.a.S. Report: Hinweis auf aktuelles Steuerrecht – Nießbrauch an GmbH-Anteilen, StB 2004, 369; *Fricke*, Der Nießbrauch an einem GmbH-Geschäftsanteil – Zivil- und Steuerrecht, GmbHR 2008, 739.

a) Bestellung

Gemäß § 1068 BGB kann Gegenstand des **Nießbrauchs** auch ein (unmittelbar oder mittelbar nutzungsfähiges) Recht sein. Deshalb kann auch an einem Geschäftsanteil einer GmbH ein Nießbrauch bestellt werden, und zwar gem. § 1069 Abs. 1 BGB in der Form des § 15 Abs. 3 GmbHG (notarielle Beurkundung). Die schuldrechtliche Verpflichtung selbst bedarf keiner Form. Beschränkungen und insbesondere Zustimmungserfordernisse, welche die Satzung für die Abtretung vorsieht, gelten auch für die Nießbrauchbestellung. Der Gesellschaftsvertrag kann die Bestellung eines Nießbrauchsrechtes auch ganz ausschließen. Ist die Abtretung eines Geschäftsanteiles satzungsgemäß ausgeschlossen, dann entfällt auch eine Nießbrauchsbestellung, da gem. § 1069 BGB nur ein übertragbares Recht mit einem Nießbrauch belastet werden kann. Zwar ist die Nießbrauchsbestellung unabhängig von der Eintragung in die Gesellschafterliste wirksam, weil die Belastung eines Geschäftsanteils keine Änderung in der Person des Gesellschafters oder des Umfangs seiner Beteiligung bewirkt. 2584

Der Nießbrauchberechtigte erwirbt aber erst mit der Offenlegung der Belastung gegenüber den Geschäftsführern die Befugnis, seine Rechte unmittelbar gegenüber der Gesellschaft wahrzunehmen, also insbesondere seinen Anspruch auf die Gewinnausschüttung geltend zu machen, damit die GmbH nicht mehr mit befreiender Wirkung an den Gesellschafter leisten kann.

Als höchstpersönliches Recht ist der Nießbrauch nicht übertragbar und erlischt mit dem Tode des Berechtigten oder durch Zeitablauf. Von dem Grundsatz der Nicht-Übertragbarkeit macht jedoch § 1059a BGB bei juristischen Personen und rechtsfähigen Personengesellschaften (OHG und KG) im Fall der Gesamtrechtsnachfolge eine Ausnahme, es sei denn, der Übergang ist ausdrücklich ausgeschlossen worden. 2585

b) Arten

Nach der Art der Entstehung des Rechts unterscheidet man zwischen Zuwendungsnießbrauch, Vorbehaltsnießbrauch und Vermächtnisnießbrauch. Zivilrechtlich hat dies 2586 keinen Einfluss auf den Inhalt des Rechts, jedoch können sich steuerrechtlich unterschiedliche Konsequenzen für die Zuordnung der Einkünfte ergeben.

2587 Beim **Zuwendungsnießbrauch** behält der Gesellschafter den Geschäftsanteil und räumt einem Dritten das Recht auf die Nutzungen durch die Bestellung des Nießbrauchs ein. Die kann unentgeltlich, entgeltlich oder teilentgeltlich geschehen.

2588 Von einem **Vorbehaltsnießbrauch** spricht man, wenn (umgekehrt) der Gesellschafter seinen Geschäftsanteil (und damit verbunden auch seine mitgliedschaftlichen Rechte) überträgt und die Nutzungen, insbesondere den Anspruch auf die Gewinnausschüttungen, zurückbehält. Die Bestellung des Nießbrauchs durch den Erwerber stellt keine Gegenleistung für die Übertragung des Geschäftsanteils dar, auch wenn im Übrigen die Übertragung entgeltlich oder unentgeltlich erfolgt.

2589 Ein **Vermächtnisnießbrauch** liegt vor, wenn aufgrund einer letztwilligen Verfügung des Gesellschafters (Erblassers) dem Vermächtnisnehmer durch die Erben oder sonst letztwillig Bedachten an dem Geschäftsanteil der Nießbrauch eingeräumt wird.

c) Inhalt

2590 Von der inhaltlichen Gestaltung werden drei Formen des Nießbrauchs unterschieden: der Nießbrauch mit voller Gesellschafterstellung (sog. **Treuhandlösung**), der Nießbrauch unter Aufspaltung der Mitgliedschaft (sog. **Nießbrauchslösung**) und der **Ertragsnießbrauch**. Die Folge der zwar zulässigen, aber in der Praxis wenig gebräuchlichen Treuhandlösung ist, dass der Gesellschafter seine Mitgliedschaft zu treuen Händen auf den Nießbraucher überträgt, der damit auf Zeit für die Dauer des Nießbrauchs Gesellschafter mit allen Rechten und Pflichten wird, während der Besteller aus der Gesellschaft ausscheidet. Lediglich im Innenverhältnis wird die Gesellschafterstellung i. d. R. auf die Nutzungen begrenzt.

Die heute vorherrschende Meinung sieht dagegen in der Nießbrauchsbestellung die volle dingliche Belastung der Mitgliedschaft ohne volle Übertragung des Geschäftsanteils an, die zulässig ist, wenn der Anteil übertragbar ist und die Mitgesellschafter zustimmen.[1] Die Rechtszuständigkeit wird zwischen Nießbraucher und Gesellschafter so gespalten, dass dem Nießbraucher keine mitgliedschaftlichen Rechte zustehen und ihm nur die Nutzungen und die Wahrnehmung der laufenden Angelegenheiten gebühren. Beim Ertragsnießbrauch stehen dem Nießbraucher lediglich die Ansprüche auf den Gewinnanteil zu, während alle übrigen Gesellschafterrechte und -pflichten dem Nießbrauchsbesteller verbleiben. Das Zusammenwirken bzw. die Ausübung der Rechte wird im Innenverhältnis zwischen Gesellschafter und Nießbraucher geregelt.[2] In der **Praxis** dürfte der **Nießbrauchslösung** der Vorzug zu geben sein, bei der dem Nießbraucher nur die vermögensrechtlichen Elemente der Beteiligung zugewiesen werden, die Verwaltungsrechte aber beim Gesellschafter verbleiben.

2591 Der Nießbraucher an einem GmbH-Geschäftsanteil hat **Anspruch** auf die Nutzungen (Früchte), d. h. auf den **Gewinnanteil**, der auf den belasteten Geschäftsanteil entfällt.

---

1 Vgl. BGH v. 9.11.1998 II ZR 213/97, NJW 1999, 571.
2 Vgl. auch Fricke, GmbHR 2008, 739, 741.

Mit Gewinnanteil ist der **ausgeschüttete Gewinnanteil** gemeint und nicht der volle in der Bilanz festgestellte Gewinn. Daraus folgt, dass dem Nießbraucher sämtliche während der Dauer des Nießbrauchsrechts ausgeschütteten Gewinne zustehen, unabhängig von dem Zeitpunkt ihrer Entstehung und davon, ob sie aus Gewinnvorträgen oder Rücklagen vor der Bestellung des Nießbrauchs stammen. Umgekehrt gebühren aber Ausschüttungen aus Gewinnrücklagen, die während der Dauer des Nießbrauchs gebildet wurden, dem Gesellschafter, wenn sie nach Ende des Nießbrauchs erfolgen.

Der **Nießbraucher** wird aber **nicht Gesellschafter** und **Inhaber der mitgliedschaftlichen Rechte** (und Pflichten); diese verbleiben bei dem Gesellschafter.[1] Dies bedeutet, dass der Gesellschafter auf der einen Seite nicht nur rückständige Einlagen oder satzungsmäßige Nachschüsse zu erbringen hat und ihn auch eine Ausfallhaftung trifft, sondern andererseits auch die Mitverwaltungsrechte und das Auskunfts- und Einsichtsrecht behält (§ 51a GmbHG). Auch das Recht auf Teilnahme an der Gesellschafterversammlung und das Stimmrecht steht grundsätzlich weiter allein dem Gesellschafter zu.

2592

Bei einer **Kapitalerhöhung** stehen die Bezugsrechte grundsätzlich weiterhin dem Gesellschafter zu.[2] Umstritten ist jedoch, ob sich der **Nießbrauch an dem neuen Geschäftsanteil fortsetzt**, wobei zu differenzieren ist, ob die Kapitalerhöhung gegen Einlagen oder aus Gesellschaftsmitteln erfolgt. Bei **Kapitalerhöhungen aus Gesellschaftsmitteln** erstreckt sich der Nießbrauch automatisch auf erhöhte oder neue Geschäftsanteile. Bei der **Kapitalerhöhung gegen Einlagen** (des Gesellschafters) soll nach einer Meinung sich der Nießbrauch auch auf die neuen Geschäftsanteile erstrecken, während nach anderer Auffassung der Anspruch auf den darauf entfallenden Gewinnanteil dem Gesellschafter und dem Nießbraucher gemeinsam zustehen soll und verhältnismäßig zu teilen sei.[3] Der Gesellschafter soll dann von dem auf den neuen Anteil entfallenden Gewinn den Betrag beanspruchen können, der dem Verhältnis des Verkehrswertes des Anteils vor der Kapitalerhöhung zu seiner neuen Einlage entspricht. Ähnliche Überlegungen gelten, wenn der neue Anteil unter Marktwert ausgegeben wird und der alte Anteil durch die Kapitalerhöhung an Wert verliert (Transfer stiller Reserven).[4]

2593

Im Hinblick darauf kann und sollte **vereinbart** werden, **ob** und **unter welchen Voraussetzungen** sich der Nießbrauch auch auf die **neuen Geschäftsanteile erstrecken** soll und wie die darauf entfallende **Gewinnausschüttung zu verteilen** ist. Sonderrechte und -pflichten des Gesellschafters, die mit dem Geschäftsanteil (satzungsgemäß) verbunden sind, und damit verbundene Vergütungen oder Verbindlichkeiten bleiben ebenfalls als Ausfluss seines Mitgliedschaftsrechts beim Gesellschafter.

2594

Wenn der Nießbraucher bei der Gesellschaft angemeldet ist, kann er die **Gewinnauszahlung unmittelbar** von der GmbH aus **eigenem Recht** fordern. Da der Anspruch eine beschlossene Gewinnausschüttung voraussetzt und das Stimmrecht beim Inhaber des Geschäftsanteils verbleibt, besteht für den **Nießbraucher die Gefahr**, dass die Gesellschafter durch Änderung der Satzung oder sich wiederholende Beschlüsse, die erwirt-

2595

---

1 Vgl. OLG Koblenz v. 16.1.1992 6 U 963/91, GmbHR 1992, 464.
2 Hueck/Fastrich in Baumbach/Hueck, GmbHG, § 15 Rz. 54.
3 Vgl. BGH v. 27.9.1982 II ZR 140/81, GmbHR 1983, 148.
4 Fricke, GmbHR 2008, 739, 743 m.w.N.

schafteten **Gewinne** weitgehend zu **thesaurieren**, sein Recht wirtschaftlich aushöhlen. Zwar können dem Nießbraucher in einem solchen Fall des „Aushungerns"[1] Schadensersatzansprüche zustehen oder solche Beschlüsse können wegen Sittenwidrigkeit unwirksam sein (§ 138 BGB), dies dürfte aber regelmäßig schwer nachzuweisen sein. Deshalb ist eine vertragliche Absicherung des Nießbrauchers gegenüber dem Gesellschafter auf alle Fälle ratsam.

2596 Dringend zu empfehlen ist auch, eine Vereinbarung darüber zu treffen, ab **welchem Zeitpunkt dem Nießbraucher welche Gewinne zustehen** sollen. Grundsätzlich ist der Nießbraucher berechtigt, die während des Nießbrauchs beschlossenen Gewinnausschüttungen zu vereinnahmen (§ 101 BGB). Er soll aber Erträge aus der Auflösung stiller Reserven des Anlagevermögens, die vor Bestellung des Nießbrauchs gebildet worden sind, nicht vereinnahmen dürfen,[2] wohl aber die Ausschüttung von Gewinnen, die vor Bestellung des Nießbrauchs thesauriert worden sind, ohne dass dem Gesellschafter ein Ausgleichsanspruch zusteht.[3]

d) Ausübung des Stimmrechts

2597 Die umstrittene Frage, ob das Stimmrecht dem Gesellschafter verbleibt oder nunmehr dem Nießbraucher zusteht, dürfte mit der überwiegenden Meinung dahin zu beantworten sein, dass das **Stimmrecht allein von dem Gesellschafter** ausgeübt werden kann. Aus dem Nießbrauchs-Rechtsverhältnis folgt aber die Pflicht des Gesellschafters, sein Stimmrecht nicht zum Nachteil des Nießbrauchers auszuüben, z. B. bei Abstimmung über die Ergebnisverwendung. Teilweise wird angenommen, dass der Nießbraucher in solchen Fällen das Recht hat, dem Gesellschafter Weisung für sein Abstimmungsverhalten zu erteilen. Nicht nur zulässig, sondern anzuraten ist es, zwischen Gesellschafter und Nießbraucher eine **Stimmrechtsbindung** zu vereinbaren und diese möglichst durch eine Vertragsstrafe abzusichern. Am besten können Auseinandersetzungen vermieden werden, wenn die Mitgesellschafter vorab ihre Zustimmung zur Ausübung des Stimmrechts durch den Nießbraucher erklären.[4] Zulässig ist auch, den Nießbraucher mit der Ausübung des Stimmrechts zu bevollmächtigen, die Erteilung einer unwiderruflichen Stimmrechtsvollmacht ist jedoch wie die dingliche Übertragung des Stimmrechts nicht möglich, da dies gegen das Abspaltungsverbot der Gesellschafterkernrechte verstieße.

e) Sonstige Rechte aus dem Nießbrauch

2598 An **Surrogaten des Geschäftsanteils** setzt sich der Nießbrauch automatisch fort. Der Anspruch auf eine Liquidationsquote, ein Abfindungsguthaben oder auf eine Vergütung für den eingezogenen Geschäftsanteil ist i. S. d. §§ 1077, 1079 BGB ein Surrogat für den mit dem Nießbrauch belasteten Geschäftsanteil. Der Nießbraucher kann also verlangen, dass an ihn und den Gesellschafter gemeinschaftlich gezahlt und das Kapi-

---

1 Vgl. BFH v. 1. 3. 1994 VIII R 35/92, BStBl II 1995, 241.
2 BFH v. 28. 1. 1992 VIII R 207/85, BStBl II 1992, 605.
3 So Beck-GmbH-HB/Schacht, § 12 Rz. 154; BFH v. 21. 5. 1986 I R 199/84, BStBl II 1986, 794.
4 Vgl. Goette, Anm. zu BGH v. 22. 1. 1996 II ZR 191/94, DStR 1996, 713 ff.

tal nach seiner Bestimmung gem. § 1079 BGB neu angelegt und ihm der Nießbrauch daran bestellt wird.

Ein mit dem Geschäftsanteil verbundenes **Bezugsrecht** zum Erwerb weiterer Anteile bei einer Kapitalerhöhung und der neue Geschäftsanteil gehen **nicht** auf den Nießbraucher über, denn diese sind keine Nutzungen, also kein Ertrag des nießbrauchbelasteten Anteils.[1] Etwas anderes gilt bei Kapitalerhöhung aus Gesellschaftsmitteln auch nicht für das Bezugsrecht, jedoch setzt sich der Nießbrauch ohne weiteres an dem neuen Anteil fort. Es sollte auf jeden Fall aber vertraglich geregelt werden, ob der Nießbraucher das Bezugsrecht für den Gesellschafter ausüben darf und ob der Nießbrauch für den neuen Anteil dem Nießbraucher zustehen soll oder für ihn zu bestellen ist.

2599

Über den Geschäftsanteil selbst kann der Nießbraucher nicht verfügen. Er kann auch ein Vorkaufsrecht nicht ausüben und schließlich auch den Nießbrauch selbst nicht übertragen.

2600

3. Verpfändung eines Geschäftsanteils

Literatur: *Leuering/Simon*, Die Verpfändung von GmbH-Geschäftsanteilen, NJW-Spezial 2005, 171; *Leuschner*, Die Teilverpfändung von GmbH-Anteilen, WM 2005, 2161; *Reymann*, Die Verpfändung von GmbH-Geschäftsanteilen, DNotZ 2005, 425.

Die Verpfändung eines Geschäftsanteils stellt die **Verpfändung eines Rechts** dar und ist zulässig (§ 1274 Abs. 2 BGB), soweit die Abtretung des Geschäftsanteils zulässig ist. Schließt die Satzung die Abtretung aus, ist auch die Verpfändung nicht zulässig. Die Satzung kann aber auch die Abtretung gestatten und dennoch die Verpfändung gesondert an besondere Voraussetzungen und Zustimmungsvorbehalte binden, sie einschränken, ausschließen oder sogar erleichtern.

2601

Für die Bestellung des Pfandrechts gelten die Vorschriften für die Übertragung eines GmbH-Geschäftsanteils. Danach ist zwar das Verpflichtungsgeschäft formlos gültig, die Verpfändung selbst bedarf aber gem. § 15 Abs. 3 GmbHG i.V.m. § 1274 Abs. 1 BGB der notariellen Beurkundung. Zur Wirksamkeit der Verpfändung im Verhältnis des Gesellschafters zum Pfändungsgläubiger oder im Verhältnis zu Dritten bedarf es weder einer Anzeige nach § 1280 BGB noch einer Anmeldung bei der GmbH.[2] Will der Pfandgläubiger seine Rechte aber gegenüber der Gesellschaft geltend machen, ist eine Offenlegung gegenüber der GmbH erforderlich. Schränkt der Gesellschaftsvertrag die Abtretung durch weitere Voraussetzungen ein, gilt dies auch für die Verpfändung.[3]

2602

Im Gegensatz zur **Sicherungsabtretung eines Geschäftsanteils** (vgl. nachstehend Rz. 2610) geht bei der Verpfändung der Geschäftsanteil nicht auf den Pfandnehmer über. Die Verpfändung eröffnet nur die Möglichkeit, den Geschäftsanteil nach Fälligkeit der gesicherten Forderung **(bei Pfandreife)** zu verwerten. Der Pfandgläubiger erwirbt keine Mitgliedschaftsrechte wie das Stimmrecht oder den Gewinnanspruch. Der Pfandgläubiger hat nur dann ein Gewinnbezugsrecht, wenn ausdrücklich ein sog. Nutzungs-

2603

---

[1] Lutter/Hommelhoff, GmbHG, § 15 Rz. 101; BGH v. 27.9.1982 II ZR 140/81, WM 1982, 1433.
[2] Scholz/Seibt, GmbHG, § 15 Rz. 175.
[3] Hueck/Fastrich in Baumbach/Hueck, GmbHG, § 15 Rz. 49.

pfandrecht bestellt worden ist (§§ 1273, 1213 BGB) oder auch künftige Gewinnanteile verpfändet werden, da es auch möglich ist, neben dem Geschäftsanteil das Gewinnbezugsrecht zu verpfänden, sofern es nach dem Gesellschaftsvertrag abtretbar ist. Jedoch setzt sich das Pfandrecht an Surrogaten wie der Liquidationsquote und einem Abfindungsguthaben fort.[1]

2604 Im Übrigen gewährt das Pfandrecht dem Pfändungsgläubiger nur das Recht auf „**Befriedigung aus dem Pfande**", d. h., Verwertung des Geschäftsanteiles nach Maßgabe des § 1277 BGB, die grundsätzlich durch öffentliche Versteigerung erfolgt. Vereinbaren Gesellschafter und Pfandgläubiger freihändigen Verkauf, dann ist hierfür notarielle Beurkundung gem. § 15 GmbHG nicht erforderlich, wohl aber für den dann abzuschließenden Kaufvertrag und die dingliche Übertragung des Geschäftsanteils, bei der dann auch Beschränkungen aus § 15 GmbHG i. V. m. dem Gesellschaftsvertrag zum Zuge kommen. Bedarf die Abtretung der Genehmigung und ist die Verpfändung genehmigt worden, so gilt diese Genehmigung auch für die Verwertung. Zu beachten ist, dass eine vor der Pfandreife getroffene Vereinbarung, wonach der Geschäftsanteil nach Eintritt des Sicherungsfalls an den Pfandgläubiger zu übertragen ist (**Verfallvereinbarung**), gem. § 1229 BGB **nichtig** ist. Erst nach Eintritt der Pfandreife können Anteilsinhaber und Pfandgläubiger vereinbaren, dass der Geschäftsanteil außerhalb einer öffentlichen Versteigerung vom Pfandgläubiger übernommen werden soll.[2]

2605 Wird der Geschäftsanteil jedoch versteigert, so erwirbt der Dritte den Geschäftsanteil mit dem Zuschlag. Die Form des § 15 GmbHG ist nicht zu beachten.

2606 Gesellschaftliche **Mitgliedschaftsrechte** kann der Pfandgläubiger ebenso wenig ausüben wie der Nießbrauchsberechtigte. Es kann aber deren Ausübung durch den Pfandgläubiger vereinbart werden. Das Stimmrecht bleibt also grundsätzlich dem verpfändenden Gesellschafter. Denkbar ist jedoch, dass der Gesellschafter dem Pfandgläubiger eine Stimmrechtsvollmacht erteilt, wenn solche Vollmachtserteilungen durch den Gesellschaftsvertrag nicht ausgeschlossen sind.

2607 Es sollten jedenfalls im Verpfändungsvertrag genaue Regelungen zu den Mitgliedschaftsrechten und insbesondere zu der Ausübung des Gewinnbezugsrechts und des Stimmrechts getroffen werden.

2608 Gemäß § 1276 BGB kann ein verpfändetes Recht nur mit Zustimmung des Pfandgläubigers geändert oder aufgehoben werden. Aufgrund dieser Bestimmung kann der Pfandgläubiger aber keine Gesellschafterrechte erwerben. § 1276 BGB schützt den Pfandgläubiger nicht gegen Gesellschafterbeschlüsse (auch Satzungsänderungen), die zu einer Beeinträchtigung seiner Rechtsstellung führen. Unter Umständen können solche Beschlüsse aber Schadensersatzansprüche aus § 826 BGB auslösen. Auch „**rechtsgestaltende Akte**" der GmbH und des Gesellschafters, die den Geschäftsanteil betreffen (z. B. Einziehung, Ausschließung, Austritt u. Ä.) sind zulässig und wirksam; zweifelhaft ist allerdings, ob der Gesellschafter ohne Zustimmung des Pfandgläubigers eine ordentliche Kündigung erklären kann.

---

1 Scholz/Seibt, GmbHG, § 15 Anm. 184.
2 Palandt/Bassenge, BGB, § 1229 Anm. 1.

Entstehen infolge der Einziehung des Geschäftsanteils oder der Ausschließung Abfindungsansprüche des Gesellschafters, setzt sich das Pfandrecht an solchen Surrogaten automatisch fort.

2609

4. Sicherungsübertragung eines Geschäftsanteils

Die einer Verpfändung wirtschaftlich nahe kommende **Sicherungsübertragung** ist nach § 15 Abs. 3 und Abs. 4 GmbHG beurkundungspflichtig. Sie stellt sich als eigennützige Treuhand zur Sicherung von Forderungen des Treuhänders (Sicherungstreuhand) dar. Wie bei jeder Abtretung kann der Gesellschaftsvertrag die Sicherungszession des Geschäftsanteils an besondere Voraussetzungen knüpfen (Vinkulierung). Verlangt die Satzung für die Verpfändung eines Geschäftsanteils die Zustimmung der Gesellschaft, gilt dieses Erfordernis auch für eine Sicherungsübertragung. Ist die GmbH personalistisch strukturiert, ist die Zustimmung der Gesellschafter erforderlich.

2610

Wie die Abtretung bei der Bestellung des Sicherungsrechts bedarf auch die Rückübertragung des Geschäftsanteils nach Wegfall des Sicherungszwecks grundsätzlich der notariellen Beurkundung nach § 15 Abs. 3 GmbHG, es sei denn, die Sicherungsübertragung ist unter der auflösenden Bedingung für den Fall erfolgt, dass die gesicherte Forderung erfüllt wird (z. B. das gesicherte Darlehen dem Treuhänder und Darlehensgeber zurückgezahlt wird).

2611

Mit der Sicherungsübertragung (**Abtretung**) geht der Geschäftsanteil mit allen Rechten und Pflichten auf den Sicherungsnehmer über. Da bei Sicherungsübereignung eines Geschäftsanteils wegen der Beurkundungspflicht ein Notar mitwirken muss, erfolgt durch ihn gem. § 40 Abs. 2 GmbHG die Änderung der Gesellschafterliste und ihre Übermittlung an das Handelsregister sowie die Mitteilung der Änderung an die GmbH durch den Notar. Mit Aufnahme der geänderten Liste in das Handelsregister gilt nach § 16 Abs. 1 GmbHG der Sicherungsnehmer gegenüber der Gesellschaft als Inhaber des Geschäftsanteils, nimmt an den Gesellschafterversammlungen (als Gesellschafter) teil, ist zur Stimmabgabe berechtigt und hat Anspruch auf die Dividende. Im Gegensatz zur Verpfändung des Geschäftsanteils behält der (sicherungsgebende) Gesellschafter nicht seine Mitgliedschaftsrechte und verliert auch seinen unmittelbaren Einfluss auf die Geschäftsführung sowie seine Informationsrechte.

2612

Im **Innenverhältnis** zwischen Sicherungsgeber (Treugeber) und Sicherungsnehmer (Treuhänder) kann die zugrunde liegende Sicherungsabrede (Treuhandvereinbarung) abweichende Regelungen vorsehen, etwa in der Weise, dass der Sicherungsnehmer das Stimmrecht nur in Absprache mit dem Sicherungsgeber ausübt oder dieser weiterhin – ausgestattet mit einer Stimmrechtsvollmacht – das Stimmrecht selbst ausübt. Im Außenverhältnis ist der Sicherungsnehmer – wie jeder Treuhänder – jedoch Inhaber des Vollrechts, so dass der Sicherungsgeber gegen abredewidrige Verfügungen des Sicherungsnehmers bezüglich des Geschäftsanteils nicht geschützt und auf schuldrechtliche Ersatzansprüche verwiesen ist. Ein Schutz dagegen lässt sich aber erreichen, in-

2613

dem bereits vorab eine (auf solche Fälle) aufschiebend bedingte Übertragung des Geschäftsanteils vom Sicherungsnehmer auf den Sicherungsgeber vereinbart wird.[1]

2614 Wird bei **Eintritt der Bedingung,** also dem Wirksamwerden der erneuten Veränderung in der Inhaberschaft des Geschäftsanteils, die Gesellschafterliste **nicht geändert, wird die Liste unrichtig.** Dies kann bei einer Verfügung des (nicht mehr) berechtigten, aber noch als Inhaber eingetragenen Sicherungsnehmers zu einem gutgläubigen Erwerb des Geschäftsanteils durch den dritten Erwerber gem. § 16 Abs. 3 GmbHG führen. Es liegt also im Interesse des Sicherungsgebers, den Rückerwerb des Geschäftsanteils den Geschäftsführern mitzuteilen und sicherzustellen, dass diese unverzüglich die geänderte Liste bei dem Handelsregister zur Aufnahme einreichen. Geschieht dies nicht, bleibt nur der Weg, gem. § 16 Abs. 3 Satz 3 und 4 GmbHG der Liste einen **Widerspruch** zuordnen zu lassen. Um allen Risiken vorzubeugen, kann es für die **Praxis** zu empfehlen sein, dass sich der Sicherungsgeber **vorab** die **Zuordnung des Widerspruchs bewilligen** lässt (§ 16 Abs. 4 GmbHG). Die Zuordnung des Widerspruchs zur Berechtigung des Sicherungsnehmers ist möglich, weil nach § 16 Abs. 3 Satz 5 GmbHG eine Gefährdung des Rechts des Widersprechenden (= Sicherungsgebers) nicht glaubhaft gemacht werden muss. Es kommt also nicht darauf an, ob konkret die Gefahr einer abredewidrigen Verfügung des Sicherungsnehmers über den Geschäftsanteil besteht oder nicht.

2615 Hat der Sicherungsnehmer (Treuhänder) den Geschäftsanteil unmittelbar von dem Sicherungsgeber (Treugeber) erworben, ist dieses Rechtsverhältnis auch insolvenz- und zwangsvollstreckungsfest. Am Beispiel einer Sicherungszession an den Darlehensgeber bedeutet dies:

2616 Fällt der **Treugeber** (Darlehensnehmer) in **Insolvenz,** kann der Treuhänder (Kreditgeber) die abgesonderte Befriedigung verlangen, falls seine Forderung noch besteht.[2] In der Einzelzwangsvollstreckung kann sich der Darlehensgeber eines Zugriffs der Gläubiger des Darlehensschuldners mit der Drittwiderspruchsklage nach § 771 ZPO erwehren.[3]

2617 In der **Insolvenz des Treuhänders** (Kreditgebers) hat der Treugeber (Darlehensschuldner) ein Aussonderungsrecht nach § 47 InsO, wenn er seine Verbindlichkeit erfüllt und hierzu berechtigt ist. In der Einzelzwangsvollstreckung gegen den Sicherungsnehmer (Kreditgeber) kann sich der Treugeber gegen die Pfändung durch die Drittwiderspruchsklage wehren, solange der Treuhänder (Sicherungsnehmer) noch nicht zur Verwertung des Treuguts (Geschäftsanteil) berechtigt ist.[4] Ist die Verwertungsreife aber bereits eingetreten, entfällt diese Möglichkeit.

5. Pfändung eines Geschäftsanteils (Zwangsvollstreckung)

2618 Die Zwangsvollstreckung in einen Geschäftsanteil durch einen Gläubiger des Gesellschafters setzt einen Vollstreckungstitel voraus und erfolgt durch Pfändung.

---

1 Vgl. OLG Hamm v. 23. 5. 1997 19 U 150/96, GmbHR 1997, 950.
2 BGH v. 26. 10. 1961 VII ZR 107/60, NJW 1962, 46.
3 BGH v. 13. 5. 1981 VIII ZR 117/80, BGHZ 80, 296.
4 BGH v. 28. 6. 1978 VIII ZR 60/77, BGHZ 72, 144.

Hierzu bedarf es eines Pfändungsbeschlusses des zuständigen Vollstreckungsgerichts und seiner Zustellung an den Schuldner (§§ 857, 829 ZPO). Nach h. M. ist erst mit der Zustellung an die GmbH die Pfändung bewirkt, weil die GmbH als „Drittschuldner" angesehen wird.[1] Ab der Pfändung darf der Gesellschafter nicht zum Nachteil des Gläubigers über seinen Geschäftsanteil verfügen, dem Gesellschafter verbleibt aber das Stimmrecht, solange die Verwertung noch nicht angeordnet ist.

2619

Sollte die Gesellschaft im Zeitpunkt der Pfändung bereits aufgelöst sein, erstreckt sich das Pfändungspfandrecht auch auf den Anspruch des Gesellschafters auf seinen Anteil am Liquidationserlös. Da auch die Pfändung einzelner vermögenswerter Rechte aus dem Geschäftsanteil möglich ist, empfiehlt es sich für den Gläubiger, neben dem Geschäftsanteil auch den Anspruch auf den Gewinnanteil und den Liquidationserlös zu pfänden.

2620

In der Satzung kann die **Pfändung nicht wirksam ausgeschlossen** werden; ebenso haben Beschränkungen in der Satzung und Zustimmungsvorbehalte (Vinkulierungen), die für eine Abtretung von Geschäftsanteilen nach § 15 Abs. 5 GmbHG gelten, gegenüber einer Pfändung und der anschließenden Verwertung (durch gerichtlich angeordnete öffentliche Versteigerung nach §§ 857 Abs. 5, 821 ZPO) oder freihändige Veräußerung nach § 844 ZPO keine Wirkung, weil § 15 Abs. 5 GmbHG nur für freiwillige Verfügungen über den Geschäftsanteil gilt und nicht den Gesellschafter vor einem Zugriff seiner Gläubiger auf den Geschäftsanteil schützen soll.[2] Auch das Interesse der Gesellschaft, das Eindringen Fremder in die Gesellschaft ohne ihre Genehmigung und die Erfüllung bestimmter Voraussetzungen zu verhindern, muss hinter dem Interesse der Gläubiger des Gesellschafters zurücktreten.

2621

Wer in der Versteigerung den Zuschlag erhält, erwirbt den Geschäftsanteil, ohne dass es auf Genehmigungen u. Ä. ankäme. Der Erwerber muss aber den Erwerb unter Nachweis seines Rechtes am Geschäftsanteil den Geschäftsführern mitteilen (§ 40 Abs. 1 Satz 2 GmbHG), damit diese unverzüglich die Veränderung in die Gesellschafterliste eintragen und diese beim Handelsregister einreichen und der Erwerber so nach Aufnahme der Liste in das HR gegenüber der Gesellschaft als Inhaber des Geschäftsanteils gilt (§ 16 Abs. 1 GmbHG).

2622

Insbesondere die Gesellschafter einer personalistisch verfassten GmbH haben regelmäßig ein Interesse daran, sich dagegen zu schützen, dass auf diese Weise gegen ihren Willen ein Dritter Gesellschafter wird.

2623

Wenig hilfreich ist hierfür, wenn im Gesellschaftsvertrag für den Fall der Pfändung (oder aber auch der Insolvenz des Gesellschafters) und der anschließenden Verwertung der Gesellschaft oder den übrigen Gesellschaftern ein Vorkaufsrecht (§§ 463 ff. BGB) eingeräumt wird. Denn bei einem Verkauf im Wege der Zwangsvollstreckung (oder aus der Insolvenzmasse) ist ein Vorkaufsrecht ausgeschlossen (§ 471 BGB).

2624

Der bessere und erfolgversprechende Weg, um das Eindringen eines unerwünschten Dritten in die Gesellschaft zu verhindern, ist eine Bestimmung im Gesellschaftsvertrag,

2625

---

1 Vgl. Scholz/Seibt, GmbHG, § 15 Rz. 195.
2 Vgl. BGH v. 12. 6. 1975 II ZR 12/73, BGHZ 65, 22; v. 19. 6. 2000 II ZR 79/99, BGHZ 144, 365.

dass bei einer Zwangsvollstreckung in den Geschäftsanteil die **Einziehung** des Geschäftsanteiles gegen Zahlung eines vollwertigen Entgeltes zulässig sein soll,[1] die etwa so lauten kann:

„Ein Geschäftsanteil kann auch ohne Zustimmung des betroffenen Gesellschafters eingezogen werden, wenn durch einen Gläubiger des Gesellschafters Zwangsvollstreckungsmaßnahmen in den Geschäftsanteil betrieben werden und der Gesellschafter nicht innerhalb einer Frist von drei Monaten deren Aufhebung bewirkt. Das Einziehungsentgelt wird nach dem Verkehrswert des Geschäftsanteils bemessen."

2626 Die Gesellschafter sollten der Versuchung widerstehen, speziell auf die Pfändung des Geschäftsanteils oder den Fall der Insolvenz zugeschnittene Einziehungsklauseln in der Satzung zu verankern, die kein oder kein vollwertiges Entgelt vorsehen. Solche Einziehungsklauseln sind unwirksam, weil sie einseitig die Gläubiger des Gesellschafters benachteiligen und durch Aushöhlung des gepfändeten Anteils darauf hinzielen, die Befriedigung der Gläubiger zu vereiteln.[2]

2627 Wirksam ist jedoch eine **Einziehungsklausel** (Satzungsbestimmung), die für alle Fälle der zwangsweisen Einziehung des Geschäftsanteils ein unter dem vollen Wert (Verkehrswert) liegendes Einziehungsentgelt (Abfindung) vorsieht. Diese muss auch der Vollstreckungsgläubiger gegen sich gelten lassen, weil er nur ein Pfandrecht an einem Geschäftsanteil erwirbt, der von vornherein mit einer solchen Satzungsregel inhaltlich belastet ist, die es den Gesellschaftern erlaubt, dem Gläubiger den Pfandgegenstand als Verwertungsobjekt zu entziehen und ihn auf ein nicht vollwertiges Einziehungsentgelt zu verweisen.[3] Das Pfändungspfandrecht setzt sich dann an dem Einziehungsentgelt fort. Freilich steht die Wirksamkeit der Einziehung unter dem Vorbehalt, dass mit der Zahlung der Abfindung durch die Gesellschaft nicht in das Stammkapital eingegriffen wird.[4]

2628 Denkbar ist auch eine Bestimmung des Gesellschaftsvertrages, dass die Gesellschaft das Recht haben soll, den pfändenden Gläubiger zu befriedigen und sodann den Geschäftsanteil – gleichgültig zu welchen Bedingungen – einzuziehen.

2629 Am zweckmäßigsten dürfte es sein, wenn der Gesellschaftsvertrag Einziehung zum vollen Wert oder Befriedigungsrecht des Gläubigers wahlweise zulässt.

2630 Vermerkt sei schließlich noch, dass ähnlich wie beim Vorkaufsrecht weder eine Anbietungspflicht noch ein Übernahmerecht die übrigen Gesellschafter schützt; diese Bestimmungen binden nur den Gesellschafter, nicht aber den vollstreckenden Gläubiger.

2631 Wie im Falle einer Verpfändung, so bleiben auch nach der Pfändung eines Geschäftsanteils im Wege der Zwangsvollstreckung die Gesellschafterrechte, insbesondere das Stimmrecht, bei dem Gesellschafter. Mitgliedschaftsrechte kann auch der vollstrecken-

---

1 Hueck/Fastrich in Baumbach/Hueck, GmbHG, § 15 Rz. 61, m.w.N.; OLG Hamburg v. 26.4.1996 11 U 189/95, DB 1996, 1175.
2 Vgl. BGH v. 12.6.1975 II ZB 12/73, BGHZ 65, 22, 26 ff.; v. 19.6.2000 II ZR 79/99, BGHZ 144, 365.
3 BGHZ 65, 22, 25; BGH v. 17.2.2001 II ZR 348/99, DStR 2002, 461.
4 BGH v. 19.6.2000 II ZR 79/99, BGHZ 144, 365.

de Gläubiger nicht ausüben. Sie gehen erst mit der Verwertung (Versteigerung oder freihändiger Verkauf) auf den Erwerber als neuem Gesellschafter über.

Wird über das Vermögen des Gesellschafters das **Insolvenzverfahren** eröffnet, fällt der Geschäftsanteil **ohne Abtretung in die Insolvenzmasse**; Vinkulierungen, die die Satzung nach § 15 Abs. 5 GmbHG vorsieht, gelten nicht. Der Insolvenzverwalter übt – im Gegensatz zum Gläubiger in der Einzelvollstreckung – die Mitgliedschaftsrechte, wie z. B. das Stimmrecht aus, sofern die Satzung nicht vorsieht, dass dieses Recht während einer Gesellschafterinsolvenz ruht. Der Insolvenzverwalter kann den Geschäftsanteil in den Formen des § 15 Abs. 3 und 4 GmbHG veräußern, ohne an satzungsmäßige Beschränkungen gebunden zu sein. 2632

(*Einstweilen frei*) 2633–2660

6. Teilung eines Geschäftsanteils (Stückelung)

Unter der Teilung eines Geschäftsanteils versteht man **die reale Teilung** eines Anteils in mehrere Teilgeschäftsanteile (Stücke) **nach Nennbeträgen**, so dass mehrere selbständige Geschäftsanteile entstehen. Die Summe der entstandenen Geschäftsanteile muss dem Nennbetrag des ursprünglichen Geschäftsanteils entsprechen. Jeder, der einen Teilgeschäftsanteil erwirbt, wird Gesellschafter und Inhaber der damit verbundenen Rechte und Pflichten. 2661

a) Freie Teilbarkeit

Mit dem MoMiG hat der Gesetzgeber die **Teilung von Geschäftsanteilen freigegeben** und den § 17 GmbHG aufgehoben. Davor galt als Grundsatz, dass der GmbH-Geschäftsanteil unteilbar ist; ausnahmsweise ließ § 17 Abs. 6 GmbHG die Teilung nur zu, wenn sie der Veräußerung oder Vererbung dienen sollte. Außerdem konnte die Satzung die Teilung zusätzlich erschweren, indem sie an die Erfüllung bestimmter Voraussetzungen wie z. B. die Zustimmung einer qualifizierten Mehrheit der Gesellschafter oder einen Mindestnennbetrag geknüpft oder sogar ganz ausgeschlossen wurde. Damit sollte der Handel mit GmbH-Geschäftsanteilen unterbunden und es sollten die Gesellschafter – vornehmlich bei personenbezogenen Gesellschaften – davor geschützt werden, dass der Gesellschafterkreis gegen ihren Willen erweitert werden konnte.[1] Schließlich machte § 17 Abs. 1 GmbHG die Veräußerung des Teilgeschäftsanteils – vorbehaltlich einer Satzungsbestimmung nach § 17 Abs. 3 GmbHG zur Freigabe der Veräußerung an einen Mitgesellschafter oder der Teilung unter den Erben eines verstorbenen Gesellschafters – von der Genehmigung durch die Gesellschaft abhängig. 2662

Nach geltendem Recht gibt es **keine zweckbestimmten gesetzlichen Einschränkungen** mehr für die **Teilung** und die Zusammenlegung von Geschäftsanteilen. Es müssen lediglich die für Geschäftsanteile allgemein geltenden Bestimmungen eingehalten werden: Der Nennbetrag jedes Geschäftsanteils muss auf volle Euro lauten und die Summe der Nennbeträge muss mit dem Stammkapital übereinstimmen. Ansonsten kann jeder Gesellschafter – wie schon bei der Gründung durch Übernahme – durch beliebige Tei- 2663

---

1 BGH v. 9.6.1954 II ZR 70/53, BGHZ 14, 25, 34.

lung seines Geschäftsanteils Inhaber mehrerer Geschäftsanteile mit unterschiedlich hohen Nennbeträgen werden und kann umgekehrt durch **Zusammenlegung** mehrerer seiner Geschäftsanteile Inhaber von Geschäftsanteilen in geringerer Zahl mit entsprechend höheren Nennbeträgen werden. Diese **freie Stückelung** von Geschäftsanteilen bietet in der **Praxis** einige Vorteile, weil Teile von bestehenden Geschäftsanteilen leichter veräußert oder verpfändet werden können, indem zuvor neue Anteile mit den gewünschten Nennbeträgen gebildet und anschließend veräußert oder zu Sicherungszwecken verwendet werden können. Weil die Teilung nicht mehr nur für einen konkreten Veräußerungsfall mit Bezeichnung eines bestimmten Erwerbers zulässig ist, dürfte eine **Vorratsteilung** des Geschäftsanteils in der Hand des Gesellschafters möglich[1] sein.

b) Zuständigkeit der Gesellschafterversammlung

2664 Die **Teilung und die Zusammenlegung von Geschäftsanteilen** fällt in den **Aufgabenbereich der Gesellschafterversammlung** (§ 46 Nr. 4 GmbHG). Da die früheren gesetzlichen Einschränkungen entfallen sind, überlässt es der Gesetzgeber allein der Bestimmung und Verantwortung der Gesellschafter, wie sie mit der freien Stückelung und Teilung von Geschäftsanteilen umgehen wollen. Deshalb können sie im Gesellschaftsvertrag oder durch spätere Änderung der Satzung Vorgaben für die Teilung von Geschäftsanteilen machen und insbesondere den Beschlussvorbehalt nach § 46 Nr. 4 GmbHG an eine qualifizierte Mehrheit binden oder eine bestimmte Mindesthöhe des Nennbetrags der durch Teilung entstehenden Geschäftsanteile vorschreiben. Die Satzung kann die Teilung und die Zusammenlegung von Geschäftsanteilen aber auch anderen Gesellschaftsorganen übertragen. Die Satzung kann auch bestimmen, dass eine Veräußerung von Geschäftsanteilen, die durch Teilung entstanden sind, der Genehmigung der Gesellschaft bedürfen. Die **Genehmigungserklärung** selbst hat der **Geschäftsführer** gegenüber dem veräußernden Gesellschafter oder gegenüber dem Erwerber **abzugeben**. Sie ist auch dann wirksam und bindet die Gesellschaft, wenn es an einem vorherigen Zustimmungsbeschluss der Gesellschafterversammlung fehlt.[2]

c) Änderung der Gesellschafterliste

2665 Die Teilung von Geschäftsanteilen führt zwar im Hinblick auf den Umfang der Beteiligung des einzelnen Gesellschafters nicht zu einer Veränderung. Denn das prozentuale Verhältnis zum Stammkapital ändert sich durch eine Aufspaltung der Beteiligung in mehrere Geschäftsanteile nicht. Aus dem Sinn und Zweck der Gesellschafterliste nach § 40 GmbHG, den Gesellschafter als Inhaber eines Geschäftsanteils und dessen Umfang auszuweisen, folgt jedoch, dass auch die **Veränderung der Zahl und der Nennbeträge der von einem Gesellschafter übernommenen Geschäftsanteile in der Gesellschafterliste einzutragen** sind. Andernfalls taugte die Gesellschafterliste nicht mehr als Rechtsscheingrundlage für einen gutgläubigen Erwerb. Die Gesellschafterliste wird nämlich mit der Teilung von Geschäftsanteilen unrichtig, wenn sie einen bestimmten

---

1 Unter Geltung des § 17 Abs. 2 GmbHG a. F. unzulässig: OLG Frankfurt v. 7. 6. 1977 20 W 353/77, DB 1977, 2180.
2 Vgl. BGH v. 9. 6. 1954 II ZR 70/53, BGHZ 14, 25, 32; v. 14. 3. 1988 II ZR 211/87, BB 1988, 994.

Gesellschafter weiter als Inhaber eines Geschäftsanteils in bestimmter Höhe ausweist, während er in Wahrheit nach der Teilung Inhaber mehrerer Geschäftsanteile mit niedrigeren Nennbeträgen ist, deren Summe nur dem Nennbetrag des geteilten Geschäftsanteils entspricht.

Der wirksame Teilungsbeschluss ist also den Geschäftsführern zu übermitteln, die unverzüglich eine geänderte Gesellschafterliste mit den Personalien der Gesellschafter sowie den laufenden Nummern der durch Teilung entstandenen Geschäftsanteile und deren Nennbeträge erstellen, unterschreiben und beim Handelsregister einzureichen haben. Um im Verhältnis zur GmbH als Inhaber der Geschäftsanteile zu gelten, bedarf es wohl keiner Aufnahme der Liste in das HR, weil der Gesellschafter weiterhin in gleichem Umfang wie bisher beteiligt bleibt.

Werden Geschäftsanteile zusammengelegt, gilt Entsprechendes für die Umsetzung des Gesellschafterbeschlusses und die Aktualisierung der Gesellschafterliste. 2666

Geht mit der Teilung von Geschäftsanteilen oder der Zusammenlegung eine Veränderung der Rechtszuständigkeit einher, weil abgespaltene Teilgeschäftsanteile auf einen Mitgesellschafter oder einen Dritten übertragen und dort möglicherweise wieder zusammengelegt werden sollen, liegen Abtretungsvorgänge mit Einzelrechtsnachfolge vor, die der notariellen Beurkundung bedürfen und den mitwirkenden Notar verpflichten, anstelle der Geschäftsführer die Gesellschafterliste zu ändern und beim HR einzureichen. Dann gelten die veränderten Beteiligungsverhältnisse gegenüber der GmbH erst mit Aufnahme der Liste in den entsprechenden Datenspeicher beim HR. 2667

(*Einstweilen frei*) 2668–2680

7. Unterbeteiligung am GmbH-Geschäftsanteil

Durch **Unterbeteiligung** kann ein Dritter an einem GmbH-Geschäftsanteil (im Innenverhältnis) beteiligt werden, ohne dass der Unterbeteiligte Gesellschafter der GmbH wird oder sonst dingliche Rechte am Geschäftsanteil oder mitgliedschaftliche Rechte aus dem Geschäftsanteil erwirbt. Begründen der Gesellschafter und ein Dritter eine Unterbeteiligung, liegt eine reine Innengesellschaft vor. Gesamthandsvermögen in Bezug auf den Geschäftsanteil entsteht nicht. Die Unterbeteiligung stellt keine Verfügung über den Geschäftsanteil dar, so dass ihre Einräumung nicht der Form des § 15 Abs. 3 und 4 GmbHG bedarf und sie auch ohne Einhaltung satzungsgemäßer Zustimmungserfordernisse der Gesellschaft oder der Gesellschafter oder sonstiger Beschränkungen wirksam vereinbart werden kann. 2681

Gerade bei einer weitgehenden Vinkulierung bietet sich die Unterbeteiligung an, wenn eine Zustimmung zur Aufteilung des Geschäftsanteils nicht erreicht werden kann, zumal die Unterbeteiligung der Gesellschaft nicht mitgeteilt werden muss. Verbietet allerdings die Satzung die Einräumung einer Unterbeteiligung, kann ein Verstoß als wichtiger Grund für die Ausschließung des Gesellschafters gelten. Ist nach der Satzung aber nur die Zustimmung zur Abtretung eines Geschäftsanteils nötig, ist die Einräumung einer Unterbeteiligung allein kein Ausschließungsgrund.[1] Nur wenn der Gesellschafter dem Unterbeteiligten – unter Verstoß gegen die Treuepflichten – geheimzuhaltende Angelegenheiten der Gesellschaft mitteilt, oder der Unterbeteiligte gesellschaftsschädigende Interessen verfolgt, oder über den Hauptbeteiligten mittelbar schädigenden Einfluss auf die Geschäftsführung nimmt, kann dies zur Ausschließung führen.

2682 Im Verhältnis zur GmbH erwirbt der Unterbeteiligte keine Vermögens- oder Mitwirkungsrechte. Im Verhältnis zum Hauptgesellschafter wird der Unterbeteiligte – entsprechend der konkreten Gestaltung des Vertrages im Einzelfall – mit schuldrechtlicher Wirkung an den Dividenden, die auf den Geschäftsanteil entfallen, an den Wertsteigerungen einschließlich eines Liquidationserlöses oder eines Abfindungsguthabens oder an beidem beteiligt. Ebenso können dem Unterbeteiligten im Verhältnis zum Hauptbeteiligten Rechte zur Mitwirkung bei der Stimmabgabe und Teilhabe an den Auskunftsrechten eingeräumt werden, sofern dem der Gesellschaftsvertrag nicht entgegensteht. Eine abredewidrige Stimmabgabe ist aber wirksam, jedoch können dem Unterbeteiligten hieraus Schadensersatzansprüche gegen den Gesellschafter erwachsen.

2683 Nach dem Unterbeteiligungsvertrag kann der Unterbeteiligte eine **Einlage** zu leisten haben. Diese geht in das Vermögen des Hauptbeteiligten über. Während des Unterbeteiligungsverhältnisses hat der Unterbeteiligte nur den Anspruch auf die Gewinnbeteiligung. Endet das Unterbeteiligungsverhältnis (z. B. durch Zeitablauf, Kündigung oder Ende der Mitgliedschaft des Hauptbeteiligten), hat der Unterbeteiligte grundsätzlich nur Anspruch auf Rückerstattung seiner Einlage und auf Auszahlung der bis dahin beschlossenen Gewinnausschüttungen, es sei denn, der Vertrag sieht – im Innenverhältnis – auch eine Beteiligung am Wertzuwachs oder einem Liquidationserlös oder Abfindungsguthaben vor. Dann ist der Unterbeteiligte insoweit in Geld abzufinden. Denkbar ist aber auch, die reale Teilung des Geschäftsanteils oder seine Übertragung auf den Unterbeteiligten oder die Verwertung durch Verkauf zu vereinbaren. Solche Klauseln bedürfen aber zu ihrer Wirksamkeit der notariellen Beurkundung nach § 15 Abs. 4 GmbHG.

a) Typische Unterbeteiligung

2684 Vornehmlich steuerlich wird zwischen typischer Unterbeteiligung mit bloßer Beteiligung an den Gewinnausschüttungen (Dividende) und atypischer Unterbeteiligung unterschieden, bei der der Unterbeteiligte auch an den Wertveränderungen des Geschäftsanteils (in Gestalt der stillen Reserven) und einem Veräußerungs- und Liquidationserlös beteiligt ist und im Innenverhältnis dem Unterbeteiligten Mitverwaltungsrechte eingeräumt werden.[2] Die steuerliche Anerkennung der Unterbeteiligung, die zur Verlagerung von Kapitaleinkünften auf den Unterbeteiligten führt, setzt voraus, dass die Unterbeteiligung zivilrechtlich wirksam vereinbart ist, inhaltlich den unter Fremden üblichen Bedingungen entspricht und tatsächlich wie unter Fremden vollzogen wird.

---

[1] Vgl. OLG Frankfurt v. 7.9.1991 11 U 21/91 und BGH v. 12.10.1992 II ZR 245/91, DStR 1992, 1661, mit Anm. Goette.
[2] Vgl. BFH v. 18.2.1993 IV R 132/91, BFH/NV 1993, 647.

Bei der **typischen Unterbeteiligung**, die dem Unterbeteiligten nur einen Anspruch auf einen Teil der Ausschüttung gewährt, hat der Hauptbeteiligte weiter Beteiligungseinkünfte – im Privatvermögen oder Betriebsvermögen – in Höhe der Bruttodividende (einschließlich Kapitalertragsteuer = Abgeltungssteuer von 25 v. H.) i. S. v. § 20 Abs. 1 Nr. 1 EStG, für die ab 2009 nicht das Teileinkünfteverfahren nach § 3 Nr. 40 EStG gilt (§ 3 Nr. 40d Satz 2 EStG), wenn die Einkünfte nicht zu den Einkünften aus Land- und Forstwirtschaft, Gewerbebetrieb, selbständiger Arbeit oder Vermietung und Verpachtung gehören. Sind die Einnahmen gem. § 20 Abs. 8 EStG den vorgenannten Einkunftsarten zuzurechnen, sind sie bei natürlichen Personen und Personengesellschaften ab 2009 nur noch zu 40 v. H. steuerfrei. Bei Ausschüttungen an Kapitalgesellschaften sind sie bis auf 5 v. H. steuerfrei (§ 8b Abs. 1 und 5 KStG). Die an den Unterbeteiligten gezahlten Dividendenanteile stellen grundsätzlich Werbungskosten oder Betriebsausgaben dar, die aber der Abzugsbeschränkung auf 60 v. H. nach § 3c Abs. 2 EStG unterliegen, bei Kapitalgesellschaften (als Hauptbeteiligtem) aber wegen der Nichtanwendbarkeit von § 3c Abs. 1 EStG abziehbar sind (§ 8 Abs. 5 Satz 2 KStG).

2685

Der Unterbeteiligte erzielt keine Dividendeneinkünfte, weil er nicht Gesellschafter ist, sondern wie der typisch stille Gesellschafter Kapitaleinkünfte gem. § 20 Abs. 1 Nr. 4 EStG,[1] wenn die Unterbeteiligung zu seinem Privatvermögen gehört, ansonsten Betriebseinnahmen, wenn die Unterbeteiligung im Betriebsvermögen gehalten wird. Mit dem Abzug der vom Hauptbeteiligten nach § 43 Abs. 1 Nr. 3 EStG einzubehaltenden Kapitalertragsteuer ist gem. § 43 Abs. 5 EStG die Einkommensteuer abgegolten, es sei denn, es läge ein Fall des § 32d Abs. 2 EStG vor oder die Einkünfte gehörten zu den Gewinneinkünften oder zu den Einkünften aus Vermietung und Verpachtung. Auf Antrag ist auch eine gesonderte Steuerberechnung nach § 32d Abs. 1 EStG möglich.

2686

Eine gesonderte und einheitliche Feststellung der Einkünfte nach § 180 Abs. 1 Nr. 2a AO findet nicht statt.

2687

(*Einstweilen frei*)

2688

b) Atypische Unterbeteiligung

Die atypische Unterbeteiligung, die den Unterbeteiligten an den Wertveränderungen des GmbH-Geschäftsanteils teilhaben lässt und ihm im Innenverhältnis Mitverwaltungsrechte einräumt, führt zu einem Splitting der Dividendeneinkünfte im Verhältnis der Beteiligung von Haupt- und Unterbeteiligtem. Der atypisch Unterbeteiligte wird so behandelt, als habe er seinen Anteil an der Dividende unmittelbar von der GmbH erhalten, so dass auch er Einnahmen i. S. v. § 20 Abs. 1 Nr. 1 EStG einschließlich der einbehaltenen Kapitalertragsteuer hat.[2] Mit dem Steuerabzug ist die Einkommensteuer sowohl beim Haupt- als auch beim Unterbeteiligten abgegolten. Gehören die Einkünfte zu den Gewinneinkünften oder zu den Einkünften aus Vermietung und Verpachtung, gelten die Regeln wie bei einem typisch Unterbeteiligten. Dass die KapErtSt-Bescheinigung,

2689

---

[1] BFH v. 28. 11. 1990 I R 111/88, BStBl II 1991, 313.
[2] BFH v. 18. 5. 2005 VIII R 34/01, BStBl II 2005, 857.

die die GmbH ausstellt, nicht auf seinen Namen lautet, steht einem Abzug bei seiner Steuerschuld nicht entgegen.

Die Höhe der in der Unterbeteiligungsgesellschaft gemeinsam erzielten Einkünfte wird im Feststellungsverfahren nach § 180 Abs. 1 Nr. 2a AO gesondert und einheitlich festgestellt, ebenso wie die auf den Haupt- und den Unterbeteiligten entfallenden Anteile an den Einkünften und der KapErtSt. Auf die Dividendeneinnahmen ist ab 2009 grundsätzlich das Teileinkünfteverfahren anzuwenden.

2690 Räumt der Hauptbeteiligte die atypische Unterbeteiligung entgeltlich ein, wird dies steuerlich als teilweise Veräußerung des GmbH-Geschäftsanteils und Erwerb eines Teilgeschäftsanteils durch den Unterbeteiligten angesehen. Bei Vorliegen der weiteren Voraussetzungen kann auch bei einer im Privatvermögen gehaltenen GmbH-Beteiligung ein steuerpflichtiger Spekulationsgewinn nach § 23 Abs. 1 Nr. 2 EStG (bei einer untern 1 v. H. liegenden Beteiligung) oder ein Veräußerungsgewinn nach § 17 EStG entstehen, wenn die Beteiligung des Hauptgesellschafters mindestens 1 v. H. am Stammkapital der GmbH beträgt. Durch die Einräumung einer atypischen Unterbeteiligung vermindert sich die Beteiligung des Hauptbeteiligten (steuerlich) um die dem Unterbeteiligten überlassene Quote. Sinkt dadurch der Anteilsbesitz unter die steuerrelevante Quote von 1 v. H., bleibt der Rest für weitere fünf Jahre nach § 17 Abs. 1 Satz 1 EStG steuerverhaftet.

Wird die Unterbeteiligung beendet, stellt dies steuerlich die Rückveräußerung des Teilgeschäftsanteils an den Hauptbeteiligten dar. Der beim Unterbeteiligten u. U. entstehende Veräußerungsgewinn in Höhe des Unterschieds zwischen seiner Einlage und der Abfindung, vermindert um die Veräußerungskosten, kann nach § 17 EStG steuerpflichtig sein, wenn seine Unterbeteiligungsquote bezogen auf das Stammkapital der GmbH 1 v. H. oder mehr betragen hat. Der Hauptbeteiligte hat in Höhe der Abfindung Anschaffungskosten auf seine Beteiligung.

2691 Für die genannten Veräußerungsgewinne nach § 17 EStG gilt das (auf 40 v. H. eingeschränkte) Teileinkünfteverfahren bzw. die Steuerfreistellung bei Kapitalgesellschaften bis auf 5 v. H. (§ 8 Abs. 3 KStG).

2692–2710 (*Einstweilen frei*)

VI. Erbfolge und Schenkung

Literatur: *Crezelius*, Gestaltungen mit Nachfolgeklauseln – Rechtsnachfolge in Gesellschafterbeteiligungen, EStB 2000, 15; *Sterzenbach*, Die Übertragung von GmbH-Anteilen unter Lebenden und von Todes wegen, NWB F. 18, 3737, NWB DokID: VAAAA-74787; *Ammenwerth*, Der Übergang von GmbH-Anteilen, ErbBstg 2001, 109; *Bäcker*, Geordneter Rückzug – GmbH-Nachfolge: Die Übertragung von GmbH-Anteilen unter Lebenden und von Todes wegen, GmbH-Stpr. 2002, 127; *Bornmüller*, Anteile/Vererbung und Schenkung, GmbHBer 12/2002; *Flore*, Die GmbH im Erbfall – Gestaltung der Nachfolge in der Satzung, GmbH-Stb 2002, 209; *Lubitz/Wolsfeld*, Nachfolge in eine GmbH, ErbBstg 2002, 239; *Sina*, Widerruf und Zweckverfehlung einer Schenkung von GmbH-Anteilen, GmbHR 2002, 58; *Klümpen-Neusel*, Fortsetzungs-, Nachfolge-, Eintritts- und Abtretungsklausel, ErbBstg 2005, 262; *Langner/Heydel*, Vererbung von GmbH-Geschäftsanteilen – Sicherstellung einer familieninternen Nachfolge, GmbHR 2005, 377; *dies.*, Nachfolgeklauseln im GmbH-Gesellschaftsvertrag, GmbHR 2006, 291.

1. Grundsatz der Vererblichkeit des GmbH-Geschäftsanteils

Gemäß § 15 Abs. 1 GmbHG ist der **Geschäftsanteil** an einer GmbH **frei vererblich**. Die Vererblichkeit eines Geschäftsanteils kann – anders als bei Anteilen an Personengesellschaften – nicht ausgeschlossen oder beschränkt werden. Die in § 15 Abs. 5 GmbHG zugelassenen Beschränkungen gelten nur für Rechtsgeschäfte unter Lebenden, nicht aber für die Vererbung.

2711

Mit dem Tod des Gesellschafters geht der Geschäftsanteil unmittelbar und ungeteilt auf den Erben oder die Erben in Erbengemeinschaft über (Gesamtrechtsnachfolge). Es kann nicht durch die Satzung bestimmt werden, dass der Geschäftsanteil unmittelbar im Wege der Sonderrechtsnachfolge auf einen Dritten oder die GmbH übergehen soll. In Betracht kommt allenfalls, eine Übertragung auf eine dritte Person zu Lebzeiten des Erblassers, aber aufschiebend bedingt durch den Todesfall durchzuführen, wobei aber besondere rechtliche Voraussetzungen zu beachten sind (vgl. hierzu näher unten Rz. 2738). Soll eine am Gesellschaftsvertrag nicht beteiligte Person unmittelbar in den Geschäftsanteil nachfolgen, scheitert die bedingte Übertragung i. d. R. daran, dass § 15 Abs. 3 GmbHG nicht erfüllt ist und Verfügungen zugunsten eines Dritten ohne dessen Mitwirkung wegen der unzulässigen Belastung auch mit den Pflichten aus der Gesellschafterstellung unwirksam sind.

2712

Zwar kann die Vererblichkeit durch die Satzung nicht eingeschränkt werden, es kann aber durch Satzungsbestimmungen weitestgehend verhindert werden, dass nicht erwünschte Gesellschafter eintreten, oder Vorsorge dagegen getroffen werden, dass der Geschäftsanteil an erwünschte Personen übergeht. Hierzu kann die Satzung eine **Abtretungspflicht des Erben** oder ein **Einziehungsrecht** der Gesellschaft oder sonstige, mit dem Tod des Gesellschafters eintretende **Beschränkungen** in Bezug auf den Geschäftsanteil vorsehen. Es sollte stets darauf geachtet werden, dass die **gesellschaftsvertragliche Nachfolgeklausel** (vgl. unten Rz. 2725 ff.) mit der letztwilligen Verfügung abgestimmt ist.

2713

Der GmbH-Geschäftsanteil geht nach § 1922 BGB mit allen Rechten und Pflichten unmittelbar auf den gesetzlichen oder durch Testament berufenen Erben über. Der Übergang bedurfte nach § 16 Abs. 1 GmbHG a. F. keiner Anmeldung bei der Gesellschaft, weil keine Veräußerung vorlag. Die neue Fassung des § 16 Abs. 1 GmbHG hebt auf die **Veränderung** in den Personen der Gesellschafter ab und lässt im Verhältnis zur Gesellschaft nur die Person als Inhaber eines Geschäftsanteils gelten, der als solcher (= Inhaber) in der im Handelsregister aufgenommenen **Gesellschafterliste (§ 40 GmbHG)** eingetragen ist. Die Eintragung durch die Geschäftsführer zur Änderung der Liste erfolgt auf Mitteilung und Nachweis. Der Erbe oder die Erben eines Geschäftsanteils müssen den Übergang unter Vorlage des **Erbscheins** oder eines sonstigen geeigneten Nachweises (z. B. Eröffnungsprotokolls des Testaments) den Geschäftsführern mitteilen und sich so darum kümmern, dass die Liste aktualisiert wird. Die Geschäftsführer werden i. d. R. die Vorlage eines Erbscheins verlangen müssen, damit sie sich nicht einer Haftung nach § 40 Abs. 3 GmbHG wegen einer Obliegenheitsverletzung in Bezug auf die Gesellschafterliste aussetzen.

2714

2. Bedeutung letztwilliger Verfügungen

2715 Soll die Erbfolge nicht kraft Gesetzes eintreten, muss sie durch letztwillige Verfügung (Testament oder Erbvertrag) geregelt werden. Niemand kann sich indes durch einen Vertrag unter Lebenden rechtswirksam verpflichten, eine Verfügung von Todes wegen zu errichten oder nicht zu errichten oder aufzuheben oder nicht aufzuheben. Diese Testierfreiheit (§ 2302 BGB) kann auch ein Gesellschaftsvertrag der GmbH (Satzung) nicht beschränken. Eine Bestimmung der Satzung wie *„Die Geschäftsanteile sind vererblich; die Gesellschafter sind verpflichtet, den Gesellschafter X zu ihrem Erben einzusetzen"* ist deshalb nichtig.

2716 Der Gesellschaftsvertrag selbst kann aber die Nachfolge von Gesellschaftern bei der GmbH und letztlich den Verbleib des Geschäftsanteils eines verstorbenen Gesellschafters regeln. Solche Regeln des Gesellschaftsvertrages können – wie andere Satzungsbestimmungen auch – nur durch Satzungsänderung beseitigt oder geändert werden, nicht aber durch einen Gesellschafter allein. Dieses Recht hat ein Gesellschafter auch nicht im Rahmen seiner letztwilligen Verfügung; seine Testierfreiheit i. S. d. § 2302 BGB wird dadurch nicht beeinträchtigt. Dieser Freiheit hat er sich durch den Abschluss des Gesellschaftsvertrages freiwillig bereits begeben. Der Gesellschafter hat den Geschäftsanteil mit den ihm anhaftenden Beschränkungen aus einer Nachfolgeklausel erworben. Regelungen, die so durch Rechtsgeschäft unter Lebenden erfolgt sind, haben Vorrang vor letztwilligen Verfügungen. Bestimmt also z. B. die Satzung *„Beim Tode eines Gesellschafters wird dessen Geschäftsanteil eingezogen"*, dann ist die testamentarische Bestimmung eines Gesellschafters *„Meinen Geschäftsanteil erbt mein Sohn A"* unwirksam. Es bleibt dabei, dass der Geschäftsanteil entsprechend der Satzung eingezogen wird; der Sohn erhält – falls die Satzung auch hierzu nichts anderes sagt – nur die wegen der Einziehung anfallende Vergütung für den Geschäftsanteil.

3. Miterben

2717 Sind **mehrere Erben** berufen, erwerben sie in **Erbengemeinschaft** jeden **Geschäftsanteil ungeteilt** in Gesamthandsgemeinschaft. Für die Erbengemeinschaft gelten – wie im Übrigen auch für die Gesellschaft bürgerlichen Rechts (GbR) – die Vorschriften des § 18 GmbHG,[1] so dass die Miterben ihre Mitgliedschaftsrechte aus dem Geschäftsanteil (z. B. Stimmrecht, Gewinnbezugsrecht oder Sonderrechte) nur gemeinsam ausüben können und jeder für die Erfüllung der gesellschafterlichen Pflichten, z. B. die restliche Einzahlung einer Stammeinlage, aufkommen muss (solidarische Haftung, § 18 Abs. 2 GmbHG). Dadurch wird aber nicht das Recht eines Erben, nach den erbrechtlichen Bestimmungen des BGB die beschränkte Erbenhaftung herbeizuführen, beeinträchtigt.

2718 Für die **Wahrnehmung der Mitgliedschaftsrechte** können sie einen gemeinsamen Vertreter bestellen (§ 18 Abs. 3 Satz 1 GmbHG). Es ist auch zulässig, durch den Gesellschaftsvertrag mehrere Miterben zur Bestellung eines gemeinsamen Vertreters zu verpflichten. Ist ein solcher gemeinsamer Vertreter nicht bestellt, wirken Rechtshandlungen, die von Seiten der Gesellschaft gegenüber der Erbengemeinschaft als Inhaber des

---

1 BGH v. 14.12.1967 II ZR 3/67, BGHZ 49, 183, 188 f.; v. 19.6.1995 II ZR 112/94, DStR 1995, 1395, 1397.

Geschäftsanteils vorzunehmen sind, für alle Mitberechtigten, auch wenn sie nur gegenüber einem Mitberechtigten vorgenommen werden (z. B. bei einer Einladung zur Gesellschafterversammlung). Ist ein Miterbe daneben auch noch Inhaber eines eigenen Geschäftsanteils, muss er aber in beiden Eigenschaften (als Gesellschafter und Mitberechtigter) geladen werden, um den Förmlichkeiten zu genügen.

Ob im Rahmen der Erbengemeinschaft Beschlüsse in Bezug auf den Geschäftsanteil einstimmig gefasst werden müssen oder ob mit Stimmenmehrheit bemessen nach der Erbquote beschlossen werden kann, richtet sich insbesondere nach § 2040 BGB und nach § 2038 Abs. 2 BGB mit Verweis auf § 745 Abs. 1 BGB. Soweit es sich um Angelegenheiten der ordnungsgemäßen Verwaltung des Geschäftsanteils handelt, können Entscheidungen der Gesamthandsgemeinschaft darüber (z. B. über die einheitliche Stimmabgabe in der Gesellschafterversammlung) mit Mehrheit getroffen werden[1] und auch mit Außenwirkung sofort umgesetzt werden.[2] Dies gilt aber nur dann, wenn die Beschlussfassung eine Angelegenheit betrifft, die als Maßnahme der Verwaltung des Nachlasses anzusehen ist, wie z. B. die Verlegung des Sitzes der GmbH, nicht aber dass der Geschäftsführer vom Verbot des Selbstkontrahierens befreit werden soll. 2719

Über Angelegenheiten, die sich nicht als Verwaltung des Nachlasses darstellen, sowie bei Verfügungen über den Geschäftsanteil (Veräußerung, Verpfändung, Teilung und inhaltliche Veränderungen des Geschäftsanteils) können die Miterben nur einstimmig beschließen (§ 2040 BGB). 2720

Nach § 2042 BGB hat jeder Miterbe das Recht, jederzeit die Auseinandersetzung zu verlangen, soweit sich aus den §§ 2042 bis 2045 BGB nichts anderes ergibt. Treffen die Miterben eine Auseinandersetzungsvereinbarung und setzen sich die Miterben bezüglich des Geschäftsanteils auseinander, kann die Erbauseinandersetzung dadurch erfolgen, dass der Geschäftsanteil real unter den Miterben geteilt, einem Miterben übertragen oder an einen Dritten veräußert wird, wobei die notarielle Beurkundung erforderlich ist (§ 15 Abs. 3 GmbHG). Verlangt die Satzung für die Veräußerung des Geschäftsanteils die Genehmigung der Gesellschaft oder sieht sie gem. § 15 Abs. 5 GmbHG weitere Einschränkungen vor, gilt dies grundsätzlich auch für Veräußerungen zum Zweck der Erbauseinandersetzung. 2721

Das GmbHG lässt die **freie Stückelung** von **Geschäftsanteilen** zu. Die nach Aufhebung des § 17 GmbHG **freie Teilungsmöglichkeit erleichtert** Übertragungsvorgänge anlässlich von **Erbauseinandersetzungen** oder vorweggenommener Erbfolge. Nicht selten treten Schwierigkeiten auf, wenn Miterben einen Geschäftsanteil ungeteilt behalten und dann Gesellschafterrechte gemeinschaftlich wahrnehmen sollen. Wegen der Teilungsmöglichkeit kann in der Satzung bestimmt werden, dass der Geschäftsanteil entsprechend der Quote geteilt und die entstehenden Geschäftsanteile den jeweiligen Erben zugewiesen werden. 2722

Der einzelne Miterbe kann jedoch auch nach § 2033 BGB über seinen Erbteil (ideeller Anteil am Nachlass) frei verfügen, wobei ein solches Rechtsgeschäft der notariellen Be- 2723

---

1 BGH v. 19. 6. 1995 II ZR 112/94, DStR 1995, 1395, 1397.
2 BGH v. 29. 3. 1971 III ZR 255/68, BGHZ 56, 47, 50 f.; v. 12. 6. 1989 II ZR 246/88, BGHZ 108, 21, 31.

urkundung bedarf. Gehört zum Nachlass ein GmbH-Geschäftsanteil, so gelten die satzungsmäßigen Vinkulierungen für Abtretungen nicht für die Übertragung des Erbteils.[1]

2724 Die Auseinandersetzung unter den Miterben kann unentgeltlich oder entgeltlich erfolgen. Die Unterscheidung kann insbesondere einkommensteuerliche Bedeutung haben, wenn der GmbH-Geschäftsanteil deshalb steuerverhaftet ist, weil einbringungsgeborene Anteile (§ 21 Abs. 1 UmwStG) oder wesentliche Beteiligungen i. S. v. § 17 Abs. 1 EStG (seit 2002 zu mindestens 1 v. H. am Stammkapital) vorliegen. Soweit der Miterbe den Geschäftsanteil unentgeltlich erwirbt, führt er die Anschaffungskosten des Erblassers fort. Erwirbt er dagegen den Geschäftsanteil entgeltlich, insbesondere auch dann, wenn er den Geschäftsanteil bei der realen Teilung des Nachlasses gegen Zahlung eines Wertausgleichs aus seinem eigenen Vermögen übernimmt, ist der Veräußerungsgewinn steuerpflichtig.

4. Nachfolgeregelungen im Gesellschaftsvertrag

Literatur: *Kümpel-Neusel*, Fortsetzungs-, Nachfolge-, Eintritts- und Abtretungsklausel, ErbBstg 2005, 262; *Langner/Heydel*, Vererbung von GmbH-Geschäftsanteilen – Sicherstellung einer familieninternen Nachfolge, GmbHR 2005, 377; *Bürger*, Die Beteiligung Minderjähriger an Gesellschaften mit beschränkter Haftung, DNotZ 2006, 156; *Langner/Heydel*, Nachfolgeklauseln im GmbH-Gesellschaftsvertrag, GmbHR 2006, 291.

2725 Die **Vererblichkeit** von Geschäftsanteilen kann durch die Satzung **nicht ausgeschlossen oder beschränkt** werden (s. o. Rz. 2715). Durch Satzungsbestimmungen kann aber auf das weitere Schicksal des Geschäftsanteiles nach Eintritt der erbrechtlichen Gesamtrechtsnachfolge (oder nach einer vermächtnisweisen Zuwendung) Einfluss genommen werden.

2726 Vor allem bei einer personalistischen GmbH, bei der eine persönliche Bindung unter den Gesellschaftern besteht, können die Gesellschafter ein starkes Interesse daran haben, die Nachfolge für den Fall des Todes eines Gesellschafters zu regeln, weil sie das Gesellschaftsverhältnis nicht mit Erben, insbesondere unbekannten testamentarischen Erben, oder jedenfalls nicht mit allen Erben fortsetzen wollen oder erreichen wollen, dass bestimmte Personen (mit bestimmten Eigenschaften) die Nachfolge übernehmen. Ein solches Interesse kann durch Gesellschaftsvertrag – also in der Satzung enthaltene Bestimmungen – geschützt werden; diese Regelungen müssen aber so ausgestaltet werden, dass das Schicksal des Geschäftsanteils des verstorbenen Gesellschafters in rechtlich zulässiger Weise eindeutig bestimmt ist.

a) Einziehung des Geschäftsanteils

2727 Der Gesellschaftsvertrag kann die **Einziehung des Geschäftsanteils** bei Tod eines Gesellschafters vorsehen.[2]

2728 Sollen Erben eines Gesellschafters überhaupt nicht Gesellschafternachfolger werden, dann kann die Satzung eine Bestimmung dahin treffen, dass der Geschäftsanteil eines

---

1 BGH v. 5. 11. 1984 II ZR 147/83, BGHZ 92, 386.
2 BGH v. 20. 12. 1976 II ZR 115/75, BB 1977, 563.

verstorbenen Gesellschafters eingezogen werden kann. Es ist dann aber zweckmäßig, das Einziehungsverfahren genau zu regeln und auch zu bestimmen, welche Vergütung für den eingezogenen Geschäftsanteil zu gewähren ist; ein solcher Vergütungsanspruch steht dann den Erben zu. Die Satzung kann auch bestimmen, dass für den eingezogenen Geschäftsanteil eine Vergütung überhaupt nicht zu entrichten ist (streitig).

Die Voraussetzungen, unter denen die Einziehung des Geschäftsanteils zulässig sein soll, können je nach den speziellen Verhältnissen der Gesellschaft unterschiedlich auszugestalten sein. So ist es z. B. denkbar, dass die Gesellschafter sich die Möglichkeit der Einziehung nur dann offen halten wollen, wenn der verstorbene Gesellschafter nicht von bestimmten Personen beerbt wird, oder wenn er von mehreren statt nur von einem Erben beerbt wird, oder wenn ein Erbe bestimmte Eigenschaften hat, die sich mit einer künftigen Gesellschafterversammlung nicht vertragen, z. B. weil er ein Konkurrenzgeschäft betreibt. Sinnvoll kann es insbesondere sein, in der Satzung ein Recht der GmbH auf Einziehung des Geschäftsanteils vorzusehen für den Fall, dass der Erbe nicht innerhalb einer bestimmten Frist dafür sorgt, dass der Geschäftsanteil auf eine Person übergeht, die die im Gesellschaftsvertrag für einen Nachfolger vorgesehenen Voraussetzungen erfüllt, oder der Erbe einer in der Satzung festgelegten Abtretungspflicht nicht nachkommt.

2729

Die Einziehung bedarf stets eines Beschlusses der Gesellschafter und einer entsprechenden Erklärung gegenüber den Gesellschaftererben; es gibt keine automatische Einziehung durch den Eintritt eines Erbfalls.

2730

Beispielsweise könnte Folgendes bestimmt werden, wobei nachfolgend Einzelheiten des Einziehungsvorganges (hierzu Rz. 2801 ff.) außer Betracht bleiben:

2731

(1) Nach dem Tode eines Gesellschafters können die überlebenden Gesellschafter die Einziehung des Geschäftsanteiles des Verstorbenen beschließen.

Oder

(1) ... (wie oben)

(2) Dies gilt dann nicht, wenn der verstorbene Gesellschafter von Abkömmlingen beerbt wird.

Oder

(1) Nach dem Tode eines Gesellschafters können die überlebenden Gesellschafter die Einziehung des Geschäftsanteiles beschließen,

a) wenn der Geschäftsanteil auf Erben übergeht, die nicht als gesetzliche Erben des Verstorbenen berufen sind, oder

b) wenn der Geschäftsanteil auf mehrere Erben übergeht und diese nicht unverzüglich auf Verlangen der Gesellschaft aus ihrer Mitte einen gemeinsamen Vertreter bestellt haben oder

c) wenn mehrere Erben sich nicht innerhalb von sechs Monaten nach dem Erbfall in der Weise auseinander gesetzt haben, dass der Geschäftsanteil ungeteilt an einen der Erben übergeht oder

d) Erben nicht innerhalb von drei Monaten nach Erteilung eines Erbscheins den Geschäftsanteil auf die in Art . . . . bezeichneten Nachfolger übertragen haben oder ihrer Abtretungspflicht gem. Art. . . . nicht nachkommen.

(2) Für die Einziehung und die für den Geschäftsanteil zu entrichtende Vergütung gilt Art. . . . dieses Vertrages.

Dabei handelt es sich natürlich nur um Beispiele, es kommt stets auf die besonderen Umstände der jeweiligen Gesellschaft und ihrer Gesellschafter an, ob und welche Satzungsregelung erfolgt.

b) Abtretungspflicht der Erben

2732   Der Gesellschaftsvertrag kann eine **Abtretungspflicht des Erben** eines verstorbenen Gesellschafters begründen, den auf ihn übergegangenen Geschäftsanteil auf einen in der Satzung bestimmten Nachfolger zu übertragen. Für die Abtretung erhält der Erbe eine Abfindung.

2733   Wollen nämlich die Gesellschafter erreichen, dass beim Tode eines Gesellschafters bestimmte Personen die Gesellschafternachfolge unabhängig davon antreten, ob sie Erbe werden oder nicht, kann die Satzung diesen Erfolg nicht durch eine Bestimmung herbeiführen, dass nach dem Tode eines Gesellschafters automatisch jene andere Person an seine Stelle treten soll. Kraft Gesetzes (automatisch) geht der Geschäftsanteil zunächst einmal auf den Erben über. Der Erbe ist damit Gesellschafter geworden und demzufolge auch an die Bestimmungen der Satzung gebunden. Die Satzung kann nun vorschreiben, dass die Erben verpflichtet sind, den Geschäftsanteil an diejenige Person abzutreten, die nach dem Gesellschaftsvertrag die Nachfolge als Gesellschafter antreten soll.

Die gesellschaftsvertraglich begründete Abtretungspflicht ist entweder eine Nebenleistungspflicht nach § 3 Abs. 2 GmbHG oder eine gesellschaftliche Pflicht gegenüber einem oder allen Mitgesellschaftern. Die Abtretungsklausel kann vorsehen, dass der ererbte Geschäftsanteil auf einen Miterben, einen Gesellschafter, die GmbH selbst oder eine dritte Person zu übertragen ist, die auch von der Gesellschaft zu bestimmen sein kann. Die Abtretung muss in notarieller Form durch den oder die Erben an den Erwerber erfolgen, wobei aber eine Genehmigung nach § 15 Abs. 5 GmbHG nicht erforderlich ist. Anspruchsberechtigt aus der Nachfolgeklausel ist die Gesellschaft, wenn der Gesellschaftsvertrag nichts anderes vorsieht. Es ist nämlich auch möglich, die Nachfolgeregelung so zu gestalten, dass dem vorgesehenen Gesellschafter-Nachfolger unmittelbar ein Recht darauf eingeräumt wird, dass die Erben den Geschäftsanteil an ihn abtreten (Vertrag zugunsten Dritter, §§ 328 ff. BGB).

2734   Die Abtretung erfolgt grundsätzlich gegen eine Abfindung, deren Höhe, Fälligkeit und sonstige Zahlungsbedingungen in der Satzung geregelt werden können und möglichst auch sollten. Fehlt eine Regelung, bemisst sich die Abfindung nach dem Verkehrswert des Geschäftsanteils.[1]

---

[1] Beck-GmbH-HB/Schacht, § 12 Rz. 215.

Ob die Zahlung einer Vergütung durch die Satzung überhaupt ausgeschlossen werden kann, ist streitig.

2735

Die Verpflichtung zur Abtretung sollte einen eindeutigen zeitlichen Rahmen und die sonstigen Modalitäten für den Beschluss der Gesellschafterversammlung über die Ausübung des Abtretungsanspruchs beschreiben. Dauert der Schwebezustand hinsichtlich der Gesellschafternachfolge zu lange, ist dies für den Erben nicht hinnehmbar. Außerdem bergen derart gestaltete Satzungsklauseln die Gefahr der Unwirksamkeit in sich, weil sie einem willkürlichen Ausschließungsrecht nahe kommen.[1]

2736

Sieht die Nachfolgeklausel vor, dass der Geschäftsanteil an die GmbH selbst abzutreten ist, kann die Gesellschaft den Anteil nur erwerben, wenn die Einlage auf diesen Geschäftsanteil voll geleistet ist (§ 33 Abs. 1 GmbHG). Andernfalls ist die Abtretung nichtig und der Erbe bleibt weiterhin Gesellschafter. Auch § 33 Abs. 2 GmbHG (i. d. F. des BilMoG) ist in einem solchen Fall zu beachten. Die Gesellschaft muss eine fiktive Rücklage für eigene Anteile aus einem das Stammkapital und die gesellschaftsvertragliche Rücklage übersteigenden frei verfügbaren Vermögen bilden können. Wegen der weiteren Einzelheiten wird auf Rz. 1652 verwiesen.

2737

c) Aufschiebend bedingter Erwerb zur Nachfolgeregelung

Zu einem **unmittelbaren Übergang des Geschäftsanteils** – gewissermaßen **am Nachlass vorbei** – kann eine Satzungsklausel führen, die vorsieht, dass der Geschäftsanteil aufschiebend bedingt durch den Tod des Gesellschafters auf einen in der Satzung benannten Gesellschafter oder einen Dritten übergehen soll. Dann muss die Satzung aber eine der Form des § 15 Abs. 3 GmbHG genügende Abtretung enthalten, an der der Gesellschafter oder die dritte Person rechtsgeschäftlich mitgewirkt hat. Denn ein dinglicher Vertrag zugunsten eines Dritten ist ohne dessen Zustimmung unwirksam. Nachteil einer solchen Regelung ist, dass der Gesellschafter zu seinen Lebzeiten wegen § 161 Abs. 1 Satz 1 BGB nicht mehr anderweitig über den Geschäftsanteil verfügen kann, wenn nicht ein entsprechender Vorbehalt gemacht wurde. Von Vorteil kann sein, dass bei einer solchen Regelung der Geschäftsanteil nicht mehr in den Nachlass fällt und den Gläubigern des Nachlasses nicht haftet. Mit dem Erbfall scheidet der Geschäftsanteil auch erbschaftsteuerlich aus dem Nachlass aus.

2738

d) Beispiele für Nachfolgeklauseln

Die Satzung kann nicht bestimmen:

2739

Art. ...

Beim Tod des Gesellschafters Maier geht dessen Geschäftsanteil auf den Gesellschafter Müller über.

Dies ist eine unwirksame Bestimmung, es sei denn, Müller wäre Maiers Alleinerbe.

---

[1] Vgl. auch BGH v. 19. 9. 1988 II ZR 329/87, BGHZ 105, 213.

Zulässig wäre aber z. B. Folgendes:

Art. ...

(1) Geht beim Tod eines Gesellschafters dessen Geschäftsanteil nicht an seine Abkömmlinge als Erben über, so sind die Erben verpflichtet, den Geschäftsanteil auf Verlangen der Gesellschaft an die Gesellschaft oder eine von der Gesellschaft bezeichnete Person abzutreten.

(2) Die Abtretung kann nur aufgrund eines einstimmigen Beschlusses der überlebenden Gesellschafter und nur innerhalb einer Frist von drei Monaten nach Eintritt des Erbfalles gefordert werden.

(3) Das Abtretungsverlangen ist seitens der Gesellschaft gegenüber allen Erben durch eingeschriebenen Brief zu erklären; die Frist des Abs. 2 ist gewahrt, wenn die Einschreibebriefe vor Fristablauf zur Post gegeben sind.

(4) Das Abtretungsverlangen wird unwirksam, wenn die Erben innerhalb von zwei Monaten seit Absendung des Einschreibebriefes den Geschäftsanteil an einen Abkömmling des verstorbenen Gesellschafters abgetreten haben und dies innerhalb dieser Frist der Gesellschaft unter Nachweis gem. § 40 GmbHG mitgeteilt haben; eine solche Abtretung bedarf keiner Genehmigung gem. Art. ... Während dieser Zweimonatsfrist ruhen die Mitgliedschaftsrechte der Erben.

(5) Im Falle der Abtretung nach Maßgabe des Abs. 1 haben die Erben Anspruch auf eine Vergütung in Höhe des Verkehrswertes des abzutretenden Geschäftsanteils, für deren Zahlung neben dem Erwerber die überlebenden Gesellschafter persönlich haften.

Oder

Art. ..

(1) Die Erben eines verstorbenen Gesellschafters sind verpflichtet, auf Verlangen der Gesellschaft den Geschäftsanteil an die Gesellschaft oder einen von dieser bezeichneten Dritten abzutreten.

(2) Ein solches Verlangen kann die Gesellschaft nur stellen aufgrund eines einstimmigen schriftlichen Beschlusses der übrigen Gesellschafter und nur innerhalb von drei Monaten, nachdem die Gesellschaft von dem Erbfall Kenntnis erlangt hat.

(3) Für den Geschäftsanteil ist von der Gesellschaft eine Vergütung zu entrichten, die in gleicher Weise ermittelt wird, wie die Vergütung für einen eingezogenen Geschäftsanteil gem. Art. ... dieses Vertrages; die Vergütung ist binnen drei Monaten nach erfolgter Abtretung fällig.

(4) Hat der verstorbene Gesellschafter der Gesellschaft ein Darlehen gewährt, so wird dieses Darlehen binnen drei Monaten nach erfolgter Abtretung des Geschäftsanteils zur Rückzahlung an die Erben auch dann fällig, wenn der Darlehensvertrag etwas anderes bestimmt.

Oder

Art. ...

(1) Die Erben eines verstorbenen Gesellschafters sind auf Verlangen des Gesellschafters Y verpflichtet, den Geschäftsanteil an diesen abzutreten; dieses Recht steht nur dem Gesellschafter Y zu und ist nicht übertragbar oder vererblich.

(2) Dieses Recht kann nur innerhalb von drei Monaten nach dem Erbfall durch eingeschriebenen Brief ausgeübt werden.

(3) Die an die Erben von dem Gesellschafter zu gewährende Vergütung beträgt 150 v. H. der auf den Geschäftsanteil eingezahlten Einlage.

(4) Die Abtretungspflicht der Erben entfällt, wenn der Gesellschafter den Erben nicht innerhalb von zwei Wochen nach Ausübung seines Rechts nachgewiesen hat, dass er den Betrag gem. Abs. 3 für die Erben unter Rücknahmeverzicht bei einem Notar eingezahlt, und dass er den etwaigen Restbetrag der Einlageschuld des verstorbenen Gesellschafters an die Gesellschaft entrichtet hat.

e) Beschränkung der Rechte des Gesellschafternachfolgers

Da die Satzung dem Erben eines Gesellschafters durch Festlegung eines Einziehungsrechtes oder einer Abtretungspflicht alle Rechte aus dem Geschäftsanteil nehmen kann, sind auch weniger einschneidende Maßnahmen möglich und zulässig. So kann beispielsweise die Satzung vorschreiben, dass ein Gesellschafter-Nachfolger kein Stimmrecht hat, oder dass Gewinnanteile nicht ausgeschüttet, sondern thesauriert werden sollen und dgl. mehr. Was in solchem Zusammenhang zweckmäßig und nützlich sein kann, lässt sich nur aus den Verhältnissen der Gesellschaft und der Gesellschafter entwickeln. Auch die Verpflichtung mehrerer Rechtsnachfolger zur Bestellung eines gemeinsamen Vertreters gehört in diesen Zusammenhang.

2740

Vor allem bieten solche Bestimmungen auch die Möglichkeit, dass die überlebenden Gesellschafter zwar den letzten Willen ihres verstorbenen Mitgesellschafters respektieren, aber Vorsorge dagegen treffen können, dass der GmbH-Geschäftsanteil nicht beliebig veräußert wird – sofern dies nach der Satzung zulässig sein sollte. Es kann z. B. nur zu Lasten von Gesellschaftern, die den Geschäftsanteil durch Erbfall erworben haben, eine Anbietungspflicht und/oder ein Vorkaufsrecht (Rz. 2474 ff.) vorgesehen werden.

2741

f) Zusammenfassende Übersicht

Entsprechend der gewünschten Gestaltung und Interessenlage der Gesellschafter und der Gesellschaft lassen sich im Gesellschaftsvertrag Klauseln gezielt zur Regelung der Nachfolge einsetzen:

2742

Gestaltungsziel	Regelung
Nachfolge aller Erben in die Gesellschafterstellung des Erblassers	Die Anteile sind frei vererblich (§ 15 Abs. 1 GmbHG), eine Satzungsklausel ist nicht notwendig.
Nachfolge nur bestimmter Erben in die Gesellschafterstellung des Erblassers	Satzungsklausel, die nicht zur Nachfolge berechtigte Erben zur Abtretung des Geschäftsanteils an nachfolgeberechtigte Erben verpflichtet (Abtretungsklausel). Abfindung für nicht zur Nachfolge berechtigte Erben

Fortsetzung der Gesellschaft ohne Erben des Erblassers	Satzungsklausel, die die GmbH berechtigt, den Geschäftsanteil nach § 34 GmbHG einzuziehen (Einziehungsklausel) oder alternativ die Erben verpflichtet, den Anteil an überlebende Mitgesellschafter abzutreten (Abtretungsklausel). Abfindung für die nicht nachfolgeberechtigten Erben
Wahlrecht bestimmter Erben zum Eintritt in die Gesellschafterstellung des Erblassers	Satzungsklausel mit Option der zur Nachfolge berechtigten Personen zum Erwerb des Geschäftsanteils von den nicht nachfolgeberechtigten Erben (optionale Abtretungsklausel), mit Abfindungsanspruch bei Nichtausübung
Auf den Tod des Erblassers aufschiebend bedingte Übertragung des Anteils zu dessen Lebzeiten auf eine bestimmte Person	Aufschiebend bedingte Abtretung in der Satzung (Form § 15 Abs. 3 GmbHG) unter Mitwirkung des begünstigten Nachfolgeberechtigten Nachteil: Verfügungsbeschränkung Vorteil: Unmittelbarer Übergang bei Ableben des Gesellschafters am Nachlass vorbei.

2743–2760   (*Einstweilen frei*)

5. Sonstige letztwillige Verfügungen

a) Vermächtnis

2761   Dem Erben oder einer Mehrheit von Erben kommt kraft Gesetzes oder letztwilliger Verfügung der Nachlass ungeteilt im Wege der Gesamtrechtsnachfolge zu, so dass unabdingbar (§ 15 Abs. 1 GmbHG) auch ein GmbH-Geschäftsanteil des Verstorbenen auf den oder die Erben übergeht.

2762   Die Testierfreiheit gestattet es dem Erblasser jedoch, durch letztwillige Verfügung einem Erben (Vorausvermächtnis) oder einem Dritten bestimmte Nachlassgegenstände, also auch einen Geschäftsanteil, zu vermachen, indem er etwa testiert: „*Meinen Geschäftsanteil an der A-GmbH vermache ich ...*" Dies wird als Aussetzung (Anordnung) eines Vermächtnisses (§§ 2147 ff. BGB) bezeichnet.

2763   Der Nachlass, der nach Erfüllung des Vermächtnisses noch verbleibt, wird unter den Erben entsprechend der Erbquote verteilt. Der bedachte Vermächtnisnehmer wird aufgrund des Vermächtnisses selbst nicht Erbe, sondern erlangt gegen den Erben oder die Erbengemeinschaft einen schuldrechtlichen Anspruch auf Übertragung des Geschäftsanteils. Der Geschäftsanteil geht **nicht automatisch** auf den Vermächtnisnehmer **über**, sondern muss formgerecht nach § 15 Abs. 3 GmbHG abgetreten werden. Da eine rechtsgeschäftliche Übertragung vorliegt, müssen auch die Voraussetzungen des § 15 Abs. 5 GmbH beachtet werden, wenn die Satzung Beschränkungen (Vinkulierungen) für die Übertragung eines Geschäftsanteils vorsieht. Insbesondere ist eine Genehmigungspflicht zu beachten, wobei die mit dem Vermächtnis beschwerten Erben, auf die der Geschäftsanteil und die Gesellschafterstellung zunächst übergegangen ist, die satzungsgemäß geforderte Genehmigung des Gesellschafters erteilen müssen.

Der Anspruch auf Zahlung der Dividende steht als Frucht des vermachten Geschäfts- 2764
anteils dem Vermächtnisnehmer ab dem Tag des Erbanfalls zu (§ 2184 BGB). Ob dieser
Anspruch auch Gewinnausschüttungen umfasst, die zwar nach dem Erbanfall beschlossen werden, aber Gewinne zurückliegender Zeiträume betreffen, oder ob zeitanteilig aufzuteilen ist, ist zweifelhaft. Beim Tod des Erblassers bereits beschlossene
Gewinnausschüttungen begründen einen Auszahlungsanspruch des Erblassers, der in
den Nachlass fällt und somit den Erben und nicht dem Vermächtnisnehmer zusteht.

Natürlich birgt auch die Möglichkeit des Gesellschafters, den Geschäftsanteil einem be- 2765
liebigen Dritten zu vermachen, die Gefahr in sich, dass – vornehmlich bei einer personenbezogenen GmbH – unerwünschte Personen in die GmbH eindringen. Dem kann
jedoch in vergleichbarer Weise wie bei der Vererbung durch entsprechende **Satzungsklauseln vorgebeugt** werden, die über die bloße Genehmigungspflicht hinausgehen, indem bei vermächtnisweiser Zuwendung des Geschäftsanteils an nicht nachfolgebe-
rechtigte Personen Abtretungspflichten oder Einziehungsrechte statuiert werden. Dem
weichenden Vermächtnisnehmer steht ein Abfindungsanspruch zu. Auch bei Zuwendung des Geschäftsanteils durch Vermächtnis sollte zur Vermeidung von Konflikten die
letztwillige Verfügung mit der Satzung koordiniert werden.

Im Hinblick auf eine (mögliche) Steuerverhaftung des GmbH-Geschäftsanteils sollte 2766
bei der Gestaltung auch geprüft werden, ob durch die Erfüllung des Vermächtnis-
anspruchs ein steuerpflichtiger Veräußerungsgewinn nach § 17 EStG entsteht oder
aber vermieden werden kann.

> **BEISPIEL:** ▶ Das Vermögen des Erblassers E besteht zum ganz wesentlichen Teil aus einer 50 v. H.-
> Beteiligung an einer GmbH (Einlage auf den Geschäftsanteil des E: 100 000 €), die Beteiligung
> hat einen Verkehrswert von 800 000 €, an dem seine Ehefrau F und sein Sohn S je zur Hälfte
> teilhaben sollen, aber S den Geschäftsanteil erhalten soll.
>
> Gestaltung 1: E setzt seine Ehefrau F zur Alleinerbin ein und beschwert sie mit dem Vermächt-
> nis, den Geschäftsanteil auf den Sohn S gegen Zahlung einer Abfindung von 400 000 € zu
> übertragen. Die Gegenleistung, die S für die Übertragung des Geschäftsanteils an F erbringt,
> führt bei F zu einem steuerpflichtigen Veräußerungsgewinn von (Veräußerungspreis
> 400 000 € ./. 100 000 € Anschaffungskosten =) 300 000 € nach § 17 EStG.
>
> Gestaltung 2: E setzt seinen Sohn S zum Alleinerben ein und beschwert ihn mit einem Ver-
> mächtnis zugunsten seiner Ehefrau F zu einer einmaligen Zahlung von 400 000 €. Mangels
> Veräußerung des Geschäftsanteils stellt Erfüllung des Vermächtnisses durch den Erben S keine
> Gegenleistung dar; § 17 EStG ist nicht erfüllt.

b) Teilungsanordnung

Hat der Erblasser und Inhaber eines GmbH-Geschäftsanteils mehrere Erben und soll 2767
der Geschäftsanteil einem oder einem Teil von ihnen zukommen, kann der Erblasser
dies auch durch eine Teilungsanordnung (§ 2048 BGB) erreichen. Durch die **Teilungsanordnung** bestimmt der Erblasser, dass bestimmte Gegenstände des Nachlasses auf
einzelne Erben zu übertragen sind, ohne dass dadurch die Erbquote verändert werden
soll mit der Folge, dass der Begünstigte an die Miterben einen Ausgleich zahlen muss,
wenn der Wert des erhaltenen Gegenstandes den Wert seiner Erbquote übersteigt. In
einem solchen Fall muss die Erbengemeinschaft den Geschäftsanteil auf den Begüns-

tigten übertragen, wobei wieder die Form des § 15 Abs. 3 GmbHG zu beachten und eventuellen Beschränkungen nach § 15 Abs. 5 GmbHG Rechnung zu tragen ist.

Eine Teilungsanordnung ist besonders anfällig für einen Zwist unter den Erben, wenn sie nicht klar und eindeutig zum Ausdruck bringt, ob die Zuwendung des Geschäftsanteils die festgelegte Erbquote verändern soll, also der Geschäftsanteil vorab dem Begünstigten ohne Wertanrechnung zustehen soll (Vorausvermächtnis) oder ob die Zuwendung des Geschäftsanteils angerechnet und an die Miterben ein Ausgleich erbracht werden soll, wenn der Wert des Geschäftsanteils höher ist als nach der festgelegten Erbquote wertmäßig vom Nachlass auf den Begünstigten entfällt.

2768 Auch **Teilungsanordnungen mit Wertausgleich** bergen die Gefahr in sich, dass ein Veräußerungsgewinn nach § 17 EStG entstehen kann.

> **BEISPIEL:** ▶ Das Vermögen des Erblassers E besteht zum wesentlichen Teil aus einer 50-v. H.-Beteiligung an einer GmbH (Stammeinlage des E: 100 000 €), die Beteiligung hat einen Verkehrswert von 800 000 €. Außerdem besitzt er ein Grundstück im Wert von 200 000 €. E setzt seine Söhne A und B zu gleichen Teilen als Erben ein und bestimmt zugleich zur Teilung des Nachlasses, dass A den Geschäftsanteil ganz und B das Grundstück und als Ausgleich für den Mehrwert der GmbH-Beteiligung von A 300 000 € erhalten soll.
>
> Nach dem Erbfall ist der Geschäftsanteil den Erben A und B zunächst je zur Hälfte zuzurechnen. Erhält A anschließend die gesamte Beteiligung, liegt bezüglich des Anteils des B (25 v. H. des Stammkapitals der GmbH) eine Veräußerung i. S. d. § 17 EStG vor, für die er als Veräußerungspreis 300 000 € erzielt.
>
> Der Veräußerungsgewinn des B beträgt (Veräußerungspreis 300 000 € ./. Anschaffungskosten des E – anteilige Stammeinlage – 50 000 € =) 250 000 €.
>
> A hat anteilige Anschaffungskosten auf seine (von B entgeltliche erworbene 25 v. H.) Beteiligung von 300 000 € und führt im Übrigen die Anschaffungskosten des Erblassers für die restliche ihm letztwillig zugewendete Beteiligung von 50 000 € fort.

c) Vorerbschaft und Nacherbschaft

2769 Ordnet der Inhaber des Geschäftsanteils letztwillig eine **Vor- und Nacherbschaft** an, geht der Geschäftsanteil zunächst mit allen Rechten und Pflichten auf den Vorerben über, er wird also Inhaber des Geschäftsanteils mit allen Rechten und Pflichten. Die Satzung kann aber die Rechte des Vorerben einschränken. Gegen unentgeltliche Verfügungen über den Geschäftsanteil, die zum Nachteil des Nacherben gehen, schützen diesen die §§ 2113 ff. BGB. Die Nutzungen, d. h. die Gewinnausschüttungen, stehen dem Vorerben für die Dauer seiner Rechtsstellung zu. Surrogate des Geschäftsanteils, wie ein Veräußerungsentgelt, Liquidationserlös oder ein Einziehungsentgelt, stehen mit Eintritt des Nacherbfalls dem Nacherben nach § 2111 BGB ebenso zu wie neue Geschäftsanteile, die aus einer Kapitalerhöhung aus Gesellschaftsmitteln und Bezugsrechten aus dem Geschäftsanteil stammen. Musste der Vorerbe für die neuen Geschäftsanteile Aufwendungen tätigen, hat er Anspruch auf Aufwendungsersatz.

d) Testamentsvollstreckung

Literatur: *Mayer*, Testamentsvollstreckung über GmbH-Anteile, ZEV 2002, 209.

2770 Wenn Testamentsvollstreckung angeordnet ist, sind die Erben nicht berechtigt, die Mitgliedschaftsrechte aus dem Geschäftsanteil auszuüben. Hierzu ist der Testamentsvollstrecker berufen (§ 2211 BGB). Ist die Testamentsvollstreckung zur Auseinandersetzung der Miterben angeordnet, dann liegen die Verwaltungsrechte beim Testamentsvollstrecker, bis der Geschäftsanteil auf den oder die zur Nachfolge berechtigten Erben oder Dritte übertragen ist. Die Nutzungsrechte stehen aber den Erben zu.

Ist eine auf längere Dauer angelegte Verwaltungsvollstreckung durch den Testamentsvollstrecker angeordnet, z. B. bei minderjährigen Erben, so bleiben auch dann die Befugnisse des Testamentsvollstreckers grundsätzlich auf die Verwaltung des Nachlassgegenstandes (des Geschäftsanteils) beschränkt. Er ist i.d.R. nicht befugt, die Erben persönlich zu verpflichten oder Rechte in ihrer Person zu begründen, so dass er nicht bei Satzungsänderungen oder Kapitalerhöhungen mitwirken kann oder für die Gesellschafter-Erben neue Gesellschafterpflichten statuieren oder Sonderrechte verändern kann.[1] 2771

(*Einstweilen frei*) 2772–2780

6. Schenkung

Der **Geschäftsanteil** an einer GmbH kann wie jeder Gegenstand auch **verschenkt** (§ 516 BGB) werden. Zwar bedarf nach § 518 BGB nur das Schenkungsversprechen zu seiner Wirksamkeit der notariellen Beurkundung, jedoch geht § 15 Abs. 4 GmbHG darüber hinaus, als der gesamte schuldrechtliche Vertrag, der zur Abtretung des Geschäftsanteils verpflichtet, der notariellen Form bedarf. Der Mangel der Form wird durch den Vollzug der Schenkung durch Abtretung geheilt, die aber ihrerseits nach § 15 Abs. 3 GmbHG der notariellen Form bedarf. Genehmigungserfordernisse der Satzung und sonstige Beschränkungen nach § 15 Abs. 5 GmbHG sind zu beachten. Vergleichbares gilt für die schenkweise Einräumung einer Unterbeteiligung, wenn auch hier zivilrechtlich § 15 Abs. 4 und Abs. 3 GmbHG nicht einschlägig sind, da der Geschäftsanteil beim Gesellschafter verbleibt. 2781

Erfolgt die **Schenkung an einen Minderjährigen,** wird dieser durch seine gesetzlichen Vertreter vertreten. Die Vertretung des Kindes richtet sich grundsätzlich danach, wer die elterliche Sorge (§ 1626 BGB) ausübt (§ 1629). Erfolgt die Schenkung zwischen den Eltern und dem Minderjährigen, sind die Eltern nach § 181 BGB von der Vertretung ausgeschlossen, wenn die Übertragung des Geschäftsanteils dem Minderjährigen nicht lediglich einen rechtlichen Vorteil bringt. Dies scheint bei der Schenkung eines GmbH-Geschäftsanteils vordergründig so zu sein, weil das Kind keine Verpflichtung im Sinne einer Gegenleistung eingeht. 2782

Jedoch ist für den Erwerb einer Kommanditbeteiligung entschieden, dass diese nicht lediglich rechtlich vorteilhaft ist, weil mit der Beteiligung ein Bündel von Rechten und Pflichten verbunden ist.[2] Ob dies auch für den Geschäftsanteil an einer GmbH gilt, ist zwar noch nicht entschieden, jedoch kann auch der schenkweise Erwerb der Gesellschafterstellung mit rechtlichen Nachteilen verbunden sein, wenn die Stammeinlage noch nicht voll eingezahlt ist oder andere Gesellschafter mit der Erbringung ihrer Ein-

---

[1] Vgl. Hueck/Fastrich in Baumbach/Hueck, GmbHG, § 1 Rz. 45 ff.
[2] BGH v. 10.2.1977 II ZR 120/75, BGHZ 68, 225, 232.

lage rückständig sind oder Rückzahlungen auf die Einlagen erfolgt sind, die sämtlich eine Haftung des minderjährigen Gesellschafters begründen können (vgl. oben Rz. 1521 ff., zur Haftung im Zusammenhang mit den Regeln der Kapitalaufbringung und Erhaltung des Stammkapitals). Auch mit dem Geschäftsanteil verbundene besondere Leistungspflichten können rechtliche Nachteile begründen. Jedenfalls ist in solchen Fällen die Bestellung eines Ergänzungspflegers für den Minderjährigen nach § 1909 BGB erforderlich und sicherheitshalber zu empfehlen, nicht zuletzt aus Gründen der steuerlichen Anerkennung, wenn sich die schenkweise Abtretung nicht zweifelsfrei als bloß rechtlich vorteilhaft für den Minderjährigen darstellt.

2783 Darüber hinaus kann zu prüfen sein, ob der Vertreter des Minderjährigen (Eltern, Ergänzungspfleger) für die Übertragung des Geschäftsanteils die Genehmigung des Vormundschaftsgerichts benötigt. Bei der Schenkung des Geschäftsanteils könnte dies nach § 1822 Nr. 3 2. Alt. oder Nr. 10 BGB in Betracht kommen.

2784 Die h. M. wendet die den Betrieb eines Erwerbsgeschäftes betreffende Vorschrift zwar auf die Gründung der GmbH, nicht aber auf den Erwerb eines Geschäftsanteils an.[1] Der unentgeltliche Erwerb des Geschäftsanteils an einer durch Eintragung entstandenen GmbH ist etwas anderes als der Abschluss des Gesellschaftsvertrages und den Minderjährigen trifft nur das Risiko, den im Geschäftsanteil verkörperten Vermögenswert zu verlieren. Der Vormund bedarf aber nach § 1822 Nr. 10 BGB der Genehmigung für die Übernahme einer fremden Verbindlichkeit. Mit dem Erwerb des Geschäftsanteils und der Eintragung in die Gesellschafterliste (§ 16 Abs. 1 GmbHG) trifft den Erwerber die Haftung für rückständige Leistungen des Rechtsvorgängers und eine Ausfallhaftung für andere Gesellschafter nach §§ 24, 31 Abs. 3 GmbHG. Zeichnet sich **konkret** die Möglichkeit einer Inanspruchnahme des Erwerbers (des Minderjährigen) ab oder besteht die ernst zu nehmende Gefahr dafür, ist die Genehmigungspflicht begründet.[2] Es empfiehlt sich also, in allen Fällen der GmbH-Beteiligung Minderjähriger, auch wenn sie schenkweise eingeräumt wird, vorsichtshalber die Genehmigung einzuholen.

2785 *(Einstweilen frei)*

7. Erbschaft- und Schenkungsteuer

2786 Die Zuwendung von Geschäftsanteilen an einer GmbH durch letztwillige Verfügung oder durch Schenkung unter Lebenden unterliegt mit dem nach § 11 Abs. 2 BewG anzusetzenden Wert (= regelmäßig der gemeine Wert) der Erbschaft- bzw. Schenkungsteuer nach dem ErbStG. Ist der **Erblasser oder Schenker** i. S. v. § 13b Abs. 1 Nr. 3 ErbStG **zu mehr als 25 % am Stammkapital** einer GmbH beteiligt **(Mindestbeteiligung)** in Betracht, wenn Geschäftsanteile vererbt oder geschenkt werden. Ihr Wert bleibt – wie Betriebsvermögen – unter bestimmten Voraussetzungen bei der Berechnung des Nachlasswertes (= Besteuerungsgrundlage) außer Ansatz (Verschonungsabschlag).

---

[1] Vgl. BGH v. 20. 2. 1989 II ZR 148/88, BGHZ 107, 24, 28 ff.; Hueck/Fastrich in Baumbach/Hueck, GmbHG, § 15 Rz. 3.
[2] Hueck/Fastrich in Baumbach/Hueck, GmbHG, § 15 Rz. 5; BGH v. 20. 2. 1989 II ZR 148/88, BGHZ 107, 24.

Bei der sog. **Regelverschonung** (§ 13a Abs. 1 ErbStG) beträgt der **Verschonungsabschlag** **85 % des begünstigten Vermögens**, das zuvor um das schädliche Verwaltungsvermögen (§ 13b Abs. 2, 4 u. 7 ErbStG) zu vermindern ist. Voraussetzung für die Verschonung ist eine **Behaltensfrist von fünf Jahren** und eine **Gesamtlohnsumme von 400 %** der Anfangslohnsumme für **sieben Jahre bzw. fünf Jahre**. Bei **Verstoß gegen die Behaltensfrist** (z. B. wenn die Anteile ganz oder teilweise veräußert bzw. verdeckt in eine Kapitalgesellschaft eingelegt werden oder die GmbH innerhalb der Frist aufgelöst oder ihr Stammkapital herabgesetzt wird) fällt die **Verschonung zeitanteilig rückwirkend weg**. Wird die Gesamtlohnsumme nicht eingehalten, erfolgt **eine Nachversteuerung** nur in dem Verhältnis, in dem die Gesamtlohnsumme tatsächlich unterschritten wurde.

2787

Für den **Restbetrag des Vermögens**, der nicht unter § 13b Abs. 4 ErbStG fällt, also 15 % des Werts der Geschäftsanteile gibt es einen **gleitenden Abzugsbetrag von 150 000 €**, der sich um die Hälfte des Betrages verringert, um den der Restbetrag die Wertgrenze von 150 000 € übersteigt.

2788

Verschonungsabschlag und Abzugsbetrag können **nicht** in Anspruch genommen werden, **soweit** der Bedachte begünstigtes Vermögen, d. h., die Geschäftsanteile an der GmbH aufgrund einer letztwilligen Verfügung des Erblassers oder aufgrund einer rechtsgeschäftlichen Verfügung des Erblassers oder des Schenkers **auf Dritte übertragen** muss oder der Erbe solche Anteile im Rahmen der Nachlassteilung auf einen Miterben überträgt (§ 13a Abs. 5 ErbStG).

2789

> **BEISPIEL:** Der Erblasser X hielt 30 % der Geschäftsanteile an Y-GmbH. Er wird je zur Hälfte von A und B beerbt, wobei allerdings B nicht die persönlichen Voraussetzungen erfüllt, welche die Satzung in den Nachfolgeregelungen aufstellt. B muss daher die geerbten Geschäftsanteile an den Mitgesellschafter Z übertragen. Für den Wert der zu übertragenden Geschäftsanteile (15 % des Stammkapitals) kann B weder den Verschonungsabschlag noch den Abzugsbetrag in Anspruch nehmen.

Es empfiehlt sich also, die letztwillige Verfügung mit den Nachfolgeregelungen im Gesellschaftsvertrag abzustimmen.

Die Vorschrift des § 13a Abs. 10 ErbStG eröffnet auch eine sog. **Verschonungsoption**. Bei ihr beträgt der **Verschonungsabschlag 100 %** des Wertes des begünstigten Vermögens (= Geschäftsanteile an der GmbH). Hier beträgt aber die **Verwaltungsvermögensgrenze 20 %** und es gelten eine **Behaltensfrist von sieben Jahren** sowie **eine Gesamtlohnsumme von 700 % für sieben Jahre** der Anfangslohnsumme. Die abgesenkte Behaltensfrist und Gesamtlohnsumme git für Erwerbe, für die die Steuer nach dem 30. 6. 2016 entsteht. Auch bei Ausübung dieser unwiderruflichen Option kommt es zu einem zeitanteiligen rückwirkenden Wegfall der Verschonung, wenn die Behaltensfrist nicht eingehalten wird. Bei Nichteinhaltung der Lohnsumme erfolgt eine Nachversteuerung im Verhältnis, in dem die Gesamtlohnsumme tatsächlich unterschritten wurde.

2790

Für Erwerbe durch natürliche Personen der Steuerklasse II und III gibt es für den nicht unter § 13b Abs. 2 ErbStG fallenden Teil des begünstigten Vermögens (= die restlichen 15 % des Werts der Geschäftsanteile an einer GmbH, an welcher der Erblasser bzw. Schenker zu mehr als 25 % beteiligt war) einen tariflichen **Entlastungsbetrag** nach § 19a ErbStG, soweit der Bedachte nicht einen Teil davon auf einen Dritten übertragen

2791

muss (vgl. Rn. 2789). Der **Entlastungsbetrag entfällt** rückwirkend und zeitanteilig, soweit der Erwerber gegen die **Behaltensfristen verstößt**.

2792 Hinweis zur dargestellten Rechtslage Rn. 2736 – 2792, Stand Sept. 2016:

Mit Urteil v. 17.12.2014 hat der 1. Senat des BVerfG die erbschaft- und schenkungsteuerrechtlichen Begünstigungen für Unternehmensvermögen der §§ 13a, 13b i.V.m § 19 ErbStG für unvereinbar mit dem GG erklärt.[1] Die Entscheidung hält das bisherige System der §§ 13a,13b ErbStG für verfassungswidrig und folgert daraus auch die Verfassungswidrigkeit des Tarifs des § 19 Abs. 1 ErbStG, so dass das verfassungsrechtliche Verdikt das Gesetz in toto erfasst. Zugleich hat das BVerfG mit Rücksicht auf die Haushaltsplanung eine Fortgeltung des verfassungswidrigen ErbStG angeordnet und den Steuergesetzgeber verpflichtet, bis zum 30.6.2016 ein verfassungsgemäßes Recht einzuführen.

In diesem Zusammenhang lautet der Tenor der Entscheidung wie folgt:

„Das bisherige Recht ist bis zu einer Neuregelung weiter anwendbar. Der Gesetzgeber ist verpflichtet, eine Neuregelung spätestens bis zum 30.6.2016 zu treffen."

Da das Gesetzgebungsverfahren bis zum 30.6.2016 nicht abgeschlossen wurde, führt die nicht fristgemäße Umsetzung der Vorgaben des BVerfG zu einer Steuerpause, so dass keine Erbschaft- oder Schenkungsteuer erhoben werden kann, wenn in dieser Interimsperiode ein Steuertatbestand des ErbStG verwirklicht wird.[2]

2793–2800 *(Einstweilen frei)*

C. Einziehung des Geschäftsanteils

Literatur: *Müller*, Folgen der Einziehung eines GmbH-Geschäftsanteils, DB 1999, 2045; *Peetz*, Voraussetzungen und Folgen der Einziehung von GmbH-Geschäftsanteilen, GmbHR 2000, 749; *Goette*, GmbH: Zwangseinziehungsvorsausetzungen, DStR 2001, 1899; *Zeilinger*, Die Einziehung von GmbH-Geschäftsanteilen als Instrument zum Ausschluss einzelner Gesellschafter aus der GmbH, GmbHR 2002, 772; *Goette*, Wichtiger Grund für die zwangsweise Entfernung des Mitgesellschafters aus der Gesellschaft, DStR 2003, 746; *Löwe/Thoß*, Austritt und Ausschluss eines Gesellschafters aus der GmbH sowie Einziehung seines Geschäftsanteils – Wirksamkeit und Wirkungen, NZG 2003, 1005; *Kiem*, Zur Zwangseinziehung eines Geschäftsanteils aus wichtigem Grund, EWiR 2004, 65; *Mayer/Elfring*, Das zwangsweise Ausscheiden eines Gesellschafters – Machtkämpfe in der GmbH, GmbHR 2004, 869; *Fromm*, Die Einziehung von Geschäftsanteilen – Risiken und Nebenwirkungen – Gesellschafts- und steuerrechtliche Gesichtspunkte sowie Formulierungsvorschläge, GmbHR 2005, 1477; *Wehrstedt/Füssenich*, Die Einziehung von GmbH-Geschäftsanteilen – Alternativen und Gestaltungsvorschlag, GmbHR 2006, 698; *Battke*, Der Ausschluss von Gesellschaftern aus der GmbH, GmbHR 2008, 850; *Römermann*, Ausschließung von GmbH-Gesellschaftern und Einziehung von Anteilen – Ein Minenfeld. NZG 2010, 96; *Kort*, Die Einziehung von GmbH-Geschäftsanteilen im Lichte der aktuellen BGH-Rechtsprechung, DB 2016, 2098.

---

1 BVerfG v. 17.12.2014 1 BvL 21/12, BVerfGE 138, 136, BStBl. II 2015, 50, NWB DokID: AAAAE-81469, ZEV 2015,19.

2 Dazu ausführlich *Drüen*, DStR 2016, 643; *Crezelius*, ErbStG nach dem 30.6.2016 – Steuerpause?, ZEV 2016, 367.

I. Rechtliche Bedeutung

Im Zusammenhang mit Nachfolgeklauseln war bereits mehrfach davon die Rede, dass sich die Gesellschafter und die Gesellschaft vor dem Eindringen unerwünschter Dritter in die Gesellschaft durch Erbfolge oder Vermächtnis durch eine dafür satzungsgemäß erlaubte Einziehung (Amortisation) des Geschäftsanteils schützen können. In ähnlicher Weise bietet die Einziehung eine Handhabe für die Gesellschaft, sich eines nicht mehr tragbar gewordenen Gesellschafters zu entledigen.

2801

Mit der **Einziehung** befasst sich das GmbHG nur in § 34 und § 46 Nr. 4, woraus jedenfalls zu entnehmen ist, dass ein solcher Rechtsvorgang möglich ist. Die Einziehung des Geschäftsanteils führt (im Gegensatz zum Erwerb eines eigenen Anteils durch die GmbH) zur **Vernichtung des Geschäftsanteils**. Da der eingezogene Geschäftsanteil untergeht, verliert der betroffene Gesellschafter sein Mitgliedschaftsrecht. Von der Einziehung sind aus diesem Grund aber nicht nur die Interessen des Gesellschafters, sondern auch die der Mitgesellschafter, der Gesellschaft und auch die der Gläubiger der Gesellschaft betroffen.

2802

Dem trägt das Gesetz einerseits dadurch Rechnung, dass die Einziehung in der Satzung zugelassen sein muss, sie nur mit seiner Zustimmung durchgeführt werden kann oder zwangsweise (gegen seinen Willen) nur aus Gründen beschlossen und erfolgen darf, die schon bei seinem Beitritt in der Satzung festgelegt waren. Andererseits müssen im Interesse der Mitgesellschafter und der Gesellschaftsgläubiger die Vorschriften über die Kapitalaufbringung und die Kapitalerhaltung strikt beachtet werden.[1] Die Einziehung richtet sich primär gegen den Geschäftsanteil, vernichtet ihn und führt über die Beseitigung des Rechtsobjekts, das die Beteiligung vermittelt, zum Ausscheiden des Gesellschafters.

Im Unterschied dazu richtet sich die Ausschließung unmittelbar gegen den Gesellschafter und lässt die Inhaberschaft und den Bestand des Geschäftsanteils zunächst unberührt; es bedarf zum Vollzug der Ausschließung einer Bestimmung über das Schicksal des Geschäftsanteils durch Übertragung des Anteils auf die Gesellschaft, die Gesellschafter oder Dritte oder eben durch Einziehung, was nur dann wieder zur Vernichtung des Geschäftsanteils führt.[2] Im Verhältnis beider Institute wird überwiegend ein Vorrang der Einziehung vor der Ausschließung angenommen.[3]

(*Einstweilen frei*)

2803–2810

II. Voraussetzungen der Einziehung

Jede Einziehung setzt zwingend voraus, dass **die Satzung** (der Gesellschaftsvertrag) eine **Einziehung (ob freiwillig oder zwangsweise) zulässt** (§ 34 Abs. 1 GmbHG). Fehlt eine solche Satzungsbestimmung, kann die Mitgliedschaft eines Gesellschafters nur durch Ausschließung oder Austritt beendet werden. Die entsprechende Satzungs-

2811

---

1 BGH v. 17. 9. 2001 II ZR 245/99, DStR 2001, 1898.
2 Battke, GmbHR 2008, 850, 851.
3 BGH v. 20. 9. 1999 II ZR 345/97, GmbHR 1999, 1194; OLG Thüringen v. 5. 10. 2005 6 U 162/05, GmbHR 2005, 1566.

bestimmung kann auch nachträglich durch Satzungsänderung eingefügt werden, wofür freilich nur für eine freiwillige (von der Zustimmung des betroffenen Gesellschafters abhängige) Einziehung mit 3/4-Mehrheit beschlossen werden kann, und für die nachträgliche zwangsweise Einziehung die Zustimmung aller Gesellschafter erforderlich ist.

2812 Weiter setzt die Einziehung voraus, dass die **Einlage auf den einzuziehenden Geschäftsanteil voll eingezahlt ist**. Anders als beim Erwerb eigener Anteile, wo sich dies unmittelbar aus § 33 Abs. 1 GmbHG ergibt, folgt dies für die Einziehung mittelbar aus § 19 Abs. 2 Satz 1 GmbHG Denn die Einziehung vernichtet den Geschäftsanteil und lässt die Einlageforderung erlöschen, § 19 Abs. 2 Satz 1 GmbHG verbietet aber den Erlass der Einlageschuld.[1] Das der Kapitalaufbringung dienende Gebot der (tatsächlichen) Volleinzahlung gilt auch, wenn vor der Einziehung die Einlageschuld zur Zahlung eingefordert worden und der Gesellschafter weiterhin zahlen muss. Denn er könnte ja auch zahlungsunfähig werden. Notfalls müssen sich ein anderer Gesellschafter oder die Gesellschafter gemeinsam bereitfinden, die ausstehende Stammeinlage vorher voll einzuzahlen. **Ein ohne Volleinzahlung getroffener Einziehungsbeschluss ist nichtig.**

2813 Neben der Kapitalaufbringung sind auch die Kapitalerhaltungsregeln zu beachten. § 34 Abs. 3 GmbHG verweist auf § 30 Abs. 1 GmbHG. Weitere Voraussetzung für eine Einziehung ist daher, dass die dem Gesellschafter **für die Einziehung zu zahlende Abfindung das Stammkapital nicht angreifen darf**. Deshalb ist bereits der Beschluss über die Einziehung nichtig, wenn zu diesem Zeitpunkt schon feststeht, dass die Entschädigung ganz oder teilweise nur aus gebundenem Vermögen bezahlt werden kann und nicht klargestellt wird, dass die Zahlung nur erfolgt, wenn ungebundenes Vermögen vorhanden ist. Eine Unterbilanz darf nicht entstehen, regelmäßig muss also die Zahlung der Vergütung aus den freien Rücklagen (§ 33 Abs. 2 Satz 1 GmbHG) möglich sein.[2]

Ist der Beschluss nicht nichtig, die Gesellschaft aber im Zeitpunkt der Fälligkeit der Abfindung nicht in der Lage, diese ohne Verstoß gegen § 30 GmbHG auszuzahlen, statuiert der BGH eine subsidiäre, persönliche, anteilige Haftung der Mitgesellschafter.[3]

2814 **Verletzt der Einziehungsbeschluss die Vorschriften über die Kapitalerhaltung, ist er nichtig**, der betroffene Gesellschafter behält seine Mitgliedschaftsrechte[4] und der Geschäftsanteil besteht weiter fort. Spätester Zeitpunkt für die Prüfung, ob die Kapitalerhaltungsregeln beachtet worden sind, ist die Zahlung der Abfindung. Wurde mit der Zahlung gegen § 30 Abs. 1 GmbHG verstoßen, muss **der Gesellschafter** gem. § 31 GmbHG das **Entgelt zurückzahlen**, wobei die **anderen Gesellschafter** nach § 31 Abs. 3 GmbHG und **der Geschäftsführer** nach § 43 Abs. 2 GmbHG **mithaften**. Lassen die Vermögensverhältnisse der GmbH eine Zahlung aus freien, ungebundenen Mitteln nicht zu, muss notfalls **die Einziehung mit einer Kapitalherabsetzung verbunden** werden, was aber nur möglich ist, wenn die GmbH ein Stammkapital hat, das über dem Min-

---

1 BGH v. 1.4.1953 II ZR 235/52, BGHZ 9, 157, 168 f.; v. 15.11.1993 II ZR 42/93, DStR 1994, 368.
2 BGH v. 24.1.2012 II ZR 109/11, BGHZ 192, 236, NWB DokID: SAAAE-03148, DB 2012, 504 und v. 10.5.2016 II ZR 342/14, NWB DokID: PAAAF-74949, DB 2016, 1366.
3 BGH, a.a.O.
4 BGH v. 19.6.2000 II ZR 37/89, BGHZ 144, 365.

deststammkapital liegt. Einen letzten Ausweg, um sich von dem Gesellschafter zu trennen, bietet die Ausschließung des Gesellschafters.

(Einstweilen frei) 2815–2830

III. Gesellschaftsvertragliche Regelung

Die Einziehung eines Geschäftsanteils, sei es freiwillig, sei es zwangsweise, ist nur möglich, wenn sie im **Gesellschaftsvertrag zugelassen** ist. Dies erlangt vor dem Hintergrund der Regelungen des **MoMiG** eine gewisse Bedeutung, wenn die Gründer sich des **vereinfachten Verfahrens unter Verwendung des Musterprotokolls bedienen** (§ 2 Abs. 1a GmbHG). Dieses Musterprotokoll sieht nämlich keine Regelungen des Innenverhältnisses z. B. zur Kündigung, Ausschließung oder eben der Einziehung vor und lässt solche individuellen Vereinbarungen auch nicht zu, da in ihm keine vom Gesetz abweichenden Bestimmungen getroffen werden dürfen, § 2 Abs. 1a Satz 3 GmbHG. Wollen die Gründer der Gesellschaft ein Einziehungsrecht statuieren, müssen sie den Weg über den normalen Gesellschaftsvertrag wählen; ansonsten bleibt bei Gründung im vereinfachten Verfahren nur die Ausschließung. 2831

1. Einziehung mit Zustimmung des Gesellschafters

Beschränkt sich die Satzung auf die **Zulassung**, kann der Geschäftsanteil nur **mit Zustimmung des Betroffenen** eingezogen werden. Wirksam ist die Einziehung nur dann, wenn der Gesellschafter sich zugleich mit ihr einverstanden erklärt.[1] Die Zulassung der Einziehung in der Satzung eröffnet lediglich die Möglichkeit hierzu. Wirksam wird sie erst durch Fassung eines entsprechenden Gesellschafterbeschlusses und der Zustimmungserklärung des Gesellschafters hierzu. Besteht z. B. ein Nießbrauchsrecht an einem Geschäftsanteil oder ein anderes dingliches Recht, müssen auch diese Berechtigten der freiwilligen Einziehung zustimmen. 2832

Fehlt in der Satzung eine Regelung, die die freiwillige Einziehung zulässt, kann diese mit Zustimmung aller Gesellschafter nachträglich durch Satzungsänderung geschaffen und damit auch der Beschluss über die Einziehung verbunden werden, zu dem dann freilich der betroffene Gesellschafter noch seine Zustimmung erteilen muss. Ob für eine nachträgliche Zulassung der Einziehung (mit Zustimmung des Gesellschafters) die satzungsändernde Mehrheit ausreicht oder Einstimmigkeit erforderlich ist, wird unterschiedlich beantwortet. Angesichts des Umstandes, dass der betroffene Gesellschafter ohnehin seine Zustimmung zu einem Einziehungsbeschluss erklären muss, dürfte es ausreichen, wenn die Möglichkeit der freiwilligen Einziehung als solche mit satzungsändernder Mehrheit beschlossen wird. Von einer bloßen Zulassung der Einziehung in der Satzung ist ohnehin abzuraten, weil hieraus meist nur Schwierigkeiten und Meinungsverschiedenheiten, zumal über die Abfindung, entstehen. 2833

Festzuhalten bleibt jedenfalls, dass der von der (freiwilligen) Einziehung betroffene Gesellschafter dieser zustimmen muss und darüber völlig frei entscheiden und seine Zustimmung auch verweigern und an Bedingungen – insbesondere die Zahlung einer Abfindung und deren Höhe – knüpfen kann.

---

1 BGH v. 15.11.1993 II ZR 42/93, DStR 1994, 368.

2. Zwangseinziehung

2834 Wesentlich wichtiger ist es, in der Satzung Regelungen dazu zu treffen, unter welchen Voraussetzungen und in welcher Weise ein Geschäftsanteil auch **ohne Zustimmung** des betroffenen Gesellschafters und gegen seinen Willen eingezogen werden kann. Will der Gesellschaftsvertrag eine Einziehung auch ohne Zustimmung des Gesellschafters ermöglichen **(Zwangseinziehung)**, muss neben der allgemeinen Zulassung der Einziehung ausdrücklich auch bestimmt werden, unter welchen im Einzelnen aufzuführenden Voraussetzungen der Geschäftsanteil auch gegen den Willen des Gesellschafters eingezogen werden kann. § 34 Abs. 2 GmbHG verlangt die Angabe der Gründe in der Satzung, bei deren Vorliegen die zwangsweise Einziehung möglich sein soll, und verlangt, dass diese Gründe bereits vor dem Erwerb des Geschäftsanteils in der Satzung festgelegt werden. Dies dient dem Schutz des Gesellschafters. Später können solche Bestimmungen nur in die Satzung eingefügt oder verschärft werden, wenn die Satzung mit seiner Zustimmung geändert wird.[1] Eine Zustimmung sämtlicher Gesellschafter ist dann erforderlich (§ 53 Abs. 3 GmbHG).

2835 Grundsätzlich genügt eine Bestimmung in der Satzung, dass der Geschäftsanteil **aus einem wichtigen Grund**, der in der Person des betreffenden Gesellschafters liegt, eingezogen werden kann.[2]

2836 Weit verbreitet und durchaus zu empfehlen sind jedoch auch Satzungsbestimmungen, die die „wichtigen Gründe" für eine Zwangseinziehung ausdrücklich nennen, wie z. B.

- ▶ die Eröffnung des Insolvenzverfahrens über das Vermögen des Gesellschafters,[3]
- ▶ die Pfändung des Geschäftsanteils,[4]
- ▶ der Tod des Gesellschafters,
- ▶ der Austritt des Gesellschafters,[5]
- ▶ die Erhebung der Auflösungsklage durch einen Gesellschafter,[6]
- ▶ den Übergang des Geschäftsanteils durch Erbfall oder Vermächtnis auf Personen, die nicht nachfolgeberechtigt sein sollen,
- ▶ die grobe Verletzung der dem Gesellschafter obliegenden Pflichten, wie wettbewerbswidriges Verhalten[7] oder anderes Verhalten, auf das eine Ausschließung gestützt werden könnte, oder vergleichbare wichtige Gründe. Die Strafanzeige gegen einen Mitgesellschafter stellt nicht immer einen Grund dar, der zur Einziehung berechtigt, jedenfalls dann nicht, wenn zuvor eine innergesellschaftliche Aufklärung versucht und nicht leichtfertig oder wider besseres Wissen gehandelt wurde.[8]

---

1 BGH v. 19. 9. 1977 II ZR 11/76, NJW 1977, 2316.
2 Vgl. BGH, NJW 1977, 2316; BGH v. 20. 9. 1999 II ZR 345/97, DStR 1999, 1951.
3 Vgl. zum Konkurs- und Vergleichverfahren BGH v. 20. 9. 1999, DStR 1999, 1951.
4 BGH v. 20. 9. 1999 II ZR 345/97, DStR 1999, 1951.
5 BGH v. 16. 12. 1991 II ZR 58/91, BGHZ 116, 359, 369.
6 BGH v. 20. 9. 1999 II ZR 345/97, DStR 1999, 3779.
7 BGH v. 14. 6. 1993 II ZR 112/92, DStR 1993, 1266.
8 BGH v. 24. 2. 2003 II ZR 243/02, DStR 2003, 745.

Die allgemeine Satzungsbestimmung, dass der Geschäftsanteil aus einem wichtigen Grund eingezogen werden kann, reicht aus und sollte wenigstens in der Satzung enthalten sein. Zählt nämlich die Satzung zwar einzelne, bestimmte Gründe für eine Einziehung auf, bestimmt sie aber nicht, dass jeder wichtige Grund die Zwangseinziehung rechtfertigt, kann auf einen nicht genannten Grund die Einziehung nicht gestützt werden, selbst wenn er einen „ähnlichen wichtigen Grund" darstellt. Eine Analogie ist nach der Rechtsprechung mit Rücksicht auf § 34 Abs. 2 GmbHG ausgeschlossen.[1] Dann muss die Gesellschaft den wesentlich schwierigeren Weg der Ausschließungsklage beschreiten, um sich von dem störenden Gesellschafter trennen zu können.

2837

3. Abfindung

Literatur: *Siems*, Gesellschaftsvertragliche Regelung zur Abfindung eines ausscheidenden Gesellschafters, WuB II c § 34 GmbHG 1.02; *Goette*, Abfindung nach Buchwerten bei Ausschließung eines Gesellschafters und grobes Missverhältnis zu Verkehrswert, DStR 2002, 463; *Schröder*, Die Geltendmachung des Abfindungsanspruchs eines ausscheidenden GmbH-Gesellschafters, GmbHR 2002, 541.

Der Gesellschafter, dessen Geschäftsanteil durch die zwangsweise Einziehung vernichtet wird, hat grundsätzlich einen **Anspruch auf eine Abfindung**. Sie ist mit dem **vollen Wert des Geschäftsanteils** zu bemessen,[2] wenn die Satzung keine abweichende Bestimmung trifft. In der Satzung kann aber auch bestimmt werden, dass kein oder ein unter dem Verkehrswert liegendes Entgelt zu zahlen ist. Ob eine unentgeltliche Zwangsamortisation gegenüber einem pfändenden Gläubiger des Gesellschafters oder im Fall der Insolvenz durchschlägt, ist allerdings zweifelhaft. Zu warnen ist jedenfalls vor Satzungsklauseln, die speziell für den Fall der Insolvenz oder der Pfändung des Geschäftsanteils eine nicht vollwertige oder keine Abfindung vorsehen, während in anderen Fällen der Einziehung oder Ausschließung eine Abfindung zu zahlen ist. Solche Klauseln sind unwirksam, weil sie einseitig die Gläubiger des Gesellschafters benachteiligen und das Ziel haben, deren Befriedigung aus dem im Geschäftsanteil verkörperten Vermögenswert zu vereiteln.[3]

2838

Sieht die Satzung aber in allen Fällen der Zwangseinziehung gleichermaßen eine Abfindung vor, die unter dem Verkehrswert liegt, dann ist der Geschäftsanteil von vornherein in dieser Weise belastet. Der Pfändungsgläubiger kann keine bessere Rechtsstellung erlangen, als sie der Gesellschafter innehatte. Nach der Vernichtung des Geschäftsanteils durch die Einziehung ist der Gläubiger für seine Befriedigung auf das Einziehungsentgelt verwiesen, wie es sich aus der Satzung ergibt.[4] Sieht die Satzung für den Fall der Kündigung durch den Gesellschafter oder der Pfändung seines Geschäftsanteils vor, dass er nach Buchwerten abzufinden ist, gilt diese Regelung grundsätzlich auch für den satzungsmäßig nicht geregelten Fall seiner Ausschließung aus wichtigem Grund.[5]

2839

---

1 BGH v. 20. 9. 1999 II ZR 345/97, DStR 1999, 1951.
2 BGH v. 16. 12. 1991 II ZR 58/91, BGHZ 116, 359 ff.
3 BGH v. 12. 6. 1975 II ZB 12/73, BGHZ 65, 22, 26 ff.; v. 19. 6. 2000 II ZR 73/99, BGHZ 144, 365.
4 Vgl. BGH v. 12. 6. 1975 II ZB 12/73, BGHZ 65, 22, 25.
5 BGH v. 17. 12. 2001 II ZR 348/99, DStR 2002, 461.

4. Verfahren

2840 Die **Zulassung der Einziehung** im Gesellschaftsvertrag ist zwingende **Voraussetzung** dafür, dass eine solche Maßnahme durchgeführt werden kann (§ 34 Abs. 1 GmbHG). Wie dabei zu verfahren ist, bestimmt das Gesetz nicht. Aus § 46 Nr. 4 GmbHG ergibt sich lediglich, dass über die Einziehung die Gesellschafterversammlung mit nach der Satzung vorgesehener Mehrheit durch Beschluss zu entscheiden hat. Da das GmbHG im Übrigen das Verfahren in keiner Weise regelt, sollte die Satzung auch hierzu die notwendigen Bestimmungen enthalten, insbesondere zum Stimmrecht des von der Einziehung betroffenen Gesellschafters.

2841 Enthält die Satzung keine Bestimmung, ist grundsätzlich von einem **Stimmverbot des Betroffenen** auszugehen. Während diese Frage bei der freiwilligen Einziehung im Hinblick auf die ohnehin erforderliche Zustimmung des Gesellschafters keine praktische Bedeutung hat, ist sie bei der Zwangseinziehung von Relevanz. Soll die Einziehung beschlossen werden, geht es im Grunde immer um die Frage, ob der betreffende Gesellschafter für die Gesellschaft noch tragbar ist oder nicht. Dann kann man aber nicht erwarten, dass der betroffene Gesellschafter bei einer Stimmabgabe sich von objektiven Gesichtspunkten leiten lässt und seine eigenen Interessen hinter die der Gesellschaft und der Mitgesellschafter zurückstellt. Deshalb ist mit der h. M.[1] **ein Stimmverbot** anzunehmen.[2]

2842 Fraglich kann auch sein, ob die Entscheidung über die Einziehung einem anderen Organ der Gesellschaft, insbesondere dem Geschäftsführer, übertragen werden kann oder ob sie der Gesellschafterversammlung vorbehalten werden muss. Berücksichtigt man, dass es in starkem Maße die Interessen der verbleibenden Gesellschafter tangiert, ob sie den Betroffenen weiter als ihren Mitgesellschafter haben wollen, ob die Vorschriften über die Kapitalerhaltung beachtet werden und ob sich die Gesellschaft die fällige Abfindung nach ihrer Liquiditätslage überhaupt leisten kann, wird man einen **Beschluss der Gesellschafterversammlung als unabdingbar** ansehen müssen. Allenfalls wird man tolerieren können, wenn die Entscheidung einem von ihr gewählten Gremium, z. B. einem Beirat, übertragen wird.

2843 Ist der **Beschluss** über die Einziehung gefasst, so muss dieser **umgesetzt** werden, weil er rechtsgestaltend wirkt und den Geschäftsanteil vernichtet. Deshalb muss die Einziehung dem betroffenen Gesellschafter gegenüber (durch den Geschäftsführer) erklärt werden,[3] es sei denn, der Gesellschafter war bei der Abstimmung anwesend. Darauf hat er ein Recht, weil sein **Teilnahmerecht** an der Gesellschafterversammlung von dem Stimmrechtsausschluss **nicht berührt wird** und es die gesellschaftsrechtliche Treuepflicht sogar gebieten kann, ihn vor der Einziehung anzuhören.

2844–2870 (*Einstweilen frei*)

---

1 Vgl. Hachenburg/Hüffer, GmbHG, § 47 Rz. 38.
2 Vgl. BGH v. 1. 4. 1953 II ZR 253/52, BGHZ 9, 157, 176; v. 13. 1. 2003 II ZR 227/00, BGHZ 155, 285.
3 Erst mit der Mitteilung wird der Einziehungsbeschluss wirksam, BGH v. 24. 1. 2012 II ZR 109/11, BGHZ 192, 236, NWB DokID: SAAAE-03147, DB 2012, 504.

IV. Wirkung der Einziehung

1. Untergang des Geschäftsanteils

Ist die Einziehung ordnungsgemäß beschlossen, dem Betroffenen gegenüber erklärt und wirksam (z.B. weil auch die Regeln der Kapitalaufbringung und Kapitalerhaltung eingehalten sind), wird der **Geschäftsanteil vernichtet**. Er geht samt den an ihm begründeten Rechten (z.B. Nießbrauch) unter. Der Gesellschafter verliert seine Mitgliedschaft. Fällige Ansprüche gegen die Gesellschaft, wie z.B. auf Auszahlung des nach § 29 GmbHG festgestellten Gewinnanspruchs,[1] und fällige Verbindlichkeiten des Gesellschafters z.B. aus eingeforderten rückständigen Einlagen oder eine Haftung aus § 24 GmbHG und Nachschusspflicht bleiben bestehen. Der Betroffene kann auch frühere Gesellschafterbeschlüsse nicht mehr anfechten, es sei denn, der Einziehungsbeschluss ist nichtig oder wird für nichtig erklärt.[2]

2871

2. Wechselwirkung von Abfindung und Einziehung

Der Abfindungszahlung kommt im Zusammenhang mit dem Wirksamwerden des Beschlusses zur Zwangseinziehung eine gewisse Bedeutung zu. Die Abfindung muss aus dem ungebundenen Vermögen der Gesellschaft aufgebracht werden können, damit den Kapitalerhaltungsregeln (§§ 34 Abs. 3, 30 GmbHG) genügt wird. Steht schon bei der Fassung des Einziehungsbeschlusses fest, dass dies nicht möglich ist, ist die Einziehung von vornherein nichtig.[3] Die Nichtigkeit des Einziehungsbeschlusses aus diesem Grund erfasst auch den damit verbundenen Beschluss über die Ausschließung eines Gesellschafters.[4]

2872

Fraglich ist aber, wann der Einziehungsbeschluss wirksam wird, wenn das angemessene Einziehungsentgelt erst noch zu ermitteln und zu zahlen ist, und dann auch noch den Kapitalerhaltungsregeln entsprechen muss. In Anlehnung an eine Entscheidung des BGH zum Ausschluss eines Gesellschafters durch Urteil[5] wurde hierzu von der bisher h.M. vertreten, dass die tatsächliche Zahlung der dem Gesellschafter zustehenden Abfindung **als aufschiebende Bedingung** Voraussetzung für die Wirksamkeit der Einziehung sei.[6] Die Bedingungslösung ließ also die Einziehung so lange schwebend unwirksam sein, bis der betroffene Gesellschafter die ihm gebührende Abfindung ausgezahlt bekam, mit der Folge, dass die Mitgliedschaftsrechte des Betroffenen bis zur Zahlung des Einziehungsentgelts fortbestanden, er also auch an den Beschlüssen mitwirken konnte.

2873

Dies konnte in der Praxis erhebliche Schwierigkeiten bereiten, wenn man z.B. nur an eine längerfristige Zahlung der Abfindung in Raten denkt. Der BGH hatte zunächst

---

1 BGH v. 14.9.1998 II ZR 172/97, BGHZ 139, 299.
2 BGH v. 12.7.1993 II ZR 65/92, DStR 1993, 1457.
3 Vgl. auch BGH v. 17.9.2001 II ZR 245/99, DStR 2001, 1898; v. 17.7.2006 II ZR 313/05, DStR 2006, 1900; dies gilt auch in der Unterbilanz- oder Überschuldungssituation, BGH v. 8.12.2008 II ZR 263/07, DStR 2009, 439.
4 BGH v. 5.4.2011 II ZR 263/08, ZIP 2011, 1104.
5 BGH v. 1.4.1953 II ZR 213/52, BGHZ 9, 157, 170.
6 BGH v. 28.4.1997 II ZR 162/96, DStR 1997, 1336, mit Anm. Goette; Beck-GmbH-HB/Zätzsch, § 13 Rz. 67; vgl. zum Meinungsstand Hueck/Fastrich in Baumbach/Hueck, GmbHG, § 34 Rz. 41, m.w.N.

noch nicht abschließend zu dieser Frage und etwa dem Lösungsvorschlag Stellung genommen, bei einer durch Gesellschafterbeschluss durchgeführten Ausschließung die Bedingungslösung nicht anzuwenden[1] und die Wirksamkeit der Zwangseinziehung nicht von der Zahlung der Abfindung abhängig zu machen, zumal ein zu geringes Einziehungsentgelt generell die Wirksamkeit des Beschlusses selbst nicht berührt. Er schien sich aber von der Bedingungslösung unter Hinweis auf die entstehende schwierige Schwebelage zu distanzieren,[2] ließ aber Satzungsregelungen zu, nach welchen ein kündigender oder ausgeschlossener Gesellschafter schon vor Zahlung der Abfindung ausscheidet und seine Gesellschafterstellung mit sofortiger Wirkung verliert.[3]

Nunmehr hat der BGH[4] die Streitfrage geklärt: Der Einziehungsbeschluss, der weder nichtig ist oder für nichtig erklärt wird, wird mit der Mitteilung an den betroffenen Gesellschafter **wirksam** und **nicht erst mit der Zahlung der Abfindung**. Eine hierauf gerichtete **aufschiebende Bedingung** und den damit verbundenen Schwebezustand hält das Gericht für nicht **praktikabel**, zumal ein solcher Beschluss grundsätzlich wirksam und vollziehbar sei. Dem anzuerkennenden Schutzbedürfnis des Gesellschafters hinsichtlich seines Abfindungsanspruchs genügt es, dass die Gesellschafter, welche die Ausschließung beschlossen haben, dem Ausgeschlossenen für **die Zahlung der Abfindung anteilig haften**,[5] wenn sie nicht dafür sorgen, dass die Abfindung aus dem ungebundenen Vermögen der GmbH gezahlt werden kann, oder sie die GmbH nicht auflösen.

Will der ausgeschlossene Gesellschafter seine Rechte gegen den Beschluss in einem Anfechtungsverfahren wahrnehmen, ist aber von der Rechtsinhaberschaft des ausgeschlossenen Gesellschafters auszugehen, womit der von der Verfassung gebotene Rechtsschutz gewährleistet werde. Dem Vorschlag, dass der betroffene Gesellschafter zwar die Befugnis zur Ausübung der Gesellschafterrechte sofort verliere, er aber zunächst Inhaber des Geschäftsanteils bleibe, den er erst Zug um Zug gegen Zahlung der Abfindung zur Einziehung zur Verfügung stellen müsse,[6] kann daher nicht mehr gefolgt werden.

2873/1   In der Satzung sollte Vorsorge getroffen und bestimmt werden, dass die Einziehung unabhängig von der Zahlung der Abfindung wirksam wird.

3. Auswirkung auf das Stammkapital

Literatur: *Goette*, Heilung nichtiger Satzungsregeln; Kapitalerhaltungsgebot bei der Einziehung von Geschäftsanteilen, DStR 2000, 1445.

2874   Die Einziehung **vernichtet** den betreffenden **Geschäftsanteil**; dadurch ändert sich aber das Stammkapital nicht mit der Folge, dass die Summe der Nennbeträge der restlichen Geschäftsanteile nicht mehr der Stammkapitalziffer entspricht. Nach Inkrafttreten von MoMiG wurde die Auffassung vertreten, dass der Einziehungsbeschluss nichtig sei,

---

[1] Vgl. BGH v. 9.7.1990 II ZR 194/89, BGHZ 112, 103, 111.
[2] BGH v. 14.9.1998 II ZR 172/97, BGHZ 139, 299; v. 30.6.2003 II ZR 326/01, NZG 2003, 871.
[3] Neuerdings wieder BGH v. 8.12.2008 II ZR 263/07, DStR 2009, 439, NWB DokID: PAAAD-08022.
[4] BGH v. 24.1.2012 II ZR 109/11, BGHZ 192, 236, DB 2012, 504.
[5] Zu den Voraussetzungen s. BGH v. 10.5.2016 II ZR 342/14, NWB DokID: PAAAF-74949.
[6] Hueck/Fastrich in Baumbach/Hueck, GmbHG, § 34 Rz. 42 und § 34 Anh. Rz. 14 f.

wenn die Summe der Nennbeträge der verbleibenden Geschäftsanteile nicht mehr der Stammkapitalziffer entspreche. Dazu hat der BGH[1] eindeutig entschieden: Das Unterlassen von Maßnahmen, die das Auseinanderfallen der Summe der Nennbeträge der verbleibenden Geschäftsanteile und dem Stammkapital verhindert, führt nicht zur Nichtigkeit oder Anfechtbarkeit des Einziehungsbeschlusses. Auch wird der Einziehungsbeschluss nicht ex tunc nichtig, wenn die Beseitigung des Auseinanderfallens nicht innerhalb angemessener Frist erfolgt.[2] Der BGH hat offen gelassen, ob die Einziehung in der Gesellschafterliste gem. § 40 GmbHG zu vermerken ist; diese Frage ist zu bejahen.[3]

Vorzuziehen ist es im Regelfall, die verbliebenen Geschäftsanteile anzupassen, wozu es keines satzungsändernden Gesellschafterbeschlusses bedarf.[4] Die Aufstockung schließt aber die Neuschaffung des eingezogenen Geschäftsanteils aus. Beachtet werden sollte, dass die Einziehung aller oder des restlichen verbliebenen Geschäftsanteils nicht zulässig ist, während der Erwerb sämtlicher (eigener) Geschäftsanteile oder des letzten durch die GmbH für zulässig angesehen wird, wenn sie in absehbarer Zeit wieder einen Gesellschafter erhält. Die Einziehung vernichtet den Geschäftsanteil, der eigene Geschäftsanteil besteht rechtlich fort.

Die Fragen, die sich aus den Kapitalerhaltungsregeln durch die Zahlung der Abfindung, der aufschiebend bedingten Wirksamkeit der Einziehung und aus der Abweichung der Stammkapitalziffer von der Summe der Geschäftsanteile ergeben können, lassen zweckmäßig erscheinen, in der Satzung die Einziehung mit der Verpflichtung des betroffenen Gesellschafters zu verbinden, seinen Geschäftsanteil auf einen oder die Gesellschafter anteilig oder auf Weisung der Gesellschaft an einen Dritten zu übertragen. Die Umsetzung der Einziehung in dieser Weise entledigt die Gesellschaft ihrer Pflicht, die Abfindung aus eigenen Mitteln aufzubringen, weil diese von dem Übernehmer des fortbestehenden Geschäftsanteils zu zahlen ist.[5]

2875

(Einstweilen frei) 2876–2900

D. Ausschließung und Austritt eines Gesellschafters

Literatur: *Hoffmann/Rüppell*, Ausschluss eines GmbH-Gesellschafters aus wichtigem Grund, BB 2016, 1026; *Werner*, Gesellschafterausschluss, Gesellschafterliste und einstweiliger Rechtsschutz, NWB 2016, 2197.

I. Ausschließung

1. Allgemeines und rechtliche Grundlagen

Im Gegensatz zum Recht der Personengesellschaften – z. B. in § 140 HGB für die OHG – enthält das GmbHG **keine Bestimmung** über die **Ausschließung eines Gesellschafters**

2901

---

1 Vom 2. 12. 2014 II ZR 322/13, BGHZ 202, 303, NWB DokID: XAAAE-86366, DB 2015, 672.
2 Nach Kort, DB 2016, 2098, 2099 dürfen die Beträge dauerhaft auseinanderfallen.
3 Kort, DB 2016, 2098, 2099 m. w. N.
4 BGH v. 6. 6. 1988 II ZR 318/87, NJW 1989, 168.
5 BGH v. 20. 6. 1983 II ZR 237/82, NJW 1983, 2880.

aus wichtigem Grund oder umgekehrt über dessen Recht, seinen **Austritt aus wichtigem Grund** zu erklären. Auch ohne eine solche gesetzliche Regelung ist mit Rücksicht darauf, dass es möglich sein muss, eine auf Dauer angelegte Rechtsbeziehung aus einem wichtigen Grund zu lösen, auch im Recht der GmbH seit langem durch die Rechtsprechung anerkannt, durch Ausschließung oder Austritt die Gesellschafterstellung zu beenden.[1]

Diese außerordentliche Möglichkeit besteht nicht nur, wenn sie in der Satzung zugelassen ist, sondern gerade auch, wenn der Gesellschaftsvertrag zu dieser Frage schweigt. Neben dem Gesichtspunkt, dass nach unserer Rechtsordnung niemand an einer für ihn unzumutbaren Bindung festgehalten werden darf, hat die Rechtsprechung auch auf den Gedanken der gesellschaftsrechtlichen Treuepflicht verwiesen[2] und darauf, dass ohne einen solchen Weg für die Beendigung einer nicht mehr tragbaren Mitgliedschaft letztlich nur die Klage auf Auflösung der Gesellschaft nach § 61 GmbHG bliebe, die aber zur Vernichtung der Gesellschaft und vielfach zur Vernichtung des Betriebes, der Arbeitsplätze und der Firma und damit dessen, was die Gesellschafter („als ihr Lebenswerk") aufgebaut haben, führen würde. Damit gäbe man aber das Schicksal der Gesellschaft in die Hand des durch sein Verhalten untragbar gewordenen Gesellschafters, so dass als weniger einschneidende Maßnahme die Ausschließung des Gesellschafters zulässig sein muss, während umgekehrt einem Gesellschafter, dem der weitere Verbleib in der Gesellschaft nicht mehr zumutbar ist, ein Austrittsrecht zugestanden wird, das sich gegenüber der Auflösungsklage ebenfalls als das weniger gravierende Mittel darstellt, das Zerwürfnis zu beseitigen.

2. Ausschließung

Literatur: *Schick*, Das Mehrheitserfordernis beim Ausschluss eines Minderheitsgesellschafters einer GmbH und Stimmrechtsverbote im Gesellschafterkonsortium, DB 2000, 2105; *Goette*, Ausschließung und Austritt aus der GmbH in der Rechtsprechung des Bundesgerichtshofs, DStR 2001, 533; *Weber/Fröhlich*, Ausschließung eines Gesellschafters – Empfehlenswerte Regelungen im Gesellschaftsvertrag der GmbH, GmbH-StB 2001, 358; *Bärwaldt*, Ausschließung von Gesellschaftern aus wichtigem Grund, NZG 2003, 261; *Löwe/Thoß*, Austritt und Ausschluss eines Gesellschafters aus der GmbH sowie Einziehung seines Geschäftsanteils – Wirksamkeit und Wirkungen, NZG 2003, 1005; *Gehrlein*, Neue Tendenzen zum Verbot der freien Hinauskündigung eines Gesellschafters, NJW 2005, 1969; *Goette*, Zur Ausschließung oder Hinauskündigung eines Gesellschafters, DStR 2005, 800; *Sikora*, Der Ausschluss eines Gesellschafters aus Personengesellschaft und GmbH, JA 2005, 816; *Kindl/Osadnik*, Voraussetzungen und Verfahren bei Ausschließung eines Mitgesellschafters, WuB II C § 60 GmbHG 1.03; *Reymann*, Risikominimierung bei der Gestaltung von Hinauskündigungsklauseln, DNotZ 2006, 106; *Battke*, Der Ausschluss von Gesellschaftern aus der GmbH, GmbHR 2008, 850.

2902 Nach der Rechtsprechung ist der Ausschluss eines Gesellschafters gegen seinen Willen zulässig, und zwar aufgrund einer **Ausschlussklage** aus wichtigem Grund oder aufgrund einer **Ausschlussregelung in der Satzung,** die die wichtigen Gründe festlegt, **durch Beschluss der Gesellschafterversammlung.**

---

1 Vgl. BGH v. 1.4.1953 II ZR 235/52, BGHZ 9, 157; v. 17.2.1955 II ZR 316/53, BGHZ 16, 317; v. 23.2.1981 II ZR 229/79, BGHZ 80, 346; v. 19.6.2000 II ZR 57/99, BGHZ 144, 365.

2 Z. B. BGH v. 20.9.1999 II ZR 345/97, DStR 1999, 1951.

a) Wichtiger Grund

Materielle Voraussetzung für eine Ausschließung ist das Vorliegen eines **wichtigen Grundes**, der **in der Person des auszuschließenden Gesellschafters** liegen muss (Personenbezogenheit wie in § 140 HGB). Der Grund muss so schwerwiegend sein, dass den übrigen Gesellschaftern die weitere Mitgliedschaft des Störenfrieds nicht länger zumutbar ist[1] und der Fortbestand der Gesellschaft dadurch ernstlich gefährdet sein kann.[2] Schuldhaftes Verhalten des betroffenen Gesellschafters ist zwar nicht erforderlich, jedoch kann es im Rahmen der vorzunehmenden Würdigung aller Umstände des einzelnen Falles eine Ausschließung eher rechtfertigen.[3] Bei der Beurteilung sind die gesamten Verhältnisse der Gesellschaft zu würdigen.[4] Ihr Interesse steht dabei im Vordergrund und nicht die Beurteilung aus der Sicht der anderen Gesellschafter. Ihr eigenes Verhalten, zumal von ihnen zu verantwortende Beiträge zu dem Zerwürfnis, aus denen sie selbst ausgeschlossen werden könnten, sind in die Würdigung einzubeziehen und können die Unzumutbarkeit fehlen lassen.[5]

2903

Die Struktur der Gesellschaft ist ebenfalls zu berücksichtigen. Bei einer GmbH, die personenbezogen verfasst ist und auf die persönliche, vertrauensvolle Zusammenarbeit der Gesellschafter angelegt ist oder bei der es auf die persönliche Mitarbeit der Gesellschafter im Unternehmen für dessen Gedeihen wesentlich ankommt, können die Grenzen der Zumutbarkeit enger zu ziehen sein, weil der Bestand der GmbH unmittelbar gefährdet ist, wenn diese Zusammenarbeit unmöglich geworden ist. Bei einer vornehmlich kapitalistisch strukturierten GmbH lassen sich wichtige Gründe weniger aus Störungen im persönlichen Umgang der Gesellschafter miteinander herleiten, sondern eher aus einem Verhalten, das die Funktionsfähigkeit der Gesellschaft als solcher in Frage stellt.[6]

2904

b) Fallbeispiele für wichtige Gründe

Anhaltspunkte für wichtige Gründe bieten die Fälle, die auch eine Zwangseinziehung (vgl. Rz. 2835) rechtfertigen können.

2905

Beispielhaft können genannt werden:

2906

▶ nachhaltige Verletzung der Mitarbeitspflicht in einer personenbezogenen GmbH;[7]

▶ **tief greifendes Zerwürfnis** zwischen den Gesellschaftern, wenn es von dem Auszuschließenden zumindest überwiegend verursacht ist und beim anderen Gesellschafter nicht ebenfalls Ausschließungsgründe vorliegen;[8]

▶ **ständiges Führen von Prozessen** gegen die Gesellschaft bzw. Gesellschafter, sofern es sich um schikanöses und nicht der Wahrung berechtigter Interessen dienendes

---

1 BGH v. 1.4.1953 II ZR 235/52, BGHZ 9, 157.
2 Vgl. Beck-GmbH-HB/Müller/Maul, § 13 Rz. 99.
3 Vgl. BGH v. 13.2.1995 II ZR 255/93, DStR 1995, 695.
4 BGH v. 10.6.1991 II ZR 234/89, DStR 1991, 1055.
5 BGH v. 23.2.1981 II ZR 229/79, BGHZ 80, 346, 351 f.; v. 20.9.1999 II ZR 345/97, DStR 1999, 1951.
6 Vgl. auch Goette, Die GmbH, § 6 Rz. 19.
7 BGH v. 20.6.1983 II ZR 237/82, NJW 1983, 2880.
8 BGH v. 10.6.1991 II ZR 234/89, DStR 1991, 1055.

Verhalten handelt.[1] Die berechtigte und nicht mutwillige Wahrnehmung von Gesellschafterrechten stellt regelmäßig keinen (wichtigen) Ausschließungsgrund dar. Ähnlich verhält es sich, wenn sich der Gesellschafter wegen gesetzeswidrigen Verhaltens der GmbH an Behörden wendet, dabei aber unrichtige oder verfälschte Angaben macht, nicht aber wenn er sich bei Stillhalten selbst einer Verfolgung aussetzen würde;

- ▶ **Entzug liquider Mittel** zum **Schaden der GmbH** und zum eigenen Vorteil des Gesellschafters oder mit ihm verbundener Unternehmen durch einen Mehrheitsgesellschafter;[2]
- ▶ **schwerwiegende Verstöße** eines Gesellschafters gegen die gesellschaftsvertragliche Zuständigkeitsverteilung[3] oder gegen sonstige Pflichten, insbesondere die gesellschafterlichen Treuepflichten, wenn einseitig die eigenen Belange hinter die der Gesellschaft zurückgestellt werden;[4]
- ▶ **satzungswidrige** Einräumung einer **Unterbeteiligung,** wenn damit zugleich an den mit der GmbH konkurrierenden Unterbeteiligten in schädigender Weise Geschäftsgeheimnisse verraten werden oder durch dessen Interessen Einfluss auf die Geschäftsführung genommen wird;[5]
- ▶ **schädigende Verstöße** gegen ein satzungsrechtliches **Wettbewerbsverbot,** Wahrnehmung von Konkurrenzgeschäften mit Wettbewerbsnachteilen für die GmbH oder sonstiges **illoyales Verhalten**, indem Chancen zu Geschäftsabschlüssen treuepflichtwidrig nicht für die GmbH, sondern zum eigenen Vorteil wahrgenommen werden.

c) Ultima Ratio

2907   Auch wenn ein wichtiger Grund vorliegt, ist der Ausschluss nur **als letztes und äußerstes Mittel** (Ultima Ratio) zulässig. Wenn weniger einschneidende Sanktionen gegen den störenden Gesellschafter gegeben sind oder andere gangbare Wege zur Beseitigung der Schwierigkeiten in Betracht kommen, sind diese zu wählen, z. B. die Entziehung von Sonderrechten oder der Entzug der Geschäftsführungsbefugnis.

d) Wahrung des Kapitalerhaltungsgebots

2908   Die Ausschließung eines Gesellschafters darf im Interesse der Gläubiger der GmbH nicht zu einer Verletzung des Kapitalerhaltungsgebots (§ 30 GmbHG) führen. Der Ausschluss eines Gesellschafters muss umgesetzt werden, was z. B. oft durch Einziehung des Geschäftsanteils geschieht. Dann muss die Einlage auf den Geschäftsanteil voll eingezahlt und sichergestellt sein, dass die dem Gesellschafter zu zahlende Abfindung nicht das Vermögen der GmbH angreift, das zur Deckung der Stammkapitalziffer erforderlich ist. Dieser Zusammenhang veranlasste den BGH zu seiner Entscheidung, dass der Beschluss über die Ausschließung eines Gesellschafters nichtig ist, da der damit verbundene Einziehungsbeschluss gegen §§ 34 Abs. 3, 30 Abs. 1 GmbHG verstieß.[6]

---

1   BGH v. 10. 5. 1993 II ZR 42/92, DStR 1993, 923.
2   BGH v. 20. 9. 1999 II ZR 345/97, DStR 1999, 1951.
3   BGH v. 28. 6. 1993 II ZR 119/92, DStR 1993, 1598.
4   BGH v. 10. 5. 1993 II ZR 42/92, DStR 1993, 923.
5   BGH v. 12. 10. 1992 II R 245/91, DStR 1992, 1661.
6   BGH v. 5. 4. 2011 II ZR 263/08, ZIP 2011, 1104.

Durch die gleichzeitige Beschlussfassung seien beide Vorgänge untrennbar miteinander verbunden. Dies gilt auch dann, wenn nach der Satzung die Ausschließung mit Zugang des Beschlusses wirksam wird, unabhängig davon, ob der betroffene Gesellschafter eine Abfindung beanspruchen könne oder nicht. Ausschlaggebend ist, dass bereits beim Beschluss über die Ausschließung feststehe, dass eine Abfindung nicht gezahlt werden könne. Dann ist der Beschluss insgesamt nichtig.

(*Einstweilen frei*) 2909–2930

3. Ausschlussklage und Ausschlussurteil

a) Klagerecht der GmbH

Regelt der Gesellschaftsvertrag das Ausschließungsrecht überhaupt nicht oder sieht die Satzung zwar die Ausschließung eines untragbar gewordenen Gesellschafters aus wichtigem Grund vor, enthält aber keine Bestimmungen darüber, wie dabei zu verfahren ist, kann der Ausschluss nur entsprechend § 140 HGB durch Erhebung der Ausschlussklage und ein auf sie ergehendes Ausschlussurteil herbeigeführt werden. Freilich ist die Vorschrift des § 140 HGB nicht unmittelbar auf die GmbH anzuwenden, so dass **die Klage nicht von den Gesellschaftern, sondern von der GmbH selbst – vertreten durch den Geschäftsführer – zu erheben ist.** Die GmbH ist eine juristische Person, und es sind die Rechtsbeziehungen des störenden Gesellschafters zu ihr zu regeln. Die GmbH hat den Geschäftsanteil zu verwerten und schließlich die Abfindung zu zahlen. Auch bei einer Zweimann-GmbH gelten diese Grundsätze, so dass die Klage formal von der GmbH zu erheben ist, obwohl es faktisch um einen Streit zwischen den beiden Gesellschaftern geht. Im Hinblick darauf soll bei der Zweimann-GmbH auch der andere Gesellschafter klagebefugt sein,[1] obwohl hierzu kaum Bedürfnis besteht, da der auszuschließende Gesellschafter beim Beschluss zur Erhebung der Ausschlussklage nicht stimmberechtigt ist und der verbleibende Gesellschafter daher problemlos einen solchen Gesellschafterbeschluss herbeiführen kann. 2931

b) Entscheidungsbefugnis der Gesellschafterversammlung

Ob die Ausschließungsklage erhoben werden soll, hat die Gesellschafterversammlung zu entscheiden. Ein entsprechender **Gesellschafterbeschluss** ist **Zulässigkeitsvoraussetzung** für die **Ausschlussklage.** Für die Beschlussfassung ist entsprechend § 60 Abs. 1 Nr. 2 GmbHG eine Mehrheit von 3/4 der Stimmen erforderlich.[2] Wegen der einschneidenden Bedeutung eines solchen Beschlusses für den betroffenen Gesellschafter und der möglichen finanziellen Konsequenzen für die Gesellschaft (Kostenrisiko und Abfindungszahlung) ist ein solches Stimmenverhältnis angemessen, es sei denn, die Satzung bestimmt etwas anderes. Der von der Ausschließung betroffene Gesellschafter kann gegen den Beschluss Nichtigkeits- oder Anfechtungsklage erheben, deren Rechtsschutzbedürfnis auch nicht entfällt, wenn die GmbH inzwischen die Ausschlussklage erhoben hat. 2932

---

1 Vgl. Beck-GmbH-HB/Müller/Maul, § 13 Rz. 100, m.w. N. zur h. M.
2 Vgl. BGH v. 1.4.1953 II ZR 235/52, BGHZ 9, 157, 177; v. 13.1.2003 II ZR 227/00, BGHZ 153, 285.

c) Stimmrechtsausschluss des betroffenen Gesellschafters

2933 Der Gesellschafter, der von der Ausschließung betroffen ist, hat bei dem Beschluss, ob eine Ausschlussklage erhoben werden soll, kein Stimmrecht. Dies ergibt sich aus § 47 Abs. 4 GmbHG und dem bestehenden Interessenkonflikt. Die Regelung kann nicht durch eine Satzungsbestimmung in der Weise ausgehebelt werden, dass der Beschluss nur mit einer bestimmten Mehrheit des Stammkapitals gefasst werden kann, die ohne Mitwirkung – meist – des Mehrheitsgesellschafters nicht zustande kommen kann. Denn dann könnte das Ausschließungsrecht aus wichtigem Grund faktisch ausgeschlossen werden, was unzulässig ist.[1] Die Satzungsbestimmung ist dann so auszulegen, dass es auf die entsprechende Mehrheit des stimmberechtigten Kapitals ankommt.[2] Durch das Stimmverbot wird sichergestellt, dass auch ein Mehrheitsgesellschafter notfalls aus der GmbH ausgeschlossen werden kann.

d) Ausschließungsurteil

2934 Das Urteil auf Ausschließung hat **rechtsgestaltende Wirkung**, was jedoch nicht gleichbedeutend mit der Beendigung der Mitgliedschaft bei Eintritt der Rechtskraft ist. Vielmehr tritt der Ausschluss erst zu dem im Urteil festgesetzten Zeitpunkt ein, wobei die Entscheidung der Umsetzung insofern bedarf, als der Geschäftsanteil nicht untergeht, sondern eingezogen oder abgetreten werden muss. Außerdem kann kein Ausschlussurteil ohne Regelung der Abfindung und deren Höhe ergehen. Denn in dem Urteil ist die Höhe der geschuldeten Abfindung nach dem wirklichen Wert (Verkehrswert) des Geschäftsanteils im Zeitpunkt der Klageerhebung festzulegen und die rechtsgestaltende Wirkung an **die aufschiebende Bedingung zu knüpfen**, dass die GmbH das **Entgelt** binnen einer angemessen festzusetzenden Frist **an den auszuschließenden Gesellschafter** zahlt.

2935 Diese Bedingungslösung, die der BGH im Interesse des betroffenen Gesellschafters für nicht entbehrlich hält,[3] kann die GmbH in Schwierigkeiten bringen, wenn man bedenkt, dass bei der Abfindungszahlung das Gebot der Erhaltung des Stammkapitals (§ 30 GmbHG) zu beachten ist und sie womöglich nicht in der Lage ist, die festgesetzte Abfindung aus dem ungebundenen Vermögen aufzubringen oder einen Käufer des Geschäftsanteils zu finden, der die Zahlung des Entgelts übernimmt. Dann kann es sein, dass die GmbH einen rechtskräftig als unzumutbaren Störer befundenen Gesellschafter weiter dulden muss oder doch nur als Ausweg die Auflösung bleibt, zumal der ausgeschlossene Gesellschafter während des Schwebezustandes immer noch Gesellschafter ist und grundsätzlich auch seine Mitwirkungsrechte wahrnehmen, also insbesondere an der Willensbildung der Gesellschaft teilnehmen kann.

2936 Es kann deshalb nur empfohlen werden, in der Satzung nicht nur die Möglichkeit einer Ausschließung aus wichtigem Grund vorzusehen, sondern auch zu regeln, dass sie durch Gesellschafterbeschluss herbeigeführt werden kann und wie ein solcher Beschluss durchzuführen (umzusetzen) ist.

2937–2940 (*Einstweilen frei*)

---

1 Vgl. Goette, Die GmbH, § 6 Rz. 38.
2 So Goette, Die GmbH, § 6 Rz. 38.
3 BGHZ 9, 157, 170.

4. Regelung durch die Satzung

Die Ausschließung eines Gesellschafters kann – abweichend von der durch die Rechtsprechung entwickelten Lösung – durch den Gesellschaftsvertrag (Satzung) geregelt werden. Gerade die Schwerfälligkeit des gerichtlichen Verfahrens, dessen lange Dauer und die mit ihm verbundenen Risiken zeigen, wie ratsam es ist, alle mit einem Ausschluss zusammenhängenden Fragen im Gesellschaftsvertrag eingehend und klar zu regeln. Mithin sollte die Satzung die Ausschließung aus einem wichtigen Grund zulassen, was ausreicht und dann zur Anwendung der in der Rechtsprechung entwickelten Kriterien führt, und zusätzlich besondere wichtige Gründe nennen, diese aber nicht bloß enumerativ angeben.

2941

Außerdem sollte die Satzung Bestimmungen darüber treffen, in welcher Form die Gesellschaft die Maßnahme zu treffen hat, ob sie eine Ausschlussklage erheben muss, oder ob es – was unbedingt ratsam ist – ausreicht, die Ausschließung durch Gesellschafterbeschluss zu beschließen und zugleich das Stimmverbot des betroffenen Gesellschafters und die erforderliche Mehrheit (regelmäßig eine Dreiviertelmehrheit) festzulegen. Schließlich kann und sollte auch geregelt werden, wie der Ausschluss vollzogen (durch Einziehung des Geschäftsanteils oder Zwangsabtretung) und wie der ausgeschlossene Gesellschafter abgefunden werden soll.

a) Ausschlussklausel

Die Satzung muss die **Ausschließung aus einem wichtigen Grund zulassen**, muss aber nicht näher bestimmen, was als „wichtiger Grund" gelten soll. Der Gesellschaftsvertrag kann aber daneben mögliche wichtige Gründe nennen, wie etwa den nachhaltigen Verstoß des Gesellschafters gegen Bestimmungen der Satzung, Zwangsvollstreckungsmaßnahmen gegen den Gesellschafter, seine Insolvenz oder der Übergang des Geschäftsanteils im Wege der Erbfolge an eine unerwünschte Person. Bei einer personenbezogenen GmbH kann auch die Beendigung der Mitarbeit eines Gesellschafters Ausschlussgrund sein, wenn die GmbH auf die Mitarbeit der Gesellschafter angelegt ist.

2942

Die **Vertragsfreiheit** lässt es nicht nur zu, in der Satzung die wichtigen Gründe zu bestimmen, sondern gestattet es auch, dabei **andere Maßstäbe anzulegen**, als es die Rechtsprechung für die Feststellung, ob der Gesellschafter für die Gesellschaft untragbar geworden ist, tut. Die betreffenden Satzungsklauseln dürfen aber die Voraussetzungen nicht so hoch ansetzen, dass sie faktisch das Ausschließungsrecht für die GmbH abdingen, andererseits kann die Ausschließung durch die Satzung aber nicht in einem Maße erleichtert werden, dass die betroffenen Gesellschafter praktisch nach freiem Ermessen der anderen Gesellschafter hinausgekündigt werden können.[1] Eine solche Hinauskündigungsklausel ist nichtig, weil sie gegen § 138 BGB und gegen das Prinzip verstößt, dass Ausschlussgründe im Voraus in der Satzung festgelegt (vgl. § 34 Abs. 2 GmbHG) und an sachliche Voraussetzungen geknüpft sein müssen, es sei denn, sie wären wegen besonderer Umstände sachlich gerechtfertigt.

2943

---

1 BGH v. 9.7.1990 II ZR 194/89, BGHZ 112, 103, 107 f.; v. 19.9.2005 II ZR 173/04, BGHZ 164, 98.

Ein solcher Sonderfall liegt z. B. dann vor, wenn nach dem Erbfall ein als Gesellschafter nicht erwünschter Erbe nur binnen einer kurzen Frist aus der GmbH „hinausgekündigt" werden kann, weil dann fest umrissene Voraussetzungen gegeben sind und die Gefahr einer missbräuchlichen und willkürlichen Handhabung nicht besteht. Anders lägen die Dinge, wenn das Ausschließungsrecht unbefristet geltend gemacht werden könnte.[1]

2944 Die Ausschlussklausel wirkt nur gegenüber dem Gesellschafter, bei dessen Beitritt sie bereits in der Satzung enthalten war (Rechtsgedanke aus § 34 Abs. 2 GmbHG). Später kann die Aufnahme eines Ausschließungsrechts allgemein oder dessen Erweiterung nur mit Zustimmung aller Gesellschafter beschlossen werden.

b) Regelung des Verfahrens

aa) Ausschließungsbeschluss der Gesellschafterversammlung

2945 Wie eingangs schon gesagt, sollte die Satzung nicht nur regeln, ob der Gesellschafter aus wichtigem Grund ausgeschlossen werden kann, sondern auch, wie dies zu geschehen hat, damit es nicht einer Ausschließungsklage bedarf. Dazu ist eine Bestimmung zulässig, dass über den **Ausschluss durch Beschluss der Gesellschafterversammlung entschieden wird**.[2] Eine solche Satzungsbestimmung stellt den betroffenen Gesellschafter nicht rechtlos, weil ihm dadurch nicht sein Recht abgeschnitten wird, den ohne seine Mitwirkung gefassten Beschluss auf seine Richtigkeit in formeller und materieller Hinsicht durch Anfechtungsklage gerichtlich überprüfen zu lassen.

bb) Anordnungen für die Durchführung

2946 Da der betroffene Gesellschafter mit dem Ausschließungsbeschluss noch nicht seinen Geschäftsanteil und seine Mitgliedschaft verliert, sondern der Beschluss der **Umsetzung oder Durchführung** bedarf, bietet es sich an, in der Satzung zugleich die Durchführung zu regeln, und zwar möglichst in der Weise, dass **Ausschließungsentscheidung und deren Umsetzung in einem Akt zusammenfallen** können. Denn andernfalls entsteht bis zur Durchführung ein kaum wünschenswerter Schwebezustand, währenddessen der Ausgeschlossene noch Gesellschafter mit allen Mitgliedschaftsrechten ist und grundsätzlich auch das Stimmrecht ausüben kann, sofern es nicht um eine Angelegenheit geht, die mit seinem Ausschluss zusammenhängt, und deshalb ein Stimmverbot nach § 47 Abs. 4 GmbHG begründet werden kann.

cc) Umsetzung

2947 Für die Umsetzung der Ausschließung stehen verschiedene Möglichkeiten zur Verfügung. Der Geschäftsanteil kann **eingezogen** (§ 34 GmbHG) oder entsprechend § 21 GmbHG **kaduziert** werden. Ferner kann die Satzung den ausgeschlossenen Gesellschafter **verpflichten,** seinen Geschäftsanteil einem oder mehreren Mitgesellschaftern oder einem von der Gesellschaft zu benennenden Dritten **zum Kauf anzubieten**. Eine wei-

---

1 Vgl. BGH v. 19. 9. 1988 II ZR 329/87, BGHZ 105, 213, 218.
2 Vgl. BGH v. 17. 9. 2001 II ZR 245/99, DStR 2001, 1898.

tere Möglichkeit liegt darin, dass die GmbH **bereits in der Satzung** ermächtigt wird, den Geschäftsanteil eines ausgeschlossenen Gesellschafters abzutreten.[1]

dd) Rechtsfolgen

Die Rechtsfolgen der in Betracht kommenden Wege, einen Ausschließungsbeschluss umzusetzen, unterscheiden sich. Bei einer **Zwangseinziehung geht** der Geschäftsanteil **unter**. Die **Kaduzierung** und auch die **satzungsmäßige Abtretungsermächtigung führen zu einer Verwertung** des Geschäftsanteils **durch die Gesellschaft selbst**, was von Vorteil deshalb sein kann, weil der GmbH dann der Erlös zur Verfügung steht und sie hieraus auch die Abfindung zahlen kann, ohne Probleme mit den Regeln der Kapitalerhaltung zu bekommen. Die Kapitalerhaltungsvorschriften muss die GmbH bei der Durchführung des Ausschließungsbeschlusses beachten, so dass insbesondere eine Abfindung, die nicht aus dem ungebundenen Vermögen geleistet werden kann, den Erfolg der Aktion in Frage stellen kann.

2948

Wird der Gesellschafter nicht durch Urteil, sondern durch (satzungsgemäßen) Beschluss der Gesellschafterversammlung ausgeschlossen, ist – im Gegensatz zu der für ein Ausschlussurteil geltenden Bedingungslösung – **die Wirksamkeit** des Beschlusses **nicht an die Zahlung** des Abfindungsentgelts aus dem Gesellschaftsvermögen oder bei Abtretung an die Entrichtung des Abtretungsentgelts **gekoppelt**.[2] Auch wenn danach die Wirksamkeit des Ausschließungsbeschlusses und damit die Beendigung der Gesellschafterstellung sofort eintreten und nicht an die Zahlung des Abfindungs- oder Abtretungsentgelts gekoppelt ist und dies erst recht gilt, wenn mit dem Beschluss über den Ausschluss zugleich dessen Umsetzung geregelt wird, kann es sich doch empfehlen, in der Satzung ausdrücklich zu bestimmen, dass die Rechtswirkungen eines solchen Beschlusses nicht aufschiebend bedingt auf die Zahlung des Entgelts sind, sondern sofort eintreten.

2949

(*Einstweilen frei*)

2950–2960

II. Austritt eines Gesellschafters (Kündigung)

Literatur: *Goette*, Ausschließung und Austritt aus der GmbH in der Rechtsprechung des Bundesgerichtshofs, DStR 2001, 533; *Hülsmann*, Rechtspraktische Probleme beim Austritt von Gesellschaftern aus der GmbH, GmbHR 2003, 198.

1. Keine gesetzliche Regelung

Der Geschäftsanteil ist grundsätzlich übertragbar (§ 15 Abs. 1 GmbHG), so dass ein Gesellschafter durch Veräußerung des Geschäftsanteils seine Beteiligung an der GmbH aufgeben kann. Deshalb finden sich im GmbHG keine Bestimmungen über die Kündigung des Gesellschaftsvertrages oder die Kündigung der Beteiligung **(Austritt)**. Entsprechende Regelungen im Gesellschaftsvertrag sind jedoch zweifelsfrei zulässig.

2961

---

1 BGH v. 20.6.1983 II ZR 237/82, NJW 1983, 2880 f.
2 BGH v. 26.10.1983 II ZR 87/83, BGHZ 88, 320, 325; v. 20.6.1983 II ZR 237/82, NJW 1983, 2880 f.

2962 Die Rechtsprechung hat aber – wie umgekehrt für die Ausschließung – das **Austrittsrecht** eines Gesellschafters aus **wichtigem Grund** anerkannt, weil es als Grundprinzip des Verbandrechts zu den unverzichtbaren Mitgliedschaftsrechten gehört und geltend gemacht werden kann, wenn Umstände vorliegen, die dem austrittswilligen Gesellschafter den weiteren Verbleib in der Gesellschaft unzumutbar machen.[1] Ein solcher Umstand kann z. B. sein, wenn die GmbH einseitig zu Lasten des Gesellschafters die Erträge thesauriert.[2]

2963 Erklärt ein Gesellschafter seinen **Austritt**, stellt dies sachlich eine **Kündigung** dar. Sie führt – wie die Ausschließung – nicht zu einer Auflösung der GmbH, sondern zur Einziehung oder Übernahme des Geschäftsanteils durch Mitgesellschafter[3] oder die GmbH. Notfalls muss der Gesellschafter hierauf klagen.

2964 Auch der austretende Gesellschafter hat Anspruch auf **Vergütung des vollen Wertes seines Geschäftsanteils**, wobei vorausgesetzt wird, dass die Abfindungszahlung durch die GmbH ohne Verletzung der Kapitalerhaltungsregeln vonstattengehen kann.

2. Vertragliche Regelung

2965 Wie die Ausschließung kann auch der Austritt eines Gesellschafters durch die Satzung geregelt werden durch nähere Bestimmung der Voraussetzungen für einen Austritt sowie in welcher Form dies zu geschehen hat und wie der Austritt durchzuführen ist, ob also der Geschäftsanteil einzuziehen oder zu verwerten ist, und schließlich wie die Mitgliedschaftsrechte bis zur Zahlung der Abfindung zu behandeln sind. Denn solange die Austrittserklärung – wie bei der Ausschließung – noch nicht umgesetzt ist, bleibt die Stellung des Austrittswilligen als Mitglied der Gesellschaft bestehen.

2966 Bevor eine **Austrittsklausel** in die Satzung aufgenommen wird, sollte sorgfältig geprüft werden, ob dafür überhaupt ein Bedürfnis besteht. Dies kann der Fall sein, wenn die Abtretung des Geschäftsanteils besonders erschwert ist. Ob und mit welchem Inhalt eine Austrittsregelung getroffen wird, hängt von den Bestimmungen ab, die der Gesellschaftsvertrag zur Veräußerlichkeit enthält. Je freier die Gesellschafter hier sind, desto weniger benötigen sie ein Kündigungsrecht (Austrittsrecht). Ähnliches gilt, wenn die vertraglichen Beschränkungen der Abtretbarkeit (Vinkulierung) mit der Klausel verbunden sind, die es dem Gesellschafter erlauben, sich auf jeden Fall von seiner Beteiligung zu trennen, weil z. B. eine Einziehungs- oder Übernahmepflicht der GmbH oder der Mitgesellschafter besteht, wenn die Genehmigung zur Veräußerung versagt wird.

3. Kündigung

2967 In der Satzung kann den Gesellschaftern auch ein **Kündigungsrecht** eingeräumt werden, das nicht an einen wichtigen Grund gebunden sein muss.[4] Jedoch ist eine gewisse

---

1 Vgl. BGH v. 16. 12. 1991 II ZR 58/91, BGHZ 116, 359, 369.
2 BGH v. 28. 4. 1997 II ZR 162/96, DStR 1997, 1336.
3 BGH v. 26. 10. 1983 II ZR 87/83, BGHZ 88, 320 ff.; v. 20. 1. 1986 II ZR 73/85, BGHZ 97, 28.
4 BGH v. 26. 10. 1983 II ZR 87/83, BGHZ 88, 320.

Zurückhaltung geboten und es sollte klar zum Ausdruck kommen, ob die Kündigung die Auflösung der Gesellschaft oder – was die Regel sein dürfte – nur das Ausscheiden des betreffenden Gesellschafters mit Einziehung seines Geschäftsanteils oder Übernahme des Geschäftsanteils und Zahlung einer Abfindung zur Folge haben soll. Wollen die Gesellschafter in der Satzung eine Kündigungsregelung treffen, sollten die folgenden Punkte geklärt werden:

▶ Wer darf kündigen?
▶ Unter welchen Voraussetzungen bzw. mit welchen Fristen und zu welchem Zeitpunkt darf gekündigt werden?
▶ In welcher Form und wem gegenüber ist die Kündigung zu erklären?
▶ Was sind die Rechtsfolgen der Kündigung (Einziehung oder Abtretung des Geschäftsanteils, Abfindung, Wirksamwerden des Austritts unabhängig von deren Zahlung, Ausübung der Mitgliedschaftsrechte während der eventuellen Schwebezeit zwischen Austritt und Umsetzung)?

(Einstweilen frei)   2968–2990

III. Abfindung

Literatur: *Bayer/Graff*, Zu Abfindungsansprüchen des Gesellschafters einer GmbH beim Ausschluss oder Ausscheiden, WuB II C § 15 GmbHG 1.04; *Bacher/Späth*, Fehlerhafte Abfindungsklauseln in GmbH-Satzungen, GmbHR 2003, 517; *dies.*, Die Anfechtbarkeit oder Nichtigkeit fehlerhafter Abfindungsklauseln in der GmbH-Satzung, GmbHR 2003, 973.

Der Gesellschafter, der aus der GmbH ausgeschlossen wird oder selbst aus der Gesellschaft austritt, hat ebenso wie der Gesellschafter, dessen Geschäftsanteil eingezogen wird, einen **Anspruch auf Zahlung einer Abfindung**. Enthält die Satzung keine abweichende Regelung, dann bemisst sich deren Höhe nach dem Verkehrswert des Geschäftsanteils. Der Wert des Geschäftsanteils ist auf der Grundlage des wirklichen Werts des lebenden Unternehmens einschließlich aller stillen Reserven und auch eines goodwill zu errechnen, wobei der Preis maßgebend ist, der bei der Veräußerung des Unternehmens als Einheit zu erzielen wäre. Der Preis muss i. d. R. durch das Gutachten eines Sachverständigen ermittelt werden.[1]   2991

Die Satzung kann den Abfindungsanspruch **beschränken** und **andere Bewertungsmaßstäbe** festlegen. Zulässig können sich in Satzungen findende Regeln sein, wonach sich die Abfindung nach dem **Buchwert**,[2] dem **„Vermögensteuerwert"**,[3] dem **„Steuerkurswert"**,[4] dem **gemeinen Wert**[5] oder nach dem **„erzielten Jahresüberschuss"**[6] bemisst. Welchen Wertansatz die Gesellschafter wählen, richtet sich nach den jeweiligen   2992

---

[1] BGH v. 16.12.1991 II ZR 58/91, BGHZ 116, 359; v. 19.6.2000 II ZR 73/99, BGHZ 144, 365.
[2] BGH v. 10.2.1994 IX ZR 109/93, DStR 1994, 756.
[3] BGH v. 29.6.1992 II ZR 163/91, DStR 1992, 1371.
[4] BGH v. 19.6.2000 II ZR 73/99, BGHZ 144, 365.
[5] BGH v. 16.5.1994 II ZR 173/93, DStR 1994, 1623.
[6] BGH v. 20.6.1994 II ZR 90/93, DStR 1994, 1503.

Verhältnissen, wobei ihrem Belieben durch das Verbot sittenwidriger Klauseln (§ 138 BGB) und das Gebot klarer und eindeutiger Regelungen Grenzen gesetzt sind, damit jeder Gesellschafter weiß, welche Konsequenzen ein Ausschluss oder Austritt haben wird. Maßgebender Zeitpunkt für die Beurteilung ist die Errichtung der Satzung.

Als von Anfang an **nichtig** sind Klauseln befunden worden, die die Abfindung auf die **Hälfte des Buchwerts** beschränkten[1] oder eine ratenweise Tilgung über 15 Jahre vorsahen.[2] Auch eine Klausel, die eine **Abfindung ganz ausschließt**, dürfte **unwirksam** sein, wenn nicht ein besonderer Ausnahmefall vorliegt.[3] Zu warnen ist auch vor Klauseln, die die Gläubiger des Gesellschafters benachteiligen, weil sie bei Ausschließung wegen Insolvenz oder Pfändung des Geschäftsanteils ein geringeres Abfindungsentgelt festlegen, als es in anderen Fällen zu zahlen wäre. Solche Bestimmungen sind unwirksam.

2993   Gegen die Anwendung einer – zunächst wirksamen – Abfindungsklausel können später Bedenken entstehen, wenn sich die Verhältnisse so entwickelt haben, dass zwischen dem Verkehrswert des Geschäftsanteils und der satzungsgemäß zu zahlenden Abfindung (z. B. Buchwert) ein **grobes Missverhältnis** entstanden ist. Dies könnte nämlich faktisch dazu führen, dass der Gesellschafter von seinem Austrittsrecht abgeschnitten würde.[4] Neuerdings beurteilt der BGH eine solche Klausel, die sich erst im Nachhinein wegen des Unterschieds zwischen wahrem Wert und vertraglicher Abfindung als unzulässige Kündigungserschwerung darstellt, nicht mehr als nichtig, sondern fordert, dass die Klausel im Wege der ergänzenden Vertragsauslegung an die **veränderten Verhältnisse angepasst** wird.[5] Es ist dann zu prüfen, ob sich der Gesellschafter an der einmal vereinbarten Klausel festhalten lassen muss und was der angemessene Wert der Abfindung ist, der nach Lage der Dinge nicht unterschritten werden darf, um nicht unzumutbar zu sein.

2994–3000   (*Einstweilen frei*)

IV. Beispiel für eine Ausschlussbestimmung im Gesellschaftsvertrag[6]

3001   *Art. ... Ausschluss von Gesellschaftern*

(1) Ein Gesellschafter kann aus der Gesellschaft ausgeschlossen werden, wenn

1.1. ein wichtiger Grund in seiner Person vorliegt, der es für die übrigen Gesellschafter unzumutbar macht, das Gesellschaftsverhältnis fortzusetzen. Ein wichtiger Grund ist der grobe Verstoß gegen die Bestimmungen des Gesellschaftsvertrags, insbesondere die unter Art. ..., sowie gegen die gegenseitige Treuepflicht;

---

1 BGH v. 9. 1. 1989 II ZR 83/88, NJW 1989, 2685.
2 BGH v. 9. 1. 1989 II ZR 83/88, NJW 1989, 2685.
3 GmbH verfolgt nur ideelle Zwecke: BGH v. 2. 6. 1997 II ZR 81/96, BGHZ 135, 387.
4 Vgl. BGH v. 16. 12. 1991 II ZR 58/91, BGHZ 116, 359, 369 f.
5 BGH v. 19. 6. 2000 II ZR 73/99, BGHZ 144, 365.
6 Teilweise in Anlehnung an den Formulierungsvorschlag von Battke, GmbHR 2008, 850, 857.

1.2. rechtskräftig über sein Vermögen das Insolvenzverfahren eröffnet oder die Eröffnung mangels Masse abgelehnt worden ist;

1.3. seine Geschäftsanteile ganz oder teilweise gepfändet werden und die Pfändung nicht innerhalb eines Monats aufgehoben wird;

1.4. er die eidesstattliche Versicherung über die Richtigkeit seines Vermögensverzeichnisses abzugeben hat;

1.5. er nicht nach Art. ... nachfolgeberechtigt ist;

1.6. er selbst die Gesellschaft kündigt oder aus ihr austritt.

(2) Der Ausschluss erfolgt durch Beschluss der Gesellschafterversammlung, der mit einfacher Mehrheit der abgegebenen Stimmen gefasst wird, und wird mit Zugang der schriftlichen Ausschließungserklärung der Gesellschaft gegenüber dem betroffenen Gesellschafter sofort wirksam. Bei Fassung des Ausschließungsbeschlusses hat der betroffene Gesellschafter kein Stimmrecht. Die Zahlung der Abfindung gem. Art. ... ist nicht Voraussetzung für die Wirksamkeit des Ausschlusses.

(3) Das Recht der Gesellschaft, einen Gesellschafter auszuschließen, erlischt, wenn die Ausschließung nicht innerhalb von sechs Monaten nach Eintritt ihrer Voraussetzungen erklärt wird.

(4) Der Ausschluss wird unwirksam, wenn er nicht innerhalb von drei Monaten nach den Bestimmungen des Art. ... (Wirkung und Vollzug des Ausschlusses) umgesetzt und vollzogen wird.

(5) Sind an einem Geschäftsanteil mehrere Personen ungeteilt mitberechtigt, ist der Ausschluss auch zulässig, wenn die Voraussetzungen nur in der Person eines Mitberechtigten vorliegen. Die Gesellschaft ist berechtigt, im Beschluss über den Ausschluss den Geschäftsanteil nach dem Verhältnis der Mitberechtigung zu teilen, den auf den auszuschließenden Gesellschafter verhältnismäßig entfallenden Teilgeschäftsanteil abzuspalten und die Ausschließung hierauf zu beschränken.

Art. ... Vollzug und Wirkung des Ausschlusses

(1) Durch den Ausschluss verliert der Gesellschafter sämtliche Rechte aus seinen Geschäftsanteilen. Bei Pfändung beschränkt sich die Wirkung des Ausschlusses auf die gepfändeten Geschäftsanteile.

(2) Die Gesellschaft muss die Mitgesellschafter unverzüglich von dem Ausschluss unterrichten. Die Geschäftsanteile, auf die sich der Ausschluss erstreckt, können von jedem Mitgesellschafter übernommen werden. Machen mehrere Gesellschafter von dem Übernahmerecht Gebrauch, sind sie im Verhältnis der Nennbeträge ihrer Geschäftsanteile berechtigt, können sich aber auch auf eine andere Verteilung einigen. Das Übernahmerecht erlischt, wenn es nicht binnen zwei Monaten nach Wirksamwerden des Ausschlusses schriftlich gegenüber der Gesellschaft ausgeübt ist. Die Gesellschaft hat die Geschäftsanteile dann auf die Übernehmer zu übertragen, wobei vorher bei Bedarf Teilgeschäftsanteile nach dem Verhältnis der Nennbeträge der Geschäftsanteile der übernahmewilligen Gesellschafter gebildet werden können. Jeder Gesellschafter erteilt im Voraus für den Fall

seines wirksamen Ausschlusses der Gesellschaft unwiderruflich die Genehmigung, seine Geschäftsanteile zu übertragen.

(3) Geschäftsanteile, die nicht nach Absatz (2) übertragen worden sind, werden eingezogen.

(4) Der ausgeschlossene Gesellschafter erhält für seine Geschäftsanteile, auf die sich der Ausschluss erstreckt, eine Entschädigung nach Art. … des Gesellschaftsvertrages. Die Entschädigung ist bei Übernahme der Geschäftsanteile von den erwerbenden Gesellschaftern im Verhältnis der Nennbeträge der von ihnen jeweils übernommenen Geschäftsanteile mit befreiender Wirkung für die Gesellschaft zu entrichten.

3002–3010   (*Einstweilen frei*)

5. Abschnitt: Die Organe der GmbH

Wie jede juristische Person braucht auch die GmbH Organe („Kopf und Hände"), durch die sie handelt. Organe sind nach dem GmbHG die Gesellschafterversammlung als Willensbildungsorgan (§§ 45 ff. GmbHG) und der oder die Geschäftsführer als Handlungsorgan (§§ 6 und 35 ff. GmbHG). In bestimmten Fällen tritt der Aufsichtsrat hinzu mit Überwachungsfunktion. Die Satzung kann zusätzliche Gremien vorsehen, wie z. B. einen Beirat, und dessen Aufgaben regeln.

3011

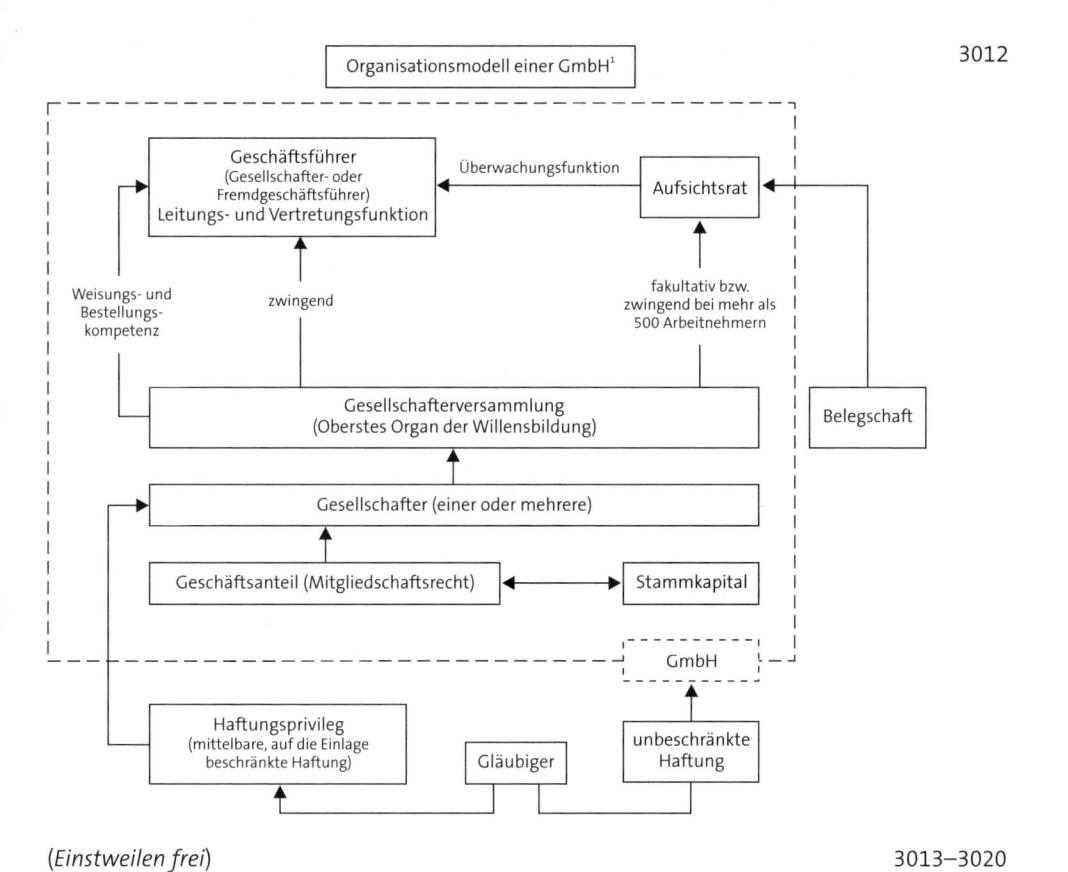

3012

Organisationsmodell einer GmbH[1]

- Geschäftsführer (Gesellschafter- oder Fremdgeschäftsführer): Leitungs- und Vertretungsfunktion
- Aufsichtsrat: Überwachungsfunktion (fakultativ bzw. zwingend bei mehr als 500 Arbeitnehmern)
- Belegschaft
- Gesellschafterversammlung (Oberstes Organ der Willensbildung) – zwingend
- Weisungs- und Bestellungskompetenz
- Gesellschafter (einer oder mehrere)
- Geschäftsanteil (Mitgliedschaftsrecht) ↔ Stammkapital
- GmbH
- Haftungsprivileg (mittelbare, auf die Einlage beschränkte Haftung)
- Gläubiger
- unbeschränkte Haftung

(Einstweilen frei) 3013–3020

---

1 Nach Klunzinger, Grundzüge des Gesellschaftsrechts, § 11, S. 247.

A. Die Gesellschafterversammlung

I. Bedeutung und Aufgaben

1. Organ der Gesellschaft

3021 **Oberstes Willensorgan** der GmbH ist die **Gesamtheit der Gesellschafter**, die ihren Willen „in Versammlungen" (§ 48 Abs. 1 GmbHG) durch Beschluss bildet. Insofern ist die **Gesellschafterversammlung das zentrale Organ der GmbH**, in dem die Gesellschafter ihren Willen bilden und ihre Entscheidungen treffen.[1] Der BGH bezeichnet den Gesellschafterbeschluss als „Sozialakt der körperschaftlichen Willensbildung durch Mehrheitsentscheid".[2] In der Literatur wird er als Rechtsgeschäft eigener Art bezeichnet, das auf den Stimmabgaben der Mitglieder beruht und sich auf eine kollektive, rechtsverbindliche Willensbildung richtet.[3]

2. Zuständigkeit und Kompetenz

3022 Die Aufgaben und Kompetenzen der Gesellschafterversammlung als dem obersten Organ der GmbH ergeben sich nur zum Teil aus zwingenden gesetzlichen Vorschriften, die im Grunde **existenzielle Angelegenheiten** der GmbH betreffen, wie die Änderung der Satzung (§ 53 GmbHG), Beschlüsse über die Umwandlung, Verschmelzung oder Spaltung nach dem UmwG sowie die Auflösung der Gesellschaft (§ 60 Nr. 2 GmbHG) oder deren Fortsetzung nach Auflösung. Wegen der Bedeutung für die GmbH und die Gesellschafter sind der Gesellschafterversammlung Beschlüsse über die Einforderung von Nachschüssen (§§ 26, 28 GmbHG), über die Verweigerung von Informationen nach § 51a GmbHG[4] vorbehalten wie auch Beschlüsse, die das andere Organ betreffen, nämlich die Bestellung und Abberufung von Geschäftsführern (§ 46 Nr. 5 GmbHG) und von Liquidatoren (§ 66 GmbHG). Im Übrigen ergibt sich die Zuständigkeit der Gesellschafterversammlung aus der Satzung als dem gleichsam obersten Regelwerk, das sich die Gesellschafter selbst und der GmbH gegeben haben, und schließlich erst dann aus den dispositiven Vorschriften des § 46 GmbHG, wenn im Gesellschaftsvertrag nichts geregelt ist (§ 45 Abs. 2 GmbHG).

a) Allzuständigkeit

3023 Nicht zuletzt kann die Gesellschafterversammlung als oberstes Unternehmensorgan jede Angelegenheit an sich ziehen, für die keine zwingenden gesetzlichen Vorschriften bestehen, sog. **Allzuständigkeit,** und damit auch durch Weisungen unmittelbar in die Geschäftsführung eingreifen, sich die Zustimmung zu bestimmten Maßnahmen intern vorbehalten oder sogar deren Gegenstand der eigenen Entscheidungsbefugnis übertragen. Ausgenommen hiervon sind nur Aufgaben, die der Geschäftsführer „weisungsfrei"

---

1 Goette, Die GmbH, § 7 Rz. 1; BGH v. 6. 3. 1997 II ZB 4/96, BGHZ 135, 48, 53.
2 Vom 22. 9. 1969 II ZR 144/68, BGHZ 52, 316, 318.
3 Vgl. Beck-GmbH-HB/Fischer/Gerber, § 4 Rz. 1, m. w. N.
4 BGH v. 6. 3. 1997 II ZB 4/96, BGHZ 135, 48, 50.

kraft gesetzlicher Vorschriften wahrzunehmen hat, wie das Kapitalerhaltungsgebot nach § 43 Abs. 3 GmbHG, die Buchführungspflicht (§ 41 GmbHG), die Sicherung der Insolvenzmasse (§ 64 Satz 1 und 3 GmbHG) und die Insolvenzantragspflicht nach § 15a InsO oder andere öffentlich-rechtliche Pflichten, z. B. aus der Abgabenordnung.

Umgekehrt lässt es die Vertragsfreiheit auch zu, dass die Gesellschafterversammlung **eigene Zuständigkeiten** auf **andere Organe oder einzelne Gesellschafter übertragen** kann (§ 45 Abs. 2 GmbHG), ausgenommen sind nur solche Angelegenheiten, über die die „Gesamtheit der Gesellschafter" rechtsbegründend zu befinden hat, wie z. B. eine Satzungsänderung, die Einziehung eines Geschäftsanteils oder die Auflösung. Jedenfalls müssen Satzungsregelungen, die eigentlich in den Aufgabenkreis der Gesellschafterversammlung fallende Angelegenheiten auf den Geschäftsführer übertragen, **deutlich bestimmt** sein. Es muss klar hervorgehen, dass dem Geschäftsführer nicht nur die Umsetzung eines von der Gesellschafterversammlung zu fassenden Beschlusses obliegt, sondern ihm auch die Entscheidungskompetenz selbst zukommen soll.[1]

3024

Das vom MoMiG reformierte GmbH-Recht enthält als neue Delegationsmöglichkeit das „Genehmigte Kapital" (§ 55a GmbHG). Durch die Gründungssatzung oder eine spätere Satzungsänderung können die Geschäftsführer in dem gesetzlich umrissenen Umfang und den gesetzlich vorgegebenen Höchstfristen ermächtigt werden, das Stammkapital bis zu einem bestimmten Nennbetrag durch Ausgabe neuer Geschäftsanteile gegen Einlage zu erhöhen (zu den Einzelheiten vgl. Rz. 1998 ff.).

b) Bestellungs-, Überwachungs- und Weisungskompetenz gegenüber Geschäftsführern

Zu den wesentlichen Aufgaben der Gesellschafterversammlung gehört die **Bestellung und die Überwachung der Geschäftsführer**.

3025

Dabei bezieht sich die in § 46 Nr. 5 GmbHG formulierte **Kompetenz** der „Bestellung, Abberufung und Entlastung" sowohl auf das **Organverhältnis** als auch auf das **Anstellungsverhältnis**, so dass die Gesellschafterversammlung auch über die Begründung, Veränderung oder Beendigung des Dienstverhältnisses mit dem Geschäftsführer zu entscheiden hat.[2] Eine Ausnahme gilt nur für die mitbestimmte GmbH, wo der Aufsichtsrat für die Bestellung und die Anstellung von Geschäftsführern zuständig ist.[3]

3026

Zur Überwachung der Geschäftsführung (§ 46 Nr. 6 GmbHG) steht der Gesellschafterversammlung das **allgemeine Informationsrecht** und das Recht zu einer **Sonderprüfung** sowie das Recht der **Weisung** zur Verfügung. Sie kann durch Gebote und Verbote im Einzelfall oder allgemein durch eine **Geschäftsordnung**, Verhaltensmaßregeln oder Zustimmungsvorbehalte der Geschäftsführung bestimmte Vorgaben machen. Der Ge-

3027

---

1 Vgl. BGH v. 1.12.1995 II ZR 268/94, DStR 1996, 111, zu der Einforderung von restlichen Stammeinlagen, wo die Formulierung, die Restbareinlage werde nach Anforderung durch die Geschäftsführung fällig, als nicht genügend klar beurteilt worden ist, mit Anm. Goette.
2 Vgl. BGH v. 25.3.1991 II ZR 169/90, DStR 1991, 751; v. 3.7.2000 II ZR 282/98, DStR 2000, 1743.
3 BGH v. 14.11.1983 II ZR 33/83, BGHZ 89, 48, 56.

schäftsführer hat grundsätzlich die Weisungen zu befolgen (§ 37 Abs. 1 GmbHG), es sei denn, er würde die ihm im öffentlichen Interesse auferlegten Pflichten verletzten, wenn er der Weisung nachkäme. Will die Gesellschafterversammlung im Einzelfall ein ganz bestimmtes Verhalten der Geschäftsführung erreichen, muss sie eine entsprechende Weisung erteilen. Dies gilt insbesondere, wenn in einer konkreten Situation von den Vorgaben der Unternehmenspolitik abgewichen werden soll. **Durchsetzen** kann die Gesellschafterversammlung ihre Weisung dadurch, dass sie den Geschäftsführer – vorbehaltlich besonderer Regelungen nach § 38 Abs. 2 GmbHG – **jederzeit abberufen** kann.

3. Regelung durch die Satzung

3028　Das GmbHG gibt in § 46 einen **Katalog der Zuständigkeiten** der Gesellschafterversammlung vor. Die Aufzählung ist nicht erschöpfend und nicht zwingend (§ 45 Abs. 2 GmbHG). Für den Aufgabenkreis der Gesamtheit der Gesellschafter gilt vielmehr zunächst die Satzung, die die Gesellschafter sich selbst und der GmbH als Grundlage für den körperschaftlichen Zusammenschluss gegeben haben, wobei zwingende gesetzliche Vorschriften nicht außer Kraft gesetzt werden können. In den anderen Fällen kann die **Satzung** von der gesetzlichen Regelung abweichen und hat dann **Vorrang** vor den dispositiven Vorschriften des GmbHG, die freilich ergänzend eingreifen, wenn die Satzung zu einer bestimmten Frage schweigt. Eine gewisse Vorsicht ist aber bei Satzungsbestimmungen geboten, die (gesetzliche) Zuständigkeiten der Gesamtheit der Gesellschafter einem anderen Organ der Gesellschaft – meist der Geschäftsführung – in so bedeutenden Angelegenheiten übertragen wollen, dass die Gesellschafterversammlung darüber konstitutiv zu befinden hat.

4. Willensbildung durch Beschlussfassung

3029　Die **Willensbildung** der Gesamtheit der Gesellschafter geschieht durch **Beschlussfassung (§ 47 GmbHG)**, die i. d. R. in der Gesellschafterversammlung erfolgt (§ 48 Abs. 1 GmbHG). Dabei schließen Abstimmung und Fassung des Beschlusses den Willensbildungsprozess ab. Davor erörtern und beraten – jedenfalls bei einer Mehrpersonengesellschaft – die Gesellschafter den Gegenstand der Beschlussfassung. In diesem Stadium des **Willensbildungsprozesses** darf **jeder Gesellschafter teilnehmen** und seine Beiträge einbringen, auch wenn er anschließend **nicht stimmberechtigt** ist, weil es um eine ihn betreffende Angelegenheit geht. Die (aktive) Teilnahme an der Aussprache, die der Abstimmung vorausgeht, darf grundsätzlich keinem Gesellschafter verwehrt werden.

3030　Der Abhaltung einer Gesellschafterversammlung bedarf es aber nicht, wenn sämtliche Gesellschafter sich in **Textform** (§ 126b BGB) mit der zu treffenden Regelung einverstanden erklären oder mit der schriftlichen Abgabe der Stimmen einverstanden sind (§ 48 Abs. 2 GmbHG), wobei dieses Einverständnis wiederum mündlich erklärt werden kann. Die Satzung kann die Möglichkeiten einer Beschlussfassung außerhalb der Gesellschafterversammlung erweitern und sie insbesondere für Eilfälle vorsehen. Auch eine **kombinierte Beschlussfassung** ist – vorbehaltlich einer entsprechenden Satzungsbestimmung – möglich, indem nicht alle Gesellschafter ihre Stimmen innerhalb der Gesellschafterversammlung abgeben, sondern es einzelnen Gesellschaftern gestattet wird, ihr Stimmrecht mündlich oder schriftlich – außerhalb der Versammlung – vor oder nach deren Durchführung wahrzunehmen. Vgl. im Übrigen unten Rz. 3261 ff., 3291 f.

(Einstweilen frei) 3031–3050

II. Zuständigkeitskatalog

1. Zwingende Zuständigkeit

Das GmbHG kennt nur wenige Fälle, in denen zwingend die Zuständigkeit der Gesellschafterversammlung vorgeschrieben ist, wobei die Bezeichnung „Zuständigkeit der Gesellschafterversammlung" rechtlich nicht korrekt ist, weil sich die Willensbildung der Gesellschafter nicht unbedingt in Gesellschafterversammlungen vollziehen muss. Die Gesamtheit der Gesellschafter (i. S. d. Gesellschafterversammlung) ist zwingend zuständig für die Einforderung von Nachschüssen gem. § 26 GmbHG, für Satzungsänderungen gem. § 53 GmbHG, für die Beschlussfassung über die Auflösung der Gesellschaft gem. § 60 Nr. 2 GmbHG und schließlich für die Ernennung und Abberufung von Liquidatoren gem. § 66 GmbHG. Auch § 49 Abs. 3 GmbHG (Verlust der Hälfte des Stammkapitals oder drohende Zahlungsunfähigkeit bei der UG, § 5a Abs. 4 GmbHG) sei in diesem Zusammenhang genannt, ferner die Wahl von Aufsichtsratsmitgliedern (§ 52 GmbHG) und Abschlussprüfern (§ 318 HGB). Auch über Umwandlung oder Verschmelzung hat die Gesellschafterversammlung zu entscheiden. 3051

2. Zuständigkeit mangels gesellschaftsvertraglicher Regelung

Abgesehen von den genannten Fällen gewährt der Gesetzgeber den GmbH-Gesellschaftern volle Vertragsfreiheit für die Regelung der Zuständigkeit. Machen die Gesellschafter von dieser Vertragsfreiheit in der Weise Gebrauch, dass sie in ihren Gesellschaftsvertrag keine einschlägigen Bestimmungen aufnehmen, dann kommen die §§ 46 ff. GmbHG zum Zuge (§ 45 Abs. 2 GmbHG). 3052

Vorausgesetzt also, dass der Gesellschaftsvertrag nichts anderes vorsieht, „unterliegen der Bestimmung der Gesellschafter" gem. § 46 GmbHG die nachfolgenden Angelegenheiten (Zuständigkeitskatalog): 3053

a) Zuständigkeitskatalog

▶ Feststellung des Jahresabschlusses und Verwendung des Ergebnisses; 3054

▶ Einforderung der Einlagen;

▶ Rückzahlung von Nachschüssen;

- ▶ Teilung, Zusammenlegung sowie Einziehung von Geschäftsanteilen;
- ▶ Bestellung, Abberufung und Entlastung von Geschäftsführern sowie die Aufhebung und Änderung des Geschäftsführerdienstvertrages;[1]
- ▶ Maßregeln zur Prüfung und Überwachung der Geschäftsführung;
- ▶ Bestellung von Prokuristen und Handlungsbevollmächtigten zum gesamten Geschäftsbetrieb;
- ▶ Geltendmachung von Ersatzansprüchen gegen Geschäftsführer oder Gesellschafter aus der Gründung oder Geschäftsführung, Regelung der Vertretung in Prozessen der Gesellschaft gegen die Geschäftsführer;
- ▶ Bei Geltung des Drittelbeteiligungsgesetzes Festlegung von Zielgrößen für den Frauenanteil im Aufsichtsrat und unter den Geschäftsführern (§ 52 Abs. 2 GmbHG).

3055 Hinzu kommen noch die Kompetenzbereiche, die an anderer Stelle eine Beschlussfassung der Gesellschafterversammlung vorsehen, wie die Zustimmung zu Satzungsänderungen, Kapitalerhöhungen und Kapitalherabsetzungen.

b) Anmerkungen zu einzelnen Zuständigkeiten

aa) Entlastung des Geschäftsführers

3056 Über die **Entlastung** des Geschäftsführers befindet nach § 46 Nr. 5 GmbHG die Gesellschafterversammlung. Mit der Entlastung **billigen** die Gesellschafter **die Amtsführung der Geschäftsführer in der Entlastungsperiode** und **sprechen** ihnen **gleichzeitig für die künftige Geschäftsführung das Vertrauen aus**.[2] Die weitergehende Bedeutung des Entlastungsbeschlusses liegt aber darin, dass die GmbH mit **Ersatzansprüchen und Kündigungsgründen ausgeschlossen ist,** die der Gesellschafterversammlung bei sorgfältiger Prüfung aller Vorlagen und Berichte erkennbar sind, oder von denen alle Gesellschafter privat Kenntnis haben.[3]

Ein Verstoß gegen die gesellschaftliche Treupflicht liegt deshalb vor, wenn der Beschluss über die Entlastung des Geschäftsführers zu einem Zeitpunkt herbeigeführt wird, in dem die Gesellschafter zwar wissen, dass der Geschäftsführer seine Pflichten verletzt hat, aber noch nicht beurteilen können, ob der GmbH daraus ein Schaden entstanden ist, und der Entlastungsbeschluss gefasst wird, um den Geschäftsführer aus der Verantwortung für sein Verhalten zu befreien und um damit eine weitere Untersuchung zu verhindern.[4] Wenn **bekannte Ansprüche** wegen einer Entlastung **nicht mehr verfolgt werden können**, heißt das zugleich, dass **unbekannte** oder **nicht erkennbare** Fehlhandlungen der Geschäftsführung von der Entlastung regelmäßig **nicht erfasst** werden.

---

1 BGH v. 25. 3. 1991 II ZR 169/90, DStR 1991, 751; v. 3. 7. 2000 II ZR 282/98, DStR 2000, 1743.
2 Vgl. BGH v. 20. 5. 1985 II ZR 165/84, BGHZ 94, 324, 326; zu weiteren Einzelheiten s. Wälzholz/Wolffskeel v. Reichenberg, NWB 2017, 943 = NWB DokID: TAAAG-40429.
3 BGH v. 21. 4. 1986 II ZR 165/85, BGHZ 97, 382, mit sämtlichen aus der Geschäftsführung hergeleiteten vertraglichen und außervertraglichen Ansprüchen einschließlich Bereicherungsansprüchen.
4 Vgl. BGH v. 4. 5. 2009 II ZR 169/07, ZIP 2009, 2195.

Dies ist allerdings der Fall, wenn der Gesellschafterbeschluss eine sog. **Generalbereinigung**[1] ausspricht. Dann wird im rechtlich zulässigen Rahmen auf sämtliche denkbaren Ersatzansprüche verzichtet, ohne dass es auf die konkrete Kenntnis oder ein Kennenkönnen ankäme. Auch für die Generalbereinigung folgt die Zuständigkeit der Gesellschafterversammlung aus § 46 Nr. 5 GmbHG, da der Kompetenzvorbehalt für die Entlastung erst recht für die weiterreichenden Wirkungen der Generalbereinigung gelten muss.

3057

Unter Ersatzansprüchen in Zusammenhang mit der Entlastung und der Generalbereinigung versteht man sämtliche Ansprüche,[2] die sich aus der **organschaftlichen** Stellung des Geschäftsführers im Hinblick auf die von ihm veranlassten Vorgänge im Rahmen der Geschäftsführung ergeben. Kommen als Haftungsgrundlage auch andere Rechtsbeziehungen außerhalb des Organverhältnisses in Betracht, werden diese nicht von einer Entlastung erfasst.

3058

> **BEISPIEL:** Der vom Verbot des § 181 BGB befreite Geschäftsführer hat namens der GmbH mit sich als Warenlieferant einen Liefervertrag über Waren abgeschlossen, für die die GmbH – für den Geschäftsführer erkennbar – nur eingeschränkte Absatzmöglichkeiten hat. Die GmbH erleidet beträchtliche Verluste, die vermieden worden wären, wenn die GmbH von dem Lieferanten über die Marktsituation „aufgeklärt" worden wäre. Dem Geschäftsführer wird Entlastung erteilt, er wird aber später entlassen. Die GmbH ist zwar mit Ansprüchen aus der Verletzung der organschaftlichen Pflichten ausgeschlossen, nicht aber z. B. mit Ansprüchen aus der Verletzung vertraglicher Aufklärungspflichten (Pflichtverletzung gem. § 280 Abs. 1 BGB).

Führt der Sachverhalt bei einem Gesellschafter-Geschäftsführer aber nicht nur zu einer Haftung aus dem Organverhältnis, sondern begründet er auch Ersatzansprüche wegen einer Verletzung der gesellschafterlichen Treuepflicht, kann sich die Entlastungswirkung auf beide Haftungsrundlagen erstrecken.[3]

3059

Der Geschäftsführer selbst hat **keinen** einklagbaren **Anspruch auf Entlastung**. Er kann weder die Billigung seines bisherigen Verhaltens noch den Ausspruch des Vertrauens in seine künftige Geschäftsführung und schon gar nicht verlangen, dass die GmbH auf bekannte Ersatzansprüche verzichtet.[4]

3060

bb) Bestellung eines Prokuristen

§ 46 Nr. 7 GmbHG weist der Gesellschafterversammlung die Aufgabe zu, **Prokuristen zu bestellen.** Dabei soll es sich im Unterschied zur Bestellung und Anstellung eines Geschäftsführers nur um einen Akt der internen Beschlussfassung handeln, während die Erteilung der Prokura nach außen und der Abschluss des Anstellungsvertrages mit dem

3061

---

1 Vgl. BGHZ 97, 382, 389; BGH v. 8.12.1997 II ZR 236/96, DStR 1998, 459.
2 BGH v. 21.4.1986 II ZR 165/85, BGHZ 97, 382, mit sämtlichen aus der Geschäftsführung hergeleiteten vertraglichen und außervertraglichen Ansprüchen einschließlich Bereicherungsansprüchen.
3 Vgl. aber BGH v. 14.9.1998 II ZR 175/97, DStR 1999, 249, differenzierend wegen der unterschiedlichen Verjährungsfristen nach altem Recht.
4 BGH v. 20.5.1985 II ZR 165/84, BGHZ 94, 324, 326; zum Streitstand s. Wälzholz/Wolffskeel v. Reichenberg, NWB 2017, 943, 947 = NWB DokID: TAAAG-40429.

Prokuristen dem Geschäftsführer als gesetzlichem Vertreter der GmbH obliegt.[1] Wegen der weitreichenden Folgen empfiehlt es sich aber, in die Satzung eine Bestimmung aufzunehmen, die alle mit der Erteilung der Prokura und deren Widerruf zusammenhängenden Angelegenheiten der Gesellschafterversammlung – wie beim Geschäftsführer – vorbehält.

cc) Geltendmachung von Ersatzansprüchen gegen Geschäftsführer und Gesellschafter

3062   Der Zuständigkeitskatalog des § 46 GmbHG behält in der Nr. 8 die Entscheidung über die Geltendmachung von **Ersatzansprüchen** gegen den Geschäftsführer oder einen Gesellschafter der Gesellschafterversammlung vor. Die Entscheidung darüber ist insbesondere deshalb der Gesamtheit der Gesellschafter als dem obersten Gesellschaftsorgan vorzubehalten, weil der Entschluss, gegen den Geschäftsführer wegen Pflichtverletzungen gerichtlich vorzugehen und nicht eine einverständliche (diskrete) Lösung zu suchen, notwendig die Offenlegung innerer Gesellschaftsverhältnisse mit sich bringt und dies abträgliche Wirkungen für das Ansehen und die Kreditwürdigkeit der GmbH haben kann.[2] Der Kompetenzvorbehalt gilt auch, wenn der Geschäftsführer bereits ausgeschieden ist.

3063   Ein der Regel des § 46 Nr. 8 GmbHG entsprechender **Beschluss** ist **materielle Voraussetzung für die Begründetheit der Klage** und nicht bloß der Zulässigkeit.[3] Wird gegen den Geschäftsführer eine Schadensersatzklage nach § 43 Abs. 2 GmbHG erhoben, muss der Beschluss nach § 46 Nr. 8 GmbHG noch nicht vorliegen, sondern kann noch später gefasst und dem Gericht – spätestens bis zum Schluss der mündlichen Verhandlung – vorgelegt werden.[4] Die Schadensersatzklage unterbricht deshalb die Verjährung, falls der für die Begründetheit erforderliche Beschluss der Gesellschafterversammlung noch nicht gefasst war. Auch der Einwand des verklagten Geschäftsführers, der Beschluss sei mangelhaft und deshalb anfechtbar, nutzt nichts, wenn der Beschluss nicht nach den aktienrechtlichen Vorschriften angefochten wird.[5]

3064   Bei einer Zweipersonen-GmbH hat der betroffene Gesellschafter gem. § 47 Abs. 4 GmbHG kein Stimmrecht, so dass auf einen förmlichen Gesellschafterbeschluss verzichtet werden kann, wenn der andere Gesellschafter, der zugleich Geschäftsführer ist, das Verfahren einleitet. Es steht dann nämlich fest, dass er die Schadensersatzklage billigt, und es wäre überflüssige Förmelei, dennoch die Abhaltung einer Gesellschafterversammlung zu verlangen, an der der betroffene Gesellschafter zwar teilnehmen kann, aber zu der ihn betreffenden Angelegenheit nicht stimmberechtigt ist und den anderen Gesellschafter kaum wird überzeugen können, von der Geltendmachung des Anspruchs abzusehen. Ist der nicht betroffene Gesellschafter aber nicht zugleich Geschäftsführer,

---

1   So BGH v. 14. 2. 1974 II ZB 6/73, BGHZ 62, 166, 168.
2   BGH v. 20. 11. 1958 II ZR 17/57, BGHZ 28, 355, 357.
3   BGH v. 24. 5. 1993 II ZR 73/92, NJW 1993, 2100.
4   BGH v. 3. 5. 1999 II ZR 119/98, DStR 1999, 907.
5   Vgl. dazu insgesamt BGH v. 3. 5. 1999 II ZR 119/98, DStR 1999, 907.

wird zur Rechtsklarheit seine Zustimmungserklärung als des allein stimmberechtigten Gesellschafters zu der Klageerhebung durch einen Fremdgeschäftsführer verlangt.

Während der Liquidation und in der Insolvenz der GmbH bedarf es keines Beschlusses der Gesellschafterversammlung nach § 46 Nr. 8 GmbHG, da es hier weniger um die Interessen der Gesellschaft als vielmehr um die Mehrung der Liquidations- bzw. der Insolvenzmasse und um die Befriedigung des Gläubigerinteresses geht.[1]

3065

dd) Bestellung eines besonderen Prozessvertreters

Mit der sich ebenfalls in § 46 Nr. 8 GmbHG findenden Regelung, die Aktiv- und Passivprozesse betrifft, soll **sichergestellt** werden können, dass die GmbH im Prozess **unvoreingenommen vertreten wird** und ihre **Interessen angemessen verfolgt** werden. Es besteht aber kein Zwang, dass die Gesellschafterversammlung einen besonderen Vertreter bestellt, wenn gegen den Geschäftsführer oder/und einen einzelnen Gesellschafter wegen einer Pflichtverletzung vorgegangen werden soll. Notwendig ist dies nur, wenn die GmbH außer dem Geschäftsführer, der wegen des geltend gemachten Ersatzanspruchs die Gesellschaft nicht vertreten kann, über keinen weiteren vertretungsberechtigten Geschäftsführer verfügt.[2] Im Übrigen ist ein Gesellschafter, gegen den ein Ersatzanspruch verfolgt werden soll, bei einem Beschluss über die Bestellung eines besonderen Prozessvertreters nicht abstimmungsberechtigt.[3]

3066

ee) Festlegung von Zielgrößen für die Frauenförderung

Durch das Gesetz für die gleichberechtigte Teilhabe von Frauen und Männern an Führungspositionen in der Privatwirtschaft und im öffentlichen Dienst vom 24. 4. 2015, welches zum 1. 5. 2015 in Kraft getreten ist, wurde ein neuer § 52 Abs. 2 GmbHG eingeführt. Danach besteht für die Gesellschafterversammlung die Verpflichtung, falls die GmbH dem Drittelbeteiligungsgesetz[4]: unterliegt, für den Frauenanteil im Aufsichtsrat und unter den Geschäftsführern Zielgrößen festzulegen, es sei denn, sie hat diese Aufgabe dem Aufsichtsrat übertragen.[5] Liegt der Frauenanteil bei Festlegung der Zielgrößen unter 30 %, so dürfen die Zielgrößen den jeweils erreichten Anteil nicht mehr unterschreiten. Die Frist zur Erreichung der Zielgrößen darf fünf Jahre nicht überschreiten.

3067

> **BEISPIEL:** Das Pharmaunternehmen X-GmbH beschäftigt regelmäßig 800 Arbeitnehmerinnen und Arbeitnehmer. Es besteht ein Aufsichtsrat mit acht Personen, dem zwei Frauen angehören. Geschäftsführer sind die beiden Alleingesellschafter (Männer!).

Bis zum 30. 9. 2015 musste die Gesellschafterversammlung eine Zielgröße für den Anteil der Frauen im Aufsichtsrat festlegen, die nicht unter 25 % liegen darf. Eine Größenordnung ist nicht gesetzlich vorgeschrieben. Läge der Frauenanteil im Aufsichtsrat be-

---

1 Vgl. BGH v. 14. 7. 2004 VIII ZR 224/02, DStR 2004, 1755.
2 Vgl. BGH v. 24. 2. 1992 II ZR 79/91, DStR 1992, 1026.
3 BGH v. 16. 12. 1991 II ZR 31/91, BGHZ 116, 353.
4 Hierunter fallen GmbHs mit in der Regel mehr als 500, jedoch nicht mehr als 2 000 Arbeitnehmer.
5 Zu Einzelheiten s. Winter/Marx/de Decker, DB 2015, 1331.

reits über 30 % (also drei Frauen gehören dem Gremium an), dürfte auch eine Zielgröße von weniger als 30 % vorgesehen werden.[1]

Bei der Geschäftsführung muss keine Zielgröße von mehr als 0 % festgelegt werden.

3068–3080   (Einstweilen frei)

3. Zuständigkeit nach Gesellschaftsvertrag

3081   Obwohl das GmbHG in § 46 einen weitgehend interessengerechten und brauchbaren Katalog an Kompetenzen zur Verfügung stellt, kann die Satzung die Rechte der Gesellschafterversammlung ausdehnen, also auch andere wichtige Aufgaben der Beschlussfassung durch die Gesellschafter unterwerfen, also z. B. bestimmen:

„Der Beschlussfassung durch die Gesellschafterversammlung unterliegen die durch Gesetz, insbesondere gem. § 46 GmbHG genannten und die nachfolgend aufgeführten Angelegenheiten:"

3082   Es kann dann – wie es sich häufig findet – die Reihe **wichtiger Geschäfte** aufgezählt werden, wie z. B.:

- ▶ Erwerb, Veräußerung und Belastung von Grundstücken und grundstücksgleichen Rechten und sonstige Verpflichtungen, die solche Gegenstände betreffen;
- ▶ Übernahme von Bürgschaften und Garantieversprechen;
- ▶ Erwerb und Veräußerungen von Beteiligungen;
- ▶ Eingehung von Organschaftsverhältnissen und ähnlichen Verträgen sowie Abschluss von Ergebnisabführungsverträgen;
- ▶ Veräußerung und Verpachtung des Betriebs der Gesellschaft im Ganzen oder eines Betriebsteils oder einer Sparte;
- ▶ Einrichtung und Aufhebung von Zweigniederlassungen;
- ▶ Anschaffung von Wirtschaftsgütern, wenn die Ausgaben im Einzelfall den Betrag von … € überschreiten.

3083   Die Satzung kann die Kompetenz der Gesellschafterversammlung aber auch dadurch einschränken, dass sie die Entschließung in andere Hände legt, vor allem z. B. einem Aufsichtsrat (Beirat) überträgt. Größte Zurückhaltung ist geboten, wenn die Zuständigkeit einzelner Gesellschafter begründet werden soll. Die Zuständigkeit Dritter, also Außenstehender, sollte grundsätzlich nicht vorgesehen werden; solche Regelungen können oft unwirksam sein.

3084–3090   (Einstweilen frei)

III. Einberufung der Gesellschafterversammlung

Literatur: *Goette*, Zur Erheblichkeit des Ladungsmangels einer Gesellschafterversammlung, DStR 1998, 130; *Mohr*, Gesellschafterversammlung der GmbH – Beratungstipps zur Vorbereitung und Durchführung, GmbH-Stb 1998, 141; *Gast*, Die Einberufung der Gesellschafterversammlung, BuW 1999, 303; *Sieger/Gätsch*, Befugnis zur Einberufung der Gesellschafterversammlung, NZG 1999,

---

[1] Str., so aber Winter/Marx/de Decker, DB 2015, 1331.

1064; *Müther*, Zur Nichtigkeit führende Fehler bei der Einberufung der GmbH-Gesellschafterversammlung, GmbHR 2000, 967; *Zeilinger*, Die Einberufung der Gesellschafterversammlung – Fallstricke für die Wirksamkeit von Gesellschafterbeschlüssen, GmbHR 2001, 541; *Abramenko*, Die Einberufung der Gesellschafterversammlung durch Unbefugte, GmbHR 2004, 723; *Gehrlein*, Zur Nichtigkeit von Gesellschafterbeschlüssen wegen schwerwiegenden Mängeln der Ladung zu einer Gesellschafterversammlung, BB 2006, 852; *Tettinger*, Gesellschaftsrechtliche Einberufungsfristen, Kündigungsfristen und der Anwendungsbereich des § 193 BGB. Verschiedene Blickwinkel auf vergleichbare Probleme, GmbHR 2008, 346.

1. Zuständigkeit

Die **Einberufung** einer Gesellschafterversammlung ist nach § 49 Abs. 1 GmbHG grundsätzlich **Aufgabe der Geschäftsführer**. Besteht die Geschäftsführung aus mehreren Geschäftsführern, ist jeder unabhängig vom anderen einberufungsbefugt.[1] Auch der Notgeschäftsführer kann die Gesellschafterversammlung einberufen.[2] Ein abberufener Geschäftsführer ist allerdings nicht zur Einberufung befugt; § 121 Abs. 2 Satz 2 AktG ist nicht entsprechend anwendbar.[3] Die Satzung kann vorsehen, dass andere Personen für die Einberufung zuständig sind.[4] Im Abwicklungsstadium (nach Auflösung der GmbH) treten die Liquidatoren an die Stelle der Geschäftsführer. Während der Insolvenz bleiben die Geschäftsführer einberufungsberechtigt, streitig ist, ob auch der Insolvenzverwalter die Gesellschafterversammlung einberufen kann.

3091

Die Gesellschafter können – im Ausnahmefall – auch selbst die Gesellschafterversammlung einberufen (§ 50 Abs. 1 und Abs. 3 GmbHG). Bei dem **Selbsteinberufungsrecht** handelt es sich zunächst um eine Vorschrift zum **Schutz der Minderheit**. Eine Minderheit der Gesellschafter, die **mindestens 10 v. H. des Stammkapitals repräsentieren**, kann die Einberufung einer Gesellschafterversammlung verlangen und bestimmte Gegenstände auf die Tagesordnung setzen lassen (§ 50 Abs. 2 GmbHG) oder die Gesellschafterversammlung mit bestimmter Tagesordnung selbst einberufen, wenn ihrem Verlangen nicht entsprochen wird oder Personen nicht vorhanden sind, an die das Begehren gerichtet werden könnte. Damit kann gegen den Willen der Mehrheit und auch gegen den Willen der Geschäftsführung, die der Mehrheit folgt, die Abhaltung einer Gesellschafterversammlung erzwungen werden. Dieses „Minderheitenrecht" kann aber auch von der „Mehrheit" genutzt werden, wenn ein Geschäftsführer der Aufforderung, eine Gesellschafterversammlung einzuberufen, nicht nachkommt, weil er glaubt, dadurch seine Abberufung oder die Kündigung seines Anstellungsvertrages verhindern zu können.[5]

3092

Schließlich können die Gesellschafter sich aber auch ohne förmliche Einberufung versammeln und Beschlüsse fassen, wenn sie zu einer **Vollversammlung** zusammentreten. Dann müssen aber **alle Gesellschafter anwesend sein** oder durch Personen mit Stimmrechtsvollmacht vertreten sein[6] und es müssen **sämtliche Gesellschafter auf die Einhal-**

3093

---

1 BayOLG v. 2. 7. 1999 3 Z BR 298/98, BB 1999, 1839; Beck-GmbH-HB/Fischer, § 4 Rz. 2.
2 OLG München v. 3. 11. 1993 7 U 2905/93, GmbHR 1994, 406.
3 BGH vom 8. 11. 2016 – II ZR 304/15, NWB DokID: LAAAF-90543
4 Für Prokuristen bejaht von KG Berlin v. 3. 6. 2016 22 W 20/16, DB 2016, 1806.
5 Vgl. BGH v. 15. 6. 1998 II ZR 318/96, BGHZ 139, 89.
6 OLG Saarbrücken v. 3. 3. 1998 4 U 75/97, bestätigt durch BGH v. 19. 4. 1999 II ZR 114/98, DStR 1999, 1576.

tung der Formen und Fristen verzichten (notfalls stillschweigend) und den Beschluss ohne Vorbehalte fassen.[1]

3094 Die **Einmann-GmbH** trifft ihre Beschlüsse regelmäßig, indem der einzige Gesellschafter sich jederzeit die Angelegenheit überlegen und dann eine Entscheidung treffen kann. Ähnliches gilt für die Zweipersonen-GmbH, wenn wechselseitig Stimmrechtsvollmacht erteilt ist. Dann muss aber sogleich eine Niederschrift über das Ergebnis gefertigt und unterschrieben werden (§ 48 Abs. 3 GmbHG), um späteren Manipulationen vorzubeugen.

3095 Möglich ist auch, auf die Abhaltung einer Versammlung zu verzichten und im **schriftlichen Verfahren Beschlüsse zu fassen** (§ 48 Abs. 2 GmbHG). Dann müssen aber sämtliche Gesellschafter entweder dem Beschlussvorschlag **schriftlich** („**in Textform**", § 126b BGB) **zustimmen** oder sich sämtlich mit dieser **Form des Abstimmungsverfahrens** (schriftliche Abgabe der Stimmen) **einverstanden** erklären bzw. sich sämtlich an der schriftlichen Abgabe der Stimmen beteiligen, wobei dann allerdings auch **unterschiedlich mit Zustimmung, Ablehnung oder Enthaltung votiert** werden kann. Die Abstimmung ist dann erst beendet, wenn sämtliche Erklärungen abgegeben und bei der Gesellschaft eingegangen sind. Der Gesellschafterbeschluss ist erst mit der Feststellung und Mitteilung des Beschlussergebnisses an die Gesellschafter gefasst.[2]

Im Einzelfall kann sich die Feststellung des Abstimmungsergebnisses schwierig gestalten, wenn einzelne Gesellschafter schweigen und deshalb ungewiss bleibt, wie sie votieren möchten und ob die Abstimmung beendet ist. Die gesellschaftliche Treuepflicht kann es dann gebieten, dass jeder Gesellschafter seine Entscheidung mitteilt. Es empfiehlt sich, in der Satzung nicht nur die Möglichkeit der schriftlichen Abstimmung vorzusehen, sondern auch zu bestimmen, dass es als Enthaltung zu werten ist, wenn ein Gesellschafter nicht binnen der – satzungsmäßig festgelegten – Frist auf die Beschlussvorlage antwortet.

Die Satzung kann auch eine **kombinierte Beschlussfassung** zulassen, bei der nicht nur die Stimmen der auf der Versammlung anwesenden Gesellschafter, sondern auch bereits abgegebene oder erst noch einzuholende Stimmen abwesender Gesellschafter zu berücksichtigen sind, wobei die Stimmabgabe schriftlich, mittels Telefon, E-Mail oder Videokonferenz möglich ist.[3] Auch hier ist der Beschluss erst mit der Feststellung und Mitteilung des Beschlussergebnisses an die Gesellschafter gefasst. Ein im kombinierten Verfahren gefasster Beschluss ist aber nichtig, wenn die Satzung das Verfahren nicht ausdrücklich erlaubt. Dies gilt selbst dann, wenn alle Gesellschafter mit der kombinierten Beschlussfassung einverstanden sind.

2. Sachliche Voraussetzungen; Einberufungspflicht

3096 Nach § 49 Abs. 2 GmbHG ist die Gesellschafterversammlung „**in den ausdrücklich bestimmten Fällen**" einzuberufen. Somit ergibt sich die Pflicht zur Einberufung aus der

---

1 BGH v. 30. 3. 1987 II ZR 180/86, BGHZ 100, 264, 269 f.
2 BGH v. 1. 2. 1954 II ZR 285/53, BGHZ 15, 324.
3 Vgl. BGH v. 16. 1. 2006 II ZR 135/04, BB 2006, 1126 mit Anm. Gehrlein, 1128.

Satzung und dem Gesetz. Das sind zunächst die Fälle, in denen die Gesamtheit der Gesellschafter nach § 46 GmbHG zu entscheiden hat oder nach zwingenden gesetzlichen Vorschriften mit der betreffenden Angelegenheit zu befassen ist, wie – mindestens einmal im Jahr – zur Feststellung des Jahresabschlusses, zur Einforderung von Nachschüssen (§ 26 GmbHG), Verlangen der Minderheit (§ 50 Abs. 1 GmbHG), Satzungsänderung (§ 53 GmbHG), Auflösung (§ 60 Abs. 1 Nr. 2 GmbHG) und Ernennung und Abberufung der Liquidatoren (§ 66 GmbHG), oder aber in den von der Satzung vorgesehenen Fällen.

Die Gesellschafterversammlung ist nach § 49 Abs. 2 GmbHG aber auch dann einzuberufen, wenn **dies im Interesse der Gesellschaft erforderlich erscheint**. Damit ist nicht nur der beispielhaft in § 49 Abs. 3 GmbHG angesprochene Fall gemeint, wenn sich aus der Jahresbilanz oder einer im Laufe des Jahres aufgestellten Zwischenbilanz ergibt, dass die Hälfte des Stammkapitals verloren ist, sich wegen des erheblichen Verlustes also eine Krisensituation abzeichnet. Vielmehr ist die Einberufung einer Gesellschafterversammlung sachlich immer geboten, wenn wesentliche Belange der Gesellschaft auf dem Spiel stehen. Dies wäre beispielsweise der Fall, wenn ihr ein nicht unerheblicher Schaden droht oder besonders risikobehaftete Geschäfte und Investitionen getätigt werden sollen, von denen die Geschäftsführung annehmen muss, dass die Gesellschafter darüber nicht erst nachträglich informiert werden oder sie bei Vorlage des Jahresergebnisses erörtern und billigen wollen.

3097

Um solche wesentlichen Fragen der Geschäftspolitik und Unternehmensstrategie geht es beim Erwerb eines anderen Unternehmens,[1] bei der Umstellung eines Geschäftszweiges auf andere Grundlagen[2] oder bei einer Änderung der Geschäftspolitik insgesamt.[3] Bei der Beurteilung ist wesentlich der von den Gesellschaftern festgelegte Gesellschaftszweck und Unternehmensgegenstand zu berücksichtigen, deren Sache es ist, der Geschäftsführung durch die Satzung, Weisungen und sonstige Richtlinien die Unternehmenspolitik vorzugeben.

3. Förmlichkeiten

a) Form und Frist

Damit die Gesellschafter ihre Mitgliedschaftsrechte in der Gesellschafterversammlung angemessen wahrnehmen können, muss die Einladung fristgerecht und unter Angabe der Gegenstände der Beratung und Beschlussfassung erfolgen. Die **Einladungsfrist** beträgt nach § 51 Abs. 1 Satz 2 GmbHG mindestens **eine Woche** und darf auch in der Satzung nicht abgekürzt werden,[4] um ihren Schutzzweck nicht zu gefährden. In ganz eiligen Fällen können sich die Gesellschafter notfalls zu einer Vollversammlung versammeln. Die Einberufung geschieht grundsätzlich **durch eingeschriebenen Brief**.

3098

---

1 BGH v. 29. 3. 1973 II ZR 139/70, NJW 1973, 1039.
2 BGH v. 5. 12. 1983 II ZR 56/82, NJW 1984, 1461.
3 BGH v. 25. 2. 1991 II ZR 76/90, DStR 1991, 421.
4 Zöllner in Baumbach/Hueck, GmbHG, § 51 Rz. 39; OLG Naumburg v. 23. 2. 1999 7 U(Hs) 25/98, NZG 2000, 828.

Um die Mindestfrist zu wahren, muss zwischen dem Tag der Bewirkung der Einladung und dem Tag der Versammlung mindestens eine Woche liegen, wobei aber die Frist nicht mit der Aufgabe zur Post beginnt, sondern erst mit dem Tag, an dem bei dem letzten Gesellschafter die Einladung „bewirkt" ist. Dies ist der Zeitpunkt, an dem bei **normaler Postlaufzeit** der an die letzte bekannte Adresse des Gesellschafters aufgegebene Einschreibebrief dort eingeht oder eingehen sollte.[1] Als Zeit der gewöhnlichen Postbeförderung werden innerhalb Deutschlands zwei Tage und innerhalb Westeuropas vier Tage genannt.[2] Lässt die Satzung eine Einladung mit einfachem Brief oder per E-Mail zu, kann sich die Bewirkensfrist verkürzen.

BEISPIEL: Soll die Gesellschafterversammlung an einem Freitag stattfinden, muss das letzte Einladungsschreiben am Donnerstag der vorangehenden Woche „bewirkt" sein, d. h. es muss der Einschreibebrief so rechtzeitig abgesandt sein, dass bei normaler Postlaufzeit mit einem Zugang spätestens an diesem Donnerstag gerechnet werden kann.

3099 Nicht unstreitig ist, ob § 193 BGB auf die Einladungsfrist anzuwenden ist. Fällt der letzte Tag der Frist auf einen Samstag, Sonntag oder gesetzlichen Feiertag, läuft nach dieser Vorschrift die Frist erst am nächsten Werktag ab. Nach h. M.[3] ist § 193 BGB im Rahmen der Einladungsfrist zu berücksichtigen, wobei dem durchaus praktische Bedeutung zukommt, weil die rechtzeitige Einberufung zu den formellen Voraussetzungen eines rechtmäßigen Beschlusses der Gesellschafterversammlung zählt. Die Auswirkung der unterschiedlichen Auffassungen machen folgende Beispiele deutlich:

BEISPIEL: Grundsätzlich läuft – wie im vorherigen Beispiel – nach § 188 Abs. 2 BGB die Einberufungsfrist an dem Wochentag ab, an dem Einladung in der Vorwoche bewirkt wurde, so dass die Versammlung am folgenden Tag abgehalten werden könnte. Wird die Einladung an einem Samstag bewirkt, dann hinderte § 193 BGB nach h. M. den Fristablauf am nächsten Samstag oder Sonntag, die Frist liefe erst montags ab und die Versammlung könnte frühestens am Dienstag stattfinden. Die Einladungsfrist verlängerte sich. Zu Versammlungen, die sonntags oder montags stattfinden sollen, müsste also die Einladung schon am Freitag der Vorwoche bewirkt sein. Lehnt man die Anwendung des § 193 BGB ab, dann genügt für eine Versammlung am Sonntag oder Montag, deren Abhaltung auch sonntags durchaus zulässig sein kann, das Bewirken der Einberufung am Samstag der Vorwoche.[4]

Gegen die Anwendung des § 193 BGB spricht, dass es bei der Einberufungsfrist nicht um eine Frist geht, innerhalb der eine Willenserklärung abzugeben oder eine Leistung zu bewirken wäre. Die Frist dient dazu, den Gesellschaftern eine Mindestfrist zur umfassenden Vorbereitung zu ermöglichen. Bei der Einhaltung dieser Frist geht es nicht darum, dass die Versammlung innerhalb der Einberufungsfrist stattfinden soll, sondern dass sie erst nach deren Ablauf ordnungsgemäß stattfinden kann. Der Ablauf der Einladungsfrist markiert nicht einen Zeitpunkt, bis zu dem der Gesellschafter spätestens etwas zu unternehmen hat, sondern den Zeitpunkt, ab dem die Abhaltung einer gesetzeskonform vorbereiteten Versammlung frühestens möglich ist. Hierauf passt § 193 BGB nicht.[5]

Sicherheitshalber sollten die Geschäftsführer aber bei Gesellschafterversammlungen, die an einem Sonntag, Montag oder einem gesetzlichen Feiertag abgehalten werden sollen, eine Ver-

---

[1] BGH v. 30. 3. 1987 II ZR 180/86, BGHZ 100, 264, 267 ff.
[2] Vgl. BGH v. 13. 5. 2004 V ZB 62/03, NJW-RR 2004, 1217.
[3] Vgl. die Zusammenstellung bei Tettinger, GmbHR 2008, 346, 347 FN 10.
[4] Beispiel nach Tettinger, GmbHR 2008, 346, 347, der mit überzeugenden Gründen die Anwendung von § 193 BGB ablehnt.
[5] Vgl. Tettinger, vorstehende Fn. 3.

längerung der Einberufungsfrist über § 193 BGB bei der Absendung der Einladung einkalkulieren, schon um Streit über die Rechtzeitigkeit oder Unwirksamkeit der gefassten Beschlüsse zu vermeiden.

Die **Fristbestimmung** ist immer zu **beachten,** da ein Verstoß zur **Anfechtbarkeit** der gefassten Beschlüsse führt. Ist die Versammlung nicht ordnungsgemäß einberufen, können nämlich Beschlüsse nur gefasst werden, wenn sämtliche Mitglieder anwesend sind. Gleiches gilt für Beschlussvorlagen, die nicht wenigstens drei Tage vor der Versammlung in der für die Einladung vorgeschriebenen Weise (Einschreibebrief) angekündigt worden sind (§ 51 Abs. 3 und Abs. 4 GmbHG). In der Einladung sind Ort, Tag und Uhrzeit der Versammlung anzugeben, wobei die Versammlung zu verkehrs- und ortsüblichen Zeiten und i. d. R. an dem statutarischen Sitz der Gesellschaft stattzufinden hat, wenn nicht die Satzung etwas anderes bestimmt oder erlaubt. Auf die Belange der Gesellschafter ist tunlichst Rücksicht zu nehmen, insbesondere bei terminlichen Verhinderungen von Gesellschaftern einer personalistisch ausgerichteten GmbH. 3100

Die Einhaltung der Einladungsfrist hat den Zweck, das **Teilnahmerecht** der Gesellschafter dadurch zu gewährleisten, dass sie sich inhaltlich ausreichend auf die in der Versammlung zu behandelnden Angelegenheiten vorbereiten können **(inhaltliche Vorbereitungszeit)** und in die Lage versetzt werden, die Teilnahme an der Versammlung so zu organisieren, dass man rechtzeitig anreisen, sich von anderen Terminen freihalten und persönlich teilnehmen oder wenigstens für eine Vertretung sorgen kann **(Dispositionsschutz)**.[1] 3101

Deshalb ist die Ladungsfrist auch einzuhalten, wenn die Versammlung vom Einladenden verlegt wird. Denn **die Verlegung** einer bereits einberufenen Versammlung ist als eine – im Übrigen jederzeit mögliche – Absage verbunden mit einer Neueinladung zu verstehen[2] und zu werten. 3102

Die Gesellschafter können aber auf die ihrem Schutz dienenden Formalitäten verzichten, indem sie zu einer **Vollversammlung** (Universalversammlung) zusammentreten (§ 51 Abs. 3 GmbHG), in der sie auch Beschlüsse fassen können, wenn kein Gesellschafter widerspricht. Dadurch kann auch ein Mangel der Einladung geheilt werden. Allein die Tatsache, dass ein Gesellschafter z. B. an einer verlegten Versammlung anwesend ist und sich an der Abstimmung beteiligt, besagt nicht, dass er auch auf die Einhaltung der Einladungsfrist verzichtet hätte, da er genauso gut unter Protest teilgenommen und abgestimmt haben kann.[3] Die Universalversammlung setzt nicht nur die Anwesenheit aller Gesellschafter voraus, sondern auch, dass sie mit der **Abhaltung** der Gesellschafterversammlung **zum Zwecke der Beschlussfassung einverstanden** sind.[4] Zur Rechtsklarheit sollte daher ein allseitiger Verzicht und das Einverständnis oder aber der Protest in die Niederschrift aufgenommen werden. 3103

---

[1] Vgl. BGH v. 30. 3. 1987 II ZR 180/86, BGHZ 100, 264, 266.
[2] Beck-GmbH-HB/Fischer/Gerber, § 4 Rz. 34.
[3] Vgl. BGH v. 29. 5. 2000 II ZR 47/99, DStR 2000, 1152 ff.
[4] BGH v. 19. 1. 2009 II ZR 98/08, ZIP 2009, 562.

b) Inhalt der Einladung (Tagesordnung)

3104 Damit sämtliche Gesellschafter ihr Mitgliedschaftsrecht sachgerecht in der Versammlung ausüben können, bestimmt schließlich § 51 Abs. 2 und Abs. 4 GmbHG, dass die Themen, über die in der Versammlung beraten und Beschlüsse gefasst werden sollen, also die **Tagesordnung**, rechtzeitig bekannt gegeben werden. Dies muss **inhaltlich** in einer Weise geschehen, dass sich die an der Beschlussfassung Beteiligten **sachgerecht vorbereiten und an der Aussprache teilnehmen können und vor Überraschungen und Überrumpelung geschützt werden.**[1]

Genügend ist die Angabe des Gegenstandes dann, wenn jeder Gesellschafter erkennen kann, um was es sich handelt, sich also ein **hinreichendes Bild davon** machen kann, **worum es geht**. Unter dem Tagesordnungspunkte „Verschiedenes" kann ebenso wenig Beschluss gefasst werden, wie z. B. unter einem Punkt „Angelegenheiten der Geschäftsführung", wenn es dabei um die Abberufung oder Kündigung eines bestimmten Geschäftsführers, die Frage einer ordentlichen oder außerordentlichen Beendigung des Anstellungsverhältnisses oder gar um die Abberufung eines Gesellschafter-Geschäftsführers geht.

Nicht ausreichend sind auch allgemeine Ankündigungen wie z. B. „Genehmigung der Geschäftsführung", sondern es müsste etwa heißen: „Entlastung der Geschäftsführer für das Geschäftsjahr 20xx". Ausformulierte Beschlussvorschläge oder Anträge müssen nicht mitgeteilt werden. Eine möglichst genaue Konkretisierung der Beratungs- und Beschlussgegenstände empfiehlt sich jedoch, damit nicht der Eindruck entsteht, die Geschäftsführung wolle die Teilnehmer überraschen.

3105 Die **Erweiterung der Tagesordnung** ist nachträglich **möglich** und ist vorzunehmen, wenn eine Minderheit von Gesellschaftern, die über 10 v. H. des Stammkapitals verfügt, dies verlangt. Es ist aber eine Frist von drei Tagen einzuhalten (§ 51 Abs. 4 GmbHG). Beruft die Minderheit die Gesellschafterversammlung ein, muss sie gleichzeitig den Sachverhalt mitteilen, der Grund für die Wahrnehmung des Selbsthilferechts ist, und die Gründe und den Zweck der Versammlung angeben (§ 50 Abs. 3 GmbHG).

c) Adressaten der Einladung

3106 Nach § 51 Abs. 1 GmbHG muss der Einladende die Versammlung durch Einladung der Gesellschafter einberufen. Mithin muss er sich **an alle Gesellschafter wenden, und zwar unabhängig davon, ob diese stimmberechtigt sind oder nicht,** denn der Stimmrechtsausschluss schließt nicht das Teilnahmerecht aus. Anstelle eines nicht zur Teilnahme befugten Minderjährigen sind dessen gesetzliche Vertreter zu laden, damit sichergestellt ist, dass jeder Geschäftsanteil in der Gesellschafterversammlung repräsentiert ist. Grundsätzlich ist jeder Gesellschafter persönlich zu laden; besteht eine ungeteilte Mitberechtigung nach § 18 Abs. 3 GmbHG, genügt es, wenn einem Mitberechtigten die den Geschäftsanteil betreffende Einladung übersandt wird, sofern nicht – was stets zu empfehlen ist – ein gemeinsamer Vertreter bestellt ist. Gleichwohl kann es rat-

---

[1] So BGH v. 29. 5. 2000 II ZR 47/99, DStR 2000, 1152.

sam sein, jedem namentlich bekannten Mitberechtigten eine Einladung zu übermitteln.

Maßgebend für die Feststellung, wer Gesellschafter ist, war bislang die Regel des § 16 Abs. 1 GmbHG a. F.[1] Nach der Reform des GmbH-Rechts durch das MoMiG ist nicht mehr die Anmeldung bei der Gesellschaft maßgebend, sondern als Gesellschafter gilt im Verhältnis zur Gesellschaft bei einer Veränderung nur der als **Inhaber des Geschäftsanteils,** wer als **Inhaber in der im Handelsregister** aufgenommenen **Gesellschafterliste eingetragen** ist (§§ 16 Abs. 1, 40 GmbHG). Ein eingetragener Widerspruch gegen die Berechtigung des Inhabers ist in diesem Zusammenhang unmaßgeblich, weil der Widerspruch nur den gutgläubigen Erwerb verhindert, nicht aber die Rechtswirkung nach § 16 Abs. 1 GmbHG.

3107

d) Abdingbarkeit der Einladungsvorschriften durch die Satzung

Nach § 45 Abs. 2 GmbHG sind die Vorschriften über die Einladung und Ankündigung der Beratungsthemen nicht zwingend. Dennoch sind die Gesellschafter nicht völlig frei, wie sie die Modalitäten der Einberufung einer Gesellschafterversammlung regeln wollen. Sie können die Einberufung an erschwerende Voraussetzungen knüpfen, was aber nicht das Teilnahmerecht der Gesellschafter substanziell aushöhlen darf. Längere als in § 51 Abs. 1 und Abs. 4 GmbHG genannte Fristen sind möglich, aber auch die Erleichterung der Einberufung durch die Verwendung von Telefax oder anderer moderner Kommunikationsmittel (z. B. E-Mail). Dies gilt solange, als sämtliche Gesellschafter sich über die zu behandelnden Themen hinreichend informieren und ihr Teilnahmerecht – auch schon in der Vorbereitungsphase – wahrnehmen können. Soll die Einladung auch durch einen einfachen Brief zulässig sein,[2] können Nachweisprobleme hinsichtlich der Wahrung der Ladungsfrist und der hinreichenden Vorinformation auftreten.

3108

e) Verstöße gegen Ladungsvorschriften

Verstöße gegen die gesetzlichen Bestimmungen oder die Regeln der Satzung über die Einberufung und Ladung können zur **Nichtigkeit oder Anfechtbarkeit** der gefassten Beschlüsse führen. **Nichtig** sind die Beschlüsse einer Gesellschafterversammlung, wenn sie ein **Unbefugter** oder **Nichtberechtigter**[3] oder ein Geschäftsunfähiger[4] einberufen hat, oder wenn die Einladung nicht an sämtliche Gesellschafter ergangen ist, unabhängig davon, ob sie stimmberechtigt waren,[5] oder die Ladung so schwerwiegende Fristmängel aufweist, dass die Teilnahme an der Versammlung faktisch unmöglich gemacht wird.[6] Alle übrigen Verstöße gegen die Einberufungsvorschriften ziehen nur die **Anfechtbarkeit** der Beschlüsse der Gesellschafterversammlung nach sich.[7] Treten alle

3109

---

1 BGH v. 24. 6. 1996 II ZR 56/95, DStR 1996, 1979, mit Anm. Goette.
2 Dazu OLG Jena v. 14. 5. 1996 6 W 497/95, DNotZ 1997, 84.
3 BGH v. 7. 2. 1983 II ZR 14/82, BGHZ 87, 1.
4 BGH v. 20. 2. 1984 II ZR 116/83, WM 1984, 473.
5 BGH v. 28. 1. 1985 II ZR 79/84, DB 1985, 1837.
6 BGH v. 13. 2. 2006 II ZR 200/04, DStR 2006, 715, zur Ladung per E-Mail am Vortagsabend für den nächsten Vormittag.
7 Vgl. Goette, Die GmbH, § 7 Rz. 33; OLG Düsseldorf v. 25. 2. 2000 16 U 59/99, NZG 2000, 1180.

Gesellschafter zu einer Universalversammlung (= Vollversammlung) zusammen, werden dadurch gem. § 51 Abs. 3 GmbHG die Einberufungsmängel und auch eine fehlerhafte Ankündigung der Tagesordnung geheilt. Kommen sämtliche Gesellschafter überein, zu einem bestimmten Termin eine Versammlung abzuhalten, ist darin ein wirksamer Verzicht auf die Einhaltung der Formen und Fristen zu sehen.[1]

3110–3120 (*Einstweilen frei*)

4. Minderheitenrechte (Selbsthilferecht)

Literatur: *Schäfer,* Antragsrecht und Bescheidungsanspruch des GmbH-Gesellschafters, ZHR 167, 66 (2003).

3121 Eine Gesellschafterversammlung ist einzuberufen, wenn es im Interesse der GmbH erforderlich ist (§ 49 Abs. 2 GmbHG). Darüber kann es durchaus zwischen Geschäftsführer und Gesellschaftern, aber auch zwischen einer Gruppe von Mehrheitsgesellschaftern und einer Minderheit zu Meinungsverschiedenheiten kommen, wobei sich die Geschäftsführung regelmäßig bei ihrer Entscheidung, ob sie eine Gesellschafterversammlung einberufen solle, an den Interessen und Vorstellungen der Mehrheit orientieren dürfte. **Zum Schutz der Minderheit** gibt das Gesetz ihr in § 50 GmbHG ein **Initiativrecht**, wenn die **Geschäftsanteile der Minderheitsgesellschafter zusammen mindestens 10 v. H. des Stammkapitals entsprechen**. Dann kann diese Gruppe den Widerstand der Geschäftsführer und der Mehrheit gegen die Abhaltung einer Versammlung überwinden.

3122 Die Wahrnehmung des **Initiativrechts** erfolgt **in zwei Stufen**:

In der 1. Stufe ist das **Verlangen** nach Einberufung einer Gesellschafterversammlung – ohne besondere Form – **an den Geschäftsführer zu richten** und dabei die gewünschte Tagesordnung mitzuteilen und zu begründen, warum es erforderlich sei, zu dem Thema jetzt eine Gesellschafterversammlung abzuhalten. Der Geschäftsführer hat kein materielles Prüfungsrecht, sondern muss dem Verlangen sofort nachkommen.

3123 Erst in einer **zweiten Stufe** haben Minderheitsgesellschafter – solange sie mindestens 10 v. H. des Stammkapitals repräsentieren – das Recht, die Gesellschafterversammlung **selbst einzuberufen**, wenn der **Geschäftsführer es ablehnt**, eine Gesellschafterversammlung einzuberufen, oder wenn die Einberufung nicht innerhalb einer angemessenen Frist erfolgt, innerhalb der der Geschäftsführer die Einladung hätte bewirken können (oder wenn Personen, an die ein solches Verlangen hätte gerichtet werden können, nicht vorhanden sind). **Zu beachten gilt es**, dass solange die angemessene Frist noch nicht abgelaufen ist, die gesetzlichen Befugnisse der Geschäftsführer noch bestehen und eine Einladungsbefugnis den Minderheitsgesellschaftern noch nicht zugewachsen ist. Bei **voreiliger Einladung** durch die Minderheitsgesellschafter hat dies zur Folge, dass diese noch kein Selbsteinberufungsrecht besaßen und als Unbefugte die Versammlung einberufen haben und dass deshalb **alle in der Versammlung gefassten Beschlüsse nichtig** sind.[2]

---

1 Vgl. OLG München v. 8. 6. 1994 7 U 4606/93, GmbHR 1995, 232.
2 BGH v. 7. 2. 1983 II ZR 14/82, BGHZ 87, 1; v. 15. 6. 1998 II ZR 318/96, BGHZ 139, 89.

Welche Frist als angemessen anzusehen ist, richtet sich nach den konkreten Umständen des Einzelfalles. Es spricht jedoch vieles dafür, eine **Frist von einem Monat im Regelfall**[1] als ausreichend anzusehen, wenn nicht besondere Umstände vorliegen. Erst dann dürfen die Minderheitsgesellschafter davon ausgehen, dass der Geschäftsführer ihrem Verlangen nicht nachkommen werde und sie befugt sind, zu der Versammlung selbst einzuladen.

3124

Die Form der Einladung selbst muss den gesetzlichen Vorschriften oder den Satzungsregeln entsprechen. In der Einladung ist darzulegen, dass ihrem Verlangen auf Einberufung einer Gesellschafterversammlung nicht entsprochen worden oder kein Geschäftsführer vorhanden ist, der hätte einladen können; schließlich muss die Einladung die einladenden Gesellschafter und ihre Beteiligungsquoten nennen.

3125

Dem Schutz der Minderheitsinteressen dient auch die Vorschrift des § 50 Abs. 2 GmbHG. Sie erlaubt es, die Tagesordnung einer bereits einberufenen Versammlung um **Beratungsthemen und Beschlussvorlagen zu erweitern**, wenn es Gesellschafter verlangen, die über mindestens 10 v. H. des Stammkapitals verfügen. Bei einer Erweiterung der Tagesordnung muss aber die Dreitagefrist des § 51 Abs. 4 GmbHG gewahrt werden können.

3126

Fraglich ist, ob die auf Antrag der Minderheit nachträglich auf die Tagesordnung gesetzten Angelegenheiten oder die Gegenstände, die auf Verlangen der Minderheit über § 50 Abs. 3 GmbHG in einer Gesellschafterversammlung behandelt werden sollen, dort durch Beschluss der Mehrheit wieder von der Tagesordnung abgesetzt werden können. Damit liefe aber der Minderheitenschutz weitgehend leer; nicht zuletzt unter dem Gesichtspunkt der gesellschaftlichen Treupflicht wird man einen solchen „**Nichtbefassungsbeschluss**"[2] für **nicht zulässig** halten und verlangen müssen, dass über das Thema beraten und Beschluss gefasst wird, zumal die Mehrheit es ja in der Hand hat, gegen die Meinung der Minderheit zu votieren.[3]

3127

(*Einstweilen frei*)

3128–3150

IV. Durchführung der Versammlung

1. Teilnahmerecht

Literatur: *Goette*, Zur Erheblichkeit eines Ladungsmangels zu einer Gesellschafterversammlung, DStR 1998, 130; *Becher*, Zum Teilnahmerecht in der Gesellschafterversammlung, EWiR 2004, 335.

Die Willensbildung der Gesamtheit der Gesellschafter (Gesellschafterversammlung) schließt mit der Fassung eines Beschlusses ab. Regelmäßig werden vorher die Beschlussgegenstände erörtert und beraten. Hieran teilzunehmen, ist das in seinem Kern **nicht entziehbare Mitgliedschaftsrecht** jedes Gesellschafters. Er ist nicht nur befugt, bei der Versammlung anwesend zu sein, sondern auch berechtigt, aktiv an der Erörterung und Beratung und damit an der Willensbildung mitzuwirken, die sich schließlich im Abstimmungsergebnis ausdrückt.

3151

---

1 Vgl. Lutter/Hommelhoff, GmbHG, § 50 Rz. 10; Goette, Die GmbH, § 7 Rz. 36.
2 Zöllner in Baumbach/Hueck, GmbHG, § 50 Rz. 27.
3 So auch Goette, Die GmbH, § 7 Rz. 39.

Das **aktive und passive Teilnahmerecht** steht jedem Gesellschafter prinzipiell auch dann zu, wenn er anschließend **nicht stimmberechtigt** sein sollte. Denn gerade dann, wenn der Gesellschafter einem Stimmverbot nach § 47 Abs. 4 GmbHG unterliegt, ist es besonders wichtig, sich rechtliches Gehör mit seinen Argumenten zu verschaffen, bevor die Versammlung eine gegen ihn gerichtete Maßnahme beschließt.[1] Das Teilnahmerecht auch in solchen Fällen gewährleistet zudem, dass der Gesellschafter selbst feststellen kann, ob in der Versammlung „alles mit rechten Dingen zugeht", also Gesetz und Satzung beachtet werden, oder ob bereits formelle Fehler ihn zu einer Anfechtung berechtigen könnten.[2] Da der Gesellschafter befugt ist, in der Aussprache seine Meinung durch aktive Beiträge kundzutun, hat er auch ein Recht, dass ihm die in der Versammlung gegebenen Informationen zugänglich gemacht werden.

3152 Zwar kann die Satzung nähere Regelungen treffen, wie die Gesellschafter ihr Teilnahmerecht (und Stimmrecht) ausüben können. Es darf aber weder durch die Satzung noch durch Gesellschafterbeschluss **der Kernbereich des Mitgliedschaftsrechts angetastet werden.**[3] So kann bestimmt werden, dass jeder Gesellschafter nur eine Person als Vertreter in die Gesellschafterversammlung entsenden darf.[4] Denn damit wird die auch dem Teilnahmerecht immanente Schranke konkretisiert, die Sinn und Zweck einer Gesellschafterversammlung vorgeben. Auch die Beschränkung der **Redezeit** auf ein Maß, das es dem Teilnahmeberechtigten erlaubt, die wesentlichen Sachargumente vorzubringen, dient der weiteren sachgemäßen Erörterung des Beratungsthemas und der sachgerechten Wahrnehmung der Mitgliederrechte durch die anderen Gesellschafter.

3153 In besonderen **Ausnahmefällen** kann das Teilnahmerecht auch ohne Satzungsgrundlage ausgeschlossen werden, wenn zu befürchten ist, dass der Gesellschafter die ihm zugänglichen Informationen für eigene oder gesellschaftsfremde Zwecke, z. B. in seiner Eigenschaft als Wettbewerber der GmbH, verwenden und damit der Gesellschaft Schaden zufügen werde. Auch dann muss aber sorgfältig geprüft werden, ob es nicht ausreicht, den Gesellschafter von der Teilnahme an der Beratung des betreffenden Tagesordnungspunktes auszuschließen, statt ihm die Teilnahme an der Versammlung insgesamt zu verweigern.

a) Inhaber des Teilnahmerechts

3154 **Inhaber** des in seinem **Kern unentziehbaren Teilnahmerechts** an einer Gesellschaftsversammlung ist **der Gesellschafter**, was sich nach § 16 Abs. 1 GmbHG und der Eintragung in die ins Handelsregister aufgenommene Gesellschafterliste richtet. Weil Veränderungen in den Personen der Gesellschafter oder des Umfangs ihrer Beteiligung erst nach deren Wirksamwerden in die Gesellschafterliste übernommen werden dürfen, gilt auch bei Austritt oder Ausschließung und bei Zwangseinziehung seines Geschäftsanteils der davon betroffene Gesellschafter solange als Gesellschafter, bis die Maßnahme vollzogen ist und der Gesellschafter seinen Geschäftsanteil, sei es durch Übertragung, sei

---

1 BGH v. 24. 2. 1992 II ZR 79/91, DStR 1992, 1026.
2 Vgl. auch BGH v. 28. 1. 1985 II ZR 79/84, DB 1985, 1837.
3 BGH v. 17. 10. 1988 II ZR 18/88, NJW-RR 1989, 347 = DB 1989, 272.
4 Zu Einzelheiten s. oben Rn. 2285a.

es durch Vernichtung, verloren hat. Ist von einem durch die Zahlung der Abfindung aufschiebend bedingten Ende der Mitgliedschaft auszugehen, muss man dem betroffenen Gesellschafter noch bis dahin ein Teilnahmerecht zugestehen (vgl. hierzu oben Rz. 2871 ff., 2948, 2965).

Inhaber des Teilnahmerechts ist der **Gesellschafter** unabhängig davon, ob er im Innenverhältnis gegenüber Dritten in seinem formalen Recht beschränkt ist. Deshalb ist grundsätzlich bei der Treuhand der Treuhänder, bei der Sicherungsabtretung der Sicherungsnehmer, bei Verpfändung der Pfandschuldner und beim Nießbrauch der Nießbrauchsverpflichtete teilnahmeberechtigt. Das Abspaltungsverbot von Stimm- und Teilnahmerecht verbietet es aber nicht, dem Nießbraucher eine Teilnahme zu gestatten, soweit Beschlüsse zu der Gewinnausschüttung gefasst werden sollen. 3155

Erteilt der Anteilsinhaber aber zulässigerweise dem Treugeber oder Nießbraucher Stimmrechtsvollmacht, so umfasst diese auch das Teilnahmerecht.[1] 3156

Ist der Geschäftsanteil veräußert, bleibt der Veräußerer für die Gesellschaft so lange Gesellschafter, als der Erwerber noch nicht in der aktualisierten Gesellschafterliste eingetragen und die Liste im Handelsregister aufgenommen ist. Sind die Geschäftsführer jedoch durch Mitteilung der Beteiligten bzw. durch die Übermittlung einer Abschrift der notarbescheinigten Liste (§ 40 Abs. 2 GmbHG) über die Veränderung unterrichtet und steht die Aufnahme der hinsichtlich seiner Person geänderten Gesellschafterliste in das Handelsregister unmittelbar bevor, dürfte es nicht schädlich sein, den Erwerber bereits als Inhaber des Teilnahmerechts zu behandeln. Denn seine **Stimmabgabe** (= Rechtshandlung gegenüber der Gesellschaft) wird **von Anfang an wirksam**, wenn die aktualisierte Liste unverzüglich danach in das Handelsregister aufgenommen wird. 3157

Ist die Abtretung des Geschäftsanteils jedoch aufschiebend bedingt, ist § 16 Abs. 1 Satz 2 GmbHG nicht anwendbar. Sind mehrere Personen nach § 18 GmbHG ungeteilt an einem Geschäftsanteil beteiligt, steht das **Teilnahmerecht allen Mitbeteiligten** zu. Damit die Erörterung und Beratung der Beschlussgegenstände nicht durch die Teilnahme einer Vielzahl von Personen behindert wird, kann und sollte die Satzung vorsehen, dass die Gruppe durch ein Mitglied oder einen gemeinsamen Beauftragten vertreten werden muss. Dabei darf dem Gesellschafter aber kein Vertreter aufgezwungen werden, auf dessen Wahl und Abstimmungsverhalten er keinen Einfluss hat, weil sonst der Kernbereich seines Teilnahmerechts verletzt und eine von seinem Willen getragene Wahrnehmung seines Gesellschaftsrechts nicht mehr zugestanden wird.[2]

b) Gesetzlicher und rechtsgeschäftlicher Vertreter

Dem **gesetzlichen Vertreter** eines Gesellschafters (Eltern, Pfleger, Vormund, Betreuer) und dem Testamentsvollstrecker eines früheren Gesellschafters sowie dem Nachlassverwalter und Insolvenzverwalter eines Gesellschafters **steht ein eigenes Teilnahmerecht zu**, das sich **aus der Mitgliedschaft des Vertretenen ableitet** und diesen von der Teilnahme ausschließt. Ist Gesellschafter einer GmbH eine Kapitalgesellschaft (AG oder 3158

---

1 BGH v. 19. 4. 1999 II ZR 114/98, DStR 1999, 1576, mit Anm. Goette.
2 BGH v. 17. 10. 1988 II ZR 18/88, NJW-RR 1989, 347.

GmbH), steht das Teilnahmerecht ihrem Vertretungsorgan (Vorstand, Geschäftsführer) zu.

Eine rechtsgeschäftliche Vertretung bei der Ausübung des grundsätzlich persönlichen Teilnahmerechts ist möglich, wenn sie die Satzung nicht ausdrücklich ausschließt. Ob dann aber Vertretener und Vertreter nebeneinander an der Gesellschafterversammlung teilnehmen können, wird wohl die Mehrheit der Gesellschafter zu entscheiden haben und gestatten können, dass beide gleichzeitig anwesend sind.[1] Grundsätzlich aber ruht das Teilnahmerecht des Vertretenen; ein doppeltes Teilnahmerecht wird man aber zubilligen müssen, wenn der Gesellschafter einen Angehörigen der rechtsberatenden Berufe bevollmächtigt, um eine im Verhältnis zu den anderen Gesellschaftern bestehende fachliche Benachteiligung auszugleichen.[2]

c) Geschäftsführer

3159 Ist der **Geschäftsführer** nicht zugleich Gesellschafter, steht ihm **kein eigenständiges Teilnahmerecht** zu, selbst wenn die GmbH eigene Geschäftsanteile hält, weil die daran anknüpfenden Mitgliedschaftsrechte ruhen.[3] Er muss aber an der Versammlung teilnehmen, wenn es die Mehrheit der Gesellschafter verlangt.

d) Dritte

3160 **Dritten** steht grundsätzlich **kein Teilnahmerecht** zu, es sei denn, die Satzung erlaubt ausdrücklich die Teilnahme oder die Mehrheit der Gesellschafter gestattet die Teilnahme.[4] Gleiches gilt für die Teilnahme eines Beraters (Rechtsanwalt, Steuerberater), wenn er nicht rechtsgeschäftlich bevollmächtigt ist. Sieht die Satzung nicht vor, dass der Gesellschafter in Begleitung eines Beraters an der Versammlung teilnehmen kann, muss erst ein entsprechender Beschluss herbeigeführt werden, bei dem der betreffende Gesellschafter nicht stimmberechtigt ist. Die Pflicht zur Zulassung kann sich dann aus der allgemeinen Treuepflicht ergeben, wobei sich ein Anspruch des Gesellschafters ergeben kann, wenn er unter Berücksichtigung seiner persönlichen Verhältnisse, der Struktur der GmbH und der Bedeutung des Beschlussgegenstandes dringend beratungsbedürftig ist.[5] Da ungewiss ist, wie im Einzelfall die Gesellschafterversammlung entscheiden wird, empfiehlt es sich wegen der Bedeutung für die Praxis stets, die Teilnahmeberechtigung von Rechtsanwälten, Steuerberatern oder Wirtschaftsprüfern, die Gesellschafter beraten und zur Berufsverschwiegenheit verpflichtet sind, in der Satzung zu regeln.

Die Satzungsbestimmung könnte beispielsweise so lauten: *„Jeder Gesellschafter kann sich in der Gesellschafterversammlung von einer zur Berufsverschwiegenheit verpflichteten Person (Rechtsanwalt, Steuerberater oder Wirtschaftsprüfer) beraten lassen."*

---

[1] Vgl. OLG Stuttgart v. 23. 7. 1993 2 U 79/93, GmbHR 1994, 257 ff.
[2] OLG Düsseldorf v. 14. 5. 1992 6 U 201/93, WM 1993, 643.
[3] BGH v. 8. 12. 1997 II ZR 203/96, DStR 1998, 498; v. 30. 1. 1985 II ZR 45/94, NJW 1995, 1027.
[4] Zu Einzelheiten s. oben Rn. 2285a.
[5] OLG Stuttgart v. 7. 3. 1997 20 W 1/97, GmbHR 1997, 1107.

2. Leitung der Versammlung

Literatur: *Böttcher/Grewe*, Der Versammlungsleiter in der Gesellschaft mit beschränkter Haftung – Kompetenzen, Bestellung und Abberufung, NZG 2002, 1086; *Hoffmann/Köster*, Beschlussfeststellung und Anfechtungsklageerfordernis im GmbH-Recht, GmbHR 2003, 1327; *Werner*, Das Beschlussfeststellungsrecht des Versammlungsleiters, GmbHR 2006, 127.

Durchführung und Ablauf der Gesellschafterversammlung regelt das GmbHG nicht. Deshalb sollten in der Satzung Richtlinien niedergelegt werden, damit die Versammlung ordnungsgemäß abläuft und die Tagesordnung sicher abgewickelt werden kann. 3161

Dazu kann es – je nach Zahl der Gesellschafter – dienlich sein, einen **Versammlungsleiter** zu bestellen, was bereits in der Satzung geschehen kann, aber auch einem mit einfacher Mehrheit zu fassenden Beschluss der Gesellschafterversammlung überlassen werden kann. Rechtlich erforderlich ist dies aber nicht. 3162

Dem Leiter der Gesellschafterversammlung kommen zur zügigen und straffen Abwicklung der Versammlung **Ordnungsaufgaben** zu. Er hat den Gesellschaftern das Wort zu erteilen und zur Beachtung des Gleichbehandlungsgrundsatzes sicherzustellen, dass jeder Gesellschafter Gelegenheit bekommt, seine Meinung zu dem zu behandelnden Punkt der Tagesordnung kundzutun. Dabei hat der Versammlungsleiter u. U. aber auch die Redezeit zu begrenzen oder notfalls das Wort zu entziehen. Bei allen in Betracht kommenden Sanktionen ist stets der Grundsatz der Geeignetheit, Erforderlichkeit und der Verhältnismäßigkeit zu beachten, um eine Anfechtbarkeit gefasster Beschlüsse zu vermeiden. Letztlich sollte der Versammlungsleiter, auch wenn er selbst Gesellschafter ist, sich um Ausgleich bemühen und sich in der Rolle eines (neutralen) Moderators sehen. 3163

Ansonsten bestehen die **Aufgaben des Versammlungsleiters** in der Eröffnung, Unterbrechung und Beendigung der Versammlung, in der Feststellung der ordnungsgemäßen Einberufung, der Erstellung einer Teilnehmerliste und – soweit dazu Anlass besteht – in der Feststellung des Teilnahmerechts der erschienenen Personen, der Leitung der Versammlung durch Erteilung des Wortes, in dem Aufruf der Tagesordnungspunkte zur Behandlung der Beratungsgegenstände und Anträge, in der Leitung der Abstimmung sowie **der Feststellung und Niederschrift der Beschlussergebnisse**.[1] Nicht seine Aufgabe ist es, über die Absetzung oder Vertagung einzelner Punkte der Tagesordnung zu bestimmen; dies ist der Gesellschafterversammlung vorbehalten. 3164

Der Versammlungsleiter, der satzungsmäßig berufen ist, unterliegt keinem Stimmverbot nach § 47 Abs. 4 GmbHG, wenn über seine Abberufung als Versammlungsleiter abgestimmt wird, selbst wenn er als Gesellschafter bei einzelnen Punkten der Tagesordnung einem Stimmverbot unterliegt. In seinen Aufgaben als Versammlungsleiter hat er nämlich kein Ermessen, das von seinen Gesellschafterinteressen beeinflusst werden könnte.[2] 3165

(Einstweilen frei) 3166–3180

---

[1] Zu Letzterem s. KG Berlin v. 12.10.2015 22 W 74/15, NWB DokID: DAAAF-66746, BeckRS 2015, 20950.
[2] BGH v. 21.6.2010 II ZR 230/08, ZIP 2010, 1640.

3. Beschlussfähigkeit

3181 Hierzu gibt es keine gesetzliche Regelung. Die Gesellschafterversammlung ist **beschlussfähig**, wenn zu ihr **ordnungsgemäß**, also unter Beachtung der gesetzlichen Regelungen und der des Gesellschaftsvertrages, **eingeladen** worden ist und **mindestens ein (stimmberechtigter) Gesellschafter erschienen** ist. Denn ausgehend davon, dass die Mehrheit der abgegebenen Stimmen entscheidet, genügt für die Beschlussfähigkeit die Anwesenheit eines einzigen Gesellschafters, auch wenn er nur einen geringen Teil der Geschäftsanteile hält und z. B. die Änderung der Satzung beschlossen werden soll.

Selbstverständlich kann der **Gesellschaftsvertrag besondere Anforderungen** an die **Beschlussfähigkeit** stellen, z. B. die Anwesenheit einer bestimmten Mindestzahl von Gesellschaftern oder eines festgelegten Teils des Stammkapitals fordern. Dies ist bei Gesellschaften mit einer kleinen Anzahl von Gesellschaftern selten zweckmäßig, sondern empfiehlt sich meist nur bei einem größeren Gesellschafterkreis, weil eine derartige Vorschrift nicht selten dazu führt, dass mehrere Gesellschafterversammlungen stattfinden müssen. Der Gesellschaftsvertrag muss dann – schon um missbräuchlichen Verzögerungen vorzubeugen – auch eine Möglichkeit dafür vorsehen, dass in kurzer Frist eine weitere Versammlung einzuberufen ist, die ohne Rücksicht auf die Zahl der anwesenden Gesellschafter oder die Höhe des repräsentierten Kapitals bzw. der Anzahl der Geschäftsanteile beschlussfähig sein soll. Dies kann es nahe legen, auf besondere Bestimmungen zur Beschlussfähigkeit zu verzichten.

3182 Schreibt die Satzung für die Beschlussfähigkeit ein besonderes **Quorum** vor, muss es für jede einzelne Beschlussfassung (durch die Zahl der anwesenden Gesellschafter bzw. durch Vertretung des Stammkapitals) erfüllt sein. Kommt es für die Beschlussfähigkeit auf die Anwesenheit einer bestimmten Anzahl von Gesellschaftern an, ist es unerheblich, ob einer der anwesenden Gesellschafter nicht stimmberechtigt ist.[1]

4. Sitzungsprotokoll, Feststellung des Beschlussergebnisses

3183 Das GmbHG enthält – anders als bei der Aktiengesellschaft nach §§ 129 ff. AktG – keine Bestimmung, dass über den Ablauf der Gesellschafterversammlung und die Gesellschafterbeschlüsse eine **Niederschrift (Sitzungsprotokoll)** anzufertigen ist. Nur satzungsändernde Beschlüsse sowie Umwandlungs- und Verschmelzungsbeschlüsse sind notariell zu beurkunden.

Die Satzung kann jedoch bestimmen, dass ein Protokoll zu fertigen ist. Aber auch ohne eine solche Regelung ist die Anfertigung eines Protokolls in allseitigem Interesse im Grunde unverzichtbar.

3184 Enthält die Satzung Protokollierungspflichten und werden sie verletzt, führt das nicht zur Unwirksamkeit der gefassten Beschlüsse. Regelmäßig kommt dem Protokoll kein rechtsbegründender (konstitutiver) Charakter, sondern nur die Eigenschaft einer Beweisurkunde zu, deren Fehlen die Wirksamkeit der gefassten Beschlüsse nicht berührt.[2]

---

[1] Vgl. OLG Hamm v. 27. 11. 1991 8 U 51/91, GmbHR 1992, 466, 467.
[2] OLG Stuttgart v. 8. 7. 1998 20 U 112/97, GmbHR 1998, 1034, 1035.

Das Protokoll sollte sich auf die Wiedergabe der wesentlichen, rechtserheblichen Vorgänge beschränken und folgende Angaben enthalten:

Ort und Datum der Versammlung, Beginn und Ende, Name des Versammlungsleiters und die Art seiner Bestellung, Feststellung der ordnungsgemäßen Einberufung, Liste der anwesenden Personen, Vollmachtsnachweise, Anträge, Art der Abstimmung, Ergebnis der Stimmenauszählung und Feststellung des Abstimmungsergebnisses, Widersprüche oder Widerspruchs- und Rügeverzicht von Gesellschaftern, Auskunftsersuchen und deren Erledigung, Stimmverbote und eventuelle Ordnungsmaßnahmen.[1]

Vor allem sollte **das Protokoll** die **gefassten Beschlüsse** und das jeweilige **Abstimmungsergebnis** festhalten; Letzteres ist unerlässlich bei satzungsändernden Beschlüssen, deren Zustandekommen durch den Vorsitzenden der Versammlung festzustellen ist; eine solche Feststellung kann nur mit der Anfechtungsklage angegriffen werden.[2] Unerlässlich ist die Feststellung des Beschlussergebnisses und dessen Mitteilung an die Gesellschafter auch bei einer – durch die Satzung zugelassenen – **kombinierten Beschlussfassung**, bei der nicht nur die Stimmen der auf der Versammlung anwesenden Gesellschafter, sondern auch bereits abgegebene oder erst noch einzuholende Stimmen abwesender Gesellschafter zu berücksichtigen sind und deren Stimmabgabe schriftlich, mittels Telefon, E-Mail oder Videokonferenz möglich ist.[3] Auch hier ist der Beschluss erst mit der Feststellung und Mitteilung des Beschlussergebnisses an die Gesellschafter gefasst.

Bei einem gewöhnlichen, allein durch Stimmabgabe der in der Versammlung anwesenden Gesellschafter gefassten Gesellschafterbeschluss hat eine solche protokollierte Feststellung des Vorsitzenden keine weitere Bedeutung, es entscheidet nur, was – unabhängig von der Meinung des Vorsitzenden – herauskommt, wenn die gültigen Stimmen gezählt werden. Besteht Streit, dann kann eine **verbindliche Feststellung** des Beschlussergebnisses durch eine **Feststellungsklage** (§ 256 ZPO) herbeigeführt werden.[4]

Für **Gesellschafterbeschlüsse**, durch welche die **Satzung geändert** wird, ist zwingend eine **notarielle Beurkundung** vorgeschrieben.[5]

Im Übrigen bestehen für Gesellschafterbeschlüsse **keine gesetzlichen Formvorschriften**. Zur Vermeidung späterer Streitigkeiten kann der Gesellschaftsvertrag bestimmen, dass alle Gesellschafterbeschlüsse der Schriftform bedürfen und mindestens von den zustimmenden Gesellschaftern unterzeichnet sein müssen. Man hat dann später keine Schwierigkeiten, wenn etwa über das Abstimmungsergebnis gestritten wird.

Befinden sich alle Geschäftsanteile der GmbH in der Hand eines Gesellschafters oder daneben in der Hand der Gesellschaft, so muss nach der Sondervorschrift des § 48 Abs. 3 GmbHG der **Alleingesellschafter** unverzüglich nach Fassung des Beschlusses darüber eine **Niederschrift aufnehmen und unterschreiben**.

---

1 Vgl. im Einzelnen Scholz/Karsten Schmidt/Seibt, GmbHG, § 48 Anm. 40.
2 BGH v. 9.6.1954 II ZR 70/53, BGHZ 14, 25; v. 28.1.1980 II ZR 84/79, BGHZ 76, 155.
3 Vgl. BGH v. 16.1.2006 II ZR 135/04, BB 2006, 1126 mit Anm. Gehrlein, 1128.
4 BGHZ 76, 155; BGH v. 13.11.1995 II ZR 288/84, GmbHR 1996, 47.
5 Zur Beurkundung nach § 36 ff. BeurkG neben §§ 6 ff. BeurkG s. OLG Celle v. 13.2.2017 – 9 W 13/17, NWB 2017, 919 = NWB DokID: IAAAG-40959.

3192 Über die Ausübung des Stimmrechtes, die Mehrheitsbildung und das Zustandekommen der Beschlüsse siehe nachfolgend Rz. 3211 ff.

5. Beispiel

3193 Für eine im Regelfall ausreichende gesellschaftsvertragliche Regelung der Einberufung und Durchführung von Gesellschafterversammlungen kann folgendes **Beispiel** dienen:

Art. (A)

(1) Die Gesellschafter fassen ihre Beschlüsse in Gesellschafterversammlungen, soweit nicht alle Gesellschafter mit einer anderen Form der Beschlussfassung einverstanden sind (vgl. Rz. 3291).

(2) Über die in § 46 GmbHG genannten Angelegenheiten kann nur in einer Gesellschafterversammlung Beschluss gefasst werden; Gleiches gilt für folgende Gegenstände der Beschlussfassung:

a) Auflösung der Gesellschaft

b) Satzungsänderung

c) Einziehung von Geschäftsanteilen

d)…

e)…

Art. (B)

(1) Gesellschafterversammlungen werden durch den Geschäftsführer einberufen; beim Vorhandensein mehrerer Geschäftsführer ist jeder allein zur Einberufung berechtigt und verpflichtet.

(2) Das Einberufungsrecht einer Minderheit gem. § 50 GmbHG bleibt unberührt.

Art. (C)

Gesellschafterversammlungen finden nur am Sitz der Gesellschaft statt.

Art. (D)

(1) Die Einberufung erfolgt gegenüber jedem Gesellschafter unter der der Gesellschaft zuletzt bekannten Anschrift durch eingeschriebenen Brief.

(2) Das Einberufungsschreiben muss folgende Angaben enthalten:

a) Zeitpunkt des Beginns der Versammlung,

b) Tagungsort und -raum,

c) Tagesordnung (genaue Bezeichnung der Gegenstände, über die Beschluss gefasst werden soll),

d) Aufforderung zur Ankündigung weiterer Tagesordnungspunkte nach § 50 GmbHG,

e) Hinweis auf die Auslegung von Unterlagen, die für die Meinungsbildung der Gesellschafter Bedeutung haben können; stattdessen können die Unterlagen dem Einberufungsschreiben beigefügt werden.

f) Wird die Gesellschafterversammlung auf Verlangen einer Minderheit einberufen, ist unter Beifügung einer Abschrift des Antrages darauf besonders hinzuweisen.

Art. (E)

(1) Zwischen dem Tag der Versammlung und der Absendung des letzten Einberufungsschreibens muss eine Frist von mindestens drei Wochen liegen.

(2) Bei Gefahr im Verzug kann im Einberufungsschreiben unter Darlegung der Gründe diese Frist auf eine Woche abgekürzt werden.

(3) Bei Berechnung der Frist werden der Absende- und der Versammlungstag nicht mitgezählt.

Art. (F)

(1) Alle Gesellschafter sind berechtigt, an der Versammlung teilzunehmen und das Wort zu ergreifen, auch wenn sie nicht stimmberechtigt sind.

(2) Aufgrund schriftlicher Vollmacht können sich Gesellschafter durch einen anderen Gesellschafter auch bei der Stimmabgabe vertreten lassen. Die Vollmacht muss zum Ausdruck bringen, ob der Vertreter von der Beschränkung des § 181 BGB befreit ist.

Im Übrigen ist eine Vertretung nicht zulässig; jeder Gesellschafter ist jedoch berechtigt, sich des Beistandes einer zur Berufsverschwiegenheit verpflichteten Person zu bedienen.

(3) Die Geschäftsführer sind zur Teilnahme an der Gesellschafterversammlung berechtigt und verpflichtet, sie können durch Beschluss der Versammlung jedoch zeitweise von der Anwesenheit ausgeschlossen werden.

(4) Über die Teilnahme weiterer Personen (Steuerberater u. Ä.) beschließt die Gesellschafterversammlung.

Art. (G)

(1) Die Gesellschafterversammlung wählt aus ihrer Mitte den Vorsitzenden der Versammlung; kommt eine Wahl nicht zustande, so führt der älteste anwesende Gesellschafter den Vorsitz.

(2) Der Vorsitzende bestimmt einen Protokollführer.

(3) Über den Verlauf der Versammlung ist ein Protokoll aufzunehmen, dessen Inhalt der Vorsitzende bestimmt. Das Protokoll muss die in der Sitzung gestellten Anträge, die Gegenstände der Beschlussfassung und das jeweilige Abstimmungsergebnis sowie einen dagegen angebrachten Widerspruch enthalten und vom Vorsitzenden und Protokollführer unterzeichnet sein. Jeder Gesellschafter muss eine Protokollabschrift erhalten.

(Einstweilen frei)   3194–3210

V. Gesellschafterbeschlüsse

Gesellschafterbeschlüsse müssen – von wenigen Ausnahmen abgesehen – nicht in Gesellschafterversammlungen gefasst werden. Über die Art der Beschlussfassung kann der Gesellschaftsvertrag besondere Vorschriften enthalten und auch daran sind die Gesellschafter nicht gebunden, wenn sie sich im Einzelfall einstimmig über eine andere

3211

Art der Beschlussfassung verständigen. Gleichgültig, welche Art der Beschlussfassung die Gesellschafter wählen, stets ist der **Gesellschafterbeschluss das Ergebnis einer Abstimmung** (§ 47 GmbHG). Zur zwingenden Zuständigkeit einer Gesellschafterversammlung (Rz. 3051).

1. Stimmrecht

Literatur: *Armbrüster*, Treuhänderische GmbH-Beteiligungen (II) – Rechte und Pflichten von Treuhänder und Treugeber in der Gesellschaft, GmbHR 2001, 1021; *Bärwaldt/Günzel*, Der GmbHR-Gesellschafterbeschluss und die Form der Stimmrechtsvollmacht, GmbHR 2002, 1112; *Lohr*, Der Stimmrechtsausschluss des GmbH-Gesellschafters (§ 47 IV GmbHG), NZG 2002, 551; *Schmidt, Karsten*, Gesellschaftsrecht: Beschlussfassung, JuS 2011, 1129.

a) Gesellschafterrecht

3212 Das **Recht zur Stimmabgabe** – das **Stimmrecht** – ist **eines der wesentlichen Mitgliedschaftsrechte**. Mit ihr übt der Gesellschafter seine Verwaltungs- und Herrschaftsrechte aus. Im Verhältnis zur GmbH bestimmt sich nach § 16 Abs. 1 GmbHG, wer Gesellschafter ist. **Inhaber des Stimmrechts** ist also der **rechtliche** und **nicht der wirtschaftliche Inhaber des Geschäftsanteils**. Deshalb ist grundsätzlich bei der Treuhand der Treuhänder,[1] bei der Sicherungsabtretung der Sicherungsnehmer, bei Verpfändung der Pfandschuldner und beim Nießbrauch der Nießbrauchsbesteller stimmberechtigt.

3213 Zum **Stimmrecht des Nießbrauchers** gibt es allerdings noch keine abschließende Klärung durch die Rechtsprechung.[2] Diskutiert wird bei der Belastung eines Geschäftsanteils durch einen Nießbrauch, ob dann die Ausübung des Stimmrechts aufgespalten werden kann, so dass der Gesellschafter stimmberechtigt wäre, wenn es um seine Gesellschafterstellung selbst geht, während der Nießbraucher bei laufenden Angelegenheiten, insbesondere der Gewinnverwendung und -ausschüttung, abstimmungsberechtigt sein soll, wenn der Nießbrauch mit Zustimmung der anderen Gesellschafter bestellt wurde. In Betracht kommt auch, Gesellschafter und Nießbraucher als nur gemeinsam abstimmungsberechtigt zu sehen. Um Streit zu vermeiden, kann zu empfehlen sein, bei Nießbrauchsbestellung nicht nur eine Zustimmung der Gesellschaft einzuholen, sondern damit auch eine Regelung der Stimmrechtsausübung – im Einverständnis der übrigen Gesellschafter – zu verbinden.

3214 Für Geschäftsunfähige wird das Stimmrecht durch ihre gesetzlichen Vertreter wahrgenommen, bei juristischen Personen und Personenmehrheiten sind die allgemeinen Vertretungsregeln maßgebend. Steht der Geschäftsanteil ungeteilt mehreren Personen zu, ist § 18 GmbHG zu beachten und das Stimmrecht kann nur einheitlich ausgeübt werden.

3215 Bei **Austritt und Ausschluss** eines Gesellschafters sowie bei **Zwangseinziehung eines Geschäftsanteils** ist entscheidend, wann dieser Vorgang **wirksam** wird. Das Stimmrecht

---

[1] BGH v. 21. 3. 1988 II ZR 308/87, BGHZ 104, 66.
[2] Offen gelassen BGH v. 22. 1. 1996 II ZR 191/94, DStR 1996, 713, zum Nießbrauch am Gesellschaftsanteil an einer GbR: BGH v. 9. 11. 1988 II ZR 213/87, NJW 1999, 571, wonach das Stimmrecht bei Beschlüssen, welche die Grundlagen der Gesellschaft (Substanz der Mitgliedschaft) betreffen, beim Gesellschafter verbleibt.

kann nicht von dem Mitgliedschaftsrecht abgespalten und als solches auf einen Dritten übertragen werden.[1] Aus diesem Grund ist auch eine **unwiderrufliche Stimmrechtsvollmacht unzulässig.**[2] Die widerrufliche Stimmrechtsvollmacht ist zulässig, weil dann Mitgliedschaft und Stimmrecht nicht auf Dauer voneinander getrennt werden.

Eigene Anteile der GmbH geben ihr kein Stimmrecht; die Mitgliedschaftsrechte aus solchen Geschäftsanteilen ruhen.[3]

3216

aa) Stimmkraft

Die **Stimmkraft** des Gesellschafters bemisst sich nach der Höhe seiner Beteiligung, wenn die Satzung keine abweichende Regelung enthält. Gemäß § 47 Abs. 2 GmbHG **gewährt jeder Euro eines Geschäftsanteils eine Stimme**, wobei es nur auf den Nennbetrag des Geschäftsanteils ankommt und nicht darauf, in welcher Höhe die Einlage bereits erbracht ist.

3217

Die Satzung kann aber die Stimmkraft eines Gesellschafters vom Nennbetrag des Geschäftsanteils lösen und mit Geschäftsanteilen Mehrfachstimmrechte oder sogar Vetorechte verbinden. Sie kann bestimmen, dass das Stimmrecht einzelner Gesellschafter unterschiedlich groß ist; sie kann Höchststimmrechte einführen und bestimmte Geschäftsanteile vom Stimmrecht ganz ausschließen.[4] Die nachträgliche Beschränkung der Stimmkraft, also des Gewichts, das der Stimmabgabe zukommt, dürfte aber nur mit Zustimmung des betroffenen Gesellschafters zulässig sein, weil damit sein Geschäftsanteil gegenüber den anderen benachteiligt wird.

3218

bb) Mehrfachstimmrecht

Hat ein Gesellschafter durch seinen Geschäftsanteil **mehrere Stimmen**, kann er grundsätzlich nur **einheitlich abstimmen**.[5] Besitzt der Gesellschafter mehrere Geschäftsanteile, die nach § 15 Abs. 2 GmbHG zur Sicherung der Kapitalaufbringung rechtlich selbständig bleiben, kann er dennoch die Mitgliedschaftsrechte nicht unterschiedlich ausüben, sondern muss seine Stimmen einheitlich abgeben.[6] Ausnahmsweise sollen unterschiedliche Stimmabgaben zulässig sein, wenn einer von mehreren Geschäftsanteilen treuhänderisch gehalten wird oder insoweit eine Stimmbindungsvereinbarung besteht.[7]

3219

b) Gesellschafterpflicht

Der Gesellschafter darf grundsätzlich nach **freiem Ermessen** und zu **seinem Vorteil abstimmen**. Die Entscheidungsfreiheit findet ihre Grenzen in allgemeinen Rechtsgrundsätzen, die es verbieten, das Stimmrecht zu missbrauchen, indem vorsätzlich zum

3220

---

1 Abspaltungsverbot, BGH v. 25. 2.1965 II ZR 287/63, BGHZ 43, 261, 267.
2 BGH v. 30. 1. 1995 II ZR 105/94, DStR 1995, 1276.
3 BGH v. 30. 1. 1995 II ZR 45/94, DStR 1995, 537; v. 8.12.1997 II ZR 203/96, NJW 1998, 1314.
4 BGH v. 14. 7.1954 II ZR 342/53, BGHZ 14, 264, 269.
5 BGH v. 21. 3. 1988 II ZR 308/87, BGHZ 104, 66, 74.
6 Vgl. Goette, Die GmbH, § 7 Rn. 54.
7 Vgl. Beck-GmbH-HB/Fischer/Gerber, § 4 Rn. 90, m.w. N.

Schaden der Gesellschaft abgestimmt oder der Gesellschaft der eigene Willen aufgezwungen wird. Insbesondere hat der Gesellschafter bei Ausübung des Stimmrechts die **gesellschaftsrechtliche Treuepflicht** zu beachten. Diese kann in Einzelfällen so weit gehen, dass ein Gesellschafter verpflichtet ist, bestimmten Maßnahmen zuzustimmen. Unter Verstoß gegen die Treuepflicht abgegebene Stimmen sind nichtig und sind bei der Feststellung des Abstimmungsergebnisses nicht mitzuzählen.[1] Werden sie gleichwohl berücksichtigt, ist der Beschluss anfechtbar. Unterliegt der Gesellschafter einer positiven Stimmpflicht, z. B. aus einem Treuhandvertrag, kann die Stimmabgabe als Willenserklärung mit einer Klage und einem Urteil nach § 894 ZPO durchgesetzt werden.[2]

c) Stimmbindung

Literatur: *Hergeth/Mingau*, Beteiligungsverträge bei der GmbH, DStR 2001, 1217; *Tröllitzsch*, Zur schuldrechtlichen Stimmbindung bei einer Familiengesellschaft, EWiR 2005, 433.

3221 Die grundsätzliche Freiheit zur Stimmabgabe hindert den Gesellschafter nicht, sich einem Gesellschafter oder einem Dritten gegenüber zu verpflichten, sein Stimmrecht in einer bestimmten Weise auszuüben. Mit der **Stimmbindung** wird **rechtsgeschäftlich eine Verpflichtung** gegenüber **einem oder mehreren Gesellschaftern oder einem Dritten** begründet, das **Stimmrecht in der GmbH** nicht nach freiem Ermessen, sondern in einem **bestimmten Sinne auszuüben**, wobei dies von vornherein inhaltlich festgelegt sein oder durch eine spätere Weisung konkretisiert werden kann. Vereinbaren mehrere Gesellschafter, ihr Stimmrecht in einem bestimmten Sinn auszuüben, spricht man von einem Stimmrechtspool.

3222 Stimmrechtsvereinbarungen zwischen Gesellschaftern der GmbH sind prinzipiell zulässig und wirksam.[3] Auch die gegenüber einem außenstehenden Dritten eingegangene Stimmrechtsbindung wird ganz überwiegend als wirksam anerkannt,[4] wenngleich auch Wertungswidersprüche zur Behandlung von Stimmrechtsabspaltungen und unwiderruflichen Stimmrechtsvollmachten nicht zu verkennen sind.[5] Vielfach erscheinen Stimmbindungsvereinbarungen als unentbehrliche Nebenabreden in Treuhandvereinbarungen und Nießbrauchfällen, um die Rechtsstellung zu sichern. Kritisch wird die Sache jedoch dort, wo durch Stimmbindungsvereinbarungen außenstehenden Dritten, die vornehmlich nicht der gesellschaftsrechtlichen Treuepflicht und den Kapitalerhaltungsvorschriften unterliegen, die Möglichkeit eröffnet wird, auf die Geschicke der Ge-

---

[1] Vgl. BGH v. 19.11.1990 II ZR 88/89, WM 1991, 97; OLG Stuttgart v. 8.10.1999 20 U 59/99, BB 1999, 2316, 2317.

[2] BGH v. 29.5.1967 II ZR 105/66, BGHZ 48, 163, 169 ff., zu einem zur Rückübertragung des Geschäftsanteils verpflichteten Treuhänder, der mit den anderen Gesellschaftern beschlossen hatte, die Zustimmung der GmbH zur Rückübertragung zu verweigern; v. 9.7.1990 II ZR 9/90, GmbHR 1990, 452, zur klageweisen Einforderung der aus gesellschaftlicher Treuepflicht gebotenen Zustimmung zu einem Gesellschafterbeschluss.

[3] BGH v. 20.1.1983 II ZR 243/81, NJW 1983, 1910; OLG Hamm v. 12.4.2000 8 U 165/99, GmbHR 2000, 673.

[4] Vgl. Zöllner in Baumbach/Hueck, GmbHG, § 47 Rn. 113, m.w.N.; Beck-GmbH-HB/Fischer, § 4 Rn. 11; OLG Köln v. 16.3.1988 6 U 38/87, WM 1988, 974, 976; vgl. auch BGH v. 10.6.1991 II ZR 248/90, DStR 1991, 1290.

[5] Hachenburg/Hüffer, GmbHG, § 47 Rn. 73, 75.

sellschaft und deren Struktur Einfluss zu nehmen, also z. B. auch Satzungsänderungen herbeizuführen.

Die Zulässigkeit von Stimmbindungsvereinbarungen findet jedenfalls ihre Grenzen in gesetzlichen Verboten und in der Sittenwidrigkeit (§ 138 BGB). Sittenwidrig kann ein Stimmenkauf sein. Die Stimmbindung darf auch nicht auf die Umgehung von Stimmverboten hinauslaufen, insbesondere darf ein Gesellschafter, der nach § 47 Abs. 4 GmbHG in einer ihn betreffenden Angelegenheit von der Stimmabgabe ausgeschlossen ist, nicht das Stimmrecht in dieser Sache binden.[1]   3223

Der **Stimmbindungsvertrag ist formlos gültig.** Er entfaltet aber nur schuldrechtliche Wirkung zwischen den Vertragsparteien, so dass die abredewidrige Stimmabgabe deren Wirksamkeit selbst und des gefassten Beschlusses nicht berührt.[2] Etwas anderes gilt jedoch für Stimmrechtsvereinbarungen zwischen Gesellschaftern; verstoßen Gesellschafter gegen die Stimmbindung, ist der Beschluss anfechtbar.[3]   3224

Das **satzungsmäßige Verbot von Stimmrechtsvereinbarungen** ist möglich, hat aber nicht zur Folge, dass die Abstimmungsvereinbarung unwirksam ist und die der satzungswidrigen Stimmbindung entsprechende Stimmabgabe nichtig ist. Der Gesellschafter kann aber zum Schadensersatz verpflichtet sein; die gegen die Satzung verstoßende Eingehung einer Stimmbindung, insbesondere gegenüber Dritten, kann ein wichtiger Grund für die Ausschließung des Gesellschafters sein.   3225

Der aus der zulässigen Stimmbindung Berechtigte kann die Einhaltung durch eine Leistungsklage verfolgen, so dass schließlich das rechtskräftige Urteil nach § 894 ZPO die Stimmabgabe ersetzt. Das Urteil ist dann – wie eine normale Stimmabgabe – dem Leiter der Gesellschafterversammlung bekannt zu geben und sodann bei der Fassung des Beschlusses zu berücksichtigen. Mit der Durchsetzung in dieser Weise ist ersichtlich ein großer Zeitaufwand verbunden. Auch Schadensersatzansprüche werden sich jedenfalls der Höhe nach nur schwer beweisen lassen. Zur Sicherung bietet sich daher an, die Stimmbindungsverpflichtung mit einem Vertragsstrafeversprechen zu verknüpfen.   3226

d) Ausschluss des Stimmrechts (Stimmverbot)

Literatur: *Kierdorf*, Mehrheitserfordernisse und Stimmverbot bei Beschluss über die Ausschließung eines Minderheitsgesellschafters, GmbHR 2000, 143; *Bacher*, Die erweiterte Anwendung des Stimmverbots nach § 47 Abs. 4 GmbHG auf Beteiligungsverhältnisse, GmbHR 2001, 610; *ders.*, Die Abdingbarkeit des Stimmverbots nach § 47 Abs. 4 GmbH in der Satzung, GmbHR 2001, 133; *Goette*, Stimmverbot bei nur mittelbarer Besserstellung der Lage des Gesellschafters, DStR 2001, 1260; *Bacher*, Darlegungs- und Beweislast im Falle der Stimmverbote nach § 47 Abs. 4 GmbHG, GmbHR 2002, 712; *Lohr*, Der Stimmrechtsausschluss des GmbH-Gesellschafters (§ 47 IV GmbHG), NZG 2002, 551.

Gemäß § 47 Abs. 4 GmbHG hat ein Gesellschafter, der durch die Beschlussfassung entlastet oder von einer Verbindlichkeit befreit werden soll, hierbei kein Stimmrecht. Er darf es auch nicht für andere ausüben. Das **Stimmverbot** gilt auch für eine Beschluss-   3227

---

1 BGH v. 29. 5. 1967 II ZR 105/66, BGHZ 48, 163, 166.
2 BGH v. 20. 1. 1983 II ZR 243/81, NJW 1983, 1910.
3 BGH v. 27. 10. 1986 II ZR 240/85, NJW 1987, 1890.

fassung, welche die Vornahme eines Rechtsgeschäfts oder die Einleitung eines Rechtsstreits gegenüber dem Gesellschafter betrifft. Das Stimmverbot trägt typisierend einer Kollision von Gesellschafts- und Gesellschafterinteresse Rechnung, bei der nicht erwartet werden kann, dass der Gesellschafter seine Belange den Interessen der Gesellschaft unterordnen werde.[1]

Die Vorschrift des § 47 Abs. 4 GmbHG bringt **zwei Verbote** zum Ausdruck, nämlich des **„Richtens in eigener Sache"**,[2] wenn es bei der Beschlussfassung z. B. darum geht, ob ein Gesellschafter auf Schadensersatz in Anspruch genommen werden soll (§ 46 Nr. 8, § 47 Abs. 4 Satz 2 GmbHG) oder umgekehrt bei Ausspruch der Entlastung (§ 46 Nr. 5, § 47 Abs. 4 Satz 1 GmbHG) mit einem solchen Beschluss auf bekannte oder erkennbare Ersatzansprüche verzichtet wird,[3] und von **Rechtsgeschäften mit sich selbst** – ähnlich dem Gedanken des § 181 BGB (Selbstkontrahierungsverbot) –, wenn es bei der Beschlussfassung um den Abschluss eines Rechtsgeschäfts mit dem Gesellschafter oder dessen Befreiung von einer Verbindlichkeit geht. Ein Stimmrechtsverbot gilt auch, wenn es um die Abberufung eins Geschäftsführers (oder den Entzug einer Prokura) aus wichtigem Grund (z. B. wegen einer Pflichtverletzung) geht und dem Gesellschafter die Pflichtverletzung gemeinsam mit dem Geschäftsführer vorgeworfen wird, der den Geschäftsführer mangelhaft überwacht haben soll.[4]

3228 Die **Verbote** betreffen **nur** das **Stimmrecht** des Gesellschafters, aber **nicht das Teilnahmerecht** an der Gesellschafterversammlung.

Im Einzelnen gilt:

aa) Entlastung eines Gesellschafters

3229 Das **Stimmverbot des zu entlastenden Gesellschafters** besteht bei Beschlüssen über die Entlastung von Geschäftsführern, Beirats- und Aufsichtsratmitgliedern, Liquidatoren usw. Es betrifft nur die nachträgliche Billigung der Amtsführung. Entsprechend gilt das Stimmverbot auch für andere Beschlüsse der Gesellschafterversammlung, die die Billigung oder Missbilligung eines Gesellschafters in seiner Funktion als Organ der GmbH betreffen,[5] insbesondere bei der Abberufung als Geschäftsführer aus wichtigem Grund[6] und bei der außerordentlichen Kündigung seines Anstellungsvertrages.[7]

3230 Wegen der Bedeutung, die dem Verbot zukommt, dass der selbst betroffene Gesellschafter an Entlastungsbeschlüssen mitstimmt, ist die Vorschrift des § 47 Abs. 4 Satz 1 GmbHG durch die Satzung **nicht abdingbar**.[8] Eine solche Satzungsregelung ist **nichtig**.[9]

---

1 BGH v. 12. 6. 1989 II ZR 246/88, BGHZ 108, 21 ff.; v. 2. 10. 2000 II ZR 114/99, DStR 2001, 1260, mit Anm. Goette.
2 So Goette, Die GmbH, § 7 Rz. 61, mit Hinweis auf BGH v. 20. 1. 1986 II ZR 73/85, BGHZ 97, 28, 33.
3 BGH v. 21. 4. 1986 II ZR 165/85, BGHZ 97, 382, 384.
4 BGH v. 27. 4. 2009 II ZR 167/07, ZIP 2009, 1158; v. 4. 5. 2009 II ZR 166/07, ZIP 2009, 2193.
5 Vgl. OLG Düsseldorf v. 24. 2. 2000 6 U 77/99, GmbHR 2000, 1050.
6 BGH v. 20. 10. 1982 II ZR 110/82, BGHZ 86, 177.
7 BGH v. 27. 10. 1986 II ZR 74/85, NJW 1987, 1889.
8 BGH v. 12. 6. 1989 II ZR 246/88, BGHZ 108, 21, 26 f.
9 OLG Stuttgart v. 4. 5. 1993 10 U 137/92 u. BGH v. 28. 2. 1994 II ZR 121/93, DStR 1994, 869.

bb) Befreiung von einer Verbindlichkeit

Das Stimmverbot nach § 47 Abs. 4 Satz 1 2. Alt. GmbHG gilt für die Befreiung von Verbindlichkeiten des Gesellschafters gegenüber der GmbH aus vertraglichen und gesetzlichen Ansprüchen jeder Art, ohne dass ein Zusammenhang mit dem Gesellschaftsverhältnis bestehen müsste. Unter den Begriff der Befreiung fallen Erlass- und Verzichtsverträge, negative Schuldanerkenntnisse und auch die „Generalbereinigung" (vgl. oben Rz. 3057). Schuldner der Verbindlichkeit muss der Gesellschafter sein oder zumindest von der Schuldbefreiung begünstigt werden.

3231

cc) Vornahme eines Rechtsgeschäftes

Der Gesellschafter ist vom Stimmrecht ausgeschlossen, wenn es bei dem zu fassenden Beschluss um die Vornahme eines **Rechtsgeschäftes zwischen ihm und der GmbH** geht. Unter Rechtsgeschäften sind der Abschluss jedweder Verträge und einseitige Rechtsgeschäfte (Kündigung, Anfechtung, Rücktritt usw.) zu verstehen. Das Stimmverbot gilt wohl auch, wenn durch den Beschluss Zweifel an der Gültigkeit eines Geschäftes ausgeräumt werden sollen[1] oder ein mit dem Gesellschafter abgeschlossenes, aber schwebend unwirksames Rechtsgeschäft nachträglich genehmigt wird.[2]

3232

dd) Einleitung oder Erledigung eines Rechtsstreits

Vom Stimmrecht ausgeschlossen ist nach § 47 Abs. 4 Satz 2 2. Alt. GmbHG der Gesellschafter, wenn die Gesellschafterversammlung über die Einleitung eines Rechtsstreits gegen ihn als Mitgesellschafter beschließen soll. Mit **Rechtsstreit sind Verfahren aller Art** einschließlich Mahn- und Schiedsverfahren, Arrest, einstweilige Verfügung und Maßnahmen der Zwangsvollstreckung gemeint sowie die solche Maßnahmen vorbereitenden (einleitenden) Handlungen, z. B. Klageandrohung und Ähnliches. Mit Erledigung sind außer der Rücknahme einer Klage oder eines Rechtsmittels auch der Vergleich, der Verzicht und das Anerkenntnis gemeint.

3233

ee) Keine Verallgemeinerung

§ 47 Abs. 4 GmbHG enthält **keine Generalklausel**. Ein **Stimmverbot** besteht somit **nicht bei jeder möglichen Interessenkollision**.[3] Die Rechtsprechung nimmt nur dann eine erweiternde Auslegung über die normierten Fälle hinaus an, wenn aus **wichtigem Grund** die **Gesellschafterstellung beendet** oder die **Abberufung** aus dem Amt des **Geschäftsführers** oder die Kündigung des Anstellungsvertrages beschlossen werden soll.[4] Entsprechendes gilt, wenn aus wichtigem Grund der Gesellschafter ausgeschlossen oder sein Geschäftsanteil eingezogen oder kaduziert werden soll. Denn in all diesen Fällen geht es darum, ob der Gesellschafter für die Gesellschaft untragbar geworden ist und damit um einen Beschluss, bei dem typischerweise nicht erwartet werden kann, dass

3234

---

1 Vgl. BGH v. 29. 3. 1973 II ZR 139/70, NJW 1973, 1039, 1041.
2 BGH v. 19. 1. 1977 II ZR 79/75, WM 1977, 362.
3 BGH v. 10. 2. 1977 II ZR 81/76, BGHZ 68, 107, 109; v. 2. 10. 2000 II ZR 114/99, DStR 2001, 1260, mit Anm. Goette.
4 BGH v. 20. 12. 1982 II ZR 110/82, BGHZ 86, 177.

der betroffene Gesellschafter seine Interessen hinter die Belange der GmbH zurücktreten lassen werde.

3235 Nicht um solche Fragen geht es grundsätzlich bei sog. **Sozialakten**, also Beschlüssen, die **innergesellschaftlich die Mitgliedschaft eines Gesellschafters ausgestalten**. Sie sind **nicht vom Stimmverbot** nach § 47 Abs. 4 GmbHG **betroffen**, auch wenn sie natürlich die Interessen eines Gesellschafters berühren können. Solche Sozialakte (rein gesellschaftsrechtliche Beschlüsse) sind die Bestellung und Abberufung von Organen der Gesellschaft, insbesondere von Geschäftsführern, einschließlich der Festlegung der Bedingungen des Anstellungsvertrages und der Bezüge, Satzungsänderungen, Genehmigung der Übertragung vinkulierter Geschäftsanteile, Teilung von Geschäftsanteilen, wie auch der Beschluss über die Einforderung der Einlage.[1] Zu den Sozialakten zählt der BGH auch die Beschlussfassung über die ordentliche Kündigung eines Beherrschungs- und Gewinnabführungsvertrages durch die beherrschte Gesellschaft. Dabei ist der beherrschende Gesellschafter stimmberechtigt.[2]

3236 Im Übrigen können die Stimmverbote des § 47 Abs. 4 GmbHG durch die Satzung ergänzt und erweitert werden. Allerdings sind die Stimmverbote, die bei Vorliegen eines wichtigen Grundes gelten, nicht durch die Satzung einschränkbar,[3] ebenso wie das Stimmverbot des Gesellschafters nicht abdingbar ist, das bei seiner eigenen Entlastung oder bei der Einleitung eines Rechtstreits gegen ihn gilt.[4] Eine solche Satzungsregelung ist **nichtig**.[5]

ff) Sonstige Einzelfälle

3237 Bei der **Einmann-GmbH** gilt § 47 Abs. 4 GmbHG nicht. Hier fehlt es an dem einem Stimmverbot vorausgesetzten Interessenkonflikt.

3238 Befindet sich der Geschäftsanteil in der Hand einer **Gesamthands- oder Bruchteilsgemeinschaft** (§ 18 GmbHG), macht der Ausschluss eines Mitberechtigten vom Stimmrecht den Geschäftsanteil nicht stimmrechtslos.[6] Vielmehr können andere Mitberechtigte (oder der Vertreter) das Stimmrecht für den Geschäftsanteil ausüben. Kann allerdings der vom Stimmrecht ausgeschlossene Mitberechtigte einen für das Abstimmungsverhalten ausschlaggebenden Einfluss auf die Mitberechtigten ausüben, ist der betreffende Geschäftsanteil von der Stimmabgabe ausgeschlossen.[7]

3239 Ein Gesellschafter, der in einer bestimmten Angelegenheit nach § 47 Abs. 4 GmbHG vom Stimmrecht ausgeschlossen ist, kann sich dabei auch nicht durch einen Bevoll-

---

1 BGH v. 9. 7. 1990 II ZR 9/90, BB 1990, 1923.
2 BGH v. 31. 5. 2011 II ZR 109/10, BGHZ 190, 45, mit Ablehnung der Meinung es handele sich bei der ordentlichen Kündigung um eine Maßnahme, die allein der Geschäftsführung obliege; Schmidt, Karsten, JuS 2011, 1129, mit Entscheidungsbesprechung hierzu.
3 BGH v. 24. 2. 1992 II ZR 79/91, BB 1992, 802.
4 BGH v. 12. 6. 1989 II ZR 246/88, BGHZ 108, 21, 26 f.
5 BGH v. 28. 2. 1994 II ZR 121/93, DStR 1994, 869, zu OLG Stuttgart v. 4. 5. 1993 10 U 137/92.
6 BGH v. 14. 12. 1967 II ZR 30/67, BGHZ 49, 183; v. 15. 12. 1974 II ZR 17/74, WM 1976, 204: Stimmrecht für den ganzen Geschäftsanteil fällt nur weg, wenn der Zweck des Stimmrechtsverbots dies erfordert.
7 BGH v. 16. 12. 1991 II ZR 31/91, BB 1992, 224.

mächtigten[1] oder durch einen Treuhänder[2] vertreten lassen. Auch ein Nichtgesellschafter unterliegt als Bevollmächtigter einem Stimmverbot bei einem Beschlussgegenstand, bei dem er – wäre er Gesellschafter – nicht mitstimmen könnte.

BEISPIEL: Die Gesellschafterversammlung will über die Geltendmachung von Ersatzansprüchen gegen einen früheren Geschäftsführer A abstimmen. Gesellschafter B, ein „Freund" des A, bevollmächtigt A, ihn bei der Gesellschafterversammlung und der Abstimmung zu vertreten. A unterliegt einem Stimmverbot, weil er als Gesellschafter gem. § 47 Abs. 4 Satz 2 2. Alt. GmbHG vom Stimmrecht ausgeschlossen wäre. Ob die Gesellschafterversammlung ihn auch als Teilnehmer zurückweisen könnte, ist fraglich, da der Stimmrechtsausschluss ihn „als Gesellschafter" nicht von der Teilnahme an der Versammlung ausschlösse. Man wird das Verhalten des B als Verstoß gegen die gesellschafterliche Treuepflicht und als missbräuchlich werten und der Versammlung ein Zurückweisungsrecht für A zubilligen müssen.

Bezweckt die Abtretung des Geschäftsanteils, **das Stimmverbot zu umgehen**, ist der Erwerber wie der Veräußerer vom Stimmrecht ausgeschlossen.[3]   3240

BEISPIEL: A ist Gesellschafter-Geschäftsführer der X-GmbH, an der er einen Geschäftsanteil von 55 v. H. des Stammkapitals hält. Wegen riskanter Geschäfte muss er befürchten, dass ihn die Gesellschafterversammlung, bei der er nicht stimmberechtigt wäre, nicht entlasten, sondern ihn im Gegenteil abberufen und die Einleitung eines Schadensersatzprozesses beschließen wird. Da die Satzung eine Abtretung des Geschäftsanteils ohne Zustimmung der Gesellschaft zulässt, kommt er mit seinem guten Freund F überein, dass dieser seinen Geschäftsanteil erwirbt und behält, bis die Gesellschafterversammlung „gelaufen" ist, und mit freundlicher Unterstützung des F durch entsprechendes Abstimmungsverhalten zugunsten des A ausgegangen ist, und A dann den Geschäftsanteil bei passender Gelegenheit wieder zurückerwirbt. Auch hier ist F mit einem Stimmverbot belegt, weil die Abtretung nur der Umgehung des Stimmverbots in der Person des A diente. Die von F abgegebenen Stimmen sind nichtig.

Verwandtschaftliche Beziehungen begründen **kein Stimmverbot** nach § 47 Abs. 4 GmbHG. Deshalb kann der Gesellschafter mitstimmen, wenn es um den Abschluss eines Rechtsgeschäftes der GmbH mit seinem Ehegatten oder einem nahen Verwandten geht.[4]   3241

(Einstweilen frei)   3242–3250

2. Stimmabgabe

Literatur: *Bärwaldt/Günzel*, Der GmbHR-Gesellschafterbeschluss und die Form der Stimmrechtsvollmacht, GmbHR 2002, 1112; *Berner/Stadler*, Uneinheitliche Stimmabgabe beim GmbH-Geschäftsanteil – Gesetzesverstoß oder sinnvolles, gleichermaßen auch zulässiges Gestaltungsmittel?, GmbHR 2003, 1407.

a) Willenserklärung und Wirksamkeit

Die Stimmabgabe im Rahmen einer Beschlussfassung ist eine einseitige und regelmäßig empfangsbedürftige **Willenserklärung**, auf die die zivilrechtlichen Vorschriften   3251

---

1 Goette, Die GmbH, § 7 Rz. 63.
2 BGH v. 29. 3. 1971 III ZR 255/68, BGHZ 56, 49, 53.
3 Vgl. OLG Düsseldorf v. 8. 3. 2001 6 U 64/00, DB 2001, 2035, 2036; BGH v. 21. 7., 2008 II ZR 39/07, DStR 2008, 1974, NWB DokID: BAAAC-91293.
4 Vgl. auch BGH v. 16. 2. 1981 II ZR 168/79, BGHZ 80, 69, 73.

über die Nichtigkeit und Anfechtbarkeit anwendbar sind. Ist die Stimmabgabe wirksam geworden, ist sie unwiderruflich.

3252 Hinsichtlich der Rechtsfolgen einer mangelhaften Stimmabgabe muss aber berücksichtigt werden, dass sie die Abstimmung in einer gesellschaftsrechtlichen Angelegenheit, also die Fassung eines Beschlusses, betrifft. Die nichtige Stimmabgabe oder die begründete Anfechtung einer Abstimmungserklärung bewirkt zwar, dass die Stimme ungültig ist, berührt den Beschluss aber nur, soweit gerade durch sie die erforderliche Mehrheit beeinflusst wird. Das heißt, wenn es dafür gar nicht auf die mangelhafte Stimme ankommt, bleibt es bei dem Beschluss.[1] Andernfalls kann aber nur der festgestellte Beschluss, nicht aber die Stimmabgabe des betreffenden Gesellschafters innerhalb der Anfechtungsfrist mit der Anfechtungsklage angegriffen werden.[2]

b) Vollmacht zur Stimmabgabe

3253 Das Stimmrecht selbst ist nicht vom Geschäftsanteil abspaltbar und auch nicht übertragbar. Gemäß § 47 Abs. 3 GmbHG ist die Stimmabgabe **durch Bevollmächtigte** aber **möglich. Stimmrechtsvollmachten** bedürfen zu ihrer Gültigkeit der **Textform**. Grundsätzlich ist der Gesellschafter bei der Wahl des Bevollmächtigten frei, jedoch kann er nicht einen Mitgesellschafter bevollmächtigen, der mit seinem eigenen Geschäftsanteil wegen Selbstbetroffenheit vom Stimmrecht ausgeschlossen ist. Auch Inhalt und Umfang der Stimmrechtsvollmacht kann der Gesellschafter frei bestimmen, sie also z. B. auf die Abstimmung in einer bestimmten Versammlung oder sogar auf einen einzelnen Beschlussgegenstand beschränken. Bei einer aufschiebend bedingten Übertragung des Geschäftsanteils kann es sich anbieten, dass der Veräußerer dem Erwerber eine Stimmrechtsvollmacht erteilt, damit dieser schon vor Änderung der Gesellschafterliste die Rechte aus dem ihm alsbald zuwachsenden Geschäftsanteil wahrnehmen kann.[3]

3254 Die **Satzung** kann jedoch die **Stimmabgabe durch Bevollmächtigte ganz ausschließen**; lässt die Satzung die Stimmabgabe durch Bevollmächtigte zu, kann es angebracht sein, die Wirksamkeit der Bevollmächtigung an bestimmte persönliche Eigenschaften zu binden, z. B. dass nur zur Berufsverschwiegenheit verpflichteten Personen Stimmrechtsvollmacht erteilt werden darf. Nicht selten findet sich in Satzungen auch die Regelung, dass eine Bevollmächtigung vorher den Gesellschaftern angezeigt werden muss und die Gesellschafter einen Bevollmächtigten zurückweisen können.

3255 Eine Vertretung durch Mitgesellschafter verstößt grundsätzlich nicht gegen § 181 BGB (Selbstkontrahierungsverbot), weil in der Erteilung der Vollmacht bereits die „Gestattung" zu sehen ist. Zur Rechtsklarheit ist es aber sinnvoll, z. B. bei satzungsändernden Beschlüssen ausdrücklich eine Befreiung von § 181 BGB zu erteilen.

3256–3260 (*Einstweilen frei*)

---

[1] BGH v. 14. 7. 1954 II ZR 352/53, BGHZ 14, 264, 267; v. 22. 1. 1990 II ZR 21/89, GmbHR 1990, 162.
[2] Vgl. auch OLG Stuttgart v. 8. 10. 1999 20 U 59/99, BB 1999, 2316 f.
[3] Vgl. BGH v. 11. 2. 2008 II ZR 291/06, DStR 2008, 1245.

3. Mehrheitsbildung

a) Gesetzliche Regelung

Nach § 47 Abs. 1 GmbHG entscheidet die Gesellschafterversammlung durch Beschlussfassung mit der **Mehrheit der abgegebenen Stimmen**. Die Stimmmacht eines Gesellschafters, also wie viele Stimmen er abgeben kann, richtet sich nach der Stimmkraft seines Geschäftsanteils. Nach der gesetzlichen Regelung des § 47 Abs. 2 GmbHG gewährt jeder Euro eines Geschäftsanteils eine Stimme.

3261

Die Vorschrift ist aber nicht zwingend, so dass die Satzung auch abweichend davon ein Stimmrecht nach der Kopfzahl wie im Recht der Personenhandelsgesellschaften nach § 119 Abs. 2 HGB einführen oder die Zahl der Stimmen mit der jeweils eingezahlten Einlage verknüpfen oder Höchst- und Mehrfachstimmrechte gewähren oder einzelne Geschäftsanteile stimmrechtslos stellen kann. Soll nachträglich von § 47 Abs. 2 GmbHG abgewichen werden, muss hierzu die Satzung mit entsprechender Mehrheit geändert werden. Regelmäßig bedarf es aber der Zustimmung aller Gesellschafter, weil eine von § 47 Abs. 2 GmbHG abweichende Regelung meist zur Ungleichbehandlung der Gesellschafter führt oder in Sonderrechte einzelner Gesellschafter eingreift.

Um festzustellen, ob die **erforderliche** (einfache oder qualifizierte) **Mehrheit** erreicht ist, werden nur die **gültigen Ja-Stimmen und Nein-Stimmen gezählt**. Enthaltungen (z. B. durch ausdrückliche Erklärung oder die Erklärung, „abwesend" zu sein oder an der Abstimmung nicht „teilzunehmen") werden – ebenso wie **ungültige Stimmen** (z. B. die Stimmen eines mit Stimmverbot zu dem betreffenden Gegenstand belegten Gesellschafters) – **nicht mitgezählt**.[1] Die dem Gesellschafter zustehenden Stimmen werden so behandelt, als wäre er gar nicht erst zur Gesellschafterversammlung erschienen, und keinesfalls als „Ablehnung" gewertet, da sonst der objektive Erklärungswert des Abstimmungsverhaltens verfälscht würde.

3262

Die regelmäßig erforderliche **einfache Mehrheit ist** also **erreicht, wenn die Zahl der abgegebenen Ja-Stimmen die Zahl der Nein-Stimmen übersteigt**. Ist dies nicht der Fall, also auch bei **gleicher Anzahl** zustimmender und ablehnender Stimmabgaben, gilt ein **Antrag mangels Mehrheit** als **abgelehnt**. Auch dort, wo die Satzung oder das Gesetz eine qualifizierte Mehrheit (z. B. eine Dreiviertelmehrheit bei Änderung der Satzung) vorschreibt, ist maßgebend, ob die Anzahl der abgegebenen, gültigen Ja-Stimmen diesen Bruchteil erreicht oder überschreitet.

b) Abweichende Satzungsregelung

Der Gesellschaftsvertrag kann **andere Formen der Mehrheitsbildung** vorschreiben, indem nicht die Mehrheit der abgegebenen Stimmen, sondern eine Mehrheit der Stimmen aller Gesellschafter oder eine Mehrheit der Stimmen der bei der Versammlung erschienen Gesellschafter für das Zustandekommen eines Beschlusses erforderlich sein soll. Solche Regelungen führen allerdings dazu, dass ein Fernbleiben oder Enthaltungen faktisch wie Nein-Stimmen wirken können, sie können aber auch zufällige Mehrheits-

3263

---

1 BGH v. 25. 1. 1982 II ZR 164/81, BGHZ 83, 35 ff.; v. 21. 3. 1988 II ZR 308/87, BGHZ 104, 66, 74 ff.

bildungen in wichtigen Angelegenheiten verhindern, die dadurch zustande kommen, dass ein Gesellschafter aus irgendwelchen Gründen an einer Gesellschafterversammlung oder Abstimmung nicht teilnimmt. Dies gilt es, bei der Einführung solcher Bestimmungen in die Satzung abzuwägen.

3264   Der Gesellschaftsvertrag kann auch vom GmbHG **abweichende Mehrheitserfordernisse** aufstellen, soweit dem nicht zwingende Regelungen entgegenstehen, wie z. B. für die Satzungsänderung (§ 53 Abs. 2 GmbHG), den Auflösungsbeschluss oder Beschlüsse, die der Zustimmung von Gesellschaftern bedürfen. Es kann statt der einfachen Mehrheit auch eine qualifizierte Mehrheit oder gar die Einstimmigkeit in bestimmten Angelegenheiten statuiert werden. Für den Fall der Stimmengleichheit, die grundsätzlich zur Ablehnung des Antrages führt, kann die Satzung einem Gesellschafter oder sogar einem Dritten das Recht zum Stichentscheid zubilligen.

4. Satzungsänderungen

a) Begriff und Gegenstand der Änderung

3265   Die **Satzung** der GmbH (Gesellschaftsvertrag) kann **durch Beschluss der Gesellschafter geändert** werden. Der Beschluss bedarf einer **Mehrheit von drei Vierteln der abgegebenen Stimmen** und muss **notariell beurkundet** werden (§ 53 Abs. 2 Satz 1 GmbHG). Außerdem wird der Beschluss erst mit der Eintragung in das Handelsregister wirksam (§ 54 GmbHG). Diese Regelung ist zwingend; der Gesellschaftsvertrag kann für die Änderung der Satzung aber noch weitergehende Erfordernisse, insbesondere für die notwendige Mehrheit aufstellen, also die Satzungsänderung erschweren, aber nicht erleichtern, z. B. die einfache Mehrheit genügen lassen.

Die hohen Hürden für eine Änderung gelten nur für den Gesellschaftsvertrag, wozu das notariell beurkundete Statut gehört, das die Gründungsgesellschafter der GmbH einmal gegeben haben und wozu dessen später beschlossene und notariell beurkundete Änderungen und Ergänzungen gehören. Was darin nicht enthalten ist, unterliegt nicht den strikten Regeln der §§ 53 und 54 GmbHG für eine Änderung.

3266   Neben dem Gesellschaftsvertrag als formellem Gegenstand einer Änderung ist zwischen den **materiellen** (korporativen) Bestandteilen der Satzung und **formellen** (nichtkorporativen) Satzungsbestandteilen zu unterscheiden, die regelmäßig nur schuldrechtlichen Charakter haben (vgl. auch unter Rz. 522 f.). Materielle Satzungsbestandteile regeln die Organisation der GmbH und die Rechtsbeziehungen der Gesellschafter aus ihrem mitgliedschaftlichen Verhältnis zur Gesellschaft.

Nur die materiellen Bestandteile der Satzung unterfallen den §§ 53, 54 GmbHG, sie können wirksam nur verändert werden, wenn die Mehrheits-, Form- und Eintragungserfordernisse erfüllt sind. Zu ihnen zählen die nach § 3 GmbHG notwendigen Satzungsbestandteile, aber auch nicht zwingend erforderliche materielle Regelungen der Satzung, die das Gesellschaftsverhältnis näher regeln sollen und nach dem Gesetz in die Satzung aufzunehmen sind, wie z. B. zeitlich beschränkte Dauer der Gesellschaft, Nebenpflichten der Gesellschafter, Bestimmungen zu Sacheinlagen, Vinkulierung von Geschäftsanteilen, Nachschusspflichten oder die Einrichtung eines Aufsichtsrates. Im Hinblick auf den weiten Gestaltungsspielraum, den die Gesellschafter einer GmbH haben, können auch im Gesetz nicht angesprochene Regelungen in der Satzung materiellen Charakter haben, wie Bestimmungen über die Gewinnverteilung oder zu Mehrheitserfordernissen bei Beschlüssen, zu Wettbewerbsverboten oder die Befreiung vom Verbot des § 181 BGB.

Bestandteile der Satzung, die i. d. R. keinen materiellen Charakter haben, wie z. B. die Bestellung des ersten Geschäftsführers und die Festlegung seiner Bezüge, können durch normale Beschlüsse geändert werden. Da die Abgrenzung im Einzelfall schwierig sein kann, sollte eine eindeutige Festlegung im Gesellschaftsvertrag erfolgen, im Zweifel deutet die Aufnahme einer Bestimmung darauf hin, dass sie nicht nur formell Bestandteil der Satzung sein soll, sondern materiellen Charakter hat. 3267

Eine **Änderung** des Gesellschaftsvertrages liegt bei jeder **Änderung des Wortlautes** der Satzung vor, wobei diese in einer **inhaltlichen Neufassung**, einer **Streichung** oder in der **Aufnahme** einer neuen Regelung und sogar nur in einer redaktionellen Änderung bestehen kann.[1] 3268

Einen besonderen Fall stellt die **Satzungsdurchbrechung** dar. Darunter versteht man einen Gesellschafterbeschluss, mit dem für einen konkreten Einzelfall eine Entschließung gefasst wird, die bewusst von der Satzung abweicht. 3269

> **BEISPIEL:** Die Satzung bestimmt, dass vom Jahresgewinn stets vorab 20 v. H. in die Gewinnrücklage einzustellen sind. Für ein bestimmtes Jahr beschließen die Gesellschafter mit einfacher Mehrheit und ohne notarielle Beurkundung eine Vollausschüttung.
>
> Ein solcher die Satzung durchbrechender, sich auf eine einmalige Regelung beschränkender Beschluss ist nicht nichtig, aber anfechtbar.[2] Er bedarf wohl nach herrschender Auffassung der Eintragung in das Handelsregister.
>
> Satzungsänderungen können im GmbH-Recht nicht durch schlüssiges Verhalten, etwa durch eine langjährige Übung der Gesellschafter, oder faktisch bewirkt werden.[3]

Eine Änderung der Satzung ist praktisch unbegrenzt möglich, sofern die gesetzlichen Vorschriften beachtet werden, selbst wenn die Änderungen faktisch einer Neugründung gleichkommen. In diese Richtung zielen der Mantelkauf oder die Vorratsgründung einer GmbH und deren anschließender Erwerb, weil dann die Verfassung der Gesellschaft nach den eigenen Wünschen gestaltet werden kann, ohne die Gründungsvorschriften einhalten zu müssen. 3270

b) Durchführung der Änderung

Nur die Gesellschafter können die Satzung ändern, die Kompetenz hierzu kann auch durch die Satzung nicht auf Dritte oder ein anderes Organ der Gesellschaft übertragen werden. Die **Ausnutzung des genehmigten Kapitals** nach § 55a GmbHG durch die Geschäftsführer stellt **keine Satzungsänderung** dar, auch wenn sie im Ergebnis zu einer Erhöhung des Stammkapitals führt. 3271

---

1 Vgl. Beck-GmbH-HB/Fischer/Gerber, § 4 Rz. 141.
2 Vgl. BGH v. 7. 6. 1992 II ZR 81/92, BGHZ 123, 15.
3 Vgl. OLG Köln v. 11. 10. 1995 2 U 159/94, GmbHR 1996, 291.

3272 Eine Satzungsänderung kann nur mit einer **Dreiviertelmehrheit** der abgegebenen Stimmen beschlossen werden (§ 53 Abs. 2 GmbHG), wobei diese Regelung insofern **zwingend** ist, als das **Mehrheitserfordernis nicht gemildert, doch aber verschärft** werden kann. Beschlossen ist die Satzungsänderung, wenn **mindestens 75 v. H. der abgegebenen Stimmen auf „Ja" lauten**, mehr als drei Viertel sind nicht erforderlich; folglich ist zur **Ablehnung** der Satzungsänderung notwendig, dass **mehr als ein Viertel „Nein-Stimmen"** abgegeben werden.

3273 **Zwingend** ist auch die Vorschrift des **§ 53 Abs. 3 GmbHG**, wonach kein Gesellschafter gegen seinen Willen eine Vermehrung der ihm nach dem Gesellschaftsvertrag obliegenden Leistungen dulden muss. Eine auf **Leistungsvermehrung** gerichtete Satzungsänderung ist deshalb nur gestattet, wenn alle davon betroffenen Gesellschafter zustimmen. Diese dem Schutz der Gesellschafterrechte dienende Vorschrift kann durch die Satzung nicht generell ausgeschlossen werden. Möglich ist es aber, in der Satzung die Zustimmungspflicht für nach Art und Umfang genau beschriebene Leistungsvermehrungen auszuschließen, weil dann der Gesellschafter vorab bereits seine Zustimmung gibt. Die Zustimmung bedarf keiner besonderen Form; hat der Gesellschafter beim satzungsändernden Beschluss mit Ja gestimmt, bedarf es keiner besonderen Zustimmungserklärung.

3274 **Satzungsänderungen,** die nicht zu einer Vermehrung der Leistungsrechte führen, sondern eine **Verkürzung von Sonderrechten** einzelner Gesellschafter bewirken sollen, fallen nicht unter § 53 Abs. 3 GmbHG. Dies bedeutet zwar, dass solche Beschlüsse mit einer Dreiviertelmehrheit gefasst werden können, ihre **Wirksamkeit hängt** jedoch nach § 35 BGB, der auch für die Mitgliedschaft in einer GmbH gilt, von **der Zustimmung des betroffenen Gesellschafters ab.**[1]

3275 Zu beachten ist auch der aus der Gleichbehandlung abzuleitende Grundsatz, dass kein Gesellschafter eine Satzungsänderung hinnehmen muss, die seine eigenen Gesellschafterrechte stärker beeinträchtigt als die seiner Mitgesellschafter. Auch insoweit ist seine Zustimmung erforderlich.

c) Notarielle Beurkundung

Literatur: *Brück*, Rechtsprobleme der Auslandsbeurkundung im Gesellschaftsrecht, DB 2004, 2409; *Dignas*, Die Auslandsbeurkundung im deutschen GmbH-Recht, GmbHR 2005, 139.

3276 Der Änderungsbeschluss bedarf nach § 53 Abs. 2 Satz 1 GmbHG der notariellen Beurkundung, ohne eine solche Form ist der Beschluss nichtig. Die Niederschrift des Notars muss den Gegenstand des Beschlusses, also den Wortlaut der Satzungsänderung, die Tatsache der Beschlussfassung in einer Gesellschafterversammlung sowie das Ergebnis der Abstimmung enthalten. Die Beurkundung durch einen ausländischen Notar ist zulässig, wenn die ausländische Beurkundung gleichwertig ist.[2]

---

[1] Vgl. auch BezG Dresden v. 14.12.1992 U 87/92 SfH, GmbHR 1994, 123, 124, für die Aufhebung eines in der Satzung enthaltenen Vorkaufsrechts.
[2] BGH v. 16.2.1981 II ZB 8/80, BGHZ 80, 76.

d) Eintragung in das Handelsregister

Wirksamkeitsvoraussetzung einer Satzungsänderung ist ihre Eintragung in das Handelsregister (§ 54 Abs. 3 GmbHG). Die Eintragung wirkt konstitutiv. 3277

Die hierzu erforderliche Anmeldung hat durch den bzw. die Geschäftsführer nach § 12 Abs. 1 HGB elektronisch in öffentlich beglaubigter Form zu erfolgen und muss eine schlagwortartige Auflistung der geänderten Satzungsbestandteile enthalten;[1] beizufügen sind ihr der vollständige Wortlaut des geänderten Gesellschaftsvertrages (§ 54 Abs. 1 Satz 2 GmbHG) sowie ggf. Vollmachten und Zustimmungserklärungen der Gesellschafter, die von einer Leistungsvermehrung oder einer Einschränkung von Sonderrechten betroffen sind. Für diese Dokumente gelten die Formvorschriften des § 12 Abs. 2 HGB für die elektronische Einreichung. 3278

(*Einstweilen frei*) 3279–3290

5. Beschlussfassung ohne Gesellschafterversammlung

Literatur: *Blasche*, Praxisfragen und Gestaltungsmöglichkeiten bei der Beschlussfassung ohne Gesellschafterversammlung, GmbHR 2011, 232.

a) Schriftliches Verfahren

Wird eine Gesellschafterversammlung abgehalten, müssen die Gesellschafter räumlich zusammentreffen. Möglich ist auch, auf die Abhaltung einer Versammlung zu verzichten und im **schriftlichen Verfahren Beschlüsse zu fassen** (§ 48 Abs. 2 GmbHG).[2] Dann müssen aber sämtliche Gesellschafter entweder dem Beschlussvorschlag **schriftlich („in Textform") zustimmen** oder sich sämtlich mit dieser **Form des Abstimmungsverfahrens** (schriftliche Abgabe der Stimmen) **einverstanden** erklären bzw. sich sämtlich an der schriftlichen Abgabe der Stimmen beteiligen. „Sämtliche Gesellschafter" meint dabei, dass auch die Gesellschafter einverstanden sind, deren Teilnahme an der Beschlussfassung selbst ausgeschlossen ist. Der Schriftlichkeit des Abstimmungsverfahrens können die Gesellschafter formlos oder stillschweigend zustimmen, das Erfordernis der **Textform (§ 126b BGB)** bezieht sich auf die **Abstimmungserklärung** selbst. Sie muss entweder in einer Urkunde als schriftlich verkörperte Willenserklärung (z. B. in einem im Umlaufverfahren von den Gesellschaftern unterzeichneten Schriftstück) vorliegen oder in anderer zur dauerhaften Wiedergabe von Schriftzeichen geeigneten Weise (z. B. Telegramm, Telefax, E-Mail-Ausdruck) abgegeben werden und den Namen des abstimmenden Gesellschafters enthalten und mit einer Nachbildung der Namensunterschrift bzw. anders abschließen. 3291

Bei **schriftlicher Abstimmung** ist der Beschluss erst gefasst, wenn die letzte schriftliche Stimme bei dem benannten Erklärungsempfänger (z. B. dem Geschäftsführer) eingegangen ist. Er hat dann das Abstimmungsergebnis zu ermitteln und das Beschlussergebnis festzustellen und den Gesellschaftern mitzuteilen. 3292

Die Satzung kann auch eine **kombinierte Beschlussfassung zulassen**, bei der nicht nur die Stimmen der auf der Versammlung anwesenden Gesellschafter, sondern auch be- 3293

---

1 BGH v. 16.2.1987 II ZB 12/86, NJW 1987, 3191 f.
2 Vgl. Blasche, GmbHR 2011, 232.

reits abgegebene oder erst noch einzuholende Stimmen abwesender Gesellschafter zu berücksichtigen sind, wobei die Stimmabgabe schriftlich, mittels Telefon, E-Mail oder Videokonferenz möglich ist.[1] Auch hier ist der **Beschluss** erst **mit der Feststellung und Mitteilung des Beschlussergebnisses an die Gesellschafter gefasst**. Ein im kombinierten Verfahren gefasster Beschluss ist aber nichtig, wenn die Satzung das Verfahren nicht ausdrücklich erlaubt. Dies gilt selbst dann, wenn alle Gesellschafter mit der kombinierten Beschlussfassung einverstanden sind.

3294 Im Grundsatz eröffnet § 48 Abs. 2 GmbHG das schriftliche Abstimmungsverfahren für alle Beschlussgegenstände, es sei denn, sie sind gesetzlich ausdrücklich einer Gesellschafterversammlung vorbehalten, wie bei Verlust der Hälfte des Stammkapitals (§ 49 Abs. 3 GmbHG) oder in Umwandlungsfällen. Auch eine normale Satzungsänderung lässt sich wohl im schriftlichen Verfahren durchführen, wenn im Übrigen die Beurkundungsvorschriften beachtet werden, also die Stimmen zur Niederschrift desselben oder verschiedener Notare abgegeben werden, und im letzten Fall die Protokolle dem zur Beurkundung bestellten Notar übersandt werden, der dann die Urkunde über die Beschlussfassung erstellt.[2]

3295 Die Satzung kann Beschlüsse **außerhalb der Gesellschafterversammlung erleichtern**, aber auch **erschweren** oder **ausschließen**. Für die Praxis empfiehlt es sich dazu klare Regelungen zu schaffen und es auch zu ermöglichen, dass die modernen Kommunikationsmittel eingesetzt werden können. Es sollte der Ablauf des Umlaufverfahrens ebenso geregelt werden wie die Wertung einer fehlenden Stimmabgabe binnen der gesetzten Frist (Schweigen als Zustimmung, Enthaltung oder Ablehnung) und der Zeitpunkt, in dem der Beschluss wirksam werden soll. Die Satzungsbestimmungen müssen aber auch sicherstellen, dass kein Gesellschafter übergangen wird, alle Gesellschafter ihre Meinung äußern und die stimmberechtigten Gesellschafter an der Abstimmung teilnehmen können.

b) Beschlussfassung der Einpersonen-GmbH

3296 Befinden sich alle Geschäftsanteile der GmbH in der Hand eines Gesellschafters oder werden sie daneben von der Gesellschaft gehalten, kann der Einmann-Gesellschafter jederzeit und ohne die Einhaltung von Formen Beschlüsse fassen, er kann jedoch auch eine „Gesellschafterversammlung" abhalten und dort Beschluss fassen. Fasst der Einmann-Gesellschafter formlos einen Beschluss, muss er nach § 48 Abs. 3 GmbHG unverzüglich nach Beschlussfassung darüber eine **Niederschrift aufnehmen und unterschreiben** und darin Tag und Ort der Beschlussfassung und der Niederschrift vermerken.

Die **Dokumentationspflicht** nach § 48 Abs. 3 GmbHG dient dazu, Gewissheit über den Inhalt des gefassten Beschlusses zu schaffen und im Interesse Dritter nachträgliche Manipulationen zu verhindern. Die förmliche Protokollierung ist aber nicht zwingend erforderlich,[3] sondern es reicht die schriftliche Abfassung aus. Deshalb genügt auch,

---

1 Vgl. BGH v. 16. 1. 2006 II ZR 135/04, BB 2006, 1126 mit Anm. Gehrlein, 1128.
2 Vgl. Beck-GmbH-HB/Fischer/Gerber, § 4 Rz. 73, m. w. N.; anders wohl BGH v. 1. 12. 1954 II ZR 285/53, BGHZ 15, 328.
3 A. A. wohl Lutter/Hommelhoff, GmbHG, § 48 Rz. 35 ff.

wenn der Alleingesellschafter schriftlich dem Geschäftsführer die Kündigung ausspricht[1] oder der Alleingesellschafter den Liquidator schriftlich anweist, gegen einen früheren Geschäftsführer Ersatzansprüche geltend zu machen.[2] Mit der schriftlichen Abfassung wird die gleiche Gewissheit über die Entschließung des Alleingesellschafters erreicht, wie wenn der Beschluss nach § 48 Abs. 3 GmbHG protokolliert worden wäre.

6. Protokollierung und Beschlussfeststellung

Literatur: *Goette*, Positive Feststellungsklage bei nicht förmlich festgestelltem Beschluss einer GmbH-Gesellschafterversammlung, DStR 1996, 388; *Hoffman/Köster*, Beschlussfeststellung und Anfechtungsklageerfordernis im GmbH-Recht, GmbHR 2003, 1327; *Werner*, Das Beschlussfeststellungsrecht des Versammlungsleiters, GmbHR 2006, 127.

Eine Beschlussvorlage (Antrag) ist angenommen (beschlossen), wenn die für den betreffenden Beschluss erforderliche Mehrheit der Stimmen erreicht worden ist. Anders als im Aktienrecht wird bei der GmbH für die Wirksamkeit nicht die Feststellung und Verkündung des Abstimmungsergebnisses verlangt. Es empfiehlt sich aber – vergleichbar mit dem Sinn und Zweck des § 48 Abs. 3 GmbHG – in der Satzung festzuschreiben, dass der Gesellschafterbeschluss (vom Versammlungsleiter) zu **protokollieren** und das **Abstimmungsergebnis förmlich festzustellen** ist. Im schriftlichen oder kombinierten Verfahren sind Beschlüsse ohnehin erst mit der Feststellung des Beschlussergebnisses wirksam gefasst.

3297

Nicht nur Gründe der Beweissicherung legen es nahe, in der Satzung für Gesellschafterbeschlüsse die förmliche Feststellung des Abstimmungsergebnisses vorzuschreiben mit der Aussage, dass ein bestimmter Antrag angenommen worden sei oder aber nicht die erforderliche Mehrheit erreicht habe und damit abgelehnt sei. Denn ist durch den Versammlungsleiter gemäß der Satzung **förmlich festgestellt** worden, dass ein bestimmter Beschluss zustande gekommen ist (positive Beschlussfeststellung) oder eine bestimmte Beschlussvorlage abgelehnt worden ist (negative Beschlussfeststellung), so ist der **Beschluss** mit dem **festgestellten Inhalt** für die **Gesellschafter verbindlich**, und es können formelle und materielle **Mängel** nur mit der (fristgebundenen) **Anfechtungsklage** geltend gemacht werden.[3]

Trifft der Versammlungsleiter hingegen keine Beschlussfeststellung, liegt keine Entschließung der Gesellschafterversammlung vor, die mit der Anfechtungsklage angegriffen werden könnte. Hier müssen die Gesellschafter die (unbefristete) Feststellungsklage (gegen die GmbH) erheben, dass ein bestimmter Beschluss gefasst worden sei.[4] Auch wenn die Feststellungsklage unbefristet ist, muss der Gesellschafter sie zeitnah erheben, damit er nicht dem Einwand der Verwirkung oder des widersprüchlichen Verhaltens ausgesetzt ist.[5]

---

1 BGH v. 27. 3. 1995 II ZR 140/93, DStR 1995, 774.
2 BGH v. 9. 12. 1996 II ZR 240/95, DStR 1997, 252.
3 BGH v. 26. 10. 1983 II ZR 87/83, BGHZ 88, 320, 328; v. 20. 1. 1986 II ZR 73/85, BGHZ 97, 28, 30; v. 21. 3. 1988 II ZR 308/87, BGHZ 104, 86.
4 BGH v. 28. 1. 1980 II ZR 84/79, BGHZ 76, 154; v. 13. 11. 1995 II ZR 288/94, DStR 1996, 387.
5 BGH v. 1. 3. 1999 II ZR 205/98, NJW 1999, 2268.

3298 **Anfechtungsklage und Beschlussfeststellungsklage** können miteinander **verbunden** werden. Trifft z. B. das Protokoll des Versammlungsleiters die Feststellung, ein bestimmter Antrag sei abgelehnt worden, während ein Gesellschafter meint, die Beschlussvorlage sei angenommen worden, kann es in Betracht kommen, durch eine Verbindung beider Klagen den fehlerhaft festgestellten Beschluss durch Anfechtung zu beseitigen und zugleich das (tatsächlich) Beschlossene für die GmbH verbindlich durch das Gericht feststellen zu lassen.[1]

Da die Klage gegen die GmbH zu richten ist, können sich Schwierigkeiten daraus ergeben, dass ein gerichtlich festgestellter Beschluss seinerseits wieder wegen eines Verstoßes gegen das Gesetz oder die Satzung mangelhaft sein könnte und von den anderen Gesellschaftern angefochten worden wäre, wenn ihn der Versammlungsleiter so festgestellt hätte. Aus diesem Grund ist eine positive Beschlussfeststellungsklage dennoch nicht neben der GmbH zugleich auch gegen die betroffenen Mitgesellschafter als notwendige Streitgenossen zu richten. Es genügt, wenn sie von der Erhebung der Klage unterrichtet werden und auf diese Weise die Möglichkeit haben, als Nebenintervenient auf Seiten der beklagten GmbH die Mängel des Beschlusses, dessen Feststellung der Kläger begehrt, einredeweise geltend zu machen.

3299 Insbesondere in den Fällen, in denen die Feststellung des Versammlungsleiters davon abhängt, ob ein Gesellschafter stimmberechtigt war oder nicht,[2] bietet sich eine Verbindung von Anfechtungsklage und positiver Beschlussfeststellungsklage an, um in einem Verfahren eine Klärung herbeizuführen.

3300–3310 (*Einstweilen frei*)

7. Fehlerhafte Gesellschafterbeschlüsse

a) Allgemeines

3311 Das GmbHG enthält keine Regeln darüber, wie **mangelhafte Beschlüsse** der Gesellschafterversammlung zu behandeln sind. Es ist jedoch allgemein anerkannt, dass die **aktienrechtlichen Vorschriften der §§ 241 bis 252 AktG**, die zwischen nichtigen und anfechtbaren Beschlüssen unterscheiden, entsprechend anzuwenden sind[3] und dementsprechend gegen fehlerhafte Beschlüsse eine Nichtigkeitsfeststellungsklage oder eine Anfechtungsklage in Betracht kommt.

3312 Es können sich bei der GmbH Probleme daraus ergeben, dass das GmbHG keine Vorschriften über die Beschlussfeststellung wie in den §§ 130, 245 AktG enthält. Stellt der Versammlungsleiter ein bestimmtes Beschlussergebnis nicht fest, fehlt es an einem vorläufig für alle Gesellschafter verbindlichen Beschluss, der endgültig verbindlich wird, wenn er nicht fristgerecht mit einer Anfechtungsklage entsprechend der aktienrecht-

---

1 BGH v. 26.10.1983 II ZR 87/83, BGHZ 88, 320; v. 20.1.1986 II ZR 73/85, BGHZ 97, 28, 30.
2 Vgl. BGH v. 21.3.1988 II ZR 308/87, BGHZ 104, 66, 69.
3 St. Rspr., BGH v. 14.12.1961 II ZR 97/59, BGHZ 36, 207, 210 ff.; v. 9.12.1968 II ZR 57/67, BGHZ 51, 209; v. 21.3.1988 II ZR 308/87, BGHZ 104, 66; Beck-GmbH-HB/Fischer/Gerber, § 4 Rz. 164, m.w.N. aus der Literatur.

lichen Vorschriften angegriffen wird.¹ Dann bleibt mangels eines festgestellten Beschlussergebnisses, das als Gegenstand einer Anfechtungsklage durch Urteil beseitigt werden könnte, nur eine Feststellungsklage, um zu klären, ob überhaupt ein Beschluss gefasst wurde und welchen Inhalt er hat.²

b) Unwirksame Beschlüsse

Von den nichtigen oder anfechtbaren Beschlüssen sind die **unwirksamen Beschlüsse** zu unterscheiden. Unter ihnen versteht man Gesellschafterbeschlüsse, die ohne Fehler zustande gekommen sind, zu denen aber nach den Regeln des GmbH-Gesetzes und der Satzung noch ein weiteres Merkmal hinzutreten muss, damit sie voll wirksam werden. Die häufigsten Fälle solcher (zunächst schwebend) unwirksamer, aber gesellschaftsintern bindender Beschlüsse sind Gesellschafterbeschlüsse, die der Zustimmung sämtlicher Gesellschafter bedürfen oder die ohne Zustimmung des Betroffenen in ein nicht entziehbares Recht des Gesellschafters eingreifen.³ Die häufig vorkommenden Beispiele unwirksamer Gesellschafterbeschlüsse sind neben den Eingriffen in Sonderrechte und (ohne seine Zustimmung) nicht entzieh- oder einschränkbare Mitgliedschaftsrechte eines Gesellschafters die Vermehrung der in der Satzung nach § 53 Abs. 3 GmbHG auferlegten Leistungspflichten⁴ oder neue Satzungsbestimmungen, die z. B. das Abfindungsrecht bei einer Zwangseinziehung einschränken und damit diese zu Lasten eines Gesellschafters erleichtern. Aber auch die noch ausstehende Genehmigung der Stimmabgabe durch einen vollmachtlosen Stellvertreter oder etwa die satzungswidrig fehlende Niederschrift des Beschlussergebnisses gehören in die Reihe unwirksamer Gesellschafterbeschlüsse.

3313

Die Unwirksamkeit ist während der Schwebephase durch eine Feststellungsklage nach § 256 ZPO gerichtlich geltend zu machen; eine Nichtigkeitsklage analog § 249 AktG kommt erst in Betracht, wenn die Unwirksamkeit endgültig eingetreten ist.

3314

c) Nichtigkeit

Nichtig ist ein Gesellschafterbeschluss, wenn er unter einem besonders schwerwiegenden Mangel leidet, wie sie sich in § 241 AktG finden. Die dort genannten Nichtigkeitsgründe gelten im GmbH-Recht analog.⁵ Die Satzung kann die Nichtigkeitsgründe nicht erweitern oder einschränken.⁶ Nichtigkeitsgründe sind im Einzelnen:

3315

aa) Verletzung der Vorschriften über die Einberufung der Gesellschafterversammlung

Die schwerwiegende **Verletzung der Vorschriften über die Einberufung der Gesellschafterversammlung** führt über § 241 Nr. 1 AktG zur Nichtigkeit. Ist die Gesellschafterver-

3316

---

1 BGH v. 3. 5. 1999 II ZR 119/98, DStR 1999, 907.
2 Vgl. BGH v. 13. 11. 1995 II ZR 288/94, NJW 1996, 259.
3 Vgl. BGH v. 13. 7. 1967 II ZR 238/64, BGHZ 48, 141, 143.
4 BGH v. 16. 12. 1991 II ZR 58/91, BGHZ 116, 359, 363.
5 BGH v. 9. 12. 1968 II ZR 57/67, BGHZ 51, 209; v. 17. 2. 1997 II ZR 41/96, BGHZ 134, 364.
6 Vgl. auch BGH v. 17. 10. 1988 II ZR 18/88, GmbHR 1989, 120 und BGHZ 134, 364.

sammlung durch einen **Unbefugten einberufen** worden, führt dies zur Nichtigkeit der in ihr gefassten Beschlüsse.[1] Die Befugnis zur Einberufung ergibt sich aus den §§ 49 und 50 Abs. 1 und 3 GmbHG, so dass ein Gesellschafterbeschluss auch nichtig ist, wenn er in einer Versammlung gefasst wurde, zu der eine (qualifizierte, zu 10 v. H. beteiligte) Minderheit eingeladen hat, dazu aber nicht nach § 50 GmbH befugt war, weil nach Aufforderung an den Geschäftsführer nicht gewartet wurde, bis dieser der Aufforderung nachkam und eingeladen hatte.[2]

Auch die **Nichteinladung eines teilnahmeberechtigten Gesellschafters** führt zur Nichtigkeit,[3] wobei ein Stimmverbot in der Beschlussangelegenheit das Teilnahmerecht nicht ausschließt,[4] aber die einem Mitgesellschafter zulässigerweise erteilte Stimmrechtsvollmacht sich auch auf die Berechtigung zur Teilnahme erstreckt.[5] Der Einberufungsmangel führt aber nicht zur Nichtigkeit, wenn der nicht eingeladene Gesellschafter gleichwohl anwesend ist und der Abhaltung der Versammlung nicht widerspricht, also mit einer Universalversammlung einverstanden ist.[6] Fraglich ist, ob der zunächst vorhandene Nichtigkeitsgrund nachträglich wieder beseitigt werden kann, wenn der nicht ordnungsgemäß eingeladene Gesellschafter dem Beschluss unverzüglich zustimmt. Dafür spricht die analoge Anwendung des § 242 Abs. 2 Satz 4 AktG, der bestimmt, dass die Nichtigkeit wegen Einberufungsmangels nicht mehr geltend gemacht werden kann, wenn der betroffene Gesellschafter den Beschluss genehmigt.

3317 Zur Nichtigkeit führen auch so schwerwiegende Formmängel, wenn die Einladung nicht schriftlich und ohne Unterschrift erfolgt oder Zeit und Ort der Versammlung nicht angegeben werden.[7] Weist die Ladung zu einer Gesellschafterversammlung derart schwerwiegende Form- bzw. Fristmängel auf, dass dem Gesellschafter eine Teilnahme faktisch unmöglich gemacht wird, steht dies einer Nichtladung gleich und führt zur Nichtigkeit der auf der Gesellschafterversammlung gefassten Beschlüsse.[8] Die Verletzung der Ladungs- und Ankündigungsfristen zu den Beschlussgegenständen machen den Beschluss aber nur anfechtbar.[9]

bb) Beurkundungsmangel

3318 Der Verstoß gegen zwingende gesetzliche Formvorschriften (**Beurkundungsmangel**) macht gem. § 241 Nr. 2 AktG den Beschluss nichtig. Zwingend der notariellen Beurkundung bedürfen im Bereich der GmbH nur satzungsändernde Beschlüsse und Beschlüsse zur Umwandlung und Verschmelzung sowie über den Abschluss von Unternehmensverträgen. Die Verletzung von Beurkundungsvorschriften, die lediglich durch die Satzung bestimmt sind, macht den Beschluss nur anfechtbar.

---

1 BGH v. 16. 12. 1953 II ZR 167/52, BGHZ 11, 231, 236; BayOLG v. 2. 7. 1999 3 Z BR 298/98, BB 1999, 1839 f.
2 Vgl. BGH v. 7. 2. 1983, II ZR 14/82, BGHZ 87, 1; v. 15. 6. 1998, BGHZ 139, 89.
3 BGH v. 24. 6. 1996 II ZR 56/95, GmbHR 1997, 165.
4 BGH v. 30. 3. 1987 II ZR 180/86, BGHZ 100, 264, 269 f.
5 BGH v. 19. 4. 1999 II ZR 114/98, DStR 1999, 1576.
6 BGH v. 8. 12. 1997 II ZR 216/96, GmbHR 1998, 287.
7 BGH v. 17. 10. 1988 II ZR 18/88, NJW-RR 1989, 347.
8 BGH v. 13. 2. 2006 II ZR 200/04, DStR 2006, 114.
9 OLG Düsseldorf v. 25. 2. 2000 16 U 59/99, NZG 2000, 1180 f.

cc) Verletzung öffentlicher Interessen und Gläubigerinteressen

Entsprechend § 241 Nr. 3 AktG ist ein Beschluss nichtig, der mit dem **Wesen der GmbH nicht zu vereinbaren** ist oder der durch seinen Inhalt **Vorschriften verletzt**, die ausschließlich oder überwiegend **zum Schutz der Gläubiger** der GmbH oder sonst im **öffentlichen Interesse** gegeben sind. Mit dem Wesen der GmbH sind Beschlüsse unvereinbar, die in ihre grundlegenden Strukturmerkmale eingreifen, etwa ein Verstoß gegen die nach §§ 3 und 5 GmbHG notwendigen Bestimmungen. Gläubigerschützende Vorschriften verletzen Beschlüsse, die mit zwingenden Vorschriften der Kapitalaufbringung und Kapitalerhaltung unvereinbar sind, also z. B. der Erlass von Stammeinlagen und Ersatzansprüchen nach §§ 9b Abs. 1, 19 Abs. 2 und 43 Abs. 3 GmbHG, der Verzicht aus die Ausfallhaftung nach §§ 21 bis 24 GmbHG und verbotswidrig ausgezahltes Stammkapital nach § 31 Abs. 4 GmbHG, der Erwerb eigener nicht voll eingezahlter Anteile nach § 33 Abs. 1 GmbHG.

3319

Nichtig ist auch ein Beschluss, der bei der entgeltlichen Einziehung eines Geschäftsanteils in das zur Erhaltung des Stammkapitals erforderliche Vermögen eingreift, oder ein Beschluss, der einen Verstoß gegen § 30 GmbHG (verbotene Rückzahlungen) billigt[1] oder ein Kapitalerhöhungsbeschluss, der die Übernahme eines Geschäftsanteils durch die GmbH selbst vorsieht,[2] oder ein Beschluss, mit dem das Sperrjahr (§ 73 Abs. 1 GmbHG) bei Ausschüttung des Liquidationserlöses nicht beachtet wird.

dd) Sittenverstoß

Ein Sittenverstoß (§ 138 BGB), der einen Beschluss nach § 241 Nr. 4 AktG nichtig macht, liegt nur vor, wenn er seinem Inhalt nach unmittelbar sittenwidrig ist, nicht schon, wenn er nach Motiv,[3] Zweck oder Art seines Zustandekommens (Arglist, Täuschung oder Missbrauch von Stimmkraft) gegen die guten Sitten verstößt.[4] Nicht bloß anfechtbar ist aber ein Beschluss, der auf sittenwidrige Schädigung eines Gläubigers zielt und in die unverzichtbaren Rechte eines Gesellschafters eingreift.[5]

3320

ee) Rechtsfolgen der Nichtigkeit

Weitere Nichtigkeitsgründe sind, wenn ein Beschluss aufgrund einer Anfechtungsklage rechtskräftig für nichtig befunden wurde (§ 241 Nr. 5 AktG) oder ein Beschluss, der aufgrund einer rechtskräftigen Entscheidung nach § 144 Abs. 2 FGG von Amts wegen gelöscht wurde (§ 241 Nr. 6 AktG).

3321

Auf die Nichtigkeit kann sich grundsätzlich jedermann berufen, und sie muss jedermann – unabhängig von seinem Vertrauen auf die Wirksamkeit – gegen sich gelten lassen. Die Nichtigkeit kann entsprechend § 249 Abs. 1 AktG durch Einrede oder durch Nichtigkeitsklage geltend gemacht werden. Soweit der Beschluss nicht in das Handelsregister eingetragen wird, ist dies grundsätzlich nicht an eine Frist gebunden. Sind ein-

3322

---

1 BGH v. 20. 3. 1986 II ZR 114/85, WM 1986, 789.
2 BGH v. 9. 12. 1954 II ZB 15/54, BGHZ 15, 391 ff.
3 Vgl. OLG München v. 8. 6. 1994 7 U 4606/93, GmbHR 1995, 232.
4 BGH v. 1. 6. 1987 II ZR 128/86, BGHZ 101, 113, 116 ff.; v. 16. 12. 1991 II ZR 58/91, BGHZ 116, 359, 374 f.
5 BGH v. 1. 6. 1987 II ZR 128/86, BGHZ 101, 113, 116 ff.

tragungspflichtige Gesellschafterbeschlüsse aber in das Handelsregister eingetragen worden, ist aus Gründen der Rechtssicherheit auch im GmbH-Recht eine Nichtigkeitsklage analog § 242 Abs. 2 Satz 1 AktG unzulässig, wenn sie erst nach Ablauf von drei Jahren nach der Eintragung erhoben wird.[1] Eine ähnliche Sperrwirkung gilt auch für die Einrede der Nichtigkeit, als nach drei Jahren eine Heilung nach § 242 Abs. 2 AktG eintritt. Nur durch die Erhebung einer Nichtigkeitsklage innerhalb der Dreijahresfrist kann der Eintritt der Heilung verhindert werden; die Erhebung einer Feststellungsklage nach § 256 ZPO oder einer Einrede hat nicht diese Wirkung.

d) Anfechtbarkeit

3323 **Mangelhafte Gesellschafterbeschlüsse**, die nicht an einem zur Nichtigkeit führenden Fehler leiden, können anfechtbar sein. Da Nichtigkeit einen schwerwiegenden Mangel voraussetzt, sind fehlerhafte Beschlüsse i.d.R. nur anfechtbar. In entsprechender Anwendung von § 243 Abs. 1 AktG stellt jede Verletzung von Gesetz oder Satzung, die nicht zur Nichtigkeit führt, einen Anfechtungsgrund dar. Unerheblich ist, ob der mangelhafte Beschluss der Gesellschaft nützt oder schadet. Sind Gesellschafterbeschlüsse nur anfechtbar, sind sie zunächst trotz des Mangels rechtswirksam und können **nur** durch eine **Anfechtungsklage beseitigt** werden; **einredeweise** kann die Anfechtbarkeit von Gesellschafterbeschlüssen, zu denen auch eine Wahl oder ein schriftlicher Beschluss gem. § 48 Abs. GmbHG zählen, **nicht geltend gemacht** werden. Mit Ablauf der Anfechtungsfrist wird der Beschluss unangreifbar, während die erfolgreiche Anfechtungsklage den Beschluss (rückwirkend) beseitigt (sog. kassatorisches Urteil).

3324 Das Recht jeden Gesellschafters, fehlerhafte Beschlüsse anfechten zu können, kann durch die Satzung nicht eingeschränkt werden. Es zählt zu den unentziehbaren Gesellschafterrechten. Anderen Organen, deren Mitgliedern oder dem Geschäftsführer kann durch die Satzung ein Anfechtungsrecht eingeräumt werden, nicht aber Dritten.

3325 **Anfechtungsgründe** sind alle Verstöße gegen Gesetz oder Satzung, unabhängig davon, ob formelle oder materielle Vorschriften verletzt werden, die Nichtbeachtung bloßer Ordnungsvorschriften reicht aber nicht aus.

3326 Die Anfechtung ist dann erfolgreich, wenn ein **Anfechtungsgrund** besteht und der Beschluss auf ihm beruht, also der Rechtsverstoß **für das Beschlussergebnis ursächlich** gewesen ist. Dies ist stets zu bejahen, wenn ein **inhaltlicher Verstoß** gegen das Gesetz oder die Satzung vorliegt, also z.B. gegen den Grundsatz der Gleichbehandlung aller Gesellschafter verstoßen oder die den Gesellschaftern gegenüber der Gesellschaft oder den Mitgesellschaftern obliegende Treuepflicht verletzt wird. Denn inhaltliche Verstöße gegen Gesetz oder Satzung sind stets für das Beschlussergebnis relevant.

3327 Bei **Verstößen** gegen **Verfahrensvorschriften** ist ein Anfechtungsrecht nur gegeben, wenn der **Verfahrensfehler** für das **Beschlussergebnis relevant** ist. Dies kann zu verneinen sein, wenn der (unberechtigte) Ausschluss eines Gesellschafters von der Abstimmung oder seine Zulassung trotz eines Stimmverbots bei dem betreffenden Beschlussgegenstand einwandfrei das Ergebnis der Abstimmung nicht beeinflusst hat, weil un-

---

[1] BGH v. 23.3.1981 II ZR 27/80, BGHZ 80, 212, 216 f.; v. 20.2.1984 II ZR 116/83, WM 1984, 473.

abhängig von dessen Stimmen ein bestimmtes Abstimmungsergebnis feststeht, also die notwendige Mehrheit auch ohne sie vorlag. Da der anfechtende Gesellschafter aber nicht die Kausalität des Verfahrensfehlers positiv darlegen muss, sondern die Möglichkeit ausreicht, dass der Beschluss auf diesem Mangel beruht, führen solche Mängel i. d. R. zur Anfechtbarkeit.

An einem Beispiel mag das deutlich werden: Wenn infolge einer ordnungswidrigen Einberufung der Gesellschafterversammlung zwar nicht alle Gesellschafter erschienen sind, die erschienenen Gesellschafter aber über die absolute Mehrheit sämtlicher Stimmen verfügen und auch das Abstimmungsergebnis dementsprechend ausfällt, kann im Allgemeinen nicht widerlegt werden, dass beim Erscheinen aller teilnahmeberechtigten Gesellschafter deren Ausführungen zum Beschlussgegenstand eine genügende Anzahl anderer Gesellschafter zu einem anderen Abstimmungsverhalten hätten bestimmen können. Denn dazu müsste die Gesellschaft, die Gegner im Anfechtungsprozess ist, darlegen, dass eine Ursächlichkeit zwischen Mangel und Ergebnis nicht nur unwahrscheinlich ist, sondern bei vernünftiger Betrachtung unter keinen Umständen in Betracht kommen kann.[1] Insofern kann es weniger auf eine „potenzielle Kausalität" eines Einberufungsmangels ankommen, als auf dessen Relevanz nach abstrakten Kriterien.[2]

Formunwirksame Beschlüsse der Gesellschafterversammlung können aber u.U. in eine schuldrechtliche Nebenabrede umgedeutet werden. So hat es der BGH gesehen, als ein formunwirksamer Beschluss über die Höhe der Abfindung eines ausscheidenden Gesellschafters zu beurteilen war. Dann kann sich die GmbH auf die Abrede nach § 328 BGB berufen, so dass der Gesellschafter eine über den schuldrechtlich vereinbarten Betrag hinausgehende Abfindung nicht verlangen kann, selbst wenn dieser in der Satzung so vorgesehen ist.[3] Auch eine Anfechtungsklage gegen den gegen die Satzung verstoßenden Beschluss ist nicht gegeben, wenn der Beschluss inhaltlich mit der schuldrechtlichen Abrede in Einklang steht. 3327/1

Als **relevante Verfahrensverstöße** kommen z. B. in Betracht Mängel bei der Einladung, Einberufung von Versammlungen zur Unzeit oder an einem unzulässigen Ort, Ausschließung von teilnahmeberechtigten Personen, ungerechtfertigter Abbruch der Aussprache oder nicht gerechtfertigter Entzug des Wortes, Abstimmung über nicht hinreichend angekündigte Beschlussgegenstände, Mitzählen von Stimmen eines von der Abstimmung ausgeschlossenen Gesellschafters, nicht berechtigter Ausschluss von der Abstimmung oder das Nichtzählen berechtigter Stimmen oder das Feststellen eines Abstimmungsergebnisses im schriftlichen Verfahren, obwohl nicht alle Gesellschafter mit diesem Verfahren einverstanden waren. 3328

e) Gerichtliche Rechtsbehelfe gegen mangelhafte Gesellschafterbeschlüsse
Literatur: *Leuering/Simon*, Anfechtungsklagen im GmbH-Recht, NJW-Spezial 2005, 555.

---

1 BGH v. 30. 3. 1987 II ZR 180/86, BGHZ 100, 264; v. 17. 11. 1997 II ZR 77/97, NZG 1998, 152 f.
2 Vgl. auch Goette, Die GmbH, § 7 Rn. 100; BGH v. 12. 11. 2001 II ZR 225/99, BGHZ 149, 158, zum Aktienrecht.
3 BGH v. 15. 2. 2010 II ZR 4/09, ZIP 2010, 1541.

aa) Klagearten

3329 Analog § 249 AktG ist bei **nichtigen Gesellschafterbeschlüssen** die **Nichtigkeitsklage** gegeben. Sie zielt auf die Feststellung der Nichtigkeit des Beschlusses ab und schließt die Zulässigkeit der allgemeinen Feststellungsklage gem. § 256 ZPO aus.

3330 Mit der gesellschaftsrechtlichen **Anfechtungsklage** entsprechend § 243 AktG können **anfechtbare Beschlüsse** der Gesellschafterversammlung einer GmbH beseitigt werden. Sie ist eine Gestaltungsklage, mit der die rückwirkende Vernichtung des Beschlusses erstrebt wird.

3330/1 Die Anfechtungsklage ist auch gegen sog. informationsbeschränkende **Vorratsbeschlüsse** gegeben, mit denen einem Gesellschafter über ein konkretes Informationsbegehren hinaus „auf Vorrat" verweigert wird, Einsicht und Auskunft für eine bestimmte Zeit, unter bestimmten Umständen oder in bestimmte Unterlagen zu verlangen. Der Gesellschafter ist dann nicht auf das Informationserzwingungsverfahren nach § 51b GmbHG verwiesen, das sich gegen einen Gesellschafterbeschluss richtet, mit dem die Information zu einer konkreten Frage abgelehnt wird. Das Abwarten hierauf sei dem Gesellschafter nicht zuzumuten.[1]

3331 Nichtigkeits- und Anfechtungsklage verfolgen **dasselbe materielle Ziel** (einheitliches Rechtsschutzziel), weil durch das Gericht mit Wirkung für und gegen jedermann geklärt werden soll, ob ein Gesellschafterbeschluss nichtig ist.[2] Sie können deshalb miteinander verbunden werden. Dies kann sich sogar empfehlen, damit vom Gericht sowohl Nichtigkeits- als auch Anfechtungsgründe geprüft werden können.[3] Das setzt aber voraus, dass die Klage innerhalb der (regelmäßig) einen Monat betragenden Anfechtungsfrist erhoben bzw. alle Anfechtungsgründe in den Prozess eingebracht werden, weil sie sonst nicht berücksichtigt werden können.[4] Werden Nichtigkeits- und Anfechtungsklage innerhalb der Monatsfrist erhoben, hat das Gericht den angegriffenen Beschluss insgesamt auf seine Nichtigkeit hin zu untersuchen, und zwar unabhängig davon, ob der Sachverhalt unter dem Gesichtspunkt der Nichtigkeit oder der Anfechtbarkeit vorgetragen wurde (einheitlicher Streitgegenstand).

3332 Ein anderes Ziel verfolgt die sog. **positive Beschlussfeststellungsklage**. Ihr Anwendungsgebiet sind die Fälle der unrichtigen Stimmenauszählung, die fehlerhafte Berücksichtigung unwirksamer Stimmabgaben, weil z. B. ein Stimmverbot nicht beachtet wurde, unrichtige Anwendung einer für den Beschlussgegenstand geltenden Mehrheitsregel oder schließlich der Fall, dass der Versammlungsleiter das Beschlussergebnis nicht festgestellt hat, weil sich die teilnehmenden Gesellschafter über die Berechtigung zur Stimmabgabe nicht einigen konnten. Dann ist die gerichtliche Feststellung des nach den Stimmverhältnissen zutreffenden Beschlusses zulässig, die positive Beschlussfeststellungsklage ist also auf die Feststellung des wirklichen und rechtmäßig beschlosse-

---

1 BGH v. 27. 4. 2009 II ZR 167/07, ZIP 2009, 1158.
2 BGH v. 17. 2. 1997 II ZR 41/96, BGHZ 134, 364.
3 BGH v. 1. 3. 1999 II ZR 305/97, DStR 1999, 643.
4 Vgl. auch BGH v. 12. 1. 1998 II ZR 82/93, BGHZ 137, 378.

nen Inhalts des Gesellschafterbeschlusses gerichtet.[1] Die Klage ist eventuell zu verbinden mit einer Nichtigkeits- oder Anfechtungsklage gegen den unwirksamen Beschluss.

Bleibt in einer Gesellschafterversammlung offen, ob ein bestimmter Beschluss gefasst worden ist, weil die Gesellschafter darüber verschiedener Meinung sind, und stellt deshalb der Versammlungsleiter auch kein Beschlussergebnis fest, soll sogar die **Gesellschaft selbst** – bei Vorliegen eines Rechtsschutzinteresses – befugt sein, durch Feststellungsklage den Inhalt des Beschlusses gerichtlich klären zu lassen.[2]

Bei Streit, ob **überhaupt** ein Beschluss mit einem bestimmten Inhalt gefasst worden ist, kann die Klärung durch eine Feststellungsklage herbeigeführt werden, mit der keine Nichtigkeits- oder Anfechtungsklage verbunden werden muss.[3]

3333

bb) Verfahrensbeteiligte

Klageberechtigt (aktiv legitimiert) ist bei der Nichtigkeits-, Anfechtungs- oder positiven Beschlussfeststellungsklage **jeder Gesellschafter,** auch wenn er nicht an der Versammlung teilgenommen hat oder keinen Widerspruch erhoben hat. Maßgebend für das Innehaben der Gesellschafterstellung ist grundsätzlich § 16 Abs. 1 GmbHG, so dass der Treuhänder (und nicht der Treugeber) und der Veräußerer des Geschäftsanteils klagebefugt ist, **solange** die Veränderung nicht in der Gesellschafterliste (§ 40 GmbHG) eingetragen worden ist. Sobald während des Rechtsstreits die Gesellschafterliste aktualisiert worden ist, verliert der Gesellschafter sein Anfechtungsrecht, weil dieses als Teil des Mitgliedschaftsrechtes nicht abgespalten und beim veräußernden Gesellschafter verbleiben kann. Etwas anderes kann aber gelten, wenn sich z. B. die Anfechtung gegen einen Gewinnverteilungsbeschluss für eine Periode richtet, für die der Veräußerer noch allein bezugsberechtigt bleibt.

3334

Der Geschäftsführer, der selbst nicht Gesellschafter ist, ist grundsätzlich nicht klagebefugt. Etwas anderes kann gelten, wenn er sich durch die Ausführung des Beschlusses strafbar oder schadensersatzpflichtig machen würde.[4]

3335

Das Rechtsschutzbedürfnis eines Gesellschafters ist i. d. R. auch dann zu bejahen, wenn der Beschluss für ihn selbst günstig ist, weil ihm Interesse daran zuzugestehen ist, dass sich die GmbH nach Recht und Gesetz verhält. Hat der Gesellschafter dem Beschluss aber selbst zugestimmt oder ihn nachträglich gebilligt, ist es ihm verwehrt Klage zu erheben.

3336

Die Nichtigkeits-, Anfechtungs- oder positive Beschlussfeststellungsklage ist stets **gegen die GmbH zu richten.**[5] Auch bei der personalistisch verfassten GmbH sind die Mitgesellschafter – anders als bei den Personenhandelsgesellschaften – nicht passivlegitimiert.

3337

---

1 BGH v. 13. 3. 1980 II ZR 54/78, BGHZ 76, 191, 197; v. 13. 11. 1995 II ZR 288/97, BB 1996, 11 f.
2 Pfälzisches OLG v. 29. 6. 1998 7 U 259/97, GmbHR 1999, 79 f.
3 BGH v. 13. 11. 1995 II ZR 288/94, BB 1996, 11 f.
4 Streitig, Scholz/Schmidt, GmbHG, § 45 Rn. 134.
5 BGH v. 10. 11. 1980 II ZR 51/80, NJW 1981, 1041.

3338 Zur Entscheidung über Beschlussmängelstreitigkeiten sind nicht nur die staatlichen Gerichte berufen, **sondern** auch **private Schiedsgerichte**. Seine Auffassung, dass eine Anfechtungsklage, die sich gegen den Beschluss der Gesellschafterversammlung einer GmbH richtet (**Beschlussmängelstreitigkeit**), nicht schiedsfähig[1] sei, hat der BGH in der Entscheidung „Schiedsfähigkeit II" **aufgegeben**.[2] Analog zu §§ 248 Abs. 1 Satz 1, 249 Abs. 1 AktG wirkt eine Entscheidung des Schiedsgerichts unter Allen, wenn und soweit das Schiedsgerichtsverfahren den Mindeststandards des Rechtsstaatsprinzips,[3] hinsichtlich der Mitwirkungsrechte und der Rechtsschutzgewährung für alle der Schiedsklausel unterworfenen Gesellschafter genügt. Die Klausel kann in der Satzung aufgenommen sein oder auch außerhalb einverständlich vereinbart werden.

Es muss gewährleistet sein, dass alle Gesellschafter und die Organe der GmbH über die Einleitung eines Schiedsverfahrens informiert werden, und dem Verfahren zumindest als Nebenintervenient beitreten und bei der Auswahl und Bestellung, z. B. von neutralen Schiedsrichtern, mitwirken können. Schließlich ist zu gewährleisten, dass alle denselben Streitgegenstand betreffenden Streitigkeiten über Beschlussmängel bei demselben Schiedsgericht zu verhandeln sind; andernfalls ist die Schiedsvereinbarung nichtig.

cc) Klagefrist

3339 Die in § 246 Abs. 1 AktG bestimmte Frist, wonach die Anfechtungsklage binnen eines Monats nach Beschlussfassung erhoben werden muss, ist auf die Verhältnisse der GmbH nicht unmittelbar insoweit übertragbar, als dass die Frist keinesfalls überschritten werden dürfte.[4] Vielmehr ist die Klage **innerhalb einer angemessenen Frist zu erheben**. Die Rechtsprechung orientiert sich aber im Interesse der Rechtssicherheit insofern an der **Monatsfrist** im Sinne eines **Leitbildes**, so dass nur im Ausnahmefall bei besonderen rechtlichen Schwierigkeiten eine Fristüberschreitung gerechtfertigt sein kann.[5] Praktisch bedeutet dies, dass i. d. R. die Anfechtungsklage innerhalb eines Monats eingereicht sein muss, wenn die Satzung keine längere Frist vorsieht. Es empfiehlt sich also, in der Satzung die Anfechtungsfrist festzulegen, wobei die Frist von einem Monat aber nicht unterschritten werden darf,[6] aber auch nicht „unangemessen" verlängert werden und nicht mehr als drei Monate betragen sollte.[7]

Für die Einhaltung der Frist ist die Rechtshängigkeit maßgebend; für die rechtzeitige Einreichung der Klage ist es aber ausreichend, wenn die Klage nach der ZPO „demnächst" zugestellt wird. Wichtig ist auch, dass innerhalb der Klagefrist die Anfechtungsgründe in ihrem wesentlichen tatsächlichen Kern geltend gemacht (in den Rechtsstreit eingeführt) werden. Ein Nachschieben ist nicht möglich, weil dies einer

---

1 BGH v. 29. 3. 1996 II ZR 124/95, BGHZ 132, 278; anders für die Einforderung von Stammeinlagen, BGH v. 19. 7. 2004 II ZR 65/03, BGHZ 160, 127.
2 BGH v. 6. 4. 2009 II ZR 255/08, BGHZ 180, 221.
3 Lutter/Hommelhoff, GmbHG, Anhang § 47 Rn. 73.
4 BGH v. 14. 5. 1990 II ZR 126/89, BGHZ 111, 224.
5 Vgl. BGH v. 12. 10. 1992 II ZR 286/91, DStR 1992, 1698 f.
6 BGH v. 21. 3. 1988 II ZR 308/87, BGHZ 104, 66.
7 So Beck-GmbH-HB/Fischer/Gerber, § 4 Rn. 206.

verspäteten Klage gleichkäme.[1] Verspätet vorgebrachte Gründe sind unbeachtlich.

Die Nichtigkeitsklage ist rechtlich nicht fristgebunden. Allerdings ergibt sich bei eingetragenen Beschlüssen faktisch eine Befristung von drei Jahren ab der Eintragung in das Handelsregister, weil nach § 242 Abs. 2 AktG dann eine Heilung eintritt.

3340

Ob die Beschlussfeststellungsklage an eine Frist gebunden ist, wird nicht einheitlich beantwortet,[2] eine Bindung an die Anfechtungsfrist von einem Monat wird sich aber meist daraus ergeben, dass sie mit einer Anfechtungsklage gegen den für unrichtig gehaltenen Beschluss verbunden werden muss. Auf jeden Fall ist der Gesichtspunkt der Verwirkung insofern zu beachten, als der BGH fordert, dass eine solche Klage **zeitnah** zu der Gesellschafterversammlung erhoben werden muss.[3]

3341

dd) Rechtswirkungen

Die Feststellung der **Nichtigkeit** aufgrund eines stattgebenden Urteils **wirkt für und gegen alle (GmbH, Gesellschafter und Dritte),** und zwar für die Vergangenheit und die Zukunft. Insbesondere bedeutet die Gestaltungswirkung bei einer Anfechtungsklage, dass der einstweilen verbindliche Beschluss rückwirkend vernichtet wird. Bei Klageabweisung wirkt das Urteil allerdings nur zwischen Gesellschafter und Gesellschaft. War der Beschluss in das Handelsregister eingetragen worden, wie z. B. bei einer Satzungsänderung, ist das Urteil, das diesen Beschluss rechtskräftig für nichtig erklärt, ebenfalls in das Handelsregister einzutragen. Der Geschäftsführer hat daher ein stattgebendes Urteil unverzüglich dem Registergericht einzureichen.

3342

Da anfechtbare Beschlüsse so lange wirksam und verbindlich sind, als sie nicht rechtskräftig für unwirksam erklärt worden sind, können auch anfechtbare Beschlüsse eingetragen werden. Ihre Eintragung kann jedoch so lange ausgesetzt werden, als noch ernsthaft eine Anfechtung in Betracht kommt und der Gesellschaft keine ernsthaften Nachteile durch die Verzögerung drohen. Nach Ablauf der Anfechtungsfrist (regelmäßig ein Monat) muss jedoch eingetragen werden, da dann der Beschluss endgültig wirksam ist.

Grundsätzlich bleiben Rechtshandlungen der GmbH, die sie aufgrund eines für unwirksam befundenen Beschlusses vorgenommen hat, wirksam. Die Geschäftsführung kann jedoch gehalten sein, solche Geschäfte – soweit als möglich – rückgängig zu machen, insbesondere soweit Rechtsbeziehungen zwischen den Gesellschaftern und/oder zwischen der GmbH und den Gesellschaftern betroffen sind. Zur Rückabwicklung kann auch die gesellschaftsrechtliche Treuepflicht verpflichten.

3343

ee) Einstweiliger Rechtsschutz gegen fehlerhafte Gesellschafterbeschlüsse

Ziel einstweiligen Rechtsschutzes kann es sein, die Fassung mangelhafter Beschlüsse oder deren Durchführung zu verhindern.

3344

---

1 BGH v. 9.11.1992 II ZR 230/91, BGHZ 120, 141, 157.
2 OLG München v. 27.3.1996 7 U 6037/95, GmbHR 1996, 451; Pfälzisches OLG v. 29.6.1998 7 U 259/97, GmbHR 1999, 79, 80.
3 BGH v. 13.11.1995 II ZR 288/94, NJW 1996, 259.

3345 Sollen Beschlüsse, die ein Gesellschafter für nichtig oder anfechtbar hält, erst noch in einer künftigen Gesellschafterversammlung gefasst werden, kann dies grundsätzlich nicht durch eine einstweilige Verfügung verhindert werden, wenn nicht für den betreffenden Gesellschafter eine eindeutige Rechtslage oder ein überragendes Schutzbedürfnis spricht.[1] Damit kein endgültiger Zustand geschaffen wird, ist aber dem einstweiligen Rechtsschutz gegen die Durchführung eines (als nichtig oder anfechtbar angegriffenen) Beschlusses der Vorzug zu geben.

3346 Ist der Beschluss von der Gesellschafterversammlung gefasst worden, ist es grundsätzlich möglich, seine Durchführung durch eine einstweilige Verfügung zu verhindern. Ist der Beschluss nur anfechtbar, ist Voraussetzung, dass die Anfechtungsklage erhoben ist oder fristgerecht erhoben wird. Antragsberechtigt ist derjenige, der auch zur Klage berechtigt ist, Antragsgegner ist die GmbH.

3347–3360 (Einstweilen frei)

B. Der Geschäftsführer

Literatur: *Goette*, Das Organverhältnis des GmbH-Geschäftsführers in der Rechtsprechung des BGH, DStR 1998, 938; *Kamanabrou*, Das Anstellungsverhältnis des GmbH-Geschäftsführers im Licht neuerer Rechtsprechung, DB 2002, 146; *Peltzer*, Vorstand und Geschäftsführer als Leitungs- und gesetzliches Vertretungsorgan der Gesellschaft, JuS 2003, 348; *Brandmüller*, Der GmbH-Geschäftsführer im Gesellschafts-, Steuer- und Sozialversicherungsrecht, 16. Aufl., 2004; *Gehrlein*, Rechtsprechungsübersicht zum GmbH-Recht in den Jahren 2002–2004: Eigenkapitalersatz, Veräußerung des Geschäftsanteils, Gesellschafterbeschluss sowie Rechtsstellung und Haftung des GmbH-Geschäftsführers, BB 2004, 2585; *Arends/Möller*, Aktuelle Rechtsprechung zur Geschäftsführerhaftung in Krise und Insolvenz der GmbH, GmbHR 2008, 169; *Bergwitz*, Die GmbH im Prozess gegen ihren Geschäftsführer, GmbHR 2008, 225; *Fichtelmann*, Die Rechtsstellung des Geschäftsführers der GmbH in der Insolvenz der Gesellschaft, GmbHR 2008, 76; *Vedder*, Das Vorsatzerfordernis beim Missbrauch der Vertretungsmacht durch GmbH-Geschäftsführer, GmbHR 2008, 736; *Diller*, Kündigung, Kündigungsschutz und Weiterbeschäftigungsanspruch des GmbH-Geschäftsführers, NZG 2011, 254; *Haase*, Abberufung des Geschäftsführers und Beschränkung der Geschäftsführungsbefugnis als vertragswidriges Verhalten der GmbH?, GmbHR 2012, 614; *Daumke/Keßler/Perbey*, Der GmbH-Geschäftsführer, 4. Aufl., Herne 2013; *Trauth/Roeder*, Der Geschäftsführer auf der „Abschussliste", BB 2013, 1333; *Hoch*, Der Verleih von GmbH-Geschäftsführern: (K)Ein Fall fürs AÜG?, BB 2016, 1658.

I. Der Geschäftsführer als Organ der GmbH

1. Organschaftliche Vertretungsmacht

3361 Neben der Gesellschafterversammlung als Willensbildungsorgan braucht die GmbH als **Handlungsorgan einen oder mehrere Geschäftsführer** (§ 6 GmbHG). Im **vereinfachten Verfahren** nach § 2 Abs. 1a GmbHG kann die GmbH **nur mit einem Geschäftsführer** gegründet werden. Als juristische Person handelt die GmbH nach außen durch den oder die kraft Gesetzes mit organschaftlicher Vertretungsmacht ausgestatteten Geschäftsführer (§ 35 Abs. 1 GmbHG).[2] Rechtshandlungen, die der Geschäftsführer in seiner Organstellung vornimmt, berechtigen und verpflichten die GmbH unmittelbar. Obwohl

---

1 Vgl. Beck-GmbH-HB/Fischer/Gerber, § 4 Rn. 216, mit zahlreichen Rechtsprechungsnachweisen.
2 Goette, Die GmbH, § 8 Rn. 1.

der bzw. die Geschäftsführer grundsätzlich an die Weisungen der Gesellschafterversammlung gebunden sind, ist die Vertretungsmacht zum Schutz des Rechtsverkehrs nach außen unbeschränkt und unbeschränkbar (§ 37 Abs. 2 GmbHG). Eine Ausnahme gilt nur, wenn der Geschäftspartner nicht schutzbedürftig ist, weil er weiß, dass der Geschäftsführer seine Vertretungsmacht missbraucht, oder weil der Vertrag vom Geschäftsführer unter dem Vorbehalt der Zustimmung der Gesellschafterversammlung abgeschlossen wurde.[1]

Wo dem Geschäftsführer im Interesse der Allgemeinheit Pflichten auferlegt sind – vornehmlich wo es um die Kapitalaufbringung, die Kapitalerhaltung und um den Eintritt der Insolvenz geht –, hat er sogar seine Aufgaben weisungsfrei und in eigener Verantwortung wahrzunehmen (Einschränkung des Weisungsrechts der Gesellschafterversammlung).[2] Durch den Geschäftsführer ist die GmbH auch deliktsfähig (§ 31 BGB analog).

2. Abgrenzung von der rechtsgeschäftlichen Vertretungsmacht

Der Geschäftsführer erlangt seine **organschaftliche Vertretungsmacht** durch den körperschaftlichen Organisationsakt der „Bestellung". Davon ist die rechtsgeschäftliche Vertretungsmacht (Vollmacht) zu unterscheiden. Sie wird einem Prokuristen oder einem mit Handlungsvollmacht ausgestatteten Angestellten der GmbH erteilt. Der Prokurist leitet seine Vertretungsmacht vom Geschäftsführer ab, der eine entsprechende Willensbildung der Gesellschafterversammlung gem. § 46 Nr. 7 GmbHG umsetzt und den Prokuristen bestellt. Der Prokurist kann im Rahmen seiner Vertretungsmacht diese an einen Untervertreter weitergeben, während der Geschäftsführer seine organschaftliche Vertretungsmacht, die nur dem Organ zusteht, nicht auf einen Dritten übertragen kann. Der Geschäftsführer kann nur einzelne Vertretungsbefugnisse delegieren. Außerdem können organschaftliche und rechtsgeschäftliche Vertretungsmacht nicht in einer Person zusammenfallen (der Geschäftsführer kann nicht zugleich Prokurist sein), und schließlich gibt es bestimmte Bereiche (wie z. B. die Anmeldungen zum Handelsregister für die GmbH), die ausschließlich dem Geschäftsführer vorbehalten sind.

3362

3. Geschäftsführungsbefugnis und Vertretungsmacht (Abgrenzung)

Geschäftsführungsbefugnis und **Vertretungsmacht** müssen voneinander **abgegrenzt** werden. Der Geschäftsführer handelt einmal im Verhältnis zu den Gesellschaftern (der Gesellschafterversammlung als zentralem Willensbildungsorgan) und zu der GmbH als juristischer Person (Innenverhältnis). Zum Zweiten wirkt sein Handeln im Verhältnis der GmbH zu außenstehenden Dritten (Außenverhältnis).

3363

Im Außenverhältnis geht es darum, ob eine Handlung des Geschäftsführers die GmbH berechtigt und verpflichtet (Vertretungsmacht); im Innenverhältnis geht es darum, zu welchen Handlungen der Geschäftsführer berechtigt und verpflichtet ist (Geschäftsführungsbefugnis und Leitungspflicht). Im Innenverhältnis hat der Geschäftsführer die

---

[1] Vgl. BGH v. 13. 11. 1995 II ZR 113/94, NJW 1996, 589; v. 23. 6. 1997 II ZR 353/95 DStR 1997, 1296.
[2] Vgl. auch BGH v. 16. 9. 2002 II ZR 107/01, DStR 2002, 2046.

sich aus der Satzung (Gesellschaftsvertrag) und aus den Weisungen der Gesellschafter ergebenden Beschränkungen einzuhalten (§ 37 Abs. 1 GmbHG), die Geschäftsführungsbefugnis bestimmt somit den Umfang des rechtlichen Dürfens. Demgegenüber ist die Vertretungsmacht der Geschäftsführer nach außen zwingend uneingeschränkt und unbeschränkbar (§ 37 Abs. 2 GmbHG), so dass sogar Rechtsgeschäfte für und gegen die GmbH wirken, die mit dem Gesellschaftszweck und dem Unternehmensgegenstand in Widerspruch stehen. Grund hierfür ist das Schutzbedürfnis des Rechtsverkehrs.

3364 Da die Eintragung der GmbH vom Geschäftsführer anzumelden ist (§§ 7, 8 GmbHG), muss schon vor der Eintragung ein Geschäftsführer bestellt worden sein.

4. Organverhältnis und Anstellungsverhältnis (Abgrenzung)

Literatur: *Grobys*, Das Anstellungsverhältnis von Vorständen und Geschäftsführern, NJW-Spezial 2005, 513; *Schrader/Schubert*, Der Geschäftsführer als Arbeitnehmer, DB 2005, 1457.

3365 Das GmbHG unterscheidet zwischen dem **Organverhältnis** und dem **Anstellungsverhältnis** (Trennungstheorie[1]). Dies ergibt sich aus § 38 Abs. 1 GmbHG, wonach die Bestellung des Geschäftsführers jederzeit widerruflich ist, Entschädigungsansprüche aus bestehenden Verträgen davon aber unberührt bleiben. Das Organverhältnis betrifft die Stellung des Geschäftsführers als das Organ, das für die Handlungsfähigkeit der GmbH notwendig ist und ihre Leitung und Vertretung wahrzunehmen hat. Das Anstellungsverhältnis betrifft nur die dienstvertragliche Rechtsstellung des Geschäftsführers.

3366 Dennoch können Organverhältnis und Anstellungsverhältnis einander beeinflussen, was aber nicht bedeutet, dass beide Rechtsverhältnisse gleichzeitig bestehen müssen. So kann z. B. ein Gesellschafter zum Geschäftsführer berufen werden und dessen Aufgaben ohne Abschluss eines Dienstvertrages wahrnehmen. Die Unwirksamkeit eines abgeschlossenen Dienstvertrages lässt das Organverhältnis unberührt und das Dienstverhältnis kann mit allen Ansprüchen (Gehalt usw.) bis zu seinem normalen Ende auch dann weiterbestehen, wenn der Geschäftsführer abberufen worden ist.

3367 Das Anstellungsverhältnis muss auch nicht notwendigerweise mit der GmbH selbst bestehen; eine sog. Drittanstellung findet sich nicht selten bei der GmbH & Co. KG, wenn der Geschäftsführer der Komplementär-GmbH bei der KG angestellt ist. Der Anstellungsvertrag kann auch mit einem Gesellschafter der GmbH abgeschlossen sein.

3368–3380 (*Einstweilen frei*)

II. Die Bestellung des Geschäftsführers

1. Organisationsakt der Bestellung

3381 Durch den körperschaftlichen **Organisationsakt** der **Bestellung** wird ein Gesellschafter oder ein Dritter Geschäftsführer und die GmbH durch ihn handlungsfähig. Grundsätzlich wird der Bestellungsakt durch die Gesellschafterversammlung vorgenommen. Der Bestellungsbeschluss (§ 46 Nr. 5 GmbHG) wird mit einfacher Mehrheit gefasst (§ 47 Abs. 1 GmbHG), wenn die Satzung kein abweichendes Mehrheitserfordernis festlegt.

---

1 BGH v. 28. 10. 2002 II ZR 146/02, GmbHR 2003, 100; BGH v. 6. 3. 2012 II ZR 76/11, GmbHR 2012, 614.

Der Bestellungsakt kann aber auch schon im Gesellschaftsvertrag enthalten sein (§ 6 Abs. 3 Satz 2 GmbHG).

Die Bestellung muss gegenüber dem Geschäftsführer erklärt und von ihm gegenüber einem weiteren Geschäftsführer oder, falls er fehlt, gegenüber den Gesellschaftern angenommen werden. Die Annahme der Bestellung ist notwendig, weil sie nicht nur die organschaftliche Vertretungs- und Leitungsmacht verschafft, sondern auch gesetzlich bestimmte Pflichten und Haftungsrisiken begründet, die dem Geschäftsführer nicht einseitig oder durch einen Vertrag zu Lasten Dritter aufgebürdet werden können. Praktisch wird die Annahme meist nicht ausdrücklich erklärt, sondern erfolgt konkludent gegenüber der GmbH durch die Mitwirkung bei der Bestellung (Abschluss des Gesellschaftsvertrages oder Beschlussfassung), durch die Anmeldung zum Handelsregister oder die Arbeitsaufnahme. Die erforderliche Eintragung in das Handelsregister (§ 39 GmbHG) ist nur deklaratorisch. Das Registergericht prüft, ob der Beschluss ordnungsgemäß zustande gekommen ist.[1]

3382

2. Zuständigkeit

Zuständig für die Bestellung des Geschäftsführers ist grundsätzlich die **Gesellschafterversammlung (§ 46 Nr. 5 GmbHG)**. Abgesehen von den zwingenden Bestimmungen von § 31 MitBestG und § 84 AktG, die für ihnen unterliegende Gesellschaften die Bestellung (und Abberufung) der Geschäftsführer durch den Aufsichtsrat vorschreiben, kann der Gesellschaftsvertrag die Zuständigkeit für die Geschäftsführerbestellung einzelnen Gesellschaftern, einer Gruppe von Gesellschaftern oder einem anderen Organ der GmbH (Aufsichtsrat, Beirat, Gesellschafterausschuss usw.) übertragen, was insbesondere bei einer Vielzahl von Gesellschaftern empfehlenswert sein kann, wenn dem Beirat oder Ausschuss wirtschaftlich erfahrene Personen angehören. Bei der nach dem DrittelbG mitbestimmten GmbH ist eine zwingende Bestellung des Geschäftsführers durch den Aufsichtsrat zu verneinen.[2] Dem Geschäftsführer selbst kann aber nicht die Kompetenz eingeräumt werden, weitere Geschäftsführer oder etwa seinen Nachfolger zu bestellen. Dies widerspräche der zweigliedrigen Organisationsstruktur der GmbH (Gesellschafterversammlung **und** Geschäftsführer) und könnte die Gesellschafterversammlung als eigentliches Willensbildungsorgan der GmbH entmachten.

3383

Umstritten[3] ist, ob das Recht zur Bestellung von Geschäftsführern an einen Dritten, der weder Gesellschafter noch Gesellschaftsorgan ist, delegiert werden kann. Überwiegend wird dies bejaht,[4] wenn die Gesellschafterversammlung das Bestellungsrecht jederzeit durch Satzungsänderung wieder an sich ziehen kann. Vor Aufnahme des Bestellungsrechts eines Dritten in die Satzung sollte sorgfältig geprüft werden, ob die damit verfolgten Ziele nicht auch durch ein Vorschlagsrecht (Benennungsrecht oder Präsentationsrecht) erreicht werden können.

3384

---

1 KG Berlin v. 3.6.2016 22 W 20/16, DB 2016, 1806.
2 Bunnemann/Zirngibl/Bunnemann, § 3 Rn. 10.
3 Tillmann/Mohr, GmbH-Geschäftsführer, Rn. 29.
4 Vgl. Hueck/Fastrich in Baumbach/Hueck, GmbHG, § 6 Rn. 31, m.w.N.

3. Bestellungsrecht durch Mehrheitsbeschluss

3385 Schreibt die Satzung nichts anderes vor, erfolgt die **Bestellung des Geschäftsführers** durch die **Gesellschafterversammlung mit einfacher Mehrheit** der abgegebenen Stimmen. Hieraus können sich durch das Verhalten eines Mehrheitsgesellschafters wirtschaftliche Nachteile und Gefahren für Minderheitsgesellschafter ergeben. Vergegenwärtigt man sich, dass ein Mehrheitsgesellschafter auch bei der Bestellung seiner eigenen Person zum Geschäftsführer vom Stimmrecht nicht ausgeschlossen ist, hat er es in der Hand, sich kraft seiner Stimmenmehrheit selbst zum Geschäftsführer zu bestellen und auch im Anstellungsvertrag seine Gesamtausstattung mit Gehalt, Tantieme und Altersversorgung etc. festzulegen. Dies kann zu Lasten der Minderheitsgesellschafter zu einer weitgehenden Gewinnabschöpfung führen.

3386 Ähnliche Probleme können sich bei einer GmbH ergeben, an der drei Personen zu je einem Drittel beteiligt sind, aber nur zwei Gesellschafter als Geschäftsführer berufen werden. Auch dort können sich diese beiden Gesellschafter durch Mehrheitsbeschluss jeweils zu Geschäftsführern bestellen und für sich günstige Vertragsbedingungen festlegen.

3387 Da Minderheitsgesellschafter solchen Mehrheitsbeschlüssen nur ausnahmsweise bei Feststellung eines Stimmrechtsmissbrauchs begegnen können, sollte sorgfältig bedacht werden, den Anstellungsvertrag an eine höhere Mehrheit als 51 v. H. zu binden oder bestimmten Gesellschaftern eine Zustimmungsrecht einzuräumen.

3388 Bei einer **Zwei-Personen-GmbH** oder bei **Familiengesellschaften** mit **zwei Stämmen** kann das Mehrheitsprinzip umgekehrt zu Blockaden führen. Sind zwei gleichberechtigte Gesellschafter vorhanden, die sich die Geschäftsführung teilen, und verstirbt einer der Gesellschafter, so kann die Einsetzung des Geschäftsführers ihres Vertrauens durch die Familie des Verstorbenen nicht selten am Veto des anderen Gesellschafters scheitern. Hier sollte das Bestellungsrecht jeweils einer Gruppe – jedem Gesellschafter und allen weiteren Gesellschaftern, die ihre Rechtsnachfolge auf diesen Gesellschafter zurückführen – zugeordnet werden.

> **BEISPIEL:** ▶ Müller und Schmidt sind an der GmbH jeweils zu 50 v. H. beteiligt. Sämtliche Gesellschafter nach Müller und sämtliche Gesellschafter nach Schmidt bilden jeweils eine Gruppe, die ein Bestellungsrecht für den Geschäftsführer ihres Vertrauens hat.
>
> In bestimmten Fällen kann es also wichtig sein, Gesellschaftergruppen das Recht einzuräumen, einen Geschäftsführer zu bestellen.

4. Sonderrecht auf Geschäftsführung oder auf Bestellung des Geschäftsführers

3389 Außer durch Beschluss der Gesellschafterversammlung kann der Geschäftsführer bereits durch die Satzung bestellt werden. Ist der berufene Geschäftsführer zugleich Gesellschafter der GmbH, kann eine solche Satzungsbestimmung dazu benutzt werden, ihm ein Recht auf das Amt des Geschäftsführers einzuräumen, das ihm gegen seinen Willen nicht oder nur aus wichtigem Grund entzogen werden kann. Ein solches in der Satzung verankertes **Sonderrecht auf die Geschäftsführung** kann dann nur mit Zustimmung des betroffenen Gesellschafters entzogen werden. Mit einem solchen Sonderrecht kann zur Regelung der Unternehmensnachfolge einem „Seniorgesellschafter" die Geschäftsführung auch für den Fall gesichert werden, dass er durch teilweise Übertragung seiner Geschäftsanteile im Wege der vorweggenommenen Erbfolge seine Stimmrechtsmehrheit verliert.

Das Sonderrecht auf die Geschäftsführung lässt sich auch mit einem bestimmten Geschäftsanteil verbinden; dies geht dann auf den Rechtsnachfolger des begünstigten Gesellschafters über. Die Einräumung solcher Sonderrechte sollte aber sorgfältig bedacht werden, weil der Rechtsnachfolger vielfach unbekannt und seine Eignung für das Amt ungewiss ist. 3390

In ähnlicher Weise kann in der Satzung ein Sonderrecht verankert werden, einen Geschäftsführer zu bestellen. 3391

Soll die **Satzung** ein **Sonderrecht** (Mitgliedschaftsrecht) auf die Geschäftsführung i. S. d. § 35 GmbHG begründen, sollte sie eine ausdrückliche Bestimmung enthalten. Weder die Berufung zum Geschäftsführer in der Satzung noch eine Bestimmung, dass der im Gesellschaftsvertrag bestellte Geschäftsführer gem. § 38 Abs. 2 GmbHG nur aus wichtigem Grund abberufen werden kann, reicht für die Annahme eines Sonderrechts aus.[1] Im Zweifel handelt es sich nicht um ein Sonderrecht. 3392

Zusätzlich ist auch immer zu prüfen, ob es sich bei der Bestellung eines Gesellschafters zum Geschäftsführer in der Satzung um eine echte körperschaftsrechtliche Regelung[2] handeln soll, so dass der Geschäftsführer nur durch Satzungsänderung abberufen werden kann, wobei die dafür geltenden Regeln und Mehrheitserfordernisse eingehalten werden müssen, oder ob es sich lediglich um eine unechte Satzungsbestimmung handelt, die durch einfachen Gesellschafterbeschluss aufgehoben werden kann. Auch hier gilt im Zweifel, dass eine solche Bestimmung nur tatsächlich, nicht aber rechtlich Bestandteil der Satzung sein soll. Ein Sonderrecht ist anzunehmen, wenn die Geschäftsführerstellung auf Lebenszeit oder auf Dauer der Mitgliedschaft in der Gesellschaft eingeräumt wird oder wenn für den Widerruf der Bestellung ein einstimmiger Gesellschafterbeschluss erforderlich ist. 3393

5. Vorschlagsrecht

Der Gesellschaftsvertrag kann einem Gesellschafter oder bestimmten Gesellschaftern (z. B. der Gründerfamilie oder einem Familienstamm) ein verbindliches oder unverbindliches Vorschlagsrecht (**Benennungsrecht** oder **Präsentationsrecht**) für die Bestellung des Geschäftsführers einräumen. Das Vorschlagsrecht überträgt nicht die Zuständigkeit für die Bestellung des Geschäftsführers, sondern dieser wird weiterhin durch die Gesellschafterversammlung aufgrund des Vorschlags der hierzu berechtigten Personen bestellt. Folgt die Gesellschafterversammlung einem bindenden Vorschlag nicht, muss dies durch Klage gegenüber den Gesellschaftern durchgesetzt werden. 3394

Außer durch Satzungsregelung kann ein Vorschlagsrecht durch schuldrechtliche Vereinbarung zwischen den Gesellschaftern oder durch einen Stimmbindungsvertrag eingeräumt werden. 3395

(Einstweilen frei) 3396–3420

---

[1] Vgl. Goette, Die GmbH, § 8 Rn. 12.
[2] BGH v. 28. 6. 1999 II ZR 272/98, BGHZ 142, 116.

III. Voraussetzungen für die Bestellung zum Geschäftsführer

1. Persönliche Voraussetzungen

3421 Zum **Geschäftsführer** kann jede **natürliche, unbeschränkt geschäftsfähige Person** bestellt werden (§ 6 Abs. 2 Satz 1 GmbHG), also nicht nur Gesellschafter, sondern auch Personen, die Nichtgesellschafter sind, jedoch keine Kapitalgesellschaften oder Personengesellschaften. Nicht Voraussetzung ist die deutsche Staatsangehörigkeit. Während für EU-Bürger ein Wohnsitz oder Aufenthaltsort in Deutschland nicht Voraussetzung für die Bestellung ist, kommt es bei Nicht-EU-Bürgern **(Ausländern)** mit Wohnsitz außerhalb Deutschlands darauf an, ob sie sich zur Erfüllung ihrer Geschäftsführerpflichten in Deutschland aufhalten und jederzeit einreisen können. Nach der Neufassung des § 4a GmbHG kann das Registergericht deren Eintragung nicht mehr mit dem Argument verweigern, solche Personen könnten wegen fehlender Einreisemöglichkeit ihre Aufgabe typischerweise nicht erfüllen.[1]

2. Ausschlussgründe (Inhabilitätsregeln)

a) Gesetzliche Ausschlussgründe

3422 Die gesetzlichen Bestellungshindernisse bzw. die Anforderungen an die Integrität sind durch das MoMiG wesentlich erweitert worden. **Gesetzlich** vom Geschäftsführeramt **ausgeschlossen** ist wie bisher auch schon eine Person, die als Betreuer bei der Besorgung seiner Vermögensangelegenheiten einem Einwilligungsvorbehalt nach § 1903 BGB unterliegt oder die aufgrund Gerichtsurteils oder eines vollziehbaren Verwaltungsaktes einem Berufsverbot oder einer Gewerbeuntersagung unterliegt, deren Gegenstand ganz oder teilweise mit dem Unternehmensgegenstand der GmbH übereinstimmt (§ 6 Abs. Abs. 2 Satz 2 Nr. 1 und 2 GmbHG). Darüber hinaus ist der Katalog der **vorsätzlich** begangenen Straftaten, die zu einem Bestellungshindernis führen können, in der Nr. 3 wesentlich erweitert und auf Verurteilungen im Ausland wegen vergleichbarer Straftaten ausgedehnt worden. Der **Katalog** nennt die Verurteilungen wegen der Straftaten

a) des Unterlassens der Stellung des Antrags auf Eröffnung des Insolvenzverfahrens (Insolvenzverschleppung, § 15a Abs. 4 InsO),

b) nach den §§ 283 bis 283d StGB (Insolvenzstraftaten),

c) der falschen Angaben nach § 82 GmbHG oder § 399 AktG,

d) der unrichtigen Darstellung nach § 400 AktG, § 331 HGB, § 313 UmwG oder § 17 PubG oder

e) nach den §§ 263 bis 264a StGB (Betrug, Computerbetrug, Subventionsbetrug und Kapitalanlagebetrug) oder den §§ 265b bis 266a StGB (Kreditbetrug, Untreue, Vorenthalten und Veruntreuen von Arbeitsentgelt), sofern deswegen eine Freiheitsstra-

---

1 Vgl. OLG Düsseldorf v. 16.4.2009 3 Wx 85/09, ZIP 2009, 1074, und OLG München v. 17.12.2009 31 Wx 142/09, GmbHR 2010, 210; vgl. zu den unterschiedlichen Auffassungen in der Rechtsprechung auch Tillmann/Mohr, GmbH-Geschäftsführer, Rn. 39.

fe von mindestens einem Jahr verhängt worden ist, nicht aber nach § 370 AO (Steuerhinterziehung).

Das Erfordernis der Verurteilung zu mindestens einem Jahr Freiheitsstrafe gilt nur für die Betrugsdelikte (Buchstabe e), während bei den anderen Straftaten auch ein geringeres Strafmaß ausreicht, um das Bestellungshindernis zu begründen. Unklar ist die Rechtslage, wenn der Geschäftsführerkandidat wegen einer in Tateinheit begangenen Straftat, die sich nicht im Katalog findet, und einer Straftat nach Buchstabe e zu einer Freiheitsstrafe von einem Jahr oder mehr verurteilt worden ist, aber Anhaltspunkte dafür vorliegen, dass das Strafmaß für die Katalogstraftat nach Buchstabe e unter einem Jahr gelegen hätte. Aus Gründen der Rechtssicherheit wird man hier einen Ausschlussgrund sehen müssen. Wurde eine Gesamtstrafe gebildet für eine Katalogstraftat nach Buchstabe a bis d, tritt der Ausschluss ein, weil für diese Straftaten die Dauer der Strafe keine Rolle spielt. Liegt eine Verurteilung wegen mehrerer Straftaten nach Buchstabe e vor, die zu einer Gesamtfreiheitsstrafe von einem Jahr geführt hat, muss man den Ausschluss vom Geschäftsführeramt bejahen. 3423

Anders könnte es aber zu beurteilen sein, wenn bei der Verurteilung wegen einer Nichtkatalogstraftat (z. B. Steuerhinterziehung oder Unterschlagung) und einer Straftat nach Buchstabe e eine Gesamtfreiheitsstrafe von einem Jahr gebildet wurde, für Letztere aber eine Einzelstrafe von weniger als einem Jahr herausgekommen wäre. Dann könnte ein Ausschluss zu verneinen sein.[1] Der BGH[2] hat jüngst entschieden, dass die Versicherung, noch nie, weder im Inland noch im Ausland wegen einer Straftat verurteilt worden zu sein, genügt. Es muss der Katalog der für eine Inhabilität in Betracht kommenden Straftaten nicht aufgeführt werden.[3]

Den Ausschluss vom Geschäftsführeramt lösen künftig auch Verurteilungen im Ausland aus, wenn die Tat mit einer der Katalogstraftaten vergleichbar ist. Der Ausschluss gilt für die Dauer von fünf Jahren ab der Rechtskraft des Urteils, wobei die Zeit nicht eingerechnet wird, in welcher der Täter auf behördliche Anordnung in einer Anstalt verwahrt worden ist, also z. B. im Strafvollzug eingesessen hat.

Eine Verurteilung wegen anderer Straftaten und z. B. wegen Steuerhinterziehung (§ 369 AO) führt nicht zur Inhabilität. 3424

Auch Geschäftsführer einer inländischen Zweigniederlassung einer ausländischen GmbH unterliegen den deutschen Bestellungsvorschriften. Sie müssen die Versicherung abgeben, dass keine Bestellungshindernisse nach deutschem Recht vorliegen.[4] 3424/1

Die neuen Ausschlussgründe gelten nicht für Geschäftsführer, die vor dem Inkrafttreten des MoMiG bestellt wurden, sofern das Strafurteil oder die ausländische Verurteilung davor rechtskräftig geworden ist (§ 3 Abs. 2 EGGmbHG). Dies gilt auch dann, wenn die Bestellung noch nicht im HR eingetragen ist. Das Bestellungsverbot nach dem erweiterten Katalog gilt aber, wenn der Beschluss zur Bestellung nach Inkrafttre- 3425

---

1 Vgl. zu der Gesamtpoblematik Bunnemann/Zirngibl/Bunnemann, § 3 Rn. 22 ff.
2 BGH v. 17. 5. 2010 II ZB 5/10, NZG 2010, 829.
3 Vgl. auch OLG Stuttgart v. 10. 10. 2012 8 W 241/11, GmbHR 2013, 91.
4 BGH v. 17. 5. 2010 II ZB 5/10, NZG 2010, 829.

ten des MoMiG gefasst wurde. Gleiches gilt für eine Wiederbestellung, beim Wechsel von einer GmbH zu einer anderen und bei Umwandlungen, weil sie mit dem Ende des Amtes und anschließender Neubestellung einhergehen.[1]

b) Belehrung und Versicherung zur Inhabilität

3426 Bei der Anmeldung zum Handelsregister ist nach § 8 Abs. 3 GmbHG die Versicherung abzugeben, dass keine der in § 6 GmbHG aufgezählten Bestellungshindernisse nach vorliegen und dass eine Belehrung nach § 53 Abs. 2 BZRG erfolgt ist. Die bislang dem deutschen Notar vorbehaltene Belehrung kann jetzt auch schriftlich und durch einen im Ausland bestellten Notar, durch einen Vertreter eines vergleichbaren rechtsberatenden Berufes oder durch einen Konsularbeamten erfolgen. Rechtsanwälte gehören zu den vergleichbaren rechtsberatenden Berufen.

c) Gesellschafterhaftung für die Bestellung ungeeigneter Geschäftsführer

3427 Die Bestellung eines Geschäftsführers, der einem Bestellungsverbot unterliegt, ist nichtig. Tritt bei einem zunächst wirksam bestellten Geschäftsführer später Inhabilität ein, wird die Bestellung ohne Weiteres unwirksam. **Überlassen** Gesellschafter vorsätzlich oder grob fahrlässig einer Person, die nach § 6 Abs. 2 GmbHG nicht Geschäftsführer sein kann, die Führung der Geschäfte, haften sie künftig der GmbH solidarisch für den Schaden, der dadurch entsteht, dass die ungeeignete Person ihre gegenüber der Gesellschaft bestehenden Obliegenheiten verletzt. Der **Verstoß** gegen die **Inhabiltätsvorschriften** wird also für die Gesellschafter mit einer **Schadensersatzpflicht** sanktioniert (§ 6 Abs. 5 GmbHG).

Die Vorschrift sanktioniert ein Auswahl-, Handlungs- und Unterlassenverschulden der Gesellschafter und erfasst ein faktisches Geschehenlassen der Handlungen des inhabilen „Geschäftsführers".[2] Erfasst werden nicht nur förmlich bestellte Geschäftsführer, sondern auch und gerade **faktische Geschäftsführer**.[3] Dies ist deshalb wichtig, weil eine Geschäftsführerbestellung unter Verstoß gegen § 6 Abs. 2 GmbHG **unwirksam** (nichtig) ist und der Geschäftsführer rechtlich nicht Organ der Gesellschaft geworden ist. Faktischer Geschäftsführer ist, wer nach dem Gesamterscheinungsbild seines Auftretens die Geschicke der Gesellschaft – über die interne Einwirkung auf die satzungsmäßige Geschäftsführung hinaus – durch eigenes Handeln im Außenverhältnis, das die Tätigkeit des rechtlichen Geschäftsführungsorgans nachhaltig prägt, maßgeblich in die Hand genommen hat.[4]

> **BEISPIEL:** X ist bisher Gesellschafter-Geschäftsführer der Y-GmbH. Als die anderen Gesellschafter erfahren, dass er vor zwei Jahren wegen eines Insolvenzdelikts rechtskräftig verurteilt worden ist, berufen sie ihn zwar vom Geschäftsführeramt ab, bestellen aber seine Ehefrau zur Geschäftsführerin, welche mit Wissen und Duldung der Gesellschafter ihrem Ehemann so umfas-

---

1 Bunnemann/Zirngibl/Bunnemann, § 3 Rn. 35 ff., m.w.N.
2 Bunnemann/zitngibl/Zirngibl § 4 Rn. 75.
3 Wälzholz, GmbHR 2008, 841, 849; Tillmann/Mohr, GmbH-Geschäftsführer, Rn. 36.
4 BGH v. 25. 2. 2002 II ZR 196/00, BGHZ 150, 61; v. 11. 7. 2005 II ZR 235/03, DStR 2005, 1704.

sende Vollmachten erteilt, dass er faktisch an ihrer Stelle als Geschäftsführer auftreten und handeln kann und dies auch tut.

X veranlasst Auszahlungen von 50 000 € an den mit ihm befreundeten Gesellschafter U, welche dem Verbot des § 30 Abs. 1 Satz 1 GmbHG unterfallen und deshalb nach § 43 Abs. 3 GmbHG eine Obliegenheitsverletzung gegenüber der GmbH darstellen. Als in der Insolvenz der GmbH von X, seiner Ehefrau und U nichts zu holen ist, verlangt der Insolvenzverwalter von den Gesellschaftern A und B Schadensersatz von 50 000 €. Die Gesellschafter haften solidarisch, weil sie die Führung der Geschäfte dem ungeeigneten X überlassen haben.

Ist neben der inhabilen Person ein weiterer Geschäftsführer wirksam bestellt, wird die Führung der Geschäfte der ungeeigneten Person dann überlassen, wenn sie bestimmte Angelegenheiten der Geschäftsführung **allein** wahrnimmt. Werden sie von dem anderen Geschäftsführer mitgetragen, kommt vorrangig eine Haftung des weiteren Geschäftsführers in Betracht.

3. Statutarische Eignungsvoraussetzungen

Der Gesellschaftsvertrag kann festlegen, dass ein Geschäftsführer bestimmten Anforderungen entsprechen und bestimmte Qualifikationen haben muss (z. B. Gesellschaftereigenschaft, Familienzugehörigkeit, Alter, Ausbildung etc.). Es sollten jedoch nur solche **statutarischen Eignungsvoraussetzungen** festgelegt werden, die im Hinblick auf das Unternehmen der GmbH und den Verantwortungsbereich des Geschäftsführers Sinn machen. Erfüllt der bestellte Geschäftsführer die satzungsmäßigen Voraussetzungen nicht, so ist die Bestellung dennoch wirksam, der Bestellungsbeschluss kann aber anfechtbar sein. Fallen bestimmte Eignungsvoraussetzungen später weg, beendet dies die Geschäftsführerstellung nicht automatisch, kann aber Grund für die Abberufung aus wichtigem Grund sein. 3428

4. Amtsunfähigkeit

Wird eine Person Geschäftsführer, die nach den Maßstäben des § 6 Abs. 2 GmbHG nicht zum Geschäftsführer bestellt werden kann, **ist die Bestellung nichtig**. Wird diese Person dennoch wie ein Geschäftsführer tätig (**faktischer Geschäftsführer** durch Antritt des Amtes und Organhandlungen), dann muss sie jedenfalls die Pflichten erfüllen, die einem ordnungsgemäß bestellten Geschäftsführer im allgemeinen Interesse auferlegt sind. Tritt nach der Bestellung ein Grund für die Amtsunfähigkeit ein, beendet dies das Organverhältnis, ohne dass es einer Abberufung bedarf. Wird ein bestellter und ins Handelsregister eingetragener Geschäftsführer später geschäftsunfähig, können sich Dritte nicht auf das Bestehen der gesetzlichen Vertretungsmacht berufen, weil die Geschäftsfähigkeit keine in das Handelsregister einzutragende Tatsache ist.[1] Überlassen die Gesellschafter dem amtsunfähig gewordenen Geschäftsführer weiterhin die Führung der Geschäfte, müssen sie der Gesellschaft für Schäden einstehen, die ihr durch Obliegenheitsverletzungen des amtsunfähigen Geschäftsführers entstehen. 3429

BEISPIEL: Der Geschäftsführer kauft unter Außerachtlassen jeder vernünftigen kaufmännischen Sorgfalt einen für die GmbH unbrauchbaren Gegenstand für teures Geld. Die GmbH muss aus Rechtsscheinhaftung den Lieferanten bezahlen. Die Gesellschafter, die den amts-

---

1 Vgl. BGH v. 1.7.1991 II ZR 292/90, BGHZ 115, 78.

unfähigen Geschäftsführer gewähren ließen, haften nach neuem Recht der Gesellschaft auf Ersatz des Schadens, den ihr die Obliegenheitsverletzung (vgl. § 43 Abs. 1 und 2 GmbHG) bereitet hat, solidarisch (Innenhaftung, § 6 Abs. 5 GmbHG.).

5. Bestellung eines Notgeschäftsführers

Literatur: *Singer,* Die Bestellung eines Notgeschäftsführers in der GmbH – letztes Mittel zur Vermeidung drohender Nachteile bei zerstrittenen Gesellschaften? NWB 2017, 1450 = NWB DokID: BAAAG-43737.

3430 Grundsätzlich haben die Gesellschafter bzw. das zuständige Organ dafür zu sorgen, dass die GmbH durch Bestellung der zur ordnungsgemäßen Vertretung notwendigen Zahl von Geschäftsführern handlungsfähig ist. Diese Obliegenheit besteht auch, wenn die GmbH wegen tatsächlicher oder rechtlicher Verhinderung eines ihrer bestellten Geschäftsführer handlungsunfähig ist. Wird dieser Pflicht nicht nachgekommen, kann das Registergericht in dringenden Fällen und auf Antrag eines Beteiligten (z. B. Gesellschafter, Betriebsrat, aber auch Gläubiger) einen **Notgeschäftsführer** bestellen. Seine Geschäftsführungsbefugnis und seine Vertretungsmacht entsprechen der des ordentlichen Geschäftsführers. Der Notgeschäftsführer kann nur durch das Gericht abberufen werden, sein Amt endet aber mit der Bestellung eines ordentlichen Geschäftsführers.

3431–3450 *(Einstweilen frei)*

IV. Aufgaben, Rechte und Pflichten der Geschäftsführer als Organ der GmbH

1. Geschäftsführungsbefugnis

a) Leitungsaufgabe

3451 Der Geschäftsführer hat **die Aufgabe**, das Unternehmen der GmbH im Rahmen des satzungsmäßigen Unternehmensgegenstandes **mit der Sorgfalt eines ordentlichen Geschäftsmanns (§ 43 Abs. 1 GmbHG) zu leiten**.[1] Die **Geschäftsführungsbefugnis** gibt den Umfang vor, zu welchen Handlungen der Geschäftsführer im Innenverhältnis berechtigt und verpflichtet ist. Im Innenverhältnis hat der Geschäftsführer die sich aus der Satzung (Gesellschaftsvertrag) und aus den Weisungen der Gesellschafter ergebenden Beschränkungen einzuhalten (§ 37 Abs. 1 GmbHG), die Geschäftsführungsbefugnis bestimmt somit den **Umfang des rechtlichen Dürfens**.

Der Geschäftsführer hat sich also an den Rahmen des vom GmbHG und von der Satzung vorgegebenen Aufgabenkatalogs zu halten, hat die der Gesellschafterversammlung in § 46 GmbHG zugewiesenen Kompetenzen zu respektieren und ist den Weisungen und Beschlüssen der Gesellschafter unterworfen, die auch die Grundlagen der Geschäftspolitik festlegen. Den Weisungen der Gesellschafter hat er allerdings dann nicht zu folgen, wenn sie ihn zu einer Verletzung der Pflichten zwängen, die dem Geschäftsführer im öffentlichen Interesse auferlegt sind.

---

[1] Vgl. Goette, Die GmbH, § 8 Rz. 50.

b) Mehrere Geschäftsführer und Gesamtgeschäftsführungsbefugnis

Sind **mehrere Geschäftsführer** bestellt worden, so ist entsprechend dem Grundsatz der Gesamtvertretung im Außenverhältnis gem. § 35 Abs. 2 Satz 2 GmbHG anzunehmen, dass ihnen **Gesamtgeschäftsführungsbefugnis** zustehen soll, jeder Geschäftsführer also mit seinen Mitgeschäftsführern – nach vollständiger und wahrheitsgemäßer Information – **gemeinsam und einstimmig** die Entscheidungen für die GmbH treffen muss. Eine Maßnahme der Gesamtgeschäftsführung, bei der die Willensbildung durch einstimmige Beschlussfassung erfolgt, ist z. B. die Ausnutzung des genehmigten Kapitals nach § 55a GmbHG (anlog § 77 Abs. 1 Satz 1 AktG). Dabei gilt der Grundsatz, dass Mitgeschäftsführer verpflichtet sind, **kollegial** und **vertrauensvoll** im Team **zusammenzuarbeiten**. — 3452

Die Gesamtgeschäftsführungsbefugnis kann sich aber auch hinderlich für den praktischen Ablauf der Geschäftsführung erweisen. Deshalb sollte die Satzung sie nicht festschreiben, sondern eine Öffnungsklausel enthalten, nach der durch Gesellschafterbeschluss oder durch eine von den Gesellschaftern zu erlassende Geschäftsordnung (**Ressortverteilung**) einzelnen Geschäftsführern Einzelgeschäftsführungsbefugnis eingeräumt werden kann. Unternehmerische Entscheidungen von größerer Tragweite können dabei einer gemeinsamen Entscheidung der Geschäftsführer vorbehalten werden. — 3453

Ist **Einzelgeschäftsführungsbefugnis** erteilt, gilt gleichwohl die Pflicht zu kollegialem Verhalten, die auch einschließt, dass das entsprechend geltende Widerspruchsrecht nach § 115 HGB zu respektieren ist[1] und nicht ohne Grund in die Zuständigkeiten des Mitgeschäftsführers eingegriffen wird.[2] — 3454

c) Ressortverteilung und ihre Folgen

Literatur: *Peters*, Ressortverteilung zwischen GmbH-Geschäftsführern und ihre Folgen, GmbHR 2008, 682.

Die Aufteilung einzelner Zuständigkeiten (**Ressorts**) unter mehreren Geschäftsführern befreit den einzelnen Geschäftsführer aber nicht von seiner prinzipiellen **Kontroll- und Überwachungspflicht** gegenüber einem Mitgeschäftsführer. Hier gilt nämlich das **Gesamtverantwortungsprinzip**.[3] Gleichwohl hat die **Ressortverteilung** ihre **Vorzüge** in einer kompetenzbezogenen Zuordnung (z. B. in den kaufmännischen und technischen Bereich oder die Bereiche Produktion, Vertrieb, Marketing, Finanzen und Steuern, Entwicklung usw.), deren Wahrnehmung in einer „Allzuständigkeit" der einzelnen Geschäftsführer schnell auf ihre zeitlichen und faktischen Grenzen stößt. — 3455

Bei einer Ressortverteilung, die zweckmäßigerweise **schriftlich niedergelegt** werden sollte, können die Geschäftsführer zwar grundsätzlich darauf vertrauen, dass die ressortzuständigen Geschäftsführer ihre Pflichten ordnungsgemäß erfüllen, sie bleiben aber aus ihrer Gesamtverantwortung heraus rechtlich im Ganzen für die Geschäftsführung zuständig. Von bestimmten **gesetzlich auferlegten Pflichten** kann sie eine **Ressort-**

---

[1] BGH v. 25. 2. 1965 II ZR 287/63, BGHZ 43, 261.
[2] BGH v. 13. 7. 1998 II ZR 131/97, DStR 1998, 1398.
[3] BGH v. 1. 3. 1993 II ZR 81/94, DStR 1994, 1092; OLG Koblenz v. 22. 11. 2007 6 U 1170/07, GmbHR 2008, 37.

verteilung nicht entbinden (Aufstellung des Jahresabschlusses, § 264 Abs. 1 HGB, § 42a GmbHG, Einberufung der Gesellschafterversammlung § 49 und § 5a Abs. 4 GmbHG), ordnungsgemäße Führung der Bücher, § 41 GmbHG, Erhaltung des Stammkapitals, § 30 Abs. 1 GmbHG, Beachtung des Verbots eines Erwerbs noch nicht voll eingezahlter eigener Geschäftsanteile, § 33 GmbHG, Zahlungsverbote zur Verhinderung des Eintritts der Zahlungsunfähigkeit und Schmälerung der Masse nach Eintritt der Insolvenzreife, § 64 GmbHG., Stellung des Insolvenzantrags nach § 15a InsO).

Gleiches gilt für die zahlreichen öffentlich-rechtlichen Pflichten aus den Steuer- und Sozialgesetzen. Bei Zuweisung dieser Pflichten in bestimmte Ressorts haben alle Geschäftsführer in gesteigertem Maße ihre **umfangreichen Überwachungspflichten** zu erfüllen, die sie generell gegenüber ihren Mitgeschäftsführern und in besonderem Umfang in einer Krisensituation[1] der Gesellschaft haben. Um diese Überwachungspflichten erfüllen zu können, stehen jedem Mitgeschäftsführer **umfangreiche Informationsrechte** zur Verfügung, die sich auf sämtliche Angelegenheiten der Gesellschaft erstrecken.[2] Es gilt der Satz: „Jeder darf alles wissen, und jeder hat Anspruch darauf, über alles informiert zu werden."[3]

Die nahezu unbeschränkten Informationsrechte – **Ausnahmen** bestehen bei Vorliegen wichtiger Gründe wie dem Geheimhaltungsinteresse und bei Interessenkollisionen, nicht aber bei Zerwürfnissen zwischen den Geschäftsführern oder Informationsverlangen in unangemessener Form, denen nur mit Abmahnung, Abberufung oder fristloser Kündigung des die Information begehrenden Geschäftsführers begegnet werden kann – richten sich vornehmlich an den ressortzuständigen Mitgeschäftsführer. Aber auch Angestellte der GmbH und Dritte wie Banken oder Kunden dürfen befragt werden, weil nur dadurch eine effektive Überwachung und Aufdeckung einer unzulänglichen Wahrnehmung der Pflichten durch den ressortzuständigen Geschäftsführer möglich ist. Darin ist kein unzulässiges aktives Eingreifen in ein fremdes Ressort zu sehen.

3456 Ergeben sich Bedenken, dass ein für ein bestimmtes Ressort zuständiger Geschäftsführer seinen **Aufgabenbereich nicht ordnungsgemäß wahrnimmt**, müssen die Mitgeschäftsführer – unter Wahrung des Prinzips der vertrauensvollen und kollegialen Zusammenarbeit – **eingreifen** und Einzelmaßnahmen oder im Ausnahmefall sogar den gesamten **Aufgabenbereich** des betreffenden Geschäftsführers in das **Gesamtgremium zurückholen** (Rückholpflicht).[4]

Neben der **Rückholpflicht** haben die Mitgesellschafter **Widerspruchsrechte** und – wenn dem Unternehmen schwere Nachteile drohen – sogar Widerspruchspflichten. Das Widerspruchrecht besteht unabhängig von der Bedeutung der Maßnahme des ressortzuständigen Geschäftsführers, die zunächst zu unterbleiben hat.[5] Ist der zuständige Geschäftsführer nicht zur Abhilfe willens, muss im Hinblick darauf, dass Entscheidungen der Gesamtgeschäftsführung – vorbehaltlich anders lautender Bestimmungen in

---

1 BFH v. 26. 4. 1984 V R 128/79, GmbHR 1985, 309; BGH v. 15. 10. 1996 VI R 319/95, GmbHR 1997, 25.
2 Zöllner/Noack in Baumbach/Hueck, GmbHG, § 37 Rz. 32.
3 Peters, GmbHR 2008, 682, 685 m. N.
4 BGH v. 8. 7. 1985 II ZR 198/84, GmbHR 1986, 19; v. 15. 10. 1996 VI ZR 319/95, GmbHR 1997, 25.
5 OLG Karlsruhe v. 4. 5. 1999 8 U 153/97, NZG 2000, 64.

der Satzung oder der Geschäftsordnung – einstimmig zu fassen sind, eine Beschlussentscheidung der Gesellschafterversammlung herbeigeführt werden. Will oder kann sich der betroffene Geschäftsführer deren Weisung nicht beugen, weil z. B. die Maßnahme wegen einer zwingenden gesetzlichen Pflicht „weisungsfrei" ist, bleibt ihm nur die Amtsniederlegung, um etwa einer Haftung zu entgehen.

Bedeutende Maßnahmen für das Unternehmen der GmbH bleiben aber auch bei einer Ressortverteilung in der **Entscheidungskompetenz der Gesamtheit der Geschäftsführer**, unbeschadet einer vorgehenden Zuständigkeit der Gesellschafterversammlung. Dazu zählen insbesondere (ressortübergreifende) Maßnahmen der **Unternehmenspolitik** (z. B. Umstellung der Vertriebswege, neue Produktgruppen, Produktionsverlagerungen) oder weitgehende und **tief greifende Maßnahmen** (Personalentscheidungen im Bereich leitender Angestellter, Ausgliederung von Unternehmensteilen, Beteiligungserwerb und umfangreiche Kreditaufnahmen oder -gewährungen). 3457

Jeder Geschäftsführer haftet nur für sein eigenes Verschulden, das Verschulden von Mitgeschäftsführern wird ihm nicht zugerechnet, so dass nur diese für ihre ressortbezogenen Pflichtverletzungen einzustehen haben. Sofern kein Handeln des Gesamtgremiums der Geschäftsführer geboten war, **haften die nicht ressortzuständigen Geschäftsführer** aber für die **Verletzung ihrer Überwachungspflichten oder die Verletzung der Pflichten zum Einschreiten oder zum Widerspruch**. Die Ressortverteilung entlässt also den einzelnen Geschäftsführer nicht aus seiner Gesamtverantwortung, **beschränkt aber die Verantwortlichkeit** der nicht ressortzuständigen Geschäftsführer in haftungs- und strafrechtlicher Hinsicht[1] auf die Verletzung seiner Überwachungs-, Widerspruchs- oder Einschreitenspflichten. 3458

d) Inhalt der Leitungsaufgabe

Hauptaufgabe des Geschäftsführers ist die **ordnungsgemäße Leitung** der GmbH, in deren Rahmen er den Unternehmenserfolg zu fördern und Schaden von der Gesellschaft abzuwenden hat.[2] Hierbei übernimmt er die Funktionen eines Unternehmers: Er trifft die Entscheidungen der laufenden Geschäftsleitung, übernimmt – eingebunden in die Weisungen der Gesellschafterversammlung und im pflichtgemäßen Ermessen – die nah- und mittelfristige Planung der Unternehmensziele und deren Umsetzung einschließlich der Risikovorsorge, führt aber auch die Beschlüsse der Gesellschafterversammlung aus und hat zu gewährleisten, dass sich das Unternehmen rechtmäßig verhält und die umfangreichen gesetzlichen Pflichten z. B. des Steuerrechts, des Arbeits- und Sozialrechts, des Umwelt- oder Produkthaftungsrechts erfüllt werden. 3459

Der Geschäftsführer hat dafür zu sorgen, dass eine funktionsfähige Buchführung eingerichtet ist und die Rechnungsführung überwacht wird. Neben diesen Pflichten der Buchführung und Bilanzaufstellung (§§ 41 ff. GmbHG) werden ihm vom Gesetz zahlreiche weitere Pflichten auferlegt, die der Kapitalaufbringung und der Erhaltung des Stammkapitals dienen (§ 30 GmbHG). Es obliegen ihm die Einreichung der Gesellschaf-

---

1 BGH v. 15.10.1996 VI ZR 319/95, GmbHR 1997, 25.
2 Vgl. Goette, Die GmbH, § 8 Rz. 128 f.

terliste und ihre Aktualisierung bei Veränderungen in den Personen der Gesellschafter und des Umfangs ihrer Beteiligung (§ 40 Abs. 1 GmbHG), die Einberufung der Gesellschafterversammlung und die Anmeldungen zum Handelsregister sowie die Stellung des Antrags auf Eröffnung eines Insolvenzverfahrens (§ 15a InsO) einschließlich der mit der Insolvenzvermeidung und Massesicherung zusammenhängenden Pflichten (§ 64 GmbHG), auch Differenzhaftungsansprüche geltend zu machen oder Unterbilanzhaftungsansprüche einzufordern.

e) Beschränkung der Geschäftsführungsbefugnis

3460   Abgesehen von den Bereichen, in denen der Geschäftsführer seine Leitungsaufgaben vornehmlich im öffentlichen Interesse zu wahren hat und deshalb die Geschäftsführungsbefugnis nicht beschränkt werden kann, kann die **Geschäftsführungsbefugnis** in unterschiedlicher Weise **eingeschränkt** werden: Durch das Gesetz, die Satzung, Beschlüsse der Gesellschafterversammlung oder durch den Anstellungsvertrag. Gesetzliche Beschränkungen enthält insbesondere § 46 GmbHG, in dem grundlegende Entscheidungen wie z. B. die Feststellung des Jahresabschlusses, die Verwendung des Ergebnisses und die Maßnahmen zur Überprüfung und Überwachung der Geschäftsleitung der **Gesellschafterversammlung vorbehalten** werden. Auf diesen Feldern ist der Geschäftsführer **nur für die Umsetzung** verantwortlich. Auch die Grundlagen der Unternehmenspolitik festzulegen, gehört in den Kompetenzbereich der Gesellschafter.

3461   Der **Umfang** der Geschäftsführungsbefugnis kann allgemein durch **Richtlinien** oder durch einen **konkreten Katalog** von **zustimmungsbedürftigen Geschäften**, die auch miteinander kombiniert werden können, festgelegt werden. In der Praxis finden sich nicht selten von den Gesellschaftern erlassene Geschäftsordnungen, die auch einen Katalog zustimmungsbedürftiger Geschäfte enthalten. Der Gesellschafterversammlung ist es zusätzlich immer möglich, durch konkrete Beschlüsse in die Geschäftsführung einzugreifen.

3462   In vielen **Satzungen** werden die Kompetenzen der Gesellschafterversammlung einerseits und der Geschäftsführer andererseits durch einen **Zustimmungskatalog** voneinander abgegrenzt, indem bestimmte Rechtsgeschäfte und Rechtshandlungen der Zustimmung der Gesellschafterversammlung vorbehalten werden. Dabei sollte aber beachtet werden, dass die in der Satzung aufgezählten zustimmungspflichtigen Rechtsgeschäfte Bestandteil der Satzung werden und der Katalog nur durch Satzungsänderung eingeschränkt oder erweitert werden kann. Je nach Interessenlage kann es sich daher empfehlen, in die Satzung eine Bestimmung aufzunehmen, wonach der Katalog der zustimmungsbedürftigen Rechtsgeschäfte nicht Satzungsbestandteil im materiellen Sinn, sondern nur eine Richtlinie darstelle, die die Geschäftsführung im Innenverhältnis bindet, und der Kreis der zustimmungsbedürftigen Rechtsgeschäfte jeder Zeit durch formlosen Gesellschafterbeschluss erweitert, eingeschränkt oder aufgehoben werden kann.

3463   Fehlt eine vergleichbare Regelung in der Satzung, kann es zu Schwierigkeiten führen, wenn im Geschäftsführervertrag die Zuständigkeit des Geschäftsführers erweitert werden soll. Denn dann müsste zunächst die Satzung geändert werden. Schließlich ist es auch möglich, bestimmte Rechtsgeschäfte von der Einwilligung eines Gesellschafters abhängig zu machen.

f) Zielgrößen und Fristen zur gleichberechtigten Teilhabe von Frauen und Männern

Durch das Gesetz für die gleichberechtigte Teilhabe von Frauen und Männern an Führungspositionen in der Privatwirtschaft und im öffentlichen Dienst vom 24.4.2015, welches zum 1.5.2015 in Kraft getreten ist, wurde für die Geschäftsführer eine neue Aufgabe in § 36 GmbHG statuiert. Für GmbHs, die der Mitbestimmung unterliegen, sind Zielgrößen für den Frauenanteil in den beiden Führungsebenen unterhalb der Geschäftsführer festzulegen. Zu Einzelheiten s. oben Rn. 3067.   3464

(Einstweilen frei)   3464–3470

2. Vertretungsmacht

a) Inhalt, Umfang und Grenzen der Vertretungsmacht

Die **Vertretungsmacht** umfasst jedes rechtsgeschäftliche Handeln des Geschäftsführers im Namen der Gesellschaft gegenüber Dritten (**rechtliches Können im Außenverhältnis**). Den Geschäftsführern obliegt die gerichtliche und außergerichtliche Vertretung der GmbH (§ 35 Abs. 1 GmbHG). Die Organhandlungen des Geschäftsführers verpflichten und berechtigen die GmbH unmittelbar. Die Vertretungsmacht der Geschäftsführer ist aus Gründen des Verkehrsschutzes im Außenverhältnis zwingend unbeschränkt und nicht beschränkbar (§ 37 Abs. 2 GmbHG), so dass sie weder auf einen Kreis bestimmter Rechtsgeschäfte noch auf einen bestimmten Wirkungskreis beschränkt werden kann.   3471

Nur in Fällen, in denen ein Dritter des gesetzlichen Schutzes nicht bedarf, weil er weiß, dass der Geschäftsführer seine Vertretungsmacht missbraucht, oder wenn der Geschäftsführer den abgeschlossenen Vertrag unter den Vorbehalt der Zustimmung eines anderen Gesellschaftsorgans stellt, gilt § 37 Abs. 2 GmbHG nicht. Auch Geschäfte, die in keinem unmittelbaren Zusammenhang mit dem Unternehmensgegenstand der GmbH stehen, werden von der Vertretungsmacht umfasst. Nur durch die satzungsmäßige Anordnung einer Gesamtvertretung ergeben sich Beschränkungen.

Die Vertretungsmacht der Geschäftsführer beginnt mit der Bestellung und endet mit der Abberufung. Den Wegfall der Vertretungsmacht müssen sich Dritte gem. § 15 HGB nur entgegenhalten lassen, wenn sie bei Abschluss des Rechtsgeschäftes positiv davon Kenntnis hatten oder die Beendigung der Vertretungsmacht im Handelsregister eingetragen war.   3472

b) Vertretungsmacht bei gesellschaftsinternen Rechtshandlungen

Problematisch ist, inwieweit sich die Vertretungsmacht des Geschäftsführers auch auf Geschäfte erstreckt, die das **Innenverhältnis der GmbH** betreffen. Die h. M.[1] bejaht die Vertretungsmacht, soweit es sich um organisationsinterne Maßnahmen der Gesellschaft handelt, und auch für Rechtsgeschäfte der Gesellschaft mit Gesellschaftern und anderen Organen, wozu auch die nach § 15 Abs. 5 GmbHG zu erteilenden Genehmigungen oder der Erwerb und die Veräußerung eigener Geschäftsanteile sowie die Erklärun-   3473

---

[1] Vgl. Lutter/Hommelhoff, GmbHG, § 35 Rn. 19, m.w.N.

gen im Kaduzierungsverfahren[1] und die Ausübung von Beteiligungsrechten sowie die Gründung von Gesellschaften gehören.

Ausgenommen sind jedoch die Fälle, in denen die GmbH nicht durch den Geschäftsführer vertreten wird, z. B. im Prozess der GmbH mit ihrem einzigen Geschäftsführer, in den Fällen des § 46 Nr. 8 GmbHG bei Geltendmachung von Ersatzansprüchen aus der Gründung und Geschäftsführung gegen den Geschäftsführer und dort, wo es um innergesellschaftliche Veränderungen geht, wie z. B. die Bestellung und Abberufung des Geschäftsführers sowie die Anstellung, Änderung und Aufhebung des Anstellungsvertrages,[2] oder bei der Haftungsfreistellung eines Mitgeschäftsführers. Beim Ausscheiden eines Geschäftsführers ist für die Entlastung wie für den Abschluss eines Generalbereinigungsvertrages ein Beschluss der Gesellschafterversammlung notwendig.[3]

c) Vertretungsregelung bei einer Mehrheit von Geschäftsführern

aa) Prinzip der Gesamtvertretung

3474　Ist nur ein Geschäftsführer bestellt, vertritt er die GmbH allein. Sind mehrere Geschäftsführer bestellt, ist – wenn der Gesellschaftsvertrag nichts anderes bestimmt – **Gesamtvertretung** durch alle Geschäftsführer gemeinsam vorgeschrieben (§ 35 Abs. 2 GmbHG). Die GmbH kann dann nur im Zusammenwirken aller Geschäftsführer rechtsgeschäftlich handeln, wobei dies auch durch gesonderte Erklärungen der einzelnen Geschäftsführer, durch deren Zustimmung oder durch Ermächtigung zur Vornahme des Rechtsgeschäfts erfolgen kann.

Das GmbHG will im Hinblick auf die nach außen unbeschränkbare und uneingeschränkte Vertretungsmacht durch das Leitbild der Gesamtvertretung einen wirksamen Schutz gegen Untreue, Missbrauch der Vertretungsmacht und mangelnde Sorgfalt eines einzelnen Geschäftsführers erreichen. Zugleich macht das Prinzip der Gesamtvertretung das Handeln der GmbH schwerfällig und trägt auch die Gefahr der Handlungsunfähigkeit in sich. Deshalb sind Abweichungen nicht nur satzungsrechtlich zulässig, sondern es finden sich auch häufig in der Praxis Bestimmungen, dass bestimmten Geschäftsführern die Einzelvertretungsbefugnis eingeräumt wird, während andere nur zusammen mit einem anderen Geschäftsführer oder einem Prokuristen befugt sind, die Gesellschaft zu vertreten.

3475　Ist der Gesellschaft gegenüber aber eine Willenserklärung abzugeben, so genügt die Abgabe gegenüber einem von mehreren Geschäftsführern (§ 35 Abs. 2 Satz 2 GmbHG). Dabei kann die Willenserklärung gegenüber dem Geschäftsführer unter der im Handelsregister eingetragenen Geschäftsanschrift abgegeben werden. Gleiches gilt für die Zustellung von Schriftstücken. Ist ein Empfangsberechtigter mit Anschrift im Handelsregister nach § 10 Abs. 2 Satz 2 GmbHG eingetragen, kann die Abgabe von Willenserklärungen und die Zustellung auch an diese Anschrift erfolgen.

1　Vgl. auch Goette, Die GmbH, § 8 Rz. 60.
2　BGH v. 25. 3. 1991 II ZR 169/90, DStR 1991, 751; v. 3. 7. 2000 II ZR 282/98, NJW 2000, 2983.
3　BGH v. 8. 12. 1997 II ZR 236/96, DStR 1998, 459.

bb) Gesamtvertretung und Ausfall eines Geschäftsführers

Besteht **Gesamtvertretung** und fällt einer von zwei Geschäftsführern aus, so erlangt der andere bei Verhinderung aus tatsächlichen Gründen nicht automatisch Alleinvertretungsbefugnis,[1] wohl aber wenn aus rechtlichen Gründen (Tod, Abberufung, Geschäftsunfähigkeit) nur noch ein Geschäftsführer verbleibt. Dann hat dieser sogleich Alleinvertretungsbefugnis.

3476

Entscheidend kommt es beim Wegfall eines von zwei Geschäftsführern aus rechtlichen Gründen auf den Inhalt der Satzung an: Ist die Vertretung durch **mindestens zwei** Geschäftsführer vorgeschrieben, **bleibt** es bei der **Gesamtvertretung** und die Gesellschafter müssen umgehend einen weiteren Geschäftsführer bestellen oder die Satzung ändern, damit die GmbH aktiv handlungsfähig bleibt. Bestimmt die Satzung aber, dass die Gesellschaft **einen oder mehrere** Geschäftsführer haben kann, und fällt einer der Geschäftsführer z. B. durch Tod aus, erlangt der verbliebene Geschäftsführer automatisch Alleinvertretungsmacht, weil die Gesellschaft ja auch nur einen Geschäftsführer haben kann.[2]

Geht es aber nur um die Vertretung der GmbH, wenn ihr gegenüber eine Willenserklärung abzugeben ist, so reicht stets das Handeln eines Geschäftsführers aus. Hier stellt das Gesetz die von der Gesamtvertretung bezweckte Kontrolle durch einen Mitgeschäftsführer im Interesse des Geschäftspartners der GmbH hinten an (§ 35 Abs. 2 Satz 3 GmbHG).

Bei **mehreren Geschäftsführern** kann der Gesellschaftsvertrag die Vertretungsbefugnis **abweichend** von der gesetzlichen Regelung gestalten. **Gängig** und praktisch bedeutsam sind folgende Satzungsregelungen:

3477

- Alleinvertretung durch jeden Geschäftsführer; hierfür können in der Satzung die synonymen Begriffe „Alleinvertretungsbefugnis" und „Einzelvertretungsbefugnis" verwendet werden,[3]
- echte Gesamtvertretung (jeweils zwei Geschäftsführer vertreten die GmbH gemeinsam),
- unechte Gesamtvertretung (Vertretung durch einen Gesellschafter und einen Prokuristen, wobei es aber immer möglich sein muss, dass der Geschäftsführer die GmbH auch zusammen mit einem weiteren Geschäftsführer vertreten kann, die Bindung eines Alleingeschäftsführers an die Mitwirkung eines Prokuristen ist jedoch unzulässig).

d) Insichgeschäfte (Selbstkontrahieren) der Geschäftsführer

Das **Selbstkontrahierungsverbot** nach § 181 BGB gilt auch für den Geschäftsführer als Vertretungsorgan der GmbH. Der Geschäftsführer kann also – ohne Befreiung von dem Verbot – die Gesellschaft nicht bei einem Geschäft zwischen ihm (als Privatmann) und der GmbH vertreten. Untersagt ist die Vertretung auch bei Geschäften der GmbH mit

3478

---

1 BGH v. 8. 2. 1993 II ZR 62/92, BGHZ 121, 263.
2 BGH v. 4. 5. 2007 II ZR 330/05, GmbHR 2007, 824.
3 BGH v. 19. 3. 2007 II ZB 19/06, DStR 2007, 1092.

einem Dritten, den der Geschäftsführer ebenfalls vertritt. Eine solche verbotene Mehrfachvertretung liegt auch vor, wenn Geschäfte zwischen Gesellschaften abgeschlossen werden, die denselben Geschäftsführer haben.

aa) Befreiung vom Selbstkontrahierungsverbot

3479 Eine **Befreiung** vom Selbstkontrahierungsverbot ist erlaubt und in der Praxis vielfach erwünscht, schon um beim Gesellschafter-Geschäftsführer steuerliche Nachteile zu vermeiden. Dazu bedarf es eines **Gesellschafterbeschlusses** oder einer **Regelung in der Satzung**, die dem Geschäftsführer erlaubt, als Vertreter der GmbH mit sich selbst Rechtsgeschäfte abzuschließen.[1] Die Erlaubnis kann allgemein oder von Fall zu Fall erteilt werden. Eine generelle **Befreiung** eines Geschäftsführers vom Verbot des Selbstkontrahierens bedarf einer **satzungsmäßigen Grundlage**. Dazu sollte in die Satzung eine Klausel eingefügt werden, nach der einzelne Geschäftsführer durch (einfachen) Gesellschafterbeschluss von den Beschränkungen des § 181 BGB befreit werden können. Bei einer solchen allgemeinen Befreiung handelt es sich um eine **eintragungspflichtige Tatsache**, weil das Handelsregister im Interesse des Rechtsverkehrs die Vertretungsverhältnisse und deren Regelung umfassend und eindeutig verlautbaren muss.[2]

bb) Einmann-GmbH und Selbstkontrahierungsverbot

Literatur: *Goette*, Befreiung des Alleingesellschafter-Geschäftsführers vom Selbstkontrahierungsverbot, DStR 2000, 697.

3480 Auch bei **der Einmann-GmbH**, bei welcher der alleinige Gesellschafter zugleich ihr Geschäftsführer ist, **gilt** nach § 35 Abs. 3 Satz 1 GmbHG das **Selbstkontrahierungsverbot**. Die Befreiung von den Beschränkungen des § 181 BGB kann hier allein durch die Satzung, nicht aber durch einfachen Gesellschafterbeschluss erteilt werden.[3] Fehlt eine entsprechende Bestimmung in der Satzung, muss zur Wirksamkeit der Befreiung vorher die Satzung geändert werden.

3481 Bei Geschäften zwischen dem Alleingesellschafter-Geschäftsführer und der GmbH ist zusätzlich die **Dokumentationspflicht** nach § 35 Abs. 3 Satz 2 GmbHG zu beachten. Solche Rechtsgeschäfte sind unverzüglich in eine Niederschrift aufzunehmen. Die Vorschrift, die der Gefahr von Manipulationen vorbeugen und Gesellschaftsgläubiger schützen soll, sollte tunlichst beachtet werden, weil sonst Schadensersatzansprüche der GmbH und ein Haftungsdurchgriff auf den Gesellschafter drohen.

3482–3490 *(Einstweilen frei)*

3. Haftung der GmbH für Handeln des Geschäftsführers

3491 Durch die Tätigkeit des Geschäftsführers im Rahmen seiner organschaftlichen Vertretungsmacht wird die GmbH rechtsgeschäftlich verpflichtet. Die GmbH haftet jedoch

---

1 BGH v. 3.4.2000 II ZR 379/99, DStR 2000, 697; Goette, DStR 2000, 697.
2 Vgl. dazu auch Zöllner/Noack in Baumbach/Hueck, GmbHG, § 35 Rz. 133.
3 Vgl. BGH v. 28.2.1983 II ZB 8/82, BGHZ 87, 59; BFH v. 11.2.1997 I R 58/96, BFH/NV 1997, 803.

auch für **tatsächliche Handlungen** des Geschäftsführers, die zum Schadensersatz verpflichten (§ 31 BGB). Diese Vorschrift **rechnet** der GmbH die Handlung des Geschäftsführers **als eigene** zu, und zwar **ohne Exkulpationsmöglichkeit**; der Geschäftsführer ist weder Erfüllungsgehilfe (§ 278 BGB) noch Verrichtungsgehilfe (§ 831 BGB). Die Zurechnungsnorm gilt sowohl im Bereich der unerlaubten Handlungen (§§ 823 ff. BGB) als auch bei Vertragsverletzungen tatsächlicher Art (Leistungsstörungen nach § 280 BGB, Pflichtverletzungen nach § 241 Abs. 2 BGB) und im Bereich sonstiger gesetzlicher Haftungstatbestände (z. B. §§ 228, 231, 904 BGB, § 18 StVG).

Die Haftung der GmbH nach § 31 BGB setzt voraus, dass der Geschäftsführer „in Ausführung der ihm zustehenden Verrichtungen" gehandelt hat. Damit fallen aus dem Haftungsbereich Handlungen heraus, die in keinem Zusammenhang mit seinen Aufgaben und Kompetenzen für die GmbH stehen. Für die Zurechnung reicht bereits die Handlung **eines** Geschäftsführers aus, auch wenn er nur gesamtvertretungsberechtigt sein sollte.[1]

3492

Die **Haftung der GmbH nach § 31 BGB ist „satzungsfest"** (§ 40 BGB), kann also in der Satzung nicht ausgeschlossen werden. Im Bereich der unerlaubten Handlungen bewirkt die Haftung nach § 31 BGB, dass sich die GmbH nicht gem. § 831 Abs. 1 Satz 2 BGB damit exkulpieren kann, dass sie unter Beachtung der im Verkehr erforderlichen Sorgfalt den Geschäftsführer ausgewählt und dessen Handlungen überwacht habe. Im Rahmen von Schuldverhältnissen kann die GmbH die Haftung für vorsätzliches Handeln des Geschäftsführers gem. § 276 Abs. 3 BGB nicht wie beim Erfüllungsgehilfen (nach § 278 Satz 2 BGB) ausschließen.

3493

Kommt es für den Eintritt bestimmter Rechtsfolgen (z. B. einer Willenserklärung) auf die **Kenntnis** oder das **Kennenmüssen** bestimmter Tatsachen an, muss dies gem. § 35 Abs. 2 Satz 3 GmbHG nur bei einem Geschäftsführer der Fall sein. Nach § 166 Abs. 1 BGB wird die Kenntnis oder fahrlässige Unkenntnis eines Geschäftsführers der GmbH zugerechnet. Fahrlässige Unkenntnis eines Geschäftsführers liegt vor, wenn ihm die Tatsache bei **ordnungsgemäß organisierter und wahrgenommener gesellschaftsinterner Kommunikation** hätte bekannt sein können. Der Geschäftsführer, in dessen Person das Kennen oder Kennenmüssen vorliegt, braucht an der fraglichen Rechtshandlung nicht beteiligt gewesen zu sein.[2] Unter Anknüpfung an den Verkehrsschutzgedanken, aus dem die Pflicht zur ordnungsgemäßen Organisation folgt, die zur **Informationsweiterleitungspflicht** und zur **Informationsabfragepflicht** führt, kann man dieser Ansicht durchaus kritisch gegenüberstehen.[3] Dies hat z. B. Bedeutung beim gutgläubigen Erwerb oder bei der Rügepflicht nach § 377 HGB.

3494

Auf der anderen Seite kommt jedoch z. B. bei mehreren Geschäftsführern eine Irrtumsanfechtung (§§ 119 ff. BGB) nur in Betracht, wenn der Willensmangel in der Person des Geschäftsführers vorliegt, der die Erklärung abgibt. Kennen die anderen Geschäftsfüh-

3495

---

1 BGH v. 8.7.1986 VI ZR 47/85, NJW 1986, 2941.
2 Vgl. BGH v. 2.2.1996 V ZR 239/94, BGHZ 132, 30, 35.
3 Zöllner/Noack in Baumbach/Hueck, GmbHG, § 35 Rn. 150.

rer die wahre Sachlage bzw. den Irrtum, kann die Anfechtung jedoch rechtsmissbräuchlich sein, wenn sie eine Aufklärung ihres Kollegen unterlassen.

3496–3510 (*Einstweilen frei*)

V. Anstellung der Geschäftsführer

Literatur: *Haase*, Zum fehlerhaften Geschäftsführer-Anstellungsverhältnis, GmbHR 2000, 877; *Nägele*, Der Anstellungsvertrag des Geschäftsführers, BB 2001, 305; *Reufels*, Ausgewählte Fragen zur Gestaltung von Geschäftsführer-Dienstverträgen, ArbRB 2002, 59; *Lohr*, Der Anstellungsvertrag des GmbH-Geschäftsführers – Aktuelle Gestaltungsfragen, ZNotP 2003, 162; *Nägele*, Der Geschäftsführeranstellungsvertrag – Begründung und Kündigung, ArbRB 2003, 29; *ders.*, Der Geschäftsführeranstellungsvertrag – Musterklauseln, Sozialversicherungspflicht ArbRB 2003, 59; *Seibt*, Geschäftsführerbestellung und Anstellungsvertrag, NJW-Spezial 2004, 123; *Schrader/Schubert*, Der Geschäftsführer als Arbeitnehmer, DB 2005, 1457; *Diller*, Kündigung, Kündigungsschutz und Weiterbeschäftigungsanspruch des GmbH-Geschäftsführers, NZG 2011, 254; *Preis/Sagan*, Der GmbH-Geschäftsführer in der arbeits- und diskriminierungrechtlichen Rechtssprechung des EuGH, BGH und BAG, ZGR 2013, 26; *Schubert*, Arbeitnehmerschutz für GmbH-Geschäftsführer, ZESAR 2013, 5; *Keßler* in Daumke/Keßler/Perbey, Der GmbH-Geschäftsführer, 5. Aufl. 2016.

1. Abgrenzung von Organstellung und Anstellungsverhältnis

3511 Die Stellung des Geschäftsführers als **Organ** der GmbH und sein **Anstellungsverhältnis** sind streng voneinander **zu unterscheiden**.[1] Das Anstellungsverhältnis betrifft nicht die Bestellung des Geschäftsführers, durch die er seine Organstellung und die damit verbundenen Leitungs- und Vertretungsbefugnisse erhält, sondern regelt die persönlichen Rechtsbeziehungen des Geschäftsführers zur GmbH (**Dienstverhältnis**). Das Anstellungsverhältnis hat insbesondere Bedeutung bei einem Fremdgeschäftsführer. Der Anstellungsvertrag, den die GmbH mit einem gegen Vergütung tätigen Geschäftsführer schließt, ist ein **Dienstvertrag**, der die Besorgung von Geschäften zum Gegenstand hat (§§ 611 ff., 675 BGB).

Das **Arbeitsvertragsrecht** ist auf Geschäftsführer grundsätzlich **nicht anwendbar**,[2] weil sie als organschaftliche Vertreter selbst die Aufgaben des Arbeitgebers (Direktionsrecht) wahrnehmen und als Geschäftsführer ihre Leitungs- und Vertretungsbefugnisse nach dem Pflichtenmaßstab eines „ordentlichen Geschäftsmanns" (§ 43 Abs. 1 GmbHG) wahrzunehmen haben, und es sich damit nicht verträgt, sie rechtlich den abhängigen Arbeitnehmern gleichzustellen.[3] Auch das Kündigungsschutzrecht findet auf den Geschäftsführer einer GmbH keine Anwendung (§ 14 KSchG);[4] dies lässt sich auch nicht durch vertragliche Regelung erreichen.

3512 Die Bestellung zum Geschäftsführer und der Abschluss des Anstellungsvertrages sind **nicht voneinander abhängig**. Ein bereits abgeschlossener Anstellungsvertrag verpflichtet die GmbH nicht zur Bestellung als Geschäftsführer. Unterbleibt die Bestellung, kann der Anstellungsvertrag aus wichtigem Grund außerordentlich gekündigt (§ 626 BGB)

---

1 BGH v. 24.11.1980 II ZR 182/79, BGHZ 79, 38; v. 28.10.2002 II ZR 146/02, GmbHR 2003, 100.
2 St. Rspr., BGH v. 9.11.1967 II ZR 64/67, BGHZ 49, 30; v. 14.2.2000 II ZR 218/98, NJW 2000, 1638; h.M. Beck-GmbH-HB/Axhausen, § 5 Rz. 26; Zöllner/Noack in Baumbach/Hueck, GmbHG, § 35 Rn. 175, m.w.N.
3 Vgl. BGH v. 14.2.2000 II ZR 218/98, DStR 2000, 695; v. 10.9.2001 II ZR 14/00, DStR 2001, 2166.
4 BGH v. 10.5.2010 II ZR 70/09, NZG 2010, 827; vgl. auch BGH v. 11.10.2010 II ZR 266/08, NZG 2011, 112.

und Schadensersatz nach § 628 Abs. 2 BGB verlangt werden. Ist umgekehrt die Bestellung bereits erfolgt und wird nicht binnen einer angemessenen Frist der Anstellungsvertrag abgeschlossen, kann der Geschäftsführer sein Amt niederlegen. Die in der Praxis weit verbreitete Kopplungsklausel, die die Beendigung des Dienstvertrags von der auflösenden Bedingung der Abberufung als Geschäftsführer abhängig macht, ist so lange zulässig, wie sie nicht zu einer Umgehung der Mindestkündigungsfrist nach § 622 BGB führt.[1]

2. Abschluss des Anstellungsvertrages

a) Zuständigkeit der Gesellschafterversammlung

Das **Anstellungsverhältnis** wird i. d. R. durch einen gesonderten schuldrechtlichen Vertrag, den **Anstellungsvertrag**, begründet. **Zuständig zum Abschluss** (wie zur Änderung oder zur Beendigung) des Anstellungsvertrages auf Seiten der GmbH ist – soweit nicht eine anderweitige Satzungsregelung besteht oder zwingend das MitBestG gilt – **die Gesellschafterversammlung**. Nach der ständigen Rechtsprechung des BGH[2] folgt die Zuständigkeit zum Abschluss des Anstellungsvertrages der Bestellungskompetenz nach § 46 Nr. 5 GmbHG, um auf diese Weise die Stellung der Gesellschafterversammlung als zentrales Willensbildungsorgan der GmbH zu stärken und ihre unbeeinflusste Entscheidungsmacht zu gewährleisten. Die Gesellschafterversammlung tritt bei der Anstellung auch nach außen als Vertreter der GmbH auf. Der Einleitungssatz im Geschäftsführeranstellungsvertrag lautet daher: „Die A-GmbH, vertreten durch die Gesellschafterversammlung."

3513

Allerdings ist die innergesellschaftliche Kompetenzzuweisung nicht zwingend, so dass durch die Satzung abweichende Regelungen getroffen werden können.[3] Die Vertretungsbefugnis kann also einem Gesellschafter oder auch einem anderen Geschäftsführer von der Gesellschafterversammlung übertragen werden. Streitig ist, ob der Anstellungsvertrag des Geschäftsführers der Komplementär-GmbH einer GmbH & Co. KG (auch) der Zustimmung der Gesellschafterversammlung der Komplementär-GmbH bedarf.[4]

Diese Grundsätze gelten auch für die **Änderung des Anstellungsvertrages**, weil insoweit ein enger sachlicher Zusammenhang besteht und die Änderung wirtschaftlich einem Neuabschluss des Vertrages (z. B. durch Erhöhung der Bezüge, des Ruhegehalts usw.) gleichkommen kann und andernfalls die Abschlusskompetenz der Gesellschafterversammlung unterlaufen werden könnte.

3514

Da die Gesellschafterversammlung über die Anstellung beschließt, sind auch die Vorschriften über die **Beschlussfassung** anzuwenden und deshalb die Regelungen über die Formalitäten der Ladung sowie über das Teilnahme- und Stimmrecht zu beachten. Der

3515

---

1 OLG Karlsruhe v. 25. 10. 2016 – 8 U 122/15, NWB DokID: QAAAG-38237; Werner, NWB 2017, 433 = NWB DokID: KAAAG-35942.
2 Vgl. BGH v. 25. 3. 1991 II ZR 169/90, DStR 1991, 751; v. 3. 7. 2000 II ZR 282/98, DStR 2000, 1743.
3 Vgl. BGH v. 21. 6. 1999 II ZR 27/98, DStR 1999, 1743; v. 24. 11. 2003 II ZR 127/01, DStR 2004, 565.
4 Offen gelassen von BGH v. 19. 4. 2016 II ZR 123/15, DB 2016, 1564 mit Nachweisen zu den verschiedenen Auffassungen Rn. 31; u. E. bedarf es dieser Zustimmung.

Gesellschafter-Geschäftsführer ist bei seiner eigenen Anstellung stimmberechtigt, § 181 BGB und auch § 47 Abs. 4 GmbHG sind nicht anzuwenden.[1] Bei innergesellschaftlichen Rechtsgeschäften (sog. Sozialakte) unterliegt der betroffene Gesellschafter nicht dem Stimmverbot, auch nicht hinsichtlich der Anstellungsbedingungen.

b) Umsetzung des Anstellungsbeschlusses

3516 Der **Beschluss** über die Anstellung des Geschäftsführers muss **umgesetzt** werden. Dabei muss beim Vertragsabschluss nicht die Gesellschafterversammlung in Gesamtheit tätig werden, sondern sie kann den Abschluss des Vertrages selbst einzelnen Gesellschaftern oder einem bereits vorhandenen Geschäftsführer überlassen. Wird ein Gesellschafter als Vertreter anderer Gesellschafter tätig und schließt er den Anstellungsvertrag mit sich selbst ab, wird § 181 BGB verletzt, wenn keine Befreiung vom Selbstkontrahierungsverbot erteilt worden ist.

Auch bei der Einpersonen-GmbH müssen Besonderheiten beachtet werden, wenn der Alleingesellschafter als Geschäftsführer angestellt werden soll. Zwar kann er den nach § 48 Abs. 3 GmbHG zu protokollierenden Beschluss über die Bestellung und die Anstellung allein fassen, ohne dass eine Versammlung förmlich einberufen werden müsste. Bei der Umsetzung des Beschlusses, d. h. beim Abschluss des Anstellungsvertrages, muss der Gesellschafter aber vom Verbot des Selbstkontrahierens befreit sein. Dies kann nur durch die Satzung geschehen. Insbesondere für die steuerliche Behandlung des Anstellungsvertrages verdient das Selbstkontrahierungsverbot Beachtung.

3. Form des Anstellungsvertrages

3517 Für den Anstellungsvertrag ist eine **bestimmte Form** nicht vorgeschrieben; die Schriftform ist auch für befristete Anstellungsverträge nicht erforderlich, weil sie nicht unter das Nachweisgesetz fallen. Nicht nur aus Gründen des Nachweises, sondern auch schon aus steuerlichen Gründen werden Anstellungsverträge mit Geschäftsführern üblicherweise **schriftlich** abgeschlossen.[2] Bei beherrschenden Gesellschafter-Geschäftsführern gibt es keine Vermutung für die Entgeltlichkeit. Um Gewinnmanipulationen auszuschließen und die Vereinbarungen zwischen Gesellschaft und Gesellschafter-Geschäftsführern nachvollziehbar zu machen, haben die Besteuerungspraxis und die Rechtsprechung zu der vGA faktisch zu einem Schriftformerfordernis geführt.

3518 Für **spätere Änderungen des Geschäftsführervertrages** gilt grundsätzlich das Gleiche wie für den Abschluss des Geschäftsführervertrages selbst. Häufig wird jedoch in den Geschäftsführervertrag eine **Schriftformklausel** aufgenommen, wonach Änderungen nur wirksam sein sollen, wenn sie schriftlich getroffen werden. Vorsicht ist geboten, wenn weiter vereinbart wird, dass auch diese Schriftformklausel nicht mündlich, sondern nur schriftlich aufgehoben werden kann (**qualifizierte Schriftformklausel**).

Wird später der Geschäftsführervertrag geändert, weil z. B. das Gehalt erhöht oder eine Tantieme vereinbart wird, wird vielfach die qualifizierte Schriftformklausel übersehen.

---

[1] Vgl. Lutter/Hommelhoff, GmbHG, § 47 Rn. 45; Zöllner in Baumbach/Hueck, GmbHG, § 47 Rn. 83.
[2] Vgl. auch BGH v. 20. 12. 1993 II ZR 217/92, DStR 1994, 257.

Dann ist die Änderung des Geschäftsführervertrages zivilrechtlich unwirksam und der Änderung wird bei Gesellschafter-Geschäftsführern auch die steuerliche Anerkennung versagt. Denn nur bei einfacher Schriftformklausel können spätere Änderungen auch mündlich vereinbart werden, wenn der Wille der Vertragsparteien zu erkennen ist, die Schriftformklausel mündlich abbedungen zu haben. Gegen eine solche Annahme spricht aber der Umstand, dass Vertragsänderungen in der Vergangenheit stets schriftlich abgefasst wurden.

4. Fehlerhafte Anstellung

Für fehlerhafte Anstellungsverträge gelten **vor Aufnahme** der Tätigkeit die allgemeinen Regeln über fehlerhafte Vertragsverhältnisse, so dass sich jeder Beteiligte auf den Mangel (Nichtigkeit, Anfechtbarkeit) berufen kann. Ist die Tätigkeit aufgrund des mangelhaften Vertrages aber aufgenommen worden und hat wenigstens ein Mitglied des für die Anstellung zuständigen Organs davon Kenntnis, gelten die Regeln über die fehlerhafte Gesellschaft (faktisches Vertragsverhältnis) entsprechend.[1] Das Verhältnis der Beteiligten wird so behandelt, als sei es mit den gegenseitigen Rechten und Pflichten wirksam, es kann aber durch das für die Anstellung zuständige Organ (Gesellschafterversammlung) nur mit Wirkung für die Zukunft beendet werden.[2] Der Geschäftsführer ist bis zur Beendigung wie vereinbart zu bezahlen.

3519

Soll der fehlerhafte Vertrag durch Genehmigung geheilt werden, so hat dies ebenfalls durch das für die Anstellung zuständige Organ zu erfolgen. Die Genehmigung durch die Gesellschafterversammlung hat rückwirkende Kraft.

3520

5. Arbeitsrechtliche Vorschriften und Sozialversicherung

Der Anstellungsvertrag des Geschäftsführers ist ein **Dienstvertrag** über die Besorgung eines fremden Geschäfts (nämlich die Geschäftsführung für die GmbH) und kein Arbeitsvertrag.[3]

3521

a) Grundsatz: Keine Geltung arbeitsrechtlicher Vorschriften

Arbeitsrechtliche Vorschriften (wie z.B. das Arbeitszeitgesetz, das Bundesurlaubsgesetz, § 613a BGB, §§ 74ff. HGB, das Mutterschutzgesetz und das Schwerbehindertengesetz) sind deshalb auf Geschäftsführer regelmäßig **nicht anwendbar**. Geschäftsführer sind durch verschiedene gesetzliche Regelungen ausdrücklich von deren Abwendungsbereich ausgeschlossen (§ 5 Abs. 1 Satz 3 ArbGG, § 14 Abs. 1 Nr. 1 KSchG, § 5 Abs. 2 Nr. 1 BetrVG).[4] Auch die arbeitsrechtlichen Beschränkungen der Haftung für gefahrgeneigte Arbeit oder der Gleichbehandlungsgrundsatz finden auf den Geschäftsführer einer GmbH keine Anwendung. Der arbeitsrechtliche Grundsatz, dass vor einer außerordent-

3522

---

1 Goette, Die GmbH, § 8 Rn. 91; Beck-GmbH-HB/Axhausen, § 5 Rn. 33.
2 BGH v. 3.7.2000 II ZR 282/98, DStR 2000, 1743.
3 Allgemein zur Frage der Einordnung s. BAG v. 26.5.1999 5 AZR 664/98, NZA 1999, 987 und v. 17.9.2014 10 AZB 43/14, NWB DokID: BAAAE-78726, NZA 2014, 1293.
4 BAG v. 25.10.2007 6 AZR 1045/06, DB 2008, 355.

lichen Kündigung der Betroffene abzumahnen ist, gilt nicht für den Geschäftsführer einer GmbH.[1] Ebenfalls gilt das Arbeitnehmerüberlassungsgesetz nicht.[2]

Freilich gilt der Ausschluss der Geschäftsführer einer GmbH von den sozialen Schutzvorschriften des Arbeitsrechts nicht ausnahmslos.[3] So kommen Pfändungsschutzvorschriften nach §§ 850 ff. ZPO auch dem Geschäftsführer einer GmbH zugute, der auch Anspruch auf Erteilung eines Zeugnisses hat. Die sozialen Schutzrechte sind auch bei der Urlaubsabgeltung und bei den Kündigungsfristen für Dienstverträge entsprechend § 622 BGB angewendet worden.

3523 Bei der Gestaltung des Geschäftsführeranstellungsvertrages lässt es jedoch die Privatautonomie zu, dass die Anwendung arbeitsrechtlicher Vorschriften einzelvertraglich vereinbart wird. Dies gilt aber nicht für die Kündigungsschutzvorschriften nach dem KSchG[4] Arbeitsrechtliche Schutzvorschriften können jedoch im Einzelfall entsprechend anwendbar sein, wenn der Geschäftsführer einem Arbeitnehmer vergleichbar schutzbedürftig ist. Bei einem Gesellschafter-Geschäftsführer, der zu 50 v. H. oder mehr an der Gesellschaft beteiligt ist, dürfte ein Schutzbedürfnis jedoch regelmäßig zu verneinen sein.

b) Sozialversicherungsrechtliche Fragen

Literatur: *Becker*, Rentenversicherungspflicht des Alleingeschäftsführers bzw. -gesellschafters einer GmbH als selbständig Erwerbstätiger, jurisPR-SozR 14/2006 Anm. 3; *Müller*, Die Rentenversicherungspflicht von GmbH-Geschäftsführern im Spiegel der Rechtsprechung, DB 2006, 614; *Stück*, Der GmbH-Geschäftsführer im Sozialrecht, GmbHR 2007, 1099; *Bischopinck*, BSG: Rentenversicherungspflicht bei Geschäftsführern und mitarbeitenden Familienangehörigen, BB 2013, 894.

3524 Die fehlende Arbeitnehmereigenschaft steht der **Sozialversicherungspflicht** für Geschäftsführer nicht entgegen, weil der Begriff des Beschäftigten des Sozialversicherungsrechts ein anderer ist.[5] Im sozialversicherungsrechtlichen Sinne ist Arbeitnehmer, wer von seinem Arbeitgeber persönlich abhängig ist.[6] Deshalb wird die **Sozialversicherungspflicht für Fremdgeschäftsführer** (ohne Beteiligung an der GmbH) i. d. R. **bejaht**,[7] es sei denn, er hätte maßgeblichen Einfluss auf die Gesellschaft, weil er grundsätzlich in der Geschäftsführung und insbesondere in der Art und Weise der Erbringung seiner Geschäftsführerleistungen frei wäre, gleichsam „schalten und walten" kann,[8] wie er will, weil er die Gesellschafter persönlich dominiert oder weil sie wirtschaftlich von ihm abhängig sind, was insbesondere bei Familiengesellschaften in Betracht kommt.[9]

---

1 BGH v. 14. 2. 2000 II ZR 218/98, DStR 2000, 695.
2 LAG Schleswig-Holstein v. 1. 12. 2015 1 Sa 439 b/14, BB 2016, 180, Rev. anhängig, Az. BAG: 9 AZR 76/16; zu Einzelheiten s. Hoch, BB 2016, 1658.
3 BGH v. 26. 3. 1984 II ZR 229/83, BGHZ 91, 1.
4 BGH v. 10. 5. 2010 II ZR 70/09, NZG 2010, 827.
5 Vgl. Zöllner/Noack in Baumbach/Hueck, GmbHG, § 35 Rz. 181 f., m. w. N.
6 BSG v. 6. 3. 2003 B 11 AL 25/02 R, GmbHR 2004, 494; v. 18. 12. 2001 B 12 KR 10/01 R, GmbHR 2002, 324.
7 BSG v. 14. 12. 1999 B 2 U 48/98 R, GmbHR 2000, 618.
8 Vgl. Hessisches LSG v. 23. 11. 2006 L 1 KR 763/03, GmbHR 2007, 487.
9 BSG v. 18. 12. 2001 B 12 KR 10/01 R, GmbHR 2002, 324; zum Ganzen BSG 29. 8. 2012 B 12 KR 25/10 R, BSGE 111, 257.

Bei **Gesellschafter-Geschäftsführern** ist zu **differenzieren**:[1] Besitzt der Geschäftsführer die Stimmenmehrheit, weil er mit mehr als 50 v. H. an der Gesellschaft beteiligt ist **(beherrschender Gesellschafter)**, unterliegt er **nicht der Sozialversicherungspflicht**. Liegt die Beteiligung unter 50 v. H. **(nicht beherrschender Gesellschafter)**, kann gleichwohl die Sozialversicherungspflicht zu verneinen sein, wenn der **Minderheitsgesellschafter** über eine **Sperrminorität** verfügt, die sich u. a. darauf erstreckt, ihm nicht genehme Weisungen hinsichtlich Zeit, Dauer, Umfang und Ort der Tätigkeit zu verhindern.[2] Ist dies nicht der Fall, wie z. B. wenn jeder Gesellschafter zu einem Drittel an der GmbH beteiligt und Gesellschafterbeschlüsse mit einfacher Mehrheit gefasst werden können, dann ist selbst bei Personenidentität zwischen Gesellschaftern und Geschäftsführern die Arbeitnehmereigenschaft zu bejahen.[3]

3525

Der Alleingesellschafter-Geschäftsführer steht aber in keinem abhängigen Beschäftigungsverhältnis im sozialversicherungsrechtlichen Sinne und auch nicht der Mehrheitsgesellschafter, es sei denn, er ist durch eine treuhänderische Bindung in der Ausübung seiner Gesellschafterrechte vollständig eingeschränkt.[4] Daraus darf aber im Umkehrschluss nichts stets geschlossen werden, dass mangels eines durch die Kapitalbeteiligung hervorgerufenen beherrschenden Einflusses auf die GmbH regelmäßig ein Abhängigkeitsverhältnis des Gesellschafter-Geschäftsführers anzunehmen sei.[5]

Entscheidend ist, ob eine **Weisungsgebundenheit** vorliegt oder nicht,[6] ob der Geschäftsführer also durch seine aus seinen Geschäftsanteilen resultierende **Rechtsmacht** maßgeblichen Einfluss auf die Gesellschaft nehmen kann. Auf die aus den Geschäftsanteilen resultierende Rechtsmacht kommt es aber nicht an, wenn es um die Frage geht, ob und unter welchen Voraussetzungen ein Alleingesellschafter und Geschäftsführer überhaupt arbeitslos werden kann. Dafür ist allein auf den tatsächlichen Umfang der unternehmerischen Tätigkeit des Alleingesellschafters abzustellen.[7]

Maßgebend für die **sozialversicherungsrechtliche Einordnung**[8] der Tätigkeit sind letztlich die **tatsächlichen Verhältnisse** unter Einbeziehung der vertraglichen Ausgestaltung. Regelungen über die wöchentliche Arbeitszeit, Vergütung von Überstunden sowie Abfindungen bei Kündigungen weisen auf ein abhängiges Beschäftigungsverhältnis hin. Umgekehrt sprechen Vertragsbestimmungen, wonach der Geschäftsführer seine Arbeitszeit frei einteilen kann, vom Selbstkontrahierungsverbot befreit ist, Zustimmungserfordernisse der Gesellschafterversammlung eine untergeordnete Rolle spielen, und der Umstand, dass der Geschäftsführer über die für das Unternehmen der GmbH ausschlaggebenden Branchenkenntnisse verfügt (z. B. Befähigungsnachweis nach § 7 HandwerksO), gegen ein abhängiges Beschäftigungsverhältnis.

3526

---

1 BSG, GmbHR 2000, 618; BSG, GmbHR 2004, 494.
2 BSG v. 11.11.2015 B 12 KR 10/14 R, DStR 2016, 1275.
3 BSG v. 4.7.2007 B 11 a AL 5/06 R, GmbHR 2007, 541; Schmidt, jurisPR-SozR 2/2008 Anm. 3.
4 Vgl. dazu BSG v. 25.1.2006 B 12 KR 30/04 R, GmbHR 2006, 645.
5 BSG, GmbHR 2000, 618.
6 BSG, GmbHR 2004, 494.
7 BSG v. 17.10.2007 B 11 a AL 25/06 R, jurisPR-SozR 15/2008 Anm. 2.
8 Vgl. zu den einzelnen Kriterien und Fallgruppen auch Segebrecht, juris PK SGB IV § 7, Rn. 118 ff.

Als Faustregel kann immer noch gelten, dass beherrschende Gesellschafter-Geschäftsführer nicht der Sozialversicherungspflicht unterliegen, in bestimmten Ausnahmefällen aber auch nicht beherrschende, jedoch mit einer Sperrminorität ausgestattete Gesellschafter-Geschäftsführer (und Fremdgeschäftsführer) nicht versicherungspflichtig sein können und Fremdgeschäftsführer (ohne Beteiligung) regelmäßig der Sozialversicherungspflicht unterliegen.[1]

3526/1 Für den Gesellschafter-Geschäftsführer einer GmbH gibt es seit 1.1.2005 das Verfahren zur Statusfeststellung nach § 7a SGB IV, das von der DRV Bund obligatorisch als „bundesweite Clearingstelle für sozialversicherungsrechtliche Statusfragen" durchgeführt wird, wobei die Einzugsstelle die Anfrage weiterleitet. Seit 1.1.2008 sieht das Gesetz vor, dass die DRV obligatorisch zu prüfen hat, ob die Anmeldung eines Beschäftigungsverhältnisses für den von der GmbH beschäftigten geschäftsführenden GmbH-Gesellschafter inhaltlich zu Recht erfolgte.[2] Dabei hat die DRV – wie vom BSG bereits zu dem früheren optionalen Anfrageverfahren entschieden – vollumfänglich die Versicherungspflicht zu prüfen und darf sich nicht auf einzelne Merkmale in Gestalt einer „Elementenfeststellung" beschränken. Die Statusfeststellung ist auch für ein beendetes Auftragsverhältnis durchzuführen.[3]

Die Entscheidung der DRV erfolgt durch Verwaltungsakt bindend für alle Sozialversicherungsträger, jetzt auch für die Bundesanstalt für Arbeit und die an sie gerichteten Leistungsansprüche. Damit ist ein bedeutender Schritt für die Rechtssicherheit im Hinblick auf die Beitragspflicht und auf Leistungsansprüche gegen die verschiedenen Sozialversicherungsträger geschaffen worden.

3527 Im Übrigen ist darauf hinzuweisen, dass auch für die steuerrechtliche Beurteilung maßgebend ist, ob der Geschäftsführer sozialversicherungsrechtlich als abhängig Beschäftigter anzusehen ist. Dann ist der Arbeitgeberanteil zum Gesamtsozialversicherungsbeitrag nach § 3 Nr. 62 EStG steuerfrei und stellt keinen steuerpflichtigen Arbeitslohn dar. Ob die rechtlich bestehende Abhängigkeit des Gesellschafter-Geschäftsführers (Weisungsgebundenheit) durch die tatsächlichen Verhältnisse überlagert wird und somit kein Beschäftigungsverhältnis im sozialversicherungsrechtlichen Sinn besteht, ist nach den vom BSG entwickelten Kriterien zu beurteilen (vgl. oben). Danach richtet sich auch die Steuerbefreiung nach § 3 Nr. 62 EStG.[4]

c) Rentenversicherungspflicht

3528 Einen Sonderfall bildet im Rahmen der Sozialversicherung die **Rentenversicherungspflicht**. Denn in ihr sind auch sog. arbeitnehmerähnliche Selbständige versicherungspflichtig, die im Wesentlichen nur für einen Auftraggeber tätig sind und keinen versicherungspflichtigen Arbeitnehmer beschäftigen (§ 2 Satz 1 Nr. 9 SGB VI). **In ständiger Verwaltungspraxis** prüften die Rentenversicherungsträger diese Kriterien **bezogen auf die GmbH**. Geschäftsführer einer GmbH, die nach den oben beschriebenen Merkmalen

---

1 Vgl. Daumke/Keßler, Der GmbH-Geschäftsführer, Checkliste zur Versicherungspflicht, Rn. 1857.
2 Vgl. Pietrek, jurisPK SGB IV § 7a Rn. 1.
3 BSG v. 11.3.2009 B 12 R 11/07 R, BSGE 103, 17, und BSG v. 4.6.2009 B 12 KR 31/07 R, NZA-RR 2010, 453.
4 Vgl. BFH v. 2.12.2005 VI R 16/03, DStR 2006, 365.

nicht in einem abhängigen Beschäftigungsverhältnis zur GmbH standen, fielen aus der Rentenversicherungspflicht heraus, wenn die GmbH mehrere Kunden (Auftraggeber) oder zumindest einen versicherungspflichtigen Arbeitnehmer hatte, der aus dem Beschäftigungsverhältnis ein Arbeitsentgelt von regelmäßig mehr als 400 € bezog.

Diese Auffassung teilte das BSG[1] nicht, sondern prüfte, ob der **Geschäftsführer persönlich** die Tatbestandsvoraussetzungen erfüllte. Damit wäre der Kreis der rentenversicherungspflichtigen Geschäftsführer einer GmbH deutlich erweitert worden.[2] Rentenversicherungspflichtig sind danach zunächst (wie bisher) die Geschäftsführer, die allgemein der Sozialversicherungspflicht unterliegen (§ 1 Satz 1 Nr. 1 SGB VI i.V. m. § 7 SGB IV), also die Personen, die nach den Kriterien der Weisungsabhängigkeit und Eingliederung in die Arbeitsorganisation der GmbH nichtselbständig tätig sind („normale" Fremdgeschäftsführer) und regelmäßig die Gesellschafter-Geschäftsführer, die mangels Mehrheitsbeteiligung oder einer Sperrminorität in einem abhängigen Beschäftigungsverhältnis stehen. Bei den anderen Gesellschafter-Geschäftsführern (beherrschende Gesellschafter, Alleingesellschafter und solchen, die ausnahmsweise aufgrund der Regelungen im Anstellungsvertrag unter Einbeziehung der tatsächlichen Verhältnisse ihre Tätigkeit nach Inhalt, Ort und Zeit im Wesentlichen frei von Weisungen der Gesellschafter bestimmen können), wäre nunmehr eine **Rentenversicherungspflicht** als **selbständig tätige (arbeitnehmerähnliche) Person** nach § 2 Satz 1 Nr. 9 SGB VI in Betracht gekommen.

Dieses Ergebnis einer strikten Trennung zwischen den verschiedenen Rechtssubjekten der GmbH und des selbständigen Geschäftsführers war unerwünscht. Die Rentenversicherungsträger hatten daher beschlossen, das Urteil über den entschiedenen Einzelfall hinaus nicht anzuwenden und die bisherige Praxis fortgesetzt, nach der es ausreichte, dass die Voraussetzungen für die Versicherungspflicht von der GmbH erfüllt wurden. Hierfür wurde inzwischen auch eine gesetzliche Grundlage geschaffen: Das Haushaltsbegleitgesetz 2006[3] bestimmt mit Wirkung vom 1. 7. 2007 durch Änderung von § 2 Satz 1 Nr. 9 SGB VI, dass bei Gesellschaften als Auftraggeber auch die Auftraggeber der GmbH gelten. Außerdem wurde § 2 Satz 4 Nr. 2 SGB VI um die Nr. 3 erweitert, wonach bei Gesellschaftern auch Arbeitnehmer der Gesellschaft als Arbeitnehmer i. S. v. § 2 Satz 1 Nr. 9 SGB VI gelten.[4]

Bezüglich der Rentenversicherungspflicht von selbständigen GmbH-Geschäftsführern hat daher die BSG-Entscheidung ihre Schärfe verloren. Besondere Ausweichgestaltungen wie die Beschäftigung einer eigenen Bürokraft mit einem Gehalt von über 400 € monatlich und/oder eine eigene Tätigkeit für weitere Auftraggeber (Gesellschaften) mit der Gefahr, dass ein Umgehungstatbestand verwirklicht wird,[5] sind nicht mehr erforderlich.

3529

---

1 BSG v. 24. 11. 2005 B 12 RA 1/04 R, DStR 2006, 434.
2 Vgl. Müller, DB 2006, 614.
3 Vom 28. 6. 2006, BGBl I 2006, 1402.
4 Becker, juris PR-SozR 14/2006, Anm. 3.
5 Vgl. auch Müller, DB 2006, 614, 615.

3530 Werden die Voraussetzungen der Rentenversicherungspflicht nach § 1 Satz 1 Nr. 1 oder § 2 Satz 1 Nr. 9 SGB VI erfüllt, ist der GmbH-Geschäftsführer versicherungs- und beitragspflichtig und leistungsberechtigt. Während sich beim nichtselbständig tätigen Geschäftsführer die GmbH und der Geschäftsführer den Rentenversicherungsbeitrag teilen (§ 168 Abs. 1 Nr. 1 SGB VI), muss der selbständig tätige arbeitnehmerähnliche Geschäftsführer die Beiträge alleine tragen (§ 169 Nr. 1 SGB VI). In kritischen Fällen sollte eine verbindliche Auskunft beim Rentenversicherungsträger eingeholt werden (§ 7a SGB IV). Zu dem Statusfeststellungverfahren vgl. unter Rz. 3526.

3531 Für **Fremdgeschäftsführer** sind auch die Bestimmungen des **BetrAVG** anzuwenden, weil sie ihre Versorgungszusage aus Anlass ihrer Tätigkeit „für" ein Unternehmen i. S. v. § 17 Abs. 1 Satz 2 BetrAVG erhalten haben. Sie gehören nicht zu den Unternehmern, die keinen Schutz nach diesem Gesetz haben sollen.[1] Wesentlich beteiligte Geschäftsführer genießen jedoch nicht den Schutz des BetrAVG, während für Geschäftsführer, die nur eine Minderheitsbeteiligung halten, ein Insolvenzschutz in Betracht zu ziehen ist.[2]

3532–3550 (*Einstweilen frei*)

VI. Inhalt des Anstellungsvertrages

3551 Zum **wesentlichen Inhalt** des Geschäftsführer-Anstellungsvertrages gehören die Begründung der **Pflicht zur Geschäftsführung**, die Konkretisierung der dafür erforderlichen Tätigkeiten sowie die Festlegung und Abgrenzung der Geschäftsführerbefugnisse. Der Inhalt der einzelnen Pflichten, die der Geschäftsführer als **Leitungs- und Vertretungsorgan der GmbH** nach dem Dienstvertrag zu erfüllen hat, ergibt sich nicht aus dem Anstellungsverhältnis, sondern aus dem Organverhältnis, das ihm die ordnungsgemäße Leitung der GmbH zur Aufgabe macht. Danach hat er nach den Vorgaben des GmbHG und der Satzung und in Ausführung der verbindlichen Beschlüsse insbesondere der Gesellschafterversammlung den Erfolg des Unternehmens zu fördern und Schaden von der Gesellschaft abzuwenden.[3] Verletzt er diese Pflichten, **umfasst** die sich aus § 43 Abs. 2 GmbHG ergebende **organschaftliche Haftung** auch etwaige **Schadensersatzansprüche**, die auf den **Dienstvertrag** gestützt werden. § 43 Abs. 2 GmbHG nimmt als die weitere gesetzliche Anspruchsgrundlage und als Spezialregelung die dienstvertragliche Haftungsgrundlage in sich auf.[4]

1. Pflichten und Wettbewerbsverbot

3552 Der Geschäftsführer hat **vielfältige Pflichten,** die ihm durch das GmbHG, aber auch durch zahlreiche Vorschriften anderer Gesetze wie z. B. des Steuerrechts und des Sozialrechts auferlegt werden (vgl. dazu oben Rz. 3459). Neben diesen zahlreichen Pflichten, die im öffentlichen Interesse (z. B. Insolvenzantragspflicht) oder im Interesse der Gläubiger der GmbH (Kapitalaufbringung und Kapitalerhaltung) zu erfüllen sind, tritt die **Kontrolle** der für die GmbH handelnden Personen und auch der Mitgeschäftsführer, die

---

1 Vgl. BGH v. 26. 3. 1984 II ZR 254/78, BGHZ 77, 94; v. 29. 5. 2000 II ZR 380/98, DStR 2000, 1149.
2 Vgl. auch BGH v. 2. 6. 1997 II ZR 181/96, DStR 1997, 1135; Goette, Die GmbH, § 8 Rz. 75.
3 Vgl. Goette, Die GmbH, § 8 Rz. 128.
4 Vgl. BGH v. 12. 6. 1989 II ZR 334/89, NJW-RR 1989, 1255.

Pflicht, die **Gesellschafterversammlung** umfassend zu **informieren** und auch **sich selbst** über die wesentlichen Angelegenheiten der Gesellschaft zu unterrichten.

Außer der Pflicht, den Weisungen der Gesellschafterversammlung bis zur Grenze der Verletzung öffentlich-rechtlicher Pflichten zu folgen, hat der Geschäftsführer die Pflicht zur **kollegialen Zusammenarbeit** mit anderen Gesellschaftsorganen und die Pflicht zur **Loyalität** gegenüber der Gesellschaft, die sich besonders in der **Verschwiegenheitspflicht** und in dem **Wettbewerbsverbot** ausdrückt. Auch ohne besondere vertragliche Abrede unterliegt der Geschäftsführer während der Dauer seiner Tätigkeit dem **Wettbewerbsverbot**, das ihm insbesondere untersagt, **Geschäftschancen** der GmbH zu seinem eigenen Vorteil zu nutzen[1] oder während seiner Amtszeit ein Konkurrenzunternehmen aufzubauen und dazu Personal und Material der GmbH zu verwenden.[2]

Das **Wettbewerbsverbot** beginnt mit der Annahme seines Amtes und endet mit dessen Beendigung. Nur der Gesellschafter-Geschäftsführer der **Einpersonen-GmbH** unterliegt grundsätzlich **keinem Wettbewerbsverbot**, weil die Interessen des Alleingesellschafters sich von denen der Gesellschaft selbst so lange nicht trennen lassen, als nicht Gläubigerinteressen gefährdet sind.[3] Im Geschäftsführervertrag können auch Wettbewerbsverbote vereinbart werden, die für die Zeit nach der Geschäftsführertätigkeit wirken.[4] Das **nachvertragliche Wettbewerbsverbot**[5] dient dazu, die GmbH vor einer Ausnutzung und Verwertung der Verbindungen zu schützen, die der Geschäftsführer während seiner Amtstätigkeit gewonnen hat.

3553

Das Wettbewerbsverbot muss jedoch räumlich, gegenständlich und zeitlich beschränkt sein und darf die Berufsausübung und wirtschaftliche Betätigung des Geschäftsführers nicht unbillig erschweren.[6] Die vertraglich vereinbarte Wettbewerbsbeschränkung endet in jedem Fall nach zwei Jahren.[7] Die Zahlung einer Entschädigung ist jedoch nicht Voraussetzung für die Wirksamkeit eines nachvertraglichen Wettbewerbsverbots, weil für den Geschäftsführer die arbeitsrechtliche Schutzvorschrift des § 74 HGB nicht gilt.[8] War eine Entschädigung versprochen, kann sich die GmbH aus der Zahlungspflicht lösen, indem sie den Geschäftsführer aus dem Wettbewerbsverbot entlässt.[9] Eine Karenzentschädigung muss die GmbH auch nicht zahlen, wenn sie vor Beendigung des Dienstverhältnisses auf das Wettbewerbsverbot verzichtet (§ 75a HGB), wobei aber die dort genannte Frist von einem Jahr unangemessen lang erscheint.[10] Dies gilt aber nicht, wenn der Verzicht nach ordentlicher Kündigung erst zu einem Zeitpunkt erklärt wird,

---

1 BGH v. 12.6.1989 II ZR 334/87, NJW 1989, 2697.
2 BGH v. 19.6.1995 II ZR 228/94, DStR 1995, 1359.
3 BGH v. 28.9.1992 II ZR 299/91, BGHZ 119, 257; v. 21.6.1999 II ZR 47/98, BGHZ 142, 92.
4 BGH v. 17.11.1997 II ZR 327/96, DStR 1997, 2038.
5 Vgl. im Einzelnen auch Tillmann/Mohr, GmbH-Geschäftsführer, Rz. 470 ff.
6 BGH v. 26.3.1984 II ZR 229/83, BGHZ 91, 1; v. 4.3.2002 II ZR 77/00, ZIP 2002, 709.
7 BGH v. 14.7.1997 II ZR 238/96, DStR 1997, 1413.
8 BGH v. 26.3.1984 II ZR 229/83, BGHZ 91, 1; v. 28.4.2008 II ZR 11/07, BB 2008, 1349; v. 7.7.2008 II ZR 81/07, DStR 2008, 1842.
9 BGH v. 17.2.1992 II ZR 41/91, NJW 1992, 1892.
10 Daumke/Keßler, Der GmbH-Geschäftsführer, Rn. 503, wo eine Höchstfrist von drei Monaten genannt wird.

in dem sich der Geschäftsführer bereits auf die Einschränkungen in seiner neuen beruflichen Tätigkeit eingestellt hat.[1]

3553/1 Das Wettbewerbsverbot erfasst entsprechend dem Leitbild des § 88 Abs. 1 AktG jede unmittelbare oder mittelbare Betätigung des Geschäftsführers im Geschäftsbereich der GmbH für eigene oder fremde Rechnung,[2] also auch Organ- oder Managementtätigkeiten in Konkurrenzunternehmen oder sich als Gesellschafter an anderen (konkurrierenden) Handelsgesellschaften zu beteiligen, sofern er dort über einen maßgeblichen Unternehmereinfluss verfügt. Verletzt der Geschäftsführer das Wettbewerbsverbot, weil er eine Konkurrenztätigkeit aufnimmt, muss er der GmbH den daraus entstehenden Schaden ersetzen (§ 43 Abs. 2 GmbHG). Außerdem hat die GmbH einen Anspruch auf künftige Unterlassung von verbotswidrigen Wettbewerbshandlungen. Schließlich ist der GmbH entsprechend § 88 Abs. 2 Satz 2 AktG ein Eintrittsrecht in die verbotswidrige Leistungsbeziehung mit dem Dritten zuzubilligen und sie kann verlangen, dass (im Innenverhältnis) die Vergütung an sie herausgegeben oder der Vergütungsanspruch an sie abgetreten wird.

Sie kann aber nicht mit Außenwirkung in die Leistungsbeziehung eintreten, muss aber dem Geschäftsführer seine hierdurch bedingten Aufwendungen ersetzen.[3] Für das Eintrittsrecht gilt die kurze Verjährungsfrist von drei Monaten des § 88 Abs. 3 AktG, der Schadensersatzanspruch der GmbH verjährt in fünf Jahren (§ 43 Abs. 4 GmbHG).

2. Vertragliche Festlegungen für die Geschäftsführungsbefugnis

3554 Die Geschäftsführungsbefugnis kann im **Anstellungsvertrag** in bestimmter Weise festgelegt und eingegrenzt werden. Üblich sind Einschränkungen, dass der Geschäftsführer für die Aufnahme von Krediten, für Grundstücksgeschäfte und Anschaffungen von Wirtschaftsgütern ab einer bestimmten Höhe der Anschaffungskosten die vorherige Zustimmung durch einen Gesellschafterbeschluss einholen muss. Während die Rechte und Pflichten des Geschäftsführers gegenüber der Satzung eingeschränkt werden können, können sie jedoch nicht durch den Geschäftsführervertrag gegenüber der Satzung erweitert werden.

> **BEISPIEL:** Der Geschäftsführer darf nach der Satzung Investitionen bis 50 000 € ohne Gesellschafterbeschluss tätigen. Die Grenze kann für das einzelne Anschaffungsgeschäft im Geschäftsführervertrag auf 30 000 € abgesenkt werden, ihm aber nicht erlaubt werden, Anschaffungsgeschäfte mit Anschaffungskosten von 60 000 € zu tätigen.

3555 Die Festlegungen der Geschäftsführerbefugnisse im Anstellungsvertrag sind nicht gegen spätere Satzungsänderungen oder andere Gesellschafterbeschlüsse geschützt. So ist die Bestellung eines weiteren Geschäftsführers auch dann gegenüber dem Geschäftsführer wirksam, wenn sein Anstellungsvertrag ihn als Alleingeschäftsführer ausweist. Jedenfalls ist die Beschränkung der Geschäftsführungsbefugnis zulässig, wenn der Aufgabenbereich eines Geschäftsführers ohne Verletzung des Anstellungsvertrages

---

[1] BGH v. 4. 3. 2002 II ZR 77/00, ZIP 2002, 709.
[2] Daumke/Keßler, Der GmbH-Geschäftsführer, Rn. 488.
[3] Daumke/Keßler, Der GmbH-Geschäftsführer, Rn. 492.

eingeschränkt werden kann.[1] Auch seine Vertretungsbefugnisse können durch Gesellschafterbeschluss eingeschränkt werden, selbst wenn ihm im Anstellungsvertrag weitergehende Befugnisse eingeräumt worden waren. Bei schwerwiegenden Eingriffen kann der Geschäftsführer jedoch sein Amt niederlegen und auch den Geschäftsführervertrag kündigen, wenn auch dazu kein Zwang besteht. Hält der Geschäftsführer sich nicht an die vorrangigen organisationsrechtlichen Vorgaben, sondern an die ihm im Geschäftsführervertrag eingeräumten (weitergehenden) Befugnisse, verstößt er gegen § 37 Abs. 1 GmbHG, so dass die GmbH ein Abberufungs- und Kündigungsrecht hat.

(*Einstweilen frei*) 3556–3570

VII. Vergütungsregelung

Literatur: *Tänzer*, Die angemessene Höhe der Geschäftsführervergütung: Marktübliche Bezüge und Nebenleistungen, BB 2004, 2757; *Haase*, Der Anspruch des Geschäftsführers einer GmbH auf Fortzahlung seiner Vergütung im Krankheitsfall, GmbHR 2005, 126; *ders.*, Der Erholungsurlaub des Geschäftsführers einer GmbH aus rechtlicher Sicht, GmbHR 2005, 265 ff. und 338 ff.; *Zimmers*, Angemessenes Chef-Gehalt, GmbH-Stpr. 2007, 8; *Mertes*, Tantieme: Instrument zur Erfolgsbeteiligung des GmbH-Geschäftsführers, LSW Gruppe 9, 111–128 (6/2008); *Rath/Zimmers*, Gehalts-Gradmesser, GmbH-Stpr 2008, 1; *dies.*, Neue Orientierungswerte für den Gehaltsvergleich 2011, GmbH-Stpr. 2011, 1; *dies.*, Geschäftsführer-Gehälter 2012, GmbH-Stpr. 2012, 1; *dies.*, Das angemessene GmbH-Geschäftsführergehalt: Mit Gehaltsstrukturuntersuchungen zum Erfolg, GStB 2012, 135.

Wesentlicher Inhalt des Anstellungsvertrages ist die **Vergütungsregelung**. Nicht zuletzt mit Rücksicht auf die steuerliche Anerkennung (insbesondere bei Gesellschafter-Geschäftsführern mit beherrschender Stellung) sollte man sie mit äußerster Sorgfalt formulieren sowie auf klare und eindeutige Vereinbarungen achten, damit Auslegungsschwierigkeiten vermieden werden. Als Vergütung können Gehalt, Gewinnbeteiligung (Tantieme), Gratifikationen (Einmalzahlungen), Ansprüche auf Altersversorgung (Pensionen), Aufwandsentschädigungen sowie Sachbezüge (Dienstwagen) vereinbart werden. 3571

1. Vergütung

a) Bestimmungsfaktoren für die Gesamtausstattung

Zunächst werden sich die Vertragsparteien mit der Höhe der Vergütung befassen müssen, und zwar insbesondere bei Absprachen mit einem Geschäftsführer, der zugleich Gesellschafter ist. Nicht nur steuerrechtlich (Stichwort: verdeckte Gewinnausschüttung), sondern auch zivilrechtlich muss die gezahlte Vergütung angemessen sein, wobei hier die Gleichbehandlung der Gesellschafter und das Gebot der Kapitalerhaltung beachtet werden müssen und die Vergütung in keinem Missverhältnis zu der vergüteten Leistung und damit zu dem Entgelt stehen darf, das ein Fremdgeschäftsführer für die gleiche Tätigkeit erhalten hätte, wobei freilich der GmbH ein Ermessensspielraum verbleibt.[2] Kontrollmaßstab sind also das Gehalt und die gewinnabhängige Tantieme, 3572

---

[1] BGH v. 6. 3. 2012 II ZR 76/11, GmbHR 2012, 614.
[2] Vgl. BGH v. 14. 5. 1990 II ZR 126/89, BGHZ 111, 224.

die ein an der Gesellschaft nicht beteiligter Fremdgeschäftsführer für die gleiche Tätigkeit erhalten hätte.

3573 **Bestimmungsfaktoren** sind dabei:

- die **Unternehmensgröße** gemessen an Umsatz und Zahl der Beschäftigten, weil die Führung eines größeren Unternehmens höhere Anforderungen an den Geschäftsführer stellt;
- Die **Ertragssituation**, weil Erfolg oder Misserfolg des Unternehmens eng mit der Leistung des Geschäftsführers verknüpft sind, so dass es recht und billig ist, wenn sich der Erfolg der GmbH (Höhe der Eigenkapitalverzinsung) in der Höhe des Geschäftsführergehalts widerspiegelt;
- Der **Wert der Dienstleistung**, weil die GmbH zu beurteilen hat, was ihr die Dienste des Geschäftsführers nach dessen Qualifikation (Ausbildung, Erfahrung, Fähigkeiten) und nach Art und Umfang seiner Tätigkeit wert sind.

3574 **Anhaltspunkte für die Höhe der Gesamtvergütung liefern Gehaltsstrukturuntersuchungen in Abhängigkeit von Größe und Ertragslage des Unternehmens:**

3575 Zur Orientierung sei in diesem Zusammenhang auf die Ergebnisse der jährlichen „Kienbaum-Studien"[1] und auf die Ergebnisse der Gehälter-Studie der BBE-Unternehmensberatung hingewiesen.[2] Die Orientierung an den Durchschnittsgehältern entsprechend Branche (Wirtschaftszweige wie Dienstleister, Einzelhandel, Großhandel, Handwerk, Industrie), Umsatzgröße, Mitarbeiterzahl und persönlichem Status des Geschäftsführers (Gesellschafter-Geschäftsführer und fremden Geschäftsführern ohne Kapitalanteil, Alleingeschäftsführer oder Mitgeschäftsführer) sowie deren Zusammensetzung (Gehaltsbestandteile wie z. B. Tantiemen) kann zu hoher Akzeptanz bei der FinVerw und den Gerichten führen, so dass Streitfälle um die Angemessenheit der Gesamtbezüge vermieden werden.[3]

b) Festgehalt

3576 Ein wesentlicher Teil der Gesamtausstattung des Geschäftsführers besteht meist in einem Festgehalt, das in einem festen, in monatlichen **Teilbeträgen zu zahlenden Jahresbetrag** oder in **monatlichen Festgehältern** vereinbart werden kann. Auch ein 13. oder 14. Monatsgehalt kann ausbedungen werden. Beachtung verdient auch eine Regelung, für welche Dauer im Krankheitsfall das Gehalt fortgezahlt werden muss. Hierzu bieten sich in der Praxis Vereinbarungen an, die eine **Gehaltsfortzahlung zwischen drei und sechs Monaten im Krankheitsfall** vorsehen. Auch die Fortzahlung des Gehalts im Todesfall an den überlebenden Ehegatten etwa für drei Monate sollte in eine Gehaltsvereinbarung aufgenommen werden.

3577 Damit nicht jährlich zwischen Gesellschaftern und Geschäftsführern über eine Gehaltserhöhung verhandelt werden muss, was nicht selten zu Meinungsverschiedenheiten und Spannungen führt, kann sich die Vereinbarung einer sog. **Spannungsklausel** anbie-

---

1 siehe auch www.kienbaum.de.
2 Mitgeteilt von Rath/Zimmers in GmbH-Stpr 2011, 1 für 2010 und in GmbH-Stpr. 2012 für 2012.
3 Vgl. Rath/Zimmers, GStB 2012, 135.

ten. Danach wird etwa das Geschäftsführergehalt mit der Entwicklung der Beamtengehälter oder der Tarifgehälter verknüpft und entsprechend angepasst. Eine solche Spannungsklausel bedarf – im Gegensatz zu einer Wertsicherungsklausel – nicht der Genehmigung durch das Bundesamt für Wirtschaft. Die Anpassung des Festgehaltes durch eine Spannungsklausel kann so formuliert werden: „Das Gehalt des Geschäftsführers ändert sich im gleichen Verhältnis, wie sich die Gehälter in der höchsten Tarifstufe für kaufmännische Angestellte der ...*(Branchenbezeichnung)* ändern." Fehlt eine Anpassungsregelung, kann der Geschäftsführer eine Erhöhung seiner Bezüge verlangen, wenn sich die wirtschaftlichen Verhältnisse wesentlich zu seinem Nachteil verändert haben. Dies ergibt sich für den Gesellschafter-Geschäftsführer aus der gesellschaftlichen Treupflicht und bei dem Fremdgeschäftsführer aus der Fürsorgepflicht der Gesellschaft.[1]

c) Tantieme

Die Zahlung einer **Tantieme** soll den Geschäftsführer zu noch größerem Einsatz für das Unternehmen in der GmbH **anspornen** und soll seine Leistungen, die im Erfolg des Unternehmens zum Ausdruck kommen, **honorieren**; sie dient der Stärkung der unternehmerischen Verantwortung des Geschäftsführers.[2] Die GmbH und der Geschäftsführer haben die Wahl, zwischen einer Gewinntantieme und einer Umsatztantieme, die – im Gegensatz zum Aktienrecht – nach GmbH-Recht zulässig ist, aber aus vielerlei Gründen nicht zu empfehlen ist, es sei denn, sie böte ausnahmsweise die einzige Möglichkeit, für eine leistungsgerechte Vergütung.

3578

aa) Umsatztantieme

Die **Umsatztantieme** birgt abgesehen davon, dass ihre Zahlung regelmäßig steuerlich keine Anerkennung findet und als verdeckte Gewinnausschüttung behandelt wird, die Gefahr in sich, dass Umsätze zu Lasten der Rentabilität gesteigert werden. Sie kann zur Gewinnabsaugung führen, ihre Unangemessenheit kann bei Zahlung an einen Gesellschafter-Geschäftsführer im Krisenfall als verdeckter Sondervorteil behandelt werden und gegen die Kapitalerhaltungsvorschriften verstoßen.[3]

3579

bb) Gewinntantieme

Soll eine **Gewinntantieme** (erfolgsabhängige, variable Vergütung) vereinbart werden, was ansonsten unbedenklich und durchaus üblich ist (im Jahr 2011 erhielten 81,7 %, im Jahr 2012 86,7 % der Geschäftsführer eine Tantieme[4]), muss jedoch auf eine sorgfältige Formulierung, insbesondere bei der Bestimmung der Bemessungsgrundlage, geachtet werden, damit es bei Fremdgeschäftsführern – wie es nicht selten der Fall ist – nicht zu Meinungsverschiedenheiten über die Höhe kommt und damit bei beherr-

3580

---

1 So Daumke/Keßler, Der GmbH-Geschäftsführer, Rn. 458 f.
2 Tillmann/Mohr, GmbH-Geschäftsführer, Rn. 228.
3 Vgl. BGH v. 15.6.1992 II ZR 88/91, DStR 1992, 1443.
4 Tillmann/Mohr, GmbH-Geschäftsführer, Rn. 228. zitiert nach Rath, GmbHR 2011, 353 und GmbHR 2012, 318.

schenden Gesellschafter-Geschäftsführern keine Probleme bei der steuerlichen Anerkennung entstehen. Bei der Festlegung der **Bemessungsgrundlage** sollte auf den Begriff des „Jahresüberschusses" nach § 266 Abs. 3 A V HGB abgestellt und festgelegt werden, ob dieser Jahresüberschuss nach Verrechnung mit Verlustvorträgen Bemessungsgrundlage sein soll.

Da die für den Tantiemeanspruch zu bildende Rückstellung ihrerseits – wie z. B. auch die Gewerbesteuerrückstellung – als Betriebsausgabe (Aufwand) den Jahresüberschuss und damit die Bemessungsgrundlage mindert, kann es sich für die Praxis empfehlen, solche (gewinnabhängigen) Rückstellungen aus der Bemessungsgrundlage herauszunehmen (Formulierung: Bemessungsgrundlage für die Tantieme ist der Jahresüberschuss vor Abzug der Tantieme und gewinnabhängigen Rückstellungen sowie Rücklagen). Spätere gewinnerhöhende Auflösungen von Rückstellungen und Rücklagen, die die Tantiemeberechnung nicht beeinflusst haben, dürfen dann freilich – aufgrund entsprechender Vereinbarung – die Bemessungsgrundlage der Tantieme nicht erhöhen.

3581   Zu den steuerlichen Fragen vgl. Rz. 6031 ff.

cc) Beteiligungsmodelle

Literatur: *Mohr*, Ausgestaltung von Mitarbeiterbeteiligungen bei GmbH, GmbH-StB 2005, 305; *Battke/Grünberg*, Zulässigkeit von Hinauskündigungsklauseln bei Mitarbeiter- und Managermodellen, GmbHR 2006, 225; *Sosnitza*, Manager- und Mitarbeitermodelle im Recht der GmbH, DStR 2006, 99; *Zimmermann*, Zivil- und steuerrechtliche Aspekte zu Management- und Mitarbeiter-Beteiligungsprogrammen, GmbHR 2006, 231.

3582   Die Gesellschaft kann den Geschäftsführern eine Beteiligung durch **Zuwendung von Anteilen** gewähren. Befinden sich die Geschäftsanteile in Händen der Gesellschaft, wird die Zuwendung als Teil der Vergütung anzusehen sein, die der Geschäftsführer für seine Tätigkeit erhält. Der Vorteil aus dem Arbeitsverhältnis unterliegt der Einkommensteuer. Gleiches gilt, wenn die Zuwendung des Geschäftsanteils aus dem Vermögen einzelner Gesellschafter erfolgt. Die Zuwendung ist mit Erwartung höheren Einsatzes des Geschäftsführers für die Gesellschaft verknüpft, es fehlt also ein Bereicherungswillen des Zuwendenden.[1]

3583   In diesem Zusammenhang gewinnt auch das sog. **Managermodell** im Recht der GmbH an Bedeutung.[2] Hier geht es darum, dass dem Gesellschafter-Geschäftsführer zu seiner Motivation, den Erfolg des Unternehmens zu fördern, Geschäftsanteile in gewissem Umfang zum Nominalwert übertragen werden, zugleich mit dem Geschäftsführer aber vereinbart wird, dass seine Gesellschafterstellung enden soll, wenn er als Geschäftsführer abberufen oder sein Geschäftsführer-Anstellungsvertrag beendet wird. Zu diesem Zweck gibt der Geschäftsführer beim Erwerb seiner Geschäftsanteile bereits ein Angebot zum Rückkauf und zur Rückübertragung des Geschäftsanteils im Falle der Abberufung bzw. der Beendigung des Geschäftsführeranstellungsvertrages ab, welches dann von den Hauptgesellschaftern innerhalb einer bestimmten Frist angenommen werden

---

1 Vgl. Beck-GmbH-HB/Axhausen, § 5 Rn. 61.
2 Vgl. auch Sosnitza, DStR 2006, 99.

kann. Im Übrigen werden die Geschäftsanteile des Geschäftsführers vinkuliert, so dass sie nur mit Zustimmung der Gesellschaft übertragen werden können.

Zu diesem Managermodell und vergleichbaren Mitarbeitermodellen im Recht der GmbH hat sich der BGH mit der Wirksamkeit solcher **Hinauskündigungsklauseln** beschäftigt und sie im Grunde gebilligt.[1] Zwar hält der BGH Hinauskündigungsklauseln grundsätzlich gem. § 138 Abs. 1 BGB für sittenwidrig wegen der durch sie begründeten Drucksituation, lässt aber Ausnahmen zu. Die sieht er in dem Unternehmenskonzept als gegeben an, das den Geschäftsführer durch eine Beteiligung stärker an das Unternehmen bindet, um seine Motivation zu steigern und seine Stellung als „geschäftsführender Gesellschafter" innerhalb des Betriebs und nach außen aufzuwerten. Der Sinn der Beteiligung liege in der Teilhabe am Gewinn der Gesellschaft. Da die Beteiligung mit Beendigung der organschaftlichen und dienstvertraglichen Bindungen an die Gesellschaft ihren Sinn verliere, sei die Beteiligung im Managermodell nur ein Annex zu der Geschäftsführerstellung, die grundsätzlich nach § 38 Abs. 1 GmbHG beendet werden kann. Wegen der sachlichen Rechtfertigung liegt auch kein Verstoß gegen den gesellschaftsrechtlichen Gleichbehandlungsgrundsatz vor, wenn die Hauptgesellschafter von der Hinauskündigungsklausel Gebrauch machen.

dd) Altersversorgung (Pensionszusage)

Große praktische Bedeutung haben **Pensionszusagen,** die für Fremdgeschäftsführer wie für Gesellschafter-Geschäftsführer die Grundlage ihrer Altersversorgung (Ruhegehalt)[2] und der Sicherung ihrer Hinterbliebenen bilden. Dies gilt insbesondere deshalb, weil die Leistungen aus der gesetzlichen Rentenversicherung nicht ausreichen, um den gewohnten Lebensstandard zu sichern, auch wenn das Altersvermögensgesetz (AVmG) gewisse Verbesserungen gebracht hat. Die betriebliche Altersversorgung kann durch Pensionszusage, Pensionskasse, Pensionsfonds, Unterstützungskasse oder durch Direktversicherung erfolgen. Eine gewisse Beständigkeit und Werthaltigkeit von Versorgungszusagen schafft für Fremdgeschäftsführer (und für unbedeutend beteiligte Minderheitsgesellschafter, die als Geschäftsführer tätig sind), nicht aber für beherrschende Gesellschafter-Geschäftsführer auch das BetrAVG, indem bestimmte Anwartschaften unverfallbar sind und Insolvenzschutz genießen.

3584

Im Zusammenhang mit der Beendigung der Geschäftsführertätigkeit aus wichtigem Grund entwickelt sich häufig Streit darüber, ob **Versorgungszusagen** mit der nämlichen Begründung **widerrufen** werden können. Dies ist meist zu verneinen, weil die Versorgungszusage Teil des geschuldeten Entgelts ist und dem Geschäftsführer für seine Betriebstreue versprochen wird, der dafür seinerseits um seiner und seiner Angehörigen Versorgung willen auf einen möglichen Wechsel des Unternehmens verzichtet. Deshalb stellt selbst der ausdrücklich vorbehaltene „Widerruf" der Versorgungszusage nicht die Ausübung eines Gestaltungsrechts dar, sondern kann nur mit dem Einwand rechtsmissbräuchlichen Verhaltens begründet werden, welches der Verpflichtete dem

3585

---

1 BGH v. 19. 9. 2005 II ZR 342/03, DStR 2005, 1910 – Mitarbeitermodell –, und II ZR 173/04, DStR 2005, 1913 – Managermodell.
2 Zum Ganzen vgl. Tillmann/Mohr, GmbH-Geschäftsführer, Rz. 333 ff.

Begehren des Berechtigten mit Rücksicht auf dessen schwerwiegendes Fehlverhalten entgegenhalten und deshalb auch eine unverfallbare Versorgungszusage ganz oder teilweise „widerrufen" kann.[1] Ein Widerruf der Versorgungszusage, die zu einer unverfallbaren Anwartschaft geführt hat, kommt deshalb nur bei besonders schwerwiegenden Verstößen gegen die Dienstpflichten und bei Zufügung eines schweren, die Existenz der GmbH bedrohenden Schadens in Betracht.[2]

3586 Etwas anderes gilt für die Vereinbarung eines Übergangsgeldes z. B. bis zum Eintritt des Pensionsfalls oder bis eine neue Tätigkeit aufgenommen wird. Solche Vereinbarungen können unter den Vorbehalt gestellt werden, dass der Geschäftsführer für diese Zeit von jeder nicht genehmigten Tätigkeit absieht, die der GmbH Konkurrenz machen könnte.[3]

3587 Die zugesagte Pension kann in einem bestimmten Bruchteil (50 v. H. oder 75 v. H.) des letzten Grundgehaltes, aber auch in einem festen Betrag bestehen und kann dynamisiert werden. Aus steuerlichen Gründen sollte aber darauf geachtet werden, dass keine Überversorgung (mehr als 75 v. H. der Aktivbezüge) entsteht, was etwa durch Anrechnungsvorbehalte gesetzlicher Renten oder die Festlegung von Höchstbeträgen erreicht werden kann. Üblich ist eine Witwenrente von 60 v. H. der Geschäftsführerrente.

ee) Nebenleistungen

3588 Neben Festgehalt, Einmalzahlungen und variablen Gehaltsbestandteilen sowie Versorgungszusagen sollten – schon um Meinungsverschiedenheiten und steuerliche Nachteile zu vermeiden – sämtliche Nebenleistungen im Rahmen der Gesamtausstattung des Geschäftsführers in den Anstellungsvertrag aufgenommen werden. Zu solchen **Nebenleistungen** zählen insbesondere die Zahlung eines Weihnachtsgeldes oder eines Urlaubsgeldes oder etwa die Übernahme der für eine private Lebensversicherung zu zahlenden Beiträge sowie Sachbezüge, etwa in Gestalt der Nutzung des Dienstwagens (evtl. mit Fahrer) auch für private Zwecke oder vergleichbarer betrieblicher Einrichtungen (Telekommunikation).

3589 Der Geschäftsführer hat auch Anspruch auf den vereinbarten Urlaub und kann dessen Abgeltung in Geld verlangen.

3590 Schließlich kann bei der Abfassung des Anstellungsvertrages auch auf den **Auslagenersatz** eingegangen werden. Der Geschäftsführer kann nämlich für Auslagen, die er bei der Erfüllung seiner Aufgaben tätigt (z. B. Kosten einer Dienstreise oder Bewirtungskosten), oder für Schäden, die er dabei unverschuldet erleidet, grundsätzlich deren Erstattung von der GmbH verlangen (§§ 675, 670 BGB). Benutzt der Geschäftsführer seinen privaten Pkw für unternehmerische Zwecke der GmbH, sollte der von der GmbH zu tragende Kostenanteil im Anstellungsvertrag festgelegt werden.

3591–3610 (*Einstweilen frei*)

---

1 Vgl. BGH v. 13. 12. 1999 II ZR 152/98, DStR 2000, 255.
2 Vgl. BGH v. 11. 3. 2002, DB 2002, 1207.
3 Vgl. BGH v. 3. 7. 2000 II ZR 381/98, DStR 2000, 1783.

VIII. Beendigung der Geschäftsführerstellung

Nach der Trennungstheorie ist auch bei der Beendigung der Geschäftsführerstellung zwischen der Organstellung und dem Anstellungsverhältnis zu unterscheiden, auch wenn regelmäßig durch Abreden das Dienstverhältnis so an das Organverhältnis gekoppelt wird, dass die Beendigung der Organstellung auch das Dienstverhältnis erfasst. Die praktisch wichtigsten Fälle der Abberufung des Geschäftsführers als Organ der Gesellschaft und die Kündigung seines Dienstvertrages sind zu unterscheiden, und in jedem Fall sind die Auswirkungen der Abberufung auf beide Rechtsverhältnisse gesondert zu betrachten.[1]

3611

1. Beendigung des Organverhältnisses

Literatur: *Lohr*, Die fristlose Kündigung des Dienstvertrages eines GmbH-Geschäftsführers, NZG 2001, 826; *Heller*, Die Rechtsverhältnisse der GmbH nach streitiger Abberufung des Geschäftsführers, GmbHR 2002, 1227; *Lohr*, Die Amtsniederlegung des GmbH-Geschäftsführers – Voraussetzungen der Niederlegung und Folgen für das Anstellungsverhältnis, DStR 2002, 2173; *Schuhmann*, Die Amtsniederlegung eines GmbH-Geschäftsführers, NZG 2002, 706; *Manger*, Amtsniederlegung des GmbH-Geschäftsführers, GmbHR 2003, 545; *Bauer/Krieger*, Formale Fehler bei Abberufung und Kündigung vertretungsberechtigter Organmitglieder, ZIP 2004, 1247; *Trölitzsch*, Zur Abberufung des Gesellschafter-Geschäftsführers in der personalistischen GmbH, EWiR 2004, 233; *Schumacher*, Die aufschiebend bedingte Geschäftsführerbestellung, GmbHR 2006, 924; *Kreklau*, Abberufung des Gesellschafter-Geschäftsführers der GmbH – Problem auch für jeden Investor, GmbHR 2007, 365; *Bergwitz*, Die GmbH im Prozess gegen ihren Geschäftsführer, GmbHR 2008, 225; *Reiserer/Peters*, Die anwaltliche Vertretung von Geschäftsführern und Vorständen bei Abberufung und Kündigung, DB 2008, 167; *Diller*, Kündigung, Kündigungsschutz und Weiterbeschäftigungsanspruch des GmbH-Geschäftsführers, NZG 2011, 254; *Haase*, Abberufung des Geschäftsführers und Beschränkung der Geschäftsführungsbefugnis als vertragswidriges Verhalten der GmbH?, GmbHR 2012, 614.

a) Überblick über die Beendigungsgründe

Die **Organstellung** des Geschäftsführers, also seine Geschäftsführungsbefugnis und seine Vertretungsmacht, wird regelmäßig durch die **Abberufung** (§ 38 Abs. 1 GmbHG) **ex nunc beendet**. Ist die Bestellung zum Geschäftsführer befristet oder unter einer auflösenden Bedingung erfolgt, endet sie mit Ablauf der Amtsdauer oder mit Eintritt der Bedingung automatisch. Dies kann auch durch eine vereinbarte Koppelung des Organverhältnisses an das Anstellungsverhältnis herbeigeführt werden, wenn z. B. das Anstellungsverhältnis zu einem Dritten besteht.

3612

Sonstige Beendigungsgründe für die Organstellung sind der Tod des Geschäftsführers und der Eintritt der Amtsunfähigkeit (Geschäftsunfähigkeit oder Anordnung der Betreuung) sowie die rechtskräftige Verurteilung wegen einer Straftat nach dem Katalog in § 6 Abs. 2 Satz 2 und 3 GmbHG oder die Untersagung der Berufstätigkeit, die in den Unternehmensgegenstand der GmbH fällt, durch rechtskräftiges Urteil bzw. bestandskräftigen Verwaltungsakt, wobei es keiner Abberufung durch die GmbH bedarf.

---

[1] BGH v. 28.11.2002 II ZR 146/02, NZG 2003, 84.

Der Geschäftsführer verliert sein Amt auch automatisch, wenn seine Bestellung mit einer **auflösenden Bedingung** verknüpft wurde und die Bedingung eintritt.[1] Das Erlöschen des Amtes ist jedoch unverzüglich zum Handelsregister anzumelden. Solange die Beendigung des Geschäftsführeramtes nicht im Handelsregister eingetragen (§ 39 GmbHG) und bekannt gemacht ist, muss sich ein Dritter die fehlende Vertretungsbefugnis nicht entgegenhalten lassen, wenn sie ihm nicht positiv bekannt ist (§ 15 Abs. 1 HGB).

3613 Mit einer **formwechselnden Umwandlung** nach dem UmwG **endet die Organstellung** der Geschäftsführer der erloschenen GmbH automatisch. Bei einer **aufnehmenden Verschmelzung** endet die Organstellung der Geschäftsführer der aufgenommenen GmbH ebenso wie bei der Verschmelzung von zwei GmbHs durch Neubildung in dem Zeitpunkt, in dem die Verschmelzung wirksam wird. Die Anstellungsverträge werden dadurch aber nicht automatisch beendet, sondern gehen grundsätzlich auf die neue Gesellschaft über.

b) Abberufung

3614 Nach der gesetzlichen Regelung in § 38 Abs. 1 GmbHG ist die Bestellung zum Geschäftsführer **jederzeit** (ohne Vorliegen eines wichtigen Grundes) **widerrufbar** (= **Abberufung**). Die jederzeitige Abberufbarkeit stellt einen Ausgleich zu der im Außenverhältnis unbeschränkten und unbeschränkbaren Vertretungsmacht des Geschäftsführers dar;[2] dadurch können die Gesellschafter auf ein ihnen nicht genehmes Verhalten des Geschäftsführers reagieren und ihrem Weisungsrecht Nachdruck verleihen. Zuständig für die Abberufung (wie auch für die Kündigung des Anstellungsverhältnisses) ist – sofern die Satzung keine anderweitige Regelung enthält – die Gesellschafterversammlung (§ 46 Nr. 5 GmbHG) als das Organ, das auch zur Bestellung berufen ist.

Die jederzeit mögliche Abberufung eines Geschäftsführers kann auch mit der Beschränkung seiner Geschäftsführerbefugnisse einhergehen, wenn dies ohne Verletzung seines Anstellungsvertrages möglich ist. Der abberufene Geschäftsführer, der wegen der Beschränkung seines Aufgabenbereichs fristlos kündigt und Schadensersatz nach § 628 Abs. 2 BGB verlangt, scheitert mit diesem Begehren, weil die Abberufung nach § 38 GmbHG kein vertragswidriges Verhalten der GmbH darstellt.[3]

3615 Die Satzung kann jedoch auch bestimmen, dass die **Abberufung nur bei Vorliegen eines wichtigen Grundes möglich** sein soll (§ 38 Abs. 2 GmbHG), was häufig dann der Fall ist, wenn nicht ein gesellschaftsfremder Dritter, sondern ein Gesellschafter zum Geschäftsführer berufen ist.

aa) Abberufung durch Gesellschafterbeschluss

3616 Soweit der Gesellschaftsvertrag nichts anderes bestimmt, **beschließt** die Gesellschafterversammlung über die Abberufung grundsätzlich **mit einfacher Mehrheit**. Bei einer

---

[1] BGH v. 24.10.2005 II ZR 55/04, DStR 2005, 2195 gegen die h. M. in der Literatur.
[2] Goette, Die GmbH, § 8 Rz. 28.
[3] BGH v. 6.3.2012 II ZR 76/11, GmbHR 2012, 638.

Abberufung aus wichtigem Grund muss diese stets mit einfacher Mehrheit der Stimmen möglich sein, weil der GmbH ein unzumutbar gewordener Geschäftsführer nicht aufgedrängt werden darf.[1] Ist der Geschäftsführer auch Gesellschafter, ist er bei einer (normalen) Abberufung nach § 38 Abs. 1 GmbHG stimmberechtigt.[2] Soll die Abberufung aus wichtigem Grund gem. § 38 Abs. 2 GmbHG erfolgen, ist der Gesellschafter-Geschäftsführer zwar teilnahme- und redeberechtigt und auch zur Gesellschafterversammlung einzuladen, aber nicht stimmberechtigt, weil er nicht „Richter in eigener Sache" sein kann.

In der mitbestimmten GmbH richtet sich die Beendigung der Geschäftsführerstellung allein nach § 84 AktG: Die Organstellung endet mit Ablauf der befristeten Amtszeit, eine Abberufung durch den Aufsichtsrat ist nur bei Vorliegen eines wichtigen Grundes möglich. 3617

bb) Bekanntgabe des Beschlusses

Der **Abberufungsbeschluss muss** dem **Geschäftsführer bekannt gegeben** werden; erst wenn die Abberufungserklärung dem Geschäftsführer zugegangen ist, wird sie wirksam. Die Erklärung der Abberufung, aus der deutlich werden muss, dass das zuständige Gesellschaftsorgan die Entschließung gefasst hat, bedarf keiner besonderen Form und kann auch von einem Mitglied der Gesellschafterversammlung oder einem Dritten (z. B. dem anderen Geschäftsführer oder einem Rechtsanwalt) überbracht werden. Keiner besonderen Mitteilung bedarf es, wenn der Geschäftsführer bei der Beschlussfassung persönlich anwesend ist, also über die Abberufung mitabgestimmt oder von seinem Teilnahmerecht Gebrauch gemacht hat. 3618

c) Rechtsfolgen der Abberufung

Mit dem wirksamen Beschluss über die Abberufung und deren Erklärung gegenüber dem Geschäftsführer endet dessen Organstellung sowie seine Geschäftsführungsbefugnis und Vertretungsmacht. Waren zwei Geschäftsführer bestellt, die nach § 35 Abs. 2 Satz 1 GmbHG nur in Gesamtvertretung für die GmbH handeln durften, erlangt der verbleibende Geschäftsführer sofort **Alleinvertretungsmacht**. Nur wenn die Satzung bestimmt, dass die GmbH durch **mindestens zwei** Geschäftsführer vertreten werde, muss für den abberufenen Geschäftsführer ein Nachfolger bestellt werden, damit die GmbH aktiv handlungsfähig bleibt. 3619

Die **Beendigung des Organverhältnisses** führt **nicht automatisch zur Beendigung** des schuldrechtlichen **Anstellungsverhältnisses**, jedoch wird in der Kündigung des Anstellungsvertrages i. d. R. zugleich die Abberufung aus der Organstellung liegen. Häufiger wird indes der umgekehrte Fall vorliegen, indem der Anstellungsvertrag so an das Organverhältnis geknüpft ist, dass **der Anstellungsvertrag mit der Abberufung endet** – sog. **Koppelungsabrede**.[3] Dann ist aber zwingend die Vorschrift des **§ 622 Abs. 5 BGB** zu beachten. Nach ihr kann eine **kürzere** als die dort genannte **Vierwochenfrist** für die in 3620

---

[1] Vgl. BGH v. 20. 12. 1982 II ZR 110/82, BGHZ 86, 177; Lutter/Hommelhoff, GmbHG, § 38 Rz. 6.
[2] Vgl. BGH v. 14. 10. 1991 II ZR 239/90, NJW-RR 1992, 292.
[3] Vgl. BGH v. 9. 7. 1990 II ZR 194/89, BGHZ 112, 103, 115.

einer solchen Koppelungsabrede liegende ordentliche Kündigung **nicht wirksam** vereinbart werden.[1] Der Geschäftsführer behält bei Abberufung seine Vergütungsansprüche aus dem Anstellungsvertrag bis zu dessen wirksamer Beendigung (§ 38 Abs. 1 GmbHG).[2]

d) Abberufung nur bei Vorliegen eines wichtigen Grundes (Beschränkung der freien Abberufbarkeit)

3621 Der Grundsatz der jederzeitigen und freien Abberufung ist nicht zwingend, wie sich aus § 38 Abs. 2 GmbHG ergibt. Durch eine Satzungsregelung kann die **Abberufbarkeit auf wichtige Gründe beschränkt** oder an andere qualifizierte Voraussetzung geknüpft werden. Das Recht, einen Geschäftsführer aus wichtigem Grund abzuberufen, kann aber durch die Satzung weder ausgeschlossen noch eingeschränkt werden. Da die Vorschrift des § 38 Abs. 2 Satz 1 GmbHG zwingend ist, kann der Widerruf der Bestellung aus wichtigem Grund nicht an eine höhere als die in § 47 Abs. 1 GmbHG bestimmte einfache Mehrheit gebunden werden.

3622 Von der Möglichkeit, **die Abberufbarkeit zu beschränken und sie nur aus wichtigem Grund zuzulassen**, wird vornehmlich bei **Gesellschafter-Geschäftsführern** dann Gebrauch gemacht, wenn einem Gesellschafter oder einem Gesellschafterstamm das **Sonderrecht** auf Ausübung des Geschäftsführeramtes oder auf Benennung der Person des Geschäftsführers eingeräumt ist. Im Übrigen sollte es sorgfältig bedacht werden, in die Satzung eine Bestimmung aufzunehmen, wonach ein Geschäftsführer nur bei Vorliegen eines wichtigen Grundes abberufen werden kann. Mit der Aufnahme einer solchen Klausel wird die Geschäftsführerposition entgegen der Intention des Gesetzgebers gestärkt. Das Gesetz will mit der freien Widerruflichkeit dem Rechnung tragen, dass die Geschäftsführerstellung vom Vertrauen der Gesellschafterversammlung getragen wird, und dass es bei fehlendem Vertrauen der Mehrheit der Gesellschafter möglich sein muss, den Geschäftsführer abzuberufen.

3623 Vereinbarungen über die Abberufung von Geschäftsführern können auch **schuldrechtlich** (im Anstellungsvertrag) getroffen werden. Decken sie sich aber nicht mit der Satzung (die Satzung enthält z. B. keine Regelung, die die Abberufung auf das Vorliegen eines wichtigen Grundes beschränkt), haben sie keine körperschaftsrechtliche Wirkung gegenüber der GmbH und hindern die Gesellschafterversammlung nicht, den Geschäftsführer nach § 38 Abs. 1 GmbHG abzuberufen. Die Verletzung der schuldrechtlich eingegangenen Bindung kann aber zum Schadensersatz verpflichten.

aa) Wichtiger Grund

3624 Ein **wichtiger Grund** für die Abberufung liegt vor, wenn das weitere Verbleiben des Geschäftsführers die Belange der GmbH erheblich gefährdet und wenn die Fortsetzung

---

[1] BGH v. 26. 3. 1984 II ZR 120/83, BGHZ 91, 217, zur entsprechenden Anwendung der arbeitsrechtlichen Schutzvorschrift des früheren § 622 Abs. 1 Satz 1 BGB auf den Geschäftsführer einer GmbH; v. 9. 7. 1990 II ZR 194/89, BGHZ 112, 103, 115; v. 21. 6. 1999 II ZR 27/98, DStR 1999, 1743, zur Nachfolgeregelung in § 622 Abs. 5 BGB.

[2] Vgl. BGH v. 28. 10. 2002 II ZR 146/02, NJW 2003, 351.

der Geschäftsführerstellung der Gesellschaft und den Gesellschaftern nicht länger zugemutet werden kann. Zwar werden oftmals dieselben Umstände neben der Abberufung auch zu einer fristlosen Kündigung des Anstellungsverhältnisses führen, jedoch braucht im Gegensatz zur außerordentlichen Kündigung der wichtige Grund weder in der Person des Geschäftsführers zu liegen, noch muss er ihn zu vertreten (verschuldet) haben.

Das GmbHG nennt beispielhaft als wichtige Gründe grobe Pflichtverletzungen und die Unfähigkeit zur ordnungsgemäßen Geschäftsführung. Jedoch stellen auch Handlungen und Verhältnisse des Geschäftsführers, die die Kreditwürdigkeit und das Ansehen der GmbH schädigen oder die Vertrauensbasis zwischen Gesellschaftern und Geschäftsführer zerstören, wichtige Gründe dar. Als wichtige Gründe sind angesehen worden z. B. die Bezahlung privater Aufwendungen aus der Gesellschaftskasse, Verstöße gegen das Wettbewerbsverbot oder das Nichtwahrnehmen von Geschäftschancen der Gesellschaft, um sie für sich selbst oder durch eine von ihm beherrschte andere Gesellschaft auszunutzen, Untreuehandlungen (z. B. fehlerhafte Reisekostenabrechnungen), aber auch tätliche und verbale Angriffe gegen Gesellschafter sowie ein unheilbares Zerwürfnis mit einem Mitgeschäftsführer.

Die Anforderungen hierfür hat der BGH[1] bei einer Zweipersonen-GmbH herausgearbeitet: Der nach der internen Ressortverteilung für den kaufmännischen Bereich zuständige Geschäftsführer begehe eine schwerwiegende Pflichtverletzung, wenn er die Jahresabschlüsse nicht beim Finanzamt einreiche. Außerdem müsse der Geschäftsführer nur zu dem Zerwürfnis – nicht notwendig schuldhaft – beigetragen haben. Das Zerwürfnis könne sogar zur Abberufung beider Geschäftsführer führen.

Die Satzung kann jedoch weitere Gründe als „wichtige Gründe" für eine Abberufung benennen, sie kann aber Gründe, die objektiv einen wichtigen Grund darstellen, nicht vom Katalog der wichtigen Gründe i. S. d. § 38 Abs. 2 GmbHG ausschließen. Dies verstieße gegen den zwingenden Charakter dieser Vorschrift. 3625

bb) Wirksamwerden der Abberufung aus wichtigem Grund

Eine Abberufung aus wichtigem Grund muss **innerhalb** einer **angemessenen Frist** erfolgen, sonst wird das Recht verwirkt. Die für eine außerordentliche Kündigung des Anstellungsverhältnisses geltende Zweiwochenfrist gem. § 626 Abs. 2 BGB ist aber nicht anzuwenden. Bei der gerichtlichen Überprüfung der Wirksamkeit von Gesellschafterbeschlüssen, die die Abberufung eines Gesellschaftergeschäftsführers aus wichtigem Grund betreffen, ist darauf abzustellen, ob tatsächlich ein wichtiger Grund im Zeitpunkt der Beschlussfassung vorlag oder nicht.[2] 3626

Wird der Geschäftsführer aus wichtigem Grund abberufen, endet sein Amt mit Zugang der Erklärung. Kommt es jedoch zum Streit darüber, ob ein wichtiger Grund vorlag und somit die Abberufung materiell zulässig war, besteht die Gefahr, dass für längere Zeit bei der GmbH Unsicherheit eintritt. 3627

---

1 BGH v. 12.1.2009 II ZR 27/08, ZIP 2009, 513.
2 BGH v. 4.4.2017 – II ZR 77/16, NWB DokID: KAAAG-45743.

3628 Bei der **mitbestimmten GmbH** ergibt sich aus § 84 Abs. 3 Satz 4 AktG eine klare Regelung: Die Abberufung ist wirksam, bis die Unwirksamkeit rechtskräftig festgestellt ist. Bei der normalen GmbH wird danach zu differenzieren sein, ob es sich um die Abberufung eines Fremdgeschäftsführers oder um die Abberufung eines Gesellschafter-Geschäftsführers handelt und ob ihm ein Sonderrecht zur Geschäftsführung zusteht oder nicht, wobei es auch eine Rolle spielt, ob die GmbH personenbezogen verfasst ist.

3629 Bei der Abberufung eines **Fremdgeschäftsführers** und bei der Abberufung eines Gesellschafter-Geschäftsführers einer GmbH, dem kein Sonderrecht zur Geschäftsführung zusteht, ist analog § 84 Abs. 3 Satz 4 AktG davon auszugehen, dass die Abberufung bis zur Feststellung des Gegenteils durch rechtskräftiges Urteil wirksam ist. Dafür sprechen Gründe der Rechtsklarheit und der Umstand, dass einem Gesellschafter-Geschäftsführer mangels Sonderrecht und mangels personalistischer Ausrichtung der GmbH keine besondere Rücksichtnahme mit Vorrang vor dem Interesse der GmbH an der ungestörten Fortsetzung der Geschäfte zuzubilligen ist.

Steht dem **Gesellschafter-Geschäftsführer** ein **Sonderrecht zur Geschäftsführung** zu, so verletzt eine Abberufung, die nicht durch wichtige Gründe gerechtfertigt ist, sein Mitgliedschaftsrecht, sofern er seine Zustimmung nicht erteilt hat. Aus diesem Grund bleibt er bis zur rechtskräftigen Entscheidung über die Abberufung aus wichtigem Grund im Amt. Bis dahin steht der GmbH und den anderen Gesellschaftern aber einstweiliger Rechtsschutz zu, um dem abberufenen Geschäftsführer Einzelmaßnahmen oder die Geschäftsführung insgesamt verbieten zu lassen.

Gleiches wird man bei der Abberufung eines Gesellschafter-Geschäftsführers einer personalistisch verfassten GmbH annehmen müssen, auch wenn er kein Sonderrecht zur Geschäftsführung besitzt. In einer solchen GmbH insbesondere in einer **Zweipersonengesellschaft** sind meist alle Gesellschafter als Geschäftsführer tätig, keiner hat jedoch ein Sonderrecht auf die Geschäftsführung und die Gesellschafter sind auch das zuständige Organ für die Bestellung und Abberufung der Geschäftsführer. Bei einer Abberufung entsteht häufig eine Pattsituation oder die Gefahr, dass wichtige Gründe nur vorgeschoben werden, um einen unliebsamen Mitgeschäftsführer loszuwerden, oder dass das Stimmrecht missbraucht wird. Auch bei der personenbezogenen Struktur einer GmbH wird man von der Wirksamkeit der Abberufung erst mit rechtskräftiger Entscheidung ausgehen können.

e) Niederlegung des Geschäftsführeramtes

aa) Ende der Organstellung

3630 Der **Geschäftsführer selbst** kann seine **Organstellung** grundsätzlich **jederzeit und fristlos beenden**, indem er sein **Amt niederlegt**. Ein wichtiger Grund muss dafür – entgegen früherer Auffassungen – nicht vorliegen.[1] Dies ist aus Gründen der Rechtssicherheit notwendig, weil sonst u.U. über mehrere Jahre hin Ungewissheit darüber bestünde, ob die Niederlegung wirksam war und durch wen die Gesellschaft vertreten wird. Für die Praxis ist es zweckmäßig, durch die Satzung festzulegen, dass der Geschäftsführer für

---

1 BGH v. 8.2.1993 II ZR 58/92, BGHZ 121, 257; v. 26.6.1995 II ZR 109/94, DStR 1995, 1639.

die Niederlegung seines Amtes bestimmte Fristen einhalten oder Formen wahren muss oder sie nur aus wichtigem Grund erklären darf. Das Recht, das Amt aus wichtigem Grund niederlegen zu dürfen, kann jedoch nicht ausgeschlossen werden.[1]

Die **Niederlegung** ist eine **empfangsbedürftige Willenserklärung** und ist gegenüber dem für die Bestellung zuständigen Organ, regelmäßig der Gesellschafterversammlung, zu erklären. Es genügt, dass die Erklärung gegenüber einem der Gesellschafter abgegeben wird, die in diesem Zusammenhang gesamtvertretungsberechtigt sind.[2] Die Amtsniederlegung beendet die Organstellung des Geschäftsführers mit sofortiger Wirkung, soweit sie nicht fristgebunden ist. 3631

Eine fristlose Amtsniederlegung ohne wichtigen Grund, die rechtsmissbräuchliche Amtsniederlegung sowie die Niederlegung des Amtes zur Unzeit können einen Verstoß gegen die Pflichten des Geschäftsführers als Organ gegenüber der GmbH und einen Verstoß gegen die dienstvertraglichen Pflichten aus dem Anstellungsverhältnis darstellen. Liegt kein wichtiger Grund vor wie z. B. die Kündigung des Anstellungsvertrages durch die GmbH, Unzumutbarkeit der weiteren Geschäftsführung wegen des eigenen Haftungsrisikos, eine schwere Störung des Vertrauensverhältnisses zur Gesellschafterversammlung, Vorenthaltung wesentlicher Informationen, die zur Erfüllung der organschaftlichen und im Allgemeininteresse auferlegten Pflichten benötigt werden, hat der Geschäftsführer regelmäßig bis zum Ablauf der ordentlichen Kündigungsfrist für den Anstellungsvertrag sein Amt beizubehalten, sonst macht er sich wegen Verstoßes gegen seine Pflicht zur Geschäftsführung aus dem Anstellungsvertrag schadensersatzpflichtig. Gleiches kann gelten, wenn der Geschäftsführer bei Eintritt der Krise der GmbH sein Amt niederlegt, um sich von den mit der Organstellung verbundenen Pflichten zu lösen. 3632

bb) Auswirkung auf das Anstellungsverhältnis

Ob die **Amtsniederlegung zugleich die Kündigung des Anstellungsvertrages** durch den Geschäftsführer darstellt, muss durch Auslegung ermittelt werden. Im Zweifel ist sie jedoch nur dann als Kündigung anzusehen, wenn die vertraglichen oder gesetzlichen Kündigungsfristen eingehalten werden. Legt der Geschäftsführer aus wichtigem Grund sein Amt nieder, kann er durchaus – schon wegen der finanziellen Folgen – ein Interesse am Fortbestand des Dienstvertrages haben und deshalb nicht gezwungen werden, die Rechte aus dem Dienstverhältnis aufzugeben, nur um sich von den für ihn unzumutbar gewordenen Organpflichten zu befreien.[3] 3633

Umgekehrt bewirkt auch die **Beendigung des Anstellungsverhältnisses nicht automatisch die Beendigung des Organverhältnisses**. Auch hier ist es eine Frage der Auslegung, ob die Kündigung des Anstellungsvertrages durch den Geschäftsführer zugleich als Amtsniederlegung anzusehen ist. Dies wird man aber i. d. R. so sehen können.[4] Das 3634

---

1 Zöllner/Noack in Baumbach/Hueck, GmbHG, § 38 Rz. 86.
2 Vgl. BGH v. 17. 9. 2001 II ZR 378/99, BGHZ 149, 28.
3 Zum Vergütungsanspruch des abberufenen, aber nicht gekündigten GmbH-Geschäftsführers s. Werner, NWB 2017, 433 = NWB DokID: KAAAG-35942.
4 Vgl. Zöllner/Noack in Baumbach/Hueck, GmbHG, § 38 Rz. 89.

Anstellungsverhältnis kann durch ordentliche Kündigung beendet werden. Maßgeblich hierfür sind die vertraglichen Regelungen, fehlen sie, gelten die §§ 620 ff. BGB. Auch die fristlose Kündigung des Geschäftsführervertrages bleibt dem Geschäftsführer unter den Voraussetzungen des § 626 BGB unbenommen.

cc) Führungslosigkeit der GmbH, passive Vertretungsbefugnis der Gesellschafter

Literatur: *Fest*, Gesetzliche Vertretung und Prozessfähigkeit einer führungslosen Gesellschaft nach dem MoMiG, NZG 2011, 130.

3635 Die Amtsniederlegung, die auch konkludent zum Ausdruck kommen kann, wenn der Geschäftsführer sich als handlungsunwillig oder als stets nicht erreichbar erweist, kann zur **Führungslosigkeit der Gesellschaft** führen, wenn sie dann **keinen Geschäftsführer mehr hat** (§ 35 Abs. 1 Satz 2 GmbHG). Dies begründet zunächst eine **passive Vertretungsbefugnis der Gesellschafter**, denen gegenüber mit Wirkung für die Gesellschaft Willenserklärungen abgegeben und Schriftstücke zugestellt werden können. Dazu genügt es nach § 35 Abs. 2 Satz 2 GmbHG, dass die Willenserklärung oder Zustellung eines Schriftstücks an **einen Gesellschafter** erfolgt, weil er im Fall der Führungslosigkeit „ein Vertreter der Gesellschaft nach Absatz 1" ist. Auch wenn so eine Klageschrift zugestellt werden kann, ist die Klage gleichwohl als unzulässig abzuweisen, weil eine führungslose GmbH nicht prozessfähig (§ 52 ZPO) ist und der Kläger die Möglichkeit hat, die Bestellung eines Prozessvertreters nach § 57 ZPO oder eines Notgeschäftsführers (analog § 29 ZPO) zu beantragen.[1]

3636 Gravierender für den einzelnen Gesellschafter ist aber, dass ihm **bei Führungslosigkeit** nicht nur das **Insolvenzantragsrecht** nach § 15 Abs. 1 InsO zusteht, sondern ihn auch die **Insolvenzantragspflicht** gem. § 15a Abs. 3 InsO trifft, es sei denn, er hatte in seiner Person keine Kenntnis von der Führungslosigkeit und der Insolvenzreife (Beweislast dafür beim Gesellschafter). Verletzt er diese Pflicht, indem er den Antrag nicht richtig oder nicht rechtzeitig stellt, setzt er sich der **Bestrafung wegen Insolvenzverschleppung** (§ 15a Abs. 4 und 5 InsO) und der **Insolvenzverschleppungshaftung** gem. § 15a Abs. 3 InsO i.V.m. § 823 Abs. 2 BGB aus. Deshalb müssen die Gesellschafter unmittelbar für die wirksame **Einsetzung eines neuen und aktionsfähigen Geschäftsführers** sorgen. Ab dem Zeitpunkt, in dem ein neuer Geschäftsführer bestellt ist, erlischt nämlich die Antragspflicht in der Person des Gesellschafters und geht auf den Geschäftsführer über.

3637–3650 *(Einstweilen frei)*

2. Beendigung des Anstellungsverhältnisses

Literatur: *Gitter*, Zur Kündigung des Anstellungsvertrages eines abberufenen Geschäftsführers einer GmbH, NZG 2000, 552; *Goette*, Zur Umdeutung der fristlosen in eine ordentliche Kündigung des Geschäftsführer-Anstellungsvertrages, DStR 2000, 525; *Bloching*, Fristlose Kündigung des Anstellungsvertrages eines GmbH-Geschäftsführers aus wichtigem Grund, DStR 2002, 321; *Weimar/Grothe*, Kündigung des GmbH-Geschäftsführers aus wichtigem Grund, BuW 2003, 508; *Hasselbach*, Zur Kündigung des Anstellungsvertrages des GmbH-Geschäftsführers, EWir 2004, 385; *Hillmann-Stadtfeld*, Beendigung von Geschäftsführer-Dienstverträgen – Hier: Koppelungsklauseln

---

[1] Vgl. BGH v. 25. 10. 2010 II ZR 115/09, ZIP 2010, 2444.

bei befristeten Verträgen, GmbHR 2004, 1457; *Koch*, Das Abmahnungserfordernis bei der außerordentlichen Kündigung von Organmitgliedern einer Kapitalgesellschaft, ZIP 2005, 1621; *Horstmeier*, Können angestellte Leitungsorgane von Gesellschaften ohne Abmahnung außerordentlich gekündigt werden?, GmbHR 2006, 400; *Reiserer*, Kündigung des Dienstvertrags des GmbH-Geschäftsführers, DB 2006, 1787; *Gravenhorst*, Das Anstellungsverhältnis des GmbH-Geschäftsführers nach seiner Abberufung, GmbHR 2007, 417; *Grobys/Glanz*, Kopplungsklausel in Geschäftsführerverträgen, NJW-Spezial 2007, 129; *Kreklau*, Abberufung des Gesellschafter-Geschäftsführers der GmbH – Problem auch für jeden Investor, GmbHR 2007, 365; *Bauer/Arnold*, Kein Kündigungsschutz für „Arbeitnehmer-Geschäftsführer" – oder doch?, DB 2008, 350; *Döge/Jobst*, Abmahnung von GmbH-Geschäftsführern in befristeten Anstellungsverhältnissen, GmbHR 2008, 527; *Reiserer/Peters*, Die anwaltliche Vertretung von Geschäftsführern und Vorständen bei Abberufung und Kündigung, DB 2008, 167; *Werner, R.*, Vergütungsanspruch des abberufenen, aber nicht gekündigten GmbH-Geschäftsführers, NWB 2017, 433.

a) Möglichkeiten der Beendigung

Das Anstellungsverhältnis kann auf unterschiedliche Weise beendet werden. Vielfach findet sich – den aktienrechtlichen Vorschriften vergleichbar – bei Fremdgeschäftsführern eine **Befristung**, so dass das Dienstverhältnis mit Ablauf der vereinbarten Zeit von selbst endet; üblich sind aber auch Klauseln, die den befristeten Anstellungsvertrag verlängern, sofern er nicht vorher mit der vereinbarten Frist gekündigt wird. Die Befristungsabrede bedarf – ungeachtet dessen, dass Geschäftsführeranstellungsverträge üblicherweise schriftlich abgeschlossen werden – nicht der Schriftform nach dem Nachweisgesetz bzw. § 623 BGB, weil sie nur für Arbeitnehmer gelten.

3651

Nicht selten wird die Beendigung durch eine **Koppelung des Dienstverhältnisses an das Organverhältnis** herbeigeführt, indem vereinbart wird, dass die Abberufung aus dem Organverhältnis auch das Dienstverhältnis erfassen soll – der Anstellungsvertrag wird durch die Beendigung der Organstellung auflösend bedingt – oder dass die Beendigung des Organverhältnisses als „wichtiger Grund" für die Beendigung des Anstellungsvertrages gelten soll. Damit heben die Vertragsparteien die zum Schutz des Geschäftsführers vom Gesetzgeber geschaffene Trennung des Organ- und Anstellungsverhältnisses auf, wonach er zwar jederzeit abberufen werden kann, er aber (unbeschadet der Entschädigungsansprüche aus bestehenden Verträgen) seine dienstvertraglichen Gehaltsansprüche für die vereinbarte Zeit behalten soll, für die er seine berufliche Existenz an die GmbH gebunden hat. Auch wenn aufgrund einer solchen Vertragsklausel, die für die GmbH die sicherste und einfachste Lösung ist, mit der Abberufung auch das Dienstverhältnis endet, bleibt zum Schutz des Geschäftsführers dennoch die zwingende Vorschrift des § 622 Abs. 5 BGB[1] zu beachten. Die **Mindestkündigungsfristen** nach § 622 Abs. 1 BGB dürfen nicht unterlaufen werden.

3652

Eine entsprechende Vertragsklausel könnte etwa wie folgt formuliert werden: *„Das Anstellungsverhältnis kann jederzeit aus wichtigem Grund außerordentlich gekündigt werden. Als wichtiger Grund gilt auch die Abberufung als Geschäftsführer mit der Maßgabe, dass die Gesellschaft das Anstellungsverhältnis dann unter Einhaltung der Kündigungsfrist des § 622 BGB vorzeitig kündigen kann."*[2]

3653

---

1 Vgl. BGH v. 21. 6. 1999 II ZR 27/98, NJW 1999, 3263.
2 Zu Einzelheiten s. Werner, NWB 2017, 433.

b) Beendigung durch Aufhebungsvertrag oder Kündigung

3654 Das Anstellungsverhältnis zwischen GmbH und Geschäftsführer kann durch **Aufhebungsvertrag oder Kündigung** enden. Zuständig für den Abschluss eines Aufhebungsvertrages und auch für den Ausspruch der Kündigung ist das Gesellschaftsorgan, das für die GmbH bei der Begründung des Organverhältnisses und bei der Anstellung handelt: **Vertretungsbefugt** sind **also nicht die übrigen Geschäftsführer**, sondern **allein die Gesellschafterversammlung**,[1] sofern nicht zwingend das MitBestG – Aufsichtsrat – gilt oder die Satzung eine abweichende Regelung trifft. Ist der betroffene Geschäftsführer in der Gesellschafterversammlung nicht anwesend, muss der Beschluss umgesetzt werden. Mit dieser Aufgabe kann die Gesellschafterversammlung eines oder mehrere ihrer Mitglieder, aber auch einen anderen Geschäftsführer oder außenstehenden Dritten (z. B. Anwalt) betrauen, die dann mit rechtsgeschäftlich erteilter Vollmacht bei Erklärung der Kündigung oder bei Abschluss des Aufhebungsvertrages handeln.

aa) Ordentliche Kündigung

3655 Für die **ordentliche Kündigung** des Geschäftsführer-Dienstvertrages, der auf unbestimmte Zeit geschlossen ist und keine Kündigungsfristen vorsieht, gelten nicht die kürzeren Fristen des § 621 Nr. 3 BGB, sondern die Frist bestimmt sich nach § 622 BGB, obwohl diese Vorschrift dem Wortlaut nach grundsätzlich nur für Arbeitnehmer Anwendung findet.[2] Ob ein Beteiligungsverhältnis besteht, ist dabei nicht von Bedeutung. Dem Fremdgeschäftsführer wie dem Gesellschafter-Geschäftsführer muss in gleicher Weise die erforderliche Zeit zur beruflichen Neuorientierung gewährt werden.[3]

3656 Eine **fristlose Kündigung**, die wegen Versäumung der Frist des § 626 Abs. 2 BGB oder wegen Fehlens eines wichtigen Grundes unwirksam ist, kann in eine **ordentliche Kündigung nur umgedeutet** werden, wenn dies dem Willen der kündigenden Gesellschafterversammlung entspricht und dieser Wille gegenüber dem Geschäftsführer erkennbar zum Ausdruck gebracht wird.[4] Ist der **Geschäftsführer zugleich Gesellschafter** wird die **Umdeutung meist nicht möglich** sein, weil er bei der ihn betreffenden fristlosen Kündigung nicht mitstimmen durfte (§ 47 Abs. 4 GmbHG), er aber stimmberechtigt gewesen wäre, wenn es um seine ordentliche Kündigung ginge, er aber darüber nicht mitabgestimmt hat.

3657 Das **Kündigungsschutzgesetz** (KSchG) findet für den Geschäftsführer einer GmbH gem. § 14 Nr. 1 KSchG **keine Anwendung**. Den Versuch, einen Anstellungsvertrag abweichend von § 14 KSchG dem Kündigungsschutzgesetz zu unterstellen, hat der BGH verworfen.[5] In die gleiche Richtung geht die Entscheidung des BGH, zu der Frage, ob man den Anstellungsvertrag des Geschäftsführers unter die Alterssicherungsregelung des

---

1 BGH v. 8. 9. 1997 II ZR 165/ 96, NJW 1998, 76; v. 3. 7. 2000 II ZR 282/98, NJW 2000, 2983.
2 BGH v. 26. 3. 1984 II ZR 120/83, BGHZ 91, 217; v. 21. 6. 1999 II ZR 27/98, NJW 1999, 3263.
3 Vgl. Beck-GmbH-HB/Axhausen, § 5 Rz. 109.
4 BGH v. 14. 2. 2000 II ZR 295/97, NJW-RR 2000, 987.
5 BGH v. 10. 5. 2010 II ZR 70/09, NZG 2010, 827.

§ 53 Abs. 3 BAT stellen könne.[1] Deshalb hat der gekündigte Geschäftsführer auch keinen gesetzlichen Anspruch auf eine Abfindung, wenn ihm eine solche im Geschäftsführervertrag nicht zugesagt worden ist.

Im Regelfall kann sich der Geschäftsführer nach seiner Abberufung hinsichtlich der Beendigung seines Dienstverhältnisses auch dann nicht auf arbeitsrechtliche Schutzvorschriften wie das KSchG berufen, wenn er vor seiner Bestellung als Arbeitnehmer (z. B. als Prokurist) bei der GmbH beschäftigt war. Das BAG geht nun wohl – abweichend von seiner früheren Rechtsprechung zum „ruhenden Arbeitsverhältnis" – im Regelfall davon aus, dass das frühere Arbeitsverhältnis mit Abschluss des durch die Bestellung zum Geschäftsführer veranlassten Anstellungsvertrages aufgehoben worden ist,[2] also **nicht** wie ein **ruhendes Arbeitsverhältnis** bei Beendigung des Organverhältnisses **wieder auflebt** und dann den normalen arbeitsrechtlichen Regeln unterliegt. Wird ein früherer Angestellter zum Geschäftsführer berufen, sollte zur Rechtsklarheit bei Abschluss des Geschäftsführervertrages ausdrücklich vereinbart werden, dass das frühere Arbeitsverhältnis mit Abschluss des Geschäftsführer-Dienstvertrages beendet ist.

3658

bb) Fristlose Kündigung

(1) Voraussetzungen

Die **vorzeitige Kündigung** durch die GmbH ist an die Voraussetzungen des § 626 BGB gebunden. Der Widerruf der Bestellung berechtigt umgekehrt den Geschäftsführer zur fristlosen Kündigung des Anstellungsvertrages, wobei ihm aber grundsätzlich kein Schadensersatzanspruch nach § 628 Abs. 2 BGB zusteht, da die jederzeitige Abberufung als Gesellschaftsorgan zulässig und deshalb nicht vertragswidrig ist.[3] Eine Vertragsklausel, die das Recht zur Kündigung aus wichtigem Grund durch die Vereinbarung einer Abfindung für den Fall der sofortigen Beendigung des Dienstverhältnisses nachhaltig erschwert oder ausschließt, ist unwirksam.[4]

3659

Vor Ausspruch einer außerordentlichen Kündigung aus wichtigem Grund muss die GmbH den Geschäftsführer **nicht abmahnen**.[5] Die Kündigung aus wichtigem Grund muss jedoch innerhalb von zwei Wochen ab dem Zeitpunkt, in dem die Gesellschaft von den maßgeblichen Tatsachen Kenntnis erlangt hat, erfolgen (§ 626 Abs. 2 BGB). Lässt sie diese Frist verstreichen, hat sie das Recht zur fristlosen Beendigung des Dienstvertrages verloren (**Ausschlussfrist**). Für den Fristbeginn der außerordentlichen Kündigung nach § 626 Abs. 2 BGB kommt es bei der GmbH allein auf den Wissensstand des zur Entscheidung über die fristlose Kündigung berufenen und bereiten Gremiums an.[6]

3660

---

1 BGH v. 11.10.2010 II ZR 266/08, NZG 2011, 112.
2 BAG v. 8.6.2000 2 AZR 207/99, GmbHR 2000, 1092; v. 25.4.2002 2 AZR 352/01, NJW 2003, 918.
3 BGH v. 28.10.2002 II ZR 146/02, GmbHR 2003, 100.
4 Vgl. BGH v. 3.7.2000 II ZR 282/98, NJW 2000, 2983.
5 BGH v. 14.2.2000 II ZR 218/98, NJW 2000, 1638; v. 2.7.2007 II ZR 71/06, GmbHR 2007, 936.
6 BGH v. 10.9.2001 II ZR 14/00, DStR 2001, 2166; BGH v. 9.4.2013 II ZR 273/11 GmbHR 2013, 645.

Kündigungsberechtigt ist bei der GmbH grundsätzlich die Gesellschafterversammlung als das analog § 46 Nr. 5 GmbHG zuständige Organ. Hat die GmbH nur einen Gesellschafter, kommt es auf dessen Kenntnis bzw. die Kenntnis des organschaftlichen Vertreters des Alleingesellschafters an. Er kann nämlich jederzeit eine Versammlung gem. § 51 Abs. 2 GmbHG abhalten und damit eine Kündigung aussprechen, ohne eine förmliche Gesellschafterversammlung einzuberufen.[1]

Von der erforderlichen sichereren und umfassenden Kenntnis der für die Kündigung maßgebenden Tatsachen der Mitglieder der Gesellschafterversammlung in ihrer Eigenschaft als Mitwirkende an der kollektiven Willensbildung bzw. des Alleingesellschafters ist dann auszugehen, wenn alles in Erfahrung gebracht ist, was als notwendige Grundlage für die Entscheidung über Fortbestand oder Auflösung des Dienstverhältnisses anzusehen ist. Kennenmüssen oder grob fahrlässige Unkenntnis genügt nicht.[2] Daher löst nicht schon die außerhalb der Gesellschafterversammlung erlangte Kenntnis, sondern erst die nach dem Zusammentritt erlangte Kenntnis der für die Kündigung maßgebenden Tatsachen den Lauf der Ausschlussfrist aus.[3]

Damit bleibt der Gesellschafterversammlung grundsätzlich die volle Zweiwochenfrist erhalten, um sich schlüssig zu werden, ob die Gründe so schwerwiegend sind, dass das Anstellungsverhältnis mit dem Geschäftsführer fristlos beendet werden muss. Die Gesellschafterversammlung muss aber, um das Recht zur außerordentlichen Kündigung nicht zu verwirken, in der gebotenen Eile einberufen werden, weil bei einer unangemessenen Verzögerung die GmbH sich so behandeln lassen muss, als wäre die Versammlung mit der zumutbaren Beschleunigung einberufen worden.[4]

Eine **Verwirkung** in diesem Sinne kann nicht nur eintreten, wenn sämtliche Gesellschafter außerhalb der Gesellschafterversammlung Kenntnis erlangt haben, sondern auch dann, wenn die Gesellschafter, die nach § 50 Abs. 1 GmbHG die Einberufung verlangen können, Kenntnis erlangt haben, es aber auch nach einer angemessenen Wartefrist versäumen, die Einberufung der Gesellschafterversammlung zu verlangen oder sie nach § 50 Abs. 3 GmbHG zu erzwingen. **Sichere Kenntnis** liegt noch nicht bei gewissen Verdachtsmomenten vor, sondern erst, wenn der Sachverhalt im Wesentlichen und soweit geklärt ist, dass er eine Entscheidung über den Fortbestand oder die sofortige Beendigung des Anstellungsverhältnisses zulässt.[5] Die GmbH muss darlegen und beweisen, dass die Zweiwochenfrist eingehalten worden ist und wann das zur Entscheidung berufene Gesellschaftsorgan sichere Kenntnis erlangt hat; Versäumnisse bei der zügigen Aufklärung gehen zu Lasten der GmbH.[6]

---

1 BGH v. 20. 10. 2008 II ZR 107/07, ZIP 2008, 2260.
2 BAG v. 27. 1. 2011 2 AZR 825/09, BB 2011, 2172; vgl. auch Kunkel, jurisPR-HaGesR 7/2013, Anm. 2.
3 So BGH v. 15. 6. 1998 II ZR 318/96, BGHZ 139, 89.
4 BGHZ 139, 89.
5 Vgl. BGH v. 10. 9. 2001 II ZR 14/00, DStR 2001, 2166.
6 BGH v. 2. 6. 1997 II ZR 101/96, DStR 1997, 1338.

(2) Wichtiger Grund

Ein **wichtiger Grund**, auf den die außerordentliche Kündigung gestützt werden kann, liegt nur vor, wenn der GmbH bei Abwägung aller Umstände die **Weiterbeschäftigung** des Dienstverpflichteten (Geschäftsführers) in seiner bisherigen oder einer entsprechenden Stellung bis zum **Ablauf der ordentlichen Kündigungsfrist nicht zuzumuten ist**.[1] Zu den Einzelumständen, die im Rahmen einer Gesamtabwägung zu einer fristlosen Kündigung führen können, gehören neben den Gründen, die auch zu einer Abberufung aus wichtigem Grund führen können, insbesondere Verhaltensweisen des Geschäftsführers, die die Vertrauensbasis nachhaltig erschüttern, wobei nicht unbedingt schuldhaftes Verhalten vorliegen muss, wohl aber i. d. R. angeführt werden kann. Als **beispielhaft** kommen **Verhaltensweisen** in Betracht, wie:

3661

- ▶ die nachhaltige Missachtung der gesellschaftsinternen Zuständigkeitsordnung,
- ▶ Vermischung von Gesellschaftsgeldern und privaten Geldern und die Verweigerung, bei der Aufklärung des Sachverhalts mitzuwirken,
- ▶ Handgreiflichkeiten und Beleidigungen gegenüber Gesellschaftern,
- ▶ missbräuchliches Ausnutzen von Geschäftschancen der Gesellschaft zum eigenen Nutzen,
- ▶ Verwendung von Arbeitskräften und Sachen der GmbH für private Zwecke,
- ▶ Verstoß gegen Weisungen der Gesellschafter,
- ▶ Kompetenzüberschreitungen, Verrat von Geschäftsgeheimnissen,
- ▶ Verstoß gegen Wettbewerbsverbote,
- ▶ Vertrauensbruch,
- ▶ unberechtigte Amtsniederlegung des Geschäftsführers,
- ▶ eigenmächtige Entnahme von Zahlungen und eigenmächtiger Urlaubsantritt,
- ▶ Zerwürfnisse zwischen den Geschäftsführern,
- ▶ Verletzung des Kollegialitätsprinzips bei mehreren Geschäftsführern
- ▶ und schließlich ehrverletzende oder ehrabschneidende Äußerungen gegenüber und über Gesellschafter.[2]

Auch ein nach Anhörung des Geschäftsführers **nicht sofort auszuräumender Verdacht** für eine so schwerwiegende Pflichtverletzung (Straftat oder grob pflichtwidriges Verhalten), die das Vertrauensverhältnis zu dem Geschäftsführer so erschüttert, dass eine Fortsetzung des Anstellungsverhältnis nicht mehr zumutbar ist, kann zu einer außerordentlichen Kündigung führen.

Bei der **Gesamtabwägung** hat die Gesellschafterversammlung jedoch auch die Auswirkungen mit zu berücksichtigen, die sich aus der fristlosen Kündigung für den Geschäftsführer ergeben, wie z. B. ob die fristlose Kündigung besonders diskriminierend wirkt, welche sozialen Folgen sie für den Geschäftsführer hat, wie lange er schon für die GmbH tätig war und ob eine zumutbare Weiterbeschäftigung außer-

3662

---

1 BGH v. 9.11.1992 II ZR 234/91, DStR 1993, 134.
2 Vgl. Goette, Die GmbH, § 8 Rz. 165, m. N. aus der Rspr.

halb der Geschäftsführerstellung möglich ist. Je kürzer die Frist für eine ordentliche Kündigung ist, desto eher ist der GmbH die Fortsetzung bis zu diesem Termin zuzumuten.[1]

cc) Hinauskündigungsklauseln

3663 Wegen sog. **Hinauskündigungsklauseln** im **„Managermodell"**, in denen dem Gesellschafter-Geschäftsführer zu seiner Motivation und zur Aufwertung seiner Stellung nach innen und außen Geschäftsanteile an der GmbH überlassen werden, welche nach Beendigung der Organstellung bzw. des Geschäftsführer-Anstellungsvertrages wieder von der Gesellschaft zurückerworben werden können, wird auf die Ausführungen unter „Beteiligungsmodelle" (Rz. 3582 f.) und auf die Urteile des BGH v. 19.9.2005[2] hingewiesen.

dd) Aufhebungsvertrag

3664 Ein wichtiges Instrument zur Gestaltung ist bei Beendigung des Anstellungsverhältnisses der Aufhebungsvertrag.[3] Ihn schließen (regelmäßig) die Gesellschafterversammlung und der Geschäftsführer ab. Die Zuständigkeit auf Seiten der GmbH ergibt sich aus ihrem Kündigungsrecht und daraus, dass ein Aufhebungsvertrag mit einer Generalbereinigung verbunden wird. Es besteht vor allem auf Seiten des ausscheidenden Geschäftsführers ein Interesse, dass sämtliche Ansprüche, auch Ersatzansprüche der GmbH mit der Abwicklung des Dienstverhältnisses abgegolten sind. Eine solche Vereinbarung reicht weiter als eine in der Gesellschafterversammlung ausgesprochene Entlastung.

Weiter ist im Aufhebungsvertrag festzulegen, zu welchem Zeitpunkt die Anstellung endet, ob und welche nachvertraglichen Rechte und Pflichten wie z. B. ein Wettbewerbsverbot wie lange gelten sollen, ob dem Ende eine Freistellungsphase vorangehen soll und ob noch (abzugeltend) Urlaubsansprüche bestehen oder nicht. Einen wichtigen Regelungspunkt stellt die zu zahlende Abfindung (Festlegung des Abfindungsbetrages) dar, in die z. B. die anteilige Jahrestantieme (evtl. pauschaliert) einzurechnen ist. Bei der Zahlung sollte auch festgelegt werden, ob sie brutto oder netto erfolgt. Der Aufhebungsvertrag soll auch Regelungen zur Altersversorgung, Direktversicherung oder Vererblichkeit enthalten.

3665–3690 (*Einstweilen frei*)

C. Haftungsfragen

Literatur: *Biletzki*, Außenhaftung des GmbH-Geschäftsführers, BB 2000, 521; *Lohr*, Die Beschränkung der Innenhaftung des GmbH-Geschäftsführers, NZG 2000, 1204; *Weber/Lohr*, Aktuelle Rechtsprechung zur Innenhaftung von GmbH-Geschäftsführern nach § 43 II GmbHG, GmbHR 2000, 698; *Ebert*, Folgepflicht und Haftung des GmbH-Geschäftsführers beim Erhalt und der Ausführung von Weisungen, GmbHR 2003, 444; *Goette*, Aktuelle Rechtsprechung zur GmbH – Kapitalschutz

---

1 BGH v. 23.10.1995 II ZR 130/94, NJW-RR 1996, 156.
2 II R 173/04 und II ZR 342/03, BGHZ 164, 98 und BGHZ 164, 107.
3 Zu einzelnen wichtigen Punkten vgl. Tillmann/Mohr, GmbH-Geschäftsführer, Rz. 459.

und Organhaftung, DStR 2003, 887; *Jahnert*, Neues zur Generalbereinigung, GmbHR 2003, 830; *Lelley*, Zur Darlegungs- und Beweislastverteilung bei Haftung des Geschäftsführers gegenüber einer GmbH, GmbHR 2003, 116; *Bork*, Zur Inanspruchnahme des faktischen Geschäftsführers nach GmbHG § 64 Abs. 2, EWiR 2005, 891; *Dollmann*, Verjährung von Schadensersatzansprüchen gegen Geschäftsführer und Vorstände beim Abschluss nachteiliger Verträge, GmbHR 2005; *Gehrlein*, Faktischer Geschäftsführer, BB 2005, 1871; *Joussen*, Der Sorgfaltsmaßstab des § 43 Abs. 1 GmbHG, GmbHR 2005, 441; *Kiethe*, Die Renaissance des § 826 BGB im Gesellschaftsrecht, NZG 2005, 333; *Schneider/Schneider*, Die zwölf goldenen Regeln des GmbH-Geschäftsführers zur Haftungsvermeidung und Vermögenssicherung, GmbHR 2005, 1229; 529; *Goette*, Die GmbH, die Vorgesellschaft und die Unterbilanzhaftung, DStR 2006, 714; *Kindler*, Grundfragen der Geschäftsführerhaftung in der GmbH, JuS 2006, 364; *Naumann*, Pflichtenstellung des faktischen Geschäftsführers, ZInsO 2006, 75; *Arends/Möller*, Aktuelle Rechtsprechung zur Geschäftsführerhaftung in Krise und Insolvenz der GmbH, GmbHR 2008, 169; *Fichtelmann*, Die Rechtsstellung des Geschäftsführers der GmbH in der Insolvenz der Gesellschaft, GmbHR 2008, 76; *Meyer, Susanne*, Die Verantwortlichkeit des Geschäftsführers für Gläubigerinteressen – Veränderungen durch das MoMiG, BB 2008, 1742; *Schmidt, Karsten*, GmbH-Reform auf Kosten der Geschäftsführer? Zum (Un-)Gleichgewicht zwischen Gesellschafterrisiko und Geschäftsführerrisiko im Entwurf eines MoMiG und in der BGH-Rechtsprechung, GmbHR 2008, 449; *Tiedtke/Peterek*, Zu den Pflichten des organschaftlichen Vertreters einer Kapitalgesellschaft, trotz Insolvenzreife der Gesellschaft Sozialabgaben und Lohnsteuer abzuführen, GmbHR 2008, 617; *Wuschek*, Der Überschuldensbegriff, ZInsO 2011, 1734.

Risiken der Geschäftsführertätigkeit können sich in einer **Innenhaftung** (Verantwortlichkeit gegenüber der GmbH und den Gesellschaftern) und in einer **Außenhaftung** (unmittelbare Schadensersatzpflicht gegenüber außenstehenden Dritten) realisieren. Bei der Haftung nach außen geht es um die Verletzung besonderer Verhaltenspflichten, die dem Geschäftsführer im Interesse Dritter auferlegt sind, oder Verstöße gegen das Deliktsrecht. Allerdings können außenstehende Gläubiger den Geschäftsführer nicht immer unmittelbar in Anspruch nehmen, sondern deren Interesse wird auch durch einen von der GmbH zu verfolgenden Ersatzanspruch gegen den Geschäftsführer gewahrt (vgl. z. B. die Haftung nach § 64 GmbHG für Zahlungen an Gesellschafter, die zur Zahlungsunfähigkeit führen mussten, oder für Zahlungen nach Eintritt der Zahlungsunfähigkeit oder Feststellung der Überschuldung – Insolvenzreife).

3691

Von der Haftung des Geschäftsführers gegenüber außenstehenden Dritten ist die **unmittelbare Haftung der Gesellschafter gegenüber den Gläubigern der GmbH** (sog. **Durchgriffshaftung**) abzugrenzen. Allerdings hat der BGH die Haftung des Gesellschafters wegen „existenzvernichtendem Eingriff" nun auf eine neue dogmatische Grundlage gestellt und diese Haftungsfigur als einen Fall der missbräuchlichen Schädigung des im Gläubigerinteresse zweckgebundenen Gesellschaftsvermögens angesehen und sie in Gestalt einer schadensersatzrechtlichen **Innenhaftung** gegenüber der Gesellschaft allein in § 826 BGB als eine besondere Fallgruppe der vorsätzlichen sittenwidrigen Schädigung eingeordnet.[1] Zu den Einzelheiten vgl. unter Rz. 3877 ff.

3692

---

[1] Neues Haftungskonzept der „Trihotel"-Entscheidung, BGH v. 16. 7. 2007 II ZR 3/04, BGHZ 173, 246.

I. Haftung des Geschäftsführers gegenüber der Gesellschaft und den Gesellschaftern (Innenhaftung)

1. Haftung nach § 43 GmbHG

a) Anspruchsvoraussetzungen

3693 Die Vorschrift des § 43 Abs. 1 GmbHG verpflichtet den **Geschäftsführer** dazu, die ihm nach Gesetz, Satzung und Anstellungsvertrag obliegenden Aufgaben nach dem **Sorgfaltsmaßstab** eines „ordentlichen Geschäftsmannes", also sorgfältig und gewissenhaft zu erfüllen. **Verletzt** er diese Pflichten, ist er der **GmbH** für den dadurch entstehenden **Schaden ersatzpflichtig** (§ 43 Abs. 2 GmbHG). Mehrere Geschäftsführer haften solidarisch. Dabei zeigt § 43 Abs. 3 Satz 3 GmbHG, dass die Haftung nicht zuletzt den Interessen der Gläubiger der GmbH dient, weil der Geschäftsführer z. B. bei Verletzung des Kapitalerhaltungsgebots selbst dann haftet, wenn er insoweit Beschlüssen der Gesellschafterversammlung gefolgt ist. Die Verantwortlichkeit des formellen Geschäftsführers entfällt nicht dadurch, das ihm – als sog. „Strohmann" – rechtsgeschäftlich im Innenverhältnis keine bedeutenden Kompetenzen übertragen wurden.[1]

3693/1 Gegenüber außenstehen Dritten ergibt sich aus der Stellung als Geschäftsführer einer GmbH keine Garantenstellung, eine Schädigung ihres Vermögens zu verhindern. Die Pflicht aus der Organstellung gem. § 43 Abs. 1 GmbHG, u. a. auch für Rechtmäßigkeit des Handelns der Gesellschaft zu sorgen, besteht grundsätzlich nur der GmbH gegenüber und lässt bei ihrer Verletzung Schadensersatzansprüche nur der Gesellschaft entstehen (Grundsatz der Innenhaftung).[2] Die Vorschrift des § 43 Abs. 1 GmbHG bezweckt nicht, Gesellschaftsgläubiger vor den mittelbaren Folgen einer sorgfaltswidrigen Geschäftsleitung zu schützen. Aus diesem Grund ist sie auch kein Schutzgesetz i. S. v. § 823 Abs. 2 BGB. Eine Außenhaftung gegenüber Dritten kommt nur aufgrund besonderer Anspruchsgrundlagen in Betracht, so dass der Geschäftsführer einer GmbH nur dann persönlich haftet, wenn er den Schaden selbst herbeigeführt hat.

3694 **Anspruchsberechtigt** ist folglich die **GmbH**; erforderlich zur Geltendmachung des Anspruchs ist ein Beschluss der Gesellschafterversammlung nach § 46 Nr. 8 GmbHG,[3] der bei einer Klage als materielle Klagevoraussetzung (anspruchsbegründende Tatsache) spätestens in der Schlussverhandlung vorliegen muss.[4] Von einem Alleingesellschafter wird aber kein förmlicher Beschluss mit Niederschrift nach § 48 Abs. 3 GmbHG verlangt, weil dies eine nutzlose Förmelei wäre.[5] Gleiches gilt bei einer Zweipersonen-GmbH, wenn es darum geht, einen nicht stimmberechtigten Gesellschafter-Geschäftsführer in Anspruch zu nehmen.[6]

---

[1] BGH vom 13. 10. 2016 – 3 StR 352/16, NWB DokID: QAAAF-90537 zur strafrechtlichen Verantwortlichkeit.
[2] BGH v. 10. 7. 2012 VI ZR 341/10, BGHZ 194, 26.
[3] BGH v. 8. 12. 1997 II ZR 236/96, NJW 1998, 1315; v. 18. 9. 2000 II ZR 15/99, NJW 2001, 223.
[4] BGH v. 3. 5. 1999 II ZR 119/98, NJW 1999, 2115; v. 26. 11. 2007 II ZR 161/06, ZIP 2008, 117.
[5] BGH v. 26. 10. 2009 II ZR 222/08, NZG 2009, 1385.
[6] BGH v. 29. 11. 2004 II ZR 14/03, ZIP 2005, 320.

Die organschaftliche Haftung des Geschäftsführers beginnt mit der tatsächlichen Aufnahme des Amtes[1] und endet entsprechend nicht mit der Beendigung des Anstellungsvertrages, sondern erst, wenn der Geschäftsführer nicht mehr für die GmbH tätig wird.

3695

Auch ein Geschäftsführer, der als bloßer Strohmann fungiert, die Wahrnehmung seiner Kompetenzen Dritten überlässt und sich um die Angelegenheiten der GmbH nicht kümmert, haftet nach § 43 GmbHG bzw. § 823 Abs. 2 BGB i.V. m. z. B. §§ 266a, 14 StGB.[2]

3695a

b) Sorgfaltsmaßstab

Der Geschäftsführer macht sich schadensersatzpflichtig, wenn er objektiv und subjektiv die ihm als **Leitungsorgan** (Geschäftsleiter) auferlegte Pflicht, in rechtmäßigem Verhalten den Unternehmenserfolg zu fördern und Schaden von der GmbH abzuwenden, vernachlässigt. Dabei ist der Sorgfaltsmaßstab des „ordentlichen Geschäftsmannes" objektiviert. Er verlangt insbesondere, dass der Geschäftsführer bei seinen Handlungen anerkannte betriebswirtschaftliche Grundsätze berücksichtigt und unangemessene Risiken vermeidet, wobei er allerdings nicht für den Erfolg sorgfältig getroffener unternehmerischer Entscheidungen einzustehen hat.

3696

Es kommt nicht auf die individuellen Fähigkeiten an, sondern der **Geschäftsführer hat dafür einzustehen**, dass er über die **Fähigkeiten und Kenntnisse verfügt**, die die ihm anvertraute Leitungsaufgabe objektiv erfordert, und er ist verpflichtet, sich über alle wesentlichen Angelegenheiten der GmbH zu informieren und auch bei der Aufteilung einzelner Geschäftsbereiche unter mehreren Geschäftsführern die Tätigkeit der anderen zu überwachen (**wechselseitige Überwachungspflicht**). Der Umfang der Pflichten wird durch Größe, Art und Geschäftszweig des Unternehmens im Einzelfall bestimmt.[3] Die Überwachungspflicht resultiert letztlich aus dem Grundsatz der Allzuständigkeit und der Gesamtverantwortung, so dass geeignete Kontrollmaßnahmen ergriffen werden müssen, um die Erfüllung der Pflichten sicherzustellen.[4]

Aus der Pflicht, den **Vorteil der Gesellschaft zu wahren**, folgt, dass der Geschäftsführer bei seiner Tätigkeit allein das Wohl der GmbH zu verfolgen hat und nicht den eigenen Nutzen im Auge haben darf (Treue- oder Loyalitätspflicht), indem er Geschäftschancen der GmbH selbst wahrnimmt oder zu ihr in verbotenen Wettbewerb tritt. Der Geschäftsführer darf seine Stellung nicht zu seinen eigenen Gunsten und gegen die Interessen der Gesellschaft ausnutzen. Diese Pflicht verletzt er nicht nur bei einem unmittelbaren „Griff in die Kasse", sondern auch dann, wenn er darauf hinwirkt, sich eine ihm nach dem Anstellungsvertrag nicht zustehende Vergütung von der Gesellschaft anweisen zu lassen.[5]

3697

---

1 BGH v. 20.3.1986 II ZR 114/85, NJW-RR 1986, 1293.
2 BGH v. 13.10.2016 – 3 StR 352/16, NWB DokID: QAAAF-90537; OLG Celle v. 10.5.2017 – 9 U 3/17, NWB DokID: AAAAG-50579; zur Haftung des Strohmanns s. auch Zöllner/Noack in Baumbach/Hueck, § 43 GmbHG, Rn. 96.
3 Beck-GmbH-HB/Axhausen, § 5 Rn. 213.
4 Bunnemann/Zirngibl/Bunnemann, § 3 Rn. 60.
5 Vgl. BGH v. 26.11.2007 II ZR 161/06, DStR 2008, 158, mit dem Hinweis, dass die Ersatzforderung auf § 43 Abs. 2 GmbHG und nicht auf § 280 Abs. 1 BGB wegen Verletzung der Pflichten aus dem Dienstvertrag beruht.

Aus der Pflicht, Schaden von der GmbH abzuwenden, folgt auch, dass der Geschäftsführer für die GmbH gegenüber Dritten keine Verpflichtungen eingehen darf, von denen feststeht, dass die GmbH sie nicht wird erfüllen können. Andernfalls hat er der GmbH den daraus entstehenden Schaden zu ersetzen, wenn er die Sach- und Rechtslage übersehen hat oder bei Beachtung der nach § 43 Abs. 1 GmbHG objektiv gebotenen Sorgfalt hätte übersehen können.[1] Der Geschäftsführer muss mit den ihm anvertrauten Mitteln der GmbH auch sachgerecht umgehen, er darf deshalb keine Ausgaben machen, die der Gesellschaft offensichtlich keinen Nutzen bringen oder überflüssig sind.[2] Der Geschäftsführer muss auch für die Fehlkalkulation eines Preises für einen Auftrag einstehen und ist beweispflichtig dafür, dass er den Preis nicht für ihn erkennbar zu niedrig kalkuliert hat.[3]

Selbstverständlich hat der Geschäftsführer auch für eine ordnungsgemäße Buchführung und Rechnungslegung zu sorgen; ergeben sich Kassenfehlbestände oder lässt sich der Verbleib von der GmbH vereinnahmter Gelder nicht feststellen, spricht die tatsächliche Vermutung dafür, dass der Geschäftsführer seine Pflichten verletzt hat. Er ist ersatzpflichtig, wenn er nicht darlegen und notfalls beweisen kann, dass kein Geld fehlt oder dass der Fehlbestand trotz Anwendung der gebotenen Sorgfalt nicht hat verhindert werden können.[4]

3697/1 Wegen der inhaltlichen Ausgestaltung der einzelnen Geschäftsleiterpflichten und Haftungsbeispielen aus der Praxis (unternehmerische Entscheidungen, Pflicht zum legalen Handeln, Risikomanagement), der Treupflichten und ihrer Verletzung, der Überschreitung von Kompetenzen, des Wettbewerbsverbots wird auf die umfangreiche und detaillierte Zusammenstellung bei Drescher[5] verwiesen.

c) Einzelne Haftungstatbestände

3698 Neben der Generalklausel in Abs. 2 regelt § 43 Abs. 3 GmbHG **zwei wesentliche Einzelfälle** der Haftung:

- ▶ den Verstoß gegen das Verbot der Einlagenrückgewähr (§ 30 GmbHG) und
- ▶ den Verstoß gegen das Verbot des Erwerbs eigener Anteile außer in den durch § 33 GmbHG zugelassenen Fällen.

Der Geschäftsführer haftet auf den Ersatz des vollen der GmbH entstehenden Schadens.

3699 Andere wichtige Pflichten des Geschäftsführers, deren Verletzung zum Schadensersatz führen, sind in § 49 Abs. 3 und § 43a GmbHG genannt:

- ▶ Nach § 49 Abs. 3 GmbHG muss der Geschäftsführer die Gesellschafterversammlung einberufen, wenn sich aus der Jahresbilanz oder aus einer während des Geschäftsjahres aufgestellten Bilanz ergibt, dass die Hälfte des Stammkapitals verloren ist.

---

1 Vgl. BGH v. 12. 10. 1987 II ZR 251/86, NJW 1988, 1321.
2 Vgl. BGH v. 9. 12. 1996 II ZR 240/95, NJW 1997, 741.
3 Vgl. BGH v. 18. 2. 2008 II ZR 62/07, GmbHR 2008, 488.
4 Vgl. BGH v. 26. 11. 1990 II ZR 223/89, NJW-RR 1991, 485.
5 Drescher, Die Haftung des GmbH-Geschäftsführers, 7. Aufl., Köln 2013.

Verstößt er hiergegen, begründet dies einen Schadensersatzanspruch, wenn der Schaden durch rechtzeitiges Handeln hätte abgewendet werden können.[1] Der Geschäftsführer einer Unternehmergesellschaft (haftungsbeschränkt) muss die Gesellschafterversammlung schon bei drohender Zahlungsunfähigkeit unverzüglich einberufen (§ 5a Abs. 4 GmbHG).

▶ § 43a GmbHG nimmt den Geschäftsführer in besondere Verantwortung für Kreditgewährungen der GmbH an Geschäftsführer, Prokuristen und Generalbevollmächtigte. Solche Kredite sind untersagt, wenn sie aus dem Vermögen erfolgen, das zur Erhaltung des Stammkapitals notwendig ist; verbotswidrige Kredite sind sofort zurückzugewähren. Die Vorschrift erfasst aber nur die Ausreichung des Darlehens selbst. Gerät die GmbH später in eine Unterbilanz, ist § 43a GmbHG nicht anwendbar.[2]

d) Neue Haftungsrisiken aus der Kapitalaufbringung und Kapitalerhaltung für den Geschäftsführer nach dem MoMiG

Wird das zur Erhaltung des Stammkapitals erforderliche Vermögen entgegen § 30 Abs. 1 Satz 1 GmbHG an die Gesellschafter ausgezahlt, besteht zunächst ein Erstattungsanspruch gegen den Gesellschafter. Aber auch der Geschäftsführer ist der Gesellschaft zum Ersatz des ausgezahlten Betrages verpflichtet. An dieser seiner Verantwortlichkeit für die Kapitalerhaltung ändert sich durch das MoMiG nichts.[3] Durch die Abschaffung des Eigenkapitalersatzrechts werden Gesellschafterdarlehen und wirtschaftlich einem Gesellschafterdarlehen gleichgestellte Forderungen aus dem Anwendungsbereich des § 30 GmbHG ausgenommen. Der (weisungsgebundene) Geschäftsführer muss und **darf** eine vom Gesellschafter **geforderte Rückzahlung** oder Leistung **nicht mehr** mit der Begründung **verweigern**, die Zahlung führe die **Unterbilanz** herbei oder verschärfe sie. Er haftet also auch nicht mehr für die Erstattung des Betrages.

3700

Damit ist er aber nicht jeglicher Verantwortung enthoben, denn es trifft ihn nach neuem Recht nicht mehr nur eine Massesicherungs- und Masseerhaltungspflicht bei eingetretener Insolvenzreife, sondern in einem Teilbereich auch eine **Pflicht zur Verhütung der Insolvenz** durch Zahlungen an Gesellschafter, die zur Zahlungsunfähigkeit führen müssen (§ 64 Satz 3 GmbHG). Der an Stelle der Rechtsprechungsregeln zu den eigenkapitalersetzenden Darlehen und gleichstehenden Gesellschafterhilfen getretene insolvenzrechtliche Nachrang sämtlicher Gesellschafterdarlehen (§ 39 Abs. 1 Nr. 5 InsO) und die Anfechtbarkeit der Rückzahlungen hierauf nach § 135 InsO wird gleichsam flankiert durch eine **Vorverlagerung der Verantwortlichkeit** des Geschäftsführers.

Der Geschäftsführer wird also zwar bei der Rückzahlung von Gesellschafterdarlehen von einer Unterbilanzkontrolle, nicht aber von einer Überschuldungskontrolle entlastet, weil die Gesellschafterdarlehen dort nach § 19 Abs. 2 Satz 2 InsO nur dann nicht zu berücksichtigen sind, wenn ein qualifizierter Rangrücktritt vereinbart ist. Zusätzlich ist

---

1 BGH v. 20. 2. 1995 II ZR 9/94, NJW-RR 1995, 669.
2 So jetzt BGH v. 23. 4. 2012 II ZR 252/10, GmbHR 2012, 740. m.w.N. im Anschluss an die überwiegende Meinung in der Literatur.
3 Meyer, BB 2008, 1742, 1743; vgl. BGH v. 9. 12. 1991 II ZR 43/91, GmbHR 1992, 166.

eine **Liquiditätskontrolle** zu leisten. Unterlaufen dem Geschäftsführer dabei vorwerfbare Fehler, muss er sämtliche geleisteten Zahlungen ersetzen und nicht nur einen Insolvenzverschleppungsschaden.[1] Dies birgt ein **neues** und nicht zu unterschätzendes **Risikopotenzial** für den Geschäftsführer. Allerdings hat der BGH[2] den Anwendungsbereich des § 64 Satz 3 GmbHG eingeschränkt: Die Zahlungsunfähigkeit wird durch eine Zahlung an den Gesellschafter nicht verursacht, wenn die GmbH bereits zahlungsunfähig ist; zu deren Feststellung ist eine fällige Forderung des Gesellschafters in der Liquiditätsbilanz zu berücksichtigen, und die GmbH hat im Fall des § 64 Satz 3 GmbHG das Recht, die Zahlung an den Gesellschafter zu verweigern.[3] Zu den Einzelheiten vgl. Rz. 3731 ff.

3701 Bei der Untersuchung, ob die Kapitalerhaltungsregeln, die nach dem MoMiG mit der Rückkehr zur **bilanziellen Betrachtungsweise** dereguliert werden sollen (§ 30 Abs. Satz 2 HS 2 GmbHG), zeigt sich, dass ebenfalls **Risiken** auf den **Geschäftsführer verlagert** werden. Zwar sind auch in der Unterbilanzsituation Zahlungen an den Gesellschafter möglich und nicht mehr verboten, wenn die Leistung der Gesellschaft durch einen vollwertigen Gegenleistungs- oder Rückgewähranspruch gedeckt ist. Das mag bei Austauschverträgen noch relativ einfach festzustellen sein. Bei der **Ausreichung von Darlehen an den Gesellschafter** darf der immerhin weisungsgebundene Geschäftsführer die Auszahlung nur noch mit dem **Einwand der fehlenden Solvenz des Empfängers** verweigern. Ihm obliegt also hinsichtlich der Vollwertigkeit eine **Solvenzprognose,** d. h., er muss sich vergewissern, dass der Gesellschafter-Darlehensnehmer auch bei Fälligkeit der Tilgungsleistungen zahlungsfähig sein wird und ob der Gesellschaft hinreichende Sicherheiten zur Verfügung stehen. Versäumt er die Solvenzprüfung oder unterlaufen ihm dabei vorwerfbare Fehleinschätzungen, dann haftet er, weil dann eine nach dem Grundsatz des § 30 Abs. 1 Satz 1 GmbHG verbotene Zahlung vorliegt.

3702 Im Hinblick auf die (unverändert geltende) Ausschüttungssperre des § 30 Abs. 1 Satz 1 GmbHG muss der Geschäftsführer zwar nicht mehr prüfen, ob ein Gesellschafterkredit oder eine Gesellschafterhilfe in der Krise der Gesellschaft gewährt oder stehen gelassen wurde. Dafür setzt das Regelungsgeflecht des MoMiG den Geschäftsführer aber anderen Risiken und möglichem Streit mit den Gesellschaftern in der Schieflage der Gesellschaft aus. Ein Geschäftsführer, der in der Krise auf die Fortführung und Sanierung des Unternehmens hinarbeitet, darf wegen des Wegfalls der Ausschüttungssperre für Gesellschafterdarlehen die geforderte Rückzahlung nicht mehr unter Berufung auf den bilanziell abgegrenzten Kapitalschutz verweigern. Er verliert allerdings nicht die Möglichkeit, die Unternehmensfortführung von einem **Rangrücktritt** der Gesellschafter noch hinter die nach § 39 Abs. 1 Nr. 5 InsO zu befriedigenden Gläubiger abhängig zu machen, weil nur so die Darlehen im Überschuldungsstatus nicht zu passivieren sind.

Bei der unter Drohung mit haftungs- und strafrechtlichen Sanktionen anzustellenden Prüfung, ob er das Unternehmen ohne Stellung eines Insolvenzantrags fortführen darf (§ 15a Abs. 1 und Abs. 4 InsO), darf er nur dann Kreditverbindlichkeiten gegenüber den

---

1 Vgl. auch Karsten Schmidt, GmbHR 2008, 449, 453.
2 BGH v. 9. 10. 2012 II ZR 298/11, BGHZ 195, 42.
3 Vgl. auch Greulich/Nolting-Hauff, jurisPR-HaGesR 12/2012 Anm. 1, mit Nachweisen zum Meinungsstand.

Gesellschaftern vernachlässigen, wenn sie als nachrangige Schulden vor Insolvenzeröffnung nicht überschuldungsbegründend wirken, wobei allerdings nach dem Wortlaut des § 19 Abs. 3 Satz 2 InsO und im Hinblick darauf, dass jegliche und nicht nur „eigenkapitalersetzende" Darlehen erfasst werden, nicht erforderlich ist, dass mit dem Rangrücktritt auch ein Verzicht auf Rückzahlung bis zur Abwendung der Krise einhergehen muss. Dies hatte der BGH unter Geltung des nunmehr abgeschafften Eigenkapitalersatzrechts verlangt.[1] Andernfalls, also ohne vorher vereinbarten Rangrücktritt nach § 19 Abs. 2 Satz 2 InsO, muss er Insolvenz wegen Überschuldung beantragen.

Ob das verhindert, dass die Gesellschafter ihre Darlehen in der Krise nicht abziehen, mag bezweifelt werden. Denn § 19 Abs. 2 Satz 2 InsO verlangt dem Wortlaut nach nur den Rangrücktritt, nicht aber die Erklärung, er wolle die Forderung auch bis zur Abwendung der Krise nicht geltend machen, wie dies beim Eigenkapitalersatzrecht verlangt wurde.[2] Allerdings dürfte dann zweifelhaft sein, ob bei den Gesellschaftern ein Fortführungswille besteht, so dass der Überschuldungsstatus nach Liquidationswerten anzusetzen ist, was wiederum die Überschuldung begründen kann.

3703
Gegen die alsbaldige Rückzahlung eines Gesellschafterdarlehens in der Krise (§ 490 BGB) kann der Geschäftsführer im Zweifel rechtlich nur einwenden, dass die GmbH durch die Rückzahlung sofort zahlungsunfähig sein werde. Denn die Herbeiführung der Zahlungsunfähigkeit ist ihm verboten (§ 64 Satz 3 GmbHG). Dazu muss er aber einen **Liquiditätsstatus** erstellen, um konkret die Prognose zu belegen, dass die Rückzahlung des Gesellschafterdarlehens zur Zahlungsunfähigkeit führen „muss" und deshalb zu seiner Erstattungshaftung führen wird. Nur dann darf er die Zahlung verweigern oder muss sein Amt aus wichtigem Grund niederlegen, wenn der Druck der Gesellschafter zu groß wird.[3] Die Lockerungen bei der Kapitalerhaltung für die Gesellschafter führen zu einer Risikoverlagerung auf die Geschäftsführer und der zusätzlichen Belastung, neben dem operativen Geschäft eine Überschuldungs- und/oder Liquiditätskontrolle durchzuführen.

3704
Bezieht man die Kapitalaufbringungsvorschriften in die Betrachtung ein, offenbart sich eine **weitere Risikoerweiterung** zu Lasten des weisungsgebundenen Geschäftsführers aus der **Anrechnungslösung bei verdeckten Sacheinlagen** (§ 19 Abs. 4 GmbHG) und der Tilgungswirkung infolge der bilanziellen Betrachtungsweise beim Hin- und Herzahlen der Geldeinlage (§ 19 Abs. 5 GmbHG). Zwar haftete der Geschäftsführer auch bisher schon nach § 43 GmbHG und § 9a GmbHG, wenn er die GmbH durch seine Mitwirkung an einer verdeckten Sacheinlage schädigte.

Jetzt kann der Geschäftsführer gegenüber den Gesellschaftern zur Haftungsvermeidung nicht auf die Einhaltung der Sacheinlagevorschriften bzw. auf die formelle Heilung einer nachträglich erkannten verdeckten Sacheinlage dringen. Denn die Heilungsfolgen treten automatisch in Höhe der Wertgleichheit ein, weil die zur Durchführung der verdeckten Sacheinlage abgeschlossenen Rechtsgeschäfte nicht unwirksam sind. Er

---

1 BFH v. 8. 1. 2001 II ZR 88/99, BGHZ 146, 264.
2 BFH v. 8. 1. 2001 II ZR 88/99, BGHZ 146, 264.
3 Kritisch zur Risikoverlagerung auf den Geschäftsführer: Karsten Schmidt, GmbHR 2008, 449, 454; ders., BB 2008, 461, 462.

setzt sich aber gleichwohl der **Haftung in Höhe einer verbleibenden Wertdifferenz** aus, wenn ein Ausgleich vom Gesellschafter nicht zu erlangen ist. Beim **Hin- und Herzahlen ist sein Risiko** aber ungleich **höher**. Zwar kann sich der Geschäftsführer einer vorherigen Vereinbarung und einer Wiederauszahlung der Einlage an den Inferenten widersetzen, wenn dessen Solvenz und jederzeitige Liquidität nicht gegeben oder erheblichen Zweifeln ausgesetzt ist. Nimmt er aber die Auszahlung **ohne hinreichende Solvenzprüfung** vor oder unterlaufen ihm dabei Obliegenheitsverletzungen, riskiert er nicht nur den **strafbaren Vorwurf falscher Angaben** beim Registergericht.

Seine Schadenshaftung begrenzt sich dann nicht auf einen Wertersatz nach § 43 GmbHG, sondern er haftet nach § 9a GmbHG mit dem Gesellschafter gesamtschuldnerisch, der im Hinblick auf seine fehlende Solvenz schwerlich zahlungsfähig sein wird. Das MoMiG lockert die Vorschriften über die Kapitalaufbringung zugunsten der dafür nach § 13 Abs. 2 GmbHG in erster Linie verantwortlichen Gesellschafter und belastet dafür die Geschäftsführer rechtlich und faktisch, weil es sie dem Druck der weisungsbefugten Gesellschafter aussetzt, sich für die GmbH mit Forderungen oder Sachwerten statt realer liquider Geldmittel zu begnügen, welche die Einlagepflichtigen für ihren Geschäftsanteil nicht aus der Hand geben wollen.

Ein weiteres – durch § 43 Abs. 2 GmbHG sanktioniertes – Haftungsrisiko ergibt sich hinsichtlich der **Vollwertigkeit** des Rückzahlungs- bzw. Gegenleistungsanspruchs insofern, als der Geschäftsführer laufend darauf zu achten hat, ob der Anspruch nach wie vor diese Einordnung verdient.[1] Ist dies nicht der Fall, muss er unverzüglich die **fristlose Kündigung** aussprechen und für die Erfüllung bzw. Sicherstellung sorgen. Versäumt er dies oder **sorgt** er nicht für entsprechende **Informationsmöglichkeiten** (z. B. durch vertragliche Absprachen, die eine **weisungsunabhängige** Information über die finanzielle Lage des Infernten erlauben), haftet der Geschäftsführer nach § 43 Abs. 2 GmbHG für den Ausfall.

e) Verantwortlichkeit bei Arbeitsteilung

3705 Verursachen die Geschäftsführer gemeinsam einen Schaden, haften sie solidarisch (§ 43 Abs. 2 GmbHG). Sind den Geschäftsführern bestimmte Geschäftsbereiche zugewiesen (**Arbeitsteilung**), so ist jeder Geschäftsführer grundsätzlich für seinen Zuständigkeitsbereich verantwortlich. Einer Ersatzpflicht kann der Geschäftsführer jedoch nicht mit dem bloßen Hinweis auf das schadensstiftende Verhalten seines Mitgeschäftsführers entgehen. Denn er darf sich nicht einfach darauf verlassen, dass bei einer Ressortaufteilung auch die anderen Geschäftsführer ihre Pflichten ordnungsgemäß erfüllen, sondern er ist im Rahmen seiner **Gesamtverantwortung** verpflichtet, das Gebaren und die Amtsführung seiner Kollegen zu beobachten, diese zu einer gesetz- und satzungsmäßigen Amtsführung anzuhalten und notfalls gegen Pflichtverletzungen einzuschreiten.[2]

Verletzt er diese **Überwachungspflicht**, bleibt er mit den anderen Geschäftsführern gemeinsam verantwortlich, was insbesondere dort von Bedeutung ist, wo es um die Erfül-

---

1 Vgl. auch Goette, Einführung in das neue GmbH-Recht, S. 11 Rz. 24.
2 BGH v. 13. 4. 1994 II ZR 16/93, BGHZ 125, 366, 372; v. 1. 3. 1993 II ZR 81/94, NJW 1994, 2149.

lung öffentlich-rechtlicher Pflichten (steuer- und sozialversicherungsrechtlicher Art) und z. B. der Insolvenzverhütungs- und Insolvenzantragspflicht sowie der Massesicherungspflicht geht. Nachlässigkeiten und zu „großes Vertrauen" in diesen Bereichen können für den Geschäftsführer schwerwiegende Folgen haben.[1] Umgekehrt kann sich der in Anspruch genommene Geschäftsführer gegenüber der GmbH auch nicht darauf berufen, sie – die GmbH – treffe ein Mitverschulden, weil ihn ein anderer Mitgeschäftsführer nicht hinreichend überwacht habe. Mitgeschäftsführer bilden nämlich im Verhältnis zur GmbH zusammen eine Haftungsgemeinschaft, sie haften gesamtschuldnerisch für den gesamten Schaden.[2]

f) Handeln auf Weisung der Gesellschafter

Eine **Haftung des Geschäftsführers entfällt**, soweit er aufgrund einer **Weisung der Gesellschafterversammlung** (oder anderer Organe, soweit ihnen ein Weisungsrecht eingeräumt ist) handelt. Ein Geschäftsführer ist nämlich an die Weisungen der Gesellschafterversammlung als dem zentralen Organ der GmbH gebunden, so dass er nicht dafür einzustehen hat, soweit das pflichtwidrige und zu einem Schaden der Gesellschaft führende Verhalten auf einer **Gesellschafter-Weisung** beruht.[3] Der Geschäftsführer ist im Rahmen von Gesetz, Satzung und guten Sitten bleibenden Weisungen der Gesellschafter unterworfen. Darum haftet er im Allgemeinen nicht, wenn er einen Gesellschafterbeschluss oder eine Weisung des alleinigen Gesellschafters befolgt oder wenn er der alleinige Gesellschafter ist.[4] Letztlich schädigen sich nämlich die Gesellschafter durch die dem Geschäftsführer erteilte Weisung selbst. Die Weisung muss nicht stets positiv erteilt sein. Es genügt auch ein stillschweigendes Einverständnis der Gesellschafter zu einem bestimmten Handeln oder Unterlassen des Geschäftsführers;[5] wenn der Geschäftsführer in bestimmten Situationen mit dem zumindest stillschweigend erteilten Einverständnis der vollständig informierten Gesellschafter handelt, bedarf es einer ausdrücklichen gegenteiligen Weisung, wenn er sich anders verhalten soll.[6]

3706

Die Bindung an eine Gesellschafter-Weisung, die einen Pflichtenverstoß gegen § 43 Abs. 2 GmbHG entfallen lässt, gilt jedoch nicht mehr, wenn der Geschäftsführer bei Ausführung der Weisung zwingende gesetzliche Vorschriften, die Satzung oder die guten Sitten verletzen würde. Vornehmlich die „weisungsgemäße" Verletzung von Pflichten, die im Interesse der Allgemeinheit und der Gesellschaftsgläubiger angeordnet sind (Kapitalerhaltung, ordnungsgemäße Aufbringung des Stammkapitals oder Insolvenzantragspflicht), lassen seine Ersatzpflicht nicht entfallen. Verstößt der Geschäftsführer mit einer Handlung gemäß der Weisung gegen seine Pflichten aus § 30 oder gegen

3707

---

1 Vgl. auch BGH v. 20. 2. 1995 II ZR 9/94, NJW-RR 1995, 669.
2 BGH v. 14. 3. 1983 II ZR 103/82, NJW 1983, 1856.
3 BGH v. 26. 10. 2009 II ZR 222/08, ZIP 2009, 2335.
4 St. Rspr., BGH v. 28. 9. 1992 II ZR 299/91, BGHZ 119, 257; v. 10. 5. 1993 II ZR 74/92, BGHZ 122, 333; v. 21. 6. 1999 II ZR 47/98, BGHZ 148, 92; v. 25. 6. 2001 II ZR 38/99, BGHZ 148, 167.
5 BGH v. 28. 4. 2008 II ZR 264/06, BGHZ 176, 204 (GAMMA).
6 Vgl. BGH v. 15. 11. 1999 II ZR 122/98, DStR 2000, 168.

§ 64 GmbHG, welche die Gesellschafterversammlung nicht außer Kraft setzen kann, haftet er.[1] Diese Haftung trifft auch den alleinigen Gesellschafter-Geschäftsführer.

3707/1 Es ist anerkannt, dass grundsätzlich auch Vereinbarungen über den Haftungsverzicht oder eine Haftungsbeschränkung möglich sind. Eine Grenze finden solche Vereinbarungen aber, wenn der Geschäftsführer Zahlungen unter Verstoß gegen § 30 oder § 31 GmbHG leistet, selbst wenn er dabei einem Gesellschafterbeschluss folgt. Aus § 43 Abs. 3 Satz 3 GmbHG ergibt sich, dass Haftungsausschlüsse oder Beschränkungen nur in den Fällen eines Verstoßes gegen die §§ 30 und 31 GmbHG im Gläubigerinteresse unbeachtlich sind, nicht aber in den sonstigen Fällen des § 43 Abs. 2 GmbHG.[2] Damit werden die Möglichkeiten einer Haftungsbeschränkung erweitert.[3]

g) Verzicht und Entlastung

aa) Entlastung

3708 Die GmbH ist mit Ersatzansprüchen wegen fehlerhafter Geschäftsführung ausgeschlossen, wenn der Geschäftsführer vorher durch Beschluss der Gesellschafterversammlung entlastet worden ist. Voraussetzung für eine wirksame **Entlastung** ist, dass der Gesellschafterversammlung die tatsächlichen Grundlagen des Anspruchs bei sorgfältiger Prüfung aller Vorlagen und Berichte im Zeitpunkt des Entlastungsbeschlusses erkennbar sind oder alle Gesellschafter privat davon Kenntnis hatten.[4] Außerdem darf die Geltendmachung nicht zur Befriedigung von Gläubigeransprüchen erforderlich sein (z. B. bei Überschuldung und Zahlungsunfähigkeit) und der Anspruch darf nicht auf einem Verstoß gegen die Vorschriften der Kapitalerhaltung beruhen.

bb) Generalbereinigung

3709 Die GmbH kann auf ihr zustehende Ansprüche grundsätzlich auch verzichten, sofern dies nicht auf eine nach § 30 GmbHG verbotene Auszahlung hinausläuft oder unverzichtbare Ersatzansprüche betroffen sind.[5] Insbesondere bedeutet die **Generalbereinigung** einen **Verzicht** auf sämtliche denkbaren Ersatzansprüche (im Rahmen des rechtlich Zulässigen) ohne Rücksicht auf die konkrete Kenntnis von einzelnen Vorgängen.[6] Sie bedarf eines Beschlusses der Gesellschafterversammlung; der Verzicht darf aber nicht von Gesetzes wegen bereits ausgeschlossen sein und ist dort nicht möglich, wo es sich um Ansprüche aus den §§ 30 und 31 GmbHG handelt.[7] Dass der Schadensersatzbetrag für die Befriedigung der Gesellschaftergläubiger erforderlich ist (§ 43 Abs. 3 GmbHG), reicht allein nicht aus.[8]

---

1 BGH v. 26.10.2009 II ZR 222/08, ZIP 2009, 2335.
2 BGH v. 16.9.2002 II ZR 107/01, DStR 2002, 2046, während der BGH im Urteil v. 15.11.1999 II ZR 122/98, GmbHR 2000, 187, noch die ausdehnende Meinung vertreten hat.
3 Tillmann/Schiffers/Wälzholz, Rn. 1191.
4 BGH v. 21.4.1986 II ZR 165/85, BGHZ 97, 382; v. 8.11.1999 II ZR 7/98, NJW 2000, 1329; v. 3.12.2001 II ZR 308/99, ZIP 2002, 213.
5 BGH v. 7.4.2003 II ZR 193/02, ZIP 2003, 945.
6 BGH v. 8.12.1997 II ZR 236/96, NJW 1998, 1315.
7 Vgl. BGH v. 16.9.2002 II ZR 107/01, DStR 2002, 2046.
8 So noch BGH v. 15.11.1999 II ZR 122/98, NJW 2000, 576, vgl oben Rn. 3707/1.

Für einen Haftungsverzicht könnte die Formulierung etwa wie folgt lauten: *„Sämtliche bekannten und unbekannten Ansprüche der GmbH gegen den Geschäftsführer im Zusammenhang mit dessen Geschäftsführung werden unabhängig von ihrem Rechtsgrund vollständig und ersatzlos erlassen, soweit ein Verzicht überhaupt durch Rechtsgeschäft vereinbart werden kann."*[1]

3709/1

h) Haftungsmaßstab

Der Geschäftsführer ist schadensersatzpflichtig, wenn er objektiv und subjektiv die ihm als Geschäftsleiter obliegenden Pflichten nach dem Maßstab des ordentlichen Geschäftsmannes vernachlässigt. Zum Teil wird vertreten, dass der Haftungsmaßstab auf grobe Fahrlässigkeit, den Insolvenzfall oder der Höhe nach beschränkt werden kann.[2] Voraussetzung für eine Milderung ist jedenfalls, dass sämtliche Gesellschafter einverstanden sind und die Interessen außenstehender Gläubiger nicht beeinträchtigt werden. Die Haftung nach § 40 Abs. 3 GmbHG kann aber nicht abbedungen oder abgemildert werden.

3710

i) Darlegungs- und Beweislast

Die GmbH muss darlegen und beweisen, dass ihr **ein Schaden durch ein möglicherweise pflichtwidriges Verhalten des Geschäftsführers entstanden ist** (Schaden und die Möglichkeit des kausalen Zusammenhangs mit einer Pflichtverletzung). Im Gegenzug ist es Sache des Geschäftsführers nachzuweisen, dass er mit der Sorgfalt eines ordentlichen und gewissenhaften Geschäftsleiters gehandelt hat,[3] dass er seine Pflichten erfüllt hat, ein Verschulden fehlt oder aber, dass auch bei pflichtgemäßem Verhalten der Schaden entstanden wäre. Verlangt z. B. die GmbH den Ausgleich eines Kassenfehlbestandes, muss sie die zweckwidrige Verwendung des Geldes beweisen. Ist die Aufklärung wegen mangelnder Buchführung oder fehlender sonstiger Dokumentation nicht möglich, geht dies zu Lasten des Geschäftsführers. Die Umkehr der Beweislast folgt hier daraus, dass der Geschäftsführer die ordnungsgemäße Erfüllung seiner Pflichten beweisen muss.[4] Beruft sich der Geschäftsführer auf die Haftungsprivilegierung aus dem ihm zustehenden unternehmerischen Ermessen, muss der Geschäftsführer darlegen und beweisen, dass er alle Informationsquellen ausgeschöpft und auf dieser Grundlage die Vor- und Nachteile der bestehenden Handlungsoptionen sorgfältig abgewogen hat.[5] Wendet der Geschäftsführer Verzicht oder Entlastung ein, muss er dies bzw. die Tatsachen beweisen, aus denen sich die Entlastung ergibt.

3711

j) Verjährung von Ersatzansprüchen

Ansprüche gegen den Geschäftsführer aus der Verletzung seiner Organpflichten aus § 43 GmbHG verjähren in fünf Jahren seit der Vornahme der pflichtwidrigen Handlung bzw. der Unterlassung pflichtgemäßen Handelns (§ 43 Abs. 4 GmbHG), wobei es auf

3712

---

1 Formulierung nach Tillmann/Schiffers/Wälzholz, Rn. 1192.
2 Vgl. zum Meinungsstand Beck-GmbH-HB/Axhausen, § 5 Rn. 215.
3 BGH v. 22. 6. 2009 II ZR 143/08, NJW 2009, 2598.
4 Vgl. BGH v. 4. 11. 2002 II ZR 224/00, BGHZ 152, 280.
5 BGH v. 14. 7. 2008 II ZR 202/07, DStR 2008, 1838.

die Kenntniserlangung durch Organe der GmbH davon nicht ankommt.[1] Die Verjährung beginnt also mit der Entstehung des Anspruchs dem Grunde nach, also mit dem Eintritt des Schadens, der noch nicht bezifferbar sein muss.[2] Schadensersatzansprüche wegen gem. § 30 Abs. 1 GmbHG verbotener Auszahlungen verjähren ebenfalls in fünf Jahren. Lässt der Geschäftsführer auch die Rückforderungsansprüche gegen die Gesellschafter verjähren, wird dadurch aber keine neue Schadenshaftung mit einer erst von da an laufenden neuen Verjährung begründet.[3]

3713 Die fünfjährige Verjährungsfrist nach § 43 Abs. 4 GmbHG kann durch die Satzung oder auch im Geschäftsführeranstellungsvertrag verkürzt werden.[4] Zu Lasten der Gesellschaftsgläubiger kann dies jedoch aus dem Rechtsgedanken des § 43 Abs. 3 Satz 3 GmbHG heraus nicht erfolgen.[5]

3714 Ergibt sich die Schadensersatzpflicht eines Gesellschafter-Geschäftsführers nicht nur aus § 43 Abs. 2 GmbHG (Organpflicht), sondern zugleich auch aus der Verletzung seiner gesellschafterlichen Treuepflicht, kann er sich nicht auf die kürzere Frist des § 43 Abs. 4 GmbHG berufen. Gleiches gilt, wenn neben Ansprüchen aus der Geschäftsführerhaftung Ansprüche aus einer Vertragsbeziehung bestehen.[6] Dann gelten die allgemeinen Vorschriften.

3715–3730 *(Einstweilen frei)*

2. Haftung nach § 64 Satz 1 und 2 GmbHG (für Zahlungen nach Eintritt der Insolvenzreife)

Literatur: *Frings*, Zum Begriff der Zahlung im Sinn des GmbHG § 64 Abs. 2 Satz 1, GmbHR 2000, 184; *Goette*, Haftung des Geschäftsführers für Verstoß gegen Masseerhaltungspflicht im Überschuldungsstatus, DStR 2000, 211; *Schmidt K.*, Geschäftsführerhaftung gemäß § 64 Abs. 2 GmbHG bei masseloser Insolvenz, GmbHR 2000, 1225; *Blöse*, Zur Haftung des Geschäftsführers nach § 64 Abs. 2 GmbHG, EWiR 2003, 635; *Haas*, Der Erstattungsanspruch nach § 64 Abs. 2 GmbHG, NZG 2004, 737; *Goette*, Zur sytematischen Einordnung des § 64 Abs. 2 GmbHG, ZInsO 2005, 1; *Reufels/Schmülling*, Neues zur Geschäftsführerhaftung nach § 64 Abs. 2 GmbHG, ArbRB 2006, 340; *Haas*, Aktuelle Fragen zur Krisenhaftung des GmbH-Geschäftsführers nach § 64 GmbHG, GmbHR 2010, 1; *Altmeppen*, Gegen „Fiskus-" und Sozialversicherungsprivileg bei Insolvenzreife, FS für Wulf Goette, 2011, S. 1; *Weiß*, Strafbarkeit der Geschäftsführer wegen Untreue bei Zahlungen „entgegen" § 64 GmbHG?. GmbHR 2011, 350; *Greulich, Nolting-Hauff*, Herbeiführung der Zahlungsunfähigkeit i. S. d. § 62 Satz 3 GmbHG durch Rückzahlung von Gesellschafterdarlehen, jurisPR-HaGesR 12/2012, Anm. 1.

---

[1] Vgl. BGH v. 16. 9. 2002 II ZR 107/01, NJW 2002, 377; v. 9. 2. 2009 II ZR 292/07, BGHZ 179, 344.
[2] BGH v. 29. 9. 2008 II ZR 234/07, ZIP 2008, 2217.
[3] BGH v. 29. 9. 2008 II ZR 234/07, DStR 2008, 2378.
[4] BGH v. 16, 9. 2002 II ZR 107/01, ZIP 2002, 2138.
[5] BGH v. 15. 11. 1999 II ZR 122/98, NJW 2000, 576.
[6] BGH v. 14. 9. 1998 II ZR 175/97, NJW 1999, 781; v. 18. 9. 2000 II ZR 15/99, NJW 2001, 223.

a) Zahlungen nach Eintritt der Insolvenzreife

Die Geschäftsführer (auch faktische Geschäftsführer oder der Liquidator[1]) haften der GmbH dafür, dass **Zahlungen**, die nach Feststellung der Überschuldung oder nach Eintritt der Zahlungsunfähigkeit (= **Insolvenzreife**) geleistet werden, mit dem Sorgfaltsstandard des ordentlichen Geschäftsleiters vereinbar waren. Die Vorschrift dient dem Schutz des Gesellschaftsvermögens vor Masseverkürzung und vor bevorzugter Befriedigung einzelner Gesellschaftsgläubiger; **geschützt** werden also **indirekt** über die Auffüllung des Gesellschaftsvermögens **die Gesellschaftsgläubiger**.[2] Der Ersatzanspruch wird in der Insolvenz vom Insolvenzverwalter geltend gemacht und ergänzt die Bestimmungen über die Insolvenzanfechtung (§§ 129 ff. InsO), nach denen die Empfänger der Zahlungen in Anspruch genommen werden. Die Vorschrift des § 64 Abs. 2 Satz 1 und 2 GmbHG a. F. hat durch das MoMiG inhaltlich keine Änderung erfahren. Durch die Verschiebung des Absatzes 1 zur Insolvenzantragspflicht in die InsO war lediglich eine Änderung der Absatzbezeichnung erforderlich.

3731

Das Zahlungsverbot beginnt, wenn die Zahlungsunfähigkeit oder Überschuldung eingetreten ist, aber nicht schon mit der drohenden Zahlungsunfähigkeit.[3] Maßgebend ist der objektive Eintritt und nicht erst die Feststellung der Zahlungsunfähigkeit oder Überschuldung durch den Geschäftsführer oder nach Ablauf der Dreiwochenfrist für den Insolvenzantrag nach § 15a InsO,[4] der seinerseits nicht maßgebend ist für das Ende des Zahlungsverbots. Es bleibt solange wirksam, als der Geschäftsführer die Verfügungsbefugnis über das Vermögen der Gesellschaft noch innehat.

3731/1

Der BGH geht für die Feststellung der „Insolvenzreife" von einem einheitlichen Verständnis des Begriffes Zahlungsunfähigkeit in § 17 Abs. 2 Satz 1 InsO sowie in § 64 Satz 1 und Satz 3 GmbHG aus: Zahlungsunfähigkeit liegt regelmäßig vor, wenn eine innerhalb von drei Wochen nicht zu beseitigende Liquiditätslücke von wenigstens 10 % besteht und nicht ausnahmsweise mit an Sicherheit grenzender Wahrscheinlichkeit zu erwarten ist, dass die Liquiditätslücke demnächst vollständig oder fast vollständig geschlossen wird und den Gläubigern ein Zuwarten nach den besonderen Umständen des Einzelfalls zuzumuten ist.[5] Bei der Ermittlung der durch die Zahlung möglicherweise eintretenden Liquiditätslücke sind auch fällige und durchsetzbare Forderungen eines Gesellschafters in der Liquiditätsbilanz einzustellen.[6]

3731/2

Ergibt die Prüfung, dass unter Einbeziehung einer ernsthaft eingeforderten Gesellschafterforderung bereits eine Deckungslücke von 10 % oder mehr besteht, ist die GmbH bereits zahlungsunfähig mit der Konsequenz: die gleichwohl an den Gesellschafter erfolgte Zahlung eröffnet nicht die Anwendung des § 64 Satz 3 GmbHG, weil durch die Zah-

---

1 BGH v. 11.7.2005 II ZR 235/03, ZIP 2005, 1550 (faktischer Geschäftführer) und v. 28.2.2012 II ZR 244/10, ZIP 2012, 867 (Liquidator).
2 BGH v. 29.11.1999 II ZR 273/98, BGHZ 143, 184; v. 8.1.2001 II ZR 88/99, BGHZ 146, 264; Goette, Die GmbH, § 8 Rz. 218.
3 BGH v. 28.2.2012 II ZR 244/10, ZIP 2012, 867.
4 BGH v. 19.6.2012 II ZR 243/11, ZIP 2012, 1557.
5 BGH v. 27.3.2012 II ZR 171/10, ZIP 2012, 1174.
6 so BGH v. 9.10.2012 II ZR 298/11, BGHZ 195, 42, zu § 64 Satz 3 GmbHG, unter Berufung auf die dort zitierte h. M.

lung, die Insolvenz nicht herbeigeführt wird. Vielmehr bleibt es bei der Anwendung des § 64 Satz 1 GmbHG, weil eine Zahlung „nur" die Zahlungsunfähigkeit vertiefte. Der Geschäftsführer darf dann nicht auf die Forderung zahlen und muss Insolvenz anmelden (§ 15a Satz 1 InsO) Zahlt er aber auf die Gesellschafterforderung, haftet er nach § 64 Satz 1 GmbHG.

3731/3 Die Zahlungsunfähigkeit zu einem bestimmten Zeitpunkt ist aber nicht stets mit einer Liquiditätsbilanz darzulegen, wenn eine Zahlungseinstellung erfolgt ist; sie begründet nämlich die gesetzliche Vermutung (§ 17 Abs. 2 Satz InsO), dass die GmbH zahlungsunfähig ist.[1] Die Zahlungseinstellung ist das äußere Verhalten, in dem sich typischerweise eine Zahlungsunfähigkeit ausdrückt. Es drängt sich dann nämlich der Eindruck auf, dass die GmbH nicht in der Lage ist, die fälligen und eingeforderten Zahlungsverpflichtungen zu erfüllen. Dies kann sowohl auch dann der Fall sein, wenn zwar noch geleistete Zahlungen beträchtlich sind, aber im Verhältnis zu den Gesamtschulden nicht den wesentlichen Teil ausmachen, als auch dann, wenn nur eine Zahlung ausbleibt, die Forderung aber nicht unbeträchtlich ist.[2] Die durch eine Zahlungseinstellung begründete Vermutung der Zahlungsunfähigkeit kann dadurch widerlegt werden, dass konkret dargelegt und notfalls bewiesen wird, dass eine Liquiditätsbilanz im maßgeblichen Zeitraum für die GmbH eine Deckungslücke von weniger als 10 % ausgewiesen hat.

b) Begriff der Zahlung

3732 Zur Begründung des Anspruchs muss nur dargelegt werden, dass ein zwischen Insolvenzreife und Insolvenzantrag geleisteter Zahlungsbetrag in der Insolvenzmasse fehlt. Zahlungen i. S.v. § 64 Satz 1 GmbHG sind nicht nur **alle Geldleistungen**, die der Geschäftsführer nach Eintritt der Insolvenzreife bewirkt, sondern der Begriff der **Zahlung, der weit auszulegen** ist,[3] umfasst alle masseschälernden Leistungen und andere Veränderungen des Gesellschaftsvermögens wie z. B. den unterlassenen Widerruf einer Lastschrift und die Einreichung eines Kundenschecks auf ein debitorisches Konto bei der Hausbank.[4] Grundsätzlich muss der Geschäftsführer in einer solchen Situation ein neues, kreditorisch geführtes Bankkonto bei einer anderen Bank eröffnen und die geänderte Bankverbindung unverzüglich den aktuellen Gesellschaftsschuldnern bekannt geben[5] und Zahlungen nur noch auf dieses Bankkonto zulassen.

Keine verbotenen Zahlungen sind jedoch Leistungen aus einem debitorischen Bankkonto an einzelne Gesellschaftsgläubiger, wenn die Bank für die erweiterte Kreditgewährung keine Sicherheit hat,[6] weil die Zahlung einen masseneutralen Gläubigeraustausch bewirkt,[7] der weder die verteilungsfähige Vermögensmasse berührt, noch zum Nachteil

---

1 BGH v. 20.11.2001 IX ZR 48/01, BGHZ 149, 178; v. 21.6.2007 IX ZR 231/04, ZIP 2007, 2469; v. 19.6.2012 II ZR 243/11, ZIP 2012, 1557.
2 BGH v. 26.2.2013 II ZR 54/12, GmbHR 2013, 482; BGH v. 30.6.2011 IX ZR 134/10, ZIP 2011, 1416.
3 BGH v. 29.11.1999 II ZR 273/98, BGHZ 143, 184; v. 28.2.2012 II ZR 244/10, ZIP 2012, 867.
4 BGHZ 143, 184; BGH v. 11.9.2000 II ZR 73/99, NJW 2001, 304.
5 BGH v. 26.3.2007 II ZR 310/05, DStR 2007, 1003.
6 BGH v. 25.1.2010 II ZR 258/08, NZG 2010, 346.
7 Bunnemann/Zirgibl/Bunnemann, § 3 Rn. 179; BGH v. 25.1.2011 II ZR 196/09, ZIP 2011, 422.

der Gläubigergesamtheit geht. An die Stelle der mit Kreditmitteln erfüllten Forderungen der Gläubiger tritt eine entsprechend höhere Verbindlichkeit gegenüber der Bank, was allein zu deren Lasten geht und den pflichtwidrig handelnden Geschäftsführer ihr gegenüber eventuell aus § 823 Abs. 2 BGB und § 19 Abs. 1 InsO haftbar macht.[1] Dies ändert aber nichts daran, dass im Krisenfall dem Geschäftsführer nur geraten sein kann, mindestens zwei Konten bei verschiedenen Banken einzurichten: Ein debitorisches ungesichertes Konto für ausgehende Zahlungen und ein kreditorisches Konto für eingehende Zahlungen.

Transaktionen innerhalb des Unternehmens z. B. vom Bankkonto in die Barkasse sind keine Zahlungen. Auch Steuerzahlungen und Zahlungen an die Einzugsstelle der Sozialversicherung sind Zahlungen, sie sind aber als mit den Pflichten eines ordentlichen und gewissenhaften Geschäftsleiters vereinbar anzusehen und damit nicht verboten (vgl. unter Rz. 3734). **Nicht** als „Zahlung" einzuordnen ist es jedoch, wenn das Vermögen der Gesellschaft durch das Eingehen neuer Verbindlichkeiten belastet wird.[2]

Zulässig bleiben nach § 64 Satz 2 GmbHG **Zahlungen,** die trotz Eintritt der Insolvenzreife mit dem Sorgfaltsmaßstab des ordentlichen Geschäftsmannes vereinbar sind. Dazu gehören Zahlungen wie Löhne, Sozialabgaben, Mieten und Zahlungen auf die Wasser-, Strom- und Heizrechnungen, die erforderlich sind, um innerhalb der Dreiwochenfrist den unmittelbaren Zusammenbruch des Unternehmens zu vermeiden und um die Chancen auf Sanierung oder Fortführung des Unternehmens im Insolvenzverfahren zu wahren.[3] Erlaubt sind auch Zahlungen an absonderungsberechtigte Gläubiger in Höhe des Wertes des Sicherungsguts oder Zahlungen, denen eine vollwertige Gegenleistung gegenübersteht.

3733

c) Verschulden

Ein Anspruch nach § 64 Abs. 2 GmbHG setzt **Verschulden** des Geschäftsführers voraus, wobei das Verschulden nach der Rechtsprechung **vermutet** wird,[4] der Geschäftsführer diese Vermutung aber durch den **Nachweis widerlegen** kann, dass die von ihm in der Insolvenzsituation bewirkte Leistung mit der Sorgfalt eines ordentlichen Geschäftsmannes vereinbar war.[5] Dazu muss der Geschäftsführer darlegen und notfalls beweisen, dass eine Masseverkürzung nicht eingetreten ist, weil etwa der Insolvenzverwalter einen ebenso hohen Betrag hätte zahlen müssen, oder dass sein Verhalten noch größere Nachteile für die Masse vermieden hat oder im Interesse der Masseerhaltung die Aufwendung notwendig war.[6]

3734

Der Geschäftsführer muss auch beweisen, dass auch ein ordnungsgemäß handelnder Geschäftsleiter nicht habe erkennen können, dass die Insolvenzreife eingetreten war.[7]

---

1 Hierzu BGH v. 5. 2. 2007 II ZR 234/05, DStR 2007, 728.
2 BGH v. 30. 3. 1998 II ZR 146/96, BGHZ 138, 211.
3 BGH v. 5. 11. 2007 II ZR 262/06, DStR 2008, 1246.
4 BGH v. 19. 6. 2012 II ZR 243/11, ZIP 29012, 1557 und v. 27. 3. 2012 II ZR 171/10, ZIP 2012, 1174, wonach auch die Erkennbarkeit der Insolvenzreife der GmbH vermutet wird.
5 BGH v. 8. 11. 2001 II ZR 88/99, BGHZ 146, 264.
6 BGH v. 5. 2. 2007 II ZR 51/06, DStR 2007, 1544 zum Pauschalhonorar für eine Sanierungsberatung.
7 BGH v. 11. 9. 2000 II ZR 73/99, DStR 2000, 1831.

Der Geschäftsführer einer GmbH muss für eine Organisation sorgen, die ihm die zur Wahrnehmung seiner Pflichten erforderliche Übersicht über die wirtschaftliche und finanzielle Situation der GmbH jederzeit ermöglicht.[1] Andernfalls genügt er nicht einem Verhalten, das von einem organschaftlichen Vertreter erwartet wird: Er muss die wirtschaftliche Lage des Unternehmens laufend beobachten und die finanzielle Lage der Gesellschaft im Auge behalten und handelt deshalb fahrlässig, wenn er sich nicht rechtzeitig die erforderlichen Informationen und die für die Insolvenzantragspflicht erforderlichen Kenntnisse verschafft.

Verfügt er nicht selbst über ausreichende Kenntnisse, weil er rechtsunkundig ist, muss er sich extern beraten lassen. Dazu reicht aber eine schlichte Anfrage bei einer vom Geschäftsführer für sachkundig gehaltenen Person nicht aus. Vielmehr muss er sich unter umfassender Darstellung der Verhältnisse der GmbH und Offenlegung der erforderlichen Unterlagen von einem unabhängigen und für die zu klärenden Fragen fachlich qualifizierten Berufsträger beraten lassen[2] und darauf hinwirken, dass diese Prüfung unverzüglich vorgenommen und ihr Ergebnis unverzüglich vorgelegt wird.[3] Wenn der Geschäftsführer dann nach eigener Plausibilitätskontrolle[4] der ihm darauf erteilten Antwort dem Rat folgt und von einem Insolvenzantrag absieht, verletzt er seine Insolvenzantragspflicht nicht.

3734/1 Seiner Überwachungspflicht genügt der Geschäftsführer auch dann nicht, wenn bei der GmbH ein steuerberatendes Dauermandat besteht. Bei üblichem Zuschnitt begründet ein solches Auftragsverhältnis keine Pflicht des Steuerberaters, bei einer Unterdeckung in der Handelsbilanz auf die Pflicht des Geschäftsführers hinzuweisen, eine Überprüfung in Auftrag zu geben oder selbst vorzunehmen, ob Insolvenzreife besteht. Ebenso trifft den steuerlichen Berater der GmbH keine drittschützende Pflicht gegenüber dem Geschäftsführer der GmbH.[5]

3735 Seit dem Urteil vom 14.5.2007[6] hält der BGH nicht mehr an seiner früheren Auffassung fest, im Stadium der Insolvenzreife sei es kein nach § 64 Abs. 2 GmbHG a. F. beachtlicher Umstand, wenn der Geschäftsführer sich durch Zahlung von Sozialabgaben und Steuern einer persönlichen deliktischen Haftung aus § 823 Abs. 2 BGB i.V. m. § 266a StGB, einer Haftung aus §§ 34, 69 AO oder der Bestrafung nach § 266a StGB entziehen wolle. Vielmehr erkennt er jetzt auch im Hinblick auf die gefestigte Rechtsprechung des 5. Strafsenats des BGH,[7] der wegen der Pflichtenkollision keine Rechtfertigung annimmt, an, dass ein die **sozial- und steuerrechtlichen Vorschriften befolgendes Verhalten** im Rahmen von § 64 Abs. 2 GmbHG a. F. (jetzt § 64 Satz 1 und 2 GmbHG) als mit den **Pflichten** eines **ordentlichen** und **gewissenhaften Geschäftsleiters** vereinbar anzusehen ist.

---

1 BGH v. 19.6.2012 II ZR 243/11, GmbHR 2012, 967; Merten, jurisPR-HaGesR 10/2012, Anm. 2.
2 BGH v. 14.5.2007 II ZR 48/06, DStR 2007, 1174, mit zustimmender Anm. von Goette, DStR 2007, 1176.
3 BGH v. 27.3.2012 II ZR 171/10, GmbHR 2012, 746; Cranshaw, jurisPR-InsR 16/2012, Anm 1.
4 Zu dieser Pflicht BGH v. 20.9.2011 II ZR 234/09, ZIP 2011, 2097.
5 BGH v. 7.3.2013 IX ZR 64/12, DStR 2013, 1151.
6 II ZR 48/06, DStR 2007, 1174.
7 Vgl. BGH v. 21.9.2005 5StR 263/05, ZIP 2005, 1678.

Diese Feststellung hat der BGH inzwischen auch auf die Fälle ausgedehnt, wenn der Geschäftsführer zur Vermeidung strafrechtlicher Verfolgung fällige Leistungen an die Sozialkassen erbringt[1] oder er sich dem Vorwurf der Untreue (§ 266 StGB) aussetzen würde, wenn er nicht weisungsgemäß fremde Gelder an die Gläubiger des Auftraggebers weitergeleitet hätte.[2]

d) Erstattungsanspruch

Der Geschäftsführer muss **Zahlungen, die er dem Verbot in § 64 Satz 1 GmbHG zuwider vorgenommen hat, ungekürzt erstatten,**[3] weil dies die Auffüllung der Masse zur ranggerechten und gleichmäßigen Befriedigung der Gläubiger gebietet. Die frühere Rechtsprechung,[4] nach der die Zahlung, vermindert um die in die Insolvenzmasse geflossene und dort verbliebene Gegenleistung sowie gemindert um den Betrag, den der Gläubiger als (fiktive) Insolvenzquote erhalten hätte, zu erstatten war, gilt insoweit nicht mehr. Der BGH hält daran fest, dass der „Schaden" im Sinne dieser Haftungsvorschrift schon im Abfluss der Mittel liegt.[5] 3736

Dem Geschäftsführer ist nur vorbehalten, seinen Gegenanspruch, der sich nach Rang und Höhe mit dem Betrag deckt, den der begünstigte Gesellschaftsgläubiger im Insolvenzverfahren erhalten hätte, nach Erstattung an die Masse gegen den Insolvenzverwalter (als Insolvenzforderung) zu verfolgen;[6] etwaige Erstattungsansprüche der Masse gegen Dritte sind Zug um Zug an den Geschäftsführer abzutreten.[7] Der Vorbehalt ist im Leistungsurteil gegen den Geschäftsführer auszusprechen. 3737

Der Geschäftsführer hat auch kein Leistungsverweigerungsrecht, wenn etwa der Insolvenzverwalter es versäumt hatte, den Empfänger einer anfechtbar gewordenen Leistung in Anspruch zu nehmen. 3738

Der **Ersatzanspruch steht der GmbH zu**, für die ihn der Insolvenzverwalter einzufordern hat. Wird ein Insolvenzverfahren mangels Masse überhaupt nicht eröffnet, dann kann der Anspruch der GmbH gem. § 64 Satz 1 GmbHG von einem Gesellschaftsgläubiger gepfändet[8] und durch Einziehung verwertet werden. Der Anspruch verjährt in fünf Jahren; die Verjährungsfrist beginnt mit der Zahlung oder einer gleichgestellten, die Masse schmälernden Handlung, § 64 Satz 4 i. V. m. § 43 Abs. 4 GmbHG.[9] 3739

(Einstweilen frei) 3740–3750

---

1 BGH v. 2. 6. 2008 II ZR 27/07, DStR 2008, 1492.
2 BGH v. 5. 5. 2008 II ZR 38/07, DStR 2008, 1346; kritisch zu dem Ganzen Altmeppen, FS für Goette, 2011, 1.
3 BGHZ 146, 264.
4 BGH v. 29. 11. 1999 II ZR 273/98, BGHZ 143, 184.
5 BGH v. 5. 2. 2007 II ZR 51/06, DStR 2007, 1544 und v. 26. 3. 2007 II ZR 310/05, DStR 2007, 1003.
6 BGH v. 19. 2. 2013 II ZR 296/12, ZIP 2013, 1251.
7 BGHZ 146, 264.
8 BGH v. 11. 9. 2000 II ZR 73/99, NJW 2001, 304.
9 Vgl. BGH v. 28. 2. 2012 II ZR 244/10, ZIP 2012, 867.

3. Die Haftung für Zahlungen an Gesellschafter zur Verhütung der Insolvenz (§ 64 Satz 3 GmbHG)

Literatur: *Kleindiek*, BGH: Zahlungsunfähigkeit und Haftung nach § 64 Satz 3 GmbHG, BB 2013, 17.

3751 Die neue Vorschrift des § 64 Satz 3 GmbHG nimmt den Geschäftsführer (auch den faktischen Geschäftsführer) in die **Verantwortung für die Verhinderung der Insolvenz** insofern, als die Insolvenz durch Zahlungen an den Gesellschafter herbeigeführt wird. Man kann sie als teilweise Kompensation für die Verantwortlichkeiten sehen, die durch die Abschaffung des Eigenkapitalersatzrechts und die Verlagerung der Behandlung von Gesellschafterdarlehen in das Insolvenzrecht weggefallen sind. Insoweit trifft den Geschäftsführer bei der Rückzahlung solcher Darlehen vor der Insolvenzeröffnung eine **Insolvenzprophylaxe**.[1] Der BGH hat mit einer streng am Wortlaut des § 64 Satz 3 GmbHG orientierten Entscheidung ausgeführt, dass die Zahlungsunfähigkeit durch eine Zahlung an den Gesellschafter nicht im Sinn dieser Vorschrift verursacht wird, wenn die GmbH bereits zahlungsunfähig ist. Hierzu sei eine fällige Forderung des Gesellschafters in der Liquiditätsbilanz einzustellen. Könne dann die GmbH nach § 64 Satz 3 GmbHG die Zahlung an den Gesellschafter verweigern, führe die Zahlung nicht die Insolvenz herbei.[2]

3751/1 Gläubiger des Anspruchs ist die GmbH, für die der Insolvenzverwalter die Forderung geltend macht. Leistungsempfänger muss ein Gesellschafter sein, dem jedoch ein mit dem Gesellschafter verbundener Dritter gleichstehen kann. Ein ausgeschiedener Gesellschafter ist kein Gesellschafter mehr i. S. der Vorschrift.

a) Zahlungen an den Gesellschafter

3752 Der Begriff der **Zahlung ist kein anderer als der in Satz 1** der Vorschrift. Zahlungen sind also nicht nur Geldleistungen, sondern alle Leistungen aus dem Gesellschaftsvermögen, die das Aktivvermögen der GmbH vermindern,[3] und Sicherheitsleistungen der Gesellschaft für Verbindlichkeiten des Gesellschafters. Das bloße Eingehen von Verbindlichkeiten ist keine Zahlung. Folglich ist es keine Zahlung an den Gesellschafter, wenn dieser bei einem mit ihm bestehenden Kontokorrentverhältnis Mittel bis zur Kreditlinie in Anspruch nimmt, um damit Forderungen dritter Gesellschaftsgläubiger zu befriedigen, selbst wenn danach keine liquiden Mittel mehr zur Verfügung stehen. Umgekehrt stellt es aber eine Zahlung dar, wenn der Geschäftsführer Kundenschecks an den Gesellschafter weiterreicht, um das Kontokorrent wenigstens auf eine abgesenkte Kreditlinie zu stellen. Stehen der GmbH dann aber keine Mittel mehr zur Verfügung und wird sie zahlungsunfähig, liegt eine verbotene Zahlung an den Gesellschafter vor. Empfänger der Zahlung muss der Gesellschafter sein. Ihm gleichzustellen sind Personen oder verbundene Unternehmen, wenn die Zahlung an sie dem Gesellschafter mittelbar wirtschaftlich zugutekommt.

---

1 Meyer, BB 2008, 1742, 1745.
2 BGH v. 9. 10. 2012 II ZR 298/11, BGHZ 195, 42.
3 Drescher, Die Haftung des GmbH-Geschäftsführers, Rn. 751.

b) Ursächlichkeit der Zahlung für die Zahlungsunfähigkeit der Gesellschaft

Zahlungen an den Gesellschafter sind verboten und führen zur Erstattungspflicht, wenn sie **ursächlich** für die Zahlungsunfähigkeit (= Insolvenzgrund) der GmbH **werden mussten**. Dies soll bedeuten, dass nur solche Zahlungen tatbestandsmäßig sind, bei denen keine weiteren Kausalbeiträge erforderlich sind, um die Zahlungsunfähigkeit herbeizuführen. Es reicht also nicht eine einfache Kausalbeziehung im Sinne einer conditio sine qua non aus, sondern die Zahlung muss mit ihrer Vornahme unmittelbar mit dem Abfluss der Geldmittel die Zahlungsunfähigkeit herbeiführen. Mithin kann die Zahlung auf eine fällige Schuld regelmäßig nicht die Zahlungsunfähigkeit verursachen, weil die Verbindlichkeit schon in der Liquiditätsbilanz einzustellen war; dies gilt aber nur solange, als keine Vergrößerung der Deckungslücke auf über 10 % eintritt.[1]

3753

BEISPIEL: Die Gesellschaft hat eine fällige Gesellschafter-Darlehensverbindlichkeit von 50 000 € und Lieferantenverbindlichkeiten von 20 000 €. Die Kreditlinie der Hausbank lässt noch Verfügungen i.H.v. 55 000 € zu, sonstige liquide Vermögenswerte besitzt die GmbH nicht. Wenn der Geschäftsführer das Gesellschafterdarlehen zurückführt, führt dies unmittelbar zur Zahlungsunfähigkeit, weil er die fälligen Lieferantenforderungen nicht mehr vollständig bedienen kann. Dies führt zu seiner Haftung aus § 64 Satz 3 GmbHG so dass er den an den Gesellschafter ausgereichten Betrag in voller Höhe von 50 000 € an die GmbH, sprich in die Insolvenzmasse, erstatten muss. Er kann sich nicht darauf berufen, dass der Insolvenzverwalter nach Anfechtung auch von dem Gesellschafter den Betrag zurückfordern könnte.

Dem Geschäftsführer obliegt also vor allen Zahlungen an Gesellschafter eine Liquiditätskontrolle, vorwerfbare Fehleinschätzungen verpflichten ihn zum Ersatz aller Zahlungen und nicht bloß zur Regulierung eines Insolvenzverschleppungsschadens.

Die Vorschrift verlangt vom Geschäftsführer eine Prüfung der Liquidität der GmbH (Solvency Test), um feststellen zu können, ob ein Zahlungsverbot bereits vor Eintritt der Zahlungsunfähigkeit besteht. Die Vorschrift bezweckt nämlich eine Vorverlagerung des Gläubigerschutzes zeitlich vor der Phase der Insolvenzreife.[2] Deshalb ist die Ermittlung der Zahlungsunfähigkeit von entscheidender Bedeutung. Der BGH vertritt die Auffassung, Zahlungsunfähigkeit liege vor, wenn die zum Stichtag verfügbaren und innerhalb von drei Wochen flüssig machbaren Mittel, die am Stichtag fälligen und eingeforderten Verbindlichkeiten nicht mehr decken, wobei die Liquiditätslücke 10 % oder mehr betragen muss.[3]

3753/1

Im Liquiditätsstatus muss der Geschäftsführer also auf der Aktivseite sämtliche am Stichtag verfügbaren und die an diesem Tag voraussichtlich innerhalb von drei Wochen zu erwartenden und flüssig zu machenden Mittel verzeichnen. Auf der Passivseite sind aber nur die am Stichtag selbst fälligen gesamten Verbindlichkeiten einzustellen einschließlich der fälligen Forderungen von Gesellschaftern, nicht aber auch die erst in den nächsten drei Wochen fällig werdenden Verbindlichkeiten. Es besteht deshalb die Möglichkeit, kontinuierlich eine die aktuell verfügbaren Mittel überschreitende Ver-

---

1 Vgl. BGH v. 9.10.2012 II ZR 298/11, BGHZ 195, 42.
2 Bunnemann/Zirngibl/Bunnemann, § 3 Rn. 190.
3 BGH v. 24.5.2005 IX ZR 123/04, NJW 2005, 3062; v. 12.10.2006 IX ZR 228/03, NWB DokID: ZAAAC-27392; Desch, BB 2010, 2586.

schuldung zu kompensieren,[1] vorausgesetzt, die erwarteten Geldzuflüsse sind realistisch.

3753/2 Fraglich erscheint, wie der Geschäftsführer im Prozess um seine Zahlungspflicht beweisen kann, dass zu einem bestimmten Stichtag noch keine Zahlungsunfähigkeit zu erwarten war, wenn die Klägerseite die im Anfechtungsprozess gegebene Beweiserleichterung in Anspruch nehmen könnte[2] und wesentliche, bis zur Insolvenzeröffnung unbezahlte Verbindlichkeiten nachweist. Dann muss der Geschäftsführer den Gegenbeweis antreten, indem er einen Liquiditätsstatus vorlegt, aus dem sich eine Überdeckung oder wenigstens eine unwesentliche Unterdeckung ergibt. Der Geschäftsführer kann nämlich annehmen, dass der Schuldner der GmbH seine Zahlungspflicht erfüllen werde, sofern am Stichtag keine Anzeichen bestehen, dass der Schuldner zahlungsunfähig sei.

3753/3 Orientiert sich der Geschäftsführer an der Rechtsprechung des BGH zu § 64 Satz 3 GmbHG, so wird er, wenn der Gesellschafter die Zahlung auf eine fällige und durchsetzbare Forderung verlangt, nacheinander Folgendes prüfen müssen:

1. Gibt es Anhaltspunkte dafür, dass die GmbH schon zahlungsunfähig ist oder durch die Zahlung an den Gesellschafter zahlungsunfähig werden kann? Dann muss der Geschäftsführer eine Liquiditätsbilanz erstellen, in der die Forderung des Gesellschafters auf der Passivseite zu bilanzieren ist.

2. Ist nach der Liquiditätsbilanz die GmbH bereits zahlungsunfähig (10 %-Lücke, von der nicht zu erwarten ist, dass sie innerhalb von drei Wochen zu schließen ist), ist § 64 Satz 1 GmbHG einschlägig: Der Geschäftsführer darf die Zahlung verweigern und muss Insolvenzantrag stellen.

3. Ist die GmbH noch nicht zahlungsunfähig, verursachte die Zahlung an den Gesellschafter aber eine Liquiditätslücke von mehr als 10 % oder vergrößerte sie eine schon bestehende Liquiditätslücke von weniger als 10 % auf mindestens 10 %, dann hat der Gesellschafter das Zahlungsverlangen abzulehnen und sein Leistungsverweigerungsrecht aus § 63 Satz 3 GmbHG geltend zu machen. Zahlt die Gesellschaft trotzdem, haftet der Geschäftsführer nach § 64 Satz 3 GmbHG.

> **BEISPIEL:**[3] Die GmbH hat liquide Mittel von 91 und Verbindlichkeiten von 100, von denen 30 aus fälligen und durchsetzbaren Rückzahlungsansprüchen aus Gesellschafterdarlehen bestehen. Die GmbH ist noch nicht zahlungsunfähig, weil die Liquiditätslücke weniger als 10 % beträgt. Zahlt die GmbH an den Gesellschafter, betragen die Verbindlichkeiten noch (100 − 30 =) 70 und die liquiden Mittel noch (91 − 30 =) 61 und die Liquiditätslücke von 9 ist höher als 10 % aus 70 (= 7). Die GmbH wird also infolge der Leistung an den Gesellschafter zahlungsunfähig und § 64 Satz 3 GmbHG ist einschlägig.

3753/4 Der Anwendungsbereich von § 64 Satz 3 GmbHG ist also bei unmittelbaren Leistungen an den Gesellschafter eingeschränkt. Der Geschäftsführer hat aber bei der Liquiditätsplanung auch zu prüfen, ob die an sich noch zulässige Zahlung an den Gesellschafter

---

1 Bunnemann/Zirngibl/Bunnemann, § 3 Rn. 196.
2 Dies erwarten auch Bunnemann/Zirngibl/Bunnemann, § 3 Rn. 200 und 243.
3 Nach *Greulich, Nolting-Hauff*, jurisPR-HaGesR 12/2012, Anm. 1.

mittelbar die Zahlungsunfähigkeit herbeiführt; auch dann kann nämlich die Zahlung zu verweigern sein.

Der BGH[1] subsumiert auch dies unter § 64 Satz 3 GmbHG und nennt als Beispiel den Fall, dass der Geschäftsführer auf eine Forderung des Gesellschafters zahlt, deren Befriedigung die Zahlungsunfähigkeit nicht unmittelbar herbeiführt, aber andere, nicht dem Kreis der Gesellschafter angehörende Gläubiger (z. B. die Banken) den Fortbestand, die Verlängerung oder die Gewährung von Krediten davon abhängig gemacht haben, dass der Gesellschafter sein Geld nicht aus der GmbH abzieht. Nehmen sie die Rückzahlung an den Gesellschafter zum Anlass, ihre eigene Kreditgewährung zu beenden, kann dies die Zahlungsunfähigkeit der GmbH herbeiführen. Der BGH verlangt also, dass der Geschäftsführer vor der Rückzahlung an den Gesellschafter die Reaktion der nicht dem Gesellschafterkreis angehörenden Kreditgeber prognostiziert. Der Geschäftsführer muss die Tilgung der Gesellschafterforderung verweigern, wenn er vorhersieht, dass andernfalls die Finanzierung der GmbH in sich zusammenfällt und die GmbH Insolvenz anmelden muss. Sonst sieht er sich einer Haftung wegen **mittelbarer** Herbeiführung der Zahlungsunfähigkeit nach § 64 Satz 3 GmbHG ausgesetzt.

c) Exkulpationsmöglichkeit des Geschäftsführers

Ergibt sich nach objektiven Kriterien, dass das Bewirken der Zahlung an den Gesellschafter nach der Liquiditätslage der Gesellschaft unmittelbar zur Zahlungsunfähigkeit führen musste, entgeht der **Geschäftsführer** seiner Erstattungspflicht nur, wenn er **nachweist**, dass dies (also der Eintritt der Zahlungsunfähigkeit) auch bei Anwendung der Sorgfalt eines ordentlichen Kaufmanns (Sorgfaltsmaßstab nach § 64 Satz 2 GmbHG) **nicht erkennbar** war. Es gelten also die Maßstäbe sinngemäß, wie sie unter Rz. 3734 dargestellt sind, so dass ein Sorgfaltsverstoß vermutet wird und der Geschäftsführer den Gegenbeweis antreten muss.

Der Entlastungsbeweis kann also nur gelingen, wenn er eine kontinuierliche Finanzplanung erstellt und sich über die wirtschaftliche Lage der Gesellschaft stets vergewissert und wenn er sich rechtzeitig die erforderlichen Informationen und die für die Beurteilung der Liquiditätslage erforderlichen Kenntnisse verschafft. Verfügt er nicht selbst über ausreichende Kenntnisse, muss er sich extern beraten lassen. Dazu reicht aber eine schlichte Anfrage bei einer vom Geschäftsführer für sachkundig gehaltenen Person nicht aus. Vielmehr muss er sich unter umfassender Darstellung der Verhältnisse der GmbH und Offenlegung der erforderlichen Unterlagen von einem unabhängigen und für die zu klärenden Fragen fachlich qualifizierten Berufsträger beraten lassen.

Gute Chancen den Entlastungsbeweis zu führen hat er, wenn er darlegen kann, dass er die zukünftigen Zahlungsströme der Gesellschaft zu jedem Zeitpunkt mittels sorgfältig aufgestellter und von zutreffenden Informationen ausgehender und auf einer zeitnahen und laufenden Buchhaltung beruhender **Zahlungspläne** im Blick behalten hat.[2] oder Zahlungen im Rahmen eines erfolgversprechenden Sanierungskonzepts erfolgten.

---

1 BGH v. 9.10.2012 II ZR 298/11, BGHZ 195, 42.
2 Vgl. auch Meyer, BB 2008, 1742, 1746.

Befindet sich die Gesellschaft schon in einer Schieflage, werden wohl an den Sorgfaltsmaßstab erhöhte Anforderungen zu stellen sein. Weisungen der Gesellschafterversammlung auf Auszahlung entlasten den Geschäftsführer nicht. Im Zweifel muss der Geschäftsführer sein Amt niederlegen, wie die Gesetzesbegründung vorschlägt. Zutreffend ist jedenfalls, dass der Geschäftsführer sich gegenüber den Gesellschaftern auf § 64 Satz 3 GmbHG und auf das darin begründete Auszahlungsverbot bzw. Leistungsverweigerungsrecht berufen muss,[1] wenn er eine Haftung nach § 64 Satz 3 GmbHG vermeiden will. Das Leistungsverweigerungsrecht steht auch der GmbH zu.

3755 Die Vorschrift des § 64 Satz 3 GmbHG birgt also für den Geschäftsführer ein neues, **hohes Haftungsrisiko**, obwohl die Rechtsprechung den Anwendungsbereich des neuen Tatbestand eng fasst, zugleich aber auch auf die mittelbare Herbeiführung der Zahlungsunfähigkeit ausdehnt

d) Verjährung und Anspruchskonkurrenzen

3755/1 Der Ersatzanspruch verjährt nach § 64 Satz 4 und § 43 Abs. 4 GmbHG in fünf Jahren; die Verjährung beginnt mit dem Entstehen des Anspruchs, also mit der Zahlung, wenn sie geeignet ist, die Zahlungsunfähigkeit herbeizuführen, und diese später eintritt. Neben dem Anspruch aus § 64 Satz 3 GmbHG kann auch ein Anspruch aus §§ 43 Abs. 3, 30 Abs. 1 GmbHG, gemäß §§ 826, 830 BGB wegen der sog. Existenzvernichtung oder sogar ein Anspruch aus § 64 Satz 1 GmbHG in Betracht kommen, wenn die GmbH bereits wegen Überschuldung insolvenzreif ist und nun eine Zahlung an einen Gesellschafter zusätzlich die Zahlungsunfähigkeit verursacht.[2]

4. Haftung aus § 9a und § 57 Abs. 4 GmbHG

3756 **Weitere Haftungstatbestände** finden sich in § 9a GmbHG (Haftung für falsche Angaben bei der Gründung) und in § 57 Abs. 4 GmbHG (entsprechende Haftung bei unrichtigen Angaben im Rahmen einer Kapitalerhöhung). Zu Pflichtverletzungen des Geschäftsführers durch falsche Angaben kommt es vor allem bei der Anmeldung nach § 8 bzw. § 57 GmbHG. Hier geht es nicht selten um den von den Gesellschaftern erstellten Sachgründungsbericht, der zu hohe Werte ausweist, oder um die Versicherung, dass die bei einer Bargründung oder Kapitalerhöhung übernommene Einlageschuld bar erfüllt sei, aber in Wahrheit nur eine Forderung eingebracht wurde und deshalb eine verdeckte Sacheinlage vorliegt.

Auch im Rahmen von Cash-Pool-Verhältnissen und dem darin häufig vorkommenden Hin- und Herzahlen der Einlage bzw. der verdeckten Sacheinlage mit Wertanrechnung auf die Einlageforderung sieht sich der Geschäftsführer im Widerstreit zwischen den Wünschen und Weisungen der Gesellschafter und seiner Wahrheits- bzw. Offenlegungspflicht gegenüber dem Registergericht. Von einer Haftung nach § 9a Abs. 3 GmbHG kann sich der Geschäftsführer dann nur befreien, wenn er darlegen und notfalls beweisen kann, dass er die Unrichtigkeit nicht kannte und sie auch bei Anwen-

---

[1] Bunnemann/Zirngibl/Bunnemann, § 3 Rn. 241 m.w.N.
[2] Drescher, Die Haftung des GmbH-Geschäftsführers, Rn. 798.

dung der objektiv gebotenen Sorgfalt nicht erkennen konnte. Das wird ihm bei Gesellschafterweisungen kaum gelingen.

5. Deliktische Ansprüche

Handelt der Geschäftsführer vorsätzlich zuwider der ihm gegenüber der GmbH nach § 43 GmbHG obliegenden Pflicht, deren Vermögensinteressen zu wahren, so kann er den Straftatbestand der Untreue nach § 266 StGB erfüllen, was ihn nach § 823 Abs. 2 BGB (Verletzung eines Schutzgesetzes) zum Schadensersatz verpflichtet. Der Geschäftsführer haftet auch für eine sittenwidrige Schädigung (§ 826 BGB).[1] Schutzgesetze sind auch § 82 Nr. 1 und § 84 GmbHG und § 15a Abs. 4 InsO, so dass eine Haftung aus unerlaubter Handlung auch bei falschen Angaben, bei Nichtanzeige des Verlustes der Hälfte des Stammkapitals und Unterlassen des rechtzeitigen Antrags bzw. Stellung eines unrichtigen Antrags auf Eröffnung des Insolvenzverfahrens begründet sein kann.

3757

6. Zusammentreffen mehrerer Anspruchsgrundlagen

Mit der Haftung wegen Verletzung der Pflichten aus dem Organverhältnis können andere Anspruchsgrundlagen zusammentreffen (vgl. Rz. 3755/1). Die Haftung aus § 43 Abs. 2 GmbHG **nimmt** aber die **Haftung wegen Verletzung der dienstvertraglichen Pflichten** (Pflichten aus dem Geschäftsführeranstellungsvertrag) als speziellere Regelung **in sich auf**.[2] Die organschaftliche Haftung verdrängt auch (dienstrechtliche) Ansprüche wegen Verletzung des Wettbewerbsverbots oder angemaßter Eigengeschäftsführung (§ 687 Abs. 2 BGB). Auch als Provisionszahlungen getarnte Schmiergelder, die der Geschäftsführer annimmt, hat er gem. § 43 Abs. 2 GmbHG an die GmbH herauszugeben.[3] Nur wenn eine Haftung aus Pflichtverletzung ausscheidet, ergibt sich der Herausgabeanspruch aus Auftragsrecht (§ 667 BGB).[4]

3758

Demgegenüber bestehen die organschaftliche Haftung und die Ansprüche aus unerlaubter Handlung selbständig nebeneinander – **Anspruchskonkurrenz** – und können unterschiedlich verjähren. Sie können aber beide an dem Gerichtsstand der GmbH geltend gemacht werden – § 32 ZPO für die unerlaubte Handlung und § 29 ZPO für die organschaftliche Haftung.[5]

3759

Ein Gesellschafter-Geschäftsführer, der seine Pflichten aus dem Geschäftsführerverhältnis schuldhaft verletzt, kann damit u.U. zugleich gegen seine Treuepflicht verstoßen, die zwischen den Gesellschaftern besteht. Daraus können den übrigen Gesellschaftern Schadensersatzansprüche erwachsen, die neben einem Anspruch aus § 43 Abs. 2 GmbHG bestehen.

3760

---

1 BGH v. 10. 2. 1992 II ZR 23/91, NJW-RR 1992, 800, zum Fall des Geschäftsführers einer Komplementär-GmbH, der im Interesse anderer Unternehmen, an denen er beteiligt ist, zu Lasten des von ihm zu leitenden Unternehmens nicht geschuldete Kosten übernimmt oder verdeckte Provisionszahlungen leistet.
2 BGH v. 12. 6. 1989 II ZR 334/87, NJW 1989, 2697.
3 BGH v. 8. 9. 1997 II ZR 262/96, DStR 1997, 1735.
4 BGH v. 2. 4. 2001 II ZR 217/99, NJW 2001, 2476.
5 BGH v. 10. 2. 1992 II ZR 23/91, NJW-RR 1992, 800.

7. Ansprüche der Gesellschafter

3761 In der Regel haftet der Geschäftsführer **den Gesellschaftern nicht unmittelbar**. Bei seinen Pflichten aus der Organstellung handelt es sich nicht um Pflichten, die dem Schutz der Gesellschafter dienen: **§ 43 GmbHG ist kein Schutzgesetz** i. S. v. § 823 Abs. 2 BGB. Schadensersatzansprüche können den Gesellschaftern aber aus Verstößen gegen § 266 StGB und § 84 GmbHG und § 15a Abs. 4 InsO erwachsen, die Schutzgesetze sind.

3762 Schadensersatzansprüche der Gesellschafter selbst können aber gegenüber dem Gesellschafter-Geschäftsführer entstehen, wenn sein Verhalten nicht nur gegen organschaftliche Pflichten, sondern auch gegen die gesellschafterliche Treuepflicht verstößt.[1]

3763 Einen Sonderfall stellt der **Regressanspruch** des **§ 31 Abs. 6 GmbHG** dar. Verstößt der Geschäftsführer schuldhaft gegen das Verbot nach § 30 GmbHG, an die Gesellschafter Stammkapital auszuzahlen, so haften zwar die übrigen Gesellschafter der GmbH solidarisch, wenn einer der Gesellschafter die verbotene Kapitalrückzahlung an die Gesellschaft nicht erstatten kann (§ 31 Abs. 3 GmbHG). Hinsichtlich der von ihnen erstatteten Beträge können die Gesellschafter jedoch die Geschäftsführer in Regress nehmen, denen hinsichtlich der verbotenen Auszahlung ein Verschulden zur Last fällt. Der Sorgfaltsmaßstab des ordentlichen Geschäftsmannes i. S. v. § 43 Abs. 1 GmbHG gilt auch hier.

3764–3780 *(Einstweilen frei)*

II. Haftung des Geschäftsführers gegenüber außenstehenden Dritten (Außenhaftung)

1. Handelndenhaftung, vertragliche und vorvertragliche Haftung

3781 Eine persönliche Haftung des Geschäftsführers gegenüber Dritten kann bereits im Gründungsstadium (vor Eintragung der GmbH) nach § 11 Abs. 2 GmbHG entstehen (**Handelndenhaftung**). Sie endet aber mit der Eintragung der GmbH.

3782 Verletzt der Geschäftsführer **vertragliche Pflichten** der GmbH, so **haftet** er Dritten gegenüber **nicht**. Solche Pflichtverletzungen werden nach § 31 BGB der GmbH zugerechnet.

3783 Eine **eigene Haftung** des Geschäftsführers für **vorvertragliche** Pflichtverletzungen scheidet grundsätzlich auch aus. Unter dem Gesichtspunkt des Verschuldens bei Vertragsabschluss (culpa in contrahendo – c. i. c. nach §§ 280 Abs. 1 und 3, 282, 311 Abs. 3 BGB) kann der Geschäftsführer ausnahmsweise neben der GmbH haften, wenn er ein unmittelbares **wirtschaftliches Eigeninteresse** an dem abzuschließenden Rechtsgeschäft hat oder wenn er bei den Verhandlungen **ein besonderes persönliches Vertrauen in Anspruch genommen** und dadurch die Verhandlungen beeinflusst hat.[2]

3784 Soll ein zur Haftung führendes **wirtschaftliches Eigeninteresse** angenommen werden, muss der Geschäftsführer wirtschaftlich quasi in eigener Sache handeln. Für eine sol-

---

1 BGH v. 14. 9. 1998 II ZR 175/97, NJW 1999, 781.
2 Vgl. BGH v. 17. 6. 1991 II ZR 171/90, NJW-RR 1991, 1241.

che Annahme reicht es nicht aus, wenn der Geschäftsführer eine Provision bekommt, am Umsatz beteiligt ist, **Allein- oder Mehrheitsgesellschafter der GmbH** ist oder wenn er **Sicherheiten** für die Verbindlichkeiten der GmbH **gestellt** hat.[1] Ein wirtschaftliches Eigeninteresse des Geschäftsführers kann aber vorliegen, wenn er schon beim Abschluss des Vertrages vorhatte, die an die GmbH zu erbringenden Leistungen zu seinem eigenen Nutzen zu verwenden und die GmbH gleichsam wie einen „Strohmann" einzusetzen.

Wegen „**Inanspruchnahme besonderen persönlichen Vertrauens**" bei den Vertragsverhandlungen kann der Geschäftsführer allenfalls dann gem. § 311 Abs. 3 BGB in Anspruch genommen werden, wenn er als Vertreter der GmbH gewissermaßen eine von ihm selbst einzulösende, einer Garantie vergleichbare Erklärung abgegeben und eine persönliche Gewähr für die Seriosität und die Erfüllung des Vertrages übernommen hat und schließlich der Willensentschluss des Verhandlungspartners hierauf beruht.[2] Weist der Geschäftsführer bei den Verhandlungen auf seine besondere Sachkunde, seine kaufmännische Erfahrung und darauf hin, dass er die Abwicklung und Erfüllung des Vertrages persönlich überwachen werde, so nimmt er noch nicht ein besonderes persönliches Vertrauen in Anspruch. Allein aus dem Grund, dass der Geschäftsführer die GmbH repräsentiert und möglicherweise Informationspflichten über die Leistungsfähigkeit der GmbH nicht nachkommt, muss er nicht persönlich wegen Verletzung vorvertraglicher Pflichten einstehen.[3]

3785

(Einstweilen frei)

3786–3790

2. Haftung bei Insolvenzverschleppung (§ 15a Abs. 1 InsO und § 823 Abs. 2 BGB)

Literatur: *Haas*, Aktuelle Rechtsprechung zur Insolvenzantragspflicht des GmbH-Geschäftsführers nach § 64 Abs. 1 GmbHG, DStR 2003, 423; *Fritsche/Lieder*, Persönliche Haftung und Haftungsabwicklung bei Verstoß gegen die Insolvenzantragspflicht nach § 64 Abs. 1 GmbHG und § 92 Abs. 2 AktG, DZWIR 2004, 93; *Bruns*, Zur Insolvenzverschleppungshaftung, EWiR 2005, 767; *Hirte*, Die Entwicklung des Insolvenz-Gesellschaftsrechts in Deutschland in den Jahren 2003–2004, ZinsO 2005, 403; *Haas*, Die Verjährung von Insolvenzverschleppungsansprüchen, NZG 2011, 691. *Schmidt, Karsten*, Weg mit den „Zahlungsverboten" in Insolvenzverschleppungsfällen, ZHR 175, 433 (2011).

a) Haftungstatbestand

§ 15a Abs. 1 InsO verpflichtet Geschäftsführer (und auch den faktischen Geschäftsführer) einer GmbH, ohne jede Bindung an Weisungen von Gesellschaftsgremien, im Falle der Insolvenz der GmbH ohne schuldhaftes Zögern die Eröffnung des Insolvenzverfahrens zu beantragen. Verletzt er diese dem Gläubigerschutz dienende Vorschrift, haftet er den geschädigten Gläubigern der Gesellschaft gem. § 823 Abs. 2 BGB und § 15a Abs. 1 InsO wegen **Insolvenzverschleppung**. Die Vorschrift des § 15a Abs. 1 InsO wird wie § 64 Abs. 1 GmbHG a. F. allgemein als Schutzgesetz[4] angesehen. Der Geschäftsfüh-

3791

---

1 BGH v. 6. 6. 1994 II ZR 292/91, BGHZ 126, 181.
2 Vgl. BGH v. 17. 6. 1991 II ZR 171/90, DStR 1991, 1089; v. 17. 12. 1992 II ZR 179/91, DStR 1993, 212.
3 Vgl. auch BGHZ 126, 181, 189 f.
4 Vgl. BGH v. 14. 5. 2012 II ZR 130/10, ZIP 2012, 1455.

rer darf die in § 15a Abs. 1 InsO genannte **Dreiwochenfrist nicht** in jedem Falle, sondern **nur** dann **ausschöpfen**, wenn begründete Aussicht besteht, dass die GmbH durch **Sanierungsmaßnahmen gerettet** werden könnte und er deren Tragfähigkeit prüfen kann. Kommt eine Sanierung von vornherein nicht in Betracht, ist der Insolvenzantrag sofort zu stellen.[1]

b) Umfang der Ersatzpflicht (Alt- und Neugläubiger)

3792 Hinsichtlich des Umfangs der Ersatzpflicht ist zwischen den sog. **Altgläubigern** (bisherigen Gläubigern) und den sog. **Neugläubigern** zu unterscheiden.

3793 **Altgläubigern**, also Gläubigern, die ihre Forderungen bereits vor der Insolvenzreife der GmbH und Ablauf der Prüfungsfrist erworben haben, hat der Geschäftsführer den sog. **Quotenschaden** zu ersetzen. Das ist der Betrag, um den sich die Quote der Gläubiger durch die Verzögerung der Insolvenzeröffnung gemindert hat. Der Ersatzanspruch kann während des Insolvenzverfahrens nur vom Insolvenzverwalter geltend gemacht werden.[2] Außerhalb des Insolvenzverfahrens kann ein Altgläubiger selbst den Quotenschaden einklagen, nimmt dabei aber ein großes Prozessrisiko auf sich, weil er in der Regel nicht darlegen kann, wann der Insolvenzgrund gegeben war und welches Vermögen (Masse) zu diesem Zeitpunkt noch vorhanden war.

3793/1 Der Quotenschaden ist die Differenz zwischen der Insolvenzquote und dem Quotenbetrag, der erlangt worden wäre, wenn der Geschäftsführer rechtzeitig den Insolvenzantrag gestellt hätte.[3] Die Berechnung der bei Insolvenzreife für den klagenden einzelnen Altgläubiger fiktiv erzielbaren Quote erweist sich als schwierig. Es bietet sich deshalb an, den Gesamtquotenschaden aller Gläubiger zu ermitteln und ihn dem einzelnen Gläubiger verhältnismäßig zuzuordnen.[4]

3794 **Neugläubiger**, die ihre Forderungen gegen die GmbH nach dem Zeitpunkt erworben haben, zu dem der Insolvenzantrag hätte gestellt werden müssen, haben gegen den schuldhaft pflichtwidrig handelnden Geschäftsführer einen Anspruch auf Ausgleich des **vollen, nicht durch den Quotenschaden begrenzten Vertrauensschadens**, der ihnen dadurch entsteht, dass sie in Rechtsbeziehung zu einer überschuldeten oder zahlungsunfähigen GmbH getreten sind.[5] Die Neugläubiger sind so zu stellen, als hätten sie mit der insolvenzreifen (überschuldeten oder zahlungsunfähigen) GmbH keine Geschäfte mehr abgeschlossen, weil sie in ihrem Vertrauen auf die Solvenz der GmbH enttäuscht wurden.[6] Sie haben Anspruch auf Ersatz des negativen Interesses.[7]

---

1 BGH v. 2. 10. 2000 II ZR 164/99, DStR 2001, 1537.
2 BGH v. 3. 2. 1987 VI ZR 268/85, BGHZ 100, 19; v. 22. 4. 2004 IX ZR 128/03, BGHZ 159/25; v. 5. 2. 2007 II ZR 234/05, BGHZ 171, 46.
3 Vgl. BGH v. 14. 5. 2012 II ZR 130/10, ZIP 2012, 1455.
4 BGH v. 30. 3. 1998 II ZR 146/96, BGHZ 138, 211.
5 BGH v. 6. 6. 1994 II ZR 292/91, BGHZ 126, 181; v. 14. 5. 2012 II ZR 130/10, ZIP 2012, 1455.
6 Drescher, Die Haftung des GmbH-Geschäftsführers, Rn. 798, 1163.
7 BGH v. 2. 10. 2000 II ZR 164/99, DStR 2001, 1537.

Die Pflicht zum Schadensersatz umfasst auch die Kosten, die dem Neugläubiger wegen der Verfolgung von Zahlungsansprüchen gegen die insolvenzreife GmbH entstanden sind.[1] Als Neugläubiger gilt auch eine Bank, bei der die GmbH einen Kontokorrentkredit unterhält, soweit sich das von der GmbH in Anspruch genommene Kreditvolumen im Stadium der Insolvenzverschleppung erhöht. Für den Differenzschaden haftet der schuldhaft pflichtwidrig handelnde Geschäftsführer bis zum negativen Interesse der Bank.[2]

Der Umfang der Schadenersatzpflicht gegenüber einem Neugläubiger ist nicht um die auf ihn entfallende Insolvenzquote zu kürzen. Der Geschäftsführer hat vielmehr nach §§ 255, 273 ff. BGB – Zug um Zug gegen Zahlung seiner Ersatzleistung – einen Anspruch auf Abtretung der Insolvenzforderung gegen die Gesellschaft. Dem Neugläubiger ist nicht zuzumuten, dass er mit der Geltendmachung seines Schadensersatzanspruchs gegen den Geschäftsführer wartet, bis das Insolvenzverfahren abgeschlossen ist und die auf ihn entfallende Insolvenzquote feststeht.[3] Die Ersatzansprüche der Neugläubiger fallen nicht in die Insolvenzmasse und können auch während des Insolvenzverfahrens von den Gläubigern geltend gemacht werden. Der **Insolvenzverwalter** der GmbH ist **nicht berechtigt**, den **Verschleppungsschaden** oder einen durch weitere Verzögerung der Antragstellung verursachten Quotenschaden der Neugläubiger gegen den Geschäftsführer **geltend zu machen**.[4] Der Geschäftsführer kann sich einem Anspruch der Neugläubiger und Ansprüchen der in Insolvenz gefallenen GmbH aus § 43 Abs. 2 und 3 GmbHG, die der Insolvenzverwalter geltend macht, ausgesetzt sehen.

Für den **Umfang des Schadensersatzes** ist der Neugläubiger so zu stellen, wie er stünde, wenn er mit der GmbH keinen Vertrag abgeschlossen hätte. Folglich kann der Neugläubiger nicht einfach den Betrag der nicht bezahlten Rechnung fordern, sondern nur den Ersatz des Wertes der gelieferten Sache oder der erbrachten Leistung. Die Erstattung des entgangenen Gewinns kann nur in Ausnahmefällen verlangt werden, wenn der Neugläubiger geltend macht und beweist, dass ihm wegen des Vertragsabschlusses mit der insolventen GmbH ein Gewinn entgangen ist, den er sonst anderweitig hätte erzielen können.[5] Zu dem zu ersetzenden Schaden gehören die Kosten der Rechtsverfolgung.

3794/1

Macht ein Neugläubiger einen Anspruch wegen Insolvenzverschleppung geltend, muss er beweisen, dass ihm ein Schaden entstanden ist und dieser durch das Verhalten des Geschäftsführers verursacht worden ist. Dann wird – widerleglich – vermutet, dass sich der Geschäftsführer schuldhaft verhalten hat. Um sich zu entlasten, muss dann der Geschäftsführer darlegen und beweisen, dass er die Insolvenzreife nicht hat erkennen können oder aber trotz der Insolvenzreife wegen einer positiven Prognose für das Fortbestehen der GmbH, von der Stellung des Insolvenzantrages habe Abstand nehmen dürfen, also nicht pflichtwidrig gehandelt hat.[6]

3795

---

1 BGH v. 27. 4. 2009 II ZR 263/07, ZIP 2009, 1220.
2 BGH v. 5. 2. 2007 II ZR 234/05, BGHZ 171, 46.
3 BGH v. 5. 2. 2007 II ZR 234/05, BGHZ 171, 46 und II ZR 51/06, DStR 2007, 1544.
4 BGH v. 30. 3. 1998 II ZR 146/96, BGHZ 138, 211; v. 5. 2. 2007 II ZR 234/05, BGHZ 171, 46.
5 BGH v. 24. 1. 2012 II ZR 204/9, ZIP 2012, 723.
6 BGH v. 15. 3. 2011 II ZR 204/09, ZIP 2011, 1007.

Bei der Beurteilung, ob Insolvenzreife wegen Überschuldung eingetreten ist, kommt es nach bisheriger Rechtslage nicht auf einen zweistufigen Überschuldungsbegriff an, sondern nach § 19 Abs. 2 InsO reicht eine positive Fortführungsprognose allein nicht aus, um die Insolvenzreife der GmbH auszuräumen. Sie ist lediglich für eine Bewertung des Vermögens nach Fortführungs- oder Liquidationswerten maßgebend.[1] Allerdings zwingt die Überschuldung nicht zum Insolvenzantrag, wenn die Fortführung des Unternehmens überwiegend wahrscheinlich ist. Dies gilt aber nur bis 31.12.2013, solange die Aussetzung des neuen (zweistufigen) Überschuldungsbegriffs durch die geänderte Fassung des FMStG gilt.

Beruft sich der Insolvenzverwalter auf die Überschuldung nach § 19 InsO (i. d. wieder ab 1.1.2014 geltenden Fassung), muss er nur die rechnerische Überschuldung nach Liquidationswerten darlegen: es ist dann Sache des Geschäftsführers, eine positive Fortführungsprognose darzulegen und zu beweisen, damit das Vermögen zu Fortführungswerten angesetzt werden kann.[2] In einer Überschuldungsbilanz, in der das GmbH-Vermögen mit Fortführungswerten bewertet wird, waren nach altem Recht Forderungen der Gesellschafter aus eigenkapitalersetzenden Darlehen als Verbindlichkeiten zu passivieren, wenn ein qualifizierter Rangrücktritt nicht ausgesprochen war,[3] weil eigenkapitalersetzende Darlehen zu den Insolvenzforderungen gehören (§ 39 Abs. 1 Nr. 5 InsO a. F.).

3796 Da es für einen Schadensersatzanspruch wegen Insolvenzverschleppung auf das Vorliegen der Voraussetzungen im Zeitpunkt der Gläubigerschädigung ankommt, also der objektive und der subjektive Tatbestand auch bei einem Dauerdelikt wie der Insolvenzverschleppung zeitlich zusammenfallen müssen, kommt der **Feststellung der Überschuldung** zu einem bestimmten Zeitpunkt maßgebliche Bedeutung zu. Daraus ergeben sich für die Beurteilung neuer Haftungsfälle unter Beachtung der Änderungen durch das MoMiG andere Kriterien.

Denn nach der Neufassung des § 19 Abs. 2 InsO sind **Forderungen auf Rückgewähr von Gesellschafterdarlehen** (unabhängig von einem „eigenkapitalersetzenden" Charakter) und Forderungen aus Rechtshandlungen, die **einem Darlehen wirtschaftlich** entsprechen, **nicht mehr bei den Verbindlichkeiten im Überschuldungsstatus** anzusetzen, **unter der Voraussetzung**, dass für sie gem. § 39 Abs. 2 InsO zwischen Gläubiger und Schuldner ein Nachrang hinter den in § 39 Abs. 1 Nr. 1 bis 5 InsO genannten Gläubigern vereinbart worden ist, also noch hinter Forderungen anderer Gesellschafter-Darlehensgläubiger. Folglich müssen künftig Gesellschafter-Darlehensforderungen allgemein und ihnen wirtschaftlich gleichstehende Forderungen, wenn sie mit einem hinreichenden Rangrücktritt versehen sind, nicht und auch nicht mehr in der Überschuldungsbilanz nach Fortführungswerten angesetzt werden.

Besteht Fortführungswille der Gesellschafter und ergibt sich eine positive Fortführungsprognose, handelt der Geschäftsführer also nicht mehr pflichtwidrig, wenn er bei der Überschuldungskontrolle die genannten Verbindlichkeiten außer Ansatz lässt, den

---

1 BGH v. 9.10.2006 II ZR 303/05, ZIP 2006, 2171.
2 BGH v. 18.10.2010 II ZR 151/09, ZIP 2010, 2400.
3 BGH v. 5.2.2007 II ZR 234/05, BGHZ 171, 46.

Insolvenzantrag deshalb unterlässt und neue Verbindlichkeiten der GmbH gegenüber Dritten begründet oder einen Kontokorrentsaldo bei der Bank weiter anwachsen lässt.

Die Haftung des Geschäftsführers wegen Insolvenzverschleppung ist eine deliktische Haftung, die zumindest Fahrlässigkeit als Verschuldensform voraussetzt. Hierzu genügt es, wenn die Insolvenzreife erkennbar war. Dann wird das Verschulden vermutet und der Geschäftsführer muss beweisen, dass er seine Pflicht, die Eröffnung des Insolvenzverfahrens zu beantragen, nicht schuldhaft verletzt hat. Für die Exkulpation gelten keine anderen Maßstäbe als bei der Haftung wegen Herbeiführung der Zahlungsunfähigkeit (vgl. Rz. 3754). 3797

Für die Verjährung ist darauf abzustellen, dass es sich bei dem Ersatz des durch die Insolvenzverschleppung herbeigeführten Schadens um einen deliktischen Anspruch handelt. Die Verjährung richtet sich nach den §§ 195 ff. BGB. Der Anspruch verjährt in drei Jahren ab Kenntnis oder grob fahrlässiger Unkenntnis, § 199 Abs. 1 Nr. 2 BGB. 3798

(Einstweilen frei) 3799–3810

3. Weitere Ansprüche aus unerlaubter Handlung

Schädigt der Geschäftsführer als Organ der GmbH Dritte vorsätzlich und sittenwidrig (§ 826 BGB), haftet er ihnen persönlich aus unerlaubter Handlung. Eine deliktische Haftung gem. § 823 Abs. 2 BGB i.V.m. einem Schutzgesetz kommt ebenfalls in Betracht, z. B. die Verletzung von Vermögensbetreuungspflichten (Untreue, § 266 StGB) oder betrügerisches Verhalten durch Unterlassen.[1] Den Schaden muss der Geschäftsführer eigenhändig herbeigeführt haben. 3811

Beispiele für Schutzgesetze sind neben § 15a Abs. 1 und Abs. 3 InsO und der Untreue nach § 266 StGB auch die Vorschriften in § 264 StGB (Subventionsbetrug) und § 266a StGB (Vorenthaltung von Sozialversicherungsbeiträgen). Zur Untreue und Strafbarkeit von Geschäftsführern hat sich der BGH[2] geäußert und ausgeführt, dass sich der Geschäftsführer strafbar macht, wenn er gegen die Buchhaltungsvorschriften verstößt und im Ausland eine „schwarze" Kasse unterhält. Den Vermögensschaden sieht er bereits durch den Verlust von Einfluss- und Kontrollmöglichkeiten aller Gesellschafter als gegeben an. Ein Einverständnis der Gesellschafter, das die Strafbarkeit ausschließen könnte, läge nur vor, wenn auch die Minderheitsgesellschafter informiert worden wären und den Pflichtenverstoß gebilligt hätten. 3812

Nach der Rechtsprechung soll es aber auch zu einer **Haftung des Geschäftsführers nach § 823 Abs. 1 BGB** führen können, wenn er nicht durch eine **sachgerechte innergesellschaftliche Organisation** dafür Sorge trägt, dass nicht absolute Rechtsgüter Dritter durch nachgeordnete Mitarbeiter des Unternehmens z.B. dadurch verletzt werden, dass nicht der GmbH gehörende Sachen an einen gutgläubig erwerbenden Dritten ver- 3813

---

1 BGH v. 17.9.2001 II ZR 178/99, DStR 2001, 1853.
2 BGH v. 27.8.2010 2 Str 111/09, BB 2010, 2590 (Trienenkens).

äußert werden.¹ Eine solche Außenhaftung für die **Verletzung innergesellschaftlicher Aufsichtspflichten,** die nur gegenüber der GmbH bestehen, ist jedoch bedenklich.²

4. Haftung des Geschäftsführers wegen Nichtabführung von Sozialversicherungsbeiträgen

Literatur: *Goette*, Haftung des GmbH-Geschäftsführers bei Nichtabführung von Sozialversicherungsbeiträgen, DStR 2005, 1869; *Gundlach/Frenzel*, Schadensersatz beim Vorenthalten von Sozialversicherungsbeiträgen, NZI 2005, 449; *Berger/Herbst*, Pflicht zur Abführung von Sozialversicherungsbeiträgen: Zwischen Scylla und Charybdis – § 266a StGB versus § 64 Abs. 2 GmbHG, BB 2006, 437.

3814 Die GmbH muss als **Arbeitgeber** gem. § 28e SGB IV die **Gesamtsozialversicherungsbeiträge** ihrer Arbeitnehmer an die **Einzugsstelle des Sozialversicherungsträgers abführen.** Für nicht abgeführte oder vorenthaltene Arbeitnehmerbeiträge zur Sozialversicherung kann der Geschäftsführer sowohl strafrechtlich nach § 266a StGB als auch zivilrechtlich nach § 823 Abs. 2 BGB haften,³ weil er im Rahmen seiner Leitungsaufgabe auch dafür sorgen muss, dass die GmbH ihre sozialversicherungsrechtliche Pflicht, die Arbeitnehmerbeiträge rechtzeitig und vollständig abzuführen, erfüllt. Hierzu muss der Geschäftsführer entsprechende organisatorische Vorkehrungen treffen und auch mit dieser Aufgabe betraute Mitgeschäftsführer oder Angestellte der GmbH sachgerecht überwachen. Außerdem muss der Geschäftsführer finanziell so vorausschauend disponieren, dass zum Fälligkeitszeitpunkt die benötigten Mittel bereitstehen⁴ oder er muss notfalls die Löhne entsprechend kürzen⁵ oder deren Auszahlung ganz unterlassen.⁶ Der BGH⁷ verlangt sogar die Abführung der Sozialversicherungsbeiträge, wenn gar kein Lohn an die Arbeitnehmer ausgezahlt worden ist und die GmbH zwar schon in der Krise, aber tatsächlich noch zahlungsfähig ist, z. B. weil die ihr von der Hausbank eingeräumte Kreditlinie noch nicht ausgeschöpft ist. Für den Eintritt der Zahlungsunfähigkeit ist der Geschäftsführer darlegungs- und beweispflichtig.

3815 Hierdurch kann der Geschäftsführer in **Konflikt** mit seiner Pflicht aus § 64 Satz 1 und 2 GmbHG geraten, die ihm gerade jede weitere Zahlung im Interesse der Masseerhaltung zugunsten aller Gesellschaftsgläubiger verbietet. Der II. Senat des BGH hat seine früher hierzu vertretene Auffassung,⁸ dass ein Verschulden nach § 64 Abs. 2 Satz 2 GmbHG a. F. nicht deshalb zu verneinen sei, weil sich der Geschäftsführer mit der Zahlung seiner deliktischen Haftung nach § 823 Abs. 2 BGB und § 266a StGB bzw. einer Bestrafung wegen Vorenthaltung von Sozialbeiträgen entziehen wolle, aufgegeben. Er erkennt jetzt an, dass der Geschäftsführer mit der von § 64 Satz 2 GmbHG n. F. geforderten Sorgfalt

---

1 Vgl. BGH v. 5. 12. 1989 VI ZR 335/88, BGHZ 109, 297; v. 12. 3. 1996 VI ZR 90/95, DStR 1996, 1014.
2 Vgl. Goette, Die GmbH, § 8 Rz. 249; BGH v. 13. 4. 1994 II ZR 16/93, BGHZ 125, 366, 375 f.
3 BGH v. 15. 10. 1996 VI ZR 119/95, BGHZ 133, 370.
4 Vgl. BGH v. 21. 1. 1997 VI ZR 338/95, BGHZ 134, 304.
5 BGH v. 25. 9. 2006 II ZR 108/05, DStR 2006, 2185.
6 BGH v. 14. 11. 2000 VI ZR 149/99, DStR 2001, 222.
7 BGH v. 16. 5. 2000 VI ZR 90/99, BGHZ 144, 311.
8 BGH v. 8. 1. 2001 II ZR 88/99, BGHZ 146, 264.

handele, wenn er den sozial- oder steuerrechtlichen Normbefehlen folge und die Arbeitnehmeranteile der Sozialversicherung und die Lohnsteuer abführe.[1] Die Zahlung der Arbeitgeberbeiträge zur Sozialversicherung nach Insolvenzreife sind aber nicht mit der Sorgfalt eines ordentlichen Geschäftsmannes vereinbar, so dass eine Erstattungspflicht gem. § 64 Satz 1 und 2 GmbHG besteht. Dabei gibt es keine Vermutung, dass die Zahlung auf die Arbeitnehmerbeiträge geleistet worden sei, wenn der Arbeitgeber – also in dessen Vertretung der Geschäftsführer – keine eindeutige Tilgungsbestimmung getroffen habe.[2] Keine vom Geschäftsführer veranlasste Zahlung liegt vor, wenn Geldbeträge aufgrund eines Pfändungs- und Überweisungsbeschlusses abgeführt werden.[3]

Die beschriebene Haftung bezieht sich nur auf den Arbeitnehmeranteil. Der Arbeitgeberanteil ist eine Schuld der GmbH.

(Einstweilen frei) 3817–3820

5. Haftung bei Verletzung steuerlicher Pflichten

Literatur: *Britz*, Die Haftung des Geschäftsführers für Steuerschulden der GmbH, 2. Aufl., Herne/Berlin 2002; *Müller*, Die steuerrechtliche Haftung des GmbH-Geschäftsführers in der Krise, GmbHR 2003, 389; *Sontheimer*, Beschränkung der Haftung des Geschäftsführers nach § 69 AO durch § 64 Abs. 2 GmbHG, DStR 2004, 1005; *Schuhmann*, Steuerentrichtungspflicht und Geschäftsführerhaftung wegen Masseschmälerung, GmbHR 2005, 1292.

a) Grundlagen der Haftung

Als Organ der Gesellschaft muss der Geschäftsführer gem. § 34 AO die **steuerlichen Pflichten der GmbH erfüllen**; er **haftet** gem. § 69 AO, soweit Ansprüche aus dem Steuerschuldverhältnis (§ 37 AO) infolge **vorsätzlicher oder grob fahrlässiger Verletzung** der ihm auferlegten **Pflichten nicht oder nicht rechtzeitig festgesetzt oder erfüllt** werden.[4]

Die Haftung des Geschäftsführers betrifft insbesondere die **Lohnsteuer**, die nicht oder nicht rechtzeitig einbehalten und abgeführt wird,[5] und die **Umsatzsteuer**, die nicht richtig erklärt bzw. nicht abgeführt wird,[6] aber auch die **Körperschaftsteuer**, die **Gewerbesteuer** und die **Kapitalertragsteuer**.

b) Verantwortlichkeit

Haftungsschuldner ist der Geschäftsführer aufgrund seiner organschaftlichen Stellung; auf seinen tatsächlichen Einfluss auf die Geschäftsführung kommt es nicht an. Selbst

---

[1] BGH v. 14.5.2007 II ZR 48/06, DStR 2007, 1174; bestätigt durch BGH v. 25.1.2011 II ZR 196/09, BB 2011, 781.
[2] BGH v. 8.6.2009 II ZR 147/08, ZIP 2009, 1468.
[3] OLG München v. 19.1.2011 7 U 4342/10, BB 2011, 404.
[4] BFH v. 8.11.1988 VII R 141/85, BStBl II 1989, 219.
[5] BFH v. 3.5.1990 VII R 108/88, BStBl II 1990, 767; v. 1.12.1990 VII R 85/88, BStBl II 1991, 282.
[6] BFH v. 12.4.1988 VII R 121/85, BStBl II 1988, 742, zur Abschlusszahlung bei unvollständigen Vorauszahlungen; v. 12.7.1988 VII R 4/88, BStBl II 1988, 980, zu Verletzungen der Voranmeldungspflicht; v. 7.11.1989 VII R 34/87, BStBl II 1990, 201 und v. 5.3.1991 VII R 93/88, BStBl II 1991, 678, zur nicht rechtzeitigen Abgabe oder Nichtabgabe der USt-Voranmeldung.

der Geschäftsführer, der sein Amt nur nominell (als „Strohmann") ausübt, wird unter Haftungsgesichtspunkten als Geschäftsführer behandelt, der zumindest seiner Überwachungspflicht gegenüber dem faktisch als Geschäftsführer Handelnden nachkommen muss;[1] wenn der Geschäftsführer nicht über die zur Erfüllung seiner (steuerlichen) Pflichten notwendigen Fachkenntnisse verfügt, muss er gleichwohl für daraus resultierende Versäumnisse einstehen. Von einem Geschäftsführer der GmbH wird erwartet, dass er die **steuerlichen Pflichten der GmbH kennt** und sich erforderlichenfalls darüber **informiert**. Kommt er seiner **Informationspflicht** nicht nach und werden deshalb Steueransprüche nicht rechtzeitig erfüllt, so liegt bereits darin die grob fahrlässige Pflichtverletzung.[2]

3824 Hat die GmbH **mehrere Geschäftsführer**, so trifft grundsätzlich **jeden** von ihnen die **volle Verantwortung** für die Erfüllung der steuerlichen Pflichten der GmbH.[3] Durch eine Regelung der Zuständigkeiten bzw. eine Delegation der Aufgaben kann die haftungsrechtliche Verantwortung allenfalls beschränkt werden, jedoch verbleibt jedem Geschäftsführer stets eine Überwachungspflicht, die in finanziellen Krisensituationen besonders streng wahrzunehmen ist. Für die praktische Arbeit muss der Geschäftsführer, der für die Abführung von Sozialversicherungsbeiträgen und Lohnsteuer nicht selbst zuständig ist, darauf achten, dass diese Aufgabe durch eine klare Zuständigkeitsregelung bestimmten Personen von vornherein eindeutig und schriftlich übertragen ist, und er muss bei begründetem Anlass zu Zweifeln an einer ordnungsgemäßen Erfüllung der Aufgabe selbst eingreifen bzw. fachkundige Personen mit der Überwachung dieser Geschäftsvorfälle beauftragen.

c) Haftungsumfang

3825 Die Geschäftsführerhaftung nach der AO hat **Schadensersatzcharakter**. Deshalb muss die Pflichtverletzung des Geschäftsführers kausal dafür sein, dass der Haftungsschaden eingetreten ist. Der Geschäftsführer haftet also nur dann, wenn und soweit der Steuerausfall bei pflichtgemäßem Verhalten des Geschäftsführers vermieden worden wäre.[4] Der Kausalzusammenhang ist nach der sog. Adäquanztheorie[5] zu beurteilen. Für den Haftungsschaden ist das Handeln des Geschäftsführers deshalb nur kausal, wenn die GmbH zur Erfüllung der steuerlichen Ansprüche in der Lage war. Der Geschäftsführer haftet also nur in der Höhe, in der die GmbH in der Lage gewesen wäre, die Steuerschuld zu erfüllen.

aa) Grundsatz der anteiligen Tilgung

3826 Der Geschäftsführer hat gem. § 34 Abs. 1 Satz 2 AO dafür zu sorgen, dass die Steuern aus den Mitteln, die er verwaltet, entrichtet werden. Insbesondere für den Bereich der

---

1 BFH v. 11.6.1996 I B 60/95, BFH/NV 1997, 7.
2 BFH v. 17.7.1984 VII S 9/84, BFH/NV 1986, 583.
3 BFH v. 17.5.1988 VII R 90/85, BFH/NV 1989, 4.
4 BFH v. 5.3.1991 VII R 93/88, BStBl II 1991, 678.
5 BFH v. 17.11.1992 VIII R 13/92, BStBl II 1993, 471.

Umsatzsteuer hat der BFH den Grundsatz der **anteiligen Tilgung** entwickelt.[1] Er besagt, dass **Umsatzsteuerschulden** – wie auch die **übrigen Steuerschulden** mit Ausnahme der Abzugsteuern – in gleicher Weise zu behandeln sind wie die Verbindlichkeiten gegenüber anderen Gläubigern: Der Fiskus muss nicht besser, darf aber auch nicht schlechter behandelt werden.

Reichen bei **Liquiditätsengpässen** die vorhandenen Mittel nicht aus, um die Steuerschuld in vollem Umfang zu begleichen, ist der Geschäftsführer nicht verpflichtet, das Finanzamt vorrangig zu befriedigen, er braucht in diesem Fall die Steuerschulden nur entsprechend dem Maß der Befriedigung der anderen Schulden anteilig zu tilgen.[2] Benachteiligt der Geschäftsführer das Finanzamt, haftet er jedoch nicht in Höhe der vollen Steuerschuld, sondern nur anteilig mit dem Betrag, mit dem die an andere Gläubiger erbrachte Tilgungsquote unterschritten wurde.

bb) Abzugsteuern (Lohnsteuer)

Bei den Abzugsteuern – vornehmlich der **Lohnsteuer** – sind die Verbindlichkeiten vorrangig vor den anderen Schulden der GmbH zu bezahlen. Dem Umfang nach haftet der Geschäftsführer für **Lohnsteuerrückstände** grundsätzlich in **voller Höhe**. Nach der gefestigten Rechtsprechung des BFH darf der Geschäftsführer die vom Arbeitslohn einbehaltenen Steuern nur zur Abführung an das Finanzamt verwenden. Bei der Lohnsteuer handelt es sich nämlich **wirtschaftlich** gesehen um fremde Gelder, die vom **Arbeitgeber** nur **treuhänderisch** für Arbeitnehmer und Fiskus einbehalten werden. Hieraus wird der Grundsatz der gleichrangigen Befriedigung der Arbeitnehmer hinsichtlich ihrer Löhne und der Finanzbehörden, hinsichtlich der auf die Löhne entfallenden Lohnsteuer und weiteren Abzugsteuern abgeleitet.[3]

3827

Reichen die finanziellen Mittel der GmbH zur Zahlung der Bruttolöhne nicht aus, sind die Gehälter und Löhne so zu reduzieren, dass der zur Verfügung stehende Betrag ausreicht, um Auszahlungsbetrag und Lohnsteuer daraus leisten zu können. Durch die Kürzung der Löhne hat der Geschäftsführer die Voraussetzungen für eine gleichrangige Befriedigung von Arbeitnehmern und Finanzamt zu schaffen. Tut er dies nicht, handelt er pflichtwidrig und haftet für den Steuerausfall.

Verfügt die GmbH zum Zeitpunkt der Auszahlung der Löhne über hinreichende Zahlungsmittel, um auch die Steuerabzugsbeträge abzuführen, und war für den Geschäftsführer zu diesen Zeiten nicht absehbar, dass die GmbH zu dem späteren Fälligkeitszeitpunkt in Zahlungsschwierigkeiten geraten könnte, kann dem Geschäftsführer allerdings nicht vorgeworfen werden, die Löhne ungekürzt ausgezahlt und keine Vorsorge für eine anteilige Befriedigung des Finanzamtes getroffen zu haben.[4] Bestand aber bereits Anlass zur Besorgnis, dass er die später fällig werdende Lohnsteuer nicht würde abführen können, dürfen die Löhne nur gekürzt ausgezahlt werden.[5]

---

1 BFH v. 26. 4. 1984 V R 128/79, BStBl II 1984, 776.
2 BFH v. 12. 5. 1992 VII R 52/91, BFH/NV 1992, 785.
3 BFH v. 26. 7. 1988 VII R 83/87, BStBl II 1988, 859.
4 BFH v. 16. 7. 1996 VII R 133/95, BFH/NV 1997, 4.
5 BFH v. 20. 4. 1993 VII R 67/92, BFH/NV 1994, 142.

d) Verschulden

3828 Die Haftung des Geschäftsführers nach steuerlichen Vorschriften setzt **Verschulden** (Vorsatz oder grobe Fahrlässigkeit) voraus. Nach Eintritt der Insolvenzreife kann auch hier der Geschäftsführer nicht (mehr) mit § 64 Satz 1 GmbHG in Konflikt geraten, wenn er der **öffentlich-rechtlichen Verpflichtung** zur Steuerzahlung nach §§ 34, 69 AO nachkommt. Nach Änderung der Rechtsprechung zu dieser Frage (vgl. oben Rz. 3815) handelt der Geschäftsführer mit der von § 64 Satz 2 GmbHG geforderten Sorgfalt, wenn er dem steuerrechtlichen Normbefehl folgt und die Steuern abführt. Führt der Geschäftsführer im Hinblick auf eine ihm vermeintlich drohende Ersatzpflicht nach § 64 Satz 1 GmbHG einbehaltene Steuerabzugsbeträge nach Eintritt der Insolvenzreife nicht an das Finanzamt ab, kann ihn dies für die steuerliche Haftung künftig nicht mehr entschuldigen. Er muss sich vorhalten lassen, dass er seiner Informationspflicht nicht nachgekommen ist und deshalb eine grob fahrlässige Pflichtverletzung vorliegt (vgl. oben Rz. 3823).

3829 Durch § 69 Satz 2 AO wird die **Haftung auf Säumniszuschläge** ausgedehnt, die infolge der Pflichtverletzung zu zahlen sind. Hierbei kommt es nur auf Pflichtverletzungen beim Entstehen von Säumniszuschlägen an und nicht darauf, ob die Verwirklichung des Anspruchs auf Zahlung der Säumniszuschläge durch Pflichtwidrigkeiten dieser Personen verhindert oder verzögert wurde. Deshalb umfasst die Haftung des Geschäftsführers auch die für die nicht entrichteten Steuern angefallenen Säumniszuschläge.[1] Für die Nichtentrichtung eines Haftungsbetrages für ausstehende Steuern entstehen aber keine Säumniszuschläge.

3830–3840 (*Einstweilen frei*)

6. D&O-Versicherung

3841 Das Haftungsrisiko auf Seiten der Geschäftsführer verlangt auch im Interesse der Familienangehörigen nach einem Versicherungsschutz. Hierzu können **Vermögensschaden-Haftpflichtversicherungen** nach dem Konzept der US-amerikanischen Directors-and-Officers (D&O)-Versicherungen[2] in Betracht kommen. In der Regel wird der Versicherungsvertrag von der GmbH (als Versicherungsnehmer) für das Organmitglied (versicherte Person) abgeschlossen.

3842 Der Versicherungsschutz betrifft nach den meisten Verträgen nicht nur die Absicherung der Außenhaftung des Geschäftsführers gegenüber Dritten, sondern auch die Innenhaftung gegenüber der GmbH. Dabei decken die Policen häufig zwei einander ergänzende Risikobereiche ab:

- ▶ **Die Haftpflicht des Geschäftsführers**, soweit keine entsprechende Haftungsübernahme durch eine Freistellungsabrede seitens der Gesellschaft erfolgt ist, einschließlich der Kosten einer Rechtsverteidigung (Abwehrkosten).

- ▶ **Das Freistellungsrisiko der GmbH**. Haftungsrisiken im Innenverhältnis zwischen der GmbH und dem Geschäftsführer werden häufig ausgeschlossen, um der Gefahr des

---

1 BFH v. 24.1.1989 VII B 188/88, BStBl II 1989, 315.
2 Vgl. hierzu auch Tillmann/Mohr, GmbH-Geschäftsführer, Rz. 641 ff.

Missbrauchs z. B. durch Vortäuschen eines Versicherungsfalles vorzubeugen. Außerdem sehen die Verträge regelmäßig eine spürbare Selbstbeteiligung des Versicherten vor und das allgemeine unternehmerische Risiko, das sich häufig im Rahmen der Innenhaftung realisiert, ist grundsätzlich vom Versicherungsschutz ausgenommen. Deshalb sollte zum Schutz des Geschäftsführers daran gedacht werden, den Haftungsmaßstab im Anstellungs- oder im Gesellschaftsvertrag zu modifizieren.

Regelmäßig vom **Versicherungsschutz ausgenommen** sind Personen- und Sachschäden, Umweltschäden und die Produkthaftung sowie Schäden, die auf vorsätzlichem Handeln beruhen. Zur Abdeckung der Risiken der Produkt-Umwelthaftung bedarf es daher zusätzlich einer Betriebshaftpflichtversicherung. Die Versicherungen sehen Haftungshöchstgrenzen, Selbstbeteiligungen oder Schadensfreiheitsrabatte vor. Die vom Versicherungsnehmer – dies ist auch bei Absicherung der Geschäftsführerrisiken meist die GmbH – zu entrichtende Prämie bestimmt sich nach der Höhe der Versicherungssumme, dem Alter des Unternehmens, der Branche sowie der Finanz- und Ertragslage der Gesellschaft. Neu gegründete Unternehmen finden in den ersten Jahren der Marktpositionierung nur sehr schwer einen Versicherer, der die Absicherung des schwer zu kalkulierenden Risikos übernimmt. Es finden sich neben Selbstbeteiligungsklauseln auch sog. Eigenschadensklauseln, die z. B. bei einem Gesellschafter-Geschäftsführer eine Selbstbeteiligung in der Höhe vorsehen, die seinem prozentualen Anteil an der GmbH entspricht. 3843

Die **zeitliche** Einordnung des Versicherungsschutzes nehmen die meisten Policen so vor, dass es auf den Zeitpunkt der Inanspruchnahme während des Zeitraums der Versicherung ankommt und nicht darauf, wann der Anspruch entstanden ist oder die Pflichtverletzung begangen wurde. Die bedeutet in der Regel, dass vorvertragliche Pflichtverletzungen zwar gedeckt sind, wenn der Ersatzanspruch während der Vertragslaufzeit geltend gemacht wird, aber es werden in die Versicherungsbedingungen Einschränkungen hinsichtlich rückwärtiger Schadensfälle eingebaut und es werden Obliegenheiten zur Benennung vorvertraglicher Pflichtverletzungen vereinbart. Pflichtverletzungen, für die nach Ablauf der Versicherungszeit Ersatz verlangt wird, sind in der Regel nicht gedeckt; es werden aber oft Fristen zur Nachmeldung oder aber die Möglichkeit vereinbart, schon vor der Inanspruchnahme (nach Ablauf der Versicherungszeit) Umstände zu melden, die möglicherweise zur Haftung führen könnten. 3844

(*Einstweilen frei*) 3845–3850

III. Exkurs: Haftung des faktischen Geschäftsführers

Literatur: *Corsten*, BGH: Annahme einer faktischen Geschäftsführerstellung gegenüber einem abhängigen Unternehmen, BB 2013, 658.

In der Krise der GmbH, aber auch in GmbHs, deren Gesellschafter in familiären Beziehungen zueinander stehen, nehmen nicht selten Akteure die Geschicke der Gesellschaft in die Hand, die nicht zur Leitungsebene zählen (Gesellschafter, leitende Angestellte, der Ehegatte des formellen Gesellschafter-Geschäftsführers, Hintermann eines als Gesellschafter und/oder Geschäftsführer fungierenden Strohmannes usw.). Dann steht regelmäßig die Verantwortlichkeit solcher Hintermänner oder als „graue Eminenzen" agierender Personen als faktische Geschäftsführer im Raum. 3851

1. Voraussetzungen der Stellung als faktischer Geschäftsführer

3852 Nach der Rechtsprechung kommt es für die Beurteilung der Frage, ob jemand faktisch wie ein Organmitglied (Geschäftsführer) gehandelt und als Konsequenz seines Verhaltens sich wie ein nach dem Gesetz bestelltes Organmitglied zu verantworten hat, auf das **Gesamterscheinungsbild seines Auftretens** an. Danach ist allerdings nicht erforderlich, dass der Handelnde die gesetzliche Geschäftsführung völlig verdrängt. Entscheidend ist vielmehr, dass der Betreffende die Geschicke der Gesellschaft **über eine interne Einwirkung** auf die gesetzliche Geschäftsführung hinaus durch eigenes Handeln im Außenverhältnis, das die Tätigkeit des rechtlichen Geschäftsführungsorgans nachhaltig prägt, **maßgeblich in die Hand genommen hat**.[1] Faktischer Geschäftsführer ist also nicht bereits derjenige, der lediglich durch interne Einwirkungen und Weisungen auf die Geschäftsführung Einfluss nehmen kann, mögen diese Einwirkungsmöglichkeiten auch so intensiv sein, dass der gesetzliche Geschäftsführer zum reinen Befehlsempfänger degradiert wird und die herrschende Person in der Gesellschaft „das Sagen" hat.

Zur Qualifizierung als faktischer Geschäftsführer muss die **Übernahme von Geschäftsführerfunktionen mit Außenwirkung** hinzukommen. Dies manifestiert sich regelmäßig darin, dass der Handelnde die klassischen Kernbereiche der Geschäftsführung an sich zieht, wie die Bestimmung der Unternehmenspolitik, Organisation des Unternehmens, Einstellung von Mitarbeitern, Gestaltung der Geschäftsbeziehungen zu Vertragspartnern, Verhandlungen mit Kreditinstituten und Banken,[2] Entscheidungen in Steuerangelegenheiten, Steuerung des Rechnungswesens und der Buchhaltung.[3] Damit scheiden zwar einflussreiche Gesellschafter, die als „graue Eminenzen" im Hintergrund die Fäden ziehen, als faktische Geschäftsführer aus, solange sie ihre Einwirkung auf interne Einflussnahmen beschränken. Das entlässt sie aber nicht insgesamt aus der Verantwortung, wenn der gesetzliche Geschäftsführer sich „kraft Weisung" z. B. der Insolvenzverschleppung schuldig macht. Möglich bleibt, den **Hintermann** wegen **Teilnahme** als **Anstifter** oder **Gehilfen** zur Verantwortung zu ziehen, was gleichfalls zu einer gesamtschuldnerischen Haftung mit dem gesetzlichen Geschäftsführer führen kann.[4]

2. Verantwortlichkeit und Haftung des faktischen Geschäftsführers

3853 Ist eine Person nach diesen Grundsätzen als **faktischer Geschäftsführer** anzusehen, hat er grundsätzlich **die Pflichten zu erfüllen**, die auch den **gesetzlichen Geschäftsführer** treffen. Er ist nicht anders zu behandeln als der **bestellte Geschäftsführer**. Namentlich ist er verpflichtet, rechtzeitig einen Insolvenzantrag zu stellen (§ 15a InsO), und er hat auch die haftungsrechtlichen Folgen einer Versäumung dieser Pflicht aus § 64 GmbHG oder wegen Verschleppung der Insolvenz nach § 15a InsO i.V. m. § 823 Abs. 2 BGB oder

---

1 BGH v. 25.2.2002 II ZR 196/00, BGHZ 150, 61; v. 11.7.2005 II ZR 235/03, DStR 2005, 1704; v. 27.6.2005 II ZR 113/03, DStR 2005, 1455; BFH v. 5.8.2010 - V R 13/09, NWB DokID: PAAAD-56600, BFH/NV 2011, 81; FG Münster v. 17.1.2016 - 10 K 1167/13, NWB DokID: XAAAF-70843.

2 Dazu soll aber die maßgebliche Beteiligung des Komplementärs eines Gesellschafters an Sanierungsverhandlungen mit Banken noch nicht ausreichen, weil kein eigenes, nach außen hervortretendes und normalerweise der Geschäftsführung zuzurechnendes Handeln vorliege, OLG München v. 8.9.2009 7 U 2568/10, ZIP 2010, 2295.

3 Vgl. BayObLG v. 20.2.1997 5 St RR 159//96, NJW 1997, 1936; Dziesiaty, jurisPR-InsR 5/2006, Anm. 6.

4 Zu dieser Möglichkeit BGH v. 27.6.2005 II ZR 113/03, DStR 2005, 1455.

aus anderen unerlaubten Handlungen, wie z. B. einer Untreuehandlung (§ 266 StGB und § 823 Abs. 2 BGB), zu tragen. Aber auch die Folgen sonstiger Pflichtverstöße, die beim bestellten Geschäftsführer Haftungsfolgen auslösen, treffen den faktischen Geschäftsführer gleichermaßen (z. B. aus § 43 GmbHG und die Pflichten, wahre Angaben gegenüber dem Handelsregister zu machen, und zur ordnungsgemäßen Buchführung und Rechnungslegung mit Aufstellung des Jahresabschlusses). Gleiches gilt für die Pflichten aus den Steuergesetzen und des Sozialrechts.

Beschränkt eine Person ihre Einflussnahme auf den bestellten Geschäftsführer auf interne Einwirkungen und Weisungen (shadow-director-Konzept des englischen Rechts), und ist sie deshalb nicht als faktischer Geschäftsführer anzusehen, wird – entgegen mancher Beratungsempfehlung in der Praxis – das Haftungsrisiko rechtlich wegen § 830 Abs. 2 BGB nicht reduziert, mag es auch praktisch schwieriger sein, die **Teilnahme** nachzuweisen. Verlassen sollte man sich darauf aber nicht, weil der in Anspruch genommene bestellte Geschäftsführer im Konfliktfall durchaus bereit sein kann, über die gesellschaftsinternen Weisungsstrukturen gerichtsverwertbare Angaben zu machen. 3854

(Einstweilen frei) 3855–3870

IV. Haftung der Gesellschafter gegenüber Gesellschaftsgläubigern und der Gesellschaft

Literatur: *Benecke*, Existenzvernichtender Eingriff statt qualifiziert faktischer Konzern: Die neue Rechtsprechung des BGH zur Haftung von GmbH-Gesellschaftern, BB 2003, 1190; *Haas*, Gesellschafterhaftung wegen Existenzvernichtung, WM 2003, 1929; *Bruns*, Zur Haftung des mittelbaren Gesellschafters wegen eines existenzvernichtenden Eingriffs bei Managementfehlern, DB 2005, 330; *Gehrlein*, Haftung wegen existenzvernichtenden Eingriffs im Einzelfall, BB 2005, 613; *Kessler*, Unternehmensstilllegung, Managementversagen und Haftungsdurchgriff. Zur dogmatischen Grundstruktur des existenzvernichtenden Eingriffs, GmbHR 2005, 257; *Mellert*, Zur Haftung des Gesellschafters bei existenzvernichtenden Eingriffen in GmbH, BGH-Report 2005, 438; *Vetter*, Grundlinien der GmbH-Gesellschafterhaftung, ZGR 2005, 788; *Wackerbarth*, Existenzvernichtungshaftung 2005 – Unternehmerische Entscheidungen auf dem Prüfstand?, ZIP 2005, 877; *Wiesbrock*, Zur Haftung des Gesellschafters einer GmbH nach BGB § 826, EWiR 2005, 169; *Heeg/Manthey*, Existenzvernichtender Eingriff – Fallgruppen der Rechtsprechung und Praxisprobleme, GmbHR 2008, 798; *Schwab*, Die Neuauflage der Existenzvernichtungshaftung: Kein Ende der Debatte!, ZIP 2008, 341; *Bauer*, Die Gesellschafterhaftung in der Krise und Insolvenz der GmbH Teil 1 bis 3, ZInsO 2011, 1273, 1335 und 1379; *Bisle*, Zum existenzvernichtenden Eingriff durch Gesellschafter-Geschäftsführer einer GmbH, DStR 2012, 1514: *Kleindiek*, Die Existenzvernichtungshaftung ist nicht als "Allzweckinstrument" konzipiert, BB 2012, 1632.

1. Durchgriffshaftung

Die Durchgriffshaftung ist gesetzlich nicht geregelt. Im Recht der GmbH herrscht das sog. **Trennungsprinzip (§ 13 Abs. 2 GmbHG)**. Die Vermögenssphären der GmbH und diejenige der Gesellschafter müssen grundsätzlich auseinander gehalten werden. Dies bringt auch das **Haftungsprivileg** in § 13 Abs. 2 GmbHG zum Ausdruck, wonach die Gläubiger der Gesellschaft sich wegen ihrer Forderungen grundsätzlich nur an das Ge- 3871 sellschaftsvermögen halten und die Gesellschafter nicht für die Verbindlichkeiten der GmbH haftbar machen können.[1]

Dennoch wird erörtert, ob ausnahmsweise auch bei der GmbH eine sog. **Durchgriffs(außen)haftung** auf die Gesellschafter erfolgen kann. Sie kommt in Betracht, wenn der durch die GmbH handelnde Gesellschafter die **Rechtsform** der juristischen Person „GmbH" missbraucht, in **existenzgefährdender Weise in ihr Vermögen eingreift (Existenzvernichtungshaftung)** und/oder sich auf das Trennungsprinzip berufen will, nachdem er vorher die **verschiedenen Vermögen durch Verschleierung oder Aufhebung der Vermögenstrennung** von (privatem) Vermögen des Gesellschafters und Vermögen der GmbH (z. B. mittels falscher oder unzureichender Buchführung) **vermischt hat**.

Als Fall der Durchgriffshaftung wird verschiedentlich auch **die materielle Unterkapitalisierung der GmbH** gesehen, wenn also die GmbH von Anfang an völlig unzureichend mit Eigenkapital (einschließlich der Gesellschafterdarlehen und Zuschüsse) ausgestattet ist. Der BGH allerdings sieht dies eher als **Anwendungsfall einer vorsätzlichen sittenwidrigen Schädigung**, die zu einer Haftung des Gesellschafters nach § 826 BGB führen könne,[2] und hat es auch jüngst noch offen gelassen, ob aus dem Gesichtspunkt der materiellen Unterkapitalisierung innerhalb des Tatbestandes des § 826 BGB eine besondere Fallgruppe der „Haftung wegen Unterkapitalisierung einer GmbH" entwickelt werden könne.[3] Er hat es aber abgelehnt, das Unterlassen einer hinreichenden Kapitalausstattung im Sinne einer Unterkapitalisierung der GmbH mit der Existenzvernichtungshaftung des Gesellschafters gleichzustellen, weil diese einen kompensationslosen **Eingriff** in das im Gläubigerinteresse zweckgebundene Gesellschaftsvermögen der GmbH voraussetze.

2. Haftungstatbestand des „existenzvernichtenden Eingriffs"

3872 Zum Schutz einer abhängigen GmbH gegen Eingriffe ihres Gesellschafters nahm der BGH früher eine Haftung nach den Grundsätzen des **qualifizierten faktischen GmbH-Konzerns** an.[4] Danach haftete ein die GmbH beherrschender Gesellschafter entsprechend dem Haftungssystem des Konzernrechts des Aktiengesetzes (§§ 291 ff., 311 ff. AktG), wenn er die Konzernleitungsmacht in einer Weise ausübte, die keine angemessene Rücksicht auf die eigenen Belange der abhängigen GmbH nahm, ohne dass sich der ihr zugefügte Nachteil durch Einzelmaßnahmen ausgleichen ließ.

3873 Seit dem Urteil „Bremer Vulkan"[5] hat der BGH die **Haftung aus qualifiziertem faktischen Konzern aufgegeben** und eine **Gesellschafterhaftung** wegen existenzvernich-

---

1 Grundsätzlich gibt es keine Durchgriffshaftung, BGH v. 10.12.2007 II ZR 239/05, BGHZ 175, 12.
2 BGH v. 28.6.1999 II ZR 272/98, BGHZ 142, 116.
3 BGH v. 28.4.2008 II ZR 264, DStR 2008, 1423 „GAMMA".
4 BGH v. 16.9.1985 II ZR 275/84, BGHZ 95, 330; v. 20.2.1989 II ZR 167/88, BGHZ 107, 7; v. 23.9.1991 II ZR 135/90, BGHZ 115, 187; v. 29.3.1993 II ZR 265/91, BGHZ 122, 123.
5 BGH v. 17.9.2001 II ZR 178/99, BGHZ 149, 10.

tenden Eingriffs eingeführt und ausgebaut.[1] Nach diesem **konzernunabhängigen Haftungskonzept** folgt der Schutz einer abhängigen GmbH gegen Eingriffe ihres Gesellschafters nicht mehr dem Haftungssystem des Konzernrechts des Aktienrechts, sondern ist auf die **Erhaltung ihres Stammkapitals** (§§ 30, 31, 43 Abs. 3 GmbHG) ausgerichtet, was eine angemessene Rücksichtnahme auf die eigenen Belange der GmbH erfordert.

Nach diesem **neuen** Haftungskonzept haftet der Gesellschafter einer GmbH für Gesellschaftsschulden persönlich, wenn er auf die **Zweckbindung** des Gesellschaftsvermögens **keine Rücksicht** nimmt und der **Gesellschaft** durch offene oder verdeckte Entnahmen ohne angemessenen Ausgleich **Vermögenswerte entzieht**, die sie zur **Erfüllung ihrer Verbindlichkeiten benötigt** (= existenzvernichtender Eingriff). Greift er auf das der Gesellschaft überlassene und als Haftungsfonds erforderliche Vermögen zu und bringt er dadurch die Gesellschaft in die Lage, ihre Verbindlichkeiten nicht mehr oder nur noch in geringerem Maße erfüllen zu können, **missbraucht er die Rechtsform der GmbH**. Damit verliert der Gesellschafter grundsätzlich die Berechtigung, sich auf die Haftungsbeschränkung des § 13 Abs. 2 GmbHG zu berufen, soweit sich die der Gesellschaft insgesamt zugefügten Nachteile nicht mehr quantifizieren lassen und daher nicht bereits durch Ansprüche nach §§ 30, 31 GmbHG ausgeglichen werden können.

Ein **Vermögensentzug** in diesem Sinn kann auch dann vorliegen, wenn der GmbH Geschäftschancen entzogen werden mit dem Ziel, sie auf den Gesellschafter zu verlagern. Begründet wird die Ansicht damit, dass das System der auf das Gesellschaftsvermögen beschränkten Haftung auf der für das Recht der Kapitalgesellschaften grundlegenden Voraussetzung beruht, dass das **Gesellschaftsvermögen**, das zur **Erfüllung** der im Namen der Gesellschaft eingegangenen **Verbindlichkeiten** benötigt wird, **in der Gesellschaft** zum Zwecke der Befriedigung ihrer Gläubiger **verbleiben** muss und damit der **Dispositionsbefugnis der Gesellschafter entzogen ist.** Die GmbH hat zwar keinen Anspruch gegen ihre Gesellschafter auf Gewährleistung ihres Bestandes. Sie können die Existenz der GmbH im Grundsatz jederzeit – sei es im Rahmen einer freiwilligen Liquidation, sei es im Rahmen eines Insolvenzverfahrens – beenden.

Die Beendigung hat jedoch in einem geordneten Verfahren zu erfolgen, in dem die Vermögenswerte der Gesellschaft zunächst zur Befriedigung ihrer Gläubiger zu verwenden sind. Es ist den Gesellschaftern aber nicht erlaubt, der Gesellschaft ihr Vermögen ohne Rücksichtnahme auf ihre gesetzliche Funktion, anstelle ihrer Gesellschafter als Haftungsträger zu dienen, zu entziehen und ihr dadurch die Möglichkeit zu nehmen, ihre Verbindlichkeiten ganz oder wenigstens teilweise zu erfüllen.

3874

Den Gesellschaftern steht innerhalb wie außerhalb der Liquidation nur der Zugriff auf den zur Erfüllung der Gesellschaftsverbindlichkeiten nicht benötigten Überschuss zu. Die Notwendigkeit der Trennung des Vermögens der GmbH von dem übrigen Vermögen der Gesellschafter und die Bindung des Gesellschaftsvermögens zur vorrangi-

3875

---

1 BGH v. 22. 5. 2002 II ZR 196/00, BGHZ 150, 61; v. 24. 6. 2002 II ZR 300/00, BGHZ 151, 181; v. 13. 12. 2004 II ZR 206/02, DStR 2005, 162; v. 13. 12. 2004 II ZR 256/02, DStR 2005, 340; v. 25. 7. 2005 II ZR 390/03, BGHZ 164, 50; v. 16. 7. 2007 II R 3/04, BGHZ 173, 246; v. 23. 4. 2012 II ZR 252/10, BGHZ 193, 96; v. 24. 7. 2012 II ZR 177/11, ZIP 2012, 1804.

gen Befriedigung der Gesellschaftsgläubiger besteht während der gesamten Lebensdauer der GmbH. Absonderung und Zweckbindung sind unabdingbare Voraussetzung dafür, dass die Gesellschafter die Beschränkung ihrer Haftung nur aus dem Gesellschaftsvermögen in Anspruch nehmen können. Nur das Zusammenspiel von Vermögenstrennung und Vermögensbindung einerseits sowie Haftungsbeschränkung andererseits kann das Haftungsprivileg des § 13 Abs. 2 GmbHG rechtfertigen.[1]

3876 Der zur persönlichen Haftung des GmbH-Gesellschafters führende Haftungstatbestand des „existenzvernichtenden Eingriffs" setzt einen **gezielten**, betriebsfremden Zwecken dienenden **Eingriff** des Gesellschafters in das Gesellschaftsvermögen voraus: Managementfehler bei dem Betrieb des Gesellschaftsunternehmens reichen dafür nicht aus, wie auch nicht der Entzug von Sicherungsgut eines einzelnen Gläubigers dafür genügt.[2] Die unbegrenzte Haftung setzt des Weiteren voraus, dass vom Gesellschafter zugefügten **Nachteile nicht** nach den **Regeln der** §§ 30 f. GmbHG (**Kapitalerhaltung**) **ausgeglichen** werden können und der Gesellschafter nicht nachweisen kann, dass der Gesellschaft im Vergleich zu der Vermögenslage bei einem redlichen Verhalten nur ein begrenzter und dann in diesem Umfang auszugleichender Nachteil entstanden ist.[3] Ein solcher Nachweis ist nicht bereits dann ausgeschlossen, wenn die GmbH in eine masselose Insolvenz geraten ist.

3. Neues Konzept der Existenzvernichtungshaftung als Innenhaftung gegenüber der Gesellschaft

3877 An dem so entwickelten **Erfordernis** einer als „**Existenzvernichtungshaftung**" bezeichneten Haftung des Gesellschafters für missbräuchliche, zur Insolvenz der GmbH führende oder sie vertiefende kompensationslose Eingriffe in das der Zweckbindung zur vorrangigen Befriedigung der Gesellschaftsgläubiger dienende Gesellschaftsvermögen hält der BGH fest. Er hat aber mit der Entscheidung „Trihotel"[4] das bisherige Konzept einer eigenständigen Haftungsfigur aufgegeben, welche an den Missbrauch der Rechtsform anknüpfte und mit einer Durchgriffsaußenhaftung des Gesellschafters gegenüber den Gesellschaftsgläubigern ausgestaltet war. Nunmehr knüpft das neue Konzept der Existenzvernichtungshaftung des Gesellschafters an die **missbräuchliche Schädigung des Gesellschaftsvermögens**, das im Gläubigerinteresse zweckgebunden ist, an und ordnet sie allein in § 826 BGB als eine besondere **Fallgruppe der sittenwidrigen Schädigung** ein, die eine schadensersatzrechtliche **Innenhaftung gegenüber der Gesellschaft** begründet. Zugleich hat der BGH bestimmt, dass solche Schadensersatzansprüche gegenüber Erstattungsansprüchen aus §§ 31 und 30 GmbHG (verbotene Kapitalrückzahlung) nicht mehr – wie bislang – subsidiär sind, sondern zwischen ihnen Anspruchskonkurrenz besteht, soweit sie sich überschneiden.

---

1 BGHZ 151, 181.
2 BGH v. 13.12.2004 II ZR 256/02, DStR 2005, 340.
3 BGH v. 13.12.2004 II ZR 206/02, DStR 2005, 162.
4 BGH v. 16.7.2007 II ZR 3/04, BGHZ 173, 246.

Mit der „Sanitary"-Entscheidung hat der BGH[1] das Rechtsinstitut der Existenzvernich- 3877/1
tungshaftung auf die GmbH im Liquidationsstadium ausgedehnt. Wenn der zum Liquidator bestellte Alleingesellschafter einer GmbH durch eine prozessuale Maßnahme die
Durchsetzung eines Zahlungsanspruch der GmbH gegen ihn vereitele, stelle dies einen
missbräuchlichen und kompensationslosen Eingriff in die Vermögensinteressen der
GmbH dar. Der BGH ordnete der GmbH einen Anspruch wegen sittenwidriger Schädigung aus § 826 BGB zu, wobei es bei dieser neuen Fallgruppe nicht auf die sonst geltenden zusätzlichen Kriterien der Insolvenzverursachung oder -vertiefung ankomme. Ein
existenzvernichtender Eingriff kann auch vorliegen, wenn die Gesellschafter-Geschäftsführer einer GmbH in der Liquidation Gegenstände an eine GmbH veräußern, die von
ihnen abhängig ist.[2]

Folge der **Umstellung** des Haftungskonzepts **auf eine Innenhaftung** ist, dass die „mit- 3878
telbar" geschädigten Gläubiger der GmbH keinen Direktanspruch gegen die Gesellschafter mehr haben. Bei Insolvenzreife ist im Fall der Eröffnung des Insolvenzverfahrens der originär der Gesellschaft zustehende und von ihr zu „aktivierende" Anspruch
wegen Existenzvernichtung aus § 826 BGB vom Insolvenzverwalter geltend zu machen.
Die Verjährung des Anspruchs beginnt nach § 199 Abs. 1 Nr. 2 BGB mit dem Schluss des
Jahres, in dem der Gläubiger (Insolvenzverwalter) von den den Anspruch begründenden
Umständen Kenntnis erlangt hat oder ohne grobe Fahrlässigkeit hätte erlangen müssen.[3]

Geht es um die Haftung des Teilnehmers, beginnt die Verjährung erst, wenn diese Feststellung sowohl für die Umstände gilt, die in Bezug auf die Handlung des Haupttäters
einen Ersatzanspruch begründen, als auch für die Umstände, aus denen sich ergibt,
dass auch der Teilnehmer als Haftender in Betracht kommt. Außerhalb des Insolvenzverfahrens (z. B. bei einer Ablehnung der Eröffnung wegen Masselosigkeit) sind die
Gläubiger der GmbH auf den Umweg über die GmbH verwiesen, erst einen Titel gegen
die GmbH wegen der ihnen gegen die GmbH zustehenden Forderung zu erwirken und
dann aus dem vollstreckbaren Titel nach Pfändung und Überweisung der Gesellschafts-
ansprüche (aus der Existenzvernichtungshaftung nach § 826 BGB) gegen den Gesellschafter vorzugehen.[4] Der Umweg erscheint dem BGH als zumutbar, zumal die (masselosen) Fälle eher selten sein werden, weil bei einem zahlungsfähigen Gesellschafter ohnehin der Insolvenzverwalter den Anspruch im Insolvenzstatus aktivieren und gegen
den Gesellschafter vorgehen wird.

Die Haftung gegenüber **der GmbH** trifft grundsätzlich **die Gesellschafter unmittelbar** 3879
und persönlich, welche durch Handlungen im vorbeschriebenen Sinne das zweckgebundene Gesellschaftsvermögen missbräuchlich geschädigt haben," also der GmbH
ohne Rücksicht auf die Zweckbindung des Gesellschaftsvermögens Vermögenswerte
entzogen haben, die diese zur Erfüllung ihrer Verbindlichkeiten benötigte. Dabei haftet

---

[1] BGH v. 9. 2. 2009 II ZR 292/07, BGHZ 179, 344.
[2] BGH v. 23. 4. 2012 II ZR 252/10, GmbHR 2012, 740.
[3] BGH v. 24. 7. 2012 II ZR 177/11, DStR 2012, 2025.
[4] Wie bei der als Innenhaftung konzipierten Unterbilanzhaftung, BGH v. 24. 10. 2005 II R 129/04, ZIP 2005, 2257.

auch der Gesellschafter den Gläubigern für Ausfälle unter dem Gesichtspunkt des existenzvernichtenden Eingriffs, der selbst nichts empfangen hat, jedoch durch sein Einverständnis mit dem Vermögensabzug an der Existenzvernichtung der GmbH als Teilnehmer (§ 830 BGB) mitgewirkt hat.[1] Ausreichend, aber auch Voraussetzung ist, dass er einen Beitrag zur Existenzvernichtung der GmbH geleistet hat, der auch darin bestehen kann, dass er sich an einem existenzvernichtenden Eingriff durch den Geschäftsführer der GmbH als Mittäter, Anstifter oder Gehilfe beteiligt.[2]

Wegen existenzvernichtenden Eingriffs haftet auch derjenige, der zwar nicht an der GmbH, wohl aber an einer Gesellschaft beteiligt ist, die ihrerseits Gesellschafterin der GmbH ist (Gesellschafter-Gesellschafter), jedenfalls dann, wenn er einen beherrschenden Einfluss auf die Gesellschafterin ausüben kann.[3] Der BGH wendet nämlich auf die Haftung wegen eines existenzvernichtenden Eingriffs in das Gesellschaftsvermögen auch jene Grundsätze der Kapitalaufbringung und Kapitalerhaltung an, wonach derjenige, der nur über einen Mittelsmann oder Strohmann an einer Gesellschaft beteiligt ist, genauso wie der unmittelbare Gesellschafter jedenfalls dann haftet, wenn er einen beherrschenden Einfluss ausüben kann ("faktischer Gesellschafter").

3879/1 Der Umfang der Haftung ist weitreichend. Zu ersetzen sind die durch den Eingriff verursachten Vermögensnachteile der GmbH wie die entzogenen Vermögenswerte, insolvenzbedingte Zerschlagungsverluste sowie ein entgangener Gewinn der GmbH und, wenn die GmbH ohne den Eingriff nicht insolvent geworden wäre, die Kosten des vorläufigen Insolvenzverfahrens und des Insolvenzverfahrens. Diese Kosten und die im Insolvenzverfahren angemeldeten Forderungen stellen die Obergrenze der Haftung dar.[4]

3879/2 Zusammenfassend gilt also Folgendes: Es muss ein Entzug von Vermögenswerten vorliegen, die die GmbH zur Erfüllung ihrer Verbindlichkeiten benötigt, der Eingriff muss zur Insolvenz der GmbH geführt oder sie zumindest vertieft haben und der Gesellschafter muss zumindest bedingt vorsätzlich gehandelt haben. Der Insolvenzverwalter bzw. die GmbH hat die Beweislast für die Erfüllung der tatbestandlichen Voraussetzungen. Der Haftungsumfang umfasst grundsätzlich den Betrag, der erforderlich ist, um den zur Insolvenz führenden Eingriff auszugleichen, und ist der Höhe nach auf den Betrag begrenzt, den die Gläubiger bei redlichem Verhalten des Gesellschafters hätten erlangen können; es sind jedoch auch die Kosten des Insolvenzverfahrens zu ersetzen. Die Verjährung richtet sich nach den §§ 195, 199 Abs. 3 Nr. 1 BGB, ihre Frist beginnt mit der existenzvernichtenden Handlung und sie beträgt zehn Jahre.

4. Haftungstatbestand wegen Vermögensvermischung

3880 Eine persönliche Haftung des GmbH-Gesellschafters kommt auch in Betracht, wenn die Abgrenzung zwischen Gesellschafts- und Privatvermögen durch eine undurchsichtige Buchhaltung oder auf andere Weise verschleiert worden ist und deshalb die Kapital-

---

1 BGH v. 24. 6. 2002 II ZR 300/00, BGHZ 151, 181.
2 BGH v. 24. 7. 2012 II ZR 177/11, DStR 2012, 2025.
3 BGH v. 13. 12. 2004 II ZR 206/02, DStR 2005, 162; NWB DokID: BAAAB-97835.
4 BGH v. 24. 7. 2012 II ZR 177/11, DStR 2012, 2025.

erhaltungsvorschriften, deren Einhaltung ein unverzichtbarer Ausgleich für die Haftungsbeschränkung auf das Gesellschaftsvermögen (§ 13 Abs. 2 GmbHG) ist, nicht funktionieren können.[1] Dafür genügt aber noch nicht das Fehlen einer „doppelten Buchführung" gem. § 41 GmbHG, § 238 HGB, für die der Geschäftsführer verantwortlich ist und deren Verletzung Schadensersatzansprüche der Gesellschaft gegen ihn auslösen können, solange sich die Vermögenszuflüsse und -abflüsse und die Trennung von Gesellschafts- und Privatvermögen noch aufgrund sonstiger Unterlagen nachvollziehbar abgrenzen lassen.

Haftungsgrund ist nämlich nicht die mangelhafte Buchführung, sondern eine **vom Gesellschafter zu verantwortende Vermögensvermischung**, welche die Kapitalschutzvorschriften missachtet und auch auf der Unkontrollierbarkeit der Zahlungsvorgänge wegen eines unzureichenden Buchführungswerks beruhen kann. Mit Urteil vom 14. 11. 2005[2] hat der BFH diesen **Haftungstatbestand** als **selbständig** bestätigt und ausgeführt, dass er durch die Rechtsprechung zur Durchgriffshaftung wegen existenzvernichtenden Eingriffs in das Gesellschaftsvermögen nicht überholt ist, weil es hier um Fälle geht, in denen die Kontrolle über die Verwendung des haftenden Gesellschaftsvermögens vereitelt wird. Diese **unmittelbare Haftung** des **Gesellschafters kann** besonders dann in Betracht kommen, wenn **eine Buchführung gänzlich fehlt**. Ob der BGH auch insoweit künftig eine Innenhaftung annehmen wird, ist offen, hat aber wenig praktische Auswirkung, weil der Anspruch regelmäßig in der Insolvenz zum Tragen kommen wird und dann vom Insolvenzverwalter geltend zu machen ist.

5. Haftungstatbestand der vorsätzlichen sittenwidrigen Schädigung

Neben der **Ausfallhaftung** wegen existenzvernichtenden Eingriffs kann der Gesellschafter auch **unmittelbar aus § 826 BGB haftbar** sein, wenn er planmäßig der Gesellschaft Vermögen oder auch Geschäftschancen entzieht, um sie auf ein anderes, von ihm beherrschtes Unternehmen zu verlagern.[3] Überträgt ein Gesellschafter Vermögenswerte der GmbH auf sich selbst oder auf eine andere Gesellschaft, an der er beteiligt ist, ohne dafür eine marktgerechte Gegenleistung zu erbringen, verhält er sich unredlich. Er beendet dann nicht nur die Gesellschaft, sondern entzieht ihr das vorhandene Vermögen und beraubt sie dadurch der Möglichkeit, wenigstens in diesem Umfang ihre Verbindlichkeiten zu erfüllen. Geschieht dies zugleich mit dem Vorsatz, die Gläubiger der Gesellschaft zu schädigen, kommt eine Haftung nach § 826 BGB wegen vorsätzlicher und sittenwidriger Schädigung in Betracht.[4]

3881

6. Haftungstatbestand der Unterkapitalisierung einer GmbH?

Der BGH hat es auch jüngst noch offen gelassen, ob aus dem Gesichtspunkt der materiellen Unterkapitalisierung innerhalb des Tatbestandes des § 826 BGB eine besondere

3882

---

[1] BGH v. 13. 4. 1994 II ZR 16/93, BGHZ 125, 366.
[2] II ZR 178/03, BGHZ 165, 85.
[3] BGH v. 20. 9. 2004 II ZR 302/02, DStR 2004, 1528; NWB DokID: KAAAB-97965.
[4] BGH v. 13. 12. 2004 II ZR 206/02, DStR 2005, 162; NWB DokID: BAAAB-97835.

Fallgruppe der „Haftung wegen Unterkapitalisierung einer GmbH" entwickelt werden könne.[1] Er hat es aber abgelehnt, das Unterlassen einer hinreichenden Kapitalausstattung im Sinne einer Unterkapitalisierung der GmbH mit der Existenzvernichtungshaftung des Gesellschafters gleichzustellen, weil diese einen kompensationslosen **Eingriff** in das im Gläubigerinteresse zweckgebundene Gesellschaftsvermögen der GmbH voraussetze. Die Statuierung einer allgemeinen **gesellschaftsrechtlichen** verschuldensunabhängigen oder verschuldensabhängigen **Haftung des Gesellschafters wegen materieller Unterkapitalisierung** im Wege der Rechtsfortbildung hat er aber **abgelehnt**.

7. Insolvenzverschleppungshaftung bei Führungslosigkeit der GmbH

3883 Die Vorschrift des § 15a Abs. 3 InsO macht auch die Gesellschafter einer **führerlos gewordenen GmbH für die rechtzeitige Insolvenzantragstellung verantwortlich**.[2] Inhaltlich bleiben die Voraussetzungen der Insolvenzantragspflicht (Überschuldung oder Zahlungsunfähigkeit) unverändert; zusätzlich muss aber auch Führungslosigkeit der GmbH vorliegen. Die Antragspflicht der Gesellschafter findet ihren Platz aufgrund der rechtsformübergreifenden Vereinheitlichung im Insolvenzrecht und ist dort in § 15a Abs. 3 InsO geregelt und korrespondiert mit dem ebenfalls auf die Gesellschafter erweiterten Insolvenzantragsrecht (§ 15 Abs. 1 InsO).

Mit der Erweiterung des Personenkreises, den die Insolvenzantragspflicht trifft, auf die Gesellschafter der GmbH droht ihnen nun auch eine **Insolvenzverschleppungshaftung und eine Bestrafung wegen Insolvenzverschleppung**. Die Insolvenzverschleppungshaftung hat künftig ihre Grundlage auch für Gesellschafter in § 15a Abs. 3 InsO und § 823 Abs. 2 BGB. Die Vorschrift begründet gleichsam eine **Ersatzzuständigkeit** der Gesellschafter einer GmbH, im Fall einer Führungslosigkeit der Gesellschaft bei Zahlungsunfähigkeit oder Überschuldung einen Insolvenzantrag zu stellen.[3] Zur Antragstellung verpflichtet sind die Gesellschafter allerdings nur, die kumulativ sowohl vom Insolvenzgrund als auch der Führungslosigkeit positive Kenntnis haben, ein bloßes Kennenmüssen reicht nicht aus. Die Gesellschafter haben aber die Beweislast dafür, von dem Insolvenzgrund und der Führungslosigkeit keine Kenntnis erlangt zu haben. Hinsichtlich des Begriffs der Führungslosigkeit wird auf Rz. 2353 und hinsichtlich der sonstigen Folgen aus der Insolvenzverschleppungshaftung auf Rz. 3791 ff. verwiesen.

3884–3910 *(Einstweilen frei)*

D. Der Aufsichtsrat (Beirat) der GmbH

Literatur: *Müller/Wolff*, Verlagerung von Zuständigkeiten auf den Beirat der GmbH, GmbHR 2003, 810; *dies.*, Freiwilliger Aufsichtsrat nach § 52 GmbHG und andere freiwillige Organe, NZG 2003, 75; *Wälzholz*, Der Beirat im mittelständischen Unternehmen – Chancen, Grenzen und Probleme, DStR 2003, 511; *Deilmann*, Abgrenzung der Überwachungsbefugnisse von Gesellschafterversammlung und Aufsichtsrat einer GmbH unter besonderer Berücksichtigung des mitbestimmten Aufsichtsrats, BB 2004, 2253; *Huber*, Beirat und Beiratsmitglied – praxisrelevante Aspekte für ihre Tätigkeit, GmbHR 2004, 772; *Spindler/Kepper*, Funktionen, rechtliche Rahmenbedingungen und

---

1 BGH v. 28. 4. 2008 II ZR 264, DStR 2008, 1423 „GAMMA".
2 Susanne Meyer, BB 2008, 1742, 1746.
3 Gehrlein, BB 2008, 846, 848.

Gestaltungsmöglichkeiten des GmbH-Beirats, DStR 2005, 1738; *Meier,* Aufsichtsratssystem bei einer GmbH – Auswirkung eines Wechsels innerhalb der Amtsperiode, DStR 2011, 1430; *Lanfermann/Maul,* Sanktionierung von Verstößen gegen prüfungsbezogene Aufsichtsratspflichten nach dem AreG-RegE, BB 2016, 363; *Singer,* Implementierung eines GmbH-Aufsichtsrats qua satzungsvorbehalt, NWB 2016, 709; *Schnorbus, Y/ Ganzer, F.,* Haftung fakultativer Gesellschaftsorgane in der GmbH und KGaA, BB 2017, 1795.

I. Allgemeines

1. Gesetzliche Regelung

Das GmbHG selbst schreibt die Einsetzung eines Aufsichtsrates nicht vor, sondern überlässt es der Bestimmung durch den Gesellschaftsvertrag, ob die GmbH einen Aufsichtsrat haben soll. Der **Aufsichtsrat** ist bei der GmbH also **fakultativ.** Der Aufsichtsrat ist ein **Überwachungsorgan.** Im Mittelpunkt der Aufgaben und Rechte eines solchen Gremiums steht nach § 111 AktG, **die Geschäftsführung zu überwachen.** Ist durch den Gesellschaftsvertrag ein Gremium eingerichtet, dem neben anderen Kompetenzen (auch) **nicht unwesentliche Kontrollfunktionen gegenüber der Geschäftsführung eingeräumt** sind, ist es – unabhängig von den sich findenden anderen Bezeichnungen wie z. B. Beirat, Verwaltungsrat, Gesellschafterausschuss, Firmenrat, Kuratorium, Familienbeirat, Schiedsausschuss usw. – ein „Aufsichtsrat" i. S. d. § 52 GmbHG. Dann gelten gem. § 52 Abs. 1 GmbHG die dort genannten Bestimmungen des AktG auch für ein solches Gremium, den Aufsichtsrat der GmbH, soweit im Gesellschaftsvertrag nichts anderes bestimmt ist.

3911

2. Satzung

Ist ein **Aufsichtsrat** durch die Satzung eingerichtet, ist er – wie die zwingend notwendigen Organe Geschäftsführer und Gesellschafterversammlung – **ein Organ der GmbH.** Dabei ist es gleichgültig, wie diese Institution im Gesellschaftsvertrag bezeichnet wird, wenn ihr nur **zumindest auch die Kontrolle der Geschäftsführung** übertragen ist. Weitgehend eingebürgert hat sich die Bezeichnung „Beirat", die zugleich deutlich macht, dass es sich hier um einen Aufsichtsrat handelt, der seine Legitimation aus dem Gesellschaftsvertrag ableitet.

3912

Kennzeichnend für einen Beirat ist regelmäßig, dass ihm nur oder neben Gesellschaftern auch gesellschaftsfremde Dritte als Mitglieder angehören, während ein sog. **Gesellschafterausschuss** nur Gesellschafter zu seinen Mitgliedern zählt. Wesentlich ist aber auch bei einem als Gesellschafterausschuss bezeichneten Gremium, dass es sich nicht nur um einen aus dem Kreis der Gesellschafterversammlung gebildeten Ausschuss handelt, dem nicht die Stellung eines selbständigen Organs der GmbH zukommt, sondern ihm auch eigenständige Überwachungsfunktionen i. S. v. § 111 AktG übertragen sind, die es zu einem **fakultativen Aufsichtsrat** nach GmbH-Recht machen. Denn wesentliches Begriffsmerkmal eines Aufsichtsrates ist die Überwachung der Geschäftsführung, so dass jedes Gremium, das diese Aufgabe wahrnimmt, ohne Rücksicht auf seine Bezeichnung Aufsichtsrat i. S. v. § 52 GmbHG ist und umgekehrt eine Institution, der diese Aufgabe nicht zukommt, kein Aufsichtsrat ist.[1]

3. Obligatorischer Aufsichtsrat

3913 Während das GmbHG dem Gesellschaftsvertrag die freiwillige Bildung eines Aufsichtsrats überlässt, besteht ein gesetzlicher **Zwang zur Bildung eines Aufsichtsrates** bei Kapitalanlagegesellschaften (in der Rechtsform der GmbH) und insbesondere nach den Mitbestimmungsgesetzen. Neben dem Montanmitbestimmungsgesetz sind hier §§ 1 Abs. 1 Nr. 3, 4 Abs. 1 DrittelbG, die §§ 76 ff. BetrVG abgelöst haben, und § 1 Abs. 1 MitBestG, §§ 1, 3 MitbestErgG und § 6 Abs. 2 InvG zu nennen, wobei aber Praxisrelevanz nur das DrittelbG und das MitbestG haben.

Die Einrichtung eines **obligatorischen Aufsichtsrates** ist nach § 1 Abs. 1 Nr. 3 DrittelbG für GmbH mit mehr als 500 Arbeitnehmern, aber nicht mehr als 2 000 Arbeitnehmer, und nach § 1 Abs. 1 MitbestG für eine GmbH mit i. d. R. mehr als 2 000 Arbeitnehmern vorgeschrieben. Die Art der Arbeitnehmer-Mitbestimmung ist von der Zahl der dem Unternehmen zuzuordnenden Arbeitnehmer abhängig: Eine Drittelmitbestimmung besteht bei mehr als 500 Arbeitnehmern (§ 4 Abs. 1 DrittelbG), so dass ein Aufsichtsrat zu bilden ist, der zu einem Drittel aus Vertretern der Arbeitnehmer besteht die in geheimer Wahl zu wählen sind. Die Kompetenzen dieses Aufsichtsrats sind eingeschränkt, namentlich gibt es keine Kompetenz, Zustimmungsvorbehalte für die Geschäftsführung einzuführen oder den Jahresabschluss festzustellen.

§ 1 MitbestG verlangt bei mehr als 2 000 Arbeitnehmern eine paritätische Mitbestimmung, so dass sich der zu bildende Aufsichtsrat je zur Hälfte aus Aufsichtsratsmitgliedern der Anteilseigner und der Arbeitnehmer zusammensetzt. Die Zahl der Aufsichtsratsmitglieder (mindesten 12 oder 16 oder 20) ist von der Zahl der Arbeitnehmer abhängig (bis zu 10 000, zwischen 10 000 und 20 000 und mehr als 20 000).

Ob überhaupt die Pflicht zur Bildung eines Aufsichtsrats besteht, ist in einem Statusverfahren zu klären.[2] Zur Aufgabe des Aufsichtsrats bzgl. Frauenförderung bei dem Mitbestimmungsgesetz unterliegenden GmbHs s. § 52 Abs. 2 GmbHG und oben Rn. 3067.

3914 Die folgenden Ausführungen befassen sich nur mit der Einrichtung eines fakultativen Aufsichtsrates.

3915–3930 (*Einstweilen frei*)

II. Einsetzung eines Beirates

1. Zweckmäßigkeit

3931 Die **Einsetzung eines Beirates** kann sich unter ganz unterschiedlichen Aspekten als zweckmäßig erweisen. Im Rahmen der **Unternehmensnachfolge** kann es angebracht sein, dass sich der Hauptgesellschafter nach Übergabe der Geschäftsführung auf die nachfolgende Generation noch besondere Aufsichts- und Überwachungsfunktionen

---

1 Vgl. Beck-GmbH-HB/Müller, § 6 Rz. 3, m. w. N.; OLG Düsseldorf v. 13. 3. 1985 15 U 173/84, WM 1985, 872.

2 Vgl. zu dem Vorstehenden Bunnemann/Zirngibl/Bunnemann/Holzborn, § 5 Rn. 3 ff.

vorbehält. Auch bei Familiengesellschaften kann aus den besonderen Verhältnissen heraus die Einsetzung eines Aufsichtsorgans angezeigt sein. Bei größeren Gesellschaften kann zur Wahrung unternehmerischer Belange oder von Gruppeninteressen die Bestellung eines Beirates zweckmäßig sein. Der Aufgabenbereich eines Beirats kann breit gefächert sein, wobei die Verweisungen auf das Aktienrecht dispositiv sind: Es können in ihm unternehmerische Entscheidungen diskutiert und vorbereitet werden, er kann der Pflege von Geschäftsbeziehungen dienen, kann die Beratung von Geschäftsführung und Gesellschaftern zur Aufgabe haben, Interessen und Angelegenheiten von Familienstämmen und Gesellschaftergruppen koordinieren und bei Streitfragen schlichtend einzugreifen haben. Besteht eine GmbH aus sehr vielen Gesellschaftern, kann es nützlich sein, dem Beirat viele Aufgaben zu übertragen, die normalerweise der Gesellschafterversammlung obliegen.

Aber auch bei einer GmbH, die nur wenige Gesellschafter hat, kann der Aufwand für einen Beirat lohnend sein; dies gilt vor allem, wenn etwa die Geschäftsführung des Unternehmens einem Gesellschafter übertragen ist; der Beirat erlangt dann eine Art Pufferfunktion zwischen den häufig widerstreitenden Interessen des Gesellschafter-Geschäftsführers und der übrigen Gesellschafter. In vielen Fällen kann die Übertragung von Kompetenzen auf den Beirat dazu führen, dass bei den zu treffenden Entscheidungen stets das Interesse der Gesellschaft, des Unternehmens, im Vordergrund steht und dass widerstreitende Interessen einzelner Gesellschafter sich nicht zum Schaden des Unternehmens auswirken können. 3932

Der **Satzungsautonomie** hinsichtlich der Aufgaben und Kompetenzen, die dem Beirat (Aufsichtsrat) übertragen werden sollen, sind aber auch **Grenzen** gesetzt. Zwar kann die Anwendung des § 52 GmbHG und der dort genannten aktienrechtlichen Vorschriften durch die Satzung ausgeschlossen werden, etwa durch die Formulierung: „Die Vorschrift des § 52 Abs. 1 GmbHG ist nicht anzuwenden." Dennoch können durch den insoweit geltenden Vorrang der Satzung dem Beirat keine der Geschäftsführung zwingend vorbehaltenen Kompetenzen wie die Passivvertretung, Buchführung und Erstellung des Jahresabschlusses oder nicht übertragbare Kompetenzen der Gesellschafterversammlung wie der Satzungsänderung übertragen werden oder ihm – umgekehrt – die Kontrolle der Geschäftsführung entzogen werden, soll er seinen Status als Organ der Gesellschaft nicht verlieren. 3933

Natürlich kann man sich auch darauf beschränken, dem Beirat keine Entscheidungsbefugnisse einzuräumen, sondern ihm nur die Überwachung oder Beratung der Geschäftsführung übertragen. 3934

2. Zusammensetzung

Gleichgültig, warum und wozu man sich eines Beirates bedient und wie weit dessen Kompetenzen gehen, kann beim fakultativen Beirat die Zahl der Mitglieder und die personelle Zusammensetzung (aus Gesellschaftern, Nichtgesellschaftern, Arbeitnehmern) frei bestimmt werden. Es kann auch bestimmt werden, wer die Mitglieder des Aufsichtsrats bestellen oder sie abberufen soll, z.B. die Gesellschafterversammlung oder bestimmte Gesellschaftergruppen, oder welche persönlichen Eigenschaften (Alter, Familienzugehörigkeit, berufliche Vorbildung oder Erfahrungen und Kenntnisse in einer 3935 bestimmten Branche usw.) für die Berufung vorausgesetzt werden. Fraglich ist jedoch, ob die Satzung – entgegen § 52 Abs. 1 GmbHG, § 105 Abs. 1 AktG – auch die Entsendung von Geschäftsführern der GmbH in den Beirat zulassen kann. Regelmäßig dürfte dies wegen der Unvereinbarkeit der Ämter in der Unternehmensleitung einerseits und der Überwachung der Geschäftsführung andererseits unzulässig sein; die Frage ist aber streitig.

3936 Keinen rechtlichen Bedenken begegnet es, dass **Gesellschafter in den Beirat berufen** werden. Ein nur aus Gesellschaftern bestehender Beirat ist nur dann sinnvoll, wenn es sich dabei um eine Art „Delegiertenversammlung" (Gesellschafterausschuss) handelt und der Beirat wegen der großen Zahl der Gesellschafter überwiegend stellvertretend für die Gesellschafterversammlung tätig sein soll; bei geringer Zahl von Gesellschaftern entfällt ein solcher Gesichtspunkt. In der Regel der Fälle wird allerdings ein Beirat, der sich – wenigstens überwiegend – nicht aus Gesellschaftern, stattdessen aber aus besonders sach- und branchenkundigen Personen zusammensetzt, seinen Aufgaben am ehesten gerecht werden können.

3937 Beim fakultativen Aufsichtsrat ist die Mitgliederzahl frei. Beim obligatorischen Aufsichtsrat bestimmen sich Zahl und Zusammensetzung der Mitglieder nach den Mitbestimmungsvorschriften.

3. Regelung durch die Satzung

3938 Wenn eine GmbH einen Beirat haben soll, dann muss dies in der Satzung oder in einem späteren, satzungsändernden Beschluss bestimmt werden. Angesichts der eher dürftigen Regelung nach § 52 GmbHG sollte die Satzung nicht nur bestimmen, dass ein Beirat eingesetzt wird, sondern es sollte auch im Einzelnen geregelt werden, wie dieser Beirat sich zusammensetzt, wie er berufen wird, welche Aufgaben er hat, welche Vergütungen er erhält usw. Wichtig ist es, durch eine klare Kompetenzverteilung zwischen Geschäftsführung, Gesellschafterversammlung und Aufsichtsrat die Aufgaben der Organe klar abzugrenzen. Sieht die Satzung die Möglichkeit vor, dass später ein Aufsichtsrat durch einen späteren Gesellschafterbeschluss eingerichtet wird, verlangt das KG Berlin[1] für die Beschlussfassung die Einhaltung der für Satzungsänderungen geltenden gesetzlichen Vorgaben, also die Beachtung des ³/₄-Stimmenquorums sowie Beurkundung und Eintragung.

3939–3950 (*Einstweilen frei*)

III. Aufgaben des Beirates

3951 Die obigen Ausführungen haben bereits gezeigt, dass dem Beirat alle Aufgaben übertragen werden können, für die nicht zwingend eine andere Zuständigkeit gegeben ist. Die Grenzen für die Funktion des Beirates liegen einerseits dort, wo nach dem Gesetz ausschließlich die Gesellschafterversammlung zu entscheiden hat, und andererseits dort, wo der Geschäftsführer als Organ zu handeln hat.

---

[1] Vom 23. 7. 2015 23 U 18/15, NWB DokID: MAAAF-67767 zu diesem Urteil s. Singer, NWB 2016, 709.

Werden die Aufgaben des Beirates nicht in der Satzung definiert, gelten – wie auch hinsichtlich der Bestellung – die in § 52 GmbHG aufgeführten Bestimmungen des AktG betreffend den Aufsichtsrat. Dabei spielt es keine Rolle, welche Bezeichnung dieses Organ in der jeweiligen GmbH hat. Auch der Beirat, der Verwaltungsrat usw. ist Aufsichtsrat i. S. d. § 52 GmbHG, wenn ihm die Überwachung der Geschäftsführung übertragen ist. 3952

Den durch § 52 Abs. 1 GmbHG und die Verweisung auf § 111 AktG vorgegebenen Aufgabenbereich des Aufsichtsrats kann der Gesellschaftsvertrag oder eine spätere Änderung der Satzung abdingen, erweitern oder einschränken. Eine Grenze gibt es nur dort, wo es um nicht übertragbare Kompetenzen der Gesellschafterversammlung bei sog. Grundlagenbeschlüssen geht. Dabei handelt es sich um die Satzungsänderungen (§ 53 GmbHG), insbesondere Kapitalerhöhung und -herabsetzung, Kapitalerhöhung aus Gesellschaftsmitteln, Umwandlungen nach dem UmwG, Unternehmensverträge, Auflösung und Fortsetzung einer aufgelösten GmbH. Insofern können zwar keine Entscheidungsbefugnisse, wohl aber beratende Funktionen übertragen werden; auf der anderen Seite dürfen die Aufsichtsfunktionen gegenüber der Geschäftsführung nicht völlig entzogen werden. 3953

Im Übrigen kann sich eine Orientierung am Aufgabenkatalog nach dem Aktienrecht empfehlen. 3954

1. Überwachung der Geschäftsführung

Die **Aufsicht** bezieht sich **nur** auf die **Geschäftsführung**, nicht auf die **Gesellschafterversammlung**. Im Rahmen der Aufgabe obliegt es dem Beirat, Maßnahmen der Unternehmensleitung auf Rechtmäßigkeit, Ordnungsmäßigkeit, Zweckmäßigkeit und Wirtschaftlichkeit hin zu überwachen. Dabei kann es um einzelne Geschäfte von außerordentlicher Bedeutung oder mit größerem Risiko, aber auch um Entscheidungen für die Geschäftspolitik in der Zukunft oder um die Verwaltung von Beteiligungen an anderen Unternehmen gehen. Die bei der Überwachung zu ergreifenden Maßnahmen stehen im pflichtgemäßen Ermessen des Beirats, können ihm aber auch durch die Satzung oder seine Geschäftsordnung vorgegeben werden, insbesondere wenn zum Wohle der Gesellschaft eine Gesellschafterversammlung einzuberufen ist (vgl. § 111 Abs. 3 AktG). Mit dem Recht zur Überwachung korrespondiert die Pflicht des Aufsichtsrates, Ansprüche auf Schadensersatz gegen die Geschäftsführung zu prüfen und die Gesellschafterversammlung zu unterrichten. 3955

Ein neues Aufgabengebiet für den Beirat erschließt ich aus der neuen **Ersatzzuständigkeit der Gesellschafter für die Insolvenzantragspflicht bei Führungslosigkeit der GmbH** nach § 15a Abs. 3 InsO. Da insbesondere bei Gesellschaften mit einem größeren Gesellschafterkreis die Gesellschafter mit den inneren Verhältnissen der GmbH weniger vertraut sind als die Geschäftsführung, sollte in der Unternehmenspraxis ein regelmäßig tagender Beirat eingerichtet werden, damit die Gesellschafter ihren insolvenzrechtlichen Pflichten rechtzeitig genügen können. Die Übertragung diesbezüglicher Überwachungspflichten auf einen **Aufsichtsrat oder Beirat** begründet aber bei der GmbH **keine Insolvenzantragspflicht der Mitglieder eines solchen Gremiums**, wenn sich Führungslosigkeit und Insolvenzgrund herausstellen. Eine gesetzliche Insolvenzantrags- 3956 pflicht für Aufsichtsratsmitglieder ist nach § 15a Abs. 3 InsO auf die Aktiengesellschaft und die Genossenschaft beschränkt.

2. Prüfung des Jahresabschlusses samt Lageberichts

3957 Wenn die Satzung nichts anderes bestimmt, obliegt es dem Beirat auch, den Jahresabschluss samt Lagebericht nach Vorlage zu prüfen. Insofern kann es auch Aufgabe des Beirates sein, den Gewinnverwendungsvorschlag der Geschäftsführung zu prüfen. Aus den vorzulegenden Unterlagen und durch Wahrnehmung der Informations- und Einsichtsrechte kann der Beirat dann auch die Geschäftsführung hinsichtlich ihrer Aufgabe der Risikoabwehr und Bestandssicherung des Unternehmens überwachen.

3. Zustimmungsvorbehalte

3958 Wie es auch § 111 Abs. 4 AktG über § 52 Abs. 1 GmbHG für die GmbH vorsieht, kann die Satzung bestimmen, dass bestimmte Geschäfte nur mit **Zustimmung durch den Beirat** vorgenommen werden dürfen. Es kann dem Beirat auch das Recht eingeräumt werden, selbst den Kreis der zustimmungsbedürftigen Geschäfte festzulegen. Verweigert der Beirat seine Zustimmung, kann der Geschäftsführer verlangen, dass die Gesellschafterversammlung über die Zustimmung beschließt. An sich könnte die Gesellschafterversammlung nach dem über § 52 Abs. 1 GmbHG entsprechend anwendbaren § 111 Abs. 4 Satz 4 AktG die Ablehnung des Beirats nur mit einer Dreiviertelmehrheit der abgegebenen Stimmen überwinden. Die lässt sich aber nicht mit den strukturellen Eigenschaften der GmbH und dem Weisungsrecht der Gesellschafterversammlung gegenüber der Geschäftsführung vereinbaren, so dass die h. M. eine einfache Mehrheit ausreichen lässt.[1] Eine Klarstellung empfiehlt sich insoweit in der Satzung. Jedenfalls tangiert der Zustimmungsvorbehalt nicht das Weisungsrecht der Gesellschafterversammlung, es sei denn, der Gesellschaftsvertrag hat deren Weisungsbefugnisse weitgehend auf den Beirat delegiert, was möglich ist.

3959 Festzuhalten gilt daher, dass der Gesellschaftsvertrag die Kompetenzen des Beirats über bloße Zustimmungsvorbehalte hinaus noch viel weiter ausbauen kann, so dass dem Beirat letztlich ein weitgehender Einfluss auf die Geschäftsführung eingeräumt werden kann.

4. Übertragung von Kompetenzen der Gesellschafterversammlung

3960 Die Satzung kann – unabhängig von der Frage ob dies nach den Verhältnissen im Einzelfall opportun und ratsam sein mag – auf den Beirat auch **Kompetenzen der Gesellschafterversammlung**, wie sie in § 46 GmbHG aufgeführt sind, **übertragen**, da diese Vorschriften dispositiv sind. Die äußerste Grenze findet sich nur bei den sog. Grundlagenentscheidungen. Eine „Selbstentmachtung" der Gesellschafter und der Gesellschafterversammlung ist mit einer weitgehenden Aufgabenübertragung nicht verbunden, zumal der Beirat in seine Erwägungen auch die Gesellschafterinteressen einzubeziehen hat. Denn der Gesellschafterversammlung bleibt mit der Satzungsänderung das

---

1 Zum Meinungsstand vgl. Beck-GmbH-HB/Müller, § 6 Rz. 51.

Instrument, um dem Beirat seine Kompetenzen zu beschneiden oder ihn ganz abzuschaffen.

Der Gesellschafter kann gegen Beschlüsse des Beirats Klage erheben, wenn sie gegen Gesetze, die Satzung oder gegen die guten Sitten verstoßen. Dies gilt auch, wenn Beschlüsse des Beirats gegen eine rechtlich bindende Weisung der Gesellschafter verstoßen. Solche fehlerhaften, gegen Gesetz und Satzung verstoßende Beschlüsse des Beirats (Aufsichtsrats) sind grundsätzlich nichtig und nicht bloß anfechtbar, so dass §§ 243 ff. AktG nicht analog anzuwenden sind und insoweit auch mit Verstreichen der Anfechtungsfrist nicht unanfechtbar werden.[1] Letztlich wird die Nichtigkeitsklage von der Verwirkung begrenzt. Der Lauf einer Frist, deren Dauer uneinheitlich mit einem bis zu drei Monaten festgelegt wird, setzt jedenfalls voraus, dass Kenntnis von Beschluss und Mangel des Beschlusses oder zumindest die Möglichkeit der Kenntnisnahme besteht.

5. Einsichtsrecht des Aufsichtsrats

Soll der Beirat seine (eigentlichen) **Aufsichts- und Kontrollaufgaben** richtig wahrnehmen können, müssen seine **Rechte auf Information und Einsicht** entsprechend ausgestaltet sein. Regelt dies die Satzung nicht, ist über § 52 Abs. 1 GmbHG auf § 90 Abs. 3, 4 und 5 Satz 1 und 2 AktG analog zurückzugreifen. Danach kann der Beirat die jederzeitige Berichterstattung durch die Geschäftsführung verlangen. Außerdem kann er als Gremium durch einzelne Mitglieder oder Sachverständige nach § 111 Abs. 2 AktG die Bücher und Schriften einsehen und z. B. den Betrieb besichtigen und entsprechend prüfen. In der Praxis sollte aber die Satzung oder die dem Beirat bzw. der Geschäftsführung gegebene Geschäftsordnung den Informationsfluss und die Berichterstattung nach den individuellen Bedürfnissen der GmbH regeln. Konflikte können durch solche Richtlinien minimiert werden. 3961

Der Beirat hat kein automatisches Recht auf Teilnahme an den Gesellschafterversammlungen. Es kann das Recht und die Pflicht zur Teilnahme aber in der Satzung begründet werden. 3962

Gesellschaftern, die zugleich Mitglieder eines Beirats (fakultativen Aufsichtsrates) sind, bleiben ihre eigenen Auskunfts- und Einsichtsrechte nach § 51a GmbHG ungeschmälert. Die dadurch gewonnenen Erkenntnisse dürfen auch in die Beiratstätigkeit eingebracht werden, da eine den Interessen der Gesellschaft widerstreitende Verwendung der Information insofern ausgeschlossen werden kann. 3963

(*Einstweilen frei*) 3964–3970

IV. Handelsregister, Geschäftsbriefe

Der Aufsichtsrat wird nicht im Handelsregister eingetragen. Besteht der Aufsichtsrat schon bei Errichtung der GmbH, so ist die Urkunde über seine Bestellung der Anmeldung beizufügen; Name, Beruf und Wohnort der Mitglieder des Aufsichtsrates wird be- 3971

---

1 Vgl. BGH v. 21. 4. 1997 II ZR 175/95, BGHZ 135, 244, 247; v. 17. 5. 1993 II ZR 89/92, BGHZ 122, 342, 347.

kannt gemacht. Bei späterer Bestellung oder einem Wechsel müssen die Geschäftsführer bekannt machen und die Bekanntmachung beim Handelsregister einreichen.

3972 Auf Geschäftsbriefen ist gem. § 35a GmbHG der Aufsichtsrat bzw. dessen Vorsitzender (falls vorhanden) anzugeben.

V. Haftung des Aufsichtsrats (Beirats)

3973 Mit der Wahrnehmung ihrer Kontroll- und Aufsichtsfunktion bewegen sich die Mitglieder eines Aufsichtsrats der GmbH nicht außerhalb jeder Schadenshaftung. Wenn der Gesellschaft durch Pflichtverletzung ein Schaden i. S. v. §§ 249 ff. BGB entstanden ist, kommt durchaus eine Haftung in Betracht. Dies gilt nach ganz überwiegender Auffassung auch für Beiratsmitglieder.[1] Allerdings hat der BGH[2] eine Ersatzpflicht verneint, wenn der Aufsichtsrat einer GmbH Überwachungs- und Kontrollpflichten insofern nicht beachtet hat und Zahlungen nach Eintritt der Insolvenzreife geleistet wurden, die nur zur Verminderung der Masse geführt haben. Die aktienrechtliche Vorschrift über die Haftung wegen verbotswidriger Zahlungen (§§ 92 Abs. 2, 93 Abs. 3 Nr. 6 AktG) sei bewusst nicht in die Verweisung des § 52 GmbHG aufgenommen worden. Während der Aufsichtsrat einer AG im Interesse der Allgemeinheit seine Pflichten erfüllen müsse, obliege dem Beirat einer GmbH nur die Aufgabe eines Kontrollorgans, das sicherstellen solle, dass der Geschäftsführer im Interesse der GmbH handele.

3974 Mit dem Abschlussprüfungsreformgesetz vom 10. 6. 2016 hat der Gesetzgeber die §§ 86 bis 88 GmbHG eingefügt (anzuwenden ab 17. 6. 2016). Die Vorschriften sehen für bestimmte Gesellschaften in der Rechtsform einer GmbH (kapitalmarktorientiert im Sinne des § 264d HGB, CRR-Kreditinstitute, bestimmte Versicherungsunternehmen) bei bestimmten Pflichtverletzungen von Aufsichtsratsmitgliedern bei Abschlussprüfungen Sanktionen vor.

3975–4000 (*Einstweilen frei*)

---

[1] Schnorbus/Ganzer, BB 2017, 1795; diese auch zu den einzelnen Pflichten.
[2] BGH v. 20. 9. 2010 II ZR 78/09, BB 2010, 2657.

6. Abschnitt: Der Jahresabschluss, Gewinn und Verlust

A. Buchführung und Inventar

Literatur: *Meyer/Jahn,* Formale Gestaltung von Bilanz und GuV nach HGB, StuB 2003, 1005; *Peemüller,* Grundsätze ordnungsgemäßer Rechnungslegung, StuB 2003, 211; *Hommel/Schmidt/Wüstemann,* Adolf Moxter und die Grundsätze ordnungsgemäßer Rechnungslegung, WPg Sonderheft 2004, 84; *Schirmer,* Der Jahresabschluss – Ein Rechnungslegungs- und Rechenschaftslegungsinstrument nicht nur für den Fiskus, StW 2004, 10; *Völker-Lehmkuhl/Mages,* Erfüllung der Buchführungspflicht nach HGB durch IAS/IFRS?, NWB 2005, 2881; *Theile,* Die Auswirkungen des Referentenentwurfs zum Bilanzrechtsmodernisierungsgesetz auf die Rechnungslegung der GmbH – Übersicht der wesentlichen Änderungen für den Jahres- und Konzernabschluss, GmbHR 2007, 1296; *Fey/Deubert/Lewe,* Erleichterungen nach dem MicroBilG – Einzelfragen zur Anwendung der neuen Vorschriften, BB 2013, 107.

I. Buchführungspflicht

Die GmbH gilt gem. § 13 Abs. 3 GmbHG unabhängig von ihrem Gegenstand stets als eine Handelsgesellschaft. Sie unterliegt deshalb gem. § 6 HGB auch den „in Betreff der Kaufleute gegebenen Vorschriften". Zu diesen Vorschriften gehören die §§ 238 ff. HGB, so dass die GmbH nach § 238 Abs. 1 Satz 1 HGB verpflichtet ist, Bücher zu führen und in diesen die Handelsgeschäfte und die Lage des Vermögens nach den Grundsätzen ordnungsmäßiger Buchführung ersichtlich zu machen. Nach § 140 AO sind die handelsrechtlichen Buchführungspflichten auch für die Besteuerung zu erfüllen. Sie können daher auch erzwungen werden (vgl. Rn. 4033). 4001

Für die **ordnungsgemäße Buchführung** haben nach § 41 GmbHG die **Geschäftsführer zu sorgen**. Die Pflicht kann vertraglich weder ausgeschlossen noch beschränkt werden. Die Geschäftsführer müssen freilich die Bücher nicht selbst führen, sondern können diese Aufgabe auf Angestellte **delegieren** oder die Buchführung außer Haus vergeben, wobei dann den Geschäftsführern die Pflicht obliegt, die mit der Buchführung betrauten Angestellten oder Unternehmen sorgfältig auszuwählen und zu überwachen. Hat die GmbH mehrere Geschäftsführer, kann **die Geschäftsverteilung** einem Geschäftsführer die Buchführung als Aufgabenbereich zuweisen, was aber die anderen Geschäftsführer nicht von ihrer grundsätzlichen Buchführungspflicht nach § 41 GmbHG befreit, diese Pflicht aber auf die sachgerechte Auswahl und die angemessene Überwachung des zuständigen Geschäftsführers beschränkt.[1] 4002

Die **Buchführungspflicht beginnt** mit dem ersten zu buchenden Geschäftsfall nach notarieller Beurkundung des Gesellschaftsvertrages unabhängig von der Eintragung der GmbH in das Handelsregister. Folglich ist bereits die **Vorgesellschaft** zur Buchführung verpflichtet, weil mit dem Abschluss des Gesellschaftsvertrages die Einlageforderungen und die Gebührenverbindlichkeiten gegenüber dem Notar einzubuchen sind. Die Pflicht zur Buchführung **endet** mit dem Ende der Abwicklung. 4003

Die Befreiung von der Buchführungspflicht nach § 241a HGB kann die GmbH als Kapitalgesellschaft nicht in Anspruch nehmen, selbst wenn ihre Umsatzerlöse 600 000 € und ihr Jahresüberschuss 60 000 € nicht überschreiten. 4004

(Einstweilen frei) 4005–4020

---

[1] Vgl. BGH v. 26. 6. 1995 II ZR 109/94, BB 1995, 1844.

II. Vorschriften zur Buchführung

1. Grundsätze ordnungsmäßiger Buchführung

4021 Gemäß § 238 HGB sind von der GmbH Bücher zu führen und daraus die Handelsgeschäfte und die Lage des Vermögens nach den Grundsätzen ordnungsmäßiger Buchführung ersichtlich zu machen. Zweck einer kaufmännischen Buchführung ist es, den Einblick in die Handelsgeschäfte und die Vermögenslage zu sichern. Die Rechtsnatur der „Grundsätze ordnungsmäßiger Buchführung" (**GoB**) ist streitig; teils sieht man darin Gewohnheitsrecht, teils Handelsbrauch; für die Praxis sind diese Meinungsverschiedenheiten bedeutungslos. Erläuternd sagt das Gesetz, dass die Buchführung so beschaffen sein muss, dass sie einem sachverständigen Dritten innerhalb angemessener Zeit einen Überblick über die Geschäftsvorfälle und die Lage des Unternehmens zu geben vermag (§ 238 Abs. 1 Satz 2 HGB, § 145 Abs. 1 AO). Steuerlich wird die Buchführung als ordnungsgemäß angesehen, wenn die für die kaufmännische Buchführung erforderlichen Bücher geführt werden, die Bücher förmlich in Ordnung sind und ihr Inhalt sachlich richtig ist.[1]

2. Weitere Buchführungsgrundsätze

4022 Gemäß § 238 Abs. 2 HGB muss der Kaufmann eine mit der Urschrift übereinstimmende Wiedergabe (Kopie usw.) seiner Handelsbriefe „zurückbehalten", – d. h. für sich herstellen und aufbewahren. Die Buchführung muss in einer lebenden Sprache abgefasst werden (§ 239 Abs. 1 Satz 1 HGB, § 146 Abs. 3 Satz 1 AO), wird eine Fremdsprache verwendet (z. B. durch die ausländische Niederlassung), kann die Finanzverwaltung Übersetzungen verlangen (§ 146 Abs. 3 Satz 2 AO). Die Buchführung kann auch in ausländischer Währung aufgestellt werden, während der Jahresabschluss zwingend in deutscher Sprache und in Euro aufzustellen ist (§ 244 HGB).

4023 § 239 Abs. 2 und 3 HGB regelt mit den Buchführungsgrundsätzen, wie die Eintragungen in den Büchern und den übrigen erforderlichen Aufzeichnungen zu erfolgen haben:

- **vollständig:** Alle Geschäftsfälle müssen lückenlos erfasst werden.
- **richtig:** Die Buchungen haben aufgrund von (unveränderten) Belegen zu erfolgen.
- **zeitgerecht**: Kassenvorgänge sind grundsätzlich täglich aufzuzeichnen, Kreditvorgänge können monatlich grundbuchmäßig erfasst werden.
- **geordnet:** Die Geschäftsfälle sind in einem sinnvoll und planmäßig gegliederten Kontensystem kontiert und nach Belegnummern und Datum im Hauptbuch zu verbuchen.
- **nachvollziehbar**: Es muss einem sachverständigen Dritten möglich sein, mit Hilfe der Belege, Bücher und der Unterlagen zum Buchhaltungssystem innerhalb angemessener Zeit den vom Gesetz verlangten Überblick zu erlangen.
- **unveränderlich**: Nach der erstmaligen Erfassung (Primanota) dürfen Änderungen nur noch so erfolgen, dass die ursprüngliche Verbuchung feststellbar bleibt, d. h.,

---

[1] BFH v. 24. 6. 1997 VIII R 9/96, BStBl II 1998, 51.

Änderungen und Berichtigungen dürfen nur durch Umbuchungen oder Stornobuchungen erfolgen, in der EDV-gestützten Buchführung sind über Änderungen Protokolle anzufertigen.

Handelsrechtlich schreibt § 238 HGB kein bestimmtes System der Buchführung vor. Da jedoch nach § 242 Abs. 2 HGB eine Gewinn- und Verlustrechnung (GuV) aufzustellen ist, ist i. d. R. eine doppelte Buchführung erforderlich. Auch bei der Wahl der Buchführungsform ist die Gesellschaft grundsätzlich frei; aus dem Tatbestandsmerkmal „Bücher" in § 238 Abs. 1 HGB sind keine Einschränkungen hinsichtlich einer Lose-Blatt-Buchführung oder einer EDV-Buchführung herzuleiten, sofern nur die GoB beachtet werden. Werden zur Führung der Bücher Datenträger verwendet, muss aber gewährleistet sein, dass die Daten während der Aufbewahrungsfrist verfügbar bleiben und innerhalb angemessener Zeit lesbar gemacht werden können (§ 239 Abs. 4 Satz 2 HGB). Steuerlich muss die jederzeitige Verfügbarkeit und die unverzügliche Lesbarmachung sichergestellt sein (§ 146 Abs. 5 Satz 2 AO). Da bei der Aufbewahrung von Daten auf Datenträgern auch gewährleistet sein muss, dass sie während der Aufbewahrungsfrist ausgewertet werden können (§ 147 Abs. 2 Nr. 2 AO), muss die GmbH für diese Zeit auch die dazu erforderliche Hard- und Software vorhalten.

4024

Eine jede Buchführung muss der Beleg-, Journal- und Kontenfunktion genügen. Dies bedeutet, dass jede Buchung durch einen Beleg nachgewiesen wird, der den Geschäftsvorfall und seine buchmäßige Erfassung dokumentiert (durch Buchungstext, Buchungsbetrag, Belegdatum zur zeitlichen Bestimmung des Geschäftsvorfalls, Autorisierung, Kontierung, Belegnummer als Ordnungskriterium und Buchungsdatum zur zeitlichen Fixierung der Buchung). Die Journalfunktion ist erfüllt, wenn alle buchungspflichtigen Geschäftsfälle in zeitlicher Reihenfolge aufgezeichnet werden und damit der Nachweis ihrer tatsächlichen und zeitnahen Erfassung erbracht wird. Wenn die in zeitlicher Reihenfolge aufgezeichneten Geschäftsvorfälle sachlich geordnet auf Personen- und Sachkonten dargestellt werden, ist die Kontenfunktion erfüllt. In der kaufmännischen Praxis hat sich die Führung von Grund-, Haupt- und Nebenbüchern als Handelsbücher durchgesetzt. Daneben sind die sonst erforderlichen Aufzeichnungen zu führen, die sich aus den Steuergesetzen (wie z. B. nach § 22 UStG oder Aufzeichnung des Wareneingangs und -ausgangs nach §§ 143, 144 AO) oder aus außersteuerlichen Vorschriften[1] ergeben.

4025

Den Ort der Buchführung schreibt das Handelsrecht nicht vor, aus § 146 Abs. 2 Satz 1 AO ergibt sich jedoch die Pflicht, die Bücher und die sonst erforderlichen Aufzeichnungen im Inland zu führen, was insbesondere für die inländischen Tochtergesellschaften von ausländischen Unternehmen von Bedeutung ist. Auch wenn danach die Kontierung der Belege und deren Verbuchung im Inland zu erfolgen hat, können Daten im Ausland verarbeitet werden, die erstellten Bücher müssen aber danach im Inland vorgehalten werden. Die Bücher ausländischer Niederlassungen dürfen nach § 146 Abs. 2 Satz 2 AO im Ausland geführt werden, ihre Ergebnisse müssen dann aber über Verrechnungskonten in die inländische Buchführung übernommen werden. Die Fernbuchführung im Inland ist erlaubt (sog. Buchführung außer Haus).

4026

---

1 Wie z. B. Einkaufsbücher bei bestimmten Berufsgruppen.

3. Aufbewahrungspflichten und -fristen

4027 Wie jeder Kaufmann ist die GmbH gem. § 257 HGB verpflichtet, bestimmte Unterlagen, die für die Buchführung Bedeutung haben, aufzubewahren, und zwar:

▶ **zehn Jahre**

die Handelsbücher, Inventare, Eröffnungsbilanzen, Jahresabschlüsse, Lageberichte, Konzernabschlüsse, Konzernlageberichte sowie die zu ihrem Verständnis erforderlichen Arbeitsanweisungen und sonstigen Organisationsunterlagen sowie die Belege für Buchungen in den von der GmbH nach § 238 Abs. 1 HGB zu führenden Büchern (**Buchungsbelege**);

▶ **sechs Jahre**

die empfangenen Handelsbriefe und die Wiedergaben der abgesandten Handelsbriefe (wortgetreue, nicht notwendig bildliche Briefkopie).

4028 § 257 Abs. 2 HGB stellt klar, dass nur solche Schriftstücke „Handelsbriefe" sind, die ein Handelsgeschäft (seine Vorbereitung, den Abschluss, die Abwicklung oder seine Rückgängigmachung) betreffen.

4029 Die Aufbewahrungsfrist beginnt jeweils mit Ablauf des 31. 12. des Kalenderjahres, in dem die letzte Eintragung in das Handelsbuch gemacht, das Inventar, die Eröffnungsbilanz, der Konzernabschluss aufgestellt, das Jahresergebnis festgestellt, der Handelsbrief abgesandt oder empfangen worden oder der Buchungsbeleg entstanden ist (§ 257 Abs. 5 HGB). Die steuerliche Aufbewahrungspflicht umfasst nach § 147 AO auch sonstige Unterlagen, soweit sie für die Besteuerung von Bedeutung sind. Im Grundsatz gelten die handelsrechtlichen Aufbewahrungsfristen auch für das Besteuerungsverfahren, jedoch läuft die jeweilige Aufbewahrungsfrist nach § 147 Abs. 3 Satz 3 AO solange und soweit nicht ab, als die aufzubewahrenden Unterlagen für Steuern von Bedeutung sind, für die die Festsetzungsfrist (nach §§ 169 ff. AO) noch nicht abgelaufen ist.

4030 Die Unterlagen sind **systematisch geordnet aufzubewahren**. Die Eröffnungsbilanz, die Jahresabschlüsse und die Konzernabschlüsse müssen im Original, die anderen Unterlagen können als Wiedergabe auf Bildträgern (z. B. Fotokopien, Mikrofiche) oder auf anderen Datenträgern (elektronische oder digitale Speichermedien) aufbewahrt werden, wenn die GoB und insbesondere der Grundsatz der Unveränderbarkeit beachtet werden.

4031 Die Verwendung von Datenträgern wird durch § 257 Abs. 3 HGB geregelt. Die Wiedergabe von empfangenen Handelsbriefen und Buchungsbelegen muss bildlich mit dem Original übereinstimmen, u.U. sogar in der Farbwiedergabe, wenn ihr Beweisfunktion zukommt; auf im BMF-Schreiben vom 14. 11. 2014[1] entwickelte Grundsätze zur ordnungsgemäßen Führung und Aufbewahrung von Büchern, Aufzeichnungen und Unterlagen in elektronischer Form sowie zum Datenzugriff (GoBD) wird hingewiesen (anzuwenden auf VZ, die nach dem 31. 12. 2014 beginnen). Werden die Bücher auf Datenträgern geführt, kann den handelsrechtlichen Pflichten auch durch Aufbewahrung der Datenausdrucke anstelle der Datenträger genügt werden (§ 257 Abs. 3 Satz 2 HGB). Steu-

---

[1] BStBl I 2014, 1450.

erlich genügt dies nicht, hier müssen auch die Datenträger selbst aufbewahrt werden, und es muss sichergestellt sein, dass die Daten maschinell ausgewertet werden können. Dazu muss sogar die notwendige Hard- und Software vorgehalten werden, zumal die Finanzverwaltung im Rahmen von Prüfungen das Recht hat, das Datenverarbeitungssystem zu nutzen, oder auch verlangen kann, dass ihr die gespeicherten Unterlagen und Aufzeichnungen auf einem maschinell verwertbaren Datenträger zur eigenen Auswertung zur Verfügung gestellt werden (§ 147 Abs. 6 AO).[1]

Das HGB schreibt einen bestimmten Ort für die Aufbewahrung nicht vor, steuerrechtlich sind die Unterlagen jedoch grundsätzlich im Inland aufzubewahren (§ 146 Abs. 2 Satz 1 AO). 4032

4. Verstöße gegen die Buchführungspflicht

Die Buchführungspflichten, die der GmbH als Kaufmann obliegen, haben die Geschäftsführer zu erfüllen (§ 41 GmbHG). Verletzen sie ihre diesbezüglichen Pflichten, begründet dies eine **Haftung** der Geschäftsführer **gegenüber der GmbH nach § 43 Abs. 2 GmbHG**.[2] § 41 GmbHG stellt nach überwiegender Meinung kein Schutzgesetz i.S.v. § 823 Abs. 2 BGB dar, so dass Dritte aus Verstößen gegen die Buchführungspflichten keine Schadensersatzansprüche herleiten können. Die Verletzung der Buchführungs- und Aufzeichnungspflichten kann jedoch nach § 283 Abs. 1 Nr. 5 oder 6, §§ 283a oder 283b Abs. 1 Nr. 2 oder 3 StGB strafbar sein, wenn die Insolvenz eröffnet, der Insolvenzantrag mangels Masse abgelehnt wird oder die Zahlungseinstellung erfolgt. Steuerrechtlich kann die Erfüllung der Buchführungs- und Aufzeichnungspflichten durch Zwangsgeldandrohung oder -festsetzung erzwungen werden (§ 328 AO). Verfügt die GmbH nicht über die erforderlichen Bücher und Aufzeichnungen oder sind sie nicht ordnungsgemäß, können die Besteuerungsrundlagen geschätzt werden (§ 162 Abs. 2 Satz 2 AO); außerdem kann die damit einhergehende Steuergefährdung als Ordnungswidrigkeit verfolgt werden (§ 379 Abs. 1 Satz 1 Nr. 2 AO). 4033

5. Vorlagepflicht

Die Bestimmungen der §§ 258 bis 261 HGB über die Verpflichtung zur Vorlage von Handelsbüchern in einem Rechtsstreit oder bei Auseinandersetzungen gelten auch für die GmbH. 4034

(Einstweilen frei) 4035–4050

III. Inventar

Zu Beginn des Handelsgewerbes und für den Schluss eines jeden Geschäftsjahres hat die GmbH gem. § 240 HGB ein **Inventar** zu erstellen und darin die Vermögensgegenstände und Schulden nach Art und Menge zu verzeichnen und zu bewerten, die der GmbH bilanzrechtlich zuzurechnen sind. Für die Zurechnung von Vermögensgegen- 4051

---

1 Zu den Einzelheiten vgl. BMF-Schreiben v. 16.7.2001, BStBl I 2001, 415, GDPdU, ersetzt für VZ ab 2015 durch die vg. GoBD.
2 Vgl. BGH v. 9.5.1974 II ZR 50/72, NJW 1974, 1468.

ständen ist das (zivilrechtliche) **Eigentum** maßgebend, es sei denn der Gegenstand ist **wirtschaftlich** einem anderen zuzurechnen (§ 246 Abs. 1 Satz 2 HGB). Das Eröffnungsinventar ist auf den Beginn der Buchführungspflicht aufzustellen.

4052 Das jährliche Inventar ist Grundlage der Jahresbilanz und weist die Ist-Bestände der Vermögensgegenstände und Schulden nach, wie sie sich aus der laufenden Buchführung ergeben (Soll-Bestände). Insofern hat das Inventar mit seinen Bestandteilen in Gestalt der Anlagekartei für die Sachanlagen, der Inventurlisten für die Vorräte und der Saldenlisten für die Forderungen und Verbindlichkeiten auch Kontrollfunktion für die Buchführung.

4053 § 240 Abs. 2 Satz 3 HGB verlangt, dass das Inventar innerhalb eines Zeitraumes aufzustellen ist, der einem ordnungsgemäßen Gang der Geschäfte entspricht. Deshalb muss das Inventar so rechtzeitig aufgestellt werden, dass die Frist für die Aufstellung des Jahresabschlusses von drei bzw. sechs Monaten für die große und mittelgroße GmbH bzw. für die kleine GmbH eingehalten werden kann (vgl. § 264 Abs. 1 Satz 2 und 3 HGB).

4054 Die **Inventur** (§ 241 HGB) ist die Bestandsaufnahme, die es ermöglicht die Vermögensgegenstände und Schulden nach Art und Menge in das Inventar einzustellen. Bei der Inventur sind die Grundsätze der Vollständigkeit, Richtigkeit, Einzelerfassung (Ausnahme beim Festwertverfahren) und der Nachprüfbarkeit (hinreichende Dokumentation des Verfahrens und der Ergebnisse) zu beachten.

4055 **Anerkannte** (auch vereinfachte) **Inventurverfahren** sind nach dem Zeitpunkt der körperlichen Bestandsaufnahme:

▶ Die (klassische) **Stichtagsinventur**, bei der die Bestandsaufnahme zwar „am Bilanzstichtag" stattfindet, sich rein faktisch aber auf die Tage vor und nach dem Bilanzstichtag erstreckt.

▶ Die **ausgeweitete Stichtagsinventur**, bei der die Ermittlung der Bestände auf den Bilanzstichtag üblicherweise innerhalb von zehn Tagen vor und nach dem Stichtag stattfindet; dabei müssen aber die Mengenänderungen zwischen dem Tag der körperlichen Bestandsaufnahme und dem Bilanzstichtag belegt werden.

▶ Die **vor- oder nachgelagerte Stichtagsinventur** gem. § 241 Abs. 3 HGB, bei der die körperliche Bestandsaufnahme und Bewertung auf einen Tag innerhalb von drei Monaten vor oder nach dem Bilanzstichtag erfolgt und dann eine wertmäßige Fortschreibung oder Rückrechnung auf den Bilanzstichtag erfolgt.

▶ Die **permanente Inventur** erlaubt § 241 Abs. 2 HGB. Bei ihr findet die Bestandsaufnahme auf einen beliebigen Tag zwischen den Bilanzstichtagen statt; die aufgenommenen Bestände werden nach buchmäßiger Fortschreibung (art-, mengen- und wertmäßig) in das Inventar zum Bilanzstichtag übernommen. Voraussetzung einer permanenten Inventur ist eine ordnungsgemäße Lagerbuchführung, die Bestände, Zu- und Abgänge nach Datum erfasst und belegmäßig nachweist.

4056 Dem Umfang nach werden nach § 241 Abs. 1 HGB die **Vollinventur** mit einer vollständigen körperlichen Bestandsaufnahme und die **Stichprobeninventur** unterschieden, die mit Hilfe anerkannter mathematisch-statistischer Methoden auf der Grundlage von Stichproben die Bestände ermittelt. Sie setzt voraus, dass ihr Aussagewert einer Vollinventur gleichkommt und die Lagerbuchführung nach Art, Menge und Bewertung zutreffend ist.

Ausnahmen von dem Grundsatz der jährlichen Bestandsaufnahme (§ 240 Abs. 2 HGB) und der Einzelbewertung (§ 252 Abs. 1 Nr. 3 HGB) lassen die Vorschriften des § 240 Abs. 3 HGB **(Festwertverfahren)** und des § 240 Abs. 4 HGB **(Gruppenbewertung)** zu. 4057

(Einstweilen frei) 4058–4059

IV. Eröffnungsbilanz

Nach § 242 Abs. 1 Satz 1 HGB sind die Geschäftsführer verpflichtet, eine Eröffnungsbilanz mit Stichtag auf den Beginn des Handelsgewerbes aufzustellen. Damit ist der Beginn der Buchführungspflicht und damit der Tag des ersten buchungspflichtigen Geschäftsfalles der GmbH nach dem Abschluss des notariellen Gesellschaftsvertrages gemeint. Dieser Stichtag gilt auch, wenn ein Unternehmen als Sacheinlage in die GmbH eingebracht wird oder im Falle der Umwandlung zur Neugründung einer GmbH. Keiner Eröffnungsbilanz bedarf es aber beim bloßen Formwechsel, da der Rechtsträger nicht wechselt. 4060

Die Eröffnungsbilanz ist innerhalb einer Frist von drei Monaten nach dem ersten zu buchenden Geschäftsfall aufzustellen (§ 242 Abs. 1 Satz 2 i.V.m. § 264 Abs. 1 Satz 3 HGB)[1] und von den Geschäftsführern unter Angabe des Datum zu unterschreiben; einer förmlichen Feststellung nach § 46 Nr. 1 GmbHG bedarf es nicht. Von der Eröffnungsbilanz ist die sog. **Vorbelastungsbilanz** (Rn. 967) zu unterscheiden, die die GmbH u.U. auf den Zeitpunkt der Eintragung in das Handelsregister aufzustellen hat, um zu ermitteln, ob und in welcher Höhe Ansprüche gegen die Gesellschafter aus der **Unterbilanzhaftung** entstanden sein könnten (vgl. Rn. 959 ff., zur Differenzhaftung/Unterbilanzhaftung). 4061

(Einstweilen frei) 4062–4080

B. Der Jahresabschluss

I. Allgemeine Regeln

1. Vorbemerkung (Aufgabe der umgekehrten Maßgeblichkeit durch das BilMoG)

Als Kaufmann und Kapitalgesellschaft hat die GmbH gem. §§ 242, 264 Abs. 1 Satz 1 HGB für das vergangene Geschäftsjahr einen **Jahresabschluss**, bestehend aus **Bilanz, Gewinn- und Verlustrechnung (GuV), Anhang** und – außer die kleine GmbH – **Lagebericht** aufzustellen. Die Befreiungsvorschriften des § 241a HGB gelten für die GmbH nicht. **Die Teile bilden eine Einheit.** Der Jahresabschluss hat die Aufgabe, Rechnung zu legen und die Gesellschafter wie die Öffentlichkeit über die wirtschaftliche Lage der GmbH zu informieren (vgl. § 264 Abs. 2 HGB). Außerdem ist der Jahresabschluss **Grundlage** für die **Ergebnisverwendung** und dient der Ermittlung des Betrages, der an die Gesellschafter ausgeschüttet werden kann. 4081

---

[1] In der Fassung des BilMoG.

Schließlich beruht auf dem Jahresabschluss auch die **steuerliche Gewinnermittlung**, wie aus dem Grundsatz der materiellen Maßgeblichkeit der Handelsbilanz für die Steuerbilanz des § 5 Abs. 1 Satz 1 EStG[1] folgt,[2] der über § 8 Abs. 1 KStG auch für die GmbH gilt. Der Grundsatz der umgekehrten Maßgeblichkeit[3] des bisherigen § 5 Abs. 1 Satz 2 EStG wird hingegen durch das BilMoG samt den hierauf beruhenden handelsrechtlichen Öffnungsklauseln im bisherigen HGB (§ 247 Abs. 3, §§ 254, 273, 279, 281, 285 Satz 1 Nr. 5) aufgehoben.[4] Steuerliche Wahlrechte können damit in der Steuerbilanz unabhängig von der Handelsbilanz ausgeübt werden und müssen dort nicht mehr nachvollzogen werden. Die Ausübung steuerlicher Wahlrechte, die von den handelsrechtlichen Bilanzierungsvorschriften abweichen, setzt aber nach § 5 Abs. 1 Satz 2 und 3 EStG voraus, dass die Ausübung steuerlicher Wahlrechte in besonderen, laufend zu führenden Verzeichnissen (neben § 60 Abs. 2 EStDV) ausgewiesen werden. Die Verzeichnisse können auch in der handelsrechtlichen Rechnungslegung geführt werden, z. B. durch Ergänzung des Anlagenspiegels um die geforderten steuerlichen Angaben.

4082 Die materielle Maßgeblichkeit der Handelsbilanz für die Steuerbilanz erstreckt sich auf die nationalen handelsrechtlichen Grundsätze der ordnungsgemäßen Buchführung (einschließlich ihrer Änderung durch die Fortentwicklung des Rechts) und auf alle Vorschriften, die für den Ansatz und die Bewertung der Bilanzposten maßgeblich sind, es sei denn, es bestehen steuerrechtliche Ansatz- und Bewertungsvorbehalte, z. B. in § 5 Abs. 1a und Abs. 2 ff., § 6 EStG. Steuerrechtlich gilt das Verbot der Verrechnung von Posten der Aktivseite mit Posten der Passivseite (§ 5 Abs. 1a Satz 1 EStG.) und weiter[5] die Einschränkung, die von der Rechtsprechung entwickelt worden ist: Handelsrechtliche Aktivierungswahlrechte gelten steuerlich als Aktivierungsgebot, handelsrechtliche Passivierungswahlrechte gelten als Passivierungsverbot.[6]

4083 Nach § 244 HGB ist der Jahresabschluss in deutscher Sprache und in Euro auf den Schluss eines Geschäftsjahres (§ 242 Abs. 1 und 2 HGB) aufzustellen. Das Geschäftsjahr ergibt sich aus der Satzung und entspricht mangels einer abweichenden gesellschaftsvertraglichen Regelung dem Kalenderjahr, darf zwölf Monate nicht überschreiten und darf grundsätzlich auch nicht kürzer sein. Rumpfgeschäftsjahre sind nur bei Gründung, Auflösung, Umwandlung und Änderung des Geschäftsjahres durch Satzungsänderung (§ 53 GmbHG) zulässig, die mit der (nach § 54 Abs. 3 GmbHG notwendigen) Eintragung in das Handelsregister wirksam wird. Die Umstellung des Geschäftsjahres bedarf der Zustimmung des Finanzamtes und wird nur aus gewichtigen Gründen erteilt.[7]

---

1 In der Fassung des Art. 3 BilMoG.
2 BFH v. 30. 11. 2005 I R 26/04, BFH/NV 2006, 616.
3 BFH v. 21. 10. 1993 IV R 87/92, BStBl II 1994, 176; v. 5. 9. 2001 I R 107/00, BStBl II 2002, 134.
4 Grundsätzlich erstmals für Wirtschaftsjahre, die nach dem 31. 12. 2009 beginnen, und ausnahmsweise auch für Wirtschaftsjahre, die nach dem 31. 12. 2008 beginnen, wenn das Wahlrecht nach Art. 66 Abs. 3 Satz 6 EGHGB (i. d. F. des BilMoG) ausgeübt wird, das es erlaubt, die die neuen, in Abs. 3 aufgeführten Vorschriften schon auf Wirtschaftsjahre anzuwenden, die nach dem 31. 12. 2008 beginnen.
5 Herzig, DB 2008, 1, 4.
6 BFH v. 3. 2. 1969 GrS 2/68, BStBl II 1969, 291; v. 30. 11. 2005 I R 26/04, BFH/NV 2006, 616.
7 BFH v. 23. 9. 1999 IV R 4/98, BStBl II 2000, 5.

2. Aufbau des Gesetzes und Änderungen durch das BilMoG

Das Dritte Buch des HGB – „Handelsbücher" – enthält in seinem Ersten Abschnitt (§§ 238 bis 263) diejenigen Vorschriften, die für alle Kaufleute, also auch für jede GmbH gelten. Die für alle Kaufleute geltenden Vorschriften betreffend Eröffnungsbilanz und Jahresabschluss finden sich in §§ 242 bis 256 HGB. Zu nennen sind insbesondere die Vorschriften, wonach die Grundsätze ordnungsmäßiger Buchführung und der Grundsatz der Klarheit und Übersichtlichkeit zu beachten sind (§ 243 Abs. 1 und 2 HGB).

Des Weiteren sind zu nennen das in § 246 HGB normierte Vollständigkeitsgebot und (durch das BilMoG für Altersversorgungsverpflichtungen eingeschränkte) Verrechnungsverbot und das Gebot der Kontinuität der Ansatzmethoden. Hervorzuheben ist auch § 248 Nr. 1 und Nr. 2 HGB, der ein Bilanzierungsverbot für Gründungskosten und für die Kosten der Eigenkapitalbeschaffung enthält. Das bisherige Aktivierungsverbot nicht entgeltlich erworbener immaterieller Vermögensgegenstände ist mit der Neufassung des § 248 HGB gefallen. Nunmehr besteht ein Bilanzierungswahlrecht, so dass auch selbstgeschaffene immaterielle Vermögensgegenstände aktiviert werden können mit Ausnahme von Marken, Drucktiteln, Kundenlisten und vergleichbaren Vermögensgegenständen (§ 248 Abs. 2 HGB).

§ 249 HGB regelt die Bildung von **obligatorischen Rückstellungen** und **schließt** nunmehr **fakultative** Rückstellungen **aus**. Mit dem BilMoG wurden Passivierungswahlrechte zur Bildung von Aufwandsrückstellungen mit Ausnahme der Rückstellungen für unterlassene Instandhaltung und Abraumbeseitigung, für die auch mit steuerlicher Wirkung eine Passivierungspflicht besteht, aufgehoben. Aufwandsrückstellungen kommt nämlich wirtschaftlich betrachtet der Charakter von Rücklagen zu und sie führen zu einer Verbreiterung der Eigenkapitalbasis. Ihr Ausweis als „Schulden" der GmbH verfälschte die Darstellung der Vermögens-, Finanz- und Ertragslage. Das alte Recht war letztmals auf Wirtschaftsjahre anzuwenden, die vor dem 1.1.2010 begonnen haben. Nach altem Recht gebildete Aufwandsrückstellungen können beibehalten oder unmittelbar zugunsten der Gewinnrücklagen aufgelöst werden (Art. 67 Abs. 3 EGHGB).

Latente Steuern sind unter gesonderten Bilanzposten auszuweisen (Aktivierungswahlrecht für aktive und Passivierungspflicht für passive latente Steuern), § 274 HGB. Die Bildung solcher Posten erlangt eine größere Bedeutung, weil mit der Aufgabe der umgekehrten Maßgeblichkeit die handelsbilanziellen Wertansätze und die Wertansätze in der Steuerbilanz häufiger auseinanderdriften werden. Eine sich aus dem Abbau der Bewertungsdifferenz ergebende steuerliche Belastung muss zur zutreffenden Darstellung der Vermögenslage als passive latente Steuer ausgewiesen werden. Eine sich umgekehrt ergebende Entlastung **kann** aktivisch angesetzt werden, allerdings gilt dann die Ausschüttungssperre gem. § 268 Abs. 8 Satz 2 HGB (Deckung des Ausschüttungsbetrags durch mindestens in gleicher Höhe verbleibende freie Rücklagen).

> **BEISPIEL:** Die GmbH hat Wertpapiere mit einem um 500 € höheren Marktwert als in der Steuerbilanz angesetzt. Auf das Mehrvermögen sind bei einer Veräußerung Steuern zu zahlen, die nach den unternehmensindividuellen Steuersätzen (vgl. § 274 Abs. 2 HGB) 25 % betragen sollen. Diese „latente" Steuerschuld von 125 € ist zu passivieren und im Steueraufwand unter latenten Steuern gegenzubuchen, damit die Vermögens- und Ertragslage zutreffend dargestellt wird.

Aktive latente Steuern entstehen auch beim Ansatz von **Verlustvorträgen** durch die künftige Entlastung. Hier ist nur die Entlastung anzusetzen, die durch eine Verlustverrechnung innerhalb der **nächsten fünf Jahre** erwartet werden kann. An den Nachweis der Wahrscheinlichkeit sind unter Berücksichtigung des handelsrechtlichen Vorsichtsprinzips hohe Anforderungen zu stellen, wenn in der Vergangenheit nicht nachhaltig Gewinne erwirtschaftet wurden. Fallen in Krisensituationen die (unterstellten) Gewinne aus, entsteht hinsichtlich der aktivierten latenten Steuern ein Abschreibungsverlust, der die Vermögenssituation verschlechtert und zur Überschuldung (= Insolvenzreife) führen kann. Eine gewisse Vorsicht ist also insbesondere bei der Aktivierung latenter Steuern auf Verlustvorträge geboten. Auch die **Ausschüttungssperre** ist zu beachten.

Die kleine GmbH und die die Kleinst-GmbH sind von der Steuerabgrenzung nach § 274 HGB (latente Steuern) befreit (§ 274a Nr. 5 HGB und § 267a Abs. 2 HGB).

4087 Besonders wichtig sind die **Bewertungsvorschriften** der §§ 252 ff. HGB, die durch das BilMoG zum Teil grundlegende Veränderungen erfahren haben (Wegfall mehrerer Wahlrechte bei der Vornahme von Abschreibungen und Zuschreibungen), neue Bewertungsmaßstäbe wie mit dem Erfüllungsbetrag für Schulden und Rückstellungen (samt Abzinsungspflicht) sowie beizulegender Zeitwert beim Umlaufvermögen, § 253 HGB, Wegfall der Übernahme niedrigerer Zeitwerte aufgrund steuerlicher Abschreibungen und – **neu** – die Bildung von Bewertungseinheiten bei bestimmten Grund- und zugehörigen Sicherungsgeschäften, § 254 HGB, wesentliche Änderung bei den Bewertungsmaßstäben für die Zugangsbewertung durch Neufassung des Herstellungskostenbegriffs bei Wirtschaftsgütern des Anlagevermögens und bei selbstgeschaffenen immateriellen Wirtschaftsgütern sowie eine Definition des beizulegenden Zeitwerts, § 255 HGB, und schließlich mit § 256a HGB. eine Vorschrift zur Umrechnung von Geschäften in Fremdwährung. Die Vorschriften sind grundsätzlich zwingend, soweit sie dem Unternehmen nicht ausnahmsweise Bewegungsspielraum („kann" — „darf") einräumen.

4088 Die Bilanzierungsvorschriften werden ergänzt durch den Zweiten Abschnitt (§§ 264 bis 335 HGB), die nur für Kapitalgesellschaften gelten, wobei in § 265 HGB die weiteren für sie geltenden Gliederungsvorschriften hervorzuheben sind. Die GmbH ist eine Kapitalgesellschaft, es sind mithin auch die §§ 264 ff. HGB auf die GmbH anzuwenden, allerdings – entsprechend der Größe – in unterschiedlicher Weise. Denn die Erfordernisse hinsichtlich des Jahresabschlusses sind unterschiedlich, je nachdem, ob es sich um eine große GmbH, mittelgroße GmbH, kleine GmbH oder Kleinst-GmbH handelt.

4089 Regelungen zum **Konzernabschluss** enthalten die §§ 290 bis 315a HGB. Dabei geht es um den Abschluss der wirtschaftlichen Einheit (Konzern), die aus der Muttergesellschaft und den Tochtergesellschaften besteht; er stellt eine konsolidierte Zusammenfassung der Einzelabschlüsse der einbezogenen Unternehmen dar, wobei die konzerninternen Schuld- und Beteiligungsverhältnisse und die Ergebnisse des Geschäftsverkehrs der Gesellschaften untereinander ausgeschieden werden – Konsolidierung.[1] Ihm kommt eine wichtige Informationsaufgabe über die wirtschaftliche Situation der kon-

---

[1] Vgl. auch Beck-GmbH-HB/Langseder, § 9 Rz. 141.

zernangehörigen Gesellschaften und des Gesamtunternehmens zu. Der Konzernabschluss ist nicht Grundlage für Gewinnansprüche von Gesellschaftern oder für Steuerfestsetzungen; der Konzern selbst hat keine eigene Rechtspersönlichkeit und ist nicht Steuersubjekt. Der Konzernabschluss bedarf keiner Feststellung durch die Gesellschafterversammlung, sondern ist ihr nur vorzulegen. Ist eine GmbH Mutterunternehmen eines Konzerns, haben die **Geschäftsführer** die Pflicht, einen Konzernabschluss aufzustellen; dies folgt aus dem Konzept der einheitlichen Leitung.

(*Einstweilen frei*) 4090–4100

II. Sonderregelung für Kapitalgesellschaften

1. Gegenstand und Größenklassen

Der Zweite Abschnitt des Dritten Buches des HGB (§§ 264 ff.) enthält für den **Jahresabschluss von Kapitalgesellschaften** zu den für alle Kaufleute geltenden Regeln **ergänzende Vorschriften**; über den Aufbau und Inhalt von Bilanz und Gewinn- und Verlustrechnung hinaus wird hier insbesondere die nur für Kapitalgesellschaften bestehende Prüfungs- und Offenlegungspflicht[1] geregelt. Für die Anwendung der ergänzenden Rechnungslegungsvorschriften unterscheidet das HGB in § 267 und 267a **vier Größenklassen**, die auch für die GmbH gelten. Angesichts des Schutzcharakters dieser Vorschriften wird auf die tatsächliche wirtschaftliche Bedeutung einer Gesellschaft und nicht auf die Stammkapitalziffer abgestellt. 4101

Kriterien für die Größeneinteilung sind 4102

▶ die Bilanzsumme,

▶ die Umsatzerlöse und

▶ die Zahl der Arbeitnehmer,

wobei für die Einordnung in eine der Größenklassen maßgebend ist, ob an zwei aufeinander folgenden Bilanzstichtagen bestimmte Grenzwerte für jeweils zwei der drei Größenkriterien über- oder unterschritten sind. Bei der Neugründung sind die Merkmale am ersten Abschlussstichtag maßgebend.

Übersicht über die Größenkriterien gemäß Bilanzrichtlinienumsetzungsgesetz (BilRUG): 4103

GmbH	Bilanzsumme	Umsatzerlöse	Arbeitnehmer
kleinst	350 000 €	700 000 €	10
klein	6 Mio. €	12 Mio. €	50
mittelgroß	20 Mio. €	40 Mio. €	250
groß	> 20 Mio. €	> 40 Mio. €	> 250

Als groß gilt eine GmbH, wenn mindestens zwei der vorstehenden Kriterien überschritten werden.

---

[1] Zu den Neuregelungen durch das EHUG vgl. Rn. 4341 ff.

4104 **Maßgebende Bilanzsumme** ist die Summe aller Aktiva (bzw. Passivposten) abzgl. eines auf der Aktivseite ausgewiesenen Fehlbetrags nach § 268 Abs. 3 HGB (= nicht durch Eigenkapital gedeckter Fehlbetrag). Für die Kleinst-GmbH gilt dies ohne den Ausweis für latente Steuern.

4105 Das Kriterium **Umsatzerlöse** richtet sich nach den Umsatzerlösen in den zwölf Monaten vor dem Abschlussstichtag, bei einer Neugründung sind die Umsätze des Rumpfgeschäftsjahres und die Umsätze der Vorgesellschaft einzubeziehen, bei einer Umwandlung gelten ebenfalls die Umsatzzahlen des Rumpfgeschäftsjahres zzgl. der anteiligen Umsätze des Rechtsvorgängers. Zu beachten ist, dass durch BilRUG der Begriff der Umsatzerlöse erweitert wurde!

4106 Bei der **Zahl der Arbeitnehmer** ist der Durchschnitt der Zahl der Beschäftigten jeweils am Quartalsende maßgebend, im Ausland beschäftigte Arbeitnehmer zählen ebenso mit wie Teilzeitbeschäftigte und Kurzarbeiter (nach h. M. ohne Umrechnung auf Vollzeitkräfte), nicht aber die Geschäftsführer oder Auszubildende.

2. Gruppenbildung

a) Die Kleinst-GmbH (Kleinstkapitalgesellschaft)

4107 Die durch Art. 1 MicroBilG vom 20. 12. 2012 eingeführte Kleinst-GmbH liegt vor, wen eine kleine GmbH (Rz. 4107/1) mindestens zwei der nachstehenden Größen nicht überschreitet:

- ▶ Bilanzsumme (nach Abzug eines auf der Aktivseite ausgewiesenen Fehlbetrages) nicht größer als 350 000 €
- ▶ Umsatzerlöse in den zwölf Monaten vor dem Abschlussstichtag 700 000 €
- ▶ Zahl der Arbeitnehmer, im Jahresdurchschnitt höchstens 10.

Es müssen mindestens zwei dieser Merkmale erfüllt sein. Außerdem gelten für die Kleinst-GmbH die Vorschriften über die kleine GmbH entsprechend. Bei der Gewinn- und Verlustrechnung kann die Kleinst-GmbH jedoch nach § 275 Abs. 5 HGB anstelle der Staffelung eine vereinfachte Darstellung wählen, die – wie folgt – aussieht: 1. Umsatzerlöse, 2. sonstige Erträge, 3. Matrialaufwand, 4. Personalaufwand, 5. Abschreibungen, 6. sonstige Aufwendungen, 7. Steuern, 8. Jahresüberschuss/Jahresfehlbetrag.

b) Die kleine GmbH

4107/1 Eine GmbH wird gem. § 267 Abs. 1 HGB als kleine GmbH behandelt, wenn am Bilanzstichtag und an dem vorangegangenen Bilanzstichtag zwei der nachstehenden Größen nicht überschritten sind:

- ▶ Bilanzsumme (nach Abzug eines auf der Aktivseite ausgewiesenen Fehlbetrags) nicht größer als 6 Mio. €,
- ▶ Umsatzerlöse nicht mehr als 12 Mio. €,
- ▶ Zahl der Arbeitnehmer, im Jahresdurchschnitt höchstens 50.

4108 Es müssen mindestens zwei dieser Merkmale erfüllt sein. Wenn die GmbH also z. B. eine Bilanzsumme von 4 Mio. € hat und 7 Mio. € umsetzte, aber 120 Arbeitnehmer beschäftigte, dann ist sie eine kleine GmbH; dass das dritte Merkmal die vom Gesetz gezogene Grenze überschreitet, ist für die Einordnung unschädlich. Werden aber zwei der genannten Merkmale überschritten, dann handelt es sich nicht mehr um eine kleine GmbH.

Die kleine GmbH ist verpflichtet einen Jahresabschluss bestehend aus Bilanz, Gewinn- und Verlustrechnung und Anhang zu erstellen und im Anhang Bilanz und GuV zu erläutern. Die kleine GmbH unterliegt aber nicht der Abschlussprüfung. Für die Aufstellung des Jahresabschlusses räumt das Gesetz der kleinen GmbH eine Frist von sechs Monaten ein, wenn und soweit dies einem ordnungsgemäßen Geschäftsgang entspricht. Nur die Bilanz und der Anhang, nicht aber die GuV und die Erläuterungen hierzu im Anhang, sind unverzüglich nach Feststellung, spätestens jedoch vor Ablauf des 12. Monats des dem Bilanzstichtag folgenden Geschäftsjahres zum elektronischen Bundesanzeiger einzureichen, §§ 325 Abs. 1 Satz 1, 326 HGB. Bei der Kleinst-GmbH genügt es, wenn die Bilanz in elektronischer Form zur dauerhaften Hinterlegung beim Betreiber des Bundesanzeigers eingereicht, ein Hinterlegungsauftrag erteilt und ihm mitgeteilt wird, dass zwei der drei Größenmerkmale in § 267a Abs. 1 HGB nicht überschritten werden. 4109

Die kleine GmbH (wie auch die Kleinst-GmbH) genießt eine Reihe von **Erleichterungen** bei der Rechnungslegung, insbesondere muss sie **keinen Lagebericht** aufstellen (§ 264 Abs. 1 Satz 3 HGB). Außerdem befreit § 274a HGB die kleine GmbH von näher beschriebenen bestimmten Pflichten und Erläuterungen zu einzelnen Bilanzposten (§ 268 Abs. 2 HGB – Anlagengitter –). Schließlich braucht die kleine GmbH nach § 276 HGB nicht die in § 277 Abs. 4 Satz 2 und 3 HGB verlangten Erläuterungen zu den außerordentlichen Erträgen bzw. Aufwendungen abzugeben. Sie ist nach § 288 Abs. 1 HGB auch von den dort genannten Angaben und Aufgliederungen nach §§ 284 und 285 HGB befreit. Jedoch gelten für die kleine GmbH die Bewertungsvorschriften und die Einschränkungen der Bewertungswahlrechte, was die Bildung von stillen Reserven erschwert. 4110

c) Die große GmbH

Während die kleine GmbH nach oben abgegrenzt wird und Höchstwerte nicht überschreiten darf, muss zur Abgrenzung der großen GmbH umgekehrt vorgegangen werden: Hier müssen Mindestwerte überschritten werden. Der Begriff „**große GmbH**" wird verwendet, um innerhalb der prüfungspflichtigen Unternehmen die größeren Unternehmen abzugrenzen. Diese Gesellschaften müssen die besonderen Anforderungen an Jahresabschluss und Bilanz ohne Einschränkungen erfüllen. 4111

Gemäß § 267 Abs. 3 HGB liegt eine **große GmbH** dann vor, wenn am Abschlussstichtag und am vorhergehenden Abschlussstichtag mindestens zwei der folgenden Merkmale zutreffen: 4112

- Bilanzsumme mehr als 20 Mio. €, und zwar ebenfalls nach Abzug eines auf der Aktivseite ausgewiesenen Fehlbetrages,
- Umsatzerlöse höher als 40 Mio. €,
- Zahl der Arbeitnehmer mehr als 250 im Jahresdurchschnitt.

Es genügt auch hier, wenn zwei dieser Merkmale erfüllt sind. Liegen die Werte bei zwei Merkmalen unter diesen Grenzen, dann handelt es sich nicht mit um eine große GmbH.

4113 Die große GmbH unterliegt den Vorschriften über die Rechnungslegung uneingeschränkt. Sie hat eine weiter aufgegliederte Bilanz als in den anderen Größenklassen verlangt aufzustellen und zusammen mit GuV-Rechnung, dem Anhang und dem Lagebericht nach Durchführung der Abschlussprüfung bei dem Betreiber des elektronischen Bundesanzeigers elektronisch einzureichen und danach unverzüglich diese Unterlagen im elektronischen Bundesanzeiger bekannt machen zu lassen (§ 325 Abs. 1 und 2 HGB).

d) Die mittelgroße GmbH

4114 Zwischen der kleinen und großen GmbH liegt die „mittelgroße" GmbH. Sie muss nach oben und unten abgegrenzt werden, denn sie darf weder eine große noch eine kleine GmbH sein.

4115 Eine mittelgroße (mittlere) GmbH liegt vor, wenn sie am Bilanzstichtag und an dem vorangegangenen Bilanzstichtag mindestens zwei der drei nachstehenden Größenmerkmale erfüllt:

▶ Bilanzsumme mehr als 6 Mio. € und gleich oder weniger als 20 Mio. €,
▶ Umsatz mehr als 12 Mio. € und gleich oder weniger als 40 Mio. €,
▶ Zahl der Mitarbeiter mehr als 50 und höchstens 250 im Jahresdurchschnitt.

4116 Auch die mittlere GmbH genießt bei der Rechnungslegung gewisse Erleichterungen. Zwar muss auch sie – wie die große GmbH – eine Bilanz aufstellen, welche die in § 266 Abs. 2 und 3 HGB bezeichneten Posten der Aktiv- und Passivseite ausweist. Bei der GuV und dem Anhang ergeben sich aber gewisse Erleichterungen (§§ 276, 288 HGB).

4117 Bei der Offenlegung stellt das Gesetz an die mittelgroße GmbH nach § 327 HGB geringere Anforderungen: Sie braucht beim Betreiber des elektronischen Bundesanzeigers nur eine verkürzte Bilanz einzureichen, wie sie für die kleine GmbH nach § 266 Abs. 1 Satz 3 HGB vorgeschrieben ist und in der die in § 327 HGB aufgezählten Posten gesondert anzugeben sind. Außerdem brauchen im Anhang bestimmte Angaben nicht gemacht zu werden.

4118–4140 *(Einstweilen frei)*

III. Aufstellung des Jahresabschlusses

1. Zuständigkeit

4141 Die Verpflichtung zur Aufstellung des Jahresabschlusses ergibt sich für die GmbH aus § 242 HGB. Verantwortlich für die Erfüllung dieser Pflicht und für die Erstellung des Anhangs und eines Lageberichts ist/sind der/die Geschäftsführer (§ 264 Abs. 1 Satz 1 HGB i.V. m. § 35 Abs. 1 GmbHG). Befindet sich die GmbH in der Abwicklung, trifft die Pflicht die Liquidatoren (§ 71 Abs. 1 GmbHG), in der Insolvenz den Insolvenzverwalter.[1]

---

1 KG Berlin v. 3.6.1997 1 W 8260/95, DB 1997, 1708.

Sind mehrere Geschäftsführer vorhanden, trifft diese Verpflichtung jeden Einzelnen von ihnen; dies gilt grundsätzlich auch, wenn aufgrund einer Ressortverteilung – was zulässig ist – intern nur ein bestimmter Geschäftsführer zuständig ist. Eine solche Geschäftsverteilung entlastet die anderen Geschäftsführer, wenn sich im Zusammenhang mit der Aufstellung des Jahresabschlusses z. B. Schadensersatzpflichten der Gesellschaft ergeben. Die nach der Ressortverteilung unzuständigen Geschäftsführer haben aber auf jeden Fall eine Überwachungspflicht und müssen ggf. auch für Abhilfe sorgen; trotz der Geschäftsverteilung können sie auch einer Bestrafung gem. §§ 331 ff. HGB oder §§ 82 ff. GmbHG ausgesetzt sein. 4142

Die Geschäftsführer wären meist überfordert, hätten sie die Aufstellung des Jahresabschlusses persönlich vorzunehmen. Sie können damit auch Angestellte beauftragen, sind aber für die „richtige" Auswahl ebenso verantwortlich wie für die Überwachung. Auch wenn die Geschäftsführer die Aufstellung delegiert haben, tragen sie selbst für den Inhalt des Jahresabschlusses die Verantwortung. 4143

Auch wenn über eine interne Geschäftsverteilung einem Geschäftsführer die Aufstellung des Jahresabschlusses und des Lageberichtes übertragen worden ist, werden die übrigen Geschäftsführer dadurch nicht von ihrer Verantwortung befreit, zumal der Jahresabschluss von allen Geschäftsführern nach § 245 HGB unterzeichnet werden muss. Bei Meinungsverschiedenheiten unter mehreren Geschäftsführern muss deshalb eine einstimmige Beschlussfassung herbeigeführt werden, wenn die Satzung oder die für die Geschäftsführung geltende Geschäftsordnung keine Mehrheitsentscheidung vorsieht. 4144

Die Gesellschafterversammlung hat gem. § 37 Abs. 1 GmbHG ein allgemeines Weisungsrecht gegenüber den Geschäftsführern, welches sie auch bei der Aufstellung des Jahresabschlusses und des Lageberichts im Rahmen der gesetzlichen Regelungen, der Satzung und der Grundsätze ordnungsgemäßer Buchführung ausüben kann. Das kommt insbesondere dort in Betracht, wo es um die Ausübung bestimmter Bilanzierungs- und Bewertungswahlrechte oder um den Inhalt des Lageberichts geht. 4145

Von der Aufstellung des Jahresabschlusses und des Lageberichts, auf die die Gesellschafterversammlung wie geschildert Einfluss nehmen kann, ist die Feststellung des Jahresabschlusses zu unterscheiden. Der (festgestellte) Jahresabschluss ist von allen (zurzeit der Unterzeichnung bestellten) Geschäftsführern mit Datum am Ende des Anhangs oder unter der GuV-Rechnung zu unterzeichnen. Da erst der festgestellte Jahresabschluss mit Datum zu unterzeichnen ist,[1] kann es sich empfehlen, die Aufstellung des Jahresabschlusses eigenständig mit Datum festzuhalten, um im Insolvenzfall strafrechtliche Konsequenzen wegen nicht „rechtzeitiger Aufstellung" des Jahresabschlusses zu vermeiden. 4146

(Einstweilen frei) 4147–4160

---

[1] BGH v. 28. 1. 1985 II ZR 79/84, GmbHR 1985, 256.

2. Fristen zur Aufstellung

4161 Durch das BiRiLiG ist die frühere Möglichkeit, die Aufstellungsfrist in der Satzung zu regeln, im Wesentlichen beseitigt worden; die Fristen für die Aufstellung des Jahresabschlusses sind nunmehr im HGB wie folgt geregelt:

4162 Gemäß § 264 Abs. 1 Satz 3 HGB ist der Jahresabschluss und der Lagebericht der großen und mittelgroßen GmbH von den Geschäftsführern in den ersten drei Monaten nach dem Bilanzstichtag für das Vorjahr aufzustellen.

4163 Diese Frist gilt nicht für die kleine GmbH und die Kleinst-GmbH; sie brauchen den Jahresabschluss nur innerhalb von sechs Monaten aufzustellen, wenn die Fristüberschreitung „einem ordnungsgemäßen Geschäftsgang" entspricht (§ 264 Abs. 1 Satz 4 HGB). Die Aufstellung darf also nicht willkürlich bis zum Ablauf der sechsmonatigen Frist aufgeschoben werden. Jedenfalls muss auch der Jahresabschluss der kleinen GmbH aber gem. § 264 Abs. 1 HGB innerhalb der ersten sechs Monate des neuen Geschäftsjahres aufgestellt sein. Im Gesellschaftsvertrag dürfen keine abweichenden Fristen statuiert werden, also auch keine generelle Sechsmonatsfrist für die Aufstellung bei einer kleinen GmbH. Die Satzung einer kleinen GmbH bzw. der Kleinst-GmbH oder der Anstellungsvertrag mit ihrem Geschäftsführer kann aber eine kürzere Frist als sechs Monate festlegen.

4164 Aufgestellt ist der Jahresabschluss, wenn er und der (eventuell erforderliche) Lagebericht soweit fertiggestellt sind, dass die Unterlagen – bei der großen und mittelgroßen GmbH – dem Abschlussprüfer vorgelegt und bei der kleinen GmbH der Gesellschafterversammlung zur Feststellung des Jahresabschlusses übergeben werden können

4165 Eine Fristverletzung ist weder eine Straftat noch eine Ordnungswidrigkeit i. S. d. §§ 331 ff. HGB.

4166 Gegen die Geschäftsführer und die GmbH kann aber gem. § 335 HGB durch das Bundesamt für Justiz ein Ordnungsgeldverfahren durchgeführt werden, wenn sie ihren Offenlegungspflichten nach § 325 HGB beim elektronischen Bundesanzeiger hinsichtlich des Jahresabschlusses usw. nicht nachkommen. Das Ordnungsgeld beträgt mindestens 2 500 € und höchstens 25 000 €.[1] Vor der Festsetzung ist das Ordnungsgeld anzudrohen. Mit der Androhung ist den Geschäftsführern oder der GmbH aufzugeben, innerhalb von sechs Wochen den Publizitätspflichten nachzukommen oder die Unterlassung mittels Einspruch gegen die Verfügung zu rechtfertigen. Zugleich sind den Beteiligten die Kosten des Verfahrens aufzuerlegen.

4167–4180 (Einstweilen frei)

---

[1] Zur Herabsetzung auf 500 € bei Kleinstkapitalgesellschaften s. OLG Köln v. 20. 5. 2016 28 Wx 3/16, DStR 2016, 1875.

IV. Inhalt des Jahresabschlusses

1. Allgemeines

Der Jahresabschluss besteht nach der Legaldefinition des § 242 Abs. 3 HGB aus der Bilanz und der Gewinn- und Verlustrechnung. Bei Kapitalgesellschaften – also auch bei der GmbH – ist der Jahresabschluss nach § 264 Abs. 1 HGB um einen Anhang, der mit der Bilanz und der GuV eine Einheit bildet, sowie um einen Lagebericht zu erweitern. Auch für diese Erweiterungen sind die Geschäftsführer verantwortlich; die Aufstellung hat zusammen mit dem Jahresabschluss zu erfolgen, also auch innerhalb der dort geltenden Fristen.

4181

2. Bilanz und Gewinn- und Verlustrechnung

Die Gliederung der Bilanz und der GuV ist für die GmbH – wie für andere Kapitalgesellschaften – in den §§ 265, 266, 268 und 275 bis 277 HGB verbindlich vorgeschrieben. Bei bestimmten Unternehmen sind gem. § 330 HGB Formblätter zu verwenden.

4182

Die Bilanz der GmbH ist nach dem Gliederungsschema des § 266 HGB, das für alle Kapitalgesellschaften gilt, in **Kontoform** aufzustellen, wobei gesetzlich vorgeschriebene Sonderposten zu berücksichtigen sein können. Aufgrund der für die kleine GmbH geltenden Erleichterungen können sich unterschiedliche Bilanzschemata ergeben, wobei der **kleinen GmbH** (und der Kleinst-GmbH) Zusammenfassungen bei der Aufstellung der Bilanz gestattet sind (§ 266 Abs. 1 Satz 3 HGB), in der nur die mit Buchstaben und römischen Zahlen bezeichneten Posten gesondert und in der vorgeschriebenen Reihenfolge ausgewiesen werden (verkürzte Bilanz); alles, was in § 266 Abs. 2 und 3 HGB mit arabischen Ziffern bezeichnet ist, fällt weg. Natürlich kann eine kleine GmbH bei ihrer Bilanz auch weitere Unterteilungen aus den arabischen Ziffern des § 266 HGB übernehmen.

4183

Die Bilanzgliederung[1] der kleinen GmbH muss deshalb nur so aussehen:

4184

Aktiva:

A. Anlagevermögen

I. Immaterielle Vermögensgegenstände

II. Sachanlagen

III. Finanzanlagen

B. Umlaufvermögen

I. Vorräte

II. Forderungen und sonstige Vermögensgegenstände

III. Wertpapiere

IV. Kassenbestand, Bundesbankguthaben, Guthaben bei Kreditinstituten und Schecks

---

[1] Für nach dem 31.12.2009 beginnende Geschäftsjahre oder wahlweise bereits für nach dem 31.12.2008 beginnende Geschäftsjahre, Art. 66 Abs. 3 EGHGB i.d.F. des BilMoG.

C. Rechnungsabgrenzungsposten

D. Aktive latente Steuern[*]

E. Aktiver Unterschiedsbetrag aus der Vermögensverrechnung

Passiva:

A. Eigenkapital

I. Gezeichnetes Kapital (= Stammkapital)

II. Kapitalrücklage

III. Gewinnrücklagen

IV. Gewinnvortrag/Verlustvortrag

V. Jahresüberschuss/Jahresfehlbetrag

B. Rückstellungen

C. Verbindlichkeiten

D. Rechnungsabgrenzungsposten

E. Passive latente Steuern[*]

4185 Für die kleine GmbH gelten nach § 274a HGB weitere Erleichterungen, als sie die Entwicklung des Anlagevermögens nicht in einem Anlagegitter gem. § 268 Abs. 2 HGB in der Bilanz oder im Anhang darstellen muss und von der Steuerabgrenzung für latente Steuern gem. § 274 HGB befreit ist (§ 274a Nr. 5 HGB). Bei ihr entfällt daher auch der entsprechende Bilanzposten „Aktive (bzw.) Passive latente Steuern".

4186 Für eine **mittelgroße GmbH** gibt es hinsichtlich der Bilanzgliederung keine Erleichterungen. Sie kann jedoch ihre Bilanz in der für die kleine GmbH vorgeschriebenen Form bei dem Betreiber des elektronischen Bundesanzeigers einreichen, jedoch müssen in der Bilanz oder im Anhang die in § 327 verlangten Posten zusätzlich gesondert angegeben werden.

4187 Neben der Bilanz hat die GmbH eine **Gewinn- und Verlustrechnung (GuV)** zu erstellen. Sie ergibt sich aus der Zusammenstellung und dem Abschluss der Erfolgskonten (Aufwands- und Ertragskonten). Die Pflicht zur Aufstellung einer GuV folgt aus § 242 Abs. 2 HGB und gehört zu einer ordnungsgemäßen Buchführung. Für die GmbH als Kapitalgesellschaft ist die GuV in **Staffelform** nach dem Gesamtkostenverfahren (§ 275 Abs. 2 HGB) oder dem Umsatzkostenverfahren (§ 275 Abs. 3 HGB) aufzustellen. Bei der Gliederung der GuV sind gem. § 276 Satz 1 HGB kleine und mittelgroße GmbHs gleichgestellt, sie dürfen bestimmte Posten unter der Bezeichnung „Rohergebnis" zusammenfassen. Die kleine GmbH braucht außerdem keine Erläuterungen zu den Posten „außerordentliche Erträge" und „außerordentliche Aufwendungen" zu machen (§ 276 Satz 2 HGB).

---

[*] Entfällt für die kleine GmbH (§ 274a Nr. 5 HGB); vgl. Rn. 4185.

3. Besondere Bilanzierungsvorschriften für die GmbH

Literatur: Van Venrooy, Feststellung von GmbH-Jahresabschlüssen, GmbHR 2003, 125; *Horath/Kauter*, Darlehen einer GmbH an ihren Gesellschafter, StuB 2005, 437; *Schildknecht*, Passivierungsverbote nach Rangrücktrittsvereinbarungen, DStR 2005, 181; *Schilmar*, Kapitalschutz beim Cash-Management, DStR 2006, 568; *Herzig, N.*, Modernisierung des Bilanzrechts und Besteuerung, DB 2008, 1; *ders.*, Steuerliche Konsequenzen des Regierungsentwurfs zum BilMoG, DB 2008, 1339.

Die Vorschrift des § 42 GmbHG ergänzt die für alle Kaufleute (§§ 238 ff. HGB) und für die Kapitalgesellschaften (§§ 264 ff. HGB) geltenden Bilanzvorschriften **für die GmbH um einige besondere Bilanzierungsregeln**. Dabei geht es um den **Ausweis des Stammkapitals** und um die **Bilanzierung von Nachschüssen**. Außerdem müssen **Ausleihungen und Forderungen an Gesellschafter** und **Verbindlichkeiten** gegenüber ihnen **gesondert angegeben** werden.

4188

Das **Stammkapital** muss **als gezeichnetes Kapital** ausgewiesen werden. Insofern hat § 42 GmbHG gegenüber § 272 Abs. 1 Satz 1 HGB nur klarstellende Bedeutung. Das Stammkapital ist mit dem Nennbetrag anzusetzen. Nach § 272 Abs. 1 HGB ist für nach dem 31. 12. 2009 beginnende Geschäftsjahre[1] der **Nettoausweis der ausstehenden Einlagen** vorgeschrieben. Der Posten „Gezeichnetes Kapital" und der Posten „Nicht eingeforderte ausstehende Einlagen auf das gezeichnete Kapital" werden auf der Passivseite der Bilanz in der Vorspalte ausgewiesen. Der nach Saldierung verbleibende Betrag ist unter dem Posten „Eingefordertes Kapital" auf der Passivseite in der Hauptspalte zu zeigen. Damit korrespondierend ist der eingeforderte, aber noch nicht eingezahlte Betrag unter den Forderungen gesondert auszuweisen und zu bezeichnen. Ist das gezeichnete Kapital voll eingezahlt, ist es unter dem Posten „Gezeichnetes Kapital" in der Hauptspalte auszuweisen.

4189

Eigene Geschäftsanteile, auf welche die Einlage vollständig geleistet ist, darf die GmbH unter der weiteren Voraussetzung des § 33 Abs. 2 Satz 1 GmbHG erwerben, dass im Zeitpunkt des Erwerbs die **fiktive Bildung einer Rücklage** in Höhe der Aufwendungen ohne Verwendung des Stammkapitals oder gebundener Rücklagen möglich wäre. Handelsbilanziell stellt der Erwerb eigener Anteile seinem wirtschaftlichen Gehalt nach die Auskehrung frei verfügbarer Rücklagen dar. Deshalb verbietet jetzt § 272 Abs. 1a HGB den Ausweis der eigenen Anteile auf der Aktivseite unter den Wertpapieren und einer Rücklage für eigene Anteile auf der Passivseite und schreibt vor, dass der Nennbetrag der Geschäftsanteile in der Vorspalte offen von dem Posten „Gezeichnetes Kapital" abzusetzen und der Unterschiedsbetrag zwischen Nennbetrag und dem Kaufpreis mit den frei verfügbaren Rücklagen zu verrechnen ist. Die Anschaffungsnebenkosten (z. B. Notargebühren für die Beurkundung der Abtretung) sind Aufwand des Geschäftsjahres.

4190

Nach der **Veräußerung** eigener Geschäftsanteile entfällt nach § 272 Abs. 1b HGB der Vorspaltenausweis in Höhe des Nennbetrags der Geschäftsanteile. Entsteht aus dem Veräußerungserlös ein den Nennbetrag der eigenen Anteile übersteigender Differenzbetrag, ist dieser bis zur Höhe des (beim Erwerb) mit den freien Rücklagen verrechneten Betrages in die jeweiligen Rücklagen einzustellen. Ein danach noch verbleibender (über-

---

1 Mit Wahlrecht, sämtliche neuen Bilanzierungsvorschriften bereits auf Jahresabschlüsse für nach dem 31. 12. 2008 beginnende Geschäftsjahre anzuwenden, Art. 66 Abs. 3 letzter Satz EGHGB i. d. F. des BilMoG.

schießender) Differenzbetrag ist in die Kapitalrücklage nach § 272 Abs. 2 Nr. 1 HGB (wie z. B. ein Aufgeld) einzustellen. Veräußerungsnebenkosten stellen Aufwand des Geschäftsjahres dar.

4191 Im Ergebnis sind Erwerb und Wiederveräußerung eigener Geschäftsanteile bis auf die Transaktionskosten vollständig ergebnisneutral.[1]

4192 **Nachschüsse,** die nach dem Statut der GmbH verlangt werden können, müssen nach § 42 Abs. 2 Satz 1 GmbHG gesondert unter der Position Forderungen als „**eingeforderte Nachschüsse**" aktiviert werden, wenn ihre Einforderung beschlossen ist und ein Gesellschafter sich durch Abandon gem. § 27 GmbHG (Preisgabe des Geschäftsanteils) nicht (mehr innerhalb eines Monats nach Aufforderung zur Leistung) von der Zahlung des Nachschusses befreien kann und auch mit der Zahlung des Nachschusses gerechnet werden kann (§ 42 Abs. 2 Satz 2 GmbHG). In Höhe des aktivierten Betrages ist ein entsprechender **Passivposten** zu bilden, was innerhalb der **Kapitalrücklage** üblicherweise unter der Bezeichnung „**Nachschusskapital**" erfolgt (§ 42 Abs. 2 Satz 3 GmbHG).

4193 **Ausleihungen, Forderungen und Verbindlichkeiten gegenüber Gesellschaftern** sind nach § 42 Abs. 3 GmbHG gesondert auszuweisen, um Beziehungen finanzieller Natur zwischen der GmbH und ihren Gesellschaftern im Gläubigerinteresse offen zu legen. Ausschlaggebend ist die Stellung als Gesellschafter am Bilanzstichtag. Dies ist nach § 16 Abs. 1 und § 40 GmbHG zu beurteilen. Bei Treuhandverhältnissen wird sowohl der Treuhänder als auch der Treugeber als Gesellschafter angesehen.[2]

4194 Das Gesetz erlaubt für die Angabe den Ausweis in einem gesonderten Bilanzposten oder im Anhang oder bei anderen Bilanzposten mit einem „**Davon-Vermerk**". Der Klarheit halber empfiehlt es sich, einen eigenen Bilanzposten im Gliederungsschema nach § 266 Abs. 2 und 3 HGB vor den entsprechenden Positionen gegenüber „verbundenen Unternehmen" zu bilden mit dem Zusatz „gegenüber Gesellschaftern", also z. B. unter den Finanzanlagen den Posten „Ausleihungen an Gesellschafter". Betrifft die Ausleihung, Forderung oder Verbindlichkeit einen Gesellschafter, der zugleich ein verbundenes Unternehmen i. S. v. § 271 Abs. 2 HGB oder ein Unternehmen ist, das eine Beteiligung an i. S. d. § 271 Abs. 1 HGB an der GmbH hält, geht der Ausweis nach § 42 Abs. 3 GmbHG als der spezielleren Vorschrift vor, wobei freilich unter dem Bilanzposten auf Mitzugehörigkeit nach § 265 Abs. 3 HGB hinzuweisen ist. Ist eine Verbindlichkeit gegenüber einem Gesellschafter dem Grunde und/oder der Höhe nach ungewiss, ist sie unter den Rückstellungen für solche Verbindlichkeiten einzustellen; eines Hinweises gem. § 42 Abs. 3 GmbHG bedarf es nicht.

4. Ergebnisverwendung im Jahresabschluss

4195 Ist die GmbH gesetzlich oder gesellschaftsvertraglich oder aufgrund eines vor Feststellung des Jahresabschlusses gefassten **Ergebnisverwendungsbeschlusses** der Gesellschafter verpflichtet, **Rücklagen aus dem Jahresüberschuss** zu bilden, sind diese in die **Gewinnrücklage** einzustellen. Unter dem Posten „III. Gewinnrücklagen: 1. gesetzliche

---

[1] Budde in Kessler/Leinen/Strickmann, BilMoG, Die neue Handelsbilanz, S. 249.

[2] Vgl. Lutter/Hommelhoff, GmbHG, § 42 Rz. 50.

Rücklage" ist z. B. auch die von der Unterform der GmbH, der **Unternehmergesellschaft (haftungsbeschränkt)** nach § 5a Abs. 3 GmbHG zu **bildende gesetzliche Rücklage** i. H. v. 25 v. H. des um einen Verlustvortrag aus dem Vorjahr geminderten Jahresüberschusses einzustellen. Die Bilanz muss dann nach § 268 Abs. 1 Satz 1 HGB unter Berücksichtigung einer solchen vollständigen oder teilweisen Ergebnisverwendung aufgestellt werden.

Bei dem Beschluss über die Verwendung des Jahresergebnisses, der später nach Feststellung des Jahresabschlusses gefasst wird, können die Gesellschafter über den in die Rücklage eingestellten Betrag nicht mehr verfügen. Der Posten „Jahresüberschuss/Jahresfehlbetrag" (und Gewinnvortrag/Verlustvortrag) wird – bei einer teilweisen Ergebnisverwendung – in der Bilanz durch den Posten „Bilanzgewinn/Bilanzverlust" ersetzt, in den ein Gewinnvortrag oder Verlustvortrag einzubeziehen und z. B. mit einem „Davon-Vermerk" (oder als gesonderter Untergliederungsposten bzw. im Anhang) auszuweisen ist. Wird die Bilanz unter Berücksichtigung einer vollständigen Ergebnisverwendung aufgestellt, muss ein an die Gesellschafter auszuschüttender Betrag gem. § 42 Abs. 3 GmbHG als „Verbindlichkeit gegenüber den Gesellschaftern" ausgewiesen bzw. kenntlich gemacht werden.

Ergebnisverwendungen in diesem Sinne sind auch Vorabausschüttungen und sonstige während des Geschäftsjahres erfolgte offene und verdeckten Ausschüttungen. Entsprechend ist auch bei Entnahmen aus der Kapital- oder Gewinnrücklage zu verfahren. 4196

Der Bilanzgewinn ergibt sich analog § 158 Abs. 1 AktG aus folgender Rechnung: 4197

Jahresüberschuss/Jahresfehlbetrag

+/– Gewinnvortrag/Verlustvortrag aus dem Vorjahr

+ Entnahmen aus der Kapitalrücklage

+ Entnahmen aus der Gewinnrücklage

– Einstellung in die Gewinnrücklage

– Vorabausschüttungen

= Bilanzgewinn/Bilanzverlust.

Der so bei einer teilweisen Ergebnisverwendung oder Auflösung von Rücklagen ermittelte **Bilanzgewinn** und **nicht der Jahresüberschuss** ist gem. § 29 Abs. 1 Satz 2 GmbHG Grundlage für den Ergebnisverwendungsbeschluss (§ 29 Abs. 2 GmbHG).

In der GuV muss die GmbH in diesen Fällen (Einstellung von Teilen des Jahresergebnisses in die Gewinnrücklagen bzw. Auflösung von Kapital- oder Gewinnrücklagen) keinen besonderen Ausweis nach Darstellung des Jahresüberschusses oder Jahresfehlbetrages machen. Die ist jedoch zur besseren Übersichtlichkeit zu empfehlen. 4198

(Einstweilen frei) 4199–4210

5. Der Anhang

a) Allgemeines

Gemäß § 264 Abs. 1 HGB ist der Jahresabschluss einer GmbH (und seit Inkrafttreten des Kapitalgesellschaften und Co.-Richtlinie-Gesetzes vom 9. 3. 2000 auch die in § 264a 4211

HGB genannten Personengesellschaften wie z. B. die typische GmbH & Co. KG) „durch einen **Anhang zu erweitern**, der mit der Bilanz und der Gewinn- und Verlustrechnung eine Einheit bildet". Der Anhang ist ein damit gleichwertiger Bestandteil des Jahresabschlusses.

4212 Welche Erläuterungen der Anhang enthalten muss, ist in §§ 284 ff. HGB detailliert festgelegt. Eine bestimmte Gliederung des Anhangs ist nicht vorgeschrieben. Bei der Gestaltung des Anhangs muss aber der Grundsatz der Klarheit und Übersichtlichkeit beachtet werden. Folgender Aufbau[1] kann als Anhalt gelten:

A. Allgemeine Angaben zum Jahresabschluss und zu Bilanzierungs- und Bewertungsmethoden

B. Erläuterungen zu Posten der Bilanz

C. Erläuterungen zu Posten der GuV-Rechnung

D. Sonstige Angaben

I. Haftungsverhältnisse und sonstige finanzielle Verpflichtungen

II. Mitarbeiter

III. Bezüge, Vorschüsse, Kredite und Haftungsverhältnisse von oder gegenüber Organmitgliedern

IV. Beziehungen zu verbundenen Unternehmen und Beteiligungen

V. Andere Angaben

VI. Namen der Organmitglieder

4213 Als **Pflichtangaben** muss der Anhang enthalten:

- Erläuterungen der Posten der Bilanz und der GuV sowie die Bilanzierungs- und Bewertungsmethoden, die darauf angewandt wurden;
- zusätzliche Angaben zur Vermittlung eines den tatsächlichen Verhältnissen entsprechenden Bildes (§ 264 Abs. 2 Satz 2 HGB);
- Grundlagen der Währungsumrechnung;
- Angabe und Erläuterung von Abweichungen der Bilanzierungs- und Bewertungsmethoden und deren Einfluss auf die Vermögens-, Finanz- und Ertragslage;
- Unterschiedsbeträge bei Anwendung der Gruppenbewertung (Festwert § 240 Abs. 4 HGB) oder eines Verbrauchsfolgeverfahrens (Fifo-, Lifo-Methode) bei erheblicher Abweichung vom letzten Börsen- oder Marktpreis vor dem Bilanzstichtag.
- Einbeziehung von Fremdkapitalzinsen in die Herstellungskosten.

4214 Weitere, sonstige Pflichtangaben sind nach dem durch das BilMoG und das BilRUG erweiterten § 285 HGB zu machen, wobei aber die kleine GmbH bzw. die Kleinst-GmbH von den Angaben gem. § 285 Nr. 2 bis 8a, 9a und b, 12, 17, 19, 21, 22 und 29 HGB und die mittelgroße GmbH (nur) von Angaben nach Nr. 4, 21 und 29 befreit ist:

---

[1] Vgl. Beck-GmbH-HB/Langseder, § 9 Rz. 104.

1. Gesamtbetrag der in der Bilanz ausgewiesenen Verbindlichkeiten mit Restlaufzeit von mehr als fünf Jahren und gesicherte Verbindlichkeiten unter Angabe von Art und Form der Sicherheiten.
2. Aufgliederung dieser Angaben für jeden Posten der Verbindlichkeiten nach dem Gliederungsschema.
3. Art und Zweck sowie Risiken und Vorteile von nicht in der Bilanz enthaltenen Geschäften sowie der Gesamtbetrag der sonstigen finanziellen Verpflichtungen, die nicht in der Bilanz erscheinen und nicht nach § 251 HGB oder als nicht enthaltene Geschäfte anzugeben sind, wenn die Angabe für die Beurteilung der Finanzlage von Bedeutung ist.
4. Aufgliederung der Umsatzerlöse nach Tätigkeitsorten und geografisch bestimmten Märkten.
5. Angabe, in welchem Umfang die Steuern vom Einkommen und vom Ertrag das Ergebnis der gewöhnlichen Geschäftstätigkeit und das außerordentliche Ergebnis belasten.
6. Bei Anwendung des Umsatzkostenverfahrens ist anzugeben der Materialaufwand des Geschäftsjahres gegliedert nach § 275 Abs. 2 Nr. 5 HGB und der Personalaufwand des Geschäftsjahres gegliedert nach § 275 Abs. 2 Nr. 6 HGB.
7. Die durchschnittliche Anzahl der Arbeitnehmer während des Geschäftsjahres getrennt nach Gruppen.

Darüber hinaus sind nach § 285 Nr. 8 bis 34 HGB weitere Pflichtangaben zu machen, die sich u. a. beziehen auf

4215

- die Namen und Bezüge der Gesellschaftsorgane,
- Unternehmen, an denen ein Gesellschaftsorgan oder die GmbH Anteile besitzt,
- die Erläuterung der sonstigen Rückstellungen und der Gründe, welche die Annahme einer betrieblichen Nutzungsdauer eines entgeltlich erworbenen Geschäfts- und Firmenwertes von mehr als fünf Jahren rechtfertigen,
- Geschäfte mit nahe stehenden Personen,
- Forschungs- und Entwicklungskosten sowie der davon auf selbstgeschaffene immaterielle Wirtschaftsgüter entfallende Betrag,
- Bewertungseinheiten, Bewertung von Pensionsrückstellungen und die Saldierung von Vermögen und Schulden, Haftungsverhältnisse,
- Erträge aus dem Zeitwertansatz von Vermögensgegenständen (Aktivierung selbst erstellter immaterieller Anlagegegenstände, latenter Steuern, aktiver Betrag aus der Verrechnung von Vermögen und Schulden aus Altersvorsorgeverpflichtungen, § 246 Abs. 2 Satz 2 HGB, als ergänzende Erläuterung zur Ausschüttungssperre nach § 268 Abs. 8 HGB für solche Erträge,
- detaillierte Angaben zu dem Zeitwert von Finanzinstrumenten und Abweichungen davon und deren Gründe,
- die Bildung von Bewertungseinheiten (§ 254 HGB) und
- Aktivierung latenter Steuern sowie deren Berechnungsgrundlagen.

b) Bedeutung der Größenklasse

4216 Der Anhang ist für jede GmbH obligatorisch, jedoch werden an den Inhalt je nach der Größenklasse der GmbH unterschiedliche Anforderungen gestellt. Entlastet wird gem. § 288 HGB vor allem die kleine GmbH bzw. die Kleinst-GmbH, für die zwar § 284 HGB uneingeschränkt gilt, aus den Pflichtangaben gem. § 285 HGB bleiben für die **kleine GmbH** (bzw. die Kleinst-GmbH) aber dennoch eine Reihe von Angaben zu machen. Von den durch das BilMoG geänderten Anhangsvorschriften können insbesondere die Angaben zur Aufgliederung der Verbindlichkeiten, außerbilanziellen Geschäften, sonstigen finanziellen Verpflichtungen, zu den Finanzanlagen, zu Geschäften mit nahe stehenden Personen und zu Forschungs- und Entwicklungskosten entfallen. Eine **mittelgroße GmbH** ist von den Angaben gem. § 285 Nr. 4 HGB befreit, bei außerbilanziellen Geschäften müssen die Risiken und Vorteile nicht dargestellt werden, Angaben zu Geschäften mit nahe stehenden Personen und zu den Abschlussprüferhonoraren müssen nicht gemacht werden.

6. Der Lagebericht

4217 Gemäß § 264 Abs. 1 HGB müssen die mittelgroße und die große GmbH zusammen mit dem Jahresabschluss einen **Lagebericht** aufstellen. Die kleine GmbH (bzw. die Kleinst-GmbH) ist dazu **nicht verpflichtet** (§ 264 Abs. 1 Satz 3 HGB). Der Lagebericht hat gem. § 289 Abs. 1 HGB die Aufgabe, den Geschäftsverlauf und die Lage der GmbH so darzustellen, dass ein den tatsächlichen Verhältnissen entsprechendes Bild vermittelt wird. Der Lagebericht soll demnach den Jahresabschluss durch **zusätzliche Informationen** ergänzen, die zur wirtschaftlichen Gesamtbeurteilung des Unternehmens der GmbH nötig sind, aber aus der Rechnungslegung nicht hinreichend erkennbar sind. Dabei sind in stärkerem Maße auch Sachverhalte darzustellen, die Auswirkungen auf die künftige Geschäftsentwicklung haben können. Neben der Darstellung, wie sich die wirtschaftlichen Verhältnisse im Geschäftsjahr entwickelt und sich im Jahresabschluss niedergeschlagen haben, sowie der hierfür maßgebenden Gründe, sind auch die für die wirtschaftliche Gesamtbeurteilung wichtigen Vorgänge, die nach Schluss des Geschäftsjahres eingetreten sind, zu schildern und es ist die voraussichtliche Entwicklung des Unternehmens einschließlich der Forschungs- und Entwicklungstätigkeit darzulegen (§ 289 Abs. 2 HGB).

4218 Dazu kann einzugehen sein auf

- ▶ die gesamtwirtschaftliche Entwicklung und die Entwicklung in der Branche,
- ▶ die eigene Marktstellung des Unternehmens und die Wettbewerbssituation,
- ▶ den Auftragseingang und -bestand, die Umsatzentwicklung und die Marktanteile,
- ▶ die Struktur der Produktion mit Mengenangaben zu Produktgruppen, Veränderungen zum Vorjahr, Änderungen im Sortiment, Investitionen in neue Produkte, Kapazitätsauslastung, Beschäftigungsgrad (Überstunden, Kurzarbeit), Rationalisierung,
- ▶ die Entwicklung von Erlösen und Kosten,
- ▶ die Lage auf dem Beschaffungsmarkt (Rohstoffe, Energieversorgung, Bevorratung, Risiken),

- die Investitionen (neue Vorhaben, Fortführung begonnener Maßnahmen und deren Abschluss) gegliedert nach Sach- und Finanz- und Beteiligungsinvestitionen,
- die Liquiditätslage,
- die Finanzierung wichtiger Vorhaben und Finanzierungsmaßnahmen (Kapitalveränderungen, Fremdfinanzierung, Zinsentwicklung, Subventionen, Absicherung gegen Risiken des Geldmarktes),
- den Personalbereich (Struktur der Arbeitnehmerschaft, Lohn- und Arbeitszeitentwicklung, Tarifverträge, Betriebsvereinbarungen, Mitbestimmung) und den Bereich der sozialen Sicherung der Arbeitnehmer (betriebliche Sozialleistungen und Alterssicherung, Fort- und Weiterbildung der Arbeitnehmer, Unternehmensbeteiligung der Mitarbeiter),
- Umweltangelegenheiten (Umweltschutz, Auflagen, Risiken),
- Erweiterungen und Einschränkungen des Betriebs und von Geschäftsbereichen, Ausgliederungen,
- sonstige wichtige Vorgänge wie der Abschluss wichtiger Verträge, Rechtsstreitigkeiten, Veränderungen im Beteiligungsbesitz und bei den Beteiligungsunternehmen selbst, besondere Vorkommnisse wie schwere Schadensfälle, besondere Verluste, Sanierungen.

Im Lagebericht ist nach § 289 Abs. 1 HGB auch auf **Risiken der künftigen Entwicklung** einzugehen, sofern sie den Fortbestand des Unternehmens gefährden oder sich wesentlich nachteilig auf die künftige Vermögens-, Finanz- oder Ertragslage auswirken können. Für bestandsgefährdende Risiken gilt ein Prognosezeitraum von einem Jahr ab dem Abschlussstichtag, für andere Risiken ist ein überschaubarer Zeitraum von etwa zwei Jahren zu betrachten.   4219

Nach § 289 Abs. 2 HGB soll der Lagebericht zu **vier** weiteren Sachverhalten **Prognosen** enthalten, wenn für Informationen hierzu Veranlassung besteht: 4220

- zu Vorgängen von besonderer Bedeutung, die nach dem Schluss des Geschäftsjahres eingetreten sind und das vom Jahresabschluss und vom Lagebericht im Übrigen gegebene Bild von der Lage der GmbH wesentlich beeinflussen können;
- voraussichtliche Entwicklung der Gesellschaft, wozu i. d. R. kurze Aussagen zu den Entwicklungstendenzen bei den wichtigsten Unternehmensdaten ausreichen;
- Angaben zu Entwicklung und Forschung, wenn die GmbH selbst forscht und entwickelt oder Dritte damit für sich beauftragt hat. Konkrete Angaben zu einzelnen Projekten und den Kosten brauchen insbesondere dann nicht gemacht zu werden, wenn deren Veröffentlichung dem Unternehmen schaden könnte;
- Berichterstattung über bestehende Zweigniederlassungen und dort eingetretene Veränderungen.

Insgesamt muss die Berichterstattung im Lagebericht **vollständig** sein, so dass alles angegeben werden muss, was für die Gesamtbeurteilung der Unternehmenssituation wichtig ist. Der Lagebericht muss inhaltlich **wahr** sein, die Angaben zu vergangenen und gegenwärtigen Sachverhalten müssen der Realität entsprechen. Prognosen müs-   4221 sen plausibel und vertretbar sein. Schließlich ist der Lagebericht klar und verständlich abzufassen und dazu übersichtlich zu gestalten.

4222 Verstöße der Geschäftsführer und der Mitglieder des Aufsichtsrates können bei unrichtiger Wiedergabe oder Verschleierung der Lage der GmbH nach § 331 Nr. 1 HGB bestraft werden; Verstöße gegen § 289 Abs. 1 HGB stellen eine Ordnungswidrigkeit dar.

4223 Der Lagebericht ist von den Geschäftsführern innerhalb derselben Frist wie für den Jahresabschluss aufzustellen. Der Lagebericht ist gem. § 42a Abs. 1 GmbHG den Geschäftsführern vorzulegen, muss aber nicht festgestellt werden.

4224 Bei der mittelgroßen und großen GmbH unterliegt der Lagebericht der Pflichtprüfung nach § 316 Abs. 1 Satz 1 HGB. Außerdem sind diese Gesellschaften zur Offenlegung verpflichtet durch Einreichung des Lageberichts beim Betreiber des elektronischen Bundesanzeigers.

7. Konzernabschluss

4225 Mit großer Ausführlichkeit regeln die §§ 290 bis 315a HGB den sog. Konzernabschluss. Zu dessen Grundstruktur und Funktion wird auf Rz. 4088 verwiesen.[1]

4226–4250 (Einstweilen frei)

V. Prüfung des Jahresabschlusses

1. Prüfungspflicht

4251 Für die kleine bzw. kleinste GmbH besteht keine Prüfungspflicht. Gemäß § 316 Abs. 1 Satz 1 HGB sind Jahresabschluss und Lagebericht einer mittelgroßen und einer großen GmbH durch einen Abschlussprüfer zu prüfen (wegen der Einordnung in eine Größenklasse vgl. unter Rz. 4103 ff.).

4252 Für GmbHs, die Tochtergesellschaft eines nach § 290 HGB zur Aufstellung eines Konzernabschlusses verpflichteten Mutterunternehmens sind, fällt die Prüfungspflicht weg, wenn die Voraussetzungen des § 264 Abs. 3 HGB erfüllt sind. Der Konzernabschluss und der Konzernlagebericht einer GmbH, die als Mutterunternehmen gem. § 290 Abs. 1 und 2 HGB dazu verpflichtet ist, unterliegen größenunabhängig der Prüfungspflicht.

4253 Wird eine Pflichtprüfung unterlassen, kann der Jahresabschluss nicht festgestellt werden (§ 316 Abs. 1 Satz 2 HGB). Ein ungeprüfter, aber dennoch festgestellter Jahresabschluss der GmbH ist entsprechend § 256 Abs. 1 Nr. 2 AktG nichtig.

4254 Die Prüfungspflicht einer GmbH kann sich aber auch der **Satzung** ergeben.[2] Lässt eine kleine GmbH, die nicht gesetzlich zur Prüfung verpflichtet ist, ihren Jahresabschluss und den Lagebericht prüfen, dann richten sich Umfang und Inhalt nach dem vertragli-

---

[1] Wegen der wesentlichen Aufstellungsgrundsätze wird auf Beck-Bil-Komm., §§ 290 ff. und Beck-GmbH-HB/Langseder, § 9 Rz. 140 ff. hingewiesen.
[2] BGH v. 23. 9. 1991 II ZR 189/90, GmbHR 1991, 568.

chen Prüfungsauftrag. Soll ein Prüfungsvermerk nach § 322 Abs. 1 HGB erteilt werden, muss die Prüfung einer Pflichtprüfung entsprechen.

2. Umfang und Gegenstand der Prüfung

Die Prüfung des Jahresabschlusses erstreckt sich auf die Bilanz, die GuV, den Anhang sowie auf die zugrunde liegende Buchführung und ggf. den Lagebericht (§ 317 Abs. 1 HGB). Beim Jahresabschluss ist zu prüfen, ob die gesetzlichen Bestimmungen über die Rechnungslegung und die Grundsätze ordnungsgemäßer Buchführung und auch die ergänzenden Bestimmungen des Gesellschaftsvertrages beachtet wurden (§ 317 Abs. 1 Satz 2 HGB). Der Lagebericht seinerseits ist darauf zu prüfen, ob er mit dem Jahresabschluss in Einklang steht und ob er nach den Erkenntnissen der Prüfung ein zutreffendes Bild von der Lage des Unternehmens vermittelt, auch wenn die wirtschaftliche Lage des Unternehmens als solche nicht Gegenstand der Prüfung ist. Nach § 317 Abs. 2 HGB erstreckt sich die Prüfung des Lageberichts auch darauf, ob die Risiken in der künftigen Entwicklung des Unternehmens zutreffend dargestellt sind.

4255

Der Abschlussprüfer muss den Umfang und die Intensität seiner Prüfung danach ausrichten, dass er – bei gewissenhafter Ausübung seines Berufes und Anwendung der internationalen Prüfungsstandards – Fehler und Zuwiderhandlungen gegen gesetzliche Bestimmungen und Vorschriften der Satzung erkennen kann, die sich wesentlich auf die Darstellung der Vermögens-, Finanz- und Ertragslage des Unternehmens i. S. v. § 264 Abs. 2 HGB auswirken (§ 317 Abs. 1 Satz 3 HGB). Der Prüfer hat gem. § 317 Abs. 5 und 6 HGB auch die internationalen Standards sowie die aufgrund der Ermächtigung vom BMJ erlassenen RVO zu beachten.

4256

3. Der Abschlussprüfer

a) Persönliche Voraussetzungen

Die Prüfung erfolgt durch den sog. Abschlussprüfer; gem. § 319 HGB kann der Abschluss einer großen GmbH (und ein Konzernabschluss) nur durch einen Wirtschaftsprüfer oder eine Wirtschaftsprüfungsgesellschaft geprüft werden.

4257

Die Prüfung des Jahresabschlusses einer mittelgroßen GmbH kann auch durch vereidigte Buchprüfer oder Buchprüfungsgesellschaften erfolgen. Um die notwendige Unabhängigkeit des Abschlussprüfers zu gewährleisten, enthält § 319 Abs. 3 HGB eingehende Bestimmungen dazu, in welchen Fällen ein Wirtschaftsprüfer usw. nicht Abschlussprüfer sein darf; danach sind u. a. Gesellschafter, Geschäftsführer, Aufsichtsratsmitglieder und Arbeitnehmer der GmbH von dem Amt des Abschlussprüfers ausgeschlossen. Einen Ausschlusstatbestand stellt auch die Mitwirkung beim Abschluss der Buchführung des zu prüfenden Unternehmens oder die finanzielle Abhängigkeit von der zu prüfenden Gesellschaft dar.

4258

b) Bestellung

Zum gesetzlichen Abschlussprüfer wird der Prüfer durch die Bestellung, die sich in drei Teilschritten vollzieht, nämlich der Wahl durch die Gesellschafterversammlung oder

4259

ein anderes satzungsgemäß zuständiges Organ, die Erteilung des Prüfungsauftrages durch den Geschäftsführer oder den dafür evtl. zuständigen Aufsichtsrat und die Annahme des Auftrages durch den gewählten Abschlussprüfer.

4260 Gemäß § 318 HGB wird der Abschlussprüfer von den **GmbH-Gesellschaftern gewählt**, jedoch kann die Satzung etwas anderes bestimmen.

4261 Der Abschlussprüfer soll vor Ablauf des zu prüfenden Geschäftsjahres gewählt werden; bei einem in der Person des Abschlussprüfers liegenden wichtigen Grund, insbesondere bei Besorgnis der Befangenheit, kann gem. § 318 Abs. 3 HGB auf Antrag des Geschäftsführers, Aufsichtsrates oder eines Gesellschafters (Antragsfrist: zwei Wochen seit der Wahl) durch das Gericht ein anderer Abschlussprüfer bestellt werden. Eine Bestellung durch das Gericht kann gem. § 318 Abs. 4 HGB ferner erfolgen, wenn der Prüfer bis zum Ende des Geschäftsjahres nicht gewählt ist oder der Abschlussprüfer später wegfällt oder am rechtzeitigen Abschluss der Prüfung gehindert ist und ein anderer Abschlussprüfer nicht gewählt worden ist.

4262 Der **Prüfungsauftrag** muss dem Abschlussprüfer durch den **Geschäftsführer erteilt** werden. Dieser Auftrag kann von der GmbH nur widerrufen werden, wenn gem. § 318 Abs. 3 HGB ein anderer Prüfer bestellt worden ist; dies bedeutet, dass die GmbH den erteilten und angenommenen Prüfungsauftrag nach Ablauf der Zweiwochenfrist seit der Wahl auch dann nicht kündigen kann, wenn ein wichtiger Grund danach eintritt. Nachträglich kann der Prüfungsauftrag ohne ein Ersetzungsverfahren nach § 318 HGB durch die GmbH nur beendet werden, wenn die Wahl des Prüfers nichtig war oder aber die Prüfungspflicht wegfällt.

4263 Der Abschlussprüfer seinerseits kann gem. § 318 Abs. 6 HGB aus wichtigem Grund den Prüfungsauftrag kündigen; Meinungsverschiedenheiten über den Inhalt des Bestätigungsvermerkes (s. Rz. 4270), dessen Einschränkung oder Versagung, stellen kraft Gesetzes keinen wichtigen Grund dar. Die Verletzung der Vorlage- und Auskunftspflichten seitens der GmbH stellt ebenfalls keinen Kündigungsgrund dar. Kündigung und Widerruf des Prüfungsauftrags ist unverzüglich und schriftlich begründet der Wirtschaftsprüferkammer mitzuteilen.

4. Durchführung der Prüfung

4264 Die GmbH-Geschäftsführer haben dem Abschlussprüfer den Jahresabschluss und Lagebericht unverzüglich nach der Aufstellung vorzulegen. Aufgrund des Einsichtsrechts des Abschlussprüfers (§ 320 Abs. 1 Satz 2 HGB) haben die Geschäftsführer ihm zu gestatten, **die Bücher und Schriften** (Belege, Handelsbriefe, Verträge, Niederschriften über Beschlüsse der Gesellschafter und anderer Organe) der GmbH **einzusehen**, sie haben z. B. bei EDV-gestützten Buchführungssystemen dem Prüfer Ausdrucke und geeignete Sichtgeräte zur Verfügung zu stellen.

Da der Prüfer auch die **Vermögensgegenstände** (namentlich die Kasse und die Bestände an Wertpapieren, Vorräten und Waren) und die **Schulden zu prüfen** hat, darf der Prüfer auch die **Prüfungshandlungen** vornehmen, die er nach seinem (pflichtgemäßen) Ermessen für **nötig** hält, um die dazu im Jahresabschluss gemachten Aussagen sachgerecht beurteilen zu können. Schließlich darf der Abschlussprüfer von den Geschäftsführern alle **Aufklärungen und Nachweise** verlangen, die für eine sorgfältige Prüfung notwendig sind (§ 320 Abs. 2 Satz 1 HGB). Regelmäßig darf der Prüfer auch – zumindest aufgrund seiner Vertragsbedingungen – von der GmbH eine schriftliche Erklärung verlangen, dass die ihm vorgelegten Unterlagen und die ihm gegebenen Auskünfte und Erläuterungen **vollständig** sind.

Der Prüfer selbst und die von ihm eingesetzten Helfer bzw. die bei der Prüfung tätigen gesetzlichen Vertreter einer Prüfungsgesellschaft sind zur gewissenhaften und unparteiischen Prüfung und zur Verschwiegenheit verpflichtet (§ 323 HGB). Zur **Verantwortlichkeit des Prüfers** gehört es u. a., dass die maßgeblichen gesetzlichen Bestimmungen, deren Auslegung durch die Gerichte und die Prüfungsstandards beachtet werden. Verstößt der Prüfer bei der Durchführung der Prüfung gegen die ihm obliegenden Pflichten, haftet er der geprüften Gesellschaft für den ihr daraus entstehenden Schaden. Diese Haftung aus § 323 Abs. 1 Satz 3 HGB schließt eine Haftung gegenüber dritten Personen nicht aus, die in den Schutzbereich des Prüfungsauftrages einbezogen werden (§ 328 BGB).[1] Bei der **freiwilligen Prüfung** richtet sich der Umfang der Prüferpflichten und eine Haftung für Pflichtverstöße freilich nach den vertraglichen Vereinbarungen. § 323 HGB ist nicht entsprechend anwendbar.

5. Prüfungsergebnis (Prüfungsbericht)

Nach § 321 Abs. 1 Satz 1 HGB hat der Abschlussprüfer über Art, Umfang und Ergebnis der Prüfung schriftlich zu berichten. Bei der GmbH dient der Prüfungsbericht der Information der Geschäftsführer und der Unterrichtung der Gesellschafter und eines Aufsichtsrates über die Rechnungslegung und die Vermögens-, Finanz- und Ertragslage der Gesellschaft. Die Vorschrift über den Prüfungsbericht ist durch das KonTraG neu gefasst worden.

Danach gliedert sich der Bericht in **drei** Abschnitte: **Eingangs** hat der Prüfer nach § 321 Abs. 1 Satz 2 HGB zur Beurteilung der Lage des Unternehmens durch die Geschäftsführung Stellung zu nehmen und insbesondere auf deren Prognose über die künftige Entwicklung und des Fortbestandes des Unternehmens anhand des Lageberichtes einzugehen und nach der in § 321 Abs. 1 Satz 3 HGB normierten Redepflicht darzustellen, ob bei der Prüfung Unrichtigkeiten, Gesetzesverstöße oder Tatsachen festgestellt wurden, die das Unternehmen in seinem Bestand gefährden oder seine Entwicklung wesentlich beeinträchtigen können oder aber schwerwiegende Verstöße der Geschäftsführer oder Arbeitnehmer gegen Gesetz und Satzung darstellen. Im **Hauptteil** ist darzustellen, ob die Buchführung, die sonstigen zur Prüfung zugezogenen Unterlagen (wie z. B. Kostenrechnungen, Verträge, Gesellschafterbeschlüsse), der Jahresabschluss und der Lagebericht den gesetzlichen Vorschriften und der Satzung entsprechen und ob die Geschäftsführer die verlangten Aufklärungen und Nachweise erbracht haben.

Des Weiteren ist darauf einzugehen, ob der Jahresabschluss ein zutreffendes und den tatsächlichen Verhältnissen entsprechendes Bild der Vermögens-, Finanz- und Ertragslage vermittelt, und schließlich ist der Jahresabschluss in einzelne Posten aufzugliedern

---

1 Vgl. BGH v. 2. 4. 1998 III ZR 245/96, BGHZ 138, 257.

und ausreichend zu erläutern, wenn dadurch deren Darstellung wesentlich verbessert wird. Nachteilige Veränderungen der Vermögens-, Finanz- und Ertragslage gegenüber dem Vorjahr und Verluste, die das Jahresergebnis nicht unwesentlich beeinflusst haben, sind darzustellen und zu erläutern. Werden Umstände festgestellt, die die künftige Entwicklung des Unternehmens der GmbH nachteilig beeinträchtigen, ist auch hierüber zu berichten.

4269   In einem **weiteren Abschnitt** sind Gegenstand, Art und Umfang der Prüfung zu erläutern (§ 321 Abs. 3 HGB) und Angaben zum Prüfungsauftrag und zur Bestellung zu machen. Der Prüfer hat in einem besonderen Abschnitt schriftlich seine Unabhängigkeit zu erklären (§ 321 Abs. 4a HGB).

6. Bestätigungsvermerk

4270   Nach Abschluss der Prüfung hat der Prüfer deren Ergebnis in einem **Bestätigungsvermerk** oder einem **Vermerk** über seine **Versagung** zusammenzufassen und im Prüfungsbericht wiederzugeben (§ 322 Abs. 5 Satz 2 HGB). Der Prüfungsbericht ist vom Prüfer zu unterzeichnen und den Geschäftsführern oder evtl. dem Aufsichtsrat – nachdem vorher der Geschäftsführung Gelegenheit zur Stellungnahme gegeben worden ist – vorzulegen.

4271   Der Bestätigungsvermerk ist für die Öffentlichkeit bestimmt und fasst dazu das Prüfungsergebnis zusammen (§ 322 Abs. 1 Satz 1 HGB). Im Gegensatz zu dem früher vorgeschriebenen Formeltestat schreibt das Gesetz nunmehr gewissermaßen einen **Bestätigungsbericht**[1] vor, den der Prüfer zu formulieren hat und der zumindest auf die folgenden Punkte einzugehen hat (**Mindestinhalt**):

- ▶ Gegenstand, Art und Umfang der Prüfung sowie eine Beurteilung des Prüfungsergebnisses sind in allgemeinverständlicher Form darzustellen;
- ▶ der Abschlussprüfer hat zu erklären, dass die Prüfung zu keinen Einwendungen geführt hat und dass der von der Geschäftsführung aufgestellte Jahresabschluss aufgrund der bei der Prüfung gewonnenen Erkenntnisse nach seiner Beurteilung unter Beachtung der GoB ein den tatsächlichen Verhältnissen entsprechendes Bild der Vermögens-, Finanz- und Ertragslage des Unternehmens vermittelt;
- ▶ der Prüfer muss gesondert auf Risiken eingehen, die den Fortbestand des Unternehmens gefährden;
- ▶ es muss angegeben werden, ob der Lagebericht nach der Beurteilung des Prüfers eine zutreffende Vorstellung von der Lage des Unternehmens vermittelt und ob er die Risiken der zukünftigen Entwicklung zutreffend darstellt.

4272   Hat der Abschlussprüfer keine Einwendungen zu erheben, ist der **Bestätigungsvermerk uneingeschränkt** zu erteilen (§ 322 Abs. 1 HGB). Sind Einwendungen zu erheben, ist der **Bestätigungsvermerk mit Einschränkungen** zu erteilen (§ 322 Abs. 4 Satz 1 HGB). Kann auch ein eingeschränkter positiver Befund nicht getroffen werden, ist ein Bestätigungsvermerk zu versagen und stattdessen ein **Vermerk über die Versagung** anzubringen (§ 322 Abs. 4 Satz 2 HGB).

---

[1] Vgl. Beck-GmbH-HB/Langseder, § 9 Rz. 217.

Die Einschränkung oder die Versagung des Bestätigungsvermerkes **hindern** die Gesellschafter **nicht** daran, den **Jahresabschluss** der prüfungspflichtigen GmbH **festzustellen**, kann aber Anlass dazu bieten, den Geschäftsführern die Entlastung zu versagen. Nur eine Kapitalerhöhung aus Mitteln der Gesellschaft setzt voraus, dass der zugrunde gelegte Jahresabschluss einen uneingeschränkten Bestätigungsvermerk trägt (§ 57e GmbHG). Die Einschränkung oder gar die Versagung des Bestätigungsvermerks setzt jedoch den guten Ruf der GmbH aufs Spiel und beeinträchtigt ihre Kreditwürdigkeit.

Unterwirft sich eine nicht prüfungspflichtige **kleine GmbH** freiwillig der Prüfung des Jahresabschlusses, darf ein **Bestätigungsvermerk** mit einem der Pflichtprüfung vergleichbaren Inhalt (§ 322 HGB) **nur erteilt** werden, wenn auch **die Prüfung selbst einer Pflichtprüfung nach Art und Inhalt gem. §§ 316 ff. HGB entspricht** und darüber entsprechend berichtet wird. Andernfalls darf die Prüfung nur bescheinigt werden. 4273

(Einstweilen frei) 4274–4300

VI. Feststellung des Jahresabschlusses

Literatur: *Ott*, Der Jahresabschluss der GmbH: Aufstellung, Prüfung, Feststellung und Offenlegung, LSW Gruppe 13 53–56; *Reck*, Unterlassen einer rechtzeitigen Bilanzerstellung, StuB 2000, 1281.

1. Vorbereitung

Gemäß § 42a Abs. 2 GmbHG müssen die Gesellschafter bei der großen und mittelgroßen GmbH bis zum Ablauf der ersten **acht Monate** und bei der kleinen GmbH bzw. der Kleinst-GmbH bis zum Ablauf der ersten **elf Monate** des folgenden Geschäftsjahres über die Feststellung des Jahresabschlusses und die Ergebnisverwendung beschließen. Zum Zweck der Feststellung des Jahresabschlusses haben die Geschäftsführer nach § 42a Abs. 1 GmbHG unverzüglich nach der Aufstellung den Gesellschaftern den Jahresabschluss (Bilanz, GuV und Anhang) und den Lagebericht vorzulegen. Bei der prüfungspflichtigen mittelgroßen und großen GmbH sowie bei einer freiwilligen Prüfung einer GmbH sind diese Unterlagen nach der Aufstellung zunächst dem Abschlussprüfer und dann zusammen mit dem Prüfungsbericht nach dessen Eingang den Gesellschaftern vorzulegen (§ 320 Abs. 1 Satz 1 HGB). Hat die GmbH einen Aufsichtsrat, ist zunächst ihm Jahresabschluss, Lagebericht und Prüfungsbericht vorzulegen. 4301

Bestimmt der Gesellschaftsvertrag, dass ein anderes Organ wie z. B. der Aufsichtsrat und nicht die Gesellschafterversammlung für die Feststellung des Jahresabschlusses berufen sei, sind die bezeichneten Unterlagen diesem Organ vorzulegen. Die Pflicht zur Vorlage von Jahresabschluss und Lagebericht an die Gesellschafter in ihrer Gesamtheit besteht daneben aber nach § 41a GmbHG fort. 4302

Um die Vorlagepflicht an die Gesellschafter zu erfüllen, genügt es unter normalen Verhältnissen, dass die Gesellschafter die in den Geschäftsräumen der GmbH ausgelegten Unterlagen einsehen können und die Gesellschafter über diese Möglichkeit unterrichtet werden. Auf Verlangen sind die genannten Unterlagen dem einzelnen Gesellschafter auch auszuhändigen. Dies gilt jedenfalls dann, wenn der Gesellschafter über die Feststellung des Jahresabschlusses verantwortlich nur mitbeschließen kann, wenn er die Unterlagen als Teil der Beschlussvorlage kennt und zuvor einer Prüfung unterziehen 4303 konnte. Unberührt von diesem Recht des Gesellschafters, die Beschlussunterlagen in geeigneter Weise zur Kenntnis nehmen zu können, kann die Gesellschafterversammlung aber nach § 51a Abs. 2 GmbHG beschließen, dass bestimmten Gesellschaftern der Bericht des Abschlussprüfers nicht ausgehändigt wird, wenn die begründete Befürchtung besteht, dass der Gesellschafter dessen Inhalt für gesellschaftsfremde Zwecke verwenden und damit der GmbH erheblichen Schaden zufügen werde.

4304 Die Geschäftsführer müssen die Vorlagepflichten **unverzüglich**, also ohne schuldhaftes Zögern und so rechtzeitig erfüllen, dass die Feststellungsfristen von acht bzw. elf Monaten eingehalten werden können.

2. Vorschlag zur Ergebnisverwendung

4305 Die Geschäftsführer **können**, müssen aber nach GmbH-Recht keinen **Vorschlag** für die **Verwendung des Gewinnes** machen. Eine solche Verpflichtung ergibt sich auch nicht aus § 325 Abs. 1 HGB, wonach der Geschäftsführer mit dem Jahresabschluss auch den „Vorschlag über die Verwendung des Ergebnisses" elektronisch beim Betreiber des elektronischen Bundesanzeigers einzureichen hat. Auch § 42 GmbHG normiert keine Vorschlagspflicht. Der **Gesellschaftsvertrag** kann jedoch den Geschäftsführer **verpflichten**, einen **Gewinnverwendungsvorschlag** zu machen.

Der Vorschlag für die Ergebnisverwendung ist auch Grundlage für den Ausweis der Steuern vom Einkommen und Ertrag, die nach § 278 HGB in den Jahresabschluss einzustellen sind, sofern ein Gewinnverwendungsbeschluss noch nicht vorliegt. Während der Geltung des alten KSt-Rechts, das eine Herstellung der Ausschüttungsbelastung verlangte und damit einhergehend bei Ausschüttungen zu einer Minderung oder Erhöhung der KSt für den Veranlagungszeitraum führen konnte, in dem das Wirtschaftsjahr endete, für das die Ausschüttung erfolgte, setzte die Berechnung des KSt-Aufwandes nach § 278 HGB einen Gewinnverwendungsvorschlag voraus. Deshalb ist es durchaus üblich geworden, dass die Geschäftsführer einen Gewinnverwendungsvorschlag unterbreiten, der schon gefasste oder zu erwartende Ausschüttungsbeschlüsse unter Beachtung der entsprechenden Satzungsbestimmungen berücksichtigt.

Ist ein solcher Verwendungsvorschlag bei der Aufstellung des Jahresabschlusses berücksichtigt worden und weichen die später von der Gesellschafterversammlung gefassten Beschlüsse davon ab, braucht allerdings der Jahresabschluss nicht berichtigt zu werden (§ 278 Satz 2 HGB). Unter Geltung des neuen KSt-Rechts ist aber ein Gewinnverwendungsvorschlag für die Berechnung des KSt-Aufwandes nicht mehr unbedingt erforderlich, weil der Steuersatz für ausgeschüttete und thesaurierte Gewinne gleich hoch ist. Lediglich während der Übergangszeit konnte es noch zu ausschüttungsbedingten Minderungen oder Erhöhungen der KSt kommen, die allerdings in dem Veranlagungszeitraum eintraten, in dem das Wirtschaftsjahr endete, in dem die Ausschüttung erfolgte (§ 37 Abs. 2 Satz 2 KStG). Die neue ratierliche Auszahlung eines festgestellten KSt-Guthabens während der neuen Übergangsfrist bis 2017 lässt ausschüttungsbedingte KSt-Änderungen nicht mehr entstehen. Zu weiteren Einzelheiten der Übergangsregelung wird auf den steuerrechtlichen Teil Rn. 6701 ff. verwiesen.

3. Die Feststellung des Jahresabschlusses

Die Vorschrift des § 42a GmbHG geht von dem Normalfall aus, dass der Jahresabschluss durch Gesellschafterbeschluss festgestellt wird. Dies ist aber nicht zwingend. Für die Feststellung sind Fristen einzuhalten. Bei der **großen und mittelgroßen GmbH** haben die Gesellschafter spätestens bis zum Ablauf der ersten **acht Monate**, bei **kleinen GmbH** (bzw. der Kleinst-GmbH) spätestens bis zum Ablauf der ersten **elf Monate** des (nachfolgenden) Geschäftsjahres über die Feststellung des Jahresabschlusses und die Ergebnisverwendung zu beschließen (§ 42a Abs. 2 Satz 1 GmbHG). Die Frist kann durch den Gesellschaftsvertrag nicht verlängert werden.

4306

Die Feststellung des Jahresabschlusses bedeutet, dass damit der Jahresabschluss im Verhältnis zwischen der GmbH und ihren Gesellschaftern, aber auch unter den Gesellschaftern selbst sowie im Verhältnis der GmbH zu Dritten Verbindlichkeit erlangt.[1] Vor allem aber ist die Feststellung des Jahresabschlusses **(Verbindlichkeitserklärung)** unerlässliche **Voraussetzung für den Ergebnisverwendungsbeschluss und die Gewinnverteilung**. Die Feststellung des Jahresabschlusses bildet auch die **Grundlage für die Gewinnbeteiligung** von stillen Gesellschaftern oder anderen **ergebnisabhängigen Ansprüchen**,[2] z. B. der **Tantiemen** für tätige Gesellschafter oder der Geschäftsführer.

4307

Festgestellt werden muss der Jahresabschluss, also die Bilanz, die GuV-Rechnung und der Anhang, nicht aber der Lagebericht, was bei der prüfungspflichtigen GmbH zusätzlich voraussetzt, dass die Prüfung abgeschlossen und der Bestätigungsvermerk erteilt oder versagt worden ist (§ 316 Abs. 1 HGB).

4308

a) Gesellschafterbeschluss

Zuständig für die Feststellung des Jahresabschlusses ist bei der GmbH grundsätzlich die **Gesellschafterversammlung**. Gemäß § 46 Nr. 1 GmbHG obliegt die Feststellung des Jahresabschlusses „der Bestimmung der Gesellschafter", d. h. sie erfolgt grundsätzlich durch Gesellschafterbeschluss.[3] Irgendwelche Beschlussformalitäten sieht das GmbHG nicht vor, es gelten also die allgemeinen Regeln und es **genügt** die **einfache Mehrheit** der abgegebenen Stimmen, wobei auch die Gesellschafter mitstimmen können, die als Geschäftsführer den Jahresabschluss aufgestellt haben.[4] Die Satzung kann jedoch etwas anderes bestimmen (vgl. § 47 Abs. 1 GmbHG) und eine qualifizierte Mehrheit vorschreiben oder die Feststellung an weitere Voraussetzungen knüpfen. Insbesondere kann die Satzung auch bestimmen, dass und wie ein etwa vorhandener Beirat bei der Feststellung mitzuwirken hat.

4309

Auch eine kleine GmbH kann z. B. durch ihre Satzung eine vorherige Prüfung des Jahresabschlusses vorschreiben, ohne damit an die gesetzlichen Regeln für die Pflichtprüfung gebunden zu sein, die sie aber übernehmen kann, wobei eine Bezugnahme auf die gesetzlichen Bestimmungen ausreicht.

4310

---

1 BGH v. 29.3.1996 II ZR 263/94, BGHZ 132, 263.
2 BGH v. 1.3.1982 II ZR 23/81, BGHZ 83, 341.
3 BGH v. 29.3.1996 II ZR 263/94, BGHZ 132, 263.
4 Schulze-Osterloh in Baumbach/Hueck, GmbHG, § 42a Rz. 19.

4311 Die Gesellschafterversammlung (oder das andere für die Feststellung satzungsgemäß zuständige Organ) ist bei der Beschlussfassung nicht an den von den Geschäftsführern vorgelegten Jahresabschluss gebunden. Es können unrichtige Bilanzansätze korrigiert oder aber Bilanzierungs- und Bewertungswahlrechte anders ausgeübt werden. Wird der Jahresabschluss infolge dessen abweichend von der Vorlage festgestellt, muss eine Nachtragsprüfung stattfinden, sofern die GmbH prüfungspflichtig ist.

b) Anderweitige Feststellung

4312 Die Vorschrift des § 46 Nr. 1 GmbHG ist nicht zwingend. Die Gesellschafter haben deshalb das Recht, durch die Satzung etwas anderes zu bestimmen. So kann die Zuständigkeit für die Feststellung einem anderen Organ z. B. einem etwa vorhandenen Aufsichtsrat oder Gesellschafterausschuss, nach h. M.[1] sogar dem Geschäftsführer übertragen werden. In einem solchen Fall verbleibt den Gesellschaftern aber das Anfechtungsrecht.

4313 Enthält die Satzung eine solche Regelung, dann ist auch § 42a Abs. 1 GmbHG so zu verstehen, dass der Jahresabschluss und Lagebericht dem Organ vorzulegen ist, das den Jahresabschluss festzustellen hat, und dieses ist auch anstelle der Gesellschafter der Adressat der Fristsetzung gem. § 42a Abs. 2 GmbHG.

c) Feststellung des Jahresabschlusses der großen und mittelgroßen GmbH

4314 Die Feststellung des Jahresabschlusses bei der großen und mittelgroßen GmbH weicht nur insoweit von der Feststellung bei der kleinen GmbH ab, als für diese beiden Größenklassen die Prüfung des Jahresabschlusses obligatorisch ist. Vor Abschluss der Prüfung kann der Jahresabschluss nicht festgestellt werden; die Gesellschafter, die über den Jahresabschluss beschließen sollen, müssen auch den Prüfungsbericht kennen. Deshalb bestimmt § 42a Abs. 1 GmbHG, das Jahresabschluss und Lagebericht zusammen mit dem Prüfungsbericht unverzüglich nach dessen Eingang den Gesellschaftern vorzulegen sind.

4315 Die Frist für die Feststellung beträgt nur acht Monate; sie ist also kürzer als bei der kleinen GmbH, und zwar deshalb, weil bei einer großen und mittelgroßen GmbH das öffentliche Interesse an der baldigen Feststellung des größeren wirtschaftlichen Engagements stärker ist.

4316 Die Satzung kann – und sollte – auch einem Streit darüber vorbeugen, ob der Gesellschafter bzw. die Mitglieder des sonst zur Feststellung zuständigen Organs die Vorlagen einsehen und außerdem Abschriften verlangen können. Fehlt es daran, ist der Geschäftsführer auf jeden Fall verpflichtet, Jahresabschluss und Lagebericht während einer angemessenen Frist zur Kenntnis und Prüfung durch die Gesellschafter in den Geschäftsräumen auszulegen und auch Auskünfte zu erteilen.

4317–4340 (*Einstweilen frei*)

---

1 Zöllner in Baumbach/Hueck, GmbHG, § 46 Rn. 16 und Schulze-Osterloh, ebenda, § 42a Rn. 18; Scholz/Schmidt, GmbH, § 46 Anm. 46; a. A. Hachenburg/Hüffer, GmbHG, § 46 Anm. 22, unter Hinweis auf die Aufgabenbeschreibung in § 42a GmbHG.

VII. Offenlegung und Veröffentlichung des Jahresabschlusses

Literatur: *Grashoff*, Offenlegung von Jahres- und Konzernabschlüssen nach dem in Kraft getretenen EHUG: Sanktionen und steuerliche Folgen, DB 2006, 2641; *Leuering/Nießen*, Die Pflicht zur Offenlegung von Unternehmensdaten bekommt Krallen, NJW-Spezial 2006, 411; *Liebscher/Scharff*, Das Gesetz über elektronische Handelsregister und Genossenschaftsregister sowie das Unternehmensregister, NJW 2006, 3745; *Schmidt*, Digitalisierung der Registerführung und Neuregelung der Unternehmenspublizität: Was bringt das EHUG?, DStR 2006, 2272; *Seibert/Deckert*, Das Gesetz über elektronische Handelsregister und Genossenschaftsregister sowie das Unternehmensregister (EHUG) – Der „Big Bang" im Recht der Unternehmenspublizität, DB 2006, 2446; *Schlotter/Reiser*, Ein Jahr EHUG – die ersten Praxiserfahrungen, BB 2008, 118.

1. Systemänderung durch das EHUG

Das EHUG hat das **System der Offenlegung von Jahresabschlüssen** für Kapitalgesellschaften, also auch für die GmbH, grundlegend ab 1.1.2007 ebenso **geändert** wie die **Prüfung und Sanktionierung von Verstößen gegen die Publizitätsvorschriften**. Die damit einhergehende verstärkte Publizität lässt manches in der Rechtsform einer GmbH geführten Unternehmen eine professionelle Auswertung seiner beim **elektronischen Bundesanzeiger** einzureichenden Unternehmensdaten (Unterlagen der Rechnungslegung i.S.v. § 325 HGB) befürchten, die von dort an das **Unternehmensregister** gem. § 8b Abs. 3 Nr. 1 HGB weiterzuleiten und dort einzustellen sind und gesammelt mit anderen wesentlichen Unternehmensinformationen von jedem eingesehen und abgerufen werden können. Aufgrund der bequemen Möglichkeit, per Internet die Daten an einer zentralen Stelle einsehen zu können, ist nämlich zu erwarten, dass diese Veröffentlichungen von viel mehr Personen gelesen und auch für eigene geschäftliche Zwecke (z.B. durch Konkurrenten) ausgewertet werden. 4341

Hinsichtlich des **Umfangs der Offenlegungspflichten** hat das EHUG **nichts** an der bisherigen Rechtslage **geändert**: Die GmbH muss nicht mehr bzw. andere Daten der Rechnungslegung als bisher preisgeben. Auch die schon bisher in §§ 325, 326 HGB enthaltenen Erleichterungen für die kleine und mittelgroße GmbH gelten unverändert weiter. Im Hinblick auf die **Form der Offenlegung** sind aber **grundlegende Änderungen** eingetreten, die erstmals bereits für Jahresabschlüsse und Unterlagen der Rechnungslegung für das nach dem **31.12.2005 beginnende Geschäftsjahr gelten** (Art. 61 Abs. 5 EGHGB). 4342

(Einstweilen frei) 4343

2. Regelung nach dem EHUG

Hinsichtlich der **Form der Offenlegung** ihrer Jahresabschlüsse wird **nicht mehr zwischen der kleinen (bzw. kleinste), mittelgroßen und großen GmbH unterschieden.** Auch die **Pflicht zur Einreichung beim Handelsregister wurde gestrichen.** Für alle Kapitalgesellschaften, also auch alle GmbHs (**einschließlich der haftungsbeschränkten UG**), bestimmen nun § 325 Abs. 1 und Abs. 2 HGB, dass deren gesetzliche Vertreter – also die Geschäftsführer – den Jahresabschluss und die weiteren in § 325 Abs. 1 Satz 3 HGB genannten Dokumente (insbesondere Lagebericht sowie Vorschlag und Beschluss über die Verwendung des Jahresergebnisses, sofern sich dieses nicht aus dem Jahresabschluss ergibt, wobei die GmbH Angaben über die Ergebnisverwendung – wie bisher auch schon – nicht zu machen braucht, wenn sich anhand dieser Angaben die Gewinn- 4344 anteile von natürlichen Personen ergeben, die Gesellschafter sind, § 325 Abs. 1 Satz 4 HGB) unverzüglich nach Vorlage an die Gesellschafter, spätestens aber **vor Ablauf von zwölf Monaten**[1] nach dem Abschlussstichtag des betreffenden Geschäftsjahres mit dem Bestätigungsvermerk oder dem Vermerk über dessen Versagung beim Betreiber des elektronischen Bundesanzeigers **einzureichen** sind.

Die Einreichung hat in elektronischer Form zu erfolgen. Außerdem müssen die Geschäftsführer die eingereichten **Unterlagen** unverzüglich im elektronischen Bundesanzeiger **bekannt machen** lassen. Der Betreiber des elektronischen Bundesanzeigers muss die bei ihm eingereichten Unterlagen an das **Unternehmensregister weiterleiten**, wodurch eine zusätzliche Möglichkeit der zentralen Einsichtnahme entsteht.

4345 *(Einstweilen frei)*

3. Prüfungspflicht und Sanktionen nach dem EHUG

4346 Die Veröffentlichungspraxis hat sich mit dem Inkrafttreten des EHUG deutlich geändert. Empirische Untersuchungen zeigen, dass bisher zur Veröffentlichung ihrer Jahresabschlüsse verpflichtete Gesellschaften (insbesondere bei kleinen und mittelgroßen GmbHs) die Vorschriften der §§ 325 ff. HGB a. F. (Einreichung beim Registergericht und Veröffentlichung im Bundesanzeiger) größtenteils ignorierten,[2] weil nach § 335a Abs. 1 Satz 3 HGB a. F. ein Ordnungsgeld nur auf Antrag (eines Dritten) festgesetzt werden und das Registergericht nicht von Amts wegen einschreiten konnte. Diese Praxis ändert sich mit dem EHUG grundlegend, weil **von Amts wegen durchgängig geprüft** wird, ob die Unternehmen ihren Publizitätspflichten nachkommen; bei einer unvollständigen oder unterlassenen Offenlegung wird diese von Amts wegen durch die **Einleitung** eines von vornherein kostenpflichtigen **Ordnungsgeldverfahrens** durch das hierzu neu geschaffene Bundesamt für Justiz (BfJ) erzwungen.

4347 Nach dem neuen Verfahren hat der Betreiber des **elektronischen Bundesanzeigers nach § 329 Abs. 1 HGB zu prüfen**, ob die nach §§ 325 ff. HGB einzureichenden Unterlagen **fristgemäß und vollständig** übermittelt worden sind. Die Prüfung der Vollständigkeit erstreckt sich auch darauf, ob die GmbH von den größenabhängigen Erleichterungen zu Recht Gebrauch gemacht hat (§ 329 Abs. 2 HGB). Hierzu stellt ihm der Betreiber des Unternehmensregisters die nach § 8b Abs. 3 Satz 2 HGB dorthin von den Landesjustizverwaltungen übermittelten Unternehmensdaten (Eintragungen im Handelsregister) zur Verfügung, soweit diese zur Erfüllung des Prüfungsauftrags erforderlich sind. Außerdem kann der Betreiber des elektronischen Bundesanzeigers bei entsprechendem Prüfungsanlass zu den größenabhängigen Erleichterungen von der GmbH innerhalb einer angemessenen Frist die Mitteilung der Umsatzerlöse und der Zahl der Arbeitnehmer verlangen (vgl. Rz. 4103 ff.). Kommt die GmbH der Aufforderung nicht nach, gelten die Erleichterungen als zu Unrecht in Anspruch genommen.

---

1 Für kapitalmarktorientierte Unternehmen ist die Frist auf vier Monate verkürzt (§ 325 Abs. 4 HGB).
2 Nach Schätzungen sollen nur rd. 5 v. H. der Gesellschaften bislang ihre Pflichten erfüllen: vgl. Liebscher/Scharff, NJW 2006, 3745, 3750, und Schmidt, DStR 2006, 2272, 2274, jeweils m. N.

Führt die Prüfung danach zu der Feststellung, dass die einzureichenden Unterlagen nicht oder nicht vollständig eingereicht wurden, muss der Betreiber des elektronischen Bundesanzeigers dies gem. § 329 Abs. 4 HGB an das BfJ melden, welches nach § 335 Abs. 1 Satz 1 und Abs. 2 HGB gegen die **Geschäftsführer** oder **die GmbH selbst** aufgibt, binnen sechs Wochen ihrer gesetzlichen Verpflichtung nachzukommen oder deren Unterlassung durch einen Einspruch zu rechtfertigen, und ein **Ordnungsgeld** zwischen 2 500 € und 25 000 € androht und ihnen zugleich die Kosten des Verfahrens (50 €) auferlegt. Der Einspruch gegen die Androhung und die Kostenfestsetzung hat **keine aufschiebende Wirkung** (§ 335 Abs. 3 Satz 6 HGB). Wird die gesetzliche Pflicht nicht binnen sechs Wochen erfüllt, wird das Ordnungsgeld festgesetzt und außerdem die frühere Verfügung unter Androhung eines erneuten Ordnungsgeldes wiederholt. Gegen die Festsetzung des Ordnungsgelds bzw. gegen die Entscheidung, mit der ein Einspruch, der im Übrigen auf die Entscheidung über die Kosten beschränkt werden kann, ist die sofortige Beschwerde nach dem FamFG, nicht aber die Rechtsbeschwerde gegeben. Die sofortige Beschwerde ist beim BfJ einzulegen, welches abhelfen kann und sie bei Nichtabhilfe unverzüglich dem Beschwerdegericht vorlegen muss, § 335 Abs. 5 Satz 10 HGB. Das BfJ hat nach § 335 Abs. 4 Satz 2 HGB das Ordnungsgeld herabzusetzen, wenn die Beteiligten ihrer gesetzlichen Frist erst nach Ablauf der Sechswochenfrist erfüllen. Dies gilt in Bezug auf eine Kleinstkapitalgesellschaft auch, wenn die Gesellschaft die erforderlichen Unterlagen veröffentlicht statt hinterlegt.[1]

4348

Das nach neuer Rechtslage von Amts wegen anzuwendende Prüfungs- und Sanktionensystem ist erstmals für die Jahres- und Konzernabschlüsse **für nach dem 31. 12. 2005 beginnende Geschäftsjahre** anzuwenden. Es wird die bisher anzutreffende „Nachlässigkeit" bezüglich der Veröffentlichungspflichten nachhaltig ausräumen. Manches Unternehmen wird angesichts des nicht unerheblichen eigenen Verwaltungsaufwandes und des Umstandes, dass sich Kreditinstitute oder die Konkurrenz Daten z. B. über die Bonität, Eigen- und Fremdkapitalfinanzierung, Liquidität und wirtschaftliche Lage des Unternehmens einfach via Internet besorgen können, Strategien entwickeln wollen, um die Veröffentlichungspflicht inhaltlich zu beschränken oder zu vermeiden. Hierzu diskutierte Möglichkeiten wie z. B die Umwandlung der GmbH in eine Personengesellschaft, mit zumindest einer natürlichen Person als persönlich haftendem Gesellschafter (§ 264a Abs. 1 Satz 1 Nr. 1 HGB) oder die Aufspaltung des Unternehmens in kleinere Einheiten, sollten wegen der damit verbundenen Nachteile und Kosten sorgfältig abgewogen werden. Eine Auslandsgesellschaft wie z. B. die englische Limited mit Verwaltungssitz im Inland eignet sich aber nicht, um die Offenlegungspflichten zu vermeiden, wie sich aus § 325a HGB ergibt, zumal bei solchen Gesellschaften der Inlandsbezug noch stärker ist, als bei reinen Zweigniederlassungen im Inland.

4349

4. Steuerliche Folgen der Zahlung aufgrund von Sanktionsverfügungen bei Verletzung von Offenlegungspflichten

Geht der GmbH oder den Geschäftsführern ein Bescheid über die Androhung eines Ordnungsgeldes mit Kostenfestsetzung bzw. die Festsetzung des Ordnungsgeldes selbst

4350

---

[1] LG Bonn vom 20. 10. 2016 – 36 T 294/16, rkr., DStR 2017, 338, s. auch NWB DokID: CAAAG-38875.

zu, zieht die Zahlung auch zusätzliche **steuerliche Belastungen** nach sich, die sich vornehmlich aus § 4 Abs. 5 Nr. 8 EStG ergeben, wonach von einer Behörde festgesetzte Geldbußen und **Ordnungsgelder** (einschließlich der Kosten als Nebenfolgen des Ordnungsgeldes) **nicht abzugsfähige Betriebsausgaben** darstellen und auch vom Geschäftsführer über § 9 Abs. 5 Satz 1 EStG nicht als Werbungskosten bei seinen Einkünften aus nichtselbständiger Arbeit abgezogen werden dürfen.

4351 Ergeht die Verfügung gegenüber der GmbH selbst, mindert die Zahlung über § 8 Abs. 1 KStG nicht den steuerlichen Gewinn aus Gewerbebetrieb und auch das Einkommen und den Gewerbeertrag der GmbH nicht. Der **Steueraufschlag**[1] aus KSt (bei einem Tarif von 15 v. H.), SolZ und GewSt (bei einem Hebesatz z. B. von 440 v. H.) beträgt dann ca. 31 v. H.

4352 Je 100 € Ordnungsgeld kosten die GmbH insgesamt also 131 €, 1 000 € also 1 310 €. Zahlt der Geschäftsführer das gegen ihn festgesetzte Ordnungsgeld aus eigener Tasche, kann er es **nicht als Werbungskosten abziehen;** die steuerliche Belastung bei einem persönlichen ESt-Satz von 42 v. H. macht mit SolZ einen Aufschlag von 44 v. H. aus.

4353 Ergeht die Ordnungsgeldfestsetzung gegenüber dem Geschäftsführer, übernimmt aber die GmbH die Zahlung – was die Regel sein dürfte – und handelt es sich um einen Fremdgeschäftsführer, stellt die Zahlung bei ihr eine gewinnmindernde Betriebsausgabe dar (§ 4 Abs. 4 EStG), weil sie ein fremdes Ordnungsgeld bezahlt und somit das Abzugsverbot bei ihr nicht eingreift. Für den Geschäftsführer stellt die **übernommene Zahlung einen lohnsteuerpflichtigen geldwerten Vorteil** dar (§ 38 Abs. 2 Satz 1 EStG), für den die GmbH wohl auch die Lohnsteuer übernimmt und zahlt. Diese gleichsam vorliegende Nettolohnvereinbarung kann je nach den persönlichen Verhältnissen zu einem erheblich über dem Grenzsteuersatz liegenden Steueraufschlag führen. Beim (beherrschenden) Gesellschafter-Geschäftsführer besteht die Gefahr, dass die Übernahme der Ordnungsgeldzahlung auf der Ebene der GmbH als **vGA** anzusehen ist und der Vorteil beim Gesellschafter in Kapitaleinkünfte nach § 20 Abs. 1 Nr. 1 Satz 2 EStG umqualifiziert wird, die ab 2009 nicht mehr dem Halbeinkünfteverfahren unterliegen.

4354–4380 *(Einstweilen frei)*

VIII. Nichtigkeit und Heilung des Jahresabschlusses

Literatur: *Brete/Thomsen*, Nichtigkeit und Heilung von Jahresabschlüssen der GmbH, GmbHR 2008, 176.

1. Nichtigkeit (Begriff und Rechtsfolgen)

4381 Für die **Nichtigkeit des Jahresabschlusses einer GmbH** sind nach allgemeiner Auffassung mangels eigener Vorschriften des GmbHG die **Vorschriften des AktG weitestgehend analog** anzuwenden.[2] Deshalb ergeben sich die Nichtigkeitsgründe in Anlehnung an **§ 256 AktG**. Erweist sich nach diesen Vorschriften der Beschluss der Gesellschafterversammlung zur Feststellung des Jahresabschlusses als **normwidrig**, ist er

---

1 Vgl. im Einzelnen die instruktiven Beispielsrechnungen bei Grashoff, DB 2006, 2641.
2 BGH v. 1. 3. 1982 II ZR 23/81, BGHZ 83, 341; Beck GmbH-HB/Langseder, § 9 Rz. 209.

nichtig. Rechtsfolge daraus ist, dass die GmbH ihrer Pflicht zur Rechnungslegung nicht nachgekommen ist, die Einstellung von Rücklagen eine bloße Buchung darstellt, ein Bilanzgewinn nicht existiert und somit auch kein Raum für einen Gewinnverwendungsbeschluss besteht und Gewinne nicht ausgeschüttet werden dürfen.[1] Außerdem können sich in der Insolvenz Rückzahlungsansprüche z. B. auf Rückerstattung von Gewinnausschüttungen an die Masse ergeben,[2] weil wegen der Nichtigkeit des Jahresabschlusses auch ein darauf beruhender Gewinnverwendungsbeschluss nichtig ist und deshalb darauf beruhende Ausschüttungen an die GmbH zurückzuzahlen sind. Die Haftung der Geschäftsführer wegen Nichtigkeit des Jahresabschlusses richtet sich grundsätzlich nach § 43 GmbHG, wenn ihnen ein diesbezüglicher Pflichtenverstoß vorzuwerfen ist (vgl. Rz. 3696).

Wird ein Nichtigkeitsgrund erkannt, besteht regelmäßig die Pflicht, den Jahresabschluss jedenfalls dann neu aufzustellen, wenn es sich um bedeutsame und im Interesse des Gläubigerschutzes normierte Nichtigkeitsgründe handelt; dann darf und sollte schon aus Haftungsgründen nicht „abgewartet" werden, bis wegen des Fristablaufs nach § 256 Abs. 6 Satz 1 AktG Heilung eingetreten ist. Insbesondere muss ein Fehler (z. B. Falschbewertung von Bilanzposten, § 256 Abs. 5 AktG) durch Neufeststellung beseitigt werden, wenn er wegen der Bilanzkontinuität in die Zukunft wirkt, so dass Jahresabschlüsse für Folgejahre unter demselben Mangel leiden können. Fehler bei nur einem Bilanzposten führen nicht bloß zu einer Teilnichtigkeit, sondern der Jahresabschluss ist dann als Ganzes nichtig. 4382

2. Einzelne Nichtigkeitsgründe

a) Generalklausel (§ 256 Abs. 1 Nr. 1 AktG)

Der Jahresabschluss ist nichtig, wenn er gegen **Schutzvorschriften zugunsten der Gläubiger der GmbH verstößt**. Damit sind gesetzliche Bestimmungen und nicht Bestimmungen des Gesellschaftsvertrages gemeint. In der Praxis bedeutsam sind die Bilanzierungsvorschriften, wobei die Ordnungswidrigkeiten nach § 334 HGB indizielle Bedeutung haben. Schutzvorschriften sind die Grundsätze ordnungsgemäßer Buchführung und die Bilanzierungsgrundsätze und Ansatzvorschriften. Verstöße gegen sie müssen aber den Jahresabschluss (Bilanz, GuV oder Anhang) betreffen, Verstöße gegen die Vorschriften des Lageberichts führen nicht zur Nichtigkeit, weil er nicht Teil des Jahresabschlusses ist. Verstöße gegen die Gliederungs- und Bewertungsvorschriften sind nach § 256 Abs. 4 und 5 AktG zu beurteilen. 4383

Die Vorschrift des § 272 HGB über den Eigenkapitalausweis wird durch § 42 GmbHG ergänzt. Wird das gezeichnete Kapital unrichtig ausgewiesen (nur noch Nettoausweis nach § 272 HGB), führt dies zur Nichtigkeit des Jahresabschlusses. Gleiches gilt, wenn nicht beachtet wird, dass jetzt § 272 Abs. 1a HGB den Ausweis der eigenen Anteile auf der Aktivseite unter den Wertpapieren und einer Rücklage für eigene Anteile auf der Passivseite verbietet und vorschreibt, dass der Nennbetrag der Geschäftsanteile in der

---

1 Brete/Thomsen, GmbHR 2008, 176 m.w. N.
2 OLG Stuttgart v. 11. 2. 2004 14 U 23/03, GmbHR 2004, 662.

Vorspalte offen von dem Posten „Gezeichnetes Kapital" abzusetzen und der Unterschiedsbetrag zwischen Nennbetrag und dem Kaufpreis mit den frei verfügbaren Rücklagen zu verrechnen ist.

4384 Im Zusammenhang mit § 256 Abs. 1 Nr. 1 AktG ist auch auf die Vorschrift des § 268 Abs. 8 HGB hinzuweisen. Sie enthält eine **Ausschüttungssperre** für **Erträge aus der Aktivierung selbst geschaffener immaterieller Vermögensgegenstände des Anlagevermögens, latenter Steuern sowie aus der Bewertung** eines aktiven Unterschiedsbetrages aus der Vermögensverrechnung bei Altersversorgungsverpflichtungen (§ 246 Abs. 2 Satz 2 HGB) zum beizulegenden Zeitwert. Sie dürfen im Interesse des Gläubigerschutzes nur ausgeschüttet werden, wenn nach der Ausschüttung frei verfügbare Rücklagen in mindestens gleicher Höhe (abzgl. der passiv latenten Steuern) verbleiben. Außerdem müssen die Erträge aufgegliedert als Pflichtangaben im Anhang aufgeführt werden (§ 285 Nr. 28 HGB).

4385 Ein Verstoß gegen die Ausschüttungssperre und/oder die Angabepflicht im Anhang führt wegen der Gläubigerschutzfunktion der Vorschriften zur Nichtigkeit des Jahresabschlusses.[1]

b) Verstöße gegen die Prüfungspflicht

4386 Eine unvollständige oder fehlende Prüfung oder die Prüfung durch eine Person, der die Abschlussprüfereigenschaft fehlt, führt zur Nichtigkeit, wenn die GmbH gem. § 316 HGB der Prüfungspflicht unterliegt (vgl. § 256 Abs. 1 Nr. 2 und 3 AktG).

c) Verletzung der Bestimmungen über Rücklagen (§ 256 Abs. 1 Nr. 4 AktG)

4387 Nur die Verletzung gesetzlicher Bestimmungen (und nicht bloßer Satzungsbestimmungen) über die Einstellung von Beträgen in die Kapital- oder Gewinnrücklagen bzw. über die Entnahme aus solchen Rücklagen führen zur Nichtigkeit (z. B. § 42 Abs. 2 Satz 3, § 58b Abs. 2 und § 58c GmbHG und § 272 Abs. 2 und 4 HGB). Besonders zu **beachten** ist hier die (neue) **gesetzliche Rücklage nach § 5a Abs. 3 GmbHG bei der UG (haftungsbeschränkt)**. Manche „Empfehlung" für die Praxis, die Thesaurierungspflicht von einem Viertel des Jahresüberschusses durch ertragswirksame Gestaltungen (z. B. Gehaltszahlungen oder sonstige Leistungsentgelte an Gesellschafter oder ihnen nahe stehende Personen) zu „umgehen", kann zur Nichtigkeit führen.

Stellen solche Entgelte in Wahrheit Ausschüttungen mit Rücksicht auf das Gesellschaftsverhältnis, also **verdeckte Gewinnausschüttungen** dar, kann ein Verstoß gegen § 256 Abs. 1 Nr. 1 oder 4 AktG vorlegen. In der Insolvenz kann dies den Insolvenzverwalter veranlassen, gegen den Geschäftsführer aus § 43 GmbHG oder die betreffenden Gesellschafter auf Rückerstattung der Beträge vorzugehen. Damit erhält die bislang meist nur steuerrechtlich relevante Rechtsfigur der verdeckten Gewinnausschüttung in ihrer ganzen Bandbreite eine ganz neue Dimension hinsichtlich ihrer gesellschaftsrechtlichen Bedeutung. Dies gilt insbesondere deshalb, weil die UG (haftungsbeschränkt) wegen ihrer geringen Eigenkapitalausstattung ohnehin stark krisenanfällig ist. Den Ge-

---

[1] Budde in Kessler/Leinen/Strickmann, BilMoG, Die neue Handelsbilanz, S. 258.

sellschaftern und Geschäftsführern ist daher zu empfehlen, bei der Begründung schuldrechtlicher Leistungsbeziehungen zur Gesellschaft auf deren Wirksamkeit, vertragsgerechte Durchführung und auf die Angemessenheit der Entgelte zu achten.

d) Weitere Nichtigkeitsgründe

Andere Nichtigkeitsgründe ergeben sich aus der analogen Anwendung von § 256 Abs. 3 AktG, wenn die Gesellschafterversammlung nicht ordnungsgemäß einberufen ist, der Feststellungsbeschluss aufgrund einer Anfechtungsklage für nichtig erklärt worden ist oder wenn wesentliche Gliederungsfehler (§ 256 Abs. 4 AktG) oder Bewertungsfehler (Über- oder Unterbewertung, § 256 Abs. 5 AktG) mit Auswirkung auf das Eigenkapital vorliegen. 4388

3. Heilungsmöglichkeiten

a) Begriff der Heilung, Abgrenzung zur Neuaufstellung

Das Hauptmerkmal der **Heilung** besteht darin, dass der Jahresabschluss **nicht mehr** mit der Nichtigkeitsklage oder auf sonstige Weise **angegriffen** werden kann. Durch Eintritt der Heilung kommt die GmbH wieder ihrer Pflicht zur Rechnungslegung nach, ein Gewinnverwendungsbeschluss, der auf dem nichtigen Jahresabschluss beruhte, wird wirksam, weil die Nichtigkeit mit Ablauf der Heilungsfrist wegfällt.[1] Von der Heilung ist die **Beseitigung der Nichtigkeit durch Neuaufstellung** des Jahresabschlusses unter Korrektur der fehlerhaften Bilanzierung zu unterscheiden. Die Heilung beseitigt nicht die materielle Unrichtigkeit. Die kann Bedeutung im Hinblick auf die Bilanzkontinuität praktische Auswirkungen insofern haben, als sich der Fehler in der Folgebilanz fortsetzen kann und wieder zu deren Nichtigkeit oder schwebender Unwirksamkeit führen kann. Wird der Fehler nicht beseitigt, kommt die GmbH auch im Folgejahr ihrer Pflicht zur Rechnungslegung nicht nach, so dass Gewinne nicht ausgeschüttet werden können. 4389

b) Heilungsfähige Nichtigkeitsgründe

Die Heilungsfristen in § 256 Abs. 6 AktG gelten auch für die GmbH. Damit ist eine Heilung bei Verstoß gegen die Prüfungspflicht ausgeschlossen. Auch rechtskräftig für nichtig erklärte Jahresabschlüsse (§ 256 Abs. 3 Nr. 3 AktG) sind unheilbar nichtig. 4390

In anderen Fällen ist eine Heilung unter **zwei Voraussetzungen** möglich: 1. Der **Jahresabschluss muss im (elektronischen) Bundesanzeiger veröffentlicht** worden sein, und 2. es muss der **Ablauf der Heilungsfrist** abgewartet werden. Da nach § 325 Abs. 1 und 2 HGB alle GmbHs ohne Rücksicht auf Größenmerkmale ihren Jahresabschluss binnen zwölf Monaten nach dem Abschlussstichtag beim Betreiber des elektronischen Bundesanzeigers einreichen und dort bekannt machen lassen müssen, **beginnt die Frist mit der Bekanntmachung.** 4391

---

[1] Brete/Thomsen, GmbHR 2008, 176, 180.

c) Heilungsfristen

4392 Eine Heilung nach **sechs Monaten** kann bei Verletzung von Bestimmungen über Kapital- und Gewinnrücklagen (Abs. 1 Nr. 4), Mängel bei der Feststellung des Jahresabschlusses durch die Gesellschafterversammlung (Abs. 2) und bei ihrer nicht ordnungsgemäßen Einberufung (Abs. 3 Nr. 1) eintreten. Die kurze Heilungsfrist dient der Rechtssicherheit.

4393 Eine Heilung nach **drei Jahren** tritt in den übrigen Fällen ein (§ 256 Abs. 1 Nr. 1, Abs. 4 und Abs. 5 AktG). Dadurch sollen die Personen geschützt werden, die durch die Verletzung von Gläubigerschutzvorschriften betroffen werden. Wegen der langen Frist sollte bei Aufdeckung des Fehlers eine Neuaufstellung des Jahresabschlusses vorgenommen werden, damit die Wirksamkeit nicht länger fraglich bleibt.

d) Publizitätspflichten und Insolvenz

4394 Wie gesehen, setzt eine Heilung des nichtigen Jahresabschlusses die Einhaltung der Offenlegungspflicht voraus, was vor dem EHUG in großer Zahl (bis zu 90 v. H. aller Fälle) nicht erfolgte. Die Nichteinhaltung kann missliche Folgen in der Insolvenz haben. Nach § 155 InsO geht nach Eröffnung des Insolvenzverfahrens die „Bilanzaufstellungsgewalt"[1] auf den Insolvenzverwalter über. Stellt er mittels eines Nichtigkeitsgutachtens die Unwirksamkeit von Jahresabschlüssen fest, folgt aus der Nichtigkeit auch die Unwirksamkeit darauf beruhender Gewinnausschüttungen oder Tantiemezahlungen, die er von Gesellschaftern oder Geschäftsführern zurückfordern kann. Dies kann zu erheblichen Vermögenseinbußen bei diesen Personen führen.

4. Haftung des Geschäftsführers wegen Nichtigkeit des Jahresabschlusses

4395 Die Pflichten des Geschäftsführers hinsichtlich des Jahresabschlusses ergeben sich aus § 43 Abs. 1 GmbH und werden durch §§ 242, 243 Abs. 3 und 264 Abs. 1 HGB über die Verantwortlichkeit des Kaufmanns bzw. eines gesetzlichen Vertreters einer Kapitalgesellschaft für die Aufstellung des Jahresabschlusses und für die Einhaltung der Aufstellungsfristen ausgefüllt. Die Einhaltung dieser Pflichten schuldet der Geschäftsführer der GmbH. Erwachsen der GmbH aus Pflichtverstößen zum Schutz Dritter oder öffentlicher Interessen Nachteile oder Schäden, muss der Geschäftsführer ihr dafür einstehen. Deshalb führen Gewinnausschüttungen, die auf dem Verstoß gegen Verwendungsverbote oder gegen Bewertungsvorschriften beruhen, zu Schadensersatzansprüchen der Gesellschaft. Im Insolvenzfall macht der Verwalter die Ansprüche für die Masse geltend.

4396–4420 (*Einstweilen frei*)

---

1 Brete/Thomsen, GmbHR 2008, 176, 183; OLG München v. 10. 8. 2005 31 Wx 61/05, GmbHR 2005, 1434.

C. Gewinn und Verlust

I. Allgemeines

1. Gesellschaft und Gesellschafter

Die GmbH ist eine juristische Person; aus ihren Geschäften kann allein die GmbH selbst unmittelbar einen Gewinn erzielen oder Verlust erleiden, niemals aber der einzelne GmbH-Gesellschafter. 4421

Die GmbH existiert aber nicht um ihrer selbst willen, sondern nur kraft des Zusammenschlusses der sie tragenden Gesellschafter, denen deshalb als eines der wesentlichsten Gesellschafter- oder Mitgliedschaftsrechte ein Anspruch auf den von der GmbH erzielten Gewinn zusteht. Für einen Verlust haben die Gesellschafter aber nicht aufzukommen, es sei denn, dass satzungsgemäß eine Nachschusspflicht besteht; natürlich schmälern Verluste durch den Verlustvortrag aber künftige Gewinne und bei einer Liquidation kann sich ergeben, dass die Gesellschafter ihre Einlage verloren haben; dies ist aber nur eine mittelbare Verlustbeteiligung. 4422

2. Jahresabschluss und Jahresergebnis

Das durch den Jahresabschluss (Bilanz nebst Gewinn- und Verlustrechnung) ausgewiesene wirtschaftliche Ergebnis eines Geschäftsjahres ist das „Jahresergebnis"; häufig wird auch nur die Bezeichnung „Ergebnis" verwendet. 4423

Ein positives Jahresergebnis (Gewinn) ist der „Jahresüberschuss", ein negatives Jahresergebnis (Verlust) ist der „Jahresfehlbetrag". 4424

3. Ermittlung des Jahresergebnisses

Das Jahresergebnis wird ermittelt durch den Jahresabschluss (Bilanz plus Gewinn- und Verlustrechnung). 4425

4. Verwendung des Jahresergebnisses

Welches Jahresergebnis die GmbH erzielt hat, kann sich nur aus dem Jahresabschluss ergeben. Der Jahresabschluss wird aber erst verbindlich, wenn er festgestellt ist. Deshalb kann ohne Feststellung des Jahresabschlusses nicht über Verwendung des Jahresergebnisses entschieden werden. 4426

5. Vorschlag des Geschäftsführers zur Verwendung des Jahresergebnisses

Aus § 325 HGB ergibt sich, dass der Geschäftsführer mit dem Jahresabschluss auch den „Vorschlag über die Verwendung des Ergebnisses" beim elektronischen Bundesanzeiger einzureichen hat. Dies gilt nach § 326 HGB auch für die kleine GmbH. Daraus kann gefolgert werden, dass der Geschäftsführer einen solchen Vorschlag machen muss. Eine entsprechende Bestimmung ist im GmbHG nicht enthalten und auch § 42a GmbHG normiert eine solche Verpflichtung nicht. Dagegen besteht die Vorschlagspflicht gem. § 124 Abs. 3, §§ 174, 175 Abs. 2 AktG für Vorstand und Aufsichtsrat einer Aktiengesellschaft; eine entsprechende Anwendung dieser Vorschriften auf die GmbH scheidet aus, 4427 eine Vorschlagspflicht besteht für den GmbH-Geschäftsführer nicht, es sei denn, dass sie sich aus der Satzung ergibt.

4428 Es liegt aber natürlich im Interesse des Geschäftsführers, einen Vorschlag für die Ergebnisverwendung zu unterbreiten, der nach seiner Ansicht dem Interesse der Gesellschaft am besten gerecht wird; gerade bei der Ergebnisverwendung decken sich Gesellschafterinteressen häufig nicht mit dem Interesse des Unternehmens. Bindend ist ein solcher Vorschlag für die Gesellschafter nicht.

6. Entscheidung der Gesellschafter

4429 Gemäß § 46 Nr. 1 GmbHG unterliegt die Verwendung des Ergebnisses der Bestimmung der Gesellschafter, d.h. sie erfolgt durch Gesellschafterbeschluss. Gemäß § 45 Abs. 2 GmbHG gilt dies aber nur, wenn die Satzung nichts anderes bestimmt.

4430 § 42a Abs. 2 GmbHG sieht vor, dass innerhalb der dort festgelegten Fristen die Gesellschafter über die Ergebnisverwendung zu beschließen haben. Damit sollte aber die Dispositionsfreiheit der Gesellschafter nicht eingeschränkt werden.

4431 Die Gesellschafter können also in der Satzung die Entscheidung über die Ergebnisverwendung abweichend regeln; sie können sie beispielsweise einem Aufsichtsrat, einem Gesellschafterausschuss u. Ä. übertragen; sie können auch besondere Bestimmungen für den Gesellschafterbeschluss treffen, z. B. eine qualifizierte Mehrheit vorschreiben oder die Zustimmung des Aufsichtsrates fordern, bestimmten Gesellschaftern ein Vetorecht einräumen usw.

4432–4450 (*Einstweilen frei*)

II. Offenlegung des Vorschlages bzw. Beschlusses über die Gewinnverwendung zum elektronischen Bundesanzeiger

4451 Nach § 325 Abs. 1 HGB ist u. a. auch der Vorschlag über die Verwendung des Jahresergebnisses und der Beschluss über seine Verwendung in elektronischer Form beim Betreiber des elektronischen Bundesanzeigers einzureichen, soweit sich die Verwendung nicht aus dem Jahresabschluss selbst ergibt. Sie können auch (unverzüglich) nachgereicht werden, wenn zur Wahrung der Zwölfmonatsfrist zunächst nur der Jahresabschluss ohne die anderen Unterlagen eingereicht wird. Insbesondere für die **personalistisch verfasste GmbH** gilt jedoch eine **Besonderheit**: Bei der GmbH müssen Angaben zur Ergebnisverwendung nach § 325 Abs. 1 Satz 4 HGB **nicht gemacht** werden, wenn sich anhand dieser Angaben die **Gewinnanteile natürlicher Personen feststellen lassen**, die Gesellschafter sind. Da dies regelmäßig aufgrund des zum Handelsregister eingereichten Gesellschaftsvertrages und der Gesellschafterliste der Fall ist, brauchen **Vorschlag und Beschluss über die Ergebnisverwendung nicht offen gelegt** werden.[1] An dieser Einschränkung der Offenlegungspflicht bei der GmbH hat auch das EHUG nichts geändert, weil deren Inhalt und Umfang unverändert geblieben sind.

4452–4460 (*Einstweilen frei*)

---

1 So auch Beck-GmbH-HB/Langseder, § 9 Rz. 276.

III. Verwendung des Jahresfehlbetrages

Die GmbH-Gesellschafter sind am Verlust der GmbH nicht beteiligt, er mindert nur künftige Gewinnanteile; Besonderheiten gelten bei einer satzungsmäßigen Nachschusspflicht. Der Jahresfehlbetrag findet Eingang in den Verlustvortrag.   4461

Enthält die Satzung keine Bestimmungen über die Gewinnverwendung und machen die Gesellschafter von § 29 Abs. 2 GmbHG keinen Gebrauch, dann kommt § 29 Abs. 1 GmbHG zum Zuge.   4462

Die Gesellschafter haben **Anspruch** auf **Ausschüttung des Jahresüberschusses** zzgl. eines Gewinnvortrages und abzgl. eines Verlustvortrages, soweit der Betrag nicht aufgrund des Beschlusses über die Ergebnisverwendung als zusätzlicher Aufwand von der Verteilung ausgeschlossen ist; ein solcher zusätzlicher Aufwand kann z. B. entstehen, wenn eine höhere KSt zu entrichten ist als in dem Jahresabschluss angesetzt war.   4463

(Einstweilen frei)   4464–4480

IV. Der Gewinnauszahlungsanspruch

Ein Anspruch auf Auszahlung des Gewinnanteiles (der **Dividende**) entsteht erst dann, wenn der Jahresabschluss festgestellt und über die Gewinnverwendung satzungsgemäß – i. d. R. durch Gesellschafterbeschluss – entschieden ist. Aus dem Gewinnbezugsrecht entsteht dadurch ein Forderungsrecht, ein **Auszahlungsanspruch**.   4481

Gemäß § 29 Abs. 3 GmbHG erfolgt die Gewinnverteilung im Verhältnis der Geschäftsanteile, wenn die Satzung nicht etwas anderes bestimmt. Solche Satzungsbestimmungen müssen besonders sorgfältig formuliert werden und eindeutig aufzeigen, dass und in welcher Weise von dem gesetzlichen Verteilungsmaßstab abgewichen werden soll.   4482

Das Gewinnbezugsrecht ist an den Geschäftsanteil gebunden; es geht bei einer Abtretung des Geschäftsanteiles an den Erwerber über; abweichende Vereinbarungen sind zulässig.   4483

Der Auszahlungsanspruch kann wie jede andere Forderung auch isoliert, also ohne Abtretung des Geschäftsanteiles, übertragen werden; die Abtretung kann im Hinblick auf § 398 BGB, wonach auch künftige Ansprüche abtretbar sind, auch schon vor Feststellung des Jahresabschlusses und vor Entscheidung über die Ergebnisverwendung erfolgen. Die Satzung kann die Abtretbarkeit ausschließen und sollte davon im Regelfall Gebrauch machen.   4484

(Einstweilen frei)   4485–4500

7. Abschnitt: Die Beendigung der GmbH

Literatur: *Dörner*, Auflösung, Liquidation und Beendigung der GmbH, LSW Gruppe 9 67–78; *Wälzholz*, Die Vertretung der GmbH im Liquidationsstadium, GmbHR 2002, 305; *Wälzholz*, Steuerliche Probleme der GmbH in Liquidation, GmbH-StB 2011, 117; *Geißler*, Die Reichweite der GmbH-Auflösungsklage bei der Bewältigung fundamentaler Gesellschafterzerwürfnisse, GmbHR 2012, 1049.

A. Allgemeines

4501   Bei ihrer Entstehung durchläuft die GmbH mehrere Stadien. Auch das **Ende der GmbH**, also ihr **Erlöschen** als Rechtssubjekt, vollzieht sich i. d. R. in **mehreren Schritten**. Tritt ein gesetzlicher oder satzungsmäßiger Auflösungsgrund ein, bedeutet dies nicht die volle Beendigung der GmbH. Vielmehr bedeutet die **Auflösung**, dass die **werbende Tätigkeit der GmbH endet** und sie zu einer **Abwicklungsgesellschaft** wird (Änderung des Gesellschaftszwecks). Zur **Abwicklung (Liquidation)** gehört insbesondere die Versilberung des Gesellschaftsvermögens, die Befriedigung der Gesellschaftsgläubiger und schließlich nach Ablauf des Sperrjahres (§ 73 GmbHG) die Verteilung des verbliebenen Reinvermögens (Liquidationserlös) an die Gesellschafter. Erst wenn das verbliebene Reinvermögen restlos verteilt ist, die GmbH also kein Vermögen mehr hat, und die GmbH im Handelsregister gelöscht ist, ist sie **rechtlich vollbeendet**.

4502   **Liquidation bedeutet also Abwicklung** der aufgelösten GmbH. Die volle **Beendigung der GmbH** tritt nach der Lehre vom **Doppeltatbestand** ein, wenn die **GmbH** (nach Befriedigung der Gesellschaftsgläubiger und Verteilung des Vermögens an die Gesellschafter) **vermögenslos** ist **und** die **Löschung im Handelsregister eingetragen** ist. Bis zum Eintreten dieses Doppeltatbestandes besteht die aufgelöste GmbH als Rechtssubjekt fort; sollte die GmbH in Wahrheit noch vermögend gewesen sein, ist eine nachträgliche Liquidation erforderlich.

4503   In der **Abwicklungsphase** treten an die **Stelle der Geschäftsführer die Liquidatoren**. Die Firma der GmbH ändert sich nicht, jedoch ist ihr nach § 68 Abs. 2 GmbHG ein Zusatz anzufügen, dass sie sich in Abwicklung befindet, z. B. „in Liquidation" (abgekürzt „i. L.") oder „in Abwicklung". Auch auf den Geschäftsbriefen ist dies anzugeben, § 71 Abs. 4 GmbHG.

4504   Neben der Beendigung der GmbH in mehreren Schritten gibt es gesetzlich geregelte Fälle, in denen **Auflösung und Vollbeendigung zusammenfallen**. Dies ist einmal der Fall, wenn die GmbH als übertragender Rechtsträger mit einer anderen Gesellschaft **verschmolzen** wird (§ 20 Abs. 1 Nr. 1 und Nr. 2 UmwG) oder bei der Aufspaltung (§ 131 Abs. 1 Nr. 1 UmwG). Zum anderen ist dies der Fall, wenn die Gesellschaft nach § 60 Abs. 1 Nr. 7 GmbHG und § 394 FamFG wegen **Vermögenslosigkeit** im Handelsregister **gelöscht** wird. Dann ist eine Abwicklung nicht erforderlich, weil entweder sämtliche Rechte und Pflichten der GmbH im Wege der Gesamtrechtsnachfolge im Auflösungszeitpunkt auf einen anderen Rechtsträger übergehen oder weil ein zu verteilendes Vermögen nicht vorhanden ist.

I. Die Auflösung der GmbH

4505   Das GmbHG macht mit den Regelungen in den §§ 60 ff. GmbHG deutlich, dass die GmbH nicht von selbst als Rechtsperson aufhört zu existieren. Es müssen vielmehr bestimmte Ereignisse (**Auflösungsgründe**) eintreten, um die GmbH von einer werbenden Gesellschaft in eine Abwicklungsgesellschaft zu verwandeln.

(Einstweilen frei) 4506–4520

II. Auflösungsgründe

Das GmbHG selbst zählt in § 60 Abs. 1 GmbHG **sieben Auflösungsgründe** auf (z. B. Zeitablauf, Auflösungsbeschluss der Gesellschafter, Auflösungsurteil oder auflösender Verwaltungsakt, Eröffnung des Insolvenzverfahrens oder Ablehnung der Eröffnung des Insolvenzverfahrens mangels Masse, Löschung der GmbH wegen Vermögenslosigkeit, Feststellung von Satzungsmängeln durch rechtskräftige Verfügungen des Registergerichts nach § 394 FamFG sowie Nichtigkeitserklärung der Gesellschaft). Daneben besteht die Möglichkeit, in der Satzung weitere Auflösungsgründe festzulegen (§ 60 Abs. 2 GmbHG). 4521

(Einstweilen frei) 4522–4540

III. Einzelne Auflösungsgründe

1. Befristung

Satzungsbestimmungen, wonach die GmbH nach Ablauf einer bestimmten Zeit enden soll, sind in der Praxis eher selten anzutreffen. Ist ein solcher Auflösungsgrund in der Satzung festgelegt, gilt die GmbH mit dem Zeitablauf automatisch als aufgelöst (§ 60 Abs. 1 Nr. 1 GmbHG). Dieses Ergebnis lässt sich dadurch vermeiden, dass die Gesellschafter vorher die Satzung ändern und die Bestimmung entweder ganz aufheben oder einen anderen Termin festlegen. Nach Eintritt des Zeitablaufes kann nur noch ein **Fortsetzungsbeschluss** gefasst werden, für den allerdings die Dreiviertelmehrheit nicht ausreicht, sondern die Zustimmung auch derjenigen Gesellschafter notwendig ist, denen durch die Fortsetzung zusätzliche Lasten entstehen (§ 53 Abs. 3 GmbHG). 4541

2. Auflösungsbeschluss der Gesellschafter

Die Gesellschafter (**Gesellschafterversammlung**) können durch einen **Auflösungsbeschluss** (§ 60 Abs. 1 Nr. 2 GmbHG) die Gesellschaft auflösen. Der Auflösungsbeschluss muss mit einer **Dreiviertelmehrheit** der abgegebenen Stimmen gefasst werden, sofern nicht der Gesellschaftsvertrag eine andere Mehrheit vorsieht. Zur Feststellung der Mehrheit werden Stimmenthaltungen und ungültige Stimmen nicht mitgerechnet. Ein Gesellschafter kann die Stimme für sich und zugleich für einen anderen Gesellschafter abgeben; das Selbstkontrahierungsverbot des § 181 BGB steht dem nicht entgegen; die Stimmabgabe für Minderjährige bedarf nicht der vormundschaftsgerichtlichen Genehmigung.[1] 4542

Der **Auflösungsbeschluss ist formlos wirksam**. Die Auflösung tritt mit der Beschlussfassung ein, die Eintragung in das Handelsregister nach § 65 GmbHG hat nur deklaratorische Bedeutung. Aus Gründen der Rechtssicherheit ist es zweckmäßig, den Auflösungs- 4543

---

1 Vgl. BGH v. 22. 9. 1969 II ZR 144/68, BGHZ 52, 316.

beschluss schriftlich zu protokollieren und darin den Willen, die Gesellschaft aufzulösen, deutlich zum Ausdruck zu bringen. Der Gesellschafterbeschluss muss aber nicht ausdrücklich den Auflösungswillen formulieren, vielmehr kann er sich auch aus den Umständen ergeben, wenn sie zum Ausdruck bringen, dass das Unternehmen nicht werbend fortgeführt werden soll oder kann (**stille Liquidation**).[1]

4544 Eine **Minderheit** kann grundsätzlich **keinen Auflösungsbeschluss fassen**. Kann nach der Satzung eine Minderheit die Gesellschaft auflösen, so ist darin regelmäßig die Einräumung eines Kündigungsrechts mit Auflösungsfolge zu sehen; ist die GmbH laut Satzung unauflöslich, heißt dies, dass für den Auflösungsbeschluss Einstimmigkeit erforderlich ist.[2] Eine vorherige Satzungsänderung ist jedoch nicht erforderlich, da Unauflöslichkeitsklauseln i. d. R. nur als Erschwerung der Abstimmung auszulegen sind, wonach statt der Dreiviertelmehrheit die Einstimmigkeit für den Auflösungsbeschluss erforderlich ist. Die Satzung kann nämlich die Auflösung durch Gesellschafterbeschluss nicht ausschließen, kann sie aber an eine höhere Mehrheit oder besondere Erfordernisse (Quorum) binden. Eine Satzungsänderung kann sich jedoch aus Gründen der Rechtssicherheit empfehlen. Ein normaler Auflösungsbeschluss reicht aber dann nicht aus, wenn die GmbH satzungsgemäß auf Zeit bestehen soll. Dann muss zunächst die Satzung (mit notarieller Beurkundung) geändert und die Klausel beseitigt werden, um den Weg für eine Auflösung durch Beschluss zu eröffnen.

4545 Eine **Gesellschafterminderheit** kann die **Auflösung nicht verhindern**, da durch das GmbHG Einstimmigkeit nicht vorgeschrieben ist. Der mit der erforderlichen Mehrheit gefasste Gesellschafterbeschluss bedarf keiner sachlichen Rechtfertigung.[3] Der Mehrheitsbeschluss kann aber bei Missbrauch oder Verstoß gegen die Treuepflicht anfechtbar sein.[4] Dazu reicht es nicht aus, dass die die Auflösung betreibenden Gesellschafter eher als die anderen wirtschaftlich in der Lage sind, das Betriebsvermögen aus der Liquidationsmasse anzukaufen und zu verwerten, und dass ein Minderheitsgesellschafter durch die Auflösung nach seiner persönlichen Lage schwerer getroffen wird als die Mehrheit der Gesellschafter.[5] Bei der Zweipersonengesellschaft kann es aber anders zu beurteilen sein, wenn sich der Mehrheitsgesellschafter vorher zu Lasten des Minderheitsgesellschafters Vorteile verschafft, indem er vor dem Auflösungsbeschluss Vorkehrungen trifft, um den Betrieb bei der Liquidation auf sich überzuleiten.[6]

4546 Ist der **Auflösungsbeschluss nichtig**, bleibt die GmbH als **werbende Gesellschaft bestehen**. Ein bloß anfechtbarer Auflösungsbeschluss löst die Gesellschaft sofort auf, diese Rechtsfolge kann aber mit einem erfolgreichen Anfechtungsprozess rückwirkend wieder beseitigt werden.[7]

---

1 Vgl. BGH v. 23. 11. 1998 II ZR 70/97, DStR 1999, 330.
2 Vgl. Beck-GmbH-HB/Erle/Helm, § 16 Rz. 8.
3 BGH v. 28. 1. 1980 II ZR 124/78, BGHZ 76, 352.
4 Vgl. auch BGH v. 1. 2. 1988 II ZR 75/87, BGHZ 103, 184.
5 BGHZ 76, 352.
6 BGHZ 76, 352.
7 BGHZ 76, 352.

3. Auflösungsurteil

Die Möglichkeit, gem. § 61 GmbHG durch **Auflösungsklage** und gerichtliches Gestaltungsurteil die Auflösung der GmbH zu erreichen (§ 60 Abs. 1 Nr. 3 GmbHG), stellt ein wichtiges Minderheitsrecht dar und kann durch Gesellschafterbeschluss oder die Satzung nicht entzogen oder eingeschränkt werden. Das Recht ist satzungsfest. Die Auflösungsklage kann von einer Gesellschafterminderheit erhoben werden, die zusammen mindestens 10 v. H. der Geschäftsanteile am Stammkapital der Gesellschaft hält (§ 61 Abs. 2 GmbHG). Die Klage hat Aussicht auf Erfolg, wenn der Gesellschaftszweck dauernd unmöglich geworden ist oder ein wichtiger Grund für die Auflösung vorliegt. Die Auflösungsklage stellt aber stets das äußerste Mittel (ultima ratio) dar, wenn weder die Ausschließung eines störenden Gesellschafters noch das Austrittsrecht aus wichtigem Grund die Probleme beheben können.[1] Es ist stets zu bedenken, dass mit der einer Auflösung nachfolgenden Liquidation die im Unternehmen der GmbH eingesetzten **Vermögenswerte zerschlagen** werden, was meist zu Vermögenseinbußen führt. Da jeder Gesellschafter ein Austrittsrecht aus wichtigem Grund hat, muss dieses Recht vorrangig geltend gemacht werden. Die Auflösungsklage kommt nur **subsidiär** in Betracht und hat deshalb **wenig praktische Bedeutung**.

4547

Die **wichtigen Gründe** müssen grundsätzlich in den Verhältnissen der Gesellschaft und nicht in der privaten Sphäre des einzelnen Gesellschafters liegen. Die **Unmöglichkeit der Zweckerreichung** kann z. B. in der dauerhaften Unrentabilität begründet sein, in der Untersagung eines bestimmten Gewerbes oder des Betreibens einer für den Gesellschaftszweck wesentlichen Anlage, dem Erlöschen eines Patents und Ähnlichem. Obwohl selbst ein dringendes persönliches Interesse des Gesellschafters, sich von der GmbH zu lösen, in der Regel nicht zur Erhebung der Auflösungsklage berechtigt, können in der Person eines Gesellschafters liegende Umstände, die die Handlungsfähigkeit der GmbH beeinträchtigen, ein wichtiger Grund zur Auflösung sein. Je kleiner und je personenbezogener eine GmbH verfasst ist, desto eher können sich persönliche Gründe negativ auf den Bestand der Gesellschaft auswirken. Als wichtige Gründe kommen deshalb insbesondere bei einer **personalistisch strukturierten GmbH** Interessenkonflikte und Zerwürfnisse unter den Gesellschaftern in Betracht, die den Bestand der GmbH selbst gefährden.[2]

4548

Die Klage auf Auflösung der Gesellschaft ist gegen die GmbH als Beklagte zu richten. Die Kläger müssen Gesellschafter sein; Nießbraucher, Pfandgläubiger oder andere am Geschäftsanteil dinglich Berechtigte sind nicht klagebefugt. Die Wirkung des Gestaltungsurteils (Auflösung der Gesellschaft) tritt erst mit Rechtskraft des Urteils ein. Die Eintragung ins Handelsregister wirkt auch bei dem Auflösungsurteil nur deklaratorisch.

4549

4. Insolvenzverfahren

Wird das **Insolvenzverfahren** über das Vermögen der GmbH bei Vorliegen eines Insolvenzgrundes (Zahlungsunfähigkeit § 17 InsO, drohende Zahlungsunfähigkeit § 18 InsO,

4550

---

[1] BGH v. 20. 9. 1999 II ZR 345/97, DStR 1999, 1951.
[2] Vgl. BGH v. 23. 2. 1981 II ZR 229/79, BGHZ 80, 346.

Überschuldung § 19 InsO) auf Antrag einer antragsberechtigten Person (§§ 13 und 15 InsO) durch das Insolvenzgericht **eröffnet**, ist dies nach § 60 Abs. 1 Nr. 4 GmbHG ein **Auflösungsgrund**. Mit der Eröffnung des Insolvenzverfahrens geht das Verwaltungs- und Verfügungsrecht über die Insolvenzmasse auf den Insolvenzverwalter über (§ 80 InsO). Während der Dauer des Insolvenzverfahrens findet eine Liquidation nicht statt.

4551 Ist eine Insolvenzmasse, die die voraussichtlichen Kosten des Verfahrens deckt, nicht vorhanden, wird der Insolvenzantrag mangels Masse abgewiesen (§ 26 InsO). Hier ergibt sich die Auflösung der Gesellschaft aus § 60 Abs. 1 Nr. 5 GmbHG, die – wie bei der Insolvenzeröffnung – mit der Rechtskraft des Beschlusses eintritt. Bei Abweisung des Insolvenzantrages mangels Masse haben die Geschäftsführer die GmbH zu liquidieren. Sie müssen also das vorhandene Vermögen veräußern und anschließend den Erlös anteilig auf die Gläubiger der GmbH verteilen.

4551a Auch nach Eröffnung eines Insolvenzverfahrens über das Vermögen einer GmbH/UG (haftungsbeschränkt) hat der Geschäftsführer der Gesellschaft eine Änderung der Vertretungsverhältnisse oder der Geschäftsanschrift der Gesellschaft zum Handelsregister anzumelden; unterlässt er dies, kann eine Zwangsgeldfestsetzung gerechtfertigt sein.[1]

5. Registergerichtliche Verfügung

4552 Zu einer registergerichtlichen Auflösung (§ 60 Abs. 1 Nr. 6 GmbHG) kann es nach § 399 Abs. 4 und den Abs. 1 bis 3 FamFG kommen, wenn der nach § 3 Abs. 1 GmbHG notwendige Satzungsinhalt nicht gewahrt ist (Feststellung eines Mangels des Gesellschaftsvertrages). Dies wird wohl auch gelten, wenn die GmbH im (neuen) vereinfachten Verfahren gegründet wird und das dazu verwendete Musterprotokoll unzulässige Abweichungen enthält. Aufgelöst wird die GmbH auch, wenn die Voraussetzungen für eine Nichtigkeitsklage (§ 75 GmbHG) vorliegen und das Registergericht die Löschung der GmbH von Amts wegen verfügt (§ 397 Satz 3 und § 395 FamFG).

6. Gesellschaftsvertragliche (satzungsmäßige) Auflösungsgründe

4553 Durch den Gesellschaftsvertrag können zwar keine gesetzlichen Auflösungsgründe beseitigt werden, § 60 Abs. 2 GmbHG gibt aber die Möglichkeit, durch die **Satzung weitere Gründe für die Auflösung** zu **bestimmen**. Als solche Gründe kommen in Betracht z. B. der Tod, die Insolvenz, die Geschäftsunfähigkeit oder das Ausscheiden eines bestimmten Gesellschafters, der Wegfall gewerblicher Schutzrechte oder Patente, Konzessionen oder Nutzungsrechte, der Verlust bestimmter Kunden, aber auch die Feststellung eines Verlustes oder einer Unterbilanz der Gesellschaft in bestimmter Höhe sowie das Ausbleiben von Gewinnen.

4554 Da der Eintritt von **gesellschaftsvertraglichen Auflösungsgründen automatisch** zur **Auflösung** der Gesellschaft führt und sie von einer werbenden Gesellschaft in eine Abwicklungsgesellschaft verwandelt, sie also in das Liquidationsstadium übergeht, sollte die Aufnahme solcher Auflösungsgründe in die Satzung sorgfältig bedacht werden. Außer-

---

[1] OLG Hamm v. 9.3.2017 – 27 W 175/16, NWB DokID: RAAAG-45074; entschieden zur UG, Gleiches muss aber für die GmbH gelten.

dem ist Voraussetzung für den automatischen Eintritt der genannten Rechtsfolge, dass die Auflösungsgründe hinreichend genau formuliert werden. Ist eine Auflösungsklausel nicht hinreichend bestimmt, kann sie nur so ausgelegt werden, dass die Gesellschafter sich verpflichten, bei Eintritt des Ereignisses an der Auflösung durch Beschluss mitzuwirken,[1] sie führt jedoch nicht zu einer automatischen Auflösung der GmbH nach § 60 Abs. 2 GmbHG.

In der Praxis sind gesellschaftsvertragliche Auflösungsgründe, die automatisch zur Auflösung der GmbH führen sollen, selten anzutreffen. Häufiger sind in Satzungen Bestimmungen enthalten, die einem Gesellschafter oder einer Gruppe von Gesellschaftern das **Recht zur Kündigung bei Eintritt eines bestimmten Ereignisses einräumen**. Hier entsteht die Streitfrage,[2] wie solche Klauseln auszulegen sind: Soll der Gesellschafter nur das Recht haben, aus der Gesellschaft gegen Zahlung einer Abfindung auszuscheiden, oder soll die Kündigungserklärung die Auflösung der Gesellschaft selbst bewirken? Zu bedenken ist dabei einerseits, dass eine automatische Auflösung der GmbH für die Gesellschaft gravierende Folgen hat, und andererseits die Annahme, der kündigende Gesellschafter wolle nur aus der Gesellschaft ausscheiden, nicht sofort zur Beendigung seiner Mitgliedschaft führt und dass die Zahlung einer Abfindung unter Beachtung der Kapitalerhaltungsregeln zu Schwierigkeiten führen kann. 4555

Nach dem BGH[3] führt die Kündigung der GmbH durch einen Gesellschafter nur dann zur Auflösung, wenn dies in der Satzung ausdrücklich bestimmt ist. Soll nach der Satzung dagegen im Fall der Kündigung die Gesellschaft von den verbleibenden Gesellschaftern fortgesetzt werden, sofern diese nichts Gegenteiliges binnen einer bestimmten Frist erklären, ist die GmbH nicht aufgelöst, so dass es eines besonderen Fortsetzungsbeschlusses nicht bedarf. Es empfiehlt sich daher, eine eindeutige Regelung im Gesellschaftsvertrag zu treffen.

7. Verlegung des Sitzes ins Ausland

Die Verlegung des Verwaltungssitzes ins Ausland stellt nach der Aufhebung des § 4a Abs. 2 GmbHG a. F. durch das MoMiG keinen Auflösungsgrund mehr dar. 4556

8. Auflösung der Komplementär-GmbH der GmbH & Co. KG

Die Auflösung der KG selbst führt nicht zwingend zu Auflösung der Komplementär-GmbH, wenn der Gesellschaftsvertrag keine entsprechende Regelung nach § 60 Abs. 2 GmbHG enthält. Die Auflösung der KG kann aber einen wichtigen Grund nach § 61 GmbHG darstellen. Lösen die Gesellschafter die KG allerdings durch einen einstimmigen oder mit der nötigen Mehrheit gefassten Beschluss auf, wird dies im Zweifel auch die Auflösung der Komplementär-GmbH zur Folge haben, sofern an beiden Gesellschaf- 4557

---

[1] Goette, Die GmbH, § 10 Rz. 18.
[2] Vgl. Haas in Baumbach/Hueck, GmbHG, § 60 Rz. 89.
[3] Vgl. BGH v. 2. 12. 1996 II ZR 243/95, DStR 1997, 461.

ten dieselben Personen beteiligt sind, die GmbH ausschließlich die Funktion einer Komplementär-GmbH hat und der Beschluss auch dem GmbHG genügt.

4558–4580 (*Einstweilen frei*)

B. Rechtsfolgen der Auflösung

I. Übergang in das Liquidationsstadium

4581 Mit der **Auflösung ändert die GmbH ihren Zweck**; sie wird von einer **werbenden** in eine **Abwicklungsgesellschaft umgewandelt**. An die Stelle des bisherigen Erwerbszwecks der Gesellschaft tritt die gesetzliche Zwecksetzung, die Ansprüche der Gläubiger der Gesellschaft zu befriedigen und danach das verbleibende Gesellschaftsvermögen an die Berechtigten zu verteilen (§§ 70 bis 72 GmbHG). Mit diesem Abwicklungszweck besteht die aufgelöste GmbH als solche bis zu ihrer Beendigung, also so lange fort, bis das Vermögen insgesamt verteilt ist und die Löschung der GmbH in das Handelsregister eingetragen ist (§ 74 Abs. 1 Satz 2 GmbHG).

§ 69 GmbHG bestimmt für die Rechtsverhältnisse der aufgelösten Gesellschaft und ihrer Gesellschafter, dass bis zum Ende der Abwicklung die Vorschriften über die werbende GmbH anzuwenden sind, soweit sich aus dem Liquidationszweck und den Bestimmungen des Liquidationsverfahrens nichts anderes ergibt. Die in Liquidation befindliche GmbH behält ihre **Rechtsfähigkeit**, die zwischen ihr und Dritten **geschlossenen Verträge** bleiben **wirksam**. Die aufgelöste GmbH behält auch ihre bisherige Firma, wird allerdings einen auf das Liquidationsstadium hinweisenden Zusatz beifügen (z. B. GmbH i. L.). Auf den Geschäftsbriefen ist anzugeben, dass sich die Gesellschaft in Liquidation befindet (§ 71 Abs. 5 GmbHG). Ansonsten gilt für die Geschäftsbriefe der Liquidationsgesellschaft § 35a GmbHG entsprechend. Auch die **Gesellschafterversammlung behält** grundsätzlich **ihre Rechte,** sofern sich aus den zwingenden Vorschriften über die Liquidation nichts anderes ergibt.

4582 Die **Auflösung** ist von den Liquidatoren beim Handelsregister elektronisch in öffentlich beglaubigter Form (§ 12 HGB) **anzumelden** (§ 65 Abs. 1 GmbHG). Die Auflösung infolge der Entscheidung des Insolvenzgerichts oder des Registergerichts wird von Amts wegen ins Handelsregister eingetragen. Wird die GmbH durch satzungsändernden Beschluss aufgelöst, hat der Geschäftsführer die Anmeldepflicht, weil die Auflösung erst mit der Eintragung der Satzungsänderung in das Handelsregister eintritt. Die Liquidatoren haben die Auflösung in den Gesellschaftsblättern bekanntzumachen und dabei zugleich die Gläubiger der GmbH aufzufordern, sich bei ihr zu melden (vgl. auch Rn. 4628).

4583–4600 (*Einstweilen frei*)

II. Fortsetzung der aufgelösten GmbH

4601 Solange die aufgelöste GmbH noch nicht vollständig beendet ist, also im Handelsregister gelöscht wurde, kann sie grundsätzlich durch **Beschluss der Gesellschafter fortgesetzt**, also von einer Abwicklungsgesellschaft in eine **werbende Gesellschaft zurückverwandelt** werden. Dafür müssen allerdings folgende Bedingungen erfüllt sein: Die Gesellschaft darf noch nicht voll beendet sein, aus Gründen des Gläubigerschutzes darf mit der Verteilung des Vermögens noch nicht begonnen worden sein (§ 274 Abs. 1 AktG analog), der Auflösungsgrund muss behoben werden und das Gesellschaftsvermögen muss mindestens die Schulden decken,[1] wobei dafür nicht die Bilanz, sondern ein Überschuldungsstatus maßgebend ist.[2]

Abgesehen von dem Fall, in dem Auflösungsgrund ein Beschluss der Gesellschafter nach § 60 Abs. 1 Nr. 2 GmbHG gewesen ist und ein Fortsetzungsbeschluss diesen Auflösungsgrund beseitigt, ist deshalb als **zusätzliche Maßnahme** bei der Auflösung wegen Zeitablaufs eine Satzungsänderung, bei einem Auflösungsurteil die Zustimmung der Auflösungskläger, bei einer Auflösung aufgrund Kündigung die Zustimmung des kündigenden Gesellschafters und bei einer Auflösung wegen Insolvenzeröffnung die Aufhebung oder Einstellung des Verfahrens **notwendig**. War die GmbH nach § 60 Abs. 1 Nr. 7 GmbHG und § 394 FamFG wegen Vermögenslosigkeit gelöscht worden, bestand aber in Wahrheit keine Vermögenslosigkeit, kann die Fortsetzung beschlossen werden, wenn zugleich die finanziellen Schwierigkeiten etwa durch eine Kapitalerhöhung beseitigt werden. Ob allerdings eine nach § 60 Abs. 1 Nr. 5 GmbHG wegen Abweisung des Insolvenzantrages mangels Masse aufgelöste GmbH fortgesetzt werden kann, ist streitig.[3] Die Fortsetzung durch bloßen Gesellschafterbeschluss und Zuführung neuer Mittel dürfte aber abzulehnen sein.[4]

Nach den Ausführungen des BGH zur Aktiengesellschaft im Urteil vom 8. 10. 1979[5] sollen Gesellschaften, die nicht einmal mehr die finanziellen Mittel zur Durchführung eines Insolvenzverfahrens besitzen, im öffentlichen Interesse nach dem Willen des Gesetzgebers möglichst rasch beendet werden und der nur noch vorhandene leere Mantel soll nicht durch einfachen Fortsetzungsbeschluss und Zuführung neuer Mittel ohne die Kontrolle eines förmlichen Gründungsvertrages in die Lage versetzt werden, wieder werbend am Geschäftsverkehr teilzunehmen. Dieser Gedanke muss auch für die GmbH gelten, so dass eine Fortsetzung einer nach § 60 Abs. 1 Nr. 5 GmbHG aufgelösten Gesellschaft nur dann in Betracht kommen könnte, wenn diese wie bei einer Vorratsgründung wirtschaftlich als Neugründung mit den dafür zu beachtenden Regeln für die Kapitalaufbringung behandelt wird.[6] Dann muss die Kapitalaufbringung in Höhe des statuarischen Stammkapitals gewährleistet sein.[7] Es dürfte nicht genügen, dass durch Kapitalerhöhung oder Zuschüsse die Überschuldung beseitigt bzw. die Zahlungsfähigkeit wieder hergestellt wird, auch wenn dies im Interesse der Gläubiger ist.[8]

4602

Der **Fortsetzungsbeschluss** bedarf einer **Mehrheit von 3/4 der abgegebenen Stimmen**, wenn der Gesellschaftsvertrag keine höhere Mehrheit vorsieht. Ob Gesellschaftern, die sich gegen die Fortsetzung aussprechen, deren Zustimmung aber nicht erforderlich ist,

4603

---

1 Vgl. Haas in Baumbach/Hueck, GmbHG, § 60 Rz. 91.
2 BayObLG v. 4. 2. 1998 3Z BR 462/97, GmbHR 1998, 540.
3 Vgl. Lutter/Hommelhoff, GmbHG, § 60 Rz. 33; Goette, Die GmbH, § 10 Rz. 38.
4 Vgl. BayObLG v. 14. 10. 1993 3Z BR 116/93, DB 1993, 2523; KG Berlin v. 1. 7. 1993 1 W 6135/92, BB 1993, 1750; Haas in Baumbach/Hueck, GmbHG, § 60 Rz. 92.
5 II ZR 257/78, BGHZ 75, 178.
6 Vgl Goette, Die GmbH, § 10 Rz. 38.
7 Vgl. BGH v. 7. 7. 2003 II ZB 4/02, BGHZ 155, 318.
8 So aber Lutter/Hommelhoff, GmbHG, § 60 Rz. 33.

ein Austrittsrecht zu gewähren ist, ist streitig, aber wohl zu bejahen, wenn nach allgemeinen Grundsätzen hierfür ein wichtiger Grund vorliegt.[1] Treten sie aus, haben sie Anspruch auf die ihnen bei Auseinandersetzung der Gesellschaft zustehende Liquidationsquote.[2]

4604 Die Fortsetzung der GmbH ist in das Handelsregister einzutragen. Die Eintragung hat lediglich deklaratorische Bedeutung, sofern nicht zusätzlich eine Satzungsänderung nötig ist oder sie nach einer Löschung gem. § 394 FamFG erfolgt.

4605–4620 (Einstweilen frei)

III. Durchführung der Liquidation

Literatur: *Fuhrmann*, Liquidation der GmbH im Zivil- und Steuerrecht, KÖSDI 2005, Nr. 12, 14906; *Goette*, GmbH-Bestattung, DStR 2006, 667; *Weiss*, Die stille Liquidation einer Kapitalgesellschaft nach Sitzverlegung ins Ausland, BB 2006, 403.

4621 § 70 GmbHG beschreibt die Aufgaben, die für die Abwicklung zu erfüllen sind. Die **Liquidatoren** haben die laufenden Geschäfte zu beenden, die Schulden der Gesellschaft zu tilgen, ihre Außenstände einzuziehen und das Vermögen der Gesellschaft zu versilbern, bevor schließlich der Überschuss an die Gesellschafter verteilt wird. Im **Vordergrund** steht dabei der **Gläubigerschutz**.

1. Bestellung der Liquidatoren

4622 Die **Liquidation** wird von den **Liquidatoren** durchgeführt (§ 66 Abs. 1 GmbHG). Liquidatoren sind die im Zeitpunkt der Auflösung bestellten **Geschäftsführer (geborene Abwickler)**, wenn der Gesellschaftsvertrag nichts anderes bestimmt oder die Gesellschafterversammlung durch Beschluss die Liquidation nicht anderen Personen (**gekorene Abwickler**) überträgt. Eine Gesellschafterminderheit, die mindestens 10 v. H. des Stammkapitals hält, kann bei Vorliegen wichtiger Gründe (z. B. begründete Bedenken gegen die Unparteilichkeit der vorhandenen Liquidatoren) gerichtlich Liquidatoren abberufen und neue bestellen lassen. Bei diesem Recht aus § 66 Abs. 2 und 3 GmbHG handelt es sich um ein unentziehbares Recht. Die ersten Liquidatoren und ihre Vertretungsbefugnis sind beim Handelsregister anzumelden (§ 67 Abs. 1 GmbHG). Dabei ist die abstrakte, d. h. die generell für ein mehrköpfiges Vertretungsorgan geltende Vertretungsregelung auch dann anzumelden, wenn nur ein erster Liquidator bestellt ist.[3]

4623 Liquidatoren können **geschäftsfähige natürliche Personen**, aber auch **juristische Personen** und **Personenhandelsgesellschaften** sein. In der Praxis empfiehlt es sich im Allgemeinen, in der Satzung eine Bestimmung aufzunehmen, wonach die Liquidation durch die Geschäftsführer erfolgt, sofern nicht durch Gesellschafterbeschluss mit einfacher Mehrheit etwas anderes bestimmt wird. Bei einer zweigliedrigen GmbH, bei der nur ein Gesellschafter der Geschäftsführer ist, sollte jedoch, um Interessenkonflikte zu vermeiden, in der Satzung geregelt werden, dass die Liquidation durch die beiden Ge-

---

[1] Haas in Baumbach/Hueck, GmbHG, § 60 Rz. 92.
[2] Beck-GmbH-HB/Erle/Helm, § 16 Rz. 31, m. w. N.
[3] BGH v. 7. 5. 2007 II ZB 21/06, DStR 2007, 1452.

sellschafter durchzuführen ist. Für die Auswahl der Liquidatoren gelten dieselben Inhabilitätsvorschriften wie für die Geschäftsführer, § 66 Abs. 4 GmbHG: Wer für die Übernahme des Geschäftsführeramtes nach § 6 Abs. 2 Satz 2 und 3 GmbHG ungeeignet ist, kann auch nicht zum Liquidator bestellt werden.

Werden die Geschäftsführer nach der gesetzlichen Regel zu Liquidatoren, **setzen** sie auch ihr **Anstellungsverhältnis** mit der Gesellschaft **fort**. Bei den ernannten Liquidatoren ergeben sich Pflichten aus der Bestellung erst, wenn die Bestellung der betreffenden Person bekannt gemacht ist und sie das Amt angenommen hat. Mit der Annahme des Amtes kommt zwischen den Liquidatoren und der Gesellschaft ein Anstellungsvertrag zustande. Dabei handelt es sich regelmäßig um einen Dienstvertrag in der Form eines Geschäftsbesorgungsvertrages, der zur Durchführung der Liquidation verpflichtet. Die Gesellschafterversammlung legt dabei auch die Anstellungsbedingungen und die Vergütung fest. Bestellt das Registergericht den Liquidator, kommt kein Dienstvertrag mit der Gesellschaft zustande. Die Vergütung wird dann im Verfahren der freiwilligen Gerichtsbarkeit festgesetzt, wobei die Maßstäbe des § 612 Abs. 2 BGB gelten. Auch berufsrechtliche Honorarordnungen können Ansprüche begründen.[1] 4624

2. Aufgaben und Befugnisse der Liquidatoren

Die Aufgaben und Befugnisse (**Umfang der Geschäftsführungsbefugnis**) der **Liquidatoren** ergeben sich aus den **Zweck der Liquidation**. Die Abwickler haben die laufenden Geschäfte zu beendigen, ausstehende Forderungen der Gesellschaft einzuziehen und die bestehenden Verpflichtungen der Gesellschaft zu erfüllen und zuletzt das verbleibende Vermögen (Liquidationserlös) an die Gesellschafter auszukehren. Hierbei vertreten sie die GmbH gerichtlich und außergerichtlich (§ 70 GmbHG); sie dürfen auch neue Geschäfte abschließen, wenn sie objektiv dem Abwicklungszweck dienen und subjektiv zu diesem Zweck vorgenommen werden (§ 70 Satz 2 GmbHG). 4625

Die **Vertretungsmacht** der Liquidatoren ist nach **außen unbeschränkt** und auch **nicht durch den Liquidationszweck** etwa durch Beifügung des Firmenzusatzes „i. L." **beschränkbar**. Grundsätzlich besitzen die Liquidatoren die gleiche gesetzliche (unbeschränkte und unbeschränkbare) Vertretungsmacht wie die Geschäftsführer.[2] Im Innenverhältnis sind die Liquidatoren aber an den Gesellschaftsvertrag, den Liquidationszweck und gem. § 37 Abs. 1 GmbHG auch an die Weisungen der Gesellschafterversammlung gebunden. 4626

Soweit es die Satzung nicht anderweitig regelt oder die Gesellschafterversammlung es abweichend beschließt, haben **mehrere Liquidatoren** nur **Gesamtvertretungsmacht**.[3] § 68 Abs. 1 Satz 2 GmbHG regelt die Vertretungsbefugnis bei Vorhandensein mehrerer Liquidatoren unabhängig davon, ob die Liquidatoren bestellt wurden oder es die letzten Geschäftsführer als sog. geborene Liquidatoren sind. Eine für die Geschäftsführer einer GmbH bestimmte Alleinvertretungsbefugnis setzt sich nicht als Alleinvertretungsbefugnis der Liquidatoren fort, sondern endet mit der Auflösung der Gesellschaft 4627

---

1 Vgl. BGH v. 17. 9. 1998 IX ZR 237/97, DStR 1998, 1800.
2 Haas in Baumbach/Hueck, GmbHG, § 70 Rz. 2.
3 BGH v. 8. 2. 1993 II ZR 62/92, BGHZ 121, 263; v. 7. 5. 2007 II ZB 21/06, ZIP 2007, 1367.

auch, wenn die Geschäftsführer als Liquidatoren weiterhin für die Gesellschaft tätig sind.[1] Die Vertretungsbefugnis der Liquidatoren endet mit dem Abschluss der Liquidation und deren Meldung beim Registergericht. Wird später eine Nachtragsliquidation erforderlich, lebt die Vertretungsmacht der früheren Liquidatoren nicht wieder auf, sondern es sind Nachtragsliquidatoren neu zu bestellen.

3. Anmeldung der Auflösung, Bekanntgabe und Aufforderung an die Gläubiger

4628 Sollen die Gesellschaftsgläubiger im Liquidationsverfahren mit ihren Ansprüchen befriedigt werden, müssen sie von der Auflösung der Gesellschaft erfahren, damit sie ihre Ansprüche geltend machen können, bevor das Gesellschaftsvermögen verteilt wird und dem Gläubiger durch Beendigung der Gesellschaft der Rechtsträger und Schuldner entzogen wird. Diesem Zweck dienen die Vorschriften des § 65 GmbHG. Zunächst müssen die Abwickler die **Auflösung** der Gesellschaft zum **Handelsregister anmelden**,[2] woraufhin das Registergericht die Auflösung der Gesellschaft veröffentlicht.[3] Weiter haben die Abwickler selbst im elektronischen Bundesanzeiger bzw. in den Gesellschaftsblättern i. S. v. § 12 GmbHG **dreimal hintereinander** zu **verschiedenen Zeitpunkten** die **Auflösung der Gesellschaft bekannt** zu machen und die Gläubiger aufzufordern, sich bei der Gesellschaft zu melden. Die Bekanntmachung kann etwa so lauten: *„Die XY-GmbH mit Sitz in ... (HRB ...) ist aufgelöst. Die Gläubiger der Gesellschaft werden aufgefordert, sich bei ihr zu melden."*

4. Beendigung der laufenden Geschäfte, Abschluss neuer Geschäfte

4629 Die **„Beendigung der laufenden Geschäfte"** meint ganz **allgemein die Geschäftstätigkeit** der GmbH und kann sich über einen **längeren Zeitraum**, sogar über Jahre hinziehen. Beendigung der laufenden Geschäfte heißt also nicht, alle Geschäfte sofort einzustellen, die Anlagegegenstände und die Vorräte und Waren zu verkaufen und alle Verträge zu kündigen. Vielmehr soll das Gesellschaftsvermögen **möglichst so günstig verwertet** werden, dass ein **höchstmöglicher Liquidationsüberschuss** erzielt werden kann. Dazu kann es auch notwendig werden, dass die Abwickler für die Gesellschaft **neue Geschäfte** eingehen, was § 70 Satz 2 GmbHG – freilich zu eng formuliert – auch vorsieht.

Die ordnungsgemäße Abwicklung setzt im Allgemeinen voraus, dass die Liquidatoren unter Berücksichtigung der von der Gesellschafterversammlung erteilten Weisungen ein **Konzept entwickeln**, ob die **Vermögensgegenstände** im **Einzelnen** oder das **Unternehmen im Ganzen** oder **einzelne Betriebe** oder **Betriebsteile** veräußert werden sollen. Danach richtet sich, ob, in welchem Maße und wie schnell zur Beendigung des Geschäftsbetriebes die Beschaffungs-, Produktions- und Vertriebshandlungen einzustellen sowie Bezugs- und Lieferverträge und die bestehenden Arbeitsverträge mit den Arbeitnehmern zu kündigen sind oder, wenn dem Erwerber ein lebendes Unternehmen übertragen werden soll, die Geschäftstätigkeit vorübergehend fortgeführt, neue Geschäfte

---

1 BGH v. 27. 10. 2008 II ZR 255/07, DStR 2009, 174.
2 Nach dem EHUG elektronisch in öffentlich beglaubigter Form, § 12 HGB n. F.
3 In der gem. § 10 HGB n. F. bestimmten Weise.

abgeschlossen und zur Werterhaltung und Überleitung des Unternehmens Maßnahmen ergriffen werden müssen. Die Abwickler dürfen also **alle, auch neue Geschäfte** eingehen, die sie **zur wirtschaftlich zweckmäßigen Abwicklung** für notwendig halten; sie überschreiten die **Grenze** ihrer Handlungsbefugnis erst, wenn den neuen Geschäften der wirtschaftliche Bezug zur Abwicklung fehlt und die Geschäfte letztlich die **Rückumwandlung der Liquidationsgesellschaft in eine werbende Gesellschaft** bedeuten.

5. Erfüllung der Verpflichtungen der GmbH

Nach § 70 Satz 1 GmbHG haben den Liquidatoren die **Verpflichtungen der aufgelösten Gesellschaft zu erfüllen**. Damit ist eine **wesentliche Aufgabe** die ordnungsgemäße **Schuldentilgung**. Hierzu müssen zunächst alle Verbindlichkeiten der GmbH ordnungsgemäß erfasst werden, was u. a. durch die zu Beginn der Liquidation aufzustellende Eröffnungsbilanz (§ 71 Abs. 1 GmbHG) sichergestellt werden soll. Unstreitige und fällige Verbindlichkeiten sind zu erfüllen. Besteht Streit über die Verbindlichkeit, ist sie unklar oder betagt, ist sie durch Hinterlegung oder Sicherheitsleistung zu berücksichtigen. Die Liquidatoren können aber auch schwebende Prozesse fortführen, Schulden anerkennen oder Vergleiche schließen, wenn sie sich dabei im Rahmen ihrer Sorgfaltspflicht (§ 71 Abs. 4, § 43 Abs. 1 GmbHG) halten.[1]

4630

Es muss zwischen **Verbindlichkeiten** gegenüber **Dritten** und Verbindlichkeiten gegenüber den **Gesellschaftern unterschieden** werden. Forderungen der Gesellschafter, die sich aus dem Gesellschaftsverhältnis ergeben, dürfen – wie sich aus § 73 Abs. 1 GmbHG ergibt – erst nach Befriedigung aller Forderungen der Drittgläubiger erfüllt werden. Zu den Drittgläubigern können aber auch die Gesellschafter gehören, wenn sie rein schuldrechtliche Ansprüche (z. B. Kaufpreis, Miete oder Pachtzins) haben. Auch Rückzahlungsansprüche aus Gesellschafterdarlehen können wie die Darlehensforderungen anderer Gläubiger befriedigt werden (§ 30 Abs. 1 Satz 3 GmbHG), wenn dies nicht zur Zahlungsunfähigkeit führen muss (§ 64 Satz 3 GmbHG). Auch ein Ausschüttungsanspruch aus früherer, vor der Auflösung erfolgter Gewinnverteilung kann erfüllt werden, wenn der Grundsatz der Kapitalerhaltung nach § 30 GmbHG eingehalten wird.[2]

4631

Es besteht **keine Pflicht** der Liquidatoren, sämtliche **Gläubiger gleich zu behandeln** oder eine bestimmte **Rangfolge** unter den Gläubigern **einzuhalten**. Allerdings dürfen Gesellschafter, die schuldrechtliche Ansprüche gegen die GmbH haben, nicht zu Lasten gesellschaftsfremder Gläubiger bevorzugt werden. Dies widerspräche dem Liquidationszweck.[3]

4632

Stellen die Liquidatoren fest, dass das vorhandene Vermögen nicht zur Schuldentilgung ausreicht, die aufgelöste GmbH also zahlungsunfähig oder überschuldet ist, haben sie nach § 15a Abs. 1 InsO die Pflicht, unverzüglich, spätestens aber innerhalb von drei Wochen einen Insolvenzantrag zu stellen. Verletzen sie diese Pflicht, sind sie der GmbH schadensersatzpflichtig (§ 71 Abs. 4, § 43 Abs. 1 und 2 GmbHG) und unterliegen der Insolvenzverschleppungshaftung nach § 15 a Abs. 1 InsO i.V.m. § 823 Abs. 2 BGB sowie

4633

---

[1] Vgl. Haas in Baumbach/Hueck, GmbHG, § 70 Rz. 5.
[2] Haas in Baumbach/Hueck, GmbHG, § 70 Rz. 6.
[3] Vgl. BGH v. 18. 11. 1969 II ZR 83/68, BGHZ 53, 71.

den Ersatzpflichten für Zahlungen nach § 64 GmbHG., d. h. der Massesicherungs- und Masseerhaltungspflicht und der Insolvenzverhütungspflicht im Zusammenhang mit Zahlungen an Gesellschafter, die zur Zahlungsunfähigkeit der GmbH i. L. führen müssen.

6. Einziehen der Forderungen der GmbH

Literatur: *Müller*, Einziehung von Forderungen gegen die Gesellschafter in der Liquidation der GmbH, DB 2003, 1939.

4634 Zur Abwicklungsaufgabe gehört auch, dass die Liquidatoren die **Forderungen der Gesellschaft einziehen** und auch **alle anderen Rechte** der Gesellschaft **geltend machen**, und zwar nicht nur gegenüber **außenstehenden Dritten**, sondern auch gegenüber den **Gesellschaftern** einschließlich gesellschaftsrechtlicher Forderungen wie rückständige Leistungen auf die Stammeinlage, beschlossene Nachschüsse, Erstattung verbotener Rückzahlungen gem. § 31 GmbHG und Ansprüche gegen den Geschäftsführer nach § 64 GmbHG.[1] Die Forderungen gegen Gesellschafter sind jedoch nur so weit einzuziehen, als dies durch den Liquidationszweck geboten ist.[2] Sind genügend Mittel vorhanden, um die Gesellschaftsverbindlichkeiten zu erfüllen, hat die Einziehung von Forderungen gegen Gesellschafter zu unterbleiben. Der in Anspruch genommene Gesellschafter ist aber beweispflichtig dafür, dass die Einziehung der Forderung zur Schuldentilgung oder zum Ausgleich unter den Gesellschaftern nicht erforderlich ist. Der Gesellschafter kann seine Zahlungspflicht auch nicht mit der zu erwartenden Liquidationsquote verrechnen, weil sie vor Ablauf des Sperrjahres noch nicht feststeht und nicht fällig ist.

7. Versilbern des Vermögens der Gesellschaft

4635 § 70 GmbHG gibt den Liquidatoren auf, das **Gesellschaftsvermögen in Geld umzusetzen**, um damit die Gläubiger zu befriedigen und das verbleibende Vermögen an die Gesellschafter verteilen zu können. Die Verwertung einzelner Vermögensstücke kann aber unterbleiben, wenn die flüssigen Mittel der Gesellschaft bereits ausreichen, um die Schulden der Gesellschaft zu tilgen und die Gesellschafter einverstanden sind, diese Vermögensgegenstände zu übernehmen oder unter sich real zu teilen und sie sich auf ihren Liquidationsanteil anrechnen zu lassen.

4636 Häufig kann der **größte Ertrag** erzielt und damit der **Liquidationszweck** am ehesten erfüllt werden, wenn es gelingt, das **Unternehmen als Ganzes zu veräußern**. Denn das Gesellschaftsvermögen als Gesamtheit (einschließlich des Firmen- oder Geschäftswerts) ist mehr wert als die Summe der einzelnen Teile, für die häufig nur der Zerschlagungswert erzielt werden kann. Wird das Unternehmen der GmbH als Ganzes mit der Firma veräußert, so ist zu beachten, dass die GmbH gem. § 25 Abs. 2 HGB neben dem Erwerber weiter für die Altverbindlichkeiten im Außenverhältnis haftet. Auch wenn der Kaufvertrag bestimmt, dass der Käufer die Schulden übernimmt, darf deshalb der er-

---

1 Vgl. BGH v. 11. 9. 2000 II ZR 370/99, DStR 2000, 1831.
2 Vgl. BGH v. 18. 11. 1969 II ZR 83/68, NJW 1970, 469.

zielte Kaufpreis nicht vor der Tilgung dieser Schulden oder vor Ablauf des Sperrjahres unter die Gesellschafter verteilt werden.

Als Erwerber von einzelnen Vermögensstücken der Gesellschaft oder des Unternehmens im Ganzen oder einzelner Betriebsteile kommt stets auch ein Gesellschafter in Betracht. Dann hat er aber nach dem Grundsatz der Gleichbehandlung den Marktwert an die Liquidatoren zu bezahlen. 4637

8. Abschluss der Liquidation

Sämtliche fälligen Forderungen der Gläubiger, die der Gesellschaft bekannt sind oder die sich auf die Bekanntmachung nach § 65 Abs. 2 GmbHG melden, sind zu **begleichen**. Ist die Tilgung einer Schuld nicht oder noch nicht möglich, weil der Aufenthalt des Gläubigers unbekannt ist oder weil seine Forderung streitig, bedingt oder noch nicht fällig ist, muss dem betreffenden **Gläubiger Sicherheit geleistet** werden, bevor mit der Verteilung des Vermögens an die Gesellschafter begonnen wird (§ 73 Abs. 1 GmbHG). Unter den Voraussetzungen des § 372 BGB kommt auch eine Hinterlegung in Betracht. Ist diese Aufgabe erledigt, darf aus Gründen des Gläubigerschutzes noch nicht sofort mit der Verteilung des verbliebenen Reinvermögens begonnen werden, sondern erst **nach Ablauf des Sperrjahres** (§ 73 Abs. 1 GmbHG), d. h., wenn mindestens ein Jahr vergangen ist seit der Bekanntgabe der Liquidation und der Aufforderung an die Gläubiger in den Gesellschaftsblättern, sich bei der Gesellschaft zu melden (§ 65 Abs. 2 GmbHG). 4638

Ein Gläubiger, der sich nach Ablauf des Sperrjahres meldet, ist zu befriedigen, soweit noch Gesellschaftsvermögen vorhanden ist.[1] Wurde das Sperrjahr eingehalten und wurde das Gesellschaftsvermögen bereits vollständig an die Gesellschafter verteilt und die GmbH anschließend nach § 74 Abs. 1 Satz 2 GmbHG im Handelsregister gelöscht, hat der Gläubiger seinen Schuldner verloren, weil die GmbH als Rechtsträger erloschen ist. Die **Gesellschafter** sind **nicht verpflichtet,** ihren **Liquidationsanteil** wieder den Abwicklern zur Verfügung zu stellen.[2] Verletzen indes die Liquidatoren die Vorschriften des § 73 GmbHG schuldhaft, hat die GmbH einen Schadensersatzanspruch, obwohl im Grunde ein Schaden der übergangenen Gläubiger auszugleichen ist (§ 73 Abs. 3 GmbHG). Es können aber auch Rückforderungsansprüche gegen die Gesellschafter aus entsprechender Anwendung der Kapitalschutzvorschriften (§ 31 GmbHG) bestehen; sie gehen auf Rückerstattung der zu Unrecht als anteiliger Liquidationserlös ausgezahlten Beträge.[3] Sobald die Nachtragsliquidatoren die Forderungen auf Schadensersatz bzw. Rückerstattung eingezogen haben, sind ausgefallene Gläubiger mit diesem Geld zu befriedigen. 4639

Die Liquidatoren haben über ihre Tätigkeit auch **Rechnung zu legen**. Sie haben nach § 71 Abs. 1 GmbHG **Liquidationsbilanzen** zu erstellen; die Liquidationseröffnungsbilanz und ein erläuternder Bericht sind innerhalb von drei Monaten ab der Auflösung zu erstellen. Wird die GmbH während eines laufenden Geschäftsjahres aufgelöst, ist dieses Geschäftsjahr mit einer Schlussbilanz für das entstehende Rumpfgeschäftsjahr abzu- 4640

---

[1] Vgl. Haas in Baumbach/Hueck, GmbHG, § 73 Rz. 5.
[2] Haas in Baumbach/Hueck, GmbHG, § 73 Rz. 9.
[3] Haas in Baumbach/Hueck, GmbHG, § 73 Rz. 17.

schließen. Dauert die Liquidation länger als ein Jahr, sind Liquidationsbilanzen aufzustellen, die über den Stand der Abwicklung Auskunft in der Weise geben sollen, welche Vermögensgegenstände seit Beginn der Abwicklung verwertet, welche Verbindlichkeiten erfüllt und welche Forderungen eingezogen wurden. Weist eine Liquidationsbilanz die **Überschuldung** der GmbH aus, ist von den Liquidatoren unverzüglich die **Eröffnung des Insolvenzverfahrens zu beantragen** (§ 15a Abs. 1 InsO). Ist die Liquidation abgeschlossen, weil die Gläubiger befriedigt oder entsprechende Sicherheit geleistet worden ist, ist die Liquidationsschlussbilanz aufzustellen, die den verteilbaren Reinerlös ausweist.

4641   Da die Liquidatoren der Gesellschaft eine ordnungsgemäße Erfüllung ihrer Aufgaben schulden, sind sie der Gesellschaft nach den §§ 71 Abs. 4, 43 und nach § 73 Abs. 3 GmbHG schadensersatzpflichtig, wenn sie ihre **Pflichten schuldhaft verletzen**, bzw. nach § 64 GmbHG für verbotene Zahlungen erstattungspflichtig. Es gelten die **Regeln** wie bei der **Haftung des Geschäftsführers**. Deshalb sind die Liquidatoren nicht verpflichtet, solchen Weisungen der Gesellschafter nachzukommen, mit deren Ausführung sie gegen ihre Sorgfaltspflicht verstoßen würden. Sie sind dann berechtigt, das Amt des Liquidators aus wichtigem Grund sofort niederzulegen.

9. Verteilung des Liquidationsüberschusses

4642   Der **Anspruch** der Gesellschafter auf **Verteilung des Liquidationsüberschusses** entsteht erst nach Bereinigung aller Verbindlichkeiten und **Ablauf des Sperrjahres**. Der Anspruch richtet sich **gegen die Gesellschaft**. Gläubiger des Anspruchs sind grundsätzlich die Gesellschafter, die nach § 16 Abs. 1 GmbHG im Zeitpunkt der Verteilung als Gesellschafter in der im Handelsregister aufgenommenen Gesellschafterliste (§ 40 GmbHG) eingetragen sind.

4643   Grundsätzlich haben die Gesellschafter ein Recht auf **Erfüllung** des **Anspruchs** in Geld, weil das Gesetz in § 70 Satz 1 GmbHG von einer Umsetzung des Vermögens in Geld ausgeht. Dies schließt aber nicht aus, dass Vermögensgegenstände in Natur an die Gesellschafter ausgereicht bzw. real unter ihnen aufgeteilt werden. Dazu ist die Zustimmung aller Gesellschafter oder eine entsprechende Satzungsbestimmung notwendig.

4644   Der **Verteilungsmaßstab** ist in § 72 Satz 1 GmbHG geregelt. Danach ist der **Reinerlös** entsprechend dem **Verhältnis der Geschäftsanteile** unter die Gesellschafter zu verteilen. Maßgebend ist der **Nennbetrag** der Geschäftsanteile, es spielt keine Rolle, wie viel auf die Stammeinlage eingezahlt ist. Jedoch muss bei **unterschiedlicher Höhe der geleisteten Einzahlungen** auf die Stammeinlagen ein **Ausgleich** erfolgen, für den sich aus § 271 Abs. 3 AktG ein **Berechnungsmodell ergibt:** Zunächst werden die geleisteten Einlagen den Gesellschaftern erstattet; ein verbleibender Überschuss wird dann nach dem Verhältnis der Geschäftsanteile verteilt, wobei auch der Gesellschafter, der seine Einlage nicht erbracht hat, einen Anteil am Liquidationsschlussvermögen erhält.

4645   Eigene Geschäftsanteile der Gesellschaft werden bei der Ermittlung der Quote nicht berücksichtigt, so dass das Verhältnis der einzelnen Ansprüche zueinander gleich bleibt und sich nur die prozentualen Anteile am Gesellschaftsvermögen erhöhen.

Abweichungen vom gesetzlichen Verteilungsmaßstab können gem. § 72 Satz 2 GmbHG durch den Gesellschaftsvertrag festgelegt werden. Der Verteilungsschlüssel kann auch durch Satzungsänderung anderweitig festgelegt werden; ein formloser Beschluss reicht dafür auch aus, wenn alle Gesellschafter, die dadurch benachteiligt werden könnten, zustimmen.

4646

(Einstweilen frei) 4647–4660

IV. Beendigung der GmbH

Ist das versilberte Gesellschaftsvermögen verteilt, haben die Liquidatoren **Schlussrechnung** zu legen und dann den **Abschluss der Liquidation** zur **Eintragung in das Handelsregister anzumelden** (§ 74 GmbHG). Mit Abschluss der Liquidation und Eintragung der Löschung (Erfüllung des Doppeltatbestandes) ist die GmbH **vollbeendet**. Sie hört auf zu existieren und ist zu löschen (§ 74 Abs. 1 Satz 2 GmbHG). Die Beendigung setzt den Abschluss aller Besteuerungsverfahren jedenfalls dann nicht voraus, wenn die Gesellschaft den Geschäftsbetrieb endgültig eingestellt hat, über kein Vermögen mehr verfügt und allenfalls Steuernachforderungen im Raum stehen.[1]

4661

Wird danach noch **verteilbares Vermögen aufgefunden**, ist die Abwicklung nur scheinbar beendet. Für die noch bestehende Gesellschaft ist eine **Nachtragsliquidation durchzuführen** und die Gesellschaft ist als GmbH in Liquidation wieder in das Handelsregister einzutragen. Zur Durchführung der Nachtragsliquidation bestellt das Registergericht einen **Nachtragsliquidator**.

4662

§ 74 Abs. 2 GmbHG regelt die **Aufbewahrung der Bücher und Schriften** der Gesellschaft nach Beendigung der Liquidation. Danach sind alle Geschäftsbücher, -unterlagen und Schriften aufzubewahren, soweit ihre Aufbewahrungsfristen nach § 257 Abs. 4 und 5 HGB noch nicht abgelaufen sind. Die Aufbewahrungsfrist beträgt zehn Jahre ab der Übergabe an die Verwahrperson. **Verwahrperson** kann ein Gesellschafter oder ein Dritter sein, den die Satzung oder ein Gesellschafterbeschluss bestimmt. Fehlt solch eine Bestimmung, so bestimmt auf Antrag das Registergericht die Verwahrperson. In die Bücher und Schriften der GmbH dürfen nur ehemalige Gesellschafter oder deren Erben Einsicht nehmen; das Registergericht kann jedoch Gläubigern der Gesellschaft bei berechtigtem Interesse Einsicht gewähren (§ 74 Abs. 3 GmbHG).

4663

(Einstweilen frei) 4664–4680

V. Beendigung der GmbH durch Löschung wegen Vermögenslosigkeit

Das Abwicklungsverfahren nach den §§ 66 ff. GmbHG, das auf die Auflösung der GmbH folgt, kann lange dauern und kompliziert sein. In der Praxis kann es sich daher anbieten, auf die Auflösung zu verzichten und **die Vermögenslosigkeit der GmbH herbeizuführen** und beim Registergericht die Löschung der GmbH wegen Vermögenslosigkeit von Amts wegen nach § 394 FamFG anzuregen. Einer solchen Anregung wird das Gericht nachkommen, wenn nach entsprechenden Vorarbeiten, die Vermögenslosigkeit

4681

---

1 OLG Düsseldorf vom 1. 2. 2017 – I-3 Wx 300/16, NWB DokID: AAAAG-41387.

nachvollziehbar und überprüfbar dargestellt wird. Hierzu muss die GmbH ohne bilanzfähiges Vermögen und ohne Vermögen sein, das zur Befriedigung der Gläubiger verwertbar ist.[1] Ist die GmbH tatsächlich ohne Vermögen, wird sie im Handelsregister gelöscht, was ohne Liquidationsverfahren zur Beendigung der GmbH führt. Der Doppeltatbestand ist erfüllt, weil die Löschung nach § 60 Abs. 1 Nr. 7 GmbHG die Auflösung fingiert. Ein solches Vorgehen **beschleunigt die Beendigung** der GmbH.

4682 Sind die Gesellschafter aber daran interessiert, die Löschung wegen Vermögenslosigkeit zu verhindern, um z. B. die Gesellschaft als Vorrats-GmbH zu erhalten, können sie die Amtslöschung verhindern. Sie müssen hierzu nur die GmbH mit Vermögenswerten ausstatten, die auch geringen Wert haben können.[2]

4683–4700 (Einstweilen frei)

VI. Zusammenfassender Überblick über die Pflichten der Liquidatoren

4701 Nach Auflösung der GmbH und deren Anmeldung zum Handelsregister müssen die Liquidatoren zu Beginn der Abwicklung eine Liquidationseröffnungsbilanz erstellen und danach für jedes Liquidationsjahr eine Liquidationszwischenbilanz errichten, die den Stand der Abwicklung wiedergibt, und schließlich eine Liquidationsschlussbilanz erstellen.

4702 Die Liquidatoren haben die Pflicht, die laufenden Geschäfte zu beendigen, die Schulden der aufgelösten Gesellschaft zu tilgen, ihre Forderungen (auch gegen die Gesellschafter) einzuziehen und das Vermögen der Gesellschaft in Geld umzusetzen (zu versilbern). Sie dürfen auch beliebig Geschäfte neu abschließen, wenn dies dem Zweck der Liquidation dient.

4703 Unstreitige und fällige Verbindlichkeiten sind zu erfüllen. Umstrittene, unklare und noch nicht fällige Verbindlichkeiten sind durch Hinterlegung oder Sicherheitsleistung zu berücksichtigen.

4704 Nach Schuldentilgung bzw. Sicherheitsleistung und Ablauf des Sperrjahres haben die Liquidatoren das übrig gebliebene Reinvermögen an die Gesellschafter nach dem Verhältnis der Geschäftsanteile zu verteilen. Das Sperrjahr beginnt mit der Bekanntgabe der Auflösung der Gesellschaft einschließlich des Aufrufs an die Gläubiger, sich zu melden.

4705 Nach Beendigung der Liquidation haben die Liquidatoren eine Schlussrechnung zu erstellen, den Abschluss der Liquidation beim Handelsregister zum Zweck der Löschung der GmbH anzumelden. Bücher und Schriften der GmbH sind für zehn Jahre einem Gesellschafter oder einem Dritten in Verwahrung zu geben.

4706–4730 (Einstweilen frei)

---

1 Tillmann/Schiffers/Wälzholz, Rn. 1826.
2 Tillmann/Schiffers/Wälzholz, Rn. 1829.

2. Teil: Steuerrecht der GmbH

1. Abschnitt: Einführung

A. Wahl der Gesellschaftsform

Ist es erforderlich, sich mit anderen Personen zur Erreichung eines wirtschaftlichen Ziels zu einer Gesellschaft zusammenzuschließen, so stehen den Beteiligten bürgerlich-rechtlich mehrere Gesellschaftsformen zur Verfügung. 4731

Die Folgen der Rechtsformwahl sind sehr unterschiedlich. Das gilt nicht nur für das Gesellschaftsrecht, wo bedeutsame Unterschiede zu verzeichnen sind, deren Folgen häufig nicht genügend in die Überlegungen bei der Gründung oder Umstrukturierung einbezogen werden. Auch das Steuerrecht hat für die unterschiedlichen Gesellschaftsformen kein einheitliches Konzept für die Besteuerung entwickelt, was zum Teil erhebliche Belastungsunterschiede insbesondere zwischen Kapital- und Personengesellschaften bedingt.

Eine allgemein gültige Aussage zur Vorteilhaftigkeit der einen oder anderen Gesellschaftsform ist nicht möglich, es gilt vielmehr in einer steuerlichen Gesamtbetrachtung und einem Steuerbelastungsvergleich nach den individuellen Merkmalen des Unternehmens und den Interessen der Gesellschafter zu entscheiden, welche Rechtsform unter steuerlichen Aspekten die günstigere ist. Folgende Punkte sollten bei der Rechtsformwahl auch unter steuerlichen Gesichtspunkten auf ihre steuerlichen Vorteile oder Nachteile in die Überlegungen einbezogen werden: Jahresergebnis der Gesellschaft, Verwendung des Gewinnes (Ausschüttung, Thesaurierung), die vereinbarten Leistungsvergütungen, die Ausstattung mit Eigenkapital oder Gesellschafter-Fremdfinanzierung, Nutzung möglicher Verluste, Veräußerung der Beteiligung und Erbfolge, persönliche Verhältnisse der Gesellschafter.

Steuerliche Vorteile einer bestimmten Gesellschaftsform allein sollten aber nicht ausschlaggebend für deren Wahl sein. 4732

(Einstweilen frei) 4733–4750

B. Grundlegende Systemunterschiede in der Besteuerung der einzelnen Gesellschaftsformen

I. Die Personengesellschaften

Literatur: *Höflacher/Wendlandt*, Rechtsformwahl nach der Unternehmenssteuerreform 2001, GmbHR 2001, 793; *Jakobs*, Rechtsformwahl nach der Unternehmenssteuerreform: Personenunternehmen oder Kapitalgesellschaft?, DStR 2001, 806; *Bodden*, Tatbestandsverwirklichung nach § 15 Abs. 1 Nr. 2 EStG, DStZ 2002, 391; *Kempermann*, Mitunternehmer und Mitunternehmeranteil – steuerrechtliche Probleme der Personengesellschaft aus Sicht des BFH, GmbHR 2002, 200; *Jacobs u. a.*, Steueroptimale Rechtsformwahl: Personengesellschaft besser als Kapitalgesellschaft, StuW 2003, 308; *Jorde/Götz*, Maßgebende Gesichtspunkte der Rechtsformwahl, BB 2003, 1813; *Söffing, G.* (Hrsg.), Besteuerung der Mitunternehmer, 5. Aufl., Herne/Berlin 2005.

1. Mitunternehmerschaft gemäß § 15 Abs. 1 Satz 1 Nr. 2 EStG

4751 Schließen sich mehrere Personen zu einer OHG oder KG oder zu einer GdbR zusammen, um ein gewerbliches Unternehmen zu betreiben, entsteht einkommensteuerlich eine **Mitunternehmerschaft** nach § 15 Abs. 1 Satz 1 Nr. 2 EStG, die als solche nicht einkommensteuerpflichtig ist. Vielmehr wird das von der Mitunternehmerschaft erzielte Einkommen anteilig unmittelbar den Mitunternehmern (Gesellschaftern) als originäre eigene Einkünfte zugerechnet. Dabei bezweckt § 15 Abs. 1 Satz 1 Nr. 2 EStG, Mitunternehmer und Einzelunternehmer in der Besteuerung weitgehend gleichzustellen.[1] Folge davon ist, dass Sondervergütungen, die der Gesellschafter von der Gesellschaft erhält, dem gewerblichen Gewinn hinzuzurechnen sind, weil auch der Einzelunternehmer seinen Gewinn nicht durch ein fiktives Gehalt, Mietentgelt oder Darlehenszinsen mindern kann,[2] dass betrieblich genutzte Wirtschaftsgüter, die Mitunternehmern gehören, als Sonderbetriebsvermögen zu erfassen sind, weil auch beim Einzelunternehmer betrieblich genutzte Wirtschaftsgüter zu seinem Betriebsvermögen zählen, und schließlich auch, dass Gesellschafterbeiträge gegen Gewinnbeteiligung und schuldrechtliche Gesellschafterleistungen gegen Entgelt gleichgestellt werden.[3]

4752 In der steuerlichen Behandlung ist unter Abkehr von der sog. Bilanzbündeltheorie ein duales System getreten, in dem das **Transparenzprinzip** – im Gegensatz zum körperschaftsteuerlichen Trennungsprinzip – gilt: Danach ist die Personengesellschaft partiell Steuersubjekt hinsichtlich der Gewinnerzielung, Gewinnermittlung und der Qualifikation der Einkünfte.[4] Träger des Unternehmens ist aber nicht die Gesellschaft, sondern die Gesellschafter sind in ihrer Verbundenheit Unternehmer des Betriebs der Personengesellschaft[5] mit der Konsequenz, dass z. B.

- den Gesellschaftern die Ergebnisse der gemeinschaftlichen Betätigung unmittelbar anteilig als originäre Einkünfte zugerechnet werden,
- in die Ermittlung des Gesamtgewinns der Mitunternehmerschaft nicht nur die Wirtschaftsgüter im Gesellschaftsvermögen (Gesamthandseigentum), sondern auch die Wirtschaftsgüter im Eigentum der Gesellschafter (Sonderbetriebsvermögen) einbezogen werden,
- die Sonderbetriebseinnahmen (Sondervergütungen) und die Sonderbetriebsausgaben einzubeziehen sind, und
- Wirtschaftsgüter zwischen dem eigenen Betriebsvermögen und dem Sonderbetriebsvermögen und dem Gesamthandsvermögen zu Buchwerten überführt oder übertragen werden können (§ 6 Abs. 5 EStG).[6]

4753 **Zusammenfassend** gilt also: Liegt eine Personengesellschaft vor, deren Mitglieder als Mitunternehmer gemeinschaftlich einen Gewerbetrieb betreiben, und somit eine Mitunternehmerschaft nach § 15 Abs. 1 Satz 1 Nr. 2 EStG, bezieht der einzelne Mitunter-

---

1 BFH v. 28. 10. 1999 VIII R 41/98, BStBl II 2000, 339.
2 BFH v. 5. 2. 2002 VIII R 31/01, BStBl II 2002, 464.
3 Vgl. Schmidt/Wacker, EStG, § 15 Rn. 161.
4 Vgl. z. B. BFH v. 9. 12. 2002 VIII R 40/41, BStBl II 2003, 294; vgl. Schmidt/Wacker, EStG, § 15 Rn. 164.
5 BFH v. 3. 7. 1995 GrS 1/93, BStBl II 1995, 617.
6 Vgl. dazu Schmidt/Kulosa, EStG, § 6 Rn. 681 ff.

nehmer gewerbliche Einkünfte in Höhe seines Anteils am steuerlichen Gesamtgewinn der Mitunternehmerschaft. Er umfasst den Anteil am Steuerbilanzgewinn der Gesellschaft, die Ergebnisse der Ergänzungsbilanz und der Sonderbilanz jedes einzelnen Mitunternehmers, in der sich Sondervergütungen, Aufwand und Ertrag des Sonderbetriebsvermögens und sonstige Sonderbetriebseinnahmen und Sonderbetriebsausgaben darstellen.[1] Zu erfassen sind auch nachträgliche Sondervergütungen an ehemalige Mitunternehmer (§ 15 Abs. 1 Satz 2 EStG) und Einkünfte aus der Veräußerung eines Mitunternehmeranteils (§ 16 Abs. 1 Nr. 2 EStG).

Der Gesamtgewinn der Mitunternehmerschaft und die Einkünfte der Mitunternehmer aus ihrer Beteiligung daran werden gesondert und einheitlich festgestellt; die Feststellung ist verbindlich für die Veranlagung des Mitunternehmers zur ESt oder zur KSt, denn auch eine Kapitalgesellschaft wie die GmbH kann Mitunternehmer sein, wie es typisch bei der Komplementär-GmbH einer Gesellschaft in der Rechtsform der GmbH & Co. KG der Fall ist.

2. Schuldrechtliche Verträge zwischen Gesellschaft und Gesellschafter

Bürgerlich-rechtlich sind schuldrechtliche Verträge zwischen der Gesellschaft und ihren Gesellschaftern möglich. Solche Verträge sind im Grundsatz auch einkommensteuerrechtlich anzuerkennen, was insbesondere für Veräußerungsverträge zwischen der Gesellschaft und den Mitunternehmern zu fremdüblichen Bedingungen gilt.[2] Jedoch werden **im Anwendungsbereich des § 15 Abs. 1 Nr. 2 HS 2 EStG** Forderungen und Verbindlichkeiten aufgrund solcher Verträge zwischen einer Personengesellschaft und ihren Mitunternehmern nicht mit der Wirkung anerkannt, dass sie den Gesamtgewinn der Mitunternehmerschaft (als Betriebsausgaben) mindern und beim Gesellschafter zu Einkünften aus nichtselbständiger Arbeit, Vermietung und Verpachtung oder Kapitalvermögen führen könnten. Vielmehr gehören einheitlich zu den gewerblichen Einkünften aus der mitunternehmerischen Betätigung nicht nur die Gewinnanteile der Gesellschafter einer Gesellschaft, sondern auch die Vergütungen, die der Gesellschafter von der Gesellschaft für seine Tätigkeit im Dienst der Gesellschaft oder für die Hingabe von Darlehen und Überlassung von Wirtschaftsgütern bezogen hat. Sie prägen den Bereich der Sondereinkünfte.

(Einstweilen frei) 4756–4770

II. Die stille Gesellschaft

Literatur: Horn, Abgrenzung des stillen Gesellschafters von der Stellung des atypisch stillen Gesellschafters, GmbHR 2000, 711; *Blaurock*, Handbuch der stillen Gesellschaft, 6. Aufl., Köln 2003.

1. Die typische stille Gesellschaft

Auch die typische stille Gesellschaft rechnet zu den Personengesellschaften. Die stillen Gesellschafter sind jedoch nicht Mitunternehmer des Gewerbebetriebs. Da die typischen stillen Gesellschafter nicht Mitunternehmer sind, können sie auch mit steuerli-

---

[1] Schmidt/Wacker, EStG, § 15 Rz. 401.
[2] BFH v. 20. 2. 2003 III R 34/01, BStBl II 2003, 700.

cher Wirkung andere schuldrechtlichen Verträge mit dem Hauptgesellschafter abschließen. Sie können dem Hauptgesellschafter also Wirtschaftsgüter vermieten oder verpachten und auch Arbeitnehmer des Hauptgesellschafters sein.

2. Die atypische stille Gesellschaft

4772 Bei der atypischen stillen Gesellschaft handelt es sich zwar auch um eine Gesellschaft, die nach außen nicht in Erscheinung tritt. Im Gegensatz zur typischen stillen Gesellschaft ist der stille Gesellschafter aber nicht nur an dem laufenden Gewinn der Gesellschaft beteiligt. Aufgrund der schuldrechtlichen Vereinbarung zwischen dem stillen Gesellschafter und dem Hauptgesellschafter ist der Hauptgesellschafter schuldrechtlich verpflichtet, den stillen Gesellschafter so zu stellen, als sei er Mitunternehmer. Steuerrechtlich wird deshalb die atypische stille Gesellschaft wie die anderen Personengesellschaften behandelt, bei denen die einzelnen Gesellschafter Mitunternehmer sind.

4773–4790 (*Einstweilen frei*)

III. Die Kapitalgesellschaften

1. Selbständige Steuerpflicht/Trennungsprinzip

4791 Die Kapitalgesellschaften, zu denen auch die GmbH gehört, sind juristische Personen und als solche selbständig steuerpflichtig (§ 1 Abs. 1 Nr. 1 KStG), wenn sie ihre Geschäftsleitung oder ihren Sitz im Inland haben. Nicht nur zivilrechtlich, sondern auch für die Besteuerung des Einkommens stehen sich die GmbH und ihr Gesellschafter als verschiedene Rechtssubjekte gegenüber.[1] Das **Trennungsprinzip** gilt auch für die personalistisch verfasste GmbH, die Familien-GmbH und für die Einpersonen-GmbH, oder wenn ein Beherrschungs- und Gewinnabführungsverhältnis zu einer anderen GmbH besteht oder die Anteile in einem anderen Betriebsvermögen gehalten werden.

Die GmbH und ihre Gesellschafter haben die Grundlagen für die Besteuerung ihres Einkommens getrennt zu ermitteln. Das Trennungsprinzip schließt es aus, Verluste der GmbH mit Gewinnen (positiven Einkünften) des Gesellschafters zu verrechnen und umgekehrt (**keine gegenseitige Verlustverrechnung**). Im Gegensatz zum Transparenzprinzip bei den Mitunternehmerschaften, wo die Gesellschafter Mitunternehmer des Betriebs der Personengesellschaft sind und ihnen die steuerlichen Ergebnisse unmittelbar anteilig als originäre Einkünfte zugerechnet werden, bietet das Trennungsprinzip auch die Möglichkeit, mit steuerlicher Wirkung schuldrechtliche Verträge zwischen der GmbH und dem Gesellschafter abzuschließen. Neben dem Gesellschaftsverhältnis können steuerlich zu beachtende und ertragswirksame Schuldverhältnisse über Dienstleistungen und Nutzungsüberlassungen bestehen.

2. Leistungsveranlassung im Gesellschaftsverhältnis oder Schuldverhältnis

4792 Das Trennungsprinzip macht es zwar möglich, zwischen GmbH und dem Gesellschafter Schuldverhältnisse wie zwischen einander fremden Dritten mit steuerlicher Wirkung

---

1 Vgl. aber zur neuen formellen und materiellen Korrespondenz bei vGA und verdeckter Einlage Rn. 5759 ff.

einzugehen, erfordert aber auch, davon die im Gesellschaftsverhältnis begründeten (gesellschaftsrechtlichen) Leistungsbeziehungen zwischen der GmbH und ihrem Gesellschafter abzugrenzen. Vermögensmehrungen und Vermögensminderungen bei der GmbH, die ihren Grund im Gesellschaftsverhältnis haben, dürfen ihren Gewinn und ihr Einkommen nicht beeinflussen. Maßgebend hierfür ist die Veranlassung des Geschäftsvorfalles im Gesellschaftsverhältnis, unabhängig davon, in welcher formalen Gestalt er nach außen erscheint. Insbesondere sind durch das **Gesellschaftsverhältnis veranlasst**

- die offenen und verdeckten Einlagen sowie Erfolgsbeiträge,
- die offenen und verdeckten Gewinnausschüttungen und Kapitalrückzahlungen,
- die Verteilung eines Liquidationsüberschusses.

Hingegen wirken sich Vermögensmehrungen und Vermögensminderungen, die durch den Betrieb veranlasst sind, auf den Gewinn und das Einkommen sowie den Gewerbeertrag der GmbH aus. Leistungen, die aufgrund von schuldrechtlichen Verträgen zwischen der GmbH und dem Gesellschafter erbracht werden, haben diese Wirkung, wenn sie (**ausschließlich**) betrieblich veranlasst sind. Dazu muss ein schuldrechtlicher, auf entgeltlichen Leistungsaustausch gerichteter Vertrag abgeschlossen sein, der auch einem Fremdvergleich standhält. Ergibt die Prüfung nach Maßstäben des Fremdvergleichs, dass insoweit **auch** eine Veranlassung im Gesellschaftsverhältnis (z. B. wegen einer unangemessenen Höhe des Entgelts) vorliegt, ist die durch die betrieblich veranlasste Entgeltszahlung eingetretene Minderung des Unterschiedsbetrages i.S.v. § 4 Abs. 1 Satz 1 EStG durch Hinzurechnung des unangemessenen Teils als vGA außerhalb der Bilanz zu korrigieren. 4793

BEISPIEL: ▶ Mit dem Gesellschafter-Geschäftsführer ist ein wirksamer, entgeltlicher Dienstvertrag abgeschlossen worden. Das vereinbarte Gehalt ist um 1 000 € überhöht, also unangemessen. Die Führung der Geschäfte der GmbH und das hierfür zu zahlende Gehalt sind durch den Betrieb der GmbH veranlasst. Die Gehaltszahlungen mindern als Betriebsausgaben den Gewinn, das Einkommen und den Gewerbeertrag bei der GmbH; der Gesellschafter-Geschäftsführer hat insoweit Einkünfte aus nichtselbständiger Arbeit. Der nicht angemessene Teil des Arbeitslohnes ist wegen der Veranlassung seiner Zahlung **auch** im Gesellschaftsverhältnis auf der Ebene der GmbH als vGA zu qualifizieren und der steuerliche Gewinn ist außerbilanziell über § 8 Abs. 3 Satz 2 KStG zu korrigieren, die Gehaltszuflüsse beim Gesellschafter sind in Höhe des unangemessenen Teilgehalts in einen Beteiligungsertrag nach § 20 Abs. 1 Nr. 1 Satz 2 EStG umzuqualifizieren.

Erbringt der Gesellschafter unentgeltlich an die GmbH Leistungen, ist die Veranlassung hierfür im Gesellschaftsverhältnis zu suchen. Erspart die GmbH durch unentgeltliche Dienstleistungen eines Gesellschafters oder unentgeltliche Gebrauchs- oder Nutzungsüberlassungen Aufwendungen, liegen Erfolgsbeiträge vor; unentgeltliche Zuführungen von einlagefähigen Wirtschaftsgütern durch den Gesellschafter führen zu Vermögensmehrungen, die als verdeckte (gesellschaftsrechtliche) Einlagen bei der Einkommensermittlung außerhalb der Bilanz zu neutralisieren sind. Vermögensminderungen, die die GmbH durch Nutzungsüberlassungen oder sonstige Leistungen ohne oder gegen ein unangemessen niedriges Entgelt erfährt, sind als vGA dem Gewinn wieder hinzuzurechnen. 4794

3. Gesellschaftsrechtliche Verbindungen zwischen GmbH und anderen Gesellschaften

Literatur: *Sterzenbach*, GmbH & Still: Vorzüge einer beliebten Rechtsform und ihre steuerlichen Besonderheiten, DStR 2000, 1669; *Haase*, Eckpfeiler der GmbH & atypisch Still im Steuerrecht, GmbHR 2002, 787; *Kempermann*, Aktuelle Entwicklungen bei der Betriebsaufspaltung, NWB 2003, 2241; NWB DokID: UAAAC-73464; *Schoor*, Steuerliche Behandlung der GmbH & Co. KG, BuW 2003, 96; *Schiffers*, Änderungen der ertragsteuerlichen Rahmenbedingungen für die GmbH und die GmbH & Co. KG zum 1.1.2004, GmbHR 2004, 69; *Suchanek u. a.*, Steuerpraxisfragen der GmbH & atypisch Still, FR 2004, 1149; *Heidemann*, Die GmbH & Co. KG als Gestaltungsalternative, INF 2005, 427; *Schoor, H. W./Natschke, T.*, Die GmbH & Still im Steuerrecht, 4. Aufl., Herne/Berlin 2005; *Söffing, G.*, Die Betriebsaufspaltung, 3. Aufl., Herne/Berlin 2005.

4795 Als juristische Person kann die GmbH selbstverständlich auch gesellschaftsrechtliche Verbindungen mit anderen Kapitalgesellschaften eingehen oder sich an Personengesellschaften als Gesellschafter beteiligen. Solche Verbindungen bleiben ohne Einfluss auf die Selbständigkeit der GmbH als Steuersubjekt bei der KSt. Auch als Konzerngesellschaft bleibt die GmbH steuerlich selbständig. Bei der **GmbH & Co. KG** unterliegt die Komplementär-GmbH mit dem auf sie entfallenden Anteil am Gewinn der Mitunternehmerschaft der KSt, während die GmbH & Co. KG selbst weder einkommen- noch körperschaftsteuerpflichtig ist. Entsprechendes gilt, wenn sich die GmbH an einer atypischen stillen Gesellschaft (**GmbH & atypisch Still**) beteiligt.

4796 Bei einer **Betriebsaufspaltung,** wo in der Regelform ein Besitzunternehmen (Einzelunternehmer oder Personengesellschaft) und eine Betriebs-GmbH über die personelle und sachliche Verflechtung miteinander verbunden sind, bleibt die steuerliche Selbständigkeit beider Unternehmen gewahrt. Die hinter dem Besitzunternehmen stehenden natürlichen Personen unterliegen der ESt, die Betriebs-GmbH unterliegt der KSt. Es entsteht auch kein einheitliches Unternehmen, sondern es bestehen zwei selbständige Gewerbebetriebe.

4. Zusammenfassung

4797 Im Gegensatz zu Personengesellschaften, in deren Rahmen sich die Gesellschafter als Mitunternehmer gewerblich betätigen, bleibt bei der gewerblichen Betätigung in der Rechtsform einer **GmbH** die **Besteuerung auf der Ebene der GmbH und auf der Gesellschafterebene getrennt.** Das **Trennungsprinzip** bedeutet im Grundsatz, dass Leistungsbeziehungen zwischen GmbH und ihren Gesellschaftern, die durch das Gesellschaftsverhältnis veranlasst sind, den Gewinn und das Einkommen der GmbH nicht beeinflussen dürfen und gesellschaftsrechtlich begründete Vermögensmehrungen oder Vermögensminderungen auf der Ebene der GmbH außerhalb der Bilanz zur Ermittlung des zutreffenden steuerlichen Ergebnisses zu korrigieren sind.

Das Trennungsprinzip bedeutet weiter, dass aus betrieblicher Veranlassung zwischen der GmbH und ihren Gesellschaftern abgeschlossene schuldrechtliche Verträge, die einen entgeltlichen Leistungsaustausch wie unter fremden Dritten zum Gegenstand haben, auch mit steuerlicher Wirkung anerkannt werden. Ein Gesellschafter einer GmbH kann deshalb Arbeitnehmer der GmbH sein. Er kann der GmbH Wirtschaftsgüter vermieten und verpachten und kann der GmbH verzinsliche Darlehen gewähren. Die gezahlten Entgelte stellen gewinnmindernde Betriebsausgaben dar. Verdecken solche schuldrechtlich begründeten Leistungsbeziehungen aber nur die gesellschaftsrechtliche (Mit-)Veranlassung, liegen vGA vor, die auf der Ebene der GmbH außerbilanziell dem Unterschiedsbetrag i. S. v. § 4 Abs. 1 Satz 1 EStG hinzuzurechnen sind.

(Einstweilen frei) 4798–4820

IV. Die Europäische Gesellschaft

Literatur: *Benecke*, SEStEG verabschiedet – Darstellung der Änderungen zum Regierungsentwurf, NWB Beratung aktuell 50/2006, 4253; *Blumenberg/Lechner*, Der Regierungsentwurf des SEStEG: Entstrickung und Sitzverlegung bei Kapitalgesellschaften, BB 2006 Special 8, 25; *Carlé*, Beratungsbrennpunkt Steueränderungsgesetze 2006/2007 (TT 52), 2006, Abschn. I.; *Dötsch/Pung*, SEStEG: Die Änderungen des KStG, DB 2006, 2648; *Korn*, Beratungsbrennpunkt Steueränderungsgesetze 2006/2007 (TT 52), 2006, Abschn. B.; *Korn/Strahl*, Steuerliche Hinweise und Dispositionen zum Jahresende 2006, NWB F. 2, 9085; NWB DokID: LAAAC-29118; *Rödder/Schumacher*, Das kommende SEStEG – Teil I: Die geplanten Änderungen des EStG, KStG und AStG, DStR 2006, 1481; *Schäfer/Blumenberg*, Der Regierungsentwurf des SEStEG im Überblick, BB 2006 Special 8, 1; *Stadler/Elser*, Der Regierungsentwurf des SEStEG: Einführung eines allgemeinen Entstrickungs- und Verstrickungstatbestandes und andere Änderungen des EStG, BB 2006 Special 8, 18; *Strahl*, Handlungsbedarf zum Jahresende 2006 auf Grund der eingetretenen und bevorstehenden Steuergesetzänderungen, SIS Steuerberater-Brief Nr. 06/12, 1; *Wassermeyer*, Entstrickung durch Beschränkung des deutschen Besteuerungsrechtes, DB 2006, 2420; *Ortmann-Babel/Bolik*, Praxisprobleme des SEStEG bei der Auszahlung des Körperschaftsteuerguthabens nach § 37 KStG nF, BB 2007, 73; *Schneider*, Änderungen im Körperschaftsteuerrecht nach dem SEStEG, NWB F. 4, 5139, NWB DokID: UAAAC-33826.

1. Allgemeine Hinweise

Mit dem am 13.12.2006 in Kraft getretenen Gesetz über steuerliche Begleitmaßnahmen zur Einführung der Europäischen Gesellschaft und zur Änderung weiterer steuerlicher Vorschriften[1] hat der Gesetzgeber eine Reihe von Vorschriften verschiedener Einzelsteuergesetze z.T. grundlegend geändert. Diese Änderungen waren vor dem Hintergrund der Entwicklungen im europäischen Gesellschafts- und Steuerrecht, insbesondere zur Anpassung an die neu eingeführten Rechtsformen der Europäischen Gesellschaft – **SE** –[2] und der Europäischen Genossenschaft – **SCE** –,[3] die u. a. eine identitätswahrende Sitzverlegung in andere Mitgliedstaaten ermöglichen, der geänderten steuerlichen Fusionsrichtlinie – FRL –,[4] die unter den dortigen Voraussetzungen eine Ertragsteuerneutralität grenzüberschreitender Umstrukturierungen vorsieht, und der gesellschaftsrechtlichen Richtlinie über die Verschmelzung von Kapitalgesellschaften aus verschiedenen Mitgliedstaaten[5] erforderlich. Nicht zuletzt sind die Regelungen des SEStEG auch im Lichte der neueren gesellschafts- und steuerrechtlichen Entscheidungen des EuGH

4821

---

1 SEStEG, BGBl I 2006, 2782.
2 SE-VO Nr. 2157/2001 v. 8.10.2001, ABl. EG Nr. L 294, 1; SEEG v. 22.12.2004, BGBl I 2004, 3675.
3 SCE-VO Nr. 1435/2003 v. 22.7.2003, ABl. EG Nr. L 207, 1; SCEAG v. 14.8.2006, BGBl I 2006, 1911.
4 Richtlinie 2005/19/EG v. 17.2.2005, ABl. EG Nr. L 058, 19.
5 Richtlinie 2005/56/EG v. 15.12.2005, ABl. EG Nr. L 130, 1.

insbesondere in den Rechtssachen Centros,[1] Überseering,[2] Inspire Art,[3] Sevic[4] und de Lasteyrie du Saillant[5] sowie X und Y[6] zu sehen.

4822 Während nach der ursprünglichen Intention Gegenstand des **SEStEG** die Neuregelung der steuerlichen Behandlung von grenzüberschreitenden Unternehmensumstrukturierungen war,[7] geht die in Kraft getretene Gesetzesfassung darüber insofern hinaus, als sie als Kernstück grundlegende Neuerungen des Umwandlungssteuerrechtes mit dem Ziel der Europatauglichkeit des UmwStG beinhaltet und darüber hinaus eine Reihe von Änderungen des EStG und des KStG (insbesondere Entstrickungs- und Verstrickungstatbestand, Sofortbesteuerung) bringt sowie die Wegzugsbesteuerung nach dem AStG neu regelt. Dabei finden sich auch Regelungen, die für nur inländische Vorgänge bedeutsam sind.

4823 Mit dem SEStEG ist sowohl in das EStG als auch weitgehend gleichlautend in das KStG ein neuer **allgemeiner Entstrickungstatbestand** (sofortige Aufdeckung und ungemilderte Besteuerung der stillen Reserven) für Fälle der grenzüberschreitenden innerbetrieblichen Überführung von Wirtschaftsgütern oder Nutzungsüberlassungen eingeführt worden. Damit wird die in Zukunft zwar grundsätzlich steuerneutral mögliche identitätswahrende Sitzverlegung der SE in ihrer praktischen Attraktivität eingeschränkt.

2. Einführung der Europäischen Gesellschaft in das KStG

4824 Mit der Aufnahme der Europäischen Gesellschaft (SE) in den Katalog des § 1 Abs. 1 Nr. 1 und der Europäischen Genossenschaft (SCE) in Nr. 2 KStG n. F. werden diese den Kapitalgesellschaften gleichgestellt. Die unbeschränkte **Körperschaftsteuerpflicht** auch anderer Gesellschaften, auch ausländischer, wird durch die Formulierung „insbesondere" zum Ausdruck gebracht, wenn und soweit diese einer inländischen Kapitalgesellschaft vergleichbar sind (sog. Typenvergleich). § 14 Abs. 1 KStG n. F. stellt klar, dass entsprechend der Regelung für eine deutsche AG auch eine SE Organgesellschaft sein kann.

4825–4840 *(Einstweilen frei)*

C. Grundzüge der Besteuerung des Einkommens bei der GmbH und ihren Gesellschaftern

I. Wechsel im System

4841 Das Steuersenkungsgesetz vom 23. 10. 2000 hat das System der Besteuerung des Einkommens der GmbH und ihrer Gesellschafter ab dem VZ 2001 grundlegend geändert.

---

1 EuGH v. 9. 3. 1999, Rs. C-212/97, EuGHE 1999, I-1459.
2 EuGH v. 5. 11. 2002, Rs. C-208/00, EuGHE 2002, I-9919.
3 EuGH v. 30. 9. 2003, Rs. C-167/01, EuGHE 2003, I-10155.
4 EuGH v. 13. 12. 2005, Rs. C-411/03, GmbHR 2006, 140.
5 EuGH v. 11. 3. 2004, Rs. C-9/02, EuGHE 2004, I-2409.
6 EuGH v. 21. 11. 2002, Rs. C-436/00, FR 2003, 84.
7 Vgl. insoweit auch den Regierungsentwurf zum SEStEG, BT-Drucks. 16/2710.

Das zuvor geltende Anrechnungsverfahren wurde durch das Teileinkünfteverfahren ersetzt.

(Einstweilen frei) 4842–4900

II. Teileinkünfteverfahren/Freistellungssystem

Literatur: *Eisgruber,* Unternehmenssteuerreform 2001: Das Halbeinkünftverfahren auf der Ebene der Körperschaft, DStR 2000, 1493; *Kulemann/Harle,* Das Anrechnungsverfahren aus Sicht des Anteilseigners, StStud 2000, 531; *Bolik,* Der Halbabzug im Halbeinkünfteverfahren, BB 2001, 811; *Hundsdoerfer,* Beteiligungsaufwendungen im Halbeinkünfteverfahren, BB 2001, 2242; *Nacke/Intemann,* Ausgewählte Probleme des Halbeinkünfteverfahrens, DB 2002, 756; *dies.,* Besteuerung von Veräußerungsgewinnen natürlicher Personen nach dem Halbeinkünfteverfahren, NWB F. 3, 12067, NWB DokID: XAAAA-80082; *Semmler,* Gewinnausschüttungen beim Übergang vom Anrechnungs- zum Halbeinkünfteverfahren, NWB F. 4, 4659, NWB DokID: UAAAA-74034; *Dötsch E./Franzen I./Sädtler W./Sell H./Zenthöfer W.,* Körperschaftsteuer, 14. Aufl., Stuttgart 2004.

1. Grundprinzip des Systems

Wesensmerkmal des Teileinkünfteverfahrens ist die von **einander unabhängige Besteuerung des Einkommens der GmbH** und **ihrer Gesellschafter** mit einer auf **jeder Ebene** eintretenden **Definitivbelastung**, die aber trotz der formalen Doppelbelastung wirtschaftlich insgesamt annähernd zu einer Belastung auf dem Niveau gleich hoher Unternehmensgewinne im Bereich der ESt (Einzelunternehmer und Mitunternehmerschaften) führen soll. Die Vermeidung einer übermäßige Steuerbelastung durch das Teileinkünfteverfahren wird erreicht durch eine **Absenkung des KSt-Satzes auf 15 %.** 4901

Auf Gesellschafterebene werden die an die **einkommensteuerpflichtigen Gesellschafter ausgeschütteten Gewinne** grundsätzlich nur **in Höhe von 60 % der Besteuerung unterworfen** und **Beteiligungserträge** bei **Kapitalgesellschaften** im Effekt bis 95 % durch fiktive nichtabziehbare Betriebsausgaben nach § 8b Abs. 4 KStG **freigestellt**. Davon werden seit dem 28. 2. 2013[1]) Streubesitzdividenden nach § 8b Abs. 4 KStG ausgenommen. Schließlich werden die **Gewinne aus Anteilsveräußerungen in das Teileinkünfteverfahren** miteinbezogen oder nach Maßgabe von § 8b Abs. 2 u. 3 KStG freigestellt.

2. Steuersystematische Ausgestaltung

Auf der **Besteuerungsebene der Kapitalgesellschaft** werden die **Gewinne definitiv**, also unabhängig davon, ob sie thesauriert oder ausgeschüttet werden, mit 15 v. H. KSt des zu versteuernden Einkommens belastet. Eine Herstellung der Auschüttungsbelastung und Anrechnung der KSt beim Anteilseigner entfällt; die KSt hat keinen Vorauszahlungscharakter mehr im Gegensatz zum früheren Anrechnungssystem.[2] 4902

Auf der **Besteuerungsebene des einkommensteuerpflichtigen Gesellschafters** werden die **Beteiligungseinkünfte „ergänzend" besteuert**. Hierzu stellt § 3 Nr. 40 EStG die zugrunde liegenden **Einnahmen** – im Regelfall die Dividenden und sonstigen Bezüge aus der GmbH-Beteiligung einschließlich der vGA nach § 20 Abs. 1 Nr. 1 EStG – **zu 40 % von** 4903

---

1 Vgl. hierzu Geißer in Mössner/Seeger, KStG, § 8b, Rn. 370 ff.
2 Gosch/Lambrecht, KStG, § 34 Rz. 119.

der ESt frei. In die 40% Steuerbefreiung einbezogen werden auch die **Einnahmen aus der Veräußerung** von **Geschäftsanteilen** und die Ersatztatbestände wie Entnahmen, weil sie die in der GmbH thesaurierten Gewinne und gebildeten stillen Reserven repräsentieren. Gänzlich von der Besteuerung ausgenommen werden nach § 8b Abs. 1 und Abs. 2 KStG die **Dividenden (mit Ausnahme von Streubesitzdividenden) und** – abgesehen von der fiskalisch begründeten Mindestbesteuerung nach § 8b Abs. 3 Satz 2 KStG – **die Gewinne aus der Veräußerung von Anteilen** und der gleichgestellten Ersatztatbestände in der **Beteiligungskette**, wenn also der empfangende Gesellschafter seinerseits eine körperschaftsteuerpflichtige Kapitalgesellschaft ist. Damit wird eine Kumulation von KSt in der Beteiligungskette[1] vermieden, soweit nicht die Mindestbesteuerung über die Behandlung von 5 v. H. der Veräußerungsgewinne als nichtabzugsfähige Betriebsausgaben zu einer Definitivbelastung dieses Betrages mit KSt führt.

4904 Auf der **Ausgabenseite** steht auf der Besteuerungsebene des Gesellschafters der 40%igen Steuerfreistellung der Einnahmen ein **entsprechendes Abzugsverbot** nach § 3c Abs. 2 EStG gegenüber. Es schließt die mit den Einnahmen nach § 3 Nr. 40 EStG wirtschaftlich zusammenhängenden Betriebsvermögensminderungen, Betriebsausgaben, Werbungskosten, Veräußerungskosten sowie Anschaffungs- oder Herstellungskosten oder an deren Stelle tretenden Steuerwerte **zu 40% vom Abzug aus**. Das gänzliche Abzugsverbot als Betriebsausgaben oder Werbungskosten in § 3c Abs. 1 EStG für Ausgaben, die in unmittelbarem wirtschaftlichem Zusammenhang mit den steuerfreien Einnahmen stehen, galt zunächst bis zum VZ 2003 auch für Beteiligungserträge nach § 8b Abs. 1 und Abs. 2 KStG; ab dem VZ 2004 ist § 3c Abs. 1 EStG im Zusammenhang mit steuerfreien Dividendenerträgen nicht mehr anzuwenden. Jetzt gelten nach § 8b Abs. 5 KStG **5%** der nach § 8b Abs. 1 KStG **steuerfreien Dividenden pauschal als nicht abziehbare Betriebsausgaben**.

Das Abzugsverbot wird ergänzt durch § 8b Abs. 3 Satz 2 KStG, der auch die Berücksichtigung von Gewinnminderungen im Zusammenhang mit den Geschäftsanteilen (Teilwertabschreibungen, Veräußerungsverluste und Liquidationsverluste) ausschließt. Die Abzugsverbote entsprechen dem einkommensteuerlichen Grundsatz, wonach Ausgaben, soweit sie im wirtschaftlichen Zusammenhang mit steuerfreien Einnahmen stehen, nicht abgezogen werden dürfen. Sie kollidieren aber mit der dogmatischen Zielsetzung des Teileinkünfteverfahrens, die im Bereich der Körperschaft erwirtschafteten Gewinne „einmal" zu besteuern.

4905 Auf der Ebene der Gesellschafter werden in das Teileinkünfteverfahren die Dividenden und sonstigen Bezüge sowie die Gewinne aus der Veräußerung von Anteilen und die ihnen gleichgestellten anderen Sachverhalte einbezogen unabhängig davon, ob die Geschäftsanteile zum Betriebsvermögen oder zum Privatvermögen gehören. Befinden sich die Anteile im Privatvermögen, wird ihre Veräußerung aber nur besteuert, wenn der Vorgang innerhalb eines Jahres nach dem Zeitpunkt der Anschaffung stattfindet und deshalb ein privates Veräußerungsgeschäft i. S. v. § 23 Abs. 1 Satz 1 Nr. 2 EStG vor-

---

[1] Kaskadeneffekt, vgl. Gosch, KStG, § 8b Rz. 1.

liegt oder der Anteil mindestens 1 v. H. des Nennkapitals beträgt (§ 17 Abs. 1 Satz 1 EStG).

(Einstweilen frei) 4906–4940

III. Steuerlicher Belastungsvergleich seit 2008

Literatur: *Schiffers/Köster*, Gestaltungshinweise zur Unternehmensbesteuerung zum Jahreswechsel 2007/2008, DStZ 2007, 773; *Jarosch/Rund/Gluth*, Steuer-Berater zum Jahreswechsel, StB-Jahresheft 2007/2008; *Korn/Strahl*, Beratungsbrennpunkt Unternehmenssteuerreform 2008, KSp 3; *Pflüger*, Unternehmenssteuerreform, IWW Sonderdruck Gestaltende Steuerberatung.

Nach den Regelungen des UntStRefG 2008 stellt sich gegenüber dem alten Recht die Ermittlung der steuerlichen Gesamtbelastung unter Berücksichtigung der Ebene des Anteilseigners wie folgt dar: 4941

	altes Recht 2001-2007			aktuelles Recht		
Gewinn		100			100	
GewSt (400 v. H. Hebesatz)		16,7	16,7		14	14
Gewinn nach GewSt		83,3			100	
KSt	25 v. H.	20,8	20,8	15 v. H.	15	15
SolZ	5,5 v. H.	1,2	1,2	5,5 v. H.	0,8	0,8
Gesamtbelastung der Körperschaft			38,7			29,8

Die Ertragsteuer-Gesamtbelastung einer GmbH beträgt 29,83 v. H. und liegt damit ca. 9 v. H. unter derjenigen zu den VZ 2001 bis 2007.

Kapitalerträge, auch Gewinnausschüttungen, die nach dem 31.12.2008 gem. § 20 Abs. 1 EStG zufließen, werd nach dem Abgeltungssteuersystem gem. § 32d Abs. 1 EStG mit einem Steuersatz von 25 v. H. (sog. **Abgeltungsteuer**) zzgl. SolZ belegt, wenn die Anteile im **Privatvermögen** gehalten werden. Aufwendungen im Zusammenhang mit dem Halten der GmbH-Beteiligung sind dabei nur noch dann zu 60 v. H. abziehbar (§ 3c Abs. 2 EStG), wenn die Beteiligung über 25 v. H. beträgt oder wenn der Gesellschafter zwar unter 25 v. H., aber über 1 v. H. beteiligt ist und gleichzeitig als Geschäftsführer in einem Arbeitsverhältnis zu der GmbH steht. Die Anwendung des **Teileinkünfteverfahrens** ist dabei nur auf Antrag möglich, an den der Gesellschafter, solange er ihn nicht widerruft, fünf Jahre gebunden ist, § 32d Abs. 2 Nr. 3 EStG. 4942

Die Abgeltungsteuer ist nicht anzuwenden, wenn die Beteiligung an der GmbH zu einem **Betriebsvermögen** gehört (z. B. bei einer Betriebsaufspaltung). Hier werden nach den Vorgaben des Teileinkünfteverfahrens nur noch 40 v. H. der Gewinnausschüttungen und der Gewinne aus Anteilsveräußerungen steuerfrei gestellt. Im Zusammenhang mit der Beteiligung entstehende Aufwendungen, die dem Teileinkünfteverfahren unterliegen, sind nach § 3c Abs. 2 EStG zu 60 v. H. abzugsfähig. Wird die Beteiligung von einer **Kapitalgesellschaft** gehalten, ergibt sich bei der Besteuerung keine Änderung, es verbleibt bei der 95 %igen Freistellung der Ausschüttungen nach § 8b Abs. 1, 2 KStG. 4943

(Einstweilen frei) 4944–4960

2. Abschnitt: Steuerliche Folgen bei der Gründung einer GmbH

A. Verkehrssteuerliche Folgen bei der Gründung

I. Grunderwerbsteuer

1. Grunderwerbsteuerliche Tatbestände

4961 Enthält der Gesellschaftsvertrag die Verpflichtung eines Gesellschafters, in die GmbH ein **inländisches Grundstück** i. S. v. § 2 GrEStG (also auch ein Erbbaurecht oder Gebäude auf fremdem Boden) im **Wege der Sacheinlage (§ 5 Abs. 4 GmbHG) einzubringen**, wird ein grunderwerbsteuerpflichtiger Erwerbsvorgang (Rechtsträgerwechsel) nach § 1 Abs. 1 Nr. 1 GrEStG verwirklicht. Auch die Einbringung von Anteilen an einer Personengesellschaft, zu deren Gesellschaftsvermögen ein Grundstück gehört, kann grunderwerbsteuerliche Folgen haben, wenn dadurch (innerhalb von fünf Jahren) mindestens 95 v. H. der Anteile am Gesellschaftsvermögen auf neue Gesellschafter übergehen. Denn ein solcher Wechsel im Gesellschafterbestand einer Grundbesitz haltenden Personengesellschaft gilt als Rechtsgeschäft, das auf die Übereignung des Grundstücks auf eine neue Personengesellschaft gerichtet ist (§ 1 Abs. 2a GrEStG).

> **BEISPIEL:** Die Gründungsgesellschafter A und B sind neben C zu 96 v. H. an der Y-KG beteiligt, zu deren Gesamthandsvermögen ein Grundstück gehört. Sie verpflichten sich, ihre Beteiligungen an der KG im Wege der Sacheinlage in die neu gegründete X-GmbH einzubringen. Die Einbringung ist nach § 1 Abs. 2a GrEStG steuerpflichtig, weil 96 v. H. der Anteile an der KG auf einen neuen Gesellschafter (die X-GmbH) übergehen und dies als Erwerb des Grundstücks durch eine „neue" Personengesellschaft (Y-KG mit den Gesellschaftern C und X-GmbH) gilt.

4962 Werden **alle Anteile** an einer **Personengesellschaft** bei der Gründung in die **GmbH eingebracht**, erwirbt die GmbH das Grundstück durch Anwachsung des Gesellschaftsvermögens der (untergehenden) Personengesellschaft nach § 738 BGB, §§ 105 Abs. 2, 161 Abs. 2 HGB. Dadurch entsteht nach § 1 Abs. 1 Nr. 3 GrEStG Grunderwerbsteuer. Die gleiche steuerliche Folge lösen die Umwandlung eines Einzelunternehmens in eine GmbH oder die Verschmelzung aus, wenn dadurch Grundstücke auf die neu gegründete GmbH übergehen.

4963 Die bloße **formwechselnde** (nicht übertragende) Umwandlung von einer Personengesellschaft in eine (neue) GmbH löst keine GrESt aus, weil es nach §§ 214 Abs. 1, 202 Abs. 1 Nr. 1 UmwG an einem Rechtsträgerwechsel fehlt.[1] Einen grunderwerbsteuerpflichtigen Vorgang kann auch die Einbringung von mindestens 95 v. H. der Anteile an einer GmbH darstellen, wenn zu ihrem Vermögen ein Grundstück gehört. Mit einer solchen Sacheinlage tritt eine Anteilsvereinigung nach § 1 Abs. 3 GrEStG ein.

2. Bemessungsgrundlage

4964 **Bemessungsgrundlage** für die GrESt ist bei den Umwandlungen, den Einbringungen auf gesellschaftsrechtlicher Grundlage sowie den nach § 1 Abs. 2a oder § 1 Abs. 3

---

[1] BFH v. 4. 12. 1996 II B 116/96, BStBl II 1997, 661; Hofmann, GrEStG, § 1 Rz. 10.

GrEStG **nicht** der Wert der Gegenleistung für das Grundstück (z. B. der anteilige Wert der gewährten Gesellschaftsrechte), sondern der nach den §§ 151 Abs. 1 und 3, 176 BewG festzustellende **Grundstückswert** (§ 8 Abs. 2 GrEStG). Die Steuer ist länderabhängig und beträgt zwischen 3,5 v. H. und 6,5 % der Bemessungsgrundlage.

Die GrESt für den Einbringungserwerb ist mit den Anschaffungskosten des Grundstücks zu aktivieren; fällt die GrESt für einen fiktiven Erwerb des Grundstücks nach § 1 Abs. 3 GrEStG durch die GmbH als neuen Rechtsträger an (Einbringung von mindestens 95 v. H. der Anteile an einer Gesellschaft mit inländischem Grundbesitz), stellt sie eine sofort abziehbare Betriebsausgabe dar. 4965

(Einstweilen frei) 4966–4980

II. Umsatzsteuer

Bei der Sachgründung ergeben sich auch umsatzsteuerbare Vorgänge, weil die Sacheinlage gegen die Gewährung des Geschäftsanteils durch die in Gründung befindliche GmbH erfolgt und deshalb umsatzsteuerrechtlich Leistungen in Gestalt eines tauschähnlichen Umsatzes erbracht werden (§ 1 Abs. 1 Nr. 1 und § 3 Abs. 1 und Abs. 12 UStG). 4981

Bringt ein Unternehmer (§ 2 Abs. 1 Satz 1 UStG) im Rahmen seines Unternehmens (§ 2 Abs. 1 Satz 2 UStG) bei der Sachgründung **einzelne Gegenstände** für die Gewährung des Geschäftsanteils ein, stehen sich die Sacheinlage und der Geschäftsanteil als Leistung und Gegenleistung gegenüber und bilden jeweils das Entgelt für die von Gesellschafter und GmbH erbrachte umsatzsteuerbare Leistung. 4982

Wird ein **ganzes Unternehmen** oder ein **ganzer Betrieb** im Wege der Sachgründung in die zu gründende GmbH eingebracht, unterliegt dieser Vorgang als Geschäftsveräußerung an einen anderen Unternehmer (die GmbH) für dessen Unternehmen nach § 1 Abs. 1a UStG nicht der USt. Auch die übertragende Umwandlung und die Verschmelzung auf die zu gründende GmbH fallen unter § 1 Abs. 1a UStG. 4983

Liegen steuerbare Umsätze vor, sind sie bei der Gründung in weitem Umfang steuerbefreit. Die **Gewährung des Geschäftsanteils** durch die GmbH ist ein nach § 4 Nr. 8 Buchst. f UStG **steuerfreier Umsatz**. Ob für die Übertragung des jeweiligen Gegenstandes der Sacheinlage durch den Gründungsgesellschafter eine Steuerbefreiung in Betracht kommt, richtet sich nach §§ 4 ff. UStG. Die häufig vorkommenden Übertragungen von Forderungen, Wertpapieren, Gesellschaftsanteilen und Grundstücken sind nach § 4 Nr. 8 und 9 UStG umsatzsteuerfrei. Solche steuerfreien Umsätze anlässlich der Sachgründung können die Berichtigung des Vorsteuerabzugs nach § 15a UStG beim einbringenden Gesellschafter nach sich ziehen. Die Einbringung stellt eine Veräußerung des Wirtschaftsgutes und damit eine Änderung der Verhältnisse gegenüber der erstmaligen Verwendung dar (§ 15a Abs. 8 UStG). Sofern die GmbH selbst zum Vorsteuerabzug berechtigt ist, ist daher regelmäßig anzuraten, dass der einbringende Unternehmer auf die Steuerbefreiung nach § 9 Abs. 1 UStG verzichtet (Option), die USt offen der GmbH in Rechnung stellt und die GmbH sie wieder als Vorsteuer abzieht (§ 15 UStG). 4984

(Einstweilen frei) 4985–5000

B. Ertragsteuern

I. Vorbemerkung

1. Verhältnis Körperschaftsteuer zur Einkommensteuer im Rahmen der GmbH-Besteuerung

5001 Was als Einkommen gilt und wie das Einkommen zu ermitteln ist, bestimmt sich gem. § 8 Abs. 1 Satz 1 KStG nach den Vorschriften des Einkommensteuergesetzes und dieses Gesetzes. Historisch hat sich das Ertragsteuerrecht dahin entwickelt, dass natürliche Personen der Einkommensteuer und die im Katalog des § 1 Abs. 1 KStG aufgelisteten „Nicht natürlichen Personen" der Körperschaftsteuer unterliegen.[1] § 8 Abs. 1 Satz 1 KStG enthält weder einen eigenständigen Einkommensbegriff noch einzelne Ermittlungsvorschriften. Vielmehr verweist **Satz 1** für die Definition des Einkommens und deren Ermittlung auf die Vorschriften des EStG und die im zweiten Teil des KStG enthaltenen Regelungen. Aus der Generalverweisung des § 8 Abs. 1 Satz 1 KStG ergibt sich folgendes Fazit:

Einkommensteuerliche Normen, die eine Privatsphäre einer natürlichen Person voraussetzen, können im KStR nicht entsprechend angewandt werden.[2]

Die einkommensteuerlichen Normen, die Anwendung finden können, werden in R 32 Abs. 1 KStR aufgelistet.

Die nachfolgende Grafik soll die Struktur unter der Berücksichtigung von Betriebsvermögen und Privatvermögen verdeutlichen:

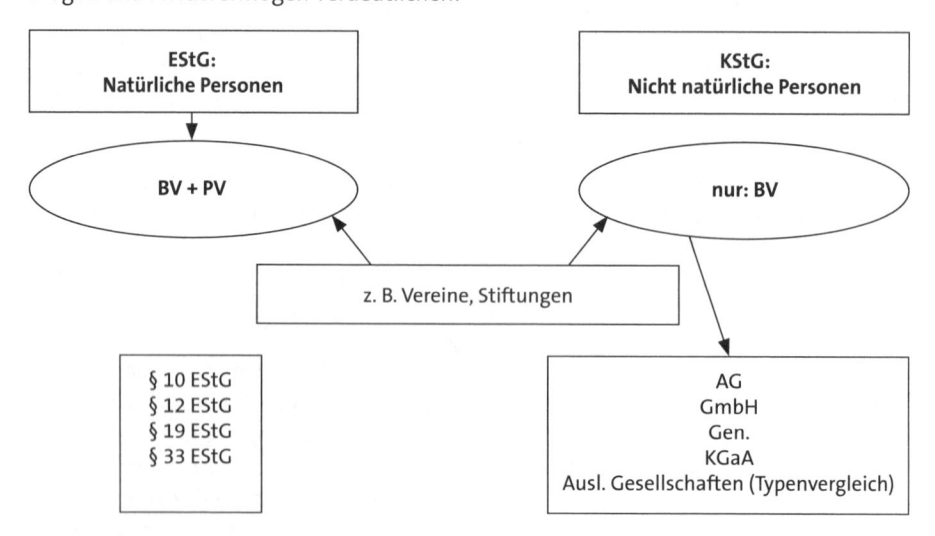

```
┌─────────────────────────┐          ┌─────────────────────────┐
│        EStG:            │          │         KStG:           │
│  Natürliche Personen    │          │  Nicht natürliche Personen │
└───────────┬─────────────┘          └────────────┬────────────┘
            ▼                                     ▼
      ╭──────────╮                          ╭──────────╮
      │  BV + PV │                          │  nur: BV │
      ╰──────────╯                          ╰──────────╯
            ▲                                     ▲
            │        ┌──────────────────────┐     │
            └────────┤ z. B. Vereine, Stiftungen ├─┘
                     └──────────────────────┘

   ┌──────────────┐                    ┌──────────────────────────────┐
   │  § 10 EStG   │                    │            AG                │
   │  § 12 EStG   │                    │           GmbH               │
   │  § 19 EStG   │                    │           Gen.               │
   │  § 33 EStG   │                    │           KGaA               │
   └──────────────┘                    │ Ausl. Gesellschaften (Typenvergleich) │
                                       └──────────────────────────────┘
```

---

[1] Zur historischen Entwicklung vgl. die Hinweise bei Haug/Huber, in Mössner/Seeger, KStG, § 8 Rn. 1, Kommentar „online" Stand September 2013.

[2] So auch Klein/Müller/Döpper, in Mössner/Seeger, KStG, § 8 Rn. 53.

2. Die Sphären einer Körperschaft

Nach dem Verständnis des vorstehenden Schaubildes wird die natürliche Person dargestellt mit einer betrieblichen und einer privaten Sphäre und die Körperschaft nur mit einer betrieblichen Sphäre. Mit Urteil v. 4.12.1996 hatte der BFH[1] entschieden, dass eine KapG keine außerbetriebliche Sphäre habe. In der Literatur ist aber auch bei den Körperschaften eine außerbetriebliche Sphäre anerkannt.[2] Entscheidend ist die richtige Einordnung der Aufwendungen nach den Merkmalen „Einkünfteerzielend" oder „Einkünfteverwendend". Diese Unterscheidung spielt auch eine Rolle bei der Einordnung in eine Liebhabereitätigkeit (= mangelnde Gewinn-/Einkünfteerzielungsabsicht).

5002

Der streitige Sphärengedanke wird dem nicht gerecht. Das Gesetz kennt eine Tätigkeit der KapG ohne positive Einkünfteerzielungsabsicht in der Gestalt des § 10g EStG.[3] Das ist ein Fall der Liebhaberei. Das BFH Urteil v. 4.12.1996 ist darauf nicht eingegangen. Sogar in einer jüngeren Entscheidung scheint der BFH an seinem Sphärengedanken festzuhalten. Er judizierte, dass in der Steuerbilanz einer als Großbetrieb i.S.v. § 3 BpO 2000 eingestuften Kapitalgesellschaft Rückstellungen für die im Zusammenhang mit einer Außenprüfung bestehenden Mitwirkungspflichten gem. § 200 AO, soweit diese die am jeweiligen Bilanzstichtag bereits abgelaufenen Wirtschaftsjahre (Prüfungsjahre) betreffen, grundsätzlich auch vor Erlass einer Prüfungsanordnung zu bilden sind. In seiner Urteilsbegründung weist er darauf hin, dass die für die Erfüllung der Mitwirkungspflichten gebildeten Rückstellungen nicht dem steuerlichen **Abzugsverbot des § 10 Nr. 2 KStG** unterfallen.

Für Kapitalgesellschaften verbietet sich solches, weil diese über keine außerbetriebliche Sphäre verfügen und das gesetzliche Abzugsverbot deshalb eng zu verstehen ist.[4] Folgt man der Literaturmeinung, wonach auch eine außerbetriebliche Sphäre denkbar wäre, wird man zu einer richtigen Lösung in jedem Fall gelangen, wenn man sich folgende Struktur grafisch vor Augen führt und die Aufteilung ausrichtet an „Erzielung" oder „Verwendung":

---

1 BFH Urteil v. 4.12.1996 I R 54/95, DStR 1997, 492.
2 Pezzer, StuW 1990, 261; Thiel/Eversberg, DStR 1993, 1884; Weber-Grellet, DStR 1994, 12; Pezzer, StuW 1998, 76 (80).
3 R 32 Abs. 1 KStR.
4 BFH, Urteil vom 6.6.2012 I R 99/10, BStBl II 2013, 196, mit Anm. Gosch, HaufeIndex 3295881.

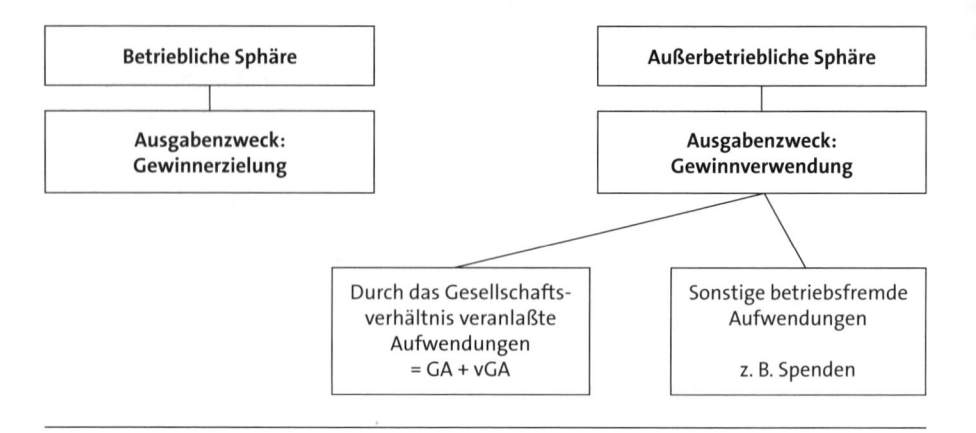

```
┌─────────────────────────┐                    ┌─────────────────────────┐
│   Betriebliche Sphäre   │                    │  Außerbetriebliche Sphäre│
└───────────┬─────────────┘                    └───────────┬─────────────┘
            │                                              │
┌───────────┴─────────────┐                    ┌───────────┴─────────────┐
│     Ausgabenzweck:      │                    │     Ausgabenzweck:      │
│     Gewinnerzielung     │                    │     Gewinnverwendung    │
└─────────────────────────┘                    └───────────┬─────────────┘
                                                           │
                                      ┌────────────────────┴────────────────┐
                                      │                                     │
                        ┌─────────────┴─────────────┐       ┌───────────────┴───────────┐
                        │ Durch das Gesellschafts-  │       │  Sonstige betriebsfremde  │
                        │  verhältnis veranlaßte    │       │      Aufwendungen         │
                        │      Aufwendungen         │       │                           │
                        │      = GA + vGA           │       │       z. B. Spenden       │
                        └───────────────────────────┘       └───────────────────────────┘
```

3. Der gesellschaftsrechtliche Vermögenskreislauf

5003 Die **Begründung** und **Erfüllung** der **Einlageverpflichtungen** im Rahmen des Gründungsvorgangs (Bar- oder Sachgründung) zeitigt bei der GmbH **keine unmittelbaren Folgen hinsichtlich der KSt** und der **GewSt**. Die Einlagen der Gründer sind durch das Gesellschaftsverhältnis veranlasst. Die sich hieraus ergebenden Vermögensmehrungen bei der GmbH dürfen ihren Gewinn (und Gewerbeertrag) und ihr Einkommen nicht beeinflussen (§ 8 Abs. 1 KStG i.V. m. § 4 Abs. 1 EStG), wie dies umgekehrt auch für gesellschaftsrechtlich veranlasste Vermögensminderungen (z. B. durch vGA § 8 Abs. 3 Satz 2 KStG) gilt. Für die spätere Ermittlung des laufenden Gewinnes der GmbH und dessen Belastung mit KSt und GewSt ist aber von großer Bedeutung, mit welchem Wert die Einlagen in der Steuerbilanz der GmbH (bzw. Vorgesellschaft) angesetzt werden, weil der Wertansatz und das sich hieraus ergebende Abschreibungsvolumen den laufenden steuerlichen Gewinn oder den Gewinn aus einer späteren Veräußerung des eingebrachten Wirtschaftsgutes beeinflussen.

Umgekehrt ist auf der Ebene des Gründungsgesellschafters die Bewertung ausschlaggebend für die Höhe der Anschaffungskosten seiner Beteiligung, einer eventuellen späteren Teilwertabschreibung, die Höhe des zu realisierenden Gewinns, wenn der Gegenstand der Einlage beim Gründungsgesellschafter zu einem Betriebsvermögen gehört, und wenn der Geschäftsanteil später veräußert werden sollte. Besondere steuerliche Folgen können sich aus den Sonderregelungen nach § 20 UmwStG bei der Einbringung von ganzen Betrieben, Teilbetrieben und Mitunternehmeranteilen und aus § 6b EStG ergeben.

Das Vermögen einer GmbH kann sich positiv, wie auch negativ bilden durch reine Vorgänge zwischen Gesellschaft und Gesellschafter oder durch Teilnahme am marktwirtschftlichen Geschehen. Bloße Einlagen spiegeln den Anschaffungskostenbereich der Gesellschaftsanteile wieder. Sofern Einlagen nicht auf das gezeichnete Kapital gebucht werden, sind das Vorgänge, die das steuerliche Einlagenkonto gem. § 27 KStG beeinflussen. Sofern auf den Gesellschafter Zuflüsse aus dem marktwirtschaftlichen Geschehen zukommen, bilden diese den Bereich der Dividendenbesteuerung. Angelegt ist die Trennung Anteilsbesteuerung und Dividendenbeteuerung im Handelsrecht. § 266 Abs. 3 A. HGB enthält die Struktur gezeichnetes Kapital und Kapitalrücklage auf der einen Seite und Gewinnrücklagen, Gewinnvortrag, Jahresüberschuss auf der anderen Seite.

Ausgerichtet an § 266 Abs. 3 HGB ergibt sich folgende Struktur:

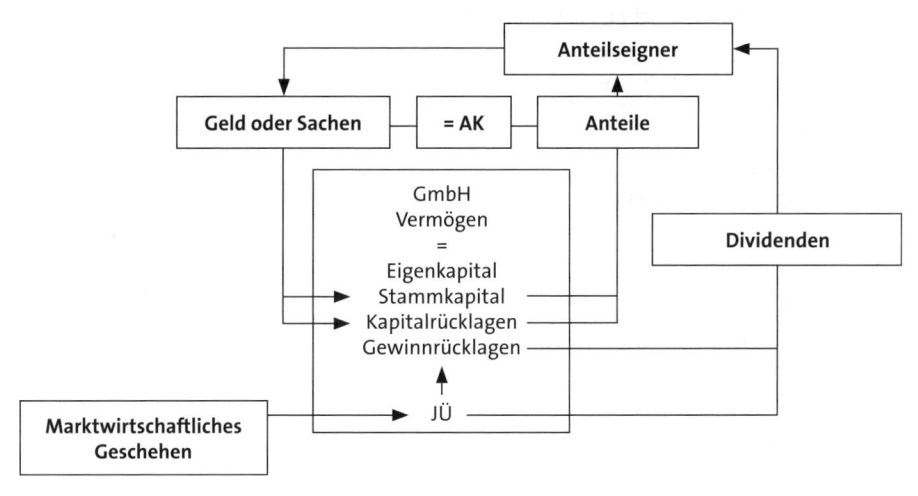

```
                        ┌──── Anteilseigner ◄────┐
                        │                         │
                        ▼                         │
           Geld oder Sachen ─── = AK ─── Anteile  │
                        │                         │
                        │   ┌──────────────┐      │
                        │   │    GmbH      │      │
                        │   │  Vermögen    │      │
                        │   │      =       │  Dividenden
                        │   │ Eigenkapital │      │
                        └─► │ Stammkapital │──────┘
                        ──► │Kapitalrücklagen│
                            │Gewinnrücklagen │
                            └──────▲───────┘
                                   │
                                   JÜ
   Marktwirtschaftliches ──────────┘
        Geschehen
```

Daraus folgt aus der Trennung des Vermögenskreislaufs für die Ebene der Gesellschaft und der Ebene des Anteilseigners die nachfolgende Darstellung:

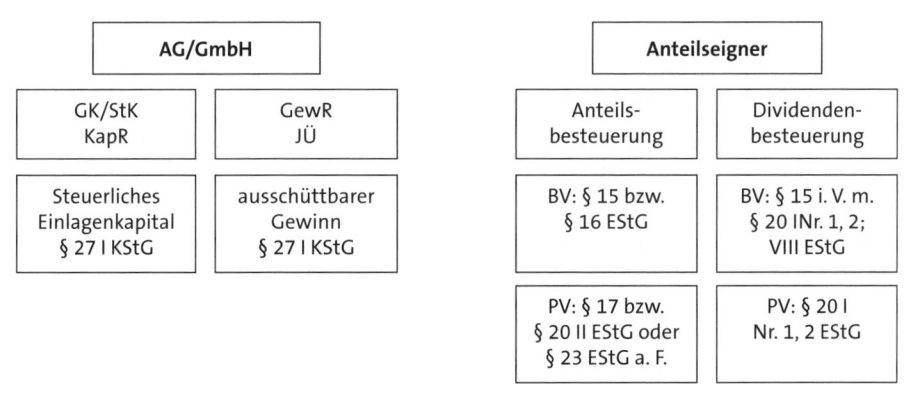

AG/GmbH		Anteilseigner	
GK/StK KapR	GewR JÜ	Anteils- besteuerung	Dividenden- besteuerung
Steuerliches Einlagenkapital § 27 I KStG	ausschüttbarer Gewinn § 27 I KStG	BV: § 15 bzw. § 16 EStG	BV: § 15 i. V. m. § 20 I Nr. 1, 2; VIII EStG
		PV: § 17 bzw. § 20 II EStG oder § 23 EStG a. F.	PV: § 20 I Nr. 1, 2 EStG

4. Der steuerbare Personenkreis

Der Weg in die GmbH führt zu einem neuen Steuersubjekt, welches die schon zuvor angesprochene Intransparenz (auch Trennungsprinzip)[1] zwischen Gesellschaft- und Gesellschafterebene eröffnet. In der Einkommensteuer ist jede natürliche Person steuerbar. In der KSt ist dagegen nicht jedes nichtnatürliche Gebilde steuerbar. Vielmehr sind

5004

---

[1] Siehe o. Rn. 4751 ff.

es nur die Personenvereinigungen und Vermögensmassen, die in den abschließend aufgezählten Katalog des § 1 KStG passen. Seit der Entscheidung des GrS BFH v. 25. 6. 1984[1] ist geklärt, dass man im Wege einer Analogie z. B. eine Massenpersonengesellschaft den Körperschaften nicht zuordnen kann.

Ausgerichtet am Transparenz- und Intransparenzprinzip lassen sich die Ertragsteuersubjekte nach dem deutschen Steuerrecht folgendermaßen grafisch darstellen:

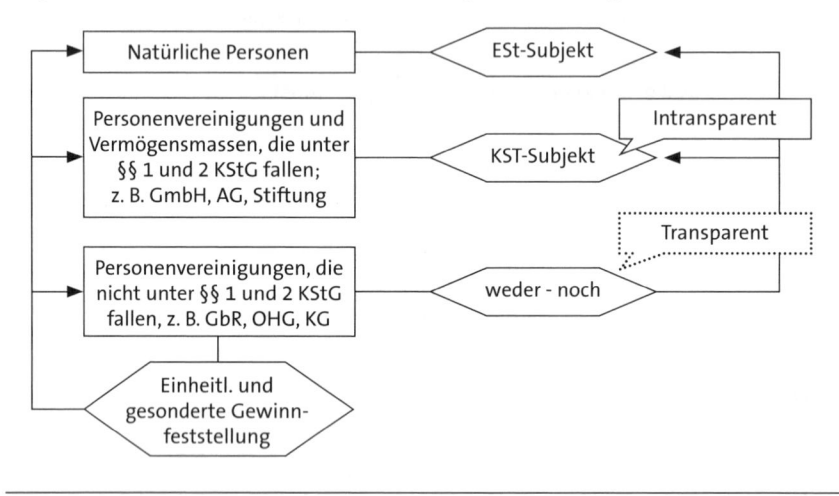

5005–5020 (*Einstweilen frei*)

II. Bargründung

1. Übernahme der Stammeinlage

5021 Bei der Bargründung ist die Stammeinlage durch Einzahlung des Nennbetrages zu erbringen. Hieraus ergeben sich ertragsteuerlich keine Probleme. Die Bewertung erfolgt nach dem Nennbetrag.

5022 In Höhe der übernommenen Einlageverpflichtung hat der Gründungsgesellschafter **Anschaffungskosten auf die Beteiligung**, auch wenn ein Teil davon noch nicht eingefordert und noch nicht geleistet worden ist. Wird die Beteiligung im Betriebsvermögen gehalten, ist der Bruttobetrag zu aktivieren, noch nicht erfüllte Einlageverpflichtungen sind zu passivieren. Spätere Teilwertabschreibungen können so auf die Anschaffungskosten vorgenommen werden, selbst wenn Einlagen noch nicht vollständig eingezahlt sind.

5023 Die bei der GmbH durch die von den Gründern zu leistenden Einlagen eintretende Vermögensmehrung ist durch das Gesellschaftsverhältnis veranlasst und darf deshalb den Gewinn der Gesellschaft nicht beeinflussen. Bei Einzahlung bucht die GmbH „Geldkonto an gezeichnetes Kapital", so dass eine außerbilanzielle Korrektur nicht erforderlich ist. Hat der Gesellschafter ein **Agio** (Aufgeld) zu leisten, führt es beim Gesellschafter

---

[1] BStBl II 1984, 751 ff.

wie die Stammeinlage selbst zu **Anschaffungskosten** auf die Beteiligung, die GmbH stellt es **erfolgsneutral** in die **Kapitalrücklage** ein. Steuerlich ist darauf zu achten, dass der Zugang im steuerlichen Einlagenkonto gem. § 27 KStG festgehalten wird.

2. Erwerb oder Aufbau eines Unternehmens

Nimmt die GmbH bei einer Bargründung erst nach ihrem Entstehen als juristische Person oder der Körperschaftsteuerpflicht die gewerbliche Tätigkeit auf und unternimmt Schritte, um ein gewerbliches Unternehmen entweder käuflich zu erwerben oder aufzubauen, ergeben sich ertragsteuerlich keine weiteren Besonderheiten, da der Gewinn oder Verlust der GmbH durch den Erwerb oder Aufbau des Unternehmens nach den allgemeinen Vorschriften ermittelt wird.

5024

(*Einstweilen frei*) 5025–5040

III. Sachgründung

1. Sacheinlagen (Einbringung einzelner Wirtschaftsgüter)

a) Offene Einlagen

Das KStG selbst enthält keine Regelung für die steuerliche Behandlung von Sacheinlagen anlässlich der Gründung der GmbH, so dass über § 8 Abs. 1 KStG auf die Regelungen des EStG zurückzugreifen ist. Die Rechtsprechung behandelt die **offenen Einlagen**, d. h. die gesellschaftsrechtlichen Einlagen, die **gegen die Gewährung von Gesellschaftsrechten** erfolgen – bei der Gründung die Gewährung des Geschäftsanteils –, als tauschähnlichen Vorgang, der beim einbringenden Gesellschafter zu einer entgeltlichen Veräußerung und bei der übernehmenden Gesellschaft zu einem Anschaffungsgeschäft führt.[1] Dies hat zur Folge, dass die empfangende GmbH als Anschaffungskosten für das eingebrachte Wirtschaftsgut dessen gemeinen Wert anzusetzen hat, und zwar unabhängig davon, ob die Einlage aus dem Privatvermögen oder aus einem Betriebsvermögen des Gründungsgesellschafters erfolgt, bei dem dieser Vorgang im Betriebsvermögen zu einer Gewinnrealisierung nach § 6 Abs. 6 Satz 1 EStG führt.

5041

Die Bewertungsvorschrift des § 6 Abs. 1 Nr. 5 EStG, wonach Einlagen mit dem Teilwert zu bewerten sind, ist hiernach nur noch anzuwenden, wenn keine Gesellschaftsrechte gewährt werden, z. B. bei einer verdeckten Einlage,[2] nicht aber bei offenen Sacheinlagen, die auf die in Geld ausgedrückte Einlageschuld (Stammeinlage) erbracht werden, auf die sich die Sacheinlage bezieht. Der Ansatz des auf die Sacheinlageverpflichtung bei der Gründung eingebrachten Wirtschaftsgutes mit dem gemeinen Wert führt zwar zu einer Vermögensmehrung, die aber gesellschaftsrechtlich veranlasst ist, so dass sie erfolgsneutral einzubuchen ist. Den in Höhe des gemeinen Werts zu aktivierenden Anschaffungskosten steht die Buchung auf das Stammkapital gegenüber, ein darüber hinausgehender Wert der Sacheinlage ist – je nach den Festsetzungen des Gesellschaftsvertrages – in die Kapitalrücklage (Eigenkapital der GmbH) einzustellen oder als Schuld-

---

[1] Vgl. BFH v. 19. 10. 1998 VIII R 69/95, BStBl II 2000, 230; v. 11. 9. 1991 XI R 15/90, BStBl II 1992, 404.
[2] Str., vgl. hierzu Schmidt/Kulosa, EStG, § 6 Rz. 554.

posten (Verbindlichkeit) gegenüber dem Gesellschafter auszuweisen. Gehört der Gegenstand der Sacheinlage zum abnutzbaren Anlagevermögen (§ 7 Abs. 1 EStG), mindern die Abschreibungen (Absetzungen für Abnutzung – AfA) hierauf den steuerlichen Gewinn der GmbH.

b) Verdeckte Einlagen

Literatur: *Füger/Rieger*, Verdeckte Einlagen in eine Kapitalgesellschaft zu Buchwerten, DStR 2003, 628; *Gosch/Roser*, KStG, § 8 Rz. 131 ff. (ABC der verdeckten Einlagen); *Levedag* in Münch. Hdb. d. Gesellschaftsrechts, Band 1, § 57 Gewinnermittlung und -verteilung Rn. 218, 3. Auflage 2009; *Spönemann* in Michalski, GmbHG, Systematische Darstellung 3 Besteuerung der GmbH Rn. 780 – 796, 2. Aufl. 2010; *Klein/Müller/Döpper* in Mössner/Seeger, KStG, § 8 Rn. 2081 ff.

5042 Erfolgt die Sacheinlage als **verdeckte Einlage** (= Einlage aus gesellschaftsrechtlichen Gründen ohne Entgelt in Form eines – zusätzlichen – Geschäftsanteils), liegt kein Tausch vor. Dann ist das Wirtschaftsgut bei der GmbH nach § 6 Abs. 1 Nr. 5 EStG regelmäßig mit dem Teilwert oder aber mit den niedrigeren Anschaffungskosten (AK) oder Herstellungskosten (HK) des einlegenden Gesellschafters nach § 6 Abs. 1 Nr. 5 Buchst. a EStG anzusetzen, wenn das zugeführte Wirtschaftsgut innerhalb der letzten drei Jahre vor der Zuführung angeschafft oder hergestellt worden ist. Nur für diesen Fall sind für die Prüfung, ob die AK oder HK (bzw. der an ihre Stelle tretende Entnahmewert gem. § 6 Abs. 1 Nr. 5 Satz 3 EStG) niedriger als der Teilwert sind und zur Berechnung des anzusetzenden Einlagewertes die AK oder HK (bzw. der Entnahmewert) um die AfA (und ggfs. andere Abschreibungen) zu kürzen, die auf die Zeit zwischen der Anschaffung oder Herstellung und der Einlage entfallen. Der sich hiernach ergebende Einlagewert (Teilwert oder niedriger Wert nach § 6 Abs. 1 Nr. 5 Buchst. a EStG) ist für die Vornahme der **AfA maßgebend**.

Für Wirtschaftsgüter, die danach mit dem Teilwert anzusetzen sind, aber bisher im Privatvermögen zur Erzielung von Überschusseinkünften genutzt und abgeschrieben worden sind (§ 7 Abs. 1 Satz 5 EStG) vermindert sich zwar nicht der Einlagewert (Teilwert) um die bisher in Anspruch genommenen AfA, wohl aber das AfA-Volumen.[1] Die Vorschrift führt durch Verbrauch der Bemessungsgrundlage zu einem nicht abschreibbaren Restwert, der erst bei einer Veräußerung des Wirtschaftsgutes zu einem entsprechenden Aufwand führt.

5043 Eine Ausnahmevorschrift gilt zwar nach § 6 Abs. 1 Nr. 5 Buchst. b EStG auch für die Einlage eines Anteils an einer Kapitalgesellschaft i. S. d. § 17 Abs. 1 EStG („wesentliche Beteiligung" = mindestens 1 v. H. unmittelbar oder mittelbar). Bei verdeckter Einlage (und offener Einlage) einer solchen Beteiligung in die GmbH ist die Vorschrift aber nicht anwendbar, weil nach § 17 Abs. 1 Satz 2 EStG die verdeckte Einlage als Veräußerungsgeschäft zum Veräußerungspreis in Höhe des gemeinen Werts des Anteils (§ 17 Abs. 2 Satz 2 EStG) gilt und es danach beim Teilwertansatz bei der GmbH bleibt.[2] Gleiches gilt, wenn § 23 Abs. 1 Satz 5 Nr. 2 EStG anzuwenden ist (als privates Veräußerungsgeschäft geltende verdeckte Einlage innerhalb der Spekulationsfrist).

---

1 Vgl. Schmidt/Kulosa, EStG, § 6 Rz. 560.
2 BMF v. 2. 11. 1998, BStBl I 1998, 1227.

Die verdeckte Einlage ist auf dem steuerlichen **Einlagekonto i. S. v. § 27 KStG** zu erfassen; beim einlegenden Gesellschafter stellt ihr Wert Anschaffungskosten auf die Beteiligung dar.

5044

c) Verschleierte Sacheinlagen

Literatur: *Altrichter-Herberg*, Steuerliche Aspekte der verdeckten Sacheinlage bei der GmbH, GmbHR 2004, 1188; *Tillmann*, Heilung einer verschleierten Sachgründung aus steuerlicher Sicht, DB 2004, 1853; *Dannecker* in Michalski, GmbHG, § 82 Rn. 12, 2. Aufl. 2010; *Wißmann* in Münchener Kommentar, GmbHG, § 82, Rn. 171, 1. Aufl. 2011.

Eine **verschleierte Sacheinlage** liegt (im klassischen Fall) vor, wenn im Gesellschaftsvertrag eine Bargründung festgelegt ist, die GmbH also die Gewährung der neuen Geschäftsanteile nicht für eine Sacheinlage, sondern für eine Bareinlage verspricht, der Gesellschafter zunächst die Stammeinlage – wie versprochen – auch in bar erbringt, in sachlichem und zeitlichem Zusammenhang damit aber der Gesellschafter an die GmbH den „Sacheinlagegegenstand" veräußert und die GmbH mit der Bareinlage den Kaufpreis entrichtet, der Gesellschafter also seine „Bareinlage" wieder zurückerhält.

5045

Vor Inkrafttreten der GmbH-Reform durch MoMiG am 1. 11. 2008 wurde mit der verschleierten Sacheinlage die Bareinlageverpflichtung nicht erfüllt, das Verpflichtungsgeschäft und die dingliche Übereignung des „Sacheinlagegegenstandes" waren nichtig.[1] Nach § 19 Abs. 4 GmbHG n. F. wird der Gesellschafter zwar auch weiterhin durch eine verdeckte Sacheinlage nicht von seiner Einlageverpflichtung befreit. Jedoch sind die Verträge über die Sacheinlage nicht (mehr) unwirksam. Auf die fortbestehende Geldeinlagepflicht des Gesellschafters wird der Wert des Vermögensgegenstandes im Zeitpunkt der Anmeldung der Gesellschaft zur Eintragung in das Handelsregister oder im Zeitpunkt seiner Überlassung an die Gesellschaft, falls diese später erfolgt, angerechnet. Dabei trägt der Gesellschafter die Beweislast für die Werthaltigkeit des Vermögensgegenstandes.

Übereignet der Gesellschafter den Gegenstand gleichwohl an die GmbH mit Rücksicht auf das Gesellschaftsverhältnis, liegt eine verdeckte Einlage mit den dargestellten Folgen vor.

5046

2. Gründung durch Einbringung eines Betriebs, Teilbetriebs oder Mitunternehmeranteils (§ 20 UmwStG)

Literatur: Steuergesetzänderungen, SIS Steuerberater-Brief Nr. 06/12, 1; *Strahl*, Beratungsbrennpunkt Steueränderungsgesetze 2006/2007 (TT 52), 2006, Abschn. D; *Klein/Müller/Lieber*, Änderung der Unternehmensform, 11. Aufl. 2017, Teil D. XII; *Schmitt* in Schmitt/Hörtnagl/Stratz, UmwG, UmwStG § 20 Rn. 186 – 203, 7. Aufl. 2016.

a) Allgemeines

Mit der durch das SEStEG eingeführten Fassung des UmwStG ist dieses vollständig neu gefasst worden. Erforderlich war dies im Hinblick auf die Europäisierung des Umwandlungssteuerrechtes. Dementsprechend erfasst der Anwendungsbereich des UmwStG

5047

---

1 Vgl. BGH v. 7. 7. 2003 II ZR 235/01, BGHZ 155, 329.

n. F. neben sämtlichen Umwandlungs- und Einbringungsvorgängen mit ausschließlichem Inlandsbezug nach seinem § 1 Abs. 1 Nr. 1 neben Verschmelzungen, Auf- und Abspaltungen i. S. d. §§ 2 und 123 Abs. 1 und 2 des UmwG von Körperschaften auch vergleichbare ausländische Vorgänge sowie solche des Art. 17 SE-Verordnung und Art. 19 SCE-VO; Ähnliches ergibt sich aus § 1 Abs. 3 Nr. 2 und 3 UmwStG.

5048 Das UmwStG ist nach seinem § 27 Abs. 1 anzuwenden auf Umwandlungen und Einbringungen, bei denen die Anmeldung zur Eintragung in das für die Wirksamkeit des jeweiligen Vorganges maßgebende öffentliche Register nach dem 12. 12. 2006 erfolgt ist. Für Einbringungen, für deren Wirksamkeit eine solche Eintragung nicht erforderlich ist, ist das UmwStG erstmals anzuwenden, wenn das wirtschaftliche Eigentum an den eingebrachten Wirtschaftsgütern nach diesem Datum übergegangen ist. § 27 Abs. 2 UmwStG sieht die Anwendung der bisherigen Fassung des UmwStG letztmals auf Umwandlungen und Einbringungen vor, bei denen die Anmeldung zur Handelsregistereintragung bis zum 12. 12. 2006 erfolgt ist. Damit ist es ausgeschlossen, die Anwendbarkeit des bisherigen UmwStG durch eine rückwirkende Umwandlung oder Einbringung nach dem 12. 12. 2006 (Tag der Verkündung des SEStEG) zu erreichen. Hiervon sieht § 27 Abs. 3 UmwStG einige Ausnahmen vor. So bleibt neben § 20 Abs. 6 UmwStG (Stundungsregelung für ausländische Gesellschafter) auch § 21 UmwStG (Sonderregelungen für sog. alt-einbringungsgeborene Anteile) weiter anwendbar.

5049 Die folgende Darstellung befasst sich im Schwerpunkt mit den konzeptionell neu gefassten Regelungen zur Einbringung in eine Kapitalgesellschaft, §§ 20 bis 23 UmwStG. Wegen der bis dahin maßgeblichen Rechtslage vgl. die Ausführungen in der 1. Auflage Rz. 1976 ff.

5050 Mit den durch das SEStEG neu gefassten Regelungen der §§ 20 bis 23 UmwStG ist ein grundlegender Konzeptionswechsel bei der Einbringung eines Betriebes, Teilbetriebes oder Mitunternehmeranteils in eine Kapitalgesellschaft verbunden.

5051 Zwar kann ein solcher Vorgang wie bisher durch Fortführung der Buchwerte des Einbringenden von der übernehmenden Gesellschaft steuerneutral vorgenommen werden, wenn die Gegenleistung dafür nur in neuen Gesellschaftsrechten der übernehmenden Gesellschaft besteht und das deutsche Besteuerungsrecht am eingebrachten Vermögen nicht eingeschränkt wird.

5052 Auch gesetzestechnisch finden sich die maßgeblichen Regelungen unverändert in den §§ 20 bis 23 UmwStG. Während § 20 UmwStG die Einbringung von Unternehmensteilen in eine Kapitalgesellschaft und § 21 UmwStG die Einbringung von Anteilen an Kapitalgesellschaften (Anteilstausch) behandeln, regelt § 22 UmwStG die Besteuerung bei dem einbringenden Anteilseigner und § 23 UmwStG die Auswirkungen der Einbringung für die übernehmende/erwerbende Gesellschaft. Der bisherige Regelungsinhalt des § 23 UmwStG, der sich mit den grenzüberschreitenden Einbringungen innerhalb der EU befasste, ist in die §§ 20 und 21 UmwStG aufgenommen worden.

5053 Kennzeichnend für die neuen Bestimmungen ist allerdings außer den erweiternd in deren Anwendungsbereich einbezogenen Rechtsträgern insbesondere die die Besteuerung des Anteilseigners betreffende **Abschaffung des Systems der einbringungsgeborenen Anteile**. Stattdessen sieht die Neuregelung für den Fall einer schädlichen Übertragung der erhaltenen Anteile oder des eingebrachten Vermögens innerhalb eines Siebenjahreszeitraumes eine zeitanteilige **Nachbesteuerung** des zugrunde liegenden Einbringungsvorganges vor.

Praktisch problematisch ist, dass die Neuregelung die bisherige Konzeption nicht vollständig ablöst. So kann es zu einem Nebeneinander deshalb kommen, weil für sog. „alt-einbringungsgeborene" Anteile die bisherigen Vorschriften auch weiterhin gelten. So gelten dafür die §§ 8b Abs. 4 KStG i.V. m. 3 Nr. 40 Satz 3 und 4 EStG noch bis zum Ende einer solchen Siebenjahresfrist, die zum Zeitpunkt des Inkrafttretens des SEStEG bereits lief. § 21 Abs. 2 UmwStG gilt dafür auf unabsehbare Zeit, im Fall der Einbringung „alt-einbringungsgeborener" Anteile kommt es überdies infolge der Infizierung zur Entstehung zusätzlicher "alt-einbringungsgeborener" Anteile, § 20 Abs. 3 Satz 4 und § 21 Abs. 2 Satz 6 UmwStG.[1]

5054

(*Einstweilen frei*) 5055–5070

b) Einbringung eines Betriebes, Teilbetriebes oder Mitunternehmeranteils (Sacheinlage, § 20 UmwStG)

aa) Allgemeine Voraussetzungen des § 20 Abs. 1 UmwStG

§ 20 UmwStG setzt die Einbringung eines Betriebes, Teilbetriebes oder Mitunternehmeranteils in eine Kapitalgesellschaft oder eine Europäische Genossenschaft voraus. Diese Sacheinlage kann wie bisher durch Gesamtrechtsnachfolge, also nach den Regelungen des UmwG, oder Einzelrechtsnachfolge, also durch Sachkapitalerhöhung, erfolgen. Vom eingebrachten Betriebsvermögen umfasste Anteile an Kapitalgesellschaften sind hiervon ebenfalls erfasst. Die Veräußerung der Anteile innerhalb von sieben Jahren nach der Einbringung richtet sich allerdings insoweit gem. § 22 Abs. 1 Satz 5 UmwStG n. F. nach § 22 Abs. 2 UmwStG n. F.

5071

Darüber hinaus muss der Einbringende dafür **neue, d. h. neu geschaffene**[2] Anteile an der übernehmenden Kapitalgesellschaft erhalten.

5072

Nach § 20 i.V. m. § 1 Abs. 2 bis 4 UmwStG kann jede in Deutschland oder einem anderen EU-/EWR-Staat ansässige Kapitalgesellschaft oder natürliche Person Einbringender sein. Einbringender kann aber auch ein in einem Drittstaat Ansässiger sein, § 1 Abs. 4 Nr. 2 Buchst. b UmwStG, wenn das deutsche Besteuerungsrecht an den erhaltenen Anteilen nicht ausgeschlossen oder beschränkt ist (z. B. bei Zugehörigkeit zu einer inländischen Betriebsstätte oder einem entsprechenden DBA). Übernehmender Rechtsträger kann jede in Deutschland oder einem anderen EU-/EWR-Staat ansässige Kapitalgesellschaft sein.

5073

---

1 Vgl. Dötsch/Pung, DB 2006, 2763, 2764.
2 Zu den Vorgängen, die zu neuen Anteilen führen, s. Klein/Müller/Lieber, a. a. O., Rn. 1756.

bb) Die Ebene der übernehmenden Kapitalgesellschaft (§ 20 Abs. 2 UmwStG)

5074 Grundsätzlich ist das eingebrachte Betriebsvermögen von der übernehmenden Gesellschaft mit dem **gemeinen Wert** anzusetzen, § 20 Abs. 2 Satz 1 UmwStG. Das bisherige uneingeschränkte Wahlrecht (Buchwert, Zwischenwert, Teilwert/gemeiner Wert) ist damit weggefallen.

5075 Ein Ansatz des Betriebsvermögens einheitlich zum Buchwert oder einem Zwischenwert ist von weiteren, kumulativ zu erfüllenden Voraussetzungen abhängig. So muss sichergestellt sein, dass das eingebrachte Betriebsvermögen später bei der übernehmenden Körperschaft der Besteuerung mit KSt unterliegt (§ 20 Abs. 2 Satz 2 Nr. 1 UmwStG).

5076 Weiter dürfen die Passivposten des eingebrachten Betriebsvermögens ohne das Eigenkapital die Aktivposten nicht übersteigen (§ 20 Abs. 2 Satz 2 Nr. 2 UmwStG). Wird dennoch negatives Vermögen übertragen, dürfen die Buchwerte nicht fortgeführt werden. In Höhe der Differenz zwischen Aktiva und Passiva ist eine Aufstockung einheitlich bezüglich aller Wirtschaftsgüter vorzunehmen mit der Konsequenz, dass i. E. Zwischenwerte zum Ansatz kommen.[1]

5077 Schließlich darf das Recht Deutschlands zur Besteuerung des Gewinns aus der Veräußerung des eingebrachten Betriebsvermögens bei der übernehmenden Gesellschaft nicht ausgeschlossen oder beschränkt werden (§ 20 Abs. 2 Satz 2 Nr. 3 UmwStG). Damit sind die Einbringungsfälle des Betriebsvermögens solcher ausländischer Betriebsstätten erfasst, deren Betriebsstättengewinne vor der Einbringung nicht von der deutschen Besteuerung durch ein DBA freigestellt sind, die also in einem Staat belegen ist, dessen DBA die Anrechnungsmethode mit Deutschland vorsieht, und die in eine in einem anderen EU-/EWR-Staat ansässige Kapitalgesellschaft eingebracht werden.

5078 Für den Ansatz des Buch- oder eines Zwischenwertes ist ein **Antrag der übernehmenden Gesellschaft** erforderlich (§ 20 Abs. 2 Satz 3 UmwStG) Dieser ist spätestens bis zur erstmaligen Einreichung der steuerlichen Schlussbilanz bei dem für die Besteuerung der übernehmenden Gesellschaft zuständigen Finanzamt zu stellen. Für jeden Einbringungsvorgang kann der Antrag auf Ansatz eines Wertes nur einheitlich gestellt werden, so dass es bei einem Vorgang nicht zu einer teilweisen Aufstockung und einer teilweisen Buchwertfortführung kommen kann. Werden jedoch gleichzeitig mehrere Mitunternehmeranteile einer Personengesellschaft eingebracht, liegt auch dann hinsichtlich eines jeden Mitunternehmeranteils ein gesonderter Einbringungsvorgang vor, wenn diese zu einem Betriebsvermögen gehören, **sog. gesellschafterbezogene Betrachtungsweise**.[2] Demnach kann für einen Gesellschafter eine Aufstockung erfolgen, für einen anderen nicht, ggf. sind Ergänzungsbilanzen zu erstellen.

5079 Sofern der Einbringende neben den neuen Gesellschaftsanteilen eine sonstige Gegenleistung erhält, muss nach dem § 20 Abs. 2 Satz 4 UmwStG in der Fassung des Steueränderungsgesetz 2015 vom 2.11.2015[3] die übernehmende Gesellschaft das einge-

---

1 Vgl. Gesetzesbegründung BT-Drucks. 16/2710, 69.
2 Vgl. BT-Drucks. 16/2710, 43.
3 BGBl I 2015, 1834.

brachte Betriebsvermögen abweichend von dem Ansatzwahlrecht Buchwert oder Zwischenwert gem. § 20 Abs. 2 Satz 2 mindestens mit dem gemeinen Wert der sonstigen Gegenleistungen ansetzen, wenn dieser den sich nach sonst zustehenden Ansatzwahlrecht ergebenden Wert übersteigt. Dieser ist auf die eingebrachten Wirtschaftsgüter entsprechend dem Verhältnis von deren stillen Reserven aufzuteilen, was i. E. einem Zwischenwertansatz gleichkommt. Korrespondierend hat der Gesetzgeber in § 20 Abs. 2 Satz 2 Nr. 4 UmwStG geregelt, dass der Buchwert nur angesetzt werden kann, wenn der gemeine Wert von sonstigen Gegenleistungen, die neben den neuen Gesellschaftsanteilen gewährt werden, nicht mehr beträgt, als

a) 25 % des Buchwerts des eingebrachten Betriebsvermögens oder

b) 500 000 €, höchstens jedoch den Buchwert des eingebrachten Betriebsvermögens.

Gemäß § 27 Abs. 14 UmwStG sind die Regelungen zur sonstigen Gegenleistung für Einbringungen ab dem 1. 1. 2015 anzuwenden.

cc) Die Ebene des Einbringenden (§ 20 Abs. 3, 4, 7, 8 UmwStG)

Der Wert, mit dem die übernehmende Gesellschaft das eingebrachte Betriebsvermögen ansetzt, gilt für den Einbringenden als **Veräußerungspreis** i. S. d. § 16 EStG und als Anschaffungskosten der ihm gewährten Anteile an der übernehmenden Kapitalgesellschaft (§ 20 Abs. 3 Satz 1 UmwStG).

5080

Ein dabei im Rahmen des Einbringungsvorganges unmittelbar entstehender „**originärer Einbringungsgewinn**"[1] ist als Gewinn aus der Veräußerung von Betriebsvermögen als laufender Gewinn zu versteuern. Ist der Einbringende eine natürliche Person und handelt es sich nicht um die Einbringung von Teilen eines Mitunternehmeranteiles, bestimmt § 20 Abs. 4 UmwStG, dass insoweit die Begünstigungsvorschriften der §§ 16 Abs. 4 (Freibetrag) und 34 Abs. 1, 3 (Anwendung eines ermäßigten Steuersatzes) EStG gelten.

5081

Befand sich in dem durch einen in Deutschland Steuerpflichtigen eingebrachten Betriebsvermögen (auch oder nur) Betriebsvermögen einer in einem anderen EU-Staat ohne Freistellungsmethode belegenen Betriebsstätte und wird durch diese Einbringung das deutsche Besteuerungsrecht beschränkt, gilt auch dieses nach deutschem Steuerrecht als veräußert (§ 20 Abs. 7 i.V. m. § 3 Abs. 3 UmwStG). Allerdings kommt es dabei entsprechend Art. 10 FRL zur Ermäßigung der Steuer auf diesen „originären" Einbringungsgewinn um den Betrag der fiktiven ausländischen Steuer, die nach ausländischem Steuerrecht auf die Veräußerung der übertragenen Wirtschaftsgüter zum gemeinen Wert erhoben worden wäre.

5082

Zu der gleichen Rechtsfolge führt § 20 Abs. 8 UmwStG für den Sonderfall, dass es sich bei der einbringenden Gesellschaft um eine in einem anderen EU-/EWR-Staat ansässige und von der FRL geschützte Gesellschaft handelt, die nach deutschem Steuerrecht als transparent anzusehen ist. Dies sind dem ausländischem Körperschaftsteuerrecht unterliegende Gesellschaften, die aber mit einer deutschen Personengesellschaft ver-

5083

---

[1] Nach Benz/Rosenberg, BB 2006 Special 8, 51, 56.

gleichbar sind und nach deutschem Recht als Mitunternehmerschaft zu behandeln wären. Bei der hier nach Art. 11 Abs. 1 FRL zulässigen Besteuerung der Gesellschafter folgt die Anrechnung der fiktiven ausländischen Steuer aus Art. 11 Abs. 2 FRL.

5084 Wie bisher sind die dem Einbringenden von der übernehmenden Kapitalgesellschaft gewährten Anteile mit den Anschaffungskosten, die dem Veräußerungspreis entsprechen, anzusetzen. Soweit neben den Gesellschaftsanteilen auch andere Wirtschaftsgüter als Gegenleistung gewährt wurden, mindern diese die Anschaffungskosten der Beteiligung (§ 20 Abs. 3 Satz 3 UmwStG). Für nach dem Übertragungsstichtag erfolgende Entnahmen vermindern sich die Anschaffungskosten um deren Buchwert, sie erhöhen sich um den gem. § 6 Abs. 1 Nr. 5 EStG anzusetzenden Wert für entsprechende Einlagen.

dd) Bestimmung des Einbringungszeitpunktes (§ 20 Abs. 5, 6 UmwStG)

5085 Im Vergleich zur bisherigen Rechtslage ist eine Einbringung nach § 20 Abs. 6 UmwStG auch **unverändert rückwirkend** möglich, die Begrenzung auf acht Monate ab der Anmeldung zum Handelsregister bzw. der tatsächlichen Einbringung bleibt insoweit bestehen. § 20 Abs. 6 Satz 4 UmwStG vermeidet mit seiner Verweisung auf § 2 Abs. 3 UmwStG, dass es bei grenzüberschreitenden Umwandlungen durch eine Rückwirkung zu einer Nichtbesteuerung kommt (sog. „weiße Einkünfte"), also zu solchen Einkünften, die weder in Deutschland noch in einem anderen Staat besteuert werden.

5086–5100 (*Einstweilen frei*)

c) Einbringung von Anteilen an Kapitalgesellschaften in Kapitalgesellschaften (Anteilstausch, § 21 UmwStG)

aa) Allgemeine Voraussetzungen des § 21 Abs. 1 UmwStG

5101 Anders als im bisherigen Recht wird die Einbringung von Anteilen an Kapitalgesellschaften gegen Gewährung von neuen Kapitalgesellschaftsanteilen (Anteilstausch) für Inlands- und für EU-Fälle nunmehr einheitlich und getrennt von den Regelungen zur Sacheinlage in § 21 UmwStG behandelt.

5102 Nach § 1 Abs. 4 Nr. 1 UmwStG muss die aufnehmende Kapitalgesellschaft ihren Sitz und ihre Geschäftsleitung im EU-/EWR-Gebiet haben. Einbringender kann unabhängig von der Ansässigkeit demgegenüber jede natürliche oder juristische Person oder Personengesellschaft sein, denn insofern gilt die in § 1 Abs. 4 Nr. 2 UmwStG enthaltene Einschränkung für den Anteilstausch i. S. d. § 1 Abs. 3 Nr. 5 UmwStG nicht. Damit können auch Anteile an Drittstaatengesellschaften nicht nur in inländische, sondern auch in EU-Kapitalgesellschaften eingebracht werden.

bb) Die Ebene der erwerbenden Kapitalgesellschaft (§ 21 Abs. 1 UmwStG)

5103 Der Ansatz der eingebrachten Anteile bei der erwerbenden Kapitalgesellschaft erfolgt mit dem **gemeinen Wert** (§ 21 Abs. 1 Satz 1 UmwStG). Hat allerdings die übernehmende Kapitalgesellschaft nach der Einbringung aufgrund ihrer Beteiligung einschließlich der eingebrachten Anteile nachweislich unmittelbar die Mehrheit der Stimmrechte an der erworbenen Gesellschaft, können bei einem solchen qualifizierten Anteilstausch nach § 21 Abs. 1 Satz 2 UmwStG die eingebrachten Anteile auf entsprechenden Antrag mit dem Buch- oder einem Zwischenwert angesetzt werden.

Für die Gewährung sonstiger Gegenleistungen (§ 21 Abs. 1 Satz 3 UmwStG) und das Antragserfordernis wird auf die Ausführungen zu § 20 UmwStG in entsprechender Anwendung verwiesen. 5104

cc) Die Ebene des Einbringenden (§ 21 Abs. 2 UmwStG)

Entsprechend der Regelung in § 20 UmwStG n. F. gilt nach § 21 Abs. 2 Satz 1 UmwStG grundsätzlich der Wert, mit dem die übernehmende Kapitalgesellschaft die eingebrachten Anteile ansetzt, für den Einbringenden als Veräußerungspreis der eingebrachten und als Anschaffungskosten der erhaltenen Anteile. Bei Gewährung sonstiger Gegenleistungen neben den Gesellschaftsanteilen sind die Anschaffungskosten nach § 21 Abs. 2 Satz 6 i. V. m. § 20 Abs. 3 Satz 3 UmwStG um deren gemeinen Wert zu mindern. 5105

Wird aber für die eingebrachten Anteile nach der Einbringung das Recht Deutschlands hinsichtlich der Besteuerung des Gewinns aus der Veräußerung dieser Anteile beschränkt, ist allerdings nach § 21 Abs. 2 Satz 2 UmwStG n. F. als Veräußerungspreis der eingebrachten sowie als Anschaffungskosten der erhaltenen Anteile zwingend der gemeine Wert anzusetzen. Hiervon sieht § 21 Abs. 2 Satz 3 UmwStG zwei aufgrund der Zuweisung des Besteuerungsrechtes an Deutschland durch die meisten DBA mit EU-/EWR-Staaten innerhalb der EU wohl stets gegebene antragsbedingte Rückausnahmen vor. Dies bedeutet beim Anteilstausch über die Grenze eine Aufgabe des Grundsatzes der doppelten Buchwertverknüpfung. 5106

Mangels zwingender Wertverknüpfung kann die aufnehmende Kapitalgesellschaft aber auch im Falle des Satzes 2 den Buchwert ansetzen, auch wenn bei dem Einbringenden der gemeine Wert anzusetzen ist.[1] 5107

Für einen entstandenen „originären" Einbringungsgewinn sind gem. § 21 Abs. 3 UmwStG die Vergünstigungen nach §§ 16 Abs. 4, 17 Abs. 3 (Freibetrag) EStG nur eingeschränkt anzuwenden. § 17 Abs. 3 EStG ist nur anzuwenden, wenn die erwerbende Kapitalgesellschaft bzw. im Falle des Abs. 2 Satz 2 der Einbringende die eingebrachten Anteile mit dem gemeinen Wert ansetzt. Dies gilt auch für die Anwendung des § 16 Abs. 4 EStG, wenn eine im Betriebsvermögen gehaltene 100-prozentige Beteiligung in eine andere Gesellschaft eingebracht wird. Die Fünftelregelung des § 34 Abs. 1 EStG ist gar nicht anzuwenden. Damit kommt auch der ermäßigte Steuersatz nach § 34 Abs. 3 EStG nicht zur Anwendung.[2] 5108

dd) Zeitpunkt des Anteilstausches

Die den Anteilstausch regelnde Vorschrift des § 21 UmwStG enthält keine § 20 Abs. 5 und 6 UmwStG entsprechende Regelung und auch keinen Verweis hierauf. Gilt der An- 5109

---

[1] Vgl. Klein/Müller/Lieber, a. a. O., Rn. 2078.
[2] Str., wie hier Klein/Müller/Lieber, a. a. O., Rn. 2114; für die Anwendbarkeit Benz/Rosenberg, BB 2006 Special 8, 51, 60.

teilstausch als zum Zeitpunkt der Übertragung des wirtschaftlichen Eigentums an den eingebrachten Anteilen als bewirkt, ist damit fraglich, ob eine Rückwirkung möglich ist.[1]

5110–5130 (Einstweilen frei)

IV. Regelung der Besteuerung des Anteilseigners, § 22 UmwStG

1. Allgemeines

5131   Nach bisherigem Recht führte die Veräußerung sog. einbringungsgeborener Anteile nach § 21 UmwStG innerhalb eines starren Zeitraumes von sieben Jahren nach der Einbringung zum Zwecke der Missbrauchsverhinderung zur Nichtanwendung des Teileinkünfteverfahrens (§ 3 Nr. 40 Satz 3 ff. EStG a. F.) und der Steuerfreistellung nach § 8b Abs. 4 KStG a. F. auf den bei der Veräußerung dieser Anteile erzielten Gewinn. Im Rahmen der Neukonzeption ist diese bisherige starre Siebenjahresfrist angesichts der Überlegung, dass die Vermutung eines Missbrauches mit zunehmendem zeitlichen Abstand zum Einbringungszeitpunkt abnimmt, durch eine neue **wiederum siebenjährige Frist** ersetzt worden, in deren Verlauf sich ein Sperrbetrag (**sog. Einbringungsgewinn I und II**) linear jährlich um ein Siebtel verringert.[2] Bei einer schädlichen Veräußerung wird an die zum Zeitpunkt der ursprünglichen Einbringung vorhandenen stillen Reserven angeknüpft und diese nachträglich – je nach Zeitablauf ganz oder nur teilweise – besteuert.

5132   Die verschiedenen Einbringungsalternativen des UmwStG – § 20 UmwStG Einbringung von Unternehmensteilen und § 21 UmwStG Anteilstausch – werden konsequent auch im Hinblick auf die Nachbesteuerungsvorschrift des § 22 UmwStG unterschieden.

2. Nachträgliche Besteuerung bei Einbringungsfällen nach §§ 20, 22 Abs. 1 UmwStG

5133   Soweit der Einbringende bei einer Sacheinlage zum Buch- oder einem Zwischenwert die erhaltenen Anteile innerhalb eines Zeitraumes von sieben Jahren nach dem Einbringungszeitpunkt veräußert, ist der Gewinn aus der Einbringung – **sog. Einbringungsgewinn I** – rückwirkend im Wirtschaftsjahr der Einbringung ungemildert zu versteuern (§ 22 Abs. 1 Satz 1 UmwStG n. F.). Die Anteilsveräußerung gilt insoweit als rückwirkendes Ereignis i. S. d. § 175 Abs. 1 Satz 1 Nr. 2 AO, § 22 Abs. 1 Satz 2 UmwStG.

5134   Für die Berechnung der **Siebenjahresfrist** kommt es für deren Beginn auf den Einbringungszeitpunkt i. S. d. § 20 Abs. 6 UmwStG und damit auf den steuerlichen Übertragungsstichtag im Sinne dieser Vorschrift an.

5135   Es muss sich um eine Veräußerung durch den Einbringenden handeln. Neben einer entgeltlichen Übertragung des wirtschaftlichen Eigentums an einen anderen Rechtsträger

---

[1] Für eine Rückwirkung/-beziehung mit denkbaren Gestaltungsalternativen für den Fall der Versagung einer Rückwirkung Benz/Rosenberg, BB 2006 Special 8, 51, 61; ablehnend die h. M., vgl. Klein/Müller/Lieber, a. a. O., Rn. 2040, mit Nachweisen in Fn. 4 und Finanzverwaltung in Rn. 21.17 UmwStErl 2011.

[2] Vgl. zum Dilemma des Gesetzgebers, einerseits den europarechtlichen Vorgaben des EuGH und der FRL zu genügen, ohne andererseits auf Besteuerungsrechte in beachtlichem Umfang zu verzichten, Dötsch/Pung, DB 2006, 2704, 2707.

fällt darunter auch der Tausch von Anteilen. Ob dies auch für die Übertragung der erhaltenen Anteile im Rahmen eines Umwandlungsvorganges gilt, ist streitig.[1]

Die Rechtsfolge des § 22 Abs. 1 UmwStG tritt bei einer Veräußerung durch den Einbringenden selbst oder seinen unentgeltlichen Rechtsnachfolger ein (§ 22 Abs. 6 UmwStG) Wurden Unternehmensteile durch eine Mitunternehmerschaft eingebracht, ist fraglich, ob als Einbringender diese Mitunternehmerschaft selbst oder aber die Mitunternehmer anzusehen sind.[2]

5136

§ 22 Abs. 1 Satz 6 UmwStG stellt bestimmte weitere z. T. komplizierte Tatbestände einer Veräußerung nach Satz 1 mit der nämlichen Rechtsfolge gleich.[3]

5137

Nach der Formulierung in § 22 Abs. 1 Satz 3 UmwStG berechnet sich der Einbringungsgewinn I folgendermaßen:[4]

5138

Gemeiner Wert des eingebrachten Betriebsvermögens im Zeitpunkt der Einbringung

– Kosten für den Vermögensübergang

– Wert, zu dem die übernehmende Kapitalgesellschaft das eingebrachte Betriebsvermögen angesetzt hatte

= Einbringungsgewinn I im Zeitpunkt der Einbringung

– Verminderung um 1/7 für jedes abgelaufene Zeitjahr seit dem Einbringungs- bis zum Veräußerungszeitpunkt der Anteile

= zu versteuernder Einbringungsgewinn I

Praktische Probleme können sich hieraus insofern ergeben, als die Ermittlung des gemeinen Wertes des eingebrachten Betriebsvermögens zum Einbringungszeitpunkt erst zu einem bis zu sieben Jahren späteren Zeitpunkt der Veräußerung durchzuführen sein kann. Schlüsse auf diesen Wert aus dem Veräußerungspreis sind mit zunehmendem zeitlichem Abstand immer ungenauer. Zu beachten ist, dass innerhalb der Sperrfrist eintretende Wertveränderungen der Anteile sich weder zum Vor- noch zum Nachteil des Einbringenden auswirken dürfen.

5139

Der Einbringungsgewinn I nach § 22 Abs. 1 Satz 4 UmwStG gilt als nachträgliche Anschaffungskosten der erhaltenen Anteile und hat insofern Auswirkungen auf einen späteren Gewinn aus der Veräußerung der bei der Einbringung erhaltenen Anteile.

5140

3. Nachträgliche Besteuerung bei Weiterveräußerung von Anteilen an Kapitalgesellschaften (§ 22 Abs. 2 UmwStG)

Soweit durch Sacheinlage oder Anteilstausch unter dem gemeinen Wert in eine Kapitalgesellschaft eingebrachte Anteile an einer anderen Kapitalgesellschaft durch die übernehmende Gesellschaft innerhalb von sieben Jahren nach der Einbringung ver-

5141

---

1 Dies befürwortend die Gesetzesbegründung BT-Drucks. 16/2710, 7; a. A. Benz/Rosenberg, BB 2006 Special 8, 51, 62 jedenfalls dann, wenn der Umwandlungsvorgang steuerneutral durchgeführt wird und der übernehmende Rechtsträger in die Rechtsstellung des Einbringenden eintritt.
2 Vgl. zum Meinungsstand Klein/Müller/Lieber, a. a. O., Rn. 1799.
3 Vgl. Rödder/Schumacher, DStR 2006, 1525, 1539.
4 Nach Dötsch/Pung, DB 2006, 2765.

äußert werden und der Einbringende keine durch § 8b Abs. 2 KStG begünstigte Person ist, ist der Gewinn aus der Einbringung im Jahr der Einbringung rückwirkend als Gewinn des Einbringenden aus der Veräußerung von Anteilen zu versteuern (**sog. Einbringungsgewinn II**, § 22 Abs. 2 UmwStG).

5142 Zweck der Regelung ist wie schon bei dem bisherigen § 8b Abs. 4 Satz 1 Nr. 2 KStG, zur Vermeidung steuerlicher Vorteile eine einer späteren Anteilsveräußerung vorgeschaltete Anteilseinbringung in eine andere Kapitalgesellschaft zu verhindern. Dazu wird nicht an der Veräußerung der erhaltenen Anteile durch den Gesellschafter, sondern an der Veräußerung der eingebrachten Anteile durch die aufnehmende Gesellschaft angesetzt, wenn der Einbringende eine natürliche Person ist.

5143 Die Nachbesteuerung setzt zunächst einen bei der Einbringung vorgenommenen Ansatz der eingebrachten Anteile durch die aufnehmende Gesellschaft mit einem unter dem gemeinen Wert liegenden voraus. Ob eine Einbringung unter dem gemeinen Wert auch dann anzunehmen ist, wenn zwar die aufnehmende Gesellschaft die Anteile mit dem gemeinen Wert angesetzt hatte, der Einbringende jedoch nach § 21 Abs. 2 Satz 3 UmwStG die bisherigen Buchwerte fortgeführt hatte, ist fraglich. Angesichts des Zweckes der gesetzlichen Regelung erscheint es zutreffend, hier maßgeblich auf den Ansatz bei dem Einbringenden abzustellen. Denn dort ist es bei dem Einbringungsvorgang nicht zur Aufdeckung sämtlicher stiller Reserven gekommen.[1]

5144 Es muss sich um eine Veräußerung der erhaltenen Anteile durch die erwerbende Gesellschaft, nicht durch den Einbringenden handeln. Über die Verweisung in § 22 Abs. 2 Satz 6 UmwStG gelten die in § 22 Abs. 1 Satz 6 UmwStG genannten Veräußerungsersatztatbestände auch hier.

5145 Die Veräußerung muss innerhalb von sieben Jahren, beginnend mit dem Zeitpunkt, in dem der Einbringungsvorgang verwirklicht wurde, also dem Zeitpunkt, in dem das wirtschaftliche Eigentum an den eingebrachten Anteilen auf die erwerbende Gesellschaft übergegangen ist, erfolgen. Soweit § 22 Abs. 2 Satz 1 UmwStG auch Fälle einer Sacheinlage von Anteilen nach § 20 Abs. 1 UmwStG erfasst, kommt dafür eine Rückbeziehung auf den steuerlichen Übertragungsstichtag in Betracht.

5146 Die Nachbesteuerungsregelung greift nur, wenn der Einbringende eine nicht durch die Steuerbefreiung für Veräußerungsgewinne nach § 8b Abs. 2 KStG begünstigte Person ist. Die Vorschrift erfasst damit natürliche Personen als Einbringende. War demgegenüber eine nach § 8b KStG begünstigte Person, wie z. B. eine inländische Kapitalgesellschaft, Einbringende, kommt es nicht zu einer Nachbesteuerung des Einbringungsvorganges.

5147 Eine Ausnahme von der Nachbesteuerung des Einbringungsvorganges sieht § 22 Abs. 2 Satz 5 UmwStG dann vor, wenn der Einbringende die für die Einbringung erhaltenen Anteile bereits veräußert hat oder im Falle einer Wegzugsbesteuerung nach § 6 AStG. Dies beruht auf dem Umstand, dass insoweit in diesen Fällen bereits eine Besteuerung der in den erhaltenen Anteilen vorhandenen stillen Reserven erfolgt ist.

---

[1] So auch Benz/Rosenberg, BB 2006 Special 8, 51, 68.

Die Nachbesteuerung erfolgt dadurch, dass im Fall der Weiterveräußerung der eingebrachten Anteile durch die übernehmende Gesellschaft innerhalb von sieben Jahren nach Einbringung rückwirkend auf den Einbringungszeitpunkt der Einbringungsgewinn II wie folgt nach § 22 Abs. 2 Satz 3 UmwStG zu ermitteln und zu versteuern ist:[1]   5148

Gemeiner Wert der eingebrachten Anteile im Zeitpunkt der Einbringung

– Kosten für den Vermögensübergang

– Wert, mit dem der Einbringende die erhaltenen Anteile angesetzt hatte

= Einbringungsgewinn II im Zeitpunkt der Einbringung

– Verminderung um 1/7 für jedes abgelaufene Zeitjahr seit dem Einbringungs- bis zum Veräußerungszeitpunkt der eingebrachten Anteile

= zu versteuernder Einbringungsgewinn II

Der sich danach ergebende Gewinn stellt, je nach den steuerlichen Verhältnissen des Einbringenden, Gewinn i. S. d. § 15 EStG oder Veräußerungsgewinn i. S. d. § 17 EStG dar. In Höhe des Einbringungsgewinns II entstehen nachträgliche Anschaffungskosten für die erhaltenen Anteile (§ 22 Abs. 2 Satz 4 UmwStG).   5149

Wertveränderungen nach dem Einbringungs- und vor dem Weiterveräußerungszeitpunkt wirken sich auch hier nicht aus.   5150

(*Einstweilen frei*)   5151–5160

4. Nachweispflichten (§ 22 Abs. 3 UmwStG)

Nach § 22 Abs. 3 Satz 1 UmwStG hat der Einbringende in den dem Einbringungszeitpunkt folgenden sieben Jahren jährlich bis spätestens zum 31. 5. bestimmte in den Nrn. 1 und 2 beschriebene **Nachweise** zu erbringen.[2] Es handelt sich hier nicht um eine Ausschlussfrist.[3]   5161

Für Nachbesteuerungsfälle i. S. d. § 22 Abs. 1 UmwStG hat der Einbringende nachzuweisen, wem mit Ablauf des Tages, der dem maßgebenden Einbringungszeitpunkt entspricht, die erhaltenen Anteile und die auf diesen Anteilen beruhenden Anteile zuzurechnen sind.   5162

Für Nachbesteuerungsfälle i. S. d. § 22 Abs. 2 UmwStG hat, obwohl es hier nicht um die für die Einbringung erhaltenen, sondern um die eingebrachten Anteile geht, deren Anteilseigner ja die aufnehmende Gesellschaft ist, der Einbringende, nicht die aufnehmende Gesellschaft, den Nachweis zu erbringen, wem mit Ablauf des Tages, der dem maßgebenden Einbringungszeitpunkt entspricht, die eingebrachten Anteile und die auf diesen Anteilen beruhenden Anteile zuzurechnen sind.   5163

---

[1] Nach Dötsch/Pung, DB 2006, 2770.
[2] Zur Kritik an dieser von der Frist zur Abgabe der Steuererklärung abweichenden Fristbestimmung vgl. Werra/Teiche, DB 2006, 1455.
[3] Vgl. Gesetzesbegründung BT-Drucks. 16/2710, 49.

5164 Wie diese Nachweise zu erbringen sind, bestimmt die gesetzliche Regelung nicht. Allerdings kann nach der Gesetzesbegründung der Nachweis „insbesondere" durch die Vorlage eines Registerauszuges oder einer Bescheinigung der jeweils übernehmenden oder erwerbenden Gesellschaft, dass die eingebrachten Anteile zum jeweiligen Stichtag noch vorhanden sind, erbracht werden.[1] Die Formulierung „insbesondere" lässt m. E. auch andere geeignete Nachweismöglichkeiten, beispielsweise die Bilanz der übernehmenden Kapitalgesellschaft, offen.

5165 Das Gesetz regelt auch nicht, bei welchem Finanzamt die erforderlichen Nachweise zu führen sind. Hierfür kann einerseits das für die aufnehmende Kapitalgesellschaft zuständige oder andererseits das für die Einkommensbesteuerung des Gesellschafters zuständige Finanzamt in Betracht kommen. Dötsch/Pung[2] schlagen mit guten Gründen für beide Fallgruppen des § 22 Abs. 3 Satz 1 UmwStG eine zentrale Überwachung durch das für die aufnehmende Kapitalgesellschaft zuständige Finanzamt vor.

5166 Wird der jeweils erforderliche **Nachweis nicht erbracht**, gelten die Anteile an dem Tag, der dem Einbringungszeitpunkt folgt oder der in den Folgejahren diesem Kalendertag entspricht, als veräußert. Der zu Beginn des VZ maßgebende Einbringungsgewinn ist von Amts wegen nach Abs. 1 oder 2 zu versteuern. Dötsch/Pung[3] weisen zutreffend auf die damit verbundene praktische Problematik der rückwirkenden Bewertung auf den Einbringungszeitpunkt hin, für die es in diesen Fällen der Veräußerungsfiktion überdies an einem jedenfalls einen Anhaltspunkt bildenden tatsächlichen Veräußerungspreis fehlt.

5167–5180 (Einstweilen frei)

V. Auswirkungen bei der übernehmenden/erwerbenden Gesellschaft (§ 23 UmwStG)

1. Auswirkungen im Zeitpunkt der Einbringung (§ 23 Abs. 1 UmwStG)

5181 Setzt die übernehmende/erwerbende Gesellschaft das eingebrachte Betriebsvermögen mit dem Buch- oder einem Zwischenwert an, so tritt sie nach § 23 Abs. 1 UmwStG in die Rechtsstellung des Einbringenden ein.

2. Auswirkungen bei Nachversteuerung (§ 23 Abs. 2 UmwStG)

5182 Die übernehmende Kapitalgesellschaft kann nach § 23 Abs. 2 Satz 1 UmwStG im Wirtschaftsjahr der Anteilsveräußerung auf nicht fristgebundenen Antrag (Wahlrecht) den Ansatz der von ihr übernommenen Wirtschaftsgüter in ihrer Steuerbilanz um den versteuerten Einbringungsgewinn I erhöhen (**Erhöhungsbetrag**), soweit der Einbringende die Steuer darauf entrichtet hat und dies durch eine Bescheinigung des zuständigen Finanzamtes nachgewiesen ist (§ 22 Abs. 5 UmwStG n. F.). Damit wird eine Mehrfachbesteuerung der vom Einbringenden versteuerten stillen Reserven vermieden. Aller-

---

1 Vgl. BT-Drucks. 16/2710, 49.
2 DB 2006, 2763, 2767, 2771.
3 DB 2006, 2763, 2767.

dings können sich aus dieser Regelung ebenfalls Probleme für die praktische Umsetzung im Hinblick auf die Höhe der Aufstockungsbeträge bei nur teilweiser Steuerzahlung durch den Einbringenden oder deren Zeitpunkt im Hinblick auf die ggf. erst viel später erfolgende Zahlung der Steuer und die dadurch ausgelöste Änderungsmöglichkeit für die Bilanzen mehrerer Jahre ergeben.[1]

Nach § 23 Abs. 2 Satz 1 letzter Halbsatz UmwStG bleibt der Ansatz des Erhöhungsbetrages ohne Auswirkung auf den Gewinn, d. h., der bilanzielle Ertrag aus der Wertaufstockung gehört nicht zum steuerpflichtigen Gewinn der übernehmenden Gesellschaft. Wird aufgestockt, so erfolgt dies wirtschaftsgutsbezogen.[2]

5183

Der Erhöhungsbetrag kann nach § 23 Abs. 2 Satz 2 UmwStG aber nur angesetzt werden, soweit das eingebrachte Betriebsvermögen noch zum Betriebsvermögen der übernehmenden Gesellschaft gehört. Das jeweilige Wirtschaftsgut muss sich im Zeitpunkt der Anteilsveräußerung oder eines gleichgestellten Ereignisses noch im Betriebsvermögen der übernehmenden Gesellschaft befinden. Soweit das eingebrachte Betriebsvermögen in der Zwischenzeit aber zum gemeinen Wert veräußert wurde, ist der Ansatz des Erhöhungsbetrages nicht ausgeschlossen (§ 23 Abs. 2 Satz 2 letzter Halbsatz UmwStG). Der darauf entfallende Aufstockungsbetrag stellt nach der Gesetzesbegründung[3] im Zeitpunkt der Anteilsveräußerung sofort abziehbaren Aufwand dar.

5184

Kommt es für die Fälle der Einbringung von Anteilen an Kapitalgesellschaften (Sacheinlage i. S. d. § 20 Abs. 1 UmwStG und Anteilstausch i. S. d. § 21 Abs. 1 UmwStG) infolge einer nachträglichen Besteuerung nach § 22 Abs. 2 UmwStG zu einem Einbringungsgewinn II, erhöhen sich nach § 23 Abs. 2 Satz 3 UmwStG bei der übernehmenden Kapitalgesellschaft die Anschaffungskosten der eingebrachten Anteile in dessen Höhe, soweit der Einbringende die auf den Einbringungsgewinn entfallende Steuer entrichtet und dies durch eine Bescheinigung des für ihn zuständigen Finanzamtes nachgewiesen hat. Über die Verweisung auf Satz 1 in § 23 Abs. 2 Satz 3 letzter Halbsatz UmwStG dürfte auch hier das Antragserfordernis gelten.

5185

3. Darstellung von Einbringungsgewinn I und II anhand eines Beispielsfalles

Der folgende vom Sachverhalt recht einfache Beispielsfall zeigt das Ineinandergreifen von Gesellschafter- und Gesellschaftsebene, die **Kumulation von Einbringungsgewinn I und II** und die damit verbundene praktische Umsetzungsproblematik.[4]

5186

> **BEISPIEL:** A bringt am 1.1.2011 sein Einzelunternehmen in die A-GmbH zu Buchwerten ein (gemeiner Wert: 500 000 €, Buchwert 100 000 €). Am 1.2.2012 bringt er die Anteile an der A-GmbH (gemeiner Wert: 700 000 €) zu Anschaffungskosten (100 000 €) in die B-GmbH ein. Am 1.3.2013 veräußert die B-GmbH die Anteile an der A-GmbH für 1 000 000 €.
>
> Die Veräußerung der Anteile an der A-GmbH führt 1. zur Entstehung eines Einbringungsgewinns I (§ 22 Abs. 1 Satz 6 Nr. 4 UmwStG) und 2. zur Entstehung eines Einbringungsgewinns II (§ 22 Abs. 2 Satz 1 UmwStG).

---

1 Vgl. Dötsch/Pung, DB 2006, 2763, 2766.
2 Vgl. BT-Drucks. 16/2710, 50.
3 Vgl. BT-Drucks. 16/2710, 50.
4 Beispielsfall s. Dötsch/Pung, DB 2006, 2763, 2771.

EINBRINGUNGSGEWINN I: Für das Jahr 2011 entsteht ein Einbringungsgewinn I i. H. v. 500 000 € ./. 100 000 € = 400 000 €, hiervon 6/7 = 342 857 €. Dieser ist bei A voll steuerpflichtig i. S. d. § 16 EStG. Zahlt A die Steuer auf den Einbringungsgewinn I, erhöhen sich die Wertansätze für das eingebrachte Betriebsvermögen bei der A-GmbH für das Jahr 2013. Nach § 22 Abs. 1 Satz 4 UmwStG hat A nachträgliche Anschaffungskosten auf die Beteiligung an der A-GmbH i. H. v. 342 857 € mit der Folge, dass die von der B-GmbH im Rahmen der Einbringung in 2012 fortzuführenden Anschaffungskosten des A für die Anteile an der A-GmbH 100 000 € + 342 857 € = 442 857 € betragen. Dementsprechend erhöhen sich auch die Anschaffungskosten des A für die Anteile an der B-GmbH um 342 857 € auf 442 857 €.

EINBRINGUNGSGEWINN II: Für das Jahr 2012 ist bei A ein Einbringungsgewinn II 700 000 € ./. 442 857 € = 257 143 € x 6/7 = 220 408 € zu erfassen. Dieser ist zur Hälfte steuerpflichtig und führt zu zusätzlichen nachträglichen Anschaffungskosten auf die Anteile an der B-GmbH i. H. v. 220 408 €. Die fortgeschriebenen Anschaffungskosten betragen somit 442 857 € + 220 408 € = 663 265 €.

2013: Bei der Ermittlung des Veräußerungsgewinnes i. S. d. § 8b Abs. 2 Satz 2 KStG kann die B-GmbH als Buchwert der Anteile an der A-GmbH 442 857 € (durch den Einbringungsgewinn I) erhöhte Anschaffungskosten des A) + 220 408 € (Einbringungsgewinn II) = 663 265 € ansetzen. Wird die Steuer auf den Einbringungsgewinn II entrichtet und dies nachgewiesen, ergibt sich bei der B-GmbH ein zu 95 v. H. steuerfreier Gewinn i. H. v. 1 000 000 € ./. 663 265 € = 336 735 € (§ 8b Abs. 2 i. V. m. Abs. 3 Satz 1 KStG). Ohne Steuerentrichtung und Bescheinigung ergibt sich ein zu 95 v. H. steuerfreier Gewinn i. H. v. 557 143 €, denn dann kann der Buchwert nicht um den Betrag i. H. v. 220 408 € erhöht werden.

5187–5210 *(Einstweilen frei)*

VI. Gründungskosten

5211 **Gründungskosten** sind die Aufwendungen, die der GmbH für ihre Errichtung und Eintragung in das Handelsregister entstehen (Rechtsberatungskosten bei der Abfassung des Gesellschaftsvertrages, Gebühren für dessen notarielle Beurkundung, Kosten der Gründungsprüfung, Gerichtskosten für die Eintragung und Kosten der Bekanntmachung). Sie mindern als Betriebsausgaben ihren steuerlichen Gewinn, soweit die GmbH rechtswirksam durch die Satzung dem Grunde und der Höhe nach zu der Übernahme dieser Aufwendungen verpflichtet ist.[1] Trägt die GmbH Gründungskosten ohne eine solche Verpflichtung, stellt die dadurch eintretende Vermögensminderung (Minderung des Unterschiedsbetrages nach § 4 Abs. 1 EStG) eine vGA nach § 8 Abs. 3 Satz 2 KStG dar, die durch Zurechnung außerhalb der Steuerbilanz auszugleichen ist; bei den begünstigten Gesellschaftern liegen quotal Beteiligungseinkünfte (vGA) nach § 20 Abs. 1 Nr. 1 Satz 2 EStG vor. Erstatten die Gesellschafter nachträglich der GmbH die Gründungskosten, liegt eine gesellschaftsrechtliche (verdeckte Einlage) vor, mit der die vGA nicht rückgängig gemacht wird.[2]

5212 Tragen die Gründungsgesellschafter die Gründungskosten, gehören diese Aufwendungen zu den Anschaffungskosten auf die Beteiligung.

5213–5230 *(Einstweilen frei)*

---

1 Vgl. BFH v. 20. 2. 1989 II B 10/88, BStBl II 1990, 89.
2 BFH v. 11. 2. 1997 I R 42/96, BFH/NV 1997, 711.

C. Aufnahme der Geschäftstätigkeit vor Entstehung der GmbH

I. Keine rückwirkende Gründung

Die GmbH als juristische Person entsteht mit der Eintragung in das Handelsregister (§ 11 Abs. 1 GmbHG). Hieran knüpft grundsätzlich die in § 1 Abs. 1 Nr. 1 KStG geregelte körperschaftsteuerliche Rechtsfähigkeit der GmbH an.[1] Die Eintragung der GmbH in das Handelsregister wirkt auch für das Steuerrecht existenzbegründend, so dass die GmbH (erst) mit der Eintragung als KSt-Subjekt existiert. Eine GmbH lässt sich also nicht „rückwirkend" als Steuersubjekt gründen.

5231

Dies gilt unabhängig davon, dass § 20 Abs. 7 und Abs. 8 UmwStG die steuerliche Rückbeziehung der Sachgründung bei Umwandlung (Verschmelzung) und Betriebseinbringung bis zu acht Monate ermöglicht. Die Wirkung der Rückbeziehung besteht darin, dass Gewinn und Gewerbeertrag des einbringenden Gesellschafters und der aufnehmenden GmbH so ermittelt werden, als ob das eingebrachte Betriebsvermögen mit Ablauf des zurückbezogenen Übertragungsstichtags auf die neue GmbH übergegangen wäre. Der Beginn der Steuerpflicht der aufnehmenden GmbH wird dadurch vorverlegt, wenn sie erst nach dem Übertragungsstichtag entsteht. Die Gewinne und Verluste des eingebrachten Betriebes, die auf den Zeitraum der Rückbeziehung entfallen, sind der GmbH zuzurechnen. Durch diese **Zurechnungsvorschrift** kann die GmbH bei ihrer KSt- und ihrer GewSt-Veranlagung zu erfassende Gewinne und Gewerbeerträge in einem Zeitraum erwirtschaften, in dem sie noch nicht einmal in das Gründungsstadium eingetreten ist, und möglicherweise auch Tarifvorteile wahrnehmen, aber sich auch tarifliche Nachteile einhandeln.

5232

(Einstweilen frei)

5233–5250

II. Die GmbH in der Gründung

1. Steuersubjekte in der Gründungsphase

Gesellschaftsrechtlich vollzieht sich die Gründung einer GmbH in drei Stufen:

5251

- Die **Vorgründungsgesellschaft** in der Zeit vor Abschluss des Gesellschaftsvertrages,
- die **Vorgesellschaft** in der Zeit zwischen notarieller Beurkundung der Satzung (des Gesellschaftsvertrages) und Eintragung in das Handelsregister,
- **Eintragung der GmbH** in das Handelsregister (Entstehung der GmbH).

Ungeachtet dessen, dass die gegründete, aber noch nicht eingetragene GmbH als solche noch nicht entstanden ist, wird das von der **Vorgesellschaft** erzielte Einkommen bereits der KSt unterworfen. Das Steuerrecht folgt insoweit dem Gesellschaftsrecht, das die Vorgesellschaft weitgehend als Kapitalgesellschaft behandelt, so dass die „werdende" GmbH bereits nach § 1 Abs. 1 Nr. 1 KStG der KSt unterliegt **(echte Vorgesellschaft)**.[2] Voraussetzung ist allerdings, dass die durch den Gesellschaftsvertrag errichtete GmbH – **die Vorgesellschaft** – später auch tatsächlich ins Handelsregister eingetra-

5252

---

1 Vgl. BFH v. 13.12.1989 I R 98-99/86, BStBl II 1990, 468.
2 *Oellerich* in Mössner/Seeger, KStG, § 1 Rn. 106.

gen wird.[1] Ist das der Fall, so rechnet der Zeitraum vom Abschluss des Gesellschaftsvertrages bis zur Eintragung der GmbH für die Steuerpflicht der GmbH mit. Die werdende GmbH bildet für das Zivilrecht und erst recht für das Steuerrecht, das sich nach wirtschaftlichen Begebenheiten orientiert, mit der später eingetragenen GmbH ein **einheitliches Rechtssubjekt**, das für die KSt als steuerpflichtig gilt,[2] so dass der im Wirtschaftsjahr vor und nach der Eintragung erwirtschaftete Gewinn und Verlust demselben Steuersubjekt zuzurechnen ist. Dazu muss die Vorgesellschaft freilich eine nach außen gerichtete Geschäftstätigkeit entfalten; nur gesellschaftsinterne Maßnahmen wie z.B. die Einforderung und Vereinnahmung der Stammeinlagen und die Bestellung des Geschäftsführers genügen nicht. Die (steuerliche) Eröffnungsbilanz der GmbH ist daher frühestens mit der Errichtung, danach mit der Aufnahme der Geschäftstätigkeit und spätestens auf den Tag der Eintragung aufzustellen.

5253 Scheitert aber die Eintragung der GmbH in das Handelsregister endgültig, so hat nur eine sog. **unechte Vorgesellschaft** bestanden.[3] Sind durch Aufnahme der Geschäftstätigkeit Einkünfte erzielt worden, behandelt der BFH sie als „andere Gesellschaft" und Mitunternehmerschaft i.S.v. § 15 Abs. 1 Nr. 2 EStG,[4] wobei der erzielte Gewinn von den Gesellschaftern zu versteuern ist.

5254 Vor Abschluss des notariellen Gesellschaftsvertrages besteht allenfalls eine **Vorgründungsgesellschaft**. Sie ist i.d.R. eine GbR, deren Zweck in der gemeinsamen Errichtung einer Kapitalgesellschaft besteht. Sie bezieht sich auf die Zeit vor Abschluss des Gesellschaftsvertrages und ist weder mit der Vorgesellschaft noch mit der später entstehenden Kapitalgesellschaft identisch. Wirtschaftsgüter, Rechte und Verbindlichkeiten gehen nicht automatisch auf die nachfolgend entstehende Vorgesellschaft oder GmbH über, sondern müssen einzeln übertragen und übernommen werden. Diese zivilrechtlichen Grundsätze gelten auch für die steuerliche Beurteilung,[5] so dass sich der ertragsteuerliche Übergang in der Praxis regelmäßig als Entnahme einerseits und als Einlage andererseits vollzieht.

5255 Haben die Gesellschafter der GmbH vor Abschluss des Gesellschaftsvertrages bereits Geschäfte getätigt, sind sie also gewerblich tätig geworden, so können die vor Abschluss des Gesellschaftsvertrages erzielten Gewinne nicht der GmbH zugerechnet werden. Verluste, die eine Vorgründungsgesellschaft erlitten hat, können mangels rechtlicher Identität (§ 8 Abs. 4 KStG) nicht von der nachfolgenden Vorgesellschaft oder GmbH geltend gemacht werden. Das gilt selbst dann, wenn in dem Gesellschaftsvertrag bestimmt worden ist, dass die Geschäfte nach Abschluss des Gesellschaftsvertrages und Eintragung der GmbH als solche der GmbH gelten sollen. Die vor Abschluss des Gesellschaftsvertrages erzielten Gewinne können nicht mit steuerlicher Wirkung als Gewinne der GmbH behandelt werden.

---

1 Dazu BFH v. 18.3.2010 IV R 88/06, BStBl II 2010, 991.
2 Vgl. BFH v. 20.10.1982 I R 118/78, BStBl II 1983, 247.
3 Siehe BFH v. 18.3.2010 IV R 88/06, BStBl II 2010, 991.
4 BFH v. 8.11.1989 I R 174/86, BStBl II 1990, 91; v. 21.3.2003 VIII B 55/02, BFH/NV 2003, 1304.
5 BFH v. 8.11.1989 I R 174/86, BStBl II 1990, 91.

2. Steuerpflicht der Vorgründungsgesellschaft

Die vor Abschluss des Gesellschaftsvertrages getätigten Geschäfte sind als Geschäfte der Vorgründungsgesellschaft zu behandeln.[1] Das Gleiche gilt für die Geschäfte, die nach Abschluss des Gesellschaftsvertrages abgeschlossen worden sind, wenn es aus irgendwelchen Gründen nicht zur Eintragung der durch den Gesellschaftsvertrag errichteten GmbH kommt. Es ist in diesen Fällen davon auszugehen, dass die Vorgründungsgesellschaft sich entsprechend dem künftigen Zweck der GmbH bereits betätigt hat. War der Zweck der durch den Gesellschaftsvertrag später gegründeten GmbH der Betrieb eines gewerblichen Unternehmens, und haben die Gesellschafter einige Zeit vor Abschluss des Gesellschaftsvertrages bereits Geschäfte für diese abgeschlossen, so haben sie sich gewerblich als **Mitunternehmer** nach § 15 Abs. 1 Satz 1 Nr. 2 EStG betätigt.[2]

5256

> **BEISPIEL:** A, B und C haben im Dezember 2012 mündlich vereinbart, eine GmbH zu gründen, deren satzungsgemäßer Zweck der Betrieb eines Textilwarengroßhandels sein soll. Sie beginnen am 1.1.2013 damit, Textilien einzukaufen, Räume anzumieten und verkaufen auch schon Waren an Einzelhändler. Der Gesellschaftsvertrag wird am 1.3.2013 abgeschlossen. Am 30.5.2013 wird die GmbH in das Handelsregister eingetragen.
>
> A, B und C haben als Vorgründungsgesellschafter gehandelt. Sie sind steuerlich als Mitunternehmer einer OHG anzusehen, die einen Betrieb als Gewerbebetrieb unterhalten hat. Der Gewinn und der Verlust, der von Beginn der gewerblichen Tätigkeit als Vorgründungsgesellschaft bis zum Abschluss des Gesellschaftsvertrages über die GmbH am 1.3.2013 erzielt wurde, ist als gewerblicher Gewinn der Vorgründungsgesellschafter als Mitunternehmer (§ 15 Abs. 1 Nr. 2 EStG) einheitlich und gesondert festzustellen, den Gründungsgesellschaftern quotal zuzurechnen und von ihnen zu versteuern.

Während eine GmbH durch ihre Eintragung in das Handelsregister **nur** einheitlich gewerbliche Einkünfte erzielen kann, ist es auch denkbar, dass Vorgründungsgesellschafter, die sich vor Abschluss des GmbH-Vertrages bereits dem Zweck der GmbH entsprechend betätigt haben, durch ihre Tätigkeit andere Einkünfte erzielt haben.

5257

> **BEISPIEL:** Die Steuerberater K und W beabsichtigen, eine GmbH zu gründen, deren Zweck die steuerliche Beratung von Mandanten und die Erstellung von Buchführungsarbeiten sein soll. Hinsichtlich der Gründung der GmbH sind noch einzelne Fragen zu klären. Gleichwohl beginnen K und W mit der Beratung der Kunden.
>
> Im vorliegenden Fall üben die K- und W-Vorgründungsgesellschafter ihre Tätigkeit als freiberufliche Tätigkeit aus. Für ihre Tätigkeit bis zum Abschluss des GmbH-Vertrages sind ihre Gewinne als solche aus freiberuflicher Tätigkeit einheitlich festzustellen. Diese Gewinne sind von den Gesellschaftern als Einkünfte aus freiberuflicher Tätigkeit zu versteuern.

Die Vorgesellschafter sind auch dann entsprechend den vorstehenden Ausführungen als Mitunternehmer steuerpflichtig, wenn zwar ein GmbH-Vertrag abgeschlossen wurde, die GmbH jedoch nicht entsprechend dem abgeschlossenen Gesellschaftsvertrag entsteht, also nicht in das Handelsregister eingetragen wurde. In diesem Fall entsteht auch mit Abschluss des Gesellschaftsvertrags kein körperschaftsteuerpflichtiges Gebilde, das später als GmbH selbständig steuerpflichtig wird. Die Vorgesellschafter haben die von ihnen erzielten Einkünfte selbst zu versteuern.

5258

---

1 BFH v. 20.10.1982 I R 118/78, BStBl II 1983, 247.
2 Vgl. *Oellerich*, in Mössner/Seeger, KStG, § 1 Rn. 107.

3. Errichtung einer Einpersonen-GmbH

5259 Auch steuerrechtlich wird die Einpersonen-GmbH (Einmann-GmbH) anerkannt. Der Gesellschafter der Einpersonen-GmbH ist ein die Gesellschaft beherrschender Gesellschafter.

5260 Bei Gründung einer Einpersonen-GmbH gelten steuerlich keine Sonderregelungen. Die Vorschriften über die Bargründung und über die Gründung durch Einbringung eines Unternehmens sowie über die Einbringung einzelner Wirtschaftsgüter sind anwendbar. Wird mit der Tätigkeit vor Errichtung der GmbH durch den Gründer einer Einpersonen-GmbH begonnen, entsteht naturgemäß **keine Vorgründungsgesellschaft**, sondern der Gründer der GmbH wird als Einzelunternehmer tätig. Er kann eine gewerbliche oder freiberufliche Tätigkeit ausüben.

5261 Zwischen der Errichtung der Einpersonen-GmbH (durch notarielle Beurkundung der Errichtungserklärung und Satzung) und Eintragung wird die Einmann-GmbH i.Gr. wie die Vorgesellschaft als Körperschaftsteuer-Subjekt behandelt, wenn die Eintragung tatsächlich erfolgt. Auch hier wird die entstehende GmbH steuerlich als dasselbe Rechtssubjekt behandelt, und zwar rückwirkend auf die Errichtungserklärung und ohne Aufdeckung von stillen Reserven.

4. Zusammenfassung

5262 Beim Übergang von der Vorgründungsgesellschaft zur Vorgesellschaft ist die rechtsgeschäftliche Übertragung der Wirtschaftsgüter zwischen zwei gesonderten Steuersubjekten erforderlich, die u.U. die Aufdeckung stiller Reserven nach sich zieht, sofern nicht nach § 20 UmwStG eine Fortführung der Buchwerte möglich ist. Die Übertragung von Grundstücken löst wegen des Rechtsträgerwechsels GrESt aus! Der Übergang von der Vorgesellschaft in die eingetragene GmbH bedeutet keinen Einschnitt für die Besteuerung bzw. die Gewinn- und Einkommensermittlung und führt nicht zur Bildung von Rumpfwirtschaftsjahren. Aufgrund der gesellschaftsrechtlichen Identität von Vorgesellschaft (bzw. Einmann-GmbH i.Gr.) und GmbH (Einmann-GmbH) sind sie unter der Voraussetzung der späteren Eintragung ein und dasselbe KSt-Subjekt, auf das die Regeln des KStG anzuwenden sind. Es können vGA zu korrigieren sein. Verluste der Vorgesellschaft sind bei der eingetragenen GmbH ausgleichungsfähig.

5263–5290 (*Einstweilen frei*)

3. Abschnitt: Die laufende Besteuerung der GmbH

A. Körperschaftsteuer

Nach § 1 Abs. 1 Nr. 1 KStG ist die GmbH unbeschränkt körperschaftsteuerpflichtig, wenn sie ihre Geschäftsleitung oder ihren Sitz im Inland hat. Die unbeschränkte Steuerpflicht erstreckt sich auf sämtliche Einkünfte (§ 1 Abs. 2 KStG), auch auf ihre ausländischen Einkünfte. Gegenstand der KSt ist das Einkommen der GmbH.

I. Zu versteuerndes Einkommen

1. Begriff

Allgemein ist für die KSt das zu **versteuernde Einkommen** das Einkommen nach § 8 Abs. 1 KStG, vermindert um die Freibeträge der §§ 24 und 25 KStG, die aber bei der GmbH entfallen. Das zu versteuernde Einkommen ist identisch mit dem Einkommen, das nach den Vorschriften des EStG und des KStG zu ermitteln ist, mit der Folge, dass für die Ermittlung des Einkommens die Vorschriften des EStG maßgebend und anwendbar sind, soweit nicht besondere Vorschriften des KStG eingreifen oder die Vorschriften des EStG leer laufen, weil sie auf natürliche Personen zugeschnitten sind, z. B. Sonderausgabenabzug nach § 10 EStG oder das Abzugs- und Aufteilungsverbot nach § 12 EStG für Kosten der Lebensführung. Dessen Funktion erfüllen im KSt-Recht § 8 Abs. 3 Satz 2 KStG und § 10 KStG. Die Vorschriften über den Spendenabzug in § 9 Abs. 1 Nr. 2 und Abs. 2 und 3 KStG verdrängen § 10b EStG.

R 8.1 Abs. 1 KStR enthält einen Katalog der nach Ansicht der FinVerw anwendbaren Vorschriften des EStG und der EStDV. Soweit dort allerdings z. B. auch Vorschriften genannt sind, die sich auf vom Bestandsvergleich abweichende Gewinnermittlungsvorschriften beziehen (Gewinnermittlung durch Einnahme-Überschuss-Rechnung nach § 4 Abs. 3 EStG) gilt dies für die GmbH nicht. Sie ist eine nach dem HGB buchführungspflichtige Kapitalgesellschaft, deren Einkünfte als Einkünfte aus Gewerbebetrieb zu behandeln sind und die ihren Gewinn durch Bestandsvergleich nach §§ 4 Abs. 1, 5 EStG zu ermitteln hat.

Die Ermittlung des zu versteuernden Einkommens ist ein unselbständiger Teil der Veranlagung der GmbH zur KSt. Es besteht keine bindende Wirkung des KSt-Bescheids hinsichtlich der Veranlagung der Gesellschafter zur ESt.

2. Ermittlungsschema

Das zu versteuernde Einkommen der GmbH lässt sich (vereinfacht) wie folgt ermitteln:

+/− Gewinn/Verlust aus Gewerbebetrieb lt. Steuerbilanz

+ nichtabziehbare Betriebsausgaben/Gewinnminderungen/Verluste

− steuerfreie Teile des Steuerbilanzgewinns

+ vGA

− verdeckte Einlagen

− Verlustabzug (Rücktrag oder Vortrag)

= zu versteuerndes Einkommen.

Ein ausführliches Ermittlungsschema findet sich in R 7.1 Abs. 1 KStR.[1]

5296   Das zu versteuernde Einkommen ist die **Bemessungsgrundlage** der KSt und bestimmt durch Anwendung des Tarifs die Steuerbelastung und damit mittelbar auch die Belastung mit dem SolZ.

3. Gewerblicher Gewinn

a) Gewinn aus Gewerbebetrieb

5297   Bei der GmbH sind **alle Einkünfte als Einkünfte aus Gewerbebetrieb** zu behandeln (§ 8 Abs. 2 KStG). Mithin ist Ausgangsgröße der Besteuerung ihres Einkommens der „Gewinn" nach § 2 Abs. 2 Nr. 1 EStG (Steuerbilanzgewinn), der durch Betriebsvermögensvergleich zu ermitteln ist (§ 4 Abs. 1 Satz 1 EStG). Mit dem Grundsatz der Gewerblichkeit werden bei der Gewinnermittlung sämtliche **im Rahmen der sieben Einkunftsarten** des § 2 Abs. 1 EStG erzielbaren Einkünfte erfasst, so dass die GmbH z. B. keine Einkünfte aus Kapitalvermögen oder aus Vermietung und Verpachtung beziehen kann, selbst wenn sie eine reine Vermögensverwaltungs-GmbH ist. **Alle Einkünfte** der GmbH im Rahmen der sieben Einkunftsarten sind **von Anfang an** als **Einkünfte aus Gewerbebetrieb** zu behandeln, ohne dass etwa die sog. Überschusseinkünfte erst später umzuqualifizieren wären.

5298   Die GmbH hat auch keine außerbetriebliche Sphäre oder Privatsphäre,[2] so dass im Grundsatz auch Vermögensmehrungen oder Vermögensminderungen zu erfassen sind, die keiner der Einkunftsarten zugeordnet werden können. Dies bedarf jedoch der Modifizierung insofern, als Vermögensmehrungen durch

▶ die Investitionszulage, die kraft Gesetzes nicht zu den Einkünften gehört (§ 9 Satz 1 InvZulG), und

▶ die auf einer gesellschaftsrechtlichen oder verdeckten Einlage beruhenden Vermögensmehrungen (§ 8 Abs. 1 KStG i.V. m. § 4 Abs. 1 Satz 1 EStG) und

▶ die Erstattung gezahlter KSt

außerbilanziell zu neutralisieren sind, wenn sie ertragswirksam verbucht worden waren.

5299   Die früher in diesem Zusammenhang aufgeworfene Frage, ob die GmbH einen sog. „**Liebhabereibetrieb**" unterhalten könne, d. h. eine Tätigkeit ohne die für die Zuordnung zu den Einkünften aus Gewerbebetrieb nach § 15 Abs. 2 EStG erforderliche Gewinnerzielungsabsicht ausüben könne, wird von der Rechtsprechung verneint.[3]

In der Literatur ist aber auch bei den Körperschaften eine außerbetriebliche Sphäre anerkannt.[4]

---

1 Vgl. auch Gosch/Roser, KStG, § 8 Rz. 23.
2 Vgl. BFH v. 8. 7. 1998 I R 123/97, BFH/NV 1999, 269.
3 BFH v. 7. 11. 2001 I R 14/01, BStBl II 2002, 861; v. 31. 3. 2004 I R 83/03, BFH/NV 2004, 1482.
4 Pezzer, StuW 1990, 261; Thiel/Eversberg, DStR 1993, 1884; Weber-Grellet, DStR 1994, 12; Pezzer StuW 1998, 76 (80).

Entscheidend ist die richtige Einordnung der Aufwendungen nach den Merkmalen „Einkünfteerzielend" oder „Einkünfteverwendend". Diese Unterscheidung spielt auch eine Rolle bei der Einordnung in eine Liebhabereitätigkeit (= mangelnde Gewinn-/Einkünfteerzielungsabsicht). Der streitige Sphärengedanke wird dem nicht gerecht. Das Gesetz kennt eine Tätigkeit der KapG ohne positive Einkünfteerzielungsabsicht in der Gestalt des § 10g EStG (R 8.1 Abs. 1 KStR). Das ist ein Fall der Liebhaberei.

Der I. Senat des BFH ist in seinen Urteilen darauf nicht eingegangen. In der Regel sind Gesellschafterinteressen Grund für eine Liebhaberei entsprechende Tätigkeit der GmbH und die Verluste auch auf nichtabziehbare Ausgaben gem. § 4 Abs. 5 EStG. Deshalb sind solche Verluste nach den Regeln über die nicht abziehbaren Ausgaben und die Regeln über die vGA nach § 8 Abs. 3 Satz 2 KStG zu neutralisieren. So hat z. B. der BFH im Urteil v. 8. 8. 2001[1] zu Verlusten aus hochspekulativen Devisentermin- und Optionsgeschäften einer GmbH entschieden, dass diese grundsätzlich den Gewinn der GmbH mindern, dass aber zu prüfen ist, ob die Vornahme der Geschäfte im Gesellschaftsverhältnis veranlasst war, weil der geschäftsführende Gesellschafter eine persönliche Neigung zu solchen Geschäften hatte. Die Veranlassung im Gesellschaftsverhältnis sei anhand der Kriterien zu prüfen, die die Rechtsprechung zur Feststellung einer Liebhaberei entwickelt hat.[2]

Zu den Einkünften aus Gewerbebetrieb der GmbH gehören auch die anteiligen Gewinne oder Verluste aus einer mitunternehmerischen Beteiligung nach § 15 Abs. 1 Nr. 2 EStG. Diese werden im Feststellungsverfahren bei der Mitunternehmerschaft festgestellt und der GmbH nach § 180 Abs. 1 Nr. 2a AO unmittelbar zugerechnet. Ist die GmbH an einer nichtgewerblichen Personengesellschaft beteiligt (sog. **Zebragesellschaft**), müssen ihre Einkünfte aus der Personengesellschaft anteilig als gewerblich erfasst werden, weil bei einer GmbH alle Einkünfte solche aus Gewerbebetrieb sind und zu ihrem Betriebsvermögen auch der Anteil an der Personengesellschaft gehört. 5300

b) Gewinnermittlung

Sowohl die GmbH als auch die UG (haftungsbeschränkt)[3] sind als Handelsgesellschaft (§ 13 Abs. 3 GmbHG) zur Führung von Büchern und regelmäßigen Abschlüssen verpflichtet (§§ 6, 238, 242 HGB, §§ 41, 42 GmbHG). Sie muss ihren Gewinn nach den einkommensteuerlichen Vorschriften gem. § 4 Abs. 1 EStG durch **Bestandsvergleich** (Betriebsvermögensvergleich) ermitteln, der durch Bilanzierung erfolgt. Der **Gewinnbegriff des § 4 Abs. 1 Satz 1 EStG** gilt gem. § 8 Abs. 1 KStG auch für das **KSt-Recht**.[4] Für die der Besteuerung zugrunde zu legende Steuerbilanz gilt der **Maßgeblichkeitsgrundsatz** nach § 5 Abs. 1 Satz 1 EStG. Danach ist zum Schluss des Wirtschaftsjahres das Betriebsvermögen anzusetzen, das nach den handelsrechtlichen Grundsätzen ordnungsgemäßer Buchführung auszuweisen ist, und dem am Schluss des vorangegangenen Wirt- 5301

---

1 I R 106/99, BStBl II 2003, 487; v. 6. 6. 2012 I R 99/10, BStBl II 2013, 196, mit Anm. Gosch, HaufeIndex 3295881.
2 Vgl. auch BFH v. 16. 2. 2005 I B 154/04, BFH/NV 2005, 1377.
3 LG Bonn v. 5. 3. 2015 - 16 T 940/14, rkr., Juris.
4 Klein/Müller/Döpper in Mössner/Seeger, KStG, § 8 Rn. 72.

schaftsjahres vorhandenen Betriebsvermögen gegenüber zu stellen. Die außerbilanzielle Korrektur um die Einlagen und Entnahmen im eigentlichen Sinne entfällt bei der GmbH mangels einer außerbetrieblichen Sphäre. Den Entnahmen entsprechen die Vermögensminderungen zugunsten der Gesellschafter, die ihren Grund im Gesellschaftsverhältnis haben, also die verdeckten Gewinnausschüttungen. Den Einlagen entsprechen durch das Gesellschaftsverhältnis veranlasste Vermögenszuführungen der Gesellschafter, z. B. verdeckte Einlagen, die beide außerhalb der Bilanz zu neutralisieren sind.

5302 Im Rahmen des Betriebsvermögensvergleichs nach § 4 Abs. 1 EStG ist das Betriebsvermögen mit dem Wert anzusetzen, der sich nach den handelsrechtlichen Grundsätzen ordnungsmäßiger Buchführung aus der Handelsbilanz ergibt. Die Steuerbilanz ist eine den steuerlichen Vorschriften entsprechende Bilanz (§ 60 Abs. 2 EStDV). Sie ist eine aus der Handelsbilanz abgeleitete, an das Steuerrecht angepasste Bilanz, die die GmbH zwar nicht gesondert erstellen muss, die aber bei Abweichungen von der Handelsbilanz allein wegen des Bilanzzusammenhangs zu empfehlen ist.

5303 Die **Maßgeblichkeit der Handelsbilanz** für die **Steuerbilanz** bezieht sich auf den Ansatz jedes einzelnen Postens des Betriebsvermögens (Aktivierung oder Passivierung) und seinen Wertansatz (Bewertung). Der Maßgeblichkeitsgrundsatz ist im Laufe der letzten Jahre allerdings durch steuerbilanzrechtliche Sondervorschriften immer mehr ausgehöhlt worden. Zwar folgt die steuerliche Bilanzierung immer noch weitgehend der Handelsbilanz, soweit es um die Frage geht, was zu bilanzieren ist, wobei handelsrechtliche Bilanzierungswahlrechte freilich steuerlich unbeachtlich sind. Denn es gilt der Satz: „Was handelsrechtlich aktiviert werden kann, muss steuerrechtlich grundsätzlich aktiviert werden; was handelsrechtlich nicht passiviert werden muss, darf steuerrechtlich im Allgemeinen nicht passiviert werden." Bei der Bewertung der Bilanzposten (Wirtschaftsgüter), also der Frage, wie zu bilanzieren ist, gilt jedoch über den steuerlicher Bewertungsvorbehalt (§ 5 Abs. 6 EStG) ein selbständiges steuerliches Bewertungsrecht (§§ 6 ff. EStG).

5304 Nach bisherigem Recht galt auch bei der GmbH der **umgekehrte Maßgeblichkeitsgrundsatz**. Danach dürfen steuerrechtliche Wahlrechte bei der Gewinnermittlung nur in Übereinstimmung mit der handelsrechtlichen Jahresbilanz ausgeübt werden (§ 5 Abs. 1 Satz 2 EStG). Von diesem Gleichlauf in der Bilanzierung darf nur ausnahmsweise abgewichen werden, wenn das steuerliche Bilanzierungswahlrecht ausdrücklich unabhängig von der Handelsbilanz ausgeübt werden darf. Insbesondere bei gewinnwirksamen Steuervergünstigungen mit Subventionscharakter (Sonderabschreibungen, Bewertungsabschläge, steuerfreie Rücklagen) wirkt der Grundsatz der umgekehrten Maßgeblichkeit bei der GmbH wie eine Sperre für die Ausschüttungen, weil die Umsetzung in die Handelsbilanz zu Lasten des Jahresüberschusses und damit des Ausschüttungsvolumens geht. Das Handelsrecht erlaubt die Umsetzung bestimmter steuerlicher Bilanzierungswahlrechte in § 247 Abs. 3 und § 254 HGB.

Mit dem **Bilanzrechtsmodernisierungsgesetz (BilMoG)**, Art 3 Nr. 1)[1] ist u. a. durch Streichung des bisherigen § 5 Abs. 1 Satz 2 EStG das **umgekehrte Maßgeblichkeitsprinzip**

---

[1] Vgl. Rn. 1501 ff.

aufgegeben worden. Dies führt zu einer verstärkten Eigenständigkeit der Steuerbilanz und bedeutet einen ersten Schritt zur Abkoppelung der Steuer- von der Handelsbilanz und ein weiteres Auseinanderfallen mit der Folge, dass die Aufstellung einer Einheitsbilanz in Zukunft faktisch nicht mehr möglich sein wird.[1] Angesichts unterschiedlicher Funktionen von Handelsbilanz einerseits, nämlich Ausschüttungsbemessungs- und Informationsfunktion, und Steuerbilanz andererseits, nämlich Abbildung der steuerlichen Leistungsfähigkeit, mag dies zwar systemgerecht erscheinen,[2] birgt aber die Gefahr zusätzlichen Dokumentationsaufwandes und damit zusätzlicher Kostenbelastung in sich, wenn neben der handelsrechtlichen Rechnungslegung noch eine steuerliche Buchführung erforderlich ist.

Diese gesetzliche Neuregelung gilt grundsätzlich für Wirtschaftsjahre, die nach dem 31.12.2009 beginnen, kann aber bei Ausübung eines Wahlrechtes bereits für nach dem 31.12.2008 beginnende Wirtschaftsjahre angewendet werden (Art. 3 Nr. 3a BilMoG). Weitere handelsrechtliche Änderungen durch das BilMoG wie beispielsweise die Aktivierung von Entwicklungskosten selbst geschaffener **immaterieller Wirtschaftsgüter** sind steuerlich nicht übernommen worden, weil dies dem steuerlichen Gebot, den Gewinn des abgelaufenen Wirtschaftsjahres abzubilden, nicht entspricht. Insoweit bleibt es bei dem Aktivierungsverbot nach § 5 Abs. 2 EStG. Ebenso wenig wurde im Hinblick auf das Saldierungsverbot die nach dem BilMoG mögliche Verrechnung von Vermögensgegenständen und Schulden steuerlich übernommen.

Umgekehrt passt sich das BilMoG unter Wegfall bisheriger handelsrechtlicher Bilanzierungswahlrechte an steuerliche Bilanzierungsgrundsätze an. So entfällt beispielsweise das Passivierungswahlrecht für Aufwandsrückstellungen, es erfolgt eine Anpassung an den steuerrechtlichen Herstellungskostenbegriff, Wertberichtigungen sind nur bei dauerhafter Wertminderung möglich und es gilt ein uneingeschränktes Wertaufholungsgebot.

Der sich aus der Steuerbilanz ergebende Gewinn oder Verlust ist die Ausgangsgröße bei der Ermittlung des von der GmbH zu versteuernden Einkommens.

5305

Das Einkommen ist für das Wirtschaftsjahr zu ermitteln, für das die GmbH regelmäßig Abschlüsse macht (§ 4a Abs. 1 Satz 1 und 2 Nr. 2 EStG). Weicht das Wirtschaftsjahr vom Kalenderjahr ab, so gilt der Gewinn als in dem Kalenderjahr bezogen, in dem das Wirtschaftsjahr endet (§ 4a Abs. 2 Nr. 2 EStG). Die Umstellung des Wirtschaftsjahrs auf einen vom Kalenderjahr abweichenden Zeitraum ist steuerlich nur wirksam, wenn sie im Einvernehmen mit dem Finanzamt vorgenommen wird (§ 4a Abs. 1 Nr. 2 Satz 2 EStG).

5306

---

1 Meurer, Der Maßgeblichkeitsgrundsatz im BilMoG, FR 2009, 117.
2 Rautenstrauch, Die gemeinsame konsolidierte Bemessungsgrundlage (GKKB) als Vorbild für ein eigenständiges Bilanzsteuerrecht in Deutschland?, FR 2009, 114; Spengel, Bilanzrechtsmodernisierung – Zukunft der Steuerbilanz, FR 2009, 101.

c) Bilanzberichtigung und Bilanzänderung

aa) Bilanzberichtigung

5307 Eine **Bilanzberichtigung** ist auch nach Einreichung der Bilanz beim Finanzamt zulässig (§ 4 Abs. 2 Satz 1 EStG), wenn ein Ansatz in der Bilanz gegen zwingende Vorschriften des Steuerrechts oder des Handelsrechts oder gegen die Grundsätze ordnungsmäßiger Buchführung verstößt (R 4.4 Abs. 1 Satz 2 EStR). Die Bilanzberichtigung bezieht sich auf den Ansatz aktiver oder passiver Wirtschaftsgüter einschließlich der Rückstellungen sowie der Rechnungsabgrenzungsposten (RAP) dem Grunde und der Höhe nach. Nach Bestandskraft des KSt-Bescheids ist eine Bilanzberichtigung nur insoweit möglich, als die Veranlagung z. B. nach § 164 Abs. 2 oder § 173 AO noch geändert werden kann, oder die Bilanzberichtigung sich auf die Höhe der veranlagten KSt nicht auswirkt. Die Bilanz ist grundsätzlich in der Schlussbilanz des ersten Jahres, dessen Veranlagung geändert werden kann, erfolgswirksam richtig zu stellen (R 4.4 Abs. 1 Satz 3 EStR).

bb) Bilanzänderung

5308 Eine **Bilanzänderung** liegt vor, wenn die GmbH ihre durch Einreichung der KSt-Erklärung beim Finanzamt getroffene Entscheidung für einen zulässigen Wertansatz zugunsten eines anderen zulässigen Wertansatzes ändert. Sie war früher mit Zustimmung des Finanzamtes zulässig. Inzwischen ist die Bilanzänderung nur noch möglich, „wenn sie in einem engen zeitlichen und sachlichen Zusammenhang mit einer Bilanzberichtigung steht und soweit die Auswirkung der Änderung auf den Gewinn reicht". Die Bilanzänderung muss sich auf dieselbe beziehen. Die Änderung der Bilanz eines bestimmten Wirtschaftsjahres ist danach unabhängig davon, auf welche Wirtschaftsgüter oder RAP sich die Berichtigung bezieht, bis zur Höhe des gesamten Berichtigungsbetrages zulässig. Ein zeitlicher Zusammenhang liegt vor, wenn die Bilanz unverzüglich nach einer Bilanzberichtigung geändert wird. Mehrsteuern bei Änderung der Veranlagung sind im Wirtschaftsjahr der wirtschaftlichen Zugehörigkeit zu passivieren, ein Wahlrecht räumt die FinVerw nicht mehr ein.

d) Veranlassung durch den Betrieb oder durch das Gesellschaftsverhältnis

aa) Abgrenzung

5309 **GmbH** und **Gesellschafter** treten sich als zwei **verschiedene Rechts- und Steuersubjekte** gegenüber. Bei der Ermittlung des gewerblichen Gewinns und damit des steuerpflichtigen Einkommens der GmbH sind deshalb schuldrechtliche Verträge zwischen der GmbH und den Gesellschaftern grundsätzlich mit steuerlicher Wirkung anzuerkennen. Das bedeutet, dass der Gesellschafter der GmbH Wirtschaftsgüter vermieten und verpachten, als Arbeitnehmer für die GmbH tätig sein, der GmbH Kapital als Darlehen zur Verfügung stellen, sich am Gewerbebetrieb der GmbH als stiller Gesellschafter beteiligen, Lieferungen und Leistungen erbringen und mit der GmbH eine Personenhandelsgesellschaft gründen kann. Die Anerkennung von schuldrechtlichen Verträgen schließt auch ein, dass umgekehrt die GmbH ihren Gesellschaftern Wirtschaftsgüter vermieten und verpachten, Lieferungen und Leistungen erbringen und Kapital als Darlehen überlassen kann.

Trotz der formal-juristischen Selbständigkeit der Steuersubjekte besteht zwischen ihnen aber aufgrund der gesellschaftsrechtlichen Verbundenheit **kein natürlicher Interessengegensatz**, wie er sonst zwischen den Parteien im Wirtschaftsverkehr regelmäßig vorausgesetzt werden kann und für die Ernsthaftigkeit und Angemessenheit geschlossener Verträge bürgt und der Gefahr vorbeugt, dass die eingegangenen Leistungsbeziehungen nicht nur im Gesellschaftsverhältnis veranlasste Vermögensflüsse verdecken sollen.

5310

Deshalb ist aus steuerlicher Sicht bei Vermögensflüssen zwischen GmbH und Gesellschafter oder einer diesen nahe stehenden Person für die Gewinn- und Einkommensermittlung der GmbH genau **zu unterscheiden**, ob die Vorgänge durch den **Betrieb der GmbH und/oder** durch das **Gesellschaftsverhältnis veranlasst** sind. Die durch den Betrieb veranlassten Vermögensmehrungen wirken sich als Betriebseinnahmen auf den Gewinn und das Einkommen der Gesellschaft aus, soweit sie nicht steuerbefreit sind. Die durch den Betrieb der GmbH veranlassten Vermögensminderungen sind als Betriebsausgaben erfolgswirksam, soweit sie nicht kraft Gesetzes vom Betriebsausgabenabzug ausgeschlossen sind. Dagegen dürfen die durch das Gesellschaftsverhältnis veranlassten Vermögensmehrungen als (verdeckte) Einlagen sowie Vermögensminderungen und verhinderten Vermögensmehrungen als (verdeckte) Gewinnausschüttungen Gewinn (und Einkommen) der Gesellschaft nicht beeinflussen.

5311

bb) Struktur der erforderlichen Korrekturen bei der Ermittlung der steuerlichen Bemessungsgrundlage

Die Einkommensermittlung hat eine bilanzielle Betrachtung mit Auswirkung auf den Jahresabschluss und eine außerbilanzielle Betrachtung mit außerhalb des Jahresabschluss vorzunehmenden Korrekturen. Danach wird bei Kapitalgesellschaften die Einkommensermittlung zweistufig vorgenommen.[1] Die Ergebnisse beider Stufen bilden im Endergebnis die körperschaftsteuerliche Bemessungsgrundlage:

5312

Stufe 1:   Gewinnermittlung = Jahresüberschussermittlung der Kapitalgesellschaft innerhalb der Steuerbilanz. Korrekturen wirken sich im Rahmen von Bilanzberichtigungen gem. § 4 Abs. 2 EStG auf die Steuerbilanz der Kapitalgesellschaft aus.

Stufe 2:   außerbilanzielle Einkommensermittlung nach den Regeln des KStG/EStG: ausgehend vom bilanziellen Ergebnis = Jahresüberschuss erfolgen im Rahmen dieser Stufe außerbilanzielle Anpassungen, um zum zu versteuernden Einkommen zu gelangen.

> **BEISPIEL:** Die A-GmbH hat in ihrer Bilanz zum 31.12.11 unzutreffend eine Rückstellung i.H.v. 400 000 € ausgewiesen. Des Weiteren hat sie nicht abziehbare Betriebsausgaben i.S.d. § 4 Abs. 5 EStG von 10 000 € aufgewendet.
>
> **LÖSUNG:** Im Rahmen der Einkommensermittlung werden ausgehend vom ermittelten Gewinn der A-GmbH folgende Änderungen vorgenommen:
>
> ▶ Rückstellung: der Rückstellungsaufwand ist durch eine Bilanzberichtigung zu beseitigen (Stufe 1). Berichtigungsbuchung: Rückstellung an Ertrag (= JÜ)   400 000 €
> ▶ Nicht abziehbare Aufwendungen: die Aufwendungen sind

---

1 BFH v. 29.6.1994, BStBl II 2002, 366.

▶ außerbilanziell (Stufe 2) dem Gewinn hinzuzurechnen. + 10 000 €

▶ Einkommensauswirkung: + 410 000 €

5313 Vergegenwärtigt man sich, dass die **GmbH** wie alle anderen Kapitalgesellschaften auch **steuerlich keine außerbetriebliche Sphäre** (= Privatsphäre) hat,[1] so sind **alle ihre Aufwendungen** – ausgenommen die offenen Ausschüttungen – begrifflich **Betriebsausgaben** (§ 4 Abs. 4 EStG); dies schließt aber ihre **zugleich vorliegende gesellschaftliche (Mit-)Veranlassung** nicht aus,[2] so dass eine **Korrektur** zur Ermittlung des zutreffenden steuerlichen Gewinnes i. S. v. § 2 Abs. 2 Satz 1 EStG **erforderlich** ist.

Aus dieser Erkenntnis leitet sich das zuvor dargestellte **zweistufige Vorgehen** bei Ermittlung und Korrektur einer vGA ab, das nach der Rechtsprechung des BFH aus § 4 Abs. 1 Satz 1 EStG heraus geboten ist:[3] Auf der **1. Stufe** wird der sog. Unterschiedsbetrag nach § 4 Abs. 1 Satz 1 EStG (= Steuerbilanz) ermittelt, wobei **Steuerbilanzrecht** (einschließlich GoB und Maßgeblichkeitsgrundsatz) anzuwenden sind, und das Vorliegen einer Vermögensminderung festgestellt wird. Erst auf der **2. Stufe** ziehen Vermögensminderungen, wenn sie – wie es die Regel ist (siehe Rz. 5311) – betrieblich und kumulativ gesellschaftlich veranlasst sind, die nach dem KSt-Recht gebotenen Korrekturen der vGA nach sich, die außerhalb der Steuerbilanz erfolgen. Im Ergebnis geht die Korrektur nicht anders vor sich, als sie in ähnlichen Zusammenhängen bei den Entnahmen, den Einlagen, den nicht abziehbaren Betriebsausgaben oder den steuerfreien Einnahmen und Einkünften erfolgt.

BEISPIEL: ▶ Die GmbH hat mit einem ihrer Gesellschafter X einen Pachtvertrag über das von der GmbH benutzte Geschäftsgebäude rechtswirksam abgeschlossen. Der monatliche Pachtzins von 2 000 € wird regelmäßig an X überwiesen und ertragswirksam verbucht; die Pacht ist unstreitig um 500 € zu hoch, also unangemessen, wie später bei einer Betriebsprüfung festgestellt wird.

Pachtvertrag und die Pachtzahlungen waren betrieblich veranlasst, und zwar schon deshalb, weil ein die GmbH verpflichtender, schuldrechtlicher Vertrag vorliegt, der in wirtschaftlichem Zusammenhang mit ihrem Betrieb steht, und die GmbH auch keine außerbetriebliche Sphäre besitzt. Die durch die Pachtzahlungen verursachte Vermögensminderung (Buchung: Aufwand an Bankkonto) hat nach Steuerbilanzrecht auch zutreffend zu einer **Verminderung des Unterschiedsbetrages nach § 4 Abs. 1 Satz EStG** geführt: Ergebnis der Prüfung auf **Stufe 1**. Die Zahlung einer überhöhten Pacht ist **unangemessen** und deshalb (auch) durch das zum Verpächter-Gesellschafter bestehende **Gesellschaftsverhältnis veranlasst**, es liegt insoweit eine **vGA** vor, die als Rechtsfolge eine Hinzurechnung in ihrem Umfang zu dem Unterschiedsbetrag auslöst (**Gewinnkorrektur außerhalb der Bilanz**: Ergebnis der **Stufe 2**).

5314 In ähnlicher Weise können betrieblich veranlasste Vermögensmehrungen bei der GmbH, die im Steuerbilanzgewinn (Unterschiedsbetrag nach § 4 Abs. 1 Satz 1 EStG) enthalten sind, wegen ihrer zugleich vorliegenden gesellschaftlichen Veranlassung außerhalb der Bilanz abzurechnen und so zu neutralisieren sein. Denn auch vermögensmehrende Geschäftsvorfälle – verdeckte Einlagen –, die durch das Gesellschaftsverhältnis und zugleich durch ihren Betrieb veranlasst sind, dürfen das steuerliche Ergebnis der GmbH nicht beeinflussen.

---

1 BFH v. 6. 7. 2000 I B 34/00, BStBl II 2002, 490; v. 31. 3. 2004 I R 83/03, BFH/NV 2004, 1482.
2 Vgl. auch Gosch, KStG, § 8 Rz. 247.
3 BFH v. 13. 8. 1998 I R 85/96, BStBl II 1998, 161; Wassermeyer, DB 2002, 2668.

BEISPIEL: ▶ Der Gesellschafter X hat gegen die GmbH aus einem Darlehen eine Rückzahlungsforderung, die die GmbH passiviert hat und die angesichts der dinglichen Sicherung voll werthaltig ist. Damit die GmbH bei Kreditverhandlungen mit der Hausbank eine bessere Eigenkapitalquote darstellen kann, verzichtet X auf die Rückzahlung des Darlehens endgültig. Die GmbH bucht Darlehensverbindlichkeit an außerordentlichen Ertrag.

Die dadurch eintretende Erhöhung des Unterschiedsbetrages um die erlassene Darlehensschuld ist durch eine im Gesellschaftsverhältnis motivierte Vermögenszuführung veranlasst. Das Steuerbilanzergebnis ist um die Höhe der erlassenen Verbindlichkeit zu ermäßigen und die Zuführung auf dem steuerlichen Einlagekonto zu erfassen.

cc) Zusammenfassung

Durch das Gesellschaftsverhältnis veranlasste Vermögensveränderungen der GmbH dürfen sich auf ihren steuerlichen Gewinn und das Einkommen nicht auswirken. Deshalb gilt der Grundsatz, dass es für die Ermittlung des Einkommens ohne Bedeutung ist, ob es ausgeschüttet wird oder nicht (§ 8 Abs. 3 Satz 1 KStG), weil hierdurch eine **Einkommensverwendung** erfolgt. Offene Gewinnausschüttungen führen aufgrund ihrer Verbuchung nicht zu Einkommensminderungen. VGA sind durch Hinzurechnung zu dem Unterschiedsbetrag nach § 4 Abs. 1 Satz 1 EStG i.V.m. § 8 Abs. 1 KStG zu neutralisieren.

5315

Einlagen der Gesellschafter in die GmbH sind durch das Gesellschaftsverhältnis veranlasste Vermögenszuführungen und dürfen daher unabhängig von den steuerlichen Folgen beim Gesellschafter selbst den (steuerlichen) Gewinn und das Einkommen der GmbH nicht beeinflussen. Dies entspricht der über § 8 Abs. 1 KStG anzuwendenden Vorschrift des § 4 Abs. 1 Satz 1 EStG, wonach Einlagen ergebnisneutral sind. Offene, d. h. gesellschaftsrechtliche Einlagen erhöhen wegen ihrer Verbuchung (Bank an gezeichnetes Kapital oder Kapitalrücklage) nicht den Gewinn; verdeckte Einlagen führen zwar zu Vermögensmehrungen, sind aber bei der steuerlichen Ergebnisermittlung außerhalb der Bilanz abzusetzen, wenn sie den Unterschiedsbetrag nach § 4 Abs. 1 Satz 1 EStG erhöht haben, und damit zu neutralisieren.

5316

(*Einstweilen frei*) 5317–5330

4. Steuerfreie Erträge

Wie aufgezeigt, bleiben bei der Ermittlung des steuerpflichtigen Gewinns der GmbH **Vermögensmehrungen auf gesellschaftlicher Grundlage** (Einlagen, Nachschüsse, Aufgelder), aber auch **steuerfreie Erträge außer Ansatz**. Vom Steuerbilanzgewinn sind die erfolgswirksam verbuchten, aber steuerfreien Betriebseinnahmen abzuziehen.

5331

a) Katalog bedeutsamer Steuerbefreiungen

Zu nennen sind neben gem. § 3c EStG steuerfreien Beträgen, soweit sie für eine Kapitalgesellschaft überhaupt in Betracht kommen, insbesondere

5332

▶ die Investitionszulage,

▶ die erstattete KSt (Umkehrung von § 10 Nr. 2 KStG),

▶ aufgrund von Doppelbesteuerungsabkommen (DBA) im Inland freigestellte Einkünfte ausländischer Betriebsstättengewinne (Einkünfte aus ausländischem Grundbesitz, Veräußerungsgewinne, Schachteldividenden),

▶ Beteiligungserträge von anderen Kapitalgesellschaften nach § 8b KStG (Dividenden und Veräußerungsgewinne).

b) Gewinne ausländischer Betriebsstätten

5333 Die deutschen DBA sehen überwiegend die Freistellung der Einkünfte einer im Inland ansässigen GmbH aus ausländischen Quellen (Betriebsstätteneinkünfte, Einkünfte aus unbeweglichem Vermögen – Verpachtung) von den inländischen Ertragsteuern, also der KSt und GewSt, vor. Aus der Befreiung der positiven Einkünfte (Gewinne) folgert bislang die FinVerw, dass Verluste aus ausländischen Betriebsstätten nicht im Inland abgezogen werden dürfen. Da aber durch die DBA eine Erhöhung des Steueranspruchs nicht bewirkt werden soll, ist ein Ausschluss des Abzugs ausländischer Verluste mit den Grundsätzen der DBA und der Niederlassungsfreiheit wohl nicht vereinbar.[1]

Zwar hat der EuGH in der Rechtssache Ritter-Coulais[2] auf ein Vorabentscheidungsersuchen des BFH[3] entschieden, dass Art. 48 EWG-Vertrag (später Art. 48 EG-Vertrag bzw. jetzt Art. 39 EG) der deutschen Regelung in § 32b Abs. 1 und 2 i.V.m. § 2a Abs. 1 Satz 1 Nr. 4 EStG 1987 entgegensteht, nach der die Berücksichtigung von aus einem in einem anderen Mitgliedstaat belegenen Grundstück erlittenen Verlusten aus Vermietung und Verpachtung (anders als positive Einkünfte hieraus) für die Festsetzung des Steuersatzes ausgeschlossen ist. Die vom BFH aufgeworfene Frage nach Auswirkungen des Gemeinschaftsrechtes auf die Ermittlung der Besteuerungsgrundlage hat der EuGH indessen mangels Entscheidungserheblichkeit offen gelassen. Mittlerweile hat sich die Rechtsprechung des EuGH[4] und des BFH[5] dahin gehend entwickelt, dass finale Betriebsstättenverluste nicht abzugsfähig sind, wenn es sich um Betriebsstätten mit abkommensrechtlicher Freistellung handelt.

c) Beteiligungserträge

Literatur: *Dötsch/Pung*, § 8b Abs. 1 bis 6 KStG: Das Einführungsschreiben des BMF, DB 2003, 1016; *Eilers/Schmidt*, Die Steuerbefreiung von Dividenden und Veräußerungsgewinnen nach § 8b, Praxis-Kommentierung zum BMF-Schreiben vom 28. 4. 2003, zur Anwendung des § 8b und zu Auswirkungen auf die Gewerbesteuer, GmbHR 2003, 613; *Frotscher*, Anwendung des § 8b KStG, INF 2003, 292; *Schild/Eisele*, Die Steuerbefreiungen nach § 8b – Das neue BMF-Schreiben vom 28. 4. 2003, DStZ 2003, 443; *Strunk/Kaminski*, Anwendung des § 8b und Auswirkungen auf die Gewerbesteuer, NWB F. 4, 4731, NWB DokID: ZAAAA-74041; *Goksch/Büge*, Pauschalierung von nicht abzugsfähigen Betriebsausgaben gem. § 8b KStG und Gewerbesteuer, DStR 2004, 1549; *Kaminski/Strunk*, Die steuerliche Behandlung von Aufwand im Zusammenhang mit Kapitalgesellschaftsbeteiligungen nach Änderung des § 8b zum 1.1.2004, BB 2004, 689; *Watermeyer*, Der neue § 8b KStG, Änderun-

---

[1] Zu Einzelheiten s. von Brocken in Mössner/Seeger, EU-Steuerpolitischer Hintergrund für das KStG, Rn. 322 ff.
[2] Urteil v. 21.2.2006 Rs. C-152/03, NJW 2006, 1045, NWB DokID: EAAAB-80551.
[3] I R 13/02, BStBl II 2003, 795.
[4] Urteil v. 17.12.2015, C-388/14, Timac Agro Deutschland, BStBl II 2016, 362.
[5] Urteil v. 22.2.2017 I R 2/15, NWB DokID: XAAAG-45098.

gen durch das Korb-II-Gesetz, GmbH-StB 2004, 10; *Dötsch/Pung*, JStG 2007: Die Änderungen des KStG und des GewStG, DB 2007, 11; *Obermann/Füllbier*, Die Neuregelung der ertragsteuerlichen Behandlung von Wertpapierleihgeschäften durch das UntStRefG 2008, BB 2007, 1647; *Schnitger/ Rometzki*, Die Anwendung des Korrespondenzprinzips auf vGA und verdeckte Einlagen bei grenzüberschreitenden Sachverhalten nach dem JStG 2007, BB 2008, 1648; *Schnitger/Bildstein*, Wertpapierpensionsgeschäfte und Wertpapierleihe – Wirtschaftliches Eigentum und UntStRefG 2008, IStR, 2008, 202; *Neumann/Stimpel*, Wesentliche Änderungen für Kapitalgesellschaften und deren Gesellschafter durch das JStG 2008, GmbHR 2008, 57; *Düll/Knödler*, Ausfall einer Kaufpreisforderung aus der Veräußerung der Beteiligung an einer Kapitalgesellschaft – Das neue BMF-Schreiben zu § 8b Abs. 2 KStG, DStR 2008, 1666; *Hahne*, Vermeidung des Abzugsverbots für Verluste aus Gesellschafter-Fremdfinanzierungen bei Risikodarlehen, StuB 2008, 229; *Jensen-Nissen*, Droht Holding- und Beteiligungskapitalgesellschaften der Verlust der Steuerfreistellung nach § 8b KStG ?, DB 2008, 2273; *Patzner/Frank*, Geplante Abschaffung der Steuerbefreiung nach § 8b KStG für Streubesitzanteile, IStR 2008, 433; *Becker/Kempf/Schwarz*, Neue St-Fallen im internationalen St-Recht, DB 2008, 370; *Neumann/Watermeyer*, Forderungsverluste von Gesellschaftern im BV (§ 8b Abs. 3 Satz 4 ff. KStG und § 3c Abs. 2 EStG), Ubg 2008, 748; *Watermeyer*, Gewinnminderungen im Zusammenhang mit Darlehensforderungen, GmbH-StB 2008, 81; *Kohlepp*, § 8b Abs. 5 KStG und Überlegungen zu einem geänderten dogmatischen Ansatz der vGA bei Konzernstrukturen, DStR 2008, 1859; *Schmidt/Schwind*, Gewinnminderungen aus Gesellschafterdarlehen, NWB 2008, 147; NWB Fach 4, 5223; *Hahne*, I. R. der Anmerkung zu dem Urteil BFH v. 23.1.2008 – I R 101/06, DStR 2008, 864; *Rau*, Strukturierte Wertpapierleihe über Aktien und Beschränkungen des Betriebsausgabenabzugs, DStR 2009, 948; *Jensen-Nissen/Dinkelbach*, Zu den Finanzunternehmen i. S. d. § 8b Abs. 7 Satz 2 KStG gehören auch Holding und Beteiligungsgesellschaften, BB 2009, 1226; *Benzel/ Dr. Meike Linzbach*, Auswirkungen des Forderungsverzichtes – Steuerliche Belastung und Beeinflussung der Steuerquote, DStR 2009, 1599; *Hils*, Fragen zu § 8b KStG bei betrieblichen Fondsanlegern, DB 2009, 1151; *Lorenz*, Die Suspendierung von § 8b Abs. 5 KStG durch EG – und DBA-Günstigerprüfung, IStR 2009, 437; *Strunk/Meyer-Sandberg*, Keine Steuerfreistellung nach § 8b KStG für Holding und Beteiligungsgesellschaften, GStB 2009, 193; *Jaccob/Scheifele*, § 8b Abs. 7 Satz 2 KStG auf dem Prüfstand des BFH: Welche Auswirkungen ergeben sich für ausländische Holdinggesellschaften mit Beteiligung an inländischen (Grundstücks-)Kapitalgesellschaften?, IStR 2009, 304; *Löffler/Hansen*, Zur Reichweite von § 8b Abs. 7 Satz 2 KStG nach dem BFH-Urteil vom 14.1.2009, I R 36/08, DStR 2009, 635; *Steinmüller*, Die gewerbesteuerliche Hinzurechnung von Streubesitzdividenden aus einem Investmentvermögen, DStR 2009, 1564; *Hageböke*, Zum Konkurrenzverhältnis von DBA-Schachtelprivileg und § 8b KStG, IStR 2009, 473; *Wagner*, Die verwirrende Rechtsprechung des BFH zur steuerlichen Beurteilung der Veräußerung von Bezugsrechten vor dem Hintergrund der Abgeltungsteuer, DStR 2009, 626; *Hagedorn/Matzke*, Steuerpflicht von Veräußerungsgewinnen bei Anteilsverkäufen durch eine Holding, GmbHR, 2009, 970; *Roser/Haupt*, (Außer-)Bilanzieller Korrekturposten als Mittel der teleologischen Gesetzesanwendung des § 8b Abs. 2 KStG, DStR 2009, 1677; *Sinz/Kubaile*, Der Entwurf des Steuerhinterziehungsbekämpfungsgesetzes: Steinbrücks 7. Kavallerie, IStR 2009, 401; *Kessler/Eicke*, Gedanken zur Verfassungs- und Europarechtskonformität des Steuerhinterziehungsbekämpfungsgesetzes, DB 2009, 1314; *Geuenich*, Steuerhinterziehungsbekämpfungsgesetz – Neue Maßnahmen zur Bekämpfung der grenzüberschreitenden Steuerhinterziehung, NWB 2009, 2396; *Hardeck*, Steuerhinterziehungsbekämpfungsgesetz – Regelungsinhalt und Implikation für die Praxis, IWB 2009, 781; *Bauschatz*, Finanzunternehmern nach § 8b Abs. 7 Satz 2 KStG, DStZ 2009, 502; *Schönfeld*, Neues zum DBA-Schachtelprivileg oder: Was bleibt von § 8 Nr. 5 GewStG und § 8 Nr. 5 KStG bei grenzüberschreitenden Dividenden?, IStR 2010, 658; *Bödecker*, Hinzurechnung steuerfreier Dividenden, NWB 2010, 2777; *Intemann*, Endlich mehr Klarheit bei § 8b KStG : BFH klärt wichtige Zweifelsfragen, GStB 2010, 24; *Löffler/Tietjen*, Veräußerung von Anteilen an Immobilien-Objektgesellschaften – schädlicher „Eigenhandel" i. S. von § 8b Abs. 7 Satz 2 KStG, DStR 2010, 586; *Heurung/Engel/Seidel*, Das DBA-Schachtelprivileg in Körperschaft und Gewerbesteuer, DB 2010, 1551; *Jahn*, Gewinnausschüttungen einer ausländischen Kapitalgesellschaft, PIStB 2010, 292; *Kessler/Dietrich*, Auf den zweiten Bleick: warum § 3c EStG auf DBA-Schachteldividenden nicht anwendbar ist, IStR 2010, 696; *Ott*, Zur Besteuerung von Kapitalgesellschaften und deren Gesellschaftern, StuB 2010, 319; *Prinz*, Neue BFH-Judikate zur Wertaufholung bei Kapitalgesellschaften, StuB 2010, 43; *Schönfeld*, Neues zum DBA-Schachtelprivileg oder: was bleibt von § 8 Nr. 5 GewStG und § 8b Abs. 5 KStG bei grenzüberschreitenden Dividenden, IStR 2010, 658; *Strahl*, Kapitaleinkünfte bei Kapitalgesellschaften, Stbg 2010, 152; *Winhard*, Behandlung ausländischer Forderungsverluste – Praxisprobleme des § 8b Abs. 3 Satz 4 bis 8 KStG i. d. F. des JStG 2008, FR 2010, 686; *Hahne*, Spätere Ausfälle von Kaufpreisforderungen mindern rückwirkend steuerfreie Veräußerungsgewinne gemäß § 8b Abs. 2 KStG, DStR 2011, 955; *Kaminski/Strunk*, § 1 AStG und Wertminderungen auf Darlehen gegenüber ausländischen verbundenen Unternehmen, Stbg 2011, 246; *Kessler/Dietrich*, (Keine) Kapitalertragsteuer auf Streubesitzdividenden beschränkt steuerpflichtiger Kapitalgesellschaften – Klares Votum des EuGH dürfte Diskussion über Abschaffung der Steuerbefreiung neu beleben, DStR 2011, 2131; *Lammers*, Die begrenzte Abziehbarkeit von Aufwendungen im Zusammenhang mit Beteiligungen an Kapitalgesellschaften nach § 8b Abs. 3 und 5 KStG, DStZ 2011, 483; *Löffler/Hansen*, Veräußerung zuvor gekaufter Anteile an einer Vorratsgesellschaft als „Eigenhandel" im Sinne von § 8b Abs. 7 KStG, DStR 2011, 558; *Dietz/Tcherveniachki*, Definition der Veräußerungskosten gemäß § 8b Abs. 2 Satz 2 KStG, DStR 2012, 1161; *Duttine/Stumm*, Europarechtswidrigkeit deutscher Dividendenbesteuerung, BB 2012, 867; *Hahn*, Treaty-Override als Verfassungsverstoß? Erläuterungen und praktische Hinweise zum Vorlagebeschluss des BFH vom 10.1.2012, BB 2012, 1955; *Kessler/Girlich/Philipp*, Streichung des § 8b Abs. 7 Satz 2 KStG – Korrektur eines gesetzgeberischen Kunstfehlers?, DStR 2012, 2524; *Kröner/Köth*, Erneute europarechtliche Überprüfung des körperschaftsteuerlichen Anrechnungsverfahrens, BB 2012, 1899; *Helios/Niedrig*, Zur Einbeziehung von Optionsprämien in den Anwendungsbereich von § 8b Abs. 2 KStG, DStR 2012, 1301; *Kosner/Kaiser*, Zweifelsfragen und Praxiserfahrungen im Zusammenhang mit dem Abzugsverbot für Gewinnminderungen i. S. des § 8b Abs. 3 Satz 4 ff. KStG, Fachdienst dstr, Ausgabe 20 vom 18.5.2012; *Nitzschke*, Veräußerung direkt gehaltener Beteiligungen an Kapitalgesellschaften durch beschränkt Körperschaftsteuerpflichtige – Führt § 8b Abs. 3 KStG zur partiellen Besteuerung eines Veräußerungsgewinns, IStR 2012, 125; *Patzner/Nagler*, Jahressteuergesetz 2013 – Die Steuerfreiheit von Streubesitzdividenden nach dem EuGH-Urteil vom 20.10.2011, C-284/09, Kommission/Deutschland, IStR 2012, 790; *Schnittger*, Anwendung des § 8b Abs. 1 KStG beim Kapitalertragsteuerabzug – Auswirkung der Entscheidung des EuGH vom 20.10.2011, IStR 2012, 305; *Wiese/Strahl*, Quellensteuer auf Dividenden: BFH schwenkt auf Linie des EuGH ein – Anm. zum S.A.S.-Urteil des BFH, DStR 2012, 142; *Hindelang*, Die steuerliche Behandlung drittstaatlicher Dividenden und die europäischen Grundfreiheiten – die teilweise (Wieder-)Eröffnung des Schutzbereiches der Kapitalverkehrsfreiheit für dividenden aus drittstaatlichen Direktinvestitionen – zugleich eine Besprechung des Urteils in der Rechtssache Test Claimants in the FII Group Litigation II, IStR 2013, 77.

aa) Befreiungen

5334   Im System des Teileinkünfteverfahrens muss eine Kumulierung der KSt-Belastung von Einkünften aus Beteiligungen der GmbH an einer anderen Kapitalgesellschaft und in der weiteren Beteiligungskette ausgeschlossen werden, damit eine **steuerfreie Durchschüttung** an die Kapitalgesellschaft möglich ist, von der die Beteiligungserträge schließlich an den einkommensteuerpflichtigen Anteilseigner ausgekehrt werden und dort der 60%igen Besteuerung nach § 3 Nr. 40 unterliegen sollen. Dies soll durch die Regelung in § 8b KStG erreicht werden, die aus diesem Grund von besonderer Bedeutung ist.[1]

Nach dieser Vorschrift bleiben Dividenden und andere Bezüge i. S. v. § 20 Abs. 1 Nr. 1 und 2, 9 und 10a EStG und Einnahmen aus der Veräußerung von Dividendenscheinen und sonstigen Ansprüchen sowie der Abtretung solcher Ansprüche steuerfrei ebenso wie die Gewinne aus der Realisierung von stillen Reserven bei der Veräußerung von An-

---

[1] Herzstück des neuen KSt-Rechts, so Gosch, KStG, § 8b Rz. 1.

teilen und bei gleichgestellten Vorgängen, z.B. der verdeckten Einlage. Da allerdings 5 % der Ausschüttungen als nichtabzugsfähige Betriebsausgaben gelten, bleiben wirtschaftlich nur 95 % steuerfrei. Die Befreiungen gelten seit dem Inkrafttreten des neuen § 8b Abs. 4 KStG am 29. 3. 2013 nur noch, wenn die unmittelbare Beteiligung zu Beginn des Kalenderjahrs mindestens 10 % beträgt, also nicht mehr für sog. Streubesitzdividenden.[1] Sie gelten jedoch unabhängig etwaiger Behaltensfristen oder Mindestbesitzzeiten. Damit bleibt es in einer Beteiligungskette – abgesehen von der Mindestbesteuerung – bei einer einmaligen Belastung mit KSt, bis der Gewinn die Ebene der Körperschaften verlässt. Steuerbefreit sind auch die Beteiligungserträge, die der GmbH über eine zwischengeschaltete Personengesellschaft (Mitunternehmerschaft) nur mittelbar aus einer GmbH zufließen (§ 8b Abs. 6 Satz 1 KStG).

Die Befreiungen gelten auch für die GewSt, wenn es sich um Dividenden aus einer Beteiligung von mindestens 15 v. H. handelt (vgl. § 8 Nr. 5 i.V. m. § 9 Nr. 7 GewStG). 5335

bb) Abzugsverbote

Bis einschließlich **VZ 2003** hat die **Befreiung der Dividendenerträge** aus der Beteiligung an inländischen Kapitalgesellschaften nach § 3c Abs. 1 EStG zur Folge, dass die mit ihnen in unmittelbarem wirtschaftlichem Zusammenhang stehenden Betriebsausgaben nicht abziehbar sind. Unter das **Abzugsverbot** fallen in erster Linie die Kosten für die Finanzierung der Beteiligung (Refinanzierungskosten). Der erforderliche unmittelbare wirtschaftliche Zusammenhang ist nur bis zur Höhe der im selben VZ anfallenden steuerfreien Bezüge gegeben.[2] Die Kosten sind daher abziehbar, soweit sie die steuerfreien Bezüge übersteigen oder in Jahren anfallen, in denen keine Dividenden ausgeschüttet werden. Mangels eines unmittelbaren wirtschaftlichen Zusammenhangs bleiben auch Finanzierungsaufwendungen für Darlehen als Betriebsausgaben abzugsfähig, die zinslos an die Beteiligungsgesellschaft weitergereicht werden. Dass die Beteiligungsgesellschaft dadurch höhere Gewinne ausschütten kann, begründet keinen unmittelbaren wirtschaftlichen Zusammenhang nach § 3c Abs. 1 EStG. 5336

Die Nichtabziehbarkeit konnte vermieden oder verringert werden, indem bei der Beteiligungsgesellschaft auf die Thesaurierung hingearbeitet wurde, bis die aufgenommenen Kredite getilgt waren, oder dadurch, dass in der Beteiligungskette die Zinsaufwendungen bei einer anderen Gesellschaft angesiedelt wurden als bei der Gesellschaft, bei der die steuerfreien Bezüge nach § 8b Abs. 1 KStG anfielen, oder durch den Einsatz von Eigenmitteln anstelle von Fremdmitteln, wobei die Eigenmittel auch durch eine Maximalausschüttung durch die Beteiligungsgesellschaft beschafft wurden, die ihrerseits die Ausschüttung fremdfinanzierte, ohne dass bei ihr insoweit ein Abzugsverbot nach § 3c Abs. 1 EStG einschlägig war. 5337

Ab dem VZ 2004 ist jedoch für **steuerfreie Dividendenerträge** nach § 8b Abs. 1 Satz 1 KStG das **Abzugsverbot** aus § 3c Abs. 1 EStG **nicht mehr anzuwenden**, wodurch auch die angedeuteten Gestaltungsmodalitäten hinfällig sind. Nach § 8b Abs. 5 KStG gelten 5338

---

[1] Zu Einzelheiten s. Geißer in Mössner/Seeger, KStG, § 8b Rn. 370 ff.; s. auch FG Köln v. 9.6.2016 – 10 K 1128/15, rkr., NWB DokID: BAAAF-79734.
[2] BFH v. 29. 5. 1996 I R 15/94, BStBl II 1997, 57.

jetzt **5 v. H. der steuerfreien Beteiligungserträge** bei der empfangenden Kapitalgesellschaft (GmbH) **pauschal als nicht abziehbare Betriebsausgaben**; dadurch entsteht (auf jeder Stufe der Beteiligungskette) eine endgültige KSt-Belastung, weil die Steuerfreiheit der Dividenden praktisch auf 95 v. H. der Einnahmen beschränkt ist.

5339 Bei der Beteiligung an ausländischen Gesellschaften sind die Dividenden und sonstigen Bezüge i. S. v. § 8b Abs. 1 KStG ebenfalls steuerfrei, selbst wenn die Befreiung nach einem DBA an engere Voraussetzungen geknüpft ist. Bei ihnen galt schon vor dem VZ 2004 und gilt immer noch das pauschale Abzugsverbot für 5 v. H. der Einnahmen als nichtabzugsfähige Betriebsausgaben (§ 8b Abs. 5 KStG), so dass auch hier die Befreiung im Ergebnis nur 95 v. H. der Einnahmen beträgt. Ob tatsächlich Ausgaben anfallen, ist ohne Belang; tatsächlich anfallende Ausgaben bleiben aber abzugsfähig, weil § 3c Abs. 1 EStG nicht anzuwenden ist.

5340 Bei der **GewSt** wirkt sich § 8 Abs. 5 KStG über § 7 Satz 4 GewStG aus. Ob daraus eine gewerbesteuerliche Belastung entsteht, hängt davon ab, ob eine **Schachtelbeteiligung** (mindestens 15 v. H.) vorliegt oder nicht, weil sich danach bestimmt, inwieweit der nach Maßgabe des KStG ermittelte Gewinn durch Hinzurechnungen oder Kürzungen zu korrigieren ist.

5341 Liegt keine Schachtelbeteiligung vor, ist die nach § 8b Abs. 1 KStG steuerfreie Dividende dem Gewinn nach § 8 Nr. 5 GewStG hinzuzurechnen, vermindert um die Betriebsausgaben, die nach § 3c Abs. 1 EStG oder § 8b Abs. 5 KStG nicht berücksichtigt worden sind, so dass im Ergebnis nur 95 v. H. gewerbesteuerpflichtig sind. Übersteigen die tatsächlichen Aufwendungen die hinzuzurechnenden Einnahmen, sind die Aufwendungen voll abzugsfähig. Liegt eine Schachtelbeteiligung nach § 9 Nr. 2a GewStG vor, entfällt eine Hinzurechnung nach § 8 Nr. 5 GewStG. Die Dividenden sind dann in vollem Umfang steuerfrei, freilich gekürzt um die nach § 8b Abs. 5 KStG nicht abziehbaren Betriebsausgaben von 5 v. H. der Einnahmen. Die tatsächlichen Aufwendungen mindern den Gewinn und den Gewerbeertrag, wobei allerdings Dauerschuldzinsen wieder hinzuzurechnen sein können. Bei mittelbaren Beteiligungen, die über eine Mitunternehmerschaft gehalten werden, erfolgt die Kürzung des Gewinns über § 9 Nr. 2 GewStG, wobei auf der Ebene der Mitunternehmerschaft hinsichtlich der GmbH als Mitunternehmer die Vorschriften des § 8b KStG anzuwenden sind (§ 7 Satz 4 GewStG).

5342 Bei der GewSt setzt die Steuerbefreiung aber neben der mindestens 15 v. H.-Beteiligung zusätzlich voraus, dass die Auslandsgesellschaft ausschließlich oder fast ausschließlich **Bruttoerträge aus aktiver Tätigkeit** erzielt. Technisch geschieht dies dadurch, dass die nach § 8b Abs. 1 KStG freigestellten Bezüge dem Gewinn hinzugerechnet werden (§ 8 Nr. 5 GewStG) und dann bei Erfüllung der Voraussetzungen von § 9 Nr. 7 GewStG wieder gekürzt werden.

d) Veräußerungsgewinne

aa) Steuerfreistellung

5343 Die dem System des Teileinkünfteverfahrens innewohnenden Wertungen bedingen auch, dass auch **die Gewinne aus der Veräußerung von Anteilen an Kapitalgesellschaf-**

ten bei der GmbH oder in einer mehrstufigen Beteiligungskette von der KSt nach § 8b Abs. 2 KStG **befreit** werden. Blieben nämlich die Veräußerungsgewinne steuerpflichtig, käme es bei wirtschaftlicher Betrachtung zu einer mehrfachen Belastung mit KSt, was aber vermieden werden soll. Zur Erläuterung folgendes vereinfachtes Beispiel:

BEISPIEL: Die A-GmbH hält 50 v.H. der Anteile an der X-GmbH; die Anteile hatte sie für 200 000 € erworben, sie sind aber wegen des wirtschaftlichen Erfolgs der X-GmbH, dort thesaurierter Gewinne und der gebildeten stillen Reserven das Doppelte wert. Die A-GmbH veräußert die Anteile für 400 000 € und realisiert damit den Substanzwert der Anteile. Versteuerte man den Gewinn von 200 000 € auf der Ebene der A-GmbH, bliebe unberücksichtigt, dass der Veräußerungsgewinn auf offenen und stillen Reserven der X-GmbH beruht, die bei ihr entweder schon versteuert wurden (thesaurierte Gewinne) oder dort noch steuerverhaftet sind (stille Reserven).

Nach § 8b Abs. 2 KStG bleiben Gewinne aus der Veräußerung eines Anteils an einer Kapitalgesellschaft (auch eigener Anteile), Gewinne aus der Veräußerung eines Anteils an einer Organgesellschaft, aus der Auflösung oder Herabsetzung und Rückzahlung des Stammkapitals einer Beteiligungsgesellschaft, aus der Wertaufholung nach § 6 Abs. 1 Satz 1 Nr. 2 Satz 3 EStG für Anteile an der Beteiligungsgesellschaft nach einer Teilwertabschreibung, die den Gewinn steuerlich nicht gemindert hat (z.B. wegen § 8b Abs. 3 Satz 3 KStG), aus den einer Anteilsveräußerung gleichgestellten Vorgängen nach § 21 Abs. 2 UmwStG (z.B. Antragsversteuerung einbringungsgeborener Anteile) und aus der verdeckten Einlage, die einer Veräußerung gleichsteht (§ 8b Abs. 2 Satz 4 KStG) außer Ansatz. Die Steuerbefreiung gilt aber nicht, soweit der Anteil in früheren Jahren auf einen niedrigeren Teilwert steuerwirksam abgeschrieben wurde und die Gewinnminderung nicht durch den Ansatz eines höheren Wertes ausgeglichen wurde.

5344

BEISPIEL: Die A-GmbH erwirbt im Jahr 01 eine Beteiligung an der X-GmbH für 300 000 € und nimmt im Jahr 04 eine Teilwertabschreibung von 150 000 € vor; dann kommt es im Jahr 06 zu einer Wertaufholung von 50 000 €. Im Jahr 08 veräußert sie die Anteile für 400 000 €. Die Teilwertabschreibung von 150 000 € ist nach § 8b Abs. 3 KStG nicht zu berücksichtigen, so dass das Einkommen 04 um 150 000 € zu erhöhen ist. Die Wertaufholung im Jahr 06 führt zwar zu einer Gewinnerhöhung um 50 000 €, die aber nach § 8b Abs. 2 KStG steuerfrei ist. Bei der Veräußerung im Jahr 08 entsteht ein Veräußerungsgewinn von (Veräußerungspreis 400 000 € ./. Buchwert 200 000 € =) 200 000 €, der steuerfrei ist nach § 8b Abs. 2 KStG, weil die Teilwertabschreibung nicht steuerwirksam geworden ist.

bb) Umfang der Freistellung; Abzugsverbot

Die Befreiung der Veräußerungsgewinne nach § 8b Abs. 2 KStG gilt für alle in- und ausländischen Körperschaften. Sachlich wird der „**Veräußerungsgewinn**" freigestellt und nicht etwa nur die Einnahmen ergänzt um ein Abzugsverbot für die Ausgaben. Veräußerungsgewinn ist nach § 8b Abs. 2 Satz 2 KStG der Betrag, der sich durch Gegenüberstellung von Veräußerungspreis bzw. des an seine Stelle tretenden Wertes nach Abzug der Veräußerungskosten[1] einerseits und des Buchwertes der Beteiligung andererseits ergibt; steuerbefreit ist also die Nettogröße.[2] Ab dem VZ 2004 gelten auch hier 5 v.H. des befreiten Veräußerungsgewinnes nach § 8b Abs. 3 Satz 1 KStG als nicht ab-

5345

---

[1] Zu Einzelheiten s. BFH v. 15.6.2016 - I R 64/14, BStBl II 2017, 182.
[2] Vgl. Gosch, KStG, § 8b Rz. 195.

zugsfähige Betriebsausgaben, so dass tatsächlich nur 95 v. H. des Veräußerungsgewinnes steuerfrei bleiben, während aber das Abzugsverbot nach § 3c Abs. 1 KStG insoweit nicht anzuwenden ist. Das Abzugsverbot soll verhindern, dass § 8b Abs. 5 KStG durch Thesaurierung der Gewinne und die anschließende Veräußerung des Anteils umgangen wird. Genau betrachtet führt die Regelung dazu, dass die veräußerungsbedingten Kosten einem doppelten Abzugsverbot unterliegen (pauschal i. H. v. 5 v. H. nach § 8b Abs. 3 und nochmals über die Steuerfreiheit nach § 8b Abs. 2 KStG), was nicht systemgerecht ist.

5346 Durch den mit dem SEStEG neu eingeführten Satz 5 des § 8b Abs. 2 KStG n. F. ist eine Steuerfreiheit nunmehr auch für den Fall ausgeschlossen, dass in früheren Jahren steuerwirksam Abzüge nach **§ 6b EStG** und ähnliche Abzüge vorgenommen worden sind. M.E. zu Recht wird gegen diese Änderung vorgebracht, dass sie insoweit unangemessen sei, als sie auch Übertragungen aus der Veräußerung von Anteilen i. S. d. § 6b Abs. 10 EStG erfasst, denn die Gewinne aus der Veräußerung solcher Anteile seien heute nach § 8b Abs. 2 KStG begünstigt.[1]

5347 Bedingt durch die mit Einführung des SEStEG verbundenen Änderungen im UmwStG (§§ 20, 21 UmwStG n. F. – Übergang zur rückwirkenden Besteuerung nach Einbringung) wird § 8b Abs. 4 KStG aufgehoben. Für Anteile, die am Tag der Verkündung des SEStEG einbringungsgeboren sind und für solche Anteile, die innerhalb der letzten sieben Jahre unmittelbar oder mittelbar von einer natürlichen Person zu einem Wertansatz unterhalb des Teilwertes erworben wurden, ist die Vorschrift nach der Anwendungsregelung in § 34 Abs. 7a KStG allerdings weiter anzuwenden.

cc) Veräußerungsverluste; Gewinnminderung

5348 Verluste infolge der Veräußerung der Anteile oder der Auflösung der Beteiligungsgesellschaft bleiben bei der Gewinnermittlung der GmbH außer Ansatz. Dies ergibt sich eigentlich schon aus § 8b Abs. 2 Satz 2 KStG, der „negative Gewinne" mitumfasst. Allgemein werden aber auch Veräußerungs- und Liquidationsverluste unter den Begriff der **„Gewinnminderungen"** gefasst, die nach § 8b Abs. 3 Satz 3 KStG bei der Gewinnermittlung nicht zu berücksichtigen sind, wenn sie im Zusammenhang mit den Anteilen nach § 8b Abs. 2 KStG stehen. Dabei geht es in der Sache darum, die Substanz des Anteils betreffende Wertminderungen vom Abzug auszuschließen, also vornehmlich **Teilwertabschreibungen gem. § 6 Abs. 1 Nr. 2 EStG**, aber auch Minderungen, die auf der Herabsetzung des Nennkapitals oder auf § 21 Abs. 2 Nr. 1 UmwStG beruhen oder sich auf Sachdividenden beziehen.[2]

5349 Unter den Begriff der **Gewinnminderung** nach § 8b Abs. 3 KStG fallen **nicht die laufenden Aufwendungen**, die bei der GmbH im Zusammenhang mit der Beteiligung anfallen,[3] wie z. B. Refinanzierungskosten. Zu den Gewinnminderungen gehören nach § 8b Abs. 3 Satz 4 KStG auch solche im Zusammenhang mit einer Darlehensforderung oder aus der Inanspruchnahme von Sicherheiten, die für ein Darlehen hingegeben wurden,

---

1 Vgl. Blumenberg/Lechner, a. a. O.
2 Vgl. Gosch, KStG, § 8b Rz. 266.
3 Vgl. Gosch, KStG, § 8b Rz. 280.

wenn das Darlehen von einem Gesellschafter gewährt wird, der zu mehr als ¼ unmittelbar oder mittelbar am Grund – oder Stammkapital der Körperschaft, der das Darlehen gewährt wurde, beteiligt ist oder war. Allerdings sind Gewinnminderungen zu berücksichtigen, wenn nachweislich auch ein fremder Dritter ein Darlehen bei sonst gleichen Umständen gewährt hätte.[1]

dd) Weitere Realisationsvorgänge; vGA

Unter die **KSt-Befreiung** nach § 8b Abs. 2 KStG fallen auch **andere Vorgänge**, mit denen **die stillen Reserven** des **Anteils realisiert** werden, wie die verdeckte Einlage des Anteils oder die Aufdeckung stiller Reserven, wenn die GmbH Anteile an Kapitalgesellschaften als Sachdividende an körperschaftsteuerpflichtige Gesellschafter weitergibt, Übertragungsgewinne nach §§ 1 und 15 UmwStG, die Veräußerung von Genussrechten, die auch ein Recht auf Beteiligung am Gewinn und dem Liquidationserlös vermitteln, sowie **Gewinnerhöhungen aufgrund verdeckter Gewinnausschüttungen** im Zusammenhang mit der **Übertragung von Anteilen**.[2]

5350

BEISPIEL: Die M-GmbH veräußert ihren Geschäftsanteil an der T-GmbH an ihren Gesellschafter R. Der Veräußerungspreis beträgt 200 000 €, die Anschaffungskosten betrugen 500 000 €, der dem Buchwert entspricht. Der gemeine Wert der Anteile beträgt 900 000 €. Da die M-GmbH den Geschäftsanteil unter Wert an den Gesellschafter veräußert, liegt insoweit eine vGA von 700 000 € vor. Der steuerpflichtige Veräußerungsgewinn ermittelt sich wie folgt: (Veräußerungspreis 200 000 € ./. Buchwert 500 000 € =) – 300 000 € + vGA 700 000 € = Gewinn 400 000 € ./. Steuerfreistellung nach § 8b Abs. 2 KStG und ergibt einen steuerpflichtigen Veräußerungsgewinn von 0 €. Die KapErtSt, die für die Ausschüttung von der M-GmbH abzuführen ist, bemisst sich nach dem Betrag der vGA; in gleicher Höhe hat der Anteilseigner Beteiligungserträge nach § 20 Abs. 1 Nr. 1 Satz 2 EStG.

ABWANDLUNG DES BEISPIELS: Der Buchwert der Beteiligung beträgt nur 400 000 €, weil die M-GmbH steuerwirksam eine Teilwertabschreibung von 100 000 € vorgenommen hatte. Der steuerpflichtige Veräußerungsgewinn ermittelt sich wie folgt: (Veräußerungspreis 200 000 € ./. Buchwert 400 000 € =) – 200 000 € + vGA 700 000 € = Gewinn 500 000 € ./. Steuerfreistellung nach § 8b Abs. 2 KStG, die nach § 8b Abs. 2 Satz 4 KStG um die Teilwertabschreibung zu kürzen ist. Daraus ergibt sich ein steuerpflichtiger Veräußerungsgewinn von 100 000 €. Die Auswirkungen bei der KapErtSt und der ESt des Anteilseigners decken sich mit dem Grundbeispiel.

e) Sonderbehandlung einbringungsgeborener Anteile nach dem bisher maßgeblichen Recht

Siehe hierzu Vorauflage, Rn. 5353 ff.

5351

(*Einstweilen frei*)

5352–5360

---

[1] Zu Einzelheiten s. Geißer in Mössner/Seeger, KStG, § 8b Rn. 300 ff.
[2] Vgl. auch Gosch, KStG, § 8b Rn. 189 ff.

f) Ausdehnung der Anwendung von § 8b Abs. 1 bis 5 KStG bei Halten der Beteiligung über eine Personengesellschaft

aa) Gesamtgewinn der Mitunternehmerschaft

5361 Hält die GmbH die **Beteiligung** an einer **Kapitalgesellschaft über eine Mitunternehmerschaft**, so nimmt sie als Mitunternehmer nur mittelbar an den Bezügen (Dividenden und sonstigen Beteiligungserträgen), Gewinnen aus der Veräußerung und gleichgestellten Vorgängen sowie an Gewinnminderungen im Zusammenhang mit der Beteiligung (z. B. Teilwertabschreibung) teil. Denn diese Vorgänge schlagen sich zunächst im Gesamtgewinn der Mitunternehmerschaft (§ 15 Abs. 1 Nr. 2 EStG) auf deren Ebene nieder. Dennoch **gelten** nach § 8b Abs. 6 KStG auch hierfür die Regeln des § 8b Abs. 1 bis 5 KStG über die **Steuerbefreiungen und Abzugsbeschränkungen**, und zwar auch dann, wenn es sich um mehrstufige Mitunternehmerschaften handelt.

5362 Verfahrensrechtlich ist darüber, welche Einkünfte unter § 8b KStG fallen oder ob Steuerbefreiungen eingreifen oder nicht oder ob Abzugsbeschränkungen einschließlich der 5 v. H. als nicht abzugsfähige Betriebsausgaben geltenden Beträge zu beachten sind, im Feststellungsverfahren bei der Mitunternehmerschaft zu entscheiden. Denn die einkommensteuer- oder körperschaftsteuerpflichtigen Einkünfte, an denen mehrere Personen beteiligt und die diesen Personen zuzurechnen sind, und die mit diesen Einkünften im Zusammenhang stehenden Besteuerungsgrundlagen (z. B. Steuerbegünstigungen) sind einheitlich und gesondert nach § 180 Abs. 1 Nr. 2a AO festzustellen. Ist eine GmbH an einer Personenhandelsgesellschaft beteiligt, müssen Feststellungen darüber getroffen werden, welche Teile der Einkünfte anteilig unter § 8b KStG fallen. Maßgebend dafür ist die Beteiligungsquote,[1] nicht der Gewinnverteilungsschlüssel,[2] weil es an einer Regelung fehlt, die der GewSt-Anrechnung nach § 35 Abs. 2 Satz 2 EStG entspricht. Jedenfalls können abweichende Beteiligungen am Gewinn, wie sie sich aus Vorabgewinnen und Sondervergütungen ergeben, nicht maßgebend sein.

> **BEISPIEL:** Die X-GmbH ist zu 40 v. H. neben weiteren natürlichen Personen an der Beta-KG beteiligt, die ihrerseits Geschäftsanteile an der M-GmbH und an der N-GmbH hält. Die Beta-KG nimmt eine Teilwertabschreibung auf die Beteiligung an der M-GmbH i. H. v. 100 000 € vor, die N-GmbH schüttet brutto eine Dividende von 80 000 € an die KG aus. 40 v. H. der Teilwertabschreibung, also 40 000 €, und der Ausschüttung, also 32 000 €, entfallen auf die X-GmbH. Die Gewinnminderung bei der KG durch die Teilwertabschreibung ist um 40 000 € nach § 8b Abs. 3 Satz 3 KStG zu korrigieren, die Gewinnerhöhung durch den Dividendenzufluss ist in einem Betrag von 32 000 € rückgängig zu machen, weil der auf die X-GmbH entfallende Anteil nach § 8b Abs. 1 KStG von der Besteuerung ausgenommen ist. Die Gewinnkorrektur beträgt also + 8 000 €, die bei der Verteilung des steuerlichen Gesamtgewinns der Mitunternehmerschaft der X-GmbH durch Zu- und Abrechnung zuzurechnen ist.

5363 Auch wenn die GmbH z. B. ihren Mitunternehmeranteil veräußert, sind die genannten Vorschriften anzuwenden, wenn sich im Betriebsvermögen der Mitunternehmerschaft eine Beteiligung an einer Kapitalgesellschaft befindet.

---

1 Gosch, KStG, § 8b Rn. 534.
2 So aber Dötsch/Pung, DB 2003, 1017, 1026.

BEISPIEL: Die X-GmbH ist zu 50 v. H. als Kommanditistin neben weiteren natürlichen Personen an der Alpha-KG beteiligt, die ein gewerbliches Unternehmen betreibt. Im Gesellschaftsvermögen der KG befindet sich eine Beteiligung an der Y-GmbH, die die Alpha-KG mit einem Gewinn von 200 000 € veräußert. Entsprechend der Beteiligungsquote entfallen davon 100 000 € auf die X-GmbH, die nach § 8b Abs. 2 KStG von der Besteuerung ausgenommen sind. Diese Feststellung ist im Rahmen des Feststellungsverfahrens nach § 180 Abs. 1 Nr. 2a AO bei der Mitunternehmerschaft (Alpha-KG) zu treffen; eine entsprechende Feststellung ist für die anderen Mitunternehmer hinsichtlich der hälftigen Befreiung nach § 3 Nr. 40a EStG zu treffen.

Auch auf die Beteiligung der GmbH an einer vermögensverwaltenden Personengesellschaft, die wiederum Anteile an einer Kapitalgesellschaft hält, ist der Anwendungsbereich des § 8b Abs. 1 bis 5 KStG über § 39 AO auszudehnen.

bb) Gewerbesteuerliche Auswirkung

Ursprünglich lehnte die FinVerw die Anwendung des § 8b Abs. 1 bis 5 KStG auf die Ermittlung des Gewerbeertrages bei einer Mitunternehmerschaft ab,[1] entgegen der h. M.[2] Ab dem EZ 2004 ist der Streit durch eine positive gesetzliche Regelung[3] dahin entschieden, dass nach § 7 Satz 4 GewStG nicht nur die §§ 3 Nr. 40 und 3c Abs. 2 EStG für die an der Mitunternehmerschaft beteiligten natürlichen Personen gelten, sondern auch § 8b KStG anzuwenden ist. Dies bedeutet klarstellend zu § 7 Satz 1 GewStG, dass die Steuerfreiheit von Dividenden und Veräußerungsgewinnen nach § 8b Abs. 1 und Abs. 2 KStG ebenso wie die Abzugsbeschränkungen und Abzugsverbote auch bei der Ermittlung des Gewerbeertrages synchron nachvollzogen werden.

5364

cc) Organschaft und § 8b KStG

Ist die GmbH eine Organgesellschaft (§§ 14 bis 17 KStG), sind die Vorschriften des § 8b KStG auf ihrer Ebene nicht anwendbar (§ 15 Abs. 1 Nr. 2 Satz 1 KStG), da die Organgesellschaft ihren „ganzen" Gewinn, also brutto, abzuführen hat (Bruttomethode). Zu einer Freistellung nach § 8b Abs. 1 und Abs. 2 KStG kommt es erst auf der Ebene des Organträgers, sofern er die persönlichen Voraussetzungen erfüllt. Auf der Ebene des Organträgers ist die Anwendung des § 8b KStG für das ihm zugerechnete Einkommen der Organgesellschaft nachzuholen.[4]

5365

(*Einstweilen frei*)

5366–5380

5. Spenden

Der Spendenabzug ist für Zwecke der Körperschaftsteuer in § 9 Abs. 1 Nr. 2 KStG geregelt. Spenden sind Verwendungsausgaben. Da eine KapGes lediglich eine betriebliche Sphäre hat, musste für Verwendungsausgaben eine eigene Vorschrift im KStG in der Gestalt des § 9 KStG gegenüber den Sonderausgaben, die im Wesentlichen sich auf Privatvermögensphäre stützen, geschaffen werden.

5381

---

1 Vgl. BMF v. 28. 4. 2003, BStBl I 2003, 292, Rn. 57.
2 Vgl. z. B. Gosch, KStG, § 8b Rn. 540.
3 Gesetz v. 9. 12. 2004, BGBl I 2004, 3310.
4 Zu Einzelheiten s. Müller in Mössner/Seeger, KStG, § 15 Rn. 51 ff.; s. auch BMF v. 26. 8. 2003, BStBl I 2003, 437, Rn. 22.

Eine Körperschaft darf gem. § 9 Abs. 1 Nr. 2 KStG vorbehaltlich des § 8 Abs. 3 KStG Zuwendungen (Spenden und Mitgliedsbeiträge) zur Förderung steuerbegünstigter Zwecke i. S. d. §§ 52 bis 54 AO an eine inländische juristische Person des öffentlichen Rechts oder an eine inländische öffentliche Dienststelle oder an eine nach § 5 Abs. 1 Nr. 9 KStG steuerbefreite Körperschaft, Personenvereinigung oder Vermögensmasse insgesamt abziehen bis zu

- 20 % des Einkommens oder
- 4 ‰ der Summe der gesamten Umsätze und der im Kalenderjahr aufgewendeten Löhne und Gehälter.

Ein Spendenabzug ist nur eingeschränkt möglich. Man muss zwei unabhängige Spendenhöchstbeträge beachten, die man vor allem in Prüfungsarbeiten immer ermitteln sollte.

- einkommensabhängiger Höchstbetrag:
  Der Spendenabzug beträgt 20 % des um den Spendenabzug erhöhten Einkommens. Eine Unterteilung der Spenden, d. h. Aufteilung nach Qualitätsmerkmalen, wird nicht vorgenommen. Alle abziehbaren Spenden werden zusammengezogen.
- einkommensabhängiger Höchstbetrag:
- Nach § 9 Abs. 1 Nr. 2b KStG kann der Spendenabzug in Höhe von 4 v. T. der Summe aus Umsätze, Löhne und Gehälter vorgenommen werden. Danach richtet sich der Spendenabzug unabhängig vom Einkommen, und wäre z. B. auch in Verlustjahren möglich.

Maßgebend ist der für den Steuerpflichtigen günstigere Höchstbetrag.

Abziehbare Zuwendungen, die die Höchstbeträge nach § 9 Abs. 1 Satz 1 Nr. 2 KStG überschreiten, sind gem. § 9 Abs. 1 Satz 9 KStG im Rahmen der Höchstbeträge in den folgenden Veranlagungszeiträumen abzuziehen. § 10d Abs. 4 EStG gilt gem. § 9 Abs. 1 Satz 4 KStG entsprechend. Somit wird der übersteigende Betrag gesondert festgestellt und darf vorgetragen werden.

Gemäß § 9 Abs. 1 Satz 8 KStG sind nicht abziehbare Aufwendungen Mitgliedsbeiträge an Körperschaften, die

- den Sport (§ 52 Abs. 2 Nr. 21 AO),
- kulturelle Betätigungen, die in erster Linie der Freizeitgestaltung dienen,
- die Heimatpflege und Heimatkunde (§ 52 Abs. 2 Nr. 22 AO) oder
- Zwecke i. S. d. § 52 Abs. 2 Nr. 23 AO

fördern.

Nicht mehr abzugsfähig sind seit 1. 1. 1994 gem. § 8 Abs. 1 KStG i. V. m. § 4 Abs. 6 EStG Spenden an politische Parteien für Körperschaften. Das BVerfG erklärte am 14. 7. 1986 eine Abzugsfähigkeit für Spenden an politische Parteien in Anlehnung an vorgenannte Prozentsätze für verfassungswidrig.[1]

---

1 BStBl II 1986, 684.

Die Maßgröße für den Spendenabzug enthält § 9 Abs. 2 Satz 1 KStG. Als Einkommen i. S. v. § 9 KStG gilt das Einkommen vor Abzug der in § 9 Abs. 1 Nr. 2 bezeichneten Zuwendungen und vor dem Verlustabzug nach § 10d EStG. Danach ist eigentlich eine Summe der Einkünfte die Maßgröße, wie es sich aus der 14. Zeile des Ermittlungsschemas gem. R 29 KStR ergibt.

§ 9 Abs. 2 Satz 2 ff. KStG nimmt auf Situationen Bezug, in denen keine Barspenden geleistet werden (sog. Sachspenden). Als Zuwendung im Sinne dieser Vorschrift gilt danach auch die Zuwendung von Wirtschaftsgütern mit Ausnahme von Nutzungen und Leistungen. Der Wert der Zuwendung ist nach § 6 Abs. 1 Nr. 4 Satz 1 und 5 des EStG zu ermitteln. Dem Spender wird die Ausbuchung zu Buchwerten ermöglicht, um eine Gewinnrealisierung zu vermeiden. Aufwendungen zugunsten einer Körperschaft, die zum Empfang steuerlich abziehbarer Zuwendungen berechtigt ist, sind nur abziehbar, wenn ein Anspruch auf die Erstattung der Aufwendungen durch Vertrag oder Satzung eingeräumt und auf die Erstattung verzichtet worden ist. Der Anspruch darf nicht unter der Bedingung des Verzichts eingeräumt worden sein.

Als formale Voraussetzung muss die Körperschaft eine ordnungsgemäße Spendenbescheinigung vorlegen. Dazu regelt § 9 Abs. 3 Satz 1 KStG in Bezug auf die spendende Körperschaft, dass der Steuerpflichtige auf die Richtigkeit der Bestätigung über Spenden und Mitgliedsbeiträge vertrauen darf, es sei denn, dass er die Bestätigung durch unlautere Mittel oder falsche Angaben erwirkt hat oder dass ihm die Unrichtigkeit der Bestätigung bekannt oder infolge grober Fahrlässigkeit nicht bekannt war. Für den Spendenempfänger und Bescheinigungsaussteller regelt § 9 Abs. 3 KStG im übrigen Folgendes: Wer vorsätzlich oder grob fahrlässig eine unrichtige Bestätigung ausstellt oder wer veranlasst, dass Zuwendungen nicht zu den in der Bestätigung angegebenen steuerbegünstigten Zwecken verwendet werden, haftet für die entgangene Steuer. Diese ist mit 30 % des zugewendeten Betrags anzusetzen.

5382

BEISPIEL: Die X – GmbH leistet im VZ 09 Spenden von insgesamt 30 000 €. Darin ist ein Mitgliedsbeitrag an den Hollaria e.V. für Heimatpflege i. H.v. 5 000 € .enthalten. Das Einkommen (vor Spendenabzug) beträgt 100 000 €. 4 ‰ der Summe der gesamten Umsätze und der im Kalenderjahr aufgewendeten Löhne und Gehälter ergeben 10 000 €.

LÖSUNG: Die Spenden können gem. § 9 Abs. 1 Satz 1 Nr. 2a KStG zu 20 % des bereinigten Einkommens berücksichtigt werden:
Davon ausgenommen ist gem. § 9 Abs. 1 Satz 8 KStG der Mitgliedsbeitrag an den Hollaria e.V. für Heimatpflege. Daher können nur 25 000 € abgezogene werden.
Der einkommensabhängige Höchstbetrag beträgt (20 % von 100 000 € =) 20 000 €.
Der einkommensunabhängige Höchstbetrag beträgt 10 000 €.
Es gilt der für den Steuerpflichtigen günstigere Höchstbetrag = 20 000 €.

Der sich ergebende Spendenüberhang von 5 000 € wird in den nachfolgenden Veranlagungszeitraum vorgetragen und im Rahmen dessen Höchstbetrags berücksichtigt

6. Nicht abziehbare Betriebsausgaben

Obwohl die GmbH als Kapitalgesellschaft keine außerbetriebliche Sphäre hat und ihre Aufwendungen betrieblich veranlasst und somit begrifflich Betriebsausgaben nach § 4 Abs. 4 EStG sind, dürfen eine Reihe solcher Ausgaben gleichwohl aus unterschiedlichen

5383

Gründen bei der Einkommensermittlung nicht abgezogen werden. Soweit derartige Aufwendungen den Gewinn (Unterschiedsbetrag nach § 4 Abs. 1 Satz 1 EStG) gemindert haben, sind sie ihm für steuerliche Zwecke außerbilanziell wieder hinzuzurechnen.

5384 Betriebsausgaben der GmbH sind nicht abzugsfähig, soweit sie mit **steuerfreien Einnahmen in unmittelbarem wirtschaftlichem Zusammenhang stehen** (§ 3c EStG). Mit dieser Regelung soll ein doppelter steuerlicher Vorteil ausgeschlossen werden.[1] Zu beachten ist aber, dass § 3c Abs. 1 EStG auf steuerbefreite Dividendenerträge (§ 8b Abs. 1 KStG) und steuerbefreite Veräußerungsgewinne (§ 8b Abs. 2 KStG) ab dem **VZ 2004 nicht mehr anzuwenden** ist (§ 8b Abs. 3 und Abs. 5 KStG), sondern 5 v. H. der Einnahmen bzw. des Veräußerungsgewinnes als nicht abzugfähige Betriebsausgaben gelten.

5385 Die Bestimmung über die nicht abzugsfähigen Betriebsausgaben nach § 4 Abs. 5 EStG, die auch bei der GmbH anzuwenden ist (§ 8 Abs. 1 KStG), enthält weitere Einschränkungen für den Abzug von Aufwendungen für Geschenke (Nr. 1) an Personen, die nicht Arbeitnehmer der GmbH sind, für den Abzug von Bewirtungsaufwendungen (Nr. 2) und Aufwendungen für Gästehäuser, Jagd und Fischerei, Segel- oder Motoryachten und ähnliche Zwecke (Nr. 3 und 4). § 4 Abs. 5 Nr. 7 EStG schließt auch andere als die genannten Betriebsausgaben vom Abzug aus, wenn sie die Lebensführung anderer Personen berühren, soweit sie nach allgemeiner Verkehrsauffassung als unangemessen anzusehen sind. Die Lebensführung berührende Aufwendungen sind z. B. Übernachtungskosten anlässlich einer Geschäftsreise, Besuche von Nachtbars u. Ä. wie auch Aufwendungen für einen Pkw oder die Ausstattung von Geschäftsräumen, wie z. B. beim Chefzimmer. Anwendungsfälle nach Auffassung der FinVerw sind in R 4.10 Abs. 6 ff. EStR aufgeführt. Soweit diese Aufwendungen ihre Veranlassung im Gesellschaftsverhältnis haben, kommt auch eine vgA in Betracht.[2]

5386 Der BFH begreift § 4 Abs. 5 Nr. 7 EStG nicht nur als Beschränkung des Betriebsausgabenabzugs der Höhe nach auf einen angemessenen Betrag, sondern hat über diese Vorschrift den Katalog der Abzugsverbote dem Grunde nach ausgedehnt,[3] so dass auch anderer Repräsentationsaufwand dem Abzugverbot unterliegen kann.[4]

5387 Nicht abzugsfähig sind außerdem Betriebsausgaben, deren Empfänger oder Gläubiger die GmbH auf Verlangen des Finanzamtes nicht namhaft macht oder machen kann (§ 160 AO). Das ist eine Ermessensentscheidung.[5]

5388 Grundsätzlich haben nicht abziehbare Betriebsausgaben nach § 4 Abs. 5 EStG oder § 160 AO dieselbe Rechtsfolge wie eine vgA. Der betreffende Aufwand, der seinen Charakter als Betriebsausgabe nicht verliert, wird außerhalb der Bilanz dem Unterschiedsbetrag nach § 4 Abs. 1 Satz 1 EStG betragsmäßig wieder hinzugerechnet, was sich gewinnerhöhend auswirkt. So gesehen ist es unter Geltung des Teileinkünfteverfahrens gleichgültig, ob eine Betriebsausgabe in eine vgA umqualifiziert wird. Dennoch kann es im Einzelfall im Bereich des § 4 Abs. 5 Nr. 7 EStG von Bedeutung sein, ob die Ausgabe

---

1 Schmidt/Heinicke, EStG, § 3c Rz. 1; BFH v. 26. 3. 2002 VI R 26/00, BStBl II 2002, 823.
2 Vgl. BFH v. 7. 7. 1976 I R 180/74, BStBl II 1976, 753.
3 BFH v. 16. 2. 1990 III R 21/86, BStBl II 1990, 575.
4 Vgl. aber auch BFH v. 12. 5. 2003 I B 157/02, BFH/NV 2003, 1314.
5 Vgl. BFH v. 10. 3. 1999 XI R 10/98, BStBl II 1999, 434.

gesellschaftsrechtlich mitveranlasst und geeignet ist, beim Gesellschafter einen Beteiligungsertrag auszulösen, also vGA ist oder nur nicht abziehbaren Aufwand darstellt. Denn bei § 4 Abs. 5 EStG (oder auch § 160 AO) wird nur der Aufwand korrigiert, während bei § 8 Abs. 3 Satz 2 KStG die Bewertung der vGA mit einem angemessenen Gewinnaufschlag erfolgt und die vGA beim Gesellschafter einer weiteren Steuerbelastung unterliegt; außerdem kann die Verwendungsreihenfolge nach § 27 Abs. 1 Satz 3 KStG betroffen sein.

7. Ausgleichszahlungen einer Organgesellschaft

Schließlich sind gem. § 4 Abs. 5 Nr. 9 EStG **Ausgleichszahlungen, die von einer Organgesellschaft an außenstehende Gesellschafter** geleistet werden, vom Abzug ausgeschlossen. Diese Zahlungen sind einschließlich der darauf entfallenden Ausschüttungsbelastung von der Organgesellschaft als eigenes Einkommen zu versteuern (§ 16 Satz 1 KStG). Bemessungsgrundlage sind deshalb 20/17 der Ausgleichszahlung. Diese Regelung hat ihren Grund darin, dass die Ausgleichszahlungen wie Gewinnausschüttungen mit KSt belastet sein sollen, Organträger aber auch eine natürliche Person sein kann, bei der die Ausschüttungsbelastung mit KSt nicht hergestellt werden könnte. Deshalb ist es erforderlich, die auf die Ausgleichszahlung entfallende KSt einheitlich bei der Organgesellschaft zu erheben.

5389

Der Steuerbilanzgewinn (Unterschiedsbetrag nach § 4 Abs. 1 Satz 1 EStG) der GmbH ist des Weiteren um die gem. § 10 KStG nicht abziehbaren Aufwendungen zu erhöhen, soweit sie erfolgswirksam verbucht worden sind. Dabei läuft das Abzugsverbot des § 10 Nr. 1 KStG bei der GmbH als Erwerbsgesellschaft allerdings leer, weil Gewinnausschüttungen ohnehin nach § 8 Abs. 3 KStG als Einkommensverwendung den Gewinn nicht beeinflussen dürfen.

5390

8. Personensteuern

Haben **Personensteuern** – dazu zählen Körperschaftsteuer, Solidaritätszuschlag, Kapitalertragsteuer, Erbschaft- und Schenkungsteuer, ausländische Steuern vom Einkommen und Vermögen – , die Umsatzsteuer auf vGA und die Vorsteuer auf die nicht abziehbaren Betriebsausgaben nach § 4 Abs. 5 EStG das Bilanzergebnis der GmbH gemindert, sind sie gem. § 10 Nr. 2 EStG ebenfalls wieder hinzuzurechnen. Diese Ausgaben sind Einkommensverwendung, die aus dem versteuerten Einkommen zu leisten sind.

5391

Nicht abziehbar sind auch Säumniszuschläge (§ 240 AO), Verspätungszuschläge (§ 152 AO) und Zwangsgelder (§ 329 AO), die Nebenleistungen zu den genannten nicht abzugsfähigen Steuern sind. Umgekehrt gehören jedoch Prozesszinsen auf Erstattungsbeträge (§ 236 AO) zu den steuerpflichtigen Einnahmen. Auch Zinsen auf Steuernachzahlungen gem. §§ 233a, 234 AO (Stundungszinsen) und § 237 AO (Aussetzungszinsen) gehören zu den nicht abziehbaren Aufwendungen, soweit sie sich auf nicht abziehbare Steuern beziehen.

5392

9. Aufsichtsratsvergütungen

5393 Nicht zum Abzug zugelassen ist auch die **Hälfte der Aufsichtsratsvergütungen** (§ 10 Nr. 4 KStG), um unangemessen hohen Vergütungen entgegenzuwirken. Dazu rechnen alle Leistungen, die eine GmbH als Entgelt für die Überwachung ihrer Geschäftsführung an ein Mitglied eines Überwachungsorgans, i. d. R. des freiwilligen oder obligatorischen Aufsichtsrats, erbringt. Der bloße Auslagenersatz ist aber voll abzugsfähig.

10. Sanierungsgewinne

Literatur: *Kußmaul, H./ Licht, D.*, Zur Notifizierung des § 3a EStG, DB 2017, 1797; *Uhländer, C.*, Die Besteuerung von Sanierungsgewinnen in laufenden Verfahren, DB 2017, 1224; *Förster, G./Hechtner, F.*, Steuerbefreiung von Sanierungsgewinnen gem. §§ 3a, 3c Abs. 4 EStG, DB 2017, 1536.

5394 Der Große Senat hat mit Beschluss vom 28. 11. 2016[1] den Sanierungserlass vom 27. 3. 2003 für rechtswidrig erklärt. Der Gesetzgeber hat darauf mit der (Wieder-)Einführung einer gesetzlichen Steuerbefreiung von Sanierungsgewinnen in §§ 3a, 3c Abs. 4 EStG n. F. durch das Gesetz gegen schädliche Steuerpraktiken im Zusammenhang mit Rechteüberlassungen[2] reagiert.[3] Die Vorschrift gilt auch für die Körperschaft- und Gewerbesteuer. Zur zeitlichen Anwendung bestimmt § 52 Abs. 4a EStG n. F., dass die Neuregelungen auf alle Fälle anzuwenden sind, in denen die Schulden ganz oder teilweise nach dem 8. 2. 2017 erlassen wurden/werden. Für Schulderlasse bzw. verbindliche Auskünfte bis zu diesem Datum verweist die Gesetzesbegründung auf das BMF-Schreiben vom 27. 4. 2017.[4] Die Neuregelung tritt erst nach Notifizierung durch die EU-Kommission in Kraft.[5]

5395 Zweck der gesetzlichen Regelung ist zu vermeiden, dass Unternehmen in Krisensituationen durch die Besteuerung von Sanierungsgewinnen gleich wieder in die Krise geraten. Im Gegensatz zum alten § 3 Nr. 66 EStG wird durch eine vorrangige Verlustverrechnung die Begünstigung auf das erforderliche Mindestmaß begrenzt.[6]

5396 § 3a EStG n. F. stellt Sanierungserträge steuerfrei. Als solche werden Betriebsvermögensmehrungen und Betriebseinnahmen aus einem Schuldenerlass zum Zweck einer unternehmensbezogenen Sanierung bezeichnet.[7] Die Vorschrift stellt damit die Bruttoerträge, und nicht den Sanierungsgewinn, steuerfrei.

Nach § 3c Abs. 4 EStG n. F. sind Aufwendungen, die in unmittelbarem wirtschaftlichen Zusammenhang mit steuerfreien Sanierungserträgen stehen, nicht abzugsfähig.

5397 Voraussetzung für die Steuerbefreiung ist, dass die Betriebsvermögensmehrungen bzw. Betriebseinnahmen aus einem **Schuldenerlass** herrühren. Das kann sein:

---

1 GrS 1/15, BStBl II 2017, 393.
2 BGBl I 2017, 2074; zur Begründung s. BT-Drs. 18/12128.
3 Zu Einzelheiten der neuen Vorschrift s. Kanzler in Kanzler/Kraft/Bäuml, NWB Kommentar zum EStG, § 3a und § 3c Abs. 4 EStG, (Online-Version).
4 Siehe hierzu Uhländer, DB 2017, 1224.
5 Siehe hierzu Kußmaul/Licht, DB 2017, 1797.
6 Förster/Hechtner, DB 2017, 1536.
7 Auf die ausnahmsweise unternehmerbezogene Sanierung wird hier nicht näher eingegangen.

- Erlassvertrag oder negatives Schuldanerkenntnis nach § 397 BGB,
- Forderungsverzicht im Rahmen eines Insolvenzplanverfahrens nach §§ 217 ff. InsO,
- Schuldenerlass unter Besserungsvorbehalt.
- Unseres Erachtens fällt unter die Steuerbefreiung auch eine Rangrücktrittsvereinbarung, wenn die Verbindlichkeit wegen § 5 Abs. 2a EStG nicht mehr passiviert werden darf.[1]

Eine unternehmensbezogene Sanierung liegt gem. § 3a Abs. 2 EStG vor, wenn der Steuerpflichtige für den Zeitpunkt des Schuldenerlasses die Sanierungsbedürftigkeit und Sanierungsfähigkeit des Unternehmens, die Sanierungseignung des betrieblich begründeten Schuldenerlasses und die Sanierungsabsicht der Gläubiger nachweist.[2] Nach der Gesetzesbegründung[3] entsprechen die Voraussetzungen der Verwaltungsauffassung in Tz. 4 des Sanierungserlasses vom 27.3.2003 und der langjährigen Rechtsprechung des RFH und BFH.

5398

Sind die v. g. Voraussetzungen erfüllt, stellt § 3a Abs. 1 Satz 1 EStG n. F. den Sanierungsertrag steuerfrei. Da § 3c Abs. 4 EStG n. F. ein Abzugsverbot für mit dem Sanierungsertrag in unmittelbarem wirtschaftlichen Zusammenhang stehenden Aufwendungen anordnet, ist im Ergebnis der Sanierungsgewinn steuerfrei.

5399

Dieser Sanierungsgewinn ist zunächst in einer bestimmten Reihenfolge mit verteilt abziehbarem Aufwand, negativen Einkünften, Verlusten sowie Zins- und EBITDA-Vorträgen zu verrechnen. Schließlich ordnet § 3a Abs. 1 Satz 2 EStG n. F. an, dass steuerliche Wahlrechte in dem Jahr, in dem der Sanierungsertrag erzielt wird (Sanierungsjahr) und im Folgejahr im zu sanierenden Unternehmen gewinnmindernd auszuüben sind.

Die Ermittlung des „verbleibenden Sanierungsertrags" i. S. v. § 3a Abs. 3 Satz 4 EStG, der steuerfrei bleibt, erfolgt in mehreren Schritten:[4]

- Zunächst wird der (Brutto-)Sanierungsertrag um die nach § 3c Abs. 4 EStG n. F. nicht abziehbaren Aufwendungen gemindert („geminderter Sanierungsertrag").
- Dieser geminderte Sanierungsertrag verringert bis zu seinem Verbrauch die Verlustverrechnungspotentiale (§ 3a Abs. 3 Satz 2 Nr. 1 bis 13 EStG n. F.). Diese gehen endgültig unter (§ 3a Abs. 3 Satz 5 EStG n. F.). Hierzu gehört z. B. der zum Ende des Vorjahrs gesondert festgestellte Verlustvortrag gemäß § 10d Abs. 4 EStG (§ 3a Abs. 3 Satz 2 Nr. 10 EStG n. F.).
- Letztlich sind auch die Verlustverrechnungspotentiale einer nahestehenden Person zu mindern, wenn diese die erlassenen Schulden innerhalb eines Zeitraums von fünf Jahren vor dem Schuldenerlass auf das zu sanierende Unternehmen übertragen hat und soweit das Verlustverrechnungspotential zum Ablauf des Wirtschaftsjahrs der Übertragung bereits vorhanden war. Ein Nahestehen kann nach der Gesetzes-

---

[1] Zur Frage, unter welchen Voraussetzungen eine Verbindlichkeit bei Rangrücktritt in der Steuerbilanz ausgebucht werden muss, s. BFH v. 15.4.2015 – I R 44/14, BStBl II 2015, 769.
[2] Zu den einzelnen Voraussetzungen s. Kanzler in Kanzler/Kraft/Bäuml, NWB Kommentar zum EStG, § 3a und § 3c Abs. 4 EStG, (Online-Version).
[3] BT-Drucks. 18/12128, 31.
[4] Förster/Hechtner, DB 2017, 1536, 1540.

begründung weitergehend als § 15 AO durch familienrechtliche, gesellschaftsrechtliche, schuldrechtliche oder auch rein tatsächliche Beziehungen begründet werden.[1]

5400–5420   (*Einstweilen frei*)

II. Verdeckte Einlagen

1. Allgemeines

5421   Bei buchführungspflichtigen Unternehmen wie der GmbH ergibt sich der Gewinn aus einem Vergleich des Betriebsvermögens am Ende des Wirtschaftsjahres mit dem Betriebsvermögen am Ende des Vorjahres, vermehrt um den Wert der Entnahmen und vermindert um den Wert der Einlagen (§§ 4 Abs. 1, 5 EStG). Die Korrekturen des Betriebsvermögens um die Entnahmen und Einlagen sind notwendig, weil das steuerlich maßgebende wirtschaftliche Ergebnis nur die betrieblichen Vermögensmehrungen und -minderungen erfassen darf.

5422   Entnahmen sind alle Wirtschaftsgüter (Barentnahmen, Waren, Erzeugnisse, Nutzungen und Leistungen), die der Steuerpflichtige für betriebsfremde Zwecke entnimmt (§ 4 Abs. 1 Satz 2 EStG). Einlagen sind alle Wirtschaftsgüter (Bareinzahlungen und sonstige Wirtschaftsgüter), die der Steuerpflichtige dem Betrieb im Laufe des Wirtschaftsjahres zugeführt hat.

5423   Bei Kapitalgesellschaften wie der GmbH, die der KSt unterliegen, gelten für die nicht betrieblich, sondern durch das Gesellschaftsverhältnis veranlassten Vermögensminderungen die Regeln des § 8 Abs. 3 KStG, die den Bestimmungen des EStG über die Entnahmen vorgehen. Offene wie verdeckte Gewinnausschüttungen dürfen das Einkommen (Gewinn) nicht mindern. Ähnliche Sondervorschriften für Einlagen fehlen, so dass nach § 8 Abs. 1 KStG insgesamt die Gewinnermittlungsvorschriften des EStG anzuwenden und auch die Vorschriften über die Einlagen gem. § 5 Abs. 6 EStG zu befolgen sind.[2]

5424   Es gilt damit der Grundsatz, dass Vermögensmehrungen, die auf offenen und verdeckten Einlagen beruhen, den Gewinn der GmbH gem. § 4 Abs. 1 Satz 1 EStG nicht erhöhen, obwohl die Vermögensbewegung im Gegensatz zum Einkommensteuerrecht (regelmäßig) zwischen verschiedenen Steuersubjekten stattfindet.[3] Deshalb muss zwischen gesellschaftlich bedingten Vorgängen und betrieblichen Geschäftsvorfällen strikt unterschieden werden. Soweit es die verfahrensrechtliche Verbindung von Gesellschafts- und Gesellschafterebene betrifft, hat das JStG 2007 auch zur Behandlung verdeckter Einlagen neue Vorschriften im KStG im Hinblick auf eine korrespondierende Behandlung gebracht.

5425   Soweit es bei dem Gesellschafter zur Feststellung einer verdeckten Einlage gekommen ist, kann nach § 32a Abs. 2 KStG n. F. ein Körperschaftsteuerbescheid der Kapitalgesellschaft geändert werden.[4] Damit ist für einen im Zeitpunkt des Erlasses, der Änderung

---

1 BT-Drucks. 18/12128, 32.
2 BFH v. 15. 10. 1997 I R 80/96, BFH/NV 1998, 624.
3 BFH v. 9. 6. 1997 GrS 1/94, BStBl II 1998, 307.
4 Zum Umfang der Änderungsmöglichkeit, die auch Folgeänderungen in späteren Jahren ermöglicht, s. FG Köln v. 16. 2. 2016 10 K 2574/15, Rev. Az. des BFH: I R 25/16.

oder der Aufhebung des Steuerbescheides des Gesellschafters bereits bestandskräftigen Körperschaftsteuerbescheid, in dem die Gesellschaft die verdeckte Einlage bereits voll versteuert hat, eine **Anpassungsmöglichkeit** geschaffen worden, die ebenfalls als „Kannvorschrift" ausgestaltet wurde und damit der Finanzverwaltung ein Ermessen einräumt. Dieses dürfte im Regelfall allerdings eine Reduzierung auf Null erfahren, insbesondere bei ausdrücklichem Änderungsantrag der Gesellschaft.

Im Hinblick darauf, dass die Festsetzungsfrist insoweit nicht vor Ablauf eines Jahres nach Unanfechtbarkeit des Steuerbescheides des Gesellschafters endet (§ 32a Abs. 2 Satz 2 i.V. m. Abs. 1 Satz 2 KStG), kann es zu erheblichen zeitlichen Verschiebungen beispielsweise dann kommen, wenn die Frage der Existenz und der Höhe verdeckter Einlagen sich bei dem Gesellschafter im Rahmen des § 17 EStG erst nach Anteilsveräußerung oder im Falle der Auflösung der Körperschaft stellt.   5426

Diese Neuregelung ist erstmals anzuwenden, wenn der Steuerbescheid des Gesellschafters nach dem 18. 12. 2006 erlassen, aufgehoben oder geändert wird (§ 34 Abs. 13b KStG).   5427

In § 8 Abs. 3 KStG sind die Sätze 3 bis 6 angefügt worden. Danach erhöhen verdeckte Einlagen das Einkommen der Gesellschaft nicht (Satz 3; so schon bisher R 40 Abs. 2 Satz 1 KStR 2004), es sei denn, die verdeckte Einlage hat bei dem leistenden Gesellschafter dessen Einkommen gemindert. Dies bedeutet umgekehrt: Einkommen der Körperschaft entsteht, soweit eine verdeckte Einlage das Einkommen des Gesellschafters gemindert hat. Insoweit erhöht sich das Einkommen der Gesellschaft (Satz 4).[1]   5428

Nach Satz 5 gilt dies auch dann, wenn die verdeckte Einlage des Gesellschafters auf einer vGA zwischen Schwestergesellschaften beruht, die vGA bei dem Gesellschafter nicht berücksichtigt wurde und bei der leistenden Körperschaft zu einer Einkommensminderung geführt hat. In diesen Fällen erhöht die verdeckte Einlage nicht die Anschaffungskosten der Beteiligung (Satz 6).[2]   5429

Diese Neuregelung ist erstmals auf verdeckte Einlagen anzuwenden, die nach der Verkündung des JStG 2007 (nach dem 18. 12. 2006) geleistet werden (§ 34 Abs. 6 KStG). Maßgeblich ist ausschließlich der Zufluss bei der Kapitalgesellschaft.   5430

(*Einstweilen frei*)   5431–5440

2. Begriff der offenen und verdeckten Einlage

Literatur: *Neu*, Forderungsverzicht durch den GmbH-Gesellschafter aus steuerlicher Sicht, GmbH-StB 1998, 131; *Roser*, Gesellschaftereinlagen im Lichte des Beschlusses des Großen Senats des BFH v. 9. 6. 1997 – 1 GrS 1/94, GmbHR 1998, 301; *Weber-Grellet*, Die verdeckte Einlage, DB 1998, 1532; *Eiler/Wienands*, Anmerkung zu: BFH-Beschl. v. 16. 5. 2001 – I B 143/00 – (Gesellschafter-Verzicht auf Darlehen mit eigenkapitalersetzender Funktion als Einlage), GmbHR 2001, 823; *Hoffmann*, Anmerkung zu: BFH-Beschl. v. 16. 5. 2001 – I B 143/00 – (Gesellschafter-Verzicht auf Darlehen mit eigenkapitalersetzender Funktion als Einlage), GmbHR 2001, 825; *Gosch/Roser*, KStG, § 8 Rz. 131 – ABC der verdeckten Einlagen; *Füger/Rieger*, Verdeckte Einlage in eine Kapitalgesellschaft zu Buch-

---

[1] Nach Korn, TT 52, 2006, Tz. B 31 ein neuer Steuertatbestand.
[2] Vgl. hierzu für „Dreiecksfälle" auch Janssen, Dreiecksfälle bei der formellen und materiellen Korrespondenz bei vGA und verdeckten Einlagen, GStB 2008, 295, mit Beispielen.

werten, DStR 2003, 628; *Altrichter-Herzberg*, Steuerliche Aspekte der verdeckten Sacheinlage bei der GmbH, GmbHR 2004, 1188; *Klein, H.*, Die verdeckte Einlage im Ertragsteuerrecht, NWB F. 3, 13059, NWB DokID: NAAAB-27736; *Böth*, Die verdeckte Einlage – Eine häufig unterschätzte Feststellung, StBp 2005, 341; *Mayer*, Zusammentreffen von verdeckter Gewinausschüttung und verdeckter Einlage mit steuerlichen Bewertungsvorbehalten im Einkommen- und Umwandlungssteuerrecht, GmbHR 2005, 1033; *Srebne*, Die verdeckte Einlage im Bilanz-, Ertrag- und Umsatzsteuerrecht, StStud 2005, 9; *Böth*, Die verdeckte Einlage – Eine häufig unterschätzte Feststellung, StBp 2006, 13.

a) Abgrenzung

5441 Gesellschaftliche Einlagen können offen und verdeckt erfolgen. Die Abgrenzung und die jeweiligen Merkmale ergeben sich aus folgendem **Schema:**

Gesellschaftliche Einlagen

Offene Einlage	Verdeckte Einlage
Den gesellschaftsrechtlichen Vorschriften entsprechende Einlagen	Zuwendung eines einlagefähigen Vermögensvorteils, veranlasst durch das Gesellschaftsverhältnis, verdeckt durch ein schuldrechtl. Leistungsverhältnis
▶ Ausgabeaufgeld	
▶ Zuzahlung aufgrund der Satzung	
▶ freiwillige Zuzahlung aufgrund Gesellschafterbeschluss	
Einstellung in die Kapitalrücklage (§ 272 Abs. 2 HGB)	Ertragswirksame Buchung
Erhöhung eines Aktivpostens und eines Passivpostens	Entstehung oder Erhöhung eines Aktivpostens
	Wegfall oder Minderung eines Passivpostens
Keine Einkommenserhöhung	Einkommenserhöhung
Keine Abrechnung bei der Einkommensermittlung notwendig	Kürzung bei der Einkommensermittlung erforderlich

b) Definitionen

5442 Einlagen des Gesellschafters bewirken auf der gesellschaftlichen Ebene bei Gründung der GmbH oder bei Kapitalerhöhungen Vermögensmehrungen der Gesellschaft. Um den Begriff der Einlage – handelsrechtlich wie steuerrechtlich – zu erfüllen, muss der GmbH Eigenkapital (von außen) zugeführt werden; der Gesellschafter muss der GmbH einen vermögenswerten Gegenstand zu deren Verfügung aus eigenem Recht überlassen. Dazu müssen Sachen übereignet, Forderungen und Rechte abgetreten und Nutzungs- oder Gebrauchsrechte dauerhaft eingeräumt werden.

aa) Offene Einlagen

Werden dabei die gesellschaftsrechtlichen Vorschriften beachtet, handelt es sich um **offene** (gesellschaftsrechtliche) **Einlagen**. Bei ihnen tritt der Charakter einer Eigenkapitalzuführung offen zu Tage. Werden die Leistungen des Gesellschafters auf die übernommene Stammeinlage, als Aufgeld (Agio) oder als Nachschuss erbracht, müssen sie auf Eigenkapitalkonten (Stammeinlage- oder Rücklagenkonto) eingestellt werden. Auch Eigenkapitalzuführungen, Nebenleistungen oder freiwillige Leistungen mit oder ohne gesellschaftsrechtliche „Gegenleistung" kann die GmbH auf dem Rücklagenkonto passivieren. Offene Einlagen führen also – auch handelsrechtlich – ergebnisneutral entweder (bei Gründung oder Kapitalerhöhung) zu Nennkapital (gezeichnetes Kapital) oder zu einer Erhöhung der Kapitalrücklage (§ 272 Abs. 2 HGB).

5443

Verdeckte (verschleierte) Sacheinlagen werden steuerlich wie eine Einlage behandelt. Die typischen Fälle der verdeckten Sacheinlage betreffen eine formale Bareinlage, die wirtschaftlich betrachtet eine Sacheinlage darstellt und gesellschaftsrechtlich nicht auf die Bareinlageverpflichtung angerechnet wird (z. B. Leistung einer Bareinlage und anschließender Verkauf von Gegenständen unter Rückfluss der Barmittel an den Gesellschafter, Aufrechnung einer Forderung mit der Bareinlageverpflichtung, Einzahlung der Bareinlage und unmittelbare Tilgung einer Gesellschafterforderung, Kapitalerhöhung durch Einbringung von Ausschüttungsansprüchen). In Fällen allerdings, in denen die Einlage gegen Gewährung neuer Gesellschaftsrechte (z. B. § 20 UmwStG) zu erfolgen hat, können sich steuerliche Probleme ergeben.[1] Erfolgt die verdeckte Sacheinlage eines Betriebs oder Mitunternehmeranteils im Wege eines steuerpflichtigen Verkaufs nach einer Bareinlage, ist insoweit eine Umdeutung oder Heilung in eine Sacheinlage gegen Gewährung von Gesellschaftsrechten nach § 20 UmwStG nicht möglich, weil § 41 Abs. 1 AO nicht anwendbar ist.[2]

5444

bb) Verdeckte Einlagen

Im Gegensatz dazu stehen Leistungen des Gesellschafters, mit denen er „seiner" GmbH Eigenkapital im Rahmen eines schuldrechtlichen Leistungsverhältnisses (Kauf, Miete, Pacht, Darlehen u. Ä.) zuführt, das den wahren gesellschaftlichen Rechtsgrund des Geschäftsvorfalles „**verdeckt**", der sich zunächst auch erfolgswirksam im Unterschiedsbetrag nach § 4 Abs. 1 Satz 1 EStG niederschlägt, was folglich außerhalb der Bilanz wieder zu korrigieren ist.

5445

Die **verdeckte Einlage** liegt vor, wenn ein Gesellschafter oder eine ihm nahe stehende Person der GmbH außerhalb der gesellschaftsrechtlichen Einlagen[3] einen **einlagefähigen** (= bilanzierungsfähigen) Vermögensvorteil zuwendet und diese Zuwendung durch das Gesellschaftsverhältnis veranlasst ist.[4]

5446

---

1 Vgl. Gosch/Roser, KStG, § 8 Rn. 102.
2 Vgl. BFH v. 1. 7. 1992 I R 5/92, BStBl II 1993, 131.
3 Einlagen, die nicht den gesellschaftsrechtlichen Vorschriften entsprechen, BFH v. 7. 7. 1992 VIII R 24/90, BStBl II 1993, 333.
4 R 8.9 Abs. 1 KStR; BFH v. 6. 11. 2003 IV R 10/01, BStBl II 2004, 416.

5447 **Die Ursächlichkeit des Gesellschaftsverhältnisses** ist anzunehmen, wenn ein Nichtgesellschafter bei Anwendung der Sorgfalt eines ordentlichen Kaufmanns den Vermögensvorteil der Gesellschaft nicht eingeräumt hätte,[1] wobei dies – wie bei dem gleichen Tatbestandsmerkmal bei einer Vermögensminderung oder verhinderten Vermögensmehrung aufgrund einer verdeckten Gewinnausschüttung – grundsätzlich durch einen **Fremdvergleich** festgestellt werden muss.[2] Nichtgesellschafter ist i.d.R. ein (gedachter) fremder Dritter, der weder Gesellschafter ist noch einem Gesellschafter nahe steht. Ist der Gesellschafter jedoch zugleich ein (Haupt-)Lieferant der GmbH, kommt es auf die Veranlassung der Zuwendung durch das Gesellschafts- oder das Lieferantenverhältnis an. Zu fragen ist dann, ob der Gesellschafter der GmbH den Vermögensvorteil auch dann zugewendet hätte, wenn er nur der Lieferant der GmbH gewesen wäre.[3] Bei Darlehensverzicht und Bürgschaftsübernahme ist eine Veranlassung durch das Gesellschaftsverhältnis anzunehmen, soweit diese Finanzierungen des Gesellschafters eigenkapitalersetzend sind.[4] Maßgebender Zeitpunkt für den Fremdvergleich ist grundsätzlich der Abschluss des Vertrages (Verpflichtungsgeschäft), der der Gewährung des Vermögensvorteils zugrunde liegt, nicht der Erfüllungszeitpunkt.[5]

5448 Der Begriff der verdeckten Einlage verlangt nicht, dass der gewährte Vermögensvorteil aus dem Vermögen des Gesellschafters (bürgerlich-rechtlicher Inhaber der Gesellschaftsanteile) stammt. Vielmehr kann die Zuwendung auch von einer dem Gesellschafter **nahe stehenden Person** oder einem Dritten erbracht werden.[6] Das Näheverhältnis des Dritten zum Gesellschafter kann sich auf familienrechtliche, gesellschaftsrechtliche, schuldrechtliche oder eine Beziehung tatsächlicher Art gründen, jedoch reichen gleich gelagerte Interessen allein nicht aus.[7] Dann sind jedoch strengere Anforderungen an den Zurechnungsgrund (Interessenlage) zu stellen;[8] es ist zu unterscheiden zwischen Zuwendungen aus eigenwirtschaftlichen Interessen des Dritten (Beitrag zur Gesundung der Kapitalgesellschaft im Interesse der Aufrechterhaltung eigener Geschäftsbeziehungen), Zuwendungen zur Aufrechterhaltung der Geschäftsbeziehungen zu dem Gesellschafter oder Zuwendungen im Interesse des Gesellschafters, der dadurch eine verdeckte Einlage in die Kapitalgesellschaft erbringt (zum Forderungsverzicht).[9] Daraus ergeben sich unterschiedliche steuerliche Folgen, wie folgende Beispiele erläutern sollen:

> **BEISPIEL:** Die „Mode-GmbH" unterhält mehrere Modeboutiquen für eine Reihe von Bekleidungsmarken ausländischer Hersteller. Der Einzelunternehmer Max ist ihr beherrschender Gesellschafter und für diese Bekleidungsmarken der regionale Vertriebspartner des Alleinimporteurs F, der als stiller Gesellschafter am Unternehmen des Max beteiligt ist. F stellt im Rahmen

---

1 BFH v. 21.9.1989 IV R 115/88, BStBl II 1990, 86.
2 Vgl. Klein/Müller/Döpper in Mössner/Seeger, KStG, § 8 Rn. 2119.
3 BFH v. 15.10.1997 I R 80/96, BFH/NV 1998, 624.
4 BFH v. 12.12.2000 VIII R 52/93, BStBl II 2001, 286 und VIII R 22/93, BStBl II 2001, 385.
5 BFH v. 15.10.1997 I R 80/96, BFH/NV 1998, 624.
6 BFH v. 9.6.1997 GrS 1/94, BStBl II 1998, 307.
7 BFH v. 19.8.1999 I R 77/96, BStBl II 2001, 43.
8 Vgl. Gosch/Roser, KStG, § 8 Rn. 110.
9 BFH v. 9.6.1997 GrS 1/94, BStBl II 1998, 307.

eines Franchiseverhältnisses der „Mode-GmbH" auch das Vertriebskonzept sowie die Markenpflege und Werbeaktionen für die vertriebenen Kleidermarken zur Verfügung.

Bei Markteinführung einer neuen, abgestimmten Modellreihe „Young Lady" (Bekleidung, Accessoires, Lifestyleprodukte) leistet F einen verlorenen Zuschuss an die nicht sehr kapitalkräftige „Mode-GmbH", damit diese ihre Betriebs- und Personalausstattung der neuen Modellreihe anpassen kann.

Die Zuwendung an die „Mode-GmbH" dient hier der Fortführung der eigenen geschäftlichen Beziehungen zur „Mode-GmbH" und damit vorrangig eigenen wirtschaftlichen Interessen, die die Nähebeziehung zum Gesellschafter Max überlagert. Die Zuwendung stellt laufenden Ertrag der „Mode-GmbH" dar.

ABWANDLUNG: Hintergrund der Zuwendung an die „Mode-GmbH" ist, dass Max nicht in der Lage ist, der GmbH die benötigten Mittel zuzuführen, der Importeur F zur Markteinführung und Absatzförderung aber überregional mit kostenlosen Typ- und Lifestyleberatungen und Rabattaktionen wirbt. Hier dient die Zuwendung der Erhaltung der geschäftlichen Beziehungen zum Gesellschafter Max, das Gesellschafterinteresse ist vorrangig. Die Zuwendung an die „Mode-GmbH" ist als Gesellschaftereinlage zu behandeln, bei dem Gesellschafter Max steuerpflichtig zu erfassen und bei der „Mode-GmbH" als verdeckte Einlage vom Gewinn abzusetzen.

ABWANDLUNG: Max hält 60 v.H. der Stammanteile an der F-GmbH. Die F-GmbH zahlt einen Zuschuss an die „Mode-GmbH". Hier erfolgt die Zuwendung an die „Mode-GmbH" vorrangig im Interesse des Gesellschafters. Es liegt bei der F-GmbH eine „verdeckte Entnahme" aus ihrem Betriebsvermögen vor, die als vGA an Max zu behandeln ist und bei der „Mode-GmbH" wiederum eine steuerlich neutrale verdeckte Einlage des Max darstellt.

Bei **mittelbaren Beteiligungen** führt die für eine verdeckte Einlage geeignete Vorteilszuwendung zu stufenweisen Einlagevorgängen in der Beteiligungskette. 5449

BEISPIEL: Gewährt die Muttergesellschaft der Enkelgesellschaft einen Forderungsverzicht, so liegen zwei Einlagevorgänge vor, und zwar zunächst von der Muttergesellschaft an die Tochtergesellschaft und von der Tochtergesellschaft in die Enkelgesellschaft.[1]

Bei Zuwendung eines Vermögensvorteils zwischen **Schwesterkapitalgesellschaften** liegt eine Zuwendung im Dreiecksverhältnis vor. Sie führt zu einer verdeckten Gewinnausschüttung von der GmbH S 1 an die Muttergesellschaft und zu einer verdeckten Einlage der Muttergesellschaft in die GmbH S 2.[2] 5450

Es gehört zum **Wesen der verdeckten Einlage**, dass ihr **keine Gegenleistung** (Entgelt) der GmbH **in Gestalt von (zusätzlichen) Gesellschaftsrechten** gegenübersteht.[3] Die mit der verdeckten Einlage bewirkte Wertsteigerung der Geschäftsanteile stellt keine Gegenleistung dar, sie ist bloßer Reflex der Einlage.[4] Daran ändert auch nichts, dass das EStG in Sonderfällen die verdeckte Einlage in eine Kapitalgesellschaft wie ein entgeltliches Veräußerungsgeschäft behandelt (§ 17 Abs. 1 Satz 2 EStG für im Privatvermögen befindliche wesentliche Beteiligungen oder § 23 Abs. 1 Satz 5 Nr. 2 EStG für die Einlage eines privaten Grundstücks innerhalb der 10-jährigen Spekulationsfrist). 5451

---

[1] BFH v. 23.10.1985 I R 247/81, BStBl II 1986, 195.
[2] BFH v. 26.10.1987 GrS 2/86, BStBl II 1988, 348.
[3] BFH v. 12.12.2000 VIII R 22/92, BStBl II 2001, 385.
[4] BFH v. 27.7.1988 I R 147/83, BStBl II 1989, 271.

c) Einlagefähige Wirtschaftsgüter

5452 Einlagegegenstände können alle Wirtschaftsgüter sein. Die Einlagefähigkeit wird aus der Bilanzierungsfähigkeit beim Betriebsvermögensvergleich nach § 4 Abs. 1 Satz 1 EStG abgeleitet. Einlagefähig sind daher nur solche Wirtschaftsgüter (Vermögensvorteile), durch die das Vermögen der GmbH entweder durch Ansatz oder Erhöhung eines Aktivpostens oder den Wegfall bzw. die Verminderung eines Passivpostens vermehrt wird. Bilanzierungsfähig und damit einlagefähig sind materielle und immaterielle Wirtschaftsgüter, aber auch der Forderungsverzicht wird als tauglicher Gegenstand eine verdeckten Einlage gesehen, obwohl die Gesellschafterforderung mit der Verzichtserklärung untergeht und nicht als Aktivposten zugeführt werden kann.[1]

5453 **Nutzungs-, Gebrauchs-** und **Leistungsvorteile** können nicht Bestandteil eines Vermögensvergleichs nach § 4 Abs. 1 Satz 1 EStG sein und sind keine Wirtschaftsgüter im bilanzrechtlichen Sinne. Sie sind daher nicht einlagefähig.[2] Deshalb können Vermögensvorteile, die die GmbH aus unentgeltlichen oder verbilligten Dienstleistungen des Gesellschafters, Zinsersparnissen bei Darlehensgewährungen oder der Einräumung unentgeltlicher oder verbilligter Nutzung- und Gebrauchsüberlassung zieht, nicht Gegenstand einer verdeckten Einlage sein. Solche gesellschaftlichen **Erfolgsbeiträge** sind als steuerlicher Ertrag der GmbH zu erfassen. Der Ausschluss von Nutzungseinlagen kann auch nicht dadurch umgangen werden, dass der Gesellschafter an dem Wirtschaftsgut, das zur Nutzung überlassen werden soll, ein obligatorisches oder dingliches Nutzungsrecht bestellt und dieses in die Gesellschaft einlegt. Auch hier gilt das Verbot der Nutzungseinlage.

aa) Aktivmehrungen

5454 Beispiele für verdeckte Einlagen durch **Aktivmehrungen** sind:

▶ Übertragung von Wirtschaftsgütern des Anlagevermögens oder Umlaufvermögens unentgeltlich oder gegen niedriges Entgelt;

▶ Übertragung immaterieller Wirtschaftsgüter[3] und auch einer marktgängigen Geschäftschance.[4] Zwar dürfen nach § 248 Abs. 2 HGB und § 5 Abs. 2 EStG immaterielle Wirtschaftsgüter nur als Aktivposten angesetzt werden, wenn sie entgeltlich erworben wurden, was bei einer verdeckten Einlage eigentlich nicht der Fall ist. Das Aktivierungsverbot des § 5 Abs. 2 EStG gilt jedoch nicht, wenn immaterielle Wirtschaftsgüter eingelegt werden.[5] Es geht das Gebot vor, den betrieblichen Bereich der Gesellschaft von der Gesellschaftersphäre zu trennen;

▶ Begründung einer Forderung durch abstraktes Schuldversprechen;

▶ Rückzahlung von Gewinnausschüttungen;[6]

---

1 BFH v. 9.6.1997 GrS 1/94, BStBl II 1998, 307.
2 BFH v. 26.10.1987 GrS 2/86, BStBl II 1988, 348.
3 Firmenwert, Patente, Konzessionen usw.; vgl. Aufzählung in H 31a EStH.
4 BFH v. 30.1.2002 I R 13/01, BFH/NV 2002, 1172; Gosch/Roser, KStG, § 8 Rz. 106.
5 BFH v. 24.3.1987 I R 202/83, BStBl II 1987, 705.
6 BFH v. 3.8.1993 VIII R 82/91, BStBl II 1994, 561; v. 29.8.2000 VIII R 7/99, BStBl II 2001, 173.

▶ Rückzahlung einer überhöhten und vom festgestellten Jahresgewinn nicht gedeckten Vorabausschüttung.[1]

bb) Passivminderungen

Beispiele für verdeckte Einlagen durch Passivminderung sind: 5455

- ▶ Ganz oder teilweiser Verzicht auf eine Forderung gegen die Gesellschaft;[2]
- ▶ Verzicht auf eine Pensionsanwartschaft durch den Gesellschafter-Geschäftsführer;[3]
- ▶ Erwerb einer nicht werthaltigen Forderung gegen die Gesellschaft;[4]
- ▶ Beitritt zu einer Schuld der Gesellschaft und Zahlung des Gesellschafters unter Verzicht auf den Gesamtschuldnerausgleich;[5]
- ▶ Übernahme einer Bürgschaft.[6]

Keine verdeckten Einlagen sind **Finanzierungshilfen** des Gesellschafters, die **eigenkapitalersetzenden Charakter** haben (Gesellschafterdarlehen, Verbindlichkeiten unter Rangrücktritt des Gesellschafters). Sie bleiben **Fremdkapital**,[7] bis ein Verzicht auf die Forderung ausgesprochen wird. 5456

Die Vermögensmehrung durch die verdeckte Einlage muss der GmbH nicht auf Dauer verbleiben. Verzichtet der Gesellschafter gegen **Besserungsschein**, liegt ein Verzicht unter einer auflösenden Bedingung (§ 158 Abs. 2 BGB) der wirtschaftlichen Besserung der Gesellschaft vor. Erst mit Bedingungseintritt lebt die Forderung wieder auf.[8] Solange ist von einer verdeckten Einlage auszugehen. 5457

(*Einstweilen frei*) 5458–5470

3. Fallgruppen verdeckter Einlagen

a) Veräußerungsvorgänge

Überträgt der Gesellschafter der GmbH Wirtschaftsgüter unentgeltlich oder zu unangemessen niedrigem Preis, bleibt also der Kaufpreis hinter dem Teilwert des Wirtschaftsgutes zurück, liegt insoweit eine verdeckte Einlage vor.[9] 5471

Gleiches gilt, wenn der Gesellschafter als Verkäufer nachträglich eine Preissenkung gewährt[10] oder die GmbH an den Gesellschafter ein Wirtschaftsgut zu einem höheren Preis verkauft, als es tatsächlich wert ist, 5472

---

1 BFH v. 5.9.2001 I R 60, 61/00, BFH/NV 2002, 222.
2 BFH v. 24.5.1984 I R 166/78, BStBl II 1984, 747.
3 BFH v. 9.6.1997 GrS 1/94, BStBl II 1998, 307.
4 BFH v. 1.2.2001 IV R 3/00, BStBl II 2001, 520.
5 BFH v. 20.12.2001 I B 74/01, BFH/NV 2002, 678.
6 BFH v. 12.12.2000 VIII R 22/92, BStBl II 2001, 385.
7 BFH v. 6.11.2003 IV R 10/01, BStBl II 2004, 416.
8 BFH v. 29.1.2003 I R 50/02, BStBl II 2003, 768.
9 BFH v. 21.9.1989 IV R 115/88, BStBl II 1990, 86.
10 BFH v. 14.8.1974 I R 168/72, BStBl II 1975, 123.

BEISPIEL: Aus seinem Einzelunternehmen veräußert der Gesellschafter E an „seine" GmbH Waren. Auf den Listenpreis von 32 000 € räumt er einen „Rabatt" von 6 000 € ein, der Teilwert beträgt 30 000 €. Der Verkauf unter Teilwert stellt grundsätzlich eine verdeckte Einlage dar; sie führt zu einer Gewinnkorrektur bei der GmbH i. H. v. 4 000 €. Die GmbH hat den Geschäftsvorfall mit Wareneinkauf 26 000 € an Geldkonto verbucht. Sind die Waren am Bilanzstichtag nicht mehr im Warenbestand, weil sie weiterverkauft wurden, hat sich der Wareneinkauf nur mit 26 000 € als Aufwand (Wareneinsatz) ausgewirkt, obwohl der Teilwert 30 000 € betragen hat. Befinden sich die Waren am Bilanzstichtag noch im Bestand, gehen sie mit dem Teilwert von 30 000 € in den Schlussbestand ein, so dass ein um 4 000 € geringerer Wareneinsatz im Jahresergebnis berücksichtigt wird. Der jeweils um 4 000 € höhere Gewinn ist um die verdeckte Einlage von 4 000 € steuerlich zu korrigieren Beim Gesellschafter ist in Höhe der Einlage eine Entnahme vorgelagert.[1]

b) Forderungsverzicht

5473 Eine verdeckte Einlage kann auch bewirkt werden, wenn der Gesellschafter auf eine ihm gegen die GmbH zustehende Forderung ganz oder teilweise verzichtet.[2] Durch den Verzicht fällt die passivierte Verbindlichkeit weg, so dass die eingetretene Vermögensmehrung steuerlich zu korrigieren ist. Soweit der Anspruch des Gesellschafters noch nicht bilanziert werden konnte, liegt keine verdeckte Einlage vor. Schwebende Geschäfte dürfen nicht bilanziert werden; deshalb ist der Verzicht auf künftige Zinszahlungen oder künftige Pachtzahlungen mangels Wegfall eines Passivpostens nicht einlagefähig. Eine verdeckte Einlage liegt auch nicht vor, wenn der Gesellschafter-Geschäftsführer für die Zukunft auf ein vertraglich vereinbartes Gehalt verzichtet und die Geschäfte unentgeltlich führt (Leistungseinlage).

aa) Bewertung beim Forderungsverzicht

5474 Beim Forderungsverzicht sind Besonderheiten bei der **Bewertung** zu beachten. Verzichtet der Gesellschafter auf eine (noch) **vollwertige Forderung**, entspricht der Teilwert dem Nennbetrag der Forderung. Dann liegt eine verdeckte Einlage in Höhe der wegfallenden, in der Bilanz ausgewiesenen Verbindlichkeit vor; um diesen Betrag ist außerbilanziell eine Korrektur vorzunehmen, wenn der Verzicht als außerordentlicher Ertrag erfasst wurde. Wurde der Verzicht gewinnneutral in die Kapitalrücklage eingestellt, entfällt eine Gewinnkorrektur.

5475 Ist die **Forderung nicht vollwertig oder nur zum Teil werthaltig,** führt der Verzicht nur zu einer verdeckten Einlage in Höhe des (noch) **werthaltigen Teils (= Teilwert) der Forderung.**[3] Einlagen sind nach § 6 Abs. 1 Nr. 5 EStG mit dem Teilwert zu bewerten, der bei einer Forderung ihrem werthaltigen Teil entspricht. Der Teilwert ist bezogen auf den Einzelfall zu bestimmen. Lang andauernde Verlustphasen oder eine Überschuldung einer GmbH sind wesentliche Anhaltspunkte für eine Wertminderung der Forderung bis auf Null.[4]

---

[1] BFH v. 20. 8. 1986 I R 150/82, BStBl II 1987, 455.
[2] BFH v. 29. 7. 1997 VIII R 57/94, BStBl II 1998, 652.
[3] BFH v. 9. 6. 1997 GrS 1/94, BStBl II 1998, 307; v. 29. 5. 2001 VIII R 10/00, BStBl II 2001, 747.
[4] Vgl. BFH v. 15. 10. 1997 I R 23/93, BFH/NV 1998, 826 und I R 103/93, BFH/NV 1998, 572.

In Höhe der Differenz zum Bilanzansatz der Verbindlichkeit entsteht bei der GmbH ein außerordentlicher, steuerpflichtiger Ertrag.

bb) Ebene des Gesellschafters

Auf der **Ebene des Gesellschafters** führt die verdeckte Einlage durch Forderungsverzicht in Höhe des Teilwerts zu einer nachträglichen Erhöhung des Buchwertes der Beteiligung oder der Anschaffungskosten; ist der Teilwert höher als der Bilanzansatz beim Gesellschafter, wird in Höhe der Differenz zum Teilwert ein Gewinn realisiert. Hinsichtlich des bei der Gesellschaft entstehenden steuerpflichtigen Ertrages (Differenz des Teilwerts zum bilanzierten Wert) kommt es auf der Ebene des Gesellschafters nicht zur nachträglichen Erhöhung des Buchwerts der Beteiligung oder der Anschaffungskosten. Ist der Teilwert geringer als der Bilanzansatz der Forderung beim Gesellschafter, entsteht in Höhe der Differenz ein steuerwirksamer Aufwand.

Die Bewertungsgrundsätze gelten auch beim Erlass oder dem Verzicht auf ein Darlehen oder auf eine andere Forderung mit **eigenkapitalersetzendem** Charakter. Unabhängig von den gesellschaftsrechtlichen Rückzahlungsverboten und Einschränkungen ihrer Durchsetzbarkeit bleiben sie nämlich Fremdkapital. Als Einlage ist nur der Verzicht auf den **werthaltigen Teil des eigenkapitalersetzenden Darlehens** zu werten.[1] Die aufgezeigten Bewertungsgrundsätze gelten auch bei einem Forderungsverzicht gegen Besserungsschein.

c) Verzicht auf Gewinnanteil

Verzichtet in einer GmbH & Co. KG der Kommanditist und Gesellschafter der GmbH mit Rücksicht auf deren Vermögenslage auf den ihm zustehenden Gewinnanteil, ist eine verdeckte Einlage in die Komplementär-GmbH anzunehmen.[2] Es können also innerhalb der GmbH & Co. KG angefallene Gewinne nicht mit steuerlicher Wirkung auf die GmbH verlagert werden, um sie dort mit vorhandenen Verlustvorträgen zu verrechnen.

d) Verzicht auf eine Pensionsanwartschaft

Mit der Pensionszusage erlangt der Gesellschafter ein Anwartschaftsrecht. Verzichtet er auf diesen Bestandteil seines Vermögens gegenüber der verpflichteten GmbH, so liegt in Höhe des **Teilwertes** der Pensionsanwartschaft eine Einlage in die Gesellschaft und ein steuerpflichtiger Zufluss beim Gesellschafter vor,[3] weil er über seinen Pensionsanspruch verfügt. Dem Gesellschafter-Geschäftsführer fließt Arbeitseinkommen i.S.v. § 19 EStG zu,[4] in dessen Höhe eine Einlage vorliegt, die auch die Anschaffungskosten auf die Beteiligung erhöht. Die GmbH erzielt durch den Wegfall der Pensionsverpflich-

---

1 BFH v. 16.5.2001 I B 143/00, BStBl II 2002, 436; v. 28.11.2001 I R 30/01, BFH/NV 2002, 677.
2 BFH v. 23.8.1990 IV R 71/89, BStBl II 1991, 172.
3 BFH v. 9.6.1997 GrS 1/94, BStBl II 1998, 307; v. 15.10.1997 I R 58/93, BStBl II 1998, 305.
4 Wird trotz Abfindungsverbot auf eine unverfallbare Pensionszusage gegen Abtretung des Rückkaufswerts aus der Rückdeckungsversicherung verzichtet, liegt in Höhe des Rückkaufswerts eine vGA vor, die durch die verdeckte Einlage (Verzicht auf die Anwartschaft) nicht kompensiert wird, BFH v. 14.3.2006 I R 38/05, GmbHR 2006, 822, NWB DokID: JAAAB-88782.

tung einen Gewinn, der aus einer verdeckten Einlage stammt und nicht steuerbar ist. Damit hat der BFH seine frühere Rechtsprechung geändert, die beim Gesellschafter keinen Zufluss und bei der Gesellschaft einen steuerpflichtigen Gewinn annahm.[1] Die vorstehenden Ausführungen gelten nur beim Verzicht auf eine unverfallbare Pensionsanwartschaft (sog. Past Service).[2]

5481 Beachtung verdient bei der Beurteilung der steuerlichen Folgen auch die Frage, ob es sich um eine unverfallbare oder eine noch verfallbare Pensionsanwartschaft handelt. Ist die Unverfallbarkeit noch nicht eingetreten, steht dem Gesellschafter noch keine gesicherte Rechtsposition zu. Hat der Gesellschafter aber noch keinen unentziehbaren Rechtsanspruch inne, besitzt er auch kein Wirtschaftsgut, das er einlegen könnte. Zwar führt der Verzicht dann bei der GmbH zu einer Gewinnerhöhung, es liegen aber keine Einlage und kein steuerbarer Zufluss und keine nachträglichen Anschaffungskosten beim Gesellschafter vor.[3] Damit führt der Verzicht des Future Service zu keinen negativen steuerlichen Folgen. Etwas anderes kann aber gelten, wenn die Pensionsanwartschaft durch Barlohnumwandlung entstanden ist.

e) Bewertung beim Pensionsverzicht

5482 Auch beim Verzicht des Gesellschafters auf eine Pensionsanwartschaft stellt sich das ähnliche Bewertungsproblem wie beim „normalen" Forderungsverzicht, wenn der Teilwert der Pensionsanwartschaft des Gesellschafters hinter dem nach § 6a EStG bei der GmbH gebildeten Teilwert der Pensionsverpflichtung zurückbleibt. Der Teilwert der Pensionsanwartschaft ist mit dem Betrag anzusetzen, den der Gesellschafter im Zeitpunkt des Verzichts hätte aufwenden müssen, um eine gleich hohe Anwartschaft gegen einen vergleichbaren Schuldner zu bekommen. Grundlage hierfür ist die Einmalprämie, die an ein Versicherungsunternehmen zu leisten wäre, um eine gleich hohe Anwartschaft zu erlangen; davon sind Abschläge wegen einer geringeren Bonität der Gesellschaft zu machen, insbesondere in einer Krisensituation. Bleibt der Teilwert der Pensionsanwartschaft hinter der Pensionsrückstellung zurück, liegt in Höhe des Teilwerts bei der Gesellschaft eine steuerneutrale Einlage und im Differenzbetrag ein außerordentlicher Ertrag vor. Beim Gesellschafter findet ein steuerpflichtiger Zufluss in Höhe des Teilwerts statt und eine nachträgliche Erhöhung der Anschaffungskosten der Beteiligung. Soweit der Teilwert geringer ist als die bilanzierte Pensionsverpflichtung, liegen weder Anschaffungskosten noch ein Zufluss von Einnahmen vor.

BEISPIEL: Die X-GmbH hat ihrem Gesellschafter-Geschäftsführer G eine Pensionszusage erteilt. Er verzichtet auf die (inzwischen unverfallbar gewordene) Pensionsanwartschaft, um die Eigenkapital- und Gewinnsituation der GmbH in einer Krise zu verbessern. Die Pensionsrückstel-

---

1 BFH v. 19.5.1993 I R 34/92, BStBl II 1993, 804.
2 Zu Einzelheiten s. Klein/Müller/Döpper in Mössner/Seeger, KStG, § 8, Rn. 1747 ff.
3 Zu Einzelheiten s. Klein/Müller/Döpper, a.a.O., Rn. 1753 ff. mit Rechtsprechungsnachweisen; vgl. zur Frage des Arbeitslohns das einen vergleichbaren Sachverhalt betreffende BFH v. 15.6.2016 VI R 6/13, NWB DokID: GAAAF-80975, DStR 2016, 2036.

lung beträgt 100 000 €, der Teilwert der Pensionsanwartschaft beträgt wegen der Krisensituation 70 000 €. Der Verzicht stellt eine verdeckte Einlage dar.

Die X-GmbH muss die Rückstellung auflösen. In Höhe des Teilwerts der Anwartschaft von 70 000 € ist die Auflösung steuerneutral, außerhalb der Bilanz ist zur Ermittlung des Einkommens der Gewinn um die Einlage zu kürzen, welche gem. § 27 KStG auf dem steuerlichen Einlagekonto zu erfassen ist. In Höhe der Differenz zwischen dem Buchwert der Pensionsverpflichtung und dem Teilwert der Anwartschaft von 30 000 € erhöht sich das körperschaftsteuerpflichtige Einkommen bzw. vermindert sich ein Verlust.

Beim Gesellschafter liegt in Höhe des Teilwerts von 70 000 € Arbeitslohn nach § 19 EStG vor, die Anschaffungskosten der Beteiligung erhöhen sich außerdem um diesen Betrag. In Höhe der Differenz zwischen Buchwert der Pensionsverpflichtung und dem Teilwert der Pensionsanwartschaft von 30 000 € liegt weder ein Zufluss noch eine Erhöhung der Anschaffungskosten vor.

Sachverhalt wie vorstehend, aber die X-GmbH befindet sich nicht in einer Krise; der Teilwert der Pensionsanwartschaft beträgt (nach der Höhe einer hierfür aufzubringenden Einmalprämie) 120 000 €. In Höhe dieses Betrages liegt eine verdeckte Einlage in die X-GmbH vor. In gleicher Höhe (= 120 000 €) fließen dem G Einkünfte aus nichtselbständiger Arbeit nach § 19 EStG zu, die zugleich nachträgliche Anschaffungskosten auf seine Beteiligung an der GmbH darstellen.

Die X-GmbH bucht die Pensionsrückstellung i. H. v. 100 000 € gewinnerhöhend aus, bei der Einkommensermittlung ist das Ergebnis um den Wert der verdeckten Einlage (= 120 000 €) zu kürzen, so dass der GmbH steuerlich ein Aufwand von (120 000 € Teilwert ./. Buchwert 100 000 € =) 20 000 € entsteht. Auf dem steuerlichen Einlagekonto ist ein Zugang von 120 000 € zu erfassen.

f) Mittelbare verdeckte Einlagen

Verdeckte Einlagen können einer GmbH auch **mittelbar** über eine dem Gesellschafter **nahe stehende Person** zugeführt werden. Voraussetzung dafür ist, dass die nahe stehende Person den Vermögensvorteil dem Gesellschafter zuwenden wollte, den dieser in die Kapitalgesellschaft einlegt. Wendet die nahe stehende Person den Vermögensvorteil in ihrem eigenen wirtschaftlichen Interesse zu, liegt keine verdeckte Einlage des Gesellschafters vor, auch wenn der Gesellschafter durch die Vermögenszuführung mittelbar begünstigt wird.[1] Der Dritte muss aber der GmbH den Vermögensvorteil im Interesse des ihm nahe stehenden Gesellschafters zuwenden.

5483

Liegt eine mittelbare verdeckte Einlage vor, nimmt die steuerliche Beurteilung an, dass die Zuwendung zunächst an den Gesellschafter erfolgt und dann der Vermögensvorteil vom Gesellschafter der Gesellschaft zugeführt worden sei. Ist die nahe stehende Person eine Personengesellschaft, an der der mittelbar einlegende Gesellschafter als Mitunternehmer beteiligt ist, liegt folglich eine (verdeckte) Entnahme des Gesellschafters in sein Privat- oder Betriebsvermögen vor und von dort eine verdeckte Einlage in die Kapitalgesellschaft.[2] Ist die nahe stehende Person eine Kapitalgesellschaft, führt die mittelbare Zuwendung des Vermögensvorteils zunächst zu einer vGA an den einlegenden Gesellschafter.

5484

---

1 BFH v. 9. 6. 1997 GrS 1/94, BStBl II 1998, 307.
2 BFH v. 29. 7. 1997 VIII R 57/94, BStBl II 1998, 652.

g) Verdeckte Einlagen in der Beteiligungskette

5485　Findet die Zuführung des Vermögensvorteils in einer **Beteiligungskette** (Mutter-, Tochter- und Enkelgesellschaft) statt, indem die Muttergesellschaft der Enkelgesellschaft verdeckt ein Wirtschaftsgut unentgeltlich zuwendet, liegen in jeder Stufe verdeckte Einlagen vor, also von Muttergesellschaft an die Tochtergesellschaft und von der Tochtergesellschaft an die Enkelgesellschaft.[1]

Eine mittelbare verdeckte Einlage liegt auch bei Zuwendungen im Dreiecksverhältnis vor, wenn eine Kapitalgesellschaft T 1 ihrer durch einen gemeinsamen Gesellschafter verbundenen Schwestergesellschaft T 2 einen Vermögensvorteil zuführt.[2]

BEISPIEL: ▶ Die H-KG beherrscht zu 100 v. H. die X-GmbH und die Y-GmbH. Die X-GmbH überträgt auf Veranlassung der H-KG der Y-GmbH ein Wirtschaftsgut (Buchwert 60 000 €, Teilwert 70 000 €) unentgeltlich. Die Schwestergesellschaften X und Y sind jeweils der H-KG nahe stehende Personen. Die Zuführung des Wirtschaftsgutes stellt i. H. v. 10 000 € im Verhältnis der H-KG zur Y-GmbH eine verdeckte Einlage, zugleich aber auch eine vGA im Verhältnis der X-GmbH zur H-KG dar.

5486　Wendet die Kapitalgesellschaft T 1 ihrer Schwestergesellschaft T 2 jedoch einen nicht einlagefähigen Nutzungsvorteil (Leistungsvorteil), z. B. ein zinsloses Darlehen zu, liegt im Verhältnis T 1 zur gemeinsamen Muttergesellschaft eine vGA vor, die den Gewinn der T 1 nach § 8 Abs. 3 Satz 2 KStG nicht mindern darf, die Muttergesellschaft bezieht in Höhe des Wertes des Nutzungsvorteils Einnahmen, denen aber in gleicher Höhe fiktive Ausgaben in Gestalt des der T2 zugewendeten Vermögensvorteils gegenüberstehen, während die T 2 wegen der ersparten Aufwendungen einen steuerpflichtigen Gewinn erzielt, der nicht korrigiert wird, weil der Nutzungsvorteil nicht verdeckt (mittelbar) eingelegt werden kann.

5487–5500　(*Einstweilen frei*)

4. Kapitalgesellschaft als Erbe

5501　Beerbt die GmbH ihren Gesellschafter, ist der Vermögensübergang nach Einlagegrundsätzen zu behandeln und zu bewerten.[3] Nachlassverbindlichkeiten mindern den Wert der Einlage.

5. Verdeckte Einlagen und Gesellschafterfremdfinanzierung

5502　Das Rechtsinstitut der verdeckten Einlage wird auch zur Vermeidung einer doppelten Besteuerung eingesetzt, die im Rahmen der Gesellschafterfremdfinanzierung (§ 8a KStG) droht, wenn in die Finanzierungswege dritte Personen (nahe stehende Personen wie eine nachgeschaltete Tochter-Kapitalgesellschaft oder Schwestergesellschaften) einbezogen werden, um die dort als Vergütungen zufließenden Zinserträge durch Anwendung der sog. **Einlagetheorie** zu neutralisieren. Auf die Ausführungen unter

---

1　BFH v. 23. 10. 1985 I R 247/81, BStBl II 1986, 195.
2　BFH v. 26. 10. 1987 GrS 2/86, BStBl II 1988, 348.
3　BFH v. 24. 3. 1993 I R 131/90, BStBl II 1993, 799; Zuwendungen eines Dritten sind jedoch steuerpflichtige Betriebseinnahmen, BFH Urteil v. 6. 12. 2016 I R 50/16, BStBl II 2017, 324; zu Einzelheiten Klein/Müller/Döpper in Mössner/Seeger, KStG, § 8 Rn. 118.

Rz. 5933 ff. (Gesellschafterfremdfinanzierung) und das BMF-Schreiben v. 15.7.2004[1] wird hingewiesen.

6. Steuerliche Behandlung der verdeckten Einlage bei der GmbH

a) Bewertung der verdeckten Einlage

Liegt eine verdeckte Einlage vor, muss zur Ermittlung der ertragsteuerlichen Auswirkungen auch ihr Wert bestimmt werden. Dabei ist grundsätzlich zwischen dem Bereich der Kapitalgesellschaft und des Gesellschafters zu unterscheiden. Bei der **GmbH** berührt die Bewertung den Bereich der Einkommensermittlung und des steuerlichen Einlagekontos (§ 27 KStG). Da die verdeckte Einlage das Einkommen als Bemessungsgrundlage für die KSt nicht erhöhen darf, ist die verdeckte Einlage grundsätzlich mit dem Betrag zu bewerten, der der Vermögenserhöhung entspricht, die bei der GmbH eintritt und sich auf die Höhe des Einkommens auswirkt.

5503

In der Steuerbilanz der GmbH sind Einlagen mit ihrem Teilwert im Zeitpunkt der Zuführung anzusetzen (§ 6 Abs. 1 Nr. 5 1. Halbsatz EStG i.V. m. § 8 Abs. 1 KStG). Die Regelungen in § 6 Abs. 1 Nr. 5a und Nr. 5b EStG sind anwendbar.

5504

Die Regelung in § 6 Abs. 1 Nr. 5 EStG greift stets ein, wenn der Gesellschafter das Wirtschaftsgut **aus** seinem **Privatvermögen** verdeckt einlegt und seine **Beteiligung im Privatvermögen** hält. Die Beschränkung auf die Anschaffungskosten nach den Buchstaben a und b gilt jedoch nicht, wenn eine „**wesentliche**" Beteiligung i. S. v. § 17 EStG verdeckt eingelegt wird. Diese ist mit dem Teilwert zu bewerten, da sonst eine doppelte Erfassung der stillen Reserven droht.[2] Gleiches gilt, wenn ein in § 23 Abs. 1 Satz 1 Nr. 1 EStG genanntes Wirtschaftsgut während der Frist von zehn Jahren verdeckt eingelegt wird. Dies gilt nach § 23 Abs. 1 Satz 5 Nr. 2 EStG als privates Veräußerungsgeschäft.

5505

Die verdeckte Einlage eines Wirtschaftsguts **aus dem Betriebsvermögen** eines Gesellschafters, der die **Beteiligung** an der GmbH **im Privatvermögen** hält, ist mit dem Teilwert nach § 6 Abs. 1 Nr. 5 EStG zu bewerten, weil das Wirtschaftsgut zunächst mit dem Teilwert aus dem Betriebsvermögen **entnommen** werden muss.

5506

BEISPIELE: Gesellschafter A hält seine 100 v. H.-Beteiligung an der X-GmbH im Privatvermögen.

▶ Er überträgt auf die X-GmbH unentgeltlich eine Beteiligung (i. S. v. § 17 EStG) an der Y-GmbH, die er ebenfalls privat hält. Dies gilt nach § 17 Abs. 1 Satz 2 EStG als fiktive Veräußerung bei A und bei der aufnehmenden X-GmbH als Anschaffungsgeschäft. In einschränkender Auslegung ist die Beteiligung bei der X-GmbH mit dem Teilwert nach § 6 Abs. 1 Nr. 5 HS 1 EStG anzusetzen.

▶ A hat im Monat Juli 03 privat ein Grundstück für 300 000 € erworben. Er bringt das Grundstück, das die X-GmbH für betriebliche Zwecke benötigt, im Dezember 05 unentgeltlich ein. Im Zeitpunkt der Übertragung hat das Grundstück einen Teilwert (= gemeiner Wert) von 350 000 €.

Bei A führt die verdeckte Einlage des Grundstücks innerhalb der Veräußerungsfrist von zehn Jahren, die nach § 23 Abs. 1 Satz 5 Nr. 2 EStG als Veräußerungsgeschäft i. S. d. § 23 Abs. 1 Satz 1

---

[1] BStBl I 2004, 593.
[2] Teleologische Reduktion; vgl. BMF v. 2.11.1998, BStBl I 1998, 1227; BFH v. 11.2.1998 I R 89/97, BStBl II 1998, 691.

Nr. 1 EStG gilt, zu einem Veräußerungsgewinn von (gemeiner Wert 350 000 € ./. Anschaffungskosten 300 000 € =) 50 000 €.

Die X-GmbH hat die Einlage mit dem Teilwert von 350 000 € anzusetzen, obwohl das Grundstück innerhalb der letzten drei Jahre vor der Einlage angeschafft worden ist. Die Begrenzung auf die Anschaffungskosten nach § 6 Abs. 1 Nr. 5a EStG greift nicht ein, weil sonst bei einer Weiterveräußerung eine doppelte Besteuerung des bereits von A versteuerten privaten Veräußerungsgewinnes droht.

▶ A ist außerdem gewerblicher Einzelunternehmer. Er legt im Januar 05 ein Wirtschaftsgut aus seinem Einzelunternehmen unentgeltlich verdeckt in X-GmbH ein, das er im Juli 02 für 25 000 € angeschafft hatte, dessen Buchwert im Zeitpunkt der Einlage 20 000 € und dessen Teilwert 22 000 € beträgt.

Die verdeckte Einlage aus dem Betriebsvermögen des Einzelunternehmens ist dort gem. § 4 Abs. 1 Satz 2 EStG eine Entnahme, die mit dem Teilwert zu erfolgen hat und nach Verrechnung mit dem Buchwert des Wirtschaftsgutes zu einem Ertrag von 2 000 € führt.

Bei der X-GmbH ist die Einlage mit dem Teilwert anzusetzen; die Begrenzung auf die fortgeführten Anschaffungskosten nach § 6 Abs. 1 Nr. 5a EStG greift nicht ein, weil ansonsten die Gefahr einer doppelten Besteuerung der stillen Reserven bestünde; vgl. auch § 6 Abs. 1 Nr. 5 Satz 3 EStG.

5507 Hält der Gesellschafter die **Beteiligung** an der GmbH in seinem **Betriebsvermögen**, richtet sich die Bewertung für verdeckte Einlagen sowohl aus dem Betriebsvermögen als auch aus dem Privatvermögen nach § 6 Abs. 6 Satz 2 und Satz 3 EStG. Die Einlage ist grundsätzlich mit dem Teilwert zu bewerten. Wird das Wirtschaftsgut innerhalb von drei Jahren seit dem Erwerb oder der Herstellung eingelegt, sind höchstens die (fortgeführten) Anschaffungs- oder Herstellungskosten anzusetzen. Zwar betrifft die Regelung eigentlich die Ebene des Gesellschafters, wenn er einzelne Wirtschaftgüter verdeckt in eine GmbH einlegt, und bestimmt, um welchen Wert sich die Anschaffungskosten für die Beteiligung erhöhen. Korrespondierend damit müssen die Wirtschaftsgüter auch bei der GmbH angesetzt werden. Dies hat zur Folge, dass in den Fällen des § 6 Abs. 1 Nr. 5a EStG (Anschaffung oder Herstellung innerhalb von drei Jahren vor der Einlage) die GmbH die stillen Reserven zu versteuern hat.

b) Steuerliche Auswirkung

5508 Auf das zu versteuernde Einkommen der GmbH darf sich die verdeckte Einlage nicht auswirken. Hat die verdeckte Einlage den Jahresüberschuss der Gesellschaft erhöht – ist also die verdeckte Einlage nicht von vornherein in die Kapitalrücklage (§ 272 Abs. 2 HGB) eingestellt worden –, ist sie bei der Ermittlung des Einkommens **außerhalb der Bilanz zu kürzen**.

5509 Die verdeckte Einlage wird nicht auf das Nennkapital geleistet. Sie ist gem. § 27 Abs. 1 KStG mit dem maßgeblichen Wert auf dem steuerlichen Einlagekonto zu erfassen, damit sichergestellt ist, dass Ausschüttungen der Einlagen an Gesellschafter nicht der Besteuerung nach dem Teileinkünfteverfahren unterliegen.

5510–5520 (*Einstweilen frei*)

7. Steuerliche Behandlung der verdeckten Einlage beim Gesellschafter

a) Bewertung der verdeckten Einlage

Die Bewertung der verdeckten Einlage auf der Ebene des Gesellschafters hat grundsätzlich unabhängig vom Wertansatz bei der aufnehmenden GmbH zu erfolgen. Beim Gesellschafter ist im Hinblick auf die einlagebedingten Anschaffungskosten der Beteiligung zu bewerten. Der Wert der verdeckten Einlage richtet sich grundsätzlich nach dem gemeinen Wert (§ 9 BewG) im Zeitpunkt der Einlage.[1]

5521

aa) Beteiligung im Betriebsvermögen

Hält der Gesellschafter seine Beteiligung an der GmbH im **steuerlichen Betriebsvermögen**, greift § 6 Abs. 6 Satz 2 EStG ein. Die Anschaffungskosten der Beteiligung erhöhen sich um den Teilwert des eingelegten Wirtschaftsgutes. Gehörte auch das eingelegte Wirtschaftsgut zum Betriebsvermögen des Gesellschafters, steht der Betriebsvermögensmehrung durch die Erhöhung der Anschaffungskosten die Minderung durch den Abgang des Wirtschaftsgutes zum Buchwert gegenüber; die Differenz zwischen Teilwert und Buchwert ist erfolgswirksam.

5522

bb) Einlage aus dem Privatvermögen

Gehörte das übertragene Wirtschaftsgut zum Privatvermögen des Gesellschafters, wird aufgrund der betrieblichen Zweckwidmung zunächst eine Einlage des Wirtschaftsgutes in das steuerliche Betriebsvermögen des Gesellschafters fingiert und von dort eine verdeckte Einlage in die GmbH. Die Einlage in das Betriebsvermögen hat nach § 6 Abs. 1 Satz 1 Nr. 5 EStG mit dem Teilwert zu erfolgen, für die Zuführung in die GmbH gilt sodann wieder § 6 Abs. 6 Satz 2 EStG, so dass der Vorgang auf der Ebene des Gesellschafters ergebnisneutral bleibt.

5523

Die Sondervorschrift des § 6 Abs. 6 Satz 3 EStG ist aber zu beachten. Ist das Wirtschaftsgut innerhalb von drei Jahren vor der Einlage angeschafft oder hergestellt worden, ist die Bewertung mit dem Teilwert, maximal mit dem Einlagewert nach § 6 Abs. 1 Nr. 5a EStG (den – ggf. nach § 6 Abs. 1 Nr. 5 Satz 2 EStG fortentwickelten – Anschaffungs- oder Herstellungskosten) vorzunehmen. Mit diesem Wert erfolgt die Einlage aus dem Privatvermögen in das Betriebsvermögen des Gesellschafters, daran schließt sich die verdeckte Einlage in die GmbH an, so dass sich die Anschaffungskosten der Beteiligung um diesen Wert erhöhen (§ 6 Abs. 3 Satz 3 EStG) und die GmbH das Wirtschaftsgut mit diesem Wert über § 8 Abs. 1 KStG zu aktivieren hat. Die stillen Reserven werden also von der GmbH versteuert.

5524

> **BEISPIEL:** Einzelunternehmer U hält sämtliche Stammanteile an der X-GmbH in seinem Betriebsvermögen. Er überträgt unentgeltlich der GmbH im Jahr 05 ein unbebautes Grundstück (Teilwert bei der Zuführung 300 000 €), das er im Jahr 03 privat für 150 000 € in der Zwangsversteigerung erworben hatte.
>
> Es liegt eine verdeckte Einlage in die X-GmbH vor. Ihr Ablauf stellt sich steuerlich zunächst als Einlage des Grundstücks in das steuerliche Betriebsvermögen des Einzelunternehmens dar; an-

---

[1] BFH v. 26. 10. 1987 GrS 2/86, BStBl II 1988, 348.

stelle des Teilwerts erfolgt die Bewertung dieser Einlage nach § 6 Abs. 1 Satz 1 Nr. 5a EStG mit den (niedrigeren) Anschaffungskosten, weil das Grundstück innerhalb von drei Jahren vor der Einlage angeschafft worden ist. Um diesen Wert sind die Anschaffungskosten der Geschäftsanteile an der GmbH zu erhöhen, § 6 Abs. 6 Satz 2 und 3 EStG, so dass im Einzelunternehmen kein Gewinn entsteht. Bei der X-GmbH ist das Grundstück ebenfalls mit dem niedrigeren Wert von 150 000 € zu aktivieren, die eintretende Vermögensmehrung ist bei der Ermittlung des Einkommens zu korrigieren. Die stillen Reserven im Zeitpunkt der Zuführung wurden auf die X-GmbH transferiert.

b) Bewertung beim Forderungsverzicht

5525　Die verdeckte Einlage ist beim Gesellschafter unabhängig vom Wertansatz bei der aufnehmenden Gesellschaft zu bewerten.[1] Während bei der GmbH die verdeckte Einlage stets mit dem Teilwert der Forderung zu bewerten ist, kommt es für die Höhe der nachträglichen Anschaffungskosten des Gesellschafters, der die Beteiligung im Privatvermögen hält, entscheidend auch auf den Zeitpunkt der Darlehensgewährung und die dabei getroffenen Abreden an.[2] Wird das Darlehen der GmbH in der Krise gewährt oder handelt es sich um ein krisenbestimmtes Darlehen oder um ein Finanzplandarlehen, führen Verzicht und Ausfall zu nachträglichen Anschaffungskosten in Höhe des Nennwertes der Forderung. Handelt es sich um ein in der Krise stehen gelassenes Darlehen, ist grundsätzlich der gemeine Wert in dem Zeitpunkt maßgebend, in dem es der Gesellschafter mit Rücksicht auf das Gesellschaftsverhältnis nicht abzieht. Dieser Wert kann unter dem Nennwert oder sogar bei Null liegen.

c) Auswirkungen auf die Anschaffungskosten der Beteiligung

5526　Die Zuführung eines Vermögensvorteils durch verdeckte Einlage bei der GmbH verursacht beim Gesellschafter einen Aufwand, der als nachträgliche Anschaffungskosten behandelt wird, obwohl der Gesellschafter keine neuen Anteile erhält, sondern diese nur eine Wertsteigerung erfahren.

aa) Anteile im Privatvermögen

5527　Hier kommt den Anschaffungskosten bzw. deren nachträglicher Erhöhung Bedeutung zu im Zusammenhang mit Einkünften nach § 17 EStG („wesentliche Beteiligung") und § 23 Abs. 1 Nr. 2 EStG (private Veräußerung). Bei der Ermittlung des Veräußerungsgewinnes oder Veräußerungsverlustes sind die Anschaffungskosten dem Veräußerungserlös gegenüberzustellen. Die nachträgliche Erhöhung der Anschaffungskosten infolge der verdeckten Einlage entspricht dem für sie anzusetzenden Wert.

bb) Anteile im Betriebsvermögen

5528　Befinden sich die Anteile im Betriebsvermögen, zählen sie zu den Wirtschaftsgütern i. S. v. § 6 Abs. 1 Nr. 2 EStG. Die nachträglichen Anschaffungskosten sind auf dem Beteiligungskonto zu aktivieren. Für die Erhöhung der Anschaffungskosten infolge von ver-

---

[1] BFH v. 16. 5. 2001 I B 143/00, BStBl II 2002, 436.
[2] Vgl. auch BMF v. 8. 6. 1999, BStBl I 1999, 545.

deckten Einlagen durch Übertragung von Wirtschaftsgütern gilt § 6 Abs. 6 Satz 2 EStG, so dass sie dem Teilwert des eingelegten Wirtschaftsgutes entspricht. Wurde das Wirtschaftsgut innerhalb von drei Jahren nach der Anschaffung oder Herstellung in das Betriebsvermögen eingelegt, aus dem es dann verdeckt in die Kapitalgesellschaft eingelegt wird, sind die Anschaffungskosten der Beteiligung um den Einlagewert i. S. v. § 6 Abs. 1 Nr. 5a EStG (Teilwert, maximal die – fortgeführten – Anschaffungs- oder Herstellungskosten) zu erhöhen.

Wird die verdeckte Einlage durch einen Forderungsverzicht bewirkt, so führt dies – anders als bei der Besteuerung der Veräußerung privat gehaltener Beteiligungen – nicht zu nachträglichen Anschaffungskosten auf die Beteiligung. Vielmehr führt der Forderungsverzicht zu laufendem Aufwand auf die Beteiligung.[1]   5529

d) Drittaufwand

Gewähren dem Gesellschafter nahe stehende Personen, die nicht an der GmbH beteiligt sind, dieser Darlehen oder übernehmen sie Kreditsicherheiten, können solche Finanzierungshilfen zu nachträglichen Anschaffungskosten des Gesellschafters auf die Beteiligung führen, obwohl Aufwendungen Dritter grundsätzlich nicht abzugsfähig sind. In einer Reihe von Entscheidungen hat sich der BFH mit Finanzierungshilfen nahe stehender Personen und deren steuerlicher Berücksichtigung beschäftigt,[2] die auch die FinVerw zu Anwendungsregeln veranlasst haben.[3]   5530

Nachträgliche Anschaffungskosten liegen vor, bei einer **mittelbar verdeckten Einlage** bzw. **bei abgekürztem Zahlungsweg**, wenn der Dritte ohne eigenwirtschaftliche Interessen dem Gesellschafter etwas zuwenden will und die Zuwendung unmittelbar an die GmbH ausführt. Nachträgliche Anschaffungskosten des Gesellschafters liegen in Höhe des Wertes des zugeführten Wirtschaftsgutes (z. B. Tilgung einer nicht im eigenen wirtschaftlichen Interesse eingegangenen Verbindlichkeit) bzw. beim Forderungsverzicht in Höhe des werthaltigen Teils der Forderung vor. Im Verhältnis des Dritten zum Gesellschafter liegt ein schenkungsteuerbarer Vorgang vor, bei Dritten selbst führt der Forderungsverzicht zu einem Zufluss in gleicher Höhe, der beim Verzicht auf Gehalts-, Miet- oder Zinsforderungen zu steuerpflichtigen Einkünften führt.   5531

Leistet der Dritte auf eine **eigene Verbindlichkeit** (z. B. auf eine eigene für die GmbH eingegangene Bürgschaft), ist eine Berücksichtigung des Aufwandes beim Gesellschafter nur möglich, soweit dies im wirtschaftlichen Interesse des Gesellschafters erfolgt ist, also der Dritte für Rechnung des Gesellschafters leistet, was anzunehmen ist, wenn dem Dritten ein **Aufwendungsersatzanspruch** gegen den Gesellschafter zusteht. Hierunter fällt der Gesamtschuldnerausgleich bei gemeinsam mit dem Gesellschafter eingegangener Bürgschaftsverpflichtung oder eine Freistellungserklärung im Innenverhältnis. Soweit der Gesellschafter dem Dritten gegenüber zum Ausgleich verpflichtet   5532

---

1 BFH v. 18. 12. 2001 VIII R 27/00, DStR 2002, 444.
2 BFH v. 12. 12. 2000 VIII R 52/93, BStBl II 2001, 286; VIII R 62/93, BStBl II 2001, 234; VIII R 22/92, BStBl II 2001, 385; VIII R 36/97, BFH/NV 2001, 761; VIII R 34/94, BFH/NV 2001, 757.
3 OFD Düsseldorf v. 17. 12. 2001, GmbHR 2002, 121.

ist, stellen die Leistungen des Dritten nachträgliche Anschaffungskosten des Gesellschafters auf die Beteiligung dar.

5533 Unterliegen die Finanzierungshilfen des Dritten den Regeln des **Gesellschafterdarlehens,** weil die Darlehensgewährung oder die Gestellung der Kreditsicherheit wirtschaftlich für Rechnung des Gesellschafters erfolgt, kann der Drittaufwand dem Gesellschafter zugerechnet werden. Dies sind die Fälle, in denen die Finanzierungshilfe von einem mit der GmbH verbundenen Unternehmen bewirkt wird oder wenn der Dritte die Finanzierungshilfe wirtschaftlich aus dem Vermögen des Gesellschafters erbringt, weil ihm im Innenverhältnis ein Aufwendungsersatzanspruch gegenüber dem Gesellschafter zusteht.

e) Verdeckte Einlage und Zufluss beim Gesellschafter

5534 Beim **Verzicht** des Gesellschafters auf eine ihm gegenüber seiner Gesellschaft **zustehende Forderung** aus gesellschaftsrechtlicher Veranlassung liegt eine verdeckte Einlage vor; sie führt aber beim **Verzicht auf Leistungsforderungen zugleich** zu einem **Zufluss entsprechender Einnahmen**, die in einer Einkunftsart zu versteuern sein können.[1]

Beispiele sind der Verzicht auf:

▶ Gehalts- oder Tantiemeansprüche: Einkünfte nach § 19 EStG,

▶ Pensionsanwartschaft: Einkünfte nach § 19 EStG,

▶ fällige Miet- oder Pachtforderungen: Einkünfte aus § 21 EStG,

▶ bereits entstandene Zinsansprüche: Einkünfte aus § 20 EStG.

In dem Umfang, in dem die Forderung im Zeitpunkt des Verzichts werthaltig ist, liegen nachträgliche Anschaffungskosten auf die Beteiligung und zugleich fiktive, steuerpflichtige Einnahmen der entsprechenden Einkunftsart vor.

> **BEISPIEL:** ▶ Der Gesellschafter A hält seine Stammanteile an der X-GmbH im Privatvermögen und hat der GmbH ein Darlehen i. H. v. 50 000 € zu (angemessenen) 6 v. H. Zinsen jährlich, zahlbar zum Jahresende gewährt. Ende Juni des Jahres 05 verzichtet er aus gesellschaftsrechtlichen Gründen auf die gesamten Zinsen für 05. Der Verzicht auf die bis Ende Juni aufgelaufenen Zinsen von 1 500 € ist bei der GmbH eine verdeckte Einlage und vom Bilanzgewinn abzuziehen. Der Gesellschafter hat über die Zinsen wirtschaftlich verfügt, so dass sie ihm gem. § 11 Abs. 1 EStG als zugeflossen gelten. Sie stellen steuerpflichtige Einnahmen aus Kapitalvermögen dar, die zugleich seine Anschaffungskosten auf seine Beteiligung erhöhen. Der Verzicht auf die Zinsen für den Rest des Jahres stellt eine Nutzungseinlage und damit keine verdeckte Einlage dar. Es sind insoweit auch keine Einnahmen zu versteuern.

5535 Der **Verzicht auf die Rückzahlung eines Gesellschafterdarlehens** führt nicht zu steuerpflichtigen Einnahmen. Befindet sich die Beteiligung im Privatvermögen, liegt in Höhe des werthaltigen Teils des Rückzahlungsanspruchs eine verdeckte Einlage vor, die zur nachträglichen Erhöhung der Anschaffungskosten der Beteiligung führt. Gehörte die Darlehensforderung zum Betriebsvermögen, ist in Höhe des Teilwertes der Forderung eine Entnahme mit dem Buchwert zu verrechnen, wenn die Differenz ergebniswirksam ist. Gehören Darlehensforderung und Beteiligung zum Betriebsvermögen des Gesell-

---

1 BFH v. 9. 6. 1997 GrS 1/94, BStBl II 1998, 307.

schafters, führt der Verzicht auf die Rückzahlung zu sofort abzugsfähigem Aufwand und nicht zu nachträglichen Anschaffungskosten auf die Beteiligung.

f) Abzugsbeschränkungen bei unentgeltlichen oder teilentgeltlichen Nutzungsüberlassungen

Nutzungsvorteile, die der Gesellschafter seiner GmbH überlässt, sind keine verdeckten Einlagen. Aus der unentgeltlichen Nutzungsüberlassung (Leihe oder zinsloses Darlehen) oder Dienstleistung erzielt der Gesellschafter keine Einnahmen, bei verbilligter Nutzungsüberlassung oder Dienstleistung liegen in Höhe des Teilentgelts steuerpflichtige Einnahmen vor. Die Aufwendungen des Gesellschafters erhöhen nicht die Anschaffungskosten, sondern stellen je nach der Zugehörigkeit der Beteiligung zum Privatvermögen oder Betriebsvermögen Werbungskosten bei den Einkünften aus Kapitalvermögen oder Betriebsausgaben dar.[1]

5536

Bei **überquotaler** Nutzungsüberlassung und durch § 3c Abs. 2 EStG ergeben sich aber Abzugsbeschränkungen.

5537

Regelmäßig können die Aufwendungen des Gesellschafters nur entsprechend seiner Beteiligungsquote abgezogen werden, wenn die Mitgesellschafter nahe Angehörige des Gesellschafters sind. Ein überquotaler Abzug ist nur möglich, wenn die unentgeltliche Nutzungsüberlassung durch die eigenen wirtschaftlichen Interessen des Gesellschafters und nicht privat veranlasst sind, was durch einen Fremdvergleich zu ermitteln ist. Die nach dem Fremdvergleich überquotalen Aufwendungen sind nicht abzugsfähig, und zwar bei den begünstigten Mitgesellschaftern auch nicht als Drittaufwand.[2]

5538

Bei einer teilentgeltlichen Nutzungsüberlassung ist eine Aufteilung der Aufwendungen nach dem Verhältnis des unentgeltlichen und entgeltlichen Teils vorzunehmen. Mit dem Bruchteil, der dem entgeltlichen Teil entspricht, sind die Aufwendungen voll als Werbungskosten oder Betriebsausgaben abzugsfähig, die auf den unentgeltlichen Anteil entfallenden Aufwendungen sind entsprechend der Beteiligungsquote abziehbar.[3]

5539

Unter der Ägide des Teileinkünfteverfahrens vertrat die Finanzverwaltung zunächst die Ansicht, Aufwendungen im wirtschaftlichen Zusammenhang mit der Beteiligung seien nur noch **zu 40 % abzugsfähig** (§ 3c EStG). Diese Abzugsbeschränkung wurde auch bei Aufwendungen beachtet, die durch die unentgeltliche Nutzungsüberlassung oder durch den unentgeltlichen Teil bei einer teilentgeltlichen Nutzungsüberlassung veranlasst waren (z. B. die Aufwendungen für ein der Gesellschaft zur Nutzung überlassenes Grundstück oder Kosten der Refinanzierung für ein zinsloses Darlehen). Lag eine überquotale Nutzungsüberlassung vor, war zunächst die sich hieraus ergebende Abzugsbeschränkung zu beachten und dann auf den abzugsfähigen Teilbetrag die Vorschrift des § 3c EStG anzuwenden.

5540

---

1 BFH v. 26.10.1987 GrS 2/86, BStBl II 1988, 348; v. 14.3.1989 I R 8/85, BStBl II 1989, 633.
2 BFH v. 28.3.2000 VIII R 68/96, BFH/NV 2000, 1278.
3 BFH v. 25.7.2000 VIII R 35/99, BStBl II 2001, 698.

BEISPIEL: An der X-GmbH halten M 2/3 und seine Ehefrau F 1/3 der Stammanteile in ihrem Privatvermögen. M gewährt der GmbH ein zinsloses Darlehen über 200 000 €, das er selbst mit einem Zinsaufwand von 9 000 € refinanzieren muss.

M kann als Werbungskosten bei seinen Einkünften aus § 20 Abs. 1 Nr. 1 EStG nur 2/3 seines Zinsaufwandes, also 6 000 € geltend machen, während 1/3 (3 000 €) nach § 12 EStG nicht abziehbar ist; bei F stellt dieser Betrag nicht abzugsfähigen Drittaufwand dar.

Außerdem ist bei M das 40 % Abzugsverbot nach § 3c Abs. 2 EStG zu beachten, so dass der wegen überquotaler Nutzungsüberlassung auf 6 000 € gekürzte Betrag nur zu 60 % anzusetzen ist und nur 3 600 € als abzugsfähige Werbungskosten übrig bleiben.

Der BFH hat mit zwei Urteilen vom 18. 4. 2012[1], entschieden, dass § 3c EStG auf Substanzverluste von im Betriebsvermögen gehaltenen Darlehensforderungen wie bei Teilwertabschreibungen oder Forderungsverzichten unabhängig davon keine Anwendung findet, ob die Darlehensgewährung selbst gesellschaftsrechtlich veranlasst ist oder war, denn Darlehensforderungen sind selbständige Wirtschaftsgüter, die von der Kapitalbeteiligung als solcher zu unterscheiden sind.

Darüber hinaus hat der BFH mit Urteil vom 28. 2. 2013[2] entschieden, dass das Teilabzugsverbot des § 3c Abs. 2 EStG in Betriebsaufspaltungsfällen grundsätzlich für laufende Aufwendungen bei Wirtschaftsgütern (z. B. Maschinen, Einrichtungsgegenständen oder Gebäuden) anzuwenden ist, soweit das betreffende Wirtschaftsgut verbilligt an die Betriebskapitalgesellschaft überlassen wird. Trotz dieser grundsätzlichen Anwendbarkeit des Teilabzugsverbots gilt dieses nach Ansicht des BFH gleichwohl nicht für solche laufenden Aufwendungen, die sich auf die Substanz der dem Betriebsvermögen zugehörigen und zur Nutzung an die Betriebskapitalgesellschaft überlassenen Wirtschaftsgüter beziehen; das Teilabzugsverbot gilt hier insbesondere nicht für Absetzungen für Abnutzung (AfA) und für Erhaltungsaufwendungen in Bezug auf die überlassenen Wirtschaftsgüter.

Mit dem BMF Schreiben betreffend „Anwendung des Teileinkünfteverfahrens in der steuerlichen Gewinnermittlung"[3] hat sich die Finanzverwaltung dieser Auffassung angeschlossen und die Anwendbarkeit auf alle noch offenen Fälle erklärt. Damit ist das zuvor genannte Beispiel in seiner Absolutheit für offene Fälle überholt.

5540a Der Gesetzgeber hat mit dem Zollkodex-AnpG auf die vorgenannte Rechtsprechung reagiert und § 3c Abs. 2 EStG geändert. Gemäß § 52 Abs. 5 Satz 2 EStG ist die Neuregelung erstmals für Wirtschaftsjahre anzuwenden, die nach dem 31. 12. 2014 beginnen. Nach der Vorschrift sind die Aufwendungen nunmehr in allen Fällen anteilig zu kürzen, soweit sie auf nicht fremdüblichen Vereinbarungen beruhen.[4]

g) Erfolgsbeiträge

5541 Wird der Gesellschafter mit Rücksicht auf das Gesellschaftsverhältnis für die GmbH unentgeltlich tätig oder überlässt er ihr Wirtschaftsgüter unentgeltlich zum Gebrauch

---

1 X R 5/10 (DStR 2012, 1318 m. Anm. Hoffmann) und X R 7/10 (DStRE 2012, 1105).
2 IV R 49/11 (DStR 2013, 953).
3 Vom 23. 10. 2013 IV C 6 - S 2128/07/10001 NWB DokID: FAAAE-47631.
4 Zu Einzelheiten s. in KKB/Nacke § 3c EStG Rn. 40.

oder zur Nutzung, so liegen keine verdeckten Einlagen, sondern sog. gesellschaftliche Erfolgsbeiträge vor. Einen Ausgleich hierfür sucht der Gesellschafter über die Beteiligung am Einkommen, das infolge der ersparten Aufwendungen höher ist und zur Ausschüttung an ihn zur Verfügung steht. Seine **eigenen Aufwendungen**, die durch die Leistung des Erfolgsbeitrags veranlasst und angefallen sind, stellen beim Gesellschafter **Werbungskosten** bei den Einkünften aus Kapitalvermögen dar, wenn die Anteile zum Privatvermögen gehören, und **Betriebsausgaben**, wenn die Beteiligung zum Betriebsvermögen zählt,[1] wobei freilich Abzugsbeschränkungen zu beachten sind.

Diese Zusammenhänge eröffnen z. B. bei Betriebsaufspaltungen Möglichkeiten zur Minderung der Gesamtsteuerbelastung. Hat die GmbH ausgleichsfähige Verluste oder steht sie in der Verlustzone, während bei dem Gesellschafter durch Pachtzinsen oder Tätigkeitsvergütungen hohe Einkünfte anfallen, lässt sich mit einem Verzicht auf die Vergütungen (Erfolgsbeitrag) und der Verlagerung des Aufwands in den Bereich des Gesellschafters dessen Steuerbelastung absenken. Das Mehrergebnis bei der GmbH wird durch die Verluste neutralisiert. Zu beachten bleibt aber, dass solche Absprachen steuerliche Wirkung nur für die Zukunft haben, weil der Verzicht auf schon entstandene Forderungen wieder eine verdeckte Einlage darstellt. 5542

(Einstweilen frei) 5543–5570

Exkurs: Auswirkungen der verdeckten Einlage bei anderen Steuern

▶ **Gewerbeertragsteuer**

Der Gewerbeertrag als Besteuerungsgrundlage für die Gewerbeertragsteuer (§ 6 GewStG) folgt nach § 7 GewStG dem nach den Vorschriften des EStG oder KStG ermittelten Gewinn aus Gewerbebetrieb, der bei der Ermittlung des Einkommens zu berücksichtigen ist. Die wegen einer verdeckten Einlage beim Ergebnis der GmbH vorzunehmenden Korrekturen wirken sich daher entsprechend auch beim Gewerbeertrag aus. 5571

▶ **Umsatzsteuer**

Bringt der Gesellschafter aus seinem unternehmerischen Bereich den Gegenstand der verdeckten Einlage unentgeltlich in die GmbH ein, liegt eine steuerbare Entnahme für Zwecke außerhalb seines Unternehmens nach § 3 Abs. 1b Nr. 1 UStG vor. Die Steuer bemisst sich gem. § 10 Abs. 4 Satz 1 Nr. 1 UStG nach dem Einkaufspreis zzgl. Nebenkosten bzw. nach den Selbstkosten im Zeitpunkt der Zuführung. Eine Rechnung darf nicht ausgestellt werden, so dass ein Vorsteuerabzug bei der Gesellschaft entfällt. Liegt eine verbilligte Lieferung vor, ist sie steuerbar. Zur Ermittlung der Bemessungsgrundlage muss nach § 10 Abs. 5 Nr. 1 UStG verfahren und die Bemessungsgrundlage wie bei der Lieferung i. S. v. § 3 Abs. 1b UStG als Mindestbemessungsgrundlage angesetzt werden, sofern das vereinbarte Entgelt darunter liegt. Es darf eine zum Vorsteuerabzug berechtigende Rechnung ausgestellt werden, die das zu niedrige Entgelt, die Mindestbemessungsgrundlage und die darauf entfallende USt ausweist. 5572

---

1 BFH v. 26. 10. 1987 GrS 2/86, BStBl II 1988, 348; v. 14. 3. 1989 I R 8/85, BStBl II 1989, 633.

5573 Liefert umgekehrt die GmbH zu einem zu hohen Entgelt, liegt ein steuerbarer Umsatz vor, Bemessungsgrundlage ist die überhöhte Gegenleistung.[1]

▶ **Grunderwerbsteuer**

5574 Besteht die verdeckte Einlage in der Übertragung eines Grundstücks, so liegt ein grunderwerbsteuerbarer Erwerbsvorgang vor, weil das Grundstück auf einen anderen Rechtsträger übergeht. Erfolgt die Übertragung unentgeltlich, fehlt es an einer Gegenleistung, da zusätzliche Gesellschaftsrechte nicht gewährt werden. Die GrESt wird rückwirkend ab 2009 nach den Grundbesitzwerten gem. § 151 Abs. 1 Satz 1 BewG i.V.m. § 157 Abs. 1 bis 3 BewG, also denselben Werten wie für die ErbSt, bemessen (§ 8 Abs. 2 Satz 1 Nr. 1 GrEStG), nachdem das BVerfG[2] die Bewertung nach § 138 Abs. 3 und 4 BewG für verfassungswidrig erklärt hat. Die Grundbesitzwerte werden durch eine hierzu durchzuführende Bedarfsbewertung (§ 157 Abs. 1 Satz 1 BewG) ermittelt.

5575 Die **verdeckte Einlage** eines Grundstücks stellt **weder eine Einbringung noch einen anderen Erwerbsvorgang auf gesellschaftsvertraglicher Grundlage dar** (§ 8 Abs. 2 Satz 1 Nr. 2 GrEStG), obwohl sie begrifflich durch das Gesellschaftsverhältnis veranlasst ist. Im Sinne des GrEStG liegt eine Einbringung nur vor, wenn der Gesellschafter das Grundstück zur Erfüllung seiner Sacheinlageverpflichtung (§ 5 Abs. 4 GmbHG) auf die GmbH überträgt. Mit „Erwerbsvorgang auf gesellschaftsvertraglicher Grundlage" ist ein Grundstücksübergang gemeint, durch den die Gesellschafterstellung des beteiligten Gesellschafters in rechtlicher Hinsicht berührt oder verändert wird, also wenn dem **Gesellschafter eine höhere Beteiligung eingeräumt wird**.[3]

5576 Dies eröffnet bestimmte **Gestaltungsmöglichkeiten**, um GrESt zu sparen, indem das Grundstück zu einem verbilligten Entgelt der GmbH zugeführt wird. Dann ist nämlich eine Gegenleistung vorhanden, deren Wert für die Bemessung der Steuer maßgebend ist (§ 8 Abs. 1 GrEStG), auch wenn die vereinbarte Gegenleistung weit unter dem Verkehrswert des Grundstücks liegt.

> **BEISPIEL:** ▶ Der Gesellschafter will seiner GmbH ein bebautes Grundstück mit einem Verkehrswert von 1 Mio. € (Bedarfswert 600 000 €) im Wege der verdeckten Einlage zuführen.
>
> Erfolgt die Übertragung unentgeltlich, fällt gem. § 8 Abs. 1 GrEStG eine GrESt i. H.v. 600 000 € x 3,5 v. H. =) 21 000 € an.
>
> Wird vereinbart, dass vom Wert des Grundstücks (1 Mio. €) i. H.v. 400 000 € ein Gesellschafterdarlehen begründet und der Rest von 600 000 € in die Rücklage eingestellt wird, liegt eine Gegenleistung in Gestalt des Darlehensrückzahlungsanspruchs i. H.v. 400 000 € vor, nach dem die Steuer zu bemessen ist, die also 14 000 € beträgt.
>
> Der Bedarfswert darf in diesem Fall nicht als Bemessungsgrundlage angesetzt werden, weil dem Gesellschafter keine zusätzliche Beteiligung eingeräumt wird und damit auch kein anderer Erwerbsvorgang auf gesellschaftsvertraglicher Grundlage vorliegt.

---

1 BFH v. 25.11.1987 X R 12/81, BStBl II 1988, 210.
2 BVerfG v. 23.6.2015 1 BvL 13/11, 1 BvL 14/11, BStBl II 2015, 871; BGBl I 2015, 1423.
3 BFH v. 26.2.2003 II B 54/02, BStBl II 2003, 483.

▶ **Schenkungsteuer**

Als Schenkung gilt auch seit dem 14.12.2011 gem. § 7 Abs. 8 ErbStG, die Werterhöhung von Anteilen an einer Kapitalgesellschaft, die eine an der Gesellschaft unmittelbar oder mittelbar beteiligte natürliche Person (Bedachte) durch die Leistung einer anderen Person (Zuwendender) an die Gesellschaft erlangt. Freigebig sind auch Zuwendungen zwischen Kapitalgesellschaften, soweit sie in der Absicht getätigt werden, Gesellschafter zu bereichern und soweit an diesen Gesellschaften nicht unmittelbar oder mittelbar dieselben Gesellschafter zu gleichen Anteilen beteiligt sind. Hierbei handelt es sich um eine gesetzliche Fiktion. 5577

(*Einstweilen frei*) 5578–5579

8. Verdeckte Einlage über die Grenze (verdeckte Einlage und § 1 AStG)

Die Vorschrift des § 1 AStG bestimmt, dass unbeschadet anderer Vorschriften die Einkünfte der GmbH zu erhöhen sind, wenn sie aus einer Geschäftsbeziehung mit einer nahe stehenden Person stammen, die Geschäftsbeziehung zum Ausland besteht und eine Minderung der Einkünfte auf Vertragsbestimmungen beruht, die einem Fremdvergleich nicht entsprechen. Nach dem AStG erfolgt also – anders als bei der verdeckten Einlage – keine Korrektur der Einkünfte zugunsten der GmbH. 5580

Wendet die inländische Muttergesellschaft M (GmbH) ihrer ausländischen Tochtergesellschaft T **einlagefähige Wirtschaftsgüter ohne Entgelt** zu, ist das Beteiligungskonto von M um den Wert der verdeckten Einlage zu erhöhen. Ohne Bedeutung insoweit ist, wie der Sitzstaat von T steuerlich die verdeckte Einlage behandelt, so dass hier die Gefahr einer Doppelbesteuerung entsteht. 5581

Überlässt M der ausländischen T ein zinsloses Darlehen, liegt nach deutschem Steuerrecht eine verdeckte Einlage nicht vor. Bei M entsteht kein zusätzlicher Ertrag, da nachträgliche Anschaffungskosten für die Anteile nicht anzusetzen sind. Nimmt der Sitzstaat bei T eine verdeckte Einlage an, führt dies zum Abzug einer Einlage in Höhe der ersparten Zinsaufwendungen, so dass der Vorgang weder bei M noch bei T Steuern auslösen würde. Diese Lücke schließt § 1 AStG, wonach die Einkünfte von M so anzusetzen sind, wie sie entstanden wären, wenn die geschäftlichen Vereinbarungen zwischen M und T wie unter fremden Dritten getroffen worden wären, also Zinsen in üblicher Höhe vereinbart worden wären. Ähnliches gilt, wenn die inländische Muttergesellschaft ihrer ausländischen Tochter verbilligt Waren liefert; dann ist bei der inländischen Besteuerung der Marktpreis anzusetzen, nicht etwa der Teilwert (ohne Gewinnzuschlag) wie bei der verdeckten Einlage. 5582

Erhält die inländische Tochter-GmbH T von ihrer ausländischen Mutter M eine **verdeckte Einlage**, so ist T wie jede andere inländische Kapitalgesellschaft zu behandeln. Das Wirtschaftsgut ist bei ihr mit dem gemeinen Wert zu bilanzieren; der Unterschiedsbetrag in Höhe der verdeckten Einlage ist in die Rücklagen einzustellen. Bei verbilligter Warenlieferung ist der Wareneinsatz zu erhöhen, so dass sich über den höheren Wareneinsatz bereits ein niedrigerer Rohgewinn ergibt. 5583

Gewährt M ihrer inländischen Tochter-GmbH ein **zinsloses Darlehen**, ist darin nach deutschem Steuerrecht keine verdeckte Einlage zu sehen. Der Gewinn der T bleibt un- 5584 geschmälert. Betrachtet der ausländische Sitzstaat von M den Vorgang als verdeckte Einlage, ist der Gewinn von M entsprechend zu erhöhen. Dies führt im Ergebnis zu einer Doppelbesteuerung. Art. 9 Abs. 1 des OECD-Musterabkommens zur Vermeidung der Doppelbesteuerung hilft hier nicht weiter, da diese Vorschrift nach h. M. keine eigenständige Rechtsgrundlage für eine Gewinnberichtigung darstellt. § 1 AStG greift ebenfalls nicht ein, da der Gewinn der inländischen Gesellschaft nicht gemindert, sondern durch die Ersparnis von Zinsaufwendungen erhöht worden ist.

9. Rückzahlung von verdeckten Einlagen

5585　Wie offene gehen auch die verdeckten Einlagen in das Vermögen der GmbH über. Das eingelegte Wirtschaftsgut ist für die Zeit nach der Einlage nach den allgemeinen Vorschriften des Betriebsvermögensvergleichs und der verdeckten Gewinnausschüttung zu behandeln. Eine „**Rückzahlung**" an den Gesellschafter außerhalb der Kapitalherabsetzung oder Liquidation ist daher grundsätzlich nur durch offene Gewinnausschüttung oder eine (handelsrechtlich unzulässige) Einlagenrückgewähr, die **steuerrechtlich** eine (im Gesellschaftsverhältnis veranlasste) **vGA** darstellt, möglich.[1] Aus der Gewinnausschüttung sind die entsprechenden steuerlichen Folgen zu ziehen.

5586　Nur ausnahmsweise werden echte Kapitalrückzahlungen anerkannt, die außerhalb der Einkommenssphäre liegen und daher keine Steuer entstehen lassen. Dies sind die Fälle

- der Kapitalrückzahlung aufgrund einer ordnungsgemäßen Kapitalherabsetzung oder Liquidation,
- der Rückzahlung von Nachschusskapital i. S. v. § 30 Abs. 2 GmbHG,
- bei Wegfall einer Einlage, die unter einer auflösenden (Forderungsverzicht gegen Besserungsschein) Bedingung geleistet wurde.[2]

5587–5610　(*Einstweilen frei*)

III. Verdeckte Gewinnausschüttung (vGA)

Literatur: *Janssen*, Verdeckte Gewinnausschüttungen., 12. Aufl. 2017; *Klein/Müller/Döpper* in Mössner Seeger, KStG, § 8 Rn. 191 ff.

1. Allgemeines

5611　Die Ausschüttungen einer GmbH können „offen", d. h. unter Beachtung der gesellschaftsrechtlichen Vorschriften, aber auch „verdeckt" erfolgen. Die vGA ist sowohl für das Steuerrecht, aus dem der Begriff stammt (§ 8 Abs. 3 Satz 2 KStG), als auch für das Recht der Kapitalgesellschaften von Bedeutung und konkretisiert das Trennungsprinzip zwischen der Kapitalgesellschaft und ihrem Gesellschafter.[3] Die handelsrechtlichen Vorschriften, die Vermögensleistungen nur in hierfür bestimmten Formen (z. B. Gewinnausschüttung, Kapitalherabsetzung, Liquidation und Einlagenrückgewähr) erlauben, dienen dem Schutz des Stammkapitals zugunsten der Mitgesellschafter, der Ar-

---

[1] BFH v. 30. 5. 1990 I R 41/87, BStBl II 1991, 588; v. 12. 12. 1990 I R 73/89, BStBl II 1991, 593.
[2] BFH v. 30. 5. 1990 I R 41/87, BStBl II 1991, 588.
[3] Klein/Müller/Döpper in Mössner/Seeger, KStG, § 8 Rn. 193.

beitnehmer und der Gläubiger. Von der rechtlichen Zulässigkeit der vGA hängt ab, ob die Gesellschaft oder andere, nicht mit Ausschüttungen bedachte Gesellschafter Rückforderungsansprüche geltend machen können; die Rückgewähr der empfangenen Leistung gleicht dann die vGA aus. Im Steuerrecht geht es aber um die Ermittlung und steuerliche Erfassung des zutreffenden Einkommens der Kapitalgesellschaft (als Ausdruck ihrer wirtschaftlichen Leistungsfähigkeit) in einer bestimmten Besteuerungsperiode. Steuerrechtlich besteht das **Rückwirkungsverbot**, so dass es die Rückgängigmachung der vGA steuerrechtlich ausschließt und zu einer Einlage führt.

2. Gewinnkorrekturvorschrift

Mit Ausschüttungen verteilt die GmbH **eigenes** Vermögen. Gemäß § 8 Abs. 3 Satz 1 KStG ist für die Ermittlung des Einkommens der GmbH ohne Bedeutung, ob das Einkommen verteilt wird. Einkommensverwendungen sind also – ebenso wie bei der Gewinnermittlung für die ESt die Entnahmen – ohne Einfluss auf das steuerliche Jahresergebnis. Nach § 8 Abs. 3 Satz 2 KStG mindert auch eine vGA das Einkommen der Gesellschaft nicht. Die Vorschrift hat eine der Entnahmeregelung des § 4 Abs. 1 Satz 1 EStG ähnliche Funktion; sie ist eine Gewinnkorrekturvorschrift[1], so dass sich die vGA bei der Ermittlung des Gewerbeertrages nach § 7 Satz 1 GewStG unmittelbar über den dabei zugrunde zu legenden Gewinn aus Gewerbebetrieb auswirkt.[2] Als „verdeckt" ist eine Ausschüttung anzusehen, wenn sie außerhalb der Vorschriften und Grenzen vorgenommen wird, die für eine „offene" Ausschüttung gelten. In der steuerlichen Beurteilung und Auswirkung steht die vGA der offenen Gewinnausschüttung grundsätzlich gleich.

5612

Hat sich die für die vGA vorausgesetzte Vermögensminderung auf die Höhe des **Unterschiedsbetrags nach § 4 Abs. 1 Satz 1 EStG** i.V. m. § 8 Abs. 1 KStG (Steuerbilanzgewinn) ausgewirkt, ist diese Minderung durch Hinzurechnung außerhalb der Bilanz auszugleichen mit der Folge, dass sich das Einkommen der Gesellschaft um diesen Betrag erhöht. Der hinzugerechnete Betrag unterliegt, soweit das Einkommen positiv ist, der tariflichen KSt von 15 v. H.

5613

Der Systemwechsel vom Anrechnungsverfahren zum Teileinkünfteverfahren hat an der steuerlichen Bedeutung der vGA nichts geändert.[3] Im Vergleich zur Ausschüttung ist es weiterhin i.d.R. steuerlich günstiger, auf schuldrechtlicher Grundlage Leistungsentgelte an den Gesellschafter zu bezahlen, jedenfalls dann, wenn der Einkommensteuersatz des Gesellschafters niedrig ist oder hohe Verlustvorträge vorliegen. Wird die betriebliche Veranlassung der Entgeltzahlung nicht anerkannt und als vGA qualifiziert, kann sich zwar die Steuerbelastung auf der Ebene des Anteilseigners vermindern, weil er die ihm **zugeflossenen** (verdeckten) Ausschüttungen nun als Kapitalerträge (sonstige Bezüge i. S. v. § 20 Abs. 1 Nr. 1 Satz 2 EStG) nur **zu 60 %** (§ 3 Nr. 40 EStG) oder als Beteiligungsertrag unter Berücksichtigung der Steuerbefreiung nach § 8b Abs. 1 KStG **versteuern** muss. Die Vorteile auf Gesellschafterebene gleichen aber die Nachteile auf der

5614

---

1 BFH v. 7. 8. 2002 I R 2/02, BStBl II 2004, 131.
2 Gosch, KStG, § 8 Rn. 166.
3 Vgl. Gosch, KStG, § 8 Rn. 159; BFH v. 22. 8. 2007 I R 32/06, BStBl II 2007, 961.

Ebene der Gesellschaft durch die definitive Belastung mit KSt und GewSt regelmäßig nicht aus. Außerdem führt die vGA zu Benachteiligungen der anderen Gesellschafter, die über die Schmälerung des für eine ordentliche Ausschüttung zur Verfügung stehenden Gewinns die höhere steuerliche Belastung der GmbH zu tragen haben, während dem durch die vGA begünstigten Gesellschafter neben der Ausschüttung noch die verminderte Ertragsteuerbelastung zugute kommt. Einen Anspruch auf Ausgleich haben sie i. d. R. nicht, wenn die Satzung nicht die Rückgewähr vorschreibt.

5615 Die vGA führt nicht mehr zu einer KSt-Änderung.

3. Begriff der verdeckten Gewinnausschüttung (vGA)

5616 Weder das Steuerrecht noch das Recht der Kapitalgesellschaften enthalten eine gesetzliche Umschreibung der vGA. Die einschlägigen Vorschriften setzen diesen Begriff voraus. Die Erscheinungsformen der vGA sind so vielfältig, dass eine gesetzliche Definition auch kaum möglich sein dürfte. In dem Teilbereich der Gesellschafterfremdfinanzierung bestimmt § 8a KStG, dass Vergütungen, die ein wesentlich beteiligter Anteilseigner für die Überlassung von Gesellschafter-Fremdkapital erhält, ab einer bestimmten Höhe und unter bestimmten Voraussetzungen in eine vGA umqualifiziert werden. § 8 Abs. 3 Satz 2 KStG definiert also nicht den Begriff der vGA, sondern bestimmt nur ihre Rechtsfolge, dass sie das Einkommen (und den Gewerbeertrag) der GmbH nicht mindern darf.

a) Begriffsmerkmale

5617 In ständiger Rechtsprechung definiert der BFH die vGA i. S. d. § 8 Abs. 3 Satz 2 KStG als

- ► eine Vermögensminderung oder verhinderte Vermögensmehrung,
- ► die durch das Gesellschaftsverhältnis veranlasst ist,
- ► sich auf die Höhe des Unterschiedsbetrages gem. § 4 Abs. 1 Satz 1 EStG i.V. m. § 8 Abs. 1 KStG auswirkt und
- ► in keinem Zusammenhang mit einer offenen Ausschüttung steht.[1]
- ► Der Vorgang muss geeignet sein, beim Gesellschafter einen sonstigen Bezug i. S. v. § 20 Abs. 1 Nr. 1 Satz 2 EStG auszulösen.

aa) Veranlassung im Gesellschaftsverhältnis

5618 Die **Veranlassung im Gesellschaftsverhältnis** wird grundsätzlich und in der Mehrzahl der Fälle angenommen, wenn die GmbH ihrem Gesellschafter oder einer ihm nahe stehenden Person einen Vermögensvorteil zuwendet, den sie bei der Sorgfalt eines ordentlichen und gewissenhaften Geschäftsleiters (vgl. § 43 Abs. 1 GmbHG) einem Nichtgesellschafter nicht gewährt hätte – **Fremdvergleich**.[2] Ist der Begünstigte **beherrschender Gesellschafter** – im Regelfall bei einer Beteiligung von mehr als 50 v. H. am Stamm-

---

[1] BFH v. 22.10.1989 I R 9/85, BStBl II 1989, 631; v. 22.2.1989 I R 44/85, BStBl II 1989, 475; v. 30.7.1997 I R 65/96, BStBl II 1998, 402; v. 7.8.2002 I R 2/02, BStBl II 2004, 131; Klein/Müller/Döpper in Mössner/Seeger, KStG, § 8 Rn. 281 ff.

[2] St. Rspr., BFH v. 7.8.2002 I R 2/02, BStBl II 2004, 131.

kapital (Mehrheit der Stimmrechte) –, ist eine Veranlassung durch das Gesellschaftsverhältnis auch dann anzunehmen, wenn es für die Leistung der GmbH an einer **klaren und im Voraus abgeschlossenen, zivilrechtlich wirksamen und tatsächlich durchgeführten Vereinbarung fehlt.**[1] Dann wird vermutet, dass die Zuwendung auf gesellschaftsrechtlichen Gründen beruht. In Ausnahmefällen kann auch auf die Rechtsfigur des **„doppelten Fremdvergleichs"** zurückzugreifen sein, wonach eine Veranlassung im Gesellschaftsverhältnis auch vorliegen kann, wenn das Geschäft zwischen Gesellschafter und GmbH für sie zwar von Vorteil ist, der Vorteil aber von einem fremden Dritten der Gesellschaft nicht eingeräumt worden wäre.[2]

bb) Minderung des Unterschiedsbetrags gemäß § 4 Abs. 1 Satz 1 i. V. m. § 8 Abs. 1 KStG

An die Stelle des überkommenen Definitionsmerkmals der „Minderung des Einkommens" setzt der BFH neuerdings, aber in jetzt schon ständiger Rechtsprechung,[3] dass sich die **Minderung auf den Unterschiedsbetrag gem. § 4 Abs. 1 Satz 1 i. V. m. § 8 Abs. 1 KStG,** also den Steuerbilanzgewinn, auswirken muss. Grund dafür ist die Erkenntnis, dass die GmbH wie jede Kapitalgesellschaft keine Privatsphäre hat,[4] ihre Aufwendungen zugleich betrieblich und gesellschaftlich veranlasst, also Betriebsausgaben und vGA sein können[5] und eine vGA auch vorliegen kann, wenn die Vermögensminderung steuerfreie Einkünfte betrifft und damit eine Auswirkung auf das Einkommen fehlt. Die Änderung der Definition stellt zugleich aber auch heraus, dass es sich bei § 8 Abs. 3 Satz 2 KStG um eine Gewinnkorrekturvorschrift handelt, die im Ergebnis nichts anderes bezweckt als die Regelungen zu den Entnahmen und Einlagen in § 4 Abs. 1 Satz 1 EStG oder z. B. zu den nichtabzugsfähigen Betriebsausgaben, die sich nicht auf den Steuerbilanzgewinn auswirken dürfen. Sie ist Grundlage für die Zweistufigkeit der Korrektur einer vGA.[6]

5619

cc) Eignung zum Beteiligungsertrag

Ergänzend zu diesem Merkmal der Minderung des Unterschiedsbetrages muss für die Annahme einer vGA hinzutreten, dass sie (objektiv) **geeignet** sein muss, beim Gesellschafter zu einem Vorteil in Gestalt eines sonstigen Bezuges i. S. d. § 20 Abs. 1 Nr. 1 Satz 2 EStG zu führen.[7]

5620

---

1 BFH v. 23. 10. 1996 I R 71/95, BStBl II 1999, 35.
2 BFH v. 17. 5. 1995 I R 147/93, BStBl II 1996, 204; v. 28. 1. 2004 I R 87/02, BFH/NV 2004, 736; einschränkend BFH v. 19. 5. 1998 I R 36/97, BStBl II 1998, 689.
3 BFH v. 7. 8. 2002 I R 2/02, BStBl II 2004, 131.
4 BFH v. 4. 12. 1996 I R 54/95, BFHE 182, 123, NWB DokID: YAAAA-96773; v. 17. 11. 2004 I R 56/03, BFH/NV 2005, 793.
5 BFH v. 13. 7. 1994 I R 43/94, BFH/NV 1995, 548.
6 Gosch, KStG, § 8 Rn. 169, 247.
7 BFH v. 7. 8. 2002 I R 2/02, BStBl II 2004, 131.

BEISPIEL: Eine GmbH hat auf eigene Rechnung und auf eigenen Namen eine Rückdeckungsversicherung für eine als vGA zu behandelnde Pensionszusage an ihren Gesellschafter-Geschäftsführer abgeschlossen.

LÖSUNG: Die Beiträge zur Rückdeckungsversicherung bleiben BA der GmbH. Sie liegt im bloßen eigenbetrieblichen Interesse. Es ist die Absicherung einer zivilrechtlich drohenden Pensionslast. Eine vGA kommt nur hinsichtlich einer Pensionsrückstellung und ein Vermögensvorteil beim AE kommt nur bzgl. der späteren Pensionszahlungen, nicht aber bzgl. der Versicherungsbeiträge in Betracht.

Die Vorteilseignung (**Eignung zum Beteiligungsertrag**) bedeutet aber nicht, dass ein der Vermögensminderung bei der GmbH entsprechender Vermögenszufluss beim Gesellschafter nötig wäre. Der tatsächliche Vorteilszufluss ist erst auf der Ebene des Gesellschafters erforderlich, damit Kapitaleinkünfte nach § 20 Abs. 1 Nr. 1 Satz 2 EStG angenommen werden können. Die Korrespondenz zwischen Minderung des Unterschiedsbetrages und der Vorteilseignung für den Gesellschafter[1] sollen folgende Beispiele verdeutlichen:

BEISPIEL: Die A-GmbH bildet Rückstellungen für eine überhöhte Tantieme- oder Pensionszusage im Jahr 03. Die Tantieme wird im Jahr 05 bzw. die Pension erst mit Erreichen des Pensionsalters ausbezahlt.

Die Minderung des Unterschiedsbetrages nach § 4 Abs. 1 Satz 1 EStG i.V. m. § 8 Abs. 1 KStG durch die (aufwandswirksame) Rückstellungsbildung ist eine vGA, weil sie objektiv geeignet ist, bei dem Gesellschafter zu einem sonstigen Bezug i. S. v. § 20 Abs. 1 Nr. 1 Satz 2 EStG zu führen. Dass die Tantieme dort erst im Jahr 05 oder der Pension erst später zufließen wird, ist auf der Ebene der GmbH für die Korrektur des Steuerbilanzgewinnes nicht von Belang.

BEISPIEL: Die GmbH schließt für die (unangemessene) Pensionszusage eine Rückdeckungsversicherung ab und zahlt dafür Prämien. Die Minderung des Unterschiedsbetrages durch die Versicherungsbeiträge ist nicht als vGA zu korrigieren, weil die Rückdeckungsversicherung objektiv nicht geeignet ist, bei dem durch Versorgungszusage begünstigten Gesellschafter einen sonstigen Bezug auszulösen.[2]

Außerdem wird verlangt, dass die vGA durch Organe der GmbH verursacht werden muss.[3]

b) Leistende und Empfänger der vGA

5621   Das Rechtsinstitut der vGA betrifft alle Kapitalgesellschaften (§ 1 Nr. 1 KStG), in erster Linie aber die (personenbezogene) GmbH, weil hier die Beziehungen (schuldrechtlicher oder gesellschaftsrechtlicher Natur) zum Gesellschafter besonders eng sind und die Interessen der Gesellschaft und der Gesellschafter sogar völlig parallel verlaufen können (Familiengesellschaften, Einmann-GmbH). Ob die Gesellschaft unbeschränkt oder beschränkt steuerpflichtig ist, ist nicht von Belang. Auch bei der Vorgesellschaft – die errichtete, aber noch nicht eingetragene GmbH – gelten die Regeln über die vGA, nicht jedoch für die Vorgründungsgesellschaft, die eine Personengesellschaft und nicht mit der späteren GmbH identisch ist.

---

1 Vgl. auch Gosch, KStG, § 8 Rn. 170.
2 Vgl. BFH v. 7. 8. 2002 I R 2/02, BStBl II 2004, 131.
3 BFH v. 14. 10. 1993 I R 14/92, BStBl II 1993, 351; I R 17/92, BStBl II 1993, 352.

aa) Gesellschafterstellung

Eine vGA hat ihren Grund im Gesellschaftsverhältnis, d. h. in der Beziehung, die GmbH und Gesellschafter aufgrund des Gesellschaftsvertrages und des GmbHG miteinander verbindet und durch das Innehaben des Geschäftsanteils dokumentiert wird. Die vGA setzt deshalb im Allgemeinen voraus, dass der Empfänger der Vorteilszuwendung bzw. der vorteilsgeeigneten Leistung Gesellschafter der GmbH ist, zu ihr also in einem mitgliedschaftlichen Verhältnis steht.[1] Die Gründungsgesellschafter sind im Stadium der Vorgesellschaft taugliche Empfänger einer vGA.[2] Die Höhe der Beteiligungsquote ist unerheblich. Die Stellung als zukünftiger Gesellschafter kann ausreichen, wenn die Leistung in zeitlichem Zusammenhang mit der Begründung des Gesellschaftsverhältnisses steht und der Empfänger dann auch tatsächlich Gesellschafter wird.[3]

5622

Beim beherrschenden Gesellschafter gelten freilich besondere Anforderungen an den Fremdvergleich. Grundsätzlich kommt es auf die Verhältnisse in dem Zeitpunkt der Vermögensminderung (verhinderten Vermögensmehrung) an; aber auch die Stellung als künftiger Gesellschafter reicht aus, wenn die Vorteilszuwendung in zeitlichem und sachlichem Zusammenhang mit dem Erwerb der Gesellschafterstellung steht und der Empfänger dann auch tatsächlich Gesellschafter wird.[4] Auch der ehemalige Gesellschafter kann Empfänger einer vGA sein, wenn die maßgebliche Entscheidung auf der Ebene der GmbH zu einem Zeitpunkt getroffen wurde, als der Begünstigte noch Inhaber des Geschäftsanteils war und ihm der Vorteil später tatsächlich zufließt.[5] Stellen Pensionszahlungen eine vGA dar, behalten sie ihre Eigenschaft, selbst wenn der Berechtigte inzwischen seinen Geschäftsanteil veräußert hat.[6] Auch der minderjährige Gesellschafter kann Begünstigter einer vGA sein, selbst wenn die Eltern die zufließenden Mittel vereinnahmen.[7]

5623

bb) Beherrschender Gesellschafter

Für die Beherrschung einer GmbH ist regelmäßig eine Beteiligung von mehr als 50 v. H. am Stammkapital erforderlich; dann ist davon auszugehen, dass der Gesellschafter mit der Mehrheit seiner Stimmrechte in der Lage ist, seinen Willen durchzusetzen und Gesellschafterbeschlüsse i. S. d. Mehrheitsgesellschafter erzwungen werden können.[8] Die mittelbare Beherrschung über zwischengeschaltete Gesellschaften reicht aus.[9]

5624

Dem beherrschenden Einfluss kraft Mehrheitsbeteiligung gleichgestellt sind die Fälle, in denen zwei zu je 50 v. H. beteiligte Gesellschafter oder mehrere Minderheitsgesellschafter oder ihnen nahe stehende Personen oder ein Mehrheitsgesellschafter und ein Minderheitsgesellschafter zusammenwirken, weil sie in bestimmten Angelegenheiten

5625

---

1 BFH v. 13. 7. 1994 I R 112/93, BStBl II 1995, 198.
2 BFH v. 14. 10. 1992 I R 17/92, BStBl II 1993, 352.
3 Klein/Müller/Döpper in Mössner/Seeger, KStG, § 8 Rn. 336.
4 BFH v. 24. 11. 1989 VIII R 74/84, BStBl II 1989, 419.
5 BFH v. 10. 11. 1993 I R 36/93, BFH/NV 1994, 827.
6 BFH v. 18. 12. 1996 I R 139/94, BStBl II 1997, 301.
7 BFH v. 1. 7. 2003 VIII R 45/01, BStBl II 2004, 35.
8 BFH v. 9. 4. 1997 I R 52/96, BFH/NV 1997, 808.
9 BFH v. 13. 12. 1989 I R 45/84, BFH/NV 1990, 455.

gleichgelagerte (finanzielle) Interessen haben.[1] Liegen bei einer bestimmten **Gesellschaftergruppe** gleichgerichtete Interessen vor, sind deren sämtliche Anteile zusammenzurechnen. Verwandtschaft und Ehe bedingen aber keine gleichgelagerten Interessen.[2]

5626 Die beherrschende Stellung muss in dem Zeitpunkt des Abschlusses des Vertrages vorliegen, aufgrund dessen die Leistung der GmbH erbracht wird.[3] Für ihre Beurteilung als vGA ist daher unerheblich, ob ein beherrschender Gesellschafter danach diese Stellung verliert oder aus der Gesellschaft ausscheidet oder umgekehrt danach ein anderer beherrschender Gesellschafter wird.

cc) Nahe stehende Personen

5627 Wird mittelbar ein Vorteil verschafft, der unmittelbar zur Zuwendung an eine dritte, dem Gesellschafter **nahe stehende Person** führt, steht dies der unmittelbaren Vermögenszuwendung an den Gesellschafter gleich, wenn sie durch das Gesellschaftsverhältnis veranlasst ist. Da es auf der Ebene der GmbH für die Annahme einer vGA nicht auf den tatsächlichen Zufluss auf Gesellschafterebene ankommt, sondern auf die (objektive) Vorteilseignung, reicht eine mittelbare Vorteilsgeeignetheit in dem Sinne aus, dass die Zuwendung beim Gesellschafter Bezüge i.S.v. § 20 Abs. 1 Nr. 1 EStG auslösen kann. Die Vereinnahmung des Vorteils durch den Dritten und die persönliche Zurechnung beim Gesellschafter setzen eine Verknüpfung durch die gesellschaftliche Veranlassung voraus.[4] Indiz für die gesellschaftliche Veranlassung ist das Nahestehen.[5]

5628 Der Kreis der nahe stehenden Personen beschränkt sich nicht auf den Ehegatten, die Kinder und die Angehörigen i.S.d. § 15 AO, sondern wird von der Rechtsprechung weiter gezogen. Er umfasst auch den nichtehelichen Lebensgefährten des Gesellschafters[6] und andere Personen, zu denen aufgrund sonstiger gesellschaftlicher, schuldrechtlicher oder tatsächlicher, z. B. langjähriger geschäftlicher Beziehungen ein Näheverhältnis besteht.[7] Nahe stehende Personen müssen nicht natürliche Personen sein, auch Kapitalgesellschaften (Schwester-, Tochter- und Enkelgesellschaften) und Personengesellschaften, an denen der Gesellschafter der vorteilsgewährenden GmbH beteiligt ist, werden als nahe stehende Personen behandelt.

5629 Leistet die GmbH an den Dritten einen Vermögensvorteil und ist dies wegen dessen Näheverhältnis zum Gesellschafter als vGA auf der Ebene der Gesellschaft anzusehen, ist dieser Vorteil des Dritten als mittelbare Zuwendung dem Gesellschafter als Anteilseigner (§ 20 Abs. 2a EStG) zuzurechnen, der sie an den Dritten weitergibt. Aus dem **Dreiecksverhältnis** folgt, dass der Gesellschafter Kapitalerträge vereinnahmt, während die Zuwendung an den Dritten Einkommensverwendung des Gesellschafters darstellt.

---

1 BFH v. 10.7.2002 I R 37/01, BStBl II 2003, 418.
2 BFH v. 15.3.2000 I R 40/99, BStBl II 2000, 504.
3 BFH v. 11.2.1997 I R 43/96, BFH/NV 1997, 806.
4 Vgl. Gosch, KStG, § 8 Rz. 227.
5 BFH v. 18.12.1996 I R 139/94, BStBl II 1997, 301.
6 BFH v. 29.11.2000 I R 90/99, BStBl II 2001, 204.
7 BFH v. 18.12.1996 I R 139/94, BStBl II 1997, 301.

Bei **Konzernstrukturen** mit Schwestergesellschaften ist zu differenzieren: 5630

Handelt es sich bei dem Dritten aber um eine Tochtergesellschaft des Gesellschafters, spielt sich also die unmittelbare Leistungserbringung zwischen Schwestergesellschaften mit einer gemeinsamen Muttergesellschaft ab und hat sie ihre Veranlassung in den gesellschaftlichen Rechtsbeziehungen, liegt auf der Ebene der (gebenden) Tochtergesellschaft eine vGA nach § 8 Abs. 3 Satz 2 KStG vor, welche die Muttergesellschaft an die andere Tochtergesellschaft weitergibt. Folgen dieses Dreiecksverhältnisses sind neben der vGA bei der Tochtergesellschaft 1 ein nach § 8b Abs. 1 KStG bis auf 5 v. H. der Einnahmen steuerfreier (§ 8b Abs. 1 und Abs. 5 KStG) Beteiligungsertrag bei der Muttergesellschaft und eine verdeckte Einlage in die Tochtergesellschaft 2. Diese hat das Wirtschaftsgut zwar zu aktivieren, die Gewinnerhöhung wird aber durch die verdeckte Einlage neutralisiert. Bei der Muttergesellschaft führt verdeckte Einlage zu einer nachträglichen Erhöhung der Anschaffungskosten auf die Beteiligung: Im Ergebnis wirkt sich die vGA (bis auf die Mindestbesteuerung bei der Muttergesellschaft) nur bei der leistenden Tochtergesellschaft aus.

Die **Neutralisierung der Gewinnerhöhung** bei der Tochtergesellschaft 2 setzt aber voraus, dass ihr ein einlagefähiges Wirtschaftsgut zugeführt wird. Räumt man ihr unentgeltliche oder verbilligte Nutzungen oder Dienstleistungen ein, steht der verdeckten Gewinnausschüttung bei der Mutergesellschaft ein gleich hoher fiktiver Aufwand gegenüber, der sich aus dem „Verbrauch" des erlangten, aber der Tochtergesellschaft 2 im Dreiecksverhältnis zugewandten Vorteils ergibt. Dem Abzug wie eine Betriebsausgabe steht trotz der steuerfreien Vereinnahmung des Beteiligungsertrages (§ 8b Abs. 1 KStG) die Vorschrift des § 3c Abs. 1 EStG nicht entgegen, weil es an dem erforderlichen unmittelbaren Zusammenhang der Ausgabe mit der Einnahme fehlt und die Vorschrift ab dem VZ 2004 hier nicht mehr anzuwenden ist. Besteuert werden aber die 5 v. H. der Einnahmen, die als nicht abzugsfähige Betriebsausgaben gelten. Die begünstigte Tochtergesellschaft hat infolge der ersparten Aufwendungen einen höheren Gewinn, der besteuert wird. Eine Neutralisierung durch eine verdeckte Einlage scheidet aus, gleichwohl bleibt in einer Gesamtsteuerbetrachtung im Konzern bis auf die Mindestbesteuerung nur die „einmalige" Besteuerung der vGA. 5631

Der **Abzug des fiktiven Aufwandes** bei der Muttergesellschaft ist seit VZ 2004 möglich, allerdings um den Preis der 5 v. H.-Besteuerung. 5632

(*Einstweilen frei*) 5633–5650

4. Tatbestandsmerkmale der vGA (§ 8 Abs. 3 Satz 2 KStG) im Einzelnen

a) Vermögensminderung oder verhinderte Vermögensmehrung

Eine Vermögensminderung liegt vor, wenn die GmbH Aufwand tätigt, dem keine angemessene Gegenleistung gegenübersteht. Eine verhinderte Vermögensmehrung liegt vor, wenn die GmbH auf ein angemessenes Entgelt für die erbrachte Leistung verzichtet. Auf eine entsprechende Vermögensmehrung (Vorteilszufluss) beim Gesellschafter kommt es für die Beurteilung auf der Ebene der GmbH nicht an. Die Vermögensminderung (verhinderte Vermögensmehrung) muss aber objektiv geeignet sein, beim Ge- 5651 sellschafter zu einem entsprechenden Vermögensvorteil (Kapitalertrag nach § 20 Abs. 1 Nr. 1 Satz 2 EStG) zu führen.[1] Die **Vorteilseignung** ist der vGA immanent und drückt die gesellschaftliche Verknüpfung zwischen der Vermögensminderung (verhinderte Vermögensmehrung) mit der Person des Gesellschafters aus.[2]

aa) Vermögensminderung

5652 Die Vermögensminderung ist nach der Rechtsprechung mit Hilfe der Steuerbilanz zu ermitteln,[3] so dass im Grunde nicht eine Vermögensminderung, sondern eine Gewinnminderung maßgeblich ist. Bezugsgröße ist der Unterschiedsbetrag nach § 4 Abs. 1 Satz 1 EStG.[4]

5653 Die Prüfung geht in **zwei Stufen** vor sich:[5] Auf der **1. Stufe** ist die Vermögensminderung mit Hilfe der Steuerbilanz zu ermitteln, die ohne Berücksichtigung des § 8 Abs. 3 Satz 2 KStG aufzustellen ist, wobei alle Aufwendungen der GmbH (mit Ausnahme der offenen Ausschüttungen) Betriebsausgaben sind, da die GmbH nicht über eine außerbetriebliche Sphäre verfügt. Führt die Prüfung zu der Feststellung, dass die betreffende Aufwendung (Vermögensminderung bzw. verhinderte Vermögensmehrung) durch das Gesellschaftsverhältnis veranlasst ist, folgt auf der **2. Stufe** die nach § 8 Abs. 3 Satz 2 KStG vorgeschriebene Korrektur außerbilanziell. Dies ist im Ergebnis nicht anders als z. B. bei Entnahmen oder nicht abzugsfähigen Betriebsausgaben oder Hinzurechnungen nach dem AStG. Das Ergebnis schlägt sich unmittelbar im „korrigierten" (= zutreffenden) Gewinn aus Gewerbebetrieb (§ 2 Abs. 2 Nr. 1 EStG) mit entsprechenden Konsequenzen bei der GewSt nieder, die nach § 7 Satz 1 KStG an diesen Gewinn (und nicht an das Einkommen) anknüpft.

5654 Aus dem Stufenmodell ergibt sich, dass eine vGA nicht vorliegt, wenn wegen des **Vorteilsausgleichs** keine Minderung des Unterschiedsbetrages in der Steuerbilanz eintritt. Hier lassen sich **drei Fallgruppen** unterscheiden: Es besteht kein Anspruch der Gesellschaft oder es liegt keine Handlung mit Gewinnauswirkung vor oder die Gewinnauswirkung wird durch Einbuchung eines gleich hohen Ersatzanspruchs gegen den Gesellschafter bzw. einen Dritten ausgeglichen.

5655 Ein Anspruch der Gesellschaft besteht z. B. nicht bei Risikogeschäften, die die Gesellschaft aufgrund eines Beschlusses der Gesellschafterversammlung oder mit Billigung der Gesellschafter vornimmt.[6]

5656 Keine Handlung mit Gewinnauswirkung liegt z. B. vor, wenn ein Darlehen zwar zu unüblichen Bedingungen an den Gesellschafter ausgereicht wird, zugleich aber der (werthaltige) Rückzahlungsanspruch aktiviert wird.

---

1 BFH v. 7. 8. 2002 I R 2/02, BStBl II 2004, 131.
2 Vgl. auch Gosch, KStG, § 8 Rn. 245.
3 BFH v. 23. 6. 1993 I R 72/92, BStBl II 1993, 801; v. 14. 9. 1994 I R 6/94, BStBl II 1995, 89; v. 24. 3. 1998 I R 88/97, BFH/NV 1998, 1374; v. 22. 10. 2003 I R 23/03, BFH/NV 2004, 667.
4 BFH v. 7. 8. 2002 I R 2/02, BStBl II 2004, 131.
5 BFH v. 13. 8. 1997 I R 85/96, BStBl II 1998, 161; v. 7. 8. 2002 I R 2/02, BStBl II 2004, 131; Wassermeyer, DB 2002, 2668; Gosch, KStG, § 8 Rn. 247.
6 BFH v. 31. 3. 2004 I R 83/03, BFH/NV 2004, 1482; zu Risikogeschäften vgl. Janssen, vGA, Rn. 1841 ff.

Zur dritten Fallgruppe zählen die Fälle, in denen eine Kompensation durch einen Ersatzanspruch stattfindet. Beispiel hierfür ist ein Schaden, den der Gesellschafter-Geschäftsführer durch eine unternehmerische Fehlentscheidung verursacht und der durch einen von der GmbH zu aktivierenden Ersatzanspruch ausgeglichen wird. Eine solche Kompensation setzt aber einen innerbetrieblichen Schaden voraus, der nicht auch gesellschaftlich mitveranlasst sein darf.[1] Ist eine Veranlassung des Schadens auch durch das Gesellschaftsverhältnis festzustellen, liegt eine vGA vor, die durch Aktivierung der Ersatzforderung und ihre Erfüllung steuerlich nicht rückgängig gemacht werden kann, da sie eine (gesellschaftsrechtlich veranlasste) Einlageforderung bzw. Einlage darstellt.

5657

BEISPIEL:[2] Der Gesellschafter-Geschäftsführer lässt sich für die GmbH bestimmte Kundenzahlungen auf sein geheimes Privatkonto überweisen. Dies stellt eine Untreue i. S. v. § 266 StGB dar, die nach § 823 Abs. 2 BGB einen Schadensersatzanspruch auslöst. Ursächlich für die Schadenszufügung ist aber (auch) die Stellung des Gesellschafter-Geschäftsführers, so dass eine Veranlassung im Gesellschaftsverhältnis (= außerbetriebliche Schadenszufügung) und damit eine vGA vorliegt. Ihre Rückgängigmachung durch die Ersatzleistung stellt eine verdeckte Einlage dar.

Bloße (irrtümliche) **Fehlbuchungen** lösen jedoch keine vGA aus, auch wenn Buchungsfehlern zugunsten eines Gesellschafters (Aufwandsbuchungen oder unterlassene Buchung von Entnahmen des Gesellschafters) eine nicht unerhebliche Indizwirkung für eine vGA zukommt, zumal dann wenn sie zielgerichtet vorgenommen werden und Ausdruck einer Vermögensverlagerung sind.[3]

5658

bb) Verhinderte Vermögensmehrung

Die Tatbestandsvariante der verhinderten Vermögensmehrung erlaubt es, einen entgangenen Gewinn (Gewinnverzicht zugunsten des Gesellschafters) bei der GmbH zu versteuern. Die **verhinderte Vermögensmehrung** ist damit eine fiktive Größe, die sich durch den Vergleich des bilanzierten Gewinnes mit demjenigen ergibt, der sich bei der Erfassung der verhinderten Vermögensmehrung (Soll-Einnahme, Soll-Gewinn) ergeben hätte. Bei der verhinderten Vermögensmehrung entfällt das zweistufige Vorgehen wie bei der Vermögensminderung, die verhinderte Vermögensmehrung geht stets mit einer entsprechenden Vermögensmehrung auf Seiten des Gesellschafters einher.

5659

Beispielhaft sind die Fälle wie Warenabgaben oder Dienstleistungen ohne marktüblichen Gewinnaufschlag oder der Verzicht auf bestehende Ansprüche, Zustimmung einer Komplementär-GmbH zur rückwirkenden Neuverteilung des Gewinns zugunsten ihrer Gesellschafter und Kommanditisten der GmbH & Co. KG oder der Verzicht auf die Wahrnehmung konkreter Geschäftschancen zugunsten der Gesellschafter (z. B. Verzicht auf ein günstiges Kaufanwartschaftsrecht, auf den Erwerb eigener Anteile zum Nominalwert). Insbesondere im Verhältnis zum Gesellschafter-Geschäftsführer kommt es nicht darauf an, ob dieser gegen das Wettbewerbsverbot verstoßen hat, sondern ob der GmbH eine Geschäftschance entzogen worden ist. Dann muss aber die GmbH eine konkrete rechtliche oder tatsächliche Möglichkeit haben, für die im Geschäftsverkehr

5660

---

1 Gosch, KStG, § 8 Rz. 249.
2 Nach Gosch, KStG, § 8 Rz. 249.
3 Vgl. Gosch, KStG, § 8 Rz. 666.

ein Entgelt entrichtet würde,[1] wofür bereits getätigte Aufwendungen sprechen können. Anwendungsfälle können sich auch im internationalen Konzern ergeben, wenn ein gewinnträchtiger Absatzmarkt von einer Vertriebsgesellschaft auf eine andere verlagert wird und der Fremdvergleich ergibt, dass ein nicht konzernangehöriges Unternehmen für die konkreten Geschäftschancen ein Entgelt bezahlt hätte.

cc) Vorteilsausgleich

5661   Der Ausgleich der Vermögensminderung bzw. verhinderten Vermögensmehrung durch vermögenswerte Vorteile, die der begünstigte Gesellschafter der GmbH gewährt, lässt eine vGA grundsätzlich entfallen. Der sog. **Vorteilsausgleich** durch wechselseitige Verrechnung setzt aber voraus, dass die einander ausgleichenden Leistungen auf schuldrechtlicher Grundlage erbracht werden,[2] bei gegenseitigen Verträgen nach §§ 320 ff. BGB kann der Vorteilsausgleich angenommen werden, wenn und soweit sich Leistung und Gegenleistung ausgleichen. Beruhen allerdings Vorteile auf gesellschaftsrechtlicher Grundlage (vGA einerseits und verdeckte Einlage andererseits), scheidet eine Verrechnung aus.

5662   Geht es um den Vorteilsausgleich zwischen der GmbH und ihrem beherrschenden Gesellschafter (oder einer ihm nahe stehenden Person), muss eine Vereinbarung vorliegen, die dem Fremdvergleich standhält und vorher klar, eindeutig und rechtswirksam getroffen wurde und auch tatsächlich durchgeführt wird.

---

1 Vgl. BFH v. 9. 7. 2003 I R 100/02, BFH/NV 2003, 1666.
2 BFH v. 23. 10. 1996 I R 71/95, BStBl II 1999, 35.

dd) Beispiele

5663

Vermögensminderung	verhinderte Vermögensmehrung
Dienstverträge	
GmbH gewährt AE unangemessen hohe Vergütung/Pensionszusage	GmbH überlässt AE Arbeitnehmer gegen zu geringes Entgelt
Miet- und Pachtverträge	
GmbH zahlt für Geschäftsräume eine zu hohe Miete an AE	GmbH vermietet dem AE ein Grundstück zu einem zu niedrigen Mietzins
Darlehensgewährung	
GmbH leistet für ein Darlehen des AE unangemessen hohe Zinsen	GmbH gewährt dem AE ein Darlehen zu einem zu niedrigen Zins
Lieferungen	
AE veräußert an die GmbH zu einem überhöhten Preis	GmbH veräußert Waren an den AE zu einem unangemessen niedrigen Preis
sonstige	
Zahlung eigener Gründungskosten unter Missachtung § 26 Abs. 2 AktG	GmbH verzichtet auf Rechte, die ihr gegen den AE zustehen
	GmbH veranlasst, dass ihr zustehende Einnahmen dem AE zufließen

b) Auswirkung auf das Einkommen (Unterschiedsbetrag nach § 4 Abs. 1 Satz 1 EStG)

Die Vermögensminderung oder die verhinderte Vermögensmehrung muss sich auf den Unterschiedsbetrag nach § 4 Abs. 1 Satz 1 EStG i.V. m. § 8 Abs. 1 KStG – Steuerbilanzgewinn – auswirken. Es wird damit deutlich gemacht, dass es sich bei § 8 Abs. 3 Satz 2 KStG um eine Korrekturvorschrift für die zutreffende Ermittlung des steuerlich zu erfassenden Gewinns handelt. Sie ermöglicht auch die Korrektur, wenn steuerfreie Einnahmen (verdeckt) ausgeschüttet werden.

5664

c) Kein Zusammenhang mit einer offenen Ausschüttung

Mit diesem Begriffsmerkmal soll die vGA von der offenen Ausschüttung abgegrenzt werden. Es bedeutet, dass ein den gesellschaftsrechtlichen Bestimmungen entsprechender Gewinnverwendungsbeschluss die Annahme einer vGA ausschließt. Denn dann tritt die gesellschaftliche Veranlassung der Einkommensverwendung offen zu Tage, der Ausschüttungscharakter der Leistung der Gesellschaft muss nicht nicht erst durch Feststellung ihrer Veranlassung im Gesellschaftsverhältnis aufgedeckt werden.

5665

d) Handlung durch ein Organ der Gesellschaft

Außerdem verlangt die Rechtsprechung, dass die Vermögensminderung durch Handlung einer Person, die zur Geschäftsführung befugt ist (Organ der GmbH), veranlasst

5666

worden ist, die Handlung also der GmbH zuzurechnen ist.[1] Zurechenbar sind danach Handlungen des Geschäftsführers, der Gesellschafterversammlung und des beherrschenden Gesellschafters. Die abgrenzende Prüfung erfolgt dreistufig:

5667 ▶ Zunächst scheiden bloße **Buchungsfehler** durch einen nicht vertretungsberechtigten Buchhalter oder Steuerberater aus, durch die einem Gesellschafter ein Vorteil zugewendet wird, sofern sie nicht vom Handlungswillen der Organe der Gesellschaft getragen werden. Sie sind keine vGA.[2] Die unzutreffende Buchung bewirkt nicht die Zuwendung, vielmehr erlangt die GmbH einen Ersatzanspruch, der durch Bilanzberichtigung zu aktivieren ist, so dass eine Vermögensminderung nicht eintritt. Erst wenn auf den Ersatzanspruch verzichtet wird, entsteht die vGA.

BEISPIELE:

▶ Ein Angestellter der KapGes (z. B. Lagerverwalter) gibt ohne Kenntnis des vertretungsberechtigten Organs und ohne Ermächtigung ein Wirtschaftsgut an einen Gesellschafter ohne Berechnung heraus.

▶ Steuerberater unterlässt versehentlich die Verzinsung des Verrechnungskontos des Gesellschafters.

Eine spätere Aufdeckung kann dann nicht als vGA behandelt werden.

Mit der Zuwendung des Vorteils entsteht zugleich ein zivilrechtlicher Ersatzanspruch der Gesellschaft, der zu aktivieren ist, so dass auch mangels Vermögensminderung keine vGA eintreten kann.[3] Wird dieser Ersatzanspruch nicht aktiviert, so ist eine Bilanzberichtigung vorzunehmen und eine entsprechende Forderung gegen den Gesellschafter einzubuchen.[4]

5668 ▶ Beruht die Vermögensminderung auf der Handlung eines **nicht beherrschenden Gesellschafters**, der weder die anderen Gesellschafter noch der Geschäftsführer zugestimmt haben, so reicht das **tatsächliche Ausnutzen** der (nicht beherrschenden) **Stellung als Gesellschafter** nicht aus, um die Handlung der Gesellschaft zuzurechnen.[5] Verzichtet aber der Geschäftsführer nach Aufdeckung der Handlung auf eine Ersatzforderung der Gesellschaft gegen den Gesellschafter, liegt darin eine vGA. Der Gesellschaft entsteht z. B. ein Rückforderungsanspruch gegen den Minderheitsgesellschafter, wenn er Geld der GmbH unterschlägt[6] oder wenn der Gesellschafter-Geschäftsführer fahrlässig den Diebstahl betrieblichen Bargelds ermöglicht, indem er den Bargeldbestand über Nacht in einem Geschäftsfahrzeug aufbewahrt und das Auto samt Geld gestohlen wird.[7] Verzichtet die GmbH auf den Ersatzanspruch, liegt im Umfang des Verzichts eine vGA vor. Die Tatsache, dass die Gesellschaft eine Forderung gegenüber dem Gesellschafter nicht ausweist, bewirkt dabei noch keinen Forderungsverzicht, weil ein derartiger buchmäßiger Vorgang sich auf die Existenz und den Fortbestand der Forderung nicht auswirkt.[8]

---

1 BFH v. 14. 10. 1992 I R 14/92, BStBl II 1993, 351; I R 17/92, BStBl II 1993, 352.
2 BFH v. 18. 4. 2002 III R 43/00, BStBl II 2003, 149; v. 28. 2. 2001 I R 12/00, BStBl II 2001, 468; v. 13. 9. 2000 I R 10/00, BFH/NV 2001, 584; v. 22. 10. 2003 I R 23/03, BFH/NV 2004, 667.
3 BFH v. 24. 3. 1998 I R 88/97, BFH/NV 1998, 1374; v. 18. 4. 2002 III R 43/00, DStR 2002, 1388, 1389.
4 FG Saarland v. 21. 5. 2001, 1 K 326/97, rkr., EFG 2001, 1233.
5 BFH v. 14. 10. 1992 I R 14/92, BStBl II 1993, 351.
6 BFH v. 11. 2. 2003 VIII B 229/02, BFH/NV 2003, 909.
7 BFH v. 17. 9. 2003 I R 91, 92/02, BFH/NV 2004, 182.
8 BFH v. 5. 4. 2004 X B 130/03, NWB DokID: AAAAB-23744; v. 14. 9. 1994 I R 6/94, BStBl II 1997, 89, unter II.2.c; v. 13. 9. 2000 I R 10/00, BFH/NV 2001, 584.

▶ Ist die Vermögensminderung aber von einer zur Vertretung der GmbH berufenen Person (Organ) oder durch den beherrschenden Gesellschafter (auch durch Überschreiten seiner Kompetenzen) verursacht worden, liegt eine vGA vor.[1] Neben Rechtshandlungen reichen auch tatsächliche Handlungen mit Handlungswillen aus (z. B. Unterschlagung); es ist auch nicht die Absicht oder das Bewusstsein erforderlich, verdeckt Gewinn auszuschütten.

5669

(*Einstweilen frei*)

5670–5680

5. Veranlassung durch das Gesellschaftsverhältnis

a) Sorgfaltsmaßstab des ordentlichen und gewissenhaften Geschäftsleiters

Die Vermögensminderung oder verhinderte Vermögensmehrung ist regelmäßig durch das Gesellschaftsverhältnis veranlasst, wenn die GmbH ihrem Gesellschafter einen Vermögensvorteil zuwendet, den sie bei Anwendung der **Sorgfalt** eines **ordentlichen und gewissenhaften Geschäftsleiters** einem Nichtgesellschafter nicht gewährt hätte.[2] In dieser Denkfigur ist der Fremdvergleich (Drittvergleich) als Mittel dafür angelegt, um die Veranlassung im Gesellschaftsverhältnis festzustellen. Die Rechtsprechung hat aber bisher keinen Maßstab gefunden, mit dessen Hilfe sicher vorhergesagt werden könnte, dass eine bestimmte Maßnahme dem Fremdvergleich standhalten wird oder nicht. Es ist daher auch eine fast unübersehbare Kasuistik entstanden, wobei die Vorstellungen der Rechtsprechung vom gewissenhaften und ordentlichen Geschäftsleiter gewissen Wandlungen unterliegen und keinesfalls deckungsgleich mit denen in der Wirtschaft sind.

5681

Den Rückgriff auf statistische Erhebungen allein z. B. über die Gehaltsausstattung von Geschäftsführern lehnt der BFH ab, weil der Fremdvergleich eine wertende Betrachtung verlange.[3] Verlangt wird vom ordentlichen und gewissenhaften Geschäftsleiter, dass er sein Verhalten daran ausrichtet, der Gesellschaft nicht zu schaden, sondern Vorteile für sie wahrzunehmen und ihren Gewinn zu mehren. Diese Anforderungen erfüllt aber nicht nur der tüchtige Geschäftsführer, dem keine unternehmerischen Fehlentscheidungen unterlaufen dürften.[4] Der Geschäftsführer hat einen weiten unternehmerischen Ermessensspielraum,[5] der auch erlaubt, Risikogeschäfte einzugehen und die damit verbundenen Chancen zugleich mit den Verlustgefahren wahrzunehmen.[6] Der gewissenhafte und ordentliche Geschäftsleiter sollte z. B. durch eine Pensionszusage nicht die Gefahr heraufbeschwören, dass der GmbH die Überschuldung oder die Insolvenz drohen, er muss aber nicht immer vom denkbar schlimmsten Fall ausgehen, sondern hat die Wahrscheinlichkeit eines Risikofalls zu berücksichtigen.[7]

---

1 BFH v. 22.10.2003 I R 23/03, BFH/NV 2004, 667.
2 BFH v. 10.11.1998 I R 33/98, BFH/NV 1999, 829; v. 29.3.2000 I R 85/98, BFH/NV 2000, 1247.
3 BFH v. 27.3.2001 I R 40/00, BStBl II 2001, 655.
4 Wassermeyer, DB 1993, 1269.
5 Klein/Müller/Döpper in Mössner/Seeger, KStG, § 8 Rn. 396; Gosch, KStG, § 8 Rz. 301.
6 BFH v. 8.8.2001 I R 106/99, BFH/NV 2001, 1678; v. 31.3.2004 I R 83/03, BFH/NV 2004, 1482.
7 BFH v. 20.12.2000 I R 15/00, BFH/NV 2001, 980.

5682 Die **Beurteilung** aus Sicht des ordentlichen und gewissenhaften Geschäftsleiters ist **nach den Verhältnissen im Zeitpunkt seiner unternehmerischen Entscheidung** vorzunehmen; später eintretende Ereignisse, die er nicht vorhersehen konnte, können nicht Anlass für eine vGA sein.[1]

b) Kriterien für den Fremdvergleich

5683 Aus diesem allgemeinen Sorgfaltsmaßstab des ordentlichen und gewissenhaften Geschäftsleiters hat die Rechtsprechung eine Reihe von Kriterien für den Fremdvergleich entwickelt. Eine Veranlassung im Gesellschaftsverhältnis lassen vermuten, **die Unangemessenheit, die fehlende Ernstlichkeit bzw. Ernsthaftigkeit oder die Unüblichkeit des Vereinbarten**, die je nach Leistungsgrund (z. B. Geschäftsführergehalt, Tantieme, Darlehen) unterschiedlich ausdifferenziert sind, und mehr **formelle Merkmale**, deren Einhaltung **beherrschende Gesellschafter** und die ihnen nahe stehenden Personen unterworfen sind, wie **zivilrechtliche Wirksamkeit im Voraus getroffener klarer und eindeutiger und tatsächlich durchgeführter Vereinbarungen**. Je nach Einzelfall können diese Kriterien der Angemessenheitsprüfung einzeln oder einander ergänzend die Feststellung fremdvergleichswidrigen Verhaltens und damit die – durch vernünftige und nachvollziehbare betriebswirtschaftliche Überlegungen – widerlegbare Vermutung einer durch das Gesellschaftsverhältnis veranlassten Vorteilszuwendung begründen.

c) Angemessenheit

5684 Die **Angemessenheit** ist unterteilt in Angemessenheit dem **Grunde** und der **Höhe** nach. Also ist zu fragen, ob die GmbH die entsprechende Leistung an einen Nichtgesellschafter überhaupt erbracht und ob sie – die Angemessenheit dem Grunde nach unterstellt – die Zahlung in derselben Höhe an einen Nichtgesellschafter geleistet hätte. Liegt die Angemessenheit dem Grunde nach nicht vor, stellt die Zahlung insgesamt eine vGA dar, ist sie der Höhe nach unangemessen, ist der überhöhte Teil eine vGA.

5685 Hier hat auch die Bandbreitenbetrachtung ihren Platz,[2] der nun auch die FinVerw folgt.[3] In den Fällen, in denen für eine entgeltliche Leistung nicht ein bestimmter Preis oder Wert bestimmt werden kann, sondern sich typischerweise die Entgelte in einer gewissen Bandbreite bewegen, muss die GmbH weder an die Ober- noch an die Untergrenze gehen oder einen Mittelwert wählen, sondern kann die Bandbreite in voller Höhe ausschöpfen, jedes Entgelt innerhalb der Bandbreite ist grundsätzlich als angemessen anzusehen.[4] Diese Betrachtung erlangt vor allem Bedeutung bei der Angemessenheit der Gesamtgehaltsausstattung eines Gesellschafter-Geschäftsführers.

5686 Beide Bereiche der Angemessenheitsprüfung (Fremdvergleich) können durch einen innerbetrieblichen oder durch einen außerbetrieblichen Vergleich vorgenommen werden, wobei der interne Betriebsvergleich vorzuziehen ist.

---

1 BFH v. 7. 11. 2001 I R 57/00, BStBl II 2002, 369.
2 BFH v. 17. 10. 2001 I R 103/00, BStBl II 2004, 171.
3 BMF v. 26. 2. 2004, BStBl I 2004, 270.
4 Vgl. Gosch, KStG, § 8 Rn. 312.

aa) Innerer Betriebsvergleich

Beim **inneren Betriebsvergleich** wird ermittelt, wie sich die GmbH in einer vergleichbaren Situation gegenüber einem Nichtgesellschafter verhalten hat. Trifft sie gegenüber dem Gesellschafter in gleicher Situation eine andere Entscheidung, begründet dies die Annahme, dass dafür das Gesellschaftsverhältnis den Ausschlag gegeben hat.

5687

> **BEISPIEL:** Beschäftigt die GmbH einen fremden Geschäftsführer und einen Gesellschafter-Geschäftsführer, so kann Letzterem – unter Vermeidung einer vGA – keine Pensionszusage erteilt werden, wenn dies nicht auch dem fremden Geschäftsführer zumindest angeboten wurde. Dass ein solches Verhalten nicht gesellschaftlich veranlasst sei, kann dann die Gesellschaft nur widerlegen, wenn sie beachtenswerte Unterschiede zwischen den Vergleichsgruppen darlegen kann, wie z. B. dass der Gesellschafter-Geschäftsführer für die Leitung des gesamten Unternehmens verantwortlich sei und der fremde Geschäftsführer bloß für einen Teilbereich zuständig ist oder unterschiedliche zeitliche Abstände zwischen der Begründung des Anstellungsverhältnisses und der Erteilung der Pensionszusage bestehen.

bb) Äußerer Betriebsvergleich

Der **außerbetriebliche Vergleich** kann nur eingeschränkt die Vermutung begründen, dass die Leistung der GmbH aus gesellschaftlichen Motiven und nicht aus schuldrechtlichen Gründen erfolgt. Selbst wenn sich feststellen lässt, aus welchen Gründen andere, vergleichbare Gesellschaften in vergleichbaren Situationen eine solche Leistung erbringen, lässt sich dies nicht ohne weiteres übertragen. Im Grunde unterstellt man damit aber nur, dass sich die GmbH wirtschaftlich vernünftig und aus diesem Grund ebenso wie andere Unternehmen ihrer Branche verhalten werde und ein abweichendes Verhalten daher seine Ursache im Gesellschaftsverhältnis habe. Auch dies kann aber widerlegt werden, indem besondere Gründe dargetan werden, weshalb sich die Gesellschaft anders als in ihrer Branche üblich verhält und vielleicht gerade deshalb besonderes erfolgreich ist.

5688

d) Doppelter Fremdvergleich

Der BFH hat in mehreren Entscheidungen ausgeführt, dass der Fremdvergleich auch dann nicht bestanden sein kann, wenn die Vereinbarung zwar für die GmbH vorteilhaft ist, jedoch dieser Vorteil von fremden Dritten der Gesellschaft nicht eingeräumt worden wäre. Eine solche Vereinbarung könne die Veranlassung im Gesellschaftsverhältnis offenbaren.[1] Auf diese Rechtsfigur des **doppelten Fremdvergleichs** ist aber nicht stets zurückzugreifen; der BFH hat seine Aussage, dass die Einbeziehung des Vertragspartners stets erforderlich sei, im Urteil[2] wieder eingeschränkt und hat im doppelten Fremdvergleich einen Aspekt von vielen gesehen, auf den im Rahmen des Fremdvergleichs abgestellt werden kann, um die gesellschaftliche Veranlassung einer Vereinbarung deutlich werden zu lassen. Wenn es der GmbH aus ihrer Sicht und aus Sicht des gedachten, gewissenhaften und ordentlichen Geschäftsleiters gelingt, eine für sie vor-

5689

---

1 BFH v. 17. 5. 1995 I R 147/93, BFHE 178, 203.
2 BFH v. 19. 5. 1998 I R 36/97, BStBl II 1998, 689.

teilhafte Vereinbarung abzuschließen, braucht den einem gedachten Vertragspartner hieraus erwachsenden Nachteilen nicht nachgegangen werden.[1]

e) Untauglichkeit des Fremdvergleichs

5690   Auf die Denkfigur des ordentlichen und gewissenhaften Geschäftsleiters ist nicht abzustellen, d. h. ein sog. **Fremdvergleich** ist nicht möglich, wenn Geschäfte zu beurteilen sind, die **ausschließlich zwischen Gesellschaft und Gesellschafter möglich** sind. So z. B. die Rückgewähr von Einlagen unter Verstoß gegen gesellschaftsrechtliche Verbote oder wenn Rechtsverhältnisse zu beurteilen sind, die im Rahmen der Erstausstattung einer GmbH zustande gekommen sind oder Wettbewerbsbefreiungen bzw. -verbote betreffen. Hier bleibt als Beurteilungsmaßstab im Grunde nur, welche Gewinnminderung für die Gesellschaft unter den gegebenen Umständen, dass das Geschäft zwingend nur mit dem Gesellschafter möglich ist, noch hinnehmbar ist.

Trotz fehlender Vergleichsmöglichkeiten kann eine vGA vorliegen, wenn bereits bei Erstausstattung der GmbH die Gestaltungen darauf abzielen, ihren Gewinn nicht über eine angemessene Verzinsung des eingezahlten Stammkapitals zzgl. einer Risikovergütung zu steigern.[2] Dies kann aber bei einer GmbH, die nur zur Übernahme der Komplementärstellung einer KG begründet wurde, ausreichen. Eine vGA liegt auch vor, wenn die GmbH ihre Gründungskosten übernimmt und die gesellschaftsrechtlichen Voraussetzungen dafür wie der Ausweis des Gesamtbetrages und die Verpflichtung zur Übernahme in der Satzung nicht erfüllt sind.[3]

6. Sonderregeln für beherrschende Gesellschafter und ihnen nahe stehende Personen

5691   Wendet die GmbH einem beherrschende Gesellschafter oder einer diesem nahe stehenden Person einen Vorteil zu, so gelten zur Feststellung der Veranlassung im Gesellschaftsverhältnis zwar alle zuvor geschilderten Gesichtspunkte des Fremdvergleichs, aber daneben auch **bestimmte Sonderregeln**. Hiernach liegt die Veranlassung im Gesellschaftsverhältnis auch vor, wenn der schuldrechtliche Grund für eine Leistung an den beherrschenden Gesellschafter (oder eine ihm nahe stehende Person) nicht zivilrechtlich wirksam, klar, eindeutig und im Vorhinein vereinbart und schließlich auch tatsächlich durchgeführt wurde.

Mit dieser zweiten Gruppe von vGA[4] soll dem Rechnung getragen werde, dass der beherrschende Gesellschafter (nach dem Trennungsprinzip) die Möglichkeit hat, für eine Leistung an die GmbH einen gesellschaftsrechtlichen oder einen **schuldrechtlichen** Aus-

---

1 Vgl. auch Gosch, KStG, § 8 Rz. 362; Klein/Müller/Döpper in Mössner/Seeger, KStG, § 8 Rn. 421 ff.
2 BFH v. 2. 2. 1994 I R 78/92, BStBl II 1994, 479.
3 BFH v. 11. 10. 1989 I R 12/87, BStBl II 1990, 89; v. 17. 5. 2000 I R 21/99, BFH/NV 2001, 343, zur Kapitalerhöhung.
4 BFH v. 8. 11. 1989 I R 16/86, BStBl II 1990, 244.

gleich zu suchen[1] und er es – ohne vorherige Festlegung – wegen des fehlenden Interessengegensatzes in der Hand hätte, den Gewinn der GmbH so zu beeinflussen, wie es bei einer steuerlichen Gesamtbetrachtung des Einkommens der Gesellschaft und des Gesellschafters jeweils am günstigsten ist.[2] Genügt die Leistungsbeziehung zwischen GmbH und Gesellschafter den besonderen Anforderungen nicht, die in der Praxis von den Finanzämtern (gestützt durch den BFH) mehr oder minder formal angewandt werden, ist von einer Veranlassung im Gesellschaftsverhältnis auszugehen. In den Beherrschungsfällen droht deshalb bei Nichtbeachtung von Formvorschriften und Verstößen gegen das Rückwirkungsverbot und die Gebote der Klarheit und der tatsächlichen Durchführung des Vereinbarten und bei Misslingen der Beweisführung hierfür stets die Gefahr, dass die gezahlten Entgelte dem Gesellschaftsverhältnis zugeordnet und als vGA behandelt werden. Deshalb sollte in Beherrschungsfällen dem Nachweis und der Beweisvorsorge besondere Aufmerksamkeit gewidmet werden.

a) Zivilrechtliche Wirksamkeit

Die Rechtsprechung verlangt nach wie vor, dass die Vereinbarung zwischen dem beherrschenden Gesellschafter und „seiner" GmbH **zivilrechtlich wirksam** sein muss.[3] Wirksamkeitsmängel, die vielfältiger Art sein können (z. B. Verstöße gegen Schriftformerfordernisse oder die erforderliche notarielle Beurkundung, Verstöße gegen gesetzliche oder satzungsmäßige Entscheidungszuständigkeiten der Gesellschafterversammlung oder gesetzliche Verbote), sprechen für eine gesellschaftliche Veranlassung. Um Wirksamkeitsmängel zu vermeiden, müssen insbesondere beachtet werden

5692

- die zivilrechtlichen und satzungsgemäßen Zuständigkeitsregeln,
- die zivilrechtlichen Formerfordernisse,
- das Selbstkontrahierungsverbot (§ 181 BGB) und
- die Regeln über die Vertretung minderjähriger Kinder, die Bestellung eines Ergänzungspflegers sowie die Genehmigungsvorbehalte des Vormundschaftsgerichts.

Diese Voraussetzungen dürfen aber nicht in aller Schärfe angewendet werden:[4] Soweit im Zeitpunkt der Vereinbarung die **Rechtslage unklar** war oder die **rechtliche Beurteilung sich später geändert** hat und somit den Vertragspartnern (GmbH und Gesellschafter) die Nichtbeachtung einer zivilrechtlichen Vorschrift nicht angelastet werden kann, und sie zeitnah nach Erkennen der Unwirksamkeit den Mangel beseitigt haben, ist das Rechtsgeschäft auch für die Vergangenheit anzuerkennen.[5] Eine vGA ist auch zu verneinen, wenn eine nur schwebend unwirksame Vereinbarung unter Beachtung der zivilrechtlichen Bestimmungen in der Folgezeit beseitigt wird.[6] Danach entfaltet die Befreiung vom Selbstkontrahierungsverbot auch steuerliche Rückwirkung, wenn sie nach Ab-

5693

---

1 BFH v. 22. 3. 1988 I R 63/82, BStBl II 1988, 590; v. 17. 12. 1997 I R 70/97, BStBl II 1998, 545; v. 22. 10. 2003 I R 36/03, BStBl II 2004, 307; v. 20. 10. 2004 I R 4/04, BFH/NV 2005, 723.
2 BFH v. 14. 3. 1989 I R 8/85, BStBl II 1989, 633.
3 BFH v. 23. 10. 1996 I R 71/95, BStBl II 1999, 35.
4 Vgl. auch Gosch, KStG, § 8 Rz. 327, 328.
5 BFH v. 13. 7. 1999 VIII R 29/97, BStBl II 2000, 386; v. 31. 5. 1995 I R 64/94, BStBl II 1996, 246.
6 BFH v. 23. 10. 1996 I R 71/95, BStBl II 1999, 35; v. 25. 10. 2004 III B 131/03, BFH/NV 2005, 339.

schluss des In-Sich-Geschäfts in der Satzung geregelt und in das Handelsregister eingetragen wird, so dass das Geschäft als nachträglich genehmigt anzusehen ist. Die Erklärungen der Vertragschließenden sind auch auszulegen,[1] bei Dauerschuldverhältnissen kann auch aus dem gleichförmig tatsächlich verwirklichten Verhalten auf den Inhalt der Vereinbarung zurückgeschlossen werden.

5694 **Wichtige Punkte**, die bei Vereinbarungen mit dem beherrschenden Gesellschafter beachtet werden sollten, sind:

▶ Auf Seiten der GmbH muss die Vereinbarung von dem dafür **rechtszuständigen Organ** abgeschlossen werden. Beim Anstellungsvertrag des Gesellschafter-Geschäftsführers ist – vorbehaltlich einer abweichenden Bestimmung im Gesellschaftsvertrag – **die Gesellschafterversammlung** als Organ rechtszuständig für den Abschluss, eine Änderung, die Kündigung und die vertragliche Aufhebung. Für andere Verträge ist der **Geschäftsführer** zuständig.

▶ Der Gesellschafter-Geschäftsführer muss daher für Geschäfte mit sich vom **Selbstkontrahierungsverbot befreit** sein, und zwar auch in einer Einpersonen-GmbH.

▶ Enthält der Anstellungsvertrag oder die Entgeltsvereinbarung eine **Schriftformklausel**, sollten auch Änderungen – insbesondere Gehaltsvereinbarungen – im Voraus klar und eindeutig **und schriftlich** abgeschlossen werden. Zwar konzedieren die Rechtsprechung und die FinVerw, dass nur mündlich vereinbarte Gehaltserhöhungen wirksam sind, wenn damit das für Entgeltsveränderungen geltende Schriftformerfordernis aufgehoben wird.[2] Schon um der Beweisvorsorge willen sollten aber nicht schriftlich festgehaltene Vereinbarungen vermieden werden. Es ist zwar in den Beherrschungsfällen zu empfehlen, Verträge schriftlich abzuschließen, nicht anzuraten ist aber, für Änderungen sog. Schriftformklauseln aufzunehmen. Sie können sich als steuerliche Fallstricke erweisen, wenn sie später nicht eingehalten werden. Vor allem eine Klausel, die eine Ausnahme vom Schriftformzwang durch mündliche Vereinbarung ausdrücklich für unwirksam erklärt, ist gefährlich. Wird eine Entgeltsvereinbarung danach nur mündlich getroffen, ist sie unwirksam und die Zahlung an den Gesellschafter-Geschäftsführer stellt eine vGA dar.[3]

▶ Bei schuldrechtlichen Verträgen mit dem beherrschenden Gesellschafter handelt es sich um **zweiseitige Rechtsgeschäfte**. Ein Gesellschafterbeschluss ist nur ein gesellschaftsinterner und einseitiger Vorgang und kann daher den nötigen **Vertragsabschluss nicht ersetzen**. Fasst die Gesellschafterversammlung einen Beschluss über die Erhöhung des Gehalts des beherrschenden Gesellschafter-Geschäftsführers und wirkt dieser bei dem Beschluss mit, kann allerdings vom Abschluss auch eines entsprechenden Vertrages ausgegangen werden: Die Mitwirkung des Gesellschafter-Geschäftsführers kann als Annahme des im Beschluss gemachten Angebots ausgelegt werden.[4]

---

[1] BFH v. 24.3.1999 I R 20/98, BStBl II 2001, 612.
[2] Vgl. zu diesem Thema BFH v. 24.1.1990 I R 157/86 BStBl II 1990, 645; v. 24.7.1996 I R 115/ 95, BStBl II 1997, 138; v. 31.7.1991 I S 1/91, BStBl II 1991, 933; v. 17.3.1997 I B 110/96, BFH/NV 1997, 808.
[3] BFH v. 31.7.1991 I S 1/91, BStBl II 1991, 933.
[4] BFH v. 11.12.1991 I R 49/90, BStBl II 1992, 434.

Aus diesen Gründen sollte unbedingt darauf geachtet werden, dass der Anstellungsvertrag mit dem beherrschenden Gesellschafter-Geschäftsführer und spätere Änderungen oder Erweiterungen mit dem zuständigen Organ der GmbH – regelmäßig der Gesellschafterversammlung – abgeschlossen werden. Ergibt die Prüfung schon länger bestehender Verträge, dass es an diesem Erfordernis fehlt, sollten der Dienstvertrag und seine Nachträge schnellstens durch das zuständige Organ bestätigt werden.

5695

b) Klare und eindeutige Vereinbarungen

Von der GmbH an den beherrschenden Gesellschafter zu erbringende Leistungen müssen im Zeitpunkt der Zusage oder der Leistung dem **Grunde und der Höhe nach klar und eindeutig vereinbart** sein.[1] Eine im Voraus abgeschlossene, klare und eindeutige Vereinbarung liegt vor, wenn ein außenstehender Dritter zweifelsfrei erkennen kann, dass die Leistung aufgrund einer entgeltlichen Vereinbarung mit dem Gesellschafter erbracht wird.[2] Was zu leisten ist, muss betragsmäßig festgelegt sein und sich letztlich durch eine einfache Rechenoperation etwa durch die Angabe fester Beträge oder Vomhundertsätze und einer eindeutigen Bemessungsgrundlage ermitteln lassen. Die Vereinbarung einer „angemessenen" Vergütung reicht nicht. Die Höhe des Entgelts darf nicht noch von der Ausübung irgendwelcher Ermessensakte von Seiten der Geschäftsführung oder der Gesellschafterversammlung abhängig sein. Diese Anforderungen gelten auch bei Vereinbarungen anlässlich der Gründung und bei der späteren Änderung bestehender Vereinbarungen, etwa bei Gehaltserhöhungen.

5696

Überspitzte Anforderungen dürfen aber nicht gestellt werden. Grundsätzlich ist **keine Schriftform** erforderlich, so dass auch eine mündliche Vereinbarung wirksam ist, wenn auch schon aus **Beweiszwecken** eine schriftliche Fixierung und/oder Protokollierung bei der Einpersonen-GmbH (§§ 35 Abs. 4 Satz 2, 48 Abs. 3 GmbHG) unbedingt anzuraten ist, dann aber auch der tatsächliche Vollzug dem schriftlich Vereinbarten entsprechen sollte. Ohne schriftliche Niederlegung kann das Vereinbarte aber grundsätzlich mit allen Beweismitteln z. B. durch **Zeugen**[3] bewiesen werden. Bei **Dauerschuldverhältnissen** kann der Inhalt der zugrunde liegenden (konkludenten) Vereinbarung auch durch die **ständige Übung und durch die äußeren Zeichen der Durchführung** (z. B. Einbehalt und Abführung der Lohnsteuer, Verbuchung, Überweisung mit Zweckangabe) nachgewiesen werden, aber frühestens zu dem Zeitpunkt, in dem die tatsächliche Durchführung nach außen in Erscheinung tritt.[4] Geht es um jährliche Einmalzahlungen (Tantieme, Prämie, Urlaubs- oder Weihnachtsgeld), lassen sich mündliche Vereinbarungen in ähnlicher Weise durch die langjährige Übung nach gleichbleibenden Berechnungsgrundlagen beweisen. In den ersten Jahren kann man sich freilich nicht auf eine langjährige Übung berufen und dadurch in Nachweisschwierigkeiten kommen.

5697

---

1 BFH v. 24.7.1996 I R 115/95, BStBl II 1997, 138; v. 13.11.1996 I R 53/95, BFH/NV 1997, 622.
2 BFH v. 24.1.1990 I R 157/86, BStBl II 1990, 645; v. 11.8.2004 I R 40/03, BFH/NV 2005, 248.
3 BFH v. 27.2.1985 I R 187/81, BFH/NV 1986, 430.
4 BFH v. 25.10.1995 I R 9/95, BStBl II 1997, 703; v. 11.2.1997 I R 43/96, BFH/NV 1997, 806.

5698 Einer klaren Vereinbarung steht nicht entgegen, wenn ihr Inhalt sich durch **Auslegung** ermitteln lässt.[1] Das Fehlen von bestimmten Abreden oder einer Detailvereinbarung über eine vertragliche Nebenpflicht kann auch durch ergänzenden Rückgriff auf gesetzliche Bestimmungen überwunden werden.[2] Allenfalls kann dann eine vGA insoweit vorliegen, als die GmbH aufgrund der unklaren Nebenabrede eine Zahlungspflicht angenommen hat. Es darf auch nicht mehr verlangt werden, als es im normalen Geschäftsverkehr üblich ist. Wenn der beherrschende Gesellschafter das Honorar für seine freiberuflichen Leistungen mit der GmbH abrechnet, wie es verkehrs- und marktüblich ist, dann ist das nicht zu beanstanden.[3]

5699 Fehlt es jedoch an einer klaren Vereinbarung, dann liegt wegen des nicht vorhandenen Interessengegensatzes und der dadurch eröffneten Möglichkeit, den Gewinn der GmbH mehr oder weniger beliebig zu beeinflussen, eine vGA vor,[4] ohne dass es darauf ankommt, wie der ordentliche und gewissenhafte Geschäftsleiter gehandelt hätte und ob die Leistungen der GmbH angemessen sind. Allerdings begründet das Fehlen einer klaren Vereinbarung auch **nur** eine Anscheinsvermutung (**Indiz**) für die gesellschaftliche Veranlassung,[5] die im Einzelfall widerlegbar ist. Dies gelingt aber nach den strengen Maßstäben der Rechtsprechung kaum,[6] und zwar auch nicht, wenn gesetzliche Ansprüche bestehen oder die Leistung branchenüblich ist.

c) Von vornherein abgeschlossene Vereinbarung

5700 Für Vereinbarungen zwischen dem beherrschenden Gesellschafter und der GmbH gilt das **Nachzahlungs- oder Rückwirkungsverbot**. Es besagt, dass für alle schuldrechtlich begründeten Zahlungen an den beherrschenden Gesellschafter die Vereinbarung **im Vorhinein** getroffen werden muss.[7] Mit dem Rückwirkungsverbot sollen Manipulationen oder willkürliche Beeinflussungen des Gewinnes und rückwirkende Gestaltungen mit Steuerwirkung vermieden werden. Der beherrschende Gesellschafter hat die Wahl, ob er seine Leistungen an die GmbH auf schuldrechtlicher oder gesellschaftsrechtlicher Grundlage erbringen will und er kann sich damit auch entscheiden, ob er die Geschäfte „seiner" GmbH unentgeltlich (auf gesellschaftsrechtlicher Grundlage) führen und einen Ausgleich über die dadurch höhere mögliche Gewinnausschüttung suchen will oder ob er dafür ein angemessenes Gehalt (auf schuldrechtlicher Grundlage) beziehen will oder für ein geringeres Entgelt für die GmbH (auf gemischter Rechtsgrundlage) arbeiten will.

Sein **Wahlrecht** muss er aber im **Voraus ausüben**, also **vor dem Erbringen der Leistung**, die mit der Vergütung abgegolten werden soll. Die gilt sowohl für laufende als auch für einmalige Entgelte. Bei Zahlungen während des VZ wird das Verbot taggenau angewendet. Während des Jahres vereinbarte Urlaubs-, Weihnachtsgeld- oder Tantiemezah-

---

1 BFH v. 9. 7. 2003 I R 36/02, BFH/NV 2004, 88.
2 BFH v. 28. 10. 1987 I R 110/83, BStBl II 1988, 301.
3 Vgl. BFH v. 9. 7. 2003 I R 100/02, BFH/NV 2003, 1666.
4 BFH v. 27. 3. 2001 I R 40/00, BStBl II 2001, 655; v. 16. 7. 2003 I B 215/02, BFH/NV 2003, 1613.
5 BFH v. 4. 12. 1996 I R 54/95, DStR 1997, 492.
6 Vgl. auch Gosch, KStG, § 8 Rz. 319 ff.
7 BFH v. 17. 12. 1997 I R 70/97, BStBl II 1998, 545; v. 15. 12. 2004 I R 32/04, BFH/NV 2005, 1374.

lungen werden nur anteilig für den restlichen Teil des Jahres anerkannt, während die auf die Zeit davor entfallenden Vergütungsanteile als vGA gewertet werden[1] und Gehaltserhöhungen nur für die Zukunft wirken.

Das **Rückwirkungs- oder Nachzahlungsverbot** gilt aber nicht nur für die gängigen Beispiele der Nachzahlung eines Gehalts, der „rückwirkenden" Gehaltserhöhung, der Bewilligung einer Tantieme oder Prämie für das ganze Wirtschaftsjahr kurz vor dessen Ablauf oder gar erst bei der Bilanzerstellung oder des Aufwendungsersatzes, der nicht ausdrücklich vereinbart war. Es **betrifft sämtliche Leistungsverhältnisse**, insbesondere auch die Überlassung von Sachen, Rechten und Kapital zur Nutzung, und die Entgelte jedweder Art und Form, die vereinbart sein müssen, bevor die mit ihnen vergütete Leistung durch den beherrschenden Gesellschafter erbracht wird. 5701

Fehlt es an einer im Vorhinein getroffenen Vereinbarung, liegt beim beherrschenden Gesellschafter grundsätzlich ein vGA vor, auch wenn die Leistung nach den sonst anzuwendenden Maßstäben angemessen wäre und selbst wenn gesetzliche Ansprüche gegeben wären. 5702

Erst wenn eine diesen Anforderungen entsprechende Absprache vorliegt, die auch tatsächlich so durchgeführt wurde, ist zusätzlich der Maßstab des Handelns eines ordentlichen und gewissenhaften Geschäftsleiters (Fremdvergleich, Angemessenheitsprüfung) heranzuziehen. 5703

d) Tatsächliche Durchführung

Die tatsächliche Durchführung des Vereinbarten (**Durchführungsgebot**) ist ein Kriterium für die Ernsthaftigkeit.[2] Unter fremden Dritten gewährleistet der natürliche Interessengegensatz, dass das Vereinbarte tatsächlich durchgeführt und umgesetzt wird. Um auch bei beherrschendem Gesellschafter und GmbH ernsthaft schuldrechtlich begründete (= betrieblich veranlasste) Leistungsbeziehungen zu dokumentieren, müssen daher z. B. bei Fälligkeit[3] die Gehaltszahlungen tatsächlich monatlich (unter Einhaltung der steuerlichen und sozialversicherungsrechtlichen Vorschriften) und die Zahlungen von Tantiemen jährlich erfolgen, bei Mietverhältnissen müssen die Nebenkosten abgerechnet oder bei Darlehensverträgen die Zins- und Tilgungsleistungen termingerecht erbracht werden. Ist dies nicht der Fall, können bereits aus diesem Grund sämtliche Leistungen aus dem Vertrag als vGA zu qualifizieren sein.[4] Ausnahmen gelten nur dann, wenn sich die (volle oder teilweise) Nichtdurchführbarkeit der Vereinbarung zwangsläufig aus der Situation der GmbH, insbesondere aufgrund finanzieller Schwierigkeiten, ergibt.[5] 5704

Bei Dauerschuldverhältnissen ist nur die Zeitspanne, in der der Vertrag nicht vereinbarungsgemäß durchgeführt wurde, auszuklammern.[6] Bei Wiederkehrschuldverhältnis- 5705

---

1 BFH v. 17.12.1997 I R 70/97, BStBl II 1998, 545.
2 BFH v. 13.11.1996 I R 53/95, BFH/NV 1997, 622.
3 BFH v. 29.7.2004 I B 154/03, NWB DokID: FAAAB-35830.
4 BFH v. 30.3.1994 I B 185/93, BFH/NV 1995, 164.
5 BFH v. 13.11.1996 I R 53/95, BFH/NV 1997, 622.
6 BFH v. 28.11.2001 I R 44/00, BFH/NV 2002, 543.

sen (Dauerschuldverhältnissen) kann es nämlich zulässig sein, einen Vertrag zeitweise als tatsächlich durchgeführt anzusehen.[1]

5706 **Entgeltsvereinbarungen mit dem beherrschenden Gesellschafter** müssen also dem **Grunde**, der **Höhe** und der **Fälligkeit** nach **tatsächlich durchgeführt** werden. Wesentlich verspätete Zahlungen gelten als Nichtdurchführung. Geringfügige Abweichungen vom Vereinbarten bei der tatsächlichen Durchführung sind aber unbeachtlich, wenn im Übrigen die Ernsthaftigkeit der Vereinbarung nicht zweifelhaft ist. Zahlungsvereinbarungen verlangen nicht die Erfüllung durch tatsächliche Geldzahlung, auch Gutschriften auf einem Verrechnungskonto können genügen, wenn der Gesellschafter darüber frei verfügen kann.[2] Bloße Buchungen ersetzen aber nicht die tatsächliche Durchführung selbst.[3] Nicht ausreichend, um die tatsächliche Durchführung zu dokumentieren, sind die bloße Verbuchung der vereinbarten Vergütung auf einem Rückstellungskonto oder eigens gebildeten Verrechnungskonto bei Bilanzerstellung. Verzichtet der beherrschende Gesellschafter auf eine Entgeltsforderung, kann dies, muss aber nicht ein Indiz für die fehlende Ernsthaftigkeit sein.

5707 Ist die Entgeltsvereinbarung tatsächlich vollzogen worden, kann der Gesellschafter z. B. das ihm zugeflossene Gehalt wieder der GmbH nach Art des „Schütt-aus-hol-zurück-Verfahrens" zur Verfügung stellen. Auch eine Umwandlung des fälligen und zur Auszahlung angebotenen Anspruchs in ein Darlehen steht der Annahme der tatsächlichen Durchführung nicht entgegen.

5708 Auch wesentlich verspätete Zahlungen stellen die Beachtung des Durchführungsgebots ebenso in Frage wie unregelmäßige Zahlungen und zwar dann, wenn sie den Schluss zulassen, dass die im Voraus getroffene Vereinbarung lediglich die Unentgeltlichkeit der Leistung des Gesellschafters verdecken sollte. Dies ist nicht der Fall, wenn der Fälligkeitstermin unbeabsichtigt oder wegen Personalausfall nur kurz überschritten wird, oder aber die GmbH in Zahlungsschwierigkeiten gerät.

e) Rechtsfolgen nicht beachteter Sonderregeln

5709 Halten sich beherrschender Gesellschafter bzw. die ihm nahe stehende Person und die GmbH nicht an die gestellten besonderen Anforderungen und kann die Gesellschaft – wie die Regel ist – nicht die davon ausgehende Vermutung der Veranlassung im Gesellschaftsverhältnis widerlegen, liegt bereits dem Grunde nach eine vGA vor. Eine Angemessenheitsprüfung oder andere Gesichtspunkte eines Fremdvergleichs, z. B. ob auch an Fremde vergleichbare Leistungen erbracht werden,[4] spielen keine Rolle mehr.

7. Beurteilungszeitpunkt

5710 Die Prüfung der für einen Fremdvergleich maßgebenden Merkmale (wie Angemessenheit, Ernsthaftigkeit der Vereinbarung, Beherrschung, Einhaltung der Sonderanforde-

---

1 BFH v. 18. 11. 2001 I R 44/00, BFH/NV 2002, 543.
2 BFH v. 21. 1. 2001 I R 103/99, BFH/NV 2001, 1455.
3 BFH v. 29. 7. 1992 I R 28/92, BStBl II 1993, 247.
4 BFH v. 11. 12. 1991 I R 49/90, BStBl II 1992, 434.

rungen für beherrschende Gesellschafter) ist grundsätzlich auf den **Zeitpunkt der Vereinbarung** abzustellen.[1] Wird die Absprache später geändert, unterliegen nur die geänderten Leistungsbestandteile den Beurteilungsmaßstäben im Änderungszeitpunkt. Bei Vertragsänderungen ist aber im Sinne eines Fremdvergleichs stets zu prüfen, ob sich der gewissenhafte und ordentliche Geschäftsleiter für die GmbH auf die Änderung eingelassen hätte, was i. d. R. und namentlich bei Dauerschuldverhältnissen einen Rechtsanspruch auf die Änderung voraussetzt.[2]

(*Einstweilen frei*)   5711–5730

8. Rechtsfolgen der vGA bei der GmbH

a) Höhe und Bewertung der vGA

aa) Höhe der vGA

Die **Höhe** der festgestellten vGA richtet sich nach dem Unterschiedsbetrag zwischen dem vereinbarten Entgelt und dem Entgelt, das nach dem Fremdvergleich als angemessen anzusehen wäre; im Ergebnis deckt sich die Höhe der vGA mit der Vermögensminderung bzw. der verhinderten Vermögensmehrung, die bei der GmbH aus gesellschaftlichen Gründen eingetreten ist. Dabei ist aber zu berücksichtigen, ob es sich dem Grunde nach oder nur der Höhe nach um eine vGA handelt, also die betriebliche Veranlassung der Vorteilsgewährung zwar anzuerkennen ist, ihr Umfang aber als unangemessen anzusehen ist. Dann zieht dies nur eine vGA in Höhe des unangemessenen Teils der Leistung nach sich.[3]   5731

bb) Bewertung der vGA

Die **Bewertung** der vGA richtet sich i. d. R. nach dem gemeinen Wert (§ 9 BewG) des Vermögensvorteils,[4] also nach dem Wert des Entgelts, das im gewöhnlichen Geschäftsverkehr zu erzielen gewesen wäre (Fremdvergleich). Dabei sind abweichend von § 9 Abs. 2 Satz 3 BewG auch ungewöhnliche und persönliche Verhältnisse zu berücksichtigen, wenn dies im Einzelfall von dem ordentlichen und gewissenhaften Geschäftsführer erwartet werden kann. Lässt sich die fremdübliche Vergütung nicht feststellen, sind die der GmbH entstandenen Kosten (Personalkosten zzgl. des üblichen Gewinnaufschlags) maßgebend. Die Vergütung schließt nämlich auch den bei der GmbH **üblichen Gewinnaufschlag** mit ein.[5]   5732

Bei **Nutzungsüberlassungen** ist von der erzielbaren Vergütung auszugehen.[6] Bei zinslosen Darlehen an den Gesellschafter soll der Mittelwert der banküblichen Marge zwischen Soll- und Habenzinsen anzuhalten sein.[7]   5733

---

1 BFH v. 18.12.1996 I R 139/94, BStBl II 1997, 301; v. 4.6.3003 I R 24/02, BStBl II 2004, 136.
2 BFH v. 7.12.1988 I R 25/82, BStBl II 1989, 248.
3 BFH v. 5.10.1994 I R 56/94, BStBl II 1995, 549; v. 12.10.1995 I R 27/95, BStBl II 2002, 367.
4 BFH v. 27.11.1974 I R 250/72, BStBl II 1975, 306.
5 BFH v. 23.6.1993 I R 72/92, BStBl II 1993, 801; v. 8.7.1998 I R 123/97, BFH/NV 1999, 269.
6 BFH v. 28.2.1990 I R 83/87, BStBl II 1990, 649.
7 BFH v. 22.10.2003 I R 36/03, BStBl II 2004, 307.

5734 Stellt sich die private Nutzung des betrieblichen Pkw durch den Geschäftsführer als vGA dar, weil es an vorherigen, klaren und eindeutigen Abmachungen fehlt, ist auf der Ebene der GmbH die vGA **nicht** mit dem lohnsteuerrechtlichen Wert von 1 v. H. des Listenpreises des Fahrzeugs (§ 8 Abs. 2 Satz 2 i. V. m. § 6 Abs. 1 Nr. 4 Satz 2 EStG) zu bewerten, sondern nach Maßstäben des Fremdvergleichs.[1] Der lohnsteuerliche Wert soll nur für die Erfassung des Nutzungswerts beim Geschäftsführer bzw. Gesellschafter nach § 19 Abs. 1 Satz 1 Nr. 1 EStG (Arbeitslohn) oder § 20 Abs. Nr. 1 Satz 2 EStG (vGA) maßgeblich sein.[2] Für die erforderliche Schätzung auf der Ebene der GmbH hält der KSt-Senat des BFH die marktmäßigen Mietpreise professioneller Autovermieter nur als grobe Anhaltspunkte für geeignet und schlägt eine Abrechnung auf Kostenbasis unter Teilung der Gewinnaufschläge vor.[3]

5735 Die für die vGA entstehende **Umsatzsteuer ist** einzubeziehen, da die vGA nach § 8 Abs. 3 Satz 2 KStG als Bruttobetrag entsteht. Die entstehende Umsatzsteuer ist aber bei der Gewinnermittlung nicht nochmals nach § 10b KStG hinzuzurechnen (R 37 KStR). Dies gilt auch dann, wenn die tatsächlich anfallende USt wegen einer abweichenden Bemessungsgrundlage nach dem UStG niedriger ist als auf der Grundlage eines fiktiven Fremdgeschäfts.

5736 Oberste Grenze der Bewertung einer vGA ist das vereinbarte Entgelt, auch wenn fremde Dritte eine höhere Gegenleistung erhalten hätten.[4]

b) Durchführung der Korrektur

aa) Grundsatz: Zweistufige Gewinnkorrektur

5737 Da die vGA das Einkommen der GmbH nicht mindert, ist ihr (steuerlicher) Gewinn entsprechend zu korrigieren. Dies hat außerhalb der Bilanz zu geschehen.[5]

5738 Dabei ist in **zwei Stufen** vorzugehen: Ausgehend von der Steuerbilanz wird auf der **1. Stufe** unter Anwendung des dafür geltenden Bilanzrechts auf der Grundlage des sog. Unterschiedsbetrags nach § 4 Abs. 1 Satz 1 EStG die Vermögensminderung ermittelt, die dann auf der **2. Stufe** durch außerbilanzielle Hinzurechnung zu korrigieren ist. Danach wirkt sie sich auf den Gewerbeertrag nach § 7 Abs. 1 GewStG aus, der an den Gewinn nach § 4 Abs. 1 Satz 1 EStG anknüpft; die vGA lässt sich aber auch nicht in einen anderen VZ verlagern als in den, in dem die Vermögensminderung eingetreten ist. Dies hat vornehmlich Bedeutung für die Hinzurechnung zunächst nicht erkannter oder bei der Veranlagung nicht berücksichtigter vGA. Kann die Veranlagung nach den Vorschriften der AO nicht mehr berichtigt oder geändert werden, unterbleibt die Hinzurechnung nach § 8 Abs. 3 Satz 2 KStG endgültig und die vGA bleibt auf der Ebene der Kapitalgesellschaft unbesteuert.

---

1 BFH v. 23. 2. 2005 I R 70/04, BFH/NV 2005, 1203; vgl. im Einzelnen Rz. 6011 ff.
2 So BFH v. 19. 12. 2003 VI B 281/01, BFH/NV 2004, 488.
3 Wie BFH v. 22. 10. 2003 I R 36/03, BStBl II 2004, 307, zu Darlehensausleihungen.
4 BFH v. 31. 5. 2001 IX R 78/98, BStBl II 2001, 756.
5 BFH v. 29. 6. 1994 I R 137/93, BStBl II 2002, 366; BMF v. 28. 5. 2002, BStBl I 2002, 603; h. M., z. B. Wassermeyer, DB 2002, 2668; Gosch, KStG, § 8 Rz. 395, m. w. N.

bb) Korrektur bei Passivposten

Die außerbilanzielle Korrektur hat Bedeutung bei der Passivierung von Verpflichtungen, die als vGA zu qualifizieren sind. Ist eine Vereinbarung mit dem Gesellschafter, die in der Steuerbilanz zur Passivierung einer Verbindlichkeit oder Rückstellung geführt hat, ganz oder teilweise als vGA einzustufen, so hat dies auf die Passivierung keinen Einfluss. Denn die Leistungsverpflichtung (Ausschüttungsverbindlichkeit) besteht, so dass das Betriebsvermögen in der Steuerbilanz zutreffend ausgewiesen ist und im Hinblick auf die vGA der gebildete Passivposten nicht zu korrigieren ist.

5739

Zur weiteren steuerlichen Behandlung der vGA (= Ausschüttungsverbindlichkeit) ist für jeden solchen Passivposten in einer Nebenrechnung ein Teilbetrag I und ein Teilbetrag II zu bilden.[1] In den Teilbetrag I gehen alle vGA (= Beträge der gesellschaftlich veranlassten bilanziellen Vermögensminderung) ein, und zwar unabhängig davon, ob der entsprechende Betrag bei der Einkommensermittlung der Gesellschaft hinzugerechnet worden ist. Wird die jeweilige Verpflichtung erfüllt oder fällt sie weg, fällt auch der ihr entsprechende Teilbetrag I weg, weil er nur solange besteht als der Passivposten noch Bestand hat. In dem Teilbetrag II ist zu erfassen, in welchem Umfang der Teilbetrag I bei der Einkommensermittlung tatsächlich hinzugerechnet worden ist.

Beide Teilbeträge decken sich i. d. R., können aber auseinander fallen, wenn die vGA aus verfahrensrechtlichen Gründen (Bestandskraft des Steuerbescheids ohne Berichtigungsmöglichkeit oder Eintritt der Festsetzungsverjährung) nicht mehr zur Korrektur des Einkommens führen kann. Beide Teilbeträge sind entsprechend der Entwicklung des Passivpostens fortzuschreiben und ggf. aufzulösen. Ergibt sich durch die Auflösung des Passivpostens (Wegfall der Verbindlichkeit) in der Steuerbilanz eine Gewinnerhöhung, so ist diese bis zur Höhe des Teilbetrags II außerhalb der Steuerbilanz vom Steuerbilanzgewinn abzuziehen, um eine doppelte Erfassung zu vermeiden (Umkehrung des § 8 Abs. 3 Satz 2 KStG analog). Wird die passivierte Verbindlichkeit durch Auszahlung an den Gesellschafter erfüllt, gibt die Höhe des aufzulösenden Teilbetrags I im Übrigen Auskunft, in welcher Höhe ihm z. B. aus einer Tantiemeverpflichtung in vGA umqualifizierte Einkünfte nach § 20 Abs. 1 EStG zufließen.

BEISPIEL 1: Passivierung und Abfluss im Folgejahr:

Die X-GmbH zahlt ihrem Gesellschafter A eine Tantieme von 40 000 €; angemessen sind 20 000 €. Für das Wj 04 wird in der Bilanz erfolgswirksam eine Tantiemerückstellung gebildet und im Jahr 05 die Tantieme ausbezahlt. Der unangemessene Teilbetrag der Tantieme (= vGA i. H. v. 20 000 €) wird

a) in 01 außerbilanziell auf der 2. Stufe hinzugerechnet,

b) nicht hinzugerechnet; die Hinzurechnung ist formell nicht mehr möglich.

BEISPIEL 2: Verzicht auf die Gesellschafterforderung und verdeckte Einlage:

Wie Beispiel 1, aber für 04 soll mangels unzureichender Erträge ein Tantiemeanspruch nicht entstanden sein, weshalb die Tantieme für 03 auch in 04 nicht ausbezahlt wird. A verzichtet im Jahr 05 endgültig auf die Auszahlung der Tantieme

---

[1] Teilbetragsrechnung nach BMF v. 28.5.2002, BStBl I 2002, 603.

2. Teil: Steuerrecht der GmbH

LÖSUNG ZU A): Der Teilbetrag I und II betragen jeweils 20 000 €. Die Auflösung der Rückstellung in 05 ist gewinnneutral; beide Teilbeträge sind aufzulösen. A hat einen Beteiligungsertrag als vGA in 05.

LÖSUNG ZU B): Der Teilbetrag I beträgt in 05 20 000 €, der Teilbetrag II ist 0. Der Teilbetrag I ist in 05 aufzulösen, die Auflösung der Rückstellung ist gewinnneutral, eine „Nachversteuerung" der vGA auf der Ebene der GmbH kommt in 05 nicht in Betracht. Der Unterschiedsbetrag nach § 4 Abs. 1 Satz 1 EStG wird nicht gemindert, so dass der Tatbestand des § 8 Abs. 3 Satz 2 KStG) nicht erfüllt ist.

Dem Gesellschafter A fließt in 05 ein Beteiligungsertrag von 20 000 € zu (obwohl die GmbH sie bezahlen könnte).

LÖSUNG: Weil der zugrunde liegende Tantiemeanspruch voll werthaltig ist, stellt der Forderungsverzicht des A in gleicher Höhe eine verdeckte Einlage dar,[1] so dass die Gewinnerhöhung aus der Auflösung der Rückstellung neutralisiert wird. Die Teilbeträge I und II sind ohne Gewinnauswirkung aufzulösen. Die unter b) unterbliebene Versteuerung der vGA auf der Ebene der Gesellschaft kann nicht nachgeholt werden.

Beim Gesellschafter A liegen zu je 20 000 € Einkünfte aus nichtselbständiger Arbeit (§ 19 EStG) und aus Kapitalvermögen (§ 20 Abs. 1 EStG) vor; mit dem Verzicht auf die werthaltige Forderung sind ihm die Vergütungen zugeflossen, weil er über sie wirtschaftlich verfügt hat. Zugleich hat A nachträgliche Anschaffungskosten auf seine Beteiligung i. H.v. 40 000 €.

BEISPIEL 3: Verzicht auf die nur zum Teil werthaltige Gesellschafterforderung und verdeckte Einlage:

Wie das **Beispiel unter 2.**, aber die Tantiemeforderung des A ist nur zu 20 v. H. (= 8 000 €) werthaltig.

LÖSUNG: Da die Tantiemeforderung nur noch zu 20 v. H. werthaltig war, beschränkt sich nach den Grundsätzen der vorgenannten Entscheidung die Wirkung der Einlage auf 8 000 €. Die Ausbuchung der Verpflichtung ist in beiden Alternativen a) und b) i. H.v. 80 v. H. von 40 000 €, also i. H.v. 32 000 € gewinnwirksam.

Alternative a): Von der Gewinnerhöhung entfallen 50 v. H. auf die im Jahr 01 erfasste vGA, also ein Betrag von 16 000 €, auf den der Teilbetrag II außerhalb der Steuerbilanz (mindernd) zu verrechnen ist (Umkehrung von § 8 Abs. 3 Satz 2 KStG). Der Restbetrag des Teilbetrags II (4 000 €) und der Teilbetrag I sind ohne weitere Gewinnauswirkung aufzulösen.

Alternative b): Hier beträgt der Teilbetrag II 0 €, so dass eine Neutralisierung des auf die vGA entfallenden gewinnwirksamen Auslösungsbetrages entfällt. Der Teilbetrag II enthält nur vGA, die im Jahr ihrer tatbestandlichen Verwirklichung tatsächlich auf der Ebene der GmbH nach § 8 Abs. 3 Satz 2 KStG erfasst wurden.[2] Die Gefahr einer doppelten Erfassung besteht nicht. Der Teilbetrag I ist im Übrigen ohne Auswirkung aufzulösen.

Beim Gesellschafter A führt der Verzicht auf den noch werthaltigen Teil der Tantiemeforderung i. H.v. je 4 000 € zu Einnahmen aus § 19 und § 20 EStG; in Höhe der Einlage (= werthaltiger Teil der Forderung) von 8 000 € liegen zugleich nachträgliche Anschaffungskosten auf die Beteiligung vor.

BEISPIEL 4: Wegfall einer Pensionsverpflichtung durch Tod des Berechtigten

Die gebildete Pensionsrückstellung für die Pensionszusage (Altersruhegeld) beträgt 150 000 €; die Zusage ist unstreitig zu 40 v. H. als vGA zu qualifizieren. Zum letzten Bilanzstichtag beläuft sich der Teilbetrag I auf 60 000 €, der Teilbetrag II soll a) 60 000 € oder b) 30 000 € betragen. Der Gesellschafter stirbt.

---

1 BFH v. 9.6.1997 GrS 1/94, BStBl II 1998, 307.
2 Ablehnend hierzu Frotscher, FR 2002, 859; ders., FR 2003, 230; dagegen überzeugend Wassermeyer, FR 2003, 234; Gosch, KStG, § 8 Rz. 438.

Die Pensionsrückstellung ist gewinnerhöhend (150 000 €) aufzulösen. Der Gewinn ist außerhalb der Bilanz im Umfang der vGA zu vermindern, soweit er durch den Teilbetrag II gedeckt ist. Die Kürzung beträgt im Fall a) 60 000 € und im Fall b) 30 000 €. Denn in diesem Umfang wurde die vGA bereits in den Vorjahren berücksichtigt.

Wegen der anderen Berechnungsbeispiele zu Pensionsrückstellungen in der Anwartschafts- und Leistungsphase wird auf das Schreiben des BMF v. 28. 5. 2002[1] hingewiesen.

cc) Korrektur bei Aktivposten

Erwirbt die GmbH von ihrem Gesellschafter ein Wirtschaftsgut zu einem überhöhten Preis (**Überpreiskauf**), ist das Wirtschaftsgut nach § 6 Abs. 1 EStG und § 255 Abs. 1 HGB **nur** mit den angemessenen Anschaffungskosten zu aktivieren und auf dieser Basis abzuschreiben.[2] Der überhöhte Anteil des Preises stellt Aufwand dar, der auf der 1. Stufe als Betriebsausgabe anzuerkennen ist, dann aber wegen der gesellschaftlichen Veranlassung seiner Zahlung außerhalb der Bilanz wieder hinzuzurechnen ist. In dieser Höhe liegt beim Gesellschafter ein Beteiligungsertrag vor. 5740

Wurde die vGA zunächst nicht bemerkt und das Wirtschaftsgut mit den zu hohen Anschaffungskosten aktiviert, kann aber die Veranlagung für das Wirtschaftsjahr der Anschaffung nicht mehr korrigiert werden, ist die Korrektur (im ersten noch offenen Jahr) nachzuholen. Die sich daraus auf der 1. Stufe ergebende Gewinnminderung (Minderung des Unterschiedsbetrages) ist durch außerbilanzielle Hinzurechnung auszugleichen. Die zeitliche Verschiebung ändert nichts, weil die Rechtsfolge des § 8 Abs. 3 Satz 2 KStG **keine zeitliche Kongruenz** voraussetzt,[3] also Vermögensminderung und deren Korrektur nicht notwendig in ein und demselben Besteuerungszeitraum stattfinden müssen. 5741

BEISPIEL: Eine Y-GmbH erwirbt im WJ 01 von ihrem Gesellschafter einen Lkw und bezahlt 80 000 €, der angemessene Preis beträgt 60 000 €. Die Nutzungsdauer ist 10 Jahre. Die GmbH aktiviert den Lkw mit 80 000 € und schreibt entsprechend ab. Bei einer Außenprüfung, die sich auf die Jahre 03 bis 05 bezieht, wird die vGA aufgedeckt. Der Buchwert des Wirtschaftsguts beträgt zum Ende des Wirtschaftsjahres 02 (80 000 € ./. AfA 16 000 € =) 64 000 €. Die Veranlagungen 01 und 02 können aus verfahrensrechtlichen Gründen nicht mehr geändert werden.

LÖSUNG: In der Prüferbilanz 03 ist das Wirtschaftsgut mit dem korrigierten Wert von (60 000 € ./. 12 000 € =) 48 000 € einzustellen. Die sich hieraus ergebende Minderung des Betriebsvermögens von 16 000 € ist außerhalb der Bilanz hinzuzurechnen. In Höhe des Saldos von überhöhtem Kaufpreisanteil 20 000 € und des Hinzurechnungsbetrages von 16 000 €, also 4 000 € liegt eine unberechtigte, aber wegen der Bestandskraft nicht mehr korrigierbare Mehr-AfA als Betriebsausgabe vor. Sie kann nicht als vGA korrigiert werden, weil es insoweit an einer Eignung fehlt, beim Gesellschafter zu einem Beteiligungsertrag zu führen.

(*Einstweilen frei*)   5742–5750

---

1 BStBl I 2002, 603, Rz. 24 ff.
2 BFH v. 13. 3. 1985 I R 9/81, BFH/NV 1986, 116; BMF v. 28. 5. 2002, BStBl I 2002, 603, Rz. 42; h. M., vgl. Gosch, KStG, § 8 Rz. 460.
3 Wassermeyer, DB 2002, 2268; a. A. Frotscher, FR 2002, 869; Janssen, NWB F. 4, 4843.

9. Steuerliche Belastung der vGA bei der GmbH

5751 Die Rechtsfolge der vGA erschöpft sich in der außerbilanziellen Zurechnung der gesellschaftsrechtlich (mit-)veranlassten Minderung des Unterschiedsbetrages nach § 4 Abs. 1 Satz 1 EStG i.V. m. § 8 Abs. 1 KStG; der Hinzurechnungsbetrag unterliegt der Tarifbelastung mit KSt und der GewSt. Bei dieser Rechtsfolge ist auch zu beachten, dass das Vorliegen einer vGA bezogen auf den jeweiligen Geschäftsvorfall und auf den Zeitpunkt seines Eintritts zu prüfen ist. Deshalb kommt es auch nicht darauf an, ob die Ausschüttung (oder Ausschüttungsverpflichtung) zu einem späteren Zeitpunkt, etwa am Bilanzstichtag durch die Einbuchung von Rückgewähransprüchen neutralisiert werden könnte.[1]

5752 Von der Hinzurechnung zum Einkommen mit der Folge der Tarifbelastung im betreffenden VZ ist die Frage zu unterscheiden, ob etwa nach § 38 Abs. 2 KStG eine KSt-Erhöhung vorzunehmen ist. Hierfür kommt es auf den tatsächlichen Mittelabfluss bei der GmbH an.

10. Rechtsfolgen der vGA beim Gesellschafter

5753 Die Annahme einer vGA als Beteiligungsertrag beim Gesellschafter ist grundsätzlich unabhängig von der Feststellung einer vGA bei der Gesellschaft, insbesondere davon, ob es bei ihr zu einer außerbilanziellen Hinzurechnung gekommen ist.[2] Die vGA kann auch abweichend zu bewerten sein, z. B. bei der privaten Nutzung eines Pkw, die auf der Ebene der GmbH als nach Fremdvergleichsmaßstäben zu bewerten ist und auf der Ebene des Gesellschafters nach § 8 Abs. 2 Satz 2 und § 6 Abs. 1 Nr. 4 Satz 2 EStG nach der 1 v. H.-Regelung.[3] Maßgebend beim Gesellschafter ist der Zufluss der Kapitaleinkünfte (§§ 20 Abs. 1 Nr. 1 Satz 2, 11 Abs. 1 EStG). Dort sind entweder bei natürlichen Personen nach § 3 Nr. 40 EStG Einnahmen zu 60 % zu erfassen oder es greift bei einer Kapitalgesellschaft die Befreiung nach § 8b KStG ein.

a) Gesellschafter ist eine natürliche Person

5754 Die vGA als Bruttoertrag in Höhe des tatsächlichen Zuflusses ist als Einkünfte aus Kapitalvermögen zu erfassen, wenn die Beteiligung an der GmbH im Privatvermögen gehalten wird. Sie stellt Betriebseinnahme (bei den Gewinneinkünften) dar, wenn sich die Anteile in einem Betriebsvermögen befinden (§ 20 Abs. 3 EStG). Wenn die vGA bereits als Einkünfte einer anderen Einkunftsart beim Gesellschafter erfasst worden ist, ist eine Umqualifizierung vorzunehmen, die zur Anwendung des Teileinkünfteverfahrens und – auch wegen Ausnutzung des Sparerfreibetrages – zu einer Steuererstattung führt. Die Veranlagung muss aber nach den Vorschriften der AO noch änderbar sein.

---

1 BFH v. 6. 7. 2000 I B 34/00, BStBl II 2002, 490; v. 9. 7. 2003 I R 100/02, BFH/NV 2003, 1666.
2 BFH v. 13. 9. 2000 I R 10/00, BFH/NV 2001, 584.
3 BFH v. 23. 2. 2005 I R 70/04, BFH/NV 2005, 1203; v. 19. 12. 2003 VI B 281/01, BFH/NV 2004, 488.

BEISPIEL: Die Gesellschaft zahlt ein um 30 000 € überhöhtes Gehalt. Der Gesellschafter hat sein Gehalt bereits in voller Höhe als Einkünfte aus nichtselbständiger Arbeit versteuert.

Die vGA i. H. v. 30 000 € ist von den Einkünften aus nicht selbständiger Arbeit abzusetzen und als Einnahme aus Kapitalvermögen nur i. H. v. 18 000 € (= 60 %) nach § 3 Nr. 40d EStG zu erfassen.

Besteht die vGA darin, dass dem Gesellschafter **Aufwendungen erspart** werden, indem die GmbH dessen Verpflichtungen übernimmt oder für Lieferungen und Leistungen kein oder ein zu geringes Entgelt berechnet, so ergeben sich beim Gesellschafter entsprechende Einnahmen aus Kapitalvermögen, die im Teileinkünfteverfahren besteuert werden. Wären die ersparten Aufwendungen zugleich Betriebsausgaben oder Werbungskosten, sind sie bei der jeweiligen Einkunftsart zu berücksichtigen; eine 40%ige Kürzung nach § 3c EStG kommt nicht in Betracht, weil es an einem wirtschaftlichen Zusammenhang dieser Aufwendungen mit den Einkünften aus der Beteiligung fehlt.   5755

BEISPIEL: Der Gesellschafter erhält für die Errichtung eines Mietwohngrundstücks von der GmbH ein zinsloses Darlehen.

Die ersparten Zinsen sind als vGA anzusehen und dem Gesellschafter zuzurechnen und mit 60 % nach § 3 Nr. 40 EStG bei den Einkünften aus Kapitalvermögen zu erfassen. Da diese Zinsen aber gleichzeitig Werbungskosten bei den Einkünften aus Vermietung und Verpachtung darstellen, die Ausschüttung also gleichsam dort zur Erzielung von Einkünften „verbraucht" wird, sind sie dort steuermindernd zu berücksichtigen. § 3c EStG greift insoweit nicht ein, weil der Aufwand (Werbungskosten aus VuV) nicht in wirtschaftlichem Zusammenhang mit dem nur zu 60 % nach § 3 Nr. 40 EStG besteuerten Beteiligungsertrag steht.

b) Gesellschafter ist eine Kapitalgesellschaft

Ist der begünstigte Gesellschafter eine Kapitalgesellschaft, wird die vGA wie eine offene Ausschüttung gem. § 8b KStG nicht besteuert. Beide Formen einer Ausschüttung werden gleich behandelt. Wegen der besonderen Konstellation einer vGA im Dreiecksverhältnis unter Schwestergesellschaften, wo die Vorteilszuwendung (vGA) dem gemeinsamen Gesellschafter zugerechnet werden, wird auf Rz. 5483 f., 5629 f. verwiesen.   5756

c) Änderung des ESt-Bescheids des Gesellschafters bei nachträglicher Feststellung einer vGA auf der Ebene der GmbH

Nach früherem Recht waren die Besteuerungsebenen der GmbH und des Gesellschafters trotz des übereinstimmenden Tatbestandsmerkmals einer vGA „Veranlassung im Gesellschaftsverhältnis" nicht in der Weise miteinander verknüpft, dass die Feststellung einer vGA auf der Ebene der GmbH zwingend zu einer korrespondierenden steuerlichen Behandlung auf der Ebene des Gesellschafters führen musste. **KSt-Bescheid und ESt-Bescheid** standen **nicht** im Verhältnis von **Grundlagenbescheid und Folgebescheid** zueinander.[1]   5757

Führte die Feststellung einer vGA durch eine Außenprüfung bei der GmbH dort zu einer steuererhöhenden Änderung, die im Regelfall möglich war, weil die ursprüngliche Veranlagung unter Vorbehalt der Nachprüfung (§ 164 AO) zu ergehen pflegte, konnte die

---

[1] Vgl. auch FG Baden-Württemberg v. 9. 12. 2004 3 K 61/03, EFG 2005, 497.

materiell-rechtliche Einkommensminderung beim Gesellschafter infolge der Umqualifizierung (vgl. im obigen Beispiel des überhöhten Gehalts) – § 19 EStG – in zur Hälfte steuerfreie Einnahmen aus Kapitalvermögen – § 20 EStG – nur nachvollzogen werden, wenn die Änderung des (meist bereits) formell bestandskräftigen ESt-Bescheids noch möglich war, also die Voraussetzungen einer Änderungsvorschrift erfüllt waren.[1] Als Änderungsvorschrift kam – sofern die Festsetzungsfrist noch nicht abgelaufen war – zwar § 173 Abs. 1 Nr. 2 AO in Betracht. Dies setzte aber voraus, dass mit der Feststellung einer vGA bei der GmbH eine (neue) Tatsache nachträglich bekannt wurde und den Gesellschafter an dem nachträglichen Bekanntwerden kein grobes Verschulden traf. Die FinVerw vertrat dazu die Auffassung, die Zulässigkeit einer Änderung müsse für jeden Einzelfall gesondert geprüft werden.

5758 Im Hinblick darauf hatte die OFD Frankfurt verfügt,[2] dass Steuerfestsetzungen der Anteilseigner **auf Antrag** gem. § 164 Abs. 1 AO **unter dem Vorbehalt der Nachprüfung** ergehen, wodurch allerdings der Ablauf der Festsetzungsfrist nicht wie bei einer Vorläufigkeit nach § 165 AO gehemmt wird. Ob ein Anspruch auf eine Nachteile vermeidende Vorläufigkeit der Veranlagung (Ermessensentscheidung) stets besteht (Ermessensreduzierung auf null), ist zweifelhaft und wird vom FG Baden-Württemberg verneint.[3]

5759 Seit der Änderung durch das JStG 2007[4] gilt eine gesetzlich festgelegte korrespondierende Behandlung. Zentrale Vorschrift dafür ist die, obwohl nicht in der AO angesiedelte, verfahrensrechtliche Neuregelung des § 32a KStG n. F. (**„formelle Korrespondenz"**), in materieller Hinsicht ergänzt durch Änderungen in § 3 Nr. 40 Buchst. d EStG n. F., § 8 Abs. 3 KStG und § 8b Abs. 1 KStG (**„materielle Korrespondenz"**). Ein instruktiver und zusammenfassender schematischer Überblick über die Vorschriften in ihren jeweiligen Wechselwirkungen findet sich bei Dötsch/Pung.[5]

5760 In **formeller Hinsicht** kann (nicht: muss) gemäß § 32a Abs. 1 Satz 1 KStG ein Steuer- oder Feststellungsbescheid eines Gesellschafters oder einer diesem nahe stehenden Person erlassen, aufgehoben oder geändert werden, soweit für die Körperschaft ein Steuerbescheid wegen einer vGA erlassen, aufgehoben oder geändert wird. Obwohl diese Vorschrift eine körperschaftsteuerliche Norm ist, kommt ihr, wenn auch an „versteckter" Stelle, eine verfahrensrechtlich allgemeine Wirkung zu. Sie hat auch Bedeutung für die große Gruppe von Fällen, in denen es sich bei dem Anteilseigner um eine natürliche Person handelt. Gesetzesformulierung („Steuer- oder Feststellungsbescheid") und Sinn und Zweck der Regelung stehen einer nur eingeschränkten Anwendbarkeit lediglich auf Körperschaften als Anteilseigner entgegen.

5761 Bestandskräftige Bescheide des Gesellschafters können sowohl zu seinen Gunsten als auch zuungunsten geändert werden. Allerdings ist der die Änderung ermöglichende Körperschaftsteuerbescheid (nach wie vor) **kein Grundlagenbescheid**. Die Höhe der bei der Gesellschaft angenommenen vGA entfaltet daher keine Bindungswirkung. Ob dies

---

[1] Umstritten, vgl. auch Jacobsen, BB 2006, 183, m. w. N. zum Meinungsstand; Zimmermann, EFG 2005, 502.
[2] Rdvfg. v. 1. 12. 2005, DStR 2006, 98.
[3] EFG 2005, 497.
[4] JStG 2007 v. 13. 12. 2006, BStBl I 2006, 2878.
[5] DB 2007, 11.

auch für die grundsätzliche Annahme einer vGA bei der Gesellschaft gelten kann – und damit zu einer erheblichen Bedeutungseinschränkung der Reichweite der formellen Korrespondenzvorschrift des § 32a Abs. 1 KStG führen würde – und welche Bedeutung der materiellen Korrespondenz dabei zukommt, ist gegenwärtig noch offen.[1] [2]

Die Änderungsvorschrift erfasst derartige Bescheide für diejenigen VZ, in denen sich eine steuerliche Auswirkung ergibt. Betrifft also die vGA mehrere Jahre (z. B. bei Dauersachverhalten wie Miete/Pacht, Gehaltszahlungen oder AfA-Erhöhungen bei erhöhten Anschaffungskosten für abnutzbare Wirtschaftsgüter), so sind auch Bescheide für diese mehreren Jahre betroffen.[3]

5762

Nach § 32a Abs. 1 Satz 2 KStG endet die **Festsetzungsfrist** insoweit nicht vor Ablauf eines Jahres nach Unanfechtbarkeit des Steuerbescheides der Körperschaft. Die damit bestimmte besondere Ablaufhemmung ist bei Ablauf der Festsetzungsfrist bei jedem Gesellschafter zu beachten, insbesondere auch bei mehrstufig aufgebauten Gesellschaftskonstruktionen auf jeder einzelnen Stufe.

5763

In materieller Hinsicht macht § 3 Nr. 40 Satz 1 Buchst. d Satz 2 bis 3; § 32d Abs. 2 Nr. 4 EStG; § 8b Abs. 1 Satz 2 bis 4 KStG die Steuerfreistellung bei einer verdeckten Gewinnausschüttung davon abhängig, dass das Einkommen der leistenden Gesellschaft durch die verdeckte Gewinnausschüttung nicht gemindert worden ist. Im Bereich der materiellen Korrespondenz muss man nach Anteilseignergruppen unterscheiden.

5764

Nach § 8b Abs. 1 Satz 1 sind die Sätze 2 bis 4 KStG eingefügt worden. Ist danach Empfänger einer vGA eine Körperschaft, so tritt die 95-prozentige Steuerfreiheit nur dann noch ein, wenn die vGA das Einkommen der leistenden Körperschaft nicht gemindert hat (Satz 2). Sind die Bezüge nach einem DBA steuerfrei, suspendiert Satz 3 diese Freistellung nach dem DBA (sog. treaty-override) und bewirkt i. E. einen Zugriff auf ausländische Einkünfte.

5765

Kommt es infolge der Neuregelungen in § 8b Abs. 1 Sätze 2 und 3 KStG zur Versagung der Steuerbefreiung für eine vGA (s. o.), unterwirft aber der Ansässigkeitsstaat der leistenden Körperschaft die Zahlungen einer Quellensteuer, so ermöglicht § 26 Abs. 6 Satz 1 KStG trotz bestehender DBA-Regelungen zur Vermeidung einer Doppelbesteuerung eine Körperschaftsteueranrechnung.

5766

Nach § 26 Abs. 6 Satz 3 KStG ist ein Abzug ausländischer Steuer nach § 34c Abs. 2 KStG nur möglich, soweit diese auf bei der Ermittlung der Einkünfte nicht außer Ansatz bleibende ausländische Einkünfte entfällt. Unterliegen also die einer ausländischen Steuer zugrunde liegenden Einkünfte nicht der deutschen Steuer, ist ein Abzug entsprechender ausländischer Steuern ausgeschlossen.

5767

§ 8b Abs. 1 Satz 4 KStG enthält zur Vermeidung von Doppelbesteuerungen bei Schwestergesellschaften insoweit eine die Steuerfreiheit dann zulassende Rückausnahme, so-

5768

---

[1] Vgl. dazu Briese, Fragwürdige Korrespondenz bei verdeckten Gewinnausschüttungen und verdeckten Einlagen durch den Gesetzentwurf des Jahressteuergesetzes 2007, BB 2006, 2110.
[2] Vgl. Pohl/Raupach, Verdeckte Gewinnausschüttungen und verdeckte Einlagen nach dem JStG 2007, INF 2007, 210.
[3] FG Köln v. 16. 2. 2016 – 10 K 2574/15, Rev., Az. des BFH: I R 25/16.

weit die vGA das Einkommen einer dem Gesellschafter nahe stehenden Person erhöht hat und § 32a KStG auf die Veranlagung dieser nahe stehenden Person nicht anzuwenden ist.

5769 Ist eine natürliche Person Gesellschafter, finden sich entsprechende Regelungen hierfür in § 3 Nr. 40 Satz 1 Buchst. d Satz 2 und 3 EStG. Danach ist die Vergünstigung einer Besteuerung von vGA nach dem Teileinkünfteverfahren nur unter der Voraussetzung zu gewähren, dass die vGA auf Ebene der leistenden Gesellschaft das Einkommen gem. § 8 Abs. 3 Satz 2 KStG nicht gemindert hat.

d) Erweiterung der „materiellen" Korrespondenz durch das AmtshilfeRLUmsG

5770 Bei der Finanzierung einer ausländischen Kapitalgesellschaft durch einen inländischen Geldgeber ist es möglich, dass die Finanzierungsmaßnahme im Ausland als Fremdkapital und in Deutschland als Eigenkapital behandelt wird. Dies hatte bisher zur Folge, dass die ausländische Gesellschaft die von ihr erbrachte Vergütung als Zinsaufwand steuermindernd geltend machen konnte und gleichzeitig die Vergütung beim Empfänger in Deutschland als Dividende nach dem Teileinkünfteverfahren zu 40 % steuerbefreit war. Durch die Änderung von § 3 Nr. 40 Satz 2 EStG soll dies künftig verhindert werden. Der neue Wortlaut ist künftig folgender: „Dies gilt nur, soweit sie das Einkommen der leistenden Körperschaft nicht gemindert haben." Danach findet das Teileinkünfteverfahren nur noch unter der Voraussetzung Anwendung, dass die Vergütung das Einkommen der leistenden Körperschaft im Quellenstaat nicht gemindert hat.

Die Erweiterung der materiellen Korrespondenz ist gem. § 52 Abs. 4d EStG anwendbar ab dem Veranlagungszeitraum 2014 und bei vom Kalenderjahr abweichendem Wirtschaftsjahr erstmals für den Veranlagungszeitraum anzuwenden, in dem das Wirtschaftsjahr endet, das nach dem 31.12.2013 begonnen hat.

Ist der Empfänger einer solchen Leistung ebenfalls eine Körperschaft, so bleibt diese Leistung entgegen § 8b Abs. 1 Satz 1 KStG nach entsprechender Änderung des § 8b Abs. 1 Satz 2 KStG bei der Ermittlung des Einkommens des Empfängers nicht außer Ansatz.

5771–5790 (Einstweilen frei)

11. Rückgängigmachung, Rückzahlung der vGA

5791 In vielen Fällen wollen die an dem Vorgang einer vGA Beteiligten die steuerlichen Auswirkungen rückgängig machen. Einmal entstandene Steueransprüche (§ 38 AO) können jedoch, soweit gesetzlich nichts anderes bestimmt ist, nicht mehr rückwirkend beseitigt werden. Die Rückgewähr der vGA durch den Gesellschafter kann die einmal **eingetretenen** steuerlichen Folgen nicht rückgängig machen; die einmal durch Verwirklichung des Tatbestandes vollzogene vGA kann nicht tatsächlich rückgängig gemacht werden. Vorstellbar ist allenfalls, sie zu neutralisieren, indem (auf der 1. Stufe) zeitgleich ein Rückzahlungsanspruch bilanziert wird und es damit nicht zu einer Vermögensminderung kommt, oder auf der 2. Stufe die außerbilanzielle Hinzurechnung durch eine entsprechende Kürzung (aufgrund eines Rückforderungsanspruchs) kompensiert wird. Mit keiner dieser Überlegungen lässt sich die einmal vollzogene vGA aus der Welt schaffen.

Unabhängig davon nämlich, ob die Rückgewähr aufgrund einer rechtlichen Verpflichtung oder freiwillig zu erfolgen hat oder erfolgt, bleibt es bei der vGA, weil nach ständiger Rechtsprechung des BFH[1] der Rückforderungsanspruch eine **Einlageforderung** bzw. **die Rückzahlung eine Einlage** darstellt, die gesellschaftlich veranlasst und bilanziell und steuerlich so zu behandeln ist. Sie ist also außerhalb der Bilanz vom Einkommen abzuziehen. Dies gilt auch, wenn die Rückforderung auf einer **rechtlichen** Verpflichtung beruht, z. B. bei der GmbH, wenn durch die Ausschüttung das Stammkapital angegriffen wird (§§ 30, 31 GmbHG) oder wenn die Ausschüttung aufgrund von **Satzungsklauseln** zurückgezahlt wird. Macht die GmbH einen ihr zustehenden Anspruch auf Rückgewähr nicht geltend, führt dies aber nicht noch einmal zu einer vGA (keine Verdoppelung); allenfalls der Verzicht auf verwirkte Zinsen kann wieder eine vGA darstellen. Zahlt ein Gesellschafter die vGA zurück, führt dies also zu einer erfolgsneutralen verdeckten Einlage, die im steuerlichen Einlagekonto (§ 27 Abs. 1 KStG) zu erfassen ist.

5792

Die **steuerliche Behandlung der Rückgewähr** (bzw. des Rückgewähranspruchs) beim Gesellschafter entspricht der Behandlung auf der Ebene der Gesellschaft.[2] Unabhängig vom Bestehen oder Nichtbestehen eines Rückzahlungsanspruchs bezieht der Gesellschafter mit Zufluss der vGA den Beteiligungsertrag; er wird nicht durch einen etwa zeitgleich entstehenden Rückgewähranspruch in gleicher Höhe kompensiert.

5793

Die **tatsächliche Rückzahlung** ist nicht einkommensmindernd, führt also weder zu Betriebsausgaben oder Werbungskosten oder negativen Einnahmen, sondern ist stets eine **im Gesellschaftsverhältnis veranlasste Einlage**. Sie führt beim Gesellschafter zu nachträglichen Anschaffungskosten auf seine Beteiligung. Schuldet der Gesellschafter aber aufgrund einer Satzungsklausel neben der Rückzahlung auch Zinsen auf den zu entrichtenden Betrag, stellen diese aufgrund ihres wirtschaftlichen Zusammenhangs mit der Beteiligung Werbungskosten bzw. Betriebsausgaben dar.[3] Es sind dann aber die Abzugsbeschränkungen des § 3c Abs. 2 EStG zu beachten; bei einer GmbH als Empfängerin der vGA entfällt ab dem VZ 2004 die Abzugsbeschränkung nach § 3c Abs. 1 KStG, es ist jedoch der steuerfrei bleibende Beteiligungsertrag (vGA) i. H. v. 5 v. H. als nicht abzugsfähige Betriebsausgabe zu behandeln, was zu einer definitiven KSt- und GewSt-Belastung führt.

5794

(*Einstweilen frei*)

5795–5810

IV. Wichtige Problemfelder bei vGA

Aus der Darstellung zum Begriff der vGA ergibt sich, dass i. d. R. Vorgänge zu vGA führen, durch die Vermögen der GmbH dem Gesellschafter oder einer ihm nahe stehenden Person zugeführt wird, dabei aber eine Form gewählt wird, die die rechtliche Gestaltung als schuldrechtliche und nur betrieblich veranlasste Leistungsbeziehung und nicht

5811

---

1 BFH v. 29. 4. 1987 I R 176/83, BStBl II 1987, 733; v. 1. 4. 2003 I R 51/02, BStBl II 2003, 779, m. w. N; ebenso FG Köln v. 29. 9. 2016 10 K 566/15 n. v.
2 BFH v. 25. 5. 1999 VIII R 59/97, BStBl II 2001, 226; v. 29. 8. 2000 VIII R 7/99, BStBl II 2001, 173.
3 BFH v. 25. 5. 1999 VIII R 59/97, BStBl II 2001, 226; v. 29. 8. 2000 VIII R 7/99, BStBl II 2001, 173.

auch als gesellschaftsrechtlich veranlasste Zuwendung oder Ausschüttung erscheinen lässt. Die Erscheinungsformen sind so vielfältig wie die Gestaltungsmöglichkeiten, die der Grundsatz der Vertragsfreiheit anbietet. Sie können nicht annähernd vollständig beschrieben werden. Besonders markante und häufig auftretende Beispielsfälle, die auch immer wieder von der Rechtsprechung beurteilt wurden, sollen nachstehend auch als Leitlinien für die eigene Gestaltung dargestellt werden. Im Übrigen wird besonders auf die Monographie von Janssen[1] hingewiesen.

1. Dienstverhältnisse mit der GmbH

5812   Eine große Rolle spielen vGA in dem Bereich, in dem **Gesellschafter** zugleich in einem **Anstellungsverhältnis für die GmbH tätig** sind. Während mit einem Geschäftsführer, der nicht zugleich Gesellschafter der GmbH ist, regelmäßig ein entgeltliches Dienstverhältnis vereinbart und ein Anstellungsvertrag abgeschlossen wird, stehen dem Gesellschafter-Geschäftsführer mehrere Möglichkeiten offen. Er kann für seine GmbH auf gesellschafts- oder schuldrechtlicher Grundlage tätig sein, auch ein gemischtes Verhältnis ist denkbar. Da die GmbH und der Gesellschafter frei sind, wie sie ihre Verhältnisse gestalten wollen, besteht auch keine Vermutung dafür, dass der Gesellschafter-Geschäftsführer Angestellter der GmbH ist, er kann für sie auch als selbständiger Unternehmer (z. B. als Berater, Handelsvertreter) tätig sein. Außerdem kann er in seiner Gesellschaftereigenschaft ohne Entgelt für die GmbH tätig sein und den Ausgleich dafür auf gesellschaftsrechtlicher Basis im Anteil am dann um die ersparten Ausgaben höheren Gewinn suchen. Es kann aber für die Mitarbeit auch ein angemessenes oder ein niedrigeres Entgelt vereinbart werden, wobei diese Wahlmöglichkeiten nicht nur dem beherrschenden Gesellschafter-Geschäftsführer offen stehen. Vertragsfreiheit besteht grundsätzlich auch hinsichtlich der Art der Vergütung, die in einem laufenden Gehalt, einer Tantieme, Pkw-Gestellung usw. und schließlich in einer Pensionszusage bestehen kann.

5813   Die **Gestaltungsfreiheit** macht es aber erforderlich, dass die Beteiligten **klare Verhältnisse** schaffen, damit beurteilt werden kann, ob die **Leistungen der GmbH** an den Gesellschafter **gesellschaftsrechtlich oder schuldrechtlich** veranlasst sind. Es gilt deshalb: Gehaltszahlungen an den Gesellschafter-Geschäftsführer einer GmbH sind Betriebsausgaben, wenn ein zivilrechtlich wirksamer Anstellungsvertrag abgeschlossen ist und tatsächlich auch durchgeführt wird und die vereinbarten Bezüge insgesamt angemessen sind. Dies gilt nicht nur für den beherrschenden Gesellschafter, denn der Tatbestand der vGA knüpft nicht an eine bestimmte Mindestbeteiligung an der leistenden GmbH an. Deshalb ist z. B. auch bei einem nicht beherrschenden Gesellschafter-Geschäftsführer das Arbeitsverhältnis nicht anzuerkennen, wenn das vereinbarte Gehalt auszuzahlen ist, „sobald die Firma dazu in der Lage ist". Auf einen derartigen Arbeitsvertrag hätte sich ein fremder Dritter nicht eingelassen, so dass der Gehaltsaufwand als vGA zu werten ist, obwohl sie für die GmbH vorteilhaft ist.[2]

---

1 Verdeckte Gewinnausschüttungen.
2 BFH v. 13.12.1989 I R 99/87, BStBl II 1990, 454.

Werden sonstige Dienstleistungen (z. B. Beratung, Vermittlung, Ingenieurleistungen, Baubetreuung) zwischen GmbH und Gesellschafter erbracht, gilt der Maßstab des Drittvergleichs. Vergütungen sind steuerlich zu berücksichtigen, soweit sie auch im Verhältnis zu unabhängigen Dritten geleistet worden wären. Es sind also die üblichen Vergütungen zu berechnen, bestehen Gebührenordnungen, sind sie danach zu entrichten.[1] Demnach liegt eine unterlassene Vermögensmehrung vor, wenn die GmbH an den Gesellschafter Dienstleistungen ohne angemessenes Entgelt erbringt, eine Vermögensminderung ist gegeben, wenn dem Gesellschafter ein überhöhtes Entgelt gezahlt wird.

5814

Die Einzelheiten bei Anstellungsverhältnissen zwischen der GmbH und dem Gesellschafter, der zugleich Geschäftsführer der GmbH ist, werden in Rz. 5951 ff. behandelt. Sie gelten sinngemäß dann, wenn der Gesellschafter nicht als Geschäftsführer, sondern in nachgeordneter Stellung für die GmbH tätig wird, z. B. als Prokurist oder auch als einfacher Arbeitnehmer der GmbH.

5815

2. Darlehensverträge mit Gesellschaftern

Grundsätzlich kann die GmbH mit ihren Gesellschaftern **Darlehensverträge** und andere Kreditvereinbarungen abschließen, wie sie im wirtschaftlichen Leben zwischen fremden Personen vereinbart werden. Dabei kann es sich sowohl um Darlehen der GmbH an den Gesellschafter als auch umgekehrt um Darlehen des Gesellschafters an die GmbH handeln. Maßgebend ist nicht die Bezeichnung, sondern wesentlich ist bei der Darlehensgewährung an Gesellschafter, dass die Geldmittel nur zur vorübergehenden Nutzung überlassen werden und mit der Rückzahlung sicher gerechnet werden kann (§ 488 Abs. 1 BGB). Die betriebliche Veranlassung ist nach der Gesamtheit der Darlehensbedingungen zu beurteilen, wobei das Fehlen einzelner (sonst üblicher) Vertragsbestimmungen (z. B. Rückzahlungszeitpunkt, Sicherheiten) nicht in jedem Fall zur Annahme einer vGA führen, aber Indizien dafür sein können, dass nicht ein ernsthaftes (schuldrechtliches) Darlehensgeschäft gemeint ist, sondern nur die gesellschaftliche Veranlassung verdeckt werden soll. Fehlt eine Vereinbarung über den Rückzahlungszeitpunkt, so hängt die Fälligkeit (Pflicht zur Rückerstattung) nach § 488 Abs. 3 Satz 1 BGB z. B. davon ab, **ob die GmbH** das Darlehen (mit einer Frist von drei Monaten) kündigt. Dies kann gegen die Ernsthaftigkeit sprechen.[2]

5816

Folgende Fälle der vGA kommen im Zusammenhang mit Darlehensgewährungen in Betracht:

5817

▶ das Darlehen wird unangemessen oder gar nicht verzinst,
▶ das Darlehen also solches wird steuerlich nicht als „echt" anerkannt,
▶ ein zunächst „echtes" Darlehen der Gesellschaft an den Gesellschafter wird später nicht zurückgezahlt.

---

[1] Vgl. BFH v. 23.6.1993 I R 72/92, BStBl II 1993, 801.
[2] Vgl. auch BFH v. 29.10.1997 I R 24/97, BStBl II 1998, 573.

a) Unangemessene Verzinsung bei Darlehen an den Gesellschafter

5818 Gewährt die GmbH ihrem Gesellschafter ein Darlehen, führt dies zu einer vGA, wenn das Darlehen **nicht oder zu niedrig verzinst** wird, und zwar regelmäßig in Höhe des Betrages, um den der Zinsertrag bei Vereinbarung eines angemessenen Zinses höher wäre. In **Höhe des Zinsverzichts** liegt nämlich eine durch das Gesellschaftsverhältnis veranlasste **verhinderte Vermögensmehrung** vor, die den Bilanzgewinn der GmbH mindert und zeitanteilig aus dem Vermögen der GmbH abfließt. Beim beherrschenden Gesellschafter ist eine im Voraus getroffene klare und eindeutige Zinsvereinbarung zu verlangen, auch wenn ein gesetzlicher Zinsanspruch besteht.

5819 **Angemessen** sind grundsätzlich die **Zinsen**, die **üblicherweise** für einen **vergleichbaren Kredit** mit einem **Nichtgesellschafter** vereinbart worden wären. Die Angemessenheit kann nur unter Berücksichtigung der Verhältnisse im Einzelfall beurteilt werden, wobei nicht nur Angebot und Nachfrage auf dem Kapitalmarkt, sondern auch Laufzeit, Tilgungsbedingungen, Höhe, Besicherung und Zweck des Darlehens eine Rolle spielen können; auch die üblichen Nebenleistungen wie Damnum und Provision sind in die Betrachtung mit einzubeziehen. Für bestimmte Fälle gibt die Rechtsprechung einige Regeln vor: Hat die darlehensgewährende GmbH selbst Kredit aufgenommen und kann angenommen werden, dass sie die als Darlehen vergebenen Mittel sonst zur Kreditrückzahlung verwendet hätte, sind die ihr in Rechnung gestellten Sollzinsen Maßstab für die Bewertung der vGA.[1] Hat die GmbH selbst keinen Kredit aufgenommen, bilden die banküblichen Habenzinsen die Untergrenze und die banküblichen Sollzinsen die Obergrenze für den angemessenen Betrag, der innerhalb dieser Marge zu schätzen ist. Gebilligt wird der Ansatz des **Mittelwerts**.[2]

5820 Einen Sonderfall stellt es dar, wenn die GmbH die für die Darlehensvergabe benötigten Mittel z. B. durch Kündigung einer günstigen Kapitalanlage oder Auflösung einer ertragbringenden stillen Beteiligung beschafft. Dann ist die verhinderte Vermögensmehrung nach den künftig entfallenden Kapitalerträgen zu bemessen, auch wenn diese höher sind als die Bereicherung des Gesellschafters in Höhe der angemessenen Zinsen nach Kapitalmarktniveau. Auf der Ebene der GmbH ist die dort eintretende Vermögensminderung maßgebend, eine Kongruenz mit dem Zufluss auf der Gesellschafterebene ist nicht erforderlich.[3]

5821 Wird bei der kreditgewährenden GmbH ein angemessener Zins als vGA zugerechnet, müssen bei dem Gesellschafter entsprechende Zinsaufwendungen im Rahmen der steuerlichen Abzugsmöglichkeiten als Betriebsausgaben oder Werbungskosten berücksichtigt werden (Fiktionstheorie).

b) Unangemessene Verzinsung bei Gesellschafterdarlehen

5822 Gibt umgekehrt der Gesellschafter der GmbH ein Darlehen, sind die dafür zu zahlenden Zinsen eine vGA, soweit sie den angemessenen (= marktüblichen) Zinssatz übersteigen.

---

1 BFH v. 28. 2. 1990 I R 83/87, BStBl II 1990, 649.
2 BFH v. 8. 4. 2003 I R 36/03, BStBl II 2004, 307.
3 BFH v. 22. 2. 1989 I R 44/85, BStBl II 1989, 475.

Gibt der Gesellschafter das Darlehen zinslos, liegt keine verdeckte Einlage vor, weil die Zinslosigkeit eine Nutzungseinlage darstellt. Da es dem Gesellschafter grundsätzlich freigestellt ist, ob er seine GmbH mit Eigen- oder Fremdkapital ausstatten will (Finanzierungsfreiheit), ist steuerlich auch anzuerkennen, wenn der Gesellschafter der GmbH ein zinsloses Darlehen gibt, damit diese das Kapital verzinslich anlegen und mit den Zinserträgen einen Verlustvortrag ausgleichen kann; es liegt kein Gestaltungsmissbrauch nach § 42 AO vor.[1]

c) Darlehensgewährung als vGA

Die **Darlehensgewährung** als solche kann bereits eine vGA darstellen. Gründe dafür können sein, dass keine Rückzahlung oder eine ungewöhnlich lange Laufzeit vereinbart wird, dass bereits bei Ausreichung des Darlehens der Gesellschafter nicht in der Lage ist, die Valuta zurückzuzahlen, dass nach den erkennbaren Umständen eine Rückzahlung nicht beabsichtigt ist oder unter gleichen Umständen einem Dritten das Darlehen nicht gewährt worden wäre.

5823

Eine fehlende Zinsvereinbarung allein führt aber nicht dazu, dem Darlehensverhältnis die Anerkennung zu versagen, kann aber mit der Lückenhaftigkeit des Darlehensvertrages in anderen Punkten (fehlende Rückzahlungsklausel, fehlende Sicherheit) Indiz für die mangelnde Ernsthaftigkeit sein. Ob sicher mit einer Zurückzahlung der dem Gesellschafter gewährten Darlehen gerechnet werden kann, ist somit für die Frage, ob ein echtes Darlehensverhältnis anzuerkennen ist, von entscheidender Bedeutung. Ein echtes Darlehensverhältnis liegt nur dann vor, wenn der Gesellschafter gewillt ist, die Beträge in absehbarer Zeit zurückzuzahlen, und die persönlichen wirtschaftlichen Verhältnisse des Gesellschafters die Gewähr dafür bieten, dass er seine Verpflichtung erfüllen kann. Ist das nicht der Fall, so handelt es sich bei dem hingegebenen Betrag von Anfang an um eine vGA. In der Praxis sollte also auf klare Vereinbarungen über die Kündigung, Tilgung, den Rückzahlungszeitpunkt und eine taugliche Besicherung geachtet werden und dass das Darlehen auch in der Buchführung erfasst ist.

Führt die GmbH Verrechnungskonten für die Gesellschafter, über die die gegenseitigen Forderungen und Verbindlichkeiten aus Leistungsverhältnissen und auch private Aufwendungen der Gesellschafter (z. B. Zahlung der Personensteuern) verrechnet werden, kann eine vGA vorliegen, wenn der Saldo zugunsten der GmbH nicht oder nicht angemessen verzinst wird.[2] Im Übrigen sieht die Rechtsprechung in der Abwicklung über Verrechnungskonten eine Kreditgewährung und keine vGA.

5824

Stellt bereits die Hingabe des Darlehens eine vGA dar, sind bei der GmbH die steuerlichen Folgen bereits im Jahr der Auszahlung zu ziehen. Zwar wirkt sich die Ausreichung des Darlehens wegen des bloßen Aktivtauschs nicht auf den Unterschiedsbetrag nach § 4 Abs. 1 Satz 1 EStG aus, so dass insoweit eine außerbilanzielle Korrektur überflüssig ist. In den beschriebenen Fällen ist jedoch der bilanzierte Rückzahlungsanspruch i. d. R. wertlos, so dass auch steuerlich eine Teilwertabschreibung vorzunehmen ist, die dann

5825

---

1 BFH v. 17. 10. 2001 I R 97/00, BFH/NV 2002, 240.
2 BFH v. 23. 6. 1981 VIII R 102/80, BStBl II 1982, 245; v. 8. 10. 1985 VIII R 284/83, BStBl II 1986, 481.

über § 8 Abs. 3 Satz 2 KStG zu neutralisieren ist. Der Gesellschafter hat die ausgezahlten Darlehensmittel zur Hälfte als Einnahmen aus Kapitalvermögen zu versteuern (§ 3 Nr. 40 EStG). Werden dennoch Tilgungen und Zinsen auf das steuerlich nicht anerkannte Darlehen erbracht, liegen insoweit verdeckte Einlagen vor.

d) Späterer Darlehensverzicht oder Ausfall des Darlehens

5826 Auch wenn bei Hingabe des Darlehens ein echtes Darlehensverhältnis anzunehmen war, können sich in der Folgezeit die Verhältnisse so ändern, dass im Hinblick auf die ausgereichte Darlehensvaluta eine im Gesellschaftsverhältnis veranlasste Vermögensminderung eintritt und damit eine vGA einhergeht. Eine solche Vermögensminderung kann in dem **Verzicht auf die Rückzahlung** des Darlehens (Erlassvertrag gem. § 397 BGB) bestehen. Er kann auch durch schlüssiges Verhalten zustandekommen, z. B. dann, wenn die GmbH über längere Zeit von der Einforderung der Tilgungs- und Zinsleistungen absieht und der Gesellschafter seinerseits mit der eingestellten Tilgung und Verzinsung zum Ausdruck bringt, dass er die empfangenen Gelder als eigene und nicht mehr als fremde ansieht.[1]

5827 Der **Ausfall der Darlehensforderung** wegen Zahlungsunfähigkeit des Gesellschafters führt nicht zu einer vGA, wenn mit dem Ausfall bei Hingabe des Darlehens nicht ernsthaft zu rechnen war. Die dadurch bewirkte Vermögensminderung bei der GmbH hat aber gleichermaßen wie ein Verzicht ihre Veranlassung im Gesellschaftsverhältnis, wenn es die GmbH unterlassen hat, rechtzeitig die erforderlichen Maßnahmen zu treffen, um das gewährte Darlehen zu sichern und zurückzuerhalten.[2] Eine Sicherung des Darlehens kann angenommen werden, wenn die Sicherheit einen wirtschaftlichen Wert darstellt.

5828 Die vGA tritt in diesen Fällen mit dem Ausfall der Darlehensforderung ein; der Forderungsausfall (Wertberichtigung oder Ausbuchen) bewirkt die Vermögensminderung, die auf der Ebene der GmbH zu korrigieren ist.[3] In diesem Zeitpunkt fließen dem Gesellschafter die Einnahmen i. S. v. § 20 Abs. 1 Nr. 1 Satz 2 EStG zu.

e) Gesellschafterdarlehen

5829 Da es dem Gesellschafter grundsätzlich freigestellt ist, ob er seine GmbH mit Eigen- oder Fremdkapital ausstatten will (Finanzierungsfreiheit), kommt eine Umqualifizierung von Gesellschafterdarlehen in verdecktes Eigenkapital nicht in Betracht. Dies gilt auch für eigenkapitalersetzende Darlehen, die Fremdkapital bleiben.[4]

5830 Sofern die Darlehensverträge anzuerkennen sind und insbesondere bei Darlehen des beherrschenden Gesellschafters die geltenden Sonderregeln zu beachten sind, stellen die gezahlten angemessenen Zinsen Betriebsausgaben dar. Auf die Regelungen des § 8a KStG zur „übermäßigen Gesellschafterfremdfinanzierung" wird hingewiesen.[5]

---

1 BFH v. 14. 3. 1990 I R 6/89, BStBl II 1990, 795.
2 BFH v. 14. 3. 1990, a. a. O.
3 BFH v. 26. 10. 1993 I B 112/93, BFH/NV 1994, 415; v. 14. 7. 2004 I R 16/03, BStBl II 2004, 1010.
4 Vgl. BFH v. 14. 8. 1991 I B 240/90, BStBl II 1991, 935; v. 28. 11. 2001 I R 30/01, BFH/NV 2002, 677.
5 Vgl. Rn. 6211 ff.

f) Bürgschaftsübernahme

Angemessenes Entgelt für die Übernahme einer Bürgschaft ist die für solche Kreditsicherheiten nach Dauer und Risiko **übliche Avalprovision**. 5831

Übernimmt die GmbH im Interesse ihres Gesellschafters, also nicht aus betrieblicher Veranlassung, eine Bürgschaft, tritt eine vGA in dem Zeitpunkt ein, in dem die GmbH die Bürgschaftsverpflichtung nach den Grundsätzen ordnungsgemäßer Buchführung passivieren und der Ersatzanspruch gegen den Hauptschuldner (Gesellschafter) mangels Werthaltigkeit nicht aktiviert oder wertberichtigt wird; die dadurch eintretende Gewinnminderung ist außerhalb der Bilanz als vGA zu korrigieren.[1] Wird die Bürgschaft ohne angemessene Gegenleistung in Höhe der angemessenen Avalprovision übernommen, liegt zusätzlich eine vGA in dieser Höhe vor.[2] Entsprechendes gilt für Patronatserklärungen. 5832

(*Einstweilen frei*) 5833–5850

3. Abschluss von Kaufverträgen zwischen der GmbH und ihren Gesellschaftern

Ein Gesellschafter einer GmbH kann dieser Wirtschaftsgüter verkaufen und von der GmbH Wirtschaftsgüter beziehen. Derartige Verträge werden auch steuerrechtlich anerkannt. Wird jedoch in derartigen Verträgen ein Kaufpreis vereinbart, der nicht dem Leistungsaustausch entspricht, zahlt also die GmbH für ein gekauftes Wirtschaftsgut dem Gesellschafter ein überhöhtes Entgelt (**Überpreis**) oder zahlt umgekehrt der Gesellschafter der GmbH für ein von ihr erworbenes Wirtschaftsgut ein zu geringes Entgelt (**Preisvorteil**), so kann in der Differenz zwischen dem angemessenen Entgelt und dem tatsächlich gezahlten eine vGA liegen.[3] 5851

Gleiches gilt für besondere **Preisnachlässe und Rabatte**, wenn sie anderen Kunden unter vergleichbaren Bedingungen überhaupt nicht oder nicht in diesem Umfang gewährt werden.[4] Auch überhöhte Preisnachlässe, die ein Minderheitsgesellschafter-Geschäftsführer bei Warenlieferungen an den Gewerbebetrieb seiner Ehefrau gewährt, stellen bereits im Zeitpunkt der Lieferung eine vGA dar.[5] Von der GmbH aus diesem Grund geltende gemachte Ersatzansprüche vermögen daran nichts mehr zu ändern. Die Tilgung der Ersatzforderung stellt, gleichgültig, ob sie vom Gesellschafter oder seiner Ehefrau erbracht wurde, verdeckte Einlagen dar. Tilgt die Ehefrau die Ersatzansprüche durch Zahlung an die GmbH, hat sie nachträgliche Anschaffungskosten auf die bezogenen Waren. 5852

Beim **beherrschenden Gesellschafter** muss zusätzlich das Merkmal der vorherigen, klaren und eindeutigen Vereinbarung erfüllt sein. 5853

Überpreis und Preisvorteil sind auch auf der **Ebene des Gesellschafters** als vGA und damit als **steuerpflichtige Beteiligungserträge** zu erfassen. Ob diese Erträge zu Einkünften 5854

---

1 BFH v. 19. 3. 1975 I R 173/73, BStBl II 1975, 614.
2 BFH v. 26. 2. 1992 I R 23/91, BStBl II 1992, 846.
3 BFH v. 6. 8. 1985 VIII R 280/81, BStBl II 1986, 17.
4 BFH v. 14. 7. 1998 VIII B 38/98, BFH/NV 1998, 1582.
5 BFH v. 25. 5. 2004 VIII R 4/01, DStR 2004, 2143.

aus Kapitalvermögen führen oder als Betriebseinnahmen zu erfassen sind, richtet sich danach, wo sich die Beteiligung befindet (Privatvermögen oder Betriebsvermögen). Ob die gelieferten Wirtschaftsgüter zu einem Betriebsvermögen des Gesellschafters oder zu seinem Privatvermögen gehören, ist hingegen für die Zuordnung ohne Belang. Hält der Gesellschafter die GmbH-Beteiligung in seinem Privatvermögen und veräußert er ein Wirtschaftsgut seines Betriebsvermögens zu einem Überpreis an die GmbH, so soll der marktübliche Erlös als Betriebseinnahme und der Überpreis als vGA bei den Einkünften aus Kapitalvermögen zu erfassen sein.

> **BEISPIEL:** Gesellschafter X verkauft Aktien, die zu seinem Betriebsvermögen gehören, mit Anschaffungskosten von 2 000 € und einem Kurswert von 2 300 € für 2 800 € an seine GmbH, deren Geschäftsanteile er im Privatvermögen hält.
>
> **Behandlung auf der Ebene der GmbH:** Infolge des Ansatzes der Aktien mit den Anschaffungskosten (Aktivtausch) vermindert sich der Gewinn der GmbH nicht, so dass auch keine vGA-Korrektur erforderlich erscheint. Die GmbH darf nach den GoB die Aktien aber nur mit den angemessenen Anschaffungskosten ansetzen, weil sie sich als Kaufmann nicht reicher machen darf, als sie wirklich ist. Es muss also eine „Teilwertabschreibung" um 500 € vorgenommen werden; der hieraus resultierende Aufwand (= Vermögensminderung) ist außerhalb der Bilanz nach § 8 Abs. 3 Satz 2 KStG hinzuzurechnen, so dass sich das Einkommen der Gesellschaft im Ergebnis nicht erhöht, aber vermieden wird, dass bei einer späteren Veräußerung wegen zu hoher Anschaffungskosten der Gewinn der GmbH unzulässig vermindert wird. Außerdem sind aus der vGA auch mögliche Konsequenzen hinsichtlich § 38 KStG mit einer KSt-Erhöhung zu ziehen.
>
> **Behandlung beim Gesellschafter X:** Er erzielt Einnahmen aus Kapitalvermögen von 500 €, die zu 40,5 nach § 3 Nr. 40 EStG steuerbefreit und zu 60 % (300 €) steuerpflichtig sind.
>
> In seinem Gewerbebetrieb ergibt sich in Höhe des Unterschiedsbetrages zwischen Anschaffungskosten und vereinbartem Kaufpreis von 2 800 € ein a. o.-Ertrag von 800 €; davon sind aber 500 € dem Grunde nach als (private) Einnahmen aus Kapitalvermögen zu behandeln, so dass sie vom Bilanzgewinn als Einlage abzusetzen und den Einkünften aus Kapitalvermögen zuzuordnen sind. Er muss also buchen: Geldkonto 2 800 € an Aktien 2 000 €, a. o.-Ertrag 300 € und Privateinlage 500 €. Die Verfahrensweise hat vor allem gewerbesteuerliche Bedeutung, weil ohne die Einlagebuchung ein zu hoher Gewerbeertrag versteuert würde.

5855 Die Grundsätze gelten für alle Kaufverträge, die zwischen der GmbH und ihrem Gesellschafter über Waren und andere Wirtschaftsgüter abgeschlossen werden. Abnutzbare Wirtschaftsgüter des Anlagevermögens, die die GmbH vom Gesellschafter gegen einen **Überpreis** erwirbt, muss die GmbH mit den angemessenen Anschaffungskosten bilanzieren.[1] Der gezahlte Überpreis mindert als Betriebsausgabe zwar den Unterschiedsbetrag nach § 4 Abs. 1 Satz 1 EStG, die Minderung ist aber wegen der Veranlassung der Überpreiszahlung im Gesellschaftsverhältnis durch außerbilanzielle Hinzurechnung auszugleichen. Zahlt die GmbH den Kaufpreis vereinbarungsgemäß in Raten, muss die GmbH das Wirtschaftsgut mit den angemessenen Anschaffungskosten bilanzieren, die sie übersteigende Kaufpreisverbindlichkeit mindert das Betriebsvermögen und ist auf der Ebene der GmbH bereits als vGA zu korrigieren, obwohl dem Gesellschafter der Überpreis noch nicht zugeflossen ist. Auf der Ebene der GmbH reicht die Eignung der Überpreisschuld, zu einem Beteiligungsertrag beim Gesellschafter zu führen, für die

---

1 BFH v. 13.3.1985 I R 9/81, BFH/NV 1986, 116.

Annahme der vGA aus. Beim Gesellschafter kommt es zum Zufluss, sobald die Raten den angemessenen Kaufpreis übersteigen.¹

4. Miet- und Pachtverhältnisse zwischen der GmbH und ihren Gesellschaftern

Mietverträge und Pachtverträge zwischen der GmbH und dem Gesellschafter werden zivilrechtlich wie steuerrechtlich anerkannt. Zu vGA kann es jedoch kommen, wenn das Kriterium der Angemessenheit des Mietzinses nicht beachtet wird, weil die GmbH Wirtschaftsgüter an den Gesellschafter zu einen unangemessen niedrigen Entgelt vermietet oder verpachtet, oder der Gesellschafter der GmbH Wirtschaftsgüter zu einem überhöhten Nutzungsentgelt überlässt bzw. bei einem Beherrschungsverhältnis gegen das Rückwirkungsverbot verstoßen wird, weil keine im Voraus getroffene klare vertragliche Vereinbarung vorliegt. 5856

a) GmbH ist Vermieter

Überlässt die GmbH ihren Gesellschaftern Wirtschaftsgüter zum Gebrauch oder zur Nutzung, müssen diese jedoch für die Überlassung der Wirtschaftsgüter ein angemessenes Entgelt zahlen. Soweit das tatsächliche Nutzungsentgelt die angemessene Vergütung unterschreitet, liegt eine vGA vor. Bei der Vermietung von Wohnraum muss die Gesellschaft zumindest die Kostenmiete verlangen, auch wenn diese höher ist als die ortsübliche Miete.² 5857

Gleiches gilt, wenn es die GmbH trotz eines veränderten Mietpreisniveaus unterlässt, durch Änderungskündigung einen höheren Mietzins gegenüber dem Gesellschafter durchzusetzen.³ Sind beim Gesellschafter die Mietaufwendungen weder dem Grunde nach Betriebsausgaben oder Werbungskosten, kann aufgrund der Fiktionstheorie in Höhe der Differenz eine Miet- oder Pachtzahlung anzunehmen sein. 5858

b) Gesellschafter ist Vermieter

Überlässt der Gesellschafter Wirtschaftsgüter an die GmbH, sind die Miet- und Pachtzahlungen für die GmbH Betriebsausgaben, die ihren steuerpflichtigen Gewinn mindern. Die unangemessenen, nicht der Leistung angepassten Miet- und Pachtzinsen stellen eine vGA dar. 5859

Die Schwierigkeit liegt jedoch darin, im Einzelfall die angemessene Miete zu bestimmen, wenn der direkte Drittvergleich nicht möglich ist und der angemessene Mietzins unter Berücksichtigung der Marktverhältnisse zu schätzen ist. Von Bedeutung kann auch sein, ob die Anschaffung gleichartiger Gegenstände über die Laufzeit zu einem günstigeren Ergebnis hätte führen können, wobei aber nicht nur der gemeine Wert der Gegenstände ausschlaggebend ist, sondern auch zu berücksichtigen ist, ob für die Anmietung Gesichtspunkte wie die Verfügbarkeit der Mietsache, Kündigungsmöglichkei- 5860

---

1 BFH v. 20.1.1999 I R 32/98, BStBl II 1999, 369.
2 FG Köln v. 22.1.2015 10 K 3204/12, NWB DokID: BAAAE-88887, bestätigt durch BFH v. 27.7.2016 I R 12/15, BStBl II 2017, 217; vgl. auch FG Köln v. 20.8.2015 10 K 12/08, NWB DokID: AAAAF-05669, Bestätigt durch BFH v. 27.7.2016 I R 71/15, BFH/NV 2017, 60, NWB DokID: QAAAF-85885.
3 BFH v. 7.12.1988 I R 25/82, BStBl II 1989, 248.

ten, Reparaturrisiko, größere Flexibilität, Kapitalbindung im Rahmen der unternehmerischen Entscheidungsfreiheit sprechen können.[1] Eine angemessene Kapitalverzinsung beim Vermieter und Interessen des Mieters müssen in die Findung der angemessenen Miete einbezogen werden.[2] Notfalls ist ein unabhängiger Sachverständiger zu bemühen.

c) Umbauten und Einbauten

5861 Die GmbH kann in einem angemieteten Grundstück oder Gebäude im eigenen betrieblichen Interesse auch **Umbauten oder Einbauten** vornehmen oder ein Gebäude errichten. Die Herstellungskosten sind von der GmbH – unabhängig davon, dass der Vermieter Eigentümer wird – wie für ein eigenes Wirtschaftsgut (Nutzungsrecht) in ihrer Bilanz zu aktivieren und wie ein materielles Wirtschaftsgut abzuschreiben. Es fehlt bei der GmbH eine Vermögensminderung[3] und somit eine vGA. Erst wenn sich die GmbH bei Rückgabe der Mietsache noch vorhandene Wertsteigerungen des Grundstücks nicht angemessen ausgleichen lässt, kann eine vGA vorliegen.[4]

d) Erbbaurecht

5862 Bei Bestellung von **Erbaurechten** gelten für die Angemessenheit des Erbbauzinses die Regeln über den Mietzins entsprechend. Grundlage dafür ist der Umfang der vom Erbbaurecht begründeten Rechte und der Wert des überlassenen Grundstücks (Bebauung, Erschließung, Nutzungsmöglichkeiten) und die Verteilung der Lasten (Grundsteuer und andere Kosten), beim bebauten Grundstück ist zumindest die Kostenmiete anzusetzen. Zur Vermeidung einer vGA muss mit dem beherrschenden Gesellschafter der Erbbauzins grundsätzlich über die gesamte Laufzeit des dinglichen Rechts festgelegt werden, spätere Änderungen sind nur bei Vereinbarung einer angemessenen Gleitklausel möglich. Für den Heimfall sollte eine angemessene Entschädigung für das vom Erbbauberechtigten errichtete Gebäude vereinbart sein, ein Heimfall ohne angemessene Entschädigung stellt i. d. R. eine vGA dar.[5]

e) Betriebsaufspaltung

5863 Im Fall der **Betriebsaufspaltung** sind wegen der engen personellen und sachlichen Verflechtung von Besitzunternehmen (meist eine Personengesellschaft) und der Betriebskapitalgesellschaft (meist eine GmbH) häufig vGA anzutreffen, wenn z. B. überhöhte Pachtzahlungen geleistet werden oder die GmbH Anschaffungs- oder Herstellungskosten übernimmt, die nach dem Pachtvertrag von dem Besitzunternehmen zu tragen wären. Insgesamt muss der Leistungsverkehr zwischen Betriebs- und Besitzgesellschaft einschließlich der Miet- und Pachtzahlungen für die der Betriebs-GmbH überlassenen Wirtschaftsgüter zu angemessenen Konditionen abgewickelt werden, zu hohe Entgelts-

---

1 BFH v. 12. 11. 1986 I R 113/83, BFH/NV 1987, 265.
2 Vgl. auch BFH v. 9. 7. 2003 I B 183/02, BFH/NV 2004, 87.
3 Vgl. auch BFH v. 30. 7. 1997 I R 65/96, BStBl II 1998, 402.
4 BFH v. 30. 7. 1997 I R 65/96, BStBl II 1998, 402.
5 BFH v. 12. 7. 1972 I R 203/70, BStBl II 1972, 802.

zahlungen stellen eine Vermögensminderung zugunsten der Gesellschafter dar, die gleichzeitig Gesellschafter der Besitzgesellschaft sind.[1] Nimmt die Betriebs-GmbH einen Kredit auf, den sie an die Besitzgesellschaft zur Finanzierung der zu verpachtenden Anlagegüter verwendet, muss sich die GmbH die Zinsen vergüten lassen.

f) Geschäfts- oder Firmenwert

Besonderes Augenmerk hat dem **Geschäfts- oder Firmenwert** zu gelten, als einem immateriellen Wirtschaftsgut, das die künftigen Gewinnchancen eines Unternehmens ausdrückt. Wird bei Gründung einer Betriebsaufspaltung der betriebliche Organismus (des Betriebs oder Teilbetriebs) als Ganzes auf die Betriebs-GmbH übertragen, kann dies zwar auch zu Buchwerten erfolgen, die Betriebs-GmbH kann aber – wie auch für die Wirtschaftsgüter, an die das Gewinnpotenzial und damit der Firmenwert anknüpft – für den mit übergehenden Geschäftswert einen angemessenen Preis zahlen, ohne dass eine vGA vorliegt.[2] Dies kann z. B. der Fall sein, wenn die Besitzgesellschaft nur das Grundstück zurückbehält, während die anderen Wirtschaftsgüter, deren Struktur und Organisation es der GmbH erlauben, eigenständig und auf Dauer am Wirtschaftsleben teilzunehmen, zu Eigentum übertragen werden.

5864

Werden aber die wesentlichen Betriebsgrundlagen, mit denen das Gewinnpotenzial verknüpft ist, nur an die Betriebs-GmbH verpachtet, wird ihr der Firmenwert ebenfalls nur zur Nutzung auf Zeit überlassen. Sie darf dann für den Firmenwert, der nicht isoliert übertragen werden kann, keinen Kaufpreis, sondern nur eine angemessene Nutzungsvergütung bezahlen.[3] Hatte die Betriebs-GmbH bei Gründung der Betriebsaufspaltung für den Geschäftswert ein Entgelt entrichtet, muss bei Beendigung der Betriebsaufspaltung und Rückgabe des Geschäftswerts ein angemessenes Entgelt an die GmbH bezahlt werden, ansonsten läge eine vGA vor.

Im Zusammenhang mit der Verpachtung einer freiberuflichen Praxis (Steuerberaterkanzlei) an eine GmbH durch ihren Gesellschafter-Geschäftsführer hat der BFH eine vGA angenommen, wenn Pachtzinsen für den **Praxiswert** gezahlt werden, weil die GmbH aufgrund der Treupflicht des Geschäftsführers ohnehin über den Praxiswert verfüge.[4] Dies hat er aber wieder für den Fall eingeschränkt, dass der Inhaber einer Steuerberaterpraxis der von ihm gegründeten GmbH einen verkehrsfähigen Praxiswert überlässt.[5] Veräußert der Steuerberater sein bewegliches Betriebsvermögen mit Ausnahme des Mandantenstammes, der das werthaltigste Wirtschaftsgut seines Unternehmens darstellt, an die GmbH, kann der Mandantenstamm Gegenstand eines steuerlich anzuerkennenden Pachtvertrages zwischen Berater und Steuerberatungs-GmbH sein. Die gezahlten (angemessenen) Pachtzinsen sind keine vGA.[6]

5865

(Einstweilen frei)   5866–5880

---

1 BFH v. 6. 11. 1991 XI R 12/87, BStBl II 1992, 415.
2 BFH v. 27. 3. 2001 I R 42/00, BStBl II 2001, 771.
3 BFH v. 27. 3. 2001 I R 42/00, BStBl II 2001, 771.
4 BFH v. 28. 2. 1990 I R 144/87, BStBl II 1990, 595.
5 BFH v. 30. 3. 1994 I R 52/93, BStBl II 1994, 903.
6 BFH v. 18. 12. 1996 I R 128-129/95, BStBl II 1997, 546.

5. Wettbewerbsverbot und Geschäftschancen

a) Wettbewerbsverbot und vGA

5881 In seiner früheren Rechtsprechung hatte der BFH eine Vermögensminderung bzw. verhinderte Vermögensmehrung der GmbH angenommen, wenn der Gesellschafter bzw. der Gesellschafter-Geschäftsführer in dem Geschäftsbereich der Gesellschaft für eigene Rechnung tätig wurde, **ohne von dem Wettbewerbsverbot** wirksam **befreit** zu sein.[1] Die Befreiung vom Wettbewerbsverbot musste wirksam und bei einem beherrschenden Gesellschafter zudem vorher klar und eindeutig vereinbart sein. In der Regel wurde eine verhinderte Vermögensmehrung angenommen, weil der Gesellschafter bzw. der Gesellschafter-Geschäftsführer eine Geschäftschance selbst wahrnahm und nicht der GmbH überließ. Die FinVerw[2] hatte diese Rechtsprechung nachvollzogen und ausgeweitet, indem sie verlangte, dass eine Befreiung vom Wettbewerbsverbot nur gegen eine angemessene Gegenleistung erfolgen dürfe.

b) Geschäftschancenlehre

5882 Diese Rechtsprechung hat der BFH inzwischen – nicht zuletzt unter dem Eindruck der vielfältigen Kritik in der Literatur und mit Rücksicht auf die zivilrechtliche Rechtslage zum Wettbewerbverbot – weitgehend aufgegeben und durch die **Geschäftschancenlehre ersetzt**.[3]

5883 Es wird nunmehr deutlich das Wettbewerbsverbot von der vGA abgegrenzt. Besteht zivilrechtlich ein Wettbewerbsverbot und verstößt der Gesellschafter bzw. Geschäftsführer hiergegen, liegt darin noch keine vGA. Vielmehr hat die GmbH die hieraus folgenden Schadensersatz- und Herausgabeansprüche gegen den (pflicht- und treuwidrig handelnden) Gesellschafter bzw. Geschäftsführer zu aktivieren; tut sie dies und macht sie den Anspruch geltend, fehlt es an einer Vermögensminderung bzw. verhinderten Vermögensmehrung[4] als einer tatbestandlichen Voraussetzung der vGA. Erst wenn diese Ansprüche aus gesellschaftsrechtlichen Gründen nicht geltend gemacht werden, kann eine vGA vorliegen. Rechtsgrund ist dann aber nicht die Verletzung des Wettbewerbsverbots, sondern die Nichtverfolgung des schuldrechtlich begründeten Leistungsanspruchs mit Rücksicht auf das Gesellschaftsverhältnis.

aa) Geschäftschancenlehre und vGA

5884 Die **Geschäftschancenlehre** versucht eine eigenständige steuerrechtliche Lösung bei Tätigkeiten des Gesellschafters oder Gesellschafter-Geschäftsführers auf eigene Rechnung. Eine vGA kann danach vorliegen, wenn der Gesellschafter oder Gesellschafter-

---

[1] BFH v. 11.2.1987 I R 177/83, BStBl II 1987, 461; v. 12.4.1989 I R 142, 143/85, BStBl II 1989, 636; v. 26.4.1989 I R 172/87, BStBl II 1989, 673; v. 28.6.1989 I R 89/85, BStBl II 1989, 854.
[2] BMF v. 4.2.1992, BStBl I 1992, 137.
[3] Vgl. BFH v. 30.8.1995 I R 155/94, BFHE 178, 371; v. 12.10.1995 I R 127/94, BFH/NV 1996, 81; v. 22.11.1995 I R 45/95, BFH/NV 1996, 645; v. 16.12.1998 I R 96/95, BFH/NV 1999, 1125; v. 9.7.2003 I R 100/02, BFH/NV 2003, 1666; zur Übertragung von Geschäftschancen zwischen Schwestergesellschaften: BFH v. 7.8.2002 I R 64/01, BFH/NV 2003, 205.
[4] BFH v. 13.11.1996 I R 149/94, BFHE 181, 494.

Geschäftsführer auf eigene Rechnung Geschäftschancen nutzt, die zu den vermögenswerten Positionen der GmbH gehören, oder Informationen ausnutzt, die die GmbH einem Dritten ohne Entgelt nicht überlassen hätte.[1] Die vGA besteht dann in Höhe des nicht erhobenen Entgelts (= unterlassene Vermögensmehrung). Dabei wird zwischen Geschäften unterschieden, welche die GmbH dem Gesellschafter oder Gesellschafter-Geschäftsführer überlässt, und solchen, die er ohne Einschaltung der Gesellschaft mit Dritten eingeht.

Im Grundsatz bleibt es der GmbH überlassen, ob sie ihre Geschäftschancen mit eigenen Mitteln nutzt oder den Gesellschafter bzw. den Geschäftsführer als Subunternehmer auf eigene Rechnung beauftragt. Beim beherrschenden Gesellschafter muss aber für jeden Auftrag vor dessen Durchführung klar abgegrenzt sein, welche Tätigkeiten er als Subunternehmer und welche er als Geschäftsführer zu erledigen hat. Nicht erforderlich, aber dienlich ist eine schriftliche Abgrenzung unabhängig vom einzelnen Fall. 5885

Maßstab für die unternehmerische Entscheidung ist der **ordentliche und gewissenhafte Geschäftsleiter**, der i.d.R. alle sich der Gesellschaft bietenden Geschäftschancen nutzen und nach den Umständen entscheiden wird, ob es für die Gesellschaft günstiger ist, sie mit eigenen Mitteln oder durch einen Subunternehmer zu nutzen. Dabei wird er sich für die Alternative entscheiden, bei der die voraussichtlichen Kosten und Risiken geringer oder jedenfalls nicht höher sind als bei der anderen Möglichkeit. Sie wird den Gesellschafter bzw. Geschäftsführer nicht als **Subunternehmer** beauftragen, wenn ihr selbst die erforderlichen personellen und sachlichen Mittel zur Verfügung stehen, die sonst ungenutzt blieben, oder wenn der Geschäftsführer als Subunternehmer gegen ein zusätzliches Entgelt beauftragt wird, wenn sie die Leistung bereits aus dem Geschäftsführervertrag beanspruchen kann; es kann aber auch in solchen Fällen die Beauftragung eines Subunternehmers aus betrieblichen Gründen veranlasst sein, um das Risiko der GmbH zu begrenzen.[2] Entspricht danach die Einschaltung des Gesellschafters bzw. Gesellschafter-Geschäftsführers als selbständigem Subunternehmer dem Sorgfaltsmaßstab, kann das (zulässige) Entgelt nicht nur in der Kostenerstattung, sondern auch in einem angemessenen Gewinnaufschlag liegen. 5886

Es können sich aber auch Auswirkungen auf das Gehalt ergeben. Daher liegt andererseits eine vGA vor, wenn die Einschaltung als Subunternehmer nur dazu dient, dem Gesellschafter-Geschäftsführer ein höheres Entgelt zu zahlen als in seiner Eigenschaft als Geschäftsführer; soweit die Beauftragung als Subunternehmer ungünstiger ist als die Wahrnehmung des Geschäfts mit eigenen Mitteln, liegt eine vGA in Höhe des der GmbH entgangenen Gewinns vor.[3]

Allerdings darf der GmbH (aus steuerlichen Gründen und zur Vermeidung einer sonst drohenden vGA) **kein Geschäft aufgedrängt werden**, das sie von sich aus nicht gemacht hätte, etwa weil es nicht zu ihrem Unternehmensgegenstand gehört oder zum Kreis der von ihr regelmäßig wahrgenommenen Geschäfte gehört oder weil es in uner- 5887

---

[1] Vgl. auch Gosch, KStG, § 8 Rz. 851 ff.
[2] BFH v. 9.7.2003 I R 100/02, BFH/NV 2003, 1666.
[3] BFH v. 12.10.1995 I R 127/94, BFH/NV 1996, 81; v. 13.11.1996 I R 149/94, BFHE 181, 494.

wünschtem Maße Kapital bindet oder Risiken in sich birgt. Geschäftschancen hieraus darf sie ihrem Gesellschafter überlassen.[1]

5888 Schließt der Gesellschafter oder Gesellschafter-Geschäftsführer **unmittelbar** mit einem **Dritten Geschäfte auf eigene Rechnung** ab, kann eine vGA vorliegen, wenn er dabei eine der GmbH zuzuordnende Geschäftschance im Sinne einer schützenswerten Position der GmbH ausnutzt. Dies setzt indes die Feststellung voraus, ob sich die Möglichkeit, das Geschäft zu machen, bereits so verdichtet hat, dass sie für die GmbH bereits eine vermögenswerte Position darstellt. Dies ist nach Maßstäben des Fremdvergleichs anzunehmen, wenn der Geschäftsabschluss für die GmbH greifbar nahe ist, wenn im Hinblick auf das angebahnte Geschäft bereits Aufwendungen gemacht wurden, die der Gesellschafter erspart, oder wenn die Verfolgung der Geschäftschance Informationen voraussetzt, über die nur die GmbH verfügt und die sie einem fremden Dritten nicht ohne Entgelt überlassen hätte.[2]

bb) Beispielsfälle für Geschäftschancen

5889 Damit fallen unter die der GmbH zuzuordnenden Geschäftschancen solche, die sich aus dem **rechtlichen und wirtschaftlichen Eigentum** und **vertraglichen Rechtspositionen der GmbH ergeben**, aber auch solche, die sich im Zusammenhang mit der Tätigkeit der GmbH eröffnen, weil sie ein ordentlicher und gewissenhafter Geschäftsleiter nicht für sich, sondern für die Gesellschaft ausnutzen würde.

5890 Schädlich ist danach z. B.:

- ▶ das Ausnutzen von Informationen der GmbH (auch wenn der Geschäftsführer sie durch seine Tätigkeit für die Gesellschaft erworben hat) und des eigenen Knowhows der Gesellschaft,
- ▶ die eigennützige Wahrnehmung eines der GmbH zustehenden Ankaufsrechts zu einem günstigen Preis,
- ▶ das Ausnutzen von von der Gesellschaft entwickelten Produkt- und Dienstleistungskonzepten,
- ▶ das Ausnutzen der Geschäftschancen aus laufenden Geschäftsverbindungen mit Kunden und Lieferanten und Kundenanfragen, Werbemaßnahmen der GmbH,
- ▶ das Ausnutzen mit Kunden für die GmbH geführter Korrespondenz und Verhandlungen.

5891 **Nicht** zu den **vermögenswerten Rechtspositionen** der GmbH gehören aber **Geschäftschancen**, die sich dem **Gesellschafter oder Geschäftsführer ohne Beziehung zur GmbH bieten**, z. B. bei Gelegenheit einer ihm zugestandenen Nebentätigkeit für eigene Rechnung oder im privaten Bereich der Verwaltung eigenen Vermögens oder privater Spekulationsgeschäfte. Zu fordern ist auch eine Identität der vom Gesellschafter genutzten und der der GmbH sich bietenden Geschäftschance. So ist der Kauf notleidender Forderungen gegen die Gesellschaft nicht identisch mit der Möglichkeit der GmbH, gegen

---

1 BFH v. 12. 6. 1997 I R 14/96, BFHE 183, 459.
2 BFH v. 11. 6. 1996 I R 97/95, DStR 1996, 1769; v. 10. 7. 1996 I R 108-109/95, BStBl II 1997, 230.

eine Ablösezahlung einen Forderungserlass zu bekommen,[1] weil der Forderungskauf etwas anderes ist als der Forderungserlass.

Für die Zuordnung von Geschäftschancen sind schriftliche **Abgrenzungsvereinbarungen** zwar **nützlich**, sie können jedoch nicht beliebig getroffen werden. Denn die Zuordnung ergibt sich aus den Wertungen des Steuerrechts, über die die Beteiligten nicht verfügen können. So können etwa Abgrenzungen nach Kunden oder bestimmten Arten von Geschäften nicht toleriert werden, weil die GmbH nach Maßstäben des ordentlichen und sorgfältigen Geschäftsleiters nicht von vornherein auf Geschäfte mit bestimmten Gruppen von Kunden oder bestimmter Art verzichten wird, z. B. bei einer Versicherungsagentur in der Rechtsform einer GmbH auf das Privatkundengeschäft oder den Bereich der Sachversicherungen. 5892

Dennoch ist eine schriftlich getroffene Abgrenzungsregelung zu empfehlen, wenn der Gesellschafter-Geschäftsführer zulässigerweise als **Subunternehmer** beauftragt wird, damit feststeht, inwieweit er für die GmbH in seiner Organstellung als Geschäftsführer oder auf eigene Rechnung tätig wird. Ist er zugleich beherrschender Gesellschafter, muss vorher klar und eindeutig festgelegt werden, ob er auf schuldrechtlicher oder gesellschaftsrechtlicher Grundlage tätig wird und wie die Höhe der Vergütung und die Modalitäten der Abrechnung aussehen sollen; ein schriftlicher Vertrag ist nicht unbedingt erforderlich, ein dies dokumentierender Gesellschafterbeschluss kann ausreichen.[2] 5893

Zu beachten ist aber bei allen Nebentätigkeiten des Gesellschafter-Geschäftführers (ob als Subunternehmer für die GmbH oder auf eigenem Geschäftsfeld), dass die GmbH mit seiner Anstellung den Anspruch erwirbt, dass der Geschäftsführer für das angemessene Gehalt der Gesellschaft seine volle Arbeitskraft zur Verfügung stellt. Übt der Geschäftsführer in **nennenswertem Umfang Tätigkeiten daneben** aus, kann sich die Frage stellen, ob die tatsächlich für die Gesellschaft erbrachte Arbeitsleistung noch seiner **Gesamtausstattung** entspricht. Sie kann deshalb auf den seiner (eingeschränkten) Arbeitsleistung **angemessenen Betrag zu reduzieren** sein.[3] 5894

(*Einstweilen frei*) 5895–5910

6. Gesellschaftsverhältnisse zwischen GmbH und Gesellschafter

Literatur: *Schulze zur Wiesche*, Die GmbH & Co. KG und verdeckte Gewinnausschüttung, BB 2005, 1137.

a) GmbH & Co. KG

Die typische GmbH & Co. KG, bei der die Gesellschafter der Komplementär-GmbH zugleich Kommanditisten sind, unterliegt als Personenhandelsgesellschaft (Mitunternehmerschaft) den Regeln des § 15 Abs. 1 Nr. 2 EStG. Die **Geschäftsanteile** gehören zum **Sonderbetriebsvermögen der Gesellschafter** bei der **KG** und die **Ausschüttungen** sind 5911

---

1 BFH v. 30. 1. 2002 I R 13/01, BFH/NV 2002, 1172.
2 BFH v. 17. 12. 2003 I R 25/03, BFH/NV 2004, 819.
3 BFH v. 17. 12. 2003 I R 25/03, BFH/NV 2004, 819.

als **Sonderbetriebseinnahmen** gewerbliche Einkünfte der Gesellschafter. Die GmbH bleibt aber KSt-Subjekt, so dass es bei ihr auch zu vGA kommen kann, die bei den Kommanditisten wieder als Sonderbetriebseinnahmen zu erfassen sind. Da die Kommanditisten das Unternehmen in dieser Rechtsform beherrschen, können sie ein Interesse haben, die Rechte der Komplementär-GmbH einzuschränken, um sich dadurch über die KG als Kommanditisten Vorteile zu verschaffen,[1] wobei insbesondere eine unangemessene Gewinnverteilung und eine spätere Verschlechterung der Gewinnbeteiligung zu vGA führen können.[2] VGA können ihren Grund aber auch in überhöhten Tätigkeitsvergütungen haben, die an den Gesellschafter-Geschäftsführer gezahlt werden, obwohl sie beim Kommanditisten wieder als Sonderbetriebseinnahmen erfasst werden, oder wenn die GmbH Gehälter ohne Anstellungsvertrag zahlt.

b) Angemessenheit der Gewinnverteilung

5912   Die **vereinbarte Gewinnverteilung** bei der GmbH & Co. KG ist i. d. R. auch steuerlich anzuerkennen, wenn der GmbH auf Dauer Ersatz ihrer Auslagen gewährt und eine Gewinnbeteiligung eingeräumt wird, die ihre Leistungen (Kapitaleinsatz, Arbeitsleistung, Risikoübernahme) angemessen berücksichtigt. Grundlage hierfür ist, dass die **Komplementär-GmbH** die **Geschäfte der KG führt** und als **persönlich haftende Gesellschafterin das Haftungsrisiko** übernimmt, so dass ihr die für die Geschäftsführung entstandenen Kosten (Personalkosten, Geschäftsausstattung, Verwaltungskosten) zu erstatten sind und ein Ausgleich für das Haftungsrisiko zu gewähren ist, mit der sich auch eine aus fremden Personen bestehende GmbH zufrieden gegeben hätte.

Als Haftungsentgelt hält die FinVerw in Anlehnung an den BFH[3] einen Betrag von 6 v. H. des Haftungskapitals (= Stammkapital + Rücklagen sowie Gewinn- und Verlustvortrag) für angemessen. Von Bedeutung ist auch, ob die Vergütung gewinnabhängig ist oder auch in Verlustjahren der KG zu bezahlen ist. Ist die Vergütung gewinnabhängig, muss sie entsprechend höher sein, um einen Ausfall in Verlustjahren ausgleichen zu können, was für sich genommen noch keine vGA darstellt.[4] Ausschlaggebend ist, ob auf längere Sicht ein angemessenes Haftungsentgelt erreicht wird. Hat die GmbH keine Kapitaleinlage in die KG erbracht, reicht es aus, wenn die GmbH neben der Auslagenerstattung einen Gewinnanteil erhält, der im Durchschnitt einer üblichen Avalprovision entspricht.

c) Korrektur der vGA

5913   Bekommt die GmbH nach diesen Grundsätzen einen zu niedrigen Gewinnanteil, ist steuerlich davon auszugehen, als hätte die GmbH den angemessenen (höheren) Gewinnanteil und die Kommanditisten einen entsprechenden (niedrigeren) Anteil erhalten, die GmbH aber die Differenz zwischen dem angemessenen und dem tatsächlich vereinbarten Gewinnanteil verdeckt an die Kommanditisten ausgeschüttet, der bei ih-

---

1   Vgl. BFH v. 27. 2. 1992 IV R 69/91, BFH/NV 1993, 386.
2   BFH v. 29. 3. 2000 I R 85/98, BFH/NV 2000, 1247.
3   Vom 3. 2. 1977 IV R 122/73, BStBl II 1977, 346.
4   BFH v. 24. 7. 1990 VIII R 290/84, BFH/NV 1991, 191.

nen als Sonderbetriebseinnahmen (gewerbliche Einkünfte) bei der KG zu erfassen ist, wenn die Geschäftsanteile an der GmbH zum Sonderbetriebsvermögen bei der KG gehören. Dies ist dann der Fall, wenn sich die Tätigkeit der GmbH auf die Geschäftsführung bei der KG beschränkt oder wenn ein daneben bestehender eigener Geschäftsbetrieb der GmbH von ganz untergeordneter Bedeutung ist. Im Ergebnis ändert sich also an der Gewinnbeteiligung der Kommanditisten nichts, das **Einkommen der GmbH** erhöht sich aber um die **vGA**, ebenso der **Gesamtgewinn der Mitunternehmerschaft**. Daneben sind wegen der Annahme von Sonderbetriebsvermögen auch die Erträge aus der GmbH-Beteiligung als Sonderbetriebseinnahmen zu erfassen, wobei allerdings eine phasengleiche Erfassung der Gewinnansprüche gegen die GmbH nicht mehr in Betracht kommt.[1]

Die Korrekturen haben im einheitlichen Gewinnfeststellungsverfahren bei der KG zu erfolgen, wobei nach § 15 Abs. 1 Nr. 2 EStG auch die Gehälter für die Geschäftsführung der KG einzubeziehen sind. Sind diese unangemessen hoch, können auch hieraus vGA entstehen, die zu korrigieren sind.

5914

BEISPIEL: Nach dem Gewinnverteilungsschlüssel der GmbH & Co. KG erhalten die GmbH 10 v. H. und die Kommanditisten jeweils 45 v. H. des Gewinns von 100 000 €. Die Kommanditisten sind zu je 50 v. H. an der GmbH beteiligt, deren angemessener Gewinnanteil jedoch 20 v. H. betragen sollte. Die Gesellschafter sind zugleich Geschäftsführer der GmbH und erhalten ein angemessenes Gehalt von je 50 000 €, das der GmbH vorab zu Lasten des Handelsbilanzgewinnes erstattet wird.

LÖSUNG: Nach der vereinbarten Verteilung des Ergebnisses von 100 000 € bekommen die Kommanditisten jeweils 45 000 € und die GmbH 10 000 €. Steuerlich sieht die Gewinnverteilung so aus:

Kommanditisten: Anteil am Handelsbilanzgewinn 40 000 € + vGA 5 000 € + Gehalt 50 000 € = jeweils 95 000 €.

GmbH: Gewinnanteil 20 000 € + Sonderbetriebseinnahme „Vergütung für Geschäftsführung" 100 000 € ./. Sonderbetriebsausgabe „Gehalt Geschäftsführer" 100 000 € = 20 000 €.

Gesamtgewinn der Mitunternehmerschaft: 210 000 €.

Die vGA bleibt bei den Kommanditisten nach § 3 Nr. 40 EStG jeweils zu 40 % steuerfrei, das Gehalt ist bei Kommanditisten unmittelbar nach § 15 Abs. 1 Nr. 2 EStG als Gewinnanteil zu erfassen.

d) Änderung der Gewinnverteilung und ähnliche Fälle

Auch aus der **Änderung der Gewinnverteilungsabrede** und der Beteiligungsverhältnisse können vGA entstehen. Wesentlich ist, ob ein gewissenhafter und ordentlicher Geschäftsleiter der Komplementär-GmbH einer Verschlechterung zugestimmt hätte. Regelmäßig ist davon auszugehen, dass gegenüber einem nicht gesellschaftlich verbundenen Dritten auf einer Einhaltung des Vertrages gepocht und eine Verschlechterung nicht hingenommen worden wäre, es sei denn, besondere – von der GmbH darzulegende – Umstände, wie z. B. die drohende Kündigung des Gesellschaftsvertrages und der damit einhergehende Verlust des gesamten Gewinnanteils, hätten Geschäftsleiter

5915

---

[1] Abhängigkeit dieser Ansprüche von der Fassung eines Gewinnverteilungsbeschlusses bei der GmbH, vgl. BFH v. 7. 8. 2000 GrS 2/99, BStBl II 2000, 632.

nach Fremdvergleichsmaßstäben der Änderung der Gewinnverteilungsabrede zustimmen lassen.¹ Besondere Gründe können neben der kurzfristigen Kündigungsmöglichkeit auch der drohende Entzug wesentlicher Betriebsgrundlagen (Patente, Know-how) sein, die dem Kommanditisten gehören und auf dem Markt nicht gleichwertig beschafft werden können, oder das drohende Ausscheiden des (nicht vollwertig ersetzbaren) Kommanditisten, wenn seine Tätigkeitsvergütung nicht erhöht werden sollte.

5916 Zu ähnlichen Effekten kann es führen, wenn die **GmbH an einer Kapitalerhöhung** der **KG ohne rechtlichen oder tatsächlichen Zwang nicht teilnimmt** und es dadurch zu einem unentgeltlichen Übergang eines Bruchteils der Kommanditbeteiligung von der GmbH auf den Kommanditisten kommt, bei der u.U. auch ein anteiliger Geschäftswert übergeht. Eine vGA dieser Art ist als einmaliger Vorgang zu erfassen, weil die künftige Gewinnverteilung den neuen Beteiligungsverhältnissen entspricht.

5917 Eine vGA kann auch aus Verkehrsgeschäften zwischen dem Kommanditisten und der KG entstehen, wenn die KG ein unangemessen niedriges Entgelt oder der Gesellschafter ein zu hohes Entgelt bekommt. Insofern wird der Gewinnanteil der GmbH geschmälert, was zu einer verhinderten Vermögensmehrung aus gesellschaftsrechtlichen Gründen führt. In Höhe der Beteiligungsquote der GmbH resultiert hieraus eine vGA an den Gesellschafter-Kommanditisten.

e) Typische und atypische stille Beteiligungen

5918 Für die atypische stille Gesellschaft zwischen GmbH und ihrem Gesellschafter, die steuerlich als Mitunternehmerschaft gilt, sind die für die GmbH & Co. KG geltenden Grundsätze entsprechend anzuwenden.²

5919 Bei stillen Beteiligungen der Gesellschafter oder ihnen nahe stehender Personen können vGA entstehen, wenn die Gewinnbeteiligung des stillen Gesellschafters unangemessen hoch ist. Die durch die Passivierung des überhöhten Teil des Gewinnanspruchs entstehende Vermögensminderung ist außerhalb der Bilanz nach § 8 Abs. 3 Satz 2 KStG wieder hinzuzurechnen.

5920–5930 *(Einstweilen frei)*

7. Risikogeschäfte

5931 **Risikogeschäfte** wie Warentermin-, Options- und Devisengeschäfte und Börsenspekulationen, welche im Namen und für Rechnung der GmbH durchgeführt werden, stellen regelmäßig **keine vGA** dar,³ und zwar auch dann nicht, wenn Geschäfte dieser Art mit dem satzungsmäßigen Unternehmensgegenstand nichts zu tun haben und mit einem hohen Risiko verbunden sind. Der GmbH ist es unbenommen, jederzeit ihren Geschäftsbereich einzuschränken oder zu erweitern.⁴ Auch wenn der Geschäftsführer sol-

---

1 Vgl. BFH v. 25.11.1976 IV R 38/73, BStBl II 1977, 477; v. 27.2.1992 IV R 69/91, BFH/NV 1993, 386.
2 FG Brandenburg v. 15.5.2002 2 K 1964/00, EFG 2002, 1118.
3 BFH v. 8.8.2001 I R 106/99, BStBl II 2003, 487; v. 31.3.2004 I R 83/03, DStR 2004, 1519, NWB DokID: AAAAB-25685.
4 Klein/Müller/Döpper in Mössner/Seeger, KStG, § 8 Rn. 1814 m.w.N.

che Geschäfte im Namen und für Rechnung der GmbH tätigt, obwohl ihm dies vertraglich verboten ist, fehlt es bei Verlusten an der für die Annahme einer vGA erforderlichen objektiven Vorteilseignung.[1]

Etwas **anderes** gilt jedoch, wenn nur auftretende Verluste der GmbH, etwaige Gewinne jedoch dem Gesellschafter gutgeschrieben werden, oder wenn der Gesellschafter-Geschäftsführer die Geschäfte zunächst im eigenen Namen abgeschlossen hat und sie erst zu einem Zeitpunkt auf die GmbH verlagert werden, wenn sich konkrete Verluste abzeichnen.[2] Automatisch werden die Betriebsausgaben aber nicht in vGA umqualifiziert, sobald die Geschäfte einen bestimmten Risikograd übersteigen.[3] 5932

Eine Ausnahme von dem Grundsatz ist auch zu machen, wenn die GmbH als solche zur Befriedigung der privaten Spekulationsneigung des Gesellschafter-Geschäftsführers eingesetzt wird. Dann soll nach der Rechtsprechung[4] anhand der Abgrenzungskriterien zur Liebhaberei geprüft werden, ob es sich um der GmbH zuzuordnende, betrieblich veranlasste Geschäfte oder um vGA handelt. Entscheidend ist dabei, ob sich bei einer in die Zukunft gerichteten Betrachtungsweise die Tätigkeit als wirtschaftlich sinnvoll darstellt, ob ein wirtschaftlich brauchbares Konzept fehlt oder die Absicht, einen Totalgewinn zu erzielen. Die Rechtsprechung steht aber in gewissem Widerspruch zu der sonst verlangten Vorteilseignung, weil sich die erlittenen Verluste beim Gesellschafter-Geschäftsführer im Grunde nicht als potenzieller Kapitalertrag i. S. v. § 20 Abs. 1 Satz 1 Nr. 1 EStG auswirken können.[5]

Die Übernahme von Risikogeschäften kann allerdings **Schadensersatzansprüche** der GmbH begründen, wenn der Gesellschafter-Geschäftsführer ohne Einverständnis der übrigen Gesellschafter gehandelt hat. Dann kann eine vGA erst eintreten, wenn die Gesellschaft auf die **Geltendmachung des Anspruchs verzichtet**. Ansonsten begründen Risikogeschäfte etwa bei unternehmerischen Fehlentscheidungen keine Ersatzansprüche, es sei denn, es käme die Durchgriffshaftung wegen objektiv existenzbedrohender Gefährdung der GmbH in Betracht. 5933

Die FinVerw[6] hält jedoch an ihrer Auffassung fest, dass eine vGA vorliege, wenn das Geschäft nach Art und Umfang der Geschäftstätigkeit der Gesellschaft völlig unüblich, mit hohen Risiken verbunden und nur aus privaten Spekulationsabsichten des Gesellschafter-Geschäftsführers zu erklären sei. Sie stellt sich damit in Widerspruch zu der Rechtsprechung und verursacht eine nicht unerhebliche Rechtsunsicherheit, weil sie das Rechtsinstitut der vGA zu Unrecht als Korrektiv für unternehmerische Fehlentscheidungen einsetzt, um Steuerausfällen zu begegnen. 5934

(*Einstweilen frei*) 5935–5950

---

1 Gosch, KStG, § 8 Rz. 1176.
2 BFH v. 8. 8. 2001 I R 106/99, BStBl II 2003, 487.
3 BFH v. 11. 2. 2003 I B 159/01, BFH/NV 2003, 1093.
4 BFH v. 8. 7. 1998 I R 123/97, BFH/NV 1999, 269; v. 15. 5. 2002 I R 92/00, BFH/NV 2002, 1538.
5 Vgl. Gosch, KStG, § 8 Rz. 1177; Frotscher in Frotscher/Drüen, KStG/UmwStG, Anhang § 8 „Risikogeschäfte".
6 BMF v. 20. 5. 2003, BStBl I 2003, 333.

V. Gesellschafter als Geschäftsführer

Literatur: *Janssen,* Verdeckte Gewinnausschüttungen, 12. Aufl. 2017, *Klein/Müller/Döpper* in Mössner/Seeger, KStG, § 8 Rn. 1029 ff.

1. Wahlrecht

5951 Werden Gesellschafter für die GmbH als deren Geschäftsführer tätig, wie es bei der vom Eigentümer geführten GmbH regelmäßig der Fall ist, haben sie die Wahl, ob sie für die GmbH unentgeltlich tätig werden und damit Erfolgsbeiträge erbringen und dafür nur Gewinnanteile von der GmbH beziehen wollen oder ob sie der Gesellschaft ihre Dienste entgeltlich aufgrund eines Anstellungsverhältnisses zur Verfügung stellen und dafür eine Leistungsvergütung (Gehalt) beziehen wollen. Nicht nur zivilrechtlich, sondern auch steuerrechtlich ist es daher von zentraler Bedeutung, hierüber klare und eindeutige Regelungen zu treffen und – sofern man sich für ein Dienstverhältnis entschieden hat – im Anstellungsvertrag des Geschäftsführers die Vergütungsregelung äußerst sorgfältig, klar und eindeutig zu vereinbaren. Dabei kommt auch der Angemessenheit der Geschäftsführervergütung besondere Bedeutung zu, so dass die Vertragspartner sich Gedanken über die Vergütungshöhe und die einzelnen Bestandteile der Gesamtvergütung machen, die sich aus einem laufenden Festgehalt, jährlichen Einmalzahlungen wie Urlaubs- oder Weihnachtsgeld, einer variablen Vergütung wie Tantiemen und Gratifikationen, Sachbezügen (Kfz-Nutzung, Telefon) und Pensionszusagen (zur eigenen Versorgung und der seiner Hinterbliebenen) zusammensetzen kann.

5952 In Höhe der Gesamtausstattung selbst und ihrer Zusammensetzung lauern besondere steuerrechtliche Gefahren, weil sich einzelne Gehaltskomponenten schon dem Grunde nach als durch das Gesellschaftsverhältnis veranlasst darstellen können, oder aber sich einzelne Gehaltsbestandteile und die Gesamtvergütung als unangemessen hoch erweisen können, so dass sie als vGA zu behandeln sind. Dann treten die mit der Vereinbarung einer Leistungsvergütung häufig auch erstrebten steuerlichen Effekte abzugsfähiger Betriebsausgaben, die den Gewinn und den Gewerbeertrag mindern, nicht ein. Vielmehr sind die unangemessenen Teile des Gehalts zur Ermittlung des Einkommens der GmbH außerhalb der Bilanz hinzuzurechnen (§ 8 Abs. 3 Satz 2 KStG). Sie unterliegen der KSt und der GewSt und sind beim Gesellschafter-Geschäftsführer nicht als Arbeitslohn (§ 19 EStG), sondern als Einnahmen aus Kapitalvermögen (Beteiligungsertrag nach § 20 Abs. 1 Nr. 1 Satz 2 EStG) zu behandeln.

Die Umqualifizierung brachte im Teileinkünfteverfahren bei isolierter Betrachtung dem begünstigten Gesellschafter einen deutlichen steuerlichen Vorteil, weil anstelle einer Leistungsvergütung von 1 000 nur noch 600 versteuert werden müssen und damit je nach individuellem Steuersatz weniger Steuern bezahlt werden müssen (z. B. bei einem Steuersatz von 42 v. H.: Weniger Steuer 210; bei 30 v. H.: Weniger Steuer 150; bei 20 v. H.: Weniger Steuer 100). Bei der GmbH tritt aber infolge der vGA eine deutliche Höherbelastung ein: Unterstellt man einen Hebesatz bei der GewSt von 450 und vernachlässigt man den SolZ, so beträgt die Steuerbelastung der vGA: 1 000 ./. GewSt 184 = Gewinn nach GewSt 816 ./. 25 v. H. KSt von 204 = Gewinn nach Steuern 612, ergibt Steuerbelastung von 388. Hieraus ergibt sich insgesamt eine Mehrbelastung, die zu Lasten der GmbH und zu Lasten der anderen Gesellschafter geht, da für Ausschüttungen an sie weniger Gewinn zur Verfügung steht.

2. Angemessenes Gehalt

a) Prüfungsschema

Die **Finanzämter** prüfen die Angemessenheit des Gehalts nach einem dreistufigen Prüfungsschema entsprechend dem BMF-Schreiben vom 14.10.2002,[1] das auch Beurteilungskriterien zur Angemessenheitsprüfung vorgibt. Das Schema folgt der auf die einzelnen Vergütungskomponenten bezogenen Unterscheidung zwischen der Prüfung der gesellschaftlichen Veranlassung dem Grunde und der Höhe nach sowie der Prüfung der Angemessenheit der Gesamtausstattung.

5953

In der ersten Stufe sind alle vereinbarten Vergütungsbestandteile einzeln danach zu beurteilen, ob sie (neben der betrieblichen Veranlassung) dem Grunde nach (auch) durch das Gesellschaftsverhältnis veranlasst sind. Ist dies der Fall, führt die Vermögensminderung, die sich durch die Vereinbarung ergibt, in vollem Umfang zu einer vGA. Beispiele hierfür sind Gehaltszahlungen an den beherrschenden Gesellschafter-Geschäftsführer, die nicht im Voraus klar und eindeutig vereinbart sind, liquiditätsabhängige Gehaltszahlungen,[2] nicht mit dem Aufgabenbild des Geschäftsführers zu vereinbarende Überstundenvergütungen (vgl. Rz. 6001), gegen das Erfordernis der Wartezeit verstoßende oder nicht finanzierbare Pensionszusagen (vgl. Rz. 6112) sowie zeitlich unbefristete Nur-Tantiemezusagen (vgl. Rz. 6061).

5954

Auf der **zweiten** Stufe wird geprüft, ob die verbleibenden Vergütungsbestandteile der Höhe nach als durch das Gesellschaftsverhältnis veranlasst anzusehen sind, z. B. ob die inzwischen relativierte Beschränkung einer Gewinntantieme auf 25 v. H. zum Festgehalt eingehalten ist (vgl. Rz. 6041). Eine vGA liegt dann nur vor, soweit die gesellschaftliche Veranlassung reicht, also in Höhe des unangemessenen Betrags.

5955

Auf der **dritten** Stufe sind schließlich die verbliebenen, nicht durch das Gesellschaftsverhältnis veranlassten Vergütungen daraufhin zu prüfen, ob sie in der Summe als angemessen angesehen werden können. Soweit die Gesamtvergütung die Grenze der Angemessenheit übersteigt, handelt es sich um eine vGA. Bei nicht zeitgleicher Vereinbarung der einzelnen Vergütungsbestandteile wird der die Angemessenheitsgrenze übersteigende Betrag regelmäßig dem bzw. den zuletzt vereinbarten Vergütungsbestandteilen zugeordnet. Bei zeitgleicher Vereinbarung der einzelnen Vergütungsbestandteile ist der übersteigende Betrag nach sachgerechten Kriterien (z. B. quotal) auf die einzelnen Vergütungsbestandteile zu verteilen.

5956

Es ist aber darauf hinzuweisen, dass der BFH diesem Prüfungsschema nicht folgt. Zwar bezieht sich die Angemessenheitsprüfung der Höhe nach (partielle vGA) auch auf den jeweiligen Vergütungsbestandteil, vor allem ist aber maßgebend, ob die Gesamtausstattung des Geschäftsführers unter Einschluss aller Vergütungsbestandteile angemes-

5957

---

[1] BStBl I 2002, 972; eine Checkliste bei Klein/Müller/Döpper in Mössner/Seeger, KStG, § 8 Rn. 1029.
[2] BFH/NV 2003, 349.

sen ist. Eine „Vorabprüfung" der Angemessenheit der jeweiligen Einzelbestandteile hält der BFH grundsätzlich für nicht gerechtfertigt.[1]

b) Betriebliche Veranlassung dem Grunde nach

5958 Bereits die **Anstellung des Gesellschafters als Geschäftsführer** muss **betrieblich veranlasst** sein, was i. d. R. dann gegeben ist, wenn der Gesellschafter über die erforderlichen Kenntnisse und Erfahrungen verfügt. Gegen die betriebliche Veranlassung kann sprechen, wenn der Gesellschafter-Geschäftsführer nur mit Tätigkeiten betraut wird, die normalerweise nicht der Geschäftsführer erledigt (z. B. Buchhaltungsarbeiten). Die Differenz zwischen dem für solche Arbeiten angemessenen Gehalt und dem höheren Geschäftsführergehalt stellt eine vGA dar.[2] Auch muss die übertragene Geschäftsführung persönlich erfüllt werden und kann nicht durch einen Dritten erbracht werden.[3] In diesem Fall war die Ehefrau zwar als Geschäftsführerin angestellt worden, verfügte aber weder über die erforderlichen Fachkenntnisse noch – wegen der Kinderbetreuung – über die nötige Zeit, um die Aufgaben wahrnehmen zu können, während der Ehemann tatsächlich alle Aufgaben erledigte, aber nicht angestellt wurde, weil sonst die Gläubiger sein Gehalt gepfändet hätten.

5959 Für den **Abschluss des Geschäftsführervertrages** und damit auch für die **Vereinbarung des Gehalts** ist bei der **GmbH die Gesellschafterversammlung** berufen (§ 46 Nr. 5 GmbHG), **nicht** etwa der **Mitgeschäftsführer**.[4] Diese Regel gilt entsprechend auch für die **Erhöhung des Gehalts**. Ausreichend für eine Vereinbarung ist auch ein Gesellschafterbeschluss, bei dem im Übrigen der Gesellschafter, um dessen Anstellungsvertrag oder dessen Änderung es geht, nicht von der Beschlussfassung ausgeschlossen ist. Im Gesellschafterbeschluss liegt ein Angebot, das der Gesellschafter-Geschäftsführer mit seiner Zustimmung in der Gesellschafterversammlung annimmt.[5] Bei der Einmann-GmbH wird der Anstellungsvertrag durch Selbstkontrahierung abgeschlossen. Insbesondere beim **beherrschenden Gesellschafter-Geschäftsführer** ist auf die **Einhaltung der formalen Erfordernisse** für die wirksame Vereinbarung des Anstellungsvertrages oder seiner Änderungen **zu achten**.

5960 Die **Gehaltsvereinbarung muss tatsächlich durchgeführt**, also das Gehalt zu den üblichen Terminen ausgezahlt werden. Geschieht dies nicht, liegt auch bei einer klaren, eindeutigen und im Voraus getroffenen Vereinbarung eine vGA vor.[6] Da Gehälter üblicherweise monatlich gezahlt werden, legt eine nur jährliche Verbuchung und Auszahlung die Annahme nahe, dass es sich um eine Gewinnausschüttung und nicht um Gehalt handelt. Allerdings kann die Gehaltszahlung durch Aufrechnung erfüllt werden, was aber voraussetzt, dass die Aufrechnung tatsächlich erklärt wird. Aufrechenbare Gegenansprüche allein reichen nicht aus.[7] Keine steuerliche Anerkennung findet auch die Ver-

---

1 Vgl. BFH v. 27. 2. 2003 I R 46/01, BStBl II 2004, 132; v. 4. 6. 2003 I R 24/02, BStBl II 2004, 136.
2 BFH v. 4. 6. 2003 I R 38/02, BStBl II 2004, 139.
3 BFH v. 29. 10. 1997 I B 9/97, BFH/NV 1998, 749.
4 BFH v. 31. 5. 1995 I R 64/94, BStBl II 1996, 246.
5 BFH v. 11. 12. 1991 I R 49/90, BStBl II 1992, 434.
6 BFH v. 29. 7. 1992 I R 28/92, BStBl II 1993, 247; v. 13. 11. 1996 I R 53/95, BFH/NV 1997, 622.
7 BFH v. 21. 3. 2001 I B 31/00, BFH/NV 2001, 1149.

einbarung mit der Klausel, das Gehalt sei zu zahlen, wenn es die Liquiditätslage der GmbH erlaube.[1] Wird das Gehalt aber nicht ausgezahlt, weil sich die GmbH in finanziellen Schwierigkeiten befindet, bedeutet dies nicht unbedingt eine vGA. Gleiches gilt, wenn der fällige Gehaltsanspruch in ein Darlehen umgewandelt wird; dann muss aber das offene Gehalt nicht nur als Verbindlichkeit passiviert, sondern auch ein Darlehensvertrag mit einer üblichen Verzinsung geschlossen und durchgeführt werden. Auch die lohnsteuerlichen Konsequenzen müssen gezogen werden, weil die Umwandlung des Gehalts in ein Darlehen einen Zufluss des Arbeitslohns darstellt (§ 11 Abs. 1 EStG).

Die tatsächliche Durchführung ist für jeden VZ gesondert zu prüfen; wird die Gehaltsvereinbarung einmal nicht durchgeführt, ist die Vereinbarung für den Zeitraum anzuerkennen, in dem sie tatsächlich durchgeführt worden ist. Wird die Vereinbarung nur teilweise durchgeführt, weil nur ein Teil des Gehalts gezahlt wird, muss der durchgeführte Teil steuerlich anerkannt werden. 5961

Allgemein sollte zur Vermeidung des Risikos einer vGA darauf geachtet werden, dass die GmbH ihrem Gesellschafter-Geschäftsführer das Gehalt regelmäßig zu den Zahlungsterminen dem Grunde und der Höhe nach vereinbarungsgemäß zahlt; kommt es zu Unregelmäßigkeiten und Abweichungen vom Anstellungsvertrag, wird dies meist als Indiz für ein nicht ernsthaft gewolltes Anstellungsverhältnis und die gesellschaftsrechtliche Veranlassung der Zahlungen gewertet. 5962

c) Angemessenheit der Gesamtausstattung

Bei der Angemessenheitsprüfung ist von den **gesamten Bezügen** des Gesellschafter-Geschäftsführers (Bruttogehalt und Nebenleistungen wie Urlaubsgeld, Weihnachtsgratifikation, Sachbezüge, Tantiemen, Leistungen zur sozialen Sicherung wie Zuschüsse zur Kranken-, Pflege-, Renten- oder Lebensversicherung und Pensionszusage mit dem Wert einer fiktiven Jahresprämie) auszugehen und die Angemessenheit aus der Sicht des Zeitpunkts der Gehaltsvereinbarung zu prüfen.[2] 5963

Für die Angemessenheit der Bezüge des Gesellschafter-Geschäftsführers gibt es keine festen Regeln oder Grenzen. Die obere Grenze ist vielmehr durch **Schätzung** im Einzelfall zu ermitteln, wobei der GmbH freilich ein gewisser Spielraum kaufmännischen Ermessens eingeräumt ist. Beurteilungskriterien sind Art und Umfang der Tätigkeit (Branche, Betriebsgröße, Umsatz), Größe des Unternehmens, persönliche Fähigkeiten des Geschäftsführers und das Anforderungsprofil für die Tätigkeit, die Ertragsaussichten des Unternehmens, das Verhältnis des Geschäftsführergehalts zum Gewinn der GmbH und zur verbleibenden Kapitalverzinsung sowie Art und Höhe der Vergütungen, die im gleichen Betrieb an Nichtgesellschafter (und nicht nahe stehenden Personen) gezahlt werden, und Vergütungen, die gleichartige Unternehmen ihren Geschäftsführern für entsprechende Leistungen bezahlen. Nach dem BMF-Schreiben v. 14. 10. 2002[3] soll für Art und Umfang der Tätigkeit in erster Linie die Größe des Unternehmens bestimmend sein. Da mit zunehmender Größe des Unternehmens Arbeitseinsatz und 5964

---

[1] BFH v. 23. 10. 2002 I B 122/01, BFH/NV 2003, 349.
[2] BFH v. 4. 6. 2003 I R 38/02, BStBl II 2004, 139.
[3] BStBl I 2002, 972.

Verantwortung steigen, kann dementsprechend auch das angemessene Gehalt höher liegen. Die Unternehmensgröße ist vorrangig nach Umsatz und Zahl der Beschäftigten zu bestimmen.

5965 Die Prüfung der Angemessenheit führt i. d. R. nicht zu einem bestimmten Gehaltsbetrag, sondern es wird ein Rahmen **(Bandbreite)** gefunden, innerhalb der sich angemessene Beträge bewegen und den die GmbH ausschöpfen kann. Unangemessen und damit als vGA zu behandeln ist nur der Teil der Gesamtausstattung, der den oberen Rand der Bandbreite übersteigt.[1] Auch die FinVerw vermeidet feste Grenzen, nimmt aber ohne Anerkennung einer Freigrenze eine vGA dann an, wenn die tatsächliche Vergütung die Angemessenheitsgrenze um mehr als 20 v. H. überschreitet, gesteht aber auch zu, dass geringfügige Überschreitungen des oberen Rands unschädlich sein können.

d) Beurteilungskriterien

5966 Wichtige Beurteilungskriterien für die Angemessenheitsprüfung sind: Art und Umfang der Tätigkeit, die künftigen Ertragsaussichten des Unternehmens, das Verhältnis des Geschäftsführergehalts zum Gesamtgewinn und zur verbleibenden Eigenkapitalverzinsung sowie Art und Höhe der Vergütungen, die im selben Betrieb gezahlt werden oder in gleichartigen Betrieben an Geschäftsführer für entsprechende Leistungen gewährt werden.

aa) Größe des Unternehmens

5967 Die **Größe des Unternehmens** bestimmt nach Auffassung der FinVerw[2] vorrangig Art und Umfang der Tätigkeit des Gesellschafter-Geschäftsführers. Je größer ein Unternehmen ist, desto höher kann das angemessene Gehalt des Geschäftsführers sein, weil mit der Größe eines Unternehmens auch Arbeitseinsatz, Anforderungen an die Tätigkeit (Erfahrung, Menschenführung, Risikobereitschaft) und Verantwortung steigen. Die Unternehmensgröße hängt in erster Linie von der Umsatzhöhe und der Zahl der Arbeitnehmer ab.

bb) Nebentätigkeiten

5968 Nimmt der Geschäftsführer **neben der Geschäftsführerfunktion anderweitige unternehmerische Tätigkeiten** (z. B. als Einzelunternehmer oder tätiger Gesellschafter in einer Personengesellschaft) wahr oder ist er gleichzeitig auch Geschäftsführer einer anderen Kapitalgesellschaft, ist das bei der Höhe der von der GmbH zu zahlenden Vergütung zu beachten, weil er dann nicht jeder Gesellschaft seine ganze Arbeitskraft zur Verfügung stellt. Die Angemessenheitsgrenze entspricht bei der betreffenden Gesellschaft dem Umfang, in dem der Gesellschafter-Geschäftsführer jeweils für die konkrete Gesellschaft tätig ist. Eine Reduzierung des Gehalts ist dann nicht erforderlich, wenn der Geschäftsführer in der GmbH Leistungen erbringt, für die das gezahlte Gehalt eine

---

[1] BFH v. 27. 2. 2003 I R 46/01, BStBl II 2004, 132; v. 4. 6. 2003 I R 24/02, BStBl II 2004, 136.
[2] BMF v. 14. 10. 2002, BStBl I 2002, 972.

angemessene Gegenleistung darstellt. Eine Gehaltsanpassung nach unten ist auch nicht erforderlich, wenn der Gesellschafter-Geschäftsführer zusätzlich eine weitere Tätigkeit übernimmt, für die GmbH aber die geschuldete Arbeitskraft in unverändertem Umfang für das hierfür angemessene Entgelt einsetzt.[1] Steigt aber die Gesamtvergütung über die Grenze der Angemessenheit für die Gesamtleistung des Geschäftsführers, kann eine Reduzierung erforderlich sein.[2]

cc) Mehrere Geschäftsführer

Setzt die GmbH **zwei oder mehrere Geschäftsführer** ein, die sich die Verantwortung und den Arbeitseinsatz für die GmbH teilen, kann ein niedrigeres Gehalt als bei einem Alleingeschäftsführer bei einem sonst vergleichbaren Unternehmen gerechtfertigt sein. Jedenfalls sieht die FinVerw vor allem bei kleineren Gesellschaften, auch wenn sie ertragsstark sind, Veranlassung für einen Abschlag, indem sie unterstellt, dass Anforderungen und Arbeitseinsatz des einzelnen Geschäftsführers geringer sind als bei einem Alleingeschäftsführer und dass von dem einzelnen Geschäftsführer im Regelfall deshalb auch solche Aufgaben wahrgenommen werden, die bei vergleichbaren Gesellschaften nicht von Geschäftsführern erledigt werden.[3] Dies ist aber nicht zwingend. Vielmehr können auch Gehaltszuschläge gerechtfertigt sein, weil die Aufteilung auf mehrere Geschäftsführer Aufgaben effektiver erledigt und spezialisierte Kenntnisse eingebracht werden können.[4] Es kommt auf den Einzelfall an, eine pauschale Kürzung muss nicht unbedingt hingenommen werden.

5969

dd) Ertragssituation

Die **Ertragssituation** stellt neben der Unternehmensgröße das entscheidende Kriterium für die Prüfung der Angemessenheit dar. Maßgebend ist hierbei vor allem das Verhältnis der Gesamtausstattung des Geschäftsführergehalts zum Gesamtgewinn der Gesellschaft und zur verbleibenden Eigenkapitalverzinsung. Ein ordentlicher und gewissenhafter Geschäftsleiter würde bei der Festlegung der Gesamtbezüge des Geschäftsführers sicherstellen, dass der GmbH auch nach Zahlung der Bezüge mindestens eine **angemessene Verzinsung des** (gesamten eingesetzten) **Eigenkapitals** verbleibt. Wird nahezu der **gesamte** Gewinn der GmbH durch die Gesamtvergütung „abgesaugt", ist dies ein gewichtiges Indiz für die Annahme einer unangemessenen Gesamtvergütung. Eine vGA kann vorliegen, wenn die Bezüge nach dem Gewinn der Gesellschaft bemessen werden oder bei mehreren Gesellschafter-Geschäftsführern nicht nur nach den Leistungen, sondern auch nach der Kapitalbeteiligung abgestuft werden oder so hoch sind, dass nach Abzug der Geschäftsführerbezüge eine angemessene Rendite für die Kapitalgesellschaft auf die Dauer nicht übrig bleibt.

5970

Die GmbH muss sich auch nicht mit einer angemessenen Verzinsung ihres eingesetzten Kapitals zugunsten des Geschäftsführers zufrieden geben: Der Geschäftsführer ar-

5971

---

1 BFH v. 18. 8. 1999 I R 10/99, BFH/NV 2000, 225.
2 BFH v. 27. 2. 2003 I R 46/01, BStBl II 2004, 132.
3 BMF v. 14. 10. 2002, BStBl I 2002, 972.
4 Vgl. BFH v. 4. 6. 2003 I R 38/02, BStBl II 2004, 139.

beitet für die GmbH und nicht umgekehrt; deshalb muss ein wesentlicher Teil des vom Geschäftsführer herbeigeführten geschäftlichen Erfolgs der GmbH zugute kommen. Fließt der Ertrag, der eine angemessene Eigenkapitalverzinsung übersteigt, als Gehalt an den Gesellschafter-Geschäftsführer, oder führen Umsatzsteigerungen nicht zu Gewinnerhöhungen, weil sie durch entsprechende Gehaltserhöhungen „ausgeglichen" werden, so spricht dies für das Vorliegen einer vGA. Deshalb rechtfertigt die **Mindestverzinsung** des eingesetzten Betrags es nicht, darüber hinausgehende Beträge in vollem Umfang als Geschäftsführergehalt auszukehren. Es ist Aufgabe der GmbH, Gewinne zu erzielen und die Gewinne nach Möglichkeit zu steigern; ein ordentlicher und gewissenhafter Geschäftsleiter wird deshalb dafür sorgen, dass die GmbH in entsprechendem Umfang am Gewinn teilnimmt.

5972   Ein **festes Verhältnis** zwischen dem der GmbH **verbleibenden Gewinn** und der **Höhe des Geschäftsführergehaltes** lässt sich **nicht** bilden, weil das Festgehalt im Grunde gewinnunabhängig ist und dem Geschäftsführer auch in Verlustjahren ein angemessenes Gehalt zusteht.[1] Da der Gewinn des Unternehmens der GmbH und nicht dem Geschäftsführer zuzuordnen ist, begegnen Maßstäbe zur Aufteilung des Gewinnes auf GmbH und Geschäftsführer im Verhältnis 1/3 zu 2/3[2] oder von 1/4 zu 3/4[3] Bedenken. Auch eine 50 v. H.-Grenze (Halbteilung) führt nicht immer zu sachgerechten Ergebnissen. Allerdings kann man die Praxis der FinVerw als **Vermutung der** Angemessenheit verstehen, wonach im Regelfall von der Angemessenheit der Gesamtausstattung der Geschäftsführerbezüge auszugehen ist, wenn der GmbH nach Abzug der Geschäftsführervergütung noch ein Jahresüberschuss vor Ertragsteuern in mindestens gleicher Höhe wie die Geschäftsführervergütungen verbleibt. Als **Faustregel** ist die hälftige Teilung des Gesamtgewinns zwischen GmbH und Geschäftsführer aber angemessen. Sind mehrere Gesellschafter-Geschäftsführer tätig, soll hierbei auf die Gesamtsumme der diesen gewährten Vergütungen abzustellen sein. Im Grundsatz sollte die Bewertungsbandbreite im Vordergrund stehen, die von der GmbH in vollem Umfang ausgeschöpft werden kann.[4]

5973   Bei **sehr ertragsstarken Gesellschaften** kann dies allerdings zu einer unangemessenen Gesamtausstattung führen, so dass die jeweilige Obergrenze nach den Umständen des Einzelfalls bestimmt werden muss. Es ist vor allem auf die Unternehmensgröße abzustellen. Die in Gehaltsstrukturuntersuchungen für die jeweilige Branche und Größenklasse genannten Höchstwerte können dabei Orientierungshilfen für die Bemessung des zu ermittelnden Höchstbetrags geben.[5]

5974   Bei **ertragsschwachen Gesellschaften** ist hingegen davon auszugehen, dass ein fremder Geschäftsführer auch in Verlustjahren nicht auf ein angemessenes Gehalt verzichten würde. Das Unterschreiten einer Mindestverzinsung des eingesetzten Kapitals führt daher nicht zwangsläufig zu einer vGA. Von angemessener Ausstattung des Gesellschaf-

---

1 Zu Einzelheiten s. Klein/Müller/Döpper in Mössner/Seeger, KStG, § 8 Rn. 1000 ff.
2 So FG Saarland v. 17. 10. 1997 1 K 33/95, GmbHR 1998, 105.
3 So FG Niedersachsen v. 21. 9. 1999 6 K 166/97, EFG 2000, 647.
4 Vgl. auch Gosch, KStG, § 8 Rn. 804.
5 Vgl. z. B. Rath, Gehalts-Gradmesser, GmbH-Steuerpraxis 2005, 1.

ter-Geschäftsführers kann ausgegangen werden, wenn er Gesamtbezüge erhält, die sich an der unteren Grenze des entsprechenden Vergleichsmaßstabs bewegen.

ee) Fremdvergleich

Der **Fremdvergleich** ist Maßstab für die Beurteilung der Angemessenheit der Gesamtausstattung des Gesellschafter-Geschäftsführers.[1] Nach Drittvergleichsmaßstäben liegt keine vGA vor, wenn das Gehalt dem gezahlten Gehalt eines Geschäftsführers, der nicht Gesellschafter ist und nicht einem Gesellschafter nahe steht, im nämlichen oder einem anderen Betrieb entspricht.

5975

Vorrang hat ein interner Betriebsvergleich, sonst ist ein externer Betriebsvergleich heranzuziehen.

5976

Ein **interner Betriebsvergleich,** also der Vergleich mit Fremdgeschäftsführern oder anderen Arbeitnehmern im eigenen Betrieb, bietet sich an, wenn die GmbH neben dem Gesellschafter-Geschäftsführer einen Fremden als Geschäftsführer, Prokurist oder sonst leitenden Angestellter beschäftigt. Die Höhe der Vergütung des Fremdgeschäftsführers stellt (theoretisch) ein wesentliches Indiz bei der Festlegung der Angemessenheitsgrenze für die Vergütung des Gesellschafter-Geschäftsführers dar. Dies ist jedoch eine Idealvorstellung, in der Praxis wird sich kaum ein angestellter Geschäftsführer finden, der das gleiche Anforderungsprofil und denselben Aufgabenzuschnitt hat wie der Gesellschafter-Geschäftsführer.[2] Eher in Betracht kommt der Vergleich mit dem Gehalt des bestbezahlten Angestellten der GmbH. Das Gehalt des Geschäftsführers darf wegen des höheren Verantwortungsbereichs deutlich höher liegen: Nach Streck/Schwedhelm[3] sollen 300 v. H. des Gehalts des bestverdienenden Angestellten angemessen sein; das FG Baden-Württemberg[4] nimmt das Zweieinhalbfache und die FinVerw hält 220 v. H. noch für angemessen.[5]

5977

Finden sich im eigenen Betrieb der GmbH keine vergleichbaren Angestellten, sind zwar grundsätzlich zunächst die Gehaltsverhältnisse für Angestellte mit vergleichbarem Aufgabenbereich und vergleichbarer Ausbildung in vergleichbar strukturierten Betrieben heranzuziehen (äußerer Betriebsvergleich). In der Regel lässt sich ein **externer Betriebsvergleich** aber nur unter Heranziehung nach den Regeln der wissenschaftlichen Statistik erstellter neutraler **Gehaltsuntersuchungen** durchführen. Gegen die Heranziehung von Gehaltsstrukturuntersuchungen im Rahmen eines externen Betriebsvergleichs bestehen keine rechtlichen Bedenken.[6] Die Ergebnisse solcher empirischer Untersuchungen finden sich z. B. in der Kienbaum-Studie,[7] BBE-Vergleichsstudie[8] sowie OFD Karlsruhe,[9] die auch Bandbreiten angibt.

5978

---

1 BFH v. 17. 5. 1995 I R 147/93, BStBl II 1996, 204.
2 Vgl. auch Janssen, NWB F. 4, 4855.
3 KStG, § 8 Anm. 150 „Dienstverhältnis".
4 Vom 8. 3. 2001 6 K 131/98, EFG 2001, 851.
5 Vgl. aber auch „Bandbreitenbetrachtung" in BFH v. 27. 2. 2003 I R 46/01, BStBl II 2004, 132.
6 BFH v. 27. 2. 2003 I R 46/01, BStBl II 2004, 132; v. 4. 6. 2003 I R 38/02, BStBl II 2004, 136.
7 Vgl. Tänzer, GmbHR 2003, 754.
8 Vgl. GmbH-Steuerpraxis 2005, 1.
9 Vom 17. 4. 2001, DStR 2001, 792.

Die Schwäche solcher Untersuchungsergebnisse liegt darin, dass sie nicht auf einer repräsentativen Auswahl der Geschäftsführer in Deutschland beruhen und nur Durchschnittswerte wiedergeben. Dies kann eine Aufstockung gegenüber den Tabellenwerten rechtfertigen, aber bei ertragsschwachen Unternehmen auch bedeuten, dass sich das Gehalt an der unteren Grenze orientieren sollte. Auch wenn der BFH keine rechtlichen Bedenken gegen die Heranziehung der Gehaltsstrukturuntersuchungen hat, weil sie doch einen einigermaßen verlässlichen Überblick über die im jeweiligen Untersuchungszeitraum gezahlten Geschäftsführergehälter geben, so betrachtet er doch kritisch eine schematische Anwendung.

5979 Als Anhaltspunkt und Rahmen für eine Bestimmung der Angemessenheit sind sie jedoch wertvoll, wenn gewisse Modifikationen beachtet werden:

▶ Ist für die Ausübung der Geschäftsführertätigkeit eine besondere Ausbildung (Meisterprüfung) oder Zulassung (Steuerberater) erforderlich, verschiebt sich die Grenze des angemessenen Gehalt nach oben;

▶ Erhöhung des durchschnittlichen Gehalts bei ertragsstarker GmbH um 20 v. H.;

▶ Erhöhung des Gehalts lt. Untersuchung um 40 v. H. bei einer ertragsstarken GmbH, weil der Tabellenwert nur ein Durchschnittswert ist und nur krasse Missverhältnisse zur vGA führen sollen;[1]

▶ Erhöhung des Gehalts um 45 v. H. bei überdurchschnittlicher Gewinnsituation unter gleichzeitiger Kürzung um 10 v. H., wenn der Tabellenwert auf Erhebungen zu Gehältern bei Fremdgeschäftsführern und Gesellschafter-Geschäftsführern beruhte, ein Vergleich aber nur mit Gehältern fremder Geschäftsführer möglich ist.[2]

5980 Schließlich finden sich in der Praxis auch Gehaltsgrenzen, die als Maßstab verwendet werden. So bleiben Gehälter bis zu 150 000 € generell unbeanstandet, während Gehälter über 400 000 € unangemessen sein sollen und im Zwischenbereich eine Einzelfallprüfung veranlasst wird.[3] Allerdings fehlt für solche Festlegungen eine Rechtsgrundlage.

ff) Verlustgesellschaft

5981 **Verluste** schließen die steuerliche Anerkennung von Gehaltszahlungen an den Gesellschafter-Geschäftsführer nicht aus. Angemessene feste Geschäftsführergehälter sind daher auch zu zahlen, wenn sich die GmbH in einer Verlustphase befindet.[4] Auch ein Fremdgeschäftsführer erhält nämlich sein Gehalt, wenn die GmbH ohne Gewinn bzw. mit Verlust arbeitet. Andererseits dürften Gehaltserhöhungen während längerer Verlustphasen zur vGA führen.[5] Im Allgemeinen wird das FA längere Verlustphasen zum Anlass nehmen, die Angemessenheit kritisch zu prüfen. Dies gilt im Übrigen auch für die GmbH selbst. Bei andauernden Verlusten, die die GmbH nicht zu einer steuerlichen

---

1 Bestätigt durch BFH v. 10. 7. 2002 I R 31/01, BStBl II 2004, 132.
2 BFH v. 18. 12. 2002 I R 85/01, BFH/NV 2003, 822.
3 Vgl. OFD Karlsruhe, DStR 2001, 792.
4 BFH v. 11. 12. 1991 I R 152/90, BStBl II 1992, 690; BMF v. 14. 10. 2002, BStBl I 2002, 972.
5 Hessisches FG v. 27. 6. 2001 4 K 752/01, EFG 2002, 490; BFH v. 28. 6. 1989 I R 40/84, BFH/NV 1990, 130, zu Gehaltserhöhungen während der Verlustphase um 100 bzw. 60 v. H.

Entlastung nutzen kann, während das Geschäftsführergehalt ungeschmälert der Lohn- bzw. Einkommensteuerbelastung unterliegt, sollte die Gehaltsstruktur überprüft werden und evtl. ein geringeres Festgehalt mit einer gewinnabhängigen Vergütung kombiniert oder die durch die ersparten Gehaltsausgaben erwirtschafteten Gewinne als Ausschüttungen an den Gesellschafter weitergeleitet werden.

(*Einstweilen frei*)   5982–6000

3. Überstundenvergütungen, Zuschläge für Sonn-, Feiertags- und Nachtarbeit

Überstundenvergütungen, die an den Gesellschafter-Geschäftsführer gezahlt werden, stellen nach Ansicht des BFH (eigentlich immer) eine vGA dar.[1] Begründet wird diese Ansicht unter Ablehnung aller bisher dagegen vorgebrachter Argumente damit, dass sich eine Überstundenregelung grundsätzlich nicht mit dem Aufgabenbild des Geschäftsführers, dessen Einsatz und Arbeitserfolg als zur Leitung berufenes Organ der GmbH mit seiner Gehaltsausstattung abgegolten werde, nicht vereinbaren lasse (keine Bezahlung für eine bestimmte Zahl von geschuldeter Arbeitsstunden im Betrieb) und schließlich der Umfang der Arbeitsleistung nicht kontrolliert werden könne, weil es allein beim Geschäftsführer liege, die Überstunden zu behaupten und eine Vergütung dafür zu beanspruchen. Was im Übrigen auch gelte, wenn zwei Geschäftsführer bestellt seien, die sich (theoretisch) gegenseitig kontrollieren könnten. Damit führt die Zahlung von Überstundenvergütungen regelmäßig schon dem Grunde nach zu einer vGA,[2] auch wenn der BFH in späteren Entscheidungen seine Ansicht dadurch zu relativieren scheint, indem er die Zahlung von Überstundenvergütungen bei Vorliegen besonderer Umstände zwar für möglich hält, aber offen lässt, worin diese besonderen Umstände bestehen könnten.[3]   6001

Als steuerlich bedenklich hatte der BFH[4] die Zahlung von Überstundenvergütungen angesehen, wenn sie **Überstunden an Sonn- und Feiertagen und zur Nachtzeit** betreffen.[5] Der Grund einer solchen Vereinbarung wird darin gesehen, dass dem Gesellschafter-Geschäftsführer die Steuerfreiheit nach § 3b EStG zugute kommen soll, was aber kein betrieblicher Grund sei. In Abgrenzung dazu hat der BFH aber im Urteil vom 14. 7. 2004[6] entschieden, dass die Zahlung von Zuschlägen für Sonntags-, Feiertags- und Nachtarbeiten neben dem Festgehalt an einen Gesellschafter-Geschäftsführer nicht stets eine vGA darstellen müsse, wenn dafür überzeugende betriebliche Gründe vorlägen. Dort hatten auch andere Angestellte mit leitender Funktion (Schichtführer) und vergleichbar hohem Festgehalt solche Zuschläge erhalten, weil die Sonntags- und Nachtarbeit auch leitender Arbeitnehmer betriebsnotwendig war (Tankstelle an der Bundesautobahn). Zuschläge für Sonn- und Feiertagsarbeit des Gesellschafter-Ge-   6002

---

1   BFH v. 19. 3. 1997 I R 75/96, BStBl II 1997, 577; v. 27. 3. 2001 I R 40/00, BStBl II 2001, 655; v. 14. 10. 2004 I B 106/04, BFH/NV 2005, 369.
2   Normativer Fremdvergleich, so Gosch, KStG, § 8 Rz. 1303.
3   BFH v. 28. 2. 2000 I B 126/98, BFH/NV 2000, 989; I B 19/99, BFH/NV 2000, 990; v. 8. 3. 2000 I B 90/98, BFH/NV 2000, 991, zu Überstundenvergütung zusammen mit einer Gewinntantieme.
4   Vom 19. 3. 1997 I R 75/96, BStBl II 1997, 577.
5   Vgl. auch BFH v. 27. 3. 2001 I R 40/00, BStBl II 2001, 655.
6   I R 111/03, BStBl II 2005, 307.

schäftsführers können ausnahmsweise dann keine vGA sein, wenn der Geschäftsführer in gleicher Weise wie andere Arbeitnehmer eingesetzt wird, die Gesellschaft für seinen Einsatz ein besonderes Entgelt erhält, der tatsächliche Einsatz klar belegt werden kann, er für seinen besonderen Arbeitseinsatz nicht eine anderweitige erfolgsabhängige Vergütung erhält und gesellschafterfremden Arbeitnehmern die Zuschläge ebenfalls bezahlt werden.[1]

6003 Im Zweifel sollte aber, um eine vGA zu vermeiden, die Erhöhung des Festgehalts oder ggfls. eine erfolgsabhängige Vergütungsregelung vorgezogen werden, wenn dadurch die Angemessenheitsgrenze der Gesamtausstattung nicht überschritten wird.

6004–6010 (Einstweilen frei)

4. Private Pkw-Nutzung

6011 Überlässt die GmbH dem Gesellschafter-Geschäftsführer einen **Pkw zur privaten Nutzung**, muss auch darüber arbeitsvertraglich eine klare Regelung im Voraus getroffen werden. Für die Lohnsteuer und die Ermittlung des Werts dieses Sachbezugs als Bestandteil der Gesamtvergütung sind – wie bei anderen Arbeitnehmern – die lohnsteuerlichen Grundsätze (1 v. H.-Regelung oder Fahrtenbuch, § 6 Abs. 1 Nr. 4 Satz 2 und 3 EStG) maßgebend.

Fehlt es beim (beherrschenden) Gesellschafter-Geschäftsführer an einer im Voraus getroffenen eindeutigen Regelung oder stellt die Vorteilsgewährung aus sonstigen Gründen eine vGA dar, etwa wenn die Kfz-Nutzung zwar arbeitsvertraglich untersagt ist, die Einhaltung des Verbots aber nicht kontrolliert wird oder kein Fahrtenbuch geführt wird, führt diese vertraglich nicht geregelte private Pkw-Nutzung durch den Gesellschafter-Geschäftsführer einer Kapitalgesellschaft nach der Rechtsprechung des BFH allerdings in Höhe der Vorteilsgewährung zu einer vGA. Nutzt der Gesellschafter-Geschäftsführer den Betriebs-Pkw ohne entsprechende Gestattung der Gesellschaft für private Zwecke, ist eine vGA anzusetzen. Nur diejenige Nutzung des Pkw, die durch eine fremdübliche Überlassungs- oder Nutzungsvereinbarung abgedeckt wird, ist betrieblich veranlasst. Eine ohne eine solche Vereinbarung erfolgende oder darüber hinausgehende oder einem ausdrücklichen Verbot widersprechende Nutzung ist hingegen durch das Gesellschaftsverhältnis zumindest mitveranlasst.[2]

Seine bisher vertretene Auffassung, dass auch in diesen Fällen von steuerpflichtigem Arbeitslohn auszugehen sei,[3] hat der für Lohnsteuerfragen zuständige VI. Senat des BFH nunmehr aufgegeben. Der VI. Senat hat auf entsprechende Anfrage des KSt-Senats nunmehr mit Beschluss vom 15. 11. 2007[4] mitgeteilt, dass er an seiner bisherigen Rechtsauffassung nicht länger festhält. Die Frage danach, ob die private Nutzung des

---

[1] BFH v. 3. 8. 2005 I R 7/05, NWB DokID: EAAAB-69743.
[2] BFH v. 23. 1. 2008 I R 8/06, BFH/NV 2008, 1057; FG Köln v. 15. 9. 2016 10 K 2497/15, NWB DokID: BAAAF-86084, dieses Urteil auch zur Ordnungsmäßigkeit eines Fahrtenbuchs; Klein/Müller/Döpper in Mössner/Seeger, KStG, § 8 Rn. 1060.
[3] BFH v. 6. 11. 2001 VI R 62/96, BStBl II 2002, 370; v. 14. 5. 1999 VI B 258/98, BFH/NV 1999, 1330; bestätigt durch Beschluss v. 19. 12. 2003 VI B 281/01, BFH/NV 2004, 488.
[4] VI ER -S- 4/07

Pkw gesellschaftlich (mit-)veranlasst ist, wird sonach vom I. Senat des BFH (für die Ebene der Kapitalgesellschaft) und vom VI. Senat des BFH (für die Ebene des Gesellschafter-Geschäftsführers) übereinstimmend beantwortet.

Stellt nach dem Urteil vom 23. 2. 2005[1] eine vertraglich nicht geregelte private Kfz-Nutzung durch den Gesellschafter-Geschäftsführer oder eine dem (beherrschenden) Gesellschafter nahe stehende Person auf **der Ebene der GmbH eine vGA in Höhe der Vorteilsgewährung** dar, ist der Vorteil also **nicht** gem. § 6 Abs. 1 Nr. 4 Satz 2 EStG mit 1 v. H. des Listenpreises, sondern nach **Fremdvergleichsmaßstäben** zu bewerten, weil die genannte Bestimmung für die Bewertung im Rahmen des § 8 Abs. 3 Satz 2 KStG nicht einschlägig ist. Bei der erforderlichen Schätzung nach Fremdvergleichsmaßstäben ist ein angemessener Gewinnaufschlag mit einzubeziehen. Die Schätzung kann sich – unter Beachtung einer Bandbreite – an den marktmäßigen Mietraten eines professionellen Fahrzeugvermieters nur grob orientieren, weil Kapitalgesellschaften im Allgemeinen keine solchen Vermieter sind. Deshalb ist regelmäßig auf **Kostenbasis** abzurechnen und zwar unter **Teilung etwaiger Gewinnaufschläge**.[2]

6012

5. Urlaubs- und Weihnachtsgeld

Häufig vereinbarte Einmalvergütungen sind das Urlaubs- und Weihnachtsgeld. Solche Sondervergütungen wie auch Prämien können grundsätzlich ohne steuerlich nachteilige Folgen auch mit dem Gesellschafter-Geschäftsführer (im Rahmen der angemessenen Gesamtausstattung) vereinbart werden. In Beherrschungsfällen muss aber zur Vermeidung einer vGA die Zahlung auf einer vorherigen, klaren und eindeutigen Vereinbarung beruhen, die zumindest die **Bemessungsgrundlage, den Vomhundertsatz und etwaige Mindest- oder Höchstbeträge** enthalten muss, so dass die Höhe allein durch **Rechenoperation** ermittelt werden kann, ohne dass es noch irgendwelcher Ermessensakte seitens der Geschäftsführung oder der Gesellschafterversammlung bedarf.[3] Es genügt weder die regelmäßige und über Jahre hinweg erfolgte Zahlung, um eine betriebliche Übung zu begründen, noch ist ein Verweis auf ein tarifvertragliches Urlaubs- oder Weihnachtsgeld für andere Arbeitnehmer bei der Zahlung an den beherrschenden Gesellschafter möglich. An einer hinreichenden Vereinbarung fehlt es, wenn die Sonderzahlung von der wirtschaftlichen Lage der GmbH abhängig ist oder wenn Weihnachtsgeld „bis zu" einer bestimmten Anzahl von Monatsgehältern vereinbart wird.

6013

Zu berücksichtigen ist, dass **Weihnachts- und Urlaubsgeld zur Jahresvergütung** gehören. Die **Vereinbarung** muss also zu **Beginn des Jahres** abgeschlossen werden. Wird die Absprache erst während des Jahres, aber vor Bezug der Sondervergütung getroffen, stellt der Teil, der auf die Zeit bis zum Abschluss der Vereinbarung entfällt (z. B. auch bei Anstellung des Gesellschafters als Geschäftsführer während des Jahres), eine vGA dar; die Zahlung verstößt beim beherrschenden Gesellschafter gegen das Nachzahlungsverbot.[4]

6014

---

[1] I R 70/04, BFH/NV 2005, 1203.
[2] Wie z. B. auch bei Darlehensausleihungen, BFH v. 22. 10. 2003 I R 36/03, BStBl II 2004, 307.
[3] BFH v. 10. 3. 1993 I R 51/92, BStBl II 1993, 635.
[4] BFH v. 11. 12. 1991 I R 49/90, BStBl II 1992, 434.

6015 Ist der **Urlaubsanspruch** des beherrschenden Gesellschafter-Geschäftsführers im Voraus klar und eindeutig vereinbart und kann der Urlaub aus betrieblichen Gründen nicht genommen werden, kann eine **Abgeltung in Geld** erfolgen;[1] die Möglichkeit der Urlaubsabgeltung und die dafür in Betracht kommenden betrieblichen Gründe brauchen nicht im Vorhinein eindeutig festgelegt zu sein. Der Urlaub, der aus betrieblichen Gründen nicht in Anspruch genommen werden kann, wandelt sich automatisch in einen Zahlungsanspruch des Geschäftsführers um, das arbeitsrechtliche Verbot nach § 7 Abs. 4 BUrlG ist auf den Geschäftsführer einer GmbH nicht anwendbar.[2] Als betriebliche Gründe, für deren Einschätzung dem Geschäftsführer ein gewisser Ermessensspielraum zugebilligt wird, kommen ein besonders hoher (durch Umsatzzahlen belegbarer) Arbeitsanfall und Überschneidungen der Urlaubswünsche mehrerer Geschäftsführer in Betracht. Da der Urlaubsanspruch im Allgemeinen zum Ende des ersten Quartals des Folgejahres verfällt, kann eine frühere Abgeltung in Betracht kommen, wenn zum Ende des Urlaubsjahres bereits absehbar ist, dass der Urlaub aus betrieblichen Gründen bis Ende März nicht wird genommen werden können.

6. Zeitwertkonten

Literatur: *Eversloh/Prüss*, BFH-Verbot von Zeitwertwertkonten für GmbH-Gesellschaftergeschäftsführer, GmbH-Steuerpraxis 2016, 236; *Schwedhelm/Zapf*, Steuerliche Beurteilung von Zeitwertkonten für Gesellschafter-Geschäftsführer, DB 2016, 2200.

6016 Im Arbeitsleben kommt in jüngerer Zeit das Modell der Bildung von Zeitwertkonten vor. Der BFH sieht ein Zeitwertkonto für einen Gesellschafter-Geschäftsführer als mit seiner Aufgabenstellung als Organ nicht vereinbar an[3] und hat deshalb eine vGA angenommen. Zweifelhaft ist, ob der BFH generell die Bildung von Zeitwertkonten als unangemessen ansieht. Unseres Erachtens beruht die Entscheidung auf den Besonderheiten des Streitfalls.[4] Eine Vereinbarung dürfte anzuerkennen sein, die von Eversloh/Prüss genannten Anforderungen erfüllt und ihrer dargestellten Musterklausel entspricht.[5]

6017–6030 (*Einstweilen frei*)

7. Tantiemen

Literatur: *Gosch*, Zur Annahme von vGA bei Tantiemezahlungen, StBp 1995, 190; *Derlien*, Die steuerliche Anerkennung von Tantiemezusagen an Gesellschafter-Geschäftsführer, DStR 2002, 622; *Ott*, Die Bemessungsgrundlage der Gewinntantieme eines Gesellschafter-Geschäftsführers unter Berücksichtigung der Rechtsprechung, INF 2003, 509; *Janssen*, Tantiemen und verdeckte Gewinnausschüttungen, GStB 2004, 450; *Maute*, Tantieme des GmbH-Gesellschafter-Geschäftsführers, EStB 2004, 256; *Schmidt*, Die Tantieme des beherrschenden Gesellschafter-Geschäftsführers. Hinweise zur steuerorientierten Vetragsgestaltung, GmbH-StB, 2004, 242; *Lang*, Bemessungsgrundlage von Tantieme unter Berücksichtigung von Verlustvorträgen, GStB 2005, 149; *Schuhmann*, Die Umsatztantieme - ein Dauerbrenner?, GmbHR 2005, 921.

---

1 BFH v. 10. 1. 1973 I R 119/70, BStBl II 1973, 322; v. 28. 1. 2004 I R 50/03, BFH/NV 2004, 737.
2 So auch Gosch, KStG, § 8 Rn. 1342.
3 BFH v. 11. 11. 2015-I R 26/15, BStBl II 2016, 489.
4 Ebenso Schwedhelm/Zapf, DB 2016, 2200, 2203.
5 GmbH-Steuerpraxis 2016. 236, 238.

a) Allgemeines

Im Rahmen des Dienstvertrages mit dem Gesellschafter-Geschäftsführer können wie bei Fremdgeschäftsführern neben dem Festgehalt auch variable Gehaltsbestandteile wie **Tantiemen** vereinbart werden. Dabei sollte aber auf jeden Fall beachtet werden, dass durch die Tantiemevereinbarung im Rahmen der Gesamtausstattung die Angemessenheitsgrenze nicht überschritten wird.[1] In seiner jüngsten Rechtsprechung betont nämlich der BFH,[2] dass es primär auf die Angemessenheit der Gesamtbezüge im Zusagezeitpunkt ankomme, sich der Bereich der Angemessenheit auf eine gewisse Bandbreite erstrecke[3] und unangemessen im Sinne einer vGA nur diejenigen Bezüge sind, die den oberen Rand der Bandbreite übersteigen (Bandbreitenbetrachtung).

6031

Außerdem stellt der BFH klar, dass die Angemessenheit gewinnabhängiger Tantiemen oftmals nicht isoliert von der Gesamtvergütung des Gesellschafter-Geschäftsführers beurteilt werden kann. Vielmehr hat ein ordentlicher und gewissenhafter Geschäftsleiter regelmäßig darauf zu achten, dass die Tantieme i.V.m. den übrigen Gehaltsbestandteilen nicht zu einer unangemessen hohen Gesamtausstattung führt. Dazu kann eine Prognose über die künftige Gewinnentwicklung angestellt werden, um eine Grundlage zu finden, bei welchem Tantiemesatz sich die angestrebte angemessene Gesamtausstattung ergibt.[4] Da eine solche Prognose häufig schwierig oder allzu spekulativ, also praktisch oft kaum durchführbar oder im Besteuerungsverfahren nicht mehr tragfähig rekonstruierbar ist, kommt es für die steuerliche Anerkennung der Tantiemevereinbarung wesentlich darauf an, dass der Tantiemesatz als solcher einem Fremdvergleich standhält.

Dabei kann es aber erforderlich sein, zur Vermeidung einer unkalkulierbaren Gehaltsentwicklung die **Gesamtbezüge auf einen Höchstbetrag zu begrenzen**. Überschreiten in einem solchen Fall die Gesamtbezüge den Höchstbetrag, liegt in dem übersteigenden Betrag eine vGA vor. Zusätzlich kann wegen der Gefahren, die eine Gewinntantieme für die Gesellschaft haben kann, in Fällen, in denen im Zeitpunkt des Vertragsabschlusses ein sprunghafter Gewinnanstieg ernsthaft im Raum steht, die **variable Vergütung** (Gewinntantieme) auf einen Höchstbetrag zu begrenzen (zu **deckeln**) sein. Fehlt diese „Deckelung", führt dies allerdings nicht dazu, dass der Anstellungsvertrag oder die Tantiemevereinbarung insgesamt nicht anzuerkennen sind. Nur die über den „Deckelungsbetrag" hinausgehenden Leistungen der GmbH sind vGA i.S.v. § 8 Abs. 3 Satz 2 KStG.

Darüber hinaus betont der BFH deutlich, dass es für die Bemessung der angemessenen Bezüge eines Gesellschafter-Geschäftsführers keine festen Regeln gibt, sondern der Betrag im Einzelfall durch Schätzung zu ermitteln ist. Bei der Angemessenheitsprüfung ist keine rückschauende Betrachtung vorzunehmen, sondern es ist auf den Zeitpunkt abzustellen, in dem die Gehaltsvereinbarung getroffen wurde. Für die Prüfung der An-

6032

---

1 Eine entsprechende Checkliste findet sich bei Klein/Müller/Döpper in Mössner/Seeger, KStG, § 8 Rn. 1913.
2 BFH v. 27.2.2003 I R 46/01, BStBl II 2004, 132; v. 19.11.2003 I R 42/03, BFH/NV 2004, 669; v. 4.6.2003 I R 24/02, BStBl II 2004, 136.
3 Vgl. auch BFH v. 17.10.2001 I R 103/00, BFH/NV 2002, 134.
4 Vgl. BFH v. 4.6.2003 I R 24/02, BStBl II 2004, 136, mit klarstellendem Hinweis auf BFH v. 5.10.1994 I R 50/94, BStBl II 1995, 549, zu der in H 39 KStH immer noch aufgestellten „75/25-Regelvermutung".

gemessenheit selbst stellt der BFH – wie die FinVerw – auf die Maßstäbe des **internen und externen Fremdvergleichs** ab.

Beim internen Fremdvergleich werden die Entgelte gesellschaftsfremder Arbeitnehmer des Unternehmens (z. B. Fremdgeschäftsführer) zum Vergleich herangezogen, der externe Vergleich knüpft an die Bezüge an, die unter ansonsten vergleichbaren Bedingungen an Fremdgeschäftsführer anderer Unternehmen gezahlt werden. Dabei sind Beurteilungskriterien Art und Umfang der Tätigkeit, die künftigen Ertragsaussichten des Unternehmens, das Verhältnis von Gesamtgewinn und verbleibender Kapitalverzinsung zum Geschäftsführergehalt sowie Art und Höhe der Vergütungen, die gleichartige Betriebe für gleichartige Geschäftsführertätigkeiten bezahlen. Insoweit können auch Gehaltsstrukturuntersuchungen berücksichtigt werden. Schließlich führt der BFH einen **hypothetischen Fremdvergleich** ein, wenn es an hinreichend aussagefähigen Vergleichswerten fehlt. Er hat sich an den mutmaßlichen Überlegungen eines ordentlichen und gewissenhaften Geschäftsleiters zu orientieren.[1]

6033 Beachtung verdient, dass der BFH in allen neueren Entscheidungen zum Thema Angemessenheit die Rolle der **Finanzgerichte** als (einziger) Tatsacheninstanz hervorhebt, wenn es zum Streit mit dem FA kommt. Ihnen obliegt es letztlich durch **Schätzung, die „angemessene" Vergütung und angemessene Tantieme** festzulegen, während der BFH die Schätzung nur daraufhin überprüft, ob alle maßgeblichen Gesichtspunkte geprüft und ohne Denkfehler und Verstoß gegen allgemeine Erfahrungssätze ausgewertet wurden. Ob sich dann auch andere Beträge hätten ableiten lassen, kann nicht zu einer Korrektur der finanzgerichtlichen Entscheidung führen. Es gilt deshalb in einem solchen Rechtsstreit, der vollständigen Darlegung und Aufbereitung des Sachverhaltes besondere Aufmerksamkeit zu widmen.

b) Beherrschender Gesellschafter-Geschäftsführer und Tantieme

6034 Tantiemezahlungen an den **beherrschenden Gesellschafter-Geschäftsführer** müssen zusätzlich vorher klar und eindeutig vereinbart sein. Werden die insoweit geltenden Sonderregeln nicht beachtet, etwa wenn die Zahlung unter Vorbehalt einer abweichenden Festsetzung durch die Gesellschafterversammlung steht, liegt eine vGA vor, ebenso wie für den Teil einer während des Jahres vereinbarten Tantieme, der auf die Zeit bis zum Abschluss der Vereinbarung entfällt (Rückwirkungsverbot). Die Nichteinhaltung der Vereinbarung deutet im Übrigen stets auf die mangelnde Ernsthaftigkeit und damit auf die Veranlassung im Gesellschaftsverhältnis hin, z. B. dass die GmbH einen außerordentlichen Ertrag in die Bemessungsgrundlage für die Gewinntantieme ihres Gesellschafter-Geschäftsführers einbezieht, obwohl nach Tantiemevereinbarung a. o. Erträge die Tantieme nicht erhöhen.[2] Ist die Tantieme (ganz oder teilweise) steuerlich nicht anzuerkennen, ist die Korrektur nach § 8 Abs. 3 Satz 2 KStG auf der Ebene der GmbH in dem Jahr vorzunehmen, in dem der Tantiemeaufwand erfolgswirksam verbucht worden ist. Soweit eine Tantieme schon dem Grunde nach als vGA anzusehen

---

1 BFH v. 4. 6. 2003 I R 24/02, BStBl II 2004, 136.
2 BFH v. 26. 6. 2002 I B 47/01, BFH/NV 2002, 1619.

ist, scheidet ihre Einbeziehung in die Angemessenheitsprüfung der Gesamtausstattung des Gesellschafter-Geschäftsführers aus.

Die FinVerw richtet sich bei der Beurteilung nach wie vor nach dem BMF-Schreiben vom 1. 2. 2002[1] und R 39 bzw. H 39 der KStR. Insoweit sollte aber auf Widersprüche zur BFH-Rechtsprechung geachtet werden; denn die FinVerw verweist immer noch auf die „75/25-Regelvermutung", obwohl eine Überschreitung der 25 v. H.-Grenze nicht mehr automatisch zur Annahme einer vGA führt (siehe Rn. 6041). Jedenfalls stellt sie nach Auffassung der FinVerw[2] ein Indiz für das Vorliegen einer vGA dar.

6035

c) Zulässige und unzulässige Tantiemearten

Regelmäßig sind Tantiemezahlungen, wenn sie steuerliche Anerkennung finden sollen, nach dem Gewinn zu bemessen (**Gewinntantieme**). Tantiemen, die nach einem Vomhundertsatz des Umsatzes bemessen werden (**Umsatztantiemen**), führen dagegen meist zu einer vGA.[3] Zu den Einzelheiten und Ausnahmen siehe Rz. 6052 ff. Auch für sog. Rohgewinntantiemen und Nur-Tantiemen gelten Besonderheiten.

6036

d) Angemessenheit der Gewinntantieme

Die gewinnabhängige Tantieme muss betrieblich veranlasst sein, die angemessene Beteiligung des Gesellschafter-Geschäftsführers am Erfolg des Unternehmens darf keine zu hohe Belastung der GmbH bedingen und ihr einen wesentlichen Teil des Gewinns belassen. Ob eine Gewinntantieme der Höhe nach angemessen ist, richtet sich nach den Verhältnissen im Zeitpunkt der Tantiemevereinbarungen.

6037

aa) Maximal 50 v. H. des Jahresüberschusses

Vor dem Hintergrund, dass die Tantieme nicht der Gewinnabsaugung dienen darf, bilden **50 v. H. des Jahresüberschusses** der GmbH die Obergrenze für die Tantiemeausstattung bei mehreren Gesellschafter-Geschäftsführern.[4] Diese Regelung gilt aber auch bei Tantiemezusagen an einen Gesellschafter-Geschäftsführer und nicht nur für beherrschende, sondern auch für nicht beherrschende Gesellschafter.[5] Der Grundsatz gilt auch für die personalistische GmbH von Freiberuflern, wo die Gesellschafter-Geschäftsführer besonderen persönlichen Einsatz zeigen,[6] und auch dann, wenn der hälftige Gewinn dem Gesellschafter-Geschäftsführer erst zustehen soll, wenn eine bestimmte Gewinnschwelle überschritten wird.[7] Gehen die Tantiemen insgesamt hierüber hinaus, spricht der Beweis des ersten Anscheins für eine vGA. Bemessungsgrundlage für die

6038

---

1 BStBl I 2002, 219.
2 OFD Düsseldorf v. 17. 6. 2004, DStR 2004, 1386.
3 Vgl. BFH v. 5. 10. 1977 I R 230/75, BStBl II 1978, 234; v. 19. 2. 1999 I R 105-107/97, BStBl II 1999, 321.
4 BFH v. 5. 10. 1994 I R 50/94, BStBl II 1995, 549; v. 12. 10. 1995 I R 4/95, BFH/NV 1996, 437; v. 15. 3. 2000 I R 73/99, BFH/NV 2000, 1245; v. 27. 4. 2000 I R 88/99, BFH/NV 2001, 342; BMF v. 1. 2. 2002, BStBl I 2002, 219.
5 BFH v. 15. 3. 2000 I R 74/99, BStBl II 2000, 547.
6 BFH v. 8. 7. 1998 I R 134/97, BFH/NV 1999, 370; v. 17. 12. 2003 I R 16/02, BFH/NV 2004, 817.
7 Vgl. Gosch, KStG, § 8 Rz. 1253.

50 v. H.-Grenze ist der handelsrechtliche Jahresüberschuss vor Abzug der ertragsabhängigen Steuern und vor Abzug der Tantieme.[1]

6039 Die rein steuerrechtliche Regelvermutung, dass eine Gewinnbeteiligung von mehr als 50 v. H. über eine Tantiemevereinbarung gesellschaftsrechtlich veranlasst ist, beruht auf einer **grundsätzlich hälftigen Teilung des erwirtschafteten Erfolgs** zwischen der **GmbH** und ihren **Gesellschafter-Geschäftsführern** und soll dem Charakter der GmbH als einer gewinnorientierten Gesellschaft Rechnung tragen. Wird dieser „**Halbteilungsgrundsatz**" bei der Wahl des Tantiemesatzes nicht beachtet, wird man künftig mit Schwierigkeiten bei der steuerlichen Anerkennung rechnen müssen.

6040 Dennoch ist die **Nichtbeachtung** nur ein **Indiz** für die **Unangemessenheit**. Die GmbH kann **besondere Gründe** vortragen und beweisen, die die **Überschreitung** rechtfertigen und belegen, dass auch einem fremden Geschäftsführer eine Tantieme mit diesem Satz eingeräumt worden wäre. Hierzu kann auf die Gründe abgehoben werden, die ausnahmsweise auch eine Umsatztantieme rechtfertigen.[2] Solche Gründe können etwa die **Neugründung eines Unternehmens** sein, nicht aber die Anlaufphase bei Übernahme eines bestehenden Geschäftsbetriebs durch die GmbH[3] oder vorübergehende wirtschaftliche, vom Gesellschafter zu meisternde Schwierigkeiten sowie eine stark personenbezogene oder von den Geschäftsverbindungen des Gesellschafter-Geschäftsführers abhängige Geschäftstätigkeit der GmbH. Im Fall der **Neugründung** muss aber die (eigentlich unverhältnismäßig hohe) Tantieme **zeitlich auf die Anlaufphase begrenzt** sein, wozu die bloße Möglichkeit einer Änderungskündigung nicht ausreicht.[4] Auch ein bloß außergewöhnlicher Arbeitseinsatz genügt nicht, gerechtfertigt kann eine Überschreitung der 50 v. H.-Grenze jedoch sein, wenn der Geschäftserfolg nicht vom Kapitaleinsatz, sondern fast ausschließlich und unmittelbar von der persönlichen Arbeitsleistung des Geschäftsführers abhängt.

bb) 75:25-Aufteilungsregel

6041 Die von der FinVerw geforderte und auf ein früheres BFH-Urteil[5] zurückgehende **Aufteilungsregel**, nach der die Gesamtausstattung des Gesellschafter-Geschäftsführers zu mindestens 75 v. H. aus festen Bezügen und zu höchstens 25 v. H. aus variablen Bezügen bestehen darf, hat der BFH nunmehr ganz deutlich relativiert.[6] Dennoch spricht die Verwaltung weiterhin von einer „**75/25-Regelvermutung**",[7] die jedenfalls indiziellen Charakter für das Vorliegen einer vGA habe, obwohl der BFH diese Regel wohl nur noch ausnahmsweise und nur in Fällen angewendet wissen will, in denen im Zusagezeitpunkt eine Gewinnprognose angestellt wurde, die keinen großen Unwägbarkeiten ausgesetzt war, oder in Fällen, in denen sich eine Gewinnprognose nachträglich noch auf den Zusagezeitpunkt rekonstruieren lässt.

---

1 BFH v. 4. 6. 2003 I R 24/02, BStBl II 2004, 136.
2 BFH v. 15. 3. 2000 I R 73/99, BFH/NV 2000, 1245.
3 Vgl. BFH v. 17. 12. 2003 I R 16/02, BFH/NV 2004, 817.
4 BFH v. 15. 3. 2000 I R 74/99, BStBl II 2000, 547.
5 Vom 5. 10. 1994 I R 50/94, BStBl II 1995, 549.
6 BFH v. 4. 6. 2003 I R 24/02, BStBl II 2004, 136; v. 27. 2. 2003 I R 46/01, BStBl II 2004, 132.
7 H 39 KStH.

Außerdem hat der BFH klargestellt, dass die Aufteilungsregel nicht so zu verstehen ist, dass das zwischen der GmbH und ihrem Geschäftsführer vereinbarte Festgehalt schematisch 75 v. H. der Gesamtvergütung darstelle und ebenso schematisch äußerstenfalls um weitere – hieraus rechnerisch abgeleitete – 25 v. H. als variabler Bestandteil erhöht werden, also ein Zuschlag von einem Drittel des Festgehalts gemacht werden dürfe.[1] Vielmehr ist von den angemessenen Gesamtbezügen auszugehen, diese sind in einen Festgehalt- und einen Tantiemeanteil aufzuteilen, wobei sich der Tantiemeanteil in Relation zu dem erwarteten Durchschnittsgewinn ausdrückt mit der Folge, dass sich der angemessene Tantiemeanteil nicht statisch mit einem Zuschlag i. H. v. einem Drittel des Festgehalts, sondern dynamisch ausgehend von der Gesamtausstattung einerseits und den prognostizierten Gewinnen andererseits errechnet. Eine „Erstarrung" der Geschäftsführerbezüge wird damit vermieden. Die Berechnung des Tantiemesatzes (Relation von Tantiemeanteil zu dem erwarteten Durchschnittsgewinn) kann in Grundzügen aus dem Berechnungsbeispiel im BMF-Schreiben vom 1. 2. 2002[2] hergeleitet werden.

BEIPIEL: Im Zusagezeitpunkt und nach den dort gegebenen Verhältnissen beträgt für den Gesellschafter-Geschäftsführer die angemessene Gesamtausstattung 400 000 €. Aufgrund der Gewinnprognose wird der Durchschnittsgewinn mit 1,6 Mio. € angenommen. Nach der Regelvermutung darf der variable Gehaltsbestandteil (Gewinntantieme) 25 v. H. der angemessenen Gesamtausstattung betragen, also 100 000 €. In Relation zum prognostizierten Durchschnittsgewinn beträgt der Tantiemesatz also 6,25 v. H.

Vereinbart die GmbH deshalb mit dem Gesellschafter-Geschäftsführer ein Festgehalt von 300 000 € und eine Gewinntantieme von 6,25 v. H. vom Gewinn und beträgt der Gewinn z. B. fünf Jahre später 4 Mio. € und die Tantieme also 250 000 €, so bezieht der Gesellschafter-Geschäftsführer in diesem Jahr zwar eine Gesamtgehalt von 550 000 €, von dem der Tantiemeanteil ca. 45 v. H. beträgt, die eingetretene „Dynamisierung" ist aber unschädlich und stellt keine vGA (i. H. v. 150 000 €) dar.

Schließlich betont der BFH noch, dass auch bei Abweichung von dem Aufteilungsverhältnis, die sich bei einer **Gewinnprognose** aus Sicht des Zusagezeitpunkts feststellen lässt, im Einzelfall zu beantworten ist, weshalb eine andere Gestaltung gewählt wurde und ob dies aus betrieblichen Gründen erfolgte oder gesellschaftlich veranlasst war.[3] Insbesondere muss dann die GmbH die Gründe erläutern, die zu der grenzüberschreitenden Vereinbarung geführt haben.[4] Solche Gründe können z. B. **starke Gewinnschwankungen** sein. Deshalb führt ein unerwarteter Anstieg des Geschäftserfolgs und eine damit verbundene sprunghafte Erhöhung der vereinbarten Gewinntantieme nicht allein deshalb zur vGA, weil die Höhe der geschuldeten Tantieme infolge des starken Gewinnanstiegs die ursprünglichen Vorstellungen der Vertragsparteien vom durchschnittlich zu erwartenden Jahresergebnis übersteigt.[5]

6042

---

1 Vgl. auch BFH v. 19. 11. 2003 I R 42/03, BFH/NV 2004, 669.
2 BStBl I 2002, 219.
3 BFH v. 27. 3. 2003 I R 46/01, BStBl II 2004, 132 und v. 4. 6. 2003 I R 24/02, BStBl II 2004, 136.
4 BFH v. 27. 3. 2003 I R 80-81/01, BFH/NV 2003, 1346.
5 BFH v. 10. 7. 2002 I R 37/01, BStBl II 2003, 418.

cc) Indizien für eine Unangemessenheit

6043 Obwohl ein Überschreiten der 25 v. H.-Grenze nicht mehr automatisch zur Annahme einer vGA führt, sieht die FinVerw darin dennoch ein Indiz für ihr Vorliegen.[1]

6044 **Indiz für eine vGA** soll dies insbesondere dann sein, wenn

- keine größeren Ertragsschwankungen bestehen;
- eine nachvollziehbare Gewinnprognose erstellt wurde bzw. eine Gewinnprognose ohne größere Unwägbarkeiten rekonstruierbar ist;
- keine Deckelung der Tantieme vorgenommen wurde;
- der Tantiemeanteil mehr als 50 v. H. beträgt;
- weitere Anhaltspunkte (z. B. mangelhafte Durchführung) für die Annahme einer verdeckten Gewinnausschüttung sprechen.

6045 **Kein Indiz** für eine vGA soll dagegen die Abweichung von dem 75/25-Verhältnis sein, wenn

- mit sprunghaften Gewinnentwicklungen gerechnet werden konnte;
- starke Ertragsschwankungen vorliegen;
- eine Gewinnprognose im Vorfeld nicht erstellt wurde oder sich die Prognose später nicht mehr verlässlich rekonstruieren lässt;
- keine weiteren Anhaltspunkte für die Annahme einer VGA (z. B. mangelhafte Durchführung) bestehen.

dd) Definition der Bemessungsgrundlage („Gewinn")

6046 Die Tantiemevereinbarung muss definieren, was unter „**Gewinn**" zu verstehen ist, also ausdrücken, ob der Handels- oder Steuerbilanzgewinn gemeint ist.[2] Ein „vorläufiger Gewinn" ist zu unbestimmt.[3] Ist der Gewinn die Bemessungsgrundlage, sind KSt und GewSt vor der Tantiemeberechnung abzuziehen.[4] Es kann aber auch der „Gewinn vor KSt und GewSt" vereinbart werden; dann ist aber auf die Auswirkungen auf die Angemessenheit der Tantieme der Höhe nach zu achten. Regelmäßig muss der Gewinn auch um Verlustvorträge (nicht aber den steuerlichen Verlustrücktrag) gemindert werden, weil der Gesellschafter-Geschäftsführer nicht nur am Erfolg, sondern auch an dem Misserfolg seiner Tätigkeit für die GmbH zu beteiligen ist und die Tantieme die Erfolge seiner Tätigkeit bei mittel- und langfristiger Betrachtung abgelten soll.[5] Dies soll jedenfalls gelten, wenn der Gesellschafter-Geschäftsführer für einen bestehenden Verlustvortrag verantwortlich oder mitverantwortlich ist.[6] Ob eine Berücksichtigung von Verlustvorträgen nicht geboten ist, wenn sich das Unternehmen in der Aufbauphase befindet oder der Gesellschafter-Geschäftsführer das Amt erst übernommen hat und des-

---

1 OFD Düsseldorf v. 17. 6. 2004, DStR 2004, 138.
2 Zu von der Rechtsprechung verworfenen Begriffen, da zu unbestimmt s. Klein/Müller/Döpper in Mössner/Seeger, KStG, § 8 Rn. 1918.
3 BFH v. 1. 4. 2003 I R 78-79/02, BFH/NV 2004, 86.
4 BFH v. 1. 7. 1992 I R 78/91, BStBl II 1992, 975.
5 BFH v. 17. 12. 2003 I R 22/03, BStBl II 2004, 524.
6 H 39 KStH.

halb für die vorgetragenen Verluste nicht verantwortlich ist, muss angesichts der genannten BFH-Entscheidung[1] bezweifelt werden.

Wird gegen die Anrechnung des Verlustvortrages verstoßen, ist der darauf beruhende Teil der Tantieme eine vGA. Es empfiehlt sich also zur Vermeidung steuerlicher Risiken grundsätzlich, die Anrechnung von Verlustvorträgen zu vereinbaren. 6047

Eine **sprunghaft angestiegene Gewinntantieme** ist freilich keine vGA, wenn die Tantiemevereinbarung im Zeitpunkt ihres Abschlusses einem Fremdvergleich standhielt und sich die Bemessungsgrundlage für die Tantieme später in unerwartetem Maße erhöhte, es sei denn, die GmbH hätte die Tantiemevereinbarung zu ihren Gunsten anpassen können und darauf aus im Gesellschaftsverhältnis liegenden Gründen verzichtet.[2] 6048

Nicht zuletzt aus diesem Grund und um der Gefahr einer Gewinnabsaugung vorzubeugen, ist bei allen Tantiemen die Vereinbarung eines **Höchstbetrages** anzuraten, damit bei einer unverhältnismäßigen Gewinn- oder Umsatzsteigerung nicht der Rahmen einer angemessenen Gesamtausstattung überschritten wird; außerdem sollte die Tantieme alle drei Jahre auf ihre Angemessenheit überprüfbar sein und überprüft werden.[3] 6049

Die Vereinbarung einer **Mindesttantieme** ist als solche nicht schädlich. Sie wirkt jedoch wie die Vereinbarung eines festen Gehaltsbestandteils, der jährlich auszubezahlen ist, und muss daher in die Prüfung der Angemessenheit der Gesamtausstattung einbezogen werden.[4] 6050

ee) Sonderregeln in Beherrschungsfällen

In **Beherrschungsfällen** müssen neben der Angemessenheit auch das sog. Rückwirkungsverbot, das Klarheitsgebot und das Durchführungsgebot beachtet werden. Da die Einmalbezüge wie eine Tantieme Jahresvergütungen sind, die für die Arbeitsleistung des ganzen Jahres gewährt werden, müssen sie zur Vermeidung verdeckter Gewinnausschüttungen vor Beginn des Jahres, auf das sie sich beziehen, klar und eindeutig vereinbart worden sein. Außerdem muss sich die Tantieme ohne weiteres errechnen lassen: Sowohl der Vomhundertsatz als auch die maßgebliche Bemessungsgrundlage[5] müssen so eindeutig festgelegt sein, dass nur durch Rechenoperation die Höhe der Tantieme ermittelt werden kann. 6051

Ein **Verstoß gegen das Klarheitsgebot** kann bei Tantiemen (und anderen Einmalbezügen) z. B. vorliegen, wenn 6052

▶ die Tantieme des beherrschenden Gesellschafter-Geschäftsführers dividendenabhängig ist;[6]
▶ dem beherrschenden Gesellschafter-Geschäftsführer eine Tantieme „wie die anderer leitender Mitarbeiter" zugesagt wird;

---

1 BStBl II 2004, 524.
2 BFH v. 10. 7. 2002 I R 37/01, BStBl II 2003, 418.
3 Vgl. BFH v. 15. 3. 2000 I R 73/99, BFH/NV 2000, 1245.
4 BFH v. 6. 10. 1993 I B 66-68/93, BFH/NV 1994, 660.
5 Gosch, KStG, § 8 Rz. 1237; Klein/Müller/Döpper in Mössner/Seeger, KStG, § 8 Rn. 1917.
6 BFH v. 30. 1. 1985 I R 37/82, BStBl II 1985, 345.

- ▶ dem Gesellschafter-Geschäftsführer vertraglich „je nach wirtschaftlicher Lage" eine Tantieme gewährt wird;
- ▶ eine GmbH zeitgleich zwei sich widersprechende Tantiemevereinbarungen mit ihrem beherrschenden Gesellschafter-Geschäftsführer abschließt, ohne dass zu erkennen ist, welche von beiden die maßgebliche sein soll;
- ▶ eine im Übrigen klare Tantiemevereinbarung mit dem beherrschenden Gesellschafter-Geschäftsführer unter dem Vorbehalt steht, dass die Gesellschafterversammlung die Tantieme anderweitig höher oder niedriger festsetzen kann;[1]
- ▶ die Tantieme des beherrschenden Gesellschafter-Geschäftsführers vertraglich nach dem „Gewinn gem. GoB unter Berücksichtigung aller steuerlich zulässigen Maßnahmen" oder „nach dem Ergebnis der Steuerbilanz" bemessen wird, soweit hieraus die Einbeziehung der KSt und GewSt in die Bemessungsgrundlage der Tantieme hergeleitet werden soll;
- ▶ dem beherrschenden Gesellschafter-Geschäftsführer eine Rohgewinntantieme zugesagt, aber weder festgelegt noch durch Auslegung eindeutig zu ermitteln ist, was unter dem Rohgewinn als Bemessungsgrundlage zu verstehen ist.[2]

e) Besondere Tantiemearten

aa) Rohgewinntantieme

6053 Bemessungsgrundlage einer Tantieme kann auch der Rohgewinn sein; sie wird in Abgrenzung von einer Umsatztantieme wegen des deutlichen Risikounterschieds dazu von der Rechtsprechung akzeptiert.[3] Bedenklich sind jedoch Fälle, in denen der Rohgewinn nahezu dem Umsatz entsprechen kann, wenn z. B. Dienstleistungen erbracht werden.[4] Dann soll ein der Umsatztantieme vergleichbares Risiko für die GmbH bestehen. Bei einer Gewinnprognose soll auch eine Rohgewinntantieme nur 25 v. H. der Gesamtvergütung ausmachen.[5]

bb) Umsatztantieme

(1) Umsatzabhängige Tantiemen sind unzulässig

6054 **Umsatzabhängige Tantiemen** sind dem BFH zufolge im Allgemeinen unüblich und führen daher sowohl bei einem beherrschenden als auch einem nicht beherrschenden Gesellschafter-Geschäftsführer zur vGA, wenn nicht ausnahmsweise besondere Gründe für die Umsatzabhängigkeit vorliegen.[6] Eine solche in einem Vomhundertsatz des Um-

---

1 BFH v. 29. 4. 1992 I R 21/90, BStBl II 1992, 851.
2 BFH v. 25. 10. 1995 I R 9/95, BStBl II 1997, 703.
3 BFH v. 25. 10. 1995 I R 9/95, BStBl II 1997, 703; v. 26. 1. 1999 I B 119/98, BStBl II 1999, 241.
4 Vgl. BFH v. 10. 11. 1998 I R 33/98, BFH/NV 1999, 829, zu einem Fall, in dem der Rohgewinn etwa 3/4 des Umsatzes betrug.
5 BFH v. 26. 1. 1999 I B 119/98, BFH/NV 1999, 882.
6 BFH v. 5. 10. 1977 I R 230/75, BStBl II 1978, 234; v. 19. 2. 1999 I R 105-107/97, BStBl II 1999, 321; v. 6. 4. 2005 I R 10/04, BFH/NV 2005, 2058.

satzes bemessene Tantieme kann auch nicht in eine angemessene Gewinntantieme umgedeutet werden.[1] Das gilt auch für geschäftsspartenbezogene Umsatztantiemen.[2]

Die Rechtsprechung lässt sich zur steuerlichen Unzulässigkeit einer Umsatztantieme von der Erwägung leiten, dass solche Vergütungen wesentliche Teile des Gewinns der GmbH absaugen und zu einem Verlust oder einer unangemessenen niedrigen Kapitalverzinsung führen können.[3] Mit fremden Geschäftsführern werde regelmäßig eine gewinnabhängige Tantieme vereinbart, zumal eine umsatzabhängige Tantieme die GmbH auch in ertragsschwachen Zeiten mit hohen Tantiemeverpflichtungen belastet und den Geschäftsführer veranlassen kann, den Umsatz ohne Rücksicht auf den Gewinn zu steigern. Auch die Klausel, dass die Umsatztantieme nicht zu einem Verlust führen dürfe, genügt nicht, um der Gefahr einer Gewinnabsaugung vorzubeugen.[4] Deshalb wird i. d. R. auch eine Kombination von gewinn- und umsatzbezogener Tantieme nicht anerkannt.[5]

6055

Kann die Umsatztantieme des Gesellschafter-Geschäftsführers steuerlich nicht anerkannt werden, ist sie stets in vollem Umfang vGA, auch wenn die Gesamtausstattung des Gesellschafter-Geschäftsführers angemessen bleibt.[6]

6056

Auch im Zusammenhang mit einer Umsatztantieme gilt freilich der Drittvergleich, so dass sie angemessen sein kann, wenn sie auch einem gesellschaftsfremden Geschäftsführer eingeräumt würde.[7]

6057

(2) Ausnahmefälle

Die zur steuerlichen Anerkennung der Umsatztantieme erforderlichen besonderen Gründe sind von der GmbH darzulegen. Sie können bestehen bei

6058

▶ **Branchen- oder Betriebsüblichkeit,** wenn besondere Gründe (z. B. Vorrang der Umsatzsteigerung im Unternehmen vor der Gewinnsteigerung) für die Einräumung der Umsatztantieme sprechen und durch die Vereinbarungen sichergestellt ist, dass die mit einer Umsatztantieme verbundenen besonderen Risiken der Umsatzsteigerung ohne Rücksicht auf Rentabilität und die Tantiemebelastung auch für ertragsschwache Jahre der Gesellschaft nicht unkalkulierbar und nicht mehr steuerbar werden;[8]

▶ einer **Aufbauphase des Unternehmens** der GmbH, wenn durch eine Revisionsklausel sichergestellt ist, dass die Gewährung der Umsatztantieme tatsächlich auf die Dauer der Aufbauphase bzw. des Vorliegens der besonderen Gründe beschränkt und betragsmäßig begrenzt wird und sich die GmbH kurzfristig und einseitig von der Umsatztantieme lösen bzw. sie in eine Gewinntantieme umwandeln kann;[9]

---

1 BFH v. 20. 9. 1995 I R 130/94, BFH/NV 1996, 508.
2 BFH v. 9. 9. 1998 I R 104/97, BFH/NV 1999, 519.
3 Vgl. z. B. BFH v. 28. 6. 1989 I R 89/85, BStBl II 1989, 854.
4 BFH v. 19. 2. 1999 I R 105 – 107/97, BStBl II 1999, 321.
5 BFH v. 9. 9. 1998 I R 104/97, BFH/NV 1999, 519.
6 BFH v. 19. 5. 1993 I R 83/92, BFH/NV 1994, 124.
7 Einschränkend aber BFH v. 19. 5. 1993 I R 83/92, BFH/NV 1994, 124 und v. 30. 8. 1995 I B 114/94, BFH/NV 1996, 265, wonach die Branchenüblichkeit nicht maßgebend sein soll.
8 BFH v. 19. 5. 1993 I R 83/92, BFH/NV 1994, 124; v. 30. 8. 1995 I B 114/94, BFH/NV 1996, 265.
9 BFH v. 19. 2. 1999 I R 105-107/97, BStBl II 1999, 321; v. 20. 9. 1995 I R 130/94, BFH/NV 1996, 508.

▶ **ausschließlicher Zuständigkeit des Gesellschafter-Geschäftsführers für den Vertrieb**, also nicht bei einem für den Gesamtbetrieb zuständigen Gesellschafter-Geschäftsführer.[1] Nicht ausreichend rechtfertigen lässt sich aber eine Umsatztantieme damit, dass der Gewinn für einen Betriebsteil oder eine bestimmte Sparte nur schwierig zu ermitteln sei, zumal kein ordentlicher Geschäftsleiter eine Umsatztantieme versprechen würde, wenn eine Kostenrechnung für den Betriebsteil oder die Sparte fehlt und deshalb nicht festgestellt werden kann, ob dort mit Gewinn gearbeitet wird;[2]

▶ **fehlendem Anreiz zur Leistungssteigerung durch eine Gewinntantieme**.[3]

6059 Letztlich muss die GmbH zur steuerlichen Anerkennung einer Umsatztantieme auch hier darlegen, dass der mit ihr verfolgte Zweck mit einer Gewinntantieme nicht zu erreichen wäre.

6060 Auch in den genannten Ausnahmefällen besteht das Risiko der vGA aber immer, wenn eine zeitliche und betragsmäßige Begrenzung der Umsatztantieme unterbleibt.[4] Umsatztantiemen sollten mit dem Gesellschafter-Geschäftsführer nur vereinbart werden, wenn einer der von der Rechtsprechung anerkannten Ausnahmefälle eindeutig vorliegt.

6061 Keine **Umsatztantieme** ist aber eine **Festtantieme**, die dem Gesellschafter-Geschäftsführer von der GmbH bei Überschreitung einer bestimmten Umsatzgrenze als zusätzliche, in ihrer Höhe fixe Entlohnung versprochen wird. Der Umsatz ist dann nicht Bemessungsgrundlage der Tantieme wie bei der Umsatztantieme, sondern eine aufschiebende Bedingung für die Festvergütung.[5]

cc) Nur-Tantieme

6062 Die **Vereinbarung einer Nur-Tantieme** sieht die Rechtsprechung grundsätzlich als ungewöhnlich an, weshalb sie durch das Gesellschaftsverhältnis veranlasst sei und regelmäßig zu einer vGA führe.[6] Eine gewinnabhängige Nur-Tantieme wirke wie eine Gewinnausschüttung und ein fremder Geschäftsführer schlösse eine solche Vereinbarung nicht ab, weil sie ihm ein untragbares Risiko auferlege.

6063 Da auch die Nur-Tantieme nur Indiz für die gesellschaftliche Veranlassung ist, muss sie anerkannt werden, wenn sich auch ein fremder Geschäftsführer auf die Vereinbarung eingelassen hätte.

6064 Ausnahmsweise kommt nach der FinVerw[7] daher die steuerliche Anerkennung in der Gründungsphase in Betracht, bei vorübergehenden wirtschaftlichen Schwierigkeiten und bei Tätigkeiten in stark risikobehafteten Geschäftszweigen. In den vorgenannten Ausnahmefällen ist allerdings Voraussetzung für die steuerliche Anerkennung der Nur-

---

1 BFH v. 19.3.1993 I R 83/92, BFH/NV 1994, 124.
2 Vgl. BFH v. 9.9.1998 I R 104/97, BFH/NV 1999, 519.
3 BFH v. 20.9.1995 I R 130/94, BFH/NV 1996, 508.
4 BFH v. 19.2.1999 I R 105-107/97, BStBl II 1999, 321.
5 BFH v. 5.6.2002 I R 69/01, BStBl II 2003, 329.
6 BFH v. 27.3.2001 I R 27/99, BStBl II 2002, 111.
7 BMF v. 1.2.2002, BStBl I 2002, 219.

Tantieme, dass sie ausdrücklich zeitlich begrenzt ist und dass sie bei Wegfall der Ausnahmesituation zwingend durch eine Vereinbarung fester Vergütungsbestandteile bzw. mit angemessenem Verhältnis dieser Bestandteile zueinander ersetzt wird.[1] Die Nur-Tantieme wird auch anzuerkennen sein, wenn der Geschäftsführer bei Insolvenz der GmbH arbeitslos würde oder wenn das Risiko des Geschäftsführers, für die GmbH ohne Entgelt arbeiten zu müssen, gering ist, weil er auch nur eine geringe Arbeitsleistung erbringen muss und er für seinen Lebensunterhalt nicht auf die Vergütung aus der Geschäftsführertätigkeit angewiesen ist.[2]

Grundsätze über Nur-Gewinntantiemen gelten auch für die Nur-Rohgewinntantiemen, die ausnahmsweise nicht in vollem Umfang vGA sind.[3] 6065

f) Verzicht auf die Tantiemeforderung

Der Anspruch auf die Gewinntantieme entsteht mit dem Ende des Geschäftsjahres und wird, sofern keine anderen Vereinbarungen getroffen worden sind, mit der Feststellung des Jahresabschlusses fällig.[4] Bei Vorschusszahlungen auf die Tantieme, die ohne eine klare vorherige Abmachung erfolgen, stellt der Verzicht auf eine angemessene Verzinsung eine vGA dar. 6066

Der **Verzicht** des Gesellschafter-Geschäftsführers auf die Einmalvergütung kann eine vGA oder eine verdeckte Einlage oder auch lediglich die gewinnerhöhende Auflösung der in der Bilanz der GmbH passivierten Vergütungsverpflichtung zur Folge haben. Soweit der Anspruch **werthaltig** ist, führt der Verzicht hierauf grundsätzlich einerseits beim Gesellschafter-Geschäftsführer zum Zufließen des Verzichtsbetrags bei den Einnahmen aus nicht selbständiger Arbeit und zu gleich hohen nachträglichen Anschaffungskosten auf die Beteiligung und andererseits bei der GmbH zu einer Vermögensmehrung, die als verdeckte Einlage zu neutralisieren ist, und zu einem entsprechenden Zugang zum steuerlichen Einlagekonto i. S. d. § 27 KStG. 6067

Ist die Tantiemeforderung aber wertlos, fließt dem Gesellschafter-Geschäftsführer durch den Verzicht auch kein Arbeitslohn zu und er hat auch keine zusätzlichen Anschaffungskosten auf die Beteiligung in Höhe des Verzichtsbetrages. Bei der GmbH tritt dagegen mit dem Wegfall der Verbindlichkeit eine Gewinnerhöhung ein. Als Indiz für eine vGA ist der Verzicht nur anzusehen, wenn hieraus auf eine nicht durchgeführte oder nicht ernsthaft gemeinte Tantiemevereinbarung geschlossen werden kann. Dann ist die durch die passivierte Zahlungsverpflichtung eingetretene Vermögensminderung zunächst nach § 8 Abs. 3 Satz 2 KStG außerhalb der Bilanz zu korrigieren (Einkommenserhöhung); die anschließende verdeckte Einlage durch den Verzicht auf die (werthaltige) Forderung ist zwar für sich ergebnisneutral, vermag aber an den einmal eingetretenen steuerlichen Folgen der vGA (KSt- und GewSt-Belastung) nichts mehr zu ändern.

(*Einstweilen frei*) 6068–6090

---

1 BMF v. 1. 2. 2002, BStBl I 2002, 219.
2 BFH v. 18. 3. 2002 I B 156/01, BFH/NV 2002, 1178.
3 BFH v. 26. 1. 1999 I B 119/98, BStBl II 1999, 241; BMF v. 1. 2. 2002, BStBl I 2002, 219.
4 BFH v. 22. 2. 2003 I R 36/03, BStBl II 2004, 307.

8. Pensionszusagen

Literatur: *Gosch,* Die Finanzierbarkeit von Pensionszusagen im Widerstreit von BFH und BMF, DStR 2001, 882; *Fuhrmann,* Anforderungen an die steuerliche Anerkennung von Pensionszusagen, KÖSDI 2002, 13545; *Höfer/Kaiser,* Pensionszusagen an beherrschende Gesellschafter-Geschäftsführer einer GmbH – Neues von der Finanzverwaltung und aus der Praxis, DStR 2003, 274; *Langohr-Plato,* Die Regelung der Unverfallbarkeit in Pensionszusagen gegenüber Gesellschafter-Geschäftsführern von Kapitalgesellschaften, INF 2003, 256; *Welltkamp,* Pensionszusagen an Gesellschafter-Geschäftsführer, DStZ 2003, 291; *Briese,* vGA-Probleme bei Pensionszusagen im Falle vorzeitigen Ausscheidens des beherrschenden Gesellschafter-Geschäftsführers, DStR 2004, 1233 und 1276; *Höfer/Kaiser,* Zur Angemessenheit von Versorgungszusagen an beherrschende Gesellschafter-Geschäftsführer, DStR 2004, 2136; *Prost,* Auswirkungen aktueller BFH-Rechtsprechung auf Versorgungszusagen an beherrschende Gesellschafter-Geschäftsführer, DB 2004, 2064; *Briese,* Überversorgung und vGA bei Pensionszusagen, DStR 2005, 272; *Hallerbach,* Abfindungsklauseln in Pensionszusagen, NWB aktuell 2005, 1; *Harle/Kulemann,* Pensionszusagen an den Gesellschafter-Geschäftsführer, GmbHR 2005, 1275; *Janssen,* Hauptfehler bei der Erteilung von Pensionszusagen vermeiden, GStB 2005, 358; *Paus,* Pensionszusagen und Abfindungsklauseln, GmbHR 2005, 975; *ders.,* Die 75-v. H.-Grenze als Maßstab einer unzulässigen Überversorgung bei Pensionszusagen, FR 2005, 409; *Keil/Prost,* Finanzierbarkeit von Pensionszusagen gegenüber Gesellschafter-Geschäftsführern, DB 2006, 355; *Paus,* Finanzierbarkeit einer Pensionszusage als Hürde für die steuerliche Anerkennung, INF 2006, 70; *Heger,* Pensionszusagen an Gesellschaftergeschäftsführer unterliegen den Auslegungsregeln des BGB, BB 2010, 953.

a) Grundsätzliche steuerliche Anerkennung[1]

aa) Motive und steuerliche Effekte

6091   In der Praxis ist es üblich, dass die GmbH ihrem Geschäftsführer eine Pensionszusage erteilt. Sie dient der eigenen Alters- und Invaliditätsversorgung und ggf. auch einer Versorgung der Hinterbliebenen. Mit der Zusage einer Hinterbliebenenversorgung nimmt die GmbH Rücksicht auf das berechtigte Interesse des Geschäftsführers, ihm nahe stehende und von ihm unterhaltene Personen über seinen Tod hinaus wirtschaftlich abzusichern. Die Zusage einer Hinterbliebenenversorgung zugunsten der nichtehelichen Lebensgefährtin des Gesellschafter-Geschäftsführers kann deshalb auch steuerlich anzuerkennen sein.[2] Die Pensionszusage der GmbH an ihren Gesellschafter-Geschäftsführer, die als **betrieblich veranlasst** anzusehen ist, wird steuerlich anerkannt. Die GmbH ist dann nach § 6a EStG zur Bildung einer Pensionsrückstellung berechtigt und verpflichtet und kann die Zuführungen zu dieser Pensionsrückstellung und einen späteren Mehraufwand bei Zahlung der Pension bei der steuerlichen Gewinnermittlung als Betriebsausgaben abziehen. Beim Gesellschafter-Geschäftsführer stellen die Versorgungsleistungen Arbeitslohn i. S. d. § 19 Abs. 2 EStG dar.

6092   Der **Vorteil** für die GmbH liegt in einem **Liquiditätseffekt**. Sie kann bereits bei **Erteilung der Zusage** eine **Rückstellung** (für ungewisse Verbindlichkeiten) bilden, hat aber tatsächlich **noch keinen finanziellen Aufwand**, da die Zahlungspflicht erst mit Eintritt des Versorgungsfalles entsteht und der Verpflichtung nur eine Pensionsanwartschaft gegenübersteht. Die Liquidität der GmbH wird noch nicht belastet. Der Vorteil besteht

---

[1] Checkliste bei Klein/Müller/Döpper in Mössner/Seeger, KStG, § 8 Rn. 1611.
[2] BFH v. 29. 11. 2000 I R 90/99, BStBl II 2001, 204.

darin, dass bereits während der Anwartschaftszeit ertragsteuerliche Stundungseffekte erzeugt werden. Der Liquiditätsvorteil wird aber geschmälert, wenn für die Pensionszusage eine Rückdeckungsversicherung abgeschlossen wird.

In diesem Zusammenhang ist auch das sich aus § 6a Abs. 4 Satz 1 EStG ergebende sog. Nachholverbot zu beachten. Danach darf zur Verhinderung willkürlicher Gewinnverschiebungen eine Pensionsrückstellung in einem Wirtschaftsjahr höchstens um den Unterschied zwischen dem Teilwert der Pensionsrückstellung am Schluss des vorangegangenen Wirtschaftsjahres erhöht werden. Dieser steuerbilanzrechtlichen Sondernorm für Pensionsrückstellungen kommt nach dem Spezialitätsprinzip Vorrang gegenüber den allgemeinen Grundsätzen der Bilanzberichtigung und des Bilanzzusammenhangs für die Fälle zu, in denen für in der Vergangenheit erteilte Pensionszusagen entsprechende Rückstellungen in den vergangenen Wirtschaftsjahren nicht gebildet worden waren. Hier ist eine Nachholung in dem Sinne, dass in einem Folgejahr der gesamte Verpflichtungswert vermögensmindernd eingestellt wird, nicht möglich. Demgegenüber sind die Forderungen aus einer evtl. bestehenden Rückdeckungsversicherung in Höhe ihres vollen Teilwerts zu aktivieren.[1]

6093

bb) Steuerliche Prüfung

Die **steuerliche Prüfung** einer **Pensionsrückstellung** für die dem Gesellschafter-Geschäftsführer erteilte Versorgungszusage erfolgt **zweistufig**:

6094

Die Pensionszusage muss zivilrechtlich wirksam erteilt und die steuerrechtlichen Voraussetzungen in § 6a EStG zur Bildung von Pensionsrückstellungen müssen erfüllt sein. Ist dies nicht der Fall, ist die Pensionsrückstellung bereits in der Handelsbilanz bzw. der Steuerbilanz erfolgswirksam aufzulösen, so dass sich die Frage einer vGA mangels Unterschiedsbetragsminderung (§ 4 Abs. 1 Satz 1 EStG i.V.m. § 8 Abs. 1 KStG) nicht stellt. Sind die Voraussetzungen des § 6a EStG eingehalten, ist in einem zweiten Schritt zu prüfen, ob die Pensionszusage aus körperschaftsteuerrechtlichen Gründen ganz oder teilweise eine vGA nach § 8 Abs. 3 Satz 2 KStG ist, weil sie gesellschaftlich mitveranlasst ist. Rechtsfolge ist dann eine außerbilanzielle Hinzurechnung.[2] Auch die FinVerw folgt mit ihren Anweisungen in R 38 KStR mit Verweis auf R 41 EStR dieser Prüfungsreihenfolge.

6095

cc) Vorliegen einer vGA

Eine vGA liegt vor, wenn die **Pensionsverpflichtung und** die für sie nach § 6a EStG **gebildete Rückstellung nicht allein** durch das **Dienstverhältnis** zwischen der GmbH und dem Geschäftsführer, **sondern auch** durch das **Gesellschaftsverhältnis veranlasst** ist, also der Begünstigte zugleich Gesellschafter der GmbH ist und diese einem gesellschaftsfremden Geschäftsführer unter ansonsten vergleichbaren Umständen keine entsprechende Zusage erteilt hätte (Fremdvergleich nach dem Maßstab des § 43 GmbHG) oder es im Beherrschungsfall an einer klaren und von vornherein abgeschlossenen wirk-

6096

---

[1] BFH v. 13. 2. 2008 I R 44/07, BStBl II 2008, 673.
[2] Vgl. auch BFH v. 31. 3. 2004 I R 65/03, BStBl II 2005, 664.

samen Vereinbarung fehlt. Nicht **auch** gesellschaftlich veranlasst ist somit eine Pensionszusage, wenn sie auch einem Angestellten bzw. Geschäftsführer erteilt worden wäre, der nicht Gesellschafter (oder eine diesem nahe stehende Person) ist.[1] Diese Feststellung ist eng mit der Angemessenheit verknüpft, weil eine angemessene Pensionszusage vermuten lässt, dass sie auch einem fremden Geschäftsführer erteilt worden wäre.

dd) Kriterien des Fremdvergleichs

6097 Die Rechtsprechung hat bestimmte Kriterien für den Fremdvergleich in Bezug auf Pensionszusagen entwickelt. Diese sind allerdings nicht i.S.v. Tatbestandsmerkmalen zu verstehen, die unabdingbar vorhanden sein oder fehlen müssen, damit die konkret zu beurteilende Pensionszusage dem Gesellschaftsverhältnis zugeordnet werden kann oder nicht; sie haben nur **indiziellen Charakter**,[2] deren (grundsätzlich mögliche) **Widerlegung** freilich in der Praxis **kaum gelingen** wird und deshalb beachtet werden sollten.

6098 Eine dem Gesellschafter-Geschäftsführer erteilte Pensionszusage hält danach einem Fremdvergleich im Allgemeinen stand, wenn aus Sicht des Zusagezeitpunkts

- ▶ die Pension noch erdient werden kann (**Erdienbarkeit**);
- ▶ die Qualifikation des Geschäftsführers – insbesondere aufgrund einer Probezeit – feststeht (**Probezeit und Wartezeit**),
- ▶ die voraussichtliche Ertragsentwicklung die Zusage erlaubt und sie finanzierbar ist (**Finanzierbarkeit**) und
- ▶ keine anderen betrieblichen Besonderheiten der Zusage entgegenstehen, z.B. der soziale Friede gewahrt wird.[3]

Außerdem wird die **Angemessenheit** der Pensionszusage und deren **Ernsthaftigkeit** und beim **beherrschenden Gesellschafter-Geschäftsführer** die Einhaltung der dort geltenden **Sonderregeln** verlangt.

b) Rechtsverbindlichkeit der Pensionszusage

6099 Die **Pensionszusage** muss **rechtlich wirksam** sein. Dazu muss sie bei der GmbH von der Gesellschafterversammlung erteilt werden (§ 46 Nr. 5 GmbHG). Außerdem muss sie – insbesondere damit Pensionsrückstellungen gebildet werden können – steuerrechtlich wirksam vereinbart werden und den Anforderungen des § 6a EStG genügen. Danach muss der Pensionsberechtigte nach § 6a Abs. 1 Nr. 1 EStG einen einklagbaren Anspruch auf die Pensionsleistung haben, was grundsätzlich eine vertragliche Vereinbarung voraussetzt. Der Gesellschafter-Geschäftsführer muss also mit der Zusage einverstanden sein. Die Pensionszusage darf auch keinen Vorbehalt enthalten, der zum Verlust oder zur Minderung der Anwartschaft bzw. Pensionsleistung führen kann (§ 6a Abs. 1 Nr. 2 EStG). Verpflichtungen, die nach freiem Belieben der GmbH aufgehoben werden können, rechtfertigen keine Rückstellung; insbesondere steuerschädlich ist eine sog. Inhaberklausel, wonach die Pensionsverpflichtung im Falle einer Unternehmensveräuße-

---

[1] BFH v. 15.10.1997 I R 42/97, BStBl II 1999, 316; v. 23.7.2003 I R 80/02, BStBl II 2003, 926.
[2] So BFH v. 31.3.2004 I R 65/03, BStBl II 2005, 664.
[3] Vgl. BFH v. 29.10.1997 I R 52/97, BStBl II 1999, 318.

rung entfällt, oder der Vorbehalt einer jederzeitigen Abfindung durch eine am Teilwert des § 6a Abs. 3 EStG orientierte Kapitalleistung. Steuerunschädlich sind aber Vorbehalte, die eine Minderung oder einen Entzug nach allgemeinen Rechtsgrundsätzen unter Beachtung billigen Ermessens zulassen. Die steuerunschädlichen Vorbehalte nennt R 6a. Abs. 4 EStR.

Die **Pensionszusage** muss – anders als nach Handelsrecht – **schriftlich erteilt** werden (§ 6a Abs. 1 Nr. 3 EStG). Das Schriftformerfordernis gilt für alle, nicht nur für beherrschende Gesellschafter. Danach müssen schriftliche Angaben sowohl über Grund (Art, Form, Voraussetzungen, Zeitpunkt) als auch über die Höhe (einschl. der Angaben über den Rechnungszinsfuß) gemacht werden.

6100

c) Qualifikation des Geschäftsführers (Probezeit, Wartezeit)

aa) Probezeit

In ständiger Rechtsprechung vertritt der BFH[1] die Auffassung, dass ein ordentlicher und gewissenhafter Geschäftsleiter einer GmbH ihrem Geschäftsführer eine Pension erst zusagen wird, wenn er die **Qualifikation und Leistungsfähigkeit** des **neu bestellten Geschäftsführers zuverlässig abzuschätzen vermag.** Ohne Erprobung des Geschäftsführers würde eine Pension nicht zugesagt werden, so dass die Erteilung einer Pensionszusage im Allgemeinen die **Einhaltung einer Probezeit** voraussetzt;[2] danach hält es einem Fremdvergleich nicht stand, wenn die Altersversorgung unmittelbar nach der Einstellung versprochen wird.

6101

Von dem grundsätzlichen Erfordernis einer Probezeit – das ist die Zeit zwischen dem Dienstbeginn und der erstmaligen Vereinbarung einer Pensionszusage – gibt es freilich **Ausnahmen**, wenn die GmbH schon über gesicherte Erkenntnisse über die Befähigung des Geschäftsführers verfügt und diese hinreichend deutlich abschätzen kann. Diese Kriterien können im Einzelfall erfüllt sein, wenn der Gesellschafter-Geschäftsführer schon über einschlägige Erfahrungen und Branchenkenntnisse verfügt[3] oder bei der Betriebsaufspaltung das Unternehmen nur sein Rechtskleid ändert[4] oder in Fällen der Umwandlung einer Personengesellschaft oder eines Einzelunternehmens in eine GmbH oder Betriebseinbringung mit anschließender Anstellung des nunmehrigen Gesellschafters als Geschäftsführer[5] oder beim sog. Management-buy-out.[6] Bei einer neu gegründeten GmbH darf – abgesehen von der Einhaltung einer Probezeit – die Zusage erst dann erteilt werden, wenn die künftige wirtschaftliche Entwicklung der Gesellschaft verlässlich abgeschätzt werden kann.[7]

6102

---

1 Vom 30. 9. 1992 I R 75/91, BFH/NV 1993, 330; v. 24. 4. 2002 I R 18/01, BStBl II 2002, 670.
2 BFH v. 20. 8. 2003 I R 99/02, BFH/NV 2004, 373.
3 BFH v. 4. 5. 1998 I B 131/97, BFH/NV 1998, 1530.
4 BFH v. 18. 8. 1999 I R 10/99, BFH/NV 2000, 225.
5 BFH v. 29. 10. 1997 I R 52/97, BStBl II 1999, 318; v. 18. 2. 1999 I R 51/98, BFH/NV 1999, 1384.
6 BFH v. 24. 4. 2002 I R 18/01, BStBl II 2002, 670.
7 BFH v. 23. 2. 2005 I R 70/04, BFH/NV 2005, 1203, m. w. N.

bb) Dauer der Probezeit

6103 Die Dauer der Probezeit hängt von den Besonderheiten des Einzelfalls ab. Die **FinVerw** hält wohl eine **Probezeit von zwei bis drei Jahren** für angemessen, eine fünfjährige Probezeit ist auf jeden Fall ausreichend;[1] kürzere Bewährungszeiten können aber in Betracht kommen, wenn der Geschäftsführer bei demselben Unternehmen bereits als leitender Angestellter tätig war (z. B. beim Management-buy-out ein Jahr), bei einschlägig **berufserfahrenen Personen** hält der BFH eine Zeitspanne von $2^{1}/_{4}$ Jahren auf jeden Fall für ausreichend.[2]

6104 Von der Probezeit ist die **Wartezeit** – das ist die Zeit zwischen der Erteilung der Zusage und dem Zeitpunkt, in dem erstmals Leistungen in Anspruch genommen werden können – zu unterscheiden. Tritt der Versorgungsfall innerhalb der vereinbarten Wartezeit ein, sind Versorgungsleistungen nicht zu erbringen.

6105 Ob neben der Probezeit auch eine solche Wartezeit zu verlangen ist, hängt vom Einzelfall ab; auf sie ist aber zu verzichten, wenn die Risiken der GmbH durch eine Rückdeckungsversicherung aufgefangen werden.[3]

d) Erdienbarkeit (Pensionsalter)

6106 Die Erteilung einer Pensionszusage ist nur dann nicht gesellschaftsrechtlich veranlasst, wenn die **zugesagte Pension** in der ab Erteilung der Zusage **verbleibenden Dienstzeit noch erdient** werden kann.[4] Dabei ist das Alter des Begünstigten im Zeitpunkt der Zusage und das vorgesehene Pensionsalter maßgebend. Hat der Begünstigte bei der Zusage bereits ein hohes Alter erreicht, steigt naturgemäß das Risiko einer kurzfristigen Inanspruchnahme und einer eingeschränkten Arbeitsleistung; außerdem verliert der Gesichtspunkt der Betriebstreue an Bedeutung. Deshalb hält die Rechtsprechung die Erteilung einer Pensionszusage mit dem Handeln eines ordentlichen und gewissenhaften Geschäftsleiters nur für vertretbar, wenn sowohl absolute Zeitgrenzen (Pensionsalter und Höchstzusagealter) als auch eine relative Zeitgrenze (Erdienensdauer) eingehalten werden.

6107 **Höchstzusagealter:** Der Begünstigte darf im Zeitpunkt der Erteilung der Zusage das 60. Lebensjahr nicht überschritten haben.[5] Ab dem 60. Lebensjahr wird das Versorgungsrisiko als zu hoch angesehen; die Überschreitung dieser Lebensaltersgrenze bedeutet im Ergebnis ein fast unwiderlegliches Indiz für die gesellschaftliche Mitveranlassung der Zusage, unabhängig davon, wie lange danach die vertraglich vereinbarte aktive Dienstzeit noch dauern soll, bis der Versorgungsfall eintritt.

---

1 BFH v. 15. 10. 1997 I R 42/97, BStBl II 1999, 316.
2 BFH v. 20. 8. 2003 I R 99/02, BFH/NV 2004, 373.
3 So Gosch, KStG, § 8 Rz. 1081, der dies auch als Gestaltungsweg sieht, um eine Probezeit abzukürzen oder zu erübrigen, insbesondere wenn ältere Gesellschafter-Geschäftsführer nach Ablauf der Probezeit bereits das 60. Lebensjahr überschritten hätten.
4 Zusammenfassend: BFH v. 28. 5. 2005 I R 25/04, BFH/NV 2005, 2252, m.w. N.
5 BFH v. 23. 7. 2003 I R 80/02, BStBl II 2003, 926.

Pensionsalter: Bei einem beherrschenden Gesellschafter-Geschäftsführer wird ein Pensionierungsalter von regelmäßig mindestens 65 Jahren verlangt.[1] Für nicht beherrschende Gesellschafter gilt das Pensionsalter nicht, dort ist das vereinbarte Pensionierungsalter auch steuerlich anzuerkennen. Ein vertraglich vereinbartes höheres Pensionsalter wird anerkannt, die maximale Grenze liegt aber bei 75 Jahren.

6108

Eine **niedrigere Altersgrenze** wird steuerlich nur bei besonderen Umständen anerkannt, z. B. bei Vorliegen einer Schwerbehinderung.[2] Eine Altersgrenze von **weniger als 60 Jahren** wird aber auch dann wegen fehlender Ernsthaftigkeit **nicht anerkannt**.[3]

6109

Erdienensdauer: Der Zeitraum zwischen der Erteilung der Zusage und dem Pensionsalter muss bei dem **beherrschenden Gesellschafter-Geschäftsführer mindestens zehn Jahre** betragen. Die Rechtsprechung orientiert sich bei dieser Frist an den Unverfallbarkeitsfristen des § 1 Abs. 1 BetrAG a. F.[4] Jedoch werden bei Vorliegen besonderer Umstände, z. B. wenn der Geschäftsführer nicht anderweitig eine angemessene Altersversorgung aufbauen konnte, auch kürzere Zeiträume zugelassen.[5] Ausnahmen sind auch möglich, wenn der Geschäftsführer zwar mehr als zehn Jahre tätig ist, die Zehnjahresfrist aber wegen kurzzeitiger Unterbrechung nicht erfüllt wird.[6] Erfüllt wird der Zehnjahreszeitraum auch, wenn sich der Geschäftsführer verpflichtet hat, länger als bis zum 65. Lebensjahr zu arbeiten[7] oder wenn eine solche Vereinbarung über die Verlängerung der Dienstzeit nach Erteilung der Zusage getroffen wird, um sich den Anforderungen der Rechtsprechung anzupassen. Die Änderung kann aber erst ab dem Zeitpunkt ihrer Wirksamkeit berücksichtigt werden. Verlängert sich der Erdienenszeitraum dadurch auf zehn Jahre, stellen danach die Zuführungen zur Pensionsrückstellung keine vGA mehr dar.[8] Für die davor liegende Zeit ist die Pensionszusage nach ihrem ursprünglichen Inhalt zu beurteilen,[9] sog. Vordienstzeiten, also Zeiten bevor die Pensionszusage erteilt worden ist, dürfen nicht einbezogen werden, weil darin ein Verstoß gegen das Verbot der rückwirkenden Vereinbarung zu sehen wäre.[10]

6110

Bei einem **nicht beherrschenden Gesellschafter-Geschäftsführer** muss der Zeitraum zwischen der Erteilung der Zusage und dem Pensionsalter mindestens **drei Jahre** betragen, und der Begünstigte muss für die Gesellschaft wenigstens **zwölf Jahre tätig** gewesen sein.[11] Bei der Berechnung der Zwölfjahresfrist sind auch Vordienstzeiten einzurechnen, weil für nicht beherrschende Gesellschafter-Geschäftsführer das Rückwirkungsverbot nicht gilt. Gleiches gilt für Dienstzeiten des Geschäftsführers in einem Un-

6111

---

1 Mindestpensionsalter, BFH v. 23. 1. 1991 I R 113/88, BStBl II 1991, 379; v. 29. 10. 1997 I R 52/97, BStBl II 1999, 318.
2 H 38 Satz 7 KStH.
3 H 38 Satz 8 KStH.
4 BFH v. 21. 12. 1994 I R 98/93, BStBl II 1995, 419; v. 23. 7. 2003 I R 80/02, BStBl II 2003, 926; v. 28. 6. 2005 I R 25/04, BFH/NV 2005, 2252.
5 BFH v. 24. 4. 2002 I R 43/01, BStBl II 2003, 416; BMF v. 13. 5. 2003, BStBl I 2003, 300.
6 BFH v. 30. 1. 2002 I R 56/01, BFH/NV 2002, 1055.
7 BFH v. 19. 5. 1998 I R 36/97, BStBl II 1998, 689.
8 BFH v. 28. 6. 2005 I R 25/04, BFH/NV 2005, 2252.
9 BFH v. 23. 7. 2003 I R 80/82, BStBl II 2003, 926.
10 BFH v. 15. 3. 2000 I R 40/99, BStBl II 2000, 504.
11 BFH v. 29. 10. 1997 I R 52/97, BStBl II 1999, 318; vgl. auch BMF v. 7. 3. 1997, BStBl I 1997, 637.

ternehmen, das in die GmbH eingebracht, an sie veräußert oder auf sie verschmolzen wurde,[1] oder für den Einzelunternehmer, der seinen Betrieb auf die GmbH übertragen hat.[2]

e) Finanzierbarkeit der Pensionszusage

6112 Die Versorgungszusage an einen Gesellschafter-Geschäftsführer ist auch gesellschaftlich und nicht nur betrieblich veranlasst, wenn sie für die GmbH nicht finanzierbar ist. Ein ordentlicher und gewissenhafter Geschäftsleiter verspräche einem Mitarbeiter keine Pensionszusage, die das Unternehmen nicht erwirtschaften kann, sondern es bei Eintritt des Versorgungsfalles ruinierte.

6113 Eine **Rückdeckung** durch Abschluss einer Versicherung (kongruente oder teilkongruente **Rückdeckungsversicherung** auf das Leben oder die Berufsunfähigkeit des Begünstigten) ist nicht zwingend erforderlich.[3] Sie gewährleistet aber, dass bei Eintritt des versicherten Risikos die dann erforderlichen Mittel zur Verfügung stehen, so dass dann die Finanzierbarkeit im Regelfall gewährleistet ist,[4] was aber erst ab dem Versicherungsabschluss gilt.[5]

6114 Nicht finanzierbar ist eine Pensionszusage, wenn die Passivierung des Barwerts der Verpflichtung im Zeitpunkt der Zusage zu einer Überschuldung der GmbH führen würde, bei der kein ordentlicher und gewissenhafter Geschäftsführer die GmbH mit einer Verbindlichkeit belasten würde, die zur sofortigen Überschuldung der Gesellschaft führt.[6]

6115 **Maßgebend** ist der **insolvenzrechtliche Begriff der Überschuldung**. Abzustellen ist daher auf eine Vermögensbilanz mit Aufdeckung aller stillen Reserven einschließlich der selbstgeschaffenen immateriellen Wirtschaftsgüter und des zu aktivierenden Anspruchs aus einer Rückdeckungsversicherung.[7] Da ein selbstgeschaffener Firmenwert bei der Insolvenz nicht mehr vorhanden ist, bleibt er regelmäßig außer Betracht, zu berücksichtigen ist er allerdings, wenn das Unternehmen aus insolvenzrechtlicher Sicht weitergeführt oder als Ganzes veräußert werden könnte.[8] Unter dem gleichen Gesichtspunkt sind auch die Ertragsaussichten einzubeziehen. Dann sind die Aktiva mit ihren Verkehrswerten i. S. v. Fortführungswerten und nicht mit den Zerschlagungswerten anzusetzen.

6116 Anzusetzen ist der **Barwert der Pensionsverpflichtung im Zeitpunkt der Erteilung der Zusage**, wobei dieser nach § 6a EStG (= nach versicherungsmathematischen Regeln ermittelter Anwartschaftsbarwert nach § 6a Abs. 3 Satz 2 Nr. 2 EStG) zu berechnen ist,[9] ein handelsrechtlicher, niedrigerer Wert kann angesetzt werden, wenn er nachgewie-

---

1 BFH v. 15. 3. 2000 I R 40/99, BStBl II 2000, 504.
2 Vgl. Frotscher/Drüen, KStG, Anhang § 8, Stichwort Pensionszusage.
3 BFH v. 15. 10. 1997 I R 40/97, BStBl II 1999, 316; v. 8. 11. 2000 I R 70/99, BStBl II 2005, 653.
4 BFH v. 8. 11. 2000 I R 70/99, BFH/NV 2001, 866.
5 BFH v. 24. 1. 2001 I R 14/00, BFH/NV 2001, 1147.
6 BFH v. 20. 12. 2000 I R 15/00, BFH/NV 2001, 980; v. 31. 3. 2004 I R 65/03, BStBl II 2005, 664.
7 BFH v. 31. 3. 2004 I R 65/03, BFH/NV 2004, 1191.
8 BFH v. 18. 12. 2002 I R 44/01, BFH/NV 2003, 945.
9 BFH v. 7. 11. 2001 I R 79/00, BFH/NV 2002, 287.

sen ist.¹ Der Ansicht der FinVerw,² dass darauf abzustellen sei, ob bei einem unmittelbar nach dem Bilanzstichtag eintretenden Versorgungsfall der Barwert der künftigen Pensionsleistungen auch unter Berücksichtigung einer Rückdeckungsversicherung zu einer Überschuldung führen würde, ist nicht zu folgen. Sie unterstellt nämlich den denkbar ungünstigsten Fall, dass der Versorgungsfall unmittelbar nach der Erteilung der Zusage eintrete und keine Zeit bleibe, die Rückstellung für die Verpflichtung planmäßig aufzubauen. Es ist aber nur das hinreichend wahrscheinliche Versorgungsrisiko und **nicht** das **„Bilanzsprungrisiko"** einzubeziehen.³ Dies gilt auch für die Zusage im Invaliditätsfall.⁴

6117 Inzwischen hat die FinVerw ihre von den BFH-Entscheidungen abweichende Auffassung zur Finanzierbarkeit im BMF-Schreiben v. 6.9.2005⁵ aufgegeben. Sie stellt klar, dass sie die – gleichzeitig im BStBl veröffentlichten Urteile⁶ – allgemein anwendet.

6118 Wird die **Versorgungszusage** mit einer **Rückdeckungsversicherung** abgesichert, kommt es für die Finanzierbarkeit darauf an, ob die **GmbH die jährlichen Versicherungsprämien** – gemessen an der wirtschaftlichen Situation – im Zusagezeitpunkt **aufbringen kann**.⁷ Dies bedeutet, dass aus dem Fehlen einer Versicherung zur Rückdeckung einer Versorgungsanwartschaft zwar nicht geschlossen werden kann, dass die Anwartschaft sich nicht von der GmbH finanzieren lasse, dass aber umgekehrt auch nicht zwingend bei Abschluss einer (kongruenten oder teilkongruenten) Rückdeckungsversicherung die Finanzierbarkeit der Anwartschaft im Umfang der Rückdeckung stets gesichert sei. Die Sicherung der Finanzierung kann aber nur dann verneint werden, wenn zu vermuten ist, dass die GmbH die jährlichen Prämien nach der wirtschaftlichen Situation im Zusagezeitpunkt nicht wird aufbringen können.⁸ Kann die GmbH aus Sicht des Zusagezeitpunkts weder die jährlichen Versicherungsprämien aufbringen noch die ihr verbleibenden finanziellen Risiken aus eigener Kraft finanzieren, ist die Zusage als gesellschaftlich veranlasst zu qualifizieren. Dies gilt freilich nur in dem Umfang, in dem unter Einbeziehung des aktivierten Versicherungsanspruchs eine Finanzierung der Versorgungsansprüche bei Eintritt des Versorgungsfalles nicht gesichert war.⁹

6119 Die GmbH darf mit der **Pensionszusage** auch an die **Grenze** ihrer **finanziellen Leistungsfähigkeit** gehen. Natürlich bleiben auch in diesem Zusammenhang Fragen offen, wie z. B. ob die GmbH ihren gesamten Gewinn dafür einsetzen darf, woran sich die GmbH bei der Schätzung orientieren darf, ob die Gewinne der letzten drei bis fünf Jahre maßgebend sind und ob auch berechtigte Aussichten auf steigende Erträge berücksichtigt

---

1 BFH v. 31.3.2004 I R 65/03, BFH/NV 2004, 1191.
2 BMF v. 14.5.1999, BStBl I 1999, 512, Tz. 2.2.
3 BFH v. 20.12.2000 I R 15/00, BFH/NV 2001, 980; v. 31.3.2004 I R 65/03, BFH/NV 2004, 1191.
4 BFH v. 24.1.2001 I R 14/00, BFH/NV 2001, 1147.
5 BStBl I 2005, 875.
6 Vom 20.12.2000 I R 15/00, BStBl II 2005, 657; v. 8.10.2000 I R 70/99, BStBl II 2005, 653; v. 7.11.2001 I R 79/00, BStBl II 2005, 659; v. 4.9.2002 I R 7/01, BStBl II 2005, 662; v. 31.3.2004 I R 65/03, BStBl II 2005, 664.
7 BFH v. 24.1.2001 I R 14/00, BFH/NV 2001, 1147.
8 BFH v. 31.3.2004 I R 65/03, BStBl II 2005, 664.
9 Vgl. BFH v. 31.3.2004 I R 65/03, BStBl II 2005, 664.

6120 Ist die Zusage finanzierbar oder ist das Risiko durch eine Rückdeckungsversicherung abgedeckt, kommt eine vGA aus dem Gesichtspunkt der fehlenden Finanzierbarkeit nicht mehr in Betracht, sie kann sich dann nur noch aus anderen Gründen, z. B. der Unangemessenheit, ergeben.[3]

6121 Erteilt die GmbH die **Zusage für die Alters-, Hinterbliebenen- und Invaliditätsversorgung,** handelt es sich nach Auffassung des BFH[4] **nicht um ein einheitliches Wirtschaftsgut**; seine bisher andere Auffassung[5] hat das BMF mit Schreiben vom 6. 8. 2005[6] aufgegeben und die vorgenannten Entscheidungen im BStBl veröffentlicht.

6122 **Gegenstand der Finanzierbarkeitsprüfung** in Zusage- oder Anpassungszeitpunkt kann daher **jeder einzelne Teil der Versorgungszusage** sein, der wie wiederum betraglich teilbar und teilfinanzierbar sein kann.[7] Ist die gesamte Versorgungszusage nicht finanzierbar, bedeutet dies nicht, dass die Zusage insgesamt steuerlich nicht anzuerkennen ist. Es ist der finanzierbare Teil (z. B. regelmäßig die Altersversorgung) anzusetzen, und die übrigen Teile führen zu einer vGA. Entsprechend ist zu verfahren, wenn z. B. die Altersrente nicht voll finanzierbar ist. Dann hätte ein ordentlicher und gewissenhafter Geschäftsleiter eine eingeschränkte, finanzierbare Pensionszusage erteilt, er hätte aber nicht unbedingt von einer Pensionszusage insgesamt abgesehen.[8] Auch wenn mehrere Versorgungszusagen nacheinander erteilt werden – z. B. die Altersversorgung wird später um eine Invaliditätsversorgung ergänzt – liegen verschiedene Lasten vor, die jeweils für sich auf ihre Finanzierbarkeit hin zu untersuchen sind. Die bisher vertretene Einheitstheorie der FinVerw entfällt.[9]

6123 Da die FinVerw die zur Finanzierbarkeit vom BFH entwickelten Grundsätze nun allgemein anwendet, wird sie wohl auch der Klarstellung im BFH-Urteil v. 31. 3. 2004[10] folgen, dass eine Pensionsrückstellung nicht gewinnerhöhend aufgelöst werden darf, wenn nachträglich erkannt wird, dass die Zusage als vGA hätte gewertet werden müssen. Auch solche Zusagen sind weiterhin in der Bilanz auszuweisen, weil die GmbH entsprechend verpflichtet bleibt. Die Gewinnkorrektur außerhalb der Bilanz darf nur in dem Jahr vorgenommen werden, in dem die Zuführung zu der Rückstellung den Gewinn mindert. Eine nachträgliche Korrektur des Gewinns ist nicht möglich.[11]

---

1 Vgl. Paus, INF 2006, 70.
2 BStBl I 2005, 875.
3 BFH v. 28. 1. 2004 I R 21/03, BFH/NV 2004, 890.
4 Vom 20. 12. 2000 I R 15/00, BFH/NV 2001, 980; v. 7. 11. 2001 I R 79/00, BFH/NV 2002, 287.
5 Vgl. BMF v. 14. 5. 1999, BStBl I 1999, 512, Tz. 2.1.
6 BStBl I 2005, 875.
7 So Gosch, KStG, § 8 Rz. 1115.
8 BFH v. 7. 11. 2001 I R 79/00, BFH/NV 2002, 287.
9 Vgl. Keil/Prost, DB 2006, 355.
10 I R 65/03, BStBl II 2005, 664.
11 Vgl. Paus, INF 2006, 70.

f) Angemessenheit

aa) Bestandteil einer angemessenen Gesamtvergütung

Die zugesagte Versorgung muss angemessen sein. Hierzu ist zum einen erforderlich, dass die Pensionszusage zusammen mit allen anderen Vergütungsbestandteilen und als deren Bestandteil zu einer angemessenen Höhe der Gesamtvergütung führt. Zum anderen muss die Versorgungszusage in einem angemessenen Verhältnis zum Gehalt stehen, eine Überversorgung darf nicht eintreten,[1] weil die Pensionszusage dazu dienen soll, eine Versorgungslücke aufgrund der Sozialversicherung abzudecken.

6124

bb) Fiktive Jahresnettoprämie

In die Prüfung der Angemessenheit der Gesamtbezüge geht die zugesagte Altersversorgung mit der sog. fiktiven **Jahresnettoprämie** ein. Sie entspricht dem Jahresbetrag einer fiktiven Lebensversicherung bis zum vorgesehenen Versorgungsalter, deren Gesamtleistung gleichmäßig auf die Kalenderjahre vom Zeitpunkt der Zusage bis zum Versorgungsfall zu verteilen ist. Regelmäßiges Versorgungsalter ist das 65. Lebensjahr oder das vereinbarte höhere Pensionseintrittsalter, maximal das 75. Lebensjahr. Für die Prüfung der Angemessenheit einer Pensionszusage ist auf die Verhältnisse zum Zeitpunkt ihrer Erteilung abzustellen.[2] Verbindlich zugesagte prozentuale Steigerungen von maximal 3 v. H. pro Jahr dürfen berücksichtigt werden,[3] nicht aber eine höhere Pensionszusage, die dazu dienen soll, künftige ungewisse Erhöhungen der Bemessungsgrundlage (Vorwegnahme künftiger steigender Einkommen) oder Verminderungen des Wert der Anwartschaft (wegen Geldentwertung oder Verringerung der Sozialversicherungsrente) auszugleichen, weil insoweit eine Rückstellung nach § 6a EStG nicht gebildet werden darf.

6125

Wird die Versorgungszusage erhöht, ist für den Erhöhungsbetrag eine eigene fiktive Jahresnettoprämie zu ermitteln und in die Prüfung der Angemessenheit einzubeziehen.

6126

cc) Keine Überversorgung

Die Versorgungszusage darf nicht zu einer **Überversorgung** führen. Diese leitet die Rechtsprechung aus dem vorerwähnten, im § 6a Abs. 3 Satz 2 Nr. 1 Satz 4 EStG begründeten Gesichtspunkt ab, dass Werterhöhungen und Verminderungen der Pensionsleistungen nach dem Schluss des Wirtschaftsjahres, die hinsichtlich des Zeitpunktes ihres Wirksamwerdens oder ihres Umfanges ungewiss sind, bei der Berechnung des Barwertes der künftigen Pensionsleistungen und der Jahresbeträge erst zu berücksichtigen sind, wenn sie eingetreten sind.

6127

Diese Regelungslage lässt sich durch eine entsprechende höhere Bemessung der Versorgung nicht umgehen, vielmehr liegt in der Vorwegnahme künftiger Entwicklungen eine Überversorgung vor, die zur Kürzung der Pensionsrückstellungen führt. Dies ist ty-

---

1 Vgl. Gosch, KStG, § 8 Rz. 1125.
2 BFH v. 18. 12. 1996 I R 139/94, BStBl II 1997, 301.
3 BFH v. 31. 3. 2004 I R 79/03, BStBl II 2004, 940.

pisierend dann der Fall, wenn die Versorgungsanwartschaft mit der Rentenanwartschaft aus der gesetzlichen Rentenversicherung **75 v. H.** der am Bilanzstichtag bezogenen **Aktivbezüge übersteigt.**[1] **Obergrenze bei Witwenversorgungen sind 60 v. H. der zugesagten Pensionen.** Um die Schwierigkeiten bei der Schätzung der letzten Aktivbezüge und der zu erwartenden Sozialversicherungsrente zu vermeiden, wird davon aus Vereinfachungsgründen abgesehen, wenn die laufenden Aufwendungen für die gesamte Altersversorgung (Arbeitgeber- und Arbeitnehmeranteile zur gesetzlichen Sozialversicherung, freiwillige Leistungen des Arbeitgebers für Zwecke der Altersversorgung und Zuführungen zu einer Pensionsrückstellung) **30 v. H. des steuerpflichtigen aktuellen Arbeitslohns** nicht übersteigen. Rentenanpassungen in einem Toleranzbereich zwischen 1 v. H. und 3 v. H. sind jedoch nicht einzubeziehen.[2]

6128 Entsprechend verfuhr bisher die FinVerw,[3] die aber die Vereinfachungsregelung (30 v. H.-Regelung) ab 1. 1. 2005 nicht mehr anwendet, sondern durch den BMF-Erlass vom 3. 11. 2004[4] ersetzt hat. Nach dieser Regelung werden im Grundsatz die zugesagten betrieblichen Versorgungsleistungen (direkte Zusage, Direktversicherung, Pensionskasse, Unterstützungskasse und Pensionsfonds) zusammen mit der zu erwartenden Rente aus der gesetzlichen Rentenversicherung einerseits und sämtlichen Aktivbezügen des Versorgungsberechtigten (Arbeitslohn i. S. d. § 2 LStDV) andererseits – mit Ausnahme der Versorgungsleistungen, die auf Entgeltumwandlungen beruhen, und die umgewandelten Entgelte selbst – zur Prüfung der 75 v. H.-Grenze miteinander verglichen. Dabei sind die Verhältnisse am Bilanzstichtag maßgebend. Rentenanpassungen innerhalb der Toleranzgrenze werden nach wie vor nicht miteinbezogen.

6129 In die Vergleichsgröße der „Aktivbezüge" sind aber nicht die fiktive Jahresnettoprämie für die Versorgungszusage[5] einzubeziehen und auch nicht solche „Bestandteile", die als vGA zu behandeln und umzuqualifizieren sind.[6]

6130 Ergibt sich nach dieser Prüfung eine überhöhte Versorgungszusage und damit ein gem. § 6a EStG überhöhter Teilwert der Pensionsrückstellung, ist dieser anteilig aufzulösen, was zu einer entsprechenden Gewinnerhöhung im Umfang des Unterschiedsbetrages zwischen der tatsächlich gebildeten Rückstellung und dem steuerlich anzusetzenden Betrag führt. Diese erfolgswirksame Rückstellungskorrektur ist nach den Grundsätzen des formellen Bilanzenzusammenhangs in der ersten noch offenen Schlussbilanz in vollem Umfang vorzunehmen. Damit fehlt es zugleich an einer Vermögensminderung als Voraussetzung für die Annahme einer vGA.[7] Die sog. **Überversorgung** zieht also keine **außerbilanzielle Korrektur** nach sich.

---

1 St. Rspr., BFH v. 31. 3. 2004 I R 79/03, BStBl II 2004, 940, m. w. N.
2 BFH v. 15. 9. 2004 I R 62/03, BStBl II 2005, 176.
3 BMF v. 7. 1. 1998, DStR 1998, 531.
4 BStBl I 2004, 1045.
5 BFH v. 31. 3. 2004 I R 70/03, BStBl II 2004, 937.
6 BFH v. 15. 9. 2004 I R 62/03, BStBl II 2005, 176.
7 BFH v. 31. 3. 2004 I R 70/03, BStBl II 2004, 937.

g) Barlohnumwandlung

Um den Gefahren der Überversorgung zu entgehen, liegt es nicht fern, mit dem Gesellschafter-Geschäftsführer eine Vereinbarung zu treffen, wonach das Gehalt vermindert und in eine Versorgungszusage umgewandelt wird, oder das Gehalt aufzubessern und es unter Verzicht auf die Barauszahlung in eine Versorgungszusage umzuwandeln ist. Eine solche **Barlohn- oder Entgeltsumwandlung**, auf die einem Arbeitnehmer nach § 1a BetrAV n. F. ein Rechtsanspruch gegen den Arbeitgeber eingeräumt ist, bietet sich auch für den (beherrschenden) Gesellschafter-Geschäftsführer einer GmbH als Gestaltung innerhalb der Vertragsfreiheit an. Dies gilt umso mehr, als nach dem BMF-Erlass vom 3. 11. 2004[1] solchermaßen finanzierte Versorgungsanwartschaften bei Arbeitnehmern aus der Prüfung der Überversorgung herausgenommen werden, weil sie aus eigenen Mitteln des Arbeitnehmers finanziert werden. Ob diesen Rechtsgedanken auch der BFH aufgreifen wird, ist noch offen; für den vergleichbaren Fall einer Direktversicherung aus Entgeltsumwandlung hat er eine gegenteilige Ansicht vertreten.[2]

6131

Bei solchen Gestaltungen sollte jedoch auf der Grundlage des BFH-Urteils vom 15. 9. 2004[3] Folgendes berücksichtigt werden: Bei der **Vereinbarung der Gehaltserhöhung und der Barlohnumwandlung** in eine **Versorgungszusage** muss diese **finanzierbar** sein, die **Probezeit** muss **eingehalten** werden und die **Versorgungszusage muss ernsthaft** gemeint sein. Dafür verlangt der BFH eine Absicherung unter Hinweis darauf, dass der Gesellschafter-Geschäftsführer auf die Auszahlung eines Teils seiner Barbezüge nicht verzichten würde, um irgendwann später eine Betriebspension zu erhalten, ohne dass ihm **ausreichende Sicherheiten** zur Verfügung stehen. Als solche **Sicherheiten** kommen der **Abschluss einer Rückdeckungsversicherung** oder deren **Verpfändung** an den Gesellschafter-Geschäftsführer in Betracht.

6132

Gesetzliche Ansprüche gegen den **Pensionssicherungsverein** (§ 7 BetrAVG) **reichen nicht**, weil sie den Gesellschafter-Geschäftsführer nicht schützen. Werden diese Gesichtspunkte nicht beachtet oder liegen sonstige Verstöße gegen die beim beherrschenden Gesellschafter-Geschäftsführer zu beachtenden Sonderregeln vor, ist die der Barlohnumwandlung vorangehende Gehaltsaufbesserung eine vGA mit der Folge, dass der Aktivlohn des Gesellschafter-Geschäftsführers am Bilanzstichtag sich nicht erhöht und deshalb wieder die Überversorgungprüfung negativ ausfällt. Die Pensionsrückstellung ist dann in dem Umfang zu korrigieren, wie sie die Überversorgungsgrenze übersteigt, und nicht nur im Umfang der Beträge, in dem für den Teil der Versorgungszusage Rückstellungen gebildet wurden, die auf der Barlohnumwandlung beruhen. In dem genannten Urteil hat der BFH außerdem ausgeführt, dass die Sonderregeln für beherrschende Gesellschafter-Geschäftsführer und ihnen nahe stehende Personen auch dann gelten, wenn der Geschäftsführer spontan von der Gesellschaft für eine besondere Leistung belohnt werden soll. Er verlangt in diesem Fall auch, dass die Zusage bereits erteilt wird, bevor die zu belohnende Sonderleistung erbracht wird.

---

1 BStBl I 2004, 1045, Tz. 18.
2 BFH v. 16. 5. 1995 XI R 87/93, BStBl II 1995, 873.
3 I R 62/03, BStBl II 2005, 176.

Eine Belohnung im Nachhinein stellt eine vGA dar. Es ist daher zu empfehlen, wenn nach den Verhältnissen des Einzelfalles der Gesellschafter-Geschäftsführer etwa für die Werbung besonderer Kunden eine Prämie oder eine Provision erhalten soll, dies von vornherein im Anstellungsvertrag klar und eindeutig zu regeln, zumindest aber entsprechende Zusagen so früh wie möglich zu erteilen, und nicht erst, wenn die zu belohnende Leistung bereits erbracht ist.

h) Nur-Pension

6133 Die Vereinbarung einer Versorgungszusage unter Verzicht auf jegliche laufende Vergütung für den Gesellschafter-Geschäftsführer (**Nur-Pension**) hielt der BFH[1] für unangemessen und erkannte sie steuerlich nicht an, weil ein fremder Dritter eine solche Vereinbarung nicht abgeschlossen hätte, da sie für ihn allzu riskant und ungünstig sei. Eine solche Vereinbarung lasse sich nur aus dem Gesellschaftsverhältnis heraus erklären.

6134 Die Ablehnung beruhte daher auf dem sog. doppelten Fremdvergleich. Nunmehr stützt der BFH seine Ablehnung einer Nur-Pension auf den Gesichtspunkt der **Überversorgung**, die zu einer Korrektur der Pensionsrückstellung führe und somit eine vGA ausschließe.[2] Dies gilt jedenfalls dann, wenn der Nur-Pensionszusage keine Umwandlung anderweitig vereinbarten Barlohns zugrunde liegt. Bemessungsgrundlage dafür, ob der Gesellschafter-Geschäftsführer infolge der ihm zugesagten Versorgungsanwartschaft überversorgt worden ist, ist nicht ein fiktiver, sondern stets der tatsächliche Aktivlohn. Werde kein laufender Aktivlohn gezahlt und ein solcher Barlohn auch nicht vertraglich in eine Anwartschaft in Gestalt der zugesagten Nur-Pension umgewandelt, läge stets eine Überversorgung vor.

6135 Stellt die Pensionszusage eine vGA dar, sind die jährlichen Zuführungen zur Pensionsrückstellung dem Steuerbilanzgewinn außerbilanziell wieder hinzuzurechnen. Ist die Pensionszusage schon dem Grunde nach nicht anzuerkennen, erfolgt die Hinzurechnung in vollem Umfang. Bei einer teilweise überhöhten Anwartschaft kommt es nur in diesem Umfang zur außerbilanziellen Hinzurechnung, in welchem sie als vGA zu behandeln ist. Eine vGA liegt aber nicht vor, wenn gegen das Verbot der Überversorgung verstoßen wird. Dann wird bereits die Rückstellung ganz oder teilweise korrigiert. Die Korrektur des Steuerbilanzergebnisses auf der 1. Stufe schließt mangels Unterschiedbetrags-Minderung die Annahme einer vGA aus. Ohne Auswirkung bleibt die Qualifizierung der Zusage als vGA auf einer dafür abgeschlossene Rückdeckungsversicherung. Sie behält als Finanzierungsmaßnahme der GmbH ihren betrieblichen Charakter, der von der gesellschaftlichen Mitveranlassung der Pensionszusage nicht überlagert wird.[3]

i) Abfindungen

6136 Eine **Abfindung** der laufenden Pensionsansprüche nach Erreichen das Pensionsalters in einem Einmalbetrag (Barwert) ist grundsätzlich zulässig. Eine Abfindung der Pensions-

---

1 Vom 17.5.1995 I R 147/93, BStBl II 1996, 204.
2 BFH v. 9.11.2005 I R 89/04, BStBl II 2008, 523; vgl. dazu BMF v. 16.6.2008, BStBl I 2008, 681.
3 BFH v. 7.8.2002 I R 2/02, BStBl II 2004, 131.

anwartschaft vor Eintritt des Versorgungsfalles ist regelmäßig erst möglich, wenn sie unverfallbar geworden ist.[1] Die Unverfallbarkeit bewirkt, dass Pensionsanwartschaften beim Ausscheiden des Geschäftsführers vor Erreichen der Altersgrenze zeitanteilig gekürzt bestehen bleiben. Für nicht beherrschende Gesellschaftergeschäftsführer tritt die **Unverfallbarkeit** einer (nach dem 31.12.2000 erteilten) Altersversorgungszusage ein, wenn im Zeitpunkt der Beendigung des Arbeitsverhältnisses das 30. Lebensjahr vollendet ist und die Versorgungszusage mindestens fünf Jahre bestanden hat (Halbierung der früheren Zehnjahresfrist durch das Altersvermögensgesetz). Die früher alternativ geltende Fristenregelung (dreijähriges Bestehen der Zusage bei zwölfjähriger Betriebszugehörigkeit) ist gestrichen worden. Für beherrschende Gesellschafter-Geschäftsführer, die nicht unter das BetrAVG fallen, muss die Unverfallbarkeitsfrist vertraglich vereinbart werden. Es sollte jedoch keine sofort unverfallbare Zusage erteilt werden, vielmehr sollte sich die Unverfallbarkeitsdauer an der gesetzlichen Regelung orientieren. Wegen der Einzelheiten insoweit wird auf das BMF-Schreiben vom 9.12.2002[2] hingewiesen.

Bei **Auflösung des Dienstverhältnisses** – auch anlässlich der Veräußerung der Beteiligung an der GmbH – kann grundsätzlich auch eine Abfindung gezahlt werden. Bei beherrschenden Gesellschafter-Geschäftsführern muss die Abfindung im Vorhinein vereinbart sein, um dem Rückwirkungsverbot zu genügen. Dazu ist es erforderlich, dass die Abfindung vor ihrer Zahlung vereinbart wird, nicht erforderlich ist, dass die Abfindung in der ursprünglichen Pensionszusage vereinbart ist. Abfindungen für verfallbare Anwartschaften sind vGA, weil ein ordentlicher und gewissenhafter Geschäftsleiter verfallbare Ansprüche nicht abfinden würde. Soweit der Pensionsanspruch unangemessen hoch war, ist die Abfindung hierfür ebenfalls eine vGA. Die Abfindung ist nach dem Barwert der Versorgungsleistungen zu berechnen, die der Arbeitgeber bezogen auf die bis zum Abfindungszahlung erworbenen Ansprüche ohne die Abfindung hätte aufbringen müssen. Dies ist nicht der bis zu diesem Zeitpunkt aufgelaufene Barwert nach § 6a Abs. 3 BetrAVG, sondern der höhere Verkehrswert.[3] Die Abfindung einer unverfallbaren Pensionszusage führt bei einem unmittelbaren oder – durch den Verweis auf die Vorschriften des BetrAVG – mittelbaren Abfindungsverbot gleichermaßen zu einer vGA.[4] 6137

(*Einstweilen frei*) 6138–6160

9. Reisekosten und Repräsentationsaufwand

a) Reisekosten

Übernimmt die GmbH **Reisekosten** ihrer Gesellschafter, indem sie sie selbst trägt oder nach Maßgabe des lohnsteuerlichen Reisekostenrechts erstattet, kommt es darauf an, ob die Reise rein betrieblich veranlasst war oder ob sie auch im privaten Interesse des Gesellschafters durchgeführt wurde. Reisekosten einer rein betrieblich veranlassten 6161

---

1 Vgl. auch Götz, NWB F. 3, 13815.
2 BStBl I 2002, 1393.
3 BFH v. 10.11.1998 I R 49/97, BStBl II 2005, 261.
4 BFH v. 14.3.2006 I R 38/05, BFH/NV 2006, 1515.

Reise sind Betriebsausgaben,[1] im anderen Fall liegt eine vGA vor, weil ein solches Verhalten regelmäßig durch das Gesellschaftsverhältnis veranlasst ist.[2] Ob die Reise in diesem Sinne privat veranlasst oder mitveranlasst ist, muss nach den Kriterien beurteilt werden, die zum Betriebsausgabenabzug bei Einzelunternehmern und Personengesellschaften entwickelt worden sind.[3] Den Einwand, dass im Bereich der verdeckten Gewinnausschüttung das aus § 12 Nr. 1 Satz 2 EStG abzuleitende Aufteilungs- und Abzugsverbot nicht unmittelbar gilt,[4] bestätigte der BFH zwar, führte aber aus, dass die für eine vGA ausreichende private Mitveranlassung durch das Gesellschaftsverhältnis regelmäßig gegeben ist, wenn bei vergleichbaren Aufwendungen eines sonstigen Unternehmers § 12 Nr. 1 Satz 2 EStG eingreifen würde. Dies sei nicht zuletzt im Interesse einer rechtsformneutralen Besteuerung sachgerecht.

6162 **Abweichend von § 12 EStG (Aufteilungsverbot)** ist es aber bei der GmbH in Einzelfällen möglich, bestimmte Kosten aufzuteilen, wenn das auslösende Moment (die Grundveranlassung) für die Übernahme der betreffenden Beträge nicht gesellschaftlich mitveranlasst war. Dazu ist eine detaillierte Dokumentation der Ausgabenzwecke ratsam und sinnvoll.[5]

6163 Sollen einem beherrschenden Gesellschafter-Geschäftsführer Reisekosten erstattet werden, sind grundsätzlich die geltenden Sonderregelungen zu beachten, und zwar auch dann, wenn gesetzliche Ersatzansprüche bestehen, weil diese abbedungen werden können. Folglich muss vorher klar und eindeutig z. B. im Anstellungsvertrag vereinbart sein, dass und in welcher Höhe Reisekosten zu erstatten sind.

6164 Erstattet die GmbH einem Gesellschafter die Kosten für die Reise zur Gesellschafterversammlung, liegt eine vGA vor.[6]

b) Repräsentationsaufwendungen

6165 Eigener **Repräsentationsaufwand** der GmbH ist als Betriebsausgabe abzugsfähig, wobei freilich § 4 Abs. 5 EStG zu beachten ist. Ist der Aufwand privat durch den Gesellschafter mitveranlasst, liegt eine vGA vor. Voneinander abgrenzbare Aufwendungen, die teils betrieblich und teils gesellschaftlich veranlasst sind, können aufgeteilt werden, weil das Verbot in § 12 Nr. 1 Satz 2 EStG nicht gilt, sondern durch die speziellere Regelung in § 8 Abs. 3 Satz 2 KStG verdrängt wird.[7]

6166 Bislang wurde **eigener Repräsentationsaufwand** der GmbH bei Feiern aus **privatem Anlass des Gesellschafters (Geburtstag, Familienfest)** auch dann **verneint**, wenn bei sol-

---

1 BFH v. 19. 2. 1999 I R 105–107/97, BStBl II 1999, 321.
2 Vgl. Gosch, KStG, § 8 Rz. 1160.
3 So BFH v. 6. 4. 2005 I R 86/04, BStBl II 2005, 666, zu einer Reise des Gesellschafter-Geschäftsführers, die wesentliche allgemein-touristische Elemente enthielt und deshalb nicht nur den betrieblichen Belangen der GmbH diente, vgl. zum Aufteilungsverbot aber Vorlagebeschluss des BFH v. 20. 7. 2006 VI R 94/01, BFH/NV 2006, 1968.
4 BFH v. 7. 7. 1976 I R 180/74, BStBl II 1976, 753; Gosch, KStG, § 8 Rz. 835, 1166.
5 Vgl. Gosch, BFH-PR 2005, 325.
6 Vgl. Gosch, KStG, § 8 Rz. 1160.
7 Gosch, KStG, § 8 Rz. 835; BFH v. 13. 3. 1985 I R 122/83, BFH/NV 1986, 48.

chen Anlässen Geschäftskontakte gepflegt oder angebahnt werden sollten.[1] Dies kann nicht mehr uneingeschränkt aufrechterhalten werden, nachdem für die Lohnsteuerpflicht des Arbeitnehmers oder eines Fremdgeschäftsführers unter Berücksichtigung aller Umstände des Einzelfalles zu befinden ist, ob bei ihm begünstigter Arbeitslohn i. S. v. § 19 Abs. 1 Satz 1 EStG vorliegt oder nicht.[2] Aus dem Auftreten des Arbeitgebers als Gastgeber, seiner Einflussnahme auf die Gästeliste, Auswahl und Anzahl der Gäste, Ort des Festes kann sich nämlich ergeben, dass sich die Veranstaltung als Feier des Arbeitgebers (GmbH) darstellen kann. Unter dem Gesichtspunkt, dass die Vermögensminderung objektiv geeignet sein muss, beim Gesellschafter zu einem Vorteilszufluss zu führen, um eine vGA annehmen zu können, muss dies auch im Rahmen von § 8 Abs. 3 Satz 2 KStG beachtet werden. Fehlt beim Gesellschafter-Geschäftsführer ein potenzieller Lohnzufluss (§ 19 EStG), der in Kapitaleinkünfte (§ 20 Abs. 1 EStG) umqualifiziert werden könnte, scheidet auf der Ebene der GmbH eine vGA aus.[3] Beim beherrschenden Gesellschafter-Geschäftsführer muss allerdings im Hinblick auf die dort geltenden Sonderregelungen von vornherein klar und eindeutig sein, dass die betreffende Feier eine solche der GmbH und nicht des Geschäftsführers ist.[4]

(*Einstweilen frei*) 6167–6299

VI. Behandlung der Gesellschafterfremdfinanzierung – Zinsschranke

Literatur: Zur älteren Literatur s. Vorauflage (3. Aufl., 2014); zur jüngeren Literatur s. KKB/Ortmann-Babel § 4h EStG.

1. Allgemeines zur neuen Zinsschranke; Anwendungsregelung

Im Zuge der Unternehmenssteuerreform 2008 wurde für alle Unternehmen unabhängig von ihrer Rechtsform die sog. **Zinsschranke** eingeführt, die zumindest vorübergehend die Abzugsfähigkeit betrieblicher Zinsaufwendungen in Abhängigkeit von der Höhe des Gewinns beschränkt.[5] Die Rechtsgrundlage findet man in § 4 h EStG und § 8a KStG = Zinsschranke/Gesellschafterfremdfinanzierung.[6] Die Zinsschranke nach § 4h EStG und § 8a KStG ist ein völlig neues Instrument zur Beschränkung der steuerlichen Abzugsfähigkeit von Aufwendungen für Fremdkapital in Abhängigkeit vom Gewinn. Sie tritt an die Stelle der alten Gesellschafter-Fremdfinanzierung gem. § 8a KStG a. F. Man lehnt sich an die in den USA vergleichbaren „earnings stripping rule" an. 6300

Die für Unternehmen als krisenverschärfend angesehene Zinsschranke wurde abgemildert. Hierzu erfolgt eine Anhebung der Freigrenze für den generell unschädlichen Zins-

---

[1] BFH v. 28. 11. 1991 I R 34-35/90, BFH/NV 1992, 560; v. 14. 7. 2004 I R 57/03, BFH/NV 2004, 1603.
[2] BFH v. 28. 1. 2003 VI R 48/99, BStBl II 2003, 724; v. 28. 1. 2003 VI R 43/99, BFH/NV 2003, 1039.
[3] Gosch, KStG, § 8 Rz. 1168.
[4] BFH v. 14. 7. 2004 I R 57/03, BFH/NV 2004, 1603.
[5] Der BFH bejaht mittlerweile die Verfassungswidrigkeit der Zinsschranke und hat die Frage mit Beschluss v. 14. 10. 2015 I R 20/15, NWb DokID: TAAAF-66181, BFH/NV 2016, 475 dem BVerfG vorgelegt; vgl auch unten Rn. 6341.
[6] Zur Zinsschranke s. im Übrigen, Anwendungsschreiben des BMF v. 4. 7. 2008 IV C 7 – S 2742 – a/07/10001, BStBl I 2008, 718.

aufwand von ursprünglich 1 Mio. auf 3 Mio. €, um kleinere Unternehmen aus dem Anwendungsbereich herauszunehmen.

6301 Die Unterscheidung zur Vorgängerregelung ergibt Folgendes:

▶ Zinsschranke,

- unabhängig von der Person des Fremdkapitalgebers
  > (Früher Anteilseigner)
- Rechtsformunabhängig
  > (früher auf Finanzierungsaufwand von Kapitalgesellschaften beschränkt)
- Nicht differenziert nach Art und Laufzeit der Fremdfinanzierung
  > (früher nur langfristig und Aufteilung in F 1 = nicht und F2 = Bruchteilsvergütung)
- Gewinnabhängige Ausgestaltung
  > (früher kapitalabhängige Ausgestaltung mit Einlagegestaltung)

▶ Außerbilanzielles Betriebsausgabenabzugsverbot
  > (früher vGA Fiktion mit Auswirkung auf Gesellschafterbesteuerung)

▶ § 4h EStG Grundnorm mit § 8a KStG Modifizierung für Körperschaften
  > (früher § 8a KStG a.F. Grundnorm nur Kö-Bezug).

6302 Die Zinsschrankenregelungen verfolgen folgende Ziele:

▶ Missbrauchsvermeidung

▶ Eindämmung übermäßiger Fremdkapitalfinanzierung

▶ Anreiz zur Eigenkapitalquotenbildung

▶ Sicherung des Steueraufkommens.

6303 Die Zinsschrankenregelung startet mit § 4h EStG und gilt für alle unternehmerischen Rechtsformen. Erst für Körperschaften gelten die Weiterungen durch § 8c KStG. Zur Verdeutlichung soll die folgende Grafk dienen:

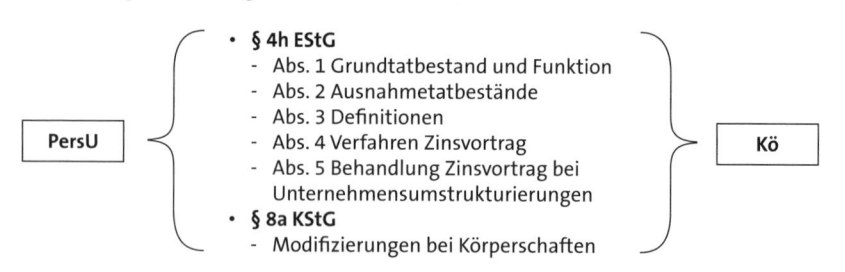

```
                    • § 4h EStG
                      - Abs. 1 Grundtatbestand und Funktion
                      - Abs. 2 Ausnahmetatbestände
                      - Abs. 3 Definitionen
   PersU              - Abs. 4 Verfahren Zinsvortrag                    Kö
                      - Abs. 5 Behandlung Zinsvortrag bei
                        Unternehmensumstrukturierungen
                    • § 8a KStG
                      - Modifizierungen bei Körperschaften
```

6303/1 Die Zinsschranke ist erstmals für Wirtschaftsjahre anzuwenden, die nach dem 25.5.2007 begonnen haben und nicht vor dem 1.1.2008 enden (§ 52 Abs. 12d EStG, § 34 Abs. 6a Satz 3 KStG).[1] Bei kalenderjahrgleichem Wirtschaftsjahr gilt die Vorschrift erstmals für das Geschäftsjahr 2008, bei abweichendem Wirtschaftsjahr kann bereits das Wirtschaftsjahr 2007/2008 betroffen sein.

---

1 Vgl. BMF v. 4.7.2008 IV C 7 – S 2745-a/08/10001, BStBl I 2008, 736.

2. Grundtatbestand § 4h Abs. 1 EStG

Gemäß § 4h Abs. 1 sind Zinsaufwendungen eines Betriebs abziehbar in Höhe des Zinsertrags, darüber hinaus nur bis zur Höhe des verrechenbaren EBITDA.

6304

Das verrechenbare EBITDA wird definiert mit 30 % des um die Zinsaufwendungen und um die nach § 6 Abs. 2 Satz 1 EStG abzuziehenden, nach § 6 Abs. 2a Satz 2 EStG gewinnmindernd aufzulösenden und nach § 7 abgesetzten Beträge erhöhten und um die Zinserträge verminderten maßgeblichen Gewinns.

Soweit das verrechenbare EBITDA die um die Zinserträge geminderten Zinsaufwendungen des Betriebs übersteigt, ist es in die folgenden fünf Wirtschaftsjahre vorzutragen (EBITDA-Vortrag); ein EBITDA-Vortrag entsteht nicht in Wirtschaftsjahren, in denen die Ausnahmetatbestände des § 4h Abs. 2 EStG die Anwendung von Absatz 1 Satz 1 ausschließt. Zinsaufwendungen, die nach § 4a Abs. 1 Satz 1 EStG nicht abgezogen werden können, sind bis zur Höhe der EBITDA-Vorträge aus vorangegangenen Wirtschaftsjahren abziehbar und mindern die EBITDA-Vorträge in ihrer zeitlichen Reihenfolge.

Danach verbleibende nicht abziehbare Zinsaufwendungen sind in die folgenden Wirtschaftsjahre vorzutragen (Zinsvortrag). Sie erhöhen die Zinsaufwendungen dieser Wirtschaftsjahre, nicht aber den maßgeblichen Gewinn.

a) Gewinnermittlungsvorschrift

Es handelt sich um eine Gewinnermittlungsvorschrift und beschränkt den Abzug für Zinsaufwendungen eines Betriebs.

6305

Für die die Frage nach der Abzugshöhe ergibt sich in folgender Reihenfolge die Antwort:

- ▶ in Höhe des Zinsertrags
- ▶ zzgl. eines EBITDA – Vortrags der letzten fünf Jahre gem. § 4h Abs. 1 Satz 3 bis 4 EStG
- ▶ darüber hinaus nur bis zur Höhe von 30 % des EBITDA.

Der verbleibende Rest ist im Wj nicht abziehbar wird aber im Wege des Zinsvortrags gem. § 4h Abs. 1 Satz 5 EStG berücksichtigt.

b) Betrieb

Das Gesetz enthält keine Betriebsdefinition. Nach überwiegender Auffassung hat nur derjenige einen Betrieb, der Einkünfte erzielt aus

6306

- ▶ L. u. F Betriebe
- ▶ Gewerbebetriebe
- ▶ Selbständig Tätige = Freiberuflerbetrieb.

Mehrere Betriebe können nur Einzelunternehmer haben. Dagegen können nur einen Betrieb haben

- ▶ Mitunternehmerschaften
- ▶ **Kapitalgesellschaften.**

Organträger und Organgesellschaften gelten gem. § 15 Nr. 3 KStG als ein Betrieb i. S. d. § 4h EStG!

c) Erfasstes Fremdkapital und erfasste Kapitalforderungen[1]

6307 Zinsschranke erfasst Geldkapital laufzeitunabhängig (§ 4h Abs. 3 Satz 3). Dazu gehören

- fest und variabel verzinsliche Darlehen
- partiarische Darlehen
- Gewinnschuldverschreibungen
- Genussrechtskapital mit Gewinnminderung (ohne Recht am Gewinn und Liquidationserlös gem. § 8 Abs. 2 Satz 2 KStG).

6308 Die Zinsschranke erfasst nicht überlassenes Sachkapital

- Miete
- Erbpacht
- Lizenzen
- Leasing.

d) Zinsaufwendungen und Zinserträge

6309 Zinsaufwendungen sind gem. § 4h Abs. 3 Satz 2 EStG Vergütungen für Fremdkapital, die den maßgeblichen Gewinn gemindert haben.

Zinserträge sind gem. § 4h Abs. 3 Satz 3 EStG Erträge aus Kapitalforderungen jeder Art, die den maßgebliche Gewinn erhöht haben.

Vor allem gehören dazu:[2]

- Zinsen
- Gewinnbeteiligungen außerhalb § 20 Abs. 1 Nr. 1 EStG
  - Partiarisches Darlehen
  - Typisch stille Beteiligung
- Damnum
- Disagio
- Vorfälligkeitsentschädigung
- Provisionen
- Gebühren.

6310 Zinsaufwendungen/Zinserträge gem. § 4h EStG haben die steuerliche Bemessungsgrundlage aufgrund anderer Regelungen weder gemindert noch erhöht (§ 4h Abs. 3 Satz 2 EStG).[3] Dazu zählen:

- Nicht abziehbare Zinsen
- Zinsen als verdeckte Gewinnausschüttungen

---

1 Vgl. Tz. 11 ff., BMF v. 4. 7. 2008 IV C 7 – S 2745-a/08/10001, BStBl I 2008, 736.
2 Vgl. Tz. 15, BMF v. 4. 7. 2008 IV C 7 – S 2745-a/08/10001, BStBl I 2008, 736.
3 Vgl. Tz. 16, BMF v. 4. 7. 2008 IV C 7 – S 2745-a/08/10001, BStBl I 2008, 736.

3. Abschnitt: Die laufende Besteuerung der GmbH

▶ Dividenden
▶ Zinsen nach §§ 233 ff. AO
▶ Skonti und Boni.

e) Maßgeblicher Gewinn

Maßgeblicher Gewinn ist gem. § 4h Abs. 3 Satz 1 EStG der nach den Vorschriften dieses Gesetzes mit Ausnahme des nach Abs. 1 ermittelte steuerpflichtige Gewinn.

6311

f) Die Schritte zur Auslösung der Zinsschranke

Die Zinsschranke ist erst denkbar wenn der Zinsaufwand über dem Zinsertrag steht. In der ersten Stufe werden daher Zinsaufwand und Zinsertrag verglichen. Dazu die nachfolgende Grafik zur Verdeutlichung:

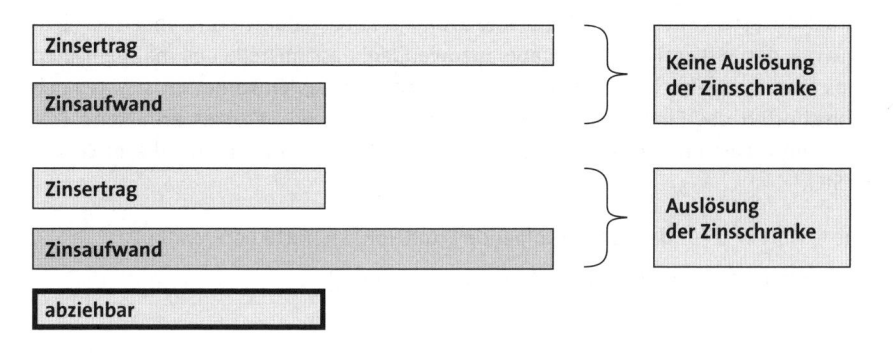

6312

Ist der Zinsaufwand höher, ist für einen weiteren Abzug Folgendes entscheidend. Das verrechenbare EBITDA ist 30 % des um die Zinsaufwendungen und um die nach § 6 Abs. 2 Satz 1 EStG abzuziehenden, nach § 6 Abs. 2a Satz 2 EStG gewinnmindernd aufzulösenden und nach § 7 EStG abgesetzten Beträge erhöhten und um die Zinserträge verminderten maßgeblichen Gewinns.

6312/1

Daraus erfolgt die weitere grafische Darstellung:

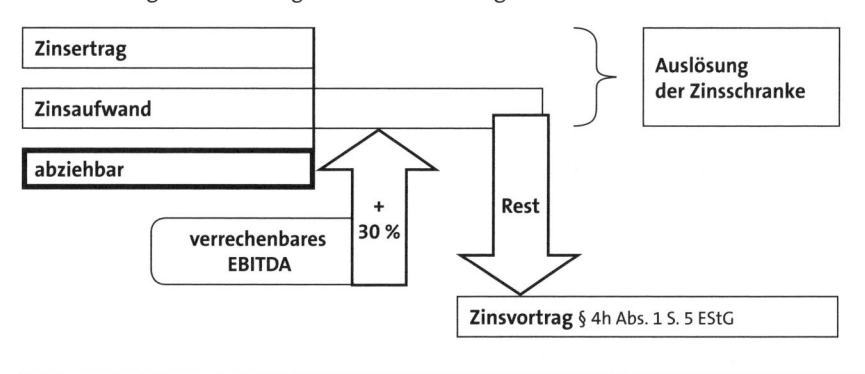

g) EBITDA

6313 Der Begrif wird aus dem englischen abgeleitet und bedeutet:: „Earnings before Interest, Tax, Depreciation and Amortisation".

Er beinhaltet folgende Ermittlungsschritte:

- Gewinn lt. EStG (ohne Berücksichtigung von § 4h EStG)
- + Zinsaufwendungen ⎫
- ./. Zinserträge ⎭ → Interest
- + AfA auf (neue) GWG (§ 6 Abs. 2 Satz 1 EStG) ⎫
- + AfA auf Sammelposten (§ 6 Abs. 2a Satz 2 EStG) ⎭ → Depreciation
- + AfA bzw. AfS nach § 7 EStG → Amortisation
- = EBITDA (Bemessungsgrundlage für § 4h EStG)

6314 Diese Grunddefinition gilt zunächst für Personenunternehmen. Für Kapitalgesellschaften wird § 4h EStG durch § 8a Abs. 1 Satz 1 und 2 KStG modifiziert. Danach ist § 4h Abs. 1 Satz 1 des EStG mit der Maßgabe anzuwenden, dass anstelle des maßgeblichen Gewinns, das maßgebliche Einkommen tritt. Maßgebliches Einkommen ist das nach den Vorschriften des Einkommensteuergesetzes und dieses Gesetzes ermittelte Einkommen mit Ausnahme der §§ 4h und 10d EStG und des § 9 Abs. 1 Nr. 2 dieses Gesetzes = KStG.

Für eine GmbH sind für das EBITDA folgende Ermittlungsschritte notwendig:

- Gewinn lt. EStG (ohne Berücksichtigung von § 4h EStG)

    + Zinsaufwendungen

    ./. Zinserträge

    + AfA auf (neue) GWG (§ 6 Abs. 2 Satz 1 EStG)

    + AfA auf Sammelposten (§ 6 Abs. 2a Satz 2 EStG)

    + AfA bzw. AfS nach § 7 EStG

    = EBITDA (Bemessungsgrundlage für Personenunternehmen)

- Zusatz für Körperschaften

    + Verlustabzug i. S. von § 10d EStG (Verlustvor- und -rücktrag)

    + Spendenabzug nach § 9 Abs. 1 Nr. 2 KStG

    = EBITDA (Bemessungsgrundlage für Kö)

3. Abschnitt: Die laufende Besteuerung der GmbH

h) Vereinfachte Zusammenstellung der Auslösungsschritte der Zinsschranke

6315

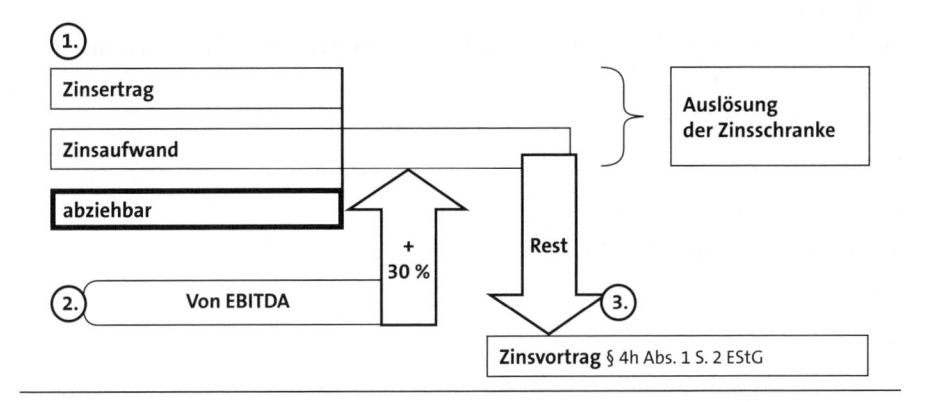

[Diagramm: Schritt 1. Zinsertrag, Zinsaufwand, abziehbar. Schritt 2. Von EBITDA + 30 %. Rest. Schritt 3. Zinsvortrag § 4h Abs. 1 S. 2 EStG. Auslösung der Zinsschranke.]

i) Beispiele zur Zinsschranke

Zinsschrankenbeispiel 1:

6316

Sachverhalt:

Ein der Zinsschranke ohne Ausnahme unterworfener Betrieb weist die folgenden Finanzkennzahlen aus:

- Zinsaufwand 50 Mio. €
- Zinsertrag 20 Mio. €
- AfA 10 Mio. €
- Maßgeblicher Gewinn 10 Mio. €.

Lösung	Vorspalte/EBITDA	Zinsabzug
1. Schritt		
Zinsaufwand	50 Mio. €	
./. Abzugsfähiger Zinsertrag	20 Mio. €	20 Mio. €
Nettozinsaufwand	30 Mio. €	
2. Schritt 30 % EBITDA		
Maßgeblicher Gewinn	10 Mio. €	
+ Nettozins	30 Mio. €	
+ AfA	10 Mio. €	
Steuerliches EBITDA	50 Mio. €	
Abzugsfähig 30 % = v. E.		15 Mio. €
Insgesamt abzugsfähig		35 Mio. €
3. Schritt		
Zinsvortrag		15 Mio. €

Zinsschrankenbeispiel 2:

Sachverhalt:
Ein der Zinsschranke ohne Ausnahme unterworfener Betrieb weist die folgenden Finanzkennzahlen aus:

- Zinsaufwand 50 Mio. €
- Zinsertrag 20 Mio. €
- AfA 10 Mio. €
- Maßgeblicher Gewinn ./. 90 Mio. €.

Lösung	Vorspalte/EBITDA	Zinsabzug
1. Schritt		
Zinsaufwand	50 Mio. €	
./. Abzugsfähiger Zinsertrag	20 Mio. €	20 Mio. €
Nettozinsaufwand	30 Mio. €	
2. Schritt 30 % EBITDA		
Maßgeblicher Gewinn	./. 90 Mio. €	
+ Nettozins	30 Mio. €	
+ AfA	10 Mio. €	
Steuerliches EBITDA = Verlust	./. 50 Mio. €	
Abzugsfähig 30 %		nur EBITDA Gew.
Insgesamt abzugsfähig		20 Mio. €
3. Schritt		
Zinsvortrag		30 Mio. €

Zinsschrankenbeispiel 3:

Sachverhalt:
Ein der Zinsschranke ohne Ausnahme unterworfener Betrieb weist die folgenden Finanzkennzahlen aus:

- Zinsaufwand 50 Mio. €
- Zinsertrag 20 Mio. €
- AfA 10 Mio. €
- Maßgeblicher Gewinn 60 Mio. €.

3. Abschnitt: Die laufende Besteuerung der GmbH

Lösung	Vorspalte/EBITDA	Zinsabzug
1. Schritt		
Zinsaufwand	50 Mio. €	
./. Abzugsfähiger Zinsertrag	20 Mio. €	20 Mio. €
Nettozinsaufwand	30 Mio. €	
2. Schritt 30 % EBITDA		
Maßgeblicher Gewinn	60 Mio. €	
+ Nettozins	30 Mio. €	
+ AfA	10 Mio. €	
Steuerliches EBITDA	100 Mio. €	
Abzugsfähig 30 % = v. E.		30 Mio. €
Insgesamt abzugsfähig wären		50 Mio. €
3. Schritt		
Zinsvortrag		0 €

Dieser Fall führt zu keinem EBITDA-Vortrag, da das verrechenbare EBITDA in diesem Beispiel voll aufgebraucht wurde.

j) EBITDA-Vortrag

Soweit in dem jeweiligen Veranlagungszeitraum ein höheres EBITDA zur Verfügung steht, als es durch Zinsaufwendungen genutzt werden könnte, ist dieses gem. § 4 Abs. 1 Satz 3 EStG vorzutragen. Der Vortrag ist allerdings höchstens auf die folgenden fünf Wirtschaftsjahre beschränkt; ein danach nicht verbrauchter EBITDA – Vortrag verfällt. Zinsaufwendungen, die nach Satz 1 nicht abgezogen werden können, sind bis zur Höhe der EBITDA – Vorträge aus vorangegangenen Wirtschaftsjahren abziehbar und mindern die EBITDA-Vorträge in ihrer zeitlichen Reihenfolge.

6317

Die Auslösungsschritte der Zinsschranke und des EBITDA-Vortrags soll die folgende Grafik verdeutlichen.

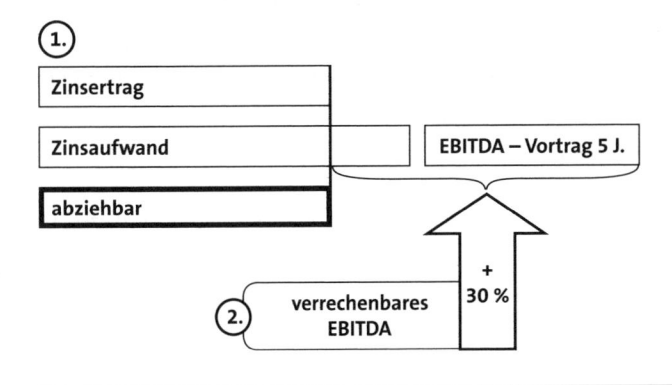

6318 Dazu folgendes Beispiel:

Sachverhalt:

Ein der Zinsschranke ohne Ausnahme unterworfener Betrieb weist die folgenden Finanzkennzahlen aus:

- ▶ Zinsaufwand 40 Mio. €
- ▶ Zinsertrag 20 Mio. €
- ▶ AfA 20 Mio. €
- ▶ maßgeblicher Gewinn 60 Mio. €.

Lösung	Vorspalte/EBITDA	Zinsabzug
1. Schritt		
Zinsaufwand	40 Mio. €	
./. Abzugsfähiger Zinsertrag	20 Mio. €	20 Mio. €
Nettozinsaufwand	20 Mio. €	
2. Schritt 30 % EBITDA		
Maßgeblicher Gewinn	60 Mio. €	
+ Nettozins	20 Mio. €	
+ AfA	20 Mio. €	
Steuerliches EBITDA	100 Mio. €	
Abzugsfähig 30 % = v. E.	30 Mio. €	
Insgesamt abzugsfähig		20 Mio. €
3. Schritt		
EBITDA-Vortrag	10 Mio. €	
Zinsvortrag		0 €

k) Zinsvortrag gemäß § 4 Abs. 1 Satz 2 EStG

6319 Zinsaufwendungen, die nach § 4 Abs. 1 Satz 1 nicht abgezogen werden können, sind bis zur Höhe der EBITDA-Vorträge aus vorangegangenen Wirtschaftsjahren abziehbar und mindern die EBITDA-Vorträge in ihrer zeitlichen Reihenfolge. Danach verbleibende nicht abziehbare Zinsaufwendungen sind in die folgenden Wirtschaftsjahre vorzutragen (Zinsvortrag). Sie erhöhen die Zinsaufwendungen dieser Wirtschaftsjahre, nicht aber den maßgeblichen Gewinn.

6319/1 Der EBITDA-Vortrag und der Zinsvortrag sind gem. § 4h Abs. 4 Satz 1 EStG gesondert festzustellen. Feststellungsbescheid erfolgt für jeden Betrieb.[1]

BEISPIEL: Zinsvortrag und EBITDA-Vortrag:

Sachverhalt:

Ein der Zinsschranke ohne Ausnahme unterworfener Betrieb weist die folgenden Finanzkennzahlen aus:

- ▶ Zinsaufwand 100 Mio. €
- ▶ Zinsertrag 20 Mio. €; AfA 10 Mio. €
- ▶ Maßgeblicher Gewinn 10 Mio. €
- ▶ EBITDA-Vortrag 10 Mio. €.

---

1 Vgl. Tz. 46–49, BMF v. 4. 7. 2008 IV C 7 – S 2745-a/08/10001, BStBl I 2008, 736.

Lösung	Vorspalte/EBITDA	Zinsabzug
1. Schritt		
Zinsaufwand	100 Mio. €	
./. Abzugsfähiger Zinsertrag	20 Mio. €	20 Mio. €
Nettozinsaufwand	80 Mio. €	
2. Schritt 30 % EBITDA		
Maßgeblicher Gewinn	10 Mio. €	
+ Nettozins	80 Mio. €	
+ AfA	10 Mio. €	
Steuerliches EBITDA	100 Mio. €	
Abzugsfähig 30 %	30 Mio. €	
Abzugsfähig gem. Abs. 1 S. 1	50 Mio. €	
3. Schritt		
Abzugserweiterung durch EBITDA – Vortrag (letzten 5 J.)	10 Mio. €	
Insgesamt abzugsfähig von 100	60 Mio. €	60 Mio. €
Zinsvortrag		40 Mio. €
EBITDA-Vortrag neu (10 – 10 =)		0 €

l) Beispiele zum Zinsvortrag

Zinsvortragsbeispiel 1:

6320

Sachverhalt:

Ein der Zinsschranke ohne Ausnahme unterworfener Betrieb weist die folgenden Finanzkennzahlen aus:

▶ Zinsaufwand 50 Mio. €
▶ Zinsertrag 20 Mio. €
▶ AfA 10 Mio. €
▶ Maßgeblicher Gewinn 60 Mio. €
▶ Zinsvortrag 30 Mio. €.

Lösung:	Vorspalte/EBITDA	Zinsabzug
1. Schritt		
Zinsvortrag	30 Mio. €	
Zinsaufwand	50 Mio. €	80 Mio. €
./. Abzugsfähiger Zinsertrag	20 Mio. €	20 Mio. €
Nettozinsaufwand	60 Mio. €	
2. Schritt 30 % EBITDA		
Maßgeblicher Gewinn	60 Mio. €	
+ Nettozins	60 Mio. €	
./. Zinsvortrag	./. 30 Mio. €	
+ AfA	10 Mio. €	
Steuerliches EBITDA	100 Mio. €	

Abzugsfähig 30 %	30 Mio. €	
Insgesamt abzugsfähig	50 Mio. €	50 Mio. €
3. Schritt		
Zinsvortrag	30 Mio. €	

Fazit: Dieses Beispiel führt zu keiner Änderung des Zinsvortrags

Zinsvortragsbeispiel 2:

Sachverhalt:

Ein der Zinsschranke ohne Ausnahme unterworfener Betrieb weist die folgenden Finanzkennzahlen aus:

- Zinsaufwand 50 Mio. €
- Zinsertrag 10 Mio. €
- AfA 10 Mio. €
- Maßgeblicher Gewinn 10 Mio. €
- Zinsvortrag 90 Mio. €.

Lösung:	Vorspalte/EBITDA	Zinsabzug
1. Schritt		
Zinsvortrag	90 Mio. €	
Zinsaufwand	50 Mio. €	140 Mio. €
./. Abzugsfähiger Zinsertrag	10 Mio. €	10 Mio. €
Nettozinsaufwand	130 Mio. €	
2. Schritt 30 % EBITDA		
Maßgeblicher Gewinn	10 Mio. €	
+ Nettozins	130 Mio. €	
./. Zinsvortrag	./. 90 Mio. €	
+ AfA	10 Mio. €	
Steuerliches EBITDA	60 Mio. €	
Abzugsfähig 30 %	18 Mio. €	
Insgesamt abzugsfähig	28 Mio. €	28 Mio. €
3. Schritt		
Zinsvortrag	112 Mio. €	

Fazit: dieser Fall führt zur Erhöhung des Zinsvortrags

Zinsvortragsbeispiel 3:

Sachverhalt:

Ein der Zinsschranke ohne Ausnahme unterworfener Betrieb weist die folgenden Finanzkennzahlen aus:

- Zinsaufwand 50 Mio. €
- Zinsertrag 50 Mio. €
- AfA 10 Mio. €
- Maßgeblicher Gewinn 110 Mio. €

► Zinsvortrag 90 Mio. €.

Lösung	Vorspalte/EBITDA	Zinsabzug
1. Schritt		
Zinsvortrag	90 Mio. €	
Zinsaufwand	50 Mio. €	140 Mio. €
./. Abzugsfähiger Zinsertrag	50 Mio. €	50 Mio. €
Nettozinsaufwand	90 Mio. €	
2. Schritt		
30 % EBITDA		
Maßgeblicher Gewinn	110 Mio. €	
+ Nettozins	90 Mio. €	
./. Zinsvortrag	./. 90 Mio. €	
+ AfA	10 Mio. €	
Steuerliches EBITDA	120 Mio. €	
Abzugsfähig 30 %	36 Mio. €	
Insgesamt abzugsfähig	86 Mio. €	86 Mio. €
3. Schritt		
Zinsvortrag	54 Mio. €	

Fazit: Dieser Fall führt zur Verminderung des Zinsvortrags

(*Einstweilen frei*) 6321

m) Allgemeine Verlustgefahr des EBITDA- und des Zinsvortrags gemäß § 4h Abs. 5 EStG

Bei Aufgabe oder Übertragung des Betriebs gehen ein nicht verbrauchter EBITDA-Vortrag und ein nicht verbrauchter Zinsvortrag unter. Scheidet ein Mitunternehmer aus einer Gesellschaft aus, gehen der EBITDA – Vortrag und der Zinsvortrag anteilig mit der Quote unter, mit der der ausgeschiedene Gesellschafter an der Gesellschaft beteiligt war. Ebenso wird ein anteiliger Untergang bei Teilbetriebsaufgabe ausgelöst. Als Teilbetriebsaufgabe gilt das Ausscheiden einer Organgesellschaft aus der Organschaft.[1]

6322

---

1 Vgl. Tz. 47, BMF v. 4.7.2008 IV C 7 – S 2745-a/08/10001, BStBl I 2008, 736.

BEISPIEL: Ein Betrieb hat einen Zinsvortrag in Höhe von 120 Mio. € und besteht aus zwei gleichgroßen Sparten (Filialen) die Teilbetriebseigenschaften besitzen. Der Teilbetrieb 2 wird veräußert bzw. aufgegeben. Die Folge ist ein Verlust zur Hälfte.

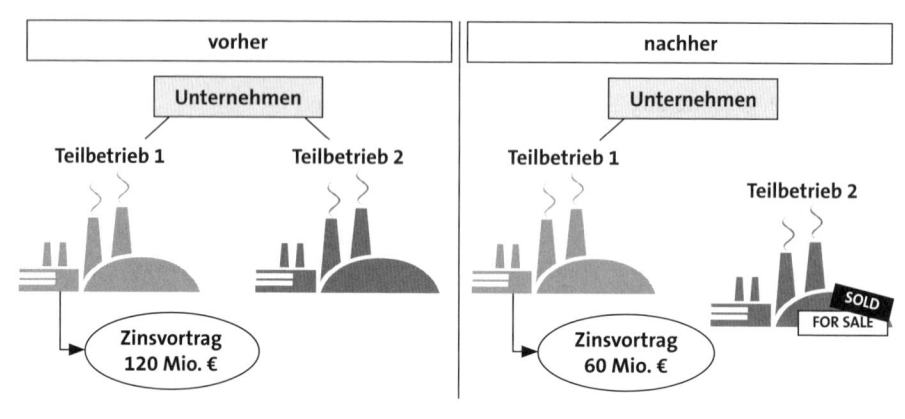

n) Verlustgefahr des Zinsvortrags bei Körperschaften

6323 § 8c KStG gilt gem. § 8a Abs. 1 Satz 3 KStG für Zinsvorträge entsprechend. Zur Verfassungswidrigkeit des § 8c für die Jahre 2008-2015 s. BVerfG v. 29. 3. 2017.[1] Werden innerhalb von fünf Jahren mittelbar oder unmittelbar mehr als 25 % des gezeichneten Kapitals, der Mitgliedschaftsrechte, Beteiligungsrechte oder der Stimmrechte an einer Körperschaft an einen Erwerber oder diesem nahe stehende Personen übertragen oder liegt ein vergleichbarer Sachverhalt vor (schädlicher Beteiligungserwerb), sind insoweit die bis zum schädlichen Beteiligungserwerb nicht genutzten Zinsvorträge nicht mehr abziehbar. Unabhängig davon sind bis zum schädlichen Beteiligungserwerb nicht genutzte Zinsvorträge vollständig nicht mehr abziehbar, wenn innerhalb von fünf Jahren mittelbar oder unmittelbar mehr als 50 % des gezeichneten Kapitals, der Mitgliedschaftsrechte, Beteiligungsrechte oder der Stimmrechte an einer Körperschaft an einen Erwerber oder diesem nahe stehende Personen übertragen werden oder ein vergleichbarer Sachverhalt vorliegt.

6324 § 8a KStG verweist für den EBITDA-Vortrag nicht auf § 8c KStG. Die Verweisung in § 8a Abs. 1 Satz 3 KStG erfasst nur den Zinsvortrag, nicht den EBITDA-Vortrag.[2] Es wird insoweit ein Fehler im Gesetzgebungsverfahren angenommen. Im Regierungsentwurf[3] ist ein Untergang der EBITDA-Vorträge zwar bei der Aufgabe oder Übertragung eines Betriebs, beim Ausscheiden eines Mitunternehmers, bei der Umwandlung, der Verschmelzung, der Spaltung und der Einbringung vorgesehen, nicht jedoch in den Fällen des § 8c KStG. In § 4h Abs. 5 Satz 3 EStG, der die entsprechende Anwendung des § 8c KStG anordnet, ist nur der Zinsvortrag, nicht der EBITDA-Vortrag erfasst worden. Auch die Verweisung in § 8a Abs. 1 Satz 3 KStG auf § 8c KStG ist über den Zinsvortrag hinaus nicht

---

1 2 BvL 6/11, NWB DokID: JAAAG-44861; s. hierzu Müller, DB 2017, 1116.
2 Bien/Wagner, BB 2009, 2627, 2633; Herzig/Bohn, DStR 2009, 2341, 2345.
3 BT-Drucks. 17/15, 5 ff.

auf den EBITDA-Vortrag erweitert worden. Damit ist ein Verfall des EBITDA-Vortrags in den Fällen des § 8c KStG gesetzlich nicht vorgesehen.

3. Die gesetzlichen Ausnahmen von der Zinsschranke gemäß § 4h Abs. 2 EStG

Absatz 1 Satz 1 ist nicht anzuwenden, wenn 6325

- der Betrag der Zinsaufwendungen, soweit er den Betrag der Zinserträge übersteigt, im Zeitraum weniger als 3 Mio. € (1 Mio. € bis 24. 5. 2007) beträgt = Freigrenze,
- der Betrieb nicht oder nur anteilmäßig zu einem Konzern gehört = Stand – alone oder
- der Betrieb zu einem Konzern gehört und seine Eigenkapitalquote am Schluss des vorangegangenen Abschlussstichtages gleich hoch oder höher ist als die des Konzerns (Eigenkapitalvergleich) = Escape.

Ein Unterschreiten der Eigenkapitalquote des Konzerns bis zu zwei Prozentpunkte ist unschädlich.

a) Freigrenze

§ 4h Abs. 1 Satz 1 EStG ist nicht anzuwenden, wenn der Betrag der Zinsaufwendungen, 6326 soweit er den Betrag der Zinserträge übersteigt, im Zeitraum weniger als 3 Mio. € beträgt. Durch diese Regelung sollen kleine und mittlere Betriebe entlastet werden. Aber: Diese Regelung hat einen Fallbeileffekt. Wird der Grenzbereich 3 Mio. € erreicht gilt die Zinsschrankenregelung in vollem Umfang. Die Grenze bestimmen Zinsaufwandüberhang des Wj und Zinsvortrag (= Betrag der Zinsaufwendungen), die einen EBITDA-Vortrag übersteigen.[1] Der Betrag von 3 Mio. € ist eine **Freigrenze**, kein Freibetrag. Eine Glättungsregelung für einen Zinssaldo, der 3 Mio. € beträgt oder knapp darüber liegt, sieht das Gesetz nicht vor.

Die Freigrenze ist betriebsbezogen. Sie gilt auch für Körperschaften, Personenvereini- 6327 gungen und Vermögensmassen (§ 8a Abs. 1 KStG). Die Freigrenze wird für den Organkreis nur einmal gewährt. Die Freigrenze bezieht sich auf das jeweilige Wirtschaftsjahr des Betriebs.

Die Freigrenze des § 4h Abs. 2 Satz 1 Buchst. a EStG ist, wie der Zusammenhang mit 6328 § 4h Abs. 1 EStG ergibt, betriebsbezogen ausgestaltet. Soweit beispielsweise Einzelunternehmer über mehrere Betriebe verfügen, kann die Freigrenze daher ggf. mehrfach genutzt werden. Sie dazu die nachfolgende Grafik.

---

1 Vgl. Tz. 55, BMF v. 4. 7. 2008 IV C 7 – S 2745-a/08/10001, BStBl I 2008, 736.

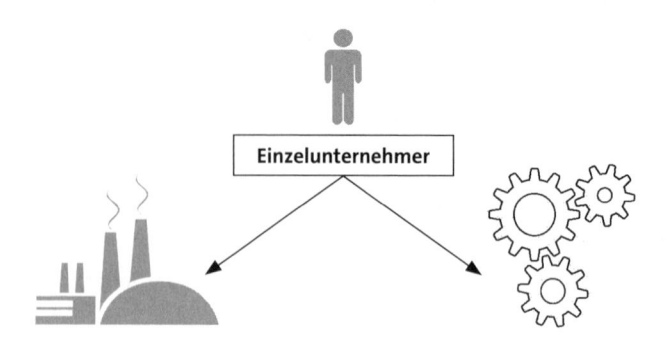

6329 Die Freigrenze gilt gem. § 8 Abs. 1 KStG auch für Körperschaften (Kapitalgesellschaften) Diese haben aber nur einen Betrieb. Daher wird die Freigrenze auch nur einmal gewährt. Auch wenn mehrere Betriebstätten in der Gestalt von Teilbetrieben vorhanden sind.

BEISPIEL:

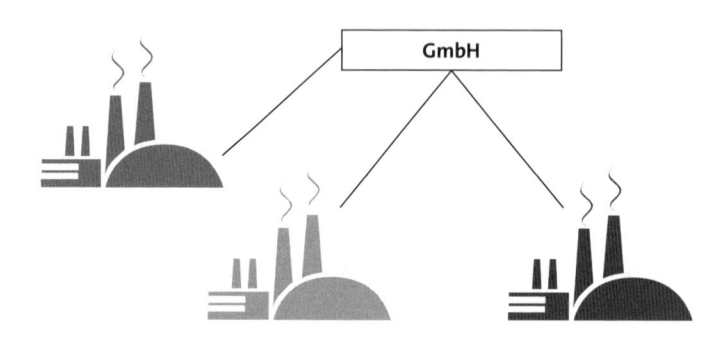

6330 Auch gewerblich i. S. d. § 15 Abs. 1 Nr. 1, Abs. 2 EStG tätige Personengesellschaften unterhalten einen „Betrieb". Dieser Betrieb erfasst neben dem Gesamthandsvermögen auch das Sonderbetriebsvermögen der Mitunternehmer.[1]

6331 Die Freigrenze ist nur auf solche Zinsaufwendungen zu beziehen, die Teil einer inländischen Gewinnermittlung sind.[2]

> **BEISPIEL:** Die konzernangehörige Lux-S.A. unterhält in Köln eine Betriebsstätte. Die Lux -S.A. hat in VZ 08 (nach deutschem Steuerrecht ermittelte) Nettozinsaufwendungen i. H. v. 4 Mio. €. Von diesen Nettozinsaufwendungen sind 0,9 Mio. € der deutschen Betriebsstätte zuzuordnen. Soweit die Lux-S.A. keine sonstigen inländischen Einkünfte bezieht, denen Nettozinsaufwen-

---

[1] Vgl. BMF v. 4. 7. 2008, IV C 7 – S 2742-a/07/10001, BStBl I 2008, 718, Rn. 6.
[2] BT-Drucks. 16/4841, 48.

dungen zugeordnet werden könnten, kann sie im Rahmen der Ermittlung des Betriebsstättengewinns die Nettozinsaufwendungen in voller Höhe als Betriebsausgaben abziehen.

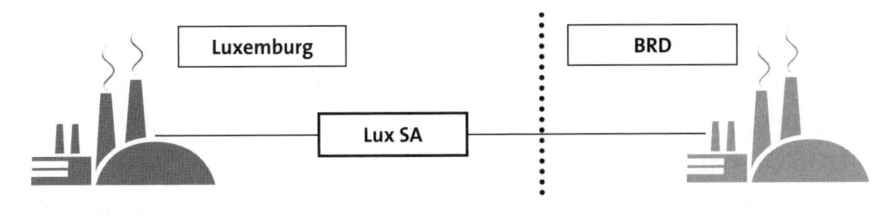

b) „Stand alone"-Klausel

Die Zinsschranke kommt, auch wenn die 30 v. H.-Grenze und die Freigrenze überschritten sein sollten, dann nicht zur Anwendung, wenn der Betrieb nicht oder nur anteilsmäßig zu einem Konzern gehört, § 4h Abs. 2 Satz 1 Buchst. b EStG, und die Einschränkungen des § 8a Abs. 2 KStG im Hinblick auf schädliche Gesellschafter-fremdfinanzierung von Kapitalgesellschaften nicht eingreifen. Nach dem in § 4h Abs. 3 Sätze 5 und 6 EStG normierten steuerlichen Konzernbegriff ist von einem Konzern auszugehen, wenn mehrere Betriebe nach dem zugrunde gelegten Rechnungslegungsstandard miteinander konsolidiert sind oder werden könnten. Ausländische Konzerngesellschaften sind dabei einzubeziehen. Ein Betrieb gehört auch dann zu einem Konzern, wenn seine Finanz- und Geschäftspolitik mit einem oder mehreren anderen Betrieben einheitlich bestimmt werden kann. Nicht zu einem Konzern führen Zweigbetriebe oder Fälle der Betriebsaufspaltung. Einzelunternehmer und Kapitalgesellschaften, die keine weiteren Beteiligungen halten, fallen daher nicht in den Anwendungsbereich der Zinsschranke, auch wenn sie mehrere Betriebsstätten haben oder eine Betriebsaufspaltung vorliegt.[1] Damit sollen nach der Gesetzesbegründung vor allem Einzelunternehmer, die keine weiteren Beteiligungen halten, von der Zinsschranke befreit werden.

6332

c) Gesellschafterfremdfinanzierung bei Körperschaften als zusätzliche Rückausnahme

Bei Körperschaften kommt eine Zinsschranke nicht in Betracht, wenn wie zuvor dargestellt, der Betrieb nicht oder nur anteilmäßig zu einem Konzern gehört und keine Gesellschafterfremdfinanzierung i. S. d. § 8a Abs. 2 KStG vorliegt. Danach gilt:

6333

§ 4h Abs. 2 Satz 1 Buchst. b EStG ist nur anzuwenden, wenn die Vergütungen für Fremdkapital an einen zu mehr als einem Viertel unmittelbar oder mittelbar am Grund oder Stammkapital beteiligten Anteilseigner, eine diesem nahe stehende Person oder einen Dritten, der auf den zu mehr als einem Viertel am Grund- oder Stammkapital beteiligten Anteilseigner oder eine diesem nahe stehende Person zurückgreifen kann, nicht mehr als 10 Prozent der die Zinserträge übersteigenden Zinsaufwendungen der Körperschaft im Sinne des § 4h Abs. 3 des EStG betragen und die Körperschaft dies nachweist.

Die Gesellschafterfremdfinanzierung beinhaltet folgende Voraussetzungen:

---
[1] Vgl. BT-Drucks. 16/4841 v. 27. 3. 2007, 86.

- Schuldner – alle KapGes,
- Gläubiger,
- Jeder Anteilseigner,
- wesentlich beteiligt (>25 % unmittelbar oder mittelbar),
- Vergütung,
- >10 % vom Nettozinsaufwand der Körperschaft und
- Werden die vorstehenden Voraussetzungen nicht erfüllt, hat die Körperschaft dies nachzuweisen.

Werden die vorstehenden Voraussetzungen nicht erfüllt greifen die Zinsschrankenregelungen.

Die wesentliche Beteiligung kann unmittelbar oder mittelbar erfolgen. Zur Verdeutlichung dienen nachfolgende Beispiele: 6334

1. Variante

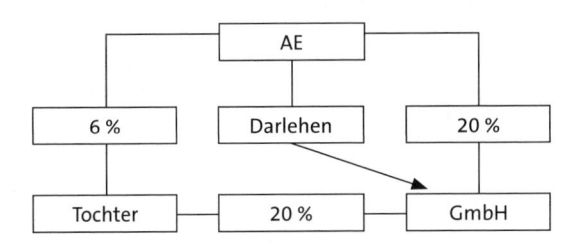

```
              ┌──────── AE ────────┐
              │         │          │
            6 %      Darlehen    20 %
              │         │          │
           Tochter ── 20 % ──→  GmbH
```

Lösung: 20   %   unmittelbar
       +   1,5 %   mittelbar
       =   21,2 %   ergo nicht wesentlich

2. Variante

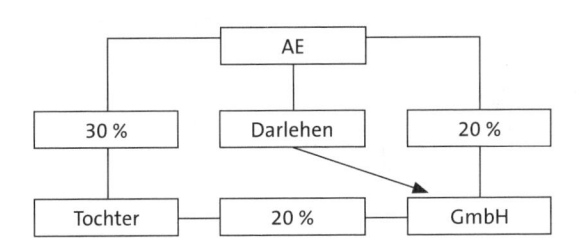

```
              ┌──────── AE ────────┐
              │         │          │
            30 %     Darlehen    20 %
              │         │          │
           Tochter ── 20 % ──→  GmbH
```

Lösung: 20   %   unmittelbar
       +   6   %   mittelbar
       =   26   %   ergo wesentlich

Die Finanzierungswege des § 8a Abs. 2 KStG können sich in folgender Differenzierung darstellen: 6335

▶ Die Fremdfinanzierung kann durch den wesentlich beteiligten Anteilseigner direkt erfolgen.

BEISPIEL: ▶ A ist Gesellschafter der T-GmbH und gewährt ein Darlehen in Höhe von 10 000 000 €

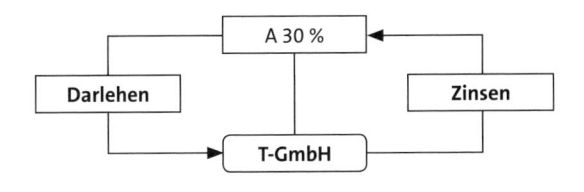

```
              ┌── A 30 % ──┐
              │            │
          Darlehen       Zinsen
              │            │
              └→ T-GmbH ───┘
```

▶ Die Fremdfinanzierung kann aber durch eine nahe stehende Person erfolgen.

BEISPIEL: ▶ A ist Alleingesellschafter der T-GmbH und der I-GmbH. Die T-GmbH gewährt der I-GmbH am 1.1.01 ein Darlehen in Höhe von 10 000 000 €. Alternative: Alleingesellschafter ist die A-GmbH.

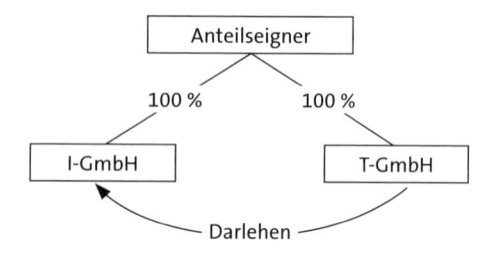

```
            Anteilseigner
          100 %      100 %
       I-GmbH       T-GmbH
              ← Darlehen ←
```

▶ Fremdfinanzierung kann schließlich durch einen Dritten, der auf den wesentlich beteiligten Anteilseigner oder die nahe stehende Person zurückgreifen kann, erfolgen (vgl. § 8a Abs. 2 KStG). Die Fremdfinanzierung wird wirtschaftlich dem Anteilseigner zugerechnet.

BEISPIEL: ▶ A ist Alleingesellschafter der I-GmbH. Die Bank gewährt der I-GmbH am 1.1.01 ein Darlehen in Höhe von 10 000 000 €. Die vereinbarte Vergütung beträgt 10 %. A unterhält bei der Bank ein Guthaben in Höhe von 8 000 000 €, das zu 8 % verzinst wird und das der Bank als Sicherheit für das Darlehen dient.

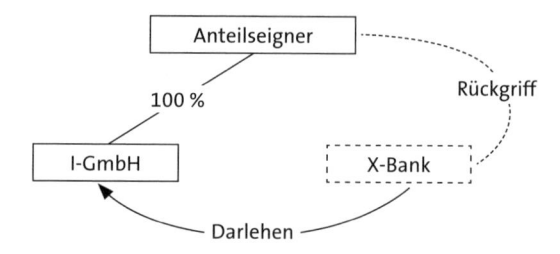

```
            Anteilseigner ----------
          100 %              Rückgriff
       I-GmbH       X-Bank ┘
              ← Darlehen ←
```

6336 Die Frage der schädlichen „back to back" Finanzierung ist streitanfällig. Ein konkreter rechtlich durchsetzbarer Anspruch (z.B. aufgrund einer Garantieerklärung oder einer Bürgschaft), eine Vermerkpflicht in der Bilanz, eine dingliche Sicherheit (z.B. Sicherungseigentum, Grundschuld) oder eine harte bzw. weiche Patronatserklärung vermögen einen Rückgriff nach Auffassung der Finanzverwaltung zu begründen, sind hierfür aber nicht erforderlich.[1] Es genügt bereits, wenn der Anteilseigner oder die ihm nahestehende Person dem Dritten gegenüber faktisch für die Erfüllung der Schuld einsteht. Insbesondere werden auch Gestaltungen erfasst, bei denen eine Bank der Kapitalgesellschaft ein Darlehen gewährt und der Anteilseigner seinerseits bei der Bank eine Einlage unterhält (sog. Back-to-Back-Finanzierung); die Abtretung der Einlageforderung an die Bank ist nicht Voraussetzung. Auch die Verpfändung der Anteile an der fremdfinanzierten Gesellschaft begründet einen Rückgriff. Nicht die herkömmlichen

---

[1] Vgl. BMF v. 4.7.2008 IV C 7 – S 2742-a/07/10001, BStBl I 2008, 718, Rz. 83.

Bankbeziehungen mit Guthaben und Forderungen ohne direkte Absicherungsverbindung sollten betroffen sein. Auch bei Geschäftsverbindungen mit mehreren Banken können nur ausnahmsweise „back to back" Finanzierungen angenommen werden. Dazu sind folgende Beispiele denkbar:

▶ An einer Spareinlage der Bank 2 wird für das GmbH Finanzierungsdarlehen der Bank 1 ein Pfandrecht eingeräumt.

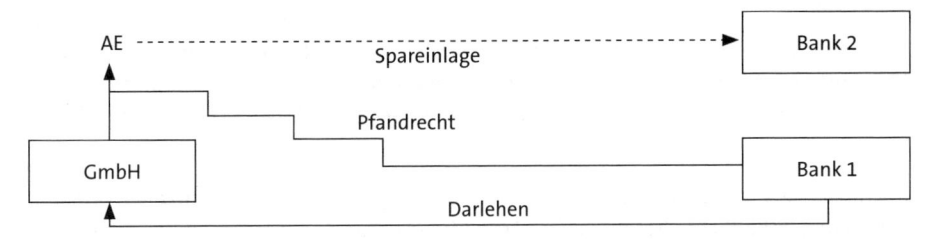

▶ Der Anteilseigner verbürgt sich für das GmbH Finanzierungsdarlehen der Bank 1. Zur Erfüllung der Bürgschaft unterwirft er sich einer Verfügungsbeschränkung hinsichtlich der bestehenden Spareinlage bei der Bank 2.

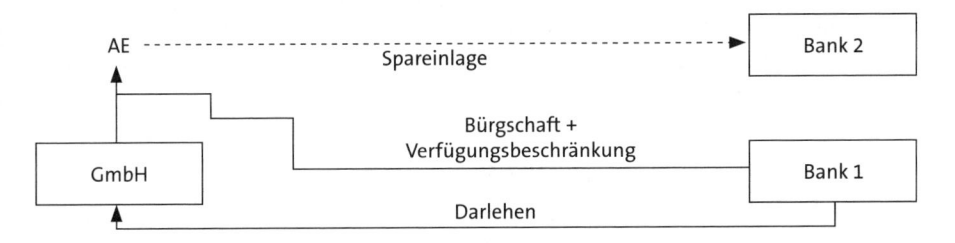

▶ Der Anteilseigner verbürgt sich für das GmbH Finanzierungsdarlehen der Bank 1. Zur Erfüllung der Bürgschaft unterwirft er sich der sofortigen Vollstreckung in die bestehende Spareinlage bei der Bank 2.

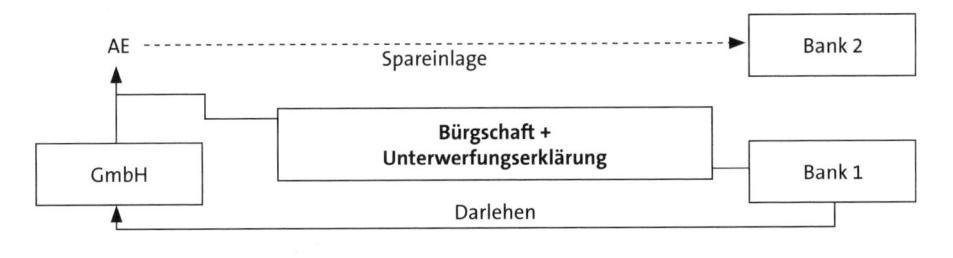

Wenn der Vergütungsumfang bei Fremdfinanzierung nach § 8a Abs. 2 KStG nicht mehr als 10 % der die Zinserträge übersteigenden Zinsaufwendungen der Körperschaft i. S. d. § 4h Abs. 3 des EStG betragen und die Körperschaft dies nachweist, wird die Zinsschranke nicht ausgelöst.

BEISPIEL: zum Merkmal der 10 %-Grenze:

1. **Beispiel:** Nettozinsaufwand der GmbH 4 000 000 €. Davon Zinsaufwand an Anteilseigner 300 000 €

Lösung: Keine Auslösung der Zinsschranke

2. **Beispiel:** Nettozinsaufwand der GmbH 4 000 000 €. Davon Zinsaufwand an Anteilseigner 500 000 €

Lösung: Auslösung der Zinsschranke

Es werden die Vergütungen für Fremdkapital aller Gesellschafter zusammengerechnet (Gesamtbetrachtung). Einbezogen werden Gesellschafterfremdfinanzierungen unabhängig davon, ob sie sich auf den inländischen oder ausländischen Gewinn des Rechtsträgers auswirken.[1]

6338 Nach § 8a Abs. 2 letzter Satzteil KStG muss die Körperschaft den **Nachweis** erbringen, dass **keine schädliche Gesellschafter-Fremdfinanzierung** vorliegt. Glaubhaftmachung genügt nicht. Die Vorschrift enthält damit eine Regelung zur subjektiven Beweislast, die im Steuerrecht sonst nur selten vorkommt.

Die Amtsermittlungspflicht der Behörde nach § 88 AO ist durch die **subjektive Beweislast** zwar nicht aufgehoben, doch fallen die Folgen einer fehlgeschlagenen Ermittlung (bei der Behörde zuzurechnenden Ermittlungsfehlern ist das allerdings bedenklich) dem Steuerpflichtigen, nicht der Behörde, zur Last. Der Steuerpflichtige kann sich daher auf die Amtsermittlung nicht verlassen, sondern muss selbst der Behörde das Vorliegen der Tatbestandsmerkmale des Abs. 2 nachweisen.

d) Konzern – „Escape" Klausel gemäß § 4h Abs. 2 EStG

6339 Die Zinsschranke greift auch nicht, wenn der Betrieb zu einem Konzern gehört und seine Eigenkapitalquote am Schluss des vorangegangenen Abschlussstichtages gleich hoch oder höher ist als die des Konzerns (Eigenkapitalvergleich) = Escape.

Ein Unterschreiten der Eigenkapitalquote des Konzerns bis zu zwei Prozentpunkte ist jedoch unschädlich.

Der Konzernbegriff wird weitgefasst. Ein Konzern ist z. B. anzunehmen, wenn eine natürliche Person ein Einzelunternehmen betreibt und darüber hinaus beherrschender Gesellschafter einer GmbH ist.

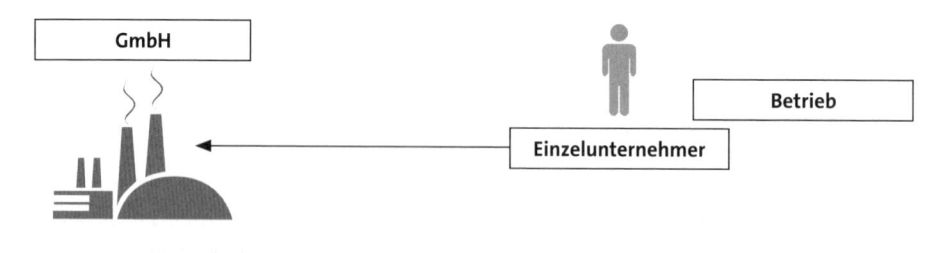

---

[1] Vgl. BMF v. 4. 7. 2008 IV C 7 – S 2742-a/07/10001, BStBl I 2008, 718, Rn. 82.

3. Abschnitt: Die laufende Besteuerung der GmbH

Für den Eigenkapitalvergleich sind der bestehende Konzernabschluss und der bestehende Abschluss des Betriebs zugrunde zu legen. Die für den Eigenkapitalvergleich erforderlichen Korrekturen von Eigenkapital und Bilanzsumme des Konzernabschlusses oder/und des Abschlusses des Betriebs sind außerhalb des Abschlusses in einer Nebenrechnung vorzunehmen.[1]

Folgende Beispiele sollen die Escapeklausel verdeutlichen:

1. Beispiel

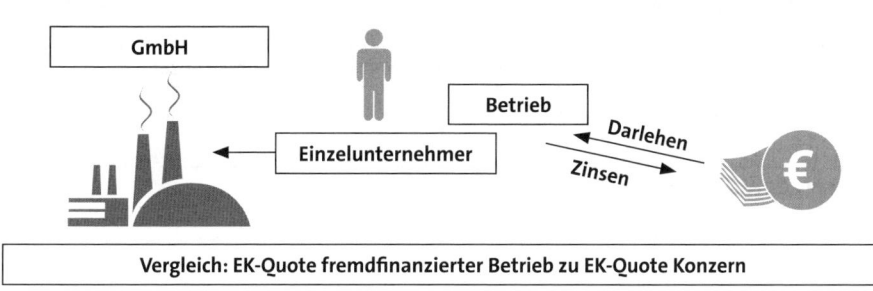

Vergleich: EK-Quote fremdfinanzierter Betrieb zu EK-Quote Konzern
Betrieb: EK zu Su. Bil. 21 %   >   Konzern: EK zu Su. Bil. 20 %

Ergebnis: Keine Zinsschranke

2. Beispiel

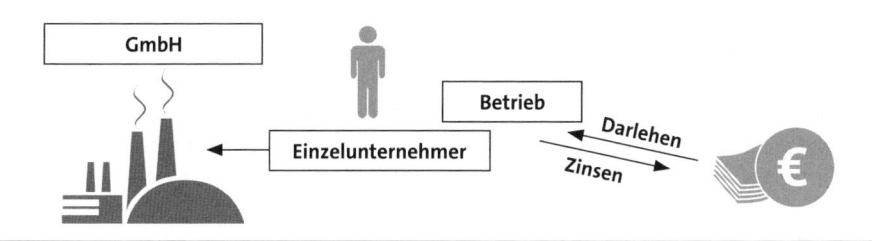

Vergleich: EK-Quote fremdfinanzierter Betrieb zu EK-Quote Konzern
Betrieb: EK zu Su. Bil. 19,8 %   <   Konzern: EK zu Su. Bil. 20 %

Ergebnis: Keine Zinsschranke, da 2 % (1 %) Regelung

---

1 Wegen Einzelheiten vgl. Öllerich, in Mössner/Seeger, KStG, § 8a Rn. 571 ff.; BMF v. 4.7.2008 IV C 7 – S 2742-a/07/10001, BStBl I 2008, 718, Rn. 70 ff.

3. Beispiel

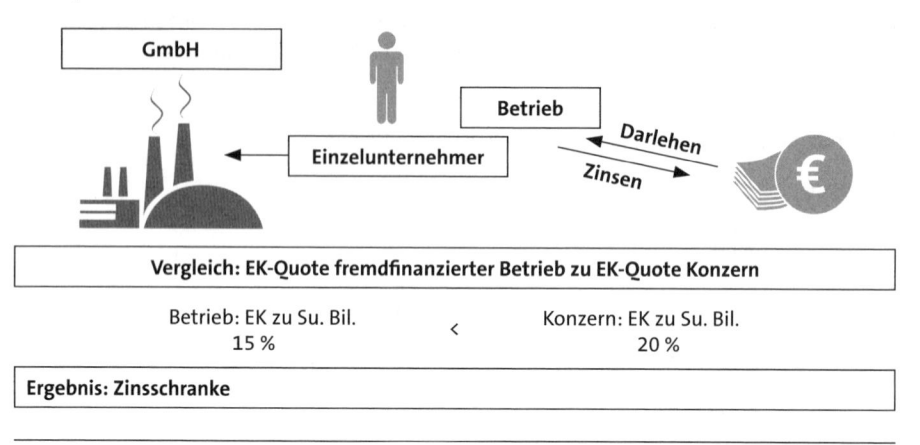

Vergleich: EK-Quote fremdfinanzierter Betrieb zu EK-Quote Konzern

Betrieb: EK zu Su. Bil.   <   Konzern: EK zu Su. Bil.
15 %   20 %

Ergebnis: Zinsschranke

e) Konzern – „Escape" Klauselergänzung gemäß § 8a Abs. 3 KStG für Körperschaften

6340 § 8a Abs. 3 KStG enthält für Körperschaften eine klauselergänzende Verschärfung.

¹§ 4h Abs. 2 Satz 1 Buchst. c EStG ist danach nur anzuwenden, wenn die Vergütungen für Fremdkapital der Körperschaft oder eines anderen demselben Konzern zugehörenden Rechtsträgers an einen > 1/4 unmittelbar oder mittelbar am Kapital beteiligten Gesellschafter einer konzernzugehörigen Gesellschaft, eine diesem nahe stehende Person oder einen Dritten, der auf den > 1/4 am Kapital beteiligten Gesellschafter oder eine diesem nahe stehende Person zurückgreifen kann, nicht mehr als 10 Prozent der die Zinserträge übersteigenden Zinsaufwendungen des Rechtsträgers im Sinne des § 4h Abs. 3 EStG betragen und die Körperschaft dies nachweist. ²Satz 1 gilt nur für Zinsaufwendungen aus Verbindlichkeiten, die in dem voll konsolidierten Konzernabschluss nach § 4h Abs. 2 Satz 1 Buchst. c EStG ausgewiesen sind und bei Finanzierung durch einen Dritten einen Rückgriff gegen einen nicht zum Konzern gehörenden Gesellschafter oder eine diesem nahe stehende Person auslösen.

3. Abschnitt: Die laufende Besteuerung der GmbH

Dazu folgende Beispiele:

1. Fall: Zur Verdeutlichung der Funktionsweise des § 8a Abs. 3 KStG im Hinblick auf eine Darlehensgewährung:

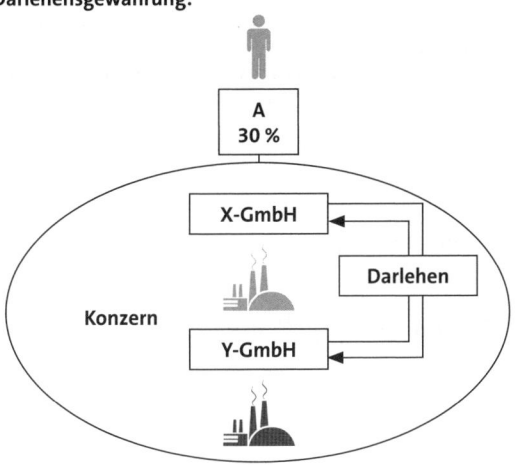

Lösung:
Innenfinanzierung ist keine Fremdfinanzierung gem. § 8a KStG und löst keine Zinsschranke gem. § 4h EStG aus.

2. Fall: Zur Verdeutlichung der Funktionsweise des § 8a Abs. 3 KStG im Hinblick auf eine Darlehensgewährung:

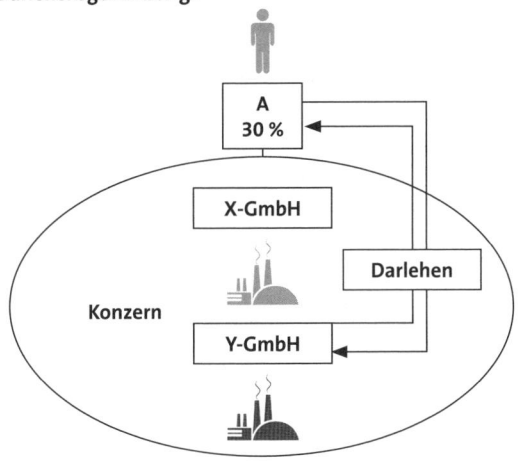

Lösung:
Fremdfinanzierung gem. § 8a KStG und löst evtl. Zinsschranke gem. § 4h EStG aus.

3. Fall: Zur Verdeutlichung der Funktionsweise des § 8a Abs. 3 KStG im Hinblick auf eine Darlehensgewährung mit „back to back":

Lösung:
Gestreckte Innenfinanzierung < > Keine Zinsschranke

(Schaubild: A 30 % hält Konzern mit X-GmbH und Y-GmbH; Bürgschaft von X-GmbH, Darlehen an Y-GmbH)

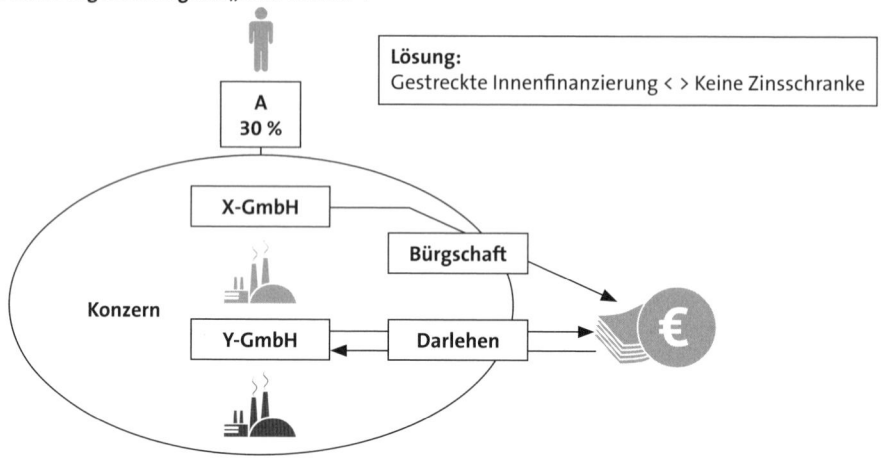

4. Fall: Zur Verdeutlichung der Funktionsweise des § 8a Abs. 3 KStG im Hinblick auf eine Darlehensgewährung mit „back to back":

Lösung:
Fremdfinanzierung mit Rückgriff gem. § 8a KStG und löst evtl. Zinsschranke gem. § 4h EStG aus.

(Schaubild: A 30 % hält Konzern mit X-GmbH und Y-GmbH; Bürgschaft von A, Darlehen an Y-GmbH)

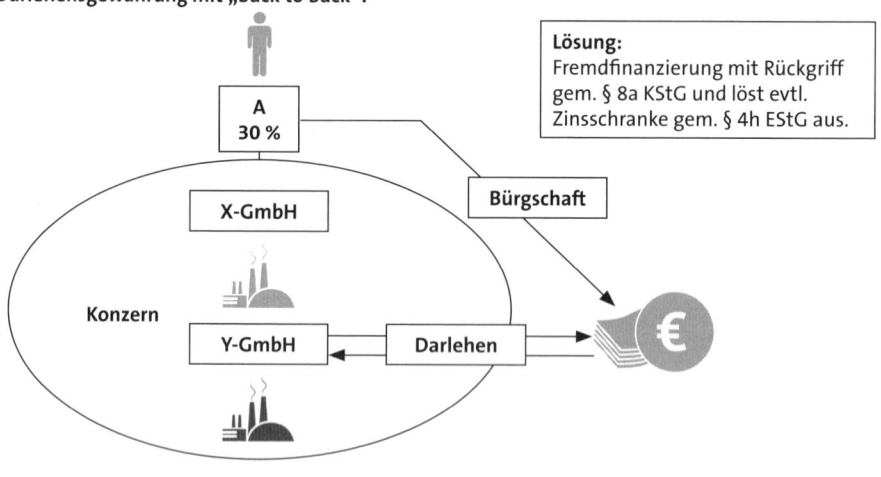

4. Verhältnis Zinsvortrag zur Mindestbesteuerung

6341 Der Zusammenhang des Zinsvortrags mit der Mindestbesteuerung ist im Gesetz nicht geregelt. Zunächst dürfte eine Verrechnung von Zinsvorträgen im Rahmen der Zinsschranke zur Anwendung kommen, bevor der Mindestbesteuerungsmechanismus bei der Verrechnung von Verlustvorträgen greift. Sollte der Zinsvortrag in einem Vortragsjahr zu abzugsfähigen Zinsaufwendungen führen, die einen Verlust verursachen oder erhöhen, würde der Betrag dementsprechend in den normalen Mindestbesteuerungsmechanismus der Verlustvortragsverrechnung einbezogen.

> **BEISPIEL:** Die Brause GmbH erzielt im Wirtschaftsjahr 13 einen Gewinn vor Zinsergebnis und Abschreibungen in Höhe von 3 Mio. €. Die Zinsaufwendungen betragen 3,6 Mio. € und die Abschreibungen 2,4 Mio. €. Der Verlust laut GuV beträgt somit 3 Mio. €.
>
> Die Zinsen sind nur in Höhe von 30 % des Gewinns vor Zinsergebnis und Abschreibungen abzugsfähig = 900 000 €. Damit ergibt sich ein zu versteuernder Gewinn von 300 000 €, obwohl die GmbH tatsächlich einen Verlust erzielt.

Der nicht abziehbare Verlust in der Gestalt des beschränkten Zinsabzugs wird in nachfolgenden Jahren von der Mindestbesteuerungsregel ergriffen und kann endgültig verloren gehen.

Das FG Berlin-Brandenburg hat aufgrund der an der Zinsschranke bestehenden verfassungsrechtlichen Bedenken die Aussetzung der Vollziehung (AdV) gewährt.[1]

Neben den verfassungsrechtlichen Zweifeln bejaht das FG auch das Interesse des Steuerpflichtigen an der Aussetzung der Vollziehung. Die Richter räumen dem Aussetzungsinteresse mehr Gewicht ein als dem öffentlichen Interesse an einem geordneten öffentlichen Haushalt, das sich bei der Zinsschranke insbesondere aus ihrem Charakter als Gegenfinanzierungsmaßnahme zur Absenkung der – weiterhin anwendbaren – Körperschaftsteuersätze ergibt. Sie widersprechen damit dem FG München, das dem öffentlichen Interesse den Vorrang eingeräumt hat.[2]

Der BFH hat sich der Auffassung des FG Berlin-Brandenburg angeschlossen und dem für die Aussetzung der Vollziehung erforderlichen Aussetzungsinteresse des Steuerpflichtigen den Vorrang eingeräumt.[3]

Nicht geäußert hat sich der BFH zu der Frage, ob gegen die Zinsschranke an sich verfassungsrechtliche Bedenken bestehen.

Der BFH hat allerdings ernstliche Zweifel bei Fällen der üblichen Fremdfinanzierung durch Banken, die durch Gesellschafter oder diesen nahe stehenden Personen abgesichert werden.

Mit Beschluss vom 18. 12. 2013 hatte der BFH[4] erneut ernstliche Zweifel an der Verfassungsmäßigkeit der Zinsschranke (§ 4h EStG) geäußert und die Vollziehung eines Körperschaftsteuerbescheids ausgesetzt. Die Zinsschranke beschränke ungerechtfertigt das objektive Nettoprinzip.

Die Finanzverwaltung hat mit Schreiben vom 13. 11. 2014[5] mitgeteilt, dass sie den Beschluss des BFH über den entschiedenen Einzelfall hinaus nicht anwenden wird. Das BMF teilt die vom BFH geäußerten Zweifel an der Verfassungskonformität der Zinsschranke nicht. Aus Sicht der Finanzverwaltung sei die Zinsschranke verfassungsrecht-

---

[1] FG Berlin-Brandenburg, Beschluss v. 13. 10. 2011, 12 V 12089/11, EFG 2012, 358.
[2] FG München, Beschlüsse v. 1. 6. 2011, 7 V 822/11, EFG 2011, 1830 und v. 1. 7. 2010, 1 V 272/09, EFG 2011, 1830.
[3] BFH, Beschluss v. 13. 3. 2012 I B 111/11, BStBl II 2012, 611.
[4] BFH, Beschluss v. 13. 11. 2014 I B 85/13, BStBl II 2014, 947.
[5] BMF v. 13. 11. 2014 IV C 2 - S 2742-a/07/10001, BStBl I 2014, 1516.

lich gerechtfertigt, da sie zielgerichtet Gewinnverlagerungen im Konzern einschränkt und damit zugleich einen qualifizierten Fiskalzweck verfolgt.

Eine Aussetzung der Vollziehung bei Berufung auf die Verfassungswidrigkeit von § 4h EStG soll daher nicht gewährt werden. An dieser Auffassung hält die Verwaltung auch fest, nachdem der BFH die Verfassungswidrigkeit explizit bejaht und dem BVerfG vorgelegt hat.[1]

Davon unberührt bleibt der Aussetzungsgrund der unbilligen Härte. Hat die Anwendung der Zinsschranke im Einzelfall für den Betroffenen eine unbillige, nicht durch überwiegend öffentliche Interessen gebotene Härte zur Folge, könne Aussetzung der Vollziehung gewährt werden.

Steuerpflichtige, die einen von der Zinsschrankenproblematik betroffenen Steuerbescheid wegen möglicher Verfassungswidrigkeit aus der Vollziehung aussetzen wollen, bleibt nur übrig eigenständig Rechtsmittel einzulegen. Allerdings mit der Gefahr einer 6 %igen Verzinsung der ausgesetzten Beträge. Ob das BVerfG die verfassungsrechtlichen Zweifel des BFH an der Zinsschranke teilt, wird erst die Zukunft zeigen.

---

[1] OFD Frankfurt a. Main v. 24.6.2016, NWB DokID: TAAAF-77236; zum Vorlagebeschluss s. weiter oben Rn. 6300.

5. Prüfschema der Zinsschranke

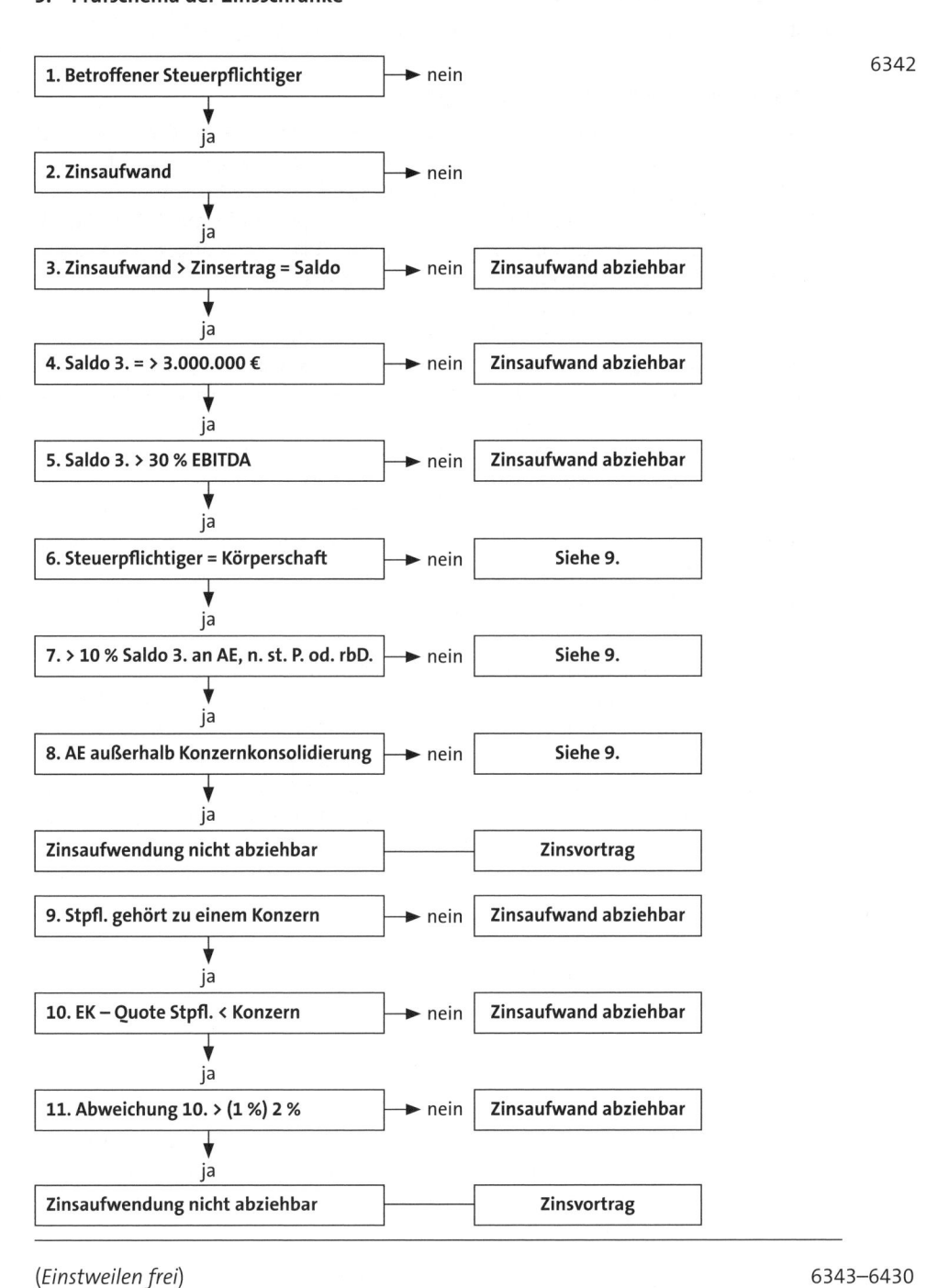

```
1. Betroffener Steuerpflichtiger  → nein
        ↓ ja
2. Zinsaufwand  → nein
        ↓ ja
3. Zinsaufwand > Zinsertrag = Saldo  → nein  [Zinsaufwand abziehbar]
        ↓ ja
4. Saldo 3. = > 3.000.000 €  → nein  [Zinsaufwand abziehbar]
        ↓ ja
5. Saldo 3. > 30 % EBITDA  → nein  [Zinsaufwand abziehbar]
        ↓ ja
6. Steuerpflichtiger = Körperschaft  → nein  [Siehe 9.]
        ↓ ja
7. > 10 % Saldo 3. an AE, n. st. P. od. rbD.  → nein  [Siehe 9.]
        ↓ ja
8. AE außerhalb Konzernkonsolidierung  → nein  [Siehe 9.]
        ↓ ja
[Zinsaufwendung nicht abziehbar] — [Zinsvortrag]

9. Stpfl. gehört zu einem Konzern  → nein  [Zinsaufwand abziehbar]
        ↓ ja
10. EK – Quote Stpfl. < Konzern  → nein  [Zinsaufwand abziehbar]
        ↓ ja
11. Abweichung 10. > (1 %) 2 %  → nein  [Zinsaufwand abziehbar]
        ↓ ja
[Zinsaufwendung nicht abziehbar] — [Zinsvortrag]
```

6342

(Einstweilen frei)   6343–6430

VII. Verlustabzug bei der GmbH

Literatur: Umfassende Literaturhinweise bei Hackemann in Mössner/Seeger, KStG, § 8c.

1. Allgemeines, steuerrechtliche Grundlagen

6431 Für die Ermittlung des Einkommens einer Kapitalgesellschaft wie der GmbH verweist § 8 Abs. 1 KStG auf die Vorschriften des EStG. Deshalb gilt die Regelung in § 10d EStG zum **Verlustabzug** auch für die GmbH. Nicht ausgeglichene Verluste können – ausgenommen bei Organgesellschaften innerhalb der körperschaftsteuerlichen Organschaft (§ 15 Satz 1 Nr. 1 KStG) – bei der Ermittlung des Einkommens abgezogen werden. Der Verlust i. S. v. § 10d EStG entspricht dem Betrag des negativen Einkommens der GmbH im Verlustentstehungsjahr. Vermögensmehrungen auf gesellschaftlicher Grundlage (z. B. verdeckte Einlagen) und offene Gewinnausschüttungen dürfen die Höhe des steuerlichen Verlustes nicht beeinflussen; vGA, die nach § 8b Abs. 3 und 5 KStG als nicht abzugsfähige Betriebsausgaben geltenden 5 v. H. der steuerfreien Beteiligungserträge bzw. Veräußerungsgewinne und die nicht abziehbaren Aufwendungen nach § 10 KStG werden bei der Ermittlung des Einkommens außerbilanziell hinzugerechnet und vermindern den steuerlichen Verlust; die nach § 9 KStG abziehbaren Aufwendungen wie z. B. die abzugsfähigen Spenden erhöhen den steuerlichen Verlust.[1] Sachlich steuerbefreite Einkünfte dürfen weder mit einem ohne sie im selben VZ entstehenden Verlust noch mit abzugsfähigen Verlusten aus früheren Veranlagungszeiträumen verrechnet werden. Hierzu zählen Investitionszulagen, nach DBA steuerfreie Einkünfte und steuerfreie Einnahmen nach § 8b KStG.

6432 Entsprechend der **Grundkonzeption** des § 10d EStG vollzieht sich der Verlustabzug in den **zwei aufeinander folgenden Schritten des Verlustrücktrags und des Verlustvortrags** im Rahmen der Höchstbeträge, wobei die Einschränkung der Verlustverrechnung gem. § 2 Abs. 3 EStG und des Verlustabzugs bei der GmbH, auf die § 8 Abs. 2 KStG anzuwenden ist, schon bisher keine Rolle spielte, da sie nur Einkünfte aus einer einzigen Einkunftsart (Gewerbebetrieb) hat und nunmehr in der ab dem VZ 2004 geltenden Fassung des § 10d EStG entfallen sind. Dabei hat der Verlustrücktrag Vorrang, wenn nicht das eingeräumte **Wahlrecht** (§ 10d Abs. 1 Satz 4 und 5 EStG) abweichend ausgeübt wird.

2. Durchführung des Verlustabzugs

a) Verlustrücktrag

aa) Grenzen

6433 Insbesondere durch das StEntlG 1999/2000/2002 und folgende Änderungen des EStG sind die Grenzen des Verlustabzugs enger gezogen worden als bis 1998. Auf den zum Schluss des VZ 1998 festgestellten verbleibenden Verlustabzug (vgl. Rz. 6439 f.) ist § 10d EStG jedoch in der alten Fassung anzuwenden (§ 52 Abs. 25 Satz 1 EStG), jedoch letztmals im VZ 2003 (§ 52 Abs. 25 Satz 2 EStG).

---

1 BFH v. 21.10.1981 I R 149/77, BStBl II 1982, 177.

Nach den in der Vergangenheit mehrfach geänderten Regelungen konnte der im Entstehungsjahr nicht ausgeglichene Verlust zunächst bis zur Höhe von 2 Mio. DM, ab dem VZ 2001 nur noch mit höchstens 1 Mio. DM bzw. ab 2002 kann er mit höchstens 511 500 € in den unmittelbar vorangegangenen VZ zurückgetragen werden. Dort ist er vorrangig vor anderen Abzugsbeträgen (z. B. auch vor einem verbleibenden Verlustabzug gem. § 10d EStG a. F.) vom Gesamtbetrag der Einkünfte abzuziehen. Die sich in § 10d EStG fortsetzenden Beschränkungen der Verlustverrechnungen von negativen Einkünften mit positiven Einkünften anderer Einkunftsarten spielten bei der GmbH, die unter § 8 Abs. 2 KStG fällt und nur Einkünfte aus Gewerbebetrieb hat, keine Rolle und ist in der für 2004 geltenden Fassung des § 10d Abs. 1 EStG entfallen, die auch für einen Verlustrücktrag aus dem Jahr 2004 in das Jahr 2003 anzuwenden ist.

6434

Durch Gesetz v. 20. 2. 2013[1] wurde der Höchstbetrag des Verlustrücktrags auf 1 000 000 € erhöht. Die Neuregelung ist erstmals auf negative Einkünfte anzuwenden, die bei Ermittlung der Einkünfte des VZ 2013 nicht ausgeglichen werden können (§ 52 Abs. 25 Satz 7 EStG).

bb) Wahlrecht

Vom Verlustrücktrag kann die GmbH nach wie vor ganz oder teilweise absehen (§ 10d Abs. 1 Satz 4 und 5 EStG). Sie hat das zweifache **Wahlrecht**,

6435

▶ **ob** sie überhaupt vom Verlustrücktrag Gebrauch machen will und

▶ **in welcher Höhe** sie im Rücktragsjahr den Verlustabzug geltend machen will.

Das Wahlrecht, ganz oder teilweise auf den Verlustrücktrag zu verzichten, kann die GmbH bis zur Bestandskraft des aufgrund des Verlustrücktrages geänderten KSt-Bescheids ausüben. Der Antrag, vom Verlustrücktrag ganz abzusehen, ist bis zur Bestandskraft des den verbleibenden Verlustvortrag feststellenden Bescheids möglich. Stellt sie keinen Antrag, der die Höhe des Verlustrücktrages enthalten muss, wird nach **der gesetzlichen Regel** verfahren.

b) Verlustvortrag

Verbleibt nach Durchführung des Verlustrücktrages noch ein nicht ausgeglichener Verlust, so ist er vorzutragen (**Verlustvortrag** § 10d Abs. 2 EStG). Ab dem VZ 2004 gelten **maximale Grenzen (Deckelung zur Mindestbesteuerung)**: Bis zu einem Gesamtbetrag der Einkünfte (= Einkommen) von 1 Mio. € ist der Abzug unbeschränkt; ein höherer vortragsfähiger Verlust kann also zunächst bis zur Höhe des Gesamtbetrags der Einkünfte, maximal aber mit 1 Mio. € verrechnet werden. Ist der Gesamtbetrag der Einkünfte höher als 1 Mio. €, sind zusätzlich zum Abzugsbetrag der ersten Stufe von 1 Mio. € die übersteigenden Verlustvorträge bis maximal i. H. v. 60 v. H. des 1 Mio. € übersteigenden Gesamtbetrags der Einkünfte abziehbar.

6436

---

1 BStBl I 2013, 188.

BEISPIEL:

Verlustvortrag zum 31.12.2013:	4 Mio. €
Gesamtbetrag der Einkünfte 2014:	2 Mio. €
Unbeschränkter Verlustvortrag =	1 Mio. €
Beschränkt abzugsfähiger Verlust: 60 v. H. 1 Mio. € =	0,6 Mio. €
Abzugsfähiger Verlust in 2014 insgesamt:	1,6 Mio. €
Verbleibender Verlustvortrag:	2,4 Mio. €

Fraglich ist die Reihenfolge des Abzugs, wenn ein Verlustrücktrag mit einem Verlustvortrag in einem VZ zusammentrifft:

Beispiel wie vor, aber es soll noch ein Verlustrücktrag aus 2015 i. H. v. 300 000 € berücksichtigt werden:

Lösungsalternative 1. (ohne Verringerung der Bezugsgöße für den höchstzulässigen Verlustvortrag):

Unbeschränkter Verlustabzug aus den Vorjahren:	1 Mio. €
Beschränkt abziehbarer Verlust: 60 v. H. von 1 Mio. € =	0,6 Mio. €
Verlustrücktrag aus 2015:	0,3 Mio. €
Insgesamt abziehbarer Verlust in 2014:	1,9 Mio. €
Verbleibender Verlustvortrag zum 31.12.2014:	2,4 Mio. €

Lösungsalternative 2. (Verlustrücktrag verringert die Bezugsgröße):

Verlustrücktrag aus 2015:	0,2 Mio. €
Unbeschränkter Verlustabzug aus den Vorjahren:	1 Mio. €
Beschränkt abziehbarer Verlust aus den Vorjahren:	
60 v. H. von (2 Mio. € ./. 200 000 € ./. 1 Mio. € =) 0,8 Mio. € =	0,48 Mio. €
Insgesamt abziehbarer Verlust in 2014:	1,68 Mio. €
Verbleibender Verlustvortrag zum 31.12.2014 :	2,52 Mio. €

6437 Der Wortlaut des Gesetzes spricht für die (günstigere) Lösung, da auch der Verlustrücktrag erst auf der Rechenstufe zwischen dem Gesamtbetrag der Einkünfte und dem Einkommen abgezogen wird, als Bezugsgröße für den beschränkt abzugsfähigen Verlustvortrag das Gesetz aber den Gesamtbetrag der Einkünfte im Abzugsjahr, vermindert um den Abzugsbetrag der ersten Stufe (maximal 1 Mio. €), nennt. Abweichende Berechnungen durch das FA sollten angefochten werden.

6438 Beim Verlustvortrag ist kein Verzicht für einen bestimmten VZ oder eine Beschränkung auf einen von der GmbH bestimmten Betrag vorgesehen. Der Verlustvortrag muss in den folgenden VZ jeweils bis zu einem zu versteuernden Einkommen von 0 € vorgenommen werden, und zwar **vorrangig** vor anderen Abzugsbeträgen (§ 10d Abs. 2 Satz 1 EStG). Der Vorrang gilt auch gegenüber einem verbleibenden Verlustvortrag aus früheren VZ; andernfalls geht er verloren, § 10d Abs. 2 Satz 3 EStG **(kein wahlweiser Verlustvortrag).**

c) Feststellung des verbleibenden Verlustabzugs

aa) Feststellungsbescheid (Grundlagenbescheid)

6439 Wegen der Bedeutung für die Besteuerung des Einkommens und um das Volumen des vortragsfähigen Verlustes festzuschreiben, wird der **verbleibende Verlustabzug** zum **Ende des jeweiligen VZ** durch **Feststellungsbescheid** (§ 179 Abs. 1 AO) **gesondert fest-**

gestellt (§ 10d Abs. 4 Satz 1 EStG). Die Feststellung ist Grundlagenbescheid (§ 171 Abs. 10 AO) und für KSt-Bescheide und für den Feststellungsbescheid zum Schluss des folgenden VZ bindend (§ 182 Abs. 1 AO), soweit die in den Feststellungsbescheiden getroffenen Feststellungen für diese Folgebescheide von Bedeutung sind. Der Bescheid nach § 10d Abs. 4 EStG hat für die KSt-Bescheide der folgenden VZ insoweit Bedeutung, als sich dort das zu versteuernde Einkommen unter Berücksichtigung der Abzugsbeschränkungen in § 10d Abs. 2 EStG um den Verlustvortrag mindert.

In der Feststellung des vortragsfähigen Verlustes war in den Fällen des früheren § 8 Abs. 4 KStG (Verlust der wirtschaftlichen Identität) nicht nur die **Höhe des jeweiligen Verlustbetrages**, sondern auch die **steuerliche Abzugsfähigkeit dieses Betrages** nach Maßgabe der **im Feststellungszeitpunkt geltenden Rechtslage** für das **spätere Abzugsjahr verbindlich festzulegen**.[1] Der Verlustfeststellungsbescheid entfaltete also Bindungswirkung sowohl hinsichtlich der Höhe des abzugsfähigen Betrages als auch hinsichtlich der steuerlichen Nutzbarkeit, seiner steuerlichen „**Wertigkeit**".[2]

6440

Hatte also das FA bei Erlass des Feststellungsbescheides (rechtlich) nicht erkannt, dass die Voraussetzungen eines Mantelkaufs (Verlust der wirtschaftlichen Identität) vorlagen und der GmbH deshalb der Verlustvortrag in die Zeit danach zu versagen war (vgl. zum früheren Rechtszustand Rz. 6461 ff. der 2. Auflage), und hatte es einen verbleibenden abzugsfähigen Verlust festgestellt, war dies bindend. Das FA war nicht berechtigt, im nächsten offenen Jahr die Verlustverrechnung oder den Abzug in folgenden Abzugsjahren zu versagen, wenn der bestandskräftige Feststellungsbescheid nicht mehr nach § 173 Abs. 1 AO oder wegen Eintritts der Festsetzungsverjährung nicht mehr geändert werden konnte.

Keine Bindungswirkung entfaltet der Verlustfeststellungsbescheid allerdings **bei einer Gesetzesänderung**. Denn der Umstand, dass die entstandenen (vortragsfähigen) Verluste nach § 10d Abs. 4 EStG bereits im Entstehungsjahr gesondert festzustellen sind, präjudiziert nicht die künftige Behandlung dieser Verluste, wenn der Gesetzgeber andere, schärfere materielle Anforderungen an deren Abzugsfähigkeit stellt.[3]

6441

bb) Verfahrensrechtliche Bedeutung

Wegen der Grundlagenfunktion und Bindungswirkung des Feststellungsbescheids waren Einwendungen gegen den vom FA festgestellten verbleibenden Verlustabzug, seine Höhe oder seine Wertigkeit (Abzugsfähigkeit nach dem früheren § 8 Abs. 4 KStG) mit dem Einspruch gegen den hierüber erteilten gesonderten Feststellungsbescheid geltend zu machen und nicht mit einem Rechtsbehelf gegen den KSt-Bescheid des Verlustentstehungsjahres oder des Verlustabzugsjahres.

6442

Dies hat sich durch das StÄndG 2010 für nach dem 13. 10. 2010 ergehende Bescheide maßgeblich verändert. Nunmehr muss gem. § 10d Abs. 4 Sätze 4 und 5 EStG immer der Körperschaftsteuerbescheid angefochten werden, auch wenn die Körperschaftsteuer

---

1 BFH v. 22. 10. 2003 I R 18/02, BStBl II 2004, 468; v. 26. 5. 2004 I R 112/03, BStBl II 2004, 1085.
2 Gosch/Roser, KStG, § 8 Rn. 1476.
3 BFH v. 11. 2. 1998 I R 81/97, BStBl II 1998, 485.

auf 0 € festgesetzt wurde.[1] Ob darüber hinaus auch der Verlustvortragsfeststellungsbescheid angefochten werden muss, ist noch nicht für alle Fälle abschließend geklärt; deshalb sollte er zumindest mit dem Einspruch angefochten werden und dessen Ruhen bis zur rechtskräftigen Entscheidung über den Körperschaftsteuerbescheid beantragt werden.

cc) Schema zur Ermittlung des verbleibenden Verlustabzugs

6443 Der verbleibende Verlustabzug kann entsprechend der Definition in § 10d Abs. 4 Satz 2 EStG nach folgendem Schema ermittelt werden:

	Negatives Einkommen des VZ	....
./.	nach § 10d Abs. 1 EStG **vorgenommener** Rücktrag	– ....
./.	**möglicher** Verlustabzug im VZ aus vortragsfähigen Vorjahresverlusten	– ....
+	am Schluss des Vorjahres **festgestellter** verbleibender Verlustabzug	+ ....
=	am Schluss des VZ **verbleibender** Verlustabzug	= ....

Gegebenenfalls ist im Verlustentstehungsjahr vom Verlust ein nach dem bisherigen § 8 Abs. 4 KStG nicht zu berücksichtigender Verlustabzug zusätzlich abzusetzen.

d) Verlustabzug und Teileinkünfteverfahren

6444 Im Teileinkünfteverfahren gibt es keine Gliederungsrechnung mehr. Damit muss auch ein Verlustvortrag oder Verlustrücktrag nicht mehr im Rahmen der Gliederung des verwendbaren Eigenkapitals verarbeitet werden, was bei Ausübung des Wahlrechts zugunsten eines Verlustrücktrages besonderes Augenmerk dafür erforderte, dass eine Verlustnutzung nicht durch Verbrauch des Verlustrücktrages ohne steuerliche Entlastungswirkung verloren ging. Unter Geltung des Teileinkünfteverfahrens wirken sich Verluste nur noch in der Steuerbilanz durch Minderung des dortigen Eigenkapitals aus. Der Verlustrücktrag hat auf die Steuerbilanz des Abzugsjahrs keine Auswirkungen, da der KSt-Erstattungsanspruch erst zum Schluss des Verlustjahres entsteht und damit erst das Eigenkapital in der Steuerbilanz dieses Jahres erhöht.[2] Durch einen Verlustvortrag erhöht der steuerfreie Gewinn im Abzugsjahr das Eigenkapital. Sowohl beim Verlustrücktrag als auch beim Verlustvortrag wird das zu versteuernde Einkommen um den jeweils zu berücksichtigenden Abzugsbetrag gemindert, so dass eine entsprechende Steuerminderung in Höhe der Tarifbelastung eintritt.

e) Gewerbesteuer

6445 Beim **gewerbesteuerlichen Verlustabzug** (§ 10a GewStG), der nach § 10a Satz 6 GewStG infolge der Verweisung auf den bisherigen § 8 Abs. 4 KStG bei Verlust der wirtschaftlichen Identität ebenfalls entfallen konnte, ist ein **Verlustrücktrag nicht möglich**. Der **Verlustvortrag** ist auch für **GewSt-Zwecke zulässig** entsprechend der Beschränkungen, die bei der KSt gelten. Der Gewerbeertrag ist um die vortragsfähigen verbliebenen Fehl-

---

1 Zu Einzelheiten s. FG Köln v. 16.2.2016 10 K 2574/15, EFG 2016, 1109, Rev., Az. des BFH: I R 25/16; vgl. auch BFH v. 7.12.2016 I R 76/14, NWB DokID: JAAAG-41815.
2 BFH v. 6.6.2000 VII R 104/98, BStBl II 2000, 491.

beträge aus den vorangegangenen Erhebungszeiträumen bis zur Höhe von 1 Mio. € zu kürzen; der 1 Mio. € übersteigende Gewerbeertrag ist nochmals bis zu 60 v. H. um noch verbliebene (nicht ausgeglichene) vortragsfähige Fehlbeträge zu kürzen (Mindestbesteuerung).

(Einstweilen frei) 6446–6570

3. Beschränkung des Verlustabzugs

Literatur: *Viskorf/Michel*, Stimmrechtsübertragungen und vergleichbare Sachverhalte im Rahmen des § 8c KStG – Verfassungsrechtliche Grenzen des Anwendungsbereichs, DB 2007, 2561; *Dörr*, Verlustabzugsbeschränkung für Körperschaften nach § 8c KStG, NWB F 4, 5339, NWB DokID: MAAAC-86636; *Dötsch/Pung*, Verlustabzugsbeschränkung für Körperschaften – Unter besonderer Berücksichtigung des Einführungsschreibens des BMF vom 4.7.2008, DB 2008, 1703; *Roser*, Verlustabzüge nach § 8c KStG – ein ernüchterndes Anwendungsschreiben, DStR 2008, 1561; *Strunk*, Verlustabzugsbeschränkung für Körperschaften gemäß § 8c KStG, Stbg 2008, 192; *Gohr/Richter*, Rückwirkende Erweiterung der Konzernklausel des § 8c KStG durch das StÄndG 2015, DB 2016, 127; *de Weerth*, EuG zur „Sanierungsklausel" des § 8c KStG, DB 2016, 682.

a) Allgemeines und Anwendungsregelung

Mit dem UnternehmenssteuerreformG 2008 wurde der bisherige oben behandelte § 8 Abs. 4 KStG aufgehoben. Die den Verlustabzug betreffenden Regelungen finden sich nun in einem neuen § 8c KStG. § 8c KStG findet gem. § 34 Abs. 7b KStG erstmals für den VZ 2008 und auf Beteiligungserwerbe Anwendung, bei denen das wirtschaftliche Eigentum nach dem 31.12.2007 übergeht. Die zeitlichen Voraussetzungen müssen kumulativ vorliegen. 6571

Nach § 34 Abs. 6 KStG ist der „aufgehobene" § 8 Abs. 4 KStG neben § 8c KStG letztmals anzuwenden, wenn mehr als die Hälfte der Anteile an einer Kapitalgesellschaft innerhalb eines Fünfjahreszeitraums übertragen werden, der vor dem 1.1.2008 beginnt, und der Verlust der wirtschaftlichen Identität vor dem 1.1.2013 eintritt. Gleiches gilt für den Verlust der wirtschaftlichen Identität einer Körperschaft nach § 8 Abs. 4 Satz 1 KStG.[1] Innerhalb eines Übergangszeitraumes kann es daher zur Anwendung alten und neuen Rechts und damit sowohl zum ganzen oder teilweisen Wegfall des Verlustabzugs nach § 8c KStG als auch zum Wegfall des Verlustabzugs nach § 8 Abs. 4 KStG a. F. kommen. Damit sollte vermieden werden, dass der Steuerpflichtige die Betriebsvermögenszuführung in das Jahr 2008 verlagert, um sich dadurch der Anwendung des § 8 Abs. 4 KStG a. F. zu entziehen. 6572

b) Regelungsinhalt

Die Neuregelung verzichtet vollständig auf das Merkmal der Zuführung überwiegend neuen Betriebsvermögens. Maßgebend für den Wegfall der wirtschaftlichen Identität und die folgende Nichtberücksichtigung vorhandener Verluste ist allein noch der Eigentümerwechsel der Anteile. Dabei sind zwei Fallgruppen zu unterscheiden: der schädliche Anteilserwerb mit quotalem Verlustuntergang nach § 8c Abs. 1 Satz 1 KStG und der vollständige Verlustuntergang nach § 8c Abs. 1 Satz 2 KStG. Die Regelung ist damit sehr 6573

---

1 Vgl. BMF v. 4.7.2008 IV C 7 – S 2745-a/08/10001.

streng und bedeutet letztlich eine wesentliche Verschärfung gegenüber dem bisherigen Rechtszustand.

6574 Werden innerhalb eines Zeitraumes von fünf Jahren mittelbar oder unmittelbar durch einen oder mehrere Verkaufsvorgänge zwischen 25 v. H. und 50 v. H. der Anteile an einen Erwerber oder diesem nahe stehende oder verbundene Personen übertragen, liegt ein die Verlustabzugsbeschränkung auslösender Anteilseignerwechsel vor. Der Verlust geht quotal entsprechend der Höhe der schädlichen Anteilsübertragung unter. Maßgebend ist der VZ, in dem erstmals die Quote von 25 v. H. erreicht wird. Ist ein Anteilserwerb einmal im Rahmen des § 8c Abs. 1 Satz 1 KStG berücksichtigt, kann er sich für eine weitere Verlustabzugskürzung in späteren Veranlagungszeiträumen nicht mehr schädlich auswirken.

6575 Ein Anteilseignerwechsel von mehr als 50 v. H. an einen Erwerber oder eine diesem nahe stehende Person führt zum vollständigen Untergang des Verlustvortrages.

6576 § 8c KStG erfasst dabei neben dem Erwerb von Kapitalanteilen auch den Erwerb von Mitgliedschafts- und Beteiligungsrechten sowie von Stimmrechten und vergleichbaren Sachverhalten. Wird die Quote bei nur einer dieser Alternativen überschritten, ist § 8c KStG anwendbar. Wegen des Begriffs des „vergleichbaren Sachverhalts", der ebenfalls einen schädlichen Beteiligungserwerb darstellen kann, wird auf das BMF-Schreiben vom 4. 7. 2008, a. a. O., Tz. 7 und die dort aufgelisteten Einzelfälle verwiesen.

6577 Voraussetzung für die Anwendung des § 8c KStG ist, dass mehr als 25 v. H. bzw. 50 v. H. der Anteile an **einen Erwerber** oder diesem nahe stehende Personen übertragen werden. Die sog. „Quartettlösung", d. h. Übertragung von jeweils genau 25 v. H. auf vier unabhängige Erwerber, dürfte daher für die Erhaltung des Verlustvortrags nicht schädlich sein. Es ist allerdings zu beachten, dass nach § 8c Abs. 1 Satz 3 KStG auch eine Gruppe von Erwerbern mit „gleichgerichteten Interessen" als ein Erwerber gilt. Diese Formulierung ist vieldeutig und in ihrer Reichweite unklar (vgl. Korn in Beratungsbrennpunkt Unternehmenssteuerreform 2008, a. a. O., Tz. 132 m. w. N.). Nach der Gesetzesbegründung[1] sollen gleichgerichtete Interessen z. B. dann anzunehmen sein, wenn die Kapitalgesellschaft von den Erwerbern gemeinsam beherrscht wird. Mit Korn (a. a. O.) dürfte von gleichgerichteten Interessen nur auszugehen sein, wenn die neuen Gesellschafter zur Ausübung der Herrschaftsmacht tatsächlich zusammenwirken. Im Rahmen von Konzernumstrukturierungen sieht § 8c Abs. 1 Satz 5 KStG eine Ausnahme vom Verlustuntergang vor.[2]

6578 Erwirbt ein bisher bereits an der Gesellschaft Beteiligter weitere Anteile, sind seine bisherigen Beteiligungsquoten, die er außerhalb des Fünfjahreszeitraumes bereits erworben hatte, für die Berechnung der schädlichen Quote nicht heranzuziehen. Demgegenüber sind im Rahmen einer Kapitalerhöhung erworbene Anteile nach § 8c Abs. 1 Satz 4 KStG einzubeziehen.

6579 § 8c KStG hat wie die bisherige Regelung des § 8 Abs. 4 KStG Auswirkungen auf den gewerbesteuerlichen Verlustabzug, § 10a Satz 8 GewStG.

---

1 BT-Drucks. 16/5491 vom 24. 5. 2007, 16/5491.
2 Zu Einzelheiten s. Hackemann in Mössner/Seeger, KStG, § 8c Rn. 256 ff.; Gohr/Richter, DB 2016, 127.

§ 8c Abs. 1a KStG enthält eine Sanierungsklausel. Fällt ein Beteiligungserwerb unter die Sanierungsklausel, wird er bei der Ermittlung eines schädlichen Beteiligungserwerbs nicht berücksichtigt. Der Begriff der Sanierung ist in Satz 2 definiert: Zum einen muss die Maßnahme darauf gerichtet sein, die Zahlungsunfähigkeit oder Überschuldung entweder zu beseitigen oder zu verhindern, und zum anderen müssen die wesentlichen Betriebsstrukturen erhalten bleiben. Die Sanierungsklausel wird derzeit nicht angewandt, da die EU-Kommission hierin eine verbotene Beihilfe sieht.[1]

6580

Während ein Anteilsübergang durch Erbschaft im Wege der Gesamtrechtsnachfolge einschließlich einer folgenden Erbauseinandersetzung – wie bisher schon – keine Übertragung darstellt, kann angesichts dessen, dass zwischen entgeltlichen und unentgeltlichen Übertragungen nicht unterschieden wird, eine Anteilsübertragung im Zuge vorweggenommener Erbfolge zu einer schädlichen Übertragung führen.[2]

6581

Beispiel für die Regelung des neuen § 8c KStG nach dem BMF-Schreiben vom 4. 7. 2008, a. a. O.):

	Jahr 01 EUR	Jahr 02 EUR	Jahr 03 EUR	Jahr 04 EUR	Jahr 05 EUR
Gezeichnetes Kapital	1 000 000	1 000 000	1 000 000	1 000 000	1.000.000
Beteiligungsverhältnisse					
Gesellschafter A	700 000	400 000	400 000	400 000	400 000
Gesellschafter B	300 000	300 000	200 000	150 000	50 000
Gesellschafter C		300 000	400 000	450 000	550 000
Übertragene Anteile im Fünf-Jahres-Zeitraum		300 000	400 000	450 000	550 000
		(30 %)	(40 %)	(45 %)	(55 %)
Schädlicher Beteiligungserwerb		ja	nein	nein	ja
Ergebnis des laufenden VZ		– 2 000 000	– 600 000	3 500 000	4 700 000
davon Verlust bis zum schädlichen Beteiligungserwerb		– 1 200 000	– 300 000	0	0
Verbleibender Verlustabzug zum Ende des vorangegangenen VZ		20 000 000	15 640 000	16 240 000	13 740 000
Verlust**abzugs**verbot § 8c Satz 1		6 000 000	0	0	0
		(30 v. H.)			
Verlustabzugsverbot § 8c Satz 2		0	0	0	13 740 000
					(100 v. H.)
Verlust**ausgleichs**verbot § 8c Satz 1		360 000	0	0	0
Verlustabzug				2 500 000	
Verbleibender Verlustabzug zum Ende des VZ		15 640 000	16 240 000	13 740 000	0

---

1 Bestätigt durch EuG v. 4. 2. 2016 Rs. T-287/11, NWG DokID: EAAAF-66134, Heitkamp Bau, Az. Des EuGH: C-209/16; zu Einzelheiten s. Hackemann in Mössner/Seeger, KStG, § 8c Rn. 513 und 635 ff.; de Weerth, DB 2016, 682.
2 Verlustuntergang bei vorweggenommener Erbfolge bejahend FG Münster v. 4. 11. 2015 9 K 3478/13, EFG 2016, 412, Rev., Az. des BFH: I R 6/16.

c) Ausnahmeregelung in § 8c Abs. 1 Sätze 6 ff. KStG

6582 Mit dem Wachstumsbeschleunigungsgesetz wurde für Beteiligungserwerbe nach dem 31.12.2009 eine Verschonungsregelung eingeführt. Diese sieht vor, dass die nicht abziehbaren nicht genutzten Verluste bei einem schädlichen Beteiligungserwerb in Höhe der steuerpflichtigen stillen Reserven erhalten bleiben, § 8c Abs. 1 Sätze 6 ff. KStG. Grund ist, dass in Höhe der vorhandenen stillen Reserven kein zusätzliches Verlustverrechnungspotential übergeht.[1] Durch die Beschränkung auf die steuerpflichtigen stillen Reserven werden die im Beteiligungsbesitz ruhenden stillen Reserven nicht berücksichtigt (§ 8b Abs. 2 KStG). Nach zutreffender Auffassung müssen allerdings 5 % der auf Beteiligungen i. S. v. § 8b Abs. 2 KStG entfallenden stillen Reserven bei der Wertermittlung berücksichtigt werden.

4. Zur Verfassungsmäßigkeit des § 8c KStG

6583 Der 2. Senat des FG Hamburg ist der Auffassung, dass die in § 8c KStG vorgesehene Versagung der Verlustverrechnung im Fall eines Gesellschafterwechsels verfassungswidrig ist.[2]

Hintergrund: § 8c KStG regelt die Folgen der Veräußerung von Unternehmen bzw. Anteilen an Unternehmen, bei denen Verluste entstanden sind. Weil es für einen Erwerber interessant sein kann, Verlustvorträge zu übernehmen, um sie mit eigenen Gewinnen zu verrechnen, wittert der Gesetzgeber hinter der Anteilsveräußerung von Kapitalgesellschaften einen missbräuchlichen Handel mit den Verlusten (so genannter „Mantelkauf"). § 8c KStG bestimmt daher, dass die Verlustübernahme vermindert bzw. ganz ausgeschlossen wird, wenn mehr als 25 % bzw. mehr als 50 % der Anteile veräußert werden.

Sachverhalt: In dem zu entscheidenden Streitfall hatte die klagende Gesellschaft erst im dritten Jahr ihrer Tätigkeit einen Gewinn erwirtschaftet. Dieser Gewinn bliebe steuerfrei, wenn die Verluste aus den ersten beiden Geschäftsjahren gegengerechnet würden. Weil aber einer der beiden Gesellschafter ausgestiegen war, gingen die auf seinen Anteil (48%) entfallenden Verluste nach § 8c Satz 1 KStG verloren – mit der Folge, dass die Klägerin nun Steuerbescheide über zusammen rund 100 000 € erhielt.

Hierzu führt das Finanzgericht weiter aus: Die in § 8c KStG vorgesehene Versagung der Verlustverrechnung im Fall eines Gesellschafterwechsels verstößt gegen den im Grundgesetz verankerten Gleichheitssatz und das in ihm begründete Prinzip der Besteuerung nach der wirtschaftlichen Leistungsfähigkeit. Da jedoch die Befugnis, eine Vorschrift wegen Verstoßes gegen das Grundgesetz für verfassungswidrig zu erklären, allein dem BVerfG zusteht, hat das Gericht den Richtern in Karlsruhe die Prüfung des § 8c KStG zur Entscheidung vorgelegt.

---

1 BT-Drucks. 17/15, 31
2 FG Hamburg, Beschluss v. 4.4.2011, 2 K 33/10, EFG 2011, 1460, Az. Des BverfG: 2 BvL 6/11; Verfassungsmäßigkeit demgegenüber bejahend Sächsisches FG v. 16.3.2011 2 K 1869/10, EFG 2011, 1457, Rev. Az. des BFH: I R 31/11.

Das BVerfG hat mit Beschluss v. 29. 3. 2017[1] §§ 8c Satz 1 bzw. 8c Abs. 1 Satz 1 KStG in Fassungen 2008-2015 für mit dem Grundgesetz für unvereinbar erklärt.[2] Dabei geht das BVerfG über die Vorlage, die das Streitjahr 2008 betraf, hinaus. Es hält die Vorschrift auch in der Fassung des Wachstumsbeschleunigungsgesetzes für verfassungswidrig, obwohl sie durch Einführung einer Konzernklausel und die Stille-Reserven-Klausel erheblich entschärft wurde. Ob die Vorschrift ab 2016 mit Inkrafttreten des § 8d KStG verfassungsgemäß ist, hat das Gericht ausdrücklich offen gelassen.

6584

Ebenso hat das BVerfG ausdrücklich offen gelassen, ob § 8c KStG bei einer Anteilsübertragung von mehr als 50 % verfassungsgemäß ist. Die Vorschrift dürfte allerdings auch bei einem Beteiligungserwerb von mehr als 50 % verfassungswidrig sein, da die wirtschaftliche Identität, der den Verlust erwirtschaftenden GmbH und den Verlust abziehenden GmbH nicht durch die Anteilseigner, sondern dadurch definiert wird, ob derselbe Geschäftsbetrieb mit demselben Betriebsvermögen betrieben wird (Trennungsprinzip). Der Gesetzgeber muss bis zum 31. 12. 2018 eine verfassungsgemäße Neuregelung schaffen, andernfalls ist die Vorschrift rückwirkend ab dem Zeitpunkt ihres Inkrafttretens bis einschließlich 2015 nichtig.

Unseres Erachtens darf die Vorschrift bis zu einer verfassungsgemäßen Neuregelung derzeit für die VZ bis einschl. 2015 nicht angewendet werden. Sollte eine Veranlagung noch nicht durchgeführt worden sein, müsste der Verlust vorläufig anerkannt werden. Sollte es zu einer verfassungsgemäßen Neuregelung kommen und im Einzelfall der Verlust nicht zu berücksichtigen sein, werden die KSt-Bescheide mit einer Steuernachforderung geändert. Eine Verzinsung des Nachforderungsbetrages darf wegen § 233a Abs. 2a AO nicht erfolgen.

6585

(Einstweilen frei)

6586

5. Vermeidung des § 8c KStG

Eine Möglichkeit ist eine Gewinnrealisierung vor dem schädlichen Beteiligungserwerb (sale-and-lease-back-Verfahren).

6587

6. Gesellschaftsvertraglicher Regelungsbedarf

Da zukünftig bei Kapitalgesellschaften fremdbestimmte Steuerwirkungen aus dem Verlustuntergang bei schädlichen Beteiligungsübertragungen entstehen können, müssen diese gesellschaftsvertraglich vermieden bzw. gemildert werden.[3]

6588

Nach § 15 Abs. 5 GmbHG kann die Abtretung von GmbH-Geschäftsanteilen an weitere Voraussetzungen gebunden werden, **Vinkulierung**. Nach mittlerweile ganz h. M. ist sogar (entgegen § 137 BGB) der Ausschluss der Abtretbarkeit zulässig.[4] Da man dies im Regelfall nicht will, kommen in der Praxis **Vinkulierungsklauseln zur Anwendung**, die im Innenverhältnis eine Zustimmungspflicht und bei Zuwiderhandeln eine Schadens-

---

1 2 BvL 6/11, NWB DokID: JAAAG-44861.
2 Siehe hierzu Müller, DB 2017, 1116.
3 Siehe hierzu Levedag, Zivilrechtlicher Änderungs- und Anpassungsbedarf nach der UntStR 2008, S. 87 ff.
4 Baumbach/Hueck/Fastrich, GmbHG, 18. Aufl. 2005, § 15 Rn. 38.

ersatzpflicht vorsehen. Veränderungen der Veräußerbarkeit von GmbH-Geschäftsanteilen bedürfen nach Auffassung des OLG München der Zustimmung aller betroffenen Gesellschafter.[1] Eine Übertragung, die gegen die Satzungsbestimmungen verstößt, ist **schwebend unwirksam**.

Vorgesehen ist grundsätzlich eine gestufte Zustimmung:

- Unentgeltliche oder entgeltliche Übertragungen an Angehörige oder Mitgesellschafter sind zustimmungsfrei,
- Unentgeltliche oder entgeltliche Übertragungen an Dritte bedürfen der Zustimmung der Gesellschaft (Geschäftsführer oder Gesellschafterversammlung).

Die Regelungen müssen an die neue Gesetzeslage angepasst werden:

- Unentgeltliche und entgeltliche Übertragungen bedürfen generell der Zustimmung,
- Mittelbare Anteilsübertragungen sind durch eine Anzeigepflicht der beteiligten Kapitalgesellschaft (Zwischengesellschaft) zu berücksichtigen,
- Der der Kapitalgesellschaft für den Fall der Zustimmung oder des Zuwiderhandelns zu ersetzende Steuerschaden sollte pauschaliert beziffert werden, da er je nach Untergang auch eines Zinsvortrags oder eines gewerbesteuerlichen Verlustvortrags Mehrbelastungen sowohl bei der KSt als auch bei der GewSt hervorrufen kann.

Im Ergebnis sollte dem Untergang von Verlusten auf der Gesellschaftsebene durch eine **kombinierte Zustimmungs- und Einlagelösung** vorgebeugt werden.

6589 **Formulierungsvorschlag:**

Verfügung über Geschäftsanteile

(1) Die Belastung von Geschäftsanteilen und die Bestellung einer Unterbeteiligung oder eines Nießbrauchs hieran bedürfen der Zustimmung aller anderen Gesellschafter.

(2) Jegliche beabsichtigte Anteilsübertragung oder Teilanteilsübertragung ist der Gesellschaft sechs Wochen vor dem beabsichtigten Tag des schuldrechtlichen Anteilskaufvertrags oder der Abgabe eines notariellen Schenkungsversprechens oder, falls keine solchen Handlungen vorgenommen werden, vor der dinglichen Übertragung des (Teil-)Geschäftsanteils anzuzeigen und die Einberufung einer Gesellschafterversammlung zu beantragen.

(3) Von Todeswegen kann eine Beteiligung ohne Zustimmung auf einen Ehegatten, Abkömmlinge oder Mitgesellschafter übertragen werden.

(4) Im Übrigen bedarf jede (entgeltliche oder unentgeltliche) Übertragung eines (Teil-)Geschäftsanteils der Zustimmung aller anderen Gesellschafter. Die Gesellschafter müssen ihre Zustimmung bei Wegfall eines steuerlichen Verlustvortrags und/oder Zinsvortrags und/oder vortragsfähigen gewerbesteuerlichen Verlustes auf Grund der Anteilsübertragung nur erteilen, wenn der übertragende Gesellschafter vor dem Beschluss der Gesellschafterversammlung eine Einlage in die Gesellschaft tätigt oder für den Einlagebetrag Sicherheit leistet.

---

[1] Beschluss v. 23. 1. 2007 7 U 3292/07, GmbHR 2008, 541.

(5) Der Einlagebetrag beträgt 29,83 % des untergehenden körperschaftsteuerlichen Verlustvortrags und des bis zum Übertragungszeitpunkt entstandenen körperschaftsteuerlichen Verlusts (Verlustuntergang). Im Fall des zusätzlichen Untergangs eines Zinsvortrags erhöht sich der Einlagebetrag um 29,83 % des untergehenden Zinsvortrags. Im Fall des zusätzlichen Untergangs eines gewerbesteuerlichen Verlustvortrags erhöht sich der Einlagebetrag um 14 % des gewerbesteuerlichen Verlustuntergangs.

(6) Die Gesellschafterversammlung kann im Fall einer (Teil-)Anteilsübertragung zum Zweck der Sanierung der Gesellschaft oder der Aufnahme eines Investors den oder die übertragenden Gesellschafter von der Verpflichtung zur Einlage- oder Sicherheitsleistung entbinden. Hierbei dürfen die übertragenden Gesellschafter nicht mitstimmen.

(7) Die Gesellschafter sind verpflichtet, auch Übertragungen von (Teil-)Anteilen an anderen Gesellschaften anzuzeigen, über die sie mittelbar an der Gesellschaft beteiligt sind. Handelt es sich bei den Gesellschaftern um Gesellschaften (Zwischengesellschaften), sind diese verpflichtet, auch (Teil-)Anteilsübertragungen an der Zwischengesellschaft anzuzeigen und die Zustimmung der Gesellschafterversammlung nach Maßgabe der Absätze 4 bis 6 einzuholen. Die Zwischengesellschaft hat in diesem Fall eine Einlage nach Absatz 5 oder entsprechende Sicherheit zu leisten.

(8) Verstößt im Fall einer (Teil-)Anteilsübertragung ein Gesellschafter gegen die vorgenannten Verpflichtungen, so hat er der Gesellschaft Schadensersatz in Höhe des gemäß Absatz 5 ermittelten Betrags zu leisten.

Die vorgeschlagene Klausel geht davon aus, dass die Gesellschaft ausreichend Erträge erwirtschaftet, um in den folgenden Jahren den Verlustvortrag vollkommen steuerlich ausnutzen zu können. Ist dies nicht der Fall oder greift die Mindestbesteuerung ein, kommen Abschläge und Barwertermittlungen in Betracht.

Außerdem muss der Fall bedacht werden, dass **mehrere Gesellschafter** ihre Anteile veräußern und erst eine spätere Veräußerung die Rechtsfolgen des § 8c KStG auslöst.

Vorgesehen ist eine Neuregelung der Verrechnung von Verlusten, um steuerliche Hemmnisse bei der Kapitalausstattung von Unternehmen zu beseitigen.[1] Nach einem neuen § 8d KStG soll auf Beteiligungserwerbe nach dem 31.12.2015 (also rückwirkend) § 8c KStG auf Antrag nicht angewendet werden, wenn die Körperschaft seit ihrer Gründung oder zumindest für einen gewissen Zeitraum ausschließlich denselben Geschäftsbetrieb unterhält und kein schädliches Ereignis stattgefunden hat. Das Gesetz definiert dann im Einzelnen die Begriffe „Geschäftsbetrieb" und „schädliches Ereignis".

7. Fortführungsgebundener Verlustvortrag nach § 8d KStG

Insbesondere zur Förderung von „Start - up"-Unternehmen hat der Gesetzgeber mit dem Gesetz zur Weiterentwicklung der steuerlichen Verlustverrechnung bei Körperschaften v. 20.12.2016[2] den § 8d KStG geschaffen. Danach ist § 8c KStG nach einem schädlichen Beteiligungserwerb unter folgenden Voraussetzungen nicht anzuwenden:

---

[1] BR-Drucks. 544/16.
[2] BGBl I 2016, 2998.

- Die Körperschaft muss seit ihrer Gründung oder zumindest seit Beginn des 3. Wirtschaftsjahres, das dem Wirtschaftsjahr des schädlichen Beteiligungserwerbs vorausgeht, ausschließlich denselben Geschäftsbetrieb unterhalten, und es darf kein schädliches Ereignis i. S. v. § 8d Abs. 2 KStG eingetreten sein.
- Solange dieser fortführungsgebundene Verlustvortrag nicht vollständig verbraucht ist, darf kein schädliches Ereignis i. S. v. § 8d Abs. 2 KStG stattfinden.
- Der Antrag auf Anwendung des § 8d KStG ist mit der Steuererklärung für die Veranlagung des Wirtschaftsjahres zu stellen, in das der schädliche Beteiligungserwerb fällt. Dies ist eine Ausschlussfrist, so dass der Antrag nur unter den Voraussetzungen der Wiedereinsetzung in den vorherigen Stand nachgeholt werden kann.

6592 Den Geschäftsbetrieb definiert das Gesetz in § 8d Abs. 1 Satz 3 u. 4 folgendermaßen:

Er *„umfasst die von einer einheitlichen Gewinnerzielungsabsicht getragenen, nachhaltigen, sich gegenseitig ergänzenden und fördernden Betätigungen der Körperschaft und bestimmt sich nach qualitativen Merkmalen in einer Gesamtbetrachtung. Qualitative Merkmale sind insbesondere die angebotenen Dienstleistungen oder Produkte, der Kunden- und Lieferantenkreis, die bedienten Märkte und die Qualifikation der Arbeitnehmer."*

Diese unpräzisen Merkmale werden zu weiteren Rechtsstreitigkeiten führen. So stellt sich schon jetzt die Frage, ob derselbe Geschäftsbetrieb vorhanden ist, wenn die GmbH von einem Großhändler zu einem anderen Großhändler wechselt oder ihre Produkte, die sie bisher nur im Inland angeboten hat, auch im Ausland anbietet.

6593 Ein noch vorhandener fortführungsgebundener Verlustvortrag geht unter, wenn ein schädliches Ereignis i. S. d § 8d Abs. 2 KStG eintritt. Ein solches liegt vor, wenn
- der Geschäftsbetriebs eingestellt wird,
- der Geschäftsbetrieb ruhend gestellt wird,
- der Geschäftsbetrieb einer andersartigen Zweckbestimmung zugeführt wird,
- die Körperschaft einen zusätzlichen Geschäftsbetrieb aufnimmt,
- die Körperschaft sich an einer Mitunternehmerschaft beteiligt,
- die Körperschaft die Stellung eines Organträgers im Sinne des § 14 Absatz 1 KStG einnimmt oder
- auf die Körperschaft Wirtschaftsgüter übertragen werden, die sie zu einem geringeren als dem gemeinen Wert ansetzt.

Die Stille-Reserven-Klausel gem. § 8c Abs. 1 Satz 6 bis 9 KStG gilt auch in diesen Fällen. Das heißt, ein fortführungsgebundener Verlustvortrag geht trotz eines schädlichen Ereignisses nicht unter, soweit stille Reserven vorhanden sind.

6594 Der fortführungsgebundene Verlustvortrag wird gesondert festgestellt.

6595 Sollte ein fortführungsgebundener Verlustvortrag mit einem „normalen" Verlustvortrag gem. § 10d Abs. 4 EStG zusammentreffen, ist zunächst der fortführungsgebundene Verlustvortrag abzuziehen.

BEISPIEL: Eine GmbH verfügt am 31.12.2016 über einen Verlustvortrag von 500 000 € und ihre gesamten Anteile werden zu diesem Zeitpunkt übertragen. Stille Reserven sind nicht vorhanden. In 2017 erzielt die GmbH einen Verlust von 300 000 €. In 2018 erzielt sie einen Gewinn von 400 000 €. In 2019 wird auf die GmbH eine andere GmbH zum Buchwert verschmolzen.

Lösung:

Beantragt die GmbH mit Abgabe der KSt-Erklärung 2016 die Anwendung des § 8d KStG wird zum 31.12.2016 ein fortführungsgebundener Verlustvortrag in Höhe von 500 000 € festgestellt. Zum 31.12.2017 wird der fortführungsgebundene Verlustvortrag in derselben Höhe und ein Verlustvortrag in Höhe von 300 000 € nach § 8 Abs. 1 KStG i.V.m. § 10d Abs. 4 EStG festgestellt. Zum 31.12.2018 beträgt der fortführungsgebundene Verlustvortrag noch 100 000 € und der normale Verlustvortrag bleibt in voller Höhe bestehen. In 2019 fällt der verbleibende fortführungsgebundene Verlustvortrag in Höhe von 100 000 € wegen des schädlichen Ereignisses fort.

Der Antrag muss gut überlegt sein. Gerade bei einem anteiligen Verlustuntergang kann die Anwendung des § 8d KStG schädlich sein. 6596

BEISPIEL[1]: GmbH A hat einen Verlustvortrag von 20 Mio. € in 01. 40 % der Anteile gehen in 02 auf neue Anteilseigner über. In 03 erwirtschaftet A einen Gewinn von 10 Mio. €.
In 04 wird die Schwesterkapitalgesellschaft B auf A verschmolzen. In 05 erzielt A wieder einen Gewinn von 10 Mio. €.

Lösung:

Anwendung des § 8c KStG:

In 02 geht ein Verlustvortrag von 8 Mio. € unter. Es verbleibt ein Verlustvortrag von 12 Mio. €. In 03 ist im Rahmen der Mindestbesteuerung noch ein Gewinn von 3,6 Mio. € zu versteuern. Der Verlustvortrag beträgt 5,6 Mio. €. In 04 spielt das Ereignis keine Rolle. In 05 ist ein Gewinn von 4,4 Mio. € zu versteuern. Der Verlustvortrag ist verbraucht.

Anwendung des § 8d KStG:

In 02 bleibt der komplette Verlustvortrag i.H.v. 20 Mio. € erhalten. In 03 ist wegen der Mindestbesteuerung noch ein Gewinn von 3,6 Mio. € zu versteuern. Der Verlustvortrag beträgt 13,6 Mio. €. In 04 geht der Verlustvortrag unter. In 05 ist der Gewinn in voller Höhe (10 Mio. €) zu versteuern.

§ 8d KStG ist erstmals auf schädliche Beteiligungserwerbe anzuwenden, die nach dem 31.12.2015 erfolgen, § 34 Abs. 6a KStG. 6597

(Einstweilen frei) 6598–6610

VIII. Die Tarifbelastung

1. Steuersatz

Auf das zu versteuernde Einkommen der GmbH ist der Körperschaftsteuersatz anzuwenden, er betrug nach Abschaffung des Anrechnungsverfahrens (VZ 2001) 25 v.H. des zu versteuernden Einkommens, gleichgültig, ob der Gewinn ausgeschüttet oder thesauriert wurde. Mit dem UntStRefG 2008 wurde der Steuersatz auf 15 v.H. abgesenkt, vgl. auch Rz. 4901, 4941. 6611

(Einstweilen frei) 6612

---

1 Nach *Kenk*, BB 2016, 2844, 2848.

2. Solidaritätszuschlag

6613 Zu der KSt ist der Solidaritätszuschlag als Ergänzungsabgabe zu entrichten. Der Solidaritätszuschlag wird vorläufig unbefristet erhoben und er beträgt ab dem VZ 1998 5,5 v. H. Der Zuschlag gehört wie die KSt zu den nicht abziehbaren Ausgaben.

6614–6630 *(Einstweilen frei)*

IX. Gewinnverwendung (Besteuerung von Ausschüttungen)

1. Das steuerliche Einlagekonto (§ 27 KStG)

Literatur: *Mössner* in Mössner/Seeger, KStG, § 27.

a) Funktion des steuerlichen Einlagekontos

6631 Einlagen der Gesellschafter, die nicht auf das Stammkapital geleistet worden sind, können handelsrechtlich als Dividenden an die Gesellschafter ausgeschüttet werden. Steuerrechtlich soll die Rückzahlung von Gesellschaftereinlagen, wie schon beim Anrechnungsverfahren, wo diese Einlagen im Rahmen der Gliederung des verwendbaren Eigenkapitals als Zugang beim EK 04 zu erfassen waren und nicht zur Herstellung der Ausschüttungsbelastung führten, auch im Teileinkünfteverfahren nicht zu steuerpflichtigen Dividenden führen (§ 20 Abs. 1 Nr. 1 Satz 3 EStG).

Um sicherzustellen, dass auf Gesellschafterebene zurückgezahlte Einlagen nicht versteuert werden, müssen die nicht in das Nennkapital geleisteten (vor allem verdeckten) Einlagen gesondert erfasst und bei Rückgewähr entsprechend bescheinigt werden. Entsprechend sieht § 27 Abs. 1 Satz 1 KStG vor, dass die nicht auf das Stammkapital geleisteten Einlagen am Schluss des Wirtschaftsjahres auf einem besonderen Konto (**steuerliches Einlagekonto**) ausgewiesen werden. Das Einlagekonto stellt die Fortführung des früheren EK 04 dar. Ausschüttungen aus dem steuerlichen Einlagekonto haben keine Auswirkung auf die Höhe der KSt der GmbH. Das Führen des steuerlichen Einlagekontos durch die GmbH stellt eine Daueraufgabe im Interesse der Gesellschafter dar, um auf deren Ebene die zutreffenden steuerlichen Folgerungen ziehen zu können. Seine Auswirkungen zeigen sich aber bereits beim Kapitalertragsteuerabzug, da für Leistungen aus dem steuerlichen Einlagekonto von der ausschüttenden GmbH keine Kapitalertragsteuer einzubehalten und abzuführen ist.[1] Zur Führung des steuerlichen Einlagekontos wird auch auf das Schreiben des BMF[2] und auf Dötsch/Pung[3] hingewiesen.

b) Zu- und Abgänge beim steuerlichen Einlagekonto

6632 Unterlag die GmbH bereits dem alten Körperschaftsteuerrecht, wird nach § 39 Abs. 1 KStG der sich im Rahmen der Feststellung nach § 36 Abs. 7 KStG ergebende positive Endbestand im EK 04 (Schnittpunktbestand) als **Anfangsbestand** des steuerlichen Einlagekontos erfasst. War kein EK 04 vorhanden oder bei Neugründungen ist von einem

---

1 Vgl. Gosch/Heger, KStG, § 27 Rz. 9.
2 Vom 4. 6. 2003, BStBl I 2003, 366.
3 DB 2003, 1345 ff.

Anfangsbestand von 0 € auszugehen, bei Bar- oder Sachgründungen und in Einbringungsfällen ist das in der Eröffnungsbilanz auszuweisende Eigenkapital, soweit es das Stammkapital übersteigt, zu erfassen.

Tätigt ein Gesellschafter **Einlagen** in seine GmbH, sind diese als **Zugänge** auf dem steuerlichen Einlagekonto zu erfassen. Dabei kann es sich sowohl um offene als auch um verdeckte Einlagen handeln, Voraussetzung ist jedoch, dass sie nicht in das Nennkapital geleistet werden.

6633

> **BEISPIEL:** Der Gesellschafter X überträgt seiner GmbH einen Gegenstand des Anlagevermögens (Maschine) im Wert von 50 000 € ohne Gegenleistung. Die GmbH bucht den Vorgang „Maschinen 50 000 € an a. o.-Ertrag 50 000 €". Um die vorliegende verdeckte Einlage muss bei der Einkommensermittlung der Gewinn außerhalb der Bilanz um ./. 50 000 € korrigiert werden, sie führt aber zu einem Zugang auf dem steuerlichen Einlagekonto i. H. v. + 50 000 €, weil sie nicht in das Nennkapital geleistet wurde.

> **BEISPIEL:** Die GmbH führt eine Kapitalerhöhung von bisher 100 000 € auf 200 000 € durch; die zusätzliche Stammeinlage übernimmt der neue Gesellschafter N, der zur Abgeltung der stillen Reserven ein Aufgeld von 150 000 € zu entrichten hat. Er zahlt also 250 000 € in die GmbH ein, die das Agio in der Kapitalrücklage (§ 272 Abs. 2 Nr. 1 HGB) verbucht. Die hier vorliegende offene Einlage erfordert keine Einkommenskorrektur, da sich der Vorgang nicht auf den Gewinn auswirkt. Es ergibt sich jedoch auf dem steuerlichen Einlagekonto ein Zugang i. H. v. 150 000 €, die in das Stammkapital geleistete Zahlung (100 000 €) ist nicht auf dem steuerlichen Einlagekonto zu erfassen.

Einlagen erhöhen das Einlagekonto erst im **Wirtschaftsjahr ihres tatsächlichen Zuflusses**, bloße Einlageforderungen sind auf dem Einlagekonto nicht zu erfassen. Da es für eine Verrechnung von Leistungen immer auf den vorangegangenen Bilanzstichtag ankommt, stehen im Laufe des Wirtschaftsjahres erbrachte Einlagen für die Verrechnung nicht zur Verfügung.

6634

Der Bestand des Einlagekontos ist um die **jährlichen Zu- und Abgänge fortzuschreiben** und auf den **Schluss des Wirtschaftsjahres gesondert festzustellen.** Bei der Fortschreibung des steuerlichen Einlagekontos sind auch Erhöhungen des Stammkapitals durch Umwandlung von Rücklagen zu berücksichtigen. Für die Kapitalerhöhung aus Gesellschaftsmitteln schreibt § 28 Abs. 1 Satz 1 KStG vor, dass zunächst vorrangig der auf dem steuerlichen Einlagekonto (§ 27 KStG) ausgewiesene Betrag als für die Kapitalerhöhung verwendet gilt. Übersteigt die Kapitalerhöhung den Betrag des steuerlichen Einlagekontos, weil auch sonstige Rücklagen (mit Ausnahme von aus Einlagen der Gesellschafter stammenden Beträgen) in Stammkapital umgewandelt werden müssen, so ist dieser Teil des Nennkapitals getrennt auszuweisen und gesondert festzustellen (**Sonderausweis**: § 28 Abs. 1 Satz 3 KStG). Durch diesen Sonderausweis der in Nennkapital umgewandelten sonstigen Rücklagen soll sichergestellt werden, dass bei einer späteren Kapitalherabsetzung die Rückzahlung dieses Teils des Nennkapitals bei den Anteilseignern der Halbeinkünftebesteuerung bei natürlichen Personen und der Steuerfreistellung bei Körperschaften unterliegt (§§ 8b Abs. 1 Satz 1, 28 Abs. 2 Satz 2 KStG, §§ 20 Abs. 1 Nr. 2 Satz 2, 3 Nr. 40 EStG).

6635

c) Verwendung des steuerlichen Einlagekontos für Leistungen der GmbH

6636 Leistungen (= Zuwendungen in Geld oder Geldeswert) der GmbH, die mit dem steuerlichen Einlagekonto zu verrechnen sind, sind solche, die ihrer Art nach bei den Gesellschaftern Bezüge i. S. d. § 20 Abs. 1 und 2 EStG darstellen und im Wirtschaftsjahr **abfließen**. Darunter fallen insbesondere offene und verdeckte Gewinnausschüttungen sowie Vorabausschüttungen, aber auch Rückzahlungen von Aufgeldern und Zuzahlungen sowie Zahlungen auf wiederauflebende Forderungen, auf die zunächst gegen Besserungsschein verzichtet worden war.[1] Da aber § 20 Abs. 1 Nr. 1 Satz 3 EStG bestimmt, dass Dividenden insoweit nicht zu den Einnahmen aus Kapitalvermögen gehören, als für diese Dividenden Beträge aus dem steuerlichen Einlagekonto als verwendet gelten, musste bestimmt werden, wann dies der Fall ist.

aa) Verwendungsreihenfolge

6637 Dies geschieht durch die Festlegung einer **Verwendungsreihenfolge** in § 27 Abs. 1 Satz 3 KStG. Diese Vorschrift bestimmt, dass Leistungen der GmbH nur dann aus dem steuerlichen Einlagekonto stammen, soweit sie den auf den Schluss des vorangegangenen Wirtschaftsjahres ermittelten **ausschüttbaren Gewinn** übersteigen (Einlagenrückgewähr). Der ausschüttbare Gewinn ist definiert als das in der Steuerbilanz ausgewiesene Eigenkapital abzgl. Stammkapital und abzgl. des Bestandes des steuerlichen Einlagekontos. Daraus ergibt sich folgendes Berechnungsschema:

Eigenkapital in der Steuerbilanz des Vorjahres

./. Stammkapital (gezeichnetes Kapital)

./. Bestand im steuerlichen Einlagekonto

= ausschüttbarer Gewinn.

6638 Eine Verwendung des Einlagekontos erfolgt also nur, wenn die Leistungen der GmbH (regelmäßig die offenen oder verdeckten Gewinnausschüttungen) in der Summe den ausschüttbaren Gewinn übersteigen.

> **BEISPIEL:** Die X-GmbH weist zum Ende des Wirtschaftsjahres 04 ein Eigenkapital von insgesamt 450 000 € aus. Ihr Stammkapital beträgt 100 000 €, der Bestand im Einlagekonto beträgt 210 000 €. Im Jahr 05 schüttet die GmbH 160 000 € an die Anteilseigner aus.
>
> Berechnung des ausschüttbaren Gewinns:
>
> | | |
> |---|---:|
> | Eigenkapital laut Steuerbilanz des Vorjahres | 450 000 € |
> | gezeichnetes Kapital | ./. 100 000 € |
> | Bestand im steuerlichen Einlagekonto | ./. 210 000 € |
> | ausschüttbarer Gewinn | 140 000 €. |
>
> Die Ausschüttung übersteigt den ausschüttbaren Gewinn um (160 000 € ./. 140 000 € =) 20 000 €. Um diesen Betrag wird das steuerliche Einlagekonto gemindert. Der Betrag ist auf der Steuerbescheinigung gesondert auszuweisen, Kapitalertragsteuer ist nicht einzubehalten, bei den Gesellschaftern tritt insoweit keine Steuerpflicht ein.

---

[1] Gosch/Heger, KStG, § 27 Rz. 18.

ABWANDLUNG: ▶ Hätte die Ausschüttung nur 120 000 € betragen, übersteigt der Ausschüttungsbetrag nicht den ausschüttbaren Gewinn, es werden also keine Beträge aus dem Einlagekonto verwendet. Eine nicht steuerpflichtige Einlagenrückgewähr liegt nicht vor.

bb) Verwendungsbeschränkung

War bisher bei der Verwendung des Einlagekontos nach § 27 Abs. 1 KStG (vgl. zur bisherigen Rechtslage die Vorauflage mit Beispielen) in bestimmten Fällen ein zu einem negativen Einlagekonto führender **Direktzugriff** auf das Einlagekonto möglich wie z. B. bei der Rückzahlung von Nachschusskapital (§§ 26, 30 Abs. 2 GmbHG)[1], sieht § 27 Abs. 1 Satz 3 KStG n. F. (i. d. F. des SEStEG) nunmehr vor, dass das Einlagekonto, mit Ausnahme der Rückzahlung von Nennkapital i. S. d. § 28 Abs. 2 Satz 2 KStG n. F., ausschließlich dann gemindert werden darf, soweit die Summe der im Wirtschaftsjahr erbrachten Leistungen der Kapitalgesellschaft den auf den Schluss des vorangegangenen Wirtschaftsjahres ermittelten ausschüttbaren Gewinn übersteigt. Entgegen der früheren Einordnung, bei der die steuerrechtliche der handelsrechtlichen folgte, ist nunmehr nach dem Zusatz in § 27 Abs. 1 Satz 3 KStG n. F. die steuerliche Einordnung von der handelsrechtlichen ausdrücklich unabhängig. Ein direkter Zugriff auf das steuerliche Einlagekonto ist nicht mehr zulässig. Konsequenz aus dem Ausschluss des Direktzugriffes ist nach dem neu eingefügten § 27 Abs. 1 Satz 4 KStG n. F., dass das steuerliche Einlagekonto durch einlagerückgewährende Leistungen **nicht mehr negativ** werden kann. Davon ausgenommen sind unverändert die Fälle von Mehrabführungen aus organschaftlicher Zeit nach § 27 Abs. 6 KStG oder entsprechenden Bescheinigungen nach § 27 Abs. 1 Satz 6 KStG n. F.

6639

Die genannte Ausnahme des § 28 Abs. 2 Satz 2 KStG n. F. stellt sicher, dass das steuerliche Einlagekonto auch in Fällen der Kapitalherabsetzung und anschließender Auszahlung des Herabsetzungsbetrages nicht negativ wird.

6640

Eine Einlagerückgewähr darf auch in diesen Fällen höchstens bis zum Bestand des steuerlichen Einlagekontos erfolgen. Kommt es zu einer Herabsetzung des Nennkapitals unter Auskehrung an die Anteilseigner und ist ein Sonderausweis nicht oder nicht in ausreichendem Umfang vorhanden, so ist nach der Neuregelung ein solcher den Sonderausweis übersteigender Betrag nunmehr – über den Umweg einer Nennkapitalerhöhung und anschließender Nennkapitalherabsetzung – i. E. vom positiven Bestand des steuerlichen Einlagekontos abzuziehen. Die Rückzahlung des Nennkapitals ist als dem Teileinkünfteverfahren unterliegende Gewinnausschüttung i. S. d. § 20 Abs. 1 Nr. 2 EStG zu behandeln, soweit der positive Bestand des steuerlichen Einlagekontos nicht ausreicht (§ 28 Abs. 2 Satz 4 KStG).

6641

d) Ausstellung einer Steuerbescheinigung

Im Rahmen des Überganges von der Anrechnungsmethode zum Teileinkünfteverfahren sah § 27 Abs. 1 Satz 5 KStG a. F. für die Bescheinigung von EK 04 bzw. des heutigen Einlagekontos eine Verwendungsbescheinigung vor. Hatte die Gesellschaft danach für

6642

---

1 Vgl. BMF v. 4. 6. 2003, BStBl I 2003, 366.

ihre Leistung die Minderung des Einlagekontos bescheinigt, konnte diese Verwendung nachträglich, z. B. bei einer Betriebsprüfung, nicht geändert werden. Dabei kam es nicht darauf an, ob die Verwendung des Einlagekontos zu hoch oder zu niedrig bescheinigt worden war.

6643 Demgegenüber ist nach der Neuregelung des § 27 Abs. 5 KStG (i. d. F. des SEStEG) künftig zwischen zu niedriger und zu hoher Bescheinigung zu differenzieren.

6644 Bei einer **zu niedrigen Bescheinigung** der Einlagerückgewähr verbleibt es bei der Verwendungsfestschreibung, die einmal ausgehändigte Bescheinigung bleibt maßgeblich (§ 27 Abs. 5 Satz 1 KStG). Eine Berichtigung ist nicht möglich. Damit soll eine Verwendung vom steuerlichen Einlagekonto durch bewusst falsche Ausstellung einer Bescheinigung ausgeschlossen werden.

6645 Bei der bisher gesetzlich nicht geregelten Konstellation, dass bis zur Bekanntgabe des Bescheides über die gesonderte Feststellung des Einlagekontos des betreffenden Jahres keine Bescheinigung über das Einlagekonto ausgestellt wurde und vorliegt, gilt künftig der Betrag der Einlagenrückgewähr als mit 0 € bescheinigt. Nach Bestandskraft dieses Bescheides kann die Gesellschaft eine Verwendung des Einlagekontos an die Anteilseigner nicht mehr bescheinigen, diese haben die Ausschüttung als steuerpflichtige Bezüge i. S. d. § 20 Abs. 1 Nr. 1 EStG zu versteuern.

6646 Wird der Betrag der Einlagenrückgewähr **zu hoch** bescheinigt, kann die den Anteilseignern ausgestellte Bescheinigung berichtigt werden, eine Verpflichtung dazu besteht indes nicht (§ 27 Abs. 5 Satz 5 KStG; Publikumsgesellschaften).

6647 Nach § 27 Abs. 5 Satz 4 haftet die bescheinigende Gesellschaft in Höhe der auf den überhöht ausgewiesenen Betrag entfallenden Kapitalertragsteuer. Diese **Haftung** greift auch ein, wenn die Gesellschaft weder vorsätzlich noch fahrlässig gehandelt hat; denn insoweit schließt § 27 Abs. 5 Satz 4 2. Halbsatz KStG die Anwendung des § 44 Abs. 5 Satz 1 2. Halbsatz EStG aus.

6648 Die Feststellung des Einlagekontos zum Schluss des Wirtschaftsjahres der Leistung ist nach § 27 Abs. 5 Satz 6 KStG an die der Kapitalertragsteuerhaftung zugrunde gelegte Einlagenrückgewähr anzupassen. Das bedeutet, maßgeblich ist insoweit nur der richtige, nicht der unrichtig zu hoch ausgewiesene Betrag der Einlagenrückgewähr.

e) Fortschreibung und gesonderte Feststellung des Einlagekontos

6649 Nach § 27 Abs. 2 Satz 1 KStG wird der unter Berücksichtigung der Zu- und Abgänge des Wirtschaftsjahres ermittelte Bestand des steuerlichen Einlagekontos gesondert festgestellt. Der Bescheid über die gesonderte Feststellung ist Grundlagenbescheid für den Bescheid zum folgenden Feststellungszeitpunkt. Die GmbH hat auf den Schluss jedes Wirtschaftsjahres eine Erklärung zur gesonderten Feststellung bezüglich des Einlagekontos abzugeben.

6650 Für den Fall des **Eintritts einer Kapitalgesellschaft in die unbeschränkte Steuerpflicht** sieht § 27 Abs. 2 Satz 3 KStG (i. d. F. des SEStEG) vor, dass auf diesen Zeitpunkt eine **gesonderte Feststellung des Einlagekontos** vorzunehmen ist. Der Bestand der nicht in das Nennkapital geleisteten Einlagen ist gesondert festzustellen. Dieser festgestellte Betrag gilt als Bestand des Einlagekontos am Ende des vorangegangenen Wirtschaftsjahres.

Damit sind insbesondere Fälle erfasst, in denen die unbeschränkte Steuerpflicht durch Sitzverlegung aus dem Ausland begründet wird. In der erstmaligen Festsetzung wird der Bestand des Einlagekontos so festgestellt, wie er sich ergeben hätte, wenn die Gesellschaft von Anfang an der unbeschränkten Steuerpflicht unterlegen hätte, d. h., es sind sowohl Zugänge als auch Rückzahlungen von Einlagen zu berücksichtigen. Damit sind bei einem Zuzug ausländischer Gesellschaften auch die im Ausland geleisteten Einlagen zu berücksichtigen. Daraus, dass die Gesellschaft nachweisen muss, in welcher Höhe offene oder verdeckte Einlagen geleistet bzw. bereits zurückgezahlt worden sind, können sich für bereits länger tätige Gesellschaften mit unterschiedlichen in der Vergangenheit durchgeführten Kapitalmaßnahmen **erhebliche praktische Probleme** ergeben. Angesichts dessen, dass es im deutschen Steuerrecht ein Einlagekonto bereits seit 1977 gibt („von Anfang an"), kann dies dazu führen, dass eine Gesellschaft für einen Zeitraum von ca. 30 Jahren die Gewährung bzw. Rückführung von verdeckten und offenen Einlagen ermitteln müsste und dies angesichts des Umstandes, dass in den meisten Ländern ein solches Einlagekonto ohnehin völlig unbekannt ist.[1] 6651

Die Regelung gilt außerdem auch für Neugründungen als einem weiteren Fall des „Eintritts" in die unbeschränkte Steuerpflicht. Hier können im Jahr der Neugründung erbrachte Einlagen bereits zur Finanzierung von in demselben Jahr erfolgten Ausschüttungen verwendet werden. In der Eröffnungsbilanz ausgewiesene Einlagen erhöhen das Einlagekonto sofort, der Bestand gilt als Einlagekonto zum Schluss des vorangegangenen Wirtschaftsjahres. 6652

Bei grenzüberschreitenden Hereinverschmelzungen oder -spaltungen einer ausländischen Körperschaft auf eine unbeschränkt steuerpflichtige Körperschaft ist nach § 29 Abs. 6 KStG entsprechend zu verfahren und eine Feststellung zur Ermittlung des Einlagekontos der ausländischen Gesellschaft vorzunehmen. Das Einlagekonto der übernehmenden inländischen Gesellschaft erhöht sich um den Bestand der noch vorhandenen Beträge aus geleisteten offenen und verdeckten Einlagen der übertragenden Gesellschaft. Die praktischen Probleme bei der Ermittlung entsprechen den oben beschriebenen. 6653

f) Auswirkungen der Einlagenrückzahlung auf der Ebene des Gesellschafters

Bezüge (Dividenden) gehören nach § 20 Abs. 1 Nr. 1 Satz 3 EStG nicht zu den Einnahmen aus Kapitalvermögen, soweit sie aus Ausschüttungen einer GmbH stammen, für die Eigenkapital i. S. d. § 27 KStG als verwendet gilt. Auf der Ebene der Anteilseigner ist also die **Rückzahlung von Einlagen nicht** nach § 20 EStG **steuerpflichtig**, auch wenn die Beteiligung zu einem Betriebsvermögen im Rahmen der Gewinneinkünfte gehört (§ 20 Abs. 3 EStG). 6654

---

[1] Vgl. insoweit den Lösungsvorschlag durch Anknüpfung an das Heimatrecht der ausländischen Gesellschaft bei Blumenberg/Lechner, a. a. O., 33.

6655 Die Einlagenrückzahlung vermindert aber die Anschaffungskosten des Gesellschafters. Hält der Gesellschafter die **Beteiligung im Privatvermögen**, erhöht sich dadurch ein späterer Veräußerungsgewinn nach § 17 EStG bzw. ein Verlust vermindert sich, wenn die Mindestbeteiligung von 1 v. H. vorliegt. Liegt sie darunter, wirkt sich die Einlagenrückzahlung im Privatvermögen nicht aus. Geht die Leistung, für die das steuerliche Einlagekonto als verwendet gilt, über die Anschaffungskosten hinaus, führt dies bei steuerverhafteten Beteiligungen nach § 17 Abs. 4 EStG zu einem Gewinn. Nach § 3 Nr. 40 Satz 1c EStG ist dieser Betrag jedoch zur Hälfte steuerbefreit, eine Begünstigung des verbleibenden steuerpflichtigen Teils ist jedoch nach § 34 Abs. 2 Nr. 1 EStG ausgeschlossen.

6656 Bei **Beteiligungen im Betriebsvermögen** vermindert sich deren Buchwert um die Leistungen aus dem Einlagekonto. Übersteigen die Leistungen aus dem Einlagekonto den Buchwert der Beteiligung, liegen Betriebseinnahmen vor. Bei Personenunternehmen gilt für diesen Betrag ebenfalls die Halbeinkünftebesteuerung (§ 3 Nr. 40 Satz 1a EStG). Ist Anteilseigner eine GmbH, bleibt der gebuchte Beteiligungsertrag nach § 8b Abs. 1 KStG außer Ansatz. Gewerbesteuerlich greift insoweit die Hinzurechnung nach § 8 Nr. 5 GewStG ein, die zur Ermittlung des Gewerbeertrags die Steuerbefreiung wieder neutralisiert.

6657–6670 (*Einstweilen frei*)

2. Kapitalertragsteuer

6671 Ausschüttungen einer GmbH an ihrer Gesellschafter unterliegen der Kapitalertragsteuer (§ 43 Abs. 1 Nr. 1 EStG). Der Steuerabzug durch die ausschüttende GmbH (Quellensteuer) wird auf die ESt bzw. KSt des Gesellschafters angerechnet (§ 36 Abs. 2 Satz 2 Nr. 2 EStG). Der Steuersatz für Dividenden beträgt im Teileinkünfteverfahren 20 v. H. der **tatsächlichen Dividende;** die Kapitalertragsteuer ist in voller Höhe einzubehalten und bis zum 10. des auf die Ausschüttung folgenden Monats an das Betriebsstättenfinanzamt abzuführen, und zwar unabhängig davon, dass beim Anteilseigner nur die halbe Dividende in die Ermittlung des zu versteuernden Einkommens einbezogen wird (§ 30 Nr. 40 Satz 1d EStG) bzw. bei einer GmbH die völlige Steuerbefreiung nach § 8b KStG eingreift. Auch beim Anteilseigner wird deshalb die volle Kapitalertragsteuer angerechnet.

6672 Der Abzug der Kapitalertragsteuer ist nach § 50d Abs. 1 Satz 1 EStG auch dann vorzunehmen, wenn der Empfänger der Dividende nicht der deutschen Besteuerung unterliegt, etwa bei einer Freistellung nach einem DBA oder nach § 43b EStG. Die GmbH darf den Steuerabzug nur unterlassen oder nach dem im Abkommen bestimmten niedrigeren Satz einbehalten, wenn ihr eine sog. Freistellungsbescheinigung gem. § 50d EStG vorliegt. Andernfalls muss der ausländische Gesellschafter seinen Freistellungsanspruch oder Ermäßigungsanspruch durch einen Erstattungsantrag geltend machen.

6673 Die GmbH haftet gem. § 44 Abs. 5 EStG für die Kapitalertragsteuer, die sie einzubehalten und abzuführen hat.

3. Einlagekonto bei unbeschränkt steuerpflichtigen Körperschaften anderer EU-Mitgliedstaaten

Nachdem gegen die bisherige Rechtslage, nach der steuerfreie Leistungen aus dem Einlagekonto einer in einem anderen EU-Mitgliedstaat ansässigen Gesellschaft nicht möglich waren, erhebliche europarechtliche Bedenken bestanden, sieht § 27 Abs. 8 KStG eine solche Möglichkeit für diese Gesellschaften (und nur für diese) nunmehr vor. Auch von diesen Gesellschaften können eine Einlagenrückgewähr bzw. Leistung aus dem Einlagekonto erbracht werden.[1] Der BFH hat weitergehend entschieden, dass unter Beachtung des Unionsrechts eine Einlagenrückgewähr auch von einer Gesellschaft getätigt werden kann, die in einem Drittstaat ansässig ist und für die kein steuerliches Einlagekonto i. S. d. § 27 KStG geführt wird.[2]

6674

Der insoweit zu berücksichtigende Betrag wird auf besonderen **Antrag** der Gesellschaft für den jeweiligen VZ gesondert festgestellt. Der Antrag kann nach amtlich vorgeschriebenem Vordruck bis zum Ende des dem Kalenderjahr der Leistung folgenden Kalenderjahres gestellt werden, in ihm sind die für die Berechnung der Einlagenrückgewähr erforderlichen Umstände darzulegen. Das bedeutet – vorausgesetzt hierfür ist deutsches Körperschaftsteuerrecht maßgeblich –, dass die EU-ausländische Gesellschaft zunächst den Bestand des nach § 27 KStG anzusetzenden Einlagekontos zum Schluss des der Leistung vorangegangenen Wirtschaftsjahres ermitteln muss und sodann zum Nachweis, in welcher Höhe das Einlagekonto als für die Leistung verwendet gilt, aus ihrer Auslandsbilanz den ausschüttbaren Gewinn i. S. d. § 27 Abs. 1 Satz 5 KStG darstellen muss. Hierzu müsste sie die Entwicklung der verschiedenen Bestandteile des nach deutschem Recht ermittelten steuerlichen Eigenkapitals seit ihrer Gründung rekonstruieren. Dies erscheint indes aus den oben in Rz. 6648 aufgeführten Gründen nicht praktikabel.[3]

6675

Der Antrag ist an das nach § 20 AO zuständige Finanzamt, hilfsweise an das Bundeszentralamt für Steuern zu richten.

6676

Leistungen einer EU-ausländischen Gesellschaft, für die eine gesonderte Feststellung nicht erfolgt ist, gelten nach § 27 Abs. 8 Satz 8 KStG n. F. in voller Höhe als steuerpflichtige Einnahmen i. S. d. § 20 Abs. 1 Nr. 1, 9 oder 10 EStG.

6677

(*Einstweilen frei*)

6678–6700

---

1 Zur Feststellung einer Rückgewähr s. FG München v. 22.11.2016 6 K 2548/14, rkr., NWB DokID: XAAAG-35955.
2 BFH v. 13.7.2016 VIII R 47/13, BFH/NV 2016, 1831, NWB DokID: XAAAF-83719 und VIII R 73/13, NWB DokID: EAAAF-83721; zu den vorgenannten Urteilen s. Niedermayer, DStR 2017, 1009; zu Einzelheiten s. Mössner in Mossner/Seeger, KStG, § 27 Rn. 273.
3 Vgl. auch Rödder/Schumacher, DStR 2006, 1481, 1490.

X. Übergangsregelungen: Aus der Gliederungsrechnung in das Teileinkünfteverfahren, Auswirkungen auf die festzusetzende KSt

1. Allgemeines

6701 Von besonderer Bedeutung sind die Übergangsregelungen vom Anrechnungsverfahren auf das neue Körperschaftsteuersystem (§§ 36 bis 40 KStG). Sie können während der zunächst auf 18 Jahre, also bis 2019, nunmehr bis 2017 verlängerten Übergangszeit zu einer KSt-Minderung durch Verwendung des KSt-Guthabens und/oder zu einer Körperschaftsteuererhöhung führen, wenn fortgeführtes EK 02 für Leistungen der GmbH an ihre Gesellschafter verwendet wird.

a) KSt-Guthaben und KSt-Minderung (§ 37 KStG)

6702 Grundlage für die komplizierte Übergangsregelung war die Überlegung des Gesetzgebers einerseits, das KSt-Minderungspotenzial, das in den mit KSt (nach altem Recht) vorbelasteten Teilbeträgen des verwendbaren Eigenkapitals (EK 45 und EK 40) enthalten war, weiterhin für die GmbH nutzbar zu machen, indem es in ein **KSt-Guthaben** umgerechnet wird. Dieses KSt-Guthaben kann dann – abgesehen von der Zeit des KSt-Moratoriums – über den Übergangszeitraum in der Weise realisiert werden, dass sich die KSt der Gesellschaft um je 1/6 der Gewinnausschüttungen mindert, die in diesen Folgejahren erfolgen und die auf einem ordentlichen Gewinnverteilungsbeschluss beruhen, also keine verdeckten Gewinnausschüttung sind (**KSt-Minderung § 37 KStG**).

b) Fortgeführtes EK 02 und KSt-Erhöhung (§ 38 KStG)

6703 Andererseits wollte der Gesetzgeber während der Übergangszeit (aus fiskalischen und steuersystematischen Gründen) nicht auf die Belastungswirkungen des fortgeschriebenen Teilbetrags EK 02 (steuerfreie inländische Vermögensmehrungen außer Einlagen und vor dem 1.1.1977 gebildete Rücklagen) verzichten, für die unter Geltung des Anrechnungsverfahrens zuletzt eine Ausschüttungsbelastung von 30 v. H. herzustellen war, so dass sich wegen der Vorbelastung von 0 v. H. eine KSt-Erhöhung von 30 v. H. auf das verwendete EK 02 ergab. Deshalb sollen Ausschüttungen, für die zum Übergangszeitpunkt gesondert festgestelltes und danach **fortgeführtes EK 02** als verwendet gilt, i. H. v. 3/7 der Ausschüttung mit KSt nachbelastet werden (**KSt-Erhöhung, § 38 KStG**). Ob und in welchem Umfang dieser Teilbetrag für die Gewinnausschüttung als verwendet gilt, lässt sich der gesetzlichen Regelung nur schwer entnehmen. Praktisch ergibt sich aber eine Verwendungsreihenfolge aus den §§ 27, 37 und 38 KStG, wonach Ausschüttungen zunächst zur Realisierung des KSt-Gthabens führen, dann das neutrale Vermögen verwendet wird und ein danach noch offener Rest der Gewinnausschüttung mit dem EK 02 zu verrechnen ist, was dann eine KSt-Erhöhung auslöst, und schließlich als steuerliches Einlagekonto zu verwenden ist.

2. Ermittlung der Endbestände (§ 36 KStG „Schnittpunktbestand")

6704 Grundlage für die Anwendung der Übergangsregelungen ist eine sich in mehreren Schritten vollziehende Ermittlung der **„Schnittpunktbestände"** (Endbestände i. S. d. § 36 KStG), deren **Umgliederung** und letztlich die gesonderte Feststellung (§ 36 Abs. 7 KStG) der beim Übergang zum neuen Besteuerungssystem in den einzelnen Töpfen verwendbaren Eigenkapitals verbleibenden Beträge. Diese letzte umfassende Feststellung des verwendbaren Eigenkapitals bildet die Grundlage für die Ermittlung des KSt-Guthabens, einer späteren KSt-Erhöhung und schließlich auch für den Anfangsbestand des steuerlichen Einlagekontos (§ 39 Abs. 1 KStG). Im Ergebnis gilt Folgendes:

▶ Nach Umgliederung des EK 45 in EK 40 und EK 02 ergibt sich ein nach § 36 Abs. 7 KStG festzustellender Endbestand im EK 40, aus dem nach § 37 Abs. 1 KStG zum Schluss des darauf folgenden Wirtschaftsjahres ein KSt-Guthaben ermittelt wird. Es errechnet sich mit 1/6 des Endbestandes im EK 40.

▶ Sodann erfolgt eine Zusammenfassung ggf. Umgliederung bei den unbelasteten Teilbeträgen EK 01 bis EK 03. Verbleibt danach ein positiver Bestand im EK 02, bildet er die Grundlage für die KSt-Erhöhung nach § 38 KStG. Sollten Restbestände im EK 01 und EK 03 verbleiben, haben sie keine materielle steuerrechtliche Auswirkung.

▶ Das EK 04 wird in die Umgliederungen nicht einbezogen. Ein negatives EK 04 hat keine weitere Verwendung mehr. Ein positiver Bestand im EK 04 geht unmittelbar in den Anfangsbestand des steuerlichen Einlagekontos ein (§ 39 Abs. 1 KStG).

3. KSt-Guthaben und dessen Verwendung

Literatur: *Dückinghaus,* Optimale Nutzung des Körperschaftsteuerguthabens – Ende des Körperschaftsteuermoratoriums, NWB F. 4, 5031, NWB DokID: LAAAB-67710; *Ott,* Körperschaftsteuer-Guthaben und Ausschüttungspolitik, DStR 2006, 113; *Rödder/Schumacher,* Das kommende SEStEG – Teil I: Die geplanten Änderungen des EStG, KStG und AStG, DStR 2006, 1481; *Förster/Felchner,* Auszahlung des Körperschaftsteuerguthabens nach dem SEStEG, DStR 2007, 280; *Ortmann-Babel/Bolik,* Praxisprobleme des SEStEG bei der Auszahlung des Körperschaftsteuerguthabens nach § 37 KStG nF, BB 2007, 73; *Streck/Binnewies,* Hat das verfassungswidrige Fiskalspiel mit dem Körperschaftsteuerguthaben nunmehr das Schlussdrittel erreicht?, DB 2007, 359.

a) Rechtslage bis 2007

Aus dem **Endbestand im EK 40** wird nach § 37 Abs. 1 KStG zum Schluss des darauf folgenden Wirtschaftsjahres ein **KSt-Guthaben** ermittelt. Es errechnet sich mit **1/6 des Endbestandes** im EK 40. Dem Bruch liegt die Herstellung der Ausschüttungsbelastung nach früherem Recht i. H. v. 30 v. H. zugrunde. Dort ergab sich bei Ausschüttungen aus dem EK 40 bezogen auf den aus dem EK 40 entnommenen Betrag eine KSt-Minderung i. H. v. 10/60. Das ermittelte KSt-Guthaben wird der GmbH nicht sofort erstattet oder verrechnet, sondern wirkt sich bei ihr erst in der nunmehr 18-jährigen Übergangsphase aus.[1] Nach Auslaufen des KSt-Moratoriums[2] ist eine **KSt-Minderung** nunmehr für Gewinnausschüttungen **wieder möglich**, die nach dem **31. 12. 2005** erfolgen. Die Höhe der möglichen KSt-Minderung ist jedoch (jetzt) **doppelt begrenzt**: Die Minderung beträgt 1/6 der Dividende (maximal des KSt-Guthabens), aber nicht mehr als der Teilbetrag, der bei gleichmäßiger Verteilung des KSt-Guthabens auf die Restlaufzeit des

---

1 Zur grundlegenden Systemänderung nach dem 31. 12. 2006 s. Rn. 6712 ff.
2 Das KSt-Moratorium ist verfassungsgemäß, BFH v. 8. 11. 2006 I R 69, 70/05, NWB DokID: UAAAC-35164.

Übergangszeitraum entfällt (§ 37 Abs. 2a KStG), wobei das Jahr des Erfolgens der Gewinnausschüttung mitgerechnet wird. Dieser endet nunmehr mit dem VZ 2019 bzw. bei einem vom Kalenderjahr abweichenden Wirtschaftsjahr mit dem VZ 2020.

> **BEISPIEL:** Die X-GmbH hat ein mit dem Kalenderjahr gleichlaufendes Wirtschaftsjahr. Zum 31. 12. 2005 beträgt das KSt-Guthaben 56 000 €. Im Wirtschaftsjahr 2006 nimmt sie eine Gewinnausschüttung von 180 000 € vor.
> Unter Einschluss des Jahres 2006 beträgt der Übergangszeitraum noch 14 Jahre. Die KSt-Minderung ist nach § 37 Abs. 2 KStG zunächst auf 1/6 der Gewinnausschüttung beschränkt, also auf 30 000 €. Wegen § 37 Abs. 2a Nr. 2 KStG ist aber die KSt-Minderung auf 1/14 des KSt-Guthabens zum 31. 12. 2005 beschränkt, also auf 4 000 €. Aufgrund der Gewinnausschüttungen ergibt sich nur eine Minderung in Höhe dieses Betrages.

6706 Die **Streckung der Nutzbarmachung des KSt-Guthabens** schließt nunmehr aus, dass durch eine entsprechend hohe Gewinnausschüttung das gesamte KSt-Guthaben auf einmal in einem Wirtschaftsjahr nutzbar gemacht werden kann. Im Grunde gewährleistet die Regelung aber auch, dass ein bestehendes Guthaben bis zum Ablauf der Übergangsfrist genutzt werden kann, wobei die maximal mögliche KSt-Minderung proportional höher ist, je später im Übergangszeitraum die Gewinnausschüttung erfolgt. Dabei kann der GmbH freilich ein Problem erwachsen, wenn sie (wegen Verlusten oder aufgrund von Ausschüttungen in den Jahren 2003 bis 2005) nicht über genügend handelsrechtliches Ausschüttungsvolumen verfügt. In solchen Fällen kann es zu empfehlen sein, durch das sog. Leg-Ein-Hol-Zurück-Verfahren durch eine Einlage Ausschüttungsvolumen zu schaffen, um mit diesem anschließend das KSt-Guthaben durch Gewinnausschüttungen zu mobilisieren.

6707 Ein bei Ablauf des Übergangszeitraumes noch nicht verbrauchtes KSt-Guthaben verfällt.[1]

6708 Der Betrag, um den sich das KSt-Guthaben bei jeder Gewinnausschüttung mindert, die auf einem den gesellschaftlichen Vorschriften entsprechenden Beschluss beruht, stellt gleichzeitig den Betrag der KSt-Minderung dar, um den sich die Tarifbelastung vermindert. Dies kann auch zu einer negativen festzusetzenden KSt führen, die der GmbH entsprechend erstattet wird.

aa) Begünstigte Ausschüttungen

6709 Nur Ausschüttungen, die auf einem den gesellschaftsrechtlichen Vorschriften entsprechenden, wirksam zustande gekommenen Gewinnverteilungsbeschluss beruhen,[2] führen nach § 37 Abs. 2 KStG zu einer KSt-Minderung aus dem Guthaben. Darunter fallen **offene Gewinnausschüttungen für ein abgelaufenes Wirtschaftsjahr** und **Vorabausschüttungen** für das laufende oder das abgelaufene Wirtschaftsjahr. **Nicht begünstigt** sind **vGA**, mit ihnen kann also das KSt-Guthaben nicht nutzbar gemacht werden.

6710 Eine Ausnahme davon, dass nur Gewinnausschüttungen, die auf einem den gesellschaftsrechtlichen Vorschriften entsprechenden Gewinnverteilungsbeschluss beruhen, zu einer KSt-Minderung führen, gilt für die Liquidation. Nach § 40 Abs. 4 KStG wird die

---

1 Vgl. Gosch/Bauschatz, KStG, § 37 Rz. 10.
2 Vgl. Gosch/Bauschatz, KStG, § 37 Rz. 50.

Verteilung des Vermögens im Rahmen einer Liquidation wie eine Ausschüttung behandelt, so dass sowohl Auskehrungen während des Liquidationszeitraums als auch die Schlussverteilung zu einer KSt-Minderung führen. Die Beschränkung des § 37 Abs. 2a KStG gilt dann nicht (§ 40 Abs. 4 Satz 7 KStG).

bb) Zeitpunkt der KSt-Minderung

Nach der Vorschrift des § 37 Abs. 2 Satz 2 KStG mindert sich die KSt des VZ, in dem das Wirtschaftsjahr endet, **in dem** die Gewinnausschüttung **erfolgt**. Die Gewinnausschüttung ist erfolgt, wenn sie bei der GmbH tatsächlich abgeflossen ist.[1] Nicht das Entstehen einer Ausschüttungsverbindlichkeit ist maßgebend, sondern deren tatsächliche Erfüllung. Dadurch ändert sich immer die KSt für den VZ, in dem das Wirtschaftsjahr endet, in dem die Ausschüttung erfolgt ist. Dies hat auch Bedeutung für die Ermittlung des maximalen Ausschüttungspotenzials und somit für die Liquidität der GmbH. Auswirkungen ergeben sich auch auf die Ermittlung der KSt-Rückstellung. Offene Ausschüttungen für das abgelaufene Wirtschaftsjahr wirken sich steuerlich nicht mehr auf die KSt-Rückstellung des Wirtschaftsjahres aus, für das die Gewinnausschüttung erfolgt. Vielmehr mindert sich die festzusetzende KSt für das Jahr, in dem die Ausschüttung erfolgt, also abfließt. Die Berechnung der in der Bilanz auszuweisenden KSt-Rückstellung ist somit unabhängig von der Verwendung des in dem betreffenden Jahr erzielten Gewinnes, sie vermindert sich aber um die KSt-Minderung aufgrund der im laufenden Wirtschaftsjahr erfolgten Gewinnausschüttungen.

6711

BEISPIEL: Für die X-GmbH wurde zum 31.12.2005 ein KSt-Guthaben i.H.v. 28 000 € festgestellt. Im Dezember 2005 beschließt die GmbH eine Vorabausschüttung für 2005 von 21 000 €, die im Januar 2006 ausbezahlt wird. Außerdem wird im Mai 2006 eine Gewinnausschüttung für das Wirtschaftsjahr 2005 von 60 000 € beschlossen, die anschließend an ihre beiden Gesellschafter ausbezahlt wird. Das zu versteuernde Einkommen im Jahr 2006 soll 120 000 € betragen.

Das zu versteuernde Einkommen der X-GmbH unterliegt der tariflichen KSt gem. § 23 Abs. 1 KStG von 25 v. H. Beide Ausschüttungen sind im Jahr 2006 erfolgt und führen zu einer KSt-Minderung gem. § 37 Abs. 2 KStG; sie beträgt zunächst 1/6 des gesamten Ausschüttungsbetrages (offene Ausschüttung und Vorabausschüttung) von 81 000 € = 13 500 €, die aber nach Abs. 2a wegen der gleichmäßigen Verteilung auf die Restlaufzeit auf 1/14 des Guthabens, also 2 000 € beschränkt ist. Die KSt für 2006 beträgt also (Tarifbelastung 25 v. H. von 60 000 € = 15 000 € abzgl. 2 000 € KSt-Minderung) 13 000 € (= Körperschaftsteuerschuld).

Das KSt-Guthaben wird zum 31.12.2006 auf (Bestand am 31.12.2005 28 000 € ./. Abgang durch Ausschüttung 2 000 €) 26 000 € festgestellt.

ABWANDLUNG: Würde die X-GmbH die offenen Ausschüttungen für 2005 erst im Jahr 2007 ausbezahlen, bliebe die KSt-Minderung in 2006 gleich (1/6 der Vorabausschüttung = 3 500 €, maximal 2 000 €), im Jahr 2007 könnte das KSt-Guthaben erneut nutzbar gemacht werden und zwar i.H.v. 1/6 des Ausschüttungsbetrags = 10 000 €, maximal 1/13 des auf den 31.12.2006 ebenfalls auf 26 000 € festzustellenden Guthabens, also wieder 2000 €.

---

1 Vgl. Gosch/Bauschatz, KStG, § 37 Rz. 51.

b) Rechtslage ab 2008 durch die Neufassung der Vorschrift zur Verwendung des KSt-Guthabens (§ 37 KStG)

6712 Wie oben dargestellt wurde nach bisherigem Recht das aus der Zeit des Anrechnungsverfahrens resultierende KSt-Guthaben im seinerzeitigen Teileinkünfteverfahren durch ordentliche Gewinnausschüttungen in Form einer Minderung der KSt realisiert. Dieses für einen 18-jährigen Übergangszeitraum eingeführte System einer ausschüttungsbedingten KSt-Minderung wird durch das die KStG-Vorschriften ändernde SEStEG grundlegend geändert.

6713 Die neue gesetzliche Regelung sieht eine **ratierliche ausschüttungsunabhängige Auszahlung** des KSt-Guthabens vor. Hintergrund ist, dass das bisherige System als sowohl für die betroffenen Steuerpflichtigen als auch die Finanzverwaltung sehr aufwändig erkannt wurde und sich insbesondere grenzüberschreitend nicht administrieren lässt. Außerdem ist dieses Verfahren trotz mehrfacher Korrekturen für die Einnahmen der öffentlichen Haushalte nur schwer kalkulierbar und trotz der betragsmäßig vorhandenen Begrenzungen infolge von Umgehungsmöglichkeiten gestaltungsanfällig.[1]

6714 Nach § 37 Abs. 4 Satz 1 KStG wird das KSt-Guthaben **letztmals** auf den 31.12.2006, im Falle von Umwandlungen nach § 37 Abs. 4 Satz 2 KStG zu dem früheren Übertragungsstichtag, ermittelt – und auch festgestellt, obwohl die Gesetzesformulierung dies so ausdrücklich nicht vorsieht.[2]

6715 Nach den unverändert gebliebenen bisherigen Absätzen 1 bis 3 der Vorschrift ist eine KSt-Minderung letztmalig möglich für Gewinnausschüttungen, sonstige Leistungen und Liquidationsraten, die vor dem 31.12.2006 oder dem diesem Datum vorangehenden steuerlichen Übertragungsstichtag bei Umwandlungen nach § 37 Abs. 4 Satz 2 KStG erfolgt sind, d.h. bei der ausschüttenden Gesellschaft abgeflossen sind (§ 37 Abs. 4 Satz 4 KStG). Für Liquidationsfälle i.S.d. § 11 KStG vor dem 31.12.2006 sieht § 37 Abs. 4 Satz 3 und 4 KStG zeitlich orientierte Rechtsfolgen vor.

6716 Die bisher in den Fällen der Liquidation bei deren Beendigung und der Umwandlung von Kapitalgesellschaften auf Personenunternehmen sofortige vollständige Gewährung des KSt-Guthabens ist entfallen. Insofern sind § 40 Abs. 4 KStG und § 10 UmwStG geändert. Hierdurch entsteht für eine liquidierte Kapitalgesellschaft ein bis zu elfjähriger Nachlauf. Die Auszahlungsansprüche sind allerdings insoweit an die Gesellschafter abtretbar.

6717 Ab dem Jahr 2008 wird das KSt-Guthaben dann **ratierlich über einen zehnjährigen Auszahlungszeitraum bis 2017** (also zwei Jahre früher) in zehn gleichen Jahresbeträgen verteilt vollständig ausgezahlt (§ 37 Abs. 5 KStG). Mit der Lösung der Bindung an Ausschüttungen kann das KSt-Guthaben nunmehr auch von solchen Kapitalgesellschaften genutzt werden, die (verlustbedingt) nicht ausschütten können[3] oder dies (angesichts niedrigerer steuerlicher Belastung nicht ausgeschütteter Gewinne oder zur Finanzierung anstehender Investitionen) nicht wollen. Während zunächst ein Antragserforder-

---

1 Vgl. die Gesetzesbegründung in BT-Drucks. 16/2710, 33.
2 Vgl. Ortmann-Babel/Bolik, BB 2006, 73.
3 Vgl. dazu die Stellungnahme des DStV S 13/06, Stbg 2006, 608.

nis (jeweils bis zum 31. 5. des Folgejahres zu stellender Antrag) in den Gesetzesentwürfen vorgesehen war, entsteht nach der in Kraft getretenen Gesetzesfassung der Auszahlungsanspruch antragsunabhängig insgesamt mit Ablauf des 31. 12. 2006 und wird für den gesamten Auszahlungszeitraum festgesetzt. Der erste Jahresbetrag wird innerhalb eines Monats nach Bekanntgabe des Festsetzungsbescheides ausgezahlt, danach erfolgt die Auszahlung jeweils am 30. 9. eines Jahres.

Der erste Jahresbetrag wird in 2008 ausgezahlt. Damit wird, obwohl das letzte erst seit dem 1. 1. 2006 abgelaufen ist, ein **weiteres erneutes KSt-Moratorium** für ein Jahr geschaffen, denn die Realisierung des KSt-Guthabens für das Jahr 2007 ist nicht möglich.[1] Ob hierzu Veranlassung bestand, mag bezweifelt werden.[2] 6718

In Umwandlungsfällen geht der Auszahlungsanspruch der übertragenden Körperschaft auf den übernehmenden Rechtsnachfolger über. 6719

Unter Einbeziehung der bisherigen Rechtslage ergibt sich für die Gesellschaften im Hinblick auf offene Ausschüttungen somit Folgendes: 6720

Erfolgte eine ordentliche Ausschüttung nach dem 11. 4. 2003 bis zum 31. 12. 2005, ist eine Realisierung von KSt-Guthaben nicht möglich (Moratorium, § 37 Abs. 2a Nr. 1 KStG). Erfolgte die Ausschüttung in 2006, ist eine Realisierung des KSt-Guthabens i. H. v. 1/6 des Ausschüttungsbetrages, höchstens aber 1/14 des zum 31. 12. 2005 festgestellten Gesamtbetrages des Guthabens möglich (§ 37 Abs. 2a Nr. 2 KStG). Erfolgen die Ausschüttungen ab 2007, ergeben sich dadurch keine Realisierungen des KSt-Guthabens. Ab 2008 bis 2017 wird dann jährlich 1/10 des zum (i. d. R.) 31. 12. 2006 festgestellten Guthabens vergütet.[3] Ausnahmsweise können Kleinbeträge – das sind solche bis 1 000 € – in einer Summe ausgezahlt werden (§ 37 Abs. 5 KStG i. d. F. des Steuerbürokratieabbaugesetzes vom 20. 12. 2008).[4] 6721

Der Auszahlungsanspruch ist **unverzinslich** (§ 37 Abs. 5 Satz 5 KStG). Die Festsetzungsfrist für die Festsetzung des Anspruchs läuft nicht vor Ablauf des Jahres ab, in dem der letzte Jahresbetrag fällig wird (§ 37 Abs. 5 Satz 6 KStG). 6722

In § 37 Abs. 6 KStG findet sich eine verfahrensrechtliche Bestimmung, wie bei einer nachträglichen Veränderung des festgestellten KSt-Guthabens, beispielsweise nach einer Betriebsprüfung für VZ vor 2007, zu verfahren ist. Grundsätzlich ist danach eine **rückwirkende Korrektur (Nachzahlung oder Rückforderung) nicht möglich**. Wird der Festsetzungsbescheid über den Auszahlungsanspruch geändert oder aufgehoben, wird der Unterschiedsbetrag zwischen demjenigen Ausgangsbetrag, wie er sich aus dem geänderten Bescheid ergibt, und der Summe der bis zur Bekanntgabe des Änderungsbescheides geleisteten Auszahlungen auf die verbleibenden Fälligkeitstermine des restlichen Auszahlungszeitraumes **verteilt**. Soweit die Summe der bis zur Bekanntgabe des geänderten Bescheides bereits geleisteten Auszahlungen größer ist als der geänderte 6723

---

1 Nach Dötsch/Pung, DB 2006, 2648, 2654, sog. „Kleines Moratorium".
2 Vgl. Ortmann-Babel/Bolik, BB 2007, 74; Streck/Binnewies, a. a. O.
3 Nach Blumenberg/Lechner, a. a. O.
4 Siehe auch die Billigkeitsregelung im BMF-Schreiben v. 21. 7. 2008, BStBl I 2008, 741.

Auszahlungsanspruch, ist dieser Unterschiedsbetrag innerhalb eines Monats nach Bekanntgabe des Änderungsbescheides zurückzuzahlen.

6724 Zwar ist der **Auszahlungsanspruch** der Körperschaft zum 31.12.2006 grundsätzlich in voller Höhe als Forderung zu aktivieren, denn er ist, nachdem das o. g. Antragserfordernis nicht in das Gesetz übernommen wurde, bereits entstanden und rechtlich gesichert. Weitere eigene Leistungen der Gesellschaft sind nicht mehr erforderlich. Die Aktivierungsvoraussetzungen sind daher grundsätzlich in handels- und steuerrechtlicher Hinsicht erfüllt (§§ 246 Abs. 1, 252 Abs. 1 Nr. 4 HGB, § 5 Abs. 1 EStG). Nachdem der Auszahlungsanspruch jedoch nicht verzinslich ist, ist er insoweit mit dem **Barwert** anzusetzen. Der sich danach ergebende Bilanzgewinn ist außerbilanziell sodann steuerlich zu neutralisieren.[1, 2] Denn nach § 37 Abs. 7 KStG gehören Erträge und Gewinnminderungen, die sich aus der Anwendung des Abs. 5 ergeben, nicht zu den Einkünften i. S. d. EStG.

Das BMF-Schreiben vom 14.1.2008 sieht daher vor, dass Gewinnerhöhungen aus der Aktivierung sowie Gewinnminderungen, die sich aus z. B. Zinsverlusten oder auch der Abzinsung auf den Barwert oder Rückzahlungen ergeben, bei der Einkommensermittlung zu eliminieren sind. Mit Beschluss vom 15.7.2008 hat der BFH dies bestätigt und auch zum Ausdruck gebracht, dass entgegen bisher in der Literatur vertretener Auffassung der Abzinsungsbetrag keine abziehbare Betriebsausgabe sei. Nach § 37 Abs. 7 KStG ist also die **ratenweise Zahlung oder Rückzahlung** von Beträgen aus dem Körperschaftsteuerguthaben, die in den Körperschaftsteuerbescheiden nicht ausgewiesen werden, von den Einkünften i. S. d. EStG auszunehmen, wenn die Zahlung/Rückzahlung dar Körperschaft zufließt, gegenüber der bei Umstellung des Systems die Festsetzung des Guthabens erfolgt ist.

6725 Praktischen Problemen für den Jahresabschluss der Gesellschaften zum 31.12.2006 deswegen, weil dieser bereits zu einem Zeitpunkt erstellt wurde/wird, zu dem die Festsetzung des Auszahlungsanspruches durch das Finanzamt noch nicht erfolgt war/ist, kann dadurch begegnet werden, dass als Ausgangspunkt das zum Schluss des vorhergehenden Wirtschaftsjahres vorhandene KSt-Guthaben unter Berücksichtigung von KSt-Minderungen aus eventuell geleisteten Gewinnausschüttungen und Erhöhungen um Nachsteuerbeträge i. S. d. § 37 Abs. 3 KStG aus eventuell empfangenen Gewinnausschüttungen bis zum 31.12.2006, bei Beachtung der bisher maßgeblichen Vorschriften, weitergeführt wurde/wird.

6726 Nach § 37 Abs. 7 KStG ist die **ratenweise Zahlung oder Rückzahlung** von Beträgen aus dem KSt-Guthaben, die in den Körperschaftsteuerbescheiden nicht ausgewiesen werden, von den Einkünften i. S. d. EStG auszunehmen, wenn die Zahlung/Rückzahlung der Körperschaft zufließt, gegenüber der bei Umstellung des Systems die Festsetzung des Guthabens erfolgt ist. Anteilige Aufzinsungserträge, die sich aus der Bewertung der

---

1 Für Bildung eines passiven Rechnungsabgrenzungspostens in Höhe der erst künftig entstehenden Jahresbeträge allerdings auf der Basis des nicht umgesetzten Antragsverfahrens Förster/Felchner, Auszahlung des Körperschaftsteuerguthabens nach dem Regierungsentwurf des SEStEG, DStR 2006, 1725, 1728; a. A. Ortmann-Babel/Bolik, BB 2007, 73.

2 Nach dem BFH-Beschluss v. 15.7.2008 I B 16/08, BStBl II 2008, 886 ist sowohl die Aktivierung als auch die Wertberichtigung des Anspruchs auf Auszahlung des KSt-Guthabens bei der Einkommensermittlung zu neutralisieren; vgl. auch BMF-Schreiben v. 14.1.2008 IV B 7 S 2861/07/0001, BStBl I 2008, 280.

Auszahlungsforderung im Hinblick auf deren Unverzinslichkeit mit dem Barwert später bei Auszahlung der einzelnen Rückzahlungsraten ergeben, unterliegen als Teil der Steuerrückzahlung[1] i. E. außer in den Fällen einer Abtretung des KSt-Guthabens nicht der Besteuerung.

Eine Verfügungsmöglichkeit der Gesellschafter über die Auszahlungsbeträge ergibt sich nur über eine Ausschüttung, Auskehrung von Liquidationsraten oder Umwandlung. Diese Zuflüsse sind dort zu versteuern. 6727

Für den Fall einer grundsätzlich zulässigen teilweisen oder **Vollabtretung** des im Regelfall am 31. 12. 2006 entstandenen Auszahlungsanspruches (§ 46 AO) sind Raten, die an den Abtretungsempfänger fließen, auch bei diesem nicht von der Besteuerung ausgenommen. Weil auf die Abtretung oder Verpfändung des Anspruchs nach § 37 Abs. 5 Satz 9 KStG n. F. § 46 Abs. 4 AO (Verbot des geschäftsmäßigen Erwerbs von Erstattungsansprüchen) nicht anzuwenden ist, kann sich beispielsweise der Steuerberater diese Erstattungsansprüche zur Sicherung seiner Forderungen gegen die Mandanten-GmbH abtreten lassen.[2] Im Liquidationsfall ermöglicht die Abtretung einen Abschluss des Verfahrens ohne Abwarten des langen Auszahlungszeitraums. Zur grundsätzlich ebenfalls möglichen Veräußerung des Auszahlungsanspruches vgl. Dötsch/Pung.[3] 6728

Die Nutzung des Guthabens für Zwecke der Verrechnungsstundung wird wegen des Erfordernisses des „in Kürze" fällig werdenden Anspruchs i. d. R. nur für die einzelnen Jahresraten, nicht aber den gesamten Auszahlungsanspruch in Betracht kommen.

Nachdem das aus der systemwechselnden Neuregelung resultierende KSt-Guthaben bei vielen Kapitalgesellschaften eine bedeutende Vermögensposition darstellt, werden bei den Finanzämtern vermehrt Anträge auf Auszahlung dieses Guthabens von Insolvenzverwaltern gestellt. Das Finanzamt kann mit gleichzeitig vorhandenen Insolvenzforderungen nur dann aufrechnen, wenn das Insolvenzverfahren nach dem 31. 12. 2006 eröffnet worden ist.[4] 6729

(Einstweilen frei) 6730–6750

4. Nachversteuerung gemäß § 37 Abs. 3 KStG (altes Recht)

Ist eine **GmbH selbst Empfängerin einer Gewinnausschüttung**, so vereinnahmt sie die Dividende gem. § 8b Abs. 1 KStG steuerfrei. Für die bei der ausschüttenden GmbH (oder anderen Körperschaft) zu berücksichtigende KSt-Minderung infolge der Ausschüttung sieht § 37 Abs. 3 KStG für die Übergangszeit eine **Nachversteuerung** vor. Damit soll vermieden werden, dass durch konzerninterne Ausschüttungen die Steuerlast für Altrücklagen aus der Zeit des Anrechnungsverfahrens auf 30 v. H. heruntergeschleust wird. 6751

---

[1] Vgl. Ortmann-Babel/Bolik, BB 2007, 73.
[2] Vgl. Verfügung der OFD Koblenz v. 7. 12. 2007 S 0453 A/S 0550 A/S 0166 A – St 34 1/St 34 2/St 35 8.
[3] DB 2006, 2648, 2655.
[4] Vgl. Verfügung der OFD Koblenz v. 7. 12. 2007 S 0453 A/S 0550 A/S 0166 A – St 34 1/St 34 2/St 35 8; a. A. Sterzinger, Probleme bei der Auszahlung des Körperschaftsteuerguthabens im Insolvenzverfahren, BB 2008, 1480, nach dem auch bei Verfahren, die vor dem 31. 12. 2006 eröffnet worden sind, aufgerechnet werden kann.

Dies geht erst, wenn die empfangene GmbH ihrerseits während des Übergangszeitraums an eine natürliche Person ausschüttet.

6752 Die Nachversteuerung erfolgt auf der Ebene der empfangenden GmbH; bei ihr erhöhen sich **die KSt und das KSt-Guthaben** um den **Betrag der KSt-Minderung**, der bei der leistenden GmbH berücksichtigt wurde. Die KSt-Minderung, die die ausschüttende Körperschaft erhält, wird auf der Ebene der Empfängerkörperschaft wieder rückgängig gemacht. Die Nachsteuer nach § 37 Abs. 3 KStG fällt auch dann an, wenn das zu versteuernde Einkommen der empfangenden GmbH negativ ist und somit keine Tarifbelastung mit KSt anfällt.

6753 Durch die Nachversteuerung geht in einer Beteiligungskette kein KSt-Guthaben verloren, es wird lediglich auf die nächsthöhere Ebene verlagert.

> **BEISPIEL:** Die M-GmbH ist mit 30 v. H. an der T-GmbH beteiligt. T zahlt im Jahr 2006 an die M-GmbH eine Dividende von 40 000 € aus. Für die Gesamtausschüttung wurde ihr im Jahr 2006 aus ihrem KSt-Guthaben eine KSt-Minderung gem. § 37 Abs. 2 KStG i. H. v. 9 000 € gewährt. Die M-GmbH hat aus ihrem aktiven Geschäftsbetrieb im Jahr 2006 einen Verlust von 50 000 €.
>
> Die M-GmbH hat folgendes zu versteuerndes Einkommen im Jahr 2006:
>
> | | |
> |---|---:|
> | Verlust aus aktiver Tätigkeit | ./. 50 000 € |
> | Dividende | + 40 000 € |
> | steuerfrei nach § 8b Abs. 1 KStG | ./. 40 000 € |
> | nicht abzugsfähige BA § 8b Abs. 5 KStG | + 2 000 € |
> | zu versteuerndes Einkommen | ./. 48 000 € |
> | Tarifbelastung 25 v. H. | 0 € |
>
> Hinsichtlich der erhaltenen Dividende greift die Nachversteuerungsregelung nach § 37 Abs. 3 KStG ein. Die M-GmbH muss im Ausschüttungsjahr 2006 die Nachsteuer von (9 000 € x 30 v. H. =) 2 700 € (= auf sie entfallender Anteil der KSt-Minderung auf der Ebene der T-GmbH) entrichten. Ihr eigenes KSt-Guthaben erhöht sich zum 31. 12. 2006 um 2 700 €.

6754 Ein durch Ausschüttung einer Tochtergesellschaft zugegangenes KSt-Guthaben kann noch **im Jahr des Zugangs** von der Muttergesellschaft für eine Ausschüttung genutzt werden. Dies gilt sowohl für Vorabausschüttungen als auch für Ausschüttungen für ein abgelaufenes Wirtschaftsjahr. Es ist auch nicht erforderlich, dass das Guthaben zum Zeitpunkt der Weiterausschüttung durch die Muttergesellschaft bereits zugeflossen war. Ausreichend ist, dass Ausschüttung der Tochter- an die Muttergesellschaft und Ausschüttung der Muttergesellschaft an deren Gesellschafter in demselben Wirtschaftsjahr erfolgen.

> **BEISPIEL:** Die M-GmbH war im Jahr 2002 zu 100 v. H. an der T-GmbH beteiligt. Das KSt-Guthaben der M zum 31. 12. 2001 war mit 12 707 € festgestellt worden. T schüttete an M aufgrund eines Gesellschafterbeschlusses vom 8. 11. 2002 am 8. 12. 2002 einen Betrag i. H. v. 3 118 000 € aus, der KSt-Minderungsbetrag betrug 519 667 €. Die Gesellschafterversammlung der M beschloss am 15. 11. 2002 eine Gewinnausschüttung i. H. v. 3 118 000 €, die noch in 2000 ausgezahlt wurde.
>
> Nach dem BFH-Urteil vom 28. 11. 2007 I R 42/07, BStBl II 2008, 390 konnte die M entgegen dem BMF-Schreiben vom 6. 11. 2003, BStBl I 2003, 575 Tz. 40 das ihr zugegangene KSt-Guthaben noch im selben Jahr durch Ausschüttung an ihre Gesellschafter nutzen. Weder der Wortlaut noch der Zweck des § 37 KStG ließen Anhaltspunkte dafür erkennen, dass ein durch Aus-

schüttungen einer Tochtergesellschaft zugegangenes KSt-Guthaben erst genutzt werden könne, wenn es zuvor festgestellt worden sei.

5. Fortschreibung und gesonderte Feststellung des KSt-Guthabens

Nach § 37 Abs. 2 Satz 4 KStG n. F. wird das verbleibende KSt-Guthaben unter Berücksichtigung der Abgänge und der Zugänge nach § 37 Abs. 3 KStG gesondert festgestellt. Die gesonderte Feststellung erfolgt auf den Schluss des jeweiligen Wirtschaftsjahrs. Der Bescheid über die gesonderte Feststellung ist Grundlagenbescheid für den Bescheid über die entsprechende Feststellung zum folgenden Feststellungszeitpunkt.

6. Die KSt-Erhöhung (§ 38 KStG)

a) Gesonderte Feststellung des positiven Teilbetrags EK 02 und jährliche Fortschreibung

§ 38 Abs. 1 KStG schreibt vor, dass ein **positiver Endbestand beim EK 02** zum Schluss der folgenden Wirtschaftsjahre **fortzuschreiben und gesondert festzustellen** ist. In der gesonderten Feststellung der Endbestände nach § 36 Abs. 7 KStG kann sowohl ein positiver als auch ein negativer Teilbetrag im EK 02 ausgewiesen werden. Ein **Negativbetrag** wird **nicht** während der Übergangszeit **fortgeführt**. Ein positiver Betrag im EK 02 wird hingegen während der Übergangsphase fortgeführt und kann für Ausschüttungen mit der Folge der KSt-Erhöhung verwendet werden.

b) Verwendung des EK 02 für Leistungen

Gemäß § 38 Abs. 1 Satz 3 KStG verringert sich der Betrag des (positiven) EK 02, soweit er als für Leistungen verwendet gilt. Zusätzlich wird das EK 02 um den Betrag der KSt-Erhöhung gemindert, der sich bei Verwendung des EK 02 i. H. v. 3/7 der Leistung ergibt.

Während das KSt-Guthaben mit der Folge einer KSt-Minderung nur für Ausschüttungen nutzbar gemacht werden kann, die auf einem den gesellschaftsrechtlichen Vorschriften entsprechenden Gewinnverwendungsbeschluss beruhen, spricht § 38 Abs. 1 Satz 3 KStG bei der Verwendung des EK 02 von **Leistungen**. Der **Leistungsbegriff** ist **umfassend**. Zur **Verwendung des EK 02** führen also insbesondere offene Gewinnausschüttungen, Vorabausschüttungen, **vGA**, Auskehrungen bei einer Liquidation oder Kapitalherabsetzung, Ausgleichszahlungen an außenstehende Anteilseigner einer Organgesellschaft und Mehrabführungen einer Organgesellschaft.

c) Verwendungsberechnung

Nach den Vorschriften in § 38 Abs. 1 Satz 4 und 5 KStG gilt der **Teilbetrag** des **EK 02 als für Leistungen verwendet**, soweit die Summe der im Wirtschaftsjahr erbrachten Leistungen den auf den Schluss des vorangegangenen Wirtschaftsjahres um den Bestand des EK 02 verminderten ausschüttbaren Gewinn i. S. v. § 27 Abs. 1 Satz 4 KStG übersteigt. Es sind also zwei Berechnungsgrößen zu ermitteln: die Summe der Leistungen im Wirtschaftsjahr (Größe I) und der verminderte ausschüttbare Gewinn (Größe II). Die Ermittlung des verminderten ausschüttbaren Gewinns ermittelt sich nach folgendem Schema:

Eigenkapital in der Steuerbilanz des Vorjahres

./. Gezeichnetes Kapital

./. Bestand im steuerlichen Einlagekonto

= ausschüttbarer Gewinn i. S. d. § 27 Abs. 1 Satz 4 KStG

./. Bestand im EK 02

= verminderter ausschüttbarer Gewinn, § 38 Abs. 1 Abs. 4 KStG

6760 Damit wird das EK 02 noch vor dem steuerlichen Einlagekonto für Leistungen der GmbH verwendet. Hieraus ergibt sich für die Ausschüttung die Verwendungsreihenfolge: Verminderter auschüttbarer Gewinn, EK 02 bis zu seinem Verbrauch, steuerliches Einlagekonto, das solange blockiert ist,[1] wie ein positiver Endbetrag des EK 02 besteht.

BEISPIEL: Die X-GmbH weist zum 31.12.05 ein Eigenkapital von 230 000 € aus, das Stammkapital beträgt 50 000 €. Der Bestand im Einlagekonto beträgt 80 000 €, das EK 02 hat einen Bestand von 70 000 €. Im Jahr 06 schüttet die GmbH eine Dividende für 05 i. H.v. 40 000 € aus.

Der verminderte ausschüttbare Gewinn berechnet sich folgendermaßen:

Eigenkapital in der Steuerbilanz des Vorjahres	230 000 €
./. Gezeichnetes Kapital	50 000 €
./. Bestand im steuerlichen Einlagekonto	80 000 €
= ausschüttbarer Gewinn	100 000 €
./. Bestand im EK 02	70 000 €
= verminderter ausschüttbarer Gewinn	30 000 €
Die Ausschüttung von	40 000 €
übersteigt den verminderten ausschüttbaren Gewinn von	30 000 €
um	10 000 €.

Für die Gewinnausschüttung i. H.v. 40 000 € gilt also ein Teilbetrag des EK 02 i. H.v. 10 000 € als verwendet. Das steuerliche Einlagekonto kann nicht verwendet werden. Vgl. auch Beispiel in Rz. 6762.

6761 Ist der ausschüttbare Gewinn niedriger als der Bestand im EK 02 und ergibt sich deshalb für den verminderten ausschüttbaren Gewinn ein negativer Betrag, so wird dieser mit 0 € angesetzt, so dass grundsätzlich die gesamte Leistung mit dem EK 02 zu verrechnen ist. Wird das EK 02 durch die Leistung aufgebraucht, muss die Begrenzung der Verwendung des EK 02 mit 7/10 seines Bestandes beachtet werden, weil auch die KSt-Erhöhung mit dem EK 02 zu verrechnen ist. Gleiches gilt, wenn bereits der ausschüttbare Gewinn i. S. d. § 27 Abs. 1 Satz 4 KStG negativ, aber noch ein positiver Bestand im EK 02 vorhanden ist und daher ebenfalls das EK 02 für die Ausschüttung zu verwenden ist.

---

[1] Vgl. Gosch/Bauschatz, KStG, § 38 Rz. 52.

d) Geplante steuerliche Folgen der Verwendung des EK 02 (KSt-Erhöhung) vor Geltung des JStG 2008

Die KSt erhöht sich um 3/7 des Betrags der Leistung, für die der Teilbetrag des EK 02 als verwendet gilt (§ 38 Abs. 2 KStG). Der Bestand im EK 02 vermindert sich um den Betrag, der als für die Leistung verwendet gilt, und um die darauf zu entrichtende KSt-Erhöhung. § 38 Abs. 2 Satz 2 KStG schreibt die Verminderung des Bestands im EK 02 durch die KSt-Erhöhung „bis zu dessen Verbrauch" vor. Damit ist die Verwendung des EK 02 für die Leistung auf 7/10 des Bestandes im EK 02 begrenzt, damit auch die auf die Leistung aus dem EK 02 entfallende KSt-Erhöhung noch mit dem Bestand verrechnet werden kann.

6762

Die Minderung des Betrages des EK 02 erfolgt solange, bis das EK 02 verbraucht ist (§ 38 Abs. 2 Satz 2 KStG) oder die Übergangszeit gem. § 38 Abs. 2 Satz 3 KStG abgelaufen ist. Ist der Endbetrag des EK 02 verbraucht (Nullbestand) oder ist die Übergangsphase abgelaufen, kommt weder eine (weitere) Minderung des Betrages noch eine KSt-Erhöhung in Betracht.[1]

6763

BEISPIEL: Die X-GmbH weist zum einen 31. 12. 2005 ein Eigenkapital von insgesamt 240 000 € aus, davon entfallen auf das gezeichnete Kapital 50 000 €. Der Bestand im steuerlichen Einlagekonto beträgt 100 000 €, der Bestand im EK 02 beträgt 40 000 €. Im Jahr 2006 schüttet die GmbH für 2005 110 000 € aus.

Der verminderte ausschüttbare Gewinn ermittelt sich wie folgt:

Eigenkapital in der Steuerbilanz des Vorjahres	240 000 €
./. Gezeichnetes Kapital	50 000 €
./. Bestand im steuerlichen Einlagekonto	100 000 €
= ausschüttbarer Gewinn	90 000 €
./. Bestand im EK 02	40 000 €
= verminderter ausschüttbarer Gewinn	50 000 €
Summe der Leistungen	110 000 €
./. Differenzbetrag (= verminderter ausschüttbarer Gewinn)	50 000 €
= Verwendung von EK 02	60 000 €.

Der Bestand des EK 02 beträgt aber nur 40 000 €, so dass seine Verwendung für Leistungen auf 7/10 des Bestandes im EK 02 begrenzt ist. Deshalb gilt für die Leistung ein EK 02 i. H.v. 7/10 von 40 000 € = 28 000 € als verwendet. Die KSt-Erhöhung beträgt 3/7 von 28 000 € = 12 000 €, die ebenfalls mit dem Bestand des EK 02 zu verrechnen ist, so dass es verbraucht wird.

In Höhe von 20 000 € gilt das steuerliche Einlagekonto i. S. d. § 27 KStG als verwendet, weil die Leistung i. H.v. 110 000 € den ausschüttbaren Gewinn i. H.v. 90 000 € um 20 000 € übersteigt.

Das EK 02 entwickelt sich folgendermaßen:

Bestand am 31. 12. 2005	40 000 €
Verwendung für die Leistung	./. 28 000 €
KSt-Erhöhung 3/7 von 28 000 €	./. 12 000 €
Bestand am 31. 12. 2006	0 €

---

[1] Vgl. Gosch/Bauschatz, KStG, § 38 Rz. 80.

Entwicklung des steuerlichen Einlagekontos
Bestand am 31.12.2005   100 000 €
Verwendung für die Leistung in 2006   20 000 €
Bestand am 31.12.2006   80 000 €

Die Gesellschafter beziehen i.H.v. 90 000 € Einnahmen aus Kapitalvermögen; die Ausschüttung aus dem steuerlichen Einlagekonto i.H.v. 20 000 € führt nicht zu Einnahmen aus Kapitalvermögen (§ 20 Abs. 1 Nr. 1 Satz 3 EStG).

6764 Die **KSt erhöht** sich für den **VZ**, in dem das **Wirtschaftsjahr endet**, in dem die **Leistungen erfolgen**. Darunter ist der **Abfluss** der Leistungen bei der GmbH zu verstehen. Es gelten die gleichen Grundsätze wie bei der KSt-Minderung aus der Verwendung des KSt-Guthabens. Da an die Bestände am Ende des Vorjahres sowohl bei der Höhe des Bestandes im EK 02 als auch bei der Ermittlung des ausschüttbaren Gewinns angeknüpft wird, haben Vorgänge im laufenden Jahr keinen Einfluss auf die Verwendung des Teilbetrages EK 02.

6765 Eine KSt-Erhöhung sollte letztmals bei einem kalenderjahrgleichen Wirtschaftsjahr im VZ 2019 und bei einem vom Kalenderjahr abweichenden Wirtschaftsjahr letztmals im VZ 2020 stattfinden. Damit endet die Übergangsregelung für die KSt-Minderung und für die KSt-Erhöhung zeitgleich. Ein dann noch nicht verbrauchter Bestand im EK 02 führt nicht mehr zu einer KSt-Erhöhung. Ist der Bestand im EK 02 bereits vor Ablauf der Übergangszeit durch die Finanzierung von Ausschüttungen und sonstigen Leistungen aufgebraucht, wird eine Nullfeststellung des EK 02 bis zum Ende der Übergangszeit fortgeschrieben.

6766–6780 (*Einstweilen frei*)

7. Eleminierung der KSt-Erhöhung durch das JStG 2008

6781 Unter anderem durch die Anpassung an grenzüberschreitende Sachverhalte infolge des SEStEG wurde das bisherige, zunächst nur noch für alte vEK 02 Bestände im Rahmen des § 38 KStG gültige ausschüttungsabhängige System als sehr aufwendig empfunden. In Fällen mit hohen EK 02 Beständen wird die Regelung zudem als Ausschüttungssperre befürchtet.

6782 Das JStG 2008[1] ersetzte das System der Körperschaftsteuererhöhung durch eine pauschale Abgeltungszahlung. Von dem am 31.12.2006 vorhandenen Bestand des EK 02 wird (ein Anteil von 10 % mit 30 % =) 3 % verwendungsunabhängig besteuert. Der verbleibende Bestand entfällt und löst damit keine Körperschaftsteuererhöhung aus.

Das EK 02 wird grundsätzlich letztmalig zum 31.12.2006 festgestellt. In Liquidationsfällen, die über den 31.12.2006 hinaus andauern, wird die letztmalige Feststellung auf den Schluss des Besteuerungszeitraums vorgenommen, der vor dem 1.1.2007 endet. Die Gesellschaft kann beantragen, dass am 31.12.2006 ein Besteuerungszeitraum endet; in diesem Fall erfolgt die letztmalige Feststellung des EK 02 Bestands zum 31.12.2006 (§ 38 Abs. 4 Satz 3 KStG).

---

1 Das JStG 2008 wurde am 28.12.2007 im BGBl I 2007, 3150 veröffentlicht und trat am 29.12.2008 in Kraft.

Das am 31.12.2006 vorhandene EK 02 wird nach § 38 Abs. 5 KStG in der Weise nachversteuert, dass 3 % dieses EK 02 als Körperschaftsteuererhöhungsbetrag festgesetzt werden. Dabei ist der Körperschaftsteuererhöhungsbetrag auf den Betrag zu begrenzen, der sich als Körperschaftsteuererhöhung nach der bisherigen Regelung ergeben hätte, wenn die Kapitalgesellschaft ihr am 31.12.2006 bestehendes Eigenkapital laut Steuerbilanz für eine Ausschüttung verwendet hätte. Damit ist gewährleistet, dass es nur dann zu einer Nachversteuerung kommt, wenn die Kapitalgesellschaft über positives Eigenkapital verfügt. Ein Körperschaftsteuererhöhungsbetrag ist gem. § 38 Abs. 5 Satz 3 KStG nur festzusetzen, wenn er 1 000 € übersteigt.

Der festgesetzte Körperschaftsteuererhöhungsbetrag ist im Regelfall in 10 gleichen Jahresraten zu entrichten. Auszahlungszeitraum ist wie beim Körperschaftsteuerguthaben der Zeitraum von 2008 bis 2017. Dabei wird der Körperschaftsteuererhöhungsbetrag in einem Bescheid für den gesamten Zahlungszeitraum festgesetzt. Der Anspruch der Finanzverwaltung entsteht am 1.1.2007 (§ 38 Abs. 6 Satz 3 KStG). Damit ist sichergestellt, dass der Erhöhungsbetrag erstmalig in einer Bilanz ausgewiesen werden muss, die nach dem 31.12.2006 aufgestellt wird. Bei abweichendem Wirtschaftsjahr kann dies bereits die Bilanz zum 31.1.2007 sein.

In der Regel wird der Körperschaftsteuererhöhungsbetrag bei einem Wirtschaftsjahr = Kalenderjahr erstmals in der Bilanz zum 31.12.2007 als Körperschaftsteuerverbindlichkeit eingestellt werden müssen.

Die Buchungssatz lautet: „Körperschaftsteueraufwand an Körperschaftsteuerverbindlichkeit".

Bei der Ermittlung des zu versteuernden Einkommens ist der Körperschaftsteueraufwand außerhalb der Bilanz dem Steuerbilanzgewinn wieder hinzuzurechnen. Der Jahresbetrag, das sind 1/10 des Körperschaftsteuererhöhungsbetrags, ist jeweils am 30.9. eines Jahres fällig. Für das Jahr der Bekanntgabe des Bescheids und die vorangegangenen Jahre ist der Jahresbetrag innerhalb eines Monats nach Bekanntgabe des Bescheids fällig, wenn die Bekanntgabe nach dem 30.9.2008 erfolgt. Ist der Bescheid vor dem 1.10.2008 ergangen, ist der erste Jahresbetrag am 30.9.2008 fällig (§ 38 Abs. 6 Sätze 5 und 6 KStG).

Der Erhöhungsbetrag wird während der „Rückzahlungsphase" nicht verzinst. Dies bedeutet für die Steuerbilanz, dass die Körperschaftsteuerverbindlichkeit mit 5,5 % auf die Laufzeit abzuzinsen ist (§ 6 Abs. 1 Nr. 3 EStG). Der Abzinsungsfaktor für die Bewertung der Verbindlichkeit zum 31.12.2007 beträgt unter Berücksichtigung eines Aufschubzeitraums von neun Monaten – unterstellte Fälligkeit am 30.9.2008 – 7,2429077 bezogen auf die Jahresrate oder 0,72429077 bezogen auf den gesamten Nachzahlungsbetrag.[1]

---

[1] BMF, Amtl. EStHB, Anhang 9 V. Tabelle 3. mit interpoliertem Wert.

BEISPIEL: Eine GmbH verfügt zum 31.12.2006 über ein EK 02 von 1 000 000 €. Hieraus errechnet sich ein Körperschaftsteuererhöhungsbetrag von 3 % von 1 000 000 € = 30 000 €. Zum 31.12.2007 wird dieser Körperschaftsteuererhöhungsbetrag mit dem Faktor 0,72429077 zu multiplizieren sein und ergibt dann einen abgezinsten Wert von 21 728,72 €.

Dieser abgezinste Wert wird durch die Buchung Körperschaftsteueraufwand 21 728,72 € an Körperschaftsteuerverbindlichkeit 21 728,72 € in die Steuerbilanz 2007 aufgenommen.

6784 Zu den folgenden Bilanzstichtagen wird die Körperschaftsteuerverbindlichkeit durch die Tilgung jeweils am 30.9. eines Jahres abnehmen, durch die geringere Abzinsung dagegen zunehmen. In dem vorgenannten Beispiel ist bei einer unterstellten Tilgung im Laufe des Wirtschaftsjahres 2008 zum 31.12.2008 eine abgezinste Körperschaftsteuerverbindlichkeit von 6,649427 x 3 000 = 19 948,28 € neu zu bewerten und auszuweisen.

XI. Steuerabzug bei Körperschaftsteuerpflichtigen

6785 § 32 KStG regelt die Wirkung des **Steuerabzugs** bei Körperschaftsteuerpflichtigen. Bei beschränkt Körperschaftsteuerpflichtigen i.S.v. § 2 KStG hat der Abzug grundsätzlich **abgeltende** Wirkung, § 32 Abs. 1 Nr. 2 KStG. Für unbeschränkt Körperschaftsteuerpflichtige gilt dies nach Abs. 1 Nr. 1 nur, wenn die Einkünfte nach § 5 Abs. 2 Nr. 1 KStG von der Steuerbefreiung ausgenommen sind.

6786 Ausnahmen von dieser Abgeltungswirkung sieht § 32 Abs. 2 KStG i.d.F. des JStG 2009 vom 19.12.2008[1] vor.

Nach § 32 Abs. 2 Nr. 1 KStG n.F. ist die Körperschaftsteuer nicht abgegolten, wenn während eines Kalenderjahres sowohl beschränkte als auch unbeschränkte Körperschaftsteuerpflicht bestanden hat. Bei solchen Fällen sind auch die während der beschränkten Körperschaftsteuerpflicht erzielten Einkünfte in die Veranlagung zur unbeschränkten Körperschaftsteuerpflicht einzubeziehen.

Die Abgeltungswirkung tritt ferner nach Nr. 2 nicht ein, wenn der Gläubiger der Vergütungen für einem Steuerabzug nach § 50a Abs. 1 Nr. 1, 2 oder 4 EStG unterliegende Einkünfte eine Veranlagung zur Körperschaftsteuer beantragt.

Die Regelungen in den Nummern 3 und 4 entsprechen bis auf redaktionelle Änderungen im Wesentlichen den bisherigen Nummern 1 und 2.

Der Steuersatz auf inländische Einkünfte i.S.d. § 2 Nr. 2 2. Halbsatz beträgt nach dem durch das UntStRefG 2008 vom 14.8.2007[2] angefügten Abs. 3 15 % des Entgelts. Für Einkünfte, die nach dem 17.8.2007 und vor dem 1.1.2009 zufließen, beträgt der Steuersatz 10 % (vgl. § 34 Abs. 13b).

Die Neuregelung in Abs. 4 betrifft den persönlichen Anwendungsbereich für die Anwendung des Veranlagungswahlrechtes nach § 32 Abs. 2 Nr. 2 KStG. Parallel zu den Regelungen für natürliche, beschränkt steuerpflichtige Personen gilt das Veranlagungswahlrecht nur für sog. EU/EWR-Körperschaften, deren Sitz und Ort der Geschäftsleitung sich innerhalb eines EU/EWR-Staates befinden. Anders als bei einer SE oder SCE

---

1 BGBl I 2007, 2794.
2 BGBl I 2007, 1912.

ist es nicht erforderlich, dass sich der Sitz der Gesellschaft und der Ort der Geschäftsleitung in ein und demselben EU/EWR-Staat befinden müssen.

Die Neufassung des § 32 KStG ist nach § 34 Abs. 1 KStG i. d. F. des JStG 2009 erstmals für den Veranlagungszeitraum 2009 anzuwenden.

(Einstweilen frei) 6787–6810

B. Die Organschaft

Literatur: *Dötsch*, Organschaft: Das Einführungsschreiben des BMF zu den Änderungen durch das Steuervergünstigungsabbaugesetz und das Gesetz zur Änderung des GewStG und anderer Gesetze vom 23. 12. 2003, DB 2005, 2541; *Heurung/Seidel*, Bruttomethode bei Organschaft nach dem JStG 2009, BB 2009, 472; *Dötsch/Pung*, Gesetz zur Änderung und Vereinfachung der Unternehmensbesteuerung und des steuerlichen Reisekostenrechts: Die Änderungen bei der Organschaft, DB 2013, 305; *Müller/Stöcker/Lieber*, Die Organschaft, 10. Aufl., Herne/Berlin 2016.

I. Allgemeines

Eine **Organschaft** liegt im Allgemeinen vor, wenn eine rechtlich selbständige juristische Person (das Organ oder die Organgesellschaft) nach dem Gesamtbild der tatsächlichen Verhältnisse in ein anderes (gewerbliches) Unternehmen (den Organträger) eingegliedert ist, was aber – trotz der Abhängigkeit – nicht ausschließt, dass der Organgesellschaft eine gewisse Selbständigkeit und Entscheidungsbefugnis nach innen oder außen eingeräumt werden kann. **Organträger** und **Organgesellschaft** bilden einen **Organkreis**, dem auch mehrere Organgesellschaften angehören können. Bei der körperschaftsteuerlichen (und gewerbesteuerlichen) Organschaft verpflichtet sich die Organgesellschaft durch einen **Ergebnisabführungsvertrag**, ihren ganzen Gewinn an den Organträger abzuführen. Die GmbH kann sowohl Organträger als auch Organgesellschaft sein (§§ 14, 17 KStG). 6811

Das Organschaftsverhältnis und der Gewinnabführungsvertrag bewirken, dass das Einkommen der Organgesellschaft – z. B. einer GmbH – dem Organträger steuerlich zugerechnet wird, sofern die Tatbestandsmerkmale der körperschaftsteuerlichen Organschaft erfüllt sind. Dadurch wird ein **sofortiger Ausgleich von Verlusten der Organgesellschaft mit Gewinnen des Organträgers** und umgekehrt und eine entsprechende Minderung der ESt- oder KSt-Belastung ermöglicht. Zugleich führt der organschaftliche Gewinnabführungsvertrag zu einer Saldierung positiver und negativer Gewerbeerträge im Organkreis, weil die tatbestandlichen Voraussetzungen der gewerbesteuerlichen Organschaft identisch sind. **Steuerfreie Einnahmen der Organgesellschaft** werden grundsätzlich (Ausnahme: § 15 Satz 1 Nr. 2 KStG) zum **Organträger steuerfrei durchgereicht**. Ohne Organschaft bleibt die Steuerfreiheit auf der Ebene der Organgesellschaft beschränkt, die Ausschüttung steuerfreier Einnahmen löst beim Organträger die Anwendung des Teileinkünfteverfahrens (je nach den dort maßgeblichen Verhältnissen) aus. Schließlich bleiben auf die Beteiligung bezogene Aufwendungen des Organträgers voll als Betriebsausgaben abzugsfähig, was insbesondere bei fremdfinanziertem Anteilserwerb von Vorteil ist. 6812

Durch den **Systemwechsel** (vom Anrechnungsverfahren zum Teileinkünfteverfahren) hat die körperschaftsteuerliche Organschaft an praktischer Bedeutung gewonnen. Die 6813 im Anrechnungsverfahren eröffnete Möglichkeit, Verluste der Muttergesellschaft mit Gewinnausschüttungen der Tochtergesellschaft zu verrechnen und sich die bei der Tochtergesellschaft eingetretene KSt-Belastung (Ausschüttungsbelastung) als Anrechnungsguthaben erstatten zu lassen, ist entfallen, weil nunmehr die KSt-Belastung bei der Tochtergesellschaft mit 15 v. H. definitiv ist. Ein Verlusttransfer zwischen verbundenen Unternehmen und Vermeidung einer Definitivbelastung bei der Gewinn-GmbH ist nur noch innerhalb einer Organschaft möglich.

> **BEISPIEL:** Die OT-GmbH hat Verluste; ihre 100-prozentige Tochtergesellschaft (T-GmbH) erwirtschaftet Gewinne, die sie an die Muttergesellschaft ausschüttet. Unter Geltung des Anrechnungsverfahrens führten die von der T-GmbH stammenden Dividendenerträge einschließlich der anrechenbaren KSt (= der bei der T-GmbH hergestellten Ausschüttungsbelastung) zum Ausgleich der (höheren) Verluste der OT-GmbH. Ein steuerpflichtiges Einkommen entstand nicht. Außerdem bekam die OT-GmbH die der T-GmbH belastete KSt von 30 v. H. des Gewinns erstattet, so dass die verbundenen Unternehmen faktisch keine KSt bezahlten.
>
> Unter Geltung des Teileinkünfteverfahrens ist die Ausschüttung bei der OT-GmbH nach § 8b Abs. 1 KStG steuerfrei. Ein KSt-Anrechnungsguthaben steht der Muttergesellschaft nicht mehr zur Verfügung. Die bei der T-GmbH eingetretene KSt-Belastung von 15 v. H. ist definitiv.
>
> Begründen die OT-GmbH und die T-GmbH ein Organschaftsverhältnis, indem zusätzlich zur bestehenden finanziellen Eingliederung ein Gewinnabführungsvertrag geschlossen wird, ist ein Gewinntransfer auf die OT-GmbH und dort ein Verlustausgleich möglich, so dass es nicht zu einer Steuerbelastung kommt.

6814 **Vorteile** bietet die Organschaft auch im umgekehrten Fall bei **Verlusten der Untergesellschaft und Gewinnen der Obergesellschaft**, weil sie den Verlusttransfer von einer Organ-GmbH und den Ausgleich der angefallenen Verluste direkt beim Gesellschafter ermöglicht, auch wenn dieser eine natürliche Person ist. Erkauft werden diese Vorteile allerdings durch die aus dem Ergebnisabführungsvertrag folgende Verschärfung der Haftung beim Organträger für Schulden der Organ-GmbH und die Verlustübernahmeverpflichtung. Denn der Gewinnabführungsvertrag wird steuerlich nur anerkannt, wenn er die Verpflichtung des Organträgers zum Ausgleich der Verluste enthält,[1] auf mindestens fünf Jahre abgeschlossen und in dieser Zeit auch durchgeführt wird und eine vorzeitige Beendigung – von bestimmten Ausnahmefällen abgesehen – zur rückwirkenden Nichtanerkennung und zur Rückgängigmachung der Zurechnung des Einkommens der Organgesellschaft auf den Organträger führt (§ 14 Abs. 1 Nr. 3 und § 17 Satz 1 KStG).

Ob sich der Abschluss eines Gewinnabführungsvertrages (mit Verpflichtung zur Übernahme der Verluste) zu dem Zweck empfiehlt, um die Verrechnung positiver und negativer Einkommen und Gewerbeerträge zwischen Organ-GmbH und Organträger zu erreichen, kann nur beurteilt werden, wenn zuvor die Vorteile der Verlustverrechnung und die Risiken aus der Verlustübernahmeverpflichtung sorgfältig gegeneinander abgewogen werden.

6815–6840 *(Einstweilen frei)*

---

[1] BFH v. 28. 7. 2010 I B 27/10, BFH/NV 2010, 1948; so jetzt ausdrücklich § 17 Satz 2 Nr. 2 KStG i. d. F. des Organschaftsreformgesetzes.

II. Voraussetzungen der körperschaftsteuerlichen Organschaft

1. Gewerbliches Unternehmen als Organträger

Nur ein **gewerbliches Unternehmen kann Organträger** sein (§ 14 Abs. 1 Satz 1 KStG), wobei es die Rechtsform einer Kapitalgesellschaft (auch GmbH), einer Personengesellschaft oder eines Einzelunternehmens haben kann. Auch die Vorgesellschaft einer GmbH ist geeigneter Organträger, sofern sie gewerblich tätig ist. Eine GmbH ist ein inländisches Unternehmen, wenn sie ihre Geschäftsleitung im Inland hat und nicht von der KSt befreit ist (§ 14 Abs. 1 Nr. 2 Satz 1 KStG); sie ist kraft Rechtsform ein gewerbliches Unternehmen (§ 2 Abs. 2 Satz 1 GewStG). Soll eine unbeschränkt einkommensteuerpflichtige natürliche Person Organträger sein (§ 14 Abs. 1 Nr. 2 KStG), muss sie außerdem ein gewerbliches Unternehmen i. S. v. § 15 Abs. 2 Satz 1 EStG betreiben: Ein Einzelunternehmen ist als Organträger geeignet, wenn Einkünfte aus Gewerbetrieb erzielt werden und Gewerbesteuerpflicht besteht. Eine Personengesellschaft ist als Organträger geeignet, wenn sie eine Mitunternehmerschaft i. S. v. § 15 Abs. 1 Nr. 2 EStG ist (§ 14 Abs. 1 Nr. 2 Satz 2 KStG) und sie ein gewerbliches Unternehmen nach § 15 Abs. 1 Nr. 1 EStG betreibt.

6841

Mit Wirkung ab VZ 2012 kommt es auf die unbeschränkte Steuerpflicht bzw. den Ort von Sitz und/oder Geschäftsleitung des Organträgers nicht mehr an. Den notwendigen Inlandsbezug regelt jetzt § 14 Abs. 1 Satz 1 Nr. 2 Sätze 4 bis 7 KStG i. d. F. des Organschaftsreformgesetzes. Satz 4 bestimmt, dass die Beteiligung an der Organgesellschaft ununterbrochen während der gesamten Dauer der Organschaft einer inländischen Betriebsstätte i. S. d. § 12 AO des Organträgers zugeordnet sein muss.[1]

Nach § 15 Abs. 3 Nr. 1 EStG genügt es, wenn die gewerbliche Tätigkeit nur einen Teil der Betätigung einer Personengesellschaft darstellt, wobei aber eine nur gewerbliche Abfärbung nicht ausreichen dürfte.[2] Lediglich gewerblich geprägte Personengesellschaften – das sind solche, deren persönlich haftende Gesellschafter wie z. B. bei der GmbH & Co. KG Kapitalgesellschaften sind – erzielen zwar stets in vollem Umfang Einkünfte aus Gewerbetrieb (§ 15 Abs. 3 Nr. 2 EStG), sie scheiden ab dem VZ 2003 aber als geeignete Organträger aus, weil nun für die Personengesellschaft eine (originäre) gewerbliche Tätigkeit nach § 15 Abs. 1 Nr. 1 EStG verlangt wird. Bei einer GmbH & Co. KG muss daher zur (prägenden) Rechtsform zumindest teilweise eine originäre gewerbliche Betätigung hinzukommen. Schließlich verlangt nunmehr das KStG, dass die **finanzielle Eingliederung der Organgesellschaft** gem. § 14 Abs. 1 Nr. 1 KStG **immer im Verhältnis zur Personengesellschaft selbst besteht** (§ 14 Abs. 1 Nr. 2 Satz 3 KStG).

6842

Die **Anteile an der Organgesellschaft** müssen also **Gesamthandsvermögen der Gesellschaft** sein. Zumindest ist erforderlich, dass die Anteile, die die Mehrheit der Stimmrechte vermitteln, im Gesamthandsvermögen gehalten werden.[3]

6843

---

1 Zu Einzelheiten s. Müller in Mössner/Seeger, KStG, § 14 Rn. 84.
2 Vgl. Gosch/Neumann, KStG, § 14 Rn. 80; Müller in Mössner/Seeger, KStG, § 14 Rn. 131; streitig.
3 So BMF v. 10. 11. 2005, BStBl I 2005, 1038, Rn. 13.

6844 Folglich scheiden Mitunternehmerschaften, die über kein Gesamthandsvermögen verfügen (wie z. B. die atypische stille Gesellschaft), als Organträger aus.[1] Dass die mehrheitsvermittelnden Beteiligungen zum Sonderbetriebsvermögen der Mitunternehmer und damit zum steuerlichen Betriebsvermögen der Mitunternehmerschaft gehören, reicht nicht aus. Es ist zur Fortführung der Organschaft die Übertragung in das Gesamthandsvermögen erforderlich, was zu Buchwerten nach § 6 Abs. 5 Satz 3 EStG erfolgt. Bei der Beteiligung von Kapitalgesellschaften an der Mitunternehmerschaft ist aber § 6 Abs. 5 Satz 5 EStG zu beachten (Übertragung zum Teilwert). Für Personengesellschaften, die bislang aufgrund gewerblicher Prägung oder Infizierung geeignete Organträger sein konnten, sieht das Gesetz keine Übergangsregelung vor. Soll die Organschaft fortgeführt werden, ist eine entsprechende Umstrukturierung bzw. die Begründung einer originär gewerblichen Tätigkeit der Organträger-Personengesellschaft notwendig, die nicht nur geringfügig sein darf.[2]

2. Sonderfälle

a) Mehrmütterorganschaft

6845 Eine **Mehrmütterorganschaft**, bei der sich mehrere gewerbliche Unternehmen lediglich zum Zweck der einheitlichen Willensbildung gegenüber einer Kapitalgesellschaft (Organgesellschaft) zu einer GbR zusammenschließen und die bisher nach § 14 Abs. 1 Satz 1 KStG a. F. als gewerbliches Unternehmen galt, ist ab dem VZ 2003 **nicht mehr möglich**.

b) Besitzunternehmen im Rahmen einer Betriebsaufspaltung

6846 Das Besitzunternehmen erzielt bei einer Betriebsaufspaltung zwar Einkünfte aus Gewerbebetrieb und ist gewerbesteuerpflichtig und war deshalb auch als tauglicher Organträger anerkannt. Ob dies auch ab VZ 2003 noch gilt, wenn sich die Tätigkeit des Besitzunternehmens auf das Halten und Verwalten der wesentlichen Betriebsgrundlagen beschränkt, ist streitig, weil unklar ist, ob nach § 14 Abs. 1 KStG die gewerbliche Betätigung des Besitzunternehmens als originär gewerbliche Tätigkeit anzusehen ist.[3] Die FinVerw bejaht dies nun[4] und rechnet der Besitzgesellschaft die originäre gewerbliche Tätigkeit der Betriebsgesellschaft zu.

c) Ruhender Gewerbebetrieb bei Betriebsverpachtung

6847 Wird bei einer Betriebsverpachtung im Ganzen das Wahlrecht (ohne Betriebsaufgabeerklärung) für den ruhenden Gewerbebetrieb ausgeübt, liegen zwar weiterhin Einkünfte aus Gewerbebetrieb vor, die aber nicht gewerbesteuerpflichtig sind. Als Organträger scheidet ein solcher ruhender Gewerbebetrieb aus, weil keine originäre gewerbliche Betätigung i. S. v. § 15 Abs. 1 Nr. 1 EStG mehr vorliegt.

---

1 Vgl. Gosch/Neumann, KStG, § 14 Rz. 87.
2 Vgl. BMF v. 10. 11. 2005, BStBl I 2005, 1038, Rz. 17.
3 Vgl. Gosch/Neumann, KStG, § 14 Rz. 80, zum Meinungsstand.
4 Vgl. BMF v. 10. 11. 2005, BStBl I 2005, 1038, Rz. 16; Müller in Mössner/Seeger, KStG, § 14 Rn. 336.

3. Organgesellschaft

Organgesellschaft kann nur eine Kapitalgesellschaft, also z.B. eine GmbH sein, § 17 Satz 1 KStG. Sie muss ihre Geschäftsleitung im Inland haben: ihren Sitz kann sie in einem Mitgliedstaat der EU/des EWR haben.

6848

a) Finanzielle Eingliederung der Organgesellschaft

Ab dem Jahr 2001 verlangt das KStG nur noch die finanzielle Eingliederung der Organgesellschaft in das Unternehmen des Organträgers, die wirtschaftliche und organisatorische Eingliederung sind nicht mehr erforderlich. Die finanzielle Eingliederung muss gewährleisten, dass der Organträger bei der Organgesellschaft in normal durch Beschlussfassung abzuhandelnden Angelegenheiten seinen Willen durchsetzen kann.[1] Dazu muss dem Organträger kraft der von ihm gehaltenen, steuerlich zuzurechnenden Beteiligung an der Organgesellschaft die Mehrheit der Stimmrechte – regelmäßig die einfache Mehrheit – vermittelt werden. Die Mehrheit am gezeichneten Kapital reicht also nicht aus, wenn sie nicht zugleich – wie im Regelfall – die Mehrheit der Stimmrechte einräumt.[2]

6849

Die finanzielle Eingliederung kann auf verschiedene Weise bewirkt werden:

6850

▶ Dem Organträger steht in steuerlicher Zurechnung der Anteile **unmittelbar die Mehrheit der Stimmrechte** an der Organgesellschaft zu (§ 14 Abs. 1 Nr. 1 Satz 1 KStG).

6851

■ **BEISPIEL:** ▶ Die X-GmbH hält unmittelbar Geschäftsanteile von 55 v.H. des Stammkapitals der O-GmbH, nach deren Satzung die einfache Mehrheit für die Beschlussfassung in der Gesellschafterversammlung ausreicht; die finanzielle Eingliederung ist gegeben. Wären aber 10 v.H. der Geschäftsanteile stimmrechtslos, besäße die X-GmbH nicht die Mehrheit der Stimmrechte und eine Organschaft könnte nicht begründet werden.

▶ Eine **mittelbare Beteiligung** reicht für die finanzielle Eingliederung aus, wenn jede der Beteiligungen, auf denen die mittelbare Beteiligung beruht, die Mehrheit der Stimmrechte gewährt (§ 14 Abs. 1 Nr. 1 Satz 2 KStG).

6852

■ **BEISPIEL:** ▶ Die X-GmbH ist zu 51 v.H. an der N-OHG beteiligt, zu deren Gesamthandsvermögen wiederum 51 v.H. der Geschäftsanteile an der O-GmbH gehören. Die O-GmbH ist finanziell in die X-GmbH eingegliedert.

▶ Die finanzielle Eingliederung lässt sich durch die Addition einer unmittelbaren Beteiligung und einer (oder mehreren) mittelbaren Beteiligung(en) – Additionsgebot – oder durch Zusammenrechnung mehrerer mittelbarer Beteiligungen erreichen. Voraussetzung ist aber stets, dass die Beteiligung an jeder vermittelnden Gesellschaft die Mehrheit der Stimmrechte gewährt.

6853

■ **BEISPIEL 1:** ▶ Die X-GmbH ist zu 51 v.H. an der T-GmbH beteiligt, die ihrerseits zu 80 v.H. an der E-GmbH beteiligt ist, an der die X-GmbH ebenfalls zu 20 v.H. unmittelbar beteiligt ist. Die E-GmbH ist in die X-GmbH finanziell eingegliedert, weil sich durch Addition der unmittelbaren

---

[1] Vgl. Gosch/Neumann, KStG, § 14 Rz. 131.
[2] BFH v. 22.11.2001 V R 50/00, BStBl II 2002, 167.

Beteiligung von 20 v. H. und der durchgerechneten mittelbaren Beteiligung über die von der X-GmbH beherrschte T-GmbH von (80 x 51 v. H. =) 40,8 v. H. zusammen eine Stimmrechtsbeteiligung von 60,8 v. H. ergibt.

BEISPIEL 2: ▶ **Wie vor**, aber die T-GmbH besitzt nur 31 v. H. der Anteile an der E-GmbH. Hier kann die X-GmbH zwar bei der O-GmbH 20 v. H. der Stimmrechte über ihre unmittelbare Beteiligung und 31 v. H. der Stimmrechte durch Weisung an die von ihr beherrschte T-GmbH, also die Mehrheit der Stimmrechte ausüben, kraft ihrer mittelbaren Beteiligung besitzt sie aber (durchgerechnet) nur 15,81 v. H. der Stimmrechte und mit zusammen nur 35,81 v. H. keine Stimmrechtsmehrheit. Fraglich ist, ob damit die finanzielle Eingliederung gegeben ist; m. E. nicht.

BEISPIEL 3: ▶ **Wie Beispiel 2**, aber die T-GmbH ist eine 100-prozentige Tochter der X-GmbH. Hier ergibt sich auch durchgerechnet eine Stimmrechtsmehrheit von (20 + 31 =) 51 v. H., so dass die finanzielle Eingliederung gegeben ist, obwohl über die mittelbare Beteiligung auf der letzten Stufe zur Organgesellschaft keine Mehrheit der Stimmrechte gegeben ist. Dies ist unschädlich, weil das Gesetz nur verlangt, dass die Beteiligung an jeder vermittelnden Gesellschaft die Mehrheit der Stimmrechte gewährt, die Organgesellschaft aber keine vermittelnde Gesellschaft ist.

BEISPIEL 4: ▶ **Wie Beispiel 3**, aber die X-GmbH hält an der T-GmbH 40 v. H. der Geschäftsanteile und die T-GmbH besitzt die restlichen 80 v. H. der Anteile an der E-GmbH. Hier ergibt die Addition der Stimmrechte aus der unmittelbaren und mittelbaren Beteiligung (durchgerechnet) zwar einen Stimmrechtsanteil von (20 + 32 =) 52 v. H., also die Mehrheit der Stimmrechte, aber die mittelbare Beteiligung muss ausscheiden, weil die X-GmbH bei der T-GmbH nicht über die Stimmenmehrheit verfügt, also die Beteiligung der X-GmbH an der T-GmbH als vermittelnder Gesellschaft nicht die Mehrheit der Stimmrechte gewährt. Die finanzielle Eingliederung ist nicht gegeben.

6854 Aus diesen Beispielen lassen sich für mittelbare Beteiligungen folgende Regeln ableiten:

▶ In mittelbaren Beteiligungsketten müssen auf jeder Stufe die Mehrheit der Stimmrechte gegeben sein, die es der Muttergesellschaft (Organträger) erlauben, die nachgeordneten Gesellschaften zu veranlassen, auf die letzte Gesellschaft (Organgesellschaft) im Interesse der Muttergesellschaft einzuwirken, und es muss sich mit Durchrechnung eine Stimmrechtsmehrheit der Muttergesellschaft (Organträger) ergeben.

▶ Die Stimmrechtsmehrheit muss auf jeder Stufe der Beteiligungskette gegenüber der nachfolgenden Gesellschaft gegeben sein; die Stimmrechtsmehrheit nur auf der ersten Stufe im Verhältnis des Organträgers zur ersten vermittelnden Gesellschaft reicht nicht aus. Unterbrechungen der Stimmenmehrheit im Beteiligungsstrang schließen eine Organschaft mit danach folgenden Gesellschaften aus, auch wenn die durchgerechnete Beteiligung eine Stimmenmehrheit ergibt.

▶ Bei der Kombination von unmittelbarer und mittelbarer Beteiligung oder paralleler Beteiligungsstränge muss auf der letzten Stufe zur Organgesellschaft keine Mehrheit der Stimmrechte vorliegen, wenn im Übrigen die Summe aus der unmittelbaren Beteilung und/oder der durchgerechneten mittelbaren Beteiligungsketten dem Organträger eine Mehrheit der Stimmrechte zuordnet.

BEISPIEL: ▶ Die X-GmbH (Muttergesellschaft) ist zu 46 v. H. unmittelbar an der E-GmbH (Enkelgesellschaft) und zu 100 v. H. an der T-GmbH (Tochtergesellschaft) beteiligt, die ihrerseits 5 v. H. an der E-GmbH hält. Die unmittelbare Beteiligung und die durchgerechnete mittelbare Beteiligung ergeben zusammen (46 + 5 =) 51 v. H. der Stimmrechte; die finanzielle Eingliederung ist gegeben, weil die Muttergesellschaft in der Lage ist, 51 v. H. der Stimmrechte bei der Enkelgesellschaft auszuüben. Dass die Tochtergesellschaft die Enkelgesellschaft nicht (mit Mehrheit der Stimmrechte) beherrscht, ist unschädlich, weil die Enkelgesellschaft auf der letzten Stufe keine vermittelnde Gesellschaft mehr ist.

Wählt man bei sonst gleichen Verhältnissen eine Beteiligung der Muttergesellschaft an der T-GmbH von 60 v. H., so ist die Muttergesellschaft kraft Beherrschung zwar in der Lage, die Tochtergesellschaft zur Abgabe ihrer 5 v. H. Stimmanteile bei der Enkelgesellschaft i. S. d. Muttergesellschaft zu veranlassen und so mit ihrem Stimmenanteil von 46 v. H. eine mehrheitliche Beschlussfassung herbeizuführen; die Beteiligung von 60 v. H. vermittelt ihr aber nur 3 v. H. der Stimmrechte, so dass zusammen mit ihrer unmittelbaren Beteiligung nur 49 v. H. der Stimmrechte erreicht werden, woran die finanzielle Eingliederung scheitert.

BEISPIEL (PARALLELE BETEILIGUNGSKETTEN): Die Muttergesellschaft X-GmbH ist zu 70 v. H. an der Tochtergesellschaft 1, diese zu 60 v. H. an der Enkelgesellschaft 1 und diese wiederum zu 51 v. H. an der Urenkelgesellschaft beteiligt. In einer weiteren Beteiligungskette ist die Muttergesellschaft an der Tochter- und Enkelgesellschaft 2 jeweils zu 100 v. H. beteiligt, die Enkelgesellschaft 2 hält 30 v. H. der Anteile an der Urenkelgesellschaft. Für beide Beteiligungsketten gilt das Additionsgebot. Es führt in der Beteiligungskette 1 zu einer durchgerechneten mittelbaren Beteiligung von 21,42 v. H. und in der Beteiligungskette 2 zu einer mittelbaren Beteiligung von 30 v. H., zusammen also 51,42 v. H. und zu einer Mehrheit der Stimmrechte. Dass die Enkelgesellschaft 2 im Beteiligungsstrang 2 auf der untersten Stufe keine Mehrheitsbeteiligung an der Urenkelgesellschaft hält, ist unschädlich. Die Muttergesellschaft ist über beide Beteiligungsketten in der Lage, ihren beherrschenden Einfluss auf die Urenkelgesellschaft auszuüben. Die finanzielle Eingliederung der Urenkelgesellschaft liegt vor, ein Organschaftsverhältnis zur Muttergesellschaft ist möglich.

b) Dauer und Zeitpunkt der finanziellen Eingliederung

Die finanzielle Eingliederung muss **vom Beginn des Wirtschaftsjahres** der Organgesellschaft an ununterbrochen während des gesamten Wirtschaftsjahres vorliegen (§ 14 Abs. 1 Nr. 1 Satz 1 KStG). Als Wirtschaftsjahr ist auch ein Rumpfwirtschaftsjahr anzusehen. Jede auch nur vorübergehende Unterbrechung der finanziellen Eingliederung während des laufenden Wirtschaftsjahres oder eine Beendigung vor Ablauf des Wirtschaftsjahres hat zur Folge, dass die Organschaft für dieses Wirtschaftsjahr nicht gegeben ist.

6855

Erfolgt die **finanzielle Eingliederung während des Wirtschaftsjahres**, treten die **steuerlichen Folgen erst ab Beginn des folgenden Wirtschaftsjahres** der Organgesellschaft ein, so dass sie ihr Einkommen noch selbst zu versteuern hat.

6856

BEISPIEL: Am 1. 4. 2013 ist das Organschaftsverhältnis begründet worden. Organträger und Organgesellschaft haben das Kalenderjahr als Wirtschaftsjahr. Zu Beginn des Wirtschaftsjahres war also noch keine finanzielle Eingliederung begründet. Da diese aber vom Beginn des Wirtschaftsjahres ununterbrochen vorliegen muss, erfolgt keine Zurechnung des Einkommens für das laufende Wirtschaftsjahr. Eine Aufteilung ist nicht möglich.

Dies lässt sich vermeiden, indem die Organgesellschaft ihr bisheriges Wirtschaftsjahr umstellt und seinen Beginn auf den Zeitpunkt legt, in dem die finanzielle Eingliederung eintritt. Vergleichbar ist zu verfahren, wenn die finanzielle Eingliederung während des Wirtschaftsjahres endet. Begründung und Beendigung eines Organschaftsverhältnisses sind regelmäßig ausreichende Gründe für die Umstellung des Wirtschaftsjahres der Organgesellschaft ebenso wie weitere Anpassungen (nochmalige Umstellung) an das Wirtschaftsjahr im Organkreis oder an das Kalenderjahr. Die dafür nach § 7 Abs. 4 Satz 3 KStG, § 4a Abs. 1 Nr. 2 EStG erforderliche Zustimmung des Finanzamtes wird erteilt (vgl. R 59 Abs. 3 KStR).

BEISPIEL: Am 1.4.2013 ist das Organschaftsverhältnis begründet worden. Die Organgesellschaft X-GmbH hatte bisher ein abweichendes Wirtschaftsjahr vom 1.7. bis 30.6. Die X-GmbH sollte ihr Wirtschaftsjahr auf die Zeit vom 1.4. bis 31.3. umstellen. Das Einkommen des Wirtschaftsjahres 1.4.2013 bis 31.3.2014 kann dann schon dem Organträger zugerechnet werden, das Einkommen des Rumpfwirtschaftsjahres 1.7.2012 bis 31.3.2013 muss aber von der X-GmbH selbst versteuert werden.

Entsprach das Wirtschaftsjahr der X-GmbH bislang dem Kalenderjahr, kann sie durch Umstellung auf ein abweichendes Wirtschaftsjahr vom 1.4.2013 bis 31.3.2014 erreichen, dass sie nur noch das Einkommen des Rumpfwirtschaftsjahres 1.1. bis 31.3 2013 als eigenes Einkommen zu versteuern hat. Die X-GmbH kann anschließend ihr Wirtschaftsjahr ein zweites Mal wieder auf das Kalenderjahr umstellen, um beispielsweise ihren Abschlusszeitpunkt dem des Organträgers anzupassen.

6857 Ob in Fällen der **Einbringung, Ausgliederung, Verschmelzung oder Spaltung**, die mit dem Erwerb der Stimmenmehrheit verbunden sind, die finanzielle Eingliederung innerhalb des handelsrechtlich zulässigen Rahmens von acht Monaten ebenfalls auf den Beginn des Wirtschaftsjahres der Organgesellschaft zurückbezogen werden kann, sofern nicht die Stimmrechte an der Umwandlung nicht beteiligter Personen „rückwirkend" beeinträchtigt werden, ist streitig. Die FinVerw lehnt eine solche Rückbeziehung ab.[1] Der BFH hat die Streitfrage bisher offen gelassen; er sieht die Lösung darin, dass nach der sog. Fußstapfentheorie die übernehmende Rechtsträgerin in die Fußstapfen der übertragenden Rechtsträgerin eintritt und die finanzielle Eingliederung damit nahtlos übergeht.[2]

6858 Bei der **Veräußerung der Beteiligung an der Organgesellschaft während ihres Wirtschaftsjahres** bleibt die finanzielle Eingliederung bis zum Übergang der Beteiligung auf den Erwerber nur gegeben, wenn die Organgesellschaft ihr Wirtschaftsjahr so umstellt, dass es mit dem Übergangszeitpunkt endet. Auch dieser Umstellung des Wirtschaftsjahres stimmt das Finanzamt zu. Veräußert der Organträger seine Beteiligung mit der Maßgabe, dass sie zum Schluss des Wirtschaftsjahres des Organs auf den Erwerber übergehen soll, dann endet die finanzielle Eingliederung beim bisherigen Organträger nicht vor Schluss des Wirtschaftsjahres und liegt für den neuen Organträger mit Beginn des neuen Wirtschaftsjahres vor.

6859–6870 (*Einstweilen frei*)

4. Der Gewinnabführungsvertrag

a) Inhaltliche Voraussetzungen für steuerliche Anerkennung

6871 Die Organschaft wird für Zwecke der KSt und der GewSt nur wirksam, wenn zwischen dem Organträger und der Organgesellschaft ein **wirksamer Gewinnabführungsvertrag** vorliegt. Für die GmbH als Organgesellschaft schreibt § 17 KStG die entsprechende Anwendung der Regelungen in §§ 14 bis 16 KStG vor.

---

1 BMF v. 26.8.2003, BStBl I 2003, 437, Rz. 12; v. 24.5.2004, BStBl I 2004, 549, zur bloßen formwechselnden Umwandlung einer KG in eine Kapitalgesellschaft, für die der BFH v. 17.9.2003 I R 55/02, BStBl II 2004, 534, die rückwirkende Begründung einer Organschaft zugelassen hat.
2 BFH v. 28.7.2010 I R 89/09, BFH/NV 2010, 2354 und 111/09, BFH/NV 2011, 67; zu Einzelheiten s. Müller, in Müller/Stöcker/Lieber, a.a.O., Rn. 403.

Der Gewinnabführungsvertrag (auch Ergebnisabführungsvertrag genannt) ist ein Unternehmensvertrag. Sein Inhalt ist die Verpflichtung der Organgesellschaft (GmbH), ihren ganzen Gewinn in den Grenzen des § 301 AktG an den Organträger abzuführen, und dessen Verpflichtung, Verluste der Organgesellschaft nach Maßgabe des § 302 AktG während der Laufzeit des Vertrages zu übernehmen.

6872

Hat die Organgesellschaft die Rechtsform einer GmbH, knüpft § 17 KStG die steuerliche Anerkennung einer Organschaft an folgende Bedingungen:

6873

▶ Der Gewinnabführungsvertrag muss zivilrechtlich wirksam sein.
▶ Der Vertrag muss die Abführung des gesamten Gewinns vorsehen, die Abführung darf aber den in § 301 AktG genannten Betrag nicht überschreiten.
▶ Die Verlustübernahme entsprechend § 302 AktG muss vereinbart sein.
▶ Die Abführung von Erträgen aus vorvertraglichen Rücklagen muss ausgeschlossen werden.

Zur **zivilrechtlichen Wirksamkeit** bedarf der Gewinnabführungsvertrag, der zunächst durch die Geschäftsführung der Vertragspartner abgeschlossen wird, der **Schriftform**. Die Gesellschafterversammlung der Organgesellschaft (GmbH) muss dem Gewinnabführungsvertrag durch Beschluss zustimmen, wobei nach h. M. dafür die **Zustimmung aller Gesellschafter** (Einstimmigkeit) verlangt wird,[1] weil das GmbH-Recht keine Ausgleichs- und Abfindungsregelungen enthält und ein Gewinnabführungsvertrag in die grundlegenden Mitgliedschaftsrechte des Gesellschafters eingreift. Der Zustimmungsbeschluss ist notariell zu beurkunden.[2] Fungiert als Organträger ebenfalls eine GmbH, muss auch deren Gesellschafterversammlung dem Gewinnabführungsvertrag zustimmen, wobei dort allerdings eine Dreiviertelmehrheit (satzungsändernde Mehrheit) ausreicht, sofern die Satzung keine weitergehende Mehrheit vorschreibt. Der Zustimmungsbeschluss muss protokolliert werden, bedarf aber nicht der notariellen Beurkundung, die aber zu empfehlen ist. Schließlich wird der Gewinnabführungsvertrag erst wirksam, wenn er im Handelsregister der Organgesellschaft (GmbH) eingetragen ist (konstitutive Wirkung der Eintragung nach § 294 Abs. 2 AktG).

6874

Der BFH hat die Einhaltung der formalen Voraussetzungen für die zivilrechtliche Wirksamkeit auch für das Steuerrecht bestätigt.[3] Die Organschaft beginnt dann mit dem Wirtschaftsjahr, bis zu dessen Ablauf der Gewinnabführungsvertrag in das Handelsregister der Organgesellschaft eingetragen und damit wirksam geworden ist (§ 14 Abs. 1 Satz 2 KStG). Eine Rückbeziehung des Beginns der Organschaft auf das Wirtschaftsjahr der Organgesellschaft, in dem der Gewinnabführungsvertrag abgeschlossen wurde, ist (für Verträge, die nach dem 21. 11. 2002 abgeschlossen worden sind) nicht mehr möglich. Der Zeitpunkt des Abschlusses ist daher nicht mehr von Bedeutung, maßgebend ist nur der Zeitpunkt seiner Eintragung in das Handelsregister. Die Rückwirkung auf den Beginn des Wirtschaftsjahres setzt allerdings voraus, dass das Or-

6875

---

[1] Vgl. Zöllner/Beurskens, in Baumbach/Hueck, GmbHG, Schlussanhang, Rn. 54, m.w.N., zu den verschiedenen Auffassungen s. Müller, in Müller/Stöcker/Lieber, a. a.O., Rn. 230.
[2] BGH v. 24. 10. 1988 II ZB 7/88, DB 1988, 2623; v. 30. 1. 1992 II ZB 15/91, GmbHR 1992, 253.
[3] BFH v. 30. 7. 1997 I R 7/97 BStBl II 1998, 33; v. 22. 10. 2008 I R 66/07, BFH/NV 2009, 299.

ganverhältnis, also die finanzielle Eingliederung, bereits während dieses ganzen Wirtschaftsjahres bestanden hat.

> **BEISPIEL:** Die X-GmbH ist seit dem 1. 4. 2012 finanziell in die OT-GmbH eingegliedert und stellt ihr Wirtschaftsjahr auf die Zeit vom 1. 4. bis 31. 3. um. Am 1. 7. 2012 wird ein den Anforderungen des § 17 KStG entsprechender Gewinnabführungsvertrag abgeschlossen, dem anschließend die Gesellschafterversammlung einstimmig zustimmen muss und deren Beschlüsse notariell beurkundet werden. Nach Anmeldung des Gewinnabführungsvertrags samt Zustimmungsbeschluss beim Handelsregister für die X-GmbH erfolgt dort die Eintragung am 30. 10. 2012. Damit wird der Gewinnabführungsvertrag wirksam. Die X-GmbH führt den Jahresüberschuss des zum 31. 3. 2013 endenden Wirtschaftsjahres an die OT-GmbH ab.
>
> Die finanzielle Eingliederung ist seit Beginn des Wirtschaftsjahres 12/13 gegeben und hat ununterbrochen bis zu seinem Ende angedauert; außerdem ist bis spätestens zum Ende dieses Wirtschaftsjahres der Gewinnabführungsvertrag wirksam geworden (Eintragung in das Handelsregister), so dass er auf den Beginn des Wirtschaftsjahres 1. 4. 2012 zurückwirkt. Das Organschaftsverhältnis und die Gewinnabführung sind also steuerlich anzuerkennen.

b) Mindestlaufzeit von fünf Jahren

6876 Über die zivilrechtlichen Anforderungen hinaus verlangt das Steuerrecht, dass der Gewinnabführungsvertrag „auf **mindestens fünf Jahre** abgeschlossen" sein und während dieser Zeit tatsächlich durchgeführt werden muss (§ 14 Abs. 1 Satz 1 Nr. 3 KStG). Damit sind fünf Zeitjahre gemeint, die Fünfjahresfrist bemisst sich ab dem Beginn der Organschaft, also ab dem Beginn des Wirtschaftsjahres, in dem der Gewinnabführungsvertrag wirksam wird. Bei der Prüfung, ob der Gewinnabführungsvertrag auf mindestens fünf Jahre abgeschlossen ist, ist der Vertrag nach objektiven Gesichtspunkten auszulegen, die Entstehungsgeschichte und die Vorstellungen der am Vertragsschluss beteiligten Personen können bei der Vertragsauslegung nicht berücksichtigt werden.[1]

6877 Eine vorzeitige Beendigung des Vertrages durch Kündigung oder Aufhebungsvertrag während der Mindestlaufzeit führt zur Versagung der Organschaft von Anfang an (steuerliche Unwirksamkeit von Anfang an). Die gleiche Rechtsfolge tritt ein, wenn der Gewinnabführungsvertrag während des Fünfjahreszeitraums in einem Jahr nicht tatsächlich durchgeführt wird. Unschädlich ist eine Kündigung und vorzeitige Beendigung nur dann, wenn sie aus wichtigem Grund erfolgt (§ 14 Abs. 1 Satz 1 Nr. 3 KStG). Als wichtige Gründe sind in der Besteuerungspraxis die Veräußerung und Einbringung der Organbeteiligung durch den Organträger sowie die Umwandlung, Verschmelzung, Spaltung oder Liquidation des Organträgers oder der Organgesellschaft anerkannt. Ist die vorzeitige Beendigung (durch Kündigung oder Aufhebung) wegen eines wichtigen Grundes gerechtfertigt, so wirkt sie auf den Beginn des betreffenden Wirtschaftsjahres zurück. Wurde der Gewinnabführungsvertrag schon mindestens fünf aufeinander folgende Jahre tatsächlich durchgeführt, so ist er nur in dem Jahr, in dem er nicht durchgeführt wird, steuerrechtlich nicht wirksam. Die Gesetzesänderung, die dazu führt, dass die Voraussetzungen für eine Organschaft künftig nicht mehr erfüllt sind, wird als wichtiger Grund anerkannt.[2]

---

1 BFH v. 28. 11. 2007 I R 94/06, BFH/NV 2008, 1270 und v. 27. 7. 2009 IV B 73/08, BFH/NV 2009, 1840.
2 BMF v. 10. 11. 2005, BStBl I 2005, 1038, Rn. 24.

c) Tatsächliche Durchführung des Gewinnabführungsvertrags

Neben der Mindestlaufzeit von fünf Jahren verlangt das Steuerrecht auch die tatsächliche Durchführung. Die Abweichung vom Vertrag durch das tatsächliche Verhalten der Vertragsparteien bei der Vertragsdurchführung führt zur Nichtanerkennung der Organschaft und der damit verbundenen steuerlichen Folgen. 6878

d) Hauptbeispiele für einen nicht durchgeführten Gewinnabführungsvertrag

Hauptbeispiele für einen nicht durchgeführten Gewinnabführungsvertrag sind: 6879

▶ **Der Gewinn der Organgesellschaft** (GmbH) wird **nicht oder nicht in vollem Umfang** an den Organträger **abgeführt** oder der **Verlust** wird **nicht** vom Organträger **übernommen.**

Ausreichend für die Durchführung des Vertrages ist, wenn die bilanzierte Verpflichtung zur Gewinnabführung beglichen bzw. die Forderung auf Verlustübernahme erfüllt wird. Nach den für Ausschüttungen geltenden Grundsätzen werden als Vollzug auch die Gutschrift auf Verrechnungskonten oder die Umwandlung in Darlehen angesehen, was aber sorgfältig dokumentiert werden muss. Dem Vollzug steht es auch nicht entgegen, wenn die zur Erfüllung beglichenen Beträge wieder als Einlage zurückgeführt werden. Die Pflicht, Verluste der Organgesellschaft auszugleichen, kann anstatt durch Zahlung auch durch Aufrechnung mit einer Forderung des Organträgers gegen die Organgesellschaft erfolgen, sofern die Aufrechnung rechtlich zulässig ist. Die Verrechnung mit künftigen Gewinnabführungsansprüchen reicht aber für eine tatsächliche Durchführung des Vertrages nicht aus. 6880

Hinsichtlich der Höhe der Gewinnabführung sind die handelsrechtlichen und steuerrechtlichen Vorschriften zu beachten. Durch § 301 AktG wird insoweit eine Obergrenze (Jahresüberschuss ./. Verlustvortrag aus dem Vorjahr ./. Rücklagenbetrag gem. § 300 Nr. 1 AktG) vorgegeben, während steuerrechtlich der ganze Gewinn abzuführen ist, der außer den gesetzlichen Rücklagen nur um die in § 14 Abs. 1 Nr. 4 KStG genannten Rücklagen – das sind die in § 266 Abs. 3 A. Nr. 2 bis 4 HGB bezeichneten Rücklagen, soweit sie bei vernünftiger kaufmännischer Beurteilung wirtschaftlich begründet sind, z. B. wegen geplanter Betriebsverlegung, Werkserneuerung, aber auch Vorsorge für geplante eigenkapitalfinanzierte Investitionen und Risikovorsorge für die Zeit nach Beendigung des Gewinnabführungsvertrages – gekürzt werden darf. 6881

Durch das BilMoG ist § 301 Abs. 1 AktG dahingehend ergänzt worden, dass die **Ausschüttungssperre** in § 268 Abs. 8 HGB auch zu einer **Abführungssperre** führt. Dies ist bei der Gewinnabführung zu beachten. Keiner Abführungssperre unterliegt allerdings der Unterschiedsbetrag zwischen dem Ansatz der Pensionsrückstellungen bei Abzinsung mit dem neuen durchschnittlichen Marktzins von 10 Jahren mit der bisherigen Regelung von 7 Jahren, obwohl er nach § 253 Abs. 6 Satz 2 HGB einer Ausschüttungssperre unterliegt.[1]

Die Abführung des ganzen Gewinns verlangt, dass der Gewinn nach den Grundsätzen ordnungsmäßiger Buchführung ermittelt worden ist. Fraglich war bisher, welche Fehler 6881/1

---

[1] Siehe hierzu und zur Bildung einer Gewinnrücklage in Höhe der Differenz Müller in Mössner/Seeger, KStG, § 14 Rn. 522.

zur Nichtanerkennung des Organschaftsverhältnisses führen. Der Gesetzgeber hat die Frage nunmehr mit dem Organschaftsreformgesetz erstmalig gesetzlich geregelt.[1] Die Neuregelung gilt in allen noch nicht bestandskräftig veranlagten Fällen. Nach § 14 Abs. 1 Satz 1 Nr. 3 Satz 4 KStG n. F. gilt ein GAV unter bestimmten Voraussetzungen auch dann als durchgeführt, wenn der abgeführte Gewinn oder ausgeglichene Verlust auf einem Jahresabschluss beruht, der fehlerhafte Bilanzansätze enthält. Voraussetzung ist, dass

- der Jahresabschluss wirksam festgestellt ist (dies ist bei Nichtigkeit nach § 256 AktG nicht gegeben),
- die Fehlerhaftigkeit bei Erstellung des Jahresabschlusses unter Anwendung der Sorgfalt eines ordentlichen Kaufmanns nicht hätte erkannt werden müssen und
- ein von der Finanzverwaltung beanstandeter Fehler spätestens in den nächsten nach dem Zeitpunkt der Beanstandung des Fehlers aufzustellenden Jahresabschlusses der Organgesellschaft und des Organträgers korrigiert und das entsprechende Ergebnis abgeführt oder ausgeglichen wird, soweit es sich um einen Fehler handelt, der in der Handelsbilanz zu korrigieren ist.

▶ **Die Organgesellschaft führt vorvertragliche Rücklagen an den Organträger ab.**

6882 Werden von einer Organ-GmbH vorvertragliche Rücklagen entgegen § 17 Nr. 1 KStG aufgelöst und an den Organträger abgeführt, verstößt sie gegen die Durchführung des Gewinnabführungsvertrages. Unzulässig ist auch die Abführung eines vorvertraglich vorhandenen Gewinnvortrages, da er nicht zum Jahresüberschuss gehört. Kein Verstoß liegt aber vor, wenn vorvertragliche Rücklagen aufgelöst und außerhalb der Gewinnabführung an die Gesellschafter ausgeschüttet werden.[2]

▶ **Die Organgesellschaft bildet unzulässige Gewinnrücklagen.**

6883 Zwar besteht steuerrechtlich die Pflicht der Organgesellschaft, ihren ganzen Gewinn an den Organträger abzuführen. Sie kann aber – vgl. Rz. 6880 – nach § 14 Abs. 1 Satz 1 Nr. 4 KStG Beträge aus dem Jahresüberschuss insoweit in die Gewinnrücklagen einstellen, als dies bei vernünftiger kaufmännischer Beurteilung wirtschaftlich begründet ist. Es kann sich empfehlen, Näheres dazu im Gewinnabführungsvertrag zu bestimmen, was dann für die Prüfung seiner tatsächlichen Durchführung bedeutsam sein kann.

▶ **Gewinnausschüttung an Anteilseigner, die nicht Vertragspartner sind.**

6884 Grundsätzlich verletzen Gewinnausschüttungen an Anteilseigner, die nicht Partner des Gewinnabführungsvertrages sind, diesen Vertrag, nicht jedoch wenn es sich um Auflösungs-, Übertragungs- oder Abwicklungsgewinne der Organgesellschaft handelt. VGA an den Organträger sind wie vorweggenommene Gewinnabführungen zu behandeln, stellen also die tatsächliche Durchführung des Gewinnabführungsvertrages nicht in Frage. VGA an außenstehende Gesellschafter sind wie Ausgleichszahlungen nach § 16 KStG zu behandeln (R 14.6 Abs. 4 Satz 4).

---

1 Zu Einzelheiten s. Müller in Müller/Stöcker/Lieber, a. a. O., Rz. 242; ders. in Mössner/Seeger, KStG, § 14 Rn. 529 ff.
2 Vgl. auch BFH v. 8. 8. 2001 I R 25/00, BStBl II 2003, 923.

Keine unzulässige Minderung des Gewinns stellen aufgrund schuldrechtlicher Verpflichtung zu erbringende Zahlungen an Dritte oder auch an Minderheitsgesellschafter dar, selbst wenn sie dem Grunde und der Höhe nach vom Jahresergebnis abhängen. Solche Zahlungen können sich aus stillen Beteiligungen, partiarischen Darlehen oder Genussrechten ergeben. Sie mindern auch handelsrechtlich als Betriebsausgaben den Gewinn, auf den sich die Abführungsverpflichtung bezieht. 6885

▶ **Behandlung des Körperschaftsteuerguthabens**

In Organschaftsfällen hat die Organgesellschaft ihren Anspruch auf Auszahlung eines Körperschaftsteuerguthabens nach § 37 KStG i. d. F. des SEStEG (vgl. Rz. 6712 ff.) zu bilanzieren, ein durch Aktivierung dieses Anspruchs erhöhtes **handelsrechtliches** Ergebnis ist im Rahmen des Gewinnabführungsvertrags an den Organträger abzuführen. Sofern die Organgesellschaft den Anspruch zum 31.12.2006 nicht aktiviert hat oder dieser fälschlich beim Organträger angesetzt wurde mit der Folge, dass der an den Organträger abgeführte Gewinn zu niedrig ist, liegt nach dem BMF-Schreiben vom 14.1.2008.[1] ein für die Anerkennung des Gewinnabführungsvertrags schädlicher Verstoß gegen dessen ordnungsgemäße tatsächliche Durchführung dennoch nicht vor. 6886

Führt aber die Organgesellschaft trotz eines von ihr zutreffend aktivierten Anspruchs nicht an den Organträger ab, gilt der Gewinnabführungsvertrag als nicht durchgeführt. Denn der entsprechende handelsrechtliche Ertrag, zu dessen Abführung die Organgesellschaft verpflichtet ist, ist dann nicht durchgeführt. Der Gewinnabführungsvertrag ist steuerrechtlich unwirksam.

(*Einstweilen frei*) 6887–6900

5. Ausgleichszahlungen an außenstehende Gesellschafter

Sind an der Organgesellschaft (GmbH) Minderheitsgesellschafter beteiligt, wird der Gewinnabführungsvertrag i. d. R. Ausgleichszahlungen vorsehen, wie sie für Aktiengesellschaften als Organgesellschaften in § 304 AktG gesetzlich vorgeschrieben sind. Denn die Minderheitsgesellschafter werden ihre Zustimmung zum Gewinnabführungsvertrag, der erheblich in ihre Beteiligungsrechte eingreift und zu Einbußen beim Gewinnbezugsrecht führt, von der Zahlung eines Ausgleichs abhängig machen. Die Ausgleichszahlung garantiert i. d. R. der Organträger (Garantiedividende). Ausgleichszahlungen sind im Jahresabschluss der Organgesellschaft als Aufwand auszuweisen und mindern daher den an den Organträger abzuführenden Gewinn. Steuerlich stellen sie aber nicht abzugsfähige Betriebsausgaben dar (§ 4 Abs. 5 Nr. 9 EStG). In Höhe von 4/3 der geleisteten Ausgleichszahlungen hat die Organgesellschaft ihr Einkommen selbst zu versteuern (§ 16 KStG). 6901

6. Fehlgeschlagene ("verunglückte") Gewinnabführung

Die Gewinnabführung schlägt fehl, wenn dem Gewinnabführungsvertrag nachträglich die steuerliche Anerkennung versagt wird. Das ist der Fall, wenn der Gewinnabfüh- 6902

---

[1] S 2861, BStBl I 2008, 280.

rungsvertrag ohne wichtigen Grund vor Ablauf der fünfjährigen Frist beendet wird oder innerhalb dieser Frist in einem Jahr nicht durchgeführt wird, weil entweder kein Gewinn oder nur Teile abgeführt werden oder gegen das Verbot der Auflösung vorvertraglicher Rücklagen verstoßen wird. Dann ist der Gewinnabführungsvertrag steuerlich von Anfang an unwirksam. Die Organgesellschaft muss ihr Einkommen selbst versteuern; der tatsächlich abgeführte Gewinn ist als vGA an den Organträger zu behandeln.

6903–6920 (Einstweilen frei)

III. Folgen der körperschaftsteuerlichen Organschaft bei der Organgesellschaft

1. Überblick

6921 Sind die beschriebenen Tatbestandsmerkmale erfüllt, so wird die körperschaftsteuerliche Organschaft anerkannt. Das **Einkommen** (nicht der Gewinn) der **Organgesellschaft** wird während des Bestehens der Organschaft mit Ausnahme der Ausgleichszahlungen an außenstehende Gesellschafter für Zwecke der KSt und ESt dem **Organträger zugerechnet** (§ 14 Abs. 1 Satz 1 KStG). Die **Organgesellschaft bleibt aber eigenständiges Steuersubjekt**. Ihr Einkommen ist zunächst nach den allgemeinen Regeln des § 8 Abs. 1 KStG und des EStG sowie unter Berücksichtigung verdeckter Einlagen und vGA zu ermitteln, als bestünde keine Organschaft. Dabei sind allerdings die in § 15 und 16 KStG geregelten Besonderheiten zu berücksichtigen. Das Einkommen kann dann bei der Leistung von Ausgleichszahlungen aufzuteilen sein in einen dem Organträger zuzurechnenden und einen von der Organgesellschaft selbst zu versteuernden Teil.

Mit Wirkung erstmals für den VZ 2014 hat der Gesetzgeber in § 14 Abs. 5 KStG i. d. F. des Organschaftsreformgesetzes ein Feststellungsverfahren eingeführt. Danach wird das Einkommen der Organgesellschaft mit bindender Wirkung für diese und den Organträger gesondert und einheitlich festgestellt. Der Feststellungsbescheid ist ein Grundlagenbescheid i. S. d. § 175 Abs. 10 AO. Zuständig ist das für die Besteuerung der Organgesellschaft zuständige Finanzamt. Die Feststellungserklärung soll mit der Körperschaftsteuererklärung verbunden werden. Bei kalendergleichem Wirtschaftsjahr soll die Feststellungserklärung also mit der KSt-Erklärung für 2014 abgegeben werden.

2. Ermittlung des Einkommens der Organgesellschaft

6922 Im handelsrechtlichen Jahresabschluss der Organgesellschaft sind die Gewinnabführungsverpflichtung und die Ausgleichszahlungen an außenstehende Gesellschafter als Aufwand auszuweisen und die Verbindlichkeiten in die Bilanz aufzunehmen. Die Verlustübernahmeverpflichtung des Organträgers ist als Forderung zu aktivieren. Das Handelsbilanzergebnis ist daher ausgeglichen, es beträgt 0 €. Zur Ermittlung des Einkommens der Organgesellschaft sind steuerliche Korrekturen erforderlich. Da es sich sowohl bei der Gewinnabführung als auch bei der Verlustübernahme um gesellschaftsrechtliche Vorgänge handelt, ist das Einkommen der Organgesellschaft so zu ermitteln, als hätte eine Gewinnabführung bzw. eine Verlustübernahme nicht stattgefunden. Das dem Organträger zuzurechnende Einkommen ist das Einkommen der Organgesellschaft vor Gewinnabführung bzw. Verlustübernahme.

Das Schema der Einkommensermittlung sieht wie folgt aus: 6923

Jahresüberschuss/-fehlbetrag aufgrund Handelsbilanz (= 0 €)

+/− steuerbilanzielle Gewinnkorrekturen

= Steuerbilanzgewinn/-verlust (Jahresergebnis aufgrund Steuerbilanz)

+ vGA

+ nicht abziehbare Aufwendungen

− verdeckte Einlagen

− andere steuerfreie Vermögensmehrungen (Ausnahme: steuerfrei nach § 8b KStG, § 4 Abs. 7 UmwStG oder DBA)

− abziehbare Spenden

= Zwischensumme

+ Gewinnabführung der Organgesellschaft (auch Vorabgewinn) lt. Handelsbilanz

− Verlustübernahme des Organträgers lt. Handelsbilanz

+ Ausgleichszahlungen an außenstehende Gesellschafter (auch vom Organträger übernommene)

+ 3/17 der Ausgleichszahlungen

= **Einkommen der Organgesellschaft**

Ohne Bestehen einer körperschaftsteuerlichen Organschaft müsste die Organgesellschaft dieses Einkommen der KSt unterwerfen. **§ 16 KStG** regelt jedoch, dass lediglich **Ausgleichszahlungen** an außenstehende Gesellschafter (zzgl. 3/17 als darauf lastende KSt) von der Organgesellschaft selbst zu versteuern sind. Das übrige Einkommen des Organs wird dem Organträger zugerechnet.

Somit sind von der **Organgesellschaft selbst zu versteuern:** 6924

Ausgleichszahlungen an außenstehende Gesellschafter

+ 3/17 der Ausgleichszahlungen (Körperschaftsteueraufwand)

= zu versteuerndes Einkommen der Organgesellschaft.

Das zu versteuernde Einkommen der Organgesellschaft (GmbH) beträgt demnach also 0 € oder ist positiv in Höhe der selbst geleisteten oder vom Organträger übernommenen Ausgleichszahlungen zzgl. 3/17 dieses Betrages. Die Hinzurechnung von 3/17 erklärt sich aus dem KSt-Satz von 15 v. H. des zu versteuernden Einkommens, so dass die Ausgleichszahlungen 85 v. H. des zu versteuernden Einkommens ausmachen.

Das **dem Organträger zuzurechnende Einkommen** errechnet sich dann wie folgt: 6925

Einkommen der Organgesellschaft

▶ zu versteuerndes Einkommen der Organgesellschaft

= **dem Organträger zuzurechnendes Einkommen**

Bei einem abweichenden Wirtschaftsjahr ist das Einkommen für das Kalenderjahr zu ermitteln, in dem das Wirtschaftsjahr endet.

3. Behandlung der Verluste der Organgesellschaft

6926 Da während des Bestehens der Organschaft das Einkommen der Organgesellschaft mit Ausnahme der Ausgleichszahlungen dem Organträger zugerechnet wird, so folgt daraus, dass Verluste der Organgesellschaft mit Gewinnen des Organträgers verrechnet werden. Es findet ein **sofortiger Verlustausgleich auf der Ebene des Organträgers** statt. Verlustvorträge aus der Zeit vor Abschluss des Gewinnabführungsvertrages werden „eingefroren" und stehen der Organgesellschaft (für die Dauer der Organschaft) **nicht** zur Verrechnung mit positivem Einkommen vor dessen Transfer auf den Organträger zur Verfügung. Weitere steuerlich abzugsfähige Verluste entstehen infolge der Übernahmeverpflichtung des Organträgers nicht.

> **BEISPIEL:** Die M-GmbH hält sämtliche Geschäftsanteile der T-GmbH. Das Einkommen der M-GmbH betrug in 2012 200 000 €, die T-GmbH hat in 2012 einen Verlust (negatives Einkommen) von 200 000 € erwirtschaftet. Ein Verlustrücktrag soll nicht möglich sein.
>
> Ohne körperschaftsteuerliche Organschaft hat die M-GmbH 200 000 € der KSt zu unterwerfen. Sie beträgt daher 30 000 €. Bei der T-GmbH fällt keine KSt an. Sie kann lediglich den Verlust mit künftigen Gewinnen verrechnen. Insgesamt beträgt die Körperschaftsteuerbelastung der beiden Unternehmen im Jahr 2012 50 000 €.
>
> Besteht dagegen eine körperschaftsteuerliche Organschaft, so ist das (negative) Einkommen der T-GmbH der M-GmbH hinzuzurechnen. Damit beträgt in 2012 das zu versteuernde Einkommen der M-GmbH 0 € und die KSt-Schuld 2012 entsprechend 0 €. Es tritt also durch die körperschaftsteuerliche Organschaft eine sofortige Steuerentlastung ein.

6927 Der sofortige Verlustausgleich ist beschränkt auf die Zeit des Bestehens der körperschaftsteuerlichen Organschaft. Vorvertragliche Verluste, das sind Verlustvorträge des Organs aus der Zeit vor Wirksamwerden der Organschaft, können während ihres Bestehens weder vom Organträger noch von der Organgesellschaft zur Verrechnung mit dem von ihr selbst zu versteuernden Einkommen aus den Ausgleichszahlungen an außenstehende Gesellschafter genutzt werden. Sie gehen aber nicht endgültig verloren. Nach Beendigung der Organschaft können sie von der Organgesellschaft mit eigenem positiven Einkommen verrechnet werden.

6928–6940 (*Einstweilen frei*)

4. Behandlung steuerfreier Einnahmen der Organgesellschaft

6941 Steuerfreie Einnahmen der Organgesellschaft sind bei der Ermittlung ihres Einkommens vor Zurechnung des Einkommens an den Organträger grundsätzlich auszuscheiden. Die Steuerfreiheit wird an den Organträger weitergegeben.

> **BEISPIEL:** Zwischen der M-KG und ihrer Tochter-GmbH besteht eine körperschaftsteuerliche Organschaft. Die T-GmbH erhält im Wirtschaftsjahr 2013 eine (nach § 13 InvZulG 2010 steuerfreie) Investitionszulage von 50 000 € ausbezahlt. Außerdem sind in den sonstigen betrieblichen Erträgen Einnahmen aus der Vermietung eines im Ausland belegenen Grundstückes

i. H. v. 30 000 € enthalten. Aufgrund des betreffenden DBA sind diese Einnahmen im Inland steuerfrei.

Da Investitionszulage und Mieterträge aus dem ausländischen Grundstück auch beim Organträger steuerfrei wären, wenn er sie selbst bezogen hätte, werden sie bei der Ermittlung des Einkommens der T-GmbH ausgeschieden. Das so gekürzte Einkommen wird anschließend dem Organträger M-KG zugerechnet. Im Ergebnis bleiben diese Erträge daher auch bei der M-KG steuerfrei.

a) Ausnahmen

Wichtige **Ausnahmen** enthalten § 15 Satz 1 Nr. 2 und § 15 Satz 2 KStG: 6942

Sind im Einkommen der Organgesellschaft Bezüge oder Veräußerungsgewinne aus Beteiligungen oder Übernahmegewinnen nach § 4 Abs. 7 UmwStG enthalten, wären diese aus Sicht der Organgesellschaft steuerfrei. Die Regelungen des § 8b Abs. 1 bis 6 KStG (bzw. § 4 Abs. 7 UmwStG) sind aber auf der Ebene der Organgesellschaft nicht anzuwenden, sondern die Steuerbefreiungen werden erst auf der Ebene des Organträgers beurteilt, und zwar abhängig von seiner Rechtsform; ist er eine Kapitalgesellschaft (oder eine Personengesellschaft mit Beteiligung einer Kapitalgesellschaft), gelten insoweit § 8b Abs. 1 und 2 KStG, ist er eine natürliche Person oder eine Personengesellschaft, an der natürliche Personen beteiligt sind, gelten die Regeln des Teileinkünfteverfahrens.

Einnahmen der Organgesellschaft, die im Zusammenhang mit einer **Beteiligung an einer anderen Kapitalgesellschaft** stehen, insbesondere empfangene Dividenden und Gewinne aus der Veräußerung einer solchen Beteiligung, sind ab 2004 an sich bei der Organgesellschaft bis auf die als nicht abzugsfähige Betriebsausgaben geltenden Beträge i. H. v. 5 v. H. der Bezüge bzw. Gewinne körperschaftsteuerfrei (§ 8b Abs. 3 und 5 KStG) und wären daher bei Ermittlung des Einkommens zu 95 v. H. zu kürzen. Nach **§ 15 Satz 1 Nr. 2 Satz 1 KStG** wird diese Steuerfreiheit bei der Organgesellschaft ausdrücklich beseitigt mit der Folge, dass solche Erträge unkorrigiert in das dem Organträger zuzurechnende Einkommen eingehen. Dort werden sie gem. § 15 Satz 1 Nr. 2 Satz 2 KStG auf der 1. Stufe in vollem Umfang (brutto) der Gewinnermittlung erfasst (sog. **Bruttomethode**) und dann in einer 2. Stufe außerbilanziell nach Maßgabe der Regeln korrigiert, die für den Organträger im Hinblick auf Bezüge, Gewinne oder Gewinnminderungen gem. § 8b Abs. 1 bis 3 KStG und auf mit solchen Beträgen zusammenhängende Ausgaben bzw. für Gewinne nach § 4 Abs. 7 UmwStG gelten. Die Anwendung dieser Vorschriften wird also – wie die betreffenden Einkommensteile – auf die Ebene des Organträgers **nach dessen Verhältnissen** verlagert. 6943

Ist der Organträger eine von § 8b KStG begünstigte Kapitalgesellschaft (GmbH) oder ist an einer Organträger-Personengesellschaft eine solche Körperschaft beteiligt, so greift § 8b Abs. 1 bis 6 KStG (Steuerfreiheit der im zugerechneten Einkommen enthaltenen Dividenden und Veräußerungsgewinne, Nichtabziehbarkeit von Teilwertabschreibungen, keine Einschränkungen beim Abzug der Aufwendungen, die mit den steuerfreien Bezügen und Veräußerungsgewinnen zusammenhängen, Kürzung der Betriebsausgaben um 5 v. H. der steuerfreien Bezüge und Gewinne) und § 4 Abs. 7 UmwStG (Steuerfreiheit eines im Einkommen enthaltenen Übernahmegewinnes) ein. 6944

6945　Handelt es sich beim **Organträger** um eine **natürliche Person** oder sind an der **Organträger-Personengesellschaft natürliche Personen** beteiligt, so ist das Teileinkünfteverfahren insoweit anzuwenden mit der 40 %igen Steuerbefreiung nach **§ 3 Nr. 40 EStG und der Betriebsausgabenkürzung um die 40 % (§ 3c Abs. 2 EStG).** Die Methodik der Berechnungsschritte ergibt sich aus folgenden Beispielen:

BEISPIEL: Die Organgesellschaft T-GmbH hält an der inländischen E-GmbH Geschäftsanteile von mindestens 10 % (wegen der nunmehrigen Besteuerung von Streubesitzdividenden nach § 8b Abs. 4 KStG n. F.), deren Erwerb zum Teil fremdfinanziert wurde. Im Jahr 2013 erhält die T-GmbH von der E-GmbH eine Dividende von 10 000 €. Die Finanzierungsaufwendungen für die Beteiligung betragen 4 000 €.

Organträger der T-GmbH soll

▶ die M-GmbH,

▶ die natürliche Person X,

▶ die Z-Personengesellschaft sein, an der zu 30 v. H. die natürliche Person X und zu 70 v. H. die M-GmbH beteiligt sind.

EBENE DER ORGANGESELLSCHAFT T-GMBH: Sie muss die Gewinnausschüttung der E-GmbH als steuerpflichtige Einnahme erfassen, da auf ihrer Ebene § 8b Abs. 1 KStG nach § 15 Satz 1 Nr. 2 Satz 1 KStG nicht anwendbar ist. Die Finanzierungsaufwendungen sind voll als Betriebsausgaben abzugsfähig, da § 3c Abs. 1 EStG (mangels steuerfreier Einnahmen) nicht einschlägig ist; § 8b Abs. 5 KStG ist ebenfalls nicht anzuwenden.

Das Einkommen der T-GmbH beträgt also (Dividende 10 000 € ./. Finanzierungskosten 4 000 € =) Einkommen 6 000 €, das brutto dem Organträger zuzurechnen ist.

EBENE DES ORGANTRÄGERS:

▶ **M-GmbH:** Sie fällt als **Kapitalgesellschaft** unter den von § 8b Abs. 1 KStG begünstigten Personenkreis, so dass ihr Gewinn, in den das abgeführte Einkommen der Organgesellschaft mit (brutto) 6 000 € eingegangen ist, zur Ermittlung des Einkommens zu korrigieren ist, damit die Dividenden steuerfrei belassen werden. Die Finanzierungsaufwendungen bleiben gleichwohl abzugsfähig, da § 3c Abs. 1 EStG nicht anzuwenden ist (§ 8b Abs. 5 Satz 2 KStG), jedoch sind 5 v. H. der steuerfreien Einnahmen wie nicht abzugsfähige Betriebsausgaben (§ 8b Abs. 5 Satz 1 KStG) zu behandeln. Der Korrekturbetrag beläuft sich auf (zugerechnetes Einkommen 6 000 € ./. steuerfreie Bezüge 10 000 € + davon 5 v. H. nicht abziehbarer Betrag 500 € =) ./. 3 500 € (verbleibendes zuzurechnendes Einkommen). Kontrolle: Hätte die M-GmbH den Beteiligungsertrag unmittelbar selbst bezogen, wäre die nach Abzug der Finanzierungskosten verbleibende Gewinnauswirkung von (10 000 € ./. 4 000 € =) 6 000 € um die steuerfreien Einnahmen von 10 000 € zu mindern und die fiktive Betriebsausgabenkürzung von 5 v. H. der Bezüge zu erhöhen gewesen, woraus sich ein Minderungsbetrag von insgesamt 3 500 € ergeben hätte.

▶ **Natürliche Person X:** Bei ihr ist § 8b KStG nicht anwendbar, vielmehr fällt die Gewinnausschüttung der E-GmbH bei X unter das Teileinkünfteverfahren, so dass § 3 Nr. 40 EStG anzuwenden ist und für die Finanzierungskosten das 40 %ige Abzugsverbot nach § 3c Abs. 2 EStG eingreift. Daraus ergibt sich folgende Korrekturrechnung: Zugerechnetes Einkommen 6 000 € ./. nach § 3 Nr. 40 EStG steuerfreie Einnahmen (40 v. H.) 4 000 € + nichtabzugsfähige Betriebsausgaben nach § 3c Abs. 2 EStG (40 v. H.) 1 600 € = 3 600 € verbleibendes zuzurechnendes Einkommen. Kontrolle: Hätte X die Dividende unmittelbar bezogen, wären 4 000 € steuerfrei geblieben und 1 600 € nicht abzugsfähig gewesen, so dass die steuerpflichtigen Einkünfte 3 600 € betragen hätten.

▶ **Z-Personengesellschaft:** Ihr ist das Einkommen der T-GmbH brutto mit 6 000 € zuzurechnen. Es ist zu beachten, dass hinsichtlich des auf die M-GmbH entfallenden Gewinnanteils § 8b KStG und hinsichtlich des auf X entfallenden Teil das Teileinkünfteverfahren anzuwenden ist. Aus der Gewinnausschüttung von 10 000 € entfallen auf X 30 v. H., also 3 000 €, was steuerfreie Einnahmen von 1 200 € ergibt. Die nicht abzugsfähigen Betriebsausgaben (Finanzierungskosten) betragen (4 000 € x 30 v. H. x 40 v. H. =) 480 €. Daraus ergibt sich folgende Korrekturrechnung: Zugerechnetes Einkommen 6 000 € x 30 v. H. = 1 800 € ./. steuerfreie Einnahmen 1 200 € + nichtabzugsfähige Aufwendungen 480 = 1 080 € verbleibendes zuzurechnendes Einkommen.

Auf die M-GmbH entfallen aus der Gewinnausschüttung 70 v. H., also 7 000 €, die nach § 8b KStG steuerfrei bleiben; die anteiligen Finanzierungskosten von 2800 € bleiben abzugsfähig, 5 v. H. der anteiligen Einnahmen, also 350 €, stellen aber nichtabzugsfähige Betriebsausgaben dar. Die Korrektur ist wie folgt vorzunehmen: Zugerechnetes Einkommen 6 000 € x 70 v. H. = 4 200 € ./. 7 000 € steuerfreie Einnahmen + nicht abzugsfähige Ausgaben 350 € = ./. 2 450 € verbleibendes zuzurechnendes Einkommen.

b) Internationales Schachtelprivileg

In § 15 Satz 2 KStG ist die entsprechende Anwendung von § 15 Satz 1 Nr. 2 KStG und der Bruttomethode für Gewinnanteile aus der **Beteiligung der Organgesellschaft** an einer **ausländischen Gesellschaft** angeordnet, die nach den Vorschriften eines DBA von der inländischen Besteuerung auszunehmen sind. Damit sind regelmäßig Beteiligungen an einer ausländischen Kapitalgesellschaft im Umfang von mindestens 25 v. H. gemeint. Die aus Sicht der Organgesellschaft steuerfreien Bezüge werden nach der Bruttomethode an den Organträger weitergereicht, wo dann zu prüfen ist, ob der Organträger abkommenberechtigt ist. Dies ist i. d. R. nur eine Kapitalgesellschaft (oder eine aus Kapitalgesellschaften bestehende Personengesellschaft), so dass dort das DBA bzw. § 8b Abs. 1 und Abs. 2 KStG eingreift. Natürliche Personen (bzw. Personengesellschaften mit solchen Gesellschaftern) sind meist nicht abkommensberechtigt, so dass dort nur das Teileinkünfteverfahren anzuwenden ist.

6946

§ 15 Satz 2 KStG gilt aber **nicht** für Gewinne der **Organgesellschaft** aus einer im **Ausland unterhaltenen Betriebsstätte**, selbst wenn sie nach einem DBA im Inland steuerfrei zu stellen sind, weil das Besteuerungsrecht dem Belegenheitsstaat zusteht. Sie sind nicht im steuerpflichtigen Gewinn und Einkommen der Organgesellschaft zu erfassen, sie werden also steuerfrei an den Organträger weitergeleitet, selbst wenn in ihnen wieder Beteiligungserträge enthalten sind. Bei einem der ESt unterliegenden Organträger ist aber der Progressionsvorbehalt nach § 32b Abs. 1a EStG für die steuerfrei weitergereichten Einkommensteile zu beachten.

6947

c) Nachversteuerung nach § 37 Abs. 3 KStG

Im Zusammenhang mit § 15 Satz 1 Nr. 2 KStG steht auch die **Nachversteuerungsregel** nach § 37 Abs. 3 KStG. Nach dieser Regel, die für die Übergangsphase zum Teileinkünfteverfahren gilt, muss bei Ausschüttungen, die bei der ausschüttenden Körperschaft zu einer KSt-Minderung nach § 37 KStG (Verwendung eines noch vorhandenen KSt-Guthabens) führt (bei Gewinnausschüttungen vor dem 1. 1. 2006 nicht möglich), die empfangende Kapitalgesellschaft, bei der die Bezüge nach § 8b KStG steuerfrei bleiben, den KSt-Minderungsbetrag nachversteuern; entsprechend erhöht sich ihr KSt-Guthaben. Diese Regel gilt auch (unmittelbar) für den Organträger (§ 37 Abs. 3 Satz 2 KStG), der eine Kapitalgesellschaft ist, wenn an ihn Bezüge nach der Bruttomethode von der Organgesellschaft weitergeleitet werden und die Ausschüttungen bei der ausschüttenden

6948

(Enkel-)Gesellschaft zu einer KSt-Minderung geführt haben. Die Organgesellschaft selbst hat keine Nachversteuerung durchzuführen.

5. Behandlung der Ausgleichszahlungen an außenstehende Gesellschafter

6949 Werden an außenstehende Anteilseigner **Ausgleichszahlungen** geleistet, so handelt es sich letztlich um Gewinnausschüttungen der Organgesellschaft, die deshalb den Gewinn nicht mindern dürfen, aber zu Lasten der Gewinnabführung gehen. Unabhängig davon, ob die Ausgleichszahlungen von der Organgesellschaft oder vom Organträger geleistet werden, bestimmt § 16 KStG, dass sie i. H. v. 20/17 der geleisteten Ausgleichszahlungen von der Organgesellschaft als eigenes Einkommen zu versteuern sind. Das übrig bleibende Einkommen wird dem Organträger zugerechnet. Nur tatsächlich erbrachte Ausgleichszahlungen unterfallen § 16 KStG, der Ausweis einer Verbindlichkeit reicht nicht aus. Außerdem muss die Ausgleichszahlung im vereinbarten Umfang unabhängig von der Ergebnissituation der Organgesellschaft erbracht werden.

BEISPIEL: Die Organ-GmbH hat Ausgleichszahlungen i. H. v. 17 000 € geleistet, ihr Gewinn vor Ausgleichszahlung betrug 100 000 € (SolZ wird vernachlässigt)

Handels-/Steuerbilanzgewinn	83 000 €
+ Korrektur gem. § 4 Abs. 5 Nr. 9 EStG	17 000 €
Steuerlicher Gewinn = Einkommen	100 000 €
Zurechnung nach § 16 KStG: Organ-GmbH 20/17 von 17 000 €	20 000 €
	(hierauf entfallen 15 % KSt = 3 000 €)
Organträger 100 000 ./. 20 000 €	80 000 €

BEISPIEL: Die Organ-GmbH hat 0 € erwirtschaftet und zahlt dennoch 17 000 € an Ausgleichszahlungen:

Handels-/Steuerbilanzgewinn	./. 17 000 €
+ Korrektur gem. § 4 Abs. 5 Nr. 9 EStG	+ 17 000 €
Einkommen:	0 €
Einkommenszurechnung an Organ-GmbH: 20/173 aus 17 000 €	20 000 €
Einkommenszurechnung an Organträger	./. 20 000 €

BEISPIEL: Die Organ-GmbH hat einen Verlust von 100 000 € erwirtschaftet, zahlt aber 17 000 € an Ausgleichszahlungen

Handels-/Steuerbilanzgewinn	./. 117 000 €
+ Korrektur gem. § 4 Abs. 5 Nr. 9 EStG	+ 17 000 €
Einkommen:	./. 100 000 €
Einkommenszurechnung an Organ-GmbH: 20/17 aus 17 000 €	20 000 €
Einkommenszurechnung an Organträger: ./. 100 000 ./. 20 000 =	./. 120 000 €

Dieses Ergebnis folgt aus § 16 KStG, weil sonst im Organkreis eine übermäßige Besteuerung einträte (vgl. auch R 65 KStR).

6950 **Verfahrensrechtlich** erfolgt die Besteuerung der Ausgleichszahlung durch Festsetzung der KSt gegenüber der Organgesellschaft, die insoweit auch beschwert und einspruchsbefugt ist. Über das dem Organträger zuzurechnende Einkommen ergeht bis einschl. VZ 2013 kein Feststellungsbescheid nach § 175 Abs. 1 Nr. 1 AO; Einwendungen hiergegen können nur durch Einspruch gegen den an den Organträger ergehenden KSt-Bescheid geltend gemacht werden. Zur Ermittlung der Besteuerungsgrundlagen haben die Organgesellschaft und der Organträger in der Anlage ORG zu ihrer Steuererklärung entsprechende Angaben zu machen. Zur Neuregelung ab VZ 2014 s. oben Rz. 6921.

Ist der Organträger eine Personengesellschaft, wird das zuzurechnende Einkommen im Bescheid über die einheitliche und gesonderte Feststellung der Einkünfte zu erfassen und den an der Feststellung beteiligten Mitunternehmern zuzurechnen sein. 6951

(*Einstweilen frei*) 6952–6980

IV. Folgen der körperschaftsteuerlichen Organschaft beim Organträger

1. Grundlagen

Besteht eine körperschaftsteuerliche Organschaft, so wird das Einkommen der Organgesellschaft, soweit es nicht von ihr selbst zu versteuern ist, dem Organträger zugerechnet. Auf Seiten des Organträgers sind dadurch Korrekturen bei der Ermittlung des Einkommens erforderlich. Er hat den Anspruch auf Gewinnabführung in seiner Handelsbilanz ergebniswirksam aktiviert bzw. die Verpflichtung zur Verlustübernahme passiviert oder tatsächliche Zahlungen zur Deckung eines Verlustes als erfolgswirksame Geschäftsvorfälle verbucht. Zu versteuern hat der Organträger aber nicht den **abzuführenden Gewinn bzw. zu übernehmenden Verlust,** sondern das positive oder negative **Einkommen** der Organ-GmbH. Deshalb sind steuerliche Korrekturen erforderlich, weil der Organträger das Einkommen der Organgesellschaft nur einmal zu versteuern hat.[1] Dies geschieht in der Weise, dass zunächst auf einer ersten Stufe das handelsbilanzielle Ergebnis des Organträgers um die darin eingeflossene Gewinnabführung bzw. Verlustübernahme zu vermindern bzw. zu erhöhen ist, die Mehrung bzw. Minderung des Betriebsvermögens i. S. v. § 4 Abs. 1 EStG von der Steuer freigestellt wird und auf einer zweiten Stufe durch außerbilanzielle Korrektur (Hinzurechnung oder Abzug) an deren Stelle das zugerechnete Einkommen der Organgesellschaft tritt und den vom Organträger zu versteuernden gewerblichen Gewinn (auch als Anknüpfung für § 7 GewStG) ergibt. 6981

Dies ergibt folgendes Schema der Gewinnermittlung:[2] 6982

Jahresüberschuss/-fehlbetrag der Handelsbilanz

− Gewinnabführung der Organgesellschaft

+ vom Organträger übernommener Verlust der Organgesellschaft

= eigener Jahresüberschuss/-fehlbetrag lt. Handelsbilanz des Organträgers

+/− steuerliche Gewinnkorrekturen

= eigener Steuerbilanzgewinn/-verlust des Organträgers

+ nicht abzugsfähige Ausgaben

---

1 Vgl. auch BFH v. 18. 12. 2002 I R 51/01, BStBl II 2005, 49.
2 Müller in Mössner/Seeger, KStG, § 14 Rn. 672.

– Erstattung nicht abzugsfähiger Ausgaben

– nicht der ESt bzw. KSt unterliegende Einnahmen (z. B. Investitionszulagen)

+/– sonstige Korrekturen wie z. B. Neutralisierung von Ausgleichsposten

+ vom Organträger geleistete Ausgleichzahlungen an Dritte

= steuerlicher Gewinn des Organträgers vor Berücksichtigung der Einkommenszurechnung

+ zuzurechnendes positives Einkommen der Organgesellschaft

– zuzurechnendes negatives Einkommen der Organgesellschaft

= vom Organträger zu versteuerndes Ergebnis (bzw. auf die Gesellschafter zu verteilendes Ergebnis).

Dabei handelt es sich um den zu versteuernden Gewinn, der auch Anknüpfungsgröße für § 7 Satz 1 GewStG ist.

6983 Hinsichtlich der weiteren steuerlichen Folgen ist zu unterscheiden, in welcher Rechtsform das Unternehmen des Organträgers betrieben wird.

2. Folgen bei einer Kapitalgesellschaft als Organträger

6984 Ist eine Kapitalgesellschaft (GmbH) Organträger, ergibt sich für die Ermittlung ihres Einkommens folgendes Schema:

Jahresüberschuss/-fehlbetrag der Handelsbilanz

– Gewinnabführungsanspruch lt. Handelsbilanz

+ Verlustübernahmeverpflichtung lt. Handelsbilanz

= eigenes Handelsbilanzergebnis

+/– steuerliche Gewinnkorrekturen

= eigener Steuerbilanzgewinn/-verlust

+ vGA

+ nicht abziehbare Aufwendungen

= Zwischensumme

– verdeckte Einlagen

– andere steuerfreie Vermögensmehrungen

– abziehbare Spenden

= eigenes Einkommen des Organträgers

+ zuzurechnendes Einkommen der Organgesellschaft

= vom Organträger zu versteuerndes Einkommen

6985 Weder das dem Organträger zuzurechnende Einkommen der Organgesellschaft noch der Anspruch auf Gewinnabführung stellen eine Ausschüttung i. S. v. § 20 Abs. 1 EStG dar. Aus diesem Grund gilt die Körperschaftsteuerbefreiung des § 8b Abs. 1 KStG insoweit nicht. Das dem Organträger zuzurechnende Einkommen der Organgesellschaft wird bei ihm der KSt nach allgemeinen Grundsätzen unterworfen. Andererseits sind beteiligungsbezogene Aufwendungen des Organträgers (in der Rechtsform einer Kapitalgesellschaft) ab dem VZ 2004 ohnehin nicht mehr von einem Abzugsverbot betroffen, weil § 3c Abs. 1 EStG keine Anwendung mehr findet (§ 8b Abs. 3 Satz 2 KStG). Sie sind in vollem Umfang als **Betriebsausgaben** abzugsfähig. Auch der Ansatz von 5 v. H. des abgeführten Einkommens als nicht abzugsfähige Betriebsausgaben nach § 8b Abs. 5 KStG kommt nicht in Betracht.

3. Folgen bei einem Einzelunternehmen oder einer Personengesellschaft als Organträger

Ist Organträger ein Einzelunternehmen bzw. eine Personengesellschaft, die steuerlich als Mitunternehmerschaft i. S. d. **§ 15 Abs. 1 Satz 1 Nr. 2 EStG** anzusehen ist, so ergibt sich folgendes Schema:

Jahresüberschuss/-fehlbetrag der Handelsbilanz

+/– steuerliche Gewinnkorrekturen

= Steuerbilanzgewinn/-verlust

– Gewinnabführungsanspruch lt. Handelsbilanz

+ Verlustübernahmeverpflichtung lt. Handelsbilanz

= eigene Einkünfte aus Gewerbebetrieb des Organträgers

+/– zuzurechnendes Einkommen der Organgesellschaft

= **Einkünfte des Organträgers aus Gewerbebetrieb**

Da auch hier weder das dem Organträger zuzurechnende Einkommen der Organgesellschaft noch der Gewinnabführungsanspruch eine Ausschüttung i. S. d. **§ 20 Abs. 1 EStG** darstellen, ist das **Teileinkünfteverfahren** nach § 3 Nr. 40 Buchst. a EStG insoweit nicht anzuwenden. Das dem Organträger zuzurechnende Einkommen der Organgesellschaft geht in die gesonderte und einheitliche Feststellung der Einkünfte aus Gewerbebetrieb ein und wird den Gesellschaftern entsprechend ihrer Beteiligungsquoten für Zwecke der Einkommensteuer zugeteilt. Andererseits sind jedoch Aufwendungen des Organträgers auf die Beteiligung nicht vom 40 %igen Abzugsverbot des **§ 3c Abs. 2 EStG** betroffen. Sie sind in vollem Umfang als **Betriebsausgaben** abzugsfähig und mindern daher die Einkünfte aus Gewerbebetrieb für Zwecke der Einkommensteuer und Gewerbesteuer.

4. Technik und Zeitpunkt der Zurechnung des Einkommens

Den dargestellten Berechnungsschemata liegt zugrunde, dass die Durchführung des Gewinnabführungsvertrages in das handelsbilanzielle Ergebnis und über den Maßgeblichkeitsgrundsatz (§ 5 Abs. 1 Satz 1 EStG) auch in den Unterschiedsbetrag nach § 4 Abs. 1 Satz 1 EStG eingeflossen ist. Zur Vermeidung einer doppelten Erfassung und nach der organschaftlichen Regel, dass der Organträger das Einkommen der Organgesellschaft nur einmal zu versteuern hat,[1] sind somit die Vermögensminderungen bzw. Vermögensmehrungen aufgrund des Gewinnabführungsvertrages auf der 1. Stufe zu eliminieren; auf der 2. Stufe wird das Einkommen der Organgesellschaft außerbilanziell zugerechnet.

6989 Das Einkommen des Organs ist dem Organträger in dem VZ zuzurechnen, in dem die Organgesellschaft ihr Einkommen **erzielt** hat. Haben Organträger und Organgesellschaft dasselbe Wirtschaftsjahr, ergeben sich keine Verschiebungen.

6990 Hat die Organgesellschaft ein vom Kalenderjahr abweichendes **Wirtschaftsjahr,** so erfolgt die Zurechnung des Einkommens beim Organträger in dem Kalenderjahr, in dem das Wirtschaftsjahr der Organgesellschaft endet, und zwar auch, wenn der Organträger seinerseits ein abweichendes und auch nicht mit dem Wirtschaftsjahr der Organgesellschaft übereinstimmendes Wirtschaftsjahr hat.[2]

> **BEISPIEL:** Der Organträger hat ein Wirtschaftsjahr vom 1. 3. bis zum 28. 2., das Wirtschaftsjahr der Organgesellschaft läuft vom 1. 4. bis 30. 3. Im VZ 2013 hat der Organträger daher folgende Einkommen zu versteuern:
>
> ▶ das eigene Einkommen aus dem Wirtschaftsjahr vom 1. 3. 2012 bis zum 28. 2. 2013,
>
> ▶ das ihm zuzurechnende Einkommen des Organs vom 1. 4. 2012 bis zum 30. 3. 2013.
>
> Nach § 7 Abs. 4 KStG muss nämlich der Organträger das Einkommen in dem VZ versteuern, in dem es die Organgesellschaft versteuern müsste, wenn sie keine Organgesellschaft wäre.

5. Sonstige Steuerfolgen beim Organträger

6991 Neben der Zurechnung des Einkommens der Organgesellschaft ergeben sich beim Organträger noch folgende steuerliche Konsequenzen:

6992 **Steuerfreie Einnahmen** der Organgesellschaft bleiben grundsätzlich auch beim Organträger steuerfrei. Ausnahmen ergeben sich aber für die in **§ 8b KStG** genannten Einnahmen des Organs (**§ 15 Nr. 2 KStG**).

6993 Haben Einnahmen der Organgesellschaft dem **Steuerabzug** unterlegen (z. B. Dividenden einer Tochterkapitalgesellschaft der Organgesellschaft), sind diese Steuerabzugsbeträge von der ESt bzw. KSt des Organträgers und bei einer Personengesellschaft als Organträger von der ESt bzw. KSt der Gesellschafter der Personengesellschaft abzuziehen (**§ 19 Abs. 5 KStG**).

6994 **Steuerschuldner** hinsichtlich des dem Organträger zuzurechnenden Einkommens ist der Organträger. Allerdings haftet die Organgesellschaft (§ 73 AO).

6995–7010 (*Einstweilen frei*)

---

1 BFH v. 18. 12. 2002 I R 51/01, BStBl II 2005, 49.
2 BFH v. 20. 8. 1986 I R 150/82, BStBl II 1987, 455, 458; H 62 KStH.

6. Bildung eines organschaftlichen Ausgleichspostens in der Steuerbilanz des Organträgers

a) Rechtsnatur des Ausgleichspostens

Nach dem Gewinnabführungsvertrag muss die Organgesellschaft ihren Jahresüberschuss lt. Handelsbilanz (vor Berücksichtigung der Abführungsverpflichtung selbst) an den Organträger abführen. Umgekehrt ist der Organträger verpflichtet, Jahresfehlbeträge lt. Handelsbilanz der Organgesellschaft (vor Berücksichtigung der Verlustübernahmeverpflichtung) auszugleichen. Der Besteuerung beim Organträger unterliegt jedoch das zuzurechnende positive oder negative Einkommen der Organgesellschaft.

7011

Zwischen Ergebnisabführung bzw. Verlustübernahmeverpflichtung und zuzurechnendem positivem oder negativem Einkommen bestehen häufig aus unterschiedlichen Gründen betragsmäßige Abweichungen. Diesen Abweichungen trägt die Bildung eines **Organschaftsausgleichspostens** Rechnung. Dieser Ausgleichsposten wirkt als steuerlicher Korrekturposten zum Ansatz der Beteiligung an der Organgesellschaft in der Bilanz des Organträgers[1] und ist mit diesem bei Veräußerung der Organbeteiligung ergebniswirksam aufzulösen.

7012

aa) Minderabführungen der Organgesellschaft

Bildet die Organgesellschaft **versteuerte Gewinnrücklagen**, führt dies zu Minderabführungen an den Organträger; der Zuwachs an Vermögen bei der Organgesellschaft aus versteuertem Einkommen spiegelt sich aber nicht im Beteiligungsansatz beim Organträger wider. Im Fall der Veräußerung der Beteiligung wird aber der Erwerber die versteuerten Rücklagen im Kaufpreis berücksichtigen, so dass ein höherer Veräußerungsgewinn als Differenz zwischen Veräußerungspreis und Buchwert der Beteiligung entsteht, so dass das bereits versteuerte Einkommen der Organgesellschaft beim Organträger nochmals der Besteuerung unterläge. Dies widerspräche dem Grundprinzip der einmaligen Besteuerung im Organkreis. Deshalb darf auf der Ebene des Organträgers als Gegenstück zur Erhöhung des Einlagekontos bei der Organgesellschaft nach § 27 Abs. 6 KStG ein aktiver Ausgleichsposten in der Steuerbilanz gebildet werden. Der daraus resultierende Mehrgewinn des Organträgers wird zugleich außerhalb der Bilanz wieder korrigiert, so dass sich die Bildung des Ausgleichspostens ergebnisneutral vollzieht. Da der aktive Ausgleichsposten „wie" nachträgliche Anschaffungskosten auf die Beteiligung wirkt, neutralisiert seine Auflösung bei der Veräußerung der Beteiligung einen höheren Verkaufserlös im Hinblick auf die bereits versteuerten Rücklagen bei der Organgesellschaft.

7013

Hieraus folgt: Ist das dem Organträger zuzurechnende Einkommen höher als die handelsrechtliche Gewinnabführung der Organgesellschaft, liegt eine **Minderabführung** vor, die regelmäßig in der Steuerbilanz des Organträgers die Bildung eines **aktiven** organschaftlichen Ausgleichspostens erforderlich macht, der entsprechend dem Verlauf der steuerlichen Gewinnkorrekturen in den Folgejahren ergebniswirksam anzupassen ist. Ein solcher aktiver Ausgleichsposten in der Steuerbilanz gibt an, dass handelsrecht-

7014

---

[1] Vgl. BFH v. 24. 7. 1996 I R 41/93, BStBl II 1996, 614; BMF v. 26. 8. 2003, BStBl I 2003, 437, Rz. 43.

lich stille Reserven der Organgesellschaft bereits beim Organträger versteuert worden sind. Die Minderabführung ist außerdem bei der Organgesellschaft dem steuerlichen Einlagekonto gutzuschreiben (§ 27 Abs. 6 KStG). Ist der Organträger an der Organgesellschaft nur quotal beteiligt, kann er den Ausgleichsposten nur in Höhe des Teils der bei der Organgesellschaft gebildeten Rücklagen bilden, der dem Verhältnis seiner Beteiligung an der Organ-GmbH entspricht.

bb) Mehrabführungen der Organgesellschaft

7015   Eine **Mehrabführung** liegt vor, wenn die Gewinnabführung höher als das dem Organträger zuzurechnende Einkommen der Organgesellschaft ist, z. B. weil durch höhere Abschreibungen oder höhere Rückstellungsbildung steuerliche stille Reserven gebildet werden. Dann ist in der Steuerbilanz des Organträgers ein **passiver** Ausgleichsposten zu bilden (durch Aufwandsbuchung mit anschließender außerbilanzieller Korrektur), der ebenfalls als Korrekturposten zum Beteiligungsansatz wirkt. Er zeigt an, dass die handelsrechtlichen Gewinnabführungen beim Organträger teilweise noch nicht versteuert wurden. Bei der Organgesellschaft sind Minderabführungen vom steuerlichen Einlagekonto zu kürzen (§ 27 Abs. 6 KStG). Seine Auflösung führt bei Veräußerung der Beteiligung zu einem höheren Gewinn.

b) Bewertungsabweichungen zwischen Handels- und Steuerbilanz der Organgesellschaft

7016   Häufige Gründe für die Bildung von aktiven organschaftlichen Ausgleichsposten sind Unterschiede in Ansatz oder Bewertung beim handelsrechtlichen Jahresabschluss und in der Steuerbilanz. Die vereinbarte Gewinn- bzw. Verlustabführung bezieht sich nämlich auf das Handelsbilanzergebnis der Organgesellschaft (vor Berücksichtigung der Ergebnisabführung), das zur Ermittlung des steuerlichen Einkommens der Organgesellschaft um steuerliche Gewinnkorrekturen zu erhöhen oder zu vermindern ist. Typisch sind Abweichungen infolge der Ausübung handelsrechtlicher Ansatz- oder Bewertungswahlrechte, denen steuerlich ein entsprechendes Aktivierungsgebot bzw. Passivierungsverbot gegenübersteht.

> **BEISPIEL:** Die Organgesellschaft passiviert in ihrer Handelsbilanz eine Rückstellung für drohende Verluste aus schwebenden Geschäften i. H. v. 50 000 €. In der Handelsbilanz ist diese Rückstellung wegen § 249 Abs. l Satz 1 HGB zwingend zu bilden, während in der Steuerbilanz nach § 5 Abs. 4a EStG ein Passivierungsverbot für Drohverlustrückstellungen besteht. Daher ist das dem Organträger zuzurechnende Einkommen um 50 000 € höher als die Gewinnabführung. Wegen der Minderabführung ist in der Steuerbilanz des Organträgers daher ein aktiver Ausgleichsposten in dieser Höhe zu bilden.

c) Bildung von Gewinnrücklagen aufgrund vernünftiger kaufmännischer Beurteilung

7017   Die **Organgesellschaft** darf aus ihrem Jahresüberschuss (vor Gewinnabführung) **Gewinnrücklagen** bilden, wenn dies aufgrund **vernünftiger kaufmännischer Beurteilung wirtschaftlich begründet** ist (§ 14 Abs. 1 Nr. 4 KStG). Gleichwohl geht dieser Teil des Einkommens der Organgesellschaft in das dem Organträger zuzurechnende Einkommen ein (§ 14 Abs. 1 Nr. 4 KStG). Veräußert der Organträger später seine Organbeteiligung, wird der Kaufpreis um die beim Organ gebildeten Gewinnrücklagen höher sein. Das führt beim Organträger zu einem entsprechend höheren Buchgewinn aus der Veräußerung der Beteiligung.

Handelt es sich beim **Organträger** um eine **natürliche Person oder eine Personengesellschaft**, so unterliegt der Buchgewinn zu 60 % der ESt (§ 3 Nr. 40 Satz 1 Buchst. a EStG). Damit würde im Ergebnis das 1,6fache der Gewinnrücklagen der Organgesellschaft auf der Ebene des Organträgers besteuert. Um diese Folgen der Organschaft zu verhindern, ist im Zeitpunkt der Bildung einer Gewinnrücklage bei der Organgesellschaft ein entsprechender aktiver Organschaftsausgleichsposten in die Steuerbilanz des Organträgers einzustellen.

7018

BEISPIEL: Die Muttergesellschaft (M-OHG) hält sämtliche Stammanteile an der T-GmbH. Es besteht eine körperschaftsteuerliche Organschaft. Die Handelsbilanz = Steuerbilanz der T-GmbH zum 31.12.2012 enthält u. a. eine Verbindlichkeit aus Gewinnabführung 2012 i. H.v. 200 000 € sowie eine Zuführung zu den Gewinnrücklagen aus dem Ergebnis des laufenden Jahres i. H.v. 300 000 €.

Die vorläufige Handelsbilanz der M-OHG zum 31.12.2012 hat folgendes Aussehen:

Aktiva		Passiva	
€		€	
Beteiligung T-GmbH	300 000	Kapitalkonten	200 000
Ford. Gewinnabführung	200 000	Jahresüberschuss	600 000
Sonstige Aktiva	200 000	Verbindlichkeiten	200 000
	700 000		700 000

Ermittlung des Einkommens 2012 der T-GmbH:

Bilanzgewinn	0 €
+ Zuführung zur Gewinnrücklage	300 000 €
+ Gewinnabführungsverpflichtung lt. Handelsbilanz	200 000 €
= Einkommen der Organgesellschaft 2012	**500 000 €**

Dieses Einkommen ist hier voll dem Organträger M-OHG zuzurechnen. Das steuerliche Einlagekonto der T-GmbH erhöht sich um 300 000 €.

Ermittlung der Einkünfte aus Gewerbebetrieb 2012 der M-OHG:

Jahresüberschuss lt. Handelsbilanz	300 000 €
– Gewinnabführungsanspruch lt. Handelsbilanz	– 200 000 €
= eigene Einkünfte des Organträgers	100 000 €
+ zuzurechnendes Einkommen des Organs	500 000 €
= Steuerbilanzgewinn, zugleich Einkünfte des Organträgers	600 000 €

Daraus ergibt sich folgende Steuerbilanz der M-OHG zum 31.12.2012:

Aktiva		Passiva	
€		€	
Beteiligung Tochter-GmbH	300 000	Kapitalkonten	200 000
Ford. Gewinnabführung	200 000	Steuerbilanzgewinn	600 000
Sonstige Aktiva	200 000	Verbindlichkeiten	200 000
Steuerl. Ausgleichsposten	300 000		
	1 000 000		1 000 000

Veräußert der Organträger M-OHG die Beteiligung an der T-GmbH im folgenden Jahr z. B. für 800 000 €, so ist in der Handelsbilanz zum Stichtag ein Veräußerungsgewinn i. H. v. 800 000 € − 300 000 € = 500 000 € auszuweisen. In der Steuerbilanz beträgt der Veräußerungsgewinn jedoch nur 800 000 € − 300 000 € − 300 000 € = 200 000 €,

7019 Die Bildung eines aktiven Ausgleichspostens wurde von der FinVerw bisher auch dann verlangt, wenn der **Organträger** eine **Kapitalgesellschaft** war, obwohl jedenfalls bis einschließlich 2003 nach **§ 8b Abs. 2 KStG** ein Buchgewinn aus der Veräußerung einer Organbeteiligung körperschaftsteuerfrei zu bleiben hatte. Der auf die Gewinnrücklagen der Organgesellschaft entfallende Teil des Buchgewinns wurde damit bis einschließlich 2003 letztlich nur einmal besteuert, so dass es in diesen Fällen eines organschaftlichen Ausgleichspostens nicht bedurft hätte. Ab 2004 ist der Gewinn aus der Veräußerung einer Organbeteiligung nur noch zu 95 v. H. körperschaftsteuerfrei (§ 8b Abs. 3 KStG). Deshalb ist die Bildung eines aktiven Ausgleichspostens auch bei Organträgern in der Rechtsform der GmbH geboten, um eine mehrfache Besteuerung zu vermeiden.

7020 Löst die Organgesellschaft eine Gewinnrücklage ganz oder teilweise auf und führt sie den Betrag an den Organträger ab, so sind der aktive Ausgleichsposten beim Organträger bzw. das steuerliche Einlagekonto bei der Organgesellschaft entsprechend zu kürzen.

d) Nicht abzugsfähige Betriebsausgaben der Organgesellschaft

7021 Die handelsrechtliche Gewinnabführung und das dem Organträger zuzurechnende Einkommen weichen auch hinsichtlich der nichtabzugsfähigen **Betriebsausgaben** (nach §§ 9, 10 KStG, §§ 3c, 4 Abs. 5 EStG) der Organgesellschaft voneinander ab.

7022 In diesen Fällen ist jedoch weder ein aktiver Ausgleichsposten beim Organträger noch eine Zuführung zum steuerlichen Einlagekonto bei der Organgesellschaft möglich, da die Ergebnisabweichungen insoweit auf der Systematik der Einkommensermittlung beruhen und die Nichtabziehbarkeit dieser Ausgaben auf den Organträger übergeleitet wird.

e) Steuerfreie Vermögensmehrungen der Organgesellschaft

7023 Ähnlich verhält es sich, wenn die handelsrechtliche Gewinnabführung und das dem Organträger zuzurechnende Einkommen wegen **steuerfreier Vermögensmehrungen** auf der Ebene der Organgesellschaft voneinander abweichen. Solche Abweichungen sind in der Einkommensermittlung begründet, soweit die Steuerfreiheit dieser Vermögensmehrungen durch die Organschaft an den Organträger weitergereicht wird. Deshalb ist in diesen Fällen weder ein passiver Ausgleichsposten beim Organträger zu bilden, noch das steuerliche Einlagekonto der Organgesellschaft zu kürzen.

7024 Mit anderer Begründung gilt dies auch für steuerfreie Vermögensmehrungen der Organgesellschaft nach § 8b KStG, wobei es sich im Wesentlichen um Dividendenerträge oder Veräußerungsgewinne der Organgesellschaft aus einer Beteiligung an einer anderen Kapitalgesellschaft handelt. Die steuerlichen Folgen richten sich nach den steuerlichen Verhältnissen des Organträgers (§ 15 Satz 1 Nr. 2 KStG). Aus diesem Grund ist das dem Organträger zuzurechnende Einkommen der Organgesellschaft nicht um die Vermögensmehrungen nach **§ 8b KStG** gemindert. Das zuzurechnende Einkommen und die Gewinnabführung weichen daher insoweit nicht voneinander ab. Ein passiver Ausgleichsposten ist also nicht zu bilden.

(Einstweilen frei) 7025–7050

V. Gewerbesteuerliche Organschaft

1. Voraussetzungen und Vorteile

Ab VZ 2002 sind die Voraussetzungen der gewerbesteuerlichen Organschaft vollständig mit denen der körperschaftsteuerlichen Organschaft deckungsgleich. Liegt eine körperschaftsteuerliche Organschaft tatbestandlich vor, ist damit auch eine gewerbesteuerliche Organschaft gegeben (**§ 2 Abs. 2 Satz 2 GewStG**). 7051

Die Vorteile der gewerbesteuerlichen Organschaft liegen zum einen in der Möglichkeit der **sofortigen Verrechnung** von **Gewerbeverlusten** zwischen den einzelnen Organgliedern. Zum anderen vermeidet sie die im Bereich der nahe stehenden Unternehmen nachteilige doppelte Erfassung von Entgelten für Dauerschulden beim Gewerbeertrag. 7052

2. Ermittlung des Gewerbeertrags

Ist eine GmbH eine körperschaftsteuerrechtliche Organgesellschaft und liegt deshalb eine gewerbesteuerliche Organschaft vor, so gilt die GmbH (= die Organgesellschaft) als **Betriebsstätte des Organträgers (§ 2 Abs. 2 Satz 2 GewStG)**. Sie ist nicht mehr selbst gewerbesteuerpflichtig. Für die GmbH muss **keine Gewerbesteuer-Erklärung** mehr abgegeben werden. Der Organträger ist Schuldner der gesamten Gewerbesteuer des Organkreises. Die Betriebsstätten-Fiktion bedeutet aber nicht, dass Organträger und Organgesellschaft hinsichtlich der GewSt wie ein einheitliches Unternehmen behandelt werden.[1] Gewerbeertrag von Organträger und Organgesellschaft (GmbH) werden zunächst getrennt ermittelt und sodann beim Organträger zusammengerechnet.[2] Dort wird dann der Steuermessbetrag (§ 11 GewStG) ermittelt, festgesetzt (§ 14 GewStG) und falls erforderlich auf die einzelnen Gemeinden, in denen die Betriebsstätten unterhalten werden, zerlegt (§§ 28 ff. GewStG). 7053

Auch wenn die Gewerbeerträge für den Organträger und die Organ-GmbH getrennt zu ermitteln sind, heißt dies aber nicht, dass es keine wechselseitigen Auswirkungen der Organschaft auf die Ermittlung des Gewerbeertrags in beiden Unternehmen gäbe. Vielmehr sind bei den Hinzurechnungen und Kürzungen nach **§§ 8 und 9 GewStG** die Beträge auszuscheiden, die von Unternehmen aus dem Organkreis stammen und zu einer doppelten steuerlichen Berücksichtigung führten. Eine doppelte Belastung könnte eintreten, wenn hinzuzurechnende Beträge bereits in einem der zusammenzurechnenden Gewerbeerträge enthalten sind: 7054

---

[1] St. Rspr.; vgl. BFH v. 30. 1. 2003 I R 73/01, BStBl II 2003, 354; v. 22. 1. 2004 III R 19/02, BStBl II 2004, 515.
[2] Vgl. BFH v. 21. 10. 2009 I R 29/09, BStBl II 2011, 116.

> **BEISPIEL:** Die Alfa-GmbH & Co. KG ist Organträger der Beta-GmbH und der Gamma-GmbH. Im Wirtschaftsjahr 2012 hat sie von der Beta-GmbH 20 000 € Zinsen für ein langfristiges Darlehen erhalten.
> - Die Zinserträge haben den Gewinn aus Gewerbebetrieb der Alfa-GmbH & Co. KG und ihren Gewerbeertrag erhöht. Sie unterliegen daher insoweit der Gewerbesteuer.
> - Die Beta-GmbH müsste ein Viertel des Zinsaufwandes nach **§ 8 Nr. 1 Buchst. a GewStG** bei Ermittlung des Gewerbeertrags hinzurechnen (der Freibetrag von 100 000 € soll unberücksichtigt bleiben). Dadurch käme es jedoch innerhalb des Organkreises zu einer Doppelerfassung. Die Hinzurechnung als Dauerschuldzinsen unterbleibt wegen der bestehenden Organschaft.[1]

7055 Die vorstehenden Grundsätze gelten auch für mehrere Organgesellschaften untereinander.

> **BEISPIEL:** Wie vorstehend, jedoch hat die Gamma-GmbH den Kredit an ihre Schwestergesellschaft, die Beta-GmbH gegeben. Die Zinserträge haben den Gewinn aus Gewerbebetrieb der Gamma-GmbH erhöht. Sie unterliegen daher insoweit der Gewerbesteuer. Die Hinzurechnung als Dauerschuldzinsen bei der Beta-GmbH unterbleibt.

7056 Entsprechendes gilt für andere Hinzurechnungen und Kürzungen.

7057 Aus der getrennten Ermittlung des Gewerbeertrags folgt, dass die Organ-GmbH Gewerbeverluste mit ihren nachfolgenden Gewerbeerträgen im Rahmen des § 10a Satz 1 und 2 GewStG verrechnen kann. **Vororganschaftliche Verluste,** also Fehlbeträge, die sich vor dem rechtswirksamen Abschluss des Gewinnabführungsvertrages ergeben haben, sind jedoch – während des Bestehens der Organschaft – von einer Verrechnung ausgeschlossen.[2]

3. Steuerfolgen bei gewerbesteuerlicher Organschaft

7058 Besteht eine gewerbesteuerliche Organschaft, so unterliegen der von der Organgesellschaft erzielte Gewerbeertrag wie das erzielte Einkommen der Besteuerung beim Organträger. Die Beteiligung an der Organgesellschaft stellt aus der Sicht des Organträgers keine Beteiligung an einer **Kapitalgesellschaft** dar, deren Leistungen beim Empfänger zu den Einnahmen aus **§ 20 Abs. 1 Nr. 1 EStG** gehören. Jedoch ist die Bruttomethode nach § 15 Nr. 2 KStG auch bei der GewSt anzuwenden mit der Folge, dass nach § 15 Satz 1 Nr. 2 Satz 2 KStG die Anwendung der Vorschriften § 8b KStG, § 3 Nr. 40 EStG und § 3c EStG auf der Ebene des Organträgers nachzuholen ist.[3]

7059 Ist der **Organträger** der Organ-GmbH eine Kapitalgesellschaft **(GmbH)**, so gilt Folgendes:

7060 Veräußert die Organgesellschaft Anteile an einer Körperschaft, ist der Veräußerungsgewinn in ihrem Steuerbilanzgewinn enthalten, weil nach § 15 Nr. 2 Satz 1 KStG auf der Ebene der Organgesellschaft § 8b Abs. 2 KStG nicht anzuwenden ist. Die Voraussetzungen einer Kürzung nach § 9 GewStG liegen nicht vor, § 8b Abs. 2 KStG ist auch in

---

1 BFH v. 2.2.1994 I R 10/93, BStBl II 1994, 768.
2 § 10a Abs. 3 GewStG; vgl. BMF v. 10.11.2005, BStBl I 2005, 1038, Rz. 25.
3 Vgl. BMF v. 26.8.2003, BStBl I 2003, 437, Tz. 28 ff.

gewerbesteuerlicher Hinsicht erst auf der Ebene des Organträgers anzuwenden (Bruttomethode).

BEISPIEL 1: Die Organ-GmbH hat einen Steuerbilanzgewinn von 50 000 €, in dem ein Gewinn aus der Veräußerung von Anteilen an der X-GmbH von 5 000 € enthalten ist. Es besteht ein Organverhältnis zur M-GmbH. § 8b Abs. 2 KStG ist auf der Ebene der Organ-GmbH nicht anzuwenden, ihr Steuerbilanzgewinn stellt zugleich ihren Gewerbeertrag dar. Auf der Ebene der M-GmbH (Organträger) ist § 8b Abs. 2 und 3 KStG anzuwenden, so dass sich ein ihr zuzurechnender Gewerbeertrag von (vorläufig) 45 000 € ergibt, der gem. § 8b Abs. 3 KStG um 5 v. H. des Gewinns (250 €) als nicht abzugsfähige Betriebsausgaben zu erhöhen ist, also 45 250 € beträgt.

Hat die Organ-GmbH **Dividendeneinnahmen aus einer Schachtelbeteiligung** (§ 9 Nr. 2a GewStG = Beteiligung mindestens 15 % am Grund- oder Stammkapital, vor VZ 2008 10 %), ist bei ihr § 8b Abs. 1 KStG nicht anzuwenden (§ 15 Satz 1 Nr. 2 Satz 1 KStG). Die Dividendeneinnahmen unterliegen aber dann im Organkreis nicht der GewSt. Bei der Ermittlung des Gewerbeertrags der Organ-GmbH sind diese Einnahmen zu kürzen.[1]

7061

BEISPIEL 2: Wie vorstehend, aber an der X-GmbH hält die Organ-GmbH 20 v. H. der Stammanteile, der Gewinn aus der Beteiligung beträgt 5 000 €.

Bei der Organ-GmbH ist der Steuerbilanzgewinn in voller Höhe anzusetzen, weil § 8b Abs. 1 KStG bei ihr nicht anzuwenden ist. Der Gewinn ist nach § 7 Satz 1 GewStG Ausgangsgröße für den Gewerbeertrag, zu dessen Ermittlung eine Kürzung nach § 9 Nr. 2a GewStG um den Gewinn aus der Schachteldividende vorzunehmen ist.

Der M-GmbH als Organträger ist ein Gewerbeertrag von 45 000 € zuzurechnen; eine Korrektur ist nicht erforderlich, da in dem zugerechneten Betrag keine Einnahmen nach § 8b Abs. 1 KStG enthalten sind.

Die Entscheidung des BFH betraf einen Fall, in dem bei der Organgesellschaft im Rahmen der Kürzung keine Betriebsausgaben gemäß § 9 Nr. 2a Satz 3 GewStG gegengerechnet wurden. Unklar ist, welche Auswirkungen Aufwendungen der Organgesellschaft im Zusammenhang mit der Ausschüttung haben.

7061/1

BEISPIEL: Die Organträger-AG ist zu 100 % an der Organgesellschaft-GmbH beteiligt. Die OG-GmbH ist alleinige Anteilseignerin der T GmbH. Die T-GmbH schüttet 800 000 € brutto (= 600 000 € netto) an die OG-GmbH aus. Diese hat Betriebsausgaben (Zinsaufwand) im Zusammenhang mit der Beteiligung in Höhe von 500 000 €.

LÖSUNG Bisher nach Finanzverwaltung (Korrekturpostenmethode):

Ebene der OG-GmbH:

Da nach § 15 Satz 1 Nr. 2 Satz 1 KStG auf Ebene der Organgesellschaft § 8b KStG nicht zur Anwendung kommt, sind im Einkommen und Gewerbeertrag die Ausschüttung enthalten; der Zinsaufwand mindert den Betrag, so dass das Einkommen und der Gewerbeertrag 300 000 € betragen. Bei der Gewerbesteuer unterliegt die Ausschüttung nach § 9 Nr. 2a Satz 1 GewStG der Kürzung; nach Satz 3 ist vom Kürzungsbetrag der Zinsaufwand abzuziehen, der Kürzungsbetrag beträgt also 800 000 € − 500 000 € = 300 000 €, der Gewerbeertrag folglich 0 €. Eine Hinzurechnung der 500 000 € nach § 8 Nr. 1 Buchst. a GewStG scheidet wegen § 9 Nr. 2a Satz 3 Halbsatz 2 GewStG aus.

Diese Lösung galt vor dem BFH-Urteil vom 17. 12. 2014 I R 39/14 und gilt unstreitig weiter fort.

---

[1] BFH v. 17. 12. 2014 I R 39/14, BStBl 2015 II 1052.

Ebene der OrgT-AG:

Der OrgT-AG ist ein körperschaftsteuerliches Einkommen von 300 000 € zuzurechnen, aber nur ein Gewerbeertrag von 0 €.

Korrekturposten:

5 % von 800 000 €	40 000 €	
./. Aufwendungen der OG-GmbH	500 000 €	
	460 000 €	
Hinzurechnung gem. § 8 Nr. 1 Buchst. a GewStG	500 000 €	
x 25 %	125 000 €	
./. Freibetrag	100 000 €	
	25 000 €	+ 25 000 €
	435 000 €	
Gewerbeertrag der OrgT-AG (ohne den eigenen)	./. 435 000 €	

Nachdem der BFH die Korrekturpostenmethode verworfen hat, ist die Lösung des vg. Beispiels offen. Zum Teil wird die Auffassung vertreten, dass es auf Ebene des Organträgers doch teilweise zur gewerbesteuerlichen Erfassung des pauschalierten Betriebsausgabenabzugs gem. § 8b Abs. 5 Satz 1 KStG kommt (und zwar in Höhe von 5 % des Zinsaufwands), allerdings ohne Hinzurechnung der Aufwendungen gem. § 8 Nr. 1 Buchst. a GewStG; nach dieser Lösung beträgt der Gewerbeertrag der OrgT-AG – 475 000 €.

Das BMF scheint, ohne dass es dazu eine amtliche Aussage gibt, dazu zu tendieren, dass die gewerbesteuerlich bereits bei der Organgesellschaft erfassten Auswirkungen der Ausschüttung und der damit zusammenhängenden Aufwendungen bei der Ermittlung des Gewerbeertrags des Organträgers vollständig unberücksichtigt bleiben; nach dieser Auffassung beträgt in vg. Beispiel der Gewerbeertrag der OrgT-AG 0 €. Eine mittlere Lösung will beim Organträger neben den 5 % auf die Aufwendungen die tatsächlichen Aufwendungen der Organgesellschaft gem. § 8 Nr. 1 GewStG in voller Höhe (unter Berücksichtigung des Freibetrags) hinzurechnen; der Gewerbeertrag der OrgT-AG beträgt dann 375 000 €. Die letzte Lösung hat, auch wenn der BFH dieses Argument verworfen hat, den Charme für sich, dass Gewinnausschüttungen mit und ohne Organschaft gleich behandelt werden.

Für Gewinnausschüttungen, die nach dem 31. 12. 2016 zufließen, soll mit einem neuen § 7a GewStG die Problematik völlig neu geregelt werden. Die Vorschrift hat laut Entwurf folgenden Wortlaut:

„Abs. 1

Bei der Ermittlung des Gewerbeertrags einer Organgesellschaft ist § 9 Nr. 2a, 7 und 8 nicht anzuwenden. In den Fällen des Satzes 1 ist § 8 Nr. 1 bei Aufwendungen, die in unmittelbarem Zusammenhang mit Gewinnen aus Anteilen im Sinne des § 9 Nr. 2a, 7 und 8 stehen, nicht anzuwenden.

Abs. 2

Sind im Gewinn der Organgesellschaft:

1. Gewinne aus Anteilen im Sinne des § 9 Nr. 2a, 7 oder 8 oder

2. in den Fällen der Nr. 1 auch Aufwendungen, die in unmittelbarem Zusammenhang mit diesen Gewinnen aus Anteilen stehen,

enthalten, sind § 15 Satz 1 Nr. 2 Sätze 2 bis 4 KStG und in Folge § 8 Nr. 1 und 5 und § 9 Nr. 2a, 7 oder 8 bei der Ermittlung des Gewerbeertrags der Organgesellschaft entsprechend anzuwenden. Der bei der Ermittlung des Gewerbeertrags der Organgesellschaft berücksichtigte Betrag der Hinzurechnung nach § 8 Nr. 1 ist dabei unter Berücksichtigung der Korrekturbeträge nach Absatz 1 und Satz 1 zu berechnen.

Abs. 3

Die Absätze 1 und 2 gelten in den Fällen des § 15 Satz 2 KStG entsprechend."

BEISPIEL (NACH DER GESETZESBEGRÜNDUNG S. 69): Die OrgT-GmbH ist Organträgerin der Organgesellschaft OG-GmbH. Die OG-GmbH erhält eine Dividende von 100 000 € durch die T-GmbH; die OG-GmbH hat keine Aufwendungen im Zusammenhang mit der Beteiligung (Grundfall).
1. Alternative: Die OG-GmbH hat einen unmittelbar mit der Beteiligung zusammenhängenden Zinsaufwand von 12 000 €.
2. Alternative: Der Zinsaufwand beträgt 160 000 €.

LÖSUNG GRUNDFALL: OG-GmbH

§ 7a Abs. 1 GewStG neu	
Dividende	100 000 €
./. Aufwand	0 €
Einkommen = Gewinn gem. § 7 Satz 1 GewStG	100 000 €
Gewerbeertrag	100 000 €
§ 7a Abs. 2 GewStG neu	
§ 8b Abs. 1 KStG	./. 100 000 €
§ 8b Abs. 5 Satz 1 KStG	+ 5 000 €
§ 9 Nr. 2a GewStG	./. 0 €
§ 8 Nr. 1 GewStG	+ 0 €
Zurechnung bei OrgT-GmbH	5 000 €

LÖSUNG 1. ALTERNATIVE: OG-GmbH

§ 7a Abs. 1 GewStG neu	
Dividende	100 000 €
./. Aufwand	12 000 €
Einkommen = Gewinn gem. § 7 Satz 1 GewStG	88 000 €
Gewerbeertrag	88 000 €
§ 7a Abs. 2 GewStG neu	
§ 8b Abs. 1 KStG	./. 100 000 €
§ 8b Abs. 5 Satz 1 KStG	+ 5 000 €
§ 9 Nr. 2a GewStG	./. 0 €
§ 8 Nr. 1 GewStG	+ 3 000 €
Zurechnungsbetrag OrgT-GmbH	./. 4 000 €

LÖSUNG 2. ALTERNATIVE ▶ OG-GmbH

§ 7a Abs. 1 GewStG neu	
Dividende	100 000 €
./. Aufwand	./. 160 000 €
Einkommen = Gewinn gem. § 7 Satz 1 GewStG	./. 60 000 €
Gewerbeertrag	./. 60 000 €
§ 7a Abs. 2 GewStG neu	
§ 8b Abs. 1 KStG	./. 100 000 €
§ 8b Abs. 5 Satz 1 KStG	+ 5 000 €
./. § 9 Nr. 2a GewStG	0 €
§ 8 Nr. 1 GewStG	+ 40 000 €
Zurechnungsbetrag OrgT-GmbH	./. 115 000 €

Ist Organträgerin eine Personengesellschaft, an der nur natürliche Personen beteiligt sind, sind die Lösungen wie folgt:

Grundfall: unverändert

1. ALTERNATIVE:

Gewerbeertrag OG-GmbH unverändert	88 000 €
§ 7a Abs. 2 GewStG neu	
§ 3 Nr. 40 EStG (40 % von 100.000 steuerfrei)	./. 40 000 €
§ 3c Abs. 2 Satz 1 EStG (40 % von 12.000)	+ 4 800 €
§ 9 Nr. 2a GewStG	./. 52 800 €
§ 8 Nr. 1 GewStG	+ 0 €
Zurechnungsbetrag bei OrgT-PersGes	0 €

2. ALTERNATIVE:

Gewerbeertrag OG-GmbH unverändert	./. 60 000 €
§ 7a Abs. 2 GewStG neu	
§ 3 Nr. 40	./. 40 000 €
§ 3c Abs. 2 Satz 1 EStG	+ 64 000 €
§ 9 Nr. 2a GewStG	./. 0 €
§ 8 Nr. 1 GewStG (25 % von [60 % von 100.000 – 60 % von 160.000])	+ 9 000 €
Zurechnungsbetrag bei OrgT-PerGes	./. 27 000 €

7062 Stammen die **Dividendeneinnahmen** aus einem sog. **Streubesitz** (Beteiligung unter 15 v. H. an einer Kapitalgesellschaft), ist die Bruttomethode anzuwenden, d. h., § 8b Abs. 1 KStG greift erst auf der Ebene des Organträgers, jedoch ist für die GewSt dort zusätzlich die Hinzurechnungsvorschrift von § 8 Nr. 5 GewStG zu beachten.

BEISPIEL 3: ▶ Organschaftsverhältnisse und Dividendeneinnahmen wie vorheriges Beispiel, aber die Beteiligung an der X-GmbH beträgt nur 5 v. H.

Nach § 15 Satz 1 Nr. 2 Satz 1 KStG ist auf der Ebene der Organ-GmbH wieder § 8b Abs. 1 KStG nicht anzuwenden, der Steuerbilanzgewinn beträgt 50 000 €, der zur Ermittlung des Gewerbeertrags (mangels Schachtelbeteiligung) nicht zu kürzen ist. Auf der Ebene der M-GmbH ist § 8b Abs. 1 und 5 KStG anzuwenden, so dass sich (vorläufig) ein zuzurechnender Gewerbeertrag von 45 250 € ergibt; jedoch ist eine Hinzurechnung nach § 8 Nr. 5 GewStG vorzunehmen, also 5 000 € abzgl. des nach § 8b Abs. 5 KStG nicht abzugsfähigen Betrages von 250 €, also 4 750 €. Der ihr zuzurechnende Gewerbeertrag aus dem Organschaftsverhältnis bleibt also bei 50 000 €.

Ist **Organträger eine Personengesellschaft (Mitunternehmerschaft)**, so ist diese ein eigenständiges Gewerbesteuersubjekt i. S. v. § 2 GewStG. Ab dem **Erhebungszeitraum 2004** sind auch bei der **Ermittlung ihres Gewerbeertrages** die **Vorschriften des § 3 Nr. 40 und des § 3c Abs. 2 EStG anzuwenden**, soweit an der **Mitunternehmerschaft natürliche Personen unmittelbar oder mittelbar** über eine oder mehrere Personengesellschaften **beteiligt** sind. Für eine als Mitunternehmer beteiligte Kapitalgesellschaft **(GmbH)** gilt § 8b KStG. Die Ausführungen im BMF-Schreiben v. 26. 8. 2003[1] sind durch die Gesetzesänderung überholt. 7063

BEISPIEL 4: ▶ Die Organ-GmbH ist Organgesellschaft einer Personengesellschaft M-OHG, an der zu je 50 v. H. die natürliche Person A und die B-GmbH beteiligt sind. Wie in Beispiel 1 ist im Gewinn der Organ-GmbH ein Gewinn aus der Veräußerung ihrer Beteiligung an der X-GmbH von 5 000 € enthalten.

Der Gewinn aus der Veräußerung ist auf der Ebene der Organ-GmbH gem. § 15 Satz 1 Nr. 2 KStG nicht nach § 8b Abs. 2 KStG steuerfrei. Auf der Ebene der M-OHG (Organträger) ist hinsichtlich des Mitunternehmers A die Vorschrift des § 3 Nr. 40 EStG und hinsichtlich des Mitunternehmers B-GmbH § 8b Abs. 2 KStG auch für die Ermittlung des Gewerbeertrags anzuwenden, so dass der auf A entfallende Veräußerungserlös zu 40 % (1 000 €) und der auf die B-GmbH entfallende Anteil von 2 500 € ganz abzusetzen ist. Der Gewerbeertrag aus dem Organschaftsverhältnis beträgt also 46 500 €.

Ist der Organträger eine Kapitalgesellschaft **(GmbH)** und veräußert sie die Beteiligung an der Organ-GmbH, so ist auf einen entstehenden **Veräußerungsgewinn § 8b Abs. 2 KStG** anzuwenden. Der Veräußerungsgewinn ist daher ab 2004 bis auf 95 v. H. körperschaftsteuer- und damit gewerbesteuerfrei (§ 7 Satz 1 GewStG i. V. m. § 8b Abs. 3 Satz 1 KStG). Veräußerungsverluste und Teilwertabschreibungen sind nicht abzugsfähig (§ 8b Abs. 3 Satz 3 KStG), mindern also auch den Gewerbeertrag nicht. 7064

(*Einstweilen frei*) 7065–7090

VI. Umsatzsteuerliche Organschaft

1. Voraussetzungen der umsatzsteuerlichen Organschaft

a) Organträger und Organgesellschaft

Im Gegensatz zur körperschaftsteuerlichen und gewerbesteuerlichen Organschaft genügt es, wenn der Organträger **Unternehmer** i. S. d. UStG ist. Unternehmer ist, wer eine nachhaltige Tätigkeit zur Erzielung von Einnahmen selbständig ausübt (§ 2 Abs. 1 UStG). Die Voraussetzungen für die umsatzsteuerliche Organschaft sind nicht identisch mit denen der körperschaftsteuerlichen und gewerbesteuerlichen Organschaft. **Organgesellschaften** können grds. nur **juristische Personen** des Zivil- und Handelsrechts sein, 7091

---

[1] BStBl I 2003, 437, Tz. 34.

also auch eine GmbH. Aus der EuGH-Rechtsprechung[1] entnimmt der BFH, dass über den Gesetzeswortlaut hinaus in Ausnahmefällen auch Personengesellschaften Organgesellschaften sein können.[2] **Organträger kann jeder Unternehmer** sein.

b) Eingliederung der Organgesellschaft in das Unternehmen des Organträgers

7092 Die umsatzsteuerliche Organschaft verlangt neben der finanziellen Eingliederung auch die wirtschaftliche sowie die organisatorische Eingliederung der Organgesellschaft in das Unternehmen des Organträgers (§ 2 Abs. 2 Nr. 2 UStG).

7093 **Finanzielle Eingliederung** bedeutet das Innehaben der entscheidenden Anteilsmehrheit an der Organgesellschaft. Der Organträger muss unmittelbar und/oder mittelbar die Mehrheit der Stimmrechte an der Organgesellschaft besitzen. Entsprechen die Beteiligungsverhältnisse den Stimmrechtsverhältnissen, liegt die finanzielle Eingliederung vor, wenn die Beteiligung mehr als 50 v. H. an der Organ-GmbH beträgt. Ist der Organträger eine Personengesellschaft, reicht es **nicht** aus, dass die Anteile an der Organgesellschaft im Besitz der Gesellschafter der Personengesellschaft sind (also ertragsteuerlich Sonderbetriebsvermögen darstellen). Der BFH verlangt in Änderung seiner früheren Rechtsprechung, dass die Anteile zum Gesamthandsvermögen der Personengesellschaft gehören.[3]

7094 **Wirtschaftliche Eingliederung** bedeutet, dass die Organgesellschaft gem. dem Willen des Unternehmers (Organträgers), im Rahmen des Gesamtunternehmens, und in engem wirtschaftlichem Zusammenhang mit diesem wirtschaftlich tätig ist (wirtschaftliche Verflechtung). Bei deutlicher Ausprägung der finanziellen und organisatorischen Eingliederung liegt die wirtschaftliche Eingliederung bereits dann vor, wenn zwischen dem Organträger und der Organgesellschaft aufgrund gegenseitiger Förderung und Ergänzung mehr als nur unerhebliche wirtschaftliche Beziehungen bestehen, wobei aber ein Abhängigkeitsverhältnis nicht verlangt wird.[4] Bei einer Betriebsaufspaltung mit Verpachtung des Betriebsvermögens durch das Besitzunternehmen an die Betriebskapitalgesellschaft steht diese im Allgemeinen in einem Abhängigkeitsverhältnis zum Besitzunternehmen, wozu es bereits ausreichen kann, wenn nur das Betriebsgrundstück ohne andere Anlagegegenstände verpachtet wird.[5]

7095 Zur **organisatorischen Eingliederung**[6] genügt es, wenn der Organträger durch organisatorische Maßnahmen bei der Organ-GmbH sicherstellt, dass sein Wille auch tatsächlich ausgeführt wird. **Indizien** dafür sind die Personalunion der Geschäftsführer in beiden Gesellschaften, die Geschäftstätigkeit in gemeinsamen Räumen und die Buchhaltung

---

1 Vom 16. 7. 2015 verb. Rs. C-108/14 und C-109/14, NWB DokID: RAAAE-97099, Larentia+Minerva und Marenave Schifffahrt, vgl. Stöcker, in Müller/Stöcker/Lieber, a. a. O., Rn. 1228, m. w. N; Jansen, Entwicklungen bei der umsatzsteuerlichen Organschaft, BB 2016, 2263.
2 Vom 2. 12. 2015 V R 25/13, NWB DokID: JAAAF-48788; noch offener BFH v. 19. 1. 2016 XI R 38/12, NWB DokID: GAAAF-68579.
3 BFH v. 22. 4. 2010 V R 9/09, BStBl II 2011, 597 und v. 1. 12. 2010 XI R 43/08, BStBl II 2011, 600; zu Einzelheiten s. Stöcker, in Müller/Stöcker/Lieber, a. a. O., Rn. 1287 f.
4 BFH v. 3. 4. 2003 V R 63/01, BStBl II 2004, 434.
5 BFH v. 9. 9. 1993 V R 124/89, BStBl II 1994, 129.
6 Zu Einzelheiten s. Stöcker, a. a. O., Rn. 1368 ff.

durch Personal des Organträgers. Eigene Buchhaltung und eigene Einkaufs- und Verkaufsabteilungen bei der Organgesellschaft stehen aber der Annahme einer organisatorischen Eingliederung nicht entgegen. Entgegen der bisherigen Auffassung reicht es nach BFH nicht mehr aus, dass der Organträger passiv eine von seinem Willen abweichende Willensbildung in der Organgesellschaft verhindern kann; er verlangt vielmehr, dass der Organträger seinen Willen aktiv durchsetzen kann.[1] Damit endet die organisatorische Eingliederung z. B. bereits bei Bestellung eines sog. schwachen vorläufigen Insolvenzverwalters, wenn der GmbH-Geschäftsführer (der gleichzeitig Organträger ist) Verfügungen nur noch mit Zustimmung des vorläufigen Insolvenzverwalters vornehmen darf. Bisher endete die Organschaft erst, wenn die alleinige Verfügungsbefugnis auf den vorläufigen Insolvenzverwalter überging.

2. Rechtsfolgen der umsatzsteuerlichen Organschaft

Folgen der umsatzsteuerlichen Organschaft sind: 7096

Die Organgesellschaft ist nicht Unternehmer i. S. d. UStG, alle umsatzsteuerlichen Pflichten wie insbesondere die Abgabe der Umsatzsteuer-Voranmeldungen und -erklärungen obliegen dem Organträger.

Das **Unternehmen des Organträgers umfasst den gesamten Organkreis**. Die im Inland 7097 ansässigen Organgesellschaften sind Unternehmensteile des Organträgers. Dem Organträger werden alle Außenumsätze der Organgesellschaft zugerechnet, da nur er als Unternehmer umsatzsteuerpflichtig ist. Nicht erheblich ist dabei, dass der Abrechnungsbeleg von der Organgesellschaft stammt. Dem Organträger sind auch alle Leistungsbezüge der Organgesellschaft von außen zuzurechnen; nur er ist vorsteuerabzugsberechtigt, auch wenn die Rechnung auf die Organgesellschaft ausgestellt ist.

Umsätze zwischen Organgesellschaft und Organträger und Umsätze zwischen einzelnen Organgesellschaften sind nicht steuerbare Innenumsätze; auch wenn USt ausgewiesen wird, ist § 14c UStG nicht anzuwenden, da es sich nicht um eine Rechnung i. S. v. § 14 UStG eines „anderen Unternehmers", sondern um einen internen Abrechnungsbeleg handelt.[2] 7098

Die Berechtigung zum Vorsteuerabzug ist davon abhängig, wofür die Leistungsbezüge im Organkreis, nicht aber bei den einzelnen Unternehmensteilen verwendet werden. 7099

Die **Wirkungen der Organschaft** sind nach § 2 Abs. 2 Nr. 2 Satz 2 UStG auf **Innenleistungen** zwischen den im **Inland belegenen Unternehmensteilen beschränkt**. Sie bestehen nicht im Verhältnis zu den im Ausland belegenen Unternehmensteilen sowie zwischen diesen Unternehmensteilen. Die im Inland belegenen Unternehmensteile sind als ein Unternehmen zu behandeln. Ist der Organträger im Inland ansässig, umfasst das Unternehmen alle im Inland ansässigen Unternehmensteile (den Organträger, die inländischen Organgesellschaften und inländische Betriebsstätten des Organträgers und der Organgesellschaften). Seine im Ausland ansässigen Organgesellschaften können deshalb im Verhältnis zum Unternehmen des Organträgers und zu Dritten sowohl Umsät- 7100

---

1 BFH v. 8. 8. 2013 V R 18/13, NWB DokID: XAAAE-43792.
2 BFH v. 28. 10. 2010 V R 7/10, BStBl II 2011, 391.

ze ausführen als auch Leistungsempfänger sein. Ist der Organträger im Ausland ansässig, umfasst das Unternehmen alle im Inland ansässigen Organgesellschaften sowie die im Inland gelegenen Betriebsstätten des Organträgers und seine Organgesellschaften. Der wirtschaftlich bedeutendste Unternehmensteil im Inland gilt dann als der Unternehmer und ist damit als Steuerschuldner zu behandeln, kann aber grundsätzlich nur eine im Inland ansässige juristische Person (Organgesellschaft) sein.[1]

7101–7130   (Einstweilen frei)

C. Gewerbesteuer

I. Gewerbesteuerpflicht der GmbH kraft Rechtsform

7131 Die Gewerbesteuer belastet den im Unternehmen der GmbH erwirtschafteten Ertrag neben der KSt. Die hiergegen erhobenen verfassungsrechtlichen Bedenken hat das BVerfG nicht geteilt.[2] Die Gewerbesteuer ist eine Gemeindesteuer; die Gemeinden sind verpflichtet (§ 1 GewStG), die Gewerbesteuer zu erheben, und zwar mit einem Hebesatz von mindestens 200 v. H. (§ 16 Abs. 4 Satz 2 GewStG).

7132 Die Gewerbesteuer besteuert den Gewerbebetrieb nach seiner Ertragskraft, wie sie im Gewerbeertrag zum Ausdruck kommt. Steuerobjekt ist der im Inland belegene Gewerbebetrieb (§ 2 Abs. 1 GewStG). Als Gewerbebetrieb **gilt** nach § 2 Abs. 2 Satz 1 GewStG stets und in vollem Umfang die Tätigkeit der Kapitalgesellschaften, also auch einer **GmbH (Gewerbebetrieb kraft Rechtsform)**. Bei der GmbH ist deshalb nicht zu prüfen, ob ihre Tätigkeit im Einzelfall ein Gewerbe darstellt. **Jegliche Tätigkeit der GmbH** löst demnach die **Gewerbesteuerpflicht** aus, und zwar unabhängig davon, ob die Tätigkeit unter die sieben Einkommensarten des EStG fällt oder ob ein Gewerbebetrieb tatsächlich vorhanden ist.[3] Bei der Vorgesellschaft löst allerdings die bloße Verwaltung eingezahlten Stammkapitals und dessen verzinsliche Anlage allein noch nicht die Gewerbesteuerpflicht aus.[4] Unterhält eine GmbH mehrere artverschiedene Unternehmen (z. B. einen Gewerbebetrieb und einen landwirtschaftlichen Betrieb), liegt nur ein einheitliches Gewerbesteuerobjekt vor.

7133 **Sondervorschriften gelten aber für Organgesellschaften**. Ist die GmbH eine Organgesellschaft i. S. d. §§ 14, 17, 18 KStG, gilt sie als Betriebsstätte und damit als Teil des Gewerbebetriebs des Organträgers. Daraus entsteht aber kein einheitliches Unternehmen aus Organgesellschaft und Organträger. Der Gewerbeertrag ist vielmehr getrennt zu ermitteln und dem Organträger zur Berechnung des Steuermessbetrages zuzurechnen. Allerdings ist die Bruttomethode nach § 15 Nr. 2 KStG auch bei der Gewerbesteuer anzuwenden, so dass die Anwendung der Vorschriften von § 8b KStG, §§ 3 Nr. 40, 3c EStG

---

1 Zu den Einzelheiten vgl. Stöcker, in Müller/Stöcker/Lieber, a. a. O., Rn. 1555 ff.
2 Vom 17. 11. 1998 1 BvL 10/98, BStBl II 1999, 509.
3 BFH v. 22. 8. 1990 I R 67/88, BStBl II 1991, 250.
4 BFH v. 18. 7. 1990 I R 98/87, BStBl II 1990, 1073.

auf der Ebene des Organträgers nachzuholen ist.[1] Die Voraussetzungen für eine gewerbesteuerliche Organschaft decken sich nunmehr mit denen bei der KSt: Es ist stets ein Gewinnabführungsvertrag notwendig.

Schuldner der Gewerbesteuer ist nach § 5 GewStG der Unternehmer, für dessen Rechnung das Gewerbe betrieben wird. Die **GmbH als juristische Person** ist stets selbst **Schuldner der Gewerbesteuer, nicht aber ihre Gesellschafter.** 7134

(Einstweilen frei) 7135–7160

II. Beginn und Ende der Gewerbesteuerpflicht

Spätestens mit ihrer **Eintragung** in das Handelsregister **beginnt** die Gewerbesteuerpflicht der GmbH. Für die Gewerbesteuerpflicht der Vorgesellschaft kommt es darauf an, ob sie die Merkmale eines Gewerbebetriebes erfüllt. Nimmt die Vorgesellschaft noch nicht am allgemeinen wirtschaftlichen Verkehr teil, liegt noch kein Gewerbebetrieb vor. Die bloße Verwaltung eingezahlten Stammkapitals und dessen verzinsliche Anlage allein löst noch nicht die Gewerbesteuerpflicht aus.[2] 7161

Die **Gewerbesteuerpflicht** der GmbH **endet** in dem Zeitpunkt, in dem ihre rechtliche Existenz endet. Bei der Liquidation ist dies dann der Fall, wenn der letzte Vermögensgegenstand an die Gesellschafter ausgereicht worden ist. Folge davon ist, dass auch der Liquidationsgewinn der Gewerbesteuer unterliegt.[3] Bei einer Umwandlung ist nach § 2 UmwStG der steuerliche Übertragungsstichtag maßgebend. Auch der bei der Veräußerung ihres ganzen Betriebs oder eines Teilbetriebs erzielte Veräußerungsgewinn unterliegt bei der GmbH der Gewerbesteuer; zum Gewerbeertrag gehört auch der Gewinn aus der Veräußerung oder Aufgabe eines Mitunternehmeranteils, soweit der Gewinn auf die GmbH entfällt (§ 7 Satz 2 Nr. 2 GewStG). 7162

(Einstweilen frei) 7163–7190

III. Besteuerungsgrundlage

Besteuerungsgrundlage für die Gewerbesteuer ist nach § 6 GewStG der **Gewerbeertrag.** Ausgangsgröße für die Ermittlung des Gewerbeertrags ist der nach den Vorschriften des EStG oder des KStG zu ermittelnde Gewinn aus Gewerbebetrieb, vermehrt und vermindert um die in §§ 8 und 9 GewStG genannten Beträge. Durch die Hinzurechnung insbesondere von Zinsen für eingesetztes Fremdkapital und von Miet- und Pachtentgelten für gemietetes Betriebsvermögen soll die Besteuerung der objektiven Ertragskraft des Unternehmens unabhängig von der Art seiner Finanzierung ermöglicht werden. 7191

(Einstweilen frei) 7192–7210

---

[1] BMF v. 26.8.2003, BStBl I 2003, 437, Tz. 28 ff.
[2] BFH v. 18.7.1990 I R 98/87, BStBl II 1990, 1073.
[3] BFH v. 8.8.2001 I R 104/00, BFH/NV 2002, 535; v. 5.9.2001 I R 27/01, BStBl II 2002, 155.

IV. Gewinn aus Gewerbebetrieb als Ausgangsgröße für die Ermittlung des Gewerbeertrages

7211 Ausgangsgröße für die Ermittlung des Gewerbeertrags ist der nach den Vorschriften des EStG oder des KStG zu ermittelnde Gewinn aus Gewerbebetrieb. Bestandsveränderungen des Betriebsvermögens aus gesellschaftlicher Veranlassung (**verdeckte Einlagen und vGA**) dürfen auch den **Gewerbeertrag nicht beeinflussen**. Obwohl der nach Körperschaftsteuerrecht ermittelte Gewinn aus Gewerbebetrieb in der GmbH Ausgangsgröße für den Gewerbeertrag ist, besteht keine rechtliche Bindung an das der KSt-Veranlagung zugrunde gelegte Einkommen der GmbH, weil § 7 GewStG eine selbständige Gewinnermittlung für Zwecke der Gewerbesteuer vorschreibt.[1] Deshalb kann der Gewerbesteuermessbescheid auch hinsichtlich der Gewinnermittlung selbständig angefochten werden. Berührt aber umgekehrt eine Änderung des KSt-Bescheides den Gewinn aus Gewerbebetrieb der GmbH, muss gem. § 35b GewStG der Gewerbesteuermessbescheid geändert werden.

7212 Im Unterschied zu Einzelgewerbetreibenden oder Personengesellschaften unterliegen bei der **GmbH** auch **Gewinne und Verluste** aus der **Veräußerung ihres Betriebes oder eines Teilbetriebes der Gewerbesteuer**. Der Gewerbesteuer unterliegen nunmehr auch die Gewinne der GmbH aus der Veräußerung eines Mitunternehmeranteils. Der Verlustabzug nach § 10d EStG schlägt nicht auf die Ermittlung des Gewerbeertrages durch; für den Abzug nicht ausgeglichener Gewerbeverluste in vorangegangenen Erhebungszeiträumen gilt die Regelung des § 10a GewStG, in dem freilich vergleichbare Verlustabzugsbeschränkungen (Mindestbesteuerung) der Höhe nach gelten. § 8c KStG ist entsprechend anzuwenden.

7213–7240 (*Einstweilen frei*)

V. Hinzurechnungen

7241 Der nach § 7 GewStG anzusetzende Gewinn aus Gewerbebetrieb wird um die Hinzurechnungen gem. § 8 GewStG erhöht.

1. Allgemeines

Durch Gesetz v. 14. 8. 2007[2] wurde die Hinzurechnung von Finanzierungsentgelten neu gestaltet.

7242 Nach § 8 Nr. 1 GewStG sind hinzuzurechnen:
- Entgelte für Schulden,
- Renten und dauernde Lasten,
- Gewinnanteile des typischen stillen Gesellschafters,
- ein Fünftel der Miet- und Pachtzinsen – einschließlich der Leasingraten – für die Benutzung von beweglichen Wirtschaftsgütern des Anlagevermögens, die im Eigentum eines anderen stehen,

---

1 BFH v. 4. 10. 1988 VIII R 168/83, BStBl II 1989, 299.
2 BGBl I 2007, 1912.

- die Hälfte der Miet- und Pachtzinsen – einschließlich der Leasingraten – für die Benutzung der unbeweglichen Wirtschaftsgüter des Anlagevermögens, die im Eigentum eines anderen stehen, und
- ein Viertel der Aufwendungen für die zeitlich befristete Überlassung von Rechten, insbesondere von Konzessionen und Lizenzen.

§ 8 Nr. 1 Buchst. b und c GewStG stellen die gegenüber § 8 Nr. 1 Buchst. a GewStG spezielleren Regelungen dar.[1] § 8 Nr. 1 Buchst. f GewStG ist vorrangig gegenüber § 8 Nr. 1 Buchst. b GewStG.[2] Gleiches gilt für § 8 Nr. 1 Buchst. d und e GewStG im Verhältnis zu § 8 Nr. 1 Buchst. f GewStG.[3] Sonst besteht zwischen den Tatbeständen des § 8 Nr. 1 GewStG kein Konkurrenzverhältnis.

7243

Von der Summe der Hinzurechnungen nach § 8 Nr. 1 Buchst. a bis f GewStG ist ein **Freibetrag** i. H.v. 100 000 € abzuziehen. Von dem dann noch verbleibenden Restbetrag sind 25 % hinzuzurechnen. Der Freibetrag wird jedem einzelnen selbstständigen Gewerbebetrieb gewährt.

7243/1

Ebenfalls hinzuzurechnen sind nach § 8 Nr. 4, 5, 8 bis 10 und 12 GewStG:

7244

- Gewinnanteile, die an persönlich haftende Gesellschafter einer KGaA auf ihre nicht auf das Grundkapital gemachten Einlagen oder als Vergütung (Tantieme) für die Geschäftsführung verteilt worden sind,
- Gewinnanteile, Bezüge und Leistungen, die nach § 3 Nr. 40 EStG oder § 8b Abs. 1 KStG bei der Ermittlung des Gewinns aus Gewerbebetrieb außer Ansatz geblieben sind,
- Anteile am Verlust einer inl. oder ausl. OHG, KG oder anderen Gesellschaft, bei der die Gesellschafter als Mitunternehmer des Gewerbebetriebs anzusehen sind,
- Zuwendungen zur Förderung steuerbegünstigter Zwecke bei den der KSt unterliegenden Gewerbebetrieben,
- ausschüttungsbedingte Gewinnminderungen in Fällen eines gewerbesteuerlichen Schachtelprivilegs und abführungsbedingte Gewinnminderungen in Fällen einer Organschaft und
- ausl. Steuern.

2. Finanzierungsentgelte (§ 8 Nr. 1 Buchst. a bis f GewStG)

Finanzierungsentgelte werden nur hinzugerechnet, wenn einer der Tatbestände des § 8 Nr. 1 Buchst. a bis f GewStG erfüllt ist. Enthält ein Vertrag Vereinbarungen über mehrere Leistungskomponenten i. S.v. § 8 Nr. 1 Buchst. a bis f GewStG, liegt ein gemischter Vertrag vor. Sind die jeweiligen Leistungskomponenten trennbar, ist jede Komponente für sich nach Maßgabe von § 8 Nr. 1 Buchst. a bis f GewStG zu beurteilen.[4] Dies gilt z. B. für Franchiseverträge. Das Entgelt ist in diesen Fällen – erforderlichenfalls durch Schätzung – auf die verschiedenen Leistungskomponenten aufzuteilen. Um Schwierigkeiten

7245

---
1 BFH Urteil v. 22.11.1972 I R 124/70, BStBl II 1973, 403.
2 Hofmeister, in Blümich, EStG/KStG/GewStG, § 8 GewStG Rn. 31.
3 Hofmeister, in Blümich, EStG/KStG/GewStG, § 8 GewStG Rn. 31.
4 Gleich lautende Erlasse der obersten Finanzbehörden der Länder v. 2.7.2012, BStBl I 2012, 654, Rn. 6.

bei der Aufteilung zu vermeiden, empfiehlt es sich, diese schon im Vertrag vorzunehmen. Stellt das Vertragsverhältnis ein einheitliches, unteilbares Ganzes dar, scheidet eine Aufteilung aus. Steht dabei eine Leistung, die keinen Tatbestand des § 8 Nr. 1 Buchst. a bis f GewStG erfüllt, im Vergleich zu einer Leistung, die einen Tatbestand des § 8 Nr. 1 Buchst. a bis f GewStG erfüllt, derart im Vordergrund, dass sie dem Gesamtvertrag das Gepräge gibt, fällt der Gesamtvertrag regelmäßig nicht unter § 8 Nr. 1 GewStG.[1]

Nach diesen Vorgaben scheidet z. B. bei Vereinbarungen über die fortlaufende Reinigung bzw. den fortlaufenden Austausch beschädigter Teile bei einem Mietservice von Berufskleidung oder Fußmatten eine Hinzurechnung grundsätzlich aus.[2] Gibt demgegenüber eine Leistung, die einen Tatbestand des § 8 Nr. 1 Buchst. a bis f GewStG erfüllt, dem Gesamtvertrag das Gepräge, unterfällt der Gesamtvertrag der jeweiligen Hinzurechnungsregelung.[3] Entsprechendes gilt bei den übrigen Hinzurechnungstatbeständen.

3. Konkurrenz zu außerbilanziellen Hinzurechnungen

7246 Die im EStG bzw. KStG geregelten **Abzugsverbote**, z. B. nach § 4 Abs. 4a, Abs. 5 Nr. 4, Abs. 8a, § 4h Abs. 1 EStG oder nach § 8 Abs. 3 Satz 2 und § 8a KStG, sind gegenüber den Hinzurechnungen nach § 8 GewStG vorrangig. Sie sind bereits bei der Ermittlung des Gewinns aus Gewerbebetrieb i. S. v. § 7 Satz 1 GewStG zu beachten. Wurden Aufwendungen bei der Gewinnermittlung für gewerbesteuerliche Zwecke abgezogen, die nach den Vorschriften des EStG bzw. KStG nicht hätten abgezogen werden dürfen, ist der Fehler nicht durch eine Hinzurechnung nach § 8 GewStG auszugleichen. Vielmehr ist die gewerbesteuerliche Gewinnermittlung zu berichtigen.

4. Ausländische Betriebsstätten

7247 Unberücksichtigt bei der Ermittlung des Gewerbeertrags bleiben Beträge, die **Betriebsstätten im Ausland** betreffen. Bei der Ermittlung des Gewerbeertrags i. S. v. § 7 Satz 1 GewStG dürfen insoweit weder Gewinne oder Verluste noch Hinzurechnungen oder Kürzungen berücksichtigt werden.[4]

5. Verfassungsrechtliche Aspekte

7248 Das FG Hamburg[5] hält die Hinzurechnung der Entgelte für Schulden sowie der Miet- und Pachtzinsen nach § 8 Nr. 1 Buchst. a, d und e GewStG für **verfassungswidrig**. Die Regelungen verstoßen nach Ansicht des FG gegen das Leistungsfähigkeitsprinzip und

---

1 Gleich lautende Erlasse der obersten Finanzbehörden der Länder v. 2. 7. 2012, BStBl I 2012, 654, Rn. 7.
2 Schnitter, in Frotscher/Drüen, GewStG, § 8 GewStG Rn. 5a, Stand: 28. 11. 2012.
3 Gleich lautende Erlasse der obersten Finanzbehörden der Länder v. 2. 7. 2012, BStBl I 2012, 654, Rn. 7.
4 BFH v. 21. 4. 1971, I R 200/67, BStBl II 1971, 743; v. 10. 7. 1974, I R 248/71, BStBl II 1974, 752; v. 28. 3. 1985, IV R 80/82, BStBl II 1985, 405.
5 FG Hamburg v. 29. 2. 2012, 1 K 138/10, EFG 2012, 960, Az. des BVerfG: 1 BvL 8/12, dieses hat mit Beschluss v. 15. 2. 2016, BStBl 2016 II 557, die Vorlage als unzulässig verworfen; a. A. FG Münster v. 22. 8. 2012, 10 K 4664/10 G, BB 2012, 2594, bestätigt durch BFH v. 4. 6. 2014 I R 70/12, BStBl 2015 II 289, Verfbeschwerde nicht angenommen, BVerfG v. 26. 2. 2016, 1 BvR 2836/14, NWB DokID: GAAAF-70412, BB 2016, 1186.

sind nicht hinreichend – z. B. durch den Objektsteuercharakter der GewSt – gerechtfertigt. Dem steht die bisherige Rechtsprechung des BVerfG zum alten Recht entgegen.[1]

6. Unionsrechtliche Aspekte

Die Regelungen in § 8 GewStG sind mit der Dienstleistungsfreiheit nach **Art. 49 EGV bzw. Art. 56 AEUV** vereinbar.[2] Die Hinzurechnungen erfolgen unabhängig davon, ob die Aufwendungen beim Empfänger der GewSt unterliegen oder nicht. Das bisherige Korrespondenzprinzip wurde aufgehoben. Damit sind Mehrfachbelastungen von Besteuerungstatbeständen mit GewSt möglich.

7249

Die Regelungen in § 8 Nr. 1 Buchst. a und f GewStG verstoßen nicht gegen die **Zins- und Lizenzrichtlinie**[3] der EU.[4] Laut EuGH[5] steht die EU-Zins- und Lizenzrichtlinie einer Bestimmung des nationalen Steuerrechts nicht entgegen, wonach Darlehenszinsen, die ein Unternehmen mit Sitz in einem Mitgliedstaat an ein in einem anderen Mitgliedstaat ansässiges verbundenes Unternehmen zahlt, der Bemessungsgrundlage für die GewSt hinzugerechnet werden, der das erstgenannte Unternehmen unterliegt. Der Anwendungsbereich der Zins- und Lizenzrichtlinie ist auf den Empfänger der Zinsen beschränkt. Es soll eine doppelte Besteuerung grenzüberschreitender Zinszahlungen verhindert werden, indem die Zinsen im Quellenstaat zulasten des Nutzungsberechtigten einer Besteuerung unterliegen. Die gewerbesteuerliche Hinzurechnung von Zinsen betrifft dagegen die Berechnung der Bemessungsgrundlage für die Besteuerung des Zinszahlenden. Dieser wird aber durch die Zins- und Lizenzrichtlinie nicht geschützt.

7250

7. Dividenden aus Streubesitz (§ 8 Nr. 5 GewStG)

Nach § 8 Nr. 5 Satz 1 GewStG sind Gewinnanteile und die ihnen gleichgestellten Bezüge und Leistungen aus Anteilen an Körperschaften, Personenvereinigungen und Vermögensmassen i. S. d. KStG, die im Hinblick auf die Steuerbefreiungen nach § 3 Nr. 40 EStG bzw. nach § 8b Abs. 1 KStG bei der Ermittlung des Gewinns außer Ansatz geblieben sind, bei der Ermittlung des Gewerbeertrags dem Gewinn wieder hinzuzurechnen. Die Hinzurechnung ist ausgeschlossen, wenn die Beteiligungserträge die Voraussetzungen für das Schachtelprivileg nach § 9 Nr. 2a oder 7 GewStG erfüllen (15 %). Außerdem fallen steuerfreie Gewinnausschüttungen nach § 3 Nr. 41 Buchst. a EStG gem. § 8 Nr. 5 Satz 2 GewStG nicht unter die Hinzurechnung. Betriebsausgaben, die mit den von der Hinzurechnung erfassten Beteiligungserträgen in wirtschaftlichem Zusammenhang

7251

---

1 BVerfG v. 13. 5. 1969, 1 BvR 25/65, BStBl II 1969, 424; BFH v. 7. 3. 2007, I R 60/06, BStBl II 2007, 654, BFH/NV 2007, 1424.
2 Güroff, in Glanegger/Güroff, GewStG, 7. Aufl. 2009, § 8 GewStG Rz. 3; Hofmeister, in Blümich, EStG/KStG/GewStG, § 8 GewStG Rn. 31.
3 Richtlinie 2003/49/EG v. 3. 6. 2003, ABl. Nr. L 157 2003, 49, zuletzt geändert durch Richtlinie 2006/98/EG v. 20. 11. 2006, ABl. Nr. L 363 2006, 129.
4 Kempf/Straubinger, IStR 2005, 773; a. A. Meilicke, IStR 2006, 130; Hidien, DStZ 2008, 131; Kessler/Eicker/Schindler, IStR 2004, 678.
5 EuGH v. 21. 7. 2011, C-397/09, BFH/NV 2011, 163 – Scheuten Solar Technology; nachgehend BFH v. 7. 12. 2011 I R 30/08, BStBl II 2012, 507, BFH/NV 2012, 656.

stehen und nach § 3c Abs. 2 EStG bzw. nach § 8b Abs. 5 und 10 KStG bei der Ermittlung des Gewinns unberücksichtigt geblieben sind, mindern die Hinzurechnung nach § 8 Nr. 5 GewStG.

8. Anteile am Verlust einer Mitunternehmerschaft (§ 8 Nr. 8 GewStG)

7252 Ist die GmbH an einer Personengesellschaft als Mitunternehmerin (§ 15 Nr. 2 EStG) beteiligt und ist ihr Gewinn um den Verlust aus der Beteiligung gemindert, so ist der Verlustanteil der Ausgangsgröße nach § 8 Nr. 8 GewStG wieder hinzuzurechnen, weil sie sich bei der Personengesellschaft selbst als eigenständigem Gewerbesteuersubjekt (§ 5 Abs. 1 Satz 3 GewStG) gewerbesteuerlich auswirkt. Der Regelungszweck entspricht der Kürzungsvorschrift des § 9 Nr. 2 GewStG, nach der Gewinne aus einer Beteiligung an einer Personengesellschaft wieder vom Gewinn abzuziehen sind, damit eine doppelte Belastung des Gewerbeertrags vermieden wird.

9. Spenden

7253 Haben Spenden gem. § 9 Abs. 1 Nr. 2 KStG den Gewinn einer GmbH gemindert, sind die entsprechenden Beträge für die Ermittlung des Gewerbeertrages nach § 8 Nr. 9 GewStG wieder hinzuzurechnen, um dem Umstand Rechnung zu tragen, dass in gewerblichen Betrieben von Einzelunternehmern oder Personengesellschaften Spenden nicht als Betriebsausgaben, sondern nur als Sonderausgaben abzugsfähig sind.

7254–7280 (*Einstweilen frei*)

VI. Kürzungen

7281 Nach der Hinzurechnung gem. § 8 GewStG wird die sich ergebende Summe um die Kürzungen nach § 9 GewStG vermindert. Die Kürzungsvorschriften dienen dazu, eine doppelte Belastung des Gewerbeertrags mit den Realsteuern zu vermeiden.

1. Grundbesitz

7282 Grundstücke im Betriebsvermögen der GmbH unterliegen der Grundsteuer. Deshalb bestimmt § 9 Nr. 1 GewStG, dass eine Kürzung um einen Pauschalbetrag von 1,2 v. H. der Einheitswerte des zum Betriebsvermögen gehörenden Grundbesitzes vorzunehmen ist, wobei Betriebsgrundstücke mit 140 v. H. der derzeit gültigen Einheitswerte anzusetzen sind.

2. Gewinnanteile aus einer Beteiligung an einer Personengesellschaft

7283 Der Gewerbeertrag einer Mitunternehmerschaft soll nur bei ihr und nicht ein weiteres Mal beim Mitunternehmer der Gewerbesteuer unterworfen werden. Deshalb schreibt § 9 Nr. 2 GewStG die Kürzungen um die von der GmbH bezogenen und in ihrem Unternehmensergebnis enthaltenen Gewinnanteile vor.

3. Gewinne aus Anteilen an inländischen Kapitalgesellschaften (Schachtelprivileg)

Die Vorschrift des § 9 Nr. 2a GewStG bestimmt, dass Gewinnanteile an einer nicht steuerbefreiten inländischen Kapitalgesellschaft, die bei der Gewinnermittlung nach § 7 GewStG angesetzt worden sind, wieder abzuziehen sind, wenn die GmbH zu Beginn des Erhebungszeitraumes mit mindestens 15 v. H. am Grund- oder Stammkapital der ausschüttenden Gesellschaft beteiligt ist.

4. Gewerbeertrag aus ausländischen Betriebsstätten

Der Gewerbesteuer unterliegt nur der im Inland unterhaltene Gewerbebetrieb. Deshalb sind Besteuerungsgrundlagen, die auf ausländische Betriebsstätten entfallen, auszuscheiden. Die Kürzungsvorschrift in § 9 Nr. 3 GewStG hat insoweit nur deklaratorische Bedeutung; in den ausländischen Betriebsstätten erwirtschaftete Verluste dürfen selbstverständlich auch die Besteuerungsgrundlage für die Gewerbesteuer nicht schmälern.

5. Gewinnanteile an ausländischen Kapitalgesellschaften (Internationales Schachtelprivileg)

Mit der Regelung des § 9 Nr. 7 GewStG sollen Gewinne von der Gewerbesteuer ausgenommen werden, die bereits der Hinzurechnungsbesteuerung des AStG unterlegen haben. Ist eine GmbH seit Beginn des Erhebungszeitraumes ununterbrochen zu mindestens 15 v. H. an einer ausländischen Kapitalgesellschaft beteiligt und hat diese Tochtergesellschaft ihre Bruttoerträge aus „aktiver Geschäftstätigkeit" i. S. v. § 8 Abs. 1 bis 6 AStG erwirtschaftet, wird der Gewinn und die Summe der Hinzurechnungen um die aus der Beteiligung an die GmbH ausgeschütteten Gewinnanteile wieder gekürzt. Gleiches gilt, wenn die GmbH Gewinnanteile von einer aktiv tätigen Enkelgesellschaft bezieht.

Auch wenn die Voraussetzungen des § 9 Nr. 7 GewStG nicht vorliegen, aber die ausländische Gesellschaft in einem Staat ansässig ist, mit dem ein DBA besteht, erfolgt dennoch eine Kürzung bereits ab einer Beteiligungsgrenze von 15 v. H., selbst wenn in dem Abkommen eine höhere Mindestbeteiligung verlangt wird (§ 9 Nr. 8 GewStG).

6. Spenden

Spenden (§ 9 Abs. 1 Nr. 2 KStG) werden nach § 8 Nr. 9 GewStG wieder hinzugerechnet. Über die Kürzungsvorschrift in § 9 Nr. 5 GewStG wird jedoch ein Spendenabzug entsprechend der für die GmbH geltenden Regelung § 9 Abs. 1 Nr. 2 KStG ermöglicht.

(Einstweilen frei) 7289–7310

VII. Gewerbeverlust

Der gewerbesteuerliche Verlustabzug gem. § 10a GewStG durch Kürzung des maßgebenden Gewerbeertrags (Ausgangsbetrag plus Hinzurechnungen minus Kürzungen) um die Fehlbeträge, die sich bei der Ermittlung des maßgebenden Gewerbeertrags der vorangegangenen Erhebungszeiträume ergeben haben und dort noch nicht berücksichtigt worden sind, ist ab dem Erhebungszeitraum 2004 ebenso eingeschränkt wie der Verlustvortrag bei der KSt. Der Gewerbeertrag kann mit vorgetragenen Verlusten bis zu einer Höhe von 1 Mio. € verrechnet werden. Der danach verbleibende Gewerbeertrag kann nur bis zu 60 v. H. durch vorgetragene Gewerbeverluste gemindert werden.

7312 Im Rahmen einer gewerbesteuerlichen Organschaft können Verluste der Organgesellschaft aus vororganschaftlicher Zeit nicht mehr verrechnet werden.

7313 Ein Gewerbeverlust kann auch bei der Gewerbesteuer nur in dem Unternehmen geltend gemacht werden, in dem er tatsächlich entstanden ist. Die Regelungen des § 8c und § 8d KStG gelten entsprechend.

7314–7330 (Einstweilen frei)

VIII. Der Gewerbesteuertarif

7331 Die **Höhe der tariflichen Gewerbesteuer** ergibt sich aus zwei Bestimmungsgrößen: der **Steuermesszahl** und dem **Hebesatz**. Ab dem Erhebungszeitraum 2008 beträgt die allgemeine Steuermesszahl nach § 11 Abs. 2 GewStG **3,5 %**. Sie gilt für natürliche und juristische Personen sowie für Personengesellschaften. Die Anwendung der Steuermesszahl auf den Gewerbeertrag gem. § 11 GewStG ergibt den Steuermessbetrag, der vom zuständigen Betriebsfinanzamt für den Erhebungszeitraum festgesetzt wird. Der vom Finanzamt festgesetzte Steuermessbetrag ist die Grundlage für den Hebesatz, den die Gemeinde für alle in der Gemeinde vorhandenen Unternehmen gleich hoch festsetzt. Er muss mindestens 200 v. H. betragen (§ 16 GewStG).

7332–7350 (Einstweilen frei)

IX. Ertragsteuerliche Auswirkungen der Gewerbesteuer

Rechtslage bis 2007

7351 Nach § 4 Abs. 5b EStG i. d. F. des UntStRefG 2008[1] sind die Gewerbesteuer und die darauf entfallenden Nebenleistungen **keine Betriebsausgaben** mehr. Diese Vorschrift gilt erstmals für Gewerbesteuer, die für Erhebungszeiträume festgesetzt wird, die nach dem 31. 12. 2007 enden. Die Streichung als Betriebsausgaben beendet die bisherige Wechselwirkung der Bemessungsgrundlagen für die Körperschaftsteuer und die Gewerbesteuer. Auch die Bildung von **Gewerbesteuerrückstellungen entfällt**. Als Ausgleich ist zwar die grundsätzlich in § 35 EStG vorgesehene Einkommensteuerermäßigung bei gewerblichen Einkünften von 1,8 auf 3,8 erhöht worden. Die Vorschrift des § 35 EStG gilt indes für Kapitalgesellschaften nicht. Dies wird, mit Blick auf Art. 3 GG, mit dem niedrigen Körperschaftsteusrsatz für thesaurierte Gewinne von Körperschaften begründet.[2]

7352–7380 (Einstweilen frei)

---

[1] UntStRefG 2008 v. 14. 8. 2007, BGBl I 2007, 1912.
[2] Schmidt/Glanegger, EStG § 35 Rn. 3.

D. Umsatzsteuer

I. Die GmbH als Unternehmerin

Die GmbH ist als **Unternehmerin umsatzsteuerpflichtig**. Unternehmer ist, wer eine gewerbliche oder berufliche Tätigkeit selbständig ausübt (§ 2 Abs. 1 UStG), also nachhaltig zur Erzielung von Einnahmen tätig wird. Als Kapitalgesellschaft ist die GmbH stets selbständig, wenn sie nicht nach § 2 Abs. 2 UStG in das Unternehmen eines Organträgers eingegliedert ist. Unternehmer ist die GmbH jeweils für die im Rahmen ihres Unternehmens ausgeführten Umsätze; die Rechtsfigur der Unternehmereinheit, nach der mehrere selbständige Unternehmen als einheitliches Unternehmen behandelt wurden, wenn sie im Innenverhältnis einander gleichgeordnet waren, weil gleiche Beteiligungs- und Gewinnverteilungsverhältnisse sowie eine einheitliche Willensbildung gegeben waren, ist aufgegeben.[1]

7381

Eine GmbH verliert ihre Unternehmereigenschaft auch nicht dadurch, dass ihr Alleingesellschafter neben ihr als Einzelkaufmann tätig ist. Unternehmer und Steuerschuldner sind der Einzelkaufmann und die GmbH jeweils für die im Rahmen ihres Unternehmens ausgeführten Umsätze. Das Gleiche gilt für mehrere GmbHs, wenn deren Stammanteile den gleichen Personen im gleichen Verhältnis zustehen. Auch hier sind Unternehmer und Steuerschuldner die beiden Kapitalgesellschaften für die im Rahmen ihres Unternehmens ausgeführten Umsätze.

Dass eine GmbH stets selbständig tätig ist, gilt insbesondere wegen ihrer gegen Entgelt ausgeübten Geschäftsführungs- und Vertretungsleistungen gegenüber einer Personengesellschaft.[2] Auch das organschaftliche Weisungsrecht der Gesellschafterversammlung gegenüber dem Geschäftsführer führt nicht zur Unselbständigkeit. Dies hat Bedeutung vor allem im Rahmen einer GmbH & Co. KG.

7382

> **BEISPIEL:** Die Komplementär-GmbH erbringt Geschäftsführungs- und Vertretungsleistungen an die KG und erhält dafür ein besonderes Entgelt. Der Kommanditist der KG ist gleichzeitig Geschäftsführer der Komplementär-GmbH. Die Komplementär-GmbH ist mit ihren Geschäftsführungs- und Vertretungsleistungen selbständig tätig und erbringt diese Leistungen an die KG im Rahmen eines umsatzsteuerbaren Leistungsaustauschs, selbst wenn die Vergütung unmittelbar an den Geschäftsführer der Komplementär-GmbH gezahlt wird.

(Einstweilen frei)   7383–7400

II. Organschaft

Wegen der Voraussetzungen und rechtlichen Wirkungen einer umsatzsteuerlichen Organschaft wird auf die Ausführungen unter Rz. 7091 ff. hingewiesen. Ist eine GmbH als Organgesellschaft in das Unternehmen des Organträgers eingegliedert, ist sie dessen unselbständiger Unternehmensteil. Ein Leistungsaustausch findet innerhalb des Organkreises nicht statt. Die Wirkungen der Organschaft sind indes auf Innenleistungen zwischen den im Inland gelegenen Unternehmensteilen beschränkt. Diese Unternehmensteile sind als ein Unternehmen (des Organträgers) zu behandeln. Hat der Organ-

7401

---

1 BFH v. 16. 11. 1978 V R 22/73, BStBl II 1979, 347.
2 BFH v. 6. 6. 2002 V R 43/01, BStBl II 2003, 36.

träger seine Geschäftsleitung im Ausland, gilt der wirtschaftlich bedeutendste Unternehmensteil im Inland als der Unternehmer (§ 2 Abs. 2 Nr. 2 UStG).

7402–7420   (Einstweilen frei)

III. Umsätze zwischen GmbH und Gesellschaftern

1. Allgemeines

7421   Der Umsatzsteuer unterliegen die Lieferungen und sonstigen Leistungen der GmbH gegen Entgelt (sowie die Einfuhr von Gegenständen aus Drittländern und der innergemeinschaftliche Erwerb). Als Lieferung bezeichnet das UStG die Verschaffung der Verfügungsmacht über einen Gegenstand (§ 3 Abs. 1 UStG). Sonstige Leistungen sind alle Leistungen eines Unternehmers, die keine Lieferungen sind (§ 3 Abs. 9 UStG). Alles, was Gegenstand des Rechtsverkehrs sein kann, kann Gegenstand einer sonstigen Leistung sein, wie z. B. Beförderungsleistungen, Arbeits- und Dienstleistungen von Handwerkern und freiberuflich Tätigen, Vermittlungsleistungen, die Vermietung und Verpachtung, aber auch Geschäftsführungs- und Vertretungsleistungen einer Komplementär-GmbH.[1]

2. Umsätze zwischen GmbH und Gesellschaftern

7422   Zwischen Kapitalgesellschaften, also auch einer GmbH, und ihren Gesellschaftern ist ein Leistungsaustausch möglich. Umsätze zwischen der GmbH und ihren Gesellschaftern im Rahmen eines Leistungsaustauschs werden grundsätzlich wie Umsätze zwischen Fremden besteuert, und zwar in jeder Richtung.

7423   Ein Gesellschafter kann an die GmbH sowohl Leistungen erbringen, die ihren Grund im Gesellschaftsverhältnis haben, als auch Leistungen, die auf einem gesonderten schuldrechtlichen Austauschverhältnis beruhen. In dieser Fallgruppe hängt die umsatzsteuerliche Behandlung davon ab, ob es sich um Leistungen handelt, die als Gesellschafterbeitrag durch die Beteiligung am Gewinn oder Verlust der Gesellschaft abgegolten werden, oder um Leistungen, die gegen Sonderentgelt ausgeführt werden und damit auf einen Leistungsaustausch gerichtet sind und dann der Umsatzsteuer unterliegen. Es geht um die Frage, ob ein steuerbarer **Leistungsaustausch** oder ein **nicht steuerbarer Gesellschafterbeitrag** vorliegt.

7424   Erbringt die **GmbH Lieferungen oder sonstige Leistungen** an einen **Gesellschafter gegen Entgelt,** so werden diese Umsätze wie solche unter fremden Dritten vorbehaltlich der Anwendung der Mindestbemessungsgrundlage nach § 10 Abs. 5 UStG besteuert. Diese Regelung besagt auch im Verhältnis der GmbH zu ihrem Gesellschafter, dass die Bemessungsgrundlage nach § 10 Abs. 4 UStG für die fiktiven entgeltlichen Umsätze (unentgeltliche Wertabgaben i. S. d. § 3 Abs. 1b bzw. Abs. 9a UStG) auch auf solche entgeltlichen Umsätze anzuwenden ist, wenn sie das vereinbarte Entgelt übersteigt.

7425   Entrichten die Gesellschafter für Lieferungen oder sonstige Leistungen der GmbH kein besonderes Entgelt, so sind die besonderen Regelungen zu den unentgeltlichen Wert-

---

[1] BFH v. 6.6.2002 V R 43/01, BStBl II 2003, 36.

abgaben anzuwenden, die sie Lieferungen oder Leistungen gegen Entgelt gleichstellen und die früheren Eigenverbrauchstatbestände abgelöst haben. Im Unterschied dazu kann es bei der Neuregelung zu einer Besteuerung nur kommen, wenn der entnommene oder unentgeltlich zugewandte oder verwendete Gegenstand zum vollen oder teilweisen Vorsteuerabzug berechtigt hat. Die Besteuerung wird also von dem vorangegangenen Vorsteuerabzug abhängig gemacht.

3. Unentgeltliche Wertabgaben (fiktive entgeltliche Umsätze)

Folgende Fallgruppen werden gem. § 3 Abs. 1b bzw. Abs. 9a UStG entgeltlichen Umsätzen gleichgestellt: 7426

a) Entnahme von Gegenständen

Entnahme von Gegenständen: Bei der Entnahme von Gegenständen i. S. v. **§ 3 Abs. 1b Nr. 1 UStG** geht es um die Überführung von Gegenständen aus dem unternehmerischen Bereich der GmbH in ihren nichtunternehmerischen Bereich. Da die GmbH i. d. R. nicht über eine Sphäre verfügt, die dem nichtunternehmerischen Bereich zuzuordnen ist, wird dieser Tatbestand kaum einschlägig werden. Nur bei Holdinggesellschaften, die nur insoweit unternehmerisch tätig sind, als sie gegenüber der Beteiligungsgesellschaft entgeltliche Leistungen erbringen, kann der Besteuerungstatbestand erfüllt sein. Verwendet die GmbH einen Gegenstand, für den sie den Vorsteuerabzug in Anspruch genommen hat, für die nichtunternehmerische Sphäre, wird dies einer **Lieferung gegen Entgelt gleichgestellt**. 7427

b) Unentgeltliche Zuwendungen an das Personal

Unentgeltliche Zuwendungen an das Personal: Zuwendungen von Gegenständen (Sachzuwendungen) an das Personal für dessen privaten Bedarf sind auch dann steuerbar, wenn sie unentgeltlich sind, also keine Vergütungen für die Dienstleistung des Arbeitnehmers darstellen (§ 3 Abs. 1b Nr. 2 UStG). Ausgenommen von dieser Regelung, die ebenfalls die umsatzsteuerliche Belastung des privaten Verbrauchs sicherstellen will, sind sog. Aufmerksamkeiten. Diese sind gelegentliche Zuwendungen bis zu einem Wert von 40 €, wenn die Zuwendung aus einem besonderen persönlichen Anlass – wie ein Geschenk – erfolgt. Nicht steuerbar sind Leistungen, die überwiegend durch das betriebliche Interesse des Arbeitgebers veranlasst sind (vgl. dazu den Katalog in Abschn. 1.8 Abs. 4 UStAE). Soweit der Geschäftsführer der GmbH als deren Angestellter solche Leistungen empfängt, gelten die Regeln wie bei den übrigen Arbeitnehmern der GmbH. 7428

c) Jede andere unentgeltliche Zuwendung

Jede andere unentgeltliche Zuwendung i. S. v. § 3 Abs. 1b Nr. 3 UStG sind alle sonstigen unentgeltlichen Zuwendungen von Gegenständen, ausgenommen solche von geringem Wert und Warenmuster, für Zwecke des Unternehmens. Unter diese Vorschrift fallen im Bereich der **GmbH** insbesondere auch **vGA**, welche durch die unentgeltliche Übertragung von Gegenständen an Gesellschafter oder diesen nahe stehende Personen 7429 erfolgen. Liegt bei der Lieferung eines Gegenstandes an den Gesellschafter deshalb eine vGA vor, weil ein **geringerer Kaufpreis** als der zwischen fremden Dritten übliche Preis gezahlt worden ist, muss in **umsatzsteuerlicher Hinsicht** geprüft werden, ob als Bemessungsgrundlage nicht das vereinbarte Entgelt, sondern die **Mindestbemessungsgrundlage** nach § 10 Abs. 4 Nr. 1 UStG (Einkaufspreis zzgl. Nebenkosten oder Selbstkosten) anzuhalten ist. In der Regel dürfte auch diese Bemessungsgrundlage niedriger sein als der bei der körperschaftsteuerlichen Bewertung anzusetzende Betrag, weil dieser auch den üblichen Gewinnaufschlag umfasst.

d) Private Verwendung von Unternehmensgegenständen

7430 Private Verwendung von Unternehmensgegenständen: Verwendet der Unternehmer einen Gegenstand für Zwecke, die außerhalb des Unternehmens liegen, so ist dies nach § 3 Abs. 9a Satz 1 Nr. 1 UStG ein umsatzsteuerpflichtiger Vorgang, wenn der verwendete Gegenstand dem Unternehmen zugeordnet war und zum vollen oder teilweisen Vorsteuerabzug berechtigt hat. Erfasst wird damit auch die private Nutzung eines unternehmenseigenen Fahrzeugs durch den Gesellschafter. Wird dem Gesellschafter-Geschäftsführer einer GmbH das Dienstfahrzeug auch zur privaten Nutzung überlassen, kann darin nicht nur eine vGA, sondern auch die einer sonstigen Leistung gegen Entgelt gleichgestellte Verwendung eines Unternehmensgegenstandes für Zwecke außerhalb des Unternehmens liegen. Auch die private Nutzung von Telekommunikationsgeräten (Mobiltelefon, Fax etc.) unterliegt der Besteuerung. Bemessungsgrundlage sind die AfA-Beträge für das Gerät. Nicht zur Bemessungsgrundlage gehören die Grund- oder Gesprächsgebühren.

e) Erbringen sonstiger Leistungen

7431 Erbringen sonstiger Leistungen § 3 Abs. 9a Satz 1 Nr. 2 UStG: Sämtliche anderen unentgeltlichen Dienstleistungen, die nicht von der Nr. 1 erfasst werden und für nicht unternehmerische Zwecke erbracht werden, unterliegen nach Nr. 2 der Vorschrift der Umsatzbesteuerung, wenn sie keine Aufmerksamkeiten darstellen. Für die Steuerbarkeit solcher **Dienstleistungen** ist es nicht erforderlich, dass der Vorsteuerabzug geltend gemacht worden ist. Zur Bemessungsgrundlage der Steuer für solche Umsätze, die in den für die Ausführung des Umsatzes entstandenen Ausgaben besteht, zählen deshalb auch solche Kosten, die nicht mit Vorsteuer belastet waren (z. B. Gebühren, Steuern und Versicherungen).

7432–7450 (*Einstweilen frei*)

IV. Leistungsbeziehungen zwischen Gesellschafter und GmbH

7451 Auch der Gesellschafter kann als Unternehmer mit der GmbH in Lieferungs- oder Leistungsbeziehungen treten, die umsatzsteuerlich als Leistungsaustausch zu werten sind. In der Praxis kommt es sogar häufig vor, dass die Gesellschafter der GmbH für deren betriebliche Zwecke Wirtschaftsgüter gegen Entgelt überlassen oder sonstige Leistungen erbringen.

1. Gründung der GmbH

Bereits bei der Gründung von Gesellschaften kann es zu umsatzsteuerbaren Leistungen des Gesellschafters an die GmbH kommen. Sacheinlagen sind umsatzsteuerbar, wenn es sich um Lieferungen und sonstige Leistungen im Rahmen des Unternehmens des Gesellschafters handelt und keine Geschäftsveräußerung im Ganzen vorliegt. Die Einbringung von Wirtschaftsgütern durch den bisherigen Einzelunternehmer in die neu gegründete GmbH ist auf die Übertragung der Gesellschaftsrechte gerichtet; daneben kommt als Entgelt in Gestalt der Verschaffung der Beteiligung an der Gesellschaft auch die Übernahme von Schulden des Gesellschafters durch die Gesellschaft in Betracht, wenn der einbringende Gesellschafter dadurch wirtschaftlich entlastet wird.[1]

7452

2. Gesellschaftsrechtliches Beitragsverhältnis oder schuldrechtliches Austauschverhältnis

Ein Gesellschafter kann an die GmbH sowohl Leistungen erbringen, die ihren Grund in einem gesellschaftsrechtlichen Beitragsverhältnis haben, als auch Leistungen, die auf einem gesonderten schuldrechtlichen Austauschverhältnis beruhen. Ob hierfür Umsatzsteuer anfällt, richtet sich danach, ob es sich um Leistungen handelt, die als Gesellschafterbeitrag durch die Beteiligung am Gewinn oder Verlust der Gesellschaft abgegolten werden, oder um Leistungen, die gegen Sonderentgelt ausgeführt werden und damit auf einen Leistungsaustausch gerichtet sind. Indiz für einen Leistungsaustausch ist, dass ein Leistender und ein Leistungsempfänger vorhanden sind und der Leistung eine Gegenleistung gegenübersteht.

7453

Die Steuerbarkeit der Geschäftsführungs- und Vertretungsleistungen eines Gesellschafters an die Gesellschaft setzt das Bestehen eines unmittelbaren Zusammenhangs zwischen den erbrachten Leistungen und dem empfangenen Sonderentgelt voraus,[2] auch die **Tätigkeit eines GmbH-Geschäftsführers kann als selbständig** und damit als **unternehmerische Betätigung** anzusehen sein, wobei dem die Organstellung des Geschäftsführers nicht entgegenstehen muss.[3] Die Frage der Selbständigkeit natürlicher Personen ist aber für die Umsatz- und Einkommensteuer nach denselben Grundsätzen zu beurteilen. Dafür, ob die Tätigkeit als geschäftsführendes Organ einer Kapitalgesellschaft nichtselbständig i. S. d. § 2 Abs. 2 Nr. 1 UStG ausgeübt wird, ist das Gesamtbild der Verhältnisse maßgebend. Regelmäßig werden also beim angestellten Gesellschafter-Geschäftsführer Vergütungen für eine nichtselbständige Tätigkeit i. S. d. Einkommensteuerrechts und damit kein umsatzsteuerbarer Leistungsaustausch vorliegen.[4]

7454

Auch bei der GmbH gilt – vorbehaltlich entsprechender gesellschaftsvertraglicher Regelungen – der Grundsatz, dass der Gesellschafter entscheiden kann, in welcher Eigenschaft er für die Gesellschaft tätig wird. Der Gesellschafter kann wählen, ob er einen Gegenstand an die GmbH verkauft, vermietet oder ihn selbst bzw. seine Nutzungen als Einlage einbringt.

7455

---

[1] Vgl. BFH v. 8.11.1995 XI R 63/94, BStBl II 1996, 114 und v. 15.5.1997 I R 67/94, BStBl II 1997, 705.
[2] BFH v. 6.6.2002 V R 43/01, BStBl II 2003, 36 und v. 16.1.2003 V R 44/01, BStBl II 2003, 730.
[3] Vgl. BFH v. 10.3.2005 V R 29/03, BStBl II 2005, 730.
[4] Vgl. auch BMF v. 21.9.2005, BStBl I 2005, 936 und Abschn. 1.6 Abs. 3 UStAE.

7456 Als **Faustregel** kann gelten: Erbringt der Gesellschafter gegenüber der GmbH Leistungen, die er nach dem Gesellschaftsvertrag zu erbringen hat und die nicht durch eine Sondervergütung, sondern durch seine Beteiligung am Gewinn (Ausschüttung) abgegolten werden, handelt es sich um eine gesellschaftliche Leistung, die nicht auf Leistungsaustausch gerichtet und deshalb nicht umsatzsteuerbar ist. Erhält der Gesellschafter hingegen ein Sonderentgelt für seine Leistung – wofür die Behandlung der Vergütung in der handelsbilanziellen Ergebnisermittlung als Aufwand spricht –, liegt ein umsatzsteuerlicher Leistungsaustausch vor, sofern der Gesellschafter dabei selbstständig i. S. v. § 2 Abs. 2 UStG ist.

3. Kleinunternehmer

7457 Freilich wird dabei oftmals eine Besteuerung des **Gesellschafters als Kleinunternehmer** gem. § 19 UStG in Betracht kommen. Danach wird die geschuldete Umsatzsteuer nicht erhoben, wenn der Umsatz zzgl. der darauf entfallenden Steuern im vorangegangenen Kalenderjahr 17 500 € nicht überstiegen hat und im laufenden Kalenderjahr 50 000 € voraussichtlich nicht übersteigen wird. Sind danach die Umsätze steuerfrei, so kann der Unternehmer (Gesellschafter) den Vorsteuerabzug nicht vornehmen. Er kann jedoch auf die Steuerbefreiung verzichten und seine Umsätze nach allgemeinen Vorschriften versteuern. Ein solcher Verzicht kann für den Gesellschafter vorteilhaft sein, wenn er selbst für die Ausführung seiner Umsätze mit der GmbH Lieferungen oder Leistungen Dritter in Anspruch nimmt, für die ihm Vorsteuer berechnet worden ist. Zu beachten bleibt aber, dass gem. § 15 Abs. 2 UStG vom Vorsteuerabzug die Steuer für Lieferungen und sonstige Leistungen ausgeschlossen ist, die der Unternehmer (Gesellschafter) zur Ausführung z. B. steuerfreier Umsätze oder unentgeltlicher Lieferungen und sonstiger Leistungen verwendet, die steuerfrei wären, wenn sie gegen Entgelt ausgeführt würden. Bei der Vermietung oder Verpachtung von Grundstücken und Gebäuden, die nach § 4 Nr. 12 UStG steuerbefreit sind, muss deshalb durch Verzicht auf die Steuerbefreiung nach § 9 Abs. 1 UStG (Option) erst der Weg zum Vorsteuerabzug frei gemacht werden.

7458–7480 (*Einstweilen frei*)

V. Der Vorsteuerabzug

1. GmbH als Leistungsempfänger

7481 Ein Kernstück des Umsatzsteuerrechts ist der **Vorsteuerabzug**. Die GmbH ist als Unternehmer zum Vorsteuerabzug (die gesetzlich geschuldete Steuer für Lieferungen und sonstige Leistungen, die von einem anderen Unternehmen für ihr Unternehmen ausgeführt wurden, sowie die weiteren in § 10 Abs. 1 Satz 1 Nr. 2 bis 5 UStG genannten Steuern) berechtigt. Voraussetzung ist, dass die Umsatzsteuer in einer Rechnung i. S. d. § 14 UStG durch einen anderen Unternehmer gesondert ausgewiesen worden ist (§ 15 Abs. 1 Nr. 1 Satz 2 UStG). Ausgeschlossen ist der Vorsteuerabzug von Ausnahmen abgesehen, wenn die GmbH die empfangene Lieferung oder sonstige Leistung des anderen Unternehmers für steuerfreie Umsätze verwendet (§ 15 Abs. 2 Satz 1 Nr. 1 UStG). Gleiches gilt für die in § 15 Abs. 2 Satz 1 Nr. 2 und 3 UStG genannten Vorgänge. Der ausgewiesene Vorsteuerbetrag ist in einen abziehbaren und ein nicht abziehbaren Teil aufzuteilen, wenn die GmbH die in Anspruch genommenen Leistungen nur zum Teil zur Ausführung von Umsätzen verwendet, die den Vorsteuerabzug ausschließen (§ 15 Abs. 4 Satz 1 UStG). Die nicht abziehbaren Teilbeträge sind im Wege einer sachgerechten Schätzung zu ermitteln.

2. Gesellschafter als Leistungsempfänger

Tritt der **Gesellschafter als leistender Unternehmer der GmbH als Leistungsempfängerin** gegenüber, ist auch er grundsätzlich zum Vorsteuerabzug berechtigt. In der Praxis bestehen die Leistungen der Gesellschafter einer GmbH an die Gesellschaft häufig in der Vermietung oder Verpachtung von Wirtschaftsgütern. Soweit Grundstücke (und Gebäude) vermietet oder verpachtet werden, sind diese Umsätze steuerbefreit. Auf diese Steuerbefreiung kann jedoch unter bestimmten Voraussetzungen verzichtet werden (Option). Dann kann der Gesellschafter der GmbH neben der Miete oder Pacht nicht nur die darauf entfallende Umsatzsteuer gesondert in Rechnung stellen, welche die GmbH dann von ihrer eigenen Steuerschuld als Vorsteuer absetzen kann. Vielmehr kann der Gesellschafter auch die ihm von anderen Unternehmen insoweit berechnete Umsatzsteuer als Vorsteuer von seiner eigenen Umsatzsteuerschuld abziehen, so weit er deren Leistungen für die Ausführung der Vermietungsumsätze verwendet. 7482

(Einstweilen frei) 7483–7510

4. Abschnitt: Kapitalerhöhung – Kapitalherabsetzung

A. Allgemeines

7511 Eine **Kapitalerhöhung** liegt vor, wenn die GmbH durch formellen Beschluss ihr Stammkapital erhöht. Dabei ist zwischen der Kapitalerhöhung gegen Einlagen (Bareinlage oder Sacheinlage) und der Kapitalerhöhung aus Gesellschaftsmitteln zu unterscheiden.

7512 Bei einer **Kapitalerhöhung gegen Einlagen** wird der GmbH neues Eigenkapital zugeführt, und zwar auf der Grundlage einer Satzungsänderung (§ 54 GmbHG), der Übernahmeerklärung für die zu leistende Stammeinlage (§ 55 GmbHG) und der Eintragung in das Handelsregister. Die Kapitalerhöhung kann zum Nennwert oder mit einem Aufgeld erfolgen.

7513 Bei einer **Kapitalerhöhung aus Gesellschaftsmitteln** werden (freie) Rücklagen in gebundenes Eigenkapital (Stammkapital) umgewandelt. Bei einer solchen Innenfinanzierung der GmbH wird ihr kein Zusatz des Kapitals von außen zugeführt. Dabei sind die handelsrechtlichen Vorschriften in §§ 57c bis 57f GmbHG zu beachten. Hat das Registergericht die Kapitalerhöhung eingetragen und geht aus der Eintragung des Beschlusses hervor, dass es sich um eine Kapitalerhöhung aus Gesellschaftsmitteln handelt, ist dies für die steuerrechtliche Beurteilung bindend.

7514–7530 (*Einstweilen frei*)

B. Kapitalerhöhung gegen Einlagen

7531 Die Erhöhung des Stammkapitals gegen Einlagen wirkt sich auf die Höhe des zu versteuernden Einkommens der GmbH nicht aus. Sie stellt einen gesellschaftsrechtlichen Vorgang dar, in der Bilanz erscheint die bare Einlage auf der Aktivseite als Zugang, auf der Passivseite wird das entsprechend erhöhte Stammkapital ausgewiesen. Leistet der Gesellschafter für die Übernahme einen höheren Betrag als den Nennwert, bleibt dies ebenfalls ohne Einfluss auf das Einkommen der GmbH. Das Aufgeld stellt eine gesellschaftliche Einlage dar, die das zu versteuernde Einkommen nicht erhöht. Jedoch ist hinsichtlich der **Kosten** einer Kapitalerhöhung zu unterscheiden: die Kosten, die mit der eigentlichen Kapitalerhöhung zusammenhängen, stellen Betriebsausgaben dar. Hängen die Kosten allerdings mit der Übernahme der neuen Kapitalanteile zusammen, so sind sie grundsätzlich – wie der Gründungsaufwand – von den Gesellschaftern zu tragen. Da der Übernahmevertrag kein Teil des Kapitalerhöhungsbeschlusses ist, sondern lediglich dessen Durchführung dient und übernimmt die GmbH dennoch die Kosten, so liegt eine vGA vor.[1]

7532 Bei der **Kapitalerhöhung gegen Einlagen** ergeben sich im Teileinkünfteverfahren keine steuerlichen Auswirkungen; ein Aufgeld stellt eine Einlage der Gesellschafter dar, die nicht auf das Nennkapital geleistet wird. Sie ist als Zugang auf dem steuerlichen Einlagekonto i. S. v. § 27 KStG zu erfassen.

---

1 BFH v. 19. 1. 2000 I R 24/99, BStBl II 2000, 545.

Auf der Ebene der Gesellschafter erhöhen die Einlagen die Anschaffungskosten der Beteiligung i. S. v. § 17 Abs. 2 EStG. Bei Zahlung eines Aufgelds liegen die Anschaffungskosten über dem Nennwert der Anteile, so dass sich bei Veräußerung der Beteiligung oder bei Auflösung der GmbH nach § 17 EStG ein Veräußerungsverlust ergeben kann. Bei Anteilen im Betriebsvermögen sind die Einlagen als weitere Anschaffungskosten zu aktivieren.

(Einstweilen frei) 7534–7550

C. Kapitalerhöhung aus Gesellschaftsmitteln

Bei der **Kapitalerhöhung aus Gesellschaftsmitteln** wird das Einkommen der GmbH nicht berührt. Dies ergibt keine Auswirkungen dieses gesellschaftsrechtlichen Vorgangs auf das zu versteuernde Einkommen, in der Bilanz erfolgt lediglich ein Passivtausch vom Konto Rücklagen auf das Konto Nennkapital.

Es ist jedoch die Vorschrift des § 28 Abs. 1 Satz 1 KStG zu beachten. Danach gilt bei einer Kapitalerhöhung aus Gesellschaftsmitteln zunächst vorrangig der auf dem steuerlichen Einlagekonto gem. § 27 KStG ausgewiesene Betrag als für die Kapitalerhöhung verwendet. Soweit auch sonstige Rücklagen in Nennkapital umgewandelt werden müssen, ist dieser Teil des gezeichneten Kapitals getrennt auszuweisen und gesondert festzustellen (sog. **Sonderausweis**, § 28 Abs. 1 Satz 3 KStG). Im Sonderausweis können die ausschüttbaren Gewinnrücklagen und das übrige (neutrale) Vermögen enthalten sein. Durch den Sonderausweis soll sichergestellt werden, dass bei einer späteren Kapitalherabsetzung die Rückzahlung dieses Teils des Stammkapitals bei den Gesellschaftern als Einnahme aus Kapitalvermögen nach § 20 Abs. 1 Nr. 2 Satz 2 EStG erfasst wird.

Für den Sonderausweis der in Nennkapital umgewandelten und sonstigen Rücklagen ist jährlich eine gesonderte Feststellung durchzuführen. Bei dessen Fortschreibung ist die Regelung in § 28 Abs. 3 KStG zu beachten. Hat bei der Kapitalerhöhung aus Gesellschaftsmitteln das steuerliche Einlagekonto nicht ausgereicht, um die Kapitalerhöhung zu finanzieren und ist deshalb ein Sonderausweis des Nennkapitals, das aus übrigen Rücklagen als umgewandelt gilt, entstanden und findet danach ein Zugang zum steuerlichen Einlagekonto statt, so ist dessen positiver Bestand zum nächsten Feststellungszeitpunkt auf den Sonderausweis zu verrechnen. Das steuerliche Einlagekonto gilt nachträglich für die Kapitalerhöhung als verwendet.

Bei den **Anteilseignern** führt die Kapitalerhöhung aus Gesellschaftsmitteln **nicht zu steuerpflichtigen Einnahmen** i. S. d. EStG. Dies ist ausdrücklich in § 1 KapErhStG vorgeschrieben. Der Wert der neu ausgegebenen Stammanteile führt bei den Gesellschaftern nicht zu Einkünften. Bei der Ermittlung der Anschaffungskosten ist § 3 KapErhStG zu beachten. Die Anschaffungskosten der vor der Erhöhung erworbenen Anteile sind auf diese und die neuen Anteilsrechte nach dem Verhältnis der Anteile am Nennkapital zu verteilen.

(Einstweilen frei) 7555–7570

D. Kapitalherabsetzung

7571 Zu unterscheiden ist zwischen folgenden Formen der Kapitalherabsetzungen:
- ▶ ordentliche Kapitalherabsetzung (§ 58 GmbHG),
- ▶ vereinfachte Kapitalherabsetzung (§§ 58a bis 58f GmbHG),
- ▶ Kapitalherabsetzung durch Einziehung von Anteilen (§ 58 GmbHG).

7572 GmbH-rechtlich sind folgende Schritte zu beachten:
- ▶ qualifizierter, formgerechter Beschluss der Gesellschafterversammlung mit ³/₄-Mehrheit auf Herabsetzung des Stammkapitals,
- ▶ dreimalige Bekanntmachung des Beschlusses durch den Geschäftsführer mit der Aufforderung an die Gläubiger, sich zu melden,
- ▶ Anmeldung des Herabsetzungsbeschlusses zur Eintragung in das Handelsregister und Beachtung eines Sperrjahres,
- ▶ Eintragung des Herabsetzungsbeschlusses in das Handelsregister.

I. Die ordentliche Kapitalherabsetzung

7573 **Die ordentliche Kapitalherabsetzung** unter Verwendung von eingezahltem Stammkapital hat bei der GmbH keine steuerliche Auswirkung.

7574 Wenn im Rahmen der Kapitalherabsetzungen eingezahltes Stammkapital zurückgezahlt wird, haben die Gesellschafter keine Einnahmen aus Kapitalvermögen (§ 20 EStG). Wird die Beteiligung im Privatvermögen gehalten und fällt sie unter § 17 Abs. 1 EStG, stellt die Rückzahlung zwar den maßgeblichen Veräußerungspreis dar, i. d. R. wird sich aber kein Veräußerungsgewinn nach § 17 Abs. 4 EStG ergeben. Waren die Stammanteile mit einem Aufgeld ausgegeben worden, kann freilich ein Veräußerungsverlust eintreten. Dieser wird im Teileinkünfteverfahren jedoch nur noch zu 60 % berücksichtigt. Hatte der Gesellschafter die Beteiligung im Betriebsvermögen, vermindert die Rückzahlung aufgrund der Kapitalherabsetzungen zunächst den Buchwert der Beteiligung. Ein darüber hinausgehender Betrag stellt eine gewinnerhöhende Betriebseinnahme dar,[1] wobei auch hier die 40 %ige Steuerbefreiung gem. § 3 Nr. 40 Satz 1 Buchst. c EStG eingreift.

II. Ordentliche Kapitalherabsetzung unter Verwendung von Stammkapital aus umgewandelten Rücklagen

7575 Eine ordentliche Kapitalherabsetzung unter Verwendung von Stammkapital aus umgewandelten Rücklagen setzt voraus, dass in den Vorjahren eine Kapitalerhöhung aus Gesellschaftsmitteln durchgeführt worden ist. Auch eine solche Kapitalherabsetzung berührt das **Einkommen der GmbH nicht**.

7576 Wenn nach vorangegangener Kapitalerhöhung aus Gesellschaftsmitteln das Kapital herabgesetzt wird, gilt nach § 28 Abs. 2 Satz 1 KStG der Teil des gezeichneten Kapitals vorab als verwendet, der dem Sonderausweis nach § 28 KStG entspricht. Die Verwen-

---

[1] BFH v. 20.4.1999 VIII R 38/96, BStBl II 1999, 647.

dung des Sonderausweises gilt als Gewinnausschüttung, die beim Gesellschafter zu Bezügen i. S. d. § 20 Abs. 1 Nr. 2 EStG führt. Diese Rückzahlung des Nennkapitals unterliegt beim Gesellschafter der Besteuerung wie eine Ausschüttung. Übersteigt die Kapitalherabsetzung den Sonderausweis, so ist zunächst ein Zugang beim steuerlichen Einlagekonto zu erfassen, soweit die Einlage in das Stammkapital geleistet ist. Bei Auszahlung wird der den Sonderausweis übersteigende Teil des Stammkapitals gem. § 28 Abs. 2 Satz 2 KStG vom Bestand des steuerlichen Einlagekontos abgezogen. Die Rückzahlung erfolgt insoweit aus dem steuerlichen Einlagekonto, ohne dass die Verwendungsrechnung in § 27 Abs. 1 Satz 3 und 4 KStG anzuwenden wäre.

(Einstweilen frei) 7577

Wie ausgeführt, gilt die **Rückzahlung des gezeichneten Kapitals** nach § 28 Abs. 2 Satz 2 KStG als **Gewinnausschüttung**, soweit bei der Kapitalherabsetzung der Sonderausweis gemindert wird. Der Gesellschafter hat insoweit Bezüge nach § 20 Abs. 1 Nr. 2 EStG, die bei natürlichen Personen zur Hälfte und bei der GmbH als Gesellschafter nach § 8b Abs. 1 KStG steuerfrei bis auf die Mindestbesteuerung aus § 8b Abs. 5 KStG sind. 7578

Da der Betrag der Kapitalherabsetzung, der den Sonderausweis übersteigt, dem steuerlichen Einlagekonto gutgeschrieben wird, soweit die Einlage in das Stammkapital geleistet ist, und die Rückzahlung des Nennkapitals dort abzuziehen ist, wird insoweit die Rückzahlung wie eine Rückzahlung aus dem steuerlichen Einlagekonto behandelt. Die **Rückzahlung**, die den **Sonderausweis übersteigt**, führt somit beim **Gesellschafter nicht zu Einnahmen aus Kapitalvermögen**. 7579

Fällt die Beteiligung jedoch unter § 17 Abs. 1 EStG, muss die Rückzahlung aus dem steuerlichen Einlagekonto nach § 17 Abs. 4 EStG behandelt werden. Bei Anteilen im Betriebsvermögen wird die Kapitalrückzahlung in Höhe des den Sonderausweis übersteigenden Betrags mit den Buchwerten der GmbH-Anteile verrechnet. Übersteigt die Rückzahlung den Buchwert, liegen gewinnerhöhende Betriebseinnahmen vor, wobei jedoch die Regeln des Teileinkünfteverfahrens zu beachten sind. 7580

III. Vereinfachte Kapitalherabsetzung

Bei der vereinfachten Kapitalherabsetzung wird der Herabsetzungsbetrag nicht an die Gesellschafter ausbezahlt. GmbH-rechtlich ist eine vereinfachte Kapitalherabsetzung nur zulässig, wenn sie zum Ausgleich von Wertminderungen, zur Abdeckung von Verlusten und zur Einstellung von Beträgen in die Kapitalrücklage dient. 7581

Auf das Einkommen der GmbH wirkt sich die vereinfachte Kapitalherabsetzung nicht aus. In der Bilanz werden das gezeichnete Kapital, der Verlustvortrag oder der Bilanzverlust gemindert bzw. die Rücklagen erhöht. 7582

Für die **Kapitalherabsetzung** besagt § 28 Abs. 2 Satz 1 KStG, dass ein **Sonderausweis vorrangig als für die Kapitalherabsetzung verwendet** gilt. § 28 Abs. 2 Satz 2 KStG betrifft nur die Rückzahlung des Nennkapitals bei der Besteuerung des Gesellschafters. Mangels Rückzahlung der herabgesetzten Beträge kommt es nicht zu den dort beschriebenen Rechtsfolgen. Es wird jedoch zunächst der steuerliche Sonderausweis gemindert und dann der übersteigende Betrag dem steuerlichen Einlagekonto gutgeschrieben, jedoch unterbleibt eine Verminderung des Einlagekontos, da keine Rückzahlung an den Gesellschafter erfolgt.

> **BEISPIEL:** Die X-GmbH beschließt im Wirtschaftsjahr eine vereinfachte Kapitalherabsetzung i. H. v. 30 000 € zur Einstellung in die Kapitalrücklage. Der Sonderausweis zum 31. 12. 2005 soll 12 000 € betragen, das steuerliche Einlagekonto weist einen Bestand von 0 € aus.
>
> Es treten nur die Rechtsfolgen des § 8 Abs. 2 Satz 1 KStG ein, so dass sich der Sonderausweis i. H. v. 12 000 € vermindert und der übersteigende Betrag der Kapitalherabsetzung dem steuerlichen Einlagekonto gutgeschrieben wird.
>
> Es ergeben sich folgende Feststellungen:
>
> Sonderausweis nach § 28 KStG
>
> | | |
> |---|---:|
> | Bestand am 31. 12. 05 | 12 000 € |
> | Abgang durch Kapitalherabsetzung | ./. 12 000 € |
> | Bestand am 31. 12. 06 | 0 € |
>
> Steuerliches Einlagekonto § 27 KStG
>
> | | |
> |---|---:|
> | Bestand am 31. 12. 05 | 0 € |
> | Zugang durch Kapitalherabsetzung | + 18 000 € |
> | Bestand am 31. 12. 06 | 18 000 € |

7583 Die vereinfachte Kapitalherabsetzung beeinflusst das Einkommen der Gesellschafter auf der Einnahmenseite nicht, weil ihnen der Herabsetzungsbetrag nicht zufließt.

7584 Befinden sich die Anteile im Betriebsvermögen, kann jedoch eine Gewinnminderung aufgrund eines niedrigeren Teilwerts (Teilwertabschreibung) eintreten. Ist Anteilseigner eine GmbH, greift das Abzugsverbot nach § 8b Abs. 3 Satz 3 KStG ein.[1] Aufgrund dieser Einkommensermittlungsvorschrift ist der fragliche Betrag außerhalb der Bilanz wieder hinzuzurechnen. Bei Personenunternehmen darf die Gewinnminderung infolge einer Teilwertabschreibung nach § 3c Abs. 2 Satz 1 2. Teilsatz EStG nur zu 60 % berücksichtigt werden.

IV. Kapitalherabsetzung durch Einziehung von Anteilen

7585 Bei einer Kapitalherabsetzung durch Einziehung von Anteilen kann die GmbH die Anteile zunächst vom Gesellschafter erwerben und sie im Anschluss daran einziehen. Es ist aber auch möglich, eine Kapitalherabsetzung durch Einziehung von Anteilen ohne vorherigen Erwerb der Anteile durchzuführen.

7586 Auf der Ebene der GmbH ergeben sich entsprechende steuerliche Folgerungen wie bei der vereinfachten Kapitalherabsetzung.

7587 Auf der Ebene der Gesellschafter stellt ein Entgelt für den Erwerb der einzuziehenden Anteile keine Einnahme aus Kapitalvermögen (Kapitalertrag nach § 20 EStG) dar. Es können jedoch Gewinne oder Verluste aus dem Verkauf der Gesellschaftsanteile entstehen, die im Privatvermögen nach § 17 oder § 20 Abs. 2 EStG (evtl. steuerfrei bei Anschaffung vor dem 1. 1. 2009) zu versteuern sein können.[2] Befanden sich die Anteile im

---

[1] Vgl. Gosch, KStG, § 8b Rz. 266.
[2] FG Rheinland-Pfalz v. 4. 11. 2015 1 K 1214/13, rkr., NWB DokID: WAAAF-48950, EFG 2016, 288; dies gilt auch bei einer Zwangseinziehung.

Betriebsvermögen, richtet sich die steuerliche Behandlung der realisierten Gewinne oder Verluste nach den Regeln der Teileinkünftebesteuerung, also bei Personenunternehmen nach §§ 3 Nr. 40a, 3c EStG bzw. bei einer GmbH als Anteilseigner nach § 8b Abs. 2 und 3 KStG.

Zahlt die GmbH beim Erwerb der Anteile einen unangemessen hohen Kaufpreis, liegt in Höhe des nicht angemessenen Teils des Kaufpreises eine vGA vor, die ihr Einkommen nicht mindern darf (§ 8 Abs. 3 Satz 2 KStG). 7588

(*Einstweilen frei*) 7589–7619

5. Abschnitt: Die Besteuerung auf der Ebene der Gesellschafter (Halbeinkünfteverfahren, Teileinkünfteverfahren, Abgeltungsteuer)

A. Grundlegende Prinzipien unter der Ägide des Halbeinkünfteverfahrens

7620 Durch das Steuersenkungsgesetz erfolgte mit der Abkehr vom Anrechnungsverfahren ab dem VZ 2001 eine Trennung der Besteuerung der Kapitalgesellschaft und der Anteilseigner. Nachdem die nunmehr auf der Ebene der Gesellschaft zu leistende Körperschaftsteuer definitiv war und eine Anrechnung auf der Gesellschafterebene nicht mehr erfolgte, wurden Gewinnausschüttungen zur Vermeidung von Doppelbesteuerungen auf den beiden Ebenen nur zur Hälfte besteuert.

Diese systematische Änderung ist zwischenzeitlich durch die Regelungen im UntStRefG 2008 abgelöst worden. Ab dem VZ 2009 wird auf ein Teileinkünfteverfahren umgestellt und eine Abgeltungsteuer eingeführt.

Dividenden für im Betriebsvermögen gehaltene Gesellschaftsanteile sind seitdem nach dem Teileinkünfteverfahren zu versteuern. Steuerpflichtig sind nunmehr 60 % der Einnahmen, damit korrespondiert die Möglichkeit eines Betriebsausgabenabzuges in entsprechender Höhe. Das Teileinkünfteverfahren gilt auch für Gewinne aus der Veräußerung von im Betriebsvermögen gehaltenen Gesellschaftsanteilen. Das bedeutet, dass außer den Einnahmen auch die Anschaffungskosten und eventuelle Betriebsausgaben in o. g. Höhe zu berücksichtigen sind.

7621 Die grundlegenden Vorschriften des Teileinkünfteverfahrens sind § 3 Nr. 40 und § 3c EStG. Die Vorschrift des § 3 Nr. 40 EStG enthält in Satz 1, Buchst. a bis j, eine Vielzahl von einzelnen Tatbeständen bei Beteiligung an einer Kapitalgesellschaft (GmbH). Sie beziehen sich sowohl auf die laufenden Erträge aus der Beteiligung als auch auf Veräußerungen und vergleichbare Vorgänge.

7622 Die **begünstigten Tatbestände** (40 %ige Steuerbefreiung) im Zusammenhang mit GmbH-Beteiligungen sind:

- ▶ Veräußerungs- und Entnahmeerlöse bei Beteiligungen im Betriebsvermögen und Erträge aus Zuschreibungen nach § 6 Abs. 1 Nr. 2 Satz 3 EStG (Wertaufholung);
- ▶ Veräußerungs- und Entnahmeerlöse bei Beteiligungen im Betriebsvermögen im Zusammenhang mit Betriebsveräußerungen und Betriebsaufgaben;
- ▶ Veräußerungserlöse nach § 17 Abs. 2 EStG;
- ▶ laufende Dividendeneinnahmen nach § 20 Abs. 1 Nr. 1 EStG, sofern nicht die Abgeltungsteuer abschließend eingreift;
- ▶ Bezüge aufgrund Kapitalherabsetzungen oder Auflösung der Gesellschaft nach § 20 Abs. 1 Nr. 2 EStG und Sonderentgelte, sofern nicht die Abgeltungsteuer abschließend eingreift.

7623 Für die **Besteuerung der laufenden Erträge** aus der Beteiligung an einer GmbH ist damit vor allem der vierte Punkt bedeutsam, wobei die 40 %ige Steuerbefreiung gilt, wenn sich die Beteiligung in einem Betriebsvermögen befindet (§ 3 Nr. 40 Satz 2, § 20 Abs. 3 EStG). **Ausgaben** im Zusammenhang mit den nach § 3 Nr. 40 EStG begünstigten Einnahmen dürfen nach § 3c Abs. 2 EStG nur **zu 60 % abgezogen** werden, unabhängig davon, in welchem VZ die Einnahmen anfielen. Eine Anrechnung der KSt der GmbH ist auf der Ebene des Anteilseigners im Teileinkünfteverfahren nicht mehr möglich.

(Einstweilen frei) 7624–7640

B. Dividenden (Beteiligungserträge)

Zu den Einnahmen aus Kapitalvermögen i. S. v. § 20 Abs. 1 Nr. 1 EStG gehören u. a. die Dividenden (Gewinnanteile) aus Anteilen an einer GmbH (offene Ausschüttungen, Vorabausschüttungen, vGA). 7641

I. Beteiligung im Privatvermögen

1. Abgeltungsteuer

Seit 2009 gilt bei Dividenden im Privatvermögen gem. § 32d EStG grds. die Abgeltungsteuer. Die Einnahmen unterliegen einer 25 %igen Steuer. Werbungskosten können nicht abgezogen werden, nur ein Sparer-Pauschbetrag gem. § 20 Abs. 9 Satz 1 EStG i. H. v. 801 € wird zum Abzug gewährt. 7642

Der Steuerpflichtige kann gem. § 32d Abs. 6 EStG beantragen, dass die Einkünfte der Tarifbelastung unterworfen werden, wenn diese unter 25 % liegt (Günstigerprüfung). Auch in diesem Fall kann lediglich der Sparer-Pauschbetrag, jedoch können nicht die Werbungskosten abgezogen werden. Das Wahlrecht kann für den jeweiligen VZ nur einheitlich für sämtliche Kapitalerträge ausgeübt werden, § 32d Abs. 6 Satz 3 EStG. 7642a

Der Steuerpflichtige kann unter bestimmten Voraussetzungen auf die Anwendung der Abgeltungsteuer verzichten (Option zur Regelbesteuerung). Voraussetzungen sind gem. § 32d Abs. 2 Nr. 3 EStG: Der Steuerpflichtige muss im VZ, für den der Antrag erstmals gestellt wird, unmittelbar oder mittelbar 7642b

a) zu mindestens 25 % an der Kapitalgesellschaft beteiligt sein oder

b) zu mindestens 1 % beteiligt sein und durch eine berufliche Tätigkeit für die Kapitalgesellschaft maßgeblichen wirtschaftlichen Einfluss auf deren wirtschaftliche Tätigkeit nehmen können.

Mit der Änderung durch das Gesetz zur Umsetzung der Änderungen der EU-Amtshilferichtlinie und von weiteren Maßnahmen gegen Gewinnkürzungen und -verlagerungen vom 20. 12. 2016[1] will der Gesetzgeber die ausufernde Rechtsprechung des BFH zum Begriff „der beruflichen Tätigkeit"[2] einfangen. Damit dürfte unter diese Regelung neben dem unter 1 % beteiligten Geschäftsführer allenfalls noch ein Prokurist fallen.[3]

---

1 BGBl I 2016, 3000.
2 Vgl. BFH v. 25. 8. 2015 VIII R 3/14, BStBl II 2015, 892.
3 Vgl. Oellerich, in Bordewin/Brandt, § 32d EStG, Rn. 95a (Stand März 2017).

7642c Eine entsprechende Beteiligung zu irgendeinem Zeitpunkt im VZ reicht aus.[1] Der Antrag ist spätestens mit Abgabe der Einkommensteuererklärung zu stellen[2] und gilt, sofern er nicht widerrufen wird, auch für die folgenden VZ. Der Antrag kann für die Anteile an der jeweiligen Beteiligung nur einheitlich gestellt werden. Nach Widerruf ist eine erneute Antragstellung für diese Kapitalgesellschaft ausgeschlossen.

7642d Stellt der Steuerpflichtige den Antrag, gilt das Teileinkünfteverfahren gem. § 3 Nr. 40 i.V. m § 3c Abs. 2 EStG. Die Einnahmen sind zu 40 % steuerfrei, Werbungskosten sind zu 60 % abzugsfähig, Verluste aus der Beteiligung sind voll ausgleichsfähig. Der Sparer-Pauschbetrag wird nicht gewährt.

> **BEISPIEL:** Der Gesellschafter der X-GmbH erhält im Jahr 2015 (Ägide Teileinkünfteverfahren) eine Gewinnausschüttung von 30 000 €. Für die Finanzierung seiner Stammeinlage sind im selben Jahr 10 000 € Schuldzinsen angefallen.
>
> Steuerpflichtige Einkünfte
>
> | | |
> |---|---:|
> | Einnahmen (§ 20 Abs. 1 Nr. 1 EStG) 30 000 € x 60 v. H. = | 18 000 € |
> | Werbungskosten (Schuldzinsen) 10 000 € x 60 v. H. = | ./. 6 000 € |
> | Sparerpauschbetrag (voll) | ./. 801 € |
> | Einkünfte | 11 199 € |
>
> **ABWANDLUNG:** Die Gewinnausschüttung hat nur 5 000 € betragen.
>
> Steuerpflichtige Einkünfte
>
> | | |
> |---|---:|
> | Einnahmen (§ 20 Abs. 1 Nr. 1 EStG) 5 000 € x 60 v. H. = | 3000 € |
> | Werbungskosten (Schuldzinsen) 10 000 € x 60 v. H. = | ./. 6000 € |
> | Sparerpauschbetrag (nicht bei negativen Einkünften) | 0 € |
> | Einkünfte (Verlust) | ./. 3000 € |

II. Beteiligung im Betriebsvermögen

7643 Das Teileinkünfteverfahren gilt auch, wenn die **Ausschüttung** auf eine im **Betriebsvermögen gehaltene GmbH-Beteiligung** erfolgt. Es gilt auch § 3c Abs. 2 EStG, wonach die Aufwendungen auf die Beteiligung zu 40 % nicht abgezogen werden können. Ist Anteilseignerin eine andere Kapitalgesellschaft, ist die Ausschüttung zu 95 % steuerfrei (§ 8b Abs. 1 i.V. m. Abs. 5 KStG), es sei denn, die unmittelbare Beteiligung beträgt weniger als 10 % (Streubesitzdividende, § 8b Abs. 4 KStG).

7644 Über § 7 GewStG gelten die 40 %ige Steuerbefreiung und das 40 %ige Abzugsverbot auch bei der **Gewerbesteuer**, und zwar auch dann, wenn es um die Ermittlung des Gewerbeertrags einer Mitunternehmerschaft geht, soweit an der Mitunternehmerschaft natürliche Personen unmittelbar oder mittelbar über eine oder mehrere Personengesellschaften beteiligt sind (§ 7 Satz 4 GewStG). Bei einer mitunternehmerisch beteiligten GmbH greift § 8b KStG ein (vollständige Freistellung). Es ist jedoch die Hinzurechnungsvorschrift des § 8 Nr. 5 GewStG zu beachten, wonach die außer Ansatz bleibenden Gewinnanteile (Dividenden) gewerbesteuerlich wieder hinzuzurechnen sind, soweit nicht die Voraussetzungen des gewerbesteuerlichen Schachtelprivilegs in § 9

---

[1] BMF v. 18. 1. 2016, BStBl I 2016, 85, Rn. 139.
[2] BFH v. 28. 7. 2015 VIII R 50/14, BStBl II 2015, 894.

Nr. 2a und Nr. 7 GewStG erfüllt sind. Von dieser Regelung sind vor allem Streubesitzdividenden betroffen, die zwar zu 60 % oder ganz (bis auf die Mindestbesteuerung bei Kapitalgesellschaften) einkommensteuerfrei vereinnahmt werden können, beim Gesellschafter im gewerblichen Betriebsvermögen aber in voller Höhe der Gewerbesteuer unterliegen. Dann sind aber die Betriebsausgaben, die mit den Ausschüttungen in wirtschaftlichem Zusammenhang stehen, gegenzurechnen, soweit sie nach § 3c EStG unberücksichtigt bleiben (bei Kapitalgesellschaften ist § 3c Abs. 1 EStG im Zusammenhang mit den steuerfrei bleibenden Beteiligungserträgen ohnehin nicht anwendbar, § 8b Abs. 5 Satz 2 KStG). Praktische Auswirkungen hat die Hinzurechnungsvorschrift nur bei Beteiligungen unter 15 %. sowie im Jahr des Erwerbs der Beteiligung, weil dann das gewerbesteuerliche Schachtelprivileg nicht gilt.

Praktisch sind Beteiligungseinkünfte im Rahmen der Gewinneinkünfte wie eine „Untereinkunftsart" zu behandeln und getrennt zu ermitteln, wozu sich empfehlen kann, entsprechende Erträge und Aufwendungen in der Buchführung getrennt von den übrigen Betriebseinnahmen und Betriebsausgaben aufzuzeichnen bzw. auf getrennten Ertrags- und Aufwandskonten zu erfassen. 7645

Im Betriebsvermögen betrifft das 40 %ige Abzugsverbot nach § 3c Abs. 2 EStG insbesondere **Finanzierungskosten**, aber auch ausschüttungsbedingte oder verlustbedingte **Teilwertabschreibungen**. Wie im Privatvermögen kann sich auch im Betriebsvermögen ein laufender Verlust aus einer Beteiligung an der GmbH ergeben, wenn die Aufwendungen (vornehmlich Schuldzinsen und Teilwertabschreibungen) die Beteiligungserträge (Dividenden) überschreiten. Ein solcher Verlust ist bei Personenunternehmen nur noch zu 60 % steuerlich zu berücksichtigen, bei Kapitalgesellschaften wie einer GmbH sind die Aufwendungen jedoch abzuziehen. 7646

(Einstweilen frei) 7647–7660

C. Veräußerung oder Entnahme von GmbH-Anteilen

Neben den laufenden Beteiligungserträgen stellt § 3 Nr. 40 EStG auch die Erträge aus der **Veräußerung oder Entnahme von Anteilen an einer GmbH zu 40 % von der Einkommensteuer frei**, wenn die Beteiligung von **natürlichen Personen** gehalten wird. Bei **Kapitalgesellschaften** gelten die Regeln des § 8b Abs. 2 KStG (völlige Steuerfreistellung mit Ausnahme der Mindestbesteuerung von 5 v. H.). Die Steuerbefreiung bei natürlichen Personen tritt bei Veräußerung von den privat und im Betriebsvermögen gehaltenen Beteiligungen ein, unabhängig davon, ob es sich um einen laufenden Gewinn oder um einen nach §§ 16 und 34 EStG begünstigten Vorgang handelt. Im Gegenzug können die Anschaffungskosten bzw. der Buchwert der Beteiligung nur zu 60 % berücksichtigt werden. Ist der Veräußerungs- oder Entnahmegewinn zu 40 % steuerfrei, ist § 34 EStG auf den steuerpflichtigen Teil des Gewinnes nicht anwendbar (Abs. 2 Nr. 1 2. Halbsatz der Vorschrift). Behaltefristen sind für die Gewährung der Steuerbefreiung nicht einzuhalten. 7661

I. Beteiligung im Privatvermögen

7662 Eine Steuerpflicht von Veräußerungen und Entnahmen bei GmbH-Beteiligungen im Privatvermögen und damit die Anwendung des Teileinkünfteverfahrens kommt in Betracht bei Vorgängen, die unter § 17 EStG fallen. Für Vorgänge gem. § 20 Abs. 2 Satz 1 Nr. 1 EStG wird das Abgeltungsteuersystem ausgelöst.

1. Beteiligung i. S. v. § 17 EStG

7663 Zum **Privatvermögen** des Gesellschafters **gehörende Anteile** an einer GmbH **sind** unter den Voraussetzungen des § 17 EStG **steuerverstrickt**. Sie sind es, wenn die Beteiligungsquote des Gesellschafters innerhalb der letzten fünf Jahre vor der Veräußerung an der GmbH mindestens 1 v. H. betragen hat. Beim unentgeltlichen Erwerb genügt es, dass der Rechtsvorgänger entsprechend beteiligt war. Für die Berechnung der Fünfjahresfrist ist das dingliche Erwerbs- bzw. Veräußerungsgeschäft maßgebend, nicht wie für die Spekulationsbesteuerung nach §§ 22 Nr. 2 und 23 EStG a. F. das obligatorische Rechtsgeschäft. Die Höhe der GmbH-Beteiligungen wird durch den nominellen Anteil am Stammkapital bestimmt, nicht durch die Höhe der Einzahlung hierauf. Maßgebend ist das Verhältnis zum Stammkapital abzgl. eigener Anteile der GmbH,[1] und zwar auch dann, wenn die Satzung die Stimmrechte oder die Verteilung des Gewinns und des Liquidationserlöses abweichend von §§ 29, 72 GmbHG regelt.[2]

7664 Zum Erreichen der Quote tragen eigenkapitalersetzende Gesellschafterdarlehen, typische stille Beteiligungen an der GmbH oder ein mit der Geschäftsführerposition verbundener erheblicher Einfluss auf die GmbH und ein satzungsmäßiger Schutz gegen Überstimmung durch die Mitgesellschafter nicht bei.[3] Eine „ähnliche Beteiligung" ist auch der Anteil an einer Vor-GmbH, nicht jedoch der Anteil an der Vorgründungs-Gesellschaft. Bei der Ermittlung der Beteiligungsquote zählen sämtliche Anteile des Gesellschafters an der GmbH mit.

a) Erfasste Vorgänge

7665 Folgende **Vorgänge** können zu Gewinnen oder Verlusten i. S. v. § 17 EStG führen: Veräußerung privater Anteile, verdeckte Einlage privater Anteile in eine andere GmbH, Rückzahlung von Stammkapital nach Auflösung der GmbH und aufgrund einer Herabsetzung und Rückzahlung des Stammkapitals sowie durch Ausschüttung oder Rückzahlung von Beträgen aus dem steuerlichen Einlagekonto. Soweit die Bezüge aber zu den Einnahmen aus Kapitalvermögen i. S. v. § 20 Abs. 1 Nr. 1 oder 2 EStG gehören, dürfen sie nicht erfasst werden (§ 17 Abs. 4 Satz 3 EStG).

---

[1] BFH v. 18. 4. 1989 VIII R 329/84, BFH/NV 1990, 27.
[2] BFH v. 25. 11. 1997 VIII R 29/94, BStBl II 1998, 257.
[3] BFH v. 19. 5. 1992 VIII R 16/88, BStBl II 1992, 902; v. 28. 5. 1997 VIII R 25/96, BStBl II 1997, 724; v. 25. 11. 1997 VIII R 36/96, BFH/NV 1998, 694.

b) Zeitpunkt der Entstehung

Der Gewinn bzw. Verlust nach § 17 EStG **entsteht** bei der **Anteilsveräußerung** (und bei der verdeckten Einlage) stichtagsbezogen **im Zeitpunkt des Übergangs des wirtschaftlichen Eigentums an den Anteilen,**[1] bei der **Auflösung** der GmbH im Zeitpunkt der Entstehung des **gesellschaftsrechtlichen Anspruchs auf Auskehrung** des Vermögens, bei der Kapitalrückzahlung aufgrund einer Kapitalherabsetzung im Zeitpunkt der Eintragung in das Handelsregister und bei Ausschüttung oder Rückzahlung von Beträgen aus dem steuerlichen Einlagekonto im Zeitpunkt der Entstehung des Anspruchs auf Auszahlung. Es gilt nicht das Zufluss- Abflussprinzip.

7666

Ein **auflösungsbedingter Verlust** kann nicht vor Auflösung der Gesellschaft und nicht mehr nach Löschung der GmbH im Handelsregister entstehen. Im Einzelnen ist wie folgt zu differenzieren:

7667

c) Insolvenzfreie Liquidation

Bei insolvenzfreier Liquidation der GmbH entsteht der Verlust in dem Zeitpunkt, „in dem mit einer wesentlichen Änderung des bereits feststehenden Verlustes nicht mehr zu rechnen ist",[2] also sobald feststeht, dass kein Vermögen an die Gesellschafter verteilt wird (Ebene der Gesellschaft)[3] und ob und in welcher Höhe dem Gesellschafter nachträgliche Anschaffungskosten sowie sonstige nach § 17 Abs. 2 EStG zu berücksichtigende Aufwendungen entstanden sind (Ebene des Gesellschafters).[4]

7668

Wird die Eröffnung des Insolvenzverfahrens mangels Masse abgelehnt, entsteht der Verlust mit Eintritt der Rechtskraft des abweisenden Beschlusses.[5]

7669

d) Eröffnung des Insolvenzverfahrens

Bei der **Eröffnung des Insolvenzverfahrens** ist der früheste Zeitpunkt die Verfahrenseröffnung. Weitere Voraussetzung für die Entstehung des Auflösungsverlustes ist dann, dass mit Zuteilungen oder Rückzahlungen von Einlagen an den Gesellschafter nicht mehr zu rechnen ist und feststeht, ob und in welcher Höhe noch nachträgliche Anschaffungskosten oder sonstige zu berücksichtigende wesentliche Aufwendungen anfallen werden; dies steht regelmäßig erst mit Abschluss des Insolvenzverfahrens fest, so dass erst in diesem Zeitpunkt ein Veräußerungsverlust realisiert wird.[6] Ein früherer Zeitpunkt für die Entstehung des Auflösungsverlustes kann nach den Grundsätzen ordnungsgemäßer Buchführung in Betracht kommen, wenn der Insolvenzverwalter die einzelnen Wirtschaftsgüter der GmbH oder deren Unternehmen im Ganzen veräußert und die Grundlage für die Schlussverteilung geschaffen hat. Unter Umständen reicht es auch aus, wenn der Insolvenzverwalter bestätigt, dass nach den ihm vorliegenden Zah-

7670

---

1 BFH v. 20. 7. 2010 IX R 45/09, BStBl 2010 II 969.
2 BFH v. 25. 1. 2000 VIII R 63/98, BStBl II 2000, 343.
3 BFH v. 3. 6. 1993 VIII R 23/92, BFH/NV 1994, 459.
4 BFH v. 2. 12. 2014 IX R 9/14, NWB DokID: YAAAE-86639, BFH/NV 2015, 666.
5 BFH v. 16. 6. 2015 IX R 28/14, NWB DokID: WAAAF-05922, BFH/NV 2015, 1679.
6 BFH v. 13. 10. 2015 IX R 41/14, NWB DokID: XAAAF-49310, BFH/NV 2016, 385.

len mit einer an Sicherheit grenzenden Wahrscheinlichkeit damit zu rechnen ist, dass das Vermögen der GmbH zu Liquidationswerten die Schulden nicht mehr decken wird.

e) Vermögenslosigkeit

7671 Tritt **Vermögenslosigkeit** ein, ist der Zeitpunkt der Löschung der GmbH im Handelsregister maßgebend. Die GmbH gilt in diesem Zeitpunkt als aufgelöst (§ 60 Abs. 1 Nr. 7 GmbHG), so dass der Gesellschafter von ihr keine Rückzahlungen mehr erwarten kann.

7672 In der Praxis kann es sich, um Rechtsverluste wegen nicht rechtzeitiger Geltendmachung des Auflösungsverlustes zu vermeiden, empfehlen, in der Steuererklärung den Auflösungsverlust im Zweifel für das frühestmögliche Jahr geltend zu machen. Es kommt immer wieder vor, dass Auflösungsverluste verloren gehen, weil das (zutreffende) Verlustentstehungsjahr bereits bestandskräftig veranlagt ist.

2. Ermittlung des Veräußerungsgewinns

7673 Veräußerungsgewinn i. S. d. § 17 EStG ist der Betrag, um den der Veräußerungspreis nach Abzug der Veräußerungskosten die Anschaffungskosten der Anteile übersteigt (§ 17 Abs. 2 Satz 1 EStG). Im Fall der Stammkapitalrückzahlung aufgrund einer Kapitalherabsetzung oder nach Auflösung der GmbH tritt an die Stelle des Veräußerungspreises der gemeine Wert des dem steuerpflichtigen Gesellschafter zugeteilten oder zurückgezahlten Vermögens der GmbH abzgl. der Beträge, die zu den Kapitalerträgen i. S. d. § 20 Abs. 1 Nr. 1 oder Nr. 2 EStG gehören.

a) Veräußerungspreis

7674 **Veräußerungspreis** ist die Geld- und Sachleistung, die der Veräußerer vom Erwerber für die Übertragung der Geschäftsanteile erhält. Ansprüche auf eine Gewinnausschüttung, die sich der veräußernde Gesellschafter im Abtretungsvertrag vorbehält, erhöhen den Veräußerungspreis, wenn im Zeitpunkt des Gewinnverteilungsbeschlusses der Erwerber bereits Gesellschafter ist. Der Veräußerungserlös ist nach § 3 Nr. 40 Satz 1 Buchst. c EStG zu 40 % steuerfrei.

b) Veräußerungskosten

7675 **Veräußerungskosten** sind die Aufwendungen, die mit den unter die Steuerbefreiung nach § 3 Nr. 40 EStG fallenden Einnahmen (Veräußerungspreis) in wirtschaftlichem Zusammenhang stehen (§ 3c Abs. 2 Satz 1 EStG). Veräußerungskosten sind z. B. die dem Gesellschafter beim Veräußerungsgeschäft entstandenen Notar- und Anwaltskosten sowie Beratungskosten. Veräußerungskosten sind auch dann abziehbar, wenn sie in einem anderen VZ als dem der Veräußerung angefallen sind; auf den Zeitpunkt des Abflusses kommt es nicht an. Die **Veräußerungskosten** unterliegen dem **40 %igen Abzugsverbot** nach § 3 Abs. 2 EStG.

c) Anschaffungskosten der Anteile

7676 **Anschaffungskosten der Anteile** sind sämtliche Aufwendungen, die der Gesellschafter getätigt hat, um die Anteile zu erhalten. Hierzu zählen insbesondere die bei der Gründung und bei einer Stammkapitalerhöhung übernommenen Bar- und Sachanlagen – diese zum gemeinen Wert –, ein Aufgeld (Agio) und Nebenkosten wie die von der GmbH nicht übernommenen Gründungskosten für Beratung, Notar etc. Beim Kauf der Anteile zählen zu den Anschaffungskosten der Kaufpreis mit den Nebenkosten, beim Tausch der gemeine Wert der für die Anteile hingegebenen Wirtschaftsgüter, dem Veräußerer noch vertraglich zugesagte Gewinnansprüche. Zu den Anschaffungskosten gehören auch die nachträglichen Aufwendungen auf die Beteiligung (**nachträgliche Anschaffungskosten**) wie verdeckte Einlagen (einschließlich zurückgezahlter verdeckter Gewinnausschüttungen), die unentgeltliche Übernahme von Schulden der Gesellschaft, Rückführungen einer Gewinnausschüttung (Schütt-Aus-Hol-Zurück-Verfahren) sowie Nachschüsse i. S. d. §§ 26 bis 28 GmbHG.

Nachträgliche Minderungen der Anschaffungskosten sind zu berücksichtigen, wie z. B. durch Ausschüttung oder sonstige Rückgewähr von Beträgen aus dem steuerlichen Einlagekonto und durch Herabsetzung und Rückzahlung des Stammkapitals, soweit für die Rückzahlung kein Sonderausweis i. S. d. § 28 Abs. 1 KStG gemindert wird.   7677

d) Weitere Fälle nachträglicher Anschaffungskosten

Ein durch das Gesellschaftsverhältnis veranlasster **Verzicht auf eine Gesellschafterforderung** erhöht als verdeckte Einlage die Anschaffungskosten in der Höhe, in der die Forderung werthaltig ist. Dabei ist es nicht von Belang, ob es sich um eine Darlehens- oder sonstige Vergütungsforderung handelt. Auch der Erlass gegen Besserungsschein führt zu nachträglichen Anschaffungskosten, wenn der Verzicht das steuerliche Einlagekonto bei der GmbH erhöht hat.   7678

Auch der **Ausfall von Gesellschafterdarlehen** und anderer Finanzierungshilfen (wie Bürgschaften, Sicherheiten, Grundpfandrechte) erhöht die **Anschaffungskosten**, wenn die Hingabe durch das Gesellschaftsverhältnis veranlasst ist. Dies war dann der Fall, wenn es sich um ein **kapitalersetzendes Darlehen** i. S. v. § 32a GmbHG oder um eine kapitalersetzende Finanzierungshilfe handelt.[1] Nachdem MoMiG das Eigenkapitalersatzrecht der §§ 32a, b GmbHG abgeschafft hat, hat das BMF[2] wie folgt Stellung genommen. Es unterscheidet anhand der bisherigen Rechtsprechung vier Fallgruppen: 7679

Zu nachträglichen Anschaffungskosten führen folgende **Darlehensgewährungen**:[3]   7680

Darlehensgewährung in der Krise der GmbH, also nach Eintritt der Krise (Insolvenzreife oder Kreditunwürdigkeit). Zusätzliche Anschaffungskosten in Höhe der Darlehensvaluta.   7681

Finanzplandarlehen: Das sind Darlehen, die **vor der Krise** gewährt werden, aber von vornherein in die Finanzplanung der GmbH in der Weise einbezogen sind, dass die zur Aufnahme der Geschäfte erforderliche Kapitalausstattung der GmbH durch eine Kom-   7682

---

1 BFH v. 10.11.1998 VIII R 6/96, BStBl II 1999, 348; v. 13.7.1999 VIII R 31/98, BStBl II 1999, 724; v. 16.5.2001 I B 143/00, BStBl II 2002, 436.
2 Vom 21.10.2010, BStBl 2010 I 832.
3 Vgl. auch BMF v. 8.6.1999, BStBl I 1999, 545.

bination von Eigen- und Gesellschafterfremdfinanzierung erreicht werden soll. Zusätzliche Anschaffungskosten in Höhe der Darlehensvaluta.

7683 **Krisenbestimmte Darlehen**: Die **Darlehensgewährung** erfolgt **vor der Krise** mit der Bestimmung, dass die Valuta bei Eintritt der Krise nicht abgezogen oder der GmbH belassen werden soll, z. B. aufgrund eines Garantieversprechens oder einer Rangrücktrittserklärung des Gesellschafters. Zusätzliche Anschaffungskosten in Höhe der Darlehensvaluta. Das soll nach BMF nur gelten, wenn die Krisenbestimmung auf vertraglicher Vereinbarung beruht. Ergibt sich die Krisenbestimmung aufgrund gesetzlicher Regelungen (§§ 39, 135 InsO, § 6 AnfG), soll der gemeine Wert im Zeitpunkt des Beginns des Anfechtungszeitraums maßgeblich sein.[1]

7684 **In der Krise stehen gelassene Darlehen**: Hier erfolgt die Darlehensgewährung vor der Krise, ohne dass es sich um ein Finanzplandarlehen oder ein krisenbestimmtes Darlehen handelt, der Gesellschafter lässt das **Darlehen aber bei Eintritt der Krise** bewusst **stehen**, obwohl er es hätte abziehen können. Voraussetzung hierfür ist die **Kenntnis von der Krise** und die **Rückzahlungsmöglichkeit** sowie, dass es angesichts der finanziellen Situation der GmbH absehbar war, dass die **Rückzahlung gefährdet** sein würde. Es liegen nachträglich Anschaffungskosten der Beteiligung vor in Höhe des **tatsächlichen Werts** des Darlehensrückzahlungsanspruchs in dem Zeitpunkt, in dem es der Gesellschafter mit Rücksicht auf das Gesellschaftsverhältnis nicht abzieht. Der Wert kann mit 0 € anzusetzen sein.

7685 **Keinen eigenkapitalersetzenden Charakter** hat die Darlehensgewährung vor der Krise, wenn es sich weder um ein Finanzplandarlehen noch um ein krisenbestimmtes Darlehen noch um ein in der Krise stehen gelassenes Darlehen handelt. Hier ergeben sich keine nachträglichen Anschaffungskosten der Beteiligung aus dem Ausfall des Darlehens. Der Ausfall privater Gesellschafterdarlehen, die keine Kapitalsatzmittel sind, spielt sich in der privaten Vermögenssphäre ab.[2]

7686 Auch steuerlich sind die **Einschränkungen** bezüglich der **Kapitalsatzeigenschaft eines Darlehens** zu beachten, wie sie sich aus § 39 Abs. 5 InsO ergeben. Die Nachrangigkeit von Gesellschafterdarlehen gilt nicht für den Gesellschafter, der nicht geschäftsführend und mit 10 v. H. oder weniger am Stammkapital beteiligt ist. Mangels kapitalersetzenden Charakters solcher Darlehen führt der Ausfall nicht zu nachträglichen Anschaffungskosten der Beteiligung.[3] Auch bei einem Darlehensgeber, der in der Krise der Gesellschaft Geschäftsanteile zum Zweck der Überwindung der Krise erwirbt, sind die Regeln über den Eigenkapitalersatz für seine bestehenden oder neu gewährten Kredite nicht anwendbar; trotzdem führt der Ausfall zu nachträglichen Anschaffungskosten, da ansonsten das Sanierungsprivileg in sein Gegenteil verkehrt würde.[4]

---

1 Bedenklich; nach Heuermann, DB 2011, 551, soll eher der Nennbetrag maßgeblich sein.
2 Es liegt auch kein Verlust i. S. d. § 20 Abs. 2 Satz 1 Nr. 7 EStG vor, FG Berlin-Brandenburg v. 20. 1. 2016 14 K 14040/13, NWB DokID: GAAAF-86091, BB 2016, 2405, Rev., Az. des BFH: VIII R 18/16.
3 BFH v. 20. 8. 2013 IX R 43/12; NWB DokID: AAAAE-44199, BFH/NV 2013, 1783; nachträgliche AK trotz Kleinanleger unter bestimmten Voraussetzungen bejahend BFH v. 6. 5. 2014 IX R 44/13, BStBl 2014 II 781.
4 BFH v. 19. 8. 2008 IX R 63/05, BStBl 2009 II 5.

e) Keine zusätzlichen Anschaffungskosten

Keine zusätzlichen Anschaffungskosten der Anteile entstehen durch eine unentgeltliche oder verbilligte **Nutzungs- oder Gebrauchsüberlassung** (zinslose Darlehen, pachtfreie Überlassung von Wirtschaftsgütern) oder kostenlose bzw. verbilligte Dienstleistungen des Gesellschafters für die GmbH; etwas anderes gilt jedoch beim Verzicht des Gesellschafters auf bereits entstandene Entgeltsansprüche, wie z. B. ein Zinsverzicht für zurückliegende Zeiträume.

7687

Auch der **Verzicht auf wertlose Ansprüche** gegen die GmbH führt nicht zu nachträglichen Anschaffungskosten auf die Beteiligung, es sei denn, es wird auf den Rückzahlungsanspruch aus einem eigenkapitalersetzenden Darlehen verzichtet, dessen Ausfall ohnehin zu zusätzlichen Anschaffungskosten führte.[1]

7688

f) Drittaufwand

Auch ein **Drittaufwand** gegenüber der GmbH führt grundsätzlich nicht zu zusätzlichen Anschaffungskosten des Gesellschafters auf seine Beteiligung, weil der Gesellschafter nur solche Aufwendungen auf die Beteiligung als Anschaffungskosten geltend machen kann, die er persönlich getragen hat. Aufwendungen eines Dritten, auch seines Ehegatten oder einer anderen ihm nahe stehenden Person, zugunsten der GmbH (Darlehen, sonstige Finanzierungshilfen wie Bürgschaften oder die Gestellung von Sicherheiten) können dann als Anschaffungskosten auf die Beteiligung des Gesellschafters berücksichtigt werden, wenn sie dem Gesellschafter als eigene zugerechnet werden können. Dies kann der Fall sein bei Abkürzung des Zahlungswegs, bei Abkürzung des Vertragswegs (nur Bargeschäfte des täglichen Lebens), bei Leistungen, die der Dritte im Innenverhältnis für Rechnung des Gesellschafters erbringt, sowie bei mittelbaren verdeckten Einlagen durch den Dritten in die GmbH.[2]

7689

Die **Abkürzung des Zahlungswegs** liegt vor, wenn dem Gesellschafter ein Geldbetrag in der Weise zugewendet wird, dass ein Dritter in seinem Einvernehmen die Schuld des Gesellschafters tilgt, anstatt ihm den Geldbetrag unmittelbar zuzuwenden. Die Abkürzung des Zahlungswegs liegt jedoch nicht vor, wenn der Dritte auf eine eigene Verbindlichkeit leistet, z. B. auf eine Bürgschaft, die er im wirtschaftlichen Interesse des Gesellschafters eingegangen ist.

7690

Eine **Abkürzung des Vertragsweges** liegt vor, wenn ein Dritter im eigenen Namen für den Gesellschafter einen Vertrag abschließt und auch selbst die geschuldete Leistung erbringt, um dem Gesellschafter etwas zuzuwenden. Dies dürfte jedoch nur bei Bargeschäften des täglichen Lebens in Betracht kommen, also nicht im Zusammenhang mit der Finanzierung einer GmbH.[3]

7691

Eine durch den Dritten **im Innenverhältnis für Rechnung des Gesellschafters erbrachte Leistung** liegt vor, wenn der Dritte die Verbindlichkeit zwar im eigenen Namen, aber im wirtschaftlichen Interesse des Gesellschafters eingegangen ist. Dann sind die Aufwen-

7692

---

1 BFH v. 7. 7. 1992 VIII R 24/90, BStBl II 1993, 333.
2 Vgl. BFH v. 12. 12. 2000 VIII R 52/93, BFH/NV 2001, 533; OFD Kiel, FR 2001, 1125.
3 Vgl. BFH v. 24. 2. 2000 IV R 75/98, BStBl II 2000, 314.

dungen des Dritten beim Gesellschafter abziehbar, wenn er die Verbindlichkeit im Innenverhältnis für Rechnung des Gesellschafters eingegangen ist, ihn also die wirtschaftlichen Folgen des Rechtsgeschäftes treffen sollen. Dies ist z. B. der Fall, wenn der Dritte aus einer im wirtschaftlichen Interesse des Gesellschafters eingegangenen Bürgschaft in Anspruch genommen wird und er einen Rechtsanspruch auf Ersatz seiner Aufwendungen aus dem zugrunde liegenden Auftragsverhältnis hat. Gleiches kann gelten, wenn ein sog. Kreditauftrag vorliegt, weil dann der Dritte wie ein Bürge beim Gesellschafter Rückgriff nehmen kann. Die Verpflichtung zum Aufwendungsersatz mindert nämlich die Leistungsfähigkeit des Steuerpflichtigen unabhängig davon, ob der Ersatzanspruch tatsächlich erfüllt wird.

7693 Ein voller Abzug der Finanzierungsaufwendungen kommt auch dann in Betracht, wenn Ehegatten gemeinsam als Gesamtschuldner nach § 421 BGB ein Darlehen aufgenommen haben und dieses nur von einem Ehegatten zur Erzielung von Einkünften eingesetzt wird. Der BFH[1] rechnet dann die Finanzierungsaufwendungen dem Gesellschafter-Ehegatten zu, der die Darlehensmittel zur Finanzierung seiner GmbH und damit zur Erzielung von Einkünften eingesetzt hat. Dies gilt unabhängig davon, ob die Leistungen auf das Darlehen (Zinsen, Tilgungen) mit Mitteln des Gesellschafters oder seines Ehegatten erbracht wurden. Gleiche Grundsätze gelten, wenn sich Ehegatten gesamtschuldnerisch für die Rückzahlung eines Darlehens verbürgen, das nur der Einkünfteerzielung des Gesellschafter-Ehegatten dient.

7694 Die Abziehbarkeit von Drittaufwand in dem vorbeschriebenen Sinne gilt jedoch nur mit der Einschränkung, dass diese Aufwendungen den Bindungen des Eigenkapitalersatzrechts unterliegen.

7695 **Zusammenfassend** gilt, dass Finanzierungsmaßnahmen des selbst nicht an der GmbH beteiligten Gesellschafter-Ehegatten oder sonstiger Angehöriger des Gesellschafters zugunsten der GmbH so gestaltet werden können, aber auch müssen, dass (nicht abzugsfähiger) Drittaufwand vermieden wird und die Voraussetzungen für die Anerkennung nachträglicher Anschaffungskosten bei Ausfall solcher Finanzierungen geschaffen werden. Ohne solche Gestaltungen ist der Drittaufwand auch steuerlich verloren.

7696 Die Anschaffungskosten sind im Gegenzug zur 40%igen Steuerfreiheit des Veräußerungserlöses nach § 3c Abs. 2 EStG nur zu 60 % zu berücksichtigen.

7697 Im Ergebnis ist also ein Veräußerungsgewinn i. S. d. § 17 Abs. 4 EStG zu 40 % steuerfrei und zu 60 % steuerpflichtig. Ein Veräußerungsverlust kann nur zu 60 % steuerlich geltend gemacht werden.

7698 Der steuerpflichtige Teil des Veräußerungsgewinnes ist – ggf. nach Abzug des Freibetrages aus § 17 Abs. 3 EStG – voll steuerpflichtig; für ihn gibt es keine Begünstigung nach § 34 EStG, also weder die Fünftel-Regelung nach § 34 Abs. 1 EStG noch den ermäßigten Steuersatz nach § 34 Abs. 3 EStG (§ 34 Abs. 2 Nr. 1 EStG).

---

1 Vom 23. 8. 1999 GrS 2/97, BStBl II 1999, 782.

3. Freibetragsregelung

Durch die **Freibetragsregelung (§ 17 Abs. 3 EStG)** kann die Versteuerung des steuerpflichtigen Teils des Veräußerungsgewinns entfallen oder abgemildert werden. Er wird zur Einkommensteuer nur herangezogen, soweit er den Teil von 9 060 € übersteigt, der dem veräußerten Anteil an der GmbH entspricht. Der Freibetrag ermäßigt sich aber um den Betrag, um den der Veräußerungsgewinn den Teilen von 36 100 € übersteigt, der dem veräußerten Anteil an der GmbH entspricht. Folglich kommt der volle Freibetrag von 9 060 € nur zur Anwendung, wenn 100 v. H. der Anteile vom (Allein-)Gesellschafter veräußert werden und der Gewinn 36 100 € nicht übersteigt. Die Freibetragsregelung greift nicht nur bei der Veräußerung, sondern kommt auch bei der Kapitalrückzahlung aufgrund einer Kapitalherabsetzung und nach der Auflösung sowie bei der Ausschüttung oder Rückzahlung von Beträgen aus dem steuerlichen Einlagekonto in Betracht.

7699

> **BEISPIEL:** G ist seit Jahren alleiniger Gesellschafter der X-GmbH. Die Anschaffungskosten seiner Geschäftsanteile betrugen 250 000 €. Er veräußert seine Beteiligung für 290 000 € an E.
>
> Der gesamte Veräußerungsgewinn von 40 000 € ist zu 40 % (16 000 €) steuerfrei, die anderen 24 000 € sind nach dem normalen Tarif zu besteuern, ohne Begünstigung nach § 34 EStG.
>
> Steuerpflichtiger Veräußerungsgewinn
>
> | | |
> |---|---:|
> | Veräußerungserlös 290 000 € x 60 v. H. = | 174 000 € |
> | Anschaffungskosten 250 000 € x 60 v. H. = | ./. 150 000 € |
> | Veräußerungsgewinn | 24 000 € |
> | Freibetrag § 17 Abs. 3 EStG (ohne anteilige Kürzung) | ./. 9 060 € |
> | Steuerpflichtiger Veräußerungsgewinn | 14 940 € |
>
> der Freibetrag kann voll in Anspruch genommen werden, da der Veräußerungsgewinn 36 100 € nicht übersteigt.

> **BEISPIEL:** Wie vorstehendes Beispiel, aber G veräußert seine Beteiligung für 200 000 €.
>
> Berechnung
>
> | | |
> |---|---:|
> | Veräußerungserlös 200 000 € x 60 v. H. | 120 000 € |
> | Anschaffungskosten 250 000 € x 60 v. H. | ./. 150 000 € |
> | Veräußerungsverlust | 30 000 € |
>
> der Veräußerungsverlust ist unter den Voraussetzungen des § 17 Abs. 2 Satz 4 EStG bei G berücksichtigungsfähig.

> **BEISPIEL:** Wie vorhergehendes Beispiel, aber G erhält keinen Veräußerungspreis, weil die Anteile wertlos sind.
>
> Berechnung
>
> | | |
> |---|---:|
> | Veräußerungserlös 0 € x 60 v. H. | 0 € |
> | Anschaffungskosten 250 000 € x 60 v. H. | ./. 150 000 € |
> | Veräußerungsverlust | 150 000 € |

Die Anschaffungskosten sind auch dann zu 60 % berücksichtigungsfähig, wenn kein Veräußerungserlös erzielt wird. Dies gilt auch für die Fälle des § 17 Abs. 4, in denen sich nach Abschluss der Liquidation bzw. des Insolvenzverfahrens keine Auskehrung an die Gesellschaft ergibt.

7700

BEISPIEL: Der Gesellschafter A hält 50 v. H. der Anteile an der X-GmbH im Privatvermögen. Die Anschaffungskosten beliefen sich auf 120 000 €. Er verkauft die Anteile für 180 000 €; die Veräußerungskosten trägt der Erwerber.

steuerpflichtiger Teil des Veräußerungsgewinns (60 v. H. von 60 000 € =)	36 000 €
anteiliger Freibetrag (50 v. H. von 9 060 € =)	4 530 €
anteiliger Anrechnungsbetrag (30 000 € ./. 50 v. H. von 36 100 € = 18 050 € =)	17 950 € übersteigt 4 530 € mehrfach
verbleibender Freibetrag 0 €	./. 0 €
steuerpflichtiger Teil des Veräußerungsgewinns	36 000 €

ABWANDLUNG:

Der Verkaufspreis beträgt	160 000 €
steuerpflichtiger Teil des Veräußerungsgewinns (60 v. H. von 40 000 € =)	24 000 €
anteiliger Freibetrag (50 v. H. von 9 060 € =)	4 530 €
anteiliger Anrechnungsbetrag (20 000 € ./. 50 v. H. von 36 100 € = 18 050 € =)	./. 5 950 €
verbleibender Freibetrag 1 420 €	./. 1 420 €
steuerpflichtiger Teil des Veräußerungsgewinns	22 580 €

7701–7730 (*Einstweilen frei*)

II. Veräußerung von im Privatvermögen gehaltenen GmbH-Anteilen bei einer Beteiligung von weniger als 1 %

7731 Nach § 20 Abs. 2 Satz 1 Nr. 1 Satz 1 EStG unterliegt die Veräußerung von GmbH-Anteilen, wenn sie nicht unter § 17 EStG fällt, ebenfalls der Besteuerung. Die frühere Befristung von einem Jahr zwischen Anschaffung und Veräußerung gilt ab 2009 nicht mehr.

7732 Der Gewinn aus der Veräußerung unterliegt grds. der Abgeltungsteuer (Ausnahme Günstigerprüfung nach § 32d Abs. 6 EStG). Gewinn ist nach § 20 Abs. 4 Satz 1 EStG der Unterschied zwischen den Einnahmen aus der Veräußerung nach Abzug der Aufwendungen, die in unmittelbarem sachlichen Zusammenhang mit dem Veräußerungsgeschäft stehen, und den Anschaffungskosten. Der Sparer-Pauschbetrag nach § 20 Abs. 9 EStG ist zu berücksichtigen.

7733 **Verluste aus der Veräußerung** können nach § 20 Abs. 6 Satz 1 EStG mit anderen Kapitaleinnahmen verrechnet werden. Mit anderen Einkunftsarten dürfen sie nicht ausgeglichen werden. Die Verluste mindern, soweit sie nicht ausgeglichen werden, die Einkünfte, die der Steuerpflichtige in den folgenden VZ aus Kapitalvermögen erzielt.

III. Veräußerung einbringungsgeborener Anteile nach § 21 UmwStG a. F.

7734 Siehe hierzu Vorauflage Rn. 7734 ff.

7735–7770 (*Einstweilen frei*)

D. Beteiligungen im Betriebsvermögen

Hält der Gesellschafter die GmbH-Beteiligung im Betriebsvermögen, sind vornehmlich folgende Vorgänge begünstigt:

7771

I. Veräußerung von Geschäftsanteilen

Veräußerung von Geschäftsanteilen an einer GmbH bei fortbestehendem Betrieb (§ 3 Nr. 40 Satz 1 Buchst. a EStG), wobei es sich um notwendiges oder gewillkürtes Betriebsvermögen, Betriebsvermögen eines Einzelunternehmers oder um anteiliges Gesellschaftsvermögen oder um Sonderbetriebsvermögen bei der Mitunternehmerschaft handeln kann. Anteile an Organgesellschaften fallen ebenfalls unter die Steuerbegünstigung.

7772

Da die Begünstigungsvorschrift von „Vermögensmehrungen oder Einnahmen" spricht, tritt die Steuerbefreiung unabhängig davon ein, ob die Anteilsveräußerung oder der ihr gleichgestellte Vorgang zu einem Gewinn oder Verlust führt. zu 40 % freigestellt werden die Bruttobeträge, da die Behandlung des Buchwertabganges und der Kosten der Veräußerung gesondert geregelt ist (§ 3c Abs. 2 EStG). Wurde der Beteiligungsbuchwert in der Vergangenheit aber durch eine voll aufwandswirksame Teilwertabschreibung gemindert, tritt die Steuerfreistellung des Veräußerungserlöses insoweit nicht ein (§ 3 Nr. 40 Satz 1 Buchst. a Satz 2 EStG).

7773

> **BEISPIEL:** ▶ Die A-KG hält schon längere Zeit in ihrem Gesellschaftsvermögen eine Beteiligung von 30 v. H. an der X-GmbH. Die Anschaffungskosten = Buchwert betragen 100 000 €. Sie veräußert im Jahr 05 die Geschäftsanteile für 200 000 €.
>
> Der Bruttoveräußerungserlös ist 40 % (80 000 €) nach § 3 Nr. 40 Satz 1 EStG steuerbefreit. Der Buchwert der Beteiligung darf nur 40 % (40 000 €) abgezogen werden (§ 3c Abs. 2 EStG). Daraus ergibt sich ein steuerpflichtiger Veräußerungsgewinn von 60 000 €, der auch der Gewerbesteuer unterliegt.

> **BEISPIEL:** ▶ Sachverhalt wie vorher, jedoch hatte die KG früher schon einer verlustbedingte Teilwertabschreibung im Gegenwert von 40 000 € gewinnmindernd vorgenommen, so dass der Buchwert der Beteiligung im Zeitpunkt der Veräußerung noch 60 000 € beträgt.
>
> Die 40 %ige Steuerbefreiung des Veräußerungserlöses ist insoweit ausgeschlossen, als in früheren Jahren eine aufwandswirksame Teilwertabschreibung vorgenommen wurde. Der Buchwert von 60 000 € ist insgesamt dem begünstigten Teil des Veräußerungserlöses zuzuordnen. Daraus ergibt sich folgende Berechnung:
>
> steuerbegünstigt nach § 3 Nr. 40 EStG: Veräußerungserlös 160 000 €, davon steuerpflichtig 60 v. H. = 96 000 € abzgl. Beteiligungsbuchwert (60 000 € x 60 v. H. =) 36 000 € = steuerpflichtiger Gewinn 60 000 €.
>
> Nichtbegünstigt: Veräußerungserlös 40 000 €, von dem kein anteiliger Buchwert der Beteiligung mehr abzuziehen ist, so dass ein steuerpflichtiger Gewinn von 40 000 € verbleibt.
>
> Der steuerpflichtige Gewinn von insgesamt 100 000 € unterliegt auch der Gewerbesteuer.

Erfolgt die **Veräußerung** der Anteile im Zusammenhang mit einer **Betriebsveräußerung oder Betriebsaufgabe** oder handelt es sich um eine **100-prozentige Beteiligung**, kann für den nicht nach § 3 Nr. 40 EStG begünstigten Teil des Gewinns nicht die Steuerermäßigung nach § 34 Abs. 1 oder Abs. 3 EStG in Anspruch genommen werden. Die Vorschrift in § 34 Abs. 2 Nr. 1 EStG nimmt den steuerpflichtigen Teil der Veräußerungsgewinne aus, die nach § 3 Nr. Satz 1 Buchst. b i.V. m. § 3c Abs. 2 EStG teilweise steuer-

7774

befreit sind. Damit kommt zum Ausdruck, dass es sich bei dem „Veräußerungsgewinn" um einen „einheitlichen Gewinn" handelt, dessen steuerpflichtiger Teil nicht tarifbegünstigt ist.

II. Entnahme von Geschäftsanteilen und gleichgestellte Vorgänge

7775 Die **Entnahme von Geschäftsanteilen** an einer GmbH aus dem Betriebsvermögen meint die Entnahme i. S. d. § 6 Abs. 1 Nr. 4 EStG. Der für den Steuerwert maßgebende Teilwert ist daher von der Einkommensteuer befreit. Der Buchwert der Beteiligung darf nur zur Hälfte steuermindernd berücksichtigt werden.

7776 Aus einer **Auflösung** und aus der **Herabsetzung des Stammkapitals** einer GmbH stammende Vermögensmehrungen und betriebliche Einnahmen nehmen ebenfalls an der hälftigen Steuerbefreiung teil. Die Vorschrift unterscheidet dabei nicht, ob es sich um die Rückzahlung von Nennkapital oder aus dem Einlagekonto i. S. d. § 27 KStG handelt.

7777 Auch **Zuschreibungen** nach einer früheren Teilwertabschreibung (Wertaufholung, § 6 Abs. 1 Nr. 2 Satz 3 EStG) sind nur zur Hälfte anzusetzen. Dies gilt allerdings nicht, soweit eine zuvor voll gewinnmindernde Teilwertabschreibung rückgängig gemacht wird. Eine hälftige Steuerbefreiung kommt damit insoweit grundsätzlich erst bei Zuschreibungen nach einer Teilwertabschreibung in Betracht, die nach § 3c Abs. 2 EStG nur zur Hälfte abzugsfähig war.

III. Betriebsveräußerungen i. S. v. § 16 Abs. 2 EStG

7778 **Betriebsveräußerungen** i. S. v. **§ 16 Abs. 2 EStG**, bei denen GmbH-Anteile mit veräußert werden, sind insoweit nach § 3 Nr. 40 Satz 1 Buchst. b EStG begünstigt. Dazu zählt auch die Veräußerung von Mitunternehmeranteilen, wenn sich im Betriebsvermögen Anteile an einer GmbH befinden, wobei auch die Anteile an Organgesellschaften miteinbezogen werden. Für den steuerpflichtigen Teil eines dabei entstehenden Veräußerungs- oder Aufgabegewinns wird die Steuerermäßigung für außerordentliche Einkünfte nicht gewährt. Eine Doppelbegünstigung dieser Gewinne soll vermieden werden.

> **BEISPIEL:** G (40 Jahre alt) ist zu 100 v. H. als Kommanditist an der F-GmbH & Co. KG beteiligt, die KG hält 50 v. H. der Geschäftsanteile an der X-GmbH (Buchwert 60 000 €, Teilwert 100 000 €). Im Januar 05 veräußert G seinen Kommanditanteil (Buchwert 200 000 €) für 400 000 € an K.
>
> Mit der Veräußerung seines Kommanditanteils erzielt F einen Gewinn i. S. v. § 16 Abs. 1 Nr. 2, Abs. 2 EStG i. H. v. 200 000 €. Hierbei werden stille Reserven realisiert, die insoweit dem Teileinkünfteverfahren unterliegen, als sie auf die GmbH-Beteiligung entfallen (40 000 €). Der Veräußerungsgewinn ist somit im Ergebnis i. H. v. 16 000 € steuerfrei, die restlichen stillen Reserven aus den Geschäftsanteilen (24 000 €) sind steuerpflichtig.
>
> Der übrige Veräußerungsgewinn (160 000 €, stille Reserven der übrigen Wirtschaftsgüter) ist nach § 34 Abs. 1 EStG tarifbegünstigt (Fünftelregelung). Der Freibetrag nach § 16 Abs. 4 EStG oder die Gewährung des ermäßigten Steuersatzes nach § 34 Abs. 3 EStG kommt nicht in Betracht, weil G die Altersgrenze nicht erreicht hat.

7779 Für die Freibetragsregelung gelten die Ausführungen zur Veräußerung einbringungsgeborener Anteile entsprechend, jedoch ist eine anteilige Zuordnung der realisierten stillen Reserven hinsichtlich des Teileinkünfteverfahrens vorzunehmen.

BEISPIEL: ▶ Zwischen G und der X-GmbH besteht eine Betriebsaufspaltung. Anfang des Jahres 05 veräußert G (65 Jahre alt) sowohl die bisher an die Betriebs-GmbH verpachteten Wirtschaftsgüter als auch sämtliche Anteile an der X-GmbH an den Käufer M. Der Kaufpreis beträgt insgesamt 400 000 €, wovon 200 000 € auf die GmbH-Anteile entfallen. Die Buchwerte betragen jeweils 100 000 € für das verpachtete Vermögen und die zum Betriebsvermögen des Besitz-Unternehmens gehörenden Geschäftsanteile an der GmbH; einen Freibetrag nach § 16 Abs. 4 EStG hat G bisher nicht in Anspruch genommen.

Der Vorgang stellt eine Betriebsveräußerung i. S. v. § 16 Abs. 2 EStG dar. Der Veräußerungsgewinn muss aufgeteilt werden:

100 000 € entfallen auf das verpachtete Betriebsvermögen, der Veräußerungsgewinn ist nach § 34 EStG tarifbegünstigt (Fünftelregelung oder ermäßigter Steuersatz).

40 000 € sind nach § 3 Nr. 40 Satz 1 Buchst. b EStG steuerfrei (40 % des auf die GmbH-Beteiligung entfallenden Gewinnes).

60 000 € stellen den steuerpflichtigen Teil des auf die Beteiligung entfallenden Gewinnes dar, der nicht nach § 34 EStG begünstigt ist.

Der Freibetrag nach § 16 Abs. 4 EStG von 45 000 € ist nicht in vollem Umfang zu gewähren, weil der steuerpflichtige Teil des Veräußerungsgewinnes (150 000 €) die Freigrenze von 136 000 € um 14 000 € überschreitet. Der Veräußerungsfreibetrag beträgt also 31 000 €.

Der nach § 3 Nr. 40 EStG steuerfreie Teil des Gewinnes wird nicht in die Kürzungsrechnung einbezogen; geschähe dies, könnte ein Freibetrag auch unter Berücksichtigung der Gleitregelung nicht mehr gewährt werden (Veräußerungsgewinn insgesamt 200 000 € ./. Freigrenze 136 000 € = Kürzungsbetrag 64 000 €), womit der Veräußerungsfreibetrag aufgezehrt wäre.

Da es sich bei beiden Teilen um einen Gewinn i. S. v. § 16 EStG handelt, der aber nur teilweise von § 34 EStG begünstigt ist, muss der Freibetrag anteilig zugeordnet werden.

Verpachtetes Betriebsvermögen: Veräußerungspreis 200 000 € ./. Anteiliger Buchwert 100 000 € = Veräußerungsgewinn 100 000 €.

GmbH-Beteiligung: Veräußerungspreis 200 000 € x 60 % = 120 000 € ./. Anteiliger Buchwert (100 000 € x 60 % =) 60 000 € = Veräußerungsgewinn 60 000 €.

Der gekürzte Freibetrag von 31 000 € ist anteilig im Verhältnis 100 : 50 (2/3 zu 1/3) zuzuordnen, also 20 666 € dem Veräußerungsgewinn aus dem verpachteten Betriebsvermögen, 10 334 € dem steuerpflichtigen Teil des Veräußerungsgewinns aus der Beteiligung.

Somit ergibt sich hinsichtlich des verpachteten Betriebsvermögens ein steuerpflichtiger Veräußerungsgewinn von (100 000 € ./. 20 666 € =) 79 334 €, der nach § 34 EStG begünstigt ist, und hinsichtlich der Beteiligung ein steuerpflichtiger Veräußerungsgewinn von (50 000 € ./. 10 334 € =) 39 666 €, der nicht tarifbegünstigt ist.

Auch bei einer **Betriebsaufgabe** i. S. v. § 16 Abs. 3 EStG, bei der Anteile an einer GmbH entnommen oder veräußert werden, ist die Teileinkünftebesteuerung anzuwenden. 7780

BEISPIEL: ▶ G besitzt ein Unternehmen im Rahmen einer Betriebsaufspaltung. Er überträgt die GmbH-Anteile an der Betriebs-GmbH unentgeltlich auf seine beiden Kinder, das Betriebsgrundstück behält er zurück und verpachtet es (zu seiner Altersversorgung) weiterhin an die Betriebs-GmbH.

Mit der Übertragung der GmbH-Anteile entfällt die personelle Verflechtung, so dass die Betriebsaufspaltung endet und somit eine Betriebsaufgabe gegeben ist. Geschäftsanteile und das Betriebsgrundstück werden im Rahmen der Betriebsaufgabe in das Privatvermögen übernommen. Der Entnahmegewinn hinsichtlich der GmbH-Anteile ist zur Hälfte steuerbefreit, der steuerpflichtige Teil dieses Entnahmegewinns unterliegt dem laufenden Steuersatz (keine Anwendung von § 34 EStG), für die Entnahme des verpachteten Betriebsgrundstückes sind §§ 16, 34 EStG anwendbar.

(Einstweilen frei) 7781–7800

6. Abschnitt: Die Besteuerung der GmbH in der Liquidation

A. Körperschaftsteuer

I. Körperschaftsteuerpflicht und Liquidationsbesteuerung

7801 Das Steuerrecht lehnt sich an die zivilrechtlichen Vorgaben an. Die **GmbH in Liquidation** bleibt bis zum rechtsgültigen **Abschluss der Liquidation unbeschränkt körperschaftsteuerpflichtig**. Liquidation ist ein summarischer Begriff, der mehrere Vorgänge zusammenfasst.

Die nachfolgende Übersicht zeigt das Zusammenspiel zwischen Zivilrecht und Steuerrecht:

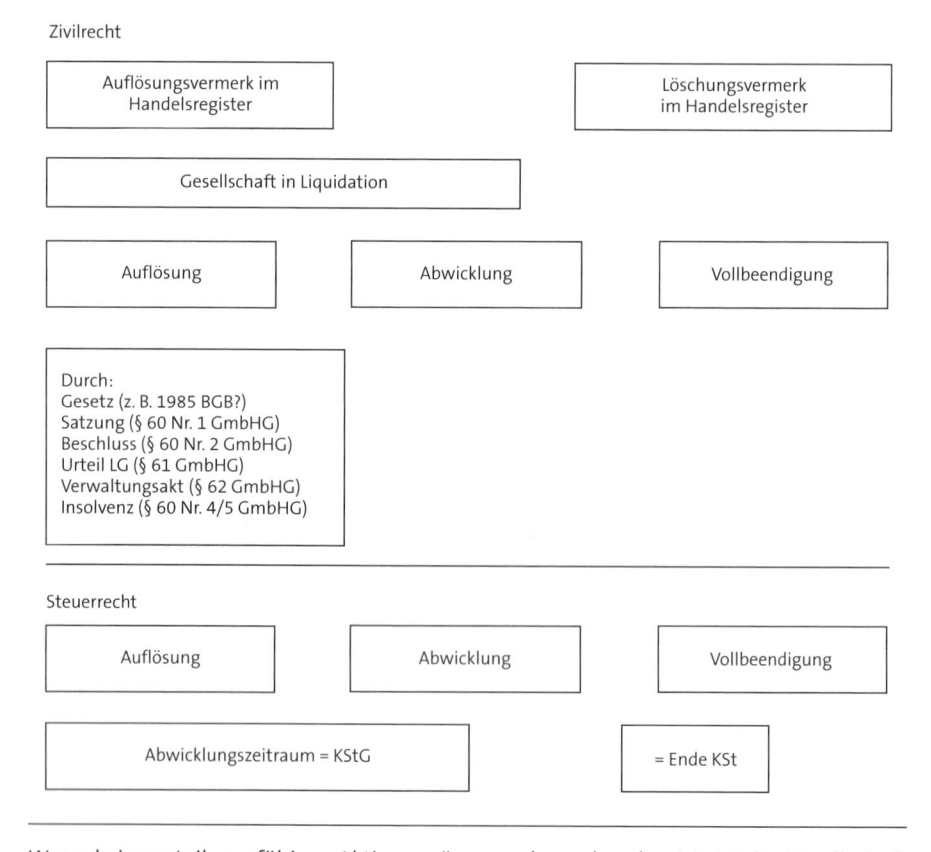

Zivilrecht

| Auflösungsvermerk im Handelsregister | | Löschungsvermerk im Handelsregister |

Gesellschaft in Liquidation

| Auflösung | Abwicklung | Vollbeendigung |

Durch:
Gesetz (z. B. 1985 BGB?)
Satzung (§ 60 Nr. 1 GmbHG)
Beschluss (§ 60 Nr. 2 GmbHG)
Urteil LG (§ 61 GmbHG)
Verwaltungsakt (§ 62 GmbHG)
Insolvenz (§ 60 Nr. 4/5 GmbHG)

Steuerrecht

| Auflösung | Abwicklung | Vollbeendigung |

| Abwicklungszeitraum = KStG | = Ende KSt |

Wenn kein verteilungsfähiges Aktivvermögen mehr vorhanden ist, ist die Gesellschaft vollbeendet. Dies wird regelmäßig durch den Löschungsvermerk dokumentiert. Löschung ist aber nicht identisch mit Vollbeendigung. Sollte sich nach Löschung noch verteilungsfähiges Aktivvermögen auffinden, kann eine Nachtragsliquidation durchgeführt werden. In diesem Fall ist die Gesellschaft nicht vollbeendet.[1] Werden einzelne

---

1 S. o. Rn. 4662.

Wirtschaftsgüter oder sogar der Betrieb als Ganzes einer Kapitalgesellschaft verpachtet, bleibt Aktivvermögen der GmbH erhalten, so dass keine Vollbeendigung eintreten kann.

Der BFH hatte hinsichtlich des Endes einer Kapitalgesellschaft entschieden, dass sie rechtlich fortbestehe, solange sie noch steuerliche Pflichten zu erfüllen habe bzw. Beteiligte in einem Steuerrechtsverfahren sein könne.[1] Die unbeschränkte Körperschaftsteuerpflicht der GmbH in Liquidation kann vor Ablauf des Sperrjahres nicht wegfallen, auch wenn die GmbH vorher schon ihr Gesellschaftsvermögen vollständig ausgekehrt hat.[2] Die GmbH muss für den Liquidationszeitraum noch eine KSt-Erklärung (mit Anlagen), GewSt- und USt-Erklärungen abgeben. Für den Bereich der Einkommensermittlung ist § 11 KStG und für den Bereich der Auskehrung § 28 KStG zu beachten.

Eine Liquidation löst **steuerliche Mitwirkungspflichten** aus. Gemäß § 137 AO haben Steuerpflichtige, die nicht natürliche Personen sind, dem nach § 20 AO zuständigen Finanzamt und den für die Erhebung der Realsteuern zuständigen Gemeinden die Umstände anzuzeigen, die für die steuerliche Erfassung von Bedeutung sind, insbesondere die Gründung, den Erwerb der Rechtsfähigkeit, die Änderung der Rechtsform, die Verlegung der Geschäftsleitung oder des Sitzes **und die Auflösung**. Die Mitteilungen sind innerhalb eines Monats seit dem meldepflichtigen Ereignis zu erstatten.

7802

Die Auflösung und Liquidation der GmbH führen zu einer **Schlussbesteuerung**, bei der die im Vermögen der GmbH enthaltenen **stillen Reserven aufgedeckt** und neben den im Abwicklungszeitraum noch erwirtschafteten Gewinnen besteuert werden. Hierzu stellt § 11 KStG sicher, dass während des Bestehens in der GmbH noch nicht verwirklichte oder noch nicht versteuerte Gewinne und während des Liquidationsstadiums aus der beschränkten Weiterführung des Unternehmens erzielte Gewinne der KSt unterworfen werden.

7803

§ 11 KStG gehört in ein Konglomerat von Vorschriften in denen die Sicherstellung der Versteuerung von stillen Reserven angelegt ist. Die Hauptvorschrift in diesem Vorschriftenverbund ist § 16 EStG. In dieser Vorschrift wird eine Versteuerung vorgenommen, weil entweder der wirtschaftliche Organismus „Unternehmen" mit allen wesentlichen Betriebsgrundlagen an einen Erwerber veräußert (§ 16 Abs. 1 EStG) oder in einem kurzen Zeitraum zerschlagen (§ 16 Abs. 3 EStG) wird. Die Auflösung einer Kapitalgesellschaft entspricht dem Zerschlagen des wirtschaftlichen Organismus mit Verlust eines Steuersubjekts und ist daher ein Sonderfall des § 16 Abs. 3 EStG. § 11 KStG ist eine Ermittlungsvorschrift für die Bemessungsgrundlage der KöSt. Sie steht in dem mit „Einkommen" überschriebenen zweiten Teil. Sie ergänzt § 7 und § 8 KStG. Sie ist daher nur bedeutsam für die Ermittlung des zu versteuernden Einkommens im Liquidationsfall.

---

1 Vom 26. 3. 1980, BStBl. II 1980, 587.
2 Vgl. auch R 11 Abs. 2 Satz 3 KStR 2015.

7804 Eine wesentliche Besonderheit der Liquidationsbesteuerung nach § 11 KStG ist der Besteuerungszeitraum: Im Normalfall ist der Ermittlungszeitraum für das Einkommen das Kalenderjahr (§ 7 Abs. 3 KStG), der Gewinnermittlungszeitraum ist das Wirtschaftsjahr (§ 7 Abs. 4 KStG). An deren Stelle tritt bei der Liquidationsbesteuerung der Abwicklungszeitraum (§ 11 Abs. 1 Satz 1 KStG). Der im Zeitraum der Abwicklung erzielte Gewinn ist der Besteuerung zugrunde zu legen (§ 11 Abs. 1 KStG). Der steuerliche Liquidationsgewinn wird ohne Bindung an handelsrechtliche Vorschriften ermittelt, der Grundsatz der Maßgeblichkeit der Handelsbilanz ist im Rahmen des § 11 KStG nicht anzuwenden, die allgemeinen steuerlichen Gewinnermittlungsvorschriften sind nur anzuwenden, soweit § 11 KStG nicht besondere Regeln vorschreibt (§ 11 Abs. 6 KStG).

7805 Die Anwendung des § 11 KStG setzt objektiv Auflösung **und** Abwicklung voraus, also muss die Liquidation mit der Versilberung der Vermögenswerte, der Befriedigung der Gläubiger und der Auskehrung des Restvermögens an die Gesellschafter verbunden sein. Auf Insolvenzfälle, in denen eine Liquidation im Rechtssinne nicht stattfindet, sind die Vorschriften über die Liquidationsbesteuerung jedoch anzuwenden (§ 11 Abs. 7 KStG). Die Regelung des § 11 KStG sind auch dann anwendbar, wenn einer der bisherigen Anteilseigner der GmbH, ohne dass eine Versilberung des Vermögens erfolgt, im Wege der Einzelrechtsnachfolge das Vermögen der GmbH in seinen eigenen Betrieb übernimmt. Es handelt sich dann um **eine faktische Abwicklung.** [1]

II. Ausschluss von § 11 KStG

7806 Die Sondervorschriften des § 11 KStG gelten nicht für die folgenden Fälle:

1. Stille Abwicklung

7807 Wird eine Körperschaft ohne vorherige Auflösung abgewickelt, d. h. der Geschäftsbetrieb wird ohne Auflösungsbeschluss eingestellt und das Betriebsvermögen veräußert (sogenannte stille Abwicklung), gilt § 11 KStG nicht, da es an einer Auflösung fehlt.[2]

2. Scheinliquidation

7808 Da Abwicklung in der Absicht auf Vollbeendigung (= Zerschlagen des wirtschaftlichen Organismus) betrieben werden muss, können nur echte, d. h. eine wirkliche, ernsthaft als solche betriebene Abwicklung anerkannt werden; eine Scheinabwicklung genügt nicht. „Die Sondervorschriften über die Liquidationssteuer gelten nur für echte Liquidationen, nicht auch für Scheinliquidationen. Beteiligt sich die Gesellschaft nach der Eintragung der Liquidation als Erwerbsgesellschaft am Wirtschaftsleben ebenso wie vorher, so ist die bloße Tatsache des Auflösungsbeschlusses und des formellen Eintritts in das Liquidationsverfahren ohne steuerrechtliche Wirkung".[3] (§ 41 AO)

---

[1] Graffe in Dötsch/Pung/Möhlenbrock § 11 Rn. 7; Frotscher in Frotscher/Druen, § 11 Rn. 20.
[2] BFH v. 17. 7. 1962 I 254/60, StRK § 14 KStGaF R 3; Zuber in Mössner/Seeger, NWB-Kommentar, § 11 Rn. 42; Graffe in Dötsch/Pung/Möhlenbrock, § 11 Rn. 9.
[3] So schon RFH v. 28. 8. 1928, RStBl. 1929 512.

Eine solche Scheinabwicklung ist z. B. auch dann gegeben, wenn eine Grundstücksgesellschaft alsbald nach Erwerb der Grundstücke, die sie durch Parzellierung verwerten soll, in Liquidation tritt und nun in jahrzehntelanger Tätigkeit als Liquidationsgesellschaft erst diesen ihren eigentlichen Gesellschaftszweck verfolgt.[1] Steuerlich bestünde die Gefahr, eine ungerechtfertigte Steuerpause aufgrund des mehrjährigen Bemessungs- und Veranlagungszeitraumes zu erwirken. § 11 KStG gilt nur für echte Liquidationen, nicht auch für Scheinliquidationen. Anhaltspunkte für eine Scheinliquidation kann das Finanzamt aus der Abgabe von USt-Voranmeldungen entnehmen. Es gelten dann die allgemeinen Gewinnermittlungsvorschriften.

Die Verpachtung des Betriebs der GmbH sperrt ebenso § 11 KStG.

3. Abgebrochene Liquidation

Auch bei einer zunächst ernsthaft beabsichtigten und beschlossenen Liquidation kann während der Durchführung diese **Absicht später aufgegeben** werden. Wenn z. B. eine Grundstücksgesellschaft einen Teil der Grundstücke veräußert, einen anderen Teil vermietet, so beteiligt sie sich, wenn auch mit veränderten Zielen, wieder am Wirtschaftsleben. Schon nach der Rechtsprechung des RFH[2] soll mit dem Beginn der neuen Tätigkeit (Vermietung und Verpachtung) die Liquidation als beendet anzusehen sein.

7809

Erstellt der Insolvenzverwalter aufgrund eines angenommenen eigenen Planinitiativrechts einen Insolvenzplan mit dem Ziel der Unternehmensfortführung, liegt keine Liquidation vor, so dass die besondere Besteuerung nach § 11 KStG ausscheidet.[3] Wird der Insolvenzplan, der die vom FA angemeldete und im Prüfungstermin vom Steuerpflichtigen nicht bestrittene Steuerforderung erfasst, rechtskräftig, kann ein unter dem Vorbehalt der Nachprüfung stehender Steuerbescheid nicht mehr nach § 164 Abs. 2 AO geändert werden, der Vorbehalt entfällt automatisch.[4] Auch eine Änderung nach § 130 AO scheidet aus.

Weitere Fälle der Fortsetzung der aufgelösten Körperschaft:

- **Fortsetzung nach Insolvenzbeendigung** (s. hierzu z. B. § 274 Abs. 2 Nr. 1 AktG, § 60 Nr. 4 GmbHG);
- **Fortsetzung nach Auflösung durch Beschluss,** solange das Vermögen an die Gesellschafter noch nicht vollständig verteilt wurde;
- **Fortsetzung nach Auflösung durch Gerichtsurteil,** wenn der Kläger bzw. die betreibende Behörde zustimmt.

Derartige Fälle dürfen nicht anders als die Fälle der Scheinliquidation behandelt werden. Steuerrechtlich kommt es nur darauf an, ob nach der Auflösung auch tatsächlich liquidiert worden ist.

(Einstweilen frei) 7810–7820

---

1 Vgl. RFH v. 1. 7. 1922, StuW Nr. 897.
2 RFH v. 20. 9. 1932, StuW Nr. 1190.
3 FG Köln v. 13. 11. 2014 10 K 3569/13, NWB DokID: QAAAE-85823,EFG 2015, 673, Az. des BFH: I R 64/16.
4 BFH v. 22. 10. 2014 I R 39/13, NWB DokID: SAAAE-82114.

III. Liquidationsbesteuerungszeitraum

7821 Abweichend von § 7 Abs. 3 KStG i.V. m. § 25 EStG ist nach § 11 Abs. 1 Satz 1 KStG der im handelsrechtlichen Abwicklungszeitraum erzielte Gewinn der Besteuerung zugrunde zu legen. Hierdurch werden in Abweichung vom Jahresprinzip der für die **Finanzverwaltung bedeutsame Besteuerungs-/Veranlagungszeitraum** und der für die steuerpflichtige **Körperschaft bedeutsame Einkünfte = Gewinnermittlungszeitraum** festgelegt. Das können mehrere Jahre sein. Solange der Besteuerungszeitraum läuft, brauchen **KSt-Erklärungen** nicht abgegeben zu werden. Im Grundsatz ist für den gesamten Abwicklungszeitraum einmal zu ermitteln und einmal zu besteuern.

Demgegenüber sind m. E. weiterhin jährliche **Gewerbesteuererklärungen** und die „normalen" **USt-Erklärungen** bzw.-Voranmeldungen abzugeben. Bezüglich der Gewerbesteuer ist die Verwaltungspraxis sehr **uneinheitlich**: Offiziell wird die Auffassung vertreten, dass erst am Ende des Abwicklungszeitraums eine Gewerbesteuererklärung abzugeben ist, in der der Gewerbeertrag monatsweise verteilt wird. Deshalb wird das „GW-Signal" zunächst „gesperrt". In der Praxis kommen aber auch jährliche Veranlagungen vor, die dann vorläufig sind.

Die Schaffung eines besonderen Gewinnermittlungs- und Veranlagungszeitraums[1] beruht auf der Vorstellung, dass der Liquidationsgewinn nur einheitlich und nur am Schluss der Liquidation zu ermitteln ist. Im Abwicklungszeitraum gibt es keine Wirtschaftsjahre im steuerrechtlichen Sinne. Sie sind nur noch im Handelsrecht bedeutsam. Die Liquidatoren haben z.B. gem. § 71 Abs. 1 GmbHG für den Beginn der Liquidation eine Bilanz (Eröffnungsbilanz) und einen die Eröffnungsbilanz erläuternden Bericht sowie für den Schluss eines jeden Jahres einen Jahresabschluss und einen Lagebericht aufzustellen.

> **BEISPIEL:** X – GmbH wird mit Wirkung ab dem 1.1.2010 liquidiert. Der Abwicklungszeitraum endet am 31.12.2012. Die Gesellschaft erzielt während des Abwicklungszeitraums im Rahmen der Restabwicklung Ihres Geschäftsbetriebs folgende Ergebnisse:
>
> | | |
> |---|---:|
> | 2010: | 300 000 € |
> | 2011: | ./. 400 000 € |
> | 2012: | 600 000 € |
> | | 500 000 € |

Entscheidend ist das Gesamtergebnis des Abwicklungszeitraums. Ertragsteuerlich folgt aus der Liquidation, dass der im Abwicklungszeitraum erzielte Gewinn der Besteuerung zugrunde gelegt wird. Der Abwicklungszeitraum ist zugleich Ermittlungszeitraum und VZ.

1. Beginn

7822 Der Abwicklungszeitraum **beginnt** im Zeitpunkt der Auflösung und endet mit dem Abschluss der Verteilung des Gesellschaftsvermögens. Ein Beschluss der Gesellschafter

---

[1] A. A. zum VZ FG Düsseldorf v. 12.3.2012 6 K 2199/09 K, EFG 2012, 1387 = mehrere VZ, aufgehoben durch BFH v. 23.1.2013 I R 35/12, BStBl II 2013, 508 = Abwicklungszeitraum bzw. Mehr-Jahres-Zeitraum ein VZ, deshalb keine Verdoppelung des Sockelbetrags der Mindestbesteuerung nach § 10d Abs. 2 KStG.

über die Auflösung wird mit dem Tag der Beschlussfassung wirksam (die notwendige Eintragung im Handelsregister ist lediglich deklaratorisch), sofern sich aus dem Beschluss nichts anderes ergibt.[1]

Fällt der Auflösungszeitpunkt in ein laufendes Wirtschaftsjahr, ist die Gesellschaft **handelsrechtlich verpflichtet, ein Rumpf-Geschäftsjahr** zu bilden, welches nicht in den Liquidationszeitraum einzubeziehen ist.[2] Erfolgt die Auflösung im Laufe eines Wirtschaftsjahres, so kann nach Auffassung der Finanzverwaltung gem. R 11 Abs. 1 KStR 2015 ein Rumpfwirtschaftjahr gebildet werden. Das Rumpfwirtschaftjahr reicht vom Schluss des vorangegangenen Wirtschaftsjahres bis zur Auflösung. Es ist nicht in den Abwicklungszeitraum einzubeziehen. Die Finanzverwaltung räumt der Gesellschaft somit ein Wahlrecht hinsichtlich der Bildung eines Rumpf-Wirtschaftsjahres ein. Wird kein Rumpfwirtschaftsjahr gebildet, so ist der Zeitraum vom Beginn des Wirtschaftsjahres bis zum Beginn der Auflösung ebenfalls in den Abwicklungszeitraum einzubeziehen.

Unseres Erachtens ist **auch steuerrechtlich** die Bildung eines **Rumpf-Wirtschaftsjahrs zwingend.**[3]

Ausfluss hat das Wahlrecht auf den Verlustrücktrag. Für Zwecke des Verlustabzugs ist zu berücksichtigen, dass der Abwicklungszeitraum ein Veranlagungszeitraum ist. Verluste aus früheren VZ können in den Abwicklungszeitraum vorgetragen werden. Wird ein Liquidationsverlust erzielt, ist dieser rücktragsfähig. Hier kann das Wahlrecht hinsichtlich der Einbeziehung eines vorhergehenden Rumpfwirtschaftsjahres eine Rolle spielen.

BEISPIEL:

▶ Die X-GmbH hat ein Wirtschaftsjahr, das mit dem Kalenderjahr übereinstimmt. Am 30.4.2013 beschließt die Gesellschafterversammlung die Auflösung mit Wirkung vom 1.5.2013. Die GmbH erstellt eine Bilanz auf den 30.4.2013. Durch die Bilanzerstellung wird ein Rumpfwirtschaftsjahr vom 1.1. bis 30.4.2013 gebildet, dessen Ergebnis nicht in den Liquidationsbesteuerungszeitraum einbezogen, sondern der Körperschaftsteuerveranlagung für 2013 zugrunde gelegt wird. Der Liquidationsbesteuerungszeitraum beginnt am 1.5.2013.

▶ Wie Beispiel oben, aber die GmbH hat zum 30.4.2013 keine Bilanz erstellt. Nach R 51 Abs. 1 KStR (neu R 11 Abs. 1 KStR) braucht die GmbH kein Rumpfwirtschaftsjahr zu bilden, sondern kann auch den Zeitraum vom 1.1. bis 30.4.2013 in die Liquidationsbesteuerung einbeziehen, obwohl die Abwicklung erst am 1.5.2013 beginnt. Durch die Ausübung des Wahlrechts wird der Beginn des Liquidationsbesteuerungszeitraums auf den 1.1.2013 vorverlegt.

2. Der Drei-Jahres-Zeitraum

In der Regel stimmt der Abwicklungszeitraum (Besteuerungszeitraum) weder nach Verlauf noch nach Dauer mit dem Kalenderjahr überein, **soll aber drei Jahre nicht übersteigen** (§ 11 Abs. 1 Satz 2 KStG).

---

1 BFH v. 9.3.1983 I R 202/79, BStBl II 1983, 433.
2 BFH v. 17.7.1974 I R 233/71, BStBl II 1974, 692; v. 9.3.1983 I R 202/79, a.a.O.
3 Ebenso BFH v. 17.7.1974 I R 233/71, BStBl II 1974, 692 und v. 27.3.2007 VIII R 25/05, BStBl II 2008, 298.

Erfolgt die Abwicklung innerhalb von drei Jahren, existiert nur eine Veranlagung. Unzulässig ist, solange die Abwicklung noch nicht beendigt ist, die Veranlagung für einen kürzeren Zeitraum als drei Zeitjahre vorzunehmen. Das gilt sowohl für die Verwaltung als auch für die GmbH, wenn sie ein Interesse hätte, vorzeitig einen Verlustrücktrag geltend zu machen.

Erstreckt sich die Abwicklung über einen längeren Zeitraum als drei Jahre, liegt die Verlängerung des Besteuerungszeitraums im Ermessen des FA, z. B. bei nur unbedeutender Verlängerung des Drei-Jahres-Zeitraums oder Verzögerung der Abwicklung, die der Steuerpflichtige nicht zu verantworten hat. Eine Versagung der Verlängerung des Besteuerungszeitraums muss nur dann begründet werden, wenn ein rechtliches Interesse der Kapitalgesellschaft an der Verlängerung des Besteuerungszeitraums über drei Jahre hinaus erkennbar ist.[1] Davon abgesehen ist äußerst streitig, wie zu verfahren ist, wenn sich die Abwicklung über einen längeren als einen dreijährigen Zeitraum erstreckt.[2]

Nach Ablauf des ersten Drei-Jahres-Zeitraums erfolgt nach h. M. wieder eine Veranlagung.[3] Bei einer Überschreitung des Dreijahreszeitraums sind die danach beginnenden weiteren Besteuerungszeiträume nach der von der Finanzverwaltung vertretenen Auffassung grundsätzlich jeweils auf ein Jahr begrenzt.[4] Nach a. A. beginnt ein neuer Drei-Jahres-Zeitraum.[5]

Nach der BFH Rechtsprechung gilt: Zieht sich die Liquidation einer Kapitalgesellschaft über mehr als drei Jahre hin, so darf das FA nach Ablauf dieses Zeitraums regelmäßig auch dann gegenüber der Kapitalgesellschaft einen KSt-Bescheid erlassen, wenn für eine Steuerfestsetzung vor Abschluss der Liquidation kein besonderer Anlass besteht.[6] Ein solches Vorgehen muss nur dann begründet werden, wenn ein rechtliches Interesse der GmbH an der Verlängerung des Besteuerungszeitraums über drei Jahre hinaus erkennbar ist. Bei kurzfristiger Überschreitung des Liquidationszeitraums kann eine Veranlagung unverhältnismäßig sein.

Umstritten ist die **Qualität dieser Veranlagung**. Der BFH hat diese Frage bisher ausdrücklich offen gelassen.[7]

▶ Nach einer Auffassung[8] sind nach Ablauf des ersten dreijährigen Besteuerungszeitraums grundsätzlich wieder jährliche KSt-Veranlagungen durchzuführen. Dabei kommt als Abschlusszeitpunkt für die jährliche Zwischenveranlagung entweder der bisherige regelmäßige Abschlusszeitpunkt oder der Zeitpunkt in Betracht, auf den

---

1 BFH v. 18. 9. 2007 I R 44/06, BStBl II 2008, 319; vgl. dazu BMF v. 4. 4. 2008, BStBl I 2008, 542, zur Festsetzung der GewSt.
2 FG Köln v. 27. 9. 2012 10 K 2838/11, NWB DokID: KAAAE-23266, EFG 2013, 78 enthält umfassende Hinweise zu den verschiedenen Auffassungen.
3 Vgl. die Hinweise bei Dötsch/Pung, DB 2003, 1922, 1923
4 R 11 Abs. 1 Satz 7 KStR 2015.
5 Z. B. Lambrecht in Gosch, KStG, § 11 Rn. 42.
6 Zur Zeitraumproblematik s. BFH v. 18. 9. 2007 I R 44/06, BStBl II 2008, 319.
7 Zu den verschiedenen Ansichten s. auch FG Düsseldorf v. 12. 3. 2012 6 K 2199/09 K, NWB DokID: PAAAE-10708, EFG 2012, 1387.
8 Graffe in Dötsch/Pung/Möhlenbrock, § 11 KStG Rn. 19; Dötsch/Pung, DB 2003, 1922, 1923.

die Körperschaft gem. § 270 AktG bzw. § 71 GmbHG ihre jährliche Liquidationszwischenbilanz zu erstellen hat. Es soll sich um endgültige Veranlagungen mit eigenständigen Veranlagungszeiträumen handeln.[1]

▶ Nach anderer Auffassung sind die KSt-Veranlagungen während des Abwicklungszeitraums **bloße Zwischenveranlagungen**, die nach Ablauf des Liquidationszeitraums durch eine Veranlagung für den gesamten Liquidationszeitraum zu ersetzen seien (Änderung nach § 175 Abs. 1 Nr. 2 AO). Für diese Auffassung spricht der Wortlaut des § 11 Abs. 1 Satz 1 KStG, der vom Gewinn im Zeitraum der Abwicklung spricht.[2]

▶ *Streck*[3] vertritt die Auffassung, dass das Finanzamt auf Zwischenveranlagungen verzichten und das KSt-Aufkommen durch die Festsetzung von Vorauszahlungen auf die KSt für den Liquidationsgewinn sichern kann.

▶ Eine vermittelnde Auffassung vertritt das FG des Landes Brandenburg,[4] wonach sich der Besteuerungszeitraum erneut über drei Jahre erstrecken kann, die Beschränkung des weiteren Besteuerungszeitraums auf lediglich ein Jahr durch das FA jedoch ermessensgerecht ist.

Für die Praxis bedeutsam wird die Frage, ob die Veranlagungen endgültigen Charakter haben mit der Folge, dass mindestens zwei VZ entstehen[5], oder als Zwischenveranlagung zu werten sind, so dass nur ein VZ entsteht[6], die bzw. der nach Ablauf des Liquidationszeitraums durch eine Veranlagung für den gesamten Liquidationszeitraum zu ersetzen sind.

Auswirkungen ergeben sich bei der Möglichkeit des Verlustabzugs nach § 10d EStG und bei der Frage nach der Anwendung des alten bzw. neuen Rechts bei systemübergreifenden Liquidationen z. B. aufgrund der Spezialregelung in § 34 Abs. 14 Satz 1 KStG i. d. F. des StBAG, die auf den Besteuerungszeitraum abstellt.

> **BEISPIEL ZU VERLUSTABZUG:** Die Liquidation wurde in 01 begonnen und in 05 beendet. Veranlagungen wurden für die Zeiträume 01 bis 03, 04 und 05 durchgeführt.
>
> **Lösung nach der Meinung endgültige Veranlagung:**
>
> Verlustrücktrag auf VZ vor Liquidationsbeginn ist nur aus dem Zeitraum 01 bis 03 möglich.
>
> **Lösung nach der Meinung bloße Zwischenveranlagung:**
>
> Die Zwischenveranlagungen werden nach Abschluss der Liquidation durch eine Veranlagung für den Zeitraum 01 bis 05 ersetzt. Verlustrücktrag auf VZ vor Liquidationsbeginn ist aus dem gesamten Liquidationszeitraum möglich.

---

1 So FG Köln v. 27. 9. 2012 10 K 2838/11, NWB DokID: KAAAE-23266, EFG 2013, 78, mit ablehnender Anmerkung Zimmermann; in dem BFH-Urteil v. 7. 5. 2014 I R 81/12, NWB DokID: AAAAE-71561 wurde diese Frage erneut offen gelassen.
2 Schumann in Greif/Schuhmann, § 11 Rn. 32 f.; Lambrecht in Gosch, § 11 KStG, Rn. 34.
3 § 11 KStG Anm. 6 mit weiteren Nachweisen.
4 Vom 23. 1. 2002 2 K 2272/98, EFG 2002, 432.
5 Graffe in Dötsch/Pung/Möhlenbroch, § 11 KStG 1999 Rn. 19 und Dötsch/Pung, DB 2003, 1922. 1923.
6 So rkr. Urt. des FG Brandenburg v. 23. 1. 2002, EFG 2002, 432 mit Anmerkung Neu.

Zum **Verlustvortrag** hatte das FG Düsseldorf[1] zunächst die Ansicht vertreten, dass der Grundabzugsbetrag für jedes Jahr des Liquidationsveranlagungszeitraums, in dem ein Gewinn erzielt wird, zu gewähren sei, also in der Regel bis zu drei Mal. **Das Urteil hat** hat der BFH[2] aufgehoben und mit Urteil vom 23. 1. 2013 entschieden, dass der Sockelbetrag im mehrjährigen Besteuerungszeitraum nur einmal zu gewähren ist.

Gewerbesteuerlich wird nach § 16 GewStDV der Gewerbeertrag monatsweise auf die Jahre des Abwicklungszeitraums verteilt.[3]

Auf den Schluss jedes Besteuerungszeitraums sind auch die gesonderten Feststellungen nach § 27 KStG (steuerliches Einlagekonto) vorzunehmen. Die abschließenden gesonderten Feststellungen für den letzten Besteuerungszeitraum werden auf den Zeitpunkt vor der Schlussverteilung des Vermögens vorgenommen.

7824–7840 (*Einstweilen frei*)

IV. Einkommensermittlung im Liquidationszeitraum

1. Ermittlung des Liquidationsgewinns gemäß § 11 Abs. 2 KStG

a) Systematischer Ansatz von § 11 im Rahmen von Einkünften und Einkommen

7841 Der Liquidationsgewinn ist gem. § 8 Abs. 2 KStG Element der Einkünfte aus Gewerbebetrieb. Nur diese Einkunftsart können die in § 11 KStG genannten Subjekte erfüllen. Von dieser summarischen Größe ist das „zu versteuernde Einkommen" als Bemessungsgrundlage für die Körperschaftsteuer zu entwickeln.[4] Daher ist § 11 KStG im Bereich der Einkommensermittlungsvorschriften angesiedelt.

Der Liquidationsgewinn müsste bei einer Veranlagung identisch sein mit Summe der Einkünfte aus den Einkunftsarten. Allerdings zeigt sich bei dem unten dargestellten Ermittlungsschema, dass der „steuerliche Abwicklungsgewinn" eher dem Gesamtbetrag der Einkünfte entspricht. Er enthält Spenden und Verlustabzüge. Die weitere Entwicklung zu Einkommen etc. erfolgt nach den allgemeinen Regeln. § 11 KStG setzt daher auch nur bei einem Teilelement des Einkommens, der Ausgangsgröße Liquidationsgewinn, an.

b) Aufgabe des § 11 Abs. 2 KStG

7842 Der Terminus Gewinn ist eine **Nettogröße,** die aus den Elementen Abwicklungs-Endvermögen und Abwicklungs-Anfangsvermögen besteht. Abs. 2 gibt daher die Definition und Berechnung des Liquidationsgewinns vor. Das im Steuerrecht anerkannte Nettoprinzip wird hier fortgesetzt.[5]

---

[1] FG Düsseldorf v. 12. 3. 2012, 6 K 2199/09 K, NWB DokID: PAAAE-10708, EFG 2012, 1387.
[2] BFH v. 23. 1. 2013 I R 35/12 ‚BStBl II 2013, 508.
[3] S. hierzu R 7.1 (8) GewStR.
[4] Zum Berechnungsschema vgl. R 7.1. KStR 2015.
[5] Lang, Die Bemessungsgrundlage der Einkommensteuer, 60f.

c) Die Bedeutung der Rechnungslegung der Liquidatoren

Wie der laufende Gewinn von Körperschaften (§ 5 Abs. 1 EStG), so ist auch ihr Abwicklungsgewinn durch **Vermögensvergleich** zu ermitteln. Gegenüberzustellen ist nach § 11 Abs. 2 KStG das **Abwicklungsendvermögen** dem **Abwicklungsanfangsvermögen**. Dies gilt allerdings nur für den letzten Besteuerungszeitraum.[1]

Vor der Gegenüberstellung sind aber beide Vergleichswerte noch durch bestimmte Abzüge zu berichtigen (§ 11 Abs. 3 u. Abs. 4 Satz 3 KStG). Es ist also das berichtigte Abwicklungsanfangsvermögen von dem berichtigten Abwicklungsendvermögen abzuziehen. Das Ergebnis ist noch aufgrund der allgemeinen Gewinnermittlungsvorschriften zu berichtigen (§ 11 Abs. 6 KStG), und stellt dann den nach § 11 Abs. 1 KStG steuerrelevanten Abwicklungsgewinn dar. Dieser umfasst demnach nicht nur das Ergebnis aus der Auflösung stiller Reserven im Abwicklungsanfangsvermögen, sondern auch dessen Erträge, die im Laufe der Abwicklung erzielt werden.[2]

Der zuvor beschriebene Vermögensvergleich muss sich zunächst an handels- bzw. gesellschaftsrechtlichen Rechnungslegungen anschließen. Insofern wird die Rechnungslegung der Liquidatoren maßgeblich. Die Liquidatoren schließen ihre Rechnungslegung an die Schlussbilanz der werbenden Gesellschaft an.

Folgende Vermögensaufstellungen werden üblicherweise in zeitlicher Reihenfolge unterschieden:

- die Schlussbilanz der werbenden Gesellschaft,
- **die Liquidationseröffnungsbilanz** (§ 71 GmbHG),
- ein die Liquidationseröffnungsbilanz erläuternder Bericht (= Anhang),
- die Liquidationsjahresbilanzen nebst Lagebericht,
- **die Liquidationsschlussbilanz** (= letzte dynamische Rechnungslegung vor Verteilung des Reinvermögens),
- die Zwischenberichte,
- die Schlussrechnung (§ 74 GmbHG).

Somit ist das Ergebnis der Liquidationseröffnungsbilanz von dem Ergebnis der Liquidationsschlussbilanz abzuziehen.

---

[1] S. R 11 Abs. 3 KStR 2015.
[2] Vgl. BFH v. 8. 12. 1971 I R 164/69, BStBl. II 1972, 229.

7845 Unter Beachtung der in § 11 Abs. 3-6 KStG zu beachtenden Korrekturen ergibt sich allerdings das nachfolgende Ermittlungsschema:

Schema zur Ermittlung des Abwicklungsgewinns

1. Ermittlungsstufe:

Abwicklungsendvermögen (bewertet mit dem gemeinen Wert)

./. nicht der KSt unterliegende Vermögensmehrungen (sachlich steuerfreie Einnahmen, gesellschaftliche Einlagen).

./. abziehbare Aufwendungen (§ 9 KStG)

+ verdeckte Vermögensverteilung (= vGA) (§ 11 Abs. 6 KStG)

+ nicht abziehbare Aufwendungen (§ 4 Abs. 5 EStG, § 10 KStG)

= **steuerliches Abwicklungsendvermögen** (§ 11 Abs. 3 KStG, gemeiner Wert)

2. Ermittlungsstufe:

Abwicklungsanfangsvermögen = letzte laufende Schlussbilanz (bewertet nach §§ 6 ff. EStG = Buchwert)

./. Gewinnausschüttungen für Wirtschaftsjahre vor der Auflösung

= **steuerliches Abwicklungsanfangsvermögen** (§ 11 Abs. 4 KStG)

3. Ermittlungsstufe:

Steuerliches Abwicklungsendvermögen

./. Steuerliches Abwicklungsanfangsvermögen

= Vermögenszugang/-minderung (§ 11 Abs. 2 KStG)

+ Wert eigener Anteile

= Einkünfte aus Gewerbebetrieb = steuerlicher Abwicklungsgewinn

./. Spenden (§ 9 Abs. 1 Nr. 2 KStG)

./. Verlustabzug (§ 10d EStG)

= **zu versteuerndes Abwicklungseinkommen**

7846 **BEISPIEL ZUR ERMITTLUNG DES ABWICKLUNGSGEWINNS** ▶ Die A GmbH wird zum 1.7.02 aufgelöst. Die Abwicklung endet am 31.8.03.

Für die Zeit vom 1.1.02 - 30.6.02 bildet die GmbH ein Rumpf-WJ. Die Bilanz am 30.6. enthält folgende Werte:

	30.6.02		
Grundstück	100 000	Gez. Kapital	40 000
Bank	258 000	-Nennbetrag eig. Anteile	10 000
Forderung	200 000	Ausgegebenes Kapital	30 000
		Rücklagen	300 000
		Verbindlichkeiten	218 000
	558 000		558 000

6. Abschnitt: Die Besteuerung der GmbH in der Liquidation

- Das Grundstück wird am 10. 7. 02 für 172 000 veräußert.
- Die Forderungen werden in Höhe von 198 000 eingezogen.
- Die Schulden in Höhe von 218 000 werden getilgt.

LÖSUNG: 1. Abwicklungsendvermögen

Entwicklung Bank:	Bestand 30. 6. 02	258 000
	Eingang Forderung	+ 198 000
	Abgang Verbindlichkeit	./. 218 000
	Eingang Erlös GruBo	+ 172 000
	Bestand 31. 8. 03	410 000
Entwicklung Rücklage:	Bestand 30. 6. 02	300 000
	Eingang Forderung	+ 198 000
	Abgang Forderung	./. 200 000
	Abgang Verbindlichkeit	+ 218 000
	Abgang Bank	./. 218 000
	Eingang Erlös GruBo	+ 172 000
	Abgang GruBo	./. 100 000
	Bestand 31. 8. 03	370 000

Entwicklung Stammkapital:

Bestand 30. 6. 02	50 000
Abgang eigene Anteile.	./. 10 000
Bestand 31. 8. 03	40 000

31. 8. 03

Grundstück	*******	Ausg. Kapital	40 000
Bank	410 000	Rücklagen	370 000
Forderung	******	Verbindlichkeiten	*********
	410 000		410 000

Steuerliches Abwicklungsendvermögen = 410 000

2. Abwicklungsanfangsvermögen

Stammkapital	50 000
Rücklagen	300 000
= steuerl. Abwicklungsanfangsvermögen	350 000

3. Steuerliches Abwicklungsendvermögen	**410 000**
Steuerliches Abwicklungsanfangsvermögen	./. 350 000
Wert eigener Anteile	+ 10 000
= steuerlicher Abwicklungsgewinn	70 000

Ob die eigenen Anteile hinzugerechnet werden müssen, hängt davon ab, ob man beim Abwicklungs-Anfangsvermögen das gezeichnete oder das ausgegebene Kapital zugrunde legt.

Nach h. A. erlöschen Verbindlichkeiten mit der Löschung der GmbH im Handelsregister.[1]

Streitig ist, was mit Verbindlichkeiten gegenüber Gesellschaftern ist, hinsichtlich derer diese einen Rangrücktritt ausgesprochen haben:

Nach Auffassung der Finanzverwaltung entsteht ein steuerpflichtiger Gewinn, da die Verbindlichkeiten in dem Abwicklungsendvermögen nicht mehr zu erfassen sind.

Nach anderer, zutreffender Auffassung entsteht mit dem Wegfall der Verbindlichkeit durch Vollbeendigung zwar ein Gewinn, der allerdings mangels noch bestehenden Steuersubjekts nicht (mehr) steuerpflichtig ist.[2]

2. Ermittlung des Abwicklungsendvermögens gemäß § 11 Abs. 3 KStG

a) Begriff

7847 **Das Abwicklungsendvermögen** (§ 11 Abs. 3 KStG) ist das zur Verteilung kommende Vermögen, vermindert um die steuerfreien Vermögensmehrungen, die dem Steuerpflichtigen im Abwicklungszeitraum zugeflossen sind, also das gesamte steuerpflichtige Abwicklungsergebnis, d. h. nicht nur die am Schluss der Abwicklung ausgeschütteten, sondern auch die bereits im Laufe der Abwicklung – als Vorschüsse auf das Abwicklungsergebnis – verteilten Beträge. Als verteilt haben auch Vermögensbestandteile zu gelten, die nicht an die Gesellschafter ausgeschüttet, sondern mit deren Einwilligung von dem Liquidator Dritten zugeteilt werden, ohne dass diese vorher einen Rechtsanspruch darauf gehabt hätten.

Zum Abwicklungs-Endvermögen gehört alles, was an die Gesellschafter zur Verteilung kommt oder bereits im Laufe der Abwicklung verteilt worden ist. Es ist dabei unerheblich, ob es sich insoweit um **offene Ausschüttungen als Vorschüsse auf den Abwicklungsgewinn** oder **um verdeckte Gewinnausschüttungen** handelt. Da durch solche Zuwendungen das Abwicklungsendvermögen und damit der Abwicklungsgewinn gemindert würde, sind Gewinnminderungen, die sich aus solchen Vorteilszuwendungen ergeben, bei der Ermittlung des Abwicklungsgewinns dem nach § 11 Abs. 2 KStG ermittelten Gewinn hinzuzurechnen.

Gewinnausschüttungen für vorangegangene Jahre gehören nicht zum Abwicklungsendvermögen, sondern sind beim Abwicklungs-Anfangsvermögen abzuziehen (s. oben 2. Ermittlungsstufe).

---

1 Str.; zu Einzelheiten s. Seppelt, BB 2010, 1395, Farle, BB 2012, 1507, die die Auffassung vertreten, dass die Löschung einen Wegfall der Passivierungspflicht in der Liquidationsschlussbilanz handels- und steuerrechtlich nicht begründen kann; s. a. Kahlert, Liquidationsbesteuerung der GmbH: Keine Auflösung einer nichtbefriedigten Verbindlichkeit, DStR 2016, 2262 unter Bezugnahme auf BFH v. 16. 6. 2015 IX R 28/14, NWB DokID: WAAAF-05922; zu den Auswirkungen der Löschung einer Gläubiger-GmbH wegen Vermögenslosigkeit auf eine noch bestehende Darlehensforderung und auf den bilanziellen Ansatz beim Schuldner s. FG Bremen v. 10. 11. 2016 1 K 42/16 (5), NWB DokID: HAAAG-35019 und Tranacher, DStR 2017, 1078.

2 FG Köln v. 6. 3. 2012 13 K 3006/11, NWB DokID: NAAAE-12064, EFG 2012, 1421; der BFH hat mit Urteil v. 5. 2. 2014 I R 34/12, NWB DokID: LAAAE-63492, BFH/NV 2014, 1014, das FG Köln aufgehoben, die Streitfrage allerdings offen gelassen (Überprüfung einer verbindlichen Auskunft).

Werterhellende Umstände, die bis zum Zeitpunkt der Veranlagung bekannt werden, sind bei der Ermittlung des maßgeblichen Abwicklungsendvermögens zu berücksichtigen.[1]

Streitig ist, wie solche Wirtschaftsgüter zu behandeln sind, die überhaupt nicht verteilt werden können, weil sie mit der Auflösung der Gesellschaft untergehen, die aber im Abwicklungs-Anfangsvermögen noch enthalten sind, weil das Betriebs-vermögen, das der letzten Veranlagung zugrunde gelegt worden ist, diese Wirtschaftsgüter ausweist.

BEISPIELE: EIGENE ANTEILE, DERIVATIVER GESCHÄFTSWERT: Es wurde schon durch den RFH[2] geklärt, dass Wirtschaftsgüter, die durch die Auflösung wegfallen, den steuerpflichtigen Auflösungsgewinn nicht mindern dürfen, weil es sich hierbei um einen gesellschaftsrechtlichen Vorgang handelt. Solche Wirtschaftsgüter scheiden zwar bei der Bewertung des Endvermögens aus, sind jedoch dem Abwicklungsgewinn hinzuzurechnen (s. oben 3. Ermittlungsstufe).

Nicht erforderlich ist, dass originär erworbene immaterielle Wirtschaftsgüter, insbesondere ein selbst geschaffener Geschäftswert, deren Aktivierung durch § 5 Abs. 2 EStG ausgeschlossen ist, die aber mit der Auflösung ebenfalls untergehen, bei der Ermittlung des Abwicklungsgewinns berücksichtigt werden und den Gewinn erhöhen; eine Realisierung dieser immateriellen Wirtschaftsgüter kommt somit nicht in Betracht.[3]

Soweit das zur Verteilung kommende Vermögen neben dem Abwicklungserlös auch unveräußert gebliebene Betriebsgegenstände (Sachwerte) umfasst, sind diese nicht mit dem Teilwert, sondern mit dem **gemeinen Wert** (Einzelveräußerungspreis) in das Abwicklungs-Endvermögen einzurechnen. Dazu gehören selbst geschaffene **immaterielle Wirtschaftsgüter** allerdings nur insoweit, als sie bei einer Sachteilung erhalten bleiben.

Der Grundsatz der Maßgeblichkeit der Handelsbilanz gilt nicht bei Ermittlung des Abwicklungsendvermögens. Gibt eine in der Abwicklung befindliche Kapitalgesellschaft, Erwerbs- und Wirtschaftsgenossenschaft oder VVaG an die Gesellschafter (Mitglieder) oder diesen nahestehenden Personen in der Zeit nach der Auflösung aus dem abzuwickelnden Vermögen Sachwerte zu einem unter dem gemeinen Wert (Einzelwert) liegenden Preis ab, so ist der gemeine Wert dieser Wirtschaftsgüter (im Zeitpunkt ihrer Übertragung), nicht der niedrigere Abgabepreis, in das Abwicklungendvermögen einzurechnen.[4]

Eigene Anteile der aufgelösten Körperschaft, die an der Vermögensverteilung nicht teilnehmen, erhöhen das Abwicklungsendvermögen nicht.[5] Die durch den Wegfall der eigenen Anteile infolge der Auflösung entstandene Vermögensminderung darf jedoch den steuerpflichtigen. Abwicklungsgewinn nicht verkürzen und muss daher dem Ergebnis des Vermögensvergleichs wieder hinzugerechnet werden (vgl. oben 3. Ermittlungsstufe). Auch die Wirkung verdeckter Zuwendungen an Gesellschafter (Mitglieder) ist durch Hinzurechnung auszugleichen.

b) Abzug der steuerfreien Vermögenszugänge

Vor dem Vermögensvergleich sind von dem Abwicklungsendvermögen nach § 11 Abs. 3 KStG die steuerfreien Vermögenszugänge abzuziehen, die im Abwicklungszeitraum zugeflossen sind. Gemeint sind damit die Vermögenszuflüsse und Einnahmen, die auch bei der regelmäßigen Gewinnermittlung (§ 5 Abs. 1 EStG) außer Ansatz bleiben. In Fra-

7848

---

1 BFH v. 14.12.1965 I 246/62, BStBl III 1966, 152
2 RFH v. 25.4.1939 I 120/38, RStBl 1939, 923.
3 BFH v. 19.1.1982 VIII R 21/77, BStBl II 1982, 456.
4 RFH v. 10.5.1938, RStBl 1938,630; v. 17.1.1939, RStBl 1939, 598; BFH v. 14.12.1965 I 246/62 U, BStBl. III 1966, 152.
5 RFH v. 10.10.1930, RStBl 1031, 760 und v. 8.2.1938, StuW Nr. 192.

ge kommen hier die nach §§ 3, 3a EStG, § 8b KStG steuerfreien Einkünfte und insbesondere nach DBA steuerfreie ausländische Einkünfte. Ihr Abzug wäre daher auch ohne die ausdrückliche Bestimmung schon durch die Vorschrift des § 11 Abs. 6 KStG gesichert.

Zu den nicht steuerbaren Vermögenszugängen i. S. d. § 11 Abs. 3 KStG zählen alle Zuflüsse, die nicht unter den Begriff „Einkünfte" fallen, wie insbesondere gesellschaftliche Einlagen, Nachschüsse, Zubußen. Der Begriff steuerfreie Vermögensmehrung enthält alle steuerfreien und nicht steuerbaren Zugänge. Insoweit wäre eine klarere Terminologie im Gesetz erforderlich. Abzuziehen sind auch alle Einnahmen, für die durch besondere Vorschriften eine sachliche Steuerbefreiung vorgesehen ist.

„Verzichtet der Gesellschafter einer Kapitalgesellschaft im Laufe des Abwicklungsverfahrens mit Rücksicht auf sein Gesellschaftsverhältnis auf eine ihm gegen die Gesellschaft zustehende Forderung, so ist dies einer gesellschaftlichen Einlage gleich zu achten, die als steuerfreier Vermögenszugang von dem Abwicklungs-Endvermögen abzuziehen ist".[1]

Dies gilt allerdings nur für den werthaltigen Teil der Forderung, der nicht werthaltige Teil der Forderung ist gewinnerhöhend aufzulösen.[2] Deshalb **empfiehlt** sich der **Verzicht nicht.**

Ebenso müssen Schenkungen oder Erbschaften abgezogen werden, die bei buchführungspflichtigen Körperschaften stets zu den Betriebseinnahmen gehören. Diese Zugänge beruhen nicht auf marktwirtschaftlichem Geschehen. Sie sind im Übrigen von der Erbschaft- und Schenkungsteuer erfasst.

3. Ermittlung des Abwicklungsanfangsvermögens gemäß § 11 Abs. 4 KStG

a) Abwicklungsanfangsvermögen im Regelfall

7849 Abwicklungsanfangsvermögen ist nach § 11 Abs. 4 Satz 1 KStG ist das Betriebsvermögen, das am Schluss des der Auflösung vorangegangenen Wirtschaftsjahrs der Veranlagung zur KSt zugrunde gelegt worden ist. Es kommt nicht auf das in der Handelsbilanz ausgewiesene Vermögen an, sondern auf das in der **Steuerbilanz** nach den steuerlichen Vorschriften **auszuweisende Betriebsvermögen,** das für die Ermittlung des Gewinns des vorangegangenen Wirtschaftsjahres maßgeblich war. Nur hierdurch bleibt die Bilanzkontinuität gewahrt. **Maßgeblich** sind **die Buchwerte aus der letzten Steuerbilanz.**

Die Begriffsbestimmung „Betriebsvermögen" ist nicht wörtlich zu verstehen, da der Veranlagung zur KSt nicht das Betriebsvermögen zugrunde gelegt ist. Gemeint ist der Wert des Betriebsvermögens am Schluss des der Auflösung vorangegangenen Wirtschaftsjahrs, der in den zum Zweck der steuerlichen Gewinnermittlung für das vorangegangene Wirtschaftsjahr vorzunehmenden Vermögensvergleich einbezogen worden ist. Wird aufgrund der neueren Rspr. zur Frage des Beginns des Abwicklungszeitraums (vgl. hierzu oben) das Ergebnis des durch die Auflösung entstehenden Rumpfwirt-

---

1 RFH v. 4. 10. 1938 I 374/37, RStBl 1939, 1142, 1143; BFH v. 9. 6. 1997 GrS 1/94, BStBl II 1998, 307
2 BFH v. 9. 6. 1997 GrS 1/94, BStBl II 1998, 307; zu Einzelheiten s. Seppelt, BB 2010, 1395.

schaftsjahrs nicht im Rahmen der Liquidations-, sondern der normalen Besteuerung erfasst, so ist dies das Betriebsvermögen, das in der Schlussbilanz für dieses Rumpfwirtschaftsjahr nach den steuerlichen Vorschriften ausgewiesen ist.

> **BEISPIEL:** Die Gesellschafter der X-GmbH beschließen am 31.10.05, dass die Gesellschaft mit Ablauf dieses Tages aufgelöst ist. Wirtschaftsjahr der X-GmbH ist vom 1.4. – 31.3. Der Besteuerungszeitraum i. S. d. § 11 Abs. 1 KStG beginnt am 1.11.05. Bei der Veranlagung für den VZ 05 sind zu berücksichtigen das Ergebnis des Wirtschaftsjahrs vom 1.4.04 bis zum 31.3.05 sowie das Ergebnis des Rumpfwirtschaftsjahrs vom 1.4.05 bis zum 31.10.05. Abwicklungs-Anfangsvermögen ist das in der Bilanz auf den 31.10.05 ausgewiesene Betriebsvermögen.

Zum Abwicklungs-Anfangsvermögen gehören auch die am maßgeblichen Stichtag vorhandenen umsatzfähigen **eigenen Anteile** der aufgelösten Körperschaft, wegen der Neutralisation des durch den Wegfall dieser eigenen Anteile entstehenden Buchverlusts (s. oben Schema 3. Ermittlungsstufe).

b) Abwicklungsanfangsvermögen bei Fehlen einer Veranlagung für das Vorjahr (§ 11 Abs. 4 Satz 2 KStG)

Ist für den vorangegangenen Veranlagungszeitraum eine Veranlagung unterblieben, ist das Betriebsvermögen anzusetzen, das im Falle einer Veranlagung nach den steuerrechtlichen Vorschriften über die Gewinnermittlung auszuweisen gewesen wäre, § 11 Abs. 4 Satz 2 KStG. Seitdem der Verlustabzugsbetrag nach § 10d EStG gesondert festgestellt wird, dürfte § 11 Abs. 4 Satz 2 KStG von eher theoretischer Bedeutung sein, da statistisch in der Regel verschuldete Unternehmen liquidiert werden. 7850

c) Behandlung von Liquidationsverlusten

Die Grundsätze über den Verlustabzug gem. § 10d EStG i.V. m. § 8 Abs. 1 KStG gelten auch im Rahmen der Liquidation. 7851

> **BEISPIEL 1:** Die A-GmbH wird zum 1.5.11 aufgelöst. Die Liquidation ist am 30.9.13 beendet. Für den Zeitraum 1.1.11 bis 30.4.11 wurde ein Rumpfwirtschaftsjahr gebildet. Das Einkommen der X-GmbH beträgt in 10 50 000 €, für das Rumpfwirtschaftsjahr wurde ein positives Einkommen in Höhe von 10 000 € erzielt. Im Liquidationsbesteuerungs-zeitraum ergibt sich hingegen ein negatives Einkommen von ./. 50 000 €.
>
> Der Liquidationsverlust in Höhe von 50 000 € kann gem. § 10d EStG i.V. m. § 8 Abs. 1 KStG auf den vorangegangenen Veranlagungszeitraum zurückgetragen werden. Danach kann der Verlust mit dem Gewinn des Rumpfwirtschaftsjahres in Höhe von 10 000 € verrechnet werden. Ein Betrag von 40 000 € geht mangels Vortragsmöglichkeit verloren.

Ein Verlustvortrag kommt nur dann in Betracht, wenn der Liquidationszeitraum länger als drei Jahre dauert.

> **BEISPIEL 2:** Sachverhalt wie zuvor, nur wird auf die Bildung eines Rumpfwirtschaftsjahres verzichtet.
>
> Für den Liquidationszeitraum 1.1.11 bis 30.9.13 ergibt sich ein Einkommen in Höhe von ./. 40 000 € (10 000 ./. 50 000). Dieser Betrag kann gem. § 10d EStG i.V. m. § 8 Abs. 1 KStG auf den vorangegangenen Veranlagungszeitraum (VZ 10) zurückgetragen werden. Nach Verlustrücktrag verbleibt für 10 ein zu versteuerndes Einkommen in Höhe von 10 000 € (50 000 ./. 40 000). Der Verlust aus dem Liquidationszeitraum wirkt sich somit in voller Höhe steuerlich aus.

7852 Zur **Verfassungsmäßigkeit der Mindestbesteuerung** und des Wegfalls von Verlustvorträgen in Liquidationsfällen sind folgende Judikate zu vermerken:

Es ist ernstlich zweifelhaft, ob die sog. Mindestbesteuerung gem. § 10d Abs. 2 Satz 1 EStG 2002 n. F. verfassungsrechtlichen Anforderungen auch dann standhält, wenn eine Verlustverrechnung in späteren Veranlagungszeiträumen aus rechtlichen Gründen (hier: nach § 8c KStG 2002) endgültig ausgeschlossen ist.[1]

Mindestbesteuerung ist für den Fall nicht verfassungswidrig, wenn keine Definitivbelastung vorliegt.[2] Bei Definitivbelastung kann eine sachliche Unbilligkeit anzunehmen sein.[3]

§ 10a Satz 2 GewStG ist trotz Definitivbelastung wegen Liquidation nicht verfassungswidrig.[4]

Nach BVerwG ist kein Billigkeitserlass der Gewerbesteuer wegen des endgültigen Wegfalls des Verlustvortrags zu gewähren. Die Frage der Verfassungsmäßigkeit der Mindestbesteuerung lässt das BVerwG offen, da diese in einem finanzgerichtlichen Verfahren gegen den Gewerbesteuermessbescheid zu klären wäre.[5]

Die Mindestbesteuerung nach § 10a Satz 1, 2 GewStG ist grundsätzlich verfassungsgemäß.[6]

Die zeitliche Streckung des Verlustabzugs ist verfassungsgemäß. Ob Verluste endgültig nicht mehr berücksichtigt werden können – mit der Folge einer etwaigen Verfassungswidrigkeit – kann erst bei Ende der Liquidation entschieden werden. Bescheide sind ggfs. nach § 175 Abs. 1 Satz 1 Nr. 2 AO zu ändern.[7]

Definitivbelastung ist in bestimmten Fällen verfassungswidrig.[8]

Die Reaktion der Verwaltung enthält das BMF Schreiben v. 19. 10. 2011 zur Frage der Gewährung einer Aussetzung der Vollziehung (§ 361 AO, § 69 Abs. 2 FGO) von Einkommensteuer-, Körperschaftsteuer- und Gewerbesteuermessbetragsbescheiden mit folgender Stellungnahme:

1. Aussetzung der Vollziehung ist auf Antrag in den in dem Beschluss genannten Fällen zu gewähren, in denen es aufgrund des Zusammenwirkens der Anwendung der Mindestgewinnbesteuerung nach § 10d Abs. 2 Satz 1 und 2 EStG oder § 10a GewStG und

---

1 BFH v. 26. 8. 2010 I B 49/10 BStBl II 2011, 826.
2 FG Berlin-Brandenburg v. 16. 9. 2010 12 K 8212/06 B, NWB DokID: TAAAD-83414; bestätigt durch BFH v. 22. 8. 2012 I R 9/11, NWB DokID: MAAAE-23462.
3 Niedersächsisches FG v. 2. 1. 2012 6 K 63/11, NWB DokID: HAAAE-01536 (Revision zugelassen).
4 FG München v. 4. 8. 2010 1 K 608/07, NWB DokID: AAAAD-52558; bestätigt durch BFH v. 20. 9. 2012 IV R 36/10, NWB DokID: CAAAE-24096.
5 BVerwG v. 19. 2. 2015 9 C 10.14, NWB DokID: BAAAE-92447, DStR 2016, 1022; Zur abweichenden Festsetzung aus Billigkeitsgründen s. a. BFH v. 21. 9. 2016 I R 65/14, NWB DokID: TAAAF-90186, und die hiergegen eingelegte Verfassungsbeschwerde 2 BvR 242/17.
6 FG Hamburg v. 2. 11. 2011 1 K 208/10, NWB DokID: KAAAD-99767, EFG 2012, 434, bestätigt duch BFH v. 20. 9. 2012 - IV R 60/11, NWB DokID: XAAAE-26247.
7 FG Düsseldorf v. 12. 3. 2012 6 K 2199/09 K, NWB DokID: PAAAE-10708, EFG 2012, 1387, aufgehoben durch BFH v. 23. 1. 2013 - I R 35/12, NWB DokID: ZAAAE-32709.
8 BFH v. 26. 2. 2014 I R 59/12, NWB DokID: JAAAE-72209; BFH/NV 2014, 1674 (Vorlage an das BVerfG, Az.: 2 BvL 19/14).

eines tatsächlichen oder rechtlichen Grundes, der zum endgültigen Ausschluss einer Verlustnutzungsmöglichkeit führt, zu einem Definitiveffekt kommt.

Im Einzelnen handelt es sich um Fälle:

- des schädlichen Beteiligungserwerbs nach § 8c KStG in den Fassungen vor dem Wachstumsbeschleunigungsgesetz vom 22. 12. 2009 (BStBl 2010 I Seite 2),
- der Umwandlung beim übertragenden Rechtsträger (§ 12 Absatz 3 i.V. m. § 4 Abs. 2 Satz 2 UmwStG),
- der Liquidation einer Körperschaft,
- der Beendigung der persönlichen Steuerpflicht (Tod einer natürlichen Person) bei fehlender Möglichkeit der „Verlustvererbung".

Die Aussetzung der Vollziehung ist auf die oben genannten Fallgruppen beschränkt.

4. Abzug des für Vorjahre ausgeschütteten Gewinns (§ 11 Abs. 4 Satz 3 KStG)

Nach § 11 Abs. 4 Satz 3 KStG ist das Abwicklungs-Anfangsvermögen um den Gewinn **eines vorangegangenen Wirtschaftsjahres zu kürzen**, der im **Abwicklungszeitraum ausgeschüttet** worden ist. Diese Korrektur ist erforderlich, da das Abwicklungs-Endvermögen um den ausgeschütteten Betrag gemindert worden ist und ohne Korrektur der Abwicklungsgewinn gemindert wäre.

BEISPIEL:

- Abwicklungs-Anfangsvermögen vor Abzug der Gewinnausschüttung von 100 000:

Aktiva		Passiva	
Grundstück	1 000	Kapital	100 000
Kassenbestand	199 000	Gewinnvortrag	100 000
	200 000		200 000

- Abwicklungs-Endvermögen nach Abzug der Gewinnausschüttung von 100 000

Gemeiner Wert Grundstück	100 000
Kassenbestand	99 000
Abwicklungsendvermögen	199 000
Abwicklungsanfangsvermögen	100 000
Gewinn:	99 000

5. Ermittlung des Abwicklungsanfangsvermögens bei neugegründeten Körperschaften gemäß § 11 Abs. 5 KStG

Nach § 11 Abs. 5 KStG gilt für den Fall, dass am Schluss des vorangegangenen VZ Betriebsvermögen nicht vorhanden war, als Abwicklungsanfangsvermögen die Summe der später geleisteten Einlagen. Als Beispielsfall wird hierzu im Regierungsentwurf die Auflösung einer neu errichteten Körperschaft noch vor Ablauf ihres ersten Wirtschaftsjahres genannt. Als **Einlagen** sind hierbei alle Vermögensvorteile zu verstehen, die ein Gesellschafter seiner Gesellschaft im Hinblick auf das Gesellschaftsverhältnis zuwendet. Es kommt nicht darauf an, ob es sich um Pflichtleistungen oder freiwillige Einlagen handelt und in welcher Form – offen oder verdeckt, als Geld- oder Sacheinlagen – diese erfolgen. Zu den Einlagen gehören insbesondere alle Einzahlungen von Grund- oder Stammkapital, die nicht auf das Grundkapital gemachten Vermögenseinlagen des persönlich haftenden Gesellschafter bei der KGaA, die Nachschüsse der Gesellschafter einer GmbH (§§ 26 ff. GmbHG), das Aufgeld in den Fällen der Überparigründung, aber auch alle verdeckten Einlagen.

Wegen des Wahlrechts zur Bildung eines Rumpfwirtschaftsjahres ist auch hier unklar, was mit „vorangegangener Veranlagungszeitraum" gemeint ist.

> **BEISPIEL:** Die X-AG wird am 1.4.02 gegründet. Bereits am 30.9.02 beschließen die Gesellschafter die Auflösung.
>
> Man ist zunächst versucht, in diesem Falle als Schluss des vorangegangenen VZ den 31.12.01 anzunehmen, weil an diesem Tag ein Betriebsvermögen nicht vorhanden war und der VZ 01 der Auflösung (1.10.02) vorangeht. Berücksichtigt man indes, dass nach der neueren Rspr. der Besteuerungszeitraum i.S.d. § 11 KStG nicht bereits mit dem 1.4.02, sondern erst mit dem 1.10.02 beginnt und für die Zeit von der Gründung bis zur Auflösung ein Rumpfwirtschaftsjahr entsteht, so geht die Vorschrift des § 11 Abs. 5 KStG völlig ins Leere, weil sich das Abwicklungs-Anfangsvermögen aus § 11 Abs. 4 Satz 1 KStG ergibt, und zwar als das Betriebsvermögen, das am Schluss des der Auflösung vorangegangenen (Rumpf-)Wirtschaftsjahrs der Veranlagung zugrunde gelegt worden ist. Sollte das Ergebnis dieses Rumpfwirtschaftsjahrs negativ sein, so wäre das Abwicklungs-Anfangsvermögen nach § 11 Abs. 4 Satz 2 KStG zu ermitteln.
>
> Die Lage wäre keine andere, wenn die Gründung der X-AG bereits am 1.4.01 erfolgt wäre und als Wirtschaftsjahr die Zeit vom 1.4. bis 31.3. gelten würde. In diesem Falle wäre es ohne Zweifel abwegig, bei der Bestimmung des Abwicklungs-Anfangsvermögens darauf abzustellen, ob am 31.12.01 – das ist wiederum der Schluss des der Auflösung vorangegangenen VZ – Betriebsvermögen vorhanden gewesen ist oder nicht. Tatsächlich wäre das Abwicklungs-Anfangsvermögen auch hier nach den Bestimmungen des § 11 Abs. 4 Sätze 1 u. 2 KStG zu ermitteln, wobei wiederum das Betriebsvermögen am Schluss des mit der Auflösung endenden Rumpfwirtschaftsjahrs 1.4.02 bis 30.9.02 entscheidend wäre.

Diese Überlegungen zeigen, dass die Vorschrift des § 11 Abs. 5 gegenstandslos und damit überflüssig ist. Dies gilt selbst dann, wenn man der vor dem Urteil des BFH v. 17.7.1974[1] bestehenden Übung entsprechend in den Abwicklungsbesteuerungszeitraum die Zeit von der Gründung der Körperschaft (1.4.02) bis zur Auflösung (30.9.02) mit einschließen wollte, und zwar im Hinblick darauf, dass dann bei Außerachtlassung der Vorschrift des § 11 Abs. 5 das Abwicklungs-Anfangsvermögen zwar mit 0 € anzusetzen wäre, dafür jedoch von dem sich so ergebenden Abwicklungsgewinn nach § 11 Abs. 6 KStG die steuerfreien Einnahmen, zu denen ja gerade auch die geleisteten Einlagen gehören, abgezogen werden müssten, sich auch hier ein Abwicklungsgewinn in der zutreffenden Höhe ergäbe.

6. Anwendung der allgemeinen Gewinnermittlungsvorschriften gemäß § 11 Abs. 6 KStG

a) Allgemeines

7855 Das Ergebnis des Vermögensvergleichs stellt noch nicht ohne weiteres den Gewinn dar, der nach § 11 Abs. 1 KStG der Steuer unterliegt. Denn nach § 11 Abs. 6 KStG sind

---

1 BFH v. 17.7.1974 I R 233/71, BStBl. II 1974, 692.

auf die Gewinnermittlung auch die sonst geltenden Vorschriften anzuwenden, soweit sie nicht durch die Bestimmungen der Abs. 2 bis 5 ersetzt sind. Auszuscheiden haben hiernach z. B. die Vorschriften der §§ 6, 7 ff. EStG, da nicht das „Betriebsvermögen" am Schluss des Besteuerungszeitraums, sondern das „zur Verteilung kommende Vermögen" als Vergleichsgegenstand anzusetzen ist.

b) Offene und verdeckte Gewinnausschüttungen

Im Abwicklungsstadium sind Gewinnausschüttungen **verdeckte Vermögensverteilungen**. Hinsichtlich des zu beachtenden Sperrjahres (§ 73 GmbHG) sind offene Gewinnausschüttungen nicht erlaubt. Im Übrigen sind jegliche Ausschüttungen ohne Beachtung des Sperrjahres für die Beteiligten haftungsanfällig. Sie führen zu Rückforderungsansprüchen und verhindern u. U. die Auflösung. Steuerrechtlich gilt § 8 Abs. 3 KStG, wonach der Gewinn nicht geschmälert werden darf. 7856

c) Sachliche Steuerbefreiungen

Die Vorschriften über sachliche Steuerbefreiungen sind schon aufgrund der Vorschrift des § 11 Abs. 3 KStG beim Vermögensvergleich, und zwar bei Ermittlung des Abwicklungs-Endvermögens, zu berücksichtigen. 7857

d) Nichtabziehbare Aufwendungen

Eine Berichtigung des Ergebnisses des Vermögensvergleichs werden vor allem die Vorschriften über die Nichtabziehbarkeit bestimmter Aufwendungen (§ 10 KStG) erforderlich machen. Soweit derartige Ausgaben im Lauf des Abwicklungszeitraums angefallen sind und damit das zur Verteilung kommende Vermögen vermindert haben, sind sie dem Ergebnis des Vermögensvergleichs hinzuzurechnen; dies gilt insbesondere für die im Abwicklungszeitraum gezahlten (und unter den Kosten verrechneten) oder zurückgestellten **KSt- und andere Personensteuerbeträge**. Zu beachten sind aber auch andere Abzugsverbote, z. B. § 4 Abs. 5 EStG. 7858

e) Verlustabzug und Verlustrücktrag

Die Beachtung der allgemeinen Gewinnermittlungsvorschriften bedeutet, dass bei der Besteuerung des Abwicklungsgewinns auch der Verlustabzug nach Maßgabe der gesetzlichen Bestimmungen des § 10d EStG zu berücksichtigen ist. Da der gesamte Abwicklungszeitraum **ein** Besteuerungszeitraum ist, sind die nach § 10d EStG abzugsfähigen Verluste der vorherigen Veranlagungszeiträume zu berücksichtigen. 7859

f) Organschaft

Wird eine Organgesellschaft aufgelöst, so bedeutet dies das Ende ihres bisherigen Zwecks. Gegenstand des Unternehmens ist künftig allein die Abwicklung. Da sich der Gewinnabführungsvertrag i. S. d. § 291 AktG nur auf den Gewinn aus der eigentlichen Geschäftstätigkeit bezieht, endet mit dem Auflösungstag seine praktische Wirksam- 7860 keit.[1] Erfolgt die Auflösung der Organgesellschaft nicht zu Beginn, sondern im Laufe ihres Wirtschaftsjahrs, so gehört zum Abwicklungsgewinn, der nicht mehr unter die Gewinnabführung fällt, nur der Gewinn, der nach dem Auflösungstag erzielt wird.

g) Anwendung des § 6b EStG auf den Abwicklungsgewinn

7861 Der Abwicklungsgewinn kann nicht über § 6b EStG neutralisiert werden, weil die aufgelöste Körperschaft eine Reinvestition nach Beendigung der Abwicklung nicht mehr vornehmen kann.

7. Zusammenfassendes Beispiel zur Einkommensermittlung im Liquidationszeitraum

7862 Die A-GmbH (Wirtschaftsjahr = Kalenderjahr) wird zum 30. 6. 02 aufgelöst. Der Abwicklungszeitraum endet am 31. 8. 03.

Für die Zeit vom 1. 1. 02 bis zum 30. 6. 02 bildet die GmbH ein Rumpfwirtschaftsjahr.

Die Bilanz zum 30. 6. 02 enthält die folgenden Werte:

Aktiva		Passiva	
Grundstück	100 000	Stammkapital	90 000
Beteiligung C-GmbH	150 000	Rücklagen	410 900
Bank	360 000	JÜ	85 000
Forderungen	200 000	Verbindlichkeiten	234 100
KSt.-Guthaben	25 000	KSt-Rückstellung	15 000
Summe	835 000	Summe	835 000

Im Abwicklungszeitraum vom 1. 7. 02 bis zum 31. 8. 03 ereignet sich Folgendes:

1. Das Grundstück wird für 172 000 veräußert.
2. Die Beteiligung an der C-GmbH wird für 320 000 veräußert.
3. Der Jahresüberschuss des Rumpfwirtschaftsjahrs 02 wird am 10. 7. 03 offen ausgeschüttet; handelsrechtliche Ausschüttung = 85 000. Das Sperrjahr ist beachtet.
4. Die Forderungen werden nach Skontoeinbehalt mit 198 000 eingezogen.
5. Die Schulden werden mit 234 100 voll getilgt.
6. Die KSt-Schuld von 15 000 wird gezahlt.

Lösung:[2]

a) Entwicklung des Bankkontos

7863
Konto-Stand am 30. 6. 02	**360 000**
Ausschüttung für Rumpf-Wj. 02	./. 85 000
Tilgung der Schulden	./. 234 100
Entrichtung KSt für Rumpf-Wj.	./.15 000

---

1 R 14.5. Abs. 6 Satz 2 KStR 2015.
2 Vereinfacht ohne Soli./GewSt und aktuelle Rechtslage 2011.

Einziehung Forderungen	198 000
Verkaufserlös Grundstück	172 000
Verkaufserlös Beteiligung C-GmbH	320 000
Stand 31. 8. 03	**715 900**

b) Vermögensaufstellung zum 31. 8. 03 vor Steuern auf Liquidationsgewinn

Aktiva		Passiva	
Bank	715 900	Stammkapital	90 000
KSt-Guthaben	25 000	Rücklagen	
		Stand 30. 6. 02	410 900
		Gewinn Grdst.	72 000
		Gewinn Bet.	170 000
		KSt	
		Verlust Ford. ./. 2 000	650 900
		(Liquidationsüberschuss)	(240 000)
Summe	740 900	Summe	740 900

c) Körperschaftsteuerbemessungsgrundlage für Liquidation

Liquidationsüberschuss:	240 000
Außerbilanzielle Korrekturen:	
§ 8b Abs. 2 KStG	./. 170 000
§ 8b Abs. 3 Satz 1 KStG (5 % pauschal)	+8 500
z. v. E.	78 500

78 500 x 15 % = 11 775

d) Vermögensaufstellung zum 31. 8. 03 nach Steuern auf Liquidationsgewinn

Aktiva		Passiva	
Bank	715 900	Stammkapital	90 000
KSt-Guthaben	25 000	Rücklagen	
		Stand 30. 6. 02	410 900
		Gewinn Grdst.	72 000
		Gewinn Bet.	170 000
		KSt	./. 11 775
		Verlust Ford. ./. 2 000	639 125
		KSt-Rückstellung	11 775
Summe	740 900	Summe	740 900

e) Gewinnermittlung gemäß § 11 KStG

7866 **Abwicklungs-Endvermögen am 31. 8. 03**

Stammkapital	90 000
Rücklagen	639 125
nicht der KSt unterliegende Vermögensmehrungen (§ 8b KStG)	./. 161 500
Nichtabziehbare Ausgaben (KSt; § 10 Nr. 2 KStG)	11 775
Summe	579 400

Abwicklungs-Anfangsvermögen am 1. 7. 02

Stammkapital	90 000
Rücklagen	410 900
Jahresüberschuss	85 000
Gewinnausschüttungen für Wirtschaftsjahre vor der Auflösung	./. 85 000
Summe	500 900
	./. 500 900
Steuerlicher Abwicklungsgewinn	78 500

f) Ermittlung der festzusetzenden KSt

7867 Tarifbelastung Abwicklungsgewinn 15 % v. 78 500   11 775

Die festgesetzte KSt beträgt 11 775. Die zu entrichtende KSt ermittelt sich wie folgt:

festgesetzte KSt	11 775
abzüglich KSt-Guthaben (**fiktiv**)	5 000
zu entrichtende KSt	6 775

Die Berechnung des KSt-Guthabensbetrag ist fiktiv, da der in der Bilanz ausgewiesene Betrag abgezinst ist. Er kann abgetreten werden, da die Auszahlung bis 2017 am 30. 9. gem. § 37 Abs. 5 KStG erfolgt.

Der BFH[1] hat mit Urteil v. 2. 2. 2016 entschieden, dass die gesetzliche Begrenzung der **Körperschaftsteuerminderung** auf 1/6 des im Rahmen einer Liquidation verteilten Vermögens, die bei unzureichender Kapitalausstattung einer Kapitalgesellschaft zu einem endgültigen Verlust von Körperschaftsteuerguthaben führen kann, verfassungsrechtlich nicht zu beanstanden ist.

Der zuvor ermittelte Liquidationsgewinn unterliegt nach den eventuell erforderlichen Korrekturen als **Einkommen des Liquidationszeitraums (Abwicklungseinkommen)** der körperschaftsteuerlichen Tarifbelastung. Es ist der **Körperschaftsteuersatz** anzuwenden, der für den **VZ** gilt, in dem der **Liquidationszeitraum endet**. Die Tarifbelastung beträgt derzeit 15 %. Ein Freibetrag nach § 16 Abs. 4 EStG steht der GmbH nicht zu.

7868–7880 (*Einstweilen frei*)

---

[1] BFH v. 2. 2. 2016 I R 21/14.

V. Gesonderte Feststellungen

Das Körperschaftsteuerguthaben wird letztmalig auf den 31.12.2006 ermittelt. Die GmbH hat Anspruch auf Auszahlung des Guthabens im Zeitraum von 2008 bis 2017 in zehn gleichen Jahresraten, der Betrag wird jeweils zum 30.9. eines Jahres ausbezahlt. Eine gesonderte Feststellung erfolgt nur noch in Bezug auf das steuerliche Einlagekonto nach § 27 KStG zum Schluss jedes in den Abwicklungszeitraum fallenden Besteuerungszeitraums, letztmals auf den Zeitpunkt vor der Schlussverteilung des Vermögens vorzunehmen.[1] Durch eine Liquidation kann keine vorzeitige Auszahlung des Guthabens erreicht werden. Es empfiehlt sich ggf., das Guthaben an den Gesellschafter abzutreten, um nicht die Liquidation bis 2017 hinauszuzögern.

7881

(Einstweilen frei) 7882–7900

VI. Auskehrung von Vermögen an die Gesellschafter im Rahmen einer Liquidation auf der Ebene der Gesellschaft

1. Die Auskehrungtechnik

Zentrale Bedeutung gewinnt § 28 Abs. 2 KStG mit folgendem Wortlaut: 7901

(2) ¹Im Fall der Herabsetzung des Nennkapitals oder der Auflösung der Körperschaft wird zunächst der Sonderausweis zum Schluss des vorangegangenen Wirtschaftsjahrs gemindert; ein übersteigender Betrag ist dem steuerlichen Einlagekonto gutzuschreiben, soweit die Einlage in das Nennkapital geleistet ist. ²Die Rückzahlung des Nennkapitals gilt, soweit der Sonderausweis zu mindern ist, als Gewinnausschüttung, die beim Anteilseigner zu Bezügen im Sinne des § 20 Abs. 1 Nr. 2 des Einkommensteuergesetzes führt. ³Ein den Sonderausweis übersteigender Betrag ist vom positiven Bestand des steuerlichen Einlagekontos abzuziehen. ⁴Soweit der positive Bestand des steuerlichen Einlagekontos für den Abzug nach Satz 3 nicht ausreicht, gilt die Rückzahlung des Nennkapitals ebenfalls als Gewinnausschüttung, die beim Anteilseigner zu Bezügen im Sinne des § 20 Abs. 1 Nr. 2 des Einkommensteuergesetzes führt.

Bei der Liquidation einer GmbH gilt nach § 28 Abs. 2 Satz 1 KStG zunächst das gesamte Nennkapital einschließlich des Sonderausweises i.S.d. § 28 Abs. 1 Satz 3 KStG als auf null herabgesetzt (**fiktive Kapitalherabsetzung** auf null). Bei dieser Nullstellung ist zwischen der Rückzahlung eines vorhandenen Sonderausweises und des den Sonderausweis übersteigenden Betrages zu unterscheiden. Dazu sind folgende Schritte zu beachten:

7902

1. Wurde das gezeichnete Kapital der GmbH durch Umwandlung von Rücklagen erhöht, so galt nach § 28 Abs. 1 Satz 1 KStG der auf dem steuerlichen Einlagekonto (§ 27 KStG) ausgewiesene Betrag als vor den sonstigen Rücklagen verwendet; wurden auch sonstige Rücklagen in Nennkapital umgewandelt, sind diese Teile des gezeichneten Kapitals getrennt auszuweisen und gesondert festzustellen (§ 28 Abs. 1 Satz 3 KStG). Durch den Sonderausweis soll sichergestellt werden, dass bei einer späteren

7903

---

1 Vgl. BMF v. 26.8.2003, BStBl I 2003, 434, Tz. 3.

Kapitalherabsetzung die Rückzahlung dieses Teils des Nennkapitals bei den Anteilseignern den Regelungen des Teileinkünfteverfahrens unterliegt.

Ist ein Sonderausweis i. S. d. § 28 Abs. 1 Satz 3 KStG vorhanden, wird im Fall der Liquidation (**fiktive Kapitalherabsetzung**) zunächst der Sonderausweis gemindert. Damit wird dieser Teil des Nennkapitals (wieder) zur sonstigen Rücklage. Die Rückzahlung des Nennkapitals gilt insoweit als Gewinnausschüttung, die bei den Gesellschaftern zu kapitalertragsteuerpflichtigen Bezügen i. S. d. § 20 Abs. 1 Nr. 2 EStG führt (§ 28 Abs. 2 Satz 2 KStG). Damit bleibt der Weg der Dividendenbesteuerung bestehen.

7904 2. Der Teil des Nennkapitals, der den Sonderausweis i. S. d. § 28 Abs. 2 Satz 1 KStG übersteigt, wird dem steuerlichen Einlagekonto gutgeschrieben, soweit die Einlage in das Nennkapital geleistet ist. Ist ein Sonderausweis nicht vorhanden, so wird bei Auflösung der GmbH der Gesamtbetrag des eingezahlten Nennkapitals dem steuerlichen Einlagekonto gutgeschrieben. Wird das Vermögen ausgekehrt, gilt die Kapitalrückzahlung nach § 28 Abs. 2 Satz 2 KStG als aus dem steuerlichen Einlagekonto finanziert. Der Rückzahlungsbetrag führt also zu einer betragsmäßig identischen Erhöhung und Verringerung des steuerlichen Einlagekontos.

Für den Gesellschafter bedeutet die Verwendung des steuerlichen Einlagekontos, dass ihm keine Einnahmen i. S. d. § 20 Abs. 1 Nr. 2 EStG zufließen, sondern Einnahmen, die z. B., wenn die Anteile sich im besteurungspflichtigen Privatvermögen befinden, nach § 17 Abs. 4 EStG bei der Ermittlung eines Auflösungsgewinns zu berücksichtigen sein können. Werden neben dem Nennkapital auch andere Rücklagen und erwirtschaftete Gewinne zurückgezahlt, bezieht er insoweit Einnahmen nach § 20 Abs. 1 Nr. 2 EStG.

Die Trennung zwischen gesellschaftsrechtlicher Rückzahlung von zugeführtem Kapital und Ausschüttungen von erwirtschafteten Gewinnen an die Gesellschafter wird in der Liquidationsphase konsequent fortgeführt.

7905 **BEISPIEL:** Eine GmbH weist folgende Vermögensaufstellung nach Steuern vor der Auskehrung auf:

Aktiva		Passiva	
Bank	715 900	Stammkapital	90 000
KSt-Guthaben	25 000	Rücklagen	
		Stand 30. 6. 02	410 900
		Gewinn Grdst.	72 000
		Gewinn Bet.	170 000
		KSt	./. 11 775
		Verlust Ford. ./. 2 000	639 125
		KSt-Rückstellung	11 775
Summe	740 900	Summe	740 900

Es besteht ein festgestellter Sonderausweis aufgrund einer früheren Kapitalerhöhung in Höhe von 40 000.

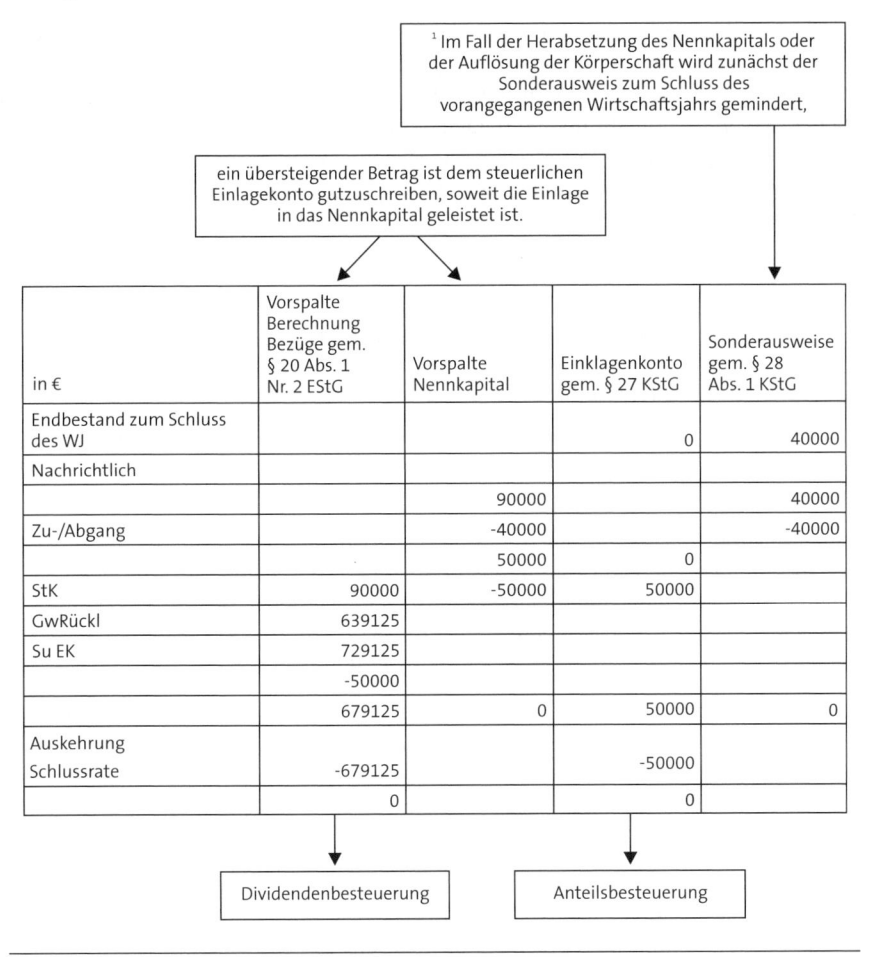

Lösung:

> ¹ Im Fall der Herabsetzung des Nennkapitals oder der Auflösung der Körperschaft wird zunächst der Sonderausweis zum Schluss des vorangegangenen Wirtschaftsjahrs gemindert,

> ein übersteigender Betrag ist dem steuerlichen Einlagekonto gutzuschreiben, soweit die Einlage in das Nennkapital geleistet ist.

in €	Vorspalte Berechnung Bezüge gem. § 20 Abs. 1 Nr. 2 EStG	Vorspalte Nennkapital	Einlagekonto gem. § 27 KStG	Sonderausweise gem. § 28 Abs. 1 KStG
Endbestand zum Schluss des WJ			0	40000
Nachrichtlich				
		90000		40000
Zu-/Abgang		-40000		-40000
		50000	0	
StK	90000	-50000	50000	
GwRückl	639125			
Su EK	729125			
	-50000			
	679125	0	50000	0
Auskehrung Schlussrate	-679125		-50000	
	0		0	

→ Dividendenbesteuerung   → Anteilsbesteuerung

Der Betrag in Höhe von 679 129 unterliegt dem Kapitalertragsteuerabzug.

2. Letztmalige Verwendung des steuerlichen Einlagekontos

Die Verwendung des steuerlichen Einlagekontos hat für die GmbH keine steuerlichen Auswirkungen auf die Höhe der KSt. Die Verwendung des Einlagekontos spielt bei den Gesellschaftern eine Rolle, weil bloße Kapitalrückzahlungen vorliegen, soweit das steuerliche Einlagekonto als zurückgezahlt gilt. Auf die Ausführungen unter Rn. 6631 ff. wird hingewiesen. Wegen der Vollbeendigung der GmbH finden keine für die Zukunft bedeutsamen Feststellungen statt.

(Einstweilen frei)

B. Gewerbesteuerpflicht

7981 Die GmbH i. L. unterliegt auch im Liquidationszeitraum der Gewerbesteuer. Auch während der Liquidation sind die Besteuerungsgrundlagen nach den §§ 7 ff., 12 ff. GewStG zu ermitteln. Erhebungszeitraum bleibt das Kalenderjahr (§ 14 Abs. 2 Satz 2 GewStG). Da der Gewerbeertrag auf der Grundlage des Abwicklungsgewinns nur für den gesamten Abwicklungszeitraum ermittelt wird, ist der Gewerbeertrag monatsweise auf die Kalenderjahre des Abwicklungszeitraumes zu verteilen (§ 16 Abs. 1 GewStDV, Abschn. 44 Abs. 1 GewStR).

7982–8000 (*Einstweilen frei*)

C. Besteuerung auf der Ebene der Gesellschafter

I. Kapitalerträge oder Kapitalrückzahlung

8001 Die Schlussauskehrung des Liquidationserlöses ist beim Gesellschafter aufzuteilen in steuerpflichtige Kapitalerträge (§ 20 Abs. 1 Nr. 2 EStG) und Kapitalrückflüsse, die keine Kapitalerträge darstellen.

Steuerpflichtig sind alle Bezüge im Rahmen des Liquidationsverfahrens mit Ausnahme der Rückzahlung von Nennkapital aus dem steuerlichen Einlagekonto sowie von Leistungen aus dem steuerlichen Einlagekonto i. S. d. § 27 KStG. Bei der Rückzahlung von Nennkapital sowie bei Leistungen, bei denen das steuerliche Einlagekonto als verwendet gilt, handelt es sich lediglich um Kapitalrückzahlungen.

Soweit ein Sonderausweis vermindert wurde, liegen beim Anteilseigner Bezüge i. S. d. § 20 Abs. 1 Nr. 2 EStG vor. In Höhe des Teils des Nennkapitals, der den Sonderausweis übersteigt, handelt es sich um eine Leistung aus dem steuerlichen Einlagekonto. Ist kein Sonderausweis vorhanden, ist der gesamte Betrag des eingezahlten Nennkapitals dem steuerlichen Einlagekonto gutzuschreiben (§ 28 Abs. 2 Satz 1 KStG).

Die Rückzahlung des Nennkapitals ist vom Bestand des steuerlichen Einlagekontos abzuziehen (§ 28 Abs. 2 Satz 3 KStG). Der Anteilseigner erhält eine Leistung aus dem steuerlichen Einlagekonto. Hinsichtlich der Besteuerung auf der Seite des Anteilseigners ist zu unterscheiden, ob es sich dabei um eine natürliche Person oder um eine Kapitalgesellschaft handelt.

8002–8020 (*Einstweilen frei*)

II. Anteilseigner ist eine natürliche Person

1. Natürliche Person mit Beteiligung im Privatvermögen < 1 %

8021 Der Liquidationserlös ist beim Anteilseigner aufzuteilen in

- ▶ Rückzahlungen von Nennkapital ohne Sonderausweis gem. § 28 Abs. 2 Satz 2 KStG und von Beträgen aus dem steuerlichen Einlagekonto i. S. d. § 27 KStG sowie
- ▶ steuerpflichtige Einnahmen aus Kapitalvermögen.

Auch die Rückzahlung des Nennkapitals gilt als Gewinnausschüttung, die beim Anteilseigner zu Bezügen i. S. d. § 20 Abs. 1 Nr. 2 EStG führt, soweit der Sonderausweis zu mindern ist. Im Rahmen des Teileinkünfteverfahrens unterliegen die Bezüge i. S. d. § 20 Abs. 1 Nr. 2 EStG nur zur 60% der Besteuerung.

Ansonsten unterliegt der steuerpflichtige Teil des Liquidationserlöses der Abgeltungsteuer.

> **BEISPIEL** A ist an der X-GmbH (Stammkapital: 200 000 €) mit 1 000 € (= 0,5 %) beteiligt. Eine Stammkapitalerhöhung von ursprünglich 160 000 € auf 200 000 € wurde aus der Umwandlung von Rücklagen finanziert. Dabei wurden jeweils zur Hälfte Rücklagen aus dem steuerlichen Einlagekonto und sonstige Rücklagen umgewandelt. In Höhe des aus den sonstigen Rücklagen umgewandelten Stammkapitals wurde ein Sonderausweis i. S. d. § 28 Abs. 1 Satz 3 KStG gebildet.
>
> Die X-GmbH wird nunmehr liquidiert. A erhält einen Liquidationserlös von 1 500 €, der sich wie folgt zusammensetzt:
>
> | | |
> |---|---:|
> | Rückzahlung aus dem Stammkapital | 1 000 |
> | davon aus dem Sonderausweis (§ 28 Abs. 2 KStG) | 100 |
> | Rückzahlung sonstiger Rücklagen | 500 |
>
> **LÖSUNG:** Die Voraussetzungen des § 17 Abs. 1 EStG sind nicht erfüllt.
>
> Die Stammkapitalrückzahlung unterliegt gem. § 20 Abs. 2 Nr. 1 EStG der Abgeltungsteuer, wenn die Anschaffung der GmbH Anteile nach dem 31. 12. 2008 liegt (§ 52a Abs. 10 EStG).
>
> | | |
> |---|---:|
> | Erfasst wird aber die Stammkapitalrückzahlung nur in Höhe von | 900 |
> | Die vom Sonderausweis erfassten | 100 |
>
> gelten als Gewinnausschüttung gem. § 20 Abs. 1 Nr. 2 Satz 2 EStG.
>
> | | |
> |---|---:|
> | Die Rückzahlung der sonstigen Rücklagen | 500 |
>
> werden von § 20 Abs. 1 Nr. 2 Satz 1 EStG erfasst.
>
> | | |
> |---|---:|
> | **Summe der Liquidationserlöse** | **1 500** |
>
> Das Teileinkünfteverfahren gilt nur dann, wenn die Ausnahmetatbestände von § 32d Abs. 2 EStG ausgelöst werden.
>
> Bei Erwerb vor dem 1. 1. 2009 gilt § 23 a. F. mit der Folge: keine Versteuerung.

2. Natürliche Person mit Beteiligung im Privatvermögen von 1 % und mehr

Soweit eine **Beteiligung** i. S. d. § 17 Abs. 1 EStG (Beteiligung innerhalb der letzten fünf Jahre zu mindestens 1 % unmittelbar oder mittelbar) vorliegt, führen auch die Rückzahlung des Nennkapitals ohne Sonderausweis, die als Leistung aus dem steuerlichen Einlagekonto i. S. d. § 27 KStG gilt, sowie die Rückzahlung der Beträge, für die das Einlagekonto als verwendet gilt, zu Einkünften i. S. d. § 17 Abs. 4 EStG. Diese Einnahmen sind zu 40% steuerbefreit (§ 3 Nr. 40 Buchst. c Satz 2 EStG). Den 60 % Einnahmen sind die 60 % Anschaffungskosten gegenüberzustellen (§ 3c Abs. 2 EStG). Ergibt sich ein Veräußerungsgewinn, ist ein Freibetrag nach § 17 Abs. 3 EStG zu berücksichtigen. Ein sich ergebender Veräußerungsverlust ist ausgleichsfähig, soweit § 17 Abs. 2 Satz 6 EStG nicht entgegensteht. Das Teileinkünfteverfahren gilt auch im Verlustfall, da durch die Rückzahlung des Stammkapitals Einnahmen erzielt werden.[1]

---

[1] BFH v. 6. 5. 2014 IX R 19/13, NWB DokID: AAAAE-69209.

8023 In Fällen der Auflösung der Kapitalgesellschaft ist als Veräußerungspreis der gemeine Wert des dem Anteilseigner zugeteilten oder zurückgezahlten Vermögens der Kapitalgesellschaft anzusehen, soweit die Auskehrungen nicht nach § 20 Abs. 1 Nr. 1 oder 2 EStG zu den Einnahmen aus Kapitalvermögen gehören. Gegenstand des zugeteilten oder zurückgezahlten Vermögens kann auch die Befreiung des Gesellschafters von einer gegenüber der Gesellschaft bestehenden Verbindlichkeit sein. Zivilrechtlich führen weder die Auflösung noch die Löschung der Gesellschaft zur Befreiung des Gesellschafters von der Verbindlichkeit.[1]

8024 Die Einkünfte gem. § 17 Abs. 4 EStG sind in dem Zeitraum zu erfassen, in dem die Liquidation abgeschlossen wurde und der Anspruch auf Auszahlung des Liquidationsguthabens entsteht. In der Regel ist dies der Zeitraum, in dem das Liquidationsschlussvermögen ausgekehrt wird.[2]

BEISPIEL: A ist mit einem Anteil von 50 000 € (50 %) am Stammkapital der X-GmbH beteiligt. Die Anschaffungskosten seiner Anteile betrugen 60 000 €. Die X-GmbH wird liquidiert. Ein Sonderausweis besteht nicht. Nach Abschluss der Liquidation werden A vom Liquidationserlös 160 000 € zugewiesen. Dieser hat folgende Bestandteile:

Stammkapital	50 000
Einlagenkonto	40 000
Sonstige Rücklagen	70 000
Summe	160 000

LÖSUNG: Soweit sonstige Rücklagen zurückgezahlt werden, handelt es sich um Einnahmen i. S. d. § 20 Abs. 1 Nr. 2 EStG, für die das Teileinkünfteverfahren anzuwenden ist (§ 3 Nr. 40 Satz 1 Buchst. e EStG). Da es sich um Anteile i. S. d. § 17 Abs. 1 EStG handelt, führen auch die Rückzahlung des Stammkapitals sowie die Rückzahlung aus dem Einlagekonto zu Einnahmen i. S. d. § 17 Abs. 4 EStG, für die gleichfalls das Teileinkünfteverfahren gilt (§ 3 Nr. 40 Satz 1 Buchst. c EStG). Die Anschaffungskosten der Anteile sind mit 60 % gegenzurechnen (§ 3c Abs. 2 EStG).

Einkünfteberechnung:
Einkünfte aus Kapitalvermögen:

▶ wenn keine Abgeltungsteuer:

Einnahmen gem. § 20 Abs. 1 Nr. 2 EStG	70 000
40 % steuerfrei (§ 3 Nr. 40 Satz 1 Buchst. e EStG)	./. 28 000
Einkünfte aus Kapitalvermögen	42 000

▶ Evtl. 60 % Betriebsausgabenabzug; § 20 Abs. 6 und 9 EStG finden keine Anwendung

▶ wenn Abgeltungsteuer

Einnahmen aus Kapitalvermögen	70 000
Sparer Pauschbetrag, sonst keine Werbungskosten	./. 801
Mit 25 % Belastung gem. § 32d EStG	69 199

Einkünfte nach § 17 Abs. 4 EStG

Einnahmen (§ 17 Abs. 4 Satz 2 EStG):	50 000 + 40 000 =	90 000
40 % steuerfrei (§ 3 Nr. 40 Satz 1 Buchst. c EStG)		./. 36 000

---

1 BFH v. 16. 6. 2015 - IX R 28/14, NWB DokID: WAAAF-05922.
2 BFH v. 27. 10. 1992 - VIII R 87/89, BStBl II 1993, 340.

Steuerpflichtige Einnahmen		54 000
AK		60 000
davon Kürzung gem. § 3c Abs. 2 EStG	./. 24 000	./. 36 000
Einkünfte gem. § 17 Abs. 4 EStG		18 000
Freibetrag gem. § 17 Abs. 3 EStG: 50 % von 9 060 € = 4 530 €		
Veräußerungsgewinn		18 000
./. (50 % von 36 100 € =)		./.18 050
Übersteigender Betrag		0
Abziehbarer Freibetrag		4 530
Steuerpflichtige Einkünfte		13 470

Für die steuerliche Berücksichtigung eines 60 %igen **Auflösungsverlustes** gelten diese Grundsätze entsprechend. Ein Liquidationsverlust kann allerdings schon vor dem Ende der Liquidation zu berücksichtigen sein, wenn im Zeitpunkt der Auflösung bereits feststeht, 8025

▶ dass mit Zuteilungen und Rückzahlungen i. S. d. § 17 Abs. 4 Satz 2 EStG nicht zu rechnen ist **und**

▶ ob und in welcher Höhe beim Anteilseigner nachträgliche Anschaffungskosten oder sonstige gem. § 17 Abs. 4 Satz 2 EStG zu berücksichtigende Aufwendungen entstanden sind.[1]

3. Natürliche Person mit 100 %iger Beteiligung im Betriebsvermögen

Bei einer 100 %igen Beteiligung an einer Kapitalgesellschaft ist § 16 Abs. 1 Nr. 1 EStG i.V. mit § 17 Abs. 4 Satz 3 EStG zu beachten; der Aufgabegewinn ist steuerbegünstigt. Der Liquidationserlös ist aufzuteilen in Erträge gem. § 20 Abs. 1 Nr. 2 EStG aus der Rückzahlung sonstiger Rücklagen, die jedoch gewerbliche Einkünfte bleiben, und in einen steuerbegünstigten Aufgabegewinn i. S. d. § 16 EStG. Beide Teile des Liquidationserlöses unterliegen dem Teileinkünfteverfahren. 8026

Für den Aufgabegewinn i. S. d. § 16 EStG kommt der Freibetrag gem. § 16 Abs. 4 EStG in Betracht. Da dieser jedoch nur einmal im Leben gewährt wird, sollte sorgsam geprüft werden, ob es günstiger ist, den Freibetrag erst bei der Veräußerung bzw. Aufgabe des Einzelunternehmens in Anspruch zu nehmen. Der Freibetrag wird **nicht** gem. § 3c Abs. 2 EStG gekürzt. Die Steuervergünstigung des ermäßigten Steuersatzes gem. § 34 EStG wird zur Vermeidung einer Doppelbegünstigung nicht gewährt (§ 34 Abs. 2 Nr. 1 EStG). 8027

BEISPIEL ▶ A ist zu 100 % Gesellschafter der B-GmbH. Die Anteile an der B-GmbH hält er im Betriebsvermögen seines Einzelunternehmens, in dessen Bilanz sie mit einem Buchwert von 50 000 € ausgewiesen sind.

Nach Beendigung der Liquidation erhält A einen Liquidationserlös i. H. v. 120 000 €. Dieser setzt sich folgendermaßen zusammen:

Rückzahlung Stammkapital	50 000

---

1 BFH v. 4. 10. 2007 VIII S 3/07, NWB DokID: GAAAC-66232 (PKH), BFH/NV 2008, 209 und v. 28. 10. 2008 IX R 100/07, NWB DokID: HAAAD-08081, BFH/NV 2009, 561.

Rückzahlung Einlagekonto	10 000
Rückzahlung sonstiger Rücklagen	60 000

LÖSUNG: Da es sich um eine 100%-Beteiligung handelt, ist der Vorgang als fiktive Teilbetriebsaufgabe zu behandeln (§ 16 Abs. 1 Nr. 1 EStG). Der Liquidationserlös setzt sich zusammen aus den Rückzahlungen sonstiger Gewinnrücklagen, die als betriebliche Erträge i. S. d. § 20 Abs. 1 Nr. 2 EStG anzusetzen sind, sowie dem steuerbegünstigten Aufgabegewinn i. S. d. § 16 EStG. Es sind die Grundsätze des Teileinkünfteverfahrens zu berücksichtigen. Der steuerpflichtige Gewinn wird wie folgt ermittelt:

▶ Rückzahlung sonstiger Rücklagen:

Rückzahlung	60 000
Davon 60 % steuerpflichtig (§ 3 Nr. 40 Satz 1 Buchst. b EStG)	**36 000**

▶ Rückzahlung des Stammkapitals und des Einlagekontos

Rückzahlung 50 000 + 10 000	60 000
Davon 60 % steuerpflichtig (§ 3 Nr. 40 Satz 1 Buchst. b EStG)	36 000
./. 60 % (von 50 000) Buchwert der Beteiligung (§ 3c Abs. 2 EStG)	./. 30 000
Steuerpflichtiger Aufgabegewinn ohne Antrag	
(§ 16 Abs. 1 Nr. 1 EStG i. V. m. § 17 Abs. 4 Satz 3 EStG)	6 000
Insgesamt	42 000
Aufgabegewinn mit Antrag	
(§ 16 Abs. 4 EStG)	0
Insgesamt	36 000

III. Kapitalgesellschaft als Anteilseigner

8028 Der Liquidationserlös setzt sich zusammen aus der Rückzahlung des Stammkapitals ohne Sonderausweis (§ 28 Abs. 2 Satz 2 KStG) und des Einlagekontos sowie der Rückzahlung sonstiger Gewinnrücklagen.

Für die Rückzahlung sonstiger Rücklagen sowie von Beträgen des Sonderausweises nach § 28 Abs. 2 Satz 2 KStG gilt die Steuerbefreiung des § 8b Abs. 1 KStG (= Dividendenbereich). Von den Bezügen i. S. des Abs. 1, die bei der Ermittlung des Einkommens außer Ansatz bleiben, gelten 5 % als Ausgaben, die nicht als Betriebsausgaben abgezogen werden dürfen. § 3c Abs. 1 des EStG ist nicht anzuwenden, so dass Erwerbsaufwendungen (z. B. Zinsen für Darlehen zur Erlangung der Beteiligung) abgezogen werden dürfen.

Übersteigt die Rückzahlung des Stammkapitals und des Einlagekontos den Buchwert der Anteile, ist der entstehende Gewinn (= Beteiligungsveräußerungsbesteuerung) steuerfrei gem. § 8b Abs. 2 KStG (Ausnahme: § 8b Abs. 2 Satz 4 KStG). Davon gelten 5 % gem. § 8b Abs. 3 Satz 1 KStG als nicht abziehbare Betriebsausgabe.

Ein etwaiger Verlust aus der Verrechnung der Rückzahlungen von Stammkapital und Einlagekonto mit dem Buchwert der Anteile ist gem. § 8b Abs. 3 Satz 3 KStG steuerlich nicht abzugsfähig. Daher gibt es keine vollständige, sondern nur eine 95 %ige Freistellung.

BEISPIEL: Die A-GmbH ist an der B-GmbH mit einem Anteil von 50 000 € beteiligt. Die A-GmbH hat die Anteile mit einem BW von 60 000 € bilanziert. Nach der Liquidation der B GmbH erhält die A-GmbH einen Liquidationserlös von 120 000 €. Dieser setzt sich folgendermaßen zusammen: 8029

Rückzahlung Stammkapital	50 000
Rückzahlung Einlagekonto	10 000
Rückzahlung sonstiger Rücklagen	60 000

Steuerliche Behandlung bei der A-GmbH:

DIVIDENDENBESTEUERUNG: § 8b Abs. 1 KStG

Rückzahlung sonstiger Rücklagen steuerfrei	60 000
zu versteuern	0
§ 8b Abs. 5 KStG	
Fiktive nicht abziehbare BA (5 % v. 60 000)	3 000
Sonstige abziehbare BA: keine	

ANTEILSBESTEUERUNG: § 8b Abs. 2 KStG

Rückzahlung Stammkapital	50 000
Rückzahlung Einlagekonto	10 000
zu versteuern	0
§ 8b Abs. 3 KStG	
Fiktive nicht abziehbare BA (5 % v. 60 000)	3 000
Erhöhung der steuerlichen Bemessungsgrundlage der A-GmbH	6 000

Die Regelungen über die Steuerbefreiungen und die 5 %-Regelung schlagen über den Gewerbeertrag auch auf die Gewerbesteuer durch. 8030

(Einstweilen frei) 8031–8060

D. Verlegung der Geschäftsleitung ins Ausland

I. Bisherige Rechtslage (für vor dem 1. 1. 2006 endende Wirtschaftsjahre)

Nach der bisherigen Rechtslage galt für den Fall, dass eine unbeschränkt steuerpflichtige GmbH – ohne Auflösung **und** Abwicklung – ihre Geschäftsleitung und/oder ihren Sitz ins Ausland verlegte und dadurch aus der unbeschränkten Steuerpflicht ausschied, dass die in § 11 KStG getroffene Regelung entsprechend anzuwenden war. Auch in solchen Fällen sollte die Besteuerung der stillen Reserven sichergestellt werden. An die Stelle des zu verteilenden Vermögens trat dann der gemeine Wert des vorhandenen Vermögens (§ 12 KStG a. F.). 8061

(Einstweilen frei) 8062–8080

II. Neue Entstrickungsregelung des § 12 KStG (für nach dem 31. 12. 2005 endende Wirtschaftsjahre)

Die vollständig neu gefasste und weitgehend mit § 4 Abs. 1 Satz 3 EStG sowie § 6 AStG korrespondierende Regelung des § 12 Abs. 1 KStG n. F. führt zur Sicherung des inländi- 8081 schen Besteuerungsrechtes im Hinblick auf stille Reserven nunmehr einen über diese neben weiteren bisher nur punktuell vorhandenen Regelungen zur Steuerentstrickung hinausgehenden **allgemeinen Entstrickungstatbestand** in das KStG ein, wenn bei einer Körperschaft, Personenvereinigung oder Vermögensmasse das Besteuerungsrecht der Bundesrepublik Deutschland hinsichtlich des Gewinns aus der Veräußerung oder der Nutzung eines Wirtschaftsgutes ausgeschlossen oder beschränkt wird. Insoweit handelt es sich nicht um eine bloße „Klarstellung", wie dies die Gesetzesbegründung formuliert.[1] Vielmehr steht im Hintergrund trotz erkannter europarechtlicher Bedenken wohl mehr die Absicht der Sicherung des deutschen Steuersubstrates jedenfalls so lange, wie eine effektive Amtshilfe zwischen den EU-Steuerbehörden nicht funktioniert.[2]

8082 Führt eine solche grenzüberschreitungsbedingte Entstrickung einkommensteuerrechtlich zu einer Privatentnahme, gilt eine Entstrickung körperschaftsteuerlich angesichts dessen, dass eine dem KStG unterfallende Körperschaft nicht über eine dafür erforderliche Privatsphäre verfügt, nunmehr als steuerpflichtige Veräußerung oder Überlassung des verstrickten Wirtschaftsgutes zum gemeinen Wert (nicht zum Teilwert).

1. Entstrickung ohne Sitzverlegung

8083 Eine der mit der Neuregelung zu erfassende Fallgruppe ist dadurch gekennzeichnet, dass Wirtschaftgüter vom inländischen Stammhaus in eine ausländische Betriebsstätte überführt werden. Es handelt sich hier also ausschließlich um **innerbetriebliche grenzüberschreitende Übertragungen**. Die Behandlung dieser Fälle nach bisherigem Recht[3] im Vergleich zur Beurteilung nach dem allgemeinen Entstrickungstatbestand des § 12 Abs. 1 KStG n. F. stellt sich wie folgt dar:

8084 Liegt die Betriebsstätte in einem Nicht-DBA-Staat oder in einem Anrechnungs-DBA-Staat, löste die Überführung bisher grundsätzlich keine Besteuerung aus. Nach dem SEStEG kommt es grundsätzlich zu einer Sofortbesteuerung der in den überführten Wirtschaftsgütern ruhenden stillen Reserven, weil insoweit eine Beschränkung des vorher bestehenden ungemilderten deutschen Besteuerungsrechtes eintritt, als die auf den Betriebsstättengewinn im Ausland erhobenen Steuern auf die inländische Steuer anzurechnen sind (§ 34c EStG). Bei Wirtschaftsgütern des Anlagevermögens besteht die Möglichkeit, den Gewinn auf fünf Jahre zu verteilen, § 4g EStG.

8085 Liegt die Betriebsstätte in einem Freistellungs-DBA-Staat, war bisher wahlweise eine Gewinnrealisierung im Zeitpunkt der Überführung, also eine sofortige Aufdeckung der in dem Wirtschaftsgut enthaltenen stillen Reserven, zum Fremdvergleichspreis möglich oder eine aufgeschobene Besteuerung erst im Zeitpunkt der tatsächlichen Realisierung im Ausland, spätestens aber nach Ablauf von zehn Jahren. Stille Reserven in abnutzbaren Wirtschaftsgütern waren nach deren Nutzungsdauer im Ausland ratierlich aufzulösen. Nach § 12 Abs. 1 KStG kommt es auch hier grundsätzlich zu einer Sofort-

---

1 Vgl. BT-Drucks. 16/2710, 30.
2 Vgl. die Pressemitteilung der Bundestagsfraktion Bündnis 90/Die Grünen v. 9.11.2006 zur Zustimmung zum Regierungsentwurf des SEStEG.
3 Vgl. dazu den sog. Betriebsstättenerlass, BMF v. 24.12.1999, BStBl I 1999, 1076, unter Tz. 2.6.

besteuerung, denn das deutsche Besteuerungsrecht für das Wirtschaftsgut wird durch dessen Überführung ausgeschlossen.[1]

Die Überführung von Wirtschaftsgütern aus einer inländischen Betriebsstätte in das ausländische Stammhaus führte schon nach bisherigem Recht zu einer steuerpflichtigen Entnahme infolge des Entfallens des deutschen Besteuerungsrechtes, ohne dass die eintretende Sofortbesteuerung durch einen Ausgleichsposten zu vermeiden gewesen wäre. Bei dieser Rechtsfolge verbleibt es auch nach § 12 Abs. 1 KStG 8086

Nach dem weiten Wortlaut des § 12 Abs. 1 KStG sind darüber hinaus Fälle denkbar, in denen es, insoweit über die bisher vorgesehenen Rechtsfolgen hinausgehend, hinsichtlich der stillen Reserven in einer ausländischen Betriebsstätte auch ohne aktives Tun des steuerpflichtigen Unternehmens zu einer Entstrickung und damit einer Besteuerung kommen kann. Schließt Deutschland beispielsweise mit dem ausländischen Staat, in dem sich die Betriebsstätte befindet, erstmals ein DBA mit Freistellungsmethode ab (Alt. 1) oder vereinbaren die beiden Staaten für ein bestehendes DBA einen Wechsel von der Anrechnungs- zur Freistellungsmethode (Alt. 2), so wird das deutsche Besteuerungsrecht ausgeschlossen (Alt. 1) bzw. das eingeschränkte deutsche Besteuerungsrecht ausgeschlossen (Alt. 2). Es erscheint nicht unbedenklich, möglicherweise gravierende steuerliche Folgen an Vorgänge anzuknüpfen, die sich ohne jegliche Einflussnahme und Gestaltungsmöglichkeit für den Steuerpflichtigen vollziehen. Insoweit wäre eine einschränkende Auslegung der Norm geboten. Demgegenüber bestehen diese Bedenken für die Gestaltung, dass Wirtschaftsgüter von einer Betriebsstätte in einem ausländischen Anrechnungs-DBA-Staat in eine solche in einem Freistellungs-DBA-Staat überführt werden, nicht. Hier knüpft die sodann erfolgende Besteuerung an eine Gestaltung durch den Steuerpflichtigen an. 8087

Nach § 12 Abs. 1 KStG n. F. sind außerdem Vorteile aus der **Nutzungsüberlassung** von Wirtschaftsgütern, für die das deutsche Besteuerungsrecht beschränkt oder ausgeschlossen ist, mit dem gemeinen Wert zu besteuern. Hier sind nicht die gesamten stillen Reserven im Rahmen einer einmaligen Entnahme, vielmehr ist die vorübergehende Nutzungsüberlassung als wiederkehrender Vorgang in Höhe eines fremdüblichen Entgeltes zu besteuern. 8088

Nach der Anwendungsregelung in § 34 Abs. 8 Satz 2 ff. KStG ist § 12 Abs. 1 KStG erstmals für nach dem 31. 12. 2005 endende Wirtschaftsjahre anzuwenden. Für Fälle mit abweichendem Wirtschaftsjahr würde die Neuregelung damit schon vor 2006 gelten können und entsprechende Überführungen von Wirtschaftsgütern erfassen. Dies mag indes unter verfassungsrechtlichen Gesichtspunkten bedenklich erscheinen. 8089

---

[1] Vgl. zur Kritik an dieser Regelung und zur einzuschränkenden Bedeutung Wassermeyer, DB 2006, 1176 und 2420 und im Hinblick auf die Regelung des Art. 7 Abs. 1 OECD-MA, nach der das deutsche Besteuerungsrecht auf die bis zur Überführung entstandenen stillen Reserven erhalten bleibt, Blumenberg/Lechner, a. a. O.; zu Einzelheiten s. *Mössner* in Mössner/Seeger, KStG, § 12 Rn. 16 ff.

2. Entstrickung bei Sitzverlegung

a) Sitzverlegung innerhalb der EU bzw. des EWR

8090 Verlegt eine SE/SEC entsprechend den Vorgaben der SE-VO/SEC-VO[1] sowohl den Satzungs- als auch den Geschäftssitz aus Deutschland in einen anderen Mitgliedstaat, so geschieht dies – gesellschaftsrechtlich – identitätswahrend, steuerlich darf dies auf der Ebene der Gesellschaft nach Art. 12 der EU-Fusionsrichtlinie[2] und nach Art. 14 auf der Anteilseignerebene nicht zu einer Besteuerung führen (wobei damit eine spätere Besteuerung von Gewinnen aus einer Anteilsveräußerung nicht ausgeschlossen ist).

8091 Mit einer **Sitzverlegung** entfällt zwar gem. § 1 Abs. 1 Nr. 1 KStG n. F. die unbeschränkte Steuerpflicht der Gesellschaft in Deutschland. Dies alleine löst allerdings im Gegensatz zur bisherigen Rechtslage nicht mehr eine sofortige Liquidationsbesteuerung nach § 11 KStG aus, soweit nach dem allgemeinen Entstrickungstatbestand des § 12 Abs. 1 KStG das Vermögen weiterhin in Deutschland verstrickt bleibt. Dies gilt für inländisches Immobilienvermögen stets. Für andere (positive und negative) Wirtschaftsgüter richtet sich die weitere Steuerverhaftung in Deutschland danach, ob sie der verbliebenen **inländischen Betriebsstätte** oder dem **ausländischen Stammhaus** zuzuordnen sind. Der inländischen Betriebsstätte sind solche Wirtschaftsgüter zuzuordnen, die der Erfüllung von deren Betriebsstättenfunktion dienen oder die überwiegend zur Erzielung der Betriebsstätteneinkünfte beitragen (vgl. Betriebsstättenerlass, a. a. O.). Der Zentralfunktion des Stammhauses sind regelmäßig immaterielle Wirtschaftsgüter und Beteiligungen zuzuordnen. Dies kann bei einem der wegziehenden Unternehmensspitze zuzuordnenden Geschäfts- oder Firmenwert, für den ein voll steuerpflichtiger Entstrickungsgewinn anfallen würde, problematisch sein.[3]

8092 Eine Sonderregelung für die Anteilseigner im Falle der identitätswahrenden grenzüberschreitenden Sitzverlegung einer SE/SEC ergib sich nach §§ 15 Abs. 1a, 4 Abs. 1 Satz 4 EStG i. V. m. § 12 Abs. 1 Satz 2 KStG. Danach kommt es bei einer derartigen Sitzverlegung nicht zu einer Sofortbesteuerung. Weil die meisten der von Deutschland abgeschlossenen **DBA** das Besteuerungsrecht im Hinblick auf die Veräußerung von Anteilen an Kapitalgesellschaften ausschließlich dem Ansässigkeitsstaat des Anteilseigners zuweisen, wird das deutsche Besteuerungsrecht für die Anteile ohnehin nicht beschränkt. Verlegt die SE/SEC allerdings ihren Sitz in einen Staat, nach dessen DBA mit Deutschland das Besteuerungsrecht nicht bei Deutschland verbleibt,[4] ergibt sich aus § 15 Abs. 1a EStG, dass Deutschland bei einer späteren Veräußerung der Anteile den sich daraus ergebenden Gewinn in der gleichen Art und Weise besteuern darf wie die Veräußerung zu besteuern gewesen wäre, wenn keine Sitzverlegung stattgefunden hätte. Die Besteuerung erfolgt also erst bei tatsächlicher Beteiligungsveräußerung, besteuert wird dann der tatsächliche Veräußerungsgewinn. Auf den gemeinen Wert im Zeitpunkt

---

1 Vgl. VO(EG) 2157/2001 v. 8. 10. 2001, ABl. EG L 294 v. 10. 11. 2001.
2 Vgl. RL 2009/133/EG des Rates v. 19. 10. 2009, ABl. EU L310/2009, S. 34.
3 Vgl. zu Lösungsvorschlägen Blumenberg/Lechner, BB Special 8/2006, 25, 30.
4 Beispielsweise nach Art. 23 Abs. 1b i. V. m. Art. 13 Abs. 3 DBA-Tschechien, Beispiel nach Dötsch/Pung, DB 2006, 2648.

der Sitzverlegung kommt es dabei nicht an, vielmehr sind Wertsteigerungen und -minderungen, die nach diesem Zeitpunkt entstanden sind, zu berücksichtigen.[1]

Die grenzüberschreitende Sitzverlegung einer anderen Körperschaft als einer SE/SEC ist infolge der in Deutschland noch immer geltenden, wenn auch eingeschränkten, Sitztheorie[2] nicht möglich.[3] Ob § 12 Abs. 1 KStG n. F. zur Anwendung kommt, ist zumindest bei Wegzug in einen anderen Mitgliedstaat der EU/des EWR unionsrechtlich sehr zweifelhaft und u. E. abzulehnen.[4]   8093

b) Sitzverlegung in einen Drittstaat

Verlegt eine Körperschaft Sitz oder Geschäftsleitung und scheidet sie dadurch aus der unbeschränkten Steuerpflicht in einem Mitgliedstaat der EU/EWR aus, gilt sie nach § 12 Abs. 3 KStG n. F. als aufgelöst. Es muss sich um einen **Wegzug aus der EU/dem EWR insgesamt** handeln. In diesen Fällen ist eine sofortige Schlussbesteuerung nach § 11 KStG durchzuführen, die nicht wirtschaftsgutsbezogen ist, sondern zur Besteuerung der stillen Reserven des gesamten Vermögens führt. Das bedeutet, dass eine Besteuerung auch derjenigen Reserven in einer etwa verbliebenen Betriebsstätte erfolgt, für die der Mitgliedstaat durch den Wechsel von der unbeschränkten zur beschränkten Steuerpflicht das Besteuerungsrecht nicht verloren hat.[5]   8094

c) Verschmelzung einer beschränkt steuerpflichtigen ausländischen Körperschaft nach ausländischem Umwandlungsrecht

Wird eine in einem ausländischen Staat außerhalb der EU oder des EWR ansässige Körperschaft, die in Deutschland wegen einer inländischen Betriebsstätte beschränkt steuerpflichtig ist, nach ausländischem Umwandlungsrecht in einem der Verschmelzung i. S. d. § 2 UmwG vergleichbaren Vorgang als Ganzes auf eine andere Körperschaft desselben ausländischen Staates verschmolzen, lässt § 12 Abs. 2 Satz 1 KStG n. F. (unverändert) den Ansatz der übergehenden Wirtschaftsgüter mit dem Buchwert zu, soweit ein vorheriges deutsches Besteuerungsrecht dadurch nicht beschränkt wird oder wegfällt. Wird eine solche Körperschaft allerdings auf eine in einem anderen Drittstaat ansässige Körperschaft verschmolzen, ist dies nicht nach § 12 Abs. 2 KStG n. F., sondern vielmehr nach § 12 Abs. 1 KStG n. F. zu beurteilen. Für die Besteuerung der Anteilseigner gilt für Vorgänge i. S. d. § 12 Abs. 2 Satz 1 KStG n. F. nach Satz 2 der Vorschrift die Regelung des § 13 UmwStG entsprechend.   8095

---

1 Zur Kritik an diesem „treaty override" mit möglicherweise i. E. unzulässiger Doppelbesteuerung vgl. Stadler/Elser, BB Special 8/2006, 18, 23.
2 Vgl. hierzu BGH v. 8. 10. 2009 IX ZR 227/06, GmbHR 2010, 211.
3 Zu den unionsrechtlichen Fragestellungen der Verlegung des satzungsmäßigen Sitzes einer Gesellschaft in einen anderen Mitgliedstaat ohne Verlegung des tatsächlichen Sitzes, s. Schlussanträge der Generalanwältin Kokott v. 4. 5. 2017 C – 106/16, Polbud; zum „Herausformwechsel" einer deutschen GmbH s. OLG Frankfurt am Main v. 3. 1. 2017 20 W 88/15, NWB DokID: YAAAG-43926.
4 Vgl. EuGH v. 29. 11. 2011, Rs. C-371/10, National Grid Indus, DStR 2011, 2334; vgl. von Brocke, Europäischer Binnenmarkt, Rn. 488 ff. und Mössner, § 12 Rn. 41, beide in Mössner/Seeger, KStG.
5 Nicht bedenkenfrei, vgl. zu Einzelheiten Mössner in Mössner/Seeger, KStG, § 12.

3. Zuzug nach Deutschland – Verstrickung

8096 Ein allgemeiner Verstrickungstatbestand ist dem KStG auch in der Fassung des SEStEG nicht zu entnehmen. Die bei einem Zuzug einer SE in das Inland anzunehmende Verstrickung bestimmt sich daher nach den Regelungen der §§ 4 Abs. 1 Satz 7, 6 Abs. 1 Nr. 5a EStG n. F. i. V. m. der für das Körperschaftsteuerrecht maßgeblichen Verweisungsregel des § 8 Abs. 1 KStG. Die Begründung des deutschen Besteuerungsrechtes, nicht aber der Wechsel von einem beschränkten zum unbeschränkten deutschen Besteuerungsrecht, steht danach hinsichtlich des Gewinns aus der Veräußerung eines Wirtschaftsgutes einer Einlage gleich („fiktive Einlage"). Das als eingelegt geltende Wirtschaftsgut kommt mit seinem gemeinen Wert zum Ansatz, unabhängig von der steuerlichen Behandlung im Ausland. Es kann daher einerseits zu einer vorteilhaften (steuerfreien) Aufstockung kommen, wenn der ausländische Staat dieses Wirtschaftsgut zu einem geringeren Wert aus seiner Besteuerung entlassen hatte. Andererseits droht eine Doppelbesteuerung, wenn der ausländische Entstrickungswert über dem deutschen gemeinen Wert liegt.

4. Ausgleichsposten nach § 4g EStG

8097 Bei Überführungen von Wirtschaftsgütern des Anlagevermögens eines inländischen Stammhauses in eine innerhalb der EU belegene Betriebsstätte sieht § 4g EStG n. F., der auch im Rahmen des § 12 Abs. 1 KStG gilt, eine auf fünf Jahre **gestreckte Besteuerung** der stillen Reserven vor. Diese ist antragsgebunden, der Antrag kann für jedes Wirtschaftsjahr nur einheitlich und unwiderruflich für alle Wirtschaftsgüter gestellt werden. Der Ausgleichsposten ist für jedes Wirtschaftsgut getrennt auszuweisen und im Wirtschaftsjahr seiner Bildung und in den vier folgenden Wirtschaftsjahren zu jeweils einem Fünftel, unter den Voraussetzungen des Abs. 2 Satz 2 sofort in vollem Umfang, gewinnerhöhend aufzulösen. Die Streckung ist damit gegenüber früheren Regelungen um die Hälfte verkürzt.

8098–8194 (*Einstweilen frei*)

Anhang

Vertragsmuster

Die nachfolgenden Vertragsmuster stellen Formulierungshilfen dar und zeigen die Möglichkeit verschiedener Vertragsbestimmungen auf. Bei der Übernahme sollte geprüft werden, ob die Gestaltung der Interessenlage der Beteiligten entspricht, und ggf. sollten auch Berater konsultiert werden. Daher kann eine Haftung nicht übernommen werden. Auf die im 1. Teil: Gesellschaftsrecht der GmbH an verschiedenen Stellen gegebenen Formulierungsbeispiele wird hingewiesen.

I. Ausführlicher Gesellschaftsvertrag einer GmbH 8941

Gesellschaftsvertrag

der

_____ GmbH

§ 1 Firma und Sitz der Gesellschaft

(1) Die Firma der Gesellschaft lautet _____ GmbH.

(2) In der Firma der Gesellschaft enthaltene Namen von Gesellschaftern dürfen auch nach deren Ausscheiden ohne ausdrückliche Zustimmung beibehalten werden.

(3) Sitz der Gesellschaft ist _____.

§ 2 Gegenstand des Unternehmens

(1) Gegenstand des Unternehmens ist die Herstellung und der Vertrieb von _____ (*oder Dienstleistungen, Ausübung einer freien Berufstätigkeit usw.*).

(2) Die Gesellschaft darf alle sonstigen Geschäfte betreiben, die dem Hauptzweck des Unternehmens unmittelbar oder mittelbar dienen und ihn fördern.

(3) Die Gesellschaft kann sich an gleichartigen oder ähnlichen Unternehmen beteiligen oder sich mit ihnen zu Arbeits- oder Interessengemeinschaften zusammenschließen, solche Unternehmen erwerben, deren Vertretung und Führung übernehmen und Zweigniederlassungen errichten.

§ 3 Stammkapital, Stammeinlagen, Gesellschafter und Aufbringung des Stammkapitals

(1) Das Stammkapital der Gesellschaft beträgt 25 000 € (Fünfundzwanzigtausend Euro) *(oder: ein höherer Betrag)*.

(2) Das Stammkapital wird wie folgt übernommen:

(a) Herr/Frau _____ übernimmt einen Geschäftsanteil mit einem Nennbetrag von _____ € (i. W. _____ Euro) – Geschäftsanteil Nr. 1 –,

(b) Herr/Frau _____ *(oder: z. B. die Z-GmbH)*, zwei Geschäftsanteile und zwar einen mit dem Nennbetrag von _____ € (i. W. _____ Euro) – Geschäftsanteil Nr. 2 – und einen mit dem Nennbetrag von _____ € (i. W. _____ Euro) – Geschäftsanteil Nr. 3 –,

_____ *(evtl. weitere Gesellschafter)*.

(3) Die Einlagen sind in Geld zu erbringen; sie sind mit Gründung *(oder: vor Anmeldung der Gesellschaft zum Handelsregister)* in voller Höhe zur Zahlung fällig.

Alternative für § 3 Abs. 3 bei **Teileinzahlung**

(3) Die Einlagen sind in Geld zu erbringen. Sie sind mit Gründung i. H. v. je 50 % zur Zahlung fällig. Die Restbeträge sind auf Verlangen der Geschäftsführung, was nach Eintragung der Gesellschaft jederzeit möglich ist, *(oder: z. B. sobald die Gesellschafterversammlung ihre Einforderung beschließt)* zahlbar und auf Verlangen in einer von der Geschäftsführung zu bestimmenden Art zu sichern. Eine Aufrechnung ist nicht gestattet.

Alternative für § 3 Abs. 3 bei Aufbringung der Stammeinlage durch **Sachwerte (Sacheinlage) und Geld**

(3)

(a) Der Gesellschafter NN _____ hat seine Einlage mit dem Nennwert von _____ € sofort ganz in Sachwerten zu leisten. Als Sacheinlage sind folgende Einzelgegenstände einzubringen:

1. _____ , 2. _____ , 3. _____ , usw.

Die einzelnen Gegenstände sind in der als Anlage beigefügten Aufstellung von einem öffentlich bestellten und vereidigten Sachverständigen bewertet und haben danach einen Gesamtwert von _____ €. Ihr Wert ist i. H. v. 12 500 € auf die Einlageverpflichtung des Gesellschafters NN anzurechnen. Der Gesellschafter NN überträgt hiermit die aufgeführten Einzelgegenstände zu Eigentum auf die Gesellschaft, was die Gesellschaft annimmt.

Der Gesellschafter NN hat der Gesellschaft für die Richtigkeit der angenommenen Werte und die Lastenfreiheit einzustehen.

Soweit der Wert der einzubringenden Gegenstände den Nennbetrag seines Geschäftsanteils im Zeitpunkt der Anmeldung der Gesellschaft zur Eintragung in das Handelsregister übersteigt, hat die Gesellschaft an ihn einen sofort fälligen Ausgleich in Geld zu bezahlen *(oder: stellt der Gesellschafter den übersteigenden Betrag als Gesellschafterdarlehen zur Verfügung. Oder: stellt die Gesellschaft den übersteigenden Betrag in die Kapitalrücklage ein)*.

Erreicht der Wert der einzubringenden Gegenstände den Nennbetrag seines Geschäftsanteils im vorgenannten Zeitpunkt nicht, hat der Gesellschafter NN die Wertdifferenz sofort nach ihrer Feststellung in Geld auszugleichen.

(b) Der Gesellschafter XX _____ hat seine Einlage auf den Geschäftsanteil ganz und sofort in Geld zu leisten.

Alternative für § 3 Abs. 3 bei Aufbringung der Stammeinlage durch **Sacheinlage durch Einbringung eines Einzelunternehmens**

(a) Der Gesellschafter NN _____ hat seine Einlage sofort ganz in Sachwerten zu leisten. Als Sacheinlage bringt seine Einzelfirma in _____ (eingetragen im Handelsregister von _____ unter HRA _____) mit allen Aktiva und Passiva im Wege der Einzelrechtsnachfolge ein. Der Wert der Einzelfirma wird auf _____ € festgesetzt. Der den Nennbetrag seines Geschäftsanteils übersteigende Wert von _____ € wird dem Gesellschafter _____ als Darlehen gutgeschrieben. Das Darlehen ist mit einem Jahressatz von _____ % zu verzinsen; es kann mit einer Frist von _____ zum _____, frühestens jedoch zum _____ gekündigt werden. Die Einbringung erfolgt aufgrund gesonderten Einbringungsvertrags, den der Gesellschafter _____ und die Gesellschaft nach Beurkundung dieses Gesellschaftsvertrags abschließen und dessen Text diesem Vertrag als Anlage beigefügt ist.

(4) Rückständige Einlagen sind unbeschadet weitergehender Ansprüche der Gesellschaft gegen den säumigen Gesellschafter ab Fälligkeit mit _____ % jährlich zu verzinsen.

(5) Gesellschafterkredite und sonstige Gesellschafterhilfen

(a) Gesellschafter können der Gesellschaft gewährte Darlehen und Gesellschafterhilfen, die einem Gesellschafterdarlehen wirtschaftlich entsprechen mit einer Kündigungsfrist von .... Monaten zurückfordern.

(b) Hinsichtlich der Forderungen auf Rückgewähr der unter a) genannten Darlehen und Gesellschafterhilfen erklären die Gesellschafter den Nachrang im Insolvenzverfahren hinter den in § 39 Abs. 1 Nr. 1 bis 5 InsO bezeichneten Forderungen, und dass sie die Darlehen und Gesellschafterhilfen von der Gesellschaft nicht zurückfordern, soweit und solange sie zur Vermeidung einer Unterkapitalisierung erforderlich sind.

§ 4 Beginn, Dauer und Geschäftsjahr der Gesellschaft

(1) Die Gesellschaft beginnt mit ihrer Eintragung in das Handelsregister.

(2) Die Gesellschaft wird unbeschadet der Kündigungsmöglichkeit nach § 15 auf unbestimmte Zeit errichtet.

(3) Das Geschäftsjahr ist das Kalenderjahr. Das erste Geschäftsjahr beginnt mit der Eintragung der Gesellschaft und endet am 31. 12. des Jahres der Eintragung.

(4) Werden vor Eintragung der Gesellschaft im Handelsregister für diese in den gesetzlich zulässigen Grenzen Geschäfte getätigt, hat die Gesellschaft sie mit der Maßgabe zu genehmigen, dass sie rückwirkend wie auf ihre Rechnung geführt anzusehen sind, sofern die aus den Geschäften entstehenden Rechte und Pflichten nicht ohne weiteres auf die Gesellschaft übergegangen sind.

§ 5 Geschäftsführung, Vertretung

(1) Die Gesellschaft hat einen oder mehrere Geschäftsführer.

(2) Bei nur einem Geschäftsführer wird die Gesellschaft durch diesen allein, bei mehreren Geschäftsführern durch zwei Geschäftsführer gemeinschaftlich oder einen Geschäftsführer gemeinschaftlich mit einem Prokuristen vertreten.

(3) Die Gesellschafterversammlung kann die Vertretung und Geschäftsführung durch Beschluss abweichend regeln und Einzelvertretungsbefugnis auf Zeit oder auf Dauer erteilen, die Geschäftsführungsbefugnis einschränken oder erweitern sowie die Geschäftsführer von den Beschränkungen des § 181 BGB befreien.

Ist der Geschäftsführer von den Beschränkungen des § 181 BGB befreit, kann er bei Geschäften zwischen der Gesellschaft und

(a) sich selbst,

(b) von ihm vertretenen anderen Gesellschaftern, anderen Geschäftsführern oder anderen Personen sowie

(c) Unternehmen, an denen er, die Gesellschaft oder ein anderer Geschäftsführer als Gesellschafter beteiligt sind,

die Gesellschaft uneingeschränkt vertreten.

(4) Wird der Gesellschafter NN zum Geschäftsführer bestellt, ist er stets einzelvertretungsberechtigt. Dabei handelt es sich um ein gesellschaftliches Sonderrecht.

(5) Alle Geschäfte und Handlungen, welche die Vermögens-, Finanz- und Ertragslage der Gesellschaft erheblich beeinflussen oder die besonders risikobehaftet sind, bedürfen der vorherigen Zustimmung der Gesellschafterversammlung. Der Katalog zustimmungsbedürftiger Geschäfte im Einzelnen ist Bestandteil einer Geschäftsordnung, welche die Gesellschafter gesondert beschließen.

Alternative zu § 5 Abs. 5, wenn ein Katalog zustimmungsbedürftiger Geschäfte in die Satzung als deren Bestandteil aufgenommen werden soll:

(5) Die Geschäftsführer haben zu folgenden Geschäften die vorherige Zustimmung der Gesellschafter einzuholen, die darüber durch Beschluss der Gesellschafterversammlung befinden:

(a) Veräußerung des Unternehmens im Ganzen,

(b) Erwerb, Veräußerung oder Belastung von Grundstücken und grundstücksgleicher Rechte der Gesellschaft sowie von Rechten an solchen,

(c) Neuerrichtung von Gebäuden sowie wesentliche Veränderung an Gebäuden der Gesellschaft,

(d) Aufnahme und Kündigung von Darlehen und sonstigen Krediten für die Gesellschaft, soweit sie im Einzelfall oder insgesamt _____ € im Geschäftsjahr übersteigen oder durch eine Kreditaufnahme die der Gesellschaft bereits gewährten Kredite um _____ € überschritten werden,

(e) Übernahme von Bürgschaften, Garantien und Schuldbeitritte,

(f) Eingehung von Wechselverbindlichkeiten über den Betrag von _____ € im Einzelfall hinaus,

(g) Abschluss von Miet- und Pachtverträgen für die Dauer von mehr als einem Jahr oder mit einer Kündigungsfrist von mehr als _____ Monaten oder mit einem monatlichen Entgelt von mehr als _____ €,

(h) Abschluss von sonstigen Verträgen, insbesondere Dauerschuldverhältnissen, durch die für die Gesellschaft Verpflichtungen für mehr als sechs Monate begründet werden,

(i) Abschluss, Änderung, Kündigung und Aufhebung von Anstellungsverträgen mit Geschäftsführern und leitenden Angestellten sowie Bediensteten, deren Jahresbezüge _____ € überschreiten oder denen eine Beteiligung am Geschäftsgewinn (Tantieme) zugesagt wird,

(j) Zusage von Versorgungsleistungen, insbesondere von Pensionen,

(k) Zusage oder Gewährung von Abfindungen von mehr als _____ € bei Beendigung eines Dienstverhältnisses,

(l) Abschluss von Rechtsgeschäften jeder Art mit einem Wert von mehr als _____ € und von außergewöhnlichen Geschäften,

(m) Erwerb und Veräußerung eigener Anteile der Gesellschaft,

(n) Genehmigungen für die Veräußerung von Geschäftsanteilen und deren Teilung,

(o) Wahrnehmung von Gesellschafterrechten in anderen Gesellschaften,

(p) Vorschusszahlungen auf den voraussichtlichen Jahresgewinn an Gesellschafter,

(q) Erteilung einer Prokura oder Handlungsvollmacht sowie deren Entzug,

(r) Beteiligung an anderen Unternehmen i. S. v. § 2 Abs. 3,

(s) Kreditgewährung an sich selbst, andere Geschäftsführer der Gesellschaft, Prokuristen und Handlungsbevollmächtigte.

Unaufschiebbare Geschäfte der vorgenannten Arten dürfen die Geschäftsführer auch ohne vorherige Zustimmung der Gesellschafter vornehmen. Hierüber ist aber unverzüglich zu berichten und die Genehmigung einzuholen.

Zustimmungen für bestimmte Arten von Geschäften können die Gesellschafter allgemein im Voraus erteilen oder einzelne Geschäftsführer im Anstellungsvertrag von den Beschränkungen allgemein oder für bestimmte Rechtsgeschäfte befreien. Die Geschäftsführer, Prokuristen und Handlungsbevollmächtigten sind in ihren Anstellungsverträgen auf die Einhaltung der Beschränkungen zu verpflichten.

(6) § 5 Abs. 5 gilt auch für Geschäfte, über welche die Gesellschaft als Gesellschafterin anderer Gesellschaften zu beschließen hat.

(7) Die Gesellschafter können Geschäftsführer durch Beschluss entgeltlich oder unentgeltlich von ihrem Wettbewerbsverbot befreien.

§ 6 Bekanntmachungen der Gesellschaft

Bekanntmachungen der Gesellschaft erfolgen nur im elektronischen Bundesanzeiger (Gesellschaftsblatt).

Alternative:

Die Bekanntmachungen der Gesellschaft erfolgen in dem elektronischen Bundesanzeiger und in der Tageszeitung „NN", Ortsausgabe für [Sitz der Gesellschaft].

§ 7 Gründungsaufwand

Die Kosten dieses Vertrags und seines Vollzugs im Handelsregister sowie die anfallenden Steuern und Gebühren der Gründung (insbesondere Anwalts- und Steuerberatungshonorare, Notar- und Handelsregistergebühren einschließlich der Kosten der Bekanntmachung, etwaige Kosten der Gründungsprüfung sowie etwaige sonstige Kosten) trägt die Gesellschaft bis zu einem Höchstbetrag von 2 500 €.

§ 8 Gesellschafterversammlung

(1) Eine ordentliche Gesellschafterversammlung hat jedes Jahr innerhalb der ersten acht Monate nach dem Ende eines jeden Geschäftsjahres stattzufinden.

(2) Außer in den gesetzlich vorgeschriebenen Fällen muss unverzüglich eine Gesellschafterversammlung abgehalten werden,

(a) wenn die Gesellschafter nach § _____ beschließen müssen,

(b) so oft, wie es im Interesse der Gesellschaft notwendig ist,

(c) wenn es Gesellschafter, die zusammen Geschäftsanteile von mindestens 10 % des Stammkapitals halten, unter Angabe des Zwecks und der Gründe bei den Geschäftsführern beantragen.

(3) Die Gesellschafterversammlungen werden von den Geschäftsführern durch eingeschriebenen Brief einberufen. Bei mehreren Geschäftsführern ist jeder Geschäftsführer unabhängig davon, wie die Geschäftsführungs- und Vertretungsbefugnis geregelt ist, zur Einberufung von Gesellschafterversammlungen befugt. Die Einladungsfrist beträgt mindestens eine Woche. Tagungsort, Tagungszeit und Tagesordnung sind in der Ladung mitzuteilen. Nachträglich auf die Tagesordnung genommene Beschlussgegenstände müssen den Gesellschaftern spätestens drei Tage vor der Versammlung durch eingeschriebenen Brief mitgeteilt werden. Beide Fristen beginnen jeweils mit dem Tag, an dem der Brief bei ordnungsgemäßer Zustellung dem letzten Gesellschafter zugegangen sein müsste.

(4) Werden die genannten Fristen nicht eingehalten, können bindende Beschlüsse nur gefasst werden, wenn gleichwohl sämtliche Gesellschafter in der Versammlung anwesend oder ordnungsgemäß vertreten sind und die Anwesenden damit einverstanden sind, dass der betreffende Beschlussgegenstand behandelt und über ihn beschlossen wird.

(5) Die Gesellschafterversammlung ist beschlussfähig, wenn sie ordnungsgemäß einberufen ist und mindestens zwei Drittel des Stammkapitals vertreten sind. Wird diese Mehrheit nicht erreicht, so ist innerhalb von drei Wochen eine zweite Gesellschafterversammlung mit gleicher Ladungsfrist und gleicher Tagesordnung einzuberufen. Diese

Gesellschafterversammlung ist sodann ohne Rücksicht auf das vertretene Kapital beschlussfähig. Hierauf ist in der zweiten Einladung hinzuweisen.

(6) Der an Lebensjahren älteste anwesende Gesellschafter leitet die Gesellschafterversammlung. Die Gesellschafterversammlung kann einen anderen Gesellschafter oder ein Geschäftsführer zum Versammlungsleiter bestimmen.

§ 9 Gesellschafterbeschlüsse

(1) Die Beschlüsse der Gesellschafter können außer in Gesellschafterversammlungen auch schriftlich, fernschriftlich, telefonisch, durch Telefax oder per E-Mail gefasst werden, wenn sich alle Gesellschafter mit dieser Art der Beschlussfassung einverstanden erklären oder sich an ihr beteiligen. *(Ein kombiniertes Verfahren ist unter den gleichen Voraussetzungen möglich).*

(2) Die Gesellschafterversammlung fasst ihre Beschlüsse jeweils mit einfacher Mehrheit der abgegebenen stimmberechtigten Stimmen der erschienenen oder vertretenen Gesellschafter, soweit nicht das GmbH-Gesetz zwingend oder die Satzung etwas anderes vorschreiben. Drei Viertel der abgegebenen stimmberechtigten Stimmen der erschienenen oder vertretenen Gesellschafter sind vorbehaltlich vom Gesellschaftsvertrag vorgeschriebener qualifizierter Mehrheiten notwendig für Beschlüsse über

(a) Erhöhung und Herabsetzung des Stammkapitals,

(b) sonstige sachliche Änderungen und Ergänzungen des Gesellschaftsvertrags,

(c) Umwandlung der Gesellschaft,

(d) die Auflösung der Gesellschaft,

(e) erforderliche Zustimmungen zur Veräußerung eines Geschäftsanteils i. S. v. § _____,

(f) die Einziehung von Geschäftsanteilen gemäß der Regelung in § _____,

(g) den Erwerb eigener Geschäftsanteile.

(3) Stimmenthaltungen gelten bei der Ermittlung von Mehrheitsverhältnissen als nicht abgegebene Stimmen, so dass nur die Ja- und Neinstimmen gezählt werden.

(4) Abweichend von § 47 Abs. 4 GmbHG hat ein Gesellschafter nur dann kein Stimmrecht, wenn darüber Beschluss gefasst wird, ob er zu entlasten oder von einer Verbindlichkeit zu befreien ist oder ob die Gesellschaft gegen ihn einen Anspruch geltend machen soll. Nicht stimmberechtigt ist ein Gesellschafter auch in den Fällen, in denen er nach dem Gesellschaftsvertrag oder aus sonstigen Gründen vom Stimmrecht ausgeschlossen ist oder sein Stimmrecht ruht. Das Teilnahmerecht des Gesellschafters an der Gesellschafterversammlung wird von dem Stimmrechtsausschluss nicht berührt. Vom Stimmrecht ausgeschlossene Gesellschafter können ein Stimmrecht auch nicht für einen anderen Gesellschafter ausüben.

(5) Je 1 € des Nennbetrags eines Geschäftsanteils gewähren eine Stimme.

(6) Der Ablauf der Versammlung, ein etwaiger Verzicht auf die Einhaltung der Formen und Fristen für die Einberufung und Mitteilung der Tagesordnung, die Beschlüsse der

Gesellschafterversammlung samt Ergebnis der Abstimmung und Wahlen sind, soweit das Gesetz nicht die notarielle Beurkundung vorschreibt, unverzüglich zu protokollieren. Dies gilt auch, soweit Gesellschafterbeschlüsse außerhalb von Gesellschafterversammlungen gefasst werden. *(Wird ein Beschluss im kombinierten Verfahren gefasst, wird er erst wirksam, wenn das Beschlussergebnis festgestellt und jedem Gesellschafter mitgeteilt worden ist.)*

Das Protokoll ist von dem Versammlungsleiter und der Geschäftsführung zu unterzeichnen und sodann jedem Gesellschafter in Kopie zuzusenden.

(7) Die Anfechtbarkeit von Gesellschafterbeschlüssen kann nur innerhalb eines Monats durch Klageerhebung geltend gemacht werden. Die Frist beginnt mit Zugang des Protokolls bei dem anfechtungswilligen Gesellschafter. Sie endet auf alle Fälle spätestens _____ Monate nach Beschlussfassung.

§ 10 Der Beschlussfassung der Gesellschafterversammlung unterliegende Gegenstände

(1) Die Gesellschafter beschließen über die in § 46 GmbHG aufgeführten Gegenstände sowie in Fällen, in denen nach dem Gesellschaftsvertrag Beschlüsse der Gesellschafter erforderlich sind.

(2) Insbesondere beschließen danach die Gesellschafter

(a) über die Zahl, die Bestellung, Anstellung, Entlastung und Abberufung von Geschäftsführern,

(b) über Maßnahmen zur Unterstützung und Überwachung der Geschäftsführung sowie Weisungen an diese und alle Entscheidungen von grundsätzlicher Bedeutung für das Unternehmen der Gesellschaft,

(c) über sonstige Angelegenheiten, die die Geschäftsführung der Gesellschafterversammlung zur Beschlussfassung vorgelegt hat.

§ 11 Ausübung der Gesellschafterrechte

(1) Jeder Gesellschafter kann sich bei der Ausübung seiner Gesellschafterrechte, insbesondere in der Gesellschafterversammlung, durch einen Angehörigen der rechts-, steuerberatenden oder wirtschaftsprüfenden Berufe, der gesetzlich zur Berufsverschwiegenheit verpflichtet ist, oder einen Mitgesellschafter *(sowie durch den eigenen Ehegatten oder volljährige Abkömmlinge)* vertreten lassen oder sich des Beistands einer solchen Person bedienen.

(2) Vollmachten zur Vertretung und Ausübung des Stimmrechts sind schriftlich zu erteilen und spätestens in der Gesellschafterversammlung vorzulegen.

(3) Jedem Gesellschafter steht das Informationsrecht im gesetzlichen Umfang zu. Die Ansprüche hieraus sind von der Geschäftsführung zu erfüllen, wenn nicht zu besorgen ist, dass die Auskünfte und die Einsicht in Bücher und Schriften zu gesellschaftsfremden Zwecken verwendet und dadurch der Gesellschaft oder einem mit ihr verbundenen Unternehmen nicht unerhebliche Nachteile zugefügt werden. Im Zweifel entscheidet

die Gesellschafterversammlung durch Beschluss, wobei der betroffene Gesellschafter zwar teilnahme-, aber nicht stimmberechtigt ist.

(4) Mehrere Inhaber eines Geschäftsanteils können ihre Gesellschafterrechte aus dem Geschäftsanteil, insbesondere das Stimmrecht, nur durch einen gemeinschaftlichen Bevollmächtigten und nur einheitlich ausüben, soweit es sich nicht um Befugnisse handelt, die dem Erhalt der Rechtsstellung des einzelnen Mitberechtigten dienen und von ihnen persönlich auszuüben sind. Soweit und solange sich eine von einem verstorbenen Gesellschafter angeordnete Testamentsvollstreckung auf seinen Geschäftsanteil erstreckt, hat der Testamentsvollstrecker alle Rechte der Rechtsnachfolger kraft eigenen Rechts in vollem Umfange wahrzunehmen.

§ 12 Verfügung über Geschäftsanteile

(1) Die Veräußerung eines Geschäftsanteils (einschließlich Sicherungsabtretung und treuhänderische Übertragung), dessen Belastung sowie die Bestellung einer Unterbeteiligung oder eines Nießbrauchs hieran zugunsten anderer Personen als Gesellschafter bedürfen der Zustimmung aller anderen Gesellschafter (*oder: der Gesellschafterversammlung;* *oder: der Gesellschaft*).

(2) Ganze Geschäftsanteile dürfen ohne Zustimmung der Gesellschafterversammlung entgeltlich oder unentgeltlich zu Lebzeiten oder von Todes wegen nur an Ehegatten von Gesellschaftern, Abkömmlinge (auch adoptierte) von Gesellschaftern oder Mitgesellschafter und/oder deren Ehegatten übertragen werden.

(3) Teile von Geschäftsanteilen dürfen ohne Zustimmung der Gesellschafterversammlung auf Mitgesellschafter übertragen werden. Entsprechendes gilt für die Aufteilung von Geschäftsanteilen verstorbener Gesellschafter unter deren Erben.

(4) Die Zustimmungsvorbehalte gelten auch dann, wenn der Geschäftsanteil auf eine Mehrheit von Personen übertragen wird, unter denen sich auch solche Personen befinden, die nicht dem Personenkreis gem. § 12 Abs. 2 angehören.

(5) Die Übertragung, der Rechtsübergang sowie die Belastung von Geschäftsanteilen und die Bestellung einer Unterbeteiligung oder eines Nießbrauchs hieran sind unwirksam, wenn vorstehende Bestimmungen verletzt sind.

Alternative: Zusatz zu § 12 bei Ausschluss der freien Übertragbarkeit

(6) Will ein Gesellschafter seinen Geschäftsanteil im Ganzen oder in Teilen an eine Person übertragen, die nicht zu dem in § 12 Abs. 2 genannten Kreis gehört, gelten die Bestimmungen über die Zustimmungsvorbehalte und der Folgen ihrer Verletzung nicht, wenn wie folgt verfahren wird:

(a) Der Gesellschafter hat seinen Geschäftsanteil oder den Teil, den er übertragen will, zunächst den übrigen Gesellschaftern zur Übernahme anzubieten. Soweit im Folgenden nichts anderes bestimmt ist, gelten für die Übernahme die gesetzlichen Bestimmungen über das Vorkaufsrecht sinngemäß, wobei mehreren übernahmebereiten Gesellschaftern das Übernahmerecht im Verhältnis ihrer Geschäftsanteile zusteht. Wird ein Geschäftsanteil unter Verstoß gegen diese Anbietungspflicht übertragen, so steht den übrigen Gesellschaftern gegenüber dem Erwerber ein Vorkaufsrecht in entsprechender Anwendung der vor- und nachstehenden Regelungen zu.

(b) Hinsichtlich des Entgelts für den Geschäftsanteil können die erwerbsbereiten Gesellschafter nach ihrer Wahl

(aa) ihr Erwerbsrecht zu dem Preis und zu den Bedingungen ausüben, die der veräußerungswillige Gesellschafter mit dem Übernahmeinteressenten vereinbart hat, oder

(bb) bei Ausübung des Erwerbsrechts verlangen, dass das Entgelt durch Bewertung des Geschäftsanteils von einem Angehörigen der steuerberatenden oder wirtschaftsprüfenden Berufe ermittelt wird. Die Person, die die Bewertung der Beteiligung nach vorstehender Bestimmung zu ermitteln hat, ist auf Antrag des erwerbsbereiten oder veräußerungswilligen Gesellschafters durch den Präsidenten der Industrie- und Handelskammer zu benennen. Für die Bewertung gilt die Bestimmung über den maßgeblichen Wert bei einer Abfindung entsprechend, jedoch mit der Maßgabe, dass die Bewertung der Grundstücke und grundstücksgleichen Rechte durch die Gutachterausschüsse der Belegenheitsgemeinden zu erfolgen hat. Die Kosten der Bewertung tragen die erwerbsbereiten Gesellschafter im Verhältnis ihrer Geschäftsanteile. Auch bei Bewertung der Beteiligung nach Maßgabe der vorstehenden Bestimmungen ist höchstens das Entgelt zu zahlen, das der veräußerungswillige Gesellschafter mit dem Übernahmeinteressenten vereinbart hat.

(c) Wird der Geschäftsanteil von den Mitgesellschaftern nicht gemäß den vorstehenden Bestimmungen übernommen, kann der Gesellschafter seinen Geschäftsanteil innerhalb eines Jahres, nachdem er ihn den Mitgesellschaftern angeboten hat, zu den Bedingungen an einen Dritten veräußern, die er seinen Mitgesellschaftern nach Maßgabe von § 12 Abs. 6b aa) genannt hat.

§ 13 Einziehung von Geschäftsanteilen, Anbietungspflicht

(1) Wenn die gesetzlichen Voraussetzungen dafür im Übrigen vorliegen kann der Geschäftsanteil eines Gesellschafters durch Gesellschafterbeschluss eingezogen werden,

(a) mit schriftlicher Zustimmung des betroffenen Gesellschafters jederzeit,

(b) ohne Zustimmung, wenn

(aa) der betreffende Gesellschafter schuldhaft grob seine Gesellschafterpflichten verletzt,

(bb) in der Person des betreffenden Gesellschafters ein derart wichtiger Grund gegeben ist, der seine Ausschließung aus der Gesellschaft rechtfertige. Ein wichtiger Grund liegt insbesondere vor, wenn ein weiteres Verbleiben des Inhabers des Geschäftsanteils oder eines von mehreren Inhabern in der Gesellschaft dieser nicht zumutbar wäre, z. B. weil gröblich gegen die Gesellschafterpflichten verstoßen oder in sonstiger Weise gegen die Interessen der Gesellschaft gehandelt wurde oder wird,

(cc) der Inhaber des Geschäftsanteils oder einer von mehreren Inhabern nach seinem Ableben nicht von Personen, die in § 12 Abs. 2 genannt sind, beerbt worden ist oder andere als die genannten Personen Rechtsnachfolger von Todes wegen geworden sind oder der Geschäftsanteil nicht innerhalb von _____ Monaten nach dem Tod des Gesellschafters von seinen (anderen) Erben beziehungsweise Rechtsnachfolgern auf eine oder mehrere der genannten (begünstigten) Personen übertragen worden ist,

(dd) über das Vermögen des Gesellschafters ein gerichtliches Insolvenzverfahren eröffnet oder die Eröffnung eines solchen Verfahrens mangels Masse abgelehnt wird oder der Gesellschafter die Richtigkeit seines Vermögensverzeichnisses an Eides statt zu versichern hat,

(ee) in den Geschäftsanteil die Zwangsvollstreckung betrieben und diese nicht innerhalb von drei Monaten abgewandt wird,

(ff) der Gesellschafter die Gesellschaft kündigt oder Auflösungsklage erhebt,

(gg) der Geschäftsanteil im Wege der Zwangsvollstreckung oder in der Insolvenz eines Gesellschafters an einen Dritten gelangt ist, weil die Einziehung während des Verfahrens nach § 13 Abs. 4 nicht zulässig war.

(2) Der Einziehungsbeschluss ist mit mindestens _____ % der abgegebenen Stimmen zu fassen. Der betroffene Gesellschafter hat kein Stimmrecht.

(3) Die übrigen Gesellschafter können durch Beschluss gem. § 13 Abs. 1 verlangen, dass statt der Einziehung der Geschäftsanteil auf die Gesellschaft, einen oder mehrere Gesellschafter oder einen oder mehrere Dritte(n) gegen Übernahme der Abfindungslast durch den Erwerber übertragen wird. In diesem Fall haftet die Gesellschaft neben dem Erwerber für das Abfindungsentgelt als Gesamtschuldnerin. Im Falle der Einziehung schuldet die Gesellschaft die Abfindung. Der betroffene Gesellschafter hat dann die Pflicht, dem von der Gesellschaft benannten Erwerbswilligen in notarieller Form die Übertragung des Geschäftsanteils unter Setzung einer Annahmefrist von _____ Wochen gegen ein Entgelt nach Maßgabe des § 17 Abs. 2 anzubieten. Verstreicht die Annahmefrist ungenutzt, gilt der Geschäftsanteil als eingezogen, wenn dies der Gesellschafterbeschluss so bestimmt.

(4) Die Einziehung und der Erwerb durch die Gesellschaft sind nur unter Beachtung von § 33 GmbHG zulässig.

§ 14 Ausscheiden eines Gesellschafters, Fortführung der Gesellschaft

Scheidet ein Gesellschafter – gleich aus welchem Grund – aus der Gesellschaft aus, so können die verbleibenden Gesellschafter mit mindestens 75 % der ihnen zustehenden Stimmen innerhalb von drei Monaten nach dem Ausscheiden des Gesellschafters die Auflösung der Gesellschaft beschließen. Der ausgeschiedene Gesellschafter nimmt sodann anstelle einer Vergütung seines Geschäftsanteils an der Liquidation der Gesellschaft teil.

§ 15 Kündigung der Gesellschaft (Austrittsrecht)

(1) Jeder Gesellschafter kann die Gesellschaft zum Ende eines Geschäftsjahres, frühestens aber zum 31. 12. 20_____ kündigen. Die Kündigung bedeutet den Austritt des Gesellschafters aus der Gesellschaft. Die Kündigungsfrist beträgt _____ Monate/Jahre.

(2) Die Kündigung ist durch Einschreibebriefe gegenüber den übrigen Gesellschaftern zu erklären. Außerdem hat der kündigende Gesellschafter unverzüglich die Geschäftsführung von der Kündigung zu unterrichten.

(3) Die Kündigung (Austritt) des Gesellschafters hat die Auflösung der Gesellschaft nicht zur Folge. Die Mitgliedschaft des kündigenden Gesellschafters endet mit dem Zeitpunkt, auf den die Kündigung erklärt worden ist, und zwar unabhängig davon, ob bis dahin eine Einigung über die Höhe der ihm zustehenden Abfindung erzielt oder die Abfindung gezahlt worden ist. Ab der Kündigungserklärung (Austrittserklärung) bis zur endgültigen Umsetzung des Austritts ruhen die Mitgliedschaftsrechte des kündigenden Gesellschafters.

(4) Die Gesellschafter, die nicht gekündigt haben, sind berechtigt, den Geschäftsanteil des ausscheidenden Gesellschafters im Verhältnis ihrer Geschäftsanteile oder nach einem anderweitig vereinbarten Verhältnis zu einem Entgelt zu übernehmen, das der nach Maßgabe des § 17 ermittelten Abfindung und Zahlungsmodalitäten entspricht. Die übernehmenden Gesellschafter haben die Übernahmeerklärungen in notarieller Form dem kündigenden Gesellschafter bis zum _____ des Geschäftsjahres, auf dessen Ende gekündigt worden ist, zuzuleiten.

Anstelle einer Übernahme des Geschäftsanteils können die verbleibenden Gesellschafter durch Beschluss mit drei Viertel ihrer Stimmen auch beschließen, dass die Gesellschaft selbst den Geschäftsanteil des kündigenden Gesellschafters auf eigene Rechnung verwertet. Insofern ermächtigt der kündigende Gesellschafter die Gesellschaft, seinen Geschäftsanteil an einen oder mehrere verbleibende Gesellschafter und/oder einem Dritten zu veräußern und abzutreten. Für den kündigenden Gesellschafter verbleibt es insofern bei einer Abfindung nach Maßgabe des § 17.

Durch Beschluss mit drei Viertel ihrer Stimmen können die verbleibenden Gesellschafter auch die Einziehung des Geschäftsanteils des kündigenden Gesellschafters beschließen.

(5) Erfolgt bis zu dem Zeitpunkt, auf den gekündigt worden ist, kein Übernahmeangebot oder ein Beschluss über die Verwertung des Geschäftsanteils durch die Gesellschaft bzw. die Einziehung des Geschäftsanteils, stellt dies einen Grund für die Auflösung der Gesellschaft i. S. d. § 60 Abs. 2 GmbHG dar und die Gesellschaft ist zu liquidieren. Dann nimmt auch der kündigende Gesellschafter an der Liquidation teil.

Alternative zu § 15 Abs. 3 ff.:
(3) Die Kündigung hat die Auflösung der Gesellschaft zu dem Zeitpunkt zur Folge, zu der sie erklärt worden ist.

§ 16 Ausschließung eines Gesellschafters

(1) Ein Gesellschafter kann aus einem wichtigen, in seiner Person liegenden Grund aus der Gesellschaft ausgeschlossen werden. Der Grund muss so schwerwiegend sein, dass den übrigen Gesellschaftern die weitere Mitgliedschaft des Auszuschließenden nicht länger zumutbar ist und dadurch der Fortbestand der Gesellschaft ernstlich gefährdet sein kann.

(2) Die Ausschließung erfolgt durch Beschluss der Gesellschafterversammlung mit einer Drei-Viertel-Mehrheit der Stimmen, wobei der betroffene Gesellschafter nicht stimmberechtigt ist. Mit dem Ausschließungsbeschluss soll die Entschließung verbunden werden, ob der betreffende Geschäftsanteil eingezogen oder der Gesellschaft zur Verwertung überlassen wird. Für den letzteren Fall tritt der ausgeschlossene Gesellschafter hiermit seinen Geschäftsanteil im Voraus ab.

(3) Der Beschluss über die Ausschließung und deren Umsetzung ist dem ausgeschlossenen Gesellschafter mitzuteilen und wird sofort wirksam, und zwar unabhängig von der Zahlung des dem ausgeschlossenen Gesellschafter zustehenden Abfindungs- oder Abtretungsentgelts. Auch eine gegen die Ausschließung oder wegen des Entgelts erhobene Klage hat keine aufschiebende Wirkung, in jedem Fall ruhen die Mitgliedschaftsrechte des betroffenen Gesellschafters bis zur Rechtskraft einer Entscheidung.

(4) Für die Abfindung gelten § 17 und die Bestimmungen in § 16 Abs. 4 über die Verwertung des Geschäftsanteils durch die Gesellschaft bei Austritt eines Gesellschafters entsprechend.

§ 17 Abfindung

(1) Scheidet ein Gesellschafter durch Kündigung, Einziehung, durch eine die Einziehung ersetzende Übertragung an einen Dritten oder Ausschließung aus der Gesellschaft aus, steht ihm eine Abfindung zu.

(2) Die Abfindung berechnet sich nach dem zuletzt festgestellten gemeinen Wert des Anteils des ausscheidenden Gesellschafters.

(3) Die Abfindung ist in drei gleichen Jahresraten zu entrichten. Die erste Rate ist einen Monat nach Ausscheiden des Gesellschafters fällig. Der jeweils offen stehende Teil der Abfindung ist mit einem Jahressatz von _____ % zu verzinsen. Die aufgelaufenen Zinsen sind mit jeder Rate zu bezahlen. Die Gesellschafter oder der Übernehmer ist jederzeit berechtigt, die Abfindung ganz oder teilweise vorzeitig zu entrichten, ohne zum Ausgleich der entfallenden Zinszahlungen verpflichtet zu sein.

Alternativen

(1) Scheidet ein Gesellschafter durch Kündigung, Einziehung, durch eine die Einziehung ersetzende Übertragung an einen Dritten oder Ausschließung aus der Gesellschaft aus, steht ihm eine Abfindung zu.

(2) Zur Bewertung des Anteils des ausscheidenden Gesellschafters ist von der Geschäftsführung unverzüglich eine Abfindungsbilanz zu erstellen, in der auf den Tag des Ausscheidens alle aktiven und passiven Vermögensgegenstände der Gesellschaft mit ihren wirklichen Werten eingesetzt werden. Die Bewertung von Betriebsgrundstücken und grundstücksgleichen Rechten hat durch Gutachterausschüsse der Belegenheitsgemeinden zu erfolgen. Beteiligungen an Personengesellschaften sind mit dem Anteil am Einheitswert und GmbH-Anteile mit dem gemeinen Wert anzusetzen. Ein Firmenwert ist nicht zu berücksichtigen.

oder

(2) Zur Bewertung des Anteils des ausscheidenden Gesellschafters ist von der Geschäftsführung unverzüglich eine Abfindungsbilanz zu erstellen, in der auf den Tag des Ausscheidens alle aktiven und passiven Vermögensgegenstände der Gesellschaft mit ihren wirklichen Werten eingesetzt werden. Die Bewertung von Betriebsgrundstücken und grundstücksgleichen Rechten hat durch Gutachterausschüsse der Belegenheitsgemeinden zu erfolgen. Beteiligungen an Personengesellschaften sind mit dem Anteil am Einheitswert und GmbH-Anteile mit dem gemeinen Wert anzusetzen. Der Firmenwert ist bei der Bewertung in Ansatz zu bringen. Der Firmenwert ergibt sich aus dem _____ fachen Wert des durchschnittlichen, ungewichteten Bruttogewinns (vor Abzug der Körperschaftsteuer) der letzten fünf Jahre (*und ist mit 50 % anzusetzen*).

oder

(2) Zur Bewertung des Anteils des ausscheidenden Gesellschafters hat die Geschäftsführung den Wert des Unternehmens zu bewerten oder bewerten zu lassen. Maßgeblich sind die in IDW-Standard S1 in seiner jeweiligen Fassung festgelegten Kriterien. Von dem auf den ausscheidenden Gesellschafter entfallenden Anteil am Unternehmenswert ist ein Sicherheitsabschlag von 40 % zu machen.

(3) Die Abfindung ist in drei gleichen Jahresraten zu entrichten. Die erste Rate ist einen Monat nach Ausscheiden des Gesellschafters fällig. Der jeweils offen stehende Teil der Abfindung ist mit einem Jahressatz von _____ % zu verzinsen. Die aufgelaufenen Zinsen sind mit jeder Rate zu bezahlen. Die Gesellschafter, der Übernehmer oder die Gesellschaft ist jederzeit berechtigt, die Abfindung ganz oder teilweise vorzeitig zu entrichten, ohne zum Ausgleich der entfallenden Zinszahlungen verpflichtet zu sein.

(4) Entsteht über die Höhe der nach den oben stehenden Regelungen geschuldeten Abfindung Streit, so ist deren Betrag für beide Seiten verbindlich von einem Sachverständigen zu ermitteln, der auf Antrag des ausscheidenden Gesellschafters oder der Gesellschaft durch den Präsidenten der Industrie- und Handelskammer zu benennen ist. Der Sachverständige entscheidet nicht über die Wirksamkeit der Abfindungsklausel.

§ 18 Abwicklung der Gesellschaft

(1) Nach Auflösung der Gesellschaft außer infolge der Eröffnung des Insolvenzverfahrens über ihr Vermögen wird die Gesellschaft durch die dann vorhandenen Geschäftsführer als Liquidatoren abgewickelt, sofern die Abwicklung nicht durch Beschluss der Gesellschafterversammlung anderen Personen übertragen wird.

(2) Ein Abwicklungsüberschuss ist an die bei Beendigung der Abwicklung vorhandenen Gesellschafter nach dem Verhältnis ihrer Geschäftsanteile im Zeitpunkt der Auflösung zu verteilen.

§ 19 Bilanz sowie Gewinn- und Verlustrechnung

(1) Die Geschäftsführung hat neben einer Eröffnungsbilanz zu Beginn der Gesellschaft jeweils in den ersten sechs Monaten eines jeden Geschäftsjahres für das abgelaufene Geschäftsjahr eine nach handelsrechtlichen Grundsätzen erstellte Jahresbilanz mit Ge-

winn- und Verlustrechnung, mit Anhang, unter Beachtung der handelsrechtlichen Vorschriften und – wenn erforderlich – einen Lagebericht zu erstellen und den Jahresabschluss mit einem Vorschlag zur Verwendung des Jahresergebnisses der nächsten ordentlichen Gesellschafterversammlung zur Feststellung des Jahresabschlusses durch sie vorzulegen. Den Gesellschaftern sind rechtzeitig vor der Versammlung Abschriften auszuhändigen oder zu übersenden.

(2) Über den von der Geschäftsführung vorgeschlagenen Jahresabschluss beschließt zu dessen Feststellung die Gesellschafterversammlung. Wird die erforderliche Mehrheit nicht erreicht, so ist über Bilanzpositionen, für die gesetzliche Bilanzierungs- oder Bewertungswahlrechte bestehen, gesondert abzustimmen, wobei nur die Gesellschafter stimmberechtigt sind, die zu der jeweiligen Bilanzposition einen Zahlenvorschlag gemacht oder sich einem solchen angeschlossen haben.

§ 20 Behandlung des Jahresergebnisses und Vorschüsse

(1) Vorbehaltlich anderer Beschlussfassungen der Gesellschafter, für die eine Mehrheit von drei Vierteln der abgegebenen Stimmen erforderlich ist, gilt Folgendes:

Reingewinn der Gesellschaft ist der Überschuss, der sich aus der von der Geschäftsführung zu erstellenden, zu unterschreibenden und rechtzeitig vor der Gesellschafterversammlung zur Feststellung zuzuleitenden und erforderlichenfalls geprüften Bilanz nach Vornahme aller Abschreibungen und Rücklagen ergibt.

(2) Von dem Reingewinn sind zunächst _____% einer Rücklage zur Deckung künftiger Verluste zuzuweisen, bis diese Rücklage _____% des Stammkapitals erreicht. Sodann ist ein weiterer, von den Gesellschaftern einstimmig (*mit Drei-Viertel-Mehrheit*) zu beschließender Betrag in die Kapitalrücklage einzustellen. Der Rest ist – vorbehaltlich einer anderen Beschlussfassung – an die Gesellschafter nach dem Verhältnis der Nennbeträge ihrer Geschäftsanteile zu verteilen.

(3) Für die Gewährung von Vorschüssen oder für Vorabausschüttungen auf die voraussichtlichen Gewinnansprüche während des laufenden Geschäftsjahres bedarf es vorheriger Beschlüsse der Gesellschafter, die nur rechtsgültig sind, wenn die Zahlungen aus dem nicht zur Deckung des Stammkapitals erforderlichen Vermögen der Gesellschaft geleistet werden können und wenn sie mit der in Absatz 1 festgelegten Mehrheit gefasst werden.

(4) Ergibt sich aus der festgestellten Jahresbilanz, dass ein Vorschuss oder eine Vorabausschüttung den Gewinnanspruch übersteigt, so hatte der betreffende Gesellschafter den Differenzbetrag sofort an die Gesellschaft mit _____% Jahreszinsen ab dem Zeitpunkt der Auszahlung zurückzuerstatten.

(5) Zahlungen an Gesellschafter sind unzulässig, wenn und soweit damit gegen die gesetzlichen Kapitalerhaltungsvorschriften verstoßen wird.

(6) Solange ein Gesellschafter seine Geldeinlage nach Aufforderung durch die Gesellschaft nicht voll eingezahlt hat, werden an ihn keine Zahlungen auf seinen Gewinnanspruch geleistet.

§ 21 Schriftform- und Salvatorische Klausel

(1) Alle das Gesellschaftsverhältnis betreffenden Vereinbarungen zwischen Gesellschaftern oder zwischen Gesellschaft und Gesellschaftern bedürfen zu ihrer Wirksamkeit der Schriftform, soweit nicht kraft Gesetzes notarielle Beurkundung vorgeschrieben ist.

(2) Sollten einzelne Bestimmungen dieses Vertrags unwirksam sein oder werden, wird hierdurch die Wirksamkeit der übrigen Bestimmungen nicht berührt. Anstelle der unwirksamen Bestimmung gilt diejenige wirksame Bestimmung als vereinbart, die dem Sinn und Zweck der unwirksamen Bestimmung am nächsten kommt. Im Fall von Lücken gilt diejenige Bestimmung als vereinbart, die dem entspricht, was nach Sinn und Zweck dieses Vertrags vereinbart worden wäre, hätte man die Angelegenheit von vornherein bedacht.

Alternative: Zusatzklausel bei Einrichtung eines Beirats:

§ 22 Beirat

(1) Die Gesellschaft hat einen aus drei Mitgliedern bestehenden Beirat. Die Beiratsmitglieder werden durch die Gesellschafterversammlung ernannt und abberufen.

(2) Die Beiratsmitglieder werden für die Dauer von drei Geschäftsjahren berufen. Nach Ablauf dieser Zeit bleibt ein Beiratsmitglied solange im Amt, bis ein Nachfolger bestellt ist. Ist ein Beiratsmitglied vorzeitig ausgeschieden, wählt die Gesellschafterversammlung für die restliche Amtszeit einen Nachfolger.

(3) Der Beirat berät und überwacht die Geschäftsführung. Alle Maßnahmen der Geschäftsführung, die außerhalb des gewöhnlichen Geschäftsbetriebs liegen, bedürfen der Genehmigung des Beirats.

(4) Der Beirat kann jederzeit Auskunft über alle Angelegenheiten der Gesellschaft verlangen und sich auch selbst darüber informieren; er kann insbesondere die Bücher und Schriften der Gesellschaft sowie deren Vermögensgegenstände einsehen und prüfen. Er kann mit dieser Prüfung auch einzelne seiner Mitglieder oder – sofern erforderlich – auf Kosten der Gesellschaft Sachverständige beauftragen. Die Geschäftsführer sind verpflichtet, den Beirat unaufgefordert über alle Geschäftsvorfälle, Ereignisse und Entwicklungen zu unterrichten, welche die Vermögens-, Ertrags- oder Liquiditätslage der Gesellschaft wesentlich beeinflussen können.

(5) Der Beirat berichtet jährlich in der ordentlichen Gesellschafterversammlung den Gesellschaftern über seine Tätigkeit im abgelaufenen Geschäftsjahr. Die Mitglieder des Beirats sind berechtigt und auf Verlangen eines jeden Gesellschafters verpflichtet, an den Gesellschafterversammlungen teilzunehmen.

(6) Die Beiratsmitglieder sind nicht an Weisungen gebunden. Ihre Haftung ist auf vorsätzliches und grob fahrlässiges Handeln beschränkt.

(7) Soweit vorstehend nichts anderes bestimmt ist, kann sich der Beirat selbst eine Geschäftsordnung geben.

(8) Die Mitglieder des Beirats haben Anspruch auf eine angemessene Vergütung und auf Ersatz ihrer Auslagen sowie die darauf entfallende Mehrwertsteuer in der gesetzlichen Höhe. Über die Höhe der Vergütung beschließen die Gesellschafter jährlich in der ordentlichen Gesellschafterversammlung unter Berücksichtigung des Jahresergebnisses der Gesellschaft.

8942 **II. Einfacher Gesellschaftsvertrag einer GmbH (Bargründung)**

Vertrag über die Errichtung einer Gesellschaft mit beschränkter Haftung

§ 1 Firma und Sitz

(1) Die Firma der Gesellschaft lautet _____ GmbH.

(2) Der Sitz der Gesellschaft ist _____.

§ 2 Gegenstand des Unternehmens

(1) Gegenstand des Unternehmens ist der Betrieb _____.

(2) Die Gesellschaft darf alle sonstigen Geschäfte betreiben, die dem Zweck des Unternehmens dienen und ihn fördern.

§ 3 Stammkapital und Stammeinlagen (Beteiligung)

(1) Das Stammkapital der Gesellschaft beträgt _____ €.

(2) Am Stammkapital beteiligt sind

(a) der Gesellschafter Herr/Frau NN mit einem Geschäftsanteil im Nennbetrag von _____ € (Geschäftsanteil Nr. 1),

(b) der Gesellschafter Herr/Frau NN mit einem Geschäftsanteil im Nennbetrag von _____ € (Geschäftsanteil Nr. 2),

(c) usw.

(3) Die Gesellschafter haben ihre Einlagen in Geld und sofort zu leisten.

Alternative

(3) Die Gesellschafter haben ihre Einlagen in Geld zu entrichten, und zwar ein Viertel sofort (oder: vor der Anmeldung der Gesellschaft zur Eintragung in das Handelsregister), die restlichen drei Viertel innerhalb von drei Monaten nach Aufforderung durch die Geschäftsführung.

§ 4 Geschäftsjahr

Das Geschäftsjahr ist das Kalenderjahr. Das erste Geschäftsjahr beginnt mit der Eintragung der Gesellschaft und endet am 31. 12. des Jahres der Eintragung.

§ 5 Geschäftsführung und Vertretung

(1) Die Gesellschaft hat einen oder mehrere Geschäftsführer.

(2) Sind mehrere Geschäftsführer bestellt, wird die Gesellschaft durch zwei Geschäftsführer gemeinsam vertreten. Ist nur ein Geschäftsführer bestellt, vertritt dieser die Gesellschaft allein.

Alternative:

(2) Die Geschäftsführer vertreten die Gesellschaft jeder gemeinsam mit allen anderen Geschäftsführern. Ist nur ein Geschäftsführer bestellt, vertritt er die Gesellschaft allein.

oder:

(2) Sind mehrere Geschäftsführer bestellt, wird die Gesellschaft durch zwei Geschäftsführer gemeinsam oder durch einen Geschäftsführer gemeinsam mit einem Prokuristen vertreten. Ist nur ein Geschäftsführer bestellt, vertritt er die Gesellschaft allein.

oder:

(2) Jeder Geschäftsführer hat Alleinvertretungsrecht.

(3) Die Gesellschafterversammlung kann Geschäftsführern Einzelvertretungsbefugnis erteilen und die Geschäftsführer von den Beschränkungen des § 181 BGB befreien.

Alternative:

(3) Die Geschäftsführer sind von den Beschränkungen des § 181 BGB befreit.

§ 6 Kündigung

(1) Die Gesellschaft kann erstmals zum 31. 12. *20..* und dann auf den Schluss eines jeden Kalenderjahres gegenüber sämtlichen Mitgesellschaftern unter Einhaltung einer Frist von sechs Monaten gekündigt werden.

(2) Im Fall der Kündigung kann die Gesellschaft von dem verbleibenden Gesellschafter oder den übrigen Gesellschaftern fortgesetzt werden, wenn sie dieses innerhalb von _____ Monaten nach Kenntnis von der Kündigung dem (den) kündigenden Gesellschafter(n) gegenüber erklären.

(3) Die verbleibenden Gesellschafter sind dann verpflichtet, den Geschäftsanteil des ausscheidenden Gesellschafters im Verhältnis ihrer Beteiligung am Stammkapital zu erwerben.

(4) Dem ausscheidenden Gesellschafter ist der Gegenwert seines Geschäftsanteils zu bezahlen, der sich aus einer auf den Tag des Ausscheidens zu errichtenden Auseinandersetzungsbilanz ergibt.

(5) In dieser Bilanz sind Grundstücke mit dem Verkehrswert und das restliche Vermögen mit den tatsächlichen Werten (Buchwerte nebst darin enthaltener stiller Reserven) anzusetzen. Ein Geschäftswert ist nicht *(oder: mit* _____ %) einzusetzen.

§ 7 Abtretung von Geschäftsanteilen

Die Veräußerung eines Geschäftsanteils oder von Teilen davon bedarf zu ihrer Gültigkeit der schriftlichen Genehmigung der Gesellschaft. Sie wird nach Zustimmung sämtlicher Gesellschafter *(oder: Zustimmung durch Beschluss der Gesellschafterversammlung)* von dem Geschäftsführer oder den Geschäftsführern in vertretungsberechtigter Zahl erteilt. Dasselbe gilt für die Sicherungsabtretung oder Verpfändung von Geschäftsanteilen.

§ 8 Bekanntmachungen

Die Bekanntmachungen der Gesellschaft erfolgen im elektronischen Bundesanzeiger und in der Tageszeitung „NN", Ortsausgabe für *[Sitz der Gesellschaft]*.

§ 9 Gründungsaufwand

Den Gründungsaufwand hat die Gesellschaft bis zu einem Höchstbetrag von 1 300 € zu tragen.

III. Errichtung einer Einmann-GmbH

Vor mir, dem unterzeichneten Notar _____ erschien Herr/Frau NN _____.

Der/Die Erschienene erklärte:

Ich errichte hiermit eine Gesellschaft mit beschränkter Haftung und bestimme den

Gesellschaftsvertrag *(die Satzung)*

wie folgt:

§ 1 Firma

Die Firma der Gesellschaft lautet „_____ GmbH".

§ 2 Sitz

Der Sitz der Gesellschaft ist _____.

§ 3 Geschäftsjahr

Das Geschäftsjahr der Gesellschaft ist das Kalenderjahr. Das erste Geschäftsjahr beginnt mit der Eintragung der Gesellschaft und endet am 31. 12. des Jahres der Eintragung.

§ 4 Unternehmensgegenstand

(1) Gegenstand des Unternehmens ist der Betrieb _____.

(2) Die Gesellschaft darf alle sonstigen Geschäfte betreiben, die dem Zweck des Unternehmens dienen und ihn fördern.

§ 5 Stammkapital und Stammeinlage

(1) Das Stammkapital beträgt _____ €.

(2) Das Stammkapital übernimmt Herr/Frau NN vollständig als alleiniger Gesellschafter als Geschäftsanteil Nr. 1 mit dem Nennbetrag von _____ €.

(oder: Das Stammkapital übernimmt Herr/Frau NN vollständig als alleiniger Gesellschafter mit zwei Geschäftsanteilen, und zwar mit einem Geschäftanteil im Nennbetrag von _____ € (Geschäftsanteil Nr. 1) und mit einem Geschäftsanteil im Nennbetrag von _____ € (Geschäftsanteil Nr. 2).

(3) Von den Einlagen ist ein Viertel des Nennbetrags (mindestens: 12 500 €) sofort zu entrichten. Der Restbetrag ist auf Verlangen durch Gesellschafterbeschluss einzuzahlen.

§ 6 Geschäftsführung und Vertretung

(1) Die Gesellschaft hat einen Geschäftsführer. Dieser hat Alleinvertretungsrecht und ist von den Beschränkungen des § 181 BGB befreit. Erster Geschäftsführer ist Herr/Frau NN _____.

Alternative:

(1) Die Gesellschaft hat einen oder mehrere Geschäftsführer. Sind mehrere Geschäftsführer bestellt, wird die Gesellschaft durch zwei Geschäftsführer gemeinsam vertreten. Ist nur ein Geschäftsführer bestellt, vertritt dieser die Gesellschaft allein. Die Geschäftsführer sind von den Beschränkungen des § 181 BGB befreit.

Alternative:

(1) Die Gesellschaft hat einen oder mehrere Geschäftsführer. Jeder Geschäftsführer hat Einzelvertretungsbefugnis und ist von den Beschränkungen des § 181 BGB befreit.

§ 7 Bekanntmachungen

Die Bekanntmachungen der Gesellschaft erfolgen im elektronischen Bundesanzeiger und in der Tageszeitung „NN", Ortsausgabe für *[Sitz der Gesellschaft]*.

§ 8 Gründungsaufwand

Den Gründungsaufwand hat die Gesellschaft bis zu einem Höchstbetrag von 1 300 € zu tragen.

IV. Anstellungsvertrag für GmbH-Fremd-Geschäftsführer   8944

Anstellungsvertrag

Zwischen

der _____ GmbH mit Sitz in _____, vertreten durch die Gesellschafterversammlung,

nämlich Herrn _____, Frau _____ und _____,

– nachfolgend „Gesellschaft" genannt –

und

Herrn _____/Frau _____,

– nachfolgend „Geschäftsführer" genannt –

wird folgender

ANSTELLUNGSVERTRAG (Dienstvertrag)

geschlossen:

§ 1 Geschäftsführung und Vertretung

(1) Herr _____/Frau _____ wird mit Wirkung vom _____ zum Geschäftsführer der Gesellschaft bestellt. Sein Aufgabengebiet umfasst alle Geschäfte, welche die Leitung des Unternehmens der Gesellschaft und der übliche Geschäftsverkehr mit sich bringt.

(2) Der Geschäftsführer ist berechtigt und verpflichtet, die Gesellschaft nach Maßgabe der Gesetze, des Gesellschaftsvertrags und einer etwaigen Geschäftsführungsordnung allein zu vertreten und die Geschäfte der Gesellschaft allein zu führen. Weisungen der Gesellschafterversammlung sind zu befolgen.

(3) Er hat die ihm obliegenden Pflichten mit der Sorgfalt eines ordentlichen und gewissenhaften Kaufmanns unter Wahrung der Interessen der Gesellschaft zu erfüllen.

Alternative zu § 1:

(1) Herr _____/Frau _____ wird mit Wirkung vom _____ zum Geschäftsführer der Gesellschaft bestellt. Sein Aufgabengebiet umfasst alle Geschäfte, welche die Leitung des Unternehmens der Gesellschaft und der übliche Geschäftsverkehr mit sich bringt.

(2) Der Geschäftsführer übt die Geschäftsführungsbefugnis und Vertretungsmacht nach Maßgabe der Gesetze, insbesondere unter Beachtung der Bestimmungen des HGB und des GmbHG, der Bestimmungen des Gesellschaftsvertrags, einer etwaigen Geschäftsführungsordnung und der Beschlüsse und Anweisungen der Gesellschafterversammlung aus.

Die Gesellschaft kann weitere Geschäftsführer bestellen. Ist der Geschäftsführer einziger Geschäftsführer, vertritt er die Gesellschaft allein. Sind weitere Geschäftsführer bestellt, vertritt er die Gesellschaft zusammen mit einem anderen Geschäftsführer (oder gemeinsam mit einem Prokuristen), sofern nicht die Gesellschafterversammlung Abweichendes beschließt.

(3) Er hat die ihm obliegenden Pflichten mit der Sorgfalt eines ordentlichen und gewissenhaften Kaufmanns unter Wahrung der Interessen der Gesellschaft zu erfüllen.

Zusatzklausel

(4) Der Geschäftsführer ist von den Beschränkungen gem. § 181 BGB befreit. Er ist befugt, die Gesellschaft bei der Vornahme von Rechtsgeschäften mit sich selbst oder als Vertreter eines Dritten uneingeschränkt zu vertreten.

§ 2 Pflichten und Verantwortlichkeit

(1) Der Geschäftsführer stellt seine ganze Arbeitskraft und seine gesamten Kenntnisse und Erfahrungen der Gesellschaft zur Verfügung. Ihm obliegen Leitung und Überwachung des gesamten Unternehmens, unbeschadet gleicher Rechte und Pflichten etwaiger anderer Geschäftsführer. Sind weitere Geschäftsführer bestellt, erfüllen die Geschäftsführer die ihnen zugewiesenen Aufgaben in kollegialer Zusammenarbeit und achten auf einen sachgerechten Informationsaustausch.

(2) Der Geschäftsführer nimmt die Rechte und Pflichten des Arbeitgebers i. S. d. arbeits- und sozialrechtlichen Vorschriften wahr.

(3) Der Geschäftsführer wahrt die wirtschaftlichen und steuerlichen Interessen der Gesellschaft. Er ist verpflichtet, für eine den handels- und steuerrechtlichen Vorschriften entsprechende Buchführung und eine angemessene Betriebsabrechnung zu sorgen.

oder

(3) *Er ist verpflichtet, innerhalb der Frist von § 264 Abs. 1 HGB den Jahresabschluss sowie einen Lagebericht (§ 289 HGB) unter Beachtung handels- und steuerrechtlicher Bilanzierungsvorschriften aufzustellen und den Gesellschaftern unverzüglich nach Aufstellung vorzulegen. Er hat für eine rechtzeitige und ordnungsgemäße Offenlegung nach §§ 325 bis 327 HGB zu sorgen.*

(4) Nach Vorlage des Jahresabschlusses hat der Geschäftsführer unter Beachtung der Beschlussfrist des § 42a Abs. 2 GmbHG die Gesellschafterversammlung zwecks Beschlussfassung über die Feststellung des Jahresabschlusses und Ergebnisverwendung ordnungsgemäß einzuberufen, sie zusammen mit dem satzungsmäßigen Versammlungsleiter zu leiten und ordnungsgemäß abzuwickeln sowie die Gesellschafterbeschlüsse zu protokollieren.

(5) *Der Geschäftsführer hat die notwendigen Anmeldungen zum Handelsregister und Einreichung zum elektronischen Bundesanzeiger vorzunehmen. Er hat für eine stets aktuelle Gesellschafterliste nach Maßgabe der §§ 16 und 40 GmbHG und deren Aufnahme in das Handelsregister zu sorgen.*

§ 3 Zustimmungsbedürftige Geschäfte

(1) Die Geschäftsführungsbefugnis umfasst alle Maßnahmen des gewöhnlichen Geschäftsbetriebs der Gesellschaft.

Zur Vornahme von Handlungen, die über den gewöhnlichen Betrieb des Handelsgewerbes der Gesellschaft hinausgehen, bedarf der Geschäftsführer der ausdrücklichen Einwilligung der Gesellschafterversammlung. Hierzu zählen insbesondere:

(a) Erwerb, Veräußerung und Belastung von Grundstücken und grundstücksgleicher Rechte;

(b) die Veräußerung des Unternehmens im Ganzen, die Errichtung, Veräußerung und Aufgabe von Betrieben oder wesentlichen Betriebsteilen und von Zweigniederlassungen;

(c) Abschluss von Verträgen und Geschäften jeder Art, die im Einzelfall Verpflichtungen von mehr als _____ € für die Gesellschaft mit sich bringen oder welche die Gesellschaft ohne Rücksicht auf den Wert länger als ein Jahr verpflichten.

(d) Abschluss, Änderung und Aufhebung der Anstellungsverträge mit den Geschäftsführern,

(e) etc., _____.

Alternative zu § 3 Abs. 1:

(1) Der Katalog zustimmungsbedürftiger Geschäfte ergibt sich aus dem Gesellschaftsvertrag. Diese Regelung ist Bestandteil des vorliegenden Dienstvertrages.

(2) Die Gesellschafterversammlung kann durch Beschluss für weitere Geschäfte und Maßnahmen die Zustimmungsbedürftigkeit festlegen.

§ 4 Nebentätigkeit/Wettbewerbsverbot

(1) Der Geschäftsführer stellt sein ganzes Wissen und Können uneingeschränkt der Gesellschaft zur Verfügung. Eine entgeltliche oder unentgeltliche Nebentätigkeit bedarf der Einwilligung der Gesellschaft.

(2) Dem Geschäftsführer ist es während der Dauer dieses Vertrags (*und der darauf folgenden zwei Jahre*) nicht gestattet, sich unmittelbar oder mittelbar an Unternehmen, die mit der Gesellschaft (*oder einem mit ihr verbundenen Unternehmen*) in direktem oder indirektem Wettbewerb stehen oder mit denen die Gesellschaft in geschäftlicher Verbindung steht, zu beteiligen bzw. ein solches Unternehmen zu errichten oder für ein solches oder ein mit einem solchen verbundenen Unternehmen, gleichgültig in welcher Art, tätig zu werden, es zu beraten oder es in sonstiger Weise zu unterstützen. Es ist auch nicht gestattet, Geschäfte für eigene oder fremde Rechnung im Tätigkeitsgebiet der Gesellschaft zu machen, und zwar weder gelegentlich noch gewerbsmäßig.

Alternative: Ergänzung zu § 4 Abs. 2 um ein nachvertragliches Wettbewerbsverbot

(2a) Nach Ablauf des Vertrages beschränkt sich das Wettbewerbsverbot auf _____ (z. B. das Land _____), gilt für die Dauer von einem (*zwei*) Jahr(en) und nur für den Wettbewerb auf dem Gebiet _____ (*Sparte, Branche usw.*)

(3) Das Beteiligungsverbot gilt nicht für Beteiligungen an Unternehmen in Form des Erwerbs von Wertpapieren, die an einer Börse gehandelt und die zum Zweck der Kapi-

talanlage erworben werden, soweit die Beteiligungsquote nicht mehr 5 % der Stimmrechte des betreffenden Unternehmens vermittelt.

(4) Der Geschäftsführer ist verpflichtet, über alle betrieblichen und geschäftlichen Angelegenheiten der Gesellschaft gegenüber unbefugten Dritten striktes Stillschweigen zu wahren. Diese Verpflichtung gilt auch nach Beendigung des Anstellungsvertrags.

(5) Für jeden Fall des Verstoßes gegen das Wettbewerbsverbot zahlt der Geschäftsführer der Gesellschaft eine Vertragsstrafe in Höhe eines 1/24 des Jahresgehalts; steht er nicht mehr in den Diensten der Gesellschaft, gilt der letzte durchschnittliche Jahresverdienst. Die Vertragsstrafe tritt neben die übrigen Ansprüche der Gesellschaft aus der Wettbewerbsvereinbarung. Bei einem fortdauernden Wettbewerbsverstoß gilt die Tätigkeit während eines Monats als jeweils selbständiger Verstoß i. S. d. Satzes 1.

(6) Für die Zeit des Bestehens des Wettbewerbsverbots nach Ablauf des Vertrages zahlt die Gesellschaft dem Geschäftsführer eine jährliche Entschädigung i. H. v. 50 % des durchschnittlichen festen Jahresgehalts der letzten drei Jahre seiner Amtszeit, bei kürzerer Amtszeit des durchschnittlichen Jahresgehalts der gesamten Amtszeit. Die so errechnete Vergütung wird in monatlichen Teilbeträgen von jeweils 1/12 bezahlt. Die Gesellschaft kann vor Beendigung des Anstellungsverhältnisses schriftlich auf die Geltendmachung des nachvertraglichen Wettbewerbsverbots ausdrücklich verzichten; in diesem Fall entfällt der Entschädigungsanspruch nach diesem Absatz. Die Regelung in § 75a HGB ist nicht, auch nicht entsprechend anzuwenden.

Alternative: Klausel bei einem nicht von vornherein vereinbarten nachvertraglichen Wettbewerbsverbot

(6) Die Gesellschaft ist berechtigt, durch einseitige Erklärung, die vor der Beendigung dieses Vertrages in Textform (§ 126b BGB) auszusprechen ist, die Gültigkeitsdauer des Wettbewerbsverbots auf die Dauer von zwei Jahren nach Beendigung dieses Vertrages auszudehnen. Der Geschäftsführer erklärt ausdrücklich bereits heute sein Einverständnis mit dieser Ausdehnung. Macht die Gesellschaft von diesem Recht Gebrauch, so zahlt sie dem Geschäftsführer für das nachvertragliche Wettbewerbsverbot eine Entschädigung i. H. v. 50 % des durchschnittlichen festen Jahresgehalts der letzten drei Jahre seiner Amtszeit, bei kürzerer Amtszeit des durchschnittlichen Jahresgehalts der gesamten Amtszeit. Die so errechnete Vergütung wird in monatlichen Teilbeträgen von jeweils 1/12 bezahlt.

Alternative: Kundenschutzklausel statt nachvertraglichem Wettbewerbsverbot

(6) Dem Geschäftsführer ist es nach Beendigung des Anstellungsverhältnisses für die Dauer von zwei Jahren ab dem Zeitpunkt der Beendigung seiner Tätigkeit als Geschäftsführer sowie während der Dauer seiner Freistellung von den Dienstpflichten noch während der Laufzeit dieses Vertrages untersagt, die von der Gesellschafterversammlung bei Ausspruch der Kündigung bzw. der Freistellung zu bestimmenden Kunden der Gesellschaft zu bedienen. Die Auflistung der Kunden wird bei Ausspruch der Kündigung bzw. der Freistellung von der Gesellschafterversammlung aufgestellt und dem Geschäftsführer gegen Empfangsbestätigung ausgehändigt. Für jeden Fall der Zuwiderhandlung gegen das Verbot zur Bedienung der Kunden der Gesellschaft ist eine

Vertragsstrafe von 50 % des mit den abgeworbenen Kunden erzielten Jahresumsatzes zu zahlen. Auf die Einrede des Fortsetzungszusammenhangs wird verzichtet.

§ 5 Bezüge des Geschäftsführers

(1) Der Geschäftsführer erhält für seine Tätigkeit ein festes Monatsgehalt von _____ € brutto, das jeweils am Monatsletzten zu zahlen ist.

(2) Besteht das Dienstverhältnis während eines gesamten Kalenderjahres, erhält der Geschäftsführer ein zusätzliches Weihnachtsgeld – zahlbar mit dem Novembergehalt – in Höhe eines Monatsgehalts sowie ein Urlaubsgeld – zahlbar mit dem Junigehalt – in Höhe eines Monatsgehalts. Besteht das Dienstverhältnis nicht während eines ganzen Kalenderjahres, so werden das Weihnachts- und das Urlaubsgeld anteilig ausbezahlt.

Alternative:

(2) Urlaubs- und Weihnachtsgeld sind mit den Monatsgehältern abgegolten.

Alternative:

(2) Weihnachts- und Urlaubsgeld in Höhe jeweils eines Monatsgehaltes werden freiwillig ohne Rechtsanspruch hierauf sowie unter dem Vorbehalt des jederzeitigen Widerrufs und der Verrechnungsmöglichkeit mit Gehaltserhöhungen gezahlt.

(3) Durch die Gehaltsbestandteile nach Absatz 1 und 2 sind etwaige Ansprüche auf Vergütung von Überstunden, Sonntags-, Feiertags- oder sonstiger Mehrarbeit abgegolten.

(4) Ferner erhält der Geschäftsführer eine Tantieme i. H.v. _____ % des Jahresgewinns (Ergebnis der gewöhnlichen Geschäftstätigkeit) der Gesellschaft, welche in einer Summe einen Monat nach Feststellung des Jahresabschlusses durch die Gesellschafterversammlung zur Zahlung fällig wird. Die Berechnung erfolgt auf der Grundlage des „Ergebnisses der gewöhnlichen Geschäftstätigkeit" der Handelsbilanz i.S.v. § 275 HGB vor Abzug der Tantieme und nach Verrechnung etwaiger Verlustvorträge. Bezüglich gewinnabhängiger Rückstellungen, steuerlicher Sonderabschreibungen oder sonstiger Steuervergünstigungen, welche das Ergebnis der gewöhnlichen Geschäftstätigkeit unmittelbar beeinflussen und betriebswirtschaftlich nicht geboten sind, tritt keine Minderung der Berechnungsgrundlage ein. Ebenso unberücksichtigt bleiben die Auflösung von Rückstellungen, Rücklagen oder von anderen Bilanzpositionen, deren Bildung auf die Berechnungsgrundlage ohne Einfluss war. Das gilt auch für öffentliche Zuschüsse oder Zulagen.

Nachträgliche Änderungen des Jahresabschlusses, insbesondere aufgrund abweichender steuerlicher Veranlagung, sind zu berücksichtigen. Überzahlte Beträge hat der Geschäftsführer zu erstatten.

(5) Scheidet der Geschäftsführer während des Geschäftsjahres aus seinem Amt aus, hat er Anspruch auf eine zeitanteilige Tantieme. Dies gilt nicht bei außerordentlicher Kündigung durch die Gesellschaft; in diesem Fall besteht kein Anspruch auf Zahlung von Tantieme für das laufende Geschäftsjahr.

(6) Das Gehalt gemäß Absatz 1 wird zum Zeitpunkt einer Tariferhöhung um den Prozentsatz der Gehaltssteigerung der höchsten Tarifstufe für Angestellte der _____ (Tarifbezirk und Branche) _____ angepasst.

(7) Im Krankheitsfall oder bei sonstiger unverschuldeter Verhinderung bleibt der Gehaltsanspruch für die Dauer von sechs Monaten bestehen. Dauert die Verhinderung länger als ununterbrochen sechs Monate an, wird der Tantiemeanspruch entsprechend der sechs Monate überschreitenden Zeit zeitanteilig gekürzt. Der Gehaltsanspruch im Übrigen ruht.

Alternative: *Aufnahme einer Klausel über die Gehaltsfortzahlung bei Krankheit*

(7) Gehaltsfortzahlung bei Krankheit

(a) Wird der Geschäftsführer in der Ausübung seiner Tätigkeit durch Krankheit oder andere, von ihm nicht verschuldete Gründe verhindert, erhält er für sechs Wochen sein festes Monatsgehalt anteilig weiter.

(b) Dauert die Arbeitsunfähigkeit länger als sechs Wochen, erhält der Geschäftsführer ab Beginn der siebten Woche der Dienstunfähigkeit und für die Dauer von sechs Monaten ab deren Beginn einen Zuschuss zum Krankengeld in Höhe der Differenz des Brutto-Monatsgehalts und des Krankengeldes, welches der Geschäftsführer von seiner Krankenversicherung erhält und dessen Höhe vom Geschäftsführer gegenüber der Gesellschaft nachzuweisen ist.

(8) Verstirbt der Geschäftsführer, wird seinen Hinterbliebenen (der Witwe oder unterhaltsberechtigten Kindern) das feste Gehalt nach Absatz 1 anteilsmäßig für die auf den Sterbemonat folgenden drei Monate fortgezahlt. Der Tantiemeanspruch bleibt zeitanteilig bis zum Monatsletzten, der auf das Ableben folgt, bestehen.

(9) Eine Abtretung oder Verpfändung der Bezüge ist nur mit Genehmigung der Gesellschaft zulässig.

§ 6 Sonstige Leistungen, Spesen, Aufwendungsersatz

(1) Die Gesellschaft gewährt dem Geschäftsführer für die Dauer dieses Anstellungsvertrags einen Zuschuss zur Krankenversicherung in Höhe des Arbeitgeberanteils, wie er bei gesetzlicher Krankenversicherungspflicht des Geschäftsführers bestünde, höchstens jedoch in Höhe der Hälfte des Betrags, den der Geschäftsführer für seine Krankenversicherung aufzuwenden hat.

(2) Die Gesellschaft schließt – auf Wunsch des Geschäftsführers als Direktversicherung – für die Dauer dieses Anstellungsvertrags auf ihre Kosten eine Unfallversicherung ab, welche den Geschäftsführer mit _____ € bei Invalidität und _____ € bei Unfalltod versichert. Bezugsberechtigt aus der Versicherung sind im Invaliditätsfall der Geschäftsführer, im Todesfall die von ihm benannten Personen, bei Fehlen einer solchen Bestimmung seine Erben.

(3) Hat der Geschäftsführer im Rahmen seiner ordnungsgemäßen Geschäftsführertätigkeit Kosten und Aufwendungen, so werden ihm diese Spesen von der Gesellschaft gegen Beleg erstattet.

(4) Reisespesen werden bis zu den jeweils steuerlich zulässigen Pauschalbeträgen ersetzt.

(5) Der Geschäftsführer darf die erste Klasse der Bahn benutzen, bei Flugreisen die einfache Economy-Klasse (*Business-Class*).

(6) Der Geschäftsführer hat Anspruch auf die Gestellung eines Pkw der gehobenen Mittelklasse. Er darf den Pkw auch privat nutzen. Die Versteuerung des geldwerten Vorteils übernimmt der Geschäftsführer, die Kosten für die Fahrzeughaltung, die Nutzung und den Betrieb trägt die Gesellschaft. Für den Fall einer Freistellung des Geschäftsführers von seinen Dienstpflichten ist der Pkw an die Gesellschaft herauszugeben, ohne dass insoweit ein Anspruch auf finanziellen Ausgleich des in der Privatnutzung liegenden geldwerten Vorteils besteht. In gleicher Weise ist der Geschäftsführer bei Beendigung des Anstellungsvertrags zur Herausgabe des Pkw verpflichtet. Dem Geschäftsführer steht aus keinem Rechtsgrund ein Zurückbehaltungsrecht gegenüber der Gesellschaft an dem Pkw zu.

Alternative, wenn der Abschluss eines gesonderten Pensionsvertrages vorgesehen ist:

(7) Der Geschäftsführer und die Gesellschaft werden in einer gesonderten Vereinbarung die Einzelheiten zur Begründung einer betrieblichen Altersversorgung regeln.

§ 7 Jahresurlaub

(1) Der Geschäftsführer erhält 30 Arbeitstage (Samstag ist kein Arbeitstag) bezahlten Urlaub im Geschäftsjahr. Der Geschäftsführer hat seinen Urlaub so einzurichten, dass den Bedürfnissen der Gesellschaft Rechnung getragen wird.

(2) Kann der Geschäftsführer seinen Jahresurlaub nicht oder nicht vollständig nehmen, weil zwingende Interessen der Gesellschaft entgegenstehen, so hat er Anspruch auf Abgeltung desselben, unter Zugrundelegung der Höhe des Grundgehalts (§ 5 Abs. 1). Die Abgeltung wird mit dem ersten Gehalt des folgenden Geschäftsjahres gezahlt.

Alternative:

(2) Kann der Geschäftsführer aus zwingenden geschäftlichen oder in seiner Person liegenden Gründen den Urlaub nicht oder nicht vollständig bis zum Ende des Kalenderjahres nehmen, bleibt ihm der Anspruch auf Urlaub insoweit bis zum 30. 6. des Folgejahres erhalten. Kann aus zwingenden geschäftlichen Gründen auch bis zu diesem Zeitpunkt der Urlaub nicht oder nicht vollständig genommen werden, ist er dem Geschäftsführer unter Zugrundelegung der Höhe des Grundgehalts (§ 5 Abs. 1) abzugelten, im Übrigen verfällt der Anspruch.

(3) Kann der Urlaub wegen Beendigung des Anstellungsverhältnisses nicht oder nicht vollständig genommen werden, ist er dem Geschäftsführer abzugelten.

§ 8 Direktversicherung/Versorgung

(1) Die Gesellschaft schließt zum Zweck der Alters-, Berufsunfähigkeits- und Hinterbliebenenversorgung auf das Leben des Geschäftsführers eine Lebensversicherung mit einer Versicherungssumme von _____ € ab, wonach monatlich zusätzlich zur Ver-

gütung gem. § 5 dieses Vertrags _____ € auf einen entsprechenden Direktversicherungsvertrag einbezahlt werden. Die Versicherungsprämien zählen zur steuerpflichtigen Vergütung und werden in der gesetzlich zulässigen Höhe pauschal versteuert.

(2) Die Versicherungssumme wird mit Vollendung des 65. Lebensjahrs, dem Eintritt der Berufsunfähigkeit i. S. d. § 43 Abs. 2 SGB VI oder dem Tod des Geschäftsführers zur Zahlung fällig. Bezugsberechtigt sind im Erlebensfall der Geschäftsführer, im Todesfall die von ihm bestimmten Personen oder bei Fehlen einer solchen Bestimmung seine Erben.

(3) Scheidet der Geschäftsführer vor Vollendung seines 65. Lebensjahrs aus den Diensten der Gesellschaft aus, ohne dass eine Berufsunfähigkeit eingetreten ist, wird die Gesellschaft die Versicherung mit allen Rechten und Pflichten auf den Geschäftsführer übertragen, falls dieser zum Zeitpunkt seines Ausscheidens eine Dienstzeit von mindestens zehn Jahren bei der Gesellschaft erfüllt hat. Andernfalls ist dem Geschäftsführer ein eventueller Rückkaufswert zu erstatten.

§ 9 D & O-Versicherung

Die Gesellschaft wird eine Vermögensschaden-Haftpflichtversicherung für Organe juristischer Personen (D & O-Versicherung) über eine Versicherungssumme von _____ € abschließen, durch welche insbesondere die Haftung des Geschäftsführers für Vermögensschäden abgedeckt wird, die durch die Geschäftsführungstätigkeit fahrlässig verursacht werden.

§ 10 Dauer, Kündigung

(1) Dieser Vertrag beginnt am _____ und ist auf unbestimmte Dauer geschlossen. Er ersetzt alle bisherigen arbeits- oder dienstvertraglichen Vereinbarungen zwischen der Gesellschaft und dem Geschäftsführer. Das Dienstverhältnis ist mit einer Frist von zwölf *(sechs)* Monaten zum Quartalsende für beide Parteien kündbar. Ansprüche aus früheren Dienstverhältnissen bestehen beiderseits nicht.

(2) Der Vertrag kann aus wichtigem Grund fristlos (außerordentlich) gekündigt werden. Ein wichtiger Grund liegt für die Gesellschaft insbesondere vor, wenn

(a) der Geschäftsführer gegen das Wettbewerbsverbot nach § 4 und Treuepflichten verstößt oder eine Kreditlinie überschreitet;

(b) der Geschäftsführer ohne die erforderliche Einwilligung Geschäfte für die Gesellschaft tätigt (§ 3) und der Gesellschaft dadurch Schaden entsteht, es sei denn, dass dies wegen Eilbedürftigkeit geboten war;

(c) der Geschäftsführer wissentlich einen unrichtigen Jahresabschluss aufstellt;

(d) die Gesellschaft liquidiert oder über ihr Vermögen das Insolvenzverfahren eröffnet wird;

(e) der Geschäftsführer sein Amt niederlegt.

(3) Jede Kündigung bedarf der Schriftform. Die Kündigung durch den Geschäftsführer ist gegenüber der Gesellschafterversammlung für die Gesellschaft zu erklären und an

IV. Anstellungsvertrag für GmbH-Fremd-Geschäftsführer

einen weiteren Geschäftsführer oder, sofern ein solcher nicht vorhanden ist, an einen Gesellschafter zu richten.

(4) Die Abberufung als Geschäftsführer ist jederzeit zulässig. Sie gilt als Kündigung des Dienstvertrags zu dem gemäß Absatz 1 nächstmöglichen Zeitpunkt.

(5) Die Gesellschaft ist insbesondere im Fall einer Kündigung durch die Gesellschaft berechtigt, den Geschäftsführer unter Anrechnung des noch nicht verbrauchten Jahresurlaubs und Fortzahlung seiner Bezüge bis zum Ablauf der Kündigungsfrist von seiner Tätigkeit freizustellen. Auf diese Bezüge muss sich der Geschäftsführer dasjenige anrechnen lassen, was er für seine Tätigkeit anderweitig erwirbt.

(6) Das Dienstverhältnis endet in jedem Fall, ohne dass es einer Kündigung bedarf, am Ende des Monats, in dem der Geschäftsführer das 65. Lebensjahr vollendet oder seine Berufsunfähigkeit festgestellt wird.

Alternative zu § 10 bei fester Vertragsdauer:

(1) Dieser Dienstvertrag tritt mit Wirkung zum _____ in Kraft und wird auf die Dauer von fünf *(drei)* Jahren abgeschlossen. Der Vertrag verlängert sich um jeweils weitere fünf *(drei)* Jahre, wenn er nicht spätestens sechs Monate vor Ablauf der Vertragsdauer von einer der Parteien schriftlich gekündigt wird. In jedem Fall einer Kündigung ist die Gesellschaft berechtigt, den Geschäftsführer unter Anrechnung des noch nicht verbrauchten Jahresurlaubs und Fortzahlung seiner Bezüge bis zum Ablauf der Kündigungsfrist von seiner Tätigkeit freizustellen. Auf diese Bezüge muss sich der Geschäftsführer dasjenige anrechnen lassen, was er für seine Tätigkeit anderweitig erwirbt.

(2) Während der Vertragsdauer gemäß Absatz 1 ist eine ordentliche Kündigung dieses Vertrags beiderseits ausgeschlossen. Hiervon unberührt bleibt das Recht zur Kündigung aus wichtigem Grund. Ein wichtiger Grund liegt für die Gesellschaft insbesondere vor, wenn

(a) der Geschäftsführer gegen das Wettbewerbsverbot nach § 4 und Treuepflichten verstößt oder eine Kreditlinie überschreitet;

(b) der Geschäftsführer ohne die erforderliche Einwilligung Geschäfte für die Gesellschaft tätigt (§ 3) und der Gesellschaft dadurch Schaden entsteht, es sei denn, dass dies wegen Eilbedürftigkeit geboten war;

(c) der Geschäftsführer wissentlich einen unrichtigen Jahresabschluss aufstellt;

(d) die Gesellschaft liquidiert oder über ihr Vermögen das Insolvenzverfahren eröffnet wird;

(e) der Geschäftsführer sein Amt niederlegt.

(3) Jede Kündigung bedarf der Schriftform. Die Kündigung durch den Geschäftsführer ist gegenüber der Gesellschafterversammlung für die Gesellschaft zu erklären und an einen weiteren Geschäftsführer oder, sofern ein solcher nicht vorhanden ist, an einen Gesellschafter zu richten.

(4) Die Abberufung als Geschäftsführer bleibt jederzeit zulässig. Sie gilt als Kündigung des Dienstvertrags zu dem gemäß Absatz 1 nächstmöglichen Zeitpunkt.

(5) Das Dienstverhältnis endet in jedem Fall, ohne dass es einer Kündigung bedarf, am Ende des Monats, in dem der Geschäftsführer das 65. Lebensjahr vollendet oder seine Berufsunfähigkeit festgestellt wird.

§ 11 Schlussbestimmungen

(1) Änderungen oder Ergänzungen dieses Vertrags bedürfen zu ihrer Wirksamkeit der Schriftform sowie der ausdrücklichen Zustimmung der Gesellschafterversammlung. Das gilt auch für die Änderung der Bestimmung des vorstehenden Satzes.

(2) Die Ungültigkeit einzelner Bestimmungen berührt nicht die Rechtswirksamkeit des Vertrags im Ganzen. Anstelle der unwirksamen Vorschrift ist eine Regelung zu vereinbaren, die der wirtschaftlichen Zwecksetzung der Parteien am nächsten kommt.

(3) Alle Streitigkeiten aus diesem Vertrag werden im ordentlichen Rechtsweg entschieden.

_____

(Ort, Datum)

_____

(Für die Gesellschaft – in Vollmacht)

_____

(Ort, Datum)

_____

(Geschäftsführer)

V. Anstellungsvertrag für GmbH-Gesellschafter-Geschäftsführer   8945

Anstellungsvertrag

Zwischen

der _____ GmbH mit Sitz in _____, vertreten durch die Gesellschafterversammlung,

nämlich Herrn _____, Frau _____ und _____,

– nachfolgend „Gesellschaft" genannt –

und

dem Gesellschafter Herrn _____/Frau _____,

– nachfolgend „Geschäftsführer" genannt –

wird folgender

ANSTELLUNGSVERTRAG (Dienstvertrag)

geschlossen:

§ 1   Geschäftsführung und Vertretung

(1) Herr _____/Frau _____ wird mit Wirkung vom _____ zum Geschäftsführer der Gesellschaft bestellt. Sein Aufgabengebiet umfasst alle Geschäfte, welche die Leitung des Unternehmens der Gesellschaft und der übliche Geschäftsverkehr mit sich bringt.

(2) Der Geschäftsführer ist berechtigt und verpflichtet, die Gesellschaft nach Maßgabe der Gesetze, des Gesellschaftsvertrags und einer etwaigen Geschäftsführungsordnung allein zu vertreten und die Geschäfte der Gesellschaft allein zu führen. Weisungen der Gesellschafterversammlung sind zu befolgen.

(3) Er hat die ihm obliegenden Pflichten mit der Sorgfalt eines ordentlichen und gewissenhaften Kaufmanns unter Wahrung der Interessen der Gesellschaft zu erfüllen.

Alternative zu § 1:

(1) Herr _____/Frau _____ wird mit Wirkung vom _____ zum Geschäftsführer der Gesellschaft bestellt. Sein Aufgabengebiet umfasst alle Geschäfte, welche die Leitung des Unternehmens der Gesellschaft und der übliche Geschäftsverkehr mit sich bringt.

(2) Der Geschäftsführer übt die Geschäftsführungsbefugnis und Vertretungsmacht nach Maßgabe der Gesetze, insbesondere unter Beachtung der Bestimmungen des HGB und des GmbHG, der Bestimmungen des Gesellschaftsvertrags, einer etwaigen Geschäftsführungsordnung und der Beschlüsse und Anweisungen der Gesellschafterversammlung aus.

Die Gesellschaft kann weitere Geschäftsführer bestellen. Ist der Geschäftsführer einziger Geschäftsführer, vertritt er die Gesellschaft allein. Sind weitere Geschäftsführer bestellt, vertritt er die Gesellschaft zusammen mit einem anderen Geschäftsführer (oder gemeinsam mit einem Prokuristen), sofern nicht die Gesellschafterversammlung Abweichendes beschließt.

(3) Er hat die ihm obliegenden Pflichten mit der Sorgfalt eines ordentlichen und gewissenhaften Kaufmanns unter Wahrung der Interessen der Gesellschaft zu erfüllen.

Zusatzklausel

(4) Der Geschäftsführer ist von den Beschränkungen gem. § 181 BGB befreit. Er ist befugt, die Gesellschaft bei der Vornahme von Rechtsgeschäften mit sich selbst oder als Vertreter eines Dritten uneingeschränkt zu vertreten.

§ 2 Pflichten und Verantwortlichkeit

(1) Der Geschäftsführer stellt seine ganze Arbeitskraft und seine gesamten Kenntnisse und Erfahrungen der Gesellschaft zur Verfügung. Ihm obliegen Leitung und Überwachung des Gesamtunternehmens, unbeschadet gleicher Rechte und Pflichten etwaiger anderer Geschäftsführer. Sind weitere Geschäftsführer bestellt, erfüllen die Geschäftsführer die ihnen zugewiesenen Aufgaben in kollegialer Zusammenarbeit und achten auf einen sachgerechten Informationsaustausch.

Alternative *bei Befreiung vom Wettbewerbsverbot und/oder genehmigter Nebentätigkeit:*

(1) Der Geschäftsführer stellt seine Arbeitskraft und seine gesamten Kenntnisse und Erfahrungen der Gesellschaft zur Verfügung, mit Ausnahme seiner Tätigkeit *(genaue Beschreibung der Tätigkeit)* in Firma _____ im Umfang von bis zu _____ Wochenstunden, die hiermit genehmigt wird.

Ihm obliegen Leitung und Überwachung des gesamten Unternehmens, unbeschadet gleicher Rechte und Pflichten etwaiger anderer Geschäftsführer. Sind weitere Geschäftsführer bestellt, erfüllen die Geschäftsführer die ihnen zugewiesenen Aufgaben in kollegialer Zusammenarbeit und achten auf einen sachgerechten Informationsaustausch.

(2) Der Geschäftsführer nimmt die Rechte und Pflichten des Arbeitgebers i. S. d. arbeits- und sozialrechtlichen Vorschriften wahr.

(3) Der Geschäftsführer wahrt die wirtschaftlichen und steuerlichen Interessen der Gesellschaft. Er ist verpflichtet, für eine den handels- und steuerrechtlichen Vorschriften entsprechende Buchführung und eine angemessene Betriebsabrechnung zu sorgen.

Er ist verpflichtet, innerhalb der Frist von § 264 Abs. 1 HGB den Jahresabschluss sowie einen Lagebericht (§ 289 HGB) unter Beachtung handels- und steuerrechtlicher Bilanzierungsvorschriften aufzustellen und den Gesellschaftern unverzüglich nach Aufstellung vorzulegen. Er hat für eine rechtzeitige und ordnungsgemäße Offenlegung nach §§ 325 bis 327 HGB zu sorgen.

(4) Nach Vorlage des Jahresabschlusses hat der Geschäftsführer unter Beachtung der Beschlussfrist des § 42a Abs. 2 GmbHG die Gesellschafterversammlung zwecks Beschlussfassung über die Feststellung des Jahresabschlusses und Ergebnisverwendung ordnungsgemäß einzuberufen, sie zusammen mit dem satzungsmäßigen Versamm-

lungsleiter zu leiten und ordnungsgemäß abzuwickeln sowie die Gesellschafterbeschlüsse zu protokollieren.

(5) Der Geschäftsführer hat die notwendigen Anmeldungen zum Handelsregister und Einreichungen zum elektronischen Bundesanzeiger vorzunehmen. Er hat für eine stets aktuelle Gesellschafterliste nach Maßgabe der §§ 16 und 40 GmbHG und deren Aufnahme in das Handelsregister zu sorgen.

§ 3 Zustimmungsbedürftige Geschäfte

(1) Die Geschäftsführungsbefugnis umfasst alle Maßnahmen des gewöhnlichen Geschäftsbetriebs und der Gesellschaft.

Zur Vornahme von Handlungen, die über den gewöhnlichen Betrieb des Handelsgewerbes der Gesellschaft hinausgehen, bedarf der Geschäftsführer der ausdrücklichen Einwilligung der Gesellschafterversammlung. Hierzu zählen insbesondere:

(a) Erwerb, Veräußerung und Belastung von Grundstücken und grundstücksgleicher Rechte;

(b) die Veräußerung des Unternehmens im Ganzen, die Errichtung, Veräußerung und Aufgabe von Betrieben oder wesentlichen Betriebsteilen und von Zweigniederlassungen;

(c) Abschluss von Verträgen und Geschäften jeder Art, die im Einzelfall Verpflichtungen von mehr als _____ € für die Gesellschaft mit sich bringen oder welche die Gesellschaft ohne Rücksicht auf den Wert länger als ein Jahr verpflichten.

(d) Abschluss, Änderung und Aufhebung der Anstellungsverträge mit den Geschäftsführern,

e) etc.,

Alternative zu § 3 Abs. 1:

(1) Der Katalog zustimmungsbedürftiger Geschäfte ergibt sich aus dem Gesellschaftsvertrag. Diese Regelung ist Bestandteil des vorliegenden Dienstvertrages.

(2) Die Gesellschafterversammlung kann durch Beschluss für weitere Geschäfte und Maßnahmen die Zustimmungsbedürftigkeit festlegen.

§ 4 Nebentätigkeit/Wettbewerbsverbot

(1) Der Geschäftsführer stellt sein ganzes Wissen und Können uneingeschränkt der Gesellschaft zur Verfügung. Eine entgeltliche oder unentgeltliche Nebentätigkeit bedarf der Einwilligung der Gesellschaft.

Alternative: Zusatz bei teilweiser Befreiung vom Verbot einer Nebentätigkeit und/oder vom Wettbewerbsverbot

Ausgenommen vom Zustimmungsvorbehalt und dem nachfolgend unter Absatz 2 vereinbarten Wettbewerbsverbot ist die unter § 2 Abs. 1 beschriebene Tätigkeit für die Firma _____ und in dem dort beschriebenen Umfang. Sie gilt als genehmigt.

Solange die erlaubte Nebentätigkeit und/oder der erlaubte Wettbewerb durch den Geschäftsführer wahrgenommen wird, reduziert sich sein Monatsgehalt um 10 % des Bruttobetrages, auch soweit es als Berechnungsrundlage für andere Leistungen der Gesellschaft dient.

(2) Dem Geschäftsführer ist es während der Dauer dieses Vertrags (*und der darauf folgenden zwei Jahre*) nicht gestattet, sich unmittelbar oder mittelbar an Unternehmen, die mit der Gesellschaft (*oder einem mit ihr verbundenen Unternehmen*) in direktem oder indirektem Wettbewerb stehen oder mit denen die Gesellschaft in geschäftlicher Verbindung steht, zu beteiligen bzw. ein solches Unternehmen zu errichten oder für ein solches oder ein mit einem solchen verbundenen Unternehmen, gleichgültig in welcher Art, tätig zu werden, es zu beraten oder es in sonstiger Weise zu unterstützen. Es ist auch nicht gestattet, Geschäfte für eigene oder fremde Rechnung im Tätigkeitsgebiet der Gesellschaft zu machen, und zwar weder gelegentlich noch gewerbsmäßig.

Alternative: *Ergänzung zu § 4 Abs. 2 um ein nachvertragliches Wettbewerbsverbot*

(2a) Nach Ablauf des Vertrages beschränkt sich das Wettbewerbsverbot auf _____ (*z. B. das Land* _____), gilt für die Dauer von einem (*zwei*) Jahr(en) und nur für den Wettbewerb auf dem Gebiet _____ (*Sparte, Branche usw.*).

(3) Das Beteiligungsverbot gilt nicht für Beteiligungen an Unternehmen in Form des Erwerbs von Wertpapieren, die an einer Börse gehandelt und die zum Zweck der Kapitalanlage erworben werden, soweit die Beteiligungsquote nicht mehr 5 % der Stimmrechte des betreffenden Unternehmens vermittelt.

(4) Der Geschäftsführer ist verpflichtet, über alle betrieblichen und geschäftlichen Angelegenheiten der Gesellschaft gegenüber unbefugten Dritten striktes Stillschweigen zu wahren. Diese Verpflichtung gilt auch nach Beendigung des Anstellungsvertrags.

(5) Für jeden Fall des Verstoßes gegen das Wettbewerbsverbot zahlt der Geschäftsführer der Gesellschaft eine Vertragsstrafe in Höhe eines 1/24 des Jahresgehalts; steht er nicht mehr in den Diensten der Gesellschaft, gilt der letzte durchschnittliche Jahresverdienst. Die Vertragsstrafe tritt neben die übrigen Ansprüche der Gesellschaft aus der Wettbewerbsvereinbarung. Bei einem fortdauernden Wettbewerbsverstoß gilt die Tätigkeit während eines Monats als jeweils selbständiger Verstoß i. S. d. Satzes 1.

(6) Für die Zeit des Bestehens des Wettbewerbsverbots nach Ablauf des Vertrages zahlt die Gesellschaft dem Geschäftsführer eine jährliche Entschädigung i. H.v. 50 % des durchschnittlichen festen Jahresgehalts der letzten drei Jahre seiner Amtszeit, bei kürzerer Amtszeit des durchschnittlichen Jahresgehalts der gesamten Amtszeit. Die so errechnete Vergütung wird in monatlichen Teilbeträgen von jeweils 1/12 bezahlt. Die Gesellschaft kann vor Beendigung des Anstellungsverhältnisses schriftlich auf die Geltendmachung des nachvertraglichen Wettbewerbsverbots ausdrücklich verzichten; in diesem Fall entfällt der Entschädigungsanspruch nach diesem Absatz. Die Regelung in § 75a HGB ist nicht, auch nicht entsprechend anzuwenden.

Alternative: Klausel bei einem nicht von vornherein vereinbarten nachvertraglichen Wettbewerbsverbot

(6) Die Gesellschaft ist berechtigt, durch einseitige Erklärung, die vor der Beendigung dieses Vertrages in Textform (§ 126b BGB) auszusprechen ist, die Gültigkeitsdauer des Wettbewerbsverbots auf die Dauer von zwei Jahren nach Beendigung dieses Vertrages auszudehnen. Der Geschäftsführer erklärt ausdrücklich bereits heute sein Einverständnis mit dieser Ausdehnung. Macht die Gesellschaft von diesem Recht Gebrauch, so zahlt sie dem Geschäftsführer für das nachvertragliche Wettbewerbsverbot eine Entschädigung i. H. v. 50 % des durchschnittlichen festen Jahresgehalts der letzten drei Jahre seiner Amtszeit, bei kürzerer Amtszeit des durchschnittlichen Jahresgehalts der gesamten Amtszeit. Die so errechnete Vergütung wird in monatlichen Teilbeträgen von jeweils 1/12 bezahlt.

Alternative: Kundenschutzklausel statt nachvertraglichem Wettbewerbsverbot

(6) Dem Geschäftsführer ist es nach Beendigung des Anstellungsverhältnisses für die Dauer von zwei Jahren ab dem Zeitpunkt der Beendigung seiner Tätigkeit als Geschäftsführer sowie während der Dauer seiner Freistellung von den Dienstpflichten noch während der Laufzeit dieses Vertrages untersagt, die von der Gesellschafterversammlung bei Ausspruch der Kündigung bzw. der Freistellung zu bestimmenden Kunden der Gesellschaft zu bedienen. Die Auflistung der Kunden wird bei Ausspruch der Kündigung bzw. der Freistellung von der Gesellschafterversammlung aufgestellt und dem Geschäftsführer gegen Empfangsbestätigung ausgehändigt. Für jeden Fall der Zuwiderhandlung gegen das Verbot zur Bedienung der Kunden der Gesellschaft ist eine Vertragsstrafe von 50 % des mit den abgeworbenen Kunden erzielten Jahresumsatzes zu zahlen. Auf die Einrede des Fortsetzungszusammenhangs wird verzichtet.

§ 5   Bezüge des Geschäftsführers

(1) Der Geschäftsführer erhält für seine Tätigkeit ein festes Monatsgehalt von _____ € brutto, das jeweils am Monatsletzten zu zahlen ist.

(2) Besteht das Dienstverhältnis während eines gesamten Kalenderjahres, erhält der Geschäftsführer ein zusätzliches Weihnachtsgeld – zahlbar mit dem Novembergehalt – in Höhe eines Monatsgehalts sowie ein Urlaubsgeld – zahlbar mit dem Junigehalt – in Höhe eines Monatsgehalts. Besteht das Dienstverhältnis nicht während eines ganzen Kalenderjahres, so werden das Weihnachts- und das Urlaubsgeld anteilig ausbezahlt.

Alternative:

(2) Urlaubs- und Weihnachtsgeld sind mit den Monatsgehältern abgegolten.

Alternative:

(2) Weihnachts- und Urlaubsgeld in Höhe jeweils eines Monatsgehaltes werden freiwillig ohne Rechtsanspruch hierauf sowie unter dem Vorbehalt des jederzeitigen Widerrufs und der Verrechnungsmöglichkeit mit Gehaltserhöhungen gezahlt.

(3) Durch die Gehaltsbestandteile nach Absatz 1 und 2 sind etwaige Ansprüche auf Vergütung von Überstunden, Sonntags-, Feiertags- oder sonstiger Mehrarbeit abgegolten.

(4) Ferner erhält der Geschäftsführer eine Tantieme i. H. v. _____ % des Jahresgewinns (Ergebnis der gewöhnlichen Geschäftstätigkeit) der Gesellschaft, welche in einer Summe einen Monat nach Feststellung des Jahresabschlusses durch die Gesellschafterversammlung zur Zahlung fällig wird. Die Berechnung erfolgt auf der Grundlage des „Ergebnisses der gewöhnlichen Geschäftstätigkeit" der Handelsbilanz i. S. v. § 275 HGB vor Abzug der Tantieme und nach Verrechnung etwaiger Verlustvorträge. Bezüglich gewinnabhängiger Rückstellungen, steuerlicher Sonderabschreibungen oder sonstiger Steuervergünstigungen, welche das Ergebnis der gewöhnlichen Geschäftstätigkeit unmittelbar beeinflussen und betriebswirtschaftlich nicht geboten sind, tritt keine Minderung der Berechnungsgrundlage ein. Ebenso unberücksichtigt bleiben die Auflösung von Rückstellungen, Rücklagen oder von anderen Bilanzpositionen, deren Bildung auf die Berechnungsgrundlage ohne Einfluss war. Das gilt auch für öffentliche Zuschüsse oder Zulagen.

Nachträgliche Änderungen des Jahresabschlusses, insbesondere aufgrund abweichender steuerlicher Veranlagung, sind zu berücksichtigen. Überzahlte Beträge hat der Geschäftsführer zu erstatten.

(5) Scheidet der Geschäftsführer während des Geschäftsjahres aus seinem Amt aus, hat er Anspruch auf eine zeitanteilige Tantieme. Dies gilt nicht bei außerordentlicher Kündigung durch die Gesellschaft; in diesem Fall besteht kein Anspruch auf Zahlung von Tantieme für das laufende Geschäftsjahr.

(6) Das Gehalt gemäß Absatz 1 wird zum Zeitpunkt einer Tariferhöhung um den Prozentsatz der Gehaltssteigerung der höchsten Tarifstufe für Angestellte der _____ (Tarifbezirk und Branche) _____ angepasst.

(7) Im Krankheitsfall oder bei sonstiger unverschuldeter Verhinderung bleibt der Gehaltsanspruch für die Dauer von sechs Monaten bestehen. Dauert die Verhinderung länger als ununterbrochen sechs Monate an, wird der Tantiemeanspruch entsprechend der sechs Monate überschreitenden Zeit zeitanteilig gekürzt. Der Gehaltsanspruch im Übrigen ruht.

Alternative: Aufnahme einer Klausel über die Gehaltsfortzahlung bei Krankheit

(7) Gehaltsfortzahlung bei Krankheit

(a) Wird der Geschäftsführer in der Ausübung seiner Tätigkeit durch Krankheit oder andere, von ihm nicht verschuldete Gründe verhindert, erhält er für sechs Wochen sein festes Monatsgehalt anteilig weiter.

(b) Dauert die Arbeitsunfähigkeit länger als sechs Wochen, erhält der Geschäftsführer ab Beginn der siebten Woche der Dienstunfähigkeit und für die Dauer von sechs Monaten ab deren Beginn einen Zuschuss zum Krankengeld in Höhe der Differenz des Brutto-Monatsgehalts und des Krankengeldes, welches der Geschäftsführer von seiner Krankenversicherung erhält und dessen Höhe vom Geschäftsführer gegenüber der Gesellschaft nachzuweisen ist.

(8) Verstirbt der Geschäftsführer, wird seinen Hinterbliebenen (der Witwe oder unterhaltsberechtigten Kindern) das feste Gehalt nach Absatz 1 anteilsmäßig für die auf den Sterbemonat folgenden drei Monate fortgezahlt. Der Tantiemeanspruch bleibt zeitanteilig bis zum Monatsletzten, der auf das Ableben folgt, bestehen.

(9) Eine Abtretung oder Verpfändung der Bezüge ist nur mit Genehmigung der Gesellschaft zulässig.

§ 6 Sonstige Leistungen, Spesen, Aufwendungsersatz

(1) Die Gesellschaft gewährt dem Geschäftsführer für die Dauer dieses Anstellungsvertrags einen Zuschuss zur Krankenversicherung in Höhe des Arbeitgeberanteils, wie er bei gesetzlicher Krankenversicherungspflicht des Geschäftsführers bestünde, höchstens jedoch in Höhe der Hälfte des Betrags, den der Geschäftsführer für seine Krankenversicherung aufzuwenden hat.

(2) Die Gesellschaft schließt – auf Wunsch des Geschäftsführers als Direktversicherung – für die Dauer dieses Anstellungsvertrags auf ihre Kosten eine Unfallversicherung ab, welche den Geschäftsführer mit _____ € bei Invalidität und _____ € bei Unfalltod versichert. Bezugsberechtigt aus der Versicherung sind im Invaliditätsfall der Geschäftsführer, im Todesfall die von ihm benannten Personen, bei Fehlen einer solchen Bestimmung seine Erben.

(3) Hat der Geschäftsführer im Rahmen seiner ordnungsgemäßen Geschäftsführertätigkeit Kosten und Aufwendungen, so werden ihm diese Spesen von der Gesellschaft gegen Beleg erstattet.

(4) Reisespesen werden bis zu den jeweils steuerlich zulässigen Pauschalbeträgen ersetzt.

(5) Der Geschäftsführer darf die erste Klasse der Bahn benutzen, bei Flugreisen die einfache Economy-Klasse (*Business-Class*).

(6) Der Geschäftsführer hat Anspruch auf die Gestellung eines Pkw der gehobenen Mittelklasse. Er darf den Pkw auch privat nutzen. Die Versteuerung des geldwerten Vorteils übernimmt der Geschäftsführer, die Kosten für die Fahrzeughaltung, die Nutzung und den Betrieb trägt die Gesellschaft. Für den Fall einer Freistellung des Geschäftsführers von seinen Dienstpflichten ist der Pkw an die Gesellschaft herauszugeben, ohne dass insoweit ein Anspruch auf finanziellen Ausgleich des in der Privatnutzung liegenden geldwerten Vorteils besteht. In gleicher Weise ist der Geschäftsführer bei Beendigung des Anstellungsvertrags zur Herausgabe des Pkw verpflichtet. Dem Geschäftsführer steht aus keinem Rechtsgrund ein Zurückbehaltungsrecht gegenüber der Gesellschaft an dem Pkw zu.

Alternative, wenn der Abschluss eines gesonderten Pensionsvertrages vorgesehen ist:

(7) Der Geschäftsführer und die Gesellschaft werden in einer gesonderten Vereinbarung die Einzelheiten zur Begründung einer betrieblichen Altersversorgung regeln.

§ 7 Jahresurlaub

(1) Der Geschäftsführer erhält 30 Arbeitstage (Samstag ist kein Arbeitstag) bezahlten Urlaub im Geschäftsjahr. Der Geschäftsführer hat seinen Urlaub so einzurichten, dass den Bedürfnissen der Gesellschaft Rechnung getragen wird.

(2) Kann der Geschäftsführer seinen Jahresurlaub nicht oder nicht vollständig nehmen, weil zwingende Interessen der Gesellschaft entgegenstehen, so hat er Anspruch auf Abgeltung desselben unter Zugrundelegung der Höhe des Grundgehalts (§ 5 Abs. 1). Die Abgeltung wird mit dem ersten Gehalt des folgenden Geschäftsjahres gezahlt.

Alternative:

(2) Kann der Geschäftsführer aus zwingenden geschäftlichen oder in seiner Person liegenden Gründen den Urlaub nicht oder nicht vollständig bis zum Ende des Kalenderjahres nehmen, bleibt ihm der Anspruch auf Urlaub insoweit bis zum 30.6. des Folgejahres erhalten. Kann aus zwingenden geschäftlichen Gründen auch bis zu diesem Zeitpunkt der Urlaub nicht oder nicht vollständig genommen werden, ist er dem Geschäftsführer unter Zugrundelegung der Höhe des Grundgehalts (§ 5 Abs. 1) abzugelten, im Übrigen verfällt der Anspruch.

(3) Kann der Urlaub wegen Beendigung des Anstellungsverhältnisses nicht oder nicht vollständig genommen werden, ist er dem Geschäftsführer abzugelten.

§ 8 Direktversicherung/Versorgung

(1) Die Gesellschaft schließt zum Zweck der Alters-, Berufsunfähigkeits- und Hinterbliebenenversorgung auf das Leben des Geschäftsführers eine Lebensversicherung mit einer Versicherungssumme von _____ € ab, wonach monatlich zusätzlich zur Vergütung gem. § 5 dieses Vertrags _____ € auf einen entsprechenden Direktversicherungsvertrag einbezahlt werden. Die Versicherungsprämien zählen zur steuerpflichtigen Vergütung und werden in der gesetzlich zulässigen Höhe pauschal versteuert.

(2) Die Versicherungssumme wird mit Vollendung des 65. Lebensjahrs, dem Eintritt der Berufsunfähigkeit i.S.d. § 43 Abs. 2 SGB VI oder dem Tod des Geschäftsführers zur Zahlung fällig. Bezugsberechtigt sind im Erlebensfall der Geschäftsführer, im Todesfall die von ihm bestimmten Personen oder bei Fehlen einer solchen Bestimmung seine Erben.

(3) Scheidet der Geschäftsführer vor Vollendung seines 65. Lebensjahrs aus den Diensten der Gesellschaft aus, ohne dass eine Berufsunfähigkeit eingetreten ist, wird die Gesellschaft die Versicherung mit allen Rechten und Pflichten auf den Geschäftsführer übertragen, falls dieser zum Zeitpunkt seines Ausscheidens eine Dienstzeit von mindestens zehn Jahren bei der Gesellschaft erfüllt hat. Andernfalls ist dem Geschäftsführer ein eventueller Rückkaufswert zu erstatten.

Alternative bei Zusage eines Ruhegehalts:

§ 9 Ruhegehalt

(1) Der Geschäftsführer hat Anspruch auf Ruhegehalt für den Fall der vollen Berufsunfähigkeit oder mit Vollendung des 65. Lebensjahrs und Versorgung seiner Witwe und Abkömmlinge.

(2) Das monatliche Ruhegehalt beträgt _____ % des in den letzten drei Jahren gezahlten festen durchschnittlichen Monatsgehalts. Es verändert sich nach Eintritt des Versorgungsfalls im gleichen prozentualen Verhältnis wie die gesetzliche Angestelltenversicherungsrente.

(3) Die Gesellschaft behält sich vor, die Leistungen zu kürzen oder einzustellen, wenn die bei Erteilung der Versorgungszusage maßgebenden Verhältnisse sich nachhaltig so wesentlich geändert haben, dass der Gesellschaft die Aufrechterhaltung der zugesagten Leistungen auch unter objektiver Beachtung ihrer Belange nicht mehr zugemutet werden kann.

(4) Der Fall der vollen Berufsunfähigkeit ist gegeben, wenn der Geschäftsführer zu mehr als 75 % arbeitsunfähig ist. Die Berufsunfähigkeit ist durch einen amtlich anerkannten Sachverständigen auf Verlangen der Gesellschaft nachzuweisen.

(5) Die Gesellschaft ist berechtigt, ihre Ruhegehaltsverpflichtung dadurch abzulösen, dass sie für den Anspruchsberechtigten einen gleichwertigen Rentenanspruch bei einer Versicherung begründet.

(6) Die Versorgungsansprüche können ohne vorherige Einwilligung durch die Gesellschaft weder wirksam abgetreten noch verpfändet werden.

(7) Für die Versorgung seiner Hinterbliebenen gilt Folgendes:

(a) Die Witwe des verstorbenen Geschäftsführers erhält ein Witwengeld i. H. v. drei Vierteln des Ruhegehalts. Als Witwe gilt auch der Lebenspartner/die Lebenspartnerin des Geschäftsführers, sofern der Geschäftsführer der Gesellschaft gegenüber diese Person als Lebenspartner benannt und diese Benennung bis zu seinem Ableben nicht widerrufen hat.

(b) Hat der Geschäftsführer Abkömmlinge, für die ein Anspruch auf Kindergeld besteht, so ist für sie zusätzlich zur Witwenversorgung die Differenz zwischen dem Ruhegehalt und dem Witwengeld, aufgeteilt nach der Zahl der bezugsberechtigten Personen, zu zahlen, solange der Anspruch auf Kindergeld besteht.

§ 10 D & O-Versicherung

Die Gesellschaft wird eine Vermögensschaden-Haftpflichtversicherung für Organe juristischer Personen (D & O-Versicherung) über eine Versicherungssumme von _____ € abschließen, durch welche insbesondere die Haftung des Geschäftsführers für Vermögensschäden abgedeckt wird, die durch die Geschäftsführungstätigkeit fahrlässig verursacht werden.

§ 11 Dauer, Kündigung

(1) Dieser Vertrag beginnt am _____ und ist auf unbestimmte Dauer geschlossen. Er ersetzt alle bisherigen arbeits- oder dienstvertraglichen Vereinbarungen zwischen der Gesellschaft und dem Geschäftsführer. Das Dienstverhältnis ist mit einer Frist von zwölf *(sechs)* Monaten zum Quartalsende für beide Parteien kündbar. Ansprüche aus früheren Dienstverhältnissen bestehen beiderseits nicht.

(2) Der Vertrag kann aus wichtigem Grund fristlos (außerordentlich) gekündigt werden. Ein wichtiger Grund liegt für die Gesellschaft insbesondere vor, wenn

(a) der Geschäftsführer gegen das Wettbewerbsverbot nach § 4 und Treuepflichten verstößt oder eine Kreditlinie überschreitet;

(b) der Geschäftsführer ohne die erforderliche Einwilligung Geschäfte für die Gesellschaft tätigt (§ 3) und der Gesellschaft dadurch Schaden entsteht, es sei denn, dass dies wegen Eilbedürftigkeit geboten war;

(c) der Geschäftsführer wissentlich einen unrichtigen Jahresabschluss aufstellt;

(d) die Gesellschaft liquidiert oder über ihr Vermögen das Insolvenzverfahren eröffnet wird;

(e) der Geschäftsführer sein Amt niederlegt.

(3) Jede Kündigung bedarf der Schriftform. Die Kündigung durch den Geschäftsführer ist gegenüber der Gesellschafterversammlung für die Gesellschaft zu erklären und an einen weiteren Geschäftsführer oder, sofern ein solcher nicht vorhanden ist, an einen Gesellschafter zu richten.

(4) Die Abberufung als Geschäftsführer ist jederzeit zulässig. Sie gilt als Kündigung des Dienstvertrags zu dem gemäß Absatz 1 nächstmöglichen Zeitpunkt.

(5) Die Gesellschaft ist insbesondere im Fall einer Kündigung durch die Gesellschaft berechtigt, den Geschäftsführer unter Anrechnung des noch nicht verbrauchten Jahresurlaubs und Fortzahlung seiner Bezüge bis zum Ablauf der Kündigungsfrist von seiner Tätigkeit freizustellen. Auf diese Bezüge muss sich der Geschäftsführer dasjenige anrechnen lassen, was er für seine Tätigkeit anderweitig erwirbt.

(6) Das Dienstverhältnis endet in jedem Fall, ohne dass es einer Kündigung bedarf, am Ende des Monats, in dem der Geschäftsführer das 65. Lebensjahr vollendet oder seine Berufsunfähigkeit festgestellt wird.

Alternative zu § 10 bei fester Vertragsdauer:

(1) Dieser Dienstvertrag tritt mit Wirkung zum _____ in Kraft und wird auf die Dauer von fünf *(drei)* Jahren abgeschlossen. Der Vertrag verlängert sich um jeweils weitere fünf *(drei)* Jahre, wenn er nicht spätestens sechs Monate vor Ablauf der Vertragsdauer von einer der Parteien schriftlich gekündigt wird. In jedem Fall einer Kündigung ist die Gesellschaft berechtigt, den Geschäftsführer unter Anrechnung des noch nicht verbrauchten Jahresurlaubs und Fortzahlung seiner Bezüge bis zum Ablauf der Kündigungsfrist von seiner Tätigkeit freizustellen. Auf diese Bezüge muss sich der Geschäftsführer dasjenige anrechnen lassen, was er für seine Tätigkeit anderweitig erwirbt.

(2) Während der Vertragsdauer gemäß Absatz 1 ist eine ordentliche Kündigung dieses Vertrags beiderseits ausgeschlossen. Hiervon unberührt bleibt das Recht zur Kündigung aus wichtigem Grund. Ein wichtiger Grund liegt für die Gesellschaft insbesondere vor, wenn

(a) der Geschäftsführer gegen das Wettbewerbsverbot nach § 4 und Treuepflichten verstößt oder eine Kreditlinie überschreitet;

(b) der Geschäftsführer ohne die erforderliche Einwilligung Geschäfte für die Gesellschaft tätigt (§ 3) und der Gesellschaft dadurch Schaden entsteht, es sei denn, dass dies wegen Eilbedürftigkeit geboten war;

(c) der Geschäftsführer wissentlich einen unrichtigen Jahresabschluss aufstellt;

(d) die Gesellschaft liquidiert oder über ihr Vermögen das Insolvenzverfahren eröffnet wird;

(e) der Geschäftsführer sein Amt niederlegt.

(3) Jede Kündigung bedarf der Schriftform. Die Kündigung durch den Geschäftsführer ist gegenüber der Gesellschafterversammlung für die Gesellschaft zu erklären und an einen weiteren Geschäftsführer oder, sofern ein solcher nicht vorhanden ist, an einen Gesellschafter zu richten.

(4) Die Abberufung als Geschäftsführer bleibt jederzeit zulässig. Sie gilt als Kündigung des Dienstvertrags zu dem gemäß Absatz 1 nächstmöglichen Zeitpunkt.

(5) Das Dienstverhältnis endet in jedem Fall, ohne dass es einer Kündigung bedarf, am Ende des Monats, in dem der Geschäftsführer das 65. Lebensjahr vollendet oder seine Berufsunfähigkeit festgestellt wird.

§ 12 Schlussbestimmungen

(1) Änderungen oder Ergänzungen dieses Vertrags bedürfen zu ihrer Wirksamkeit der Schriftform sowie der ausdrücklichen Zustimmung der Gesellschafterversammlung. Das gilt auch für die Änderung der Bestimmung des vorstehenden Satzes.

(2) Die Ungültigkeit einzelner Bestimmungen berührt nicht die Rechtswirksamkeit des Vertrags im Ganzen. Anstelle der unwirksamen Vorschrift ist eine Regelung zu vereinbaren, die der wirtschaftlichen Zwecksetzung der Parteien am nächsten kommt.

(3) Alle Streitigkeiten aus diesem Vertrag werden im ordentlichen Rechtsweg entschieden.

_____

(Ort, Datum)

_____

(Für die Gesellschaft – in Vollmacht)

_____

(Ort, Datum)

_____

(Geschäftsführer)

8946 **VI. Vereinbarung einer Ergebnisbeteiligung (Tantieme) für leitende Mitarbeiter**

Vereinbarung über eine Ergebnisbeteiligung

Zwischen der Firma

und

Neben dem laufenden Gehalt erhält Herr _____/Frau _____ (Tantiemeberechtigter) einmal jährlich eine Sonderzahlung (Tantieme) nach folgenden Bestimmungen:

1. Bemessungsgrundlage der Tantiemeberechnung ist der vorläufige Jahresüberschuss (nach Gewerbesteuer und vor Tantieme), soweit er den Sockelbetrag von _____ € übersteigt. Der Sockelbetrag ist nicht tantiemepflichtig.

Nicht tantiemepflichtig ist weiter der Ertrag aus dem Abgang von Gegenständen des Anlagevermögens, und zwar auch dann nicht, wenn der Gewinn hieraus in eine steuerfreie Rücklage eingestellt und diese Rücklage später übertragen oder aufgelöst wird.

Soweit der vorläufige handelsrechtliche Jahresüberschuss durch die Bildung von freien Rücklagen oder Zuführung zu bestehenden freien Rücklagen gemindert worden ist, ist dieser Betrag dem vorläufigen Jahresüberschuss, ggf. nach Gewerbesteuer, wieder hinzuzurechnen.

Soweit der vorläufige Jahresüberschuss durch die Auflösung von freien Rücklagen erhöht worden ist, ist die Bemessungsgrundlage für die Tantieme um diesen Betrag zu kürzen.

Von dem den Sockelbetrag bzw. den korrigierten übersteigenden Betrag erhält Herr _____/Frau _____ %, höchstens aber einen Betrag i. H. v. _____ €.

Spätere Änderungen des Jahresüberschusses haben auf die Höhe der Tantieme keinen Einfluss. Auf den Grund für die Änderung kommt es nicht an.

Zum Nachweis der richtigen Berechnung der Tantieme genügt die schriftliche Erklärung des jeweiligen steuerlichen Beraters des Unternehmens. Der Inhalt dieser Erklärung erstreckt sich darauf, dass die Tantieme den vertraglichen Vereinbarungen entspricht und auf der Grundlage der maßgeblichen Positionen richtig berechnet worden ist. Zu einer weitergehenden Rechnungslegung ist das Unternehmen nicht verpflichtet.

2. Die Tantieme wird am Ende des Monats fällig, der auf denjenigen Monat folgt, in dem die Bilanz nach den gesetzlichen und gesellschaftsrechtlichen Regelungen festgestellt ist bzw. festzustellen ist.

Das Unternehmen kann – ohne Anerkennung einer Rechtspflicht – auf die voraussichtliche Tantieme Abschlagszahlungen leisten.

Im Fall der Erkrankung des tantiemeberechtigten Mitarbeiters/der tantiemeberechtigten Mitarbeiterin mindert sich die Tantieme für jeden vollen Monat der Arbeitsunfähigkeit um 1/12.

VI. Vereinbarung einer Ergebnisbeteiligung (Tantieme) für leitende Mitarbeiter

3. Scheidet Herr _____/Frau _____ im Laufe eines Geschäftsjahres aus den Diensten des Unternehmens aus, wird die Tantieme anteilig für die Beschäftigungszeit während des Wirtschaftsjahres gezahlt.

4. Die Tantiemeregelung gilt zunächst fest für den Zeitraum bis zum _____. Sie verlängert sich um jeweils ein Jahr, wenn sie nicht von der Geschäftsführung mit einer Frist von drei Monaten zum Ende eines Wirtschaftsjahres gekündigt wird. Die Kündigung hat schriftlich zu erfolgen. Auf das Schriftformerfordernis kann nicht verzichtet werden.

_____

Ort, Datum

_____

(Unterschriften)

VII. Musterprotokoll für die Gründung einer Einpersonengesellschaft

UR. Nr. _____

Heute, den _____

erschien vor mir _____

Notar/in mit dem Amtssitz in _____

Herr/Frau[1]

_____
_____
_____[2].

1. Der Erschienene errichtet hiermit nach § 2 Abs. 1a GmbHG eine Gesellschaft mit beschränkter Haftung unter der Firma _____
mit dem Sitz in _____

2. Gegenstand des Unternehmens ist _____

3. Das Stammkapital der Gesellschaft beträgt _____ € (i. W. _____ Euro) und wird vollständig von Herrn/Frau[1] _____
(Geschäftsanteil Nr. 1) übernommen. Die Einlage ist in Geld zu erbringen, und zwar sofort in voller Höhe/zu 50 Prozent sofort, im Übrigen sobald die Gesellschafterversammlung ihre Einforderung beschließt[3].

4. Zum Geschäftsführer der Gesellschaft wird Herr/Frau[4] _____,
geboren am _____, wohnhaft in _____, bestellt. Der Geschäftsführer ist von den Beschränkungen des § 181 des Bürgerlichen Gesetzbuchs befreit.

5. Die Gesellschaft trägt die mit der Gründung verbundenen Kosten bis zu einem Gesamtbetrag von 300 €, höchstens jedoch bis zum Betrag ihres Stammkapitals. Darüber hinausgehende Kosten trägt der Gesellschafter.

6. Von dieser Urkunde erhält eine Ausfertigung der Gesellschafter, beglaubigte Ablichtungen die Gesellschaft und das Registergericht (in elektronischer Form) sowie eine einfache Abschrift das Finanzamt – Körperschaftsteuerstelle –.

7. Der Erschienene wurde vom Notar/von der Notarin insbesondere auf Folgendes hingewiesen: _____

---

[1] Nicht Zutreffendes streichen. Bei juristischen Personen ist die Anrede Herr/Frau wegzulassen.
[2] Hier sind neben der Bezeichnung des Gesellschafters und den Angaben zur notariellen Identitätsfeststellung ggf. der Güterstand und die Zustimmung des Ehegatten sowie die Angaben zu einer etwaigen Vertretung zu vermerken.
[3] Nicht Zutreffendes streichen. Bei der Unternehmergesellschaft muss die zweite Alternative gestrichen werden.
[4] Nicht Zutreffendes streichen.

VIII. Musterprotokoll für die Gründung einer Mehrpersonengesellschaft mit bis zu drei Gründern

8948

UR. Nr. _____

Heute, den _____

erschien vor mir, _____

Notar/in mit dem Amtssitz in _____

Herr/Frau[1]

_____[2].

Herr/Frau[1]

_____[2].

Herr/Frau[1]

_____[2].

1. Der Erschienenen errichten hiermit nach § 2 Abs. 1a GmbHG eine Gesellschaft mit beschränkter Haftung unter der Firma _____
mit dem Sitz in _____

2. Gegenstand des Unternehmens ist _____

3. Das Stammkapital der Gesellschaft beträgt _____ € (i. W. _____ Euro) und wird wie folgt übernommen:
Herrn/Frau[1] _____ übernimmt einen Geschäftsanteil mit einem Nennbetrag in Höhe von _____ € (i. W. _____ Euro) (Geschäftsanteil Nr. 1),
Herrn/Frau[1] _____ übernimmt einen Geschäftsanteil mit einem Nennbetrag in Höhe von _____ € (i. W. _____ Euro) (Geschäftsanteil Nr. 2),
Herrn/Frau[1] _____ übernimmt einen Geschäftsanteil mit einem Nennbetrag in Höhe von _____ € (i. W. _____ Euro) (Geschäftsanteil Nr. 3),
Die Einlagen sind in Geld zu erbringen, und zwar sofort in voller Höhe/zu 50 Prozent sofort, im Übrigen sobald die Gesellschafterversammlung ihre Einforderung beschließt[3].

---

1 Nicht Zutreffendes streichen. Bei juristischen Personen ist die Anrede Herr/Frau wegzulassen.
2 Hier sind neben der Bezeichnung des Gesellschafters und den Angaben zur notariellen identitätsfeststellung ggf. der Güterstand und die Zustimmung des Ehegatten sowie die Angaben zu einer etwaigen Vertretung zu vermerken.
3 Nicht Zutreffendes streichen. Bei der Unternehmergesellschaft muss die zweite Alternative gestrichen werden.

4. Zum Geschäftsführer der Gesellschaft wird Herr/Frau[1] _____, geboren am _____, wohnhaft in _____, bestellt. Der Geschäftsführer ist von den Beschränkungen des § 181 des Bürgerlichen Gesetzbuchs befreit.

5. Die Gesellschaft trägt die mit der Gründung verbundenen Kosten bis zu einem Gesamtbetrag von 300 €, höchstens jedoch bis zum Betrag ihres Stammkapitals. Darüber hinausgehende Kosten tragen die Gesellschafter im Verhältnis der Nennbeträge ihrer Geschäftsanteile.

6. Von dieser Urkunde erhält eine Ausfertigung jeder Gesellschafter, beglaubigte Ablichtungen die Gesellschaft und das Registergericht (in elektronischer Form) sowie eine einfache Abschrift das Finanzamt – Körperschaftsteuerstelle –.

7. Der Erschienene wurde vom Notar/von der Notarin insbesondere auf Folgendes hingewiesen: _____

---

[1] Nicht Zutreffendes streichen.

IX. Gesellschafterliste

8949

der Firma _____ [1]

mit dem Sitz in _____ [2]

mit den Nennbeträgen der übernommenen Geschäftsanteile

Nummer des Geschäftsanteils[3]
Nachname, Vorname, Geburtsdatum, Wohnort[4]
Nennbetrag in €[5]

1

2

3

_____, den
_____ [6]
_____ [7]

---

1 Einsetzen: Bezeichnung gemäß des Gesellschaftsvertrages.
2 Einsetzen: Ortsangabe gemäß des Gesellschaftsvertrages.
3 Werden weniger als drei Geschäftsanteile übernommen, sind die überzähligen Zeilen zu streichen. Weitere Anteile sind fortlaufend mit arabischen Ziffern zu nummerieren.
4 Einsetzen: Daten jedes Gesellschafters.
5 Einsetzen: Nennbetrag des von dem betreffenden Gesellschafter übernommenen Geschäftsanteils.
6 Einsetzen: Ort und Datum der Unterzeichnung der Gesellschafterliste.
7 Die Liste ist von dem Geschäftsführer zu unterzeichnen.

8950 X. Online-Zusatzinhalte zum Praxishandbuch der GmbH

Die folgenden Arbeitshilfen stehen Ihnen kostenfrei als zusätzliche Inhalte zu diesem **Praxishandbuch der GmbH**, ISBN: 978-3-482-56964-7 zur Verfügung:

Checklisten:

GmbH - Konfliktfelder bei Feststellung Jahresabschluss und Gewinnverwendung NWB DokID: EAAAF-69689

Unternehmergesellschaft (haftungsbeschränkt) NWB DokID: VAAAF-74224

Pensionszusagen an Gesellschafter-Geschäftsführer (Checkliste 1: Rückstellung nach § 6a EStG?, Checkliste 2: Ausschluss einer vGA) NWB DokID: MAAAB-92850

Übersichten

Jahresabschluss kompakt mit den jeweiligen Checklisten/Exceltabellen s. NWB DokID: YAAAD-29128

Musterverträge/Musterschreiben

GmbH – Gesellschafterbeschluss, Feststellung Jahresabschluss und Gewinnverwendung NWB DokID: BAAAF-68183

GmbH – Stimmbindungsvereinbarung NWB DokID: QAAAF-06799

GmbH – Gesellschafterbeschluss, Abberufung und Berufung eines Geschäftsführers NWB DokID: FAAAB-05354

GmbH – Anstellungsvertrag für Fremdgeschäftsführer NWB DokID: RAAAB-05311

Anstellungsvertrag des Gesellschafter-Geschäftsführers NWB DokID: AAAAD-05542

GmbH – Geschäftsführer, Befreiung vom Verbot des Selbstkontrahierens NWB DokID: UAAAB-05443

GmbH – Beschluss der Gesellschafterversammlung, Kapitalherabsetzung NWB DokID: JAAAB-05438

GmbH – Gesellschafterbeschluss über eine Satzungsänderung NWB DokID: BAAAB-05432

Zustimmung Gewinnabführungsvertrag Organträger NWB DokID: TAAAB-05413

GmbH – Einmann-GmbH NWB DokID: NAAAB-05399

Verschmelzung zur Neugründung – Zustimmung NWB DokID: WAAAB-05344

GmbH – Sachgründung NWB DokID: TAAAB-05439

Darlehen eines Gesellschafters an die Gesellschaft NWB DokID: SAAAB-05302

STICHWORTVERZEICHNIS

Die Ziffern verweisen auf Randnummern.

A

Abandon 2192 ff.
Abberufung des Geschäftsführers 3611 ff.
– Abberufung aus wichtigem Grund 3621 ff.
– Abberufung durch Gesellschafterbeschluss 3616
– Bekanntgabe des Beschlusses 3618
– Beschränkung der freien Abberufbarkeit durch die Satzung 3621 ff.
– jederzeitige Abberufbarkeit 3614
– Koppelungsabrede 3620, 3652
– Rechtsfolgen 3619
– Verhältnis der - zur Kündigung des Anstellungsvertrages 3633
– Wirksamwerden der Abberufung 3626 f.
Abfindung des Gesellschafters bei Austritt oder Kündigung 2838, 2991 ff.
– Abfindungsanspruch 2992
– Abfindungsklausel 2992 f.
– Anspruch auf Zahlung einer - 2991
– Satzungsregelungen zur Höhe der - 2992
Abgeltungsteuer 4942 f., 7642 ff.
– Günstigerprüfung 7642a
– Option zur Regelbesteuerung 7642b
Abgeltungswirkung, Ausnahmen 6786
– Steuerabzug 6785
Abschluss der Liquidation der GmbH 4638
– Aufbewahrung der Bücher und Schriften 4663
– Beendigung 4661 f.
– Liquidationsbilanz 4640
– Schlussrechnung 4661
– Sperrjahr 4642
– Verteilung des Liquidationsüberschusses 4642
– Verteilungsmaßstab 4644

Abschlussprüfer 4257 ff.
– Abschlussprüfungsreformgesetz, Aufsichtsrat 3974
– Bestellung des - 4259 ff.
– Prüferpflichten 4265
Amortisation 2801
– s. Einziehung des Geschäftsanteils
Amtsniederlegung 3630 ff.
Anfechtbarkeit eines Gesellschafterbeschlusses 3323 ff.
– Anfechtungsgründe 3225 f.
– Anfechtungsklage 3330 f.
– Begriff 3323
– Verstöße gegen Verfahrensvorschriften 3327
Anfechtungsklage 3330 f.
Angemessenes Gehalt 5953 ff., 5966 ff.
– Bandbreite 5965
– Beurteilungskriterien 5966 ff.
– Ertragssituation 5970 f.
– externer Betriebsvergleich 5978 f.
– Fremdvergleich 5975 ff.
– Gehaltsstrukturuntersuchungen 5978
– Gesamtausstattung 5963 f.
– mehrere Geschäftsführer 5969
– Nebentätigkeiten 5968
– Pensionszusagen 6091 ff.
– Sonn-, Feiertags-, Nachtzuschläge 6002
– Tantiemen 6031 ff.
– Überstunden 6001 f.
– Verlustgesellschaft 5981
Angemessenheitsprüfung 5684 ff.
– Bandbreitenbetrachtung 5685, 6031
– Beurteilungskriterien 5966 ff.
– Darlehensvertrag 5816 ff., 5823
– Ertragssituation 5970 f.
– Fremdvergleich 5975 ff.
– Gehalt 5953 ff.
– Gesamtausstattung 5957, 5963 ff.

- Geschäfts- oder Firmenwert   5864
- Gewinntantieme   6037 ff.
- Gewinnverteilung   5912 ff.
- Größe des Unternehmens   5967
- Kaufvertrag   5851 f., 5855
- Miet- und Pachtverhältnisse   5856 ff.
- Pensionszusage   6124 ff.
- Schätzung   5964
- Sonn-, Feiertags- und Nachtarbeit   6001 ff.
- Verlustgesellschaft   5981
- Verzinsung   5818 ff.

Anhang   4211 ff.
- neue Pflichtangaben nach BilMoG   4214 f.

Anmeldung zum Handelsregister   732 ff., 1991

Anmeldung zum HR, UG (haftungsbeschränkt)   739
- Verwendung des Musterprotokolls   740

Anschaffungskosten der Beteiligung   5526 ff.
- Ausfall von Gesellschafterdarlehen   7678 ff.
- Darlehensverzicht   5535
- Drittaufwand   5530 ff., 7689 ff.
- eigenkapitalersetzende Darlehen   7680 ff.
- Gründungskosten   5211
- nachträgliche -   7676 ff.
- Nutzungsüberlassung   5536 ff.
- verdeckte Einlage   5526 ff.

Anschaffungskosten der GmbH   5041 ff.
- Einbringungswerte (Bilanzansatz)   5041 ff., 5047 ff.

Anstellung des Geschäftsführers   3511 ff.
- Beendigung   3611 ff.
- fehlerhafte -   3519

Anstellungsverhältnis   3511 ff.
- Abgrenzung des - von der Organstellung   3511
- arbeitsrechtliche Vorschriften   3522
- Beendigung   3611, 3651 ff.
- betriebliche Altersversorgung   3531
- Hinauskündigungsklausel   3583, 3663
- Kündigung   3654 ff.
- Rentenversicherungspflicht   3528
- Sozialversicherungspflicht   3524 f.

Anstellungsvertrag des Geschäftsführers   3513 ff.
- Änderung des -   3514
- Form des -   3517
- Inhalt des -   3551 ff.
- Schriftformklausel   3518
- Umsetzung des Anstellungsbeschlusses   3516
- Vertragsabschluss   3513
- Zuständigkeit der Gesellschafterversammlung zum Abschluss des -   3513 f.

Anteilsveräußerung (steuerliche Folgen)   7665 ff.
- Anschaffungskosten der Anteile   7676 ff.
- Auflösungsverlust   7668 ff.
- Beteiligung im Betriebsvermögen   7772 ff.
- Beteiligung im Privatvermögen   7662 ff.
- Betriebsaufgabe   7780
- Betriebsveräußerung (§ 16 Abs. 2 EStG)   7778
- Darlehen   7680 ff.
- Drittaufwand   7689 ff.
- einbringungsgeborene Anteile   7734
- Entnahme von Geschäftsanteilen   7775
- Entstehungszeitpunkt eines Veräußerungsgewinns/Veräußerungsverlustes   7666
- Ermittlung des Veräußerungsgewinns   7673
- Eröffnung des Insolvenzverfahrens   7670
- Freibetrag   7699
- Gewinne aus -   4901
- Halbeinkünfteverfahren   7621
- insolvenzfreie Liquidation   7668
- nachträgliche Anschaffungskosten   7678 ff., 7687 ff.
- Veräußerungskosten   7675
- Veräußerungspreis   7674
- Vermögenslosigkeit   7671

Atypische stille Gesellschaft   4772

Aufhebungsvertrag   3664

Auflösung der GmbH   4505 ff.
- Auflösungsbeschluss der Gesellschafterversammlung   4542 ff.

Stichwörter — VERZEICHNIS

– Auflösungsgründe 4521, 4553 ff.
– Auflösungsklage 4547
– Auflösungsurteil 4547
– Befristung 4541
– Fortsetzung der aufgelösten GmbH 4601
– gesellschaftsvertragliche Auflösungsgründe 4553 f.
– Insolvenzverfahren 4550
– Rechtsfolgen der - 4581 ff.
– registergerichtliche Verfügung 4552
– Sitzverlegung in das Ausland (kein Auflösungsgrund) 4556
Auflösungsbeschluss 4542
Auflösungsklage 4547
Auflösungsurteil 4547
Aufsichtsrat (Beirat) 3911 ff.
– Abschlussprüfungsreformgesetz 3974
– Aufgaben 3911, 3931, 3933, 3951 ff.
– Einsichtsrecht 3961
– fakultativer - 3912
– Haftung 3973 f.
– neue Aufgabe bei Führungslosigkeit 3956
– obligatorischer - 3913
– Prüfung des Jahresabschlusses 3957
– Satzungsregelung 3912, 3931, 3938
– Übertragung von Kompetenzen der Gesellschafterversammlung auf den - 3960
– Überwachung der Geschäftsführung 3955
– Zusammensetzung des - 3935 f.
– Zustimmungsvorbehalte 3958
– Zweckmäßigkeit 3931 f.
Aufsichtsratsvergütungen 5393
Ausfallhaftung bei Kaduzierung 1464
Ausgleichszahlungen 5389, 6901, 6949
Auskunftsrecht 2294 f.
Ausländische GmbH 671
Ausnahmen vom gutgläubigen Erwerb 2528 ff.
Ausschließung des Gesellschafters 2901 ff.
– Abfindung 2991 ff.
– Ausschließungsbeschluss 2932, 2945
– Ausschlussklage und Ausschlussurteil 2931 ff.

– Ausschlussklausel 2942 f.
– Beschluss der Gesellschafterversammlung 2932
– Kapitalerhaltungsgebot 2908
– Rechtsfolgen der - 2948 f.
– Rechtsgrundlage 2901
– Satzungsregelung 2941 ff.
– Stimmrechtsausschluss des Betroffenen 2933
– Ultima Ratio 2907
– Umsetzung der - 2946 f.
– wichtiger Grund 2903 ff.
Außerordentliche Kündigung des Geschäftsführer-Dienstvertrags 3659 ff.
– Voraussetzungen der - 3659 f.
– wichtiger Grund 3661
Austritt des Gesellschafters 2901 ff.
– Anspruch auf Wertersatz des Geschäftsanteils 2964
– fehlende gesetzliche Regelung 2961
– Satzungsregelung 2965

B

Bargründung 719 ff., 1171 ff.
– s. auch Einlage auf das Stammkapital
Beendigung der Geschäftsführerstellung 3611 ff.
– Abberufung 3612 f.
– Amtsniederlegung 3630 f.
– Beendigung des Organverhältnisses 3612 ff.
– Beendigungsgründe 3612
Beendigung der GmbH 4501 ff.
– s. Liquidation der GmbH
– Löschung wegen Vermögenslosigkeit 4681
Beendigung der Organstellung, Führungslosigkeit der GmbH 3635
Beendigung des Anstellungsverhältnisses 3651 ff.
– Aufhebungsvertrag 3654
– Befristung 3651
– Koppelung des Anstellungsverhältnisses an die Organstellung 3652
– Kündigung 3654 ff.

Beherrschender Gesellschafter   5691 ff.
- Begriff   5624 f.
- Beurteilungszeitpunkt   5710
- klare und eindeutige Vereinbarungen   5696 ff.
- Nachzahlungsverbot   5700 f.
- nahe stehende Personen   5627
- Rückwirkungsverbot   5700 f.
- Sonderregeln bei vGA   5691
- Tantiemen   6031 ff., 6051 f.
- tatsächliche Durchführung des Vereinbarten   5704 f.
- von vornherein abgeschlossene Vereinbarung   5700 ff.
- zivilrechtliche Wirksamkeit   5692 ff.
Beirat   3911 ff.
- s. Aufsichtsrat
Beschlussfähigkeit der Gesellschafterversammlung   3181
Beschlussfassung der Einpersonen-GmbH   3296
- Niederschrift   3296
Beschlussfassung ohne Gesellschafterversammlung   3291 f.
- kombinierte Beschlussfassung   3293
Beschlussfeststellung   3187 ff., 3297 f.
- positive Beschlussfeststellungsklage   3332
Beschlussfeststellungsklage   3298 f., 3332 f.
beschränkte Körperschaftsteuerpflicht   6785
Besondere Bilanzierungsvorschriften für die GmbH   4188
- eigene Geschäftsanteile (nach BilMoG)   4190
- Nettoausweis des gezeichneten Kapitals (nach BilMoG)   4189
Besserungsschein   5457
Besteuerung auf Gesellschafterebene   7621 ff.
- Betriebsveräußerung samt GmbH-Anteilen   7778
- Dividenden   7642 ff.
- einbringungsgeborene Anteile   7734
- Freibetragsregelung   7699
- Halbabzug von Ausgaben   7623
- Halbeinkünfteverfahren   7621
- Spekulationsgeschäft   7731
- steuerverstrickte Beteiligung (§ 17 EStG)   7663 ff.
- Veräußerung oder Entnahme von GmbH-Anteilen   7661 ff., 7673 ff., 7772 ff.
- Veräußerungsgewinn   7673 ff.
- Vermögensverteilung bei Liquidation   8001 ff.
Besteuerung von Ausschüttungen   6631 ff.
- begünstigte Ausschüttungen   6709
- Einlagekonto, steuerliches   6631 ff.
- Einlagenrückzahlung   6654 ff.
- fortgeführtes EK 02   6703
- Kapitalertragsteuer   6671 ff.
- KSt-Erhöhung   6703, 6756 ff.
- KSt-Guthaben   6705 f.
- KSt-Minderung   6701 f., 6705 ff.
- Nachversteuerung   6751 f.
- Verwendung des EK 02   6762 ff.
Beteiligungserwerb, schädlicher   6591 ff.
Betriebsaufspaltung   5863
Bezugsrecht (Kapitalerhöhung)   1958 f.
Bilanz   4182 ff.
Bilanzielle Betrachtungsweise   1198
Bilanzierungsvorschriften (neu), Bilanzgliederung   4184
- Bilanzierungswahlrecht für selbstgeschaffene immaterielle Vermögensgegenstände   4085
- latente Steuern   4086
- neue Bewertungsvorschriften nach BilMoG   4087
- neue Regeln nach BilMoG   4085
Buchführungspflicht   4001 ff.
- Aufbewahrungspflichten und -fristen   4027
- Buchführungsform   4024 f.
- Eröffnungsbilanz   4060
- Grundsätze ordnungsgemäßer Buchführung   4021 ff.
- Inventar   4051
- Inventur   4054 ff.
- keine Befreiung durch BilMoG   4004

- ordnungsgemäße Buchführung als Geschäftsführeraufgabe 4002
- Ort der Buchführung 4026
- Verstöße gegen die - 4033
Bundesanzeiger, elektronischer 754

C

Cash-Pool 1202
Cash-Pooling 1196

D

D&O-Versicherung 3841
Dauer der GmbH 537, 674
Differenzhaftung 959 f.
Drittelbeteiligungsgesetz, Frauenförderung 3067
Durchgriffshaftung 3871 ff.
- existenzvernichtender Eingriff (Rechtsentwicklung) 3872 ff.
- sittenwidrige Schädigung 3881
- Vermögensvermischung 3880

E

EBITDA 6312 ff.
Eigene Anteile, Bilanzierung nach BilMoG 1652
- Erwerb 1651 ff.
- Keinmann-GmbH 1662
- Umwandlung 1659
- Weiterveräußerung 1660 f.
Eigenkapitalersatzrecht, Abschaffung durch MoMiG 1701, 1721 ff.
- Grundzüge des - 1702
- Rechtsprechungsregeln und Novellenregeln 1703
Eigenkapitalersatzregeln 1702
- Novellenregeln und Rechtsprechungsregeln 1703
- Überblick 1704
Einbringung 5041 ff.
- Anteile an Kapitalgesellschaften 5141 ff.
- Betrieb, Teilbetrieb 5047 f.
- einzelne Wirtschaftsgüter 5041 ff.
- gegen Gewährung von Gesellschaftsrechten 5041

Einbringungsgewinn 1017, 5131 ff.
- Einbringungsgewinn I 5133 ff.
- Einbringungsgewinn II 5141 ff.
- Nachweise 5161 ff.
Einkommen der GmbH 5291 ff.
- Abzugsverbote 5336
- Einkünfte aus Gewerbebetrieb 5297 ff.
- Ermittlung 5297 ff.
- Liquidation 7801 ff.
- Steuerbefreiungen 5332 ff.
- steuerfreie Dividendenerträge 5334
- zu versteuerndes Einkommen 5292 ff.
Einlage 5421 ff.
- Begriff 5421 ff.
- offene - 5443
- verdeckte - 5445 ff.
- verschleierte Sacheinlagen 5444
Einlage auf das Stammkapital 1171 ff.
- Abtretung, Verpfändung 1221
- Aufrechnung 1213 ff.
- Cash-Pooling 1196
- Einmann-GmbH 1226
- Einzahlung der Geldleistung 1171 ff.
- Fälligkeit 1171
- Hin- und Herzahlen 1194, 1200
- Kaduzierung 1451 ff.
- Rückzahlung 1198 ff.
- Sacheinlagen 1261 ff.
- Sicherung der freien Verfügungsmöglichkeit 1191
- Stammeinlage 1154
- Tilgungsbestimmung 1219
- UG (haftungsbeschränkt) 1228
- verdeckte Sacheinlage 1361 ff.
- Verwendungsabsprachen 1193 f.
- Zahlungsform 1192
- Zahlungsklage 1233
- Zahlungsverzug 1230 ff.
Einlage auf Geschäftsanteil, Stammeinlage 678
Einlagefähigkeit 5452 ff.
Einlagekonto 5044
- ausschüttbarer Gewinn 6637
- Einlagenrückzahlung 6654 ff.
- Feststellung des - 6649

- Fortschreibung 6649
- Funktion 6631
- steuerliches - 5044, 6631 ff.
- Verwendung des - 6636 ff.
- Verwendungsbeschränkung 6639
- Verwendungsreihenfolge 6637
- Zu- und Abgänge auf dem - 6632 ff.
Einlagenrückzahlung 6654 ff.
Einlagenrückzahlung, wirtschaftliche 1198
- vollwertiger und liquider Rückgewähranspruch 1199
Einpersonen-GmbH (Einmann-GmbH) 803 ff., 5259
- Entstehung der - durch Umwandlung 831
- Errichtung der - 803 ff.
- Geschäftsführer der - 814
- Gesellschaftsvertrag der - 804
- Gründung, vereinfachtes Verfahren (Musterprotokoll) 813
- Gründung als UG (haftungsbeschränkt) 812
- Gründungsvorgang der - 809
- nachträgliche Entstehung der - 816
- Stammkapital und Geschäftsanteil bei der - 808
- Zulässigkeit 803
Einsichtsrecht 2301 f.
Einstweiliger Rechtsschutz gegen mangelhafte Gesellschafterbeschlüsse 3344
Einziehung (Amortisation) des Geschäftsanteils 2801 ff.
- Abfindung 2838, 2872
- Auswirkung auf das Stammkapital 2874
- Einziehung mit Zustimmung des Gesellschafters 2832
- Kapitalerhaltung 2813
- Satzungsregelung 2832 ff.
- Stimmverbot des Betroffenen bei - 2841
- Untergang des Geschäftsanteils 2801, 2871
- Verfahren bei - 2840
- Voraussetzungen der - 2811 ff.
- Wechselwirkung von Abfindung und - 2872

- wichtiger Grund 2835
- Wirkung der - 2871
- Zwangseinziehung 2834
Elektronisches Handelsregister 732 ff.
Entstrickung 8081 ff.
Erbfolge und Schenkung 2711 ff.
Erbschaftsteuer 2786 ff.
Ergebnisverwendung 4426 ff.
Eröffnungsbilanz 4060
Escape-Klausel 6339 f.
Europäische Gesellschaft 4821 ff.
Existenzvernichtender Eingriff 3872
Existenzvernichtungshaftung, Neues Konzept: Innenhaftung 3877 ff.

F

Faktischer Geschäftsführer, Verantwortlichkeit und Haftung 3853
- Voraussetzungen der Stellung als - 3852
Fehlerhafte Gesellschaft 851 ff.
Fehlerhafte Gesellschafterbeschlüsse 3311 ff.
- Anfechtbarkeit 3323 ff.
- gerichtliche Rechtsbehelfe gegen - 3329 ff.
- Nichtigkeit 3315 ff.
- unwirksame Beschlüsse 3313
Feststellung des Jahresabschlusses 4301 ff.
- anderweitige Feststellung 4312
- Beschluss der Gesellschafterversammlung 4309
- Feststellungsfristen 4306
- Gewinn und Verlust 4421 ff.
- Offenlegung und Veröffentlichung 4341 ff.
- Verbindlichkeitserklärung 4307
- Vorbereitung 4301
- Vorschlag für die Ergebnisverwendung 4305
Firma der GmbH 591 ff.
- Änderung der - 612
- Fantasiefirma 600
- firmenrechtliche Grundsätze 603 ff.
- - Firmenausschließlichkeit 608
- - Firmenbeständigkeit 609

– – Firmenklarheit und Firmenwahrheit 603
– gemischte Firma 601
– Haftungsfragen 617
– – unternehmensbezogenes Vertreterhandeln 618
– – Zeichnung u. Rechtsscheinhaftung 617
– Personenfirma 597 f.
– Rechtsformzusatz 615
– Sachfirma 594 f.
– UG (haftungsbeschränkt) 616
– Unterscheidungskraft 592
Forderungsverzicht 5473 ff., 5525
Formwechsel 1015
– s. auch Umwandlung
fortführungsgebundener Verlustvortrag (§ 8d KStG) 6591 ff.
– Antrag 6591, 6596
– Definition Geschäftsbetrieb 6592
– schädliches Ereignis 6593
– Stille-Reserven-Klausel 6593
– Voraussetzungen 6591
Fortsetzung der aufgelösten GmbH 4601
– Fortsetzungsbeschluss 4603
Freigrenze 6326 ff.
Fremdvergleich 5683, 5975 ff., 6032, 6097
Fristlose Kündigung des Geschäftsführer-Dienstvertrags 3659 ff.
Führungslosigkeit, Insolvenzverschleppungshaftung 3883
Führungslosigkeit der GmbH 3635
– passive Vertretungsbefugnis 3635

G

Genehmigtes Kapital 1998 ff.
– Ausgabe neuer Geschäftsanteile gegen Einlage 2002
– Ausnutzung 2000 ff.
– Befristung der Ermächtigung 2003
– Durchführung der Kapitalerhöhung 2005
– Formulierung der Satzungsbestimmung 2008
– Nutzung durch UG (haftungsbeschränkt) 2009
Genehmigungsvorbehalte 2456 ff.

Gesamtvertretung 3474 f.
– abweichende Satzungsbestimmungen (Alleinvertretung, echte und unechte Gesamtvertretung) 3477
– Ausfall eines Geschäftsführers 3476
– Prinzip der - 3474
Geschäftsanschrift, inländische - 642
Geschäftsanteil 2263 ff.
– Begriff und Bedeutung 2263 ff.
– Einziehung des - 2727, 2801 ff.
– Erbfolge und Schenkung 2711 ff.
– gutgläubiger Erwerb 2521 ff.
– laufende Nummer 2267
– Leistungsstörungen und Gewährleistung beim Kauf des - 2537 ff.
– Nennbetrag 680, 2267
– Nießbrauch am - 2584 ff.
– Pfändung des - 2618 ff.
– Sicherungsübertragung des - 2610 ff.
– sonstige Verfügungen über den Geschäftsanteil 2581 ff.
– Stückelung 682, 2267
– Teilung des Geschäftsanteils 2661 ff.
– Übertragung 2392 ff.
– und Nennbetrag 1157
– Unterbeteiligung am - 2681 ff.
– Veräußerlichkeit/Vererblichkeit 2392 f.
– Verpfändung des - 2601 ff.
– Vinkulierung 2451 ff.
Geschäftsanteil im Rechtsverkehr 2392 ff., 2521 ff., 2581 ff., 2601 ff., 2610 ff., 2618 ff., 2661 ff., 2681 ff., 2711 ff.
– s. auch Geschäftsanteilsübertragung
Geschäftsanteilsteilung 2661 ff.
Geschäftsanteilsübertragung 2392 ff.
– Abtretung des Geschäftsanteils 2396, 2408, 2411 ff., 2488 f.
– Abtretungsverbot 2487
– Abtretungsvorbehalt 2474
– Änderung der Gesellschafterliste durch Geschäftsführer 2415
– Änderung der Gesellschafterliste durch mitwirkenden Notar 2417 ff.
– Anbietungspflicht u. Übernahmerecht 2477

- Anmeldung bei der GmbH (vor MoMiG) 2412
- Anwachsungsregelung 2403
- Beschränkung der Veräußerlichkeit 2451 ff., 2474 ff.
- Eintragung in die geänderte Gesellschafterliste 2413
- Erwerbsrecht 2486
- Formzwang 2396 ff.
- Genehmigungsvorbehalte 2456 ff.
- gutgläubiger Erwerb 2521 ff.
- Heilung des formunwirksamen Verpflichtungsgeschäfts 2407
- Leistungsstörungen und Gewährleistung 2537 ff.
- Nachhaftung des Veräußerers 2425
- nachträgliche Unmöglichkeit der - 2537
- Nichtigkeit der - 2408
- notarielle Beurkundung 2396 ff.
- Rechtswirkung der - 2411
- Rückersetzung 2422
- sonstige Verfügungen über den Geschäftsanteil 2581 ff.
- Teilgeschäftsanteil 2661 ff.
- Treuhandverhältnisse 2401
- Übernahmepflicht 2479
- Veränderung im Gesellschafterbestand 2414
- Veräußerlichkeit 2392 f.
- Vertretung bei - 2405 f.
- Vinkulierung 2451 ff.
- Vorkaufsrecht 2483
- Wirkung der - gegenüber der GmbH 2412 ff., 2489

Geschäftsbriefe 620
- UG (haftungsbeschränkt) 622

Geschäftsführer als Organ der GmbH 3361 ff.
- Amtsunfähigkeit 3429
- Aufgaben, Rechte und Pflichten der - 3451 ff.
- Ausschlussgründe (Inhabilitätsregeln) 3422
- Beendigung 3611 ff.
- Bestellung des - 3381 ff.
- erweiterte Ausschlussgründe durch MoMiG 3422
- Geschäftsführungsbefugnis 3451 ff.
- Geschäftsführungsbefugnis und Vertretungsmacht (Abgrenzung) 3363
- jederzeitige Abberufung durch die Gesellschafterversammlung 3614
- Notgeschäftsführer 3430
- organschaftliche Vertretungsmacht 3361
- Organverhältnis und Anstellungsverhältnis (Abgrenzung) 3365 ff., 3511
- persönliche Voraussetzungen 3421
- rechtsgeschäftliche Vertretungsmacht 3362
- statutarische Eignungsvoraussetzungen 3428
- Vertretungsmacht 3471 ff.
- Wissenszurechnung 3494

Geschäftsführerbestellung 3381 ff.
- Beendigung der - 3612 ff.
- Benennungsrecht 3394
- Bestellungsrecht durch Mehrheitsbeschluss 3385
- Notgeschäftsführer 3430
- Organisationsakt der Bestellung 3381
- Präsentationsrecht 3394
- Sonderrecht auf die Bestellung zum Geschäftsführer 3389 f.
- Voraussetzungen für die - 3421 ff.
- Vorschlagsrecht 3394
- Zuständigkeit der Gesellschafterversammlung für die - 3383

Geschäftsführerhaftung 3691 ff.
- Haftung für Pflichtverletzungen 3693 ff.
- Innenhaftung 3693 ff.
- - gegenüber der GmbH 3693 ff.
- Innenhaftung und Außenhaftung 3691
- neue Risiken nach MoMiG 3700

Geschäftsführerhaftung aus Delikt 3757, 3811 f.

Geschäftsführerhaftung aus Insolvenzverhütungspflicht (§ 64 Satz 3 GmbHG n. F.) 3751 ff.
- Exkulpation des Geschäftsführers 3754

- Ursächlichkeit der Zahlung für Zahlungsunfähigkeit 3753
- Zahlungen an Gesellschafter 3752

Geschäftsführerhaftung bei Insolvenzverschleppung 3791 ff.
- Altgläubiger 3793
- Dreiwochenfrist 3791
- Feststellung der Überschuldung 3796
- Haftungstatbestand 3791
- Neugläubiger 3794
- Quotenschaden 3793 f.

Geschäftsführerhaftung bei Nichtabführung von Sozialversicherungsbeiträgen 3814 f.

Geschäftsführerhaftung bei Verletzung steuerlicher Pflichten 3821 f.
- Abzugsteuern (Lohnsteuer) 3827
- Grundsatz der anteiligen Tilgung 3826
- Haftungsgrundlagen 3821
- Haftungsumfang 3825
- mehrere Geschäftsführer 3824
- Schadenersatzcharakter der - 3825
- Verschulden 3828 f.

Geschäftsführerhaftung gegenüber Dritten (Außenhaftung) 3781 ff.
- D&O-Versicherung 3841
- Handelndenhaftung 921, 951 ff., 3781
- Inanspruchnahme besonderen persönlichen Vertrauens 3785
- Insolvenzverschleppung 3791 ff.
- Nichtabführung von Sozialversicherungsbeiträgen 3814 f.
- unerlaubte Handlung 3811 f.
- Verletzung steuerlicher Pflichten 3821 f.
- Verschulden beim Vertragsabschluss 3783 ff.
- wirtschaftliches Eigeninteresse 3784

Geschäftsführerhaftung nach § 43 GmbHG 3693 ff.
- Darlegungs- und Beweislast 3711
- einzelne Haftungstatbestände 3698
- Entlastung 3708
- Generalbereinigung 3709
- Gesellschafterweisung 3706
- Pflichtverletzung 3693
- Sorgfaltsmaßstab eines ordentlichen Geschäftsmannes 3696 ff., 3733, 5681
- Überwachungspflicht 3705
- Verantwortlichkeit bei Arbeitsteilung 3705
- Verjährung 3712 f.
- Verzicht 3709

Geschäftsführerhaftung nach § 64 Satz 1 u. 2 GmbHG n. F. 3731 ff.
- Begriff der Zahlung 3732 f.
- Erstattungsanspruch 3736
- Verschulden 3734
- - Erfüllung sozial- u. steuerrechtlicher Pflichten 3735
- Zahlungen nach Eintritt der Insolvenzreife 3731

Geschäftsführerhaftung nach §§ 9a, 57 Abs. 4 GmbHG 3756

Geschäftsführervertrag 3513 ff.
- Beendigung des - 3651 ff.
- Festlegung der Geschäftsführungsbefugnis 3554
- Pflichten aus dem - 3552 f.
- Vergütungsregelung 3571 ff.
- Wettbewerbsverbot 3552 ff.

Geschäftsführungsbefugnis 3451 ff.
- Beschränkung der - 3460 f.
- Einzelgeschäftsführungsbefugnis 3454
- Ende der - 3619
- Gesamtgeschäftsführungsbefugnis 3452
- Leitungsaufgabe 3451, 3459
- mehrere Geschäftsführer 3452 ff.
- Ressortaufteilung 3455
- - Haftung 3458
- - Rückholpflicht 3456
- - Überwachungspflicht u. Informationsrecht 3455 ff.
- Sorgfalt des ordentlichen Geschäftsmannes 3451

Gesellschaften 1 ff.
- Aktiengesellschaft 91
- Einheitsgesellschaft 1663
- Einmann-GmbH 94, 803 ff.
- Europäische Gesellschaft 4821 ff.
- fehlerhafte Gesellschaft 851

VERZEICHNIS Stichwörter

- Gesellschaftsformen   31 ff.
- GmbH   93
- GmbH und Co. KG   67, 121
- Kapitalgesellschaften   91 ff.
- Kommanditgesellschaft   65
- Limited   181
- OHG   63
- Personengesellschaften   31, 62 ff.
- Unternehmergesellschaft (haftungsbeschränkt)   95
- Vorgesellschaft   891
- Vorgründungsgesellschaft   871
- Wesen der -   1

Gesellschafter, Existenzvernichtungshaftung (Innenhaftung)   3877
- Insolvenzverschleppungshaftung bei Führungslosigkeit   3883
- passive Vertretungsbefugnis bei Führungslosigkeit   3635

Gesellschafter, Haftung gegenüber Gläubigern u. der Gesellschaft (Durchgriffshaftung)   3871

Gesellschafterdarlehen, Abtretung u. Verlust der Gesellschafterstellung   1741
- Anfechtung außerhalb der Insolvenz   1851
- Darlehen   1752
- eigenkapitalersetzende - (Novellenregeln)   1901 ff.
- Entlastung der Überschuldungsbilanz   1722
- Gesellschafter-Kreditgeber u. gleichgestellte Dritte   1727
- Insolvenzanfechtung   1811 ff.
- - Befriedigung der Darelehensforderung   1814
- - Befriedigung gleichgestellter Forderungen   1818
- - Gesellschaftergesicherte Darlehen   1821
- - Sicherungsgewährung   1820
- Insolvenzrechtlicher Nachrang   1725
- Kleinbeteiligtenprivileg   1781
- Nutzungsrecht bei Gebrauchsüberlassung   1758
- Sanierungsprivileg   1782
- Übergangsvorschriften zum Eigenkapitalersatzrecht   1881
- vom Gesellschafter gesicherte Darlehen   1791
- wirtschaftlich gleichstehende Forderungen   1753

Gesellschafterdarlehen und gleichgestellte Forderungen   1701 ff.

Gesellschafterfremdfinanzierung   5502 ff., 6300 ff.
- anteiliges Eigenkapital   6297
- Eigenkapital   6267
- erfolgsabhängige Vergütungen   6257
- Freigrenze   6326 ff.
- Grundtatbestand   6304
- Holding   6311 ff.
- Mischfinanzierung   6261
- nachgeschaltete Personengesellschaft   5502
- nahe stehende Person   5502
- Neuregelung ab 2008   6391
- nicht erfolgsabhängige Vergütungen   6258
- Rechtsfolgen der -   6341 ff.
- Regelungsübersicht   6215
- rückgriffsgesicherte Person   6305
- safe haven   6263 ff., 6278
- schädliche   6395
- übermäßige - § 8a KStG   5830
- Vergütungen für Fremdkapital   6337
- vGA (Auswirkung auf Gesellschafterebene)   5616
- - Auswirkung bei GmbH   6344
- - Berechnung   6341
- Wahl der Finanzierungsform   6184 ff.
- wesentliche Beteiligung   6245 ff.

Gesellschafter-Geschäftsführer   5951 ff.
- angemessene Gesamtausstattung   5957, 5963 ff.
- angemessenes Gehalt   5953 ff., 5966 ff.
- Bandbreitenbetrachtung   5965
- mehrere Geschäftsführer   5969
- Nebentätigkeiten   5968
- Pensionszusagen   6091 ff.

Stichwörter VERZEICHNIS

- Private Pkw-Nutzung 6011 f.
- Reisekosten 6161
- Repräsentationsaufwendungen 6165 f.
- Sonn-, Feiertags-, Nachtzuschläge 6002
- Tantiemen 6031 ff.
- Überstunden 6001 f.
- Urlaubs- und Weihnachtsgeld 6013 ff.

Gesellschaftergesicherte Darlehen 1791
Gesellschafterhaftung, Bestellungen eines ungeeigneten Geschäftsführers 3427
Gesellschafterklage gegen mangelhafte Beschlüsse der Gesellschafterversammlung 3329 ff.
- Aktivlegitimation (Klageberechtigung) 3334
- einstweiliger Rechtsschutz 3344
- Klagearten 3329 ff.
- Klagefrist 3339
- Klagegegner der - 3337
- Rechtswirkung des Feststellungsurteils 3342

Gesellschafterliste 2412
- Änderung durch Geschäftsführer 2415 f.
- Änderung durch mitwirkenden Notar 2417 ff.
- aufschiebendbedingte Anteilsübertragung 2421/1
- Kapitalerhöhung 1978
- Rechtsscheingrundlage für gutgläubigen Erwerb des Geschäftsanteils 2665
- Registerklarheit 2420/1
- Teilung von Geschäftsanteilen 2665

Gesellschafterpflichten 2281 ff., 2331 ff.
- bei Führungslosigkeit 2353 ff.
- gesellschaftsvertragliche Sonderpflichten 2346 ff.
- Insolvenzantragsrecht u. Insolvenzantragspflicht 2353 ff.
- Insovenzverschleppungshaftung 2353 ff.
- Nebenleistungspflichten 2346 ff.
- personenbezogene GmbH 2331
- Rücksichtnahmegebot 2335
- Schadensersatzpflicht bei Verletzung der- 2339/1
- Treuepflicht, gesellschaftliche 2333 ff.

- Verschwiegenheitspflicht 2304
- Wettbewerbsverbot 2340 ff.

Gesellschafterstellung 2262 ff.
- Ausschließung des Gesellschafters 2901 ff.
- Austritt des Gesellschafters 2961 ff.
- Bestellung des Geschäftsführers 3383
- Einziehung des Geschäftsanteils 2727, 2801 ff.
- Erwerb und Verlust der - 2262
- Geschäftsanteil 2263 ff.
- Informationsrecht 2291 ff.
- Kapitalbeteiligung 2281 f.
- Kündigung des Gesellschafters 2961 ff.
- Rechte und Pflichten aus der - 2281 ff.
- Vermögensrechte und -pflichten 2281 f.
- Verwaltungsrechte und -pflichten 2284

Gesellschafterversammlung 3021 ff.
- Abschluss des Anstellungsvertrages 3513 ff.
- Adressaten der Einladung 3106
- Allzuständigkeit 3023
- Beschlussfähigkeit der - 3181
- Bestellung eines Geschäftsführers 3383
- Bestellung eines Prozessvertreters 3066
- Dritte 3160
- Durchführung der - 3151 ff.
- Einberufung der - 3091 ff.
- Einberufungspflicht 3096 f.
- Einladungsfrist 3098 ff.
- Entlastung des Geschäftsführers 3056 f.
- Feststellung des Beschlussergebnisses 3187 ff.
- Förmlichkeiten 3098 ff.
- Geltendmachung von Ersatzansprüchen gegen Geschäftsführer und Gesellschafter 3062 ff.
- Generalbereinigung 3057
- Geschäftsführer 3159
- Geschäftsführeraufgabe 3091
- Inhaber des Teilnahmerechts 3154 ff.
- Inhalt der Einladung 3104
- Inhalt des Teilnahmerechts 3151
- kombinierte Beschlussfassung 3095, 3187, 3293

VERZEICHNIS Stichwörter

- Leitung der - 3162 f.
- Minderheitenrechte 3092, 3121 ff.
- Niederschrift über die - 3183
- Prokuristenbestellung 3061
- Satzungsregelungen 3477
- schriftliches Verfahren 3095
- Selbsteinberufungsrecht der Minderheit 3092, 3121 ff.
- Stimmabgabe 3251 ff.
- Stimmverbot 3227 ff.
- Tagesordnung, Mitteilung der - 3104
- Teilnahmerecht an der - 3151, 3154
- Verstoß gegen Ladungsvorschriften 3109
- Vertreter 3158
- Weisungskompetenz 3027
- Willensbildung durch Beschlussfassung 3029
- Zuständigkeit der - 3051 ff.
- Zuständigkeit und Kompetenzen der - 3022, 3025 f.
- Zuständigkeitskatalog 3028, 3051 ff.
- zwingende - 3051

Gesellschaftsformen 31 ff.

Gesellschaftsverhältnis 4792 ff.
- Einlagen 5001 ff.
- Veranlassung im - 4792 ff., 5618, 5681 ff.
- Verdeckte Einlagen 5421 ff.
- Verdeckte Gewinnausschüttung (vGA) 5611

Gesellschaftsvertrag (Satzung) der GmbH 481 ff.
- Doppelnatur 531
- Form 521 ff., 711
- – Änderung des - vor Eintragung 524
- – formelle (unechte) Satzungsbestandteile 522
- – materielle (echte) Satzungsbestandteile 522
- Inhalt 531 ff.
- Musterprotokoll 533
- notarielle Beurkundung 521
- Vertragsparteien 482 ff.
- – Ehegatten 490
- – gesamthänderische Personengemeinschaften 486

- – Minderjährige 487
- – natürliche und juristische Personen 483
- – Testamentsvollstrecker 497
- – Treuhänder 493

Gesellschaftszweck der GmbH 451

Gewährleistung beim Kauf sämtlicher Geschäftsanteile 2542
- Kauf einer Mehrheitsbeteiligung 2544
- Mangelbegriff 2552 ff.
- Nacherfüllungsanspruch 2549
- Sachmängelhaftung wie beim Unternehmenskauf 2542 ff.
- Schadensersatz 2551
- Umsatz und Ertrag 2557 f.

Gewerbesteuer 7131 ff.
- Betriebsausgabe 7351
- Dividenden aus Streubesitz 7251
- Gewerbebetrieb kraft Rechtsform 7131 ff.
- Gewerbeertrag 7191
- Gewerbesteuerpflicht 7161 f.
- Gewerbesteuerrückstellung 7351
- Gewerbesteuertarif 7331
- Gewerbeverlust 7311
- Gewinn aus Gewerbebetrieb 7211
- Gewinnanteile an Personengesellschaft 7283
- Gewinnanteile stiller Gesellschafter 7242
- Grundbesitz 7282
- Hinzurechnungen 7242 ff.
- Internationales Schachtelprivileg 7286
- Kürzungen 7281 ff.
- Miet- und Pachtzinsen 7191
- Organschaft 7051 ff.
- Renten und dauernde Lasten 7242
- Schachtelprivileg 7284
- Verlustanteile an Mitunternehmerschaft 7252

Gewerbesteuerliche Organschaft 7051 ff.

Gewerbesteuerrückstellung, Neuregelung 7351

Gewerbeverlust 7311

Gewinn 5333 ff.
- ausländischer Betriebsstätten 5333
- betriebliche Veranlassung 5309 ff.

Stichwörter VERZEICHNIS

- Bilanzberichtigung und -änderung 5307 ff.
- Ermittlung 5301 ff.
- Gewerbebetrieb 5297 ff.
- Korrektur 5312
- Liquidation 7841 ff.

Gewinn und Verlust 4421 ff.
- Geschäftsführervorschlag für die Gewinnverwendung 4427
- Gesellschafterbeschluss über die Gewinnverwendung 4429
- Gewinnauszahlungsanspruch 4481
- Jahresfehlbetrag 4461

Gewinn- und Verlustrechnung 4187
Gewinnabführungsvertrag 6871 ff.
- KSt-Guthaben 6886

Gewinnauszahlungsanspruch 4481
Gewinnverwendung 6631 ff.
- s. auch Besteuerung von Ausschüttungen

GmbH 93
- ausländische - 671
- Beendigung der - 4501 ff.
- Dauer der - 537, 674
- Errichtung der - 421 ff.
- fehlerhafte - 851
- Firma der - 591 ff.
- Führungslosigkeit 2353 ff.
- Geschäftsanteil (Nennbetrag) 680
- Gesellschaftsvertrag (Satzung) der - 481 ff.
- Gesellschaftszweck der - 451
- Gründung der - 711 ff.
- Gründungsphasen der - 422
- in der Krise 1702
- inländische Geschäftsanschrift 642
- Keinmann-GmbH 1662
- Liquidation der - 4501 ff.
- Löschung wegen Vermögenslosigkeit 4681
- Modernisierung des Rechts der - (MoMiG) 211
- Organe der - 3011 ff.
- Satzungssitz 641
- Sitz der - 641
- Unternehmensgegenstand der - 453 f.

- Verwaltungssitz 641
- Wesensmerkmale der - 151 ff.
- Zweckmäßigkeit der - 151 ff.

GmbH und Co. KG 67, 121
GmbH-Gesellschafter 482 ff., 2262 ff., 2901
- Ausschließung 2901 ff.
- Austritt 2961 ff.
- Ehegatten 490
- gesamthänderische Personengemeinschaften 486
- Geschäftsanteil 2263 ff.
- Gesellschafterrechte 2265
- Informationsrecht 2291 ff.
- Kapitalbeteiligung 2281
- Kündigung 2961 ff.
- Minderjährige 487
- natürliche und juristische Personen 483
- Stimmrecht 3212 ff.
- Teilnahmerecht an der Gesellschafterversammlung 3151 ff.
- Testamentsvollstrecker 497
- Treuhänder 493
- Vermögensrechte und -pflichten 2281 f.
- Verwaltungsrechte und -pflichten 2284 ff.

Große GmbH 4111 f.
Gründung 711 ff.
- Anmeldung zum Handelsregister 732
- - beizufügende Unterlagen 738
- - elektronische Einreichung 733 ff.
- Bekanntmachung der Eintragung 754 ff.
- Einpersonen-GmbH 803 ff.
- Eintragung ins HR 750
- Einzahlung auf die baren Einlagen 719
- Geschäftsführerbestellung 715
- Gesellschafterliste 730
- Gründungsvollmacht 713 f.
- Haftungsfragen 921 ff., 951 ff.
- Hin- und Herzahlen der Geldeinlage 726 ff.
- Leistung der Sacheinlagen 723
- Mindesteinzahlung 719
- Musterprotokoll 712
- notarielle Beurkundung 521 ff., 711
- offene Sacheinlagen 723 f.

- Prüfung durch Registergericht 742 ff.
- Sachgründungsbericht 729
- UG (haftungsbeschränkt) 712
- verdeckte Sacheinlagen 726 ff.
- vereinfachtes Verfahren (Musterprotokoll) 740
- Wirksamwerden der Eintragung 749
- Wirkung der Bekanntmachung 756

Gründung der GmbH, Bargründung 5021
- Einbringung eines Betriebs, Teilbetriebs oder Mitunternehmeranteils 5047 ff.
- Ertragsteuern 5001 ff.
- Grunderwerbsteuer 4961 ff.
- Sacheinlage, offene 5041
- – verdeckte 5042
- – verschleierte 5045
- Sachgründung 5041 ff.
- Steuerfolgen 4961 ff.
- Umsatzsteuer 4981 ff.

Gründungshaftung 921 ff.
- Einsetzung eines inhabilen Geschäftsführers 929
- Erbringung der Bareinlagen 930
- falsche Gründungsangaben 922 ff.
- – Ersatzhaftungsanspruch 926 f.
- – haftende Personen 923
- – haftungsbegründender Tatbestand 924
- Geschäfte während des Gründungsvorgangs 951 ff.
- – nach Eintragung 954
- Haftung aus der Vorgesellschaft 956 ff.
- – Differenzhaftung 959 f.
- – Unterbilanzhaftung 961 ff.
- – Verlustdeckungshaftung 975 ff.
- – Vorbelastungsverbot 957 f.
- Sacheinlagen 931
- Schaden durch Einlagen oder Gründungsaufwand 928
- unerlaubte Handlung 932
- Verbindlichkeiten der Vorgründungsgesellschaft 952

Gründungskosten 5211

Grunderwerbsteuer 4961 ff.
- bei Gründung 4961 ff.
- Bemessungsgrundlage 4964

- Erwerbsvorgänge 4961 f.
- formwechselnde Umwandlung 4963
- verdeckte Einlage 5574

Grundsätze ordnungsgemäßer Buchführung 4021 ff.

Gutgläubiger Erwerb von Geschäftsanteilen 2521 ff.
- Dreijährige Unrichtigkeit 2531
- Erwerb vom Nichtberechtigten 2522 f.
- Fallgestaltungen 2529 ff.
- Gesellschafterliste als Rechtsscheingrundlage 2524
- Kenntnis oder grob fahrlässige Unkenntnis der mangelnden Berechtigung 2532
- Nicht zurechenbare Unrichtigkeit der Gesellschafterliste 2530
- Übergangsregelung nach MoMiG 2536
- Widerspruch gegen Gesellschafterliste 2533 ff.

H

Haftung 896 ff., 921 ff., 930 ff., 951 ff., 954, 956 ff., 975 ff., 1464, 3491 ff., 3691 ff.
- aus der Vorgesellschaft 956 ff.
- – Differenzhaftung 959 f.
- – Unterbilanzhaftung 961 ff.
- – Verlustdeckungshaftung 975 ff.
- – Vorbelastungsverbot 957 f.
- Durchgriffshaftung 3871 ff.
- Erbringung der Stammeinlagen 930 ff.
- Geschäfte während des Gründungsvorgangs 951 ff.
- Geschäftsführerhaftung 3691 ff.
- Gesellschafterhaftung bei Bestellungen eines ungeeigneten Geschäftsführers 3427
- Gründungsvorgang 921 ff., 951
- Insolvenzverhütung 3751
- Insolvenzverschleppung 3791 ff., 3883
- Liquiditätsprüfung 3753/1
- mittelbare Zahlungsunfähigkeit 3753/4
- nach Eintragung der GmbH 954
- Vorgesellschaft 897 f.
- Zahlungen bei Insolvenzreife 3731 ff.

Haftung des faktischen Geschäftsführers 3851 ff.
Haftung des Geschäftsführers 3691 ff.
– Anspruchskonkurrenz 3759
– Außenhaftung gegenüber Dritten 3781 ff.
– Gesellschafteransprüche 3761
– Innenhaftung gegenüber der Gesellschaft 3693 ff.
– keine Haftung aus dienstvertraglicher Pflichtverletzung neben Haftung aus Verletzung organschaftlicher Pflichten 3758
– Nichtabführung von Sozialversicherungsbeiträgen 3814 f.
– Verletzung steuerlicher Pflichten 3821 f.
Haftungstatbestand der Unterkapitalisierung 3882
Halbeinkünfteverfahren 4901 ff., 7621 ff.
– 40 %ige Steuerbefreiung 7623
– 40 %iges Abzugsverbot 4904
– Beteiligung im Betriebsvermögen 7643 ff.
– Beteiligung im Privatvermögen 7662
– Beteiligungserträge 7641, 7643 ff.
– Betriebsveräußerungen (§ 16 Abs. 2 EStG) 7778 ff.
– einbringungsgeborene Anteile 7734
– Grundsätze des - 7621 ff.
– private Veräußerungsgeschäfte 7731
– steuerverstrickte Beteiligung (§ 17 EStG) 7663 ff.
– systematische Grundlagen 4901
– Veräußerung von Geschäftsanteilen im Betriebsvermögen 7772 ff.
– Veräußerung von GmbH-Anteilen 7661 ff.
– Veräußerungsgewinne (§ 17 EStG) 7673 ff.
Handelndenhaftung 896 ff.
Handelsregister, Einsichtnahme in das - 760
– elektronisches - 732
Handelsregister, Einsichtnahme in das -, s. auch Gründung
Heilung eines nichtigen Jahresabschlusses 4389 ff.
Hin- und Herzahlen 1194 ff., 1198 ff.
– Cash-Pool 1202

– Heilung von Altfällen 1207
– keine verdeckte Sacheinlage 1201
– Offenlegung der Absprache 1205
– Tilgungswirkung 1200
– vollwertiger und liquider Rückgewähranspruch 1203

I

Informationsrecht 2286, 2291 ff.
– allgemeines - 2286
– Angelegenheiten der Gesellschaft 2298
– individuelles - 2291
– Informationsverweigerungsrecht 2305
– Schranken des - 2299
– Sonderprüfung 2287
– Verschwiegenheitpflicht 2304
Informationsverweigerungsrecht 2305
Inhabilität 3422 ff.
Inhalt des Gesellschaftsvertrages, UG (haftungsbeschränkt) 534
Inhalt des Gesellschaftsvertrages der GmbH 531 ff.
– Auslegung 552
– fakultativer - 535 ff.
– formgebundener fakultativer - 536 ff.
– Musterprotokoll 711, 740
– Nebenabreden 551
– Nebenleistungsgesellschaft 684
– notwendiger - 532
– Sacheinlagen 685
– sonstiger Inhalt 686
– Stammkapital und Stammeinlagen 676 f.
– Unternehmensgegenstand 571 f.
– weiterer fakultativer - 546
Innenhaftung des Geschäftsführers 3693 ff.
Insolvenzrechtlicher Nachrang von Gesellschafterdarlehen 1725
Insolvenzreife, Zahlungen nach Eintritt der - 3731
Insolvenzverschleppung 3791 ff.
Insolvenzverschleppungshaftung der Gesellschafter 3883
Inventar 4051
– Zurechnung nach BilMoG 4051
Inventur 4054 ff.

J

Jahresabschluss 4001 ff., 4081 ff.
- allgemeine Regeln 4081 f.
- Anhang 4211 ff.
- Aufstellung des - 4141 ff.
- Besondere Bilanzierungsvorschriften für die GmbH 4188
- Bilanz 4182
- Buchführungspflicht 4001 ff.
- Ergebnisverwendung im -, UG (haftungsbeschränkt) 4195
- Feststellung des - 4301 ff.
- Fristen für die Aufstellung des - 4161
- Gewinn- und Verlustrechnung 4187
- Größenklassen 4103, 4107 ff.
- Inhalt des - 4181
- Lagebericht 4217 ff.
- Nichtigkeit u. Heilung 4381 ff.
- Offenlegungspflichten nach dem EHUG 4341 ff.
- Prüfung des - 4251 ff.
- Sonderregeln für Kapitalgesellschaften 4101 ff.
- Zuständigkeit für die Aufstellung des - 4141

K

Kaduzierung 1451 ff.
- Ausfallhaftung der Mitgesellschafter 1464
- Begriff 1451
- Rechtsfolgen der - 1461 ff.
- Verlustigerklärung 1455, 1461
- Voraussetzungen der - 1452 ff.

Kapitalerhaltung, Abschaffung des Eigenkapitalersatzrechts 1526

Kapitalerhaltungsgebot 1521 ff.
- s. Stammkapitalerhaltung
- Erstattungspflicht 1524
- Verbot der Einlagenrückgewähr 1522

Kapitalerhöhung 1951 ff.
- Änderung der Gesellschafterliste 1978
- Anmeldung zur HR u. Eintragung 1975
- Arten der - 1952 ff.
- aus Gesellschaftsmitteln 1980 ff., 7551 f.
- Ausgabekurs (Agio) 1974
- Bezugsrecht 1958 f.
- effektive - 1952, 1964 ff.
- gegen Einlagen 1960
- genehmigtes Kapital 1998 ff.
- Hin- und Herzahlen 1965
- Leistung der Bareinlagen 1964 ff.
- nominell, Erhöhungsbeschluss 1987
- nominell, Satzungsänderung 1983
- nominelle - 1953, 1980 ff.
- Sacheinlage 1970 f.
- Satzungsänderung 1956
- Schütt-aus-Hol-zurück-Verfahren 1992 f.
- Sonderausweis 7552
- steuerliche Folgen 7531 ff.
- Übernahmeerklärung 1960 f.
- UG (haftungsbeschränkt) 1982
- und vereinfachte Kapitalherabsetzung 2068 ff.
- verdeckte Sacheinlagen 1973
- Voraussetzungen der nominellen - 1984
- Voreinzahlungen 1967
- Zulassungsbeschluss 1958 f.

Kapitalersatzrecht 1701 ff.
- Eigenkapitalersatzregeln 1702
- Novellenregelungen 1704, 1901 ff.
- Rechtsprechungsregeln 1703
- Übergangsvorschriften 1881

Kapitalgesellschaft 91 ff., 4791 ff.
- gesellschaftsrechtliche Verbindung 4795
- selbständige Steuerpflicht 4791
- Trennungsprinzip 152, 4791

Kapitalherabsetzung 2041 ff., 7571 ff.
- Anteile 7585 f.
- Arten der - 2043
- fiktive Kapitalherabsetzung 7902
- Gläubigerschutz 2049
- Kapitalherabsetzung und Einziehung von Geschäftsanteilen 2814
- ordentliche Kapitalherabsetzung 7573 ff.
- Satzungsänderung 2044
- Sonderausweis 7578 f., 7582 ff.
- Sperrjahr 2051

– und gleichzeitige Kapitalerhöhung 2068 ff.
– vereinfachte - 2054 ff.
Kleinbetragsregelung, KSt-Guthaben 6721
Kleine GmbH 4107
Kleinst-GmbH 4107
Konzernklausel 6584
Körperschaftsteuerpflicht 5291
– beschränkte 6785
– GmbH 5291
– GmbH in Gründung 5251 ff.
– Vorgesellschaft 5252
– Vorgründungsgesellschaft 5254 f.
KSt-Erhöhung 6703
– bei Kapitalherabsetzung 7575
KSt-Guthaben 6701 ff.
– Kleinbetragsregelung 6721
– Neuregelung 6712 ff.
KSt-Minderung 6702, 6705 ff.
– Nebeneinander von - und KSt-Erhöhung 6781
KSt-Moratorium 6718
Kündigung des Geschäftsführer-Dienstvertrags 3655 ff.
– Abmahnung 3660
– Ausschlussfrist 3660
– fristlose Kündigung 3659 ff.
– Kündigungsschutzgesetz 3657
– ordentliche Kündigung 3655
– Umdeutung der fristlosen Kündigung 3656
– Verwirkung 3660
Kündigung des Gesellschafters 2961 ff.
– s. auch Austritt des Gesellschafters
– Abfindung 2991 ff.
– Satzungsregelung 2992

L

Lagebericht 4217
Leistungsstörungen und Gewährleistung beim Kauf eines Geschäftsanteils 2537 ff.
– Gewährleistung 2538 ff.
– nachträgliche Unmöglichkeit 2537
– Rechtsmängel 2538

– Sachmängelhaftung wie beim Unternehmenskauf 2542 ff.
– Verletzung vorvertraglicher Aufklärungspflichten 2541
Liebhaberei 5299
Liquidation (Besteuerung) 7801 ff.
– abgebrochene 7809
– Abwicklungsanfangsvermögen 7843, 7849 ff.
– Abwicklungsendvermögen, , 7843, 7847 ff.
– Abwicklungsgewinn, 7841, 7845 f.
– Abwicklungszeitraum, Beginn 7822
– Drei-Jahres-Zeitraum 7823
– faktische Abwicklung 7805
– fiktive Kapitalherabsetzung 7902
– gesonderte Feststellung 7881
– Gewerbesteuer 7981
– Gewinnausschüttungen 7941
– Gewinnermittlungsvorschriften 7855 ff.
– Körperschaftsteuerpflicht 7801
– Liquidationsbesteuerungszeitraum 7821 ff.
– Liquidationseröffnungsbilanz 7844
– Liquidationsschlussbilanz 7844
– Liquidationsverluste 7851
– Mitwirkungspflichten, steuerliche 7802
– Rückzahlung des Sonderausweises 7576 ff., 7902
– Scheinliquidation 7808
– steuerfreie Vermögenszugänge 7848
– steuerliches Einlagekonto 7906
– stille Abwicklung 7807
– stille Reserven, Aufdeckung 7803
– Verlustabzug 7859
Liquidation der GmbH 4501 ff.
– Abschluss der Liquidation 4638
– Anmeldung der Auflösung 4628
– Auflösung der GmbH 4505 ff.
– Beendigung der laufenden Geschäfte 4629
– Begriff der - 4501
– Bestellung der Liquidatoren 4622 ff.
– Durchführung der Liquidation 4621 ff.
– Einziehung der Forderungen der GmbH 4634

- Erfüllung der Verpflichtungen der GmbH 4630 f.
- Gesellschafterforderungen 4631
- Gläubigeraufforderung 4628
- Liquidationsstadium 4581 ff.
- neue Geschäfte 4629
- ordnungsgemäße Schuldentilgung 4630 f.
- Stadien der - 4501
- Versilberung des Vermögens 4635
- Verteilung des Liquidationsüberschusses 4642

Liquidationserlös beim Anteilseigner (Besteuerung) 8001 ff.
- Auflösungsverlust 8025
- Beteiligung im Betriebsvermögen 8026 ff.
- Beteiligung im Privatvermögen 8021 ff..
- fiktive Teilbetriebsaufgabe 8027.
- Kapitalertrag 8001, 8021
- Kapitalgesellschaft 8028 ff.
- Kapitalrückzahlung 8001, 8022
- natürliche Person 8022 ff., 8026 f.
- steuerliches Einlagekonto 8022 f.

Liquidationsgewinn 7841 ff.
Liquidatoren 4621 ff.
- Aufgaben und Befugnisse 4625 ff., 4701
- Bestellung 4622 ff.
- Pflichten 4701 f.
- Rechnungslegung 7843
- Vertretungsmacht 4626 f.

Löschung wegen Vermögenslosigkeit 4681

M

Mantelgründungen 572 ff.
Mantelkauf 6583 ff.
Maßgeblichkeitsgrundsatz 4081 f., 5301 ff.
- Loslösung vom - bei Umwandlungen (SEStEG) 1016
- umgekehrte Maßgeblichkeit 4081, 5304

Materielle Korrespondenz (s. auch verdeckte Einlage, vGA) 5759
Mehrheit der Stimmen 3261 ff.
- Satzungsänderung 3265 ff.

MicroBilG 4107

Minderheitenrecht zur Einberufung der Gesellschafterversammlung 3092, 3121 ff.
Minderung des Unterschiedsbetrags 5619, 5663 ff.
Mindeststammkapital 1153
Mitgliedschaft und Geschäftsanteil 2262 ff.
- Arten der Mitgliedschaftsrechte 2265
- Ausschließung des Gesellschafters 2901 ff.
- Austritt des Gesellschafters 2961 ff.
- Einziehung des Geschäftsanteils 2727, 2801 ff.
- Kündigung des Gesellschafters 2961 ff.
- Nebenleistungspflichten 2346 ff.

Mittelgroße GmbH 4114
Mitunternehmerschaft 4751 ff.
- Gesamtgewinn der - 4752 f.
- Sonderbetriebsausgaben 4752 f.
- Sonderbetriebseinnahmen 4752 f.
- Sonderbetriebsvermögen 4752 f.
- Transparenzprinzip 4752

MoMiG, Regelungen im Überblick 211 ff.
Moratorium, neues 6718
Musterprotokoll, Mindestinhalt 533

N

Nachschüsse 2101 f.
- Einforderung 2131
- Verwendung 2161

Nachschusspflicht 2101 ff.
- Abandon (Preisgaberecht) 2192 f.
- Begründung der - durch Satzung 2101
- beschränkte - 2221
- unbeschränkte - 2191 f.

Nachversteuerung 6751 ff., 6948
Nahe stehende Person 5627 ff.
Nebenleistungspflichten 2346 ff.
- Arten der - 2347
- nicht statutarische - 2352
- Satzungsbestandteil 2350
- Verknüpfung mit dem Geschäftsanteil 2348

Neugründung, wirtschaftliche- 574/1

Stichwörter

Nicht abziehbare Betriebsausgaben   5383 ff.
– Steuerfreie Dividenden   5338
Nichtigkeit des Jahresabschlusses   4381 ff.
– Begriff und Rechtsfolgen   4381 f.
– Heilung   4389 ff.
– Nichtigkeitsgründe, Generalklausel § 256 Abs. 1 Nr. 1 AktG   4383
– – Nichtbeachtung der Ausschüttungssperre   4384
– – Verletzung der Bestimmung über gesetzliche Rücklagenbildung bei UG   4387
– – Verletzung von Rücklagebestimmungen   4387
Nichtigkeit eines Gesellschafterbeschlusses   3315 ff.
– Beurkundungsmangel   3318
– Fehler bei der Einberufung der Gesellschafterversammlung   3316
– Nichtigkeitsgründe   3315 ff.
– Nichtigkeitsklage   3329
– Sittenverstoß   3320
– Verletzung von Gläubigerschutzvorschriften   3319
– Verletzung von Schutzvorschriften im öffentlichen Interesse   3319
Niederlegung des Geschäftsführeramtes   3630 ff.
Niederschrift (Protokoll) über die Gesellschafterversammlung   3183 ff., 3297
Nießbrauch am Geschäftsanteil   2584 ff.
– Arten   2586
– Bestellung des -   2584
– Inhalt des -   2590 f.
– sonstige Rechte aus dem -   2598
– Stimmrechtsausübung bei -   2597
Notarielle Beurkundung   521 ff., 3276
– Änderung der Satzung vor Eintragung   524
– Gesellschafterbeschlüsse   3189
– Gesellschaftsvertrag (Satzung) der GmbH   521
– Musterprotokoll   521, 533
– Satzungsänderung   3276

Nutzungsüberlassung   5536
– Aufwendungen für -   5536, 5540
– nicht einlagefähig   5453
– überquotale -   5537 f.
– unentgeltliche/teilentgeltliche -   5536

O

Offenlegung des Jahresabschlusses   4341 ff.
Offenlegungspflichten nach EHUG   4341 ff.
– Form der -   4344
– Sanktionen bei Verletzung der -   4347
– Verletzung der -   4346
Ordentlicher und gewissenhafter Geschäftsleiter   5681
Ordnungsgeld   4346 ff.
Organe der GmbH   3011, 3021 ff.
– Aufsichtsrat   3911 ff.
– Geschäftsführer   3361 ff.
– Gesellschafterversammlung   3021 ff.
– Liquidatoren   4622 ff.
Organgesellschaft, s. Organschaft
Organschaft   6811 ff.
– Ausgleichsposten   7011, 7019
– Ausgleichszahlungen   6949
– Einkommenszurechnung   6988
– Einzelunternehmen/Personengesellschaft als Organträger   6986
– finanzielle Eingliederung   6849 ff., 6855 f.
– Gewerbeertrag   7053
– gewerbesteuerliche -   7051 ff.
– Gewinnabführungsvertrag   6871 ff.
– Gewinnrücklagen   7017 f.
– internationales Schachtelprivileg   6946
– Kapitalgesellschaft als Organträger   6984
– körperschaftsteuerliche Folgen bei Organgesellschaft   6921 ff.
– körperschaftsteuerliche Folgen beim Organträger   6981 ff.
– Mehrabführungen   7015
– Minderabführungen   7013
– Mindestlaufzeit   6876
– mittelbare Beteiligung   6852
– Nachversteuerung   6948
– Nichtdurchführung des Gewinnabführungsvertrags   6879 ff.

– Organgesellschaft 6849 ff., 6921 ff.
– Organträger 6841, 6923 ff., 6984 ff.
– steuerfreie Einnahmen der Organgesellschaft 6941 ff.
– umsatzsteuerliche - 7091 ff.
– Verluste der Organgesellschaft 6926
Organträger, s. Organschaft

P

Pensionsverzicht 5480 ff.
Pensionszusage 6091 ff.
– Abfindung 6136 f.
– Angemessenheit 6124 ff.
– Barlohnumwandlung 6131
– Erdienbarkeit 6106 ff.
– Finanzierbarkeit 6112 ff.
– Fremdvergleich 6097 ff.
– Nur-Pension 6133
– Pensionsrückstellung 6094
– Probezeit 6101 f.
– Rechtsverbindlichkeit der - 6099
– Rückdeckungsversicherung 6113, 6118
– Überversorgung 6127
– vGA 6096
Personengesellschaften 61 ff.
Personensteuern 5391
Pfändung (Zwangsvollstreckung in den Geschäftsanteil) 2618 ff.
– Einziehungsklausel 2625
– Pfändungsausschluss, kein 2621
Preisgaberecht (Abandon) 2192
Prüfung des Jahresabschlusses 4251 ff.
– Abschlussprüfer 4257 ff.
– Bestätigungsvermerk 4270 f.
– Durchführung der - 4264 f.
– Prüfungsbericht 4266
– Prüfungspflicht 4251
– Umfang und Gegenstand der Prüfung 4255
Publizitätspflicht, s. Offenlegungspflichten

R

Ressortaufteilung, Geschäftsführungsbefugnis 3455 ff.

Risiken aus der Geschäftsführerstellung (Haftungsfragen) 3691 ff.
– s. Geschäftsführerhaftung
Rückgängigmachung vGA 5791 f.
Rücksichtnahmegebot 2335

S

Sacheinlage 1261 ff.
– Begriff 1261 f.
– Bewertung der - 1291 f.
– Festsetzung der - durch Gesellschaftsvertrag 1267 f.
– Gegenstand der - 1264 f.
– gemischte Einlagen 1351
– Leistung der - 1311 ff.
– Leistungsstörungen bei - 1316
– Mischeinlage 1352
– registergerichtliche Prüfung 1341
– Sachgründungsbericht 1331 f.
– Überbewertung der -, Differenzhaftung 1295
– UG (haftungsbeschränkt) 241
– verdeckte - 1361 ff.
Sachgründung 723 ff., 1261 ff.
– s. Sacheinlage
– Betrieb, Teilbetrieb, Mitunternehmeranteil 5071 ff.
– einzelne Wirtschaftsgüter 5041 ff.
– Steuerfolgen beim Einbringenden 5047
Sachgründungsbericht 1331 f.
Sanierungsgewinne 5394 ff.
Sanktionen bei Verletzung der Publizitätspflichten 4346
– steuerliche Folgen der - 4350
Satzung der GmbH 481 ff.
– s. auch Gesellschaftsvertrag der GmbH
– Satzungsänderung 3265 ff.
Satzungsänderung 3265 ff.
– 3/4-Mehrheit 3272
– Änderung des Wortlauts 3268
– Begriff und Gegenstand 3265 ff.
– Eintragung in das Handelsregister 3277
– Leistungsvermehrung durch - 3273
– materielle Satzungsbestandteile 3266
– notarielle Beurkundung 3276

Stichwörter VERZEICHNIS

– Verkürzung von Sonderrechten durch - 3274
– Zustimmung betroffener Gesellschafter 3274
Schachtelprivileg, Internationales 6946
Schädlicher Beteiligungserwerb 6591 ff.
Scheinliquidation 7808
Schenkung des Geschäftsanteils 2781 ff.
– an Minderjährige 2782 f.
– Formvorschriften 2781
Schiedsfähigkeit von Beschlussmängeln 3338
Schütt-aus-Hol-zurück-Verfahren 1992 f.
Schuldrechtliche Verträge 4755
– Kapitalgesellschaft 4791 ff.
– Mitunternehmerschaft 4755
– steuerliche Anerkennung 4755
Selbsthilferecht der Minderheit zur Einberufung der Gesellschafterversammlung 3092, 3121 ff.
Selbstkontrahierungsverbot 3478 ff.
– Befreiung vom - 3479
– Einpersonen-GmbH 3480
Sicherungsübertragungen des Geschäftsanteils 2610 ff.
Sitz der GmbH 641
– inländische Geschäftsanschrift 642
– Verwaltungssitz 641
Sitzverlegung 641, 4556, 8061 ff.
Solidaritätszuschlag 6613
Sonderpflichten 2346 ff.
– Arten der - 2347
– nicht statutarische - 2352
– Satzungsbestandteil 2350
– Verknüpfung mit dem Geschäftsanteil 2348
Sonderprüfung 2287
Spaltung 1014, 1112 ff.
– s. auch Umwandlung
Spenden 5381
Stammeinlage, s. auch Einlage auf das Stammkapital
– neue Begriffsbestimmung durch MoMiG 1155

Stammeinlage, Geschäftsanteil und Stammkapital, Geschäftsanteil 1151 ff., 1156
– Stammeinlage 1154, 1171 ff.
– Stammkapital 1151
Stammkapital 1481 ff.
– Begriff 1481
– gezeichnetes Kapital 1483
– Kapitalerhaltungsgebot u. bilanzielle Betrachtungsweise 1521
– Mindeststammkapital 1482
– neue Bilanzierung nach MoMiG 1501
– UG (haftungsbeschränkt) 1482
Stammkapital und Stammeinlagen 676 f.
Stammkapitalerhaltung 1521 ff.
– – Ausnahmen nach MoMiG 1523
– Ausnahmen vom Auszahlungsverbot 1523
– – Beherrschungs- u. Gewinnabführungsvertrag 1560
– – Rückgewähr von Gesellschafterdarlehen u. gleichgestellten Forderungen 1564
– – vollwertiger Gegenleistungsanspruch 1561
– – vollwertiger Rückgewähranspruch 1562 f.
– Auszahlungsverbot, ausgenommene Leistungen nach MoMiG 1559
– Auszahlungsverbot, Auszahlungen 1551 ff.
– – maßgeblicher Zeitpunkt 1557
– – Überschuldungsbilanz 1571 ff.
– – Unterbilanz 1565 f.
– bilanzielle Betrachtungsweise 1521
– Erstattungsanspruch 1611 ff.
– – Einschränkung des - bei Gutgläubigkeit 1620
– – Fälligkeit des - 1616
– – Inhalt des - 1612
– – Verjährung des - 1628
– Erstattungspflicht 1524
– – bei Überschuldung 1576
– – bei Unterbilanz 1570
– – bei verbotener Anzahlung 1601 ff.
– Erstattungspflichtige 1601 ff.

- Erwerb eigener Anteile und - 1651 ff.
- Grundsätze der - 1521 f.
- gutgläubig bezogene Gewinne 1631
- Mithaftung der Gesellschafter 1625
- Obligatorische Gesellschafterversammlung, Verlust der Hälfte des Stammkapitals 1681
- Verbot der Einlagenrückgewähr 1522
- - Ausnahmen nach MoMiG 1523

Steuerabzug 6785

Steuerfreie Erträge der GmbH 5331 ff.
- Abzugsverbote 5336 ff., 5345 ff.
- Anteilsveräußerung 5343 ff.
- Beteiligungserträge (Dividenden) 5334
- einbringungsgeborene Anteile, Neuregelung SEStEG 5131
- Gewerbesteuer 5340 ff., 5364
- nichtabzugsfähige Betriebsausgaben 5338
- Organschaft 5365

Steuersatz, Steuerabzug 6786
Stille Gesellschaft, typische 4771
Stille-Reserven-Klausel 6584
Stimmabgabe 3251 ff.
Stimmabgabe in der Gesellschafterversammlung 3251 ff.
- Mehrheitsbildung 3261 f.
- Satzungsänderung 3265 ff.
- Satzungsregelung über Mehrheitsbildung 3263 f.
- Vollmacht zur - 3253
- Willenserklärung 3251
- Wirksamkeit 3251

Stimmbindung 3221 ff.
- Begriff und Inhalt 3221
- Stimmbindungsvertrag 3224
- Verbot der - durch die Satzung 3225

Stimmenmehrheit 3261 ff.
Stimmrecht in der Gesellschafterversammlung 3212 ff.
- Abspaltungsverbot 3215
- Entscheidungsfreiheit 3220
- Gesellschafterrecht 3212 f.
- gesellschaftsrechtliche Treuepflicht bei Stimmabgabe 3220

- Inhaber des Stimmrechts 3212
- Mehrfachstimmrecht 3219
- Stimmbindung 3221 ff.
- Stimmkraft 3217
- Stimmrechtsausschluss 3227 ff.

Stimmrechtsausschluss in der Gesellschafterversammlung 3227 ff.
- Abtretung zur Umgehung des - 3240
- Ausschlussgründe 3228 ff.
- Befreiung von einer Verbindlichkeit 3231
- Entlastung 3230
- Gesamthands-/Bruchteilsgemeinschaft am Geschäftsanteil und - 3238
- Interessenkollision 3227, 3234
- kein - bei der Einmann-GmbH 3237
- Rechtsstreit 3233
- Sozialakte 3235
- verwandtschaftliche Beziehungen 3241
- Vornahme eines Rechtsgeschäfts 3232

Stimmverbot 3227 ff.
Strohmann 3695a
Stückelung, der Geschäftsanteile 682
- und guter Glaube 2527/1

T

Transparenzregister 765 ff.
Tantiemen 6031 ff.
- angemessene Gesamtausstattung 6031
- Angemessenheit der Gewinntantieme 6037 ff.
- Arten 6036
- Aufteilungsregel: 75:25 v. H. 6041 ff.
- beherrschender Gesellschafter-Geschäftsführer 6034, 6051 ff.
- Bemessungsgrundlage 6046 ff.
- Deckelung 6031
- Festtantieme 6061
- Fremdvergleich 6032
- Gewinntantieme 6037 ff.
- maximal: 50 v. H. des Jahresüberschusses 6038
- Nur-Tantieme 6062 ff.
- Rohgewinntantieme 6053
- Umsatztantieme 6054 ff.

Stichwörter VERZEICHNIS

– Verzicht auf Tantiemeforderung 6066
Tarifbelastung 6611
Teileinkünfteverfahren 4841, 4942
Teilgeschäftsanteil 2661 ff.
Teilnahmerecht an der Gesellschafterversammlung 3151, 3154 ff.
Teilung des Geschäftsanteils 2661 ff.
– Änderung der Gesellschafterliste 2665
– freie Stückelung ohne Zweckbestimmung 2663
– freie Teilbarkeit nach MoMiG 2662
– Zuständigkeit der Gesellschafterversammlung 2664
Transparenzprinzip 4752
Trennungsprinzip 4791, 4797
Treuepflicht, gesellschaftliche 2333 ff.
– Inhalt 2334
– Rücksichtnahmegebot 2335
– Verletzung der - 2338

U

Übergangsregelungen 6701 ff.
– Feststellungen 6704, 6756
– fortgeführtes EK 02 6703
– Körperschaftsteuerguthaben 6702, 6705 ff.
– – Neuregelung 6712 ff.
– KSt-Erhöhung 6703, 6756 ff.
– KSt-Minderung 6702, 6711
– Nachversteuerung 6751 f.
– Schnittpunktbestand 6704
– Verwendung des EK 02 6762 ff.
UG (haftungsbeschränkt), Angabe auf Geschäftsbriefen 622
– Bezeichnung in der Firma 616
– Einlage auf das Stammkapital 1228
– Ergebnisverwendung, gesetzliche Rücklage 4387
– genehmigtes Kapital 2009
– gesetzliche Rücklage 1484
– kein Mindeststammkapital 1153
– nominelle Kapitalerhöhung 1982
– – durch Sacheinlage 1982
– notarielle Beurkundung 712

– Stammkapital 1482
– Umwandlung auf 1116
Umgekehrte Maßgeblichkeit, Aufgabe durch BilMoG 4081
Umsatzsteuer 4981 ff., 7381 ff.
– Beitragsverhältnis 7453
– Gründung der GmbH 7452
– Kleinunternehmer 7457
– Leistungsbeziehungen zwischen Gesellschafter und GmbH 7451 ff.
– Organschaft 7091 ff., 7401
– Sachgründung 4981 ff.
– Umsätze mit Gesellschaftern 7421 ff.
– unentgeltliche Wertabgabe 7427 ff.
– Unternehmer 7381
– Vorsteuerabzug 7481 ff.
Umwandlung 1011 ff.
– auf UG (haftungsbeschränkt) 1116
– Einzelunternehmen auf GmbH 1041 ff.
– – durch Ausgliederung 1042 ff.
– – durch Einbringung 1046 ff.
– – durch Einzelveräußerung 1049
– Formwechsel 1015
– Personenhandelsgesellschaft in GmbH 1081 ff.
– – Formwechsel OHG oder KG in GmbH 1083 ff.
– – Mitunternehmer als Einbringende 1107
– – Mitunternehmerschaft als Einbringende 1107
– – Spaltung von OHG oder KG auf GmbH 1112 ff.
– – Verschmelzung auf GmbH 1096 ff., 1111
– Spaltung 1014, 1112 ff.
– steuerliche Aspekte 1016 ff.
– – Erbschaftsteuer 1019
– – Ertragsteuern 1016, 1048
– – Grunderwerbsteuer 1018
– Verschmelzung 1013, 1096 ff., 1111
Unterbeteiligung am Geschäftsanteil 2681 ff.
– atypische Unterbeteiligung 2689
– typische Unterbeteiligung 2684 ff.

Unterbilanzhaftung 961 ff.
– Anspruchsberechtigter 973
– Begriff 961 f.
– Entstehung des Anspruchs 971
– Haftungsverpflichtete 970
– Innenhaftung 973
– Umfang der - 966 f.
– Voraussetzung der - 965
Unternehmensgegenstand der GmbH 453 f.
– Angabe in der Satzung 571
– Vorratsgesellschaft 572
Unternehmergesellschaft
  (haftungsbeschränkt), s. auch UG
  (haftungsbeschränkt)
Unternehmensregister 762
Unternehmergesellschaft
  (haftungsbeschränkt) 95
Unwirksamer Gesellschafterbeschluss 3313

V

Veräußerung von Anteilen an
  Kapitalgesellschaft durch GmbH 5343 ff.
– einbringungsgeborene Anteile 5351
– Gewerbesteuerliche Auswirkung 5364
– Gewinnminderung 5348
– gleichgestellte Realisierungen 5350
– Organschaft 5365
– Steuerfreistellung 5343 ff.
– Teilwertabschreibung 5348
– über Mitunternehmerschaft gehaltene
  Anteile 5361
– Umfang der Steuerfreistellung 5345
– Veräußerungsverluste 5348
– vGA 5350
Verdeckte Einlagen 5421 ff.
– Anschaffungskosten der Beteiligung
  5526 f.
– Begriff 5445 ff.
– Beteiligungskette 5485
– Drittaufwand 5530 f.
– einlagefähige Wirtschaftsgüter 5452 ff.
– Erfolgsbeiträge 5541
– Fallgruppen 5471 ff.
– Forderungsverzicht 5473 ff.
– Grunderwerbsteuer 5574

– Korrespondenz, materielle, formelle 5759
– mittelbare - 5483
– Nutzungsüberlassung 5536 ff.
– Rückzahlung 5585
– steuerliche Behandlung auf
  Gesellschafterebene 5521 ff., 5534 f.
– steuerliche Behandlung bei GmbH
  5503 ff.
– über die Grenze 5580
– Umsatzsteuer 5572 f.
– Verzicht auf Gewinnanteil 5479
– Verzicht auf Pensionsanwartschaft
  5480 ff.
Verdeckte Gewinnausschüttung (vGA)
  5611 ff.
– Änderung der Gewinnverteilung 5915
– Änderung des ESt-Bescheids bei - 5757
– äußerer Betriebsvergleich 5688
– Angemessenheit 5684 f.
– Anstellungsverhältnis 5812 f.
– Begriffsmerkmale 5616 ff.
– beherrschender Gesellschafter 5624 f.,
  5691 ff.
– Bewertung der - 5732 f.
– Darlehensgewährung 5816 ff., 5823 ff.
– Dienstverhältnisse 5812 f.
– doppelter Fremdvergleich 5689
– Eignung zum Beteiligungsertrag 5620
– Geschäftschancen 5881 ff.
– Gesellschafter als Empfänger der - 5622
– Gesellschafter-Geschäftsführer 5951 ff.
– Gesellschaftsverhältnisse 5911 ff.
– Gewinnkorrekturvorschrift 5612
– innerer Betriebsvergleich 5687
– Kaufverträge 5851 ff.
– Korrektur der - 5737 ff.
– materielle Korrespondenz 5759
– Miet- und Pachtverhältnisse 5856 ff.
– Minderung des Unterschiedsbetrags
  5619, 5663 f.
– nahe stehende Person 5627 ff.
– Organhandlung 5666 ff.
– Problemfelder der - 5811 ff.
– Rechtsfolgen der - 5731 ff., 5753 ff.
– Risikogeschäfte 5931 ff.

- Rückgängigmachung der - 5791 ff.
- Sorgfaltsmaßstab des ordentlichen und gewissenhaften Geschäftsleiters 5681 f.
- Tatbestandsmerkmale der - 5651 ff.
- Umsatzsteuer 5735
- Veranlassung im Gesellschaftsverhältnis 5618, 5681 ff.
- verhinderte Vermögensmehrung 5659
- Vermögensminderung 5652 ff.
- Verzinsung, unangemessene 5818 ff.
- Vorteilsausgleich 5661
- Wettbewerbsverbot 5881 ff.
- Zeitwertkonten 6016
- zweistufige Prüfung 5653, 5737 ff.

Verdeckte Sacheinlage 1361 ff.
- Anrechnung 726 ff., 1381 ff.
- Ausfallhaftung der Mitgesellschafter 1411
- Beweislast für Werthaltigkeit 1401
- Definition durch MoMiG 1363 f.
- Erfüllungswirkung durch Wertanrechnung 1391 ff.
- Erscheinungsformen 1363
- Heilung Altfälle durch MoMiG 1412 ff.
- Kapitalerhöhung 1973
- Rechtsfolge 1381 ff.
- Rechtsfolge vor MoMiG 1421 ff.
- Tatbestandsvoraussetzungen 1371 ff.

vereinfachte Kapitalherabsetzung 2054 ff.
- Anpassung der Geschäftsanteile 2057
- Gläubigerschutz 2059 f.
- Rückbeziehung 2066
- Verwendungsbeschränkungen 2062 ff.
- Voraussetzungen und Zweck 2054

Vererbung des Geschäftsanteils 2711 ff.
- Abtretungspflicht der Erben 2732
- Einziehung des Geschäftsanteils 2727
- Erbengemeinschaft 2717 ff.
- freie Vererblichkeit 2711 f.
- letztwillige Verfügung 2715
- Nachfolgeklauseln 2739 ff.
- Nachfolgeregelung im Gesellschaftsvertrag 2725
- Teilungsanordnung 2767
- Testamentsvollstreckung 2770

- Vermächtnis 2761 f.
- Vorerbschaft und Nacherbschaft 2769

Verfügungen über den Geschäftsanteil 2581 ff.
- Erbfolge und Schenkung 2711 ff.
- Nachfolgeklauseln 2738 ff.
- Nießbrauch 2584 ff.
- Pfändung (Zwangsvollstreckung) 2618 ff.
- Sicherungsübertragungen des - 2610 ff.
- Unterbeteiligung 2681 ff.
- Verpfändung 2620 ff.

Vergütung des Geschäftsführers 3572 ff.
- Altersversorgung 3584 f.
- Beteiligungsmodelle 3582
- Festgehalt 3576
- Gehaltsstrukturuntersuchung 3574 f.
- Gesamtausstattung 3572
- Managermodell 3583
- Nebenleistungen 3588 f.
- Pensionszusage 3584
- Tantieme 3578 ff.

Verhinderte Vermögensmehrung 5659

Verlustabzug 6431 ff.
- Abzugsverbot (Umfang) 5345
- Anteilsübertragung, mittelbar 6574
- - unmittelbar 6574
- Beschränkung des - 6571 ff.
- Feststellungsbescheid 6439
- Gewerbesteuer 6584
- Konzernklausel 6483
- Liquidation 7851
- Mantelkauf 6583
- verbleibender Verlustabzug 6439 ff.
- Verlustrücktrag 6433
- Verlustvortrag 6436
- Wahlrecht 6435

Verlustdeckungshaftung 975 ff.
- Anspruchsberechtigter 983
- Aufgabe der Eintragungsabsicht 978
- Begriff 975
- Fortsetzung der werbenden Tätigkeit 979
- Innenhaftung 983
- sofortige Einstellung der Geschäftstätigkeit 981
- unechte Vorgesellschaft 977

Verlustverrechnung, Versagung (§ 8c KStG) 6583 ff.
Verlustvortrag, fortführungsgebundener (§ 8d KStG) 6591 ff.
 s. auch fortführungsgebundener Verlustvortrag
Vermächtnis 2761 f.
Vermögensminderung 5652 ff.
Vermögensvermischung, Haftung bei - 3880
Verpfändung des Geschäftsanteils 2601 ff.
– Gewinnbezugsrecht 2603
– Mitgliedschaftsrechte 2603 f.
– Verwertungsrecht 2604
Versagung der Verlustverrechnung (§ 8c KStG)
Versammlungsleitung 3162
Verschleierte Sacheinlage 1361
– s. verdeckte Sacheinlage
Verschmelzung 1013, 1096 ff., 1111
Verschmelzung, Neuregelung (SEStEG), s. auch Umwandlung
Verschwiegenheitspflicht 2304
Vertretungsmacht des Geschäftsführers 3471 ff.
– Befreiung vom Selbstkontrahierungsverbot 3479
– Gesamtvertretung 3474 ff.
– gesellschaftsinterne Rechtshandlungen 3473
– Inhalt, Umfang und Grenzen der - 3471
– Insichgeschäfte 3478
– Mehrheit von Geschäftsführern 3474
– Selbstkontrahieren 3478 ff.
Vinkulierung 2451 ff.
– Abtretungsverbot 2487
– Abtretungsvorbehalt 2474
– Anbietungspflicht u. Übernahmerecht 2477
– Erwerbsrecht 2485
– Genehmigung 2453
– – der Gesellschafter 2463
– – der Gesellschafterversammlung 2461
– – durch die Gesellschaft 2456 ff.
– – sonstige - 2465
– Genehmigungsvorbehalte 2456 ff.

– Klage auf Erteilung der Genehmigung 2471
– Satzungsbestandteil 2452
– Übernahmepflicht 2479
– Vorkaufsrecht 2483
– Zweck 2451
Vorbelastungsverbot 957 f.
Vorgesellschaft 891, 5252
– Anteilsübertragung 900
– Geschäftsführung und Vertretungsmacht in der - 894 ff.
– Haftung aus der - 956 ff.
– Haftungskonzept bei der - 899
– Handelndenhaftung 896
– Rechtsnatur der - 891 f., 897
– Regelungskonzept der - 899
– Steuerpflicht 5252
– unechte - 977
Vorgründungsgesellschaft 871, 952, 5256
– Haftung für Verbindlichkeiten der - 952
– Steuerpflicht 5256
Vorratsgesellschaft 572 ff.
– Vorratsgründungen, Zweck von - 573
– wirtschaftliche Neugründung 574
Vorratsgründungen 573

W

Wahl der Gesellschaftsform 4731

Z

Zahlungen nach Eintritt der Insolvenzreife 3731
Zebragesellschaft 5300
Zeitwertkonten 6016
Zielgrößen, Frauenförderung 3067
Zinssaldo 6326
Zinsschranke 6300 ff., 6391
Zinsvortrag 6341 ff.
Zwangsvollstreckung in den Geschäftsanteil (Pfändung) 2618 ff.
– Einziehungsklausel 2626 f.
– Pfändungsausschluss, kein 2621
Zweigniederlassung 644